Erbschaftsteuerrecht/
Bewertungsrecht/
Grundsteuerrecht

dtv

Erbschaftsteuerrecht/ Bewertungsrecht/ Grundsteuerrecht

Bewertungsgesetz
Bewertungsgesetz-DDR (Auszug)
Reichsbewertungsdurchführungsverordnung (Auszug)
Erbschaftsteuer- und Schenkungsteuergesetz
Erbschaftsteuer-Durchführungsverordnung
Grundsteuergesetz
Grundsteuer-Durchführungsverordnung (Auszug)
Erbschaftsteuer-Richtlinien mit Erbschaftsteuer-Hinweisen
Richtlinien für die Bewertung des Grundvermögens
Grundsteuer-Richtlinien
Erlass zur Bewertung von Kapitalforderungen
und Kapitalschulden
Abgrenzungserlass

Textausgabe mit ausführlichem Sachregister
Einführung von Ministerialrat a. D. Raymond Halaczinsky

27. Auflage
Stand: 1. 3. 2021

dtv

www.dtv.de

www.beck.de

Sonderausgabe
dtv Verlagsgesellschaft mbH & Co. KG,
Tumblinger Str. 21, 80337 München

Gesamtherstellung: Druckerei C. H. BECK, Nördlingen
(Adresse der Druckerei: Wilhelmstraße 9, 80801 München)
Umschlagtypographie auf der Grundlage
der Gestaltung von Celestino Piatti

CO_2
neutral

chbeck.de/nachhaltig

ISBN 978-3-423-53096-5 (dtv)
ISBN 978-3-406-77362-4 (C. H. Beck)

9 783406 773624

Inhaltsübersicht

Detaillierte Inhaltsverzeichnisse finden Sie jeweils zu Beginn der Gesetze und der Richtlinien

Abkürzungsverzeichnis

A	Abschnitt
a. a. O.	am angegebenen Ort
AbgrenzE	Abgrenzungserlass
ABl.	Amtsblatt
AEAO	Anwendungserlass zur Abgabenordnung
a. F.	alte Fassung
amtl.	amtlich
AmtshilfeRL-UmsG	Amtshilferichtlinie-Umsetzungsgesetz v. 26. 6. 2013 (BGBl. I S. 1809)
Anh.	Anhang
Anm.	Anmerkung
AO	Abgabenordnung
AStG	Außensteuergesetz
AVermG (AVMG)	Altersvermögensgesetz
BAnz.	Bundesanzeiger
BauGB	Baugesetzbuch
BBauG	Bundesbaugesetz
BdF	siehe BMF
BeitrRLUmsG	Beitreibungsrichtlinie-Umsetzungsgesetz
Bek.	Bekanntmachung
BewÄndG	Änderungsgesetz zum Bewertungsgesetz
BewDV	Durchführungsverordnung zum Bewertungsgesetz
BewG	Bewertungsgesetz
BewRGr	Richtlinien zur Bewertung des Grundvermögens
BFH	Bundesfinanzhof
BFH/NV	Sammlung amtlich nicht veröffentlichter Entscheidungen des BFH (Zeitschrift)
BGB	Bürgerliches Gesetzbuch
BGBl. I/II	Bundesgesetzblatt Teil I/Teil II
BGBl. III	Bereinigte Sammlung des Bundesrechts, abgeschlossen am 31. 12. 1968 (in Nachweisform fortgeführt in FNA)
BGH	Bundesgerichtshof
BGHZ	Sammlung der Entscheidungen des Bundesgerichtshofs in Zivilsachen
BMF	Bundesminister(ium) der Finanzen
BStBl. I/II/III	Bundessteuerblatt Teil I/Teil II/(Teil III – bis 1967)
BVerfG	Bundesverfassungsgericht
DB	Der Betrieb (Zeitschrift)

Abkürzungen

DBA	Doppelbesteuerungsabkommen
DDR	Deutsche Demokratische Republik
DMBG	D-Markbilanzgesetz
DStR	Deutsches Steuerrecht (Zeitschrift)
DV(O)	Durchführungsverordnung
EG	Europäische Gemeinschaften
EGE	Europäische Größeneinheit
EntschG	Entschädigungsgesetz
ErbStDV	Erbschaftsteuer-Durchführungsverordnung
ErbStG	Erbschaftsteuer- und Schenkungsteuergesetz
ErbStH	Erbschaftsteuer-Hinweise
ErbStR	Erbschaftsteuer-Richtlinien
ErbStRG	Erbschaftsteuerreformgesetz
ErbStVA	Allgemeine Verwaltungsanweisung für die Erbschaft- und Schenkungsteuer v. 7. 12. 2017 (BStBl. 2018 I S. 53)
Erl.	Erlass
EStDV	Einkommensteuer-Durchführungsverordnung
EStG	Einkommensteuergesetz
EStH	Einkommensteuer-Hinweise
EStR	Einkommensteuer-Richtlinien
EUR	Euro
FA	Finanzamt
FG	Finanzgericht
FKPG	Gesetz zur Umsetzung des Föderalen Konsolidierungsprogramms v. 23. 6. 1993 (BGBl. I S. 944)
FM	Finanzminister(ium)
FNA	Bundesgesetzblatt Teil I, Fundstellennachweis A (Bundesrecht ohne völkerrechtliche Vereinbarungen)
FSen.	Senator (Senatsverwaltung) für Finanzen
Fußn.	Fußnote
GewStDV	Gewerbesteuer-Durchführungsverordnung
GewStG	Gewerbesteuergesetz
GewStR	Gewerbesteuer-Richtlinien
GrStDV(O)	Grundsteuer-Durchführungsverordnung
GrStG	Grundsteuergesetz
GrStR	Grundsteuer-Richtlinien
GVBl.	Gesetz- und Verordnungsblatt
H	Hinweis (der Einkommensteuer-, Erbschaftsteuer-, Gewerbesteuer-, Körperschaftsteuer- bzw. Lohnsteuer-Hinweise)
HGB	Handelsgesetzbuch
i. d. F.	in der Fassung
i. S. d./v.	im Sinne des/von

i. V. m.	in Verbindung mit
JStG	Jahressteuergesetz
Kj.	Kalenderjahr
KStDV	Körperschaftsteuer-Durchführungsverordnung
KStG	Körperschaftsteuergesetz
KStH	Körperschaftsteuer-Hinweise
KStR	Körperschaftsteuer-Richtlinien
mWv	mit Wirkung vom
n. F.	neue Fassung
NRW (NW)	Nordrhein-Westfalen
OFD	Oberfinanzdirektion
OFH	Oberster Finanzgerichtshof
R	Richtlinie (der Einkommensteuer-, Erbschaftsteuer-, Gewerbesteuer-, Körperschaftsteuer- bzw. Lohnsteuer-Richtlinien)
RdF	Reichsminister der Finanzen
RFH	Reichsfinanzhof
RG	Reichsgericht
RGBl.	Reichsgesetzblatt
RStBl.	Reichssteuerblatt
SEStEG	Gesetz über steuerliche Begleitmaßnahmen zur Einführung der Europäischen Gesellschaft
StÄndG	Steueränderungsgesetz
StandOG	Standortsicherungsgesetz v. 13. 9. 1993 (BGBl. I S. 1569)
StAnpG	Steueranpassungsgesetz
StEd	Steuer-Eildienst (Zeitschrift)
StEntlG	Steuerentlastungsgesetz
StEuglG	Steuer-Euroglättungsgesetz
StRefG	Steuerreformgesetz
StSenkG	Steuersenkungsgesetz
StUmgBG	Steuerumgehungsbekämpfungsgesetz v. 23. 6. 2017 (BGBl. I S. 1682)
StZBl.	Steuer- und Zollblatt
Tz.	Textziffer
UStAE	Umsatzsteuer-Anwendungserlass
UStG	Umsatzsteuergesetz
UStR	Umsatzsteuer-Richtlinien
VerwAnw.	Verwaltungsanweisung

Abkürzungen

VermG	Vermögensgesetz
Vfg.	Verfügung
v. H.	vom Hundert
VO	Verordnung
VSt	Vermögensteuer
VStG	Vermögensteuergesetz
VStR	Vermögensteuer-Richtlinien
VStRG	Vermögensteuerreformgesetz
v. T.	vom Tausend
VZ	Veranlagungszeitraum
ZKF	Zeitschrift für kommunale Finanzen

Hinweis

Fußnotenhinweise beziehen sich auf folgende Beck'sche Textausgaben:

Doppelbesteuerungsabkommen ...	OECD-Musterabkommen, DBA, Sonderabkommen Schifffahrt u. Luftfahrt, Verwaltungsanweisungen
Steuererlasse	Wichtige Erlasse zum gesamten Steuerrecht
Steuergesetze	Bundesgesetze zum Steuerrecht
Steuerrichtlinien	Richtlinien des Bundes zum Steuerrecht, Umsatzsteuer-Anwendungserlass, Anwendungserlass zur Abgabenordnung

Einführung

I. Entwicklung des Erbschaftsteuer- und Bewertungsrechts

1. Gesetzliche Grundlagen

2021 gilt das Erbschaftsteuergesetz i. V. m. dem Bewertungsgesetz auf der Grundlage des Erbschaftsteuerreformgesetzes 2009 v. 24.12.2008, BGBl. I S. 3018 mit nachfolgenden Änderungen, insbesondere durch das **Gesetz zur Anpassung des Erbschaft- und Schenkungsteuergesetzes an die Rechtsprechung des Bundesverfassungsgerichts** v. 4.11.2016 (BGBl. I S. 2464) mit Wirkung für Erwerbe ab 1. Juli **2016,** zuletzt geändert durch das **Jahressteuergesetz 2020** (JStG 2020) v. 21.12.2020 (BGBl. I S. 3096).

Für Erwerbe vom 1.1.2009 bis 30.6.2016 gilt das Erbschaftsteuergesetz i. d. F. des ErbStRG 2009 v. 24.12.2008 (BGBl. I S. 3018) mit nachfolgenden Änderungen bis 2016.

Für Erwerbe vom 1.1.1996 bis 31.12.2008 gilt das Erbschaftsteuergesetz i. d. F. v. 27.2.1997 (BGBl. I S. 378, BStBl. I S. 298) mit den nachfolgenden Änderungen, zuletzt durch das Gesetz v. 10.10.2007 (BGBl. I S. 2332). Zur Anwendung der durch das JStG 2007 v. 13.12.2006 (BGBl. I S. 2878) eingefügten neuen Regelungen des Bewertungsgesetzes hatte die Finanzverwaltung gleich lautende Ländererlasse v. 2.4.2007 (BStBl. I S. 314) herausgegeben, mit denen die – ansonsten weiter geltenden – ErbStR 2003 und die ErbStH 2003 angepasst wurden.

Zur Durchführung des ErbStG dient die **Erbschaftsteuer-Durchführungsverordnung** (ErbStDV) v. 8.9.1998 (BGBl. I S. 2658, BStBl. I S. 1183), zuletzt geändert durch die Fünfte Verordnung zur Änderung steuerlicher Verordnungen v. 25.6.2020 (BGBl. I S. 1495).

2. Verwaltungsvorschriften

Zur Auslegung und Anwendung des geltenden Erbschaft- und Schenkungsteuerrechts hat die Finanzverwaltung die **Erbschaftsteuer-Richtlinien 2019** (ErbStR 2019) v. 16.12.2019 (BStBl. I Sondernr. 1/2019 S. 1) und die **Hinweise zu den Erbschaftsteuer-Richtlinien 2019** (ErbStH 2019) v. 16.12.2019 (BStBl. I Sondernr. 1/2019 S. 151) herausgegeben. Diese ersetzen die koordinierten Ländererlasse v. 22.6.2017 (BStBl. I S. 902 – AEErbSt 2017 und die ErbStR 2011/ErbStH 2011 (BStBl. I Sondernr. 1/2011 S. 2 und 117). Zur Bewertung von Kapitalforderungen und Kapitalschulden usw. für Zwecke der Erbschaftsteuer ist der gleich lautende Ländererlass v. 10.10.2010 (BStBl. I S. 810) abgedruckt. Ergänzend hat das BMF mit Schreiben v. 28.10.2020 (BStBl. I S. 1048) die aktuellen Vervielfältiger zur Bewertung einer lebenslänglichen Nutzung oder Leistung für 2021 (für frühere Jahre siehe Zusammenstellung in den ErbSt-Karteien der Länder, z. B. FinMin Sachsen-Anhalt, ErbSt-Kartei ST § 12 ErbStG Karte 13) und mit Schreiben v. 29.1.2021 (BStBl. I S. 247) eine aktualisierte Zusammenstellung der Verbraucherpreisindizes für Deutschland (zur Berechnung der Zugewinnausgleichsforderung) bekannt gegeben. Letztlich ist auf die (fortgeltende) **Allgemeine Verwaltungsanwei-**

sung für die Erbschaft- und Schenkungsteuer (ErbStVA) v. 7.12.2017 (BStBl. 2018 I S. 53) hinzuweisen.

3. Entwicklung der Rechtsprechung

Beim **Bundesverfassungsgericht (BVerfG)** sind zwei Verfassungsbeschwerden betr. die Erbenhaftung und die Anwendung der Steuerklasse I bei Erwerben vom biologischen Vater anhängig.

Beim **Europäischen Gerichtshof** ist die **EuGH-Vorlage des FG Düsseldorf** betr. die Freibetragsminderung bei **beschränkter Steuerpflicht** (nach § 16 Abs. 2 ErbStG) und den **Nichtabzug** eines **Pflichtteils als Nachlassverbindlichkeit** anhängig (FG Düsseldorf v. 20.6.2020 4 K 1095/20 Erb (EFG S. 152; Az. des EuGH C-394/20).

Aktuell hat der **Bundesfinanzhof** u. a. entschieden, dass ein **„Aktivtausch"** und eine **„Umschichtung"** innerhalb des **Verwaltungsvermögens** – auch von Kapitalanlagen in Gestalt von Verwaltungsvermögen – grundsätzlich zu **jungem Verwaltungsvermögen** führen können, wenn dieses innerhalb des Zwei-Jahreszeitraums aus betrieblichen Mitteln angeschafft oder hergestellt worden ist. Auf die Herkunft des Vermögensgegenstandes oder der zu seiner Finanzierung verwendeten Mittel kommt es nicht an (vgl. BFH v. 22.1.2020 II R 8/18, BStBl. II S. 567; teilweise Paralellentscheidungen II R 41/18, BStBl. II S. 577; zur Schenkungsteuer vgl. die BFH-Entscheidungen v. 22.1.2020 II R 13/18, BStBl. II S. 570; II R 18/18, BStBl. II S. 573; II R 21/18, BFH/NV S. 1071). Im Wesentlichen wurde die **Auffassung der Finanzverwaltung bestätigt** (vgl. z. B. OFD Frankfurt am Main v. 20.10.2020 S 3812b A-017-St 711, DStR S. 2791). Ein **Pflichtteilsberechtigter,** der Alleinerbe des Pflichtteilsverpflichteten ist, kann die Geltendmachung des Pflichtteils unter bestimmten Voraussetzungen fiktiv nachholen (BFH v. 5.2.2020 II R 1/16, BStBl. II S. 581 und II R 17/16, BStBl. II S. 584). Bei **disquotaler Einlage** in das Gesellschaftsvermögen einer KG kann eine freigebige Zuwendung des Gesellschafters an einen anderen Gesellschafter vorliegen. Die Zuwendung erfolgt freigebig, wenn der einbringende Gesellschafter von dem anderen Gesellschafter keine entsprechende Gegenleistung erhält (BFH v. 5.2.2020 II R 9/17, BStBl. II S. 658). Ein vom Schenker **vorbehaltener lebenslanger Nießbrauch** mindert den Erwerb des Bedachten auch dann, wenn an dem Zuwendungsgegenstand bereits ein lebenslanger Nießbrauch eines Dritten besteht. Der Nießbrauch des Schenkers erhält einen **Rang nach dem Nießbrauch des Dritten** (BFH v. 6.5.2020 II R 11/19, BStBl. II S. 746). Natürlich sind zum Erbschaft-/Schenkungsteuerrecht beim Bundesfinanzhof weitere diverse **Revisionsverfahren anhängig.** Wichtige **Themen** sind nach wie vor die Verschonung von Produktivvermögen, die Abzugsfähigkeit von Nachlassverbindlichkeiten, Befreiung des Erwerbs von Familienheimen.

II. Systematik des Erbschaft- und Schenkungsteuergesetzes

1. Allgemeine Prinzipien und fiskalische Bedeutung

Mit der Erbschaft- und Schenkungsteuer **beteiligt sich der „Staat" am Eigentum** der Erben und der sonst Bedachten und Beschenkten. Dieser nach

Art. 14 Abs. 1 Grundgesetz zulässige Eingriff in das Eigentum wird sozialpolitisch damit begründet, dass durch die Besteuerung von Erbschaften und Schenkungen ein Beitrag zur Erhöhung der Chancengerechtigkeit in der Gesellschaft geleistet wird, und fiskalisch damit, dass die besondere steuerliche Leistungsfähigkeit durch den unentgeltlichen Erwerb eine derartige Besteuerung rechtfertige. Obwohl grundsätzlich erhebliches Vermögen zum Vererben/Verschenken vorhanden ist (man schätzte für 2016 ein jährliches Volumen an Erwerben durch Erbfälle u. dgl. auf bis zu 260 Mrd. €),[1] ist ein Großteil der Bevölkerung infolge der ab 2009 noch weiter erhöhten persönlichen Freibeträge und sachlichen Befreiungen (z. B. für Produktivvermögen, gemeinnützige Zwecke, Familienheime, Kultur- und Denkmalobjekte) nicht oder nur gering von der Erbschaft-steuer betroffen. So hat die Finanzverwaltung nach der überschlägigen Schätzung des Bundesfinanzministeriums im Jahr 2010 von den insgesamt 858 768[2] Sterbefällen hinsichtlich der Erbschaftsteuer 6% der Fälle aufgegriffen.[3]

Die Erbschaftsteuer wird hauptsächlich durch einen Erbanfall bzw. ergänzend durch eine Schenkung ausgelöst. Sie wird als sog. **Erbanfallsteuer** vom einzelnen Erben bzw. sonst Bedachten erhoben. Besteuert wird der Erwerb beim einzelnen Erwerber und nicht der Nachlass als solcher. Das durch Erbanfall oder Schenkung erworbene Vermögen wird nach den Vorschriften des Bewertungsgesetzes bewertet. Die Vorschriften für die Besteuerung der Erbanfälle und der Schenkungen sind weitgehend identisch. Nicht auf Schenkungen anzuwenden sind Bestimmungen, die ihrer Natur nach allein bei Erwerben von Todes wegen vorkommen, z. B. die Vorschriften der §§ 10 Abs. 1 Satz 2, Abs. 5 Nr. 3 Satz 2, 13 Abs. 1 Nr. 10, 15 Abs. 1 und 3, 17, 20 Abs. 6 Satz 2, 27 ErbStG.

Die frühere zusätzliche regelmäßige Besteuerung des potentiellen Nachlasses durch eine Vermögensteuer kann wegen Verfassungswidrigkeit des Vermögensteuergesetzes bis auf Weiteres nicht erfolgen; es ist aber bisher nicht offiziell aufgehoben.

Das Erbschaftsteuer- und Schenkungsteuergesetz ist zwar ein Bundesgesetz, die Durchführung/Verwaltung obliegt aber den Bundesländern und auch das Aufkommen fließt den Ländern zu. Das **Erbschaftsteueraufkommen** (insgesamt, d. h. aller 16 Bundesländer) ist über die Jahrzehnte stetig angestiegen: Aufkommen 2019: 6,987 Mrd. €, zuvor 2013: 4,633 Mrd. €, 2014: 5,452 Mrd. €, 2015: 6,290 Mrd. €, 2016: 7,006 Mrd. €, 2017: 6,114 Mrd. € und 2018: 6,813 Mrd. €.

Die relativ wenigen verbleibenden Einzelfälle lösen relativ hohe Erbschaft-/Schenkungsteuern aus. Entsprechend hoch ist der Beratungs- und Gestaltungsbedarf.

[1] Davon betrugen lt. Statistischem Bundesamt (Sonderauswertung v. 14.2.2020) die von den Finanzverwaltungen veranlagten Vermögensübertragungen aufgrund von Erbschaften und Schenkungen im Fall der unbeschränkten Steuerpflicht im Jahr 2016 108,8 Mrd. €, im Jahr 2018 noch 84,7 Mrd. €.

[2] Sterbefälle 2020 ca. 980 000.

[3] Ergänzend wird auf die ausführliche Darstellung der erfassten Fälle und ihrer Werte in den Veröffentlichungen des Statistischen Bundesamts verwiesen (aktuell zur Erbschaft-/Schenkungsteuer v. 14.2.2020 und 28.9.2018 https://www.destatis.de/DE/Publikationen/…/Steuern/…/ErbschaftSchenkungsteuer.htm).

2. Aufbau des Erbschaftsteuergesetzes

Das Erbschaftsteuergesetz besteht aus **fünf Abschnitten.**

a) Abschnitt 1 (§§ 1–9) regelt die **Steuerpflicht.** Das ErbStG unterscheidet wie bei anderen Personensteuern zwischen **unbeschränkter und beschränkter Steuerpflicht.**

Unbeschränkte Steuerpflicht besteht, wenn der Erblasser zur Zeit seines Todes, der Schenker zur Zeit der Ausführung der Schenkung oder der Erwerber Inländer war, d.h. seinen Wohnsitz oder gewöhnlichen Aufenthalt im Inland hat (§ 2 Abs. 1 Nr. 1 Buchst. a ErbStG). Die unbeschränkte Steuerpflicht endet für deutsche Staatsangehörige bei Wegzug im Allgemeinen fünf Jahre nach dem Wegzug (§ 2 Abs. 1 Nr. 1 Buchst. b ErbStG). Deutsche Staatsangehörige bleiben, wenn und solange sie Arbeitslohn aus einer inländischen öffentlichen Kasse beziehen (Kassenstaatsprinzip nach § 2 Abs. 1 Nr. 1 Buchst. c ErbStG), nach Wegzug weiterhin unbeschränkt steuerpflichtig. Im Fall der unbeschränkten Steuerpflicht unterliegt der gesamte Vermögensanfall der Erbschaft- und Schenkungsteuer, auch soweit sich die Vermögensgegenstände im Ausland befinden, und sofern kein Doppelbesteuerungsabkommen etwas davon Abweichendes regelt. Soweit keine besonderen Abkommen vorliegen, wird eine Doppelbelastung mit inländischer und ausländischer Erbschaftsteuer durch das sog. Anrechnungsverfahren (§ 21 ErbStG) vermieden.

Beschränkt Steuerpflichtige, d.h. Personen, die keinen Wohnsitz, gewöhnlichen Aufenthalt, Sitz und/oder Geschäftsleitung im Inland haben, unterliegen nur mit dem sog. Inlandsvermögen (i.S.d. § 121 BewG) der deutschen Erbschaft-/Schenkungsteuer (§ 2 Abs. 1 Nr. 3 ErbStG). Beschränkt Steuerpflichtige können **bei Erwerben von Inlandsvermögen, für die die Steuer ab dem 25.6.2017** entsteht, grds. dieselben persönlichen **Freibeträge wie unbeschränkt Steuerpflichtige** erlangen (§ 16 Abs. 1 ErbStG). In Fällen **vor** der Rechtsänderung ab 25.6.2017 können sich betroffene Steuerpflichtige auf die für sie günstigere EuGH-Rechtsprechung berufen. Dies gilt auch für in Drittländern ansässige Erwerber. Wird allerdings auch Auslandsvermögen erworben und kann in Deutschland nur der Erwerb des Inlandsvermögens besteuert werden, darf das Finanzamt den in Betracht kommenden Freibetrag nur anteilig gewähren und zwar soweit er auf das Inlandsvermögen entfällt (§ 16 Abs. 2 Satz 1 ErbStG). Diese im Gesetz vorgeschriebene Kürzung des Freibetrags wird unionsrechtlich als kritisch angesehen, siehe unter I. 3. Im Fall der beschränkten Steuerpflicht wird nur das Inlandsvermögen i.S.v. § 121 BewG erfasst, insbesondere Immobilien, Betriebsvermögen, Beteiligungen von mindestens 10% an Kapitalgesellschaften im Inland.

Steuerschuldner ist der Erwerber, bei einer Schenkung auch der Schenker. Mehrere Erwerber sind Gesamtschuldner. Unter bestimmten Voraussetzungen kommt auch eine Haftung für Erbschaftsteuerschulden, insbesondere der Kreditinstitute und Versicherungsunternehmen, in Betracht (§ 20 ErbStG).

Die **steuerauslösenden Erwerbstatbestände** sind in den §§ 3 bis 8 ErbStG geregelt. Außerdem sieht § 1 Abs. 1 Nr. 4 ErbStG eine Besteuerung des Vermögens von inländischen Familienstiftungen oder Familienvereinen im Turnus von 30 Jahren vor (Ersatzerbschaftsteuer). § 3 ErbStG beschreibt im

Einzelnen die Besteuerungstatbestände bei Erwerben von Todes wegen. Dazu zählen insbesondere die Erwerbe durch Erbanfall, durch Vermächtnis sowie auf Grund geltend gemachter Pflichtteile bzw. von Abfindungen, die für den Verzicht von Erbrechten gezahlt werden. Ab 25.6.2017 wurden/sind auch Abfindungszahlungen von Erbprätendenten als Erwerb vom Erblasser steuerbar. Der Fall der Vor- und Nacherbschaft ist besonders geregelt (§ 6 ErbStG). Besonderheiten der Erwerbe von Ehegatten und eingetragenen Lebenspartnern sind in §§ 4, 5 ErbStG geregelt, insbesondere die Steuerfreistellung der Ausgleichsforderung bei Beendigung der Zugewinngemeinschaft (§ 5 ErbStG) sowie die Besteuerung des Übergangs des Anteils eines verstorbenen Ehegatten am Gesamtgut einer Gütergemeinschaft auf die anteilsberechtigten Abkömmlinge (§ 4 ErbStG). Im Zuge der Erbschaftsteuerreform 2009 und letztlich durch das Jahressteuergesetz 2010 (hinsichtlich der Steuerklasse) wurden die eingetragenen Lebenspartnerschaften im Erbschaftsteuerrecht den Ehegatten (rückwirkend) gleichgestellt (inzwischen auch im Zivilrecht). § 7 ErbStG beinhaltet die Steuertatbestände der Schenkung unter Lebenden. Als Schenkung ist jede freigebige Zuwendung unter Lebenden anzusehen, soweit der Bedachte durch sie auf Kosten des Zuwendenden bereichert wird; eine Einigung der Parteien über die Unentgeltlichkeit ist für das Vorliegen einer Schenkung anders als nach dem BGB nicht erforderlich. Durch das BeitrRLUmsG wurde mWv 14.12.2011 in § 7 Abs. 8 ErbStG ein weiterer Schenkungsteuertatbestand für Zuwendungen von Kapitalgesellschaften an ihre Gesellschafter geschaffen: Besteuerung der Werterhöhung eines Anteils an einer Kapitalgesellschaft durch Leistungen an die Gesellschaft. Letztlich werden im 1. Abschnitt noch die Behandlung von Zweckzuwendungen und die Bestimmung des Besteuerungszeitpunkts (Entstehen der Steuer) geregelt.

b) Abschnitt 2 (§§ 10–13d) des ErbStG regelt die **Wertermittlung.** Die Erbschaftsteuer wird nach dem steuerlichen Wert der Bereicherung zum Zeitpunkt der Entstehung der Steuer (also des Erbanfalls oder der Ausführung der Schenkung) bemessen (§ 10 i. V. m. § 9 ErbStG). Die Ermittlung des steuerlichen Werts der Bereicherung richtet sich, soweit nicht durch das Erbschaftsteuergesetz etwas Besonderes bestimmt ist, nach den Vorschriften des Bewertungsgesetzes (§ 12 Abs. 1 ErbStG). Nach dem erklärten Ziel der Erbschaftsteuer-Reform 2009 ist der steuerliche Wert der Bereicherung im Allgemeinen mit dem Marktwert/Verkehrswert identisch. Näheres zur Bewertung siehe unter IV.

Von dem steuerlichen Wert der Bereicherung sind **im Erbfall** bestimmte Belastungen abzuziehen (§ 10 Abs. 5 ErbStG). Das sind vor allem die sog. Erblasserschulden und sog. Erbfallschulden. Für Bestattungskosten sowie für Kosten der Abwicklung des Erbfalls kann insgesamt ein Betrag von 10 300 € ohne Nachweis abgezogen werden; bei Nachweis höherer Kosten können diese abgezogen werden. Bestimmte Erwerbe bleiben bei der Ermittlung des Werts der Bereicherung außer Ansatz (§ 13 ErbStG), z. B. Hausrat bei Ehegatten und Kindern i. H. v. 41 000 €, bei anderen Erwerbern i. H. v. 12 000 €, bei Erwerben von bestimmten Pflegepersonen pauschal 20 000 €. Seit 2009 neu eingefügt in den Befreiungskatalog des § 13 ErbStG ist die **Steuerbefreiung** für Erwerbe des **selbstgenutzten Familienheims bei Erwerben von Todes wegen** durch Ehegatten und Kinder. Sie wird gewährt, wenn der überlebende Ehegatte und/oder die Kinder das Familienheim weiterhin mindestens 10 Jahre selbst bewohnen. Bei Kindern werden die Objekte nur bis zu einer Wohnfläche von 200 m^2 befreit. Im **Schenkungsfall** (gemischte Schenkung) ist der Wert der Bereicherung bei einer gemischten Schenkung durch Abzug der – ggf. kapitalisierten – Gegenleistung vom Steuerwert zu ermitteln. Eine gesonderte Berechnung des Verhältnisses zwischen dem Verkehrswert des zugewendeten Gegenstands und dem Wert der Gegenleistung ist nicht mehr erforderlich.

Der **Erwerb von Betriebsvermögen,** von land- und forstwirtschaftlichem Vermögen und von Beteiligungen an Kapitalgesellschaften von mehr als 25% ist **besonders begünstigt.** Im Rahmen des Gesetzes zur Anpassung der Erbschaft-/Schenkungsteuer an die Rechtsprechung des Bundesverfassungsgericht wurde die Verschonung aus verfassungsrechtlichen Gründen mit Wirkung für Erwerbe **ab 1. Juli 2016** noch stärker als bisher auf das sog. **Produktivvermögen** konzentriert. Die Verschonungen sind in den §§ 13a bis 13c und § 19a ErbStG geregelt. Großvermögen von mehr als 26 Mio. € werden nur noch eingeschränkt durch einen reduzierten Verschonungsabschlag (§ 13c ErbStG) oder wahlweise durch (Teil-)Erlass nach einer Verschonungsbedürftigkeitsprüfung (§ 28a ErbStG) entlastet. Bei bestimmten Familienunternehmen werden Verfügungs-/Ausschüttungsbeschränkungen durch höhere Abschläge berücksichtigt. **Kernstück der Verschonungsregelung** ist die (komplizierte) Umschreibung des begünstigten Vermögens. Dieses ergibt sich grds. durch die Eliminierung des Nettowerts des Verwaltungsmögens mit Ausnahme des unschädlichen Verwaltungsvermögens aus dem gemeinen Wert des begünstigungsfähigen „Produktivvermögens". Früher wurde Verwaltungsvermögen bis zu 50% toleriert, jetzt nur noch bis zu 10%. Besteht das (Brutto-)Verwaltungsvermögen aus mindestens 90% des gemeinen Werts des begünstigungsfähigen „Produktivvermögens", scheidet eine Verschonung völlig aus. Welches (Verwaltungs-)Vermögen nicht verschont werden kann, ist umfangreich – wiederum mit Ausnahmeregelungen – in § 13b Abs. 4 ErbStG aufgezählt. Bei der Inanspruchnahme der Verschonungen gibt es – wie bisher – **zwei Möglichkeiten:** Der Erwerber versteuert 15% des begünstigten Betriebsvermögens, dann braucht er das begünstigte Vermögen nur 5 Jahre zu behalten (sog. **Regelverschonung**). Stattdessen kann er eine völlige Steuerbefreiung wählen, dann muss er das begünstigte Vermögen 7 Jahre behalten (sog. **Optionsverschonung**). Eine gewisse Entlastung wurde zudem über eine Regelung betreffend die Bewertung des Unternehmens-/Anteilswerts geschaffen. Der **Kapitalisierungsfaktor,** der multipliziert mit dem nachhaltig erzielbaren Jahresertrag den Unternehmenswert ergibt, wurde mit Wirkung für Erwerbe rückwirkend ab 1.1.2016 auf max. 13,75 begrenzt (bisher für 2016: 17,85). Die Verschonungen werden wie bisher **nur unter den Bedingungen** „Erhaltung der **Arbeitsplätze**", 5- bzw. 7jähriges **Behalten**" und „Unterlassen von **Überentnahmen**" gewährt. Diese Bedingungen wurden verschärft. Flankierende Maßnahmen zur Verschonung bestehen in **Erlass-/Stundungsmöglichkeiten,** durch die die Zahlung der Erbschaft-/Schenkungsteuer für „Produktivvermögen" unter bestimmten Voraussetzungen erleichtert wird.

c) Die **Belastung mit Erbschaftsteuer** ist nach dem **3. Abschnitt** (§§ 14–19a) des ErbStG abhängig von dem Grad der Verwandtschaft des Erwerbers zum

Erblasser/Schenker und von der Höhe des steuerpflichtigen Erwerbs. Nach dem persönlichen Verhältnis des Erwerbers zum Erblasser oder Schenker werden **drei Steuerklassen** unterschieden (§ 15 ErbStG). In den Steuerklassen steigen die Steuersätze bei Überschreiten eines bestimmten steuerlichen Werts des Erwerbs progressiv an (§ 19 ErbStG). Die Steuersätze der Steuerklasse I reichen von 7% bis 30% (bei > 26 Mio. €). Die Steuersätze der Steuerklassen II und III waren in 2009 gleich. Ab 2010 beginnen die Steuersätze in der Steuerklasse II bei 15% und enden bei 43%. In der Steuerklasse III beginnen sie bei 30% und steigen schon bei Erwerben über 6 Mio. € auf 50%. Die Prozenttarife der Erbschaftsteuer sind auf den gesamten Erwerb anzusetzen (sog. Vollmengentarif). Eine Aufspaltung des steuerpflichtigen Erwerbs in Teilbeträge mit unterschiedlichen Steuertarifen findet nicht statt (BFH v. 20.2.2019 II B 83/18, ZEV S. 298). Neben den Steuersätzen haben die persönlichen Freibeträge Einfluss auf die Höhe der Erbschaftsteuerbelastung. Bei Ehegatten bleiben ab 2009 500 000 € (vorher 307 000 €) steuerfrei, bei Kindern 400 000 € (vorher 205 000 €), bei Enkeln 200 000 € (vorher 51 200 €). Aufgrund dieser Freibeträge kann ein übliches Familiengebrauchsvermögen, u. a. auch ein Ein- oder Zweifamilienhaus bzw. eine Eigentumswohnung, im engsten Familienkreis weitgehend erbschaftsteuerfrei übergehen. Zusätzlich gibt es unter bestimmten Voraussetzungen einen Versorgungsfreibetrag (§ 17 ErbStG), bei Ehegatten 256 000 €. Mit dem Jahressteuergesetz 2010 wurde die vollständige Gleichbehandlung eingetragener Lebenspartner (jetzt gleichgeschlechtliche Ehegatten) mit Ehegatten herbeigeführt. Bei anderen Verwandten (auch bei Geschwistern) beträgt der persönliche Freibetrag nur 20 000 € und bei fremden Dritten auch 20 000 € (§ 16 ErbStG). Im Fall der beschränkten Steuerpflicht werden grds. dieselben Freibeträge wie für unbeschränkt Steuerpflichtige gewährt, siehe dazu noch oben unter II. 2. a). Erfolgen innerhalb eines Zehnjahreszeitraums mehrere Erbanfälle oder Schenkungen, sind diese für die Anwendung des Steuertarifs nach Maßgabe von § 14 ErbStG zusammenzurechnen. Nach Ablauf der maßgebenden zehn Jahre i. S. v. § 14 ErbStG können die persönlichen Freibeträge sowie der Freibetrag für Betriebsvermögen erneut ausgenutzt werden. Grundsätzlich zulässig ist eine bessere Nutzung der persönlichen Freibeträge durch sog. Ketten- oder Umwegschenkungen. Für die Berechnung des letztendlich anzuwendenden Steuersatzes sind noch die §§ 19 Abs. 2 und 3, 21, 26, 27, 29 ErbStG zu beachten.

d) Die Erbschaft- und Schenkungsteuer wird nach Maßgabe von **Abschnitt 4** (§§ 20–35) des ErbStG auf Grund entsprechender Steuererklärungen vom örtlich zuständigen Erbschaftsteuerfinanzamt **festgesetzt** und **erhoben.** In den meisten Ländern sind zentrale Erbschaftsteuerfinanzämter geschaffen worden, die den Bereich mehrerer Wohnsitzfinanzämter abdecken. Inzwischen wurden auch die Bewertungsstellen mehr und mehr auf einige wenige Finanzämter konzentriert. Zum Teil werden die Werte, z. B. für Grundbesitz, Betriebsvermögen, von besonderen Stellen gesondert festgestellt, dazu unten III. Zur Sicherstellung, dass die Finanzbehörden über Schenkungen und Erbfälle informiert werden, legt das Gesetz nicht nur den Erben und Beschenkten, sondern auch Gerichten, Notaren, Vermögensverwahrern und Versicherungsunternehmen usw. Anzeige- und Mitteilungspflichten auf. Einzelheiten dazu sind auch in der Erbschaftsteuer-Durchführungsverordnung

(ErbStDV) v. 8.9.1998 (BGBl. I S. 2658) mit nachfolgenden Änderungen geregelt; insbesondere wurden ab 2011 die Bagatellgrenzen für Anzeigepflichten heraufgesetzt und so Bürokratie vermindert.

e) Abschnitt 5 (§§ 36–37a) des ErbStG enthält die Ermächtigungs- und Schlussvorschriften, insbesondere die Anwendungsbestimmungen in § 37 ErbStG.

Das **Verfahren und der Rechtsschutz** gegen Erbschaft- und Schenkungsteuerbescheide richten sich nach der **Abgabenordnung.**

III. Bewertungsrecht

Die Bewertung für **erbschaft- und schenkungsteuerliche Zwecke,** für **Grundsteuerzwecke,** für **Grunderwerb-** und für **Gewerbesteuerzwecke** richtet sich nach dem **Bewertungsgesetz.** Es gilt das Bewertungsgesetz i. d. F. v. 1.2.1991 (BGBl. I S. 230, BStBl. I S. 168) mit den Änderungen durch das Erbschaftsteuerreformgesetz 2009 v. 24.12.2008 (BGBl. I S. 3018) sowie weiteren Änderungen, insb. durch das Gesetz zur Anpassung des ErbStG an die Rechtsprechung des Bundesverfassungsgerichts v. 4.11.2016 (BGBl. I S. 2464). Erheblich wurde das BewG durch Gesetz zur **Reform des Grundsteuergesetzes** (GrStRefG) v. 26.11.2019 (BGBl. I S. 1794) geändert. Die neue **Bewertung** des Grundbesitzes **für Grundsteuerzwecke** ist in dem **neuen Siebenten Abschnitt des BewG** geregelt (§§ 218–263 BewG). Die Neuregelungen geht auf die Entscheidung des Bundesverfassungsgerichts zurück, nach der die sog. Einheitsbewertung für Grundsteuerzwecke verfassungswidrig ist (Urteil v. 10.4.2018 1 BvL 11/14, 1 BvL 12/14, 1 BvL 1/15, 1 BvR 639/11, 1 BvR 889/12 (DStR S. 791, BGBl. I S. 531) mit Gesetzeskraft. Zur GrSt siehe Kap.V. Zuletzt wurde das BewG durch das Jahressteuergesetz 2020 (JStG 2020) v. 21.12.2020 (BGBl. I S. 3096) geändert.

Das Bewertungsgesetz sollte von seiner ursprünglichen Konzeption her die Bewertung der Wirtschaftsgüter und Vermögensgegenstände für das gesamte Steuerrecht einheitlich regeln. Verwirklicht wurde die sog. Einheitsbewertung jedoch nur für einige wenige Steuern. Mit dem Wegfall der Vermögensteuer und der Abkopplung der Grundstücksbewertung von der Einheitsbewertung für Zwecke der Erbschaftsteuer/Grunderwerbsteuer hat das Bewertungsgesetz seine Funktion als Rahmengesetz weiter eingebüßt.

Das heute geltende Bewertungsgesetz enthält im **Ersten Teil** Allgemeine Bewertungsvorschriften, insbesondere die Bewertung mit dem gemeinen Wert oder dem Teilwert bei Betriebsvermögen. Die Anwendung des Allgemeinen Teils ist aber durch den Vorrang anderer Gesetze oder Vorschriften im Besonderen Teil des Bewertungsgesetzes eingeschränkt. Die Besonderen Bewertungsvorschriften im **Zweiten Teil** des Bewertungsgesetzes sind wiederum mehrfach untergliedert. Der **Erste Abschnitt** der Besonderen Bewertungsvorschriften enthält die bisherige (klassische) Einheitsbewertung des Grundbesitzes für die alten Länder. Diese Bewertungsvorschriften werden im Wesentlichen für die Grundsteuer benötigt. Im **Zweiten Abschnitt** ist die Bewertung des Betriebsvermögens geregelt. Der **Dritte Abschnitt,** der im Zuge des Beitritts der DDR angefügt worden ist, enthält die Vorschriften zur Bewertung

des in den neuen Ländern gelegenen Grundbesitzes für Zwecke der Grundsteuer. Es handelt sich praktisch um die Anwendung der Vorschriften der Einheitsbewertung 1935 für Grundvermögen. Zu diesem Zweck sind unter Nr. 1.1 und 1.2 auch ein Auszug des Bewertungsgesetzes-DDR und der Reichsbewertungsdurchführungsverordnung abgedruckt. Im **Vierten Abschnitt** des Zweiten Teils des Bewertungsgesetzes sind die (2007 modifizierten) Vorschriften für die Bewertung von Grundbesitz für die Erbschaftsteuer ab 1. Januar 1996 (bis 31. Dezember 2008) und für die Grunderwerbsteuer ab 1. Januar 1997 enthalten. Die Grundbesitzbewertung nach dem Vierten Abschnitt **für die Grunderwerbsteuer gilt nur bis Ende 2008.** Im **Fünften Abschnitt** (§§ 151–156 BewG) des Zweiten Teils des Bewertungsgesetzes wird neben den Grundbesitzwerten auch für die Werte
- des Betriebsvermögens (§§ 95, 96 BewG) bzw.
- des Anteils am Betriebsvermögen (§ 97 Abs. 1a BewG),
- von nicht notierten Anteilen an Kapitalgesellschaften (§ 11 Abs. 2 BewG) und
- der anteiligen übrigen Wirtschaftsgüter und Schulden, die mehreren Personen (Gemeinschaften) i. S. d. § 3 BewG zustehen,

die gesonderte Wertfeststellung bei Bedarf angeordnet. Der Gesetzgeber erhofft sich dadurch Verwaltungserleichterungen für die speziellen, teilweise örtlich weit entfernt liegenden Erbschaftsteuerämter und in Sonderfällen auch für Grunderwerbsteuerveranlagungsstellen. Für Steuerpflichtige und deren Berater bedeuten die gesonderten Feststellungen mehr Bürokratie und verfahrensrechtliche Stolpersteine sowie entsprechende Mehrkosten. Wichtig ist, dass die gesonderten Feststellungen Grundlagenbescheide sind, die später im Rahmen der Erbschaftsteuerveranlagung nicht mehr mit Rechtsbehelfen angefochten werden können. In dem – durch das Erbschaftsteuerreformgesetz 2009 eingefügten – **Sechsten Abschnitt** (§§ 157 bis 203 BewG) wird die bundesweit geltende **Bewertung** des inländischen LuF-Vermögens, des inländischen Grundvermögens und des inländischen Betriebsvermögens mit Wirkung ab 2009 für die **Erbschaftsteuer** geregelt (rückwirkend auch für die Grunderwerbsteuer gem. Steueränderungsgesetz 2015 v. 2.11.2015 (BGBl. I S. 1834). Bewertungsziel ist hier der gemeine Wert, dazu Kap. IV. 1. und 2. Der neu eingefügte **Siebente Abschnitt** regelt die **Bewertung des Grundbesitzes für Grundsteuerzwecke.** Die neuen Grundbesitzwerte sind **ab 2025** der Grundsteuer zugrunde zu legen.

Im nachfolgenden **Dritten Teil des BewG** (bisher §§ 204, 205, nunmehr §§ 264–266 BewG) sind die Schlussbestimmungen enthalten.

IV. Umfang und Bewertung der Vermögensarten für die Erbschaftsteuer

Die Bewertung der Wirtschaftsgüter ist sehr stark davon abhängig, zu welchem Zeitpunkt sie zu welcher Vermögensart und zu welcher wirtschaftlichen Einheit gehören; es gilt das Stichtagsprinzip. Das Bewertungsgesetz unterscheidet klassisch zwischen dem land- und forstwirtschaftlichen Vermögen, dem Grundvermögen, dem Betriebsvermögen und dem übrigen Vermögen.

Einführung

1. Inländisches Land- und forstwirtschaftliches Vermögen (§§ 33 ff., §§ 140 bis 144, §§ 158 bis 175 BewG)

Zum LuF-Vermögen gehören gemäß § 33 BewG alle Wirtschaftsgüter, die dauernd einem land- und forstwirtschaftlichen Betrieb (§ 34 BewG) zu dienen bestimmt sind. Das sind insbesondere der Grund und Boden, die Wohn- und Betriebsgebäude, das tote und lebende Inventar (Maschinen, Viehbestand) und ein angemessener Bestand an umlaufenden Betriebsmitteln (Düngemittel, Getreidevorräte o. ä.). Zahlungsmittel, Geldforderungen und ein Überbestand an umlaufenden Betriebsmitteln gehören nicht zum LuF-Vermögen (§ 33 Abs. 3 BewG).

Für **Grundsteuerzwecke (bis 2024)** erfolgt die (Einheits)-Bewertung der LuF-Betriebe nach den §§ 33 bis 57 BewG, bzw. für LuF-Betriebe in den neuen Bundesländern nach §§ 125 bis 128 BewG. Für **Erbschaft- und Schenkungsteuerzwecke** und für **Grunderwerbsteuerzwecke** bilden ab 2009 der Betriebswert, der Wert der Betriebswohnungen und der Wert des Wohnteils zusammen den land- und forstwirtschaftlichen Grundbesitzwert (§ 168 BewG). Der Betriebswert (Wirtschaftsteil) ist gemäß § 162 BewG mit dem Ertragswert zu bewerten. In der Regel wird nach einem vereinfachten Reinertragsverfahren ein sog. Fortführungswert ermittelt (§ 165 i. V. m. § 163 BewG). Wird der LuF-Betrieb innerhalb von 15 Jahren verkauft u. dgl., wird rückwirkend ein sog. Liquidationswert angesetzt (§ 166 BewG). Zur Bewertung des LuF-Vermögens gibt es umfangreiche Anlagen 14 bis 20 zum BewG. Die Anlagen sind durch das Jahressteuergesetz 2010 und das Beitreibungsrichtlinie-Umsetzungsgesetz (s. o.) geändert worden. Der Wert der Betriebswohnungen und des Wohnteils ist grundsätzlich nach denselben Vorschriften zu bewerten, die für private Grundstücke gelten. In der Regel kommt dabei das Vergleichswertverfahren nach § 183 BewG zur Anwendung. Der danach ermittelte Grundstückswert kann um 15% ermäßigt werden (§ 167 Abs. 3 BewG).

Für Erbschaft-/Schenkungsteuerzwecke und für Grunderwerbsteuerzwecke gilt für LuF-Betriebe bis 2008 das in §§ 138, 140 bis 144 BewG geregelte Bewertungsrecht.

2. Inländisches Grundvermögen (§§ 68 ff., §§ 129 ff., §§ 145 ff., §§ 176 bis 198 BewG)

Zum Grundvermögen gehören gemäß § 68 BewG Grund und Boden und Gebäude (unter Einbeziehung der sonstigen Bestandteile und des Zubehörs), Erbbaurechte und Wohnungseigentum, soweit diese Grundstücke bzw. Grundstücksrechte nicht dem LuF-Vermögen oder den Betriebsgrundstücken zuzurechnen sind. Für **Grundsteuerzwecke (bis 2024)** sind Einheitswerte festzustellen. Die §§ 68 ff. BewG enthalten die Bewertungsvorschriften für die Einheitsbewertung des Grundvermögens (Einheitsbewertung 1964) in den alten Ländern und die §§ 129 bis 133 BewG die Bewertungsvorschriften für die neuen Länder (Einheitsbewertung 1935). Diese Werte sind auch für die **Gewerbesteuer** (§ 9 Nr. 1 GewStG) von Bedeutung. Zur Einheitsbewertung in den alten Bundesländern sind die „Richtlinien für die Bewertung des

Grundvermögens – BewRGr" maßgebend. Zur Einheitsbewertung in den neuen Bundesländern sind das BewG-DDR und die RBewDV sowie diverse Ländererlasse maßgebend.

Für die **Erbschaft-/Schenkungsteuer** und für die **Grunderwerbsteuer** gelten für die Bewertung der privaten und betrieblichen Grundstücke mit Wirkung ab 1.1.2009 die Bewertungsvorschriften in den §§ 176 bis 198 BewG, bei der Grunderwerbsteuer rückwirkend gem. Steueränderungsgesetz 2015 v. 2.11.2015 (BGBl. I S. 1834). Bis 2008 gelten für die Erbschaftsteuer und für die Grunderwerbsteuer die §§ 145ff. BewG. **Ab 2009** ist nach Maßgabe des § 177 BewG bei der Grundvermögensbewertung immer der „gemeine Wert" zu ermitteln. Zum Grundvermögen gehören – wie bisher – die unbebauten (§ 178 BewG) und die bebauten Grundstücke (§§ 180, 181 BewG), die Erbbaurechte (§§ 192ff. BewG), die Gebäude auf fremdem Grund und Boden (§ 195 BewG), die Grundstücke im Zustand der Bebauung (§ 196 BewG) und die Grundstücke mit Zivilschutzanlagen (§ 197 BewG). Bei der Bewertung des Grundvermögens ist die Wertermittlung von der Grundstücksart abhängig. Für die Bewertung ist eine genaue Abgrenzung der Zugehörigkeit von Grundstücken zu den einzelnen Vermögensarten und innerhalb des Grundvermögens zu den verschiedenen Grundstücksarten (§ 181 BewG) erforderlich. Betriebsgrundstücke i.S.v. § 99 BewG werden – soweit überhaupt erforderlich – wie private Grundstücke bewertet; sie gehören aber zur Vermögensart „Betriebsvermögen". Der Wert unbebauter Grundstücke bestimmt sich nach ihrer Fläche und den aktuellen Bodenrichtwerten (§ 179 BewG). Für bebaute Grundstücke ist der gemeine Wert für Ein- und Zweifamilienhäuser, Eigentumswohnungen und Teileigentum in einem **Vergleichswertverfahren,** für Mietwohnhäuser, Geschäftsgebäude und gemischt genutzte Grundstücke, für die sich eine übliche Miete ermitteln lässt, in einem **Ertragswertverfahren** und wenn sich keine übliche Miete ermitteln lässt, in einem **Sachwertverfahren** zu bewerten. Letzteres gilt entsprechend für Ein- und Zweifamilienhäuser, Eigentumswohnungen und Teileigentum. Das Erbbaurecht wird ab 2009 mit einem nach finanzmathematischer Methode ermittelten Bodenwertanteil und einem Gebäudewertanteil ermittelt (§ 193 BewG). Der Wert des mit dem Erbbaurecht **belasteten Grundstücks** wird i.d.R. mit einem nach finanzmathematischen Methoden ermittelten Bodenwertanteil und unter bestimmten Voraussetzungen zusätzlich mit einem Gebäudewertanteil bewertet (§ 194 BewG). Außerdem gibt es Sonderregelungen für Gebäude auf fremdem Grund und Boden (§ 195 BewG), Grundstücke im Zustand der Bebauung (§ 196) sowie für Zivilschutzanlagen (§ 197 BewG). Wegen der typisierenden Bewertung kann der steuerliche Bedarfswert ggf. höher als der Verkehrswert sein. Für diese Fälle ermöglicht § 198 BewG den Ansatz des niedrigeren Verkehrswerts, wenn der Steuerpflichtige entsprechende Nachweise erbringt.

3. Inländisches Betriebsvermögen (§ 12 Abs. 5 ErbStG i.V.m. § 11 Abs. 2, §§ 95ff., §§ 199 bis 203 BewG)

Für einen zum steuerpflichtigen Erwerb gehörenden gewerblichen Betrieb ist ein besonderer Stichtagswert zu ermitteln, wobei die für die Bewertung des Betriebsvermögens geltenden Vorschriften (§§ 95ff., 109 BewG) anzuwenden sind (§ 12 Abs. 5 ErbStG). Die Zugehörigkeit eines Wirtschaftsguts zum Betriebsvermögen richtet sich nach ertragsteuerlichen Grundsätzen (§ 95 BewG i. V. m. § 15 EStG). Die Zugehörigkeit zum Betriebsvermögen hat besondere Bedeutung bei der Erbschaftsteuer, da Betriebsvermögen besonders begünstigt wird. Ab 2009 ist Betriebsvermögen grundsätzlich nach den **Ertragsaussichten** im Wege einer Kapitalisierung des Ertrags zu bewerten (§ 109 i. V. m. § 11 Abs. 2, §§ 199 ff. BewG), wenn der Wert nicht aus **Verkäufen** unter fremden Dritten, die weniger als ein Jahr vor dem Erbfall/der Schenkung zurückliegen, abgeleitet werden kann. Bei einer Bewertung nach dem Ertrag ist grds. **keine Bewertung der einzelnen Wirtschaftsgüter** erforderlich. Das Gesetz stellt in den §§ 199 ff. BewG ein vereinfachtes **Ertragswertverfahren** zur Verfügung, das auch von Amts wegen anzuwenden ist, wenn es nicht zu offenkundig unzutreffenden Ergebnissen führt. Ab 1.1.2016 darf das Betriebsergebnis des Unternehmens bei Anwendung des vereinfachten Ertragswertverfahrens maximal mit dem Kapitalisierungsfaktor 13,75 multipliziert werden. Der Gesetzgeber lässt eine Bewertung nach anderen – auch im gewöhnlichen Geschäftsverkehr üblichen – Methoden zu, z. B. Unternehmensbewertung nach IdW-Standard S 1. Eine **Einzelbewertung** wird immer dann erforderlich, wenn die Ertragsbewertung offensichtlich zu Werten unterhalb des Substanzwerts führt (Summe/Saldo der gemeinen Werte der zum Betriebsvermögen gehörenden Wirtschaftsgüter). Mindestens ist gem. § 11 Abs. 2 Satz 2 BewG immer der Substanzwert zu versteuern. Die einzelnen Wirtschaftsgüter des Betriebsvermögens sind bei der Substanzwertermittlung mit dem gemeinen Wert i. S. d. § 9 BewG zu bewerten (vgl. z. B. § 200 Abs. 2 BewG für nicht betriebsnotwendige Wirtschaftsgüter, für Sonderbetriebsvermögen und für sog. Verwaltungsvermögen). Das Betriebsvermögen ist zum Besteuerungszeitpunkt auch dann voll umfänglich zu bewerten, wenn es zu 100% von der Erbschaftsteuer befreit wird. Der Grund dafür ist, dass es bei Verstoß gegen Verschonungsvoraussetzungen zu einer Nachversteuerung kommen kann.

Der Wert für das Betriebsvermögen (Einzelunternehmen, freiberufliche Praxis) oder ggf. der Anteil am Betriebsvermögen (einer Mitunternehmerschaft) und der Anteil der Grundbesitz- und Beteiligungswerte im Betriebsvermögen sind jeweils **gesondert festzustellen.** Jeder Feststellungsbescheid ist für die nächst höhere Eigentums- und Wertebene verbindlich (sozusagen von unten nach oben), z. B. der Feststellungsbescheid für ein Grundstück einer Tochter-GmbH für die Wertfeststellung von deren Anteilen und die Wertfeststellung der Anteile der Tochter-GmbH für die Wertfeststellung der Anteile der Mutter-GmbH (vgl. § 200 Abs. 3 BewG). Die besonderen Verschonungen des Betriebsvermögens sind im ErbStG geregelt, Näheres siehe unter II.

4. Übriges Vermögen (§ 12 Abs. 1, 2, 6 ErbStG i. V. m. §§ 11 bis 16 BewG)

Die Wirtschaftsgüter des übrigen Vermögens, also Wirtschaftsgüter, die weder zum LuF-Vermögen, zum Betriebsvermögen noch zum Grundvermögen gehören, werden nach § 9 BewG mit dem gemeinen Wert bewertet. Bargeld-

und Geldvermögen auf Konten und Depots sind grds. mit dem Nennwert (Nominalwert) am Stichtag zu bewerten. Für die Bewertung von Forderungen und Schulden sowie von Nutzungen, Renten und wiederkehrenden Leistungen gibt es im Bewertungsgesetz besondere Vorschriften (§§ 12ff. BewG), die auch für die Erbschaftsteuer gelten; dazu ausführlich gleich lautende Ländererlasse v. 10.10.2010, BStBl. I S. 810.

Die Bewertung **nichtnotierter Anteile an Kapitalgesellschaften** richtet sich grds. nach den Kurs- oder Verkaufswerten (§ 11 Abs. 1 und Abs. 2 Satz 2 BewG). Soweit dies insb. bei Erbfällen nicht möglich ist, sind die gemeinen Werte der Anteile für Erbschaftsteuerzwecke (§ 12 Abs. 2 ErbStG) nach einem besonderen vereinfachten Ertragswertverfahren oder nach anderen in § 11 Abs. 2 BewG genannten Bewertungsverfahren (siehe dazu oben unter IV. 3.) zu ermitteln. Der Wert für Anteile an nichtnotierten Kapitalgesellschaften ist auf jeder Eigentums- und Wertebene jeweils **gesondert festzustellen.** Das Stuttgarter Verfahren ist ab 2009 nicht mehr anzuwenden.

Außerdem sind auch Werte der anteiligen übrigen Wirtschaftsgüter und Schulden, die mehreren Personen (Gemeinschaften) i. S. d. § 3 BewG zustehen (z. B. Beteiligungen an Fonds), **gesondert festzustellen.**

5. Ausländisches Sachvermögen (§ 31 BewG)

Für ausländisches Sachvermögen ist der Verkehrswert am Belegenheitsort maßgebend. Zur Wertermittlung können – soweit nach den Gegebenheiten möglich – die Methoden des Bewertungsgesetzes verwendet werden. Übriges ausländisches Vermögen ist wie inländisches übriges Vermögen auch mit dem gemeinen Wert/Verkehrswert zu bewerten.

V. Grundsteuer

Ab 2025 gilt **neues Grundsteuerrecht.**[1] Das neue Grundsteuerrecht entspricht grds. der Systematik des bisherigen Rechts. Hauptsächlich in Bezug auf die Bewertung des Grundbesitzes gibt es spezielles neues Recht. Die Feststellungen der neuen Grundbesitzwerte beginnen in 2022.

Die Grundsteuer wird **aktuell** noch **auf der Basis der derzeit geltenden Einheitswerte** bis **zum 31. Dezember 2024** (dazu unter III.) nach dem **Grundsteuergesetz** v. 7.8.1973 (BGBl. I S. 965) mit den nachfolgenden Gesetzesänderungen erhoben. Die letzten großen Änderungen des Grundsteuergesetzes erfolgten durch das Grundsteuer-Reformgesetz (GrStRefG) v. 26.11. 2019 (BGBl. I S. 1794) sowie durch das Gesetz zur Änderung des Grundsteuergesetzes zur Mobilisierung von baureifen Grundstücken für die Bebauung (GrStG 1973 ÄndG) v. 30.11.2019 (BGBl. I S. 1875). Durch das Jahressteuergesetz 2020 (JStG 2020) v. 21.12.2020 (BGBl. I S. 3096) wurden einzelne Vorschriften des GrStRefG korrigiert. Zur Anwendung und Auslegung des Grundsteuergesetzes in den **alten Bundesländern** wurden 1978 die

[1] Dazu allgemein BMF v. 21.6.2019 „Die neue Grundsteuer – Fragen und Antworten Steuern“, www. bundesfinanzministerium.de/steuern.

Grundsteuer-Richtlinien erlassen, die wegen der bis 2024 weitgehend unveränderten Rechtslage weiter von Bedeutung sind. In den **neuen Bundesländern** gilt stattdessen bzgl. der Einheitsbewertung teilweise noch früheres Reichsrecht (verfassungsgemäß, vgl. BFH v. 27.5.2020 II R 38/18, DStRE S. 149); zu diesem Zweck sind in der vorliegenden Textausgabe auch ein Auszug aus dem Bewertungsgesetz-DDR und der Reichsbewertungsdurchführungsverordnung sowie unter Nr. 3.1 die wieder anzuwendende Grundsteuer-Durchführungsverordnung abgedruckt. Statt der GrSt-Richtlinien regeln spezielle gleich lautende Ländererlasse deren Anwendung, siehe Anlage 18 zu den BewR Gr (Nr. 5).

Die Erbschaftsteuer und die Grundsteuer haben seit 1996 nur noch Berührungspunkte bei einem Wechsel des Eigentums am Grundbesitz. Der Erbe oder Beschenkte hat erstmals ab Beginn des Kalenderjahres, das dem Jahr, in dem der Wechsel stattfand, folgt, die Grundsteuer zu zahlen. Unter bestimmten Voraussetzungen schuldet er aber auch die rückständige Grundsteuer des Erblassers bzw. haftet für rückständige Grundsteuerschulden.

Die Grundsteuer wird vom Grundbesitz i. S. d. Bewertungsrechts von der Gemeinde für den in ihrem Gebiet gelegenen Grundbesitz erhoben. Unter Grundbesitz sind die privaten und betrieblichen Grundstücke sowie die Betriebe der Land- und Forstwirtschaft zu verstehen. Steuerschuldner ist im Allgemeinen der Eigentümer des Grundstücks oder des Betriebs der Land- und Forstwirtschaft, für die neuen Bundesländer unter den Voraussetzungen des § 40 GrStG der (oder die) Nutzer. Unabhängig von der Person des Steuerschuldners haftet das Grundstück selbst für die Grundsteuer (§ 12 GrStG), d. h. die Grundsteuer ruht als öffentliche Last auf dem Grundstück. Bestimmte Steuerpflichtige und bestimmte Grundstücke sind von der Grundsteuer ausgenommen (§§ 3 ff. GrStG). Selbstbewohnte Hausgrundstücke müssen aber nicht von der Grundsteuer ausgenommen werden (BVerfG v. 21.6.2006 1 BvR 1644/05; v. 18.2.2009 1 BvR 1334/07, NJW S. 1868). Die Belastung der Grundsteuer ist zum einen von dem steuerlichen Wert des Grundstücks, zum anderen auch vom gemeindlichen Hebesatz abhängig. Bemessungsgrundlage (steuerlicher Wert) des Grundstücks (Grundsteuer B) bzw. des Betriebs der Land- und Forstwirtschaft (Grundsteuer A) ist der nach dem BewG festgestellte Einheitswert (§ 13 Abs. 1 Satz 2 GrStG) bzw. für die neuen Bundesländer die Ersatzbemessungsgrundlage nach §§ 41, 42 GrStG. Für die Ermittlung und Festsetzung der Grundsteuer ist der Einheitswert des Grundstücks in einen sog. Steuermessbetrag umzurechnen. Der Steuermessbetrag wird durch Anwendung eines Tausendsatzes, der sog. Steuermesszahl (§§ 14, 15 GrStG, in den neuen Ländern § 29 GrStDVO), auf den Einheitswert ermittelt. Erstreckt sich das Grundstück über mehrere Gemeindegebiete, ist eine Zerlegung des Steuermessbetrags, ersatzweise ein Steuerausgleich, vorzunehmen (§§ 22 bis 24 GrStG). Die Jahresgrundsteuer wird dann in der Weise berechnet, dass ein Prozentsatz, nämlich der von der Gemeinde durch Gemeinderatsbeschluss festgesetzte Hebesatz (§§ 25, 26 GrStG), auf den Steuermessbetrag angewendet wird (Einheitswert × Steuermesszahl × Hebesatz der Gemeinde). Die Hebesätze sind in Deutschland sehr unterschiedlich; den höchsten Hebesatz bei Grundsteuer B von den Großstädten hatte 2019 f. Berlin mit 810%, zum Vergleich Frankfurt 500%, München 535% oder Köln 515%, Dresden 635%.

Die höchsten Hebesätze liegen inzwischen schon über 900%! Bei der Grundsteuer A (für LuF-Vermögen) sind die Hebesätze grundsätzlich niedriger, aber die Spannen größer. Für 2021 ff. werden partiell weitere Erhöhungen der Hebesätze erwartet. Bisher sind allerdings alle **Klagen** vor den Verwaltungsgerichten, mit denen sich Bürger gegen die **Erhöhung ihrer kommunalen Hebesätze** gewandt haben, **erfolglos** gewesen. In den **neuen Ländern** wird die Jahresgrundsteuer für Ein- und Zweifamilienhäuser sowie für Mietwohngrundstücke im Allgemeinen aus einer Ersatzbemessungsgrundlage (DM-Betrag pro $m^2 \times$ Boden-/Nutzfläche) ermittelt. Bei land- und forstwirtschaftlichen Betrieben tritt an die Stelle des Einheitswerts ein sog. Ersatzwirtschaftswert. In den §§ 32 bis 34 GrStG sind **Erlasstatbestände** geregelt, z. B. für Denkmalobjekte (dazu BVerwG v. 5.5.2015 9 C 6/14, NVwZ S. 1620). Durch die Rechtsprechung ist inzwischen geklärt, dass auch sog. strukturell bedingter Leerstand zu einem Grundsteuererlass berechtigt (BVerwG v. 13.2.2017 9 B 37/16, HFR S. 775; v. 3.12.2014 9 B 73/14, NVwZ-RR 2015 S. 232; v. 25.6.2008 9 C 8/07, DVBl. S. 1313; BFH v. 26.2.2007 II R 5/05, BStBl. II S. 469). Allerdings wurden die **Erlassmöglichkeiten** insbesondere bei Mietwohnungen und vermieteten Geschäftshäusern durch das JStG 2009 mWv 1.1.2008 **deutlich eingeschränkt;** die Rechtsänderung ist verfassungsgemäß, vgl. BFH v. 18.4.2012 II R 36/10, BStBl. II S. 867; die dagegen eingelegte Verfassungsbeschwerde ist vom BVerfG (Beschluss v. 1.9.2014 1 BvR 1375/12) als unzulässig verworfen worden. Ab 2008 (rückwirkend) besteht der Erlassanspruch bei einer Minderung der Erträge von mehr als 50%, dann wird die Grundsteuer in Höhe von 25% erlassen. Bei völliger Ertraglosigkeit (Minderung von 100%) wird die Grundsteuer zu 50% erlassen. Der Rohertrag orientiert sich nur noch nach der am Beginn des Erlasszeitraums geschätzten üblichen Miete. Insgesamt nahmen die Kommunen 2019 ca. 14,4 Mrd. € an Grundsteuern ein.

Verfahrensmäßig ist die Grundsteuer abhängig von der Einheitsbewertung des Grundbesitzes. Die letzte Hauptveranlagung zur Grundsteuer (§ 16 GrStG) fand auf der Basis der Hauptfeststellung der Einheitswerte von 1964 auf den 1. Januar 1974, in den neuen Ländern auf den 1. Januar 1935 statt (Näheres *Halaczinsky,* 50 Jahre Einheitswerte 1964 – Bewertung des Grundbesitzes in den alten Bundesländern, DStR 2014, Beihefter zu Heft 45/2014). Bis heute folgen auf Fortschreibungen, Nachfeststellungen oder Aufhebungen der Einheitswerte entsprechende Neuveranlagungen oder Nachveranlagungen der Grundsteuermessbeträge (§§ 17, 18 GrStG). Die Grundsteuer wird von der jeweiligen Gemeinde festgesetzt und erhoben (in den Stadtstaaten Berlin, Bremen, Hamburg durch die Finanzbehörden). Fehlerhafte Einheitswert- und Steuermessbescheide können mit Einspruch beim Finanzamt im Finanzrechtsweg und fehlerhafte Grundsteuerbescheide mit Widerspruch (vorbehaltlich anderen Landesrechts) bei der Gemeinde im Verwaltungsrechtsweg angefochten werden.

Für die **neue Grundsteuer** ab 2025 finden auf den 1.1.2022 die Hauptfeststellungen der Grundsteuerwerte statt. **Steuerbürger werden** – etwa durch Aufforderung zur Abgabe einer Feststellungserklärung – künftig mehr und mehr mit der **neuen Grundsteuer in Berührung kommen.**

VII. Rechtsgrundlagen

Das vorliegende Buch zum Erbschaftsteuer-, Bewertungs- und Grundsteuerrecht enthält die maßgeblichen Gesetze, Verordnungen und Verwaltungsrichtlinien zum Stand 1.3.2021.

Bonn, im März 2021 *Raymond Halaczinsky*

1. Bewertungsgesetz (BewG)[1]·[2]

In der Fassung der Bekanntmachung vom 1. Februar 1991[3]

(BGBl. I S. 230)

FNA 610-7

geänd. durch Art. 8 Steueränderungsgesetz 1991 v. 24.6.1991 (BGBl. I S. 1322), Art. 13 Steueränderungsgesetz 1992 v. 25.2.1992 (BGBl. I S. 297), Art. 3 Zinsabschlaggesetz v. 9.11.1992 (BGBl. I S. 1853), Art. 24 Gesetz zur Umsetzung des Föderalen Konsolidierungsprogramms v. 23.6.1993 (BGBl. I S. 944), Art. 9 Standortsicherungsgesetz v. 13.9.1993 (BGBl. I S. 1569), Art. 14 Mißbrauchsbekämpfungs- und Steuerbereinigungsgesetz v. 21.12.1993 (BGBl. I S. 2310), Art. 28 Pflege-Versicherungsgesetz v. 26.5.1994 (BGBl. I S. 1014), Art. 26 Agrarsozialreformgesetz 1995 v. 29.7.1994 (BGBl. I S. 1890), Art. 12 Abs. 38 Postneuordnungsgesetz v. 14.9.1994 (BGBl. I S. 2325, ber. BGBl. I 1996 S. 103), Art. 6 Entschädigungs- und Ausgleichsleistungsgesetz v. 27.9.1994 (BGBl. I S. 2624), Art. 22 Jahressteuergesetz 1996 v. 11.10.1995 (BGBl. I S. 1250), Art. 6 Gesetz zur Neuregelung der steuerrechtlichen Wohneigentumsförderung v. 15.12.1995 (BGBl. I S. 1783), Art. 1 Jahressteuergesetz 1997 v. 20.12.1996 (BGBl. I S. 2049), Art. 6 Gesetz zur Fortsetzung der Unternehmenssteuerreform v. 29.10.1997 (BGBl. I S. 2590), Art. 2 Gesetz zur Anpassung steuerlicher Vorschriften der Land- und Forstwirtschaft v. 29.6.1998 (BGBl. I S. 1692), Art. 17 Steuer-Euroglättungsgesetz v. 19.12.2000 (BGBl. I S. 1790), Art. 20 Gesetz zur Reform des Wohnungsbaurechts v. 13.9.2001 (BGBl. I S. 2376), Art. 105 Siebente Zuständigkeitsanpassungsverordnung v. 29.10.2001 (BGBl. I S. 2785), Art. 1 ÄndG v. 10.12.2001 (BGBl. I S. 3435), Art. 14 Steueränderungsgesetz 2001 v. 20.12.2001 (BGBl. I S. 3794), Art. 115 Neunte Zuständigkeitsanpassungsverordnung v. 31.10.2006 (BGBl. I S. 2407), Art. 8 Gesetz über steuerliche Begleitmaßnahmen zur Einführung der Europäischen Gesellschaft und zur Änderung weiterer steuerrechtlicher Vorschriften (SEStEG) v. 7.12.2006 (BGBl. I S. 2782), Art. 18 Jahressteuergesetz 2007[4] v. 13.12.2006 (BGBl. I S. 2878), Art. 13a Nr. 1 Finanzmarktrichtlinie-Umsetzungsgesetz v. 16.7.2007 (BGBl. I S. 1330), Art. 21 Jahressteuergesetz 2008 v. 20.12.2007 (BGBl. I S. 3150), Art. 2 und 3 Erbschaftsteuerreformgesetz 2009 v. 24.12.2008 (BGBl. I S. 3018), Art. 13 Jahressteuergesetz 2010 (JStG 2010) v. 8.12.2010 (BGBl. I S. 1768), Art. 7 Steuervereinfachungsgesetz 2011 v. 1.11.2011 (BGBl. I S. 2131), Art. 10 Gesetz zur Umsetzung der Beitreibungsrichtlinie sowie zur Änderung steuerlicher Vorschriften (Beitreibungsrichtlinie-Umsetzungsgesetz – BeitrRLUmsG) v. 7.12.2011 (BGBl. I S. 2592), Art. 13 Abs. 3 Gesetz zur Neuordnung der Organisation der landwirtschaftlichen Sozialversicherung (LSV-Neuordnungsgesetz – LSV-NOG) v. 12.4.2012 (BGBl. I S. 579), Art. 20 Gesetz zur Umsetzung der Amtshilferichtlinie sowie zur Änderung steuerlicher Vorschriften (Amtshilferichtlinie-Umsetzungsgesetz – AmtshilfeRLUmsG) v. 26.6.2013 (BGBl. I S. 1809), Art. 3 Gesetz zur Anpassung des Investmentsteuergesetzes und anderer Gesetze an das AIFM-Umsetzungsgesetz (AIFM-Steuer-Anpassungsgesetz – AIFM-StAnpG) v. 18.12.2013 (BGBl. I S. 4318), Art. 6 Gesetz zur Anpassung steuerlicher Regelungen an die Rechtsprechung des Bundesverfassungsgerichts v. 18.7.2014 (BGBl. I S. 1042), Art. 231 Zehnte Zuständigkeitsanpassungsverordnung v. 31.8.2015 (BGBl. I S. 1474), Art. 9 Steueränderungsgesetz 2015 v. 2.11.2015 (BGBl. I S. 1834), Art. 2 Gesetz zur Anpassung des Erbschaftsteuer- und Schenkungsteuergesetzes an die Rechtsprechung des Bundesverfassungsgerichts v. 4.11.2016 (BGBl. I S. 2464), Urteil des BVerfG – 1 BvL 11/14, 1 BvL 12/14, 1 BvL 1/15, 1 BvR 639/11, 1 BvR 889/12 – v. 10.4.2018 (BGBl. I S. 531), Art. 1 und 2 Gesetz zur Reform des Grundsteuer- und Bewertungsrechts (Grundsteuer-Reformgesetz – GrStRefG) v. 26.11. 2019 (BGBl. I S. 1794), Art. 25 Gesetz zur weiteren steuerlichen Förderung der Elektromobilität und zur Änderung weiterer steuerlicher Vorschriften v. 12.12.2019 (BGBl. I S. 2451) und Art. 30 Jahressteuergesetz 2020 (JStG 2020) v. 21.12.2020 (BGBl. I S. 3096)

---

[1] Zur Anwendung siehe § 265 und § 266.

[2] Zu abweichendem Landesrecht siehe u.a. **Baden-Württemberg:** Landesgrundsteuergesetz – LGrStG v. 4.11.2020 (GBl. S. 974).

[3] Neubekanntmachung des BewG idF der Bek. v. 30.5.1985 (BGBl. I S. 845) in der ab 1.1.1991 geltenden Fassung.

[4] Die Änderungen von „vom Hundert" bzw. „Hundertsatz/Hundertsätze" in „Prozent" bzw. „Prozentsatz/Prozentsätze" durch das JStG 2007 sind durchgeführt, aber nicht im Einzelnen nachgewiesen.

Nichtamtliche Inhaltsübersicht

Erster Teil. Allgemeine Bewertungsvorschriften

§ 1 Geltungsbereich (1) Die allgemeinen Bewertungsvorschriften (§§ 2 bis 16) gelten für alle öffentlich-rechtlichen Abgaben, die durch Bundesrecht geregelt sind, soweit sie durch Bundesfinanzbehörden oder durch Landesfinanzbehörden verwaltet werden.

(2) Die allgemeinen Bewertungsvorschriften gelten nicht, soweit im Zweiten Teil dieses Gesetzes oder in anderen Steuergesetzen besondere Bewertungsvorschriften enthalten sind.

§ 2 Wirtschaftliche Einheit. (1) [1] Jede wirtschaftliche Einheit ist für sich zu bewerten. [2] Ihr Wert ist im ganzen festzustellen. [3] Was als wirtschaftliche Einheit zu gelten hat, ist nach den Anschauungen des Verkehrs zu entscheiden. [4] Die örtliche Gewohnheit, die tatsächliche Übung, die Zweckbestimmung und die wirtschaftliche Zusammengehörigkeit der einzelnen Wirtschaftsgüter sind zu berücksichtigen.

(2) Mehrere Wirtschaftsgüter kommen als wirtschaftliche Einheit nur insoweit in Betracht, als sie demselben Eigentümer gehören.

(3) Die Vorschriften der Absätze 1 und 2 gelten nicht, soweit eine Bewertung der einzelnen Wirtschaftsgüter vorgeschrieben ist.

§ 3 Wertermittlung bei mehreren Beteiligten. [1] Steht ein Wirtschaftsgut mehreren Personen zu, so ist sein Wert im ganzen zu ermitteln. [2] Der Wert ist auf die Beteiligten nach dem Verhältnis ihrer Anteile zu verteilen, soweit nicht nach dem maßgebenden Steuergesetz die Gemeinschaft selbständig steuerpflichtig ist.

§ 3a[1)] *(aufgehoben)*

§ 4 Aufschiebend bedingter Erwerb. Wirtschaftsgüter, deren Erwerb vom Eintritt einer aufschiebenden Bedingung abhängt, werden erst berücksichtigt, wenn die Bedingung eingetreten ist.

§ 5 Auflösend bedingter Erwerb. (1) [1] Wirtschaftsgüter, die unter einer auflösenden Bedingung erworben sind, werden wie unbedingt erworbene behandelt. [2] Die Vorschriften über die Berechnung des Kapitalwerts der Nutzungen von unbestimmter Dauer (§ 13 Abs. 2 und 3, § 14, § 15 Abs. 3) bleiben unberührt.

(2) [1] Tritt die Bedingung ein, so ist die Festsetzung der nicht laufend veranlagten Steuern auf Antrag nach dem tatsächlichen Wert des Erwerbs zu berichtigen. [2] Der Antrag ist bis zum Ablauf des Jahres zu stellen, das auf den Eintritt der Bedingung folgt.

§ 6 Aufschiebend bedingte Lasten. (1) Lasten, deren Entstehung vom Eintritt einer aufschiebenden Bedingung abhängt, werden nicht berücksichtigt.

(2) Für den Fall des Eintritts der Bedingung gilt § 5 Abs. 2 entsprechend.

§ 7 Auflösend bedingte Lasten. (1) Lasten, deren Fortdauer auflösend bedingt ist, werden, soweit nicht ihr Kapitalwert nach § 13 Abs. 2 und 3, § 14, § 15 Abs. 3 zu berechnen ist, wie unbedingte abgezogen.

(2) Tritt die Bedingung ein, so ist die Festsetzung der nicht laufend veranlagten Steuern entsprechend zu berichtigen.

§ 8 Befristung auf einen unbestimmten Zeitpunkt. Die §§ 4 bis 7 gelten auch, wenn der Erwerb des Wirtschaftsguts oder die Entstehung oder der Wegfall der Last von einem Ereignis abhängt, bei dem nur der Zeitpunkt ungewiß ist.

§ 9 Bewertungsgrundsatz, gemeiner Wert. (1) Bei Bewertungen ist, soweit nichts anderes vorgeschrieben ist, der gemeine Wert zugrunde zu legen.

(2) [1] Der gemeine Wert wird durch den Preis bestimmt, der im gewöhnlichen Geschäftsverkehr nach der Beschaffenheit des Wirtschaftsgutes bei einer Veräußerung zu erzielen wäre. [2] Dabei sind alle Umstände, die den Preis beeinflussen, zu berücksichtigen. [3] Ungewöhnliche oder persönliche Verhältnisse sind nicht zu berücksichtigen.

(3) [1] Als persönliche Verhältnisse sind auch Verfügungsbeschränkungen anzusehen, die in der Person des Steuerpflichtigen oder eines Rechtsvorgängers begründet sind. [2] Das gilt insbesondere für Verfügungsbeschränkungen, die auf letztwilligen Anordnungen beruhen.

---

1) § 3a aufgeh. durch G v. 20.12.1996 (BGBl. I S. 2049).

§ 10[1)] Begriff des Teilwerts. [1]Wirtschaftsgüter, die einem Unternehmen dienen, sind, soweit nichts anderes vorgeschrieben ist, mit dem Teilwert anzusetzen. [2]Teilwert ist der Betrag, den ein Erwerber des ganzen Unternehmens im Rahmen des Gesamtkaufpreises für das einzelne Wirtschaftsgut ansetzen würde. [3]Dabei ist davon auszugehen, daß der Erwerber das Unternehmen fortführt.

§ 11 Wertpapiere und Anteile. (1)[2)] [1]Wertpapiere und Schuldbuchforderungen, die am Stichtag an einer deutschen Börse zum Handel im regulierten Markt zugelassen sind, werden mit dem niedrigsten am Stichtag für sie im regulierten Markt notierten Kurs angesetzt. [2]Liegt am Stichtag eine Notierung nicht vor, so ist der letzte innerhalb von 30 Tagen vor dem Stichtag im regulierten Markt notierte Kurs maßgebend. [3]Entsprechend sind die Wertpapiere zu bewerten, die in den Freiverkehr einbezogen sind.

(2)[3)] [1]Anteile an Kapitalgesellschaften, die nicht unter Absatz 1 fallen, sind mit dem gemeinen Wert anzusetzen. [2]Lässt sich der gemeine Wert nicht aus Verkäufen unter fremden Dritten ableiten, die weniger als ein Jahr zurückliegen, so ist er unter Berücksichtigung der Ertragsaussichten der Kapitalgesellschaft oder einer anderen anerkannten, auch im gewöhnlichen Geschäftsverkehr für nichtsteuerliche Zwecke üblichen Methode zu ermitteln; dabei ist die Methode anzuwenden, die ein Erwerber der Bemessung des Kaufpreises zugrunde legen würde. [3]Die Summe der gemeinen Werte der zum Betriebsvermögen gehörenden Wirtschaftsgüter und sonstigen aktiven Ansätze abzüglich der zum Betriebsvermögen gehörenden Schulden und sonstigen Abzüge (Substanzwert) der Gesellschaft darf nicht unterschritten werden; die §§ 99 und 103 sind anzuwenden. [4]Die §§ 199 bis 203 sind zu berücksichtigen.

(2a)[4)] *(aufgehoben)*

(3) Ist der gemeine Wert einer Anzahl von Anteilen an einer Kapitalgesellschaft, die einer Person gehören, infolge besonderer Umstände (z.B. weil die Höhe der Beteiligung die Beherrschung der Kapitalgesellschaft ermöglicht) höher als der Wert, der sich auf Grund der Kurswerte (Absatz 1) oder der gemeinen Werte (Absatz 2) für die einzelnen Anteile insgesamt ergibt, so ist der gemeine Wert der Beteiligung maßgebend.

(4)[5)] Anteile oder Aktien, die Rechte an einem Investmentvermögen im Sinne des Kapitalanlagegesetzbuchs verbriefen, sind mit dem Rücknahmepreis anzusetzen.

§ 12 Kapitalforderungen und Schulden.[6)] (1)[7)] [1]Kapitalforderungen, die nicht in § 11 bezeichnet sind, und Schulden sind mit dem Nennwert anzusetzen, wenn nicht besondere Umstände einen höheren oder geringeren Wert begründen. [2]Liegen die besonderen Umstände in einer hohen, niedrigen oder fehlenden Verzinsung, ist bei der Bewertung vom Mittelwert einer jährlich vorschüssigen und jährlich nachschüssigen Zahlungsweise auszugehen.

---

1) § 10 Satz 1 geänd. durch G v. 25.2.1992 (BGBl. I S. 297).

2) § 11 Abs. 1 neu gef. mWv 1.11.2007 durch G v. 16.7.2007 (BGBl. I S. 1330).

3) § 11 Abs. 2 neu gef. mWv 1.1.2009 durch G v. 24.12.2008 (BGBl. I S. 3018).

4) § 11 Abs. 2a aufgeh. mWv 1.1.1998 durch G v. 29.10.1997 (BGBl. I S. 2590).

5) § 11 Abs. 4 neu gef. durch G v. 18.12.2013 (BGBl. I S. 4318); zur Anwendung siehe § 265 Abs. 5.

6) Siehe gleich lautenden Ländererlass v. 10.10.2010 (Nr. **4.1**).

7) § 12 Abs. 1 Satz 2 eingef. mWv 1.1.1993 durch G v. 9.11.1992 (BGBl. I S. 1853).

(2) Forderungen, die uneinbringlich sind, bleiben außer Ansatz.

(3) [1]Der Wert unverzinslicher Forderungen oder Schulden, deren Laufzeit mehr als ein Jahr beträgt und die zu einem bestimmten Zeitpunkt fällig sind, ist der Betrag, der vom Nennwert nach Abzug von Zwischenzinsen unter Berücksichtigung von Zinseszinsen verbleibt. [2]Dabei ist von einem Zinssatz von 5,5 Prozent auszugehen.

(4)[1)] [1]Noch nicht fällige Ansprüche aus Lebens-, Kapital- oder Rentenversicherungen werden mit dem Rückkaufswert bewertet. [2]Rückkaufswert ist der Betrag, den das Versicherungsunternehmen dem Versicherungsnehmer im Falle der vorzeitigen Aufhebung des Vertragsverhältnisses zu erstatten hat. [3]Die Berechnung des Werts, insbesondere die Berücksichtigung von ausgeschütteten und gutgeschriebenen Gewinnanteilen kann durch Rechtsverordnung geregelt werden.

§ 13 Kapitalwert von wiederkehrenden Nutzungen und Leistungen.

(1)[2)] [1]Der Kapitalwert von Nutzungen oder Leistungen, die auf bestimmte Zeit beschränkt sind, ist mit dem aus Anlage 9a zu entnehmenden Vielfachen des Jahreswerts anzusetzen. [2]Ist die Dauer des Rechts außerdem durch das Leben einer oder mehrerer Personen bedingt, darf der nach § 14 zu berechnende Kapitalwert nicht überschritten werden.

(2)[3)] Immerwährende Nutzungen oder Leistungen sind mit dem 18,6fachen des Jahreswerts, Nutzungen oder Leistungen von unbestimmter Dauer vorbehaltlich des § 14 mit dem 9,3fachen des Jahreswerts zu bewerten.

(3)[4)] [1]Ist der gemeine Wert der gesamten Nutzungen oder Leistungen nachweislich geringer oder höher, so ist der nachgewiesene gemeine Wert zugrunde zu legen. [2]Der Ansatz eines geringeren oder höheren Werts kann jedoch nicht darauf gestützt werden, daß mit einem anderen Zinssatz als 5,5 Prozent oder mit einer anderen als mittelschüssigen Zahlungsweise zu rechnen ist.

§ 14 Lebenslängliche Nutzungen und Leistungen. (1)[5)] [1]Der Kapitalwert von lebenslänglichen Nutzungen und Leistungen ist mit dem Vielfachen des Jahreswerts nach Maßgabe der Sätze 2 bis 4 anzusetzen. [2]Die Vervielfältiger sind nach der Sterbetafel des Statistischen Bundesamtes zu ermitteln und ab dem 1. Januar des auf die Veröffentlichung der Sterbetafel durch das Statistische Bundesamt folgenden Kalenderjahres anzuwenden. [3]Der Kapitalwert ist unter Berücksichtigung von Zwischenzinsen und Zinseszinsen mit einem Zinssatz von 5,5 Prozent als Mittelwert zwischen dem Kapitalwert für jährlich vorschüssige und jährlich nachschüssige Zahlungsweise zu berechnen. [4]Das Bundesministerium der Finanzen stellt die Vervielfältiger für den Kapitalwert einer lebenslänglichen Nutzung oder Leistung im Jahresbetrag von einem Euro nach Lebensalter und Geschlecht der Berechtigten in einer Tabelle zusammen und veröffentlicht diese zusammen mit dem Datum der Veröffentlichung der Sterbetafel im Bundessteuerblatt.[6)]

---

1) § 12 Abs. 4 neu gef. mWv 1.1.2009 durch G v. 24.12.2008 (BGBl. I S. 3018).
2) § 13 Abs. 1 neu gef. durch G v. 9.11.1992 (BGBl. I S. 1853).
3) § 13 Abs. 2 geänd. durch G v. 9.11.1992 (BGBl. I S. 1853).
4) § 13 Abs. 3 Satz 2 eingef. durch G v. 9.11.1992 (BGBl. I S. 1853).
5) § 14 Abs. 1 neu gef. mWv 1.1.2009 durch G v. 24.12.2008 (BGBl. I S. 3028).
6) Für Bewertungsstichtage ab 1.1.2021 siehe BMF v. 28.10.2020 (BStBl. I S. 1048) (Nr. **4.1**).

(2) [1] Hat eine nach Absatz 1 bewertete Nutzung oder Leistung bei einem Alter

1.	bis zu 30 Jahren	nicht mehr als 10 Jahre,
2.	von mehr als 30 Jahren bis zu 50 Jahren	nicht mehr als 9 Jahre,
3.	von mehr als 50 Jahren bis zu 60 Jahren	nicht mehr als 8 Jahre,
4.	von mehr als 60 Jahren bis zu 65 Jahren	nicht mehr als 7 Jahre,
5.	von mehr als 65 Jahren bis zu 70 Jahren	nicht mehr als 6 Jahre,
6.	von mehr als 70 Jahren bis zu 75 Jahren	nicht mehr als 5 Jahre,
7.	von mehr als 75 Jahren bis zu 80 Jahren	nicht mehr als 4 Jahre,
8.	von mehr als 80 Jahren bis zu 85 Jahren	nicht mehr als 3 Jahre,
9.	von mehr als 85 Jahren bis zu 90 Jahren	nicht mehr als 2 Jahre,
10.	von mehr als 90 Jahren	nicht mehr als 1 Jahr

bestanden und beruht der Wegfall auf dem Tod des Berechtigten oder Verpflichteten, so ist die Festsetzung der nicht laufend veranlagten Steuern auf Antrag nach der wirklichen Dauer der Nutzung oder Leistung zu berichtigen. [2] § 5 Abs. 2 Satz 2 gilt entsprechend. [3] Ist eine Last weggefallen, so bedarf die Berichtigung keines Antrags.

(3) Hängt die Dauer der Nutzung oder Leistung von der Lebenszeit mehrerer Personen ab und erlischt das Recht mit dem Tod des zuletzt Sterbenden, so ist das Lebensalter und das Geschlecht derjenigen Person maßgebend, für die sich der höchste Vervielfältiger ergibt; erlischt das Recht mit dem Tod des zuerst Sterbenden, so ist das Lebensalter und Geschlecht derjenigen Person maßgebend, für die sich der niedrigste Vervielfältiger ergibt.

(4)[1)] [1] Ist der gemeine Wert der gesamten Nutzungen oder Leistungen nachweislich geringer oder höher als der Wert, der sich nach Absatz 1 ergibt, so ist der nachgewiesene gemeine Wert zugrunde zu legen. [2] Der Ansatz eines geringeren oder höheren Werts kann jedoch nicht darauf gestützt werden, daß mit einer kürzeren oder längeren Lebensdauer, mit einem anderen Zinssatz als 5,5 Prozent oder mit einer anderen als mittelschüssigen Zahlungsweise zu rechnen ist.

§ 15 Jahreswert von Nutzungen und Leistungen. (1) Der einjährige Betrag der Nutzung einer Geldsumme ist, wenn kein anderer Wert feststeht, zu 5,5 Prozent anzunehmen.

(2) Nutzungen oder Leistungen, die nicht in Geld bestehen (Wohnung, Kost, Waren und sonstige Sachbezüge), sind mit den üblichen Mittelpreisen des Verbrauchsorts anzusetzen.

(3) Bei Nutzungen oder Leistungen, die in ihrem Betrag ungewiß sind oder schwanken, ist als Jahreswert der Betrag zugrunde zu legen, der in Zukunft im Durchschnitt der Jahre voraussichtlich erzielt werden wird.

§ 16[2)] Begrenzung des Jahreswerts von Nutzungen. Bei der Ermittlung des Kapitalwerts der Nutzungen eines Wirtschaftsguts kann der Jahreswert dieser Nutzungen höchstens den Wert betragen, der sich ergibt, wenn der für

[1)] § 14 Abs. 4 Satz 2 neu gef. durch G v. 9.11.1992 (BGBl. I S. 1853).
[2)] § 16 neu gef. durch G v. 9.11.1992 (BGBl. I S. 1853).

das genutzte Wirtschaftsgut nach den Vorschriften des Bewertungsgesetzes anzusetzende Wert durch 18,6 geteilt wird.

Zweiter Teil. Besondere Bewertungsvorschriften

§ 17[1] **Geltungsbereich.** (1) Die besonderen Bewertungsvorschriften sind nach Maßgabe der jeweiligen Einzelsteuergesetze anzuwenden.

[Fassung bis 31.12.2024:[2]*]*

(2) Die §§ 18 bis 94, 122 und 125 bis 132 gelten für die Grundsteuer und die §§ 121a und 133 zusätzlich für die Gewerbesteuer.

(3) [1] Soweit sich nicht aus den §§ 19 bis 150 etwas anderes ergibt, finden neben diesen auch die Vorschriften des Ersten Teils des Gesetzes (§§ 1 bis 16) Anwendung. [2] § 16 findet auf die Grunderwerbsteuer keine Anwendung.

[Fassung ab 1.1.2025:[3]*]*

(2) [1] Soweit sich nicht aus den §§ 20 bis 266 etwas anderes ergibt, finden neben diesen auch die Vorschriften des Ersten Teils des Gesetzes (§§ 1 bis 16) Anwendung. [2] § 16 findet auf die Grunderwerbsteuer keine Anwendung.

§ 18 Vermögensarten. Das Vermögen, das nach den Vorschriften des Zweiten Teils dieses Gesetzes zu bewerten ist, umfaßt die folgenden Vermögensarten:

1.[4] Land- und forstwirtschaftliches Vermögen [***bis 31.12.2024:*** *(§§ 33 bis 67, § 31)*],

2.[5] Grundvermögen [***bis 31.12.2024:*** *(§§ 68 bis 94, § 31)*],

3.[6] Betriebsvermögen [***bis 31.12.2024:*** *(§§ 95 bis 109, § 31)*].

4.[7] *(aufgehoben)*

Erster Abschnitt. Einheitsbewertung

A. Allgemeines

[***bis 31.12.2024:***

§ 19[8), 9)] **Feststellung von Einheitswerten.** (1)[10] Einheitswerte werden für inländischen Grundbesitz, und zwar für Betriebe der Land- und Forstwirtschaft

---

[1] § 17 neu gef. durch G v. 20.12.1996 (BGBl. I S. 2049).

[2] § 17 Abs. 2 neu gef. durch G v. 29.10.1997 (BGBl. I S. 2590).

[3] § 17 Abs. 2 aufgeh., bish. Abs. 3 wird Abs. 2 und geänd. **mWv 1.1.2025** durch G v. 26.11.2019 (BGBl. I S. 1794).

[4] § 18 Nr. 1 geänd. **mWv 1.1.2025** durch G v. 26.11.2019 (BGBl. I S. 1794).

[5] § 18 Nr. 2 geänd. **mWv 1.1.2025** durch G v. 26.11.2019 (BGBl. I S. 1794).

[6] § 18 Nr. 3 geänd. **mWv 1.1.2025** durch G v. 26.11.2019 (BGBl. I S. 1794).

[7] § 18 Nr. 4 aufgeh. mWv 1.1.1997 durch G v. 20.12.1996 (BGBl. I S. 2049).

[8] Beachte hierzu das Urteil des BVerfG v. 10.4.2018 (BGBl. I S. 531):

„1. Die §§ 19, 20, 21, 22, 23, 27, 76, 79 Absatz 5, § 93 Absatz 1 Satz 2 des Bewertungsgesetzes in Verbindung mit Artikel 2 Absatz 1 Satz 1 und Satz 3 des Gesetzes zur Änderung des Bewertungs- →

(§§ 33, 48a und 51a), für Grundstücke (§§ 68 und 70) und für Betriebsgrundstücke (§ 99) festgestellt (§ 180 Abs. 1 Nr. 1 der Abgabenordnung[1]).

(2)[2] *(aufgehoben)*

(3) In dem Feststellungsbescheid (§ 179 der Abgabenordnung) sind auch Feststellungen zu treffen

1.[3] über die Art der wirtschaftlichen Einheit und bei Grundstücken auch über die Grundstücksart (§§ 72, 74 und 75) oder die Grundstückshauptgruppe (§ 32 der weiter anzuwendenden Durchführungsverordnung zum Reichsbewertungsgesetz vom 2. Februar 1935, RGBl. I S. 81, zuletzt geändert durch die Verordnung zur Änderung der Durchführungsverordnung zum Vermögensteuergesetz, der Durchführungsverordnung zum Reichsbewertungsgesetz und der Aufbringungsumlage-Verordnung vom 8. Dezember 1944, RGBl. I S. 338);
2. über die Zurechnung der wirtschaftlichen Einheit und bei mehreren Beteiligten über die Höhe ihrer Anteile.

(4)[4] Feststellungen nach den Absätzen 1 und 3 erfolgen nur, wenn und soweit sie für die Besteuerung von Bedeutung sind.]

[Fassung bis 31.12.2024:[5]]

§ 20 Ermittlung des Einheitswerts

[1] Die Einheitswerte werden nach den Vorschriften dieses Abschnitts ermittelt. [2] Bei der Ermittlung der Einheitswerte ist § 163 der Abgabenordnung[1] nicht anzuwenden; dies gilt nicht für Übergangsregelungen, die die oberste Finanzbehörde eines Lan-

[Fassung ab 1.1.2025:[6]]

§ 20 Abweichende Feststellung von Besteuerungsgrundlagen aus Billigkeitsgründen

Bei der Bewertung ist § 163 der Abgabenordnung nicht anzuwenden; dies gilt nicht für Übergangsregelungen, die die oberste Finanzbehörde eines Landes im Einvernehmen mit den obersten Finanzbehörden der übrigen Länder trifft.

(Fortsetzung der Fußn. von vorheriger Seite)

gesetzes in der Fassung des Artikels 2 des Gesetzes vom 22. Juli 1970 (Bundesgesetzblatt I Seite 1118) sind, soweit sie bebaute Grundstücke außerhalb des Bereichs der Land- und Forstwirtschaft und außerhalb des in Artikel 3 des Einigungsvertrags genannten Gebiets betreffen, jedenfalls seit dem 1. Januar 2002 unvereinbar mit Artikel 3 Absatz 1 Grundgesetz.

2. Der Gesetzgeber ist verpflichtet, eine Neuregelung spätestens bis zum 31. Dezember 2019 zu treffen. Bis zu diesem Zeitpunkt dürfen die als unvereinbar mit Artikel 3 Absatz 1 Grundgesetz festgestellten Regeln über die Einheitsbewertung weiter angewandt werden. Nach Verkündung einer Neuregelung dürfen die beanstandeten Regelungen für weitere fünf Jahre ab der Verkündung, längstens aber bis zum 31. Dezember 2024 angewandt werden.
3. Für Kalenderjahre nach Ablauf der Fortgeltungsfristen dürfen auch auf bestandskräftige Bescheide, die auf den als verfassungswidrig festgestellten Bestimmungen des Bewertungsgesetzes beruhen, keine Belastungen mehr gestützt werden."

[9] § 19 aufgeh. **mWv 1.1.2025** durch G v. 26.11.2019 (BGBl. I S. 1794).

[10] § 19 Abs. 1 neu gef. durch G v. 29.10.1997 (BGBl. I S. 2590).

[1] dtv-Band **Nr. 5548 AO/FGO**.

[2] § 19 Abs. 2 aufgeh. mWv. 1.1.2002 durch G v. 20.12.2001 (BGBl. I S. 3794).

[3] § 19 Abs. 3 geänd. durch G v. 29.10.1997 (BGBl. I S. 2590); Abs. 3 Nr. 1 neu gef. durch G v. 8.12.2010 (BGBl. I S. 1768); zur Anwendung siehe § 265 Abs. 1.

[4] § 19 Abs. 4 geänd. mWv. 1.1.2002 durch G v. 20.12.2001 (BGBl. I S. 3794).

[5] § 20 unvereinbar mit Art. 3 Abs. 1 GG (Urteil des BVerfG v. 10.4.2018, BGBl. I S. 531). Siehe Fußnote zu § 19.

[6] § 20 neu gef. **mWv 1.1.2025** durch G v. 26.11.2019 (BGBl. I S. 1794).

[Fassung bis 31.12.2024:]
des im Einvernehmen mit den obersten Finanzbehörden der übrigen Länder trifft.

[***bis 31.12.2024:***
§ 21[1)·2)] **Hauptfeststellung.** (1) Die Einheitswerte werden in Zeitabständen von je sechs Jahren allgemein festgestellt (Hauptfeststellung).

(2) [1]Der Hauptfeststellung werden die Verhältnisse zu Beginn des Kalenderjahrs (Hauptfeststellungszeitpunkt) zugrunde gelegt. [2]Die Vorschriften in § 35 Abs. 2 und den §§ 54 und 59 über die Zugrundelegung eines anderen Zeitpunkts bleiben unberührt.

§ 22[3)·4)] **Fortschreibungen.** (1)[5)] Der Einheitswert wird neu festgestellt (Wertfortschreibung), wenn der in Deutscher Mark ermittelte und auf volle hundert Deutsche Mark abgerundete Wert, der sich für den Beginn eines Kalenderjahrs ergibt, von dem entsprechenden Wert des letzten Feststellungszeitpunkts nach oben um mehr als den zehnten Teil, mindestens aber um 5 000 Deutsche Mark, oder um mehr als 100 000 Deutsche Mark, nach unten um mehr als den zehnten Teil, mindestens aber um 500 Deutsche Mark, oder um mehr als 5 000 Deutsche Mark, abweicht.

(2) Über die Art oder Zurechnung des Gegenstandes (§ 19 Abs. 3 Nr. 1 und 2) wird eine neue Feststellung getroffen (Artfortschreibung oder Zurechnungsfortschreibung), wenn sie von der zuletzt getroffenen Feststellung abweicht und es für die Besteuerung von Bedeutung ist.

(3) [1]Eine Fortschreibung nach Absatz 1 oder Absatz 2 findet auch zur Beseitigung eines Fehlers der letzten Feststellung statt. [2]§ 176 der Abgabenordnung[6)] ist hierbei entsprechend anzuwenden. [3]Dies gilt jedoch nur für die Feststellungszeitpunkte, die vor der Verkündung der maßgeblichen Entscheidung eines obersten Gerichts des Bundes liegen.

(4)[7)] [1]Eine Fortschreibung ist vorzunehmen, wenn dem Finanzamt bekannt wird, daß die Voraussetzungen für sie vorliegen. [2]Der Fortschreibung werden vorbehaltlich des § 27 die Verhältnisse im Fortschreibungszeitpunkt zugrunde gelegt. [3]Fortschreibungszeitpunkt ist

1.[8)] bei einer Änderung der tatsächlichen Verhältnisse der Beginn des Kalenderjahrs, das auf die Änderung folgt;
2. in den Fällen des Absatzes 3 der Beginn des Kalenderjahrs, in dem der Fehler dem Finanzamt bekannt wird, bei einer Erhöhung des Einheitswerts

---

[1)] § 21 unvereinbar mit Art. 3 Abs. 1 GG (Urteil des BVerfG v. 10.4.2018, BGBl. I S. 531). Siehe Fußnote zu § 19.
[2)] § 21 neu gef. durch G v. 29.10.1997 (BGBl. I S. 2590); aufgeh. **mWv 1.1.2025** durch G v. 26.11.2019 (BGBl. I S. 1794).
[3)] § 22 unvereinbar mit Art. 3 Abs. 1 GG (Urteil des BVerfG v. 10.4.2018, BGBl. I S. 531). Siehe Fußnote zu § 19.
[4)] § 22 aufgeh. **mWv 1.1.2025** durch G v. 26.11.2019 (BGBl. I S. 1794).
[5)] § 22 Abs. 1 neu gef. mWv 1.1.2002 durch G v. 19.12.2000 (BGBl. I S. 1790).
[6)] dtv-Band **Nr. 5548 AO/FGO**.
[7)] § 22 Abs. 4 Satz 4 neu gef. durch G v. 29.10.1997 (BGBl. I S. 2590).
[8)] § 22 Abs. 4 Satz 3 Nr. 1 Satz 2 aufgeh. durch G v. 29.10.1997 (BGBl. I S. 2590).

jedoch frühestens der Beginn des Kalenderjahrs, in dem der Feststellungsbescheid erteilt wird.

[4] Die Vorschriften in § 35 Abs. 2 und den §§ 54 und 59 über die Zugrundelegung eines anderen Zeitpunkts bleiben unberührt.

§ 23[1)·2)] Nachfeststellung. (1)[3)] Für wirtschaftliche Einheiten, für die ein Einheitswert festzustellen ist, wird der Einheitswert nachträglich festgestellt (Nachfeststellung), wenn nach dem Hauptfeststellungszeitpunkt (§ 21 Abs. 2)

1. die wirtschaftliche Einheit neu entsteht;
2. eine bereits bestehende wirtschaftliche Einheit erstmals zu einer Steuer herangezogen werden soll.
3. *(aufgehoben)*

(2)[4)] [1] Der Nachfeststellung werden vorbehaltlich des § 27 die Verhältnisse im Nachfeststellungszeitpunkt zugrunde gelegt. [2] Nachfeststellungszeitpunkt ist in den Fällen des Absatzes 1 Nr. 1 der Beginn des Kalenderjahrs, das auf die Entstehung der wirtschaftlichen Einheit folgt, und in den Fällen des Absatzes 1 Nr. 2 der Beginn des Kalenderjahrs, in dem der Einheitswert erstmals der Besteuerung zugrunde gelegt wird. [3] Die Vorschriften in § 35 Abs. 2 und den §§ 54 und 59 über die Zugrundelegung eines anderen Zeitpunkts bleiben unberührt.

§ 24[5)] Aufhebung des Einheitswerts. (1)[6)] Der Einheitswert wird aufgehoben, wenn dem Finanzamt bekannt wird, daß

1. die wirtschaftliche Einheit wegfällt;
2. der Einheitswert der wirtschaftlichen Einheit infolge von Befreiungsgründen der Besteuerung nicht mehr zugrunde gelegt wird.
3.[7)] *(aufgehoben)*

(2)[8)] Aufhebungszeitpunkt ist in den Fällen des Absatzes 1 Nr. 1 der Beginn des Kalenderjahrs, das auf den Wegfall der wirtschaftlichen Einheit folgt, und in den Fällen des Absatzes 1 Nr. 2 der Beginn des Kalenderjahrs, in dem der Einheitswert erstmals der Besteuerung nicht mehr zugrunde gelegt wird.

§ 24a[9)] Änderung von Feststellungsbescheiden. [1] Bescheide über Fortschreibungen oder Nachfeststellungen von Einheitswerten des Grundbesitzes können schon vor dem maßgebenden Feststellungszeitpunkt erteilt werden. [2] Sie sind zu ändern oder aufzuheben, wenn sich bis zu diesem Zeitpunkt Änderungen ergeben, die zu einer abweichenden Feststellung führen.

---

1) § 23 aufgeh. **mWv 1.1.2025** durch G v. 26.11.2019 (BGBl. I S. 1794).

2) § 23 unvereinbar mit Art. 3 Abs. 1 GG (Urteil des BVerfG v. 10.4.2018, BGBl. I S. 531). Siehe Fußnote zu § 19.

3) § 23 Abs. 1 Nr. 3 aufgeh. mWv 1.1.1997 durch G v. 20.12.1996 (BGBl. I S. 2049); geänd. durch G v. 29.10.1997 (BGBl. I S. 2590).

4) § 23 Abs. 2 neu gef. durch G v. 29.10.1997 (BGBl. I S. 2590).

5) § 24 aufgeh. **mWv 1.1.2025** durch G v. 26.11.2019 (BGBl. I S. 1794).

6) § 24 Abs. 1 geänd. durch G v. 29.10.1997 (BGBl. I S. 2590).

7) § 24 Abs. 1 Nr. 3 aufgeh. mWv 1.1.1997 durch G v. 20.12.1996 (BGBl. I S. 2049).

8) § 24 Abs. 2 neu gef. durch G v. 29.10.1997 (BGBl. I S. 2590).

9) § 24a aufgeh. **mWv 1.1.2025** durch G v. 26.11.2019 (BGBl. I S. 1794).

§ 25[1)] Nachholung einer Feststellung. (1) [1] Ist die Feststellungsfrist (§ 181 der Abgabenordnung[2)]) bereits abgelaufen, kann eine Fortschreibung (§ 22) oder Nachfeststellung (§ 23) unter Zugrundelegung der Verhältnisse vom Fortschreibungs- oder Nachfeststellungszeitpunkt mit Wirkung für einen späteren Feststellungszeitpunkt vorgenommen werden, für den diese Frist noch nicht abgelaufen ist. [2] § 181 Abs. 5 der Abgabenordnung bleibt unberührt.

(2) Absatz 1 ist bei der Aufhebung des Einheitswerts (§ 24) entsprechend anzuwenden.

§ 26[3)] Umfang der wirtschaftlichen Einheit bei Ehegatten oder Lebenspartnern. Die Zurechnung mehrerer Wirtschaftsgüter zu einer wirtschaftlichen Einheit (§ 2) wird beim Grundbesitz im Sinne der §§ 33 bis 94, 99 und 125 bis 133 nicht dadurch ausgeschlossen, daß die Wirtschaftsgüter zum Teil dem einen, zum Teil dem anderen Ehegatten oder Lebenspartner gehören.

§ 27[4)], [5)] Wertverhältnisse bei Fortschreibungen und Nachfeststellungen. Bei Fortschreibungen und bei Nachfeststellungen der Einheitswerte für Grundbesitz sind die Wertverhältnisse im Hauptfeststellungszeitpunkt zugrunde zu legen.

§ 28[6)] Erklärungspflicht. (1)[7)] Erklärungen zur Feststellung des Einheitswerts sind auf jeden Hauptfeststellungszeitpunkt abzugeben.

(2)[8)] [1] Die Erklärungen sind innerhalb der Frist abzugeben, die das Bundesministerium der Finanzen im Einvernehmen mit den obersten Finanzbehörden der Länder bestimmt. [2] Die Frist ist im Bundesanzeiger bekanntzumachen. [3] Fordert die Finanzbehörde zur Abgabe einer Erklärung auf einen Hauptfeststellungszeitpunkt oder auf einen anderen Feststellungszeitpunkt besonders auf (§ 149 Abs. 1 Satz 2 der Abgabenordnung[2)]), hat sie eine besondere Frist zu bestimmen, die mindestens einen Monat betragen soll.

(3)[9)] [1] Erklärungspflichtig ist derjenige, dem Grundbesitz zuzurechnen ist. [2] Er hat die Steuererklärung eigenhändig zu unterschreiben.

§ 29[10)] Auskünfte, Erhebungen und Mitteilungen. (1)[11)] [1] Die Eigentümer von Grundbesitz haben der Finanzbehörde auf Anforderung alle Angaben

---

1) § 25 eingef. durch G v. 29.10.1997 (BGBl. I S. 2590); § 25 aufgeh. **mWv 1.1.2025** durch G v. 26.11.2019 (BGBl. I S. 1794).

2) dtv-Band **Nr. 5548 AO/FGO**.

3) § 26 neu gef. durch G v. 20.12.1996 (BGBl. I S. 2049); geänd. durch G v. 29.10.1997 (BGBl. I S. 2590); geänd. durch G v. 18.7.2014 (BGBl. I S. 1042); zur Anwendung auf Bewertungsstichtage ab dem 1.8.2001, soweit Feststellungsbescheide noch nicht bestandskräftig sind, siehe § 265 Abs. 7; § 26 aufgeh. **mWv 1.1.2025** durch G v. 26.11.2019 (BGBl. I S. 1794).

4) § 27 unvereinbar mit Art. 3 Abs. 1 GG (Urteil des BVerfG v. 10.4.2018, BGBl. I S. 531). Siehe Fußnote zu § 19.

5) § 27 geänd. durch G v. 9.11.1992 (BGBl. I S. 1853); aufgeh. **mWv 1.1.2025** durch G v. 26.11.2019 (BGBl. I S. 1794).

6) § 28 aufgeh. **mWv 1.1.2025** durch G v. 26.11.2019 (BGBl. I S. 1794).

7) § 28 Abs. 1 Satz 2 aufgeh. durch G v. 29.10.1997 (BGBl. I S. 2590).

8) § 28 Abs. 2 Satz 1 geänd. durch G v. 21.12.1993 (BGBl. I S. 2310).

9) § 28 Abs. 3 Satz 1 neu gef. durch G v. 9.11.1992 (BGBl. I S. 1853); geänd. durch G v. 29.10.1997 (BGBl. I S. 2590).

10) § 29 geänd. mWv 1.1.1993 durch G v. 9.11.1992 (BGBl. I S. 1853); § 29 aufgeh. **mWv 1.1.2025** durch G v. 26.11.2019 (BGBl. I S. 1794).

11) § 29 Abs. 1 geänd. mWv 1.1.1993 durch G v. 9.11.1992 (BGBl. I S. 1853).

zu machen, die sie für die Sammlung der Kauf-, Miet- und Pachtpreise braucht. [2]Bei dieser Erklärung ist zu versichern, daß die Angaben nach bestem Wissen und Gewissen gemacht sind.

(2)[1)] [1]Die Finanzbehörden können zur Vorbereitung einer Hauptfeststellung und zur Durchführung von Feststellungen der Einheitswerte des Grundbesitzes örtliche Erhebungen über die Bewertungsgrundlagen anstellen. [2]Das Grundrecht der Unverletzlichkeit der Wohnung (Artikel 13 des Grundgesetzes) wird insoweit eingeschränkt.

(3)[2)] [1]Die nach Bundes- oder Landesrecht zuständigen Behörden haben den Finanzbehörden die rechtlichen und tatsächlichen Umstände mitzuteilen, die ihnen im Rahmen ihrer Aufgabenerfüllung bekannt geworden sind und die für die Feststellung von Einheitswerten des Grundbesitzes, für die Feststellung von Grundbesitzwerten oder für die Grundsteuer von Bedeutung sein können; mitzuteilen sind auch diejenigen Umstände, die für die Erbschaftsteuer oder die Grunderwerbsteuer von Bedeutung sein können, sofern die Finanzbehörden dies anordnen. [2]Den Behörden stehen die Stellen gleich, die für die Sicherung der Zweckbestimmung der Wohnungen zuständig sind, die auf der Grundlage des Zweiten Wohnungsbaugesetzes, des Wohnungsbaugesetzes für das Saarland oder auf der Grundlage des Wohnraumförderungsgesetzes gefördert worden sind.

(4)[3)] [1]Die Grundbuchämter teilen den für die Feststellung des Einheitswerts und den für die Feststellung des Grundbesitzwerts zuständigen Finanzbehörden für die in Absatz 3 bezeichneten Zwecke mit

1. die Eintragung eines neuen Eigentümers oder Erbbauberechtigten sowie bei einem anderen als rechtsgeschäftlichen Erwerb auch die Anschrift des neuen Eigentümers oder Erbbauberechtigten; dies gilt nicht für die Fälle des Erwerbs nach den Vorschriften des Zuordnungsrechts,
2. die Eintragung der Begründung von Wohnungseigentum oder Teileigentum,
3. die Eintragung der Begründung eines Erbbaurechts, Wohnungserbbaurechts oder Teilerbbaurechts.

[2]In den Fällen der Nummern 2 und 3 ist gleichzeitig der Tag des Eingangs des Eintragungsantrags beim Grundbuchamt mitzuteilen. [3]Bei einer Eintragung aufgrund Erbfolge ist das Jahr anzugeben, in dem der Erblasser verstorben ist. [4]Die Mitteilungen sollen der Finanzbehörde über die für die Führung des Liegenschaftskatasters zuständige Behörde oder über eine sonstige Behörde, die das amtliche Verzeichnis der Grundstücke (§ 2 Abs. 2 der Grundbuchordnung) führt, zugeleitet werden.

(5)[4)] [1]Die mitteilungspflichtige Stelle hat die Betroffenen vom Inhalt der Mitteilung zu unterrichten. [2]Eine Unterrichtung kann unterbleiben, soweit den Finanzbehörden Umstände aus dem Grundbuch, den Grundakten oder aus dem Liegenschaftskataster mitgeteilt werden.

[1)] § 29 Abs. 2 geänd. mWv 1.1.1993 durch G v. 9.11.1992 (BGBl. I S. 1853).

[2)] § 29 Abs. 3 neu gef. mWv 1.1.2002 durch G v. 20.12.2001 (BGBl. I S. 3794).

[3)] § 29 Abs. 4 angef. durch G v. 11.10.1995 (BGBl. I S. 1250); Satz 1 einl. Satzteil und Satz 4 geänd. mWv 18.12.2019 durch G v. 12.12.2019 (BGBl. I S. 2451).

[4)] § 29 Abs. 5 angef. durch G v. 11.10.1995 (BGBl. I S. 1250); Satz 1 geänd. mWv 18.12.2019 durch G v. 12.12.2019 (BGBl. I S. 2451).

(6)[1] [1]Die nach den Absätzen 3 oder 4 verpflichteten Behörden und Stellen übermitteln die Mitteilungen den Finanzbehörden nach amtlich vorgeschriebenem Datensatz durch Datenfernübertragung. [2]Die Grundbuchämter und die für die Führung des Liegenschaftskatasters zuständigen Behörden übermitteln die bei ihnen geführten Daten laufend, mindestens alle drei Monate. [3]Das Bundesministerium der Finanzen legt im Einvernehmen mit den obersten Finanzbehörden der Länder und den obersten Vermessungs- und Katasterbehörden der Länder die Einzelheiten und den Beginn der elektronischen Übermittlung in einem Schreiben fest. [4]Dieses Schreiben ist im Bundesanzeiger und im Bundessteuerblatt zu veröffentlichen.]

§ 30[2] **Abrundung.** [1]Die in Deutscher Mark ermittelten Einheitswerte werden auf volle hundert Deutsche Mark nach unten abgerundet und danach in Euro umgerechnet. [2]Der umgerechnete Betrag wird auf volle Euro abgerundet.

§ 31 Bewertung von ausländischem Sachvermögen. (1) [1]Für die Bewertung des ausländischen land- und forstwirtschaftlichen Vermögens, Grundvermögens und Betriebsvermögens gelten die Vorschriften des Ersten Teils dieses Gesetzes, insbesondere § 9 (gemeiner Wert). [2]Nach diesen Vorschriften sind auch die ausländischen Teile einer wirtschaftlichen Einheit zu bewerten, die sich sowohl auf das Inland als auch auf das Ausland erstreckt.

(2) [1]Bei der Bewertung von ausländischem Grundbesitz sind Bestandteile und Zubehör zu berücksichtigen. [2]Zahlungsmittel, Geldforderungen, Wertpapiere und Geldschulden sind nicht einzubeziehen.

[*bis 31.12.2024:*
§ 32[3] **Bewertung von inländischem Sachvermögen.** [1]Für die Bewertung des inländischen land- und forstwirtschaftlichen Vermögens, Grundvermögens und Betriebsvermögens gelten die Vorschriften der §§ 33 bis 109. [2]Nach diesen Vorschriften sind auch die inländischen Teile einer wirtschaftlichen Einheit zu bewerten, die sich sowohl auf das Inland als auch auf das Ausland erstreckt.]

B. Land- und forstwirtschaftliches Vermögen

I. Allgemeines

[*bis 31.12.2024:*
§ 33[4] **Begriff des land- und forstwirtschaftlichen Vermögens.**

(1) [1]Zum land- und forstwirtschaftlichen Vermögen gehören alle Wirtschaftsgüter, die einem Betrieb der Land- und Forstwirtschaft dauernd zu dienen bestimmt sind. [2]Betrieb der Land- und Forstwirtschaft ist die wirtschaftliche Einheit des land- und forstwirtschaftlichen Vermögens.

(2) Zu den Wirtschaftsgütern, die einem Betrieb der Land- und Forstwirtschaft dauernd zu dienen bestimmt sind, gehören insbesondere der Grund und Boden, die Wohn- und Wirtschaftsgebäude, die stehenden Betriebsmittel und

---

[1] § 29 Abs. 6 angef. mWv 18.12.2019 durch G v. 12.12.2019 (BGBl. I S. 2451).
[2] § 30 neu gef. durch G v. 19.12.2000 (BGBl. I S. 1790).
[3] § 32 Satz 1 geänd. durch G v. 20.12.2001 (BGBl. I S. 3794); aufgeh. **mWv 1.1.2025** durch G v. 26.11.2019 (BGBl. I S. 1794).
[4] § 33 aufgeh. **mWv 1.1.2025** durch G v. 26.11.2019 (BGBl. I S. 1794).

ein normaler Bestand an umlaufenden Betriebsmitteln; als normaler Bestand gilt ein solcher, der zur gesicherten Fortführung des Betriebes erforderlich ist.

(3) Zum land- und forstwirtschaftlichen Vermögen gehören nicht

1. Zahlungsmittel, Geldforderungen, Geschäftsguthaben und Wertpapiere,
2. Geldschulden,
3. über den normalen Bestand hinausgehende Bestände (Überbestände) an umlaufenden Betriebsmitteln,
4. Tierbestände oder Zweige des Tierbestands und die hiermit zusammenhängenden Wirtschaftsgüter (z.B. Gebäude und abgrenzbare Gebäudeteile mit den dazugehörenden Flächen, Betriebsmittel), wenn die Tiere weder nach § 51 oder § 51a zur landwirtschaftlichen Nutzung noch nach § 62 zur sonstigen land- und forstwirtschaftlichen Nutzung gehören. [2]Die Zugehörigkeit der landwirtschaftlich genutzten Flächen zum land- und forstwirtschaftlichen Vermögen wird hierdurch nicht berührt.

§ 34[1)] Betrieb der Land- und Forstwirtschaft. (1) Ein Betrieb der Land- und Forstwirtschaft umfaßt

1. den Wirtschaftsteil,
2. den Wohnteil.

(2) Der Wirtschaftsteil eines Betriebs der Land- und Forstwirtschaft umfaßt

1. die land- und forstwirtschaftlichen Nutzungen:
   a) die landwirtschaftliche Nutzung,
   b) die forstwirtschaftliche Nutzung,
   c) die weinbauliche Nutzung,
   d) die gärtnerische Nutzung,
   e) die sonstige land- und forstwirtschaftliche Nutzung;
2. die folgenden nicht zu einer Nutzung nach Nummer 1 gehörenden Wirtschaftsgüter:
   a) Abbauland (§ 43),
   b) Geringstland (§ 44),
   c) Unland (§ 45);
3. die Nebenbetriebe (§ 42).

(3) Der Wohnteil eines Betriebs der Land- und Forstwirtschaft umfaßt die Gebäude und Gebäudeteile, soweit sie dem Inhaber des Betriebs, den zu seinem Haushalt gehörenden Familienangehörigen und den Altenteilern zu Wohnzwecken dienen.

(4) In den Betrieb sind auch dem Eigentümer des Grund und Bodens nicht gehörende Gebäude, die auf dem Grund und Boden des Betriebs stehen, und dem Eigentümer des Grund und Bodens nicht gehörende Betriebsmittel, die der Bewirtschaftung des Betriebs dienen, einzubeziehen.

(5) Ein Anteil des Eigentümers eines Betriebs der Land- und Forstwirtschaft an einem Wirtschaftsgut ist in den Betrieb einzubeziehen, wenn es mit dem Betrieb zusammen genutzt wird.

[1)] § 34 aufgeh. **mWv 1.1.2025** durch G v. 26.11.2019 (BGBl. I S. 1794).

(6) In einen Betrieb der Land- und Forstwirtschaft, der von einer Gesellschaft oder Gemeinschaft des bürgerlichen Rechts betrieben wird, sind auch die Wirtschaftsgüter einzubeziehen, die einem oder mehreren Beteiligten gehören und dem Betrieb zu dienen bestimmt sind.

(6a) Einen Betrieb der Land- und Forstwirtschaft bildet auch die gemeinschaftliche Tierhaltung (§ 51a) einschließlich der hiermit zusammenhängenden Wirtschaftsgüter.

(7) [1] Einen Betrieb der Land- und Forstwirtschaft bilden auch Stückländereien. [2] Stückländereien sind einzelne land- und forstwirtschaftlich genutzte Flächen, bei denen die Wirtschaftsgebäude oder die Betriebsmittel oder beide Arten von Wirtschaftsgütern nicht dem Eigentümer des Grund und Bodens gehören.

§ 35[1)] Bewertungsstichtag. (1) Für die Größe des Betriebs sowie für den Umfang und den Zustand der Gebäude und der stehenden Betriebsmittel sind die Verhältnisse im Feststellungszeitpunkt maßgebend.

(2) Für die umlaufenden Betriebsmittel ist der Stand am Ende des Wirtschaftsjahres maßgebend, das dem Feststellungszeitpunkt vorangegangen ist.

§ 36[2)] Bewertungsgrundsätze. (1) Bei der Bewertung ist unbeschadet der Regelung, die in § 47 für den Wohnungswert getroffen ist, der Ertragswert zugrunde zu legen.

(2) [1] Bei der Ermittlung des Ertragswerts ist von der Ertragsfähigkeit auszugehen. [2] Ertragsfähigkeit ist der bei ordnungsmäßiger und schuldenfreier Bewirtschaftung mit entlohnten fremden Arbeitskräften gemeinhin und nachhaltig erzielbare Reinertrag. [3] Ertragswert ist das Achtzehnfache dieses Reinertrags.

(3) Bei der Beurteilung der Ertragsfähigkeit sind die Ertragsbedingungen zu berücksichtigen, soweit sie nicht unwesentlich sind.

§ 37[3)] Ermittlung des Ertragswerts. (1) [1] Der Ertragswert der Nutzungen wird durch ein vergleichendes Verfahren (§§ 38 bis 41) ermittelt. [2] Das vergleichende Verfahren kann auch auf Nutzungsteile angewendet werden.

(2) Kann ein vergleichendes Verfahren nicht durchgeführt werden, so ist der Ertragswert nach der Ertragsfähigkeit der Nutzung unmittelbar zu ermitteln (Einzelertragswertverfahren).

§ 38[4)] Vergleichszahl, Ertragsbedingungen. (1) Die Unterschiede der Ertragsfähigkeit der gleichen Nutzung in den verschiedenen Betrieben werden durch Vergleich der Ertragsbedingungen beurteilt und vorbehaltlich der §§ 55 und 62 durch Zahlen ausgedrückt, die dem Verhältnis der Reinerträge entsprechen (Vergleichszahlen).

[1)] § 35 aufgeh. **mWv 1.1.2025** durch G v. 26.11.2019 (BGBl. I S. 1794).
[2)] § 36 aufgeh. **mWv 1.1.2025** durch G v. 26.11.2019 (BGBl. I S. 1794).
[3)] § 37 aufgeh. **mWv 1.1.2025** durch G v. 26.11.2019 (BGBl. I S. 1794).
[4)] § 38 aufgeh. **mWv 1.1.2025** durch G v. 26.11.2019 (BGBl. I S. 1794).

(2) Bei dem Vergleich der Ertragsbedingungen sind zugrunde zu legen

1. die tatsächlichen Verhältnisse für:
   a) die natürlichen Ertragsbedingungen, insbesondere Bodenbeschaffenheit, Geländegestaltung, klimatische Verhältnisse,
   b) die folgenden wirtschaftlichen Ertragsbedingungen:
      aa) innere Verkehrslage (Lage für die Bewirtschaftung der Betriebsfläche),
      bb) äußere Verkehrslage (insbesondere Lage für die Anfuhr der Betriebsmittel und die Abfuhr der Erzeugnisse),
      cc) Betriebsgröße;
2. die in der Gegend als regelmäßig anzusehenden Verhältnisse für die in Nummer 1 Buchstabe b nicht bezeichneten wirtschaftlichen Ertragsbedingungen, insbesondere Preise und Löhne, Betriebsorganisation, Betriebsmittel.

(3) Bei Stückländereien sind die wirtschaftlichen Ertragsbedingungen nach Absatz 2 Nr. 1 Buchstabe b mit den regelmäßigen Verhältnissen der Gegend anzusetzen.

§ 39[1] Bewertungsstützpunkte. (1) [1] Zur Sicherung der Gleichmäßigkeit der Bewertung werden in einzelnen Betrieben mit gegendüblichen Ertragsbedingungen die Vergleichszahlen von Nutzungen und Nutzungsteilen vorweg ermittelt (Hauptbewertungsstützpunkte). [2] Die Vergleichszahlen der Hauptbewertungsstützpunkte werden vom Bewertungsbeirat (§§ 63 bis 66) vorgeschlagen und durch Rechtsverordnung festgesetzt. [3] Die Vergleichszahlen der Nutzungen und Nutzungsteile in den übrigen Betrieben werden durch Vergleich mit den Vergleichszahlen der Hauptbewertungsstützpunkte ermittelt. [4] § 55 bleibt unberührt.

(2) [1] Die Hauptbewertungsstützpunkte können durch Landes-Bewertungsstützpunkte und Orts-Bewertungsstützpunkte als Bewertungsbeispiele ergänzt werden. [2] Die Vergleichszahlen der Landes-Bewertungsstützpunkte werden vom Gutachterausschuß (§ 67), die Vergleichszahlen der Orts-Bewertungsstützpunkte von den Landesfinanzbehörden ermittelt. [3] Die Vergleichszahlen der Landes-Bewertungsstützpunkte und Orts-Bewertungsstützpunkte können bekanntgegeben werden.

(3) [1] Zugepachtete Flächen, die zusammen mit einem Bewertungsstützpunkt bewirtschaftet werden, können bei der Ermittlung der Vergleichszahlen mit berücksichtigt werden. [2] Bei der Feststellung des Einheitswerts eines Betriebs, der als Bewertungsstützpunkt dient, sind zugepachtete Flächen nicht zu berücksichtigen (§ 2 Abs. 2).

§ 40[2] Ermittlung des Vergleichswerts. (1) [1] Zum Hauptfeststellungszeitpunkt wird für die landwirtschaftliche, die weinbauliche und die gärtnerische Nutzung oder für deren Teile der 100 Vergleichszahlen entsprechende Ertragswert vorbehaltlich Absatz 2 durch besonderes Gesetz festgestellt. [2] Aus diesem Ertragswert wird der Ertragswert für die einzelne Nutzung oder den Nutzungsteil in den Betrieben mit Hilfe der Vergleichszahlen abgeleitet (Vergleichswert). [3] Der auf einen Hektar bezogene Vergleichswert ist der Hektarwert.

---

[1] § 39 aufgeh. **mWv 1.1.2025** durch G v. 26.11.2019 (BGBl. I S. 1794).
[2] § 40 aufgeh. **mWv 1.1.2025** durch G v. 26.11.2019 (BGBl. I S. 1794).

(2)[1] Für die Hauptfeststellung auf den Beginn des Kalenderjahres 1964 betragen die 100 Vergleichszahlen entsprechenden Ertragswerte bei

der landwirtschaftlichen Nutzung	
ohne Hopfen und Spargel	37,26 DM
Hopfen	254,00 DM
Spargel	76,50 DM
der weinbaulichen Nutzung	200,00 DM
den gärtnerischen Nutzungsteilen	
Gemüse-, Blumen- und Zierpflanzenbau	108,00 DM
Obstbau	72,00 DM
Baumschulen	221,40 DM.

(3) [1] Die Hoffläche und die Gebäudefläche des Betriebs sind in die einzelne Nutzung einzubeziehen, soweit sie ihr dienen. [2] Hausgärten bis zur Größe von 10 Ar sind zur Hof- und Gebäudefläche zu rechnen. [3] Wirtschaftswege, Hecken, Gräben, Grenzraine und dergleichen sind in die Nutzung einzubeziehen, zu der sie gehören; dies gilt auch für Wasserflächen, soweit sie nicht Unland sind oder zur sonstigen land- und forstwirtschaftlichen Nutzung (§ 62) gehören.

(4) Das Finanzamt hat bei Vorliegen eines rechtlichen Interesses dem Steuerpflichtigen Bewertungsgrundlagen und Bewertungsergebnisse der Nutzung oder des Nutzungsteils von Bewertungsstützpunkten, die bei der Ermittlung der Vergleichswerte seines Betriebs herangezogen worden sind, anzugeben.

(5)[1] Zur Berücksichtigung der rückläufigen Reinerträge sind die nach Absätzen 1 und 2 ermittelten Vergleichswerte für Hopfen um 80 Prozent, für Spargel um 50 Prozent und für Obstbau um 60 Prozent zu vermindern; es ist jedoch jeweils mindestens ein Hektarwert von 1 200 Deutsche Mark anzusetzen.

§ 41[2] Abschläge und Zuschläge. (1) Ein Abschlag oder ein Zuschlag am Vergleichswert ist zu machen,

1. soweit die tatsächlichen Verhältnisse bei einer Nutzung oder einem Nutzungsteil von den bei der Bewertung unterstellten regelmäßigen Verhältnissen der Gegend (§ 38 Abs. 2 Nr. 2) um mehr als 20 Prozent abweichen und
2.[1] wenn die Abweichung eine Änderung des Vergleichswerts der Nutzung oder des Nutzungsteils um mehr als den fünften Teil, mindestens aber um 1 000 Deutsche Mark, oder um mehr als 10 000 Deutsche Mark bewirkt.

(2) Der Abschlag oder der Zuschlag ist nach der durch die Abweichung bedingten Minderung oder Steigerung der Ertragsfähigkeit zu bemessen.

(2a)[3] Der Zuschlag wegen Abweichung des tatsächlichen Tierbestands von den unterstellten regelmäßigen Verhältnissen der Gegend ist bei Fortschreibungen (§ 22) oder Nachfeststellungen (§ 23) um 50 Prozent zu vermindern.

[1] DM-Werte gelten nach dem 31.12.2001 als Berechnungsgrößen fort (§ 265 Abs. 2).
[2] § 41 aufgeh. **mWv 1.1.2025** durch G v. 26.11.2019 (BGBl. I S. 1794).
[3] § 41 Abs. 2a neu gef. durch G v. 20.12.2001 (BGBl. I S. 3794).

(3) Bei Stückländereien sind weder Abschläge für fehlende Betriebsmittel beim Eigentümer des Grund und Bodens noch Zuschläge für Überbestand an diesen Wirtschaftsgütern bei deren Eigentümern zu machen.

§ 42[1] **Nebenbetriebe.** (1) Nebenbetriebe sind Betriebe, die dem Hauptbetrieb zu dienen bestimmt sind und nicht einen selbständigen gewerblichen Betrieb darstellen.

(2) Die Nebenbetriebe sind gesondert mit dem Einzelertragswert zu bewerten.

§ 43[2] **Abbauland.** (1) Zum Abbauland gehören die Betriebsflächen, die durch Abbau der Bodensubstanz überwiegend für den Betrieb nutzbar gemacht werden (Sand-, Kies-, Lehmgruben, Steinbrüche, Torfstiche und dergleichen).

(2) Das Abbauland ist gesondert mit dem Einzelertragswert zu bewerten.

§ 44[3] **Geringstland.** (1)[4] Zum Geringstland gehören die Betriebsflächen geringster Ertragsfähigkeit, für die nach dem Bodenschätzungsgesetz keine Wertzahlen festzustellen sind.

(2)[5] Geringstland ist mit einem Hektarwert von 50 Deutschen Mark zu bewerten.

§ 45[6] **Unland.** (1) Zum Unland gehören die Betriebsflächen, die auch bei geordneter Wirtschaftsweise keinen Ertrag abwerfen können.

(2) Unland wird nicht bewertet.

§ 46[7] **Wirtschaftswert.** [1] Aus den Vergleichswerten (§ 40 Abs. 1) und den Abschlägen und Zuschlägen (§ 41), aus den Einzelertragswerten sowie aus den Werten der nach den §§ 42 bis 44 gesondert zu bewertenden Wirtschaftsgüter wird der Wert für den Wirtschaftsteil (Wirtschaftswert) gebildet. [2] Für seine Ermittlung gelten außer den Bestimmungen in den §§ 35 bis 45 auch die besonderen Vorschriften in den §§ 50 bis 62.

§ 47[8] **Wohnungswert.** [1] Der Wert für den Wohnteil (Wohnungswert) wird nach den Vorschriften ermittelt, die beim Grundvermögen für die Bewertung der Mietwohngrundstücke im Ertragswertverfahren (§§ 71, 78 bis 82 und 91) gelten. [2] Bei der Schätzung der üblichen Miete (§ 79 Abs. 2) sind die Besonderheiten, die sich aus der Lage der Gebäude oder Gebäudeteile im Betrieb ergeben, zu berücksichtigen. [3] Der ermittelte Betrag ist um 15 Prozent zu vermindern.

§ 48[9] **Zusammensetzung des Einheitswerts.** Der Wirtschaftswert und der Wohnungswert bilden zusammen den Einheitswert des Betriebs.

---

[1] § 42 aufgeh. **mWv 1.1.2025** durch G v. 26.11.2019 (BGBl. I S. 1794).
[2] § 43 aufgeh. **mWv 1.1.2025** durch G v. 26.11.2019 (BGBl. I S. 1794).
[3] § 44 aufgeh. **mWv 1.1.2025** durch G v. 26.11.2019 (BGBl. I S. 1794).
[4] § 44 Abs. 1 geänd. durch G v. 20.12.1996 (BGBl. I S. 2049).
[5] DM-Werte gelten nach dem 31.12.2001 als Berechnungsgrößen fort (§ 265 Abs. 2).
[6] § 45 aufgeh. **mWv 1.1.2025** durch G v. 26.11.2019 (BGBl. I S. 1794).
[7] § 46 aufgeh. **mWv 1.1.2025** durch G v. 26.11.2019 (BGBl. I S. 1794).
[8] § 47 aufgeh. **mWv 1.1.2025** durch G v. 26.11.2019 (BGBl. I S. 1794).
[9] § 48 aufgeh. **mWv 1.1.2025** durch G v. 26.11.2019 (BGBl. I S. 1794).

§ 48a[1)] Einheitswert bestimmter intensiv genutzter Flächen. [1] Werden Betriebsflächen durch einen anderen Nutzungsberechtigten als den Eigentümer bewirtschaftet, so ist

1. bei der Sonderkultur Spargel (§ 52),
2. bei den gärtnerischen Nutzungsteilen Gemüse-, Blumen- und Zierpflanzenbau sowie Baumschulen (§ 61),
3. bei der Saatzucht (§ 62 Abs. 1 Nr. 6)

der Unterschiedsbetrag zwischen dem für landwirtschaftliche Nutzung maßgebenden Vergleichswert und dem höheren Vergleichswert, der durch die unter den Nummern 1 bis 3 bezeichneten Nutzungen bedingt ist, bei der Feststellung des Einheitswerts des Eigentümers nicht zu berücksichtigen und für den Nutzungsberechtigten als selbständiger Einheitswert festzustellen. [2] Ist ein Einheitswert für land- und forstwirtschaftliches Vermögen des Nutzungsberechtigten festzustellen, so ist der Unterschiedsbetrag in diesen Einheitswert einzubeziehen. [3] Die Sätze 1 und 2 gelten nicht, wenn der Eigentümer die Flächen bereits intensiv im Sinne der Nummern 1 bis 3 genutzt hat.]

§ 49[2)] *(aufgehoben)*

II. Besondere Vorschriften

a) Landwirtschaftliche Nutzung

[*bis 31.12.2024:*
§ 50[3)] Ertragsbedingungen. (1) [1] Bei der Beurteilung der natürlichen Ertragsbedingungen (§ 38 Abs. 2 Nr. 1 Buchstabe a) ist von den Ergebnissen der Bodenschätzung nach dem Bodenschätzungsgesetz auszugehen. [2] Dies gilt auch für das Bodenartenverhältnis.

(2) Ist durch die natürlichen Verhältnisse ein anderes als das in der betreffenden Gegend regelmäßige Kulturartenverhältnis bedingt, so ist abweichend von § 38 Abs. 2 Nr. 2 das tatsächliche Kulturartenverhältnis maßgebend.

§ 51[4)] Tierbestände. (1)[5)] *(aufgehoben)*

(1a)[6)] [1] Für Feststellungszeitpunkte ab dem 1. Januar 1999 gehören Tierbestände in vollem Umfang zur landwirtschaftlichen Nutzung, wenn im Wirtschaftsjahr

für die ersten 20 Hektar nicht mehr als 10 Vieheinheiten,
für die nächsten 10 Hektar nicht mehr als 7 Vieheinheiten,
für die nächsten 20 Hektar nicht mehr als 6 Vieheinheiten,
für die nächsten 50 Hektar nicht mehr als 3 Vieheinheiten
und für die weitere Fläche nicht mehr als 1,5 Vieheinheiten

[1)] § 48a Satz 3 angef. durch G v. 26.6.2013 (BGBl. I S. 1809); zur Anwendung auf Bewertungsstichtage ab dem 1.1.2014 siehe § 265 Abs. 6; § 48a aufgeh. **mWv 1.1.2025** durch G v. 26.11.2019 (BGBl. I S. 1794).

[2)] § 49 aufgeh. mWv 1.1.2002 durch G v. 20.12.2001 (BGBl. I S. 3794).

[3)] § 50 aufgeh. **mWv 1.1.2025** durch G v. 26.11.2019 (BGBl. I S. 1794).

[4)] § 51 aufgeh. **mWv 1.1.2025** durch G v. 26.11.2019 (BGBl. I S. 1794).

[5)] § 51 Abs. 1 aufgeh. durch G v. 20.12.2001 (BGBl. I S. 3794).

[6)] § 51 Abs. 1a eingef. durch G v. 29.6.1998 (BGBl. I S. 1692).

je Hektar der vom Inhaber des Betriebs regelmäßig landwirtschaftlich genutzten Flächen erzeugt oder gehalten werden. [2]Die Tierbestände sind nach dem Futterbedarf in Vieheinheiten umzurechnen. [3]Diese Zuordnung der Tierbestände steht einer Änderung der tatsächlichen Verhältnisse gleich, die im Kalenderjahr 1998 eingetreten ist; § 27 ist insoweit nicht anzuwenden.

(2)[1)] [1]Übersteigt die Anzahl der Vieheinheiten nachhaltig die in Absatz 1a bezeichnete Grenze, so gehören nur die Zweige des Tierbestands zur landwirtschaftlichen Nutzung, deren Vieheinheiten zusammen diese Grenze nicht überschreiten. [2]Zunächst sind mehr flächenabhängige Zweige des Tierbestands und danach weniger flächenabhängige Zweige des Tierbestands zur landwirtschaftlichen Nutzung zu rechnen. [3]Innerhalb jeder dieser *Gruppe*[2)] sind zuerst Zweige des Tierbestands mit der geringeren Anzahl von Vieheinheiten und dann Zweige mit der größeren Anzahl von Vieheinheiten zur landwirtschaftlichen Nutzung zu rechnen. [4]Der Tierbestand des einzelnen Zweiges wird nicht aufgeteilt.

(3) [1]Als Zweig des Tierbestands gilt bei jeder Tierart für sich

1. das Zugvieh,
2. das Zuchtvieh,
3. das Mastvieh,
4. das übrige Nutzvieh.

[2]Das Zuchtvieh einer Tierart gilt nur dann als besonderer Zweig des Tierbestands, wenn die erzeugten Jungtiere überwiegend zum Verkauf bestimmt sind. [3]Ist das nicht der Fall, so ist das Zuchtvieh dem Zweig des Tierbestands zuzurechnen, dem es überwiegend dient.

(4) [1]Der Umrechnungsschlüssel für Tierbestände in Vieheinheiten sowie die Gruppen der mehr oder weniger flächenabhängigen Zweige des Tierbestands sind aus den Anlagen 1 und 2 zu entnehmen. [2]Für die Zeit von einem nach dem 1. Januar 1964 liegenden Hauptfeststellungszeitpunkt an können der Umrechnungsschlüssel für Tierbestände in Vieheinheiten sowie die Gruppen der mehr oder weniger flächenabhängigen Zweige des Tierbestands durch Rechtsverordnung Änderungen der wirtschaftlichen Gegebenheiten, auf denen sie beruhen, angepaßt werden.

(5)[3)] [1]Die Absätze 1a bis 4 gelten nicht für Pelztiere. [2]Pelztiere gehören nur dann zur landwirtschaftlichen Nutzung, wenn die erforderlichen Futtermittel überwiegend von den vom Inhaber des Betriebs landwirtschaftlich genutzten Flächen gewonnen sind.

§ 51a[4)] Gemeinschaftliche Tierhaltung. (1) [1]Zur landwirtschaftlichen Nutzung gehört auch die Tierzucht und Tierhaltung von Erwerbs- und Wirtschaftsgenossenschaften (§ 97 Abs. 1 Nr. 2), von Gesellschaften, bei denen die Gesellschafter als Unternehmer (Mitunternehmer) anzusehen sind (§ 97 Abs. 1 Nr. 5), oder von Vereinen (§ 97 Abs. 2), wenn

---

1) § 51 Abs. 2 Satz 1 geänd. durch G v. 20.12.2001 (BGBl. I S. 3794).
2) Richtig wohl: „Gruppen".
3) § 51 Abs. 5 geänd. durch G v. 20.12.2001 (BGBl. I S. 3794).
4) § 51a aufgeh. **mWv 1.1.2025** durch G v. 26.11.2019 (BGBl. I S. 1794).

1. alle Gesellschafter oder Mitglieder
   a) Inhaber eines Betriebs der Land- und Forstwirtschaft mit selbstbewirtschafteten regelmäßig landwirtschaftlich genutzten Flächen sind,
   b) nach dem Gesamtbild der Verhältnisse hauptberuflich Land- und Forstwirte sind,
   c)[1] Landwirte im Sinne des § 1 Abs. 2 des Gesetzes über die Alterssicherung der Landwirte sind und dies durch eine Bescheinigung der landwirtschaftlichen Alterskasse nachgewiesen wird und
   d)[2] die sich nach § 51 Abs. 1a für sie ergebende Möglichkeit zur landwirtschaftlichen Tiererzeugung oder Tierhaltung in Vieheinheiten ganz oder teilweise auf die Genossenschaft, die Gesellschaft oder den Verein übertragen haben;
2. die Anzahl der von der Genossenschaft, der Gesellschaft oder dem Verein im Wirtschaftsjahr erzeugten oder gehaltenen Vieheinheiten keine der nachfolgenden Grenzen nachhaltig überschreitet:
   a) die Summe der sich nach Nummer 1 Buchstabe d ergebenden Vieheinheiten und
   b)[3] die Summe der Vieheinheiten, die sich nach § 51 Abs. 1a auf der Grundlage der Summe der von den Gesellschaftern oder Mitgliedern regelmäßig landwirtschaftlich genutzten Flächen ergibt;
3. die Betriebe der Gesellschafter oder Mitglieder nicht mehr als 40 km von der Produktionsstätte der Genossenschaft, der Gesellschaft oder des Vereins entfernt liegen.

[2]Die Voraussetzungen der Nummer 1 Buchstabe d und der Nummer 2 sind durch besondere, laufend zu führende Verzeichnisse nachzuweisen.

(2) Der Anwendung des Absatzes 1 steht es nicht entgegen, wenn die dort bezeichneten Genossenschaften, Gesellschaften oder Vereine die Tiererzeugung oder Tierhaltung ohne regelmäßig landwirtschaftlich genutzte Flächen betreiben.

(3) Von den in Absatz 1 bezeichneten Genossenschaften, Gesellschaften oder Vereinen regelmäßig landwirtschaftlich genutzte Flächen sind bei der Ermittlung der nach Absatz 1 Nr. 2 maßgebenden Grenzen wie Flächen von Gesellschaftern oder Mitgliedern zu behandeln, die ihre Möglichkeit zur landwirtschaftlichen Tiererzeugung oder Tierhaltung im Sinne des Absatzes 1 Nr. 1 Buchstabe d auf die Genossenschaft, die Gesellschaft oder den Verein übertragen haben.

(4)[4] Bei dem einzelnen Gesellschafter oder Mitglied der in Absatz 1 bezeichneten Genossenschaften, Gesellschaften oder Vereine ist § 51 Abs. 1a mit der Maßgabe anzuwenden, daß die in seinem Betrieb erzeugten oder gehaltenen Vieheinheiten mit den Vieheinheiten zusammenzurechnen sind, die im Rahmen der nach Absatz 1 Nr. 1 Buchstabe d übertragenen Möglichkeiten erzeugt oder gehalten werden.

---

[1] § 51a Abs. 1 Satz 1 Nr. 1 Buchst. c geänd. durch G v. 29.7.1994 (BGBl. I S. 1890); geänd. mWv 1.1.2013 durch G v. 12.4.2012 (BGBl. I S. 579).

[2] § 51a Abs. 1 Satz 1 Nr. 1 Buchst. d geänd. durch G v. 20.12.2001 (BGBl. I S. 3794).

[3] § 51a Abs. 1 Satz 1 Nr. 2 Buchst. b geänd. durch G v. 20.12.2001 (BGBl. I S. 3794).

[4] § 51a Abs. 4 geänd. durch G v. 20.12.2001 (BGBl. I S. 3794).

(5) Die Vorschriften des § 51 Abs. 2 bis 4 sind entsprechend anzuwenden.

§ 52[1] Sonderkulturen. Hopfen, Spargel und andere Sonderkulturen sind als landwirtschaftliche Nutzungsteile (§ 37 Abs. 1) zu bewerten.]

b) Forstwirtschaftliche Nutzung

[*bis 31.12.2024:*
§ 53[2] Umlaufende Betriebsmittel. Eingeschlagenes Holz gehört zum normalen Bestand an umlaufenden Betriebsmitteln, soweit es den jährlichen Nutzungssatz nicht übersteigt; bei Betrieben, die nicht jährlich einschlagen (aussetzende Betriebe), tritt an die Stelle des jährlichen Nutzungssatzes ein den Betriebsverhältnissen entsprechender mehrjähriger Nutzungssatz.

§ 54[3] Bewertungsstichtag. Abweichend von § 35 Abs. 1 sind für den Umfang und den Zustand des Bestandes an nicht eingeschlagenem Holz die Verhältnisse am Ende des Wirtschaftsjahres zugrunde zu legen, das dem Feststellungszeitpunkt vorangegangen ist.

§ 55[4] Ermittlung des Vergleichswerts. (1) Das vergleichende Verfahren ist auf Hochwald als Nutzungsteil (§ 37 Abs. 1) anzuwenden.

(2) Die Ertragsfähigkeit des Hochwaldes wird vorweg für Nachhaltsbetriebe mit regelmäßigem Alters- oder Vorratsklassenverhältnis ermittelt und durch Normalwerte ausgedrückt.

(3)[5] [1] Normalwert ist der für eine Holzart unter Berücksichtigung des Holzertrags auf einen Hektar bezogene Ertragswert eines Nachhaltsbetriebs mit regelmäßigem Alters- oder Vorratsklassenverhältnis. [2] Die Normalwerte werden für Bewertungsgebiete vom Bewertungsbeirat vorgeschlagen und durch Rechtsverordnung festgesetzt. [3] Der Normalwert beträgt für die Hauptfeststellung auf den Beginn des Kalenderjahres 1964 höchstens 3200 Deutsche Mark (Fichte, Ertragsklasse I A, Bestockungsgrad 1,0).

(4) [1] Die Anteile der einzelnen Alters- oder Vorratsklassen an den Normalwerten werden durch Prozentsätze ausgedrückt. [2] Für jede Alters- oder Vorratsklasse ergibt sich der Prozentsatz aus dem Verhältnis ihres Abtriebswerts zum Abtriebswert des Nachhaltsbetriebs mit regelmäßigem Alters- oder Vorratsklassenverhältnis. [3] Die Prozentsätze werden einheitlich für alle Bewertungsgebiete durch Rechtsverordnung festgesetzt. [4] Sie betragen für die Hauptfeststellung auf den Beginn des Kalenderjahres 1964 höchstens 260 Prozent der Normalwerte.

(5) [1] Ausgehend von den nach Absatz 3 festgesetzten Normalwerten wird für die forstwirtschaftliche Nutzung des einzelnen Betriebs der Ertragswert (Vergleichswert) abgeleitet. [2] Dabei werden die Prozentsätze auf die Alters- oder Vorratsklassen angewendet.

(6)[5] Der Wert der einzelnen Alters- oder Vorratsklasse beträgt mindestens 50 Deutsche Mark je Hektar.

---

[1] § 52 aufgeh. **mWv 1.1.2025** durch G v. 26.11.2019 (BGBl. I S. 1794).
[2] § 53 aufgeh. **mWv 1.1.2025** durch G v. 26.11.2019 (BGBl. I S. 1794).
[3] § 54 aufgeh. **mWv 1.1.2025** durch G v. 26.11.2019 (BGBl. I S. 1794).
[4] § 55 aufgeh. **mWv 1.1.2025** durch G v. 26.11.2019 (BGBl. I S. 1794).
[5] DM-Werte gelten nach dem 31.12.2001 als Berechnungsgrößen fort (§ 265 Abs. 2).

(7)[1] Mittelwald und Niederwald sind mit 50 Deutsche Mark je Hektar anzusetzen.

(8) Zur Förderung der Gleichmäßigkeit der Bewertung wird, ausgehend von den Normalwerten des Bewertungsgebiets nach Absatz 3, durch den Bewertungsbeirat (§§ 63 bis 66) für den forstwirtschaftlichen Nutzungsteil Hochwald in einzelnen Betrieben mit gegendüblichen Ertragsbedingungen (Hauptbewertungsstützpunkte) der Vergleichswert vorgeschlagen und durch Rechtsverordnung festgesetzt.

(9) Zur Berücksichtigung der rückläufigen Reinerträge sind die nach Absatz 5 ermittelten Ertragswerte (Vergleichswerte) um 40 Prozent zu vermindern; die Absätze 6 und 7 bleiben unberührt.]

c) Weinbauliche Nutzung

[*bis 31.12.2024:*

§ 56[2] **Umlaufende Betriebsmittel.** (1)[3] [1] Bei ausbauenden Betrieben zählen die Vorräte an Weinen aus der letzten und der vorletzten Ernte vor dem Bewertungsstichtag zum normalen Bestand an umlaufenden Betriebsmitteln. [2] Für die Weinvorräte aus der vorletzten Ernte vor dem Bewertungsstichtag gilt dies jedoch nur, soweit sie nicht auf Flaschen gefüllt sind.

(2)[3] [1] Für Feststellungszeitpunkte ab dem 1. Januar 1996 zählen bei ausbauenden Betrieben die Vorräte an Weinen aus den Ernten der letzten fünf Jahre vor dem Bewertungsstichtag zum normalen Bestand an umlaufenden Betriebsmitteln. [2] Diese Zuordnung der Weinvorräte steht einer Änderung der tatsächlichen Verhältnisse gleich, die im Kalenderjahr 1995 eingetreten ist; § 27 ist insoweit nicht anzuwenden.

(3)[4] Abschläge für Unterbestand an Weinvorräten sind nicht zu machen.

§ 57[5] **Bewertungsstützpunkte.** Als Bewertungsstützpunkte dienen Weinbaulagen oder Teile von Weinbaulagen.

§ 58[6] **Innere Verkehrslage.** Bei der Berücksichtigung der inneren Verkehrslage sind abweichend von § 38 Abs. 2 Nr. 1 nicht die tatsächlichen Verhältnisse, sondern die in der Weinbaulage regelmäßigen Verhältnisse zugrunde zu legen; § 41 ist entsprechend anzuwenden.]

d) Gärtnerische Nutzung

[*bis 31.12.2024:*

§ 59[7] **Bewertungsstichtag.** (1) Die durch Anbau von Baumschulgewächsen genutzte Betriebsfläche wird abweichend von § 35 Abs. 1 nach den Verhältnissen an dem 15. September bestimmt, der dem Feststellungszeitpunkt vorangegangen ist.

---

[1] DM-Werte gelten nach dem 31.12.2001 als Berechnungsgrößen fort (§ 265 Abs. 2).

[2] § 56 aufgeh. **mWv 1.1.2025** durch G v. 26.11.2019 (BGBl. I S. 1794).

[3] § 56 bish. Wortlaut wird Abs. 1, Satz 3 aufgeh., Abs. 2 eingef. durch G v. 11.10.1995 (BGBl. I S. 1250).

[4] § 56 Abs. 3 angef. durch G v. 11.10.1995 (BGBl. I S. 1250).

[5] § 57 aufgeh. **mWv 1.1.2025** durch G v. 26.11.2019 (BGBl. I S. 1794).

[6] § 58 aufgeh. **mWv 1.1.2025** durch G v. 26.11.2019 (BGBl. I S. 1794).

[7] § 59 aufgeh. **mWv 1.1.2025** durch G v. 26.11.2019 (BGBl. I S. 1794).

(2) Die durch Anbau von Gemüse, Blumen und Zierpflanzen genutzte Betriebsfläche wird abweichend von § 35 Abs. 1 nach den Verhältnissen an dem 30. Juni bestimmt, der dem Feststellungszeitpunkt vorangegangen ist.

§ 60[1] Ertragsbedingungen. (1) Bei der Beurteilung der natürlichen Ertragsbedingungen (§ 38 Abs. 2 Nr. 1 Buchstabe a) ist von den Ergebnissen der Bodenschätzung nach dem Bodenschätzungsgesetz auszugehen.

(2) Hinsichtlich der ertragsteigernden Anlagen, insbesondere der überdachten Anbauflächen, sind – abweichend von § 38 Abs. 2 Nr. 2 – die tatsächlichen Verhältnisse des Betriebs zugrunde zu legen.

§ 61[2] Anwendung des vergleichenden Verfahrens. Das vergleichende Verfahren ist auf Gemüse-, Blumen- und Zierpflanzenbau, auf Obstbau und auf Baumschulen als Nutzungsteile (§ 37 Abs. 1 Satz 2) anzuwenden.]

e) Sonstige land- und forstwirtschaftliche Nutzung

[*bis 31.12.2024:*

§ 62[3] Arten und Bewertung der sonstigen land- und forstwirtschaftlichen Nutzung. (1) Zur sonstigen land- und forstwirtschaftlichen Nutzung gehören insbesondere

1. die Binnenfischerei,
2. die Teichwirtschaft,
3. die Fischzucht für Binnenfischerei und Teichwirtschaft,
4. die Imkerei,
5. die Wanderschäferei,
6. die Saatzucht.

(2) Für die Arten der sonstigen land- und forstwirtschaftlichen Nutzung werden im vergleichenden Verfahren abweichend von § 38 Abs. 1 keine Vergleichszahlen, sondern unmittelbare Vergleichswerte ermittelt.]

III. Bewertungsbeirat, Gutachterausschuß

[*bis 31.12.2024:*

§ 63[4] Bewertungsbeirat. (1) Beim Bundesministerium der Finanzen wird ein Bewertungsbeirat gebildet.

(2)[5] [1]Der Bewertungsbeirat gliedert sich in eine landwirtschaftliche Abteilung, eine forstwirtschaftliche Abteilung, eine Weinbauabteilung und eine Gartenbauabteilung. [2]Die Gartenbauabteilung besteht aus den Unterabteilungen für Gemüse-, Blumen- und Zierpflanzenbau, für Obstbau und für Baumschulen.

(3)[6] *(aufgehoben)*

---

[1] § 60 aufgeh. **mWv 1.1.2025** durch G v. 26.11.2019 (BGBl. I S. 1794).
[2] § 61 aufgeh. **mWv 1.1.2025** durch G v. 26.11.2019 (BGBl. I S. 1794).
[3] § 62 aufgeh. **mWv 1.1.2025** durch G v. 26.11.2019 (BGBl. I S. 1794).
[4] § 63 aufgeh. **mWv 1.1.2025** durch G v. 26.11.2019 (BGBl. I S. 1794).
[5] § 63 Abs. 2 Satz 2 neu gef. durch G v. 21.12.1993 (BGBl. I S. 2310).
[6] § 63 Abs. 3 aufgeh. mWv 1.1.2008 durch JStG 2008 v. 20.12.2007 (BGBl. I S. 3150).

§ 64[1] **Mitglieder.** (1)[2] Dem Bewertungsbeirat gehören an

1. in jeder Abteilung und Unterabteilung:
   a) ein Beamter des Bundesministeriums der Finanzen als Vorsitzender,
   b) ein Beamter des Bundesministeriums für Ernährung und Landwirtschaft;
2. in der landwirtschaftlichen Abteilung und in der forstwirtschaftlichen Abteilung je zehn Mitglieder;
3. in der Weinbauabteilung acht Mitglieder;
4. in der Gartenbauabteilung vier Mitglieder mit allgemeiner Sachkunde, zu denen für jede Unterabteilung drei weitere Mitglieder mit besonderer Fachkenntnis hinzutreten.

(2) Nach Bedarf können weitere Mitglieder berufen werden.

(3)[3] [1] Die Mitglieder nach Absatz 1 Nr. 2 bis 4 und nach Absatz 2 werden auf Vorschlag der obersten Finanzbehörden der Länder durch das Bundesministerium der Finanzen im Einvernehmen mit dem Bundesministerium für Ernährung und Landwirtschaft berufen. [2] Die Berufung kann mit Zustimmung der obersten Finanzbehörden der Länder zurückgenommen werden. [3] Scheidet eines der nach Absatz 1 Nr. 2 bis 4 berufenen Mitglieder aus, so ist ein neues Mitglied zu berufen. [4] Die Mitglieder müssen sachkundig sein.

(4) [1] Die nach Absatz 3 berufenen Mitglieder haben bei den Verhandlungen des Bewertungsbeirats ohne Rücksicht auf Sonderinteressen nach bestem Wissen und Gewissen zu verfahren. [2] Sie dürfen den Inhalt der Verhandlungen des Bewertungsbeirats sowie die Verhältnisse der Steuerpflichtigen, die ihnen im Zusammenhang mit ihrer Tätigkeit auf Grund dieses Gesetzes bekanntgeworden sind, nicht unbefugt offenbaren und Geheimnisse, insbesondere Betriebs- oder Geschäftsgeheimnisse, nicht unbefugt verwerten. [3] Sie werden bei Beginn ihrer Tätigkeit von dem Vorsitzenden des Bewertungsbeirats durch Handschlag verpflichtet, diese Obliegenheiten gewissenhaft zu erfüllen. [4] Über diese Verpflichtung ist eine Niederschrift aufzunehmen, die von dem Verpflichteten mit unterzeichnet wird. [5] Auf Zuwiderhandlungen sind die Vorschriften über das Steuergeheimnis und die Strafbarkeit seiner Verletzung entsprechend anzuwenden.

§ 65[4] **Aufgaben.** Der Bewertungsbeirat hat die Aufgabe, Vorschläge zu machen

1. für die durch besonderes Gesetz festzusetzenden Ertragswerte (§ 40 Abs. 1),
2. für die durch Rechtsverordnung festzusetzenden Vergleichszahlen (§ 39 Abs. 1) und Vergleichswerte (§ 55 Abs. 8) der Hauptbewertungsstützpunkte,
3. für die durch Rechtsverordnung festzusetzenden Normalwerte der forstwirtschaftlichen Nutzung für Bewertungsgebiete (§ 55 Abs. 3).

---

[1] § 64 aufgeh. **mWv 1.1.2025** durch G v. 26.11.2019 (BGBl. I S. 1794).

[2] § 64 Abs. 1 neu gef. durch G v. 11.10.1995 (BGBl. I S. 1250); Nr. 1 Buchst. b geänd. durch VO v. 31.10.2006 (BGBl. I S. 2407); Nr. 1 Buchst. b geänd. mWv 8.9.2015 durch VO v. 31.8.2015 (BGBl. I S. 1474).

[3] § 64 Abs. 3 Sätze 1 und 2 geänd. durch G v. 11.10.1995 (BGBl. I S. 1250); Satz 1 geänd. durch VO v. 31.10.2006 (BGBl. I S. 2407); Satz 1 geänd. mWv 8.9.2015 durch VO v. 31.8.2015 (BGBl. I S. 1474).

[4] § 65 Nr. 3 geänd. durch G v. 21.12.1993 (BGBl. I S. 2310); § 65 aufgeh. **mWv 1.1.2025** durch G v. 26.11.2019 (BGBl. I S. 1794).

§ 66[1] **Geschäftsführung.** (1)[2] 1 Der Vorsitzende führt die Geschäfte des Bewertungsbeirats und leitet die Verhandlungen. 2 Das Bundesministerium der Finanzen kann eine Geschäftsordnung für den Bewertungsbeirat erlassen.

(2) 1 Die einzelnen Abteilungen und Unterabteilungen des Bewertungsbeirats sind beschlußfähig, wenn mindestens zwei Drittel der Mitglieder anwesend sind. 2 Bei Abstimmung entscheidet die Stimmenmehrheit, bei Stimmengleichheit die Stimme des Vorsitzenden.

(3) 1 Der Bewertungsbeirat hat seinen Sitz am Sitz des Bundesministeriums der Finanzen. 2 Er hat bei Durchführung seiner Aufgaben die Ermittlungsbefugnisse, die den Finanzämtern nach der Abgabenordnung zustehen.

(4) 1 Die Verhandlungen des Bewertungsbeirats sind nicht öffentlich. 2 Der Bewertungsbeirat kann nach seinem Ermessen Sachverständige hören; § 64 Abs. 4 gilt entsprechend.

§ 67[3] **Gutachterausschuß.** (1) 1 Zur Förderung der Gleichmäßigkeit der Bewertung des land- und forstwirtschaftlichen Vermögens in den Ländern, insbesondere durch Bewertung von Landes-Bewertungsstützpunkten, wird bei jeder Oberfinanzdirektion ein Gutachterausschuß gebildet. 2 Bei jedem Gutachterausschuß ist eine landwirtschaftliche Abteilung zu bilden. 3 Weitere Abteilungen können nach Bedarf entsprechend der Gliederung des Bewertungsbeirats (§ 63) gebildet werden.

(2) Die landwirtschaftliche Abteilung des Gutachterausschusses übernimmt auch die Befugnisse des Landesschätzungsbeirats nach dem Bodenschätzungsgesetz.

(3) Dem Gutachterausschuß oder jeder seiner Abteilungen gehören an

1. der Oberfinanzpräsident oder ein von ihm beauftragter Angehöriger seiner Behörde als Vorsitzender,
2. ein von der für die Land- und Forstwirtschaft zuständigen obersten Landesbehörde beauftragter Beamter,
3. fünf sachkundige Mitglieder, die durch die für die Finanzverwaltung zuständige oberste Landesbehörde im Einvernehmen mit der für die Land- und Forstwirtschaft zuständigen obersten Landesbehörde berufen werden. 2 Die Berufung kann zurückgenommen werden. 3 § 64 Abs. 2 und 4 gilt entsprechend. 4 Die Landesregierungen werden ermächtigt, durch Rechtsverordnung die zuständigen Behörden abweichend von Satz 1 zu bestimmen. 5 Sie können diese Ermächtigung auf oberste Landesbehörden übertragen.

(4) 1 Der Vorsitzende führt die Geschäfte des Gutachterausschusses und leitet die Verhandlungen. 2 Die Verhandlungen sind nicht öffentlich. 3 Für die Beschlußfähigkeit und die Abstimmung gilt § 66 Abs. 2 entsprechend.]

---

[1] § 66 aufgeh. **mWv 1.1.2025** durch G v. 26.11.2019 (BGBl. I S. 1794).
[2] § 66 Abs. 1 Satz 2 geänd. durch G v. 21.12.1993 (BGBl. I S. 2310).
[3] § 67 aufgeh. **mWv 1.1.2025** durch G v. 26.11.2019 (BGBl. I S. 1794).

C. Grundvermögen

I. Allgemeines

[*bis 31.12.2024:*
§ 68[1] **Begriff des Grundvermögens.** (1) Zum Grundvermögen gehören
1. der Grund und Boden, die Gebäude, die sonstigen Bestandteile und das Zubehör,
2. das Erbbaurecht,
3. das Wohnungseigentum, Teileigentum, Wohnungserbbaurecht und Teilerbbaurecht nach dem Wohnungseigentumsgesetz,

soweit es sich nicht um land- und forstwirtschaftliches Vermögen (§ 33) oder um Betriebsgrundstücke (§ 99) handelt.

(2) [1] In das Grundvermögen sind nicht einzubeziehen

1.[2] Bodenschätze,

2. die Maschinen und sonstigen Vorrichtungen aller Art, die zu einer Betriebsanlage gehören (Betriebsvorrichtungen), auch wenn sie wesentliche Bestandteile sind.

[2] Einzubeziehen sind jedoch die Verstärkungen von Decken und die nicht ausschließlich zu einer Betriebsanlage gehörenden Stützen und sonstigen Bauteile wie Mauervorlagen und Verstrebungen.

§ 69[3] **Abgrenzung des Grundvermögens vom land- und forstwirtschaftlichen Vermögen.** (1) Land- und forstwirtschaftlich genutzte Flächen sind dem Grundvermögen zuzurechnen, wenn nach ihrer Lage, den im Feststellungszeitpunkt bestehenden Verwertungsmöglichkeiten oder den sonstigen Umständen anzunehmen ist, daß sie in absehbarer Zeit anderen als land- und forstwirtschaftlichen Zwecken, insbesondere als Bauland, Industrieland oder Land für Verkehrszwecke, dienen werden.

(2) Bildet ein Betrieb der Land- und Forstwirtschaft die Existenzgrundlage des Betriebsinhabers, so sind dem Betriebsinhaber gehörende Flächen, die von einer Stelle aus ordnungsgemäß nachhaltig bewirtschaftet werden, dem Grundvermögen nur dann zuzurechnen, wenn mit großer Wahrscheinlichkeit anzunehmen ist, daß sie spätestens nach zwei Jahren anderen als land- und forstwirtschaftlichen Zwecken dienen werden.

(3) [1] Flächen sind stets dem Grundvermögen zuzurechnen, wenn sie in einem Bebauungsplan als Bauland festgesetzt sind, ihre sofortige Bebauung möglich ist und die Bebauung innerhalb des Plangebiets in benachbarten Bereichen begonnen hat oder schon durchgeführt ist. [2] Satz 1 gilt nicht für die Hofstelle und für andere Flächen in unmittelbarem *räumlichem*[4] Zusammenhang mit der Hofstelle bis *zur*[5] einer Größe von insgesamt einem Hektar.

(4) Absatz 2 findet in den Fällen des § 55 Abs. 5 Satz 1 des Einkommensteuergesetzes[6] keine Anwendung.]

---

[1] § 68 aufgeh. **mWv 1.1.2025** durch G v. 26.11.2019 (BGBl. I S. 1794).
[2] § 68 Abs. 2 Nr. 1 neu gef. durch G v. 9.11.1992 (BGBl. I S. 1853).
[3] § 69 aufgeh. **mWv 1.1.2025** durch G v. 26.11.2019 (BGBl. I S. 1794).
[4] Richtig wohl: „räumlichen".
[5] Richtig wohl: „zu".
[6] dtv-Band **Nr. 5785 ESt/LSt**.

§ 70 Grundstück. (1) Jede wirtschaftliche Einheit des Grundvermögens bildet ein Grundstück im Sinne dieses Gesetzes.

(2) [1] Ein Anteil des Eigentümers eines Grundstücks an anderem Grundvermögen (z.B. an gemeinschaftlichen Hofflächen oder Garagen) ist in das Grundstück einzubeziehen, wenn alle Anteile an dem gemeinschaftlichen Grundvermögen Eigentümern von Grundstücken gehören, die ihren Anteil jeweils zusammen mit ihrem Grundstück nutzen. [2] Das gilt nicht, wenn das gemeinschaftliche Grundvermögen nach den Anschauungen des Verkehrs als selbständige wirtschaftliche Einheit anzusehen ist (§ 2 Abs. 1 Satz 3 und 4).

(3) Als Grundstück im Sinne dieses Gesetzes gilt auch ein Gebäude, das auf fremdem Grund und Boden errichtet oder in sonstigen Fällen einem anderen als dem Eigentümer des Grund und Bodens zuzurechnen ist, selbst wenn es wesentlicher Bestandteil des Grund und Bodens geworden ist.

[*bis 31.12.2024:*
§ 71[1)] Gebäude und Gebäudeteile für den Zivilschutz. Gebäude, Teile von Gebäuden und Anlagen, die zum Schutz der Bevölkerung sowie lebens- und verteidigungswichtiger Sachgüter vor der Wirkung von Angriffswaffen geschaffen worden sind, bleiben bei der Ermittlung des Einheitswerts außer Betracht, wenn sie im Frieden nicht oder nur gelegentlich oder geringfügig für andere Zwecke benutzt werden.]

II. Unbebaute Grundstücke

[*bis 31.12.2024:*
§ 72[2)] Begriff. (1) [1] Unbebaute Grundstücke sind Grundstücke, auf denen sich keine benutzbaren Gebäude befinden. [2] Die Benutzbarkeit beginnt im Zeitpunkt der Bezugsfertigkeit. [3] Gebäude sind als bezugsfertig anzusehen, wenn den zukünftigen Bewohnern oder sonstigen Benutzern zugemutet werden kann, sie zu benutzen; die Abnahme durch die Bauaufsichtsbehörde ist nicht entscheidend.

(2) Befinden sich auf einem Grundstück Gebäude, deren Zweckbestimmung und Wert gegenüber der Zweckbestimmung und dem Wert des Grund und Bodens von untergeordneter Bedeutung sind, so gilt das Grundstück als unbebaut.

(3) Als unbebautes Grundstück gilt auch ein Grundstück, auf dem infolge der Zerstörung oder des Verfalls der Gebäude auf die Dauer benutzbarer Raum nicht mehr vorhanden ist.

§ 73[3)] Baureife Grundstücke. (1) Innerhalb der unbebauten Grundstücke bilden die baureifen Grundstücke eine besondere Grundstücksart.

(2) [1] Baureife Grundstücke sind unbebaute Grundstücke, wenn sie in einem Bebauungsplan als Bauland festgesetzt sind, ihre sofortige Bebauung möglich ist und die Bebauung innerhalb des Plangebiets in benachbarten Bereichen begonnen hat oder schon durchgeführt ist. [2] Zu den baureifen Grundstücken gehören nicht Grundstücke, die für den Gemeinbedarf vorgesehen sind.]

[1)] § 71 Überschrift neu gef. durch G v. 20.12.2001 (BGBl. I S. 3794); § 71 aufgeh. **mWv 1.1.2025** durch G v. 26.11.2019 (BGBl. I S. 1794).
[2)] § 72 aufgeh. **mWv 1.1.2025** durch G v. 26.11.2019 (BGBl. I S. 1794).
[3)] § 73 aufgeh. **mWv 1.1.2025** durch G v. 26.11.2019 (BGBl. I S. 1794).

III. Bebaute Grundstücke

a) Begriff und Bewertung

[*bis 31.12.2024:*

§ 74[1] **Begriff.** [1]Bebaute Grundstücke sind Grundstücke, auf denen sich benutzbare Gebäude befinden, mit Ausnahme der in § 72 Abs. 2 und 3 bezeichneten Grundstücke. [2]Wird ein Gebäude in Bauabschnitten errichtet, so ist der fertiggestellte und bezugsfertige Teil als benutzbares Gebäude anzusehen.

§ 75[2] **Grundstücksarten.** (1) Bei der Bewertung bebauter Grundstücke sind die folgenden Grundstücksarten zu unterscheiden:

1. Mietwohngrundstücke,
2. Geschäftsgrundstücke,
3. gemischtgenutzte Grundstücke,
4. Einfamilienhäuser,
5. Zweifamilienhäuser,
6. sonstige bebaute Grundstücke.

(2) Mietwohngrundstücke sind Grundstücke, die zu mehr als achtzig Prozent, berechnet nach der Jahresrohmiete (§ 79), Wohnzwecken dienen mit Ausnahme der Einfamilienhäuser und Zweifamilienhäuser (Absätze 5 und 6).

(3) Geschäftsgrundstücke sind Grundstücke, die zu mehr als achtzig Prozent, berechnet nach der Jahresrohmiete (§ 79), eigenen oder fremden gewerblichen oder öffentlichen Zwecken dienen.

(4) Gemischtgenutzte Grundstücke sind Grundstücke, die teils Wohnzwecken, teils eigenen oder fremden gewerblichen oder öffentlichen Zwecken dienen und nicht Mietwohngrundstücke, Geschäftsgrundstücke, Einfamilienhäuser oder Zweifamilienhäuser sind.

(5) [1]Einfamilienhäuser sind Wohngrundstücke, die nur eine Wohnung enthalten. [2]Wohnungen des Hauspersonals (Pförtner, Heizer, Gärtner, Kraftwagenführer, Wächter usw.) sind nicht mitzurechnen. [3]Eine zweite Wohnung steht, abgesehen von Satz 2, dem Begriff „Einfamilienhaus" entgegen, auch wenn sie von untergeordneter Bedeutung ist. [4]Ein Grundstück gilt auch dann als Einfamilienhaus, wenn es zu gewerblichen oder öffentlichen Zwecken mitbenutzt wird und dadurch die Eigenart als Einfamilienhaus nicht wesentlich beeinträchtigt wird.

(6) [1]Zweifamilienhäuser sind Wohngrundstücke, die nur zwei Wohnungen enthalten. [2]Die Sätze 2 bis 4 von Absatz 5 sind entsprechend anzuwenden.

(7) Sonstige bebaute Grundstücke sind solche Grundstücke, die nicht unter die Absätze 2 bis 6 fallen.

§ 76[3]·[4] **Bewertung.** (1) Der Wert des Grundstücks ist vorbehaltlich des Absatzes 3 im Wege des Ertragswertverfahrens (§§ 78 bis 82) zu ermitteln für

1. Mietwohngrundstücke,

---

[1] § 74 aufgeh. **mWv 1.1.2025** durch G v. 26.11.2019 (BGBl. I S. 1794).

[2] § 75 aufgeh. **mWv 1.1.2025** durch G v. 26.11.2019 (BGBl. I S. 1794).

[3] § 76 unvereinbar mit Art. 3 Abs. 1 GG (Urteil des BVerfG v. 10.4.2018, BGBl. I S. 531). Siehe Fußnote zu § 19.

[4] § 76 aufgeh. **mWv 1.1.2025** durch G v. 26.11.2019 (BGBl. I S. 1794).

2. Geschäftsgrundstücke,
3. gemischtgenutzte Grundstücke,
4. Einfamilienhäuser,
5. Zweifamilienhäuser.

(2) Für die sonstigen bebauten Grundstücke ist der Wert im Wege des Sachwertverfahrens (§§ 83 bis 90) zu ermitteln.

(3) Das Sachwertverfahren ist abweichend von Absatz 1 anzuwenden

1. bei Einfamilienhäusern und Zweifamilienhäusern, die sich durch besondere Gestaltung oder Ausstattung wesentlich von den nach Absatz 1 zu bewertenden Einfamilienhäusern und Zweifamilienhäusern unterscheiden;
2. bei solchen Gruppen von Geschäftsgrundstücken und in solchen Einzelfällen bebauter Grundstücke der in § 75 Abs. 1 Nr. 1 bis 3 bezeichneten Grundstücksarten, für die weder eine Jahresrohmiete ermittelt noch die übliche Miete nach § 79 Abs. 2 geschätzt werden kann;
3. bei Grundstücken mit Behelfsbauten und bei Grundstücken mit Gebäuden in einer Bauart oder Bauausführung, für die ein Vervielfältiger (§ 80) in den Anlagen 3 bis 8 nicht bestimmt ist.

§ 77[1)] Mindestwert.[2)] [1]Der für ein bebautes Grundstück anzusetzende Wert darf nicht geringer sein als der Wert, mit dem der Grund und Boden allein als unbebautes Grundstück zu bewerten wäre. [2]Müssen Gebäude oder Gebäudeteile wegen ihres baulichen Zustands abgebrochen werden, so sind die Abbruchkosten zu berücksichtigen.]

b) Verfahren

1. Ertragswertverfahren

[*bis 31.12.2024:*

§ 78[3)] Grundstückswert. [1]Der Grundstückswert umfaßt den Bodenwert, den Gebäudewert und den Wert der Außenanlagen. [2]Er ergibt sich durch Anwendung eines Vervielfältigers (§ 80) auf die Jahresrohmiete (§ 79) unter Berücksichtigung der §§ 81 und 82.

§ 79[4)] Jahresrohmiete. (1) [1]Jahresrohmiete ist das Gesamtentgelt, das die Mieter (Pächter) für die Benutzung des Grundstücks auf Grund vertraglicher Vereinbarungen nach dem Stand im *Feststellungzeitpunkt*[5)] für ein Jahr zu entrichten haben. [2]Umlagen und alle sonstigen Leistungen des Mieters sind einzubeziehen. [3]Zur Jahresrohmiete gehören auch Betriebskosten (z.B. Gebühren der Gemeinde), die durch die Gemeinde von den Mietern unmittelbar erhoben werden. [4]Nicht einzubeziehen sind Untermietzuschläge, Kosten des Betriebs der zentralen Heizungs-, Warmwasserversorgungs- und Brennstoff-

---

[1)] § 77 aufgeh. **mWv 1.1.2025** durch G v. 26.11.2019 (BGBl. I S. 1794).

[2)] **Amtl. Anm.:** Nach Artikel 7 des Steueränderungsgesetzes 1969 v. 18. August 1969 (BGBl. I S. 1211) ist § 77 im Hauptfeststellungszeitraum 1964 in folgender Fassung anzuwenden:

„Der für ein bebautes Grundstück anzusetzende Wert darf nicht geringer sein als 50 vom Hundert des Werts, mit dem der Grund und Boden allein als unbebautes Grundstück zu bewerten wäre."

[3)] § 78 aufgeh. **mWv 1.1.2025** durch G v. 26.11.2019 (BGBl. I S. 1794).

[4)] § 79 aufgeh. **mWv 1.1.2025** durch G v. 26.11.2019 (BGBl. I S. 1794).

[5)] Richtig wohl: „Feststellungszeitpunkt".

versorgungsanlage sowie des Fahrstuhls, ferner alle Vergütungen für außergewöhnliche Nebenleistungen des Vermieters, die nicht die Raumnutzung betreffen (z.B. Bereitstellung von Wasserkraft, Dampfkraft, Preßluft, Kraftstrom und dergleichen), sowie Nebenleistungen des Vermieters, die nur einzelnen Mietern zugute kommen.

(2) [1] Statt des Betrags nach Absatz 1 gilt die übliche Miete als Jahresrohmiete für solche Grundstücke oder Grundstücksteile,

1. die eigengenutzt, ungenutzt, zu vorübergehendem Gebrauch oder unentgeltlich überlassen sind,
2. die der Eigentümer dem Mieter zu einer um mehr als zwanzig Prozent von der üblichen Miete abweichenden tatsächlichen Miete überlassen hat.

[2] Die übliche Miete ist in Anlehnung an die Jahresrohmiete zu schätzen, die für Räume gleicher oder ähnlicher Art, Lage und Ausstattung regelmäßig gezahlt wird.

(3), (4)[1)] *(aufgehoben)*

(5)[2)] Bei Fortschreibungen und Nachfeststellungen gelten für die Höhe der Miete die Wertverhältnisse im Hauptfeststellungszeitpunkt.

§ 80[3)] Vervielfältiger. (1) [1] Die Zahl, mit der die Jahresrohmiete zu vervielfachen ist (Vervielfältiger), ist aus den Anlagen 3 bis 8 zu entnehmen. [2] Der Vervielfältiger bestimmt sich nach der Grundstücksart, der Bauart und Bauausführung, dem Baujahr des Gebäudes sowie nach der Einwohnerzahl der Belegenheitsgemeinde im Hauptfeststellungszeitpunkt. [3] Erstreckt sich ein Grundstück über mehrere Gemeinden, so ist Belegenheitsgemeinde die Gemeinde, in der der wertvollste Teil des Grundstücks belegen ist. [4] Bei Umgemeindungen nach dem Hauptfeststellungszeitpunkt sind weiterhin die Einwohnerzahlen zugrunde zu legen, die für die betroffenen Gemeinden oder Gemeindeteile im Hauptfeststellungszeitpunkt maßgebend waren.

(2) Die Landesregierungen werden ermächtigt, durch Rechtsverordnung zu bestimmen, daß Gemeinden oder Gemeindeteile in eine andere Gemeindegrößenklasse eingegliedert werden, als es ihrer Einwohnerzahl entspricht, wenn die Vervielfältiger wegen der besonderen wirtschaftlichen Verhältnisse in diesen Gemeinden oder Gemeindeteilen abweichend festgesetzt werden müssen (z.B. in Kurorten und Randgemeinden).

(3) Ist die Lebensdauer eines Gebäudes gegenüber der nach seiner Bauart und Bauausführung in Betracht kommenden Lebensdauer infolge baulicher Maßnahmen wesentlich verlängert oder infolge nicht behebbarer Baumängel und Bauschäden wesentlich verkürzt, so ist der Vervielfältiger nicht nach dem tatsächlichen Baujahr des Gebäudes, sondern nach dem um die entsprechende Zeit späteren oder früheren Baujahr zu ermitteln.

(4) [1] Befinden sich auf einem Grundstück Gebäude oder Gebäudeteile, die eine verschiedene Bauart oder Bauausführung aufweisen oder die in verschiedenen Jahren bezugsfertig geworden sind, so sind für die einzelnen Gebäude oder Gebäudeteile die nach der Bauart und Bauausführung sowie nach dem

---

1) § 79 Abs. 3 und 4 aufgeh. durch G v. 20.12.2001 (BGBl. I S. 3794).

2) § 79 Abs. 5 unvereinbar mit Art. 3 Abs. 1 GG (Urteil des BVerfG v. 10.4.2018, BGBl. I S. 531). Siehe Fußnote zu § 19.

3) § 80 aufgeh. **mWv 1.1.2025** durch G v. 26.11.2019 (BGBl. I S. 1794).

Baujahr maßgebenden Vervielfältiger anzuwenden. [2]Können die Werte der einzelnen Gebäude oder Gebäudeteile nur schwer ermittelt werden, so kann für das ganze Grundstück ein Vervielfältiger nach einem durchschnittlichen Baujahr angewendet werden.

§ 81[1)] Außergewöhnliche Grundsteuerbelastung. [1]Weicht im *Hauptfeststellungzeitpunkt*[2)] die Grundsteuerbelastung in einer Gemeinde erheblich von der in den Vervielfältigern berücksichtigten Grundsteuerbelastung ab, so sind die Grundstückswerte in diesen Gemeinden bis zu 10 Prozent zu ermäßigen oder zu erhöhen. [2]Die Prozentsätze werden durch Rechtsverordnung bestimmt.

§ 82[3)] Ermäßigung und Erhöhung. (1) [1]Liegen wertmindernde Umstände vor, die weder in der Höhe der Jahresrohmiete noch in der Höhe des Vervielfältigers berücksichtigt sind, so ist der sich nach den §§ 78 bis 81 ergebende Grundstückswert zu ermäßigen. [2]Als solche Umstände kommen z.B. in Betracht

1. ungewöhnlich starke Beeinträchtigungen durch Lärm, Rauch oder Gerüche,
2. behebbare Baumängel und Bauschäden und
3. die Notwendigkeit baldigen Abbruchs.

(2) [1]Liegen werterhöhende Umstände vor, die in der Höhe der Jahresrohmiete nicht berücksichtigt sind, so ist der sich nach den §§ 78 bis 81 ergebende Grundstückswert zu erhöhen. [2]Als solche Umstände kommen nur in Betracht

1. die Größe der nicht bebauten Fläche, wenn sich auf dem Grundstück keine Hochhäuser befinden; ein Zuschlag unterbleibt, wenn die gesamte Fläche bei Einfamilienhäusern oder Zweifamilienhäusern nicht mehr als 1500 qm, bei den übrigen Grundstücksarten nicht mehr als das Fünffache der bebauten Fläche beträgt,
2. die nachhaltige Ausnutzung des Grundstücks für Reklamezwecke gegen Entgelt.

(3) [1]Die Ermäßigung nach Absatz 1 Nr. 1 und 2 oder die Erhöhung nach Absatz 2 darf insgesamt dreißig Prozent des Grundstückswerts (§§ 78 bis 81) nicht übersteigen. [2]Treffen die Voraussetzungen für die Ermäßigung nach Absatz 1 Nr. 1 und 2 und für die Erhöhung nach Absatz 2 zusammen, so ist der Höchstsatz nur auf das Ergebnis des Ausgleichs anzuwenden.]

2. Sachwertverfahren

[*bis 31.12.2024:*

§ 83[4)] Grundstückswert. [1]Bei der Ermittlung des Grundstückswertes ist vom Bodenwert (§ 84), vom Gebäudewert (§§ 85 bis 88) und vom Wert der Außenanlagen (§ 89) auszugehen (Ausgangswert). [2]Der Ausgangswert ist an den gemeinen Wert anzugleichen (§ 90).

[1)] § 81 Satz 1 geänd. durch G v. 20.12.2001 (BGBl. I S. 3794); § 81 aufgeh. **mWv 1.1.2025** durch G v. 26.11.2019 (BGBl. I S. 1794).

[2)] Richtig wohl: „Hauptfeststellungszeitpunkt".

[3)] § 82 aufgeh. **mWv 1.1.2025** durch G v. 26.11.2019 (BGBl. I S. 1794).

[4)] § 83 aufgeh. **mWv 1.1.2025** durch G v. 26.11.2019 (BGBl. I S. 1794).

§ 84[1] **Bodenwert.** Der Grund und Boden ist mit dem Wert anzusetzen, der sich ergeben würde, wenn das Grundstück unbebaut wäre.

§ 85[2] **Gebäudewert.** [1]Bei der Ermittlung des Gebäudewertes ist zunächst ein Wert auf der Grundlage von durchschnittlichen Herstellungskosten nach den Baupreisverhältnissen des Jahres 1958 zu errechnen. [2]Dieser Wert ist nach den Baupreisverhältnissen im Hauptfeststellungszeitpunkt umzurechnen (Gebäudenormalherstellungswert). [3]Der Gebäudenormalherstellungswert ist wegen des Alters des Gebäudes im Hauptfeststellungszeitpunkt (§ 86) und wegen etwa vorhandener baulicher Mängel und Schäden (§ 87) zu mindern (Gebäudesachwert). [4]Der Gebäudesachwert kann in besonderen Fällen ermäßigt oder erhöht werden (§ 88).

§ 86[3] **Wertminderung wegen Alters.** (1) [1]Die Wertminderung wegen Alters bestimmt sich nach dem Alter des Gebäudes im Hauptfeststellungszeitpunkt und der gewöhnlichen Lebensdauer von Gebäuden gleicher Art und Nutzung. [2]Sie ist in einem Prozentsatz des Gebäudenormalherstellungswertes auszudrücken. [3]Dabei ist von einer gleichbleibenden jährlichen Wertminderung auszugehen.

(2) Als Alter des Gebäudes gilt die Zeit zwischen dem Beginn des Jahres, in dem das Gebäude bezugsfertig geworden ist, und dem Hauptfeststellungszeitpunkt.

(3) [1]Als Wertminderung darf insgesamt kein höherer Betrag abgesetzt werden, als sich bei einem Alter von siebzig Prozent der Lebensdauer ergibt. [2]Dieser Betrag kann nur überschritten werden, wenn eine außergewöhnliche Wertminderung vorliegt.

(4) Ist die restliche Lebensdauer eines Gebäudes infolge baulicher Maßnahmen verlängert, so ist der nach dem tatsächlichen Alter errechnete Prozentsatz entsprechend zu mindern.

§ 87[4] **Wertminderung wegen baulicher Mängel und Schäden.** [1]Für bauliche Mängel und Schäden, die weder bei der Ermittlung des Gebäudenormalherstellungswertes noch bei der Wertminderung wegen Alters berücksichtigt worden sind, ist ein Abschlag zu machen. [2]Die Höhe des Abschlags richtet sich nach Bedeutung und Ausmaß der Mängel und Schäden.

§ 88[5] **Ermäßigung und Erhöhung.** (1) Der Gebäudesachwert kann ermäßigt oder erhöht werden, wenn Umstände tatsächlicher Art vorliegen, die bei seiner Ermittlung nicht berücksichtigt worden sind.

(2) Eine Ermäßigung kann insbesondere in Betracht kommen, wenn Gebäude wegen der Lage des Grundstücks,[6] wegen unorganischen Aufbaus oder wirtschaftlicher Überalterung in ihrem Wert gemindert sind.

(3) Ein besonderer Zuschlag ist zu machen, wenn ein Grundstück nachhaltig gegen Entgelt für Reklamezwecke genutzt wird.

---

[1] § 84 aufgeh. **mWv 1.1.2025** durch G v. 26.11.2019 (BGBl. I S. 1794).
[2] § 85 aufgeh. **mWv 1.1.2025** durch G v. 26.11.2019 (BGBl. I S. 1794).
[3] § 86 aufgeh. **mWv 1.1.2025** durch G v. 26.11.2019 (BGBl. I S. 1794).
[4] § 87 aufgeh. **mWv 1.1.2025** durch G v. 26.11.2019 (BGBl. I S. 1794).
[5] § 88 aufgeh. **mWv 1.1.2025** durch G v. 26.11.2019 (BGBl. I S. 1794).
[6] Zeichensetzung nicht amtlich.

§ 89[1)] Wert der Außenanlagen. [1]Der Wert der Außenanlagen (z.B. Umzäunungen, Wege- oder Platzbefestigungen) ist aus durchschnittlichen Herstellungskosten nach den Baupreisverhältnissen des Jahres 1958 zu errechnen und nach den Baupreisverhältnissen im Hauptfeststellungszeitpunkt umzurechnen. [2]Dieser Wert ist wegen des Alters der Außenanlagen im Hauptfeststellungszeitpunkt und wegen etwaiger baulicher Mängel und Schäden zu mindern; die Vorschriften der §§ 86 bis 88 gelten sinngemäß.

§ 90[2)] Angleichung an den gemeinen Wert. (1) Der Ausgangswert (§ 83) ist durch Anwendung einer Wertzahl an den gemeinen Wert anzugleichen.

(2) [1]Die Wertzahlen werden durch Rechtsverordnung unter Berücksichtigung der wertbeeinflussenden Umstände, insbesondere der Zweckbestimmung und Verwendbarkeit der Grundstücke innerhalb bestimmter Wirtschaftszweige und der Gemeindegrößen, im Rahmen von 85 bis 50 Prozent des Ausgangswertes festgesetzt. [2]Dabei können für einzelne Grundstücksarten oder Grundstücksgruppen oder Untergruppen in bestimmten Gebieten, Gemeinden oder Gemeindeteilen besondere Wertzahlen festgesetzt werden, wenn es die örtlichen Verhältnisse auf dem Grundstücksmarkt erfordern.]

IV. Sondervorschriften

[*bis 31.12.2024:*

§ 91[3)] Grundstücke im Zustand der Bebauung. (1) Bei Grundstücken, die sich am Feststellungszeitpunkt im Zustand der Bebauung befinden, bleiben die nicht bezugsfertigen Gebäude oder Gebäudeteile (z.B. Anbauten oder Zubauten) bei der Ermittlung des Wertes außer Betracht.

(2)[4)] *(aufgehoben)*

§ 92[5)] Erbbaurecht. (1) [1]Ist ein Grundstück mit einem Erbbaurecht belastet, so ist sowohl für die wirtschaftliche Einheit des Erbbaurechts als auch für die wirtschaftliche Einheit des belasteten Grundstücks jeweils ein Einheitswert festzustellen. [2]Bei der Ermittlung der Einheitswerte ist von einem Gesamtwert auszugehen, der für den Grund und Boden einschließlich der Gebäude und Außenanlagen festzustellen wäre, wenn die Belastung nicht bestünde. [3]Wird der Gesamtwert nach den Vorschriften über die Bewertung der bebauten Grundstücke ermittelt, so gilt jede wirtschaftliche Einheit als bebautes Grundstück der Grundstücksart, von der bei der Ermittlung des Gesamtwerts ausgegangen wird.

(2) Beträgt die Dauer des Erbbaurechts in dem für die Bewertung maßgebenden Zeitpunkt noch 50 Jahre oder mehr, so entfällt der Gesamtwert (Absatz 1) allein auf die wirtschaftliche Einheit des Erbbaurechts.

(3) [1]Beträgt die Dauer des Erbbaurechts in dem für die Bewertung maßgebenden Zeitpunkt weniger als 50 Jahre, so ist der Gesamtwert (Absatz 1) entsprechend der restlichen Dauer des Erbbaurechts zu verteilen. [2]Dabei entfallen auf

---

1) § 89 aufgeh. **mWv 1.1.2025** durch G v. 26.11.2019 (BGBl. I S. 1794).
2) § 90 aufgeh. **mWv 1.1.2025** durch G v. 26.11.2019 (BGBl. I S. 1794).
3) § 91 aufgeh. **mWv 1.1.2025** durch G v. 26.11.2019 (BGBl. I S. 1794).
4) § 91 Abs. 2 aufgeh. durch G v. 20.12.1996 (BGBl. I S. 2049).
5) § 92 aufgeh. **mWv 1.1.2025** durch G v. 26.11.2019 (BGBl. I S. 1794).

1. die wirtschaftliche Einheit des Erbbaurechts:
   der Gebäudewert und ein Anteil am Bodenwert; dieser beträgt bei einer Dauer des Erbbaurechts

unter 50 bis zu 40 Jahren	95 Prozent,
unter 40 bis zu 35 Jahren	90 Prozent,
unter 35 bis zu 30 Jahren	85 Prozent,
unter 30 bis zu 25 Jahren	80 Prozent,
unter 25 bis zu 20 Jahren	70 Prozent,
unter 20 bis zu 15 Jahren	60 Prozent,
unter 15 bis zu 10 Jahren	45 Prozent,
unter 10 bis zu 5 Jahren	25 Prozent,
unter 5 Jahren	0 Prozent;

2. die wirtschaftliche Einheit des belasteten Grundstücks:
   der Anteil am Bodenwert, der nach Abzug des in Nummer 1 genannten Anteils verbleibt.

[3] Abweichend von den Nummern 1 und 2 ist in die wirtschaftliche Einheit des belasteten Grundstücks ein Anteil am Gebäudewert einzubeziehen, wenn besondere Vereinbarungen es rechtfertigen. [4] Das gilt insbesondere, wenn bei Erlöschen des Erbbaurechts durch Zeitablauf der Eigentümer des belasteten Grundstücks keine dem Gebäudewert entsprechende Entschädigung zu leisten hat. [5] Geht das Eigentum an dem Gebäude bei Erlöschen des Erbbaurechts durch Zeitablauf entschädigungslos auf den Eigentümer des belasteten Grundstücks über, so ist der Gebäudewert entsprechend der in den Nummern 1 und 2 vorgesehenen Verteilung des Bodenwertes zu verteilen. [6] Beträgt die Entschädigung für das Gebäude beim Übergang nur einen Teil des Gebäudewertes, so ist der dem Eigentümer des belasteten Grundstücks entschädigungslos zufallende Anteil entsprechend zu verteilen. [7] Eine in der Höhe des Erbbauzinses zum Ausdruck kommende Entschädigung für den Gebäudewert bleibt außer Betracht. [8] Der Wert der Außenanlagen wird wie der Gebäudewert behandelt.

(4) Hat sich der Erbbauberechtigte durch Vertrag mit dem Eigentümer des belasteten Grundstücks zum Abbruch des Gebäudes bei Beendigung des Erbbaurechts verpflichtet, so ist dieser Umstand durch einen entsprechenden Abschlag zu berücksichtigen; der Abschlag unterbleibt, wenn vorauszusehen ist, daß das Gebäude trotz der Verpflichtung nicht abgebrochen werden wird.

(5)[1)] Das Recht auf den Erbbauzins ist nicht als Bestandteil des Grundstücks und die Verpflichtung zur Zahlung des Erbbauzinses nicht bei der Bewertung des Erbbaurechts zu berücksichtigen.

(6) [1] Bei Wohnungserbbaurechten oder Teilerbbaurechten ist der Gesamtwert (Absatz 1) in gleicher Weise zu ermitteln, wie wenn es sich um Wohnungseigentum oder um Teileigentum handeln würde. [2] Die Verteilung des Gesamtwertes erfolgt entsprechend Absatz 3.

(7)[2)] [1] Wertfortschreibungen für die wirtschaftlichen Einheiten des Erbbaurechts und des belasteten Grundstücks sind abweichend von § 22 Abs. 1 nur vorzunehmen, wenn der Gesamtwert, der sich für den Beginn eines Kalender-

---

[1)] § 92 Abs. 5 neu gef. durch G v. 20.12.2001 (BGBl. I S. 3794).
[2)] § 92 Abs. 7 Sätze 1 und 2 geänd. durch G v. 20.12.2001 (BGBl. I S. 3794).

jahres ergibt, vom Gesamtwert des letzten Feststellungszeitpunkts um das in § 22 Abs. 1 bezeichnete Ausmaß abweicht. 2 § 30 ist entsprechend anzuwenden. 3 Bei einer Änderung der Verteilung des Gesamtwerts nach Absatz 3 sind die Einheitswerte für die wirtschaftlichen Einheiten des Erbbaurechts und des belasteten Grundstücks ohne Beachtung von Wertfortschreibungsgrenzen fortzuschreiben.

§ 93[1)] Wohnungseigentum und Teileigentum. (1)[2)] 1 Jedes Wohnungseigentum und Teileigentum bildet eine wirtschaftliche Einheit. 2 Für die Bestimmung der Grundstücksart (§ 75) ist die Nutzung des auf das Wohnungseigentum und Teileigentum entfallenden Gebäudeteils maßgebend. 3 Die Vorschriften der §§ 76 bis 91 finden Anwendung, soweit sich nicht aus den Absätzen 2 und 3 etwas anderes ergibt.

(2) 1 Das zu mehr als achtzig Prozent Wohnzwecken dienende Wohnungseigentum ist im Wege des Ertragswertverfahrens nach den Vorschriften zu bewerten, die für Mietwohngrundstücke maßgebend sind. 2 Wohnungseigentum, das zu nicht mehr als achtzig Prozent, aber zu nicht weniger als zwanzig Prozent Wohnzwecken dient, ist im Wege des Ertragswertverfahrens nach den Vorschriften zu bewerten, die für gemischtgenutzte Grundstücke maßgebend sind.

(3) 1 Entsprechen die im Grundbuch eingetragenen Miteigentumsanteile an dem gemeinschaftlichen Eigentum nicht dem Verhältnis der Jahresrohmiete zueinander, so kann dies bei der Feststellung des Wertes entsprechend berücksichtigt werden. 2 Sind einzelne Räume, die im gemeinschaftlichen Eigentum stehen, vermietet, so ist ihr Wert nach den im Grundbuch eingetragenen Anteilen zu verteilen und bei den einzelnen wirtschaftlichen Einheiten zu erfassen.

§ 94[3)] Gebäude auf fremdem Grund und Boden. (1) 1 Bei Gebäuden auf fremdem Grund und Boden ist der Bodenwert dem Eigentümer des Grund und Bodens und der Gebäudewert dem wirtschaftlichen Eigentümer des Gebäudes zuzurechnen. 2 Außenanlagen (z.B. Umzäunungen, Wegebefestigungen), auf die sich das wirtschaftliche Eigentum am Gebäude erstreckt, sind unbeschadet der Vorschriften in § 68 Abs. 2 in die wirtschaftliche Einheit des Gebäudes einzubeziehen. 3 Für die Grundstücksart des Gebäudes ist § 75 maßgebend; der Grund und Boden, auf dem das Gebäude errichtet ist, gilt als bebautes Grundstück derselben Grundstücksart.

(2) Für den Grund und Boden ist der Wert nach den für unbebaute Grundstücke geltenden Grundsätzen zu ermitteln; beeinträchtigt die Nutzungsbehinderung, welche sich aus dem Vorhandensein des Gebäudes ergibt, den Wert, so ist dies zu berücksichtigen.

(3) 1 Die Bewertung der Gebäude erfolgt nach § 76. 2 Wird das Gebäude nach dem Ertragswertverfahren bewertet, so ist von dem sich nach den §§ 78 bis 80 ergebenden Wert der auf den Grund und Boden entfallende Anteil abzuziehen. 3 Ist vereinbart, daß das Gebäude nach Ablauf der Miet- oder Pachtzeit abzubrechen ist, so ist dieser Umstand durch einen entsprechenden

---

1) § 93 aufgeh. **mWv 1.1.2025** durch G v. 26.11.2019 (BGBl. I S. 1794).

2) § 93 Abs. 1 Satz 2 unvereinbar mit Art. 3 Abs. 1 GG (Urteil des BVerfG v. 10.4.2018, BGBl. I S. 531). Siehe Fußnote zu § 19.

3) § 94 aufgeh. **mWv 1.1.2025** durch G v. 26.11.2019 (BGBl. I S. 1794).

Abschlag zu berücksichtigen; der Abschlag unterbleibt, wenn vorauszusehen ist, daß das Gebäude trotz der Verpflichtung nicht abgebrochen werden wird.]

D. Betriebsvermögen

§ 95[1] Begriff des Betriebsvermögens. (1)[2] Das Betriebsvermögen umfasst alle Teile eines Gewerbebetriebs im Sinne des § 15 Abs. 1 und 2 des Einkommensteuergesetzes[3], die bei der steuerlichen Gewinnermittlung zum Betriebsvermögen gehören.

(2) Als Gewerbebetrieb gilt unbeschadet des § 97 nicht die Land- und Forstwirtschaft, wenn sie den Hauptzweck des Unternehmens bildet.

(3)[4] *(aufgehoben)*

§ 96[5] Freie Berufe. Dem Gewerbebetrieb steht die Ausübung eines freien Berufs im Sinne des § 18 Abs. 1 Nr. 1 des Einkommensteuergesetzes[3] gleich; dies gilt auch für die Tätigkeit als Einnehmer einer staatlichen Lotterie, soweit die Tätigkeit nicht schon im Rahmen eines Gewerbebetriebs ausgeübt wird.

§ 97 Betriebsvermögen von Körperschaften, Personenvereinigungen und Vermögensmassen. (1)[6] [1] Einen Gewerbebetrieb bilden insbesondere alle Wirtschaftsgüter, die den folgenden Körperschaften, Personenvereinigungen und Vermögensmassen gehören, wenn diese ihre Geschäftsleitung oder ihren Sitz im Inland haben:

1.[7] Kapitalgesellschaften (Aktiengesellschaften, Kommanditgesellschaften auf Aktien, Gesellschaften mit beschränkter Haftung, Europäische Gesellschaften);
2. Erwerbs- und Wirtschaftsgenossenschaften;
3. Versicherungsvereinen auf Gegenseitigkeit;
4. Kreditanstalten des öffentlichen Rechts;
5.[8] Gesellschaften im Sinne des § 15 Absatz 1 Satz 1 Nummer 2 und Absatz 3 oder § 18 Absatz 4 Satz 2 des Einkommensteuergesetzes[3]. [2] Zum Gewerbebetrieb einer solchen Gesellschaft gehören auch die Wirtschaftsgüter, die im Eigentum eines Gesellschafters, mehrerer oder aller Gesellschafter stehen, und Schulden eines Gesellschafters, mehrerer oder aller Gesellschafter, soweit die Wirtschaftsgüter und Schulden bei der steuerlichen Gewinnermittlung zum Betriebsvermögen der Gesellschaft gehören (§ 95); diese Zurechnung geht anderen Zurechnungen vor.

[2] § 34 Abs. 6a und § 51a bleiben unberührt.

---

[1] § 95 neu gef. durch G v. 25.2.1992 (BGBl. I S. 297).
[2] § 95 Abs. 1 neu gef. mWv 1.1.2009 durch G v. 24.12.2008 (BGBl. I S. 3018).
[3] dtv-Band **Nr. 5785 ESt/LSt**.
[4] § 95 Abs. 3 aufgeh. mWv 1.1.2002 durch G v. 20.12.2001 (BGBl. I S. 3794).
[5] § 96 neu gef. durch G v. 25.2.1992 (BGBl. I S. 297).
[6] § 97 Abs. 1 Satz 2 aufgeh. **mWv 1.1.2025** durch G v. 26.11.2019 (BGBl. I S. 1794).
[7] § 97 Abs. 1 Nr. 1 geänd. durch G v. 25.2.1992 (BGBl. I S. 297); geänd. durch G v. 20.12.2001 (BGBl. I S. 3794); geänd. mWv 1.1.2006 durch G v. 7.12.2006 (BGBl. I S. 2782).
[8] § 97 Abs. 1 Satz 1 Nr. 5 neu gef. mWv 1.1.2002 durch G v. 20.12.2001 (BGBl. I S. 3794); Satz 1 Nr. 5 geänd. mWv 18.12.2019 durch G v. 12.12.2019 (BGBl. I S. 2451).

(1a)[1] Der gemeine Wert eines Anteils am Betriebsvermögen einer in § 97 Abs. 1 Satz 1 Nr. 5 genannten Personengesellschaft ist wie folgt zu ermitteln und aufzuteilen:

1. Der nach § 109 Abs. 2 ermittelte gemeine Wert des der Personengesellschaft gehörenden Betriebsvermögens (Gesamthandsvermögen) ist wie folgt aufzuteilen:
   a) die Kapitalkonten aus der Gesamthandsbilanz sind dem jeweiligen Gesellschafter vorweg zuzurechnen;
   b) der verbleibende Wert ist nach dem für die Gesellschaft maßgebenden Gewinnverteilungsschlüssel auf die Gesellschafter aufzuteilen; Vorabgewinnanteile sind nicht zu berücksichtigen.
2. [1] Für die Wirtschaftsgüter und Schulden des Sonderbetriebsvermögens eines Gesellschafters ist der gemeine Wert zu ermitteln. [2] Er ist dem jeweiligen Gesellschafter zuzurechnen.
3. Der Wert des Anteils eines Gesellschafters ergibt sich als Summe aus dem Anteil am Gesamthandsvermögen nach Nummer 1 und dem Wert des Sonderbetriebsvermögens nach Nummer 2.

(1b)[2] [1] Der gemeine Wert eines Anteils an einer in § 97 Abs. 1 Satz 1 Nr. 1 genannten Kapitalgesellschaft bestimmt sich nach dem Verhältnis des Anteils am Nennkapital (Grund- oder Stammkapital) der Gesellschaft zum gemeinen Wert des Betriebsvermögens der Kapitalgesellschaft im Bewertungsstichtag. [2] Dies gilt auch, wenn das Nennkapital noch nicht vollständig eingezahlt ist. [3] Richtet sich die Beteiligung am Vermögen und am Gewinn der Gesellschaft aufgrund einer ausdrücklichen Vereinbarung der Gesellschafter nach der jeweiligen Höhe des eingezahlten Nennkapitals, bezieht sich der gemeine Wert nur auf das tatsächlich eingezahlte Nennkapital. [4] Abweichend von Satz 1 sind bei der Wertermittlung des Anteils vorbehaltlich des § 9 Absatz 2 und 3 Regelungen zu berücksichtigen, die sich auf den Wert des Anteils auswirken, wie insbesondere eine vom Verhältnis des Anteils am Nennkapital (Grund- oder Stammkapital) abweichende Gewinnverteilung.

(2)[3] Einen Gewerbebetrieb bilden auch die Wirtschaftsgüter, die den sonstigen juristischen Personen des privaten Rechts, den nichtrechtsfähigen Vereinen, Anstalten, Stiftungen und anderen Zweckvermögen gehören, soweit sie einem wirtschaftlichen Geschäftsbetrieb (ausgenommen Land- und Forstwirtschaft) dienen.

(3)[4] *(aufgehoben)*

§ 98[5] *(aufgehoben)*

§ 98a[6] *(aufgehoben)*

---

[1] § 97 Abs. 1a neu gef. mWv 1.1.2009 durch G v. 24.12.2008 (BGBl. I S. 3018).
[2] § 97 Abs. 1b eingef. mWv 1.1.2009 durch G v. 24.12.2008 (BGBl. I S. 3018); Satz 4 angef. durch G v. 2.11.2015 (BGBl. I S. 1834); zur Anwendung siehe § 265 Abs. 8.
[3] § 97 geänd. durch G v. 25.2.1992 (BGBl. I S. 297).
[4] § 97 Abs. 3 aufgeh. mWv 1.1.2009 durch G v. 24.12.2008 (BGBl. I S. 3018).
[5] § 98 aufgeh. mWv 1.1.2002 durch G v. 20.12.2001 (BGBl. I S. 3794).
[6] § 98a aufgeh. mWv 1.1.2009 durch G v. 24.12.2008 (BGBl. I S. 3018).

§ 99 Betriebsgrundstücke. (1)[1] Betriebsgrundstück im Sinne dieses Gesetzes ist der zu einem Gewerbebetrieb gehörige Grundbesitz, soweit er, losgelöst von seiner Zugehörigkeit zu dem Gewerbebetrieb,

1. zum Grundvermögen gehören würde oder
2. einen Betrieb der Land- und Forstwirtschaft bilden würde.

(2)[2] *(aufgehoben)*

(3) Betriebsgrundstücke im Sinne des Absatzes 1 Nr. 1 sind wie Grundvermögen, Betriebsgrundstücke im Sinne des Absatzes 1 Nr. 2 wie land- und forstwirtschaftliches Vermögen zu bewerten.

§§ 100–102[3] *(aufgehoben)*

§ 103[4] **Schulden und sonstige Abzüge.** (1)[5] Schulden und sonstige Abzüge, die nach § 95 Abs. 1 zum Betriebsvermögen gehören, werden vorbehaltlich des Absatzes 3 berücksichtigt, soweit sie mit der Gesamtheit oder einzelnen Teilen des Betriebsvermögens im Sinne dieses Gesetzes in wirtschaftlichem Zusammenhang stehen.

(2) Weist ein Gesellschafter in der Steuerbilanz Gewinnansprüche gegen eine von ihm beherrschte Gesellschaft aus, ist bei dieser ein Schuldposten in entsprechender Höhe abzuziehen.

(3)[6] Rücklagen sind nur insoweit abzugsfähig, als ihr Abzug bei der Bewertung des Betriebsvermögens für Zwecke der Erbschaftsteuer durch Gesetz ausdrücklich zugelassen ist.

§§ 103a–107[7] *(aufgehoben)*

§ 108 (weggefallen)

§ 109[8] **Bewertung.** (1) [1]Das Betriebsvermögen von Gewerbebetrieben im Sinne des § 95 und das Betriebsvermögen von freiberuflich Tätigen im Sinne des § 96 ist jeweils mit dem gemeinen Wert anzusetzen. [2]Für die Ermittlung des gemeinen Werts gilt § 11 Abs. 2 entsprechend.

(2) [1]Der Wert eines Anteils am Betriebsvermögen einer in § 97 genannten Körperschaft, Personenvereinigung oder Vermögensmasse ist mit dem gemeinen Wert anzusetzen. [2]Für die Ermittlung des gemeinen Werts gilt § 11 Abs. 2 entsprechend.

(3), (4) *(aufgehoben)*

---

[1] § 99 Abs. 1 geänd. mWv 1.1.1993 durch G v. 25.2.1992 (BGBl. I S. 297).

[2] § 99 Abs. 2 aufgeh. mWv 1.1.2009 durch G v. 24.12.2008 (BGBl. I S. 3018).

[3] § 100 aufgeh. mWv 1.1.1993 durch G v. 9.11.1992 (BGBl. I S. 1853); §§ 101 und 102 aufgeh. durch G v. 29.10.1997 (BGBl. I S. 2590).

[4] § 103 neu gef. mWv 1.1.1993 durch G v. 25.2.1992 (BGBl. I S. 297); Überschrift neu gef. durch G v. 13.9.1993 (BGBl. I S. 1569).

[5] § 103 Abs. 1 neu gef. durch G v. 13.9.1993 (BGBl. I S. 1569).

[6] § 103 Abs. 3 geänd. durch G v. 20.12.2001 (BGBl. I S. 3794).

[7] §§ 103a und 105 aufgeh. mWv 1.1.1993 durch G v. 25.2.1992 (BGBl. I S. 297), § 104 aufgeh. mWv 1.1.2009 durch G v. 24.12.2008 (BGBl. I S. 3018); §§ 106 und 107 aufgeh. mWv 1.1.1998 durch G v. 29.10.1997 (BGBl. I S. 2590).

[8] § 109 neu gef. mWv 1.1.2009 durch G v. 24.12.2008 (BGBl. I S. 3018).

§ 109a[1] *(aufgehoben)*

Zweiter Abschnitt.[2] Sondervorschriften und Ermächtigungen

§§ 110–120[3] *(aufgehoben)*

§ 121[4] **Inlandsvermögen.** Zum Inlandsvermögen gehören:
1. das inländische land- und forstwirtschaftliche Vermögen;
2. das inländische Grundvermögen;
3. das inländische Betriebsvermögen. [2] Als solches gilt das Vermögen, das einem im Inland betriebenen Gewerbe dient, wenn hierfür im Inland eine Betriebsstätte unterhalten wird oder ein ständiger Vertreter bestellt ist;
4. Anteile an einer Kapitalgesellschaft, wenn die Gesellschaft Sitz oder Geschäftsleitung im Inland hat und der Gesellschafter entweder allein oder zusammen mit anderen ihm nahestehenden Personen im Sinne des § 1 Abs. 2 des Außensteuergesetzes[5] in der jeweils geltenden Fassung am Grund- oder Stammkapital der Gesellschaft mindestens zu einem Zehntel unmittelbar oder mittelbar beteiligt ist;
5. nicht unter Nummer 3 fallende Erfindungen, Gebrauchsmuster und Topographien, die in ein inländisches Buch oder Register eingetragen sind;
6. Wirtschaftsgüter, die nicht unter die Nummern 1, 2 und 5 fallen und einem inländischen Gewerbebetrieb überlassen, insbesondere an diesen vermietet oder verpachtet sind;
7. Hypotheken, Grundschulden, Rentenschulden und andere Forderungen oder Rechte, wenn sie durch inländischen Grundbesitz, durch inländische grundstücksgleiche Rechte oder durch Schiffe, die in ein inländisches Schiffsregister eingetragen sind, unmittelbar oder mittelbar gesichert sind. [2] Ausgenommen sind Anleihen und Forderungen, über die Teilschuldverschreibungen ausgegeben sind;
8. Forderungen aus der Beteiligung an einem Handelsgewerbe als stiller Gesellschafter und aus partiarischen Darlehen, wenn der Schuldner Wohnsitz oder gewöhnlichen Aufenthalt, Sitz oder Geschäftsleitung im Inland hat;
9. Nutzungsrechte an einem der in den Nummern 1 bis 8 genannten Vermögensgegenstände.

[*bis 31.12.2024:*

§ 121a[6] **Sondervorschrift für die Anwendung der Einheitswerte 1964.** Während der Geltungsdauer der auf den Wertverhältnissen am 1. Januar 1964 beruhenden Einheitswerte des Grundbesitzes sind Grundstücke (§ 70)

---

[1] § 109a aufgeh. mWv 1.1.1998 durch G v. 29.10.1997 (BGBl. I S. 2590).

[2] 2. Abschnitt Überschrift neu gef. mWv 1.1.1997 durch G v. 20.12.1996 (BGBl. I S. 2049).

[3] Abschnittsüberschriften sowie §§ 110, 111, 114 und §§ 116 bis 120 aufgeh. mWv 1.1.1997 durch G v. 20.12.1996 (BGBl. I S. 2049); §§ 112 bis 113a und § 115 aufgeh. mWv 1.1.1998 durch G v. 29.10.1997 (BGBl. I S. 2590).

[4] § 121 neu gef. mWv 1.1.1997 durch G v. 20.12.1996 (BGBl. I S. 2049); Nr. 4 geänd. durch G v. 20.12.2001 (BGBl. I S. 3794).

[5] dtv-Band **Nr. 5765 Steuergesetze.**

[6] § 121a geänd. mWv 1.1.1997 durch G v. 20.12.1996 (BGBl. I S. 2049); § 121a aufgeh. **mWv 1.1.2025** durch G v. 26.11.2019 (BGBl. I S. 1794).

und Betriebsgrundstücke im Sinne des § 99 Abs. 1 Nr. 1 für die Gewerbesteuer mit 140 Prozent des Einheitswerts anzusetzen.]

§ 121b[1] *(aufgehoben)*

[***bis 31.12.2024:***
§ 122[2] **Besondere Vorschriften für Berlin (West).** [1] § 50 Abs. 1, § 60 Abs. 1 und § 67 gelten nicht für den Grundbesitz in Berlin (West). [2] Bei der Beurteilung der natürlichen Ertragsbedingungen und des Bodenartenverhältnisses ist das Bodenschätzungsgesetz sinngemäß anzuwenden.]

§ 123[3] **Ermächtigungen.** Die Bundesregierung wird ermächtigt, mit Zustimmung des Bundesrates die in *§ 12 Abs. 4, § 21 Abs. 1, § 39 Abs. 1, § 51 Abs. 4, § 55 Abs. 3, 4 und 8, den §§ 81 und 90 Abs. 2 vorgesehenen Rechtsverordnungen* [***ab 1.1.2025:*** § 12 Absatz 4 Satz 3 vorgesehene Rechtsverordnung] zu erlassen.

§ 124[4] *(aufgehoben)*

Dritter Abschnitt.[5] Vorschriften für die Bewertung von Vermögen in dem in Artikel 3 des Einigungsvertrages genannten Gebiet[6]

A.[7] Land- und forstwirtschaftliches Vermögen

[***bis 31.12.2024:***
§ 125[8] **Land- und forstwirtschaftliches Vermögen.** (1) Einheitswerte, die für Betriebe der Land- und Forstwirtschaft nach den Wertverhältnissen vom 1. Januar 1935 festgestellt worden sind, werden ab dem 1. Januar 1991 nicht mehr angewendet.

(2)[9] [1] Anstelle der Einheitswerte für Betriebe der Land- und Forstwirtschaft werden abweichend von § 19 Abs. 1 Ersatzwirtschaftswerte für das in Absatz 3 bezeichnete Vermögen ermittelt und ab 1. Januar 1991 der Besteuerung zugrunde gelegt. [2] Der Bildung des Ersatzwirtschaftswerts ist abweichend von § 2 und § 34 Abs. 1, 3 bis 6 und 7 eine Nutzungseinheit zugrunde zu legen, in die alle von derselben Person (Nutzer) regelmäßig selbstgenutzten Wirtschaftsgüter des land- und forstwirtschaftlichen Vermögens im Sinne des § 33 Abs. 2 einbezogen werden, auch wenn der Nutzer nicht Eigentümer ist. [3] § 26 ist sinngemäß anzuwenden. [4] Grundbesitz im Sinne des § 3 Abs. 1 Satz 1 Nr. 6 und

---

[1] § 121b aufgeh. mWv 1.1.1997 durch G v. 20.12.1996 (BGBl. I S. 2049).

[2] § 122 neu gef. mWv 1.1.1997 durch G v. 20.12.1996 (BGBl. I S. 2049); § 122 aufgeh. **mWv 1.1.2025** durch G v. 26.11.2019 (BGBl. I S. 1794).

[3] § 123 neu gef. mWv 1.1.1997 durch G v. 20.12.1996 (BGBl. I S. 2049); geänd. durch G v. 20.12. 2001 (BGBl. I S. 3794); geänd. **mWv 1.1.2025** durch G v. 26.11.2019 (BGBl. I S. 1794).

[4] § 124 aufgeh. mWv 1.1.1997 durch G v. 20.12.1996 (BGBl. I S. 2049).

[5] Überschrift des bish. 4. Teiles in Abschnittsüberschrift geänd. mWv 1.1.1997 durch G v. 20.12. 1996 (BGBl. I S. 2049).

[6] Das sind die Länder Brandenburg, Mecklenburg-Vorpommern, Sachsen, Sachsen-Anhalt und Thüringen sowie der Ostteil Berlins.

[7] Unterabschnittsüberschrift eingef. durch G v. 29.10.1997 (BGBl. I S. 2590).

[8] § 125 aufgeh. **mWv 1.1.2025** durch G v. 26.11.2019 (BGBl. I S. 1794).

[9] § 125 Abs. 2 Satz 4 eingef. mWv 1.1.1993 durch G v. 13.9.1993 (BGBl. I S. 1569); Satz 1 geänd. durch G v. 20.12.2001 (BGBl. I S. 3794).

Satz 2 des Grundsteuergesetzes[1] wird bei der Bildung des Ersatzwirtschaftswerts nicht berücksichtigt.

(3) [1] Zum land- und forstwirtschaftlichen Vermögen gehören abweichend von § 33 Abs. 2 nicht die Wohngebäude einschließlich des dazugehörigen Grund und Bodens. [2] Wohngrundstücke sind dem Grundvermögen zuzurechnen und nach den dafür geltenden Vorschriften zu bewerten.

(4)[2] [1] Der Ersatzwirtschaftswert wird unter sinngemäßer Anwendung der §§ 35, 36, 38, 40, 42 bis 45, 50 bis 54, 56, 59, 60 Abs. 2 und § 62 in einem vereinfachten Verfahren ermittelt. [2] Bei dem Vergleich der Ertragsbedingungen sind abweichend von § 38 Abs. 2 Nr. 1 ausschließlich die in der Gegend als regelmäßig anzusehenden Verhältnisse zugrunde zu legen.

(5) Für die Ermittlung des Ersatzwirtschaftswerts sind die Wertverhältnisse maßgebend, die bei der Hauptfeststellung der Einheitswerte des land- und forstwirtschaftlichen Vermögens in der Bundesrepublik Deutschland auf den 1. Januar 1964 zugrunde gelegt worden sind.

(6) [1] Aus den Vergleichszahlen der Nutzungen und Nutzungsteile, ausgenommen die forstwirtschaftliche Nutzung und die sonstige land- und forstwirtschaftliche Nutzung, werden unter Anwendung der Ertragswerte des § 40 die Ersatzvergleichswerte als Bestandteile des Ersatzwirtschaftswerts ermittelt. [2] Für die Nutzungen und Nutzungsteile gelten die folgenden Vergleichszahlen:

1. Landwirtschaftliche Nutzung
   a) Landwirtschaftliche Nutzung ohne Hopfen und Spargel
      Die landwirtschaftliche Vergleichszahl in 100 je Hektar errechnet sich auf der Grundlage der Ergebnisse der Bodenschätzung unter Berücksichtigung weiterer natürlicher und wirtschaftlicher Ertragsbedingungen.
   b) Hopfen
      Hopfenbau-Vergleichszahl je Ar 40
   c) Spargel
      Spargelbau-Vergleichszahl je Ar 70
2. Weinbauliche Nutzung
   Weinbau-Vergleichszahlen je Ar:
   a) Traubenerzeugung (Nichtausbau) 22
   b) Faßweinausbau 25
   c) Flaschenweinausbau 30
3. Gärtnerische Nutzung
   Gartenbau-Vergleichszahlen je Ar:
   a) Nutzungsteil Gemüse-, Blumen- und Zierpflanzenbau:
      aa) Gemüsebau 50
      bb) Blumen- und Zierpflanzenbau 100
   b) Nutzungsteil Obstbau 50
   c) Nutzungsteil Baumschulen 60

---

[1] Nr. 3.
[2] § 125 Abs. 4 Satz 3 aufgeh. durch G v. 20.12.2001 (BGBl. I S. 3794).

d) Für Nutzungsflächen unter Glas und Kunststoffplatten, ausgenommen Niederglas, erhöhen sich die vorstehenden Vergleichszahlen bei

aa) Gemüsebau
nicht heizbar .... um das 6fache,
heizbar .... um das 8fache,

bb) Blumen- und Zierpflanzenbau, Baumschulen
nicht heizbar .... um das 4fache,
heizbar .... um das 8fache.

(7)[1] Für die folgenden Nutzungen werden unmittelbar Ersatzvergleichswerte angesetzt:

1. Forstwirtschaftliche Nutzung
Der Ersatzvergleichswert beträgt 125 Deutsche Mark je Hektar.
2. Sonstige land- und forstwirtschaftliche Nutzung
Der Ersatzvergleichswert beträgt bei
a) Binnenfischerei .... 2 Deutsche Mark je kg des nachhaltigen Jahresfangs,
b) Teichwirtschaft
aa) Forellenteichwirtschaft .... 20 000 Deutsche Mark je Hektar,
bb) übrige Teichwirtschaft .... 1000 Deutsche Mark je Hektar,
c) Fischzucht für Binnenfischerei und Teichwirtschaft
aa) für Forellenteichwirtschaft .... 30 000 Deutsche Mark je Hektar,
bb) für übrige Binnenfischerei und Teichwirtschaft .... 1500 Deutsche Mark je Hektar
d) Imkerei .... 10 Deutsche Mark je Bienenkasten,
e) Wanderschäferei .... 20 Deutsche Mark je Mutterschaf,
f) Saatzucht .... 15 Prozent der nachhaltigen Jahreseinnahmen,
g) Weihnachtsbaumkultur .... 3000 Deutsche Mark je Hektar,
h) Pilzanbau .... 25 Deutsche Mark je Quadratmeter,
i) Besamungsstationen .... 20 Prozent der nachhaltigen Jahreseinnahmen.

---

[1] DM-Werte gelten nach dem 31.12.2001 als Berechnungsgrößen fort (§ 265 Abs. 2).

§ 126[1)] Geltung des Ersatzwirtschaftswerts. (1)[2)] [1]Der sich nach § 125 ergebende Ersatzwirtschaftswert gilt für die Grundsteuer; er wird im Steuermeßbetragsverfahren ermittelt. [2]Für eine Neuveranlagung des Grundsteuermeßbetrags wegen Änderung des Ersatzwirtschaftswerts gilt § 22 Abs. 1 sinngemäß.

(2) [1]Für andere Steuern ist bei demjenigen, dem Wirtschaftsgüter des land- und forstwirtschaftlichen Vermögens zuzurechnen sind, der Ersatzwirtschaftswert oder ein entsprechender Anteil an diesem Wert anzusetzen. [2]Die Eigentumsverhältnisse und der Anteil am Ersatzwirtschaftswert sind im Festsetzungsverfahren der jeweiligen Steuer zu ermitteln.

§ 127[3)] Erklärung zum Ersatzwirtschaftswert. (1) [1]Der Nutzer des land- und forstwirtschaftlichen Vermögens (§ 125 Abs. 2 Satz 2) hat dem Finanzamt, in dessen Bezirk das genutzte Vermögen oder sein wertvollster Teil liegt, eine Erklärung zum Ersatzwirtschaftswert abzugeben. [2]Der Nutzer hat die Steuererklärung eigenhändig zu unterschreiben.

(2) [1]Die Erklärung ist erstmals für das Kalenderjahr 1991 nach den Verhältnissen zum 1. Januar 1991 abzugeben. [2]§ 28 Abs. 2 gilt entsprechend.

§ 128[4)] Auskünfte, Erhebungen, Mitteilungen, Abrundung. § 29 und § 30 gelten bei der Ermittlung des Ersatzwirtschaftswerts sinngemäß.]

B.[5)] Grundvermögen

[*bis 31.12.2024:*

§ 129[6)] Grundvermögen. (1) Für Grundstücke gelten die Einheitswerte, die nach den Wertverhältnissen am 1. Januar 1935 festgestellt sind oder noch festgestellt werden (Einheitswerte 1935).

(2)[7)] Vorbehaltlich der §§ 129a bis 131 werden für die Ermittlung der Einheitswerte 1935 statt der §§ 27, 68 bis 94

1. §§ 10, 11 Abs. 1 und 2 und Abs. 3 Satz 2, §§ 50 bis 53 des Bewertungsgesetzes der Deutschen Demokratischen Republik in der Fassung vom 18. September 1970 (Sonderdruck Nr. 674 des Gesetzblattes),
2. § 3a Abs. 1, §§ 32 bis 46 der Durchführungsverordnung zum Reichsbewertungsgesetz vom 2. Februar 1935 (RGBl. I S. 81), zuletzt geändert durch die Verordnung zur Änderung der Durchführungsverordnung zum Vermögensteuergesetz, der Durchführungsverordnung zum Reichsbewertungsgesetz und der Aufbringungsumlage-Verordnung vom 8. Dezember 1944 (RGBl. I S. 338), und
3. die Rechtsverordnungen der Präsidenten der Landesfinanzämter über die Bewertung bebauter Grundstücke vom 17. Dezember 1934 (Reichsministe-

---

1) § 126 aufgeh. **mWv 1.1.2025** durch G v. 26.11.2019 (BGBl. I S. 1794).
2) § 126 Abs. 1 Satz 2 geänd. durch G v. 20.12.2001 (BGBl. I S. 3794).
3) § 127 aufgeh. **mWv 1.1.2025** durch G v. 26.11.2019 (BGBl. I S. 1794).
4) § 128 geänd. durch G v. 20.12.2001 (BGBl. I S. 3794); § 128 aufgeh. **mWv 1.1.2025** durch G v. 26.11.2019 (BGBl. I S. 1794).
5) Unterabschnittsüberschrift eingef. durch G v. 29.10.1997 (BGBl. I S. 2590).
6) § 129 aufgeh. **mWv 1.1.2025** durch G v. 26.11.2019 (BGBl. I S. 1794).
7) § 129 Abs. 2 geänd. durch G v. 27.9.1994 (BGBl. I S. 2624).

rialblatt S. 785 ff.), soweit Teile des in Artikel 3 des Einigungsvertrages genannten Gebietes in ihrem Geltungsbereich liegen,

weiter angewandt.

§ 129a[1] Abschläge bei Bewertung mit einem Vielfachen der Jahresrohmiete. (1) Ist eine Ermäßigung wegen des baulichen Zustandes des Gebäudes (§ 37 Abs. 1, 3 und 4 der weiter anzuwendenden Durchführungsverordnung zum Reichsbewertungsgesetz) zu gewähren, tritt der Höchstsatz 50 Prozent anstelle des Höchstsatzes von 30 Prozent.

(2) [1] Der Wert eines Grundstücks, der sich aus dem Vielfachen der Jahresrohmiete ergibt, ist ohne Begrenzung auf 30 Prozent (§ 37 Abs. 3 der weiter anzuwendenden Durchführungsverordnung zum Reichsbewertungsgesetz) zu ermäßigen, wenn die Notwendigkeit baldigen Abbruchs besteht. [2] Gleiches gilt, wenn derjenige, der ein Gebäude auf fremdem Grund und Boden oder aufgrund eines Erbbaurechts errichtet hat, vertraglich zum vorzeitigen Abbruch verpflichtet ist.

§ 130[2] Nachkriegsbauten. (1) Nachkriegsbauten sind Grundstücke mit Gebäuden, die nach dem 20. Juni 1948 bezugsfertig geworden sind.

(2) [1] Soweit Nachkriegsbauten mit einem Vielfachen der Jahresrohmiete zu bewerten sind, ist für Wohnraum die ab Bezugsfertigkeit preisrechtlich zulässige Miete als Jahresrohmiete vom 1. Januar 1935 anzusetzen. [2] Sind Nachkriegsbauten nach dem 30. Juni 1990 bezugsfertig geworden, ist die Miete anzusetzen, die bei unverändertem Fortbestand der Mietpreisgesetzgebung ab Bezugsfertigkeit preisrechtlich zulässig gewesen wäre. [3] Enthält die preisrechtlich zulässige Miete Bestandteile, die nicht zur Jahresrohmiete im Sinne des § 34 der weiter anzuwendenden Durchführungsverordnung zum Reichsbewertungsgesetz gehören, sind sie auszuscheiden.

(3) Für Nachkriegsbauten der Mietwohngrundstücke, der gemischtgenutzten Grundstücke und der mit einem Vielfachen der Jahresrohmiete zu bewertenden Geschäftsgrundstücke gilt einheitlich der Vervielfältiger neun.

§ 131[3] Wohnungseigentum und Teileigentum, Wohnungserbbaurecht und Teilerbbaurecht. (1) [1] Jedes Wohnungseigentum und Teileigentum bildet eine wirtschaftliche Einheit. [2] Für die Bestimmung der Grundstückshauptgruppe ist die Nutzung des auf das Wohnungseigentum und Teileigentum entfallenden Gebäudeteils maßgebend. [3] Die Vorschriften zur Ermittlung der Einheitswerte 1935 bei bebauten Grundstücken finden Anwendung, soweit sich nicht aus den Absätzen 2 und 3 etwas anderes ergibt.

(2) [1] Das zu mehr als 80 Prozent Wohnzwecken dienende Wohnungseigentum ist mit dem Vielfachen der Jahresrohmiete nach den Vorschriften zu bewerten, die für Mietwohngrundstücke maßgebend sind. [2] Wohnungseigentum, das zu nicht mehr als 80 Prozent, aber zu nicht weniger als 20 Prozent Wohnzwecken dient, ist mit dem Vielfachen der Jahresrohmiete nach den Vorschriften zu bewerten, die für gemischtgenutzte Grundstücke maßgebend sind.

---

[1] § 129a eingef. mWv 1.1.1991 durch G v. 27.9.1994 (BGBl. I S. 2624); § 129a aufgeh. **mWv 1.1.2025** durch G v. 26.11.2019 (BGBl. I S. 1794).

[2] § 130 aufgeh. **mWv 1.1.2025** durch G v. 26.11.2019 (BGBl. I S. 1794).

[3] § 131 aufgeh. **mWv 1.1.2025** durch G v. 26.11.2019 (BGBl. I S. 1794).

(3) [1]Entsprechen die im Grundbuch eingetragenen Miteigentumsanteile an dem gemeinschaftlichen Eigentum nicht dem Verhältnis der Jahresrohmiete zueinander, so kann dies bei der Feststellung des Wertes entsprechend berücksichtigt werden. [2]Sind einzelne Räume, die im gemeinschaftlichen Eigentum stehen, vermietet, so ist ihr Wert nach den im Grundbuch eingetragenen Anteilen zu verteilen und bei den einzelnen wirtschaftlichen Einheiten zu erfassen.

(4) [1]Bei Wohnungserbbaurechten oder Teilerbbaurechten gilt § 46 der weiter anzuwendenden Durchführungsverordnung zum Reichsbewertungsgesetz sinngemäß. [2]Der Gesamtwert ist in gleicher Weise zu ermitteln, wie wenn es sich um Wohnungseigentum oder um Teileigentum handelte. [3]Er ist auf den Wohnungserbbauberechtigten und den Bodeneigentümer entsprechend zu verteilen.

§ 132[1)] Fortschreibung und Nachfeststellung der Einheitswerte 1935.

(1) Fortschreibungen und Nachfeststellungen der Einheitswerte 1935 werden erstmals auf den 1. Januar 1991 vorgenommen, soweit sich aus den Absätzen 2 bis 4 nichts Abweichendes ergibt.

(2) [1]Für Mietwohngrundstücke und Einfamilienhäuser im Sinne des § 32 der weiter anzuwendenden Durchführungsverordnung zum Reichsbewertungsgesetz unterbleibt eine Feststellung des Einheitswerts auf den 1. Januar 1991, wenn eine ab diesem Zeitpunkt wirksame Feststellung des Einheitswerts für die wirtschaftliche Einheit nicht vorliegt und der Einheitswert nur für die Festsetzung der Grundsteuer erforderlich wäre. [2]Der Einheitswert für Mietwohngrundstücke und Einfamilienhäuser wird nachträglich auf einen späteren Feststellungszeitpunkt festgestellt, zu dem der Einheitswert erstmals für die Festsetzung anderer Steuern als der Grundsteuer erforderlich ist.

(3) Wird für Grundstücke im Sinne des Absatzes 2 ein Einheitswert festgestellt, gilt er für die Grundsteuer von dem Kalenderjahr an, das der Bekanntgabe des Feststellungsbescheids folgt.

(4) Änderungen der tatsächlichen Verhältnisse, die sich nur auf den Wert des Grundstücks auswirken, werden erst durch Fortschreibung auf den 1. Januar 1994 berücksichtigt, es sei denn, daß eine Feststellung des Einheitswerts zu einem früheren Zeitpunkt für die Festsetzung anderer Steuern als der Grundsteuer erforderlich ist.

§ 133[2)] Sondervorschrift für die Anwendung der Einheitswerte 1935.

[1]Die Einheitswerte 1935 der Betriebsgrundstücke sind für die Gewerbesteuer wie folgt anzusetzen:

1. Mietwohngrundstücke mit 100 Prozent des Einheitswerts 1935,
2. Geschäftsgrundstücke mit 400 Prozent des Einheitswerts 1935,
3. gemischtgenutzte Grundstücke, Einfamilienhäuser und sonstige bebaute Grundstücke mit 250 Prozent des Einheitswerts 1935,
4. unbebaute Grundstücke mit 600 Prozent des Einheitswerts 1935.

[1)] § 132 aufgeh. **mWv 1.1.2025** durch G v. 26.11.2019 (BGBl. I S. 1794).

[2)] § 133 neu gef. mWv 1.1.1997 durch G v. 20.12.1996 (BGBl. I S. 2049); § 133 aufgeh. **mWv 1.1.2025** durch G v. 26.11.2019 (BGBl. I S. 1794).

[2] Bei Grundstücken im Zustand der Bebauung bestimmt sich die Grundstückshauptgruppe für den besonderen Einheitswert im Sinne des § 33a Abs. 3 der weiter anzuwendenden Durchführungsverordnung zum Reichsbewertungsgesetz nach dem tatsächlichen Zustand, der nach Fertigstellung des Gebäudes besteht.]

C.[1] Betriebsvermögen

§§ 134–136[2] *(aufgehoben)*

[*bis 31.12.2024:*
§ 137[3] **Bilanzposten nach dem D-Markbilanzgesetz.** Nicht zum Betriebsvermögen gehören folgende Bilanzposten nach dem D-Markbilanzgesetz:

1. das Sonderverlustkonto,
2. das Kapitalentwertungskonto und
3. das Beteiligungsentwertungskonto.]

Vierter Abschnitt.[4] Vorschriften für die Bewertung von Grundbesitz für die Grunderwerbsteuer *ab 1. Januar 1997*[5]

A. Allgemeines

[*bis 31.12.2024:*
§ 138[6] **Feststellung von Grundbesitzwerten.** (1) [1] Grundbesitzwerte werden unter Berücksichtigung der tatsächlichen Verhältnisse und der Wertverhältnisse zum Besteuerungszeitpunkt festgestellt. [2] § 29 Abs. 2 und 3 gilt sinngemäß.

(2) Für die wirtschaftlichen Einheiten des land- und forstwirtschaftlichen Vermögens und für Betriebsgrundstücke im Sinne des § 99 Abs. 1 Nr. 2 sind die Grundbesitzwerte unter Anwendung der §§ 139 bis 144 zu ermitteln.

(3) [1] Für die wirtschaftlichen Einheiten des Grundvermögens und für Betriebsgrundstücke im Sinne des § 99 Abs. 1 Nr. 1 sind die Grundbesitzwerte unter Anwendung der §§ 68, 69 und 99 Abs. 2 und der §§ 139 und 145 bis 150 zu ermitteln. [2] § 70 gilt mit der Maßgabe, dass der Anteil des Eigentümers eines Grundstücks an anderem Grundvermögen (beispielsweise an gemeinschaftlichen Hofflächen oder Garagen) abweichend von Absatz 2 Satz 1 dieser Vorschrift in das Grundstück einzubeziehen ist, wenn der Anteil zusammen mit dem Grundstück genutzt wird. [3] § 20 Satz 2 ist entsprechend anzuwenden.

(4) Weist der Steuerpflichtige nach, dass der gemeine Wert der wirtschaftlichen Einheit im Besteuerungszeitpunkt niedriger ist als der nach den §§ 143, 145 bis 149 ermittelte Wert, ist der gemeine Wert als Grundbesitzwert festzustellen.

---

[1] Unterabschnittsüberschrift eingef. durch G v. 29.10.1997 (BGBl. I S. 2590).

[2] § 134 aufgeh. durch G v. 24.6.1991 (BGBl. I S. 1322); § 135 aufgeh. mWv 1.1.1997 durch G v. 20.12.1996 (BGBl. I S. 2049); § 136 aufgeh. durch G v. 20.12.2001 (BGBl. I S. 3794).

[3] § 137 aufgeh. **mWv 1.1.2025** durch G v. 26.11.2019 (BGBl. I S. 1794).

[4] 4. Abschnitt (§§ 138–150) eingef. durch G v. 20.12.1996 (BGBl. I S. 2049); Überschrift neu gef. mWv 1.1.2009 durch G v. 24.12.2008 (BGBl. I S. 3018).

[5] **Ab 1.1.2009** nach §§ 151 Abs. 1 Satz 1 Nr. 1, 157 Abs. 1 bis 3 BewG (§§ 8 Abs. 2, 17 Abs. 3a, 23 Abs. 14 GrEStG).

[6] § 138 neu gef. mWv 1.1.2007 durch G v. 13.12.2006 (BGBl. I S. 2878); § 138 aufgeh. **mWv 1.1.2025** durch G v. 26.11.2019 (BGBl. I S. 1794).

§ 139[1] **Abrundung.** Die Grundbesitzwerte werden auf volle fünfhundert Euro nach unten abgerundet.]

B. Land- und forstwirtschaftliches Vermögen

[*bis 31.12.2024:*
§ 140[2] **Wirtschaftliche Einheit und Umfang des land- und forstwirtschaftlichen Vermögens.** (1) [1]Der Begriff der wirtschaftlichen Einheit und der Umfang des land- und forstwirtschaftlichen Vermögens richten sich nach § 33. [2]Dazu gehören auch immaterielle Wirtschaftsgüter (zum Beispiel Brennrechte, Milchlieferrechte, Jagdrechte und Zuckerrübenlieferrechte), soweit sie einem Betrieb der Land- und Forstwirtschaft dauernd zu dienen bestimmt sind.

(2) Zu den Geldschulden im Sinne des § 33 Abs. 3 Nr. 2 gehören auch Pensionsverpflichtungen.

§ 141[3] **Umfang des Betriebs der Land- und Forstwirtschaft.** (1) Der Betrieb der Land- und Forstwirtschaft umfaßt

1. den Betriebsteil,
2. die Betriebswohnungen,
3. den Wohnteil.

(2) [1]Der Betriebsteil umfaßt den Wirtschaftsteil eines Betriebs der Land- und Forstwirtschaft (§ 34 Abs. 2), jedoch ohne die Betriebswohnungen (Absatz 3). [2]§ 34 Abs. 4 bis 7 ist bei der Ermittlung des Umfangs des Betriebsteils anzuwenden.

(3) Betriebswohnungen sind Wohnungen einschließlich des dazugehörigen Grund und Bodens, die einem Betrieb der Land- und Forstwirtschaft zu dienen bestimmt, aber nicht dem Wohnteil zuzurechnen sind.

(4) Der Wohnteil umfaßt die Gebäude und Gebäudeteile im Sinne des § 34 Abs. 3 und den dazugehörigen Grund und Boden.

§ 142[4] **Betriebswert.** (1) [1]Der Wert des Betriebsteils (Betriebswert) wird unter sinngemäßer Anwendung der §§ 35 und 36 Abs. 1 und 2, der §§ 42, 43 und 44 Abs. 1 und der §§ 45, 48a, 51, 51a, 53, 54, 56, 59 und 62 Abs. 1 ermittelt. [2]Abweichend von § 36 Abs. 2 Satz 3 ist der Ertragswert das 18,6fache des Reinertrags.

(2) Der Betriebswert setzt sich zusammen aus den Einzelertragswerten für Nebenbetriebe (§ 42), das Abbauland (§ 43), die gemeinschaftliche Tierhaltung (§ 51a) und die in Nummer 5 nicht genannten Nutzungsteile der sonstigen land- und forstwirtschaftlichen Nutzung sowie den folgenden Ertragswerten:

---

[1] § 139 eingef. durch G v. 20.12.1996 (BGBl. I S. 2049); geänd. mWv 1.1.2002 durch G v. 20.12. 2001 (BGBl. I S. 3794); § 139 aufgeh. **mWv 1.1.2025** durch G v. 26.11.2019 (BGBl. I S. 1794).

[2] § 140 eingef. durch G v. 20.12.1996 (BGBl. I S. 2049); § 140 aufgeh. **mWv 1.1.2025** durch G v. 26.11.2019 (BGBl. I S. 1794).

[3] § 141 eingef. durch G v. 20.12.1996 (BGBl. I S. 2049); § 141 aufgeh. **mWv 1.1.2025** durch G v. 26.11.2019 (BGBl. I S. 1794).

[4] § 142 neu gef. mWv 1.1.2002 durch G v. 20.12.2001 (BGBl. I S. 3794); § 142 aufgeh. **mWv 1.1.2025** durch G v. 26.11.2019 (BGBl. I S. 1794).

1. landwirtschaftliche Nutzung:
   a) landwirtschaftliche Nutzung ohne Hopfen und Spargel:
      [1]Der Ertragswert ist auf der Grundlage der Ergebnisse der Bodenschätzung nach dem Bodenschätzungsgesetz zu ermitteln. [2]Er beträgt 0,35 Euro je Ertragsmesszahl;
   b) Nutzungsteil Hopfen — 57 Euro je Ar;
   c) Nutzungsteil Spargel — 76 Euro je Ar;
2. forstwirtschaftliche Nutzung:
   a) Nutzungsgrößen bis zu 10 Hektar, Nichtwirtschaftswald, Baumartengruppe Kiefer, Baumartengruppe Fichte bis zu 60 Jahren, Baumartengruppe Buche und sonstiges Laubholz bis zu 100 Jahren und Eiche bis zu 140 Jahren — 0,26 Euro je Ar;
   b) Baumartengruppe Fichte über 60 Jahren bis zu 80 Jahren und Plenterwald — 7,50 Euro je Ar;
   c) Baumartengruppe Fichte über 80 bis zu 100 Jahren — 15 Euro je Ar;
   d) Baumartengruppe Fichte über 100 Jahre — 20 Euro je Ar;
   e) Baumartengruppe Buche und sonstiges Laubholz über 100 Jahre — 5 Euro je Ar;
   f) Eiche über 140 Jahre — 10 Euro je Ar;
3. weinbauliche Nutzung:
   a) Traubenerzeugung und Fassweinausbau:
      aa) in den Weinbaugebieten Ahr, Franken und Württemberg — 36 Euro je Ar;
      bb) in den übrigen Weinbaugebieten — 18 Euro je Ar;
   b) Flaschenweinausbau:
      aa) in den Weinbaugebieten Ahr, Baden, Franken, Rheingau und Württemberg — 82 Euro je Ar;
      bb) in den übrigen Weinbaugebieten — 36 Euro je Ar;
4. gärtnerische Nutzung:
   a) Nutzungsteil Gemüse-, Blumen- und Zierpflanzenbau:
      aa) Gemüsebau:
         – Freilandflächen — 56 Euro je Ar;
         – Flächen unter Glas und Kunststoffen — 511 Euro je Ar;
      bb) Blumen- und Zierpflanzenbau:
         – Freilandflächen — 184 Euro je Ar;
         – beheizbare Flächen unter Glas und Kunststoffen — 1841 Euro je Ar;
         – nichtbeheizbare Flächen unter Glas und Kunststoffen — 920 Euro je Ar;
   b) Nutzungsteil Obstbau — 20 Euro je Ar;

c) Nutzungsteil Baumschulen:
– Freilandflächen 164 Euro je Ar;
– Flächen unter Glas und Kunststoffen 1329 Euro je Ar;

5. sonstige land- und forstwirtschaftliche Nutzung:
a) Nutzungsteil Wanderschäferei 10 Euro je Mutterschaf;
b) Nutzungsteil Weihnachtsbaumkultur 133 Euro je Ar;

6. Geringstland:
Der Ertragswert für Geringstland beträgt 0,26 Euro je Ar.

(3) [1] Für die nach § 13a des Erbschaftsteuergesetzes[1)] begünstigten Betriebe der Land- und Forstwirtschaft kann beantragt werden, den Betriebswert abweichend von Absatz 2 Nr. 1 bis 6 insgesamt als Einzelertragswert zu ermitteln. [2] Der Antrag ist bei Abgabe der Feststellungserklärung schriftlich zu stellen. [3] Die dafür notwendigen Bewertungsgrundlagen sind vom Steuerpflichtigen nachzuweisen.

(4) [1] In den Fällen des § 34 Abs. 4 ist der Betriebswert nach § 19 Abs. 3 Nr. 2 zu verteilen. [2] Bei der Verteilung wird für einen anderen Beteiligten als den Eigentümer des Grund und Bodens ein Anteil nicht festgestellt, wenn er weniger als 500 Euro beträgt. [3] Die Verteilung unterbleibt, wenn die Anteile der anderen Beteiligten zusammen weniger als 500 Euro betragen. [4] In den Fällen des § 34 Abs. 6 gelten die Sätze 1 bis 3 entsprechend. [5] Soweit der Betriebswert des Eigentümers des Grund und Bodens unter Berücksichtigung von § 48a festgestellt ist, findet in den Fällen des § 34 Abs. 4 eine Verteilung nicht statt.

§ 143[2)] Wert der Betriebswohnungen und des Wohnteils. (1) Der Wert der Betriebswohnungen (§ 141 Abs. 3) und der Wert des Wohnteils (§ 141 Abs. 4) sind nach den Vorschriften zu ermitteln, die beim Grundvermögen für die Bewertung von Wohngrundstücken gelten (§§ 146 bis 150).

(2) In den Fällen des § 146 Abs. 6 ist für die Betriebswohnungen und für den Wohnteil bei Vorliegen der Voraussetzungen des Absatzes 3 jeweils höchstens das Fünffache der bebauten Fläche zugrunde zu legen.

(3) Zur Berücksichtigung von Besonderheiten, die sich im Falle einer räumlichen Verbindung der Betriebswohnungen und des Wohnteils mit der Hofstelle ergeben, sind deren Werte (§§ 146 bis 149) jeweils um 15 Prozent zu ermäßigen.

§ 144[3)] Zusammensetzung des land- und forstwirtschaftlichen Grundbesitzwerts. Der Betriebswert, der Wert der Betriebswohnungen und der Wert des Wohnteils bilden zusammen den land- und forstwirtschaftlichen Grundbesitzwert.]

[1)] Nr. **2**.

[2)] § 143 eingef. durch G v. 20.12.1996 (BGBl. I S. 2049); § 143 aufgeh. **mWv 1.1.2025** durch G v. 26.11.2019 (BGBl. I S. 1794).

[3)] § 144 eingef. durch G v. 20.12.1996 (BGBl. I S. 2049); § 144 aufgeh. **mWv 1.1.2025** durch G v. 26.11.2019 (BGBl. I S. 1794).

C. Grundvermögen

I. Unbebaute Grundstücke

[*bis 31.12.2024:*
§ 145[1] **Unbebaute Grundstücke.** (1)[2] [1]Unbebaute Grundstücke sind Grundstücke, auf denen sich keine benutzbaren Gebäude befinden. [2]Die Benutzbarkeit beginnt im Zeitpunkt der Bezugsfertigkeit. [3]Gebäude sind als bezugsfertig anzusehen, wenn den zukünftigen Bewohnern oder sonstigen Benutzern zugemutet werden kann, sie zu benutzen; die Abnahme durch die Bauaufsichtsbehörde ist nicht entscheidend.

(2)[3] [1]Befinden sich auf dem Grundstück Gebäude, die auf Dauer keiner oder nur einer unbedeutenden Nutzung zugeführt werden können, gilt das Grundstück als unbebaut; als unbedeutend gilt eine Nutzung, wenn die hierfür erzielte Jahresmiete (§ 146 Abs. 2) oder die übliche Miete (§ 146 Abs. 3) weniger als 1 Prozent des nach Absatz 3 anzusetzenden Werts beträgt. [2]Als unbebautes Grundstück gilt auch ein Grundstück, auf dem infolge der Zerstörung oder des Verfalls der Gebäude auf Dauer benutzbarer Raum nicht mehr vorhanden ist.

(3)[4] [1]Der Wert eines unbebauten Grundstücks bestimmt sich regelmäßig nach seiner Fläche und dem um 20 Prozent ermäßigten Bodenrichtwert (§ 196 des Baugesetzbuchs in der jeweils geltenden Fassung). [2]Die Bodenrichtwerte sind von den Gutachterausschüssen nach dem Baugesetzbuch zu ermitteln und den Finanzämtern mitzuteilen. [3]Bei der Wertermittlung ist stets der Bodenrichtwert anzusetzen, der vom Gutachterausschuss zuletzt zu ermitteln war. [4]Wird von den Gutachterausschüssen kein Bodenrichtwert ermittelt, ist der Bodenwert aus den Werten vergleichbarer Flächen abzuleiten und um 20 Prozent zu ermäßigen.]

II. Bebaute Grundstücke

[*bis 31.12.2024:*
§ 146[5] **Bebaute Grundstücke.** (1) Grundstücke, auf die die in § 145 Abs. 1 genannten Merkmale nicht zutreffen, sind bebaute Grundstücke.

(2)[6] [1]Der Wert eines bebauten Grundstücks ist das 12,5fache der im Besteuerungszeitpunkt vereinbarten Jahresmiete, vermindert um die Wertminderung wegen des Alters des Gebäudes (Absatz 4). [2]Jahresmiete ist das Gesamtentgelt, das die Mieter (Pächter) für die Nutzung der bebauten Grundstücke aufgrund vertraglicher Vereinbarungen für den Zeitraum von zwölf Monaten zu zahlen haben. [3]Betriebskosten sind nicht einzubeziehen.

(3)[6] [1]An die Stelle der Jahresmiete tritt die übliche Miete für solche Grundstücke oder Grundstücksteile,

---

[1] § 145 eingef. durch G v. 20.12.1996 (BGBl. I S. 2049); § 145 aufgeh. **mWv 1.1.2025** durch G v. 26.11.2019 (BGBl. I S. 1794).

[2] § 145 Abs. 1 neu gef. mWv 1.1.2007 durch G v. 13.12.2006 (BGBl. I S. 2878).

[3] § 145 Abs. 2 Satz 1 neu gef. mWv 1.1.2007 durch G v. 13.12.2006 (BGBl. I S. 2878).

[4] § 145 Abs. 3 neu gef. mWv 1.1.2007 durch G v. 13.12.2006 (BGBl. I S. 2878); Sätze 1 und 4 neu gef. mWv 14.12.2011 (§ 265 Abs. 3) durch G v. 7.12.2011 (BGBl. I S. 2592).

[5] § 146 eingef. durch G v. 20.12.1996 (BGBl. I S. 2049); § 146 aufgeh. **mWv 1.1.2025** durch G v. 26.11.2019 (BGBl. I S. 1794).

[6] § 146 Abs. 2 und 3 neu gef. mWv 1.1.2007 durch G v. 13.12.2006 (BGBl. I S. 2878).

1. die eigengenutzt, ungenutzt, zu vorübergehendem Gebrauch oder unentgeltlich überlassen sind,
2. die der Eigentümer dem Mieter zu einer um mehr als 20 Prozent von der üblichen Miete abweichenden tatsächlichen Miete überlassen hat.

[2]Die übliche Miete ist die Miete, die für nach Art, Lage, Größe, Ausstattung und Alter vergleichbare, nicht preisgebundene Grundstücke von fremden Mietern bezahlt wird; Betriebskosten (Absatz 2 Satz 3) sind hierbei nicht einzubeziehen. [3]Ungewöhnliche oder persönliche Verhältnisse bleiben dabei außer Betracht.

(4) [1]Die Wertminderung wegen Alters des Gebäudes beträgt für jedes Jahr, das seit Bezugsfertigkeit des Gebäudes bis zum Besteuerungszeitpunkt vollendet worden ist, 0,5 Prozent, höchstens jedoch 25 Prozent des Werts nach den Absätzen 2 und 3. [2]Sind nach Bezugsfertigkeit des Gebäudes bauliche Maßnahmen durchgeführt worden, die die gewöhnliche Nutzungsdauer des Gebäudes um mindestens 25 Jahre verlängert haben, ist bei der Wertminderung wegen Alters von einer der Verlängerung der gewöhnlichen Nutzungsdauer entsprechenden Bezugsfertigkeit auszugehen.

(5) Enthält ein bebautes Grundstück, das ausschließlich Wohnzwecken dient, nicht mehr als zwei Wohnungen, ist der nach den Absätzen 1 bis 4 ermittelte Wert um 20 Prozent zu erhöhen.

(6) Der für ein bebautes Grundstück nach den Absätzen 2 bis 5 anzusetzende Wert darf nicht geringer sein als der Wert, mit dem der Grund und Boden allein als unbebautes Grundstück nach § 145 Abs. 3 zu bewerten wäre.

(7)[1)] Die Vorschriften gelten entsprechend für Wohnungseigentum und Teileigentum.

§ 147[2)] Sonderfälle. (1) [1]Läßt sich für bebaute Grundstücke die übliche Miete (§ 146 Abs. 3) nicht ermitteln, bestimmt sich der Wert abweichend von § 146 nach der Summe des Werts des Grund und Bodens und des Werts der Gebäude. [2]Dies gilt insbesondere, wenn die Gebäude zur Durchführung bestimmter Fertigungsverfahren, zu Spezialnutzungen oder zur Aufnahme bestimmter technischer Einrichtungen errichtet worden sind und nicht oder nur mit erheblichem Aufwand für andere Zwecke nutzbar gemacht werden können.

(2) [1]Der Wert des Grund und Bodens ist gemäß § 145 mit der Maßgabe zu ermitteln, daß an Stelle des in § 145 Abs. 3 vorgesehenen Abschlags von 20 Prozent ein solcher von 30 Prozent tritt. [2]Der Wert der Gebäude bestimmt sich nach den ertragsteuerlichen Bewertungsvorschriften; maßgebend ist der Wert im Besteuerungszeitpunkt.

§ 148[3)] Erbbaurecht. (1) Ist das Grundstück mit einem Erbbaurecht belastet, ist bei der Ermittlung der Grundbesitzwerte für die wirtschaftliche Einheit des belasteten Grundstücks und für die wirtschaftliche Einheit des Erbbaurechts

---

[1)] § 146 Abs. 7 aufgeh., bish. Abs. 8 wird Abs. 7 mWv 1.1.2007 durch G v. 13.12.2006 (BGBl. I S. 2878).

[2)] § 147 eingef. durch G v. 20.12.1996 (BGBl. I S. 2049); § 147 aufgeh. **mWv 1.1.2025** durch G v. 26.11.2019 (BGBl. I S. 1794).

[3)] § 148 neu gef. mWv 1.1.2007 durch G v. 13.12.2006 (BGBl. I S. 2878); § 148 aufgeh. **mWv 1.1.2025** durch G v. 26.11.2019 (BGBl. I S. 1794).

von dem Gesamtwert auszugehen, der sich für den Grund und Boden einschließlich der Gebäude vor Anwendung des § 139 ergäbe, wenn die Belastung nicht bestünde.

(2) Der Wert des Grund und Bodens entfällt auf die wirtschaftliche Einheit des belasteten Grundstücks.

(3) [1] Der Gebäudewert entfällt allein auf die wirtschaftliche Einheit des Erbbaurechts, wenn die Dauer dieses Rechts im Besteuerungszeitpunkt mindestens 40 Jahre beträgt oder der Eigentümer des belasteten Grundstücks bei Erlöschen des Erbbaurechts durch Zeitablauf eine dem Wert des Gebäudes entsprechende Entschädigung zu leisten hat. [2] Beträgt die Dauer des Erbbaurechts im Besteuerungszeitpunkt weniger als 40 Jahre und ist eine Entschädigung ausgeschlossen, ist der Gebäudewert zu verteilen. [3] Dabei entfallen auf die wirtschaftliche Einheit des Erbbaurechts bei einer Dauer dieses Rechts von

unter 40 bis zu 35 Jahren	90 Prozent
unter 35 bis zu 30 Jahren	85 Prozent
unter 30 bis zu 25 Jahren	80 Prozent
unter 25 bis zu 20 Jahren	70 Prozent
unter 20 bis zu 15 Jahren	60 Prozent
unter 15 bis zu 10 Jahren	50 Prozent
unter 10 bis zu 8 Jahren	40 Prozent
unter 8 bis zu 7 Jahren	35 Prozent
unter 7 bis zu 6 Jahren	30 Prozent
unter 6 bis zu 5 Jahren	25 Prozent
unter 5 bis zu 4 Jahren	20 Prozent
unter 4 bis zu 3 Jahren	15 Prozent
unter 3 bis zu 2 Jahren	10 Prozent
unter 2 Jahren bis zu 1 Jahr	5 Prozent
unter 1 Jahr	0 Prozent.

[4] Auf die wirtschaftliche Einheit des belasteten Grundstücks entfällt der verbleibende Teil des Gebäudewerts. [5] Beträgt die Entschädigung für das Gebäude beim Übergang nur einen Teil des gemeinen Werts, ist der dem Eigentümer des belasteten Grundstücks entschädigungslos zufallende Anteil entsprechend zu verteilen. [6] Eine in der Höhe des Erbbauzinses zum Ausdruck kommende Entschädigung für den gemeinen Wert des Gebäudes bleibt außer Betracht.

(4) [1] Bei den nach § 146 zu bewertenden Grundstücken beträgt der Gebäudewert 80 Prozent des nach § 146 Abs. 2 bis 5 ermittelten Werts; der verbleibende Teil des Gesamtwerts entspricht dem Wert des Grund und Bodens. [2] Bei bebauten Grundstücken im Sinne des § 147 Abs. 1 ist der Wert des Grund und Bodens nach § 147 Abs. 2 Satz 1 und der Gebäudewert nach § 147 Abs. 2 Satz 2 zu ermitteln.

(5) Für Wohnungserbbaurechte oder Teilerbbaurechte gelten die Absätze 1 bis 4 entsprechend.

(6) Das Recht auf den Erbbauzins wird weder als Bestandteil des Grundstücks noch als gesondertes Recht angesetzt; die Verpflichtung zur Zahlung des Erbbauzinses ist weder bei der Bewertung des Erbbaurechts noch als gesonderte Verpflichtung abzuziehen.

§ 148a[1] Gebäude auf fremdem Grund und Boden. (1) [1]Bei Gebäuden auf fremdem Grund und Boden ist § 148 Abs. 1 entsprechend anzuwenden. [2]Der Bodenwert ist dem Eigentümer des Grund und Bodens, der Gebäudewert dem Eigentümer des Gebäudes zuzurechnen.

(2) § 148 Abs. 4 und 6 ist entsprechend anzuwenden.

§ 149[2] Grundstücke im Zustand der Bebauung. (1) [1]Ein Grundstück im Zustand der Bebauung liegt vor, wenn mit den Bauarbeiten begonnen wurde und Gebäude oder Gebäudeteile noch nicht bezugsfertig sind. [2]Der Zustand der Bebauung beginnt mit den Abgrabungen oder der Einbringung von Baustoffen, die zur planmäßigen Errichtung des Gebäudes führen.

(2) [1]Der Wert ist entsprechend § 146 unter Zugrundelegung der üblichen Miete zu ermitteln, die nach Bezugsfertigkeit des Gebäudes zu erzielen wäre. [2]Von diesem Wert sind 80 Prozent als Gebäudewert anzusetzen. [3]Dem Grundstückswert ohne Berücksichtigung der nicht bezugsfertigen Gebäude oder Gebäudeteile, ermittelt bei unbebauten Grundstücken nach § 145 Abs. 3 und bei bereits bebauten Grundstücken nach § 146, sind die nicht bezugsfertigen Gebäude oder Gebäudeteile mit dem Betrag als Gebäudewert hinzuzurechnen, der dem Verhältnis der bis zum Besteuerungszeitpunkt entstandenen Herstellungskosten zu den gesamten Herstellungskosten entspricht. [4]Dieser Wert darf den Wert des Grundstücks, der nach Bezugsfertigkeit des Gebäudes anzusetzen wäre, nicht übersteigen.

(3) Ist die übliche Miete nicht zu ermitteln, ist der Wert entsprechend § 147 zu ermitteln.

§ 150[3] Gebäude und Gebäudeteile für den Zivilschutz. Gebäude, Teile von Gebäuden und Anlagen, die wegen der in § 1 des Zivilschutzgesetzes bezeichneten Zwecke geschaffen worden sind und im Frieden nicht oder nur gelegentlich oder geringfügig für andere Zwecke benutzt werden, bleiben bei der Ermittlung des Grundstückswerts außer Betracht.]

Fünfter Abschnitt.[4] Gesonderte Feststellungen

§ 151[4] Gesonderte Feststellungen. (1)[5] [1]Gesondert festzustellen (§ 179 der Abgabenordnung) sind

1.[6] Grundbesitzwerte (*§§ 138, 157* [***ab 1.1.2025:*** § 157]),
2. der Wert des Betriebsvermögens oder des Anteils am Betriebsvermögen (§§ 95, 96, 97),
3. der Wert von Anteilen an Kapitalgesellschaften im Sinne des § 11 Abs. 2,

---

[1] § 148a eingef. mWv 1.1.2007 durch G v. 13.12.2006 (BGBl. I S. 2878); § 148a aufgeh. **mWv 1.1.2025** durch G v. 26.11.2019 (BGBl. I S. 1794).

[2] § 149 neu gef. mWv 1.1.2007 durch G v. 13.12.2006 (BGBl. I S. 2878); § 149 aufgeh. **mWv 1.1.2025** durch G v. 26.11.2019 (BGBl. I S. 1794).

[3] § 150 eingef. durch G v. 20.12.1996 (BGBl. I S. 2049); § 150 aufgeh. **mWv 1.1.2025** durch G v. 26.11.2019 (BGBl. I S. 1794).

[4] 5. Abschnitt (§§ 151–156) eingef. mWv 1.1.2007 durch G v. 13.12.2006 (BGBl. I S. 2878).

[5] § 151 Abs. 1 Satz 1 Nr. 1 und 2 neu gef. mWv 1.1.2009 durch G v. 24.12.2008 (BGBl. I S. 3018).

[6] § 151 Abs. 1 Satz 1 Nr. 1 geänd. **mWv 1.1.2025** durch G v. 26.11.2019 (BGBl. I S. 1794).

4.[1] der Anteil am Wert von anderen als in den Nummern 1 bis 3 genannten Vermögensgegenständen und von Schulden, die mehreren Personen zustehen,

wenn die Werte für die Erbschaftsteuer oder eine andere Feststellung im Sinne dieser Vorschrift von Bedeutung sind. ²Die Entscheidung über eine Bedeutung für die Besteuerung trifft das für die Festsetzung der Erbschaftsteuer oder die Feststellung nach Satz 1 Nr. 2 bis 4 zuständige Finanzamt.

(2)[2] In dem Feststellungsbescheid für Grundbesitzwerte sind auch Feststellungen zu treffen

1. über die Art der wirtschaftlichen Einheit;
2. über die Zurechnung der wirtschaftlichen Einheit und bei mehreren Beteiligten über die Höhe des Anteils, der für die Besteuerung oder eine andere Feststellung von Bedeutung ist; beim Erwerb durch eine Erbengemeinschaft erfolgt die Zurechnung in Vertretung der Miterben auf die Erbengemeinschaft. ²Entsprechendes gilt für die Feststellungen nach Absatz 1 Satz 1 Nr. 2 bis 4.

(3)[3] ¹Gesondert festgestellte Werte im Sinne des Absatzes 1 Satz 1 Nummer 1 bis 4 sind einer innerhalb einer Jahresfrist folgenden Feststellung für dieselbe wirtschaftliche Einheit unverändert zu Grunde zu legen, wenn sich die für die erste Bewertung maßgeblichen Stichtagsverhältnisse nicht wesentlich geändert haben. ²Der Erklärungspflichtige kann eine von diesem Wert abweichende Feststellung nach den Verhältnissen am Bewertungsstichtag durch Abgabe einer Feststellungserklärung beantragen.

(4) Ausländisches Vermögen unterliegt nicht der gesonderten Feststellung.

(5) ¹Grundbesitzwerte (Absatz 1 Satz 1 Nr. 1) sind auch festzustellen, wenn sie für die Grunderwerbsteuer von Bedeutung sind. ²Absatz 1 Satz 2 gilt entsprechend. ³Absatz 2 ist nicht anzuwenden.

§ 152[4] Örtliche Zuständigkeit. Für die gesonderten Feststellungen ist örtlich zuständig:

1. in den Fällen des § 151 Abs. 1 Satz 1 Nr. 1 das Finanzamt, in dessen Bezirk das Grundstück, das Betriebsgrundstück oder der Betrieb der Land- und Forstwirtschaft oder, wenn sich das Grundstück, das Betriebsgrundstück oder der Betrieb der Land- und Forstwirtschaft auf die Bezirke mehrerer Finanzämter erstreckt, der wertvollste Teil liegt;
2. in den Fällen des § 151 Abs. 1 Satz 1 Nr. 2 das Finanzamt, in dessen Bezirk sich die Geschäftsleitung des Gewerbebetriebs, bei Gewerbebetrieben ohne Geschäftsleitung im Inland das Finanzamt, in dessen Bezirk eine Betriebsstätte – bei mehreren Betriebsstätten die wirtschaftlich bedeutendste – unterhalten wird, und bei freiberuflicher Tätigkeit das Finanzamt, von dessen Bezirk aus die Berufstätigkeit vorwiegend ausgeübt wird;

---

[1] § 151 Abs. 1 Satz 1 Nr. 4 neu gef. durch G v. 8.12.2010 (BGBl. I S. 1768); zur Anwendung siehe § 265 Abs. 1.

[2] § 151 Abs. 2 neu gef. mWv 1.1.2009 durch G v. 24.12.2008 (BGBl. I S. 3018).

[3] § 151 Abs. 3 neu gef. mWv 1.1.2009 durch G v. 24.12.2008 (BGBl. I S. 3018); Satz 1 geänd. mWv 1.7.2011 durch G v. 1.11.2011 (BGBl. I S. 2131).

[4] 5. Abschnitt (§§ 151–156) eingef. mWv 1.1.2007 durch G v. 13.12.2006 (BGBl. I S. 2878).

3. in den Fällen des § 151 Abs. 1 Satz 1 Nr. 3 das Finanzamt, in dessen Bezirk sich die Geschäftsleitung der Kapitalgesellschaft befindet, bei Kapitalgesellschaften ohne Geschäftsleitung im Inland oder, wenn sich der Ort der Geschäftsleitung nicht feststellen lässt, das Finanzamt, in dessen Bezirk die Kapitalgesellschaft ihren Sitz hat;
4. in den Fällen des § 151 Abs. 1 Satz 1 Nr. 4 das Finanzamt, von dessen Bezirk die Verwaltung des Vermögens ausgeht, oder, wenn diese im Inland nicht feststellbar ist, das Finanzamt, in dessen Bezirk sich der wertvollste Teil des Vermögens befindet.

§ 153[1)] Erklärungspflicht, Verfahrensvorschriften für die gesonderte Feststellung, Feststellungsfrist. (1) [1]Das Finanzamt kann von jedem, für dessen Besteuerung eine gesonderte Feststellung von Bedeutung ist, die Abgabe einer Feststellungserklärung verlangen. [2]Die Frist zur Abgabe der Feststellungserklärung muss mindestens einen Monat betragen.

(2)[2)] [1]Ist der Gegenstand der Feststellung mehreren Personen zuzurechnen oder ist eine Personengesellschaft oder Kapitalgesellschaft dessen Eigentümer, kann das Finanzamt auch von der Gemeinschaft oder Gesellschaft die Abgabe einer Feststellungserklärung verlangen. [2]Dies gilt auch, wenn Gegenstand der Feststellung ein Anteil am Betriebsvermögen ist. [3]Das Finanzamt kann in Erbbaurechtsfällen die Abgabe einer Feststellungserklärung vom Erbbauberechtigten und vom Erbbauverpflichteten verlangen. [4]Absatz 4 Satz 2 ist nicht anzuwenden.

(3) In den Fällen des § 151 Abs. 1 Satz 1 Nr. 3 kann das Finanzamt nur von der Kapitalgesellschaft die Abgabe einer Feststellungserklärung verlangen.

(4) [1]Der Erklärungspflichtige hat die Erklärung eigenhändig zu unterschreiben. [2]Hat ein Erklärungspflichtiger eine Erklärung zur gesonderten Feststellung abgegeben, sind andere Beteiligte insoweit von der Erklärungspflicht befreit.

(5) § 181 Abs. 1 und 5 der Abgabenordnung[3)] ist entsprechend anzuwenden.

§ 154[1)] Beteiligte am Feststellungsverfahren. (1)[4)] [1]Am Feststellungsverfahren sind beteiligt

1. diejenigen, denen der Gegenstand der Feststellung zuzurechnen ist,
2. diejenigen, die das Finanzamt zur Abgabe einer Feststellungserklärung aufgefordert hat;
3.[5)] diejenigen, die eine Steuer als Schuldner oder Gesamtschuldner schulden und für deren Festsetzung die Feststellung von Bedeutung ist.

[2]Gegenüber mehreren Beteiligten nach Satz 1 erfolgt eine gesonderte und einheitliche Feststellung (§ 179 Absatz 2 Satz 2 der Abgabenordnung[3)]).

(2) In den Fällen des § 151 Abs. 1 Satz 1 Nr. 3 ist der Feststellungsbescheid auch der Kapitalgesellschaft bekannt zu geben.

[1)] 5. Abschnitt (§§ 151–156) eingef. mWv 1.1.2007 durch G v. 13.12.2006 (BGBl. I S. 2878).

[2)] § 153 Abs. 2 Satz 2 geänd. mWv 1.1.2009 durch G v. 24.12.2008 (BGBl. I S. 3018); Sätze 3 und 4 angef. mWv 1.7.2011 durch G v. 1.11.2011 (BGBl. I S. 2131).

[3)] dtv-Band **Nr. 5548 AO/FGO**.

[4)] § 154 Abs. 1 Satz 2 angef. durch G v. 2.11.2015 (BGBl. I S. 1834); zur Anwendung siehe § 265 Abs. 9.

[5)] § 154 Abs. 1 Nr. 3 angef. mWv 1.7.2011 durch G v. 1.11.2011 (BGBl. I S. 2131); neu gef. durch G v. 2.11.2015 (BGBl. I S. 1834); zur Anwendung siehe § 265 Abs. 9.

(3)[1] [1]Soweit der Gegenstand der Feststellung einer Erbengemeinschaft in Vertretung der Miterben zuzurechnen ist, ist § 183 der Abgabenordnung entsprechend anzuwenden. [2]Bei der Bekanntgabe des Feststellungsbescheids ist darauf hinzuweisen, dass die Bekanntgabe mit Wirkung für und gegen alle Miterben erfolgt.

§ 155[2] Rechtsbehelfsbefugnis. [1]Zur Einlegung von Rechtsbehelfen gegen den Feststellungsbescheid sind die Beteiligten im Sinne des § 154 Abs. 1 sowie diejenigen befugt, für deren Besteuerung nach dem Grunderwerbsteuergesetz[3] der Feststellungsbescheid von Bedeutung ist. [2]Soweit der Gegenstand der Feststellung einer Erbengemeinschaft in Vertretung der Miterben zuzurechnen ist, sind § 352 der Abgabenordnung[4] und § 48 der Finanzgerichtsordnung[4] entsprechend anzuwenden.

§ 156[5] Außenprüfung. Eine Außenprüfung zur Ermittlung der Besteuerungsgrundlagen ist bei jedem Beteiligten (§ 154 Abs. 1) zulässig.

Sechster Abschnitt.[6] Vorschriften für die Bewertung von Grundbesitz, von nicht notierten Anteilen an Kapitalgesellschaften und von Betriebsvermögen für die Erbschaftsteuer ab 1. Januar 2009

A. Allgemeines

§ 157[6] Feststellung von Grundbesitzwerten, von Anteilswerten und von Betriebsvermögenswerten.

[Fassung bis 31.12.2024:]

(1) [1]Grundbesitzwerte werden unter Berücksichtigung der tatsächlichen Verhältnisse und der Wertverhältnisse zum Bewertungsstichtag festgestellt. [2]§ 29 Abs. 2 und 3 gilt sinngemäß.

[Fassung ab 1.1.2025:[7]]

(1) [1]Grundbesitzwerte werden unter Berücksichtigung der tatsächlichen Verhältnisse und der Wertverhältnisse zum Bewertungsstichtag für inländischen Grundbesitz, und zwar für Betriebe der Land- und Forstwirtschaft, für Grundstücke und für Betriebsgrundstücke, festgestellt. [2]§ 229 gilt für die Grundbesitzbewertung sinngemäß.

(2) Für die wirtschaftlichen Einheiten des land- und forstwirtschaftlichen Vermögens und für Betriebsgrundstücke im Sinne des § 99 Abs. 1 Nr. 2 sind die Grundbesitzwerte unter Anwendung der §§ 158 bis 175 zu ermitteln.

(3)[8] [1]Für die wirtschaftlichen Einheiten des Grundvermögens und für Betriebsgrundstücke im Sinne des § 99 Abs. 1 Nr. 1 sind die Grundbesitzwerte

---

[1] § 154 Abs. 3 eingef. mWv 1.1.2009 durch G v. 24.12.2008 (BGBl. I S. 3018).

[2] § 155 eingef. mWv 1.1.2007 durch G v. 13.12.2006 (BGBl. I S. 2878); Satz 2 neu gef. mWv 1.1.2009 durch G v. 24.12.2008 (BGBl. I S. 3018).

[3] dtv-Band **Nr. 5765 Steuergesetze**.

[4] dtv-Band **Nr. 5548 AO/FGO**.

[5] 5. Abschnitt (§§ 151–156) eingef. mWv 1.1.2007 durch G v. 13.12.2006 (BGBl. I S. 2878).

[6] 6. Abschnitt (§§ 157–203) eingef. mWv 1.1.2009 durch G v. 24.12.2008 (BGBl. I S. 3018).

[7] § 157 Abs. 1 Satz 1 geänd., Satz 2 neu gef. **mWv 1.1.2025** durch G v. 26.11.2019 (BGBl. I S. 1794).

[8] § 157 Abs. 3 Satz 3 geänd. **mWv 1.1.2025** durch G v. 26.11.2019 (BGBl. I S. 1794).

unter Anwendung der §§ 159 und 176 bis 198 zu ermitteln. [2] § 70 gilt mit der Maßgabe, dass der Anteil des Eigentümers eines Grundstücks an anderem Grundvermögen (zum Beispiel an gemeinschaftlichen Hofflächen oder Garagen) abweichend von Absatz 2 Satz 1 dieser Vorschrift in das Grundstück einzubeziehen ist, wenn der Anteil zusammen mit dem Grundstück genutzt wird. [3] § 20 *Satz 2* ist entsprechend anzuwenden.

(4) [1] Der Wert von Anteilen an Kapitalgesellschaften im Sinne des § 11 Abs. 2 Satz 2 (Anteilswert) wird unter Berücksichtigung der tatsächlichen Verhältnisse und der Wertverhältnisse zum Bewertungsstichtag festgestellt. [2] Der Anteilswert ist unter Anwendung des § 11 Abs. 2 zu ermitteln.

(5) [1] Der Wert von Betriebsvermögen oder des Anteils am Betriebsvermögen im Sinne der §§ 95, 96 und 97 (Betriebsvermögenswert) wird unter Berücksichtigung der tatsächlichen Verhältnisse und der Wertverhältnisse zum Bewertungsstichtag festgestellt. [2] Der Betriebsvermögenswert ist unter Anwendung des § 109 Abs. 1 und 2 in Verbindung mit § 11 Abs. 2 zu ermitteln.

B. Land- und forstwirtschaftliches Vermögen

I. Allgemeines

§ 158[1] Begriff des land- und forstwirtschaftlichen Vermögens.

(1) [1] Land- und Forstwirtschaft ist die planmäßige Nutzung der natürlichen Kräfte des Bodens zur Erzeugung von Pflanzen und Tieren sowie die Verwertung der dadurch selbst gewonnenen Erzeugnisse. [2] Zum land- und forstwirtschaftlichen Vermögen gehören alle Wirtschaftgüter, die einem Betrieb der Land- und Forstwirtschaft zu diesem Zweck auf Dauer zu dienen bestimmt sind.

(2) [1] Die wirtschaftliche Einheit des land- und forstwirtschaftlichen Vermögens ist der Betrieb der Land- und Forstwirtschaft. [2] Wird ein Betrieb der Land- und Forstwirtschaft in Form einer Personengesellschaft oder Gemeinschaft geführt, sind in die wirtschaftliche Einheit auch die Wirtschaftsgüter einzubeziehen, die einem oder mehreren Beteiligten gehören, wenn sie dem Betrieb der Land- und Forstwirtschaft auf Dauer zu dienen bestimmt sind.

(3) [1] Zu den Wirtschaftsgütern, die der wirtschaftlichen Einheit Betrieb der Land- und Forstwirtschaft zu dienen bestimmt sind, gehören insbesondere

1. der Grund und Boden,
2. die Wirtschaftsgebäude,
3. die stehenden Betriebsmittel,
4. der normale Bestand an umlaufenden Betriebsmitteln,
5. die immateriellen Wirtschaftsgüter,
6. die Wohngebäude und der dazu gehörende Grund und Boden.

[2] Als normaler Bestand an umlaufenden Betriebsmitteln gilt ein solcher, der zur gesicherten Fortführung des Betriebs erforderlich ist.

(4) Zum land- und forstwirtschaftlichen Vermögen gehören nicht

1. Grund und Boden sowie Gebäude und Gebäudeteile, die nicht land- und forstwirtschaftlichen Zwecken dienen,
2. Kleingartenland und Dauerkleingartenland,

---

[1] 6. Abschnitt (§§ 157–203) eingef. mWv 1.1.2009 durch G v. 24.12.2008 (BGBl. I S. 3018).

3. Geschäftsguthaben, Wertpapiere und Beteiligungen,
4. über den normalen Bestand hinausgehende Bestände an umlaufenden Betriebsmitteln,
5. Tierbestände oder Zweige des Tierbestands und die hiermit zusammenhängenden Wirtschaftsgüter (zum Beispiel Gebäude und abgrenzbare Gebäudeteile mit den dazugehörenden Flächen, Betriebsmittel), wenn die Tiere weder zur landwirtschaftlichen Nutzung noch nach § 175 zu den übrigen land- und forstwirtschaftlichen Nutzungen gehören. [2] Die Zugehörigkeit der landwirtschaftlich genutzten Flächen zum land- und forstwirtschaftlichen Vermögen wird hierdurch nicht berührt,
6. Geldforderungen und Zahlungsmittel,
7. Pensionsverpflichtungen.

(5) Verbindlichkeiten gehören zum land- und forstwirtschaftlichen Vermögen, soweit sie nicht im unmittelbaren wirtschaftlichen Zusammenhang mit den in Absatz 4 genannten Wirtschaftsgütern stehen.

§ 159[1)] Abgrenzung land- und forstwirtschaftlich genutzter Flächen zum Grundvermögen. (1) Land- und forstwirtschaftlich genutzte Flächen sind dem Grundvermögen zuzurechnen, wenn nach ihrer Lage, den am Bewertungsstichtag bestehenden Verwertungsmöglichkeiten oder den sonstigen Umständen anzunehmen ist, dass sie in absehbarer Zeit anderen als land- und forstwirtschaftlichen Zwecken, insbesondere als Bauland, Industrieland oder Land für Verkehrszwecke, dienen werden.

(2) Bildet ein Betrieb der Land- und Forstwirtschaft die Existenzgrundlage des Betriebsinhabers, so sind dem Betriebsinhaber gehörende Flächen, die von einer Stelle aus ordnungsgemäß nachhaltig bewirtschaftet werden, dem Grundvermögen nur dann zuzurechnen, wenn mit großer Wahrscheinlichkeit anzunehmen ist, dass sie spätestens nach zwei Jahren anderen als land- und forstwirtschaftlichen Zwecken dienen werden.

(3) [1] Flächen sind stets dem Grundvermögen zuzurechnen, wenn sie in einem Bebauungsplan als Bauland festgesetzt sind, ihre sofortige Bebauung möglich ist und die Bebauung innerhalb des Plangebiets in benachbarten Bereichen begonnen hat oder schon durchgeführt ist. [2] Satz 1 gilt nicht für die Hofstelle und für andere Flächen in unmittelbarem räumlichen Zusammenhang mit der Hofstelle bis zu einer Größe von insgesamt 1 Hektar.

§ 160[1)] Betrieb der Land- und Forstwirtschaft. (1) Ein Betrieb der Land- und Forstwirtschaft umfasst

1. den Wirtschaftsteil,
2. die Betriebswohnungen und
3. den Wohnteil.

(2) [1] Der Wirtschaftsteil eines Betriebs der Land- und Forstwirtschaft umfasst

1. die land- und forstwirtschaftlichen Nutzungen:
   a) die landwirtschaftliche Nutzung,
   b) die forstwirtschaftliche Nutzung,
   c) die weinbauliche Nutzung,

[1)] 6. Abschnitt (§§ 157–203) eingef. mWv 1.1.2009 durch G v. 24.12.2008 (BGBl. I S. 3018).

d) die gärtnerische Nutzung,
e) die übrigen land- und forstwirtschaftlichen Nutzungen,
2. die Nebenbetriebe,
3. die folgenden nicht zu einer Nutzung nach den Nummern 1 und 2 gehörenden Wirtschaftsgüter:
a) Abbauland,
b) Geringstland,
c) Unland.

[2]Der Anbau von Hopfen, Tabak und Spargel gehört nur zu den Sondernutzungen, wenn keine landwirtschaftliche Nutzung im Sinne des Satzes 1 Nr. 1 Buchstabe a vorliegt.

(3) Nebenbetriebe sind Betriebe, die dem Hauptbetrieb zu dienen bestimmt sind und nicht einen selbständigen gewerblichen Betrieb darstellen.

(4) Zum Abbauland gehören die Betriebsflächen, die durch Abbau der Bodensubstanz überwiegend für den Betrieb der Land- und Forstwirtschaft nutzbar gemacht werden (Sand-, Kies-, Lehmgruben, Steinbrüche, Torfstiche und dergleichen).

(5) Zum Geringstland gehören die Betriebsflächen geringster Ertragsfähigkeit, für die nach dem Bodenschätzungsgesetz vom 20. Dezember 2007 (BGBl. I S. 3150, 3176) keine Wertzahlen festzustellen sind.

(6) Zum Unland gehören die Betriebsflächen, die auch bei geordneter Wirtschaftsweise keinen Ertrag abwerfen können.

(7) [1]Einen Betrieb der Land- und Forstwirtschaft bilden auch Stückländereien, die als gesonderte wirtschaftliche Einheit zu bewerten sind. [2]Stückländereien sind einzelne land- und forstwirtschaftlich genutzte Flächen, bei denen die Wirtschaftsgebäude oder die Betriebsmittel oder beide Arten von Wirtschaftsgütern nicht dem Eigentümer des Grund und Bodens gehören, sondern am Bewertungsstichtag für mindestens 15 Jahre einem anderen Betrieb der Land- und Forstwirtschaft zu dienen bestimmt sind.

(8) Betriebswohnungen sind Wohnungen, die einem Betrieb der Land- und Forstwirtschaft zu dienen bestimmt, aber nicht dem Wohnteil zuzurechnen sind.

(9) Der Wohnteil eines Betriebs der Land- und Forstwirtschaft umfasst die Gebäude und Gebäudeteile, die dem Inhaber des Betriebs, den zu seinem Haushalt gehörenden Familienangehörigen und den Altenteilern zu Wohnzwecken dienen.

§ 161[1)] Bewertungsstichtag. (1) Für die Größe des Betriebs, für den Umfang und den Zustand der Gebäude sowie für die stehenden Betriebsmittel sind die Verhältnisse am Bewertungsstichtag maßgebend.

(2) Für die umlaufenden Betriebsmittel ist der Stand am Ende des Wirtschaftsjahres maßgebend, das dem Bewertungsstichtag vorangegangen ist.

§ 162[1)] Bewertung des Wirtschaftsteils. (1) [1]Bei der Bewertung des Wirtschaftsteils ist der gemeine Wert zu Grunde zu legen. [2]Dabei ist davon auszugehen, dass der Erwerber den Betrieb der Land- und Forstwirtschaft

[1)] 6. Abschnitt (§§ 157–203) eingef. mWv 1.1.2009 durch G v. 24.12.2008 (BGBl. I S. 3018).

fortführt. [3]Bei der Ermittlung des gemeinen Werts für den Wirtschaftsteil sind die land- und forstwirtschaftlichen Nutzungen, die Nebenbetriebe, das Abbau-, Geringst- und Unland jeweils gesondert mit ihrem Wirtschaftswert (§ 163) zu bewerten. [4]Dabei darf ein Mindestwert nicht unterschritten werden (§ 164).

(2) Der Wert des Wirtschaftsteils für einen Betrieb der Land- und Forstwirtschaft im Sinne des § 160 Abs. 7 wird nach § 164 ermittelt.

(3) [1]Wird ein Betrieb der Land- und Forstwirtschaft oder ein Anteil im Sinne des § 158 Abs. 2 Satz 2 innerhalb eines Zeitraums von 15 Jahren nach dem Bewertungsstichtag veräußert, erfolgt die Bewertung der wirtschaftlichen Einheit abweichend von den §§ 163 und 164 mit dem Liquidationswert nach § 166. [2]Dies gilt nicht, wenn der Veräußerungserlös innerhalb von sechs Monaten ausschließlich zum Erwerb eines anderen Betriebs der Land- und Forstwirtschaft oder eines Anteils im Sinne des § 158 Abs. 2 Satz 2 verwendet wird.

(4) [1]Sind wesentliche Wirtschaftsgüter (§ 158 Abs. 3 Satz 1 Nr. 1 bis 3 und 5) dem Betrieb der Land- und Forstwirtschaft innerhalb eines Zeitraumes von 15 Jahren nicht mehr auf Dauer zu dienen bestimmt, erfolgt die Bewertung der Wirtschaftsgüter abweichend von den §§ 163 und 164 mit dem jeweiligen Liquidationswert nach § 166. [2]Dies gilt nicht, wenn der Veräußerungserlös innerhalb von sechs Monaten ausschließlich im betrieblichen Interesse verwendet wird.

§ 163[1)] Ermittlung der Wirtschaftswerte. (1) [1]Bei der Ermittlung der jeweiligen Wirtschaftswerte ist von der nachhaltigen Ertragsfähigkeit land- und forstwirtschaftlicher Betriebe auszugehen. [2]Ertragsfähigkeit ist der bei ordnungsmäßiger Bewirtschaftung gemeinhin und nachhaltig erzielbare Reingewinn. [3]Dabei sind alle Umstände zu berücksichtigen, die bei einer Selbstbewirtschaftung den Wirtschaftserfolg beeinflussen.

(2) [1]Der Reingewinn umfasst das ordentliche Ergebnis abzüglich eines angemessenen Lohnansatzes für die Arbeitsleistung des Betriebsinhabers und der nicht entlohnten Arbeitskräfte. [2]Die im unmittelbaren wirtschaftlichen Zusammenhang mit einem Betrieb der Land- und Forstwirtschaft stehenden Verbindlichkeiten sind durch den Ansatz der Zinsaufwendungen abgegolten. [3]Zur Berücksichtigung der nachhaltigen Ertragsfähigkeit ist der Durchschnitt der letzten fünf abgelaufenen Wirtschaftsjahre vor dem Bewertungsstichtag zu Grunde zu legen.

(3) [1]Der Reingewinn für die landwirtschaftliche Nutzung bestimmt sich nach der Region, der maßgeblichen Nutzungsart (Betriebsform) und der Betriebsgröße nach der Europäischen Größeneinheit (EGE). [2]Zur Ermittlung der maßgeblichen Betriebsform ist das Klassifizierungssystem nach der Entscheidung 85/377/EWG der Kommission vom 7. Juni 1985 zur Errichtung eines gemeinschaftlichen Klassifizierungssystems der landwirtschaftlichen Betriebe (ABl. EG Nr. L 220 S. 1), zuletzt geändert durch Entscheidung der Kommission vom 16. Mai 2003 (ABl. EU Nr. L 127 S. 48), in der jeweils geltenden Fassung heranzuziehen. [3]Hierzu sind die Standarddeckungsbeiträge der selbst bewirtschafteten Flächen und der Tiereinheiten der landwirtschaftlichen Nutzung zu ermitteln und daraus die Betriebsform zu bestimmen. [4]Die

[1)] 6. Abschnitt (§§ 157–203) eingef. mWv 1.1.2009 durch G v. 24.12.2008 (BGBl. I S. 3018).

Summe der Standarddeckungsbeiträge ist durch 1 200 Euro zu dividieren, so dass sich die Betriebsgröße in EGE ergibt, die einer der folgenden Betriebsgrößenklassen zuzuordnen ist:

1.	Kleinbetriebe von	0 bis unter 40 EGE,
2.	Mittelbetriebe von	40 bis 100 EGE,
3.	Großbetriebe über	100 EGE.

[5] Das Bundesministerium der Finanzen veröffentlicht die maßgeblichen Standarddeckungsbeiträge im Bundessteuerblatt. [6] Der entsprechende Reingewinn ergibt sich aus der Spalte 4 der Anlage 14 in Euro pro Hektar landwirtschaftlich genutzter Fläche (EUR/ha LF).

(4) [1] Der Reingewinn für die forstwirtschaftliche Nutzung bestimmt sich nach den Flächen der jeweiligen Nutzungsart (Baumartengruppe) und den Ertragsklassen. [2] Die jeweilige Nutzungsart umfasst:

1. Die Baumartengruppe Buche, zu der auch sonstiges Laubholz einschließlich der Roteiche gehört,
2. die Baumartengruppe Eiche, zu der auch alle übrigen Eichenarten gehören,
3. die Baumartengruppe Fichte, zu der auch alle übrigen Nadelholzarten mit Ausnahme der Kiefer und der Lärche gehören,
4. die Baumartengruppe Kiefer und Lärchen mit Ausnahme der Weymouthskiefer,
5. die übrige Fläche der forstwirtschaftlichen Nutzung.

[3] Die Ertragsklassen bestimmen sich für

1. die Baumartengruppe Buche nach der von Schober für mäßige Durchforstung veröffentlichten Ertragstafel,
2. die Baumartengruppe Eiche nach der von Jüttner für mäßige Durchforstung veröffentlichten Ertragstafel,
3. die Baumartengruppe Fichte nach der von Wiedemann für mäßige Durchforstung veröffentlichten Ertragstafel,
4. die Baumartengruppe Kiefer nach der von Wiedemann für mäßige Durchforstung veröffentlichten Ertragstafel.

[4] Der nach den Sätzen 2 und 3 maßgebliche Reingewinn ergibt sich aus der Spalte 4 der Anlage 15 in Euro pro Hektar (EUR/ha).

(5) [1] Der Reingewinn für die weinbauliche Nutzung bestimmt sich nach den Flächen der jeweiligen Nutzungsart (Verwertungsform). [2] Er ergibt sich aus der Spalte 3 der Anlage 16.

(6) [1] Der Reingewinn für die gärtnerische Nutzung bestimmt sich nach dem maßgeblichen Nutzungsteil, der Nutzungsart und den Flächen. [2] Er ergibt sich aus der Spalte 4 der Anlage 17.

(7) Der Reingewinn für die Sondernutzungen Hopfen, Spargel, Tabak ergibt sich aus der Spalte 3 der Anlage 18.

(8) [1] Der Reingewinn für die sonstigen land- und forstwirtschaftlichen Nutzungen, für Nebenbetriebe sowie für Abbauland ist im Einzelertragswertverfahren zu ermitteln, soweit für die jeweilige Region nicht auf einen durch statistische Erhebungen ermittelten pauschalierten Reingewinn zurückgegriffen werden kann. [2] Der Einzelertragswert ermittelt sich aus dem betriebsindividuellen Ergebnis und dem Kapitalisierungszinssatz nach Absatz 11.

(9) Der Reingewinn für das Geringstland wird pauschal mit 5,40 Euro pro Hektar festgelegt.

(10) Der Reingewinn für das Unland beträgt 0 Euro.

(11) [1]Der jeweilige Reingewinn ist zu kapitalisieren. [2]Der Kapitalisierungszinssatz beträgt 5,5 Prozent und der Kapitalisierungsfaktor beträgt 18,6.

(12) Der kapitalisierte Reingewinn für die landwirtschaftliche, die forstwirtschaftliche, die weinbauliche, die gärtnerische Nutzung oder für deren Nutzungsteile, die Sondernutzungen und das Geringstland ist mit der jeweiligen Eigentumsfläche des Betriebs zum Bewertungsstichtag zu vervielfältigen, der dieser Nutzung zuzurechnen ist.

(13) [1]Die Hofflächen und die Flächen der Wirtschaftsgebäude sind dabei anteilig in die einzelnen Nutzungen einzubeziehen. [2]Wirtschaftswege, Hecken, Gräben, Grenzraine und dergleichen sind in die Nutzung einzubeziehen, zu der sie gehören; dies gilt auch für Wasserflächen soweit sie nicht Unland sind oder zu den übrigen land- und forstwirtschaftlichen Nutzungen gehören.

(14) Das Bundesministerium der Finanzen wird ermächtigt, durch Rechtsverordnung mit Zustimmung des Bundesrates die Anlagen 14 bis 18 zu diesem Gesetz dadurch zu ändern, dass es die darin aufgeführten Reingewinne turnusmäßig an die Ergebnisse der Erhebungen nach § 2 des Landwirtschaftsgesetzes anpasst.

§ 164[1)] Mindestwert. (1) Der Mindestwert des Wirtschaftsteils setzt sich aus dem Wert für den Grund und Boden sowie dem Wert der übrigen Wirtschaftsgüter zusammen und wird nach den Absätzen 2 bis 4 ermittelt.

(2) [1]Der für den Wert des Grund und Bodens im Sinne des § 158 Abs. 3 Satz 1 Nr. 1 zu ermittelnde Pachtpreis pro Hektar (ha) bestimmt sich nach der Nutzung, dem Nutzungsteil und der Nutzungsart des Grund und Bodens. [2]Bei der landwirtschaftlichen Nutzung ist dabei die Betriebsgröße in EGE nach § 163 Abs. 3 Satz 4 Nr. 1 bis 3 zu berücksichtigen. [3]Der danach maßgebliche Pachtpreis ergibt sich jeweils aus der Spalte 5 der Anlagen 14, 15 und 17 sowie aus der Spalte 4 der Anlagen 16 und 18 und ist mit den Eigentumsflächen zu vervielfältigen.

(3) Der Kapitalisierungszinssatz des regionalen Pachtpreises beträgt 5,5 Prozent und der Kapitalisierungsfaktor beträgt 18,6.

(4) [1]Der Wert für die übrigen Wirtschaftsgüter im Sinne des § 158 Abs. 3 Satz 1 Nr. 2 bis 5 (Besatzkapital) bestimmt sich nach der Nutzung, dem Nutzungsteil und der Nutzungsart des Grund und Bodens. [2]Bei der landwirtschaftlichen Nutzung ist dabei die Betriebsgröße in EGE nach § 163 Abs. 3 Satz 4 Nr. 1 bis 3 zu berücksichtigen. [3]Der danach maßgebliche Wert für das Besatzkapital ergibt sich jeweils aus der Spalte 6 der Anlagen 14, 15a und 17 sowie aus der Spalte 5 der Anlagen 16 und 18 und ist mit den selbst bewirtschafteten Flächen zu vervielfältigen.

(5) Der Kapitalisierungszinssatz für die übrigen Wirtschaftsgüter (§ 158 Abs. 3 Satz 1 Nr. 2 bis 5) beträgt 5,5 Prozent und der Kapitalisierungsfaktor beträgt 18,6.

(6) [1]Der kapitalisierte Wert für den Grund und Boden und der kapitalisierte Wert für die übrigen Wirtschaftsgüter sind um die damit in wirtschaftlichem

---

[1)] 6. Abschnitt (§§ 157–203) eingef. mWv 1.1.2009 durch G v. 24.12.2008 (BGBl. I S. 3018).

Zusammenhang stehenden Verbindlichkeiten zu mindern. [2]Der Mindestwert, der sich hiernach ergibt, darf nicht weniger als 0 Euro betragen.

(7) Das Bundesministerium der Finanzen wird ermächtigt, durch Rechtsverordnung mit Zustimmung des Bundesrates die Anlagen 14 bis 18 zu diesem Gesetz dadurch zu ändern, dass es die darin aufgeführten Pachtpreise und Werte für das Besatzkapital turnusmäßig an die Ergebnisse der Erhebungen nach § 2 des Landwirtschaftsgesetzes anpasst.

§ 165[1)] Bewertung des Wirtschaftsteils mit dem Fortführungswert.

(1) Der Wert des Wirtschaftsteils wird aus der Summe der nach § 163 zu ermittelnden Wirtschaftswerte gebildet.

(2) Der für einen Betrieb der Land- und Forstwirtschaft anzusetzende Wert des Wirtschaftsteils darf nicht geringer sein als der nach § 164 ermittelte Mindestwert.

(3) Weist der Steuerpflichtige nach, dass der gemeine Wert des Wirtschaftsteils niedriger ist als der nach den Absätzen 1 und 2 ermittelte Wert, ist dieser Wert anzusetzen; § 166 ist zu beachten.

§ 166[1)] Bewertung des Wirtschaftsteils mit dem Liquidationswert.

(1) Im Falle des § 162 Abs. 3 oder Abs. 4 ist der Liquidationswert nach Absatz 2 zu ermitteln und tritt mit Wirkung für die Vergangenheit an die Stelle des bisherigen Wertansatzes.

(2) Bei der Ermittlung des jeweiligen Liquidationswerts nach Absatz 1

1.[2)] ist der Grund und Boden im Sinne des § 158 Abs. 3 Satz 1 Nr. 1 mit den zuletzt vor dem Bewertungsstichtag ermittelten Bodenrichtwerten zu bewerten. [2]§ 179 Satz 2 bis 4 gilt entsprechend. [3]Zur Berücksichtigung der Liquidationskosten ist der ermittelte Bodenwert um 10 Prozent zu mindern;
2. sind die übrigen Wirtschaftsgüter im Sinne des § 158 Abs. 3 Satz 1 Nr. 2 bis 5 mit ihrem gemeinen Wert zu bewerten. [2]Zur Berücksichtigung der Liquidationskosten sind die ermittelten Werte um 10 Prozent zu mindern.

§ 167[1)] Bewertung der Betriebswohnungen und des Wohnteils.

(1) Die Bewertung der Betriebswohnungen und des Wohnteils erfolgt nach den Vorschriften, die für die Bewertung von Wohngrundstücken im Grundvermögen (§§ 182 bis 196) gelten.

(2) Für die Abgrenzung der Betriebswohnungen und des Wohnteils vom Wirtschaftsteil ist höchstens das Fünffache der jeweils bebauten Fläche zu Grunde zu legen.

(3) Zur Berücksichtigung von Besonderheiten, die sich im Falle einer engen räumlichen Verbindung von Wohnraum mit dem Betrieb ergeben, ist der Wert des Wohnteils und der Wert der Betriebswohnungen nach den Absätzen 1 und 2 um 15 Prozent zu ermäßigen.

(4) [1]Weist der Steuerpflichtige nach, dass der gemeine Wert des Wohnteils oder der Betriebswohnungen niedriger ist als der sich nach den Absätzen 1 bis 3

[1)] 6. Abschnitt (§§ 157–203) eingef. mWv 1.1.2009 durch G v. 24.12.2008 (BGBl. I S. 3018).

[2)] § 166 Abs. 2 Nr. 1 Satz 2 eingef., bish. Satz 2 wird Satz 3 mWv 14.12.2011 (§ 265 Abs. 3) durch G v. 7.12.2011 (BGBl. I S. 2592).

ergebende Wert, ist der gemeine Wert anzusetzen. [2] Für den Nachweis des niedrigeren gemeinen Werts gelten grundsätzlich die auf Grund des § 199 Abs. 1 des Baugesetzbuchs erlassenen Vorschriften.

§ 168[1)] **Grundbesitzwert des Betriebs der Land- und Forstwirtschaft.**

(1) Der Grundbesitzwert eines Betriebs der Land- und Forstwirtschaft besteht aus

1. dem Wert des Wirtschaftsteils (§ 160 Abs. 2),
2. dem Wert der Betriebswohnungen (§ 160 Abs. 8) abzüglich der damit im unmittelbaren wirtschaftlichen Zusammenhang stehenden Verbindlichkeiten,
3. dem Wert des Wohnteils (§ 160 Abs. 9) abzüglich der damit im unmittelbaren wirtschaftlichen Zusammenhang stehenden Verbindlichkeiten.

(2) Der Grundbesitzwert für Stückländereien als Betrieb der Land- und Forstwirtschaft (§ 160 Abs. 7) besteht nur aus dem Wert des Wirtschaftsteils.

(3) Der Grundbesitzwert für einen Anteil an einem Betrieb der Land- und Forstwirtschaft im Sinne des § 158 Abs. 2 Satz 2 ist nach den Absätzen 4 bis 6 aufzuteilen.

(4) [1] Der Wert des *Wirtschafteils*[2)] ist nach den beim Mindestwert (§ 164) zu Grunde gelegten Verhältnissen aufzuteilen. [2] Dabei ist

1. der Wert des Grund und Bodens und der Wirtschaftsgebäude oder ein Anteil daran (§ 158 Abs. 3 Satz 1 Nr. 1 und 2) dem jeweiligen Eigentümer zuzurechnen. [2] Im Falle des Gesamthandseigentums ist der Wert des Grund und Bodens nach der Höhe der gesellschaftsrechtlichen Beteiligung aufzuteilen;
2. der Wert der übrigen Wirtschaftsgüter (§ 158 Abs. 3 Satz 1 Nr. 3 bis 5) nach dem Wertverhältnis der dem Betrieb zur Verfügung gestellten Wirtschaftsgüter aufzuteilen. [2] Im Falle des Gesamthandseigentums ist der Wert der übrigen Wirtschaftsgüter nach der Höhe der gesellschaftsrechtlichen Beteiligung aufzuteilen;
3. der Wert der zu berücksichtigenden Verbindlichkeiten (§ 164 Abs. 4) dem jeweiligen Schuldner zuzurechnen. [2] Im Falle des Gesamthandseigentums ist der Wert der zu berücksichtigenden Verbindlichkeiten nach der Höhe der gesellschaftsrechtlichen Beteiligung aufzuteilen.

(5) [1] Der Wert für die Betriebswohnungen ist dem jeweiligen Eigentümer zuzurechnen. [2] Im Falle des Gesamthandseigentums ist der Wert nach der Höhe der gesellschaftsrechtlichen Beteiligung aufzuteilen.

(6) [1] Der Wert für den Wohnteil ist dem jeweiligen Eigentümer zuzurechnen. [2] Im Falle des Gesamthandseigentums ist der Wert nach der Höhe der gesellschaftsrechtlichen Beteiligung aufzuteilen.

II. Besonderer Teil

a) Landwirtschaftliche Nutzung

§ 169[1)] **Tierbestände.** (1) [1] Tierbestände gehören in vollem Umfang zur landwirtschaftlichen Nutzung, wenn im Wirtschaftsjahr

---

[1)] 6. Abschnitt (§§ 157–203) eingef. mWv 1.1.2009 durch G v. 24.12.2008 (BGBl. I S. 3018).
[2)] Richtig wohl: „Wirtschaftsteils".

für die ersten 20 Hektar	nicht mehr als	10 Vieheinheiten
für die nächsten 10 Hektar	nicht mehr als	7 Vieheinheiten
für die nächsten 20 Hektar	nicht mehr als	6 Vieheinheiten
für die nächsten 50 Hektar	nicht mehr als	3 Vieheinheiten
und für die weitere Fläche	nicht mehr als	1,5 Vieheinheiten

je Hektar der vom Inhaber des Betriebs regelmäßig landwirtschaftlich genutzten Flächen erzeugt oder gehalten werden. [2]Die Tierbestände sind nach dem Futterbedarf in Vieheinheiten umzurechnen.

(2) [1]Übersteigt die Anzahl der Vieheinheiten nachhaltig die in Absatz 1 bezeichnete Grenze, so gehören nur die Zweige des Tierbestands zur landwirtschaftlichen Nutzung, deren Vieheinheiten zusammen diese Grenze nicht überschreiten. [2]Zunächst sind mehr flächenabhängige Zweige des Tierbestands und danach weniger flächenabhängige Zweige des Tierbestands zur landwirtschaftlichen Nutzung zu rechnen. [3]Innerhalb jeder dieser Gruppen sind zuerst Zweige des Tierbestands mit der geringeren Anzahl von Vieheinheiten und dann Zweige mit der größeren Anzahl von Vieheinheiten zur landwirtschaftlichen Nutzung zu rechnen. [4]Der Tierbestand des einzelnen Zweiges wird nicht aufgeteilt.

(3) [1]Als Zweig des Tierbestands gilt bei jeder Tierart für sich

1. das Zugvieh,
2. das Zuchtvieh,
3. das Mastvieh und
4. das übrige Nutzvieh.

[2]Das Zuchtvieh einer Tierart gilt nur dann als besonderer Zweig des Tierbestands, wenn die erzeugten Jungtiere überwiegend zum Verkauf bestimmt sind. [3]Ist das nicht der Fall, so ist das Zuchtvieh dem Zweig des Tierbestands zuzurechnen, dem es überwiegend dient.

(4) [1]Die Absätze 1 bis 3 gelten nicht für Pelztiere. [2]Pelztiere gehören nur dann zur landwirtschaftlichen Nutzung, wenn die erforderlichen Futtermittel überwiegend von den vom Inhaber des Betriebs landwirtschaftlich genutzter Flächen gewonnen werden.

(5) [1]Für die Umrechnung der Tierbestände in Vieheinheiten sowie für die Gruppen der mehr flächenabhängigen oder weniger flächenabhängigen Zweige des Tierbestands sind die in den Anlagen 19 und 20 aufgeführten Werte maßgebend. [2]Das Bundesministerium der Finanzen wird ermächtigt, durch Rechtsverordnung mit Zustimmung des Bundesrates die Anlagen 19 und 20 zu diesem Gesetz dadurch zu ändern, dass der darin aufgeführte Umrechnungsschlüssel und die Gruppen der Zweige eines Tierbestands an geänderte wirtschaftliche oder technische Entwicklungen angepasst werden können.

§ 170[1)] Umlaufende Betriebsmittel. Bei landwirtschaftlichen Betrieben zählen die umlaufenden Betriebsmittel nur soweit zum normalen Bestand, als der Durchschnitt der letzten fünf Jahre nicht überschritten wird.

[1)] 6. Abschnitt (§§ 157–203) eingef. mWv 1.1.2009 durch G v. 24.12.2008 (BGBl. I S. 3018).

b) Forstwirtschaftliche Nutzung

§ 171[1)] Umlaufende Betriebsmittel. [1] Eingeschlagenes Holz gehört zum normalen Bestand an umlaufenden Betriebsmitteln, soweit es den jährlichen Nutzungssatz nicht übersteigt. [2] Bei Betrieben, die nicht jährlich einschlagen (aussetzende Betriebe), tritt an die Stelle des jährlichen Nutzungssatzes ein den Betriebsverhältnissen entsprechender mehrjähriger Nutzungssatz.

§ 172[1)] Abweichender Bewertungsstichtag. Bei der forstwirtschaftlichen Nutzung sind abweichend von § 161 Abs. 1 für den Umfang und den Zustand des Bestands an nicht eingeschlagenem Holz die Verhältnisse am Ende des Wirtschaftsjahres zu Grunde zu legen, das dem Bewertungsstichtag vorangegangen ist.

c) Weinbauliche Nutzung

§ 173[1)] Umlaufende Betriebsmittel. (1) Bei ausbauenden Betrieben zählen die Vorräte an Weinen aus den Ernten der letzten fünf Jahre vor dem Bewertungsstichtag zum normalen Bestand an umlaufenden Betriebsmitteln.

(2) Abschläge für Unterbestand an Weinvorräten sind nicht zu machen.

d) Gärtnerische Nutzung

§ 174[1)] Abweichende Bewertungsverhältnisse. (1) [1] Die durch Anbau von Baumschulgewächsen genutzte Betriebsfläche wird nach § 161 Abs. 1 bestimmt. [2] Dabei sind die zum 15. September feststellbaren Bewirtschaftungsverhältnisse zu Grunde zu legen, die dem Bewertungsstichtag vorangegangen sind.

(2) [1] Die durch Anbau von Gemüse, Blumen und Zierpflanzen genutzte Betriebsfläche wird nach § 161 Abs. 1 bestimmt. [2] Dabei sind die zum 30. Juni feststellbaren Bewirtschaftungsverhältnisse zu Grunde zu legen, die dem Bewertungsstichtag vorangegangen sind.

(3) Sind die Bewirtschaftungsverhältnisse nicht feststellbar, richtet sich die Einordnung der Flächen nach der vorgesehenen Nutzung.

e) Übrige land- und forstwirtschaftliche Nutzungen

§ 175[1)] Übrige land- und forstwirtschaftliche Nutzungen. (1) Zu den übrigen land- und forstwirtschaftlichen Nutzungen gehören

1. die Sondernutzungen Hopfen, Spargel, Tabak und andere Sonderkulturen,
2. die sonstigen land- und forstwirtschaftlichen Nutzungen.

(2) Zu den sonstigen land- und forstwirtschaftlichen Nutzungen gehören insbesondere

1. die Binnenfischerei,
2. die Teichwirtschaft,
3. die Fischzucht für Binnenfischerei und Teichwirtschaft,
4. die Imkerei,
5. die Wanderschäferei,
6. die Saatzucht,
7. der Pilzanbau,

[1)] 6. Abschnitt (§§ 157–203) eingef. mWv 1.1.2009 durch G v. 24.12.2008 (BGBl. I S. 3018).

8. die Produktion von Nützlingen,
9. die Weihnachtsbaumkulturen.

C. Grundvermögen

I. Allgemeines

§ 176[1)] Grundvermögen. (1) Zum Grundvermögen gehören
1. der Grund und Boden, die Gebäude, die sonstigen Bestandteile und das Zubehör,
2. das Erbbaurecht,
3. das Wohnungseigentum, Teileigentum, Wohnungserbbaurecht und Teilerbbaurecht nach dem Wohnungseigentumsgesetz,

soweit es sich nicht um land- und forstwirtschaftliches Vermögen (§§ 158 und 159) oder um Betriebsgrundstücke (§ 99) handelt.

(2) In das Grundvermögen sind nicht einzubeziehen
1. Bodenschätze,
2. die Maschinen und sonstigen Vorrichtungen aller Art, die zu einer Betriebsanlage gehören (Betriebsvorrichtungen), auch wenn sie wesentliche Bestandteile sind. [2]Einzubeziehen sind jedoch die Verstärkungen von Decken und die nicht ausschließlich zu einer Betriebsanlage gehörenden Stützen und sonstigen Bauteile wie Mauervorlagen und Verstrebungen.

§ 177[1)] Bewertung. Den Bewertungen nach den §§ 179 und 182 bis 196 ist der gemeine Wert (§ 9) zugrunde zu legen.

II. Unbebaute Grundstücke

§ 178[1)] Begriff der unbebauten Grundstücke. (1) [1]Unbebaute Grundstücke sind Grundstücke, auf denen sich keine benutzbaren Gebäude befinden. [2]Die Benutzbarkeit beginnt im Zeitpunkt der Bezugsfertigkeit. [3]Gebäude sind als bezugsfertig anzusehen, wenn den zukünftigen Bewohnern oder sonstigen Benutzern zugemutet werden kann, sie zu benutzen; die Abnahme durch die Bauaufsichtsbehörde ist nicht entscheidend.

(2) [1]Befinden sich auf dem Grundstück Gebäude, die auf Dauer keiner Nutzung zugeführt werden können, gilt das Grundstück als unbebaut. [2]Als unbebaut gilt auch ein Grundstück, auf dem infolge von Zerstörung oder Verfall der Gebäude auf Dauer kein benutzbarer Raum mehr vorhanden ist.

§ 179[2)] Bewertung der unbebauten Grundstücke. [1]Der Wert unbebauter Grundstücke bestimmt sich regelmäßig nach ihrer Fläche und den Bodenrichtwerten (§ 196 des Baugesetzbuchs). [2]Die Bodenrichtwerte sind von den Gutachterausschüssen nach dem Baugesetzbuch zu ermitteln und den Finanzämtern mitzuteilen. [3]Bei der Wertermittlung ist stets der Bodenrichtwert anzusetzen, der vom Gutachterausschuss zuletzt zu ermitteln war. [4]Wird von den Gutachterausschüssen kein Bodenrichtwert ermittelt, ist der Bodenwert aus den Werten vergleichbarer Flächen abzuleiten.

[1)] 6. Abschnitt (§§ 157–203) eingef. mWv 1.1.2009 durch G v. 24.12.2008 (BGBl. I S. 3018).

[2)] § 179 eingef. mWv 1.1.2009 durch G v. 24.12.2008 (BGBl. I S. 3018); Satz 4 neu gef. mWv 14.12.2011 (§ 265 Abs. 3) durch G v. 7.12.2011 (BGBl. I S. 2592).

III. Bebaute Grundstücke

§ 180[1)] **Begriff der bebauten Grundstücke.** (1) [1]Bebaute Grundstücke sind Grundstücke, auf denen sich benutzbare Gebäude befinden. [2]Wird ein Gebäude in Bauabschnitten errichtet, ist der fertiggestellte Teil als benutzbares Gebäude anzusehen.

(2) Als Grundstück im Sinne des Absatzes 1 gilt auch ein Gebäude, das auf fremdem Grund und Boden errichtet oder in sonstigen Fällen einem anderen als dem Eigentümer des Grund und Bodens zuzurechnen ist, selbst wenn es wesentlicher Bestandteil des Grund und Bodens geworden ist.

§ 181[1)] **Grundstücksarten.** (1) Bei der Bewertung bebauter Grundstücke sind die folgenden Grundstücksarten zu unterscheiden:

1. Ein- und Zweifamilienhäuser,
2. Mietwohngrundstücke,
3. Wohnungs- und Teileigentum,
4. Geschäftsgrundstücke,
5. gemischt genutzte Grundstücke und
6. sonstige bebaute Grundstücke.

(2) [1]Ein- und Zweifamilienhäuser sind Wohngrundstücke, die bis zu zwei Wohnungen enthalten und kein Wohnungseigentum sind. [2]Ein Grundstück gilt auch dann als Ein- oder Zweifamilienhaus, wenn es zu weniger als 50 Prozent, berechnet nach der Wohn- oder Nutzfläche, zu anderen als Wohnzwecken mitbenutzt und dadurch die Eigenart als Ein- oder Zweifamilienhaus nicht wesentlich beeinträchtigt wird.

(3) Mietwohngrundstücke sind Grundstücke, die zu mehr als 80 Prozent, berechnet nach der Wohn- oder Nutzfläche, Wohnzwecken dienen, und nicht Ein- und Zweifamilienhäuser oder Wohnungseigentum sind.

(4) Wohnungseigentum ist das Sondereigentum an einer Wohnung in Verbindung mit dem Miteigentumsanteil an dem gemeinschaftlichen Eigentum, zu dem es gehört.

(5) Teileigentum ist das Sondereigentum an nicht zu Wohnzwecken dienenden Räumen eines Gebäudes in Verbindung mit dem Miteigentum an dem gemeinschaftlichen Eigentum, zu dem es gehört.

(6) Geschäftsgrundstücke sind Grundstücke, die zu mehr als 80 Prozent, berechnet nach der Wohn- und Nutzfläche, eigenen oder fremden betrieblichen oder öffentlichen Zwecken dienen und nicht Teileigentum sind.

(7) Gemischt genutzte Grundstücke sind Grundstücke, die teils Wohnzwecken, teils eigenen oder fremden betrieblichen oder öffentlichen Zwecken dienen und nicht Ein- und Zweifamilienhäuser, Mietwohngrundstücke, Wohnungseigentum, Teileigentum oder Geschäftsgrundstücke sind.

(8) Sonstige bebaute Grundstücke sind solche Grundstücke, die nicht unter die Absätze 2 bis 7 fallen.

(9) [1]Eine Wohnung ist die Zusammenfassung einer Mehrheit von Räumen, die in ihrer Gesamtheit so beschaffen sein müssen, dass die Führung eines selbständigen Haushalts möglich ist. [2]Die Zusammenfassung einer Mehrheit

---

[1)] 6. Abschnitt (§§ 157–203) eingef. mWv 1.1.2009 durch G v. 24.12.2008 (BGBl. I S. 3018).

von Räumen muss eine von anderen Wohnungen oder Räumen, insbesondere Wohnräumen, baulich getrennte, in sich abgeschlossene Wohneinheit bilden und einen selbständigen Zugang haben. [3] Außerdem ist erforderlich, dass die für die Führung eines selbständigen Haushalts notwendigen Nebenräume (Küche, Bad oder Dusche, Toilette) vorhanden sind. [4] Die Wohnfläche muss mindestens 23 Quadratmeter (m^2) betragen.

§ 182[1)] **Bewertung der bebauten Grundstücke.** (1) Der Wert der bebauten Grundstücke ist nach dem Vergleichswertverfahren (Absatz 2 und § 183), dem Ertragswertverfahren (Absatz 3 und §§ 184 bis 188) oder dem Sachwertverfahren (Absatz 4 und §§ 189 bis 191) zu ermitteln.

(2) Im Vergleichswertverfahren sind grundsätzlich zu bewerten

1. Wohnungseigentum,
2. Teileigentum,
3. Ein- und Zweifamilienhäuser.

(3) Im Ertragswertverfahren sind zu bewerten

1. Mietwohngrundstücke,
2. Geschäftsgrundstücke und gemischt genutzte Grundstücke, für die sich auf dem örtlichen Grundstücksmarkt eine übliche Miete ermitteln lässt.

(4) Im Sachwertverfahren sind zu bewerten

1. Grundstücke im Sinne des Absatzes 2, wenn kein Vergleichswert vorliegt,
2. Geschäftsgrundstücke und gemischt genutzte Grundstücke mit Ausnahme der in Absatz 3 Nr. 2 genannten Grundstücke,
3. sonstige bebaute Grundstücke.

§ 183[1)] **Bewertung im Vergleichswertverfahren.** (1) [1] Bei Anwendung des Vergleichswertverfahrens sind Kaufpreise von Grundstücken heranzuziehen, die hinsichtlich der ihren Wert beeinflussenden Merkmale mit dem zu bewertenden Grundstück hinreichend übereinstimmen (Vergleichsgrundstücke). [2] Grundlage sind vorrangig die von den Gutachterausschüssen im Sinne der §§ 192 ff. des Baugesetzbuchs mitgeteilten Vergleichspreise.

(2) [1] Anstelle von Preisen für Vergleichsgrundstücke können von den Gutachterausschüssen für geeignete Bezugseinheiten, insbesondere Flächeneinheiten des Gebäudes, ermittelte und mitgeteilte Vergleichsfaktoren herangezogen werden. [2] Bei Verwendung von Vergleichsfaktoren, die sich nur auf das Gebäude beziehen, ist der Bodenwert nach § 179 gesondert zu berücksichtigen.

(3) Besonderheiten, insbesondere die den Wert beeinflussenden Belastungen privatrechtlicher und öffentlich-rechtlicher Art, werden im Vergleichswertverfahren nach den Absätzen 1 und 2 nicht berücksichtigt.

§ 184[1)] **Bewertung im Ertragswertverfahren.** (1) Bei Anwendung des Ertragswertverfahrens ist der Wert der Gebäude (Gebäudeertragswert) getrennt von dem Bodenwert auf der Grundlage des Ertrags nach § 185 zu ermitteln.

(2) Der Bodenwert ist der Wert des unbebauten Grundstücks nach § 179.

[1)] 6. Abschnitt (§§ 157–203) eingef. mWv 1.1.2009 durch G v. 24.12.2008 (BGBl. I S. 3018).

(3) [1]Der Bodenwert und der Gebäudeertragswert (§ 185) ergeben den Ertragswert des Grundstücks. [2]Es ist mindestens der Bodenwert anzusetzen. [3]Sonstige bauliche Anlagen, insbesondere Außenanlagen, sind regelmäßig mit dem Ertragswert des Gebäudes abgegolten.

§ 185[1)] Ermittlung des Gebäudeertragswerts. (1) [1]Bei der Ermittlung des Gebäudeertragswerts ist von dem Reinertrag des Grundstücks auszugehen. [2]Dieser ergibt sich aus dem Rohertrag des Grundstücks (§ 186) abzüglich der Bewirtschaftungskosten (§ 187).

(2) [1]Der Reinertrag des Grundstücks ist um den Betrag zu vermindern, der sich durch eine angemessene Verzinsung des Bodenwerts ergibt; dies ergibt den Gebäudereinertrag. [2]Der Verzinsung des Bodenwerts ist der Liegenschaftszinssatz (§ 188) zugrunde zu legen. [3]Ist das Grundstück wesentlich größer, als es einer den Gebäuden angemessenen Nutzung entspricht, und ist eine zusätzliche Nutzung oder Verwertung einer Teilfläche zulässig und möglich, ist bei der Berechnung des Verzinsungsbetrags der Bodenwert dieser Teilfläche nicht zu berücksichtigen.

(3) [1]Der Gebäudereinertrag ist mit dem sich aus der Anlage 21 ergebenden Vervielfältiger zu kapitalisieren. [2]Maßgebend für den Vervielfältiger sind der Liegenschaftszinssatz und die Restnutzungsdauer des Gebäudes. [3]Die Restnutzungsdauer wird grundsätzlich aus dem Unterschiedsbetrag zwischen der wirtschaftlichen Gesamtnutzungsdauer, die sich aus der Anlage 22 ergibt, und dem Alter des Gebäudes am Bewertungsstichtag ermittelt. [4]Sind nach Bezugsfertigkeit des Gebäudes Veränderungen eingetreten, die die wirtschaftliche Gesamtnutzungsdauer des Gebäudes verlängert oder verkürzt haben, ist von einer der Verlängerung oder Verkürzung entsprechenden Restnutzungsdauer auszugehen. [5]Die Restnutzungsdauer eines noch nutzbaren Gebäudes beträgt regelmäßig mindestens 30 Prozent der wirtschaftlichen Gesamtnutzungsdauer.

§ 186[1)] Rohertrag des Grundstücks. (1) [1]Rohertrag ist das Entgelt, das für die Benutzung des bebauten Grundstücks nach den am Bewertungsstichtag geltenden vertraglichen Vereinbarungen für den Zeitraum von zwölf Monaten zu zahlen ist. [2]Umlagen, die zur Deckung der Betriebskosten gezahlt werden, sind nicht anzusetzen.

(2) [1]Für Grundstücke oder Grundstücksteile,

1. die eigengenutzt, ungenutzt, zu vorübergehendem Gebrauch oder unentgeltlich überlassen sind,
2. die der Eigentümer dem Mieter zu einer um mehr als 20 Prozent von der üblichen Miete abweichenden tatsächlichen Miete überlassen hat,

ist die übliche Miete anzusetzen. [2]Die übliche Miete ist in Anlehnung an die Miete zu schätzen, die für Räume gleicher oder ähnlicher Art, Lage und Ausstattung regelmäßig gezahlt wird. [3]Betriebskosten sind nicht einzubeziehen.

§ 187[1)] Bewirtschaftungskosten. (1) Bewirtschaftungskosten sind die bei gewöhnlicher Bewirtschaftung nachhaltig entstehenden Verwaltungskosten, Betriebskosten, Instandhaltungskosten und das Mietausfallwagnis; durch Umlagen gedeckte Betriebskosten bleiben unberücksichtigt.

[1)] 6. Abschnitt (§§ 157–203) eingef. mWv 1.1.2009 durch G v. 24.12.2008 (BGBl. I S. 3018).

(2) [1]Die Bewirtschaftungskosten sind nach Erfahrungssätzen anzusetzen. [2]Soweit von den Gutachterausschüssen im Sinne der §§ 192 ff. des Baugesetzbuchs keine geeigneten Erfahrungssätze zur Verfügung stehen, ist von den pauschalierten Bewirtschaftungskosten nach Anlage 23 auszugehen.

§ 188[1)] Liegenschaftszinssatz. (1) Der Liegenschaftszinssatz ist der Zinssatz, mit dem der Verkehrswert von Grundstücken im Durchschnitt marktüblich verzinst wird.

(2) [1]Anzuwenden sind die von den Gutachterausschüssen im Sinne der §§ 192 ff. des Baugesetzbuchs ermittelten örtlichen Liegenschaftszinssätze. [2]Soweit von den Gutachterausschüssen keine geeigneten Liegenschaftszinssätze zur Verfügung stehen, gelten die folgenden Zinssätze:
1. 5 Prozent für Mietwohngrundstücke,
2. 5,5 Prozent für gemischt genutzte Grundstücke mit einem gewerblichen Anteil von bis zu 50 Prozent, berechnet nach der Wohn- und Nutzfläche,
3. 6 Prozent für gemischt genutzte Grundstücke mit einem gewerblichen Anteil von mehr als 50 Prozent, berechnet nach der Wohn- und Nutzfläche, und
4. 6,5 Prozent für Geschäftsgrundstücke.

§ 189[1)] Bewertung im Sachwertverfahren. (1) [1]Bei Anwendung des Sachwertverfahrens ist der Wert der Gebäude (Gebäudesachwert) getrennt vom Bodenwert nach § 190 zu ermitteln. [2]Sonstige bauliche Anlagen, insbesondere Außenanlagen, und der Wert der sonstigen Anlagen sind regelmäßig mit dem Gebäudewert und dem Bodenwert abgegolten.

(2) Der Bodenwert ist der Wert des unbebauten Grundstücks nach § 179.

(3) [1]Der Bodenwert und der Gebäudesachwert (§ 190) ergeben den vorläufigen Sachwert des Grundstücks. [2]Dieser ist zur Anpassung an den gemeinen Wert mit einer Wertzahl nach § 191 zu multiplizieren.

§ 190[1)·2)] Ermittlung des Gebäudesachwerts. (1) [1]Bei der Ermittlung des Gebäudesachwerts ist von den Regelherstellungskosten des Gebäudes auszugehen. [2]Regelherstellungskosten sind die gewöhnlichen Herstellungskosten je Flächeneinheit. [3]Durch Multiplikation der jeweiligen nach Absatz 2 an den Bewertungsstichtag angepassten Regelherstellungskosten mit der Brutto-Grundfläche des Gebäudes ergibt sich der Gebäuderegelherstellungswert. [4]Die Regelherstellungskosten sind in der Anlage 24 enthalten.

(2) [1]Die Anpassung der Regelherstellungskosten erfolgt anhand der vom Statistischen Bundesamt veröffentlichten Baupreisindizes. [2]Dabei ist auf die Preisindizes für die Bauwirtschaft abzustellen, die das Statistische Bundesamt für den Neubau in konventioneller Bauart von Wohn- und Nichtwohngebäuden jeweils als Jahresdurchschnitt ermittelt. [3]Diese Preisindizes sind für alle Bewertungsstichtage des folgenden Kalenderjahres anzuwenden. [4]Das Bundesministerium der Finanzen veröffentlicht die maßgebenden Baupreisindizes im Bundessteuerblatt.

[1)] 6. Abschnitt (§§ 157–203) eingef. mWv 1.1.2009 durch G v. 24.12.2008 (BGBl. I S. 3018).
[2)] § 190 neu gef. durch G v. 2.11.2015 (BGBl. I S. 1834); zur Anwendung siehe § 265 Abs. 10.

(3) Das Bundesministerium der Finanzen wird ermächtigt, durch Rechtsverordnung mit Zustimmung des Bundesrates die Anlage 24 zu diesem Gesetz dadurch zu ändern, dass es die darin aufgeführten Regelherstellungskosten nach Maßgabe marktüblicher gewöhnlicher Herstellungskosten aktualisiert, soweit dies zur Ermittlung des gemeinen Werts erforderlich ist.

(4) [1] Vom Gebäuderegelherstellungswert ist eine Alterswertminderung abzuziehen. [2] Diese wird regelmäßig nach dem Verhältnis des Alters des Gebäudes am Bewertungsstichtag zur wirtschaftlichen Gesamtnutzungsdauer nach Anlage 22 bestimmt. [3] Sind nach Bezugsfertigkeit des Gebäudes Veränderungen eingetreten, die die wirtschaftliche Gesamtnutzungsdauer des Gebäudes verlängert haben, so ist von einem entsprechenden späteren Baujahr auszugehen. [4] Bei bestehender Abbruchverpflichtung für das Gebäude ist bei der Ermittlung der Alterswertminderung von der tatsächlichen Gesamtnutzungsdauer des Gebäudes auszugehen. [5] Der nach Abzug der Alterswertminderung verbleibende Gebäudewert ist regelmäßig mit mindestens 30 Prozent des Gebäuderegelherstellungswerts anzusetzen.

§ 191[1)] **Wertzahlen.** (1) Als Wertzahlen im Sinne des § 189 Abs. 3 sind die Sachwertfaktoren anzuwenden, die von den Gutachterausschüssen im Sinne der §§ 192 ff. des Baugesetzbuchs für das Sachwertverfahren bei der Verkehrswertermittlung abgeleitet wurden.

(2) Soweit von den Gutachterausschüssen keine geeigneten Sachwertfaktoren zur Verfügung stehen, sind die in der Anlage 25 bestimmten Wertzahlen zu verwenden.

IV. Sonderfälle

§ 192[2)] **Bewertung in Erbbaurechtsfällen.** [1] Ist das Grundstück mit einem Erbbaurecht belastet, sind die Werte für die wirtschaftliche Einheit Erbbaurecht (§ 193) und für die wirtschaftliche Einheit des belasteten Grundstücks (§ 194) gesondert zu ermitteln. [2] Mit der Bewertung des Erbbaurechts (§ 193) ist die Verpflichtung zur Zahlung des Erbbauzinses und mit der Bewertung des Erbbaurechtsgrundstücks (§ 194) ist das Recht auf den Erbbauzins abgegolten; die hiernach ermittelten Grundbesitzwerte dürfen nicht weniger als 0 Euro betragen.

§ 193[1)] **Bewertung des Erbbaurechts.** (1) Der Wert des Erbbaurechts ist im Vergleichswertverfahren nach § 183 zu ermitteln, wenn für das zu bewertende Erbbaurecht Vergleichskaufpreise oder aus Kaufpreisen abgeleitete Vergleichsfaktoren vorliegen.

(2) In allen anderen Fällen setzt sich der Wert des Erbbaurechts zusammen aus einem Bodenwertanteil nach Absatz 3 und einem Gebäudewertanteil nach Absatz 5.

(3) [1] Der Bodenwertanteil ergibt sich aus der Differenz zwischen

1. dem angemessenen Verzinsungsbetrag des Bodenwerts des unbelasteten Grundstücks nach Absatz 4 und
2. dem vertraglich vereinbarten jährlichen Erbbauzins.

[1)] 6. Abschnitt (§§ 157–203) eingef. mWv 1.1.2009 durch G v. 24.12.2008 (BGBl. I S. 3018).

[2)] § 192 eingef. mWv 1.1.2009 durch G v. 24.12.2008 (BGBl. I S. 3018); Satz 2 angef. mWv 14.12.2011 (§ 265 Abs. 3) durch G v. 7.12.2011 (BGBl. I S. 2592).

[2]Der so ermittelte Unterschiedsbetrag ist über die Restlaufzeit des Erbbaurechts mit dem sich aus Anlage 21 ergebenden Vervielfältiger zu kapitalisieren.

(4) [1]Der angemessene Verzinsungsbetrag des Bodenwerts des unbelasteten Grundstücks ergibt sich durch Anwendung des Liegenschaftszinssatzes, der von den Gutachterausschüssen im Sinne der §§ 192 ff. des Baugesetzbuchs ermittelt wurde, auf den Bodenwert nach § 179. [2]Soweit von den Gutachterausschüssen keine geeigneten Liegenschaftszinssätze zur Verfügung stehen, gelten die folgenden Zinssätze:

1. 3 Prozent für Ein- und Zweifamilienhäuser und Wohnungseigentum, das wie Ein- und Zweifamilienhäuser gestaltet ist,
2. 5 Prozent für Mietwohngrundstücke und Wohnungseigentum, das nicht unter Nummer 1 fällt,
3. 5,5 Prozent für gemischt genutzte Grundstücke mit einem gewerblichen Anteil von bis zu 50 Prozent, berechnet nach der Wohn- und Nutzfläche, sowie sonstige bebaute Grundstücke,
4. 6 Prozent für gemischt genutzte Grundstücke mit einem gewerblichen Anteil von mehr als 50 Prozent, berechnet nach der Wohn- und Nutzfläche, und
5. 6,5 Prozent für Geschäftsgrundstücke und Teileigentum.

(5) [1]Der Gebäudewertanteil ist bei der Bewertung des bebauten Grundstücks im Ertragswertverfahren der Gebäudeertragswert nach § 185, bei der Bewertung im Sachwertverfahren der Gebäudesachwert nach § 190. [2]Ist der bei Ablauf des Erbbaurechts verbleibende Gebäudewert nicht oder nur teilweise zu entschädigen, ist der Gebäudewertanteil des Erbbaurechts um den Gebäudewertanteil des Erbbaugrundstücks nach § 194 Abs. 4 zu mindern.

§ 194[1)] Bewertung des Erbbaugrundstücks. (1) Der Wert des Erbbaugrundstücks ist im Vergleichswertverfahren nach § 183 zu ermitteln, wenn für das zu bewertende Grundstück Vergleichskaufpreise oder aus Kaufpreisen abgeleitete Vergleichsfaktoren vorliegen.

(2) [1]In allen anderen Fällen bildet der Bodenwertanteil nach Absatz 3 den Wert des Erbbaugrundstücks. [2]Dieser ist um einen Gebäudewertanteil nach Absatz 4 zu erhöhen, wenn der Wert des Gebäudes vom Eigentümer des Erbbaugrundstücks nicht oder nur teilweise zu entschädigen ist.

(3) [1]Der Bodenwertanteil ist die Summe des über die Restlaufzeit des Erbbaurechts abgezinsten Bodenwerts nach § 179 und der über diesen Zeitraum kapitalisierten Erbbauzinsen. [2]Der Abzinsungsfaktor für den Bodenwert wird in Abhängigkeit vom Zinssatz nach § 193 Abs. 4 und der Restlaufzeit des Erbbaurechts ermittelt; er ist Anlage 26 zu entnehmen. [3]Als Erbbauzinsen sind die am Bewertungsstichtag vereinbarten jährlichen Erbbauzinsen anzusetzen; sie sind mit dem sich aus Anlage 21 ergebenden Vervielfältiger zu kapitalisieren.

(4) Der Gebäudewertanteil des Erbbaugrundstücks entspricht dem Gebäudewert oder dem anteiligen Gebäudewert, der dem Eigentümer des Erbbaugrundstücks bei Beendigung des Erbbaurechts durch Zeitablauf entschädigungslos zufällt; er ist nach Maßgabe der Anlage 26 auf den Bewertungsstichtag abzuzinsen.

[1)] 6. Abschnitt (§§ 157–203) eingef. mWv 1.1.2009 durch G v. 24.12.2008 (BGBl. I S. 3018).

§ 195[1] Gebäude auf fremdem Grund und Boden. (1) In Fällen von Gebäuden auf fremdem Grund und Boden sind die Werte für die wirtschaftliche Einheit des Gebäudes auf fremdem Grund und Boden (Absatz 2) und die wirtschaftliche Einheit des belasteten Grundstücks (Absatz 3) gesondert zu ermitteln.

(2)[2] [1] Das Gebäude auf fremdem Grund und Boden wird bei einer Bewertung im Ertragswertverfahren mit dem Gebäudeertragswert nach § 185, bei einer Bewertung im Sachwertverfahren mit dem Gebäudesachwert nach § 190 bewertet. [2] Ist der Nutzer verpflichtet, das Gebäude bei Ablauf des Nutzungsrechts zu beseitigen, ist bei der Ermittlung des Gebäudeertragswerts der Vervielfältiger nach Anlage 21 anzuwenden, der sich für die am Bewertungsstichtag verbleibende Nutzungsdauer ergibt. [3] § 185 Abs. 3 Satz 5 ist nicht anzuwenden. [4] Ist in diesen Fällen der Gebäudesachwert zu ermitteln, bemisst sich die Alterswertminderung im Sinne des § 190 Absatz 4 Satz 1 bis 3 nach dem Alter des Gebäudes am Bewertungsstichtag und der tatsächlichen Gesamtnutzungsdauer. [5] § 190 Absatz 4 Satz 5 ist nicht anzuwenden.

(3) [1] Der Wert des belasteten Grundstücks ist der auf den Bewertungsstichtag abgezinste Bodenwert nach § 179 zuzüglich des über die Restlaufzeit des Nutzungsrechts kapitalisierten Entgelts. [2] Der Abzinsungsfaktor für den Bodenwert wird in Abhängigkeit vom Zinssatz nach § 193 Abs. 4 und der Restlaufzeit des Nutzungsverhältnisses ermittelt; er ist Anlage 26 zu entnehmen. [3] Das über die Restlaufzeit des Nutzungsrechts kapitalisierte Entgelt ergibt sich durch Anwendung des Vervielfältigers nach Anlage 21 auf das zum Bewertungsstichtag vereinbarte jährliche Entgelt.

§ 196[1] Grundstücke im Zustand der Bebauung. (1) [1] Ein Grundstück im Zustand der Bebauung liegt vor, wenn mit den Bauarbeiten begonnen wurde und Gebäude und Gebäudeteile noch nicht bezugsfertig sind. [2] Der Zustand der Bebauung beginnt mit den Abgrabungen oder der Einbringung von Baustoffen, die zur planmäßigen Errichtung des Gebäudes führen.

(2) Die Gebäude oder Gebäudeteile im Zustand der Bebauung sind mit den bereits am Bewertungsstichtag entstandenen Herstellungskosten dem Wert des bislang unbebauten oder bereits bebauten Grundstücks hinzuzurechnen.

§ 197[1] Gebäude und Gebäudeteile für den Zivilschutz. Gebäude, Teile von Gebäuden und Anlagen, die wegen der in § 1 des Zivilschutzgesetzes vom 25. März 1997 (BGBl. I S. 726), das zuletzt durch Artikel 2 des Gesetzes vom 27. April 2004 (BGBl. I S. 630) geändert worden ist, in der jeweils geltenden Fassung bezeichneten Zwecke geschaffen worden sind und im Frieden nicht oder nur gelegentlich oder geringfügig für andere Zwecke benutzt werden, bleiben bei der Ermittlung des Grundbesitzwerts außer Betracht.

V. Nachweis des niedrigeren gemeinen Werts

§ 198[1] Nachweis des niedrigeren gemeinen Werts. [1] Weist der Steuerpflichtige nach, dass der gemeine Wert der wirtschaftlichen Einheit am Bewertungsstichtag niedriger ist als der nach den §§ 179, 182 bis 196 ermittelte Wert,

---

[1] 6. Abschnitt (§§ 157–203) eingef. mWv 1.1.2009 durch G v. 24.12.2008 (BGBl. I S. 3018).

[2] § 195 Abs. 2 Sätze 4 und 5 Verweise geänd. durch G v. 2.11.2015 (BGBl. I S. 1834); zur Anwendung siehe § 265 Abs. 10.

so ist dieser Wert anzusetzen. 2 Für den Nachweis des niedrigeren gemeinen Werts gelten grundsätzlich die auf Grund des § 199 Abs. 1 des Baugesetzbuchs erlassenen Vorschriften.

D. Nicht notierte Anteile an Kapitalgesellschaften und Betriebsvermögen

§ 199[1)] Anwendung des vereinfachten Ertragswertverfahrens.

(1) Ist der gemeine Wert von Anteilen an einer Kapitalgesellschaft nach § 11 Abs. 2 Satz 2 unter Berücksichtigung der Ertragsaussichten der Kapitalgesellschaft zu ermitteln, kann das vereinfachte Ertragswertverfahren (§ 200) angewendet werden, wenn dieses nicht zu offensichtlich unzutreffenden Ergebnissen führt.

(2) Ist der gemeine Wert des Betriebsvermögens oder eines Anteils am Betriebsvermögen nach § 109 Abs. 1 und 2 in Verbindung mit § 11 Abs. 2 Satz 2 unter Berücksichtigung der Ertragsaussichten des Gewerbebetriebs oder der Gesellschaft zu ermitteln, kann das vereinfachte Ertragswertverfahren (§ 200) angewendet werden, wenn dieses nicht zu offensichtlich unzutreffenden Ergebnissen führt.

§ 200[1)] Vereinfachtes Ertragswertverfahren. (1) Zur Ermittlung des Ertragswerts ist vorbehaltlich der Absätze 2 bis 4 der zukünftig nachhaltig erzielbare Jahresertrag (§§ 201 und 202) mit dem Kapitalisierungsfaktor (§ 203) zu multiplizieren.

(2) Können Wirtschaftsgüter und mit diesen in wirtschaftlichem Zusammenhang stehende Schulden aus dem zu bewertenden Unternehmen im Sinne des § 199 Abs. 1 oder 2 herausgelöst werden, ohne die eigentliche Unternehmenstätigkeit zu beeinträchtigen (nicht betriebsnotwendiges Vermögen), so werden diese Wirtschaftsgüter und Schulden neben dem Ertragswert mit dem eigenständig zu ermittelnden gemeinen Wert oder Anteil am gemeinen Wert angesetzt.

(3) Hält ein zu bewertendes Unternehmen im Sinne des § 199 Abs. 1 oder 2 Beteiligungen an anderen Gesellschaften, die nicht unter Absatz 2 fallen, so werden diese Beteiligungen neben dem Ertragswert mit dem eigenständig zu ermittelnden gemeinen Wert angesetzt.

(4) Innerhalb von zwei Jahren vor dem Bewertungsstichtag eingelegte Wirtschaftsgüter, die nicht unter die Absätze 2 und 3 fallen, und mit diesen im wirtschaftlichen Zusammenhang stehende Schulden werden neben dem Ertragswert mit dem eigenständig zu ermittelnden gemeinen Wert angesetzt.

§ 201[1)] Ermittlung des Jahresertrags. (1) 1 Die Grundlage für die Bewertung bildet der zukünftig nachhaltig zu erzielende Jahresertrag. 2 Für die Ermittlung dieses Jahresertrags bietet der in der Vergangenheit tatsächlich erzielte Durchschnittsertrag eine Beurteilungsgrundlage.

(2) 1 Der Durchschnittsertrag ist regelmäßig aus den Betriebsergebnissen (§ 202) der letzten drei vor dem Bewertungsstichtag abgelaufenen Wirtschaftsjahre herzuleiten. 2 Das gesamte Betriebsergebnis eines am Bewertungsstichtag noch nicht abgelaufenen Wirtschaftsjahres ist anstelle des drittletzten abgelaufenen Wirtschaftsjahres einzubeziehen, wenn es für die Herleitung des

[1)] 6. Abschnitt (§§ 157–203) eingef. mWv 1.1.2009 durch G v. 24.12.2008 (BGBl. I S. 3018).

künftig zu erzielenden Jahresertrags von Bedeutung ist. [3] Die Summe der Betriebsergebnisse ist durch drei zu dividieren und ergibt den Durchschnittsertrag. [4] Das Ergebnis stellt den Jahresertrag dar.

(3) [1] Hat sich im Dreijahreszeitraum der Charakter des Unternehmens nach dem Gesamtbild der Verhältnisse nachhaltig verändert oder ist das Unternehmen neu entstanden, ist von einem entsprechend verkürzten Ermittlungszeitraum auszugehen. [2] Bei Unternehmen, die durch Umwandlung, durch Einbringung von Betrieben oder Teilbetrieben oder durch Umstrukturierungen entstanden sind, ist bei der Ermittlung des Durchschnittsertrags von den früheren Betriebsergebnissen des Gewerbebetriebs oder der Gesellschaft auszugehen. [3] Soweit sich die Änderung der Rechtsform auf den Jahresertrag auswirkt, sind die früheren Betriebsergebnisse entsprechend zu korrigieren.

§ 202[1)] Betriebsergebnis. (1) [1] Zur Ermittlung des Betriebsergebnisses ist von dem Gewinn im Sinne des § 4 Abs. 1 Satz 1 des Einkommensteuergesetzes[2)] auszugehen (Ausgangswert); dabei bleiben bei einem Anteil am Betriebsvermögen Ergebnisse aus den Sonderbilanzen und Ergänzungsbilanzen unberücksichtigt. [2] Der Ausgangswert ist noch wie folgt zu korrigieren:

1. Hinzuzurechnen sind
   a) Investitionsabzugsbeträge, Sonderabschreibungen oder erhöhte Absetzungen, Bewertungsabschläge, Zuführungen zu steuerfreien Rücklagen sowie Teilwertabschreibungen. [2] Es sind nur die normalen Absetzungen für Abnutzung zu berücksichtigen. [3] Diese sind nach den Anschaffungs- oder Herstellungskosten bei gleichmäßiger Verteilung über die gesamte betriebsgewöhnliche Nutzungsdauer zu bemessen. [4] Die normalen Absetzungen für Abnutzung sind auch dann anzusetzen, wenn für die Absetzungen in der Steuerbilanz vom Restwert auszugehen ist, der nach Inanspruchnahme der Sonderabschreibungen oder erhöhten Absetzungen verblieben ist;
   b) Absetzungen auf den Geschäfts- oder Firmenwert oder auf firmenwertähnliche Wirtschaftsgüter;
   c) einmalige Veräußerungsverluste sowie außerordentliche Aufwendungen;
   d) im Gewinn nicht enthaltene Investitionszulagen, soweit in Zukunft mit weiteren zulagebegünstigten Investitionen in gleichem Umfang gerechnet werden kann;
   e) der Ertragsteueraufwand (Körperschaftsteuer, Zuschlagsteuern und Gewerbesteuer);
   f) Aufwendungen, die im Zusammenhang stehen mit Vermögen im Sinne des § 200 Abs. 2 und 4, und übernommene Verluste aus Beteiligungen im Sinne des § 200 Abs. 2 bis 4;
2. abzuziehen sind
   a) gewinnerhöhende Auflösungsbeträge steuerfreier Rücklagen sowie Gewinne aus der Anwendung des § 6 Abs. 1 Nr. 1 Satz 4 und Nr. 2 Satz 3 des Einkommensteuergesetzes;
   b) einmalige Veräußerungsgewinne sowie außerordentliche Erträge;

---

1) 6. Abschnitt (§§ 157–203) eingef. mWv 1.1.2009 durch G v. 24.12.2008 (BGBl. I S. 3018).
2) dtv-Band **Nr. 5785 ESt/LSt**.

c) im Gewinn enthaltene Investitionszulagen, soweit in Zukunft nicht mit weiteren zulagebegünstigten Investitionen in gleichem Umfang gerechnet werden kann;

d) ein angemessener Unternehmerlohn, soweit in der bisherigen Ergebnisrechnung kein solcher berücksichtigt worden ist. [2] Die Höhe des Unternehmerlohns wird nach der Vergütung bestimmt, die eine nicht beteiligte Geschäftsführung erhalten würde. [3] Neben dem Unternehmerlohn kann auch fiktiver Lohnaufwand für bislang unentgeltlich tätige Familienangehörige des Eigentümers berücksichtigt werden;

e) Erträge aus der Erstattung von Ertragsteuern (Körperschaftsteuer, Zuschlagsteuern und Gewerbesteuer);

f) Erträge, die im Zusammenhang stehen mit Vermögen im Sinne des § 200 Abs. 2 bis 4;

3. hinzuzurechnen oder abzuziehen sind auch sonstige wirtschaftlich nicht begründete Vermögensminderungen oder -erhöhungen mit Einfluss auf den zukünftig nachhaltig zu erzielenden Jahresertrag und mit gesellschaftsrechtlichem Bezug, soweit sie nicht nach den Nummern 1 und 2 berücksichtigt wurden.

(2) [1] In den Fällen des § 4 Abs. 3 des Einkommensteuergesetzes ist vom Überschuss der Betriebseinnahmen über die Betriebsausgaben auszugehen. [2] Absatz 1 Satz 2 Nr. 1 bis 3 gilt entsprechend.

(3) Zur Abgeltung des Ertragsteueraufwands ist ein positives Betriebsergebnis nach Absatz 1 oder Absatz 2 um 30 Prozent zu mindern.

§ 203[1)] Kapitalisierungsfaktor. (1) Der in diesem Verfahren anzuwendende Kapitalisierungsfaktor beträgt 13,75.

(2) Das Bundesministerium der Finanzen wird ermächtigt, durch Rechtsverordnung mit Zustimmung des Bundesrates den Kapitalisierungsfaktor an die Entwicklung der Zinsstrukturdaten anzupassen.

§§ 204–217[2)] *(unbesetzt)*

Siebenter Abschnitt.[3)] Bewertung des Grundbesitzes für die Grundsteuer ab 1. Januar 2022

A. Allgemeines

§ 218[3)] Vermögensarten. [1] Für Vermögen, das nach diesem Abschnitt zu bewerten ist, erfolgt abweichend von § 18 eine Unterscheidung in folgende Vermögensarten:

1. Land- und forstwirtschaftliches Vermögen (§ 232),
2. Grundvermögen (§ 243).

[2] Betriebsgrundstücke im Sinne des § 99 Absatz 1 Nummer 2 werden dem land- und forstwirtschaftlichen Vermögen zugeordnet und sind wie land- und forstwirtschaftliches Vermögen zu bewerten. [3] Betriebsgrundstücke im Sinne

[1)] § 203 neu gef. durch G v. 4.11.2016 (BGBl. I S. 2464); zur Anwendung siehe § 265 Abs. 11.

[2)] Redaktionell eingefügt.

[3)] 7. Abschnitt (§§ 218–263) eingef. durch G v. 26.11.2019 (BGBl. I S. 1794); zur Anwendung siehe § 266.

des § 99 Absatz 1 Nummer 1 werden dem Grundvermögen zugeordnet und sind wie Grundvermögen zu bewerten.

§ 219[1] **Feststellung von Grundsteuerwerten.** (1) Grundsteuerwerte werden für inländischen Grundbesitz, und zwar für Betriebe der Land- und Forstwirtschaft (§§ 232 bis 234, 240) und für Grundstücke (§§ 243 und 244) gesondert festgestellt (§ 180 Absatz 1 Satz 1 Nummer 1 der Abgabenordnung[2]).

(2) In dem Feststellungsbescheid (§ 179 der Abgabenordnung) sind auch Feststellungen zu treffen über:

1. die Vermögensart und beim Grundvermögen auch über die Grundstücksart (§ 249) sowie
2. die Zurechnung der wirtschaftlichen Einheit und bei mehreren Beteiligten über die Höhe ihrer Anteile.

(3) Die Feststellungen nach den Absätzen 1 und 2 erfolgen nur, soweit sie für die Besteuerung von Bedeutung sind.

§ 220[1] **Ermittlung der Grundsteuerwerte.** [1] Die Grundsteuerwerte werden nach den Vorschriften dieses Abschnitts ermittelt. [2] Bei der Ermittlung der Grundsteuerwerte ist § 163 der Abgabenordnung[2] nicht anzuwenden; hiervon unberührt bleiben Übergangsregelungen, die die oberste Finanzbehörde eines Landes im Einvernehmen mit den obersten Finanzbehörden der übrigen Länder trifft.

§ 221[1] **Hauptfeststellung.** (1) Die Grundsteuerwerte werden in Zeitabständen von je sieben Jahren allgemein festgestellt (Hauptfeststellung).

(2) Der Hauptfeststellung werden die Verhältnisse zu Beginn des Kalenderjahres (Hauptfeststellungszeitpunkt) zugrunde gelegt.

§ 222[1] **Fortschreibungen.** (1) Der Grundsteuerwert wird neu festgestellt (Wertfortschreibung), wenn der in Euro ermittelte und auf volle 100 Euro abgerundete Wert, der sich für den Beginn eines Kalenderjahres ergibt, von dem entsprechenden Wert des letzten Feststellungszeitpunkts nach oben oder unten um mehr als 15 000 Euro abweicht.

(2) Über die Art oder Zurechnung der wirtschaftlichen Einheit (§ 219 Absatz 2) wird eine neue Feststellung getroffen (Artfortschreibung oder Zurechnungsfortschreibung), wenn sie von der zuletzt getroffenen Feststellung abweicht und es für die Besteuerung von Bedeutung ist.

(3) [1] Eine Fortschreibung nach Absatz 1 oder 2 findet auch zur Beseitigung eines Fehlers der letzten Feststellung statt. [2] § 176 der Abgabenordnung[2] über den Vertrauensschutz bei der Aufhebung und Änderung von Steuerbescheiden ist hierbei entsprechend anzuwenden. [3] Satz 2 gilt nur für die Feststellungszeitpunkte, die vor der Verkündung der maßgeblichen Entscheidung eines der in § 176 der Abgabenordnung genannten Gerichte liegen.

(4) [1] Eine Fortschreibung ist vorzunehmen, wenn dem Finanzamt bekannt wird, dass die Voraussetzungen für sie vorliegen. [2] Der Fortschreibung werden

---

[1] 7. Abschnitt (§§ 218–263) eingef. durch G v. 26.11.2019 (BGBl. I S. 1794); zur Anwendung siehe § 266.

[2] dtv-Band **Nr. 5548 AO/FGO**.

vorbehaltlich des § 227 die Verhältnisse im Fortschreibungszeitpunkt zugrunde gelegt. [3] Fortschreibungszeitpunkt ist:

1. bei einer Änderung der tatsächlichen Verhältnisse der Beginn des Kalenderjahres, das auf die Änderung folgt, und
2. in den Fällen des Absatzes 3 der Beginn des Kalenderjahres, in dem der Fehler dem Finanzamt bekannt wird, bei einer Erhöhung des Grundsteuerwerts jedoch frühestens der Beginn des Kalenderjahres, in dem der Feststellungsbescheid erteilt wird.

§ 223[1)] Nachfeststellung. (1) Für wirtschaftliche Einheiten, für die ein Grundsteuerwert festzustellen ist, wird der Grundsteuerwert nachträglich festgestellt (Nachfeststellung), wenn nach dem Hauptfeststellungszeitpunkt:

1. die wirtschaftliche Einheit neu entsteht oder
2. eine bereits bestehende wirtschaftliche Einheit erstmals zur Grundsteuer herangezogen werden soll.

(2) [1] Der Nachfeststellung werden vorbehaltlich des § 227 die Verhältnisse im Nachfeststellungszeitpunkt zugrunde gelegt. [2] Nachfeststellungszeitpunkt ist:

1. in den Fällen des Absatzes 1 Nummer 1 der Beginn des Kalenderjahres, das auf die Entstehung der wirtschaftlichen Einheit folgt, und
2. in den Fällen des Absatzes 1 Nummer 2 der Beginn des Kalenderjahres, in dem der Grundsteuerwert erstmals der Besteuerung zugrunde gelegt wird.

§ 224[1)] Aufhebung des Grundsteuerwerts. (1) Der Grundsteuerwert wird aufgehoben, wenn dem Finanzamt bekannt wird, dass:

1. die wirtschaftliche Einheit wegfällt oder
2. der Grundsteuerwert der wirtschaftlichen Einheit infolge von Befreiungsgründen der Besteuerung nicht mehr zugrunde gelegt wird.

(2) Aufhebungszeitpunkt ist:

1. in den Fällen des Absatzes 1 Nummer 1 der Beginn des Kalenderjahres, das auf den Wegfall der wirtschaftlichen Einheit folgt, und
2. in den Fällen des Absatzes 1 Nummer 2 der Beginn des Kalenderjahres, in dem der Grundsteuerwert erstmals der Besteuerung nicht mehr zugrunde gelegt wird.

§ 225[1)] Änderung von Feststellungsbescheiden. [1] Bescheide über Fortschreibungen oder über Nachfeststellungen von Grundsteuerwerten können schon vor dem maßgeblichen Feststellungszeitpunkt erteilt werden. [2] Sie sind zu ändern oder aufzuheben, wenn sich bis zu diesem Zeitpunkt Änderungen ergeben, die zu einer abweichenden Feststellung führen.

§ 226[1)] Nachholung einer Feststellung. (1) [1] Ist die Feststellungsfrist (§ 181 der Abgabenordnung[2)]) abgelaufen, kann eine Fortschreibung (§ 222) oder Nachfeststellung (§ 223) unter Zugrundelegung der Verhältnisse vom Fort-

---

[1)] 7. Abschnitt (§§ 218–263) eingef. durch G v. 26.11.2019 (BGBl. I S. 1794); zur Anwendung siehe § 266.

[2)] dtv-Band **Nr. 5548 AO/FGO**.

schreibungs- oder Nachfeststellungszeitpunkt mit Wirkung für einen späteren Feststellungszeitpunkt vorgenommen werden, für den diese Frist noch nicht abgelaufen ist. [2] § 181 Absatz 5 der Abgabenordnung bleibt hiervon unberührt.

(2) Absatz 1 ist bei der Aufhebung des Grundsteuerwerts (§ 224) entsprechend anzuwenden.

§ 227[1)] Wertverhältnisse bei Fortschreibungen und Nachfeststellungen. Bei Fortschreibungen und bei Nachfeststellungen der Grundsteuerwerte sind die Wertverhältnisse im Hauptfeststellungszeitpunkt zugrunde zu legen.

§ 228[1)] Erklärungs- und Anzeigepflicht. (1) [1] Die Steuerpflichtigen haben Erklärungen zur Feststellung der Grundsteuerwerte für den Hauptfeststellungszeitpunkt oder einen anderen Feststellungszeitpunkt abzugeben, wenn sie hierzu durch die Finanzbehörde aufgefordert werden (§ 149 Absatz 1 Satz 2 der Abgabenordnung[2)]). [2] Fordert die Finanzbehörde zur Abgabe einer Erklärung auf, hat sie eine Frist zur Abgabe der Erklärung zu bestimmen, die mindestens einen Monat betragen soll. [3] Die Aufforderung zur Abgabe einer Erklärung kann vom Bundesministerium der Finanzen im Einvernehmen mit den obersten Finanzbehörden der Länder durch öffentliche Bekanntmachung erfolgen.

(2) [1] Eine Änderung der tatsächlichen Verhältnisse, die sich auf die Höhe des Grundsteuerwerts, die Vermögensart oder die Grundstücksart auswirken oder zu einer erstmaligen Feststellung führen kann, ist auf den Beginn des folgenden Kalenderjahres anzuzeigen. [2] Gleiches gilt, wenn das Eigentum oder das wirtschaftliche Eigentum an einem auf fremdem Grund und Boden errichteten Gebäude übergegangen ist. [3] Die Frist für die Abgabe dieser Anzeige beträgt einen Monat und beginnt mit Ablauf des Kalenderjahres, in dem sich die tatsächlichen Verhältnisse geändert haben oder das Eigentum oder das wirtschaftliche Eigentum an einem auf fremdem Grund und Boden errichteten Gebäude übergegangen ist.

(3) Die Erklärung nach Absatz 1 und die Anzeige nach Absatz 2 sind abzugeben

1. von dem Steuerpflichtigen, dem die wirtschaftliche Einheit zuzurechnen ist,
2. bei einem Grundstück, das mit einem Erbbaurecht belastet ist, vom Erbbauberechtigten unter Mitwirkung des Erbbauverpflichteten oder
3. bei einem Gebäude auf fremdem Grund und Boden vom Eigentümer des Grund und Bodens unter Mitwirkung des Eigentümers oder des wirtschaftlichen Eigentümers des Gebäudes.

(4) Die Erklärungen nach Absatz 1 und die Anzeigen nach Absatz 2 sind bei dem für die gesonderte Feststellung zuständigen Finanzamt abzugeben.

(5) Die Erklärungen nach Absatz 1 und die Anzeigen nach Absatz 2 sind Steuererklärungen im Sinne der Abgabenordnung, die eigenhändig zu unterschreiben sind.

(6) [1] Die Erklärungen nach Absatz 1 und die Anzeigen nach Absatz 2 sind nach amtlich vorgeschriebenem Datensatz durch Datenfernübertragung zu übermitteln. [2] Auf Antrag kann die Finanzbehörde zur Vermeidung unbilliger

---

[1)] 7. Abschnitt (§§ 218–263) eingef. durch G v. 26.11.2019 (BGBl. I S. 1794); zur Anwendung siehe § 266.

[2)] dtv-Band **Nr. 5548 AO/FGO**.

Härten auf eine Übermittlung durch Datenfernübertragung verzichten. [3] Für die Entscheidung über den Antrag gilt § 150 Absatz 8 der Abgabenordnung.

§ 229[1)] Auskünfte, Erhebungen und Mitteilungen. (1) [1] Die Eigentümer von Grundbesitz haben der Finanzbehörde auf Anforderung alle Angaben zu machen, die sie für die Sammlung der Kauf-, Miet- und Pachtpreise braucht. [2] Dabei haben sie zu versichern, dass sie die Angaben nach bestem Wissen und Gewissen gemacht haben.

(2) [1] Die Finanzbehörden können zur Vorbereitung einer Hauptfeststellung und zur Durchführung von Feststellungen der Grundsteuerwerte örtliche Erhebungen über die Bewertungsgrundlagen anstellen. [2] Das Grundrecht der Unverletzlichkeit der Wohnung (Artikel 13 des Grundgesetzes) wird insoweit eingeschränkt.

(3) Die nach Bundes- oder Landesrecht zuständigen Behörden haben den Finanzbehörden die rechtlichen und tatsächlichen Umstände mitzuteilen, die ihnen im Rahmen ihrer Aufgabenerfüllung bekannt geworden sind und die für die Feststellung von Grundsteuerwerten oder für die Grundsteuer von Bedeutung sein können.

(4) [1] Die Grundbuchämter haben den für die Feststellung des Grundsteuerwerts zuständigen Finanzbehörden mitzuteilen:

1. die Eintragung eines neuen Eigentümers oder Erbbauberechtigten sowie bei einem anderen als einem rechtsgeschäftlichen Erwerb zusätzlich die Anschrift des neuen Eigentümers oder Erbbauberechtigten; dies gilt nicht für die Fälle des Erwerbs nach den Vorschriften des Zuordnungsrechts,
2. die Eintragung der Begründung von Wohnungseigentum oder Teileigentum,
3. die Eintragung der Begründung eines Erbbaurechts, Wohnungserbbaurechts oder Teilerbbaurechts.

[2] In den Fällen des Satzes 1 Nummer 2 und 3 ist gleichzeitig der Tag des Eingangs des Eintragungsantrags beim Grundbuchamt mitzuteilen. [3] Bei einer Eintragung aufgrund Erbfolge ist das Jahr anzugeben, in dem der Erblasser verstorben ist. [4] Die Mitteilungen sollen der Finanzbehörde über die für die Führung des Liegenschaftskatasters zuständige Behörde oder über eine sonstige Behörde, die das amtliche Verzeichnis der Grundstücke (§ 2 Absatz 2 der Grundbuchordnung) führt, zugeleitet werden.

(5) [1] Die nach den Absätzen 3 oder 4 mitteilungspflichtige Stelle hat die betroffenen Personen vom Inhalt der Mitteilung zu unterrichten. [2] Eine Unterrichtung kann unterbleiben, soweit den Finanzbehörden Umstände aus dem Grundbuch, den Grundakten oder aus dem Liegenschaftskataster mitgeteilt werden.

(6) [1] Die nach den Absätzen 3 oder 4 mitteilungspflichtigen Stellen übermitteln die Mitteilungen den Finanzbehörden nach amtlich vorgeschriebenem Datensatz über die amtlich bestimmte Schnittstelle. [2] Die Grundbuchämter und die für die Führung des Liegenschaftskatasters zuständigen Behörden übermitteln die bei ihnen geführten Daten laufend, mindestens alle drei Monate. [3] Das Bundesministerium der Finanzen legt im Einvernehmen mit den obersten Finanzbehörden der Länder und den obersten Vermessungs- und Katasterbe-

---

1) 7. Abschnitt (§§ 218–263) eingef. durch G v. 26.11.2019 (BGBl. I S. 1794); zur Anwendung siehe § 266.

hörden der Länder die Einzelheiten der elektronischen Übermittlung und deren Beginn in einem Schreiben fest. [4] Dieses Schreiben ist im Bundesanzeiger und im Bundessteuerblatt zu veröffentlichen.

§ 230[1)] Abrundung. Die ermittelten Grundsteuerwerte werden auf volle 100 Euro nach unten abgerundet.

§ 231[1)] Abgrenzung von in- und ausländischem Vermögen. (1) [1] Für die Bewertung des inländischen nach diesem Abschnitt zu bewertenden Vermögens gelten die §§ 232 bis 262. [2] Nach diesen Vorschriften sind auch die inländischen Teile einer wirtschaftlichen Einheit zu bewerten, die sich sowohl auf das Inland als auch auf das Ausland erstrecken.

(2) Die ausländischen Teile einer wirtschaftlichen Einheit unterliegen nicht der gesonderten Feststellung nach § 219.

B. Land- und forstwirtschaftliches Vermögen

I. Allgemeines

§ 232[1)] Begriff des land- und forstwirtschaftlichen Vermögens.

(1) [1] Land- und Forstwirtschaft ist die planmäßige Nutzung der natürlichen Kräfte des Bodens zur Erzeugung von Pflanzen und Tieren sowie die Verwertung der dadurch selbst gewonnenen Erzeugnisse. [2] Zum land- und forstwirtschaftlichen Vermögen gehören alle Wirtschaftsgüter, die einem Betrieb der Land- und Forstwirtschaft dauernd zu dienen bestimmt sind.

(2) [1] Die wirtschaftliche Einheit des land- und forstwirtschaftlichen Vermögens ist der Betrieb der Land- und Forstwirtschaft. [2] Wird der Betrieb der Land- und Forstwirtschaft oder werden Teile davon einem anderen Berechtigten zur Erzeugung von Pflanzen und Tieren sowie zur Verwertung der dadurch selbst gewonnenen Erzeugnisse überlassen, so gilt dies als Fortsetzung der land- und forstwirtschaftlichen Tätigkeit des Überlassenden.

(3) [1] Zu den Wirtschaftsgütern, die dem Betrieb der Land- und Forstwirtschaft dauernd zu dienen bestimmt sind, gehören insbesondere:

1. der Grund und Boden,
2. die Wirtschaftsgebäude,
3. die stehenden Betriebsmittel,
4. der normale Bestand an umlaufenden Betriebsmitteln,
5. die immateriellen Wirtschaftsgüter.

[2] Als normaler Bestand an umlaufenden Betriebsmitteln gilt ein Bestand, der zur gesicherten Fortführung des Betriebs erforderlich ist.

(4) Nicht zum land- und forstwirtschaftlichen Vermögen gehören:

1. Grund und Boden sowie Gebäude und Gebäudeteile, die Wohnzwecken oder anderen nicht land- und forstwirtschaftlichen Zwecken dienen,
2. Tierbestände oder Zweige des Tierbestands und die hiermit zusammenhängenden Wirtschaftsgüter (zum Beispiel Gebäude und abgrenzbare Gebäudeteile mit den dazugehörenden Flächen, stehende und umlaufende Betriebsmittel), wenn die Tiere weder nach § 241 zur landwirtschaftlichen Nutzung

[1)] 7. Abschnitt (§§ 218–263) eingef. durch G v. 26.11.2019 (BGBl. I S. 1794); zur Anwendung siehe § 266.

noch nach § 242 Absatz 2 zu den sonstigen land- und forstwirtschaftlichen Nutzungen gehören; die Zugehörigkeit der landwirtschaftlich genutzten Flächen zum land- und forstwirtschaftlichen Vermögen wird hierdurch nicht berührt,
3. Zahlungsmittel, Geldforderungen, Geschäftsguthaben, Wertpapiere und Beteiligungen sowie
4. Geldschulden und Pensionsverpflichtungen.

§ 233[1)] Abgrenzung des land- und forstwirtschaftlichen Vermögens vom Grundvermögen in Sonderfällen. (1) Dienen im Umgriff einer Windenergieanlage Flächen einem Betrieb der Land- und Forstwirtschaft, sind abweichend von § 232 Absatz 4 Nummer 1 die Standortflächen der Windenergieanlage und der dazugehörenden Betriebsvorrichtungen (abgegrenzte Standortfläche der Windenergieanlage) dem land- und forstwirtschaftlichen Vermögen zuzurechnen.

(2) Land- und forstwirtschaftlich genutzte Flächen sind dem Grundvermögen zuzurechnen, wenn nach ihrer Lage, den am Feststellungszeitpunkt bestehenden Verwertungsmöglichkeiten oder den sonstigen Umständen anzunehmen ist, dass sie innerhalb eines Zeitraums von sieben Jahren anderen als land- und forstwirtschaftlichen Zwecken, insbesondere als Bau-, Gewerbe- oder Industrieland oder als Land für Verkehrszwecke, dienen werden.

(3) [1] Flächen sind stets dem Grundvermögen zuzurechnen, wenn sie in einem Bebauungsplan als Bauland festgesetzt sind, ihre sofortige Bebauung möglich ist und die Bebauung innerhalb des Plangebiets in benachbarten Bereichen begonnen hat oder schon durchgeführt ist. [2] Satz 1 gilt nicht für die Hofstelle.

§ 234[1)] Betrieb der Land- und Forstwirtschaft. (1) Ein Betrieb der Land- und Forstwirtschaft umfasst:
1. die land- und forstwirtschaftlichen Nutzungen:
   a) die landwirtschaftliche Nutzung,
   b) die forstwirtschaftliche Nutzung,
   c) die weinbauliche Nutzung,
   d) die gärtnerische Nutzung,
      aa) Nutzungsteil Gemüsebau,
      bb) Nutzungsteil Blumen- und Zierpflanzenbau,
      cc) Nutzungsteil Obstbau,
      dd) Nutzungsteil Baumschulen,
   e) die übrigen land- und forstwirtschaftlichen Nutzungen,
2. die Nutzungsarten:
   a) Abbauland,
   b) Geringstland,
   c) Unland,
   d) Hofstelle,
3. die Nebenbetriebe.

[1)] 7. Abschnitt (§§ 218–263) eingef. durch G v. 26.11.2019 (BGBl. I S. 1794); zur Anwendung siehe § 266.

(2) Die land- und forstwirtschaftlichen Betriebsflächen sind einer Nutzung, innerhalb der gärtnerischen Nutzung einem Nutzungsteil, oder einer Nutzungsart zuzuordnen (gesetzliche Klassifizierung).

(3) Zum Abbauland gehören die Betriebsflächen, die durch Abbau der Bodensubstanz überwiegend für den Betrieb der Land- und Forstwirtschaft nutzbar gemacht werden, zum Beispiel Steinbrüche, Torfstiche, Sand-, Kies- und Lehmgruben.

(4) Zum Geringstland gehören die Betriebsflächen geringster Ertragsfähigkeit, für die nach dem Bodenschätzungsgesetz keine Wertzahlen festzustellen sind.

(5) Zum Unland gehören die Betriebsflächen, die auch bei geordneter Wirtschaftsweise keinen Ertrag abwerfen können.

(6) Zur Hofstelle gehören alle Hof- und Wirtschaftsgebäudeflächen einschließlich der Nebenflächen, wenn von dort land- und forstwirtschaftliche Flächen nachhaltig bewirtschaftet werden.

(7) Als Nebenbetrieb gilt ein Betrieb, der dem Hauptbetrieb zu dienen bestimmt ist und nicht einen selbständigen gewerblichen Betrieb darstellt.

§ 235[1)] Bewertungsstichtag. (1) Für die Größe des Betriebs sowie für den Umfang und den Zustand der Gebäude sind die Verhältnisse im Feststellungszeitpunkt maßgebend.

(2) Für die stehenden und umlaufenden Betriebsmittel ist der Stand am Ende des Wirtschaftsjahres maßgebend, das dem Feststellungszeitpunkt vorangegangen ist.

§ 236[1)] Bewertungsgrundsätze. (1) Der Bewertung eines Betriebs der Land- und Forstwirtschaft ist der Ertragswert zugrunde zu legen.

(2) [1] Bei der Ermittlung des Ertragswerts ist von der Ertragsfähigkeit auszugehen. [2] Ertragsfähigkeit ist der bei ordnungsmäßiger Bewirtschaftung gemeinhin und nachhaltig erzielbare Reinertrag eines pacht- und schuldenfreien Betriebs mit entlohnten fremden Arbeitskräften (Reinertrag). [3] Er ermittelt sich aus dem Betriebseinkommen abzüglich des Lohnaufwands für die entlohnten Arbeitskräfte und des angemessenen Anteils für die Arbeitsleistung des Betriebsleiters sowie der nicht entlohnten Arbeitskräfte. [4] Hierbei sind alle Umstände zu berücksichtigen, die bei einer Selbstbewirtschaftung des Betriebs den Wirtschaftserfolg beeinflussen.

(3) [1] Der Reinertrag wird aus den Erhebungen nach § 2 des Landwirtschaftsgesetzes oder aus Erhebungen der Finanzverwaltung für jede gesetzliche Klassifizierung gesondert ermittelt. [2] Bei der Ermittlung des jeweiligen Reinertrags ist zur Berücksichtigung der nachhaltigen Ertragsfähigkeit ein Durchschnitt aus den letzten zehn vorliegenden Wirtschaftsjahren zu bilden, die vor dem Hauptfeststellungszeitpunkt geendet haben.

(4) Der Ertragswert ist das 18,6fache der Summe der Reinerträge des Betriebs.

[1)] 7. Abschnitt (§§ 218–263) eingef. durch G v. 26.11.2019 (BGBl. I S. 1794); zur Anwendung siehe § 266.

§ 237[1)] Bewertung des Betriebs der Land- und Forstwirtschaft.

(1) [1]Bei der Ermittlung des Ertragswerts für einen Betrieb der Land- und Forstwirtschaft sind die land- und forstwirtschaftlichen Nutzungen, Nutzungsarten und die Nebenbetriebe (§ 234 Absatz 1) mit ihrem jeweiligen Reinertrag nach den Absätzen 2 bis 8 zu bewerten. [2]Mit dem Ansatz des jeweiligen Reinertrags sind auch dem Eigentümer des Grund und Bodens nicht gehörende stehende und umlaufende Betriebsmittel, die der Bewirtschaftung des Betriebs dienen, abgegolten.

(2) [1]Der Reinertrag der landwirtschaftlichen Nutzung ermittelt sich aus der Summe der Flächenwerte. [2]Der jeweilige Flächenwert ist das Produkt aus der Größe der gesetzlich klassifizierten Eigentumsfläche des Betriebs und den Bewertungsfaktoren der Anlage 27. [3]Die Bewertungsfaktoren Grundbetrag und Ertragsmesszahl nach § 9 des Bodenschätzungsgesetzes sind für jede Eigentumsfläche gesondert zu ermitteln.

(3) [1]Der Reinertrag der forstwirtschaftlichen Nutzung ermittelt sich aus der Summe der Flächenwerte. [2]Der jeweilige Flächenwert ist das Produkt aus der Größe der gesetzlich klassifizierten Eigentumsfläche des Betriebs und dem jeweiligen gegendüblichen Bewertungsfaktor gemäß Anlage 28. [3]Die gegendüblichen Bewertungsfaktoren bestimmen sich nach den forstwirtschaftlichen Wuchsgebieten und deren Baumartenanteilen nach der zuletzt vor dem Hauptfeststellungszeitpunkt durchgeführten Bundeswaldinventur (§ 41a des Bundeswaldgesetzes). [4]Abweichend hiervon werden klassifizierte Eigentumsflächen mit katastermäßig nachgewiesenen Bewirtschaftungsbeschränkungen als Geringstland bewertet, wenn infolge der Bewirtschaftungsbeschränkungen eine nachhaltige forstwirtschaftliche Nutzung unterbleibt.

(4) [1]Der Reinertrag der weinbaulichen Nutzung ermittelt sich aus der Summe der Flächenwerte. [2]Der jeweilige Flächenwert ist das Produkt aus der Größe der gesetzlich klassifizierten Eigentumsfläche des Betriebs und dem Bewertungsfaktor für die Verwertungsform Traubenerzeugung gemäß Anlage 29.

(5) [1]Der Reinertrag der gärtnerischen Nutzung ist gegliedert nach den Nutzungsteilen zu ermitteln. [2]Der Reinertrag eines Nutzungsteils ermittelt sich aus der Summe der Flächenwerte. [3]Der jeweilige Flächenwert ist das Produkt aus der gesetzlich klassifizierten Eigentumsfläche des Betriebs und dem jeweiligen Bewertungsfaktor gemäß Anlage 30. [4]Abweichend hiervon wird der Nutzungsteil Gemüsebau wie eine landwirtschaftliche Nutzung bewertet, wenn im Wechsel landwirtschaftliche und gärtnerische Erzeugnisse gewonnen werden und keine Bewässerungsmöglichkeiten bestehen.

(6) [1]Der Reinertrag für die übrigen land- und forstwirtschaftlichen Nutzungen ist für jede Nutzung nach § 242 gesondert zu ermitteln. [2]Der Reinertrag einer übrigen land- und forstwirtschaftlichen Nutzung ermittelt sich aus der Summe der Flächenwerte. [3]Der jeweilige Flächenwert ist das Produkt aus der Größe der gesetzlich klassifizierten Eigentumsfläche des Betriebs und dem jeweiligen Bewertungsfaktor einschließlich des Zuschlags gemäß Anlage 31. [4]Für die sonstigen land- und forstwirtschaftlichen Nutzungen, für die kein Bewertungsfaktor festgelegt wurde, ist der Reinertrag der jeweiligen Nutzung

[1)] 7. Abschnitt (§§ 218–263) eingef. durch G v. 26.11.2019 (BGBl. I S. 1794); zur Anwendung siehe § 266.

durch Multiplikation der Bruttogrundflächen der nachhaltig genutzten Wirtschaftsgebäude mit dem Zwölffachen des Werts gemäß Anlage 31 und für den dazu gehörenden Grund und Boden nach Absatz 8 zu ermitteln; dies gilt unabhängig von einer gesetzlichen Klassifizierung als Hofstelle.

(7) [1]Der Reinertrag für die Nutzungsarten Abbauland, Geringstland und Unland ermittelt sich aus der Summe der Flächenwerte der jeweiligen Nutzungsart. [2]Der jeweilige Flächenwert ist das Produkt aus der Größe der gesetzlich klassifizierten Eigentumsfläche des Betriebs und dem jeweiligen Bewertungsfaktor gemäß Anlage 31.

(8) [1]Der Reinertrag für die Hofflächen und die Nebenbetriebe ermittelt sich aus der Summe der Flächenwerte. [2]Der Flächenwert ist das Produkt aus der jeweils als Hofstelle gesetzlich klassifizierten Eigentumsfläche des Betriebs und dem dreifachen Bewertungsfaktor gemäß Anlage 32.

§ 238[1)] Zuschläge zum Reinertrag. (1) Ein Zuschlag zum Reinertrag einer Nutzung oder Nutzungsart ist vorzunehmen,

1. bei der landwirtschaftlichen Nutzung gemäß Anlage 27, wenn der tatsächliche Tierbestand am maßgeblichen Bewertungsstichtag (§ 235) die in Anlage 27 genannte Grenze nachhaltig überschreitet,
2. bei der gärtnerischen Nutzung gemäß Anlage 30, wenn in einem Nutzungsteil Flächen unter Glas und Kunststoffen dem Betrieb zu dienen bestimmt sind. [2]Zu den Flächen unter Glas und Kunststoffen gehören insbesondere mit Gewächshäusern, begehbaren Folientunneln, Foliengewächshäusern und anderen Kulturräumen überbaute Bruttogrundflächen. [3]Unerheblich ist, ob die Flächen unter Glas und Kunststoffen neben der Erzeugung auch zur Lagerung oder zum Vertrieb der Erzeugnisse zu dienen bestimmt sind,
3. bei der Nutzungsart Hofstelle gemäß Anlage 32 für die weinbauliche Nutzung und für Nebenbetriebe. [2]Der Zuschlag ermittelt sich durch Multiplikation der Bruttogrundflächen der nachhaltig genutzten Wirtschaftsgebäude mit dem Zwölffachen des jeweiligen Bewertungsfaktors. [3]Unerheblich ist, ob die Wirtschaftsgebäude neben der Erzeugung auch zur Lagerung oder zum Vertrieb der Erzeugnisse zu dienen bestimmt sind.

(2) [1]Der Reinertrag einer Nutzung oder Nutzungsart ist um einen Zuschlag zu erhöhen, wenn die Eigentumsflächen des Betriebs zugleich der Stromerzeugung aus Windenergie dienen. [2]Der Zuschlag ermittelt sich aus dem Produkt der abgegrenzten Standortfläche der Windenergieanlage und dem Bewertungsfaktor gemäß Anlage 33.

§ 239[1)] Grundsteuerwert des Betriebs der Land- und Forstwirtschaft.

(1) Die Summe der Reinerträge des Betriebs einschließlich der Zuschläge (§§ 237, 238) ist zur Ermittlung des Ertragswerts mit dem Faktor 18,6 zu kapitalisieren und ergibt den Grundsteuerwert des Betriebs der Land- und Forstwirtschaft.

(2) [1]Die Summe der Reinerträge einschließlich der Zuschläge (§§ 237, 238) eines Betriebs der Land- und Forstwirtschaft ist für jede Gemeinde gesondert zu ermitteln, wenn sich die wirtschaftliche Einheit über mehrere Gemeinden

---

[1)] 7. Abschnitt (§§ 218–263) eingef. durch G v. 26.11.2019 (BGBl. I S. 1794); zur Anwendung siehe § 266.

erstreckt. [2]Der auf eine Gemeinde entfallende Anteil am Grundsteuerwert berechnet sich aus der jeweils für eine Gemeinde gesondert ermittelten Summe der Reinerträge im Verhältnis zur Gesamtsumme der Reinerträge des Betriebs der Land- und Forstwirtschaft.

§ 240[1)] Kleingartenland und Dauerkleingartenland. (1) Als Betrieb der Land- und Forstwirtschaft gelten auch Kleingartenland und Dauerkleingartenland im Sinne des Bundeskleingartengesetzes.

(2) [1]Bei der Ermittlung des Ertragswerts für Kleingartenland und Dauerkleingartenland ist abweichend von § 237 der Reinertrag für den Nutzungsteil Gemüsebau anzusetzen. [2]Der Reinertrag ergibt sich aus der Summe der Produkte der jeweils gesetzlich klassifizierten Eigentumsfläche und dem Reinertrag für das Freiland gemäß Anlage 30.

(3) [1]Gartenlauben von mehr als 30 Quadratmetern Brutto-Grundfläche gelten als Wirtschaftsgebäude. [2]§ 237 Absatz 8 findet entsprechende Anwendung.

(4) Die Summe der Reinerträge nach den Absätzen 2 und 3 ist zur Ermittlung des Ertragswerts mit dem Faktor 18,6 zu kapitalisieren und ergibt den Grundsteuerwert des Betriebs der Land- und Forstwirtschaft.

II. Besondere Vorschriften

a) Landwirtschaftliche Nutzung

§ 241[1)] Tierbestände. (1) [1]Tierbestände gehören in vollem Umfang zur landwirtschaftlichen Nutzung, wenn im Wirtschaftsjahr

für die ersten 20 Hektar	nicht mehr als	10 Vieheinheiten,
für die nächsten 10 Hektar	nicht mehr als	7 Vieheinheiten,
für die nächsten 20 Hektar	nicht mehr als	6 Vieheinheiten,
für die nächsten 50 Hektar	nicht mehr als	3 Vieheinheiten,
und für die weitere Fläche	nicht mehr als	1,5 Vieheinheiten

je Hektar der vom Inhaber des Betriebs selbst bewirtschafteten Flächen der landwirtschaftlichen Nutzung erzeugt oder gehalten werden. [2]Zu den selbst bewirtschafteten Flächen gehören die Eigentumsflächen und die zur Nutzung überlassenen Flächen. [3]Die Tierbestände sind nach dem Futterbedarf in Vieheinheiten umzurechnen.

(2) [1]Übersteigt die Anzahl der Vieheinheiten nachhaltig die in Absatz 1 bezeichnete Grenze, so gehören nur die Zweige des Tierbestands zur landwirtschaftlichen Nutzung, deren Vieheinheiten zusammen diese Grenze nicht überschreiten. [2]Zunächst sind mehr flächenabhängige Zweige des Tierbestands und danach weniger flächenabhängige Zweige des Tierbestands zur landwirtschaftlichen Nutzung zu rechnen. [3]Innerhalb jeder dieser Gruppen sind zuerst Zweige des Tierbestands mit der geringeren Anzahl von Vieheinheiten und dann Zweige mit der größeren Anzahl von Vieheinheiten zur landwirtschaftlichen Nutzung zu rechnen. [4]Der Tierbestand des einzelnen Zweiges wird nicht aufgeteilt.

(3) [1]Als Zweig des Tierbestands gilt bei jeder Tierart für sich:

---

1) 7. Abschnitt (§§ 218–263) eingef. durch G v. 26.11.2019 (BGBl. I S. 1794); zur Anwendung siehe § 266.

1. das Zugvieh,
2. das Zuchtvieh,
3. das Mastvieh,
4. das übrige Nutzvieh.

[2]Das Zuchtvieh einer Tierart gilt nur dann als besonderer Zweig des Tierbestands, wenn die erzeugten Jungtiere überwiegend zum Verkauf bestimmt sind. [3]Ist das nicht der Fall, so ist das Zuchtvieh dem Zweig des Tierbestands zuzurechnen, dem es überwiegend dient.

(4) [1]Die Absätze 1 bis 3 gelten nicht für Pelztiere. [2]Pelztiere gehören nur dann zur landwirtschaftlichen Nutzung, wenn die erforderlichen Futtermittel überwiegend von den vom Inhaber des Betriebs landwirtschaftlich genutzten Flächen gewonnen werden.

(5) Der Umrechnungsschlüssel für Tierbestände in Vieheinheiten sowie die Gruppen der mehr oder weniger flächenabhängigen Zweige des Tierbestands sind den Anlagen 34 und 35 zu entnehmen.

b) Übrige land- und forstwirtschaftliche Nutzungen

§ 242[1)] Übrige land- und forstwirtschaftliche Nutzungen. (1) Zu den übrigen land- und forstwirtschaftlichen Nutzungen gehören:

1. Hopfen, Spargel und andere Sonderkulturen,
2. die sonstigen land- und forstwirtschaftlichen Nutzungen.

(2) Zu den sonstigen land- und forstwirtschaftlichen Nutzungen gehören insbesondere:

1. die Binnenfischerei,
2. die Teichwirtschaft,
3. die Fischzucht für Binnenfischerei und Teichwirtschaft,
4. die Imkerei,
5. die Wanderschäferei,
6. die Saatzucht,
7. der Pilzanbau,
8. die Produktion von Nützlingen,
9. die Weihnachtsbaumkulturen,
10. die Kurzumtriebsplantagen.

C. Grundvermögen

I. Allgemeines

§ 243[1)] Begriff des Grundvermögens. (1) Zum Grundvermögen gehören, soweit es sich nicht um land- und forstwirtschaftliches Vermögen (§§ 232 bis 242) handelt:

1. der Grund und Boden, die Gebäude, die sonstigen Bestandteile und das Zubehör,
2. das Erbbaurecht,

[1)] 7. Abschnitt (§§ 218–263) eingef. durch G v. 26.11.2019 (BGBl. I S. 1794); zur Anwendung siehe § 266.

3. das Wohnungseigentum und das Teileigentum,
4. das Wohnungserbbaurecht und das Teilerbbaurecht nach § 30 Absatz 1 des Wohnungseigentumsgesetzes.

(2) In das Grundvermögen sind nicht einzubeziehen:

1. Bodenschätze,
2. die Maschinen und sonstigen Vorrichtungen aller Art, die zu einer Betriebsanlage gehören (Betriebsvorrichtungen), auch wenn sie wesentliche Bestandteile sind.

(3) Einzubeziehen sind jedoch die Verstärkungen von Decken und die nicht ausschließlich zu einer Betriebsanlage gehörenden Stützen und sonstigen Bauteile wie Mauervorlagen und Verstrebungen.

§ 244[1)] Grundstück. (1) Jede wirtschaftliche Einheit des Grundvermögens bildet ein Grundstück im Sinne dieses Abschnitts.

(2) [1] Ein Anteil des Eigentümers eines Grundstücks an anderem Grundvermögen (zum Beispiel an gemeinschaftlichen Hofflächen oder Garagen) ist in die wirtschaftliche Einheit Grundstück einzubeziehen, wenn der Anteil zusammen mit dem Grundstück genutzt wird. [2] Das gilt nicht, wenn das gemeinschaftliche Grundvermögen nach den Anschauungen des Verkehrs als selbständige wirtschaftliche Einheit anzusehen ist (§ 2 Absatz 1 Satz 3 und 4).

(3) Als Grundstück gelten auch:

1. das Erbbaurecht zusammen mit dem Erbbaurechtsgrundstück,
2. ein Gebäude auf fremdem Grund und Boden zusammen mit dem dazugehörenden Grund und Boden,
3. jedes Wohnungseigentum und Teileigentum nach dem Wohnungseigentumsgesetz sowie
4.[2)] jedes Wohnungserbbaurecht und Teilerbbaurecht zusammen mit dem anteiligen belasteten Grund und Boden.

§ 245[1)] Gebäude, Gebäudeteile und Anlagen für den Zivilschutz. Gebäude, Gebäudeteile und Anlagen, die wegen der in § 1 des Zivilschutz- und Katastrophenhilfegesetzes bezeichneten Zwecke geschaffen worden sind und im Frieden nicht oder nur gelegentlich oder geringfügig für andere Zwecke benutzt werden, bleiben bei der Ermittlung des Grundsteuerwerts außer Betracht.

II. Unbebaute Grundstücke

§ 246[1)] Begriff der unbebauten Grundstücke. (1) [1] Unbebaute Grundstücke sind Grundstücke, auf denen sich keine benutzbaren Gebäude befinden. [2] Die Benutzbarkeit beginnt zum Zeitpunkt der Bezugsfertigkeit. [3] Gebäude sind als bezugsfertig anzusehen, wenn den zukünftigen Bewohnern oder sonstigen vorgesehenen Benutzern die bestimmungsgemäße Gebäudenutzung zugemutet werden kann. [4] Nicht entscheidend für den Zeitpunkt der Bezugsfertigkeit ist die Abnahme durch die Bauaufsichtsbehörde.

[1)] 7. Abschnitt (§§ 218–263) eingef. durch G v. 26.11.2019 (BGBl. I S. 1794); zur Anwendung siehe § 266.

[2)] § 244 Abs. 3 Nr. 4 neu gef. mWv 29.12.2020 durch G v. 21.12.2020 (BGBl. I S. 3096).

(2) [1] Befinden sich auf dem Grundstück Gebäude, die auf Dauer keiner Nutzung zugeführt werden können, so gilt das Grundstück als unbebaut. [2] Als unbebaut gilt auch ein Grundstück, auf dem infolge von Zerstörung oder Verfall der Gebäude auf Dauer kein benutzbarer Raum mehr vorhanden ist.

§ 247[1)] Bewertung der unbebauten Grundstücke. (1) Der Grundsteuerwert unbebauter Grundstücke ermittelt sich regelmäßig durch Multiplikation ihrer Fläche mit dem jeweiligen Bodenrichtwert (§ 196 des Baugesetzbuchs).

(2) Die Bodenrichtwerte sind von den Gutachterausschüssen im Sinne der §§ 192 ff. des Baugesetzbuchs auf den Hauptfeststellungzeitpunkt zu ermitteln, zu veröffentlichen und nach amtlich vorgeschriebenem Datensatz durch Datenfernübertragung an die zuständigen Finanzbehörden zu übermitteln.

(3) Wird von den Gutachterausschüssen im Sinne der §§ 192 ff. des Baugesetzbuchs kein Bodenrichtwert ermittelt, ist der Wert des unbebauten Grundstücks aus den Werten vergleichbarer Flächen abzuleiten.

III. Bebaute Grundstücke

§ 248[1)] Begriff der bebauten Grundstücke. [1] Bebaute Grundstücke sind Grundstücke, auf denen sich benutzbare Gebäude befinden. [2] Wird ein Gebäude in Bauabschnitten errichtet, ist der bezugsfertige Teil als benutzbares Gebäude anzusehen.

§ 249[1)] Grundstücksarten. (1) Bei der Bewertung bebauter Grundstücke sind die folgenden Grundstücksarten zu unterscheiden:

1. Einfamilienhäuser,
2. Zweifamilienhäuser,
3. Mietwohngrundstücke,
4. Wohnungseigentum,
5. Teileigentum,
6. Geschäftsgrundstücke,
7. gemischt genutzte Grundstücke und
8. sonstige bebaute Grundstücke.

(2) [1] Einfamilienhäuser sind Wohngrundstücke, die eine Wohnung enthalten und kein Wohnungseigentum sind. [2] Ein Grundstück gilt auch dann als Einfamilienhaus, wenn es zu weniger als 50 Prozent der Wohn- und Nutzfläche zu anderen als Wohnzwecken mitbenutzt und dadurch die Eigenart als Einfamilienhaus nicht wesentlich beeinträchtigt wird.

(3) [1] Zweifamilienhäuser sind Wohngrundstücke, die zwei Wohnungen enthalten und kein Wohnungseigentum sind. [2] Ein Grundstück gilt auch dann als Zweifamilienhaus, wenn es zu weniger als 50 Prozent der Wohn- und Nutzfläche zu anderen als Wohnzwecken mitbenutzt und dadurch die Eigenart als Zweifamilienhaus nicht wesentlich beeinträchtigt wird.

(4) Mietwohngrundstücke sind Grundstücke, die zu mehr als 80 Prozent der Wohn- und Nutzfläche Wohnzwecken dienen und nicht Ein- und Zweifamilienhäuser oder Wohnungseigentum sind.

[1)] 7. Abschnitt (§§ 218–263) eingef. durch G v. 26.11.2019 (BGBl. I S. 1794); zur Anwendung siehe § 266.

(5) Wohnungseigentum ist das Sondereigentum an einer Wohnung in Verbindung mit dem Miteigentumsanteil an dem gemeinschaftlichen Eigentum, zu dem es gehört.

(6) Teileigentum ist das Sondereigentum an nicht zu Wohnzwecken dienenden Räumen eines Gebäudes in Verbindung mit dem Miteigentum an dem gemeinschaftlichen Eigentum, zu dem es gehört.

(7) Geschäftsgrundstücke sind Grundstücke, die zu mehr als 80 Prozent der Wohn- und Nutzfläche eigenen oder fremden betrieblichen oder öffentlichen Zwecken dienen und nicht Teileigentum sind.

(8) Gemischt genutzte Grundstücke sind Grundstücke, die teils Wohnzwecken, teils eigenen oder fremden betrieblichen oder öffentlichen Zwecken dienen und nicht Ein- und Zweifamilienhäuser, Mietwohngrundstücke, Wohnungseigentum, Teileigentum oder Geschäftsgrundstücke sind.

(9) Sonstige bebaute Grundstücke sind solche Grundstücke, die nicht unter die Absätze 2 bis 8 fallen.

(10) [1] Eine Wohnung ist in der Regel die Zusammenfassung mehrerer Räume, die in ihrer Gesamtheit so beschaffen sein müssen, dass die Führung eines selbständigen Haushalts möglich ist. [2] Die Zusammenfassung der Räume muss eine von anderen Wohnungen oder Räumen, insbesondere Wohnräumen, baulich getrennte, in sich abgeschlossene Wohneinheit bilden und einen selbständigen Zugang haben. [3] Daneben ist erforderlich, dass die für die Führung eines selbständigen Haushalts notwendigen Nebenräume (Küche, Bad oder Dusche, Toilette) vorhanden sind. [4] Die Wohnfläche soll mindestens 20 Quadratmeter betragen.

§ 250[1)] Bewertung der bebauten Grundstücke. (1) Der Grundsteuerwert bebauter Grundstücke ist nach dem Ertragswertverfahren (Absatz 2) oder dem Sachwertverfahren (Absatz 3) zu ermitteln.

(2) Im Ertragswertverfahren nach den §§ 252 bis 257 sind zu bewerten:

1. Einfamilienhäuser,
2. Zweifamilienhäuser,
3. Mietwohngrundstücke,
4. Wohnungseigentum.

(3) Im Sachwertverfahren nach den §§ 258 bis 260 sind zu bewerten:

1. Geschäftsgrundstücke,
2. gemischt genutzte Grundstücke,
3. Teileigentum,
4. sonstige bebaute Grundstücke.

§ 251[1)] Mindestwert. [1] Der für ein bebautes Grundstück anzusetzende Wert darf nicht geringer sein als 75 Prozent des Werts, mit dem der Grund und Boden allein als unbebautes Grundstück zu bewerten wäre (§ 247). [2] Bei der Bewertung von Ein- und Zweifamilienhäusern im Sinne des § 249 Absatz 2 und 3 ist bei der Ermittlung des Mindestwerts § 257 Absatz 1 Satz 2 anzuwenden.

---

1) 7. Abschnitt (§§ 218–263) eingef. durch G v. 26.11.2019 (BGBl. I S. 1794); zur Anwendung siehe § 266.

§ 252[1)] Bewertung im Ertragswertverfahren. [1] Im Ertragswertverfahren ermittelt sich der Grundsteuerwert aus der Summe des kapitalisierten Reinertrags nach § 253 (Barwert des Reinertrags) und des abgezinsten Bodenwerts nach § 257. [2] Mit dem Grundsteuerwert sind die Werte für den Grund und Boden, die Gebäude, die baulichen Anlagen, insbesondere Außenanlagen, und die sonstigen Anlagen abgegolten.

§ 253[1)] Ermittlung des kapitalisierten Reinertrags. (1) [1] Zur Ermittlung des kapitalisierten Reinertrags ist vom Reinertrag des Grundstücks auszugehen. [2] Dieser ergibt sich aus dem Rohertrag des Grundstücks (§ 254) abzüglich der Bewirtschaftungskosten (§ 255).

(2) [1] Der Reinertrag des Grundstücks ist mit dem sich aus Anlage 37 ergebenden Vervielfältiger zu kapitalisieren. [2] Maßgebend für den Vervielfältiger sind der Liegenschaftszinssatz nach § 256 und die Restnutzungsdauer des Gebäudes. [3] Die Restnutzungsdauer ist grundsätzlich der Unterschiedsbetrag zwischen der wirtschaftlichen Gesamtnutzungsdauer, die sich aus Anlage 38 ergibt, und dem Alter des Gebäudes am Bewertungsstichtag. [4] Sind nach der Bezugsfertigkeit des Gebäudes Veränderungen eingetreten, die die wirtschaftliche Gesamtnutzungsdauer des Gebäudes wesentlich verlängert haben, ist von einer der Verlängerung entsprechenden Restnutzungsdauer auszugehen. [5] Die Restnutzungsdauer eines noch nutzbaren Gebäudes beträgt mindestens 30 Prozent der wirtschaftlichen Gesamtnutzungsdauer. [6] Bei einer bestehenden Abbruchverpflichtung für das Gebäude ist die Restnutzungsdauer abweichend von den Sätzen 3 bis 5 auf den Unterschiedsbetrag zwischen der tatsächlichen Gesamtnutzungsdauer und dem Alter des Gebäudes am Bewertungsstichtag begrenzt.

§ 254[1)] Rohertrag des Grundstücks. Der jährliche Rohertrag des Grundstücks ergibt sich aus den in Anlage 39 nach Land, Gebäudeart, Wohnfläche und Baujahr des Gebäudes angegebenen monatlichen Nettokaltmieten je Quadratmeter Wohnfläche einschließlich der in Abhängigkeit der Mietniveaustufen festgelegten Zu- und Abschläge.

§ 255[1)] Bewirtschaftungskosten. [1] Als Bewirtschaftungskosten werden die bei ordnungsgemäßer Bewirtschaftung und zulässiger Nutzung marktüblich entstehenden jährlichen Verwaltungskosten, Betriebskosten, Instandhaltungskosten und das Mietausfallwagnis berücksichtigt, die nicht durch Umlagen oder sonstige Kostenübernahmen gedeckt sind. [2] Sie ergeben sich aus den pauschalierten Erfahrungssätzen nach Anlage 40.

§ 256[1)] Liegenschaftszinssätze. (1) [1] Liegenschaftszinssätze sind die Zinssätze, mit denen der Wert von Grundstücken abhängig von der Grundstücksart durchschnittlich und marktüblich verzinst wird. [2] Bei der Bewertung bebauter Grundstücke gelten die folgenden Zinssätze:

1. 2,5 Prozent für Ein- und Zweifamilienhäuser,
2. 3,0 Prozent für Wohnungseigentum,
3. 4,0 Prozent für Mietwohngrundstücke mit bis zu sechs Wohnungen,
4. 4,5 Prozent für Mietwohngrundstücke mit mehr als sechs Wohnungen.

[1)] 7. Abschnitt (§§ 218–263) eingef. durch G v. 26.11.2019 (BGBl. I S. 1794); zur Anwendung siehe § 266.

(2) [1]Bei der Bewertung von Ein- und Zweifamilienhäusern im Sinne des § 249 Absatz 2 und 3 verringert sich der Zinssatz nach Absatz 1 Satz 2 Nummer 1 um jeweils 0,1 Prozentpunkte für jede vollen 100 Euro, die der Bodenrichtwert oder der Bodenwert nach § 247 Absatz 3 je Quadratmeter den Betrag von 500 Euro je Quadratmeter übersteigt. [2]Ab einem Bodenrichtwert oder Bodenwert nach § 247 Absatz 3 je Quadratmeter in Höhe von 1 500 Euro je Quadratmeter beträgt der Zinssatz für Ein- und Zweifamilienhäuser einheitlich 1,5 Prozent.

(3) [1]Bei der Bewertung von Wohnungseigentum im Sinne des § 249 Absatz 5 verringert sich der Zinssatz nach Absatz 1 Satz 2 Nummer 1 um jeweils 0,1 Prozentpunkte für jede vollen 100 Euro, die der Bodenrichtwert oder der Bodenwert nach § 247 Absatz 3 je Quadratmeter den Betrag von 2 000 Euro je Quadratmeter übersteigt. [2]Ab einem Bodenrichtwert oder Bodenwert nach § 247 Absatz 3 je Quadratmeter in Höhe von 3 000 Euro je Quadratmeter beträgt der Zinssatz für Wohnungseigentum einheitlich 2 Prozent.

§ 257[1)] Ermittlung des abgezinsten Bodenwerts. (1) [1]Zur Ermittlung des abgezinsten Bodenwerts ist vom Bodenwert nach § 247 auszugehen. [2]Bei der Bewertung von Ein- und Zweifamilienhäusern im Sinne des § 249 Absatz 2 und 3 sind zur Berücksichtigung abweichender Grundstücksgrößen beim Bodenwert die Umrechnungskoeffizienten nach Anlage 36 anzuwenden.

(2) [1]Der Bodenwert nach Absatz 1 ist mit Ausnahme des Werts von selbständig nutzbaren Teilflächen nach Absatz 3 mit dem sich aus Anlage 41 ergebenden Abzinsungsfaktor abzuzinsen. [2]Der jeweilige Abzinsungsfaktor bestimmt sich nach dem Liegenschaftszinssatz nach § 256 und der Restnutzungsdauer des Gebäudes nach § 253 Absatz 2 Satz 3 bis 6.

(3) Eine selbständig nutzbare Teilfläche ist ein Teil eines Grundstücks, der für die angemessene Nutzung der Gebäude nicht benötigt wird und selbständig genutzt oder verwertet werden kann.

§ 258[1)] Bewertung im Sachwertverfahren. (1) Bei Anwendung des Sachwertverfahrens ist der Wert der Gebäude (Gebäudesachwert) getrennt vom Bodenwert zu ermitteln.

(2) Der Bodenwert ist der Wert des unbebauten Grundstücks nach § 247.

(3) [1]Die Summe aus Bodenwert (§ 247) und Gebäudesachwert (§ 259) ergibt den vorläufigen Sachwert des Grundstücks. [2]Dieser ist zur Ermittlung des Grundsteuerwerts im Sachwertverfahren mit der Wertzahl nach § 260 zu multiplizieren. [3]Mit dem Grundsteuerwert sind die Werte für den Grund und Boden, die Gebäude, die baulichen Anlagen, insbesondere Außenanlagen, und die sonstigen Anlagen abgegolten.

§ 259[1)] Ermittlung des Gebäudesachwerts. (1) Bei der Ermittlung des Gebäudesachwerts ist von den Normalherstellungskosten des Gebäudes in Anlage 42 auszugehen.

(2) Der Gebäudenormalherstellungswert ergibt sich durch Multiplikation der jeweiligen nach Absatz 3 an den Hauptfeststellungszeitpunkt angepassten Normalherstellungskosten mit der Brutto-Grundfläche des Gebäudes.

[1)] 7. Abschnitt (§§ 218–263) eingef. durch G v. 26.11.2019 (BGBl. I S. 1794); zur Anwendung siehe § 266.

(3) [1]Die Anpassung der Normalherstellungskosten erfolgt anhand der vom Statistischen Bundesamt veröffentlichten Baupreisindizes. [2]Dabei ist auf die Preisindizes für die Bauwirtschaft abzustellen, die das Statistische Bundesamt für den Neubau in konventioneller Bauart von Wohn- und Nichtwohngebäuden jeweils für das Vierteljahr vor dem Hauptfeststellungzeitpunkt ermittelt hat. [3]Diese Preisindizes sind für alle Bewertungsstichtage des folgenden Hauptfeststellungszeitraums anzuwenden. [4]Das Bundesministerium der Finanzen veröffentlicht die maßgebenden Baupreisindizes im Bundessteuerblatt.

(4) [1]Vom Gebäudenormalherstellungswert ist eine Alterswertminderung abzuziehen. [2]Die Alterswertminderung ergibt sich durch Multiplikation des Gebäudenormalherstellungswerts mit dem Verhältnis des Alters des Gebäudes am Bewertungsstichtag zur wirtschaftlichen Gesamtnutzungsdauer nach Anlage 38. [3]Sind nach Bezugsfertigkeit des Gebäudes Veränderungen eingetreten, die die wirtschaftliche Gesamtnutzungsdauer des Gebäudes wesentlich verlängert haben, ist von einem der Verlängerung entsprechenden späteren Baujahr auszugehen. [4]Der nach Abzug der Alterswertminderung verbleibende Gebäudewert ist mit mindestens 30 Prozent des Gebäudenormalherstellungswerts anzusetzen. [5]Bei bestehender Abbruchverpflichtung für das Gebäude ist die Alterswertminderung abweichend von den Sätzen 2 bis 4 auf das Verhältnis des Alters des Gebäudes am Bewertungsstichtag zur tatsächlichen Gesamtnutzungsdauer begrenzt.

§ 260[1)] Wertzahlen. Zur Ermittlung des Grundsteuerwerts ist der vorläufige Sachwert des Grundstücks im Sinne des § 258 Absatz 3 mit der sich aus Anlage 43 ergebenden Wertzahl zu multiplizieren.

IV. Sonderfälle

§ 261[2)] Erbbaurecht. [1]Bei Erbbaurechten ist für das Erbbaurecht und das Erbbaurechtsgrundstück ein Gesamtwert nach den §§ 243 bis 260 zu ermitteln, der festzustellen wäre, wenn die Belastung mit dem Erbbaurecht nicht bestünde. [2]Der ermittelte Wert ist dem Erbbauberechtigten zuzurechnen. [3]Für Wohnungserbbaurechte und Teilerbbaurechte gelten die Sätze 1 und 2 entsprechend.

§ 262[1)] Gebäude auf fremdem Grund und Boden. [1]Bei einem Gebäude auf fremdem Grund und Boden ist für den Grund und Boden sowie für das Gebäude auf fremdem Grund und Boden ein Gesamtwert nach den §§ 243 bis 260 zu ermitteln. [2]Der ermittelte Wert ist dem Eigentümer des Grund und Bodens zuzurechnen.

V. Ermächtigungen

§ 263[1)] Ermächtigungen. (1) [1]Das Bundesministerium der Finanzen wird ermächtigt, durch Rechtsverordnung mit Zustimmung des Bundesrates die folgenden Anlagen zu ändern:

1. die Anlagen 27 bis 33 durch Anpassung der darin aufgeführten Bewertungsfaktoren und Zuschläge zum Reinertrag an die Ergebnisse der Erhebungen

---

[1)] 7. Abschnitt (§§ 218–263) eingef. durch G v. 26.11.2019 (BGBl. I S. 1794); zur Anwendung siehe § 266.

[2)] § 261 eingef. durch G v. 26.11.2019 (BGBl. I S. 1794); zur Anwendung siehe § 266; Satz 3 angef. mWv 29.12.2020 durch G v. 21.12.2020 (BGBl. I S. 3096).

nach § 2 des Landwirtschaftsgesetzes oder an die Erhebungen der Finanzverwaltung zum nächsten Feststellungszeitpunkt,

2. im Einvernehmen mit dem Bundesministerium für Ernährung und Landwirtschaft die Anlagen 34 und 35 durch Anpassung des darin aufgeführten Umrechnungsschlüssels und der Gruppen der Zweige eines Tierbestands an geänderte wirtschaftliche oder technische Entwicklungen und
3. die Anlagen 36 bis 43 durch Anpassung der darin aufgeführten Bewertungsfaktoren des Ertrags- und Sachwertverfahrens an geänderte wirtschaftliche oder technische Verhältnisse.

[2] In der jeweiligen Rechtsverordnung kann das Bundesministerium der Finanzen zur Sicherstellung der Gleichmäßigkeit der Besteuerung, insbesondere zur Sicherstellung einer relations- und realitätsgerechten Abbildung der Grundsteuerwerte, anordnen, dass ab dem nächsten Feststellungszeitpunkt Grundsteuerwerte unter Berücksichtigung der tatsächlichen Verhältnisse und der geänderten Wertverhältnisse durch Anwendung der jeweils angepassten Anlagen 27 bis 43 festgestellt werden.

(2) Das Bundesministerium der Finanzen wird ermächtigt, durch Rechtsverordnung mit Zustimmung des Bundesrates die gemeindebezogene Einordnung in die jeweilige Mietniveaustufe zur Ermittlung der Zu- und Abschläge nach § 254 in Verbindung mit Anlage 39 Teil II auf der Grundlage der Einordnung nach § 12 des Wohngeldgesetzes in Verbindung mit § 1 Absatz 3 und der Anlage der Wohngeldverordnung für steuerliche Zwecke herzuleiten.

Dritter Teil.[1] Schlussbestimmungen

§ 264[2] Bekanntmachung. Das Bundesministerium der Finanzen wird ermächtigt, den Wortlaut dieses Gesetzes und der zu diesem Gesetz erlassenen Rechtsverordnungen in der jeweils geltenden Fassung satzweise nummeriert bekannt zu machen.

§ 265[3] Anwendungsvorschriften. (1)[4] Dieses Gesetz in der Fassung des Artikels 7 des Gesetzes vom 1. November 2011 (BGBl. I S. 2131) ist auf Bewertungsstichtage nach dem 30. Juni 2011 anzuwenden.

(2) Soweit die §§ 40, 41, 44, 55 und 125 Beträge in Deutscher Mark enthalten, gelten diese nach dem 31. Dezember 2001 als Berechnungsgrößen fort.

(3)[5] § 145 Absatz 3 Satz 1 und 4, § 166 Absatz 2 Nummer 1, § 179 Satz 4 und § 192 Satz 2 in der Fassung des Artikels 10 des Gesetzes vom 7. Dezember 2011 (BGBl. I S. 2592) sind auf Bewertungsstichtage nach dem 13. Dezember 2011 anzuwenden.

(4)[5] Anlage 1, Anlage 19 und Teil II der Anlage 24 in der Fassung des Artikels 10 des Gesetzes vom 7. Dezember 2011 (BGBl. I S. 2592) sind auf Bewertungsstichtage nach dem 31. Dezember 2011 anzuwenden.

---

[1] 3. Teil eingef. durch G v. 20.12.1996 (BGBl. I S. 2049) und neu gef. mWv 1.1.2009 durch G v. 24.12.2008 (BGBl. I S. 3018).

[2] Bish. § 204 wird § 264 durch G v. 26.11.2019 (BGBl. I S. 1794).

[3] Bish. § 205 wird § 265 durch G v. 26.11.2019 (BGBl. I S. 1794).

[4] § 265 (früherer § 205) Abs. 1 neu gef. durch G v. 1.11.2011 (BGBl. I S. 2131).

[5] § 265 (früherer § 205) Abs. 3 und 4 angef. durch G v. 7.12.2011 (BGBl. I S. 2592).

(5)[1] § 11 Absatz 4 in der Fassung des Artikels 3 des Gesetzes vom 18. Dezember 2013 (BGBl. I S. 4318) ist auf Bewertungsstichtage ab dem 22. Juli 2013 anzuwenden.

(6)[2] § 48a in der Fassung des Artikels 20 des Gesetzes vom 26. Juni 2013 (BGBl. I S. 1809) ist auf Bewertungsstichtage ab dem 1. Januar 2014 anzuwenden.

(7)[3] § 26 in der Fassung des Artikels 6 des Gesetzes vom 18. Juli 2014 (BGBl. I S. 1042) ist auf Bewertungsstichtage ab dem 1. August 2001 anzuwenden, soweit Feststellungsbescheide noch nicht bestandskräftig sind.

(8)[4] § 97 Absatz 1b Satz 4 in der am 6. November 2015 geltenden Fassung ist auf Bewertungsstichtage nach dem 31. Dezember 2015 anzuwenden.

(9)[4] § 154 Absatz 1 Satz 1 Nummer 3 und Satz 2 in der am 6. November 2015 geltenden Fassung ist auf Bewertungsstichtage nach dem 31. Dezember 2015 anzuwenden.

(10)[4] Die §§ 190, 195 Absatz 2 Satz 4 und 5 sowie die Anlagen 22, 24 und 25 in der am 6. November 2015 geltenden Fassung sind auf Bewertungsstichtage nach dem 31. Dezember 2015 anzuwenden.

(11)[5] § 203 in der Fassung des Artikels 2 des Gesetzes vom 4. November 2016 (BGBl. I S. 2464) ist auf Bewertungsstichtage nach dem 31. Dezember 2015 anzuwenden.

§ 266[6] **Erstmalige Anwendung des Siebenten Abschnitts des Zweiten Teils.** (1) Die erste Hauptfeststellung für die Grundsteuerwerte nach § 221 wird auf den 1. Januar 2022 für die Hauptveranlagung auf den 1. Januar 2025 durchgeführt.

(2) [1]Für die Anwendung des § 219 Absatz 3 bei der Hauptfeststellung nach Absatz 1 ist zu unterstellen, dass anstelle von Einheitswerten Grundsteuerwerte für die Besteuerung nach dem Grundsteuergesetz in der am 1. Januar 2022 geltenden Fassung von Bedeutung sind. [2]Die Steuerbefreiungen des Grundsteuergesetzes in der am 1. Januar 2022 gültigen Fassung sind bei der Hauptfeststellung nach Absatz 1 zu beachten. [3]Bei Artfortschreibungen und Zurechnungsfortschreibungen nach § 222 Absatz 2 ist von der Hauptfeststellung auf den 1. Januar 2022 bis zum 1. Januar 2025 zu unterstellen, dass anstelle von Einheitswerten Grundsteuerwerte nach dem Grundsteuergesetz in der jeweils geltenden Fassung von Bedeutung sind.

(3) Werden der Finanzbehörde durch eine Erklärung im Sinne des § 228 auf den 1. Januar 2022 für die Bewertung eines Betriebs der Land- und Forstwirtschaft oder eines Grundstücks vor dem 1. Januar 2022 eingetretene Änderungen der tatsächlichen Verhältnisse erstmals bekannt, sind diese bei Fortschreibungen nach § 22 und Nachfeststellungen nach § 23 auf Feststellungszeitpunkte vor dem 1. Januar 2022 nicht zu berücksichtigen.

---

[1] § 265 (früherer § 205) Abs. 5 neu gef. durch G v. 18.12.2013 (BGBl. I S. 4318).
[2] § 265 (früherer § 205) Abs. 6 angef. durch G v. 26.6.2013 (BGBl. I S. 1809).
[3] § 265 (früherer § 205) Abs. 7 angef. durch G v. 18.7.2014 (BGBl. I S. 1042).
[4] § 265 (früherer § 205) Abs. 8–10 angef. durch G v. 2.11.2015 (BGBl. I S. 1834).
[5] § 265 (früherer § 205) Abs. 11 angef. durch G v. 4.11.2016 (BGBl. I S. 2464).
[6] § 266 angef. durch G v. 26.11.2019 (BGBl. I S. 1794).

(4) Einheitswertbescheide, Grundsteuermessbescheide und Grundsteuerbescheide, die vor dem 1. Januar 2025 erlassen wurden, werden kraft Gesetzes zum 31. Dezember 2024 mit Wirkung für die Zukunft aufgehoben, soweit sie auf den §§ 19 bis 23, 27, 76, 79 Absatz 5, § 93 Absatz 1 Satz 2 des Bewertungsgesetzes in Verbindung mit Artikel 2 Absatz 1 Satz 1 und 3 des Gesetzes zur Änderung des Bewertungsgesetzes in der Fassung des Artikels 2 des Gesetzes vom 22. Juli 1970 (BGBl. I S. 1118) beruhen.

[bis 31.12.2024:]

Anlage 1[1)]
(zu § 51)

Umrechnungsschlüssel für Tierbestände in Vieheinheiten nach dem Futterbedarf

Tierart	1 Tier
Alpakas	0,08 VE
Damtiere	
Damtiere unter 1 Jahr	0,04 VE
Damtiere 1 Jahr und älter	0,08 VE
Geflügel	
Legehennen (einschließlich einer normalen Aufzucht zur Ergänzung des Bestandes)	0,02 VE
Legehennen aus zugekauften Junghennen	0,0183 VE
Zuchtputen, -enten, -gänse	0,04 VE
Kaninchen	
Zucht- und Angorakaninchen	0,025 VE
Lamas	0,1 VE
Pferde	
Pferde unter drei Jahren und Kleinpferde	0,7 VE
Pferde drei Jahre und älter	1,1 VE
Rindvieh	
Kälber und Jungvieh unter 1 Jahr (einschließlich Mastkälber, Starterkälber und Fresser)	0,3 VE
Jungvieh 1 bis 2 Jahre alt	0,7 VE
Färsen (älter als 2 Jahre)	1 VE
Masttiere (Mastdauer weniger als 1 Jahr)	1 VE
Kühe (einschließlich Mutter- und Ammenkühe mit den dazugehörigen Saugkälbern)	1 VE
Zuchtbullen, Zugochsen	1,2 VE
Schafe	
Schafe unter 1 Jahr einschließlich Mastlämmer	0,05 VE
Schafe 1 Jahr und älter	0,1 VE
Schweine	
Zuchtschweine (einschließlich Jungzuchtschweine über etwa 90 kg)	0,33 VE
Strauße	
Zuchttiere 14 Monate und älter	0,32 VE
Jungtiere/Masttiere unter 14 Monate	0,25 VE
Ziegen	0,08 VE
Geflügel	
Jungmasthühner	
(bis zu 6 Durchgänge je Jahr – schwere Tiere)	0,0017 VE
(mehr als 6 Durchgänge je Jahr – leichte Tiere)	0,0013 VE
Junghennen	0,0017 VE
Mastenten	0,0033 VE
Mastenten in der Aufzuchtphase	0,0011 VE
Mastenten in der Mastphase	0,0022 VE
Mastputen aus selbst erzeugten Jungputen	0,0067 VE
Mastputen aus zugekauften Jungputen	0,005 VE

[1)] Anl. 1 neu gef. mWv 1.1.2012 durch G v. 7.12.2011 (BGBl. I S. 2592); aufgeh. **mWv 1.1.2025** durch G v. 26.11.2019 (BGBl. I S. 1794).

Tierart	1 Tier
Jungputen (bis etwa 8 Wochen)	0,0017 VE
Mastgänse	0,0067 VE
Kaninchen	
Mastkaninchen	0,0025 VE
Rindvieh	
Masttiere (Mastdauer 1 Jahr und mehr)	1 VE
Schweine	
Leichte Ferkel (bis etwa 12 kg)	0,01 VE
Ferkel (über etwa 12 bis etwa 20 kg)	0,02 VE
Schwere Ferkel und leichte Läufer (über etwa 20 bis etwa 30 kg)	0,04 VE
Läufer (über etwa 30 bis etwa 45 kg)	0,06 VE
Schwere Läufer (über etwa 45 bis etwa 60 kg)	0,08 VE
Mastschweine	0,16 VE
Jungzuchtschweine bis etwa 90 kg	0,12 VE

[bis 31.12.2024:]

Anlage 2[1)]
(zu § 51)

Gruppen der Zweige des Tierbestands nach der Flächenabhängigkeit

1. Mehr flächenabhängige Zweige des Tierbestands
   Pferdehaltung,
   Pferdezucht,
   Schafzucht,
   Schafhaltung,
   Rindviehzucht,
   Milchviehhaltung,
   Rindviehmast.
2. Weniger flächenabhängige Zweige des Tierbestands
   Schweinezucht,
   Schweinemast,
   Hühnerzucht,
   Entenzucht,
   Gänsezucht,
   Putenzucht,
   Legehennenhaltung,
   Junghühnermast,
   Entenmast,
   Gänsemast,
   Putenmast.

[1)] Anl. 2 aufgeh. **mWv 1.1.2025** durch G v. 26.11.2019 (BGBl. I S. 1794).

[bis 31.12.2024:]

Anlage 3[1)]
(zu § 80)

**Mietwohngrundstücke
Vervielfältiger**

Baujahrgruppe	Gemeindegrößenklassen							
	bis 2000	über 2 000 bis 5 000	über 5 000 bis 10 000	über 10 000 bis 50 000	über 50 000 bis 100 000	über 100 000 bis 200 000	über 200 000 bis 500 000	über 500 000 Einwohner
A. bei Massivbauten mit Mauerwerk aus Ziegelsteinen, Natursteinen, Kalksandsteinen, Schwemmsteinen oder ähnlichen Steinen sowie bei Stahl- und Stahlbetonskelettbauten außer bei solchen Bauten, die unter B. fallen								
Altbauten								
vor 1895	7,2	6,9	5,8	5,8	5,7	5,5	5,4	5,3
1895 bis 1899	7,4	7,1	6,0	5,9	5,8	5,7	5,5	5,4
1900 bis 1904	7,8	7,5	6,2	6,2	6,0	5,9	5,7	5,6
1905 bis 1915	8,3	7,9	6,6	6,5	6,3	6,2	6,0	5,8
1916 bis 31.3.1924	8,7	8,4	6,9	6,7	6,5	6,4	6,2	6,1
Neubauten								
1.4.1924 bis 31.12. 1934	9,8	9,5	8,3	8,2	8,0	7,8	7,7	7,5
1.1.1935 bis 20.6. 1948	10,2	9,8	8,6	8,4	8,2	8,0	7,9	7,7
Nachkriegsbauten								
nach dem 20.6.1948	9,8	9,7	9,5	9,2	9,0	9,0	9,0	9,1
B. bei Holzfachwerkbauten mit Ziegelsteinausmauerung, Gebäuden aus großformatigen Bimsbetonplatten oder ähnlichen Platten sowie bei anderen eingeschossigen massiven Gebäuden in leichter Bauausführung								
Altbauten								
vor 1908	6,6	6,3	5,3	5,4	5,3	5,2	5,1	5,0
1908 bis 1915	6,9	6,6	5,6	5,6	5,5	5,4	5,3	5,1
1916 bis 31.3.1924	7,7	7,4	6,1	6,1	6,0	5,8	5,7	5,5
Neubauten								
1.4.1924 bis 31.12. 1934	9,0	8,7	7,7	7,6	7,5	7,3	7,3	7,0
1.1.1935 bis 20.6. 1948	9,6	9,3	8,2	8,0	7,8	7,7	7,5	7,4
Nachkriegsbauten								
nach dem 20.6.1948	9,5	9,4	9,2	8,9	8,7	8,7	8,7	8,8
C. bei Holzfachwerkbauten mit Lehmausfachung und besonders haltbaren Holzbauten mit massiven Fundamenten								
Altbauten								
vor dem 1.4.1924	5,7	5,5	4,7	4,9	4,8	4,7	4,6	4,5
Neubauten								
1.4.1924 bis 31.12. 1934	7,3	7,0	6,4	6,4	6,3	6,2	6,1	6,0
1.1.1935 bis 20.6. 1948	8,5	8,2	7,3	7,2	7,1	7,0	6,8	6,7
Nachkriegsbauten								
nach dem 20.6.1948	8,9	8,7	8,6	8,3	8,1	8,1	8,1	8,3

[1)] Anl. 3 aufgeh. **mWv 1.1.2025** durch G v. 26.11.2019 (BGBl. I S. 1794).

[bis 31.12.2024:]

Anlage 4[1)]
(zu § 80)

Gemischtgenutzte Grundstücke mit einem gewerblichen Anteil an der Jahresrohmiete bis zu 50 v.H.
Vervielfältiger

Baujahrgruppe	Gemeindegrößenklassen							
	bis 2000	über 2 000 bis 5 000	über 5 000 bis 10 000	über 10 000 bis 50 000	über 50 000 bis 100 000	über 100 000 bis 200 000	über 200 000 bis 500 000	über 500 000 Einwohner
A. bei Massivbauten mit Mauerwerk aus Ziegelsteinen, Natursteinen, Kalksandsteinen, Schwemmsteinen oder ähnlichen Steinen sowie bei Stahl- und Stahlbetonskelettbauten außer bei solchen Bauten, die unter B. fallen								
Altbauten								
vor 1895	7,6	7,3	6,4	6,4	6,1	6,0	5,9	6,1
1895 bis 1899	7,8	7,6	6,6	6,5	6,3	6,2	6,0	6,3
1900 bis 1904	8,2	7,9	6,9	6,8	6,5	6,4	6,3	6,4
1905 bis 1915	8,7	8,4	7,2	7,1	6,8	6,7	6,5	6,7
1916 bis 31.3.1924	9,1	8,8	7,6	7,4	7,1	6,9	6,8	6,9
Neubauten								
1.4.1924 bis 31.12. 1934	10,2	9,6	8,4	8,1	8,0	7,8	7,7	7,8
1.1.1935 bis 20.6. 1948	10,5	9,8	8,6	8,3	8,2	8,0	7,9	7,9
Nachkriegsbauten								
nach dem 20.6.1948	9,9	9,6	9,2	9,1	9,0	9,0	9,0	9,0
B. bei Holzfachwerkbauten mit Ziegelsteinausmauerung, Gebäuden aus großformatigen Bimsbetonplatten oder ähnlichen Platten sowie bei anderen eingeschossigen massiven Gebäuden in leichter Bauausführung								
Altbauten								
vor 1908	7,0	6,7	5,9	6,0	5,7	5,6	5,5	5,8
1908 bis 1915	7,3	7,0	6,2	6,2	5,9	5,8	5,7	6,0
1916 bis 31.3.1924	8,1	7,8	6,8	6,7	6,4	6,3	6,2	6,4
Neubauten								
1.4.1924 bis 31.12. 1934	9,3	8,8	7,7	7,6	7,5	7,3	7,2	7,3
1.1.1935 bis 20.6. 1948	9,9	9,3	8,2	8,0	7,8	7,7	7,5	7,6
Nachkriegsbauten								
nach dem 20.6.1948	9,6	9,3	9,0	8,9	8,7	8,7	8,7	8,8
C. bei Holzfachwerkbauten mit Lehmausfachung und besonders haltbaren Holzbauten mit massiven Fundamenten								
Altbauten								
vor dem 1.4.1924	6,1	5,9	5,2	5,4	5,2	5,1	5,0	5,4
Neubauten								
1.4.1924 bis 31.12. 1934	7,7	7,2	6,4	6,5	6,4	6,3	6,1	6,4
1.1.1935 bis 20.6. 1948	8,8	8,3	7,3	7,3	7,1	7,0	6,9	7,1

[1)] Anl. 4 aufgeh. **mWv 1.1.2025** durch G v. 26.11.2019 (BGBl. I S. 1794).

Baujahrgruppe	Gemeindegrößenklassen							
	bis 2000	über 2 000 bis 5 000	über 5 000 bis 10 000	über 10 000 bis 50 000	über 50 000 bis 100 000	über 100 000 bis 200 000	über 200 000 bis 500 000	über 500 000 Einwohner
Nachkriegsbauten nach dem 20.6.1948	9,0	8,7	8,4	8,4	8,2	8,2	8,2	8,4

[bis 31.12.2024:]

Anlage 5[1)]
(zu § 80)

Gemischtgenutzte Grundstücke mit einem gewerblichen Anteil an der Jahresrohmiete von mehr als 50 v.H.
Vervielfältiger

Baujahrgruppe	Gemeindegrößenklassen							
	bis 2000	über 2 000 bis 5 000	über 5 000 bis 10 000	über 10 000 bis 50 000	über 50 000 bis 100 000	über 100 000 bis 200 000	über 200 000 bis 500 000	über 500 000 Einwohner
A. bei Massivbauten mit Mauerwerk aus Ziegelsteinen, Natursteinen, Kalksandsteinen, Schwemmsteinen oder ähnlichen Steinen sowie bei Stahl- und Stahlbetonskelettbauten außer bei solchen Bauten, die unter B. fallen								
Altbauten								
vor 1895	7,6	7,2	6,4	6,6	6,4	6,4	6,4	6,4
1895 bis 1899	7,8	7,4	6,6	6,8	6,5	6,5	6,5	6,5
1900 bis 1904	8,2	7,8	6,8	7,0	6,7	6,7	6,7	6,7
1905 bis 1915	8,6	8,2	7,1	7,2	7,0	7,0	7,0	7,0
1916 bis 31.3.1924	9,0	8,6	7,4	7,5	7,2	7,2	7,2	7,2
Neubauten								
1.4.1924 bis 31.12. 1934	9,7	9,1	8,0	8,1	7,9	7,9	7,9	7,9
1.1.1935 bis 20.6. 1948	10,0	9,4	8,2	8,3	8,1	8,1	8,1	8,1
Nachkriegsbauten								
nach dem 20.6.1948	9,6	9,3	8,9	8,9	8,7	8,8	8,8	8,8
B. bei Holzfachwerkbauten mit Ziegelsteinausmauerung, Gebäuden aus großformatigen Bimsbetonplatten oder ähnlichen Platten sowie bei anderen eingeschossigen massiven Gebäuden in leichter Bauausführung								
Altbauten								
vor 1908	7,0	6,7	6,0	6,3	6,1	6,1	6,1	6,1
1908 bis 1915	7,3	7,0	6,2	6,5	6,2	6,2	6,2	6,2
1916 bis 31.3.1924	8,1	7,7	6,7	6,9	6,7	6,7	6,7	6,7
Neubauten								
1.4.1924 bis 31.12. 1934	9,0	8,4	7,5	7,6	7,5	7,5	7,5	7,5
1.1.1935 bis 20.6. 1948	9,5	8,9	7,8	7,9	7,8	7,8	7,8	7,8
Nachkriegsbauten								
nach dem 20.6.1948	9,3	9,0	8,6	8,7	8,5	8,6	8,6	8,6
C. bei Holzfachwerkbauten mit Lehmausfachung und besonders haltbaren Holzbauten mit massiven Fundamenten								
Altbauten								
vor dem 1.4.1924	6,2	5,9	5,5	5,8	5,6	5,6	5,6	5,6
Neubauten								
1.4.1924 bis 31.12. 1934	7,4	7,0	6,4	6,7	6,5	6,5	6,5	6,5
1.1.1935 bis 20.6. 1948	8,5	8,0	7,2	7,3	7,2	7,2	7,2	7,2

1) Anl. 5 aufgeh. **mWv 1.1.2025** durch G v. 26.11.2019 (BGBl. I S. 1794).

Baujahrgruppe	Gemeindegrößenklassen							
	bis 2000	über 2 000 bis 5 000	über 5 000 bis 10 000	über 10 000 bis 50 000	über 50 000 bis 100 000	über 100 000 bis 200 000	über 200 000 bis 500 000	über 500 000 Einwohner
Nachkriegsbauten nach dem 20.6.1948	8,8	8,5	8,1	8,2	8,1	8,2	8,2	8,2

[bis 31.12.2024:]

Anlage 6[1)]
(zu § 80)

Geschäftsgrundstücke
Vervielfältiger

Baujahrgruppe	Gemeindegrößenklassen							
	bis 2 000	über 2 000 bis 5 000	über 5 000 bis 10 000	über 10 000 bis 50 000	über 50 000 bis 100 000	über 100 000 bis 200 000	über 200 000 bis 500 000	über 500 000 Einwohner
A. bei Massivbauten mit Mauerwerk aus Ziegelsteinen, Natursteinen, Kalksandsteinen, Schwemmsteinen oder ähnlichen Steinen sowie bei Stahl- und Stahlbetonskelettbauten außer bei solchen Bauten, die unter B. fallen								
Altbauten								
vor 1895	7,8	7,5	6,7	6,9	6,8	6,8	6,8	6,8
1895 bis 1899	8,0	7,7	6,9	7,0	7,0	7,0	7,0	7,0
1900 bis 1904	8,3	7,9	7,1	7,2	7,1	7,1	7,1	7,1
1905 bis 1915	8,7	8,3	7,4	7,5	7,4	7,4	7,4	7,4
1916 bis 31.3.1924	9,0	8,6	7,7	7,8	7,6	7,6	7,6	7,6
Neubauten								
1.4.1924 bis 31.12.1934	9,4	9,0	8,0	8,0	8,0	8,0	8,0	8,0
1.1.1935 bis 20.6.1948	9,6	9,2	8,1	8,2	8,1	8,1	8,1	8,1
Nachkriegsbauten								
nach dem 20.6.1948	9,4	9,2	9,0	9,0	8,9	8,9	8,9	8,9
B. bei Holzfachwerkbauten mit Ziegelsteinausmauerung, Gebäuden aus großformatigen Bimsbetonplatten oder ähnlichen Platten sowie bei anderen eingeschossigen massiven Gebäuden in leichter Bauausführung								
Altbauten								
vor 1908	7,3	7,0	6,3	6,5	6,5	6,5	6,5	6,5
1908 bis 1915	7,6	7,2	6,5	6,7	6,7	6,7	6,7	6,7
1916 bis 31.3.1924	8,2	7,8	7,0	7,2	7,1	7,1	7,1	7,1
Neubauten								
1.4.1924 bis 31.12.1934	8,8	8,4	7,5	7,6	7,6	7,6	7,6	7,6
1.1.1935 bis 20.6.1948	9,2	8,8	7,8	7,9	7,8	7,8	7,8	7,8
Nachkriegsbauten								
nach dem 20.6.1948	9,1	9,0	8,7	8,8	8,7	8,7	8,7	8,7
C. bei Holzfachwerkbauten mit Lehmausfachung und besonders haltbaren Holzbauten mit massiven Fundamenten								
Altbauten								
vor dem 1.4.1924	6,6	6,3	5,7	6,0	6,1	6,1	6,1	6,1
Neubauten								
1.4.1924 bis 31.12.1934	7,5	7,2	6,5	6,7	6,8	6,8	6,8	6,8
1.1.1935 bis 20.6.1948	8,4	8,0	7,2	7,3	7,3	7,3	7,3	7,3
Nachkriegsbauten								
nach dem 20.6.1948	8,7	8,6	8,3	8,4	8,3	8,3	8,4	8,4

1) Anl. 6 aufgeh. **mWv 1.1.2025** durch G v. 26.11.2019 (BGBl. I S. 1794).

[bis 31.12.2024:]

Anlage 7[1)]
(zu § 80)

Einfamilienhäuser
Vervielfältiger

Baujahrgruppe	Gemeindegrößenklassen							
	bis 2000	über 2 000 bis 5 000	über 5 000 bis 10 000	über 10 000 bis 50 000	über 50 000 bis 100 000	über 100 000 bis 200 000	über 200 000 bis 500 000	über 500 000 Einwohner
A. bei Massivbauten mit Mauerwerk aus Ziegelsteinen, Natursteinen, Kalksandsteinen, Schwemmsteinen oder ähnlichen Steinen sowie bei Stahl- und Stahlbetonskelettbauten außer bei solchen Bauten, die unter B. fallen								
Altbauten								
vor 1895	9,5	9,0	7,7	7,4	7,8	7,8	7,8	7,8
1895 bis 1899	9,8	9,3	7,9	7,6	8,0	8,0	8,0	8,0
1900 bis 1904	10,3	9,8	8,3	7,9	8,2	8,2	8,2	8,2
1905 bis 1915	11,0	10,4	8,7	8,4	8,6	8,6	8,6	8,6
1916 bis 31.3.1924	11,6	11,0	9,1	8,8	8,9	8,9	8,9	8,9
Neubauten								
1.4.1924 bis 31.12. 1934	13,1	12,4	10,6	10,2	10,2	10,2	10,2	10,2
1.1.1935 bis 20.6. 1948	13,5	12,9	10,9	10,5	10,4	10,4	10,4	10,4
Nachkriegsbauten								
nach dem 20.6.1948	13,0	12,4	12,0	11,8	11,8	11,8	11,8	11,9
B. bei Holzfachwerkbauten mit Ziegelsteinausmauerung, Gebäuden aus großformatigen Bimsbetonplatten oder ähnlichen Platten sowie bei anderen eingeschossigen massiven Gebäuden in leichter Bauausführung								
Altbauten								
vor 1908	8,7	8,3	7,1	6,8	7,3	7,3	7,3	7,3
1908 bis 1915	9,1	8,7	7,4	7,1	7,6	7,6	7,6	7,6
1916 bis 31.3.1924	10,2	9,6	8,1	7,8	8,1	8,1	8,1	8,1
Neubauten								
1.4.1924 bis 31.12. 1934	11,9	11,3	9,7	9,4	9,4	9,4	9,4	9,4
1.1.1935 bis 20.6. 1948	12,7	12,1	10,3	9,9	9,9	9,9	9,9	9,9
Nachkriegsbauten								
nach dem 20.6.1948	12,5	11,9	11,5	11,4	11,4	11,4	11,4	11,5
C. bei Holzfachwerkbauten mit Lehmausfachung und besonders haltbaren Holzbauten mit massiven Fundamenten								
Altbauten								
vor dem 1.4.1924	7,7	7,3	6,3	6,1	6,7	6,7	6,7	6,7
Neubauten								
1.4.1924 bis 31.12. 1934	9,6	9,1	8,0	7,7	8,0	8,0	8,0	8,0
1.1.1935 bis 20.6. 1948	11,1	10,6	9,2	8,9	9,0	9,0	9,0	9,0
Nachkriegsbauten								
nach dem 20.6.1948	11,5	10,9	10,6	10,6	10,6	10,6	10,6	10,8

[1)] Anl. 7 aufgeh. **mWv 1.1.2025** durch G v. 26.11.2019 (BGBl. I S. 1794).

[bis 31.12.2024:]

Anlage 8[1)]
(zu § 80)

Zweifamilienhäuser
Vervielfältiger

Baujahrgruppe	Gemeindegrößenklassen							
	bis 2000	über 2 000 bis 5 000	über 5 000 bis 10 000	über 10 000 bis 50 000	über 50 000 bis 100 000	über 100 000 bis 200 000	über 200 000 bis 500 000	über 500 000 Ein-wohner
A. bei Massivbauten mit Mauerwerk aus Ziegelsteinen, Natursteinen, Kalksandsteinen, Schwemmsteinen oder ähnlichen Steinen sowie bei Stahl- und Stahlbetonskelettbauten außer bei solchen Bauten, die unter B. fallen								
Altbauten								
vor 1895	8,6	8,1	6,9	6,7	7,0	6,8	6,8	6,8
1895 bis 1899	8,8	8,4	7,1	6,9	7,1	7,0	7,0	7,0
1900 bis 1904	9,3	8,8	7,4	7,1	7,4	7,2	7,2	7,2
1905 bis 1915	9,8	9,3	7,8	7,5	7,7	7,5	7,5	7,5
1916 bis 31.3.1924	10,3	9,7	8,2	7,8	8,0	7,8	7,8	7,8
Neubauten								
1.4.1924 bis 31.12. 1934	11,6	11,0	9,5	9,1	9,0	9,0	9,0	9,0
1.1.1935 bis 20.6. 1948	11,9	11,3	9,7	9,3	9,2	9,2	9,2	9,2
Nachkriegsbauten								
nach dem 20.6.1948	11,4	11,0	10,6	10,5	10,5	10,5	10,5	10,5
B. bei Holzfachwerkbauten mit Ziegelsteinausmauerung, Gebäuden aus großformatigen Bimsbetonplatten oder ähnlichen Platten sowie bei anderen eingeschossigen massiven Gebäuden in leichter Bauausführung								
Altbauten								
vor 1908	7,9	7,5	6,4	6,2	6,6	6,5	6,5	6,5
1908 bis 1915	8,3	7,8	6,7	6,4	6,8	6,7	6,7	6,7
1916 bis 31.3.1924	9,1	8,6	7,3	7,0	7,3	7,1	7,1	7,1
Neubauten								
1.4.1924 bis 31.12. 1934	10,6	10,1	8,7	8,4	8,5	8,5	8,5	8,5
1.1.1935 bis 20.6. 1948	11,2	10,7	9,2	8,9	8,8	8,8	8,8	8,8
Nachkriegsbauten								
nach dem 20.6.1948	11,0	10,6	10,2	10,1	10,1	10,1	10,1	10,2
C. bei Holzfachwerkbauten mit Lehmausfachung und besonders haltbaren Holzbauten mit massiven Fundamenten								
Altbauten								
vor dem 1.4.1924	7,0	6,7	5,8	5,6	6,1	6,0	6,0	6,0
Neubauten								
1.4.1924 bis 31.12. 1934	8,7	8,3	7,3	7,0	7,3	7,3	7,3	7,3
1.1.1935 bis 20.6. 1948	10,0	9,5	8,3	8,0	8,1	8,1	8,1	8,1
Nachkriegsbauten								
nach dem 20.6.1948	10,2	9,8	9,5	9,5	9,5	9,5	9,5	9,7

[1)] Anl. 8 aufgeh. **mWv 1.1.2025** durch G v. 26.11.2019 (BGBl. I S. 1794).

Anlage 9[1] *(aufgehoben)*

Anlage 9a[2]
(zu § 13)

Kapitalwert einer wiederkehrenden, zeitlich beschränkten Nutzung oder Leistung im Jahresbetrag von einem Euro

Der Kapitalwert ist unter Berücksichtigung von Zwischenzinsen und Zinseszinsen mit 5,5 Prozent errechnet worden. Er ist der Mittelwert zwischen dem Kapitalwert für jährlich vorschüssige und jährlich nachschüssige Zahlungsweise.

Laufzeit in Jahren	Kapitalwert	Laufzeit in Jahren	Kapitalwert
1	0,974	31	15,129
2	1,897	32	15,314
3	2,772	33	15,490
4	3,602	34	15,656
5	4,388	35	15,814
6	5,133	36	15,963
7	5,839	37	16,105
8	6,509	38	16,239
9	7,143	39	16,367
10	7,745	40	16,487
11	8,315	41	16,602
12	8,856	42	16,710
13	9,368	43	16,813
14	9,853	44	16,910
15	10,314	45	17,003
16	10,750	46	17,090
17	11,163	47	17,173
18	11,555	48	17,252
19	11,927	49	17,326
20	12,279	50	17,397
21	12,613	51	17,464
22	12,929	52	17,528
23	13,229	53	17,588
24	13,513	54	17,645
25	13,783	55	17,699
26	14,038	56	17,750
27	14,280	57	17,799
28	14,510	58	17,845
29	14,727	59	17,888
30	14,933	60	17,930

[1] Anl. 9 aufgeh. mWv 1.1.2009 (§ 205 Abs. 1) durch G v. 24.12.2008 (BGBl. I S. 3018).
[2] Anl. 9a geänd. durch G v. 13.9.1993 (BGBl. I S. 1569); geänd. mWv 1.1.2002 durch G v. 19.12. 2000 (BGBl. I S. 1790).

Laufzeit in Jahren	Kapitalwert	Laufzeit in Jahren	Kapitalwert
61	17,969	81	18,437
62	18,006	82	18,450
63	18,041	83	18,462
64	18,075	84	18,474
65	18,106	85	18,485
66	18,136	86	18,495
67	18,165	87	18,505
68	18,192	88	18,514
69	18,217	89	18,523
70	18,242	90	18,531
71	18,264	91	18,539
72	18,286	92	18,546
73	18,307	93	18,553
74	18,326	94	18,560
75	18,345	95	18,566
76	18,362	96	18,572
77	18,379	97	18,578
78	18,395	98	18,583
79	18,410	99	18,589
80	18,424	100	18,593
		101	18,596
		mehr als 101	18,600

Anlagen 10–13[1] *(aufgehoben)*

Anlage 14
(zu § 163 Abs. 3, § 164 Abs. 2 und 4)

Landwirtschaftliche Nutzung

1	2	3	4	5	6
Region Land/ Reg.bezirk	**Nutzungsart Betriebsform**	**Betriebsgröße**	**Reingewinn EUR/ha LF**	**Pachtpreis EUR/ha LF**	**Wert für das Besatzkapital EUR/ha LF**
Schleswig-Holstein	Ackerbau	Kleinbetriebe 0 bis unter 40 EGE	– 428	240	129
		Mittelbetriebe 40 bis 100 EGE	– 19	286	90
		Großbetriebe über 100 EGE	124	338	78
	Milchvieh	Kleinbetriebe 0 bis unter 40 EGE	– 572	161	241
		Mittelbetriebe 40 bis 100 EGE	– 98	201	238
		Großbetriebe über 100 EGE	143	235	203
	Sonstiger Futterbau	Kleinbetriebe 0 bis unter 40 EGE	– 535	122	160
		Mittelbetriebe 40 bis 100 EGE	– 143	162	142
		Großbetriebe über 100 EGE	73	250	152
	Veredlung	Kleinbetriebe 0 bis unter 40 EGE	– 917	338	343
		Mittelbetriebe 40 bis 100 EGE	– 124	388	358
		Großbetriebe über 100 EGE	224	389	313

[1] Anl. 10 bis 13 aufgeh. durch G v. 8.12.2010 (BGBl. I S. 1768).

1	2	3	4	5	6
Region Land/ Reg.bezirk	**Nutzungsart Betriebsform**	**Betriebsgröße**	**Reingewinn EUR/ha LF**	**Pachtpreis EUR/ha LF**	**Wert für das Besatzkapital EUR/ha LF**
	Pflanzenbau-Verbund	Kleinbetriebe 0 bis unter 40 EGE	– 586	201	161
		Mittelbetriebe 40 bis 100 EGE	– 169	245	150
		Großbetriebe über 100 EGE	77	301	148
	Vieh-Verbund	Kleinbetriebe 0 bis unter 40 EGE	– 833	214	188
		Mittelbetriebe 40 bis 100 EGE	– 253	263	222
		Großbetriebe über 100 EGE	66	348	238
	Pflanzen- und Viehverbund	Kleinbetriebe 0 bis unter 40 EGE	– 648	202	169
		Mittelbetriebe 40 bis 100 EGE	– 136	243	172
		Großbetriebe über 100 EGE	68	302	153
Braunschweig	Ackerbau	Kleinbetriebe 0 bis unter 40 EGE	– 456	226	121
		Mittelbetriebe 40 bis 100 EGE	– 20	270	84
		Großbetriebe über 100 EGE	116	318	72
	Milchvieh	Kleinbetriebe 0 bis unter 40 EGE	– 564	164	244
		Mittelbetriebe 40 bis 100 EGE	– 96	203	241
		Großbetriebe über 100 EGE	144	238	205
	Sonstiger Futterbau	Kleinbetriebe 0 bis unter 40 EGE	– 532	122	161
		Mittelbetriebe 40 bis 100 EGE	– 143	162	143
		Großbetriebe über 100 EGE	73	250	152
	Veredlung	Kleinbetriebe 0 bis unter 40 EGE	– 1 001	312	315
		Mittelbetriebe 40 bis 100 EGE	– 136	354	326
		Großbetriebe über 100 EGE	206	359	287
	Pflanzenbau-Verbund	Kleinbetriebe 0 bis unter 40 EGE	– 617	190	153
		Mittelbetriebe 40 bis 100 EGE	– 176	234	144
		Großbetriebe über 100 EGE	74	288	141
	Vieh-Verbund	Kleinbetriebe 0 bis unter 40 EGE	– 868	205	180
		Mittelbetriebe 40 bis 100 EGE	– 268	249	209
		Großbetriebe über 100 EGE	62	330	224
	Pflanzen- und Viehverbund	Kleinbetriebe 0 bis unter 40 EGE	– 687	190	160
		Mittelbetriebe 40 bis 100 EGE	– 146	227	160
		Großbetriebe über 100 EGE	64	281	142
Hannover	Ackerbau	Kleinbetriebe 0 bis unter 40 EGE	– 461	224	119
		Mittelbetriebe 40 bis 100 EGE	– 21	268	83
		Großbetriebe über 100 EGE	114	315	71
	Milchvieh	Kleinbetriebe 0 bis unter 40 EGE	– 565	163	244
		Mittelbetriebe 40 bis 100 EGE	– 97	203	240
		Großbetriebe über 100 EGE	144	237	205
	Sonstiger Futterbau	Kleinbetriebe 0 bis unter 40 EGE	– 534	122	160
		Mittelbetriebe 40 bis 100 EGE	– 143	161	142
		Großbetriebe über 100 EGE	73	249	152
	Veredlung	Kleinbetriebe 0 bis unter 40 EGE	– 1 006	310	313
		Mittelbetriebe 40 bis 100 EGE	– 137	352	325
		Großbetriebe über 100 EGE	205	357	286

1	2	3	4	5	6
Region Land/ Reg.bezirk	**Nutzungsart Betriebsform**	**Betriebsgröße**	**Reingewinn EUR/ha LF**	**Pachtpreis EUR/ha LF**	**Wert für das Besatzkapital EUR/ha LF**
	Pflanzenbau-Verbund	Kleinbetriebe 0 bis unter 40 EGE	−622	189	152
		Mittelbetriebe 40 bis 100 EGE	−178	234	143
		Großbetriebe über 100 EGE	73	286	140
	Vieh-Verbund	Kleinbetriebe 0 bis unter 40 EGE	−872	204	179
		Mittelbetriebe 40 bis 100 EGE	−269	248	208
		Großbetriebe über 100 EGE	62	328	223
	Pflanzen- und Viehverbund	Kleinbetriebe 0 bis unter 40 EGE	−691	189	159
		Mittelbetriebe 40 bis 100 EGE	−147	226	159
		Großbetriebe über 100 EGE	63	279	141
Lüneburg	Ackerbau	Kleinbetriebe 0 bis unter 40 EGE	−478	216	115
		Mittelbetriebe 40 bis 100 EGE	−21	258	80
		Großbetriebe über 100 EGE	110	304	69
	Milchvieh	Kleinbetriebe 0 bis unter 40 EGE	−578	160	238
		Mittelbetriebe 40 bis 100 EGE	−99	198	234
		Großbetriebe über 100 EGE	140	231	199
	Sonstiger Futterbau	Kleinbetriebe 0 bis unter 40 EGE	−536	121	160
		Mittelbetriebe 40 bis 100 EGE	−145	160	141
		Großbetriebe über 100 EGE	72	245	150
	Veredlung	Kleinbetriebe 0 bis unter 40 EGE	−1 011	309	311
		Mittelbetriebe 40 bis 100 EGE	−138	350	323
		Großbetriebe über 100 EGE	204	355	284
	Pflanzenbau-Verbund	Kleinbetriebe 0 bis unter 40 EGE	−632	186	149
		Mittelbetriebe 40 bis 100 EGE	−181	230	140
		Großbetriebe über 100 EGE	72	281	138
	Vieh-Verbund	Kleinbetriebe 0 bis unter 40 EGE	−880	202	178
		Mittelbetriebe 40 bis 100 EGE	−272	246	206
		Großbetriebe über 100 EGE	61	325	221
	Pflanzen- und Viehverbund	Kleinbetriebe 0 bis unter 40 EGE	−699	187	157
		Mittelbetriebe 40 bis 100 EGE	−149	222	156
		Großbetriebe über 100 EGE	62	275	139
Weser-Ems	Ackerbau	Kleinbetriebe 0 bis unter 40 EGE	−476	217	116
		Mittelbetriebe 40 bis 100 EGE	−21	261	81
		Großbetriebe über 100 EGE	113	315	71
	Milchvieh	Kleinbetriebe 0 bis unter 40 EGE	−577	160	239
		Mittelbetriebe 40 bis 100 EGE	−99	198	235
		Großbetriebe über 100 EGE	140	232	200
	Sonstiger Futterbau	Kleinbetriebe 0 bis unter 40 EGE	−540	120	158
		Mittelbetriebe 40 bis 100 EGE	−145	159	140
		Großbetriebe über 100 EGE	72	245	149
	Veredlung	Kleinbetriebe 0 bis unter 40 EGE	−966	323	326
		Mittelbetriebe 40 bis 100 EGE	−131	367	339
		Großbetriebe über 100 EGE	213	372	298

1	2	3	4	5	6
Region Land/ Reg.bezirk	**Nutzungsart Betriebsform**	**Betriebsgröße**	**Reingewinn EUR/ha LF**	**Pachtpreis EUR/ha LF**	**Wert für das Besatzkapital EUR/ha LF**
	Pflanzenbau-Verbund	Kleinbetriebe 0 bis unter 40 EGE	−622	190	152
		Mittelbetriebe 40 bis 100 EGE	−178	233	143
		Großbetriebe über 100 EGE	74	288	142
	Vieh-Verbund	Kleinbetriebe 0 bis unter 40 EGE	−862	207	181
		Mittelbetriebe 40 bis 100 EGE	−264	253	213
		Großbetriebe über 100 EGE	63	335	228
	Pflanzen- und Viehverbund	Kleinbetriebe 0 bis unter 40 EGE	−684	192	160
		Mittelbetriebe 40 bis 100 EGE	−144	230	162
		Großbetriebe über 100 EGE	64	286	144
Düsseldorf	Ackerbau	Kleinbetriebe 0 bis unter 40 EGE	−443	233	124
		Mittelbetriebe 40 bis 100 EGE	−20	281	87
		Großbetriebe über 100 EGE	123	338	77
	Milchvieh	Kleinbetriebe 0 bis unter 40 EGE	−548	169	251
		Mittelbetriebe 40 bis 100 EGE	−94	209	247
		Großbetriebe über 100 EGE	147	244	210
	Sonstiger Futterbau	Kleinbetriebe 0 bis unter 40 EGE	−492	132	174
		Mittelbetriebe 40 bis 100 EGE	−131	176	155
		Großbetriebe über 100 EGE	79	268	165
	Veredlung	Kleinbetriebe 0 bis unter 40 EGE	−964	323	327
		Mittelbetriebe 40 bis 100 EGE	−131	368	340
		Großbetriebe über 100 EGE	214	373	299
	Pflanzenbau-Verbund	Kleinbetriebe 0 bis unter 40 EGE	−593	198	159
		Mittelbetriebe 40 bis 100 EGE	−171	242	148
		Großbetriebe über 100 EGE	77	301	149
	Vieh-Verbund	Kleinbetriebe 0 bis unter 40 EGE	−824	215	190
		Mittelbetriebe 40 bis 100 EGE	−256	261	219
		Großbetriebe über 100 EGE	65	345	235
	Pflanzen- und Viehverbund	Kleinbetriebe 0 bis unter 40 EGE	−658	199	167
		Mittelbetriebe 40 bis 100 EGE	−140	237	167
		Großbetriebe über 100 EGE	66	294	149
Köln	Ackerbau	Kleinbetriebe 0 bis unter 40 EGE	−432	239	127
		Mittelbetriebe 40 bis 100 EGE	−19	288	90
		Großbetriebe über 100 EGE	127	348	80
	Milchvieh	Kleinbetriebe 0 bis unter 40 EGE	−566	163	243
		Mittelbetriebe 40 bis 100 EGE	−97	202	239
		Großbetriebe über 100 EGE	142	235	203
	Sonstiger Futterbau	Kleinbetriebe 0 bis unter 40 EGE	−493	132	174
		Mittelbetriebe 40 bis 100 EGE	−132	174	154
		Großbetriebe über 100 EGE	78	264	163
	Veredlung	Kleinbetriebe 0 bis unter 40 EGE	−962	324	327
		Mittelbetriebe 40 bis 100 EGE	−131	369	340
		Großbetriebe über 100 EGE	215	374	300

1	2	3	4	5	6
Region Land/ Reg.bezirk	**Nutzungsart Betriebsform**	**Betriebsgröße**	**Reingewinn EUR/ha LF**	**Pachtpreis EUR/ha LF**	**Wert für das Besatzkapital EUR/ha LF**
	Pflanzenbau-Verbund	Kleinbetriebe 0 bis unter 40 EGE	−586	200	161
		Mittelbetriebe 40 bis 100 EGE	−169	244	150
		Großbetriebe über 100 EGE	79	305	151
	Vieh-Verbund	Kleinbetriebe 0 bis unter 40 EGE	−829	214	189
		Mittelbetriebe 40 bis 100 EGE	−257	259	218
		Großbetriebe über 100 EGE	65	343	234
	Pflanzen- und Viehverbund	Kleinbetriebe 0 bis unter 40 EGE	−655	200	167
		Mittelbetriebe 40 bis 100 EGE	−139	238	168
		Großbetriebe über 100 EGE	67	296	149
Münster	Ackerbau	Kleinbetriebe 0 bis unter 40 EGE	−460	223	120
		Mittelbetriebe 40 bis 100 EGE	−21	264	83
		Großbetriebe über 100 EGE	113	309	70
	Milchvieh	Kleinbetriebe 0 bis unter 40 EGE	−554	167	249
		Mittelbetriebe 40 bis 100 EGE	−95	206	244
		Großbetriebe über 100 EGE	145	240	207
	Sonstiger Futterbau	Kleinbetriebe 0 bis unter 40 EGE	−493	132	174
		Mittelbetriebe 40 bis 100 EGE	−132	174	154
		Großbetriebe über 100 EGE	79	265	163
	Veredlung	Kleinbetriebe 0 bis unter 40 EGE	−1 014	308	310
		Mittelbetriebe 40 bis 100 EGE	−138	349	322
		Großbetriebe über 100 EGE	203	354	284
	Pflanzenbau-Verbund	Kleinbetriebe 0 bis unter 40 EGE	−613	191	154
		Mittelbetriebe 40 bis 100 EGE	−177	234	143
		Großbetriebe über 100 EGE	73	285	139
	Vieh-Verbund	Kleinbetriebe 0 bis unter 40 EGE	−848	208	184
		Mittelbetriebe 40 bis 100 EGE	−266	251	211
		Großbetriebe über 100 EGE	62	332	226
	Pflanzen- und Viehverbund	Kleinbetriebe 0 bis unter 40 EGE	−680	192	161
		Mittelbetriebe 40 bis 100 EGE	−147	225	159
		Großbetriebe über 100 EGE	63	278	141
Detmold	Ackerbau	Kleinbetriebe 0 bis unter 40 EGE	−450	229	122
		Mittelbetriebe 40 bis 100 EGE	−20	274	85
		Großbetriebe über 100 EGE	117	321	73
	Milchvieh	Kleinbetriebe 0 bis unter 40 EGE	−552	167	250
		Mittelbetriebe 40 bis 100 EGE	−95	207	245
		Großbetriebe über 100 EGE	146	241	208
	Sonstiger Futterbau	Kleinbetriebe 0 bis unter 40 EGE	−493	132	174
		Mittelbetriebe 40 bis 100 EGE	−132	174	154
		Großbetriebe über 100 EGE	79	265	164
	Veredlung	Kleinbetriebe 0 bis unter 40 EGE	−1 014	308	311
		Mittelbetriebe 40 bis 100 EGE	−138	349	322
		Großbetriebe über 100 EGE	204	355	284

1	2	3	4	5	6
Region Land/ Reg.bezirk	**Nutzungsart Betriebsform**	**Betriebsgröße**	**Reingewinn EUR/ha LF**	**Pachtpreis EUR/ha LF**	**Wert für das Besatzkapital EUR/ha LF**
	Pflanzenbau-Verbund	Kleinbetriebe 0 bis unter 40 EGE	– 607	192	155
		Mittelbetriebe 40 bis 100 EGE	– 175	237	145
		Großbetriebe über 100 EGE	74	290	142
	Vieh-Verbund	Kleinbetriebe 0 bis unter 40 EGE	– 847	209	185
		Mittelbetriebe 40 bis 100 EGE	– 265	252	211
		Großbetriebe über 100 EGE	62	333	226
	Pflanzen- und Viehverbund	Kleinbetriebe 0 bis unter 40 EGE	– 677	193	162
		Mittelbetriebe 40 bis 100 EGE	– 146	227	160
		Großbetriebe über 100 EGE	64	281	143
Arnsberg	Ackerbau	Kleinbetriebe 0 bis unter 40 EGE	– 439	235	126
		Mittelbetriebe 40 bis 100 EGE	– 20	282	88
		Großbetriebe über 100 EGE	121	332	76
	Milchvieh	Kleinbetriebe 0 bis unter 40 EGE	– 564	164	244
		Mittelbetriebe 40 bis 100 EGE	– 97	202	240
		Großbetriebe über 100 EGE	143	235	204
	Sonstiger Futterbau	Kleinbetriebe 0 bis unter 40 EGE	– 493	132	174
		Mittelbetriebe 40 bis 100 EGE	– 132	174	154
		Großbetriebe über 100 EGE	78	263	163
	Veredlung	Kleinbetriebe 0 bis unter 40 EGE	– 1 013	308	311
		Mittelbetriebe 40 bis 100 EGE	– 138	349	322
		Großbetriebe über 100 EGE	204	355	284
	Pflanzenbau-Verbund	Kleinbetriebe 0 bis unter 40 EGE	– 601	194	157
		Mittelbetriebe 40 bis 100 EGE	– 173	239	147
		Großbetriebe über 100 EGE	75	294	144
	Vieh-Verbund	Kleinbetriebe 0 bis unter 40 EGE	– 850	208	184
		Mittelbetriebe 40 bis 100 EGE	– 266	251	210
		Großbetriebe über 100 EGE	62	331	226
	Pflanzen- und Viehverbund	Kleinbetriebe 0 bis unter 40 EGE	– 674	194	163
		Mittelbetriebe 40 bis 100 EGE	– 145	228	161
		Großbetriebe über 100 EGE	64	283	143
Darmstadt	Ackerbau	Kleinbetriebe 0 bis unter 40 EGE	– 485	215	114
		Mittelbetriebe 40 bis 100 EGE	– 21	261	80
		Großbetriebe über 100 EGE	113	318	71
	Milchvieh	Kleinbetriebe 0 bis unter 40 EGE	– 607	152	227
		Mittelbetriebe 40 bis 100 EGE	– 105	187	222
		Großbetriebe über 100 EGE	132	218	188
	Sonstiger Futterbau	Kleinbetriebe 0 bis unter 40 EGE	– 537	121	159
		Mittelbetriebe 40 bis 100 EGE	– 146	158	139
		Großbetriebe über 100 EGE	71	242	148
	Veredlung	Kleinbetriebe 0 bis unter 40 EGE	– 926	336	340
		Mittelbetriebe 40 bis 100 EGE	– 125	385	355
		Großbetriebe über 100 EGE	223	387	310

1	2	3	4	5	6
Region Land/ Reg.bezirk	**Nutzungsart Betriebsform**	**Betriebsgröße**	**Reingewinn EUR/ha LF**	**Pachtpreis EUR/ha LF**	**Wert für das Besatzkapital EUR/ha LF**
	Pflanzenbau-Verbund	Kleinbetriebe 0 bis unter 40 EGE	–617	193	153
		Mittelbetriebe 40 bis 100 EGE	–177	236	144
		Großbetriebe über 100 EGE	75	292	144
	Vieh-Verbund	Kleinbetriebe 0 bis unter 40 EGE	–850	210	184
		Mittelbetriebe 40 bis 100 EGE	–257	258	218
		Großbetriebe über 100 EGE	64	342	233
	Pflanzen- und Viehverbund	Kleinbetriebe 0 bis unter 40 EGE	–672	196	163
		Mittelbetriebe 40 bis 100 EGE	–141	236	166
		Großbetriebe über 100 EGE	65	293	146
Gießen	Ackerbau	Kleinbetriebe 0 bis unter 40 EGE	–492	212	112
		Mittelbetriebe 40 bis 100 EGE	–22	256	78
		Großbetriebe über 100 EGE	106	301	66
	Milchvieh	Kleinbetriebe 0 bis unter 40 EGE	–591	156	233
		Mittelbetriebe 40 bis 100 EGE	–102	193	228
		Großbetriebe über 100 EGE	136	225	194
	Sonstiger Futterbau	Kleinbetriebe 0 bis unter 40 EGE	–535	122	160
		Mittelbetriebe 40 bis 100 EGE	–145	159	141
		Großbetriebe über 100 EGE	72	245	150
	Veredlung	Kleinbetriebe 0 bis unter 40 EGE	–929	335	339
		Mittelbetriebe 40 bis 100 EGE	–125	384	354
		Großbetriebe über 100 EGE	221	384	309
	Pflanzenbau-Verbund	Kleinbetriebe 0 bis unter 40 EGE	–624	191	151
		Mittelbetriebe 40 bis 100 EGE	–179	234	142
		Großbetriebe über 100 EGE	72	286	138
	Vieh-Verbund	Kleinbetriebe 0 bis unter 40 EGE	–846	211	185
		Mittelbetriebe 40 bis 100 EGE	–256	260	219
		Großbetriebe über 100 EGE	64	343	234
	Pflanzen- und Viehverbund	Kleinbetriebe 0 bis unter 40 EGE	–673	196	163
		Mittelbetriebe 40 bis 100 EGE	–142	235	165
		Großbetriebe über 100 EGE	65	290	145
Kassel	Ackerbau	Kleinbetriebe 0 bis unter 40 EGE	–488	213	113
		Mittelbetriebe 40 bis 100 EGE	–22	256	79
		Großbetriebe über 100 EGE	108	304	67
	Milchvieh	Kleinbetriebe 0 bis unter 40 EGE	–584	158	236
		Mittelbetriebe 40 bis 100 EGE	–100	195	231
		Großbetriebe über 100 EGE	138	228	197
	Sonstiger Futterbau	Kleinbetriebe 0 bis unter 40 EGE	–534	122	160
		Mittelbetriebe 40 bis 100 EGE	–144	160	141
		Großbetriebe über 100 EGE	72	247	151
	Veredlung	Kleinbetriebe 0 bis unter 40 EGE	–928	335	339
		Mittelbetriebe 40 bis 100 EGE	–125	385	355
		Großbetriebe über 100 EGE	222	385	309

1	2	3	4	5	6
Region Land/ Reg.bezirk	**Nutzungsart Betriebsform**	**Betriebsgröße**	**Reingewinn EUR/ha LF**	**Pachtpreis EUR/ha LF**	**Wert für das Besatzkapital EUR/ha LF**
	Pflanzenbau-Verbund	Kleinbetriebe 0 bis unter 40 EGE	– 621	192	152
		Mittelbetriebe 40 bis 100 EGE	– 178	235	142
		Großbetriebe über 100 EGE	73	287	139
	Vieh-Verbund	Kleinbetriebe 0 bis unter 40 EGE	– 843	212	185
		Mittelbetriebe 40 bis 100 EGE	– 255	260	219
		Großbetriebe über 100 EGE	65	344	235
	Pflanzen- und Viehverbund	Kleinbetriebe 0 bis unter 40 EGE	– 671	196	163
		Mittelbetriebe 40 bis 100 EGE	– 141	236	165
		Großbetriebe über 100 EGE	65	291	146
Rheinland-Pfalz	Ackerbau	Kleinbetriebe 0 bis unter 40 EGE	– 501	208	110
		Mittelbetriebe 40 bis 100 EGE	– 22	253	77
		Großbetriebe über 100 EGE	109	306	68
	Milchvieh	Kleinbetriebe 0 bis unter 40 EGE	– 588	157	234
		Mittelbetriebe 40 bis 100 EGE	– 101	194	229
		Großbetriebe über 100 EGE	136	226	195
	Sonstiger Futterbau	Kleinbetriebe 0 bis unter 40 EGE	– 535	122	160
		Mittelbetriebe 40 bis 100 EGE	– 145	159	141
		Großbetriebe über 100 EGE	72	244	149
	Veredlung	Kleinbetriebe 0 bis unter 40 EGE	– 1 003	311	314
		Mittelbetriebe 40 bis 100 EGE	– 136	356	328
		Großbetriebe über 100 EGE	206	357	287
	Pflanzenbau-Verbund	Kleinbetriebe 0 bis unter 40 EGE	– 641	185	147
		Mittelbetriebe 40 bis 100 EGE	– 182	229	139
		Großbetriebe über 100 EGE	72	282	138
	Vieh-Verbund	Kleinbetriebe 0 bis unter 40 EGE	– 879	203	178
		Mittelbetriebe 40 bis 100 EGE	– 269	247	208
		Großbetriebe über 100 EGE	61	326	222
	Pflanzen- und Viehverbund	Kleinbetriebe 0 bis unter 40 EGE	– 703	187	156
		Mittelbetriebe 40 bis 100 EGE	– 148	224	157
		Großbetriebe über 100 EGE	62	277	139
Stuttgart	Ackerbau	Kleinbetriebe 0 bis unter 40 EGE	– 481	216	115
		Mittelbetriebe 40 bis 100 EGE	– 21	261	80
		Großbetriebe über 100 EGE	107	302	67
	Milchvieh	Kleinbetriebe 0 bis unter 40 EGE	– 567	163	243
		Mittelbetriebe 40 bis 100 EGE	– 98	201	238
		Großbetriebe über 100 EGE	141	233	202
	Sonstiger Futterbau	Kleinbetriebe 0 bis unter 40 EGE	– 501	130	171
		Mittelbetriebe 40 bis 100 EGE	– 135	171	151
		Großbetriebe über 100 EGE	77	259	160
	Veredlung	Kleinbetriebe 0 bis unter 40 EGE	– 1 017	306	309
		Mittelbetriebe 40 bis 100 EGE	– 138	350	323
		Großbetriebe über 100 EGE	203	352	282

1	2	3	4	5	6
Region Land/ Reg.bezirk	**Nutzungsart Betriebsform**	**Betriebsgröße**	**Reingewinn EUR/ha LF**	**Pachtpreis EUR/ha LF**	**Wert für das Besatzkapital EUR/ha LF**
	Pflanzenbau-Verbund	Kleinbetriebe 0 bis unter 40 EGE	−628	187	150
		Mittelbetriebe 40 bis 100 EGE	−180	232	141
		Großbetriebe über 100 EGE	71	282	136
	Vieh-Verbund	Kleinbetriebe 0 bis unter 40 EGE	−858	206	182
		Mittelbetriebe 40 bis 100 EGE	−267	250	210
		Großbetriebe über 100 EGE	62	329	224
	Pflanzen- und Viehverbund	Kleinbetriebe 0 bis unter 40 EGE	−690	190	159
		Mittelbetriebe 40 bis 100 EGE	−148	224	158
		Großbetriebe über 100 EGE	62	276	139
Karlsruhe	Ackerbau	Kleinbetriebe 0 bis unter 40 EGE	−500	208	110
		Mittelbetriebe 40 bis 100 EGE	−22	250	77
		Großbetriebe über 100 EGE	103	290	64
	Milchvieh	Kleinbetriebe 0 bis unter 40 EGE	−577	160	239
		Mittelbetriebe 40 bis 100 EGE	−100	197	233
		Großbetriebe über 100 EGE	138	229	197
	Sonstiger Futterbau	Kleinbetriebe 0 bis unter 40 EGE	−503	129	170
		Mittelbetriebe 40 bis 100 EGE	−136	169	150
		Großbetriebe über 100 EGE	76	256	158
	Veredlung	Kleinbetriebe 0 bis unter 40 EGE	−1 020	306	309
		Mittelbetriebe 40 bis 100 EGE	−138	349	322
		Großbetriebe über 100 EGE	202	351	282
	Pflanzenbau-Verbund	Kleinbetriebe 0 bis unter 40 EGE	−638	185	148
		Mittelbetriebe 40 bis 100 EGE	−183	228	138
		Großbetriebe über 100 EGE	69	276	133
	Vieh-Verbund	Kleinbetriebe 0 bis unter 40 EGE	−864	205	181
		Mittelbetriebe 40 bis 100 EGE	−268	248	209
		Großbetriebe über 100 EGE	61	326	222
	Pflanzen- und Viehverbund	Kleinbetriebe 0 bis unter 40 EGE	−697	188	157
		Mittelbetriebe 40 bis 100 EGE	−150	222	156
		Großbetriebe über 100 EGE	61	272	137
Freiburg	Ackerbau	Kleinbetriebe 0 bis unter 40 EGE	−499	208	110
		Mittelbetriebe 40 bis 100 EGE	−22	251	77
		Großbetriebe über 100 EGE	105	295	65
	Milchvieh	Kleinbetriebe 0 bis unter 40 EGE	−586	157	235
		Mittelbetriebe 40 bis 100 EGE	−101	193	229
		Großbetriebe über 100 EGE	136	224	193
	Sonstiger Futterbau	Kleinbetriebe 0 bis unter 40 EGE	−503	129	170
		Mittelbetriebe 40 bis 100 EGE	−136	168	149
		Großbetriebe über 100 EGE	76	255	157
	Veredlung	Kleinbetriebe 0 bis unter 40 EGE	−1 020	306	309
		Mittelbetriebe 40 bis 100 EGE	−138	349	322
		Großbetriebe über 100 EGE	202	351	282

1	2	3	4	5	6
Region Land/ Reg.bezirk	**Nutzungsart Betriebsform**	**Betriebsgröße**	**Reingewinn EUR/ha LF**	**Pachtpreis EUR/ha LF**	**Wert für das Besatzkapital EUR/ha LF**
	Pflanzenbau-Verbund	Kleinbetriebe 0 bis unter 40 EGE	– 637	185	148
		Mittelbetriebe 40 bis 100 EGE	– 183	229	138
		Großbetriebe über 100 EGE	70	278	135
	Vieh-Verbund	Kleinbetriebe 0 bis unter 40 EGE	– 867	204	180
		Mittelbetriebe 40 bis 100 EGE	– 269	247	208
		Großbetriebe über 100 EGE	61	325	222
	Pflanzen- und Viehverbund	Kleinbetriebe 0 bis unter 40 EGE	– 698	188	157
		Mittelbetriebe 40 bis 100 EGE	– 150	222	155
		Großbetriebe über 100 EGE	61	273	137
Tübingen	Ackerbau	Kleinbetriebe 0 bis unter 40 EGE	– 484	215	114
		Mittelbetriebe 40 bis 100 EGE	– 22	258	79
		Großbetriebe über 100 EGE	106	298	66
	Milchvieh	Kleinbetriebe 0 bis unter 40 EGE	– 559	165	246
		Mittelbetriebe 40 bis 100 EGE	– 96	204	241
		Großbetriebe über 100 EGE	144	237	205
	Sonstiger Futterbau	Kleinbetriebe 0 bis unter 40 EGE	– 499	130	172
		Mittelbetriebe 40 bis 100 EGE	– 134	172	152
		Großbetriebe über 100 EGE	77	261	161
	Veredlung	Kleinbetriebe 0 bis unter 40 EGE	– 1 018	306	309
		Mittelbetriebe 40 bis 100 EGE	– 138	350	323
		Großbetriebe über 100 EGE	202	352	282
	Pflanzenbau-Verbund	Kleinbetriebe 0 bis unter 40 EGE	– 630	187	150
		Mittelbetriebe 40 bis 100 EGE	– 181	232	140
		Großbetriebe über 100 EGE	70	280	135
	Vieh-Verbund	Kleinbetriebe 0 bis unter 40 EGE	– 855	207	183
		Mittelbetriebe 40 bis 100 EGE	– 266	251	211
		Großbetriebe über 100 EGE	62	330	225
	Pflanzen- und Viehverbund	Kleinbetriebe 0 bis unter 40 EGE	– 690	190	159
		Mittelbetriebe 40 bis 100 EGE	– 148	224	157
		Großbetriebe über 100 EGE	62	276	139
Oberbayern	Ackerbau	Kleinbetriebe 0 bis unter 40 EGE	– 476	220	116
		Mittelbetriebe 40 bis 100 EGE	– 21	268	81
		Großbetriebe über 100 EGE	109	312	68
	Milchvieh	Kleinbetriebe 0 bis unter 40 EGE	– 556	166	248
		Mittelbetriebe 40 bis 100 EGE	– 96	205	243
		Großbetriebe über 100 EGE	144	239	206
	Sonstiger Futterbau	Kleinbetriebe 0 bis unter 40 EGE	– 493	132	174
		Mittelbetriebe 40 bis 100 EGE	– 132	174	154
		Großbetriebe über 100 EGE	79	266	164
	Veredlung	Kleinbetriebe 0 bis unter 40 EGE	– 942	330	334
		Mittelbetriebe 40 bis 100 EGE	– 127	379	350
		Großbetriebe über 100 EGE	219	380	305

1	2	3	4	5	6
Region Land/ Reg.bezirk	**Nutzungsart Betriebsform**	**Betriebsgröße**	**Reingewinn EUR/ha LF**	**Pachtpreis EUR/ha LF**	**Wert für das Besatzkapital EUR/ha LF**
	Pflanzenbau-Verbund	Kleinbetriebe 0 bis unter 40 EGE	-610	194	155
		Mittelbetriebe 40 bis 100 EGE	-176	240	144
		Großbetriebe über 100 EGE	73	292	140
	Vieh-Verbund	Kleinbetriebe 0 bis unter 40 EGE	-819	217	191
		Mittelbetriebe 40 bis 100 EGE	-251	265	223
		Großbetriebe über 100 EGE	66	349	238
	Pflanzen- und Viehverbund	Kleinbetriebe 0 bis unter 40 EGE	-660	200	166
		Mittelbetriebe 40 bis 100 EGE	-140	238	167
		Großbetriebe über 100 EGE	66	293	147
Niederbayern	Ackerbau	Kleinbetriebe 0 bis unter 40 EGE	-468	224	118
		Mittelbetriebe 40 bis 100 EGE	-21	273	83
		Großbetriebe über 100 EGE	112	320	70
	Milchvieh	Kleinbetriebe 0 bis unter 40 EGE	-564	163	244
		Mittelbetriebe 40 bis 100 EGE	-97	202	239
		Großbetriebe über 100 EGE	142	235	203
	Sonstiger Futterbau	Kleinbetriebe 0 bis unter 40 EGE	-493	132	174
		Mittelbetriebe 40 bis 100 EGE	-132	174	154
		Großbetriebe über 100 EGE	78	265	163
	Veredlung	Kleinbetriebe 0 bis unter 40 EGE	-941	330	334
		Mittelbetriebe 40 bis 100 EGE	-127	380	350
		Großbetriebe über 100 EGE	219	380	305
	Pflanzenbau-Verbund	Kleinbetriebe 0 bis unter 40 EGE	-606	195	156
		Mittelbetriebe 40 bis 100 EGE	-174	241	146
		Großbetriebe über 100 EGE	74	295	142
	Vieh-Verbund	Kleinbetriebe 0 bis unter 40 EGE	-821	216	191
		Mittelbetriebe 40 bis 100 EGE	-252	264	223
		Großbetriebe über 100 EGE	65	348	237
	Pflanzen- und Viehverbund	Kleinbetriebe 0 bis unter 40 EGE	-658	200	167
		Mittelbetriebe 40 bis 100 EGE	-139	239	168
		Großbetriebe über 100 EGE	66	295	148
Oberpfalz	Ackerbau	Kleinbetriebe 0 bis unter 40 EGE	-484	217	114
		Mittelbetriebe 40 bis 100 EGE	-21	265	80
		Großbetriebe über 100 EGE	108	309	67
	Milchvieh	Kleinbetriebe 0 bis unter 40 EGE	-563	164	245
		Mittelbetriebe 40 bis 100 EGE	-97	202	239
		Großbetriebe über 100 EGE	142	235	203
	Sonstiger Futterbau	Kleinbetriebe 0 bis unter 40 EGE	-495	131	173
		Mittelbetriebe 40 bis 100 EGE	-133	173	153
		Großbetriebe über 100 EGE	78	264	163
	Veredlung	Kleinbetriebe 0 bis unter 40 EGE	-944	330	334
		Mittelbetriebe 40 bis 100 EGE	-127	379	349
		Großbetriebe über 100 EGE	218	379	304

1	2	3	4	5	6
Region Land/ Reg.bezirk	**Nutzungsart Betriebsform**	**Betriebsgröße**	**Reingewinn EUR/ha LF**	**Pachtpreis EUR/ha LF**	**Wert für das Besatzkapital EUR/ha LF**
	Pflanzenbau-Verbund	Kleinbetriebe 0 bis unter 40 EGE	–615	193	153
		Mittelbetriebe 40 bis 100 EGE	–177	238	143
		Großbetriebe über 100 EGE	73	291	140
	Vieh-Verbund	Kleinbetriebe 0 bis unter 40 EGE	–823	216	190
		Mittelbetriebe 40 bis 100 EGE	–252	264	222
		Großbetriebe über 100 EGE	65	347	237
	Pflanzen- und Viehverbund	Kleinbetriebe 0 bis unter 40 EGE	–664	199	165
		Mittelbetriebe 40 bis 100 EGE	–141	237	166
		Großbetriebe über 100 EGE	65	292	146
Oberfranken	Ackerbau	Kleinbetriebe 0 bis unter 40 EGE	–519	201	106
		Mittelbetriebe 40 bis 100 EGE	–23	242	74
		Großbetriebe über 100 EGE	100	286	63
	Milchvieh	Kleinbetriebe 0 bis unter 40 EGE	–556	166	248
		Mittelbetriebe 40 bis 100 EGE	–96	205	242
		Großbetriebe über 100 EGE	144	238	205
	Sonstiger Futterbau	Kleinbetriebe 0 bis unter 40 EGE	–496	131	172
		Mittelbetriebe 40 bis 100 EGE	–133	173	153
		Großbetriebe über 100 EGE	78	264	162
	Veredlung	Kleinbetriebe 0 bis unter 40 EGE	–947	329	332
		Mittelbetriebe 40 bis 100 EGE	–128	377	348
		Großbetriebe über 100 EGE	217	377	303
	Pflanzenbau-Verbund	Kleinbetriebe 0 bis unter 40 EGE	–631	188	150
		Mittelbetriebe 40 bis 100 EGE	–182	231	139
		Großbetriebe über 100 EGE	70	280	135
	Vieh-Verbund	Kleinbetriebe 0 bis unter 40 EGE	–824	215	190
		Mittelbetriebe 40 bis 100 EGE	–253	263	222
		Großbetriebe über 100 EGE	65	347	236
	Pflanzen- und Viehverbund	Kleinbetriebe 0 bis unter 40 EGE	–674	196	163
		Mittelbetriebe 40 bis 100 EGE	–143	233	163
		Großbetriebe über 100 EGE	64	286	144
Mittelfranken	Ackerbau	Kleinbetriebe 0 bis unter 40 EGE	–507	207	109
		Mittelbetriebe 40 bis 100 EGE	–23	251	76
		Großbetriebe über 100 EGE	101	292	63
	Milchvieh	Kleinbetriebe 0 bis unter 40 EGE	–552	167	250
		Mittelbetriebe 40 bis 100 EGE	–95	207	244
		Großbetriebe über 100 EGE	145	241	207
	Sonstiger Futterbau	Kleinbetriebe 0 bis unter 40 EGE	–495	131	173
		Mittelbetriebe 40 bis 100 EGE	–133	173	153
		Großbetriebe über 100 EGE	78	265	163
	Veredlung	Kleinbetriebe 0 bis unter 40 EGE	–946	329	333
		Mittelbetriebe 40 bis 100 EGE	–128	378	348
		Großbetriebe über 100 EGE	218	378	304

1	2	3	4	5	6
Region Land/ Reg.bezirk	**Nutzungsart Betriebsform**	**Betriebsgröße**	**Reingewinn EUR/ha LF**	**Pachtpreis EUR/ha LF**	**Wert für das Besatzkapital EUR/ha LF**
	Pflanzenbau-Verbund	Kleinbetriebe 0 bis unter 40 EGE	–626	190	151
		Mittelbetriebe 40 bis 100 EGE	–180	234	141
		Großbetriebe über 100 EGE	71	283	136
	Vieh-Verbund	Kleinbetriebe 0 bis unter 40 EGE	–822	216	190
		Mittelbetriebe 40 bis 100 EGE	–252	264	222
		Großbetriebe über 100 EGE	65	348	237
	Pflanzen- und Viehverbund	Kleinbetriebe 0 bis unter 40 EGE	–671	197	163
		Mittelbetriebe 40 bis 100 EGE	–142	235	164
		Großbetriebe über 100 EGE	65	288	145
Unterfranken	Ackerbau	Kleinbetriebe 0 bis unter 40 EGE	–488	214	113
		Mittelbetriebe 40 bis 100 EGE	–22	258	79
		Großbetriebe über 100 EGE	105	300	66
	Milchvieh	Kleinbetriebe 0 bis unter 40 EGE	–549	168	251
		Mittelbetriebe 40 bis 100 EGE	–94	208	246
		Großbetriebe über 100 EGE	146	242	209
	Sonstiger Futterbau	Kleinbetriebe 0 bis unter 40 EGE	–494	132	173
		Mittelbetriebe 40 bis 100 EGE	–132	174	154
		Großbetriebe über 100 EGE	79	267	164
	Veredlung	Kleinbetriebe 0 bis unter 40 EGE	–943	330	334
		Mittelbetriebe 40 bis 100 EGE	–127	379	349
		Großbetriebe über 100 EGE	218	379	304
	Pflanzenbau-Verbund	Kleinbetriebe 0 bis unter 40 EGE	–616	192	153
		Mittelbetriebe 40 bis 100 EGE	–178	236	143
		Großbetriebe über 100 EGE	72	287	138
	Vieh-Verbund	Kleinbetriebe 0 bis unter 40 EGE	–818	217	191
		Mittelbetriebe 40 bis 100 EGE	–251	265	223
		Großbetriebe über 100 EGE	66	349	238
	Pflanzen- und Viehverbund	Kleinbetriebe 0 bis unter 40 EGE	–664	198	165
		Mittelbetriebe 40 bis 100 EGE	–141	237	166
		Großbetriebe über 100 EGE	65	291	146
Schwaben	Ackerbau	Kleinbetriebe 0 bis unter 40 EGE	–466	224	118
		Mittelbetriebe 40 bis 100 EGE	–21	273	83
		Großbetriebe über 100 EGE	113	320	71
	Milchvieh	Kleinbetriebe 0 bis unter 40 EGE	–546	169	252
		Mittelbetriebe 40 bis 100 EGE	–94	210	248
		Großbetriebe über 100 EGE	148	244	211
	Sonstiger Futterbau	Kleinbetriebe 0 bis unter 40 EGE	–491	133	174
		Mittelbetriebe 40 bis 100 EGE	–131	176	156
		Großbetriebe über 100 EGE	79	269	165
	Veredlung	Kleinbetriebe 0 bis unter 40 EGE	–941	330	335
		Mittelbetriebe 40 bis 100 EGE	–127	380	350
		Großbetriebe über 100 EGE	219	380	305

1	2	3	4	5	6
Region Land/ Reg.bezirk	**Nutzungsart Betriebsform**	**Betriebsgröße**	**Reingewinn EUR/ha LF**	**Pachtpreis EUR/ha LF**	**Wert für das Besatzkapital EUR/ha LF**
	Pflanzenbau-Verbund	Kleinbetriebe 0 bis unter 40 EGE	–604	196	156
		Mittelbetriebe 40 bis 100 EGE	–174	242	146
		Großbetriebe über 100 EGE	74	296	143
	Vieh-Verbund	Kleinbetriebe 0 bis unter 40 EGE	–814	218	192
		Mittelbetriebe 40 bis 100 EGE	–250	266	224
		Großbetriebe über 100 EGE	66	351	239
	Pflanzen- und Viehverbund	Kleinbetriebe 0 bis unter 40 EGE	–656	201	167
		Mittelbetriebe 40 bis 100 EGE	–139	240	168
		Großbetriebe über 100 EGE	67	296	149
Saarland	Ackerbau	Kleinbetriebe 0 bis unter 40 EGE	–531	198	104
		Mittelbetriebe 40 bis 100 EGE	–24	240	73
		Großbetriebe über 100 EGE	98	284	61
	Milchvieh	Kleinbetriebe 0 bis unter 40 EGE	–589	157	234
		Mittelbetriebe 40 bis 100 EGE	–101	193	229
		Großbetriebe über 100 EGE	136	225	194
	Sonstiger Futterbau	Kleinbetriebe 0 bis unter 40 EGE	–538	121	159
		Mittelbetriebe 40 bis 100 EGE	–146	158	139
		Großbetriebe über 100 EGE	71	243	149
	Veredlung	Kleinbetriebe 0 bis unter 40 EGE	–953	327	330
		Mittelbetriebe 40 bis 100 EGE	–129	375	345
		Großbetriebe über 100 EGE	216	375	301
	Pflanzenbau-Verbund	Kleinbetriebe 0 bis unter 40 EGE	–648	185	146
		Mittelbetriebe 40 bis 100 EGE	–185	228	137
		Großbetriebe über 100 EGE	69	277	133
	Vieh-Verbund	Kleinbetriebe 0 bis unter 40 EGE	–860	208	182
		Mittelbetriebe 40 bis 100 EGE	–261	255	215
		Großbetriebe über 100 EGE	63	337	229
	Pflanzen- und Viehverbund	Kleinbetriebe 0 bis unter 40 EGE	–694	190	158
		Mittelbetriebe 40 bis 100 EGE	–146	229	160
		Großbetriebe über 100 EGE	63	281	141
Brandenburg	Ackerbau	Kleinbetriebe 0 bis unter 40 EGE	–566	88	97
		Mittelbetriebe 40 bis 100 EGE	–25	97	68
		Großbetriebe über 100 EGE	92	126	57
	Milchvieh	Kleinbetriebe 0 bis unter 40 EGE	–605	63	228
		Mittelbetriebe 40 bis 100 EGE	–104	74	223
		Großbetriebe über 100 EGE	133	97	190
	Sonstiger Futterbau	Kleinbetriebe 0 bis unter 40 EGE	–584	54	147
		Mittelbetriebe 40 bis 100 EGE	–160	44	127
		Großbetriebe über 100 EGE	66	51	137
	Veredlung	Kleinbetriebe 0 bis unter 40 EGE	–926	92	340
		Mittelbetriebe 40 bis 100 EGE	–125	92	355
		Großbetriebe über 100 EGE	222	92	310

1	2	3	4	5	6
Region Land/ Reg.bezirk	**Nutzungsart Betriebsform**	**Betriebsgröße**	**Reingewinn EUR/ha LF**	**Pachtpreis EUR/ha LF**	**Wert für das Besatzkapital EUR/ha LF**
	Pflanzenbau-Verbund	Kleinbetriebe 0 bis unter 40 EGE	–666	97	142
		Mittelbetriebe 40 bis 100 EGE	–189	81	134
		Großbetriebe über 100 EGE	68	104	131
	Vieh-Verbund	Kleinbetriebe 0 bis unter 40 EGE	–875	90	179
		Mittelbetriebe 40 bis 100 EGE	–261	34	214
		Großbetriebe über 100 EGE	63	86	230
	Pflanzen- und Viehverbund	Kleinbetriebe 0 bis unter 40 EGE	–704	59	156
		Mittelbetriebe 40 bis 100 EGE	–147	70	159
		Großbetriebe über 100 EGE	63	102	140
Mecklenburg-Vorpommern	Ackerbau	Kleinbetriebe 0 bis unter 40 EGE	–506	99	109
		Mittelbetriebe 40 bis 100 EGE	–23	111	76
		Großbetriebe über 100 EGE	102	146	64
	Milchvieh	Kleinbetriebe 0 bis unter 40 EGE	–601	64	229
		Mittelbetriebe 40 bis 100 EGE	–103	75	225
		Großbetriebe über 100 EGE	135	98	192
	Sonstiger Futterbau	Kleinbetriebe 0 bis unter 40 EGE	–569	54	150
		Mittelbetriebe 40 bis 100 EGE	–155	45	132
		Großbetriebe über 100 EGE	68	53	141
	Veredlung	Kleinbetriebe 0 bis unter 40 EGE	–919	91	342
		Mittelbetriebe 40 bis 100 EGE	–124	91	358
		Großbetriebe über 100 EGE	223	91	312
	Pflanzenbau-Verbund	Kleinbetriebe 0 bis unter 40 EGE	–635	100	148
		Mittelbetriebe 40 bis 100 EGE	–182	84	140
		Großbetriebe über 100 EGE	71	111	136
	Vieh-Verbund	Kleinbetriebe 0 bis unter 40 EGE	–862	91	181
		Mittelbetriebe 40 bis 100 EGE	–258	34	217
		Großbetriebe über 100 EGE	64	87	232
	Pflanzen- und Viehverbund	Kleinbetriebe 0 bis unter 40 EGE	–682	62	161
		Mittelbetriebe 40 bis 100 EGE	–143	74	164
		Großbetriebe über 100 EGE	65	108	144
Chemnitz	Ackerbau	Kleinbetriebe 0 bis unter 40 EGE	–475	105	116
		Mittelbetriebe 40 bis 100 EGE	–21	118	81
		Großbetriebe über 100 EGE	113	157	71
	Milchvieh	Kleinbetriebe 0 bis unter 40 EGE	–584	65	236
		Mittelbetriebe 40 bis 100 EGE	–100	76	232
		Großbetriebe über 100 EGE	138	100	197
	Sonstiger Futterbau	Kleinbetriebe 0 bis unter 40 EGE	–538	56	159
		Mittelbetriebe 40 bis 100 EGE	–145	47	141
		Großbetriebe über 100 EGE	72	56	150
	Veredlung	Kleinbetriebe 0 bis unter 40 EGE	–887	96	355
		Mittelbetriebe 40 bis 100 EGE	–120	96	370
		Großbetriebe über 100 EGE	232	96	324

1	2	3	4	5	6
Region Land/ Reg.bezirk	**Nutzungsart Betriebsform**	**Betriebsgröße**	**Reingewinn EUR/ha LF**	**Pachtpreis EUR/ha LF**	**Wert für das Besatzkapital EUR/ha LF**
	Pflanzenbau-Verbund	Kleinbetriebe 0 bis unter 40 EGE	−605	103	156
		Mittelbetriebe 40 bis 100 EGE	−174	86	146
		Großbetriebe über 100 EGE	76	116	145
	Vieh-Verbund	Kleinbetriebe 0 bis unter 40 EGE	−825	98	189
		Mittelbetriebe 40 bis 100 EGE	−249	35	225
		Großbetriebe über 100 EGE	67	90	242
	Pflanzen- und Viehverbund	Kleinbetriebe 0 bis unter 40 EGE	−654	66	168
		Mittelbetriebe 40 bis 100 EGE	−136	78	171
		Großbetriebe über 100 EGE	68	112	152
Dresden	Ackerbau	Kleinbetriebe 0 bis unter 40 EGE	−497	100	111
		Mittelbetriebe 40 bis 100 EGE	−22	112	78
		Großbetriebe über 100 EGE	107	148	67
	Milchvieh	Kleinbetriebe 0 bis unter 40 EGE	−583	65	236
		Mittelbetriebe 40 bis 100 EGE	−100	77	232
		Großbetriebe über 100 EGE	139	101	198
	Sonstiger Futterbau	Kleinbetriebe 0 bis unter 40 EGE	−543	56	158
		Mittelbetriebe 40 bis 100 EGE	−146	47	139
		Großbetriebe über 100 EGE	71	55	149
	Veredlung	Kleinbetriebe 0 bis unter 40 EGE	−890	95	354
		Mittelbetriebe 40 bis 100 EGE	−121	95	369
		Großbetriebe über 100 EGE	231	95	323
	Pflanzenbau-Verbund	Kleinbetriebe 0 bis unter 40 EGE	−618	101	153
		Mittelbetriebe 40 bis 100 EGE	−177	85	143
		Großbetriebe über 100 EGE	74	113	142
	Vieh-Verbund	Kleinbetriebe 0 bis unter 40 EGE	−830	96	188
		Mittelbetriebe 40 bis 100 EGE	−250	35	225
		Großbetriebe über 100 EGE	66	89	241
	Pflanzen- und Viehverbund	Kleinbetriebe 0 bis unter 40 EGE	−662	64	165
		Mittelbetriebe 40 bis 100 EGE	−138	76	169
		Großbetriebe über 100 EGE	67	110	150
Leipzig	Ackerbau	Kleinbetriebe 0 bis unter 40 EGE	−488	102	113
		Mittelbetriebe 40 bis 100 EGE	−22	115	79
		Großbetriebe über 100 EGE	109	151	68
	Milchvieh	Kleinbetriebe 0 bis unter 40 EGE	−566	68	243
		Mittelbetriebe 40 bis 100 EGE	−97	80	240
		Großbetriebe über 100 EGE	144	104	205
	Sonstiger Futterbau	Kleinbetriebe 0 bis unter 40 EGE	−540	56	158
		Mittelbetriebe 40 bis 100 EGE	−145	47	140
		Großbetriebe über 100 EGE	73	56	151
	Veredlung	Kleinbetriebe 0 bis unter 40 EGE	−889	95	354
		Mittelbetriebe 40 bis 100 EGE	−120	95	369
		Großbetriebe über 100 EGE	232	95	323

1	2	3	4	5	6
Region Land/ Reg.bezirk	**Nutzungsart Betriebsform**	**Betriebsgröße**	**Reingewinn EUR/ha LF**	**Pachtpreis EUR/ha LF**	**Wert für das Besatzkapital EUR/ha LF**
	Pflanzenbau-Verbund	Kleinbetriebe 0 bis unter 40 EGE	–613	102	154
		Mittelbetriebe 40 bis 100 EGE	–176	86	144
		Großbetriebe über 100 EGE	74	114	143
	Vieh-Verbund	Kleinbetriebe 0 bis unter 40 EGE	–823	97	190
		Mittelbetriebe 40 bis 100 EGE	–248	36	226
		Großbetriebe über 100 EGE	67	91	243
	Pflanzen- und Viehverbund	Kleinbetriebe 0 bis unter 40 EGE	–658	65	166
		Mittelbetriebe 40 bis 100 EGE	–137	78	171
		Großbetriebe über 100 EGE	68	113	151
Dessau	Ackerbau	Kleinbetriebe 0 bis unter 40 EGE	–506	99	109
		Mittelbetriebe 40 bis 100 EGE	–23	111	76
		Großbetriebe über 100 EGE	104	146	65
	Milchvieh	Kleinbetriebe 0 bis unter 40 EGE	–595	65	232
		Mittelbetriebe 40 bis 100 EGE	–102	76	228
		Großbetriebe über 100 EGE	136	100	195
	Sonstiger Futterbau	Kleinbetriebe 0 bis unter 40 EGE	–573	54	149
		Mittelbetriebe 40 bis 100 EGE	–155	44	131
		Großbetriebe über 100 EGE	68	53	141
	Veredlung	Kleinbetriebe 0 bis unter 40 EGE	–876	95	359
		Mittelbetriebe 40 bis 100 EGE	–118	95	376
		Großbetriebe über 100 EGE	234	95	327
	Pflanzenbau-Verbund	Kleinbetriebe 0 bis unter 40 EGE	–625	102	151
		Mittelbetriebe 40 bis 100 EGE	–179	85	142
		Großbetriebe über 100 EGE	72	112	139
	Vieh-Verbund	Kleinbetriebe 0 bis unter 40 EGE	–840	95	186
		Mittelbetriebe 40 bis 100 EGE	–249	35	225
		Großbetriebe über 100 EGE	66	90	241
	Pflanzen- und Viehverbund	Kleinbetriebe 0 bis unter 40 EGE	–665	63	165
		Mittelbetriebe 40 bis 100 EGE	–138	75	170
		Großbetriebe über 100 EGE	67	109	150
Halle	Ackerbau	Kleinbetriebe 0 bis unter 40 EGE	–477	105	115
		Mittelbetriebe 40 bis 100 EGE	–21	118	81
		Großbetriebe über 100 EGE	112	156	70
	Milchvieh	Kleinbetriebe 0 bis unter 40 EGE	–598	64	230
		Mittelbetriebe 40 bis 100 EGE	–102	75	226
		Großbetriebe über 100 EGE	136	99	193
	Sonstiger Futterbau	Kleinbetriebe 0 bis unter 40 EGE	–564	55	152
		Mittelbetriebe 40 bis 100 EGE	–152	45	134
		Großbetriebe über 100 EGE	69	54	143
	Veredlung	Kleinbetriebe 0 bis unter 40 EGE	–873	95	360
		Mittelbetriebe 40 bis 100 EGE	–118	95	377
		Großbetriebe über 100 EGE	235	95	328

1	2	3	4	5	6
Region Land/ Reg.bezirk	**Nutzungsart Betriebsform**	**Betriebsgröße**	**Reingewinn EUR/ha LF**	**Pachtpreis EUR/ha LF**	**Wert für das Besatzkapital EUR/ha LF**
	Pflanzenbau-Verbund	Kleinbetriebe 0 bis unter 40 EGE	−609	103	155
		Mittelbetriebe 40 bis 100 EGE	−175	86	145
		Großbetriebe über 100 EGE	75	116	144
	Vieh-Verbund	Kleinbetriebe 0 bis unter 40 EGE	−835	97	187
		Mittelbetriebe 40 bis 100 EGE	−248	35	226
		Großbetriebe über 100 EGE	67	90	242
	Pflanzen- und Viehverbund	Kleinbetriebe 0 bis unter 40 EGE	−654	64	167
		Mittelbetriebe 40 bis 100 EGE	−135	77	172
		Großbetriebe über 100 EGE	68	111	152
Magdeburg	Ackerbau	Kleinbetriebe 0 bis unter 40 EGE	−500	100	110
		Mittelbetriebe 40 bis 100 EGE	−22	112	77
		Großbetriebe über 100 EGE	107	147	67
	Milchvieh	Kleinbetriebe 0 bis unter 40 EGE	−611	62	225
		Mittelbetriebe 40 bis 100 EGE	−105	73	221
		Großbetriebe über 100 EGE	132	96	189
	Sonstiger Futterbau	Kleinbetriebe 0 bis unter 40 EGE	−572	54	150
		Mittelbetriebe 40 bis 100 EGE	−155	45	131
		Großbetriebe über 100 EGE	67	52	140
	Veredlung	Kleinbetriebe 0 bis unter 40 EGE	−876	95	359
		Mittelbetriebe 40 bis 100 EGE	−118	95	376
		Großbetriebe über 100 EGE	235	95	327
	Pflanzenbau-Verbund	Kleinbetriebe 0 bis unter 40 EGE	−622	102	152
		Mittelbetriebe 40 bis 100 EGE	−178	85	142
		Großbetriebe über 100 EGE	73	112	141
	Vieh-Verbund	Kleinbetriebe 0 bis unter 40 EGE	−844	96	185
		Mittelbetriebe 40 bis 100 EGE	−250	34	224
		Großbetriebe über 100 EGE	66	89	240
	Pflanzen- und Viehverbund	Kleinbetriebe 0 bis unter 40 EGE	−664	63	165
		Mittelbetriebe 40 bis 100 EGE	−137	74	170
		Großbetriebe über 100 EGE	67	107	150
Thüringen	Ackerbau	Kleinbetriebe 0 bis unter 40 EGE	−469	106	117
		Mittelbetriebe 40 bis 100 EGE	−21	119	82
		Großbetriebe über 100 EGE	114	158	72
	Milchvieh	Kleinbetriebe 0 bis unter 40 EGE	−587	65	235
		Mittelbetriebe 40 bis 100 EGE	−101	76	230
		Großbetriebe über 100 EGE	138	100	197
	Sonstiger Futterbau	Kleinbetriebe 0 bis unter 40 EGE	−537	56	159
		Mittelbetriebe 40 bis 100 EGE	−144	47	141
		Großbetriebe über 100 EGE	72	56	151
	Veredlung	Kleinbetriebe 0 bis unter 40 EGE	−839	99	375
		Mittelbetriebe 40 bis 100 EGE	−113	99	393
		Großbetriebe über 100 EGE	245	99	342

1	2	3	4	5	6
Region Land/ Reg.bezirk	**Nutzungsart Betriebsform**	**Betriebsgröße**	**Reingewinn EUR/ha LF**	**Pachtpreis EUR/ha LF**	**Wert für das Besatzkapital EUR/ha LF**
	Pflanzenbau-Verbund	Kleinbetriebe 0 bis unter 40 EGE	– 591	105	160
		Mittelbetriebe 40 bis 100 EGE	– 171	88	148
		Großbetriebe über 100 EGE	77	117	148
	Vieh-Verbund	Kleinbetriebe 0 bis unter 40 EGE	– 801	101	195
		Mittelbetriebe 40 bis 100 EGE	– 239	36	235
		Großbetriebe über 100 EGE	69	93	252
	Pflanzen- und Viehverbund	Kleinbetriebe 0 bis unter 40 EGE	– 632	66	173
		Mittelbetriebe 40 bis 100 EGE	– 131	79	179
		Großbetriebe über 100 EGE	70	112	157
Stadtstaaten	Ackerbau	Kleinbetriebe 0 bis unter 40 EGE	– 487	213	113
		Mittelbetriebe 40 bis 100 EGE	– 22	256	79
		Großbetriebe über 100 EGE	110	307	69
	Milchvieh	Kleinbetriebe 0 bis unter 40 EGE	– 593	155	232
		Mittelbetriebe 40 bis 100 EGE	– 102	192	228
		Großbetriebe über 100 EGE	136	225	194
	Sonstiger Futterbau	Kleinbetriebe 0 bis unter 40 EGE	– 554	117	155
		Mittelbetriebe 40 bis 100 EGE	– 150	154	136
		Großbetriebe über 100 EGE	70	238	145
	Veredlung	Kleinbetriebe 0 bis unter 40 EGE	– 965	323	326
		Mittelbetriebe 40 bis 100 EGE	– 131	368	340
		Großbetriebe über 100 EGE	214	372	298
	Pflanzenbau-Verbund	Kleinbetriebe 0 bis unter 40 EGE	– 630	188	150
		Mittelbetriebe 40 bis 100 EGE	– 180	231	141
		Großbetriebe über 100 EGE	73	284	140
	Vieh-Verbund	Kleinbetriebe 0 bis unter 40 EGE	– 874	205	179
		Mittelbetriebe 40 bis 100 EGE	– 266	251	211
		Großbetriebe über 100 EGE	62	332	226
	Pflanzen- und Viehverbund	Kleinbetriebe 0 bis unter 40 EGE	– 691	190	159
		Mittelbetriebe 40 bis 100 EGE	– 145	228	161
		Großbetriebe über 100 EGE	64	283	142

Anlage 15[1)]
(zu § 163 Abs. 4, § 164 Abs. 2)

Forstwirtschaftliche Nutzung

1	2	3	4	5	6
Land	**Nutzungsart Baumarten-gruppe**	**Ertragsklasse**	**Reingewinn EUR/ha**	**Pachtpreis EUR/ha**	**Wert für das Besatzkapital EUR/ha LF**
Deutschland	Baumartengruppe Buche	I. Ertragsklasse und besser II. Ertragsklasse III. Ertragsklasse und schlechter	78 51 25	5,40	Anlage 15a
	Baumartengruppe Eiche	I. Ertragsklasse und besser II. Ertragsklasse III. Ertragsklasse und schlechter	90 58 17	5,40	Anlage 15a
	Baumartengruppe Fichte	I. Ertragsklasse und besser II. Ertragsklasse III. Ertragsklasse und schlechter	105 75 49	5,40	Anlage 15a
	Baumartengruppe Kiefer	I. Ertragsklasse und besser II. Ertragsklasse III. Ertragsklasse und schlechter	26 11 11	5,40	Anlage 15a
	übrige Fläche der forstwirtschaftlichen Nutzung		11	5,40	Anlage 15a

1) Anl. 15 geänd. durch G v. 8.12.2010 (BGBl. I S. 1768).

Anlage 15a
(zu § 164 Abs. 4)

Forstwirtschaftliche Nutzung

		6									
		Werte für das Besatzkapital nach Altersklassen in €/ha									
Altersklasse		**I.**	**II.**	**III.**	**IV.**	**V.**	**VI.**	**VII.**	**VIII.**	**IX.**	**X.**
Jahre		1–20	21–40	41–60	61–80	81–100	101–120	121–140	141–160	161–180	> 180
Buche	**I. EKL. und besser**	32,30	32,30	39,70	61,90	99,70	147,60	179,00	167,30	167,30	167,30
Buche	**II. EKL.**	19,30	19,30	22,20	34,60	54,80	83,30	104,20	99,60	99,60	99,60
Buche	**III. EKL. und schlechter**	6,70	6,70	7,00	12,20	21,30	33,70	45,10	44,60	44,60	44,60
Eiche	**I. EKL. und besser**	38,30	38,50	45,90	60,90	80,20	102,50	129,30	155,40	177,70	200,40
Eiche	**II. EKL.**	22,80	22,80	25,60	33,80	45,50	58,90	76,30	93,80	107,30	120,90
Eiche	**III. EKL. und schlechter**	5,40	5,40	5,50	8,00	12,00	17,20	23,00	29,90	37,50	44,20
Fichte	**I. EKL. und besser**	45,20	61,50	112,50	158,60	186,20	186,20	186,20	186,20	186,20	186,20
Fichte	**II. EKL.**	30,70	35,90	68,30	102,60	123,80	133,60	133,60	133,60	133,60	133,60
Fichte	**III. EKL. und schlechter**	18,40	18,90	34,90	59,20	77,70	88,40	88,40	88,40	88,40	88,40
Kiefer	**I. EKL. und besser**	7,10	7,70	15,20	23,10	29,10	34,40	37,60	37,60	37,60	37,60
Kiefer	**II. EKL.**	0,00	0,10	2,40	6,10	9,00	11,30	12,70	12,70	12,70	12,70
Kiefer	**III. EKL. und schlechter**	0,00	0,00	1,10	5,20	8,80	11,20	12,70	12,70	12,70	12,70

Anlage 16
(zu § 163 Abs. 5 und § 164 Abs. 2 und 4)

Weinbauliche Nutzung

1	2	3	4	5
Land	**Nutzungsart Verwertungsform**	**Reingewinn EUR/ha LF**	**Pachtpreis EUR/ha LF**	**Wert für das Besatzkapital EUR/ha LF**
Deutschland	Flaschenweinerzeuger	– 193	970	1 522
	Fassweinerzeuger	– 759	589	588
	Traubenerzeuger	– 1 252	859	509

Anlage 17
(zu § 163 Abs. 6 und § 164 Abs. 2 und 4)

Gärtnerische Nutzung

1	2	3	4	5	6
Land	**Nutzungsteil**	**Nutzungsart**	**Reingewinn EUR/ha LF**	**Pachtpreis EUR/ha LF**	**Wert für das Besatzkapital EUR/ha LF**
Deutschland	Gemüsebau	Freilandflächen	– 1 365	657	484
		Flächen unter Glas und Kunststoffen	6 098	2 414	2 750
	Blumen- und Zierpflanzenbau	Freilandflächen	– 108	1 044	1 393
		Flächen unter Glas und Kunststoffen	– 6 640	5 516	6 895
	Baumschulen		894	223	2 359
	Obstbau		– 379	325	426

Anlage 18
(zu § 163 Abs. 7 und § 164 Abs. 2 und 4)

Sondernutzungen

1	2	3	4	5
Land	**Nutzungen**	**Reingewinn EUR/ha LF**	**Pachtpreis EUR/ha LF**	**Wert für das Besatzkapital Euro/ha LF**
Deutschland	Hopfen	– 414	492	348
	Spargel	– 1 365	657	612
	Tabak	– 820	492	129

Anlage 19[1)]
(zu § 169)

Umrechnungsschlüssel für Tierbestände in Vieheinheiten nach dem Futterbedarf

Tierart	**1 Tier**
Alpakas	0,08 VE
Damtiere	
Damtiere unter 1 Jahr	0,04 VE
Damtiere 1 Jahr und älter	0,08 VE

[1)] Anl. 19 neu gef. mWv 1.1.2012 durch G v. 7.12.2011 (BGBl. I S. 2592).

Tierart	**1 Tier**
Geflügel	
Legehennen (einschließlich einer normalen Aufzucht zur Ergänzung des Bestandes)	0,02 VE
Legehennen aus zugekauften Junghennen	0,0183 VE
Zuchtputen, -enten, -gänse	0,04 VE
Kaninchen	
Zucht- und Angorakaninchen	0,025 VE
Lamas	0,1 VE
Pferde	
Pferde unter drei Jahren und Kleinpferde	0,7 VE
Pferde drei Jahre und älter	1,1 VE
Rindvieh	
Kälber und Jungvieh unter 1 Jahr (einschließlich Mastkälber, Starterkälber und Fresser)	0,3 VE
Jungvieh 1 bis 2 Jahre alt	0,7 VE
Färsen (älter als 2 Jahre)	1 VE
Masttiere (Mastdauer weniger als 1 Jahr)	1 VE
Kühe (einschließlich Mutter- und Ammenkühe mit den dazugehörigen Saugkälbern)	1 VE
Zuchtbullen, Zugochsen	1,2 VE
Schafe	
Schafe unter 1 Jahr einschließlich Mastlämmer	0,05 VE
Schafe 1 Jahr und älter	0,1 VE
Schweine	
Zuchtschweine (einschließlich Jungzuchtschweine über etwa 90 kg)	0,33 VE
Strauße	
Zuchttiere 14 Monate und älter	0,32 VE
Jungtiere/Masttiere unter 14 Monate	0,25 VE
Ziegen	0,08 VE
Geflügel	
Jungmasthühner	
(bis zu 6 Durchgänge je Jahr – schwere Tiere)	0,0017 VE
(mehr als 6 Durchgänge je Jahr – leichte Tiere)	0,0013 VE
Junghennen	0,0017 VE
Mastenten	0,0033 VE
Mastenten in der Aufzuchtphase	0,0011 VE
Mastenten in der Mastphase	0,0022 VE
Mastputen aus selbst erzeugten Jungputen	0,0067 VE
Mastputen aus zugekauften Jungputen	0,005 VE
Jungputen (bis etwa 8 Wochen)	0,0017 VE
Mastgänse	0,0067 VE
Kaninchen	
Mastkaninchen	0,0025 VE
Rindvieh	
Masttiere (Mastdauer 1 Jahr und mehr)	1 VE
Schweine	
Leichte Ferkel (bis etwa 12 kg)	0,01 VE
Ferkel (über etwa 12 bis etwa 20 kg)	0,02 VE
Schwere Ferkel und leichte Läufer (über etwa 20 bis etwa 30 kg)	0,04 VE
Läufer (über etwa 30 bis etwa 45 kg)	0,06 VE

Tierart	**1 Tier**
Schwere Läufer (über etwa 45 bis etwa 60 kg)	0,08 VE
Mastschweine	0,16 VE
Jungzuchtschweine bis etwa 90 kg	0,12 VE

Anlage 20
(zu § 169 Abs. 5)

Gruppen der Zweige des Tierbestands nach der Flächenabhängigkeit

1. Mehr flächenabhängige Zweige des Tierbestands
   Pferdehaltung,
   Pferdezucht,
   Schafzucht,
   Schafhaltung,
   Rindviehzucht,
   Milchviehhaltung,
   Rindviehmast.
2. Weniger flächenabhängige Zweige des Tierbestands
   Schweinezucht,
   Schweinemast,
   Hühnerzucht,
   Entenzucht,
   Gänsezucht,
   Putenzucht,
   Legehennenhaltung,
   Junghühnermast,
   Entenmast,
   Gänsemast,
   Putenmast.

Anlage 21
(zu § 185 Abs. 3 Satz 1, § 193 Abs. 3 Satz 2,
§ 194 Abs. 3 Satz 3 und § 195 Abs. 2 Satz 2 und Abs. 3 Satz 3)

Vervielfältiger

Restnutzungsdauer; Restlaufzeit des Erbbaurechts bzw. des Nutzungsrechts (in Jahren)	**Zinssatz**										
	3 %	**3,5 %**	**4 %**	**4,5 %**	**5 %**	**5,5 %**	**6 %**	**6,5 %**	**7 %**	**7,5 %**	**8 %**
1	0,97	0,97	0,96	0,96	0,95	0,95	0,94	0,94	0,93	0,93	0,93
2	1,91	1,90	1,89	1,87	1,86	1,85	1,83	1,82	1,81	1,80	1,78
3	2,83	2,80	2,78	2,75	2,72	2,70	2,67	2,65	2,62	2,60	2,58
4	3,72	3,67	3,63	3,59	3,55	3,51	3,47	3,43	3,39	3,35	3,31
5	4,58	4,52	4,45	4,39	4,33	4,27	4,21	4,16	4,10	4,05	3,99
6	5,42	5,33	5,24	5,16	5,08	5,00	4,92	4,84	4,77	4,69	4,62
7	6,23	6,11	6,00	5,89	5,79	5,68	5,58	5,48	5,39	5,30	5,21
8	7,02	6,87	6,73	6,60	6,46	6,33	6,21	6,09	5,97	5,86	5,75
9	7,79	7,61	7,44	7,27	7,11	6,95	6,80	6,66	6,52	6,38	6,25
10	8,53	8,32	8,11	7,91	7,72	7,54	7,36	7,19	7,02	6,86	6,71
11	9,25	9,00	8,76	8,53	8,31	8,09	7,89	7,69	7,50	7,32	7,14
12	9,95	9,66	9,39	9,12	8,86	8,62	8,38	8,16	7,94	7,74	7,54
13	10,63	10,30	9,99	9,68	9,39	9,12	8,85	8,60	8,36	8,13	7,90

Restnutzungsdauer; Restlaufzeit des Erbbaurechts bzw. des Nutzungsrechts (in Jahren)	Zinssatz										
	3 %	3,5 %	4 %	4,5 %	5 %	5,5 %	6 %	6,5 %	7 %	7,5 %	8 %
14	11,30	10,92	10,56	10,22	9,90	9,59	9,29	9,01	8,75	8,49	8,24
15	11,94	11,52	11,12	10,74	10,38	10,04	9,71	9,40	9,11	8,83	8,56
16	12,56	12,09	11,65	11,23	10,84	10,46	10,11	9,77	9,45	9,14	8,85
17	13,17	12,65	12,17	11,71	11,27	10,86	10,48	10,11	9,76	9,43	9,12
18	13,75	13,19	12,66	12,16	11,69	11,25	10,83	10,43	10,06	9,71	9,37
19	14,32	13,71	13,13	12,59	12,09	11,61	11,16	10,73	10,34	9,96	9,60
20	14,88	14,21	13,59	13,01	12,46	11,95	11,47	11,02	10,59	10,19	9,82
21	15,42	14,70	14,03	13,40	12,82	12,28	11,76	11,28	10,84	10,41	10,02
22	15,94	15,17	14,45	13,78	13,16	12,58	12,04	11,54	11,06	10,62	10,20
23	16,44	15,62	14,86	14,15	13,49	12,88	12,30	11,77	11,27	10,81	10,37
24	16,94	16,06	15,25	14,50	13,80	13,15	12,55	11,99	11,47	10,98	10,53
25	17,41	16,48	15,62	14,83	14,09	13,41	12,78	12,20	11,65	11,15	10,67
26	17,88	16,89	15,98	15,15	14,38	13,66	13,00	12,39	11,83	11,30	10,81
27	18,33	17,29	16,33	15,45	14,64	13,90	13,21	12,57	11,99	11,44	10,94
28	18,76	17,67	16,66	15,74	14,90	14,12	13,41	12,75	12,14	11,57	11,05
29	19,19	18,04	16,98	16,02	15,14	14,33	13,59	12,91	12,28	11,70	11,16
30	19,60	18,39	17,29	16,29	15,37	14,53	13,76	13,06	12,41	11,81	11,26
31	20,00	18,74	17,59	16,54	15,59	14,72	13,93	13,20	12,53	11,92	11,35
32	20,39	19,07	17,87	16,79	15,80	14,90	14,08	13,33	12,65	12,02	11,43
33	20,77	19,39	18,15	17,02	16,00	15,08	14,23	13,46	12,75	12,11	11,51
34	21,13	19,70	18,41	17,25	16,19	15,24	14,37	13,58	12,85	12,19	11,59
35	21,49	20,00	18,66	17,46	16,37	15,39	14,50	13,69	12,95	12,27	11,65
36	21,83	20,29	18,91	17,67	16,55	15,54	14,62	13,79	13,04	12,35	11,72
37	22,17	20,57	19,14	17,86	16,71	15,67	14,74	13,89	13,12	12,42	11,78
38	22,49	20,84	19,37	18,05	16,87	15,80	14,85	13,98	13,19	12,48	11,83
39	22,81	21,10	19,58	18,23	17,02	15,93	14,95	14,06	13,26	12,54	11,88
40	23,11	21,36	19,79	18,40	17,16	16,05	15,05	14,15	13,33	12,59	11,92
41	23,41	21,60	19,99	18,57	17,29	16,16	15,14	14,22	13,39	12,65	11,97
42	23,70	21,83	20,19	18,72	17,42	16,26	15,22	14,29	13,45	12,69	12,01
43	23,98	22,06	20,37	18,87	17,55	16,36	15,31	14,36	13,51	12,74	12,04
44	24,25	22,28	20,55	19,02	17,66	16,46	15,38	14,42	13,56	12,78	12,08
45	24,52	22,50	20,72	19,16	17,77	16,55	15,46	14,48	13,61	12,82	12,11
46	24,78	22,70	20,88	19,29	17,88	16,63	15,52	14,54	13,65	12,85	12,14
47	25,02	22,90	21,04	19,41	17,98	16,71	15,59	14,59	13,69	12,89	12,16
48	25,27	23,09	21,20	19,54	18,08	16,79	15,65	14,64	13,73	12,92	12,19
49	25,50	23,28	21,34	19,65	18,17	16,86	15,71	14,68	13,77	12,95	12,21
50	25,73	23,46	21,48	19,76	18,26	16,93	15,76	14,72	13,80	12,97	12,23
51	25,95	23,63	21,62	19,87	18,34	17,00	15,81	14,76	13,83	13,00	12,25
52	26,17	23,80	21,75	19,97	18,42	17,06	15,86	14,80	13,86	13,02	12,27
53	26,37	23,96	21,87	20,07	18,49	17,12	15,91	14,84	13,89	13,04	12,29
54	26,58	24,11	21,99	20,16	18,57	17,17	15,95	14,87	13,92	13,06	12,30
55	26,77	24,26	22,11	20,25	18,63	17,23	15,99	14,90	13,94	13,08	12,32
56	26,97	24,41	22,22	20,33	18,70	17,28	16,03	14,93	13,96	13,10	12,33
57	27,15	24,55	22,33	20,41	18,76	17,32	16,06	14,96	13,98	13,12	12,34

Restnutzungsdauer; Restlaufzeit des Erbbaurechts bzw. des Nutzungsrechts (in Jahren)	Zinssatz										
	3 %	3,5 %	4 %	4,5 %	5 %	5,5 %	6 %	6,5 %	7 %	7,5 %	8 %
58	27,33	24,69	22,43	20,49	18,82	17,37	16,10	14,99	14,00	13,13	12,36
59	27,51	24,82	22,53	20,57	18,88	17,41	16,13	15,01	14,02	13,15	12,37
60	27,68	24,94	22,62	20,64	18,93	17,45	16,16	15,03	14,04	13,16	12,38
61	27,84	25,07	22,71	20,71	18,98	17,49	16,19	15,05	14,06	13,17	12,39
62	28,00	25,19	22,80	20,77	19,03	17,52	16,22	15,07	14,07	13,18	12,39
63	28,16	25,30	22,89	20,83	19,08	17,56	16,24	15,09	14,08	13,19	12,40
64	28,31	25,41	22,97	20,89	19,12	17,59	16,27	15,11	14,10	13,20	12,41
65	28,45	25,52	23,05	20,95	19,16	17,62	16,29	15,13	14,11	13,21	12,42
66	28,60	25,62	23,12	21,01	19,20	17,65	16,31	15,14	14,12	13,22	12,42
67	28,73	25,72	23,19	21,06	19,24	17,68	16,33	15,16	14,13	13,23	12,43
68	28,87	25,82	23,26	21,11	19,28	17,70	16,35	15,17	14,14	13,24	12,43
69	29,00	25,91	23,33	21,16	19,31	17,73	16,37	15,19	14,15	13,24	12,44
70	29,12	26,00	23,39	21,20	19,34	17,75	16,38	15,20	14,16	13,25	12,44
71	29,25	26,09	23,46	21,25	19,37	17,78	16,40	15,21	14,17	13,25	12,45
72	29,37	26,17	23,52	21,29	19,40	17,80	16,42	15,22	14,18	13,26	12,45
73	29,48	26,25	23,57	21,33	19,43	17,82	16,43	15,23	14,18	13,27	12,45
74	29,59	26,33	23,63	21,37	19,46	17,84	16,44	15,24	14,19	13,27	12,46
75	29,70	26,41	23,68	21,40	19,48	17,85	16,46	15,25	14,20	13,27	12,46
76	29,81	26,48	23,73	21,44	19,51	17,87	16,47	15,26	14,20	13,28	12,46
77	29,91	26,55	23,78	21,47	19,53	17,89	16,48	15,26	14,21	13,28	12,47
78	30,01	26,62	23,83	21,50	19,56	17,90	16,49	15,27	14,21	13,29	12,47
79	30,11	26,68	23,87	21,54	19,58	17,92	16,50	15,28	14,22	13,29	12,47
80	30,20	26,75	23,92	21,57	19,60	17,93	16,51	15,28	14,22	13,29	12,47
81	30,29	26,81	23,96	21,59	19,62	17,94	16,52	15,29	14,23	13,30	12,48
82	30,38	26,87	24,00	21,62	19,63	17,96	16,53	15,30	14,23	13,30	12,48
83	30,47	26,93	24,04	21,65	19,65	17,97	16,53	15,30	14,23	13,30	12,48
84	30,55	26,98	24,07	21,67	19,67	17,98	16,54	15,31	14,24	13,30	12,48
85	30,63	27,04	24,11	21,70	19,68	17,99	16,55	15,31	14,24	13,30	12,48
86	30,71	27,09	24,14	21,72	19,70	18,00	16,56	15,32	14,24	13,31	12,48
87	30,79	27,14	24,18	21,74	19,71	18,01	16,56	15,32	14,25	13,31	12,48
88	30,86	27,19	24,21	21,76	19,73	18,02	16,57	15,32	14,25	13,31	12,49
89	30,93	27,23	24,24	21,78	19,74	18,03	16,57	15,33	14,25	13,31	12,49
90	31,00	27,28	24,27	21,80	19,75	18,03	16,58	15,33	14,25	13,31	12,49
91	31,07	27,32	24,30	21,82	19,76	18,04	16,58	15,33	14,26	13,31	12,49
92	31,14	27,37	24,32	21,83	19,78	18,05	16,59	15,34	14,26	13,32	12,49
93	31,20	27,41	24,35	21,85	19,79	18,06	16,59	15,34	14,26	13,32	12,49
94	31,26	27,45	24,37	21,87	19,80	18,06	16,60	15,34	14,26	13,32	12,49
95	31,32	27,48	24,40	21,88	19,81	18,07	16,60	15,35	14,26	13,32	12,49
96	31,38	27,52	24,42	21,90	19,82	18,08	16,60	15,35	14,26	13,32	12,49
97	31,44	27,56	24,44	21,91	19,82	18,08	16,61	15,35	14,27	13,32	12,49
98	31,49	27,59	24,46	21,92	19,83	18,09	16,61	15,35	14,27	13,32	12,49
99	31,55	27,62	24,49	21,94	19,84	18,09	16,61	15,35	14,27	13,32	12,49
100	31,60	27,66	24,50	21,95	19,85	18,10	16,62	15,36	14,27	13,32	12,49

In den Fällen anderer Zinssätze der Gutachterausschüsse ist der Vervielfältiger nach folgender Formel zu bilden:

$$V \text{ (Vervielfältiger)} = \frac{1}{q^n} \times \frac{q^n - 1}{q - 1}$$

q = Zinsfaktor = 1 + p : 100
p = Zinssatz
n = Restnutzungsdauer/Restlaufzeit

Anlage 22[1)]
(zu § 185 Absatz 3 Satz 3, § 190 Absatz 4 Satz 2)

Wirtschaftliche Gesamtnutzungsdauer

Ein- und Zweifamilienhäuser	70 Jahre
Mietwohngrundstücke, Mehrfamilienhäuser	70 Jahre
Wohnungseigentum	70 Jahre
Geschäftsgrundstücke, gemischt genutzte Grundstücke und sonstige bebaute Grundstücke:	
Gemischt genutzte Grundstücke (Wohnhäuser mit Mischnutzung)	70 Jahre
Museen, Theater, Sakralbauten, Friedhofsgebäude	70 Jahre
Bürogebäude/Verwaltungsgebäude	60 Jahre
Banken und ähnliche Geschäftshäuser	60 Jahre
Einzelgaragen/Mehrfachgaragen	60 Jahre
Kindergärten (Kindertagesstätten), Allgemeinbildende und Berufsbildende Schulen, Hochschulen, Sonderschulen	50 Jahre
Wohnheime/Internate, Alten-/Pflegeheime	50 Jahre
Kauf-/Warenhäuser	50 Jahre
Krankenhäuser, Tageskliniken, Ärztehäuser	40 Jahre
Gemeindezentren, Saalbauten/Veranstaltungsgebäude, Vereinsheime	40 Jahre
Beherbergungsstätten, Hotels, Verpflegungseinrichtungen	40 Jahre
Sport-/Tennishallen, Freizeitbäder/Kur- und Heilbäder	40 Jahre
Tief-, Hoch- und Nutzfahrzeuggaragen als Einzelbauwerke, Carports	40 Jahre
Betriebs-/Werkstätten, Industrie-/Produktionsgebäude	40 Jahre
Lager-/Versandgebäude	40 Jahre
Verbrauchermärkte, Autohäuser	30 Jahre
Reithallen, ehemalige landwirtschaftliche Mehrzweckhallen, u.Ä.	30 Jahre

Teileigentum ist in Abhängigkeit von der baulichen Gestaltung den vorstehenden Gebäudearten zuzuordnen.

---

1) Anl. 22 neu gef. durch G v. 2.11.2015 (BGBl. I S. 1834); zur Anwendung siehe § 265 Abs. 10.

Anlage 23
(zu § 187 Abs. 2 Satz 2)

Pauschalierte Bewirtschaftungskosten für Verwaltung, Instandhaltung und Mietausfallwagnis in Prozent der Jahresmiete oder üblichen Miete (ohne Betriebskosten)

Restnutzungsdauer	Grundstücksart			
	1	2	3	4
	Mietwohngrundstück	gemischt genutztes Grundstück mit einem gewerblichen Anteil von bis zu 50 % (berechnet nach der Wohn- bzw. Nutzfläche)	gemischt genutztes Grundstück mit einem gewerblichen Anteil von mehr als 50 % (berechnet nach der Wohn- bzw. Nutzfläche)	Geschäftsgrundstück
≥ 60 Jahre	21	21		18
40 bis 59 Jahre	23	22		20
20 bis 39 Jahre	27	24		22
< 20 Jahre	29	26		23

Anlage 24[1]
(zu § 190 Absatz 1 Satz 4 und Absatz 3)

Ermittlung des Gebäuderegelherstellungswerts

I. Begriff der Brutto-Grundfläche (BGF)

1. Die BGF ist die Summe der bezogen auf die jeweilige Gebäudeart marktüblich nutzbaren Grundflächen aller Grundrissebenen eines Bauwerks. In Anlehnung an die DIN 277-1:2005-02 sind bei den Grundflächen folgende Bereiche zu unterscheiden:
   Bereich a: überdeckt und allseitig in voller Höhe umschlossen,
   Bereich b: überdeckt, jedoch nicht allseitig in voller Höhe umschlossen,
   Bereich c: nicht überdeckt.
   Für die Anwendung der Regelherstellungskosten (RHK) sind im Rahmen der Ermittlung der BGF nur die Grundflächen der Bereiche a und b zugrunde zu legen. Balkone, auch wenn sie überdeckt sind, sind dem Bereich c zuzuordnen.
   Für die Ermittlung der BGF sind die äußeren Maße der Bauteile einschließlich Bekleidung, z.B. Putz und Außenschalen mehrschaliger Wandkonstruktionen, in Höhe der Bodenbelagsoberkanten anzusetzen.
2. Nicht zur BGF gehören z.B. Flächen von Spitzböden und Kriechkellern, Flächen, die ausschließlich der Wartung, Inspektion und Instandsetzung von Baukonstruktionen und technischen Anlagen dienen sowie Flächen unter konstruktiven Hohlräumen, z.B. über abgehängten Decken.

---

[1] Anl. 24 neu gef. durch G v. 2.11.2015 (BGBl. I S. 1834); zur Anwendung siehe § 265 Abs. 10; geänd. mWv 18.12.2019 durch G v. 12.12.2019 (BGBl. I S. 2451).

II. Regelherstellungskosten (RHK)

Regelherstellungskosten
auf Grundlage der Normalherstellungskosten 2010 (NHK 2010) in Euro/m² BGF einschließlich Baunebenkosten und Umsatzsteuer für die jeweilige Gebäudeart (Kostenstand 2010)

1–3	Ein- und Zweifamilienhäuser						
			Standardstufe				
Keller- und Erdgeschoss			1	2	3	4	5
	Dachgeschoss ausgebaut						
	1.01	freistehende Einfamilienhäuser	655	725	835	1005	1260
	1.011	freistehende Zweifamilienhäuser[1)]	688	761	877	1055	1323
	2.01	Doppel- und Reihenendhäuser	615	685	785	945	1180
	3.01	Reihenmittelhäuser	575	640	735	885	1105
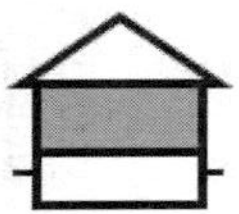	Dachgeschoss nicht ausgebaut						
	1.02	freistehende Einfamilienhäuser	545	605	695	840	1050
	1.021	freistehende Zweifamilienhäuser[1)]	572	635	730	882	1103
	2.02	Doppel- und Reihenendhäuser	515	570	655	790	985
	3.02	Reihenmittelhäuser	480	535	615	740	925
	Flachdach oder flach geneigtes Dach						
	1.03	freistehende Einfamilienhäuser	705	785	900	1085	1360
	1.031	freistehende Zweifamilienhäuser[1)]	740	824	945	1139	1428
	2.03	Doppel- und Reihenendhäuser	665	735	845	1020	1275
	3.03	Reihenmittelhäuser	620	690	795	955	1195

[1)] **Amtl. Anm.:** ermittelt mit Korrekturfaktor 1,05 bezogen auf die Regelherstellungskosten für freistehende Einfamilienhäuser

Keller-, Erd- und Obergeschoss			Standardstufe 1	2	3	4	5
	Dachgeschoss ausgebaut						
	1.11	freistehende Einfamilienhäuser	655	725	835	1005	1260
	1.111	freistehende Zweifamilienhäuser[1]	688	761	877	1055	1323
	2.11	Doppel- und Reihenendhäuser	615	685	785	945	1180
	3.11	Reihenmittelhäuser	575	640	735	885	1105
	Dachgeschoss nicht ausgebaut						
	1.12	freistehende Einfamilienhäuser	570	635	730	880	1100
	1.121	freistehende Zweifamilienhäuser[1]	599	667	767	924	1155
	2.12	Doppel- und Reihenendhäuser	535	595	685	825	1035
	3.12	Reihenmittelhäuser	505	560	640	775	965
	Flachdach oder flach geneigtes Dach						
	1.13	freistehende Einfamilienhäuser	665	740	850	1025	1285
	1.131	freistehende Zweifamilienhäuser[1]	698	777	893	1076	1349
	2.13	Doppel- und Reihenendhäuser	625	695	800	965	1205
	3.13	Reihenmittelhäuser	585	650	750	905	1130

Erdgeschoss, nicht unterkellert			Standardstufe 1	2	3	4	5
	Dachgeschoss ausgebaut						
	1.21	freistehende Einfamilienhäuser	790	875	1005	1215	1515
	1.211	freistehende Zweifamilienhäuser[1]	830	919	1055	1276	1591
	2.21	Doppel- und Reihenendhäuser	740	825	945	1140	1425
	3.21	Reihenmittelhäuser	695	770	885	1065	1335

[1] **Amtl. Anm.:** ermittelt mit Korrekturfaktor 1,05 bezogen auf die Regelherstellungskosten für freistehende Einfamilienhäuser

			Standardstufe				
Erdgeschoss, nicht unterkellert			**1**	**2**	**3**	**4**	**5**
	Dachgeschoss nicht ausgebaut						
	1.22	freistehende Einfamilienhäuser	585	650	745	900	1125
	1.221	freistehende Zweifamilienhäuser[1)]	614	683	782	945	1181
	2.22	Doppel- und Reihenendhäuser	550	610	700	845	1055
	3.22	Reihenmittelhäuser	515	570	655	790	990
	Flachdach oder flach geneigtes Dach						
	1.23	freistehende Einfamilienhäuser	920	1025	1180	1420	1775
	1.231	freistehende Zweifamilienhäuser[1)]	966	1076	1239	1491	1864
	2.23	Doppel- und Reihenendhäuser	865	965	1105	1335	1670
	3.23	Reihenmittelhäuser	810	900	1035	1250	1560

			Standardstufe				
Erd- und Obergeschoss, nicht unterkellert			**1**	**2**	**3**	**4**	**5**
	Dachgeschoss ausgebaut						
	1.31	freistehende Einfamilienhäuser	720	800	920	1105	1385
	1.311	freistehende Zweifamilienhäuser[1)]	756	840	966	1160	1454
	2.31	Doppel- und Reihenendhäuser	675	750	865	1040	1300
	3.31	Reihenmittelhäuser	635	705	810	975	1215
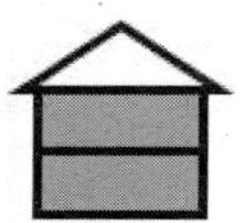	Dachgeschoss nicht ausgebaut						
	1.32	freistehende Einfamilienhäuser	620	690	790	955	1190
	1.321	freistehende Zweifamilienhäuser[1)]	651	725	830	1003	1250
	2.32	Doppel- und Reihenendhäuser	580	645	745	895	1120
	3.32	Reihenmittelhäuser	545	605	695	840	1050

[1)] **Amtl. Anm.:** ermittelt mit Korrekturfaktor 1,05 bezogen auf die Regelherstellungskosten für freistehende Einfamilienhäuser

			Standardstufe				
Erd- und Obergeschoss, nicht unterkellert			**1**	**2**	**3**	**4**	**5**
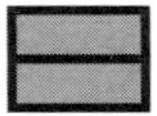	Flachdach oder flach geneigtes Dach						
	1.33	freistehende Einfamilienhäuser	785	870	1000	1205	1510
	1.331	freistehende Zweifamilienhäuser[1]	824	914	1050	1265	1586
	2.33	Doppel- und Reihenendhäuser	735	820	940	1135	1415
	3.33	Reihenmittelhäuser	690	765	880	1060	1325

4 **Wohnungseigentum und vergleichbares Teileigentum in Mehrfamilienhäusern (ohne Tiefgaragenplatz)/Mehrfamilienhäuser**

Für Wohnungseigentum in Gebäuden, die wie Ein- und Zweifamilienhäuser im Sinne des § 181 Absatz 2 des Bewertungsgesetzes gestaltet sind, werden die Regelherstellungskosten der Ein- und Zweifamilienhäuser zugrunde gelegt.

Umrechnungsfaktor hinsichtlich der Brutto-Grundfläche (BGF) für Wohnungseigentum in Mehrfamilienhäusern: BGF = 1,55 × Wohnfläche

		Standardstufe				
		1	**2**	**3**	**4**	**5**
4.1	Mehrfamilienhäuser mit bis zu 6 WE	650	720	825	985	1190
4.2	Mehrfamilienhäuser mit 7 bis 20 WE	600	665	765	915	1105
4.3	Mehrfamilienhäuser mit mehr als 20 WE	590	655	755	900	1090

5–18 **Gemischt genutzte Grundstücke, Geschäftsgrundstücke und sonstige bebaute Grundstücke**

		Standardstufe				
		1	**2**	**3**	**4**	**5**
5.1	Gemischt genutzte Grundstücke (Wohnhäuser mit Mischnutzung)	605	675	860	1085	1375
5.2	Banken und ähnliche Geschäftshäuser mit Wohnanteil[2]	625	695	890	1375	1720
5.3	Banken und ähnliche Geschäftshäuser ohne Wohnanteil	655	730	930	1520	1900

		Standardstufe				
		1	**2**	**3**	**4**	**5**
6.1	Bürogebäude/Verwaltungsgebäude	735	815	1040	1685	1900

		Standardstufe				
		1	**2**	**3**	**4**	**5**
7.1	Gemeindezentren/Vereinsheime	795	885	1130	1425	1905
7.2	Saalbauten/Veranstaltungsgebäude	955	1060	1355	1595	2085

[1] **Amtl. Anm.:** ermittelt mit Korrekturfaktor 1,05 bezogen auf die Regelherstellungskosten für freistehende Einfamilienhäuser
[2] **Amtl. Anm.:** Anteil der Wohnfläche bis 20 Prozent

		Standardstufe				
		1	2	3	4	5
8.1	Kindergärten	915	1020	1300	1495	1900
8.2	Allgemeinbildende Schulen, Berufsbildende Schulen, Hochschulen	1020	1135	1450	1670	2120
8.3	Sonderschulen	1115	1240	1585	1820	2315

		Standardstufe				
		1	2	3	4	5
9.1	Wohnheime/Internate	705	785	1000	1225	1425
9.2	Alten-/Pflegeheime	825	915	1170	1435	1665

		Standardstufe				
		1	2	3	4	5
10.1	Krankenhäuser/Kliniken	1210	1345	1720	2080	2765
10.2	Tageskliniken/Ärztehäuser	1115	1240	1585	1945	2255

		Standardstufe				
		1	2	3	4	5
11.1	Beherbergungsstätten/Hotels/Verpflegungseinrichtungen	975	1085	1385	1805	2595

		Standardstufe				
		1	2	3	4	5
12.1	Sporthallen (Einfeldhallen)	930	1035	1320	1670	1955
12.2	Sporthallen (Dreifeldhallen/Mehrzweckhallen)	1050	1165	1490	1775	2070
12.3	Tennishallen	710	790	1010	1190	1555
12.4	Freizeitbäder/Kur- und Heilbäder	1725	1920	2450	2985	3840

		Standardstufe				
		1	2	3	4	5
13.1	Verbrauchermärkte	510	565	720	870	1020
13.2	Kauf-/Warenhäuser	930	1035	1320	1585	1850
13.3	Autohäuser ohne Werkstatt	665	735	940	1240	1480

		Standardstufe				
		1	2	3	4	5
14.1	Einzelgaragen/Mehrfachgaragen[1)]		245		485	780
14.2	Hochgaragen[2)]		480		655	780
14.3	Tiefgaragen[2)]		560		715	850
14.4	Nutzfahrzeuggaragen		530		680	810
14.5	Carports			190		

		Standardstufe				
		1	2	3	4	5
15.1	Betriebs-/Werkstätten, eingeschossig	685	760	970	1165	1430
15.2	Betriebs-/Werkstätten, mehrgeschossig ohne Hallenanteil	640	715	910	1090	1340
15.3	Betriebs-/Werkstätten, mehrgeschossig, hoher Hallenanteil	435	485	620	860	1070
15.4	Industrielle Produktionsgebäude, Massivbauweise	670	745	950	1155	1440
15.5	Industrielle Produktionsgebäude, überwiegend Skelettbauweise	495	550	700	965	1260

		Standardstufe				
		1	2	3	4	5
16.1	Lagergebäude ohne Mischnutzung, Kaltlager	245	275	350	490	640
16.2	Lagergebäude mit bis zu 25 % Mischnutzung[3)]	390	430	550	690	880
16.3	Lagergebäude mit mehr als 25 % Mischnutzung[3)]	625	695	890	1095	1340

		Standardstufe				
		1	2	3	4	5
17.1	Museen	1325	1475	1880	2295	2670
17.2	Theater	1460	1620	2070	2625	3680
17.3	Sakralbauten	1185	1315	1510	2060	2335
17.4	Friedhofsgebäude	1035	1150	1320	1490	1720

1) **Amtl. Anm.:** Standardstufe 1–3: Fertiggaragen; Standardstufe 4: Garagen in Massivbauweise; Standardstufe 5: individuelle Garagen in Massivbauweise mit besonderen Ausführungen wie Ziegeldach, Gründach, Bodenbeläge, Fliesen o.ä., Wasser, Abwasser und Heizung

2) **Amtl. Anm.:** Umrechnungsfaktor hinsichtlich der Brutto-Grundfläche (BGF) für Tief- und Hochgaragen: BGF = tatsächliche Stellplatzfläche (Länge × Breite) × 1,55

3) **Amtl. Anm.:** Lagergebäude mit Mischnutzung sind Gebäude mit einem überwiegenden Anteil an Lagernutzung und einem geringeren Anteil an anderen Nutzungen wie Büro, Sozialräume, Ausstellungs- oder Verkaufsflächen etc.

		Standardstufe				
		1	2	3	4	5
18.1	Reithallen	235			260	310
18.2	ehemalige landwirtschaftliche Mehrzweckhallen, Scheunen, u.Ä.	245			270	350

19	**Teileigentum** Teileigentum ist in Abhängigkeit von der baulichen Gestaltung den vorstehenden Gebäudearten zuzuordnen.

20	**Auffangklausel** Regelherstellungskosten für nicht aufgeführte Gebäudearten sind aus den Regelherstellungskosten vergleichbarer Gebäudearten abzuleiten.

III. Beschreibung der Gebäudestandards

Die Beschreibung der Gebäudestandards ist beispielhaft und dient der Orientierung. Sie kann nicht alle in der Praxis auftretenden Standardmerkmale aufführen. Es müssen nicht alle aufgeführten Merkmale zutreffen. Die in der Tabelle angegebenen Jahreszahlen beziehen sich auf die im jeweiligen Zeitraum gültigen Wärmeschutzanforderungen; in Bezug auf das konkrete Bewertungsobjekt ist zu prüfen, ob von diesen Wärmeschutzanforderungen abgewichen wird. Die Beschreibung der Gebäudestandards basiert auf dem Bezugsjahr der Normalherstellungskosten (2010).

1–5.1	(1) **1.01–3.33**	**Ein- und Zweifamilienhäuser**
	(2) **4.1–5.1**	**Wohnungseigentum und vergleichbares Teileigentum in Mehrfamilienhäusern (ohne Tiefgaragenplatz)/Mehrfamilienhäuser sowie gemischt genutzte Grundstücke (Wohnhäuser mit Mischnutzung)**

	Standardstufe					**Wägungsanteil**
	1	**2**	**3**	**4**	**5**	
	nicht zeitgemäß		**zeitgemäß**			
	einfachst	**einfach**	**Basis**	**gehoben**	**aufwendig**	
Außenwände	Holzfachwerk, Ziegelmauerwerk; Fugenglattstrich, Putz, Verkleidung mit Faserzementplatten, Bitumenschindeln oder einfachen Kunststoffplatten; kein oder deutlich nicht zeitgemäßer Wärmeschutz (vor ca. 1980)	ein-/zweischaliges Mauerwerk, z.B. Gitterziegel oder Hohlblocksteine; verputzt und gestrichen oder Holzverkleidung; nicht zeitgemäßer Wärmeschutz (vor ca. 1995)	ein-/zweischaliges Mauerwerk, z.B. aus Leichtziegeln, Kalksandsteinen, Gasbetonsteinen; Edelputz; Wärmedämmverbundsystem oder Wärmedämmputz (nach ca. 1995)	Verblendmauerwerk, zweischalig, hinterlüftet, Vorhangfassade (z.B. Naturschiefer); Wärmedämmung (nach ca. 2005)	aufwendig gestaltete Fassaden mit konstruktiver Gliederung (Säulenstellungen, Erker etc.), Sichtbeton-Fertigteile, Natursteinfassade, Elemente aus Kupfer-/Eloxalblech, mehrgeschossige Glasfassaden; hochwertigste Dämmung (z.B. Passivhausstandard)	23

	Standardstufe					Wägungs-anteil
	1	2	3	4	5	
	nicht zeitgemäß		zeitgemäß			
	einfachst	**einfach**	**Basis**	**gehoben**	**aufwendig**	
Dach	Dachpappe, Faserzementplatten/Wellplatten; keine bis geringe Dachdämmung	einfache Betondachsteine oder Tondachziegel, Bitumenschindeln; nicht zeitgemäße Dachdämmung (vor ca. 1995)	Faserzement-Schindeln, beschichtete Betondachsteine und Tondachziegel, Folienabdichtung; Dachdämmung (nach ca. 1995); Rinnen und Fallrohre aus Zinkblech;	glasierte Tondachziegel, Flachdachausbildung tlw. als Dachterrassen; Konstruktion in Brettschichtholz, schweres Massivflachdach; besondere Dachformen, z.B. Mansarden-, Walmdach; Aufsparrendämmung, überdurchschnittliche Dämmung (nach ca. 2005)	hochwertige Eindeckung, z.B. aus Schiefer oder Kupfer, Dachbegrünung, befahrbares Flachdach; hochwertigste Dämmung (z.B. Passivhausstandard); Rinnen und Fallrohre aus Kupfer (1) aufwendig gegliederte Dachlandschaft, sichtbare Bogendachkonstruktionen	15
Fenster und Außentüren	Einfachverglasung; einfache Holztüren	Zweifachverglasung (vor ca. 1995); Haustür mit nicht zeitgemäßem Wärmeschutz (vor ca. 1995)	Zweifachverglasung (nach ca. 1995), Rollläden (manuell); Haustür mit zeitgemäßem Wärmeschutz (nach ca. 1995)	Dreifachverglasung, Sonnenschutzglas, aufwendigere Rahmen, Rollläden (elektr.); höherwertige Türanlage z.B. mit Seitenteil, besonderer Einbruchschutz	große, feststehende Fensterflächen, Spezialverglasung (Schall- und Sonnenschutz); Außentüren in hochwertigen Materialien	11
Innenwände und -türen	Fachwerkwände, einfache Putze/Lehmputze, einfache Kalkanstriche; Füllungstüren, gestrichen, mit einfachen Beschlägen ohne Dichtungen	massive tragende Innenwände, nicht tragende Wände in Leichtbauweise (z.B. Holzständerwände mit Gipskarton), Gipsdielen; leichte Türen, Stahlzargen	nicht tragende Innenwände in massiver Ausführung bzw. mit Dämmmaterial gefüllte Ständerkonstruktionen; schwere Türen (1) Holzzargen	Sichtmauerwerk; Massivholztüren, Schiebetürelemente, Glastüren, strukturierte Türblätter (1) Wandvertäfelungen (Holzpaneele)	gestaltete Wandabläufe (z.B. Pfeilervorlagen, abgesetzte oder geschwungene Wandpartien); Brandschutzverkleidung; raumhohe aufwendige Türelemente (1) Vertäfelungen (Edelholz, Metall), Akkustikputz	11

	Standardstufe					Wägungsanteil
	1	2	3	4	5	
	nicht zeitgemäß		zeitgemäß			
	einfachst	einfach	Basis	gehoben	aufwendig	
Deckenkonstruktion und Treppen	Holzbalkendecken ohne Füllung, Spalierputz; Weichholztreppen in einfacher Art und Ausführung; kein Trittschallschutz (1) Weichholztreppen in einfacher Art und Ausführung; kein Trittschallschutz	Holzbalkendecken mit Füllung, Kappendecken; Stahl- oder Hartholztreppen in einfacher Art und Ausführung (1) Stahl- oder Hartholztreppen in einfacher Art und Ausführung	(1) Beton- und Holzbalkendecken mit Tritt- und Luftschallschutz (z.B. schwimmender Estrich); geradläufige Treppen aus Stahlbeton oder Stahl, Harfentreppe, Trittschallschutz (2) Betondecken mit Tritt- und Luftschallschutz (z.B. schwimmender Estrich); einfacher Putz	(1) Decken mit größerer Spannweite, Deckenverkleidung (Holzpaneele/Kassetten); gewendelte Treppen aus Stahlbeton oder Stahl, Hartholztreppenanlage in besserer Art und Ausführung (2) zusätzlich Deckenverkleidung	Deckenvertäfelungen (Edelholz, Metall) (1) Decken mit großen Spannweiten, gegliedert; breite Stahlbeton-, Metall- oder Hartholztreppenanlage mit hochwertigem Geländer	11
Fußböden	ohne Belag	Linoleum-, Teppich-, Laminat- und PVC-Böden einfacher Art und Ausführung	Linoleum-, Teppich-, Laminat- und PVC-Böden besserer Art und Ausführung, Fliesen, Kunststeinplatten	Natursteinplatten, Fertigparkett, hochwertige Fliesen, Terrazzobelag, hochwertige Massivholzböden auf gedämmter Unterkonstruktion	hochwertiges Parkett, hochwertige Natursteinplatten, hochwertige Edelholzböden auf gedämmter Unterkonstruktion	5
Sanitäreinrichtungen	einfaches Bad mit Stand-WC; Installation auf Putz; Ölfarbenanstrich, einfache PVC-Bodenbeläge	1 Bad mit WC, Dusche oder Badewanne; einfache Wand- und Bodenfliesen, teilweise gefliest	Wand- und Bodenfliesen, raumhoch gefliest; Dusche und Badewanne (1) 1 Bad mit WC, Gäste-WC (2) 1 Bad mit WC je Wohneinheit	1–2 Bäder ((2) je Wohneinheit) mit tlw. zwei Waschbecken, tlw. Bidet/Urinal, Gäste-WC, bodengleiche Dusche; Wand- und Bodenfliesen; jeweils in gehobener Qualität	hochwertige Wand- und Bodenplatten (oberflächenstrukturiert, Einzel- und Flächendekors) (1) mehrere großzügige, hochwertige Bäder, Gäste-WC; (2) 2 und mehr Bäder je Wohneinheit	9
Heizung	Einzelöfen, Schwerkraftheizung	Fern- oder Zentralheizung, einfache Warmluftheizung, einzelne Gasaußenwandther-	elektronisch gesteuerte Fern- oder Zentralheizung, Niedertempera-	Fußbodenheizung, Solarkollektoren für Warmwassererzeugung	Solarkollektoren für Warmwassererzeugung und Heizung, Blockheizkraftwerk, Wär-	9

	Standardstufe					Wägungs-anteil
	1	2	3	4	5	
	nicht zeitgemäß		zeitgemäß			
	einfachst	einfach	Basis	gehoben	aufwendig	
		men, Nachtstromspeicher-, Fußbodenheizung (vor ca. 1995)	tur- oder Brennwertkessel	[1] zusätzlicher Kaminanschluss	mepumpe, Hybrid-Systeme [1] aufwendige zusätzliche Kaminanlage	
Sonstige technische Ausstattung	sehr wenige Steckdosen, Schalter und Sicherungen, kein Fehlerstromschutzschalter (FI-Schalter), Leitungen teilweise auf Putz	wenige Steckdosen, Schalter und Sicherungen	zeitgemäße Anzahl an Steckdosen und Lichtauslässen, Zählerschrank (ab ca. 1985) mit Unterverteilung und Kippsicherungen	zahlreiche Steckdosen und Lichtauslässe, hochwertige Abdeckungen, dezentrale Lüftung mit Wärmetauscher, mehrere LAN- und Fernsehanschlüsse [2] Personenaufzugsanlagen	Video- und zentrale Alarmanlage, zentrale Lüftung mit Wärmetauscher, Klimaanlage, Bussystem [2] aufwendige Personenaufzugsanlagen	6

5.2–17.4	[3] **5.2–6.1**	**Banken und ähnliche Geschäftshäuser, Bürogebäude/Verwaltungsgebäude**
	[4] **7.1–8.3**	**Gemeindezentren/Vereinsheime, Saalbauten/Veranstaltungsgebäude, Kindergärten, Schulen**
	[5] **9.1–11.1**	**Wohnheime, Alten-/Pflegeheime, Krankenhäuser, Tageskliniken, Beherbergungsstätten, Hotels, Verpflegungseinrichtungen**
	[6] **12.1–12.4**	**Sporthallen, Tennishallen, Freizeitbäder/Kur- und Heilbäder**
	[7] **13.1–13.3**	**Verbrauchermärkte, Kauf-/Warenhäuser, Autohäuser**
	[8] **15.1–16.3**	**Betriebs-/Werkstätten, Produktionsgebäude, Lagergebäude**
	[9] **17.1–17.4**	**Museen, Theater, Sakralbauten, Friedhofsgebäude**

	Standardstufe				
	1	2	3	4	5
	nicht zeitgemäß		zeitgemäß		
	einfachst	einfach	Basis	gehoben	aufwendig
Außenwände	Mauerwerk mit Putz oder mit Fugenglattstrich und Anstrich; einfache Wände, Holz-, Blech-, Faserzementbekleidung,	ein-/zweischaliges Mauerwerk, z.B. Gitterziegel oder Hohlblocksteine; verputzt und gestrichen oder Holzverkleidung; einfache	Wärmedämmverbundsystem oder Wärmedämmputz (nach ca. 1995);	Verblendmauerwerk, zweischalig, hinterlüftet, Vorhangfassade (z.B. Naturschiefer);	Sichtbeton-Fertigteile, Natursteinfassade, Elemente aus Kupfer-/Eloxalblech, mehrgeschossige Glasfassaden; stark

	Standardstufe				
	1	2	3	4	5
	nicht zeitgemäß		zeitgemäß		
	einfachst	**einfach**	**Basis**	**gehoben**	**aufwendig**
	Bitumenschindeln oder einfache Kunststoffplatten; kein oder deutlich nicht zeitgemäßer Wärmeschutz (vor ca. 1980)	Metall-Sandwichelemente; nicht zeitgemäßer Wärmeschutz (vor ca. 1995)	ein-/zweischalige Konstruktion, z.B. Mauerwerk aus Leichtziegeln, Kalksandsteinen, Gasbetonsteinen; Edelputz; gedämmte Metall-Sandwichelemente	Wärmedämmung (nach ca. 2005)	überdurchschnittliche Dämmung [3] [4] [5] [6] [7] aufwendig gestaltete Fassaden mit konstruktiver Gliederung (Säulenstellungen, Erker etc.) [3] Vorhangfassade aus Glas
Konstruktion [8]	Holzkonstruktion in nicht zeitgemäßer statischer Ausführung	Mauerwerk, Stahl- oder Stahlbetonkonstruktion in nicht zeitgemäßer statischer Ausführung	Stahl- und Betonfertigteile	überwiegend Betonfertigteile; große stützenfreie Spannweiten; hohe Deckenhöhen; hohe Belastbarkeit der Decken und Böden	größere stützenfreie Spannweiten; hohe Deckenhöhen; höhere Belastbarkeit der Decken und Böden
Dach	Dachpappe, Faserzementplatten/Wellplatten, Blecheindeckung; kein Unterdach; keine bis geringe Dachdämmung	einfache Betondachsteine oder Tondachziegel, Bitumenschindeln; nicht zeitgemäße Dachdämmung (vor ca. 1995)	Faserzement-Schindeln, beschichtete Betondachsteine und Tondachziegel, Folienabdichtung; Dachdämmung (nach ca. 1995); Rinnen und Fallrohre aus Zinkblech	besondere Dachformen; überdurchschnittliche Dämmung (nach ca. 2005) [3] [4] [5] [6] [7] glasierte Tondachziegel [3] [8] schweres Massivflachdach [9] Biberschwänze	hochwertige Eindeckung z.B. aus Schiefer oder Kupfer; Dachbegrünung; aufwendig gegliederte Dachlandschaft [3] [4] [5] befahrbares Flachdach [3] [4] stark überdurchschnittliche Dämmung [5] [6] [7] [8] hochwertigste Dämmung
Fenster- und Außentüren	Einfachverglasung; einfache Holztüren	Isolierverglasung, Zweifachverglasung (vor ca. 1995); Eingangstüren mit nicht zeitgemäßem Wärmeschutz (vor ca. 1995)	Zweifachverglasung (nach ca. 1995) [5] nur Wohnheime, Altenheime, Pflegeheime, Krankenhäuser und Tageskliniken: Automatik-Eingangstüren	Dreifachverglasung, Sonnenschutzglas, aufwendigere Rahmen [3] [4] [6] [7] [8] höherwertige Türanlagen [5] nur Beherbergungsstätten und Verpflegungsein-	große, feststehende Fensterflächen, Spezialverglasung (Schall- und Sonnenschutz) [3] [4] [7] [8] Außentüren in hochwertigen Materialien

	Standardstufe				
	1	2	3	4	5
	nicht zeitgemäß		zeitgemäß		
	einfachst	**einfach**	**Basis**	**gehoben**	**aufwendig**
			(9) kunstvoll gestaltetes farbiges Fensterglas, Ornamentglas	richtungen: Automatik-Eingangstüren (9) besonders große kunstvoll gestaltete farbige Fensterflächen	(3) Automatiktüren (6) Automatik-Eingangstüren (9) Bleiverglasung mit Schutzglas, farbige Maßfenster
Innenwände und -türen	Fachwerkwände, einfache Putze/Lehmputze, einfache Kalkanstriche; Füllungstüren, gestrichen, mit einfachen Beschlägen ohne Dichtungen	massive tragende Innenwände, nicht tragende Wände in Leichtbauweise (z.B. Holzständerwände mit Gipskarton), Gipsdielen; leichte Türen, Kunststoff-/Holztürblätter, Stahlzargen	(4) (5) (6) (7) nicht tragende Innenwände in massiver Ausführung bzw. mit Dämmmaterial gefüllte Ständerkonstruktionen (5) (6) (7) schwere Türen (3) nicht tragende Innenwände in massiver Ausführung; schwere Türen (4) schwere und große Türen (5) nur Wohnheime, Altenheime, Pflegeheime, Krankenhäuser und Tageskliniken: Automatik-Flurzwischentüren; rollstuhlgerechte Bedienung (8) Anstrich	(3) (4) (5) (6) (7) Sichtmauerwerk (3) (4) Massivholztüren, Schiebetürelemente, Glastüren (3) Innenwände für flexible Raumkonzepte (größere statische Spannweiten der Decken) (5) nur Beherbergungsstätten und Verpflegungseinrichtungen: Automatik-Flurzwischentüren; rollstuhlgerechte Bedienung (6) rollstuhlgerechte Bedienung (8) tlw. gefliest, Sichtmauerwerk; Schiebetürelemente, Glastüren (9) schmiedeeiserne Türen	(3) (4) (5) (6) (7) gestaltete Wandabläufe (z.B. Pfeilervorlagen, abgesetzte oder geschwungene Wandpartien) (4) Vertäfelungen (Edelholz, Metall), Akkustikputz (3) Wände aus großformatigen Glaselementen, Akustikputz, tlw. Automatiktüren, rollstuhlgerechte Bedienung (4) raumhohe aufwendige Türelemente; tlw. Automatiktüren, rollstuhlgerechte Bedienung (5) (6) (7) Akustikputz, raumhohe aufwendige Türelemente (7) rollstuhlgerechte Bedienung, Automatiktüren (8) überwiegend gefliest; Sichtmauerwerk; gestaltete Wandabläufe

	Standardstufe				
	1	2	3	4	5
	nicht zeitgemäß		zeitgemäß		
	einfachst	**einfach**	**Basis**	**gehoben**	**aufwendig**
Deckenkonstruktion und Treppen (nicht bei [(8)])	Weichholztreppen in einfacher Art und Ausführung; kein Trittschallschutz [(3) (4) (5)] Holzbalkendecken ohne Füllung, Spalierputz	Stahl- oder Hartholztreppen in einfacher Art und Ausführung [(3) (4) (5) (7) (9)] Holzbalkendecken mit Füllung, Kappendecken	[(3) (4) (5) (7)] Betondecken mit Tritt- und Luftschallschutz; einfacher Putz [(3) (4)] abgehängte Decken [(5) (7)] Deckenverkleidung [(6)] Betondecke	[(3)] höherwertige abgehängte Decken [(4) (5) (6) (7)] Decken mit großen Spannweiten [(4)] Deckenverkleidung	hochwertige breite Stahlbeton-/Metalltreppenanlage mit hochwertigem Geländer [(3) (7)] Deckenvertäfelungen (Edelholz, Metall) [(4) (5) (6) (7)] Decken mit größeren Spannweiten
Fußböden	ohne Belag	Linoleum-, Teppich-, Laminat- und PVC-Böden einfacher Art und Ausführung [(9)] Holzdielen	[(3) (4) (5) (7)] Fliesen, Kunststeinplatten [(3) (4)] Linoleum- oder Teppich-Böden besserer Art und Ausführung [(5) (7)] Linoleum- oder PVC-Böden besserer Art und Ausführung [(6)] nur Sporthallen: Beton, Asphaltbeton, Estrich oder Gussasphalt auf Beton; Teppichbelag, PVC; nur Freizeitbäder/Heilbäder: Fliesenbelag [(8)] Beton [(9)] Betonwerkstein, Sandstein	[(3) (5) (7)] Natursteinplatten, hochwertige Fliesen, Terrazzobelag, hochwertige Massivholzböden auf gedämmter Unterkonstruktion [(3) (7)] Fertigparkett [(6)] nur Sporthallen: hochwertigere flächenstatische Fußbodenkonstruktion, Spezialteppich mit Gummigranulatauflage; hochwertigerer Schwingboden [(8)] Estrich, Gussasphalt	[(3) (4) (5) (7)] hochwertiges Parkett, hochwertige Natursteinplatten, hochwertige Edelholzböden auf gedämmter Unterkonstruktion [(6)] nur Sporthallen: hochwertigste flächenstatische Fußbodenkonstruktion, Spezialteppich mit Gummigranulatauflage; hochwertigster Schwingboden; nur Freizeitbäder/Heilbäder: hochwertiger Fliesenbelag und Natursteinboden [(8)] beschichteter Beton oder Estrichboden; Betonwerkstein, Verbundpflaster [(9)] Marmor, Granit
Sanitäreinrichtungen	einfache Toilettenanlagen (Stand-WC); Installation auf Putz; Ölfarbenanstrich, einfache PVC-	Toilettenanlagen in einfacher Qualität; Installation unter Putz; WCs und Duschräume je Geschoss;	Sanitäreinrichtung in Standard-Ausführung	Sanitäreinrichtung in besserer Qualität	Sanitäreinrichtung in gehobener Qualität

	Standardstufe				
	1	2	3	4	5
	nicht zeitgemäß		zeitgemäß		
	einfachst	**einfach**	**Basis**	**gehoben**	**aufwendig**
	Bodenbeläge, WC und Bäderanlage geschossweise	einfache Wand- und Bodenfliesen, tlw. gefliest	(3) (4) ausreichende Anzahl von Toilettenräumen (5) mehrere WCs und Duschbäder je Geschoss; Waschbecken im Raum (6) wenige Toilettenräume und Duschräume bzw. Waschräume (7) (8) wenige Toilettenräume	(3) (4) höhere Anzahl Toilettenräume (5) je Raum ein Duschbad mit WC nur Wohnheime, Altenheime, Pflegeheime, Krankenhäuser und Tageskliniken: behindertengerecht (6) ausreichende Anzahl von Toilettenräumen und Duschräumen (7) (8) ausreichende Anzahl von Toilettenräumen	(3) (4) großzügige Toilettenanlagen jeweils mit Sanitäreinrichtung in gehobener Qualität (5) je Raum ein Duschbad mit WC in guter Ausstattung; nur Wohnheime, Altenheime, Pflegeheime, Krankenhäuser und Tageskliniken: behindertengerecht (6) großzügige Toilettenanlagen und Duschräume mit Sanitäreinrichtung in gehobener Qualität (7) großzügige Toilettenanlagen mit Sanitäreinrichtung in gehobener Qualität (8) großzügige Toilettenanlagen
Heizung	Einzelöfen, Schwerkraftheizung, dezentrale Warmwasserversorgung (9) Elektroheizung im Gestühl	Zentralheizung mit Radiatoren (Schwerkraftheizung); einfache Warmluftheizung, mehrere Ausblasöffnungen; Lufterhitzer mit Wärmetauscher mit zentraler Kesselanlage, Fußbodenheizung (vor ca. 1995) (9) einfache Warmluftheizung, eine Ausblasöffnung	elektronisch gesteuerte Fern- oder Zentralheizung, Niedertemperatur- oder Brennwertkessel	Solarkollektoren für Warmwassererzeugung (3) (4) (6) (7) (8) Fußbodenheizung (8) zusätzlicher Kaminanschluss	Solarkollektoren für Warmwassererzeugung und Heizung, Blockheizkraftwerk, Wärmepumpe, Hybrid-Systeme (3) (4) (5) (7) Klimaanlage (8) Kaminanlage

	Standardstufe				
	1	2	3	4	5
	nicht zeitgemäß		zeitgemäß		
	einfachst	**einfach**	**Basis**	**gehoben**	**aufwendig**
Sonstige technische Ausstattung	sehr wenige Steckdosen, Schalter und Sicherungen, kein Fehlerstromschutzschalter (FI-Schalter), Leitungen auf Putz, einfache Leuchten	wenige Steckdosen, Schalter und Sicherungen, Installation unter Putz	(3) (4) (7) zeitgemäße Anzahl an Steckdosen und Lichtauslässen, Zählerschrank (ab ca. 1985) mit Unterverteilung und Kippsicherungen; Kabelkanäle; Blitzschutz (5) (6) (8) zeitgemäße Anzahl an Steckdosen und Lichtauslässen; Blitzschutz (5) (7) Personenaufzugsanlagen (8) Teeküchen	zahlreiche Steckdosen und Lichtauslässe, hochwertige Abdeckungen (3) (4) (5) (7) (8) dezentrale Lüftung mit Wärmetauscher (6) Lüftung mit Wärmetauscher (3) (5) mehrere LAN- und Fernsehanschlüsse (3) (4) (7) hochwertige Beleuchtung; Doppelboden mit Bodentanks zur Verkabelung; ausreichende Anzahl von LAN-Anschlüssen (3) Messverfahren von Verbrauch, Regelung von Raumtemperatur und Raumfeuchte (3) (4) (7) Sonnenschutzsteuerung (3) (4) elektronische Zugangskontrolle; Personenaufzugsanlagen (4) (7) Messverfahren von Raumtemperatur, Raumfeuchte, Verbrauch, Einzelraumregelung (8) Kabelkanäle; kleinere Einbauküchen mit Kochgelegenheit, Aufenthaltsräume; Aufzugsanlagen	Video- und zentrale Alarmanlage, Klimaanlage, Bussystem (3) (4) (5) (7) (8) zentrale Lüftung mit Wärmetauscher (7) Doppelboden mit Bodentanks zur Verkabelung (3) aufwendige Personenaufzugsanlagen (5) (7) (8) aufwendige Aufzugsanlagen (8) Küchen, Kantinen

14.2–14.4	14.2–14.4 **Hoch-, Tief- und Nutzfahrzeuggaragen**		
	Standardstufe		
	1–3	**4**	**5**
	Basis	**gehoben**	**aufwendig**
Außenwände	offene Konstruktion	Einschalige Konstruktion	aufwendig gestaltete Fassaden mit konstruktiver Gliederung (Säulenstellungen, Erker etc.)
Konstruktion	Stahl- und Betonfertigteile	überwiegend Betonfertigteile; große stützenfreie Spannweiten	größere stützenfreie Spannweiten
Dach	Flachdach, Folienabdichtung	Flachdachausbildung; Wärmedämmung	befahrbares Flachdach (Parkdeck)
Fenster und Außentüren	einfache Metallgitter	begrünte Metallgitter, Glasbausteine	Außentüren in hochwertigen Materialien
Fußböden	Beton	Estrich, Gussasphalt	beschichteter Beton oder Estrichboden
Sonstige technische Ausstattung	Strom- und Wasseranschluss; Löschwasseranlage; Treppenhaus; Brandmelder	Sprinkleranlage; Rufanlagen; Rauch- und Wärmeabzugsanlagen; mechanische Be- und Entlüftungsanlagen; Parksysteme für zwei PKWs übereinander; Personenaufzugsanlagen	Video- und zentrale Alarmanlage; Beschallung; Parksysteme für drei oder mehr PKWs übereinander; aufwendigere Aufzugsanlagen

18.1–18.2	(10) 18.1 **Reithallen** (11) 18.2 **Ehemalige landwirtschaftliche Mehrzweckhallen, Scheunen u.Ä.**		
	Standardstufe		
	1–3	**4**	**5**
	Basis	**gehoben**	**aufwendig**
Außenwände	Holzfachwerkwand; Holzstützen, Vollholz; Brettschalung oder Profilblech auf Holz-Unterkonstruktion	Kalksandstein- oder Ziegel-Mauerwerk; Metallstützen, Profil; Holz-Blockbohlen zwischen Stützen, Wärmedämmverbundsystem, Putz	Betonwand, Fertigteile, mehrschichtig; Stahlbetonstützen, Fertigteil; Kalksandstein-Vormauerung oder Klinkerverblendung mit Dämmung
Dach	Holzkonstruktionen, Nagelbrettbinder; Bitumenwellplatten, Profilblech	Stahlrahmen mit Holzpfetten; Faserzementwellplatten; Hartschaumplatten	Brettschichtholzbinder; Betondachsteine oder Dachziegel; Dämmung mit Profilholz oder Paneelen
Fenster und Außentüren bzw. -tore	Lichtplatten aus Kunststoff (10) Holz-Brettertüren (11) Holztore	Kunststofffenster (10) Windnetze aus Kunststoff, Jalousien mit Motorantrieb (11) Metall-Sektionaltore	Türen und Tore mehrschichtig mit Wärmedämmung, Holzfenster, hoher Fensteranteil

	Standardstufe		
	1–3	4	5
	Basis	**gehoben**	**aufwendig**
Innenwände	keine	tragende bzw. nicht tragende Innenwände aus Holz; Anstrich	tragende bzw. nicht tragende Innenwände als Mauerwerk; Sperrholz, Gipskarton, Fliesen
Deckenkonstruktionen	keine	Holzkonstruktionen über Nebenräumen; Hartschaumplatten	Stahlbetonplatte über Nebenräumen; Dämmung mit Profilholz oder Paneelen
Fußböden	(10) Tragschicht: Schotter, Trennschicht: Vlies, Tretschicht: Sand (11) Beton-Verbundsteinpflaster	(10) zusätzlich/alternativ: Tragschicht: Schotter, Trennschicht: Kunststoffgewebe, Tretschicht: Sand und Holzspäne (11) zusätzlich/alternativ: Stahlbetonplatte	(10) Estrich auf Dämmung, Fliesen oder Linoleum in Nebenräumen; zusätzlich/alternativ: Tragschicht: Schotter, Trennschicht: Kunststoffplatten, Tretschicht: Sand und Textilflocken, Betonplatte im Bereich der Nebenräume (11) zusätzlich/alternativ: Oberfläche maschinell geglättet, Anstrich
baukonstruktive Einbauten (10)	(10) Reithallenbande aus Nadelholz zur Abgrenzung der Reitfläche	(10) zusätzlich/alternativ: Vollholztafeln fest eingebaut	(10) zusätzlich/alternativ: Vollholztafeln, Fertigteile zum Versetzen
Abwasser-, Wasser-, Gasanlagen	Regenwasserableitung	zusätzlich/alternativ: Abwasserleitungen, Sanitärobjekte (einfache Qualität)	zusätzlich/alternativ: Sanitärobjekte (gehobene Qualität), Gasanschluss
Wärmeversorgungsanlagen	keine	Raumheizflächen in Nebenräumen, Anschluss an Heizsystem	zusätzlich/alternativ: Heizkessel
lufttechnische Anlagen	keine	Firstentlüftung	Be- und Entlüftungsanlage
Starkstrom-Anlage	Leitungen, Schalter, Dosen, Langfeldleuchten	zusätzlich/alternativ: Sicherungen und Verteilerschrank	zusätzlich/alternativ: Metall-Dampfleuchten
nutzungsspezifische Anlagen	keine	(10) Reitbodenbewässerung (einfache Ausführung) (11) Schüttwände aus Holz zwischen Stahlstützen, Trocknungsanlage für Getreide	(10) Reitbodenbewässerung (komfortable Ausführung) (11) Schüttwände aus Beton-Fertigteilen

Anlage 25[1)]
(zu § 191 Absatz 2)

Wertzahlen für Ein- und Zweifamilienhäuser nach § 181 Absatz 1 Nummer 1 BewG und Wohnungseigentum nach § 181 Absatz 1 Nummer 3 BewG

Vorläufiger Sachwert § 189 Absatz 3		Bodenrichtwert bis				
		15 EUR/m²	30 EUR/m²	50 EUR/m²	100 EUR/m²	150 EUR/m²
bis	50 000 EUR	1,0	1,1	1,2	1,2	1,2
	100 000 EUR	0,8	0,9	1,0	1,1	1,1
	150 000 EUR	0,8	0,9	0,9	1,0	1,0
	200 000 EUR	0,7	0,8	0,8	0,9	0,9
	300 000 EUR	0,6	0,7	0,7	0,8	0,8
	400 000 EUR	0,5	0,6	0,7	0,7	0,8
	500 000 EUR	0,5	0,6	0,6	0,7	0,8
über	500 000 EUR	0,5	0,5	0,5	0,6	0,7

Vorläufiger Sachwert § 189 Absatz 3		Bodenrichtwert bis				Bodenrichtwert über
		200 EUR/m²	300 EUR/m²	400 EUR/m²	500 EUR/m²	500 EUR/m²
bis	50 000 EUR	1,3	1,3	1,4	1,4	1,5
	100 000 EUR	1,1	1,2	1,2	1,3	1,3
	150 000 EUR	1,0	1,1	1,1	1,2	1,2
	200 000 EUR	1,0	1,1	1,1	1,2	1,2
	300 000 EUR	0,9	1,0	1,0	1,1	1,2
	400 000 EUR	0,8	0,9	1,0	1,0	1,1
	500 000 EUR	0,8	0,9	1,0	1,0	1,1
über	500 000 EUR	0,7	0,8	0,9	0,9	1,0

Wertzahlen für Teileigentum, Geschäftsgrundstücke, gemischt genutzte Grundstücke und sonstige bebaute Grundstücke nach § 181 Absatz 1 Nummer 3 bis 6 BewG

Vorläufiger Sachwert § 189 Absatz 3		
bis	500 000 EUR	0,90
	750 000 EUR	0,85
	1 000 000 EUR	0,80
	1 500 000 EUR	0,75
	2 000 000 EUR	0,70
	3 000 000 EUR	0,65
über	3 000 000 EUR	0,60

[1)] Anl. 25 neu gef. durch G v. 2.11.2015 (BGBl. I S. 1834); zur Anwendung siehe § 265 Abs. 10.

Anlage 26[1)]
(zu § 194 Abs. 3 Satz 2 und Abs. 4 sowie § 195 Abs. 3 Satz 2)

Abzinsungsfaktoren

Restlaufzeit des Erbbaurechts bzw. des Nutzungsrechts (in Jahren)	Zinssatz										
	3 %	3,5 %	4 %	4,5 %	5 %	5,5 %	6 %	6,5 %	7 %	7,5 %	8 %
1	0,9709	0,9662	0,9615	0,9569	0,9524	0,9479	0,9434	0,9390	0,9346	0,9302	0,9259
2	0,9426	0,9335	0,9246	0,9157	0,9070	0,8985	0,8900	0,8817	0,8734	0,8653	0,8573
3	0,9151	0,9019	0,8890	0,8763	0,8638	0,8516	0,8396	0,8278	0,8163	0,8050	0,7938
4	0,8885	0,8714	0,8548	0,8386	0,8227	0,8072	0,7921	0,7773	0,7629	0,7488	0,7350
5	0,8626	0,8420	0,8219	0,8025	0,7835	0,7651	0,7473	0,7299	0,7130	0,6966	0,6806
6	0,8375	0,8135	0,7903	0,7679	0,7462	0,7252	0,7050	0,6853	0,6663	0,6480	0,6302
7	0,8131	0,7860	0,7599	0,7348	0,7107	0,6874	0,6651	0,6435	0,6227	0,6028	0,5835
8	0,7894	0,7594	0,7307	0,7032	0,6768	0,6516	0,6274	0,6042	0,5820	0,5607	0,5403
9	0,7664	0,7337	0,7026	0,6729	0,6446	0,6176	0,5919	0,5674	0,5439	0,5216	0,5002
10	0,7441	0,7089	0,6756	0,6439	0,6139	0,5854	0,5584	0,5327	0,5083	0,4852	0,4632
11	0,7224	0,6849	0,6496	0,6162	0,5847	0,5549	0,5268	0,5002	0,4751	0,4513	0,4289
12	0,7014	0,6618	0,6246	0,5897	0,5568	0,5260	0,4970	0,4697	0,4440	0,4199	0,3971
13	0,6810	0,6394	0,6006	0,5643	0,5303	0,4986	0,4688	0,4410	0,4150	0,3906	0,3677
14	0,6611	0,6178	0,5775	0,5400	0,5051	0,4726	0,4423	0,4141	0,3878	0,3633	0,3405
15	0,6419	0,5969	0,5553	0,5167	0,4810	0,4479	0,4173	0,3888	0,3624	0,3380	0,3152
16	0,6232	0,5767	0,5339	0,4945	0,4581	0,4246	0,3936	0,3651	0,3387	0,3144	0,2919
17	0,6050	0,5572	0,5134	0,4732	0,4363	0,4024	0,3714	0,3428	0,3166	0,2925	0,2703
18	0,5874	0,5384	0,4936	0,4528	0,4155	0,3815	0,3503	0,3219	0,2959	0,2720	0,2502
19	0,5703	0,5202	0,4746	0,4333	0,3957	0,3616	0,3305	0,3022	0,2765	0,2531	0,2317
20	0,5537	0,5026	0,4564	0,4146	0,3769	0,3427	0,3118	0,2838	0,2584	0,2354	0,2145
21	0,5375	0,4856	0,4388	0,3968	0,3589	0,3249	0,2942	0,2665	0,2415	0,2190	0,1987
22	0,5219	0,4692	0,4220	0,3797	0,3418	0,3079	0,2775	0,2502	0,2257	0,2037	0,1839
23	0,5067	0,4533	0,4057	0,3634	0,3256	0,2919	0,2618	0,2349	0,2109	0,1895	0,1703
24	0,4919	0,4380	0,3901	0,3477	0,3101	0,2767	0,2470	0,2206	0,1971	0,1763	0,1577
25	0,4776	0,4231	0,3751	0,3327	0,2953	0,2622	0,2330	0,2071	0,1842	0,1640	0,1460
26	0,4637	0,4088	0,3607	0,3184	0,2812	0,2486	0,2198	0,1945	0,1722	0,1525	0,1352
27	0,4502	0,3950	0,3468	0,3047	0,2678	0,2356	0,2074	0,1826	0,1609	0,1419	0,1252
28	0,4371	0,3817	0,3335	0,2916	0,2551	0,2233	0,1956	0,1715	0,1504	0,1320	0,1159
29	0,4243	0,3687	0,3207	0,2790	0,2429	0,2117	0,1846	0,1610	0,1406	0,1228	0,1073
30	0,4120	0,3563	0,3083	0,2670	0,2314	0,2006	0,1741	0,1512	0,1314	0,1142	0,0994
31	0,4000	0,3442	0,2965	0,2555	0,2204	0,1902	0,1643	0,1420	0,1228	0,1063	0,0920
32	0,3883	0,3326	0,2851	0,2445	0,2099	0,1803	0,1550	0,1333	0,1147	0,0988	0,0852
33	0,3770	0,3213	0,2741	0,2340	0,1999	0,1709	0,1462	0,1252	0,1072	0,0919	0,0789
34	0,3660	0,3105	0,2636	0,2239	0,1904	0,1620	0,1379	0,1175	0,1002	0,0855	0,0730
35	0,3554	0,3000	0,2534	0,2143	0,1813	0,1535	0,1301	0,1103	0,0937	0,0796	0,0676
36	0,3450	0,2898	0,2437	0,2050	0,1727	0,1455	0,1227	0,1036	0,0875	0,0740	0,0626
37	0,3350	0,2800	0,2343	0,1962	0,1644	0,1379	0,1158	0,0973	0,0818	0,0688	0,0580
38	0,3252	0,2706	0,2253	0,1878	0,1566	0,1307	0,1092	0,0914	0,0765	0,0640	0,0537
39	0,3158	0,2614	0,2166	0,1797	0,1491	0,1239	0,1031	0,0858	0,0715	0,0596	0,0497
40	0,3066	0,2526	0,2083	0,1719	0,1420	0,1175	0,0972	0,0805	0,0668	0,0554	0,0460

1) Anl. 26 geänd. durch G v. 8.12.2010 (BGBl. I S. 1768).

Restlaufzeit des Erbbaurechts bzw. des Nutzungsrechts (in Jahren)	Zinssatz										
	3 %	3,5 %	4 %	4,5 %	5 %	5,5 %	6 %	6,5 %	7 %	7,5 %	8 %
41	0,2976	0,2440	0,2003	0,1645	0,1353	0,1113	0,0917	0,0756	0,0624	0,0516	0,0426
42	0,2890	0,2358	0,1926	0,1574	0,1288	0,1055	0,0865	0,0710	0,0583	0,0480	0,0395
43	0,2805	0,2278	0,1852	0,1507	0,1227	0,1000	0,0816	0,0667	0,0545	0,0446	0,0365
44	0,2724	0,2201	0,1780	0,1442	0,1169	0,0948	0,0770	0,0626	0,0509	0,0415	0,0338
45	0,2644	0,2127	0,1712	0,1380	0,1113	0,0899	0,0727	0,0588	0,0476	0,0386	0,0313
46	0,2567	0,2055	0,1646	0,1320	0,1060	0,0852	0,0685	0,0552	0,0445	0,0359	0,0290
47	0,2493	0,1985	0,1583	0,1263	0,1009	0,0807	0,0647	0,0518	0,0416	0,0334	0,0269
48	0,2420	0,1918	0,1522	0,1209	0,0961	0,0765	0,0610	0,0487	0,0389	0,0311	0,0249
49	0,2350	0,1853	0,1463	0,1157	0,0916	0,0725	0,0575	0,0457	0,0363	0,0289	0,0230
50	0,2281	0,1791	0,1407	0,1107	0,0872	0,0688	0,0543	0,0429	0,0339	0,0269	0,0213
51	0,2215	0,1730	0,1353	0,1059	0,0831	0,0652	0,0512	0,0403	0,0317	0,0250	0,0197
52	0,2150	0,1671	0,1301	0,1014	0,0791	0,0618	0,0483	0,0378	0,0297	0,0233	0,0183
53	0,2088	0,1615	0,1251	0,0970	0,0753	0,0586	0,0456	0,0355	0,0277	0,0216	0,0169
54	0,2027	0,1560	0,1203	0,0928	0,0717	0,0555	0,0430	0,0334	0,0259	0,0201	0,0157
55	0,1968	0,1508	0,1157	0,0888	0,0683	0,0526	0,0406	0,0313	0,0242	0,0187	0,0145
56	0,1910	0,1457	0,1112	0,0850	0,0651	0,0499	0,0383	0,0294	0,0226	0,0174	0,0134
57	0,1855	0,1407	0,1069	0,0814	0,0620	0,0473	0,0361	0,0276	0,0211	0,0162	0,0124
58	0,1801	0,1360	0,1028	0,0778	0,0590	0,0448	0,0341	0,0259	0,0198	0,0151	0,0115
59	0,1748	0,1314	0,0989	0,0745	0,0562	0,0425	0,0321	0,0243	0,0185	0,0140	0,0107
60	0,1697	0,1269	0,0951	0,0713	0,0535	0,0403	0,0303	0,0229	0,0173	0,0130	0,0099
61	0,1648	0,1226	0,0914	0,0682	0,0510	0,0382	0,0286	0,0215	0,0161	0,0121	0,0091
62	0,1600	0,1185	0,0879	0,0653	0,0486	0,0362	0,0270	0,0202	0,0151	0,0113	0,0085
63	0,1553	0,1145	0,0845	0,0625	0,0462	0,0343	0,0255	0,0189	0,0141	0,0105	0,0078
64	0,1508	0,1106	0,0813	0,0598	0,0440	0,0325	0,0240	0,0178	0,0132	0,0098	0,0073
65	0,1464	0,1069	0,0781	0,0572	0,0419	0,0308	0,0227	0,0167	0,0123	0,0091	0,0067
66	0,1421	0,1033	0,0751	0,0547	0,0399	0,0292	0,0214	0,0157	0,0115	0,0085	0,0062
67	0,1380	0,0998	0,0722	0,0524	0,0380	0,0277	0,0202	0,0147	0,0107	0,0079	0,0058
68	0,1340	0,0964	0,0695	0,0501	0,0362	0,0262	0,0190	0,0138	0,0100	0,0073	0,0053
69	0,1301	0,0931	0,0668	0,0480	0,0345	0,0249	0,0179	0,0130	0,0094	0,0068	0,0049
70	0,1263	0,0900	0,0642	0,0459	0,0329	0,0236	0,0169	0,0122	0,0088	0,0063	0,0046
71	0,1226	0,0869	0,0617	0,0439	0,0313	0,0223	0,0160	0,0114	0,0082	0,0059	0,0042
72	0,1190	0,0840	0,0594	0,0420	0,0298	0,0212	0,0151	0,0107	0,0077	0,0055	0,0039
73	0,1156	0,0812	0,0571	0,0402	0,0284	0,0201	0,0142	0,0101	0,0072	0,0051	0,0036
74	0,1122	0,0784	0,0549	0,0385	0,0270	0,0190	0,0134	0,0095	0,0067	0,0047	0,0034
75	0,1089	0,0758	0,0528	0,0368	0,0258	0,0180	0,0126	0,0089	0,0063	0,0044	0,0031
76	0,1058	0,0732	0,0508	0,0353	0,0245	0,0171	0,0119	0,0083	0,0058	0,0041	0,0029
77	0,1027	0,0707	0,0488	0,0337	0,0234	0,0162	0,0113	0,0078	0,0055	0,0038	0,0027
78	0,0997	0,0683	0,0469	0,0323	0,0222	0,0154	0,0106	0,0074	0,0051	0,0035	0,0025
79	0,0968	0,0660	0,0451	0,0309	0,0212	0,0146	0,0100	0,0069	0,0048	0,0033	0,0023
80	0,0940	0,0638	0,0434	0,0296	0,0202	0,0138	0,0095	0,0065	0,0045	0,0031	0,0021
81	0,0912	0,0616	0,0417	0,0283	0,0192	0,0131	0,0089	0,0061	0,0042	0,0029	0,0020
82	0,0886	0,0596	0,0401	0,0271	0,0183	0,0124	0,0084	0,0057	0,0039	0,0027	0,0018
83	0,0860	0,0575	0,0386	0,0259	0,0174	0,0118	0,0079	0,0054	0,0036	0,0025	0,0017
84	0,0835	0,0556	0,0371	0,0248	0,0166	0,0111	0,0075	0,0050	0,0034	0,0023	0,0016
85	0,0811	0,0537	0,0357	0,0237	0,0158	0,0106	0,0071	0,0047	0,0032	0,0021	0,0014

Restlaufzeit des Erbbaurechts bzw. des Nutzungsrechts (in Jahren)	Zinssatz										
	3 %	3,5 %	4 %	4,5 %	5 %	5,5 %	6 %	6,5 %	7 %	7,5 %	8 %
86	0,0787	0,0519	0,0343	0,0227	0,0151	0,0100	0,0067	0,0044	0,0030	0,0020	0,0013
87	0,0764	0,0501	0,0330	0,0217	0,0143	0,0095	0,0063	0,0042	0,0028	0,0019	0,0012
88	0,0742	0,0484	0,0317	0,0208	0,0137	0,0090	0,0059	0,0039	0,0026	0,0017	0,0011
89	0,0720	0,0468	0,0305	0,0199	0,0130	0,0085	0,0056	0,0037	0,0024	0,0016	0,0011
90	0,0699	0,0452	0,0293	0,0190	0,0124	0,0081	0,0053	0,0035	0,0023	0,0015	0,0010
91	0,0679	0,0437	0,0282	0,0182	0,0118	0,0077	0,0050	0,0032	0,0021	0,0014	0,0009
92	0,0659	0,0422	0,0271	0,0174	0,0112	0,0073	0,0047	0,0030	0,0020	0,0013	0,0008
93	0,0640	0,0408	0,0261	0,0167	0,0107	0,0069	0,0044	0,0029	0,0019	0,0012	0,0008
94	0,0621	0,0394	0,0251	0,0160	0,0102	0,0065	0,0042	0,0027	0,0017	0,0011	0,0007
95	0,0603	0,0381	0,0241	0,0153	0,0097	0,0062	0,0039	0,0025	0,0016	0,0010	0,0007
96	0,0586	0,0368	0,0232	0,0146	0,0092	0,0059	0,0037	0,0024	0,0015	0,0010	0,0006
97	0,0569	0,0355	0,0223	0,0140	0,0088	0,0056	0,0035	0,0022	0,0014	0,0009	0,0006
98	0,0552	0,0343	0,0214	0,0134	0,0084	0,0053	0,0033	0,0021	0,0013	0,0008	0,0005
99	0,0536	0,0332	0,0206	0,0128	0,0080	0,0050	0,0031	0,0020	0,0012	0,0008	0,0005
100	0,0520	0,0321	0,0198	0,0123	0,0076	0,0047	0,0029	0,0018	0,0012	0,0007	0,0005

In den Fällen anderer Zinssätze der Gutachterausschüsse ist der Abzinsungsfaktor nach folgender Formel zu bilden:

$$\text{Abzinsungsfaktor} = \frac{1}{q^n}$$

q = Zinsfaktor = 1 + p : 100
p = Zinssatz
n = Restlaufzeit

Anlage 27[1)]
(zu § 237 Absatz 2)

Landwirtschaftliche Nutzung

Bewertungsfaktoren	**Bezugseinheit**	**in EUR**
Grundbetrag	pro Ar	2,32
Ertragsmesszahl	pro Ertragsmesszahl (Produkt aus Acker-/Grünlandzahl und Ar)	0,044
Zuschläge für	**Bezugseinheit**	**in EUR**
Verstärkte Tierhaltung	je Vieheinheit über einem Besatz von 2,0 Vieheinheiten je Hektar selbst bewirtschafteter Fläche der landwirtschaftlichen Nutzung	75,00

[1)] Anl. 27 angef. durch G v. 26.11.2019 (BGBl. I S. 1794); zur Anwendung siehe § 266.

Anlage 28[1)]
(zu § 237 Absatz 3)

Forstwirtschaftliche Nutzung

Bewertungsfaktor für Wuchsgebiet		**in EUR/ha**
1	Schleswig-Holstein Nordwest	90,21
2	Jungmoränenlandschaft Schleswig-Holstein Ost/Nordwest-Mecklenburg	88,14
3	Schleswig-Holstein Südwest	93,87
4	Mecklenburg-Westvorpommersches Küstenland	69,56
5	Ostholsteinisch-Westmecklenburger Jungmoränenland	77,43
6	(Mittel-)Mecklenburger Jungmoränenland	59,19
7	Ostmecklenburg-Vorpommersches Jungmoränenland	84,34
8	Ostvorpommersches Küstenland	55,58
9	Nordostbrandenburger Jungmoränenland (Mittelbrandenburger Jungmoränenland)	52,77
10	Ostmecklenburg-Nordbrandenburger Jungmoränenland (Nordbrandenburger Jungmoränenland)	52,32
11	Ostniedersächsisch-Altmärkisches Altmoränenland (Westprignitz-Altmärkisches Altmoränenland)	42,88
12	Südost-Holsteinisch-Südwestmecklenburger Altmoränenland	55,14
13	Ostniedersächsisches Tiefland	63,54
14	Niedersächsischer Küstenraum	82,39
15	Mittelwestniedersächsisches Tiefland	68,36
16	Westfälische Bucht	75,20
17	Weserbergland	108,98
18	Nordwestdeutsche Berglandschwelle	81,14
19	Nordwestliches Harzvorland	71,78
20	Nordöstliche Harzvorländer	48,29
21	Sachsen-Anhaltinische Löss-Ebene	60,07
22	Mittleres nordostdeutsches Altmoränenland	35,16
23	Hoher Fläming	43,39
24	Mittelbrandenburger Talsand- und Moränenland	33,31
25	Düben-Niederlausitzer Altmoränenland	33,62
26	Lausitzer Löss-Hügelland	87,47
27	Zittauer Gebirge	156,50
28	Oberlausitzer Bergland	155,76
29	Elbsandsteingebirge	121,95
30	Westlausitzer Platte und Elbtalzone	73,78
31	Sächsisch-Thüringisches Löss-Hügelland	69,49
32	Leipziger Sandlöss-Ebene	59,14
33	Ostthüringisches Trias-Hügelland	70,99
34	Thüringer Becken	72,26
35	Nordthüringisches Trias-Hügelland	67,97
36	Harz	144,55
37	Mitteldeutsches Trias-Berg- und Hügelland	104,94
38	Nordwesthessisches Bergland	93,33
39	Nördliches hessisches Schiefergebirge	105,61
40	Sauerland	147,91
41	Bergisches Land	120,10
42	Niederrheinisches Tiefland	74,91

[1)] Anl. 28 angef. durch G v. 26.11.2019 (BGBl. I S. 1794); zur Anwendung siehe § 266.

Bewertungsfaktor für Wuchsgebiet		in EUR/ha
43	Niederrheinische Bucht	78,04
44	Nordwesteifel	138,40
45	Osteifel	104,16
46	Mittelrheintal	70,72
47	Westerwald	120,19
48	Taunus	101,50
49	Wetterau und Gießener Becken	82,59
50	Vogelsberg und östlich angrenzende Sandsteingebiete	107,27
51	Rhön	102,51
52	Südthüringisches-Oberfränkisches Trias-Hügelland	106,16
53	Thüringer Gebirge	160,33
54	Vogtland	137,59
55	Erzgebirgsvorland	96,99
56	Erzgebirge	169,27
57	Frankenwald, Fichtelgebirge und Steinwald	179,61
58	Oberpfälzer Wald	142,13
59	Oberpfälzer Becken- und Hügelland	72,43
60	Frankenalb und Oberpfälzer Jura	107,55
61	Fränkischer Keuper und Albvorland	73,32
62	Fränkische Platte	74,44
63	Spessart	109,62
64	Odenwald	127,68
65	Oberrheinisches Tiefland und Rhein-Main-Ebene	69,24
66	Hunsrück	121,95
67	Moseltal	95,10
68	Gutland	104,10
69	Saarländisch-Pfälzisches Muschelkalkgebiet	86,87
70	Saar-Nahe-Bergland	83,61
71	Westricher Moorniederung	76,37
72	Pfälzerwald	80,25
73	Schwarzwald	180,18
74	Baar-Wutach	169,52
75	Neckarland	123,36
76	Schwäbische Alb	129,11
77	Südwestdeutsches Alpenvorland	179,19
78	Tertiäres Hügelland	165,05
79	Bayerischer Wald	160,93
80	Schwäbisch-Bayerische Schotterplatten- und Altmoränenlandschaft	165,76
81	Schwäbisch-Bayerische Jungmoräne und Molassevorberge	158,43
82	Bayerische Alpen	135,72

Anlage 29[1)]
(zu § 237 Absatz 4)

Weinbauliche Nutzung

Bewertungsfaktor für	Flächeneinheit	in EUR
Traubenerzeugung	pro Ar	12,15

[1)] Anl. 29 angef. durch G v. 26.11.2019 (BGBl. I S. 1794); zur Anwendung siehe § 266.

Anlage 30[1)]
(zu § 237 Absatz 5)

Gärtnerische Nutzung

Nutzungsteil Gemüsebau		
Bewertungsfaktor für	**Flächeneinheit**	**in EUR**
Flächen im Freiland und für Kleingarten- und Dauerkleingartenland	pro Ar	13,21
Zuschläge für	**Flächeneinheit**	**in EUR**
Flächen unter Glas und Kunststoffen	pro Ar	44,14
Nutzungsteil Blumen-/Zierpflanzenbau		
Bewertungsfaktor für	**Flächeneinheit**	**in EUR**
Flächen im Freiland	pro Ar	28,13
Zuschläge für	**Flächeneinheit**	**in EUR**
Flächen unter Glas und Kunststoffen	pro Ar	64,77
Nutzungsteil Obstbau		
Bewertungsfaktor für	**Flächeneinheit**	**in EUR**
Flächen im Freiland	pro Ar	10,18
Zuschläge für	**Flächeneinheit**	**in EUR**
Flächen unter Glas und Kunststoffen	pro Ar	44,14
Nutzungsteil Baumschulen		
Bewertungsfaktor für	**Flächeneinheit**	**in EUR**
Flächen im Freiland	pro Ar	21,52
Zuschläge für	**Flächeneinheit**	**in EUR**
Flächen unter Glas und Kunststoffen	pro Ar	64,77

Anlage 31[2)]
(zu § 237 Absatz 6 und 7)

Übrige land- und forstwirtschaftliche Nutzungen sowie Abbauland, Geringstland und Unland

Sondernutzungen		
Bewertungsfaktor für	**Flächeneinheit**	**in EUR**
Hopfen	pro Ar	13,94
Spargel	pro Ar	13,83
Sonstige land- und forstwirtschaftliche Nutzungen		
Bewertungsfaktor für	**Bezugseinheit**	**in EUR**
Wasserflächen	pro Ar	1,00
Zuschläge für stehende Gewässer		
Wasserflächen für Binnenfischerei, Teichwirtschaft und Fischzucht für Binnenfischerei und Teichwirtschaft	ab 1,00 kg bis 4,00 kg Fischertrag/Ar pro Ar	36,00

1) Anl. 30 angef. durch G v. 26.11.2019 (BGBl. I S. 1794); zur Anwendung siehe § 266.
2) Anl. 31 angef. durch G v. 26.11.2019 (BGBl. I S. 1794); zur Anwendung siehe § 266.

Wasserflächen für Binnenfischerei, Teichwirtschaft und Fischzucht für Binnenfischerei und Teichwirtschaft	über 4,00 kg Fischertrag/Ar pro Ar	45,00
Zuschläge für fließende Gewässer		
Binnenfischerei, Teichwirtschaft und Fischzucht für Binnenfischerei und Teichwirtschaft	bis 500 Liter/Sekunde Durchfluss pro Liter/Sekunde	12,50
Binnenfischerei, Teichwirtschaft und Fischzucht für Binnenfischerei und Teichwirtschaft	über 500 Liter/Sekunde Durchfluss pro Liter/Sekunde	15,00
Saatzucht	pro Ar	Anlage 27
Weihnachtsbaumkulturen	pro Ar	19,40
Kurzumtriebsplantagen	pro Ar	Anlage 27
Sonstige land- und forstwirtschaftliche Nutzungen, für die kein Bewertungsfaktor festgelegt wurde		
Wirtschaftsgebäude	pro Quadratmeter Bruttogrundfläche und Monat	1,23
Nutzungsarten Abbauland, Geringstland und Unland		
Bewertungsfaktor für	**Flächeneinheit**	**in EUR**
Abbauland	pro Ar	1,00
Geringstland	pro Ar	0,33
Unland	pro Ar	0,00

Anlage 32[1)]
(zu § 237 Absatz 8)

Nutzungsart Hofstelle

Bewertungsfaktor für	**Flächeneinheit**	**in EUR**
Hofflächen	pro Ar	6,72
Zuschläge für	**Flächeneinheit**	**in EUR**
Wirtschaftsgebäude der weinbaulichen Nutzung bei Fass- und Flaschenweinerzeugung	pro Quadratmeter Bruttogrundfläche und Monat	1,23
Wirtschaftsgebäude der Nebenbetriebe	pro Quadratmeter Bruttogrundfläche und Monat	1,23

Anlage 33[2)]
(zu § 238 Absatz 2)

Weitere den Ertragswert erhöhende Umstände

Bewertungsfaktor für	**Flächeneinheit**	**in EUR**
Abgegrenzte Standortfläche der Windenergieanlage	pro Ar	84,24

[1)] Anl. 32 angef. durch G v. 26.11.2019 (BGBl. I S. 1794); zur Anwendung siehe § 266.
[2)] Anl. 33 angef. durch G v. 26.11.2019 (BGBl. I S. 1794); zur Anwendung siehe § 266.

Anlage 34[1)]
(zu § 241 Absatz 5)

Umrechnungsschlüssel für Tierbestände in Vieheinheiten (VE) nach dem Futterbedarf

Tierart	1 Tier
Nach dem Durchschnittsbestand in Stück:	
Alpakas	0,08 VE
Damtiere	
Damtiere unter 1 Jahr	0,04 VE
Damtiere 1 Jahr und älter	0,08 VE
Geflügel	
Legehennen (einschließlich einer normalen Aufzucht zur Ergänzung des Bestandes)	0,02 VE
Legehennen aus zugekauften Junghennen	0,0183 VE
Zuchtputen, -enten, -gänse	0,04 VE
Kaninchen	
Zucht- und Angorakaninchen	0,025 VE
Lamas	0,1 VE
Pferde	
Pferde unter 3 Jahren und Kleinpferde	0,7 VE
Pferde 3 Jahre und älter	1,1 VE
Rindvieh	
Kälber und Jungvieh unter 1 Jahr (einschließlich Mastkälber, Starterkälber und Fresser)	0,3 VE
Jungvieh 1 bis 2 Jahre alt	0,7 VE
Färsen (älter als 2 Jahre)	1 VE
Masttiere (Mastdauer weniger als 1 Jahr)	1 VE
Kühe (einschließlich Mutter- und Ammenkühe mit den dazugehörigen Saugkälbern)	1 VE
Zuchtbullen, Zugochsen	1,2 VE
Schafe	
Schafe unter 1 Jahr (einschließlich Mastlämmer)	0,05 VE
Schafe 1 Jahr und älter	0,1 VE
Schweine	
Zuchtschweine (einschließlich Jungzuchtschweine über etwa 90 kg)	0,33
Strauße	
Zuchttiere 14 Monate und älter	0,32 VE
Jungtiere/Masttiere unter 14 Monate	0,25 VE
Ziegen	0,08 VE
Nach der Erzeugung in Stück:	
Geflügel	
Jungmasthühner (bis zu 6 Durchgänge je Jahr – schwere Tiere)	0,0017 VE
(mehr als 6 Durchgänge je Jahr – leichte Tiere)	0,0013 VE
Junghennen	0,0017 VE
Mastenten	0,0033 VE
Mastenten in der Aufzuchtphase	0,0011 VE
Mastenten in der Mastphase	0,0022 VE
Mastputen aus selbst erzeugten Jungputen	0,0067 VE
Mastputen aus zugekauften Jungputen	0,005 VE
Jungputen (bis etwa 8 Wochen)	0,0017 VE

[1)] Anl. 34 angef. durch G v. 26.11.2019 (BGBl. I S. 1794); zur Anwendung siehe § 266.

Tierart	1 Tier
Mastgänse	0,0067 VE
Kaninchen	
Mastkaninchen	0,0025 VE
Rindvieh	
Masttiere (Mastdauer 1 Jahr und mehr)	1 VE
Schweine	
Leichte Ferkel (bis etwa 12 kg)	0,01 VE
Ferkel (über etwa 12 bis etwa 20 kg)	0,02 VE
Schwere Ferkel und leichte Läufer (über etwa 20 bis etwa 30 kg)	0,04 VE
Läufer (über etwa 30 bis etwa 45 kg)	0,06 VE
Schwere Läufer (über etwa 45 bis etwa 60 kg)	0,08 VE
Mastschweine	0,16 VE
Jungzuchtschweine bis etwa 90 kg	0,12 VE

Anlage 35[1)]
(zu § 241 Absatz 5)

Gruppen der Zweige des Tierbestands nach der Flächenabhängigkeit

1. Mehr flächenabhängige Zweige des Tierbestands:
   Pferdehaltung,
   Pferdezucht,
   Schafzucht,
   Schafhaltung,
   Rindviehzucht,
   Milchviehhaltung,
   Rindviehmast.
2. Weniger flächenabhängige Zweige des Tierbestands:
   Schweinezucht,
   Schweinemast,
   Hühnerzucht,
   Entenzucht,
   Gänsezucht,
   Putenzucht,
   Legehennenhaltung,
   Junghühnermast,
   Entenmast,
   Gänsemast,
   Putenmast.

Anlage 36[2)]
(zu den §§ 251 und 257 Absatz 1)

Umrechnungskoeffizienten zur Berücksichtigung abweichender Grundstücksgrößen beim Bodenwert von Ein- und Zweifamilienhäusern

Grundstücksgröße	Umrechnungskoeffizient
< 250 m²	1,24
≥ 250 m²	1,19
≥ 300 m²	1,14
≥ 350 m²	1,10
≥ 400 m²	1,06

1) Anl. 35 angef. durch G v. 26.11.2019 (BGBl. I S. 1794); zur Anwendung siehe § 266.
2) Anl. 36 angef. durch G v. 26.11.2019 (BGBl. I S. 1794); zur Anwendung siehe § 266.

Grundstücksgröße	Umrechnungskoeffizient
≥ 450 m²	1,03
≥ 500 m²	1,00
≥ 550 m²	0,98
≥ 600 m²	0,95
≥ 650 m²	0,94
≥ 700 m²	0,92
≥ 750 m²	0,90
≥ 800 m²	0,89
≥ 850 m²	0,87
≥ 900 m²	0,86
≥ 950 m²	0,85
≥ 1 000 m²	0,84
≥ 1 050 m²	0,83
≥ 1 100 m²	0,82
≥ 1 150 m²	0,81
≥ 1 200 m²	0,80
≥ 1 250 m²	0,79
≥ 1 300 m²	0,78
≥ 1 350 m²	0,77
≥ 1 400 m²	0,76
≥ 1 450 m²	0,75
≥ 1 500 m²	0,74
≥ 1 550 m²	0,73
≥ 1 600 m²	0,72
≥ 1 650 m²	0,71
≥ 1 700 m²	0,70
≥ 1 750 m²	0,69
≥ 1 800 m²	0,68
≥ 1 850 m²	0,67
≥ 1 900 m²	0,66
≥ 1 950 m²	0,65
≥ 2 000 m²	0,64

Anlage 37[1)]
(zu § 253 Absatz 2)

Vervielfältiger

Restnutzungsdauer (Jahre)	Zinssatz										
	1,5 %	1,6 %	1,7 %	1,8 %	1,9 %	2,0 %	2,1 %	2,2 %	2,3 %	2,4 %	2,5 %
1	0,99	0,98	0,98	0,98	0,98	0,98	0,98	0,98	0,98	0,98	0,98
2	1,96	1,95	1,95	1,95	1,94	1,94	1,94	1,94	1,93	1,93	1,93
3	2,91	2,91	2,90	2,90	2,89	2,88	2,88	2,87	2,87	2,86	2,86
4	3,85	3,84	3,84	3,83	3,82	3,81	3,80	3,79	3,78	3,77	3,76
5	4,78	4,77	4,75	4,74	4,73	4,71	4,70	4,69	4,67	4,66	4,65
6	5,70	5,68	5,66	5,64	5,62	5,60	5,58	5,56	5,55	5,53	5,51
7	6,60	6,57	6,55	6,52	6,50	6,47	6,45	6,42	6,40	6,37	6,35

1) Anl. 37 angef. durch G v. 26.11.2019 (BGBl. I S. 1794); zur Anwendung siehe § 266.

Restnutzungsdauer (Jahre)	Zinssatz										
	1,5 %	1,6 %	1,7 %	1,8 %	1,9 %	2,0 %	2,1 %	2,2 %	2,3 %	2,4 %	2,5 %
8	7,49	7,45	7,42	7,39	7,36	7,33	7,29	7,26	7,23	7,20	7,17
9	8,36	8,32	8,28	8,24	8,20	8,16	8,12	8,08	8,05	8,01	7,97
10	9,22	9,17	9,13	9,08	9,03	8,98	8,94	8,89	8,84	8,80	8,75
11	10,07	10,01	9,96	9,90	9,84	9,79	9,73	9,68	9,62	9,57	9,51
12	10,91	10,84	10,77	10,71	10,64	10,58	10,51	10,45	10,38	10,32	10,26
13	11,73	11,65	11,58	11,50	11,42	11,35	11,27	11,20	11,13	11,05	10,98
14	12,54	12,45	12,37	12,28	12,19	12,11	12,02	11,94	11,85	11,77	11,69
15	13,34	13,24	13,14	13,04	12,95	12,85	12,75	12,66	12,57	12,47	12,38
16	14,13	14,02	13,91	13,80	13,69	13,58	13,47	13,37	13,26	13,16	13,06
17	14,91	14,78	14,66	14,53	14,41	14,29	14,17	14,06	13,94	13,83	13,71
18	15,67	15,53	15,40	15,26	15,12	14,99	14,86	14,73	14,60	14,48	14,35
19	16,43	16,27	16,12	15,97	15,82	15,68	15,53	15,39	15,25	15,12	14,98
20	17,17	17,00	16,83	16,67	16,51	16,35	16,19	16,04	15,89	15,74	15,59
21	17,90	17,72	17,54	17,36	17,18	17,01	16,84	16,67	16,51	16,35	16,18
22	18,62	18,42	18,23	18,03	17,84	17,66	17,47	17,29	17,11	16,94	16,77
23	19,33	19,12	18,91	18,70	18,49	18,29	18,09	17,90	17,71	17,52	17,33
24	20,03	19,80	19,57	19,35	19,13	18,91	18,70	18,49	18,29	18,08	17,88
25	20,72	20,47	20,23	19,99	19,75	19,52	19,30	19,07	18,85	18,64	18,42
26	21,40	21,13	20,87	20,62	20,37	20,12	19,88	19,64	19,41	19,18	18,95
27	22,07	21,79	21,51	21,24	20,97	20,71	20,45	20,20	19,95	19,70	19,46
28	22,73	22,43	22,13	21,84	21,56	21,28	21,01	20,74	20,48	20,22	19,96
29	23,38	23,06	22,75	22,44	22,14	21,84	21,56	21,27	20,99	20,72	20,45
30	24,02	23,68	23,35	23,02	22,71	22,40	22,09	21,79	21,50	21,21	20,93
31	24,65	24,29	23,94	23,60	23,27	22,94	22,62	22,30	21,99	21,69	21,40
32	25,27	24,89	24,52	24,17	23,81	23,47	23,13	22,80	22,48	22,16	21,85
33	25,88	25,48	25,10	24,72	24,35	23,99	23,63	23,29	22,95	22,62	22,29
34	26,48	26,07	25,66	25,27	24,88	24,50	24,13	23,77	23,41	23,06	22,72
35	27,08	26,64	26,22	25,80	25,40	25,00	24,61	24,23	23,86	23,50	23,15
36	27,66	27,21	26,76	26,33	25,90	25,49	25,08	24,69	24,30	23,93	23,56
37	28,24	27,76	27,30	26,84	26,40	25,97	25,55	25,14	24,73	24,34	23,96
38	28,81	28,31	27,82	27,35	26,89	26,44	26,00	25,57	25,16	24,75	24,35
39	29,36	28,85	28,34	27,85	27,37	26,90	26,45	26,00	25,57	25,14	24,73
40	29,92	29,38	28,85	28,34	27,84	27,36	26,88	26,42	25,97	25,53	25,10
41	30,46	29,90	29,35	28,82	28,30	27,80	27,31	26,83	26,36	25,91	25,47
42	30,99	30,41	29,85	29,29	28,76	28,23	27,73	27,23	26,75	26,28	25,82
43	31,52	30,92	30,33	29,76	29,20	28,66	28,14	27,62	27,12	26,64	26,17
44	32,04	31,41	30,81	30,21	29,64	29,08	28,54	28,01	27,49	26,99	26,50
45	32,55	31,90	31,27	30,66	30,07	29,49	28,93	28,38	27,85	27,34	26,83
46	33,06	32,39	31,73	31,10	30,49	29,89	29,31	28,75	28,20	27,67	27,15
47	33,55	32,86	32,19	31,54	30,90	30,29	29,69	29,11	28,55	28,00	27,47
48	34,04	33,33	32,63	31,96	31,31	30,67	30,06	29,46	28,88	28,32	27,77
49	34,52	33,79	33,07	32,38	31,70	31,05	30,42	29,81	29,21	28,63	28,07
50	35,00	34,24	33,50	32,79	32,09	31,42	30,77	30,14	29,53	28,94	28,36
51	35,47	34,68	33,92	33,19	32,48	31,79	31,12	30,47	29,84	29,24	28,65
52	35,93	35,12	34,34	33,58	32,85	32,14	31,46	30,79	30,15	29,53	28,92
53	36,38	35,55	34,75	33,97	33,22	32,50	31,79	31,11	30,45	29,81	29,19
54	36,83	35,98	35,15	34,35	33,58	32,84	32,12	31,42	30,74	30,09	29,46

Restnutzungsdauer (Jahre)	**Zinssatz**										
	1,5 %	**1,6 %**	**1,7 %**	**1,8 %**	**1,9 %**	**2,0 %**	**2,1 %**	**2,2 %**	**2,3 %**	**2,4 %**	**2,5 %**
55	37,27	36,39	35,55	34,73	33,94	33,17	32,44	31,72	31,03	30,36	29,71
56	37,71	36,81	35,94	35,10	34,29	33,50	32,75	32,02	31,31	30,63	29,96
57	38,13	37,21	36,32	35,46	34,63	33,83	33,05	32,31	31,58	30,88	30,21
58	38,56	37,61	36,70	35,82	34,97	34,15	33,35	32,59	31,85	31,14	30,45
59	38,97	38,00	37,07	36,16	35,29	34,46	33,65	32,87	32,11	31,38	30,68
60	39,38	38,39	37,43	36,51	35,62	34,76	33,93	33,14	32,37	31,63	30,91
61	39,78	38,77	37,79	36,84	35,94	35,06	34,22	33,40	32,62	31,86	31,13
62	40,18	39,14	38,14	37,17	36,25	35,35	34,49	33,66	32,86	32,09	31,35
63	40,57	39,51	38,48	37,50	36,55	35,64	34,76	33,92	33,10	32,31	31,56
64	40,96	39,87	38,82	37,82	36,85	35,92	35,03	34,16	33,33	32,53	31,76
65	41,34	40,23	39,16	38,13	37,15	36,20	35,28	34,41	33,56	32,75	31,96
66	41,71	40,58	39,49	38,44	37,43	36,47	35,54	34,64	33,78	32,96	32,16
67	42,08	40,92	39,81	38,74	37,72	36,73	35,79	34,88	34,00	33,16	32,35
68	42,44	41,26	40,13	39,04	38,00	36,99	36,03	35,11	34,22	33,36	32,54
69	42,80	41,60	40,44	39,33	38,27	37,25	36,27	35,33	34,42	33,56	32,72
70	43,15	41,93	40,75	39,62	38,54	37,50	36,50	35,55	34,63	33,75	32,90
71	43,50	42,25	41,05	39,90	38,80	37,74	36,73	35,76	34,83	33,93	33,07
72	43,84	42,57	41,35	40,18	39,06	37,98	36,95	35,97	35,02	34,11	33,24
73	44,18	42,88	41,64	40,45	39,31	38,22	37,17	36,17	35,21	34,29	33,40
74	44,51	43,19	41,93	40,72	39,56	38,45	37,39	36,37	35,40	34,46	33,57
75	44,84	43,50	42,21	40,98	39,80	38,68	37,60	36,57	35,58	34,63	33,72
76	45,16	43,79	42,49	41,24	40,04	38,90	37,81	36,76	35,76	34,80	33,88
77	45,48	44,09	42,76	41,49	40,28	39,12	38,01	36,95	35,93	34,96	34,03
78	45,79	44,38	43,03	41,74	40,51	39,33	38,21	37,13	36,10	35,11	34,17
79	46,10	44,66	43,29	41,98	40,73	39,54	38,40	37,31	36,27	35,27	34,31
80	46,41	44,95	43,55	42,22	40,96	39,74	38,59	37,48	36,43	35,42	34,45
81	46,71	45,22	43,81	42,46	41,17	39,95	38,77	37,66	36,59	35,56	34,59
82	47,00	45,49	44,06	42,69	41,39	40,14	38,96	37,82	36,74	35,71	34,72
83	47,29	45,76	44,31	42,92	41,60	40,34	39,13	37,99	36,89	35,85	34,85
84	47,58	46,03	44,55	43,14	41,80	40,53	39,31	38,15	37,04	35,98	34,97
85	47,86	46,29	44,79	43,36	42,00	40,71	39,48	38,31	37,19	36,12	35,10
86	48,14	46,54	45,02	43,58	42,20	40,89	39,65	38,46	37,33	36,25	35,22
87	48,41	46,79	45,25	43,79	42,40	41,07	39,81	38,61	37,47	36,37	35,33
88	48,68	47,04	45,48	44,00	42,59	41,25	39,97	38,76	37,60	36,50	35,45
89	48,95	47,28	45,70	44,20	42,77	41,42	40,13	38,90	37,73	36,62	35,56
90	49,21	47,52	45,92	44,40	42,96	41,59	40,28	39,04	37,86	36,74	35,67
91	49,47	47,76	46,14	44,60	43,14	41,75	40,43	39,18	37,99	36,85	35,77
92	49,72	47,99	46,35	44,79	43,32	41,91	40,58	39,32	38,11	36,97	35,87
93	49,97	48,22	46,56	44,98	43,49	42,07	40,73	39,45	38,23	37,08	35,98
94	50,22	48,44	46,76	45,17	43,66	42,23	40,87	39,58	38,35	37,18	36,07
95	50,46	48,67	46,96	45,35	43,83	42,38	41,01	39,70	38,47	37,29	36,17
96	50,70	48,88	47,16	45,53	43,99	42,53	41,14	39,83	38,58	37,39	36,26
97	50,94	49,10	47,36	45,71	44,15	42,68	41,28	39,95	38,69	37,49	36,35
98	51,17	49,31	47,55	45,89	44,31	42,82	41,41	40,07	38,80	37,59	36,44
99	51,40	49,52	47,74	46,06	44,47	42,96	41,53	40,18	38,90	37,68	36,53
100	51,62	49,72	47,92	46,22	44,62	43,10	41,66	40,30	39,00	37,78	36,61

Restnutzungsdauer (Jahre)	Zinssatz							
	2,6 %	2,7 %	2,8 %	2,9 %	3,0 %	3,5 %	4 %	4,5 %
1	0,97	0,97	0,97	0,97	0,97	0,97	0,96	0,96
2	1,92	1,92	1,92	1,92	1,91	1,90	1,89	1,87
3	2,85	2,85	2,84	2,83	2,83	2,80	2,78	2,75
4	3,75	3,74	3,73	3,73	3,72	3,67	3,63	3,59
5	4,63	4,62	4,61	4,59	4,58	4,52	4,45	4,39
6	5,49	5,47	5,45	5,44	5,42	5,33	5,24	5,16
7	6,33	6,30	6,28	6,25	6,23	6,11	6,00	5,89
8	7,14	7,11	7,08	7,05	7,02	6,87	6,73	6,60
9	7,93	7,90	7,86	7,82	7,79	7,61	7,44	7,27
10	8,71	8,66	8,62	8,57	8,53	8,32	8,11	7,91
11	9,46	9,41	9,36	9,30	9,25	9,00	8,76	8,53
12	10,20	10,13	10,07	10,01	9,95	9,66	9,39	9,12
13	10,91	10,84	10,77	10,70	10,63	10,30	9,99	9,68
14	11,61	11,53	11,45	11,37	11,30	10,92	10,56	10,22
15	12,29	12,20	12,11	12,02	11,94	11,52	11,12	10,74
16	12,95	12,85	12,76	12,66	12,56	12,09	11,65	11,23
17	13,60	13,49	13,38	13,27	13,17	12,65	12,17	11,71
18	14,23	14,11	13,99	13,87	13,75	13,19	12,66	12,16
19	14,84	14,71	14,58	14,45	14,32	13,71	13,13	12,59
20	15,44	15,30	15,16	15,02	14,88	14,21	13,59	13,01
21	16,03	15,87	15,72	15,56	15,42	14,70	14,03	13,40
22	16,59	16,43	16,26	16,10	15,94	15,17	14,45	13,78
23	17,15	16,97	16,79	16,62	16,44	15,62	14,86	14,15
24	17,69	17,50	17,31	17,12	16,94	16,06	15,25	14,50
25	18,22	18,01	17,81	17,61	17,41	16,48	15,62	14,83
26	18,73	18,51	18,30	18,08	17,88	16,89	15,98	15,15
27	19,23	19,00	18,77	18,55	18,33	17,29	16,33	15,45
28	19,72	19,47	19,23	19,00	18,76	17,67	16,66	15,74
29	20,19	19,93	19,68	19,43	19,19	18,04	16,98	16,02
30	20,65	20,38	20,12	19,86	19,60	18,39	17,29	16,29
31	21,11	20,82	20,54	20,27	20,00	18,74	17,59	16,54
32	21,55	21,25	20,96	20,67	20,39	19,07	17,87	16,79
33	21,97	21,66	21,36	21,06	20,77	19,39	18,15	17,02
34	22,39	22,07	21,75	21,44	21,13	19,70	18,41	17,25
35	22,80	22,46	22,13	21,80	21,49	20,00	18,66	17,46
36	23,20	22,84	22,50	22,16	21,83	20,29	18,91	17,67
37	23,58	23,22	22,86	22,51	22,17	20,57	19,14	17,86
38	23,96	23,58	23,21	22,85	22,49	20,84	19,37	18,05
39	24,33	23,93	23,55	23,17	22,81	21,10	19,58	18,23
40	24,69	24,28	23,88	23,49	23,11	21,36	19,79	18,40
41	25,03	24,61	24,20	23,80	23,41	21,60	19,99	18,57
42	25,37	24,94	24,52	24,10	23,70	21,83	20,19	18,72
43	25,71	25,26	24,82	24,40	23,98	22,06	20,37	18,87
44	26,03	25,57	25,12	24,68	24,25	22,28	20,55	19,02
45	26,34	25,87	25,41	24,96	24,52	22,50	20,72	19,16
46	26,65	26,16	25,69	25,23	24,78	22,70	20,88	19,29
47	26,95	26,45	25,96	25,49	25,02	22,90	21,04	19,41

Restnutzungsdauer (Jahre)	Zinssatz							
	2,6 %	2,7 %	2,8 %	2,9 %	3,0 %	3,5 %	4 %	4,5 %
48	27,24	26,73	26,23	25,74	25,27	23,09	21,20	19,54
49	27,53	27,00	26,48	25,99	25,50	23,28	21,34	19,65
50	27,80	27,26	26,74	26,23	25,73	23,46	21,48	19,76
51	28,07	27,52	26,98	26,46	25,95	23,63	21,62	19,87
52	28,34	27,77	27,22	26,68	26,17	23,80	21,75	19,97
53	28,59	28,01	27,45	26,90	26,37	23,96	21,87	20,07
54	28,84	28,25	27,68	27,12	26,58	24,11	21,99	20,16
55	29,09	28,48	27,89	27,33	26,77	24,26	22,11	20,25
56	29,33	28,71	28,11	27,53	26,97	24,41	22,22	20,33
57	29,56	28,93	28,31	27,72	27,15	24,55	22,33	20,41
58	29,78	29,14	28,52	27,91	27,33	24,69	22,43	20,49
59	30,00	29,35	28,71	28,10	27,51	24,82	22,53	20,57
60	30,22	29,55	28,90	28,28	27,68	24,94	22,62	20,64
61	30,43	29,75	29,09	28,45	27,84	25,07	22,71	20,71
62	30,63	29,94	29,27	28,62	28,00	25,19	22,80	20,77
63	30,83	30,12	29,44	28,79	28,16	25,30	22,89	20,83
64	31,02	30,31	29,61	28,95	28,31	25,41	22,97	20,89
65	31,21	30,48	29,78	29,10	28,45	25,52	23,05	20,95
66	31,39	30,65	29,94	29,26	28,60	25,62	23,12	21,01
67	31,57	30,82	30,10	29,40	28,73	25,72	23,19	21,06
68	31,75	30,99	30,25	29,55	28,87	25,82	23,26	21,11
69	31,92	31,14	30,40	29,69	29,00	25,91	23,33	21,16
70	32,08	31,30	30,55	29,82	29,12	26,00	23,39	21,20
71	32,24	31,45	30,69	29,95	29,25	26,09	23,46	21,25
72	32,40	31,60	30,82	30,08	29,37	26,17	23,52	21,29
73	32,56	31,74	30,96	30,20	29,48	26,25	23,57	21,33
74	32,71	31,88	31,09	30,32	29,59	26,33	23,63	21,37
75	32,85	32,02	31,21	30,44	29,70	26,41	23,68	21,40
76	32,99	32,15	31,34	30,56	29,81	26,48	23,73	21,44
77	33,13	32,28	31,45	30,67	29,91	26,55	23,78	21,47
78	33,27	32,40	31,57	30,77	30,01	26,62	23,83	21,50
79	33,40	32,52	31,68	30,88	30,11	26,68	23,87	21,54
80	33,53	32,64	31,79	30,98	30,20	26,75	23,92	21,57
81	33,65	32,76	31,90	31,08	30,29	26,81	23,96	21,59
82	33,77	32,87	32,00	31,17	30,38	26,87	24,00	21,62
83	33,89	32,98	32,11	31,27	30,47	26,93	24,04	21,65
84	34,01	33,09	32,20	31,36	30,55	26,98	24,07	21,67
85	34,12	33,19	32,30	31,45	30,63	27,04	24,11	21,70
86	34,23	33,29	32,39	31,53	30,71	27,09	24,14	21,72
87	34,34	33,39	32,48	31,62	30,79	27,14	24,18	21,74
88	34,44	33,49	32,57	31,70	30,86	27,19	24,21	21,76
89	34,54	33,58	32,66	31,77	30,93	27,23	24,24	21,78
90	34,64	33,67	32,74	31,85	31,00	27,28	24,27	21,80
91	34,74	33,76	32,82	31,93	31,07	27,32	24,30	21,82
92	34,84	33,84	32,90	32,00	31,14	27,37	24,32	21,83
93	34,93	33,93	32,98	32,07	31,20	27,41	24,35	21,85
94	35,02	34,01	33,05	32,14	31,26	27,45	24,37	21,87

Restnutzungsdauer (Jahre)	Zinssatz							
	2,6 %	2,7 %	2,8 %	2,9 %	3,0 %	3,5 %	4 %	4,5 %
95	35,10	34,09	33,12	32,20	31,32	27,48	24,40	21,88
96	35,19	34,17	33,19	32,27	31,38	27,52	24,42	21,90
97	35,27	34,24	33,26	32,33	31,44	27,56	24,44	21,91
98	35,35	34,32	33,33	32,39	31,49	27,59	24,46	21,92
99	35,43	34,39	33,39	32,45	31,55	27,62	24,49	21,94
100	35,51	34,46	33,46	32,51	31,60	27,66	24,50	21,95

Berechnungsvorschrift für die Vervielfältiger (Barwertfaktoren für die Kapitalisierung):

$$\text{Vervielfältiger} = \frac{q^n - 1}{q^n \times (q - 1)}$$

$q =$ $1 + LZ$ wobei $LZ = \frac{p}{100}$

LZ = Zinssatz (Liegenschaftszinssatz)

n = Restnutzungsdauer

p = Zinsfuß

Anlage 38[1)]
(zu § 253 Absatz 2 und § 259 Absatz 4)

Wirtschaftliche Gesamtnutzungsdauer

Ein- und Zweifamilienhäuser	80 Jahre
Mietwohngrundstücke, Mehrfamilienhäuser	80 Jahre
Wohnungseigentum	80 Jahre
Geschäftsgrundstücke, gemischt genutzte Grundstücke und sonstige bebaute Grundstücke:	
Gemischt genutzte Grundstücke (Wohnhäuser mit Mischnutzung)	80 Jahre
Museen, Theater, Sakralbauten	70 Jahre
Bürogebäude, Verwaltungsgebäude	60 Jahre
Banken und ähnliche Geschäftshäuser	60 Jahre
Einzelgaragen und Mehrfachgaragen	60 Jahre
Kindergärten (Kindertagesstätten), allgemeinbildende Schulen und berufsbildende Schulen, Hochschulen, Sonderschulen	50 Jahre
Wohnheime, Internate, Alten- und Pflegeheime	50 Jahre
Kauf-/Warenhäuser	50 Jahre
Krankenhäuser, Kliniken, Tageskliniken, Ärztehäuser	40 Jahre
Gemeindezentren, Saalbauten, Veranstaltungsgebäude, Vereinsheime	40 Jahre
Beherbergungsstätten, Hotels, Verpflegungseinrichtungen	40 Jahre
Sport- und Tennishallen, Freizeitbäder, Kur- und Heilbäder	40 Jahre
Tief-, Hoch- und Nutzfahrzeuggaragen als Einzelbauwerke, Carports	40 Jahre
Betriebs- und Werkstätten, Industrie- und Produktionsgebäude	40 Jahre
Lager- und Versandgebäude	40 Jahre
Verbrauchermärkte, Autohäuser	30 Jahre
Reithallen, ehemalige landwirtschaftliche Mehrzweckhallen, Scheunen und Ähnliches	30 Jahre

[1)] Anl. 38 angef. durch G v. 26.11.2019 (BGBl. I S. 1794); zur Anwendung siehe § 266.

Teileigentum ist in Abhängigkeit von der baulichen Gestaltung den vorstehenden Gebäudearten zuzuordnen.

Auffangklausel

Für nicht aufgeführte Gebäudearten ist die wirtschaftliche Gesamtnutzungsdauer aus der wirtschaftlichen Gesamtnutzungsdauer vergleichbarer Gebäudearten abzuleiten.

Anlage 39[1)]
(zu § 254)

Ermittlung des Rohertrags

I. Monatliche Nettokaltmieten in EUR/Quadratmeter Wohnfläche** (Wertverhältnisse/Stand: 1. Januar 2022)

Land	Gebäudeart*	Wohnfläche** (je Wohnung)	Baujahr des Gebäudes				
			bis 1948	1949 bis 1978	1979 bis 1990	1991 bis 2000	ab 2001
Baden-Württemberg	Einfamilienhaus	unter 60 m^2	6,60	6,79	6,86	7,12	7,44
		von 60 m^2 bis unter 100 m^2	5,72	5,87	5,94	6,16	6,44
		100 m^2 und mehr	5,74	5,90	5,96	6,18	6,46
	Zweifamilienhaus	unter 60 m^2	6,73	6,93	7,01	7,26	7,58
		von 60 m^2 bis unter 100 m^2	5,70	5,87	5,94	6,15	6,43
		100 m^2 und mehr	5,50	5,66	5,72	5,92	6,20
	Mietwohngrundstück	unter 60 m^2	7,16	7,38	7,45	7,73	8,07
		von 60 m^2 bis unter 100 m^2	6,44	6,64	6,71	6,95	7,26
		100 m^2 und mehr	6,34	6,54	6,60	6,84	7,15
Bayern	Einfamilienhaus	unter 60 m^2	7,23	7,56	7,55	7,40	8,34
		von 60 m^2 bis unter 100 m^2	6,26	6,54	6,53	6,41	7,22
		100 m^2 und mehr	6,28	6,56	6,55	6,43	7,24
	Zweifamilienhaus	unter 60 m^2	7,01	7,32	7,30	7,18	8,07
		von 60 m^2 bis unter 100 m^2	5,95	6,20	6,19	6,08	6,84
		100 m^2 und mehr	5,72	5,98	5,97	5,86	6,60
	Mietwohngrundstück	unter 60 m^2	8,24	8,60	8,59	8,43	9,49
		von 60 m^2 bis unter 100 m^2	7,41	7,74	7,73	7,58	8,54
		100 m^2 und mehr	7,30	7,61	7,61	7,47	8,42
Berlin	Einfamilienhaus	unter 60 m^2	7,55	7,48	7,27	8,75	9,00
		von 60 m^2 bis unter 100 m^2	6,53	6,47	6,28	7,58	7,79
		100 m^2 und mehr	6,55	6,49	6,31	7,60	7,81
	Zweifamilienhaus	unter 60 m^2	7,50	7,43	7,22	8,70	8,95
		von 60 m^2 bis unter 100 m^2	6,36	6,31	6,13	7,37	7,58
		100 m^2 und mehr	6,13	6,07	5,91	7,10	7,31
	Mietwohngrundstück	unter 60 m^2	6,90	6,84	6,65	8,00	8,23
		von 60 m^2 bis unter 100 m^2	6,21	6,15	5,98	7,19	7,40
		100 m^2 und mehr	6,12	6,06	5,88	7,09	7,29
Brandenburg	Einfamilienhaus	unter 60 m^2	6,87	6,66	6,59	8,15	8,85
		von 60 m^2 bis unter 100 m^2	5,94	5,76	5,70	7,05	7,66
		100 m^2 und mehr	5,96	5,78	5,72	7,08	7,68
	Zweifamilienhaus	unter 60 m^2	6,46	6,26	6,20	7,66	8,32
		von 60 m^2 bis unter 100 m^2	5,46	5,29	5,24	6,49	7,04
		100 m^2 und mehr	5,27	5,10	5,06	6,26	6,79
	Mietwohngrundstück	unter 60 m^2	6,41	6,21	6,15	7,61	8,26

1) Anl. 39 angef. durch G v. 26.11.2019 (BGBl. I S. 1794); zur Anwendung siehe § 266.

Land	Gebäudeart*	Wohnfläche** (je Wohnung)	Baujahr des Gebäudes bis 1948	1949 bis 1978	1979 bis 1990	1991 bis 2000	ab 2001
		von 60 m² bis unter 100 m²	5,76	5,59	5,54	6,84	7,44
		100 m² und mehr	5,68	5,51	5,45	6,75	7,32
Bremen	Einfamilienhaus	unter 60 m²	7,09	6,97	7,60	7,78	8,14
		von 60 m² bis unter 100 m²	6,14	6,04	6,57	6,73	7,04
		100 m² und mehr	6,17	6,06	6,59	6,76	7,07
	Zweifamilienhaus	unter 60 m²	7,55	7,41	8,08	8,29	8,67
		von 60 m² bis unter 100 m²	6,40	6,28	6,85	7,02	7,34
		100 m² und mehr	6,17	6,05	6,59	6,77	7,08
	Mietwohngrundstück	unter 60 m²	6,79	6,67	7,26	7,45	7,79
		von 60 m² bis unter 100 m²	6,11	6,01	6,54	6,70	7,01
		100 m² und mehr	6,02	5,91	6,44	6,59	6,91
Hamburg	Einfamilienhaus	unter 60 m²	7,39	6,95	7,20	7,19	7,55
		von 60 m² bis unter 100 m²	6,39	6,02	6,22	6,21	6,53
		100 m² und mehr	6,42	6,04	6,25	6,24	6,55
	Zweifamilienhaus	unter 60 m²	7,73	7,28	7,54	7,54	7,91
		von 60 m² bis unter 100 m²	6,55	6,17	6,38	6,38	6,70
		100 m² und mehr	6,31	5,94	6,15	6,15	6,46
	Mietwohngrundstück	unter 60 m²	7,16	6,73	6,97	6,97	7,32
		von 60 m² bis unter 100 m²	6,44	6,07	6,27	6,27	6,59
		100 m² und mehr	6,35	5,96	6,18	6,18	6,48
Hessen	Einfamilienhaus	unter 60 m²	6,64	6,74	6,54	6,86	7,17
		von 60 m² bis unter 100 m²	5,75	5,84	5,66	5,94	6,20
		100 m² und mehr	5,77	5,86	5,68	5,97	6,22
	Zweifamilienhaus	unter 60 m²	6,77	6,87	6,65	7,00	7,29
		von 60 m² bis unter 100 m²	5,73	5,82	5,64	5,92	6,18
		100 m² und mehr	5,52	5,61	5,44	5,72	5,96
	Mietwohngrundstück	unter 60 m²	7,54	7,66	7,42	7,79	8,14
		von 60 m² bis unter 100 m²	6,79	6,89	6,68	7,02	7,33
		100 m² und mehr	6,69	6,79	6,57	6,90	7,21
Mecklenburg-Vorpommern	Einfamilienhaus	unter 60 m²	6,43	6,28	5,95	6,87	7,38
		von 60 m² bis unter 100 m²	5,57	5,44	5,15	5,95	6,38
		100 m² und mehr	5,59	5,46	5,17	5,97	6,40
	Zweifamilienhaus	unter 60 m²	6,87	6,72	6,36	7,35	7,88
		von 60 m² bis unter 100 m²	5,81	5,68	5,38	6,23	6,68
		100 m² und mehr	5,61	5,48	5,19	6,00	6,44
	Mietwohngrundstück	unter 60 m²	6,85	6,70	6,34	7,33	7,86
		von 60 m² bis unter 100 m²	6,16	6,04	5,70	6,59	7,08
		100 m² und mehr	6,07	5,94	5,61	6,49	6,97
Niedersachsen	Einfamilienhaus	unter 60 m²	6,18	6,52	6,47	6,62	6,85
		von 60 m² bis unter 100 m²	5,35	5,65	5,60	5,73	5,92
		100 m² und mehr	5,37	5,67	5,62	5,76	5,94
	Zweifamilienhaus	unter 60 m²	6,40	6,75	6,70	6,85	7,09
		von 60 m² bis unter 100 m²	5,42	5,71	5,67	5,81	6,01
		100 m² und mehr	5,23	5,52	5,47	5,59	5,79
	Mietwohngrundstück	unter 60 m²	6,88	7,28	7,21	7,38	7,64
		von 60 m² bis unter 100 m²	6,19	6,54	6,49	6,64	6,87
		100 m² und mehr	6,11	6,44	6,39	6,54	6,76

Land	Gebäudeart*	Wohnfläche** (je Wohnung)	Baujahr des Gebäudes				
			bis 1948	1949 bis 1978	1979 bis 1990	1991 bis 2000	ab 2001
Nordrhein-Westfalen	Einfamilienhaus	unter 60 m²	6,29	6,52	6,54	6,63	6,95
		von 60 m² bis unter 100 m²	5,45	5,64	5,66	5,74	6,00
		100 m² und mehr	5,47	5,66	5,69	5,76	6,03
	Zweifamilienhaus	unter 60 m²	6,42	6,64	6,66	6,76	7,07
		von 60 m² bis unter 100 m²	5,43	5,62	5,64	5,72	5,99
		100 m² und mehr	5,25	5,42	5,45	5,52	5,77
	Mietwohngrundstück	unter 60 m²	6,59	6,82	6,84	6,94	7,25
		von 60 m² bis unter 100 m²	5,93	6,13	6,15	6,24	6,53
		100 m² und mehr	5,83	6,04	6,06	6,15	6,43
Rheinland-Pfalz	Einfamilienhaus	unter 60 m²	6,32	6,73	6,91	6,97	7,45
		von 60 m² bis unter 100 m²	5,48	5,83	5,98	6,03	6,44
		100 m² und mehr	5,50	5,85	6,00	6,05	6,46
	Zweifamilienhaus	unter 60 m²	6,24	6,65	6,84	6,88	7,37
		von 60 m² bis unter 100 m²	5,29	5,63	5,78	5,84	6,24
		100 m² und mehr	5,10	5,43	5,59	5,62	6,01
	Mietwohngrundstück	unter 60 m²	6,88	7,33	7,54	7,60	8,11
		von 60 m² bis unter 100 m²	6,19	6,60	6,78	6,84	7,30
		100 m² und mehr	6,10	6,50	6,67	6,73	7,19
Saarland	Einfamilienhaus	unter 60 m²	6,54	6,65	6,84	6,86	7,07
		von 60 m² bis unter 100 m²	5,67	5,75	5,92	5,94	6,11
		100 m² und mehr	5,69	5,77	5,94	5,96	6,13
	Zweifamilienhaus	unter 60 m²	6,99	7,09	7,31	7,34	7,55
		von 60 m² bis unter 100 m²	5,93	6,01	6,20	6,22	6,39
		100 m² und mehr	5,71	5,80	5,97	5,99	6,17
	Mietwohngrundstück	unter 60 m²	7,27	7,36	7,59	7,62	7,84
		von 60 m² bis unter 100 m²	6,54	6,62	6,83	6,86	7,05
		100 m² und mehr	6,44	6,53	6,72	6,75	6,95
Sachsen	Einfamilienhaus	unter 60 m²	6,19	6,17	5,97	6,81	7,10
		von 60 m² bis unter 100 m²	5,37	5,34	5,17	5,89	6,14
		100 m² und mehr	5,39	5,37	5,19	5,91	6,16
	Zweifamilienhaus	unter 60 m²	6,20	6,18	5,98	6,82	7,11
		von 60 m² bis unter 100 m²	5,25	5,23	5,06	5,77	6,03
		100 m² und mehr	5,07	5,05	4,88	5,56	5,82
	Mietwohngrundstück	unter 60 m²	6,47	6,43	6,22	7,09	7,41
		von 60 m² bis unter 100 m²	5,82	5,78	5,60	6,39	6,66
		100 m² und mehr	5,73	5,70	5,52	6,29	6,56
Sachsen-Anhalt	Einfamilienhaus	unter 60 m²	6,25	6,33	6,17	6,74	7,24
		von 60 m² bis unter 100 m²	5,42	5,48	5,34	5,83	6,26
		100 m² und mehr	5,44	5,50	5,36	5,86	6,28
	Zweifamilienhaus	unter 60 m²	6,16	6,22	6,07	6,64	7,13
		von 60 m² bis unter 100 m²	5,21	5,27	5,14	5,62	6,04
		100 m² und mehr	5,03	5,09	4,96	5,43	5,81
	Mietwohngrundstück	unter 60 m²	6,37	6,44	6,27	6,86	7,37
		von 60 m² bis unter 100 m²	5,74	5,80	5,65	6,18	6,64
		100 m² und mehr	5,64	5,71	5,57	6,08	6,53

Land	Gebäudeart*	Wohnfläche** (je Wohnung)	Baujahr des Gebäudes				
			bis 1948	1949 bis 1978	1979 bis 1990	1991 bis 2000	ab 2001
Schleswig-Holstein	Einfamilienhaus	unter 60 m²	6,57	6,90	7,00	7,20	7,64
		von 60 m² bis unter 100 m²	5,69	5,97	6,05	6,23	6,62
		100 m² und mehr	5,71	5,99	6,08	6,25	6,64
	Zweifamilienhaus	unter 60 m²	6,79	7,12	7,24	7,45	7,90
		von 60 m² bis unter 100 m²	5,75	6,04	6,13	6,31	6,69
		100 m² und mehr	5,55	5,82	5,91	6,08	6,45
	Mietwohngrundstück	unter 60 m²	6,80	7,15	7,26	7,46	7,92
		von 60 m² bis unter 100 m²	6,12	6,43	6,53	6,71	7,12
		100 m² und mehr	6,03	6,33	6,43	6,61	7,03
Thüringen	Einfamilienhaus	unter 60 m²	6,63	6,54	6,32	6,84	7,47
		von 60 m² bis unter 100 m²	5,74	5,67	5,47	5,92	6,46
		100 m² und mehr	5,76	5,69	5,49	5,94	6,48
	Zweifamilienhaus	unter 60 m²	6,48	6,39	6,17	6,69	7,29
		von 60 m² bis unter 100 m²	5,48	5,41	5,23	5,68	6,18
		100 m² und mehr	5,29	5,21	5,04	5,47	5,95
	Mietwohngrundstück	unter 60 m²	6,64	6,55	6,33	6,85	7,48
		von 60 m² bis unter 100 m²	5,98	5,89	5,70	6,17	6,73
		100 m² und mehr	5,89	5,80	5,61	6,07	6,62

* **Amtl. Anm.:** Für Wohnungseigentum gelten die Nettokaltmieten für Mietwohngrundstücke.

** **Amtl. Anm.:** Flächen, die zu anderen als Wohnzwecken genutzt werden, gelten als Wohnfläche. Für diese Flächen ist bei Mietwohngrundstücken die für Wohnungen mit einer Fläche unter 60 m² geltende monatliche Nettokaltmiete in Euro je Quadratmeter Nutzfläche (ohne Zubehörräume) anzusetzen. Bei Ein- und Zweifamilienhäusern sind diese Flächen zu der jeweiligen Wohnfläche zu addieren.

Nettokaltmiete – Festwert – für einen Garagenstellplatz (Einzelgarage/Tiefgarage)	35 EUR/Monat

II. Mietniveaustufen

Zur Berücksichtigung von Mietniveauunterschieden zwischen Gemeinden eines Landes sind die Nettokaltmieten zu I. durch folgende Ab- oder Zuschläge anzupassen:

Mietniveaustufe 1	– 22,5 %
Mietniveaustufe 2	– 10,0 %
Mietniveaustufe 3	+/– 0 %
Mietniveaustufe 4	+ 10,0 %
Mietniveaustufe 5	+ 20,0 %
Mietniveaustufe 6 und höher	+ 32,5 %

Die gemeindebezogene Einordnung in die Mietniveaustufen ergibt sich aus der Rechtsverordnung zur Durchführung des § 254 des Bewertungsgesetzes in der jeweils aktuellen Fassung.

Anlage 40[1)]
(zu § 255)

Bewirtschaftungskosten

Pauschalierte Bewirtschaftungskosten für Verwaltung, Instandhaltung und Mietausfallwagnis in Prozent des Rohertrags des Grundstücks nach § 254

Restnutzungsdauer	Grundstücksart		
	1	2	3
	Ein- und Zweifamilienhäuser	Wohnungseigentum	Mietwohngrundstück
≥ 60 Jahre	18	23	21
40 bis 59 Jahre	21	25	23
20 bis 39 Jahre	25	29	27
< 20 Jahre	27	31	29

Anlage 41[2)]
(zu § 257 Absatz 2)

Abzinsungsfaktoren

Restnutzungsdauer (Jahre)	Zinssatz										
	1,5 %	1,6 %	1,7 %	1,8 %	1,9 %	2,0 %	2,1 %	2,2 %	2,3 %	2,4 %	2,5 %
1	0,9852	0,9843	0,9833	0,9823	0,9814	0,9804	0,9794	0,9785	0,9775	0,9766	0,9756
2	0,9707	0,9688	0,9668	0,9649	0,9631	0,9612	0,9593	0,9574	0,9555	0,9537	0,9518
3	0,9563	0,9535	0,9507	0,9479	0,9451	0,9423	0,9396	0,9368	0,9341	0,9313	0,9286
4	0,9422	0,9385	0,9348	0,9311	0,9275	0,9238	0,9202	0,9166	0,9131	0,9095	0,9060
5	0,9283	0,9237	0,9192	0,9147	0,9102	0,9057	0,9013	0,8969	0,8925	0,8882	0,8839
6	0,9145	0,9092	0,9038	0,8985	0,8932	0,8880	0,8828	0,8776	0,8725	0,8674	0,8623
7	0,9010	0,8948	0,8887	0,8826	0,8766	0,8706	0,8646	0,8587	0,8528	0,8470	0,8413
8	0,8877	0,8807	0,8738	0,8670	0,8602	0,8535	0,8468	0,8402	0,8337	0,8272	0,8207
9	0,8746	0,8669	0,8592	0,8517	0,8442	0,8368	0,8294	0,8221	0,8149	0,8078	0,8007
10	0,8617	0,8532	0,8449	0,8366	0,8284	0,8203	0,8123	0,8044	0,7966	0,7889	0,7812
11	0,8489	0,8398	0,8307	0,8218	0,8130	0,8043	0,7956	0,7871	0,7787	0,7704	0,7621
12	0,8364	0,8266	0,8169	0,8073	0,7978	0,7885	0,7793	0,7702	0,7612	0,7523	0,7436
13	0,8240	0,8135	0,8032	0,7930	0,7830	0,7730	0,7632	0,7536	0,7441	0,7347	0,7254
14	0,8118	0,8007	0,7898	0,7790	0,7684	0,7579	0,7475	0,7374	0,7273	0,7175	0,7077
15	0,7999	0,7881	0,7766	0,7652	0,7540	0,7430	0,7322	0,7215	0,7110	0,7006	0,6905
16	0,7880	0,7757	0,7636	0,7517	0,7400	0,7284	0,7171	0,7060	0,6950	0,6842	0,6736
17	0,7764	0,7635	0,7508	0,7384	0,7262	0,7142	0,7024	0,6908	0,6794	0,6682	0,6572
18	0,7649	0,7515	0,7383	0,7253	0,7126	0,7002	0,6879	0,6759	0,6641	0,6525	0,6412
19	0,7536	0,7396	0,7259	0,7125	0,6993	0,6864	0,6738	0,6614	0,6492	0,6372	0,6255
20	0,7425	0,7280	0,7138	0,6999	0,6863	0,6730	0,6599	0,6471	0,6346	0,6223	0,6103
21	0,7315	0,7165	0,7019	0,6875	0,6735	0,6598	0,6463	0,6332	0,6203	0,6077	0,5954
22	0,7207	0,7052	0,6901	0,6754	0,6609	0,6468	0,6330	0,6196	0,6064	0,5935	0,5809
23	0,7100	0,6941	0,6786	0,6634	0,6486	0,6342	0,6200	0,6062	0,5927	0,5796	0,5667
24	0,6995	0,6832	0,6673	0,6517	0,6365	0,6217	0,6073	0,5932	0,5794	0,5660	0,5529
25	0,6892	0,6724	0,6561	0,6402	0,6247	0,6095	0,5948	0,5804	0,5664	0,5527	0,5394
26	0,6790	0,6619	0,6451	0,6289	0,6130	0,5976	0,5825	0,5679	0,5536	0,5398	0,5262

[1)] Anl. 40 angef. durch G v. 26.11.2019 (BGBl. I S. 1794); zur Anwendung siehe § 266; geänd. mWv 29.12.2020 durch G v. 21.12.2020 (BGBl. I S. 3096).
[2)] Anl. 41 angef. durch G v. 26.11.2019 (BGBl. I S. 1794); zur Anwendung siehe § 266.

Rest-nutzungs-dauer (Jahre)	Zinssatz										
	1,5 %	1,6 %	1,7 %	1,8 %	1,9 %	2,0 %	2,1 %	2,2 %	2,3 %	2,4 %	2,5 %
27	0,6690	0,6514	0,6344	0,6177	0,6016	0,5859	0,5706	0,5557	0,5412	0,5271	0,5134
28	0,6591	0,6412	0,6238	0,6068	0,5904	0,5744	0,5588	0,5437	0,5290	0,5148	0,5009
29	0,6494	0,6311	0,6133	0,5961	0,5794	0,5631	0,5473	0,5320	0,5171	0,5027	0,4887
30	0,6398	0,6211	0,6031	0,5856	0,5686	0,5521	0,5361	0,5206	0,5055	0,4909	0,4767
31	0,6303	0,6114	0,5930	0,5752	0,5580	0,5412	0,5251	0,5094	0,4941	0,4794	0,4651
32	0,6210	0,6017	0,5831	0,5650	0,5476	0,5306	0,5143	0,4984	0,4830	0,4682	0,4538
33	0,6118	0,5923	0,5733	0,5550	0,5373	0,5202	0,5037	0,4877	0,4722	0,4572	0,4427
34	0,6028	0,5829	0,5638	0,5452	0,5273	0,5100	0,4933	0,4772	0,4616	0,4465	0,4319
35	0,5939	0,5737	0,5543	0,5356	0,5175	0,5000	0,4832	0,4669	0,4512	0,4360	0,4214
36	0,5851	0,5647	0,5451	0,5261	0,5078	0,4902	0,4732	0,4568	0,4410	0,4258	0,4111
37	0,5764	0,5558	0,5360	0,5168	0,4984	0,4806	0,4635	0,4470	0,4311	0,4158	0,4011
38	0,5679	0,5471	0,5270	0,5077	0,4891	0,4712	0,4540	0,4374	0,4214	0,4061	0,3913
39	0,5595	0,5385	0,5182	0,4987	0,4800	0,4619	0,4446	0,4280	0,4120	0,3966	0,3817
40	0,5513	0,5300	0,5095	0,4899	0,4710	0,4529	0,4355	0,4188	0,4027	0,3873	0,3724
41	0,5431	0,5216	0,5010	0,4812	0,4622	0,4440	0,4265	0,4097	0,3936	0,3782	0,3633
42	0,5351	0,5134	0,4926	0,4727	0,4536	0,4353	0,4178	0,4009	0,3848	0,3693	0,3545
43	0,5272	0,5053	0,4844	0,4644	0,4452	0,4268	0,4092	0,3923	0,3761	0,3607	0,3458
44	0,5194	0,4974	0,4763	0,4561	0,4369	0,4184	0,4007	0,3838	0,3677	0,3522	0,3374
45	0,5117	0,4895	0,4683	0,4481	0,4287	0,4102	0,3925	0,3756	0,3594	0,3440	0,3292
46	0,5042	0,4818	0,4605	0,4402	0,4207	0,4022	0,3844	0,3675	0,3513	0,3359	0,3211
47	0,4967	0,4742	0,4528	0,4324	0,4129	0,3943	0,3765	0,3596	0,3434	0,3280	0,3133
48	0,4894	0,4668	0,4452	0,4247	0,4052	0,3865	0,3688	0,3518	0,3357	0,3203	0,3057
49	0,4821	0,4594	0,4378	0,4172	0,3976	0,3790	0,3612	0,3443	0,3282	0,3128	0,2982
50	0,4750	0,4522	0,4305	0,4098	0,3902	0,3715	0,3538	0,3369	0,3208	0,3055	0,2909
51	0,4680	0,4451	0,4233	0,4026	0,3829	0,3642	0,3465	0,3296	0,3136	0,2983	0,2838
52	0,4611	0,4381	0,4162	0,3955	0,3758	0,3571	0,3394	0,3225	0,3065	0,2913	0,2769
53	0,4543	0,4312	0,4093	0,3885	0,3688	0,3501	0,3324	0,3156	0,2996	0,2845	0,2702
54	0,4475	0,4244	0,4024	0,3816	0,3619	0,3432	0,3255	0,3088	0,2929	0,2778	0,2636
55	0,4409	0,4177	0,3957	0,3749	0,3552	0,3365	0,3188	0,3021	0,2863	0,2713	0,2572
56	0,4344	0,4111	0,3891	0,3682	0,3485	0,3299	0,3123	0,2956	0,2799	0,2650	0,2509
57	0,4280	0,4046	0,3826	0,3617	0,3420	0,3234	0,3059	0,2893	0,2736	0,2588	0,2448
58	0,4217	0,3983	0,3762	0,3553	0,3357	0,3171	0,2996	0,2830	0,2674	0,2527	0,2388
59	0,4154	0,3920	0,3699	0,3490	0,3294	0,3109	0,2934	0,2769	0,2614	0,2468	0,2330
60	0,4093	0,3858	0,3637	0,3429	0,3233	0,3048	0,2874	0,2710	0,2555	0,2410	0,2273
61	0,4032	0,3797	0,3576	0,3368	0,3172	0,2988	0,2815	0,2652	0,2498	0,2353	0,2217
62	0,3973	0,3738	0,3516	0,3309	0,3113	0,2929	0,2757	0,2594	0,2442	0,2298	0,2163
63	0,3914	0,3679	0,3458	0,3250	0,3055	0,2872	0,2700	0,2539	0,2387	0,2244	0,2111
64	0,3856	0,3621	0,3400	0,3193	0,2998	0,2816	0,2645	0,2484	0,2333	0,2192	0,2059
65	0,3799	0,3564	0,3343	0,3136	0,2942	0,2761	0,2590	0,2430	0,2281	0,2140	0,2009
66	0,3743	0,3508	0,3287	0,3081	0,2887	0,2706	0,2537	0,2378	0,2230	0,2090	0,1960
67	0,3688	0,3452	0,3232	0,3026	0,2834	0,2653	0,2485	0,2327	0,2179	0,2041	0,1912
68	0,3633	0,3398	0,3178	0,2973	0,2781	0,2601	0,2434	0,2277	0,2130	0,1993	0,1865
69	0,3580	0,3345	0,3125	0,2920	0,2729	0,2550	0,2384	0,2228	0,2082	0,1947	0,1820
70	0,3527	0,3292	0,3073	0,2869	0,2678	0,2500	0,2335	0,2180	0,2036	0,1901	0,1776
71	0,3475	0,3240	0,3021	0,2818	0,2628	0,2451	0,2287	0,2133	0,1990	0,1857	0,1732
72	0,3423	0,3189	0,2971	0,2768	0,2579	0,2403	0,2239	0,2087	0,1945	0,1813	0,1690
73	0,3373	0,3139	0,2921	0,2719	0,2531	0,2356	0,2193	0,2042	0,1901	0,1771	0,1649

Rest-nutzungs-dauer (Jahre)	Zinssatz										
	1,5 %	1,6 %	1,7 %	1,8 %	1,9 %	2,0 %	2,1 %	2,2 %	2,3 %	2,4 %	2,5 %
74	0,3323	0,3089	0,2872	0,2671	0,2484	0,2310	0,2148	0,1998	0,1859	0,1729	0,1609
75	0,3274	0,3041	0,2824	0,2624	0,2437	0,2265	0,2104	0,1955	0,1817	0,1689	0,1569
76	0,3225	0,2993	0,2777	0,2577	0,2392	0,2220	0,2061	0,1913	0,1776	0,1649	0,1531
77	0,3178	0,2946	0,2731	0,2532	0,2347	0,2177	0,2018	0,1872	0,1736	0,1610	0,1494
78	0,3131	0,2899	0,2685	0,2487	0,2304	0,2134	0,1977	0,1832	0,1697	0,1573	0,1457
79	0,3084	0,2854	0,2640	0,2443	0,2261	0,2092	0,1936	0,1792	0,1659	0,1536	0,1422
80	0,3039	0,2809	0,2596	0,2400	0,2219	0,2051	0,1896	0,1754	0,1622	0,1500	0,1387
81	0,2994	0,2764	0,2553	0,2357	0,2177	0,2011	0,1857	0,1716	0,1585	0,1465	0,1353
82	0,2950	0,2721	0,2510	0,2316	0,2137	0,1971	0,1819	0,1679	0,1550	0,1430	0,1320
83	0,2906	0,2678	0,2468	0,2275	0,2097	0,1933	0,1782	0,1643	0,1515	0,1397	0,1288
84	0,2863	0,2636	0,2427	0,2235	0,2058	0,1895	0,1745	0,1607	0,1481	0,1364	0,1257
85	0,2821	0,2594	0,2386	0,2195	0,2019	0,1858	0,1709	0,1573	0,1447	0,1332	0,1226
86	0,2779	0,2554	0,2346	0,2156	0,1982	0,1821	0,1674	0,1539	0,1415	0,1301	0,1196
87	0,2738	0,2513	0,2307	0,2118	0,1945	0,1786	0,1640	0,1506	0,1383	0,1270	0,1167
88	0,2698	0,2474	0,2269	0,2081	0,1908	0,1751	0,1606	0,1473	0,1352	0,1241	0,1138
89	0,2658	0,2435	0,2231	0,2044	0,1873	0,1716	0,1573	0,1442	0,1322	0,1211	0,1111
90	0,2619	0,2396	0,2193	0,2008	0,1838	0,1683	0,1541	0,1411	0,1292	0,1183	0,1084
91	0,2580	0,2359	0,2157	0,1972	0,1804	0,1650	0,1509	0,1380	0,1263	0,1155	0,1057
92	0,2542	0,2322	0,2121	0,1937	0,1770	0,1617	0,1478	0,1351	0,1234	0,1128	0,1031
93	0,2504	0,2285	0,2085	0,1903	0,1737	0,1586	0,1447	0,1321	0,1207	0,1102	0,1006
94	0,2467	0,2249	0,2050	0,1869	0,1705	0,1554	0,1418	0,1293	0,1179	0,1076	0,0982
95	0,2431	0,2214	0,2016	0,1836	0,1673	0,1524	0,1389	0,1265	0,1153	0,1051	0,0958
96	0,2395	0,2179	0,1982	0,1804	0,1642	0,1494	0,1360	0,1238	0,1127	0,1026	0,0934
97	0,2359	0,2144	0,1949	0,1772	0,1611	0,1465	0,1332	0,1211	0,1102	0,1002	0,0912
98	0,2324	0,2111	0,1917	0,1741	0,1581	0,1436	0,1305	0,1185	0,1077	0,0979	0,0889
99	0,2290	0,2077	0,1885	0,1710	0,1552	0,1408	0,1278	0,1160	0,1053	0,0956	0,0868
100	0,2256	0,2045	0,1853	0,1680	0,1523	0,1380	0,1251	0,1135	0,1029	0,0933	0,0846

Rest-nutzungs-dauer (Jahre)	Zinssatz							
	2,6 %	2,7 %	2,8 %	2,9 %	3,0 %	3,5 %	4 %	4,5 %
1	0,9747	0,9737	0,9728	0,9718	0,9709	0,9662	0,9615	0,9569
2	0,9500	0,9481	0,9463	0,9444	0,9426	0,9335	0,9246	0,9157
3	0,9259	0,9232	0,9205	0,9178	0,9151	0,9019	0,8890	0,8763
4	0,9024	0,8989	0,8954	0,8919	0,8885	0,8714	0,8548	0,8386
5	0,8796	0,8753	0,8710	0,8668	0,8626	0,8420	0,8219	0,8025
6	0,8573	0,8523	0,8473	0,8424	0,8375	0,8135	0,7903	0,7679
7	0,8355	0,8299	0,8242	0,8186	0,8131	0,7860	0,7599	0,7348
8	0,8144	0,8080	0,8018	0,7956	0,7894	0,7594	0,7307	0,7032
9	0,7937	0,7868	0,7799	0,7731	0,7664	0,7337	0,7026	0,6729
10	0,7736	0,7661	0,7587	0,7514	0,7441	0,7089	0,6756	0,6439
11	0,7540	0,7460	0,7380	0,7302	0,7224	0,6849	0,6496	0,6162
12	0,7349	0,7264	0,7179	0,7096	0,7014	0,6618	0,6246	0,5897
13	0,7163	0,7073	0,6984	0,6896	0,6810	0,6394	0,6006	0,5643
14	0,6981	0,6887	0,6794	0,6702	0,6611	0,6178	0,5775	0,5400
15	0,6804	0,6706	0,6609	0,6513	0,6419	0,5969	0,5553	0,5167

Restnutzungsdauer (Jahre)	Zinssatz							
	2,6 %	2,7 %	2,8 %	2,9 %	3,0 %	3,5 %	4 %	4,5 %
16	0,6632	0,6529	0,6429	0,6329	0,6232	0,5767	0,5339	0,4945
17	0,6464	0,6358	0,6253	0,6151	0,6050	0,5572	0,5134	0,4732
18	0,6300	0,6191	0,6083	0,5978	0,5874	0,5384	0,4936	0,4528
19	0,6140	0,6028	0,5917	0,5809	0,5703	0,5202	0,4746	0,4333
20	0,5985	0,5869	0,5756	0,5645	0,5537	0,5026	0,4564	0,4146
21	0,5833	0,5715	0,5599	0,5486	0,5375	0,4856	0,4388	0,3968
22	0,5685	0,5565	0,5447	0,5332	0,5219	0,4692	0,4220	0,3797
23	0,5541	0,5419	0,5299	0,5181	0,5067	0,4533	0,4057	0,3634
24	0,5401	0,5276	0,5154	0,5035	0,4919	0,4380	0,3901	0,3477
25	0,5264	0,5137	0,5014	0,4893	0,4776	0,4231	0,3751	0,3327
26	0,5131	0,5002	0,4877	0,4756	0,4637	0,4088	0,3607	0,3184
27	0,5001	0,4871	0,4744	0,4622	0,4502	0,3950	0,3468	0,3047
28	0,4874	0,4743	0,4615	0,4491	0,4371	0,3817	0,3335	0,2916
29	0,4750	0,4618	0,4490	0,4365	0,4243	0,3687	0,3207	0,2790
30	0,4630	0,4497	0,4367	0,4242	0,4120	0,3563	0,3083	0,2670
31	0,4513	0,4378	0,4248	0,4122	0,4000	0,3442	0,2965	0,2555
32	0,4398	0,4263	0,4133	0,4006	0,3883	0,3326	0,2851	0,2445
33	0,4287	0,4151	0,4020	0,3893	0,3770	0,3213	0,2741	0,2340
34	0,4178	0,4042	0,3911	0,3783	0,3660	0,3105	0,2636	0,2239
35	0,4072	0,3936	0,3804	0,3677	0,3554	0,3000	0,2534	0,2143
36	0,3969	0,3832	0,3700	0,3573	0,3450	0,2898	0,2437	0,2050
37	0,3869	0,3732	0,3600	0,3472	0,3350	0,2800	0,2343	0,1962
38	0,3771	0,3633	0,3502	0,3375	0,3252	0,2706	0,2253	0,1878
39	0,3675	0,3538	0,3406	0,3279	0,3158	0,2614	0,2166	0,1797
40	0,3582	0,3445	0,3313	0,3187	0,3066	0,2526	0,2083	0,1719
41	0,3491	0,3354	0,3223	0,3097	0,2976	0,2440	0,2003	0,1645
42	0,3403	0,3266	0,3135	0,3010	0,2890	0,2358	0,1926	0,1574
43	0,3316	0,3180	0,3050	0,2925	0,2805	0,2278	0,1852	0,1507
44	0,3232	0,3097	0,2967	0,2843	0,2724	0,2201	0,1780	0,1442
45	0,3150	0,3015	0,2886	0,2763	0,2644	0,2127	0,1712	0,1380
46	0,3071	0,2936	0,2807	0,2685	0,2567	0,2055	0,1646	0,1320
47	0,2993	0,2859	0,2731	0,2609	0,2493	0,1985	0,1583	0,1263
48	0,2917	0,2784	0,2657	0,2535	0,2420	0,1918	0,1522	0,1209
49	0,2843	0,2710	0,2584	0,2464	0,2350	0,1853	0,1463	0,1157
50	0,2771	0,2639	0,2514	0,2395	0,2281	0,1791	0,1407	0,1107
51	0,2701	0,2570	0,2445	0,2327	0,2215	0,1730	0,1353	0,1059
52	0,2632	0,2502	0,2379	0,2262	0,2150	0,1671	0,1301	0,1014
53	0,2566	0,2437	0,2314	0,2198	0,2088	0,1615	0,1251	0,0970
54	0,2501	0,2372	0,2251	0,2136	0,2027	0,1560	0,1203	0,0928
55	0,2437	0,2310	0,2190	0,2076	0,1968	0,1508	0,1157	0,0888
56	0,2375	0,2249	0,2130	0,2017	0,1910	0,1457	0,1112	0,0850
57	0,2315	0,2190	0,2072	0,1960	0,1855	0,1407	0,1069	0,0814
58	0,2257	0,2133	0,2016	0,1905	0,1801	0,1360	0,1028	0,0778
59	0,2199	0,2077	0,1961	0,1851	0,1748	0,1314	0,0989	0,0745
60	0,2144	0,2022	0,1907	0,1799	0,1697	0,1269	0,0951	0,0713
61	0,2089	0,1969	0,1855	0,1748	0,1648	0,1226	0,0914	0,0682
62	0,2036	0,1917	0,1805	0,1699	0,1600	0,1185	0,0879	0,0653

Restnutzungsdauer (Jahre)	Zinssatz							
	2,6 %	2,7 %	2,8 %	2,9 %	3,0 %	3,5 %	4 %	4,5 %
63	0,1985	0,1867	0,1756	0,1651	0,1553	0,1145	0,0845	0,0625
64	0,1935	0,1818	0,1708	0,1605	0,1508	0,1106	0,0813	0,0598
65	0,1885	0,1770	0,1661	0,1560	0,1464	0,1069	0,0781	0,0572
66	0,1838	0,1723	0,1616	0,1516	0,1421	0,1033	0,0751	0,0547
67	0,1791	0,1678	0,1572	0,1473	0,1380	0,0998	0,0722	0,0524
68	0,1746	0,1634	0,1529	0,1431	0,1340	0,0964	0,0695	0,0501
69	0,1702	0,1591	0,1488	0,1391	0,1301	0,0931	0,0668	0,0480
70	0,1658	0,1549	0,1447	0,1352	0,1263	0,0900	0,0642	0,0459
71	0,1616	0,1508	0,1408	0,1314	0,1226	0,0869	0,0617	0,0439
72	0,1575	0,1469	0,1369	0,1277	0,1190	0,0840	0,0594	0,0420
73	0,1535	0,1430	0,1332	0,1241	0,1156	0,0812	0,0571	0,0402
74	0,1497	0,1392	0,1296	0,1206	0,1122	0,0784	0,0549	0,0385
75	0,1459	0,1356	0,1260	0,1172	0,1089	0,0758	0,0528	0,0368
76	0,1422	0,1320	0,1226	0,1139	0,1058	0,0732	0,0508	0,0353
77	0,1386	0,1286	0,1193	0,1107	0,1027	0,0707	0,0488	0,0337
78	0,1351	0,1252	0,1160	0,1075	0,0997	0,0683	0,0469	0,0323
79	0,1316	0,1219	0,1129	0,1045	0,0968	0,0660	0,0451	0,0309
80	0,1283	0,1187	0,1098	0,1016	0,0940	0,0638	0,0434	0,0296
81	0,1250	0,1156	0,1068	0,0987	0,0912	0,0616	0,0417	0,0283
82	0,1219	0,1125	0,1039	0,0959	0,0886	0,0596	0,0401	0,0271
83	0,1188	0,1096	0,1011	0,0932	0,0860	0,0575	0,0386	0,0259
84	0,1158	0,1067	0,0983	0,0906	0,0835	0,0556	0,0371	0,0248
85	0,1128	0,1039	0,0956	0,0880	0,0811	0,0537	0,0357	0,0237
86	0,1100	0,1011	0,0930	0,0856	0,0787	0,0519	0,0343	0,0227
87	0,1072	0,0985	0,0905	0,0832	0,0764	0,0501	0,0330	0,0217
88	0,1045	0,0959	0,0880	0,0808	0,0742	0,0484	0,0317	0,0208
89	0,1018	0,0934	0,0856	0,0785	0,0720	0,0468	0,0305	0,0199
90	0,0993	0,0909	0,0833	0,0763	0,0699	0,0452	0,0293	0,0190
91	0,0967	0,0885	0,0810	0,0742	0,0679	0,0437	0,0282	0,0182
92	0,0943	0,0862	0,0788	0,0721	0,0659	0,0422	0,0271	0,0174
93	0,0919	0,0839	0,0767	0,0700	0,0640	0,0408	0,0261	0,0167
94	0,0896	0,0817	0,0746	0,0681	0,0621	0,0394	0,0251	0,0160
95	0,0873	0,0796	0,0726	0,0662	0,0603	0,0381	0,0241	0,0153
96	0,0851	0,0775	0,0706	0,0643	0,0586	0,0368	0,0232	0,0146
97	0,0829	0,0755	0,0687	0,0625	0,0569	0,0355	0,0223	0,0140
98	0,0808	0,0735	0,0668	0,0607	0,0552	0,0343	0,0214	0,0134
99	0,0788	0,0715	0,0650	0,0590	0,0536	0,0332	0,0206	0,0128
100	0,0768	0,0697	0,0632	0,0573	0,0520	0,0321	0,0198	0,0123

Berechnungsvorschrift für die Abzinsungsfaktoren (Barwertfaktoren für die Abzinsung):

$$\text{Abzinsungsfaktor} = \frac{1}{q^n}$$

$$q = 1 + LZ \quad \text{wobei } LZ = \frac{p}{100}$$

LZ = Zinssatz (Liegenschaftszinssatz)

n = Restnutzungsdauer

p = Zinsfuß

Anlage 42[1)]
(zu § 259 Absatz 1)

Normalherstellungskosten

I. Begriff der Brutto-Grundfläche (BGF)

1. Die BGF ist die Summe der bezogen auf die jeweilige Gebäudeart marktüblich nutzbaren Grundflächen aller Grundrissebenen eines Bauwerks. In Anlehnung an die DIN 277-1:2005-02 sind bei den Grundflächen folgende Bereiche zu unterscheiden:
Bereich a: überdeckt und allseitig in voller Höhe umschlossen,
Bereich b: überdeckt, jedoch nicht allseitig in voller Höhe umschlossen,
Bereich c: nicht überdeckt.
Für die Anwendung der Normalherstellungskosten (NHK) sind im Rahmen der Ermittlung der BGF nur die Grundflächen der Bereiche a und b zugrunde zu legen. Balkone, auch wenn sie überdeckt sind, sind dem Bereich c zuzuordnen.
Für die Ermittlung der BGF sind die äußeren Maße der Bauteile einschließlich Bekleidung, z.B. Putz und Außenschalen mehrschaliger Wandkonstruktionen, in Höhe der Bodenbelagsoberkanten anzusetzen.
2. Nicht zur BGF gehören z.B. Flächen von Spitzböden und Kriechkellern, Flächen, die ausschließlich der Wartung, Inspektion und Instandsetzung von Baukonstruktionen und technischen Anlagen dienen, sowie Flächen unter konstruktiven Hohlräumen, z.B. über abgehängten Decken.

II. Normalherstellungskosten (NHK)

Normalherstellungskosten in Euro/m² BGF auf der Grundlage der Normalherstellungskosten 2010 (NHK 2010), einschließlich Baunebenkosten und Umsatzsteuer für die jeweilige Gebäudeart (Kostenstand 2010) sowie eines pauschalen Zuschlages für bauliche Anlagen, insbesondere Außenanlagen, und sonstige Anlagen (3 %).

Gebäudeart		Baujahrgruppe		
		vor 1995	1995–2004	ab 2005
1	Gemischt genutzte Grundstücke (Wohnhäuser mit Mischnutzung)	695	886	1 118
2	Banken und ähnliche Geschäftshäuser	736	937	1 494
3	Bürogebäude, Verwaltungsgebäude	839	1 071	1 736
4	Gemeindezentren, Vereinsheime, Saalbauten, Veranstaltungsgebäude	1 004	1 282	1 555
5	Kindergärten (Kindertagesstätten), allgemeinbildende Schulen, berufsbildende Schulen, Hochschulen, Sonderschulen	1 164	1 488	1 710
6	Wohnheime, Internate, Alten-, Pflegeheime	876	1 118	1 370
7	Krankenhäuser, Kliniken, Tageskliniken, Ärztehäuser	1 334	1 705	2 075
8	Beherbergungsstätten, Hotels, Verpflegungseinrichtungen	1 118	1 427	1 859
9.1	Sporthallen	1 133	1 447	1 777
9.2	Tennishallen	814	1 040	1 226
9.3	Freizeitbäder, Kur- und Heilbäder	1 978	2 524	3 075
10.1	Verbrauchermärkte	582	742	896
10.2	Kauf- und Warenhäuser	1 066	1 360	1 633
10.3	Autohäuser ohne Werkstatt	757	968	1 277
11.1	Betriebs- und Werkstätten eingeschossig oder mehrgeschossig ohne Hallenanteil; industrielle Produktionsgebäude, Massivbauweise	762	973	1 200
11.2	Betriebs- und Werkstätten, mehrgeschossig, hoher Hallenanteil; industrielle Produktionsgebäude, überwiegend Skelettbauweise	536	680	942

[1)] Anl. 42 angef. durch G v. 26.11.2019 (BGBl. I S. 1794); zur Anwendung siehe § 266.

	Gebäudeart	**Baujahrgruppe**		
		vor 1995	**1995–2004**	**ab 2005**
12.1	Lagergebäude ohne Mischnutzung, Kaltlager	283	361	505
12.2	Lagergebäude mit bis zu 25 Prozent Mischnutzung	443	567	711
12.3	Lagergebäude mit mehr als 25 Prozent Mischnutzung	716	917	1 128
13	Museen, Theater, Sakralbauten	1 514	1 875	2 395
14	Reithallen, ehemalige landwirtschaftliche Mehrzweckhallen, Scheunen und Ähnliches		263	
15	Stallbauten		422	
16	Hochgaragen, Tiefgaragen und Nutzfahrzeuggaragen		623	
17	Einzelgaragen, Mehrfachgaragen		500	
18	Carports und Ähnliches		196	
19	**Teileigentum** Teileigentum ist in Abhängigkeit von der baulichen Gestaltung den vorstehenden Gebäudearten zuzuordnen.			
20	**Auffangklausel** Normalherstellungskosten für nicht aufgeführte Gebäudearten sind aus den Normalherstellungskosten vergleichbarer Gebäudearten abzuleiten.			

Anlage 43[1)]
(zu § 260)

Wertzahlen
für Teileigentum, Geschäftsgrundstücke, gemischt genutzte Grundstücke und sonstige bebaute Grundstücke nach § 249 Absatz 1 Nummer 5 bis 8

		Bodenrichtwert		
Vorläufiger Sachwert		**bis 100 EUR/m²**	**bis 300 EUR/m²**	**über 300 EUR/m²**
bis	500 000 EUR	0,80	0,90	1,00
	750 000 EUR	0,75	0,85	0,95
	1 000 000 EUR	0,70	0,80	0,90
	1 500 000 EUR	0,65	0,75	0,85
	2 000 000 EUR	0,60	0,70	0,80
	3 000 000 EUR	0,55	0,65	0,75
über	3 000 000 EUR	0,50	0,60	0,70

1) Anl. 43 angef. durch G v. 26.11.2019 (BGBl. I S. 1794); zur Anwendung siehe § 266.

1.1. Bewertungsgesetz der Deutschen Demokratischen Republik (BewG-DDR)

In der Fassung vom 18. September 1970
(GBl. Sonderdruck Nr. 674)

– Auszug –

§ 10 Bewertungsgrundsatz. (1) 1 Bei Bewertungen ist, soweit nichts anderes vorgeschrieben ist, der Preis anzusetzen, der im gewöhnlichen Geschäftsverkehr nach der Beschaffenheit des Wirtschaftsgutes bei einer Veräußerung zu erzielen wäre. 2 Dabei sind alle Umstände, die den Preis beeinflussen, zu berücksichtigen. 3 Ungewöhnliche oder persönliche Verhältnisse sind nicht zu berücksichtigen.

(2) 1 Als persönliche Verhältnisse sind auch Verfügungsbeschränkungen anzusehen, die in der Person des Steuerpflichtigen oder eines Rechtsvorgängers begründet sind. 2 Das gilt insbesondere für Verfügungsbeschränkungen, die auf letztwilligen Anordnungen beruhen.

§ 11 Mit Grundbesitz verbundene Rechte, Bestandteile und Zubehör. (1) 1 Bei Grundbesitz erstreckt sich die Bewertung auf die Rechte und Nutzungen, die mit dem Grundbesitz als solchem verbunden sind. 2 Rechte, die den Vorschriften des Zivilrechts über Grundstücke unterliegen (grundstücksgleiche Rechte), werden selbständig wie Grundbesitz behandelt.

(2) 1 Wird bei Bewertung von in der Deutschen Demokratischen Republik befindlichem Grundbesitz als solchem der Wert gemäß § 10 zugrunde gelegt, so sind die Bestandteile einzubeziehen. 2 Das Zubehör ist außer Betracht zu lassen. 3 Maschinen und sonstige Vorrichtungen aller Art, die zu einer Betriebsanlage gehören, sind nicht zu berücksichtigen, auch wenn sie wesentliche Bestandteile des Grundbesitzes sind.

(3) 1 Bei der Bewertung von Grundbesitz in anderen Staaten als solchem ist neben den Bestandteilen auch das Zubehör zu berücksichtigen. 2 Zahlungsmittel, Geldforderungen, Wertpapiere und Geldschulden sind nicht einzubeziehen.

II. Grundvermögen

§ 50 Begriff des Grundvermögens. (1) 1 Zum Grundvermögen gehört der Grund und Boden einschließlich der Bestandteile (insbesondere Gebäude) und des Zubehörs. 2 In das Grundvermögen werden nicht einbezogen die Maschinen und sonstigen Vorrichtungen aller Art, die zu einer Betriebsanlage gehören, auch wenn sie wesentliche Bestandteile sind. 3 Jede wirtschaftliche Einheit des Grundvermögens bildet ein selbständiges Grundstück im Sinne dieses Gesetzes.

(2) Als Grundstücke gelten auch das Erbbaurecht und sonstige grundstücksgleiche Rechte.

(3) Als Grundstück gilt auch ein Gebäude, das auf fremdem Grund und Boden errichtet ist, selbst wenn es wesentlicher Bestandteil des Grund und Bodens geworden ist.

§ 51 Abgrenzung des Grundvermögens von anderen Vermögensarten. (1) Zum Grundvermögen gehört nicht Grundbesitz, der zum land- und forstwirtschaftlichen Vermögen gehört.

(2) Land- und forstwirtschaftlich genutzte Grundstücksflächen sind dem Grundvermögen zuzurechnen, wenn nach ihrer Lage und den sonstigen Verhältnissen, insbesondere mit Rücksicht auf die bestehenden Verwertungsmöglichkeiten, anzunehmen ist, daß sie in absehbarer Zeit anderen als land- und forstwirtschaftlichen Zwecken dienen werden, z.B. wenn sie hiernach als Bauland, Industrieland oder als Land für Verkehrszwecke anzusehen sind.

(3) *(gegenstandslos)*

(4) Zum Grundvermögen gehören nicht die Betriebsgrundstücke (§ 57) und die Gewerbeberechtigungen (§ 58).

§ 52 Bewertung von bebauten Grundstücken. (1) Für die Bewertung der bebauten und der im Bau befindlichen Grundstücke erläßt der Minister der Finanzen die erforderlichen Rechtsvorschriften.

(2) Mindestens ist der Wert anzusetzen, mit dem der Grund und Boden allein als unbebautes Grundstück nach § 53 zu bewerten wäre.

§ 53 Bewertung von unbebauten Grundstücken. Unbebaute Grundstücke sind mit dem Wert gemäß § 10 zu bewerten.

1.2. Durchführungsverordnung zum Reichsbewertungsgesetz (RBewDV)

Vom 2. Februar 1935 (RGBl. I S. 81, RStBl. S. 189)

Geändert durch § 66 GrStDV vom 1. Juli 1937 (RGBl. I S. 733, RStBl. S. 781), VO zur Änderung der Durchführungsbestimmungen zum Reichsbewertungsgesetz und zum Vermögensteuergesetz vom 22. November 1939 (RGBl. I S. 2271, RStBl. S. 1133), VO zur Einheitsbewertung, zur Vermögensbesteuerung, zur Erbschaftsteuer und zur Grunderwerbsteuer vom 4. April 1943 (RGBl. I S. 177, RStBl. S. 321), VO zur Änderung der Durchführungsverordnung zum Reichsbewertungsgesetz vom 8. Dezember 1944 (RGBl. I S. 338, RStBl. S. 762)

– Auszug –

§ 3a Wertverhältnisse beim Grundbesitz. (1) Bei Fortschreibungen und bei Nachfeststellungen der Einheitswerte für Grundbesitz (§§ 22 und 23 des Gesetzes) sind der tatsächliche Zustand des Grundbesitzes (Bestand, bauliche Verhältnisse usw.) vom Fortschreibungszeitpunkt oder vom Nachfeststellungszeitpunkt und die Wertverhältnisse vom 1. Januar 1935 zugrunde zu legen.

(2) …

§ 32 [Grundstückshauptgruppen]. (1) Im Sinn der nachstehenden Vorschriften sind die folgenden Grundstückshauptgruppen zu unterscheiden:

1. Mietwohngrundstücke.
   Als Mietwohngrundstücke gelten solche Grundstücke, die zu mehr als 80 vom Hundert Wohnzwecken dienen, mit Ausnahme der Einfamilienhäuser (Ziffer 4).
2. Geschäftsgrundstücke.
   Als Geschäftsgrundstücke gelten solche bebauten Grundstücke, die zu mehr als 80 vom Hundert unmittelbar eigenen oder fremden gewerblichen oder öffentlichen Zwecken dienen.
3. Gemischtgenutzte Grundstücke.
   Als gemischtgenutzte Grundstücke gelten solche Grundstücke, die teils Wohnzwecken, teils unmittelbar eigenen oder fremden gewerblichen oder öffentlichen Zwecken dienen und weder nach Ziffer 1 als Mietwohngrundstücke, noch nach Ziffer 2 als Geschäftsgrundstücke, noch nach Ziffer 4 als Einfamilienhäuser anzusehen sind.
4. Einfamilienhäuser.
   Als Einfamilienhäuser gelten solche Wohngrundstücke, die nach ihrer baulichen Gestaltung nicht mehr als eine Wohnung enthalten. Dabei sind Wohnungen, die für Hauspersonal (Pförtner, Heizer, Gärtner, Kraftwagenführer, Wächter usw.) bestimmt sind, nicht mitzurechnen. Die Eigenschaft als Einfamilienhaus wird auch dadurch nicht beeinträchtigt, daß durch Abtrennen von Räumen weitere Wohnungen (z. B. Not- oder Behelfswohnungen) geschaffen werden, wenn mit ihrem dauernden Bestand nicht gerechnet werden kann. Ein Grundstück gilt auch dann als Einfamilienhaus,

wenn es teilweise unmittelbar eigenen oder fremden gewerblichen oder öffentlichen Zwecken dient und dadurch die Eigenart als Einfamilienhaus nach der Verkehrsauffassung nicht wesentlich beeinträchtigt wird.

5. Die nicht unter die Ziffern 1 bis 4 fallenden bebauten Grundstücke.

(2) Die Frage, ob die im Absatz 1 Ziffern 1 bis 3 bezeichneten Grenzen erreicht sind, ist nach dem Verhältnis der Jahresrohmiete (§ 34) zu beurteilen.

2. Bewertungsgrundlage

§ 33 Grundstücke, deren Bebauung abgeschlossen ist. (1) Mietwohngrundstücke und gemischtgenutzte Grundstücke sind mit einem Vielfachen der Jahresrohmiete (§ 34) zu bewerten.

(2) [1] Alle übrigen bebauten Grundstücke sind mit dem gemeinen Wert zu bewerten. [2] Läßt sich innerhalb bestimmter Bezirke für Geschäftsgrundstücke oder für eine Untergruppe von diesen (§ 35 Absatz 2) die Jahresrohmiete in der Regel unschwer ermitteln oder schätzen, so können die Oberfinanzpräsidenten bestimmen, daß die Grundstücke dieser Gruppe oder Untergruppe innerhalb des Bezirks mit einem Vielfachen der Jahresrohmiete zu bewerten sind.

(3) Läßt sich in den Fällen des Absatzes 1 oder des Absatzes 2 Satz 2 ausnahmsweise die Rohmiete für ein Grundstück nur schwer ermitteln oder schätzen, so ist das Grundstück mit dem gemeinen Wert zu bewerten.

§ 33a Grundbesitz im Zustand der Bebauung. (1) [1] Bei Grundstücken, die sich am Feststellungszeitpunkt (Absätze 2 der §§ 21 bis 23 des Gesetzes) im Zustand der Bebauung befinden, ist nur der Grund und Boden zu bewerten. [2] Die Kosten, die für die Baulichkeiten bis zum Feststellungszeitpunkt entstanden sind, bleiben außer Betracht.

(2) [1] Befinden sich auf einem solchen Grundstück (Absatz 1) bereits bezugsfertige Gebäude, so ist nur der Grund und Boden einschließlich der bezugsfertigen Gebäude zu bewerten. [2] Die Kosten, die für die im Bau befindlichen Gebäude oder Gebäudeteile (z. B. Anbauten oder Zubauten) bis zum Feststellungszeitpunkt entstanden sind, bleiben außer Betracht. [3] Ein Gebäude ist als bezugsfertig anzusehen, wenn der Bau so weit gefördert ist, daß den zukünftigen Bewohnern oder sonstigen Benutzern des Gebäudes zugemutet werden kann, das Gebäude zu beziehen.

(3) [1] Ist ein Grundstück, das sich im Zustand der Bebauung befindet, bei der Ermittlung des Gesamtwerts eines gewerblichen Betriebs, bei der Bewertung des Gesamtvermögens oder bei der Bewertung des Inlandsvermögens anzusetzen (§ 66 Absatz 4, § 73 Absatz 3 und § 77 Absatz 3 des Gesetzes), so ist neben dem Einheitswert nach Absatz 1 oder 2 für diese Zwecke ein besonderer Einheitswert festzustellen. [2] Dabei sind zu dem sich aus Absatz 1 oder 2 ergebenden Wert die Kosten hinzuzurechnen, die für die im Bau befindlichen Gebäude oder Gebäudeteile (z. B. Anbauten oder Zubauten) bis zum Feststellungszeitpunkt entstanden sind.

(4) Die Absätze 1 bis 3 gelten für land- und forstwirtschaftliche Betriebe (§§ 29, 45, 47, 48 und 49 des Gesetzes) entsprechend, soweit im Rahmen der Bewertung des Betriebs für Gebäude ein besonderer Wert anzusetzen ist.

3. Besondere Vorschriften für die Bewertung nach der Jahresrohmiete

§ 34 Jahresrohmiete. (1) [1]Jahresrohmiete im Sinn dieser Vorschriften ist das Gesamtentgelt (eigentliche Miete, Umlagen und alle sonstigen Leistungen abzüglich der nach Absatz 2 zu berücksichtigenden Beträge), das die Mieter (Pächter) für die Benutzung des Grundstücks auf Grund vertraglicher oder gesetzlicher Bestimmungen nach dem Stand vom Feststellungszeitpunkt, umgerechnet auf ein Jahr, zu entrichten haben. [2]Das gilt auch für den Fall, daß der Mietvertrag schon bald nach dem Feststellungszeitpunkt abläuft.

(2) [1]Nicht zur Jahresrohmiete gehören
die Kosten der Heizstoffe (einschließlich der Kosten der Anfuhr) für Sammelheizung und Warmwasserversorgung,
die eigentlichen Betriebskosten für Fahrstuhl (Stromgebühren, Zählermiete, Kosten der Fahrstuhlrevision),
Vergütungen für außergewöhnliche Nebenleistungen des Vermieters, die nicht die Raumnutzung betreffen, aber neben der Raumnutzung auf Grund des Mietvertrags gewährt werden (Bereitstellung von Wasserkraft, Dampfkraft, Preßluft, Kraftstrom und dergleichen),
Vergütungen für Nebenleistungen, die zwar die Raumnutzung betreffen, aber nur einzelnen Mietern zugute kommen (Spiegelglasversicherungen und dergleichen).
[2]Soweit Beträge hierfür in der Miete enthalten sind, sind sie auszuscheiden.

(3) [1]Nicht zu berücksichtigen ist die Kürzung der Miete, die der Vermieter infolge einer zugunsten des Mieters bewilligten Ermäßigung der Gebäudeentschuldungsteuer gewähren muß. [2]Die Miete ist also in diesen Fällen mit dem ungekürzten Betrag anzusetzen.

(4) [1]Statt des sich aus den Absätzen 1 bis 3 ergebenden Betrags gilt die übliche Miete (eigentliche Miete, Umlagen und alle sonstigen Leistungen abzüglich der nach Absatz 2 zu berücksichtigenden Beträge) als Jahresrohmiete für solche Grundstücke oder Grundstücksteile,

1. die eigengenutzt, ungenutzt, zu vorübergehendem Gebrauch oder unentgeltlich überlassen sind,
2. die der Eigentümer dem Mieter mit Rücksicht auf persönliche (insbesondere verwandtschaftliche) oder wirtschaftliche Beziehungen oder mit Rücksicht auf ein Arbeits- oder Dienstverhältnis zu einem um mehr als 20 vom Hundert von dem üblichen Mietzins abweichenden Entgelt überlassen hat.

[2]Die übliche Miete ist in Anlehnung an die Jahresrohmieten zu schätzen, die für Räume gleicher oder ähnlicher Art und Lage regelmäßig vereinbart sind.

§ 35 Bezirks- und Gruppenbildung. (1) [1]Für die Bewertung mit einem Vielfachen der Jahresrohmiete (§ 33 Absatz 1 und Absatz 2 Satz 2) können die Oberfinanzpräsidenten ihr Gebiet in verschiedene Bezirke einteilen. [2]Jeder

Bezirk soll ein räumlich abgegrenztes Gebiet (z. B. in einer größeren Stadt einen bestimmten Stadtteil) oder auch mehrere räumlich abgegrenzte Gebiete (z. B. bestimmte oder alle Gemeinden eines Oberfinanzbezirks unter 10 000 Einwohnern) umfassen, in denen die Verhältnisse auf dem Grundstücksmarkt etwa gleichmäßig liegen.

(2) 1 Abgesehen von der Einteilung in Bezirke (Absatz 1) können die Oberfinanzpräsidenten die Hauptgruppen (§ 32) in Untergruppen teilen. 2 Für die Entscheidung, ob und welche Untergruppen zu bilden sind, sind die Verhältnisse auf dem Grundstücksmarkt maßgebend.

(3) Für die einzelnen Grundstücksgruppen können auch verschiedene Bezirke gebildet werden.

§ 36 Regelmäßige Bewertung. (1) 1 Die Oberfinanzpräsidenten bestimmen für die Grundstücksgruppen (Hauptgruppen und Untergruppen) eines jeden Bezirks nach den Verhältnissen auf dem Grundstücksmarkt die Zahl, mit der die Jahresrohmiete (§ 34) der Grundstücke zu vervielfachen ist (Vervielfältiger). 2 Der Vervielfältiger kann auch eine Dezimalstelle enthalten.

(2) 1 In Ländern, in denen ein Teil der Gemeindegrundsteuer nach landesrechtlichen Vorschriften auf die Mieter umlegbar ist, gilt der Vervielfältiger (Absatz 1) in Bezirken, die sich auf mehrere Gemeinden erstrecken und in denen die Höhe der Gemeindegrundsteuer wesentlich voneinander abweicht, nur für Gemeinden mit einer vom Oberfinanzpräsidenten bestimmten Höhe der Gemeindegrundsteuer; die Höhe ist in einem Rahmensatz auszudrücken. 2 Für Gemeinden, in denen die Gemeindegrundsteuer von diesem Rahmensatz abweicht, bestimmt der Oberfinanzpräsident, in welchem Ausmaß sich der Vervielfältiger (Absatz 1) im Hinblick auf die abweichende Höhe der Gemeindegrundsteuer vermindert oder erhöht.

(3) In Ländern, in denen die Umlegbarkeit der Grundsteuer nicht an eine bestimmte Höhe, sondern an die Erhöhung von einem gewissen Zeitpunkt ab geknüpft ist, gelten die Vervielfältiger ohne Rücksicht auf die Höhe der umlegbaren Grundsteuerbeträge.

§ 37 Ermäßigung oder Erhöhung der Bewertung. (1) 1 Der Wert eines Grundstücks, der sich aus dem Vielfachen der Jahresrohmiete ergibt, ist zu ermäßigen oder zu erhöhen, wenn Umstände tatsächlicher Art vorliegen, die von den bei der Bildung der Vervielfältiger (§ 36) zugrunde gelegten Verhältnissen des Bezirks und der Grundstücksgruppe wesentlich abweichen. 2 Solche Umstände sind, vorbehaltlich des Absatzes 2, nur:

der bauliche Zustand, das Alter oder die Einrichtung des Gebäudes,

die Lage des Grundstücks,

die Art der Bebauung (z. B. Fachwerkbau, wo Massivbau gemeinüblich ist, oder umgekehrt; Zugehörigkeit größerer unbebauter Flächen, wo solche Flächen normalerweise fehlen),

Schadensgefahren (z. B. Berg-, Rauch-, Wasser- oder Erschütterungsschäden),

die Belastung mit Gebäudeentschuldungsteuer.

(2) Die Oberfinanzpräsidenten können, wenn die örtlichen Verhältnisse es dringend erfordern, weitere Umstände bestimmen, die bei wesentlicher Abweichung von den bei der Bildung der Vervielfältiger zugrunde gelegten Verhältnissen des Bezirks und der Grundstücksgruppe eine Wertermäßigung oder Werterhöhung rechtfertigen.

(3) 1 Das Ausmaß der Ermäßigung oder Erhöhung richtet sich nach der Bedeutung, die dem besonderen Umstand bei einem Verkauf des Grundstücks nach Lage des Grundstücksmarkts beigemessen werden würde. 2 Die Ermäßigung oder Erhöhung darf 30 vom Hundert des Werts (des Vielfachen der Jahresrohmiete) nicht übersteigen. 3 Liegen zugleich wertmindernde und werterhöhende Umstände vor, so ist der Höchstsatz erst auf das Ergebnis des Ausgleichs anzuwenden. 4 Die Oberfinanzpräsidenten können für einzelne besondere Umstände (Absatz 1 Satz 2 und Absatz 2) das Ausmaß der Ermäßigung oder Erhöhung bestimmen.

(4) Die Ermäßigung oder Erhöhung unterbleibt, soweit die außergewöhnlichen Verhältnisse bereits in der Jahresrohmiete oder in dem Vervielfältiger für den Bezirk und die Gruppe zum Ausdruck kommen.

§ 38 *(gestrichen)*

4. Gemeinsame Vorschriften

§ 39 Bestimmungen der Oberfinanzpräsidenten. Die Bestimmungen der Oberfinanzpräsidenten auf Grund der §§ 33 bis 37 sind als Rechtsverordnungen im Reichsministerialblatt zu verkünden.

§ 40 Mindestwert. Der für bebaute Grundstücke anzusetzende Wert darf nicht geringer sein als der gemeine Wert, mit dem der Grund und Boden allein als unbebautes Grundstück zu bewerten wäre (§ 52 Absatz 2 des Gesetzes).

§ 41 *(gestrichen)*

§ 42 Ablösung der Gebäudeentschuldungsteuer. Bei der Bewertung von Grundstücken, für die die Gebäudeentschuldungsteuer nach Kapitel I §§ 2 und 3 des Zweiten Teils der Verordnung des Reichspräsidenten vom 8. Dezember 1931 (Reichsgesetzbl. I S. 699, 706) durch Zahlung eines einmaligen Betrags ganz oder teilweise abgelöst ist, ist diejenige Belastung mit Gebäudeentschuldungsteuer zu unterstellen, die ohne die Ablösung am Feststellungszeitpunkt bestehen würde.

§ 43 Anzeige- und Auskunftspflichten. (1) Für die Hauptfeststellung der Einheitswerte können die Finanzämter und die sonstigen mit der Vorbereitung der Einheitsbewertung befaßten Behörden schon vor dem 1. Januar 1935 von den Grundstückseigentümern Angaben über die Bewertungsgrundlagen für ihren Grundbesitz fordern.

(2) Im Hinblick darauf, daß für die Bewertung der Stand vom 1. Januar 1935 maßgebend ist, hat der Eigentümer Änderungen in den Bewertungsgrundlagen (z. B. in der Jahresrohmiete, in der Größe des Grundstücks infolge Teilverkaufs oder Zukaufs, im Eigentum am Grundstück), die bis zum 1. Januar 1935 eintreten, dem Finanzamt, in dessen Bezirk der Grundbesitz belegen ist, unverzüglich mitzuteilen.

(3) Die Erklärungen nach den Absätzen 1 und 2 gelten als Steuererklärungen im Sinn der Reichsabgabenordnung.

(4) [1]Die Eigentümer von Grundstücken und deren Rechtsvorgänger haben dem für die Bewertung des Grundstücks zuständigen Finanzamt auf Anfordern alle Angaben zu machen, deren es für die Führung einer Kaufpreissammlung bedarf. [2]Bei den Erklärungen ist zu versichern, daß die Angaben nach bestem Wissen und Gewissen gemacht sind (§ 166 Absatz 3 der Reichsabgabenordnung).

b) Unbebaute Grundstücke

§ 44 Bewertungsmaßstab. Unbebaute Grundstücke, insbesondere Bauland, sind mit dem gemeinen Wert zu bewerten.

§ 45 Grundstücke mit Gebäuden von untergeordneter Bedeutung. [1]Befinden sich auf einem Grundstück Gebäude, deren Zweckbestimmung gegenüber der Zweckbestimmung des Grund und Bodens von untergeordneter Bedeutung ist, so gilt das Grundstück als unbebaut im Sinn des § 53 des Gesetzes. [2]Die Gebäude sind bei der Ermittlung des Einheitswerts mit zu berücksichtigen, soweit sie den Wert des Grundstücks erhöhen.

Zu § 50 Absatz 2 des Gesetzes

c) Erbbaurecht

§ 46 [Erbbaurecht] (1) Ist ein Grundstück mit einem Erbbaurecht belastet, so ist zunächst der Gesamtwert für den Grund und Boden einschließlich der Gebäude so zu ermitteln, wie wenn die Belastung nicht bestünde.

(2) Beträgt die Dauer des Erbbaurechts in dem für die Bewertung maßgebenden Zeitpunkt noch fünfzig Jahre oder mehr, so ist der Gesamtwert (Absatz 1) in vollem Umfang dem Erbbauberechtigten zuzurechnen.

(3) [1]Beträgt die Dauer des Erbbaurechts in dem für die Bewertung maßgebenden Zeitpunkt weniger als fünfzig Jahre, so ist der Gesamtwert (Absatz 1) auf den Grund und Boden und auf die Gebäude nach dem Verhältnis der gemeinen Werte zu verteilen. [2]Dabei sind zuzurechnen:

1. dem Erbbauberechtigten: der Wert der Gebäude und außerdem der Anteil des Erbbaurechts am Wert des Grund und Bodens. Dieser Anteil ist nach der restlichen Dauer des Erbbaurechts zu bemessen. Er beträgt bei einer Dauer des Erbbaurechts
   unter 50 bis 45 Jahren 90 vom Hundert,
   unter 45 bis 40 Jahren 80 vom Hundert,

unter 40 bis 35 Jahren 70 vom Hundert,
unter 35 bis 30 Jahren 60 vom Hundert,
unter 30 bis 25 Jahren 50 vom Hundert,
unter 25 bis 20 Jahren 40 vom Hundert,
unter 20 bis 15 Jahren 30 vom Hundert,
unter 15 bis 10 Jahren 20 vom Hundert,
unter 10 bis 5 Jahren 10 vom Hundert,
unter 5 Jahren 0 vom Hundert,
des Werts des Grund und Bodens;

2. dem Eigentümer des Grund und Bodens: der Wert des Grund und Bodens, der nach Abzug des in Ziffer 1 genannten Anteils verbleibt.

[3]Abweichend von Ziffer 1 kann auch dem Eigentümer des Grund und Bodens ein Anteil am Wert des Gebäudes zugerechnet werden, wenn besondere Vereinbarungen es rechtfertigen. [4]Das gilt insbesondere, wenn bei Erlöschen des Erbbaurechts durch Zeitablauf der Eigentümer des Grund und Bodens keine dem Wert des Gebäudes entsprechende Entschädigung zu leisten hat.

(4) [1]Das Recht auf den Erbbauzins ist nicht als Bestandteil des Grundstücks zu berücksichtigen, sondern erst bei der Ermittlung des sonstigen Vermögens oder Betriebsvermögens des Eigentümers des Grund und Bodens anzusetzen. [2]Dementsprechend ist die Verpflichtung zur Zahlung des Erbbauzinses nicht bei der Bewertung des Erbbaurechts zu berücksichtigen, sondern erst bei der Ermittlung des Gesamtvermögens (Inlandsvermögens) oder Betriebsvermögens des Erbbauberechtigten abzuziehen.

2. Erbschaftsteuer- und Schenkungsteuergesetz (ErbStG)[1]

In der Fassung der Bekanntmachung vom 27. Februar 1997[2]

(BGBl. I S. 378)

FNA 611-8-2-2

geänd. durch Art. 10 Steuerentlastungsgesetz 1999/2000/2002 v. 24.3.1999 (BGBl. I S. 402), Art. 6 Gesetz zur weiteren steuerlichen Förderung von Stiftungen v. 14.7.2000 (BGBl. I S. 1034), Art. 19 Steuer-Euroglättungsgesetz v. 19.12.2000 (BGBl. I S. 1790), Art. 16 Steueränderungsgesetz 2001 v. 20.12.2001 (BGBl. I S. 3794), Art. 2 Gesetz zur Modernisierung des Stiftungsrechts v. 15.7.2002 (BGBl. I S. 2634), Art. 27 Drittes Gesetz zur Änderung verwaltungsverfahrensrechtlicher Vorschriften v. 21.8.2002 (BGBl. I S. 3322), Art. 13 Haushaltsbegleitgesetz 2004 v. 29.12.2003 (BGBl. I S. 3076), Art. 8 Gesetz zur weiteren Stärkung des bürgerschaftlichen Engagements v. 10.10.2007 (BGBl. I S. 2332), Art. 1 Erbschaftsteuerreformgesetz v. 24.12.2008 (BGBl. I S. 3018), Art. 6 Gesetz zur Beschleunigung des Wirtschaftswachstums (Wachstumsbeschleunigungsgesetz) v. 22.12.2009 (BGBl. I S. 3950), Art. 14 Jahressteuergesetz 2010 (JStG 2010) v. 8.12.2010 (BGBl. I S. 1768), Art. 8 Steuervereinfachungsgesetz 2011 v. 1.11.2011 (BGBl. I S. 2131), Art. 11 Gesetz zur Umsetzung der Beitreibungsrichtlinie sowie zur Änderung steuerlicher Vorschriften (Beitreibungsrichtlinie-Umsetzungsgesetz – BeitrRLUmsG) v. 7.12.2011 (BGBl. I S. 2592), Art. 5 Gesetz zu dem Abkommen vom 4. Februar 2010 zwischen der Bundesrepublik Deutschland und der Französischen Republik über den Güterstand der Wahl-Zugewinngemeinschaft v. 15.3.2012 (BGBl. II S. 178), Art. 30 Gesetz zur Umsetzung der Amtshilferichtlinie sowie zur Änderung steuerlicher Vorschriften (Amtshilferichtlinie-Umsetzungsgesetz – AmtshilfeRLUmsG) v. 26.6.2013 (BGBl. I S. 1809), BVerfG, Beschl. v. 17.12. 2014 – 1 BvL 21/12 – v. 17.12.2014 (BGBl. 2015 I S. 4), Art. 17 Gesetz zum Internationalen Erbrecht und zur Änderung von Vorschriften zum Erbschein sowie zur Änderung sonstiger Vorschriften v. 29.6.2015 (BGBl. I S. 1042), Art. 10 Steueränderungsgesetz 2015 v. 2.11.2015 (BGBl. I S. 1834), Art. 8 Gesetz zur Neuregelung des Kulturgutschutzrechts v. 31.7.2016 (BGBl. I S. 1914), Art. 1 Gesetz zur Anpassung des Erbschaftsteuer- und Schenkungsteuergesetzes an die Rechtsprechung des Bundesverfassungsgerichts v. 4.11.2016 (BGBl. I S. 2464), Art. 4 Gesetz zur Bekämpfung der Steuerumgehung und zur Änderung weiterer steuerlicher Vorschriften (Steuerumgehungsbekämpfungsgesetz – StUmgBG) v. 23.6.2017 (BGBl. I S. 1682), Art. 6 Gesetz zum Ausschluss verfassungsfeindlicher Parteien von der Parteienfinanzierung v. 18.7.2017 (BGBl. I S. 2730), Art. 18 Gesetz zur Vermeidung von Umsatzsteuerausfällen beim Handel mit Waren im Internet und zur Änderung weiterer steuerlicher Vorschriften v. 11.12.2018 (BGBl. I S. 2338), Art. 5 Gesetz über steuerliche und weitere Begleitregelungen zum Austritt des Vereinigten Königreichs Großbritannien und Nordirland aus der Europäischen Union (Brexit-Steuerbegleitgesetz – Brexit-StBG) v. 25.3.2019 (BGBl. I S. 357), Art. 12 Gesetz zur Reform des Grundsteuer- und Bewertungsrechts (Grundsteuer-Reformgesetz – GrStRefG) v. 26.11.2019 (BGBl. I S. 1794) und Art. 34 Jahressteuergesetz 2020 (JStG 2020) v. 21.12.2020 (BGBl. I S. 3096)

Inhaltsübersicht

Abschnitt 1. Steuerpflicht

---

[1] Zur Anwendung siehe § 37.

[2] Neubekanntmachung des ErbStG idF der Bek. v. 19.2.1991 (BGBl. I S. 468) in der ab 28.12.1996 geltenden Fassung.

Abschnitt 1. Steuerpflicht

§ 1 Steuerpflichtige Vorgänge (1) Der Erbschaftsteuer (Schenkungsteuer) unterliegen

1. der Erwerb von Todes wegen;
2. die Schenkungen unter Lebenden;
3. die Zweckzuwendungen;
4. das Vermögen einer Stiftung, sofern sie wesentlich im Interesse einer Familie oder bestimmter Familien errichtet ist, und eines Vereins, dessen Zweck wesentlich im Interesse einer Familie oder bestimmter Familien auf die

Bindung von Vermögen gerichtet ist, in Zeitabständen von je 30 Jahren seit dem in § 9 Abs. 1 Nr. 4 bestimmten Zeitpunkt.

(2) Soweit nichts anderes bestimmt ist, gelten die Vorschriften dieses Gesetzes über die Erwerbe von Todes wegen auch für Schenkungen und Zweckzuwendungen, die Vorschriften über Schenkungen auch für Zweckzuwendungen unter Lebenden.

§ 2 Persönliche Steuerpflicht. (1) Die Steuerpflicht tritt ein

1.[1)] in den Fällen des § 1 Abs. 1 Nr. 1 bis 3, wenn der Erblasser zur Zeit seines Todes, der Schenker zur Zeit der Ausführung der Schenkung oder der Erwerber zur Zeit der Entstehung der Steuer (§ 9) ein Inländer ist, für den gesamten Vermögensanfall (unbeschränkte Steuerpflicht). [2] Als Inländer gelten
   a) natürliche Personen, die im Inland einen Wohnsitz oder ihren gewöhnlichen Aufenthalt haben,
   b) deutsche Staatsangehörige, die sich nicht länger als fünf Jahre dauernd im Ausland aufgehalten haben, ohne im Inland einen Wohnsitz zu haben,
   c) unabhängig von der Fünfjahresfrist nach Buchstabe b deutsche Staatsangehörige, die
      aa) im Inland weder einen Wohnsitz noch ihren gewöhnlichen Aufenthalt haben und
      bb) zu einer inländischen juristischen Person des öffentlichen Rechts in einem Dienstverhältnis stehen und dafür Arbeitslohn aus einer inländischen öffentlichen Kasse beziehen,

   sowie zu ihrem Haushalt gehörende Angehörige, die die deutsche Staatsangehörigkeit besitzen. [2] Dies gilt nur für Personen, deren Nachlaß oder Erwerb in dem Staat, in dem sie ihren Wohnsitz oder ihren gewöhnlichen Aufenthalt haben, lediglich in einem der Steuerpflicht nach Nummer 3 ähnlichen Umfang zu einer Nachlaß- oder Erbanfallsteuer herangezogen wird,
   d) Körperschaften, Personenvereinigungen und Vermögensmassen, die ihre Geschäftsleitung oder ihren Sitz im Inland haben;

2. in den Fällen des § 1 Abs. 1 Nr. 4, wenn die Stiftung oder der Verein die Geschäftsleitung oder den Sitz im Inland hat;

3.[2)] in allen anderen Fällen für den Vermögensanfall, der in Inlandsvermögen im Sinne des § 121 des Bewertungsgesetzes[3)] besteht (beschränkte Steuerpflicht). [2] Bei Inlandsvermögen im Sinne des § 121 Nr. 4 des Bewertungsgesetzes ist es ausreichend, wenn der Erblasser zur Zeit seines Todes oder der Schenker zur Zeit der Ausführung der Schenkung entsprechend der Vorschrift am Grund- oder Stammkapital der inländischen Kapitalgesellschaft beteiligt ist. [3] Wird nur ein Teil einer solchen Beteiligung durch Schenkung zugewendet, gelten die weiteren Erwerbe aus der Beteiligung,

---

[1)] § 2 Abs. 1 Nr. 1 Satz 1 geänd. durch G v. 7.12.2011 (BGBl. I S. 2592); zur Anwendung siehe § 37 Abs. 7.

[2)] § 2 Abs. 1 Nr. 3 Satz 1 neu gef. durch G v. 7.12.2011 (BGBl. I S. 2592); zur Anwendung siehe § 37 Abs. 7; Satz 1 geänd. durch G v. 23.6.2017 (BGBl. I S. 1682); zur Anwendung siehe § 37 Abs. 14.

[3)] Nr. **1**.

soweit die Voraussetzungen des § 14 erfüllt sind, auch dann als Erwerb von Inlandsvermögen, wenn im Zeitpunkt ihres Erwerbs die Beteiligung des Erblassers oder Schenkers weniger als ein Zehntel des Grund- oder Stammkapitals der Gesellschaft beträgt.

(2) Zum Inland im Sinne dieses Gesetzes gehört auch der der Bundesrepublik Deutschland zustehende Anteil am Festlandsockel, soweit dort Naturschätze des Meeresgrundes und des Meeresuntergrundes erforscht oder ausgebeutet werden.

(3)[1] *(aufgehoben)*

§ 3 Erwerb von Todes wegen. (1) Als Erwerb von Todes wegen gilt

1.[2] der Erwerb durch Erbanfall (§ 1922 des Bürgerlichen Gesetzbuchs), durch Vermächtnis (§§ 2147 ff. des Bürgerlichen Gesetzbuchs) oder auf Grund eines geltend gemachten Pflichtteilsanspruchs (§§ 2303 ff. des Bürgerlichen Gesetzbuchs);

2.[3] der Erwerb durch Schenkung auf den Todesfall (§ 2301 des Bürgerlichen Gesetzbuchs). [2] Als Schenkung auf den Todesfall gilt auch der auf dem Ausscheiden eines Gesellschafters beruhende Übergang des Anteils oder des Teils eines Anteils eines Gesellschafters einer Personengesellschaft oder Kapitalgesellschaft bei dessen Tod auf die anderen Gesellschafter oder die Gesellschaft, soweit der Wert, der sich für seinen Anteil zur Zeit seines Todes nach § 12 ergibt, Abfindungsansprüche Dritter übersteigt. [3] Wird auf Grund einer Regelung im Gesellschaftsvertrag einer Gesellschaft mit beschränkter Haftung der Geschäftsanteil eines Gesellschafters bei dessen Tod eingezogen und übersteigt der sich nach § 12 ergebende Wert seines Anteils zur Zeit seines Todes Abfindungsansprüche Dritter, gilt die insoweit bewirkte Werterhöhung der Geschäftsanteile der verbleibenden Gesellschafter als Schenkung auf den Todesfall;

3. die sonstigen Erwerbe, auf die die für Vermächtnisse geltenden Vorschriften des bürgerlichen Rechts Anwendung finden;

4. jeder Vermögensvorteil, der auf Grund eines vom Erblasser geschlossenen Vertrags bei dessen Tode von einem Dritten unmittelbar erworben wird.

(2) Als vom Erblasser zugewendet gilt auch

1.[4] der Übergang von Vermögen auf eine vom Erblasser angeordnete Stiftung. [2] Dem steht gleich die vom Erblasser angeordnete Bildung oder Ausstattung einer Vermögensmasse ausländischen Rechts, deren Zweck auf die Bindung von Vermögen gerichtet ist;

2. was jemand infolge Vollziehung einer vom Erblasser angeordneten Auflage oder infolge Erfüllung einer vom Erblasser gesetzten Bedingung erwirbt, es sei denn, daß eine einheitliche Zweckzuwendung vorliegt;

3. was jemand dadurch erlangt, daß bei Genehmigung einer Zuwendung des Erblassers Leistungen an andere Personen angeordnet oder zur Erlangung der Genehmigung freiwillig übernommen werden;

---

[1] § 2 Abs. 3 aufgeh. mWv 25.6.2017 durch G v. 23.6.2017 (BGBl. I S. 1682).
[2] § 3 Abs. 1 Nr. 1 neu gef. mWv 1.1.2009 durch G v. 24.12.2008 (BGBl. I S. 3018).
[3] § 3 Abs. 1 Nr. 2 neu gef. mWv 5.3.1999 durch G v. 24.3.1999 (BGBl. I S. 402).
[4] § 3 Abs. 2 Nr. 1 neu gef. mWv 5.3.1999 durch G v. 24.3.1999 (BGBl. I S. 402).

4.[1] was als Abfindung für einen Verzicht auf den entstandenen Pflichtteilsanspruch oder für die Ausschlagung einer Erbschaft, eines Erbersatzanspruchs oder eines Vermächtnisses oder für die Zurückweisung eines Rechts aus einem Vertrag des Erblassers zugunsten Dritter auf den Todesfall oder anstelle eines anderen in Absatz 1 genannten Erwerbs oder dafür gewährt wird, dass eine Rechtsstellung, insbesondere eine Erbenstellung, oder ein Recht oder ein Anspruch, die zu einem Erwerb nach Absatz 1 führen würden, nicht mehr oder nur noch teilweise geltend gemacht werden;

5.[2] was als Abfindung für ein aufschiebend bedingtes, betagtes oder befristetes Vermächtnis, das der Vermächtnisnehmer angenommen hat, vor dem Zeitpunkt des Eintritts der Bedingung oder des Ereignisses gewährt wird;

6. was als Entgelt für die Übertragung der Anwartschaft eines Nacherben gewährt wird;

7.[3] was der Vertragserbe oder der Schlusserbe eines gemeinschaftlichen Testaments oder der Vermächtnisnehmer wegen beeinträchtigender Schenkungen des Erblassers (§§ 2287, 2288 Abs. 2 des Bürgerlichen Gesetzbuchs) von dem Beschenkten nach den Vorschriften über die ungerechtfertigte Bereicherung erlangt.

§ 4 Fortgesetzte Gütergemeinschaft. (1)[4] Wird die Gütergemeinschaft beim Tod eines Ehegatten oder beim Tod eines Lebenspartners fortgesetzt (§§ 1483 ff. des Bürgerlichen Gesetzbuchs), wird dessen Anteil am Gesamtgut so behandelt, als wäre er ausschließlich den anteilsberechtigten Abkömmlingen angefallen.

(2) [1] Beim Tode eines anteilsberechtigten Abkömmlings gehört dessen Anteil am Gesamtgut zu seinem Nachlaß. [2] Als Erwerber des Anteils gelten diejenigen, denen der Anteil nach § 1490 Satz 2 und 3 des Bürgerlichen Gesetzbuchs zufällt.

§ 5 Zugewinngemeinschaft. (1)[5] [1] Wird der Güterstand der Zugewinngemeinschaft (§ 1363 des Bürgerlichen Gesetzbuchs, § 6 des Lebenspartnerschaftsgesetzes) durch den Tod eines Ehegatten oder den Tod eines Lebenspartners beendet und der Zugewinn nicht nach § 1371 Abs. 2 des Bürgerlichen Gesetzbuchs ausgeglichen, gilt beim überlebenden Ehegatten oder beim überlebenden Lebenspartner der Betrag, den er nach Maßgabe des § 1371 Abs. 2 des Bürgerlichen Gesetzbuchs als Ausgleichsforderung geltend machen könnte, nicht als Erwerb im Sinne des § 3. [2] Bei der Berechnung dieses Betrags bleiben von den Vorschriften der §§ 1373 bis 1383 und 1390 des Bürgerlichen Gesetzbuchs abweichende güterrechtliche Vereinbarungen unberücksichtigt. [3] Die Vermutung des § 1377 Abs. 3 des Bürgerlichen Gesetzbuchs findet keine

---

[1] § 3 Abs. 2 Nr. 4 neu gef. mWv 1.1.2009 durch G v. 24.12.2008 (BGBl. I S. 3018); geänd. durch G v. 23.6.2017 (BGBl. I S. 1682); zur Anwendung siehe § 37 Abs. 14.

[2] § 3 Abs. 2 Nr. 5 geänd. mWv 29.12.2020 durch G v. 21.12.2020 (BGBl. I S. 3096); zur Anwendung siehe § 37 Abs. 18.

[3] § 3 Abs. 2 Nr. 7 neu gef. mWv 1.1.2009 durch G v. 24.12.2008 (BGBl. I S. 3018).

[4] § 4 Abs. 1 neu gef. mWv 1.1.2009 durch G v. 24.12.2008 (BGBl. I S. 3018).

[5] § 5 Abs. 1 Satz 1 neu gef., Sätze 4 und 5 geänd. mWv 1.1.2009 durch G v. 24.12.2008 (BGBl. I S. 3018); Satz 6 angef. mWv 29.12.2020 durch G v. 21.12.2020 (BGBl. I S. 3096); zur Anwendung siehe § 37 Abs. 18.

Anwendung. [4]Wird der Güterstand der Zugewinngemeinschaft durch Ehevertrag oder Lebenspartnerschaftsvertrag vereinbart, gilt als Zeitpunkt des Eintritts des Güterstandes (§ 1374 Abs. 1 des Bürgerlichen Gesetzbuchs) der Tag des Vertragsabschlusses. [5]Soweit das Endvermögen des Erblassers bei der Ermittlung des als Ausgleichsforderung steuerfreien Betrags mit einem höheren Wert als dem nach den steuerlichen Bewertungsgrundsätzen maßgebenden Wert angesetzt worden ist, gilt höchstens der dem Steuerwert des Endvermögens entsprechende Betrag nicht als Erwerb im Sinne des § 3. [6]Sind bei der Ermittlung der Bereicherung des überlebenden Ehegatten oder des überlebenden Lebenspartners Steuerbefreiungen berücksichtigt worden, gilt die Ausgleichsforderung im Verhältnis des um den Wert des steuerbefreiten Vermögens geminderten Werts des Endvermögens zum ungeminderten Wert des Endvermögens des Erblassers nicht als Erwerb im Sinne des § 3.

(2)[1] Wird der Güterstand der Zugewinngemeinschaft in anderer Weise als durch den Tod eines Ehegatten oder eines Lebenspartners beendet oder wird der Zugewinn nach § 1371 Abs. 2 des Bürgerlichen Gesetzbuchs ausgeglichen, gehört die Ausgleichsforderung (§ 1378 des Bürgerlichen Gesetzbuchs) nicht zum Erwerb im Sinne der §§ 3 und 7.

(3)[2] Wird der Güterstand der Wahl-Zugewinngemeinschaft (§ 1519 des Bürgerlichen Gesetzbuchs) beendet und der Zugewinn ausgeglichen, so gehört die Ausgleichsforderung (Artikel 12 Absatz 1 des Abkommens vom 4. Februar 2010 zwischen der Bundesrepublik Deutschland und der Französischen Republik über den Güterstand der Wahl-Zugewinngemeinschaft) nicht zum Erwerb im Sinne der §§ 3 und 7.

§ 6 Vor- und Nacherbschaft. (1) Der Vorerbe gilt als Erbe.

(2) [1]Bei Eintritt der Nacherbfolge haben diejenigen, auf die das Vermögen übergeht, den Erwerb als vom Vorerben stammend zu versteuern. [2]Auf Antrag ist der Versteuerung das Verhältnis des Nacherben zum Erblasser zugrunde zu legen. [3]Geht in diesem Fall auch eigenes Vermögen des Vorerben auf den Nacherben über, sind beide Vermögensanfälle hinsichtlich der Steuerklasse getrennt zu behandeln. [4]Für das eigene Vermögen des Vorerben kann ein Freibetrag jedoch nur gewährt werden, soweit der Freibetrag für das der Nacherbfolge unterliegende Vermögen nicht verbraucht ist. [5]Die Steuer ist für jeden Erwerb jeweils nach dem Steuersatz zu erheben, der für den gesamten Erwerb gelten würde.

(3) [1]Tritt die Nacherbfolge nicht durch den Tod des Vorerben ein, gilt die Vorerbfolge als auflösend bedingter, die Nacherbfolge als aufschiebend bedingter Anfall. [2]In diesem Fall ist dem Nacherben die vom Vorerben entrichtete Steuer abzüglich desjenigen Steuerbetrags anzurechnen, welcher der tatsächlichen Bereicherung des Vorerben entspricht.

(4)[3] Nachvermächtnisse und beim Tod des Beschwerten fällige Vermächtnisse oder Auflagen stehen den Nacherbschaften gleich.

---

[1] § 5 Abs. 2 geänd. mWv 1.1.2009 durch G v. 24.12.2008 (BGBl. I S. 3018).
[2] § 5 Abs. 3 angef. mWv 1.5.2013 durch G v. 15.3.2012 (BGBl. II S. 178).
[3] § 6 Abs. 4 neu gef. mWv 1.1.2009 durch G v. 24.12.2008 (BGBl. I S. 3018).

§ 7 Schenkungen unter Lebenden. (1) Als Schenkungen unter Lebenden gelten

1. jede freigebige Zuwendung unter Lebenden, soweit der Bedachte durch sie auf Kosten des Zuwendenden bereichert wird;
2. was infolge Vollziehung einer von dem Schenker angeordneten Auflage oder infolge Erfüllung einer einem Rechtsgeschäft unter Lebenden beigefügten Bedingung ohne entsprechende Gegenleistung erlangt wird, es sei denn, daß eine einheitliche Zweckzuwendung vorliegt;
3. was jemand dadurch erlangt, daß bei Genehmigung einer Schenkung Leistungen an andere Personen angeordnet oder zur Erlangung der Genehmigung freiwillig übernommen werden;
4.[1] die Bereicherung, die ein Ehegatte oder ein Lebenspartner bei Vereinbarung der Gütergemeinschaft (§ 1415 des Bürgerlichen Gesetzbuchs) erfährt;
5. was als Abfindung für einen Erbverzicht (§§ 2346 und 2352 des Bürgerlichen Gesetzbuchs) gewährt wird;
6.[1] *(aufgehoben)*
7. was ein Vorerbe dem Nacherben mit Rücksicht auf die angeordnete Nacherbschaft vor ihrem Eintritt herausgibt;
8.[2] der Übergang von Vermögen auf Grund eines Stiftungsgeschäfts unter Lebenden. [2]Dem steht gleich die Bildung oder Ausstattung einer Vermögensmasse ausländischen Rechts, deren Zweck auf die Bindung von Vermögen gerichtet ist;
9.[3] was bei Aufhebung einer Stiftung oder bei Auflösung eines Vereins, dessen Zweck auf die Bindung von Vermögen gerichtet ist, erworben wird. [2]Dem steht gleich der Erwerb bei Auflösung einer Vermögensmasse ausländischen Rechts, deren Zweck auf die Bindung von Vermögen gerichtet ist, sowie der Erwerb durch Zwischenberechtigte während des Bestehens der Vermögensmasse. [3]Wie eine Auflösung wird auch der Formwechsel eines rechtsfähigen Vereins, dessen Zweck wesentlich im Interesse einer Familie oder bestimmter Familien auf die Bindung von Vermögen gerichtet ist, in eine Kapitalgesellschaft behandelt;
10. was als Abfindung für aufschiebend bedingt, betagt oder befristet erworbene Ansprüche, soweit es sich nicht um einen Fall des § 3 Abs. 2 Nr. 5 handelt, vor dem Zeitpunkt des Eintritts der Bedingung oder des Ereignisses gewährt wird.

(2) [1]Im Fall des Absatzes 1 Nr. 7 ist der Versteuerung auf Antrag das Verhältnis des Nacherben zum Erblasser zugrunde zu legen. [2]§ 6 Abs. 2 Satz 3 bis 5 gilt entsprechend.

(3) Gegenleistungen, die nicht in Geld veranschlagt werden können, werden bei der Feststellung, ob eine Bereicherung vorliegt, nicht berücksichtigt.

---

[1] § 7 Abs. 1 Nr. 4 geänd., Nr. 6 aufgeh. mWv 1.1.2009 durch G v. 24.12.2008 (BGBl. I S. 3018).

[2] § 7 Abs. 1 Nr. 8 neu gef. mWv 5.3.1999 durch G v. 24.3.1999 (BGBl. I S. 402).

[3] § 7 Abs. 1 Nr. 9 neu gef. mWv 5.3.1999 durch G v. 24.3.1999 (BGBl. I S. 402); Satz 3 angef. mWv 1.1.2009 durch G v. 24.12.2008 (BGBl. I S. 3018).

(4) Die Steuerpflicht einer Schenkung wird nicht dadurch ausgeschlossen, daß sie zur Belohnung oder unter einer Auflage gemacht oder in die Form eines lästigen Vertrags gekleidet wird.

(5) [1] Ist Gegenstand der Schenkung eine Beteiligung an einer Personengesellschaft, in deren Gesellschaftsvertrag bestimmt ist, daß der neue Gesellschafter bei Auflösung der Gesellschaft oder im Fall eines vorherigen Ausscheidens nur den Buchwert seines Kapitalanteils erhält, werden diese Bestimmungen bei der Feststellung der Bereicherung nicht berücksichtigt. [2] Soweit die Bereicherung den Buchwert des Kapitalanteils übersteigt, gilt sie als auflösend bedingt erworben.

(6) Wird eine Beteiligung an einer Personengesellschaft mit einer Gewinnbeteiligung ausgestattet, die insbesondere der Kapitaleinlage, der Arbeits- oder der sonstigen Leistung des Gesellschafters für die Gesellschaft nicht entspricht oder die einem fremden Dritten üblicherweise nicht eingeräumt würde, gilt das Übermaß an Gewinnbeteiligung als selbständige Schenkung, die mit dem Kapitalwert anzusetzen ist.

(7)[1)] [1] Als Schenkung gilt auch der auf dem Ausscheiden eines Gesellschafters beruhende Übergang des Anteils oder des Teils eines Anteils eines Gesellschafters einer Personengesellschaft oder Kapitalgesellschaft auf die anderen Gesellschafter oder die Gesellschaft, soweit der Wert, der sich für seinen Anteil zur Zeit seines Ausscheidens nach § 12 ergibt, den Abfindungsanspruch übersteigt. [2] Wird auf Grund einer Regelung im Gesellschaftsvertrag einer Gesellschaft mit beschränkter Haftung der Geschäftsanteil eines Gesellschafters bei dessen Ausscheiden eingezogen und übersteigt der sich nach § 12 ergebende Wert seines Anteils zur Zeit seines Ausscheidens den Abfindungsanspruch, gilt die insoweit bewirkte Werterhöhung der Anteile der verbleibenden Gesellschafter als Schenkung des ausgeschiedenen Gesellschafters. [3] Bei Übertragungen im Sinne des § 10 Abs. 10 gelten die Sätze 1 und 2 sinngemäß.

(8)[2)] [1] Als Schenkung gilt auch die Werterhöhung von Anteilen an einer Kapitalgesellschaft, die eine an der Gesellschaft unmittelbar oder mittelbar beteiligte natürliche Person oder Stiftung (Bedachte) durch die Leistung einer anderen Person (Zuwendender) an die Gesellschaft erlangt. [2] Freigebig sind auch Zuwendungen zwischen Kapitalgesellschaften, soweit sie in der Absicht getätigt werden, Gesellschafter zu bereichern und soweit an diesen Gesellschaften nicht unmittelbar oder mittelbar dieselben Gesellschafter zu gleichen Anteilen beteiligt sind. [3] Die Sätze 1 und 2 gelten außer für Kapitalgesellschaften auch für Genossenschaften.

§ 8 Zweckzuwendungen. Zweckzuwendungen sind Zuwendungen von Todes wegen oder freigebige Zuwendungen unter Lebenden, die mit der Auflage verbunden sind, zugunsten eines bestimmten Zwecks verwendet zu werden, oder die von der Verwendung zugunsten eines bestimmten Zwecks abhängig sind, soweit hierdurch die Bereicherung des Erwerbers gemindert wird.

---

1) § 7 Abs. 7 neu gef. mWv 5.3.1999 durch G v. 24.3.1999 (BGBl. I S. 402); Satz 3 angef. mWv 1.1.2009 durch G v. 24.12.2008 (BGBl. I S. 3018).

2) § 7 Abs. 8 angef. durch G v. 7.12.2011 (BGBl. I S. 2592); zur Anwendung siehe § 37 Abs. 7.

§ 9 Entstehung der Steuer. (1) Die Steuer entsteht

1.[1] bei Erwerben von Todes wegen mit dem Tode des Erblassers, jedoch
   a) für den Erwerb des unter einer aufschiebenden Bedingung, unter einer Betagung oder Befristung Bedachten sowie für zu einem Erwerb gehörende aufschiebend bedingte, betagte oder befristete Ansprüche mit dem Zeitpunkt des Eintritts der Bedingung oder des Ereignisses,
   b)[2] für den Erwerb eines geltend gemachten Pflichtteilsanspruchs mit dem Zeitpunkt der Geltendmachung,
   c)[3] im Fall des § 3 Abs. 2 Nr. 1 Satz 1 mit dem Zeitpunkt der Anerkennung der Stiftung als rechtsfähig und im Fall des § 3 Abs. 2 Nr. 1 Satz 2 mit dem Zeitpunkt der Bildung oder Ausstattung der Vermögensmasse,
   d) in den Fällen des § 3 Abs. 2 Nr. 2 mit dem Zeitpunkt der Vollziehung der Auflage oder der Erfüllung der Bedingung,
   e) in den Fällen des § 3 Abs. 2 Nr. 3 mit dem Zeitpunkt der Genehmigung,
   f)[4] in den Fällen des § 3 Absatz 2 Nummer 4 mit dem Zeitpunkt des Verzichts, der Ausschlagung, der Zurückweisung oder der Erklärung über das Nichtgeltendmachen,
   g) im Fall des § 3 Abs. 2 Nr. 5 mit dem Zeitpunkt der Vereinbarung über die Abfindung,
   h) für den Erwerb des Nacherben mit dem Zeitpunkt des Eintritts der Nacherbfolge,
   i) im Fall des § 3 Abs. 2 Nr. 6 mit dem Zeitpunkt der Übertragung der Anwartschaft,
   j) im Fall des § 3 Abs. 2 Nr. 7 mit dem Zeitpunkt der Geltendmachung des Anspruchs;
2. bei Schenkungen unter Lebenden mit dem Zeitpunkt der Ausführung der Zuwendung;
3. bei Zweckzuwendungen mit dem Zeitpunkt des Eintritts der Verpflichtung des Beschwerten;
4. in den Fällen des § 1 Abs. 1 Nr. 4 in Zeitabständen von je 30 Jahren seit dem Zeitpunkt des ersten Übergangs von Vermögen auf die Stiftung oder auf den Verein. [2] Fällt bei Stiftungen oder Vereinen der Zeitpunkt des ersten Übergangs von Vermögen auf den 1. Januar 1954 oder auf einen früheren Zeitpunkt, entsteht die Steuer erstmals am 1. Januar 1984. [3] Bei Stiftungen und Vereinen, bei denen die Steuer erstmals am 1. Januar 1984 entsteht, richtet sich der Zeitraum von 30 Jahren nach diesem Zeitpunkt.

(2)[5] In den Fällen der Aussetzung der Versteuerung nach § 25 Abs. 1 Buchstabe a[6] gilt die Steuer für den Erwerb des belasteten Vermögens als mit dem Zeitpunkt des Erlöschens der Belastung entstanden.

---

[1] Zur Anwendung im Beitrittsgebiet siehe § 37a Abs. 2 Satz 1.

[2] § 9 Abs. 1 Nr. 1 Buchst. b neu gef. mWv 1.1.2009 durch G v. 24.12.2008 (BGBl. I S. 3018).

[3] § 9 Abs. 1 Nr. 1 Buchst. c neu gef. mWv 5.3.1999 durch G v. 24.3.1999 (BGBl. I S. 402); geänd. mWv 1.9.2002 durch G v. 15.7.2002 (BGBl. I S. 2634).

[4] § 9 Abs. 1 Nr. 1 Buchst. f neu gef. durch G v. 23.6.2017 (BGBl. I S. 1682); zur Anwendung siehe § 37 Abs. 14.

[5] Zur Anwendung im Beitrittsgebiet siehe § 37a Abs. 2 Satz 2.

[6] § 25 Abs. 1 Buchst. a ErbStG **1974**, vgl. § 37 Abs. 2.

Abschnitt 2. Wertermittlung

§ 10 Steuerpflichtiger Erwerb. (1)[1] [1] Als steuerpflichtiger Erwerb gilt die Bereicherung des Erwerbers, soweit sie nicht steuerfrei ist (§§ 5, 13, 13a, 13c, 13d, 16, 17 und 18). [2] In den Fällen des § 3 gilt unbeschadet Absatz 10 als Bereicherung der Betrag, der sich ergibt, wenn von dem nach § 12 zu ermittelnden Wert des gesamten Vermögensanfalls, soweit er der Besteuerung nach diesem Gesetz unterliegt, die nach den Absätzen 3 bis 9 abzugsfähigen Nachlassverbindlichkeiten mit ihrem nach § 12 zu ermittelnden Wert abgezogen werden. [3] Die vom Erblasser herrührenden Steuererstattungsansprüche sind bei der Ermittlung der Bereicherung zu berücksichtigen, auch wenn sie rechtlich erst nach dem Tod des Erblassers entstanden sind. [4] Der unmittelbare oder mittelbare Erwerb einer Beteiligung an einer Personengesellschaft oder einer anderen Gesamthandsgemeinschaft, die nicht unter § 97 Abs. 1 Satz 1 Nr. 5 des Bewertungsgesetzes[2] fällt, gilt als Erwerb der anteiligen Wirtschaftsgüter; die dabei übergehenden Schulden und Lasten der Gesellschaft sind bei der Ermittlung der Bereicherung des Erwerbers wie eine Gegenleistung zu behandeln. [5] Bei der Zweckzuwendung tritt an die Stelle des Vermögensanfalls die Verpflichtung des Beschwerten. [6] Der steuerpflichtige Erwerb wird auf volle 100 Euro nach unten abgerundet. [7] In den Fällen des § 1 Abs. 1 Nr. 4 tritt an die Stelle des Vermögensanfalls das Vermögen der Stiftung oder des Vereins.

(2) Hat der Erblasser die Entrichtung der von dem Erwerber geschuldeten Steuer einem anderen auferlegt oder hat der Schenker die Entrichtung der vom Beschenkten geschuldeten Steuer selbst übernommen oder einem anderen auferlegt, gilt als Erwerb der Betrag, der sich bei einer Zusammenrechnung des Erwerbs nach Absatz 1 mit der aus ihm errechneten Steuer ergibt.

(3) Die infolge des Anfalls durch Vereinigung von Recht und Verbindlichkeit oder von Recht und Belastung erloschenen Rechtsverhältnisse gelten als nicht erloschen.

(4) Die Anwartschaft eines Nacherben gehört nicht zu seinem Nachlaß.

(5) Von dem Erwerb sind, soweit sich nicht aus den Absätzen 6 bis 9 etwas anderes ergibt, als Nachlaßverbindlichkeiten abzugsfähig

1.[3] die vom Erblasser herrührenden Schulden, soweit sie nicht mit einem zum Erwerb gehörenden Gewerbebetrieb, Anteil an einem Gewerbebetrieb, Betrieb der Land- und Forstwirtschaft oder Anteil an einem Betrieb der Land- und Forstwirtschaft in wirtschaftlichem Zusammenhang stehen und bereits bei der Bewertung der wirtschaftlichen Einheit berücksichtigt worden sind;
2. Verbindlichkeiten aus Vermächtnissen, Auflagen und geltend gemachten Pflichtteilen und Erbersatzansprüchen;

---

[1] § 10 Abs. 1 Satz 6 geänd. mWv 1.1.2002 durch G v. 19.12.2000 (BGBl. I S. 1790); Sätze 1 und 2 neu gef., Satz 3 eingef., bish. Sätze 3 bis 6 werden Sätze 4 bis 7, Satz 4 neu gef. mWv 1.1.2009 durch G v. 24.12.2008 (BGBl. I S. 3018); Satz 1 geänd. mWv 1.7.2016 durch G v. 4.11.2016 (BGBl. I S. 2464); zur Anwendung siehe § 37 Abs. 12 Satz 1; Satz 3 neu gef. mWv 29.12.2020 durch G v. 21.12.2020 (BGBl. I S. 3096); zur Anwendung siehe § 37 Abs. 18.

[2] Nr. **1**.

[3] § 10 Abs. 5 Nr. 1 neu gef. mWv 1.1.2009 durch G v. 24.12.2008 (BGBl. I S. 3018).

3.[1] die Kosten der Bestattung des Erblassers, die Kosten für ein angemessenes Grabdenkmal, die Kosten für die übliche Grabpflege mit ihrem Kapitalwert für eine unbestimmte Dauer sowie die Kosten, die dem Erwerber unmittelbar im Zusammenhang mit der Abwicklung, Regelung oder Verteilung des Nachlasses oder mit der Erlangung des Erwerbs entstehen. [2]Für diese Kosten wird insgesamt ein Betrag von 10 300 Euro ohne Nachweis abgezogen. [3]Kosten für die Verwaltung des Nachlasses sind nicht abzugsfähig.

(6)[2] [1]Nicht abzugsfähig sind Schulden und Lasten, soweit sie in wirtschaftlichem Zusammenhang mit Vermögensgegenständen stehen, die nicht der Besteuerung nach diesem Gesetz unterliegen. [2]Beschränkt sich die Besteuerung auf einzelne Vermögensgegenstände (§ 2 Abs. 1 Nr. 3, § 19 Abs. 2), sind nur die damit in wirtschaftlichem Zusammenhang stehenden Schulden und Lasten abzugsfähig. [3]Schulden und Lasten sind nicht abzugsfähig, soweit die Vermögensgegenstände, mit denen diese in wirtschaftlichem Zusammenhang stehen, steuerbefreit sind. [4]Schulden und Lasten, die mit nach den §§ 13a und 13c befreitem Vermögen in wirtschaftlichem Zusammenhang stehen, sind nur mit dem Betrag abzugsfähig, der dem Verhältnis des nach Anwendung der §§ 13a und 13c anzusetzenden Werts dieses Vermögens zu dem Wert vor Anwendung der §§ 13a und 13c entspricht. [5]Schulden und Lasten, die nicht in wirtschaftlichem Zusammenhang mit einzelnen Vermögensgegenständen des Erwerbs stehen, sind anteilig allen Vermögensgegenständen des Erwerbs zuzurechnen. [6]Dies gilt nicht für Kosten im Sinne des Absatzes 5 Nummer 3. [7]Der jeweilige Anteil bemisst sich nach dem Verhältnis des Werts des Vermögensgegenstands nach Abzug der mit diesem Vermögensgegenstand in wirtschaftlichem Zusammenhang stehenden Schulden und Lasten zum Gesamtwert der Vermögensgegenstände nach Abzug aller mit diesen Vermögensgegenständen in wirtschaftlichem Zusammenhang stehenden Schulden und Lasten. [8]In den Fällen einer Steuerbefreiung nach den §§ 13a und 13c ist bei Anwendung der Sätze 5 bis 7 nicht auf den einzelnen Vermögensgegenstand, sondern auf die Summe der begünstigten Vermögen im Sinne des § 13b Absatz 2 abzustellen. [9]Der auf den einzelnen Vermögensgegenstand entfallende Anteil an den Schulden und Lasten im Sinne des Satzes 5 ist nicht abzugsfähig, soweit dieser Vermögensgegenstand steuerbefreit ist. [10]Die auf das nach den §§ 13a und 13c befreite Vermögen entfallenden Schulden und Lasten im Sinne der Sätze 5 bis 8 sind nur mit dem Betrag abzugsfähig, der dem Verhältnis des nach Anwendung der §§ 13a und 13c anzusetzenden Werts dieses Vermögens zu dem Wert vor Anwendung der §§ 13a und 13c entspricht. [11]Haben sich Nutzungsrechte als Grundstücksbelastungen bei der Ermittlung des gemeinen Werts einer wirtschaftlichen Einheit des Grundbesitzes ausgewirkt, ist deren Abzug bei der Erbschaftsteuer ausgeschlossen.

(7) In den Fällen des § 1 Abs. 1 Nr. 4 sind Leistungen an die nach der Stiftungsurkunde oder nach der Vereinssatzung Berechtigten nicht abzugsfähig.

---

[1] § 10 Abs. 5 Nr. 3 Satz 2 geänd. mWv 1.1.2002 durch G v. 19.12.2000 (BGBl. I S. 1790).

[2] § 10 Abs. 6 Sätze 4 und 5 neu gef., Satz 6 angef. mWv 1.1.2009 durch G v. 24.12.2008 (BGBl. I S. 3018); Sätze 4 und 5 geänd. mWv 1.7.2016 durch G v. 4.11.2016 (BGBl. I S. 2464); zur Anwendung siehe § 37 Abs. 12 Satz 1; Sätze 3 und 5 neu gef., Sätze 6 bis 10 eingef., bish. Satz 6 wird Satz 11 mWv 29.12.2020 durch G v. 21.12.2020 (BGBl. I S. 3096); zur Anwendung siehe § 37 Abs. 18.

(8)[1] [1]Die von dem Erwerber zu entrichtende eigene Erbschaftsteuer ist nicht abzugsfähig. [2]Satz 1 gilt in den Fällen des § 1 Absatz 1 Nummer 4 entsprechend.

(9) Auflagen, die dem Beschwerten selbst zugute kommen, sind nicht abzugsfähig.

(10)[2] [1]Überträgt ein Erbe ein auf ihn von Todes wegen übergegangenes Mitgliedschaftsrecht an einer Personengesellschaft unverzüglich nach dessen Erwerb auf Grund einer im Zeitpunkt des Todes des Erblassers bestehenden Regelung im Gesellschaftsvertrag an die Mitgesellschafter und ist der Wert, der sich für seinen Anteil zur Zeit des Todes des Erblassers nach § 12 ergibt, höher als der gesellschaftsvertraglich festgelegte Abfindungsanspruch, so gehört nur der Abfindungsanspruch zum Vermögensanfall im Sinne des Absatzes 1 Satz 2. [2]Überträgt ein Erbe einen auf ihn von Todes wegen übergegangenen Geschäftsanteil an einer Gesellschaft mit beschränkter Haftung unverzüglich nach dessen Erwerb auf Grund einer im Zeitpunkt des Todes des Erblassers bestehenden Regelung im Gesellschaftsvertrag an die Mitgesellschafter oder wird der Geschäftsanteil auf Grund einer im Zeitpunkt des Todes des Erblassers bestehenden Regelung im Gesellschaftsvertrag von der Gesellschaft eingezogen und ist der Wert, der sich für seinen Anteil zur Zeit des Todes des Erblassers nach § 12 ergibt, höher als der gesellschaftsvertraglich festgelegte Abfindungsanspruch, so gehört nur der Abfindungsanspruch zum Vermögensanfall im Sinne des Absatzes 1 Satz 2.

§ 11 Bewertungsstichtag. Für die Wertermittlung ist, soweit in diesem Gesetz nichts anderes bestimmt ist, der Zeitpunkt der Entstehung der Steuer maßgebend.

§ 12[3] Bewertung. (1) Die Bewertung richtet sich, soweit nicht in den Absätzen 2 bis 7 etwas anderes bestimmt ist, nach den Vorschriften des Ersten Teils des Bewertungsgesetzes[4] (Allgemeine Bewertungsvorschriften) in der Fassung der Bekanntmachung vom 1. Februar 1991 (BGBl. I S. 230), zuletzt geändert durch Artikel 2 des Gesetzes vom 24. Dezember 2008 (BGBl. I S. 3018), in der jeweils geltenden Fassung.

(2) Anteile an Kapitalgesellschaften, für die ein Wert nach § 151 Abs. 1 Satz 1 Nr. 3 des Bewertungsgesetzes festzustellen ist, sind mit dem auf den Bewertungsstichtag (§ 11) festgestellten Wert anzusetzen.

(3)[5] Grundbesitz (*§ 19 Abs. 1* [***ab 1.1.2025:*** § 157 Absatz 1 Satz 1 des Bewertungsgesetzes]) ist mit dem nach § 151 Abs. 1 Satz 1 Nr. 1 des Bewertungsgesetzes auf den Bewertungsstichtag (§ 11) festgestellten Wert anzusetzen.

(4) Bodenschätze, die nicht zum Betriebsvermögen gehören, werden angesetzt, wenn für sie Absetzungen für Substanzverringerung bei der Einkunftsermittlung vorzunehmen sind; sie werden mit ihren ertragsteuerlichen Werten angesetzt.

---

[1] § 10 Abs. 8 Satz 2 angef. mWv 29.12.2020 durch G v. 21.12.2020 (BGBl. I S. 3096); zur Anwendung siehe § 37 Abs. 18.

[2] § 10 Abs. 10 angef. mWv 1.1.2009 durch G v. 24.12.2008 (BGBl. I S. 3018).

[3] § 12 neu gef. mWv 1.1.2009 durch G v. 24.12.2008 (BGBl. I S. 3018).

[4] Nr. **1**.

[5] § 12 Abs. 3 geänd. **mWv 1.1.2025** durch G v. 26.11.2019 (BGBl. I S. 1794).

(5) Inländisches Betriebsvermögen, für das ein Wert nach § 151 Abs. 1 Satz 1 Nr. 2 des Bewertungsgesetzes festzustellen ist, ist mit dem auf den Bewertungsstichtag (§ 11) festgestellten Wert anzusetzen.

(6) Gehört zum Erwerb ein Anteil an Wirtschaftsgütern und Schulden, für die ein Wert nach § 151 Abs. 1 Satz 1 Nr. 4 des Bewertungsgesetzes festzustellen ist, ist der darauf entfallende Teilbetrag des auf den Bewertungsstichtag (§ 11) festgestellten Werts anzusetzen.

(7) Ausländischer Grundbesitz und ausländisches Betriebsvermögen werden nach § 31 des Bewertungsgesetzes bewertet.

§ 13[1] **Steuerbefreiungen.** (1) Steuerfrei bleiben

1.[2] a)[3] Hausrat einschließlich Wäsche und Kleidungsstücke beim Erwerb durch Personen der Steuerklasse I, soweit der Wert insgesamt 41 000 Euro nicht übersteigt,

b)[4] andere bewegliche körperliche Gegenstände, die nicht nach Nummer 2 befreit sind, beim Erwerb durch Personen der Steuerklasse I, soweit der Wert insgesamt 12 000 Euro nicht übersteigt,

c)[5] Hausrat einschließlich Wäsche und Kleidungsstücke und andere bewegliche körperliche Gegenstände, die nicht nach Nummer 2 befreit sind, beim Erwerb durch Personen der Steuerklassen II und III, soweit der Wert insgesamt 12 000 Euro nicht übersteigt.

[2] Die Befreiung gilt nicht für Gegenstände, die zum land- und forstwirtschaftlichen Vermögen, zum Grundvermögen oder zum Betriebsvermögen gehören, für Zahlungsmittel, Wertpapiere, Münzen, Edelmetalle, Edelsteine und Perlen;

2. Grundbesitz oder Teile von Grundbesitz, Kunstgegenstände, Kunstsammlungen, wissenschaftliche Sammlungen, Bibliotheken und Archive

a)[6] mit 60 Prozent ihres Werts, jedoch Grundbesitz und Teile von Grundbesitz mit 85 Prozent ihres Werts, wenn die Erhaltung dieser Gegenstände wegen ihrer Bedeutung für Kunst, Geschichte oder Wissenschaft im öffentlichen Interesse liegt, die jährlichen Kosten in der Regel die erzielten Einnahmen übersteigen und die Gegenstände in einem den Verhältnissen entsprechenden Umfang den Zwecken der Forschung oder der Volksbildung nutzbar gemacht sind oder werden,

b) in vollem Umfang, wenn die Voraussetzungen des Buchstabens a erfüllt sind und ferner

aa) der Steuerpflichtige bereit ist, die Gegenstände den geltenden Bestimmungen der Denkmalspflege zu unterstellen,

---

[1] Wegen der Übergangsregelung für vor dem 3.10.1973 abgeschlossene Erbschaftsteuer- und Lastenausgleichsversicherungen vgl. Art. 6 ErbStRG 1974.

[2] § 13 Abs. 1 Nr. 1 Satz 2 eingef., bish. Satz 2 wird Satz 3 mWv 1.1.2009 durch G v. 24.12.2008 (BGBl. I S. 3018) (§ 37 Abs. 1); Nr. 1 Satz 2 aufgeh., bish. Satz 3 wird Satz 2 durch G v. 8.12.2010 (BGBl. I S. 1768); zur Anwendung siehe § 37 Abs. 4.

[3] § 13 Abs. 1 Nr. 1 Buchst. a geänd. mWv 1.1.2002 durch G v. 19.12.2000 (BGBl. I S. 1790).

[4] § 13 Abs. 1 Nr. 1 Buchst. b geänd. mWv 1.1.2009 durch G v. 24.12.2008 (BGBl. I S. 3018).

[5] § 13 Abs. 1 Nr. 1 Buchst. c geänd. mWv 1.1.2009 durch G v. 24.12.2008 (BGBl. I S. 3018).

[6] § 13 Abs. 1 Nr. 2 Buchst. a neu gef. mWv 1.1.2009 durch G v. 24.12.2008 (BGBl. I S. 3018).

bb)[1] die Gegenstände sich seit mindestens 20 Jahren im Besitz der Familie befinden oder in ein Verzeichnis national wertvollen Kulturgutes nach § 7 Absatz 1 des Kulturgutschutzgesetzes vom 31. Juli 2016 (BGBl. I S. 1914) in der jeweils geltenden Fassung eingetragen sind.

[2]Die Steuerbefreiung fällt mit Wirkung für die Vergangenheit weg, wenn die Gegenstände innerhalb von zehn Jahren nach dem Erwerb veräußert werden oder die Voraussetzungen für die Steuerbefreiung innerhalb dieses Zeitraums entfallen;

3. Grundbesitz oder Teile von Grundbesitz, der für Zwecke der Volkswohlfahrt der Allgemeinheit ohne gesetzliche Verpflichtung zur Benutzung zugänglich gemacht ist und dessen Erhaltung im öffentlichen Interesse liegt, wenn die jährlichen Kosten in der Regel die erzielten Einnahmen übersteigen. [2]Die Steuerbefreiung fällt mit Wirkung für die Vergangenheit weg, wenn der Grundbesitz oder Teile des Grundbesitzes innerhalb von zehn Jahren nach dem Erwerb veräußert werden oder die Voraussetzungen für die Steuerbefreiung innerhalb dieses Zeitraums entfallen;

4. ein Erwerb nach § 1969 des Bürgerlichen Gesetzbuchs;

4a.[2] Zuwendungen unter Lebenden, mit denen ein Ehegatte dem anderen Ehegatten Eigentum oder Miteigentum an einem im Inland oder in einem Mitgliedstaat der Europäischen Union oder einem Staat des Europäischen Wirtschaftsraums belegenen bebauten Grundstück im Sinne des § 181 Abs. 1 Nr. 1 bis 5 des Bewertungsgesetzes[3] verschafft, soweit darin eine Wohnung zu eigenen Wohnzwecken genutzt wird (Familienheim), oder den anderen Ehegatten von eingegangenen Verpflichtungen im Zusammenhang mit der Anschaffung oder der Herstellung des Familienheims freistellt. [2]Entsprechendes gilt, wenn ein Ehegatte nachträglichen Herstellungs- oder Erhaltungsaufwand für ein Familienheim trägt, das im gemeinsamen Eigentum der Ehegatten oder im Eigentum des anderen Ehegatten steht. [3]Die Sätze 1 und 2 gelten für Zuwendungen zwischen Lebenspartnern entsprechend;

4b.[4] der Erwerb von Todes wegen des Eigentums oder Miteigentums an einem im Inland oder in einem Mitgliedstaat der Europäischen Union oder einem Staat des Europäischen Wirtschaftsraums belegenen bebauten Grundstück im Sinne des § 181 Abs. 1 Nr. 1 bis 5 des Bewertungsgesetzes durch den überlebenden Ehegatten oder den überlebenden Lebenspartner, soweit der Erblasser darin bis zum Erbfall eine Wohnung zu eigenen Wohnzwecken genutzt hat oder bei der er aus zwingenden Gründen an einer Selbstnutzung zu eigenen Wohnzwecken gehindert war und die beim Erwerber unverzüglich zur Selbstnutzung zu eigenen Wohnzwecken bestimmt ist (Familienheim). [2]Ein Erwerber kann die Steuerbefreiung nicht in Anspruch nehmen, soweit er das begünstigte Vermögen auf Grund einer letztwilligen Verfügung des Erblassers oder einer rechtsgeschäftlichen Verfügung des Erblassers auf einen Dritten übertragen

---

[1] § 13 Abs. 1 Nr. 2 Buchst. b Doppelbuchst. bb neu gef. durch G v. 31.7.2016 (BGBl. I S. 1914); zur Anwendung siehe § 37 Abs. 11.

[2] § 13 Abs. 1 Nr. 4a neu gef. mWv 1.1.2009 durch G v. 24.12.2008 (BGBl. I S. 3018).

[3] Nr. **1**.

[4] § 13 Abs. 1 Nr. 4b eingef. mWv 1.1.2009 durch G v. 24.12.2008 (BGBl. I S. 3018).

muss. [3] Gleiches gilt, wenn ein Erbe im Rahmen der Teilung des Nachlasses begünstigtes Vermögen auf einen Miterben überträgt. [4] Überträgt ein Erbe erworbenes begünstigtes Vermögen im Rahmen der Teilung des Nachlasses auf einen Dritten und gibt der Dritte dabei diesem Erwerber nicht begünstigtes Vermögen hin, das er vom Erblasser erworben hat, erhöht sich insoweit der Wert des begünstigten Vermögens des Dritten um den Wert des hingegebenen Vermögens, höchstens jedoch um den Wert des übertragenen Vermögens. [5] Die Steuerbefreiung fällt mit Wirkung für die Vergangenheit weg, wenn der Erwerber das Familienheim innerhalb von zehn Jahren nach dem Erwerb nicht mehr zu Wohnzwecken selbst nutzt, es sei denn, er ist aus zwingenden Gründen an einer Selbstnutzung zu eigenen Wohnzwecken gehindert;

4c.[1] der Erwerb von Todes wegen des Eigentums oder Miteigentums an einem im Inland oder in einem Mitgliedstaat der Europäischen Union oder einem Staat des Europäischen Wirtschaftsraums belegenen bebauten Grundstück im Sinne des § 181 Abs. 1 Nr. 1 bis 5 des Bewertungsgesetzes durch Kinder im Sinne der Steuerklasse I Nr. 2 und der Kinder verstorbener Kinder im Sinne der Steuerklasse I Nr. 2, soweit der Erblasser darin bis zum Erbfall eine Wohnung zu eigenen Wohnzwecken genutzt hat oder bei der er aus zwingenden Gründen an einer Selbstnutzung zu eigenen Wohnzwecken gehindert war, die beim Erwerber unverzüglich zur Selbstnutzung zu eigenen Wohnzwecken bestimmt ist (Familienheim) und soweit die Wohnfläche der Wohnung 200 Quadratmeter nicht übersteigt. [2] Ein Erwerber kann die Steuerbefreiung nicht in Anspruch nehmen, soweit er das begünstigte Vermögen auf Grund einer letztwilligen Verfügung des Erblassers oder einer rechtsgeschäftlichen Verfügung des Erblassers auf einen Dritten übertragen muss. [3] Gleiches gilt, wenn ein Erbe im Rahmen der Teilung des Nachlasses begünstigtes Vermögen auf einen Miterben überträgt. [4] Überträgt ein Erbe erworbenes begünstigtes Vermögen im Rahmen der Teilung des Nachlasses auf einen Dritten und gibt der Dritte dabei diesem Erwerber nicht begünstigtes Vermögen hin, das er vom Erblasser erworben hat, erhöht sich insoweit der Wert des begünstigten Vermögens des Dritten um den Wert des hingegebenen Vermögens, höchstens jedoch um den Wert des übertragenen Vermögens. [5] Die Steuerbefreiung fällt mit Wirkung für die Vergangenheit weg, wenn der Erwerber das Familienheim innerhalb von zehn Jahren nach dem Erwerb nicht mehr zu Wohnzwecken selbst nutzt, es sei denn, er ist aus zwingenden Gründen an einer Selbstnutzung zu eigenen Wohnzwecken gehindert;

5. die Befreiung von einer Schuld gegenüber dem Erblasser, sofern die Schuld durch Gewährung von Mitteln zum Zweck des angemessenen Unterhalts oder zur Ausbildung des Bedachten begründet worden ist oder der Erblasser die Befreiung mit Rücksicht auf die Notlage des Schuldners angeordnet hat und diese auch durch die Zuwendung nicht beseitigt wird. [2] Die Steuerbefreiung entfällt, soweit die Steuer aus der Hälfte einer neben der erlassenen Schuld dem Bedachten anfallenden Zuwendung gedeckt werden kann;

---

[1] § 13 Abs. 1 Nr. 4c eingef. mWv 1.1.2009 durch G v. 24.12.2008 (BGBl. I S. 3018).

6.[1] ein Erwerb, der Eltern, Adoptiveltern, Stiefeltern oder Großeltern des Erblassers anfällt, sofern der Erwerb zusammen mit dem übrigen Vermögen des Erwerbers 41 000 Euro nicht übersteigt und der Erwerber infolge körperlicher oder geistiger Gebrechen und unter Berücksichtigung seiner bisherigen Lebensstellung als erwerbsunfähig anzusehen ist oder durch die Führung eines gemeinsamen Hausstands mit erwerbsunfähigen oder in der Ausbildung befindlichen Abkömmlingen an der Ausübung einer Erwerbstätigkeit gehindert ist. [2]Übersteigt der Wert des Erwerbs zusammen mit dem übrigen Vermögen des Erwerbers den Betrag von 41 000 Euro, wird die Steuer nur insoweit erhoben, als sie aus der Hälfte des die Wertgrenze übersteigenden Betrags gedeckt werden kann;

7.[2] Ansprüche nach den folgenden Gesetzen in der jeweils geltenden Fassung:

a) Lastenausgleichsgesetz,

b) Flüchtlingshilfegesetz in der Fassung der Bekanntmachung vom 15. Mai 1971 (BGBl. I S. 681), zuletzt geändert durch Artikel 6a des Gesetzes vom 21. Juli 2004 (BGBl. I S. 1742),

c) Allgemeines Kriegsfolgengesetz in der im Bundesgesetzblatt Teil III, Gliederungsnummer 653-1, veröffentlichten bereinigten Fassung, zuletzt geändert durch Artikel 127 der Verordnung vom 31. Oktober 2006 (BGBl. I S. 2407),

d) Gesetz zur Regelung der Verbindlichkeiten nationalsozialistischer Einrichtungen und der Rechtsverhältnisse an deren Vermögen vom 17. März 1965 (BGBl. I S. 79), zuletzt geändert durch Artikel 2 Abs. 17 des Gesetzes vom 12. August 2005 (BGBl. I S. 2354),

e) Häftlingshilfegesetz, Strafrechtliches Rehabilitierungsgesetz sowie Bundesvertriebenengesetz,

f) Vertriebenenzuwendungsgesetz vom 27. September 1994 (BGBl. I S. 2624, 2635), zuletzt geändert durch Artikel 4 Abs. 43 des Gesetzes vom 22. September 2005 (BGBl. I S. 2809),

g) Verwaltungsrechtliches Rehabilitierungsgesetz in der Fassung der Bekanntmachung vom 1. Juli 1997 (BGBl. I S. 1620), zuletzt geändert durch Artikel 2 des Gesetzes vom 21. August 2007 (BGBl. I S. 2118), und

h) Berufliches Rehabilitierungsgesetz in der Fassung der Bekanntmachung vom 1. Juli 1997 (BGBl. I S. 1625), zuletzt geändert durch Artikel 3 des Gesetzes vom 21. August 2007 (BGBl. I S. 2118);

8.[3] Ansprüche auf Entschädigungsleistungen nach den folgenden Gesetzen in der jeweils geltenden Fassung:

a) Bundesentschädigungsgesetz in der im Bundesgesetzblatt Teil III, Gliederungsnummer 251-1, veröffentlichten bereinigten Fassung, zuletzt geändert durch Artikel 7 Abs. 4 des Gesetzes vom 26. März 2007 (BGBl. I S. 358), sowie

---

[1] § 13 Abs. 1 Nr. 6 Sätze 1 und 2 geänd. mWv 1.1.2002 durch G v. 19.12.2000 (BGBl. I S. 1790).
[2] § 13 Abs. 1 Nr. 7 neu gef. mWv 1.1.2009 durch G v. 24.12.2008 (BGBl. I S. 3018).
[3] § 13 Abs. 1 Nr. 8 neu gef. mWv 1.1.2009 durch G v. 24.12.2008 (BGBl. I S. 3018).

b) Gesetz über Entschädigungen für Opfer des Nationalsozialismus im Beitrittsgebiet vom 22. April 1992 (BGBl. I S. 906);

9.[1] ein steuerpflichtiger Erwerb bis zu 20 000 Euro, der Personen anfällt, die dem Erblasser unentgeltlich oder gegen unzureichendes Entgelt Pflege oder Unterhalt gewährt haben, soweit das Zugewendete als angemessenes Entgelt anzusehen ist;

9a.[2] Geldzuwendungen unter Lebenden, die eine Pflegeperson für Leistungen für körperbezogene Pflegemaßnahmen und pflegerische Betreuungsmaßnahmen sowie Hilfen bei der Haushaltsführung vom Pflegebedürftigen erhält, bis zur Höhe des nach § 37 des Elften Buches Sozialgesetzbuch gewährten Pflegegeldes oder eines entsprechenden Pflegegeldes aus privaten Versicherungsverträgen nach den Vorgaben des Elften Buches Sozialgesetzbuch (private Pflegepflichtversicherung) oder einer Pauschalbeihilfe nach den Beihilfevorschriften für häusliche Pflege;

10. Vermögensgegenstände, die Eltern oder Voreltern ihren Abkömmlingen durch Schenkung oder Übergabevertrag zugewandt hatten und die an diese Personen von Todes wegen zurückfallen;

11. der Verzicht auf die Geltendmachung des Pflichtteilsanspruchs oder des Erbersatzanspruchs;

12. Zuwendungen unter Lebenden zum Zwecke des angemessenen Unterhalts oder zur Ausbildung des Bedachten;

13. Zuwendungen an Pensions- und Unterstützungskassen im Sinne des § 5 Abs. 1 Nr. 3 des Körperschaftsteuergesetzes[3], wenn sie die für eine Befreiung von der Körperschaftsteuer erforderlichen Voraussetzungen erfüllen. [2] Ist eine Kasse nach § 6 des Körperschaftsteuergesetzes teilweise steuerpflichtig, ist auch die Zuwendung im gleichen Verhältnis steuerpflichtig. [3] Die Befreiung fällt mit Wirkung für die Vergangenheit weg, wenn die Voraussetzungen des § 5 Abs. 1 Nr. 3 des Körperschaftsteuergesetzes innerhalb von zehn Jahren nach der Zuwendung entfallen;

14. die üblichen Gelegenheitsgeschenke;

15. Anfälle an den Bund, ein Land oder eine inländische Gemeinde (Gemeindeverband) sowie solche Anfälle, die ausschließlich Zwecken des Bundes, eines Landes oder einer inländischen Gemeinde (Gemeindeverband) dienen;

16. Zuwendungen

a) an inländische Religionsgesellschaften des öffentlichen Rechts oder an inländische jüdische Kultusgemeinden,

b)[4] an inländische Körperschaften, Personenvereinigungen und Vermögensmassen, die nach der Satzung, dem Stiftungsgeschäft oder der sonstigen Verfassung und nach ihrer tatsächlichen Geschäftsführung ausschließlich und unmittelbar kirchlichen, gemeinnützigen oder mildtätigen Zwecken im Sinne der §§ 52 bis 54 der Abgabenord-

---

[1] § 13 Abs. 1 Nr. 9 geänd. mWv 1.1.2002 durch G v. 19.12.2000 (BGBl. I S. 1790); geänd. mWv 1.1.2009 durch G v. 24.12.2008 (BGBl. I S. 3018).

[2] § 13 Abs. 1 Nr. 9a geänd. mWv 29.12.2020 durch G v. 21.12.2020 (BGBl. I S. 3096); zur Anwendung siehe § 37 Abs. 18.

[3] dtv-Band **Nr. 5786 KSt/GewSt**.

[4] § 13 Abs. 1 Nr. 16 Buchst. b Satz 1 geänd. durch G v. 2.11.2015 (BGBl. I S. 1834); zur Anwendung siehe § 37 Abs. 10.

nung[1] dienen. ²Die Befreiung fällt mit Wirkung für die Vergangenheit weg, wenn die Voraussetzungen für die Anerkennung der Körperschaft, Personenvereinigung oder Vermögensmasse als kirchliche, gemeinnützige oder mildtätige Institution innerhalb von zehn Jahren nach der Zuwendung entfallen und das Vermögen nicht begünstigten Zwecken zugeführt wird,

c)[2] an ausländische Religionsgesellschaften, Körperschaften, Personenvereinigungen und Vermögensmassen der in den Buchstaben a und b bezeichneten Art, die nach § 5 Absatz 1 Nummer 9 des Körperschaftsteuergesetzes in Verbindung mit § 5 Absatz 2 Nummer 2 zweiter Halbsatz des Körperschaftsteuergesetzes steuerbefreit wären, wenn sie inländische Einkünfte erzielen würden, und wenn durch die Staaten, in denen die Zuwendungsempfänger belegen sind, Amtshilfe und Unterstützung bei der Beitreibung geleistet werden. ²Amtshilfe ist der Auskunftsaustausch im Sinne oder entsprechend der Amtshilferichtlinie gemäß § 2 Absatz 11 des EU-Amtshilfegesetzes in der für den jeweiligen Stichtag der Steuerentstehung geltenden Fassung oder eines entsprechenden Nachfolgerechtsaktes. ³Beitreibung ist die gegenseitige Unterstützung bei der Beitreibung von Forderungen im Sinne oder entsprechend der Beitreibungsrichtlinie einschließlich der in diesem Zusammenhang anzuwendenden Durchführungsbestimmungen in den für den jeweiligen Stichtag der Steuerentstehung geltenden Fassungen oder eines entsprechenden Nachfolgerechtsaktes. ⁴Werden die steuerbegünstigten Zwecke des Zuwendungsempfängers im Sinne des Satzes 1 nur im Ausland verwirklicht, ist für die Steuerbefreiung Voraussetzung, dass natürliche Personen, die ihren Wohnsitz oder ihren gewöhnlichen Aufenthalt im Geltungsbereich dieses Gesetzes haben, gefördert werden oder dass die Tätigkeit dieses Zuwendungsempfängers neben der Verwirklichung der steuerbegünstigten Zwecke auch zum Ansehen der Bundesrepublik Deutschland beitragen kann. ⁵Buchstabe b Satz 2 gilt entsprechend;

17. Zuwendungen, die ausschließlich kirchlichen, gemeinnützigen oder mildtätigen Zwecken gewidmet sind, sofern die Verwendung zu dem bestimmten Zweck gesichert ist;

18.[3] Zuwendungen an

a)[4] politische Parteien im Sinne des § 2 des Parteiengesetzes, sofern die jeweilige Partei nicht gemäß § 18 Absatz 7 des Parteiengesetzes von der staatlichen Teilfinanzierung ausgeschlossen ist,

b) Vereine ohne Parteicharakter, wenn

aa) der Zweck des Vereins ausschließlich darauf gerichtet ist, durch Teilnahme mit eigenen Wahlvorschlägen an Wahlen auf Bundes-,

---

[1] dtv-Band **Nr. 5548 AO/FGO**.

[2] § 13 Abs. 1 Nr. 16 Buchst. c neu gef. durch G v. 2.11.2015 (BGBl. I S. 1834); zur Anwendung siehe § 37 Abs. 10; Satz 2 neu gef. durch G v. 23.6.2017 (BGBl. I S. 1682); zur Anwendung siehe § 37 Abs. 14.

[3] § 13 Abs. 1 Nr. 18 neu gef. mWv 1.1.2009 durch G v. 24.12.2008 (BGBl. I S. 3018).

[4] § 13 Abs. 1 Nr. 18 Buchst. a geänd. durch G v. 18.7.2017 (BGBl. I S. 2730); zur Anwendung siehe § 37 Abs. 15.

Landes- oder Kommunalebene bei der politischen Willensbildung mitzuwirken, und

bb) der Verein auf Bundes-, Landes- oder Kommunalebene bei der jeweils letzten Wahl wenigstens ein Mandat errungen oder der zuständigen Wahlbehörde oder dem zuständigen Wahlorgan angezeigt hat, dass er mit eigenen Wahlvorschlägen auf Bundes-, Landes- oder Kommunalebene an der jeweils nächsten Wahl teilnehmen will.

[2] Die Steuerbefreiung fällt mit Wirkung für die Vergangenheit weg, wenn der Verein an der jeweils nächsten Wahl nach der Zuwendung nicht teilnimmt, es sei denn, dass der Verein sich ernsthaft um eine Teilnahme bemüht hat.

(2) [1] Angemessen im Sinne des Absatzes 1 Nr. 5 und 12 ist eine Zuwendung, die den Vermögensverhältnissen und der Lebensstellung des Bedachten entspricht. [2] Eine dieses Maß übersteigende Zuwendung ist in vollem Umfang steuerpflichtig.

(3) [1] Jede Befreiungsvorschrift ist für sich anzuwenden. [2] In den Fällen des Absatzes 1 Nr. 2 und 3 kann der Erwerber der Finanzbehörde bis zur Unanfechtbarkeit der Steuerfestsetzung erklären, daß er auf die Steuerbefreiung verzichtet.

§ 13a[1)] Steuerbefreiung für Betriebsvermögen, Betriebe der Land- und Forstwirtschaft und Anteile an Kapitalgesellschaften. (1) [1] Begünstigtes Vermögen im Sinne des § 13b Absatz 2 bleibt vorbehaltlich der folgenden Absätze zu 85 Prozent steuerfrei (Verschonungsabschlag), wenn der Erwerb begünstigten Vermögens im Sinne des § 13b Absatz 2 zuzüglich der Erwerbe im Sinne des Satzes 2 insgesamt 26 Millionen Euro nicht übersteigt. [2] Bei mehreren Erwerben begünstigten Vermögens im Sinne des § 13b Absatz 2 von derselben Person innerhalb von zehn Jahren werden bei der Anwendung des Satzes 1 die früheren Erwerbe nach ihrem früheren Wert dem letzten Erwerb hinzugerechnet. [3] Wird die Grenze von 26 Millionen Euro durch mehrere innerhalb von zehn Jahren von derselben Person anfallende Erwerbe überschritten, entfällt die Steuerbefreiung für die bis dahin nach Satz 1 oder Absatz 10 als steuerfrei behandelten früheren Erwerbe mit Wirkung für die Vergangenheit. [4] Die Festsetzungsfrist für die Steuer der früheren Erwerbe endet nicht vor dem Ablauf des vierten Jahres, nachdem das für die Erbschaftsteuer zuständige Finanzamt von dem letzten Erwerb Kenntnis erlangt.

(2) [1] Der nach Anwendung des Absatzes 1 verbleibende Teil des begünstigten Vermögens bleibt außer Ansatz, soweit der Wert dieses Vermögens insgesamt 150 000 Euro nicht übersteigt (Abzugsbetrag). [2] Der Abzugsbetrag von 150 000 Euro verringert sich, soweit der Wert dieses Vermögens insgesamt die Wertgrenze von 150 000 Euro übersteigt, um 50 Prozent des diese Wertgrenze übersteigenden Betrags. [3] Der Abzugsbetrag kann innerhalb von zehn Jahren für von derselben Person anfallende Erwerbe begünstigten Vermögens nur einmal berücksichtigt werden.

[1)] § 13a neu gef. mWv 1.7.2016 durch G v. 4.11.2016 (BGBl. I S. 2464); zur Anwendung siehe § 37 Abs. 12 Sätze 1 und 2.

(3) [1] Voraussetzung für die Gewährung des Verschonungsabschlags nach Absatz 1 ist, dass die Summe der maßgebenden jährlichen Lohnsummen (Sätze 6 bis 13) des Betriebs, bei Beteiligungen an einer Personengesellschaft oder Anteilen an einer Kapitalgesellschaft des Betriebs der jeweiligen Gesellschaft innerhalb von fünf Jahren nach dem Erwerb (Lohnsummenfrist) insgesamt 400 Prozent der Ausgangslohnsumme nicht unterschreitet (Mindestlohnsumme). [2] Ausgangslohnsumme ist die durchschnittliche Lohnsumme der letzten fünf vor dem Zeitpunkt der Entstehung der Steuer (§ 9) endenden Wirtschaftsjahre. [3] Satz 1 ist nicht anzuwenden, wenn

1. die Ausgangslohnsumme 0 Euro beträgt oder
2. der Betrieb unter Einbeziehung der in den Sätzen 11 bis 13 genannten Beteiligungen und Gesellschaften sowie der nach Maßgabe dieser Bestimmung anteilig einzubeziehenden Beschäftigten nicht mehr als fünf Beschäftigte hat.

[4] An die Stelle der Mindestlohnsumme von 400 Prozent tritt bei

1. mehr als fünf, aber nicht mehr als zehn Beschäftigten eine Mindestlohnsumme von 250 Prozent,
2. mehr als zehn, aber nicht mehr als 15 Beschäftigten eine Mindestlohnsumme von 300 Prozent.

[5] Unterschreitet die Summe der maßgebenden jährlichen Lohnsummen die Mindestlohnsumme, vermindert sich der nach Absatz 1 zu gewährende Verschonungsabschlag mit Wirkung für die Vergangenheit in demselben prozentualen Umfang, wie die Mindestlohnsumme unterschritten wird. [6] Die Lohnsumme umfasst alle Vergütungen (Löhne und Gehälter und andere Bezüge und Vorteile), die im maßgebenden Wirtschaftsjahr an die auf den Lohn- und Gehaltslisten erfassten Beschäftigten gezahlt werden. [7] Außer Ansatz bleiben Vergütungen an solche Beschäftigte,

1. die sich im Mutterschutz im Sinne des Mutterschutzgesetzes in der Fassung der Bekanntmachung vom 20. Juni 2002 (BGBl. I S. 2318), das zuletzt durch Artikel 6 des Gesetzes vom 23. Oktober 2012 (BGBl. I S. 2246) geändert worden ist, befinden oder
2. die sich in einem Ausbildungsverhältnis befinden oder
3. die Krankengeld im Sinne des § 44 des Fünften Buches Sozialgesetzbuch – Gesetzliche Krankenversicherung – (Artikel 1 des Gesetzes vom 20. Dezember 1988, BGBl. I S. 2477, 2482), das zuletzt durch Artikel 3 des Gesetzes vom 30. Mai 2016 (BGBl. I S. 1254) geändert worden ist, beziehen oder
4. die Elterngeld im Sinne des Bundeselterngeld- und Elternzeitgesetzes in der Fassung der Bekanntmachung vom 27. Januar 2015 (BGBl. I S. 33) beziehen oder
5. die nicht ausschließlich oder überwiegend in dem Betrieb tätig sind (Saisonarbeiter);

diese im Zeitpunkt der Entstehung der Steuer (§ 9) einem Betrieb zuzurechnenden Beschäftigten bleiben bei der Anzahl der Beschäftigten des Betriebs im Sinne der Sätze 3 und 4 unberücksichtigt. [8] Zu den Vergütungen zählen alle Geld- oder Sachleistungen für die von den Beschäftigten erbrachte Arbeit, unabhängig davon, wie diese Leistungen bezeichnet werden und ob es sich um regelmäßige oder unregelmäßige Zahlungen handelt. [9] Zu den Löhnen und Gehältern gehören alle von den Beschäftigten zu entrichtenden Sozialbeiträge,

Einkommensteuern und Zuschlagsteuern auch dann, wenn sie vom Arbeitgeber einbehalten und von ihm im Namen des Beschäftigten direkt an den Sozialversicherungsträger und die Steuerbehörde abgeführt werden. [10] Zu den Löhnen und Gehältern zählen alle von den Beschäftigten empfangenen Sondervergütungen, Prämien, Gratifikationen, Abfindungen, Zuschüsse zu Lebenshaltungskosten, Familienzulagen, Provisionen, Teilnehmergebühren und vergleichbare Vergütungen. [11] Gehören zum Betriebsvermögen des Betriebs, bei Beteiligungen an einer Personengesellschaft und Anteilen an einer Kapitalgesellschaft des Betriebs der jeweiligen Gesellschaft, unmittelbar oder mittelbar Beteiligungen an Personengesellschaften, die ihren Sitz oder ihre Geschäftsleitung im Inland, in einem Mitgliedstaat der Europäischen Union oder in einem Staat des Europäischen Wirtschaftsraums haben, sind die Lohnsummen und die Anzahl der Beschäftigten dieser Gesellschaften einzubeziehen zu dem Anteil, zu dem die unmittelbare oder mittelbare Beteiligung besteht. [12] Satz 11 gilt für Anteile an Kapitalgesellschaften entsprechend, wenn die unmittelbare oder mittelbare Beteiligung mehr als 25 Prozent beträgt. [13] Im Fall einer Betriebsaufspaltung sind die Lohnsummen und die Anzahl der Beschäftigten der Besitzgesellschaft und der Betriebsgesellschaft zusammenzuzählen.

(4) [1] Das für die Bewertung der wirtschaftlichen Einheit örtlich zuständige Finanzamt im Sinne des § 152 Nummer 1 bis 3 des Bewertungsgesetzes[1)] stellt die Ausgangslohnsumme, die Anzahl der Beschäftigten und die Summe der maßgebenden jährlichen Lohnsummen gesondert fest, wenn diese Angaben für die Erbschaftsteuer oder eine andere Feststellung im Sinne dieser Vorschrift von Bedeutung sind. [2] Bei Anteilen an Kapitalgesellschaften, die nach § 11 Absatz 1 des Bewertungsgesetzes zu bewerten sind, trifft die Feststellungen des Satzes 1 das örtlich zuständige Finanzamt entsprechend § 152 Nummer 3 des Bewertungsgesetzes. [3] Die Entscheidung über die Bedeutung trifft das Finanzamt, das für die Festsetzung der Erbschaftsteuer oder die Feststellung nach § 151 Absatz 1 Satz 1 Nummer 1 bis 3 des Bewertungsgesetzes zuständig ist. [4] § 151 Absatz 3 und die §§ 152 bis 156 des Bewertungsgesetzes sind auf die Sätze 1 bis 3 entsprechend anzuwenden.

(5) [1] Ein Erwerber kann den Verschonungsabschlag (Absatz 1) und den Abzugsbetrag (Absatz 2) nicht in Anspruch nehmen, soweit er begünstigtes Vermögen im Sinne des § 13b Absatz 2 auf Grund einer letztwilligen Verfügung des Erblassers oder einer rechtsgeschäftlichen Verfügung des Erblassers oder Schenkers auf einen Dritten übertragen muss. [2] Gleiches gilt, wenn ein Erbe im Rahmen der Teilung des Nachlasses begünstigtes Vermögen im Sinne des § 13b Absatz 2 auf einen Miterben überträgt. [3] Überträgt ein Erbe erworbenes begünstigtes Vermögen im Sinne des § 13b Absatz 2 im Rahmen der Teilung des Nachlasses auf einen Dritten und gibt der Dritte dabei diesem Erwerber nicht begünstigtes Vermögen hin, das er vom Erblasser erworben hat, erhöht sich insoweit der Wert des begünstigten Vermögens des Dritten um den Wert des hingegebenen Vermögens, höchstens jedoch um den Wert des übertragenen Vermögens.

(6) [1] Der Verschonungsabschlag (Absatz 1) und der Abzugsbetrag (Absatz 2) fallen nach Maßgabe des Satzes 2 mit Wirkung für die Vergangenheit weg, soweit der Erwerber innerhalb von fünf Jahren (Behaltensfrist)

---

1) Nr. **1**.

1. einen Gewerbebetrieb oder einen Teilbetrieb, eine Beteiligung an einer Gesellschaft im Sinne des § 15 Absatz 1 Satz 1 Nummer 2 und Absatz 3 oder § 18 Absatz 4 Satz 2 des Einkommensteuergesetzes[1], einen Anteil eines persönlich haftenden Gesellschafters einer Kommanditgesellschaft auf Aktien oder einen Anteil daran veräußert; als Veräußerung gilt auch die Aufgabe des Gewerbebetriebs. [2] Gleiches gilt, wenn wesentliche Betriebsgrundlagen eines Gewerbebetriebs veräußert oder in das Privatvermögen überführt oder anderen betriebsfremden Zwecken zugeführt werden oder wenn Anteile an einer Kapitalgesellschaft veräußert werden, die der Veräußerer durch eine Sacheinlage (§ 20 Absatz 1 des Umwandlungssteuergesetzes[2] vom 7. Dezember 2006 (BGBl. I S. 2782, 2791), zuletzt geändert durch Artikel 6 des Gesetzes vom 2. November 2015 (BGBl. I S. 1834), in der jeweils geltenden Fassung) aus dem Betriebsvermögen im Sinne des § 13b erworben hat oder wenn eine Beteiligung an einer Gesellschaft im Sinne des § 15 Absatz 1 Satz 1 Nummer 2 und Absatz 3 oder § 18 Absatz 4 Satz 2 des Einkommensteuergesetzes oder ein Anteil daran veräußert wird, den der Veräußerer durch eine Einbringung des Betriebsvermögens im Sinne des § 13b in eine Personengesellschaft (§ 24 Absatz 1 des Umwandlungssteuergesetzes) erworben hat;
2. das land- und forstwirtschaftliche Vermögen im Sinne des § 168 Absatz 1 Nummer 1 des Bewertungsgesetzes und selbst bewirtschaftete Grundstücke im Sinne des § 159 des Bewertungsgesetzes veräußert. [2] Gleiches gilt, wenn das land- und forstwirtschaftliche Vermögen einem Betrieb der Land- und Forstwirtschaft nicht mehr dauernd zu dienen bestimmt ist oder wenn der bisherige Betrieb innerhalb der Behaltensfrist als Stückländerei zu qualifizieren wäre oder Grundstücke im Sinne des § 159 des Bewertungsgesetzes nicht mehr selbst bewirtschaftet werden;
3. als Inhaber eines Gewerbebetriebs, als Gesellschafter einer Gesellschaft im Sinne des § 15 Absatz 1 Satz 1 Nummer 2 und Absatz 3 oder § 18 Absatz 4 Satz 2 des Einkommensteuergesetzes oder als persönlich haftender Gesellschafter einer Kommanditgesellschaft auf Aktien bis zum Ende des letzten in die Fünfjahresfrist fallenden Wirtschaftsjahres Entnahmen tätigt, die die Summe seiner Einlagen und der ihm zuzurechnenden Gewinne oder Gewinnanteile seit dem Erwerb um mehr als 150 000 Euro übersteigen; Verluste bleiben unberücksichtigt. [2] Gleiches gilt für Inhaber eines begünstigten Betriebs der Land- und Forstwirtschaft oder eines Teilbetriebs oder eines Anteils an einem Betrieb der Land- und Forstwirtschaft. [3] Bei Ausschüttungen an Gesellschafter einer Kapitalgesellschaft ist sinngemäß zu verfahren;
4. Anteile an Kapitalgesellschaften im Sinne des § 13b Absatz 1 Nummer 3 ganz oder teilweise veräußert; eine verdeckte Einlage der Anteile in eine Kapitalgesellschaft steht der Veräußerung der Anteile gleich. [2] Gleiches gilt, wenn die Kapitalgesellschaft innerhalb der Frist aufgelöst oder ihr Nennkapital herabgesetzt wird, wenn diese wesentliche Betriebsgrundlagen veräußert und das Vermögen an die Gesellschafter verteilt wird; Satz 1 Nummer 1 Satz 2 gilt entsprechend;
5. im Fall des § 13b Absatz 1 Nummer 3 Satz 2 die Verfügungsbeschränkung oder die Stimmrechtsbündelung aufgehoben wird.

---

[1] dtv-Band **Nr. 5785 ESt/LSt**.
[2] dtv-Band **Nr. 5765 Steuergesetze**.

[2] Der rückwirkende Wegfall des Verschonungsabschlags beschränkt sich in den Fällen des Satzes 1 Nummer 1, 2, 4 und 5 auf den Teil, der dem Verhältnis der im Zeitpunkt der schädlichen Verfügung verbleibenden Behaltensfrist einschließlich des Jahres, in dem die Verfügung erfolgt, zur gesamten Behaltensfrist entspricht. [3] In den Fällen des Satzes 1 Nummer 1, 2 und 4 ist von einer rückwirkenden Besteuerung abzusehen, wenn der Veräußerungserlös innerhalb der jeweils nach § 13b Absatz 1 begünstigungsfähigen Vermögensart verbleibt. [4] Hiervon ist auszugehen, wenn der Veräußerungserlös innerhalb von sechs Monaten in entsprechendes Vermögen investiert wird, das zum begünstigten Vermögen im Sinne des § 13b Absatz 2 gehört.

(7) [1] Der Erwerber ist verpflichtet, dem für die Erbschaftsteuer zuständigen Finanzamt innerhalb einer Frist von sechs Monaten nach Ablauf der Lohnsummenfrist das Unterschreiten der Mindestlohnsumme (Absatz 3 Satz 1) anzuzeigen. [2] In den Fällen des Absatzes 6 ist der Erwerber verpflichtet, dem für die Erbschaftsteuer zuständigen Finanzamt den entsprechenden Sachverhalt innerhalb einer Frist von einem Monat, nachdem der jeweilige Tatbestand verwirklicht wurde, anzuzeigen. [3] Die Festsetzungsfrist für die Steuer endet nicht vor dem Ablauf des vierten Jahres, nachdem das für die Erbschaftsteuer zuständige Finanzamt von dem Unterschreiten der Mindestlohnsumme (Absatz 3 Satz 1) oder dem Verstoß gegen die Behaltensregelungen (Absatz 6) Kenntnis erlangt. [4] Die Anzeige ist eine Steuererklärung im Sinne der Abgabenordnung. [5] Sie ist schriftlich abzugeben. [6] Die Anzeige hat auch dann zu erfolgen, wenn der Vorgang zu keiner Besteuerung führt.

(8) Soweit nicht inländisches Vermögen zum begünstigten Vermögen im Sinne des § 13b Absatz 2 gehört, hat der Steuerpflichtige nachzuweisen, dass die Voraussetzungen für eine Steuerbefreiung im Zeitpunkt der Entstehung der Steuer (§ 9) und während der gesamten in den Absätzen 3 und 6 genannten Zeiträume bestehen.

(9) [1] Für begünstigtes Vermögen im Sinne des § 13b Absatz 2 wird vor Anwendung des Absatzes 1 ein Abschlag gewährt, wenn der Gesellschaftsvertrag oder die Satzung Bestimmungen enthält, die

1. die Entnahme oder Ausschüttung auf höchstens 37,5 Prozent des um die auf den Gewinnanteil oder die Ausschüttungen aus der Gesellschaft entfallenden Steuern vom Einkommen gekürzten Betrages des steuerrechtlichen Gewinns beschränken; Entnahmen zur Begleichung der auf den Gewinnanteil oder die Ausschüttungen aus der Gesellschaft entfallenden Steuern vom Einkommen bleiben von der Beschränkung der Entnahme oder Ausschüttung unberücksichtigt und
2. die Verfügung über die Beteiligung an der Personengesellschaft oder den Anteil an der Kapitalgesellschaft auf Mitgesellschafter, auf Angehörige im Sinne des § 15 der Abgabenordnung[1)] oder auf eine Familienstiftung (§ 1 Absatz 1 Nummer 4) beschränken und
3. für den Fall des Ausscheidens aus der Gesellschaft eine Abfindung vorsehen, die unter dem gemeinen Wert der Beteiligung an der Personengesellschaft oder des Anteils an der Kapitalgesellschaft liegt,

und die Bestimmungen den tatsächlichen Verhältnissen entsprechen. [2] Gelten die in Satz 1 genannten Bestimmungen nur für einen Teil des begünstigten

[1)] dtv-Band **Nr. 5548 AO/FGO**.

Vermögens im Sinne des § 13b Absatz 2, ist der Abschlag nur für diesen Teil des begünstigten Vermögens zu gewähren. [3] Die Höhe des Abschlags entspricht der im Gesellschaftsvertrag oder in der Satzung vorgesehenen prozentualen Minderung der Abfindung gegenüber dem gemeinen Wert (Satz 1 Nummer 3) und darf 30 Prozent nicht übersteigen. [4] Die Voraussetzungen des Satzes 1 müssen zwei Jahre vor dem Zeitpunkt der Entstehung der Steuer (§ 9) vorliegen. [5] Die Steuerbefreiung entfällt mit Wirkung für die Vergangenheit, wenn die Voraussetzungen des Satzes 1 nicht über einen Zeitraum von 20 Jahren nach dem Zeitpunkt der Entstehung der Steuer (§ 9) eingehalten werden; die §§ 13c und 28a bleiben unberührt. [6] In den Fällen des Satzes 1

1. ist der Erwerber verpflichtet, dem für die Erbschaftsteuer zuständigen Finanzamt die Änderungen der genannten Bestimmungen oder der tatsächlichen Verhältnisse innerhalb einer Frist von einem Monat anzuzeigen,
2. endet die Festsetzungsfrist für die Steuer nicht vor dem Ablauf des vierten Jahres, nachdem das für die Erbschaftsteuer zuständige Finanzamt von der Änderung einer der in Satz 1 genannten Bestimmungen oder der tatsächlichen Verhältnisse Kenntnis erlangt.

(9a)[1] [1] Das für die Bewertung der wirtschaftlichen Einheit örtlich zuständige Finanzamt im Sinne des § 152 Nummer 2 und 3 des Bewertungsgesetzes stellt das Vorliegen der Voraussetzungen für den Abschlag nach Absatz 9 und dessen Höhe auf den Zeitpunkt der Entstehung der Steuer (§ 9) gesondert fest, wenn diese Angaben für die Erbschaftsteuer von Bedeutung sind. [2] Die Entscheidung über die Bedeutung trifft das Finanzamt, das für die Festsetzung der Erbschaftsteuer zuständig ist. [3] § 151 Absatz 3 und die §§ 152 bis 156 des Bewertungsgesetzes sind auf die Sätze 1 und 2 entsprechend anzuwenden.

(10) [1] Der Erwerber kann unwiderruflich erklären, dass die Steuerbefreiung nach den Absätzen 1 bis 9 in Verbindung mit § 13b nach folgender Maßgabe gewährt wird:

1. In Absatz 1 Satz 1 tritt an die Stelle des Verschonungsabschlags von 85 Prozent ein Verschonungsabschlag von 100 Prozent;
2. in Absatz 3 Satz 1 tritt an die Stelle der Lohnsummenfrist von fünf Jahren eine Lohnsummenfrist von sieben Jahren;
3. in Absatz 3 Satz 1 und 4 tritt an die Stelle der Mindestlohnsumme von 400 Prozent eine Mindestlohnsumme von 700 Prozent;
4. in Absatz 3 Satz 4 Nummer 1 tritt an die Stelle der Mindestlohnsumme von 250 Prozent eine Mindestlohnsumme von 500 Prozent;
5. in Absatz 3 Satz 4 Nummer 2 tritt an die Stelle der Mindestlohnsumme von 300 Prozent eine Mindestlohnsumme von 565 Prozent;
6. in Absatz 6 tritt an die Stelle der Behaltensfrist von fünf Jahren eine Behaltensfrist von sieben Jahren.

[2] Voraussetzung für die Gewährung der Steuerbefreiung nach Satz 1 ist, dass das begünstigungsfähige Vermögen nach § 13b Absatz 1 nicht zu mehr als 20 Prozent aus Verwaltungsvermögen nach § 13b Absatz 3 und 4 besteht. [3] Der Anteil des Verwaltungsvermögens am gemeinen Wert des Betriebs bestimmt sich nach dem Verhältnis der Summe der gemeinen Werte der Einzelwirtschaftsgüter des

---

[1] § 13a Abs. 9a eingef. mWv 29.12.2020 durch G v. 21.12.2020 (BGBl. I S. 3096); zur Anwendung siehe § 37 Abs. 18.

Verwaltungsvermögens nach § 13b Absatz 3 und 4 zum gemeinen Wert des Betriebs.

(11) Die Absätze 1 bis 10 gelten in den Fällen des § 1 Absatz 1 Nummer 4 entsprechend.

§ 13b[1)] Begünstigtes Vermögen. (1) Zum begünstigungsfähigen Vermögen gehören

1. der inländische Wirtschaftsteil des land- und forstwirtschaftlichen Vermögens (§ 168 Absatz 1 Nummer 1 des Bewertungsgesetzes[2)]) mit Ausnahme der Stückländereien (§ 160 Absatz 7 des Bewertungsgesetzes) und selbst bewirtschaftete Grundstücke im Sinne des § 159 des Bewertungsgesetzes sowie entsprechendes land- und forstwirtschaftliches Vermögen, das einer Betriebsstätte in einem Mitgliedstaat der Europäischen Union oder in einem Staat des Europäischen Wirtschaftsraums dient;
2. inländisches Betriebsvermögen (§§ 95 bis 97 Absatz 1 Satz 1 des Bewertungsgesetzes) beim Erwerb eines ganzen Gewerbebetriebs oder Teilbetriebs, einer Beteiligung an einer Gesellschaft im Sinne des § 15 Absatz 1 Satz 1 Nummer 2 und Absatz 3 oder § 18 Absatz 4 Satz 2 des Einkommensteuergesetzes[3)], eines Anteils eines persönlich haftenden Gesellschafters einer Kommanditgesellschaft auf Aktien oder Anteils daran und entsprechendes Betriebsvermögen, das einer Betriebsstätte in einem Mitgliedstaat der Europäischen Union oder in einem Staat des Europäischen Wirtschaftsraums dient;
3. Anteile an einer Kapitalgesellschaft, wenn die Kapitalgesellschaft im Zeitpunkt der Entstehung der Steuer (§ 9) Sitz oder Geschäftsleitung im Inland oder in einem Mitgliedstaat der Europäischen Union oder in einem Staat des Europäischen Wirtschaftsraums hat und der Erblasser oder Schenker am Nennkapital dieser Gesellschaft unmittelbar zu mehr als 25 Prozent beteiligt war (Mindestbeteiligung). [2] Ob der Erblasser oder Schenker die Mindestbeteiligung erfüllt, ist nach der Summe der dem Erblasser oder Schenker unmittelbar zuzurechnenden Anteile und der Anteile weiterer Gesellschafter zu bestimmen, wenn der Erblasser oder Schenker und die weiteren Gesellschafter untereinander verpflichtet sind, über die Anteile nur einheitlich zu verfügen oder ausschließlich auf andere derselben Verpflichtung unterliegende Anteilseigner zu übertragen und das Stimmrecht gegenüber nichtgebundenen Gesellschaftern einheitlich auszuüben.

(2) [1] Das begünstigungsfähige Vermögen ist begünstigt, soweit sein gemeiner Wert den um das unschädliche Verwaltungsvermögen im Sinne des Absatzes 7 gekürzten Nettowert des Verwaltungsvermögens im Sinne des Absatzes 6 übersteigt (begünstigtes Vermögen). [2] Abweichend von Satz 1 ist der Wert des begünstigungsfähigen Vermögens vollständig nicht begünstigt, wenn das Verwaltungsvermögen nach Absatz 4 vor der Anwendung des Absatzes 3 Satz 1, soweit das Verwaltungsvermögen nicht ausschließlich und dauerhaft der Erfüllung von Schulden aus durch Treuhandverhältnisse abgesicherten Altersversorgungsverpflichtungen dient und dem Zugriff aller übrigen nicht aus diesen Altersversorgungsverpflichtungen unmittelbar berechtigten Gläubiger entzogen

---

[1)] § 13b neu gef. mWv 1.7.2016 durch G v. 4.11.2016 (BGBl. I S. 2464); zur Anwendung siehe § 37 Abs. 12 Satz 1.

[2)] Nr. **1**.

[3)] dtv-Band **Nr. 5785 ESt/LSt**.

ist, sowie der Schuldenverrechnung und des Freibetrags nach Absatz 4 Nummer 5 sowie der Absätze 6 und 7 mindestens 90 Prozent des gemeinen Werts des begünstigungsfähigen Vermögens beträgt.

(3) [1] Teile des begünstigungsfähigen Vermögens, die ausschließlich und dauerhaft der Erfüllung von Schulden aus Altersversorgungsverpflichtungen dienen und dem Zugriff aller übrigen nicht aus den Altersversorgungsverpflichtungen unmittelbar berechtigten Gläubiger entzogen sind, gehören bis zur Höhe des gemeinen Werts der Schulden aus Altersversorgungsverpflichtungen nicht zum Verwaltungsvermögen im Sinne des Absatzes 4 Nummer 1 bis 5. [2] Soweit Finanzmittel und Schulden bei Anwendung von Satz 1 berücksichtigt wurden, bleiben sie bei der Anwendung des Absatzes 4 Nummer 5 und des Absatzes 6 außer Betracht.

(4) Zum Verwaltungsvermögen gehören

1. Dritten zur Nutzung überlassene Grundstücke, Grundstücksteile, grundstücksgleiche Rechte und Bauten. [2] Eine Nutzungsüberlassung an Dritte ist nicht anzunehmen, wenn
   a) der Erblasser oder Schenker sowohl im überlassenden Betrieb als auch im nutzenden Betrieb allein oder zusammen mit anderen Gesellschaftern einen einheitlichen geschäftlichen Betätigungswillen durchsetzen konnte oder als Gesellschafter einer Gesellschaft im Sinne des § 15 Absatz 1 Satz 1 Nummer 2 und Absatz 3 oder § 18 Absatz 4 des Einkommensteuergesetzes den Vermögensgegenstand der Gesellschaft zur Nutzung überlassen hatte, und diese Rechtsstellung auf den Erwerber übergegangen ist, soweit keine Nutzungsüberlassung an einen weiteren Dritten erfolgt;
   b) die Nutzungsüberlassung im Rahmen der Verpachtung eines ganzen Betriebs erfolgt, welche beim Verpächter zu Einkünften nach § 2 Absatz 1 Satz 1 Nummer 2 und 3 des Einkommensteuergesetzes führt und
      aa) der Verpächter des Betriebs im Zusammenhang mit einer unbefristeten Verpachtung den Pächter durch eine letztwillige Verfügung oder eine rechtsgeschäftliche Verfügung als Erben eingesetzt hat oder
      bb) die Verpachtung an einen Dritten erfolgt, weil der Beschenkte im Zeitpunkt der Entstehung der Steuer (§ 9) den Betrieb noch nicht führen kann, und die Verpachtung auf höchstens zehn Jahre befristet ist; hat der Beschenkte das 18. Lebensjahr noch nicht vollendet, beginnt die Frist mit der Vollendung des 18. Lebensjahres.

      [2] Dies gilt nicht für verpachtete Betriebe, soweit sie vor ihrer Verpachtung die Voraussetzungen als begünstigtes Vermögen nach Absatz 2 nicht erfüllt haben und für verpachtete Betriebe, deren Hauptzweck in der Überlassung von Grundstücken, Grundstücksteilen, grundstücksgleichen Rechten und Bauten an Dritte zur Nutzung besteht, die nicht unter Buchstabe d fallen;
   c) sowohl der überlassende Betrieb als auch der nutzende Betrieb zu einem Konzern im Sinne des § 4h des Einkommensteuergesetzes gehören, soweit keine Nutzungsüberlassung an einen weiteren Dritten erfolgt;
   d) die überlassenen Grundstücke, Grundstücksteile, grundstücksgleichen Rechte und Bauten zum Betriebsvermögen, zum gesamthänderisch gebundenen Betriebsvermögen einer Personengesellschaft oder zum Vermögen einer Kapitalgesellschaft gehören und der Hauptzweck des Betriebs

in der Vermietung von Wohnungen im Sinne des § 181 Absatz 9 des Bewertungsgesetzes besteht, dessen Erfüllung einen wirtschaftlichen Geschäftsbetrieb (§ 14 der Abgabenordnung) erfordert;

e) die Grundstücke, Grundstücksteile, grundstücksgleichen Rechte und Bauten vorrangig überlassen werden, um im Rahmen von Lieferungsverträgen dem Absatz von eigenen Erzeugnissen und Produkten zu dienen;

f) die Grundstücke, Grundstücksteile, grundstücksgleichen Rechte und Bauten an Dritte zur land- und forstwirtschaftlichen Nutzung überlassen werden;

2. Anteile an Kapitalgesellschaften, wenn die unmittelbare Beteiligung am Nennkapital dieser Gesellschaften 25 Prozent oder weniger beträgt und sie nicht dem Hauptzweck des Gewerbebetriebs eines Kreditinstitutes oder eines Finanzdienstleistungsinstitutes im Sinne des § 1 Absatz 1 und 1a des Kreditwesengesetzes in der Fassung der Bekanntmachung vom 9. September 1998 (BGBl. I S. 2776), das zuletzt durch Artikel 14 des Gesetzes vom 10. Mai 2016 (BGBl. I S. 1142) geändert worden ist, oder eines Versicherungsunternehmens, das der Aufsicht nach § 1 Absatz 1 Nummer 1 des Versicherungsaufsichtsgesetzes in der Fassung der Bekanntmachung vom 1. April 2015 (BGBl. I S. 434), das zuletzt durch Artikel 13 des Gesetzes vom 10. Mai 2016 (BGBl. I S. 1142) geändert worden ist, unterliegt, zuzurechnen sind. [2]Ob diese Grenze unterschritten wird, ist nach der Summe der dem Betrieb unmittelbar zuzurechnenden Anteile und der Anteile weiterer Gesellschafter zu bestimmen, wenn die Gesellschafter untereinander verpflichtet sind, über die Anteile nur einheitlich zu verfügen oder sie ausschließlich auf andere derselben Verpflichtung unterliegende Anteilseigner zu übertragen und das Stimmrecht gegenüber nichtgebundenen Gesellschaftern nur einheitlich auszuüben;

3. Kunstgegenstände, Kunstsammlungen, wissenschaftliche Sammlungen, Bibliotheken und Archive, Münzen, Edelmetalle und Edelsteine, Briefmarkensammlungen, Oldtimer, Yachten, Segelflugzeuge sowie sonstige typischerweise der privaten Lebensführung dienende Gegenstände, wenn der Handel mit diesen Gegenständen, deren Herstellung oder Verarbeitung oder die entgeltliche Nutzungsüberlassung an Dritte nicht der Hauptzweck des Betriebs ist;

4. Wertpapiere sowie vergleichbare Forderungen, wenn sie nicht dem Hauptzweck des Gewerbebetriebs eines Kreditinstitutes oder eines Finanzdienstleistungsinstitutes im Sinne des § 1 Absatz 1 und 1a des Kreditwesengesetzes in der Fassung der Bekanntmachung vom 9. September 1998 (BGBl. I S. 2776), das zuletzt durch Artikel 14 des Gesetzes vom 10. Mai 2016 (BGBl. I S. 1142) geändert worden ist, oder eines Versicherungsunternehmens, das der Aufsicht nach § 1 Absatz 1 Nummer 1 des Versicherungsaufsichtsgesetzes in der Fassung der Bekanntmachung vom 1. April 2015 (BGBl. I S. 434), das zuletzt durch Artikel 13 des Gesetzes vom 10. Mai 2016 (BGBl. I S. 1142) geändert worden ist, unterliegt, zuzurechnen sind;

5. der gemeine Wert des nach Abzug des gemeinen Werts der Schulden verbleibenden Bestands an Zahlungsmitteln, Geschäftsguthaben, Geldforderungen und anderen Forderungen (Finanzmittel), soweit er 15 Prozent des anzusetzenden Werts des Betriebsvermögens des Betriebs oder der Gesellschaft übersteigt. [2]Der gemeine Wert der Finanzmittel ist um den positiven Saldo der eingelegten und der entnommenen Finanzmittel zu verringern,

welche dem Betrieb im Zeitpunkt der Entstehung der Steuer (§ 9) weniger als zwei Jahre zuzurechnen waren (junge Finanzmittel); junge Finanzmittel sind Verwaltungsvermögen. [3]Satz 1 gilt nicht, wenn die genannten Wirtschaftsgüter dem Hauptzweck des Gewerbebetriebs eines Kreditinstitutes oder eines Finanzdienstleistungsinstitutes im Sinne des § 1 Absatz 1 und 1a des Kreditwesengesetzes in der Fassung der Bekanntmachung vom 9. September 1998 (BGBl. I S. 2776), das zuletzt durch Artikel 14 des Gesetzes vom 10. Mai 2016 (BGBl. I S. 1142) geändert worden ist, oder eines Versicherungsunternehmens, das der Aufsicht nach § 1 Absatz 1 Nummer 1 des Versicherungsaufsichtsgesetzes in der Fassung der Bekanntmachung vom 1. April 2015 (BGBl. I S. 434), das zuletzt durch Artikel 13 des Gesetzes vom 10. Mai 2016 (BGBl. I S. 1142) geändert worden ist, unterliegt, zuzurechnen sind. [4]Voraussetzung für die Anwendung des Prozentsatzes von 15 Prozent des Satzes 1 ist, dass das nach Absatz 1 begünstigungsfähige Vermögen des Betriebs oder der nachgeordneten Gesellschaften nach seinem Hauptzweck einer Tätigkeit im Sinne des § 13 Absatz 1, des § 15 Absatz 1 Satz 1 Nummer 1, des § 18 Absatz 1 Nummer 1 und 2 des Einkommensteuergesetzes dient. [5]Die Voraussetzungen des Satzes 4 sind auch erfüllt, wenn die Tätigkeit durch Gesellschaften im Sinne des § 13 Absatz 7, des § 15 Absatz 1 Satz 1 Nummer 2 oder des § 18 Absatz 4 Satz 2 des Einkommensteuergesetzes ausgeübt wird.

(5) [1]Beim Erwerb von Todes wegen entfällt die Zurechnung von Vermögensgegenständen zum Verwaltungsvermögen im Sinne des Absatzes 4 Nummer 1 bis 5 rückwirkend zum Zeitpunkt der Entstehung der Steuer (§ 9), wenn der Erwerber innerhalb von zwei Jahren ab dem Zeitpunkt der Entstehung der Steuer (§ 9) diese Vermögensgegenstände in Vermögensgegenstände innerhalb des vom Erblasser erworbenen, begünstigungsfähigen Vermögens im Sinne des Absatzes 1 investiert hat, die unmittelbar einer Tätigkeit im Sinne von § 13 Absatz 1, § 15 Absatz 1 Satz 1 Nummer 1 oder § 18 Absatz 1 Nummer 1 und 2 des Einkommensteuergesetzes dienen und kein Verwaltungsvermögen sind. [2]Voraussetzung hierfür ist, dass die Investition auf Grund eines im Zeitpunkt der Entstehung der Steuer (§ 9) vorgefassten Plans des Erblassers erfolgt und keine anderweitige Ersatzbeschaffung von Verwaltungsvermögen vorgenommen wird oder wurde. [3]Beim Erwerb von Todes wegen entfällt die Zurechnung von Finanzmitteln zum Verwaltungsvermögen im Sinne des Absatzes 4 Nummer 5 Satz 1 rückwirkend zum Zeitpunkt der Entstehung der Steuer (§ 9), soweit der Erwerber diese Finanzmittel innerhalb von zwei Jahren ab dem Zeitpunkt der Entstehung der Steuer (§ 9) verwendet, um bei auf Grund wiederkehrender saisonaler Schwankungen fehlenden Einnahmen die Vergütungen im Sinne des § 13a Absatz 3 Satz 6 bis 10 zu zahlen. [4]Satz 2 gilt entsprechend. [5]Der Erwerber hat das Vorliegen der Voraussetzungen der Sätze 1 bis 4 nachzuweisen.

(6) [1]Der Nettowert des Verwaltungsvermögens ergibt sich durch Kürzung des gemeinen Werts des Verwaltungsvermögens um den nach Anwendung der Absätze 3 und 4 verbleibenden anteiligen gemeinen Wert der Schulden. [2]Die anteiligen Schulden nach Satz 1 bestimmen sich nach dem Verhältnis des gemeinen Werts des Verwaltungsvermögens zum gemeinen Wert des Betriebsvermögens des Betriebs oder der Gesellschaft zuzüglich der nach Anwendung der Absätze 3 und 4 verbleibenden Schulden.

(7) [1]Der Nettowert des Verwaltungsvermögens wird vorbehaltlich des Satzes 2 wie begünstigtes Vermögen behandelt, soweit er 10 Prozent des um den Nettowert des Verwaltungsvermögens gekürzten gemeinen Werts des Betriebsvermögens nicht übersteigt (unschädliches Verwaltungsvermögen). [2]Verwaltungsvermögen, das dem Betrieb im Zeitpunkt der Entstehung der Steuer (§ 9) weniger als zwei Jahre zuzurechnen war (junges Verwaltungsvermögen), und junge Finanzmittel im Sinne des Absatzes 4 Nummer 5 Satz 2 sind kein unschädliches Verwaltungsvermögen.

(8) [1]Eine Saldierung mit Schulden nach Absatz 6 findet für junge Finanzmittel im Sinne des Absatzes 4 Nummer 5 Satz 2 und junges Verwaltungsvermögen im Sinne des Absatzes 7 Satz 2 nicht statt. [2]Eine Verrechnung von Schulden mit Verwaltungsvermögen ist bei wirtschaftlich nicht belastenden Schulden und darüber hinaus ausgeschlossen, soweit die Summe der Schulden den durchschnittlichen Schuldenstand der letzten drei Jahre vor dem Zeitpunkt der Entstehung der Steuer (§ 9) übersteigt; dies gilt nicht, soweit die Erhöhung des Schuldenstands durch die Betriebstätigkeit veranlasst ist. [3]Als Nettowert des Verwaltungsvermögens ist mindestens der gemeine Wert des jungen Verwaltungsvermögens und der jungen Finanzmittel anzusetzen.

(9) [1]Gehören zum begünstigungsfähigen Vermögen im Sinne des Absatzes 1 Nummer 2 und 3 unmittelbar oder mittelbar Beteiligungen an Personengesellschaften oder Beteiligungen an entsprechenden Gesellschaften mit Sitz oder Geschäftsleitung im Ausland oder unmittelbar oder mittelbar Anteile an Kapitalgesellschaften oder Anteile an entsprechenden Kapitalgesellschaften mit Sitz oder Geschäftsleitung im Ausland, sind bei der Anwendung der Absätze 2 bis 8 anstelle der Beteiligungen oder Anteile die gemeinen Werte der diesen Gesellschaften zuzurechnenden Vermögensgegenstände nach Maßgabe der Sätze 2 bis 5 mit dem Anteil einzubeziehen, zu dem die unmittelbare oder mittelbare Beteiligung besteht. [2]Die unmittelbar oder mittelbar gehaltenen Finanzmittel, die Vermögensgegenstände des Verwaltungsvermögens im Sinne des Absatzes 4 Nummer 1 bis 4 sowie die Schulden sind jeweils zusammenzufassen (Verbundvermögensaufstellung); junge Finanzmittel und junges Verwaltungsvermögen sind gesondert aufzuführen. [3]Soweit sich in der Verbundvermögensaufstellung Forderungen und Verbindlichkeiten zwischen den Gesellschaften untereinander oder im Verhältnis zu dem übertragenen Betrieb oder der übertragenen Gesellschaft gegenüberstehen, sind diese nicht anzusetzen. [4]Absatz 4 Nummer 5 und die Absätze 6 bis 8 sind auf die Werte in der Verbundvermögensaufstellung anzuwenden. [5]Die Sätze 1 bis 4 sind auf Anteile im Sinne von Absatz 4 Nummer 2 sowie auf wirtschaftlich nicht belastende Schulden nicht anzuwenden; diese Anteile sind als Verwaltungsvermögen anzusetzen.

(10)[1)] [1]Das für die Bewertung der wirtschaftlichen Einheit örtlich zuständige Finanzamt im Sinne des § 152 Nummer 1 bis 3 des Bewertungsgesetzes stellt die Summen der gemeinen Werte der Finanzmittel im Sinne des Absatzes 4 Nummer 5 Satz 1, der jungen Finanzmittel im Sinne des Absatzes 4 Nummer 5 Satz 2, der Vermögensgegenstände des Verwaltungsvermögens im Sinne des Absatzes 4 Nummer 1 bis 4, der Schulden, des jungen Verwaltungsvermögens im Sinne des Absatzes 7 Satz 2, des Betriebsvermögens, das einer weder in einem Mitgliedstaat der Europäischen Union noch in einem Staat des Europäi-

---

[1)] § 13b Abs. 10 Satz 1 geänd. mWv 29.12.2020 durch G v. 21.12.2020 (BGBl. I S. 3096); zur Anwendung siehe § 37 Abs. 18.

schen Wirtschaftsraums belegenen Betriebsstätte dient, und das Vorliegen der Voraussetzungen des Absatzes 4 Nummer 5 Satz 4 und 5 gesondert fest, wenn und soweit diese Werte für die Erbschaftsteuer oder eine andere Feststellung im Sinne dieser Vorschrift von Bedeutung sind. [2]Dies gilt entsprechend, wenn nur ein Anteil am Betriebsvermögen im Sinne des Absatzes 1 Nummer 2 übertragen wird. [3]Die Entscheidung, ob die Werte von Bedeutung sind, trifft das für die Festsetzung der Erbschaftsteuer oder für die Feststellung nach § 151 Absatz 1 Satz 1 Nummer 1 bis 3 des Bewertungsgesetzes zuständige Finanzamt. [4]Bei Anteilen an Kapitalgesellschaften, die nach § 11 Absatz 1 des Bewertungsgesetzes zu bewerten sind, trifft die Feststellungen des Satzes 1 das örtlich zuständige Finanzamt entsprechend § 152 Nummer 3 des Bewertungsgesetzes. [5]§ 151 Absatz 3 und die §§ 152 bis 156 des Bewertungsgesetzes sind auf die Sätze 1 bis 4 entsprechend anzuwenden.

§ 13c[1)] Verschonungsabschlag bei Großerwerben von begünstigtem Vermögen. (1) [1]Überschreitet der Erwerb von begünstigtem Vermögen im Sinne des § 13b Absatz 2 die Grenze des § 13a Absatz 1 Satz 1 von 26 Millionen Euro, verringert sich auf Antrag des Erwerbers der Verschonungsabschlag nach § 13a Absatz 1 oder Absatz 10 um jeweils einen Prozentpunkt für jede vollen 750 000 Euro, die der Wert des begünstigten Vermögens im Sinne des § 13b Absatz 2 den Betrag von 26 Millionen Euro übersteigt. [2]Im Fall des § 13a Absatz 10 wird ab einem Erwerb von begünstigtem Vermögen im Sinne des § 13b Absatz 2 in Höhe von 90 Millionen Euro ein Verschonungsabschlag nicht mehr gewährt.

(2) [1]§ 13a Absatz 3 bis 9 findet auf Absatz 1 entsprechende Anwendung. [2]Bei mehreren Erwerben begünstigten Vermögens im Sinne des § 13b Absatz 2 von derselben Person innerhalb von zehn Jahren werden für die Bestimmung des Verschonungsabschlags für den letzten Erwerb nach Absatz 1 die früheren Erwerbe nach ihrem früheren Wert dem letzten Erwerb hinzugerechnet. [3]Der nach Satz 2 ermittelte Verschonungsabschlag für den letzten Erwerb findet auf die früheren Erwerbe Anwendung, wenn die Steuerbefreiung für den früheren Erwerb nach § 13a Absatz 1 Satz 3 wegfällt oder dies bei dem jeweiligen Erwerb zu einem geringeren Verschonungsabschlag führt, es sei denn, für den früheren Erwerb wurde ein Antrag nach § 28a Absatz 1 gestellt. [4]Die bis dahin für frühere Erwerbe gewährte Steuerbefreiung entfällt insoweit mit Wirkung für die Vergangenheit. [5]§ 13a Absatz 1 Satz 4 findet Anwendung. [6]Der Antrag nach Absatz 1 ist unwiderruflich und schließt einen Antrag nach § 28a Absatz 1 für denselben Erwerb aus.

(3) Die Absätze 1 und 2 gelten in den Fällen des § 1 Absatz 1 Nummer 4 entsprechend.

§ 13d[2)] Steuerbefreiung für zu Wohnzwecken vermietete Grundstücke. (1) Grundstücke im Sinne des Absatzes 3 sind mit 90 Prozent ihres Werts anzusetzen.

[1)] § 13c eingef. mWv 1.7.2016 durch G v. 4.11.2016 (BGBl. I S. 2464); zur Anwendung siehe § 37 Abs. 12 Sätze 1 und 3.

[2)] Früherer § 13c eingef. mWv 1.1.2009 durch G v. 24.12.2008 (BGBl. I S. 3018); bish. § 13c wird § 13d mWv 1.7.2016 durch G v. 4.11.2016 (BGBl. I S. 2464); zur Anwendung siehe § 37 Abs. 12 Satz 1.

(2) [1]Ein Erwerber kann den verminderten Wertansatz nicht in Anspruch nehmen, soweit er erworbene Grundstücke auf Grund einer letztwilligen Verfügung des Erblassers oder einer rechtsgeschäftlichen Verfügung des Erblassers oder Schenkers auf einen Dritten übertragen muss. [2]Gleiches gilt, wenn ein Erbe im Rahmen der Teilung des Nachlasses Vermögen im Sinne des Absatzes 3 auf einen Miterben überträgt. [3]Überträgt ein Erbe erworbenes begünstigtes Vermögen im Rahmen der Teilung des Nachlasses auf einen Dritten und gibt der Dritte dabei diesem Erwerber nicht begünstigtes Vermögen hin, das er vom Erblasser erworben hat, erhöht sich insoweit der Wert des begünstigten Vermögens des Dritten um den Wert des hingegebenen Vermögens, höchstens jedoch um den Wert des übertragenen Vermögens.

(3) Der verminderte Wertansatz gilt für bebaute Grundstücke oder Grundstücksteile, die

1. zu Wohnzwecken vermietet werden,
2. im Inland, in einem Mitgliedstaat der Europäischen Union oder in einem Staat des Europäischen Wirtschaftsraums belegen sind,
3. nicht zum begünstigten Betriebsvermögen oder begünstigten Vermögen eines Betriebs der Land- und Forstwirtschaft im Sinne des § 13a gehören.

(4) Die Absätze 1 bis 3 gelten in den Fällen des § 1 Abs. 1 Nr. 4 entsprechend.

Abschnitt 3. Berechnung der Steuer

§ 14 Berücksichtigung früherer Erwerbe. (1)[1)] [1]Mehrere innerhalb von zehn Jahren von derselben Person anfallende Vermögensvorteile werden in der Weise zusammengerechnet, daß dem letzten Erwerb die früheren Erwerbe nach ihrem früheren Wert zugerechnet werden. [2]Von der Steuer für den Gesamtbetrag wird die Steuer abgezogen, die für die früheren Erwerbe nach den persönlichen Verhältnissen des Erwerbers und auf der Grundlage der geltenden Vorschriften zur Zeit des letzten Erwerbs zu erheben gewesen wäre. [3]Anstelle der Steuer nach Satz 2 ist die tatsächlich für die in die Zusammenrechnung einbezogenen früheren Erwerbe zu entrichtende Steuer abzuziehen, wenn diese höher ist. [4]Die Steuer, die sich für den letzten Erwerb ohne Zusammenrechnung mit früheren Erwerben ergibt, darf durch den Abzug der Steuer nach Satz 2 oder Satz 3 nicht unterschritten werden. [5]Erwerbe, für die sich nach den steuerlichen Bewertungsgrundsätzen kein positiver Wert ergeben hat, bleiben unberücksichtigt.

(2)[2)] [1]Führt der Eintritt eines Ereignisses mit Wirkung für die Vergangenheit zu einer Veränderung des Werts eines früheren, in die Zusammenrechnung nach Absatz 1 einzubeziehenden Erwerbs, gilt dies auch für den späteren Erwerb als Ereignis mit Wirkung für die Vergangenheit nach § 175 Absatz 1 Satz 1 Nummer 2 der Abgabenordnung[3)] (rückwirkendes Ereignis). [2]Für den späteren Erwerb gelten auch der erstmalige Erlass, die Änderung und die Aufhebung eines Steuerbescheids für einen früheren, in die Zusammenrech-

---

1) § 14 Abs. 1 Satz 4 eingef., bish. Satz 4 wird Satz 5 mWv 1.1.2009 durch G v. 24.12.2008 (BGBl. I S. 3018).

2) § 14 Abs. 2 neu gef. mWv 29.12.2020 durch G v. 21.12.2020 (BGBl. I S. 3096); zur Anwendung siehe § 37 Abs. 18.

3) dtv-Band **Nr. 5548 AO/FGO**.

nung einzubeziehenden Erwerb als rückwirkendes Ereignis. [3]Dasselbe gilt auch, soweit eine Änderung der Steuerfestsetzung für den früheren Erwerb lediglich zu einer geänderten anrechenbaren Steuer führt.

(3)[1)] Die durch jeden weiteren Erwerb veranlaßte Steuer darf nicht mehr betragen als 50 Prozent dieses Erwerbs.

§ 15 Steuerklassen. (1) Nach dem persönlichen Verhältnis des Erwerbers zum Erblasser oder Schenker werden die folgenden drei Steuerklassen unterschieden:

Steuerklasse I:

1.[2)] der Ehegatte und der Lebenspartner,
2. die Kinder und Stiefkinder,
3. die Abkömmlinge der in Nummer 2 genannten Kinder und Stiefkinder,
4. die Eltern und Voreltern bei Erwerben von Todes wegen;

Steuerklasse II:

1. die Eltern und Voreltern, soweit sie nicht zur Steuerklasse I gehören,
2. die Geschwister,
3. die Abkömmlinge ersten Grades von Geschwistern,
4. die Stiefeltern,
5. die Schwiegerkinder,
6. die Schwiegereltern,
7.[3)] der geschiedene Ehegatte und der Lebenspartner einer aufgehobenen Lebenspartnerschaft;

Steuerklasse III:

alle übrigen Erwerber und die Zweckzuwendungen.

(1a) Die Steuerklassen I und II Nr. 1 bis 3 gelten auch dann, wenn die Verwandtschaft durch Annahme als Kind bürgerlich-rechtlich erloschen ist.

(2)[4)] [1]In den Fällen des § 3 Abs. 2 Nr. 1 und des § 7 Abs. 1 Nr. 8 ist der Besteuerung das Verwandtschaftsverhältnis des nach der Stiftungsurkunde entferntest Berechtigten zu dem Erblasser oder Schenker zugrunde zu legen, sofern die Stiftung wesentlich im Interesse einer Familie oder bestimmter Familien im Inland errichtet ist. [2]In den Fällen des § 7 Abs. 1 Nr. 9 Satz 1 gilt als Schenker der Stifter oder derjenige, der das Vermögen auf den Verein übertragen hat, und in den Fällen des § 7 Abs. 1 Nr. 9 Satz 2 derjenige, der die Vermögensmasse im Sinne des § 3 Abs. 2 Nr. 1 Satz 2 oder § 7 Abs. 1 Nr. 8 Satz 2 gebildet oder ausgestattet hat. [3]In den Fällen des § 1 Abs. 1 Nr. 4 wird der doppelte Freibetrag nach § 16 Abs. 1 Nr. 2 gewährt; die Steuer ist nach dem Prozentsatz der Steuerklasse I zu berechnen, der für die Hälfte des steuerpflichtigen Vermögens gelten würde.

[1)] § 14 Abs. 2 eingef., bish. Abs. 2 wird Abs. 3 mWv 1.1.2009 durch G v. 24.12.2008 (BGBl. I S. 3018).

[2)] § 15 Abs. 1 Steuerklasse I Nr. 1 geänd. durch G v. 8.12.2010 (BGBl. I S. 1768); zur Anwendung siehe § 37 Abs. 4 und 5 Nr. 1.

[3)] § 15 Abs. 1 Steuerklasse II Nr. 7 geänd. durch G v. 8.12.2010 (BGBl. I S. 1768); zur Anwendung siehe § 37 Abs. 4 und 5 Nr. 1.

[4)] § 15 Abs. 2 Satz 2 neu gef. mWv 5.3.1999 durch G v. 24.3.1999 (BGBl. I S. 402).

(3)[1] [1]Im Falle des § 2269 des Bürgerlichen Gesetzbuchs und soweit der überlebende Ehegatte oder der überlebende Lebenspartner an die Verfügung gebunden ist, ist auf Antrag der Versteuerung das Verhältnis des Schlusserben oder Vermächtnisnehmers zum zuerst verstorbenen Ehegatten oder dem zuerst verstorbenen Lebenspartner zugrunde zu legen, soweit sein Vermögen beim Tod des überlebenden Ehegatten oder des überlebenden Lebenspartners noch vorhanden ist. [2]§ 6 Abs. 2 Satz 3 bis 5 gilt entsprechend.

(4)[2] [1]Bei einer Schenkung durch eine Kapitalgesellschaft oder Genossenschaft ist der Besteuerung das persönliche Verhältnis des Erwerbers zu derjenigen unmittelbar oder mittelbar beteiligten natürlichen Person oder Stiftung zugrunde zu legen, durch die sie veranlasst ist. [2]In diesem Fall gilt die Schenkung bei der Zusammenrechnung früherer Erwerbe (§ 14) als Vermögensvorteil, der dem Bedachten von dieser Person anfällt.

§ 16[3] **Freibeträge.** (1)[4] Steuerfrei bleibt in den Fällen der unbeschränkten Steuerpflicht (§ 2 Absatz 1 Nummer 1) der Erwerb

1.[5] des Ehegatten und des Lebenspartners in Höhe von 500 000 Euro;
2. der Kinder im Sinne der Steuerklasse I Nr. 2 und der Kinder verstorbener Kinder im Sinne der Steuerklasse I Nr. 2 in Höhe von 400 000 Euro;
3. der Kinder der Kinder im Sinne der Steuerklasse I Nr. 2 in Höhe von 200 000 Euro;
4. der übrigen Personen der Steuerklasse I in Höhe von 100 000 Euro;
5. der Personen der Steuerklasse II in Höhe von 20 000 Euro;
6.[6] *(aufgehoben)*
7. der übrigen Personen der Steuerklasse III in Höhe von 20 000 Euro.

(2)[7] [1]In den Fällen der beschränkten Steuerpflicht (§ 2 Absatz 1 Nummer 3) wird der Freibetrag nach Absatz 1 um einen Teilbetrag gemindert. [2]Dieser Teilbetrag entspricht dem Verhältnis der Summe der Werte des in demselben Zeitpunkt erworbenen, nicht der beschränkten Steuerpflicht unterliegenden Vermögens und derjenigen, nicht der beschränkten Steuerpflicht unterliegenden Vermögensvorteile, die innerhalb von zehn Jahren von derselben Person angefallen sind, zum Wert des Vermögens, das insgesamt innerhalb von zehn Jahren von derselben Person *angefallenen*[8] ist. [3]Die früheren Erwerbe sind mit ihrem früheren Wert anzusetzen.

---

[1] § 15 Abs. 3 neu gef. mWv 1.1.2009 durch G v. 24.12.2008 (BGBl. I S. 3018).
[2] § 15 Abs. 4 angef. durch G v. 7.12.2011 (BGBl. I S. 2592); zur Anwendung siehe § 37 Abs. 7.
[3] § 16 neu gef. mWv 1.1.2002 durch G v. 19.12.2000 (BGBl. I S. 1790).
[4] § 16 Abs. 1 neu gef. mWv 1.1.2009 durch G v. 24.12.2008 (BGBl. I S. 3018); einl. Satzteil neu gef. durch G v. 7.12.2011 (BGBl. I S. 2592); zur Anwendung siehe § 37 Abs. 7; einl. Satzteil geänd. durch G v. 23.6.2017 (BGBl. I S. 1682); zur Anwendung siehe § 37 Abs. 14.
[5] § 16 Abs. 1 Nr. 1 neu gef. durch G v. 8.12.2010 (BGBl. I S. 1768); zur Anwendung siehe § 37 Abs. 4 und 5 Nr. 2 und 3.
[6] § 16 Abs. 1 Nr. 6 aufgeh. durch G v. 8.12.2010 (BGBl. I S. 1768); zur Anwendung siehe § 37 Abs. 4.
[7] § 16 Abs. 2 neu gef. durch G v. 23.6.2017 (BGBl. I S. 1682); zur Anwendung siehe § 37 Abs. 14.
[8] Richtig wohl: „angefallen".

§ 17 Besonderer Versorgungsfreibetrag. (1)[1] [1]Neben dem Freibetrag nach § 16 wird dem überlebenden Ehegatten und dem überlebenden Lebenspartner ein besonderer Versorgungsfreibetrag von 256 000 Euro gewährt. [2]Der Freibetrag wird bei Ehegatten oder bei Lebenspartnern, denen aus Anlass des Todes des Erblassers nicht der Erbschaftsteuer unterliegende Versorgungsbezüge zustehen, um den nach § 14 des Bewertungsgesetzes[2] zu ermittelnden Kapitalwert dieser Versorgungsbezüge gekürzt.

(2)[3] [1]Neben dem Freibetrag nach § 16 wird Kindern im Sinne der Steuerklasse I Nr. 2 (§ 15 Abs. 1) für Erwerbe von Todes wegen ein besonderer Versorgungsfreibetrag in folgender Höhe gewährt:

1. bei einem Alter bis zu 5 Jahren in Höhe von 52 000 Euro;
2. bei einem Alter von mehr als 5 bis zu 10 Jahren in Höhe von 41 000 Euro;
3. bei einem Alter von mehr als 10 bis zu 15 Jahren in Höhe von 30 700 Euro;
4. bei einem Alter von mehr als 15 bis zu 20 Jahren in Höhe von 20 500 Euro;
5. bei einem Alter von mehr als 20 Jahren bis zur Vollendung des 27. Lebensjahres in Höhe von 10 300 Euro.

[2]Stehen dem Kind aus Anlaß des Todes des Erblassers nicht der Erbschaftsteuer unterliegende Versorgungsbezüge zu, wird der Freibetrag um den nach § 13 Abs. 1 des Bewertungsgesetzes zu ermittelnden Kapitalwert dieser Versorgungsbezüge gekürzt. [3]Bei der Berechnung des Kapitalwerts ist von der nach den Verhältnissen am Stichtag (§ 11) voraussichtlichen Dauer der Bezüge auszugehen.

(3)[4] [1]In den Fällen der beschränkten Steuerpflicht (§ 2 Absatz 1 Nummer 3) wird der besondere Versorgungsfreibetrag nach Absatz 1 oder 2 gewährt, wenn durch die Staaten, in denen der Erblasser ansässig war oder der Erwerber ansässig ist, Amtshilfe geleistet wird. [2]Amtshilfe ist der Auskunftsaustausch im Sinne oder entsprechend der Amtshilferichtlinie gemäß § 2 Absatz 11 des EU-Amtshilfegesetzes in der für den jeweiligen Stichtag der Steuerentstehung geltenden Fassung oder eines entsprechenden Nachfolgerechtsaktes.

§ 18[5] Mitgliederbeiträge. [1]Beiträge an Personenvereinigungen, die nicht lediglich die Förderung ihrer Mitglieder zum Zweck haben, sind steuerfrei, soweit die von einem Mitglied im Kalenderjahr der Vereinigung geleisteten Beiträge 300 Euro nicht übersteigen. [2]§ 13 Abs. 1 Nr. 16 und 18 bleibt unberührt.

§ 19 Steuersätze. (1)[6] Die Erbschaftsteuer wird nach folgenden Prozentsätzen erhoben:

---

[1] § 17 Abs. 1 neu gef. mWv 1.1.2009 durch G v. 24.12.2008 (BGBl. I S. 3018) (§ 37 Abs. 1); Satz 1 geänd. durch G v. 8.12.2010 (BGBl. I S. 1768); zur Anwendung siehe § 37 Abs. 4 und 5 Nr. 4 und 5; Satz 1 geänd. durch G v. 23.6.2017 (BGBl. I S. 1682); zur Anwendung siehe § 37 Abs. 13.

[2] Nr. **1**.

[3] § 17 Abs. 2 Satz 1 neu gef. mWv 1.1.2002 durch G v. 19.12.2000 (BGBl. I S. 1790); Satz 1 einl. Satzteil geänd. durch G v. 23.6.2017 (BGBl. I S. 1682); zur Anwendung siehe § 37 Abs. 13.

[4] § 17 Abs. 3 angef. durch G v. 23.6.2017 (BGBl. I S. 1682); zur Anwendung siehe § 37 Abs. 13.

[5] § 18 Satz 1 geänd. mWv 1.1.2002 durch G v. 19.12.2000 (BGBl. I S. 1790).

[6] § 19 Abs. 1 neu gef. mWv 1.1.2009 durch G v. 24.12.2008 (BGBl. I S. 3018); geänd. mWv 1.1.2010 (§ 37 Abs. 1) durch G v. 22.12.2009 (BGBl. I S. 3950).

Wert des steuerpflichtigen Erwerbs (§ 10) bis einschließlich ... Euro	Prozentsatz in der Steuerklasse		
	I	II	III
75 000	7	15	30
300 000	11	20	30
600 000	15	25	30
6 000 000	19	30	30
13 000 000	23	35	50
26 000 000	27	40	50
über 26 000 000	30	43	50

(2)[1] Ist im Fall des § 2 Absatz 1 Nummer 1 ein Teil des Vermögens der inländischen Besteuerung auf Grund eines Abkommens zur Vermeidung der Doppelbesteuerung entzogen, ist die Steuer nach dem Steuersatz zu erheben, der für den ganzen Erwerb gelten würde.

(3) Der Unterschied zwischen der Steuer, die sich bei Anwendung des Absatzes 1 ergibt, und der Steuer, die sich berechnen würde, wenn der Erwerb die letztvorhergehende Wertgrenze nicht überstiegen hätte, wird nur insoweit erhoben, als er

a) bei einem Steuersatz bis zu 30 Prozent aus der Hälfte,

b) bei einem Steuersatz über 30 Prozent aus drei Vierteln,

des die Wertgrenze übersteigenden Betrags gedeckt werden kann.

§ 19a[2] Tarifbegrenzung beim Erwerb von Betriebsvermögen, von Betrieben der Land- und Forstwirtschaft und von Anteilen an Kapitalgesellschaften. (1) Sind in dem steuerpflichtigen Erwerb einer natürlichen Person der Steuerklasse II oder III Betriebsvermögen, land- und forstwirtschaftliches Vermögen oder Anteile an Kapitalgesellschaften im Sinne des Absatzes 2 enthalten, ist von der tariflichen Erbschaftsteuer ein Entlastungsbetrag nach Absatz 4 abzuziehen.

(2)[3] [1]Der Entlastungsbetrag gilt für den nicht unter § 13a Absatz 1 oder § 13c fallenden Teil des Vermögens im Sinne des § 13b Absatz 2. [2]Ein Erwerber kann den Entlastungsbetrag nicht in Anspruch nehmen, soweit er Vermögen im Sinne des Satzes 1 auf Grund einer letztwilligen Verfügung des Erblassers oder einer rechtsgeschäftlichen Verfügung des Erblassers oder Schenkers auf einen Dritten übertragen muss. [3]Gleiches gilt, wenn ein Erbe im Rahmen der Teilung des Nachlasses Vermögen im Sinne des Satzes 1 auf einen Miterben überträgt.

(3)[4] Der auf das Vermögen im Sinne des Absatzes 2 entfallende Anteil an der tariflichen Erbschaftsteuer bemisst sich nach dem Verhältnis des Werts dieses Vermögens nach Anwendung des § 13a oder § 13c und nach Abzug der mit diesem Vermögen in wirtschaftlichem Zusammenhang stehenden abzugsfähi-

[1] § 19 Abs. 2 geänd. durch G v. 7.12.2011 (BGBl. I S. 2592); zur Anwendung siehe § 37 Abs. 7; geänd. mWv 25.6.2017 durch G v. 23.6.2017 (BGBl. I S. 1682).

[2] § 19a neu gef. mWv 1.1.2009 durch G v. 24.12.2008 (BGBl. I S. 3018).

[3] § 19a Abs. 2 Satz 1 geänd. mWv 1.7.2016 durch G v. 4.11.2016 (BGBl. I S. 2464); zur Anwendung siehe § 37 Abs. 12 Satz 1.

[4] § 19a Abs. 3 geänd. mWv 1.1.2010 (§ 37 Abs. 1) durch G v. 22.12.2009 (BGBl. I S. 3950); geänd. mWv 1.7.2016 durch G v. 4.11.2016 (BGBl. I S. 2464); zur Anwendung siehe § 37 Abs. 12 Satz 1.

gen Schulden und Lasten (§ 10 Absatz 5 und 6) zum Wert des gesamten Vermögensanfalls im Sinne des § 10 Absatz 1 Satz 1 und 2 nach Abzug der mit diesem Vermögen in wirtschaftlichem Zusammenhang stehenden abzugsfähigen Schulden und Lasten (§ 10 Absatz 5 und 6).

(4) [1] Zur Ermittlung des Entlastungsbetrags ist für den steuerpflichtigen Erwerb zunächst die Steuer nach der tatsächlichen Steuerklasse des Erwerbers zu berechnen und nach Maßgabe des Absatzes 3 aufzuteilen. [2] Für den steuerpflichtigen Erwerb ist dann die Steuer nach Steuerklasse I zu berechnen und nach Maßgabe des Absatzes 3 aufzuteilen. [3] Der Entlastungsbetrag ergibt sich als Unterschiedsbetrag zwischen der auf Vermögen im Sinne des Absatzes 2 entfallenden Steuer nach den Sätzen 1 und 2.

(5)[1)] [1] Der Entlastungsbetrag fällt mit Wirkung für die Vergangenheit weg, soweit der Erwerber innerhalb von fünf Jahren gegen die Behaltensregelungen des § 13a verstößt. [2] In den Fällen des § 13a Absatz 10 und des § 28a Absatz 1 tritt an die Stelle der Frist nach Satz 1 eine Frist von sieben Jahren. [3] Die Festsetzungsfrist für die Steuer endet nicht vor dem Ablauf des vierten Jahres, nachdem die Finanzbehörde von dem Verstoß gegen die Behaltensregelungen Kenntnis erlangt. [4] § 13a Absatz 7 Satz 4 bis 6 gilt entsprechend.

Abschnitt 4. Steuerfestsetzung und Erhebung

§ 20 Steuerschuldner. (1)[2)] [1] Steuerschuldner ist der Erwerber, bei einer Schenkung auch der Schenker, bei einer Zweckzuwendung der mit der Ausführung der Zuwendung Beschwerte und in den Fällen des § 1 Abs. 1 Nr. 4 die Stiftung oder der Verein. [2] In den Fällen des § 3 Abs. 2 Nr. 1 Satz 2 und § 7 Abs. 1 Nr. 8 Satz 2 ist die Vermögensmasse Erwerber und Steuerschuldner, in den Fällen des § 7 Abs. 1 Nr. 8 Satz 2 ist Steuerschuldner auch derjenige, der die Vermögensmasse gebildet oder ausgestattet hat.

(2)[3)] Im Falle des § 4 sind die Abkömmlinge im Verhältnis der auf sie entfallenden Anteile, der überlebende Ehegatte oder der überlebende Lebenspartner für den gesamten Steuerbetrag Steuerschuldner.

(3) Der Nachlaß haftet bis zur Auseinandersetzung (§ 2042 des Bürgerlichen Gesetzbuchs) für die Steuer der am Erbfall Beteiligten.

(4) Der Vorerbe hat die durch die Vorerbschaft veranlaßte Steuer aus den Mitteln der Vorerbschaft zu entrichten.

(5) Hat der Steuerschuldner den Erwerb oder Teile desselben vor Entrichtung der Erbschaftsteuer einem anderen unentgeltlich zugewendet, haftet der andere in Höhe des Werts der Zuwendung persönlich für die Steuer.

(6) [1] Versicherungsunternehmen, die vor Entrichtung oder Sicherstellung der Steuer die von ihnen zu zahlende Versicherungssumme oder Leibrente in ein Gebiet außerhalb des Geltungsbereichs dieses Gesetzes zahlen oder außerhalb des Geltungsbereichs dieses Gesetzes wohnhaften Berechtigten zur Verfügung stellen, haften in Höhe des ausgezahlten Betrags für die Steuer. [2] Das

---

[1)] § 19a Abs. 5 Sätze 1 und 2 geänd. mWv 1.1.2009 durch G v. 22.12.2009 (BGBl. I S. 3950); zur Anwendung siehe § 37 Abs. 3 Satz 1; Sätze 2 und 4 geänd. mWv 1.7.2016 durch G v. 4.11.2016 (BGBl. I S. 2464); zur Anwendung siehe § 37 Abs. 12 Satz 1; Satz 2 geänd. mWv 15.12.2018 durch G v. 11.12.2018 (BGBl. I S. 2338); zur Anwendung siehe § 37 Abs. 16 Satz 1.

[2)] § 20 Abs. 1 neu gef. mWv 5.3.1999 durch G v. 24.3.1999 (BGBl. I S. 402).

[3)] § 20 Abs. 2 neu gef. mWv 1.1.2009 durch G v. 24.12.2008 (BGBl. I S. 3018).

gleiche gilt für Personen, in deren Gewahrsam sich Vermögen des Erblassers befindet, soweit sie das Vermögen vorsätzlich oder fahrlässig vor Entrichtung oder Sicherstellung der Steuer in ein Gebiet außerhalb des Geltungsbereichs dieses Gesetzes bringen oder außerhalb des Geltungsbereichs dieses Gesetzes wohnhaften Berechtigten zur Verfügung stellen.

(7)[1] Die Haftung nach Absatz 6 ist nicht geltend zu machen, wenn der in einem Steuerfall in ein Gebiet außerhalb des Geltungsbereichs dieses Gesetzes gezahlte oder außerhalb des Geltungsbereichs dieses Gesetzes wohnhaften Berechtigten zur Verfügung gestellte Betrag 600 Euro nicht übersteigt.

§ 21 Anrechnung ausländischer Erbschaftsteuer. (1)[2] [1]Bei Erwerbern, die in einem ausländischen Staat mit ihrem Auslandsvermögen zu einer der deutschen Erbschaftsteuer entsprechenden Steuer – ausländische Steuer – herangezogen werden, ist in den Fällen des § 2 Absatz 1 Nummer 1, sofern nicht die Vorschriften eines Abkommens zur Vermeidung der Doppelbesteuerung anzuwenden sind, auf Antrag die festgesetzte, auf den Erwerber entfallende, gezahlte und keinem Ermäßigungsanspruch unterliegende ausländische Steuer insoweit auf die deutsche Erbschaftsteuer anzurechnen, als das Auslandsvermögen auch der deutschen Erbschaftsteuer unterliegt. [2]Besteht der Erwerb nur zum Teil aus Auslandsvermögen, ist der darauf entfallende Teilbetrag der deutschen Erbschaftsteuer in der Weise zu ermitteln, daß die für das steuerpflichtige Gesamtvermögen einschließlich des steuerpflichtigen Auslandsvermögens sich ergebende Erbschaftsteuer im Verhältnis des steuerpflichtigen Auslandsvermögens zum steuerpflichtigen Gesamtvermögen aufgeteilt wird. [3]Ist das Auslandsvermögen in verschiedenen ausländischen Staaten belegen, ist dieser Teil für jeden einzelnen ausländischen Staat gesondert zu berechnen. [4]Die ausländische Steuer ist nur anrechenbar, wenn die deutsche Erbschaftsteuer für das Auslandsvermögen innerhalb von fünf Jahren seit dem Zeitpunkt der Entstehung der ausländischen Erbschaftsteuer entstanden ist.

(2) Als Auslandsvermögen im Sinne des Absatzes 1 gelten,

1. wenn der Erblasser zur Zeit seines Todes Inländer war: alle Vermögensgegenstände der in § 121 des Bewertungsgesetzes[3] genannten Art, die auf einen ausländischen Staat entfallen, sowie alle Nutzungsrechte an diesen Vermögensgegenständen;
2. wenn der Erblasser zur Zeit seines Todes kein Inländer war: alle Vermögensgegenstände mit Ausnahme des Inlandsvermögens im Sinne des § 121 des Bewertungsgesetzes sowie alle Nutzungsrechte an diesen Vermögensgegenständen.

(3) [1]Der Erwerber hat den Nachweis über die Höhe des Auslandsvermögens und über die Festsetzung und Zahlung der ausländischen Steuer durch Vorlage entsprechender Urkunden zu führen. [2]Sind diese Urkunden in einer fremden Sprache abgefaßt, kann eine beglaubigte Übersetzung in die deutsche Sprache verlangt werden.

---

[1] § 20 Abs. 7 geänd. mWv 1.1.2002 durch G v. 19.12.2000 (BGBl. I S. 1790).

[2] § 21 Abs. 1 Satz 1 geänd. durch G v. 7.12.2011 (BGBl. I S. 2592); zur Anwendung siehe § 37 Abs. 7; Satz 1 geänd. mWv 25.6.2017 durch G v. 23.6.2017 (BGBl. I S. 1682).

[3] Nr. **1**.

(4) Ist nach einem Abkommen zur Vermeidung der Doppelbesteuerung die in einem ausländischen Staat erhobene Steuer auf die Erbschaftsteuer anzurechnen, sind die Absätze 1 bis 3 entsprechend anzuwenden.

§ 22[1)] Kleinbetragsgrenze. Von der Festsetzung der Erbschaftsteuer ist abzusehen, wenn die Steuer, die für den einzelnen Steuerfall festzusetzen ist, den Betrag von 50 Euro nicht übersteigt.

§ 23 Besteuerung von Renten, Nutzungen und Leistungen. (1) [1]Steuern, die von dem Kapitalwert von Renten oder anderen wiederkehrenden Nutzungen oder Leistungen zu entrichten sind, können nach Wahl des Erwerbers statt vom Kapitalwert jährlich im voraus von dem Jahreswert entrichtet werden. [2]Die Steuer wird in diesem Fall nach dem Steuersatz erhoben, der sich nach § 19 für den gesamten Erwerb einschließlich des Kapitalwerts der Renten oder anderen wiederkehrenden Nutzungen oder Leistungen ergibt.

(2) [1]Der Erwerber hat das Recht, die Jahressteuer zum jeweils nächsten Fälligkeitstermin mit ihrem Kapitalwert abzulösen. [2]Für die Ermittlung des Kapitalwerts im Ablösungszeitpunkt sind die Vorschriften der §§ 13 und 14 des Bewertungsgesetzes[2)] anzuwenden. [3]Der Antrag auf Ablösung der Jahressteuer ist spätestens bis zum Beginn des Monats zu stellen, der dem Monat vorausgeht, in dem die nächste Jahressteuer fällig wird.

§ 24 Verrentung der Steuerschuld in den Fällen des § 1 Abs. 1 Nr. 4. [1]In den Fällen des § 1 Abs. 1 Nr. 4 kann der Steuerpflichtige verlangen, daß die Steuer in 30 gleichen jährlichen Teilbeträgen (Jahresbeträgen) zu entrichten ist. [2]Die Summe der Jahresbeträge umfaßt die Tilgung und die Verzinsung der Steuer; dabei ist von einem Zinssatz von 5,5 Prozent auszugehen.

§ 25[3)] Besteuerung bei Nutzungs- und Rentenlast. *(1) [1]Der Erwerb von Vermögen, dessen Nutzungen dem Schenker oder dem Ehegatten des Erblassers (Schenkers) zustehen oder das mit einer Rentenverpflichtung oder mit der Verpflichtung zu sonstigen wiederkehrenden Leistungen zugunsten dieser Personen belastet ist, wird ohne Berücksichtigung dieser Belastungen besteuert. [2]Die Steuer, die auf den Kapitalwert dieser Belastungen entfällt, ist jedoch bis zu deren Erlöschen zinslos zu stunden. [3]Die gestundete Steuer kann auf Antrag des Erwerbers jederzeit mit ihrem Barwert nach § 12 Abs. 3 des Bewertungsgesetzes[2)] abgelöst werden.*

(2) Veräußert der Erwerber das belastete Vermögen vor dem Erlöschen der Belastung ganz oder teilweise, endet insoweit die Stundung mit dem Zeitpunkt der Veräußerung.

§ 26 Ermäßigung der Steuer bei Aufhebung einer Familienstiftung oder Auflösung eines Vereins. In den Fällen des § 7 Abs. 1 Nr. 9 ist auf die nach § 15 Abs. 2 Satz 2 zu ermittelnde Steuer die nach § 15 Abs. 2 Satz 3 festgesetzte Steuer anteilsmäßig anzurechnen

a) mit 50 Prozent, wenn seit der Entstehung der anrechenbaren Steuer nicht mehr als zwei Jahre,

---

[1)] § 22 geänd. mWv 1.1.2002 durch G v. 19.12.2000 (BGBl. I S. 1790).

[2)] Nr. **1**.

[3)] § 25 aufgeh. mWv 1.1.2009 durch G v. 24.12.2008 (BGBl. I S. 3018); zur Weiteranwendung siehe § 37 Abs. 2 Satz 2.

b) mit 25 Prozent, wenn seit der Entstehung der anrechenbaren Steuer mehr als zwei Jahre, aber nicht mehr als vier Jahre vergangen sind.

§ 27[1] Mehrfacher Erwerb desselben Vermögens. (1) Fällt Personen der Steuerklasse I von Todes wegen Vermögen an, das in den letzten zehn Jahren vor dem Erwerb bereits von Personen dieser Steuerklasse erworben worden ist und für das nach diesem Gesetz eine Steuer zu erheben war, ermäßigt sich der auf dieses Vermögen entfallende Steuerbetrag vorbehaltlich des Absatzes 3 wie folgt:

um … Prozent	wenn zwischen den beiden Zeitpunkten der Entstehung der Steuer liegen
50	nicht mehr als 1 Jahr
45	mehr als 1 Jahr, aber nicht mehr als 2 Jahre
40	mehr als 2 Jahre, aber nicht mehr als 3 Jahre
35	mehr als 3 Jahre, aber nicht mehr als 4 Jahre
30	mehr als 4 Jahre, aber nicht mehr als 5 Jahre
25	mehr als 5 Jahre, aber nicht mehr als 6 Jahre
20	mehr als 6 Jahre, aber nicht mehr als 8 Jahre
10	mehr als 8 Jahre, aber nicht mehr als 10 Jahre

(2) Zur Ermittlung des Steuerbetrags, der auf das begünstigte Vermögen entfällt, ist die Steuer für den Gesamterwerb in dem Verhältnis aufzuteilen, in dem der Wert des begünstigten Vermögens zu dem Wert des steuerpflichtigen Gesamterwerbs ohne Abzug des dem Erwerber zustehenden Freibetrags steht.

(3) Die Ermäßigung nach Absatz 1 darf den Betrag nicht überschreiten, der sich bei Anwendung der in Absatz 1 genannten Prozentsätze auf die Steuer ergibt, die der Vorerwerber für den Erwerb desselben Vermögens entrichtet hat.

§ 28[1] Stundung. (1)[2] [1]Gehört zum Erwerb von Todes wegen begünstigtes Vermögen im Sinne des § 13b Absatz 2, ist dem Erwerber die darauf entfallende Erbschaftsteuer auf Antrag bis zu sieben Jahre zu stunden. [2]Der erste Jahresbetrag ist ein Jahr nach der Festsetzung der Steuer fällig und bis dahin zinslos zu stunden. [3]Für die weiteren zu entrichtenden Jahresbeträge sind die §§ 234 und 238 der Abgabenordnung ab dem zweiten Jahr nach der Festsetzung der Steuer anzuwenden. [4]§ 222 der Abgabenordnung[3] bleibt unberührt. [5]Die Stundung endet, sobald der Erwerber, ausgehend vom Zeitpunkt der Entstehung der Steuer (§ 9), den Tatbestand nach § 13a Absatz 3 nicht einhält oder einen der Tatbestände nach § 13a Absatz 6 erfüllt. [6]Wurde ein Antrag nach § 13a Absatz 10 oder nach § 28a Absatz 1 gestellt, ist bei der Anwendung desSatzes 5 § 13a Absatz 10 entsprechend anzuwenden. [7]Satz 1 ist nicht auf die Erbschaftsteuer anzuwenden, die der Erwerber zu entrichten hat, weil er den Tatbestand nach § 13a Absatz 3 nicht eingehalten oder einen der Tatbestände nach § 13a

[1] Zur Anwendung im Beitrittsgebiet siehe § 37a Abs. 5 bzw. Abs. 6.

[2] § 28 Abs. 1 neu gef. mWv 1.7.2016 durch G v. 4.11.2016 (BGBl. I S. 2464); zur Anwendung siehe § 37 Abs. 12 Satz 1; Satz 6 geänd. mWv 15.12.2018 durch G v. 11.12.2018 (BGBl. I S. 2338); zur Anwendung siehe § 37 Abs. 16 Satz 1.

[3] dtv-Band **Nr. 5548 AO/FGO**.

Absatz 6 erfüllt hat. [8]Die Stundung endet, sobald der Erwerber den Betrieb oder den Anteil daran überträgt oder aufgibt.

(2) Absatz 1 findet in den Fällen des § 1 Abs. 1 Nr. 4 entsprechende Anwendung.

(3)[1)] [1]Gehört zum Erwerb begünstigtes Vermögen im Sinne des § 13d Absatz 3, ist dem Erwerber die darauf entfallende Erbschaftsteuer auf Antrag bis zu zehn Jahren zu stunden, soweit er die Steuer nur durch Veräußerung dieses Vermögens aufbringen kann. [2]Satz 1 gilt entsprechend, wenn zum Erwerb ein Ein- oder Zweifamilienhaus oder Wohneigentum gehört, das der Erwerber nach dem Erwerb zu eigenen Wohnzwecken nutzt, längstens für die Dauer der Selbstnutzung. [3]Nach Aufgabe der Selbstnutzung ist die Stundung unter den Voraussetzungen des Satzes 1 weiter zu gewähren. [4]Die Stundung endet in den Fällen der Sätze 1 bis 3, soweit das erworbene Vermögen Gegenstand einer Schenkung im Sinne des § 7 ist. [5]Die §§ 234 und 238 der Abgabenordnung sind anzuwenden; bei Erwerben von Todes wegen erfolgt diese Stundung zinslos. [6]§ 222 der Abgabenordnung bleibt unberührt.

§ 28a[2)] Verschonungsbedarfsprüfung. (1) [1]Überschreitet der Erwerb von begünstigtem Vermögen im Sinne des § 13b Absatz 2 die Grenze des § 13a Absatz 1 Satz 1 von 26 Millionen Euro, ist die auf das begünstigte Vermögen entfallende Steuer auf Antrag des Erwerbers zu erlassen, soweit er nachweist, dass er persönlich nicht in der Lage ist, die Steuer aus seinem verfügbaren Vermögen im Sinne des Absatzes 2 zu begleichen. [2]Ein Erwerber kann den Erlass nicht in Anspruch nehmen, soweit er begünstigtes Vermögen im Sinne des § 13b Absatz 2 auf Grund einer letztwilligen Verfügung des Erblassers oder einer rechtsgeschäftlichen Verfügung des Erblassers oder Schenkers auf einen Dritten übertragen muss. [3]Satz 2 gilt entsprechend, wenn ein Erbe im Rahmen der Teilung des Nachlasses begünstigtes Vermögen auf einen Miterben überträgt. [4]Überträgt ein Erbe erworbenes begünstigtes Vermögen im Sinne des § 13b Absatz 2 im Rahmen der Teilung des Nachlasses auf einen Dritten und gibt der Dritte dabei diesem Erwerber nicht begünstigtes Vermögen hin, das er vom Erblasser erworben hat, erhöht sich insoweit der Wert des begünstigten Vermögens des Dritten um den Wert des hingegebenen Vermögens, höchstens jedoch um den Wert des übertragenen Vermögens.

(2) Zu dem verfügbaren Vermögen gehören 50 Prozent der Summe der gemeinen Werte des

1. mit der Erbschaft oder Schenkung zugleich übergegangenen Vermögens, das nicht zum begünstigten Vermögen im Sinne des § 13b Absatz 2 gehört, und
2. dem Erwerber im Zeitpunkt der Entstehung der Steuer (§ 9) gehörenden Vermögens, das nicht zum begünstigten Vermögen im Sinne des § 13b Absatz 2 gehören würde.

(3) [1]Die nach Anwendung des Absatzes 1 Satz 1 verbleibende Steuer kann ganz oder teilweise bis zu sechs Monate gestundet werden, wenn die Einzie-

[1)] § 28 Abs. 3 angef. mWv 1.1.2009 durch G v. 24.12.2008 (BGBl. I S. 3018); Satz 1 geänd. mWv 1.7.2016 durch G v. 4.11.2016 (BGBl. I S. 2464); zur Anwendung siehe § 37 Abs. 12 Satz 1; Satz 5 neu gef., Satz 6 angef. mWv 15.12.2018 durch G v. 11.12.2018 (BGBl. I S. 2338); zur Anwendung siehe § 37 Abs. 16 Satz 1.

[2)] § 28a eingef. mWv 1.7.2016 durch G v. 4.11.2016 (BGBl. I S. 2464); zur Anwendung siehe § 37 Abs. 12 Satz 1.

hung bei Fälligkeit eine erhebliche Härte für den Erwerber bedeuten würde und der Anspruch nicht gefährdet erscheint. [2]Eine erhebliche Härte liegt insbesondere vor, wenn der Erwerber einen Kredit aufnehmen oder verfügbares Vermögen im Sinne des Absatzes 2 veräußern muss, um die Steuer entrichten zu können. [3]Die §§ 234 und 238 der Abgabenordnung[1)] sind anzuwenden. [4]§ 222 der Abgabenordnung und § 28 bleiben unberührt.

(4) [1]Der Erlass der Steuer nach Absatz 1 Satz 1 steht unter der auflösenden Bedingung, dass

1. die Summe der maßgebenden jährlichen Lohnsummen des Betriebs, bei Beteiligungen an einer Personengesellschaft oder Anteilen an einer Kapitalgesellschaft des Betriebs der jeweiligen Gesellschaft, innerhalb von sieben Jahren nach dem Erwerb (Lohnsummenfrist) insgesamt die Mindestlohnsumme nach § 13a Absatz 10 Nummer 3 bis 5 unterschreitet. [2]§ 13a Absatz 3 Satz 2 und 6 bis 13 gilt entsprechend. [3]Unterschreitet die Summe der maßgebenden jährlichen Lohnsummen die Mindestlohnsumme, vermindert sich der nach Absatz 1 Satz 1 zu gewährende Erlass der Steuer mit Wirkung für die Vergangenheit in demselben prozentualen Umfang, wie die Mindestlohnsumme unterschritten wird;
2. der Erwerber innerhalb von sieben Jahren (Behaltensfrist) gegen die Behaltensbedingungen entsprechend § 13a Absatz 6 Satz 1 verstößt. [2]§ 13a Absatz 6 Satz 2 bis 4 gilt entsprechend;
3.[2)] der Erwerber innerhalb von zehn Jahren nach dem Zeitpunkt der Entstehung der Steuer (§ 9) weiteres Vermögen durch Schenkung oder von Todes wegen erhält, das verfügbares Vermögen im Sinne des Absatzes 2 darstellt. [2]Der Erwerber kann erneut einen Antrag nach Absatz 1 stellen. [3]Das verfügbare Vermögen nach Absatz 2 ist um 50 Prozent des gemeinen Werts des weiteren erworbenen Vermögens zu erhöhen;
4.[3)] die den Erwerb oder Teile des Erwerbs oder das in Nummer 3 oder Absatz 2 Nummer 2 bezeichnete Vermögen oder Teile dieses Vermögens betreffenden Feststellungsbescheide im Sinne des § 151 Absatz 1 Satz 1 des Bewertungsgesetzes[4)] oder des § 13b Absatz 10 Satz 1 geändert werden oder erstmals ergehen und die festgestellten Werte von den dem Erlass zugrunde gelegten Werten abweichen. [2]Gleiches gilt im Fall der Aufhebung eines Feststellungsbescheids. [3]Der Erwerber kann erneut einen Antrag nach Absatz 1 stellen;
5.[3)] die dem Erlass zugrunde liegende Steuerfestsetzung geändert wird und dabei von den dem Erlass zugrunde gelegten Werten abgewichen wird. [2]Der Erwerber kann erneut einen Antrag nach Absatz 1 stellen;
6.[3)] der Erlass gemäß Absatz 1 Satz 2 oder 3 ganz oder teilweise nicht mehr in Anspruch genommen werden kann. [2]Der Erwerber kann erneut einen Antrag nach Absatz 1 stellen.

[2]Der Verwaltungsakt nach Absatz 1 Satz 1 steht unter dem Vorbehalt des Widerrufs (§ 120 Absatz 2 Nummer 3 der Abgabenordnung). [3]Der Verwal-

---

[1)] dtv-Band **Nr. 5548 AO/FGO**.

[2)] § 28a Abs. 4 Satz 1 Nr. 3 geänd. mWv 15.12.2018 durch G v. 11.12.2018 (BGBl. I S. 2338).

[3)] § 28a Abs. 4 Satz 1 Nr. 4 bis 6 angef. mWv 15.12.2018 durch G v. 11.12.2018 (BGBl. I S. 2338); zur Anwendung siehe § 37 Abs. 16 Satz 2.

[4)] Nr. **1**.

tungsakt über den Erlass nach Absatz 1 Satz 1 ist bei Eintritt der auflösenden Bedingung nach Satz 1 mit Wirkung für die Vergangenheit ganz oder teilweise zu widerrufen; § 131 Absatz 4 der Abgabenordnung gilt entsprechend.

(5) [1]Der Erwerber ist verpflichtet, dem für die Erbschaftsteuer zuständigen Finanzamt innerhalb einer Frist von sechs Monaten nach Ablauf der Lohnsummenfrist das Unterschreiten der Mindestlohnsumme (Absatz 4 Satz 1 Nummer 1) anzuzeigen. [2]In den Fällen des Absatzes 4 Satz 1 Nummer 2 und 3 ist der Erwerber verpflichtet, dem für die Erbschaftsteuer zuständigen Finanzamt den entsprechenden Sachverhalt innerhalb einer Frist von einem Monat, nachdem der jeweilige Tatbestand verwirklicht wurde, anzuzeigen. [3]Die Anzeige ist eine Steuererklärung im Sinne der Abgabenordnung. [4]Sie ist schriftlich abzugeben. [5]Die Anzeige hat auch dann zu erfolgen, wenn der Vorgang nur teilweise zum Widerruf des Verwaltungsaktes nach Absatz 4 führt.

(6)[1)] [1]Die Zahlungsverjährungsfrist für die nach Anwendung des Absatzes 1 Satz 1 verbleibende Steuer endet nicht vor dem Ablauf des fünften Jahres, nachdem das für die Erbschaftsteuer zuständige Finanzamt von dem Unterschreiten der Mindestlohnsumme (Absatz 4 Satz 1 Nummer 1) oder dem Verwirklichen eines Tatbestands nach Absatz 4 Satz 1Nummer 2, 3 und 6 Kenntnis erlangt. [2]In den Fällen des Absatzes 4 Satz 1 Nummer 4 und 5 endet die Zahlungsverjährungsfrist nicht vor dem Ablauf des zweiten Jahres nach Bekanntgabe des Feststellungsbescheids oder des Steuerbescheids.

(7) Die Absätze 1 bis 6 gelten in den Fällen des § 1 Absatz 1 Nummer 4 entsprechend.

(8) Die Absätze 1 bis 7 gelten nicht, wenn ein Antrag nach § 13c gestellt wurde.

§ 29 Erlöschen der Steuer in besonderen Fällen. (1) Die Steuer erlischt mit Wirkung für die Vergangenheit,

1. soweit ein Geschenk wegen eines Rückforderungsrechts herausgegeben werden mußte;
2. soweit die Herausgabe gemäß § 528 Abs. 1 Satz 2 des Bürgerlichen Gesetzbuchs abgewendet worden ist;
3.[2)] soweit in den Fällen des § 5 Abs. 2 unentgeltliche Zuwendungen auf die Ausgleichsforderung angerechnet worden sind (§ 1380 Abs. 1 des Bürgerlichen Gesetzbuchs). [2]Entsprechendes gilt, wenn unentgeltliche Zuwendungen bei der Berechnung des nach § 5 Abs. 1 steuerfreien Betrags berücksichtigt werden;
4.[3)] soweit Vermögensgegenstände, die von Todes wegen (§ 3) oder durch Schenkung unter Lebenden (§ 7) erworben worden sind, innerhalb von 24 Monaten nach dem Zeitpunkt der Entstehung der Steuer (§ 9) dem Bund, einem Land, einer inländischen Gemeinde (Gemeindeverband) oder einer inländischen Stiftung zugewendet werden, die nach der Satzung, dem

---

[1)] § 28a Abs. 6 Satz 1 geänd., Satz 2 angef. mWv 15.12.2018 durch G v. 11.12.2018 (BGBl. I S. 2338); zur Anwendung siehe § 37 Abs. 16 Satz 2.

[2)] § 29 Abs. 1 Nr. 3 Satz 2 angef. mWv 1.1.2009 durch G v. 24.12.2008 (BGBl. I S. 3018).

[3)] § 29 Abs. 1 Nr. 4 Satz 1 mWv 1.1.2000 geänd. durch G v. 14.7.2000 (BGBl. I S. 1034) und durch G v. 10.10.2007 (BGBl. I S. 2332); Satz 2 geänd. durch G v. 24.12.2008 (BGBl. I S. 3018); Satz 2 geänd. mWv 29.12.2020 durch G v. 21.12.2020 (BGBl. I S. 3096); zur Anwendung siehe § 37 Abs. 18.

Stiftungsgeschäft oder der sonstigen Verfassung und nach ihrer tatsächlichen Geschäftsführung ausschließlich und unmittelbar als gemeinnützig anzuerkennenden steuerbegünstigten Zwecken im Sinne der §§ 52 bis 54 der Abgabenordnung[1)] mit Ausnahme der Zwecke, die nach § 52 Abs. 2 Nr. 23 der Abgabenordnung gemeinnützig sind, dient. [2]Dies gilt nicht, wenn die Stiftung Leistungen im Sinne des § 58 Nummer 6 der Abgabenordnung an den Erwerber oder seine nächsten Angehörigen zu erbringen hat oder soweit für die Zuwendung die Vergünstigung nach § 10b des Einkommensteuergesetzes[2)], § 9 Abs. 1 Nr. 2 des Körperschaftsteuergesetzes[3)] oder § 9 Nr. 5 des Gewerbesteuergesetzes[3)] in Anspruch genommen wird. [3]Für das Jahr der Zuwendung ist bei der Einkommensteuer oder Körperschaftsteuer und bei der Gewerbesteuer unwiderruflich zu erklären, in welcher Höhe die Zuwendung als Spende zu berücksichtigen ist. [4]Die Erklärung ist für die Festsetzung der Erbschaftsteuer oder Schenkungsteuer bindend.

(2) Der Erwerber ist für den Zeitraum, für den ihm die Nutzungen des zugewendeten Vermögens zugestanden haben, wie ein Nießbraucher zu behandeln.

§ 30 Anzeige des Erwerbs. (1)[4)] Jeder der Erbschaftsteuer unterliegende Erwerb (§ 1) ist vom Erwerber, bei einer Zweckzuwendung vom Beschwerten binnen einer Frist von drei Monaten nach erlangter Kenntnis von dem Anfall oder von dem Eintritt der Verpflichtung dem für die Verwaltung der Erbschaftsteuer zuständigen Finanzamt schriftlich anzuzeigen.

(2) Erfolgt der steuerpflichtige Erwerb durch ein Rechtsgeschäft unter Lebenden, ist zur Anzeige auch derjenige verpflichtet, aus dessen Vermögen der Erwerb stammt.

(3)[5)] [1]Einer Anzeige bedarf es nicht, wenn der Erwerb auf einer von einem deutschen Gericht, einem deutschen Notar oder einem deutschen Konsul eröffneten Verfügung von Todes wegen beruht und sich aus der Verfügung das Verhältnis des Erwerbers zum Erblasser unzweifelhaft ergibt; das gilt nicht, wenn zum Erwerb Grundbesitz, Betriebsvermögen, Anteile an Kapitalgesellschaften, die nicht der Anzeigepflicht nach § 33 unterliegen, oder Auslandsvermögen gehört. [2]Einer Anzeige bedarf es auch nicht, wenn eine Schenkung unter Lebenden oder eine Zweckzuwendung gerichtlich oder notariell beurkundet ist.

(4)[6)] Die Anzeige soll folgende Angaben enthalten:

1. Vorname und Familienname, Identifikationsnummer (§ 139b der Abgabenordnung[1)]), Beruf, Wohnung des Erblassers oder Schenkers und des Erwerbers;
2. Todestag und Sterbeort des Erblassers oder Zeitpunkt der Ausführung der Schenkung;
3. Gegenstand und Wert des Erwerbs;

[1)] dtv-Band **Nr. 5548 AO/FGO**.
[2)] dtv-Band **Nr. 5785 ESt/LSt**.
[3)] dtv-Band **Nr. 5786 KSt/GewSt**.
[4)] § 30 Abs. 1 geänd. mWv 28.8.2002 durch G v. 21.8.2002 (BGBl. I S. 3322).
[5)] § 30 Abs. 3 neu gef. mWv 1.1.2009 durch G v. 24.12.2008 (BGBl. I S. 3018).
[6)] § 30 Abs. 4 Nr. 1 geänd. durch G v. 2.11.2015 (BGBl. I S. 1834); zur Anwendung siehe § 37 Abs. 10 Satz 1.

4. Rechtsgrund des Erwerbs wie gesetzliche Erbfolge, Vermächtnis, Ausstattung;
5. persönliches Verhältnis des Erwerbers zum Erblasser oder zum Schenker wie Verwandtschaft, Schwägerschaft, Dienstverhältnis;
6. frühere Zuwendungen des Erblassers oder Schenkers an den Erwerber nach Art, Wert und Zeitpunkt der einzelnen Zuwendung.

(5)[1] [1] In den Fällen des § 1 Absatz 1 Nummer 4 ist von der Stiftung oder dem Verein binnen einer Frist von drei Monaten nach dem Zeitpunkt des ersten Übergangs von Vermögen auf die Stiftung oder auf den Verein der Vermögensübergang dem nach § 35 Absatz 4 zuständigen Finanzamt schriftlich anzuzeigen. [2] Die Anzeige soll folgende Angaben enthalten:
1. Name, Ort der Geschäftsleitung und des Sitzes der Stiftung oder des Vereins,
2. Name und Anschrift des gesetzlichen Vertreters der Stiftung oder des Vereins,
3. Zweck der Stiftung oder des Vereins,
4. Zeitpunkt des ersten Vermögensübergangs auf die Stiftung oder den Verein,
5. Wert und Zusammensetzung des Vermögens.

§ 31 Steuererklärung. (1)[2] [1] Das Finanzamt kann von jedem an einem Erbfall, an einer Schenkung oder an einer Zweckzuwendung Beteiligten ohne Rücksicht darauf, ob er selbst steuerpflichtig ist, die Abgabe einer Erklärung innerhalb einer von ihm zu bestimmenden Frist verlangen. [2] Die Frist muß mindestens einen Monat betragen. [3] In den Fällen des § 1 Absatz 1 Nummer 4 kann das Finanzamt von der Stiftung oder dem Verein sowie von jedem Familienmitglied im Sinne des § 1 Absatz 1 Nummer 4 und jedem Mitglied des Vereins die Abgabe einer Erklärung innerhalb einer von ihm zu bestimmenden Frist verlangen. [4] Satz 2 gilt entsprechend.

(2) Die Erklärung hat ein Verzeichnis der zum Nachlaß gehörenden Gegenstände und die sonstigen für die Feststellung des Gegenstands und des Werts des Erwerbs erforderlichen Angaben zu enthalten.

(3)[3] In den Fällen der fortgesetzten Gütergemeinschaft kann das Finanzamt die Steuererklärung allein von dem überlebenden Ehegatten oder dem überlebenden Lebenspartner verlangen.

(4) [1] Sind mehrere Erben vorhanden, sind sie berechtigt, die Steuererklärung gemeinsam abzugeben. [2] In diesem Fall ist die Steuererklärung von allen Beteiligten zu unterschreiben. [3] Sind an dem Erbfall außer den Erben noch weitere Personen beteiligt, können diese im Einverständnis mit den Erben in die gemeinsame Steuererklärung einbezogen werden.

(5) [1] Ist ein Testamentsvollstrecker oder Nachlaßverwalter vorhanden, ist die Steuererklärung von diesem abzugeben. [2] Das Finanzamt kann verlangen, daß die Steuererklärung auch von einem oder mehreren Erben mitunterschrieben wird.

---

[1] § 30 Abs. 5 angef. mWv 29.12.2020 durch G v. 21.12.2020 (BGBl. I S. 3096); zur Anwendung siehe § 37 Abs. 18.

[2] § 31 Abs. 1 Sätze 3 und 4 angef. mWv 29.12.2020 durch G v. 21.12.2020 (BGBl. I S. 3096); zur Anwendung siehe § 37 Abs. 18.

[3] § 31 Abs. 3 neu gef. mWv 1.1.2009 durch G v. 24.12.2008 (BGBl. I S. 3018).

(6) Ist ein Nachlaßpfleger bestellt, ist dieser zur Abgabe der Steuererklärung verpflichtet.

(7) [1]Das Finanzamt kann verlangen, daß eine Steuererklärung auf einem Vordruck nach amtlich bestimmtem Muster abzugeben ist, in der der Steuerschuldner die Steuer selbst zu berechnen hat. [2]Der Steuerschuldner hat die selbstberechnete Steuer innerhalb eines Monats nach Abgabe der Steuererklärung zu entrichten.

§ 32 Bekanntgabe des Steuerbescheids an Vertreter. (1) [1]In den Fällen des § 31 Abs. 5 ist der Steuerbescheid abweichend von § 122 Abs. 1 Satz 1 der Abgabenordnung[1)] dem Testamentsvollstrecker oder Nachlaßverwalter bekanntzugeben. [2]Diese Personen haben für die Bezahlung der Erbschaftsteuer zu sorgen. [3]Auf Verlangen des Finanzamts ist aus dem Nachlaß Sicherheit zu leisten.

(2) [1]In den Fällen des § 31 Abs. 6 ist der Steuerbescheid dem Nachlaßpfleger bekanntzugeben. [2]Absatz 1 Satz 2 und 3 ist entsprechend anzuwenden.

§ 33 Anzeigepflicht der Vermögensverwahrer, Vermögensverwalter und Versicherungsunternehmen. (1)[2)] [1]Wer sich geschäftsmäßig mit der Verwahrung oder Verwaltung fremden Vermögens befaßt, hat diejenigen in seinem Gewahrsam befindlichen Vermögensgegenstände und diejenigen gegen ihn gerichteten Forderungen, die beim Tod eines Erblassers zu dessen Vermögen gehörten oder über die dem Erblasser zur Zeit seines Todes die Verfügungsmacht zustand, dem für die Verwaltung der Erbschaftsteuer zuständigen Finanzamt schriftlich anzuzeigen. [2]Die Anzeige ist zu erstatten:

1. in der Regel: innerhalb eines Monats, seitdem der Todesfall dem Verwahrer oder Verwalter bekanntgeworden ist;
2. wenn der Erblasser zur Zeit seines Todes Angehöriger eines ausländischen Staats war und nach einer Vereinbarung mit diesem Staat der Nachlaß einem konsularischen Vertreter auszuhändigen ist: spätestens bei der Aushändigung des Nachlasses.

(2)[3)] Wer auf den Namen lautende Aktien oder Schuldverschreibungen ausgegeben hat, hat dem Finanzamt schriftlich von dem Antrag, solche Wertpapiere eines Verstorbenen auf den Namen anderer umzuschreiben, vor der Umschreibung Anzeige zu erstatten.

(3)[4)] Versicherungsunternehmen haben, bevor sie Versicherungssummen oder Leibrenten einem anderen als dem Versicherungsnehmer auszahlen oder zur Verfügung stellen, hiervon dem Finanzamt schriftlich Anzeige zu erstatten.

(4) Zuwiderhandlungen gegen diese Pflichten werden als Steuerordnungswidrigkeit mit Geldbuße geahndet.

[1)] dtv-Band **Nr. 5548 AO/FGO**.
[2)] § 33 Abs. 1 Satz 1 geänd. mWv 28.8.2002 durch G v. 21.8.2002 (BGBl. I S. 3322).
[3)] § 33 Abs. 2 geänd. mWv 28.8.2002 durch G v. 21.8.2002 (BGBl. I S. 3322).
[4)] § 33 Abs. 3 geänd. mWv 28.8.2002 durch G v. 21.8.2002 (BGBl. I S. 3322).

§ 34 Anzeigepflicht der Gerichte, Behörden, Beamten und Notare.

(1)[1] Die Gerichte, Behörden, Beamten und Notare haben dem für die Verwaltung der Erbschaftsteuer zuständigen Finanzamt schriftlich Anzeige zu erstatten über diejenigen Beurkundungen, Zeugnisse und Anordnungen, die für die Festsetzung einer Erbschaftsteuer von Bedeutung sein können.

(2) Insbesondere haben anzuzeigen:

1. die Standesämter:
   die Sterbefälle;
2.[2] die Gerichte und die Notare:
   die Erteilung von Erbscheinen, Europäischen Nachlasszeugnissen, Testamentsvollstreckerzeugnissen und Zeugnissen über die Fortsetzung der Gütergemeinschaft, die Beschlüsse über Todeserklärungen sowie die Anordnung von Nachlaßpflegschaften und Nachlaßverwaltungen;
3. die Gerichte, die Notare und die deutschen Konsuln:
   die eröffneten Verfügungen von Todes wegen, die abgewickelten Erbauseinandersetzungen, die beurkundeten Vereinbarungen der Gütergemeinschaft und die beurkundeten Schenkungen und Zweckzuwendungen.

§ 35 Örtliche Zuständigkeit. (1)[3] ¹Örtlich zuständig für die Steuerfestsetzung ist in den Fällen, in denen der Erblasser zur Zeit seines Todes oder der Schenker zur Zeit der Ausführung der Zuwendung ein Inländer war, das Finanzamt, das sich bei sinngemäßer Anwendung des § 19 Absatz 1 und des § 20 der Abgabenordnung[4] ergibt. ²Im Fall der Steuerpflicht nach § 2 Absatz 1 Nummer 1 Buchstabe b richtet sich die Zuständigkeit nach dem letzten inländischen Wohnsitz oder gewöhnlichen Aufenthalt des Erblassers oder Schenkers.

(2) Die örtliche Zuständigkeit bestimmt sich nach den Verhältnissen des Erwerbers, bei Zweckzuwendungen nach den Verhältnissen des Beschwerten, zur Zeit des Erwerbs, wenn

1. bei einer Schenkung unter Lebenden der Erwerber, bei einer Zweckzuwendung unter Lebenden der Beschwerte, eine Körperschaft, Personenvereinigung oder Vermögensmasse ist oder
2. der Erblasser zur Zeit seines Todes oder der Schenker zur Zeit der Ausführung der Zuwendung kein Inländer war. ²Sind an einem Erbfall mehrere inländische Erwerber mit Wohnsitz oder gewöhnlichem Aufenthalt in verschiedenen Finanzamtsbezirken beteiligt, ist das Finanzamt örtlich zuständig, das zuerst mit der Sache befaßt wird.

(3)[5] ¹Bei Schenkungen und Zweckzuwendungen unter Lebenden von einer Erbengemeinschaft ist das Finanzamt zuständig, das für die Bearbeitung des Erbfalls zuständig ist. ²Satz 1 gilt auch, wenn eine Erbengemeinschaft aus zwei

---

[1] § 34 Abs. 1 geänd. mWv 28.8.2002 durch G v. 21.8.2002 (BGBl. I S. 3322).

[2] § 34 Abs. 2 Nr. 2 geänd. durch G v. 29.6.2015 (BGBl. I S. 1042); zur Anwendung siehe § 37 Abs. 9.

[3] § 35 Abs. 1 Sätze 1 und 2 geänd. mWv 29.12.2020 durch G v. 21.12.2020 (BGBl. I S. 3096); zur Anwendung siehe § 37 Abs. 18.

[4] dtv-Band **Nr. 5548 AO/FGO**.

[5] § 35 Abs. 3 neu gef. mWv 1.1.2009 durch G v. 24.12.2008 (BGBl. I S. 3018).

Erben besteht und der eine Miterbe bei der Auseinandersetzung eine Schenkung an den anderen Miterben ausführt.

(4)[1] In den Fällen der Steuerpflicht nach § 2 Absatz 1 Nummer 2 ist das Finanzamt zuständig, das sich bei sinngemäßer Anwendung des § 20 Absatz 1 und 2 der Abgabenordnung ergibt.

(5)[2] In den Fällen des § 2 Absatz 1 Nummer 3 ist das Finanzamt örtlich zuständig, das sich bei sinngemäßer Anwendung des § 19 Absatz 2 der Abgabenordnung ergibt.

Abschnitt 5. Ermächtigungs- und Schlußvorschriften

§ 36 Ermächtigungen. (1) Die Bundesregierung wird ermächtigt, mit Zustimmung des Bundesrates

1. zur Durchführung dieses Gesetzes Rechtsverordnungen zu erlassen, soweit dies zur Wahrung der Gleichmäßigkeit bei der Besteuerung, zur Beseitigung von Unbilligkeiten in Härtefällen oder zur Vereinfachung des Besteuerungsverfahrens erforderlich ist, und zwar über
   a) die Abgrenzung der Steuerpflicht,
   b) die Feststellung und die Bewertung des Erwerbs von Todes wegen, der Schenkungen unter Lebenden und der Zweckzuwendungen, auch soweit es sich um den Inhalt von Schließfächern handelt,
   c) die Steuerfestsetzung, die Anwendung der Tarifvorschriften und die Steuerentrichtung,
   d) die Anzeige- und Erklärungspflicht der Steuerpflichtigen,
   e) die Anzeige-, Mitteilungs- und Übersendungspflichten der Gerichte, Behörden, Beamten und Notare, der Versicherungsunternehmen, der Vereine und Berufsverbände, die mit einem Versicherungsunternehmen die Zahlung einer Versicherungssumme für den Fall des Todes ihrer Mitglieder vereinbart haben, der geschäftsmäßigen Verwahrer und Verwalter fremden Vermögens, auch soweit es sich um in ihrem Gewahrsam befindliche Vermögensgegenstände des Erblassers handelt, sowie derjenigen, die auf den Namen lautende Aktien oder Schuldverschreibungen ausgegeben haben;
2. Vorschriften durch Rechtsverordnung zu erlassen über die sich aus der Aufhebung oder Änderung von Vorschriften dieses Gesetzes ergebenden Rechtsfolgen, soweit dies zur Wahrung der Gleichmäßigkeit der Besteuerung oder zur Beseitigung von Unbilligkeiten in Härtefällen erforderlich ist.

(2) Das Bundesministerium der Finanzen wird ermächtigt, den Wortlaut dieses Gesetzes und der zu diesem Gesetz erlassenen Durchführungsverordnung in der jeweils geltenden Fassung satzweise numeriert mit neuem Datum und neuer Paragraphenfolge bekanntzumachen und dabei Unstimmigkeiten des Wortlauts zu beseitigen.

---

[1] § 35 Abs. 4 eingef. mWv 29.12.2020 durch G v. 21.12.2020 (BGBl. I S. 3096); zur Anwendung siehe § 37 Abs. 18.

[2] § 35 früherer Abs. 4 neu gef. durch G v. 7.12.2011 (BGBl. I S. 2592); zur Anwendung siehe § 37 Abs. 7; geänd. mWv 25.6.2017 durch G v. 23.6.2017 (BGBl. I S. 1682); bish. Abs. 4 wird Abs. 5 mWv 29.12.2020 durch G v. 21.12.2020 (BGBl. I S. 3096); zur Anwendung siehe § 37 Abs. 18.

§ 37 Anwendung des Gesetzes. (1)[1] Dieses Gesetz in der Fassung des Artikels 6 des Gesetzes vom 22. Dezember 2009 (BGBl. I S. 3950) findet auf Erwerbe Anwendung, für die die Steuer nach dem 31. Dezember 2009 entsteht.

(2)[2] [1] In Erbfällen, die vor dem 31. August 1980 eingetreten sind, und für Schenkungen, die vor diesem Zeitpunkt ausgeführt worden sind, ist weiterhin § 25 in der Fassung des Gesetzes vom 17. April 1974 (BGBl. I S. 933) anzuwenden, auch wenn die Steuer infolge Aussetzung der Versteuerung nach § 25 Abs. 1 Buchstabe a erst nach dem 30. August 1980 entstanden ist oder entsteht. [2] In Erbfällen, die vor dem 1. Januar 2009 eingetreten sind, und für Schenkungen, die vor diesem Zeitpunkt ausgeführt worden sind, ist weiterhin § 25 Abs. 1 Satz 3 und Abs. 2 in der Fassung der Bekanntmachung vom 27. Februar 1997 (BGBl. I S. 378) anzuwenden.

(3)[3] [1] Die §§ 13a und 19a Absatz 5 in der Fassung des Artikels 6 des Gesetzes vom 22. Dezember 2009 (BGBl. I S. 3950) finden auf Erwerbe Anwendung, für die die Steuer nach dem 31. Dezember 2008 entsteht. [2] § 13a in der Fassung des Artikels 6 des Gesetzes vom 22. Dezember 2009 (BGBl. I S. 3950) ist nicht anzuwenden, wenn das begünstigte Vermögen vor dem 1. Januar 2011 von Todes wegen oder durch Schenkung unter Lebenden erworben wird, bereits Gegenstand einer vor dem 1. Januar 2007 ausgeführten Schenkung desselben Schenkers an dieselbe Person war und wegen eines vertraglichen Rückforderungsrechts nach dem 11. November 2005 herausgegeben werden musste.

(4)[4] § 13 Absatz 1 Nummer 1, § 13b Absatz 2 Satz 6 und 7 und Absatz 3, § 15 Absatz 1, § 16 Absatz 1 und § 17 Absatz 1 Satz 1 in der Fassung des Artikels 14 des Gesetzes vom 8. Dezember 2010 (BGBl. I S. 1768) sind auf Erwerbe anzuwenden, für die die Steuer nach dem 13. Dezember 2010 entsteht.

(5)[4] Soweit Steuerbescheide für Erwerbe von Lebenspartnern noch nicht bestandskräftig sind, ist

1. § 15 Absatz 1 in der Fassung des *Artikels 13*[5] des Gesetzes vom 8. Dezember 2010 (BGBl. I S. 1768) auf Erwerbe, für die die Steuer nach dem 31. Juli 2001 entstanden ist, anzuwenden;
2. § 16 Absatz 1 Nummer 1 in der Fassung des *Artikels 13*[5] des Gesetzes vom 8. Dezember 2010 (BGBl. I S. 1768) auf Erwerbe, für die die Steuer nach dem 31. Dezember 2001 und vor dem 1. Januar 2009 entstanden ist, mit der Maßgabe anzuwenden, dass an die Stelle des Betrages von 500 000 Euro ein Betrag von 307 000 Euro tritt;
3. § 16 Absatz 1 Nummer 1 in der Fassung des Artikels 14 des Gesetzes vom 8. Dezember 2010 (BGBl. I S. 1768) auf Erwerbe, für die die Steuer nach dem 31. Juli 2001 und vor dem 1. Januar 2002 entstanden ist, mit der Maßgabe anzuwenden, dass an die Stelle des Betrages von 500 000 Euro ein Betrag von 600 000 Deutsche Mark tritt;

---

[1] § 37 Abs. 1 neu gef. durch G v. 22.12.2009 (BGBl. I S. 3950).
[2] § 37 Abs. 2 Satz 2 angef. durch G v. 24.12.2008 (BGBl. I S. 3018).
[3] § 37 Abs. 3 neu gef. durch G v. 22.12.2009 (BGBl. I S. 3950).
[4] § 37 Abs. 4 und 5 angef. durch G v. 8.12.2010 (BGBl. I S. 1768).
[5] Richtig wohl: „Artikel 14".

4. § 17 Absatz 1 in der Fassung des Artikels 14 des Gesetzes vom 8. Dezember 2010 (BGBl. I S. 1768) auf Erwerbe, für die die Steuer nach dem 31. Dezember 2001 und vor dem 1. Januar 2009 entstanden ist, anzuwenden;
5. § 17 Absatz 1 in der Fassung des Artikels 14 des Gesetzes vom 8. Dezember 2010 (BGBl. I S. 1768) auf Erwerbe, für die die Steuer nach dem 31. Juli 2001 und vor dem 1. Januar 2002 entstanden ist, mit der Maßgabe anzuwenden, dass an die Stelle des Betrages von 256 000 Euro ein Betrag von 500 000 Deutsche Mark tritt.

(6)[1] § 13a Absatz 1a und § 13b Absatz 2 und 2a in der Fassung des Artikels 8 des Gesetzes vom 1. November 2011 (BGBl. I S. 2131) sind auf Erwerbe anzuwenden, für die die Steuer nach dem 30. Juni 2011 entsteht.

(7)[2] [1]§ 2 Absatz 1 Nummer 1 und 3 und Absatz 3, § 7 Absatz 8, § 15 Absatz 4, § 16 Absatz 1 und 2, § 19 Absatz 2, § 21 Absatz 1 und § 35 Absatz 4 in der Fassung des Artikels 11 des Gesetzes vom 7. Dezember 2011 (BGBl. I S. 2592) finden auf Erwerbe Anwendung, für die die Steuer nach dem 13. Dezember 2011 entsteht. [2]§ 2 Absatz 1 Nummer 1 und 3 und Absatz 3, § 16 Absatz 1 und 2, § 19 Absatz 2, § 21 Absatz 1 und § 35 Absatz 4 in der Fassung des Artikels 11 des Gesetzes vom 7. Dezember 2011 (BGBl. I S. 2592) finden auf Antrag auch auf Erwerbe Anwendung, für die die Steuer vor dem 14. Dezember 2011 entsteht, soweit Steuerbescheide noch nicht bestandskräftig sind.

(8)[3] § 13a Absatz 1 Satz 4, Absatz 4 Satz 5 und § 13b Absatz 2 in der Fassung des Artikels 30 des Gesetzes vom 26. Juni 2013 (BGBl. I S. 1809) sind auf Erwerbe anzuwenden, für die die Steuer nach dem 6. Juni 2013 entsteht.

(9)[4] § 34 Absatz 2 Nummer 2 in der Fassung des Artikels 17 des Gesetzes vom 29. Juni 2015 (BGBl. I S. 1042) ist auf Erwerbe anzuwenden, für die die Steuer nach dem 16. August 2015 entsteht.

(10)[5] [1]§ 13 Absatz 1 Nummer 16 Buchstabe b und c und § 30 Absatz 4 Nummer 1 in der am 6. November 2015 geltenden Fassung sind auf Erwerbe anzuwenden, für die die Steuer nach dem 5. November 2015 entstanden ist. [2]§ 13 Absatz 1 Nummer 16 Buchstabe b und c in der am 6. November 2015 geltenden Fassung ist auch auf Erwerbe anzuwenden, für die die Steuer vor dem 6. November 2015 entsteht, soweit Steuerbescheide noch nicht bestandskräftig sind.

(11)[6] § 13 Absatz 1 Nummer 2 Buchstabe b Doppelbuchstabe bb in der am 6. August 2016 geltenden Fassung ist auf Erwerbe anzuwenden, für die die Steuer nach dem 5. August 2016 entstanden ist.

(12)[7] [1]Die §§ 10, 13a bis 13d, 19a, 28 und 28a in der Fassung des Artikels 1 des Gesetzes vom 4. November 2016 (BGBl. I S. 2464) finden auf Erwerbe Anwendung, für die die Steuer nach dem 30. Juni 2016 entsteht. [2]§ 13a Absatz 1 Satz 3 und 4 in der Fassung des Artikels 1 des Gesetzes vom 4. November 2016 (BGBl. I S. 2464) findet auf frühere Erwerbe Anwendung, für die die Steuer nach dem 30. Juni 2016 entsteht. [3]§ 13c Absatz 2 Satz 3 bis 5

[1] § 37 Abs. 6 angef. durch G v. 1.11.2011 (BGBl. I S. 2131).
[2] § 37 Abs. 7 angef. durch G v. 7.12.2011 (BGBl. I S. 2592).
[3] § 37 Abs. 8 angef. durch G v. 26.6.2013 (BGBl. I S. 1809).
[4] § 37 Abs. 9 angef. durch G v. 29.6.2015 (BGBl. I S. 1042).
[5] § 37 Abs. 10 angef. durch G v. 2.11.2015 (BGBl. I S. 1834).
[6] § 37 Abs. 11 angef. durch G v. 31.7.2016 (BGBl. I S. 1914).
[7] § 37 Abs. 12 angef. durch G v. 4.11.2016 (BGBl. I S. 2464).

in der Fassung des Artikels 1 des Gesetzes vom 4. November 2016 (BGBl. I S. 2464) findet auf frühere Erwerbe Anwendung, für die die Steuer nach dem 30. Juni 2016 entsteht.

(13)[1) 1]§ 17 in der am 25. Juni 2017 geltenden Fassung ist auf Erwerbe anzuwenden, für die die Steuer nach dem 24. Juni 2017 entsteht. [2]§ 17 in der am 25. Juni 2017 geltenden Fassung ist auch auf Erwerbe anzuwenden, für die die Steuer vor dem 25. Juni 2017 entstanden ist, soweit Steuerbescheide noch nicht bestandskräftig sind.

(14)[2)] § 2 Absatz 1 Nummer 3, § 3 Absatz 2 Nummer 4, § 9 Absatz 1 Nummer 1 Buchstabe f, § 13 Absatz 1 Nummer 16 Buchstabe c Satz 2 und § 16 Absatz 1 und 2 in der am 25. Juni 2017 geltenden Fassung sind auf Erwerbe anzuwenden, für die die Steuer nach dem 24. Juni 2017 entsteht.

(15)[3)] § 13 Absatz 1 Nummer 18 Buchstabe a in der Fassung des Artikels 6 des Gesetzes vom 18. Juli 2017 (BGBl. I S. 2730) ist auf Erwerbe anzuwenden, für die die Steuer nach dem 29. Juli 2017 entsteht.

(16)[4) 1]Die §§ 19a und 28 in der Fassung des Artikels 18 des Gesetzes vom 11. Dezember 2018 (BGBl. I S. 2338) finden auf Erwerbe Anwendung, für die die Steuer nach dem 14. Dezember 2018 entsteht. [2]§ 28a in der Fassung des Artikels 18 des Gesetzes vom 11. Dezember 2018 (BGBl. I S. 2338) findet auf Erwerbe Anwendung, für die ein Erlass erstmals nach dem 14. Dezember 2018 ausgesprochen wurde.

(17)[5)] Auf Erwerbe, für die die Steuer vor dem Zeitpunkt entstanden ist, ab dem das Vereinigte Königreich Großbritannien und Nordirland nicht mehr Mitgliedstaat der Europäischen Union ist und auch nicht wie ein solcher zu behandeln ist, ist dieses Gesetz mit der Maßgabe anzuwenden, dass das Vereinigte Königreich Großbritannien und Nordirland weiterhin als Mitgliedstaat der Europäischen Union gilt.

(18)[6)] § 3 Absatz 2 Nummer 5, § 5 Absatz 1 Satz 6, § 10 Absatz 1 Satz 3 sowie Absatz 6 und 8, § 13 Absatz 1 Nummer 9a, § 13a Absatz 9a, § 13b Absatz 10 Satz 1, § 14 Absatz 2, § 29 Absatz 1 Nummer 4 Satz 2, § 30 Absatz 5, § 31 Absatz 1 sowie § 35 Absatz 1, 4 und 5 in der am 29. Dezember 2020 geltenden Fassung sind auf Erwerbe anzuwenden, für die die Steuer nach dem 28. Dezember 2020 entsteht.

§ 37a Sondervorschriften aus Anlaß der Herstellung der Einheit Deutschlands. (1) (weggefallen)

(2) [1]Für den Zeitpunkt der Entstehung der Steuerschuld ist § 9 Abs. 1 Nr. 1 auch dann maßgebend, wenn der Erblasser in dem in Artikel 3 des Einigungsvertrages genannten Gebiet[7)] vor dem 1. Januar 1991 verstorben ist, es sei denn, daß die Steuer nach dem Erbschaftsteuergesetz der Deutschen Demokratischen Republik vor dem 1. Januar 1991 entstanden ist. [2]§ 9 Abs. 2 gilt entsprechend,

---

[1)] § 37 Abs. 13 angef. durch G v. 23.6.2017 (BGBl. I S. 1682).
[2)] § 37 Abs. 14 angef. durch G v. 23.6.2017 (BGBl. I S. 1682).
[3)] § 37 Abs. 15 angef. durch G v. 18.7.2017 (BGBl. I S. 2730).
[4)] § 37 Abs. 16 angef. durch G v. 11.12.2018 (BGBl. I S. 2338).
[5)] § 37 Abs. 17 angef. durch G v. 25.3.2019 (BGBl. I S. 357).
[6)] § 37 Abs. 18 angef. durch G v. 21.12.2020 (BGBl. I S. 3096).
[7)] Das sind die Länder Brandenburg, Mecklenburg-Vorpommern, Sachsen, Sachsen-Anhalt und Thüringen sowie der Ostteil Berlins.

wenn die Versteuerung nach § 34 des Erbschaftsteuergesetzes (ErbStG) der Deutschen Demokratischen Republik in der Fassung vom 18. September 1970 (Sonderdruck Nr. 678 des Gesetzblattes) ausgesetzt wurde.

(3) (weggefallen)

(4) Als frühere Erwerbe im Sinne des § 14 gelten auch solche, die vor dem 1. Januar 1991 dem Erbschaftsteuerrecht der Deutschen Demokratischen Republik unterlegen haben.

(5) Als frühere Erwerbe desselben Vermögens im Sinne des § 27 gelten auch solche, für die eine Steuer nach dem Erbschaftsteuerrecht der Deutschen Demokratischen Republik erhoben wurde, wenn der Erwerb durch Personen im Sinne des § 15 Abs. 1 Steuerklasse I erfolgte.

(6) § 28 ist auch anzuwenden, wenn eine Steuer nach dem Erbschaftsteuerrecht der Deutschen Demokratischen Republik erhoben wird.

(7) [1] Ist in dem in Artikel 3 des Einigungsvertrages genannten Gebiet eine Steuerfestsetzung nach § 33 des Erbschaftsteuergesetzes der Deutschen Demokratischen Republik in der Weise erfolgt, daß die Steuer jährlich im voraus von dem Jahreswert von Renten, Nutzungen oder Leistungen zu entrichten ist, kann nach Wahl des Erwerbers die Jahressteuer zum jeweils nächsten Fälligkeitstermin mit ihrem Kapitalwert abgelöst werden. [2] § 23 Abs. 2 ist entsprechend anzuwenden.

(8) Wurde in Erbfällen, die vor dem 1. Januar 1991 eingetreten sind, oder für Schenkungen, die vor diesem Zeitpunkt ausgeführt worden sind, die Versteuerung nach § 34 des Erbschaftsteuergesetzes der Deutschen Demokratischen Republik ausgesetzt, ist diese Vorschrift weiterhin anzuwenden, auch wenn die Steuer infolge der Aussetzung der Versteuerung erst nach dem 31. Dezember 1990 entsteht.

§§ 38, 39 (weggefallen)

2.1. Erbschaftsteuer-Durchführungsverordnung (ErbStDV)[1]

Vom 8. September 1998

(BGBl. I S. 2658)

FNA 611-8-2-2-1

geänd. durch Art. 20 Steuer-Euroglättungsgesetz (StEuglG) v. 19.12.2000 (BGBl. I S. 1790), Art. 3 Gesetz zur Modernisierung des Stiftungsrechts v. 15.7.2002 (BGBl. I S. 2634), Art. 34 Drittes Gesetz zur Änderung verwaltungsverfahrensrechtlicher Vorschriften v. 21.8.2002 (BGBl. I S. 3322), Art. 1 VO v. 2.11.2005 (BGBl. I S. 3126), Art. 3 Abs. 2 Gesetz zur Reform des Personenstandsrechts (Personenstandsrechtsreformgesetz – PStRG) v. 19.2.2007 (BGBl. I S. 122), Art. 5 Verordnung zur Änderung steuerlicher Verordnungen v. 17.11.2010 (BGBl. I S. 1544), Art. 27 Jahressteuergesetz 2010 (JStG 2010) v. 8.12.2010 (BGBl. I S. 1768), Art. 16 Gesetz zur Anpassung steuerlicher Regelungen an die Rechtsprechung des Bundesverfassungsgerichts v. 18.7.2014 (BGBl. I S. 1042), Art. 2 Verordnung zur Änderung steuerlicher Verordnungen und weiterer Vorschriften v. 22.12.2014 (BGBl. I S. 2392), Art. 18 Gesetz zum Internationalen Erbrecht und zur Änderung von Vorschriften zum Erbschein sowie zur Änderung sonstiger Vorschriften v. 29.6.2015 (BGBl. I S. 1042), Art. 13 Gesetz zur Reform des Grundsteuer- und Bewertungsrechts (Grundsteuer-Reformgesetz – GrStRefG) v. 26.11.2019 (BGBl. I S. 1794) und Art. 4 Fünfte Verordnung zur Änderung steuerlicher Verordnungen v. 25.6.2020 (BGBl. I S. 1495)

Nichtamtliche Inhaltsübersicht

---

[1] Zur Anwendung siehe § 12.

Zu § 33 ErbStG

§ 1 Anzeigepflicht der Vermögensverwahrer und der Vermögensverwalter. (1)[1] [1]Wer zur Anzeige über die Verwahrung oder Verwaltung von Vermögen eines Erblassers verpflichtet ist, hat die Anzeige nach § 33 Abs. 1 des Gesetzes[2] mit einem Vordruck nach Muster 1 zu erstatten. [2]Wird die Anzeige in einem maschinellen Verfahren erstellt, kann auf eine Unterschrift verzichtet werden. [3]Die Anzeigepflicht bezieht sich auch auf die für das Jahr des Todes bis zum Todestag errechneten Zinsen für Guthaben, Forderungen und Wertpapiere (Stückzinsen). [4]Die Anzeige ist bei dem für die Verwaltung der Erbschaftsteuer zuständigen Finanzamt (§ 35 des Gesetzes) einzureichen.

(2) Die Anzeigepflicht besteht auch dann, wenn an dem in Verwahrung oder Verwaltung befindlichen Wirtschaftsgut außer dem Erblasser auch noch andere Personen beteiligt sind.

(3) Befinden sich am Todestag des Erblassers bei dem Anzeigepflichtigen Wirtschaftsgüter in Gewahrsam, die vom Erblasser verschlossen oder unter Mitverschluß gehalten wurden (z.B. in Schließfächern), genügt die Mitteilung über das Bestehen eines derartigen Gewahrsams und, soweit er dem Anzeigepflichtigen bekannt ist, die Mitteilung des Versicherungswerts.

(4) Die Anzeige darf nur unterbleiben,

1. wenn es sich um Wirtschaftsgüter handelt, über die der Erblasser nur die Verfügungsmacht hatte, insbesondere als gesetzlicher Vertreter, Betreuer, Liquidator, Verwalter oder Testamentsvollstrecker, oder
2.[3] wenn der Wert der anzuzeigenden Wirtschaftsgüter 5 000 Euro nicht übersteigt.

§ 2[4] Anzeigepflicht derjenigen, die auf den Namen lautende Aktien oder Schuldverschreibungen ausgegeben haben. [1]Wer auf den Namen lautende Aktien oder Schuldverschreibungen ausgegeben hat, hat unverzüglich nach dem Eingang eines Antrags auf Umschreibung der Aktien oder Schuldverschreibungen eines Verstorbenen dem für die Verwaltung der Erbschaftsteuer zuständigen Finanzamt (§ 35 des Gesetzes) unter Hinweis auf § 33 Abs. 2 des Gesetzes anzuzeigen:

1. die Wertpapier-Kennummer, die Stückzahl und den Nennbetrag der Aktien oder Schuldverschreibungen,
2.[5] die letzte Anschrift und die Identifikationsnummer des Erblassers, auf dessen Namen die Wertpapiere lauten,
3. den Todestag des Erblassers und – wenn dem Anzeigepflichtigen bekannt – das Standesamt, bei dem der Sterbefall beurkundet worden ist,

---

[1] § 1 Abs. 1 Satz 2 eingef. durch VO v. 2.11.2005 (BGBl. I S. 3126).

[2] Nr. **2**.

[3] § 1 Abs. 4 Nr. 2 geänd. durch VO v. 2.11.2005 (BGBl. I S. 3126); geänd. durch VO v. 17.11.2010 (BGBl. I S. 1544); zur Anwendung siehe § 12 Abs. 1.

[4] § 2 Satz 2 angef. durch VO v. 17.11.2010 (BGBl. I S. 1544); zur erstmaligen Anwendung siehe § 12 Abs. 1.

[5] § 2 Satz 1 Nr. 2 geänd. durch VO v. 22.12.2014 (BGBl. I S. 2392); zur Anwendung siehe § 12 Abs. 3.

4.[1] den Namen, die Identifikationsnummer, die Anschrift und, soweit dem Anzeigepflichtigen bekannt, das persönliche Verhältnis (Verwandtschaftsverhältnis, Ehegatte oder Lebenspartner) der Person, auf deren Namen die Wertpapiere umgeschrieben werden sollen.

[2]Die Anzeige darf nur unterbleiben, wenn der Wert der anzuzeigenden Wertpapiere 5 000 Euro nicht übersteigt.

§ 3 Anzeigepflicht der Versicherungsunternehmen. (1) [1]Zu den Versicherungsunternehmen, die Anzeigen nach § 33 Abs. 3 des Gesetzes zu erstatten haben, gehören auch die Sterbekassen von Berufsverbänden, Vereinen und anderen Anstalten, soweit sie die Lebens-(Sterbegeld-) oder Leibrenten-Versicherung betreiben. [2]Die Anzeigepflicht besteht auch für Vereine und Berufsverbände, die mit einem Versicherungsunternehmen die Zahlung einer Versicherungssumme (eines Sterbegeldes) für den Fall des Todes ihrer Mitglieder vereinbart haben, wenn der Versicherungsbetrag an die Hinterbliebenen der Mitglieder weitergeleitet wird. [3]Ortskrankenkassen gelten nicht als Versicherungsunternehmen im Sinne der genannten Vorschrift.

(2)[2] [1]Dem für die Verwaltung der Erbschaftsteuer zuständigen Finanzamt (§ 35 des Gesetzes) sind mit einem Vordruck nach Muster 2 alle Versicherungssummen oder Leibrenten, die einem anderen als dem Versicherungsnehmer auszuzahlen oder zur Verfügung zu stellen sind, und, soweit dem Anzeigepflichtigen bekannt, das persönliche Verhältnis (Verwandtschaftsverhältnis, Ehegatte oder Lebenspartner) der Person, an die die Auszahlung oder Zurverfügungstellung erfolgt, anzuzeigen. [2]Zu den Versicherungssummen rechnen insbesondere auch Versicherungsbeträge aus Sterbegeld-, Aussteuer- und ähnlichen Versicherungen. [3]Bei einem Wechsel des Versicherungsnehmers vor Eintritt des Versicherungsfalls sind der Rückkaufswert der Versicherung sowie der Name, die Identifikationsnummer, die Anschrift und das Geburtsdatum des neuen Versicherungsnehmers anzuzeigen.

(3)[3] [1]Die Anzeige unterbleibt bei solchen Versicherungssummen, die auf Grund eines von einem Arbeitgeber für seine Arbeitnehmer abgeschlossenen Versicherungsvertrages bereits zu Lebzeiten des Versicherten (Arbeitnehmers) fällig und an diesen ausgezahlt werden. [2]Die Anzeige darf bei Kapitalversicherungen unterbleiben, wenn der auszuzahlende Betrag 5 000 Euro nicht übersteigt.

Zu § 34 ErbStG

§ 4 Anzeigepflicht der Standesämter. (1)[4] [1]Die Standesämter haben für jeden Kalendermonat die Sterbefälle jeweils durch Übersendung der Sterbeurkunde in zweifacher Ausfertigung binnen zehn Tagen nach Ablauf des Monats

---

[1] § 2 Satz 1 Nr. 4 geänd. durch VO v. 17.11.2010 (BGBl. I S. 1544); zur erstmaligen Anwendung siehe § 12 Abs. 1; Nr. 4 geänd. durch VO v. 22.12.2014 (BGBl. I S. 2392); zur Anwendung siehe § 12 Abs. 3.

[2] § 3 Abs. 2 Satz 1 geänd., Satz 3 neu gef. durch VO v. 17.11.2010 (BGBl. I S. 1544); zur erstmaligen Anwendung siehe § 12 Abs. 1; Satz 3 geänd. durch VO v. 22.12.2014 (BGBl. I S. 2392); zur Anwendung siehe § 12 Abs. 3.

[3] § 3 Satz 2 geänd. mWv 1.1.2002 durch G v. 19.12.2000 (BGBl. I S. 1790); geänd. durch VO v. 17.11.2010 (BGBl. I S. 1544); zur erstmaligen Anwendung siehe § 12 Abs. 1.

[4] § 4 Abs. 1 Satz 1 geänd. mWv 1.1.2009 durch G v. 19.2.2007 (BGBl. I S. 122).

dem für die Verwaltung der Erbschaftsteuer zuständigen Finanzamt, in dessen Bezirk sich der Sitz des Standesamtes befindet, anzuzeigen. [2]Dabei ist die Ordnungsnummer (§ 5 Abs. 2) anzugeben, die das Finanzamt dem Standesamt zugeteilt hat. [3]Die in Satz 1 genannten Urkunden sind um Angaben zu den in Muster 3 genannten Fragen zu ergänzen, soweit diese Angaben bekannt sind.

(2)[1)] Sind in dem vorgeschriebenen Zeitraum Sterbefälle nicht beurkundet oder bekannt geworden, hat das Standesamt innerhalb von zehn Tagen nach Ablauf des Zeitraumes unter Angabe der Nummer der letzten Eintragung in das Sterberegister eine Fehlanzeige mit einem Vordruck nach Muster 4 zu übersenden.

(3) Die Oberfinanzdirektion kann anordnen,

1. daß die Anzeigen von einzelnen Standesämtern für einen längeren oder kürzeren Zeitraum als einen Monat übermittelt werden können,
2. daß die Standesämter die Sterbefälle statt der Anzeigen nach Absatz 1 und 2 durch eine Totenliste (Absatz 4) nach Muster 3 anzeigen können,
3. daß auf die zweite Ausfertigung der Sterbeurkunde verzichtet werden kann.

(4)[2)] [1]Totenlisten nach Absatz 3 Nr. 2 sind vorbehaltlich des Absatzes 3 Nr. 1 für jeden Kalendermonat aufzustellen. [2]In die Totenlisten sind einzutragen:

1.[3)] die Sterbefälle nach der Reihenfolge der Eintragungen in das Sterberegister,
2. die dem Standesamt sonst bekanntgewordenen Sterbefälle von Personen, die im Ausland verstorben sind und bei ihrem Tod einen Wohnsitz oder ihren gewöhnlichen Aufenthalt oder Vermögen im Bezirk des Standesamtes gehabt haben.

[3]Das Standesamt hat die Totenliste binnen zehn Tagen nach dem Ablauf des Zeitraumes, für den sie aufgestellt ist, nach der in dem Muster 3 vorgeschriebenen Anleitung abzuschließen und dem für die Verwaltung der Erbschaftsteuer zuständigen Finanzamt, in dessen Bezirk sich der Sitz des Standesamtes befindet, einzusenden. [4]Dabei ist die Ordnungsnummer (§ 5 Abs. 2) anzugeben, die das Finanzamt dem Standesamt zugeteilt hat. [5]Sind in dem vorgeschriebenen Zeitraum Sterbefälle nicht beurkundet worden oder bekanntgeworden, hat das Standesamt innerhalb von zehn Tagen nach Ablauf des Zeitraumes diesem Finanzamt eine Fehlanzeige nach Muster 4 zu übersenden. [6]In der Fehlanzeige ist auch die Nummer der letzten Eintragung in das Sterberegister anzugeben.

§ 5 Verzeichnis der Standesämter. (1) [1]Die Landesregierungen oder die von ihnen bestimmten Stellen teilen den für ihr Gebiet zuständigen Oberfinanzdirektionen Änderungen des Bestandes oder der Zuständigkeit der Standesämter mit. [2]Von diesen Änderungen geben die Oberfinanzdirektionen den in Betracht kommenden Finanzämtern Kenntnis.

(2) Die Finanzämter geben jedem Standesamt ihres Bezirks eine Ordnungsnummer, die sie dem Standesamt mitteilen.

[1)] § 4 Abs. 2 geänd. mWv 1.1.2009 durch G v. 19.2.2007 (BGBl. I S. 122).
[2)] § 4 Abs. 4 Satz 6 geänd. mWv 1.1.2009 durch G v. 19.2.2007 (BGBl. I S. 122).
[3)] § 4 Abs. 4 Satz 2 Nr. 1 geänd. mWv 1.1.2009 durch G v. 19.2.2007 (BGBl. I S. 122).

§ 6 Anzeigepflicht der Gerichte bei Todeserklärungen. (1) [1]Die Gerichte haben dem für die Verwaltung der Erbschaftsteuer zuständigen Finanzamt (§ 35 des Gesetzes) eine beglaubigte Abschrift der Beschlüsse über die Todeserklärung Verschollener oder über die Feststellung des Todes und der Todeszeit zu übersenden. [2]Wird ein solcher Beschluß angefochten oder eine Aufhebung beantragt, hat das Gericht dies dem Finanzamt anzuzeigen.

(2) Die Übersendung der in Absatz 1 genannten Abschriften kann bei Erbfällen von Kriegsgefangenen und ihnen gleichgestellten Personen sowie bei Erbfällen von Opfern der nationalsozialistischen Verfolgung unterbleiben, wenn der Zeitpunkt des Todes vor dem 1. Januar 1946 liegt.

§ 7 Anzeigepflicht der Gerichte, Notare und sonstigen Urkundspersonen in Erbfällen. (1)[1)] [1]Die Gerichte haben dem für die Verwaltung der Erbschaftsteuer zuständigen Finanzamt (§ 35 des Gesetzes) beglaubigte Abschriften folgender Verfügungen und Schriftstücke mit einem Vordruck nach Muster 5 zu übersenden:

1. eröffnete Verfügungen von Todes wegen mit einer Mehrausfertigung der Niederschrift über die Eröffnungsverhandlung,
2. Erbscheine,

2a.[2)] Europäische Nachlasszeugnisse,

3. Testamentsvollstreckerzeugnisse,
4. Zeugnisse über die Fortsetzung von Gütergemeinschaften,
5. Beschlüsse über die Einleitung oder Aufhebung einer Nachlaßpflegschaft oder Nachlaßverwaltung,
6. beurkundete Vereinbarungen über die Abwicklung von Erbauseinandersetzungen.

[2]Eine elektronische Übermittlung der Anzeige ist ausgeschlossen. [3]Die Anzeige hat unverzüglich nach dem auslösenden Ereignis zu erfolgen. [4]Auf der Urschrift der Mitteilung oder Anzeige ist zu vermerken, wann und an welches Finanzamt die Abschrift übersandt worden ist.

(2) Jede Mitteilung oder Übersendung soll die folgenden Angaben enthalten:

1.[3)] den Namen, die Identifikationsnummer, den Geburtstag, die letzte Anschrift, den Todestag und den Sterbeort des Erblassers,

2.[4)] das Standesamt, bei dem der Sterbefall beurkundet worden ist, und die Nummer des Sterberegisters.

(3) Soweit es den Gerichten bekannt ist, haben sie mitzuteilen:

1. den Beruf und den Familienstand des Erblassers,

2.[5)] den Güterstand bei verheirateten oder in einer Lebenspartnerschaft lebenden Erblassern,

---

[1)] § 7 Abs. 1 Satz 2 eingef. durch G v. 21.8.2002 (BGBl. I S. 3322).

[2)] § 7 Abs. 1 Satz 1 Nr. 2a eingef. durch G v. 29.6.2015 (BGBl. I S. 1042); zur Anwendung siehe § 12 Abs. 4.

[3)] § 7 Abs. 2 Nr. 1 geänd. durch VO v. 22.12.2014 (BGBl. I S. 2392); zur Anwendung siehe § 12 Abs. 3.

[4)] § 7 Abs. 2 Nr. 2 geänd. mWv 1.1.2009 durch G v. 19.2.2007 (BGBl. I S. 122).

[5)] § 7 Abs. 3 Nr. 2 geänd. durch G v. 18.7.2014 (BGBl. I S. 1042); zur Anwendung siehe § 12 Abs. 2.

3.[1] die Anschriften und die Identifikationsnummern der Beteiligten sowie das persönliche Verhältnis (Verwandtschaftsverhältnis, Ehegatte oder Lebenspartner) zum Erblasser,
4. die Höhe und die Zusammensetzung des Nachlasses in Form eines Verzeichnisses,
5. später bekanntgewordene Veränderungen in der Person der Erben oder Vermächtnisnehmer, insbesondere durch Fortfall von vorgesehenen Erben oder Vermächtnisnehmern.

(4) Die Übersendung der in Absatz 1 erwähnten Abschriften und die Erstattung der dort vorgesehenen Anzeigen dürfen unterbleiben,

1.[2] wenn die Annahme berechtigt ist, dass außer Hausrat (einschließlich Wäsche und Kleidungsstücke) im Wert von höchstens 12 000 Euro nur noch anderes Vermögen im reinen Wert von höchstens 20 000 Euro vorhanden ist,
2. bei Erbfällen von Kriegsgefangenen und ihnen gleichgestellten Personen sowie bei Erbfällen von Opfern der nationalsozialistischen Verfolgung, wenn der Zeitpunkt des Todes vor dem 1. Januar 1946 liegt,
3. wenn der Erbschein lediglich zur Geltendmachung von Ansprüchen auf Grund des Lastenausgleichsgesetzes beantragt und dem Ausgleichsamt unmittelbar übersandt worden ist,
4. wenn seit dem Zeitpunkt des Todes des Erblassers mehr als zehn Jahre vergangen sind. [2]Das gilt nicht für Anzeigen über die Abwicklung von Erbauseinandersetzungen.

(5) Die vorstehenden Vorschriften gelten entsprechend für Notare (Bezirksnotare) und sonstige Urkundspersonen, soweit ihnen Geschäfte des Nachlaßgerichtes übertragen sind.

§ 8[3] Anzeigepflicht der Gerichte, Notare und sonstigen Urkundspersonen bei Schenkungen und Zweckzuwendungen unter Lebenden.

(1) [1]Die Gerichte haben dem für die Verwaltung der Erbschaftsteuer zuständigen Finanzamt (§ 35 des Gesetzes) eine beglaubigte Abschrift der Urkunde über eine Schenkung (§ 7 des Gesetzes) oder eine Zweckzuwendung unter Lebenden (§ 8 des Gesetzes) unter Angabe des der Kostenberechnung zugrunde gelegten Werts mit einem Vordruck nach Muster 6 zu übersenden. [2]Eine elektronische Übermittlung der Anzeige ist ausgeschlossen. [3]Enthält die Urkunde keine Angaben darüber, sind die Beteiligten über

1.[4] das persönliche Verhältnis (Verwandtschaftsverhältnis, Ehegatte oder Lebenspartner) des Erwerbers zum Schenker und
2. den Wert der Zuwendung

zu befragen und die Angaben in der Anzeige mitzuteilen. [4]Die Anzeige hat unverzüglich nach der Beurkundung zu erfolgen. [5]Auf der Urschrift der Ur-

---

[1] § 7 Abs. 3 Nr. 3 geänd. durch VO v. 17.11.2010 (BGBl. I S. 1544); zur Anwendung siehe § 12 Abs. 1; geänd. durch VO v. 22.12.2014 (BGBl. I S. 2392); zur Anwendung siehe § 12 Abs. 3.

[2] § 7 Abs. 4 Nr. 1 neu gef. durch VO v. 17.11.2010 (BGBl. I S. 1544); zur erstmaligen Anwendung siehe § 12 Abs. 1.

[3] § 8 Abs. 1 Satz 2 eingef. durch G v. 21.8.2002 (BGBl. I S. 3322).

[4] § 8 Abs. 1 Satz 3 Nr. 1 geänd. durch VO v. 17.11.2010 (BGBl. I S. 1544); zur Anwendung siehe § 12 Abs. 1.

kunde ist zu vermerken, wann und an welches Finanzamt die Abschrift übersandt worden ist. [6] Die Gerichte haben bei der Beurkundung von Schenkungen und Zweckzuwendungen unter Lebenden die Beteiligten auf die mögliche Steuerpflicht hinzuweisen.

(2) Die Verpflichtungen nach Absatz 1 erstrecken sich auch auf Urkunden über Rechtsgeschäfte, die zum Teil oder der Form nach entgeltlich sind, bei denen aber Anhaltspunkte dafür vorliegen, daß eine Schenkung oder Zweckzuwendung unter Lebenden vorliegt.

(3)[1)] Die Übersendung einer beglaubigten Abschrift von Schenkungs- und Übergabeverträgen und die Mitteilung der in Absatz 1 vorgesehenen Angaben darf unterbleiben, wenn Gegenstand der Schenkung nur Hausrat (einschließlich Wäsche und Kleidungsstücke) im Wert von höchstens 12 000 Euro und anderes Vermögen im reinen Wert von höchstens 20 000 Euro ist.

(4) Die vorstehenden Vorschriften gelten entsprechend für Notare (Bezirksnotare) und sonstige Urkundspersonen.

§ 9[2)] **Anzeigepflicht der Auslandsstellen.** [1] Die diplomatischen Vertreter und Konsuln des Bundes haben dem Bundeszentralamt für Steuern anzuzeigen:

1. die ihnen bekannt gewordenen Sterbefälle von Deutschen ihres Amtsbezirks,
2. die ihnen bekannt gewordenen Zuwendungen ausländischer Erblasser oder Schenker an Personen, die im Inland einen Wohnsitz oder ihren gewöhnlichen Aufenthalt haben.

[2] Eine elektronische Übermittlung der Anzeige ist ausgeschlossen.

§ 10[3)] **Anzeigepflicht der Genehmigungsbehörden.** [1] Die Behörden, die Stiftungen anerkennen oder Zuwendungen von Todes wegen und unter Lebenden an juristische Personen und dergleichen genehmigen, haben dem für die Verwaltung der Erbschaftsteuer zuständigen Finanzamt (§ 35 des Gesetzes) über solche innerhalb eines Kalendervierteljahres erteilten Anerkennungen oder Genehmigungen unmittelbar nach Ablauf des Vierteljahres eine Nachweisung zu übersenden. [2] Eine elektronische Übermittlung der Anzeige ist ausgeschlossen. [3] Die Verpflichtung erstreckt sich auch auf Rechtsgeschäfte der in § 8 Abs. 2 bezeichneten Art. [4] In der Nachweisung sind bei einem Anerkennungs- oder Genehmigungsfall anzugeben:

1. der Tag der Anerkennung oder Genehmigung,
2.[4)] die Anschriften und die Identifikationsnummern des Erblassers (Schenkers) und des Erwerbers (bei einer Zweckzuwendung die Anschrift und die Identifikationsnummer des mit der Durchführung der Zweckzuwendung Beschwerten),

---

[1)] § 8 Abs. 3 neu gef. durch VO v. 17.11.2010 (BGBl. I S. 1544); zur Anwendung siehe § 12 Abs. 1.

[2)] § 9 Satz 2 angef. durch G v. 21.8.2002 (BGBl. I S. 3322); Satz 1 geänd. mWv 1.1.2009 durch G v. 19.2.2007 (BGBl. I S. 122); Satz 1 geänd. mWv 14.12.2010 durch G v. 8.12.2010 (BGBl. I S. 1768).

[3)] § 10 Sätze 1, 4 und 5 geänd. durch G v. 15.7.2002 (BGBl. I S. 2634); Satz 2 eingef., bish. Sätze 2 bis 4 werden Sätze 3 bis 5 durch G v. 21.8.2002 (BGBl. I S. 3322).

[4)] § 10 Satz 4 Nr. 2 geänd. durch VO v. 22.12.2014 (BGBl. I S. 2392); zur Anwendung siehe § 12 Abs. 3.

3. die Höhe des Erwerbs (der Zweckzuwendung),
4. bei Erwerben von Todes wegen der Todestag und der Sterbeort des Erblassers,
5. bei Anerkennung einer Stiftung als rechtsfähig der Name, der Sitz (der Ort der Geschäftsleitung), der Zweck der Stiftung und der Wert des ihr gewidmeten Vermögens,
6.[1] wenn bei der Anerkennung oder Genehmigung dem Erwerber Leistungen an andere Personen oder zu bestimmten Zwecken auferlegt oder wenn von dem Erwerber solche Leistungen zur Erlangung der Anerkennung oder Genehmigung freiwillig übernommen werden: Art und Wert der Leistungen, die begünstigten Personen oder Zwecke und das persönliche Verhältnis (Verwandtschaftsverhältnis, Ehegatte oder Lebenspartner) der begünstigten Personen zum Erblasser (Schenker).

[5] Als Nachweisung kann eine beglaubigte Abschrift der der Stiftung zugestellten Urkunde über die Anerkennung als rechtsfähig dienen, wenn aus ihr die genannten Angaben zu ersehen sind.

§ 11 Anzeigen im automatisierten Verfahren. Die oberste Finanzbehörde eines Landes kann anordnen, daß die Anzeigen den Finanzämtern ihres Zuständigkeitsbereichs in einem automatisierten Verfahren erstattet werden können, soweit die Übermittlung der jeweils aufgeführten Angaben gewährleistet und die Richtigkeit der Datenübermittlung sichergestellt ist.

Schlußvorschriften

§ 12[2] Anwendung der Verordnung. (1) Diese Verordnung in der Fassung des Artikels 5 der Verordnung vom 17. November 2010 (BGBl. I S. 1544) ist auf Erwerbe anzuwenden, für die die Steuer nach dem 31. Dezember 2010 entsteht.

(2) § 7 Absatz 3 Nummer 2 und die Muster 3 und Muster 5 in der Fassung des Artikels 16 des Gesetzes vom 18. Juli 2014 (BGBl. I S. 1042) sind auf Erwerbe anzuwenden, für die die Steuer nach dem 23. Juli 2014 entsteht.

(3)[3] § 2 Satz 1 Nummer 2 und 4, § 3 Absatz 2 Satz 3, § 7 Absatz 2 Nummer 1 und Absatz 3 Nummer 3, § 10 Satz 4 Nummer 2 sowie die Muster 1, 2, 5 und 6 in der am 30. Dezember 2014 geltenden Fassung sind auf Erwerbe anzuwenden, für die die Steuer nach dem 29. Dezember 2014 entsteht.

(4)[4] § 7 Absatz 1 Satz 1 Nummer 2a und Muster 5 in der Fassung des Artikels 18 des Gesetzes vom 29. Juni 2015 (BGBl. I S. 1042) sind auf Erwerbe anzuwenden, für die die Steuer nach dem 16. August 2015 entsteht.

---

[1] § 10 Satz 4 Nr. 6 geänd. durch VO v. 17.11.2010 (BGBl. I S. 1544); zur Anwendung siehe § 12 Abs. 1.

[2] § 12 neu gef. durch G v. 18.7.2014 (BGBl. I S. 1042).

[3] § 12 Abs. 3 angef. durch VO v. 22.12.2014 (BGBl. I S. 2392).

[4] § 12 Abs. 4 angef. durch G v. 29.6.2015 (BGBl. I S. 1042).

§ 13 Inkrafttreten, Außerkrafttreten. [1] Diese Verordnung tritt am 1. August 1998 in Kraft. [2] Gleichzeitig tritt die Erbschaftsteuer-Durchführungsverordnung in der im Bundesgesetzblatt Teil III, Gliederungsnummer 611-8-1, veröffentlichten bereinigten Fassung, zuletzt geändert durch Artikel 3 des Gesetzes vom 20. Dezember 1996 (BGBl. I S. 2049), außer Kraft.

Muster 1[1)]
(zu § 1 ErbStDV)

....
Firma

Erbschaftsteuer

An das
Finanzamt ....
– Erbschaftsteuerstelle –

Anzeige

über die Verwahrung oder Verwaltung fremden Vermögens (§ 33 Abs. 1 ErbStG und § 1 ErbStDV)

1. **Erblasser** Name, Vorname,
Identifikationsnummer ....
Geburtstag ....
Anschrift ....
Todestag .... Sterbeort ....
Standesamt .... Sterberegister-Nr. ....

2. **Guthaben und andere Forderungen, auch Gemeinschaftskonten**

IBAN	Nennbetrag am Todestag ohne Zinsen für das Jahr des Todes (volle EUR)	Aufgelaufene Zinsen bis zum Todestag (volle EUR)	Hat der Kontoinhaber mit dem Kreditinstitut vereinbart, daß die Guthaben oder eines derselben mit seinem Tod auf eine bestimmte Person übergehen? Wenn ja: Name und genaue Anschrift dieser Person
1	2	3	4

Von den Angaben in Spalte 1 entfallen auf unselbständige Zweigniederlassungen im Ausland:
IBAN:

3. **Wertpapiere, Anteile, Genußscheine und dergleichen, auch solche in Gemeinschaftsdepots**

Bezeichnung der Wertpapiere usw. Wertpapierkenn-Nr.	Nennbetrag am Todestag (volle EUR)	Kurswert bzw. Rücknahmepreis am Todestag (volle EUR)	Stückzinsen bis zum Todestag (volle EUR)	Bemerkungen
1	2	3	4	5

Von den Angaben in Spalte 1 entfallen auf unselbständige Zweigniederlassungen im Ausland:
Bezeichnung der Wertpapiere usw., Wertpapierkenn-Nr.:

4. Der Verstorbene hatte **kein – ein Schließfach / … Schließfächer** Versicherungswert .... EUR
5. **Bemerkungen** (z.B. über Schulden des Erblassers beim Kreditinstitut):
....
....

....
Ort, Datum   Unterschrift

[1)] Muster 1 geänd. mWv 1.1.2009 durch G v. 19.2.2007 (BGBl. I S. 122); geänd. durch VO v. 17.11.2010 (BGBl. I S. 1544); geänd. durch VO v. 22.12.2014 (BGBl. I S. 2392); zur Anwendung siehe § 12 Abs. 3.

Muster 2[1)]
(zu § 3 ErbStDV)

....
Firma

Erbschaftsteuer

An das
Finanzamt ....
– Erbschaftsteuerstelle –

Anzeige

über die Auszahlung oder Zurverfügungstellung von Versicherungssummen oder Leibrenten an einen anderen als den Versicherungsnehmer (§ 33 Abs. 3 ErbStG und § 3 ErbStDV)

1. Versicherter		**und Versicherungsnehmer** (wenn er ein anderer ist als der Versicherte)
a) Name und Vorname, Identifikationsnummer	....	....
b) Geburtsdatum	....	....
c) Anschrift	....	....
d) Todestag	....	....
e) Sterbeort	....	....
f) Standesamt und Sterbe-register-Nr.	....	....

Zeitpunkt der Auszahlung beziehungsweise Zurverfügungstellung in Fällen, in denen der Versicherungsnehmer nicht verstorben ist:

2. Versicherungsschein-Nr. ....

3. a) Bei Kapitalversicherung

Auszuzahlender Versicherungsbetrag vor Abzug von einzubehaltender Kapitalertragsteuer, Solidaritätszuschlag, Kirchensteuer (einschließlich Dividenden und dergleichen abzüglich noch geschuldeter Prämien, vor der Fälligkeit der Versicherungssumme gewährter Darlehen, Vorschüsse und dergleichen .... EUR

b) Bei Rentenversicherung

Jahresbetrag .... EUR Dauer der Rente ....

4. Zahlungsempfänger ist ....

- ☐ als Inhaber des Versicherungsscheins*
- ☐ als Bevollmächtigter, gesetzlicher Vertreter des* ....
- ☐ als Begünstiger*
- ☐ aus einem anderen Grund (Abtretung, Verpfändung, gesetzliches Erbrecht, Testament und dergleichen) und welchem?* ....

* Zutreffendes ist anzukreuzen

5. Nach der **Auszahlungsbestimmung des Versicherungsnehmers,** die als Bestandteil des Versicherungsvertrags anzusehen ist, ist/sind bezugsberechtigt ....

6. Bei **Wechsel des Versicherungsnehmers**

Neuer Versicherungsnehmer ist ....

Rückkaufswert .... EUR

7. Bemerkungen (z.B. persönliches Verhältnis – Verwandtschaftsverhältnis, Ehegatte oder Lebenspartner – der Beteiligten) ....

....

....
Ort, Datum Unterschrift

[1)] Muster 2 geänd. mWv 1.1.2009 durch G v. 19.2.2007 (BGBl. I S. 122); geänd. durch VO v. 17.11.2010 (BGBl. I S. 1544); geänd. durch VO v. 22.12.2014 (BGBl. I S. 2392); zur Anwendung siehe § 12 Abs. 3; geänd. mWv 30.6.2020 durch VO v. 25.6.2020 (BGBl. I S. 1495).

Muster 3[1)]
(zu § 4 ErbStDV)

....
Standesamt und Ordnungsnummer

Erbschaftsteuer
Totenliste

des Standesamtsbezirks ....
für den Zeitraum vom .... bis .... einschließlich
Sitz des Standesamts ....

Anleitung für die Aufstellung und Einsendung der Totenliste

1. Die Totenliste ist für den Zeitraum eines Monats aufzustellen, sofern nicht die Oberfinanzdirektion die Aufstellung für einen kürzeren oder längeren Zeitraum angeordnet hat. Sie ist beim Beginn des Zeitraums anzulegen. Die einzelnen Sterbefälle sind darin **sofort nach ihrer Beurkundung** einzutragen.
2. In die Totenliste sind aufzunehmen
   a) alle beurkundeten Sterbefälle nach der Reihenfolge der Eintragungen im Sterberegister,
   b) die dem Standesbeamten glaubhaft bekanntgewordenen Sterbefälle im Ausland, und zwar von Deutschen und Ausländern, wenn sie beim Tod einen Wohnsitz oder ihren gewöhnlichen Aufenthalt oder Vermögen im Bezirk des Standesamtes hatten.
3. Ausfüllen der Spalten:
   a) Spalte 1 muß **alle Nummern des Sterberegisters** in ununterbrochener Reihenfolge nachweisen. Die Auslassung einzelner Nummern ist in Spalte 7 zu erläutern. Auch der Sterbefall eines Unbekannten ist in der Totenliste anzugeben.
   b) In den Spalten 5 und 6 ist der Antwort stets der Buchstabe der Frage voranzusetzen, auf die sich die Antwort bezieht.
   c) Fragen, über die das Sterberegister keine Auskunft gibt, sind zu beantworten, soweit sie der Standesbeamte aus eigenem Wissen oder nach Befragen des Anmeldenden beantworten kann.
   d) Bezugnahmen auf vorhergehende Angaben durch „dsgl." oder durch Strichzeichen (") usw. sind zu vermeiden.
   e) Spalte 8 ist nicht auszufüllen.
4. Einlagebogen sind in den Titelbogen einzuheften.
5. Abschluß der Liste:
   a) Die Totenliste ist hinter der letzten Eintragung mit Orts- und Zeitangabe und der Unterschrift des Standesbeamten abzuschließen.
   b) Sind Sterbefälle der unter Nummer 2 Buchstabe b bezeichneten Art nicht bekanntgeworden, ist folgende Bescheinigung zu unterschreiben:

      Im Ausland eingetretene Sterbefälle von Deutschen und Ausländern, die beim Tod einen Wohnsitz oder ihren gewöhnlichen Aufenthalt oder Vermögen im Bezirk des Standesamtes hatten, sind mir nicht bekanntgeworden.

      ....
      Ort, Datum (Standesbeamter/Standesbeamtin)

   c) Binnen zehn Tagen nach Ablauf des Zeitraums, für den die Liste aufzustellen ist, ist sie dem Finanzamt einzureichen. Sind in dem Zeitraum Sterbefälle nicht anzugeben, ist dem Finanzamt binnen zehn Tagen nach Ablauf des Zeitraums eine Fehlanzeige nach besonderem Muster zu erstatten.

An das
Finanzamt ....
– Erbschaftsteuerstelle –

[1)] Muster 3 geänd. mWv 1.1.2009 durch G v. 19.2.2007 (BGBl. I S. 122); geänd. durch G v. 18.7.2014 (BGBl. I S. 1042); zur Anwendung siehe § 12 Abs. 2.

(Seite 2)

Nummer des Sterberegisters	a) Familienname ggf. auch Geburtsname b) Vornamen c) Beruf d) Anschrift e) bei minderjährigen Kindern Name, Beruf und Anschrift (soweit von d) abweichend) des Vaters und der Mutter	a) Todestag b) Geburtstag c) Geburtsort	a) Familienstand b) bei Verheirateten oder bei Lebenspartnern Name, Beruf, Geburtstag, ggf. abweichende Anschrift des anderen Ehegatten oder Lebenspartners c) bei Verwitweten oder bei hinterbliebenen Lebenspartnern Beruf des verstorbenen Ehegatten oder Lebenspartners
des Verstorbenen			
1	2	3	4

(Seite 3)

Lebten von dem Verstorbenen am Todestag a) Kinder? Wie viele? b) Abkömmlinge von verstorbenen Kindern? Wie viele? c) Eltern oder Geschwister? (Nur angeben, wenn a) und b) verneint wird) d) Sonstige Verwandte oder Verschwägerte? (Nur angeben, wenn a) bis c) verneint wird) e) Wer kann Auskunft geben? Zu a) bis e) bitte Name und Anschrift angeben	Worin besteht der Nachlaß und welchen Wert hat er? (kurze Angabe) a) land- und forstw. Vermögen (bitte Lage und Größe der bewirtschafteten Fläche angeben) b) Grundvermögen (bitte Lage angeben) c) Betriebsvermögen (bitte die Firma und Art des Betriebs, z.B. Einzelhandelsgeschäft, Großhandel, Handwerksbetrieb, Fabrik angeben angeben) d) Übriges Vermögen	Bemerkungen	Nummer und Jahrgang der Steuerliste
5	6	7	8

Muster 4[1)]
(zu § 4 ErbStDV)

....
Standesamt und Ordnungsnummer

Erbschaftsteuer

An das
Finanzamt ....
– Erbschaftsteuerstelle –

Fehlanzeige

Im Standesamtsbezirk ....
sind für die Zeit vom .... bis .... einschließlich
Sterbefälle nicht anzugeben.

Der letzte Sterbefall ist beurkundet im Sterberegister unter Nr. ....

Im Ausland eingetretene Sterbefälle von Deutschen und von Ausländern, die beim Tod einen Wohnsitz oder ihren gewöhnlichen Aufenthalt oder Vermögen im Bezirk des Standesamtes hatten, sind mir nicht bekanntgeworden.

Bemerkungen ....
....

....
Ort, Datum Unterschrift

---

1) Muster 4 geänd. mWv 1.1.2009 durch G v. 19.2.2007 (BGBl. I S. 122).

Muster 5[1)]
(zu § 7 ErbStDV)

....
Amtsgericht/Notariat

Erbschaftsteuer

An das
Finanzamt ....
– Erbschaftsteuerstelle –

Die anliegende ... beglaubigte ... Abschrift ... /Ablichtung ... wird /werden mit folgenden Bemerkungen übersandt:

Erblasser Name, Vorname, Identifikationsnummer	....
Geburtstag	....
letzte Anschrift	....
Beruf	....
Familienstand	....
Güterstand (bei Verheirateten oder bei Lebenspartnern)	....
Todestag und Sterbeort	....
Standesamt und Sterberegister-Nr.	....
Testament/Erbvertrag vom	....
Tag der Eröffnung	....

Die **Gebühr** für die	**Errichtung**	**Verwahrung**	**Erteilung eines Erbscheins**
ist berechnet nach dem Wert von	.... EUR	.... EUR	.... EUR

Grund der Übersendung

Eröffnung einer	□ Verfügung von Todes wegen *			
Erteilung eines	□ Erbscheins *	□ Europäischen Nachlasszeugnisses *	□ Testamentvollstreckerzeugnisses *	□ Zeugnisses über die Fortsetzung von Gütergemeinschaften *
Beurkundung einer	□ Erbauseinandersetzung *			
Beschluß über die	□ Einleitung oder Aufhebung einer Nachlaßpflegschaft *		□ Einleitung oder Aufhebung einer Nachlaßverwaltung *	

Die Namen und Anschriften der Beteiligten und das persönliche Verhältnis (Verwandtschaftsverhältnis, Ehegatte oder Lebenspartner) zum Erblasser sowie Veränderungen in der Person der Erben, Vermächtnisnehmer, Testamentsvollstrecker usw. (durch Tod, Eintritt eines Ersatzerben, Ausschlagung, Amtsniederlegung des Testamentsvollstreckers und dergleichen) und Änderungen in den Verhältnissen dieser Personen (Namens-, Berufs-, Anschriftenänderungen und dergleichen)

□ ergeben sich aus der beiliegenden Abschrift der Eröffnungsverhandlung. *
□ sind auf einem gesonderten Blatt angegeben. *
□ Zur Höhe und Zusammensetzung des Nachlasses ist dem Gericht/Notariat folgendes bekanntgeworden: *
....
....
□ Ein Verzeichnis der Nachlaßgegenstände ist beigefügt. *

* Zutreffendes ist anzukreuzen

....
Ort, Datum Unterschrift

[1)] Muster 5 geänd. mWv 1.1.2009 durch G v. 19.2.2007 (BGBl. I S. 122); geänd. durch VO v. 17.11.2010 (BGBl. I S. 1544); geänd. durch G v. 18.7.2014 (BGBl. I S. 1042); zur Anwendung siehe § 12 Abs. 2; geänd. durch VO v. 22.12.2014 (BGBl. I S. 2392); zur Anwendung siehe § 12 Abs. 3; geänd. durch G v. 29.6.2015 (BGBl. I S. 1042); zur Anwendung siehe § 12 Abs. 4.

Muster 6[1)]
(§ 8 ErbStDV)

....
Amtsgericht/Notariat

Schenkungsteuer

An das
Finanzamt ....
– Erbschaftsteuerstelle –

Die anliegende beglaubigte Abschrift/Ablichtung wird mit folgenden Bemerkungen übersandt:

1. **Schenker** Name, Vorname, Identifikationsnummer ....
   Geburtstag ....
   Anschrift ....
2. **Beschenkter** Name, Vorname, Identifikationsnummer ....
   Geburtstag ....
   Anschrift ....
3. **Vertrag** vom .... Urkundenrolle-Nr. ....
4. **Ergänzende Angaben** (§ 34 ErbStG, § 8 ErbStDV)
   Persönliches Verhältnis (Verwandtschaftsverhältnis, Ehegatte oder Lebenspartner) des Erwerbers zum Schenker (z.B. Kind, Geschwisterkind, Bruder der Mutter, nicht verwandt) ....

Verkehrswert des übertragenen Vermögens	Bei Grundbesitz: letzter Grundsteuerwert/Grundbesitzwert (Nichtzutreffendes ist zu streichen)	Wert, der der Kostenberechnung zugrunde liegt
.... EUR	.... EUR	.... EUR

5. **Sonstige Angaben**
   Zur Verfahrensvereinfachung und Vermeidung von Rückfragen werden mit Einverständnis der Urkundsparteien folgende Angaben gemacht, soweit sie nicht bereits aus dem Vertrag ersichtlich sind:

Valutastand der übernommenen Verbindlichkeiten am Tag der Schenkung	Jahreswert von Gegenleistungen wie z.B. Nießbrauch	Höhe der Notargebühren
.... EUR	.... EUR	.... EUR

....
Ort, Datum

....
Unterschrift

[1)] Muster 6 geänd. durch VO v. 17.11.2010 (BGBl. I S. 1544); geänd. durch VO v. 22.12.2014 (BGBl. I S. 2392); zur Anwendung siehe § 12 Abs. 3; geänd. **mWv 1.1.2025** durch G v. 26.11.2019 (BGBl. I S. 1794).

3. Grundsteuergesetz (GrStG)[1)·2)·3)]

Vom 7. August 1973

(BGBl. I S. 965)

FNA 611-7

geänd. durch Art. 15 Einführungsgesetz zur Abgabenordnung v. 14.12.1976 (BGBl. I S. 3341), § 41 Einigungsvertrag v. 31.8.1990 (BGBl. II S. 889, 986), Art. 12 Standortsicherungsgesetz v. 13.9.1993 (BGBl. I S. 1569), Art. 6 Abs. 56 Eisenbahnneuordnungsgesetz v. 27.12.1993 (BGBl. I S. 2378), Art. 12 Abs. 43 Postneuordnungsgesetz v. 14.9.1994 (BGBl. I S. 2325), Art. 9 Gesetz zur Fortsetzung der Unternehmenssteuerreform v. 29.10.1997 (BGBl. I S. 2590), Art. 9 Gesetz zur Änderung des Einführungsgesetzes zur Insolvenzordnung und anderer Gesetze (EGInsOÄndG) v. 19.12.1998 (BGBl. I S. 3836), Art. 11 Steuerbereinigungsgesetz 1999 (StBereinG 1999) v. 22.12.1999 (BGBl. I S. 2601), Art. 21 Steuer-Euroglättungsgesetz v. 19.12.2000 (BGBl. I S. 1790), Art. 29 Gesetz zur Umbenennung des Bundesgrenzschutzes in Bundespolizei v. 21.6.2005 (BGBl. I S. 1818), Art. 6 Gesetz zur Beschleunigung der Umsetzung von Öffentlich Privaten Partnerschaften und zur Verbesserung gesetzlicher Rahmenbedingungen für Öffentlich Private Partnerschaften v. 1.9.2005 (BGBl. I S. 2676), Art. 38 Jahressteuergesetz 2009 (JStG 2009) v. 19.12.2008 (BGBl. I S. 2794), Art. 3 Gesetz zur Reform des Grundsteuer- und Bewertungsrechts (Grundsteuer-Reformgesetz – GrStRefG) v. 26.11.2019 (BGBl. I S. 1794), Art. 1 Gesetz zur Änderung des Grundsteuergesetzes zur Mobilisierung von baureifen Grundstücken für die Bebauung v. 30.11.2019 (BGBl. I S. 1875) und Art. 31 Jahressteuergesetz 2020 (JStG 2020) v. 21.12.2020 (BGBl. I S. 3096)

Inhaltsübersicht

---

1) Verkündet als Art. 1 des G zur Reform des Grundsteuerrechts v. 7.8.1973 (BGBl. I S. 965); Inkrafttreten gem. Art. 8 dieses G am 12.8.1973.

2) Zur Anwendung im Beitrittsgebiet siehe §§ 40 bis 46 sowie Einigungsvertrag mit Anlage I Kapitel IV Abschnitt II Nr. 14.

3) Zu abweichendem Landesrecht siehe u.a. **Baden-Württemberg:** Landesgrundsteuergesetz – LGrStG v. 4.11.2020 (GBl. S. 974).

Abschnitt I. Steuerpflicht

§ 1 Heberecht (1) Die Gemeinde bestimmt, ob von dem in ihrem Gebiet liegenden Grundbesitz Grundsteuer zu erheben ist.

(2) Bestehen in einem Land keine Gemeinden, so stehen das Recht des Absatzes 1 und die in diesem Gesetz bestimmten weiteren Rechte dem Land zu.

(3) Für den in gemeindefreien Gebieten liegenden Grundbesitz bestimmt die Landesregierung durch Rechtsverordnung, wer die nach diesem Gesetz den Gemeinden zustehenden Befugnisse ausübt.

§ 2 Steuergegenstand.

[Fassung bis 31.12.2024:]

Steuergegenstand ist der Grundbesitz im Sinne des Bewertungsgesetzes[2]:

1. die Betriebe der Land- und Forstwirtschaft (§§ 33, 48a und 51a des Bewertungsgesetzes). [2] Diesen stehen die in § 99 Abs. 1 Nr. 2 des Bewertungsgesetzes bezeichneten Betriebsgrundstücke gleich;
2. die Grundstücke (§§ 68, 70 des Bewertungsgesetzes). [2] Diesen stehen die in § 99 Abs. 1 Nr. 1 des Bewertungsgesetzes bezeichneten Betriebsgrundstücke gleich.

[Fassung ab 1.1.2025:[1]]

Steuergegenstand ist der inländische Grundbesitz im Sinne des Bewertungsgesetzes:

1.[3] die Betriebe der Land- und Forstwirtschaft (§§ 232 bis 234, 240 des Bewertungsgesetzes); diesen stehen die in § 218 Satz 2 des Bewertungsgesetzes bezeichneten Betriebsgrundstücke gleich;

2. die Grundstücke (§§ 243, 244 des Bewertungsgesetzes); diesen stehen die in § 218 Satz 3 des Bewertungsgesetzes bezeichneten Betriebsgrundstücke gleich.

§ 3 Steuerbefreiung für Grundbesitz bestimmter Rechtsträger.

(1)[4] [1] Von der Grundsteuer sind befreit

1. Grundbesitz, der von einer inländischen juristischen Person des öffentlichen Rechts für einen öffentlichen Dienst oder Gebrauch benutzt wird. [2] Ausgenommen ist der Grundbesitz, der von Berufsvertretungen und Berufsverbänden sowie von Kassenärztlichen Vereinigungen und Kassenärztlichen Bundesvereinigungen benutzt wird;

1a.[5] *(aufgehoben)*

2.[6] Grundbesitz, der vom Bundeseisenbahnvermögen für Verwaltungszwecke benutzt wird;

3. Grundbesitz, der von
   a) einer inländischen juristischen Person des öffentlichen Rechts,
   b) einer inländischen Körperschaft, Personenvereinigung oder Vermögensmasse, die nach der Satzung, dem Stiftungsgeschäft oder der sonstigen Verfassung und nach ihrer tatsächlichen Geschäftsführung ausschließlich und unmittelbar gemeinnützigen oder mildtätigen Zwecken dient,

   für gemeinnützige oder mildtätige Zwecke benutzt wird;

4. Grundbesitz, der von einer Religionsgesellschaft, die Körperschaft des öffentlichen Rechts ist, einem ihrer Orden, einer ihrer religiösen Genossenschaften oder einem ihrer Verbände für Zwecke der religiösen Unterweisung, der Wissenschaft, des Unterrichts, der Erziehung oder für Zwecke der eigenen Verwaltung benutzt wird. [2] Den Religionsgesellschaften

---

[1] § 2 neu gef. durch G v. 26.11.2019 (BGBl. I S. 1794); zur Anwendung siehe § 37 Abs. 1 n.F.
[2] Nr. **1**.
[3] § 2 Nr. 1 geänd. durch G v. 21.12.2020 (BGBl. I S. 3096).
[4] § 3 Abs. 1 Satz 2 geänd. durch G v. 13.9.1993 (BGBl. I S. 1569); Satz 3 angef. mWv 8.9.2005 durch G v. 1.9.2005 (BGBl. I S. 2676).
[5] § 3 Abs. 1 Nr. 1a eingef. durch G v. 14.9.1994 (BGBl. I S. 2325); aufgeh. durch G v. 22.12.1999 (BGBl. I S. 2601).
[6] § 3 Abs. 1 Nr. 2 geänd. mWv 1.1.1994 durch G v. 27.12.1993 (BGBl. I S. 2378).

stehen die jüdischen Kultusgemeinden gleich, die nicht Körperschaften des öffentlichen Rechts sind;

5.[1] Dienstwohnungen der Geistlichen und Kirchendiener der Religionsgesellschaften, die Körperschaften des öffentlichen Rechts sind, und der jüdischen Kultusgemeinden. ²§ 5 ist insoweit nicht anzuwenden;

6.[2] Grundbesitz der Religionsgesellschaften, die Körperschaften des öffentlichen Rechts sind, und der jüdischen Kultusgemeinden, der am 1. Januar 1987 und im Veranlagungszeitpunkt zu einem nach Kirchenrecht gesonderten Vermögen, insbesondere einem Stellenfonds gehört, dessen Erträge ausschließlich für die Besoldung und Versorgung der Geistlichen und Kirchendiener sowie ihrer Hinterbliebenen bestimmt sind. ²Ist in dem in Artikel 3 des Einigungsvertrages genannten Gebiet die Zugehörigkeit des Grundbesitzes zu einem gesonderten Vermögen im Sinne des Satzes 1 am 1. Januar 1987 nicht gegeben, reicht es insoweit aus, daß der Grundbesitz zu einem Zeitpunkt vor dem 1. Januar 1987 zu einem gesonderten Vermögen im Sinne des Satzes 1 gehörte. ³Die §§ 5 und 6 sind insoweit nicht anzuwenden.

²Der Grundbesitz muß ausschließlich demjenigen, der ihn für die begünstigten Zwecke benutzt, oder einem anderen nach den Nummern 1 bis 6 begünstigten Rechtsträger zuzurechnen sein. ³Satz 2 gilt nicht, wenn der Grundbesitz von einem nicht begünstigten Rechtsträger im Rahmen einer Öffentlich Privaten Partnerschaft einer juristischen Person des öffentlichen Rechts für einen öffentlichen Dienst oder Gebrauch überlassen wird und die Übertragung auf den Nutzer am Ende des Vertragszeitraums vereinbart ist.

(2) ¹Öffentlicher Dienst oder Gebrauch im Sinne dieses Gesetzes ist die hoheitliche Tätigkeit oder der bestimmungsgemäße Gebrauch durch die Allgemeinheit. ²Ein Entgelt für den Gebrauch durch die Allgemeinheit darf nicht in der Absicht, Gewinn zu erzielen, gefordert werden.

(3)[3] Öffentlicher Dienst oder Gebrauch im Sinne dieses Gesetzes ist nicht anzunehmen bei Betrieben gewerblicher Art von juristischen Personen des öffentlichen Rechts im Sinne des Körperschaftsteuergesetzes[4].

§ 4 Sonstige Steuerbefreiungen. Soweit sich nicht bereits eine Befreiung nach § 3 ergibt, sind von der Grundsteuer befreit

1. Grundbesitz, der dem Gottesdienst einer Religionsgesellschaft, die Körperschaft des öffentlichen Rechts ist, oder einer jüdischen Kultusgemeinde gewidmet ist;
2. Bestattungsplätze;
3. a) die dem öffentlichen Verkehr dienenden Straßen, Wege, Plätze, Wasserstraßen, Häfen und Schienenwege sowie die Grundflächen mit den diesem Verkehr unmittelbar dienenden Bauwerken und Einrichtungen, zum Beispiel Brücken, Schleuseneinrichtungen, Signalstationen, Stellwerke, Blockstellen;

---

[1] § 3 Abs. 1 Satz 1 Nr. 5 neu gef. durch G v. 13.9.1993 (BGBl. I S. 1569).
[2] § 3 Abs. 1 Satz 1 Nr. 6 angef. durch G v. 13.9.1993 (BGBl. I S. 1569).
[3] § 3 Abs. 3 geänd. durch G v. 22.12.1999 (BGBl. I S. 2601).
[4] dtv-Band **Nr. 5786 KSt/GewSt**.

b)[1] auf Verkehrsflughäfen und Verkehrslandeplätzen alle Flächen, die unmittelbar zur Gewährleistung eines ordnungsgemäßen Flugbetriebes notwendig sind und von Hochbauten und sonstigen Luftfahrthindernissen freigehalten werden müssen, die Grundflächen mit den Bauwerken und Einrichtungen, die unmittelbar diesem Betrieb dienen, sowie die Grundflächen ortsfester Flugsicherungsanlagen einschließlich der Flächen, die für einen einwandfreien Betrieb dieser Anlagen erforderlich sind;

c) die fließenden Gewässer und die ihren Abfluß regelnden Sammelbecken, soweit sie nicht unter Buchstabe a fallen;

4. die Grundflächen mit den im Interesse der Ordnung und Verbesserung der Wasser- und Bodenverhältnisse unterhaltenen Einrichtungen der öffentlich-rechtlichen Wasser- und Bodenverbände und die im öffentlichen Interesse staatlich unter Schau gestellten Privatdeiche;

5. Grundbesitz, der für Zwecke der Wissenschaft, des Unterrichts oder der Erziehung benutzt wird, wenn durch die Landesregierung oder die von ihr beauftragte Stelle anerkannt ist, daß der Benutzungszweck im Rahmen der öffentlichen Aufgaben liegt. [2]Der Grundbesitz muß ausschließlich demjenigen, der ihn benutzt, oder einer juristischen Person des öffentlichen Rechts zuzurechnen sein;

6.[2] Grundbesitz, der für die Zwecke eines Krankenhauses benutzt wird, wenn das Krankenhaus in dem Kalenderjahr, das dem Veranlagungszeitpunkt (§ 13 Abs. 1) vorangeht, die Voraussetzungen des § 67 Abs. 1 oder 2 der Abgabenordnung[3] erfüllt hat. [2]Der Grundbesitz muß ausschließlich demjenigen, der ihn benutzt, oder einer juristischen Person des öffentlichen Rechts zuzurechnen sein.

§ 5 Zu Wohnzwecken benutzter Grundbesitz. (1) Dient Grundbesitz, der für steuerbegünstigte Zwecke (§§ 3 und 4) benutzt wird, zugleich Wohnzwecken, gilt die Befreiung nur für

1.[4] Gemeinschaftsunterkünfte der Bundeswehr, der ausländischen Streitkräfte, der internationalen militärischen Hauptquartiere, der Bundespolizei, der Polizei und des sonstigen Schutzdienstes des Bundes und der Gebietskörperschaften sowie ihrer Zusammenschlüsse;

2. Wohnräume in Schülerheimen, Ausbildungs- und Erziehungsheimen sowie Prediger- und Priesterseminaren, wenn die Unterbringung in ihnen für die Zwecke des Unterrichts, der Ausbildung oder der Erziehung erforderlich ist. [2]Wird das Heim oder Seminar nicht von einem der nach § 3 Abs. 1 Nr. 1, 3 oder 4 begünstigten Rechtsträger unterhalten, so bedarf es einer Anerkennung der Landesregierung oder der von ihr beauftragten Stelle, daß die Unterhaltung des Heims oder Seminars im Rahmen der öffentlichen Aufgaben liegt;

3. Wohnräume, wenn der steuerbegünstigte Zweck im Sinne des § 3 Abs. 1 Nr. 1, 3 oder 4 nur durch ihre Überlassung erreicht werden kann;

---

[1] § 4 Nr. 3 Buchst. b neu gef. durch G v. 22.12.1999 (BGBl. I S. 2601).

[2] § 4 Nr. 6 neu gef. mWv 1.1.1977 durch G v. 14.12.1976 (BGBl. I S. 3341).

[3] dtv-Band **Nr. 5548 AO/FGO**.

[4] § 5 Nr. 1 geänd. mWv 1.7.2005 durch G v. 21.6.2005 (BGBl. I S. 1818).

4. Räume, in denen sich Personen für die Erfüllung der steuerbegünstigten Zwecke ständig bereithalten müssen (Bereitschaftsräume), wenn sie nicht zugleich die Wohnung des Inhabers darstellen.

(2) Wohnungen sind stets steuerpflichtig, auch wenn die Voraussetzungen des Absatzes 1 vorliegen.

§ 6 Land- und forstwirtschaftlich genutzter Grundbesitz. Wird Grundbesitz, der für steuerbegünstigte Zwecke (§§ 3 und 4) benutzt wird, zugleich land- und forstwirtschaftlich genutzt, so gilt die Befreiung nur für

1. Grundbesitz, der Lehr- oder Versuchszwecken dient;
2. Grundbesitz, der von der Bundeswehr, den ausländischen Streitkräften, den internationalen militärischen Hauptquartieren oder den in § 5 Abs. 1 Nr. 1 bezeichneten Schutzdiensten als Übungsplatz oder Flugplatz benutzt wird;
3. Grundbesitz, der unter § 4 Nr. 1 bis 4 fällt.

§ 7 Unmittelbare Benutzung für einen steuerbegünstigten Zweck.

[1] Die Befreiung nach den §§ 3 und 4 tritt nur ein, wenn der Steuergegenstand für den steuerbegünstigten Zweck unmittelbar benutzt wird. [2] Unmittelbare Benutzung liegt vor, sobald der Steuergegenstand für den steuerbegünstigten Zweck hergerichtet wird.

§ 8 Teilweise Benutzung für einen steuerbegünstigten Zweck.

(1) Wird ein räumlich abgegrenzter Teil des Steuergegenstandes für steuerbegünstigte Zwecke (§§ 3 und 4) benutzt, so ist nur dieser Teil des Steuergegenstandes steuerfrei.

(2) Dient der Steuergegenstand oder ein Teil des Steuergegenstandes (Absatz 1) sowohl steuerbegünstigten Zwecken (§§ 3 und 4) als auch anderen Zwecken, ohne daß eine räumliche Abgrenzung für die verschiedenen Zwecke möglich ist, so ist der Steuergegenstand oder der Teil des Steuergegenstandes nur befreit, wenn die steuerbegünstigten Zwecke überwiegen.

§ 9 Stichtag für die Festsetzung der Grundsteuer; Entstehung der Steuer. (1) Die Grundsteuer wird nach den Verhältnissen zu Beginn des Kalenderjahres festgesetzt.

(2) Die Steuer entsteht mit dem Beginn des Kalenderjahres, für das die Steuer festzusetzen ist.

§ 10 Steuerschuldner.

[Fassung bis 31.12.2024:]

(1) Schuldner der Grundsteuer ist derjenige, dem der Steuergegenstand bei der Feststellung des Einheitswerts zugerechnet ist.

(2) Derjenige, dem ein Erbbaurecht, ein Wohnungserbbaurecht oder ein Teilerbbaurecht zugerechnet ist,

[Fassung ab 1.1.2025:[1])]

(1) Schuldner der Grundsteuer ist derjenige, dem der Steuergegenstand bei der Feststellung des Grundsteuerwerts zugerechnet ist.

(2) Ist der Steuergegenstand mehreren Personen zugerechnet, so sind sie Gesamtschuldner.

---

[1]) § 10 Abs. 1 geänd., Abs. 2 aufgeh., bish. Abs. 3 wird Abs. 2 durch G v. 26.11.2019 (BGBl. I S. 1794); zur Anwendung siehe § 37 Abs. 1 n.F.

[Fassung bis 31.12.2024:]
ist auch Schuldner der Grundsteuer für die wirtschaftliche Einheit des belasteten Grundstücks.

(3) Ist der Steuergegenstand mehreren Personen zugerechnet, so sind sie Gesamtschuldner.

§ 11 Persönliche Haftung. (1) Neben dem Steuerschuldner haften der Nießbraucher des Steuergegenstandes und derjenige, dem ein dem Nießbrauch ähnliches Recht zusteht.

(2)[1] [1]Wird ein Steuergegenstand ganz oder zu einem Teil einer anderen Person übereignet, so haftet der Erwerber neben dem früheren Eigentümer für die auf den Steuergegenstand oder Teil des Steuergegenstandes entfallende Grundsteuer, die für die Zeit seit dem Beginn des letzten vor der Übereignung liegenden Kalenderjahres zu entrichten ist. [2]Das gilt nicht für Erwerbe aus einer Insolvenzmasse und für Erwerbe im Vollstreckungsverfahren.

§ 12 Dingliche Haftung. Die Grundsteuer ruht auf dem Steuergegenstand als öffentliche Last.

Abschnitt II. Bemessung der Grundsteuer

[Fassung bis 31.12.2024:]

§ 13 Steuermeßzahl und Steuermeßbetrag

(1) [1]Bei der Berechnung der Grundsteuer ist von einem Steuermeßbetrag auszugehen. [2]Dieser ist durch Anwendung eines Tausendsatzes (Steuermeßzahl) auf den Einheitswert oder seinen steuerpflichtigen Teil zu ermitteln, der nach dem Bewertungsgesetz[3] im Veranlagungszeitpunkt (§ 16 Abs. 1, § 17 Abs. 3, § 18 Abs. 3) für den Steuergegenstand maßgebend ist.

(2)[4] *(aufgehoben)*

(3) In den Fällen des § 10 Abs. 2 ist der Berechnung des Steuermeßbetrags die Summe der beiden Einheitswerte zugrunde zu legen, die nach § 92 des Bewertungsgesetzes festgestellt werden.

[Fassung ab 1.1.2025:[2]]

§ 13 Steuermesszahl und Steuermessbetrag

[1]Bei der Berechnung der Grundsteuer ist von einem Steuermessbetrag auszugehen. [2]Dieser ist durch Anwendung eines Promillesatzes (Steuermesszahl) auf den Grundsteuerwert oder seinen steuerpflichtigen Teil zu ermitteln, der nach dem Bewertungsgesetz im Veranlagungszeitpunkt (§ 16 Absatz 1, § 17 Absatz 3, § 18 Absatz 3) für den Steuergegenstand maßgebend ist.

---

[1] § 11 Abs. 2 Satz 2 neu gef. durch G v. 19.12.1998 (BGBl. I S. 3836).
[2] § 13 neu gef. durch G v. 26.11.2019 (BGBl. I S. 1794); zur Anwendung siehe § 37 Abs. 1 n.F.
[3] Nr. **1**.
[4] § 13 Abs. 2 aufgeh. durch G v. 27.12.1993 (BGBl. I S. 2378).

§ 14[1] Steuermeßzahl für Betriebe der Land- und Forstwirtschaft.

Für Betriebe der Land- und Forstwirtschaft beträgt die Steuermeßzahl *6 vom Tausend* [***ab 1.1.2025:*** 0,55 Promille].

[Fassung bis 31.12.2024:]

§ 15 Steuermeßzahl für Grundstücke

(1) Die Steuermeßzahl beträgt 3,5 vom Tausend.

(2) Abweichend von Absatz 1 beträgt die Steuermeßzahl

1.[4] für Einfamilienhäuser im Sinne des § 75 Abs. 5 des Bewertungsgesetzes mit Ausnahme des Wohnungseigentums und des Wohnungserbbaurechts einschließlich des damit belasteten Grundstücks 2,6 vom Tausend für die ersten 38 346,89 Euro des Einheitswerts oder seines steuerpflichtigen Teils und 3,5 vom Tausend für den Rest des Einheitswerts oder seines steuerpflichtigen Teils;
2. für Zweifamilienhäuser im Sinne des § 75 Abs. 6 des Bewertungsgesetzes 3,1 vom Tausend.

[Fassung ab 1.1.2025:[2]]

§ 15 Steuermesszahl für Grundstücke

(1) Die Steuermesszahl beträgt

1. für unbebaute Grundstücke im Sinne des § 246 des Bewertungsgesetzes[3] 0,34 Promille,
2. für bebaute Grundstücke
   a) im Sinne des § 249 Absatz 1 Nummer 1 bis 4 des Bewertungsgesetzes 0,34 Promille,
   b) im Sinne des § 249 Absatz 1 Nummer 5 bis 8 des Bewertungsgesetzes 0,34 Promille.

(2) Die Steuermesszahl nach Absatz 1 Nummer 2 Buchstabe a wird um 25 Prozent ermäßigt, wenn

1. für das Grundstück nach § 13 Absatz 3 des Wohnraumförderungsgesetzes vom 13. September 2001 (BGBl. I S. 2376), das zuletzt durch Artikel 3 des Gesetzes vom 2. Oktober 2015 (BGBl. I S. 1610) geändert worden ist, eine Förderzusage durch schriftlichen Verwaltungsakt erteilt wurde und
2. die sich aus der Förderzusage ergebenden Bestimmungen im Sinne des § 13 Absatz 2 des Wohnraumförderungsgesetzes für jeden Erhebungszeitraum innerhalb des Hauptveranlagungszeitraums eingehalten werden.

(3) Für nach Wohnraumförderungsgesetzen der Länder geförderte Grundstücke gilt Absatz 2 entsprechend.

(4) [1] Liegen für ein Grundstück weder die Voraussetzungen des Absatzes 2 noch des Absatzes 3 vor, wird

---

[1] § 14 geänd. durch G v. 26.11.2019 (BGBl. I S. 1794); zur Anwendung siehe § 37 Abs. 1 n.F.
[2] § 15 neu gef. durch G v. 26.11.2019 (BGBl. I S. 1794); zur Anwendung siehe § 37 Abs. 1 n.F.
[3] Nr. **1**.
[4] § 15 Abs. 2 Nr. 1 geänd. mWv 1.1.2002 durch G v. 19.12.2000 (BGBl. I S. 1790).

[Fassung bis 31.12.2024:]

[Fassung ab 1.1.2025:]

die Steuermesszahl nach Absatz 1 Nummer 2 Buchstabe a um 25 Prozent ermäßigt, wenn das jeweilige Grundstück

1. einer Wohnungsbaugesellschaft zugerechnet wird, deren Anteile mehrheitlich von einer oder mehreren Gebietskörperschaften gehalten werden und zwischen der Wohnungsbaugesellschaft und der Gebietskörperschaft oder den Gebietskörperschaften ein Gewinnabführungsvertrag besteht,
2. einer Wohnungsbaugesellschaft zugerechnet wird, die als gemeinnützig im Sinne des § 52 der Abgabenordnung[1] anerkannt ist, oder
3. einer Genossenschaft oder einem Verein zugerechnet wird, der seine Geschäftstätigkeit auf die in § 5 Absatz 1 Nummer 10 Buchstabe a und b des Körperschaftsteuergesetzes[2] genannten Bereiche beschränkt und von der Körperschaftsteuer befreit ist.

[2] Der Abschlag auf die Steuermesszahl nach Satz 1 wird auf Antrag für jeden Erhebungszeitraum innerhalb des Hauptveranlagungszeitraums gewährt, wenn nachgewiesen wird, dass die jeweiligen Voraussetzungen am Hauptveranlagungsstichtag vorlagen. [3] Entfallen die Voraussetzungen des Satzes 1 während des Hauptveranlagungszeitraums, ist dies nach § 19 Absatz 2 anzuzeigen.

(5) [1] Die Steuermesszahl nach Absatz 1 Nummer 2 wird für bebaute Grundstücke um 10 Prozent ermäßigt, wenn sich auf dem Grundstück Gebäude befinden, die Baudenkmäler im Sinne des jeweiligen Landesdenkmalschutzgesetzes sind. [2] Stehen auf einem Grundstück nur ein Teil der Gebäude oder nur Teile

---

[1] dtv-Band **Nr. 5548 AO/FGO**.
[2] dtv-Band **Nr. 5786 KSt/GewSt**.

[Fassung ab 1.1.2025:]
eines Gebäudes im Sinne des jeweiligen Landesdenkmalschutzgesetzes unter Denkmalschutz, so ist die Ermäßigung der Steuermesszahl entsprechend anteilig zu gewähren.

§ 16 Hauptveranlagung. (1)[1] [1]Die Steuermeßbeträge werden auf den Hauptfeststellungszeitpunkt (*§ 21 Abs. 2 des Bewertungsgesetzes*[2] [***ab 1.1.2025:*** § 221 Absatz 2 des Bewertungsgesetzes]) allgemein festgesetzt (Hauptveranlagung). [2]Dieser Zeitpunkt ist der Hauptveranlagungszeitpunkt.

(2) [1]Der bei der Hauptveranlagung festgesetzte Steuermeßbetrag gilt vorbehaltlich der §§ 17 und 20 von dem Kalenderjahr an, das zwei Jahre nach dem Hauptveranlagungszeitpunkt beginnt. [2]Dieser Steuermeßbetrag bleibt unbeschadet der §§ 17 und 20 bis zu dem Zeitpunkt maßgebend, von dem an die Steuermeßbeträge der nächsten Hauptveranlagung wirksam werden. [3]Der sich nach den Sätzen 1 und 2 ergebende Zeitraum ist der Hauptveranlagungszeitraum.

(3)[3] Ist die Festsetzungsfrist (§ 169 der Abgabenordnung[4]) bereits abgelaufen, so kann die Hauptveranlagung unter Zugrundelegung der Verhältnisse vom Hauptveranlagungszeitpunkt mit Wirkung für einen späteren Veranlagungszeitpunkt vorgenommen werden, für den diese Frist noch nicht abgelaufen ist.

§ 17 Neuveranlagung. (1)[5] Wird eine Wertfortschreibung (*§ 22 Abs. 1 des Bewertungsgesetzes*[2] [***ab 1.1.2025:*** § 222 Absatz 1 des Bewertungsgesetzes]) oder eine Artfortschreibung oder Zurechnungsfortschreibung (*§ 22 Abs. 2 des Bewertungsgesetzes* [***ab 1.1.2025:*** § 222 Absatz 2 des Bewertungsgesetzes]) durchgeführt, so wird der Steuermeßbetrag auf den Fortschreibungszeitpunkt neu festgesetzt (Neuveranlagung).

(2)[6] Der Steuermeßbetrag wird auch dann neu festgesetzt, wenn dem Finanzamt bekannt wird, daß

1.[7] Gründe, die im Feststellungsverfahren über den *Einheitswert* [***ab 1.1.2025:*** Grundsteuerwert] nicht zu berücksichtigen sind, zu einem anderen als dem für den letzten Veranlagungszeitpunkt festgesetzten Steuermeßbetrag führen oder
2.[8] die letzte Veranlagung fehlerhaft ist; § 176 der Abgabenordnung[4] ist hierbei entsprechend anzuwenden; das gilt jedoch nur für Veranlagungszeitpunkte, die vor der Verkündung der maßgeblichen Entscheidung eines obersten Gerichts des Bundes liegen.

---

[1] § 16 Abs. 1 Satz 1 geänd. durch G v. 26.11.2019 (BGBl. I S. 1794); zur Anwendung siehe § 37 Abs. 1 n.F.
[2] Nr. **1**.
[3] § 16 Abs. 3 neu gef. durch G v. 14.12.1976 (BGBl. I S. 3341).
[4] dtv-Band **Nr. 5548 AO/FGO**.
[5] § 17 Abs. 1 geänd. durch G v. 26.11.2019 (BGBl. I S. 1794); zur Anwendung siehe § 37 Abs. 1 n.F.
[6] § 17 Abs. 2 Satz 2 aufgeh. durch G v. 14.12.1976 (BGBl. I S. 3341).
[7] § 17 Abs. 2 Nr. 1 geänd. **mWv 1.1.2025** durch G v. 21.12.2020 (BGBl. I S. 3096).
[8] § 17 Abs. 2 Nr. 2 neu gef. durch G v. 14.12.1976 (BGBl. I S. 3341).

(3) [1]Der Neuveranlagung werden die Verhältnisse im Neuveranlagungszeitpunkt zugrunde gelegt. [2]Neuveranlagungszeitpunkt ist

1. in den Fällen des Absatzes 1 der Beginn des Kalenderjahres, auf den die Fortschreibung durchgeführt wird;
2. in den Fällen des Absatzes 2 Nr. 1 der Beginn des Kalenderjahres, auf den sich erstmals ein abweichender Steuermeßbetrag ergibt. [2]§ 16 Abs. 3 ist entsprechend anzuwenden;
3. in den Fällen des Absatzes 2 Nr. 2 der Beginn des Kalenderjahres, in dem der Fehler dem Finanzamt bekannt wird, bei einer Erhöhung des Steuermeßbetrags jedoch frühestens der Beginn des Kalenderjahres, in dem der Steuermeßbescheid erteilt wird.

(4) Treten die Voraussetzungen für eine Neuveranlagung während des Zeitraums zwischen dem Hauptveranlagungszeitpunkt und dem Zeitpunkt des Wirksamwerdens der Steuermeßbeträge (§ 16 Abs. 2) ein, so wird die Neuveranlagung auf den Zeitpunkt des Wirksamwerdens der Steuermeßbeträge vorgenommen.

§ 18 Nachveranlagung. (1)[1)] Wird eine Nachfeststellung (*§ 23 Abs. 1 des Bewertungsgesetzes*[2)] [***ab 1.1.2025:*** § 223 Absatz 1 des Bewertungsgesetzes]) durchgeführt, so wird der Steuermeßbetrag auf den Nachfeststellungszeitpunkt nachträglich festgesetzt (Nachveranlagung).

(2)[3)] Der Steuermeßbetrag wird auch dann nachträglich festgesetzt, wenn der Grund für die Befreiung des Steuergegenstandes von der Grundsteuer wegfällt, der für die Berechnung der Grundsteuer maßgebende *Einheitswert* [***ab 1.1.2025:*** Grundsteuerwert] (§ 13 Abs. 1) aber bereits festgestellt ist.

(3) [1]Der Nachveranlagung werden die Verhältnisse im Nachveranlagungszeitpunkt zugrunde gelegt. [2]Nachveranlagungszeitpunkt ist

1.[4)] in den Fällen des Absatzes 1 der Beginn des Kalenderjahres, auf den der *Einheitswert* [***ab 1.1.2025:*** Grundsteuerwert] nachträglich festgestellt wird;
2. in den Fällen des Absatzes 2 der Beginn des Kalenderjahres, der auf den Wegfall des Befreiungsgrundes folgt. [2]§ 16 Abs. 3 ist entsprechend anzuwenden.

(4) Treten die Voraussetzungen für eine Nachveranlagung während des Zeitraums zwischen dem Hauptveranlagungszeitpunkt und dem Zeitpunkt des Wirksamwerdens der Steuermeßbeträge (§ 16 Abs. 2) ein, so wird die Nachveranlagung auf den Zeitpunkt des Wirksamwerdens der Steuermeßbeträge vorgenommen.

§ 19 Anzeigepflicht. (1) [1]Jede Änderung in der Nutzung oder in den Eigentumsverhältnissen eines ganz oder teilweise von der Grundsteuer befreiten Steuergegenstandes hat derjenige anzuzeigen, der nach § 10 als Steuerschuldner in Betracht kommt. [2]Die Anzeige ist innerhalb von drei Monaten nach Eintritt

---

1) § 18 Abs. 1 geänd. durch G v. 26.11.2019 (BGBl. I S. 1794); zur Anwendung siehe § 37 Abs. 1 n.F.

2) Nr. **1**.

3) § 18 Abs. 2 geänd. **mWv 1.1.2025** durch G v. 21.12.2020 (BGBl. I S. 3096).

4) § 18 Abs. 3 Satz 2 Nr. 1 geänd. **mWv 1.1.2025** durch G v. 21.12.2020 (BGBl. I S. 3096).

der Änderung bei dem Finanzamt zu erstatten, das für die Festsetzung des Steuermeßbetrags zuständig ist.

[*ab 1.1.2025:*

(2)[1] [1]Den Wegfall der Voraussetzungen für die ermäßigte Steuermesszahl nach § 15 Absatz 4 hat derjenige anzuzeigen, der nach § 10 als Steuerschuldner in Betracht kommt. [2]Die Anzeige ist innerhalb von drei Monaten nach dem Wegfall der Voraussetzungen bei dem Finanzamt zu erstatten, das für die Festsetzung des Steuermessbetrags zuständig ist.]

§ 20 Aufhebung des Steuermeßbetrags. (1) Der Steuermeßbetrag wird aufgehoben,

1.[2] wenn der *Einheitswert* [***ab 1.1.2025:*** Grundsteuerwert] aufgehoben wird oder

2.[3] wenn dem Finanzamt bekannt wird, daß

a) für den ganzen Steuergegenstand ein Befreiungsgrund eingetreten ist oder

b) der Steuermeßbetrag fehlerhaft festgesetzt worden ist.

(2) Der Steuermeßbetrag wird aufgehoben

1.[4] in den Fällen des Absatzes 1 Nr. 1 mit Wirkung vom Aufhebungszeitpunkt (*§ 24 Abs. 2 des Bewertungsgesetzes*[5] [***ab 1.1.2025:*** § 224 Absatz 2 des Bewertungsgesetzes]) an;

2. in den Fällen des Absatzes 1 Nr. 2 Buchstabe a mit Wirkung vom Beginn des Kalenderjahres an, der auf den Eintritt des Befreiungsgrundes folgt. [2]§ 16 Abs. 3 ist entsprechend anzuwenden;

3. in den Fällen des Absatzes 1 Nr. 2 Buchstabe b mit Wirkung vom Beginn des Kalenderjahres an, in dem der Fehler dem Finanzamt bekannt wird.

(3) Treten die Voraussetzungen für eine Aufhebung während des Zeitraums zwischen dem Hauptveranlagungszeitpunkt und dem Zeitpunkt des Wirksamwerdens der Steuermeßbeträge (§ 16 Abs. 2) ein, so wird die Aufhebung auf den Zeitpunkt des Wirksamwerdens der Steuermeßbeträge vorgenommen.

§ 21[6] **Änderung von Steuermeßbescheiden.** [1]Bescheide über die Neuveranlagung oder die Nachveranlagung von Steuermeßbeträgen können schon vor dem maßgebenden Veranlagungszeitpunkt erteilt werden. [2]Sie sind zu ändern oder aufzuheben, wenn sich bis zu diesem Zeitpunkt Änderungen ergeben, die zu einer abweichenden Festsetzung führen.

---

[1] § 19 Abs. 2 angef. durch G v. 26.11.2019 (BGBl. I S. 1794); zur Anwendung siehe § 37 Abs. 1 n.F.

[2] § 20 Abs. 1 Nr. 1 geänd. durch G v. 26.11.2019 (BGBl. I S. 1794); zur Anwendung siehe § 37 Abs. 1 n.F.

[3] § 20 Abs. 1 Nr. 2 geänd. durch G v. 14.12.1976 (BGBl. I S. 3341).

[4] § 20 Abs. 2 Nr. 1 geänd. durch G v. 26.11.2019 (BGBl. I S. 1794); zur Anwendung siehe § 37 Abs. 1 n.F.

[5] Nr. **1**.

[6] Zur Anwendung siehe § 36 Abs. 3.

[Fassung bis 31.12.2024:]

§ 22 Zerlegung des Steuermeßbetrags

(1) [1]Erstreckt sich der Steuergegenstand über mehrere Gemeinden, so ist der Steuermeßbetrag vorbehaltlich des § 24 in die auf die einzelnen Gemeinden entfallenden Anteile zu zerlegen (Zerlegungsanteile). [2]Für den Zerlegungsmaßstab gilt folgendes:

1. [1]Bei Betrieben der Land- und Forstwirtschaft ist der auf den Wohnungswert entfallende Teil des Steuermeßbetrags der Gemeinde zuzuweisen, in der sich der Wohnteil oder dessen wertvollster Teil befindet. [2]Der auf den Wirtschaftswert entfallende Teil des Steuermeßbetrags ist in dem Verhältnis zu zerlegen, in dem die auf die einzelnen Gemeinden entfallenden Flächengrößen zueinander stehen.
2. [1]Bei Grundstücken ist der Steuermeßbetrag in dem Verhältnis zu zerlegen, in dem die auf die einzelnen Gemeinden entfallenden Flächengrößen zueinander stehen. [2]Führt die Zerlegung nach Flächengrößen zu einem offenbar unbilligen Ergebnis, so hat das Finanzamt auf Antrag einer Gemeinde die Zerlegung nach dem Maßstab vorzunehmen, der nach bisherigem Recht zugrunde gelegt wurde. [3]Dies gilt nur so lange, als keine wesentliche Änderung der tatsächlichen Verhältnisse eintritt; im Falle einer wesentlichen Änderung ist nach einem Maßstab zu zerlegen, der den tatsächlichen Verhältnissen besser Rechnung trägt.

[3]Einigen sich die Gemeinden mit dem Steuerschuldner über die Zerlegungsanteile, so sind diese maßgebend.

[Fassung ab 1.1.2025:[1)]]

§ 22 Zerlegung des Steuermessbetrags

(1) Erstreckt sich der Steuergegenstand über mehrere Gemeinden, so ist der Steuermessbetrag vorbehaltlich des § 24 anteilig in die auf die einzelnen Gemeinden entfallenden Anteile zu zerlegen (Zerlegungsanteile).

[1)] § 22 neu gef. durch G v. 26.11.2019 (BGBl. I S. 1794); zur Anwendung siehe § 37 Abs. 1 n.F.

[Fassung bis 31.12.2024:]

(2)[1] Entfällt auf eine Gemeinde ein Zerlegungsanteil von weniger als fünfundzwanzig Euro, so ist dieser Anteil der Gemeinde zuzuweisen, der nach Absatz 1 der größte Zerlegungsanteil zusteht.

[Fassung ab 1.1.2025:]

(2) Zerlegungsmaßstab ist bei Betrieben der Land- und Forstwirtschaft der nach § 239 Absatz 2 des Bewertungsgesetzes[2] ermittelte Gemeindeanteil am Grundsteuerwert des Betriebs der Land- und Forstwirtschaft.

(3) [1] Zerlegungsmaßstab ist bei Grundstücken das Verhältnis, in dem die auf die einzelnen Gemeinden entfallenden Flächengrößen zueinander stehen. [2] Führt die Zerlegung nach Flächengrößen zu einem offenbar unbilligen Ergebnis, sind die Zerlegungsanteile maßgebend, auf die sich die Gemeinden mit dem Steuerschuldner einigen.

(4) Entfällt auf eine Gemeinde ein Zerlegungsanteil von weniger als 25 Euro, so ist dieser Anteil der Gemeinde zuzuweisen, der nach Absatz 2 oder 3 der größte Zerlegungsanteil zusteht.

§ 23 Zerlegungsstichtag. (1)[3] Der Zerlegung des Steuermeßbetrags werden die Verhältnisse in dem Feststellungszeitpunkt zugrunde gelegt, auf den der für die Festsetzung des Steuermeßbetrags maßgebende *Einheitswert* [***ab 1.1. 2025:*** Grundsteuerwert] festgestellt worden ist.

(2)[4] Ändern sich die Grundlagen für die Zerlegung, ohne daß der *Einheitswert* [***ab 1.1.2025:*** Grundsteuerwert] fortgeschrieben oder nachträglich festgestellt wird, so sind die Zerlegungsanteile nach dem Stand vom 1. Januar des folgenden Jahres neu zu ermitteln, wenn wenigstens bei einer Gemeinde der neue Anteil um mehr als ein Zehntel, mindestens aber um zehn Euro von ihrem bisherigen Anteil abweicht.

§ 24 Ersatz der Zerlegung durch Steuerausgleich. [1] Die Landesregierung kann durch Rechtsverordnung bestimmen, daß bei Betrieben der Land- und Forstwirtschaft, die sich über mehrere Gemeinden erstrecken, aus Vereinfachungsgründen an Stelle der Zerlegung ein Steuerausgleich stattfindet. [2] Beim Steuerausgleich wird der gesamte Steuermeßbetrag der Gemeinde zugeteilt, in der der wertvollste Teil des Steuergegenstandes liegt (Sitzgemeinde); an dem Steueraufkommen der Sitzgemeinde werden die übrigen Gemeinden beteiligt.

---

[1] § 22 Abs. 2 geänd. mWv 1.1.2002 durch G v. 19.12.2000 (BGBl. I S. 1790).

[2] Nr. **1**.

[3] § 23 Abs. 1 geänd. durch G v. 26.11.2019 (BGBl. I S. 1794); zur Anwendung siehe § 37 Abs. 1 n.F.

[4] § 23 Abs. 2 geänd. mWv 1.1.2002 durch G v. 19.12.2000 (BGBl. I S. 1790); geänd. durch G v. 26.11.2019 (BGBl. I S. 1794); zur Anwendung siehe § 37 Abs. 1 n.F.

[3]Die Beteiligung soll annähernd zu dem Ergebnis führen, das bei einer Zerlegung einträte.

Abschnitt III. Festsetzung und Entrichtung der Grundsteuer

§ 25 Festsetzung des Hebesatzes. (1) Die Gemeinde bestimmt, mit welchem Hundertsatz des Steuermeßbetrags oder des Zerlegungsanteils die Grundsteuer zu erheben ist (Hebesatz).

(2) Der Hebesatz ist für ein oder mehrere Kalenderjahre, höchstens jedoch für den Hauptveranlagungszeitraum der Steuermeßbeträge festzusetzen.

(3) [1]Der Beschluß über die Festsetzung oder Änderung des Hebesatzes ist bis zum 30. Juni eines Kalenderjahres mit Wirkung vom Beginn dieses Kalenderjahres zu fassen. [2]Nach diesem Zeitpunkt kann der Beschluß über die Festsetzung des Hebesatzes gefaßt werden, wenn der Hebesatz die Höhe der letzten Festsetzung nicht überschreitet.

[Fassung bis 31.12.2024:]

(4) [1]Der Hebesatz muß jeweils einheitlich sein
1. für die in einer Gemeinde liegenden Betriebe der Land- und Forstwirtschaft;
2. für die in einer Gemeinde liegenden Grundstücke.

[2]Wird das Gebiet von Gemeinden geändert, so kann die Landesregierung oder die von ihr bestimmte Stelle für die von der Änderung betroffenen Gebietsteile auf eine bestimmte Zeit verschiedene Hebesätze zulassen.

[Fassung ab 1.1.2025:[1])]

(4) [1]Der Hebesatz muss vorbehaltlich des Absatzes 5 jeweils einheitlich sein
1. für die in einer Gemeinde liegenden Betriebe der Land- und Forstwirtschaft und
2. für die in einer Gemeinde liegenden Grundstücke.

[2]Werden Gemeindegebiete geändert, so kann die Landesregierung oder die von ihr bestimmte Stelle für die von der Änderung betroffenen Gebietsteile für eine bestimmte Zeit verschiedene Hebesätze zulassen.

[ab 1.1.2025:

(5)[2]) [1]Die Gemeinde kann aus städtebaulichen Gründen baureife Grundstücke als besondere Grundstücksgruppe innerhalb der unbebauten Grundstücke im Sinne des § 246 des Bewertungsgesetzes[3]) bestimmen und abweichend von Absatz 4 Satz 1 Nummer 2 für die Grundstücksgruppe der baureifen Grundstücke einen gesonderten Hebesatz festsetzen. [2]Baureife Grundstücke sind unbebaute Grundstücke im Sinne des § 246 des Bewertungsgesetzes, die nach Lage, Form und Größe und ihrem sonstigen tatsächlichen Zustand sowie nach öffentlich-rechtlichen Vorschriften sofort bebaut werden könnten. [3]Eine erforderliche, aber noch nicht erteilte Baugenehmigung sowie zivilrechtliche Gründe, die einer sofortigen Bebauung entgegenstehen, sind unbeachtlich. [4]Als städtebauliche Gründe kommen insbesondere die Deckung eines erhöhten Bedarfs an Wohn- und Arbeitsstätten sowie Gemeinbedarfs- und Folgeeinrich-

---

[1]) § 25 Abs. 4 neu gef. **mWv 1.1.2025** durch G v. 30.11.2019 (BGBl. I S. 1875); zur Anwendung siehe § 37 Abs. 3 n.F.

[2]) § 25 Abs. 5 angef. **mWv 1.1.2025** durch G v. 30.11.2019 (BGBl. I S. 1875); zur Anwendung siehe § 37 Abs. 3 n.F.

[3]) Nr. **1**.

tungen, die Nachverdichtung bestehender Siedlungsstrukturen oder die Stärkung der Innenentwicklung in Betracht. [5]Die Gemeinde hat den gesonderten Hebesatz auf einen bestimmten Gemeindeteil zu beschränken, wenn nur für diesen Gemeindeteil die städtebaulichen Gründe vorliegen. [6]Der Gemeindeteil muss mindestens 10 Prozent des gesamten Gemeindegebiets umfassen und in dem Gemeindeteil müssen mehrere baureife Grundstücke belegen sein. [7]Die genaue Bezeichnung der baureifen Grundstücke, deren Lage sowie das Gemeindegebiet, auf das sich der gesonderte Hebesatz bezieht, sind jeweils nach den Verhältnissen zu Beginn eines Kalenderjahres von der Gemeinde zu bestimmen, in einer Karte nachzuweisen und im Wege einer Allgemeinverfügung öffentlich bekannt zu geben. [8]In der Allgemeinverfügung sind die städtebaulichen Erwägungen nachvollziehbar darzulegen und die Wahl des Gemeindegebiets, auf das sich der gesonderte Hebesatz beziehen soll, zu begründen. [9]Hat eine Gemeinde die Grundstücksgruppe baureifer Grundstücke bestimmt und für die Grundstücksgruppe der baureifen Grundstücke einen gesonderten Hebesatz festgesetzt, muss dieser Hebesatz für alle in der Gemeinde oder dem Gemeindeteil liegenden baureifen Grundstücke einheitlich und höher als der einheitliche Hebesatz für die übrigen in der Gemeinde liegenden Grundstücke sein.]

§ 26[1)] Koppelungsvorschriften und Höchsthebesätze. In welchem Verhältnis die Hebesätze für die Grundsteuer der Betriebe der Land- und Forstwirtschaft, für die Grundsteuer der Grundstücke und für die Gewerbesteuer zueinander stehen müssen, welche Höchstsätze nicht überschritten werden dürfen und inwieweit mit Genehmigung der Gemeindeaufsichtsbehörde Ausnahmen zugelassen werden können, bleibt einer landesrechtlichen Regelung vorbehalten.

§ 27 Festsetzung der Grundsteuer. (1) [1]Die Grundsteuer wird für das Kalenderjahr festgesetzt. [2]Ist der Hebesatz für mehr als ein Kalenderjahr festgesetzt, kann auch die jährlich zu erhebende Grundsteuer für die einzelnen Kalenderjahre dieses Zeitraums festgesetzt werden.

(2) Wird der Hebesatz geändert (§ 25 Abs. 3), so ist die Festsetzung nach Absatz 1 zu ändern.

(3) [1]Für diejenigen Steuerschuldner, die für das Kalenderjahr die gleiche Grundsteuer wie im Vorjahr zu entrichten haben, kann die Grundsteuer durch öffentliche Bekanntmachung festgesetzt werden. [2]Für die Steuerschuldner treten mit dem Tage der öffentlichen Bekanntmachung die gleichen Rechtswirkungen ein, wie wenn ihnen an diesem Tage ein schriftlicher Steuerbescheid zugegangen wäre.

§ 28 Fälligkeit. (1) Die Grundsteuer wird zu je einem Viertel ihres Jahresbetrags am 15. Februar, 15. Mai, 15. August und 15. November fällig.

(2) Die Gemeinden können bestimmen, daß Kleinbeträge wie folgt fällig werden:

1.[2)] am 15. August mit ihrem Jahresbetrag, wenn dieser fünfzehn Euro nicht übersteigt;

[1)] § 26 geänd. durch G v. 30.11.1978 (BGBl. I S. 1849); geänd. durch G v. 29.10.1997 (BGBl. I S. 2590).

[2)] § 28 Abs. 2 Nr. 1 geänd. mWv 1.1.2000 durch G v. 19.12.2000 (BGBl. I S. 1970).

2.[1] am 15. Februar und 15. August zu je einer Hälfte ihres Jahresbetrags, wenn dieser dreißig Euro nicht übersteigt.

(3) [1]Auf Antrag des Steuerschuldners kann die Grundsteuer abweichend vom Absatz 1 oder Absatz 2 Nr. 2 am 1. Juli in einem Jahresbetrag entrichtet werden. [2]Der Antrag muß spätestens bis zum 30. September des vorangehenden Kalenderjahres gestellt werden. [3]Die beantragte Zahlungsweise bleibt so lange maßgebend, bis ihre Änderung beantragt wird; die Änderung muß spätestens bis zum 30. September des vorangehenden Jahres beantragt werden.

§ 29 Vorauszahlungen. Der Steuerschuldner hat bis zur Bekanntgabe eines neuen Steuerbescheids zu den bisherigen Fälligkeitstagen Vorauszahlungen unter Zugrundelegung der zuletzt festgesetzten Jahressteuer zu entrichten.

§ 30 Abrechnung über die Vorauszahlungen. (1) [1]Ist die Summe der Vorauszahlungen, die bis zur Bekanntgabe des neuen Steuerbescheids zu entrichten waren (§ 29), kleiner als die Steuer, die sich nach dem bekanntgegebenen Steuerbescheid für die vorausgegangenen Fälligkeitstage ergibt (§ 28), so ist der Unterschiedsbetrag innerhalb eines Monats nach Bekanntgabe des Steuerbescheids zu entrichten. [2]Die Verpflichtung, rückständige Vorauszahlungen schon früher zu entrichten, bleibt unberührt.

(2) Ist die Summe der Vorauszahlungen, die bis zur Bekanntgabe des neuen Steuerbescheids entrichtet worden sind, größer als die Steuer, die sich nach dem bekanntgegebenen Steuerbescheid für die vorangegangenen Fälligkeitstage ergibt, so wird der Unterschiedsbetrag nach Bekanntgabe des Steuerbescheids durch Aufrechnung oder Zurückzahlung ausgeglichen.

(3) Die Absätze 1 und 2 gelten entsprechend, wenn der Steuerbescheid aufgehoben oder geändert wird.

§ 31 Nachentrichtung der Steuer. Hatte der Steuerschuldner bis zur Bekanntgabe der Jahressteuer keine Vorauszahlungen nach § 29 zu entrichten, so hat er die Steuer, die sich nach dem bekanntgegebenen Steuerbescheid für die vorangegangenen Fälligkeitstage ergibt (§ 28), innerhalb eines Monats nach Bekanntgabe des Steuerbescheids zu entrichten.

Abschnitt IV. Erlaß der Grundsteuer

§ 32 Erlaß für Kulturgut und Grünanlagen. (1) Die Grundsteuer ist zu erlassen

1. für Grundbesitz oder Teile von Grundbesitz, dessen Erhaltung wegen seiner Bedeutung für Kunst, Geschichte, Wissenschaft oder Naturschutz im öffentlichen Interesse liegt, wenn die erzielten Einnahmen und die sonstigen Vorteile (Rohertrag) in der Regel unter den jährlichen Kosten liegen. [2]Bei Park- und Gartenanlagen von geschichtlichem Wert ist der Erlaß von der weiteren Voraussetzung abhängig, daß sie in dem billigerweise zu fordernden Umfang der Öffentlichkeit zugänglich gemacht sind;
2. für öffentliche Grünanlagen, Spiel- und Sportplätze, wenn die jährlichen Kosten in der Regel den Rohertrag übersteigen.

---

[1] § 28 Abs. 2 Nr. 2 geänd. mWv 1.1.2000 durch G v. 19.12.2000 (BGBl. I S. 1970).

(2) [1] Ist der Rohertrag für Grundbesitz, in dessen Gebäuden Gegenstände von wissenschaftlicher, künstlerischer oder geschichtlicher Bedeutung, insbesondere Sammlungen oder Bibliotheken, dem Zweck der Forschung oder Volksbildung nutzbar gemacht sind, durch die Benutzung zu den genannten Zwecken nachhaltig gemindert, so ist von der Grundsteuer der Hundertsatz zu erlassen, um den der Rohertrag gemindert ist. [2] Das gilt nur, wenn die wissenschaftliche, künstlerische oder geschichtliche Bedeutung der untergebrachten Gegenstände durch die Landesregierung oder die von ihr beauftragte Stelle anerkannt ist.

[Fassung bis 31.12.2024:]

§ 33 Erlaß wegen wesentlicher Ertragsminderung

(1)[2] [1] Ist bei Betrieben der Land- und Forstwirtschaft und bei bebauten Grundstücken der normale Rohertrag des Steuergegenstandes um mehr als 50 Prozent gemindert und hat der Steuerschuldner die Minderung des Rohertrags nicht zu vertreten, so wird die Grundsteuer in Höhe von 25 Prozent erlassen. [2] Beträgt die Minderung des normalen Rohertrags 100 Prozent, ist die Grundsteuer in Höhe von 50 Prozent zu erlassen. [3] Bei Betrieben der Land- und Forstwirtschaft und bei eigengewerblich genutzten bebauten Grundstücken wird der Erlass nur gewährt, wenn die Einziehung der Grundsteuer nach den wirtschaftlichen Verhältnissen des Betriebs unbillig wäre. [4] Normaler Rohertrag ist
1. bei Betrieben der Land- und Forstwirtschaft der Rohertrag, der nach den Verhältnissen zu Beginn des Erlasszeitraums bei ordnungsmäßiger Bewirtschaftung gemeinhin und nachhaltig erzielbar wäre;
2. bei bebauten Grundstücken die nach den Verhältnissen zu Beginn des Erlasszeitraums geschätzte übliche Jahresrohmiete.

[Fassung ab 1.1.2025:[1]]

§ 33 Erlass wegen wesentlicher Reinertragsminderung bei Betrieben der Land- und Forstwirtschaft

(1) [1] Die Grundsteuer wird in Höhe von 25 Prozent erlassen, wenn bei Betrieben der Land- und Forstwirtschaft der tatsächliche Reinertrag des Steuergegenstandes um mehr als 50 Prozent gemindert ist und der Steuerschuldner die Minderung des tatsächlichen Reinertrags nicht zu vertreten hat. [2] Beträgt die vom Steuerschuldner nicht zu vertretende Minderung des tatsächlichen Reinertrags 100 Prozent, ist die Grundsteuer abweichend von Satz 1 in Höhe von 50 Prozent zu erlassen. [3] Der tatsächliche Reinertrag eines Betriebs der Land- und Forstwirtschaft ermittelt sich nach den Grundsätzen des § 236 Absatz 3 Satz 1 und 2 des Bewertungsgesetzes[3] für ein Wirtschaftsjahr. [4] Er gilt als in dem Erlasszeitraum bezogen, in dem das für den Betrieb der Land- und Forstwirtschaft maßgebliche Wirtschaftsjahr endet.

---

[1] § 33 neu gef. durch G v. 26.11.2019 (BGBl. I S. 1794); zur Anwendung siehe § 37 Abs. 1 n.F.
[2] § 33 Abs. 1 neu gef. mWv 1.1.2008 durch G v. 19.12.2008 (BGBl. I S. 2794).
[3] Nr. **1**.

[Fassung bis 31.12.2024:]

(2) Bei eigengewerblich genutzten bebauten Grundstücken gilt als Minderung des normalen Rohertrags die Minderung der Ausnutzung des Grundstücks.

(3) Umfaßt der Wirtschaftsteil eines Betriebs der Land- und Forstwirtschaft nur die forstwirtschaftliche Nutzung, so ist die Ertragsminderung danach zu bestimmen, in welchem Ausmaß eingetretene Schäden den Ertragswert der forstwirtschaftlichen Nutzung bei einer Wertfortschreibung mindern würden.

(4) [1] Wird nur ein Teil des Grundstücks eigengewerblich genutzt, so ist die Ertragsminderung für diesen Teil nach Absatz 2, für den übrigen Teil nach Absatz 1 zu bestimmen. [2] Umfaßt der Wirtschaftsteil eines Betriebs der Land- und Forstwirtschaft nur zu einem Teil die forstwirtschaftliche Nutzung, so ist die Ertragsminderung für diesen Teil nach Absatz 3, für den übrigen Teil nach Absatz 1 zu bestimmen. [3] In den Fällen der Sätze 1 und 2 ist für den ganzen Steuergegenstand ein einheitlicher Hundertsatz der Ertragsminderung nach dem Anteil der einzelnen Teile am Einheitswert des Grundstücks oder am Wert des Wirtschaftsteils des Betriebs der Land- und Forstwirtschaft zu ermitteln.

(5) Eine Ertragsminderung ist kein Erlaßgrund, wenn sie für den Erlaßzeitraum durch Fortschreibung des

[Fassung ab 1.1.2025:]

(2) [1] Der Erlass nach Absatz 1 wird nur gewährt, wenn die Einziehung der Grundsteuer nach den wirtschaftlichen Verhältnissen des Betriebs unbillig wäre. [2] Ein Erlass nach Absatz 1 ist insbesondere ausgeschlossen, wenn für den Betrieb der Land- und Forstwirtschaft nach § 4 Absatz 1, § 4 Absatz 3 oder § 13a des Einkommensteuergesetzes[1)] für dasjenige Wirtschaftsjahr ein Gewinn ermittelt wurde, das im Erlasszeitraum bei der Ermittlung des tatsächlichen Reinertrags nach Absatz 1 zugrunde zu legen ist.

(3) Eine Ertragsminderung ist kein Erlassgrund, wenn sie für den Erlasszeitraum durch Fortschreibung des Grundsteuerwerts berücksichtigt werden kann oder bei rechtzeitiger Stellung des Antrags auf Fortschreibung hätte berücksichtigt werden können.

[1)] dtv-Band **Nr. 5785 ESt/LSt**.

[Fassung bis 31.12.2024:]
Einheitswerts berücksichtigt werden kann oder bei rechtzeitiger Stellung des Antrags auf Fortschreibung hätte berücksichtigt werden können.

[Fassung bis 31.12.2024:]

§ 34 Verfahren

(1) [1]Der Erlaß wird jeweils nach Ablauf eines Kalenderjahres für die Grundsteuer ausgesprochen, die für das Kalenderjahr festgesetzt worden ist (Erlaßzeitraum). [2]Maßgebend für die Entscheidung über den Erlaß sind die Verhältnisse des Erlaßzeitraums.

(2) [1]Der Erlaß wird nur auf Antrag gewährt. [2]Der Antrag ist bis zu dem auf den Erlaßzeitraum folgenden 31. März zu stellen.

(3) [1]In den Fällen des § 32 bedarf es keiner jährlichen Wiederholung des Antrags. [2]Der Steuerschuldner ist verpflichtet, eine Änderung der maß-

[Fassung ab 1.1.2025:[1)]]

§ 34 Erlass wegen wesentlicher Ertragsminderung bei bebauten Grundstücken

(1) [1]Die Grundsteuer wird in Höhe von 25 Prozent erlassen, wenn bei bebauten Grundstücken der normale Rohertrag des Steuergegenstandes um mehr als 50 Prozent gemindert ist und der Steuerschuldner die Minderung des normalen Rohertrags nicht zu vertreten hat. [2]Beträgt die vom Steuerschuldner nicht zu vertretende Minderung des normalen Rohertrags 100 Prozent, ist die Grundsteuer abweichend von Satz 1 in Höhe von 50 Prozent zu erlassen. [3]Normaler Rohertrag ist bei bebauten Grundstücken die nach den Verhältnissen zu Beginn des Erlasszeitraums geschätzte übliche Jahresmiete. [4]Die übliche Jahresmiete ist in Anlehnung an die Miete zu ermitteln, die für Räume gleicher oder ähnlicher Art, Lage und Ausstattung regelmäßig gezahlt wird. [5]Betriebskosten sind nicht einzubeziehen.

(2) [1]Bei eigengewerblich genutzten bebauten Grundstücken gilt als Minderung des normalen Rohertrags die Minderung der Ausnutzung des Grundstücks. [2]In diesen Fällen wird der Erlass nach Absatz 1 nur gewährt, wenn die Einziehung der Grundsteuer nach den wirtschaftlichen Verhältnissen des Betriebs unbillig wäre.

(3) [1]Wird nur ein Teil des Grundstücks eigengewerblich genutzt, so ist die Ertragsminderung für diesen Teil nach Absatz 2, für den übrigen Teil

---

[1)] § 34 eingef., bish. § 34 wird § 35 durch G v. 26.11.2019 (BGBl. I S. 1794); zur Anwendung siehe § 37 Abs. 1 n.F.

[Fassung bis 31.12.2024:]
geblichen Verhältnisse der Gemeinde binnen drei Monaten nach Eintritt der Änderung anzuzeigen.

[Fassung ab 1.1.2025:]
nach Absatz 1 zu bestimmen. [2]In diesen Fällen ist für den ganzen Steuergegenstand ein einheitlicher Prozentsatz der Ertragsminderung nach dem Anteil der einzelnen Teile am Grundsteuerwert des Grundstücks zu ermitteln.

(4) Eine Ertragsminderung ist kein Erlassgrund, wenn sie für den Erlasszeitraum durch Fortschreibung des Grundsteuerwerts berücksichtigt werden kann oder bei rechtzeitiger Stellung des Antrags auf Fortschreibung hätte berücksichtigt werden können.

[*ab 1.1.2025:*
§ 35[1)] Verfahren. (1) [1]Der Erlaß wird jeweils nach Ablauf eines Kalenderjahres für die Grundsteuer ausgesprochen, die für das Kalenderjahr festgesetzt worden ist (Erlaßzeitraum). [2]Maßgebend für die Entscheidung über den Erlaß sind die Verhältnisse des Erlaßzeitraums.

(2) [1]Der Erlaß wird nur auf Antrag gewährt. [2]Der Antrag ist bis zu dem auf den Erlaßzeitraum folgenden 31. März zu stellen.

(3) [1]In den Fällen des § 32 bedarf es keiner jährlichen Wiederholung des Antrags. [2]Der Steuerschuldner ist verpflichtet, eine Änderung der maßgeblichen Verhältnisse der Gemeinde binnen drei Monaten nach Eintritt der Änderung anzuzeigen.]

Abschnitt V.[2)] Übergangs- und Schlussvorschriften

[Fassung bis 31.12.2024:]

§ 36 Steuervergünstigung für abgefundene Kriegsbeschädigte

(1)[4)] [1]Der Veranlagung der Steuermeßbeträge für Grundbesitz solcher Kriegsbeschädigten, die zum Erwerb oder zur wirtschaftlichen Stärkung ihres Grundbesitzes eine Kapitalabfindung auf Grund des Bundesversorgungsgesetzes in der Fassung der Bekanntmachung vom 22. Januar 1982 (BGBl. I S. 21), zuletzt geändert durch die Verordnung vom 15. Juni

[Fassung ab 1.1.2025:[3)]]

§ 36 Sondervorschriften für die Hauptveranlagung 2025

(1) Auf den 1. Januar 2025 findet eine Hauptveranlagung der Grundsteuermessbeträge statt (Hauptveranlagung 2025).

[1)] § 35 aufgeh. durch G v. 22.12.1999 (BGBl. I S. 2601); § 34 eingef., bish. § 34 wird § 35 durch G v. 26.11.2019 (BGBl. I S. 1794); zur Anwendung siehe § 37 Abs. 1 n.F.
[2)] Abschnittsüberschrift eingef. durch G v. 26.11.2019 (BGBl. I S. 1794).
[3)] § 36 neu gef. durch G v. 26.11.2019 (BGBl. I S. 1794).
[4)] § 36 Abs. 1 Satz 1 geänd. durch G v. 22.12.1999 (BGBl. I S. 2601).

[Fassung bis 31.12.2024:]

1999 (BGBl. I S. 1328), erhalten haben, ist der um die Kapitalabfindung verminderte Einheitswert zugrunde zu legen. [2] Die Vergünstigung wird nur so lange gewährt, als die Versorgungsgebührnisse wegen der Kapitalabfindung in der gesetzlichen Höhe gekürzt werden.

(2) Die Steuervergünstigung nach Absatz 1 ist auch für ein Grundstück eines gemeinnützigen Wohnungs- oder Siedlungsunternehmens zu gewähren, wenn die folgenden Voraussetzungen sämtlich erfüllt sind:

1. Der Kriegsbeschädigte muß für die Zuweisung des Grundstücks die Kapitalabfindung an das Wohnungs- oder Siedlungsunternehmen bezahlt haben.
2. Er muß entweder mit dem Unternehmen einen Mietvertrag mit Kaufanwartschaft in der Weise abgeschlossen haben, daß er zur Miete wohnt, bis das Eigentum an dem Grundstück von ihm erworben ist, oder seine Rechte als Mieter müssen durch den Mietvertrag derart geregelt sein, daß das Mietverhältnis dem Eigentumserwerb fast gleichkommt.
3. Es muß sichergestellt sein, daß die Steuervergünstigung in vollem Umfang dem Kriegsbeschädigten zugute kommt.

(3) [1] Lagen die Voraussetzungen des Absatzes 1 oder des Absatzes 2 bei einem verstorbenen Kriegsbeschädigten zur Zeit seines Todes vor und hat seine Witwe das Grundstück ganz oder teilweise geerbt, so ist auch der Witwe die Steuervergünstigung zu gewähren, wenn sie in dem Grundstück wohnt. [2] Verheiratet sich die Witwe wieder, so fällt die Steuervergünstigung weg.

[Fassung ab 1.1.2025:]

(2) [1] Die in der Hauptveranlagung 2025 festgesetzten Steuermessbeträge gelten abweichend von § 16 Absatz 2 vorbehaltlich der §§ 17 bis 20 mit Wirkung von dem am 1. Januar 2025 beginnenden Kalenderjahr an. [2] Der Beginn dieses Kalenderjahres ist der Hauptveranlagungszeitpunkt.

(3)[1)] [1] Bescheide über die Hauptveranlagung können schon vor dem Hauptveranlagungszeitpunkt erteilt werden. [2] § 21 Satz 2 ist entsprechend anzuwenden.

---

1) § 36 Abs. 3 angef. durch G v. 21.12.2020 (BGBl. I S. 3096).

[bis 31.12.2024:]

§ 37 Sondervorschriften für die Hauptveranlagung 1974

(1)[2] Auf den 1. Januar 1974 findet eine Hauptveranlagung der Grundsteuermeßbeträge statt (Hauptveranlagung 1974).

(2) [1]Die Hauptveranlagung 1974 gilt mit Wirkung von dem am 1. Januar 1974 beginnenden Kalenderjahr an. [2]Der Beginn dieses Kalenderjahres ist der Hauptveranlagungszeitpunkt.

(3) Bei der Hauptveranlagung 1974 gilt Artikel 1 des Bewertungsänderungsgesetzes 1971 vom 27. Juli 1971 (Bundesgesetzbl. I S. 1157).

(4)[4] *(aufgehoben)*

[ab 1.1.2025:[1]]

§ 37 Anwendung des Gesetzes

(1) Diese Fassung des Gesetzes gilt erstmals für die Grundsteuer des Kalenderjahres 2025.

(2) Für die Grundsteuer bis einschließlich zum Kalenderjahr 2024 findet das Grundsteuergesetz in der Fassung vom 7. August 1973 (BGBl. I S. 965), das zuletzt durch Artikel 38 des Gesetzes vom 19. Dezember 2008 (BGBl. I S. 2794) geändert worden ist, weiter Anwendung.

(3)[3] § 25 Absatz 4 und 5 in der am 1. Januar 2025 geltenden Fassung ist erstmals bei der Hauptveranlagung auf den 1. Januar 2025 anzuwenden.

[bis 31.12.2024:[5]]

§ 38 Anwendung des Gesetzes

Diese Fassung des Gesetzes gilt erstmals für die Grundsteuer des Kalenderjahres 2008.

[ab 1.1.2025:[6]]

§ 38 Bekanntmachung

Das Bundesministerium der Finanzen wird ermächtigt, den Wortlaut dieses Gesetzes in der jeweils geltenden Fassung bekannt zu machen.

§ 39[7] *(aufgehoben)*

[bis 31.12.2024:]

Abschnitt VI.[8] Grundsteuer für Steuergegenstände in dem in Artikel 3 des Einigungsvertrages genannten Gebiet ab dem Kalenderjahr 1991

§ 40[8] Land- und forstwirtschaftliches Vermögen. [1]Anstelle der Betriebe der Land- und Forstwirtschaft im Sinne des § 2 tritt das zu einer Nutzungseinheit zusammengefaßte Vermögen im Sinne des § 125 Abs. 3 des Bewer-

[1] Bish. § 37 aufgeh., bish. § 38 wird § 37 und Abs. 1 geänd., Abs. 2 angef. durch G v. 26.11.2019 (BGBl. I S. 1794).

[2] § 37 Abs. 1 Satz 2 aufgeh. durch G v. 22.12.1999 (BGBl. I S. 2601).

[3] § 37 Abs. 3 angef. durch G v. 30.11.2019 (BGBl. I S. 1875).

[4] § 37 Abs. 4 aufgeh. durch G v. 22.12.1999 (BGBl. I S. 2601).

[5] § 38 neu gef. durch G v. 22.12.1999 (BGBl. I S. 2601); geänd. durch G v. 19.12.2008 (BGBl. I S. 2794).

[6] § 38 eingef. durch G v. 26.11.2019 (BGBl. I S. 1794).

[7] § 39 aufgeh. durch G v. 22.12.1999 (BGBl. I S. 2601).

[8] Abschnitt VI (§§ 40–46) angef. durch Vertrag v. 31.8.1990 (BGBl. II S. 889, 986); aufgeh. durch G v. 26.11.2019 (BGBl. I S. 1794); zur Anwendung siehe § 37 Abs. 1 n.F.

tungsgesetzes[1]. [2]Schuldner der Grundsteuer ist abweichend von § 10 der Nutzer des land- und forstwirtschaftlichen Vermögens (§ 125 Abs. 2 des Bewertungsgesetzes). [3]Mehrere Nutzer des Vermögens sind Gesamtschuldner.

§ 41[2] Bemessung der Grundsteuer für Grundstücke nach dem Einheitswert. [1]Ist ein im Veranlagungszeitpunkt für die Grundsteuer maßgebender Einheitswert 1935 festgestellt oder festzustellen (§ 132 des Bewertungsgesetzes[1]), gelten bei der Festsetzung des Steuermeßbetrags abweichend von § 15 die Steuermeßzahlen der weiter anwendbaren §§ 29 bis 33 der Grundsteuerdurchführungsverordnung vom 1. Juli 1937 (RGBl. I S. 733). [2]Die ermäßigten Steuermeßzahlen für Einfamilienhäuser gelten nicht für das Wohnungseigentum und das Wohnungserbbaurecht einschließlich des damit belasteten Grundstücks.

§ 42[2] Bemessung der Grundsteuer für Mietwohngrundstücke und Einfamilienhäuser nach der Ersatzbemessungsgrundlage. (1) Bei Mietwohngrundstücken und Einfamilienhäusern, für die ein im Veranlagungszeitpunkt für die Grundsteuer maßgebender Einheitswert 1935 nicht festgestellt oder festzustellen ist (§ 132 des Bewertungsgesetzes[1]), bemißt sich der Jahresbetrag der Grundsteuer nach der Wohnfläche und bei anderweitiger Nutzung nach der Nutzfläche (Ersatzbemessungsgrundlage).

(2) [1]Bei einem Hebesatz von 300 vom Hundert für Grundstücke beträgt der Jahresbetrag der Grundsteuer für das Grundstück

a)[3] für Wohnungen, die mit Bad, Innen-WC und Sammelheizung ausgestattet sind,
1 Euro je m² Wohnfläche,

b)[3] für andere Wohnungen
75 Cent je m² Wohnfläche,

c)[3] je Abstellplatz für Personenkraftwagen in einer Garage
5 Euro.

[2]Für Räume, die anderen als Wohnzwecken dienen, ist der Jahresbetrag je m² Nutzfläche anzusetzen, der für die auf dem Grundstück befindlichen Wohnungen maßgebend ist.

(3)[4] [1]Wird der Hebesatz abweichend von Absatz 2 festgesetzt, erhöhen oder vermindern sich die Jahresbeträge des Absatzes 2 in dem Verhältnis, in dem der festgesetzte Hebesatz für Grundstücke zu dem Hebesatz von 300 vom Hundert steht. [2]Der sich danach ergebende Jahresbetrag je m² Wohn- oder Nutzfläche wird auf volle Cent nach unten abgerundet.

(4) [1]Steuerschuldner ist derjenige, dem das Gebäude bei einer Feststellung des Einheitswerts gemäß § 10 zuzurechnen wäre. [2]Das gilt auch dann, wenn der Grund und Boden einem anderen gehört.

---

[1] Nr. **1**.
[2] Abschnitt VI (§§ 40–46) angef. durch Vertrag v. 31.8.1990 (BGBl. II S. 889, 986); aufgeh. durch G v. 26.11.2019 (BGBl. I S. 1794); zur Anwendung siehe § 37 Abs. 1 n.F.
[3] § 42 Abs. 2 Satz 1 Buchst. a bis c geänd. mWv 1.1.2002 durch G v. 19.12.2000 (BGBl. I S. 1790).
[4] § 42 Abs. 3 Satz 2 geänd. mWv 1.1.2002 durch G v. 19.12.2000 (BGBl. I S. 1790).

§ 43[1] Steuerfreiheit für neugeschaffene Wohnungen. (1) [1]Für Grundstücke mit neugeschaffenen Wohnungen, die nach dem 31. Dezember 1980 und vor dem 1. Januar 1992 bezugsfertig geworden sind oder bezugsfertig werden, gilt folgendes:

1. Grundstücke mit Wohnungen, die vor dem 1. Januar 1990 bezugsfertig geworden sind, bleiben für den noch nicht abgelaufenen Teil eines zehnjährigen Befreiungszeitraums steuerfrei, der mit dem 1. Januar des Kalenderjahres beginnt, das auf das Jahr der Bezugsfertigkeit des Gebäudes folgt;
2. Grundstücke mit Wohnungen, die im Kalenderjahr 1990 bezugsfertig geworden sind, sind bis zum 31. Dezember 2000 steuerfrei;
3. Grundstücke mit Wohnungen, die im Kalenderjahr 1991 bezugsfertig werden, sind bis zum 31. Dezember 2001 steuerfrei.

[2]Dies gilt auch, wenn vor dem 1. Januar 1991 keine Steuerfreiheit gewährt wurde.

(2) Befinden sich auf einem Grundstück nur zum Teil steuerfreie Wohnungen im Sinne des Absatzes 1, gilt folgendes:

1. [1]Wird die Grundsteuer nach dem Einheitswert bemessen (§ 41), bemißt sich der Steuermeßbetrag für den sich aus Absatz 1 ergebenden Befreiungszeitraum nur nach dem Teil des jeweils maßgebenden Einheitswerts, der auf die steuerpflichtigen Wohnungen und Räume einschließlich zugehörigen Grund und Bodens entfällt. [2]Der steuerpflichtige Teil des Einheitswerts wird im Steuermeßbetragsverfahren ermittelt.
2. Ist die Ersatzbemessungsgrundlage Wohn- oder Nutzfläche maßgebend (§ 42), bleibt während der Dauer des sich aus Absatz 1 ergebenden Befreiungszeitraums die Wohnfläche der befreiten Wohnungen bei Anwendung des § 42 außer Ansatz.

(3) [1]Einer Wohnung stehen An-, Aus- oder Umbauten gleich, die der Vergrößerung oder Verbesserung von Wohnungen dienen. [2]Voraussetzung ist, daß die Baumaßnahmen zu einer Wertfortschreibung geführt haben oder führen.

§ 44[1] Steueranmeldung. (1) Soweit die Grundsteuer nach der Wohn- oder Nutzfläche zu bemessen ist, hat der Steuerschuldner eine Steuererklärung nach amtlich vorgeschriebenem Vordruck abzugeben, in der er die Grundsteuer nach § 42 selbst berechnet (Steueranmeldung).

(2) [1]Der Steuerschuldner hat der Berechnung der Grundsteuer den Hebesatz zugrunde zu legen, den die Gemeinde bis zum Beginn des Kalenderjahres bekanntgemacht hat, für das die Grundsteuer erhoben wird. [2]Andernfalls hat er die Grundsteuer nach dem Hebesatz des Vorjahres zu berechnen; für das Kalenderjahr 1991 gilt insoweit ein Hebesatz von 300 vom Hundert.

(3) [1]Die Steueranmeldung ist für jedes Kalenderjahr nach den Verhältnissen zu seinem Beginn bis zu dem Fälligkeitstag abzugeben, zu dem Grundsteuer für das Kalenderjahr nach § 28 erstmals fällig ist. [2]Für die Entrichtung der Grundsteuer gilt § 28 entsprechend.

---

[1] Abschnitt VI (§§ 40–46) angef. durch Vertrag v. 31.8.1990 (BGBl. II S. 889, 986); aufgeh. durch G v. 26.11.2019 (BGBl. I S. 1794); zur Anwendung siehe § 37 Abs. 1 n.F.

§ 45[1] Fälligkeit von Kleinbeträgen. Hat der Rat der Stadt oder Gemeinde vor dem 1. Januar 1991 für kleinere Beträge eine Zahlungsweise zugelassen, die von § 28 Abs. 2 und 3 abweicht, bleibt die Regelung bestehen, bis sie aufgehoben wird.

§ 46[1] Zuständigkeit der Gemeinden. Die Festsetzung und Erhebung der Grundsteuer obliegt bis zu einer anderen landesrechtlichen Regelung den Gemeinden.

[1] Abschnitt VI (§§ 40–46) angef. durch Vertrag v. 31.8.1990 (BGBl. II S. 889, 986); aufgeh. durch G v. 26.11.2019 (BGBl. I S. 1794); zur Anwendung siehe § 37 Abs. 1 n.F.

3.1. Verordnung zur Durchführung des Grundsteuergesetzes für den ersten Hauptveranlagungszeitraum (GrStDVO)

Vom 1. Juli 1937 (RGBl. I S. 733, RStBl. S. 781)

– Auszug –

b) Bebaute Grundstücke

§ 29[1] Abstufung der Steuermeßzahlen. [1]Für bebaute Grundstücke gelten die folgenden Steuermeßzahlen:

Grundstücksgruppen zw. Wertgruppen	Gemeindegruppen a: bis 25 000 Einwohner	b: über 25 000 bis 1 000 000 Einwohner	c: über 1 000 000 Einwohner
	vom Tausend		
I. Altbauten (bei Einfamilienhäusern nur für den Teil des Einheitswerts, der 15 338,76 Euro übersteigt)	10	10	10
II. Einfamilienhäuser der Altbauten für die ersten angefangenen oder vollen 15 338,76 Euro des Einheitswerts	10	8	6
III. Neubauten (bei Einfamilienhäusern nur für den Teil des Einheitswerts, der 15 338,76 Euro übersteigt)	8	7	6
IV. Einfamilienhäuser der Neubauten für die ersten angefangenen oder vollen 15 338,76 Euro des Einheitswerts	8	6	5

[2]Der Reichsminister der Finanzen wird ermächtigt, mit Zustimmung des Reichsministers des Innern und des Reichsarbeitsministers für Gemeinden von mehr als 500 000, jedoch nicht mehr als 1 000 000 Einwohnern auf Antrag des Bürgermeisters für die Gruppen II, III und IV andere Meßzahlen als die für die Gemeindegruppe b bestimmten festzusetzen. [3]Diese Meßzahlen müs-

[1] § 29 Betrag geänd. durch StEuglG v. 19. 12. 2000 (BGBl. I S. 1790) mWv 1. 1. 2002.

sen spätestens innerhalb eines Zeitraums von vier Jahren in Stufen auf die für die Gemeindegruppe b bestimmten Meßzahlen zurückgeführt werden.

§ 30 Einwohnerzahl. (1) Für die Frage, welcher der im § 29 bezeichneten Gemeindegruppen eine Gemeinde zuzurechnen ist, ist das Ergebnis der allgemeinen Volkszählung vom 16. Juni 1933 maßgebend.

(2) Bei Umgemeindungen, die zwischen dem 16. Juni 1933 und dem 1. Januar 1935 rechtswirksam geworden sind, ist auf Grund des Ergebnisses der allgemeinen Volkszählung 1933 zu ermitteln, wieviel Einwohner auf die Gemeinde in ihrem Gebietsumfang vom 1. Januar 1935 entfallen; im Zweifelsfall entscheidet hierüber die Gemeindeaufsichtsbehörde.

(3) Bei Umgemeindungen, die nach dem 1. Januar 1935 rechtswirksam geworden sind, rechnen die betroffenen Gemeinden oder Gemeindeteile weiterhin zu der Gemeindegruppe, der sie ohne die Umgemeindung nach den Absätzen 1 und 2 zuzurechnen sind.

(4) Absätze 1 bis 3 gelten für das Saarland mit der Abweichung, daß das Ergebnis der Volkszählung vom 25. Juni 1935 maßgebend ist und an die Stelle des 1. Januar 1935 jeweils der 1. Januar 1936 zu setzen ist.

§ 31 Altbauten, Neubauten. (1) Zu den Altbauten (§ 29 I und II) gehören die Grundstücke, deren Gebäude bis zum 31. März 1924 bezugsfertig geworden sind.

(2) Zu den Neubauten (§ 29 III und IV) gehören die Grundstücke, deren Gebäude nach dem 31. März 1924 bezugsfertig geworden sind.

(3) Ob auf ein Grundstück, auf dem sich sowohl Altbauten als auch Neubauten befinden, die Steuermeßzahl für Altbauten oder die Meßzahl für Neubauten anzuwenden ist, ist danach zu entscheiden, welcher Teil wertmäßig überwiegt.

(4) Für die Frage, ob ein Gebäude bis zum oder nach dem 31. März 1924 bezugsfertig geworden ist, ist die Entscheidung zu übernehmen, die zuletzt für die bisherige Grundsteuer maßgebend gewesen ist.

§ 32 Einfamilienhäuser. Ob auf ein Grundstück, auf dem sich sowohl ein Einfamilienhaus als auch ein Gebäude einer anderen Grundstücksgruppe befinden, die Steuermeßzahlen für Einfamilienhäuser oder die Meßzahl für die andere Grundstücksgruppe anzuwenden sind, ist danach zu entscheiden, welcher Teil wertmäßig überwiegt.

c) Unbebaute Grundstücke

§ 33 [Unbebaute Grundstücke] Für unbebaute Grundstücke beträgt die Steuermeßzahl einheitlich 10 vom Tausend.

4. Erbschaftsteuer-Richtlinien 2019 (ErbStR 2019)

Allgemeine Verwaltungsvorschrift zur Anwendung des Erbschaftsteuer- und Schenkungsteuerrechts

Vom 16. Dezember 2019 (BStBl. I 2019 Sondernummer 1, 2)

Mit den Erbschaftsteuer-Hinweisen 2019[1)]

Nach Artikel 108 Absatz 7 des Grundgesetzes wird folgende allgemeine Verwaltungsvorschrift erlassen:

Inhaltsübersicht

---

1) Gleich lautender Ländererlass v. 16.12.2019, BStBl. I 2019 Sondernummer 1, 151.

Zu § 13a ErbStG

Zu § 13b ErbStG

C. Gesonderte Feststellungen

Zu § 151 BewG

Zu § 152 BewG

Zu § 153 BewG

Zu § 154 BewG

Zu § 155 BewG

Zu § 156 BewG

D. Land- und forstwirtschaftliches Vermögen

Zu § 158 BewG

Zu § 159 BewG

Zu § 160 BewG

Zu § 177 BewG

Zu § 178 BewG

Zu § 179 BewG

Zu § 180 BewG

Zu § 181 BewG

Zu § 182 BewG

Zu § 183 BewG

Zu § 184 BewG

Zu § 185 BewG

Zu § 186 BewG

Zu § 187 BewG

Zu § 188 BewG

Zu § 189 BewG

Zu § 190 BewG

I. Einführung

(1) [1]Die Erbschaftsteuer-Richtlinien 2019 sind Weisungen an die Finanzbehörden zur einheitlichen Anwendung des Erbschaftsteuer- und Schenkungsteuerrechts und der dazu notwendigen Regelungen des Bewertungsrechts. [2]Sie dienen der Verwaltungsvereinfachung und der Vermeidung unbilliger Härten.

(2)[1)·2)] [1]Die Erbschaftsteuer-Richtlinien 2019 sind auf alle Erwerbsfälle anzuwenden, für die die Steuer nach dem 21. August 2019 entsteht. [2]Sie gelten auch für Erwerbsfälle, für die die Steuer vor dem 22. August 2019 entstanden ist, soweit sie geänderte Vorschriften des Erbschaftsteuer- und Schenkungsteuergesetzes und des Bewertungsgesetzes betreffen, die vor dem 1. Mai 2019 anzuwenden sind. [3]Bisher ergangene Anweisungen, die mit diesen Richtlinien im Widerspruch stehen, sind nicht mehr anzuwenden.

(3) Diesen Richtlinien liegen, soweit im Einzelnen keine andere Fassung angegeben ist, das Erbschaftsteuer- und Schenkungsteuergesetz in der Fassung der Bekanntmachung vom 27. Februar 1997 (BGBl. I S. 378), zuletzt geändert durch Artikel 5 des Gesetzes vom 25. März 2019 (BGBl. I S. 357) und das Bewertungsgesetz in der Fassung der Bekanntmachung vom 1. Februar 1991 (BGBl. I Seite 230), zuletzt geändert durch Artikel 2 des Gesetzes vom 4. November 2016 (BGBl. I S. 2464), zugrunde.

(4) Soweit in den nachstehenden Richtlinien auf das Einkommensteuergesetz (EStG) und die Einkommensteuer-Richtlinien (EStR), das Körperschaftsteuergesetz (KStG) und die Körperschaftsteuer-Richtlinien (KStR) sowie die Abgabenordnung (AO) verwiesen wird, ist die am jeweiligen Besteuerungs- bzw. Feststellungszeitpunkt geltende Fassung[3)] maßgebend.

[1)] **Anwendung der ErbStR 2011 v. 19.12.2011:**
Die Erbschaftsteuer-Richtlinien vom 19. Dezember 2011 (BStBl I Sondernummer 1/2011 Seite 2) werden aufgehoben. Sie sind mit den Abweichungen, die sich aus der Änderung von Rechtsvorschriften für die Zeit bis zum 21. August 2019 ergeben, auf Erwerbsfälle weiter anzuwenden, für die die Steuer vor dem 22. August 2019 entstanden ist.

[2)] **Anwendung der ErbStH 2019 v. 16.12.2019:**
Dieser Erlass gibt Hinweise zur Ergänzung der Erbschaftsteuer-Richtlinien 2019 sowie auf den ausgewählten aktuellen Stand der höchstrichterlichen Rechtsprechung zur Erbschaft- und Schenkungsteuer und zum Bewertungsrecht. Die Stichworte in den Hinweisen sind alphabetisch geordnet. Die Randnummern beziehen sich auf die jeweiligen Abschnitte und Absätze der Erbschaftsteuer-Richtlinien 2019.

Dieser Erlass ist auf alle Erwerbsfälle anzuwenden, für die die Steuer nach dem 21. August 2019 entstanden ist oder entsteht. Die gleich lautenden Ländererlasse vom 19. Dezember 2011 (BStBl I Sondernummer 1/2011 Seite 117), zuletzt geändert durch gleich lautende Ländererlasse vom 8. Januar 2016 (BStBl I Seite 173) werden mit Wirkung vom 22. August 2019 aufgehoben. Bisher ergangene Anweisungen, die mit diesem Erlass im Widerspruch stehen, sind nicht mehr anzuwenden.

[3)] **[Amtl. Anm.:]** Zitiert werden die EStR 2005, geändert durch die EStÄR 2008 und die EStÄR 2012 und die KStR 2015.

II. Erbschaftsteuer- und Schenkungsteuergesetz

Zu § 1 ErbStG

R E 1.1 Anwendung der Vorschriften über Erwerbe von Todes wegen auf Schenkungen

[1]Die Vorschriften über Erwerbe von Todes wegen gelten, soweit nichts anderes bestimmt ist, auch für Schenkungen unter Lebenden (§ 1 Absatz 2 ErbStG). [2]Bei der Besteuerung von Schenkungen unter Lebenden gelten alle Bestimmungen des Erbschaftsteuer- und Schenkungsteuergesetzes, sofern sie nicht Sachverhalte betreffen, die allein bei Erwerben von Todes wegen vorkommen. [3]Nicht auf Schenkungen anzuwenden sind insbesondere die Vorschriften

1. zum Abzug der Nachlassverbindlichkeiten (→ § 10 Absatz 1 Satz 2 ErbStG),
2. zum Pauschbetrag für Erbfallkosten (→ § 10 Absatz 5 Nummer 3 Satz 2 ErbStG),
3. zum Erwerb eines Familienheims von Todes wegen (→ § 13 Absatz 1 Nummer 4b und 4c ErbStG),
4. zum Rückfall von Vermögensgegenständen an die Eltern (→ § 13 Absatz 1 Nummer 10 ErbStG),
5. zur Investitionsklausel (→ § 13b Absatz 5 ErbStG),
6. zur Steuerklasse der Eltern bei Erwerben von Todes wegen (→ § 15 Absatz 1 ErbStG Steuerklasse I Nummer 4) oder zu Erwerben auf Grund gemeinschaftlicher Testamente von Ehegatten (→ § 15 Absatz 3 ErbStG),
7. zum besonderen Versorgungsfreibetrag für den überlebenden Ehegatten oder die Kinder des Erblassers (→ § 17 ErbStG). [2]Der Versorgungsfreibetrag nach § 17 ErbStG kann ausnahmsweise bei einem nach § 7 Absatz 1 Nummer 5 ErbStG steuerbaren Erwerb gewährt werden, wenn ein Ehegatte als Abfindung für seinen Erbverzicht und aufschiebend bedingt bis zum Tod des anderen Ehegatten ein Leibrentenstammrecht erwirbt,
8. zur Haftung von Kreditinstituten (→ § 20 Absatz 6 Satz 2 ErbStG),
9. zur Steuerermäßigung bei mehrfachem Erwerb desselben Vermögens (→ § 27 ErbStG) und
10. zur Stundung der auf das begünstigte Vermögen i. S. d. § 13b Absatz 2 ErbStG entfallenden Steuer (→ § 28 Absatz 1 ErbStG).

H E 1.1

Anwendbarkeit der Vorschriften über Erwerbe von Todes wegen auf Schenkungen. → BFH vom 8.10.2003 II R 46/01, BStBl. 2004 II S. 234.

Eingetragene Lebenspartnerschaften. Auf Lebenspartner und Lebenspartnerschaften im Sinne des Lebenspartnerschaftsgesetzes sind nach §§ 1 und 21 LPartG die Regelungen zu Ehegatten und Ehen entsprechend anzuwenden.

Mehrfacher Erwerb desselben Vermögens. → BFH vom 2.9.1987 II B 103/87, BStBl. II S. 785 und vom 16.7.1997 II B 99/96, BStBl. II S. 625.

Rückfall von Vermögensgegenständen an die Eltern. → BFH vom 16.4.1986 II R 135/83, BStBl. II S. 622.

R E 1.2 Familienstiftungen und Familienvereine

(1) [1]Vermögen einer inländischen Familienstiftung (§ 1 Absatz 1 Nummer 4, § 2 Absatz 1 Nummer 2 ErbStG) unterliegt in Zeitabständen von je 30 Jahren der Ersatzerbschaftsteuer. [2]Die Steuerpflicht setzt voraus, dass die Stiftung an dem für sie maßgebenden Besteuerungszeitpunkt (→ § 9 Absatz 1 Nummer 4 ErbStG) die Voraussetzungen für eine Familienstiftung erfüllt. [3]Die Steuerpflicht entfällt hiernach, wenn eine Familienstiftung vor diesem Zeitpunkt aufgelöst oder durch Satzungsänderung in eine andere Stiftung (z. B. Unternehmensstiftung) umgewandelt wird. [4]Die Anzeigepflicht nach § 30 ErbStG und die Pflicht zur Abgabe der Steuererklärung nach § 31 ErbStG besteht auch in Fällen der Steuerpflicht nach § 1 Absatz 1 Nummer 4 ErbStG.

(2) [1]Eine Familienstiftung im Sinne des § 1 Absatz 1 Nummer 4 ErbStG ist stets gegeben, wenn nach ihrer Satzung der Stifter, seine Angehörigen und deren Abkömmlinge zu mehr als der Hälfte bezugs- oder anfallsberechtigt (Destinatäre) sind (§ 15 Absatz 2 AStG). [2]Eine Familienstiftung im Sinne des § 1 Absatz 1 Nummer 4 ErbStG ist auch dann gegeben, wenn die genannten Destinatäre zu mehr als einem Viertel bezugs- oder anfallsberechtigt sind und zusätzliche Merkmale ein „wesentliches Familieninteresse" belegen. [3]Dies kann insbesondere dann gegeben sein, wenn die Familie wesentlichen Einfluss auf die Geschäftsführung der Stiftung hat. [4]Bereits die Bezugsberechtigung der in den Satzungen bezeichneten Familienangehörigen prägt das Wesen als Familienstiftung, auch wenn Ausschüttungen bisher nicht vorgenommen worden sind. [5]In welchem Umfang die Stiftung ihre Erträge thesauriert, ist für die Bezugsberechtigung der Destinatäre ohne Bedeutung.

(3) [1]Unter den wesentlichen Familieninteressen sind Vermögensinteressen im weitesten Sinne zu verstehen. [2]Dazu gehören nicht nur Bezugs- und Anfallsrechte, sondern alle Vermögensvorteile, die die begünstigten Familien und ihre Mitglieder aus dem Stiftungsvermögen ziehen. [3]Die Stiftung dient diesen Vermögensinteressen dann wesentlich, wenn nach der Satzung oder dem Stiftungsgeschäft deren Wesen darin besteht, es den Familien zu ermöglichen, das Stiftungsvermögen, soweit es einer Nutzung zu privaten Zwecken zugänglich ist, zu nutzen oder die Stiftungserträge an sich zu ziehen. [4]Darunter fallen insbesondere auch die unentgeltliche oder verbilligte Nutzung des Stiftungsvermögens, wie

1. die Nutzung der stiftungseigenen Immobilien zu Wohnzwecken,
2. der Einsatz des Personals der Stiftung für Arbeiten im Rahmen des eigenen Hausstandes oder
3. bei einer Stiftung mit Kunstbesitz der Vorteil, von diesem Kunstbesitz umgeben zu sein.

[5]Derartige Nutzungs- und Zugriffsmöglichkeiten können sich allein aus der Natur des Stiftungszwecks oder aber in Verbindung mit dem Einfluss der Fa-

milien auf die Geschäftsführung ergeben. [6]Inwieweit davon tatsächlich Gebrauch gemacht wird, ist nicht entscheidend.

(4) [1]Die Änderung des Stiftungscharakters einer Familienstiftung durch Satzungsänderung, gleichgültig, ob sie zu Lebzeiten oder erst nach dem Tode des Stifters erfolgt, gilt erbschaftsteuerrechtlich als Errichtung einer neuen Familienstiftung (§ 7 Absatz 1 Nummer 8 ErbStG). [2]Dies gilt entsprechend, wenn durch die Satzungsänderung lediglich bisher nicht bezugs- oder anfallsberechtigte Familienmitglieder oder Dritte in den Kreis der Destinatäre aufgenommen werden und die Errichtung der Stiftung bei bereits damaliger Zugehörigkeit der neu aufgenommenen Destinatäre seinerzeit nach einer ungünstigeren Steuerklasse zu besteuern gewesen wäre. [3]Die durch Satzungsänderung entstandene „neue“ Stiftung gilt als Erwerber des Vermögens der „bisherigen“ Stiftung (§ 7 Absatz 1 Nummer 8 ErbStG). [4]Sie ist nach dem Verwandtschaftsverhältnis des nach der Stiftungsurkunde entferntest Berechtigten zu dem ursprünglichen Stifter (Erblasser oder Schenker) zu besteuern (§ 15 Absatz 2 Satz 1 ErbStG). [5]Die Aufhebung der bisherigen Stiftung wird dagegen im Aufhebungszeitpunkt nicht gesondert besteuert. [6]Die bei der Errichtung der bisherigen Stiftung festgesetzte Steuer und die bereits entrichtete Ersatzerbschaftsteuer erlischt nicht. [7]Die Behandlung der Satzungsänderung als Errichtung einer neuen Stiftung führt dazu, dass die 30-Jahresfrist für die Entstehung der Ersatzerbschaftsteuer (§ 1 Absatz 1 Nummer 4 in Verbindung mit § 9 Absatz 1 Nummer 4 ErbStG) bei der bisherigen Stiftung endet und bei der neuen Stiftung neu zu laufen beginnt. [8]Eine Anrechnung der bei Errichtung der bisherigen Stiftung festgesetzten Steuer auf die im Zeitpunkt der Satzungsänderung festzusetzende Erbschaftsteuer kommt nicht in Betracht.

(5) Wird die Familienstiftung durch Satzungsänderung in eine gemeinnützige Stiftung umgewandelt, ist deren Erwerb nach § 13 Absatz 1 Nummer 16 Buchstabe b ErbStG steuerfrei.

(6) Die Ausführungen in Absatz 2 bis 4 zu Stiftungen gelten für Vereine, deren Zweck wesentlich im Interesse einer Familie oder bestimmter Familien auf die Bindung von Vermögen gerichtet ist (Familienverein, § 1 Absatz 1 Nummer 4 ErbStG), entsprechend.

H E 1.2

Keine Ersatzerbschaftsteuer bei einer nichtrechtsfähigen Stiftung. → BFH vom 25.1.2017 II R 26/16, BStBl. 2018 II S. 199.

Wesentliches Familieninteresse. → BFH vom 10.12.1997 II R 25/94, BStBl. 1998 II S. 114.

Zustiftung an eine Familienstiftung. → BFH vom 9.12.2009 II R 22/08, BStBl. 2010 II S. 363.

Zu § 2 ErbStG

R E 2.1 Unbeschränkte und beschränkte Steuerpflicht

(1) [1]Ein Erwerbsvorgang, an dem eine natürliche Person oder eine der in § 2 Absatz 1 Nummer 1 Satz 2 Buchstabe d oder Nummer 2 ErbStG genann-

ten Körperschaften (Inländer) beteiligt ist, unterliegt der unbeschränkten Steuerpflicht, wenn diese zum Besteuerungszeitpunkt (→ § 9 ErbStG) im Bundesgebiet ihren Wohnsitz (§ 8 AO) oder ihren gewöhnlichen Aufenthalt (§ 9 AO) bzw. ihre Geschäftsleitung (§ 10 AO) oder ihren Sitz (§ 11 AO) haben. 2 Entsprechendes gilt, wenn an einem Erwerbsvorgang ein deutscher Staatsangehöriger beteiligt ist, der die Voraussetzungen des § 2 Absatz 1 Nummer 1 Satz 2 Buchstabe b oder c ErbStG erfüllt. 3 Die unbeschränkte Steuerpflicht erstreckt sich auf sämtliches inländisches und ausländisches Vermögen, das zu einem Erwerbsvorgang gehört.

(2) Die beschränkte Steuerpflicht (§ 2 Absatz 1 Nummer 3 ErbStG) erstreckt sich nur auf Vermögen der in § 121 BewG genannten Art, das auf das Inland entfällt (→ R E 2.2).

H E 2.1

Doppelbesteuerungsabkommen auf dem Gebiet der Erbschaft- und Schenkungsteuer. Am 1.1.2018 geltende Abkommen

Abkommen		Fundstelle				Inkrafttreten				Anwendung grundsätzlich ab
		BGBl. II		BStBl. I		BGBl. II		BStBl. I		
mit	vom	Jg.	Seite	Jg.	Seite	Jg.	Seite	Jg.	Seite	
Dänemark	22.11.1995	96	2565	96	1219	97	728	97	624	1.1.1997
Frankreich	12.10.2006	07	1402	09	1258	09	596	09	1266	3.4.2009
Griechenland	18.11.1910/ 1.12.1910	(RGBl.) 12	173	–	–	53	525	53	377	1.1.1953
Schweden[1]	14.7.1992	94	686	94	422	95	29	95	88	1.1.1995
Schweiz	30.11.1978	80	594	80	243	80	1341	80	786	28.9.1980
Vereinigte Staaten	3.12.1980	82	847	82	765	86	860	86	478	1.1.1979
in der Neufassung	21.12.2000	01	65	01	114					
unter Berücksichtigung des Protokolls	14.12.1998	00	1170	01	110	01	62	01	114	15.12.2000

[1] Schweden erhebt seit 1.1.2005 keine Erbschaftsteuer mehr.

Erweiterte beschränkte Steuerpflicht. → § 4 AStG und BMF-Schreiben vom 14.5.2004 (BStBl. 2004 I Sondernummer 1/2004 Tz. 4).

Erwerber bei Zuwendungen an und von Personengesellschaften. → BFH vom 14.9.1994 II R 95/92, BStBl. 1995 II S. 81 und vom 15.7.1998 II R 82/96, BStBl. II S. 630.

Mitglieder diplomatischer Missionen und konsularischer Vertretungen. Die steuerliche Behandlung der Angehörigen der diplomatischen und berufskonsularischen Vertretungen auswärtiger Staaten in der Bundesrepublik Deutschland richtet sich nach dem Wiener Übereinkommen über diplomatische Beziehungen (WÜD) vom 18.4.1961 (Gesetz vom 6.8.1964, BGBl. II S. 959) und nach dem Wiener Übereinkommen über konsularische Beziehungen (WÜK) vom 24.4.1963 (Gesetz vom 26.8.1969, BGBl. II S. 1585). Die steuerlichen Vorschriften der beiden Abkommen sind nicht nur im Verhältnis zu den Vertragsstaaten anzuwenden.

Nach dem **Wiener Übereinkommen über diplomatische Beziehungen** gilt Folgendes:

1. Nach Artikel 34 WÜD sind Diplomaten nicht von der Erbschaftsteuer befreit.
2. Nach Artikel 39 Absatz 4 WÜD darf jedoch von beweglichem Vermögen, das sich nur deshalb in Deutschland befindet, weil sich der Verstorbene als Mitglied der Mission in Deutschland aufhielt, keine Erbschaftsteuer erhoben werden. Zum beweglichen Vermögen rechnet nicht Kapitalvermögen.
3. Die zum Haushalt eines Diplomaten gehörenden Familienmitglieder genießen, wenn sie nicht deutsche Staatsangehörige sind, die in Nummer 2 bezeichneten Vorrechte (Artikel 37 Absatz 1 WÜD). Familienmitglieder sind
   a) der Ehegatte und die minderjährigen Kinder, die im Haushalt des Diplomaten leben. Eine vorübergehende Abwesenheit, z.B. zum auswärtigen Studium, ist hierbei ohne Bedeutung;
   b) die volljährigen unverheirateten Kinder sowie die Eltern und Schwiegereltern – unter der Voraussetzung der Gegenseitigkeit –, die mit im Haushalt des Diplomaten leben und von ihm wirtschaftlich abhängig sind. Dies ist nach den jeweiligen Einkommens- und Vermögensverhältnissen aufgrund einer über das Einkommen und das Vermögen abzugebenden Erklärung zu beurteilen.

   Für andere Personen kommt eine Anwendung des Artikels 37 WÜD grundsätzlich nicht in Betracht. In besonderen Fällen prüft das Auswärtige Amt im Einvernehmen mit dem Bundesministerium der Finanzen, ob die besonderen Umstände des Falles eine andere Entscheidung rechtfertigen.
4. Auch Mitglieder des Verwaltungs- und technischen Personals einer diplomatischen Mission, z.B. Kanzleibeamte, Chiffreure, Übersetzer, Stenotypistinnen und die zu ihrem Haushalt gehörenden Familienmitglieder, genießen, wenn sie weder deutsche Staatsangehörige noch im Inland ständig ansässig sind, die in Nummer 2 bezeichneten Vorrechte (Artikel 37 Absatz 2 WÜD). Dies gilt nicht im Verhältnis zu Venezuela (vgl. Vorbehalt Venezuelas bei der Unterzeichnung des Abkommens). Mitgliedern des dienstlichen Hauspersonals, z.B. Kraftfahrer, Pförtner, Boten, Gärtner, Köche, Nachtwächter, und privaten Hausangestellten von Mitgliedern der Mission stehen erbschaftsteuerrechtliche Vorrechte nicht zu.

Nach dem **Wiener Übereinkommen über konsularische Beziehungen** gilt Folgendes:

1. Nach Artikel 49 Absatz 1 Buchstabe c WÜK sind Berufskonsularbeamte und Bedienstete des Verwaltungs- und technischen Personals sowie die mit ihnen im gemeinsamen Haushalt lebenden Familienmitglieder nicht von der Erbschaftsteuer befreit.
2. Nach Artikel 51 Buchstabe b Absatz 4 WÜK darf jedoch von beweglichem Vermögen, das sich nur deshalb in Deutschland befindet, weil sich der Verstorbene als Mitglied der Mission in Deutschland aufhielt, keine

Erbschaftsteuer erhoben werden. Zum beweglichen Vermögen rechnet nicht Kapitalvermögen.

3. Die nach Nummer 2 vorgesehene Befreiung von der Erbschaftsteuer steht folgenden Personen nicht zu:
   a) Wahlkonsularbeamten (Artikel 1 Absatz 2, Artikel 58 Absatz 1 und 3 WÜK) und ihren Familienmitgliedern,
   b) Bediensteten des Verwaltungs- oder technischen Personals, die im Inland eine private Erwerbstätigkeit ausüben, und deren Familienmitgliedern (Artikel 57 Absatz 2 Buchstaben a und b WÜK), außerdem den Mitgliedern des dienstlichen Hauspersonals und den privaten Hausangestellten von Mitgliedern der konsularischen Vertretung,
   c) Familienangehörigen eines Mitglieds einer konsularischen Vertretung, die im Inland eine private Erwerbstätigkeit ausüben (Artikel 57 Absatz 2 Buchstabe c WÜK).

R E 2.2 Inlandsvermögen

(1) [1]Zum Inlandsvermögen bei beschränkter Steuerpflicht gehören nur solche Wirtschaftsgüter, die auch bei unbeschränkter Steuerpflicht einem Erwerb zuzurechnen sind. [2]Es werden deshalb auch beim Inlandsvermögen die Wirtschaftsgüter nicht erfasst, die nach den Vorschriften des Erbschaftsteuer- und Schenkungsteuergesetzes oder anderer Gesetze nicht zur Erbschaftsteuer heranzuziehen sind.

(2) [1]Inländisches Betriebsvermögen unterliegt der beschränkten Erbschaftsteuerpflicht nicht nur, wenn in diesem Gebiet eine Betriebsstätte unterhalten wird, sondern auch, wenn lediglich ein ständiger Vertreter (§ 13 AO) für den Gewerbebetrieb bestellt ist. [2]Im Besteuerungsverfahren ist selbstständig darüber zu entscheiden, ob für das im Inland betriebene Gewerbe, dem das Vermögen dient, im Inland eine Betriebsstätte unterhalten wird oder ein ständiger Vertreter bestellt ist.

(3) [1]Die Beteiligung an einer inländischen Kapitalgesellschaft gehört zum Inlandsvermögen, wenn der Erblasser zur Zeit seines Todes oder der Schenker zur Zeit der Ausführung der Schenkung allein oder zusammen mit ihm nahe stehenden Personen im Sinne des § 1 Absatz 2 AStG als Eigentümer der übertragenen Anteile mindestens zu 10 Prozent am Grund oder Stammkapital der inländischen Kapitalgesellschaft beteiligt ist. [2]Wird nur ein Teil einer solchen Beteiligung durch Schenkung zugewendet, sind auch weitere innerhalb der nächsten zehn Jahre von derselben Person anfallende Erwerbe aus der Beteiligung als Inlandsvermögen zu behandeln, auch wenn im Zeitpunkt ihres Erwerbs die Beteiligung des Erblassers oder Schenkers weniger als 10 Prozent beträgt. [3]Bei der Ermittlung des Umfangs der Beteiligung sind auch lediglich mittelbar gehaltene Anteile zu berücksichtigen. [4]Anteile, die über eine inländische Betriebsstätte des beschränkt Steuerpflichtigen gehalten werden und daher bereits nach § 121 Nummer 3 BewG zum Inlandsvermögen gehören, sind mit Anteilen zusammenzurechnen, die nicht in der Betriebsstätte gehalten werden. [5]Bei Erreichen der Beteiligungsgrenze zählt grundsätzlich nur die

jeweils unmittelbar gehaltene Beteiligung zum Inlandsvermögen, auch wenn sie für sich genommen die Beteiligungsgrenze nicht erreicht. [6]Eine mittelbar über eine ausländische Gesellschaft gehaltene Beteiligung zählt zum Inlandsvermögen, soweit es sich bei der Zwischenschaltung der ausländischen Gesellschaft um einen Missbrauch steuerlicher Gestaltungsmöglichkeiten handelt (§ 42 AO). [7]Letzteres kommt in Betracht, wenn für die Einschaltung der ausländischen Gesellschaft wirtschaftliche oder sonst beachtliche Gründe fehlen und sie keine eigene Wirtschaftstätigkeit entfaltet.

(4)[1]Urheberrechte, die weder zu einem inländischen Betriebsvermögen eines beschränkt Steuerpflichtigen gehören noch in ein inländisches Buch oder Register eingetragen sind, gehören nach § 121 Nummer 6 BewG dann zum Inlandsvermögen, wenn sie einem inländischen Gewerbebetrieb überlassen sind. [2]§ 121 Nummer 6 BewG setzt nicht voraus, dass die einem Gewerbebetrieb überlassenen Wirtschaftsgüter diesem für die Dauer oder auf lange Zeit zu dienen bestimmt sind. [3]Es genügt vielmehr, dass sie tatsächlich dem inländischen Gewerbebetrieb zur gewerblichen Verwendung am Stichtag überlassen sind. [4]Zur Bewertung → R B 9.4.

(5) [1]Zum steuerpflichtigen Inlandsvermögen gehört auch die typische stille Beteiligung einer beschränkt steuerpflichtigen Person an einem inländischen Unternehmen. [2]Gewinnanteile aus der stillen Beteiligung gehören jedoch nicht zum Inlandsvermögen. [3]Zur Bewertung von typischen stillen Beteiligungen → R B 12.4.

(6) [1]Nutzungsrechte gehören nur dann zum Inlandsvermögen, wenn sie an einem Wirtschaftsgut bestehen, das in § 121 BewG als Inlandsvermögen aufgeführt ist. [2]Das Nutzungsrecht an einer Beteiligung nach § 121 Nummer 4 BewG kann dem gemäß nur erfasst werden, wenn diese mindestens 10 Prozent des Grund- und Stammkapitals einer inländischen Kapitalgesellschaft ausmacht.

(7) [1]Schulden und Lasten werden nur insoweit berücksichtigt, als sie mit dem Inlandsvermögen in wirtschaftlichem Zusammenhang stehen (→ R E 10.10) und dieses Vermögen belasten. [2]Einkommensteuerschulden eines Erblassers sind bei der Ermittlung des Inlandsvermögens abzuziehen, wenn die Einkommensteuer durch den Besitz des Inlandsvermögens ausgelöst worden ist (→ R E 10.8). [3]Steuerforderungen eines Erblassers gehören zwar grundsätzlich nicht zum Inlandsvermögen, sind aber mit abzugsfähigen Steuerschulden des Erblassers zu saldieren.

(8)[1]War ein Erblasser oder Schenker bei beschränkter Steuerpflicht an einer Gemeinschaft beteiligt, ist sein Anteil an diesem Vermögen in die Ermittlung des steuerpflichtigen Vermögensanfalls einzubeziehen. [2]Die Frage, inwieweit der auf ihn entfallende Anteil zum Inlandsvermögen gehört, wird bei der Veranlagung des Erwerbers entschieden.

H E 2.2

Ansprüche nach dem Vermögensgesetz. Ansprüche nach dem Vermögensgesetz, die auf Rückübertragung von Grundbesitz gerichtet sind, gehören nicht zum Inlandsvermögen. Etwas anderes gilt nach § 121 Nummer 3

BewG nur, wenn ein solcher Anspruch zu einem inländischen Betriebsvermögen gehört (→ R E 10.2 Absatz 2).

Inländische Betriebstätte. → BFH vom 30.1.1981 III R 116/79, BStBl. II S. 560 und vom 8.4.1976 III R 55/74, BStBl. II S. 708.

Gewinnanteile aus einer stillen Beteiligung. → BFH vom 15.1.1971 III R 125/69, BStBl. II S. 379 und vom 17.10.1975 III R 66-67/74, BStBl. 1976 II S. 275.

Nutzungsrecht. Die Erfassung eines Nutzungsrechts wird nicht dadurch ausgeschlossen, dass das Wirtschaftsgut, an dem es besteht, seinerseits steuerfrei bleibt (→ BFH vom 31.5.1957 III 38/57 S, BStBl. III S. 242).

Schulden und Lasten im wirtschaftlichen Zusammenhang mit Inlandsvermögen. Allgemeines → BFH vom 17.12.1965 III 342/60 U, BStBl. 1966 III S. 483 und vom 19.5.1967 III 319/63, BStBl. III S. 596.
Zu Pflichtteilsansprüchen → R E 10.10 Absatz 3.

Sicherungshypothek. Die Vormerkung zur Sicherung eines Anspruchs auf Eintragung einer Sicherungshypothek stellt eine der eingetragenen Hypothek gleichzustellende unmittelbare dingliche Sicherung einer Forderung oder eines Rechts im Sinne des § 121 Nummer 7 BewG dar (→ BFH vom 12.8.1964 II 125/62 U, BStBl. III S. 647).
Ein für mehrere Jahre als Teil eines Kaufpreises vereinbarter Anspruch auf Umsatzbeteiligung ist auch insoweit durch Eintragung einer Höchstbetragshypothek unmittelbar an inländischem Grundbesitz gesichert, als er sich auf die Beteiligung an Umsätzen zukünftiger Jahre erstreckt (→ BFH vom 3.10.1969 III R 90/66, BStBl. 1970 II S. 240).

Übernommene Steuer. → R E 10.5.

Urheberrechte, die einem inländischen Gewerbebetrieb überlassen sind. → BFH vom 11.9.1959 III 201/58 U, BStBl. III S. 476, vom 29.1.1965 III 121/62 U, BStBl. III S. 219 und vom 13.2.1970 III 156/65, BStBl. II S. 369.

Zu § 3 ErbStG

R E 3.1 Erwerb durch Erbanfall und Teilungsanordnungen oder Ausgleichungen

(1) [1]Teilungsanordnungen (§ 2048 BGB) sind schuldrechtlich im Verhältnis der Miterben zueinander wirkende letztwillige Regelungen des Erblassers über die Zuweisung bestimmter Nachlassgegenstände im Rahmen der Erbauseinandersetzung. [2]Sie sind dem Werte nach auf den jeweiligen Erbteil anzurechnen und führen somit zu keiner Veränderung oder Verschiebung der Erbanteile. [3]Wie eine freie Erbauseinandersetzung sind Teilungsanordnungen für die Ermittlung des Anteils des einzelnen Erben am Nachlass (Erwerb durch Erbanfall, § 3 Absatz 1 Nummer 1 ErbStG) ohne Bedeutung. [4]Der nach den steuerlichen Bewertungsvorschriften ermittelte Reinwert des Nachlasses ist den Erben folglich auch bei Teilungsanordnungen nach Maßgabe der Erbanteile zuzurechnen. [5]Die Sonderregelungen für Teilungsanordnungen und freie

Erbauseinandersetzungen bei den Steuerbefreiungen (§ 13 Absatz 1 Nummer 4b Satz 3 und 4 ErbStG, § 13 Absatz 1 Nummer 4c Satz 3 und 4 ErbStG, § 13a Absatz 5 Satz 2 und 3, § 13c Absatz 2 Satz 1 ErbStG in Verbindung mit § 13a Absatz 5 Satz 2 ErbStG sowie § 13d Absatz 2 Satz 2 und 3 ErbStG), der Steuerentlastung nach § 19a Absatz 2 Satz 3 ErbStG sowie der Verschonungsbedarfsprüfung nach § 28a Absatz 1 Satz 3 und 4 ErbStG führen nur zu einer Änderung der Bemessungsgrundlage der Steuerbegünstigung und nicht zu einer Änderung der Zuordnung der Erwerbsgegenstände beim einzelnen Erben.

H E 3.1 (1)

Erbschaftsteuerrechtliche Behandlung einer Teilungsanordnung. → BFH vom 10.11.1982 II R 85-86/78, BStBl. 1983 II S. 329 und vom 1.4.1992 II R 21/89, BStBl. II S. 669.

Beispiel:

Der Erblasser E setzt seine Kinder A und B zu gleichen Teilen als Erben ein. Der Nachlass besteht aus einem zu gewerblichen Zwecken vermieteten Grundstück mit einem Grundbesitzwert von 800 000 EUR und aus Geldvermögen im Wert von 400 000 EUR. E bestimmt, dass A das Grundstück gegen Wertausgleichszahlung an B in Höhe von 200 000 EUR und B das Geldvermögen erhalten soll (Teilungsanordnung).

Als Erwerb durch Erbanfall sind bei A und B ohne Rücksicht auf die Teilungsanordnung jeweils die Hälfte des Steuerwerts des Nachlasses, also je 600 000 EUR, anzusetzen.

R E 3.1 (2)

(2) [1] Enthält die Verfügung von Todes wegen ohne Bestimmung der Erbanteile nur Teilungsanordnungen und ergibt die Auslegung der Willenserklärungen des Erblassers, dass die Teilungsanordnungen zugleich als Erbeinsetzung zu beurteilen sind, richten sich die Erbanteile nach dem Verkehrswert der durch die Teilungsanordnungen zugewiesenen Nachlassgegenstände im Verhältnis zum Verkehrswert des Nachlasses. [2] Auch in diesem Fall sind die Teilungsanordnungen selbst erbschaftsteuerrechtlich unbeachtlich. [3] Der Erwerb durch Erbanfall bestimmt sich nach dem sich aus den errechneten Erbanteilen ergebenden Anteil am nach den steuerlichen Bewertungsvorschriften ermittelten Reinwert des Nachlasses.

H E 3.1 (2)

Erbanteile nach Teilungsanordnungen.

Beispiel:

Der Erblasser E bestimmt in seinem Testament, dass sein Kind A das Grundstück und sein Kind B das Geldvermögen erben soll. Weitere Bestimmungen enthält das Testament nicht. Der Nachlass besteht aus einem Grundstück mit einem Grundbesitzwert von 900 000 EUR und aus Geldvermögen im Wert von 300 000 EUR.
Die letztwilligen Verfügungen sind als Erbeinsetzung von A und B auszulegen. Da ein Wertausgleich nicht vorgesehen ist, richten sich die Erbanteile nach dem Verkehrswert der A und B jeweils zugewiesenen Gegenstände im Verhältnis zum Verkehrswert des Nachlasses.

Erbanteil A (900 000 EUR : 1 200 000 EUR) = $^3/_4$
Erbanteil B (300 000 EUR : 1 200 000 EUR) = $^1/_4$

R E 3.1 (3)

(3) [1]Sonderfälle dinglich wirkender Teilungsanordnungen sind die qualifizierte Nachfolgeklausel im Gesellschaftsvertrag einer Personengesellschaft und die Hoferbenbestimmung nach der Höfeordnung. [2]Trotz der hier eintretenden Sondererbfolge können auch diese Teilungsanordnungen erbschaftsteuerrechtlich unbeachtlich sein, falls insoweit bei Auslegung der Willenserklärungen des Erblassers die Sondererbfolge zu keiner Verschiebung der Erbquoten führt. [3]Absatz 1 Satz 5 gilt entsprechend.

H E 3.1 (3)

Qualifizierte Nachfolgeklausel in Personengesellschaftsanteil. → BFH vom 10.11.1982 II R 85-86/78, BStBl. 1983 II S. 329.

Sondererbfolge nach der Höfeordnung. → BFH vom 1.4.1992 II R 21/89, BStBl. II S. 669.

R E 3.1 (4)

(4) Stellt die Anordnung des Erblassers über die Zuweisung bestimmter Nachlassgegenstände einschließlich der Fälle der Sondererbfolge nach Absatz 3 einen Miterben im Vergleich zum Wert seines Erbanteils besser oder schlechter und ist dies vom Erblasser beabsichtigt, liegt ein Vorausvermächtnis oder eine Auflage vor, die erbschaftsteuerrechtlich werterhöhend oder wertmindernd beim Erwerb dieses Miterben zu berücksichtigen sind.

H E 3.1 (4)

Vorausvermächtnis oder Auflage im Fall einer unechten Teilungsanordnung.

Beispiel:

Der Erblasser E setzt seine Kinder A und B zu gleichen Teilen als Erben ein. Der Nachlass besteht aus einem Grundstück mit einem Grundbesitzwert von 800 000 EUR und aus Geldvermögen im Wert von 400 000 EUR. E bestimmt, dass A das Grundstück ohne Wertausgleichszahlung an B und B das Geldvermögen erhalten soll. Es liegt ein Vorausvermächtnis hinsichtlich des Anteils am Grundstück, für den keine Wertausgleichszahlung zu leisten ist, vor. Das Vorausvermächtnis ist steuerlich wie folgt zu bewerten:

Wert des Vorausvermächtnisses (Grundstücksanteil) ½ von 800 000 EUR	400 000 EUR
Für A und B ergeben sich folgende Erwerbe:	
Wert des Nachlasses	1 200 000 EUR
abzüglich Wert des Vorausvermächtnisses A	./. 400 000 EUR
	800 000 EUR

	A	B
Erbanteil je 1/2	400 000 EUR	400 000 EUR
Vorausvermächtnis A	+ 400 000 EUR	+ 0 EUR
	800 000 EUR	400 000 EUR

R E 3.1 (5)

(5) [1]Zuwendungen unter Lebenden sind unter bestimmten Voraussetzungen unter den miterbenden Abkömmlingen auszugleichen. [2]Dies gilt insbe-

sondere, wenn der Schenker die Ausgleichung bei der Zuwendung angeordnet hat (§ 2050 Absatz 3 BGB). [3]Bei der Ausgleichung handelt es sich um eine an die Erbanteilsberechtigung aktiv und passiv gebundene Verpflichtung, die Erbauseinandersetzung unter Berücksichtigung der Ausgleichung vorzunehmen. [4]Sie führt zu Teilungsanteilen, die von den Erbanteilen abweichen. [5]Erbschaftsteuerrechtlich ist der Nachlass mit seinem steuerlichen Wert den Miterben nach diesen Teilungsanteilen zuzurechnen.

H E 3.1 (5)

Erbanteile nach Teilungsanteilen. → RFH vom 21.5.1931 I D 1/30, RStBl S. 559, 560.

Beispiel:

Der Erblasser E setzt seine Kinder A und B zu gleichen Teilen als Erben ein. Der Nachlass hat einen Wert von 1 600 000 EUR. A hat von E zu dessen Lebzeiten ein Grundstück (Grundbesitzwert 800 000 EUR) als ausgleichungspflichtige Zuwendung erhalten.
Die Erwerbe von Todes wegen von A und B berechnen sich wie folgt:

Nachlass	1 600 000 EUR
zuzüglich auszugleichende Zuwendung	+ 800 000 EUR
	2 400 000 EUR
Anteil A (1/2)	1 200 000 EUR
abzüglich auszugleichende Zuwendung	./. 800 000 EUR
	400 000 EUR

Teilungsanteil A im Verhältnis zum Nachlass
(400 000 EUR : 1 600 000 EUR) = 1/4

Teilungsanteil B
(1 200 000 EUR : 1 600 000 EUR) = 3/4

Erwerb A durch Erbanfall: 1/4 von 1 600 000 EUR	400 000 EUR
Erwerb B durch Erbanfall: 3/4 von 1 600 000 EUR	1 200 000 EUR

Ist die auszugleichende Zuwendung innerhalb von zehn Jahren vor Eintritt des Erbfalls ausgeführt worden, ist sie mit ihrem steuerlichen Wert zum Zeitpunkt der Zuwendung mit dem Erwerb von Todes wegen des A von 400 000 EUR nach § 14 ErbStG zusammenzurechnen (→ R E 14.1).

H E 3.1 (6)

Erwerb eines nicht geltend gemachten Pflichtteilsanspruchs durch Erbanfall. → BFH vom 7.12.2016 II R 21/14, BStBl. 2018 II S. 196.

R E 3.2 Erwerb durch Vermächtnis – *unbesetzt* –

H E 3.2

Formunwirksames Vermächtnis. → BFH vom 15.3.2000 II R 15/98, BStBl. II S. 588.

Kaufrechtsvermächtnis. → BFH vom 13.8.2008 II R 7/07, BStBl. II S. 982.

Testamentsvollstreckervergütung im Regelfall kein Vermächtnis, auch soweit sie die angemessene Höhe übersteigt. → BFH vom 2.2.2005 II R 18/03, BStBl. II S. 489.

Vermächtnis, das auf einen nicht zum Nachlass gehörenden Gegenstand gerichtet ist. → BFH vom 28.3.2007 II R 25/05, BStBl. II S. 461.

Wahlvermächtnis. → BFH vom 6.6.2001 II R 14/00, BStBl. II S. 725.

R E 3.3 Schenkung auf den Todesfall

[1]Die Schenkung auf den Todesfall (§ 3 Absatz 1 Nummer 2 Satz 1 ErbStG) erfordert trotz der Zuordnung zu den Erwerben von Todes wegen die Tatbestandsmerkmale einer freigebigen Zuwendung (→ R E 7.1). [2]Die vom Erwerber übernommenen Verbindlichkeiten sind nach § 10 Absatz 1 Satz 2 ErbStG vom steuerlichen Wert des Erwerbsgegenstandes abzuziehen.

H E 3.3

Überhöhte Zugewinnausgleichsforderung bei güterrechtlichem Zugewinnausgleich. → R E 5.2.

Objektive und subjektive Voraussetzungen einer Schenkung auf den Todesfall. → BFH vom 5.12.1990 II R 109/86, BStBl. 1991 II S. 181.

Wert des Erwerbs.

Beispiel:

A erwirbt mit dem Tod des Erblassers E durch Schenkung auf den Todesfall ein zum Nachlass des E gehörendes Grundstück mit einem Grundbesitzwert von 900 000 EUR gegen Übernahme der auf dem Grundstück lastenden, mit 300 000 EUR valutierenden Hypothekenschulden.

Wert des Erwerbs des A durch Schenkung auf den Todesfall:

Grundbesitzwert des Grundstücks	900 000 EUR
abzüglich Verbindlichkeiten	./. 300 000 EUR
Bereicherung	600 000 EUR

R E 3.4 Gesellschaftsanteil beim Tod eines Gesellschafters

(1) [1]Geht beim Tode eines Gesellschafters sein Anteil am Gesellschaftsvermögen nicht auf seine Erben, sondern auf die verbleibenden Gesellschafter bzw. die Gesellschaft selbst über und ist der Wert der Abfindung, die diese dafür zu leisten haben, geringer als der sich nach § 12 ErbStG ergebende Wert des Anteils, gilt die insoweit eintretende Bereicherung der Gesellschafter als Schenkung auf den Todesfall (§ 3 Absatz 1 Nummer 2 Satz 2 ErbStG). [2]Dies betrifft sowohl Anteile an einer Personengesellschaft als auch Anteile an einer Kapitalgesellschaft. [3]Auf das subjektive Merkmal eines Willens zur Unentgeltlichkeit (→ R E 7.1) seitens des verstorbenen Gesellschafters kommt es nicht an.

H E 3.4 (1)

Wille zur Unentgeltlichkeit. → BFH vom 1.7.1992 II R 20/90, BStBl. II S. 912.

R E 3.4 (2)

(2) [1]Bei Personengesellschaften betrifft der Tatbestand des § 3 Absatz 1 Nummer 2 Satz 2 ErbStG insbesondere den Anwachsungserwerb (§ 738 Ab-

satz 1 BGB, § 105 Absatz 2, § 161 Absatz 2 HGB), aber auch den Übergang des Gesamthandseigentums in das Alleineigentum des übernehmenden Gesellschafters im Fall einer zweigliedrigen Personengesellschaft. [2]Als Erwerber sind stets die verbleibenden Gesellschafter anzusehen.

H E 3.4 (2)

Anwachsungserwerb.

Beispiel:

Gesellschafter der gewerblich tätigen X-OHG sind die natürlichen Personen A, B und C zu je einem Drittel. Beim Tod des Gesellschafters A wird die Gesellschaft durch die verbleibenden Gesellschafter B und C fortgesetzt. Der Gesellschaftsvertrag sieht die Abfindung der Erben zum Buchwert vor. Der Gesellschaftsanteil des A hatte bei seinem Tod einen steuerlichen Wert von 500 000 EUR und einen Buchwert von 300 000 EUR.

Der Anwachsungserwerb von B und C unterliegt als Schenkung auf den Todesfall der Erbschaftsteuer mit folgendem Wert:

Steuerwert des Gesellschaftsanteils A	500 000 EUR
abzüglich Abfindung an die Erben zum Buchwert	./. 300 000 EUR
Übersteigender Wert	200 000 EUR
davon entfallen auf B bzw. C (je 1/2) =	100 000 EUR

Der Erwerb von B und C ist in Höhe von je 100 000 EUR steuerbegünstigt nach §§ 13a, 19a ErbStG (→ R E 13b.1 Absatz 1 Satz 4 Nummer 3, R E 13b.5, R E 19a.1, H E 13b.1).

Entlastungen beim Erwerb von Betriebsvermögen. → R E 13b.5.

Übernahmeklausel bei zweigliedriger Personengesellschaft. → BFH vom 1.7.1992 II R 12/90, BStBl. II S. 925, 928.

Vermögensanfall an eine Gesamthandsgemeinschaft. → BFH vom 14.9.1994 II R 95/92, BStBl. 1995 II S. 81.

R E 3.4 (3)

(3)[1] Eine Anwachsung auf die verbleibenden Gesellschafter ist bei Anteilen an Kapitalgesellschaften nicht möglich. [2]Im Recht der GmbH kann die Vererblichkeit des Geschäftsanteils durch Gesellschaftsvertrag nicht abbedungen werden (§ 15 GmbHG). [3]§ 3 Absatz 1 Nummer 2 Satz 2 ErbStG erfasst aber bei Kapitalgesellschaften insbesondere gesellschaftsvertragliche Vereinbarungen, durch die die Erben verpflichtet werden, den durch Erbanfall erworbenen Geschäftsanteil auf die Gesellschafter oder die Gesellschaft gegen eine Abfindung zu übertragen, die geringer ist als der sich nach § 12 Absatz 1 und 2 ErbStG ergebende steuerliche Wert des Anteils. [4]Erwerber im Sinne von § 3 Absatz 1 Nummer 2 Satz 2 ErbStG sind die Gesellschafter oder – bei Erwerb durch die Gesellschaft selbst – die Gesellschaft. [5]War der Erblasser zu mehr als 25 Prozent unmittelbar am Nennkapital der inländischen Kapitalgesellschaft beteiligt, ist der Erwerb der Anteile nach §§ 13a, 13c oder 28a bzw. 19a ErbStG begünstigt. [6]Ist die Kapitalgesellschaft als Erwerber anzusehen, kommen nur die Begünstigungen nach §§ 13a, 13c oder 28a ErbStG in Betracht; § 19a ErbStG erfasst nur den Erwerb durch natürliche Personen und ist daher nicht anwendbar. [7]Wird der Geschäftsanteil eines Gesellschafters einer GmbH bei dessen Tod nach § 34 GmbHG eingezogen, geht der auf die Erben übergegangene Anteil unter. [8]Erhalten die Erben eine Abfindung, die geringer ist als der sich nach § 12 ErbStG ergebende steuerliche Wert des Anteils, unterliegt die dadurch eintretende Werterhöhung der Anteile der verbleibenden Gesellschafter als Schenkung auf den Todesfall des Erblassers an diese Gesellschafter der Besteuerung. [9]Da die Gesellschafter selbst keine Anteile erwerben, ist dieser Erwerb durch die Gesellschafter nicht nach §§ 13a, 13c, 19a oder 28a ErbStG begünstigt.

H E 3.4 (3)

Entlastungen beim Erwerb von Anteilen an Kapitalgesellschaften. → R E 13b.1 Absatz 1 Satz 4 Nummer 3, R E 13b.6, R E 19a.1.

Erwerb eigener Anteile durch die Gesellschaft. → § 33 GmbHG.

R E 3.5 Hinterbliebenenbezüge des Erblassers

(1) [1]Die kraft Gesetzes entstehenden Versorgungsansprüche Hinterbliebener unterliegen nicht der Erbschaftsteuer. [2]Hinterbliebene in diesem Sinne sind nur der mit dem Erblasser bei dessen Tod rechtsgültig verheiratete Ehegatte und die Kinder des Erblassers. [3]Zu den nicht steuerbaren Ansprüchen (Bezügen) gehören insbesondere:

1. Versorgungsbezüge der Hinterbliebenen von Beamten auf Grund der Beamtengesetze des Bundes und der Länder;
2. Versorgungsbezüge, die den Hinterbliebenen von Angestellten und Arbeitern aus der gesetzlichen Rentenversicherung zustehen. [2]Dies gilt auch in den Fällen freiwilliger Weiter- und Höherversicherung;
3. Versorgungsbezüge, die den Hinterbliebenen von Angehörigen der freien Berufe aus einer berufsständischen Pflichtversicherung bei einer berufsständischen Versorgungseinrichtung zustehen. [2]Dies gilt auch für Ansprüche aus einer vom Erblasser fortgeführten Pflichtversicherung, die an die Stelle einer Pflichtversicherung auf Grund einer weiter bestehenden Pflichtmitgliedschaft in der jeweils zuständigen Berufskammer tritt, sowie für Ansprüche, die auf einer freiwilligen Weiter- oder Höherversicherung in der Versorgungseinrichtung beruhen. [3]Bei den letztgenannten Ansprüchen handelt es sich insbesondere um Fälle, in denen das frühere Pflichtmitglied eine berufsfremde Tätigkeit im Inland ausübt, die zur Versicherungspflicht in der gesetzlichen Rentenversicherung führt, oder eine berufsspezifische Tätigkeit im Ausland ausübt und auf freiwilliger Grundlage Mindestbeiträge an die Versorgungseinrichtung entrichtet;
4. Versorgungsbezüge, die den Hinterbliebenen von Abgeordneten auf Grund der Diätengesetze des Bundes und der Länder zustehen.

(2) [1]Hinterbliebenenbezüge, die auf Tarifvertrag, Betriebsordnung, Betriebsvereinbarung, betrieblicher Übung oder dem Gleichbehandlungsgrundsatz beruhen, unterliegen ebenfalls nicht der Erbschaftsteuer. [2]Hierzu gehören alle Bezüge, die auf ein Dienstverhältnis (§ 1 Absatz 1 LStDV) des Erblassers zurückzuführen sind. [3]Ob ein Dienstverhältnis gegeben war, ist im Einzelfall danach zu entscheiden, wie die Aktivenbezüge des Erblassers bei der Einkommen- bzw. Lohnsteuer behandelt worden sind. [4]War dort ein Arbeitneh-

mer-Verhältnis angenommen worden, gilt dies auch für die Erbschaftsteuer. [5]In der Regel werden dann auch die Hinterbliebenenbezüge der Lohnsteuer unterliegen (§ 19 Absatz 2 EStG). [6]Es ist aber auch möglich, dass diese Bezüge, wenn sie von einer Pensionskasse oder von der Sozialversicherung gezahlt werden, einkommensteuerrechtlich nach § 22 Nummer 1 EStG als wiederkehrende Bezüge oder als Leibrente zu behandeln sind. [7]Für die Erbschaftsteuer ist diese unterschiedliche ertragsteuerliche Behandlung unerheblich. [8]Steht fest, dass die Versorgungsbezüge auf ein Dienstverhältnis zurückzuführen sind, ist es erbschaftsteuerrechtlich ohne Bedeutung, ob sie vom Arbeitgeber auf Grund einer Pensionszusage, von einer Pensions- oder Unterstützungskasse oder einem Pensionsfonds, auf Grund einer Direktversicherung des Arbeitgebers oder auf Grund einer anderen Rechtsgrundlage gezahlt werden.

(3) [1]Auch Hinterbliebenenbezüge, die auf einem zwischen dem Erblasser und seinem Arbeitgeber geschlossenen Einzelvertrag beruhen, sind, soweit sie angemessen sind, nicht steuerbar. [2]Als „angemessen" sind solche Hinterbliebenenbezüge anzusehen, die 45 Prozent des Brutto-Arbeitslohnes des verstorbenen Arbeitnehmers nicht übersteigen. [3]Unter diese nicht steuerbaren Hinterbliebenenbezüge fallen auch die Hinterbliebenenbezüge, die ein Gesellschafter-Geschäftsführer mit der GmbH, deren Geschäftsführer er war, vereinbart hat, wenn der Gesellschafter-Geschäftsführer wie ein Nichtgesellschafter als abhängiger Geschäftsführer anzusehen war und die Hinterbliebenenbezüge angemessen sind. [4]War er demgegenüber ein herrschender Geschäftsführer, unterliegen die Hinterbliebenenbezüge der Erbschaftsteuer.

(4) [1]Hinterbliebenenbezüge, die nicht auf ein Arbeitnehmer-Verhältnis des Erblassers zurückgehen, beispielsweise die Bezüge, die den Hinterbliebenen eines verstorbenen persönlich haftenden Gesellschafters einer Personengesellschaft auf Grund des Gesellschaftsvertrags zustehen, unterliegen grundsätzlich nach § 3 Absatz 1 Nummer 4 ErbStG der Erbschaftsteuer. [2]Die Hinterbliebenenbezüge sind jedoch ausnahmsweise nicht steuerbar, wenn der verstorbene persönlich haftende Gesellschafter einer Personenhandelsgesellschaft im Innenverhältnis gegenüber den die Gesellschaft beherrschenden anderen Gesellschaftern wie ein Angestellter gebunden war.

(5) Wegen der Auswirkungen der nicht steuerbaren Hinterbliebenenbezüge auf die Berechnung der fiktiven Zugewinnausgleichsforderung → R E 5.1 und des Versorgungsfreibetrags → R E 17.

H E 3.5

Angemessenheit von Hinterbliebenenbezügen. → BFH vom 20.5.1981 II R 11/81, BStBl. II S. 715.

Erbschaftsteuer auf Erwerb eines Anspruchs aus einer Direktversicherung. Der Erwerb eines Anspruchs aus einer vom Arbeitgeber zugunsten des Erblassers mit dessen Einverständnis abgeschlossenen Direktversicherung unterliegt der Erbschaftsteuer, wenn der Bezugsberechtigte nicht die persönlichen Voraussetzungen für eine Rente aus der gesetzlichen Rentenversicherung des Erblassers erfüllt (→ BFH vom 18.12.2013 II R 55/12, BStBl. 2014 II S. 323).

Herrschender Gesellschafter-Geschäftsführer einer GmbH. Für die Annahme einer herrschenden Stellung des Geschäftsführers genügt es bereits, wenn ihm ein so maßgeblicher Einfluss eingeräumt ist, dass die Organe der Kapitalgesellschaft Beschlüsse ohne seine Mitwirkung nicht fassen können. Für die Beurteilung sind die tatsächlichen Verhältnisse in der Kapitalgesellschaft und insbesondere in der Geschäftsführung in dem Zeitpunkt maßgebend, in dem die Hinterbliebenenversorgung vereinbart wurde.
Ein herrschender Gesellschafter-Geschäftsführer ist insbesondere anzunehmen, wenn folgende Voraussetzungen vorliegen:

1. Kapitalanteil mindestens 50 Prozent oder Sperrminorität bei besonderer Vereinbarung im Gesellschaftsvertrag. Unmittelbare und mittelbare Beteiligungen sind zusammenzurechnen. Neben den Anteilen, die dem Erblasser selbst gehören, sind auch die Anteile zu berücksichtigen, bei denen ihm die Ausübung der Gesellschaftsrechte ganz oder teilweise vorbehalten ist. Dazu rechnen auch von Mitgesellschaftern treuhänderisch für den Gesellschafter gehaltene Anteile. Die Anteile des Ehegatten oder von Kindern sind ebenfalls zu berücksichtigen.
2. Kapitalanteil weniger als 50 Prozent, aber mehr als 10 Prozent, und der Gesellschafter-Geschäftsführer verfügt zusammen mit einem oder mehreren anderen Gesellschafter-Geschäftsführern über die Mehrheit, von den anderen aber keiner allein.
3. Unabhängig von einer Kapitalbeteiligung ist eine faktische Beherrschung gegeben, z. B. weil
   a) das Selbstkontrahierungsverbot nach § 181 BGB abbedungen ist;
   b) der Geschäftsführer als einziger über die notwendigen Branchenkenntnisse verfügt;
   c) der Gesellschafter Großgläubiger der Gesellschaft ist.

Entscheidungshilfe zu Nummer 3

Wenn nicht bereits aufgrund des Kapitalanteils ein abhängiges Beschäftigungsverhältnis von vornherein ausgeschlossen ist, sind die Voraussetzungen für ein abhängiges Beschäftigungsverhältnis anhand des Gesamtbilds der tatsächlichen Verhältnisse zu prüfen.

I. Selbstkontrahierung? Abdingung des Selbstkontrahierungsverbots nach § 181 BGB	ja → nein ↓	Indiz gegen ein abhängiges Beschäftigungsverhältnis
II. Branchenkenntnisse? Der Geschäftsführer verfügt als einziger Gesellschafter über für die Führung des Betriebs notwendige Branchenkenntnisse	ja → nein ↓ ↓	Indiz gegen ein abhängiges Beschäftigungsverhältnis, da die anderen Gesellschafter nicht oder kaum in der Lage sind, dem Geschäftsführer Weisungen zu erteilen
III. Bindung an Zeit, Dauer und Ort der Arbeitsleistung? Es kommt nicht allein darauf an, inwieweit die Sachentscheidungsbefugnis begrenzt ist. Wesentlicher ist, ob der äußere Rahmen der Tätigkeit durch einseitige Weisungen geregelt werden kann.	nein → ja ↓ ↓ ↓ ↓ ↓	Kein abhängiges Beschäftigungsverhältnis

IV. Familien-GmbH?	ja →	Kein abhängiges Beschäftigungsverhältnis, wenn Geschäftsführertätigkeit mehr durch familienhafte Rücksichtnahmen und durch ein gleichberechtigtes Nebeneinander als durch einen für ein Arbeitnehmer-Arbeitgeberverhältnis typischen Interessengegensatz gekennzeichnet ist
	nein ↓	
V. Firmenumwandlung? Der Geschäftsführer war vor der Umwandlung Alleininhaber einer Einzelfirma	ja →	Kein abhängiges Beschäftigungsverhältnis, wenn der Geschäftsführer „Kopf und Seele" des Betriebs geblieben ist und die gesellschaftsrechtlichen Maßnahmen nur deshalb getroffen worden sind, weil er sich dadurch haftungs- oder steuerrechtlich besser zu stehen glaubt
	nein ↓	
VI. Erhebliches Unternehmerrisiko?	ja →	Indiz gegen ein abhängiges Beschäftigungsverhältnis; Teilhabe am Arbeitsprozess in diesen Fällen häufig zwar funktionsgerecht, aber nicht „dienender" Natur
	nein ↓	

abhängiges Beschäftigungsverhältnis

→ BFH vom 13.12.1989 II R 23/85, BStBl. 1990 II S. 322 und vom 20.5.1981 II R 11/81, BStBl. II S. 715 sowie BVerfG vom 9.11.1988 1 BvR 243/86, BStBl. 1989 II S. 938.

Hinterbliebenenbezüge aus einer befreienden Lebensversicherung. → BFH vom 24.10.2001 II R 10/00, BStBl. 2002 II S. 153.

Hinterbliebenenbezüge bei Gesellschaftern einer Personengesellschaft. Beruhen die Hinterbliebenenbezüge nicht auf einem Arbeitnehmer-Verhältnis des Gesellschafters zur Personengesellschaft, unterliegen sie grundsätzlich nach § 3 Absatz 1 Nummer 4 ErbStG der Erbschaftsteuer (→ BFH vom 22.12.1976 II R 58/67, BStBl. 1977 II S. 420, vom 21.9.1983 II R 197/81, BStBl. II S. 775, vom 27.11.1985 II R 148/82, BStBl. 1986 II S. 265, vom 13.12.1989 II R 31/89, BStBl. 1990 II S. 325 und vom 5.5.2010 II R 16/08, BStBl. II S. 923, sowie BVerfG vom 5.5.1994 2 BvR 397/90, BStBl. II S. 547). Bei den Hinterbliebenenbezügen handelt es sich um Sonderbetriebsvermögen der Personengesellschaft (§ 12 Absatz 5 ErbStG i. V. m. § 151 Absatz 1 Satz 1 Nummer 2, § 157 Absatz 5, § 95 Absatz 1 BewG, § 15 Absatz 1 und 2 EStG), da sie nachträgliche Einkünfte aus Gewerbebetrieb bzw. selbstständiger Arbeit nach § 24 Nummer 2 EStG darstellen (→ FH vom 5.5.2010 II R 16/08, BStBl. II S. 923). Dies gilt unabhängig davon, ob der begünstigte Hinterbliebene vor dem Tod des Erblassers bereits an der Gesellschaft beteiligt war, durch den Tod des Erblassers eine Beteiligung an der Gesellschaft erwirbt oder auch nach dem Tod des Erblassers nicht an der Gesellschaft beteiligt ist. Die Hinterbliebenenbezüge sind mit ihrem Kapitalwert zu bewerten (§ 97 Absatz 1 und 1a Nummer 2 i. V. m. §§ 13, 14 BewG). Erwirbt der Hinterbliebene neben dem Sonderbetriebsvermögen von Todes wegen auch eine Beteiligung an der Gesellschaft, gehören der Anspruch auf die Hinterbliebenenbezüge und der Gesellschaftsanteil bei Vorliegen der übrigen Voraussetzungen zum begünstigten Vermögen i. S. d. § 13b Absatz 1 Nummer 2 ErbStG. Werden allein die Hinterbliebenenbezüge übertragen, liegt dagegen kein begünstigtes Vermögen vor (→ R E 13b.5 Absatz 3 Satz 9).

Hinterbliebenenbezüge, die auf Tarifvertrag u. Ä. beruhen. → BFH vom 20.5.1981 II R 11/81, BStBl. II S. 715.

Hinterbliebenenbezüge aus Altersvorsorgeverträgen (§ 1 Absatz 1 Altersvorsorge-Zertifizierungsgesetz) beruhen nicht auf einem Arbeitnehmer-Verhältnis des Erblassers.

R E 3.6 Erwerbe aus Versicherungen auf verbundene Leben

(1) [1]Nach § 3 Absatz 1 Nummer 4 ErbStG ist die Auszahlung einer Versicherungssumme aus einer Lebensversicherung oder einer Leibrente aus einer Leibrentenversicherung steuerpflichtig, wenn sie nicht an den Versicherungsnehmer selbst, sondern an einen bezugsberechtigten Dritten fällt. [2]Erfolgt eine solche Auszahlung an einen Bezugsberechtigten noch zu Lebzeiten des Versicherungsnehmers, ist sie nach § 7 Absatz 1 Nummer 1 ErbStG steuerpflichtig. [3]Dies gilt auch bei Versicherungssummen aus einer verbundenen Lebensversicherung, d. h. auf einer auf das Leben eines zuerst versterbenden Mitversicherungsnehmers – zumeist Ehegatten – abgeschlossenen Lebensversicherung.

(2) [1]Da das Versicherungsvertragsrecht keine Sonderbestimmung für den Fall enthält, dass an einem Versicherungsvertrag mehrere Versicherungsnehmer beteiligt sind, gilt neben den Privatvereinbarungen das allgemeine bürgerliche Recht. [2]Die Versicherungsnehmer sind grundsätzlich Teilhaber einer untereinander bestehenden Gemeinschaft (§ 741 BGB). [3]Sie haften regelmäßig gesamtschuldnerisch für die Versicherungsprämie (§ 427 BGB). [4]Dies schlägt sich auch in der Behandlung des Anspruchs auf die Versicherungsleistung nieder. [5]Die auf Grund des Todes des Erstversterbenden oder im Erlebensfall fällige Versicherungsleistung fällt im Ergebnis zugunsten der Gemeinschaft an. [6]Erfolgt die Leistung ausschließlich an einen (überlebenden) Versicherungsnehmer, erhält dieser die Leistung nur anteilig – entsprechend seinem Anteil an der Gemeinschaft – in seiner Eigenschaft als Versicherungsnehmer und insoweit nicht als unter das ErbStG fallenden Erwerb. [7]Im Übrigen ist die Versicherungssumme nach § 3 Absatz 1 Nummer 4 oder § 7 Absatz 1 Nummer 1 ErbStG zu erfassen. [8]Der Anteil an der Gemeinschaft bemisst sich dabei nach der im Innenverhältnis vereinbarten Prämienzahlungspflicht. [9]Im Zweifel ist anzunehmen, dass Teilhabern gleiche Anteile zustehen (§ 742 BGB).

(3) [1]Bei Ehegatten ist wegen der engen persönlichen Bindungen untereinander und auf Grund gleichberechtigter Interessenlage grundsätzlich von einer im Innenverhältnis vereinbarten hälftigen Zahlungsverpflichtung auszugehen. [2]Dabei kann unterstellt werden, dass persönliche und wirtschaftliche Leistungen eines Ehegatten nicht gegeneinander oder untereinander abgerechnet werden, sondern ersatzlos von demjenigen erbracht werden sollen, der hierzu in der Lage ist.

(4) [1]Bei Versicherungsverträgen mit mehreren Versicherungsnehmern ist eine Anzeige nach § 33 Absatz 3 ErbStG zu erstatten, wenn das Versiche-

rungsunternehmen die Auszahlung nicht an alle Versicherungsnehmer zugleich vornimmt. [2]Die Frage, inwieweit die Versicherungsleistung beim einzelnen Empfänger der Erbschaftsteuer oder Schenkungsteuer unterliegt, kann nur im Besteuerungsverfahren selbst entschieden werden.

R E 3.7 Verträge zugunsten Dritter im Zusammenhang mit Bankguthaben und -depots sowie Lebensversicherungen

(1) [1]Will der Inhaber von Bankguthaben oder -depots die Abwicklung und Verteilung des Nachlasses dadurch erleichtern, dass im Erbfall nur eine Person über die Forderungen gegen das Kreditinstitut verfügen kann, genügt es, ihr eine Bankenvollmacht über den Tod hinaus zu erteilen; die gesetzliche oder testamentarische Erbfolge wird dadurch nicht berührt. [2]Hat der Erblasser dagegen mit der Bank einen Vertrag zugunsten Dritter auf den Todesfall zum Vorteil der dritten Person abgeschlossen, erwirbt der Begünstigte die Bankguthaben außerhalb der Erbfolge unmittelbar auf Grund dieses Vertrags (§§ 328, 331 BGB; § 3 Absatz 1 Nummer 4 ErbStG). [3]Eine Weitergabe von Teilen dieses erworbenen Vermögens ohne rechtliche Verpflichtung an Erben oder Miterben ist regelmäßig als steuerpflichtige Schenkung zu behandeln, es sei denn, der Vertrag wird nach § 333 BGB vom Begünstigten zurückgewiesen.

(2) [1]Leistungen aus einer Lebensversicherung unterliegen beim Erwerb durch einen Bezugsberechtigten der Besteuerung nach § 3 Absatz 1 Nummer 4 ErbStG, wenn im Valutaverhältnis zwischen dem Versprechensempfänger (Versicherungsnehmer und Erblasser) und dem Begünstigten eine freigebige Zuwendung vorliegt. [2]Hat ein Bezugsberechtigter eines Lebensversicherungsvertrags die Prämien ganz oder teilweise gezahlt, ist die Versicherungsleistung nach dem Verhältnis der vom Versicherungsnehmer/Erblasser gezahlten Versicherungsbeiträge zu den insgesamt gezahlten Versicherungsbeiträgen aufzuteilen; nur dieser Teil unterliegt der Erbschaftsteuer. [3]Der Bezugsberechtigte trägt die Beweislast hinsichtlich der von ihm gezahlten Versicherungsbeiträge. [4]Diese Grundsätze gelten auch, wenn ein Anspruch aus einer noch nicht fälligen Lebensversicherung übertragen wird, bei der der Erwerber die Versicherungsbeiträge bisher ganz oder teilweise gezahlt hat.

H E 3.7

Zahlung der Prämien durch den Bezugsberechtigten. Die Grundsätze des BFH-Urteils vom 1.7.2008 II R 38/07, BStBl. II S. 876 und vom 18.9.2013 II R 29/11, BStBl. 2014 II S. 261 gelten entsprechend.

R E 3.8 Übergang von Vermögen auf eine Stiftung von Todes wegen

– unbesetzt –

H E 3.8

Kein Übergang von Vermögen auf eine nichtrechtsfähige Stiftung. → BFH vom 25.1.2017 II R 26/16, BStBl. 2018 II S. 199.

Zu § 5 ErbStG

R E 5.1 Erbrechtlicher Zugewinnausgleich

(1) [1]Kommt es mit Beendigung der Zugewinngemeinschaft zur erbrechtlichen Abwicklung, weil die Eheleute bis zum Tod eines Ehegatten im Güterstand der Zugewinngemeinschaft gelebt und der überlebende Ehegatte das Vermögen des verstorbenen Ehegatten ganz oder teilweise durch Erbanfall oder Vermächtnis erworben hat, ist nur für steuerliche Zwecke fiktiv eine steuerfrei zu stellende Ausgleichsforderung zu ermitteln und vom Erwerb des Ehegatten abzuziehen. [2]Ist abzusehen, dass der Erwerb des überlebenden Ehegatten einschließlich etwaiger Vorschenkungen (§ 14 ErbStG) die persönlichen Freibeträge (§§ 16, 17 ErbStG) nicht überschreiten wird, kann eine Berechnung der fiktiven Ausgleichsforderung unterbleiben.

(2) [1]Die fiktive Ausgleichsforderung ist für die tatsächliche Dauer der Zugewinngemeinschaft nach den Bestimmungen der §§ 1373 bis 1383 und 1390 BGB zu ermitteln; von diesen Vorschriften abweichende ehevertragliche Vereinbarungen bleiben hierbei unberücksichtigt. [2]Für jeden Ehegatten ist das Anfangs- und Endvermögen nach Verkehrswerten gegenüberzustellen. [3]Die Zu- und Abrechnungen nach §§ 1374ff. BGB sind dabei zu beachten. [4]Bei Überschuldung ist das Vermögen mit seinem negativen Wert anzusetzen (§ 1374 Absatz 1, § 1375 Absatz 1 BGB). [5]Die infolge des Kaufkraftschwunds nur nominale Wertsteigerung des Anfangsvermögens eines Ehegatten während der Ehe stellt keinen Zugewinn dar; das gilt auch in Fällen eines negativen Anfangsvermögens. [6]Für die Wertsteigerung bei Hinzurechnungen zum Anfangsvermögen gilt dies entsprechend.

H E 5.1 (2)

Wertsteigerung infolge des Kaufkraftschwundes. Der auf allgemeiner Geldentwertung beruhende unechte Wertzuwachs des Anfangsvermögens ist aus der Berechnung der Ausgleichsforderung zu eliminieren, indem das Anfangsvermögen der Ehegatten mit dem Lebenshaltungskostenindex (→ Statistisches Jahrbuch für die Bundesrepublik Deutschland) zur Zeit der Beendigung des Güterstandes multipliziert und durch die für den Zeitpunkt des Beginns des Güterstandes geltende Indexzahl dividiert wird (→ BGH vom 14.11.1973 IV ZR 147/72, BGHZ 61 S. 385; BFH vom 27.6.2007 II R 39/05, BStBl. II S. 783).
Sind dem Anfangsvermögen Vermögensgegenstände nach § 1374 Absatz 2 BGB zuzurechnen, ist bei der Berechnung des Vermögenszuwachses der Kaufkraftschwund des Geldes seit dem Zeitpunkt des Erwerbs der Gegenstände zu berücksichtigen (→ BGH vom 20.5.1987 IVb ZR 62/86, BGHZ 101 S. 65). In Fällen einer Hinzurechnung von Vermögensgegenständen zum Endvermögen nach § 1375 Absatz 2 BGB ist bei der Berechnung des Vermögenszuwachses der Kaufkraftschwund des Geldes seit dem Zeitpunkt der Minderung des Vermögens um die Gegenstände zu berücksichtigen.

Preisindex für die Lebenshaltung aller privaten Haushalte[1]

2015 = 100

1958 23,3	**1959** 23,4	**1960** 23,7	**1961** 24,4	**1962** 24,6	**1963** 25,4	**1964** 26,0	**1965** 26,8	**1966** 27,7	**1967** 28,3
1968 28,6	**1969** 29,2	**1970** 30,2	**1971** 31,8	**1972** 33,6	**1973** 35,9	**1974** 38,4	**1975** 40,7	**1976** 42,4	**1977** 44,0
1978 45,2	**1979** 47,1	**1980** 49,6	**1981** 52,7	**1982** 55,5	**1983** 57,2	**1984** 58,7	**1985** 59,9	**1986** 59,9	**1987** 59,9
1988 60,8	**1989** 62,4	**1990** 64,1	**1991** 65,5	**1992** 68,8	**1993** 71,9	**1994** 73,8	**1995** 75,1	**1996** 76,1	**1997** 77,6
1998 78,3	**1999** 78,8	**2000** 79,9	**2001** 81,5	**2002** 82,6	**2003** 83,5	**2004** 84,9	**2005** 86,2	**2006** 87,6	**2007** 89,6
2008 91,9	**2009** 92,2	**2010** 93,2	**2011** 95,2	**2012** 97,1	**2013** 98,5	**2014** 99,5	**2015** 100,0	**2016** 100,5	**2017** 102,0
2018 103,8									

Aktuelle Indexzahlen: Statistisches Bundesamt, Fachserie 17, Reihe 7, Eilbericht (erscheint monatlich, abrufbar unter https: //www.destatis.de)

Beispiel:

Bei Eheschließung 1970 hatte das Anfangsvermögen des Ende 2016 verstorbenen Ehegatten einen Wert von umgerechnet 180 000 EUR.

Der um die allgemeine Geldentwertung bereinigte Wert des Anfangsvermögens ist wie folgt zu berechnen:

$$\frac{180\,000 \text{ EUR} \times 100{,}5}{30{,}2} = 599\,007 \text{ EUR}$$

R E 5.1 (3)

(3) [1] Anfangsvermögen ist das Vermögen, das einem Ehegatten – nach Abzug von Verbindlichkeiten – beim Eintritt des Güterstandes gehörte (§ 1374 Absatz 1 BGB). [2] Im Fall des § 5 Absatz 1 ErbStG gilt als Tag des Eintritts des Güterstands

1. für alle Ehen, die nach dem 1.7.1958 geschlossen wurden oder werden und die nicht durch Ehevertrag einen anderen Güterstand vereinbart haben, der Tag der Eheschließung;
2. für vor dem 1.7.1958 geschlossene Ehen der 1.7.1958 (Art. 8 Abschn. I Nummer 3 und 4 Gleichberechtigungsgesetz);
3. für Ehen, bei denen die Eheleute (aus einem zunächst vertraglich vereinbarten anderen Güterstand) später durch ehevertragliche Vereinbarung in den Güterstand der Zugewinngemeinschaft wechseln, der Tag des Vertragsabschlusses;
4. für Ehen, für die im Beitrittsgebiet der gesetzliche Güterstand nach § 13 des Familiengesetzbuchs der DDR (Errungenschaftsgemeinschaft) galt und die

---

[1] **Aktualisierte Werte** siehe Anlage 3 zu den ErbStR.

Überleitung in den gesetzlichen Güterstand der Zugewinngemeinschaft nicht durch Erklärung eines Ehegatten ausgeschlossen wurde, der 3.10.1990;

5. für Ehen, die durch Umwandlung einer eingetragenen Lebenspartnerschaft im Sinne des Lebenspartnerschaftsgesetzes entstanden sind, der Tag der Begründung der Lebenspartnerschaft im Sinne des Lebenspartnerschaftsgesetzes.

H E 5.1 (3)

Güterrechtswahl nach Artikel 15 Absatz 2 EGBGB. Wählen die Ehegatten nach Artikel 15 Absatz 2 EGBGB für die güterrechtlichen Wirkungen ihrer Ehe in notariell beurkundeter Erklärung deutsches Recht und gilt dann – sofern sie keine weiteren Vereinbarungen treffen – für sie die Zugewinngemeinschaft, ist die Vorschrift des § 5 Absatz 1 Satz 2 bis 4 ErbStG ebenso verbindlich. Der Tag der notariell beurkundeten Erklärung gilt als Zeitpunkt des Eintritts des Güterstands.

R E 5.1 (4)

(4) [1] Bei der Ermittlung der fiktiven Zugewinnausgleichsforderung nach § 5 Absatz 1 ErbStG sind Erwerbe des überlebenden Ehegatten im Sinne des § 3 Absatz 1 Nummer 4 ErbStG dem Endvermögen des verstorbenen Ehegatten zuzurechnen. [2] Dies gilt auch für erbschaftsteuerpflichtige Hinterbliebenenbezüge, die dem überlebenden Ehegatten auf Grund eines privaten Anstellungsvertrags des verstorbenen Ehegatten zustehen, sowie für Lebensversicherungen, die dem überlebenden Ehegatten zustehen, auch soweit es sich dabei um Ansprüche aus einer privaten Rentenversicherung des verstorbenen Ehegatten handelt. [3] Eine Hinzurechnung zum Endvermögen des verstorbenen Ehegatten unterbleibt, soweit es sich um Ansprüche handelt, die zivilrechtlich dem Versorgungsausgleich unterliegen, da diese nicht in den Zugewinnausgleich einbezogen werden.

H E 5.1 (4)

Ansprüche, die dem Versorgungsausgleich unterliegen. → BFH vom 5.5.2010 II R 16/08, BStBl. II S. 923; § 1587 BGB i. V. m. § 2 VersAusglG.

Auswirkung auf den Versorgungsfreibetrag. Der Versorgungsfreibetrag nach § 17 ErbStG ist nicht um den Teilbetrag der Versorgungsbezüge zu kürzen, der im Ergebnis als Zugewinnausgleich erbschaftsteuerfrei bleibt.

Berücksichtigung von Zuwendungen gemäß § 3 Absatz 1 Nummer 4 ErbStG. → BFH vom 22.12.1976 II R 58/67, BStBl. 1977 II S. 420 und vom 12.4.1978 II B 45/76, BStBl. II S. 400.

Steuerfreie Hinterbliebenenbezüge. Hinterbliebenenbezüge, die nicht der Besteuerung nach § 3 Absatz 1 Nummer 4 ErbStG unterliegen (Abgrenzung → R E 3.5), sind nicht dem Endvermögen des Erblassers zuzurechnen (→ BFH vom 20.5.1981 II R 33/78, BStBl. 1982 II S. 27).

R E 5.1 (5)

(5) [1] Zur Umrechnung der fiktiven Ausgleichsforderung in den steuerfreien Betrag ist der Wert des Endvermögens des verstorbenen Ehegatten einschließ-

lich der Hinzurechnungen nach Absatz 4 (maßgebender Nachlass) auch nach steuerlichen Bewertungsgrundsätzen zu ermitteln. [2]Dabei sind alle bei der Ermittlung des Endvermögens berücksichtigten Vermögensgegenstände zu bewerten, auch wenn sie nicht zum steuerpflichtigen Erwerb gehören. [3]Nach §§ 13, 13a, 13c oder 13d ErbStG begünstigtes Vermögen ist in die Berechnung des Ausgleichsbetrags mit seinem Steuerwert vor Abzug der sachlichen Steuerbefreiungen (Bruttowert) einzubeziehen. [4]Ist der sich danach ergebende Steuerwert des Endvermögens niedriger als dessen Verkehrswert, ist die nach zivilrechtlichen Grundsätzen ermittelte fiktive Zugewinnausgleichsforderung entsprechend dem Verhältnis von Steuerwert und Verkehrswert des dem Erblasser zuzurechnenden Endvermögens auf den steuerfreien Betrag zu begrenzen.

H E 5.1 (5)

Änderung der Schenkungsteuerfestsetzung bei Anrechnung auf die fiktive Ausgleichsforderung. → R E 5.1 Absatz 6.

Begrenzung der fiktiven Ausgleichsforderung. → BFH vom 10.3.1993 II R 87/91, BStBl. II S. 510 und vom 29.6.2005 II R 7/01, BStBl. II S. 873.

Berechnung der fiktiven Ausgleichsforderung.

Beispiel:

Bei Eheschließung im Jahr 1965 hatten die Ehegatten Gütertrennung vereinbart. Im Jahr 1995 vereinbarten sie ehevertraglich den Güterstand der Zugewinngemeinschaft. Die Ehefrau wird Alleinerbin ihres im Jahr 2018 verstorbenen Ehemannes. Die Ehefrau erhält zudem aus einem Vertrag zugunsten Dritter 390 000 EUR, die nicht dem Versorgungsausgleich unterliegen (Erwerb nach § 3 Absatz 1 Nummer 4 ErbStG). Das Endvermögen des verstorbenen Ehemannes setzt sich aus den nachstehend aufgeführten Vermögensgegenständen zusammen:

		Steuerwert/ Verkehrswert		steuerpflichtiger Erwerb vor Abzug der persönlichen Freibeträge (§§ 16, 17)
OHG-Anteil		2 810 000 EUR		407 250 EUR[1)]
Zu Wohnzwecken vermietetes Grundstück im Inland		300 000 EUR		270 000 EUR[2)]
unbebautes Grundstück im Inland		780 000 EUR		780 000 EUR
Wertpapiere		400 000 EUR		400 000 EUR
Hausrat		100 000 EUR		59 000 EUR[3)]
Zwischensumme		4 390 000 EUR		1 916 250 EUR
Verbindlichkeiten	./.	80 000 EUR	./.	90 300 EUR[4)]
Summen		4 310 000 EUR		1 825 950 EUR
Erwerb aus Vertrag zugunsten Dritter	+	390 000 EUR	+	390 000 EUR
Endsummen		4 700 000 EUR		2 215 950 EUR

Amtl. Anmerkungen:

1) Steuerwert nach Abzug gem. § 13a Abs. 1 und 2 ErbStG.

2) Steuerwert nach Abzug gem. § 13d Abs. 1 ErbStG.

3) Hausrat bleibt nach § 13 Abs. 1 Nr. 1a ErbStG in Höhe von 41 000 EUR steuerfrei.

4) Beim steuerpflichtigen Erwerb sind die Erbfallverbindlichkeiten in Höhe des Pauschbetrags von 10 300 EUR zusätzlich berücksichtigt.

Der Zugewinn der Ehegatten wird wie folgt ermittelt:

	beim verstorbenen Ehemann	bei der Ehefrau
Endvermögen	4 700 000 EUR	850 000 EUR
Indiziertes Anfangsvermögen des Jahres 1995 → R E 5.1 Absatz 2 Satz 5	2 500 000 EUR	150 000 EUR
Zugewinn	2 200 000 EUR	700 000 EUR

Die fiktive Ausgleichsforderung der Ehefrau beträgt:
$^1/_2$ von (2 200 000 EUR – 700 000 EUR) = 750 000 EUR.

Der Ehefrau sollen aus einem früheren Angestelltenverhältnis des Erblassers steuerfreie Versorgungsbezüge mit einem nach § 14 BewG ermittelten Kapitalwert in Höhe von 156 000 EUR zustehen, um die der Versorgungsfreibetrag nach § 17 ErbStG zu kürzen ist.
Der steuerpflichtige Erwerb der Ehefrau beträgt dann:

Erwerb insgesamt	2 215 950 EUR
steuerfrei nach § 5 Absatz 1 ErbStG	./. 750 000 EUR
Freibetrag § 16 ErbStG	./. 500 000 EUR
verbleibender Freibetrag § 17 ErbStG	./. 100 000 EUR
steuerpflichtiger Erwerb	865 950 EUR

Schenkungen, die auf die Ausgleichsforderung angerechnet werden. Ergibt sich eine Zugewinnausgleichsforderung des überlebenden Ehegatten, sind Schenkungen des verstorbenen Ehegatten im Sinne des § 1380 Absatz 2 BGB dem Zugewinn des verstorbenen Ehegatten mit dem Verkehrswert zur Zeit der Zuwendung hinzuzurechnen. Sie sind im Zugewinn des anderen Ehegatten nicht zu erfassen (Abzug mit dem Verkehrswert im Zeitpunkt der Zuwendung, höchstens mit dem Wert, zu dem der Schenkungsgegenstand noch im Endvermögen des Ehegatten enthalten ist). Vom Ausgleichsbetrag sind die anrechenbaren Schenkungen mit diesem Verkehrswert abzuziehen (§ 1380 Absatz 1 BGB).

Beispiel:

Ausgangsfall wie im vorstehenden Beispiel. Der verstorbene Ehegatte hatte vor 11 Jahren dem anderen Vermögen geschenkt mit der Bestimmung, diese Schenkung auf die Ausgleichsforderung anzurechnen. Das Vermögen hatte zur Zeit der Zuwendung einen Verkehrswert von 300 000 EUR. Von diesem Vermögen sind im Endvermögen des überlebenden Ehegatten noch 200 000 EUR vorhanden.

Erhöhter Zugewinn des verstorbenen Ehegatten:
(2 200 000 EUR + 300 000 EUR =) 2 500 000 EUR

Verminderter Zugewinn des überlebenden Ehegatten:
(700 000 EUR – 200 000 EUR =) 500 000 EUR

Fiktive Ausgleichsforderung der Ehefrau:	
½ von (2 500 000 EUR – 500 000 EUR)	1 000 000 EUR
hiervon abzuziehen Wert der Schenkung	./. 300 000 EUR
verbleibende fiktive Ausgleichsforderung	700 000 EUR

Vermögensgegenstände, die nicht zum steuerpflichtigen Erwerb gehören. → BFH vom 10.3.1993 II R 87/91, BStBl. II S. 510.

R E 5.1 (6, 7)

(6) [1]Nach § 29 Absatz 1 Nummer 3 ErbStG ist die Festsetzung der Steuer für frühere Schenkungen an den überlebenden Ehegatten zu ändern, soweit

diese Schenkungen bei der güterrechtlichen Abwicklung der Zugewinngemeinschaft auf die Ausgleichsforderung nach § 5 Absatz 2 ErbStG angerechnet worden sind. [2]Entsprechend ist auch zu verfahren, wenn Schenkungen dieser Art bei der Berechnung der fiktiven Ausgleichsforderung nach § 5 Absatz 1 ErbStG berücksichtigt werden. [3]§ 29 Absatz 2 ErbStG ist in diesen Fällen nicht anzuwenden.

(7) Bei Lebenspartnerschaften gilt als Tag des Eintritts des Güterstands

1. für Lebenspartnerschaften, die nach dem 31. Dezember 2004 begründet wurden oder werden und bei denen nicht durch Lebenspartnerschaftsvertrag ein anderer Güterstand vereinbart wurde oder wird, der Tag der Begründung der Lebenspartnerschaft;
2. für Lebenspartnerschaften, die bis zum 31. Dezember 2004 begründet wurden, für die der Güterstand der Ausgleichsgemeinschaft galt und bei denen die Überleitung in den gesetzlichen Güterstand der Zugewinngemeinschaft nicht durch Erklärung eines Lebenspartners ausgeschlossen wurde, der 1. Januar 2005. [2]Als Anfangsvermögen im Sinne des § 6 LPartG in Verbindung mit § 1374 BGB gilt das Vermögen, das einem Lebenspartner bei Begründung des Vermögensstands der Ausgleichsgemeinschaft gehörte.
3. für Lebenspartnerschaften, bei denen die Lebenspartner (aus einem zunächst vertraglich vereinbarten anderen Güterstand) später durch lebenspartnerschaftsvertragliche Vereinbarung in den Güterstand der Zugewinngemeinschaft wechseln, der Tag des Vertragsabschlusses.

R E 5.2 Güterrechtlicher Zugewinnausgleich

(1) [1]Kommt es mit Beendigung der Zugewinngemeinschaft zur güterrechtlichen Abwicklung, gehört eine dabei von Gesetzes wegen entstehende Ausgleichsforderung (§ 1378 Absatz 3 BGB) nicht zum steuerpflichtigen Erwerb (§ 5 Absatz 2 ErbStG). [2]Verzichtet der berechtigte Ehegatte auf die geltend gemachte Ausgleichsforderung, kann, sofern Bereicherung und Wille zur Unentgeltlichkeit gegeben sind, darin eine Schenkung unter Lebenden an den verpflichteten Ehegatten liegen. [3]Erfolgt der Verzicht gegen eine Abfindung, tritt diese an die Stelle der Ausgleichsforderung und ist damit ebenfalls steuerfrei. [4]Dasselbe gilt auch für die Übertragung von Gegenständen unter Anrechnung auf die Ausgleichsforderung (§ 1383 Absatz 1 BGB).

(2) [1]Die Nichtsteuerbarkeit gilt auch hinsichtlich einer durch Ehevertrag (§ 1408 BGB) oder Vertrag im Zusammenhang mit einer Ehescheidung (§ 1378 Absatz 3 Satz 2 BGB) modifizierten Ausgleichsforderung als Ausfluss der bürgerlich-rechtlichen Gestaltungsfreiheit der Ehegatten bei der Ausgestaltung des Zugewinnausgleichs. [2]Soweit durch solche Vereinbarungen einem Ehegatten für den Fall der Beendigung der Zugewinngemeinschaft eine erhöhte güterrechtliche Ausgleichsforderung verschafft wird, liegt eine steuerpflichtige Schenkung auf den Todesfall (§ 3 Absatz 1 Nummer 2 Satz 1 ErbStG) bzw. eine Schenkung unter Lebenden (§ 7 Absatz 1 Nummer 1 ErbStG) vor, wenn mit den Vereinbarungen in erster Linie nicht güterrechtliche, sondern erbrechtliche Wirkungen herbeigeführt werden sollen. [3]Eine überhöhte Ausgleichsforderung kann vorliegen, soweit die tatsächliche Aus-

gleichsforderung, z.B. durch Vereinbarung eines vor dem Zeitpunkt des Vertragsschlusses liegenden Beginns des Güterstands oder eines abweichenden Anfangsvermögens, die sich nach §§ 1373 bis 1383 und 1390 BGB ohne Modifizierung ergebende Ausgleichsforderung übersteigt. [4]Allein die rückwirkende Vereinbarung der Zugewinngemeinschaft begründet keine erhöhte güterrechtliche Ausgleichsforderung. [5]Der Ehegatte, der auf Grund der Vereinbarungen bei Beendigung der Zugewinngemeinschaft die überhöhte Ausgleichsforderung geltend macht, wird entsprechend objektiv bereichert. [6]Der Wille zur Unentgeltlichkeit seitens des zuwendenden Ehegatten ist auf der Grundlage der ihm bekannten Umstände nach den Maßstäben des allgemein Verkehrsüblichen zu bestimmen. [7]Es genügt die Kenntnis, dass der andere Ehegatte keinen Rechtsanspruch auf die Vereinbarungen und die dadurch sich erhöhende Ausgleichsforderung hatte und auch kein rechtlicher Zusammenhang mit einer Gegenleistung des anderen Ehegatten bestand.

(3) § 5 Absatz 2 ErbStG ist nicht anwendbar, wenn Ehegatten durch Ehevertrag den während des bisherigen Bestehens des Güterstands der Zugewinngemeinschaft entstandenen Zugewinn ausgleichen ohne den Güterstand zu beenden, so dass von Gesetzes wegen keine Ausgleichsforderung entstanden ist.

H E 5.2

Erbrechtliche statt güterrechtliche Wirkungen. → BFH vom 29.1.1964 II 78/60 U, BStBl. III S. 202 und vom 25.5.1966 II 159/63, BStBl. III S. 521.

Verschaffung einer überhöhten Ausgleichsforderung. Erbschaftsteuerrechtliche Grenzen der Gestaltungsfreiheit sind dort zu ziehen, wo einem Ehegatten eine überhöhte Ausgleichsforderung verschafft wird (→ BFH vom 28.6.1989 II R 82/86, BStBl. II S. 897).
Objektive Unentgeltlichkeit einer Zuwendung unter Ehegatten und der Wille zur Unentgeltlichkeit (→ R E 7.2) können nicht allein deswegen verneint werden, weil einer Zuwendung besondere ehebezogene oder güterrechtliche Motive zugrunde liegen (→ BFH vom 2.3.1994 II R 59/92, BStBl. II S. 366).

Vertragliche Beendigung der Zugewinngemeinschaft mit anschließender Neugründung. Entsteht von Gesetzes wegen eine Ausgleichsforderung durch ehevertragliche Beendigung des Güterstandes der Zugewinngemeinschaft, ist dies nicht als freigebige Zuwendung schenkungsteuerbar, wenn es tatsächlich zu einer güterrechtlichen Abwicklung der Zugewinngemeinschaft kommt, und zwar auch dann nicht, wenn der Güterstand der Zugewinngemeinschaft im Anschluss an die Beendigung neu begründet wird (→ BFH vom 12.7.2005 II R 29/02, BStBl. II S. 843).

Vorzeitiger Zugewinnausgleich bei fortbestehender Zugewinngemeinschaft. § 5 Absatz 2 ErbStG nimmt nur im Fall der Beendigung des Güterstands der Zugewinngemeinschaft die dabei entstehende Ausgleichsforderung des einen Ehegatten von der Besteuerung aus. Denn eine rechtliche Verpflichtung zur Zahlung des Zugewinnausgleichs entsteht nach

§ 1363 Absatz 2 Satz 2 BGB erst mit der Beendigung des Güterstands. Auch in den Fällen des vorzeitigen Zugewinnausgleichs bei Getrenntleben der Ehegatten oder in den im Gesetz genannten sonstigen Fällen (§§ 1385 ff. BGB) endet die Zugewinngemeinschaft kraft Gesetzes mit der Rechtskraft des Urteils. Vereinbaren die Ehegatten freiwillig einen vorzeitigen Ausgleich des bisher erzielten Zugewinn ohne den gesetzlichen Güterstand zu beenden, ist die dadurch begründete Ausgleichsforderung als steuerbare unentgeltliche Zuwendung gemäß § 7 Absatz 1 Nummer 1 ErbStG zu erfassen (→ BFH vom 28.6.2007 II R 12/06, BStBl. II S. 785). Wird der Güterstand später durch Tod eines Ehegatten oder zu Lebzeiten beendet und die im Weg des vorweggenommenen Zugewinnausgleichs erhaltene Zuwendung auf die Ausgleichsforderung angerechnet (§ 1380 Absatz 1 BGB), erlischt insoweit gemäß § 29 Absatz 1 Nummer 3 ErbStG die Steuer mit Wirkung für die Vergangenheit. Die Korrekturvorschrift des § 29 ErbStG verlöre ihren Sinn, wenn der vorweggenommene Zugewinnausgleich für nicht steuerbar gehalten würde (→ BFH vom 2.3.1994 II R 59/92, BStBl. II S. 366).

Zu § 6 ErbStG

R E 6 Vermächtnisse und Auflagen, die beim Tod des Beschwerten fällig werden

[1] Erbschaftsteuerrechtlich sind Nachvermächtnisse (§ 2191 Absatz 1 BGB) und Vermächtnisse oder Auflagen, die mit dem Tod des Beschwerten fällig werden, den Nacherbschaften gleichgestellt und damit abweichend vom Bürgerlichen Recht als Erwerb vom Vorvermächtnisnehmer oder Beschwerten und nicht als Erwerb vom Erblasser zu behandeln (§ 6 Absatz 4 ErbStG). [2] Ein solcher Fall ist insbesondere gegeben, wenn die Ehegatten in einem gemeinschaftlichen Testament mit gegenseitiger Erbeinsetzung bestimmen, dass ihren ansonsten zu Schlusserben eingesetzten Kindern beim Tod des erstversterbenden Elternteils Vermächtnisse zufallen sollen, die erst beim Tod des überlebenden Elternteils fällig werden. [3] Die Vermächtnisse sind als Erwerb vom überlebenden Elternteil zu versteuern. [4] Folglich liegt insoweit weder beim Tod des erstversterbenden noch beim Tod des überlebenden Ehegatten eine die jeweilige Bereicherung durch Erbanfall mindernde Vermächtnislast nach § 10 Absatz 5 Nummer 2 ErbStG vor; beim Tod des überlebenden Ehegatten ist jedoch eine Erblasserschuld nach § 10 Absatz 5 Nummer 1 ErbStG abzugsfähig. [5] Entsprechendes gilt auch, wenn in einem sog. Berliner Testament (§ 2269 BGB) – um nach dem Tod des erstversterbenden Ehegatten die Geltendmachung von Pflichtteilsansprüchen durch die zu Schlusserben eingesetzten gemeinschaftlichen Kinder zu verhindern – bestimmt wird, dass den Kindern, die den Pflichtteil nicht fordern, als Erwerb vom erstversterbenden Elternteil ein Vermächtnis im Werte des Pflichtteils zufallen soll, das erst mit dem Tod des überlebenden Elternteils fällig wird (sog. Jastrowsche Klausel). [6] Für Nachvermächtnisse und beim Tod des Beschwerten fällige Vermächtnisse und Auflagen findet § 6 Absatz 2 Satz 2 bis 5 ErbStG entsprechende Anwendung.

H E 6

Festsetzung der Erbschaftsteuer für den Vorerbfall nach dem Tod des Vorerben. Die Erbschaftsteuer für den Vorerbfall ist nach dem Tod des Vorerben regelmäßig gegen den Nacherben und nur ausnahmsweise gegen den Erben des Vorerben festzusetzen (→ BFH vom 13.4.2016 II R 55/14, BStBl. II S. 746).

Zu § 7 ErbStG

R E 7.1 Freigebige Zuwendungen

(1) [1]Der steuerliche Schenkungsbegriff unterscheidet sich vom zivilrechtlichen Schenkungsbegriff (§ 516 BGB) darin, dass eine Einigung zwischen Schenker und Beschenktem über die Unentgeltlichkeit der Zuwendung nicht erforderlich ist. [2]Eine freigebige Zuwendung setzt voraus, dass sie unentgeltlich erfolgt und der Empfänger objektiv auf Kosten des Zuwendenden bereichert ist. [3]Der Zuwendende muss diese Unentgeltlichkeit subjektiv gewollt haben.

(2) [1]Bereicherung kann jede Vermögensvermehrung und jede Minderung von Schulden oder Belastungen beim Bedachten sein. [2]Ob eine Bereicherung vorliegt, ist zunächst anhand der gemeinen Werte (Verkehrswerte) der Zuwendungsgegenstände und der gegebenenfalls vom Bedachten zu erfüllenden Gegenleistungen und Auflagen zu beurteilen. [3]Unentgeltlich ist ein Erwerb, soweit er nicht rechtlich abhängig ist von einer den Erwerb ausgleichenden Gegenleistung, die sowohl nach Art eines gegenseitigen Vertrags als auch durch Setzen einer Auflage oder Bedingung begründet sein kann. [4]Eine Bereicherung tritt nicht ein, soweit der Empfänger das Erhaltene rechtlich beanspruchen konnte, z.B. infolge einer entsprechenden Forderung oder als Entlohnung für vereinbarte Dienste.

(3) [1]Der Zuwendende muss in dem Bewusstsein handeln, dass er zu der Vermögenshingabe rechtlich nicht verpflichtet ist, er also seine Leistung ohne rechtlichen Zusammenhang mit einer Gegenleistung oder einem Gemeinschaftszweck erbringt. [2]Ein auf die Bereicherung des Bedachten gerichteter Wille im Sinne einer Bereicherungsabsicht ist nicht erforderlich. [3]Der Wille zur Unentgeltlichkeit ist auf der Grundlage der dem Zuwendenden bekannten Umstände nach den Maßstäben des allgemein Verkehrsüblichen festzustellen. [4]Es genügt, wenn der Zuwendende die Tatsachen und Umstände kennt, auf Grund derer eine Zuwendung als objektiv unentgeltlich qualifiziert werden kann.

(4) Liegt eine freigebige Zuwendung vor, richtet sich die Bewertung der zugewendeten Vermögensgegenstände und der gegebenenfalls vom Bedachten zu erfüllenden Gegenleistungen und Auflagen nach § 12 ErbStG.

H E 7.1

Abfindung für den Verzicht auf einen künftigen Pflichtteilsanspruch. → BFH vom 10.5.2017 II R 25/15, BStBl. 2018 II S. 201.

Beginn der Festsetzungsverjährung bei mittelbarer Schenkung. In der unentgeltlichen Übertragung eines Kommanditanteils durch den Schenker und der nachfolgenden Veräußerung des Anteils durch den Bedachten kann die mittelbare Schenkung des Veräußerungserlöses liegen (mittelbare Geldschenkung). Bei einer mittelbaren Schenkung hat die Finanzbehörde erst dann Kenntnis von der vollzogenen Schenkung, wenn sie alle Umstände kennt, die die mittelbare Schenkung begründen. Dazu gehört auch die Kenntnis von der Veräußerung des vom Schenker übertragenen Gegenstands (→ BFH vom 8.3.2017 II R 2/15, BStBl. II S. 751).

Bereicherung in den Fällen des Nießbrauchsverzichts, in denen der Nießbrauch bei früheren Erwerben teilweise einem Abzugsverbot unterlag. → H E 10.1.

Bestellung eines Erbbaurechts ohne oder gegen zu niedrigen Erbbauzins. In der Bestellung eines Erbbaurechts gegen einen unter dem angemessenen Erbbauzins liegenden vertraglichen Erbbauzins liegt eine freigebige Zuwendung nach § 7 Absatz 1 Nummer 1 ErbStG. Bemessungsgrundlage ist der für das eingeräumte Erbbaurecht auf die Laufzeit des Erbbaurechts kapitalisierte Unterschiedsbetrag zwischen dem angemessenen Erbbauzins und dem tatsächlich vereinbarten Erbbauzins.

Einräumung der Gesamtgläubigerstellung an Rentenrechten. → BFH vom 22.8.2007 II R 33/06, BStBl. 2008 II S. 28.

Einräumung einer typischen Unterbeteiligung noch keine Schenkung. → BFH vom 16.1.2008 II R 10/06, BStBl. II S. 631.

Frei verfügbarer Anspruch aus einem Vertrag zu Gunsten Dritter. → BFH vom 20.1.2005 II R 20/03, BStBl. II S. 408.

Gemischte Schenkung/Schenkungen unter einer Auflage. → R E 7.4.

Missverhältnis von Leistung und Gegenleistung. Stehen bei einer Vermögensübertragung Leistung und Gegenleistung in einem auffallenden Missverhältnis und liegt es nach den Umständen des Falles nahe, anzunehmen, den Vertragschließenden sei dieses Missverhältnis bekannt gewesen, muss derjenige, der behauptet, dass zumindest dem Zuwendenden das Missverhältnis nicht bekannt gewesen sei, dies durch konkreten Vortrag untermauern (→ BFH vom 10.9.1986 II R 81/84, BStBl. 1987 II S. 80).

Mittelbare Schenkung des Erlöses aus dem Verkauf übertragener Gesellschaftsanteile. → BFH vom 23.3.2012 II R 39/10, BStBl. II S. 712.

Nachträgliche entgeltliche Ablösung eines Nießbrauchsrechts. → BFH vom 19.12.2007 II R 34/06, BStBl. 2008 II S. 260.

Übernahme einer Bürgschaft. → BFH vom 12.7.2000 II R 26/98, BStBl. II S 596.

Unentgeltliche Übertragung eines bebauten Grundstücks nach Errichtung eines Gebäudes durch den Beschenkten. Bei der Ermittlung der Bereicherung des Beschenkten ist der Grundbesitzwert des bebauten Grundstücks anzusetzen und um den Differenzbetrag zwischen diesem und dem Grundbesitzwert für das unbebaute Grundstück zu mindern (→ BFH vom 1.7.2008 II R 38/07, BStBl. II S. 876). Der Grundbesitzwert des bebauten Grundstücks ist gesondert festzustellen (§ 151 Absatz 1 Satz 1 Nummer 1 BewG); der Grundbesitzwert für das unbebaute Grundstück ist vom Lagefinanzamt im Wege der Amtshilfe zu ermitteln. Die Berechnung des Grundbesitzwertes für das unbebaute Grundstück erfolgt ebenso wie beim bebauten Grundstück auf den Stichtag der Ausführung der Grundstücksschenkung. Ergibt sich aus der Wertermittlung für das bebaute Grundstück der Wert des Gebäudes, kann dieser übernommen werden. Entsprechend ist auch zu verfahren, wenn auf einem bereits bebauten Grundstück das vorhandene Gebäude durch Baumaßnahmen des Beschenkten erweitert wird.

Unterhaltsverzicht vor Eheschließung. → BFH vom 17.10.2007 II R 53/05, BStBl. 2008 II S. 256.

Vermögensübertragungen zwischen Trägern der öffentlichen Verwaltung. → BFH vom 1.12.2004 II R 46/02, BStBl. 2005 II S. 311.

Voraussetzungen für eine Kettenschenkung. → BFH vom 10.3.2005 II R 54/03, BStBl. II S. 412 und vom 18.7.2013 II R 37/11, BStBl. II S. 934.

Vorzeitiger unentgeltlicher Verzicht auf ein vorbehaltenes Nießbrauchsrecht. → BFH vom 17.3.2004 II R 3/01, BStBl. II S. 429 und vom 20.5.2014 II R 7/13, BStBl. II S. 896.

Vorzeitiger Zugewinnausgleich bei fortbestehender Zugewinngemeinschaft. → H E 5.2.

Wille zur Unentgeltlichkeit. → BFH vom 2.3.1994 II R 59/92, BStBl. II S. 366 und vom 29.10.1997 II R 60/94, BStBl. II S. 832.

Zahlungen eines Ehegatten auf ein gemeinsames Oder-Konto als Zuwendung an den anderen Ehegatten. → BFH vom 23.11.2011 II R 33/10, BStBl. 2012 II S. 473.

Zahlung von Prämien für eine Lebensversicherung durch einen Dritten. → BFH vom 22.10.2014 II R 26/13, BStBl. 2015 II S. 239.

Zuschüsse aus öffentlichen Kassen. Zuschüsse aus öffentlichen Kassen unterliegen nicht der Schenkungsteuer, da diese Zuschüsse nicht freigebig gewährt werden.

Zuwendender bei Vollzug eines formunwirksamen Schenkungsversprechens eines Erblassers. → BFH vom 23.6.2015 II R 52/13, BStBl. II S. 960.

Zuwendung bei der Übertragung eines Einzelkontos zwischen Ehegatten. → BFH vom 29.6.2016 II R 41/14, BStBl. II S. 865.

Zuwendungen von Sponsoren und Mäzenen. Sponsorentum (Sponsoring) hat in der Regel einen Leistungsaustausch zum Gegenstand und wird meist als Werbevertrag ausgestaltet. Die Gegenleistung besteht dabei in der Überlassung von Werberechten (Rechte zur kommunikativen Nutzung von Namen und Image von Personen und Institutionen). Für den Sponsor steht der Werbeeffekt an erster, die Förderung von Kultur, Sport oder Wissenschaft nur an zweiter Stelle. Mäzenatentum wird dagegen weniger von einem unmittelbar zu erwartenden Nutzen für den Mäzen bestimmt. Im Vordergrund steht vielmehr dessen persönliches Interesse an der Förderung bestimmter Personen, Institutionen oder Zwecke.

Sind Leistung und Gegenleistung gleichwertig, liegt keine freigebige Zuwendung im Sinne des § 7 Absatz 1 Nummer 1 ErbStG vor. Dabei werden jedoch Gegenleistungen, die nicht in Geld veranschlagt werden können, nicht berücksichtigt (§ 7 Absatz 3 ErbStG). Demnach kommt eine steuerpflichtige Zuwendung von Sponsoren und Mäzenen in Betracht, wenn die berücksichtigungsfähigen Gegenleistungen in keinem angemessenen Verhältnis zum Wert der Zuwendungen stehen und der Sponsor/Mäzen sich dessen auch bewusst ist. Freigebigkeit setzt allerdings nicht Uneigennützigkeit voraus. Ein Handeln zum eigenen Nutzen oder Vorteil schließt deshalb die Schenkungsteuerpflicht nicht grundsätzlich aus. Abzustellen ist auf die Motive, wie sie durch die äußeren Umstände erkennbar werden (→ BFH vom 9.8.1989 I R 4/84, BStBl. 1990 II S. 237). Ein wichtiges Indiz ist, ob die Zuwendungen ertragsteuerrechtlich als Betriebsausgaben behandelt worden sind. Diese Behandlung ist jedoch nicht immer allein entscheidend.

R E 7.2 Behandlung von unbenannten Zuwendungen unter Ehegatten

[1]Unbenannte (ehebedingte) Zuwendungen sind nicht deswegen von der Schenkungsteuer ausgenommen, weil sie – wegen ihres spezifisch ehebezogenen Charakters – nach herrschender zivilrechtlicher Auffassung keine Schenkungen im Sinne der §§ 516ff. BGB darstellen. [2]Die Schenkungsteuerpflicht unbenannter Zuwendungen beurteilt sich – nicht anders als bei sonstigen Zuwendungen – nach den allgemeinen Voraussetzungen des § 7 Absatz 1 Nummer 1 ErbStG. [3]Die danach unter anderem erforderliche objektive Unentgeltlichkeit der Leistung kann nicht allein deswegen verneint werden, weil der unbenannten Zuwendung besondere ehebezogene Motive zugrunde liegen, etwa dahingehend, dass die Zuwendung dem „Ausgleich für geleistete Mitarbeit" des bedachten Ehegatten oder dessen „angemessener Beteiligung an den Früchten des ehelichen Zusammenwirkens" dienen soll. [4]Auf die Art des zugewendeten Vermögens und die Angemessenheit der Zuwendung kommt es grundsätzlich nicht an.

H E 7.2

Unbenannte Zuwendungen unter Ehegatten. → BFH vom 2.3.1994 II R 59/92, BStBl. II S. 366.

Unterhaltszuwendungen. Unterhaltszuwendungen, die auf gesetzlicher Unterhaltspflicht beruhen (§ 1353 BGB), sind nicht freigebig und daher nicht steuerbar.

Zuwendung eines Familienheims. → R E 13.3.

R E 7.3 Gegenstand der Schenkung bei Geldhingabe zum Erwerb eines Grundstücks oder zur Errichtung eines Gebäudes

(1) [1]Die Hingabe von Geld zum Erwerb eines Grundstücks oder zur Errichtung eines Gebäudes kann als Schenkung von Grundbesitz anzusehen sein (mittelbare Grundstücksschenkung), wenn dem Bedachten nach dem erkennbaren Willen des Zuwendenden im Zeitpunkt der Ausführung der Schenkung

ein bestimmtes Grundstück oder Gebäude verschafft werden soll. [2]Das gilt auch dann, wenn nicht die gesamten Kosten der Anschaffung oder Errichtung vom Schenker getragen werden. [3]In diesen Fällen kann eine Schenkung des dem hingegebenen Geldbetrag entsprechenden Teils des Grundstücks vorliegen. [4]Der Geldbetrag muss vom Schenker bereits bis zu dem Zeitpunkt des Erwerbs des Grundstücks oder des Beginns der Baumaßnahme zugesagt sein. [5]Kann dem Finanzamt, insbesondere durch eine schriftliche Erklärung des Schenkers zur Übernahme der Anschaffungs- oder Herstellungskosten, nachgewiesen werden, dass zu diesem Zeitpunkt eine Zusage bestand, kann die Zahlung des vereinbarten Geldbetrags auch nachträglich erfolgen, jedoch nicht nach der Bezahlung der Anschaffungs- oder Herstellungskosten durch den Beschenkten. [6]Zwischen der Bereitstellung des Geldes und seiner bestimmungsmäßigen Verwendung muss ein enger zeitlicher Zusammenhang bestehen. [7]Wegen des Zeitpunkts der Ausführung einer mittelbaren Grundstücksschenkung → R E 9.1 Absatz 2.

(2) [1]In der Hingabe von Geld zum Erwerb eines Grundstücks – sei es in Höhe der vollen oder eines Teils der Anschaffungskosten – ist eine Geldschenkung unter einer Auflage zu sehen, wenn der Schenker dem Beschenkten gegenüber lediglich zum Ausdruck bringt, dass dieser für den zugewendeten Geldbetrag im eigenen Namen und für eigene Rechnung ein Grundstück erwerben soll, ohne dass dabei schon feststeht, um welches Grundstück es sich genau handelt. [2]Entsprechendes gilt, wenn der Schenker den Beschenkten lediglich verpflichtet, auf einem diesem gehörenden Grundstück nach eigenen Vorstellungen ein Gebäude zu errichten bzw. den Geldbetrag für die Errichtung eines solchen Gebäudes mit zu verwenden (Baukostenzuschuss), ohne dass bereits bei Ausführung der Zuwendung ein konkretes Bauvorhaben besteht, belegt z.B. durch eine Bauvoranfrage, einen Kostenvoranschlag oder einen Finanzierungsplan. [3]Die Schenkung gilt mit der Geldhingabe als ausgeführt. [4]Da die Auflage dem Beschenkten selbst zugutekommt, ist sie nicht abzugsfähig (§ 10 Absatz 9 ErbStG). [5]Es unterliegt deshalb der volle Geldbetrag der Besteuerung.

(3) [1]Trägt der Schenker nur einen unbedeutenden Teil der im Übrigen vom Beschenkten aufgebrachten Anschaffungs- oder Herstellungskosten, ist in der Regel davon auszugehen, dass der Schenker lediglich einen Geldzuschuss zu einem vom Beschenkten in vollem Umfang für eigene Rechnung erworbenen Grundstück oder errichteten Gebäude geleistet hat. [2]Grundsätzlich ist ein Anteil bis etwa 10 Prozent des im Übrigen vom Beschenkten aufgebrachten Kaufpreises als unbedeutend anzusehen.

H E 7.3

Darlehenstilgung. → BFH vom 9.11.1994 II R 87/92, BStBl. 1995 II S. 83 und vom 10.11.2004 II R 44/02, BStBl. 2005 II S. 188.

Geldzusage oder Zusage der Umwandlung eines Darlehens in eine Schenkung erst nach Abschluss des Kaufvertrags. → BFH vom 2.2.2005 II R 31/03, BStBl. II S. 531.

Geldzuwendung über Anschaffungs- oder Herstellungskosten hinaus. → BFH vom 4.12.2002 II R 75/00, BStBl. 2003 II S. 273.

Mittelbare Grundstücksschenkung. → BFH vom 3.8.1988 II R 39/86, BStBl. II S. 1025.

Mittelbare Grundstücksschenkung – Einzelfälle.

1. Wird eine mittelbare Grundstücksschenkung ausgeführt, ist das Grundstück mit seinem Grundbesitzwert anzusetzen (§ 12 ErbStG). Übernimmt der Schenker die Kosten für den Erwerb eines bestimmten Grundstücks mit einem Gebäude im Zustand der Bebauung (z. B. einem Rohbau), ohne auch die Kosten für die endgültige Fertigstellung des Gebäudes zu tragen, ist die Zuwendung mit dem Grundbesitzwert für ein Grundstück im Zustand der Bebauung anzusetzen (§ 12 ErbStG, § 196 BewG).
2. Will der Schenker dem Beschenkten nur einen Teil eines bestimmten Grundstücks zuwenden und wird die Schenkung in der Weise ausgeführt, dass der Schenker nur einen Teil des im Übrigen vom Beschenkten aus eigenen Mitteln aufzubringenden Kaufpreises für dieses Grundstück übernimmt, gilt der Teil des Grundstücks als zugewendet, der dem Verhältnis des zugewendeten Geldbetrags zum Gesamtkaufpreis entspricht. Stellt der Schenker dem Beschenkten für die Anschaffung eines mit Hypotheken oder Grundschulden belasteten Grundstücks den Restkaufpreis zur Verfügung, während die Hypotheken und Grundschulden vom Beschenkten übernommen werden, gilt der dem Restkaufpreis entsprechende Teil des Grundstücks als zugewendet. Dabei ist es gleichgültig, ob Gläubiger der Hypothek usw. der Schenker oder ein Dritter ist. Trägt der Schenker nur einen Teil des Restkaufpreises, gilt der diesem Teilbetrag entsprechende Teil des Grundstücks als zugewendet. Trägt der Schenker nur einen unbedeutenden Teil des ansonsten vom Beschenkten aufgebrachten Kaufpreises, ist in der Regel davon auszugehen, dass der Schenker lediglich einen Geldzuschuss zu einem vom Beschenkten in vollem Umfang für eigene Rechnung erworbenen Grundstück geleistet hat. Was als unbedeutender Teil des Kaufpreises anzusehen ist, ist nach den Umständen des Einzelfalles zu entscheiden. Grundsätzlich ist ein Anteil bis etwa 10 Prozent des ansonsten vom Beschenkten aufgebrachten Kaufpreises als unbedeutend anzusehen.
3. Wenn mehrere Schenker gemeinsam Geld für die Anschaffung eines bestimmten Grundstücks zur Verfügung stellen, gelten Nummer 1 und 2 entsprechend. Soweit eine Grundstücksschenkung anzunehmen ist, gilt jeweils von dem einzelnen Schenker der Teil des Grundbesitzwerts des Grundstücks als zugewendet, der dem Verhältnis des von ihm zugewendeten Geldbetrags zum Gesamtkaufpreis entspricht.
4. Wenn der Schenker die Kosten des Erwerbs eines bestimmten unbebauten Grundstücks und der im Anschluss daran auf diesem Grundstück erfolgenden Errichtung des Gebäudes übernimmt, liegt eine einheitliche Zuwendung eines bebauten Grundstücks vor. Maßgebend ist der Grundbesitzwert des bebauten Grundstücks. Das Gleiche gilt, wenn der Schenker die Kosten des Erwerbs eines Grundstücks im Zustand der Bebauung und die Restkosten für die Fertigstellung des Gebäudes übernimmt. Übernimmt der Schenker zwar die vollen Kosten des Erwerbs

eines Grundstücks, aber nur einen Teil der Kosten der Errichtung bzw. Fertigstellung des Gebäudes, ist vom Grundbesitzwert des bebauten Grundstücks der Teil anzusetzen, der dem Verhältnis des insgesamt hingegebenen Geldbetrags zu den Gesamtkosten für Grundstückserwerb und Gebäudeerrichtung entspricht.

5. Wenn der Schenker die Kosten der Errichtung eines Gebäudes auf einem dem Beschenkten bereits gehörenden oder von ihm noch zu erwerbenden Grundstück übernimmt, gilt der Teil des Grundbesitzwerts des bebauten Grundstücks als zugewendet, der auf das Gebäude entfällt. Der Gebäudewertanteil ermittelt sich aus der Differenz zwischen dem Grundbesitzwert des bebauten Grundstücks nach Bezugsfertigkeit des Gebäudes (vgl. §§ 181 ff. BewG) und dem Grundbesitzwert des unbebauten Grundstücks (vgl. § 179 BewG). Entsprechend ist zu verfahren, wenn vom Schenker die Kosten der Errichtung eines Gebäudes auf dem Grundstück eines Dritten übernommen werden, das nach Fertigstellung des Gebäudes auf den Beschenkten übertragen werden soll und tatsächlich übertragen wird. Unterbleibt die Grundstücksübertragung, ist Gegenstand der Schenkung ein Gebäude auf fremdem Grund und Boden (§ 195 BewG).
6. Bei teilweiser Übernahme der Baukosten durch den Schenker bzw. bei Übernahme der Baukosten durch mehrere Schenker gelten die Ausführungen in Nummer 2 und 3 sinngemäß.
7. Die Grundsätze der mittelbaren Grundstücksschenkung können auch auf Herstellungskosten für Um-, Aus- oder Anbauten an einem Grundstück bzw. einem Gebäude angewendet werden, wenn der Schenker solche Kosten ganz oder teilweise trägt (→ BFH vom 13.3.1996 II R 51/95, BStBl. II S. 548). Maßgebend ist die Werterhöhung im Grundbesitzwert des Grundstücks nach Durchführung der genannten Maßnahmen. Wenn der Schenker die Kosten für Maßnahmen zur Reparatur, Modernisierung, Renovierung oder andere grundstücksbezogene Verwendungen an einem Grundstück bzw. einem Gebäude übernimmt, ist eine mittelbare Grundstücksschenkung nur dann anzunehmen, wenn diese Zuwendung in wirtschaftlichem Zusammenhang mit der Zuwendung eines bestimmten Grundstücks oder Gebäudes erfolgt und somit ein einheitliches Rechtsgeschäft angenommen werden kann (→ BFH vom 5.2.1986 II R 188/83, BStBl. II S. 460). Maßgebend ist der Grundbesitzwert des Grundstücks nach Durchführung der genannten Maßnahmen.

Zinsloses Darlehen zur Anschaffung eines Grundstücks. → BFH vom 29.6.2005 II R 52/03, BStBl. II S. 800.

R E 7.4 Gemischte Schenkungen sowie Schenkungen unter einer Auflage

(1) [1]Entsprechend § 10 Absatz 1 Satz 1 und 2 ErbStG gilt auch bei der gemischten Schenkung oder Schenkung unter einer Auflage als steuerpflichtiger Erwerb die Bereicherung des Bedachten, soweit sie der Besteuerung nach

diesem Gesetz unterliegt. [2]Die Bereicherung wird ermittelt, indem von dem nach § 12 ErbStG zu ermittelnden Steuerwert der Leistung des Schenkers die Gegenleistungen des Beschenkten und die von ihm übernommenen Leistungs-, Nutzungs- und Duldungsauflagen mit ihrem nach § 12 ErbStG ermittelten Wert abgezogen werden. [3]Hinsichtlich Nutzungs- und Duldungsauflagen gilt dies nur, soweit § 10 Absatz 6 Satz 6 ErbStG den Abzug nicht ausschließt, weil ein Nutzungsrecht sich bereits als Grundstücksbelastung bei der Ermittlung des gemeinen Werts eines Grundstücks ausgewirkt hat (→ R E 10.10 Absatz 6). [4]Als Leistungsauflage ist bei der schenkweisen Übertragung von Grundbesitz auch die Übernahme der außergewöhnlichen Unterhaltslasten nach dem Denkmalschutzgesetz (Überlast; → R E 10.6) zu berücksichtigen, wenn der Grundbesitz oder ein Teil des Grundbesitzes nicht nach § 13 Absatz 1 Nummer 2 ErbStG steuerfrei ist oder der Erwerber auf die Steuerfreiheit verzichtet hat (§ 13 Absatz 3 Satz 2 ErbStG).

H E 7.4 (1)

Aufschiebend bedingte Gegenleistungspflichten. → BFH vom 8.2.2006 II R 38/04, BStBl. II S. 475.

Bemessungsgrundlage bei der gemischten Schenkung und Schenkung unter Auflage.

Beispiel 1:

Bereicherung bei der gemischten Schenkung oder der Schenkung unter Leistungsauflage

A überträgt im Jahr 01 B ein Grundstück, für das ein Grundbesitzwert von 750 000 EUR festgestellt wird und dessen Verkehrswert 750 000 EUR beträgt. Das Grundstück ist mit einer von B zu übernehmenden Hypothekenschuld belastet, die zur Zeit der Schenkung mit 150 000 EUR valutiert.

Die Bereicherung des B beträgt

Grundbesitzwert	750 000 EUR
Gegenleistung	./. 150 000 EUR
Bereicherung	600 000 EUR

Beispiel 2:

Bereicherung bei der Schenkung unter Nutzungs- oder Duldungsauflage

A überträgt im Jahr 01 B ein Geschäftsgrundstück und behält sich den Nießbrauch an den Erträgen vor. Der Grundbesitzwert beträgt 500 000 EUR, der Kapitalwert des Nießbrauchs unter Berücksichtigung der Begrenzung nach § 16 BewG 120 000 EUR.

Die Bereicherung des B beträgt

Grundbesitzwert	500 000 EUR
Duldungsauflage	./. 120 000 EUR
Bereicherung	380 000 EUR

Bemessungsgrundlage bei der gemischten Schenkung und Schenkung unter Auflage in Mischfällen. → BFH vom 5.7.2018 II B 122/17, BStBl. II S. 660.

Beispiel:

A überträgt im Jahr 01 B Wertpapiere mit einem gemeinen Wert von 750 000 EUR. Aus der Anschaffung resultiert noch eine Verbindlichkeit in Höhe von 150 000 EUR, die B übernimmt. A behält sich den Nießbrauch an den Erträgen vor. Der Kapitalwert des Nießbrauchs unter Berücksichtigung der Begrenzung nach § 16 BewG beträgt 100 000 EUR.

Die Bereicherung des B beträgt	
Wertpapiere	750 000 EUR
Verbindlichkeit	./. 150 000 EUR
Duldungsauflage	./. 100 000 EUR
Bereicherung	500 000 EUR

Berücksichtigung von Nießbrauchs- und anderen Nutzungs- oder Duldungsrechten, die sich auf den Grundbesitzwert ausgewirkt haben. Ist ein nach § 198 BewG nachgewiesener gemeiner Wert als Grundbesitzwert festgestellt worden, der aufgrund von Grundstücksbelastungen durch Nutzungs- oder Duldungsrechte, wie z. B. Nießbrauch oder Wohnrecht, gemindert wurde, kann der Erwerber darüber hinaus das Nutzungsrecht nicht zusätzlich bereicherungsmindernd geltend machen (§ 10 Absatz 6 Satz 6 ErbStG). Das für die Erbschaft- oder Schenkungsteuerveranlagung zuständige Finanzamt ist darüber zu unterrichten, dass die Belastung im Rahmen der Feststellung des Grundbesitzwerts berücksichtigt wurde.

Beispiel:

A überträgt im Jahr 01 B ein Mietwohngrundstück und behält sich den Nießbrauch an den Erträgen vor. Der Grundbesitzwert beträgt 380 000 EUR und ist bereits um den Wert des Nießbrauchs gemindert (§ 198 BewG). B übernimmt auf dem Grundstück lastende Schulden von 100 000 EUR.

Die Bereicherung des B beträgt		
Grundbesitzwert		380 000 EUR
Befreiung § 13d ErbStG 10 % von 380 000 EUR		./. 38 000 EUR
Verbleiben		342 000 EUR
Gegenleistung in wirtschaftlichem Zusammenhang mit dem Grundstück	100 000 EUR	
Duldungsauflage	+ 0 EUR	
Summe	100 000 EUR	
Nicht abzugsfähig 10 % von 100 000 EUR =	./. 10 000 EUR	
Abzugsfähig	90 000 EUR	./. 90 000 EUR
Bereicherung		252 000 EUR

Bestehen bleibende Grundpfandrechte bei Zuwendung eines Grundstücks.

1. Werden bei der Zuwendung eines Grundstücks vom Erwerber Grundpfandrechte übernommen, die der Sicherung von Darlehen dienen, die er aber bei der Zuwendung nicht persönlich übernommen hat, hängt die Behandlung der Schuld von den vertraglichen Regelungen bzw. der weiteren Entwicklung ab:
   a) Haben der Zuwender und der Erwerber im Übertragungsvertrag vereinbart, dass der Erwerber die Schuld bei Tod des Zuwenders übernimmt, handelt es sich um eine aufschiebend bedingte Last. Sie ist bei der Ermittlung der Bereicherung des Erwerbers nicht zu berücksichtigen (§ 12 Absatz 1 ErbStG i. V. m. § 6 Absatz 1 BewG). Eine zu berücksichtigende Last des Erwerbers tritt erst mit dem Tod des Zuwenders ein.
   b) Wird der Erwerber beim Tod des Zuwenders dessen Erbe, geht die Schuld nach § 1922 BGB auf ihn aufgrund seiner Erbenstellung über. Es handelt sich nicht um eine bei der Schenkungsteuer zu berücksichtigende Last. Die Schuld ist vielmehr bei der Erbschaftsteuer als Nachlassverbindlichkeit abzuziehen.

c) Kommt der Zuwendende seinen Verpflichtungen aus dem Darlehensvertrag nicht nach und macht der Gläubiger der Grundpfandrechte den dinglichen Anspruch auf Befriedigung aus dem Grundstück geltend (vgl. §§ 1142, 1150 BGB), handelt es sich unabhängig von der Ausgestaltung des Vertrages zwischen Zuwender und Erwerber um eine nachträglich bei der Schenkungsteuer zu berücksichtigende Last.

Liegt eine nachträglich bei der Schenkungsteuer zu berücksichtigende Last vor, ist dieser Umstand nach § 6 Absatz 2 i. V. m. § 5 Absatz 2 BewG zu berücksichtigen. Der tatsächlich übernommene Schuldbetrag ist auf den Stichtag der Steuerentstehung abzuzinsen. Der Vervielfältiger für die Abzinsung ist der Tabelle 1 der gleich lautenden Erlasse der obersten Finanzbehörden der Länder vom 10.10.2010 (BStBl. I S. 810)[1] zu entnehmen.

2. Werden bei der Zuwendung eines Grundstücks vom Erwerber Grundpfandrechte übernommen, die der Sicherung von Darlehen dienen, zu deren Rückzahlung einschließlich der Zinsen der Zuwendende (im Innenverhältnis) allein verpflichtet bleibt, übernimmt der Erwerber eine aufschiebend bedingte Last. Sie ist bei der Ermittlung der Bereicherung des Erwerbers nicht zu berücksichtigen (§ 12 Absatz 1 ErbStG i. V. m. § 6 Absatz 1 BewG). Eine zu berücksichtigende Last des Erwerbers tritt erst ein, wenn
   - der Zuwendende seinen Verpflichtungen aus dem Darlehensvertrag nicht nachkommt und der Gläubiger der Grundpfandrechte den dinglichen Anspruch auf Befriedigung aus dem Grundstück geltend macht (vgl. §§ 1142, 1150 BGB) oder
   - beim Tod des Zuwendenden die Rückzahlung der verbleibenden Schuld den Erwerber trifft.

Dieser Umstand ist nach § 6 Absatz 2 i. V. m. § 5 Absatz 2 BewG zu berücksichtigen. Der tatsächlich übernommene Schuldbetrag ist auf den Stichtag der Steuerentstehung abzuzinsen. Der Vervielfältiger für die Abzinsung ist der Tabelle 1 der gleich lautenden Erlasse der obersten Finanzbehörden der Länder vom 10.10.2010 (BStBl. I S. 810)[1] zu entnehmen. Entsprechendes gilt, wenn der Beschenkte für auf dem Grundstück abgesicherte Verbindlichkeiten zwar die persönliche Haftung übernimmt, der Schenker (und Vorbehaltsnießbraucher) sich aber verpflichtet, die Verbindlichkeit für die Dauer des Nießbrauchs weiter zu tilgen und zu verzinsen (→ BFH vom 17.10.2001 II R 60/99, BStBl. 2002 II S. 165).

Bewertung von Leistungs-, Nutzungs- und Duldungsauflagen. Die Bewertung von Leistungs-, Nutzungs- und Duldungsauflagen richtet sich ausschließlich nach den allgemeinen Vorschriften des Bewertungsgesetzes (§§ 1 bis 9, 13 bis 16 BewG). Beruht der Wegfall einer Nutzung oder Leistung, die auf die Lebenszeit einer oder mehrerer Personen begrenzt ist, auf dem Tod des Berechtigten oder Verpflichteten, ist § 14 Absatz 2 BewG zu berücksichtigen.

Private Schulden eines Gesellschafters gegenüber einer Personengesellschaft. → R B 97.1 Absatz 2, H B 97.1.

---

[1] Nr. **4.1.**

Übernommene Pflegeleistungen als Gegenleistung.

1. Allgemeines

In notariellen Übergabeverträgen und Schenkungsverträgen werden – vor allem bei Grundstücksübertragungen – vielfach Pflegeverpflichtungen im Bedarfsfall vereinbart. Die Pflegeleistung stellt schenkungsteuerrechtlich eine Gegenleistung für die Grundstücksübertragung dar.

Da der Grundstückserwerber erst im Bedarfsfall zur Pflege des Berechtigten verpflichtet ist, liegt insoweit eine aufschiebend bedingte Last vor, die nach § 6 Absatz 1 BewG vor Eintritt der Bedingung nicht zu berücksichtigen ist. Die Pflegeverpflichtung bleibt deshalb zum Zeitpunkt der Ausführung der Schenkung außer Ansatz (zur schenkungsteuerrechtlichen Behandlung aufschiebend bedingter Leistungen → BFH vom 7.6.1989 II R 183/85, BStBl. II S. 814).

2. Begriff der Pflegeleistungen

Pflegeleistungen liegen vor, wenn sie regelmäßig und über eine längere Dauer zu erbringen sind, über ein übliches Maß der zwischenmenschlichen Hilfe hinausgehen und im allgemeinen Verkehr einen Geldwert haben. Zu den Pflegeleistungen zählen – in Anlehnung an die in § 14 Absatz 4 SGB XI angeführten Hilfeleistungen – die Unterstützung und Hilfe bei den gewöhnlichen und regelmäßig wiederkehrenden Verrichtungen im Bereich der Körperpflege (z.B. Waschen, Duschen, Kämmen), der Ernährung (z.B. Zubereiten und Aufnahme der Nahrung), der Mobilität (z.B. selbständiges Aufstehen und Zu-Bett-Gehen, An- und Auskleiden, Gehen, Stehen, Treppensteigen, Verlassen und Wiederaufsuchen der Wohnung) und der hauswirtschaftlichen Versorgung (z.B. Einkaufen, Kochen, Reinigen der Wohnung, Spülen, Wechseln und Waschen der Wäsche und Kleidung). Dazu gehören aber auch weitere, nicht von § 14 Absatz 4 SGB XI erfasste Hilfeleistungen, wie die Erledigung von Botengängen und schriftlichen Angelegenheiten, Besprechungen mit Ärzten, Vorsprachen bei Behörden sowie die seelische Betreuung des Schenkers.

3. Berücksichtigung dem Grunde nach

Pflegeleistungen können erst dann berücksichtigt werden, wenn der Pflegefall tatsächlich eingetreten ist und der Erwerber die Leistungen erbringt. Bei der Schenkungsteuer liegt ab diesem Zeitpunkt eine gemischte Schenkung vor. Die Pflegeverpflichtung wird hierbei mit ihrem Wert im Zeitpunkt der Entstehung der Steuer für die Zuwendung (§ 11 ErbStG) angesetzt. Entsprechendes gilt, wenn sich der Umfang der zu erbringenden Pflegeleistungen nachträglich ändert. Der Schenkungsteuerbescheid ist nach § 175 Absatz 1 Satz 1 Nummer 2 AO zu ändern (BFH vom 7.6.1989 II R 183/85, BStBl. II S. 814). Vom Eintritt des Pflegefalles kann grundsätzlich erst dann ausgegangen werden, wenn der Berechtigte pflegebedürftig i.S.d. § 15 SGB XI ist. Die Voraussetzungen für den Pflegegrad 1 müssen erfüllt sein. Liegen diese nicht vor, hat der Erwerber im Einzelfall in geeigneter Weise zu belegen, dass bereits Pflegeleistungen erforderlich sind und er seiner Verpflichtung nachkommt.

Die Anerkennung der Pflegebedürftigkeit erfordert, dass der Erwerber schlüssig darlegt und glaubhaft macht, dass er Pflegeleistungen je nach der

Hilfsbedürftigkeit des Schenkers nach Art, Dauer, Umfang und Wert zu erbringen hat. Er trägt insoweit die Feststellungslast. Im Hinblick auf die damit verbundenen Nachweisschwierigkeiten sind jedoch keine übersteigerten Anforderungen an die Darlegung und Glaubhaftmachung zu stellen. Der Nachweis kann in Form eines ärztlichen Attests oder vergleichbarer Bescheinigungen oder in anderer geeigneter Weise geführt werden. Insbesondere kann regelmäßig angenommen werden, dass mit zunehmendem Alter eines Menschen auch dessen Hilfsbedürftigkeit zunimmt. So kann, wenn keine gegenteiligen Anhaltspunkte bestehen, schon bei einem über 80 Jahre alten Menschen von einer Hilfsbedürftigkeit auszugehen sein, ohne dass es hierzu eines Nachweises in Form eines ärztlichen Attests oder vergleichbarer Bescheinigungen bedarf (BFH vom 11.9.2013 II R 37/12, BStBl. 2014 II S. 114). Allein die Unterbringung und Versorgung eines Pflegeempfängers in einem Pflegeheim schließen eine Berücksichtigung von Pflegeleistungen nicht aus. Denn diese können auch gegenüber einer Person erbracht werden, die in einem Pflegeheim lebt.

4. Berücksichtigung der Höhe nach

Der Wert der vom Erwerber zu erbringenden Pflegeleistungen bestimmt sich nach den gesamten Umständen des konkreten Einzelfalls, insbesondere den vertraglich vereinbarten Leistungen. Es bestehen keine Bedenken, wenn für erbrachte Leistungen ein pauschaler Satz von 11 EUR je Stunde angesetzt wird. Der pauschale Satz ist anzusetzen unabhängig davon, ob und wenn ja in welchen Pflegegrad die zu pflegende Person eingestuft ist.

Diese Beträge sind zu kürzen, soweit die pflegebedürftige Person Pflegegeld aus der Pflegeversicherung oder einer Pauschalbeihilfe nach den Beihilfevorschriften erhält und diese zu Lebzeiten an die verpflichtete Pflegeperson weitergibt. Die Weitergabe selbst ist nach § 13 Absatz 1 Nummer 9a ErbStG von der Schenkungsteuer befreit.

Dem Erwerber steht es frei, einen höheren Wert seiner Leistungen nachzuweisen.

Die Pflegeleistungen sind mit ihrem Kapitalwert im Zeitpunkt des Eintritts des Pflegefalles zu bewerten. Dieser ist auf den Zeitpunkt der Ausführung der Zuwendung (§ 9 Absatz 1 Nummer 2 ErbStG) abzuzinsen. Der Vervielfältiger für die Abzinsung ist der Tabelle 1 der gleich lautenden Erlasse der obersten Finanzbehörden der Länder vom 10.10.2010 (BStBl. I S. 810) zu entnehmen.

Verpflichtungen aus der Gesellschafterstellung. Verpflichtungen aus der Gesellschafterstellung (Haftung, Mitarbeit, Verlustrisiko) sind keine Gegenleistungen (→ BFH vom 1.7.1992 II R 108/88, BStBl. II S. 923).

Vorzeitiges Ableben eines Rentenberechtigten. → BFH vom 17.10.2001 II R 72/99, BStBl. 2002 II S. 25.

R E 7.4 (2)

(2) Der Abzug der Gegenleistungen, Leistungs-, Nutzungs- und Duldungsauflagen ist nach § 10 Absatz 6 ErbStG beschränkt, soweit der Gegenstand nach §§ 13, 13a, 13c oder 13d ErbStG befreit ist (→ R E 13.1 ff., R E 13a.1 ff., R E 13c.1 ff., R E 13d).

H E 7.4 (2)

Bemessungsgrundlage bei der Inanspruchnahme einer Steuerbefreiung.

Beispiel:

A überträgt im Jahr 01 B ein Mietwohngrundstück mit einem Grundbesitzwert von 750 000 EUR. Aus der Anschaffung resultiert noch eine Verbindlichkeit in Höhe von 150 000 EUR, die B übernimmt. A behält sich den Nießbrauch an den Erträgen vor. Der Kapitalwert des Nießbrauchs unter Berücksichtigung der Begrenzung nach § 16 BewG beträgt 100 000 EUR.

Grundbesitzwert		750 000 EUR
Befreiung § 13d ErbStG 10 % von 750 000 EUR		./. 75 000 EUR
Verbleiben		675 000 EUR
Gegenleistung in wirtschaftlichem Zusammenhang mit dem Grundstück	150 000 EUR	
Nießbrauch	+ 100 000 EUR	
Summe	250 000 EUR	
Nicht abzugsfähig 10 % von 250 000 EUR =	./. 25 000 EUR	
Abzugsfähig	225 000 EUR	./. 225 000 EUR
Bereicherung		450 000 EUR

R E 7.4 (3)

(3) [1]Sind mehrere Vermögensgegenstände Gegenstand einer freigebigen Zuwendung, sind unabhängig davon, ob die Gegenstände zu einer oder zu mehreren Vermögensarten gehören, die steuerlichen Einzelwerte zu einem einheitlichen Steuerwert der Gesamtschenkung zusammenzufassen, soweit die einzelnen Zuwendungen nicht zu unterschiedlichen Zeitpunkten ausgeführt wurden. [2]Soweit ein Teil des zugewendeten Vermögens nach §§ 13, 13a, 13c oder 13d ErbStG begünstigt ist (→ R E 13.1 ff., R E 13a.1 ff., R E 13c.1 ff, R E 13d), sind die Befreiungen bei dem einzelnen begünstigten Vermögen vorzunehmen. [3]Absatz 2 ist mit der Maßgabe anzuwenden, dass die Gegenleistungen, Leistungs-, Nutzungs- oder Duldungsauflagen entsprechend ihrem wirtschaftlichen Zusammenhang den einzelnen geschenkten Vermögensgegenständen zuzurechnen sind. [4]Steht eine Gegenleistung, Leistungs-, Nutzungs- oder Duldungsauflage im Zusammenhang mit allen Vermögensgegenständen, ohne dass sie wirtschaftlich einem einzelnen Vermögensgegenstand oder einzelnen Vermögensgegenständen zugeordnet werden kann, ist sie auf die einzelnen Vermögensgegenstände nach dem Verhältnis der Steuerwerte aufzuteilen; Absatz 2 gilt entsprechend.[1)]

H E 7.4 (3)

Bemessungsgrundlage bei der gemischten Schenkung und Schenkung unter Auflage in Mischfällen und Inanspruchnahme einer Steuerbefreiung.

Beispiel 1:

A überträgt im Jahr 01 B ein Mietwohngrundstück mit einem Grundbesitzwert von 750 000 EUR und Aktien im Streubesitz mit einem gemeinen Wert von 500 000 EUR. Aus der Anschaffung des Grundstücks resultiert noch eine Verbindlichkeit in Höhe von 150 000 EUR, die B übernimmt. A behält sich den Nießbrauch an den Erträgen des Grundstücks vor. Der Kapitalwert des Nießbrauchs unter Berücksichtigung der Begren-

1) Überholt durch Änderung des § 10 Abs. 6 ErbStG durch das JStG 2020.

zung nach § 16 BewG beträgt 100 000 EUR. Aus der Anschaffung der Aktien resultiert noch eine Verbindlichkeit in Höhe von 120 000 EUR, die B ebenfalls übernimmt.

Grundbesitzwert				750 000 EUR
Aktien			+	500 000 EUR
Gesamtwert				1 250 000 EUR
Befreiung § 13d ErbStG 10 % von 750 000 EUR			./.	75 000 EUR
Verbleiben				1 175 000 EUR
Gegenleistung in wirtschaftlichem Zusammenhang mit dem Grundstück		150 000 EUR		
Nießbrauch	+	100 000 EUR		
Summe		250 000 EUR		
Nicht abzugsfähig 10 % von 250 000 EUR =	./.	25 000 EUR		
Abzugsfähig		225 000 EUR	./.	225 000 EUR
Gegenleistung in wirtschaftlichem Zusammenhang mit den Aktien (keine Kürzung)			./.	120 000 EUR
Bereicherung				830 000 EUR

Beispiel 2[1]:

A überträgt im Jahr 01 B ein Mietwohngrundstück mit einem Grundbesitzwert von 750 000 EUR und Aktien im Streubesitz mit einem gemeinen Wert von 500 000 EUR. Aus der Anschaffung des Grundstücks resultiert noch eine Verbindlichkeit in Höhe von 150 000 EUR, die B übernimmt. Aus der Anschaffung der Aktien resultiert noch eine Verbindlichkeit in Höhe von 120 000 EUR, die B ebenfalls übernimmt. Zusätzlich hat sich A ausbedungen, dass B ihm eine lebenslange Rente zahlt, deren Kapitalwert 100 000 EUR beträgt.

Grundbesitzwert				750 000 EUR
Aktien			+	500 000 EUR
Gesamtwert				1 250 000 EUR
Befreiung § 13d ErbStG 10 % von 750 000 EUR			./.	75 000 EUR
Verbleiben				1 175 000 EUR
Gegenleistung in wirtschaftlichem Zusammenhang mit dem Grundstück		150 000 EUR		
Teil der Leistungsauflage, die auf das Grundstück entfällt 750 000 EUR : 1 250 000 EUR × 100 000 EUR	+	60 000 EUR		
Summe		210 000 EUR		
Nicht abzugsfähig 10 % von 210 000 EUR =	./.	21 000 EUR		
Abzugsfähig		189 000 EUR	./.	189 000 EUR
Gegenleistung in wirtschaftlichem Zusammenhang mit den Aktien		120 000 EUR		
Teil der Leistungsauflage, die auf die Aktien entfällt 500 000 EUR : 1 250 000 EUR × 100 000 EUR	+	40 000 EUR		
Summe (keine Kürzung)		160 000 EUR	./.	160 000 EUR
Bereicherung				826 000 EUR

Bemessungsgrundlage bei der gemischten Schenkung und Schenkung unter Auflage in Mischfällen und Inanspruchnahme mehrerer Steuerbefreiungen.[1]

[1] Überholt durch Änderung des § 10 Abs. 6 ErbStG durch das JStG 2020.

Beispiel 1:

A überträgt im Jahr 01 B ein Mietwohngrundstück mit einem Grundbesitzwert von 750 000 EUR und begünstigungsfähige GmbH-Anteile mit einem gemeinen Wert von 4 500 000 EUR. Das begünstigte Vermögen nach § 13b Absatz 2 ErbStG beträgt 4 000 000 EUR. Ein Antrag nach § 13a Absatz 10 ErbStG wurde nicht gestellt. Aus der Anschaffung des Grundstücks resultiert noch eine Verbindlichkeit in Höhe von 150 000 EUR, die B übernimmt. Aus der Anschaffung der GmbH-Anteile resultiert noch eine Verbindlichkeit in Höhe von 200 000 EUR, die B ebenfalls übernimmt. Zusätzlich hat sich A ausbedungen, dass B ihm eine lebenslange Rente zahlt, deren Kapitalwert 800 000 EUR beträgt.

Grundbesitzwert			750 000 EUR
GmbH-Anteile			+ 4 500 000 EUR
Gesamtwert			5 250 000 EUR
Befreiung § 13d ErbStG 10 % von 750 000 EUR			./. 75 000 EUR
Befreiung § 13a ErbStG 85 % von 4 000 000 EUR			./. 3 400 000 EUR
Verbleiben			1 775 000 EUR
Gegenleistung in wirtschaftlichem Zusammenhang mit dem Grundstück		150 000 EUR	
Teil der Leistungsauflage, die auf das Grundstück entfällt 750 000 EUR : 5 250 000 EUR × 800 000 EUR		+ 114 286 EUR	
Summe		264 286 EUR	
Nicht abzugsfähig 10 % von 264 286 EUR =		./. 26 428 EUR	
Abzugsfähig		237 858 EUR	./. 237 858 EUR
Gegenleistung in wirtschaftlichem Zusammenhang mit den GmbH-Anteilen		200 000 EUR	
Teil der Leistungsauflage, die auf die GmbH-Anteile entfällt 4 500 000 EUR : 5 250 000 EUR × 800 000 EUR		+ 685 714 EUR	
Summe		885 714 EUR	
Nicht abzugsfähig			
Auf begünstigtes Vermögen entfallen 4 000 000 EUR : 4 500 000 EUR × 885 714 EUR		787 301 EUR	
GmbH-Anteile vor Anwendung des § 13 a ErbStG	4 000 000 EUR		
Verschonungsabschlag 85% (§ 13 a Absatz 1 i. V. m. § 13 b Absatz 4 ErbStG	./. 3 400 000 EUR		
Vermögen nach Anwendung des § 13 a ErbStG	600 000 EUR		
Abziehbar 600 000 EUR : 4 000 000 EUR × 787 301 EUR		118 096 EUR	
Nicht abzugsfähig		669 205 EUR	
Abziehbar 1 100 000 EUR : 4 500 000 EUR × 885 714 EUR		216 508 EUR	./. 216 508 EUR
Bereicherung			1 320 633 EUR

Beispiel 2:

A überträgt im Jahr 01 seinem Sohn B durch Schenkung einen land- und forstwirtschaftlichen Betrieb. Der festgestellte land- und forstwirtschaftliche Grundbesitzwert des Betriebs (§ 160 BewG) beträgt 3 500 000 EUR. Darin ist der Wirtschaftsteil mit einem Wert von 3 100 000 EUR und der Wohnteil mit einem Wert von 400 000 EUR enthalten. Geldforderungen und Geschäftsguthaben des Betriebs belaufen sich auf 300 000 EUR. B übernimmt die auf den Wirtschaftsteil entfallenden Schulden des Betriebs in Höhe von 100 000 EUR (§ 158 Absatz 5 BewG) und hat Altenteilerleistungen mit einem Kapitalwert von 380 000 EUR zu erbringen.

Die Geldforderungen und Geschäftsguthaben des Betriebs gehören nicht zum land- und forstwirtschaftlichen Vermögen (§ 158 Absatz 4 BewG) und sind nicht im festgestellten Grundbesitzwert enthalten. Der Verkehrswert des land- und forstwirtschaftlichen Betriebs entspricht dem Steuerwert. Die Altenteilerleistungen sind nicht Teil des land- und forstwirtschaftlichen Vermögens.

Als Gegenleistung sind die Altenteilerleistungen in Höhe von 380 000 EUR zu berücksichtigen. Die auf den Wirtschaftsteil entfallenden Schulden in Höhe von 100 000 EUR sind im Fall der Bewertung des Betriebs im Reingewinnverfahren (§ 163 BewG) mit dem Ansatz des Reingewinns abgegolten. Im Falle einer Bewertung mit dem Mindestwert (§ 164 BewG) werden sie bei der Berechnung des Mindestwertes abgezogen. Nachdem die Schulden in beiden Fällen bereits bei der Bewertung des Betriebs der Land- und Forstwirtschaft berücksichtigt sind, stellt die Schuldübernahme schenkungsteuerrechtlich keine Gegenleistung dar.

Wert des Wohnteils			400 000 EUR
Wert des übrigen Vermögens			+ 300 000 EUR
Wert des Wirtschaftsteils			+ 3 100 000 EUR
Gesamtwert			3 800 000 EUR
Befreiung § 13a ErbStG Wirtschaftsteil	3 100 000 EUR		
Verschonungsabschlag § 13a Absatz 1 ErbStG 85 %	./. 2 635 000 EUR	2 635 000 EUR	
Verbleiben	465 000 EUR		
Abzugsbetrag § 13a Absatz 2 ErbStG	./. 0 EUR	+ 0 EUR	
Summe der Steuerbefreiung		2 635 000 EUR	./. 2 635 000 EUR
Verbleibender Wert			1 165 000 EUR
Teil der Altenteilerleistung, der auf den Wirtschaftsteil entfällt 3 100 000 EUR: 3 800 000 EUR × 380 000 EUR =		310 000 EUR	
Wirtschaftsteil vor Anwendung des § 13a ErbStG		3 100 000 EUR	
Steuerbefreiung § 13a ErbStG		./. 2 635 000 EUR	
Vermögen nach Anwendung des § 13a ErbStG		465 000 EUR	
Abzugsfähiger Teilbetrag 465 000 EUR : 3 100 000 EUR × 310 000 EUR =			./. 46 500 EUR
Teil der Altenteilerleistung, der auf Wohnteil und übriges Vermögen entfällt (keine Kürzung) 700 000 EUR : 3 800 000 EUR × 380 000 EUR			./. 70 000 EUR
Bereicherung			1 048 500 EUR

Wirtschaftlicher Zusammenhang von Gegenleistungen, übernommenen Schulden, Leistungsauflagen, Nutzungs- und Duldungsauflagen mit der Schenkerleistung.[1] In entsprechender Anwendung des § 10 Absatz 6 ErbStG gilt für Schenkungen Folgendes:

1. Gegenleistungen, die der Beschenkte aufgrund des Schenkungsvertrags erbringen muss, stehen in wirtschaftlichem Zusammenhang mit allen zugewendeten Gegenständen und sind auf diese nach dem Verhältnis der Steuerwerte aufzuteilen (→ R E 7.4 Absatz 3).

2. Ein wirtschaftlicher Zusammenhang von Schulden mit einem Vermögensgegenstand liegt nur vor, wenn die Entstehung der Schuld ursächlich und unmittelbar auf Vorgängen beruht, die diesen Vermögensgegenstand betreffen (→ BFH vom 28.1.1972 III R 4/71, BStBl. II S. 416) und die Schuld den Vermögensgegenstand wirtschaftlich belastet (→ BFH vom 19.5.1967 III 319/63, BStBl. III S. 596). Bei der Belastung eines Grundstücks muss die Schuldaufnahme dem Erwerb (z. B. Belegung des Restkaufpreises durch Aufnahme einer Hypothek), der Herstellung, der Erhaltung oder Verbesserung des belasteten Grundstücks gedient haben (→ BFH vom 28.9.1962 III 242/60 U, BStBl. III S. 535). Die hypothekarische Sicherung der Schuld an einem Grundstück begründet eine widerlegbare Vermutung, dass ein solcher wirtschaftlicher Zusammenhang besteht. Der wirtschaftliche Zusammenhang mit dem Vermögensgegenstand muss im Zeitpunkt der Ausführung der Zuwendung bereits bestanden haben; er wird durch die Zuwendung nicht herbeigeführt, wenn er beim Schenker nicht bestanden hat. Das gilt für Schuldverhältnisse aus bereits bestehenden Leistungs- oder Duldungsauflagen entsprechend. Ihr Kapitalwert ist nach §§ 13 ff. BewG auf den Besteuerungszeitpunkt der aktuellen Zuwendung zu ermitteln. Besteht kein wirtschaftlicher Zusammenhang mit nur einem einzelnen Vermögensgegenstand, stehen die Schulden in wirtschaftlichem Zusammenhang mit allen zugewendeten Gegenständen und sind auf diese nach dem Verhältnis der Steuerwerte aufzuteilen (→ R E 7.4 Absatz 3).

3. Ein wirtschaftlicher Zusammenhang mit allen zugewendeten Gegenständen ist bei Leistungsauflagen (z. B. Rentenleistungen), die erst mit dem Erwerb begründet werden, stets gegeben. Sie sind auf diese nach dem Verhältnis der Steuerwerte aufzuteilen (→ R E 7.4 Absatz 3).

4. Bei Nutzungs- und Duldungsauflagen (Nießbrauch, Wohnrecht), die erst mit dem Erwerb begründet werden, ist ein wirtschaftlicher Zusammenhang mit dem oder den Vermögensgegenständen begründet, auf die sich die Verpflichtung bezieht. Steht die Nutzungs- oder Duldungsauflage in wirtschaftlichem Zusammenhang mit der Gesamtheit der zugewendeten Vermögensgegenstände, ist sie auf diese nach dem Verhältnis der Steuerwerte aufzuteilen (→ R E 7.4 Absatz 3).

---

[1] Teilweise überholt durch Änderung des § 10 Abs. 6 ErbStG durch das JStG 2020.

R E 7.4 (4)

(4) [1]Im Zusammenhang mit der Ausführung der Schenkung anfallende Erwerbsnebenkosten, z. B. für Notar, Grundbuch oder Handelsregister, sind aus Vereinfachungsgründen unbeschränkt abzugsfähig. [2]Steuerberatungskosten und Rechtsberatungskosten im Vorfeld einer Schenkung sind keine abzugsfähigen Erwerbsnebenkosten.

H E 7.4 (4)

Erwerbsnebenkosten im Zusammenhang mit einer Schenkung. Allgemeine Erwerbsnebenkosten, z. B. für den Notar, das Grundbuch oder Handelsregister, sind keine Gegenleistung, sondern Folgekosten der Schenkung. Im Falle einer gemischten Schenkung oder Schenkung unter Auflage sind sie in vollem Umfang als Minderung der Bereicherung zu berücksichtigen. Ebenso sind Steuerberatungskosten für die Schenkungsteuererklärung und die Feststellungserklärung in vollem Umfang bereicherungsmindernd zu berücksichtigen. Die bei einer gemischten Schenkung oder Schenkung unter Auflage anfallende Grunderwerbsteuer ist vom Abzug ausgeschlossen. → H E 10.7 „Behandlung von Erwerbsnebenkosten und Steuerberatungskosten sowie Rechtsberatungskosten im Zusammenhang mit einer Schenkung".

Beispiel:

A überträgt im Jahr 01 dem Neffen B ein Mietwohngrundstück mit einem Grundbesitzwert von 750 000 EUR. Aus der Anschaffung resultiert noch eine Verbindlichkeit in Höhe von 150 000 EUR, die B übernimmt. A behält sich den Nießbrauch an den Erträgen vor. Der Kapitalwert des Nießbrauchs unter Berücksichtigung der Begrenzung nach § 16 BewG beträgt 100 000 EUR. Die Erwerbsnebenkosten (für Notar, Grundbuch) belaufen sich auf 5 500 EUR, die Grunderwerbsteuer auf 8 750 EUR. An Steuerberatungskosten für die Schenkungsteuererklärung sind 2 000 EUR angefallen.

Grundbesitzwert				750 000 EUR
Befreiung § 13d ErbStG 10 % v. 750 000 EUR			./.	75 000 EUR
Verbleiben				675 000 EUR
Gegenleistung in wirtschaftlichem Zusammenhang mit dem Grundstück		150 000 EUR		
Nießbrauch	+	100 000 EUR		
Summe		250 000 EUR		
Nicht abzugsfähig 10 % von 250 000 EUR =	./.	25 000 EUR		
Abzugsfähig		225 000 EUR	./.	225 000 EUR
verbleiben				450 000 EUR
Abzugsfähige Erwerbsnebenkosten (ohne Grunderwerbsteuer)		5500 EUR		
Steuerberatungskosten	+	2000 EUR		
Summe (keine Kürzung)		7500 EUR	./.	7500 EUR
Bereicherung				442 500 EUR

R E 7.5 Schenkungen unter Beteiligung von Kapitalgesellschaften und Genossenschaften

(1) [1]Im Verhältnis einer Kapitalgesellschaft zu ihren Gesellschaftern gibt es neben betrieblich veranlassten Rechtsbeziehungen lediglich offene und verdeckte Gewinnausschüttungen sowie Kapitalrückzahlungen, aber keine nach § 7

Absatz 1 Nummer 1 ErbStG freigebigen Zuwendungen. [2]Bei Leistungen an Kapitalgesellschaften können die Regelungen der § 7 Absatz 8 und § 15 Absatz 4 ErbStG zur Anwendung kommen. [3]Nach § 7 Absatz 8 Satz 1 ErbStG kann auch die bloße Werterhöhung von Anteilen an einer Kapitalgesellschaft schenkungsteuerbar sein. [4]§ 7 Absatz 8 Satz 2 ErbStG stellt klar, dass verdeckte Gewinnausschüttungen und verdeckte Einlagen zwischen verbundenen Körperschaften grundsätzlich keine freigebigen Zuwendungen sind. [5]Nach § 7 Absatz 8 Satz 3 ErbStG gelten die Sätze 1 und 2 auch für Genossenschaften. [6]Nach § 15 Absatz 4 ErbStG ist bei einer Schenkung durch eine Kapitalgesellschaft oder Genossenschaft der Besteuerung das persönliche Verhältnis des Erwerbers zu demjenigen unmittelbar oder mittelbar beteiligten Gesellschafter zugrunde zu legen, durch den sie veranlasst ist; dies ist z. B. für die Bestimmung der Steuerklasse oder die Anwendung des § 14 ErbStG von Bedeutung. [7]Wenn ein Erwerb zugleich die Voraussetzungen des § 7 Absatz 1 Nummer 1 ErbStG mit der dazu ergangenen Rechtsprechung als auch des § 7 Absatz 8 Satz 1 ErbStG erfüllt, ist ausschließlich § 7 Absatz 8 Satz 1 ErbStG anzuwenden. [8]Erfüllt ein Erwerb sowohl die Voraussetzungen des § 7 Absatz 7 ErbStG als auch des § 7 Absatz 8 Satz 1 ErbStG, ist ausschließlich § 7 Absatz 7 ErbStG als speziellere Norm anzuwenden.

(2) [1]Führt ein Gesellschafter einer Kapitalgesellschaft im Wege einer offenen oder verdeckten Einlage einen Vermögenswert zu und erhöht sich infolge dieses Vermögenszugangs der gemeine Wert sämtlicher Anteile an der Kapitalgesellschaft, stellt die Werterhöhung der Beteiligungsrechte der anderen Gesellschafter grundsätzlich keine steuerbare Zuwendung i. S. d. § 7 Absatz 1 Nummer 1 ErbStG an diese dar. [2]Es ist jedoch § 7 Absatz 8 Satz 1 ErbStG zu prüfen (→ Absatz 10 bis 13). [3]Erfolgt in zeitlichem Zusammenhang mit einer Einlage eine offene oder verdeckte Ausschüttung, ist regelmäßig der an die anderen Gesellschafter ausgeschüttete Betrag Gegenstand einer Zuwendung des Einlegenden an die Ausschüttungsbegünstigten im Sinne einer Weiterleitung des eingelegten Vermögens an den jeweiligen Beschenkten. [4]Wird eine Kapitalgesellschaft neu gegründet und erbringt ein Gesellschafter seine Stammeinlage, ohne dafür eine gleichwertige Kapitalbeteiligung zu erhalten, bilden die Vereinbarungen ein einheitliches Rechtsgeschäft mit der Folge, dass die Mitgesellschafter ihren Geschäftsanteil an der Kapitalgesellschaft mit dem gemeinen Wert nach der Einbringung des Unternehmens in die Kapitalgesellschaft vom einbringenden Gesellschafter geschenkt erhalten. [5]Die vom jeweiligen Beschenkten geleistete Einlage stellt Erwerbsaufwand dar und ist von dem gemeinen Wert der gewährten Anteile abzuziehen. [6]Erwirbt ein Gesellschafter im Rahmen einer Kapitalerhöhung neue Anteile an einer Kapitalgesellschaft gegen eine Einlage, die den Wert der Anteile übersteigt, kommt regelmäßig die Annahme einer steuerbaren Zuwendung i. S. d. § 7 Absatz 1 Nummer 1 ErbStG an die übrigen Gesellschafter nicht in Betracht. [7]Es ist jedoch § 7 Absatz 8 Satz 1 ErbStG zu prüfen (→ Absatz 8 bis 13). [8]Erwirbt ein Gesellschafter im Rahmen einer Kapitalerhöhung neue Anteile an einer Kapitalgesellschaft gegen eine nach Maßgabe der Wertverhältnisse zu geringe Einlage und ohne weitere Verpflichtungen eingehen zu müssen, ist er mit der Eintragung im Handelsregister auf Kosten der Altgesellschafter bereichert. [9]Hierbei ist der gemeine Wert der Anteile maßgebend. [10]Die Leistung der Einlage stellt Erwerbsaufwand dar und ist von dem gemeinen

Wert der gewährten Anteile abzuziehen. [11]Übernimmt ein Gesellschafter freigebig eine Einlageverpflichtung eines Mitgesellschafters, unterliegt dies als Zuwendung des Gesellschafters an den Mitgesellschafter mit dem gemeinen Wert der Einlageverpflichtung der Schenkungsteuer. [12]Ein Vermächtnis zugunsten einer Kapitalgesellschaft, deren (mittelbarer) Alleingesellschafter der Erblasser war, unterliegt der Erbschaftsteuer auch dann, wenn auf den mit dem Vermächtnis belasteten Alleinerben im Wege der Gesamtrechtsnachfolge auch die (mittelbare) Alleingesellschafterstellung des Erblassers übergegangen ist.

(3) [1]Wird bei einer Verschmelzung einer Kapitalgesellschaft auf eine andere Kapitalgesellschaft den Gesellschaftern der übertragenden Gesellschaft von der übernehmenden Gesellschaft eine den Wert der übertragenden Gesellschaft übersteigende Beteiligung gewährt, liegt eine steuerbare Zuwendung der Gesellschafter der übernehmenden Gesellschaft an die Gesellschafter der übertragenden Gesellschaft in Höhe des übersteigenden Wertes vor. [2]Unterschreitet die gewährte Beteiligung den Wert der übertragenden Gesellschaft und erhalten die begünstigten Gesellschafter der übernehmenden Gesellschaft bereits vorab als Gesellschafter keine zusätzlichen Anteile, liegen keine freigebigen Zuwendungen i. S. d. § 7 Absatz 1 Nummer 1 ErbStG vor (→ Absatz 5 und 6). [3]Es ist jedoch § 7 Absatz 8 Satz 1 ErbStG zu prüfen (→ Absatz 10 bis 13).

(4) [1]Nimmt ein Gesellschafter an einer Kapitalerhöhung nicht im vollen Umfang des ihm zustehenden Bezugsrechts teil und lässt er dieses Bezugsrecht insoweit verfallen, kann dieser Verzicht als steuerbare Zuwendung i. S. d. § 7 Absatz 1 Nummer 1 ErbStG an den an der Kapitalerhöhung Teilnehmenden zu qualifizieren sein, wenn diesem durch die Kapitalerhöhung eine Wertsteigerung zufließt, die den Wert einer von ihm zu erbringenden Einlage übersteigt (Kapitalerhöhung gegen zu geringes Aufgeld). [2]Erfolgt die Kapitalerhöhung aus Gesellschaftsmitteln und nicht durch Erhöhung des Nennbetrags der Alt-Anteile („Aufstockung“, vgl. § 57h GmbHG), erwerben die Gesellschafter die neuen Anteile zwingend im Verhältnis ihrer bisherigen Geschäftsanteile (§ 57j GmbHG, § 212 AktG). [3]Der „Verzicht“ eines Gesellschafters auf dieses Bezugsrecht bedeutet deshalb eine Zuwendung i. S. d. § 7 Absatz 1 Nummer 1 ErbStG der neu entstandenen Anteile an die anderen Gesellschafter.

(5) [1]Bleibt im Fall des Übergang eines Anteils eines Gesellschafters auf die Gesellschaft (Erwerb eigener Anteile) die zu leistende Abfindung hinter dem gemeinen Wert der Anteile zurück, ergibt sich eine Bereicherung der Gesellschaft, die nach § 7 Absatz 7 Satz 1 ErbStG steuerpflichtig ist. [2]Veräußert ein Gesellschafter seine Anteile an die Gesellschaft zu einem zu niedrigen Preis, liegt keine freigebige Zuwendung nach § 7 Absatz 1 Nummer 1 ErbStG oder § 7 Absatz 7 Satz 1 ErbStG vor, weder an die Gesellschafter noch an die Gesellschaft. [3]Es ist jedoch § 7 Absatz 8 Satz 1 ErbStG zu prüfen(→ Absatz 10 bis 13).

(6) [1]Wird ein Anteil nach § 34 GmbHG eingezogen, geht er durch die Einziehung unter; der Gesellschafter scheidet durch die Einziehung aus der Gesellschaft aus. [2]Erfolgt die Einziehung gegen eine den gemeinen Wert des Anteils nicht deckende Abfindung, erhöht die Differenz zwischen dem Wert des untergehenden Anteils und der Abfindung den Wert der verbleibenden Anteile und gilt als Zuwendung des ausscheidenden Gesellschafters an die verbleibenden Gesellschafter (§ 7 Absatz 7 Satz 2 ErbStG).

(7) [1]Bei verdeckten Gewinnausschüttungen der Kapitalgesellschaft, die zu einem Vermögensvorteil des Gesellschafters führt, liegt keine freigebige Zuwendung im Verhältnis der Kapitalgesellschaft zum Gesellschafter vor. [2]Zahlt eine Kapitalgesellschaft auf Veranlassung eines Gesellschafters einer diesem nahestehenden Person, die nicht Gesellschafter ist, überhöhte Vergütungen, liegt regelmäßig keine freigebige Zuwendung der Gesellschaft an die nahestehende Person vor. [3]Das Gleiche gilt, wenn auf Veranlassung eines Gesellschafters eine diesem nahestehende Person an die Kapitalgesellschaft für eine erbrachte Leistung eine zu geringe oder keine Vergütung zahlt. [4]Hierbei handelt es sich regelmäßig um verdeckte Gewinnausschüttungen an den Gesellschafter. [5]Das „Nahestehen" einer Person kann auf familienrechtlichen, gesellschaftsrechtlichen, schuldrechtlichen oder auch rein tatsächlichen Beziehungen beruhen. [6]In diesen Fällen liegt regelmäßig eine freigebige Zuwendung i. S. d. § 7 Absatz 1 Nummer 1 ErbStG zwischen dem Gesellschafter und der nahestehenden Person vor. [7]Kommen mehrere Gesellschafter als Schenker in Betracht (z. B. Vater und Onkel des Begünstigten), kann eine quotale Zuwendung der Gesellschafter angenommen werden. [8]Ausnahmsweise liegt keine freigebige Zuwendung i. S. d. § 7 Absatz 1 Nummer 1 ErbStG zwischen dem Gesellschafter und der nahestehenden Person vor, wenn nach der Ausgestaltung der zwischen ihnen bestehenden Rechtsbeziehung eine Gegenleistung für die überhöhte, zu geringe oder fehlende Vergütung vorliegt. [9]Unter den entsprechenden Voraussetzungen des § 29 Absatz 1 Nummer 1 ErbStG erlischt die Steuer in den Fällen der Sätze 1 bis 7. [10]Verzichtet ein Gesellschafter zugunsten eines Mitgesellschafters auf einen bereits entstandenen Gewinnanspruch, liegt regelmäßig eine freigebige Zuwendung i. S. d. § 7 Absatz 1 Nummer 1 ErbStG des Verzichtenden zugunsten des Mitgesellschafters vor. [11]Entsprechendes kann auch in Fällen einer nicht leistungsbezogen bestimmten disquotalen Gewinnausschüttung vorliegen.

(8) Zur mittelbaren Anteilsschenkung gelten die Grundsätze des R E 7.3 entsprechend.

(9) Die Absätze 2 bis 8 gelten bei Beteiligungen an Genossenschaften entsprechend.

(10) [1]§ 7 Absatz 8 Satz 1 ErbStG fingiert eine Schenkung zwischen dem an eine Kapitalgesellschaft Leistenden und der natürlichen Person oder Stiftung, die an der Kapitalgesellschaft unmittelbar oder mittelbar beteiligt ist, und deren Anteile an der Gesellschaft durch die Leistung im gemeinen Wert steigen. [2]Mögliche Bedachte (Zuwendungsempfänger) sind nur natürliche Personen und Stiftungen als die letztendlich Begünstigten. [3]Der Leistende (Zuwendende) kann eine natürliche Person oder eine juristische Person, z. B. auch eine Kapitalgesellschaft, sein; Leistungen einer Personengesellschaft sind den hinter der Personengesellschaft stehenden Gesellschaftern zuzurechnen. [4]Auch Leistungen gesellschaftsfremder Dritter an die Kapitalgesellschaft können den Tatbestand des § 7 Absatz 8 Satz 1 ErbStG erfüllen. [5]Sofern die Leistung auf eine unmittelbare Bereicherung der Kapitalgesellschaft abzielt, liegt stattdessen eine steuerbare Zuwendung im Sinne des § 7 Absatz 1 Nummer 1 ErbStG an die Kapitalgesellschaft selbst vor.

(11) [1]Leistungen i. S. d. § 7 Absatz 8 Satz 1 ErbStG sind insbesondere Sacheinlagen und Nutzungseinlagen. [2]Eine Leistung von Gesellschaftern oder Dritten an die Kapitalgesellschaft führt nicht zu einer steuerbaren Werterhöhung, soweit dieser Leistung eigene Leistungen der (Mit-)Gesellschafter gegenüberstehen. [3]Ob eine Leistung i. S. d. § 7 Absatz 8 Satz 1 ErbStG vorliegt, ist im Rahmen einer Gesamtbetrachtung festzustellen. [4]Sofern auch die anderen Gesellschafter in einem zeitlichen und sachlichen Zusammenhang Leistungen an die Gesellschaft erbringen, die insgesamt zu einer den Beteiligungsverhältnissen entsprechenden Werterhöhung der Anteile aller Gesellschafter führen, ist keine steuerbare Leistung i. S. d. § 7 Absatz 8 Satz 1 ErbStG gegeben. [5]Im Rahmen der Gesamtbetrachtung sind nicht nur Leistungen der anderen Gesellschafter an die Gesellschaft zu berücksichtigen, sondern auch Leistungen der Gesellschafter untereinander, durch die die Werterhöhung ausgeglichen wird. [6]Entsprechendes gilt für den Fall der Leistung fremder Dritter an die Gesellschaft. [7]In derartigen Fällen fällt im Ergebnis keine Schenkungsteuer an, weil die Werterhöhung nach § 7 Absatz 8 Satz 1 ErbStG durch eigene Leistungen ausgeglichen wird. [8]Leistungen einzelner Gesellschafter führen zu keiner nach § 7 Absatz 8 Satz 1 ErbStG steuerbaren Werterhöhung der Anteile von Mitgesellschaftern, soweit der Leistende als Gegenleistung zusätzliche Rechte in der Gesellschaft erlangt, wie z. B. eine Verbesserung seines Gewinnanteils (§ 29 Absatz 3 Satz 2 GmbHG), zusätzliche Anteile an der Gesellschaft oder eine von den Geschäftsanteilen abweichende Verteilung des Vermögens bei späterer Liquidation. [9]Wenn Gesellschafter, z. B. zu Sanierungszwecken, auf Forderungen gegen die Gesellschaft verzichten wollen, das Verhältnis der Nennbeträge der Forderungen aber von den Beteiligungsquoten abweicht, bestehen keine Bedenken gegen einen vorgeschalteten Forderungsverkauf, bei dem der verzichtende Gläubiger (Gesellschafter oder Dritter) in einem ersten Schritt einen Teil seiner Forderung zum Verkehrswert an die (Mit-)Gesellschafter verkauft und die Gesellschafter dann in einem zweiten Schritt beteiligungsproportional auf ihre Forderungen verzichten. [10]Ein Forderungsverzicht unter Besserungsvorbehalt bessert als auflösend bedingter Verzicht die Vermögens- und Ertragslage der Gesellschaft zumindest vorübergehend (und seiner Zwecksetzung nach auch auf Dauer), bewirkt also eine Werterhöhung der Anteile sowohl des Verzichtenden als auch der etwaiger Mitgesellschafter. [11]Grundsätzlich fehlt es jedoch an einem steuerbaren Vorgang, weil der Gläubiger einer wertlosen Forderung nichts aus seinem Vermögen hergibt, sondern lediglich uneinbringbare Werte gegen Erwerbsaussichten umschichtet. [12]Es mangelt insoweit an einer Vermögensverschiebung von dem Verzichtenden an die Mitgesellschafter. [13]Leistungen einzelner Gesellschafter führen zu keiner nach § 7 Absatz 8 Satz 1 ErbStG steuerbaren Werterhöhung der Anteile von Mitgesellschaftern, soweit am Stichtag diesbezüglich zwischen den Gesellschaftern oder mit der Kapitalgesellschaft Zusatzabreden bestehen, die für den einlegenden Gesellschafter gewährleisten, dass seine Leistungen nicht zu einer endgültigen Vermögensverschiebung zugunsten der Mitgesellschafter führen. [14]Gleiches gilt, wenn hinsichtlich der Leistungen gesellschaftsvertraglich eine von den maßgebenden Beteiligungsquoten abweichende Verteilung des Vermögens bei späterer Liquidation der Gesellschaft vereinbart wird oder soweit die Leistung als schuldrechtlich zugunsten des leistenden Gesellschafters gebundene Kapitalrücklage verbucht wird (§ 72 Satz 2 GmbHG).

(12) [1]Die Bereicherung richtet sich nach der Erhöhung des gemeinen Werts der Anteile an der Kapitalgesellschaft, nicht nach dem Wert der Leistung des Zuwendenden. [2]Maßgeblich sind die allgemeinen Regelungen für die Bewertung nicht notierter Anteile (§ 11 Absatz 2 BewG, ggf. in Verbindung mit §§ 199 ff. BewG). [3]Die Werterhöhung kann damit auch durch eine Verbesserung der Ertragsaussichten bewirkt werden, die durch die Leistung des Zuwendenden verursacht ist. [4]§ 200 Absatz 4 BewG ist zu beachten. [5]Führt die Leistung des Zuwendenden zu keiner Erhöhung des gemeinen Werts der Anteile an der Kapitalgesellschaft, ist keine Bereicherung gegeben. [6]Die Werterhöhung der Anteile muss durch die Leistung kausal veranlasst sein. [7]Sie kann daher nicht höher sein als der gemeine Wert der bewirkten Leistung des Zuwendenden. [8]Maßgeblich sind die Erkenntnismöglichkeiten und Wertvorstellungen der Gesellschafter in dem Zeitpunkt, in dem die Leistung bewirkt wird. [9]Sind die Parteien bei wechselseitigen Leistungen an die Gesellschaft in nachvollziehbarer Weise und unter fremdüblichen Bedingungen übereinstimmend davon ausgegangen, dass die Leistungen insgesamt ausgewogen sind, liegt eine Steuerbarkeit nach § 7 Absatz 8 Satz 1 ErbStG grundsätzlich auch dann nicht vor, wenn sich dies anhand später gewonnener besserer Erkenntnisse als unzutreffend erweist. [10]Die als zutreffend zugrunde gelegten Werte sind dann im gewöhnlichen Geschäftsverkehr (vgl. § 9 Absatz 2 BewG) zustande gekommen. [11]Die Ausgewogenheit der Gesellschafterbeiträge wird aber regelmäßig nicht zu belegen sein, wenn zwischen den Leistungen ein offensichtliches Missverhältnis besteht. [12]Davon ist allgemein bei einer Wertdifferenz von mindestens 20 Prozent auszugehen. [13]Wenn an eine Kapitalgesellschaft geleistet wird, an der der Bedachte nur mittelbar über andere Gesellschaften beteiligt ist, kommt es auf die Werterhöhung der Anteile an der unmittelbar begünstigten Kapitalgesellschaft an und nicht auf die Werterhöhung der Anteile an der vermittelnden Kapitalgesellschaft. [14]Maßgeblich ist der Anteil an der unmittelbar begünstigten Kapitalgesellschaft, der bei Durchrechnung der Beteiligungsquoten mittelbar auf den Bedachten entfällt. [15]Leistungen an eine Personengesellschaft, an der eine Kapitalgesellschaft beteiligt ist, sind nach allgemeinen Grundsätzen als solche an die Gesellschafter zu behandeln. [16]Sie sind also i. S. d. § 7 Absatz 8 Satz 1 ErbStG in dem Umfang an die Kapitalgesellschaft erbracht, in dem diese an der Personengesellschaft beteiligt ist. [17]Die Erhöhung des gemeinen Werts der Anteile ist nicht nach § 151 Absatz 1 Satz 1 Nummer 3 BewG gesondert festzustellen. [18]Das Betriebsfinanzamt der Kapitalgesellschaft teilt dem Erbschaftsteuerfinanzamt den im Wege der Amtshilfe ermittelten Wert mit.

(13) [1]Gegenstand der Steuerbegünstigungen nach §§ 13a, 13c, 28a ErbStG ist der Erwerb von Anteilen an Kapitalgesellschaften, nicht aber die Werterhöhung solcher Anteile, die sie aufgrund von Leistungen an die Kapitalgesellschaft i. S. d. § 7 Absatz 8 ErbStG erfahren. [2]Daher ist die Steuerbegünstigung nach §§ 13a, 13c oder 28a ErbStG in den Fällen des § 7 Absatz 8 ErbStG nicht zu gewähren.

(14) [1]§ 7 Absatz 8 Satz 2 ErbStG stellt ergänzend zu Satz 1 der Vorschrift auf den Willen zur Unentgeltlichkeit ab. [2]Die Vorschrift begründet keine gesonderte, über § 7 Absatz 8 Satz 1 ErbStG hinausgehende Steuerbarkeit.

[3]Sie bringt vielmehr zum Ausdruck, dass § 7 Absatz 8 Satz 1 ErbStG bei Leistungen zwischen Kapitalgesellschaften anwendbar ist, wenn dadurch die Anteile von Gesellschaftern im Wert steigen und die Wertverschiebung durch den Willen zur Unentgeltlichkeit, z. B. eines Mitgesellschafters, veranlasst ist. [4]Nach § 7 Absatz 8 Satz 2 Halbsatz 2 ErbStG können Einlagen zwischen Kapitalgesellschaften nicht der Schenkungsteuer unterliegen, soweit an der leistenden und der begünstigten Kapitalgesellschaft unmittelbar oder mittelbar dieselben natürlichen Personen oder Stiftungen im gleichen Beteiligungsverhältnis beteiligt sind.

(15) [1]§ 7 Absatz 8 Satz 1 und 2 ErbStG ist auf Genossenschaften anzuwenden (§ 7 Absatz 8 Satz 3 ErbStG). [2]Auch bei diesen Gesellschaften sind Vermögensverschiebungen zwischen den Gesellschaftern (Genossenschaftsmitgliedern) durch Einlagen möglich. [3]§ 15 Absatz 4 ErbStG ist ebenfalls auf Zuwendungen durch Genossenschaften anwendbar (→ R E 15.4). [4]Die Förderung der Genossenschaftsmitglieder (z. B. durch genossenschaftliche Rückvergütungen) entsprechend dem allgemeinen Förderzweck der Genossenschaft (§ 1 GenG) unter Beachtung des genossenschaftlichen Gleichbehandlungsgebots ist nicht schenkungsteuerbar. [5]Entsprechendes gilt für Leistungen einer Kapitalgesellschaft an die Mitglieder einer Genossenschaft, die alle Anteile an der Kapitalgesellschaft hält.

H E 7.5

Disquotale Einlage von Vermögen in eine GmbH durch Gesellschafter. → BFH vom 9.12.2009 II R 28/08, BStBl. 2010 II S. 566.

Einbringung eines Einzelunternehmens in eine neu gegründete Kapitalgesellschaft. → BFH vom 12.7.2005 II R 8/04, BStBl. II S. 845.

Einziehung eines Anteils (§ 34 GmbHG).

Beispiel:

A und B sind mit Geschäftsanteilen im Betrag von je 50 000 EUR Gesellschafter einer GmbH. Der Gesellschaftsvertrag lässt die Einziehung der Geschäftsanteile zu. Die Gesellschafterversammlung beschließt, dass der Anteil des B ohne Abfindung (oder alternativ: gegen eine Abfindung in Höhe des anteiligen Buchwerts des Betriebsvermögens) eingezogen wird. B stimmt der Einziehung zu.

Folge der Einziehung des Anteils ist, dass das Gesellschaftsvermögen in den nach der Einziehung verbleibenden Geschäftsanteilen verkörpert ist. Deren Wert erhöht sich deshalb, sofern die Abfindung nicht dem gemeinen Wert des auf den eingezogenen Anteil entfallenden Gesellschaftsvermögens entspricht.

Freigebige Zuwendung an Neugesellschafter bei Kapitalerhöhung. → BFH vom 20.12.2000 II R 42/99, BStBl. 2001 II S. 454 und vom 27.8.2014 II R 43/12, BStBl. 2015 II S. 241.

Leistungen an eine Kapitalgesellschaft (§ 7 Absatz 8 Satz 1 ErbStG).

Beispiel 1 (Allgemeines):

Vater V und Sohn S sind zu je 1/2 an der VS-GmbH beteiligt und haben bei Gründung der Gesellschaft je 50 000 EUR in die Gesellschaft eingezahlt. Nun legt V weitere 200 000 EUR in die Gesellschaft ein. Dadurch erhöht sich der Wert der Beteiligung des S von 1/2 × (50 000 EUR + 50 000 EUR) = 50 000 EUR auf 1/2 × (50 000 EUR + 50 000 EUR + 200 000 EUR) = 150 000 EUR. S hat also einen Vermögensvorteil von 100 000 EUR erlangt, der nach der Rechtsprechung des BFH keine freigebige Zuwen-

dung i. S. d. § 7 Absatz 1 Nummer 1 ErbStG darstellt, weil er nicht in einer substanziellen Vermögensverschiebung, sondern lediglich in der Wertsteigerung der Gesellschaftsanteile besteht. Demgegenüber wäre eine Direktzuwendung von V an S in Höhe von 100 000 EUR, wie z. B. auch die Übernahme einer Einlageverpflichtung des S in Höhe von 100 000 EUR, nach Maßgabe der allgemeinen Voraussetzungen des § 7 Absatz 1 Nummer 1 ErbStG schenkungsteuerbar.
Anders als nach § 7 Absatz 1 Nummer 1 ErbStG kommt es im Rahmen des § 7 Absatz 8 Satz 1 ErbStG weder auf die unmittelbare Zuwendung von Sachsubstanz an den Bedachten noch auf den Willen zur Unentgeltlichkeit (R E 7.1) an. Deshalb liegt in dem Beispielsfall eine steuerbare Schenkung des V an den S vor.

Beispiel 2 (Werterhöhung durch die Leistung dem Grunde nach):

Sachverhalt wie in Beispiel 1. Der Sohn S leistet auch eine Einlage von 200 000 EUR in die VS-GmbH. Der Wert der GmbH erhöht sich mithin auf (50 000 EUR + 50 000 EUR + 200 000 EUR + 200 000 EUR) = 500 000 EUR, der Wert der Anteile des S auf 250 000 EUR. Die Wertsteigerung der Anteile des S ist hier durch eigene Einlagen erzielt, beruht also insoweit nicht auf einer nach § 7 Absatz 8 Satz 1 ErbStG steuerbaren Leistung des V.

Beispiel 3 (Höhe der Bereicherung):

An der AB-GmbH sind Vater A zu 40 % und Tochter B zu 60 % beteiligt. A verkauft der GmbH ein Grundstück für 200 000 EUR, der gemeine Wert des Grundstücks beträgt 300 000 EUR. Als Folge der günstigen Lage des Grundstücks erhöht sich der Ertragswert der GmbH um 400 000 EUR.
Die anzusetzende Werterhöhung der Anteile der B kann den Betrag von (300 000 EUR – 200 000 EUR) × 60 % = 60 000 EUR nicht übersteigen.

Leistungen zwischen Kapitalgesellschaften (§ 7 Absatz 8 Satz 2 ErbStG).

Beispiel:

Vater V ist zu 100 % Gesellschafter der T1-GmbH und zu 40 % Gesellschafter der T2-GmbH; die weiteren 60 % der T2-GmbH gehören dem Sohn S. V veranlasst die T1-GmbH, der T2-GmbH verbilligt ein Grundstück zu verkaufen.
Der Vorgang ist schenkungsteuerbar im Verhältnis zwischen T1-GmbH und S (vgl. § 7 Absatz 8 Satz 1 ErbStG), wenn er von dem Willen des V veranlasst ist, den S zu bereichern (§ 7 Absatz 8 Satz 2 ErbStG). Hierfür gelten die Grundsätze des R E 7.1 Absatz 3. Zuwendungsgegenstand ist die durch die Vermögenszuwendung im Umfang von 60 % des Vermögensvorteils bewirkte Werterhöhung der Anteile des S. Für die Berechnung der Steuer ist der Vorgang so zu behandeln, als sei der V Schenker (vgl. § 15 Absatz 4 ErbStG). Wenn der veranlassende und der begünstigte Gesellschafter Angehörige im Sinne des § 15 AO sind, ist bei disquotalen Leistungen regelmäßig von einer privaten freigebigen Veranlassung auszugehen.
Im Verhältnis zwischen T1-GmbH und V liegt keine Schenkung vor. Zwar steigt der Wert der Anteile des V an der T2-GmbH als Folge der Leistung, dafür sinkt allerdings der Wert seiner Anteile an der T1-GmbH in einem mindestens gleichen (hier sogar höheren) Umfang.

Nahestehende Person. → BFH vom 19.6.2007 VIII R 54/05, BStBl. II S. 830.

Offene oder verdeckte Einlage. → BFH vom 9.12.2009 II R 28/08, BStBl. 2010 II S. 566, vom 25.10.1995 II R 67/93, BStBl. 1996 II S. 160 und vom 20.1.2016 II R 40/14, BStBl. 2018 II S. 284.

Rechtlicher Zusammenhang mit Gemeinschaftszweck. → BFH vom 1.7.1992 II R 70/88, II R 108/88, II R 12/90, BStBl. II S. 921, 923, 925.

Übergang des Anteils eines Gesellschafters auf die Gesellschaft (Erwerb eigener Anteile).

Beispiel:

A und S (Sohn des A) sind Gesellschafter einer GmbH. Beide halten je einen Geschäftsanteil in Höhe von 50 000 EUR (nominal). Im Gesellschaftsvermögen sind erhebliche stille Reserven gebunden. A scheidet aus und gibt seinen Anteil an die GmbH zum Buchwert zurück.

Der gemeine Wert des Anteils liegt deutlich über der von der GmbH erhaltenen Abfindung. Da A aus der Gesellschaft ausscheidet, liegt eine Schenkung an die Gesellschaft selbst vor. In diesem Fall richtet sich die Besteuerung nach dem Steuerwert des übertragenen Anteils abzüglich der Abfindungsleistung.

Übertragung von Wirtschaftsgütern einer Personengesellschaft auf eine GmbH. → BFH vom 19.6.1996 II R 83/92, BStBl. II S. 616.

Veräußerung von Anteilen eines Gesellschafters an die Gesellschaft zu einem zu niedrigen Preis. → BFH vom 20.1.2016 II R 40/14, BStBl. 2018 II, S. 284.

Vermächtnis zugunsten einer Kapitalgesellschaft. → BFH vom 17.4.1996 II R 16/93, BStBl. II S. 454.

Verzicht auf die zukünftige Verzinsung eines Gesellschafterdarlehens. → BFH vom 12.7.1979 II R 26/78, BStBl. II S. 631

Zuwendungen an Gesellschafter oder an nahestehende Personen. → BFH vom 30.1.2013 II R 6/12, BStBl. II S. 930, und vom 13.9.2017 II R 54/15, II R 32/16 und II R 42/16, BStBl. 2018 II S. 292, 296, 299.

Beispiel 1:

A ist Alleingesellschafterin einer GmbH. Ihr Bruder B erhält von der GmbH einen Sportwagen zu einem um 100 000 EUR unangemessen zu niedrigen Kaufpreis. Es liegt eine verdeckte Gewinnausschüttung der GmbH an A in Höhe von 100 000 EUR vor. Es liegt keine freigebige Zuwendung der GmbH an B vor. In Höhe von 100 000 EUR liegt eine freigebige Zuwendung von A an B vor.

Beispiel 2:

Sachverhalt wie in Beispiel 1. Im Gegenzug verzichtet der Bruder auf die Rückzahlung eines Darlehens in Höhe von 100 000 EUR, das er gegenüber A hatte. In diesem Fall liegt zwar eine verdeckte Gewinnausschüttung der GmbH an A vor. Es liegt weiterhin keine freigebige Zuwendung der GmbH an B vor. Daneben liegt jedoch weder eine freigebige Zuwendung der A an B noch von B an A vor.

Zuwendungsabsicht. → BFH vom 25.10.1995 II R 67/93, BStBl. 1996 II S. 160.

R E 7.6 Vereinbarung der Gütergemeinschaft

(1) [1]Vereinbaren Ehegatten den Güterstand der Gütergemeinschaft, geht das Gesetz stets davon aus, dass die Bereicherung des weniger vermögenden Ehegatten subjektiv unentgeltlich erfolgt. [2]Auf das Motiv der Vereinbarung kommt es nicht an.

(2) Bei einem Wechsel vom Güterstand der Zugewinngemeinschaft zum Güterstand der Gütergemeinschaft ist grundsätzlich davon auszugehen, dass der ausgleichsberechtigte Ehegatte seine Ausgleichsforderung in das Gesamtgut einbringt.

(3) [1]Es besteht keine Vermutung dafür, dass Zuwendungen an nur einen Ehegatten von Todes wegen oder unter Lebenden gleichzeitig auch für den anderen Ehegatten mitbestimmt sind. [2]Das gilt auch dann, wenn die Ehegatten in Gütergemeinschaft leben und die Zuwendung in das Gesamtgut fällt. [3]Dass hier der Erblasser oder Schenker die Möglichkeit hat, die Zuordnung zum Vorbehaltsgut (§ 1418 Absatz 2 BGB) zu bestimmen, ändert nichts an dieser Beurteilung. [4]Der andere Ehegatte erwirbt auf Grund einer gesetzlichen Vorschrift (§ 1416 BGB), so dass insoweit auch zwischen den Ehegatten keine Schenkung vorliegt. [5]Steuerpflichtige Schenkungen beider Ehegatten aus dem Gesamtgut sind stets als anteilige freigebige Zuwendungen beider Ehegatten zu behandeln.

R E 7.7 Übergang von Vermögen auf eine Stiftung – *unbesetzt* –

H E 7.7

Kein Übergang von Vermögen auf eine nichtrechtsfähige Stiftung. → BFH vom 25.1.2017 II R 26/16, BStBl. 2018 II S. 199.

R E 7.8 Bedingte Beteiligung an den offenen und stillen Reserven einer Personengesellschaft – *unbesetzt* –

H E 7.8

Bedingte Beteiligung an den offenen und stillen Reserven einer Personengesellschaft. Wird bei der Schenkung eines Anteils für den Fall des Ausscheidens die sog. Buchwertklausel vereinbart, bleibt dies bei der Feststellung der Bereicherung zunächst unberücksichtigt. Die den Buchwert der Beteiligung übersteigende Bereicherung gilt vielmehr als auflösend bedingt erworben. Tritt die Bedingung ein, so kann der Erwerber nach § 5 Absatz 2 BewG eine Berichtigung der Steuerfestsetzung beantragen.
Die Bedingung tritt ein, wenn im Zeitpunkt des Ausscheidens des Gesellschafters der Steuerwert seines Anteils über der Abfindung liegt. Der auflösend bedingte Teil seines Erwerbs entspricht dann dem Steuerwert des bei der Schenkung angesetzten Anteils abzüglich des Buchwerts im Zeitpunkt der Schenkung. Auf Antrag ist in diesem Fall die Steuer zu erstatten, die auf diesen Unterschiedsbetrag entfällt, höchstens jedoch die Steuer, die auf den Unterschiedsbetrag zwischen der Abfindung und dem höheren Steuerwert vom Zeitpunkt des Ausscheidens entfällt. Auf die Identität zwischen den stillen Reserven vom Zeitpunkt der Schenkung und den stillen Reserven vom Zeitpunkt des Ausscheidens des Beschenkten kommt es nicht an.

Beispiel:

a) Buchwert des Anteils z. Z. der Schenkung	1 000 000 EUR
Steuerwert des Anteils z. Z. der Schenkung	1 200 000 EUR
Unterschiedsbetrag	200 000 EUR

b) Buchwert des Anteils z. Z. des Ausscheidens (Abfindung)	1 500 000 EUR
Steuerwert des Anteils z. Z. des Ausscheidens	2 000 000 EUR
Unterschiedsbetrag	500 000 EUR

Es kann die Steuer erstattet werden, die auf 200 000 EUR entfällt. Würde der Unterschied nach Buchstabe b nur 120 000 EUR betragen, könnte auch die Steuer nur für diesen Betrag erstattet werden. Zur Berechnung des zu erstattenden Betrags ist von der veranlagten Steuer die Steuer abzuziehen, die sich ergeben würde, wenn bei der Veranlagung der Erwerb (1 200 000 EUR) um den jeweils ermittelten Unterschiedsbetrag zwischen Buchwert und Steuerwert des Anteils (200 000 EUR bzw. 120 000 EUR) gekürzt worden wäre. Zu erstatten ist dann der Unterschied zwischen den beiden Steuerbeträgen.

In dem Steuerbescheid über die Schenkung ist der Buchwert des Anteils vom Zeitpunkt der Schenkung zu vermerken. Liegt er über dem angesetzten Steuerwert, so genügt ein Hinweis, dass die Voraussetzungen des § 7 Absatz 5 ErbStG nicht mehr erfüllt werden können.
Dem Ausscheiden stehen die Ausschließung eines Gesellschafters und die Auflösung der Gesellschaft gleich.

R E 7.9 Überhöhte Gewinnbeteiligung

(1) [1]Ist bei den Ertragsteuern eine Entscheidung über das Vorliegen und den Umfang eines überhöhten Gewinnanteils getroffen worden, ist diese Entscheidung in der Regel auch für die Schenkungsteuer zu übernehmen. [2]In anderen Fällen ist der Jahreswert des überhöhten Gewinnanteils selbstständig zu ermitteln. [3]Soweit bei der Gesellschaft eine Änderung der Ertragsaussichten nicht zu erwarten ist, kann er von dem durchschnittlichen Gewinn der letzten drei Wirtschaftsjahre vor der Schenkung abgeleitet werden. [4]Für die Berechnung des Kapitalwerts ist, soweit keine anderen Anhaltspunkte für die Laufzeit gegeben sind, davon auszugehen, dass der überhöhte Gewinnanteil dem Bedachten auf unbestimmte Zeit in gleich bleibender Höhe zufließen wird; der Kapitalwert ist das 9,3fache des Jahreswerts (§ 13 Absatz 2 BewG).

(2) [1]Die nachträgliche Gewährung einer überhöhten Gewinnbeteiligung und die nachträgliche Erhöhung einer bereits zuvor gewährten überhöhten Gewinnbeteiligung sind Sachverhalte, die ebenfalls unter § 7 Absatz 6 ErbStG fallen. [2]Bei der Übertragung einer bereits mit einem Gewinnübermaß ausgestatteten Beteiligung an einer Personengesellschaft kommt § 7 Absatz 6 ErbStG hingegen nicht zusätzlich zur Anwendung. [3]Das Gewinnübermaß wird bereits über § 97 Absatz 1a Nummer 1 Buchstabe b BewG bei der Bewertung der Beteiligung im Rahmen der Besteuerung der Übertragung der Beteiligung berücksichtigt.

(3) Da der Gesellschafter, dem eine erhöhte Gewinnbeteiligung eingeräumt wird, durch diesen Vorgang keine Beteiligung an der Personengesellschaft erhält, ist dieser Erwerb des Gesellschafters nicht nach §§ 13a, 13c, 19a oder 28a ErbStG begünstigt.

R E 7.10 Gesellschaftsanteil beim Ausscheiden eines Gesellschafters zu Lebzeiten – *unbesetzt* –

H E 7.10

Gesellschaftsanteil beim Ausscheiden eines Gesellschafters zu Lebzeiten. § 7 Absatz 7 ErbStG enthält die Parallelvorschrift zu § 3 Absatz 1 Nummer 2 Satz 2 ErbStG für den Fall des Ausscheidens eines Gesellschafters noch zu seinen Lebzeiten (→ R E 3.4). Auf die Absicht des ausscheidenden Gesellschafters, die verbleibenden Gesellschafter oder die Gesellschaft zu bereichern (Bereicherungswille), kommt es hiernach nicht an. Die Vorschrift ist sowohl bei einem freiwilligen als auch bei einem zwangsweisen Ausscheiden des Gesellschafters anzuwenden. Sie betrifft Anteile an einer Personengesellschaft und Anteile an einer Kapitalgesellschaft.
→ BFH vom 1.7.1992 II R 70/88, II R 12/90, BStBl. II S. 921 und 925.

Steuerschuldnerschaft in Fällen des § 7 Absatz 7 ErbStG. → BFH vom 4.3.2015 II R 51/13, BStBl. II S. 672.

Zu § 9 ErbStG

R E 9.1 Zeitpunkt der Ausführung einer Grundstücksschenkung

(1) [1] Eine Grundstücksschenkung gilt als ausgeführt, wenn die Vertragsparteien die für die Eintragung der Rechtsänderung in das Grundbuch erforderlichen Erklärungen in gehöriger Form abgegeben haben und der Beschenkte auf Grund dieser Erklärungen in der Lage ist, beim Grundbuchamt die Eintragung der Rechtsänderung zu bewirken. [2] Der Zeitpunkt der Grundstücksschenkung richtet sich danach, wann die Auflassung im Sinne des § 925 BGB sowie die Eintragungsbewilligung (§ 19 Grundbuchordnung, GBO) vorliegen. [3] Die Erteilung einer dazu berechtigenden Vollmacht, die Auflassung als dinglichen Vertrag später zu erklären, genügt nicht. [4] Denn damit ist der dingliche Rechtsübergang noch nicht unmittelbar eingeleitet. [5] Ein Eintragungsantrag (§ 13 GBO), der die schützenden Wirkungen des § 17 GBO eintreten lässt, ist nicht erforderlich. [6] Sofern die Vertragspartner einen Dritten bevollmächtigt haben, die für die Rechtsänderung erforderlichen Erklärungen abzugeben und entgegenzunehmen, ist die Schenkung ausgeführt, wenn mit der Auflassung auch die Besitzverschaffung des Grundstücks erfolgt sowie Nutzungen und Lasten auf den Beschenkten übergehen. [7] Eine Grundstücksschenkung ist jedoch trotz Vorliegens der genannten Voraussetzungen dann noch nicht ausgeführt, wenn die Übereignung des Grundstücks erst zu einem – von den Beteiligten ausdrücklich bestimmten – späteren Zeitpunkt erfolgen soll oder der Beschenkte von der Eintragungsbewilligung erst zu einem späteren Zeitpunkt Gebrauch machen darf. [8] Dabei kommt es nicht darauf an, ob die Zeitbestimmung die Wirksamkeit des zugrunde liegenden schuldrechtlichen Geschäfts oder lediglich dessen Vollzug betrifft. [9] Die mit Beurkundung der Auflassung und Erteilung der Eintragungsbewilligung entstandene Steuer für eine Grundstücksschenkung entfällt rückwirkend, sobald die Schenkungsabrede vor Umschreibung des Eigentums im Grundbuch aufgehoben wird oder die Eintragungsbewilligung aus anderen Gründen nicht mehr zur Umschreibung führen kann.

(2) [1] Die Grundsätze zur Ausführung von Grundstücksschenkungen gelten auch bei mittelbaren Grundstücksschenkungen. [2] Bei einer Zuwendung eines

Geldbetrags für den Erwerb eines unbebauten oder bebauten Grundstückes ist Absatz 1 entsprechend anzuwenden. [3]Bei der Hingabe eines Geldbetrags zur Errichtung eines Gebäudes ist die mittelbare Grundstücksschenkung im Zeitpunkt der Bezugsfertigkeit des Gebäudes (→ R B 178 Absatz 2 und 3) ausgeführt. [4]Soll dem Bedachten nach dem Willen des Zuwendenden ein Grundstück mit vollständig saniertem und renoviertem Gebäude verschafft werden, ist die Zuwendung erst mit dem Abschluss der Sanierungsarbeiten und Renovierungsarbeiten ausgeführt. [5]Dieser Zeitpunkt ist gleichzeitig auch Stichtag für die Bewertung des Grundstücks. [6]Wenn der Schenker die Kosten für Um-, Aus- oder Anbauten an einem Gebäude trägt, gilt Satz 3 sinngemäß.

(3) [1]Bei einer Grundstücksschenkung, die von einer behördlichen oder privatrechtlichen Genehmigung abhängig ist, tritt die zivilrechtliche Wirksamkeit des Vertrags und der Auflassung erst mit der Erteilung der Genehmigung ein. [2]Die Genehmigung wirkt zwar zivilrechtlich auf den Tag des Vertragsabschlusses zurück (§ 184 BGB). [3]Die zivilrechtliche Rückwirkung einer Genehmigung ist jedoch steuerrechtlich unbeachtlich. [4]Ist der Vertrag oder die Auflassung von einer behördlichen Genehmigung abhängig, ist aber von deren Wirksamkeit auszugehen, wenn die Beteiligten alles getan haben, um die Genehmigung herbeizuführen, insbesondere die erforderlichen Erklärungen in gehöriger Form abgegeben haben. [5]Ist der Vertrag oder die Auflassung von einer privatrechtlichen Genehmigung abhängig, tritt die für eine Ausführung der Schenkung erforderliche Bindung aller Vertragsparteien zueinander jedoch erst im Zeitpunkt der Genehmigung ein, so dass dann auch der Tatbestand der Schenkung verwirklicht sein kann (vgl. § 38 AO).

H E 9.1

Ausführung einer Grundstücksschenkung. → BFH vom 26.9.1990 II R 150/88, BStBl. 1991 II S. 320, vom 24.7.2002 II R 33/01, BStBl. II S. 781, vom 2.2.2005 II R 26/02, BStBl. II S. 312 und vom 27.4.2005 II R 52/02, BStBl. I S. 892.

Ausführung einer mittelbaren Grundstücksschenkung. → BFH vom 23.8.2006 II R 16/06, BStBl. II S. 786.

Privatrechtliche oder behördliche Genehmigung. In Betracht kommen insbesondere die Genehmigung
- eines von einem Minderjährigen oder sonst beschränkt Geschäftsfähigen geschlossenen Vertrags durch den gesetzlichen Vertreter (§ 108 BGB),
- eines von einem Vertreter ohne Vertretungsmacht geschlossenen Vertrags durch den Vertretenen (§ 177 BGB),
- bestimmter Rechtsgeschäfte der Eltern durch das Familiengericht (§ 1365 BGB) bzw. eines Vormunds durch das Vormundschaftsgericht (§ 1821 BGB),
- der Veräußerung land- und forstwirtschaftlicher Grundstücke (§ 2 GrdstVG).

Schenkung einer Grundstücksteilfläche. Bei Schenkung einer Grundstücksteilfläche gilt R E 9.1 Absatz 1 entsprechend, auch wenn das Vermessungsverfahren zur Bildung einer eigenen Flurnummer noch nicht abgeschlossen wurde.

R E 9.2 Entstehung der Steuer in sonstigen Fällen – *unbesetzt* –

H E 9.2

Erwerb betagter Ansprüche. Die Erbschaftsteuer für betagte Ansprüche, die zu einem bestimmten (feststehenden) Zeitpunkt fällig werden, entsteht dem Regelfall des § 9 Absatz 1 Nummer 1 ErbStG entsprechend bereits im Zeitpunkt des Todes des Erblassers; solche Ansprüche sind ggf. mit ihrem nach § 12 Absatz 3 BewG abgezinsten Wert anzusetzen. Die Erbschaftsteuer für diejenigen betagten Ansprüche, bei denen der Zeitpunkt des Eintritts des zur Fälligkeit führenden Ereignisses unbestimmt ist, entsteht nach § 9 Absatz 1 Nummer 1 Buchstabe a ErbStG erst mit dem Eintritt des Ereignisses (→ BFH vom 27.8.2003 II R 58/01, BStBl. II S. 921 und vom 16.1.2008 II R 30/06, BStBl. II S. 626).

Geltendmachung des Pflichtteilsanspruchs. → BFH vom 19.7.2006 II R 1/05, BStBl. II S. 718.

Schenkung einer Forderung mit Besserungsabrede. → BFH vom 21.4.2009 II R 57/07, BStBl. II S. 606.

Zuwendung eines erst künftig im Rahmen einer Kapitalerhöhung entstehenden Geschäftsanteils. → BFH vom 20.1.2010 II R 54/07, BStBl. II S. 463.

R E 9.3 Bewertungsstichtag bei Errichtung einer Stiftung – *unbesetzt* –

H E 9.3

Bewertungsstichtag bei Errichtung einer Stiftung. Bürgerlich-rechtlich gilt eine erst nach dem Tode des Erblassers anerkannte Stiftung für die Zuwendungen des Stifters als schon vor seinem Tode entstanden (§ 84 BGB). Abweichend hiervon entsteht die Erbschaftsteuer für den Übergang des Vermögens bei einer vom Erblasser errichteten Stiftung mit dem Zeitpunkt der Anerkennung der Stiftung (§ 9 Absatz 1 Nummer 1 Buchstabe c ErbStG). Unter die Vorschrift des § 3 Absatz 2 Nummer 1 ErbStG fallen alle Fälle, in denen Vermögen auf eine vom Erblasser angeordnete Stiftung übergeht. Das gilt unabhängig davon, ob der Erblasser den Erben oder Vermächtnisnehmer mit der Auflage beschwert hat, eine Stiftung durch Rechtsgeschäft unter Lebenden zu errichten oder ob es sich um eine vom Erblasser angeordnete Stiftung, die von diesem zur (Allein-)Erbin eingesetzt ist, handelt (→ BFH vom 25.10.1995 II R 20/92, BStBl. 1996 II S. 99).
Bei einem Stiftungsgeschäft unter Lebenden entsteht die Schenkungsteuer mit dem Zeitpunkt der Ausführung der Schenkung (§ 9 Absatz 1 Nummer 2 ErbStG), also ebenfalls bzw. frühestens mit dem Zeitpunkt der Anerkennung der Stiftung, da die Übertragung des im Stiftungsgeschäft zugesagten Vermögens auf die Stiftung erst mit oder nach diesem Zeitpunkt erfolgen kann (§ 82 BGB).
Besteuerungstatbestand ist in diesen Fällen allein die wirtschaftliche Bereicherung der Stiftung im Zeitpunkt der behördlichen Anerkennung. Die

steuerlichen Vorschriften haben insoweit Vorrang vor den zivilrechtlichen Grundsätzen. Als wirtschaftliche Bereicherung ist das gesamte zum Zeitpunkt der Stiftungsanerkennung vorhandene Vermögen anzusehen (→ BFH vom 25.10.1995 II R 20/92, BStBl. 1996 II S. 99).

Zu § 10 ErbStG

R E 10.1 Ermittlung des steuerpflichtigen Erwerbs und der Erbschaftsteuer

(1) Der steuerpflichtige Erwerb ist grundsätzlich wie folgt zu ermitteln:

1.	Steuerwert des Wirtschaftsteils des land- und forstwirtschaftlichen Vermögens
+	Steuerwert des Betriebsvermögens
+	Steuerwert der Anteile an Kapitalgesellschaften
	Zwischensumme
–	Befreiungen nach §§ 13a, 13c ErbStG
–	Befreiungen nach § 13 Absatz 1 Nummer 2 und 3 ErbStG
–	Befreiung nach § 13d ErbStG
+	Steuerwert des Wohnteils und der Betriebswohnungen des land- und forstwirtschaftlichen Vermögens
–	Befreiungen nach § 13 Absatz 1 Nummer 2, 3 und 4b und 4c ErbStG
–	Befreiung nach § 13d ErbStG
+	Steuerwert des Grundvermögens
–	Befreiungen nach § 13 Absatz 1 Nummer 2, 3 und 4a bis 4c ErbStG
–	Befreiung nach § 13d ErbStG
+	Steuerwert des übrigen Vermögens
–	Befreiungen nach § 13 Absatz 1 Nummer 1 und 2 ErbStG
=	**Vermögensanfall nach Steuerwerten**
2.	Steuerwert der Nachlassverbindlichkeiten, soweit nicht vom Abzug ausgeschlossen, mindestens Pauschbetrag für Erbfallkosten (einmal je Erbfall)
=	**abzugsfähige Nachlassverbindlichkeiten**
3.	Vermögensanfall nach Steuerwerten (1.)
–	abzugsfähige Nachlassverbindlichkeiten (2.)
–	weitere Befreiungen nach § 13 ErbStG
=	**Bereicherung des Erwerbers**
4.	Bereicherung des Erwerbers (3.)
–	ggf. steuerfreier Zugewinnausgleich § 5 Absatz 1 ErbStG
+	ggf. hinzuzurechnende Vorerwerbe § 14 ErbStG
–	persönlicher Freibetrag § 16 ErbStG
–	besonderer Versorgungsfreibetrag § 17 ErbStG
=	**steuerpflichtiger Erwerb** (abzurunden auf volle hundert Euro)

(2) Die festzusetzende Erbschaftsteuer ist wie folgt zu ermitteln:

1. Tarifliche Erbschaftsteuer nach § 19 ErbStG
 – Abzugsfähige Steuer nach § 14 Absatz 1 ErbStG
 – Entlastungsbetrag nach § 19a ErbStG

 = Summe 1
2. – Ermäßigung nach § 27 ErbStG (dabei Steuer lt. Summe 1 nach § 27 Absatz 2 ErbStG aufteilen und zusätzlich Kappungsgrenze nach § 27 Absatz 3 ErbStG beachten)
 – Anrechenbare Steuer nach § 6 Absatz 3 ErbStG

 = Summe 2
3. – Anrechenbare Steuer nach § 21 ErbStG (dabei Steuer lt. Summe 2 nach § 21 Absatz 1 Satz 2 ErbStG aufteilen)

 = Summe 3
 mindestens Steuer nach § 14 Absatz 1 Satz 4 ErbStG
 höchstens nach § 14 Absatz 3 ErbStG begrenzte Steuer (Hälfte des Werts des weiteren Erwerbs)

 = **Festzusetzende Erbschaftsteuer**

(3) Ein Steuererlass nach § 28a Absatz 1 Satz 1 ErbStG ist nicht Teil der Steuerfestsetzung; es handelt sich um eine Maßnahme im Erhebungsverfahren.

H E 10.1

Abrundung/Aufrundung. Ergeben sich bei der Ermittlung des steuerpflichtigen Erwerbs oder der Erbschaft- und Schenkungsteuer Euro-Beträge mit Nachkommastellen, sind diese jeweils in der für den Steuerpflichtigen günstigen Weise auf volle Euro-Beträge auf- bzw. abzurunden.

Bereicherung in den Fällen des Nießbrauchsverzichts, in denen der Nießbrauch bei früheren Erwerben teilweise einem Abzugsverbot unterlag. → BFH vom 20.5.2014 II R 7/13, BStBl. II S. 896.

Beispiel:

Vater V schenkte seinem Sohn im August 2016 ein vermietetes Zweifamilienhaus mit einem Grundbesitzwert von 750 000 EUR unter Nießbrauchsvorbehalt. Der Jahreswert des Nießbrauchs beträgt 20 000 EUR. Zum Zeitpunkt der Ausführung der Zuwendung ist V 65 Jahre alt.

Im Jahr 2018 verzichtet er unentgeltlich auf den Nießbrauch. Zum Zeitpunkt der Ausführung dieser Zuwendung ist V 67 Jahre alt. Der Grundbesitzwert und Jahreswert des Nießbrauchs sind unverändert und betragen 750 000 EUR bzw. 20 000 EUR.

Erwerb 2016

Grundbesitzwert	750 000 EUR
Steuerbefreiung § 13d ErbStG	./. 75 000 EUR
Gegenleistung: Kapitalwert Nießbrauch (Jahreswert 20 000 EUR × Vervielfältiger 11,346)	./. 226 920 EUR
davon nicht abzugsfähig (§ 10 Absatz 6 Satz 5 ErbStG)	+ 22 692 EUR
Bereicherung	470 772 EUR
Persönlicher Freibetrag	./. 400 000 EUR
Steuerpflichtiger Erwerb	70 772 EUR
abgerundet	70 700 EUR
Steuer bei Steuersatz 7 %	4 949 EUR

Erwerb 2018

Wert des Nießbrauchsverzichts (Jahreswert 20 000 EUR × Vervielfältiger 10,860)	217 200 EUR
nicht abzugsfähiger Teil des Nießbrauchs 2016	./. 22692 EUR
Bereicherung	194 508 EUR
Wert des Vorerwerbs 2016	+ 470 772 EUR
Persönlicher Freibetrag	./. 400 000 EUR
Steuerpflichtiger Erwerb	265 280 EUR
abgerundet	265 200 EUR
Steuer bei Steuersatz 11 %	29 172 EUR
anrechenbare Steuer aus dem Vorerwerb	./. 4 949 EUR
festzusetzende Steuer	24 223 EUR

R E 10.2 Behandlung von Ansprüchen nach dem Vermögensgesetz

(1) [1]Das Gesetz zur Regelung offener Vermögensfragen – VermG – (in der Fassung der Bekanntmachung vom 9. Februar 2005 (BGBl. I S. 205, mit späteren Änderungen) regelt, unter welchen Voraussetzungen u. a. enteignete oder unter sonstigen in § 1 VermG näher bezeichneten Umständen staatlichen Stellen oder Dritten übertragene Vermögenswerte an den Berechtigten zurückzuübertragen sind (§ 3 VermG). [2]Dabei sind in einschlägigen Fällen Wertausgleiche vorzunehmen (§ 6 Absatz 1; §§ 7, 21 Absatz 3 und 4 VermG) und sonstige Ansprüche Dritter zu erfüllen (§ 19 VermG). [3]Ist eine Rückübertragung ausgeschlossen (§§ 4, 5, 6 Absatz 7 VermG), wird eine Entschädigung nach Maßgabe des Entschädigungsgesetzes – EntSchG – in der Fassung der Bekanntmachung vom 13. Juli 2004 (BGBl. I S. 1658, mit späteren Änderungen) gewährt. [4]Dies gilt auch, wenn der Berechtigte eine Entschädigung nach § 6 Absatz 7 oder § 8 wählt.

(2) [1]Bei Erbfällen nach Inkrafttreten des VermG gehören solche Ansprüche grundsätzlich zum steuerpflichtigen Erwerb. [2]Bei beschränkter Steuerpflicht (§ 2 Absatz 1 Nummer 3 ErbStG) gilt dies nur dann, wenn derartige Ansprüche nach dem VermG zum Inlandsvermögen im Sinne des § 121 BewG gehören. [3]Ansprüche auf Rückübertragung von Grundbesitz, über die bis zum Besteuerungszeitpunkt noch nicht entschieden wurde, sind weder selbst inländischer Grundbesitz (vgl. § 121 Nummer 1 und 2 BewG) noch sind sie Forderungen oder Rechte, die durch inländischen Grundbesitz gesichert sind (§ 121 Nummer 7 BewG). [4]Etwas anderes gilt nur, wenn ein solcher Anspruch zu einem inländischen Betriebsvermögen gehört (§ 121 Nummer 3 BewG). [5]Bei Ansprüchen nach dem VermG handelt es sich um öffentlich-rechtliche Ansprüche, die gegen die Ämter zur Regelung offener Vermögensfragen gerichtet sind.

(3) [1]Der Anspruchsberechtigte hat ab Inkrafttreten des VermG einen Anspruch auf Rückübertragung bzw. Entschädigung. [2]Der Anspruch ist dem Grunde nach im Nachlass zu erfassen, wenn der Berechtigte einen Antrag nach § 30 VermG gestellt hat. [3]Wird der Antrag erst später von einem Rechtsnachfolger eines nach dem 28.9.1990 verstorbenen Berechtigten gestellt, ist der Anspruch bereits im Nachlass des ursprünglich Berechtigten zu erfassen. [4]Dies gilt, wenn zwischenzeitlich mehrere Erbfälle eingetreten sind, für alle diese Erbfälle. [5]Bereits durchgeführte Erbschaftsteuerveranlagungen

sind ggf. zu ändern. [6]Soweit nicht feststeht, wie und in welcher Höhe der Anspruch erfüllt werden wird und welche Gegenansprüche des Verpflichteten dabei zu erfüllen sind (→ Absatz 1 Satz 2 bis 4), ist eine Bewertung des Anspruchs zunächst nicht möglich. [7]Die Erbschaftsteuer ist hinsichtlich des Anspruchs und möglicher Gegenansprüche nach § 165 AO vorläufig zu veranlagen. [8]Die Besteuerung ist endgültig nach derjenigen Sach- und Rechtslage vorzunehmen, wie sie durch die einvernehmliche Regelung zwischen dem Berechtigten und dem Verfügungsberechtigten oder die unanfechtbare Entscheidung der zuständigen Behörde oder des Schiedsgerichts konkretisiert wird, weil sich Art und Inhalt des Anspruchs eines Berechtigten (Rückübertragung bzw. Entschädigung) nicht schon aus § 3 VermG und dem Antrag des Berechtigten ergeben, sondern sich erst mit der endgültigen Entscheidung gemäß §§ 32, 33 VermG konkretisieren lassen. [9]Diese wirkt auf den Stichtag der Steuerentstehung zurück.

(4) [1]Das Vermögen ist dem Rückübertragungsverpflichteten bis zur unanfechtbaren Entscheidung über die Rückübertragung zuzurechnen (§ 34 VermG) und im Nachlass zu erfassen. [2]Hat ein Berechtigter oder ein Rechtsnachfolger einen Antrag nach § 30 VermG gestellt, ist das Vermögen des Verpflichteten ab Inkrafttreten des VermG mit einer Rückübertragungsverpflichtung belastet. [3]Dies gilt, wenn zwischenzeitlich mehrere Erbfälle eingetreten sind, für alle diese Erbfälle. [4]Bereits durchgeführte Erbschaftsteuerveranlagungen sind ggf. zu ändern. [5]Die Belastung ist zunächst mit dem Steuerwert des zurückgeforderten Vermögens abzuziehen. [6]Da nicht feststeht, ob eine Rückübertragung tatsächlich erfolgt und dabei Gegenansprüche des Verpflichteten zu erfüllen sind (→ Absatz 1 Satz 2 bis 4), ist die Erbschaftsteuer hinsichtlich der Rückübertragungsverpflichtung und möglicher Gegenansprüche nach § 165 AO vorläufig zu veranlagen. [7]Die Besteuerung des Verpflichteten ist endgültig nach derjenigen Sach- und Rechtslage vorzunehmen, wie sie durch die einvernehmliche Regelung zwischen dem Berechtigten und dem Verfügungsberechtigten oder die unanfechtbare Entscheidung der zuständigen Behörde oder des Schiedsgerichts konkretisiert wird (→ Absatz 3 Satz 8 und 9).

(5) Absatz 1 bis 4 gilt für die schenkungsteuerrechtliche Behandlung der Ansprüche nach dem VermG entsprechend.

R E 10.3 Private Steuererstattungsansprüche des Erblassers

(1) Die Einkommensteuer entsteht mit Ablauf des Veranlagungszeitraums (§ 36 Absatz 1 in Verbindung mit § 25 Absatz 1 EStG).

(2) [1]Einkommensteuererstattungsansprüche aus Veranlagungszeiträumen, die vor dem Todeszeitpunkt des Erblassers endeten, sind mit Ablauf des jeweiligen Kalenderjahrs entstanden. [2]Sie gehören mit dem materiell-rechtlich zutreffenden Wert zum steuerpflichtigen Erwerb nach § 10 Absatz 1 ErbStG, ohne dass es auf ihre Durchsetzbarkeit (Festsetzung in einem Steuerbescheid) zum Todeszeitpunkt ankommt.[1)] [3]Die Überzahlungen, die zu den Steuererstattungsansprüchen geführt haben, muss noch der Erblasser geleistet haben.

(3) [1]Einkommensteuererstattungsansprüche aus dem Veranlagungszeitraum, in den der Todeszeitpunkt des Erblassers fällt, entstehen erst mit Ablauf des

1) Überholt durch Änderung des § 10 Abs. 1 Satz 3 ErbStG durch das JStG 2020.

Kalenderjahrs. [2]Sie gehören daher nicht zum steuerpflichtigen Erwerb nach § 10 Absatz 1 ErbStG.

(4) [1]Erstattungszinsen gehören zum steuerpflichtigen Erwerb nach § 10 Absatz 1 ErbStG, soweit der Bescheid über den zu verzinsenden Steueranspruch vor dem Todestag des Erblassers ergangen ist. [2]Wenn die die Erstattungszinsen auslösenden Bescheide erst nach dem Todestag wirksam geworden sind, sind die Zinsansprüche nicht mehr in der Person des Erblassers, sondern bereits originär in der Person des Gesamtrechtsnachfolgers entstanden und gehören damit nicht zum steuerpflichtigen Erwerb nach § 10 Absatz 1 ErbStG.

H E 10.3

Steuererstattungsansprüche bei Gesamtgläubigern. Stehen Steuererstattungsansprüche mehreren Gläubigern als Gesamtgläubiger zu, z. B. zusammen veranlagte Ehegatten, ist es aus Vereinfachungsgründen nicht zu beanstanden, wenn die Forderung nach Köpfen auf die einzelnen Gläubiger aufgeteilt wird.

Steuererstattungsansprüche für den Veranlagungszeitraum, in den der Todeszeitpunkt des Erblassers fällt.[1] → BFH vom 16.1.2008 II R 30/06, BStBl. II S. 626.

Steuererstattungsansprüche für Veranlagungszeiträume, die vor dem Todeszeitpunkt des Erblassers endeten. → BFH vom 16.1.2008 II R 30/06, BStBl. II S. 626.

R E 10.4 Übertragung eines Anteils an einer vermögensverwaltenden Personengesellschaft

(1) [1]Bei einem Erwerb eines Gesellschaftsanteils an einer vermögensverwaltenden Personengesellschaft können die Besitzposten und Gesellschaftsschulden der Gesamthandsgemeinschaft nicht zu einer wirtschaftlichen Einheit zusammengefasst werden. [2]Den Gesellschaftern sind die einzelnen Wirtschaftsgüter und sonstigen Besitzposten des Gesamthandsvermögens und die Gesellschaftsschulden anteilig als Bruchteilseigentum zuzurechnen (§ 10 Absatz 1 Satz 4 ErbStG, § 39 Absatz 2 Nummer 2 AO). [3]In Fällen des § 15 Absatz 3 Nummer 2 EStG tritt unter Berücksichtigung zivilrechtlicher Grundsätze für Zwecke der Erbschaft- und Schenkungsteuer erst zum Zeitpunkt der Eintragung der KG im Handelsregister die gewerbliche Prägung ein. [4]Vor der Eintragung ins Handelsregister handelt es sich um eine vermögensverwaltende GbR unabhängig davon, dass ertragsteuerlich rückwirkend von einer gewerblichen Prägung ausgegangen wird.

(2) [1]Der unmittelbare oder mittelbare Erwerb eines solchen Gesellschaftsanteils gilt als Erwerb der Miteigentumsanteile an den zum Gesamthandsvermögen gehörenden Wirtschaftsgütern und sonstigen Besitzposten. [2]Daneben tritt die mit dem Übergang des Gesellschaftsanteils verbundene Verpflichtung des Erwerbers, für die Gesellschaftsschulden einzustehen. [3]Sie kann nicht unmittelbar durch Abzug vom Wert der Besitzposten, sondern nur im Rahmen

[1] Überholt durch Änderung des § 10 Abs. 1 Satz 3 ErbStG durch das JStG 2020.

der Ermittlung der Bereicherung des Erwerbers (§ 10 Absatz 1 Satz 1 ErbStG) berücksichtigt werden. [4]Beim Erwerb von Todes wegen (§ 3 ErbStG) kann der Erwerber die anteiligen Gesellschaftsschulden als Nachlassverbindlichkeiten abziehen (§ 10 Absatz 5 ErbStG). [5]Bei einer Schenkung unter Lebenden (§ 7 ErbStG) können die anteiligen Gesellschaftsschulden die Bereicherung nach den Grundsätzen zur Behandlung von gemischten Schenkungen sowie Schenkungen unter Auflage mindern (→ R E 7.4). [6]Der Erwerb der anteiligen Gesellschaftsschulden ist dabei als Gegenleistung zu behandeln.

H E 10.4

Entlastungen nach §§ 13a, 13c oder 28a bzw. 19a ErbStG für Anteile an Kapitalgesellschaften im Gesellschaftsvermögen. Wird ein Anteil an einer vermögensverwaltenden Personengesellschaft übertragen, zu deren Vermögen Anteile an einer Kapitalgesellschaft i. S. d. § 13b Absatz 1 Nummer 3 ErbStG gehören, ist zwar auch insoweit von einem Erwerb der Miteigentumsanteile an diesen Anteilen auszugehen. Die Entlastungen nach §§ 13a, 13c oder 28a bzw. 19a ErbStG kommen jedoch nicht in Betracht, weil der Erblasser oder Schenker nicht unmittelbar am Nennkapital der Kapitalgesellschaft beteiligt war.

Gewerblich geprägte GmbH & Co KG. → BFH vom 4.2.2009 II R 41/07, BStBl. II S. 600.

R E 10.5 Übernahme der Steuer

Hat der Erblasser die Entrichtung der von dem Erwerber geschuldeten Steuer einem anderen auferlegt oder hat der Schenker die Entrichtung der vom Beschenkten geschuldeten Steuer selbst übernommen oder einem anderen auferlegt, kommt in Fällen der beschränkten Steuerpflicht § 10 Absatz 2 ErbStG nicht zur Anwendung, weil die zu übernehmende Steuerforderung nicht zum Inlandsvermögen im Sinne des § 121 BewG gehört.

H E 10.5

Abrundung im Fall der Steuerübernahme.

Beispiel:

A schenkt seiner Freundin B (Steuerklasse III) 2018 Wertpapiere im Wert von 205 736 EUR und erklärt sich bereit, die Schenkungsteuer zu übernehmen.

Wert der Zuwendung				205 736 EUR
Daraus errechnete Steuer				
Zuwendung		205 736 EUR		
Persönlicher Freibetrag	./.	20 000 EUR		
Verbleiben		185 736 EUR		
Abgerundet		185 700 EUR		
Steuer bei Steuersatz 30 %		55 710 EUR	+	55 710 EUR
Erwerb einschließlich Steuer				261 446 EUR
Persönlicher Freibetrag			./.	20 000 EUR
Steuerpflichtiger Erwerb				241 446 EUR
abgerundet				241 400 EUR
Steuer bei Steuersatz 30 %				72 420 EUR

Berechnung der Steuer in den Fällen des § 23 ErbStG und § 10 Absatz 2 ErbStG. → H E 23.

R E 10.6 Abzug von außergewöhnlichen Unterhaltskosten (sog. Überlast) nach dem Denkmalschutzgesetz

(1) [1]Ist Grundbesitz nach dem Denkmalschutzgesetz eines Landes als Baudenkmal unter Schutz gestellt, folgt hieraus eine rechtsverbindliche Verpflichtung des Eigentümers gegenüber der Allgemeinheit, das Baudenkmal instand zu halten, erforderlichenfalls instand zu setzen und vor Gefährdung zu schützen. [2]Bei Schlössern, Burgen und Herrenhäusern wird allgemein davon ausgegangen, dass die zu erhaltende Bausubstanz in einem groben Missverhältnis zu dem durch sie vermittelten Nutzen steht. [3]Unter einem Herrenhaus ist nach dem allgemeinen Sprachgebrauch in der Regel ein freistehendes schlossartiges Gebäude zu verstehen, wie es vor allem in Norddeutschland zu finden ist. [4]Bei der Ermittlung des steuerpflichtigen Erwerbs wird in Höhe der hierdurch verursachten zusätzlichen Instandhaltungskosten eine ernstliche wirtschaftliche Belastung (Überlast) als Nachlassverbindlichkeit (§ 10 Absatz 5 Nummer 1 ErbStG) anerkannt. [5]Eine derartige Überlast ist zu berücksichtigen, soweit nicht der Grundbesitz oder ein Teil des Grundbesitzes nach § 13 Absatz 1 Nummer 2 ErbStG steuerfrei ist oder der Erwerber auf die Steuerfreiheit verzichtet hat (§ 13 Absatz 3 Satz 2 ErbStG). [6]Die Überlast aus der Denkmalpflege bei einem Betriebsgrundstück gehört nach § 95 Absatz 1 BewG nicht zum Betriebsvermögen. [7]Sie ist nach § 10 Absatz 5 Nummer 1 ErbStG als Nachlassverbindlichkeit abzugsfähig, die gegebenenfalls der Abzugsbeschränkung nach § 10 Absatz 6 ErbStG unterliegt.

(2) [1]Für die abzugsfähige Überlast bei Schlössern, Burgen und Herrenhäusern werden als jährliche Pauschalsätze

1. einheitlich 2,30 Euro/m^3 für Objekte, deren Innenräume rein museal genutzt werden,
2. einheitlich 1,15 Euro/m^3 für Objekte, deren Innenräume nicht museal genutzt werden,

festgesetzt. [2]Der Kapitalwert beträgt das 18,6fache des sich nach Nummer 1 und 2 ergebenden Jahreswerts (§ 13 Absatz 2 BewG).

(3) [1]Denkmalgeschützte Patrizierhäuser, Bürgerhäuser, Wohn- und Geschäftsgebäude und dergleichen lassen sich nicht mit den genannten Herrenhäusern vergleichen. [2]Eine pauschale Berechnung der Überlast ist daher nicht möglich. [3]Soweit bei derartigen Gebäuden geltend gemacht wird, dass die Unterhaltungslast aus der Denkmalpflege nicht bereits bei der Bewertung des Grundstücks abgegolten ist, kann eine Überlast nur auf Grund eines Einzelnachweises berücksichtigt werden.

(4) [1]Bei der schenkweisen Übertragung solcher Grundstücke ist die Übernahme dieser Überlast wie eine Leistungsauflage zu behandeln (→ R E 7.4). [2]Absatz 1 Satz 5 gilt sinngemäß.

H E 10.6

Kapitalwert der Überlast.

Beispiel:

Von der Gesamtnutzungsfläche einer Burg entfallen 40 % auf die Wohnräume des Eigentümers. Die übrigen Räume der Burg werden museal genutzt. Der gesamte umbaute Raum der Burg beträgt 20 000 Kubikmeter. Als Jahreswert der Überlast ist anzusetzen:

für den museal genutzten Teil	
20 000 m³ × 60 % × 2,30 EUR/m³ =	27 600 EUR
für den anderweitig genutzten Teil	
20 000 m³ × 40 % × 1,15 EUR/m³ =	+ 9 200 EUR
Jahreswert gesamt	36 800 EUR
Der Kapitalwert beträgt 36 800 EUR × 18,6	684 480 EUR

R E 10.7 Nachlassverbindlichkeiten nach § 10 Absatz 5 ErbStG

[1]Die Übernahme einer Bürgschaft führt für sich allein nicht zum Ansatz einer Verbindlichkeit, da es an einer wirtschaftlichen Belastung fehlt. [2]Es ist insoweit auch keine Forderung des Bürgen gegenüber dem Begünstigten der Bürgschaft anzusetzen.

H E 10.7

Abgeltung Pflichtteilsansprüche durch Abfindung beim Tod des Erben. → BFH vom 27.6.2007 II R 30/05, BStBl. II S. 651.

Baumaßnahmen des Erben auf einem nachlasszugehörigen Grundstück. → BFH vom 1.7.2008 II R 38/07, BStBl. II S. 876.

Behandlung von Erwerbsnebenkosten und Steuerberatungskosten sowie Rechtsberatungskosten im Zusammenhang mit einer Schenkung. Bei Schenkungen unter Lebenden können im Zusammenhang mit der Ausführung der Zuwendung zwangsläufig folgende Kosten anfallen:

- allgemeine Erwerbsnebenkosten (Kosten der Rechtsänderung, z.B. Kosten für Notar- oder Handelsregister),
- Steuer- und Rechtsberatung im Vorfeld der Schenkung,
- Kosten zur Erstellung der Steuer- bzw. Feststellungserklärung,
- Kosten für Rechtsbehelfsverfahren oder Finanzgerichtsverfahren im Steuerfestsetzungs- bzw. Feststellungsverfahren,
- Kosten eines Gutachters für die Ermittlung des gemeinen Werts von Grundbesitz, Betriebsvermögen oder nicht notierten Anteilen an Kapitalgesellschaften,
- Grunderwerbsteuer.

Während für Erwerbe von Todes wegen die Abzugsfähigkeit der Kosten, die dem Erwerber im Zusammenhang mit der Erlangung des Erwerbs entstehen, in § 10 Absatz 5 Nummer 3 ErbStG gesetzlich geregelt ist, fehlt für Schenkungen eine entsprechende gesetzliche Regelung.

Die Kosten, die im Zusammenhang mit der Ausführung einer Schenkung entstehen, sind bei der Ermittlung des Werts des steuerpflichtigen Erwerbs wie folgt zu behandeln:

1. Allgemeine Erwerbsnebenkosten (Kosten der Rechtsänderung)

Die allgemeinen Erwerbsnebenkosten, wie z.B. für Notar, Grundbuch oder Handelsregister, entstehen erst durch die Schenkung. Hierzu zählen nicht die im Vorfeld einer Schenkung anfallenden Steuerberatungskosten und Rechtsberatungskosten (→ R E 7.4 Absatz 4 Satz 2).

1.1. Kostentragung durch den Beschenkten

Es handelt sich um Folgekosten der Schenkung, die keine Gegenleistung für das übertragene Vermögen darstellen.

1.1.1. Vollschenkung

Die Kosten sind in vollem Umfang vom Steuerwert der Zuwendung abzuziehen.

1.1.2. Gemischte Schenkung und Schenkung unter Leistungs-, Nutzungs- oder Duldungsauflage

Die Kosten sind in vollem Umfang als Minderung der Bereicherung zu berücksichtigen (→ H E 7.4 (4) „Erwerbsnebenkosten im Zusammenhang mit einer Schenkung").

Beispiel:

Der Schenker übereignet dem Beschenkten ein zu gewerblichen Zwecken vermietetes Grundstück mit einem Grundbesitzwert von 500 000 EUR. Die Nebenkosten betragen 8 000 EUR. Der Beschenkte zahlt eine Gegenleistung von 100 000 EUR.

Der Beschenkte hat (500 000 EUR – 100 000 EUR =) 400 000 EUR zu versteuern und kann die Nebenkosten in voller Höhe abziehen. Die Bereicherung des Beschenkten beträgt (400 000 EUR – 8 000 EUR =) 392 000 EUR.

1.1.3. Mittelbare Schenkung

Die Folgekosten einer Schenkung sind auch dann in vollem Umfang vom Steuerwert der Zuwendung abzuziehen, wenn bei einer mittelbaren Schenkung Geld zum Erwerb eines Gegenstandes zugewendet wird. Die Erwerbsnebenkosten bleiben bei der Prüfung, ob der Wert der Zuwendung den Anschaffungskosten des Gegenstandes entspricht, außer Betracht.

1.1.4. Anteilige mittelbare Schenkung

Wird dem Beschenkten bei einer mittelbaren Schenkung nur ein (nicht unwesentlicher) Teil des Kaufpreises zugewendet, der für den Erwerb eines Gegenstandes zu zahlen ist (→ R E 7.3), ist nur der Teil der allgemeinen Erwerbsnebenkosten abzuziehen, der dem Anteil des mittelbar zugewendeten Gegenstandes entspricht. Die Erwerbsnebenkosten bleiben bei der Prüfung, in welchem Verhältnis der Wert der Zuwendung zu den Anschaffungskosten des Gegenstandes steht, außer Betracht.

Beispiel:

Für den Kauf eines Grundstücks, dessen Kaufpreis und Grundbesitzwert 500 000 EUR beträgt, hat der Erwerber 100 000 EUR vom Schenker erhalten; die Nebenkosten in Höhe von 8 000 EUR trägt er selbst.

Die Zuwendung von 100 000 EUR entspricht 20 % der Anschaffungskosten des Grundstücks in Höhe von 500 000 EUR ohne die Nebenkosten. Der Beschenkte hat 20 % des Grundbesitzwertes von 500 000 EUR = 100 000 EUR zu versteuern und kann 20 % der Nebenkosten in Höhe von 8 000 EUR = 1 600 EUR abziehen. Die Bereicherung des Beschenkten beträgt (100 000 EUR – 1 600 EUR =) 98 400 EUR.

1.1.5. Übertragung ganz oder teilweise steuerbefreiten Vermögens

1.1.5.1. Vollschenkung ganz oder teilweise steuerbefreiten Vermögens

Gehören zum Erwerb Vermögensgegenstände, für die eine Steuerbefreiung nach §§ 13, 13a, 13c oder 13d ErbStG zur Anwendung kommt, unterliegen

die Erwerbsnebenkosten nicht der Kürzung nach § 10 Absatz 6 ErbStG (→ R E 7.4 Absatz 4).
Die Kosten sind in vollem Umfang abzuziehen und nicht nach § 10 Absatz 6 ErbStG zu kürzen.

Beispiel:

Der Schenker überträgt dem Beschenkten ein zu Wohnzwecken vermietetes Grundstück mit einem Grundbesitzwert von 400 000 EUR. Der Beschenkte trägt die Erwerbsnebenkosten in Höhe von 6 000 EUR.

Der Beschenkte hat den Grundbesitzwert des Grundstücks von 400 000 EUR abzüglich des Befreiungsabschlages nach § 13d ErbStG von 10 % = 40 000 EUR zu versteuern und kann die Erwerbsnebenkosten in voller Höhe abziehen. Insoweit erfolgt keine Kürzung nach § 10 Absatz 6 Satz 5 ErbStG. Die Bereicherung des Beschenkten beträgt (400 000 EUR – 40 000 EUR – 6 000 EUR =) 354 000 EUR.

1.1.5.2. Gemischte Schenkung und Schenkung unter Leistungs-, Nutzungs- oder Duldungsauflage ganz oder teilweise steuerbefreiten Vermögens

Der Abzug der Gegenleistungen sowie der Leistungs-, Nutzungs- oder Duldungsauflage ist nach § 10 Absatz 6 ErbStG beschränkt, soweit der Gegenstand nach §§ 13, 13a, 13c oder 13d ErbStG befreit ist (→ R E 7.4 Absatz 2). Die Erwerbsnebenkosten sind hingegen in vollem Umfang abzugsfähig und nicht nach § 10 Absatz 6 ErbStG zu kürzen (→ R E 7.4 Absatz 4).

Beispiel:

Der Schenker überträgt dem Beschenkten einen nach §§ 13a, 13b ErbStG begünstigten Anteil von 30 % an einer GmbH, dessen Steuerwert mit 4 000 000 EUR festgestellt wurde. Der GmbH-Anteil zählt in vollem Umfang zum begünstigten Vermögen gemäß § 13b Absatz 2 ErbStG. Er behält sich den Nießbrauch an den Anteilen vor. Der Kapitalwert des Nießbrauchs beträgt 2 000 000 EUR. Der Beschenkte trägt die Erwerbsnebenkosten in Höhe von 20 000 EUR.

Begünstigter GmbH-Anteil	4 000 000 EUR	
Verschonungsabschlag § 13a Absatz 1 ErbStG 85 %	– 3 400 000 EUR	
verbleibender Betrag		600 000 EUR
Abzugsbetrag § 13a Absatz 2 ErbStG		– 0 EUR
		600 000 EUR
Kapitalwert des Nießbrauchs	2 000 000 EUR	
abzugsfähig (§ 10 Absatz 6 Satz 4 ErbStG) 600 000 EUR : 4 000 000 EUR × 2 000 000 EUR		– 300 000 EUR
Erwerbsnebenkosten abzugsfähig in voller Höhe		– 20 000 EUR
Bereicherung		280 000 EUR

1.1.5.3. Mittelbare Schenkung ganz oder teilweise steuerbefreiten Vermögens

Die Kosten sind in vollem Umfang abzugsfähig und nicht nach § 10 Absatz 6 ErbStG zu kürzen.

1.1.5.4. Anteilige mittelbare Schenkung ganz oder teilweise steuerbefreiten Vermögens

Die Kosten sind mit dem Anteil abzugsfähig, der dem Anteil des mittelbar zugewendeten Gegenstandes entspricht. Eine weitere Kürzung nach § 10 Absatz 6 ErbStG erfolgt nicht.

1.2. Kostentragung durch den Schenker

1.2.1. Vollschenkung

Es handelt sich um eine zusätzliche Schenkung, die die Bereicherung des Beschenkten entsprechend erhöht. Der zusätzlichen Bereicherung steht jedoch eine Entreicherung durch die Folgekosten der Schenkung gegenüber. Das gilt nicht nur, wenn der Schenker dem Beschenkten einen Geldbetrag in Höhe der Erwerbsnebenkosten zuwendet, damit dieser sie zahlen kann, sondern auch dann, wenn der Schenker selbst (in Abkürzung des Zahlungswegs) die Erwerbsnebenkosten begleicht.

Beispiel:

Der Schenker übereignet dem Beschenkten ein unbebautes Grundstück mit einem Grundbesitzwert von 300 000 EUR. Die allgemeinen Erwerbsnebenkosten betragen 8 000 EUR. Trägt der Schenker – durch Geldzuwendung oder durch eigene Zahlung – die Erwerbsnebenkosten, beträgt der Gesamtwert der Zuwendungen (300 000 EUR + 8 000 EUR =) 308 000 EUR. Die Bereicherung des Beschenkten beträgt (308 000 EUR – 8 000 EUR =) 300 000 EUR.

1.2.2. Gemischte Schenkung und Schenkung unter Leistungs-, Nutzungs- oder Duldungsauflage

Es handelt sich um eine zusätzliche Schenkung, die die Bereicherung des Beschenkten erhöht. Die Erwerbsnebenkosten sind im vollen Umfang abzugsfähig.

Beispiel:

Der Schenker übereignet dem Beschenkten ein zu gewerblichen Zwecken vermietetes Grundstück mit einem Grundbesitzwert von 500 000 EUR und übernimmt die Nebenkosten in Höhe von 8 000 EUR. Der Beschenkte zahlt eine Gegenleistung von 100 000 EUR.
Der Beschenkte hat (500 000 EUR – 100 000 EUR =) 400 000 EUR zuzüglich der erhaltenen Nebenkosten von 8 000 EUR zu versteuern und kann die Nebenkosten in voller Höhe abziehen. Die Bereicherung des Beschenkten beträgt (408 000 EUR – 8 000 EUR =) 400 000 EUR.

1.2.3. Mittelbare Schenkung

Die Übernahme der Nebenkosten durch den Schenker stellt eine zusätzliche Bereicherung dar. Der zusätzlichen Bereicherung steht jedoch eine Entreicherung in gleicher Höhe durch die Folgekosten der Schenkung gegenüber. Die Nebenkosten können in vollem Umfang abgezogen werden.

1.2.4. Anteilige mittelbare Schenkung

Die Übernahme der Nebenkosten durch den Schenker stellt eine zusätzliche Bereicherung dar. Die Nebenkosten sind mit dem Anteil abzugsfähig, der dem Verhältnis der Zuwendung ausschließlich der Nebenkosten zu den Anschaffungskosten des Gegenstandes ausschließlich der Nebenkosten entspricht.

1.2.5. Übertragung ganz oder teilweise steuerbefreiten Vermögens

Gehören zum Erwerb Vermögensgegenstände, für die eine Steuerbefreiung nach §§ 13, 13a, 13c oder 13d ErbStG in Anspruch genommen wird, unterliegen die Erwerbsnebenkosten nicht der Kürzung nach § 10 Absatz 6 ErbStG (→ R E 7.4 Absatz 4).

1.2.5.1. Vollschenkung ganz oder teilweise steuerbefreiten Vermögens

Die Kosten sind als zusätzlicher Erwerb anzusetzen und gleichzeitig in vollem Umfang abzuziehen und nicht nach § 10 Absatz 6 ErbStG zu kürzen.

Beispiel:

Der Schenker überträgt dem Beschenkten ein zu Wohnzwecken vermietetes Grundstück mit einem Grundbesitzwert von 400 000 EUR. Der Schenker trägt die Erwerbsnebenkosten in Höhe von 6 000 EUR.

Der Beschenkte hat den Grundbesitzwert des Grundstücks von 400 000 EUR abzüglich des Befreiungsabschlages nach § 13d ErbStG von 10 % = 40 000 EUR zuzüglich der übernommenen Erwerbsnebenkosten zu versteuern und kann die Erwerbsnebenkosten in voller Höhe abziehen. Insoweit erfolgt keine Kürzung nach § 10 Absatz 6 Satz 5 ErbStG. Die Bereicherung des Beschenkten beträgt (400 000 EUR – 40 000 EUR + 6 000 EUR – 6000 EUR =) 360 000 EUR.

1.2.5.2. Gemischte Schenkung und Schenkung unter Leistungs-, Nutzungs- oder Duldungsauflage ganz oder teilweise steuerbefreiten Vermögens

Der Abzug der Gegenleistungen sowie der Leistungs-, Nutzungs- oder Duldungsauflagen ist nach § 10 Absatz 6 ErbStG beschränkt, soweit der Gegenstand nach §§ 13, 13a, 13c oder 13d ErbStG befreit ist (→ R E 7.4 Absatz 2). Die Erwerbsnebenkosten sind hingegen in vollem Umfang abzugsfähig und nicht nach § 10 Absatz 6 ErbStG zu kürzen (→ R E 7.4 Absatz 4).

Beispiel:

Der Schenker überträgt dem Beschenkten einen nach §§ 13a, 13b ErbStG begünstigten Anteil von 30 % an einer GmbH, dessen Steuerwert mit 4 000 000 EUR festgestellt wurde. Der GmbH-Anteil zählt in vollem Umfang zum begünstigten Vermögen gemäß § 13b Absatz 2 ErbStG. Er behält sich den Nießbrauch an diesen Anteilen vor. Der Kapitalwert des Nießbrauchs beträgt 2 000 000 EUR. Der Schenker trägt die Erwerbsnebenkosten in Höhe von 20 000 EUR.

Begünstigter GmbH-Anteil	4 000 000 EUR	
Verschonungsabschlag § 13a Absatz 1 ErbStG 85 %	– 3 400 000 EUR	
verbleibender Betrag		600 000 EUR
Abzugsbetrag § 13a Absatz 2 ErbStG		– 0 EUR
		600 000 EUR
übernommene Erwerbsnebenkosten		+ 20 000 EUR
		620 000 EUR
Kapitalwert des Nießbrauchs	2 000 000 EUR	
abzugsfähig (§ 10 Absatz 6 Satz 4 ErbStG) 600 000 EUR : 4 000 000 EUR × 2 000 000 EUR		– 300 000 EUR
Erwerbsnebenkosten abzugsfähig in voller Höhe		– 20 000 EUR
Bereicherung		300 000 EUR

1.2.5.3. Mittelbare Schenkung ganz oder teilweise steuerbefreiten Vermögens

Die Kosten sind als zusätzlicher Erwerb anzusetzen und gleichzeitig in vollem Umfang abzugsfähig und nicht nach § 10 Absatz 6 ErbStG zu kürzen.

1.2.5.4. Anteilige mittelbare Schenkung ganz oder teilweise steuerbefreiten Vermögens

Die Kosten sind als zusätzlicher Erwerb mit dem Anteil anzusetzen, der dem Anteil des mittelbar zugewendeten Gegenstandes entspricht, und gleichzeitig mit dem Anteil abzugsfähig, der dem Anteil des mittelbar zugewendeten Gegenstandes entspricht. Eine weitere Kürzung nach § 10 Absatz 6 ErbStG erfolgt nicht.

2. Steuerberatungskosten und Rechtsberatungskosten

2.1. Im Vorfeld der Schenkung angefallene Kosten

Die Kosten stehen nicht im unmittelbaren Zusammenhang mit dem schenkweise zugewendeten Vermögen und sind deshalb nicht abziehbar (→ R E 7.4 Absatz 4 Satz 2). Bei einer Übernahme der Kosten durch den Schenker kann es sich um eine zusätzliche Zuwendung handeln, wenn der Beschenkte diese zu tragen hätte.

2.2. Kosten für die Erstellung der Schenkungsteuererklärung und der Erklärung zur gesonderten Feststellung nach § 157 i. V. m. § 151 BewG

Diese Kosten stehen zwar nicht unmittelbar im Zusammenhang mit dem schenkweise zugewendeten Vermögen. Sie fallen jedoch an, weil die Beteiligten durch § 31 ErbStG bzw. § 153 BewG zur Abgabe der Steuersteuer- bzw. Feststellungserklärung verpflichtet sind. Deshalb sind die Kosten im vollen Umfang abzugsfähig. Sie unterliegen nicht der Kürzung nach § 10 Absatz 6 ErbStG (→ H E 7.4 (4) „Erwerbsnebenkosten im Zusammenhang mit einer Schenkung").

Bei Feststellungen im Zusammenhang mit dem Wert des Anteils am Betriebsvermögen (§ 151 Absatz 1 Satz 1 Nummer 2 BewG) und dem Wert nicht notierter Anteile an einer Kapitalgesellschaft (§ 151 Absatz 1 Satz 1 Nummer 3 BewG) ist Folgendes zu beachten:

Ist eine gesonderte Feststellung nach § 151 Absatz 1 BewG durchzuführen, kann das Feststellungsfinanzamt von jedem, für dessen Besteuerung eine gesonderte Feststellung von Bedeutung ist, die Abgabe einer Feststellungserklärung verlangen (§ 153 Absatz 1 BewG).

Anteil am Betriebsvermögen

Bei Feststellungen des Werts von Beteiligungen an Personengesellschaften ist die Feststellungserklärung vorrangig von der Gesellschaft anzufordern (§ 153 Absatz 2 BewG i. V. m. R B 153 Absatz 3 Satz 1). Fordert das Feststellungsfinanzamt die Personengesellschaft zur Abgabe der Erklärung auf, ergibt sich eine unmittelbare gesetzliche Verpflichtung der Gesellschaft zur Abgabe der Feststellungserklärung. Die im Zusammenhang mit der Erstellung der Feststellungserklärung anfallenden Kosten (insbesondere Steuerberatungskosten und Kosten für Verkehrswertgutachten) stehen im Zusammenhang mit der Schenkungsteuer des jeweiligen Gesellschafters und können somit nicht als Betriebsausgaben der Gesellschaft abgezogen werden (§ 12 EStG). Die Kosten sind als Erwerbsnebenkosten bei der Schenkungsteuer abziehbar, soweit sie dem Erwerber bzw. Schenker als Entnahmen zugerechnet werden.

Nicht notierte Anteile an einer Kapitalgesellschaft

Bei Feststellungen des Werts von nicht notierten Anteilen an Kapitalgesellschaften ist nur die Kapitalgesellschaft zur Abgabe der Feststellungserklärung aufzufordern (§ 153 Absatz 3 BewG). Mit der Aufforderung durch das Feststellungsfinanzamt entsteht für die Gesellschaft unmittelbar eine gesetzliche Verpflichtung zur Abgabe der Feststellungserklärung. Die im Zusammenhang mit der Erstellung der Feststellungserklärung entstehenden Kosten (insbesondere Steuerberatungskosten und Kosten für Verkehrswertgutach-

ten) stellen daher für den Erwerber keine abzugsfähigen Erwerbsnebenkosten dar, soweit die Gesellschaft diese nicht an ihn weitergibt.
Die Grundsätze gelten entsprechend auch für den Fall, dass im Rahmen des Feststellungsverfahrens weitere Feststellungen erforderlich sind, weil einzelne Vermögensgegenstände ihrerseits der Feststellung nach § 151 Absatz 1 BewG unterliegen und die Gesellschaft auch für diese Feststellungserklärungen abgabeverpflichtet ist.

2.2.1. Kostentragung durch den Beschenkten

Sowohl bei der
- Vollschenkung,
- gemischten Schenkung,
- Schenkung unter Leistungs-, Nutzungs- oder Duldungsauflage,
- mittelbaren Schenkung und anteiligen mittelbaren Schenkung oder bei
- entsprechenden Übertragungen ganz oder teilweise steuerbefreiten Vermögens

sind die Kosten in vollem Umfang vom Steuerwert der Zuwendung abzugsfähig. Eine Kürzung nach § 10 Absatz 6 ErbStG erfolgt nicht.

2.2.2. Kostentragung durch den Schenker

Sowohl bei der
- Vollschenkung,
- gemischten Schenkung,
- Schenkung unter Leistungs-, Nutzungs- oder Duldungsauflage,
- mittelbaren Schenkung und anteiligen mittelbaren Schenkung oder bei
- entsprechenden Übertragungen ganz oder teilweise steuerbefreiten Vermögens

handelt es sich bei der Kostentragung durch den Schenker um eine zusätzliche Schenkung, die die Bereicherung des Beschenkten entsprechend erhöht. Die Kosten sind in vollem Umfang abzugsfähig. Eine Kürzung nach § 10 Absatz 6 ErbStG erfolgt nicht.

2.3. Kosten für anschließende Rechtsbehelfsverfahren oder finanzgerichtliche Verfahren bzw. Verfahren zur Änderung der Steuerfestsetzung oder Wertfeststellung

Die Kosten sind nicht abziehbar, da es sich hierbei um Rechtsverfolgungskosten zur Abwehr der Entrichtung der eigenen Schenkungsteuer handelt, die unter das Abzugsverbot des § 10 Absatz 8 ErbStG fallen (→ BFH vom 20.6.2007 II R 29/06, BStBl. II S. 722). Werden sie vom Schenker getragen, liegt eine zusätzliche Schenkung vor.

2.4. Kosten eines Gutachtens für die Ermittlung des gemeinen Wertes beim Grundbesitz, beim Betriebsvermögen oder bei nicht notierten Anteilen an Kapitalgesellschaften

Die Kosten sind im vollen Umfang abzugsfähig unabhängig davon, ob sie im Rahmen der Verpflichtung zur Abgabe der Feststellungserklärung angefallen sind oder erst in einem sich an die Wertfeststellung anschließenden Rechtsbehelfsverfahren, einem finanzgerichtlichen Verfahren oder einem Verfahren, in dem die Änderung der Wertfeststellung beantragt wird, angefallen sind. Sie unterliegen nicht der Kürzung nach § 10 Absatz 6 ErbStG.
Werden die Gutachterkosten vom Schenker getragen, liegt eine zusätzliche Zuwendung vor.

3. Grunderwerbsteuer

3.1. Kostentragung durch den Beschenkten

3.1.1. Vollschenkung ganz oder teilweise steuerbefreiten Vermögens

Es fällt keine Grunderwerbsteuer an (§ 3 Nummer 2 GrEStG).

3.1.2. Gemischte Schenkung, Schenkung unter Leistungs-, Nutzungs- oder Duldungsauflage ganz oder teilweise steuerbefreiten Vermögens

Soweit hier Grunderwerbsteuer anfällt, betrifft sie stets nur den entgeltlichen Teil der Zuwendung. Ein Abzug bei der Ermittlung des Werts des steuerpflichtigen Erwerbs ist ausgeschlossen (→ H E 7.4 (4) „Erwerbsnebenkosten im Zusammenhang mit einer Schenkung").

3.1.3. Mittelbare und anteilige mittelbare Grundstücksschenkung ganz oder teilweise steuerbefreiten Vermögens

Die bei der mittelbaren oder anteiligen mittelbaren Grundstücksschenkung für den Erwerb des Grundstücks durch den Beschenkten anfallende Grunderwerbsteuer ist bei nicht befreitem Vermögen in voller Höhe abzugsfähig und bei befreitem Vermögen mit dem Teil abzugsfähig, der dem Anteil des mittelbar zugewendeten Gegenstandes entspricht.

3.2. Kostentragung durch den Schenker

3.2.1. Vollschenkung ganz oder teilweise steuerbefreiten Vermögens

Es fällt keine Grunderwerbsteuer an (§ 3 Nummer 2 GrEStG).

3.2.2. Gemischte Schenkung, Schenkung unter einer Leistungs-, Nutzungs- oder Duldungsauflage ganz oder teilweise steuerbefreiten Vermögens

Es handelt sich um eine zusätzliche Geldschenkung. Ein Abzug ist ausgeschlossen, da nur der entgeltliche Teil der Zuwendung betroffen ist.

3.2.3. Mittelbare und anteilige mittelbare Grundstücksschenkung ganz oder teilweise steuerbefreiten Vermögens

Die bei der mittelbaren oder anteiligen mittelbaren Grundstücksschenkung für den Erwerb des Grundstücks durch den Beschenkten anfallende Grunderwerbsteuer ist in gleicher Weise wie die allgemeinen Erwerbsnebenkosten zu behandeln.

3.2.3.1. Mittelbare Schenkung

Die Übernahme der Grunderwerbsteuer durch den Schenker stellt eine zusätzliche Bereicherung dar. Der zusätzlichen Bereicherung steht jedoch eine Bereicherungsminderung in gleicher Höhe durch die Folgekosten der Schenkung gegenüber. Die Grunderwerbsteuer kann in voller Höhe abgezogen werden.

3.2.3.2. Anteilige mittelbare Schenkung

Die Übernahme der Grunderwerbsteuer durch den Schenker stellt in voller Höhe eine zusätzliche Bereicherung dar. Die Grunderwerbsteuer ist mit dem Anteil abzugsfähig, der dem Verhältnis der Zuwendung ausschließlich der Nebenkosten zu den Anschaffungskosten des Gegenstandes ausschließlich der Nebenkosten entspricht.

Behandlung von Grabpflegekosten.

1. Der Erblasser hat mit einer (Friedhofs-)Gärtnerei einen Grabpflegevertrag geschlossen, der Art, Umfang und Kosten der Pflegemaßnahmen bestimmt.

1.1. Wurden die Grabpflegekosten bereits vom Erblasser zu Lebzeiten bezahlt, gehört zu seinem Nachlass ein Sachleistungsanspruch in gleicher Höhe. Dieser Sachleistungsanspruch hat jedoch für die Erben keine Bereicherung zur Folge, weil diese zur Grabpflege bürgerlich-rechtlich nicht verpflichtet sind. Für den Sachleistungsanspruch ist daher kein Wert anzusetzen. Andererseits fallen bei den Erben Grabpflegekosten im Sinne des § 10 Absatz 5 Nummer 3 Satz 1 ErbStG nicht an. Die Erben können daher über dem Pauschbetrag von 10 300 EUR liegende Kosten nur geltend machen, wenn die übrigen Kosten – ohne die vom Erblasser gezahlten Grabpflegekosten – den Pauschbetrag überschreiten (§ 10 Absatz 5 Nummer 3 Satz 2 ErbStG).

1.2. Sind die Grabpflegekosten erst nach dem Tode des Erblassers zu entrichten, haben die Erben insoweit eine abzugsfähige Nachlassverbindlichkeit im Sinne des § 10 Absatz 5 Nummer 1 ErbStG. Erfolgt die Bezahlung der Grabpflegekosten entsprechend den jeweiligen laufenden Pflegeleistungen, sind sie mit dem Kapitalwert (§§ 13, 15 BewG) abzugsfähig. Bei der Ermittlung des Kapitalwerts sind künftige Preissteigerungen nicht zu berücksichtigen. Kann der Grabpflegevertrag von den Erben ersatzlos gekündigt werden, ist – anstelle der vereinbarten – von einer unbestimmten Pflegedauer auszugehen. Bei den Erben fallen – wie im Fall der Zahlung durch den Erblasser – Grabpflegekosten im Sinne des § 10 Absatz 5 Nummer 3 Satz 1 ErbStG nicht an. § 10 Absatz 5 Nummer 3 Satz 2 ErbStG bleibt unberührt.

1.3. Hat der Erblasser zur Bestreitung der Grabpflegekosten ein Sparguthaben angelegt und mit dem Geldinstitut vereinbart, dass dieses oder ein Dritter während der Pflegedauer über das Guthaben verfügungsberechtigt ist, gehört das Guthaben zum Nachlass und damit zum Erwerb des Erben. Die Verfügungsbeschränkung der Erben ist für die Besteuerung ohne Bedeutung (§ 9 Absatz 3 BewG).

1.3.1. Soll ein nach Ablauf der Pflegezeit bestehendes Guthaben den Erben verbleiben, ist ihr Erwerb nur mit der aus dem Vertrag des Erblassers sich ergebenden, gem. § 10 Absatz 5 Nummer 1 ErbStG abzugsfähigen Schuld belastet. Für die Ermittlung des Kapitalwerts der Schuld gelten Nummer 1.2 Sätze 2, 3 und 4 entsprechend. Bei den Erben fallen Grabpflegekosten im Sinne des § 10 Absatz 5 Nummer 3 Satz 1 ErbStG nicht an. § 10 Absatz 5 Nummer 3 Satz 2 ErbStG bleibt unberührt.

1.3.2. Soll ein nach Ablauf der Pflegezeit bestehendes Guthaben einem vom Erblasser bestimmten Dritten zustehen oder für einen bestimmten Zweck verwendet werden, ist bei den Erben eine Gesamtverpflichtung in Höhe des Sparguthabens abzugsfähig (§ 10 Absatz 5 Nummer 1 ErbStG). Nummer 1.3.1 Satz 3 gilt entsprechend. Der Erwerb des berechtigten Dritten (§ 3 Absatz 1 Nummer 4 ErbStG) bzw. die Zweckzuwendung (§ 8 ErbStG) ist aufschiebend bedingt und – soweit erforderlich – zu überwachen.

2. Der Erblasser hat einen entgeltlichen Geschäftsbesorgungsvertrag geschlossen, der den Geschäftsbesorger verpflichtet, für die Pflege des Grabes des Erblassers durch Vergabe eines entsprechenden Auftrags an eine bestimmte Gärtnerei und für die Überwachung der Ausführung zu sorgen.

2.1. Hat der Erblasser als Geschäftsherr zur Deckung der entsprechenden Kosten vereinbarungsgemäß ein Sparkonto errichtet, das bei seinem Ableben dem Geschäftsbesorger zur Verfügung stehen soll, liegt in dessen Person grundsätzlich kein Erwerb von Todes wegen vor (→ BFH vom 30.9.1987 II R 122/85, BStBl. II S. 861).

2.2. Soweit die auf dem Sparbuch vorhandenen Beträge lediglich das Entgelt für die Übernahme der Geschäftsbesorgung und (oder) den Ersatz der Aufwendungen darstellen, die dem Geschäftsbesorger bei Durchführung des Geschäftsbesorgungsvertrags entstehen werden, ist nach dem BFH-Urteil vom 30.9.1987 II R 122/85, BStBl. II S. 861 auch keine Zweckzuwendung (§ 8 ErbStG) anzunehmen.

2.3. Den Erben steht gegen den Geschäftsbesorger ein Anspruch auf Herausgabe des Sparguthabens zu (vgl. § 667 1. Alternative BGB i.V.m. § 675 BGB). Dieser Herausgabeanspruch ist mit dem gemeinen Wert im Zeitpunkt des Todes des Erblassers zu bewerten. Als gemeiner Wert des Herausgabeanspruchs ist der Nennwert des Sparguthabens anzusetzen. Die Verfügungsbeschränkung der Erben ist für die Besteuerung ohne Bedeutung (§ 9 Absatz 3 BewG). Die durch die Geschäftsbesorgung veranlassten, das Sparguthaben mindernden Aufwendungen für die Grabpflege sind bei den Erben nach Maßgabe des § 10 Absatz 5 Nummer 3 ErbStG zu berücksichtigen.

2.4. Übersteigen die auf dem Sparkonto vorhandenen Beträge jedoch die zur Ausführung des Auftrags erforderlichen Aufwendungen und (oder) ein für die Geschäftsbesorgung vereinbartes angemessenes Entgelt und soll dieses verbleibende Guthaben einem vom Erblasser bestimmten Dritten zustehen oder für einen bestimmten Zweck verwendet werden, ist bei den Erben eine Gesamtverpflichtung in Höhe des Sparguthabens abzugsfähig. Der Erwerb des berechtigten Dritten (§ 3 Absatz 1 Nummer 4 ErbStG) bzw. die Zweckzuwendung (§ 8 ErbStG) ist aufschiebend bedingt und – soweit erforderlich – zu überwachen.

2.5. Nummer 2.4 Satz 1 gilt entsprechend, wenn das verbleibende Guthaben nach dem Willen des Erblassers dem Geschäftsbesorger zustehen soll. Vorbehaltlich einer Erfassung dieser Zuwendung als (zusätzliche) einkommensteuerpflichtige Einnahme (Entgelt) ist der Erwerb des Geschäftsbesorgers (§ 3 Absatz 1 Nummer 2 ErbStG) aufschiebend bedingt und – soweit erforderlich – zu überwachen.

3. Der Erblasser hat einem Dritten (z.B. Testamentsvollstrecker) den Auftrag erteilt, dafür zu sorgen, dass die Grabpflege sichergestellt ist, wobei die dafür erforderlichen Mittel aus dem Nachlass zu entnehmen sind.
Es liegt keine Zweckzuwendung vor. Die Grabpflegekosten sind bei den Erben als Nachlassverbindlichkeiten im Sinne des § 10 Absatz 5 Nummer 1 ErbStG abzugsfähig. Nummer 1.2 gilt entsprechend.

4. Der Erblasser hat einem Dritten (z.B. auch Stadtverwaltung, Kirchen) eine konkrete, getrennte Vermögensmasse (z.B. Sparguthaben) durch Vermächtnis mit der Auflage zugewendet, davon die Grabpflege für einen bestimmten Zeitraum zu bestreiten.
Die Zuwendung des Erblassers unter der Auflage der Grabpflege ist keine Zweckzuwendung (→ BFH vom 30.9.1987 II R 122/85, BStBl. II S. 861).

Bei der Ermittlung des steuerpflichtigen Erwerbs eines Vermächtnisnehmers ist die Auflage der Grabpflege nach § 10 Absatz 5 Nummer 2 ErbStG abzugsfähig. Für die Ermittlung des Kapitalwerts der Schuld gelten Nummer 1.2 Sätze 2, 3 und 4 und für die Behandlung eines nach Ablauf der Pflegezeit bestehenden Guthabens die Nummern 1.3.1 und 1.3.2 entsprechend.

5. Der Erblasser hat in einer Verfügung von Todes wegen bestimmt, dass ein genau bezeichneter Geldbetrag für die Dauerpflege seines Grabs zu verwenden ist.

Es liegt keine Zweckzuwendung vor. Der für die Grabpflege bestimmte Geldbetrag ist bei den Erben als Nachlassverbindlichkeit im Sinne des § 10 Absatz 5 Nummer 2 ErbStG abzugsfähig, Soweit ein verdecktes Vermächtnis vorliegt, weil der Geldbetrag offensichtlich die Grabpflegeaufwendungen übersteigt, ist der Bedachte damit nach § 3 Absatz 1 Nummer 1 ErbStG steuerpflichtig. Obwohl bei den Erben Grabpflegekosten im Sinne des § 10 Absatz 5 Nummer 3 Satz 1 ErbStG nicht anfallen, bleibt § 10 Absatz 5 Nummer 3 Satz 2 ErbStG (Pauschbetrag 10 300 EUR) unberührt.

Berücksichtigung von Abfindungszahlungen an weichende Erbprätendenten als Nachlassverbindlichkeit. → BFH vom 15.6.2016 II R 24/15, BStBl. 2017 II S. 128.

Berücksichtigung von noch nicht erbrachten Einlagen beim Erwerb von Anteilen an Kapitalgesellschaften. → R B 11.4 Absatz 10.

Berücksichtigung von noch nicht erbrachten Einlagen, Nachschusspflichten, Überentnahmen und einer übersteigenden Außenhaftung beim Erwerb von Kommanditanteilen. → R B 97.5.

Bürgschaften bei Personengesellschaften. → R B 97.1 Absatz 3.

Geltendmachung des Pflichtteils nach Tod des Verpflichteten durch dessen Alleinerben. → BFH vom 19.2.2013 II R 47/11, BStBl. II S. 332.

Kein Abzug einer Abfindungsverpflichtung bei entgeltlichem Verzicht auf Pflichtteil gegenüber dem überlebenden Ehegatten. → BFH vom 27.6.2007 II R 30/05, BStBl. II S. 651.

Kein Abzug von Reparaturaufwendungen für nach dem Erbfall aufgetretene Gebäudeschäden als Nachlassverbindlichkeit. → BFH vom 23.7.2017 II R 33/15, BStBl. 2018 II S. 203.

Kosten der Erbauseinandersetzung. → BFH vom 9.12.2009 II R 37/08, BStBl. 2010 II S. 489.

Kosten der üblichen Grabpflege. Die nach § 10 Absatz 5 Nummer 3 ErbStG abzugsfähigen üblichen Grabpflegekosten sind mit ihrem Kapitalwert für eine unbestimmte Dauer anzusetzen. Dieser ist mit dem 9,3fachen (§ 13 Absatz 2 BewG) der jährlichen ortsüblichen Aufwendungen anzunehmen. Im Hinblick auf das Erfordernis der gleichmäßigen Behandlung aller Steuerpflichtigen und unter Berücksichtigung eines – erfahrungsgemäß vorhandenen – Preisgefälles zwischen größeren und kleineren Gemeinden, sind als übliche Grabpflegekosten die am Bestattungsort allgemein erforderlichen Aufwendungen für die Grabpflege zu verstehen. Soweit die geltend gemachten Kosten über den am Bestattungsort üblichen Rahmen hinausgehen, sind sie zum Abzug nicht zugelassen. Das muss auch dann gelten, wenn höhere Grabpflegekosten etwa auf der gesellschaftlichen bzw. beruflichen Stellung des Erblassers, seinen Vermögensverhältnissen oder auf persönlichen, im Verhältnis des Erblassers zu seinen Erben begründeten Umständen beruhen.

Latente Einkommensteuerlast des Erben auf geerbte Forderung. → BFH vom 17.2.2010 II R 23/09, BStBl. II S. 641.

Private Schulden eines Gesellschafters gegenüber einer Personengesellschaft. → R B 97.1 Absatz 2, H B 97.1.

Steuerberatungskosten für die Steuerangelegenheiten des Erblassers. Vom Erben getragene Steuerberatungskosten, die im Rahmen der Einkommensteuerpflicht des Erblassers anfallen, insbesondere Steuerberatungskosten für die Erstellung der Einkommensteuererklärung des Erblassers, stellen keine Nachlassregelungskosten oder Kosten zur Erlangung des Erwerbs i. S. d. § 10 Absatz 5 Nummer 3 ErbStG dar.
Sie können jedoch als Erblasserschulden abzugsfähige Nachlassverbindlichkeiten i. S. d. § 10 Absatz 5 Nummer 1 ErbStG darstellen, soweit sie vom Erblasser herrühren.
Eine Erblasserschuld setzt voraus, dass der Erblasser noch zu seinen Lebzeiten den Steuerberater beauftragt hat (Verursacherprinzip). Hierunter fällt auch eine über den Tod des Erblassers hinausgehende Beauftragung, solange diese nicht durch eine Kündigung seitens des Erben beendet wird. Beauftragt erst der Erbe nach dem Tod des Erblassers den Steuerberater, liegen keine Erblasserschulden vor.
Diese Grundsätze gelten auch für Steuerberatungskosten, die dem Erben anlässlich einer Berichtigung bzw. Selbstanzeige für ursprünglich vom Erblasser abgegebene Steuererklärungen entstehen. Den Erben trifft als Gesamtrechtsnachfolger gemäß § 153 Absatz 1 AO eine Berichtigungspflicht hinsichtlich der noch vom Erblasser abgegebenen Steuererklärungen, soweit er deren Unrichtigkeit erkennt. Beauftragt der Erbe zur Erfüllung seiner vom Erblasser herrührenden steuerlichen Pflichten einen Steuerberater, rühren die Beratungskosten, anders als die privaten Steuerschulden des Erblassers (→ BFH vom 4.7.2012 II R 15/11, BStBl. II S. 790), gerade nicht vom Erblasser her, sondern werden erst in der Person des Erben begründet. Sie sind nicht als Erblasserschulden i. S. d. § 10 Absatz 5 Nummer 1 ErbStG abzugsfähig.

Steuerberatungskosten und Rechtsberatungskosten im Rahmen des Besteuerungs- und Wertfeststellungsverfahrens bei der Erbschaftsteuer. Steuerberatungsgebühren für die von den Erben in Auftrag gegebene Erstellung der Erbschaftsteuererklärung oder der Erklärung zur gesonderten Feststellung nach § 157 i. V. m. § 151 BewG sind unter Berücksichtigung der den Erben unmittelbar durch den Erbfall treffenden, von der späteren Verwaltung und Verwertung des Nachlasses unabhängigen öffentlich-rechtlichen Verpflichtung zur Abgabe einer Erbschaftsteuererklärung als Nachlassregelungskosten zum Abzug zugelassen. Gleiches gilt, wenn Kosten eines Gutachtens für die Ermittlung des gemeinen Wertes beim Grundbesitz, beim Betriebsvermögen und bei nicht notierten Anteilen an Kapitalge-

sellschaften anfallen und vom Erwerber getragen worden sind (→ BFH vom 19.6.2013 II R 20/12, BStBl. II S. 738). Der Abzug dieser Kosten ist nicht nach § 10 Absatz 6 ErbStG zu kürzen, soweit zum Erwerb steuerbefreites oder teilweise steuerbefreites Vermögen gehört.
Bei Feststellungen im Zusammenhang mit dem Wert des Anteils am Betriebsvermögen (§ 151 Absatz 1 Satz 1 Nummer 2 BewG) und dem Wert nicht notierter Anteile an einer Kapitalgesellschaft (§ 151 Absatz 1 Satz 1 Nummer 3 BewG) ist Folgendes zu beachten:
Ist eine gesonderte Feststellung nach § 151 Absatz 1 BewG durchzuführen, kann das Feststellungsfinanzamt von jedem, für dessen Besteuerung eine gesonderte Feststellung von Bedeutung ist, die Abgabe einer Feststellungserklärung verlangen (§ 153 Absatz 1 BewG).

Anteil am Betriebsvermögen
Bei Feststellungen des Werts von Beteiligungen an Personengesellschaften ist die Feststellungserklärung vorrangig von der Gesellschaft anzufordern (§ 153 Absatz 2 BewG i. V. m. R B 153 Absatz 3 Satz 1). Fordert das Feststellungsfinanzamt die Personengesellschaft zur Abgabe der Erklärung auf, ergibt sich eine unmittelbare gesetzliche Verpflichtung der Gesellschaft zur Abgabe der Feststellungserklärung. Die im Zusammenhang mit der Erstellung der Feststellungserklärung anfallenden Kosten (insbesondere Steuerberatungskosten und Kosten für Verkehrswertgutachten) stehen im Zusammenhang mit der Erbschaftsteuer des jeweiligen Gesellschafters und können somit nicht als Betriebsausgaben der Gesellschaft abgezogen werden (§ 12 EStG). Die Kosten sind als Nachlassregelungskosten bei der Erbschaftsteuer abziehbar, soweit sie dem Erwerber als Entnahmen zugerechnet werden.

Nicht notierte Anteile an einer Kapitalgesellschaft
Bei Feststellungen des Werts von nicht notierten Anteilen an Kapitalgesellschaften ist nur die Kapitalgesellschaft zur Abgabe der Feststellungserklärung aufzufordern (§ 153 Absatz 3 BewG). Mit der Aufforderung durch das Feststellungsfinanzamt entsteht für die Gesellschaft unmittelbar eine gesetzliche Verpflichtung zur Abgabe der Feststellungserklärung. Die im Zusammenhang mit der Erstellung der Feststellungserklärung entstehenden Kosten (insbesondere Steuerberatungskosten und Kosten für Verkehrswertgutachten) stellen daher für den Erwerber keine abzugsfähigen Nachlassregelungskosten dar, soweit die Gesellschaft diese nicht an ihn weitergibt.
Die Grundsätze gelten entsprechend auch für den Fall, dass im Rahmen des Feststellungsverfahrens weitere Feststellungen erforderlich sind, weil einzelne Vermögensgegenstände ihrerseits der gesonderten Feststellung nach § 151 Absatz 1 BewG unterliegen und die Gesellschaft auch für diese Feststellungserklärungen abgabeverpflichtet ist.
Keine Nachlassregelungskosten sind Steuerberatungs- und Rechtsberatungskosten, die in einem sich an die Steuerfestsetzung oder Wertfeststellung anschließenden Rechtsbehelfsverfahren oder einem finanzgerichtlichen Verfahren anfallen und vom Erwerber getragen worden sind; sie sind – wie auch die festgesetzte Erbschaftsteuer selbst – nicht zum Abzug zugelassen (→ BFH vom 20.6.2007 II R 29/06, BStBl. II S. 722). Das gilt auch für andere Verfahren, in denen Änderungen der Steuerfestsetzung oder Wert-

feststellung beantragt werden. Abzugsfähig sind jedoch auch hier Kosten eines Gutachtens, die für die Ermittlung des gemeinen Wertes beim Grundbesitz, beim Betriebsvermögen und bei nicht notierten Anteilen an Kapitalgesellschaften anfallen (→ BFH vom 19.6.2013 II R 20/12, BStBl. II S. 738). Der Abzug dieser Kosten ist nicht nach § 10 Absatz 6 ErbStG zu kürzen, soweit zum Erwerb steuerbefreites oder teilweise steuerbefreites Vermögen gehört.

Zahlungen des Beschenkten zur Abwendung des Herausgabeanspruchs eines Pflichtteilsberechtigten. → BFH vom 8.10.2003 II R 46/01, BStBl. 2004 II S. 234.

Zugewinnausgleichsverbindlichkeit beim Tod des erstversterbenden Ehegatten. → BFH vom 1.7.2008 II R 71/06, BStBl. II S. 874.

R E 10.8 Private Steuerschulden des Erblassers

(1) Die Einkommensteuer entsteht mit Ablauf des Veranlagungszeitraums (§ 36 Absatz 1 in Verbindung mit § 25 Absatz 1 EStG).

(2) [1] Einkommensteuerschulden aus Veranlagungszeiträumen, die vor dem Todeszeitpunkt des Erblassers endeten, sind mit Ablauf des jeweiligen Kalenderjahrs entstanden. [2] Sie sind unabhängig davon, ob sie am Todeszeitpunkt des Erblassers bereits festgesetzt waren oder nicht, mit dem materiell-rechtlich zutreffenden Wert als Nachlassverbindlichkeiten nach § 10 Absatz 5 Nummer 1 ErbStG abzugsfähig. [3] Steuerschulden sind im Falle einer Steuerhinterziehung nur als Nachlassverbindlichkeiten nach § 10 Absatz 5 Nummer 1 ErbStG abzuziehen, soweit sie tatsächlich festgesetzt werden.

(3) Einkommensteuerschulden aus dem Veranlagungszeitraum, in den der Todeszeitpunkt des Erblassers fällt, rühren vom Erblasser her und sind unter den Voraussetzungen des Absatzes 2 ebenfalls abzugsfähig.

(4) [1] Die Einkommensteuer-Vorauszahlungen entstehen jeweils mit Beginn des Kalendervierteljahres, in dem die Vorauszahlungen zu entrichten sind. [2] Soweit bis zum Todeszeitpunkt des Erblassers festgesetzte und entstandene Vorauszahlungsbeträge in diesem Zeitpunkt noch nicht entrichtet sind, sind diese abzugsfähig.

(5) Absatz 2 und 4 gilt für Zinsen nach §§ 233a und 235 AO entsprechend, soweit diese auf den Zeitraum vom Beginn des Zinslaufs bis zum Todestag des Erblassers entfallen.

H E 10.8

Steuerschulden für das Todesjahr als Nachlassverbindlichkeiten. → BFH vom 4.7.2012 II R 15/11, BStBl. II S. 790.

Steuerschulden als Nachlassverbindlichkeiten bei Aussetzung der Vollziehung. → BFH vom 14.11.2018 II R 34/15, BStBl. 2019 II S. 674.

R E 10.9 Pauschbetrag für Nachlassverbindlichkeiten

(1) [1] Für die in § 10 Absatz 5 Nummer 3 ErbStG angeführten Nachlassverbindlichkeiten können insgesamt 10 300 Euro als Pauschbetrag bei der Ermitt-

lung des Werts des Nachlasses abgezogen werden, wenn dem Erwerber dem Grunde nach solche Kosten entstanden sind, ihre Höhe aber nicht nachgewiesen ist. [2]Wird der Pauschbetrag geltend gemacht, können einzelne Kosten daneben nicht mehr selbstständig berücksichtigt werden. [3]Sofern höhere Nachlassverbindlichkeiten der genannten Art angefallen sind, sind sie im Einzelnen nachzuweisen. [4]Der Pauschbetrag ist nicht zu kürzen, soweit zum Nachlass nicht der Besteuerung unterliegendes Vermögen gehört.

(2) [1]Abweichend von § 1968 BGB, wonach die Kosten der standesgemäßen Beerdigung des Erblassers nur den Erben treffen, unterscheidet § 10 ErbStG bei der Ermittlung des steuerpflichtigen Erwerbs nicht zwischen Erwerben durch Erbanfall und anderen Erwerben. [2]Deshalb besteht grundsätzlich für jeden Erwerber, also z. B. auch für den Vermächtnisnehmer oder Pflichtteilsberechtigten, die Möglichkeit, die genannten Kosten steuermindernd geltend zu machen. [3]Voraussetzung für den Abzug beim einzelnen Erwerber ist allerdings, dass eine Verpflichtung zur Kostenübernahme besteht, wobei neben einer rechtlichen auch eine sittliche Verpflichtung ausreichend ist.

(3) [1]Der Pauschbetrag bezieht sich auf den gesamten Erbfall und kann demzufolge auch von mehreren am Erbfall beteiligten Erwerbern insgesamt nur einmal in Anspruch genommen werden. [2]Dies gilt auch dann, wenn einzelne oder mehrere der am Erbfall beteiligten Erwerber die in § 10 Absatz 5 Nummer 3 ErbStG angeführten Nachlassverbindlichkeiten zu erfüllen haben. [3]Soweit diese Nachlassverbindlichkeiten den Pauschbetrag nicht übersteigen, sind sie damit abgegolten. [4]Die einzelnen Erwerber sind in diesen Fällen in geeigneter Weise, z. B. entsprechend einem gemeinsamen Antrag der Erwerber, an der Pauschbetragsregelung zu beteiligen. [5]Sollen höhere Kosten abgezogen werden, sind sie insgesamt für alle Erwerber nachzuweisen.

(4) [1]Eine beschränkte Steuerpflicht des Erwerbers (§ 2 Absatz 1 Nummer 3 ErbStG) steht dem Abzug des Pauschbetrags nicht entgegen. [2]Ebenso ist der Abzug des Pauschbetrags nicht durch § 10 Absatz 6 Satz 2 ErbStG ausgeschlossen.

(5) Hatte ein Erwerber Aufwendungen, die sich allein auf die Erlangung seines Erwerbs beziehen und nicht den Nachlass belasten, können diese neben dem Pauschbetrag selbstständig abgezogen werden, soweit sie nachgewiesen werden.

H E 10.9

Aufteilung des Pauschbetrags.

Beispiel:

Der Alleinerbe macht Kosten für die Grabstelle geltend in Höhe von	2 000 EUR
Der Vermächtnisnehmer hat aus sittlicher Verpflichtung die Kosten übernommen für den Grabstein in Höhe von	+ 3 300 EUR
Summe der nachgewiesenen Aufwendungen	5 300 EUR
Abzugsfähig sind	
beim Vermächtnisnehmer	3 300 EUR
beim Erben (10 300 EUR – 3 300 EUR)	+ 7 000 EUR
insgesamt (Pauschbetrag)	10 300 EUR

In Betracht kommt auch eine quotenmäßige Aufteilung des Pauschbetrags im Verhältnis der tatsächlich übernommenen Kosten.

Pauschbetrag je Erbfall. → BFH vom 24.2.2010 II R 31/08, BStBl. II S. 491.

R E 10.10 Beschränkung des Abzugs von Schulden und Lasten

(1) Zur Behandlung von Schulden und Lasten, die im Rahmen der Ermittlung des Besteuerungswerts einer gemischten Schenkung oder Schenkung unter Auflage als Gegenleistung/Leistungsauflage oder Duldungsauflage berücksichtigt werden, und von Erwerbsnebenkosten → R E 7.4.

(2)[1] [1]Der Abzug von Schulden und Lasten ist grundsätzlich nur dann eingeschränkt, wenn diese in wirtschaftlichem Zusammenhang mit Vermögensgegenständen stehen, die bei der Besteuerung nicht angesetzt werden (§ 2 Absatz 1 Nummer 3, § 19 Absatz 2 ErbStG) oder nach § 13 Absatz 1 Nummer 2, Nummer 3, Nummer 4b oder 4c sowie § 13d ErbStG voll oder teilweise befreit sind. [2]Vermögensgegenstände, für die der Erwerber lediglich im Rahmen der Wertermittlung nach § 13 Absatz 1 Nummer 1 ErbStG einen pauschalen Freibetrag erhält, unterliegen dagegen selbst uneingeschränkt der Besteuerung, so dass die Einschränkung des Schuldenabzugs nicht in Betracht kommt. [3]In den Fällen des § 13 Absatz 1 Nummer 4b Sätze 2 bis 4 ErbStG, § 13 Absatz 1 Nummer 4c Sätze 2 bis 4 ErbStG, § 13a Absatz 5 Satz 2 ErbStG, § 13c Absatz 2 Satz 1 ErbStG in Verbindung mit § 13a Absatz 5 Satz 2 ErbStG und des § 13d Absatz 2 ErbStG ist beim Erwerber, dem die entsprechende Steuerbefreiung nicht gewährt wird, keine Kürzung des Abzugs von Schulden und Lasten vorzunehmen.

(3) Bei Pflichtteilsansprüchen und anderen allgemeinen Nachlassverbindlichkeiten (z. B. Konsumentendarlehen, Steuerschulden, Erbfallkosten oder die Pflicht des Erben zur Zahlung des Zugewinnausgleichs) besteht kein wirtschaftlicher Zusammenhang mit den einzelnen erworbenen Vermögensgegenständen.

(4)[1] [1]Schulden und Lasten, die mit dem nach §§ 13a, 13c ErbStG befreiten Vermögen in wirtschaftlichem Zusammenhang stehen, sind nur mit dem Betrag abzugsfähig, der dem Verhältnis des nach Anwendung der §§ 13a und 13c ErbStG anzusetzenden Werts des gesamten begünstigten Vermögens (§ 13b Absatz 2 ErbStG) zu dem Wert dieses Vermögens vor Anwendung der §§ 13a und 13c ErbStG entspricht (§ 10 Absatz 6 Satz 4 ErbStG). [2]Zu diesen Schulden und Lasten können nur solche gehören, die nicht bereits bei der Ermittlung des Werts des begünstigten Vermögens berücksichtigt worden sind. [3]Bei land- und forstwirtschaftlichem begünstigten Vermögen ist § 158 Absatz 5 BewG zu berücksichtigen. [4]Ist das begünstigte Vermögen in vollem Umfang von der Steuer befreit, ist kein Abzug vorzunehmen. [5]Ein Erlass nach § 28a ErbStG führt nicht zu einer Kürzung der Schulden und Lasten nach § 10 Absatz 6 ErbStG. [6]In den Fällen des § 13a Absatz 9 ErbStG in Verbindung mit § 28a ErbStG → R E 13a.20 Absatz 6. [7]Soweit die Befreiung nach §§ 13a, 13c ErbStG wegen Verstoßes gegen die Behaltensvoraussetzungen oder die Lohnsummenregelung nachträglich ganz oder teilweise entfällt, sind die bisher

[1] Teilweise überholt durch Änderung des § 10 Abs. 6 ErbStG durch das JStG 2020.

nicht abzugsfähigen Schulden und Lasten entsprechend zum Abzug zuzulassen. [8] Gleiches gilt, soweit sich die Höhe der Steuerbefreiung nach §§ 13a, 13c ErbStG ändert, weil der Vorwegabschlag (§ 13a Absatz 9 ErbStG) ganz oder teilweise wegfällt.

(5)[1)] [1] Schulden und Lasten, die mit den nach § 13d ErbStG befreiten Grundstücken oder Grundstücksteilen in wirtschaftlichem Zusammenhang stehen, können nur mit dem Betrag abgezogen werden, der dem Verhältnis des nach Anwendung des § 13d ErbStG anzusetzenden Werts dieses Vermögens zu dem Wert vor Anwendung des § 13d ErbStG entspricht (§ 10 Absatz 6 Satz 5 ErbStG). [2] Somit ergibt sich im Regelfall ein Abzug in Höhe von 90 Prozent; das gilt nicht in den Fällen des § 13d Absatz 2 ErbStG (→ R E 13d).

(6) [1] Für zum Erwerb gehörende wirtschaftliche Einheiten des Grundvermögens kann nach § 198 BewG der niedrigere gemeine Wert u.a. durch ein Gutachten nachgewiesen werden. [2] Da für diese Gutachten grundsätzlich die auf Grund von § 199 Absatz 1 des Baugesetzbuches ergangenen Vorschriften und damit die Immobilienwertermittlungsverordnung gelten, sind auf dem Objekt lastende Nutzungsrechte anders als bei der Bewertung des Grundvermögens nach § 179 und §§ 182 bis 197 BewG bei der Ermittlung des Werts zu berücksichtigen. [3] Auch beim Nachweis eines niedrigeren gemeinen Werts über den Kaufpreis (§ 198 BewG) haben sich auf dem Objekt lastende Nutzungsrechte grundsätzlich bereits auf den Kaufpreis ausgewirkt. [4] Beim Nachweis des niedrigeren gemeinen Werts für Betriebswohnungen und den Wohnteil eines Betriebs der Land- und Forstwirtschaft nach § 167 Absatz 4 BewG gilt Entsprechendes. [5] Da sich die Nutzungsrechte bereits über den festgestellten Grundbesitzwert bereicherungsmindernd ausgewirkt haben, können sie bei der Erbschaftsteuer nicht abgezogen werden (§ 10 Absatz 6 Satz 6 ErbStG). [6] Hierdurch wird eine Doppelberücksichtigung vermieden. [7] Das für die Erbschaft- oder Schenkungsteuerfestsetzung zuständige Finanzamt ist vom Lagefinanzamt darüber zu unterrichten, dass die Belastung im Rahmen der Feststellung des Grundstückswerts berücksichtigt wurde.

H E 10.10

Abzug eines Nutzungsrechts

Beispiel:

A vererbt B ein Grundstück, das mit einer Duldungsauflage belastet ist (lebenslanges Wohnrecht zugunsten der Schwester des A), deren Steuerwert (Kapitalwert) 96 000 EUR beträgt. Für das Grundstück ist ein Grundbesitzwert von 500 000 EUR festgestellt worden, der dem nachgewiesenen, unter Berücksichtigung der Duldungsauflage ermittelten Verkehrswert entspricht.

Steuerlich ist die Bereicherung des B ohne zusätzlichen Abzug des Kapitalwerts des Wohnrechts vom Grundbesitzwert des Grundstücks mit 500 000 EUR zu erfassen.

Kürzung des Schuldenabzugs bei steuerbefreitem Vermögen. → H E 13.4, H E 13a.11, H E 13d; → BFH vom 22.7.2015 II R 21/13, BStBl. 2016 II S. 228 sowie vom 22.7.2015 II R 12/14, BStBl. 2016 II S. 230.[2)]

---

1) Teilweise überholt durch Änderung des § 10 Abs. 6 ErbStG durch das JStG 2020.
2) Urteile überholt durch Änderung des § 10 Abs. 6 ErbStG durch das JStG 2020.

Wirtschaftlicher Zusammenhang von Schulden und Lasten mit Vermögensgegenständen. Ein wirtschaftlicher Zusammenhang von Schulden (Lasten) mit Vermögensgegenständen im Sinne des § 10 Absatz 6 ErbStG liegt nur vor, wenn die Entstehung der Schuld ursächlich und unmittelbar auf Vorgängen beruht, die diesen Vermögensgegenstand betreffen (→ BFH vom 28.1.1972 III R 4/71, BStBl. II S. 416) und die Schuld den Vermögensgegenstand wirtschaftlich belastet (→ BFH vom 19.5.1967 III 319/63, BStBl. III S. 596). Bei der Belastung eines Grundstücks muss die Schuldaufnahme dem Erwerb (z. B. Belegung des Restkaufpreises durch Aufnahme einer Hypothek), der Herstellung, der Erhaltung oder Verbesserung des belasteten Grundstücks gedient haben (→ BFH vom 28.9.1962 III 242/60 U, BStBl. III S. 535). Die hypothekarische Sicherung der Schuld an einem Grundstück reicht deshalb für sich allein noch nicht aus, um den wirtschaftlichen Zusammenhang mit dem Grundstück herbeizuführen (→ BFH vom 28.9.1962 III 242/60 U, BStBl. III S. 535). Der wirtschaftliche Zusammenhang mit dem Vermögensgegenstand muss beim Erbfall bereits bestanden haben; er wird durch die Gesamtrechtsnachfolge nicht herbeigeführt, wenn er beim Erblasser nicht bestanden hat (BFH vom 28.9.1962 III 242/60 U, BStBl. III S. 535). Ein wirtschaftlicher Zusammenhang ist auch gegeben, wenn die Schuld oder Last erst mit dem Erwerb (z. B. Duldungsauflage) begründet wird.

R E 10.11 Eigene Erbschaftsteuer des Erwerbers – *unbesetzt* –

H E 10.11

Ausländische Erbschaftsteuer. Auch ausländische Erbschaftsteuer und Schenkungsteuer einschließlich der deutschen Steuer entsprechende ausländische Steuer ist vom Abzug ausgeschlossen. Abzugsfähig ist dagegen z. B. kanadische „capital gains tax“ (→ BFH vom 26.4.1995 II R 13/92, BStBl. II S. 540).

R E 10.12 Auflagen, die dem Beschwerten selbst zugutekommen – *unbesetzt* –

H E 10.12

Auflagen, die dem Beschwerten selbst zugutekommen. → BFH vom 28.6.1995 II R 89/92, BStBl. II S. 786.

R E 10.13 Gesellschaftsanteil beim Tod eines Gesellschafters mit Weiterübertragungsverpflichtung

(1) [1]Kraft Gesetzes sind die Mitgliedschaftsrechte an Personengesellschaften mit Ausnahme der Kommanditistenstellung nicht vererblich. [2]Da es sich dabei um dispositives Recht handelt, können sie jedoch gesellschaftsvertraglich vererblich gestellt werden. [3]Der Gesellschaftsvertrag kann vorsehen, dass Erben aus bestimmten darin festgelegten Gründen (z. B. Nichtzugehörigkeit zum

gesellschaftsvertraglich umschriebenen Familienzweig oder fehlende Qualifikation) ihren Anteil unverzüglich an Mitgesellschafter zu übertragen haben und die Erben dabei nur den Anspruch realisieren können, der ihnen bei ihrem Ausscheiden (Abfindungsanspruch) zustehen würde. [4]Überträgt ein Erbe ein auf ihn übergegangenes Mitgliedschaftsrecht an einer Personengesellschaft unverzüglich nach dessen Erwerb auf Grund einer im Zeitpunkt des Todes des Erblassers bestehenden Regelung im Gesellschaftsvertrag an die Mitgesellschafter und ist der Wert, der sich für seinen Anteil zur Zeit des Todes des Erblassers nach § 12 ErbStG ergibt, höher als der gesellschaftsvertraglich festgelegte Abfindungsanspruch, so gehört nur der Abfindungsanspruch zum Vermögensanfall (§ 10 Absatz 10 in Verbindung mit Absatz 1 Satz 2 ErbStG). [5]§§ 13a bis 13c, 19a und 28a ErbStG sind auf den Abfindungsanspruch nicht anzuwenden.

(2) § 10 Absatz 10 ErbStG ist bei mit den in Absatz 1 genannten vergleichbaren Regelungen in Gesellschaftsverträgen von Gesellschaften mit beschränkter Haftung, sofern diese nicht schon die Einziehung des vererbten Geschäftsanteils gegen eine unter dem gemeinen Wert liegende Abfindung vorsehen, entsprechend anzuwenden.

(3) [1]Die in den Fällen des Absatzes 1 und 2 eintretende Bereicherung der Mitgesellschafter gilt als Schenkung unter Lebenden im Sinne des § 7 Absatz 7 ErbStG. [2]Auf die Absicht des ausscheidenden Gesellschafters, die verbleibenden Gesellschafter oder die Gesellschaft zu bereichern (Bereicherungswille), kommt es hierbei nicht an. [3]Die Vorschrift betrifft sowohl Beteiligungen an einer Personengesellschaft als auch Anteile an einer Gesellschaft mit beschränkter Haftung. [4]§§ 13a, 13c oder 28a bzw. 19a ErbStG sind anzuwenden; das gilt nicht, wenn der Geschäftsanteil eines Gesellschafters einer GmbH eingezogen wird, weil die verbleibenden Gesellschafter selbst keine Anteile erwerben (→ R E 3.4 Absatz 3 Satz 9).

H E 10.13

Gesellschaftsanteil beim Ausscheiden eines Gesellschafters. → BFH vom 1.7.1992 II R 70/88, BStBl. II S. 921 und vom 1.7.1992 II R 12/90, BStBl. II S. 925.

Zu § 11 ErbStG

R E 11 Rückwirkende Umwandlung einer Personengesellschaft in eine Kapitalgesellschaft und umgekehrt

[1]Wird nach dem Tod eines Erblassers bzw. nach Ausführung einer Schenkung unter Lebenden eine Umwandlung einer Personengesellschaft in eine Kapitalgesellschaft oder umgekehrt mit steuerlicher Rückwirkung auf einen Übertragungszeitpunkt (vgl. § 2 Absatz 1 UmwStG) beschlossen, der vor dem Zeitpunkt der Steuerentstehung liegt, berührt die ertragsteuerliche Rückwirkung nicht die nach bürgerlich-rechtlichen Grundsätzen zu entscheidende Frage, welches Vermögen zum Nachlass eines Erblassers gehörte bzw. was Gegenstand einer unentgeltlichen Zuwendung war. [2]Sie ist ausschließlich

nach den tatsächlichen Verhältnissen zum Zeitpunkt der Steuerentstehung zu beurteilen (§§ 9, 11 ErbStG).

H E 11

Steuerliche Rückwirkung. Die steuerliche Rückwirkung berührt nicht die Frage nach dem Gegenstand einer Zuwendung (→ BFH vom 4.7.1984 II R 73/81, BStBl. II S. 772).

Umwandlungssteuerrecht. → BMF-Schreiben vom 11.11.2011 (BStBl. I S. 1314), geändert durch BMF-Schreiben vom 26.7.2016 (BStBl. I S. 684) und vom 10.11.2016 (BStBl. I S. 1252).

Zu § 12 ErbStG

R E 12.1 Bewertungsgrundsätze

[1]Die Bereicherung eines Erwerbers (§ 10 Absatz 1 Satz 1 ErbStG) ist, soweit sie der Besteuerung unterliegt, nach den in § 12 ErbStG genannten allgemeinen und besonderen Bewertungsvorschriften des Bewertungsgesetzes zu bewerten. [2]Dies gilt sowohl hinsichtlich der Abgrenzung der zu bewertenden wirtschaftlichen Einheiten als auch der Wertermittlung selbst. [3]Soweit nichts anderes vorgeschrieben ist, ist der gemeine Wert zugrunde zu legen (§ 12 Absatz 1 ErbStG, § 9 BewG).

H E 12.1

Betriebsvermögen. → R B 95 bis B 109.3 sowie B 199.1 bis B 203.

Grundvermögen. → R B 176.1 bis B 198.

Land- und forstwirtschaftliches Vermögen. → R B 158.1 bis B 168.

Übriges Vermögen. → R B 9.1 bis B 13.

R E 12.2 Maßgeblichkeit des Zivilrechts für das Erbschaftsteuerrecht bei im Erbfall noch nicht vollständig erfüllten Grundstückskaufverträgen

(1) [1]Für die Zurechnung eines Grundstücks zum Nachlass bei noch nicht – vollständig – erfüllten Grundstückskaufverträgen ist der Übergang des Eigentums nach dem zivilrechtlichen Eigentumsbegriff entscheidend. [2]Der Übergang des wirtschaftlichen Eigentums im Sinne des § 39 Absatz 2 Nummer 1 AO ist nicht maßgeblich, insbesondere ist nicht auf den Zeitpunkt des Besitz- und Lastenwechsels abzustellen. [3]Zivilrechtlich geht das Eigentum an dem Grundstück gemäß § 873 BGB erst mit der Grundbucheintragung auf den Erwerber über. [4]Weder die Aufgabe des Besitzes noch die Auflassung und Eintragungsbewilligung bewirken bereits einen Wechsel des Eigentums. [5]Bis zur Eintragung obliegen dem bisherigen Eigentümer (ggf. seinen Erben) sowie dem Käufer (ggf. seinen Erben) die Rechte und Pflichten aus dem Kaufvertrag und den weiteren Willenserklärungen.

(2) [1]Die grundsätzliche Anknüpfung an das Zivilrecht gilt nicht nur hinsichtlich des Erbrechts selbst, sondern auch hinsichtlich der Frage, was zum

steuerpflichtigen Erwerb von Todes wegen gehört. [2]Beim Erwerb von Todes wegen ist daher ein Grundstück erbschaftsteuerrechtlich bis zur Eintragung des Eigentumswechsels im Grundbuch bei den Erben nach dem Veräußerer zu erfassen. [3]Außerdem sind die Rechte und Pflichten aus dem Kaufvertrag und den weiteren Willenserklärungen zum Stichtag zu erfassen und zu bewerten. [4]Dabei ist zu beachten, dass Sachleistungsansprüche und -verpflichtungen, soweit sie im Rahmen gegenseitiger Verträge begründet werden, nicht mit dem Steuerwert des Gegenstands, auf den sie gerichtet sind, zu bewerten sind, sondern mit dem gemeinen Wert. [5]Das gilt auch für auf Grundstücke gerichtete vertragliche Sachleistungsansprüche und -verpflichtungen.

(3) [1]Die vorstehenden Grundsätze gelten nur für die Besteuerung des Grundstückserwerbs von Todes wegen. [2]Die vom zivilrechtlichen Eigentumsübergang abweichende Regelung über die Ausführung einer Grundstücksschenkung (→ R E 9.1) bleibt davon unberührt.

H E 12.2

Anknüpfung des Erbschaftsteuerrechts an das Zivilrecht. → BFH vom 10.11.1982 II R 111/80, BStBl. 1983 II S. 116 und vom 15.10.1997 II R 68/95, BStBl. II S. 820.

Behandlung von Sachleistungsansprüchen aus gegenseitigen Verträgen. → BFH vom 10.4.1991 II R 118/86, BStBl. II S. 620, vom 26.6.1991 II R 117/87, BStBl. II S. 749 und vom 15.10.1997 II R 68/95, BStBl. II S. 820.

Einzelfälle. Verstirbt ein Vertragspartner eines Grundstückskaufvertrages vor der Übertragung des Eigentums, ist es für die Erben von Bedeutung, ob das Grundstück – aus der Sicht der Erben des Verkäufers – noch oder – aus der Sicht der Erben des Käufers – schon in den jeweiligen Nachlass gefallen ist.

Beispiel 1:

V ist Eigentümer eines privat genutzten schuldenfreien Grundstücks, Grundbesitzwert 1 000 000 EUR. Er veräußert das Grundstück mit notariell beurkundetem Kaufvertrag vom 1.9.01 an K gegen 1 000 000 EUR in bar, zahlbar in zwei gleichen Raten am 1.12.01 und 1.3.02. V und K vereinbaren den Übergang von Besitz und Gefahr, Nutzungen und Lasten (Lastenwechsel) mit Entrichtung der 1. Rate am 1.12.01. Nach Entrichtung der 2. Rate am 1.3.02 erklären die Beteiligten formgerecht die Auflassung; K erhält zugleich die den Vorschriften der Grundbuchordnung entsprechende Eintragungsbewilligung ausgehändigt. Mit Bescheid vom 5.1.02 führt das Lagefinanzamt auf den 1.1.02 eine Zurechnungsfortschreibung des Einheitswerts des Grundstücks auf K als dessen wirtschaftlicher Eigentümer durch (§ 22 Absatz 2 BewG). Die Eintragung des Eigentumswechsels im Grundbuch erfolgt am 17.5.02.

V verstirbt am I. 10.1.02
II. 10.4.02

Der Tod des V lässt unabhängig vom Todestag (Besteuerungszeitpunkt, → § 9 ErbStG) die bestehenden vertraglichen Verpflichtungen unberührt; sie gehen auf die Erben über (§ 1922 BGB). Dies gilt gemäß § 857 BGB auch für den Besitz.

Die im Sachverhalt genannten Wirtschaftsgüter sind auf den Besteuerungszeitpunkt wie folgt anzusetzen und zu bewerten (§§ 11, 12 ErbStG):

I. Todestag 10.1.02

Das Grundstück ist wegen des fehlenden Eigentumsübergangs auf K am Besteuerungszeitpunkt mit seinem Steuerwert noch dem Nachlass des V zuzurechnen. Daran ändert auch

nichts der Umstand, dass auf den 1.1.02 auf K im Einheitswertverfahren bereits eine Zurechnungsfortschreibung erfolgt ist. Denn die Frage, wer Eigentümer des Grundstücks im Besteuerungszeitpunkt war, ist im Erbschaftsteuerverfahren besonders zu prüfen, ohne Rücksicht darauf, wer im vorhergegangenen Einheitswertverfahren als Eigentümer des Grundstücks festgestellt worden war.
Die Anzahlung von 500 000 EUR – ausgewiesen in der Regel im Kapitalvermögen – gehört ebenso zum Nachlass wie der Anspruch auf die Gegenleistung (Kaufpreis), soweit dieser am Besteuerungszeitpunkt (10.1.02) noch valutiert. Da der Anspruch auf die Gegenleistung im Nachlass des V zum übrigen Vermögen gehört, ist er gesondert mit dem gemeinen Wert zu erfassen, hier mit (noch) 500 000 EUR. Als Nachlassverbindlichkeit ist auch die noch nicht erfüllte Sachleistungsverpflichtung zur Verschaffung des Eigentums entsprechend mit dem gemeinen Wert anzusetzen, hier 1 000 000 EUR (→ R B 9.3 Absatz 1).

II. Todestag 10.4.02

Das Grundstück ist wegen des fehlenden Eigentumsübergangs auf K am Besteuerungszeitpunkt mit seinem Steuerwert noch dem Nachlass des V zuzurechnen. Dem Wertzuwachs im Aktivnachlass infolge der vollständigen Kaufpreiszahlung, die die entsprechende Kaufpreisforderung zum Erlöschen gebracht hat, steht als Nachlassverbindlichkeit in gleicher Höhe (1 000 000 EUR) die noch nicht erfüllte Sachleistungsverpflichtung gegenüber.
Beiden Varianten ist folglich gemein, dass das Grundstück noch in den Nachlass des V gefallen ist, während die Ansätze für die Ansprüche und Verbindlichkeiten aus dem Kaufvertrag sich in Verbindung mit den Vermögenszuflüssen wertmäßig ausgleichen.

Beispiel 2:

V ist Eigentümer eines schuldenfreien Grundstücks, das er als Gewerbetreibender oder Freiberufler betrieblich selbst nutzt, Grundbesitzwert 1 000 000 EUR. Er veräußert das Grundstück mit notariell beurkundetem Kaufvertrag vom 1.9.01 an K gegen 1 000 000 EUR in bar, zahlbar in zwei gleichen Raten am 1.12.01 und 1.3.02. V und K vereinbaren den Übergang von Besitz und Gefahr, Nutzungen und Lasten (Lastenwechsel) mit Entrichtung der 1. Rate am 1.12.01. An diesem Tag endet die Selbstnutzung durch V. Nach Entrichtung der 2. Rate am 1.3.02 erklären die Beteiligten formgerecht die Auflassung; K erhält zugleich die den Vorschriften der Grundbuchordnung entsprechende Eintragungsbewilligung ausgehändigt. Mit Bescheid vom 5.1.02 führt das Lagefinanzamt auf den 1.1.02 eine Zurechnungsfortschreibung des Einheitswerts des Grundstücks auf K als dessen wirtschaftlicher Eigentümer durch (§ 22 Absatz 2 BewG). Die Eintragung des Eigentumswechsels im Grundbuch erfolgt am 17.5.02.

V verstirbt am I. 10.1.02
II. 10.4.02

Der Tod des V lässt unabhängig vom Todestag (Besteuerungszeitpunkt, → § 9 ErbStG) die bestehenden vertraglichen Verpflichtungen unberührt; sie gehen auf die Erben über (§ 1922 BGB). Dies gilt gemäß § 857 BGB auch für den Besitz.

Die im Sachverhalt genannten Wirtschaftsgüter sind auf den Besteuerungszeitpunkt wie folgt anzusetzen und zu bewerten (§§ 11, 12 ErbStG):

I. Todestag 10.1.02

Im Hinblick auf den fehlenden Eigentumsübergang auf K zum Besteuerungszeitpunkt gehört das mit dem Steuerwert anzusetzende Grundstück noch zum Nachlass des V. Durch den Übergang des wirtschaftlichen Eigentums auf K liegt keine eigenbetriebliche Nutzung des Grundstücks mehr vor. Es ist ab diesem Zeitpunkt nicht mehr Betriebsgrundstück im Sinne des § 99 BewG und gehört nicht mehr zum Betriebsvermögen, sondern zum Grundvermögen des V. Die vereinnahmte Anzahlung von 500 000 EUR und die Forderung über den Restkaufpreis gehören zum Betriebsvermögen. Als Nachlassverbindlichkeit kann die noch nicht erfüllte Sachleistungsverpflichtung gegenüber K in Höhe von 1 000 000 EUR abgezogen werden.

II. Todestag 10.4.02

Im Hinblick auf den fehlenden Eigentumsübergang auf K zum Besteuerungszeitpunkt gehört das Grundstück noch zum Nachlass des V. Durch den Übergang des wirtschaftlichen

Eigentums auf K liegt keine eigenbetriebliche Nutzung des Grundstücks mehr vor. Es ist ab diesem Zeitpunkt nicht mehr Betriebsgrundstück im Sinne des § 99 BewG und gehört nicht mehr zum Betriebsvermögen, sondern zum Grundvermögen des V. Der vereinnahmte Kaufpreis gehört zum Betriebsvermögen. Als Nachlassverbindlichkeit kann die noch nicht erfüllte Sachleistungsverpflichtung gegenüber K in Höhe von 1 000 000 EUR abgezogen werden.

Beispiel 3:

V ist Eigentümer eines privat genutzten schuldenfreien Grundstücks, Grundbesitzwert 1 000 000 EUR. Er veräußert das Grundstück mit notariell beurkundetem Kaufvertrag vom 1.9.01 an K gegen 1 000 000 EUR in bar, zahlbar in zwei gleichen Raten am 1.12.01 und 1.3.02. V und K vereinbaren den Übergang von Besitz und Gefahr, Nutzungen und Lasten (Lastenwechsel) mit Entrichtung der 1. Rate am 1.12.01. Ab diesem Zeitpunkt nutzt K das Grundstück privat. Nach Entrichtung der 2. Rate am 1.3.02 erklären die Beteiligten formgerecht die Auflassung; der Käufer erhält zugleich die den Vorschriften der Grundbuchordnung entsprechende Eintragungsbewilligung ausgehändigt. Mit Bescheid vom 5.1.02 führt das Lagefinanzamt auf den 1.1.02 eine Zurechnungsfortschreibung des Einheitswerts des Grundstücks auf K als dessen wirtschaftlicher Eigentümer durch (§ 22 Absatz 2 BewG). Die Eintragung des Eigentumswechsels im Grundbuch erfolgt am 17.5.02.

K verstirbt am I. 10.1.02
II. 10.4.02

Der Tod des K lässt unabhängig vom Todestag (Besteuerungszeitpunkt, → § 9 ErbStG) die bestehenden vertraglichen Verpflichtungen unberührt; sie gehen auf die Erben über (§ 1922 BGB). Dies gilt gemäß § 857 BGB auch für den Besitz.

Die im Sachverhalt genannten Wirtschaftsgüter sind auf den Besteuerungszeitpunkt wie folgt anzusetzen und zu bewerten (§§ 11, 12 ErbStG):

I. Todestag 10.1.02
Das Grundstück gehört nicht zum Nachlass des K, weil der Eigentumserwerb erst nach dem Besteuerungszeitpunkt durch die Erben des K erfolgte. Dem steht nicht entgegen, dass dem K außerhalb des Erbschaftsteuerverfahrens im Einheitswertverfahren das Grundstück als wirtschaftlichem Eigentümer auf den 1.1.02 zugerechnet worden ist (→ Beispiel 1). Zum Nachlass gehört jedoch der noch nicht erfüllte Sachleistungsanspruch auf Verschaffung des Eigentums. Er ist mit dem gemeinen Wert (1 000 000 EUR) zu bewerten. Dem stehen die restliche Kaufpreisschuld (500 000 EUR) als Nachlassverbindlichkeit und ein Vermögensabfluss vor dem Besteuerungszeitpunkt durch die erste Ratenzahlung (500 000 EUR) gegenüber.

II. Todestag 10.4.02
Obwohl K die Kaufpreisverpflichtung zum Besteuerungszeitpunkt vollständig erfüllt hat und zu diesem Zeitpunkt bereits Nutzungen und Lasten übergegangen sind, fällt in den Nachlass des K nicht das Grundstück mit dem Grundbesitzwert, sondern der Sachleistungsanspruch auf Verschaffung des Eigentums. Er ist mit dem gemeinen Wert (1 000 000 EUR) zu bewerten. Dieser gleicht den vor dem Besteuerungszeitpunkt eingetretenen Vermögensabfluss durch die Kaufpreiszahlung in Höhe von 1 000 000 EUR aus.

Beispiel 4:

V ist Eigentümer eines privat genutzten schuldenfreien Grundstücks, Grundbesitzwert 1 000 000 EUR. Er veräußert das Grundstück mit notariell beurkundetem Kaufvertrag vom 1.9.01 an K gegen 1 000 000 EUR in bar, zahlbar in zwei gleichen Raten am 1.12.01 und 1.3.02. V und K vereinbaren den Übergang von Besitz und Gefahr, Nutzungen und Lasten (Lastenwechsel) mit Entrichtung der 1. Rate am 1.12.01. K ist Gewerbetreibender oder Freiberufler und nutzt ab diesem Zeitpunkt das Grundstück für eigene betriebliche Zwecke. Nach Entrichtung der 2. Rate am 1.3.02 erklären die Beteiligten formgerecht die Auflassung; der Käufer erhält zugleich die den Vorschriften der Grundbuchordnung entsprechende Eintragungsbewilligung ausgehändigt. Mit Bescheid vom 5.1.02 führt das Lagefinanzamt auf den 1.1.02 eine Zurechnungsfortschreibung des Einheitswerts des Grundstücks auf K als dessen wirtschaftlicher Eigentümer durch (§ 22 Absatz 2 BewG). Die Eintragung des Eigentumswechsels im Grundbuch erfolgt am 17.5.02.

K verstirbt am I. 10.1.02
II. 10.4.02

Der Tod des K lässt unabhängig vom Todestag (Besteuerungszeitpunkt, → § 9 ErbStG) die bestehenden vertraglichen Verpflichtungen unberührt; sie gehen auf die Erben über (§ 1922 BGB). Dies gilt gemäß § 857 BGB auch für den Besitz.

Die im Sachverhalt genannten Wirtschaftsgüter sind auf den Besteuerungszeitpunkt wie folgt anzusetzen und zu bewerten (§§ 11, 12 ErbStG):

I. Todestag 10.1.02
Das Grundstück gehört nicht zum Nachlass des K. Wegen des fehlenden Eigentumsübergangs kann es noch nicht zum Grundvermögen des K gehören und kann damit auch nicht als Betriebsgrundstück nach § 99 BewG erfasst werden. Der zivilrechtliche Sachleistungsanspruch ist jedoch ertragsteuerlich schon als wirtschaftliches Eigentum am Grundstück mit dem gemeinen Wert in Höhe von 1 000 000 EUR als Teil des Betriebsvermögens im Sinne der §§ 95 ff. BewG erfasst und gehört damit zum begünstigungsfähigen Vermögen nach § 13b Absatz 1 Nummer 2 ErbStG. Insoweit liegt kein Verwaltungsvermögen nach § 13b Absatz 4 Nummer 1 ErbStG vor.
Zugleich ist eine entsprechende Verpflichtung zur Erfüllung der Kaufpreisverbindlichkeit von 1 000 000 EUR entstanden, die bei Tilgung der ersten Rate am 10.1.02 auf 500 000 EUR reduziert wird. Durch die Tilgung vermindert sich das Vermögen des Betriebs um 500 000 EUR. Letztlich umfasst das Betriebsvermögen im Sinne der §§ 95 ff. BewG zum Besteuerungsstichtag den als wirtschaftliches Eigentum aktivierten Sachleistungsanspruch auf Eigentumsübertragung mit 1 000 000 EUR und die Restschuld der Kaufpreisverbindlichkeit mit 500 000 EUR.

II. Todestag 10.4.02
Das Grundstück gehört nicht zum Nachlass des K. Wegen des fehlenden Eigentumsübergangs kann es noch nicht zum Grundvermögen des K gehören und kann damit auch nicht als Betriebsgrundstück nach § 99 BewG erfasst werden. Der zivilrechtliche Sachleistungsanspruch ist jedoch ertragsteuerlich schon als wirtschaftliches Eigentum am Grundstück mit dem gemeinen Wert in Höhe von 1 000 000 EUR als Teil des Betriebsvermögens im Sinne der §§ 95 ff. BewG erfasst und gehört damit zum begünstigungsfähigen Vermögen nach § 13b Absatz 1 Nummer 2 ErbStG. Insoweit liegt kein Verwaltungsvermögen nach § 13b Absatz 4 Nummer 1 ErbStG vor.
Zugleich ist eine entsprechende Verpflichtung zur Erfüllung der Kaufpreisverbindlichkeit von 1 000 000 EUR entstanden, die bei Tilgung auf 0 EUR reduziert wird. Durch die Tilgung vermindert sich das Vermögen des Betriebs um 1 000 000 EUR. Letztlich umfasst das Betriebsvermögen im Sinne der §§ 95 ff. BewG zum Besteuerungsstichtag den als wirtschaftliches Eigentum aktivierten Sachleistungsanspruch auf Eigentumsübertragung mit 1 000 000 EUR.

Beispiel 5:

LG (= Leasinggeber) ist zivilrechtlicher Eigentümer eines betrieblich genutzten bebauten Grundstücks. Mit LN (= Leasingnehmer) wird ein Vollamortisationsleasingvertrag abgeschlossen, d. h., LN entrichtet in der Grundmietzeit den vollen Wert des der Leasingvereinbarung zugrunde liegenden Gebäudes. Ertragsteuerlich stellt das Gebäude bei LN zu erfassendes wirtschaftliches Eigentum dar und wird sowohl in der Handels- als auch in der Steuerbilanz bilanziert. Zugleich wird eine Kaufpreis-/Leasingschuld passiviert. Bei LG wird lediglich der Grund und Boden sowie eine kapitalisierte Kaufpreis-/Leasingforderung bzgl. der Raten des Leasingnehmers aktiviert.
Für den Grund und Boden geht kein wirtschaftliches Eigentum über, da es für Grundstücke keine „betriebsgewöhnliche Nutzungsdauer“ gibt.

I. LG verstirbt
Das Grundstück gehört aufgrund des Vorrangs des zivilrechtlichen Eigentums zum Nachlass des LG. Das Eigentum am aufstehenden Gebäude folgt dem Grund und Boden. Nachdem das Objekt zu betrieblichen Zwecken des Leasings genutzt wird und entsprechend den ertragsteuerlichen Vorgaben in Form der Kaufpreis-/Leasingforderung auch bilanziert ist, stellt es ein Betriebsgrundstück im Sinne der § 99 BewG und ggf. Verwaltungsvermögen nach § 13b Absatz 4 Nummer 1 ErbStG dar.

II. LN verstirbt

Das Grundstück gehört aufgrund des Vorrangs des zivilrechtlichen Eigentums nicht zum Nachlass des LN. Zum Betriebsvermögen im Sinne der §§ 95 ff. BewG gehört ein aktivierter Sachleistungsanspruch für die Gebäudenutzung während der Leasingdauer sowie eine passivierte Zahlungsverpflichtung der Leasingraten in diesem Zeitraum. Beides stellt kein Verwaltungsvermögen nach § 13b Absatz 4 Nummer 1 ErbStG dar.

Betriebsgrundstücke. → R B 99.

R E 12.3 Berücksichtigung von Gewinnansprüchen aus GmbH-Geschäftsanteilen

(1) [1]Bei einem der Erbschaftsteuer unterliegenden Erwerb von GmbH-Geschäftsanteilen sind Ansprüche auf erwirtschaftete, aber noch nicht ausgeschüttete Gewinne der GmbH beim Erwerb der Beteiligung von Todes wegen gesondert als Kapitalforderung des Erben zu erfassen, wenn der Gewinnverwendungsbeschluss bereits vor dem Zeitpunkt der Steuerentstehung gefasst worden ist. [2]Das Vermögen der Gesellschaft ist bereits entsprechend gemindert. [3]Beim Erwerb durch Schenkung unter Lebenden erfolgt eine gesonderte Erfassung nur, wenn der Gewinnanspruch gesondert abgetreten wird, da er sonst weiterhin dem Schenker zusteht.

(2) Wird der Beschluss über die Gewinnverwendung erst nach dem Zeitpunkt der Steuerentstehung gefasst, kann der Anspruch auf den Gewinn nicht gesondert neben dem gemeinen Wert der Anteile auf den Stichtag erfasst werden, da der vor dem Stichtag erwirtschaftete Gewinn bereits bei der Bewertung der Anteile an der Kapitalgesellschaft berücksichtigt wurde.

(3) [1]Beim Erwerb von GmbH-Geschäftsanteilen durch Schenkung unter Lebenden sind die Gewinne des Wirtschaftsjahrs, in das die Schenkung fällt, nach § 101 Nummer 2 Halbsatz 2 BGB im Innenverhältnis zeitanteilig zwischen Schenker und Beschenktem aufzuteilen. [2]Erfüllt der Beschenkte den zivilrechtlichen Ausgleichsanspruch des Schenkers, ist der Ausgleichsbetrag vom Wert des zugewendeten GmbH-Geschäftsanteils abzuziehen. [3]Treffen die Beteiligten eine davon abweichende Vereinbarung, verzichtet etwa der Schenker ganz oder teilweise auf seinen Anspruch nach § 101 Nummer 2 Halbsatz 2 BGB, entfällt insoweit ein Abzug. [4]Der ersparte Ausgleichsbetrag ist nicht neben dem Wert der übertragenen Anteile zu erfassen.

(4) Noch nicht erfüllte Gewinnansprüche aus einem Nießbrauch an GmbH-Geschäftsanteilen stehen nach dem Tod des Berechtigten dessen Erben zu (→ § 101 BGB) und sind als Erwerb von Todes wegen auch dann zu erfassen, wenn am Besteuerungszeitpunkt die Bilanz der GmbH noch nicht erstellt oder der Gewinnverwendungsbeschluss noch nicht gefasst ist.

H E 12.3

Gewinnverteilung bei Schenkung.

Beispiel:

Der Schenker überträgt dem Beschenkten aufgrund eines notariell beurkundeten Schenkungsvertrags vom 22.8.02 seinen GmbH-Geschäftsanteil. Dem Beschenkten soll das Gewinnbezugsrecht ab 1.1.02 zustehen. Am 22.9.02 fassen die Gesellschafter den Beschluss über die Verwendung des Ergebnisses des Jahres 01. Dabei entfällt auf den Anteil des Beschenkten ein Gewinnanspruch von 120 000 EUR.

Der gemeine Wert des vom Beschenkten erworbenen GmbH-Anteils ist auf den Stichtag 22.8.02 zu ermitteln. Der Gewinnanspruch des Jahres 02 steht nach der Vereinbarung der Beteiligten dem Beschenkten zu und ist nicht gesondert zu erfassen. Der Gewinnanspruch des Jahres 01 ist gegenüber dem Schenker zu erfüllen. Der Betrag von 120 000 EUR ist vom Wert des Anteils abzuziehen.

Zu § 13 ErbStG

R E 13.1 Steuerbefreiungen; Allgemeines

(1) [1]Die Voraussetzungen für eine Steuerbefreiung müssen, soweit nichts anderes bestimmt ist, im Zeitpunkt der Steuerentstehung erfüllt sein. [2]Sind sie erst nach diesem Zeitpunkt eingetreten, kommt eine Steuerbefreiung grundsätzlich nicht in Betracht.

(2) [1]Jede einzelne Steuerbefreiung ist für sich anzuwenden. [2]Eine Befreiung schließt eine andere, eventuell weitergehende Befreiung grundsätzlich nicht aus. [3]Gehören zum begünstigungsfähigen Vermögen nach § 13b Absatz 1 Nummer 2 ErbStG, für das eine Begünstigung nach §§ 13a, 13c oder 28a ErbStG gewährt wird, Wirtschaftsgüter im Sinne des § 13b Absatz 4 ErbStG, ist eine Begünstigung dieser Wirtschaftsgüter nach § 13 ErbStG ausgeschlossen. [4]Handelt es sich bei diesen Wirtschaftsgütern um junges Verwaltungsvermögen, kommt hingegen eine Begünstigung nach § 13 ErbStG in Betracht.

R E 13.2 Gegenstände, deren Erhaltung im öffentlichen Interesse liegt

(1) [1]Die Steuerbefreiungen nach § 13 Absatz 1 Nummer 2 und 3 ErbStG kommen für Gegenstände in Betracht, die sich im Inland oder in einem Mitgliedstaat der Europäischen Union oder in einem Staat des Europäischen Wirtschaftsraums befinden und für mindestens zehn Jahre dort verbleiben. [2]Sie gelten auch für Grundbesitz und Teile von Grundbesitz. [3]Zum Grundbesitz gehören alle wirtschaftlichen Einheiten des land- und forstwirtschaftlichen Vermögens, des Grundvermögens sowie grundsätzlich die Betriebsgrundstücke (→ R E 13.1 Absatz 2 Sätze 3 und 4). [4]Als Teile von Grundbesitz sind z. B. das Schloss oder die Burg anzusehen, die zu einem landwirtschaftlichen Betrieb gehören.

(2) [1]Die in ein Verzeichnis national wertvollen Kulturgutes eingetragenen Gegenstände sollen nach § 12 Absatz 1 des Kulturgutschutzgesetzes steuerlich begünstigt werden. [2]Demgemäß wird nach § 13 Absatz 1 Nummer 2 ErbStG in diesen Fällen nicht gefordert, dass die Gegenstände sich seit mindestens 20 Jahren im Besitz der Familie befunden haben. [3]Die übrigen Voraussetzungen des § 13 Absatz 1 Nummer 2 ErbStG müssen jedoch auch hier erfüllt sein. [4]Dabei kann unterstellt werden, dass die in § 13 Absatz 1 Nummer 2 ErbStG festgelegten Voraussetzungen stets gegeben sind.

(3) [1]Der Nachweis darüber, dass die Erhaltung bestimmter Grundstücke und beweglicher Gegenstände wegen ihrer Bedeutung für Kunst, Geschichte oder Wissenschaft im öffentlichen Interesse liegt und dass diese Grundstücke und beweglichen Gegenstände in einem den Verhältnissen entsprechenden Umfang den Zwecken der Forschung oder Volksbildung nutzbar gemacht werden, ist in Zweifelsfällen durch ein Gutachten der landesrechtlich zuständigen Behörde zu erbringen. [2]Der Nachweis, dass die Erhaltung eines Grund-

stücks oder eines beweglichen Gegenstandes im öffentlichen Interesse liegt, gilt bei Denkmälern als erbracht, die in die Denkmalliste oder ein entsprechendes Verzeichnis eingetragen sind.

(4) Die Gegenstände müssen in einem den Verhältnissen entsprechenden Umfang der Allgemeinheit, mindestens aber den interessierten Kreisen ohne weiteres zugänglich sein; dies muss allgemein erkennbar sein.

(5) [1]Die Voraussetzung, dass die jährlichen Kosten in der Regel die erzielten Einnahmen übersteigen, ist insbesondere dann erfüllt, wenn im Zusammenhang mit den genannten Gegenständen keinerlei Einnahmen erzielt werden. [2]Zu den Einnahmen rechnet unter anderem auch der Mietwert der eigenen Wohnung. [3]Zu den jährlichen Kosten gehören auch die Absetzungen für Abnutzung. [4]Bei den Kosten kann die Verzinsung des Eigenkapitals nicht berücksichtigt werden.

(6) [1]Auch wenn nur ein Teil einer wirtschaftlichen Einheit begünstigt ist, ist vom gesamten Grundbesitzwert auszugehen. [2]Die Aufteilung des Werts erfolgt im Verhältnis der auf die einzelnen Teile entfallenden Wohn-/Nutzfläche.

H E 13.2

Ausstellung in einem Land außerhalb der EU oder des EWR. Eine vorübergehende Ausstellung der Kunstgegenstände in einem Land außerhalb der EU oder des EWR ist für die Erhaltung der Befreiung unschädlich.

Europäischer Wirtschaftsraum. Dem Europäischen Wirtschaftsraum gehören Island, Liechtenstein und Norwegen sowie die Mitgliedstaaten der Europäischen Union an.

Kulturgutschutzgesetz. → Gesetz vom 31.7.2016 (BGBl. I S. 1914).

Kulturgüter, die nicht der Denkmalpflege unterstellt werden können. Soweit das Denkmalschutzgesetz eines Landes ein Unterschutzstellen von Gegenständen der Art nach nicht vorsieht (z.B. bewegliche Gegenstände), kann die Denkmaleigenschaft durch die Eintragung in das Verzeichnis national wertvollen Kulturguts oder national wertvoller Archive nach dem Kulturgutschutzgesetz (Gesetz vom 31.7.2016, BGBl. I S. 1914, mit späteren Änderungen) erreicht werden. Damit sind zugleich die Voraussetzungen des § 13 Absatz 1 Nummer 2 Buchstabe a Doppelbuchstabe aa und bb ErbStG erfüllt.

Zwanzigjähriger Familienbesitz. → BFH vom 14.11.1980 III R 9/79, BStBl. 1981 II S. 251.

R E 13.3 Lebzeitige Zuwendungen im Zusammenhang mit einem Familienheim

(1) Zuwendungen unter Lebenden im Sinne des Absatzes 4, die ein Ehegatte dem anderen Ehegatten im Zusammenhang mit einem Familienheim macht, sind von der Steuer befreit (§ 13 Absatz 1 Nummer 4a ErbStG).

(2) [1]Als Familienheim gilt ein bebautes Grundstück, soweit darin eine Wohnung gemeinsam zu eigenen Wohnzwecken genutzt wird. [2]Damit

kommt auch der Wohnteil des Betriebsinhabers eines Betriebs der Land- und Forstwirtschaft (§ 160 Absatz 1 Nummer 3, Absatz 9 BewG) als Familienheim in Betracht. [3]Der Wohnungsbegriff des Familienheims bestimmt sich nach der tatsächlichen Nutzung. [4]In der Wohnung muss sich der Mittelpunkt des familiären Lebens befinden. [5]Die Befreiung eines Erwerbs ist deshalb nicht möglich, wenn die Wohnung nur als Ferien- oder Wochenendwohnung genutzt wird oder für einen Berufspendler nur die Zweitwohnung darstellt. [6]Entscheidend ist die Nutzung zu eigenen Wohnzwecken der Eheleute und der zur Familie gehörenden Kinder; eine Mitbenutzung der Wohnung durch Enkelkinder, Eltern oder eine Hausgehilfin ist unschädlich. [7]Die Befreiung ist auf die selbst genutzte Wohnung begrenzt. [8]Sie schließt auch Garagen, Nebenräume und Nebengebäude ein, die sich auf dem Grundstück befinden und mit der Wohnung gemeinsam genutzt werden. [9]Die Nutzung auch zu anderen als Wohnzwecken ist unschädlich, wenn sie von untergeordneter Bedeutung ist (z.B. durch Nutzung eines Arbeitszimmers). [10]Die unentgeltliche gewerbliche oder freiberufliche Mitbenutzung der Wohnung ist grundsätzlich unschädlich, wenn die Wohnnutzung überwiegt. [11]Bei einer entgeltlichen gewerblichen oder freiberuflichen Mitbenutzung der Wohnung ist die Befreiung auf den eigenen Wohnzwecken dienenden Teil der Wohnung begrenzt. [12]Ein begünstigtes Familienheim kann in jeder Art von bebautem Grundstück im Sinne des § 181 Absatz 1 Nummer 1 bis 5 BewG vorhanden sein, mithin z.B. auch in einem Mietwohn- oder Geschäftsgrundstück oder in einem Gebäude, das im Erbbaurecht errichtet worden ist. [13]Eine gewerbliche oder freiberufliche Nutzung (z.B. durch eine Arztpraxis) außerhalb der eigenen Wohnung, eine Fremdvermietung oder die unentgeltliche Überlassung weiterer auf dem Grundstück vorhandener Wohnungen an Kinder oder Eltern ist nicht begünstigt. [14]Die Aufteilung des Werts eines Gebäudes, das neben der eigenen Wohnnutzung weitere Nutzungen aufweist, erfolgt nach der Wohn-/Nutzfläche; Garagen, Nebenräume und Nebengebäude sind hierbei nicht einzubeziehen. [15]Das Lagefinanzamt hat die gesamte Wohn-/Nutzfläche des Grundstücks und die Wohnfläche des Familienheims zu ermitteln und bei der Feststellung des Grundbesitzwerts nachrichtlich mitzuteilen.

(3) Ein begünstigtes Familienheim kann im Inland oder in einem Staat der Europäischen Union oder des Europäischen Wirtschaftsraums belegen sein.

(4) Die Zuwendung im Zusammenhang mit einem Familienheim ist bei folgenden Gestaltungen steuerfrei:

1. Übertragung des Alleineigentums oder Miteigentums an dem einem Ehegatten bereits gehörenden Grundstück,
2. Kauf oder Herstellung aus den Mitteln eines Ehegatten unter Einräumung einer Miteigentümerstellung des anderen Ehegatten,
3. Anschaffung oder Herstellung (ganz oder teilweise) durch einen Ehegatten aus Mitteln, die allein oder überwiegend vom anderen, zuwendenden Ehegatten stammen (mittelbare Grundstückszuwendung),
4. Tilgung eines im Zusammenhang mit dem Kauf oder der Herstellung des Familienheims von einem oder beiden Ehegatten aufgenommenen Darlehens aus Mitteln des zuwendenden Ehegatten,

5. Befreiung von einer Schuld des einen Ehegatten gegenüber dem anderen Ehegatten, die im Zusammenhang mit dem Kauf oder der Herstellung des Familienheims gegenüber dem anderen Ehegatten eingegangen wurde,
6. Begleichung nachträglicher Herstellungs- oder Erhaltungsaufwendungen am Familienheim aus Mitteln eines Ehegatten, wenn der andere Ehegatte Eigentümer oder Miteigentümer ist.

(5) [1]Der Güterstand der Ehegatten ist ohne Bedeutung. [2]Die Befreiung ist wertmäßig nicht begrenzt. [3]Eine Prüfung der Angemessenheit findet nicht statt. [4]Die Steuerbefreiung kann auch für Zuwendungen im Zusammenhang mit dem gegenwärtigen Familienheim in Anspruch genommen werden, auch wenn der Empfänger früher eine steuerbegünstigte Zuwendung im Zusammenhang mit dem damaligen, inzwischen als solches aufgegebenen Familienheim (§ 13 Absatz 1 Nummer 4a ErbStG) erhalten hatte. [5]Für das begünstigt erworbene Grundstück besteht keine Behaltenspflicht. [6]Die spätere Veräußerung oder eine Nutzungsänderung ist unbeachtlich, sofern kein Missbrauch von Gestaltungsmöglichkeiten nach § 42 AO vorliegt.

H E 13.3

Arbeitszimmer. Ein im Wohnbereich belegenes Arbeitszimmer stellt bewertungsrechtlich lediglich einen Raum dar, dem innerhalb der Nutzung zu Wohnzwecken eine dieser Nutzung nicht widersprechende Funktion zugewiesen ist (→ BFH vom 9.11.1988 II R 61/87, BStBl. 1989 II S. 135).
Ein von einem der Ehegatten genutztes häusliches Arbeitszimmer, das im Wohnbereich belegen ist, ist auch dann der Wohnnutzung der Ehegatten zuzurechnen, wenn es an den Arbeitgeber des Ehegatten vermietet ist (→ BFH vom 26.2.2009 II R 69/06, BStBl. II S. 480). Entsprechendes gilt für andere haushaltszugehörige Personen.

Befreiung von einer Schuld gegenüber dem anderen Ehegatten. → BFH vom 27.10.2010 II R 37/09, BStBl. 2011 II S. 134.

Europäischer Wirtschaftsraum. Dem Europäischen Wirtschaftsraum gehören Island, Liechtenstein und Norwegen sowie die Mitgliedstaaten der Europäischen Union an.

Keine Steuerbefreiung für Familienheim bei Zweit- oder Ferienwohnung. → BFH vom 18.7.2013 II R 35/11, BStBl. II S. 1051.

Wohnfläche. → Wohnflächenverordnung vom 25.11.2003 (BGBl. I S. 2346).

R E 13.4 Erwerb eines Familienheims von Todes wegen

(1) Der Erwerb eines Familienheims von Todes wegen durch den überlebenden Ehegatten ist von der Steuer befreit (§ 13 Absatz 1 Nummer 4b ErbStG).

(2) [1]Ein begünstigtes Familienheim liegt unter den weiteren Voraussetzungen des R E 13.3 Absatz 2 vor, soweit der Erblasser bis zu seinem Tod in einem bebauten Grundstück eine Wohnung zu eigenen Wohnzwecken genutzt hat. [2]Es ist unschädlich, wenn der Erblasser aus objektiv zwingenden Gründen an einer Selbstnutzung gehindert war. [3]Objektiv zwingende Gründe liegen im

Fall einer Pflegebedürftigkeit vor, die die Führung eines eigenen Haushalts nicht mehr zulässt, nicht dagegen z. B. bei einer beruflichen Versetzung. [4]Der überlebende Ehegatte muss in der erworbenen Wohnung unverzüglich, d. h. ohne schuldhaftes Zögern, die Nutzung zu eigenen Wohnzwecken aufnehmen. [5]Die Steuerbefreiung ist auch zu gewähren, wenn der überlebende Ehegatte aus objektiv zwingenden Gründen im Sinne des Satzes 3 bereits im Zeitpunkt des Erwerbs an der Nutzung des Objekts zu eigenen Wohnzwecken gehindert war. [6]Entfallen diese Hinderungsgründe innerhalb des Zehnjahreszeitraums nach dem Erwerb, ist die Nutzung zu eigenen Wohnzwecken unverzüglich aufzunehmen.

(3) Die Ausführungen in R E 13.3 Absatz 2 und 3 zum Wohnungsbegriff, zur Grundstücksart und zur Belegenheit des Familienheims gelten entsprechend.

(4)[1)] Wird das Familienheim steuerfrei erworben, sind die damit in wirtschaftlichem Zusammenhang stehenden Schulden und Lasten nicht abzugsfähig (§ 10 Absatz 6 ErbStG; → R E 10.10).

(5) [1]Der Erwerber kann die Befreiung nicht in Anspruch nehmen, soweit er verpflichtet ist, das begünstigte Familienheim auf Grund einer letztwilligen oder rechtsgeschäftlichen Verfügung des Erblassers auf einen Dritten zu übertragen (Weitergabeverpflichtung). [2]Letztwillige Verfügung ist das Testament, rechtsgeschäftliche Verfügung ist z. B. der Erbvertrag. [3]Anwendungsfälle sind insbesondere

1. Sachvermächtnisse, die auf begünstigtes Vermögen gerichtet sind,
2. Vorausvermächtnisse, die auf begünstigtes Vermögen gerichtet sind,
3. ein Schenkungsversprechen auf den Todesfall oder
4. Auflagen des Erblassers, die auf die Weitergabe begünstigten Vermögens gerichtet sind.

[4]Sind Miterben auf Grund einer Teilungsanordnung des Erblassers verpflichtet, das begünstigte Familienheim auf einen Miterben zu übertragen, können die übertragenden Miterben die Befreiung nicht in Anspruch nehmen; das gilt unabhängig davon, wann die Auseinandersetzungsvereinbarung geschlossen wird. [5]Den übernehmenden Erwerber oder Miterben, der die Begünstigung für das Familienheim oder den Teil des Familienheims in Anspruch nehmen kann, trifft die Pflicht zur Einhaltung der Befreiungsvoraussetzungen (zehnjährige Selbstnutzung); er hat die steuerlichen Folgen eines Verstoßes hiergegen zu tragen. [6]Gibt der nachfolgende Erwerber für den Erwerb des begünstigten Familienheims nicht begünstigtes Vermögen hin, das er vom Erblasser erworben hat, wird er so gestellt, als habe er von Anfang an begünstigtes Vermögen erworben. [7]Als hingegebenes Vermögen gilt nicht die Übernahme von Nachlassverbindlichkeiten, die mit dem begünstigten Vermögen oder Teilen davon in wirtschaftlichem Zusammenhang stehen. [8]Der Steuerwert des begünstigten Familienheims darf jedoch nicht überschritten werden. [9]Durch diese Regelung wird lediglich die Bemessungsgrundlage für die Steuerbefreiung verändert; sie führt nicht zu einer Veränderung der Zurechnung der Erwerbsgegenstände. [10]Der Grundsatz, dass die Erbauseinandersetzung unbeachtlich ist (→ R E 3.1), gilt unverändert fort. [11]Sätze 4 bis 10 gelten entsprechend auch

---

1) Teilweise überholt durch Änderung des § 10 Abs. 6 ErbStG durch das JStG 2020.

für die freie Erbauseinandersetzung unter den Erben, wenn diese zeitnah zum Erbfall erfolgt. [12]Erfolgt die Übertragung und Hingabe des Vermögens in diesem Fall nach Ergehen des jeweiligen Erbschaftsteuerbescheids, ist dies als Ereignis mit steuerlicher Rückwirkung auf den Zeitpunkt der Steuerentstehung anzusehen, so dass die Steuerfestsetzungen nach § 175 Absatz 1 Nummer 2 AO zu ändern sind.

(6) [1]Die Steuerbefreiung steht unter einem Nachversteuerungsvorbehalt. [2]Sie verlangt die Selbstnutzung der Wohnung als Eigentümer über einen Zeitraum von zehn Jahren; eine Weiterübertragung unter Nutzungsvorbehalt ist als Verstoß gegen den Nachversteuerungsvorbehalt anzusehen. [3]Veränderungen am Grundstück sind unbeachtlich, wenn der Umfang der Nutzung der Wohnung als Familienheim sich nicht verringert. [4]Gibt der Erwerber die Selbstnutzung innerhalb des Zehnjahreszeitraums durch Verkauf, Vermietung, längeren Leerstand oder unentgeltliche Überlassung ganz oder teilweise auf, entfällt die Befreiung entsprechend mit Wirkung für die Vergangenheit. [5]Der Steuerbescheid ist in diesem Fall nach § 175 Absatz 1 Nummer 2 AO zu ändern (Nachversteuerung). [6]Der Erwerber ist verpflichtet, den Wegfall der Befreiungsvoraussetzungen anzuzeigen. [7]Der Steuerpflichtige ist im Steuerbescheid darauf hinzuweisen, dass Verstöße gegen die Selbstnutzungsverpflichtung nach § 153 Absatz 2 AO anzeigepflichtig sind. [8]Für die Befreiung ist es unschädlich, wenn der Erwerber innerhalb der Zehnjahresfrist aus objektiv zwingenden Gründen an der weiteren Nutzung zu eigenen Wohnzwecken gehindert ist. [9]Objektiv zwingende Gründe liegen z. B. im Fall des Todes oder im Fall einer Pflegebedürftigkeit vor, die die Führung eines eigenen Haushalts nicht mehr zulässt, nicht dagegen bei einer beruflichen Versetzung. [10]Entfallen die Hinderungsgründe innerhalb der Zehnjahresfrist, kann eine Nachversteuerung nur unterbleiben, wenn der Erwerber unverzüglich nach Wegfall der zwingenden Gründe, d. h. ohne schuldhaftes Verzögern, die Nutzung des Familienheims zu eigenen Wohnzwecken aufnimmt und bis zum Ablauf des Zehnjahreszeitraums ausübt bzw. später erneut aus objektiv zwingenden Gründen an der Selbstnutzung des Familienheims gehindert ist. [11]Liegen objektiv zwingende Gründe vor, die eine weitere Nutzung verhindern, ist eine anschließende unentgeltliche Überlassung, Vermietung oder der Verkauf des Familienheims unschädlich. [12]Soweit in den Fällen des Satzes 10 der Erwerber wegen des vorherigen Verkaufs des Familienheims, dessen vorheriger Vermietung oder unentgeltlicher Überlassung, bei Wegfall der objektiv zwingenden Gründe, welche ihn an der Nutzung des Familienheims zu eigenen Wohnzwecken hinderten, die erneute Selbstnutzung des Familienheims nicht oder nicht unverzüglich aufnimmt, fällt die Steuerbefreiung mit Wirkung für die Vergangenheit weg.

(7) [1]Der Erwerb eines Familienheims von Todes wegen durch Kinder im Sinne der Steuerklasse I Nummer 2 oder Kinder vorverstorbener Kinder im Sinne der Steuerklasse I Nummer 2 ist von der Steuer befreit (§ 13 Absatz 1 Nummer 4c ErbStG). [2]Absatz 2 Satz 1 bis 3 gilt entsprechend. [3]Die Befreiung ist auf eine Wohnfläche der selbst genutzten Wohnung des Erblassers von höchstens 200 qm begrenzt. [4]Die begünstigten Erwerber müssen in der erworbenen Wohnung unverzüglich, d. h. ohne schuldhaftes Zögern, die Nut-

zung zu eigenen Wohnzwecken aufnehmen; es ist unschädlich, wenn ein Erwerber aus objektiv zwingenden Gründen an der Selbstnutzung gehindert ist. [5]Objektiv zwingende Gründe liegen im Fall einer Pflegebedürftigkeit vor, die die Führung eines eigenen Haushalts nicht mehr zulässt, oder solange das Kind wegen Minderjährigkeit rechtlich gehindert ist, einen Haushalt selbstständig zu führen, nicht dagegen z. B. bei einer beruflichen Versetzung. [6]Die Ausführungen in R E 13.3 Absatz 2 und 3 zum Wohnungsbegriff, zur Grundstücksart und zur Belegenheit des Familienheims, in Absatz 5 zum Bestehen einer Weitergabeverpflichtung sowie in Absatz 6 zum Nachversteuerungsvorbehalt gelten entsprechend. [7]Die Schuldenkürzung (Absatz 4) betrifft nur den Teil der Verbindlichkeiten, der auf den begünstigten Teil des Familienheims (200 qm Wohnfläche) entfällt.

H E 13.4

Arbeitszimmer. Ein im Wohnbereich belegenes Arbeitszimmer stellt bewertungsrechtlich lediglich einen Raum dar, dem innerhalb der Nutzung zu Wohnzwecken eine dieser Nutzung nicht widersprechende Funktion zugewiesen ist (→ BFH vom 9.11.1988 II R 61/87, BStBl. 1989 II S. 135).
Ein von einem der Ehegatten genutztes häusliches Arbeitszimmer, das im Wohnbereich belegen ist, ist auch dann der Wohnnutzung der Ehegatten zuzurechnen, wenn es an den Arbeitgeber des Ehegatten vermietet ist (→ BFH vom 26.2.2009 II R 69/06, BStBl. II S. 480). Entsprechendes gilt für andere haushaltszugehörige Personen.

Europäischer Wirtschaftsraum. Dem Europäischen Wirtschaftsraum gehören Island, Liechtenstein und Norwegen sowie die Mitgliedstaaten der Europäischen Union an.

Freie Erbauseinandersetzung. In den Fällen der freien Auseinandersetzung von Erbengemeinschaften ist eine steuerliche Rückwirkung auf den Zeitpunkt des Erbfalls als zeitnah in der Regel anzuerkennen, wenn die Auseinandersetzungsvereinbarung innerhalb von sechs Monaten erfolgt (→ vgl. BMF-Schreiben vom 14.3.2006, BStBl. I S. 253, Tz. 8). Erfolgt die Erbauseinandersetzung erst nach mehr als sechs Monaten, kann der Begünstigungstransfer in begründeten Ausnahmefällen (z. B. aufgrund von Erbstreitigkeiten, Erstellung von Gutachten o. Ä.) gewährt werden. Der Steuerpflichtige hat die Gründe darzulegen, die eine Erbauseinandersetzung innerhalb des Sechsmonatszeitraums verhindert haben.
→ BFH vom 23.6.2015 II R 39/13, BStBl. 2016 II S. 225.
Bei der Steuerbefreiung für das Familienheim nach § 13 Absatz 1 Nummer 4b bzw. 4c ErbStG kann von einer unverzüglichen Selbstnutzung des Erwerbers zu eigenen Wohnzwecken ausgegangen werden, wenn die tatsächliche Nutzung zu eigenen Wohnzwecken unverzüglich beginnt, die Erbauseinandersetzung jedoch erst anschließend und nach Ablauf des Sechsmonatszeitraums erfolgt.

Keine Steuerbefreiung für den Erwerb eines Anspruchs auf Verschaffung von Eigentum an einem Familienheim. → BFH vom 29.11.2017 II R 14/16, BStBl. 2018 II S. 362.

Keine Steuerbefreiung für Familienheim bei Zweit- oder Ferienwohnung. → BFH vom 18.7.2013 II R 35/11, BStBl. II S. 1051.

Keine Steuerbefreiung für Familienheim bei Zuwendung eines Wohnungsrechts. → BFH vom 3.6.2014 II R 45/12, BStBl. II S. 806.

Steuerbefreiung – Beispiele.

Beispiel 1:

Erblasser E hinterlässt seinen Kindern A und B je zur Hälfte ein bis dahin von ihm selbstgenutztes Einfamilienhaus mit einem Grundbesitzwert von 450 000 EUR und einer Wohnfläche von 300 m². Eine Grundschuld valutiert in Höhe von 90 000 EUR. Beide Kinder nutzen das Haus nach seinem Tod mehr als zehn Jahre.
Da auf die Wohnung des Erblassers abzustellen ist, sind insgesamt nur 200 m² Wohnfläche begünstigt (das entspricht 2/3 der Gesamtwohnfläche von 300 m²). Bei jedem Kind sind mithin von dem hälftigen Grundbesitzwert von 225 000 EUR nur 2/3 (= 150 000 EUR) befreit. Die hälftige Grundschuld ist bei jedem Kind im Umfang von 2/3 von 45 000 EUR = 30 000 EUR nach § 10 Absatz 6 Satz 3 ErbStG nicht als Nachlassverbindlichkeit abzugsfähig und im Umfang von 1/3 von 45 000 EUR = 15 000 EUR abzugsfähig.

Beispiel 2:

Erblasser E vererbt seiner Ehefrau F und seiner Tochter T je zur Hälfte ein bis dahin selbstgenutztes Einfamilienhaus mit einem Grundbesitzwert von 600 000 EUR und einer Wohnfläche von 300 m². Beide nutzen das Haus nach seinem Tod mehr als zehn Jahre.
Der hälftige Erwerb der F ist in voller Höhe befreit (300 000 EUR), da § 13 Absatz 1 Nummer 4b ErbStG keine Wohnflächenbegrenzung vorsieht. Der hälftige Erwerb der T (300 000 EUR) ist nur zu 2/3 (200 000 EUR) befreit, da § 13 Absatz 1 Nummer 4c ErbStG die Befreiung auf eine Wohnfläche von 200m² (das entspricht 2/3 der Gesamtfläche von 300 m²) begrenzt.

Beispiel 3:

Erblasser E wird von seiner Tochter T und seinem Sohn S je zur Hälfte beerbt. Zum Nachlass gehört ein Grundstück mit einer bis dahin vom Erblasser selbstgenutzten Wohnung von 100 m², einer gewerblichen Nutzfläche von 300 m² und einem Grundbesitzwert von 800 000 EUR. Das Familienheim ist mit einer Grundschuld von 150 000 EUR belastet. Zum Nachlass gehört außerdem ein Bankguthaben von 5 000 000 EUR.
Im Rahmen der Erbauseinandersetzung übernimmt die Tochter auch die andere Hälfte des Grundstücks gegen eine Ausgleichszahlung aus dem Nachlass von 325 000 EUR und eine Schuldübernahme von 75 000 EUR. T nutzt die in dem Grundstück belegene Wohnung mehr als zehn Jahre selbst.

Berechnung des Reinnachlasses		
Steuerwert des Grundstücks		800 000 EUR
Bankguthaben		+ 5 000 000 EUR
Vermögensanfall		5 800 000 EUR
Nachlassverbindlichkeiten		./. 150 000 EUR
Erbfallkostenpauschale		./. 10 300 EUR
Wert des Reinnachlasses		5 639 700 EUR
Davon Erbanteil je 1/2		2 819 850 EUR
Berechnung des Erwerbs für T		
Steuerbefreiung nach § 13 Absatz 1 Nummer 4c ErbStG		
Steuerwert des Grundstücks	800 000 EUR	
Davon steuerbegünstigt 1/4	200 000 EUR	
Davon 1/2-Anteil		100 000 EUR
Werterhöhung Ausgleichszahlung (ohne Schuldübernahme) in Höhe von 325 000 EUR, die zu 1/4 auf das begünstigte Familienheim entfällt (max. 100 000 EUR)		+ 81 250 EUR
Steuerbefreiung des Familienheims		181 250 EUR

Berechnung der nicht abzugsfähigen Schulden für T		
Grundschuld	150 000 EUR	
Davon entfallen auf das steuerbegünstigte Familienheim 1/4	37 500 EUR	
Davon 1/2-Anteil nicht abzugsfähig	18 750 EUR	
Erbanteil T		2 819 850 EUR
Steuerbefreiung Familienheim		./. 181 250 EUR
Nicht abzugsfähiger Teil der Schuld		+ 18 750 EUR
Bereicherung der T		2 657 350 EUR
Berechnung des Erwerbs für S		
Erbanteil S		2 819 850 EUR
Steuerbefreiung Familienheim		./. 0 EUR
Nicht abzugsfähige Schulden		+ 0 EUR
Bereicherung des S		2 819 850 EUR

Unverzügliche Selbstnutzung. → BFH vom 28.5.2019 II R 37/16, BStBl. II S. 678.

Veränderungen am Grundstück. Als unschädliche Veränderungen am Grundstück kommen z. B. in Betracht:
- Dachgeschossausbau,
- Aufstockung,
- Anbau,
- Verkauf oder Schenkung einer unbebauten Teilfläche,
- Begründung von Wohneigentum.

Wohnfläche. → Wohnflächenverordnung vom 25.11.2003 (BGBl. I S. 2346).

R E 13.5 Pflege- und Unterhaltsleistungen

(1) [1]Der Freibetrag nach § 13 Absatz 1 Nummer 9 ErbStG gilt sowohl für Erwerbe von Todes wegen als auch für Erwerbe unter Lebenden. [2]Er kommt auch bei Erwerbern in Betracht, die gesetzlich zur Pflege (z. B. Ehegatten nach § 1353 BGB, Lebenspartner nach § 2 LPartG) oder zum Unterhalt (z. B. Ehegatten nach § 1360 BGB oder Verwandte in gerader Linie nach § 1601 BGB, Lebenspartner nach § 5 LPartG) verpflichtet sind. [3]Voraussetzung für die Gewährung des Freibetrags ist, dass die Pflege- oder Unterhaltsleistungen unentgeltlich oder gegen zu geringes Entgelt im persönlichen oder privaten Bereich erbracht werden oder wurden.

(2) [1]Bei einem Erwerb von Todes wegen kann der Freibetrag für Pflege- oder Unterhaltsleistungen nicht gewährt werden, wenn insoweit ein Abzug als Nachlassverbindlichkeit vorzunehmen ist. [2]§ 13 Absatz 1 Nummer 9 ErbStG ist gegenüber § 10 Absatz 5 ErbStG nachrangig. [3]Dabei kann es sich nur um eine Erblasserschuld (§ 10 Absatz 5 Nummer 1 ErbStG), nicht aber um Kosten zur Erlangung des Erwerbs (§ 10 Absatz 5 Nummer 3 ErbStG) handeln. [4]Eine als Erblasserschuld abzugsfähige Nachlassverbindlichkeit ist nur dann entstanden, wenn die letztwillige Zuwendung ganz oder zum Teil als Entgelt für eine auf Grund eines nachgewiesenen Dienstleistungsverhältnisses (§ 611 BGB) vertraglich geschuldete und erbrachte Dienstleistung (z. B. Pflege) anzusehen ist. [5]Fehlt es bei einem solchen Dienstverhältnis an einer rechtlich bindenden Einigung über die Höhe der Vergütung, ist als Nachlassverbindlichkeit

eine Erblasserschuld nach § 612 BGB in Höhe der taxmäßigen oder üblichen Vergütung anzusetzen.

H E 13.5 (2)

Abzugsfähige Nachlassverbindlichkeit. → BFH vom 28.6.1995 II R 80/94, BStBl. II S. 784 und vom 9.11.1994 II R 110/91, BStBl. 1995 II S. 62.

Bemessung von Pflegeleistungen dem Grunde und der Höhe nach. → H E 7.4 (1) „Übernommene Pflegeleistungen als Gegenleistung".

Freibetrag für Pflegeleistungen. → BFH vom 11.9.2013 II R 37/12, BStBl. 2014 II S. 114.

Nachrangigkeit des Freibetrags gegenüber Nachlassverbindlichkeit. → BFH vom 13.7.1983 II R 105/82, BStBl. 1984 II S. 37.

Pflegefreibetrag für gesetzlich zum Unterhalt verpflichtete Personen. → BFH vom 10.5.2017 II R 37/15, BStBl. II S. 1069.

R E 13.5 (3–5)

(3) [1]Diese Grundsätze gelten bei Zuwendungen unter Lebenden entsprechend. [2]Verpflichtet sich der Erwerber im Rahmen eines Schenkungs- oder Übertragungsvertrags zu Dienstleistungen (z. B. Pflege), kommt es für die steuerliche Beurteilung darauf an, ob die Dienstleistung im Hinblick auf die Zuwendung unentgeltlich erbracht wird oder ob das Zugewendete vereinbarungsgemäß ganz oder zum Teil ein Entgelt für die Dienstleistungsverpflichtung darstellt. [3]Bei unentgeltlicher Dienstleistung ist der Freibetrag nach § 13 Absatz 1 Nummer 9 ErbStG bis zur Höhe von 20 000 Euro zu gewähren. [4]Ist das Zugewendete ganz oder zum Teil vertragliches Entgelt für die geschuldete Dienstleistung, liegt insoweit ein Austauschverhältnis (Gegenleistung) vor, das die Annahme einer unentgeltlichen Zuwendung ausschließt. [5]Bei Teilentgeltlichkeit bestimmt sich die schenkungsteuerrechtliche Bereicherung nach den Grundsätzen der gemischten Schenkung (→ R E 7.4).

(4) [1]Soll die vereinbarte Verpflichtung zur Dienstleistung (z. B. Pflege) erst künftig bei Eintritt einer aufschiebenden Bedingung (z. B. Pflegebedürftigkeit) entstehen, ist zunächst weder ein Freibetrag nach § 13 Absatz 1 Nummer 9 ErbStG zu gewähren noch eine Gegenleistung zu berücksichtigen. [2]Tritt die Bedingung später ein, ist der Schenkungsteuerbescheid nach § 175 Absatz 1 Satz 1 Nummer 2 AO zu ändern (nachträgliche Gewährung des Freibetrags nach § 13 Absatz 1 Nummer 9 ErbStG oder Berücksichtigung eines Leistungsentgelts als Gegenleistung).

(5) [1]Auslagen im Zusammenhang mit Pflege- oder Unterhaltsleistungen sind bei einem Erwerb von Todes wegen mit dem Freibetrag nach § 13 Absatz 1 Nummer 9 ErbStG abgegolten. [2]Etwas anderes gilt nur, wenn die Auslagen auf Grund eines nachgewiesenen entgeltlichen Geschäftsbesorgungsvertrags (§ 675 BGB) erfolgten und insoweit ein Anspruch auf Ersatz (§ 670 BGB) besteht. [3]Der Ersatzanspruch ist als Nachlassverbindlichkeit (Erblasserschuld gem. § 10 Absatz 5 Nummer 1 ErbStG) zu berücksichtigen. [4]Entspre-

chendes gilt bei einer Zuwendung unter Lebenden; in Höhe des Anspruchs auf Auslagenersatz ist eine Gegenleistung anzunehmen.

H E 13.5 (6)[1)]

Auslagenersatz. → BFH vom 28.6.1995 II R 80/94, BStBl. II S. 784.

R E 13.6 Rückfall des geschenkten Vermögens

(1) [1]Der von Todes wegen erfolgende Rückfall von Vermögensgegenständen, die Eltern oder Voreltern ihren Abkömmlingen durch Schenkung zugewandt hatten, an den jeweiligen Schenker bleibt für diesen steuerfrei (§ 13 Absatz 1 Nummer 10 ErbStG). [2]Die Vorschrift findet nur beim Rückerwerb von Todes wegen, nicht dagegen bei Rückschenkungen Anwendung.

(2) [1]Die Befreiung kommt nur in Betracht, wenn die zurückfallenden Vermögensgegenstände dieselben sind wie die seinerzeit zugewendeten Gegenstände. [2]Die Befreiung ist damit grundsätzlich ausgeschlossen, wenn ein Erwerb von Vermögensgegenständen erfolgt, die im Austausch der zugewendeten Gegenstände in das Vermögen des Beschenkten gelangt waren. [3]Etwas anderes gilt nur, wenn zwischen dem zugewendeten und dem zurückfallenden Vermögensgegenstand bei objektiver Betrachtung Art- und Funktionsgleichheit besteht. [4]Wertsteigerungen der geschenkten Vermögensgegenstände, die ausschließlich auf der wirtschaftlichen Entwicklung beruhen, stehen der Steuerfreiheit des Rückfalls nicht entgegen. [5]Hat der Bedachte den Wert der zugewendeten Vermögensgegenstände durch Einsatz von Kapital oder Arbeit erhöht, ist der hierdurch entstandene Mehrwert steuerpflichtig. [6]Auch die aus dem zugewendeten Vermögensgegenstand gezogenen Früchte sowie die aus diesen Früchten erworbenen Gegenstände sind bei einem Rückfall nicht befreit.

H E 13.6

Art- und Funktionsgleichheit von zugewendeten und zurückfallenden Gegenständen. → BFH vom 22.6.1994 II R 1/92, BStBl. II S. 656.

Beschränkung auf Erwerbe von Todes wegen. → BFH vom 16.4.1986 II R 135/83, BStBl. II S. 622.

Gezogene Früchte. → BFH vom 22.6.1994 II R 13/90, BStBl. II S. 759.

R E 13.7 Zuwendungen an Pensions- und Unterstützungskassen

(1) [1]Zuwendungen des Trägerunternehmens an die Pensions- oder Unterstützungskasse, die als Betriebsausgaben abzugsfähig sind, fallen nicht unter § 7 Absatz 1 ErbStG und sind nicht steuerbar. [2]Die Steuerbefreiung hat somit nur Bedeutung für Zuwendungen an eine Pensions- oder Unterstützungskasse, die vom Unternehmer von Todes wegen oder von Dritten unter Lebenden oder von Todes wegen gemacht werden.

(2) [1]Ergibt sich für die Pensions- oder Unterstützungskasse am Schluss des Wirtschaftsjahrs eine sog. Überdotierung, erfüllt sie insoweit nicht die Voraus-

---

[1)] *Redaktionsversehen,* jetzt R E 13.5 Abs. 5 zuzuordnen.

setzungen für die Körperschaftsteuerbefreiung nach § 5 Absatz 1 Nummer 3 KStG und es kommt zur partiellen Körperschaftsteuerpflicht (§ 6 KStG). [2] In diesem Fall sind auch die im Wirtschaftsjahr erhaltenen Zuwendungen im Sinne des Absatzes 1 Satz 2 in dem gleichen Verhältnis partiell steuerpflichtig; dabei ist es gleichgültig, ob die Überdotierung gerade durch die Zuwendung oder aus anderen Gründen eingetreten ist. [3] Entsprechend ist zu verfahren, wenn es innerhalb von zehn Jahren nach einer Zuwendung zu einer Überdotierung und als Folge davon zur partiellen Körperschaftsteuerpflicht der Pensions- oder Unterstützungskasse kommt.

R E 13.8 Gemeinnützige, mildtätige und kirchliche Körperschaften

(1) [1] Zuwendungen an eine inländische Körperschaft, Personenvereinigung oder Vermögensmasse im Sinne des § 13 Absatz 1 Nummer 16 Buchstabe b ErbStG sind von der Erbschaft- oder Schenkungsteuer befreit, wenn diese im Besteuerungszeitpunkt steuerbegünstigten Zwecken dienen. [2] Die Voraussetzungen der Steuerbefreiung sind nach den §§ 51 ff. AO zu beurteilen. [3] Eine Entscheidung über die Befreiung der Körperschaft von der Körperschaftsteuer ist grundsätzlich zu übernehmen.

(2) [1] Die Steuerbefreiung für eine Zuwendung gemäß § 13 Absatz 1 Nummer 16 Buchstabe b ErbStG wird nicht dadurch ausgeschlossen, dass die begünstigte Körperschaft einen Zweckbetrieb unterhält. [2] Das gilt auch für Zuwendungen, die zur Verwendung in einem Zweckbetrieb bestimmt sind. [3] Unterhält sie einen steuerpflichtigen wirtschaftlichen Geschäftsbetrieb, ist dies ebenfalls für die Steuerfreiheit einer Zuwendung unschädlich, solange die Körperschaft nicht in erster Linie eigenwirtschaftliche Zwecke verfolgt. [4] Bei Zuwendungen, die einem steuerpflichtigen wirtschaftlichen Geschäftsbetrieb der Körperschaft zugutekommen, ist die Steuerbefreiung stets ausgeschlossen. [5] Wird einer begünstigten Körperschaft ein wirtschaftlicher Geschäftsbetrieb zugewendet, bleiben die Voraussetzungen für die Steuerbefreiung für diese und weitere Zuwendungen an die Körperschaft grundsätzlich erhalten. [6] Führt die gemeinnützige Körperschaft den Betrieb fort, ist Voraussetzung, dass der wirtschaftliche Geschäftsbetrieb verpflichtet ist, seine Überschüsse an den ideellen Bereich abzugeben, und diese Verpflichtung auch tatsächlich erfüllt.

(3) [1] Zuwendungen an eine ausländische Körperschaft, Personenvereinigung oder Vermögensmasse im Sinne § 13 Absatz 1 Nummer 16 Buchstabe c ErbStG sind von der Erbschaft- oder Schenkungsteuer befreit, wenn

1. sie nach § 5 Absatz 1 Nummer 9 KStG i. V. m. § 5 Absatz 2 Nummer 2 zweiter Halbsatz KStG steuerbefreit wären, wenn sie inländische Einkünfte erzielen würden, und
2. der Staat, in dem der Zuwendungsempfänger belegen ist, Amtshilfe und Unterstützung bei der Beitreibung leistet.

[2] Die Voraussetzungen des Satzes 1 Nummer 1 sind erfüllt, wenn der ausländische Zuwendungsempfänger nach der Satzung, dem Stiftungsgeschäft oder der sonstigen Verfassung und nach der tatsächlichen Geschäftsführung ausschließlich und unmittelbar gemeinnützigen, mildtätigen oder kirchlichen Zwecken dient (§§ 51 ff. AO). [3] Den Nachweis, dass der ausländische Zuwendungsemp-

fänger die deutschen gemeinnützigkeitsrechtlichen Vorgaben erfüllt, hat er gegenüber dem zuständigen Finanzamt durch Vorlage geeigneter Belege zu erbringen (§ 90 Absatz 2 AO). [4]Dies wären insbesondere die Satzung, Tätigkeitsberichte, Aufstellungen der Einnahmen und Ausgaben, Kassenberichte, eine Vermögensübersicht mit Nachweisen über die Bildung und Entwicklung der Rücklagen, Aufzeichnungen über die Vereinnahmung von Zuwendungen und deren zweckgerechte Verwendung und Vorstandsprotokolle. [5]Amtshilfe im Sinne des Satzes 1 Nummer 2 ist der Auskunftsaustausch im Sinne oder entsprechend der Amtshilferichtlinie gemäß § 2 Absatz 11 des EU-Amtshilfegesetzes in der für den jeweiligen Stichtag der Steuerentstehung geltenden Fassung oder eines entsprechenden Nachfolgerechtsaktes. [6]Beitreibung im Sinne des Satzes 1 Nummer 2 ist die gegenseitige Unterstützung bei der Beitreibung von Forderungen im Sinne oder entsprechend der Beitreibungsrichtlinie einschließlich der in diesem Zusammenhang anzuwendenden Durchführungsbestimmungen in den für den jeweiligen Stichtag der Steuerentstehung geltenden Fassungen oder eines entsprechenden Nachfolgerechtsaktes. [7]Werden die steuerbegünstigten Zwecke des Zuwendungsempfängers nur im Ausland verwirklicht, setzt die Steuerbefreiung zusätzlich voraus, dass natürliche Personen mit Wohnsitz oder ihren gewöhnlichen Aufenthalt im Inland gefördert werden oder dass die Tätigkeit dieses Zuwendungsempfängers neben der Verwirklichung der steuerbegünstigten Zwecke auch zum Ansehen der Bundesrepublik Deutschland beitragen kann.

R E **13.9** Gegenseitigkeitserklärungen

[1]Durch Artikel 10 Nummer 1 Buchstabe b des Steueränderungsgesetzes 2015 vom 2.11.2015 (BGBl. I S. 1834) wurde § 13 Absatz 1 Nummer 16 Buchstabe c ErbStG geändert. [2]Bei Zuwendungen an ausländische Religionsgesellschaften, Körperschaften, Personenvereinigungen und Vermögensmassen mit Ansässigkeit in einem Staat oder einer Gebietskörperschaft, mit dem eine Gegenseitigkeitserklärung besteht, ist die Steuerbefreiung zu gewähren, wenn die Voraussetzungen des § 13 Absatz 1 Nummer 16 Buchstabe c ErbStG in der bis zum 5.11.2015 geltenden Fassung erfüllt sind. [3]Eine zur Befreiung von der deutschen Erbschaft- oder Schenkungsteuer notwendige Gegenseitigkeit liegt nur dann vor, wenn der ausländische Staat eine Erbschaftsteuer erhebt und seinerseits eine der deutschen Steuerbefreiung entsprechende Befreiung für Zuwendungen an deutsche steuerbegünstigte Körperschaften gewährt. [4]Ob diese Voraussetzungen vorliegen, hat das Bundesministerium der Finanzen durch förmlichen Austausch entsprechender Erklärungen mit dem ausländischen Staat festgestellt.

H E **13.9**

Gegenseitigkeitserklärungen. Es bestehen folgende Gegenseitigkeitsregelungen zur Befreiung von Zuwendungen an kirchliche, gemeinnützige oder mildtätige Einrichtungen:
- Dänemark (→ BMF-Schreiben vom 25.9.1953 – IV – S 3805 – 6/53 –)
- Italien (→ BMF-Schreiben vom 29.6.1988 – IV C 5 – S 1301 Ita – 5/88 –)

- Niederlande (DVR 1964 S. 140)
- den Schweizer Kantonen Appenzell-Ausserrhoden, Appenzell-Innerrhoden, Basel-Stadt, Graubünden, Luzern, St. Gallen, Solothurn, Thurgau, Uri, Waadt und Zug (→ BMF-Schreiben vom 25.4.2000, BStBl. I S. 464, 485).

Doppelbesteuerungsabkommen. Besondere Regelungen zur Befreiung von Zuwendungen an kirchliche, gemeinnützige oder mildtätige Einrichtungen enthalten:

- Artikel 10 Absatz 2 des DBA-USA vom 3.12.1980 i. d. F. der Bekanntmachung vom 21.12.2000 (BStBl. 2001 I S. 114)
- Artikel 12 des DBA-Frankreich vom 12.10.2006 (BStBl. 2009 I S. 1258) i. V. m. Artikel 21 des durch das Revisionsprotokoll vom 9.6.1969 sowie die Zusatzabkommen vom 28.9.1989 und vom 20.12.2001 geänderten Abkommens vom 21.7.1959 auf dem Gebiet der Ertragsteuern (BStBl. 1990 I S. 413 und BStBl. 2002 I S. 891)
- Artikel 28 des DBA-Schweden vom 14.7.1992 (BStBl. 1994 I S. 422).[1)]

R E 13.10 Zuwendungen zu gemeinnützigen, mildtätigen und kirchlichen Zwecken

(1) [1]Bei Zuwendungen zu gemeinnützigen, mildtätigen und kirchlichen Zwecken richten sich die Voraussetzungen der Steuerbefreiung nach § 13 Absatz 1 Nummer 17 ErbStG nach den §§ 51 ff. AO. [2]Der Erblasser oder Schenker muss die Verwendung zu dem begünstigten Zweck verfügt haben. [3]Die Verwendung muss gesichert sein. [4]Die begünstigten Zwecke können auch im Ausland verfolgt werden.

(2) [1]§ 13 Absatz 1 Nummer 17 ErbStG verlangt grundsätzlich die Bildung eines selbstständigen Zweckvermögens, das der Empfänger im Weg einer Zweckzuwendung (§ 8 ErbStG) erhalten hat. [2]Es genügt jedoch z. B. auch bei einer selbst steuerbegünstigte Zwecke verfolgenden ausländischen Körperschaft, dass die Zuwendung zu satzungseigenen Zwecken verwendet werden soll. [3]Nicht ausreichend ist dagegen, wenn das zugewendete Vermögen zweckfreies Eigenvermögen wird, weil sich sonst die zweckgerechte Verwendung der zugewendeten Mittel nicht überprüfen lässt.

(3) Auf Zweckzuwendungen an ausländische Körperschaften bleibt § 13 Absatz 1 Nummer 17 ErbStG anwendbar, auch wenn die Voraussetzungen des § 13 Absatz 1 Nummer 16 Buchstabe c ErbStG nicht erfüllt sind (→ R E 13.8 Absatz 3).

H E 13.10

Erträgnisse eines zugewendeten Vermögensstamms. → BFH vom 16.1.2002 II R 82/99, BStBl. II S. 303.

---

1) **[Amtl. Anm.:]** Schweden erhebt seit 1.1.2005 keine Erbschaft- und Schenkungsteuer mehr.

R E 13.11 Verzicht auf Steuerbefreiung

[1]Der Erwerber von nach § 13 Absatz 1 Nummer 2 und 3 ErbStG steuerfreien oder teilweise steuerfreien Gegenständen kann zur Vermeidung von Besteuerungsnachteilen auf Grund des beschränkten Schuldenabzugs gemäß § 10 Absatz 6 ErbStG auf die Steuerbefreiung verzichten (§ 13 Absatz 3 Satz 2 ErbStG). [2]Werden im Rahmen eines einheitlichen Erwerbs mehrere befreite Gegenstände erworben und besteht nur bei einem oder einigen ein Schuldenüberhang, kann der Verzicht auf die Steuerbefreiung auch gegenstandsbezogen erklärt werden.

Zu § 13a ErbStG

R E 13a.1 Steuerbefreiung für Betriebsvermögen, Betriebe der Land- und Forstwirtschaft und Anteile an Kapitalgesellschaften – Allgemeines

(1) [1]§§ 13a bis 13c und 28a ErbStG regeln die zu gewährenden Verschonungen beim Erwerb von begünstigtem Betriebsvermögen, begünstigtem land- und forstwirtschaftlichen Vermögen und begünstigten Anteilen an Kapitalgesellschaften (§ 13b Absatz 2 ErbStG). [2]Die Regelverschonung beträgt 85 Prozent (§ 13a Absatz 1 Satz 1 ErbStG) mit einem zusätzlichen gleitenden Abzugsbetrag von höchstens 150 000 EUR (§ 13a Absatz 2 ErbStG), wenn der Wert des begünstigten Vermögens (§ 13b Absatz 2 ErbStG) den Schwellenwert von 26 Millionen EUR nicht überschreitet (→ R E 13a.2). [3]Auf Antrag wird statt der Regelverschonung eine Befreiung zu 100 Prozent gewährt (Optionsverschonung, § 13a Absatz 10 ErbStG).

(2) [1]Bei der Gewährung der Steuerbefreiung ist von folgenden Grundsätzen auszugehen. [2]Für jede wirtschaftliche Einheit des begünstigungsfähigen Vermögens nach § 13b Absatz 1 ErbStG ist

1. der Umfang des begünstigten Vermögens (§ 13b Absatz 2 ErbStG) gesondert zu prüfen,
2. ein Vorwegabschlag nach § 13a Absatz 9 ErbStG (→ R E 13a.20) zu prüfen,
3. die Lohnsumme (§ 13a Absatz 3 Satz 6 bis 13 ErbStG) gesondert zu ermitteln,
4. zu prüfen, ob und in welcher Weise bereits gegen die Behaltensregelungen (§ 13a Absatz 6 ErbStG) verstoßen wurde.

[3]Umfasst das auf einen Erwerber übertragene begünstigungsfähige Vermögen (→ R E 13b.3 bis 13b.6) mehrere selbstständig zu bewertende wirtschaftliche Einheiten einer Vermögensart (z. B. mehrere Gewerbebetriebe) oder mehrere Arten begünstigungsfähigen Vermögens (land- und forstwirtschaftliches Vermögen, Betriebsvermögen, Anteile an Kapitalgesellschaften), sind die darauf jeweils entfallenden Werte des begünstigten Vermögens vor der Anwendung der §§ 13a, 13c oder 28a ErbStG zusammenzurechnen. [4]Der Schwellenwert von 26 Millionen EUR (§ 13a Absatz 1 Satz 1 und 2 ErbStG; → R E 13a.2) ist bezogen auf den zusammengerechneten Wert des begünstigten Vermögens

zu prüfen. [5]Beim Erwerb mehrerer wirtschaftlicher Einheiten sind auch solche in die Prüfung des Schwellenwerts einzubeziehen, bei denen der Anteil des Verwaltungsvermögens nach § 13b Absatz 3 und 4 ErbStG mehr als 20 Prozent beträgt, sodass eine Optionsverschonung nach § 13a Absatz 10 ErbStG nicht in Betracht kommt. [6]Beim Erwerb mehrerer wirtschaftlicher Einheiten sind wirtschaftliche Einheiten, die wegen des übermäßigen Verwaltungsvermögens nach § 13b Absatz 2 Satz 2 ErbStG nicht zum begünstigten Vermögen gehören, bei der Prüfung des Schwellenwerts nicht mit einzubeziehen. [7]Soweit der Erwerber das erworbene begünstigte Vermögen in Folge einer Weitergabeverpflichtung oder einer Nachlassteilung auf einen Dritten übertragen muss (§ 13a Absatz 5 ErbStG), ist dieses nicht in die Prüfung des Schwellenwerts mit einzubeziehen. [8]Der Verschonungsabschlag nach §§ 13a oder 13c ErbStG und der Abzugsbetrag nach § 13a Absatz 2 ErbStG können nur von einem insgesamt positiven Steuerwert des gesamten begünstigten Vermögens abgezogen werden. [9]Sätze 5 bis 7 gelten für die Verschonungsbedarfsprüfung nach § 28a ErbStG entsprechend. [10]Die Prüfung, ob die Mindestlohnsumme (§ 13a Absatz 3 Satz 1 und 4 ErbStG; → R E 13a.9) erfüllt ist, erfolgt insgesamt für alle erworbenen wirtschaftlichen Einheiten des begünstigten Vermögens.

(3) [1]Eine Inanspruchnahme des Schenkers für die Schenkungsteuer nach § 20 Absatz 1 Satz 1 ErbStG bei einem Verstoß eines Erwerbers gegen die Behaltensregelungen oder die Lohnsummenregelung für begünstigtes Vermögen erfolgt nicht, es sei denn, er hat die Steuer nach § 10 Absatz 2 ErbStG auch für diesen Fall selbst übernommen. [2]Das Gleiche gilt, wenn der Vorwegabschlag nach § 13a Absatz 9 ErbStG rückwirkend entfällt.

R E 13a.2 Schwellenwert von 26 Millionen EUR

(1) [1]Die Regelverschonung (§ 13a Absatz 1 und 2 ErbStG) bzw. die Optionsverschonung (§ 13a Absatz 10 ErbStG) sind ausgeschlossen, wenn der Wert des erworbenen begünstigten Vermögens (§ 13b Absatz 2 ErbStG) den Wert von 26 Millionen EUR überschreitet (Schwellenwert; § 13a Absatz 1 Satz 1 und 2 ErbStG; → Absatz 2). [2]Wird der Schwellenwert durch mehrere innerhalb von zehn Jahren von derselben Person anfallende Erwerbe überschritten, entfällt die für die bis dahin nach § 13a Absatz 1 Satz 1 oder Absatz 10 ErbStG als steuerfrei behandelten früheren Erwerbe gewährte Steuerbefreiung mit Wirkung für die Vergangenheit, wenn auch für die früheren Erwerbe die Steuer nach dem 30. Juni 2016 entstanden ist (§ 13a Absatz 1 Satz 3 in Verbindung mit § 37 Absatz 12 Satz 2 ErbStG). [3]Die Festsetzungsfrist für die Steuer der früheren Erwerbe endet nicht vor dem Ablauf des vierten Jahres, nachdem das für die Erbschaftsteuer zuständige Finanzamt von dem letzten Erwerb Kenntnis erlangt (§ 13a Absatz 1 Satz 4 ErbStG). [4]Der Erwerber kann

1. unwiderruflich beantragen, auf den Erwerb das Abschmelzmodell für den Verschonungsabschlag anzuwenden (§ 13c ErbStG; → R E 13c.1). [2]Eine Verschonungsbedarfsprüfung nach § 28a ErbStG ist dann ausgeschlossen (§ 13c Absatz 2 Satz 6 ErbStG);
2. widerruflich beantragen, die Verschonungsbedarfsprüfung mit vollständigem oder teilweisem Erlass der auf das begünstigte Vermögen entfallenden

Steuer durchzuführen (§ 28a ErbStG; → R E 28a.1). [2]Diese ist ausgeschlossen, wenn er bereits unwiderruflich beantragt hat, das Abschmelzmodell nach § 13c ErbStG anzuwenden (§ 28a Absatz 8 ErbStG).

(2) [1]Zur Prüfung des Schwellenwerts sind mehrere innerhalb von zehn Jahren von derselben Person angefallene Erwerbe begünstigten Vermögens zusammenzurechnen. [2]Die früheren Erwerbe begünstigten Vermögens sind dabei mit ihrem früheren Wert zu berücksichtigen (§ 13a Absatz 1 Satz 2 ErbStG). [3]Kommt es bei den in die Prüfung des Schwellenwerts einzubeziehenden Vorerwerben zu einem Verstoß gegen die Lohnsummenregelung (§ 13a Absatz 3 ErbStG) oder Behaltensregelung (§ 13a Absatz 6 ErbStG), führt dies nicht zu einer Änderung des Ansatzes des Werts des begünstigten Vermögens aus diesen Vorerwerben bei der Einbeziehung in den Schwellenwert, da sich nicht der Wert des begünstigten Vermögens, sondern nur die Höhe der Steuerbefreiung für das begünstigte Vermögen ändert. [4]Bei einem Wegfall des Vorwegabschlags (§ 13a Absatz 9 ErbStG) für einen Vorerwerb ist der erhöhte Wert des begünstigten Vermögens bei der Ermittlung des Schwellenwerts zu Grunde zu legen. [5]Entsprechendes gilt, wenn der Vorwegabschlag für den letzten Erwerb entfällt.

(3) [1]In die Zusammenrechnung sind nicht nur Vorerwerbe begünstigten Vermögens einzubeziehen, für die die Steuer nach dem 30. Juni 2016 entsteht, sondern auch Vorerwerbe begünstigten Vermögens, für die die Steuer nach der jeweils geltenden Gesetzeslage vor dem 1. Juli 2016 bzw. 1. Januar 2009 entstanden ist. [2]§ 37 Absatz 12 ErbStG schränkt die Anwendung des § 13a Absatz 1 Satz 2 ErbStG für die Prüfung, ob mit einem Erwerb nach dem 30. Juni 2016 einschließlich der Erwerbe begünstigten Vermögens innerhalb von zehn Jahren von derselben Person die Prüfschwelle überschritten wird, nicht ein. [3]Die Zusammenrechnung stellt keine unzulässige Rückwirkung dar, denn für die Besteuerung der früheren Erwerbe vor dem 1. Juli 2016 hat das Überschreiten des Schwellenwerts keine nachteiligen Folgen. [4]Diese werden ausschließlich nach der bis zum 31. Dezember 2008 bzw. 30. Juni 2016 anzuwendenden Gesetzeslage besteuert (vgl. § 37 Absatz 1 bis 3 ErbStG). [5]§ 13a Absatz 1 Satz 2 i. V. m. Satz 1 ErbStG trifft keine Rechtsfolgen für die früheren Erwerbe vor dem 1. Juli 2016, sondern nur für Erwerbe nach dem 30. Juni 2016. [6]Ist ein früherer Erwerb einzubeziehen, für den die Steuer vor dem 1. Juli 2016 und nach dem 31. Dezember 2008 entstanden ist, wird als früherer Wert des begünstigten Vermögens der nach § 13b Absatz 1 bis 4 ErbStG in der bis zum 30. Juni 2016 anzuwendenden Fassung ermittelte Wert von 85 Prozent (Regelverschonung) bzw. 100 Prozent (Optionsverschonung) des um den Wert des jungen Verwaltungsvermögens i. S. d. § 13b Absatz 2 Satz 4 ErbStG a. F. verminderten begünstigungsfähigen Vermögens zugrunde gelegt. [7]Im Fall eines früheren Erwerbs, für den die Steuer vor dem 1. Januar 2009 entstanden ist, ist als früherer Wert des begünstigten Vermögens der Wert anzusetzen, der nach § 13a Absatz 4 ErbStG in der bis zum 31. Dezember 2008 anzuwendenden Fassung ermittelt wurde. [8]Der bei der Besteuerung des jeweiligen Erwerbs angesetzte Wert des begünstigten Vermögens kann ohne zusätzliche Ermittlung übernommen werden.

H E 13a.2

Prüfung des Schwellenwerts.

Beispiel 1:

A verschenkt an seine Tochter T am 1.10.2016 einen Gewerbebetrieb mit einem gemeinen Wert von 15 000 000 EUR. Das begünstigte Vermögen beträgt 10 000 000 EUR.
Nach 3 Jahren verstirbt A. Zum Nachlass, der an seine Tochter als Alleinerbin übergeht, gehören 30 % der Anteile an der B-GmbH. Deren gemeiner Wert beträgt 22 000 000 EUR und das begünstigte Vermögen 17 000 000 EUR.

Prüfung Schwellenwert:	
Erwerb vom 1.10.2016	10 000 000 EUR
Erwerb vom 1.10.2019	17 000 000 EUR
	27 000 000 EUR

Nach 4 Jahren (2.10.2020) verkauft T den Gewerbebetrieb.
Für den Erwerb vom 1.10.2016 ist eine Nachversteuerung nach § 13a Absatz 6 ErbStG durchzuführen. Trotz des Verstoßes gegen die Behaltensregelungen überschreitet der Gesamterwerb des begünstigten Vermögens weiterhin mit 27 000 000 EUR den Schwellenwert von 26 000 000 EUR. Für den Erwerb vom 1.10.2019 ist keine Änderung bei der Steuerverschonung vorzunehmen.

Beispiel 2:

C verschenkt an ihren Sohn S 100 % der Anteile an der D-GmbH. Deren gemeiner Wert beträgt 50 000 000 EUR und das begünstigte Vermögen 27 000 000 EUR. Die Voraussetzungen für die Gewährung des Vorwegabschlags sind gegeben. Er beträgt 20 %.
Das nach Abzug des Vorwegabschlags vorhandene begünstigte Vermögen beträgt 21 600 000 EUR (27 000 000 EUR – 5 400 000 EUR (20 % von 27 000 000 EUR)). Damit liegt kein Großerwerb vor, weil der Schwellenwert von 26 000 000 EUR nicht überschritten wird.
Nach 4 Jahren liegen die Voraussetzungen für die Gewährung des Vorwegabschlags nicht mehr vor. Das begünstigte Vermögen beträgt damit 27 000 000 EUR, so dass von einem Großerwerb auszugehen ist. Die Steuerverschonung ist unter Berücksichtigung der geänderten Verhältnisse anzupassen.

R E 13a.3 Gleitender Abzugsbetrag

(1) [1]Von dem Teil des auf einen Erwerber übergegangenen begünstigten Vermögens, der nach Anwendung des Verschonungsabschlags verbleibt, wird ein Betrag von 150 000 EUR abgezogen (Abzugsbetrag). [2]Der Abzugsbetrag von 150 000 EUR verringert sich, wenn der Wert des verbleibenden Vermögens insgesamt die Wertgrenze von 150 000 EUR übersteigt, um 50 Prozent des diese Wertgrenze übersteigenden Betrags. [3]Im Fall der Optionsverschonung nach § 13a Absatz 10 ErbStG ist der Abzugsbetrag ohne Bedeutung.

(2) [1]Der Abzugsbetrag steht für das von derselben Person innerhalb von zehn Jahren insgesamt zugewendete begünstigte Vermögen nur einmal zur Verfügung (§ 13a Absatz 2 Satz 3 ErbStG). [2]Die Zehnjahresfrist beginnt im Zeitpunkt der Steuerentstehung für den begünstigten Erwerb. [3]Der vollständige Verbrauch des Abzugsbetrags tritt für das übertragene Vermögen insgesamt ein, unabhängig davon, in welcher Höhe er sich bei der Steuerfestsetzung tatsächlich ausgewirkt hat; das gilt auch, wenn sich der Abzugsbetrag aufgrund der Abschmelzung nach § 13a Absatz 2 Satz 2 ErbStG auf null EUR verringert hat. [4]Die Inanspruchnahme eines Abzugsbetrags nach § 13a Absatz 2 ErbStG in der bis 30. Juni 2016 anzuwendenden Fassung auf Grund der be-

günstigten Zuwendung von Betriebsvermögen, land- und forstwirtschaftlichem Vermögen oder Anteilen an Kapitalgesellschaften vor dem 1. Juli 2016 schließt innerhalb des Zehnjahreszeitraums die erneute Gewährung des Abzugsbetrags aus. [5]Die Inanspruchnahme eines Freibetrags nach § 13a Absatz 1 ErbStG in der bis zum 31. Dezember 2008 anzuwendenden Fassung auf Grund der begünstigten Zuwendung von Betriebsvermögen, land- und forstwirtschaftlichem Vermögen oder Anteilen an Kapitalgesellschaften vor dem 1. Januar 2009 schließt innerhalb des Zehnjahreszeitraums die Gewährung des Abzugsbetrags nicht aus.

H E 13a.3

Auswirkung des Abzugsbetrags. Begünstigtes Vermögen von bis zu 1 000 000 EUR wird im Fall der Regelverschonung durch den Verschonungsabschlag von 85 % und den Abzugsbetrag vollständig befreit. Der Abzugsbetrag verringert sich gleitend bei einem Wert des begünstigten Vermögens zwischen 1 000 001 EUR und 2 999 999 EUR.

Beispiel:

Erblasser E hinterlässt seinem Sohn S einen Gewerbebetrieb mit einem gemeinen Wert von 2 200 000 EUR. Das begünstigte Vermögen hat einen Wert von 2 000 000 EUR.

Für den Abzugsbetrag ergibt sich folgende Berechnung:

begünstigtes Betriebsvermögen		2 000 000 EUR	
Verschonungsabschlag (85 %)		./. 1 700 000 EUR	
Verbleibender Wert		300 000 EUR	
Abzugsbetrag		./. 75 000 EUR	
Steuerpflichtiges begünstigtes Betriebsvermögen			225 000 EUR
Abzugsbetrag		150 000 EUR	
Verbleibender Wert (15 %)	300 000 EUR		
Abzugsbetrag	./. 150 000 EUR		
Unterschiedsbetrag	150 000 EUR		
davon 50 %		./. 75 000 EUR	
Verbleibender Abzugsbetrag		75 000 EUR	

R E 13a.4 Lohnsummenregelung – Allgemeines

(1) Die Lohnsumme ist nach § 13a Absatz 3 Satz 6 bis 13 ErbStG zu ermitteln.

(2) [1]Die Lohnsummenregelung ist bei Betrieben mit nicht mehr als fünf Beschäftigten oder einer Ausgangslohnsumme von null EUR nicht anzuwenden (§ 13a Absatz 3 Satz 3 ErbStG). [2]Bei der Bestimmung der Mindestanzahl der Beschäftigten ist auf die Anzahl der Beschäftigten abzustellen, die im Besteuerungszeitpunkt im zugewendeten Betrieb oder in der Gesellschaft beschäftigt sind, an der die zugewendete Beteiligung oder der zugewendete Anteil besteht. [3]Dabei ist es unerheblich, zu welchem Anteil der Betrieb oder die Gesellschaft zugewendet wird. [4]Dies gilt jedoch nicht in Fällen, in denen kurz vor der Übertragung eine Reduzierung der Anzahl der Beschäftigten erfolgt (§ 42 AO). [5]Eine Umrechnung nach § 23 Absatz 1 Satz 4 Kündigungsschutz-

gesetz (KSchG) auf der Grundlage der regelmäßigen wöchentlichen Arbeitszeit erfolgt nicht. [6]Einzubeziehen sind grundsätzlich alle Beschäftigten unabhängig von ihrem sozialversicherungsrechtlichen Status. [7]Hierzu zählen auch geringfügig Beschäftigte (§ 8 SGB IV). [8]Nicht einzubeziehen sind Beschäftigte, die
- sich in Mutterschutz befinden,
- sich in einem Ausbildungsverhältnis befinden,
- Krankengeld beziehen,
- Elterngeld beziehen,
- nicht ausschließlich oder überwiegend in dem Betrieb tätig sind (Saisonarbeiter),
- Leiharbeiter sind.

[9]Die an diese Beschäftigten gezahlten Vergütungen bleiben ebenfalls außer Ansatz. [10]Umfasst das auf einen Erwerber übertragene begünstigte Vermögen mehrere selbstständig zu bewertende wirtschaftliche Einheiten einer Vermögensart (z.B. mehrere Gewerbebetriebe) oder mehrere Arten begünstigten Vermögens (land- und forstwirtschaftliches Vermögen, Betriebsvermögen, Anteile an Kapitalgesellschaften), sind die Beschäftigten für jede wirtschaftliche Einheit getrennt zu ermitteln. [11]Bei Anteilen an Kapitalgesellschaften und Beteiligungen an Personengesellschaften ist auf die Beschäftigten der Gesellschaft abzustellen. [12]Wenn die Anzahl der Beschäftigten in einer der wirtschaftlichen Einheiten nicht mehr als fünf beträgt, bleibt deren Ausgangslohnsumme und Summe der maßgebenden jährlichen Lohnsummen außer Betracht. [13]Bei der Prüfung, ob die Mindestbeschäftigtenzahl erreicht wird, sind auch die Beschäftigten nachgeordneter Gesellschaften mit der entsprechenden Beteiligungsquote einzubeziehen (§ 13a Absatz 3 Satz 11 und 12 ErbStG). [14]Dies gilt auch, wenn die Beteiligungen oder Anteile an den nachgeordneten Gesellschaften im Sonderbetriebsvermögen gehalten werden. [15]Im Fall einer Betriebsaufspaltung (→ R E 13b.14 Absatz 1) ist die Anzahl der Beschäftigten der Besitzgesellschaft und der Betriebsgesellschaft zusammenzurechnen (§ 13a Absatz 3 Satz 13 ErbStG). [16]Hierunter fallen nur Betriebsaufspaltungen, bei denen die Beteiligung bzw. der Anteil an der Betriebsgesellschaft nicht zum Betriebsvermögen des Besitzunternehmens gehören und nur hinsichtlich des Besitzunternehmens bzw. der Betriebsgesellschaft eine Übertragung erfolgt.

(3) Zur Mindestlohnsumme → R E 13a.9.

H E 13a.4

Gesellschafter-Geschäftsführer einer Kapitalgesellschaft. Der angestellte Gesellschafter-Geschäftsführer einer Kapitalgesellschaft zählt zu den beschäftigten Arbeitnehmern, selbst wenn er sozialversicherungsrechtlich nicht als Arbeitnehmer behandelt wird. Ist er bei mehreren Arbeitgebern (z.B. mehreren Kapitalgesellschaften) beschäftigt, zählt er bei jedem der Arbeitgeber zu den beschäftigten Arbeitnehmern.

Gesellschafter-Geschäftsführer einer Personengesellschaft. Der angestellte Gesellschafter-Geschäftsführer einer Personengesellschaft zählt nicht zu den beschäftigten Arbeitnehmern, auch wenn er sozialversicherungsrechtlich als Arbeitnehmer behandelt wird.

Geschäftsführer einer Komplementär-GmbH. Ist der angestellte Geschäftsführer einer Komplementär-GmbH gleichzeitig Mitunternehmer der Kommanditgesellschaft, zählt dieser nicht zu den beschäftigten Arbeitnehmern, sofern dessen Vergütung in vollem Umfang als Sondervergütung (§ 15 Absatz 1 Satz 1 Nummer 2 EStG) zu qualizieren ist. Wird die Vergütung des Geschäftsführers ertragsteuerlich nur teilweise als Sondervergütung behandelt, ist der Geschäftsführer bei der Ermittlung der Zahl der Beschäftigten zu berücksichtigen.
Zur Ermittlung der Lohnsumme → H E 13a.5 „Sonderbetriebseinnahmen bei Gesellschaftern einer Personengesellschaft".

R E 13a.5 Beschreibung der Lohnsumme

[1]Die Beschreibung der Lohnsumme orientiert sich an der Definition in Anhang I der Verordnung (EG) Nummer 1503/2006 der Kommission vom 28. September 2006 (ABl. L 281/15). [2]Im Allgemeinen ist es nicht zu beanstanden, wenn bei inländischen Gewerbebetrieben von dem in der Gewinn- und Verlustrechnung ausgewiesenen Aufwand für Löhne und Gehälter (vgl. § 275 Absatz 2 Nummer 6 HGB) ausgegangen wird. [3]Altersvorsorge, die durch Entgeltumwandlung vom Beschäftigten getragen wird, ist einzubeziehen; der Arbeitgeberanteil zu den gesetzlichen Sozialabgaben sowie tariflich vereinbarte, vertraglich festgelegte oder freiwillige Sozialbeiträge durch den Arbeitgeber bleiben ausgenommen. [4]Das dem Arbeitgeber von der Bundesagentur für Arbeit ausgezahlte Kurzarbeitergeld ist von diesem Aufwand nicht abzuziehen, da hierfür das Saldierungsverbot des § 246 Absatz 2 HGB greift.

H E 13a.5

Überhöhte Vergütungen für Arbeitnehmer einer Kapitalgesellschaft. Überhöhte Vergütungen für den Geschäftsführer oder andere Arbeitnehmer, die als verdeckte Gewinnausschüttung qualifiziert wurden, sind nicht in die Lohnsumme einzubeziehen.

Sonderbetriebseinnahmen bei Gesellschaftern einer Personengesellschaft. In dem Umfang, in dem die Vergütung eines Gesellschafters einer Personengesellschaft als Sondervergütung (§ 15 Absatz 1 Satz 1 Nummer 2 EStG) zu qualifizieren ist, bleibt diese bei der Ermittlung der Ausgangslohnsumme und der Summe der maßgebenden jährlichen Lohnsumme unberücksichtigt.
Zur Ermittlung der Anzahl der Beschäftigten → H E 13a.4 „Geschäftsführer einer Komplementär-GmbH".

R E 13a.6 Lohnsumme bei mehreren wirtschaftlichen Einheiten

[1]Umfasst das auf einen Erwerber übertragene begünstigte Vermögen mehrere selbstständig zu bewertende wirtschaftliche Einheiten einer Vermögensart (z.B. mehrere Gewerbebetriebe) oder mehrere Arten begünstigten Vermögens (land- und forstwirtschaftliches Vermögen, Betriebsvermögen, Anteile an Kapitalgesellschaften), erfolgt die Ermittlung zunächst bezogen auf jede wirtschaftliche Einheit. [2]Zur Ermittlung der Mindestlohnsumme für alle wirt-

schaftlichen Einheiten sind die Mindestlohnsummen, die sich für die einzelnen wirtschaftlichen Einheiten auf der Grundlage der jeweiligen Ausgangslohnsummen und der jeweiligen Prozentsätze nach der Beschäftigtenzahl ergeben, zu einer Summe der Mindestlohnsummen zusammenzurechnen. [3]Zur Ermittlung der Summe der maßgebenden jährlichen Lohnsummen sind ebenfalls die Summen der maßgebenden jährlichen Lohnsummen der einzelnen wirtschaftlichen Einheiten zusammenzuzählen. [4]Sind Beteiligungen an einer Personengesellschaft oder Anteile an einer Kapitalgesellschaft (Anteile mehr als 25 Prozent am Nennkapital) in die Ermittlung der Lohnsumme im Sinne des Satzes 2 oder 3 einzubeziehen, ist dabei anteilig auf die Lohnsumme der Gesellschaft selbst abzustellen.

H E 13a.6

Ermittlung der Anzahl der Beschäftigten, der Ausgangslohnsumme und der Mindestlohnsumme.

Beispiel 1:

E ist verstorben und wurde von A als Alleinerbe beerbt. Ein Antrag auf Optionsverschonung wurde nicht gestellt. Zum Nachlass gehören 100% der Anteile an der A-GmbH, 50% der Anteile an der B-GmbH und 100% der Anteile an der C-GmbH:

Gesellschaft	Anzahl der Beschäftigten	Ausgangslohnsumme
A-GmbH	9	200 000 EUR
B-GmbH	10	350 000 EUR
C-GmbH	4	80 000 EUR

Die B-GmbH hält wiederum 100% der Anteile an der D-GmbH. Die D-GmbH hat 6 Beschäftigte und eine Ausgangslohnsumme von 150 000 EUR.

Ermittlung der Ausgangslohnsumme und der Anzahl der Beschäftigten:

Gesellschaft	festzustellende Anzahl der Beschäftigten	festzustellende Ausgangslohnsumme
A-GmbH	9	200 000 EUR
B-GmbH	16 (B-GmbH 10 + D-GmbH 6)	500 000 EUR (B-GmbH 350 000 EUR + D-GmbH 150 000 EUR)
D-GmbH	6	150 000 EUR

Hinsichtlich der B-GmbH ist die Anzahl der Beschäftigten und die Ausgangslohnsumme bezogen auf das gesamte Unternehmen festzustellen, auch wenn der Anteil des E nur 50% beträgt.
Für die selbständige wirtschaftliche Einheit „Anteil C-GmbH" ist keine Ausgangslohnsumme und keine Anzahl der Beschäftigten festzustellen, da die Gesellschaft insgesamt nicht mehr als fünf Beschäftigte hat.

Ermittlung der Mindestlohnsumme:

Gesellschaft	festgestellte Ausgangslohnsumme	jeweiliger Prozentsatz für Mindestlohnsumme	Mindestlohnsumme
A-GmbH	200 000 EUR	250%	500 000 EUR
B-GmbH	500 000 EUR	400%	2 000 000 EUR
C-GmbH	–	–	–
Summe der Mindestlohnsumme			2 500 000 EUR

Beispiel 2:

E ist verstorben und wurde von A als Alleinerbe beerbt. Ein Antrag auf Optionsverschonung wurde nicht gestellt. Zum Nachlass gehören jeweils 100 % der Anteile an folgenden Gesellschaften:

Gesellschaft	Anzahl der Beschäftigten	Ausgangslohnsumme
A-GmbH	9	200 000 EUR
B-GmbH	12	350 000 EUR

Die B-GmbH hält wiederum 100 % der Anteile an der D-GmbH. Die D-GmbH hat 4 Beschäftigte und eine Ausgangslohnsumme von 150 000 EUR.

Ermittlung der Ausgangslohnsumme und der Anzahl der Beschäftigten:

Gesellschaft	festzustellende Anzahl der Beschäftigten	festzustellende Ausgangslohnsumme
A-GmbH	9	200 000 EUR
B-GmbH	16 (B-GmbH 12 + D-GmbH 4)	500 000 EUR (B-GmbH 350 000 EUR + D-GmbH 150 000 EUR)
D-GmbH	4	150 000 EUR

Obwohl die D-GmbH selbst nicht mehr als fünf Beschäftigte hat, ist die Ausgangslohnsumme und die Anzahl der Beschäftigten festzustellen, da diese Angaben für die Feststellung der Ausgangslohnsumme und die Anzahl der Beschäftigten bei der B-GmbH von Bedeutung sind (→ R E 13a.10 Absatz 3).

Ermittlung der Mindestlohnsumme:

Gesellschaft	festgestellte Ausgangslohnsumme	jeweiliger Prozentsatz für Mindestlohnsumme	Mindestlohnsumme
A-GmbH	200 000 EUR	250 %	500 000 EUR
B-GmbH	500 000 EUR	400 %	2 000 000 EUR
Summe der Mindestlohnsumme			2 500 000 EUR

R E 13a.7 Ermittlung der Ausgangslohnsumme und der Summe der maßgebenden jährlichen Lohnsummen

(1) [1]Bei der Ermittlung der Ausgangslohnsumme sind die letzten fünf vor dem Zeitpunkt der Entstehung der Steuer endenden Wirtschaftsjahre maßgebend. [2]Die Ausgangslohnsumme bezieht sich regelmäßig auf ein volles Wirtschaftsjahr. [3]Werden Beteiligungen an Kapitalgesellschaften von mehr als 25 Prozent oder Beteiligungen an Personengesellschaften in die Ausgangslohnsumme einbezogen, ist grundsätzlich ebenfalls auf die letzten fünf vor dem Zeitpunkt der Entstehung der Steuer endenden Wirtschaftsjahre dieser Gesellschaften abzustellen. [4]Die durchschnittliche Ausgangslohnsumme ist insgesamt zu ermitteln und der Umfang der Beteiligung auszuweisen. [5]Erfolgt vor dem Besteuerungszeitpunkt eine Umstellung auf ein abweichendes Wirtschaftsjahr, bestehen keine Bedenken, die Lohnsumme des Rumpf-Wirtschaftsjahrs in die Lohnsumme eines vollen Wirtschaftsjahrs (mit 12 Monaten) umzurechnen. [6]In Fällen einer Neugründung bestehen keine Bedenken, die durchschnittliche Ausgangslohnsumme aus dem kürzeren Zeitraum zu berechnen und in

einen entsprechenden Jahresbetrag umzurechnen. [7]Änderungen der Rechtsform oder Umsetzungen des Personals innerhalb des Ermittlungszeitraums in einem Unternehmensverbund, deren Gliederungen zum begünstigten Vermögen gehören, sind zur Ermittlung der Ausgangslohnsumme in die Einheiten einzubeziehen, die an die Stelle der früheren Einheiten getreten sind; das Gleiche gilt bei Verschmelzungen oder Einbringungen. [8]Lohnsummen einer im Besteuerungszeitpunkt zum Gewerbebetrieb gehörenden, in einem Drittstaat belegenen Betriebstätte sind nicht einzubeziehen. [9]Im Fall einer Betriebsaufspaltung sind die Lohnsummen der Besitzgesellschaft und der Betriebsgesellschaft zusammenzurechnen (§ 13a Absatz 3 Satz 13 ErbStG). [10]Hierunter fallen nur Betriebsaufspaltungen, bei denen die Beteiligung bzw. der Anteil an der Betriebsgesellschaft nicht zum Betriebsvermögen des Besitzunternehmens gehören und nur hinsichtlich des Besitzunternehmens bzw. der Betriebsgesellschaft eine Übertragung erfolgt.

H E 13a.7 (1)

Abweichende Wirtschaftsjahre.

Beispiel:

A erwirbt Anteile an der A-GmbH (Wirtschaftsjahr = Kalenderjahr) am 1.2.06. Zur A-GmbH gehört eine 100 %-Beteiligung an der B-GmbH, deren Wirtschaftsjahr jeweils am 30.6. endet. Zur B-GmbH gehört eine 50 %-Beteiligung an der C-GmbH, deren Wirtschaftsjahr jeweils am 30.11. endet.

Zur Ermittlung der Ausgangslohnsumme ist auf folgende Zeiträume abzustellen:

A-GmbH	1.1.01 bis 31.12.05
B-GmbH	1.7.00 bis 30.6.05
C-GmbH	1.12.00 bis 30.11.05

Mehrere wirtschaftliche Einheiten.

Beispiel:

A erwirbt sämtliche Anteile an der A-GmbH und ein Einzelunternehmen. Die A-GmbH beschäftigt 23 und das Einzelunternehmen 27 Arbeitnehmer. Im Besteuerungszeitpunkt beträgt die Ausgangslohnsumme der A-GmbH 1 000 000 EUR und im Einzelunternehmen 2 000 000 EUR. Nach 5 Jahren beträgt die Lohnsumme der A-GmbH 3 700 000 EUR, das entspricht 370 % der Ausgangslohnsumme, und im Einzelunternehmen 10 600 000 EUR, das entspricht 530 % der Ausgangslohnsumme.

Die Ausgangslohnsumme des gesamten begünstigt erworbenen Vermögens beträgt 3 000 000 EUR. Nach 5 Jahren beläuft sich die kumulierte Lohnsumme auf 14 300 000 EUR, das entspricht 476 % der Ausgangslohnsumme. Auch für die Anteile an der A-GmbH erfolgt damit keine Nachversteuerung.

R E 13a.7 (2)

(2) [1]Bei der Ermittlung der Ausgangslohnsumme sind die Lohnsummen der im Besteuerungszeitpunkt zum Betrieb gehörenden mittelbaren und unmittelbaren Beteiligungen an Personengesellschaften, die ihren Sitz oder ihre Geschäftsleitung im Inland oder in einem Mitgliedstaat der Europäischen Union oder in einem Staat des Europäischen Wirtschaftsraums haben, unabhängig von der Beteiligungshöhe stets anteilig einzubeziehen (§ 13a Absatz 3 Satz 11 ErbStG), nicht dagegen die Löhne, die in Beteiligungen an Personengesellschaften mit Sitz oder Geschäftsleitung in Drittstaaten gezahlt werden.

[2]Dies gilt auch, wenn die Beteiligungen oder Anteile an den nachgeordneten Gesellschaften im Sonderbetriebsvermögen gehalten werden. [3]Gehört eine Beteiligung nicht innerhalb des gesamten Zeitraums für die Ermittlung der Ausgangslohnsumme zum Betrieb, ist die Lohnsumme nur für den Zeitraum der Zugehörigkeit tagegenau zu diesem Betrieb einzubeziehen. [4]Wenn sich die Beteiligungsquote innerhalb des Zeitraums für die Ermittlung der Ausgangslohnsumme verändert hat, ist die Lohnsumme der Gesellschaft für den jeweiligen Zeitraum in der jeweils bestehenden Beteiligungshöhe einzubeziehen. [5]Eine nur zeitanteilige Ermittlung der Lohnsumme ist ausgeschlossen, wenn dadurch die durchschnittliche Ausgangslohnsumme nicht hinreichend abgebildet wird. [6]Dies kann beispielsweise der Fall sein, wenn ein seit Jahren bestehender Betrieb mit einer großen Anzahl von Beschäftigten und dem entsprechend hohen Lohnsummen in eine Vorratsgesellschaft eingebracht wird.

H E 13a.7 (2)

Ermittlung der Anzahl der Beschäftigten und der Ausgangslohnsumme bei Übertragung begünstigten Betriebsvermögens. Wird ein Einzelunternehmen mit Sitz/Geschäftsleitung im Inland, einem Mitgliedstaat der Europäischen Union oder einem Staat des Europäischen Wirtschaftsraums oder eine Beteiligung an einer Personengesellschaft im Sinne des § 15 Absatz 1 Satz 1 Nummer 2 und Absatz 3 EStG oder § 18 Absatz 4 EStG mit Sitz/Geschäftsleitung im Inland, einem Mitgliedstaat der Europäischen Union oder einem Staat des Europäischen Wirtschaftsraums übertragen, sind bei der Ermittlung der Anzahl der Beschäftigten und der Ausgangslohnsumme folgende Beschäftigte bzw. Löhne und Gehälter zu berücksichtigen:

Zum Vermögen des Einzelunternehmens/der Personengesellschaft gehören	Einbeziehung der Beschäftigten sowie der Löhne und Gehälter
Betriebsstätte im Inland	Die Beschäftigten sowie die Löhne und Gehälter sind einzubeziehen (§ 13a Absatz 3 Satz 1 ErbStG).
Betriebsstätte in einem Mitgliedstaat der Europäischen Union oder einem Staat des Europäischen Wirtschaftsraums	Die Beschäftigten sowie die Löhne und Gehälter sind einzubeziehen (§ 13a Absatz 3 Satz 1 ErbStG).
Betriebsstätte in einem Drittstaat	Da es sich nicht um begünstigungsfähiges Betriebsvermögen handelt (→ R E 13b.5 Absatz 4 Satz 2 und 3), bleiben die in der Betriebsstätte eines Drittstaats beschäftigten Arbeitnehmer und die gezahlten Löhne und Gehälter unberücksichtigt.

Zum Vermögen des Einzelunternehmens/der Personengesellschaft gehören	Einbeziehung der Beschäftigten sowie der Löhne und Gehälter
Beteiligung an einer Personengesellschaft im Inland	Die Beschäftigten der Personengesellschaft und die von ihr gezahlten Löhne und Gehälter sind unabhängig von der Beteiligungshöhe anteilig einzubeziehen (§ 13a Absatz 3 Satz 11 ErbStG, → R E 13a.7 Absatz 2).
Beteiligung an einer Personengesellschaft in einem Mitgliedstaat der Europäischen Union oder einem Staat des Europäischen Wirtschaftsraums	Die Beschäftigten der Personengesellschaft und die von ihr gezahlten Löhne und Gehälter sind unabhängig von der Beteiligungshöhe anteilig einzubeziehen (§ 13a Absatz 3 Satz 11 ErbStG, → R E 13a.7 Absatz 2).
Beteiligung an einer Personengesellschaft in einem Drittstaat	Die Beteiligung ist zwar Teil des begünstigungsfähigen Betriebsvermögens (→ R E 13b.5 Absatz 4 Satz 1 und 4). Da sich der Sitz bzw. die Geschäftsleitung der Gesellschaft jedoch in einem Drittstaat befindet, sind ihre Beschäftigten und die von ihr gezahlten Löhne und Gehälter nicht mit einzubeziehen (§ 13a Absatz 3 Satz 11 ErbStG).
Anteile an einer Kapitalgesellschaft im Inland	Die Beschäftigten der Kapitalgesellschaft und die von ihr gezahlten Löhne und Gehälter sind anteilig einzubeziehen, wenn im Besteuerungszeitpunkt eine mittelbare bzw. unmittelbare Beteiligung von mehr als 25 % besteht (§ 13a Absatz 3 Satz 12 i. V. m. Satz 11 ErbStG, → R E 13a.7 Absatz 3).
Anteile an einer Kapitalgesellschaft in einem Mitgliedstaat der Europäischen Union oder einem Staat des Europäischen Wirtschaftsraums	Die Beschäftigten der Kapitalgesellschaft und die von ihr gezahlten Löhne und Gehälter sind anteilig einzubeziehen, wenn im Besteuerungszeitpunkt eine mittelbare bzw. unmittelbare Beteiligung von mehr als 25 % besteht (§ 13a Absatz 3 Satz 12 i. V. m. Satz 11 ErbStG, → R E 13a.7 Absatz 3).

Zum Vermögen des Einzelunternehmens/der Personengesellschaft gehören	Einbeziehung der Beschäftigten sowie der Löhne und Gehälter
Anteile an einer Kapitalgesellschaft in einem Drittstaat	Die Beteiligung ist zwar Teil des begünstigungsfähigen Betriebsvermögens (→ R E 13b.5 Absatz 4 Satz 4). Da sich der Sitz bzw. die Geschäftsleitung der Gesellschaft jedoch in einem Drittstaat befindet, sind ihre Beschäftigten und die von ihr gezahlten Löhne und Gehälter nicht mit einzubeziehen (§ 13a Absatz 3 Satz 12 i. V. m. Satz 11 ErbStG).

Beispiel:

Erblasser E war zu 50 % an der E & A OHG mit Sitz in Deutschland beteiligt. Alleinerbin ist seine Tochter T.
Die E & A OHG hatte beim Tod des E 50 Beschäftigte. Sie zahlte in den letzten fünf Wirtschaftsjahren vor dem Tod des E durchschnittlich 1 500 000 EUR an Löhnen und Gehältern. Von den 50 Beschäftigten waren am Stichtag fünf in einer Betriebstätte in Belgien (durchschnittliche Lohnsumme 150 000 EUR) und zehn in einer Betriebstätte in der Ukraine (durchschnittliche Lohnsumme 200 000 EUR) tätig.
Die E & A OHG war zu 20 % an einer Personengesellschaft mit Sitz in Ungarn beteiligt. Die durchschnittliche Lohnsumme dieser Gesellschaft beträgt 550 000 EUR und die Anzahl der Beschäftigten am Stichtag 15. Zudem hielt die E & A OHG eine Beteiligung von 30 % an einer Personengesellschaft in Japan. Die durchschnittliche Lohnsumme dieser Gesellschaft beträgt 700 000 EUR und die Anzahl der Beschäftigten am Stichtag 21. Die E & A OHG hielt 23 % der Anteile einer Kapitalgesellschaft mit Sitz in Deutschland (durchschnittliche Lohnsumme 900 000 EUR, Anzahl der Beschäftigten 30), 30 % der Anteile einer Kapitalgesellschaft mit Sitz in Frankreich (durchschnittliche Lohnsumme 1 000 000 EUR, Anzahl der Beschäftigten 30) und 40 % der Anteile einer Kapitalgesellschaft mit Sitz in Indien (durchschnittliche Lohnsumme 800 000 EUR, Zahl der Beschäftigten 280).

Die Anzahl der Beschäftigten und die Ausgangslohnsumme sind wie folgt zu ermitteln:

	Anzahl der anzusetzenden Beschäftigten	Ausgangslohnsumme
E & A OHG einschl. Betriebsstätten Betriebsstätte in Ukraine	50 ./. 10	1 500 000 EUR ./. 200 000 EUR
Zwischenwert	40	1 300 000 EUR
Beteiligung an Personengesellschaft in Ungarn (20 %)	3	110 000 EUR
Beteiligung an Personengesellschaft in Japan (30 %)	0	0 EUR
Anteile an Kapitalgesellschaft im Inland (23 %)	0	0 EUR
Anteile an Kapitalgesellschaft in Frankreich (30 %)	9	300 000 EUR
Anteile an Kapitalgesellschaft in Indien (40 %)	0	0 EUR
Summe	52	1 710 000 EUR

Die in der Betriebstätte in der Ukraine von der E & A OHG beschäftigten Arbeitnehmer und die von ihr gezahlten Löhne und Gehälter sind nicht einzubeziehen, da die Betriebstätte nicht zum nach § 13b Absatz 1 Nummer 2 ErbStG begünstigungsfähigen Betriebsvermögen gehört. Die auf den Anteil der E & A OHG an der Personengesellschaft mit Sitz in Japan entfallenden Beschäftigten bzw. Löhne und Gehälter bleiben außer Ansatz, da sich der Sitz der Gesellschaft in einem Drittstaat befindet. Die auf den Anteil der E & A OHG an der Kapitalgesellschaft mit Sitz in Deutschland entfallenden Beschäftigten bzw. Löhne und Gehälter sind nicht einzubeziehen, da die Beteiligung weniger als 25 % beträgt. Die auf die Anteile der E & A OHG an der Kapitalgesellschaft mit Sitz in Indien entfallenden Beschäftigten bzw. Löhne und Gehälter bleiben trotz Überschreiten der Mindestbeteiligungsquote unberücksichtigt, da die Gesellschaft ihren Sitz in einem Drittstaat hat.

Vorschalten einer Gesellschaft. Werden vor dem Bewertungsstichtag im Unternehmensverbund bestehende Unternehmen durch Vorschaltung einer Gesellschaft lediglich umstrukturiert, liegt insoweit kein Hinzuerwerb einer Beteiligung vor. Die Lohnsummen dieser Unternehmen sind daher über den gesamten Berechnungszeitraum in die Berechnung der Ausgangslohnsumme mit einzubeziehen, sofern diese Unternehmen bereits zu Beginn dieses Fünfjahreszeitraumes existiert haben.

Beispiel:

Das Traditionsunternehmen A GmbH & Co. KG wird in eine seit mehr als einem Jahr bestehende GmbH eingebracht. Die Anteile an der GmbH werden im selben Jahr von Mutter an Tochter verschenkt.

Übertragungsgegenstand ist die GmbH. In die Ausgangslohnsumme der GmbH sind die Lohnsummen der A GmbH & Co. KG über den gesamten Berechnungszeitraum einzubeziehen.

R E 13a.7 (3)

(3) [1]Bei der Ermittlung der Ausgangslohnsumme sind die Lohnsummen der zum Betrieb gehörenden mittelbaren und unmittelbaren Beteiligungen an Kapitalgesellschaften, die ihren Sitz oder ihre Geschäftsleitung im Inland oder in einem Mitgliedstaat der Europäischen Union oder in einem Staat des Europäischen Wirtschaftsraums haben und im Besteuerungszeitpunkt mehr als 25 Prozent betragen, anteilig einzubeziehen (§ 13a Absatz 3 Satz 12 ErbStG), nicht dagegen Beteiligungen an Kapitalgesellschaften mit Sitz oder Geschäftsleitung in Drittstaaten. [2]Das gilt auch in den Fällen von börsennotierten Kapitalgesellschaften, deren Anteilswerte wegen der Börsennotierung (§ 11 Absatz 1 BewG) nicht nach § 151 BewG festzustellen sind. [3]Feststellungen im Zusammenhang mit der Lohnsumme erfolgen in diesen Fällen dennoch (§ 13a Absatz 4 Satz 2 ErbStG). [4]Beträgt die Anteilsquote nicht mehr als 25 Prozent am Nennkapital, werden die Anzahl der Beschäftigten und die Lohnsummen der durch diese Anteile vermittelten Beteiligungen an Personengesellschaften nicht angesetzt. [5]Bei der Prüfung, ob die Grenze von 25 Prozent überschritten ist, ist stets auf die zum Betrieb gehörenden mittelbaren und unmittelbaren Beteiligungen und nicht auf den übertragenen Anteil abzustellen. [6]Bei Personengesellschaften sind die Anteile im Gesamthandsvermögen und im Sonderbetriebsvermögen aller Gesellschafter stets zusammenzurechnen. [7]Gehört eine solche Beteiligung nicht innerhalb des gesamten Zeitraums für die Ermittlung der Ausgangslohnsumme zum Betriebsvermögen des Betriebs, ist die Lohnsumme nur für den Zeitraum der Zugehörigkeit tagegenau zu diesem Betrieb

einzubeziehen. [8]Eine nur zeitanteilige Ermittlung der Lohnsumme ist ausgeschlossen, wenn dadurch die durchschnittliche Ausgangslohnsumme nicht hinreichend abgebildet wird. [9]Dies kann beispielsweise der Fall sein, wenn ein seit Jahren bestehender Betrieb mit einer großen Anzahl von Beschäftigten und dem entsprechend hohen Lohnsummen in eine Vorratsgesellschaft eingebracht wird. [10]Wenn sich die Beteiligungsquote innerhalb des Zeitraums für die Ermittlung der Ausgangslohnsumme verändert hat, ist die Lohnsumme der Gesellschaft für den jeweiligen Zeitraum in der jeweils bestehenden Beteiligungshöhe einzubeziehen; das gilt auch für Zeiträume, in denen die Beteiligungshöhe 25 Prozent oder weniger betrug.

H E 13a.7 (3)

Ermittlung der Ausgangslohnsumme.

Beispiel 1:

Zum Betriebsvermögen eines Gewerbebetriebs gehören im Besteuerungszeitpunkt 1.1.05 Anteile an einer Kapitalgesellschaft in Höhe von 30%. Die Beteiligung an der Kapitalgesellschaft ist zum 1.1.03 erworben worden. Die durchschnittliche Lohnsumme der Kapitalgesellschaft der vergangenen 5 Wirtschaftsjahre beträgt 1 000 000 EUR.
Die Ausgangslohnsumme bezogen auf die Beteiligung beträgt ((1 000 000 EUR × $^2/_5$) × 30% =) 120 000 EUR.

Beispiel 2:

Zum Betriebsvermögen eines Gewerbebetriebs gehören im Besteuerungszeitpunkt 1.1.05 Anteile an einer Kapitalgesellschaft in Höhe von 30%. In den Jahren 00 bis 04 ergaben sich folgende Lohnsummen und Beteiligungshöhen:

00	500 000 EUR	40%
01	600 000 EUR	20%
02	450 000 EUR	10%
03	500 000 EUR	30%
04	550 000 EUR	30%

Die durchschnittliche Lohnsumme der Kapitalgesellschaft beträgt 520 000 EUR. Der Anteil daran beträgt

$$\frac{1\ \text{Jahr} \times 40\,\% + 1\ \text{Jahr} \times 20\,\% + 1\ \text{Jahr} \times 10\,\% + 2\ \text{Jahre} \times 30\,\%}{5\ \text{Jahre}} = 26\,\%$$

Die Ausgangslohnsumme bezogen auf die Beteiligung beträgt (520 000 EUR × 26% =) 135 200 EUR.

Beispiel 3:

Zum Betriebsvermögen der A und B OHG gehören im Besteuerungszeitpunkt 1.1.05 Anteile an einer Kapitalgesellschaft:
- im Gesamthandsvermögen 10%
- im Sonderbetriebsvermögen des A 5%
- im Sonderbetriebsvermögen des B 15%.

A überträgt seine Beteiligung einschließlich des Sonderbetriebsvermögens auf seinen Sohn S.

Die unmittelbaren und mittelbaren Beteiligungen an der Kapitalgesellschaft sind zu addieren. Danach beträgt die gesamte Beteiligung der OHG und ihrer Gesellschafter mehr als 25%. Die Lohnsumme der Kapitalgesellschaft ist in die Ermittlung der Ausgangslohnsumme zu 30 % einzubeziehen.

Ermittlung der Anzahl der Beschäftigten und der Ausgangslohnsumme bei Übertragung begünstigungsfähiger Anteile an Kapitalgesellschaften. Werden Anteile an einer Kapitalgesellschaft mit Sitz oder Geschäftsleitung im Inland, einem Mitgliedstaat der Europäischen Union oder einem Staat des Europäischen Wirtschaftsraums übertragen, die die Voraussetzungen des § 13b Absatz 1 Nummer 3 ErbStG erfüllen, sind bei der Ermittlung der Ausgangslohnsumme folgende Löhne und Gehälter zu berücksichtigen:

Zum Vermögen der Kapitalgesellschaft gehören	Einbeziehung der Beschäftigten sowie der Löhne und Gehälter
Betriebstätte im Inland	Die Beschäftigten sowie Löhne und Gehälter sind einzubeziehen (§ 13a Absatz 3 Satz 1 ErbStG).
Betriebstätte in einem Mitgliedstaat der Europäischen Union oder einem Staat des Europäischen Wirtschaftsraums	Die Beschäftigten sowie Löhne und Gehälter sind einzubeziehen (§ 13a Absatz 3 Satz 1 ErbStG).
Betriebstätte in einem Drittstaat	Da sich der Sitz bzw. die Geschäftsleitung der Kapitalgesellschaft im Inland, einem Mitgliedstaat der Europäischen Union oder einem Staat des Europäischen Wirtschaftsraums befindet, liegt auch hinsichtlich der Betriebstätte in einem Drittstaat begünstigungsfähiges Vermögen vor. Die Beschäftigten sowie Löhne und Gehälter sind einzubeziehen (§ 13a Absatz 3 Satz 1 ErbStG).
Beteiligung an einer Personengesellschaft im Inland	Die Beschäftigten der Personengesellschaft und die von ihr gezahlten Löhne und Gehälter sind unabhängig von der Beteiligungshöhe anteilig einzubeziehen (§ 13a Absatz 3 Satz 11 ErbStG, → R E 13a.7 Absatz 2).
Beteiligung an einer Personengesellschaft in einem Mitgliedstaat der Europäischen Union oder einem Staat des Europäischen Wirtschaftsraums	Die Beschäftigten der Personengesellschaft und die von ihr gezahlten Löhne und Gehälter sind unabhängig von der Beteiligungshöhe anteilig einzubeziehen (§ 13a Absatz 3 Satz 11 ErbStG, → R E 13a.7 Absatz 2).
Beteiligung an einer Personengesellschaft in einem Drittstaat	Da sich der Sitz bzw. die Geschäftsleitung der Kapitalgesellschaft im

Zum Vermögen der Kapitalgesellschaft gehören	Einbeziehung der Beschäftigten sowie der Löhne und Gehälter
	Inland, einem Mitgliedstaat der Europäischen Union oder einem Staat des Europäischen Wirtschaftsraums befindet, liegt zwar auch hinsichtlich der Beteiligung begünstigungsfähiges Vermögen vor. Die Beschäftigten der Personengesellschaft und die von ihr gezahlten Löhne und Gehälter sind jedoch nicht mit einzubeziehen, da sich ihr Sitz bzw. ihre Geschäftsleitung in einem Drittstaat befindet (§ 13a Absatz 3 Satz 11 ErbStG).
Anteile an einer Kapitalgesellschaft im Inland	Die Beschäftigten der Kapitalgesellschaft und die von ihr gezahlten Löhne und Gehälter sind anteilig einzubeziehen, wenn im Besteuerungszeitpunkt eine mittelbare bzw. unmittelbare Beteiligung von mehr als 25% besteht (§ 13a Absatz 3 Satz 12 i. V. m. Satz 11 ErbStG, → R E 13a.7 Absatz 3).
Anteile an einer Kapitalgesellschaft in einem Mitgliedstaat der Europäischen Union oder einem Staat des Europäischen Wirtschaftsraums	Die Beschäftigten der Kapitalgesellschaft und die von ihr gezahlten Löhne und Gehälter sind anteilig einzubeziehen, wenn im Besteuerungszeitpunkt eine mittelbare bzw. unmittelbare Beteiligung von mehr als 25% besteht (§ 13a Absatz 3 Satz 12 i. V. m Satz 11 ErbStG, → R E 13a.7 Absatz 3).
Anteile an einer Kapitalgesellschaft in einem Drittstaat	Da sich der Sitz bzw. die Geschäftsleitung der Kapitalgesellschaft, deren Anteile übertragen werden, im Inland, einem Mitgliedstaat der Europäischen Union oder einem Staat des Europäischen Wirtschaftsraums befindet, liegt zwar auch hinsichtlich der Anteile an der Kapitalgesellschaft im Drittstaat begünstigungsfähiges Vermögen vor. Die Beschäftigten der Kapitalgesellschaft und die von ihr gezahlten

Zum Vermögen der Kapitalgesellschaft gehören	Einbeziehung der Beschäftigten sowie der Löhne und Gehälter
	Löhne und Gehälter sind jedoch nicht mit einzubeziehen, da sich ihr Sitz bzw. ihre Geschäftsleitung in einem Drittstaat befindet (§ 13a Absatz 3 Satz 12 i.V.m. Satz 11 ErbStG).

Beispiel:

E war zu 50 % an der B-GmbH mit Sitz in Deutschland beteiligt. Alleinerbin ist seine Tochter T. Die B-GmbH hatte beim Tod des E 50 Beschäftigte. Sie zahlte in den letzten fünf Wirtschaftsjahren vor dem Tod des E durchschnittlich 1 500 000 EUR an Löhnen und Gehältern. Von den 50 Beschäftigten waren am Stichtag fünf in einer Betriebstätte in Belgien (durchschnittliche Lohnsumme 150 000 EUR) und zehn in einer Betriebstätte in der Ukraine (durchschnittliche Lohnsumme 200 000 EUR) tätig.
Die B-GmbH war zu 20 % an einer Personengesellschaft mit Sitz in Ungarn beteiligt. Die durchschnittliche Lohnsumme dieser Gesellschaft beträgt 550 000 EUR und die Anzahl der Beschäftigten am Stichtag 15. Zudem hielt die B-GmbH eine Beteiligung von 30 % an einer Personengesellschaft in Japan. Die durchschnittliche Lohnsumme dieser Gesellschaft beträgt 700 000 EUR und die Zahl der Beschäftigten am Stichtag 21. Die B-GmbH hielt 23 % der Anteile einer Kapitalgesellschaft mit Sitz in Deutschland (durchschnittliche Lohnsumme 900 000 EUR, Zahl der Beschäftigten 30), 30 % der Anteile einer Kapitalgesellschaft mit Sitz in Frankreich (durchschnittliche Lohnsumme 1 000 000 EUR, Anzahl der Beschäftigten 30) und 40 % der Anteile einer Kapitalgesellschaft mit Sitz in Indien (durchschnittliche Lohnsumme 800 000 EUR, Anzahl der Beschäftigten 280).

Die Anzahl der Beschäftigten und die Ausgangslohnsumme sind wie folgt zu ermitteln:

	Anzahl der anzusetzenden Beschäftigten	Ausgangslohnsumme
B-GmbH incl. der Betriebsstätten in Belgien und in der Ukraine	50	1 500 000 EUR
Beteiligung an Personengesellschaft in Ungarn (20 %)	3	110 000 EUR
Beteiligung an Personengesellschaft in Japan (30 %)	0	0 EUR
Anteile an Kapitalgesellschaft im Inland (23 %)	0	0 EUR
Anteile an Kapitalgesellschaft in Frankreich (30 %)	9	300 000 EUR
Anteile an Kapitalgesellschaft in Indien (40 %)	0	0 EUR
Summe	62	1 910 000 EUR

Da sich der Sitz der B-GmbH im Inland befindet, liegt auch hinsichtlich der Betriebstätte in einem Drittstaat begünstigtes Vermögen vor. Die Beschäftigten sowie die Löhne und Gehälter sind einzubeziehen. Die auf den Anteil der B-GmbH an der Personengesellschaft mit Sitz in Japan entfallenden Beschäftigten sowie Löhne und Gehälter bleiben außer Ansatz, da sich der Sitz der Gesellschaft in einem Drittstaat befindet. Die auf den Anteil der B-GmbH an der Kapitalgesellschaft mit Sitz in Deutschland entfallenden Beschäftigten sowie Löhne und Gehälter sind nicht einzubeziehen, da die Beteiligung weniger als 25 % beträgt. Die auf die Anteile der B-GmbH an der Kapitalgesellschaft mit Sitz in Indien entfallenden Beschäftigten sowie Löhne und Gehälter bleiben trotz Überschreitens der Mindestbeteiligungsquote unberücksichtigt, da die Gesellschaft ihren Sitz in einem Drittstaat hat.

R E 13a.7 (4)

(4) [1] Gehören zum Betriebsvermögen des Betriebs, bei Beteiligungen an einer Personengesellschaft und Anteilen an einer Kapitalgesellschaft des Betriebs der jeweiligen Gesellschaft, unmittelbar oder mittelbar Anteile an Kapitalgesellschaften, die ihren Sitz oder ihre Geschäftsleitung im Inland, einem Mitgliedstaat der Europäischen Union oder in einem Staat des Europäischen Wirtschaftsraums haben, sind die Lohnsummen dieser Kapitalgesellschaften einzubeziehen zu dem Anteil, zu dem die unmittelbare und mittelbare Beteiligung besteht, wenn die unmittelbare oder mittelbare Beteiligung mehr als 25% beträgt (vgl. § 13a Absatz 3 Satz 12 ErbStG). [2] Unmittelbare Beteiligungen von mehr als 25% sind in jedem Fall zu berücksichtigen. [3] Dies gilt in einem mehrstufigen Feststellungsverfahren auf jeder Stufe. [4] Bei im Betriebsvermögen gehaltenen Anteilen an Kapitalgesellschaften von 25% oder weniger bleiben die Lohnsummen dieser Gesellschaft grundsätzlich unberücksichtigt. [5] Dies gilt auch dann, wenn die Anteile an der nachgeordneten Kapitalgesellschaft die Voraussetzungen einer Poolvereinbarung im Sinne des § 13b Absatz 4 Nummer 2 Satz 2 ErbStG erfüllen. [6] Beträgt die unmittelbare Beteiligung 25% oder weniger, ist die Höhe der mittelbaren Beteiligung zu prüfen. [7] Die Prüfung der mittelbaren Beteiligungshöhe erfolgt auf jeder Stufe ausgehend von der übertragenen wirtschaftlichen Einheit des begünstigungsfähigen Vermögens. [8] In diese Prüfung sind auch unmittelbare Beteiligungen der übertragenen wirtschaftlichen Einheit des begünstigungsfähigen Vermögens mit einzubeziehen. [9] Die Regelung des § 13a Absatz 3 Satz 11 und 12 ErbStG geht davon aus, dass die gesamte Beteiligungsstruktur bekannt ist (z.B. aufgrund eines vorliegenden Konzernverzeichnisses). [10] Der Anforderung einer Feststellung der Ausgangslohnsumme ist eine Übersicht über die Beteiligungen beizufügen. [11] Ist die Beteiligungsstruktur nicht bekannt, kann die Prüfung der mittelbaren Beteiligungen aus Vereinfachungsgründen unterbleiben. [12] Wird nachträglich bekannt (z.B. im Rahmen einer Betriebsprüfung), dass der Verzicht auf die Prüfung der mittelbaren Beteiligung zu einem offensichtlich unzutreffenden Ergebnis führte, ist die Feststellung nachzuholen. [13] Entsprechendes gilt bei der Ermittlung der Anzahl der Beschäftigten.

H E 13a.7 (4)

Ermittlung der Anzahl der Beschäftigten und der Ausgangslohnsumme bei Beteiligungsstrukturen.

Beispiel 1:

Eine natürliche Person A hält 100% der Anteile an der M-GmbH und überträgt diese unentgeltlich auf F. Die M-GmbH hält jeweils 100% der Anteile an den Kapitalgesellschaften T1 bis T5. Die Gesellschaften T1 bis T5 sind zu jeweils 20 % an der E-GmbH beteiligt. Die Lohnsummen betragen in der M-GmbH und den Kapitalgesellschaften T1 bis T5 jeweils 0 EUR. Bei der E-GmbH beträgt die Ausgangslohnsumme 1 000 000 EUR.

Die Beteiligungsstruktur ist auf Grund einer vorliegenden Konzernübersicht bekannt.

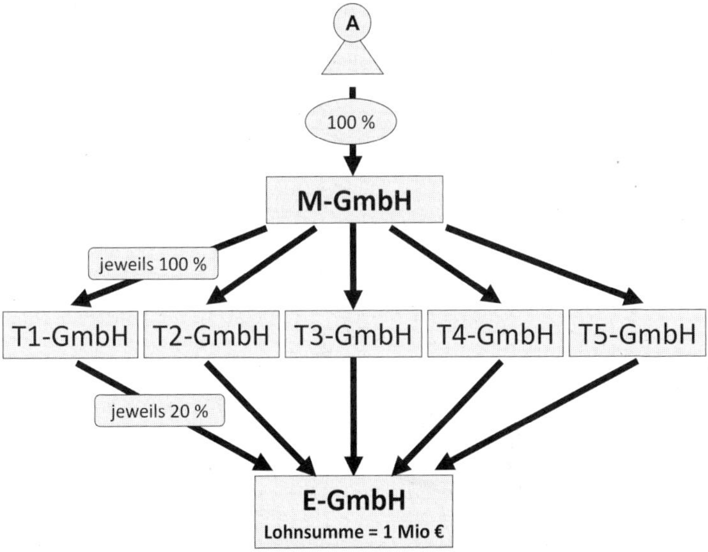

Lösung:

Nach § 13a Absatz 4 ErbStG fordert das Erbschaftsteuerfinanzamt das Betriebsfinanzamt der M-GmbH zur Feststellung der Ausgangslohnsumme und der Anzahl der Beschäftigten auf.
Das Betriebsfinanzamt der M-GmbH fordert die Betriebsfinanzämter der Kapitalgesellschaften T1 bis T5 zur Feststellung auf.
Obwohl die unmittelbaren Beteiligungen der Kapitalgesellschaften T1 bis T5 an der E-GmbH nicht mehr als jeweils 25% betragen, sondern jeweils nur 20 %, müssen bei der Ermittlung der Ausgangslohnsumme der M-GmbH auch die Löhne einbezogen werden, die in der mittelbar über die Kapitalgesellschaften T1 bis T5 gehaltenen E-Beteiligung gezahlt werden. Aus Sicht der übertragenen wirtschaftlichen Einheit (M-GmbH) ist diese mittelbar zu 100% (5 × 20 %) an der E-GmbH beteiligt. Deshalb fordern die Betriebsfinanzämter der Kapitalgesellschaften T1 bis T5 das Betriebsfinanzamt der E-GmbH zur Feststellung der Ausgangslohnsumme auf.
Das Betriebsfinanzamt der E-GmbH stellt im Rahmen der Ermittlung des Wertes der Anteile der Kapitalgesellschaften T1 bis T5 die gesamte Ausgangslohnsumme in Höhe von 1 000 000 EUR fest. Die Betriebsfinanzämter der Kapitalgesellschaften T1 bis T5 berücksichtigen jeweils 20 % dieses festgestellten Wertes bei der Ermittlung der Ausgangslohnsumme und stellen jeweils eine Ausgangslohnsumme von 200 000 EUR fest.
Das Betriebsfinanzamt der M-GmbH berücksichtigt jeweils 100% der festgestellten Werte der Kapitalgesellschaften T1 bis T5 bei der Ermittlung der Ausgangslohnsumme der M-GmbH und stellt mithin eine Ausgangslohnsumme von 1 000 000 EUR fest.
Entsprechendes gilt für die Ermittlung der Anzahl der Beschäftigten.

Beispiel 2:

Eine natürliche Person A hält 100 % der Anteile an der A-GmbH und überträgt diese unentgeltlich auf F. Die A-GmbH hält 100% der Anteile an der B-GmbH. Die B-GmbH hält 50% der Anteile an der C-GmbH und außerdem 50 % an der D-GmbH. Die C-GmbH ist an der E-GmbH zu 80% beteiligt. Die D-GmbH ist an der E-GmbH zu 5% beteiligt.

Die Lohnsummen betragen in der A-GmbH, B-GmbH, C-GmbH und D-GmbH jeweils 0 EUR. Bei der E-GmbH beträgt die Ausgangslohnsumme 1 000 000 EUR.

Die Beteiligungsstruktur ist auf Grund einer vorliegenden Konzernübersicht bekannt.

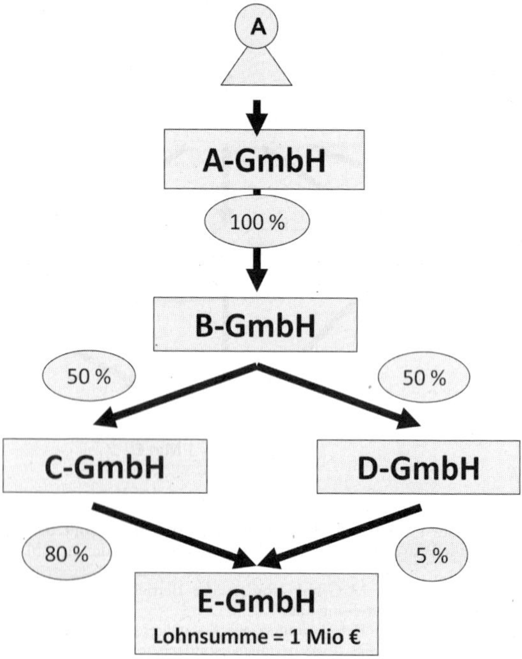

Lösung:

Entsprechend § 13a Absatz 4 ErbStG fordert das Erbschaftsteuerfinanzamt das Betriebsfinanzamt der A-GmbH zur Feststellung der Ausgangslohnsumme und der Anzahl der Beschäftigten auf.

Das Betriebsfinanzamt der A-GmbH fordert das Betriebsfinanzamt der B-GmbH und dieses wiederum die Betriebsfinanzämter der C-GmbH und D-GmbH zur Feststellung auf.

Das Betriebsfinanzamt der C-GmbH fordert das Betriebsfinanzamt der E-GmbH zur Feststellung auf, weil eine unmittelbare Beteiligung von mehr als 25 % (80 %) gegeben ist.

Die D-GmbH hält unmittelbar lediglich 5 % der Anteile an der E-GmbH. Das Betriebsfinanzamt der D-GmbH fordert das Betriebsfinanzamt der E-GmbH dennoch auf, weil die mittelbare Beteiligung der A-GmbH an der E-GmbH mehr als 25 % (42,5 % = 100 % × 50 % × 80 % + 100 % × 50 % × 5 %) beträgt.

Das Betriebsfinanzamt der E-GmbH stellt im Rahmen der Ermittlung des Wertes der Anteile der D-GmbH die gesamte Ausgangslohnsumme in Höhe von 1 000 000 EUR fest. Das Betriebsfinanzamt der D-GmbH berücksichtigt 5 % dieses festgestellten Wertes bei der Ermittlung der Ausgangslohnsumme der D-GmbH und stellt eine Ausgangslohnsumme von 50 000 EUR fest.

Das Betriebsfinanzamt der E-GmbH stellt im Rahmen der Ermittlung des Wertes der Anteile der C-GmbH die gesamte Ausgangslohnsumme in Höhe von 1 000 000 EUR fest. Das Betriebsfinanzamt der C-GmbH berücksichtigt 80 % dieses festgestellten Wertes bei

der Ermittlung der Ausgangslohnsumme der C-GmbH und stellt eine Ausgangslohnsumme von 800 000 EUR fest.
Das Betriebsfinanzamt der B-GmbH berücksichtigt jeweils 50 % der festgestellten Werte der C-GmbH und der D-GmbH bei der Ermittlung der Ausgangslohnsumme der B-GmbH und stellt mithin eine Ausgangslohnsumme von 425 000 EUR (50 % × 800 000 EUR + 50 % × 50 000 EUR) fest.
Das Betriebsfinanzamt der A-GmbH stellt eine Ausgangslohnsumme von 425 000 EUR (100 % × 425 000 EUR) fest.
Entsprechendes gilt für die Ermittlung der Anzahl der Beschäftigten.

Beispiel 3:

Eine natürliche Person A hält 100 % der Anteile an der A-GmbH und überträgt diese unentgeltlich auf F. Die A-GmbH hält 50 % der Anteile an der B-GmbH und 13 % der Anteile an der E-GmbH. Die B-GmbH hält 50 % der Anteile an der C-GmbH und außerdem 50 % an der D-GmbH. Die C-GmbH ist an der E-GmbH zu 46 % beteiligt. Die D-GmbH ist an der E-GmbH zu 5 % beteiligt.
Die Lohnsummen betragen in der A-GmbH, B-GmbH, C-GmbH und D-GmbH jeweils 0 EUR. Bei der E-GmbH beträgt die Ausgangslohnsumme 1 000 000 EUR.
Die Beteiligungsstruktur ist auf Grund einer vorliegenden Konzernübersicht bekannt.

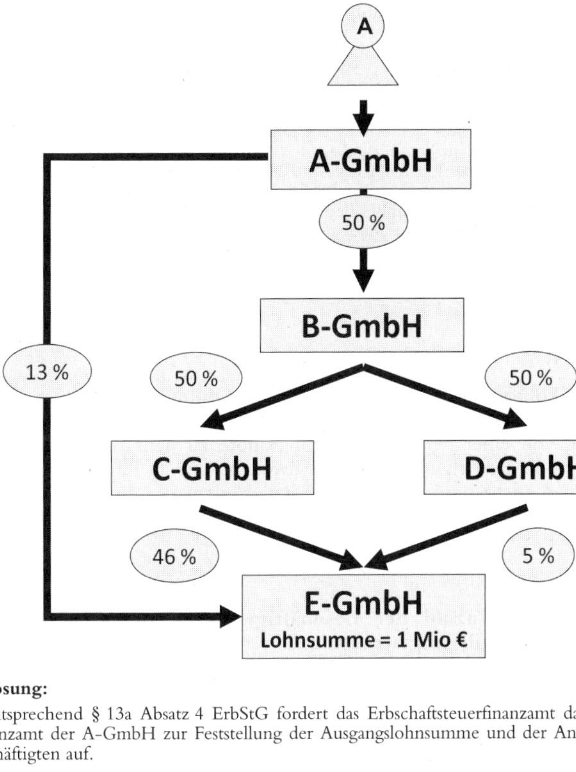

Lösung:

Entsprechend § 13a Absatz 4 ErbStG fordert das Erbschaftsteuerfinanzamt das Betriebsfinanzamt der A-GmbH zur Feststellung der Ausgangslohnsumme und der Anzahl der Beschäftigten auf.

Das Betriebsfinanzamt der A-GmbH fordert das Betriebsfinanzamt der B-GmbH und dieses wiederum die Betriebsfinanzämter der C-GmbH und D-GmbH zur Feststellung auf.
Die A-GmbH hält unmittelbar lediglich 13 % der Anteile an der E-GmbH. Das Betriebsfinanzamt der A-GmbH fordert das Betriebsfinanzamt der E-GmbH dennoch auf, weil die Beteiligung der A-GmbH an der E-GmbH mehr als 25 % (25,75 % = mittelbare Beteiligungen: 50% × 50 % × 46 % + 50 % × 50% × 5% + unmittelbare Beteiligung: 13 %) beträgt.
Das Betriebsfinanzamt der C-GmbH fordert das Betriebsfinanzamt der E-GmbH zur Feststellung auf, weil eine unmittelbare Beteiligung von mehr als 25% (46%) gegeben ist.
Die D-GmbH hält unmittelbar lediglich 5% der Anteile an der E-GmbH. Das Betriebsfinanzamt der D-GmbH fordert das Betriebsfinanzamt der E-GmbH dennoch auf, weil die Beteiligung der A-GmbH an E-GmbH mehr als 25 % (25,75 % = mittelbare Beteiligungen: 50 % × 50% × 46 % + 50% × 50 % × 5% + unmittelbare Beteiligung: 13 %) beträgt.
Das Betriebsfinanzamt der E-GmbH stellt im Rahmen der Ermittlung des Wertes der Anteile der D-GmbH die gesamte Ausgangslohnsumme in Höhe von 1 000 000 EUR fest. Das Betriebsfinanzamt der D-GmbH berücksichtigt 5% dieses festgestellten Wertes bei der Ermittlung der Ausgangslohnsumme der D-GmbH und stellt eine Ausgangslohnsumme von 50 000 EUR fest.
Das Betriebsfinanzamt der E-GmbH stellt im Rahmen der Ermittlung des Wertes der Anteile der C-GmbH die gesamte Ausgangslohnsumme in Höhe von 1 000 000 EUR fest. Das Betriebsfinanzamt der C-GmbH berücksichtigt 46 % dieses festgestellten Wertes bei der Ermittlung der Ausgangslohnsumme der C-GmbH und stellt eine Ausgangslohnsumme von 460 000 EUR fest.
Das Betriebsfinanzamt der B-GmbH berücksichtigt jeweils 50 % der festgestellten Werte der C-GmbH und der D-GmbH bei der Ermittlung der Ausgangslohnsumme der B-GmbH und stellt mithin eine Ausgangslohnsumme von 255 000 EUR (50 % × 460 000 EUR + 50% × 50 000 EUR) fest.
Das Betriebsfinanzamt der E-GmbH stellt im Rahmen der Ermittlung des Wertes der Anteile der A-GmbH die gesamte Ausgangslohnsumme in Höhe von 1 000 000 EUR fest. Das Betriebsfinanzamt der A-GmbH berücksichtigt 13 % dieses festgestellten Wertes bei der Ermittlung der Ausgangslohnsumme der A-GmbH.
Insgesamt stellt das Betriebsfinanzamt der A-GmbH eine Ausgangslohnsumme von 257 500 EUR (50 % × 255 000 EUR + 13% × 1 000 000 EUR) fest.
Entsprechendes gilt für die Ermittlung der Anzahl der Beschäftigten.

R E 13a.7 (5)

(5) [1]Die Lohnsummen von unmittelbar oder mittelbar gehaltenen Beteiligungen an Personengesellschaften sind nach § 13a Absatz 3 Satz 11 ErbStG unabhängig von einer Mindestbeteiligungsquote zu dem Anteil einzubeziehen, zu dem die Beteiligung besteht. [2]Soweit Anteile an Kapitalgesellschaften nach Absatz 4 nicht berücksichtigt werden, bleiben die durch diese Anteile vermittelten Beteiligungen an Personengesellschaften unberücksichtigt.

H E 13a.7 (5)

Ermittlung der Anzahl der Beschäftigten und der Ausgangslohnsumme bei Beteiligungsstrukturen.

Beispiel:

A hält 100 % der Anteile an der A-GmbH und überträgt diese unentgeltlich auf F. Die A-GmbH ist an der B-GmbH zu 10% beteiligt. Zum Vermögen der B-GmbH gehört eine Beteiligung in Höhe von 90 % an der E-KG.

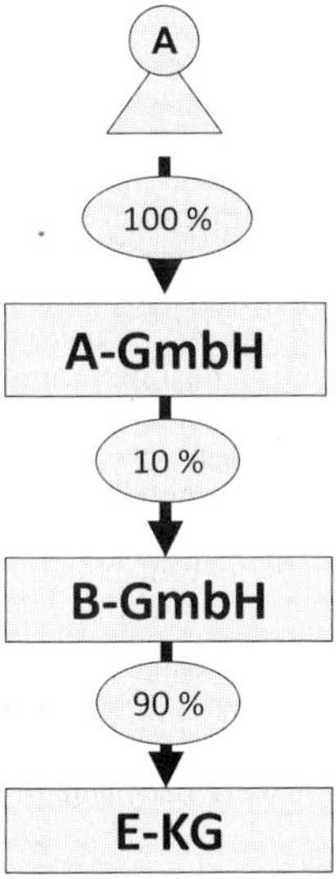

Lösung:

Bei der Ermittlung der Ausgangslohnsumme der A-GmbH bleiben die in der E-KG gezahlten Löhne und Gehälter unberücksichtigt. Die in der B-GmbH gezahlten Löhne und Gehälter bleiben unberücksichtigt, weil die maßgebende Beteiligungsquote nach § 13a Absatz 3 Satz 12 ErbStG nicht überschritten wurde.

R E 13a.7 (6)

(6) Nach Absatz 2 und 3 sind nur solche Beteiligungen an Personen- oder Kapitalgesellschaften in die Ermittlung der Ausgangslohnsumme einzubeziehen, die im Besteuerungszeitpunkt zum Betrieb gehören.

H E 13a.7 (6)

Ermittlung der Anzahl der Beschäftigten und der Ausgangslohnsumme bei Beteiligungsstrukturen.

Beispiel (Verkauf einer Beteiligung vor dem Besteuerungszeitpunkt):

Die X-AG hielt 100 % der Anteile der A-GmbH. Ein Jahr vor dem Besteuerungszeitpunkt 1.1. des Jahres 01 veräußert die X-AG die Beteiligung an der A-GmbH.

Lösung:

Die in der A-GmbH gezahlten Löhne werden nicht bei der Ermittlung der Ausgangslohnsumme der X-AG einbezogen.

R E 13a.7 (7, 8)

(7) Bei Ermittlung der Summe der maßgebenden jährlichen Lohnsummen gelten Absatz 2 bis 5 entsprechend.

(8) [1]Zur Ermittlung der Summe der maßgebenden jährlichen Lohnsummen sind auch Löhne und Gehälter von Kapitalgesellschaften einzubeziehen, die zwar noch nicht im Besteuerungszeitpunkt, jedoch innerhalb der Lohnsummenfrist zum Betrieb gehören. [2]Dies gilt innerhalb der Lohnsummenfrist ab dem Zeitpunkt, zu dem die maßgebende Beteiligungsquote (§ 13a Absatz 3 Satz 12 ErbStG) von 25% überschritten ist. [3]Löhne und Gehälter von Kapitalgesellschaften, deren Anteile bereits im Besteuerungszeitpunkt zum Betrieb gehörten, die aber die maßgebende Beteiligungsquote nicht überschritten hatten, sind ab dem Zeitpunkt des Überschreitens der maßgebenden Beteiligungsquote zu berücksichtigen. [4]Die Löhne und Gehälter der Kapitalgesellschaft sind auch einzubeziehen, wenn die maßgebende Beteiligungsquote anschließend unterschritten wird (Absatz 3 Satz 10 2. Halbsatz, Absatz 7). [5]Löhne und Gehälter von Personengesellschaften sind nach § 13a Absatz 3 Satz 11 ErbStG unabhängig von einer Mindestbeteiligungsquote ab dem Zeitpunkt der Zugehörigkeit zum Betrieb in Höhe des Anteils einzubeziehen, zu dem die Beteiligung besteht.

H E 13a.7 (8)

Beispiel 1 (Erstmaliger Erwerb einer Beteiligung):

Die X-AG erwirbt drei Jahre nach dem Besteuerungszeitpunkt 1.1. des Jahres 01 einen Anteil von 40 % an der B-GmbH.

Lösung:

Bei der Ermittlung der Summe der maßgebenden jährlichen Lohnsummen der X-AG sind die in der B-GmbH gezahlten Löhne und Gehälter ab dem Zeitpunkt des Überschreitens der maßgebenden Beteiligungsquote des § 13a Absatz 3 Satz 12 ErbStG (> 25%) zu berücksichtigen.

Nach Ablauf der Lohnsummenfrist fordert das Betriebsfinanzamt der X-AG das Betriebsfinanzamt der B-GmbH auf, die Summe der maßgebenden jährlichen Lohnsummen ab dem Zeitpunkt des Erwerbs der Anteile an der B-GmbH bis zum Ende der Lohnsummenfrist festzustellen.

Beispiel 2 (Erhöhung einer bestehenden Beteiligung):

Die X-AG hält im Besteuerungszeitpunkt 1.1. des Jahres 01 einen Anteil von 10% an der B-GmbH. Drei Jahre und sechs Monate (= 180 Tage) nach dem Besteuerungszeitpunkt erhöht sich der Anteil auf 30%.

Lösung:

Bei der Ermittlung der maßgebenden jährlichen Lohnsummen der X-AG sind die in der B-GmbH gezahlten Löhne und Gehälter ab dem Zeitpunkt des Überschreitens der maßgebenden Beteiligungsquote des § 13a Absatz 3 Satz 12 ErbStG (> 25 %) taggenau zu berücksichtigen.

Nach Ablauf der Lohnsummenfrist fordert das Betriebsfinanzamt der X-AG das Betriebsfinanzamt der B-GmbH auf, die Summe der maßgebenden jährlichen Lohnsummen ab dem Zeitpunkt des Überschreitens der maßgebenden Beteiligungsquote des § 13a Absatz 3 Satz 12 ErbStG (> 25 %) bis zum Ende der Lohnsummenfrist festzustellen.

Das Betriebsfinanzamt der B-GmbH stellt die Summe der Lohnsummen für die Jahre 04 und 05 fest. Im Rahmen der Feststellung für die X-AG ist grundsätzlich die Summe der jährlichen Lohnsummen wie folgt anzusetzen:

Jahr 04: 50 % der jährlichen Lohnsumme mit 30 %,

Jahr 05: volle jährliche Lohnsumme mit 30%.

Beispiel 3 Abwandlung (Erhöhung und anschließende Reduzierung einer bestehenden Beteiligung):

Sachverhalt wie im Ausgangsfall. Vier Jahre nach dem Besteuerungszeitpunkt mindert sich der Anteil auf 10%.

Lösung:

Zunächst wie im Ausgangsfall. Trotz des späteren Unterschreitens der maßgebenden Beteiligungsquote des § 13a Absatz 3 Satz 12 ErbStG (> 25 %) sind die Löhne und Gehälter weiterhin zu dem Anteil zu berücksichtigen, zu dem die Beteiligung besteht.
Nach Ablauf der Lohnsummenfrist fordert das Betriebsfinanzamt der X-AG das Betriebsfinanzamt der B-GmbH auf, die Summe der maßgebenden jährlichen Lohnsummen ab dem Zeitpunkt des Überschreitens der maßgebenden Beteiligungsquote des § 13a Absatz 3 Satz 12 ErbStG (> 25 %) bis zum Ende der Lohnsummenfrist festzustellen.
Das Betriebsfinanzamt der B-GmbH stellt die Summe der Lohnsummen für die Jahre 04 und 05 fest. Im Rahmen der Feststellung für die X-AG ist grundsätzlich die Summe der jährlichen Lohnsummen wie folgt anzusetzen:
Jahr 04: 50 % der jährlichen Lohnsumme mit 30 %,
Jahr 05: volle jährliche Lohnsumme mit 10%.

R E 13a.7 (9, 10)

(9) [1]Soweit in der Lohnsumme Löhne aus begünstigtem Vermögen aus einer Betriebstätte in einem Mitgliedstaat der Europäischen Union oder in einem Staat des Europäischen Wirtschaftsraums enthalten sind, bestehen in der Regel keine Bedenken, auf den für inländische Besteuerungszwecke in der Gewinn- und Verlustrechnung ausgewiesenen Lohnaufwand abzustellen. [2]Bei der Ermittlung der Lohnsumme ist regelmäßig der Wechselkurs im Besteuerungszeitpunkt zugrunde zu legen. [3]Maßgebend für den Wechselkurs im Besteuerungszeitpunkt ist der für Zwecke der Umsatzsteuer festgestellte Wechselkurs.

(10) Der bei der Bewertung des Betriebsvermögens gegebenenfalls zu berücksichtigende angemessene Unternehmerlohn im Sinne des § 202 Absatz 1 Satz 2 Nummer 2 Buchstabe d BewG ist weder bei der Ausgangslohnsumme noch bei der Ermittlung der Summe der maßgebenden jährlichen Lohnsummen einzubeziehen, weil insoweit keine Vergütung gezahlt worden ist.

R E 13a.8 Ermittlung der Lohnsummen in Umwandlungsfällen

(1) [1]Besteht im Lohnsummenzeitraum zunächst eine zu berücksichtigende Beteiligung an einer Personengesellschaft von 25 Prozent oder weniger und wird diese Beteiligung in eine Kapitalgesellschaft umgewandelt, bestehen keine Bedenken, die Lohnsumme dieser Kapitalgesellschaft zu demselben Anteil zu berücksichtigen. [2]Die Beteiligungsgrenze von nicht mehr als 25 Prozent ist insoweit unbeachtlich.

(2) [1]Wird aufgrund von Umstrukturierungsmaßnahmen im Lohnsummenzeitraum eine Gesellschaft für die Steuerbefreiung unschädlich (§ 13a Absatz 6 Satz 1 Nummer 1 Satz 2 und Nummer 4 Satz 2 2. Halbsatz ErbStG) vorgeschaltet, sind dennoch die Lohnsummen dieser Gesellschaft einschließlich der nachgeordneten Gesellschaften einzubeziehen. [2]Auf der Ebene der Obergesellschaft setzt dies jedoch eine Begrenzung der Lohnsumme auf den Umfang der Beteiligungsquote voraus.

H E 13a.8 (2)

Ermittlung der Lohnsummen in Umwandlungsfällen.

Beispiel:

Die natürliche Person A betreibt ein Gewerbe in Form eines Einzelunternehmens. Im Betriebsvermögen dieses Einzelunternehmens befinden sich 100% der Anteile an der A-GmbH. Die A-GmbH hält 30 % der Anteile an der B-GmbH. Zusätzlich ist die A-GmbH zu 10% an der C-OHG beteiligt.
Die Lohnsummen betragen im Einzelunternehmen und in der A-GmbH jeweils 0 EUR, in der B-GmbH 200 000 EUR und in der C-OHG 300 000 EUR.
A überträgt sein Einzelunternehmen unentgeltlich auf S.

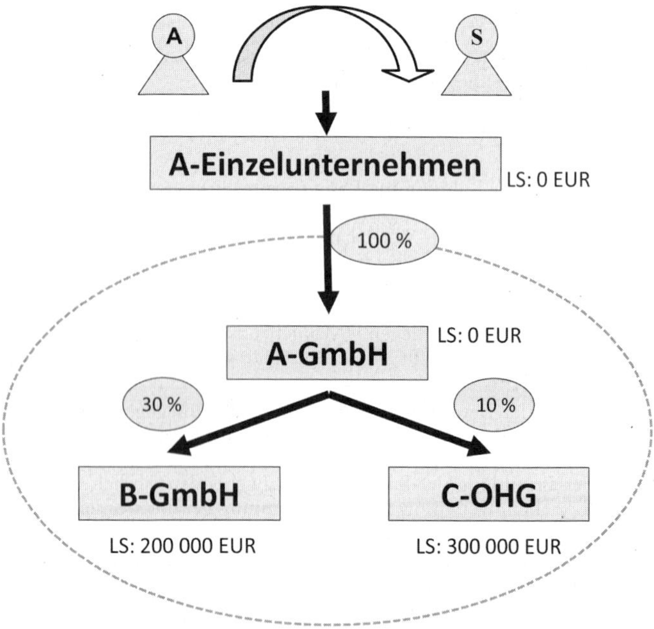

Die Betriebsfinanzämter stellen folgende Ausgangslohnsummen fest:

B-GmbH	200 000 EUR
C-OHG	300 000 EUR
A-GmbH	90 000 EUR (= 200 000 EUR × 30% + 300 000 EUR × 10%)
A-Einzelunternehmen	90 000 EUR (= 90 000 EUR × 100%).

Die Mindestlohnsumme beträgt demnach 360 000 EUR (= 90 000 EUR × 400%).

Sechs Monate nach der Übertragung bringt S das Einzelunternehmen gegen Gewährung von neuen Anteilen in eine neu geschaffene Holding (H-GmbH) ein. Mitgesellschafter T bringt seine 40 %-Beteiligung an der D-KG ein. Nach der Einbringung ist S an der H-GmbH entsprechend dem Verhältnis der eingebrachten Vermögenswerte zu 20 % beteiligt.

Die jährliche Lohnsumme beträgt:

A-GmbH	0 EUR
B-GmbH	50 000 EUR
C-OHG	100 000 EUR
D-KG	500 000 EUR
H-GmbH	0 EUR

Aus Vereinfachungsgründen wird angenommen, dass die jährlichen Lohnsummen gleichmäßig während des Lohnsummenzeitraums anfallen.

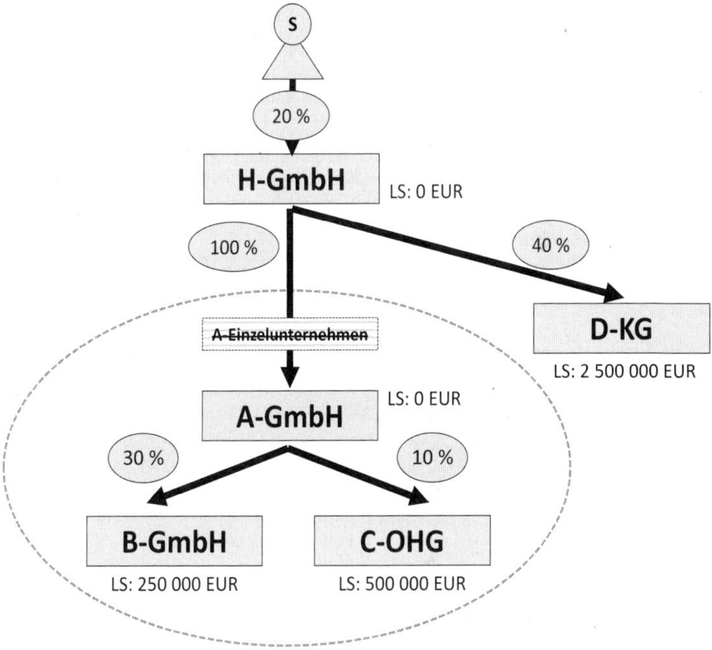

Lösung:

Die Lohnsumme der D-KG ist anzusetzen, da die Beteiligung an der H-GmbH an die Stelle des Einzelunternehmens getreten ist. Die Summe der maßgebenden jährlichen Lohnsummen beträgt:

B-GmbH	50 000 EUR × 5 = 250 000 EUR
C-OHG	100 000 EUR × 5 = 500 000 EUR
D-KG	500 000 EUR × 5 = 2 500 000 EUR

Durch die Umwandlung bleibt der Lohnsummenzeitraum von 5 Jahren unverändert.

Die Betriebsfinanzämter stellen die Summen der maßgeblichen jährlichen Lohnsummen wie folgt fest:

B-GmbH	250 000 EUR
C-OHG	500 000 EUR
D-KG	2 500 000 EUR

A-GmbH 125 000 EUR
= 250 000 EUR × 30 % + 500 000 EUR × 10 %

H-GmbH 202 500 EUR

Es ist ohne Bedeutung, dass S an der H-GmbH nicht zu mehr als 25 % beteiligt ist, weil die nach § 13a Absatz 3 Satz 12 ErbStG vorgesehene Mindestbeteiligungsgrenze sich nicht auf unmittelbar von natürlichen Personen gehaltene Beteiligungen bezieht und die H-GmbH an die Stelle des Einzelunternehmens getreten ist.

In Bezug auf die A-GmbH
(ab Zeitpunkt der Umstrukturierung bis zum Ende des Zeitraums = 4 Jahre und 6 Monate = 4,5 Jahre)
112 500 EUR = 125 000 EUR : 5 Jahre × 4,5 Jahre × 100 %

In Bezug auf die D-KG
(ab Zeitpunkt der Umstrukturierung bis zum Ende des Zeitraums = 4 Jahre und 6 Monate = 4,5 Jahre)
900 000 EUR= 2 500 000 EUR : 5 Jahre × 4,5 Jahre × 40 %
Aufgrund der Umstrukturierung erfolgt eine Begrenzung der Lohnsumme auf den Umfang der Beteiligungsquote des S an der H-GmbH in Höhe von 20 %.
= (112 500 EUR + 900 000 EUR) × 20 %

A-Einzelunternehmen 12 500 EUR

In Bezug auf die A-GmbH
(bis zum Zeitpunkt der Umstrukturierung = 6 Monate = 0,5 Jahre)
12 500 EUR = 125 000 EUR : 5 Jahre × 0,5 Jahre × 100 %

Die Summe der maßgebenden jährlichen Lohnsummen von 215 000 EUR (12 500 EUR für A-Einzelunternehmen + 202 500 EUR für H-GmbH) erreicht nicht die Mindestlohnsumme von 360 000 EUR.

Abwandlung:

Die jährliche Lohnsumme beträgt:

A-GmbH	0 EUR
B-GmbH	200 000 EUR
C-OHG	300 000 EUR
D-KG	0 EUR
H-GmbH	0 EUR

Die Summe der maßgebenden jährlichen Lohnsummen beträgt:

B-GmbH	200 000 EUR × 5 = 1 000 000 EUR
C-OHG	300 000 EUR × 5 = 1 500 000 EUR
D-KG	0 EUR × 5 = 0 EUR

Durch die Umwandlung bleibt der Lohnsummenzeitraum von 5 Jahren unverändert.

Die Betriebsfinanzämter stellen die Summen der maßgeblichen jährlichen Lohnsummen wie folgt fest:

B-GmbH 1 000 000 EUR

C-OHG 1 500 000 EUR

D-KG 0 EUR

A-GmbH 450 000 EUR
= 1 000 000 EUR × 30 % + 1 500 000 EUR × 10 %

H-GmbH 81 000 EUR

In Bezug auf die A-GmbH
(ab Zeitpunkt der Umstrukturierung bis zum Ende des Zeitraums = 4 Jahre und 6 Monate = 4,5 Jahre)
405 000 EUR = 450 000 EUR : 5 Jahre × 4,5 Jahre × 100 %

	In Bezug auf die D-KG (ab Zeitpunkt der Umstrukturierung bis zum Ende des Zeitraums = 4 Jahre und 6 Monate = 4,5 Jahre) 0 EUR = 0 EUR : 5 Jahre × 4,5 Jahre × 40 % = (405 000 EUR + 0 EUR) × 20 %)
A-Einzelunternehmen	45 000 EUR
	In Bezug auf die A-GmbH (bis zum Zeitpunkt der Umstrukturierung = 6 Monate = 0,5 Jahre) 45 000 EUR = 450 000 EUR : 5 Jahre × 0,5 Jahre × 100 %

Die Summe der maßgebenden jährlichen Lohnsummen von 126 000 EUR (45 000 EUR für A-Einzelunternehmen + 81 000 EUR für H-GmbH) erreicht nicht die Mindestlohnsumme von 360 000 EUR.

R E 13a.8 (3)

(3) [1]Werden im Lohnsummenzeitraum Beteiligungen an nachgeordneten Gesellschaften neu strukturiert, sind die Lohnsummen der nachgeordneten Gesellschaften im Rahmen der neuen Beteiligungsstruktur weiter zu berücksichtigen, wenn sie bereits vor der Umstrukturierung einzubeziehen waren (→ R E 13a.7 Absatz 8). [2]Für neu hinzukommende Beteiligungen an Kapitalgesellschaften gilt dies entsprechend, wenn die unmittelbare und mittelbare Beteiligung zusammen mehr als 25 Prozent beträgt (vgl. § 13a Absatz 3 Satz 12 ErbStG).

H E 13a.8 (3)

Umstrukturierung bei nachgeordneten Gesellschaften.

Beispiel:

Ausgangssachverhalt wie in Beispiel zu H 13a.8 (2).
Sechs Monate nach der Übertragung bringt die A-GmbH ihre Anteile an der B-GmbH und die Beteiligung an der C-OHG in eine neu geschaffene Holding (H-GmbH) ein. Mitgesellschafter T bringt seine 40%-Beteiligung an der D-KG ein. Nach der Einbringung ist die A-GmbH an der H-GmbH entsprechend dem Verhältnis der eingebrachten Vermögenswerte zu 20 % beteiligt.

Die jährliche Lohnsumme beträgt:

Einzelunternehmen	0 EUR
A-GmbH	0 EUR
B-GmbH	200 000 EUR
C-OHG	300 000 EUR
D-KG	1 000 000 EUR
H-GmbH	0 EUR

Aus Vereinfachungsgründen wird angenommen, dass die jährlichen Lohnsummen gleichmäßig während des Lohnsummenzeitraums anfallen.

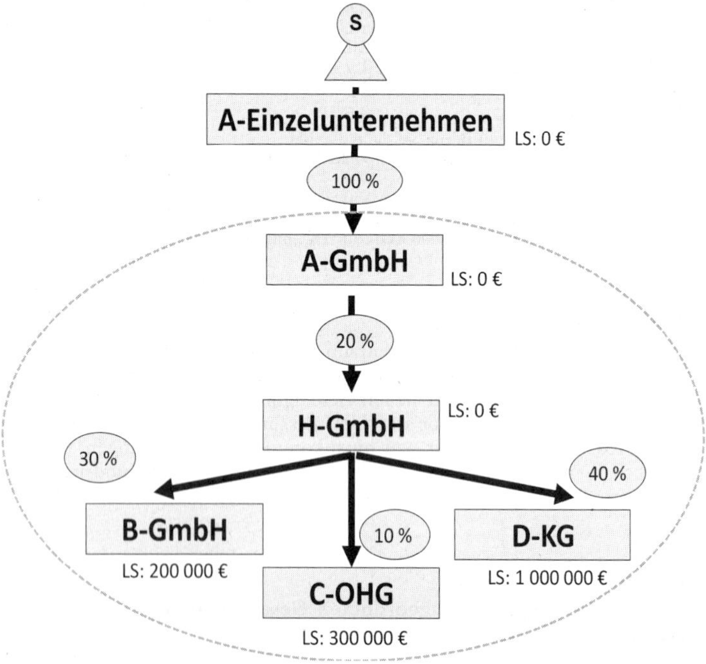

Lösung:

Die Lohnsumme der D-KG ist nicht anzusetzen. Bei Beteiligungen, die innerhalb eines Betriebsvermögens gehalten werden, muss die nach § 13a Absatz 3 Satz 12 ErbStG vorgesehene Mindestbeteiligungsgrenze von mehr als 25% erfüllt sein. Diese Voraussetzung ist bei der Beteiligung der A-GmbH an der H-GmbH nicht gegeben. Außerdem war die D-KG auch bereits vor der Umstrukturierung nicht in die Ermittlung der Lohnsumme der A-GmbH einzubeziehen.

Entsprechendes würde für eine eigene Lohnsumme der H-GmbH gelten.

Die Lohnsummen der B-GmbH und der C-OHG sind für den Zeitraum bis zur Umstrukturierung über die bestehende unmittelbare Beteiligung der A-GmbH zuzuordnen. Die Lohnsummen der B-GmbH und der C-OHG sind für den Zeitraum ab der Umstrukturierung über die bestehende unmittelbare Beteiligung der H-GmbH zuzuordnen. Zwar muss bei Beteiligungen, die innerhalb eines Betriebsvermögens gehalten werden, die nach § 13a Absatz 3 Satz 12 ErbStG vorgesehene Mindestbeteiligungsgrenze von mehr als 25 % erfüllt sein. Diese Voraussetzung ist bei der Beteiligung der A-GmbH an die H-GmbH aber nicht gegeben. Dennoch sind die Lohnsummen der B-GmbH und der C-OHG ab der Umstrukturierung zugunsten des S einzubeziehen, weil die Löhne bereits vor der Umstrukturierung in die Ermittlung der Lohnsumme einzubeziehen waren.

Die Summe der maßgebenden jährlichen Lohnsummen beträgt:

B-GmbH	200 000 EUR × 5 Jahre =	1 000 000 EUR
C-OHG	300 000 EUR × 5 Jahre =	1 500 000 EUR

Durch die Umwandlung bleibt der Lohnsummenzeitraum von 5 Jahren unverändert.

Die Betriebsfinanzämter stellen die Summen der maßgebenden jährlichen Lohnsummen wie folgt fest:

B-GmbH	1 000 000 EUR
C-OHG	1 500 000 EUR
H-GmbH	405 000 EUR (= 270 000 EUR + 135 000 EUR)
	In Bezug auf die B-GmbH (ab Zeitpunkt der Umstrukturierung bis Ende des Lohnsummenzeitraums = 4 Jahre und 6 Monate = 4,5 Jahre) 270 000 EUR = 1 000 000 EUR : 5 Jahre × 4,5 Jahre × 30 % In Bezug auf die C-OHG (ab Zeitpunkt der Umstrukturierung bis Ende des Lohnsummenzeitraums = 4 Jahre und 6 Monate = 4,5 Jahre) 135 000 EUR = 1 500 000 EUR : 5 Jahre × 4,5 Jahre × 10 %
A-GmbH	126 000 EUR (= 30 000 EUR + 15 000 EUR + 81 000 EUR)
	In Bezug auf die B-GmbH (ab Beginn des Lohnsummenzeitraums bis zum Zeitpunkt der Umstrukturierung = 6 Monate = 0,5 Jahre) 30 000 EUR = 1 000 000 EUR : 5 Jahre × 0,5 Jahre × 30 % In Bezug auf die C-OHG (ab Beginn des Lohnsummenzeitraums bis zum Zeitpunkt der Umstrukturierung = 6 Monate = 0,5 Jahre) 15 000 EUR = 1 500 000 EUR : 5 Jahre × 0,5 Jahre × 10 % In Bezug auf die H-GmbH 81 000 EUR = 405 000 EUR × 20 %
Einzelunternehmen	126 000 EUR = 126 000 EUR × 100 %

Die Summe der maßgebenden jährlichen Lohnsummen von 126 000 EUR erreicht nicht die Mindestlohnsumme von 360 000 EUR.

R E 13a.8 (4)

(4) [1]Werden aufgrund von Umstrukturierungsmaßnahmen im Lohnsummenzeitraum Anteile an einer Kapitalgesellschaft für die Steuerbefreiung unschädlich (§ 13a Absatz 6 Satz 1 Nummer 4 Satz 2 2. Halbsatz ErbStG) gegen Gewährung von Gesellschaftsrechten in eine andere Kapitalgesellschaft eingebracht (Anteilstausch), sind die Lohnsummen dieser Gesellschaft einschließlich der nachgeordneten Gesellschaften zu dem Anteil einzubeziehen, zu dem die Beteiligung des Einbringenden an der übernehmenden Gesellschaft besteht. [2]Die Lohnsumme dieser Kapitalgesellschaft ist zu dem jeweiligen Anteil zu berücksichtigen, auch wenn er nicht mehr als 25 Prozent beträgt. [3]Satz 1 gilt für die Einbringung von Anteilen an einer Kapitalgesellschaft im Sinne des § 13b Absatz 1 Nummer 3 ErbStG in eine Personengesellschaft gegen Gewährung von Gesellschaftsrechten, durch die der Einbringende Mitunternehmer wird, entsprechend.

H E 13a.8 (4)

Umstrukturierung gegen Gewährung von Gesellschaftsrechten.

Beispiel:

A ist zu 100 % beteiligt an der A-GmbH. A überträgt die Anteile unentgeltlich auf S.
S bringt 6 Monate nach der Übertragung die Anteile an der A-GmbH unschädlich in die B-GmbH gegen Gewährung von Gesellschaftsrechten ein. Auf der Grundlage der gemeinen Werte der Anteile hält S eine Beteiligung von 30 % an der B-GmbH.
Die Ausgangslohnsumme der A-GmbH beträgt 100 000 EUR, die Mindestlohnsumme demnach 400 000 EUR. Die jährlichen Lohnsummen betragen in der A-GmbH 100 000 EUR und in der B-GmbH 200 000 EUR.
Durch die Einbringung bleibt der Lohnsummenzeitraum von 5 Jahren unverändert.

Die Betriebsfinanzämter stellen die Summen der maßgeblichen jährlichen Lohnsummen wie folgt fest:

A-GmbH	500 000 EUR = 100 000 EUR × 5 Jahre
B-GmbH	405 000 EUR (= 135 000 EUR + 270 000 EUR)
	In Bezug auf die A-GmbH
	(ab Zeitpunkt der Umstrukturierung bis Ende des Lohnsummenzeitraums = 4 Jahre und 6 Monate = 4,5 Jahre) 135 000 EUR = 500 000 EUR : 5 Jahre × 4,5 Jahre × 30 % In Bezug auf die B-GmbH (ab Zeitpunkt der Umstrukturierung bis Ende des Lohnsummenzeitraums = 4 Jahre und 6 Monate = 4,5 Jahre) 270 000 EUR = 1 000 000 EUR : 5 Jahre × 4,5 Jahre × 30 %

Ansatz der Summe der maßgebenden jährlichen Lohnsummen durch das Erbschaftsteuerfinanzamt:

In Bezug auf den Zeitraum von Erwerb bis zum Zeitpunkt der Umstrukturierung (6 Monate = 0,5 Jahre) muss das Erbschaftsteuerfinanzamt für die A-GmbH 50 000 EUR (= 500 000 EUR : 5 Jahre × 0,5 Jahre) berücksichtigen.

Die für die B-GmbH festgestellte Summe der maßgebenden jährlichen Lohnsummen (405 000 EUR) ist zu übernehmen.

Die Summe der maßgebenden jährlichen Lohnsummen von 455 000 EUR (= 50 000 EUR + 405 000 EUR) erreicht die Mindestlohnsumme von 400 000 EUR.

R E 13a.8 (5, 6)

(5) [1]Wird aufgrund von Umstrukturierungsmaßnahmen im Lohnsummenzeitraum ein Betrieb, Teilbetrieb oder Mitunternehmeranteil für die Steuerbefreiung unschädlich (§ 13a Absatz 6 Satz 1 Nummer 1 Satz 2 2. Halbsatz ErbStG) gegen Gewährung von Gesellschaftsrechten in eine Kapital- oder Personengesellschaft eingebracht, sind die Lohnsummen dieser Gesellschaft einschließlich der nachgeordneten Gesellschaften zu dem Anteil einzubeziehen, zu dem die Beteiligung des Einbringenden an der übernehmenden Gesellschaft besteht. [2]Im Fall einer Einbringung in eine Kapitalgesellschaft ist die Lohnsumme dieser Kapitalgesellschaft zu dem jeweiligen Anteil zu berücksichtigen, auch wenn er nicht mehr als 25 Prozent beträgt. [3]Im Fall einer Verschmelzung gilt das Vorstehende entsprechend.

(6) [1]Besteht im Lohnsummenzeitraum zunächst eine zu berücksichtigende Beteiligung an einer Personengesellschaft und wird die Personengesellschaft in

eine Kapitalgesellschaft umgewandelt, bestehen keine Bedenken, die Lohnsumme dieser Kapitalgesellschaft zu berücksichtigen, auch wenn die Beteiligung an der Kapitalgesellschaft nicht mehr als 25 Prozent beträgt. [2]Stimmt die der Beteiligung an der Kapitalgesellschaft aufgrund der Umwandlung nicht mit der Beteiligung an der Personengesellschaft überein, ist die Lohnsumme zu dem Anteil zu berücksichtigen, zu dem die Beteiligung an der Kapitalgesellschaft besteht. [3]Wird eine Kapitalgesellschaft umgewandelt, z.B. in eine Personengesellschaft, gilt Satz 2 entsprechend.

R E 13a.9 Verstoß gegen die Lohnsummenregelung

(1) [1]Der Verschonungsabschlag nach § 13a Absatz 1 ErbStG entfällt anteilig, wenn die Summe der maßgebenden jährlichen Lohnsummen innerhalb von fünf Jahren (Lohnsummenfrist) nach dem Erwerb die Mindestlohnsumme unterschreitet (§ 13a Absatz 3 Satz 5 ErbStG). [2]Die Lohnsummenfrist beginnt mit dem Tag nach dem Tag der Steuerentstehung. [3]Die Mindestlohnsumme beträgt
- bei mehr als 15 Beschäftigten 400 Prozent,
- bei mehr als zehn, aber nicht mehr als 15 Beschäftigten 300 Prozent,
- bei mehr als fünf, aber nicht mehr als zehn Beschäftigten 250 Prozent

der Ausgangslohnsumme. [4]Wegen der Ermittlung der Mindestlohnsumme bei mehreren wirtschaftlichen Einheiten → R E 13a.6. [5]Der Verschonungsabschlag entfällt in dem Verhältnis, in dem die Summe der maßgebenden jährlichen Lohnsummen die Mindestlohnsumme unterschreitet. [6]Der Steuerbescheid ist in diesem Fall nach § 175 Absatz 1 Satz 1 Nummer 2 AO zu ändern (Nachversteuerung). [7]Der Steuerpflichtige ist im Steuerbescheid darauf hinzuweisen, dass Verstöße gegen die Lohnsummenregelung innerhalb einer Frist von sechs Monaten nach Ablauf der Lohnsummenfrist schriftlich anzuzeigen sind (§ 13a Absatz 7 ErbStG, § 153 Absatz 2 AO) und eine Anzeige auch dann zu erfolgen hat, wenn der Vorgang zu keiner Besteuerung führt. [8]Die Finanzämter haben die Einhaltung der Lohnsummenregelung in geeigneter Form zu überwachen. [9]In Fällen von geringer Bedeutung, z.B. bei einem gemeinen Wert des erworbenen begünstigten Vermögens bis zu 150 000 EUR, ist auf die Überwachung der Lohnsummenregelung zu verzichten. [10]Ein Verstoß gegen die Lohnsummenregelung wirkt sich nicht aus auf

1. den Abzugsbetrag nach § 13a Absatz 2 ErbStG,
2. den Vorwegabschlag für Familienunternehmen nach § 13a Absatz 9 ErbStG,
3. die Höhe des Werts des begünstigten Vermögens bei der Ermittlung des Schwellenwerts nach § 13a Absatz 1 Satz 1 ErbStG (→ R E 13a.2 Absatz 2) und
4. die Höhe des Entlastungsbetrags nach § 19a ErbStG.

(2) [1]Im Fall der Optionsverschonung (§ 13a Absatz 10 ErbStG) beträgt die Mindestlohnsumme
- bei mehr als 15 Beschäftigten 700 Prozent,
- bei mehr als zehn, aber nicht mehr als 15 Beschäftigten 565 Prozent,
- bei mehr als fünf, aber nicht mehr als zehn Beschäftigten 500 Prozent

der Ausgangslohnsumme und die Lohnsummenfrist 7 Jahre. [2]Im Übrigen gelten die Ausführungen in Absatz 1 und R E 13a.6 entsprechend.

R E 13a.10 Feststellung der Anzahl der Beschäftigten, der Ausgangslohnsumme und der Summe der maßgebenden jährlichen Lohnsummen

(1) [1]Die Ausgangslohnsumme, die Anzahl der Beschäftigten und die Summe der maßgebenden jährlichen Lohnsummen stellt das für die Bewertung der wirtschaftlichen Einheit örtlich zuständige Finanzamt im Sinne des § 152 Nummer 1 bis 3 BewG fest, wenn diese Werte für die Erbschaftsteuer oder eine andere Feststellung im Sinne dieser Vorschrift von Bedeutung sind (§ 13a Absatz 4 ErbStG). [2]Die Feststellungen erfolgen auch dann, wenn es sich um ein börsennotiertes Unternehmen handelt und deshalb keine Feststellung des Werts des Anteils gem. § 11 Absatz 1 BewG erfolgt. [3]Zum Verfahrensrecht → R B 151.1 ff.

(2) [1]Soweit das nach § 152 Nummer 1 bis 3 BewG örtlich zuständige Finanzamt erkennt, dass die Ausgangslohnsumme des Betriebs null EUR beträgt oder der Betrieb nicht mehr als fünf Beschäftigte hat, unterbleibt eine Feststellung der Ausgangslohnsumme, der Anzahl der Beschäftigten und der Summe der maßgebenden jährlichen Lohnsummen, da in diesen Fällen die Angaben für die Erbschaftsteuer nicht von Bedeutung sind. [2]Das Finanzamt teilt dem Steuerpflichtigen und dem zuständigen Erbschaftsteuer-Finanzamt die fehlende steuerliche Bedeutung der Durchführung einer Feststellung mit.

(3) [1]Ist ein mehrstufiges Feststellungsverfahren durchzuführen, hat ein nach § 152 Nummer 1 bis 3 BewG örtlich zuständiges Finanzamt einer nachgeordneten Feststellungsebene regelmäßig die Höhe der Ausgangslohnsumme, die Anzahl der Beschäftigten und die Summe der maßgebenden jährlichen Lohnsummen festzustellen. [2]Dies gilt auch, wenn auf der nachgeordneten Feststellungsebene die Ausgangslohnsumme null EUR beträgt oder dieser Betrieb nicht mehr als fünf Beschäftigte hat, soweit nicht auszuschließen ist, dass die Angaben für eine andere Feststellung nach § 13a Absatz 4 ErbStG in Verbindung mit § 151 Absatz 1 Satz 1 Nummer 1 bis 3 BewG auf einer übergeordneten Feststellungsebene von Bedeutung sind. [3]Die Feststellungen einer nachgeordneten Feststellungsebene sind in dem Umfang der entsprechenden Beteiligungsquote auf der übergeordneten Feststellungsebene zu berücksichtigen. [4]Bei der Berücksichtigung der Anzahl der Beschäftigten ist auf zwei Nachkommastellen abzurunden.

(4) [1]Die Feststellungsfrist für die Feststellung der Summe der maßgebenden jährlichen Lohnsummen beginnt grundsätzlich mit Ablauf des Kalenderjahrs, in dem die Lohnsummenfrist endet. [2]Die Regelungen zur Anlaufhemmung nach § 170 Absatz 2 Satz 1 Nummer 1 AO kommen zur Anwendung.

R E 13a.11 Folgen einer Weitergabeverpflichtung oder einer Nachlassteilung

(1) [1]Ein Erwerber kann die Befreiung nicht in Anspruch nehmen, soweit er verpflichtet ist, das begünstigte Vermögen auf Grund einer letztwilligen oder rechtsgeschäftlichen Verfügung des Erblassers auf einen Dritten zu übertragen (Weitergabeverpflichtung, § 13a Absatz 5 Satz 1 ErbStG). [2]Letztwillige Verfü-

gung ist das Testament, rechtsgeschäftliche Verfügung ist z.B. der Erbvertrag. [3]Anwendungsfälle sind insbesondere

1. Sachvermächtnisse, die auf begünstigtes Vermögen gerichtet sind,
2. Vorausvermächtnisse, die auf begünstigtes Vermögen gerichtet sind,
3. ein Schenkungsversprechen auf den Todesfall oder
4. Auflagen des Erblassers, die auf die Weitergabe begünstigten Vermögens gerichtet sind.

[4]Sind Miterben auf Grund einer Teilungsanordnung des Erblassers verpflichtet, das begünstigte Vermögen auf einen Miterben zu übertragen, können die übertragenden Miterben die Befreiung nicht in Anspruch nehmen (§ 13a Absatz 5 Satz 2 ErbStG); das gilt unabhängig davon, wann die Auseinandersetzungsvereinbarung geschlossen wird. [5]Den übernehmenden Erwerber oder Miterben, der die Befreiung in Anspruch nehmen kann, trifft die Pflicht zur Einhaltung der Lohnsummen- und Behaltensregelung und der Voraussetzungen für den Vorwegabschlag auch hinsichtlich des übertragenen Anteils; er hat die steuerlichen Folgen eines Verstoßes hiergegen zu tragen.

(2) [1]Gibt der nachfolgende Erwerber für den Erwerb des begünstigten Vermögens nicht begünstigtes Vermögen hin, das er vom Erblasser erworben hat, wird er so gestellt, als habe er von Anfang an begünstigtes Vermögen erworben (§ 13a Absatz 5 Satz 3 ErbStG). [2]Dies gilt auch dann, wenn die einzelnen Vermögensgegenstände nach derselben Vorschrift, z.B. nach §§ 13a, 13b ErbStG, begünstigt sind, da der überlassende Miterbe die Begünstigung nicht mehr in Anspruch nehmen kann (§ 13a Absatz 5 Satz 1 und 2 ErbStG). [3]Als hingegebenes Vermögen gilt nicht die Entlastung der übrigen Erwerber von solchen Nachlassverbindlichkeiten im Innenverhältnis, die mit dem begünstigten Vermögen oder Teilen davon in wirtschaftlichem Zusammenhang stehen. [4]Der gemeine Wert des begünstigten Vermögens darf jedoch nicht überschritten werden. [5]Durch diese Regelung wird lediglich die Bemessungsgrundlage für die Steuerbefreiung verändert; sie führt nicht zu einer Veränderung der Zurechnung der Erwerbsgegenstände. [6]Der Grundsatz, dass die Erbauseinandersetzung unbeachtlich ist (→ R E 3.1), gilt unverändert fort. [7]Sätze 1 bis 6 gelten entsprechend auch für die freie Erbauseinandersetzung unter den Erben, wenn diese zeitnah zum Erbfall erfolgt. [8]Erfolgt die Übertragung und Hingabe des Vermögens in diesem Fall nach Ergehen des jeweiligen Erbschaftsteuerbescheids, ist dies als Ereignis mit steuerlicher Rückwirkung auf den Zeitpunkt der Steuerentstehung anzusehen, so dass die Steuerfestsetzungen nach § 175 Absatz 1 Satz 1 Nummer 2 AO zu ändern sind.

H E 13a.11

Freie Erbauseinandersetzung. In den Fällen der freien Auseinandersetzung von Erbengemeinschaften ist eine steuerliche Rückwirkung auf den Zeitpunkt des Erbfalls als zeitnah in der Regel anzuerkennen, wenn die Auseinandersetzungsvereinbarung innerhalb von sechs Monaten erfolgt (→ vgl. BMF-Schreiben vom 14.3.2006, BStBl. I S. 253, Tz. 8). Erfolgt die Erbauseinandersetzung erst nach mehr als sechs Monaten, kann der Begünsti-

gungstransfer in begründeten Ausnahmefällen (z. B. aufgrund von Erbstreitigkeiten, Erstellung von Gutachten o. Ä.) gewährt werden. Der Steuerpflichtige hat die Gründe darzulegen, die eine Erbauseinandersetzung innerhalb des Sechsmonatszeitraums verhindert haben.
→ BFH vom 23.6.2015 II R 39/13, BStBl. 2016 II S. 225.

Schuldenkürzung bei Nachlassteilung.

Beispiel:

Erblasser E wird von seiner Tochter T und seinem Sohn S je zur Hälfte beerbt. Zum Nachlass gehören sämtliche Anteile an einer inländischen Kapitalgesellschaft mit einem Anteilswert von 10 000 000 EUR, der nur aus begünstigtem Vermögen besteht, und ein Bankguthaben von 10 000 000 EUR. Im Zusammenhang mit den Anteilen stehen Nachlassverbindlichkeiten in Höhe von 1 000 000 EUR.
Im Rahmen der Erbauseinandersetzung übernimmt die Tochter auch die andere Hälfte der Anteile gegen eine Ausgleichszahlung aus dem Nachlass von 5 000 000 EUR. Die Schuld tragen beide entsprechend ihren Erbteilen.

Berechnung des Reinnachlasses			
Steuerwert der Anteile			10 000 000 EUR
Bankguthaben			+ 10 000 000 EUR
Vermögensanfall			20 000 000 EUR
Nachlassverbindlichkeiten			./. 1 000 000 EUR
Erbfallkostenpauschale			./. 10 300 EUR
Wert des Reinnachlasses			18 989 700 EUR
Davon Erbanteil je 1/2			9 494 850 EUR
Berechnung des Erwerbs für T			
Steuerbefreiung nach § 13a ErbStG			
Steuerwert der Anteile (begünstigtes Vermögen)		5 000 000 EUR	
Werterhöhung Ausgleichszahlung in Höhe von 5 000 000 EUR		+ 5 000 000 EUR	
Begünstigtes Vermögen insgesamt		10 000 000 EUR	
Verschonungsabschlag (85 %)		./. 8 500 000 EUR	8 500 000 EUR
Verbleiben		1 500 000 EUR	
Abzugsbetrag			+ 0 EUR
Verschonung insgesamt			8 500 000 EUR
Berechnung des Abzugsbetrags		150 000 EUR	
Verbleibender Wert (15%)	1 500 000 EUR		
Abzugsbetrag	./. 150 000 EUR		
Unterschiedsbetrag	1 350 000 EUR		
Davon 50 %		./. 675 000 EUR	
Verbleibender Abzugsbetrag		0 EUR	
Berechnung der nicht abzugsfähigen Schulden für T			
Schuld (1/2 entsprechend Erbteil)		500 000 EUR	
Davon abzugsfähig			

Wert Anteile (begünstigtes Vermögen) nach Anwendung § 13a ErbStG
5 000 000 EUR – 8 500 000 EUR = 0 EUR

$$\frac{\text{Wert Anteile (begünstigtes Vermögen) nach Anwendung des § 13a ErbStG}}{\text{Wert der begünstigten Anteile}}$$

= 0 EUR : 5 000 000 EUR = 0,00 %		
500 000 EUR x 0,00 %	./. 0 EUR	
Nicht abzugsfähig	500 000 EUR	

Erbanteil T	9 494 850 EUR
Steuerbefreiung § 13a ErbStG	./. 8 500 000 EUR
Nicht abzugsfähiger Teil der Schuld	+ 500 000 EUR
Bereicherung der T	1 494 850 EUR
Erbanteil S	9 494 850 EUR
Steuerbefreiung § 13a ErbStG	./. 0 EUR
Nicht abzugsfähiger Teil der Schuld	+ 0 EUR
Bereicherung des S	9 494 850 EUR

R E 13a.12 Behaltensregelungen – Allgemeines

(1) [1]Der Verschonungsabschlag und der Abzugsbetrag fallen mit Wirkung für die Vergangenheit weg, soweit innerhalb von fünf Jahren nach dem Zeitpunkt der Steuerentstehung (Behaltensfrist) gegen eine der Behaltensregelungen für das begünstigte Vermögen verstoßen wird (§ 13a Absatz 6 ErbStG). [2]Die Gründe für den Verstoß gegen die Behaltensregelungen sind unbeachtlich. [3]Die Behaltensfrist ist für jeden Erwerber gesondert zu prüfen. [4]Der Steuerbescheid ist in diesen Fällen nach § 175 Absatz 1 Satz 1 Nummer 2 AO zu ändern (Nachversteuerung). [5]Ein Verstoß gegen die Behaltensregelungen wirkt sich nicht auf den Vorwegabschlag nach § 13a Absatz 9 ErbStG aus. [6]Ein Verstoß gegen die Behaltensregelung führt nicht zu einer Änderung des Ansatzes des Werts des begünstigten Vermögens bei der Ermittlung des Schwellenwerts (§ 13a Absatz 1 Satz 1 ErbStG), da sich nicht der Wert des begünstigten Vermögens, sondern nur die Höhe der Steuerbefreiung für das begünstigte Vermögen ändert. [7]Der Steuerpflichtige ist im Steuerbescheid darauf hinzuweisen, dass Verstöße gegen die Behaltensregelungen innerhalb einer Frist von einem Monat, nachdem der jeweilige Tatbestand verwirklicht wurde, schriftlich anzuzeigen sind (§ 13a Absatz 7 Satz 2 ErbStG, § 153 Absatz 2 AO) und eine Anzeige auch dann zu erfolgen hat, wenn der Vorgang zu keiner Besteuerung führt. [8]Die Finanzämter haben die Einhaltung der Behaltensregelungen in geeigneter Form zu überwachen. [9]In Fällen von geringer Bedeutung, z. B. bei einem gemeinen Wert des erworbenen begünstigten Vermögens bis zu 150 000 EUR, ist die Überwachung auf eine Veräußerung/Aufgabe des begünstigt erworbenen Vermögens zu beschränken. [10]Zum Verstoß durch einen nachfolgenden Erwerber → R E 13a.19 Absatz 5.

(2) Ein Verstoß gegen die Behaltensregelungen liegt nicht vor, wenn begünstigtes Vermögen

1. im Wege des Übergangs von Todes wegen übergeht oder
2. durch Schenkung unter Lebenden weiter übertragen wird. [2]Erfolgt jedoch die Zuwendung teilentgeltlich, gilt dies nur hinsichtlich des unentgeltlichen Teils der Zuwendung (gemischte Schenkung oder Schenkung unter Auflage, → R E 7.4). [3]Der entgeltliche Teil der Zuwendung stellt ungeachtet der ertragsteuerlichen Behandlung einen Verstoß gegen die Behaltensregelungen dar. [4]Eine mit einer Weiterschenkung verbundene Duldungsauflage (z. B. Nießbrauchsvorbehalt) stellt schenkungsteuerrechtlich keine Gegenleistung dar und führt damit insoweit nicht zur Teilentgeltlichkeit der Übertragung. [5]Infolgedessen liegt insoweit auch kein Verstoß gegen die Behaltensregelungen vor.

(3) Ein Verstoß gegen die Behaltensregelungen liegt dagegen vor, wenn begünstigtes Vermögen

1. als Abfindung nach § 3 Absatz 2 Nummer 4 ErbStG übertragen wird oder
2. zur Erfüllung anderer schuldrechtlicher Ansprüche, z. B. auf Grund eines Geldvermächtnisses, Pflichtteils- oder Zugewinnausgleichsanspruchs, hingegeben wird.

H E 13a.12

Einräumung obligatorischer Nutzungsrechte an begünstigtem Vermögen. Das Einräumen eines Nutzungsrechts an begünstigtem Vermögen kann nicht nach § 13a Absatz 6 Satz 1 Nummer 1, 2 und 4, § 19a Absatz 5 ErbStG (Behaltensregelung) zum Wegfall der Entlastungen führen, weil kein begünstigtes Vermögen in seiner Substanz übertragen wird.

Gründe für Verstoß gegen die Behaltensregelungen unbeachtlich. → BFH vom 16.2.2005 II R 39/03, BStBl. II S. 571, und vom 26.2.2014 II R 36/12, BStBl. II S. 581.

Keine Bindung an ertragsteuerliche Beurteilung als unentgeltlicher Vorgang. → BFH vom 2.3.2005 II R 11/02, BStBl. II S. 532.

R E 13a.13 Behaltensregelungen für Betriebsvermögen

(1) [1]Die Veräußerung eines Gewerbebetriebs, eines Teilbetriebs oder eines Anteils an einer Gesellschaft im Sinne des § 15 Absatz 1 Satz 1 Nummer 2 und Absatz 3 oder § 18 Absatz 4 EStG, eines Anteils eines persönlich haftenden Gesellschafters einer KGaA oder eines Anteils daran innerhalb der Behaltensfrist ist ein Verstoß gegen die Behaltensregelungen. [2]Maßgebend ist dabei das obligatorische Rechtsgeschäft und nicht erst die zivilrechtliche Wirksamkeit der Veräußerung. [3]Als Veräußerung gilt auch die Aufgabe eines Gewerbebetriebs, Teilbetriebs oder Mitunternehmeranteils sowie die Eröffnung des Insolvenzverfahrens. [4]Wegen der bewertungsrechtlichen und erbschaftsteuerrechtlichen Gleichbehandlung des Vermögens, das der Ausübung eines freien Berufs dient, mit einem Gewerbebetrieb (→ § 96 BewG) unterliegt auch begünstigtes Betriebsvermögen in Form von freiberuflichen Praxen und Sozietätsanteilen den Behaltensregelungen. [5]War der Erwerber begünstigter Anteile an einer Gesellschaft im Sinne des § 15 Absatz 1 Satz 1 Nummer 2 und Absatz 3 oder § 18 Absatz 4 EStG vor dem maßgebenden Besteuerungszeitpunkt an dieser Gesellschaft beteiligt, kann bei einer teilweisen Veräußerung seines Anteils regelmäßig davon ausgegangen werden, dass er zunächst die ihm bereits früher gehörenden Anteile veräußert. [6]Zur Reinvestitionsklausel → R E 13a.18.

(2) [1]Ein Verstoß gegen die Behaltensregelungen liegt auch vor, wenn eine, mehrere oder alle im Besteuerungszeitpunkt wesentlichen Betriebsgrundlagen eines Gewerbebetriebs veräußert oder in das Privatvermögen überführt oder anderen betriebsfremden Zwecken zugeführt werden. [2]Absatz 1 Satz 2 gilt entsprechend. [3]Dies gilt nicht, soweit sie zum jungen Verwaltungsvermögen im Sinne des § 13b Absatz 7 Satz 2 ErbStG gehörten. [4]Der Begriff wesentli-

che Betriebsgrundlage ist nach den Grundsätzen des Ertragsteuerrechts (funktionale Betriebsnotwendigkeit) zu beurteilen. [5]Der Umfang der schädlichen Verfügung bemisst sich nach dem gemeinen Wert des Einzelwirtschaftsguts (z. B. Betriebsgrundstück) im – ursprünglichen – Besteuerungszeitpunkt. [6]Bei Bedarf ist für eine solche wirtschaftliche Untereinheit ein gemeiner Wert noch nach §§ 151 ff. BewG festzustellen. [7]Zur Reinvestitionsklausel → R E 13a.18.

(3) [1]Die Einbringung eines Betriebs, Teilbetriebs oder Mitunternehmeranteils in eine Kapital- oder eine Personengesellschaft (§§ 20, 24 UmwStG) gegen Gewährung von Gesellschaftsanteilen ist selbst kein Verstoß gegen die Behaltensregelungen. [2]Dies gilt auch für die formwechselnde Umwandlung, Verschmelzung oder Realteilung von Personengesellschaften, soweit der Realteiler nicht nur einzelne Wirtschaftsgüter erhält. [3]Aus der Systematik der Befreiungsregelung folgt, dass die übernehmende Gesellschaft ihren Sitz oder ihre Geschäftsleitung im Inland oder in einem Mitgliedstaat der Europäischen Union oder in einem Staat des Europäischen Wirtschaftsraums haben muss. [4]R E 13a.16 Absatz 4 und 5 gilt entsprechend. [5]Eine nachfolgende Veräußerung der dabei erworbenen Anteile an der Kapitalgesellschaft oder Personengesellschaft innerhalb der Behaltensfrist stellt einen Verstoß gegen die Behaltensregelung dar.

(4) Die Absätze 1 bis 3 gelten entsprechend, soweit zum Erwerb begünstigungsfähiges ausländisches Betriebsvermögen im Sinne des R E 13b.5 Absatz 4 gehört.

H E 13a.13

Erzwungene Betriebsaufgabe. → BFH vom 16.2.2005 II R 39/03, BStBl. II S. 571, vom 17.3.2010 II R 3/09, BStBl. II S. 749, und vom 26.2.2014 II R 36/12, BStBl. II S. 581.

Mehrere aufeinanderfolgende Umwandlungen. → BFH vom 16.2.2011 II R 60/09, BStBl. II S. 454.

Wesentliche Betriebsgrundlage. → Begriff: H 16 (5) EStH.

R E 13a.14 Behaltensregelungen für land- und forstwirtschaftliches Vermögen

(1) [1]Die Veräußerung von land- und forstwirtschaftlichem Vermögen im Sinne des § 168 Absatz 1 Nummer 1 BewG (Wirtschaftsteil im Sinne des § 160 Absatz 2 BewG) und selbst bewirtschafteter Grundstücke im Sinne des § 159 BewG innerhalb der Behaltensfrist ist ein Verstoß gegen die Behaltensregelungen (§ 13a Absatz 6 Satz 1 Nummer 2 Satz 1 ErbStG). [2]Maßgebend ist dabei das obligatorische Rechtsgeschäft und nicht erst die zivilrechtliche Wirksamkeit der Veräußerung. [3]Wird der Betrieb, Teilbetrieb oder Mitunternehmeranteil aufgegeben und führt dies dazu, dass der Betrieb als Stückländerei (§ 168 Absatz 2 in Verbindung mit § 160 Absatz 7 BewG) zu qualifizieren ist oder das Vermögen nicht mehr auf Dauer dem Betrieb zu dienen bestimmt ist (z. B. gewerbliche Nutzung), liegt ein Verstoß gegen die Behaltensregelung vor (§ 13a Absatz 6 Satz 1 Nummer 2 Satz 2 ErbStG). [4]Zur Rein-

vestitionsklausel → R E 13a.18. [5]Wegen der Änderung der Feststellung des gemeinen Werts des Wirtschaftsteils des Betriebs → § 162 Absatz 3 und 4 BewG.

(2) [1]Das Ausscheiden im Besteuerungszeitpunkt wesentlicher Wirtschaftsgüter eines Betriebs der Land- und Forstwirtschaft im Sinne des § 162 Absatz 4 BewG stellt eine schädliche Verwendung dar. [2]Absatz 1 Satz 2 gilt entsprechend. [3]Dies gilt auch, wenn der Erlös aus der Veräußerung solcher Wirtschaftsgüter dazu verwendet wird, Abfindungen an weichende Erben zu zahlen, oder wenn der Hoferbe einzelne Flächen an seine Miterben überträgt, um deren Abfindungsansprüche zu befriedigen.

(3) Als schädliche Verwendung gilt auch der Wegfall der Selbstbewirtschaftung von Flächen im Sinne des § 159 BewG, z. B. auf Grund einer Einstellung der Selbstbewirtschaftung landwirtschaftlich genutzter Flächen, die als Bauland, Industrieland oder Land für Verkehrszwecke dienen werden.

(4) Wenn Pachtverträge über einzelne Flächen über eine Dauer von 15 Jahren und mehr abgeschlossen werden, gilt dies als schädliche Verwendung.

R E 13a.15 Entnahmebegrenzung

(1) [1]Wenn der Erwerber als Inhaber begünstigt erworbenen Betriebsvermögens oder land- und forstwirtschaftlichen Vermögens ab dem Tag nach der Steuerentstehung bis zum Ende des letzten in die Fünfjahresfrist fallenden Wirtschaftsjahrs Entnahmen tätigt, die die Summe seiner Einlagen und der ihm zuzurechnenden Gewinne oder Gewinnanteile seit dem Erwerb um mehr als 150 000 EUR übersteigen (Überentnahmen), stellt dies einen Verstoß gegen die Behaltensregelungen dar. [2]Dies gilt auch, wenn die Entnahmen zur Bezahlung der Erbschaftsteuer getätigt werden. [3]Verluste bleiben unberücksichtigt. [4]Die Begriffe Entnahme, Einlage, Gewinn und Verlust sind nach den Grundsätzen des Ertragsteuerrechts zu beurteilen; maßgebend hierfür ist der Gewinn nach § 4 Absatz 1 oder Absatz 3 EStG. [5]Die Sachentnahme eines Vermögensgegenstands, der im Besteuerungszeitpunkt zum begünstigten Vermögen gehört, ist mit dem ertragsteuerrechtlichen Entnahmewert im Entnahmezeitpunkt anzusetzen. [6]Entnahmen wesentlicher Betriebsgrundlagen, die als Verstoß gegen die Behaltensregelungen nach § 13a Absatz 6 Satz 1 Nummer 1 Satz 2 oder Nummer 2 Satz 2 ErbStG zu beurteilen sind (→ R E 13a.13 Absatz 2, R E 13a.14 Absatz 2), bleiben bei der Prüfung der Entnahmebegrenzung unberücksichtigt. [7]Ebenso bleiben Entnahmen bis zur Höhe des steuerpflichtigen Werts des Verwaltungsvermögens (nicht begünstigtes Vermögen im Sinne des R E 13b.9 Absatz 2 Satz 1 II.4.3) unberücksichtigt. [8]Die Entnahmebegrenzung ist für jeden Betrieb gesondert zu prüfen; bei Gewerbebetrieben mit Beteiligungen ist die Entnahmebegrenzung bei den Beteiligungen nicht gesondert zu prüfen, weil sich die Entnahmen insoweit beim Gewerbebetrieb niederschlagen und dort ggf. zu einem Verstoß gegen die Entnahmebegrenzung führen.

(2) [1]Die Entnahmebegrenzung bezieht sich bei land- und forstwirtschaftlichem Vermögen nur auf solches Vermögen, das ertragsteuerrechtlich zu einem

Betrieb der Land- und Forstwirtschaft gehört. [2]Ist dies der Fall, kommt die Entnahmebegrenzung nur für den Teil des Vermögens in Betracht, das zum nach § 13b Absatz 1 Nummer 1 ErbStG begünstigungsfähigen Vermögen (→ R E 13b.4) gehört. [3]Somit ist die Entnahme von Betriebswohnungen, von Mietwohngrundstücken oder erbbaurechtsbelasteten Flächen und des denkmalgeschützten Wohnteils im Sinne § 13 Absatz 2 Nummer 2 EStG nicht schädlich. [4]Entnahmen bis zur Summe des ertragsteuerlichen Werts der nach § 158 Absatz 4 BewG nicht zum land- und forstwirtschaftlichen Vermögen gehörenden Wirtschaftsgüter im Besteuerungszeitpunkt (Sockelbetrag) sind bei der Prüfung der Entnahmebegrenzung außer Acht zu lassen.

(3) [1]War der Erwerber eines Anteils an einer Personengesellschaft bereits vor dem begünstigten Erwerb an dieser Gesellschaft beteiligt, bezieht sich die Entnahmebegrenzung nur auf den zusätzlich erworbenen Anteil. [2]Entnahmen, soweit sie über sein am Besteuerungszeitpunkt vorhandenes Kapitalkonto hinausgehen, Einlagen und Gewinne während der Behaltensfrist sind anteilig seiner Beteiligung vor dem Erwerb und der neu erworbenen Beteiligung zuzurechnen. [3]Dies gilt entsprechend, wenn der Betrieb einer Personengesellschaft nach Ausscheiden der übrigen Gesellschafter als Einzelunternehmen fortgeführt wird. [4]Der Begriff Kapitalkonto ist nach ertragsteuerlichen Grundsätzen zu beurteilen. [5]Zum Kapitalkonto rechnen danach neben dem Festkapital des Gesellschafters auch der Anteil an einer gesamthänderischen Rücklage, die variablen Kapitalkonten, soweit es sich dabei um Eigenkapital der Gesellschaft handelt, sowie die Kapitalkonten in den Sonderbilanzen und Ergänzungsbilanzen des Gesellschafters. [6]Dieses Kapitalkonto ist grundsätzlich auch für die Berechnung des Verhältnisses maßgebend, nach dem Gewinne, Entnahmen und Einlagen der neu erworbenen Beteiligung und der bereits vorhandenen Beteiligung zuzurechnen sind. [7]Da es sich bei der Bildung einer Gewinnrücklage oder den weiteren Zuführungen um eine Gewinnverwendung handelt, ist der dem Gesellschafter zuzurechnende Gewinn nicht um diese Positionen zu mindern.

(4) [1]Tätigt ein Erwerber gegen Ende der Behaltensfrist im Sinne des Absatzes 1 eine Einlage, um den Betrag von 150 000 EUR übersteigende Entnahmen auszugleichen, liegt darin grundsätzlich kein Gestaltungsmissbrauch. [2]Wird die Einlage jedoch nicht aus vorhandenem privatem Vermögen, sondern unter Aufnahme eines Kredits geleistet, ist zu prüfen, ob der Kredit als betriebliche Schuld oder ggf. als negatives Sonderbetriebsvermögen des Erwerbers zu behandeln ist. [3]Sofern die Prüfung ergibt, dass der Kredit als Betriebsvermögen des Erwerbers zu behandeln ist, liegt keine Einlage vor.

(5) Bei Betrieben der Land- und Forstwirtschaft, die ihren Gewinn nach § 13a EStG ermitteln, ist die Entnahmebegrenzung nicht zu prüfen.

(6) [1]Nach § 13a Absatz 6 Satz 1 Nummer 3 Satz 3 ErbStG ist bei Ausschüttungen an Gesellschafter einer Kapitalgesellschaft § 13a Absatz 6 Satz 1 Nummer 3 Satz 1 ErbStG sinngemäß anzuwenden (Ausschüttungsbeschränkung). [2]Somit können ohne Verstoß gegen die Entnahmebeschränkung in der Behaltensfrist erzielte Gewinne, ggf. erhöht um verdeckte Gewinnausschüttungen, und getätigte offene und verdeckte Einlagen ausgeschüttet werden. [3]Darüber hinaus können nur 150 000 EUR im Fünfjahreszeitraum verdeckt

oder offen ausgeschüttet werden. [4]Ob die Ausschüttung mittelbar oder unmittelbar erfolgt, ist unerheblich.

(7) [1]Ist eine Kapitalgesellschaft in eine Personengesellschaft oder ein Einzelunternehmen umgewandelt worden (§ 13a Absatz 6 Satz 1 Nummer 4 Satz 2 letzter Halbsatz ErbStG), sind für den jeweiligen Anwendungszeitraum die Ausschüttungsbeschränkung und die Entnahmebegrenzung zu berücksichtigen und für die Prüfung der maßgeblichen Grenze von 150 000 EUR zusammenzufassen. [2]Wird eine Personengesellschaft in eine Kapitalgesellschaft umgewandelt, gilt dies entsprechend. [3]Wird ein Einzelunternehmen in eine Personengesellschaft eingebracht oder umgekehrt oder wird eine Kapitalgesellschaft in eine andere Kapitalgesellschaft umgewandelt, gilt die Entnahmebegrenzung oder Ausschüttungsbegrenzung durchgängig.

(8) Die Absätze 1 bis 7 gelten entsprechend, soweit zum Erwerb begünstigungsfähiges ausländisches Betriebsvermögen im Sinne des R E 13b.5 Absatz 4 gehört.

H E 13a.15

Ermittlung der Überentnahmen; nachrichtliche Angaben. Der Umfang der Entnahmen und Einlagen des Erwerbers und die ihm zuzurechnenden Gewinne bzw. Gewinnanteile sind auf Anforderung der Erbschaftsteuerstelle durch das Betriebsfinanzamt zu ermitteln und nachrichtlich mitzuteilen.

Überentnahmen.

Beispiel:

Unternehmer U überträgt begünstigtes Betriebsvermögen mit einem gemeinen Wert von 4 000 000 EUR an seinen Sohn S. Innerhalb der Behaltensfrist tätigt S Überentnahmen von 200 000 EUR.

Für S ergibt sich zunächst folgende Steuer:

Betriebsvermögen (begünstigt)		4 000 000 EUR	
Verschonungsabschlag (85 %)		./. 3 400 000 EUR	
Verbleiben		600 000 EUR	
Abzugsbetrag		./. 0 EUR	
Steuerpflichtiges Betriebsvermögen		600 000 EUR	600 000 EUR
Abzugsbetrag		150 000 EUR	
Verbleibender Wert (15 %)	600 000 EUR		
Abzugsbetrag	./. 150 000 EUR		
Unterschiedsbetrag	450 000 EUR		
davon 50 %		./. 225 000 EUR	
Verbleibender Abzugsbetrag		0 EUR	
Persönlicher Freibetrag			./. 400 000 EUR
Steuerpflichtiger Erwerb			200 000 EUR
Steuer nach Stkl. I (11 %)			22 000 EUR

Für S ergibt die Nachversteuerung folgende Steuer:

Betriebsvermögen	4 000 000 EUR	
Überentnahmen	./. 200 000 EUR	200 000 EUR
Betriebsvermögen (begünstigt)	3 800 000 EUR	
Verschonungsabschlag (85 %)	./. 3 230 000 EUR	
Verbleiben	570 000 EUR	
Abzugsbetrag	./. 0 EUR	
Steuerpflichtiges Betriebsvermögen	570 000 EUR	+ 570 000 EUR
		770 000 EUR

Berechnung des Abzugsbetrags		150 000 EUR	
Verbleibender Wert (15%)	570 000 EUR		
Abzugsbetrag	./. 150 000 EUR		
Unterschiedsbetrag	420 000 EUR		
davon 50 %		./. 210 000 EUR	
Verbleibender Abzugsbetrag		0 EUR	
Persönlicher Freibetrag			./. 400 000 EUR
Steuerpflichtiger Erwerb			370 000 EUR
Steuer nach Stkl. I (15 %)			55 500 EUR
Bisher festgesetzt			./. 22 000 EUR
Nachsteuer			33 500 EUR

Überentnahmen zur Schenkungsteuertilgung. → BFH vom 11.11.2009 II R 63/08, BStBl. II S. 305.

Umwandlungsfälle. Wurde eine Beteiligung an einer Personengesellschaft einschließlich des Sonderbetriebsvermögens schenkweise nach § 13a ErbStG begünstigt übertragen und die Personengesellschaft anschließend in eine Kapitalgesellschaft umgewandelt, wobei das Sonderbetriebsvermögen nicht mit eingebracht wurde, gilt Folgendes:

Da der Begriff Entnahme nach den Grundsätzen des Ertragsteuerrechts zu beurteilen ist (→ R E 13a.15 Absatz 1 Satz 4) und danach die bei der Einbringung zurückbehaltenen Wirtschaftsgüter – auch solche des Sonderbetriebsvermögens – als entnommen zu behandeln sind (→ Tz. 20.08 des BMF-Schreibens vom 11.11.2011, BStBl. I S. 1314), müssen diese Entnahmen bei der Prüfung der Entnahmebegrenzung berücksichtigt werden. Entnahmebegrenzung und anschließende Ausschüttungsbegrenzung sind über den gesamten Fünfjahreszeitraum einheitlich zu berechnen.

Wurden Anteile an einer Kapitalgesellschaft schenkweise nach § 13a ErbStG begünstigt übertragen und die Kapitalgesellschaft anschließend in ein Einzelunternehmen oder eine Personengesellschaft umgewandelt, gilt Folgendes:

Ausschüttungsbegrenzung und anschließende Entnahmebegrenzung sind über den gesamten Fünfjahreszeitraum einheitlich zu berechnen.

Beispiel:

A erwirbt zum 1.1.00 28 % der Anteile der B-GmbH. Die GmbH erzielt im Jahr 00 einen Gewinn im Sinne von § 4 Absatz 1 EStG von 60 000 EUR, im Jahr 01 von 55 000 EUR und im Jahr 02 von 45 000 EUR. Sie tätigt folgende Ausschüttungen: 01 300 000 EUR und 02 150 000 EUR. Die GmbH wird zum 1.1.03 in eine Personengesellschaft umgewandelt, an der A weiterhin mit 28 % beteiligt ist. Der Wert der Beteiligung, die A hierbei erhält, entspricht dem Wert seiner Anteile an der B-GmbH im Zeitpunkt der Umwandlung. Die Gesellschaft erzielt im Jahr 03 einen Gewinn im Sinne von § 4 Absatz 1 EStG von 50 000 EUR und im Jahr 04 von 75 000 EUR. A entnimmt im Jahr 03 70 000 EUR und im Jahr 04 60 000 EUR.

Ausschüttungsüberschuss des A in den Jahren 00 bis 02		
auf A entfallende Ausschüttungen		
01: 28 % von 300 000 EUR	84 000 EUR	
02: 28 % von 150 000 EUR	+ 42 000 EUR	
Summe	126 000 EUR	126 000 EUR

auf A entfallende Gewinne			
00: 28 % von 60 000 EUR	16 800 EUR		
01: 28 % von 55 000 EUR	+ 15 400 EUR		
02: 28 % von 45 000 EUR	+ 12 600 EUR		
Summe	44 800 EUR	./. 44 800 EUR	
Ausschüttungsüberschuss		81 200 EUR	81 200 EUR
Entnahmeüberschuss des A in den Jahren 03 und 04			
Entnahmen des A			
03:	70 000 EUR		
04:	+ 60 000 EUR		
Summe	130 000 EUR	130 000 EUR	
auf A entfallende Gewinne			
03: 28 % von 50 000 EUR	14 000 EUR		
04: 28 % von 75 000 EUR	+ 21 000 EUR		
Summe	35 000 EUR	./. 35 000 EUR	
Entnahmeüberschuss		95 000 EUR	+ 95 000 EUR
Summe			176 200 EUR
abzgl. unschädlicher Überschuss			./. 150 000 EUR
Umfang der schädlichen Verwendung			26 200 EUR

Variable Kapitalkonten als Eigenkapital. → BFH vom 3.11.1993 II R 96/91, BStBl. 1994 II S. 88.

R E 13a.16 Behaltensregelungen für Anteile an Kapitalgesellschaften

(1) [1]Die Veräußerung von Anteilen an einer Kapitalgesellschaft, die zu einem begünstigt erworbenen Vermögen gehören, ist nach § 13a Absatz 6 Satz 1 Nummer 4 ErbStG zu beurteilen. [2]Maßgebend ist dabei das obligatorische Rechtsgeschäft und nicht erst die zivilrechtliche Wirksamkeit der Veräußerung. [3]War der Erwerber begünstigter Anteile an einer Kapitalgesellschaft bereits vor dem maßgeblichen Besteuerungszeitpunkt an dieser Gesellschaft beteiligt, kann bei einer teilweisen Veräußerung seiner Anteile an der Kapitalgesellschaft regelmäßig davon ausgegangen werden, dass er zunächst die ihm bereits früher gehörenden Anteile veräußert.

(2) Im Fall der Herabsetzung des Nennkapitals der Kapitalgesellschaft ist von einer Nachversteuerung abzusehen, wenn es sich um eine nur nominelle Kapitalherabsetzung zum Zweck der Sanierung der Gesellschaft handelt und kein Kapital an die Gesellschafter zurückgezahlt wird.

(3) [1]Die Einbringung von Anteilen an einer Kapitalgesellschaft im Sinne des § 13b Absatz 1 Nummer 3 ErbStG in eine Kapitalgesellschaft gegen Gewährung von Gesellschaftsrechten (Anteilstausch) ist selbst kein Verstoß gegen die Behaltensregelungen nach § 13a Absatz 6 Satz 1 Nummer 4 ErbStG. [2]Ebenso ist die Einbringung von Anteilen an Kapitalgesellschaften im Sinne des § 13b Absatz 1 Nummer 3 ErbStG in eine Personengesellschaft gegen Gewährung von Gesellschaftsrechten, durch die der Einbringende Mitunternehmer wird, selbst kein Verstoß gegen die Behaltensregelungen. [3]Aus der Systematik der Befreiungsregelung der §§ 13a, 13b ErbStG folgt, dass die übernehmende Gesellschaft ihren Sitz oder ihre Geschäftsleitung im Inland oder in einem Mitgliedstaat der Europäischen Union oder in einem Staat des Europäischen Wirtschaftsraums haben muss. [4]Handelt es sich bei der aufnehmenden Gesellschaft um eine Kapitalgesellschaft, ist eine Mindestbeteiligung

des Einbringenden von mehr als 25 Prozent (§ 13b Absatz 1 Nummer 3 ErbStG) an dieser Gesellschaft jedoch nicht erforderlich. [5]Eine nachfolgende Veräußerung der bei den vorgenannten Maßnahmen erworbenen Anteile an der Kapitalgesellschaft oder der erworbenen Beteiligung an einer Personengesellschaft innerhalb der Behaltensfrist stellt einen Verstoß gegen die Behaltensregelung dar.

(4) [1]Ist in den Fällen einer Sacheinlage oder eines Anteilstauschs in diesem Zeitpunkt der gemeine Wert der Anteile, die der Einbringende erhält, geringer als der gemeine Wert des eingebrachten Vermögens oder der Anteile, liegt eine anteilige schädliche Verfügung über das erworbene begünstigte Vermögen vor. [2]Das gilt auch dann, wenn hinsichtlich der Gesellschafter an beiden Gesellschaften Personenidentität besteht.

(5) Ist in den Fällen einer Sacheinlage oder eines Anteilstauschs in diesem Zeitpunkt der gemeine Wert der Anteile, die der Einbringende erhält, nicht niedriger als der gemeine Wert des eingebrachten Vermögens oder der Anteile, liegt keine schädliche Verfügung über das erworbene begünstigte Vermögen vor.

(6) Wird das Vermögen der Kapitalgesellschaft auf eine Personengesellschaft, eine natürliche Person oder eine andere Körperschaft (§§ 3 bis 16 UmwStG) übertragen, gelten die Absätze 3 bis 5 entsprechend.

H E 13a.16

Behaltensregelung in Einbringungs- und Umwandlungsfällen.

Beispiel 1:

Erwerber E hat Anteile an der X-GmbH im Wert von 2 000 000 EUR geschenkt bekommen. Die Steuerbefreiung nach § 13a ErbStG wurde gewährt.
E bringt anschließend die Anteile an der X-GmbH gegen Gewährung neuer Anteile in die Y-GmbH ein. Die Anteile an der X-GmbH haben zum Zeitpunkt der Einbringung einen Wert von 2 000 000 EUR. Die neu erworbenen Anteile an der Y-GmbH haben einen Wert von 1 600 000 EUR.
In Höhe von 20 % ((2 000 000 EUR – 1 600 000 EUR) : 2 000 000 EUR) liegt eine schädliche Verfügung bezüglich der geschenkten Anteile an der X-GmbH vor. Im Umfang von 400 000 EUR (20 % von 2 000 000 EUR) liegt ein Verstoß gegen die Behaltensregelung vor. Die zeitanteilige Nachversteuerung richtet sich nach § 13a Absatz 6 Satz 2 ErbStG (→ H E 13a.19 „Nachversteuerung“).

Beispiel 2:

Erwerber E hat Anteile an der X-GmbH im Wert von 2 000 000 EUR geschenkt bekommen. Die Steuerbefreiung nach § 13a ErbStG wurde gewährt.
E bringt anschließend die Anteile an der X-GmbH gegen Gewährung neuer Anteile in die Y-GmbH ein. Die Anteile an der X-GmbH haben zum Zeitpunkt der Einbringung einen Wert von 1 800 000 EUR. Die neu erworbenen Anteile an der Y-GmbH haben einen Wert von 1 350 000 EUR.
In Höhe von 25 % ((1 800 000 EUR – 1 350 000 EUR) : 1 800 000 EUR) liegt eine schädliche Verfügung bezüglich der geschenkten Anteile an der X-GmbH vor. Im Umfang von 500 000 EUR (25 % von 2 000 000 EUR) liegt ein Verstoß gegen die Behaltensregelung vor. Die zeitanteilige Nachversteuerung richtet sich nach § 13a Absatz 6 Satz 2 ErbStG (→ H E 13a.19 „Nachversteuerung“).

Beispiel 3:

Erwerber E hat Anteile an der X-GmbH im Wert von 2 000 000 EUR geschenkt bekommen. Die Steuerbefreiung nach § 13a ErbStG wurde gewährt.

E bringt anschließend die Anteile an der X-GmbH gegen Gewährung neuer Anteile in die Y-GmbH ein. Die Anteile an der X-GmbH haben zum Zeitpunkt der Einbringung einen Wert von 2 000 000 EUR. Die neu erworbenen Anteile an der Y-GmbH haben einen Wert von 2 400 000 EUR.
Es liegt keine schädliche Verfügung bezüglich der geschenkten Anteile an der X-GmbH vor.

Mehrere aufeinanderfolgende Umwandlungen. → BFH vom 16.2.2011 II R 60/09, BStBl. II S. 454.

Veräußerung von Anteilen.

Beispiel:

A ist zu 30 % an einer GmbH beteiligt. Durch Erbanfall erwirbt er eine weitere Beteiligung von 30 % an der Gesellschaft. Drei Jahre nach dem Erwerb veräußert er eine Beteiligung von 40 %.
Bei dem Verkauf der Beteiligung ist aus Vereinfachungsgründen davon auszugehen, dass es sich dabei im Umfang von 30 % um die Anteile handelt, mit denen A schon vor dem Erbfall beteiligt war (kein Verstoß gegen Behaltensregelung), und im Umfang von 10 % um Anteile, die A durch Erbanfall erworben hatte (Verstoß gegen Behaltensregelung).

R E 13a.17 Wegfall der Verfügungsbeschränkung oder Stimmrechtsbindung

(1) Die vorauszusetzende einheitliche Verfügung über die Anteile geht nicht schon dann verloren, wenn innerhalb der Behaltensfrist

1. ein Gesellschafter an seinem Anteil einen Nießbrauch bestellt und das Stimmrecht beim Nießbrauchbesteller verbleibt;
2. ein Gesellschafter seinen Anteil verpfändet. [2]Das Mitgliedschafts- und Stimmrecht geht in einem solchen Fall nicht auf den Pfandgläubiger über. [3]Schädlich ist erst die Verwertung des Pfandguts durch den Pfandgläubiger (§ 13a Absatz 6 Satz 1 Nummer 4 ErbStG). [4]Die verbleibenden Poolmitglieder verlieren ihre bisher gewährte Begünstigung nicht;
3. eine Vereinigung aller Anteile bei dem letzten Poolgesellschafter einer Poolgemeinschaft eintritt, weil die Anteile des vorletzten Poolgesellschafters auf ihn übergegangen sind.

(2) Der Wegfall der Begünstigung tritt insbesondere ein, wenn innerhalb der Behaltensfrist

1. ein Poolgesellschafter seine Anteile an andere Poolgesellschafter oder dem Poolvertrag entsprechend an Dritte entgeltlich überträgt (§ 13a Absatz 6 Satz 1 Nummer 4 ErbStG). [2]Die Übertragung eines Anteils durch einen Poolgesellschafter führt nur bei diesem zum Verlust der Begünstigung, solange die verbleibenden Poolmitglieder über mehr als 25 Prozent der Anteile verfügen;
2. die Poolvereinbarung nach dem Besteuerungszeitpunkt aufgehoben wird;
3. die Beteiligung der Poolgesellschafter auf 25 Prozent oder weniger sinkt, z. B. weil ein oder mehrere Poolgesellschafter ausscheiden oder infolge einer Kapitalerhöhung.

(3) [1]Im Fall des R E 13a.16 Absatz 3 bis 5 liegt ein Verstoß gegen die Behaltensregelung nach § 13a Absatz 6 Satz 1 Nummer 5 ErbStG vor, wenn die

Mindestbeteiligung des Erblassers oder Schenkers nur durch eine Poolvereinbarung im Sinne des § 13b Absatz 1 Nummer 3 Satz 2 ErbStG erreicht wurde; das gilt nicht, wenn die übernehmende Gesellschaft in gleicher Weise wie der einbringende Erwerber an die Poolvereinbarung gebunden ist. [2]Sinkt dadurch die Beteiligung der übrigen Poolgesellschafter auf 25 Prozent oder weniger, kann auch insoweit ein Verstoß dieser Gesellschafter gegen die Behaltensregelung vorliegen (→ Absatz 2).

R E 13a.18 Reinvestitionsklausel

[1]Im Fall der Veräußerung von wesentlichen Betriebsgrundlagen oder von wesentlichen Wirtschaftsgütern (→ R B 162 Absatz 4) ist von einer Nachversteuerung abzusehen, wenn der Veräußerungserlös innerhalb der jeweiligen, nach § 13b Absatz 1 Nummer 1 bis 3 ErbStG begünstigungsfähigen Vermögensart (land- und forstwirtschaftliches Vermögen, Betriebsvermögen oder Anteile an Kapitalgesellschaften) verbleibt (§ 13a Absatz 6 Satz 3 ErbStG); bei dem Vermögen darf es sich nicht um nicht begünstigtes Verwaltungsvermögen im Sinne des § 13b Absatz 3 und 4 ErbStG handeln. [2]Dies gilt auch, wenn ein Teilbetrieb oder ein gesamter Betrieb veräußert wird (§ 13a Absatz 6 Satz 3 ErbStG in Verbindung mit § 13a Absatz 6 Satz 1 Nummer 1, 2 und 4 ErbStG). [3]Hierunter fällt somit neben der Anschaffung von Anlagegütern, Betriebsteilen oder von neuen Betrieben, die das veräußerte Vermögen im Hinblick auf den ursprünglichen oder einen neuen Betriebszweck ersetzen, auch beispielsweise die Tilgung betrieblicher Schulden. [4]Die Reinvestition muss innerhalb von sechs Monaten nach der Veräußerung erfolgen. [5]Maßgebend ist dabei das obligatorische Rechtsgeschäft und nicht erst die zivilrechtliche Wirksamkeit der Anschaffung. [6]Da auch Finanzmittel zum Verwaltungsvermögen gehören, ist eine unschädliche Reinvestition in Liquiditätsreserven grundsätzlich nicht möglich. [7]Aus Vereinfachungsgründen ist jedoch von einer Nachversteuerung abzusehen, wenn innerhalb der sechs Monate seit der schädlichen Verwendung eine Reinvestition in Vermögen erfolgt, das nicht zum Verwaltungsvermögen gehört. [8]Soweit der Veräußerungserlös entnommen wird, bleibt die Veräußerung in jedem Fall ein Verstoß gegen die Behaltensregelung. [9]Die bestehenden Behaltensregelungen gelten fort. [10]Die Ermittlung der Summe der maßgebenden jährlichen Lohnsummen des § 13a Absatz 3 Satz 6 bis 13 ErbStG erstreckt sich dann auch auf das reinvestierte begünstigte Vermögen im Sinne des § 13b Absatz 2 ErbStG, soweit dieses in die Ermittlung der Lohnsumme nach § 13a Absatz 3 ErbStG einzubeziehen ist.

R E 13a.19 Durchführung der Nachversteuerung

(1) [1]Soweit ein Erwerber innerhalb der Behaltensfrist nach § 13a Absatz 6 ErbStG in schädlicher Weise über das begünstigte Vermögen verfügt, entfallen der Verschonungsabschlag (§ 13a Absatz 1 ErbStG) und der Abzugsbetrag (§ 13a Absatz 2 ErbStG). [2]Bei der Nachversteuerung ist der erbschaftsteuerrechtliche Wert im Zeitpunkt der Steuerentstehung anzusetzen. [3]Dies gilt auch, wenn bei einer Veräußerung einer wesentlichen Betriebsgrundlage (→ R E 13a.13 Absatz 2, R E 13a.14 Absatz 2) der hierfür erzielte Verkaufserlös entnommen wird. [4]Im Fall von Überentnahmen (→ R E 13a.15) ist auf

den ertragsteuerrechtlichen Wert im Entnahmezeitpunkt abzustellen. [5]Veräußert der Erwerber das gesamte begünstigte Vermögen innerhalb der Behaltensfrist und erfolgt keine Reinvestition nach § 13a Absatz 6 Satz 3 ErbStG, entfällt der Abzugsbetrag insgesamt, während der Verschonungsabschlag für die Jahre erhalten bleibt, in denen keine schädliche Verfügung erfolgt ist (§ 13a Absatz 6 Satz 2 ErbStG). [6]Betrifft die schädliche Verfügung nur einen Teil des begünstigten Vermögens, sind der Verschonungsabschlag und gegebenenfalls der Abzugsbetrag für den weiterhin begünstigten Teil des Vermögens zu gewähren. [7]Kam ein Abzugsbetrag wegen der Kürzung nach § 13a Absatz 2 Satz 2 ErbStG bei der erstmaligen Steuerfestsetzung nicht in Betracht, kann er bei einer Änderung der Steuerfestsetzung zur Anwendung kommen, wenn die Voraussetzungen dafür erfüllt sind. [8]Der Verschonungsabschlag bezüglich des Teils des Vermögens, über das der Erwerber schädlich verfügt hat, bleibt ebenfalls für die Jahre erhalten, in denen keine schädliche Teilverfügung erfolgt ist. [9]Ein Verstoß gegen die Behaltensregelung führt nicht zu einer Änderung des Ansatzes des Werts des begünstigten Vermögens bei der Ermittlung des Schwellenwerts, da sich nicht der Wert des begünstigten Vermögens, sondern nur die Höhe der Steuerbefreiung für das begünstigte Vermögen ändert (§ 13a Absatz 1 Satz 1 ErbStG; → R E 13a.2 Absatz 2).

(2) [1]Bei einem Unterschreiten der Lohnsummenregelung des § 13a Absatz 3 ErbStG im Zeitpunkt des Ablaufs der Lohnsummenfrist von fünf Jahren entfällt der Verschonungsabschlag in dem Verhältnis, in dem die tatsächliche Lohnsumme die Mindestlohnsumme unterschreitet. [2]Der Abzugsbetrag nach § 13a Absatz 2 ErbStG unterliegt bei einem Unterschreiten der Mindestlohnsumme keiner Anpassung.

(3) [1]Führt die Veräußerung oder Aufgabe des gesamten begünstigten Vermögens vor Ablauf der Frist von fünf Jahren ohne entsprechende Reinvestition zugleich dazu, dass die Mindestlohnsumme unterschritten wird, ist der Verschonungsabschlag zu kürzen. [2]Die entfallenden Verschonungsabschläge wegen der Verfügung über das begünstigte Vermögen (§ 13a Absatz 6 ErbStG) und wegen Unterschreitens der Mindestlohnsumme (§ 13a Absatz 3 Satz 1 und 4 ErbStG) sind gesondert zu berechnen; der höhere der sich hierbei ergebenden Beträge wird bei der Kürzung angesetzt. [3]Betrifft die schädliche Verfügung nach § 13a Absatz 6 ErbStG nur einen Teil des begünstigten Vermögens, erfolgt die Berechnung des entfallenden Verschonungsabschlages wegen der Verfügung über das begünstigte Vermögen nur hinsichtlich des schädlich verwendeten Teils.

(4) [1]Die dauerhafte Erhaltung der Vergünstigung ist regelmäßig vom Verhalten desjenigen abhängig, der das begünstigte Vermögen im Sinne des Entlastungszwecks erhält und sichert und in der Nachfolge des Erblassers oder Schenkers fortführt. [2]Sind die Verschonungsregelungen mehreren Erwerbern (Miterben/-beschenkte, Vermächtnisnehmer usw.) zugutegekommen und verstößt nur einer von ihnen gegen die Verschonungsvoraussetzungen, geht dies nur zu Lasten der von ihm in Anspruch genommenen Verschonung.

(5) [1]Wird das begünstigte Vermögen innerhalb der noch laufenden Frist von fünf Jahren im Wege der Schenkung weiter übertragen, wird insoweit nicht gegen die Behaltensregelung verstoßen. [2]Verstößt in diesem Fall der nachfolgende Erwerber gegen die Behaltensregelungen, verliert auch der vor-

angegangene Erwerber die Verschonung, soweit bei ihm die Behaltensfrist noch nicht abgelaufen ist. [3]Hinsichtlich der Lohnsummenregelung sind für die verbleibenden Jahre der Lohnsummenfrist die Verhältnisse des begünstigten Vermögens des Erwerbers einzubeziehen.

(6) Die Behaltensfrist endet im Falle des Todes des Erwerbers ohne Auswirkung auf die Verschonungsvoraussetzungen des § 13a Absatz 3 und Absatz 6 ErbStG.

(7) Ein nachträglicher vollständiger Wegfall des Abzugsbetrags führt dazu, dass damit der Lauf der Sperrfrist rückwirkend entfällt und der Abzugsbetrag bei einer erneuten Zuwendung begünstigten Vermögens sofort neu in Anspruch genommen werden kann.

H E 13a.19

Nachversteuerung.

Beispiel 1 (Veräußerung einer von mehreren wirtschaftlichen Einheiten):

Auf A als Alleinerbin ist ein Gewerbebetrieb (Steuerwert 800 000 EUR) und ein KG-Anteil (Steuerwert 400 000 EUR) übergegangen. Die Betriebe verfügen nur über begünstigtes Vermögen. Ein Antrag nach § 13a Absatz 10 ErbStG wurde nicht gestellt. Beide Betriebe haben jeweils nicht mehr als 5 Beschäftigte.

Betriebsvermögen (begünstigt)			1 200 000 EUR
Verschonungsabschlag (85 %)			./. 1 020 000 EUR
Verbleiben			180 000 EUR
Abzugsbetrag			./. 135 000 EUR
Steuerpflichtiges Betriebsvermögen			45 000 EUR
Abzugsbetrag		150 000 EUR	
Verbleibender Wert (15 %)	180 000 EUR		
Abzugsbetrag	./. 150 000 EUR		
Unterschiedsbetrag	30 000 EUR		
davon 50 %		./. 15 000 EUR	
Verbleibender Abzugsbetrag		135 000 EUR	

Im vierten Jahr veräußert sie den KG-Anteil für 450 000 EUR. Für die Nachversteuerung ergibt sich der Wert des steuerpflichtigen Betriebsvermögens wie folgt:

Betriebsvermögen (begünstigt)		800 000 EUR	
Verschonungsabschlag (85 %)		./. 680 000 EUR	
Verbleiben		120 000 EUR	120 000 EUR
Betriebsvermögen (nicht mehr voll in die Verschonung einzubeziehen)		400 000 EUR	
Verschonungsabschlag (85 %)		340 000 EUR	
zeitanteilig zu gewähren $^3/_5$ =		./. 204 000 EUR	
Verbleiben		196 000 EUR	+ 196 000 EUR
Summe			316 000 EUR
Abzugsbetrag			./. 120 000 EUR
Steuerpflichtiges Betriebsvermögen			196 000 EUR
Abzugsbetrag 150 000 EUR, höchstens Wert des begünstigt verbleibenden Vermögens		120 000 EUR	
Verbleibender Wert (15 %)	120 000 EUR		
Abzugsbetrag	./. 120 000 EUR		
Unterschiedsbetrag	0 EUR		
davon 50 %		./. 0 EUR	
Verbleibender Abzugsbetrag		120 000 EUR	

Bei der Berechnung des Abzugsbetrags ist von 120 000 EUR auszugehen, weil nur insoweit nach Abzug des Verschonungsabschlags begünstigtes Betriebsvermögen verbleibt. Der veräußerte KG-Anteil gehört mit Rückwirkung in vollem Umfang nicht mehr zum begünstigten Vermögen (§ 13a Absatz 6 Satz 2 ErbStG).

Steuerpflichtiges Betriebsvermögen	
nach schädlicher Verfügung	196 000 EUR
Steuerpflichtiges Betriebsvermögen bisher	./. 45 000 EUR
Die Bemessungsgrundlage erhöht sich mithin um	151 000 EUR

Beispiel 2 (Verstoß gegen Behaltens- und Lohnsummenregelung durch Verkauf des begünstigten Vermögens):

Auf B als Alleinerben ist ein Gewerbebetrieb (Steuerwert 4 000 000 EUR) übergegangen. Der Betrieb verfügt nur über begünstigtes Vermögen. Ein Antrag nach § 13a Absatz 10 ErbStG wurde nicht gestellt. Der Betrieb hat mehr als 15 Beschäftigte.

Betriebsvermögen (begünstigt)			4 000 000 EUR
Verschonungsabschlag (85 %)			./. 3 400 000 EUR
Verbleiben			600 000 EUR
Abzugsbetrag			./. 0 EUR
Steuerpflichtiges Betriebsvermögen			600 000 EUR
Abzugsbetrag		150 000 EUR	
Verbleibender Wert (15 %)	600 000 EUR		
Abzugsbetrag	./. 150 000 EUR		
Unterschiedsbetrag	450 000 EUR		
davon 50 %		./. 225 000 EUR	
Verbleibender Abzugsbetrag		0 EUR	

Im vierten Jahr veräußert B den Gewerbebetrieb. Eine Reinvestition erfolgt nicht. Die tatsächliche Lohnsumme im Zeitpunkt der Veräußerung beläuft sich auf 220 % der Ausgangslohnsumme.

Betriebsvermögen (nicht mehr voll in die Verschonung einzubeziehen)		4 000 000 EUR
1. Kürzung des Verschonungsabschlags wegen Veräußerung		
Verschonungsabschlag (85 %)	3 400 000 EUR	
zeitanteilig zu gewähren 3/5	2 040 000 EUR	
2. Kürzung des Verschonungsabschlags wegen Nichterreichens der Mindestlohnsumme		
Verschonungsabschlag	3 400 000 EUR	
Mindestlohnsumme 400,00 %		
Tatsächliche Lohnsumme 220,00 % unterschreitet		
Mindestlohnsumme um 180,00 %, das sind 45,00 %		
Kürzung des Verschonungsabschlags		
45,00 % von 3 400 000 EUR	./. 1 530 000 EUR	
Verbleibender Verschonungsabschlag	1 870 000 EUR	
Abzugsfähig niedrigerer Betrag		./. 1 870 000 EUR
Verbleiben		2 130 000 EUR
Abzugsbetrag (entfällt weiterhin)		./. 0 EUR
Steuerpflichtiges Betriebsvermögen		2 130 000 EUR
Steuerpflichtiges Betriebsvermögen		
nach schädlicher Verfügung		2 130 000 EUR
Steuerpflichtiges Betriebsvermögen bisher		./. 600 000 EUR
Die Bemessungsgrundlage erhöht sich mithin um		1 530 000 EUR

Beispiel 3 (Verstoß gegen Behaltensregelung durch Verkauf einer wesentlichen Betriebsgrundlage):

Auf B als Alleinerben ist ein Gewerbebetrieb (Steuerwert 4 000 000 EUR) übergegangen. Der Betrieb verfügt nur über begünstigtes Vermögen. Ein Antrag nach § 13a Absatz 10 ErbStG wurde nicht gestellt. Der Betrieb hat nicht mehr als 5 Beschäftigte. Zum Betrieb gehört als wesentliche Betriebsgrundlage ein Betriebsgrundstück (Grundbesitzwert 1 500 000 EUR).

Betriebsvermögen (begünstigt)			4 000 000 EUR
Verschonungsabschlag (85 %)			./. 3 400 000 EUR
Verbleiben			600 000 EUR
Abzugsbetrag			./. 0 EUR
Steuerpflichtiges Betriebsvermögen			600 000 EUR
Abzugsbetrag		150 000 EUR	
Verbleibender Wert (15 %)	600 000 EUR		
Abzugsbetrag	./. 150 000 EUR		
Unterschiedsbetrag	450 000 EUR		
davon 50 %		./. 225 000 EUR	
Verbleibender Abzugsbetrag		0 EUR	

Im dritten Jahr veräußert B das Betriebsgrundstück und entnimmt den Veräußerungserlös von 1 800 000 EUR. Für die Nachversteuerung ergibt sich der Wert des steuerpflichtigen Betriebsvermögens wie folgt:

Betriebsvermögen (begünstigt)		2 500 000 EUR	
Verschonungsabschlag (85 %)		./. 2 125 000 EUR	
Verbleiben		375 000 EUR	375 000 EUR
Betriebsvermögen (nicht mehr voll in die Verschonung einzubeziehen)		1 500 000 EUR	
Verschonungsabschlag (85 %)	1 275 000 EUR		
zeitanteilig zu gewähren $^2/_5$ =		./. 510 000 EUR	
Verbleiben		990 000 EUR	+ 990 000 EUR
Summe			1 365 000 EUR
Abzugsbetrag			./. 37 500 EUR
Steuerpflichtiges Betriebsvermögen			1 327 500 EUR
Abzugsbetrag		150 000 EUR	
Verbleibender Wert (15 %)	375 000 EUR		
Abzugsbetrag	./. 150 000 EUR		
Unterschiedsbetrag	225 000 EUR		
davon 50 %		./. 112 500 EUR	
Verbleibender Abzugsbetrag		37 500 EUR	
Steuerpflichtiges Betriebsvermögen nach schädlicher Verfügung			1 327 500 EUR
Steuerpflichtiges Betriebsvermögen bisher			./. 600 000 EUR
Die Bemessungsgrundlage erhöht sich mithin um			727 500 EUR

Bei der Nachversteuerung ist vom Grundbesitzwert im Zeitpunkt der Steuerentstehung auszugehen. Auf den Veräußerungserlös oder den (fiktiven) Grundbesitzwert im Zeitpunkt der schädlichen Verfügung ist nicht abzustellen.

Beispiel 4 (Verstoß gegen Behaltens- und Lohnsummenregelung durch Verkauf einer wesentlichen Betriebsgrundlage):

Auf B als Alleinerben ist ein Gewerbebetrieb (Steuerwert 4 000 000 EUR) übergegangen. Der Betrieb verfügt nur über begünstigtes Vermögen. Ein Antrag nach § 13a Absatz 10 ErbStG wurde nicht gestellt. Der Betrieb hat mehr als 15 Beschäftigte. Zum Betrieb gehört als wesentliche Betriebsgrundlage ein Betriebsgrundstück (Grundbesitzwert 1 500 000 EUR).

Betriebsvermögen (begünstigt)	4 000 000 EUR
Verschonungsabschlag (85 %)	./. 3 400 000 EUR
Verbleiben	600 000 EUR
Abzugsbetrag	./. 0 EUR
Steuerpflichtiges Betriebsvermögen	600 000 EUR

Abzugsbetrag		150 000 EUR
Verbleibender Wert (15 %)	600 000 EUR	
Abzugsbetrag	./. 150 000 EUR	
Unterschiedsbetrag	450 000 EUR	
davon 50 %		./. 225 000 EUR
Verbleibender Abzugsbetrag		0 EUR

Im dritten Jahr veräußert B das Betriebsgrundstück und entnimmt den Veräußerungserlös von 1 800 000 EUR. Die tatsächliche Lohnsumme nach Ablauf von fünf Jahren beträgt 300 % der Ausgangslohnsumme.

Betriebsvermögen			4 000 000 EUR
1. Kürzung des Verschonungsabschlags wegen Veräußerung einer wesentlichen Betriebsgrundlage			
Betriebsvermögen (begünstigt)	2 500 000 EUR		
Verschonungsabschlag (85 %)	./. 2 125 000 EUR	2 125 000 EUR	
Verbleiben	375 000 EUR		
Betriebsvermögen (nicht mehr voll in die Verschonung einzubeziehen)	1 500 000 EUR		
Verschonungsabschlag (85 %) 1 275 000 EUR zeitanteilig zu gewähren $^2/_5$	510 000 EUR	+ 510 000 EUR	
Verbleibender Verschonungsabschlag		2 635 000 EUR	
2. Kürzung des Verschonungsabschlags wegen Nichterreichens der Lohnsumme			
Verschonungsabschlag (85 %)		3 400 000 EUR	
Mindestlohnsumme 400 %			
Verminderung des Verschonungsabschlags			
Tatsächliche Lohnsumme 300,00 % unterschreitet Mindestlohnsumme um 100,00 %, das sind 25,00 %			
Kürzung des Verschonungsabschlags 25,00 % von 3 400 000 EUR		./. 850 000 EUR	
Verbleibender Verschonungsabschlag		2 550 000 EUR	
Abzugsfähig niedrigerer Verschonungsabschlag von 1. oder 2.			./. 2 550 000 EUR
Verbleiben			1 450 000 EUR
Abzugsbetrag			./. 37 500 EUR
Steuerpflichtiges Betriebsvermögen			1 412 500 EUR
Abzugsbetrag		150 000 EUR	
Verbleibender Wert	375 000 EUR		
Abzugsbetrag	./. 150 000 EUR		
Unterschiedsbetrag	225 000 EUR		
davon 50 %		./. 112 500 EUR	
Verbleibender Abzugsbetrag		37 500 EUR	
Steuerpflichtiges Betriebsvermögen nach schädlicher Verfügung			1 412 500 EUR
Steuerpflichtiges Betriebsvermögen bisher			./. 600 000 EUR
Die Bemessungsgrundlage erhöht sich mithin um			812 500 EUR

Verstoß gegen die Behaltensregelungen durch einen Miterwerber.

Beispiel:

E und F haben einen Gewerbebetrieb zu gleichen Teilen geerbt und fortgeführt. Der Verschonungsabschlag und Abzugsbetrag wurden jeweils berücksichtigt. Nach drei Jahren veräußert einer der Erben seinen Anteil an dem Gewerbebetrieb.
Die Steuerfestsetzung ist in diesem Fall nur bei dem Erben zu ändern, der gegen die Behaltensregelung verstoßen hat. Die Entlastung des anderen Erben durch Verschonungsabschlag und Abzugsbetrag bleibt unberührt.

R E 13a.20 Vorwegabschlag bei Familienunternehmen

(1) [1]Erwerber von Beteiligungen oder Anteilen an Familienunternehmen in der Rechtsform von Personen- oder Kapitalgesellschaften, die zum begünstigungsfähigen Vermögen (§ 13b Absatz 1 ErbStG) gehören, haben einen Rechtsanspruch auf einen Vorwegabschlag bis zu 30 Prozent vom Wert des begünstigten Vermögens (§ 13a Absatz 9 i. V. m. § 13b Absatz 2 ErbStG). [2]Ein Antrag des Erwerbers ist nicht erforderlich, der Erwerber ist aber verpflichtet, die Voraussetzungen nachzuweisen. [3]Der Vorwegabschlag kommt auch in Betracht in den Fällen des § 3 Absatz 1 Nummer 2 Satz 2 und § 7 Absatz 7 Satz 1 ErbStG (→ R E 13b.1 Absatz 1 Satz 4 Nummer 3 und R E 13b.2 Absatz 1 Satz 2 Nummer 7). [4]Der Vorwegabschlag kommt insbesondere nicht in Betracht

1. bei einem Einzelunternehmen,
2. bei Anteilen an einer Aktiengesellschaft, weil das Aktiengesetz keine entsprechenden Einschränkungen in der Satzung zulässt,
3. in den Fällen des § 3 Absatz 1 Nummer 2 Satz 3 und § 7 Absatz 7 Satz 2 ErbStG, weil es sich nicht um einen Erwerb begünstigten Vermögens handelt (→ R E 3.4 Absatz 3 Satz 7 bis 9).

[5]Der Vorwegabschlag ist vorrangig vor Anwendung des Verschonungsabschlags nach § 13a Absatz 1 oder 10 bzw. § 13c ErbStG oder der Verschonungsbedarfsprüfung nach § 28a ErbStG zu berücksichtigen. [6]Daher ist der Wert des begünstigten Vermögens (§ 13b Absatz 2 ErbStG) vor der Prüfung des Schwellenwerts für Großerwerbe von 26 Millionen EUR (§ 13a Absatz 1 Satz 1 bis 3 ErbStG) stets um den sich im Einzelfall ergebenden Vorwegabschlag zu verringern. [7]Bei Vorliegen der Voraussetzungen ist der Vorwegabschlag auch im Fall der Optionsverschonung anwendbar, auch wenn beides zusammen zu einer Vollverschonung des begünstigten Vermögens führt. [8]Es gelten aber unterschiedliche Voraussetzungen und Behaltensregelungen. [9]Hinsichtlich der Voraussetzungen des Vorwegabschlags erfolgt keine Feststellung.[1)] [10]Das Betriebsfinanzamt teilt das Vorliegen der Voraussetzungen und den Prozentsatz des Abschlags nachrichtlich mit (→ R E 13b.30 Absatz 5 Satz 1 Nummer 2).[1)]

(2) [1]Der Vorwegabschlag setzt das Vorliegen bestimmter Beschränkungen von Entnahmen/Ausschüttungen, Verfügungsmöglichkeiten und Abfindungen im Gesellschaftsvertrag oder der Satzung voraus (§ 13a Absatz 9 Satz 1 ErbStG); es genügt nicht, wenn diese Regelungen lediglich in einem Poolvertrag enthalten sind. [2]Der Gesellschaftsvertrag oder die Satzung müssen Bestimmungen enthalten, welche

---

1) Überholt durch Einfügung des § 13a Abs. 9a ErbStG durch das JStG 2020.

1. die Entnahme oder Ausschüttung auf höchstens 37,5 Prozent des um die auf den Gewinnanteil oder die Ausschüttungen aus der Gesellschaft entfallenden Steuern vom Einkommen gekürzten Betrages des steuerrechtlichen Gewinns im Sinne des § 4 Absatz 1 Satz 1 EStG beschränken. [2]Dabei bleiben bei einem Anteil am Betriebsvermögen Ergebnisse aus den Sonderbilanzen und Ergänzungsbilanzen unberücksichtigt. [3]Wenn in dem Gesellschaftsvertrag oder der Satzung auf den handelsrechtlichen Gewinn abgestellt wird, ist es unschädlich, wenn die nach § 13a Absatz 9 Satz 1 Nummer 1 ErbStG genannte Grenze bezogen auf den steuerrechtlichen Gewinn offensichtlich nicht überschritten wird;
2. die Verfügung zu Lebzeiten oder von Todes wegen über die Beteiligung an der Personengesellschaft oder den Anteil an der Kapitalgesellschaft auf Mitgesellschafter, auf Angehörige im Sinne des § 15 AO oder auf eine inländische Familienstiftung im Sinne des § 1 Absatz 1 Nummer 4 ErbStG oder eine entsprechende ausländische Familienstiftung beschränken. Einzelheiten zu den betroffenen Verfügungen (→ R E 13b.6 Absatz 4). [2]Die Voraussetzung ist nach dem Wortlaut nicht erfüllt, wenn eine Verfügung auf andere Personen nach Zustimmung der übrigen Gesellschafter möglich ist oder eine Verfügung auf eine vermögensverwaltende Familiengesellschaft, an der Angehörige des Gesellschafters beteiligt sind, vorgesehen ist;
3. für den Fall des Ausscheidens aus der Gesellschaft eine Abfindung vorsehen, die unter dem gemeinen Wert der Beteiligung an der Personengesellschaft oder des Anteils an der Kapitalgesellschaft liegt. [2]Es reicht nicht aus, dass ein Verkauf an die unter Nummer 2 genannten Personen unter dem gemeinen Wert zulässig ist.

[3]Diese Beschränkungen müssen kumulativ vorliegen. [4]Sie müssen in jedem Fall in einem Zeitraum von zwei Jahren vor dem Zeitpunkt der Steuerentstehung (§§ 9, 11 ErbStG) gegeben sein und in dem Zeitraum von 20 Jahren nach diesem Zeitpunkt bestehen und tatsächlich eingehalten werden (§ 13a Absatz 9 Satz 4 und 5 ErbStG).

(3) [1]Maßgebend für die Prüfung der Entnahmebeschränkung ist der Gewinn des jeweiligen Wirtschaftsjahres, in dem die Entnahme erfolgt ist. [2]Bei der Ermittlung der Steuerbemessungsgrundlage auf den Gewinnanteil sind die außerbilanziellen Hinzu- und Abrechnungen zu berücksichtigen. [3]Aus Vereinfachungsgründen kann bei einer Personengesellschaft die auf den Gewinnanteil entfallende Steuer oder bei einer Kapitalgesellschaft die auf die Ausschüttung entfallende Steuer mit einem Steuersatz von 30 Prozent (vgl. § 202 Absatz 3 BewG) angenommen werden, es sei denn, die auf den Gewinn des Jahres entfallende Steuer ist nachgewiesen höher. [4]Entnahmen zur Begleichung der auf den Gewinnanteil oder die Ausschüttungen aus der Gesellschaft entfallenden Steuern vom Einkommen bleiben von der Beschränkung der Entnahme oder Ausschüttung unberücksichtigt; die Steuer nach Satz 3 gilt dabei als unschädliche Entnahme zur Begleichung der Steuer. [5]Bei einem Anteil am Betriebsvermögen bleiben dabei die Steuern auf Ergebnisse aus den Sonderbilanzen und Ergänzungsbilanzen unberücksichtigt. [6]Entnahmen oder Ausschüttungen zur Begleichung der Erbschaft- oder Schenkungsteuer werden dagegen bei der Ermittlung der schädlichen Entnahmen einbezogen. [7]Die

Begriffe Entnahme und Ausschüttung sind nach den Grundsätzen des Ertragsteuerrechts zu beurteilen.

(4) [1]Sind die Voraussetzungen nur für einen Teil des begünstigten Vermögens gegeben, ist der Abschlag nur für diesen Teil des begünstigten Vermögens zu gewähren (§ 13a Absatz 9 Satz 2 ErbStG). [2]Bei einer Beteiligung an einer Personengesellschaft trifft dies auf das Gesamthandsvermögen zu, nicht aber auf das Sonderbetriebsvermögen eines Gesellschafters. [3]Für die Anwendung des Vorwegabschlags ist in diesen Fällen zusätzlich das begünstigte Vermögen nur bezogen auf das Gesamthandsvermögen der Gesellschaft zu ermitteln (→ R E 13b.23 Absatz 3 Satz 7). [4]Wegen der nachrichtlichen Angaben des Betriebsfinanzamts → R E 13b.30 Absatz 5 Satz 2.

(5) [1]Die Höhe des Abschlags bemisst sich danach, um wieviel Prozent die laut Gesellschaftsvertrag oder Satzung vorgesehene Höhe der Abfindung unter dem gemeinen Wert der Gesellschaftsbeteiligung oder Anteile liegt. [2]Er darf 30 Prozent nicht übersteigen (§ 13a Absatz 9 Satz 3 ErbStG). [3]Beschränkungen der Entnahme oder Ausschüttung und der Verfügungsmöglichkeiten bleiben bei der Ermittlung der Höhe des Abschlags unberücksichtigt. [4]Sieht die Satzung oder der Gesellschaftsvertrag unterschiedliche Abfindungshöhen abhängig von dem Grund des Ausscheidens vor, ist die höchste in Betracht kommende Abfindung für die Ermittlung des Vorwegabschlags maßgebend. [5]Sieht die Satzung oder der Gesellschaftsvertrag für Gesellschafter unterschiedliche Abfindungshöhen vor, ist die für den jeweiligen Erwerber geltende Abfindung für die Ermittlung des Vorwegabschlags maßgebend.

(6)[1)] [1]Kommt nur der Vorwegabschlag nach § 13a Absatz 9 ErbStG zur Anwendung, unterliegen die mit dem begünstigten Vermögen in wirtschaftlichem Zusammenhang stehenden Schulden der Schuldenkürzung nach § 10 Absatz 6 Satz 4 ErbStG. [2]Dies ist auch der Fall, wenn der Schwellenwert von 26 Millionen EUR überschritten wird und der Erwerber einen Antrag nach § 28a ErbStG gestellt hat oder eine Stundung nach § 28 Absatz 1 ErbStG beantragt hat.

(7) [1]Der Vorwegabschlag fällt mit Wirkung für die Vergangenheit weg, wenn die Voraussetzungen des § 13a Absatz 9 Satz 1 ErbStG nicht über einen Zeitraum von 20 Jahren nach dem Zeitpunkt der Entstehung der Steuer (§§ 9, 11 ErbStG) bestehen bleiben (§ 13a Absatz 9 Satz 5 ErbStG). [2]Dies kann beispielsweise der Fall sein, wenn der Gesellschaftsvertrag oder die Satzung in der Weise geändert werden, dass die Voraussetzungen für den Vorwegabschlag nicht mehr gegeben sind oder gegen die Voraussetzungen verstoßen wird. [3]Dabei ist es unbeachtlich, durch welchen Gesellschafter gegen die Voraussetzungen verstoßen wird. [4]Der Vorwegabschlag fällt auch dann weg, wenn die Änderungen vorgenommen werden, nachdem der Erwerber nicht mehr Gesellschafter ist und unabhängig vom Grund seines Ausscheidens, z. B. auch durch Tod. [5]Wird innerhalb des Zeitraums von 20 Jahren die Abfindungsbeschränkung dergestalt geändert, dass ein niedrigerer Prozentsatz des Vorwegabschlags zur Anwendung kommen würde, ist der Vorwegabschlag entsprechend zu kürzen. [6]Der Erwerber ist verpflichtet, dem für die Erbschaft- oder Schenkungsteuer zuständigen Finanzamt (§ 35 ErbStG) innerhalb einer Frist von einem Monat, nachdem der

---

1) Teilweise überholt durch Änderung des § 10 Abs. 6 ErbStG durch das JStG 2020.

jeweilige Tatbestand verwirklicht wurde, schriftlich mitzuteilen, wenn sich die Bestimmungen oder die tatsächlichen Verhältnisse geändert haben (§ 13a Absatz 9 Satz 6 ErbStG). [7]Die Gründe für die Änderung der Bestimmungen oder der tatsächlichen Verhältnisse sind unbeachtlich. [8]Die Frist ist für jeden Erwerber gesondert zu prüfen. [9]Der Steuerbescheid ist in diesen Fällen nach § 175 Absatz 1 Satz 1 Nummer 2 AO zu ändern (Nachversteuerung). [10]Der Steuerpflichtige ist im Steuerbescheid auf seine Anzeigepflicht hinzuweisen (§ 153 Absatz 2 AO) und darauf, dass eine Anzeige auch dann zu erfolgen hat, wenn der Vorgang zu keiner Besteuerung führt. [11]Die Finanzämter haben die Einhaltung der Voraussetzungen für den Vorwegabschlag in geeigneter Form zu überwachen. [12]Im Rahmen der Nachversteuerung ist die Steuer abhängig von der anzuwendenden Verschonungsregelung neu zu berechnen. [13]Wird durch den Wegfall des Vorwegabschlags erstmals der Schwellenwert von 26 Millionen EUR überschritten, entfällt die zunächst in Anspruch genommene Steuerbefreiung nach § 13a Absatz 1 oder Absatz 10 ErbStG rückwirkend. [14]Für den Erwerb kann dann erstmals ein Antrag nach § 13c ErbStG oder § 28a ErbStG gestellt werden. [15]Ein Verstoß gegen die Lohnsummenregelung (§ 13a Absatz 3 ErbStG) oder gegen die Behaltensregelungen (§ 13a Absatz 6 ErbStG) wirkt sich als solcher nicht auf den Vorwegabschlag nach § 13a Absatz 9 ErbStG aus.

(8) [1]Der Vorwegabschlag entfällt nicht, wenn begünstigtes Vermögen

1. im Wege des Übergangs von Todes wegen übergeht,
2. durch Schenkung unter Lebenden übertragen wird oder
3. entgeltlich veräußert wird.

[2]Voraussetzung hierfür ist, dass das begünstigte Vermögen dabei auf Personen im Sinne von § 13a Absatz 9 Satz 1 Nummer 2 ErbStG unter Beachtung der im Zeitpunkt des ursprünglichen Erwerbs geltenden Beschränkungen übergeht. [3]Wird in den Fällen des Satzes 1 beim nachfolgenden Erwerber gegen die Voraussetzungen des Vorwegabschlags verstoßen, verliert auch der vorangegangene Erwerber den Vorwegabschlag, wenn bei ihm die Frist von 20 Jahren noch nicht abgelaufen ist.

(9) Bei einem Wegfall des Vorwegabschlags für einen Erwerb ist der erhöhte Wert des begünstigten Vermögens bei der Ermittlung des Schwellenwerts (§ 13a Absatz 1 Satz 1 ErbStG) zu Grunde zu legen (→ R E 13a.2 Absatz 2).

H E 13a.20

Auswirkungen Verstoß gegen Behaltensregelung auf Vorwegabschlag.

Beispiel:

Auf B als Alleinerben sind 50 % der Anteile an einer GmbH (Wert der erworbenen Anteile = 4 000 000 EUR) übergegangen; davon begünstigtes Vermögen = 3 800 000 EUR. Ein Antrag nach
§ 13a Absatz 10 ErbStG wurde nicht gestellt. Der Betrieb hat nicht mehr als 5 Beschäftigte. Der Vorwegabschlag beträgt 10 %.

Anteile an der GmbH (begünstigt)	3 800 000 EUR
Vorwegabschlag (10 %)	./. 380 000 EUR
Verbleiben	3 420 000 EUR
Verschonungsabschlag (85 %)	./. 2 907 000 EUR
Verbleiben	513 000 EUR
Abzugsbetrag	./. 0 EUR
Steuerpflichtiges begünstigtes Vermögen	513 000 EUR

Nicht begünstigtes Vermögen			200 000 EUR
Steuerpflichtiges Vermögen			713 000 EUR
Abzugsbetrag		150 000 EUR	
Verbleibender Wert (15 %)	513 000 EUR		
Abzugsbetrag	./. 150 000 EUR		
Unterschiedsbetrag	363 000 EUR		
davon 50 %		./. 181 500 EUR	
Verbleibender Abzugsbetrag		0 EUR	

Im vierten Jahr veräußert B nominal 20 % der Anteile an der GmbH (Wert gesamt 1 600 000 EUR, davon begünstigt = 1 520 000 EUR). Ihm verbleiben nominal 30 % der Anteile an der GmbH (Wert gesamt 2 400 000 EUR, davon begünstigt = 2 280 000 EUR). Eine Reinvestition erfolgt nicht.

Anteile an der GmbH (begünstigt)			2 280 000 EUR
Vorwegabschlag (10 %)			./. 228 000 EUR
Verbleiben			2 052 000 EUR
Verschonungsabschlag (85 %)			./. 1 744 200 EUR
Verbleiben			307 800 EUR
Abzugsbetrag			./. 71 100 EUR
Abzugsbetrag		150 000 EUR	
Verbleibender Wert (15 %)	307 800 EUR		
Abzugsbetrag	./. 150 000 EUR		
Unterschiedsbetrag	157 800 EUR		
davon 50 %		./. 78 900 EUR	
Verbleibender Abzugsbetrag		71 100 EUR	
Verbleiben			236 700 EUR
Anteile an der GmbH (nicht mehr voll in die Verschonung einzubeziehen)			1 520 000 EUR
Vorwegabschlag (10 %)			./. 152 000 EUR
Verbleiben			1 368 000 EUR
Verschonungsabschlag (85 %)		1 162 800 EUR	
Zeitanteilig zu gewähren 3/5			./. 697 680 EUR
Verbleiben			670 320 EUR
Abzugsbetrag			./. 0 EUR
Verbleiben			670 320 EUR
Anteile an der GmbH (begünstigt nach Verschonung)			236 700 EUR
Anteile an der GmbH (nicht begünstigt nach anteiliger Verschonung)			670 320 EUR
Nicht begünstigtes Vermögen			200 000 EUR
Steuerpflichtiges Vermögen nach schädlicher Verfügung			1 107 020 EUR
Steuerpflichtiges Vermögen bisher			./. 713 000 EUR
Die Bemessungsgrundlage erhöht sich mithin um			394 020 EUR

Auswirkungen Verstoß gegen Voraussetzungen für Vorwegabschlag auf Schwellenwert. → H E 13a.2 Beispiel 2.

Vorwegabschlag bei Anteilen an einer Kapitalgesellschaft oder Beteiligung an einer Personengesellschaft ohne mitübertragenes Sonderbetriebsvermögen.

Beispiel:

Der Sachverhalt und die Berechnungen vor dem Vorwegabschlag ergeben sich aus Beispiel 1 zu H E 13b.9.

Der Wert des begünstigten Vermögens nach § 13b Absatz 2 Satz 1 ErbStG ist wie folgt zu ermitteln (vgl. Ziffer II.5 des Beispiels):

	festgestellter Wert des (Anteils) Betriebsvermögens	1 500 000 EUR
–	steuerpflichtiger Wert des Verwaltungsvermögens	30 000 EUR
=	begünstigtes Vermögen	1 470 000 EUR

Das Betriebsfinanzamt teilte nachrichtlich mit, dass der Abschlag nach § 13a Absatz 9 ErbStG 20 % beträgt.
Der Vorwegabschlag nach § 13a Absatz 9 ErbStG ist wie folgt zu berechnen:

	begünstigtes Vermögen	1 470 000 EUR
×	Vorwegabschlag in %, maximal 30 %	20 %
=	Vorwegabschlag	294 000 EUR

Vorwegabschlag bei Beteiligung an einer Personengesellschaft mit mitübertragenem Sonderbetriebsvermögen.

Beispiel:

Der Sachverhalt und die Berechnungen ergeben sich aus Beispiel 2 zu H E 13b.9.
Das Betriebsfinanzamt teilte nachrichtlich mit, dass der Abschlag nach § 13a Absatz 9 ErbStG 20 % beträgt.
Für Zwecke der Bemessungsgrundlage des Vorwegabschlages erfolgt eine Berechnung des begünstigten Vermögens nur für das übertragene Gesamthandsvermögen.

IIa. Berechnung des begünstigten Vermögens

IIa.1. Finanzmitteltest im Sinne des § 13b Absatz 4 Nummer 5 ErbStG

	Wert der Finanzmittel des Gesamthandsvermögens	50 000 EUR
–	Wert der jungen Finanzmittel des Gesamthandsvermögens nach § 13b Absatz 4 Nummer 5 Satz 2 ErbStG; höchstens der Wert der Finanzmittel des Gesamthandsvermögens	20 000 EUR
=	Saldo	30 000 EUR
–	Wert der betrieblichen Schulden des Gesamthandsvermögens	400 000 EUR
=	Saldo	./. 370 000 EUR
–	Sockelbetrag 15 % des Werts der Beteiligung am Gesamthandsvermögen (vorbehaltlich Hauptzweck gemäß § 13b Absatz 4 Nummer 5 Satz 4 ErbStG)	0 EUR
=	verbleibender Wert der Finanzmittel, mindestens 0 EUR (§ 13b Absatz 4 Nummer 5 Satz 1 ErbStG)	0 EUR

IIa.2. Berechnung der verbleibenden Schulden

	Wert der Schulden des Gesamthandsvermögens	400 000 EUR
–	Wert der Schulden, die im Rahmen des Finanzmitteltests verrechnet wurden	30 000 EUR
=	verbleibende Schulden	370 000 EUR

IIa.3 Nettowert des Verwaltungsvermögens

IIa.3.1. Saldo Verwaltungsvermögen

	Wert des Verwaltungsvermögens des Gesamthandsvermögens (§ 13b Absatz 4 Nummer 1 bis 4 ErbStG)	100 000 EUR
–	Wert des jungen Verwaltungsvermögens des Gesamthandsvermögens	10 000 EUR
+	verbleibender Wert der Finanzmittel IIa.1 (§ 13b Absatz 4 Nummer 5 Satz 1 ErbStG)	0 EUR
=	Saldo Verwaltungsvermögen	90 000 EUR

IIa.3.2. Berechnung der anteilig verbleibenden Schulden

	verbleibende Schulden (IIa.2) 370 000 EUR × Saldo Verwaltungsvermögen (IIa.3.1) 90 000 EUR ――――――――――――――――――― Wert der Beteiligung am Gesamthandsvermögen 1 500 000 EUR + verbleibende Schulden 370 000 EUR	
=	anteilig verbleibende Schulden	17 808 EUR

IIa.3.3. Berechnung des Nettowertes des Verwaltungsvermögens

	Saldo Verwaltungsvermögen IIa.3.1	90 000 EUR
–	anteilig verbleibende Schulden IIa.3.2	17 808 EUR
=	Nettowert des Verwaltungsvermögens	72 192 EUR

IIa.4. Steuerpflichtiger Wert des Verwaltungsvermögens

IIa.4.1. Berechnung der Bemessungsgrundlage des unschädlichen Verwaltungsvermögens (§ 13b Absatz 7 ErbStG)

	Wert der Beteiligung am Gesamthandsvermögen	1 500 000 EUR
–	Nettowert des Verwaltungsvermögens IIIa.3.3	72 192 EUR
–	Wert des jungen Verwaltungsvermögens des Gesamthandsvermögens	10 000 EUR
–	Wert der jungen Finanzmittel des Gesamthandsvermögens	20 000 EUR
=	Bemessungsgrundlage für das unschädliche Verwaltungsvermögen	1 397 808 EUR

IIa.4.2. Gekürzter Nettowert des Verwaltungsvermögens

	Nettowert des Verwaltungsvermögens IIa.3.3	72 192 EUR
–	10 % × Bemessungsgrundlage für das unschädliche Verwaltungsvermögen IIa.4.1 (1 397 808 EUR)	139 781 EUR
=	gekürzter Nettowert des Verwaltungsvermögens	0 EUR

IIa.4.3. Berechnung des steuerpflichtigen Werts des Verwaltungsvermögens

	gekürzter Nettowert des Verwaltungsvermögens IIa.4.2	0 EUR
+	Wert des jungen Verwaltungsvermögens des Gesamthandsvermögens	10 000 EUR
+	Wert der jungen Finanzmittel des Gesamthandsvermögens	20 000 EUR
=	steuerpflichtiger Wert des Verwaltungsvermögens (nicht begünstigtes Vermögen)	30 000 EUR

IIa.5. Begünstigtes Vermögen (§ 13b Absatz 2 Satz 1 ErbStG) – nur Gesamthand –

	Wert der Beteiligung am Gesamthandsvermögen	1 500 000 EUR
–	steuerpflichtiger Wert des Verwaltungsvermögens IIa.4.3	30 000 EUR
=	begünstigtes Vermögen der Gesamthand	1 470 000 EUR

Der Vorwegabschlag nach § 13a Absatz 9 ErbStG ist wie folgt zu berechnen:

	begünstigtes Vermögen	1 470 000 EUR
×	Vorwegabschlag in %, maximal 30 %	20 %
=	Vorwegabschlag	294 000 EUR

R E 13a.21 Optionsverschonung

(1) [1]Der Erwerber kann den Antrag auf Optionsverschonung (§ 13a Absatz 10 ErbStG) im Erbfall insgesamt nur einheitlich für alle Arten des erworbenen begünstigungsfähigen Vermögens (land- und forstwirtschaftliches Vermögen, Betriebsvermögen und Anteile an Kapitalgesellschaften) stellen. [2]Bei Schenkungen mit z.B. mehreren Betriebsübertragungen in mehreren Schenkungsverträgen ist bei Vorliegen eines einheitlichen Schenkungswillens von nur einer Schenkung auszugehen.

(2) [1]Der Erwerber muss die Optionsverschonung bei dem für die Erbschaft- oder Schenkungsteuer zuständigen Finanzamt schriftlich oder zur Niederschrift beantragen. [2]Er kann den Antrag bis zum Eintritt der materiellen Bestandskraft der Festsetzung der Erbschaft- oder Schenkungsteuer stellen. [3]Der Antrag kann nach Zugang dieser Willenserklärung beim Erbschaftsteuerfinanzamt nicht mehr widerrufen werden (§ 13a Absatz 10 ErbStG). [4]Dies gilt auch für den Fall, dass der Erwerber gegen die Behaltensregelungen oder die Lohnsummenregelung des § 13a ErbStG verstößt.

(3) [1]Der Anteil des Verwaltungsvermögens am gemeinen Wert des Betriebs bestimmt sich nach dem Verhältnis der Summe der gemeinen Werte der Einzelwirtschaftsgüter des Verwaltungsvermögens nach § 13b Absatz 3 und 4 ErbStG zum gemeinen Wert des Betriebs. [2]Bei der Ermittlung der Verwaltungsvermögensquote sind die quotale Schuldenverrechnung (§ 13b Absatz 6 ErbStG) und der Freibetrag für das Verwaltungsvermögen (§ 13b Absatz 7 ErbStG) nicht anzuwenden.

(4) [1]Stellt ein Erwerber begünstigten Vermögens einen Antrag auf Optionsverschonung, ist diese nur für die übertragenen wirtschaftlichen Einheiten zu gewähren, bei denen das Verwaltungsvermögen nach § 13b Absatz 3 und Absatz 4 ErbStG die Grenze von 20 Prozent nicht überschreitet. [2]Für wirtschaftliche Einheiten, die über Verwaltungsvermögen nach § 13b Absatz 3 und Absatz 4 ErbStG von mehr als 20 Prozent verfügen, kommt dann weder eine Optionsverschonung noch eine Regelverschonung in Betracht. [3]Der Antrag geht ins Leere, wenn das Verwaltungsvermögen nach § 13b Absatz 3 und 4 ErbStG aller übertragenen wirtschaftlichen Einheiten mehr als 20 Prozent beträgt; in diesem Fall kommt die Regelverschonung nach § 13a Absatz 1 und 2 ErbStG in Betracht. [4]Wird nachträglich ermittelt (z.B. im Rahmen einer Betriebsprüfung), dass die Verwaltungsvermögensgrenze für die Optionsverschonung in allen wirtschaftlichen Einheiten nicht erfüllt ist, erhält der Erwerber für das begünstigte Vermögen die Regelverschonung. [5]Sätze 1 bis 4 gelten auch, wenn nur eine wirtschaftliche Einheit erworben wurde.

(5) Verstößt der Erwerber im Rahmen der zulässigen Optionsverschonung innerhalb der maßgebenden siebenjährigen Behaltensfrist gegen eine der Verschonungsvoraussetzungen, entfällt die gewährte Verschonung ganz oder teilweise und der Umfang der Nachversteuerung richtet sich nach den Regelungen der Optionsverschonung.

H E 13a.21

Ermittlung der Verwaltungsvermögensquote.

Beispiel:

A ist Einzelunternehmer und hat seinen Betrieb an Sohn S übertragen. Der festgestellte Wert des Einzelunternehmens beträgt 2 000 000 EUR. Im Betriebsvermögen sind Wertpapiere von 200 000 EUR enthalten. Der Überbestand an Finanzmitteln beträgt nach Abzug der Schulden und des Sockelbetrags von 15 Prozent 100 000 EUR. Junge Finanzmittel liegen nicht vor.

	festgestellter Wert des Verwaltungsvermögens	200 000 EUR
+	verbleibender Wert der Finanzmittel	100 000 EUR
+	junge Finanzmittel	0 EUR
=	maßgebendes Verwaltungsvermögen	300 000 EUR

$$\frac{\text{maßgebendes Verwaltungsvermögen 300 000 EUR}}{\text{festgestellter Wert Betriebsvermögen 2 000 000 EUR}}$$

= Verwaltungsvermögensquote 15 %

Frist für Antrag auf Optionsverschonung. → BFH vom 10.11.2004 II R 24/03, BStBl. 2005 II S. 182.

Mehrere wirtschaftliche Einheiten bei der Optionsverschonung.

Beispiel:

E hinterlässt seiner Ehefrau F unter anderem folgende Nachlassgegenstände:

- Anteile von 30 % an einer Kapitalgesellschaft (festgestellter Wert 300 000 EUR; Verwaltungsvermögensquote nach § 13b Absatz 2 Satz 2 ErbStG > 90 %; Verwaltungsvermögensquote nach § 13a Absatz 10 ErbStG 20 %);
- Beteiligung von 50 % an einer Personengesellschaft (festgestellter Wert 500 000 EUR; Verwaltungsvermögensquote nach § 13b Absatz 2 Satz 2 ErbStG < 90 %; Verwaltungsvermögensquote nach § 13a Absatz 10 ErbStG 30 %);
- Einzelunternehmen (festgestellter Wert 1 000 000 EUR; Verwaltungsvermögensquote nach § 13b Absatz 2 Satz 2 ErbStG < 90 %; Verwaltungsvermögensquote nach § 13a Absatz 10 ErbStG 10 %).

F stellt einen Antrag auf Optionsverschonung nach § 13a Absatz 10 ErbStG.

Der Wert der Anteile von 30 % an der Kapitalgesellschaft ist vollständig nicht begünstigt, da die nach § 13b Absatz 2 Satz 2 ErbStG zu ermittelnde Verwaltungsvermögensquote mehr als 90 % des begünstigungsfähigen Vermögens beträgt. Für die Anteile ist deshalb keine Verschonung nach § 13a ErbStG zu gewähren.

Der Wert der Beteiligung von 50 % an der Personengesellschaft ist nicht in die Optionsverschonung einzubeziehen, da die Verwaltungsvermögensquote nach § 13a Absatz 10 ErbStG 30 % beträgt und die Grenze von 20 % übersteigt. Die Regelverschonung ist ebenso nicht anwendbar.

Der Wert des Einzelunternehmens ist in die Optionsverschonung einzubeziehen, da die Verwaltungsvermögensquote nach § 13a Absatz 10 ErbStG 10 % beträgt und die Grenze von 20 % nicht übersteigt.

R E 13a.22 Begünstigte Erwerbe bei Familienstiftungen

[1] Die Vergünstigungen durch Verschonungsabschlag (§ 13a Absatz 1 oder 10 oder § 13c ErbStG), Abzugsbetrag (§ 13a Absatz 2 ErbStG) und Vorwegabschlag (§ 13a Absatz 9 ErbStG) sowie die Verschonungsbedarfsprüfung (§ 28a ErbStG) werden auch bei der Bemessung der Ersatzerbschaftsteuer einer Fa-

milienstiftung oder eines Familienvereins (§ 1 Absatz 1 Nummer 4 ErbStG) gewährt, soweit zum Vermögen der Stiftung oder des Vereins begünstigtes Vermögen (§ 13b Absatz 2 ErbStG) gehört. [2]Wegen der Definition der Familienstiftung → R E 1.2. [3]Beim Übergang von Vermögen auf Grund eines Stiftungsgeschäfts unter Lebenden (§ 7 Absatz 1 Nummer 8 ErbStG) kommen die Vergünstigungen ebenfalls in Betracht.

Zu § 13b ErbStG

R E 13b.1 Begünstigter Erwerb von Todes wegen

(1) [1]Begünstigter Erwerb von Todes wegen ist insbesondere der Erwerb durch Erbanfall (§ 3 Absatz 1 Nummer 1 ErbStG, § 1922 BGB) nach gesetzlicher oder gewillkürter Erbfolge. [2]Ist begünstigtes Vermögen Gegenstand einer Vorerbschaft (§ 6 ErbStG), führen der Vor- und der Nacherbfall zu zwei getrennten Erwerbsfällen, für die beide die Vergünstigungen nach §§ 13a, 13c oder 28a ErbStG in Betracht kommen. [3]Die vorzeitige Übertragung des Nacherbschaftsvermögens an den Nacherben stellt keinen Erwerb durch Erbanfall, sondern eine Schenkung unter Lebenden dar (§ 7 Absatz 1 Nummer 7 ErbStG); es handelt sich um eine begünstigungsfähige Schenkung (→ R E 13b.2 Absatz 1 Satz 2 Nummer 4). [4]Als weitere begünstigte Erwerbe kommen in Betracht

1. der Erwerb durch Vermächtnis (Vorausvermächtnis), wenn der Vermächtnisnehmer begünstigtes Vermögen erhält (§ 3 Absatz 1 Nummer 1 ErbStG),
2. der Erwerb durch Schenkung auf den Todesfall (§ 3 Absatz 1 Nummer 2 Satz 1 ErbStG),
3. der Erwerb durch Übergang des Anteils an einer Personengesellschaft auf die überlebenden Mitgesellschafter (Anwachsungserwerb) oder der Erwerb begünstigter Anteile an einer Kapitalgesellschaft auf Grund gesellschaftsvertraglicher Übertragungsverpflichtung (§ 3 Absatz 1 Nummer 2 Satz 2 ErbStG),
4. der Erwerb durch Vertrag zugunsten Dritter (§ 3 Absatz 1 Nummer 4 ErbStG),
5. der Übergang von Vermögen auf eine vom Erblasser angeordnete Stiftung (§ 3 Absatz 2 Nummer 1 ErbStG),
6. der Erwerb infolge Vollziehung einer vom Erblasser angeordneten Auflage oder infolge Erfüllung einer vom Erblasser gesetzten Bedingung (§ 3 Absatz 2 Nummer 2 ErbStG) oder
7. der Erwerb infolge Abfindung für einen Verzicht auf den entstandenen Pflichtteilsanspruch oder für die Ausschlagung einer Erbschaft, eines Erbersatzanspruchs oder eines Vermächtnisses oder für die Zurückweisung eines Rechts aus einem Vertrag zugunsten Dritter auf den Todesfall, anstelle eines anderen in § 3 Absatz 1 ErbStG genannten Erwerbs oder dafür, dass eine Rechtsstellung, insbesondere eine Erbenstellung, oder ein Recht oder ein Anspruch, die zu einem Erwerb nach § 3 Absatz 1 ErbStG führen würden, nicht mehr oder nur noch teilweise geltend gemacht werden (§ 3 Absatz 2 Nummer 4 ErbStG).

(2) [1]Der Übergang einer Beteiligung an einer Personengesellschaft auf Grund einer qualifizierten Nachfolgeklausel wird erbschaftsteuerrechtlich wie ein Erwerb durch Erbanfall behandelt (zu Folgen einer vom Erblasser angeordneten Weitergabeverpflichtung in Form einer Teilungsanordnung → R E 13a.11). [2]Geht eine Beteiligung an einer Personengesellschaft auf einen Erben über, der von einer Eintrittsklausel Gebrauch macht, liegt ein begünstigter Erwerb von Todes wegen vor. [3]Bestimmt eine Eintrittsklausel, dass ein Nichterbe gegen eine Einlage in Höhe des Abfindungsanspruchs des verstorbenen Gesellschafters rückbezüglich auf dessen Tod eintrittsberechtigt ist und ist ihm dieser Abfindungsanspruch vom Erblasser vermächtnisweise zugewendet worden, führt die Ausübung des Eintrittsrechts beim Nichterben zu einem begünstigten Erwerb von Todes wegen nach § 3 Absatz 1 Nummer 4 ErbStG. [4]Setzen die überlebenden Gesellschafter die Gesellschaft allein fort (§ 3 Absatz 1 Nummer 2 Satz 2 ErbStG), ist deren Anwachsungserwerb begünstigt, nicht dagegen der Erwerb der Abfindung, die die Erben von den überlebenden Mitgesellschaftern des Erblassers erhalten. [5]Letzteres gilt auch, wenn der Erbe eines Anteils an einer Kapitalgesellschaft auf Grund des Gesellschaftsvertrags verpflichtet ist, den geerbten Anteil auf die Gesellschaft oder die Gesellschafter zu übertragen.

(3) [1]Die Sondernachfolge nach der Höfeordnung ist bei einer Mehrzahl von Erben entsprechend Absatz 2 Satz 1 zu behandeln, wenn der Erblasser den Hoferben bestimmt hat. [2]Wenn der Erblasser keine Bestimmung getroffen hat, ist der Anfall des Hofes wie ein gesetzliches Vorausvermächtnis zu behandeln.

(4) [1]Der Erblasser selbst muss von ihm stammendes begünstigtes Vermögen dem Erwerber zugewiesen haben. [2]Deshalb sind die Erwerbe nicht begünstigt, die ursprünglich – wie z.B. im Fall des geltend gemachten Pflichtteilsanspruchs oder eines Geldvermächtnisses – auf eine Geldleistung gerichtet sind, auch wenn an Erfüllungs statt begünstigtes Vermögen übertragen wird. [3]Ein Verschaffungsvermächtnis (§ 2170 BGB) ist nicht begünstigt, weil das erworbene Vermögen nicht vom Erblasser stammt.

H E 13b.1

Anwachsungserwerb. Besteuerungstatbestand ist der Steuerwert des Anteils, den der Erblasser am Betriebsvermögen hatte, soweit dieser den Wert der Abfindungsansprüche Dritter (z.B. der Erben) übersteigt (§ 3 Absatz 1 Nummer 2 ErbStG, → R E 3.4). Daraus folgt, dass nur der Nettowert des Erwerbs den Steuertatbestand erfüllt, so dass auch die Entlastungen nach §§ 13a, 13c, 19a oder 28a ErbStG nur von diesem Nettoerwerb vorgenommen werden können. Dies gilt sinngemäß auch für den Erwerb begünstigter Anteile an Kapitalgesellschaften aufgrund gesellschaftsvertraglicher Übertragungsverpflichtungen. Die Entlastungen nach §§ 13a, 13c oder 28a ErbStG sind von diesem Nettowert vorzunehmen.

Beispiel:

Beim Tod des Gesellschafters G wird die E-F-G OHG von den Gesellschaftern E und F fortgesetzt. Der Anteil des G hatte zum Todestag einen Steuerwert von 5 000 000 EUR, der nur aus begünstigtem Vermögen besteht. E und F müssen an den Sohn S des G eine Abfindung in Höhe des Buchwerts des Anteils (3 000 000 EUR) zahlen. Ein Antrag nach § 13a Absatz 10 ErbStG wurde nicht gestellt.

Der Anwachsungserwerb von E und F unterliegt jeweils mit folgenden Werten der Erbschaftsteuer:

Bruttowert des Anteils	2 500 000 EUR	
Abfindung	./. 1 500 000 EUR	
Nettowert	1 000 000 EUR	1 000 000 EUR
Verschonungsabschlag 85 %		./. 850 000 EUR
verbleiben		150 000 EUR
abzgl. Abzugsbetrag		./. 150 000 EUR
steuerpflichtiger Wert		0 EUR

Qualifizierte Nachfolgeklausel in Personengesellschaftsanteil. → BFH vom 10.11.1982 II R 85/78, BStBl. 1983 II S. 329.

Übernahme- oder Kaufrechtsvermächtnis. → BFH vom 13.8.2008 II R 7/07, BStBl. II S. 982.

R E 13b.2 Begünstigter Erwerb durch Schenkung unter Lebenden

(1) [1]Begünstigter Erwerb durch Schenkung unter Lebenden ist insbesondere die freigebige Zuwendung (§ 7 Absatz 1 Nummer 1 ErbStG). [2]Als weitere begünstigte Erwerbe kommen in Betracht

1. der Erwerb infolge Vollziehung einer vom Schenker angeordneten Auflage oder infolge Erfüllung einer vom Schenker gesetzten Bedingung (§ 7 Absatz 1 Nummer 2 ErbStG). [2]Der Auflagenbegünstigte erwirbt insoweit das begünstigte Vermögen vom Schenker. [3]Die Weitergabeverpflichtung führt beim Auflagenbeschwerten dazu, dass er insoweit die Begünstigungen nicht in Anspruch nehmen kann (→ R E 13a.11),
2. die Bereicherung des Ehegatten bei Vereinbarung der Gütergemeinschaft (§ 7 Absatz 1 Nummer 4 ErbStG),
3. die Abfindung für einen Erbverzicht (§ 7 Absatz 1 Nummer 5 ErbStG), wenn der künftige Erblasser selbst die Abfindung in Form begünstigten Vermögens leistet,
4. der Erwerb des Nacherben vom Vorerben mit Rücksicht auf die angeordnete Nacherbschaft vor deren Eintritt (§ 7 Absatz 1 Nummer 7 ErbStG). [2]Auch bei Ausüben des Wahlrechts nach § 7 Absatz 2 Satz 1 ErbStG erwirbt der Nacherbe begünstigtes Vermögen unmittelbar vom Vorerben,
5. der Übergang von Vermögen auf Grund eines Stiftungsgeschäfts unter Lebenden (§ 7 Absatz 1 Nummer 8 ErbStG) und der Erwerb bei Aufhebung einer Stiftung oder bei Auflösung eines Vereins (§ 7 Absatz 1 Nummer 9 ErbStG),
6. die vorzeitige Abfindung für aufschiebend bedingt, betagt oder befristet erworbene Ansprüche (§ 7 Absatz 1 Nummer 10 ErbStG), wenn der Schenker selbst die Abfindung in Form begünstigten Vermögens leistet,
7. der Erwerb durch Übergang des Anteils an einer Personengesellschaft auf die verbleibenden Mitgesellschafter (Anwachsungserwerb) oder der Erwerb begünstigter Anteile an einer Kapitalgesellschaft auf Grund gesellschaftsvertraglicher Übertragungsverpflichtung (§ 7 Absatz 7 ErbStG).

(2) [1]Eine begünstigte Übertragung von Vermögen liegt auch vor, wenn der Schenker dem Beschenkten einen Geldbetrag mit der Auflage zuwendet, dass der Erwerber sich damit am Betriebsvermögen oder land- und forstwirtschaftlichen Vermögen des Schenkers beteiligt oder vom Schenker unmittelbar gehaltene Anteile an einer Personengesellschaft oder einer Kapitalgesellschaft erwirbt (mittelbare Schenkung). [2]Die mittelbare Schenkung ist nicht begünstigt, wenn die Beteiligung am Vermögen eines Dritten erfolgen soll, weil insoweit kein begünstigtes Vermögen vom Schenker auf den Erwerber übergeht. [3]Zum Vorliegen begünstigungsfähigen Vermögens bei Einräumung einer überhöhten Gewinnbeteiligung bei einer Beteiligung an einer Personengesellschaft → R E 7.9 Absatz 3.

H E 13b.2

Keine Begünstigung der Zuwendung von Geld zum Erwerb begünstigungsfähigen Vermögens. → BFH vom 8.5.2019 II R 18/16, BStBl. II S. 681.

R E 13b.3 Begünstigungsfähiges Vermögen – Allgemeines

[1]Die Zugehörigkeit von Vermögensgegenständen zu einer wirtschaftlichen Einheit wird im Rahmen der Bewertung dieser wirtschaftlichen Einheiten bestimmt. [2]Die Vermögensart und der festgestellte Wert sind Gegenstand des Feststellungsbescheids (§ 182 Absatz 1 Satz 1 AO). [3]Die Entscheidung, ob hieraus folgend begünstigtes Vermögen vorliegt, trifft das Erbschaftsteuerfinanzamt. [4]§ 13b Absatz 1 ErbStG umschreibt das begünstigungsfähige Vermögen. [5]Das begünstigte Vermögen ergibt sich nach § 13b Absatz 2 bis 9 ErbStG.

R E 13b.4 Begünstigungsfähiges land- und forstwirtschaftliches Vermögen

(1) [1]Begünstigungsfähig ist der Erwerb von land- und forstwirtschaftlichem Vermögen im Sinne des § 168 Absatz 1 Nummer 1 BewG und selbst bewirtschafteten Grundstücken im Sinne des § 159 BewG, die im Zeitpunkt der Steuerentstehung als solche vom Erblasser oder Schenker auf den Erwerber übergehen und in der Hand des Erwerbers entweder land- und forstwirtschaftliches Vermögen oder selbst bewirtschaftete Grundstücke im Sinne des § 159 BewG bleiben. [2]Auf die ertragsteuerrechtliche Beurteilung als land- und forstwirtschaftliches Betriebsvermögen kommt es nicht an.

(2) [1]Das begünstigungsfähige land- und forstwirtschaftliche Vermögen umfasst den im Inland, in einem Mitgliedstaat der Europäischen Union oder in einem Staat des Europäischen Wirtschaftsraums belegenen Wirtschaftsteil. [2]Hierzu gehören alle Wirtschaftsgüter im Sinne des § 158 Absatz 3 Satz 1 Nummer 1 bis 5 BewG, die einer planmäßigen Nutzung der natürlichen Kräfte des Grund und Bodens zur Erzeugung von Pflanzen und Tieren sowie zur Verwertung der dadurch selbst gewonnenen Erzeugnisse dienen. [3]Soweit selbst bewirtschaftete Flächen auf Grund der Vorschriften des § 159 BewG als

Grundvermögen bewertet werden, dienen sie dennoch land- und forstwirtschaftlichen Zwecken im Sinne des Satzes 2 und sind deshalb begünstigungsfähiges Vermögen.

(3) [1]Nicht begünstigungsfähig sind die Betriebswohnungen und der Wohnteil einschließlich der Altenteilerwohnungen, da diese Teile der wirtschaftlichen Einheit nicht originär der land- und forstwirtschaftlichen Tätigkeit im Sinne des § 158 Absatz 1 BewG dienen. [2]Gleiches gilt für langfristig verpachtete Flächen im Sinne des § 160 Absatz 7 BewG (Stückländereien), für Mietwohngrundstücke oder erbbaurechtsbelastete Flächen.

(4) [1]Begünstigungsfähig ist nur der Wirtschaftsteil eines land- und forstwirtschaftlichen Vermögens, der im Zusammenhang mit dem Erwerb des Betriebs der Land- und Forstwirtschaft oder einer Beteiligung an einer land- und forstwirtschaftlich tätigen Personengesellschaft im Sinne des § 158 Absatz 2 BewG auf den Erwerber übergeht. [2]Begünstigungsfähig ist auch die Übertragung eines verkleinerten Betriebs. [3]Übertragungen von Betriebsteilen oder einzelner Wirtschaftsgüter sind nicht begünstigungsfähig, wenn sie für sich betrachtet kein land- und forstwirtschaftliches Vermögen bilden. [4]Auf die ertragsteuerrechtliche Beurteilung einer Übertragung kommt es nicht an.

H E 13b.4

Europäischer Wirtschaftsraum. Dem Europäischen Wirtschaftsraum gehören Island, Liechtenstein und Norwegen sowie die Mitgliedstaaten der Europäischen Union an.

R E 13b.5 Begünstigungsfähiges Betriebsvermögen

(1) [1]Begünstigungsfähig ist der Erwerb inländischen Betriebsvermögens im Sinne des § 12 Absatz 5 ErbStG, welches im Zeitpunkt der Steuerentstehung als solches vom Erblasser oder Schenker auf den Erwerber übergeht und in der Hand des Erwerbers inländisches Betriebsvermögen bleibt. [2]Dazu gehört insbesondere das einem Gewerbebetrieb dienende Vermögen (§ 95 BewG) und das dem Gewerbebetrieb gleichstehende Vermögen, das der Ausübung eines freien Berufs dient (§ 96 BewG), unter der Voraussetzung, dass dieses Vermögen bei der steuerlichen Gewinnermittlung zum Betriebsvermögen gehört. [3]Dazu gehören auch Beteiligungen an Personengesellschaften im Sinne des § 15 Absatz 1 Satz 1 Nummer 2 und Absatz 3 oder § 18 Absatz 4 EStG (§ 97 Absatz 1 Satz 1 Nummer 5 BewG).

(2) [1]Grundstücke oder Grundstücksteile sind Teil des begünstigungsfähigen Betriebsvermögens, soweit sie bei der Bewertung des Betriebsvermögens zum Umfang der wirtschaftlichen Einheit gehören und diese Eigenschaft auf den Erwerber übergeht. [2]Das gilt grundsätzlich auch für den Grundbesitz, der den in § 97 Absatz 1 Satz 1 Nummer 5 BewG bezeichneten Personengesellschaften gehört. [3]Ein zum Gesamthandsvermögen einer Personengesellschaft im Sinne des § 97 Absatz 1 Satz 1 Nummer 5 BewG gehörendes Grundstück kann nach § 99 BewG nicht Betriebsvermögen sein, wenn es ausschließlich oder fast ausschließlich der privaten Lebensführung eines, mehrerer oder aller Gesellschafter dient.

(3) [1]Das Betriebsvermögen muss im Zusammenhang mit dem Erwerb eines ganzen Gewerbebetriebs, eines Teilbetriebs oder einer Beteiligung an einer Personengesellschaft auf den Erwerber übergehen. [2]Diese Begriffe sind nach ertragsteuerlichen Grundsätzen abzugrenzen. [3]Begünstigungsfähig ist nur der unmittelbare Übergang von Betriebsvermögen. [4]Als Erwerb einer Beteiligung gilt auch, wenn eine Person in ein bestehendes Einzelunternehmen aufgenommen wird oder ein Teil einer Beteiligung an einer Personengesellschaft übertragen wird. [5]Eine begünstigte Übertragung eines Anteils an einer Personengesellschaft oder am Sonderbetriebsvermögen des Gesellschafters ist nicht davon abhängig, dass die Gesellschaftsanteile und das Sonderbetriebsvermögen im gleichen quotalen Umfang auf den Erwerber übergehen. [6]Vielmehr gilt dies auch dann, wenn der Schenker sein Sonderbetriebsvermögen in geringerem Umfang überträgt oder es insgesamt zurückbehält und das zurückbehaltene Sonderbetriebsvermögen weiterhin zum Betriebsvermögen derselben Personengesellschaft gehört, sowie auch dann, wenn der Schenker sein Sonderbetriebsvermögen in größerem Umfang überträgt. [7]Andere Teilübertragungen eines Gewerbebetriebs oder die Übertragung einzelner Wirtschaftsgüter eines Betriebsvermögens sind nicht begünstigt. [8]Dies gilt insbesondere, wenn der Schenker wesentliche Betriebsgrundlagen zurückbehält oder auf andere Erwerber überträgt. [9]Der Erwerb einzelner Wirtschaftsgüter aus dem Sonderbetriebsvermögen des Gesellschafters einer Personengesellschaft ist nur begünstigungsfähig, wenn er unmittelbar mit dem Erwerb einer Gesellschaftsbeteiligung verbunden ist; zum Sonderbetriebsvermögen gehörende Anteile an einer Kapitalgesellschaft können selbstständig begünstigungsfähiges Vermögen im Sinne des § 13b Absatz 1 Nummer 3 ErbStG sein. [10]Das gilt auch, wenn eine Übertragung zwischen zwei Gesellschaftern einer Personengesellschaft erfolgt.

(4) [1]Neben inländischem Betriebsvermögen ist auch entsprechendes Betriebsvermögen begünstigungsfähig, das einer Betriebstätte in einem Mitgliedstaat der Europäischen Union oder in einem Staat des Europäischen Wirtschaftsraums dient. [2]Nicht begünstigungsfähig ist der Erwerb ausländischen Betriebsvermögens in Drittstaaten. [3]Hierzu gehört auch das Betriebsvermögen von Gewerbebetrieben, deren wirtschaftliche Einheit sich ausschließlich auf Drittstaaten erstreckt, und das Vermögen einer in einem Drittstaat belegenen Betriebstätte eines inländischen Gewerbebetriebs, eines Betriebs in einem Mitgliedstaat der Europäischen Union oder in einem Staat des Europäischen Wirtschaftsraums. [4]Begünstigungsfähig ist dagegen ausländisches Betriebsvermögen in Drittstaaten, wenn es als Beteiligung an einer Personengesellschaft oder Anteile an einer Kapitalgesellschaft Teil einer wirtschaftlichen Einheit des Betriebsvermögens im Inland oder in einem Mitgliedstaat der Europäischen Union oder in einem Staat des Europäischen Wirtschaftsraums ist.

H E 13b.5

Begünstigungsfähiges Betriebsvermögen. Wird ein Einzelunternehmen mit Sitz/Geschäftsleitung im Inland, einem Mitgliedstaat der Europäischen Union oder einem Staat des Europäischen Wirtschaftsraums oder eine Beteiligung an einer Personengesellschaft im Sinne des § 15 Absatz 1 Satz 1

Nummer 2 und Absatz 3 EStG oder § 18 Absatz 4 EStG mit Sitz/ Geschäftsleitung im Inland, einem Mitgliedstaat der Europäischen Union oder einem Staat des Europäischen Wirtschaftsraums übertragen, bestimmt sich der Umfang des begünstigungsfähigen Betriebsvermögen nach § 13b Absatz 1 Nummer 2 ErbStG wie folgt:

Zum Vermögen des Einzelunternehmens/der Personengesellschaft gehören	begünstigungsfähiges/nicht begünstigungsfähiges Betriebsvermögen
Betriebstätte im Inland	begünstigungsfähiges Betriebsvermögen (→ R E 13b.5 Absatz 4 Satz 1)
Betriebstätte in einem Mitgliedstaat der Europäischen Union oder einem Staat des Europäischen Wirtschaftsraums	begünstigungsfähiges Betriebsvermögen (→ R E 13b.5 Absatz 4 Satz 1)
Betriebstätte in einem Drittstaat	nicht begünstigungsfähiges Betriebsvermögen (→ R E 13b.5 Absatz 4 Satz 2 und 3)
Beteiligung an einer Personengesellschaft im Inland	begünstigungsfähiges Betriebsvermögen (→ R E 13b.5 Absatz 4 Satz 1), auch soweit die Personengesellschaft eine Betriebstätte in einem Drittstaat unterhält
Beteiligung an einer Personengesellschaft in einem Mitgliedstaat der Europäischen Union oder einem Staat des Europäischen Wirtschaftsraums	begünstigungsfähiges Betriebsvermögen (→ R E 13b.5 Absatz 4 Satz 1), auch soweit die Personengesellschaft eine Betriebstätte in einem Drittstaat unterhält
Beteiligung an einer Personengesellschaft in einem Drittstaat	begünstigungsfähiges Betriebsvermögen (→ R E 13b.5 Absatz 4 Satz 4), auch soweit die Personengesellschaft eine Betriebstätte in einem Drittstaat unterhält
Anteile an einer Kapitalgesellschaft im Inland	begünstigungsfähiges Betriebsvermögen (→ R E 13b.5 Absatz 4 Satz 1)
Anteile an einer Kapitalgesellschaft in einem Mitgliedstaat der Europäischen Union oder einem Staat des Europäischen Wirtschaftsraums	begünstigungsfähiges Betriebsvermögen (→ R E 13b.5 Absatz 4 Satz 1)
Anteile an einer Kapitalgesellschaft in einem Drittstaat	begünstigungsfähiges Betriebsvermögen (→ R E 13b.5 Absatz 4 Satz 4)

Einräumung obligatorischer Nutzungsrechte an begünstigungsfähigem Vermögen. Ein erworbenes Nutzungsrecht an Betriebsvermögen kann begünstigungsfähiges Betriebsvermögen im Sinne des § 13b Absatz 1 Nummer 2 ErbStG darstellen (→ R B 97.3; R E 13b.30).

Europäischer Wirtschaftsraum. Dem Europäischen Wirtschaftsraum gehören Island, Liechtenstein und Norwegen sowie die Mitgliedstaaten der Europäischen Union an.

Hinterbliebenenbezüge bei Gesellschaftern einer Personengesellschaft. → H E 3.5.

Quotaler Nießbrauch bei Schenkung einer Beteiligung an einer Personengesellschaft. → BFH vom 16.5.2013 II R 5/12, BStBl. II S. 635.

Schenkung von Betriebsvermögen unter freiem Widerrufsvorbehalt. Wird eine Beteiligung an einer Personengesellschaft unter freiem Widerrufsvorbehalt geschenkt, wird nach den Grundsätzen des Ertragsteuerrechts der Beschenkte wegen des Widerrufsvorbehalts nicht Mitunternehmer der Personengesellschaft (→ BFH vom 16.5.1989 VIII R 196/84, BStBl. II S. 877). Der Beschenkte erwirbt kein Betriebsvermögen, so dass §§ 13a, 13c oder 28a ErbStG nicht anwendbar sind. Schenkungsteuerrechtlich ist trotz des Widerrufsvorbehalts eine freigebige Zuwendung als ausgeführt anzusehen (→ BFH vom 13.9.1989 II R 67/86, BStBl. II S. 1034). Gegenstand der Zuwendung ist ein Gesellschaftsanteil an einer vermögensverwaltenden Personengesellschaft (§ 10 Absatz 1 Satz 4 ErbStG). Entsprechendes gilt, wenn eine Beteiligung an einer Personengesellschaft geschenkt wird, an der sich der Schenker den Nießbrauch vorbehält, und sofern der Bedachte dabei nicht Mitunternehmer der Personengesellschaft wird (→ BFH vom 1.3.1994 VIII R 35/92, BStBl. 1995 II S. 241 m. w. N.).

Zurückbehalten wesentlicher Betriebsgrundlagen. Überträgt ein Schenker durch Schenkung unter Lebenden sein Einzelunternehmen, behält aber das Grundstück, auf dem der Betrieb ausgeübt wurde und weiter ausgeübt wird, zurück bei gleichzeitiger Verpachtung an den Beschenkten, ist dessen Erwerb nicht begünstigt, weil er das Betriebsvermögen nicht „beim Erwerb eines ganzen Gewerbebetriebs oder Teilbetriebs" erworben hat.

R E 13b.6 Begünstigungsfähige Anteile an Kapitalgesellschaften

(1) [1]Begünstigungsfähig ist der Erwerb von Anteilen an einer Kapitalgesellschaft (z. B. GmbH, AG, KGaA), wenn die Kapitalgesellschaft zur Zeit der Entstehung der Steuer ihren Sitz oder ihre Geschäftsleitung im Inland oder in einem Mitgliedstaat der Europäischen Union oder in einem Staat des Europäischen Wirtschaftsraums hat und der Erblasser oder Schenker zu diesem Zeitpunkt unmittelbar zu mehr als 25 Prozent am Nennkapital der Kapitalgesellschaft beteiligt ist. [2]Stimmrechtslose Anteile sind bei der Prüfung der Mindestbeteiligungsquote grundsätzlich mit einzubeziehen. [3]Einbringungsgeborene Anteile sind nur begünstigungsfähig, wenn sie allein oder zusammen mit anderen unmittelbar vom Erblasser oder Schenker gehaltenen Anteilen die Mindestbeteiligungshöhe erfüllen. [4]Wird nur ein auf Grund einer Kapitaler-

höhung entstandenes Bezugsrecht übertragen, handelt es sich nicht um einen begünstigungsfähigen Anteil an einer Kapitalgesellschaft.

(2) [1]Nennkapital ist bei der GmbH der Nennbetrag des Stammkapitals und bei der AG der Nennbetrag des Grundkapitals. [2]Soweit die Gesellschaft eigene Anteile hält, mindern sie das Nennkapital der Gesellschaft und erhöhen damit die Beteiligungsquote des Gesellschafters. [3]Unterbeteiligungen oder über eine andere Kapitalgesellschaft oder eine Personengesellschaft gehaltene mittelbare Beteiligungen des Erblassers oder Schenkers sind selbst nicht begünstigt und bleiben bei der Prüfung seiner Beteiligungshöhe vorbehaltlich des Absatzes 3 unberücksichtigt.

(3) [1]Erreicht ein Gesellschafter nicht die erforderliche Mindestbeteiligungsquote von mehr als 25 Prozent, sind die Anteile dennoch in die Verschonungsregelung einzubeziehen, für die die Voraussetzungen der Poolvereinbarung im Sinne des § 13b Absatz 1 Nummer 3 Satz 2 ErbStG erfüllt sind. [2]In diesen Fällen ist die Summe der dem Erblasser oder Schenker unmittelbar zuzurechnenden Anteile und der Anteile weiterer Gesellschafter (Poolmitglieder) bei der Berechnung der Mindestbeteiligungsquote maßgebend. [3]Für eine Poolvereinbarung ist erforderlich, dass der Erblasser oder Schenker und die weiteren Gesellschafter untereinander verpflichtet sind,

1. über die Anteile nur einheitlich zu verfügen oder sie ausschließlich auf andere derselben Verpflichtung unterliegende Anteilseigner zu übertragen und
2. das Stimmrecht gegenüber nichtgebundenen Gesellschaftern einheitlich auszuüben.

[4]Bei Einräumung einer Unterbeteiligung muss auch der Unterbeteiligte den Verpflichtungen der Poolvereinbarung unterliegen.

(4) [1]Verfügung im Sinne des Absatzes 3 Satz 3 Nummer 1 ist die Übertragung des Eigentums an einem Anteil. [2]Eine einheitliche Verfügung setzt voraus, dass in der Poolvereinbarung für die Poolmitglieder die gleichen Verfügungsregeln hinsichtlich der gepoolten Anteile festgelegt sind. [3]Daraus muss sich ergeben, dass die Anteile nur an einen bestimmten Personenkreis, z. B. Familienmitglieder, einen Familienstamm oder eine Familienstiftung, übertragen werden dürfen oder dass eine Übertragung der Zustimmung der Mehrheit der Poolmitglieder bedarf. [4]Es ist nicht erforderlich, dass alle Poolmitglieder zum selben Zeitpunkt über ihre Anteile verfügen oder die Anteile auf dieselbe Person übertragen. [5]Eine Übertragung ausschließlich auf andere derselben Verpflichtung unterliegende Anteilseigner ist auch gegeben, wenn der Erwerber zeitgleich mit der Übertragung der Poolvereinbarung beitreten muss.

(5) [1]Eine einheitliche Stimmrechtsausübung im Sinne des Absatzes 3 Satz 3 Nummer 2 über die im Pool vorhandenen Stimmrechte bedeutet, dass die Einflussnahme einzelner Anteilseigner zum Zwecke einer einheitlichen Willensbildung zurücktreten muss; daraus folgt, dass stimmrechtslose Anteile nicht in eine Poolvereinbarung einbezogen werden können. [2]Die einheitliche Stimmrechtsausübung kann in unterschiedlicher Weise geregelt werden. [3]Neben der Möglichkeit zur gemeinsamen Bestimmung eines Sprechers oder eines Aufsichts- oder Leitungsgremiums kann die einheitliche Stimmrechts-

ausübung auch dadurch erreicht werden, dass einzelne Anteilseigner auf ihr Stimmrecht zugunsten der Poolgemeinschaft verzichten. [4]Voraussetzung für die Einbeziehung der Anteile in die Entlastung ist daher nicht die tatsächliche Stimmrechtsausübung. [5]Ferner ist nicht erforderlich, dass die Einflussnahme auf die Geschicke der Gesellschaft ausschließlich durch Anteilseigner (z.B. Familienmitglieder) erfolgt. [6]Grundsätzlich müssen die Gesellschafter die Poolvereinbarung untereinander treffen; dies ist auch der Fall, wenn der Erwerber oder sein Rechtsvorgänger als Rechtsnachfolger in die Pflichten einer früher geschlossenen Vereinbarung eingetreten ist. [7]Verpflichtet die Gesellschaft alle oder einen Teil der Gesellschafter zur Poolbildung im Sinne des § 13b Absatz 1 Nummer 3 ErbStG, erfüllt auch dies die Voraussetzung für die Verschonungsregelung. [8]Treffen alle Gesellschafter eine Poolvereinbarung, erhalten alle Gesellschafter die Begünstigung, obwohl kein nichtgebundener Gesellschafter im Sinne des § 13b Absatz 1 Nummer 3 ErbStG vorhanden ist. [9]Auch in diesen Fällen ist die einheitliche Stimmrechtsausübung der gebundenen Gesellschafter zwingend. [10]Es bestehen bei entsprechender Dokumentation keine Bedenken, die Beschlussfassung der Poolmitglieder zur einheitlichen Stimmrechtsausübung zu der jeweiligen Beschlussfassung in der Sache selbst im Rahmen einer zeitgleichen Gesellschafterversammlung voranzustellen.

(6) Die Poolvereinbarung kann sich aus dem Gesellschaftsvertrag oder aus anderen schriftlichen Vereinbarungen ergeben und muss im Besteuerungszeitpunkt vorliegen.

H E 13b.6

Begünstigungsfähige Anteile an Kapitalgesellschaften. Werden Anteile an einer Kapitalgesellschaft mit Sitz oder Geschäftsleitung im Inland, einem Mitgliedstaat der Europäischen Union oder einem Staat des Europäischen Wirtschaftsraums übertragen, die die Voraussetzungen des § 13b Absatz 1 Nummer 3 ErbStG erfüllen, bestimmt sich der Umfang des begünstigungsfähigen Vermögens wie folgt:

Zum Vermögen der Kapitalgesellschaft gehören	begünstigungsfähiges/nicht begünstigungsfähiges Vermögen
Betriebstätte im Inland	begünstigungsfähiges Vermögen
Betriebstätte in einem Mitgliedstaat der Europäischen Union oder einem Staat des Europäischen Wirtschaftsraums	begünstigungsfähiges Vermögen
Betriebstätte in einem Drittstaat	begünstigungsfähiges Vermögen, da Sitz bzw. Geschäftsleitung der Kapitalgesellschaft im Inland, einem Mitgliedstaat der Europäischen Union oder einem Staat des Europäischen Wirtschaftsraums

Zum Vermögen der Kapitalgesellschaft gehören	**begünstigungsfähiges/nicht begünstigungsfähiges Vermögen**
Beteiligung an einer Personengesellschaft im Inland	begünstigungsfähiges Vermögen, da Sitz bzw. Geschäftsleitung der Kapitalgesellschaft im Inland, einem Mitgliedstaat der Europäischen Union oder einem Staat des Europäischen Wirtschaftsraums
Beteiligung an einer Personengesellschaft in einem Mitgliedstaat der Europäischen Union oder einem Staat des Europäischen Wirtschaftsraums	begünstigungsfähiges Vermögen, da Sitz bzw. Geschäftsleitung der Kapitalgesellschaft im Inland, einem Mitgliedstaat der Europäischen Union oder einem Staat des Europäischen Wirtschaftsraums
Beteiligung an einer Personengesellschaft in einem Drittstaat	begünstigungsfähiges Vermögen, da Sitz bzw. Geschäftsleitung der Kapitalgesellschaft im Inland, einem Mitgliedstaat der Europäischen Union oder einem Staat des Europäischen Wirtschaftsraums
Anteile an einer Kapitalgesellschaft im Inland	begünstigungsfähiges Vermögen, da Sitz bzw. Geschäftsleitung der Kapitalgesellschaft im Inland, einem Mitgliedstaat der Europäischen Union oder einem Staat des Europäischen Wirtschaftsraums
Anteile an einer Kapitalgesellschaft in einem Mitgliedstaat der Europäischen Union oder einem Staat des Europäischen Wirtschaftsraums	begünstigungsfähiges Vermögen, da Sitz bzw. Geschäftsleitung der Kapitalgesellschaft im Inland, einem Mitgliedstaat der Europäischen Union oder einem Staat des Europäischen Wirtschaftsraums
Anteile an einer Kapitalgesellschaft in einem Drittstaat	begünstigungsfähiges Vermögen, da Sitz bzw. Geschäftsleitung der Kapitalgesellschaft im Inland, einem Mitgliedstaat der Europäischen Union oder einem Staat des Europäischen Wirtschaftsraums

Beteiligungserfordernis für den Schenker bei einer mittelbaren Anteilsschenkung. Auch bei einer mittelbaren Schenkung von Anteilen an einer Kapitalgesellschaft sind die Steuerbegünstigungen des § 13a ErbStG zu versagen, wenn der Schenker nicht zu mehr als einem Viertel am Nennkapital der Gesellschaft beteiligt ist → BFH vom 16.2.2005 II R 6/02, BStBl. II S. 411.

Ermittlung der Beteiligungsquote bei Einziehung von Geschäftsanteilen an einer GmbH und ausstehender Angleichung der Summe der Geschäftsanteile an das Stammkapital. Werden Geschäftsanteile an einer GmbH eingezogen (§ 34 GmbHG), erlöschen diese. Dies führt dazu, dass die Summe der Nennbeträge der Geschäftsanteile der GmbH nicht mehr dem Betrag des Stammkapitals der GmbH entspricht. Diese Divergenz kann durch eine Kapitalherabsetzung, einen Aufstockungsbeschluss oder durch Neubildung eines Geschäftsanteils beseitigt werden.
Steht bei der Übertragung von Geschäftsanteilen an einer GmbH nach einer Einziehung die Angleichung der Summe der Geschäftsanteile an das Stammkapital noch aus, ist das Nennkapital der GmbH um die Summe der Nennbeträge der eingezogenen Geschäftsanteile zu mindern und erhöht damit die Beteiligungsquote des Gesellschafters.

Formerfordernis einer Poolvereinbarung. → BFH vom 20.2.2019 II R 25/16, BStBl. II S. 779.

Stimmrechtslose Vorzugsaktien.

Beispiel 1:

S schenkt B unmittelbar gehaltene stimmrechtslose Vorzugsaktien der S-AG. Seine Beteiligung am Nennkapital (Stammaktien und Vorzugsaktien) beträgt
a) mehr als 25 %
b) weniger als 25 %.
Bei der Beurteilung der Mindestbeteiligung im Sinne des § 13b Absatz 1 Nummer 3 Satz 1 ErbStG kommt es nicht auf die mit den Anteilen verbundenen Stimmrechte an, sodass auch stimmrechtslose Anteile begünstigungsfähiges Vermögen sein können.
a) Die Anteile sind begünstigungsfähiges Vermögen, weil die Beteiligung mehr als 25 % beträgt.
b) Die Anteile sind nicht begünstigungsfähiges Vermögen, weil die Beteiligung nicht mehr als 25 % beträgt.

Beispiel 2:

S schenkt B gleichzeitig unmittelbar gehaltene stimmberechtigte Stammaktien an der S-AG in Höhe von 8 % sowie unmittelbar gehaltene stimmrechtslose Vorzugsaktien in Höhe von 20 %.
Die von S unmittelbar gehaltenen Stamm- und Vorzugsaktien erfüllen die Mindestbeteiligung von mehr als 25 % nach § 13b Absatz 1 Nummer 3 Satz 1 ErbStG. Die übertragenen Anteile (Stamm- und Vorzugsaktien) sind begünstigungsfähiges Vermögen.

Stimmrechtslose Vorzugsaktien und Poolregelung.

Beispiel 1:

S schenkt B gleichzeitig unmittelbar gehaltene stimmberechtigte Stammaktien an der S-AG in Höhe von 8 % sowie unmittelbar gehaltene stimmrechtslose Vorzugsaktien in Höhe von 20 %. Die Stammaktien von 8 % sind mit stimmberechtigten Anteilen anderer Gesellschafter gepoolt; der Pool erfüllt die Mindestbeteiligung von mehr als 25 %. Die stimmrechtslosen Vorzugsaktien sind in den Pool nicht einbezogen.
Die von S unmittelbar gehaltenen Stamm- und Vorzugsaktien erfüllen die Mindestbeteiligung von mehr als 25 % nach § 13b Absatz 1 Nummer 3 Satz 1 ErbStG. Die übertragenen Anteile (Stamm- und Vorzugsaktien) sind begünstigungsfähiges Vermögen. Dass die Stammaktien gepoolt sind, bleibt hierbei ohne Bedeutung.

Beispiel 2:

S schenkt B gleichzeitig unmittelbar gehaltene stimmberechtigte Stammaktien an der S-AG in Höhe von 8 % sowie unmittelbar gehaltene stimmrechtslose Vorzugsaktien in Höhe von

10 %. Die Stammaktien von 8 % sind mit stimmberechtigten Anteilen anderer Gesellschafter gepoolt; der Pool erfüllt die Mindestbeteiligung von mehr als 25 %.
Über die gepoolten stimmberechtigten Stammaktien erfüllt S die Mindestbeteiligung von mehr als 25 % nach § 13b Absatz 1 Nummer 3 Satz 2 ErbStG. Die insgesamt übertragenen Anteile (Stamm- und Vorzugsaktien) sind begünstigungsfähiges Vermögen. Dass die stimmrechtslosen Vorzugsaktien nicht in den Pool mit einbezogen werden, bleibt hierbei ohne Bedeutung.

R E 13b.7 Begünstigtes Vermögen

[1]Das begünstigungsfähige Vermögen im Sinne des § 13b Absatz 1 ErbStG ist begünstigt, soweit sein gemeiner Wert den um das unschädliche Verwaltungsvermögen im Sinne des § 13b Absatz 7 ErbStG gekürzten Nettowert des Verwaltungsvermögens im Sinne des § 13b Absatz 6 ErbStG übersteigt (§ 13b Absatz 2 Satz 1 ErbStG). [2]Sämtliches Vermögen, das nicht zum begünstigten Vermögen gehört, ist ohne Verschonungsmöglichkeit steuerpflichtig. [3]Ist der festgestellte Wert des (Anteils des) Betriebsvermögens positiv, aber die Summe der gemeinen Werte des festgestellten Verwaltungsvermögens zuzüglich der festgestellten (jungen) Finanzmittel negativ (→ R E 13b.9 Abs. 2 I), liegt kein Verwaltungsvermögen vor. [4]Damit ist der 90-Prozent-Test bestanden und begünstigtes Vermögen im Sinne des § 13b Absatz 2 ErbStG gegeben. [5]Wenn der Wert des (Anteils des) Betriebsvermögens negativ ist, liegt insoweit kein begünstigtes Vermögen vor.

R E 13b.8 Erwerb unterschiedlicher Arten begünstigten Vermögens

(1) [1]Umfasst das auf einen Erwerber übertragene begünstigte Vermögen (→ R E 13b.7) mehrere selbstständig zu bewertende wirtschaftliche Einheiten einer Vermögensart (z. B. mehrere Gewerbebetriebe) oder mehrere Arten begünstigten Vermögens (land- und forstwirtschaftliches Vermögen, Betriebsvermögen, Anteile an Kapitalgesellschaften), sind deren Werte vor der Anwendung der §§ 13a, 13c und 28a ErbStG zusammenzurechnen. [2]Der Verschonungsabschlag nach § 13a Absatz 1 oder 10 oder § 13c ErbStG und der Abzugsbetrag nach § 13a Absatz 2 ErbStG können nur von einem insgesamt positiven Steuerwert des gesamten begünstigten Vermögens abgezogen werden. [3]Liegt nur eine wirtschaftliche Einheit mit einem negativen gemeinen Wert vor, kommt keine Verschonung in Betracht.

(2)[1)] [1]Soweit Schulden und Lasten mit dem nach § 13a oder § 13c ErbStG befreiten Vermögen in wirtschaftlichem Zusammenhang stehen, sind diese nach § 10 Absatz 6 Satz 4 ErbStG nur mit dem Betrag abzugsfähig, der dem Verhältnis des nach Anwendung des § 13a oder § 13c ErbStG anzusetzenden Werts des gesamten begünstigten Vermögens zu dem Wert vor Anwendung des § 13a oder § 13c ErbStG entspricht (→ R E 10.10 Absatz 4). [2]Zu diesen Schulden und Lasten können nur solche gehören, die nicht bereits bei der Ermittlung des gemeinen Werts berücksichtigt worden sind, und soweit sie dem begünstigten Vermögen wirtschaftlich zugeordnet werden können. [3]Bei begünstigtem land- und forstwirtschaftlichen Vermögen ist § 158 Absatz 5 BewG zu berücksichtigen.

---

1) Teilweise überholt durch Änderung des § 10 Abs. 6 ErbStG durch das JStG 2020.

H E 13b.8

Entlastungen beim Erwerb mehrerer Arten begünstigten Vermögens.

Beispiel:

M vererbt ihrer Tochter T einen Gewerbebetrieb mit einem Steuerwert von 600 000 EUR (begünstigtes Vermögen 600 000 EUR), eine KG-Beteiligung mit einem negativen Steuerwert von – 400 000 EUR und begünstigungsfähige GmbH-Anteile mit einem Steuerwert von 500 000 EUR (begünstigtes Vermögen 500 000 EUR).

Wert des begünstigten Betriebsvermögens			600 000 EUR
begünstigte GmbH-Anteile			+ 500 000 EUR
begünstigtes Vermögen insgesamt			1 100 000 EUR
Verschonungsabschlag 85 %			935 000 EUR
verbleiben			165 000 EUR
Abzugsbetrag			142 500 EUR
Berechnung des Abzugsbetrags		150 000 EUR	
Verbleibender Wert (15%)	165 000 EUR		
Abzugsbetrag	./. 150 000 EUR		
Unterschiedsbetrag	15 000 EUR		
Davon 50 %		./. 7 500 EUR	
Verbleibender Abzugsbetrag		142 500 EUR	
steuerpflichtiges begünstigtes Vermögen			22 500 EUR
KG-Beteiligung			– 400 000 EUR
verbleiben			– 377 500 EUR

R E 13b.9 Ermittlung des begünstigten Vermögens und des steuerpflichtigen Vermögens

(1) [1]Das begünstigte Vermögen und das steuerpflichtige Vermögen werden durch das zuständige Erbschaftsteuerfinanzamt auf der Grundlage der Feststellungen durch die Betriebsfinanzämter nach § 13b Absatz 10 ErbStG ermittelt. [2]Die Berechnungen des Erbschaftsteuerfinanzamts erstrecken sich nur auf das begünstigungsfähige Vermögen im Sinne des § 13b Absatz 1 ErbStG. [3]Bei Einzelunternehmen und Personengesellschaften ist zur Ermittlung des begünstigten Vermögens der festgestellte Wert nach § 151 Absatz 1 Satz 1 Nummer 2 BewG um das Betriebsvermögen in Drittstaaten-Betriebstätten (→ R E 13b.5 Absatz 4) zu mindern.

(2) [1]Das begünstigte Vermögen ist wie folgt zu ermitteln:

I. 90 %-Test (Prüfung nach § 13b Absatz 2 Satz 2 ErbStG)

	festgestellter Wert des Verwaltungsvermögens (einschließlich junges Verwaltungsvermögen) § 13b Absatz 4 Nummer 1 bis 4 ErbStG
+	festgestellter Wert der Finanzmittel (einschließlich junge Finanzmittel) § 13b Absatz 4 Nummer 5 ErbStG
=	Verwaltungsvermögen für den 90 %-Test

$$\frac{\text{Verwaltungsvermögen für den 90 \%-Test}}{\text{festgestellter Wert des (Anteils) Betriebsvermögens}}$$

= Verwaltungsvermögensquote ≥ 90 %, dann insgesamt kein begünstigtes Vermögen

II. Berechnung des begünstigten Vermögens

II.1 Finanzmitteltest im Sinne des § 13b Absatz 4 Nummer 5 ErbStG

	festgestellter Wert der Finanzmittel
–	festgestellter Wert der jungen Finanzmittel nach § 13b Absatz 4 Nummer 5 Satz 2 ErbStG; höchstens der festgestellte Wert der Finanzmittel
=	Saldo
–	festgestellter Wert der Schulden
=	Saldo
–	Sockelbetrag 15% des festgestellten Werts des (Anteils) Betriebsvermögens (vorbehaltlich Hauptzweck gemäß § 13b Absatz 4 Nummer 5 Satz 4 ErbStG)
=	verbleibender Wert der Finanzmittel, mindestens 0 EUR (§ 13b Absatz 4 Nummer 5 Satz 1 ErbStG)

II.2 Berechnung der verbleibenden Schulden

	festgestellter Wert der Schulden
–	Wert der Schulden, die im Rahmen des Finanzmitteltests verrechnet wurden
=	verbleibende Schulden

II.3 Nettowert des Verwaltungsvermögens

II.3.1 Saldo Verwaltungsvermögen

	festgestellter Wert des Verwaltungsvermögens (§ 13b Absatz 4 Nummer 1 bis 4 ErbStG)
–	festgestellter Wert des jungen Verwaltungsvermögens
+	verbleibender Wert der Finanzmittel II.1 (§ 13b Absatz 4 Nummer 5 Satz 1 ErbStG)
=	Saldo Verwaltungsvermögen

II.3.2 Berechnung der anteilig verbleibenden Schulden

$$\frac{\text{verbleibende Schulden II.2} \times \text{Saldo Verwaltungsvermögen II.3.1}}{\text{festgestellter Wert des (Anteils) Betriebsvermögens} + \text{verbleibende Schulden II.2}}$$

= anteilig verbleibende Schulden

II.3.3 Berechnung des Nettowertes des Verwaltungsvermögens

	Saldo Verwaltungsvermögen II.3.1
–	anteilig verbleibende Schulden II.3.2
=	Nettowert des Verwaltungsvermögens

II.4 Steuerpflichtiger Wert des Verwaltungsvermögens

II.4.1 Berechnung der Bemessungsgrundlage des unschädlichen Verwaltungsvermögens (§ 13b Absatz 7 ErbStG)

	festgestellter Wert des (Anteils) Betriebsvermögens
–	Nettowert des Verwaltungsvermögens II.3.3
–	festgestellter Wert des jungen Verwaltungsvermögens
–	festgestellter Wert der jungen Finanzmittel
=	Bemessungsgrundlage für das unschädliche Verwaltungsvermögen

II.4.2 Gekürzter Nettowert des Verwaltungsvermögens

	Nettowert des Verwaltungsvermögens II.3.3
–	10% × Bemessungsgrundlage für das unschädliche Verwaltungsvermögen II.4.1
=	gekürzter Nettowert des Verwaltungsvermögens

II.4.3 Berechnung des steuerpflichtigen Werts des Verwaltungsvermögens

	gekürzter Nettowert des Verwaltungsvermögens II.4.2
+	festgestellter Wert des jungen Verwaltungsvermögens
+	festgestellter Wert der jungen Finanzmittel
=	steuerpflichtiger Wert des Verwaltungsvermögens (nicht begünstigtes Vermögen)

II.5 Begünstigtes Vermögen (§ 13b Absatz 2 Satz 1 ErbStG)

	festgestellter Wert des (Anteils) Betriebsvermögens
–	steuerpflichtiger Wert des Verwaltungsvermögens II.4.3
=	begünstigtes Vermögen

[2]Ergänzend ist das steuerpflichtige Vermögen wie folgt zu ermitteln:

III. Berechnung des Vorwegabschlags nach § 13a Absatz 9 ErbStG [bei Beteiligungen an Personengesellschaften und mitübertragenem Sonderbetriebsvermögen gelten Besonderheiten]

	begünstigtes Vermögen II.5
×	Vorwegabschlag in %, max. 30%
=	Vorwegabschlag

IV. Steuerpflichtiges Vermögen

	begünstigtes Vermögen II.5
–	Vorwegabschlag III
=	Saldo (→ Satz 3)

–	Verschonungsabschlag [85%, 100% oder abgeschmolzener Prozentsatz; § 13a Absatz 1 oder 10, § 13c ErbStG]
=	Saldo
–	Abzugsbetrag nach § 13a Absatz 2 ErbStG
=	steuerpflichtiges begünstigtes Vermögen
+	steuerpflichtiger Wert des Verwaltungsvermögens II.4.3 (nicht begünstigtes Vermögen)
=	steuerpflichtiges Vermögen

[3]Beim Erwerb von mehreren wirtschaftlichen Einheiten des begünstigungsfähigen Vermögens sind die Werte des begünstigten Vermögens (gegebenenfalls nach dem Vorwegabschlag) zusammenzurechnen.

H E 13b.9

Berechnung des begünstigten Vermögens und des steuerpflichtigen Vermögens.

Beispiel 1:

Einzelunternehmen, Beteiligungen an Personengesellschaften ohne Sonderbetriebsvermögen oder Anteile an Kapitalgesellschaften

Unternehmer U schenkt seiner Tochter T eine Beteiligung an der A und B OHG. Sonderbetriebsvermögen wird nicht mitübertragen. Ein Antrag auf Optionsverschonung wurde nicht gestellt.

Folgende Feststellungen des Betriebsfinanzamts nach § 13b Absatz 10 ErbStG liegen vor:

		davon jung
Wert des (Anteils) Betriebsvermögens	1 500 000 EUR	
Verwaltungsvermögen	100 000 EUR	10 000 EUR
Finanzmittel	50 000 EUR	20 000 EUR
Schulden	400 000 EUR	

Nachrichtlich teilt das Betriebsfinanzamt mit, dass der Abschlag nach § 13a Absatz 9 ErbStG 20 % beträgt.

Berechnungen:

I. 90 %-Test (Prüfung nach § 13b Absatz 2 Satz 2 ErbStG)

	festgestellter Wert des Verwaltungsvermögens (einschließlich junges Verwaltungsvermögen) § 13b Absatz 4 Nummer 1 bis 4 ErbStG	100 000 EUR
+	festgestellter Wert der Finanzmittel (einschließlich junge Finanzmittel) § 13b Absatz 4 Nummer 5 ErbStG	50 000 EUR
=	Verwaltungsvermögen für den 90 %-Test	150 000 EUR

$$\frac{\text{Verwaltungsvermögen für den 90 \%-Test 150 000 EUR}}{\text{festgestellter Wert des (Anteils) Betriebsvermögens 1 500 000 EUR}}$$

= Verwaltungsvermögensquote 10,00 %

II. Berechnung des begünstigten Vermögens

II.1. Finanzmitteltest im Sinne des § 13b Absatz 4 Nummer 5 ErbStG

	festgestellter Wert der Finanzmittel	50 000 EUR
–	festgestellter Wert der jungen Finanzmittel nach § 13b Absatz 4 Nummer 5 Satz 2 ErbStG; höchstens der festgestellte Wert der Finanzmittel	20 000 EUR
=	Saldo	30 000 EUR
–	festgestellter Wert der Schulden	400 000 EUR
=	Saldo	– 370 000 EUR
–	Sockelbetrag 15 % des festgestellten Werts des (Anteils) Betriebsvermögens (vorbehaltlich Hauptzweck gemäß § 13b Absatz 4 Nummer 5 Satz 4 ErbStG)	0 EUR
=	verbleibender Wert der Finanzmittel, mindestens 0 EUR (§ 13b Absatz 4 Nummer 5 Satz 1 ErbStG)	0 EUR

II.2. Berechnung der verbleibenden Schulden

	festgestellter Wert der Schulden	400 000 EUR
–	Wert der Schulden, die im Rahmen des Finanzmitteltests verrechnet wurden	30 000 EUR
=	verbleibende Schulden	370 000 EUR

II.3. Nettowert des Verwaltungsvermögens

II.3.1. Saldo Verwaltungsvermögen

	festgestellter Wert des Verwaltungsvermögens (§ 13b Absatz 4 Nummer 1 bis 4 ErbStG)	100 000 EUR
–	festgestellter Wert des jungen Verwaltungsvermögens	10 000 EUR
+	verbleibender Wert der Finanzmittel II.1 (§ 13b Absatz 4 Nummer 5 Satz 1 ErbStG)	0 EUR
=	Saldo Verwaltungsvermögen	90 000 EUR

II.3.2. Berechnung der anteilig verbleibenden Schulden

$$\frac{\text{verbleibende Schulden II.2} \times \text{Saldo Verwaltungsvermögen II.3.1} \quad 370\,000 \text{ EUR} \times 90\,000 \text{ EUR}}{\text{festgestellter Wert des (Anteils) Betriebsvermögens} + \text{verbleibende Schulden II.2} \quad 1\,500\,000 \text{ EUR} + 370\,000 \text{ EUR}}$$

=	anteilig verbleibende Schulden	17 808 EUR

II.3.3. Berechnung des Nettowertes des Verwaltungsvermögens

	Saldo Verwaltungsvermögen II.3.1	90 000 EUR
–	anteilig verbleibende Schulden II.3.2	17 808 EUR
=	Nettowert des Verwaltungsvermögens	72 192 EUR

II.4. Steuerpflichtiger Wert des Verwaltungsvermögens

II.4.1. Berechnung der Bemessungsgrundlage des unschädlichen Verwaltungsvermögens (§ 13b Absatz 7 ErbStG)

	festgestellter Wert des (Anteils) Betriebsvermögens	1 500 000 EUR
–	Nettowert des Verwaltungsvermögens II.3.3	72 192 EUR
–	festgestellter Wert des jungen Verwaltungsvermögens	10 000 EUR
–	festgestellter Wert der jungen Finanzmittel	20 000 EUR
=	Bemessungsgrundlage für das unschädliche Verwaltungsvermögen	1 397 808 EUR

II.4.2. Gekürzter Nettowert des Verwaltungsvermögens

	Nettowert des Verwaltungsvermögens II.3.3	72 192 EUR
–	10 % × Bemessungsgrundlage für das unschädliche Verwaltungsvermögen II.4.1	139 781 EUR
=	gekürzter Nettowert des Verwaltungsvermögens	0 EUR

II.4.3. Berechnung des steuerpflichtigen Werts des Verwaltungsvermögens

	gekürzter Nettowert des Verwaltungsvermögens II.4.2	0 EUR
+	festgestellter Wert des jungen Verwaltungsvermögens	10 000 EUR
+	festgestellter Wert der jungen Finanzmittel	20 000 EUR
=	steuerpflichtiger Wert des Verwaltungsvermögens (nicht begünstigtes Vermögen)	30 000 EUR

II.5. Begünstigtes Vermögen (§ 13b Absatz 2 Satz 1 ErbStG)

	festgestellter Wert des (Anteils) Betriebsvermögens	1 500 000 EUR
–	steuerpflichtiger Wert des Verwaltungsvermögens II.4.3	30 000 EUR
=	begünstigtes Vermögen	1 470 000 EUR

III. Berechnung des Vorwegabschlags nach § 13a Absatz 9 ErbStG

	begünstigtes Vermögen II.5	1 470 000 EUR
×	Vorwegabschlag in %, max. 30 %	20 %
=	Vorwegabschlag	294 000 EUR

IV. Steuerpflichtiges Vermögen

	begünstigtes Vermögen II.5	1 470 000 EUR
–	Vorwegabschlag III	294 000 EUR
=	Saldo	1 176 000 EUR
–	Verschonungsabschlag 85 %	999 600 EUR
=	Saldo	176 400 EUR
–	Abzugsbetrag nach § 13a Absatz 2 ErbStG	136 800 EUR
=	steuerpflichtiges begünstigtes Vermögen	39 600 EUR
+	steuerpflichtiger Wert des Verwaltungsvermögens II.4.3 (nicht begünstigtes Vermögen)	30 000 EUR
=	steuerpflichtiges Vermögen	69 600 EUR

Beispiel 2:

Beteiligungen an Personengesellschaften mit Sonderbetriebsvermögen

Unternehmer U schenkt seiner Tochter T eine Beteiligung an der A und B OHG. Sonderbetriebsvermögen (SBV) des U wird mit mitübertragen. Ein Antrag auf Optionsverschonung wurde nicht gestellt.

Folgende Feststellungen des Betriebsfinanzamts nach § 13b Absatz 10 ErbStG liegen vor:

Wert der Beteiligung an der A und B OHG	1 800 000 EUR
Verwaltungsvermögen nach § 13b Absatz 4 Nummer 1 bis 4 ErbStG	125 000 EUR
junges Verwaltungsvermögen	12 500 EUR
Finanzmittel	85 000 EUR
junge Finanzmittel	20 000 EUR
Schulden	490 000 EUR

Nachrichtlich teilt das Betriebsfinanzamt mit, dass der Abschlag nach § 13a Absatz 9 ErbStG 20 % beträgt. Das Betriebsfinanzamt teilt darüber hinaus nachrichtlich Folgendes mit:

	Gesamthand	davon jung	SBV	davon jung
Wert (Anteil)				
Betriebsvermögen	1 500 000 EUR		300 000 EUR	
Verwaltungsvermögen	100 000 EUR	10 000 EUR	25 000 EUR	2 500 EUR
Finanzmittel	50 000 EUR	20 000 EUR	35 000 EUR	0 EUR
Schulden	400 000 EUR		90 000 EUR	0 EUR

Berechnungen:

I. 90 %-Test (Prüfung nach § 13b Absatz 2 Satz 2 ErbStG)

	festgestellter Wert des Verwaltungsvermögens (einschließlich junges Verwaltungsvermögen) § 13b Absatz 4 Nummer 1 bis 4 ErbStG	125 000 EUR
+	festgestellter Wert der Finanzmittel (einschließlich junge Finanzmittel) § 13b Absatz 4 Nummer 5 ErbStG	85 000 EUR
=	Verwaltungsvermögen für den 90 %-Test	210 000 EUR

$$\frac{\text{Verwaltungsvermögen für den 90\%-Test 210 000 EUR}}{\text{festgestellter Wert des (Anteils) Betriebsvermögens 1 800 000 EUR}}$$

= Verwaltungsvermögensquote 11,67 %

II. Berechnung des begünstigten Vermögens

II.1. Finanzmitteltest im Sinne des § 13b Absatz 4 Nummer 5 ErbStG

	festgestellter Wert der Finanzmittel	85 000 EUR
–	festgestellter Wert der jungen Finanzmittel nach § 13b Absatz 4 Nummer 5 Satz 2 ErbStG; höchstens der festgestellte Wert der Finanzmittel	20 000 EUR
=	Saldo	65 000 EUR
–	festgestellter Wert der Schulden	490 000 EUR
=	Saldo	– 425 000 EUR
–	Sockelbetrag 15 % des festgestellten Werts des (Anteils) Betriebsvermögens (vorbehaltlich Hauptzweck gemäß § 13b Absatz 4 Nummer 5 Satz 4 ErbStG)	0 EUR
=	verbleibender Wert der Finanzmittel, mindestens 0 EUR (§ 13b Absatz 4 Nummer 5 Satz 1 ErbStG)	0 EUR

II.2. Berechnung der verbleibenden Schulden

	festgestellter Wert der Schulden	490 000 EUR
–	Wert der Schulden, die im Rahmen des Finanzmitteltests verrechnet wurden	65 000 EUR
=	verbleibende Schulden	425 000 EUR

II.3. Nettowert des Verwaltungsvermögens

II.3.1. Saldo Verwaltungsvermögen

	festgestellter Wert des Verwaltungsvermögens (§ 13b Absatz 4 Nummer 1 bis 4 ErbStG)	125 000 EUR
–	festgestellter Wert des jungen Verwaltungsvermögens	12 500 EUR
+	verbleibender Wert der Finanzmittel II.1 (§ 13b Absatz 4 Nummer 5 Satz 1 ErbStG)	0 EUR
=	Saldo Verwaltungsvermögen	112 500 EUR

II.3.2. Berechnung der anteilig verbleibenden Schulden

$$\frac{\text{verbleibende Schulden II.2} \times \text{Saldo Verwaltungsvermögen II.3.1} \\ 425\,000 \text{ EUR} \times 112\,500 \text{ EUR}}{\text{festgestellter Wert des (Anteils) Betriebsvermögens + verbleibende Schulden II.2} \\ 1\,800\,000 \text{ EUR} + 425\,000 \text{ EUR}}$$

=	anteilig verbleibende Schulden	21 489 EUR

II.3.3. Berechnung des Nettowertes des Verwaltungsvermögens

	Saldo Verwaltungsvermögen II.3.1	112 500 EUR
–	anteilig verbleibende Schulden II.3.2	21 489 EUR
=	Nettowert des Verwaltungsvermögens	91 011 EUR

II.4. Steuerpflichtiger Wert des Verwaltungsvermögens

II.4.1. Berechnung der Bemessungsgrundlage des unschädlichen Verwaltungsvermögens (§ 13b Absatz 7 ErbStG)

	festgestellter Wert des (Anteils) Betriebsvermögens	1 800 000 EUR
–	Nettowert des Verwaltungsvermögens II.3.3	91 011 EUR
–	festgestellter Wert des jungen Verwaltungsvermögens	12 500 EUR
–	festgestellter Wert der jungen Finanzmittel	20 000 EUR
=	Bemessungsgrundlage für das unschädliche Verwaltungsvermögen	1 676 489 EUR

II.4.2. Gekürzter Nettowert des Verwaltungsvermögens

	Nettowert des Verwaltungsvermögens II.3.3	91 011 EUR
–	10 % × Bemessungsgrundlage für das unschädliche Verwaltungsvermögen II.4.1	167 649 EUR
=	gekürzter Nettowert des Verwaltungsvermögens	0 EUR

II.4.3. Berechnung des steuerpflichtigen Werts des Verwaltungsvermögens

	gekürzter Nettowert des Verwaltungsvermögens II.4.2	0 EUR
+	festgestellter Wert des jungen Verwaltungsvermögens	12 500 EUR
+	festgestellter Wert der jungen Finanzmittel	20 000 EUR
=	steuerpflichtiger Wert des Verwaltungsvermögens (nicht begünstigtes Vermögen)	32 500 EUR

II.5. Begünstigtes Vermögen (§ 13b Absatz 2 Satz 1 ErbStG)

	festgestellter Wert des (Anteils) Betriebsvermögens	1 800 000 EUR
–	steuerpflichtiger Wert des Verwaltungsvermögens II.4.3	32 500 EUR
=	begünstigtes Vermögen	1 767 500 EUR

Für Zwecke der Bemessungsgrundlage des Vorwegabschlages muss eine zweite Berechnung des begünstigten Vermögens nur für das übertragene Gesamthandsvermögen und ohne das mitübertragene Sonderbetriebsvermögen erfolgen. Hierzu wird auf die Berechnung in Beispiel 1 beziehungsweise H 13a.20 „Vorwegabschlag bei Beteiligung an einer Personengesellschaft mit mitübertragenem Sonderbetriebsvermögen“ verwiesen. Das maßgebende begünstigte Vermögen beträgt danach 1 470 000 EUR.

III. Berechnung des Vorwegabschlags nach § 13a Absatz 9 ErbStG

	begünstigtes Vermögen II.5	1 470 000 EUR
×	Vorwegabschlag in %, max. 30 %	20 %
=	Vorwegabschlag	294 000 EUR

IV. Steuerpflichtiges Vermögen

	begünstigtes Vermögen II.5	1 767 500 EUR
–	Vorwegabschlag III	294 000 EUR
=	Saldo	1 473 500 EUR
–	Verschonungsabschlag 85 %	1 252 475 EUR
=	Saldo	221 025 EUR
–	Abzugsbetrag nach § 13a Absatz 2 ErbStG	114 488 EUR
=	steuerpflichtiges begünstigtes Vermögen	106 537 EUR
+	steuerpflichtiger Wert des Verwaltungsvermögens II.4.3 (nicht begünstigtes Vermögen)	32 500 EUR
=	steuerpflichtiges Vermögen	139 037 EUR

R E 13b.10 Übermäßiges Verwaltungsvermögen

[1]Besteht das begünstigungsfähige Vermögen nahezu ausschließlich, das heißt zu mindestens 90 Prozent, aus Verwaltungsvermögen (übermäßiges Verwaltungsvermögen), ist es von jeder Verschonung ausgenommen (§ 13b Absatz 2 Satz 2 ErbStG). [2]Das betrifft die Verschonungen nach § 13a und § 13c ErbStG, die Stundung nach § 28 Absatz 1 ErbStG und die Verschonungsbedarfsprüfung nach § 28a ErbStG. [3]Für die Prüfung, ob übermäßiges Verwaltungsvermögen vorliegt, ist folgendes Verhältnis maßgebend:

$$\frac{\text{Summe aus dem festgestellten Wert des Verwaltungsvermögens einschließlich des jungen Verwaltungsvermögens und dem festgestellten Wert der Finanzmittel einschließlich der jungen Finanzmittel}}{\text{festgestellter Wert des (Anteils) Betriebsvermögens}}$$

[4]Die Schuldenverrechnung mit den Finanzmitteln, der Sockelbetrag beim Finanzmitteltest, die quotale Schuldenverrechnung mit dem Verwaltungsvermögen und das unschädliche Verwaltungsvermögen bleiben unberücksichtigt. [5]Verwaltungsvermögen, das der Erfüllung von Schulden aus Altersversorgungsverpflichtungen dient (§ 13b Absatz 3 ErbStG), ist nicht zu berücksichtigen.

H E 13b.10

Berechnung des übermäßigen Verwaltungsvermögens.

	festgestellter Wert des Verwaltungsvermögens (einschließlich junges Verwaltungsvermögen) § 13b Absatz 4 Nummer 1 bis 4 ErbStG
+	festgestellter Wert der Finanzmittel (einschließlich junge Finanzmittel) § 13b Absatz 4 Nummer 5 ErbStG
=	Verwaltungsvermögen für den 90 %-Test

$$\frac{\text{Verwaltungsvermögen für den 90 \%-Test}}{\text{festgestellter Wert des (Anteils) Betriebsvermögens}}$$

= Verwaltungsvermögensquote ≥ 90 %, dann insgesamt kein begünstigtes Vermögen

→ H 13b.9 Beispiel 1 und 2.

R E 13b.11 Altersversorgungsvermögen

(1) Betriebliche Altersversorgungsansprüche und -verpflichtungen liegen vor, wenn der Arbeitgeber seinem Arbeitnehmer aus Anlass eines Arbeitsverhältnisses Versorgungsleistungen bei Alter, Invalidität und/oder Tod im Sinne des § 1 Absatz 1 BetrAVG oder in anderer Weise zusagt.

(2) [1] Teile des begünstigungsfähigen Vermögens, die ausschließlich und dauerhaft der Erfüllung von Schulden aus Altersversorgungsverpflichtungen dienen und dem Zugriff aller übrigen nicht aus den Altersversorgungsverpflichtungen unmittelbar berechtigten Gläubiger entzogen sind, werden nach § 13b Absatz 2 Satz 2 und Absatz 3 ErbStG bis zur Höhe des gemeinen Werts der Schulden aus Altersversorgungsverpflichtungen nicht als Verwaltungsvermögen behandelt. [2] Hierunter fallen nur Wirtschaftsgüter des Verwaltungsvermögens nach § 13b Absatz 4 Nummer 1 bis 4 ErbStG einschließlich des jungen Verwaltungsvermögens und die Finanzmittel nach § 13b Absatz 4 Nummer 5 Satz 1 ErbStG ohne Berücksichtigung der Schuldenverrechnung und des Sockelbetrags. [3] Nicht darunter fallen die jungen Finanzmittel nach § 13b Absatz 4 Nummer 5 Satz 2 ErbStG und die Wirtschaftsgüter, die nicht zum Verwaltungsvermögen nach § 13b Absatz 4 ErbStG gehören. [4] Von der Regelung betroffen sind vor allem sogenannte CTA-Strukturen (Contractual Trust Arrangement). [5] In Betracht kommen auch andere Regelungen, mit denen ein nachhaltiger Insolvenzschutz zugunsten der Anspruchsberechtigten auf Altersversorgung erreicht wird. [6] Eine Rückdeckungsversicherung für die Altersversorgungsverpflichtungen fällt für sich allein nicht hierunter.

(3) Altersversorgungsverpflichtungen wie auch Wirtschaftsgüter des Verwaltungsvermögens sind mit ihrem gemeinen Wert (§ 9 BewG) anzusetzen.

(4) [1] Eine Verrechnung der Wirtschaftsgüter des Verwaltungsvermögens findet nur bis zur Höhe der Altersversorgungsverpflichtungen nach folgender Reihenfolge statt:

1. Junges Verwaltungsvermögen (§ 13b Absatz 7 Satz 2 ErbStG),
2. Verwaltungsvermögen (§ 13b Absatz 4 Nummer 1 bis 4 ErbStG),
3. Finanzmittel (§ 13b Absatz 4 Nummer 5 Satz 1 ErbStG).

[2] Damit bleibt eine Überdotierung und eine übermäßige Aussonderung von originärem Verwaltungsvermögen unberücksichtigt. [3] Bei einer Unterdotierung sind die übersteigenden Altersversorgungsverpflichtungen als Schulden im Rahmen des Finanzmitteltests (§ 13b Absatz 4 Nummer 5 ErbStG) oder der Schuldenverrechnung (§ 13b Absatz 6 ErbStG) zu berücksichtigen.

H E 13b.11

Berechnung des Verwaltungsvermögens bei Altersversorgungsverpflichtungen. → H 13b.30.

Verrechnung der Altersversorgungsverpflichtungen mit Verwaltungsvermögen.

	Altersversorgungsverpflichtungen (§ 13b Absatz 2 Satz 2 und Absatz 3 ErbStG)
–	Junges Verwaltungsvermögen, das den Altersversorgungsverpflichtungen dient (§ 13b Absatz 7 Satz 2 ErbStG), höchstens Wert der Altersversorgungsverpflichtungen
=	Saldo 1
–	sonstiges Verwaltungsvermögen, das den Altersversorgungsverpflichtungen dient (§ 13b Absatz 4 Nummer 1 bis 4 ErbStG), höchstens Saldo 1
=	Saldo 2
–	Finanzmittel, die den Altersversorgungsverpflichtungen dienen (§ 13b Absatz 4 Nummer 5 ErbStG), höchstens Saldo 2
=	Saldo 3

Bei einer Unterdotierung verbleiben zusätzliche verrechenbare Schulden.

R E 13b.12 Verwaltungsvermögen – Allgemeines

(1) [1]Die Zugehörigkeit eines Vermögensgegenstands zum Verwaltungsvermögen ist nicht dadurch ausgeschlossen, dass es sich ertragsteuerrechtlich um notwendiges Betriebsvermögen handelt [2]Das Verwaltungsvermögen ist für jede wirtschaftliche Einheit gesondert zu prüfen. [3]Das gilt auch dann, wenn der gemeine Wert des Betriebs, der Beteiligung an einer Personengesellschaft oder von Anteilen an einer Kapitalgesellschaft aus Verkäufen abgeleitet oder mit einem Gutachtenwert angesetzt worden ist.

(2) [1]Für die Entscheidung, ob Verwaltungsvermögen vorliegt, sind die Verhältnisse im Besteuerungszeitpunkt maßgebend. [2]Dabei ist ausschließlich auf die Verhältnisse beim Erblasser oder Schenker abzustellen. [3]Veränderungen hinsichtlich der Zuordnung zum Verwaltungsvermögen, die nach dem Besteuerungszeitpunkt beim Erwerber eintreten, sind vorbehaltlich der Investitionsklausel nach § 13b Absatz 5 ErbStG (→ R E 13b.24) unbeachtlich. [4]Davon unberührt bleibt das Erfordernis, dass das erworbene Vermögen beim Erwerber die weiteren Verschonungsvoraussetzungen erfüllt und der Erwerb in der Hand des Erwerbers begünstigtes Vermögen bleibt. [5]Vermögen einer im Besteuerungszeitpunkt zum Gewerbebetrieb gehörenden, in einem Drittstaat belegenen Betriebstätte (→ R E 13b.5 Absatz 4 Satz 3) gehört nicht zum Verwaltungsvermögen.

(3) Wirtschaftsgüter des Verwaltungsvermögens sind mit ihrem gemeinen Wert (§ 9 BewG) anzusetzen.

(4) [1]Bei Beteiligungen an Personengesellschaften ist das Verwaltungsvermögen aus dem Gesamthandsvermögen und dem mitübertragenen Sonderbetriebsvermögen zu berücksichtigen. [2]Das Verwaltungsvermögen aus dem Ge-

samthandsvermögen ist dem Gesellschafter nach dem Wert der Beteiligung des Gesellschafters am Gesamthandsvermögen zum gemeinen Wert des Gesamthandsvermögens (§ 97 Absatz 1a Nummer 1 BewG) der Gesellschaft zuzurechnen. [3]Ist der Wert der Beteiligung des Gesellschafters am Gesamthandsvermögen negativ, ist das auf den Anteil am Gesamthandsvermögen entfallende Verwaltungsvermögen mit Null anzusetzen. [4]Bei Anteilen an Kapitalgesellschaften ist das Verwaltungsvermögen nach dem Verhältnis aufzuteilen, das bei der Aufteilung des gemeinen Werts nach § 97 Absatz 1b BewG angewendet wurde.

H E 13b.12

Behandlung von Sachleistungsansprüchen. → R E 12.2, H E 12.2.

R E 13b.13 Überlassung von Grundstücken – Allgemeines

[1]Dritten zur Nutzung überlassene Grundstücke, Grundstücksteile, grundstücksgleiche Rechte und Bauten gehören zum Verwaltungsvermögen (§ 13b Absatz 4 Nummer 1 ErbStG). [2]Dabei ist nicht entscheidend, ob die Überlassung entgeltlich oder ganz beziehungsweise teilweise unentgeltlich erfolgt. [3]Werden neben der Überlassung von Grundstücksteilen weitere gewerbliche Leistungen einheitlich angeboten und in Anspruch genommen, führt die Überlassung der Grundstücksteile nicht zu Verwaltungsvermögen, wenn die Tätigkeit nach ertragsteuerlichen Gesichtspunkten insgesamt als originär gewerbliche Tätigkeit einzustufen ist (z. B. bei Beherbergungsbetrieben wie Hotels, Pensionen oder Campingplätzen, vgl. R 15.7 (2) EStR, H 15.7 (2) EStH). [4]Gehört nur ein Grundstücksteil zum Verwaltungsvermögen, ist der gemeine Wert des Grundstücks regelmäßig nach der Wohn-/Nutzfläche aufzuteilen. [3]Zum Befreiungsabschlag nach § 13d ErbStG bei nach § 13b ErbStG begünstigungsfähigem Vermögen → R E 13d Absatz 4.

R E 13b.14 Grundstücksüberlassung im Rahmen einer Betriebsaufspaltung oder des Sonderbetriebsvermögens

(1) [1]Grundstücke im Sinne des R E 13b.13, die im Rahmen einer sog. Betriebsaufspaltung überlassen werden, gehören nicht zum Verwaltungsvermögen (§ 13b Absatz 4 Nummer 1 Buchstabe a ErbStG). [2]Dies gilt nur, soweit die Betriebsgesellschaft das Grundstück unmittelbar nutzt; eine Weiterüberlassung des Grundstücks durch die Betriebsgesellschaft an einen Dritten führt zum Verwaltungsvermögen. [3]§ 13b Absatz 4 Nummer 1 Buchstabe a ErbStG erfordert, dass der Erblasser oder Schenker sowohl im überlassenden Betrieb als auch im nutzenden Betrieb allein oder zusammen mit anderen Gesellschaftern einen einheitlichen geschäftlichen Betätigungswillen durchsetzen konnte. [4]Der Maßstab für das Vorliegen eines einheitlichen geschäftlichen Betätigungswillens richtet sich nach den ertragsteuerlichen Grundsätzen. [5]Die sachliche Verflechtung (Überlassung von zumindest einer funktional wesentlichen Betriebsgrundlage) ist grundsätzlich vorauszusetzen, weil andernfalls kein begünstigtes Betriebsvermögen vorliegt. [6]Kann bei einer Grundstücksüberlassung im Rah-

men einer Betriebsaufspaltung der einheitliche geschäftliche Betätigungswillen sowohl in Besitz- als auch Betriebsgesellschaft unmittelbar durchgesetzt werden, gehört das Grundstück nicht zum Verwaltungsvermögen. [7]Werden Grundstücke im Sinne des R E 13b.13 im Rahmen der so genannten kapitalistischen Betriebsaufspaltung (Besitzkapitalgesellschaft überlässt wesentliche Betriebsgrundlagen an eine Betriebsgesellschaft und beherrscht diese) überlassen, gehören sie, vorbehaltlich der Zugehörigkeit der Kapitalgesellschaften zu einem Konzern im Sinne des § 4h EStG (→ R E 13b.16), zum Verwaltungsvermögen. [8]Bei einer umgekehrten Betriebsaufspaltung (Besitzkapitalgesellschaft überlässt wesentliche Betriebsgrundlagen an eine Betriebspersonengesellschaft und wird von dieser beherrscht) liegt hinsichtlich des überlassenen Grundstücks kein Verwaltungsvermögen vor. [9]Wird die Betriebsaufspaltung erst durch die Übertragung des Betriebs an den Erwerber begründet, handelt es sich bei dem Grundstück um Verwaltungsvermögen.

(2) [1]Gehört ein Grundstück im Sinne des R E 13b.13 zum Sonderbetriebsvermögen eines Gesellschafters einer Personengesellschaft und wird es der Personengesellschaft überlassen, handelt es sich nicht um Verwaltungsvermögen (§ 13b Absatz 4 Nummer 1 Buchstabe a ErbStG). [2]Absatz 1 Satz 2 gilt entsprechend.

(3) Der Ausschluss der Zuordnung zum Verwaltungsvermögen setzt voraus, dass die jeweilige Rechtsstellung sowohl im Fall der Betriebsaufspaltung als auch im Fall des Sonderbetriebsvermögens auf den Erwerber übergeht.

H E 13b.14

Betriebsaufspaltung – personelle Verflechtung. → H 15.7 (6) EStH.

Betriebsaufspaltung – sachliche Verflechtung. → H 15.7 (5) EStH.

R E 13b.15 Grundstücksüberlassung im Rahmen einer Betriebsverpachtung im Ganzen

(1) [1]Grundstücke im Sinne des R E 13b.13, die im Rahmen einer Betriebsverpachtung im Ganzen überlassen werden, gehören nicht zum Verwaltungsvermögen (§ 13b Absatz 4 Nummer 1 Buchstabe b ErbStG), wenn

1. der Erbe, auf den der verpachtete Betrieb übergeht, bereits Pächter des Betriebs ist oder
2. bei einer Schenkung unter Lebenden der Verpächter den Pächter im Zusammenhang mit einer unbefristeten Verpachtung durch eine letztwillige Verfügung oder eine rechtsgeschäftliche Verfügung als Erben eingesetzt hat oder
3. bei einer Schenkung der Beschenkte zunächst den Betrieb noch nicht selber führen kann, weil ihm z.B. die dazu erforderliche Qualifikation noch fehlt und der Schenker im Hinblick darauf den verschenkten Betrieb für eine Übergangszeit von maximal zehn Jahren an einen Dritten verpachtet hat. [2]Die Verpachtung darf nicht über den Zeitpunkt hinausgehen, in dem der Beschenkte das 28. Lebensjahr vollendet, wenn die Schenkung an ein minderjähriges Kind erfolgt ist.

[2]Dies gilt nicht für verpachtete Betriebe, die vor ihrer Verpachtung die Voraussetzungen als begünstigtes Vermögen nach § 13b Absatz 2 Satz 1 ErbStG nicht erfüllt haben. [3]Zur Nutzung überlassene Grundstücke gehören danach immer dann zum Verwaltungsvermögen, wenn der verpachtete Betrieb bereits in der Zeit vor der Verpachtung nicht die Voraussetzungen für die Begünstigung erfüllt hat. [4]Hierdurch wird vermieden, dass ein in der aktiven Zeit nicht begünstigtes Unternehmen über den Weg der Betriebsverpachtung in begünstigtes Vermögen umqualifiziert werden kann.

(2) [1]Die erbschaftsteuerrechtliche Einordnung als Betriebsverpachtung im Ganzen richtet sich nach ertragsteuerrechtlichen Grundsätzen. [2]Liegen bei der Betriebsverpachtung ertragsteuerrechtlich Gewinneinkünfte nach § 2 Absatz 1 Satz 1 Nummer 2 und 3 in Verbindung mit Absatz 2 Nummer 1 EStG vor, handelt es sich auch erbschaftsteuerrechtlich dem Grunde nach um begünstigungsfähiges Betriebsvermögen im Sinne des § 13b Absatz 1 Nummer 2 ErbStG.

(3) Für die Betriebsverpachtung im Ganzen bei einem Betrieb der Land- und Forstwirtschaft gilt § 13b Absatz 4 Nummer 1 Buchstabe f ErbStG (→ R E 13b.19).

R E 13b.16 Grundstücksüberlassung im Konzern

[1]Grundstücke im Sinne des R E 13b.13, die im Rahmen eines Konzerns im Sinne des § 4h EStG zur Nutzung überlassen werden, gehören nicht zum Verwaltungsvermögen (§ 13b Absatz 4 Nummer 1 Buchstabe c ErbStG). [2]Das gilt nur, soweit keine weitere Nutzungsüberlassung an einen nicht zum Konzern gehörenden Dritten erfolgt. [3]Der Konzernbegriff richtet sich nach § 4h Absatz 3 Satz 5 und Satz 6 EStG. [4]Für die Frage, ob und zu welchem Konzern ein Betrieb gehört, ist auf die Verhältnisse im Besteuerungszeitpunkt abzustellen.

H E 13b.16

Konzernbegriff. → BMF-Schreiben vom 4.7.2008 (BStBl. I S. 718, Rz. 59 bis 68).

R E 13b.17 Grundstücksüberlassung im Rahmen eines Wohnungsunternehmens

(1) Grundstücke im Sinne des R E 13b.13, die zum Betriebsvermögen oder gesamthänderisch gebundenen Betriebsvermögen einer Personengesellschaft oder zum Vermögen einer Kapitalgesellschaft gehören, zählen nicht zum Verwaltungsvermögen (§ 13b Absatz 4 Nummer 1 Buchstabe d ErbStG), wenn

- der Hauptzweck des Betriebs in der Vermietung von eigenen Wohnungen im Sinne des § 181 Absatz 9 BewG besteht und
- dessen Erfüllung einen wirtschaftlichen Geschäftsbetrieb (§ 14 AO) erfordert.

(2) [1]Der Hauptzweck des Betriebs besteht in der Vermietung von eigenen Wohnungen, wenn diese den überwiegenden Teil der betrieblichen Tätigkeit

ausmacht. [2]Das gilt auch dann, wenn Grundstücke oder Grundstücksteile vermietet werden, die nicht zu Wohnzwecken, sondern z.B. auch zu gewerblichen, freiberuflichen oder öffentlichen Zwecken genutzt werden. [3]Ist ein zur Vermietung bestimmtes Grundstück oder ein dazu bestimmter Teil eines Grundstücks im Besteuerungszeitpunkt nicht vermietet, z.B. wegen Leerstands bei Mieterwechsel oder wegen Modernisierung, ist die Zweckbestimmung maßgeblich. [4]Maßstab ist die Summe der Grundbesitzwerte der zu Wohnzwecken vermieteten Grundstücke oder Grundstücksteile im Verhältnis zur Summe der Grundbesitzwerte aller vermieteten Grundstücke. [5]Dient der Betrieb danach im Hauptzweck der Vermietung von eigenen Wohnungen, sind auch solche Grundstücke oder Grundstücksteile kein Verwaltungsvermögen, die nicht zu Wohnzwecken, sondern z.B. zu gewerblichen, freiberuflichen oder öffentlichen Zwecken genutzt werden. [6]Die Prüfung dieser Voraussetzungen ist betriebsbezogen und nicht für das gesamte auf den Erwerber übergehende Vermögen vorzunehmen.

(3) [1]Folgende Indizien sprechen für einen wirtschaftlichen Geschäftsbetrieb:
- Umfang der Geschäfte,
- Unterhalten eines Büros,
- Buchführung zur Gewinnermittlung,
- umfangreiche Organisationsstruktur zur Durchführung der Geschäfte,
- Bewerbung der Tätigkeit,
- Anbieten der Dienstleistung/der Produkte einer breiteren Öffentlichkeit gegenüber.

[2]Das Vorliegen eines wirtschaftlichen Geschäftsbetriebs ist regelmäßig anzunehmen, wenn das Unternehmen mehr als 300 eigene Wohnungen hält.

(4) [1]Der notwendige wirtschaftliche Geschäftsbetrieb muss nicht direkt bei dem Betrieb vorliegen, welcher übertragen wird bzw. an dem eine Beteiligung oder Anteile übertragen werden. [2]Erfordert die Vermietung des Wohnungsbestandes des Unternehmens, in dessen Eigentum sich die Immobilien befinden, einen wirtschaftlichen Geschäftsbetrieb, liegt z.B. auch dann ein Wohnungsunternehmen vor, wenn die Vermietung und Verwaltung der eigenen Wohnungen
- im Rahmen einer Betriebsaufspaltung durch das Betriebsunternehmen erfolgt,
- durch ein Unternehmen erfolgt, an dem das Unternehmen, in dessen Eigentum sich die Immobilien befinden, beteiligt ist oder
- einem externen Dienstleistungsunternehmen übertragen wurde.

[3]Wurde die Verwaltung der Immobilien, die nach Art und Umfang im Rahmen der Vermögensverwaltung vorgenommen werden kann, auf ein externes Dienstleistungsunternehmen übertragen, liegt kein Wohnungsunternehmen vor.

R E 13b.18 Grundstücke im Zusammenhang mit Lieferungsverträgen

[1]Grundstücke im Sinne des R E 13b.13, die zum Betriebsvermögen oder gesamthänderisch gebundenen Betriebsvermögen einer Personengesellschaft

oder zum Vermögen einer Kapitalgesellschaft gehören, zählen nicht zum Verwaltungsvermögen (§ 13b Absatz 4 Nummer 1 Buchstabe e ErbStG), wenn sie vorrangig überlassen werden, um im Rahmen von Lieferungsverträgen dem Absatz von eigenen Erzeugnissen und Produkten zu dienen. [2]Hierunter fallen z. B. Brauereigaststätten, die von einer Brauerei an Dritte bei gleichzeitigem Abschluss eines Getränkelieferungsvertrags verpachtet werden und in denen vorrangig die von der Brauerei hergestellten Getränke ausgeschenkt werden. [3]In Betracht kommen auch durch Mineralölunternehmen verpachtete Tankstellengrundstücke mit entsprechenden Belieferungsregelungen. [4]In der Logistikbranche überlassene Grundstücke sind dagegen regelmäßig Verwaltungsvermögen, auch wenn der Verpächter weitere Leistungen für die Beschaffungs- und Vertriebsorganisation seiner Kunden erbringt, es aber an dem Absatz von eigenen Erzeugnissen oder Produkten fehlt.

R E 13b.19 Verpachtete land- und forstwirtschaftliche Grundstücke

(1) [1]Werden aus dem begünstigungsfähigen land- und forstwirtschaftlichen Vermögen Grundstücke, Grundstücksteile oder grundstücksgleiche Rechte an einen Dritten zu land- und forstwirtschaftlichen Zwecken überlassen, führt die Nutzungsüberlassung nicht zu Verwaltungsvermögen (§ 13b Absatz 4 Nummer 1 Buchstabe f ErbStG). [2]Dies gilt auf Grund der bewertungsrechtlichen Abgrenzung auch dann, wenn sämtliche Grundstücke des begünstigungsfähigen Vermögens im Rahmen einer Betriebsverpachtung im Ganzen zur Nutzung überlassen werden. [3]Regelmäßig handelt es sich um land- und forstwirtschaftlich genutzte Flächen, die aus betriebswirtschaftlichen oder betriebstechnischen Gründen im Besteuerungszeitpunkt bis zu 15 Jahre an Dritte zur land- und forstwirtschaftlichen Nutzung überlassen werden.

(2) [1]Werden aus dem begünstigungsfähigen Betriebsvermögen Grundstücke, Grundstücksteile oder grundstücksgleiche Rechte an einen Dritten zu land- und forstwirtschaftlichen Zwecken überlassen, führt die Nutzungsüberlassung ebenfalls nicht zu Verwaltungsvermögen. [2]Regelmäßig handelt es sich hierbei um land- und forstwirtschaftlich genutzte Flächen, die auf Grund der Rechtsform des Betriebs oder infolge der ertragsteuerrechtlichen Abgrenzung als Betriebsvermögen zu bewerten sind. [3]Im Rahmen des Betriebsvermögens ist die Dauer der Nutzungsüberlassung unerheblich. [4]Die Betriebsverpachtung im Ganzen ist in diesen Fällen nach § 13b Absatz 4 Nummer 1 Buchstabe b ErbStG zu beurteilen. [5]Die Sätze 1 bis 4 gelten bei begünstigungsfähigen Anteilen an Kapitalgesellschaften entsprechend.

R E 13b.20 Anteile an Kapitalgesellschaften von 25 Prozent oder weniger

(1) [1]Gehören zum Betriebsvermögen der Betriebe oder Gesellschaften Anteile an Kapitalgesellschaften und beträgt die unmittelbare Beteiligung am Nennkapital dieser Gesellschaften 25 Prozent oder weniger, sind die Anteile dem Verwaltungsvermögen zuzurechnen (§ 13b Absatz 4 Nummer 2 ErbStG). [2]Die Poolregelung (→ R E 13b.6 Absatz 3 bis 6) gilt entsprechend; bei Ge-

sellschaften, die in einem Konzern unter einheitlicher Leitung stehen, ist eine gesonderte Poolvereinbarung im Sinne des § 13b Absatz 4 Nummer 2 ErbStG grundsätzlich nicht erforderlich. [3] Wird eine Poolvereinbarung nach dem Besteuerungszeitpunkt aufgehoben, bedeutet das nicht, dass die bis dahin gepoolten Anteile rückwirkend zum Verwaltungsvermögen gehören.

(2) [1] Gehören zum Sonderbetriebsvermögen eines Gesellschafters einer Personengesellschaft Anteile an einer Kapitalgesellschaft und beträgt die unmittelbare Beteiligung am Nennkapital dieser Gesellschaft 25 Prozent oder weniger, ist der Anteil auch dann dem Verwaltungsvermögen zuzurechnen, wenn die Summe aller zum Sonderbetriebsvermögen der Mitunternehmer gehörenden Anteile über 25 Prozent liegt. [2] Gehören Anteile teilweise zum Gesamthandsvermögen und teilweise zum Sonderbetriebsvermögen, sind die Beteiligungsgrenzen sowohl für das Gesamthandsvermögen als auch für jedes Sonderbetriebsvermögen getrennt zu prüfen. [3] Wegen einer Poolvereinbarung → Absatz 1.

(3) Für Anteile an Kapitalgesellschaften gelten ausschließlich § 13b Absatz 4 Nummer 2 ErbStG, auch wenn die Beteiligung in einem Wertpapier im Sinne des § 13b Absatz 4 Nummer 4 ErbStG verbrieft ist.

(4) [1] Bei mehrstufigen Beteiligungen ist auf jeder Beteiligungsebene zu prüfen, ob die unmittelbare Beteiligung 25 Prozent oder weniger beträgt (§ 13b Absatz 4 Nummer 2 ErbStG). [2] Wegen der Behandlung im Rahmen der Verbundvermögensaufstellung nach § 13b Absatz 9 ErbStG → R E 13b.29.

(5) Anteile an Kapitalgesellschaften von 25 Prozent oder weniger gehören nicht zum Verwaltungsvermögen, wenn sie dem Hauptzweck des Gewerbebetriebs eines Kreditinstitutes oder eines Finanzdienstleistungsinstitutes im Sinne des § 1 Absatz 1 und 1a des Kreditwesengesetzes in der Fassung der Bekanntmachung vom 9. September 1998 (BGBl. I S. 2776), das zuletzt durch Artikel 14 des Gesetzes vom 10. Mai 2016 (BGBl. I S. 1142) geändert worden ist, oder eines Versicherungsunternehmens, das der Aufsicht nach § 1 Absatz 1 Nummer 1 des Versicherungsaufsichtsgesetzes in der Fassung der Bekanntmachung vom 1. April 2015 (BGBl. I S. 434), das zuletzt durch Artikel 13 des Gesetzes vom 10. Mai 2016 (BGBl. I S. 1142) geändert worden ist, unterliegt, zuzurechnen sind.

H E 13b.20

Anteile an Kapitalgesellschaften im Sonderbetriebsvermögen.

Beispiel 1:

Bilanz der AB OHG

30 % Anteile an A-GmbH	300 000 EUR	Kapital A	500 000 EUR
Waren	700 000 EUR	Kapital B	500 000 EUR
	1 000 000 EUR		1 000 000 EUR

Sonderbetriebsvermögen A

11 % Anteile an A-GmbH	110 000 EUR	Kapital A	110 000 EUR
	110 000 EUR		110 000 EUR

Gemeiner Wert Gesamthandsvermögen	1 200 000 EUR		
Aufteilung		A	(B)
Kapital	./. 1 000 000 EUR	500 000 EUR	500 000 EUR
Unterschiedsbetrag	200 000 EUR		
Verteilung 50 : 50		+ 100 000 EUR	100 000 EUR
Wert des Anteils des A am Gesamthandsvermögen		600 000 EUR	
Sonderbetriebsvermögen A		+ 110 000 EUR	
Anteil am Betriebsvermögen		710 000 EUR	

Zum Verwaltungsvermögen gehören die Anteile an der A-GmbH, die sich im Sonderbetriebsvermögen des A befinden (110 000 EUR), weil insoweit die unmittelbare Beteiligung des A nicht mehr als 25 % beträgt.
Die Anteile an der A-GmbH, die zum Gesamthandsvermögen gehören (300 000 EUR), rechnen hingegen nicht zum Verwaltungsvermögen.
Das Verwaltungsvermögen und die Schulden der A-GmbH wären insoweit gegebenenfalls im Rahmen der Konsolidierung zu berücksichtigen.

Beispiel 2:

Bilanz der AB OHG

24 % Anteile an A-GmbH	240 000 EUR	Kapital A	500 000 EUR
Waren	760 000 EUR	Kapital B	500 000 EUR
	1 000 000 EUR		1 000 000 EUR

Sonderbetriebsvermögen A

11 % Anteile an A-GmbH	110 000 EUR	Kapital A	110 000 EUR
	110 000 EUR		110 000 EUR

Gemeiner Wert Gesamthandsvermögen	1 200 000 EUR		
Aufteilung		A	(B)
Kapital	./. 1 000 000 EUR	500 000 EUR	500 000 EUR
Unterschiedsbetrag	200 000 EUR		
Verteilung 50 : 50		+ 100 000 EUR	100 000 EUR
Wert des Anteils des A am Gesamthandsvermögen		600 000 EUR	
Sonderbetriebsvermögen A		+ 110 000 EUR	
Anteil am Betriebsvermögen		710 000 EUR	

Zum Verwaltungsvermögen gehören die Anteile an der A-GmbH, die sich im Sonderbetriebsvermögen des A befinden (110 000 EUR), weil insoweit die unmittelbare Beteiligung des A nicht mehr als 25 % beträgt.
Zum Verwaltungsvermögen gehören die Anteile an der A-GmbH, die sich im Gesamthandsvermögen befinden (240 000 EUR), weil insoweit die unmittelbare Beteiligung der AB-OHG nicht mehr als 25 % beträgt. Vom Wert der Anteile an der A-GmbH aus dem Gesamthandsvermögen entfallen auf A:

$$\frac{240\,000 \text{ EUR} \times 600\,000 \text{ EUR}}{1\,200\,000 \text{ EUR}} = 120\,000 \text{ EUR}$$

Ermittlung der Beteiligungsquote bei Einziehung von Geschäftsanteilen an einer GmbH und ausstehender Angleichung der Summe der Geschäftsanteile an das Stammkapital. Werden Geschäftsanteile an einer GmbH eingezogen (§ 34 GmbHG), erlöschen diese. Dies führt dazu, dass die Summe der Nennbeträge der Geschäftsanteile der GmbH nicht mehr dem Betrag des Stammkapitals der GmbH entspricht. Diese Divergenz kann durch eine Kapitalherabsetzung, einen Aufstockungsbeschluss oder durch Neubildung eines Geschäftsanteils beseitigt werden.
Gehören zum Betriebsvermögen des Betriebs oder der Gesellschaft Geschäftsanteile an einer GmbH, bei der Anteile eingezogen wurden und ist eine Angleichung der Summe der Geschäftsanteile an das Stammkapital nicht erfolgt, ist das Nennkapital der GmbH um den Nennbetrag der eingezogenen Anteile zu mindern.

R E 13b.21 Kunstgegenstände und andere besondere Wirtschaftsgüter

(1) [1]Zum Verwaltungsvermögen gehören Kunstgegenstände, Kunstsammlungen, wissenschaftliche Sammlungen, Bibliotheken und Archive, Münzen, Edelmetalle und Edelsteine, Briefmarkensammlungen, Oldtimer, Yachten, Segelflugzeuge sowie sonstige typischerweise der privaten Lebensführung dienende Gegenstände (§ 13b Absatz 4 Nummer 3 ErbStG). [2]Das gilt nicht, wenn der Handel mit diesen Gegenständen, deren Herstellung oder deren Verarbeitung oder die entgeltliche Nutzungsüberlassung an Dritte der Hauptzweck des Gewerbebetriebs ist. [3]Die Zuordnung dieser Wirtschaftsgüter zum Umlaufvermögen kann ein Indiz hierfür sein.

(2) [1]Diese Gegenstände zählen nicht zum Verwaltungsvermögen, wenn sie Bestandteile eines Museums zur Unternehmensgeschichte und in einer für ein Museum üblichen Art und Weise für die Öffentlichkeit zugänglich sind. [2]Voraussetzung ist, dass die Gegenstände

1. von dem Unternehmen selbst hergestellt, verarbeitet oder gehandelt wurden oder
2. nicht von dem Unternehmen hergestellt, verarbeitet oder gehandelt wurden, aber einen Bezug zur Unternehmensgeschichte aufweisen, indem sie Teil des Herstellungs- oder Verarbeitungsprozesses sind oder Teil der Entstehungsgeschichte der von dem Unternehmen hergestellten, verarbeiteten oder gehandelten Produkte sind.

[3]Zur Steuerbefreiung nach § 13 ErbStG bei nach § 13b ErbStG begünstigungsfähigem Vermögen → R E 13.1 Absatz 2.

R E 13b.22 Wertpapiere und vergleichbare Forderungen

(1) [1]Wertpapiere und vergleichbare Forderungen gehören zum Verwaltungsvermögen (§ 13b Absatz 4 Nummer 4 ErbStG). [2]Wertpapiere im Sinne der erbschaftsteuerrechtlichen Verschonungsvorschriften sind ausschließlich auf dem Markt gehandelte Wertpapiere im Sinne des § 2 Absatz 1 des Wertpapierhandelsgesetzes (WpHG). [3]Vergleichbare Forderungen im Sinne dieser Vorschrift sind solche, über die keine Urkunden ausgegeben wurden, die nach

§ 2 Absatz 1 WpHG aber als Wertpapiere gelten. [4]Keine Wertpapiere in diesem Sinne sind kaufmännische Orderpapiere (§§ 363 bis 365 HGB, Wechsel, Schecks) sowie andere auf Order lautende Anweisungen und Rektapapiere, auch wenn sie zivilrechtlich dem Wertpapierbegriff zugeordnet werden. [5]Die Zuordnung von Anteilen an Kapitalgesellschaften ist abschließend in § 13b Absatz 4 Nummer 2 ErbStG geregelt.

(2) Wertpapiere und vergleichbare Forderungen gehören nicht zum Verwaltungsvermögen, wenn sie dem Hauptzweck des Gewerbebetriebs eines Kreditinstitutes oder eines Finanzdienstleistungsinstitutes im Sinne des § 1 Absatz 1 und 1a des Kreditwesengesetzes in der Fassung der Bekanntmachung vom 9. September 1998 (BGBl. I S. 2776), das zuletzt durch Artikel 14 des Gesetzes vom 10. Mai 2016 (BGBl. I S. 1142) geändert worden ist, oder eines Versicherungsunternehmens, das der Aufsicht nach § 1 Absatz 1 Nummer 1 des Versicherungsaufsichtsgesetzes in der Fassung der Bekanntmachung vom 1. April 2015 (BGBl. I S. 434), das zuletzt durch Artikel 13 des Gesetzes vom 10. Mai 2016 (BGBl. I S. 1142) geändert worden ist, unterliegt, zuzurechnen sind.

H E 13b.22

Wertpapiere und vergleichbare Forderungen.

Beispiele:

Wertpapiere oder vergleichbare Forderungen i. S. d. § 13b Absatz 4 Nummer 4 ErbStG	Weder Wertpapiere noch vergleichbare Forderungen, jedoch Finanzmittel i. S. d. § 13b Absatz 4 Nummer 5 ErbStG
Pfandbriefe Schuldbuchforderungen Geldmarktfonds Festgeldfonds	Geld Sichteinlagen Sparanlagen Festgeldkonten Forderungen aus Lieferungen und Leistungen Forderungen an verbundene Unternehmen Ansprüche aus Rückdeckungsversicherungen

R E 13b.23 Finanzmittel

(1) [1]Zum Verwaltungsvermögen gehört der gemeine Wert des nach Abzug des gemeinen Werts der Schulden verbleibenden Bestands an Zahlungsmitteln, Geschäftsguthaben, Geldforderungen und anderen Forderungen (Finanzmittel), soweit er 15 Prozent des anzusetzenden Werts des Betriebsvermögens des Betriebs oder der Gesellschaft übersteigt (Finanzmitteltest, § 13b Absatz 4 Nummer 5 Satz 1 ErbStG). [2]Der Finanzmitteltest ist durch das zuständige Erbschaftsteuerfinanzamt durchzuführen auf der Grundlage der Feststellungen durch die Betriebsfinanzämter nach § 13b Absatz 10 ErbStG.

(2) Zu den Zahlungsmitteln, Geschäftsguthaben, Geldforderungen und anderen Forderungen zählen unter anderem
- Geld,
- Sichteinlagen,
- Sparanlagen,
- Festgeldkonten,
- Forderungen aus Lieferungen und Leistungen,

- Forderungen an verbundene Unternehmen (wegen der Behandlung im Rahmen der Verbundvermögensaufstellung → R E 13b.29),
- Ansprüche aus Rückdeckungsversicherungen (wegen der Zuordnung zu Vermögen, das der Erfüllung von Altersversorgungsverpflichtungen dient, → R E 13b.11),
- Forderungen im Sonderbetriebsvermögen eines Gesellschafters einer Personengesellschaft, insbesondere Forderungen des Gesellschafters gegen die Personengesellschaft,
- Forderungen von Personen- oder Kapitalgesellschaften gegen ihre Gesellschafter,
- sonstige auf Geld gerichtete Forderungen aller Art, soweit sie nicht bereits § 13b Absatz 4 Nummer 4 ErbStG zuzuordnen sind, insbesondere geleistete Anzahlungen, Steuerforderungen, Forderungen aus stillen Beteiligungen,
- Kryptowährungen, z. B. Bitcoin.

(3) [1]Junge Finanzmittel sind der positive Saldo der innerhalb von zwei Jahren vor dem Zeitpunkt der Entstehung der Steuer (§ 9 ErbStG) eingelegten und der entnommenen Finanzmittel. [2]Dies gilt unabhängig davon, ob die eingelegten Finanzmittel am Besteuerungszeitpunkt noch vorhanden sind. [3]Der Wert der jungen Finanzmittel ist begrenzt auf den Wert der Finanzmittel in diesem Zeitpunkt vor Abzug der abzugsfähigen Schulden und des Sockelbetrags. [4]Zur Begrenzung im Rahmen der Verbundvermögensaufstellung → R E 13b.29 Absatz 6. [5]Junge Finanzmittel sind Verwaltungsvermögen und im Rahmen des Finanzmitteltests vom Wert der Finanzmittel abzuziehen. [6]Junge Finanzmittel sind nicht in die Schuldenverrechnung mit dem Verwaltungsvermögen einzubeziehen (§ 13b Absatz 6 in Verbindung mit Absatz 8 Satz 1 ErbStG) und stellen kein unschädliches Verwaltungsvermögen dar (§ 13b Absatz 7 Satz 2 ErbStG). [7]Bei der Ermittlung der Höhe des Vorwegabschlags (§ 13a Absatz 9 ErbStG) erfolgt bei Übertragung von Beteiligungen an Personengesellschaften eine Begrenzung der jungen Finanzmittel auf den Wert der Finanzmittel des Gesamthandsvermögens. [8]Zur Berücksichtigung von jungen Finanzmitteln in der Verbundvermögensaufstellung → R E 13b.29 Absatz 3.

(4) [1]Der gemeine Wert der nach Abzug der jungen Finanzmittel verbleibenden Finanzmittel wird um den gemeinen Wert der abzugsfähigen Schulden gemindert. [2]Zu den abzugsfähigen Schulden zählen:

- alle Schulden, die bei der ertragsteuerlichen Gewinnermittlung zum Betriebsvermögen gehören, nicht dagegen sonstige Abzüge, z. B. Rechnungsabgrenzungsposten; wegen der Behandlung von Verbindlichkeiten gegenüber verbundenen Unternehmen im Rahmen der Verbundvermögensaufstellung → R E 13b.29,
- Rückstellungen, auch wenn für sie ein steuerliches Passivierungsverbot besteht (→ R B 11.5 Absatz 3 Satz 3, R B 109.1 Satz 3),
- Sachleistungsverpflichtungen, soweit sie bei nicht bilanzierenden Gewerbetreibenden und freiberuflich Tätigen abzugsfähig sind (→ R B 103.2 Absatz 5).

[3]Rücklagen gehören nicht zu den abzugsfähigen Schulden (vgl. § 103 Absatz 3 BewG). [4]Darlehenskonten der Gesellschafter sind abzugsfähig, soweit sie ertragsteuerrechtlich als Fremdkapital zu qualifizieren sind; wegen der Be-

handlung von Verbindlichkeiten gegenüber verbundenen Unternehmen im Rahmen der Verbundvermögensaufstellung → R E 13b.29. [5]Wegen der Behandlung wirtschaftlich nicht belastender Schulden und Schulden, die den durchschnittlichen Schuldenstand der letzten drei Jahre vor dem Zeitpunkt der Entstehung der Steuer übersteigen, → R E 13b.28.

(5) Soweit Finanzmittel und Schulden bei Anwendung von § 13b Absatz 3 Satz 1 ErbStG (Altersversorgungsansprüche/-verpflichtungen; → R E 13b.11) berücksichtigt wurden, bleiben sie bei der Durchführung des Finanzmitteltests außer Betracht.

(6) [1]Ist der Saldo der Finanzmittel abzüglich der Schulden positiv, bleibt davon ein Sockelbetrag in Höhe von 15 Prozent des gemeinen Werts des Betriebsvermögens des Betriebs oder der Gesellschaft von der Zurechnung zum Verwaltungsvermögen ausgenommen. [2]Bei Beteiligungen an Personengesellschaften → Absatz 9. [3]Bei Anteilen an Kapitalgesellschaften ergibt sich der Sockelbetrag aus 15 Prozent des gemeinen Werts des Anteils. [4]Voraussetzung für den Abzug des Sockelbetrags ist, dass das begünstigungsfähige Vermögen des Betriebs oder der nachgeordneten Gesellschaften nach seinem Hauptzweck einer land- und forstwirtschaftlichen, gewerblichen oder freiberuflichen Tätigkeit dient (§ 13 Absatz 1, § 15 Absatz 1 Satz 1 Nummer 1, § 18 Absatz 1 Nummer 1 und 2 EStG). [5]Diese Voraussetzungen sind auch erfüllt, wenn die Tätigkeit durch Gesellschaften im Sinne des § 13 Absatz 7, des § 15 Absatz 1 Satz 1 Nummer 2 oder des § 18 Absatz 4 Satz 2 EStG ausgeübt wird. [6]Ein Abzug des Sockelbetrags ist ausgeschlossen, wenn das begünstigungsfähige Vermögen

1. nach dem Hauptzweck einer vermögensverwaltenden Tätigkeit dient,
2. einer gewerblich geprägten Personengesellschaft im Sinne des § 15 Absatz 3 Nummer 2 EStG dient,
3. einer Gesellschaft dient, die nicht überwiegend eine land- und forstwirtschaftliche, gewerbliche oder freiberufliche Tätigkeit ausübt.

[7]Der den Sockelbetrag übersteigende Wert der Finanzmittel zählt zum Verwaltungsvermögen. [8]Wird der Sockelbetrag nicht ausgeschöpft, kann der nicht ausgeschöpfte Teil nicht mit anderem Verwaltungsvermögen nach § 13b Absatz 4 Nummer 1 bis 4 ErbStG verrechnet werden.

(7) Ist der Saldo der Finanzmittel abzüglich der Schulden negativ, liegen keine Finanzmittel im Sinne des § 13b Absatz 4 Nummer 5 ErbStG vor.

(8) Finanzmittel gehören nach § 13b Absatz 4 Nummer 5 Satz 3 ErbStG nicht zum Verwaltungsvermögen, wenn sie dem Hauptzweck des Gewerbebetriebs eines Kreditinstitutes oder eines Finanzdienstleistungsinstitutes im Sinne des § 1 Absatz 1 und 1a des Kreditwesengesetzes in der Fassung der Bekanntmachung vom 9. September 1998 (BGBl. I S. 2776), das zuletzt durch Artikel 14 des Gesetzes vom 10. Mai 2016 (BGBl. I S. 1142) geändert worden ist, oder eines Versicherungsunternehmens, das der Aufsicht nach § 1 Absatz 1 Nummer 1 des Versicherungsaufsichtsgesetzes in der Fassung der Bekanntmachung vom 1. April 2015 *(BGBl. 1993 I S. 4342),*[1] das zuletzt durch Arti-

---

[1] *Redaktionsversehen,* richtig: BGBl. 2015 I S. 434, zuletzt geänd. durch G v. 9.12.2020, BGBl. I 2020, 2773.

kel 13 des Gesetzes vom 10. Mai 2016 (BGBl. I S. 1142) geändert worden ist, unterliegt, zuzurechnen sind.

(9) [1] Bei Beteiligungen an Personengesellschaften sind sowohl die Finanzmittel als auch die abzugsfähigen Schulden im Gesamthandsvermögen und im Sonderbetriebsvermögen in die Berechnung des Verwaltungsvermögens im Sinne des § 13b Absatz 4 Nummer 5 ErbStG einzubeziehen. [2] Forderungen und Schulden der Gesellschafter gegenüber der Personengesellschaft sowie der Personengesellschaft gegenüber den Gesellschaftern sind einzubeziehen, soweit sie nach § 97 Absatz 1 Satz 1 Nummer 5 BewG zum Betriebsvermögen gehören (→ R B 97.1 Absatz 2). [3] Die Finanzmittel und die abzugsfähigen Schulden des Gesamthandsvermögens sind dabei nach dem Wert des Anteils des Gesellschafters am Gesamthandsvermögen zum gemeinen Wert des Gesamthandsvermögens (§ 97 Absatz 1a Nummer 1 BewG) dem jeweiligen Gesellschafter zuzurechnen. [4] Ist der Wert der Beteiligung des Gesellschafters am Gesamthandsvermögen negativ, sind die auf den Anteil am Gesamthandsvermögen entfallenden Finanzmittel und die abzugsfähigen Schulden mit Null anzusetzen. [5] Bei der Ermittlung des Sockelbetrags ist der Wert der Beteiligung an der Gesellschaft zu Grunde zu legen. [6] Bei der Ermittlung der jungen Finanzmittel (→ Absatz 3) sind die Einlagen und Entnahmen aller Gesellschafter anzusetzen, soweit sie das Gesamthandsvermögen betreffen. [7] Diese Einlagen und Entnahmen sind nach dem Wert des Anteils des Gesellschafters am Gesamthandsvermögen zum gemeinen Wert des Gesamthandsvermögens (§ 97 Absatz 1a Nummer 1 BewG) auf die Gesellschafter aufzuteilen.

(10) [1] Junge Finanzmittel sind im übertragenen Sonderbetriebsvermögen nur möglich, wenn Finanzmittel des Sonderbetriebsvermögens mitübertragen werden. [2] Werden die im Sonderbetriebsvermögen unmittelbar gehaltenen Finanzmittel nur zum Teil übertragen, gilt das Verhältnis der übertragenen Finanzmittel des Sonderbetriebsvermögens zum Wert der insgesamt im Sonderbetriebsvermögen vorhandenen Finanzmittel für die jungen Finanzmittel im Sonderbetriebsvermögen entsprechend. [3] Junge Finanzmittel aus übertragenen Beteiligungen/Anteilen des Sonderbetriebsvermögens sind dagegen mit dem jeweils festgestellten Wert anzusetzen.

H E 13b.23

Finanzmitteltest.

	festgestellter Wert der Finanzmittel
–	festgestellter Wert der jungen Finanzmittel nach § 13b Absatz 4 Nummer 5 Satz 2 ErbStG; höchstens der festgestellte Wert der Finanzmittel
=	Saldo
–	festgestellter Wert der Schulden
=	Saldo
–	Sockelbetrag 15 % des festgestellten Werts des (Anteils) Betriebsvermögens (vorbehaltlich Hauptzweck gemäß § 13b Absatz 4 Nummer 5 Satz 4 ErbStG)
=	verbleibender Wert der Finanzmittel, mindestens 0 EUR (§ 13b Absatz 4 Nummer 5 Satz 1 ErbStG)

Finanzmitteltest bei Einzelunternehmen.

Beispiel 1:

Der gemeine Wert des Gewerbebetriebs wurde mit 12 000 000 EUR, die Finanzmittel mit 9 000 000 EUR und die Schulden mit 1 000 000 EUR festgestellt. Junge Finanzmittel sind nicht vorhanden.

Maschinen	1 000 000 EUR	Eigenkapital	9 000 000 EUR
Finanzmittel	9 000 000 EUR	Schulden	1 000 000 EUR
	10 000 000 EUR		10 000 000 EUR

festgestellter Wert der Finanzmittel		9 000 000 EUR
festgestellter Wert der Schulden		./. 1 000 000 EUR
Saldo		8 000 000 EUR
Sockelbetrag	15 % von 12 000 000 EUR =	./. 1 800 000 EUR
verbleibender Wert der Finanzmittel		6 200 000 EUR

Beispiel 2 (mit jungen Finanzmitteln):

Der gemeine Wert des Gewerbebetriebs wurde mit 10 000 000 EUR, die Finanzmittel mit 3 000 000 EUR, die jungen Finanzmittel mit 100 000 EUR und die Schulden mit 1 000 000 EUR festgestellt.

Maschinen	7 000 000 EUR	Eigenkapital	9 000 000 EUR
Finanzmittel	3 000 000 EUR	Schulden	1 000 000 EUR
	10 000 000 EUR		10 000 000 EUR

festgestellter Wert der Finanzmittel		3 000 000 EUR
festgestellter Wert der jungen Finanzmittel		./. 100 000 EUR
Saldo		2 900 000 EUR
festgestellter Wert der Schulden		./. 1 000 000 EUR
Saldo		1 900 000 EUR
Sockelbetrag	15 % von 10 000 000 EUR =	./. 1 500 000 EUR
verbleibender Wert der Finanzmittel		400 000 EUR

Zusätzlich sind die jungen Finanzmittel mit 100 000 EUR als nicht begünstigtes Vermögen anzusetzen.

Finanzmitteltest bei Personengesellschaften.

Beispiel 1:

Der gemeine Wert des Gesamthandsvermögens der A+B OHG beträgt 1 000 000 EUR. Davon entfallen auf den Gesellschafter A nach § 97 Absatz 1a Nummer 1 BewG 580 000 EUR. Die Finanzmittel betragen 600 000 EUR und die abzugsfähigen Schulden 200 000 EUR.

Zum Sonderbetriebsvermögen des Gesellschafters A gehören Finanzmittel im Wert von 100 000 EUR und eine abzugsfähige Schuld im Wert von 150 000 EUR.

A ist in Höhe von 50 % an der Gesellschaft beteiligt. Die Gewinn- und Verlustverteilung beträgt je 1/2. Der gemeine Wert der Beteiligung des A beträgt 530 000 EUR. A überträgt seine gesamte Beteiligung auf Sohn M.

Finanzmittel im Gesamthandsvermögen	600 000 EUR	
Anteil des A		
580 000 EUR : 1 000 000 EUR		348 000 EUR
Finanzmittel im Sonderbetriebsvermögen des A		100 000 EUR
festgestellter Wert der Finanzmittel		448 000 EUR

Schulden im Gesamthandsvermögen	200 000 EUR	
Anteil des A		
580 000 EUR : 1 000 000 EUR		116 000 EUR
Schulden im Sonderbetriebsvermögen des A		150 000 EUR
festgestellter Wert der Schulden		266 000 EUR

festgestellter Wert der Finanzmittel		448 000 EUR
festgestellter Wert der Schulden		./. 266 000 EUR
Saldo		182 000 EUR
Sockelbetrag 15 % des gemeinen Wertes der Beteiligung des A	15 % von 530 000 EUR =	79 500 EUR
verbleibender Wert der Finanzmittel		102 500 EUR

Beispiel 2:

Fortsetzung des Beispiels 1.
Die Gesellschafter haben in das bzw. aus dem Gesamthandsvermögen getätigt:

Einlagen Finanzmittel	200 000 EUR	
Entnahmen Finanzmittel	./. 80 000 EUR	
	120 000 EUR	
Anteil des A		
120 000 EUR × (580 000 EUR : 1 000 000 EUR)		69 600 EUR

A hat in sein bzw. aus seinem Sonderbetriebsvermögen getätigt:

Einlagen Finanzmittel	50 000 EUR	
Entnahmen Finanzmittel	./. 40 000 EUR	
	10 000 EUR	+ 10 000 EUR
Junge Finanzmittel		79 600 EUR

Für A ergeben sich somit junge Finanzmittel nach § 13b Absatz 4 Nummer 5 Satz 2 ErbStG in Höhe von insgesamt (69 600 EUR + 10 000 EUR =) 79 600 EUR.

Prüfung der Begrenzung der jungen Finanzmittel auf den Wert der Finanzmittel:

Finanzmittel im Gesamthandsvermögen	348 000 EUR
Finanzmittel im Sonderbetriebsvermögen des A	+ 100 000 EUR
Summe	448 000 EUR

Es erfolgt damit keine Begrenzung der jungen Finanzmittel. Festgestellt werden junge Finanzmittel in Höhe von 79 600 EUR.

Finanzmitteltest

festgestellter Wert der Finanzmittel		448 000 EUR
festgestellter Wert der jungen Finanzmittel		./. 79 600 EUR
Saldo		368 400 EUR
festgestellter Wert der Schulden		./. 266 000 EUR
Saldo		102 400 EUR
Sockelbetrag	15 % von 530 000 EUR = 79 500 EUR	./. 79 500 EUR
verbleibender Wert der Finanzmittel		22 900 EUR

Zusätzlich sind die jungen Finanzmittel mit 79 600 EUR als nicht begünstigtes Vermögen anzusetzen.

Junge Finanzmittel im Sonderbetriebsvermögen.

Beispiel 1:

Vater schenkt seinem Sohn einen Teil seiner Beteiligung an einer KG. Im Sonderbetriebsvermögen hat er eine Forderung von 2 000 000 EUR, von der er 1 000 000 EUR mitüberträgt. Die jungen Finanzmittel im Sonderbetriebsvermögen betragen 800 000 EUR. Im Gesamthandsvermögen sind weder Finanzmittel noch junge Finanzmittel vorhanden.

Festzustellende Finanzmittel	
unmittelbar aus dem Sonderbetriebsvermögen übertragene Finanzmittel	1 000 000 EUR
Festzustellende junge Finanzmittel	
unmittelbar aus dem Sonderbetriebsvermögen resultierende junge Finanzmittel	800 000 EUR
davon entfallen auf das mitübertragene Sonderbetriebsvermögen	
800 000 EUR × 1 000 000 EUR/2 000 000 EUR	400 000 EUR

Beispiel 2:

Vater schenkt seinem Sohn einen Teil seiner Beteiligung an einer KG sowie in vollem Umfang den im Sonderbetriebsvermögen gehaltenen GmbH-Anteil. Für die GmbH wurden Finanzmittel in Höhe von 1 000 000 EUR und junge Finanzmittel in Höhe von 800 000 EUR festgestellt. Er hält zugleich im Sonderbetriebsvermögen eine Forderung über 2 000 000 EUR, die er nicht mitüberträgt. Im Gesamthandsvermögen sind weder Finanzmittel noch junge Finanzmittel vorhanden.

Festzustellende Finanzmittel	
unmittelbar aus dem Sonderbetriebsvermögen übertragene Finanzmittel	0 EUR
Finanzmittel aus nachgeordneten Gesellschaften (GmbH-Anteil)	1 000 000 EUR
Festzustellende junge Finanzmittel	
junge Finanzmittel aus nachgeordneten Gesellschaften (GmbH-Anteil)	800 000 EUR

Beispiel 3:

Vater schenkt seinem Sohn einen Teil seiner Beteiligung an einer KG sowie in vollem Umfang den im Sonderbetriebsvermögen gehaltenen GmbH-Anteil. Für die GmbH wurden Finanzmittel in Höhe von 1 000 000 EUR und junge Finanzmittel in Höhe von 800 000 EUR festgestellt. Er hält zugleich im Sonderbetriebsvermögen eine Forderung über 2 000 000 EUR, von der er 500 000 EUR mitüberträgt. Die jungen Finanzmittel im Sonderbetriebsvermögen betragen 600 000 EUR. Im Gesamthandsvermögen sind weder Finanzmittel noch junge Finanzmittel vorhanden.

Festzustellende junge Finanzmittel	
unmittelbar aus dem Sonderbetriebsvermögen übertragene Finanzmittel	500 000 EUR
Finanzmittel aus nachgeordneten Gesellschaften (GmbH-Anteil)	1 000 000 EUR
Summe	1 500 000 EUR

Festzustellende junge Finanzmittel	
unmittelbar aus dem Sonderbetriebsvermögen resultierende junge Finanzmittel	600 000 EUR
davon entfallen auf das mitübertragene Sonderbetriebsvermögen	
600 000 EUR × 500 000 EUR/2 000 000 EUR	150 000 EUR
junge Finanzmittel aus nachgeordneten Gesellschaften (GmbH-Anteil)	800 000 EUR
Summe	950 000 EUR

R E 13b.24 Investitionsklausel

(1) [1]Auch wenn Vermögen nach der schematischen Abgrenzung nach § 13b Absatz 3 und 4 ErbStG grundsätzlich dem Verwaltungsvermögen zugeordnet werden müsste, kann es trotzdem geeignet sein, die Beschäftigung zu

fördern. [2]Dies ist dann der Fall, wenn dieses Vermögen für eine zeitnahe Investition in begünstigtes Vermögen oder die zeitnahe Zahlung von Löhnen und Gehältern an die Beschäftigten in den erworbenen wirtschaftlichen Einheiten vorgesehen ist.

(2) [1]Das Stichtagsprinzip der Erbschaftsteuer (§§ 9, 11 ErbStG) wird durch die Investitionsklausel nach § 13b Absatz 5 Satz 1 und 2 ErbStG durchbrochen, wenn folgende Voraussetzungen kumulativ erfüllt sind:

1. Es muss sich um einen Erwerb von Todes wegen handeln;
2. der Erwerber muss erworbenes nicht begünstigtes Verwaltungsvermögen (§ 13b Absatz 3 und 4 Nummer 1 bis 5 ErbStG) innerhalb des erworbenen begünstigungsfähigen Vermögens in Vermögen investieren, das kein Verwaltungsvermögen ist;
3. die durch die Investition geschaffenen oder angeschafften Gegenstände müssen unmittelbar einer land- und forstwirtschaftlichen oder originär gewerblichen oder freiberuflichen Tätigkeit (§ 13 Absatz 1, § 15 Absatz 1 Satz 1 Nummer 1 oder § 18 Absatz 1 Nummer 1 und 2 EStG) dienen;
4. die Investition muss aufgrund eines im Zeitpunkt der Entstehung der Steuer vorgefassten Plans des Erblassers erfolgen und darf nicht zu neuem Verwaltungsvermögen führen;
5. die Investition muss innerhalb einer Frist von zwei Jahren nach dem Besteuerungszeitpunkt erfolgt sein. [2]Maßgebend ist dabei das obligatorische Rechtsgeschäft und nicht erst die zivilrechtliche Wirksamkeit.

[2]In diesem Fall rechnet das investierte Vermögen rückwirkend nicht (mehr) zum Verwaltungsvermögen. [3]Satz 1 ist bei jungen Finanzmitteln nicht anzuwenden. [4]Wenn Finanzmittel investiert werden, ist die Begrenzung der jungen Finanzmittel auf die Finanzmittel zu überprüfen.

H E **13b.24** (2)

Investition in Umlaufvermögen.

Beispiel:

Maschinenhersteller A betreibt ein Einzelunternehmen. Zum Todeszeitpunkt sind Finanzmittel vorhanden, welche der Erbe unstrittig nach Plan des Erblassers in neue Maschinenteile und Motoren innerhalb von 2 Jahren zur Herstellung von neuen Maschinen (Umlaufvermögen) investiert.

R E **13b.24** (3)

(3) [1]Der Plan des Erblassers muss so konkret sein, dass dieser und die entsprechend vom Erwerber umgesetzte Investition nachvollzogen werden können. [2]Der Plan muss die zu erwerbenden oder herzustellenden Gegenstände beinhalten. [3]Das am Besteuerungszeitpunkt vorhandene Verwaltungsvermögen ist für die Investition zu verwenden, ohne dass der Erblasser vorgegeben haben muss, welche konkreten Gegenstände des Verwaltungsvermögens zur Finanzierung zu verwenden sind. [4]Unschädlich ist eine zusätzliche Finanzierung der Investition aus dem Privatvermögen. [5]In diesem Fall entfällt die Zurechnung zum Verwaltungsvermögen rückwirkend nur für das zur Finanzie-

rung eingesetzte Verwaltungsvermögen. [6]Das eingesetzte Privatvermögen wird nicht rückwirkend zum Besteuerungszeitpunkt als vom Erblasser erworbenes begünstigtes Vermögen behandelt. [7]Hatte der Erblasser, z.B. als ein Minderheitsgesellschafter, keinen Einfluss auf die Geschäftsleitung (Geschäftsführung, Vorstand) des Betriebs, reicht es aus, wenn die Geschäftsleitung zum Zeitpunkt des Todes des Erblassers einen konkreten Investitionsplan gefasst hatte und diesen innerhalb der Frist von zwei Jahren verwirklicht. [8]Dieser Plan und seine Umsetzung werden dem Erblasser zugerechnet. [9]Die Investitionsklausel kann auch auf nachgelagerten Beteiligungsstufen zur Anwendung kommen. [10]Voraussetzung ist, dass der Erblasser seinen Plan auf dieser Beteiligungsstufe tatsächlich durchsetzen konnte. [11]Eine Zurechnung der Entscheidung der Geschäftsleitung erfolgt in diesen Fällen nicht.

H E 13b.24 (3)

Plan des Erblassers.

Beispiel:

Gesellschafter A ist zu 100% an der A-GmbH und die A-GmbH zu 100% an der B-GmbH beteiligt. Die B-GmbH tätigt eine Investition nach Plan des A. Aufgrund der Beteiligungshöhe kann A seinen Willen sowohl in der A-GmbH als auch in der B-GmbH durchsetzen.

R E 13b.24 (4–6)

(4) [1]Das Stichtagsprinzip der Erbschaftsteuer (§§ 9, 11 ErbStG) wird für nicht begünstigte Finanzmittel im Sinne des § 13b Absatz 3 und 4 Nummer 5 ErbStG durchbrochen, wenn folgende Voraussetzungen kumulativ erfüllt sind (§ 13b Absatz 5 Satz 3 und 4 in Verbindung mit Satz 2 ErbStG):

1. Es muss sich um einen Erwerb von Todes wegen handeln;
2. der Erwerber muss erworbene nicht begünstigte Finanzmittel verwenden, um laufende Löhne und Gehälter im Sinne des § 13a Absatz 3 Satz 6 bis 10 ErbStG an die Beschäftigten zu zahlen;
3. ursächlich für diese Mittelverwendung muss sein, dass aufgrund wiederkehrender saisonaler Schwankungen entsprechende Einnahmen fehlen;
4. die Mittelverwendung muss aufgrund eines im Zeitpunkt der Entstehung der Steuer vorgefassten Plans des Erblassers erfolgen;
5. die Mittelverwendung muss innerhalb einer Frist von zwei Jahren nach dem Besteuerungszeitpunkt erfolgt sein.

[2]In diesem Fall rechnen die zur Zahlung verwendeten Finanzmittel rückwirkend nicht (mehr) zum Verwaltungsvermögen. [3]Satz 1 ist bei jungen Finanzmitteln nicht anzuwenden. [4]Wenn Finanzmittel investiert werden, ist die Begrenzung der jungen Finanzmittel auf die Finanzmittel zu überprüfen. [5]Absatz 3 gilt entsprechend.

(5) Die Feststellungslast dafür, dass die Voraussetzungen des Absatzes 2 bis 4 sämtlich erfüllt sind, trägt der Erwerber, der die rückwirkende Aussonderung aus dem Verwaltungsvermögen beansprucht (§ 13b Absatz 5 Satz 5 ErbStG).

(6) [1]Bei Schenkungen unter Lebenden sind Härtefälle aufgrund des Stichtagsprinzips ausgeschlossen, da Schenkungen und deren Vollzug planbar sind. [2]Die Investitionsklausel ist daher auf Erwerbe durch Schenkung unter Lebenden nicht anwendbar. [3]Für die Ersatzerbschaftsteuer nach § 1 Absatz 1 Nummer 4 ErbStG gilt dies entsprechend.

R E 13b.25 Nettowert des Verwaltungsvermögens

[1]Verbleibt nach der Anwendung von § 13b Absatz 3 Satz 1 ErbStG (Altersversorgungsansprüche/-verpflichtungen; → R E 13b.11) und dem Finanzmitteltest (→ R E 13b.23) ein Schuldenüberhang, sind diese Schulden zur Berechnung des Nettowerts des Verwaltungsvermögens anteilig mit dem Verwaltungsvermögen nach § 13b Absatz 4 Nummer 1 bis 4 ErbStG zu verrechnen. [2]Eine direkte Zuordnung von Schulden, die wirtschaftlich mit bestimmten Wirtschaftsgütern zusammenhängen, erfolgt nicht. [3]Die anteiligen Schulden bestimmen sich nach dem Verhältnis des gemeinen Werts des Verwaltungsvermögens zum gemeinen Wert des Betriebsvermögens des Betriebs oder der Gesellschaft zuzüglich der Schulden im Sinne des Satzes 1. [4]Dabei ist das Verwaltungsvermögen um den festgestellten Wert des jungen Verwaltungsvermögens (§ 13b Absatz 8 ErbStG) zu verringern. [5]Als Nettowert des Verwaltungsvermögens ist mindestens der gemeine Wert des jungen Verwaltungsvermögens und der auf den tatsächlichen Bestand der vor Anwendung der Schuldenverrechnung und vor Abzug des Sockelbetrags gedeckelten jungen Finanzmittel anzusetzen (§ 13b Absatz 8 Satz 3 ErbStG).

H E 13b.25

Beispiel:

Der gemeine Wert des Gewerbebetriebs wurde mit 500 000 EUR, das Verwaltungsvermögen nach § 13b Absatz 4 Nummer 1 bis 4 ErbStG mit 25 000 EUR und der Wert des jungen Verwaltungsvermögens mit 10 000 EUR festgestellt. Nach der Anwendung des § 13b Absatz 3 Satz 1 ErbStG und des Finanzmitteltests verbleiben Schulden von 30 000 EUR.

Verwaltungsvermögen		25 000 EUR
junges Verwaltungsvermögen	./.	10 000 EUR
Saldo Verwaltungsvermögen		15 000 EUR

Berechnung der anteilig verbleibenden Schulden:

$$\frac{30\,000 \text{ EUR} \times 15\,000 \text{ EUR}}{(500\,000 \text{ EUR} + 30\,000 \text{ EUR})} = 850 \text{ EUR}$$

Saldo Verwaltungsvermögen		15 000 EUR
anteilig verbleibende Schulden	./.	850 EUR
Nettowert des Verwaltungsvermögens		14 150 EUR

R E 13b.26 Unschädliches Verwaltungsvermögen

[1]Der Nettowert des Verwaltungsvermögens ist um das unschädliche Verwaltungsvermögen zu kürzen. [2]Unschädliches Verwaltungsvermögen entspricht zehn Prozent des Werts des (Anteils) Betriebsvermögens. [3]Der Wert des (Anteils) Betriebsvermögens ist zu kürzen um

– den Nettowert des Verwaltungsvermögens (→ R E 13b.25),
– den Wert des jungen Verwaltungsvermögens und
– den Wert der jungen Finanzmittel.

[4]Das unschädliche Verwaltungsvermögen wird wie begünstigtes Vermögen behandelt.

H E 13b.26

Berechnung des unschädlichen Verwaltungsvermögens. → R E 13b.9 Absatz 2.

	festgestellter Wert des (Anteils) Betriebsvermögens
–	Nettowert des Verwaltungsvermögens II.3.3
–	festgestellter Wert des jungen Verwaltungsvermögens
–	festgestellter Wert der jungen Finanzmittel
=	Bemessungsgrundlage für das unschädliche Verwaltungsvermögen

	Nettowert des Verwaltungsvermögens II.3.3
–	10% × Bemessungsgrundlage für das unschädliche Verwaltungsvermögen II.4.1
=	gekürzter Nettowert des Verwaltungsvermögens

R E 13b.27 Junges Verwaltungsvermögen

[1]Verwaltungsvermögen im Sinne des § 13b Absatz 4 Nummer 1 bis 4 ErbStG gehört nicht zum begünstigten Vermögen, wenn es dem Betrieb im Besteuerungszeitpunkt weniger als zwei Jahre zuzurechnen war (junges Verwaltungsvermögen, § 13b Absatz 2 Satz 1 in Verbindung mit Absatz 7 Satz 2 ErbStG). [2]Hierzu gehört nicht nur innerhalb des Zweijahreszeitraums eingelegtes Verwaltungsvermögen, sondern auch Verwaltungsvermögen, das innerhalb dieses Zeitraums aus betrieblichen Mitteln angeschafft oder hergestellt worden ist. [3]Vermögensgegenstände, die seit zwei Jahren und mehr zum Betriebsvermögen gehörten, sind auch dann kein junges Verwaltungsvermögen, wenn die in § 13b Absatz 4 ErbStG genannten Kriterien erst innerhalb der letzten beiden Jahre eingetreten sind. [4]Die zum jungen Verwaltungsvermögen im Gesamthandsvermögen der Personengesellschaft gehörenden Wirtschaftsgüter sind nach dem Wert des Anteils des Gesellschafters am Gesamthandsvermögen zum gemeinen Wert des Gesamthandsvermögens (§ 97 Absatz 1a Nummer 1 BewG) dem jeweiligen Gesellschafter zuzurechnen; hinzu kommen die im übertragenen Sonderbetriebsvermögen enthaltenen Wirtschaftsgüter des jungen Verwaltungsvermögens. [5]Ist der Wert der Beteiligung des Gesellschafters am Gesamthandsvermögen negativ, ist das auf den Anteil am Gesamthandsvermögen entfallende junge Verwaltungsvermögen mit Null anzusetzen. [6]Bei Anteilen an Kapitalgesellschaften ist das junge Verwaltungsvermögen der Gesellschaft nach dem Verhältnis aufzuteilen, das bei der Aufteilung des gemeinen Werts der Gesellschaft nach § 97 Absatz 1b BewG angewendet wurde. [7]Junges Verwaltungsvermögen ist nicht in die Schuldenverrechnung mit dem Verwaltungsvermögen einzubeziehen (§ 13b Absatz 6 in Verbindung mit Absatz 8 Satz 1 ErbStG) und stellt kein unschädliches Ver-

waltungsvermögen dar (§ 13b Absatz 7 Satz 2 ErbStG). [8]Zur Berücksichtigung von jungem Verwaltungsvermögen in der Verbundvermögensaufstellung → R E 13b.29 Absatz 4.

R E 13b.28 Ausschluss der Schuldenverrechnung

(1) Junges Verwaltungsvermögen und junge Finanzmittel sind von der Verrechnung mit Schulden ausgeschlossen (§ 13b Absatz 8 Satz 1 ErbStG).

(2) [1]Eine Schuldenverrechnung findet nicht statt bei wirtschaftlich nicht belastenden Schulden. [2]Dies ist z. B. der Fall, wenn eine bilanziell überschuldete Gesellschaft nur deshalb nicht Insolvenz beantragen muss, weil der Gläubiger den Rangrücktritt erklärt hat oder wenn die überschuldete Gesellschaft durch eine Unternehmensgruppe und die Forderung durch eine nahestehende Person erworben wird. [3]Übersteigt der im Zeitpunkt der Steuerentstehung vorhandene Schuldenstand den durchschnittlichen Schuldenstand der letzten drei Jahre vor dem Zeitpunkt der Steuerentstehung, ist insoweit eine Schuldenverrechnung ausgeschlossen. [4]Es bestehen aus Vereinfachungsgründen grundsätzlich keine Bedenken, den durchschnittlichen Schuldenstand aus den Schuldenständen am Ende der letzten drei vor dem Zeitpunkt der Entstehung der Steuer abgelaufenen Wirtschaftsjahre abzuleiten; wegen des Umfangs der anzusetzenden Schulden (→ R E 13b.23 Absatz 4). [5]In Fällen einer Neugründung bestehen keine Bedenken, den durchschnittlichen Schuldenstand aus dem kürzeren Zeitraum zu berechnen und in einen entsprechenden Jahresbetrag umzurechnen. [6]Dabei ist der Betrag des durchschnittlichen Schuldenstands zu mindern um den Wert der Altersversorgungsverpflichtungen, der auf den Stichtag der Steuerentstehung nach § 13b Absatz 3 ErbStG mit dem Verwaltungsvermögen verrechnet wurde. [7]Eine Begrenzung der zu berücksichtigenden Schulden erfolgt nicht, soweit die Erhöhung des Schuldenstands durch die Betriebstätigkeit veranlasst ist. [8]Davon ist auszugehen, wenn Schulden durch den laufenden Geschäftsbetrieb veranlasst sind. [9]Keine Betriebstätigkeit in diesem Sinne liegt dagegen vor, wenn z. B. Wirtschaftsgüter des nicht betriebsnotwendigen Betriebsvermögens (§ 200 Absatz 2 BewG) fremdfinanziert werden. [10]Die Begrenzung der Schuldenverrechnung erfolgt im Rahmen der Feststellung der Schulden (§ 13b Absatz 10 ErbStG) durch das Betriebsfinanzamt.

(3) Als Nettowert des Verwaltungsvermögens ist mindestens der gemeine Wert des jungen Verwaltungsvermögens und der auf den tatsächlichen Bestand der vor Anwendung der Schuldenverrechnung und vor Abzug des Sockelbetrags gedeckelten jungen Finanzmittel anzusetzen.

R E 13b.29 Verbundvermögensaufstellung

(1) [1]Gehören zum begünstigungsfähigen Vermögen im Sinne des § 13b Absatz 1 Nummer 2 und 3 ErbStG Beteiligungen an Personengesellschaften oder Anteile an Kapitalgesellschaften, erfolgt die rechentechnische Ermittlung des begünstigten Vermögens durch eine Verbundvermögensaufstellung (§ 13b Absatz 9 ErbStG). [2]Die Rechentechnik der Verbundvermögensaufstellung ist erforderlich, wenn zum begünstigungsfähigen Vermögen

– unmittelbar oder mittelbar Beteiligungen an Personengesellschaften im Inland oder Beteiligungen an entsprechenden Gesellschaften mit Sitz oder Geschäftsleitung im Ausland oder
– unmittelbar oder mittelbar Anteile an Kapitalgesellschaften im Inland oder Anteile an entsprechenden Kapitalgesellschaften mit Sitz oder Geschäftsleitung im Ausland gehören.

[3]Eine Konzernbilanz bildet keine Grundlage für die Verbundvermögensaufstellung.

(2) [1]In der Verbundvermögensaufstellung sind bei Anwendung des § 13b Absatz 2 bis 8 ErbStG zur Ermittlung des begünstigten Vermögens nicht die gemeinen Werte der Beteiligungen oder Anteile anzusetzen, sondern die gemeinen Werte der diesen Gesellschaften zuzurechnenden Vermögensgegenstände des Verwaltungsvermögens, des jungen Verwaltungsvermögens, der Finanzmittel, der jungen Finanzmittel und der Schulden. [2]Diese sind mit dem Anteil einzubeziehen, zu dem die unmittelbare oder mittelbare Beteiligung besteht. [3]Es sind jeweils die folgenden unmittelbar oder mittelbar gehaltenen Rechengrößen zusammenzufassen:
– Verwaltungsvermögen im Sinne des § 13b Absatz 4 Nummer 1 bis 4 ErbStG,
– junges Verwaltungsvermögen im Sinne des § 13b Absatz 7 Satz 2 ErbStG,
– Finanzmittel im Sinne des § 13b Absatz 4 Nummer 5 ErbStG,
– junge Finanzmittel im Sinne des § 13b Absatz 4 Nummer 5 Satz 2 ErbStG,
– Schulden.

[4]Die Rechentechnik der Verbundvermögensaufstellung ist auf jeder Beteiligungsstufe anzuwenden. [5]Festgestellt werden jeweils die Werte, die sich auf den Anteil beziehen, zu dem jeweils die Beteiligung besteht (→ R E 13b.30).

(3) [1]Legt eine Muttergesellschaft Finanzmittel in eine Tochtergesellschaft ein, werden sie bei der Ermittlung der jungen Finanzmittel der Tochtergesellschaft angesetzt. [2]Im Rahmen der Verbundvermögensaufstellung sind junge Finanzmittel der Tochtergesellschaft auch bei der Muttergesellschaft als junge Finanzmittel anzusetzen. [3]Legt die Tochtergesellschaft Finanzmittel in die Enkelgesellschaft ein, kann das zu einer mehrfachen Erfassung der jungen Finanzmittel bei der Muttergesellschaft führen. [4]§ 13b Absatz 9 ErbStG erfordert die Feststellung der jungen Finanzmittel auf jeder Beteiligungsstufe und ordnet die Weiterleitung auf die jeweils nächste Beteiligungsstufe an. [5]Die Begrenzung der jungen Finanzmittel auf den Wert der vorhandenen jungen Finanzmittel erfolgt nicht auf jeder Beteiligungsstufe, sondern erst auf der obersten Feststellungsebene. [6]Negative junge Finanzmittel werden mit positiven jungen Finanzmitteln aus nachgeordneten Stufen verrechnet.

(4) [1]Zum jungen Verwaltungsvermögen innerhalb der Verbundvermögensaufstellung gehören auch die Wirtschaftsgüter, die innerhalb des Zweijahreszeitraums von einer Gesellschaft in eine andere Gesellschaft im Verbund eingelegt werden oder die von einer anderen Gesellschaft im Verbund erworben werden. [2]Zum jungen Verwaltungsvermögen → R E 13b.27.

(5) [1]Soweit sich in der Verbundvermögensaufstellung Forderungen und Verbindlichkeiten zwischen den Gesellschaften untereinander oder im Verhältnis zu dem übertragenen Betrieb oder der übertragenen Gesellschaft ge-

genüberstehen, sind diese nicht anzusetzen. [2]Damit scheidet der Ansatz einer Forderung als Finanzmittel aus, soweit der Forderung eine Verbindlichkeit innerhalb der zum übertragenen Vermögen gehörenden Beteiligungsstruktur gegenübersteht; das gilt in gleicher Weise für die Verbindlichkeit. [3]Sofern der Steuerpflichtige nach § 13b Absatz 9 Satz 3 ErbStG den Nichtansatz einer Forderung und damit einen niedrigeren Wertansatz der Finanzmittel begehrt, hat er dies dem Betriebsfinanzamt durch geeignete Unterlagen nachzuweisen. [4]Das Betriebsfinanzamt, das für die Feststellung der Finanzmittel zuständig ist, teilt dem Betriebsfinanzamt, das für die Feststellung der Schulden zuständig ist, mit, in welcher Höhe die entsprechenden Forderungen nicht als Finanzmittel behandelt wurden. [5]Das Betriebsfinanzamt, das für die Feststellung der Schulden zuständig ist, teilt dem Betriebsfinanzamt, das für die Feststellung der Finanzmittel zuständig ist, mit, in welcher Höhe die entsprechenden Schulden gekürzt wurden. [6]Forderungen und Verbindlichkeiten, die sich zwischen Gesamthandsvermögen und Sonderbetriebsvermögen einer Personengesellschaft gegenüberstehen, sind nicht zu kürzen, weil es sich nicht um eine Beteiligung handelt. [7]Daneben sind Forderungen und Verbindlichkeiten zwischen den Gesellschaften im Gesamthandsvermögen und im Sonderbetriebsvermögen untereinander nicht zu kürzen. [8]Gleiches gilt auch für Forderungen und Verbindlichkeiten zwischen Gesellschaften im Sonderbetriebsvermögen.

(6) [1]Auf jeder Beteiligungsstufe sind folgende Vorschriften anzuwenden:
- Das Ausscheiden von Verwaltungsvermögen und Schulden im Zusammenhang mit Altersversorgungsverpflichtungen (§ 13b Absatz 3 ErbStG);
- die Begrenzung der Schulden nach § 13b Absatz 8 ErbStG (Nichtansatz der wirtschaftlich nicht belastenden Schulden und der über den durchschnittlichen Schuldenstand hinausgehenden Schulden).

[2]Die Begrenzung der jungen Finanzmittel auf den Wert der Finanzmittel erfolgt nicht auf jeder Beteiligungsstufe, sondern erst auf der obersten Feststellungsebene. [3]Zur Investitionsklausel (§ 13b Absatz 5 ErbStG) im Verbund → R E 13b.24 Absatz 3 Satz 9 bis 11.

(7) [1]Nicht Teil der Berechnungen im Rahmen der Verbundvermögensaufstellung und des Feststellungsverfahrens sind:
- die Schuldenverrechnung bei Finanzmitteln nach § 13b Absatz 4 Nummer 5 ErbStG;
- der Abzug des Sockelbetrags von 15 Prozent nach § 13b Absatz 4 Nummer 5 ErbStG;
- der Abzug der anteilig verbleibenden Schulden zur Ermittlung des Nettowerts des Verwaltungsvermögens nach § 13b Absatz 6 ErbStG;
- die Berücksichtigung des Werts des unschädlichen Verwaltungsvermögens nach § 13b Absatz 7 ErbStG;
- das Saldierungsverbot von Schulden mit jungen Finanzmitteln und jungem Verwaltungsvermögen nach § 13b Absatz 8 ErbStG.

[2]Diese Berechnungen erfolgen bei der Veranlagung zur Erbschaft- oder Schenkungsteuer.

(8) [1]Gehören zum übertragenen Vermögen unmittelbar gehaltene Anteile an einer Kapitalgesellschaft, die die Beteiligungsquote von mehr als 25 Prozent des § 13b Absatz 4 Nummer 2 ErbStG unterschreiten, wird – abweichend von

§ 13b Absatz 9 Satz 1 bis 4 ErbStG – der gemeine Wert der Anteile an der Kapitalgesellschaft als Verwaltungsvermögen angesetzt. [2]Für diese Gesellschaften sind die Werte im Sinne des Absatzes 2 Satz 3 nicht festzustellen.

H E 13b.29

Forderung/Schulden über mehrere Stufen im Verbund.

Beispiel 1:

Die M-GmbH hält jeweils alle Anteile an der T1-GmbH und der T2-GmbH. Die T2-GmbH hält alle Anteile an der E-GmbH. Die M-GmbH hat eine Forderung gegenüber der E-GmbH. Die Forderung der M-GmbH ist nicht in die Ermittlung der Finanzmittel einzubeziehen, weil die Forderung nach § 13b Absatz 9 Satz 3 ErbStG nicht anzusetzen ist. Die Schuld der E-GmbH ist nicht in die Feststellung der Schulden einzubeziehen, weil sie nach § 13b Absatz 9 Satz 3 ErbStG nicht anzusetzen ist.

Beispiel 2:

→ Verbundvermögensaufstellung.

Junge Finanzmittel im Verbund. R E 13b.29 Absatz 3 Sätze 3 bis 5 ErbStR beschreibt den Fall mehrerer zeitlich hintereinander erfolgter Einlagen von Finanzmitteln in nachgelagerte Beteiligungsgesellschaften (Einlage von einer Muttergesellschaft in eine Tochtergesellschaft und anschließend von der Tochtergesellschaft in die Enkelgesellschaft usw.). Soweit diese Einlagen zu einer mehrfachen Erfassung von jungen Finanzmitteln führen, sind die jungen Finanzmittel auf der Ebene der Muttergesellschaft um den Betrag der mehrfach erfassten jungen Finanzmittel zu kürzen.

Beispiel:

A ist zu 100% an der M GmbH (Muttergesellschaft) beteiligt. Die M GmbH hält 100% der Anteile an der T GmbH (Tochtergesellschaft). Die T GmbH hält 100% der Anteile an der E GmbH (Enkelgesellschaft). Die M GmbH legt 100 EUR in die T GmbH ein, im Anschluss legt die T GmbH 100 EUR in die E GmbH ein.

	Finanzmittel § 13b Absatz 4 Nummer 5 ErbStG EUR	**junge Finanzmittel** EUR
M GmbH	300	0
T GmbH	500	100
E GmbH	500	100

Ablauf des Feststellungsverfahrens:

E GmbH

Finanzmittel			
eigene	500 EUR		500 EUR
junge Finanzmittel			
eigene	100 EUR		100 EUR

T GmbH

Finanzmittel			
eigene	500 EUR		
E GmbH	500 EUR	× 100%	
			1 000 EUR

Junge Finanzmittel			
eigene	100 EUR		
E GmbH	100 EUR	× 100 %	
			200 EUR
M GmbH			
Finanzmittel			
eigene	300 EUR		
T GmbH	1 000 EUR		
			1 300 EUR
junge Finanzmittel			
eigene	0 EUR		
T GmbH	200 EUR		
			200 EUR
Kürzungsbetrag (Mehrfach erfasste junge Finanzmittel)			100 EUR
Festzustellende junge Finanzmittel (Begrenzung R E 13b.29 Absatz 3 Satz 5 ErbStR)			100 EUR

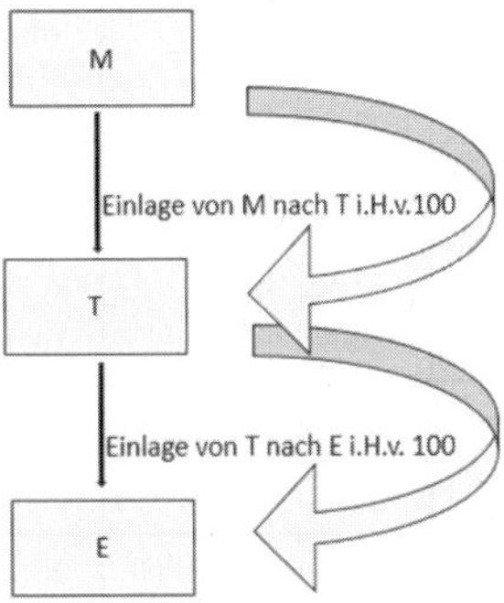

Finanzmittel			Junge Finanzmittel		
Eigene	300	1.300	Eigene	0	100
aus der Beteiligung T	500		aus der Beteiligung T	100	
Beteiligung E	500		Beteiligung E	100	

Finanzmittel			Junge Finanzmittel		
Eigene	500	1.000	Eigene	100	200
aus der Beteiligung E	500		aus der Beteiligung E	100	

Finanzmittel			Junge Finanzmittel		
Eigene	500	500	Eigene	100	100

Die hintereinander erfolgten Einlagen von M nach T (i. H. v. 100 EUR) und von T nach E (von den 100 EUR i. H. v. 100 EUR) führen zu einer Begrenzung der jungen Finanzmittel auf 100 EUR, da sich die hintereinander erfolgten Einlagen von Finanzmitteln in der Beteiligungsstruktur nur einmal auswirken.

Junges Verwaltungsvermögen im Verbund.

Beispiel 1:

Die M-GmbH hält jeweils alle Anteile an der T1-GmbH und der T2-GmbH. Die T1-GmbH veräußert ein seit vielen Jahren zum Betriebsvermögen gehörendes und Dritten zur Nutzung überlassenes Grundstück an die T2-GmbH. Das Grundstück bildet bei der T2-GmbH junges Verwaltungsvermögen.

Beispiel 2:

Die T2-GmbH hält alle Anteile an der neu gegründeten E-GmbH. Die T1-GmbH veräußert ein Dritten zur Nutzung überlassenes Grundstück innerhalb von zwei Jahren nach der Neugründung an die E-GmbH. Das Grundstück bildet bei der E-GmbH junges Verwaltungsvermögen.

Beispiel 3:

Die M-GmbH hält jeweils alle Anteile an der T1-GmbH. Sie legt ein ihr gehörendes, an einen Dritten zur Nutzung überlassenes Grundstück in das Betriebsvermögen der T1-GmbH ein. Das Grundstück gehört bei der T1-GmbH zum jungen Verwaltungsvermögen.

Verbundvermögensaufstellung.

Beispiel 1:

A ist zu 100% an der A GmbH & Co. KG beteiligt. Die A GmbH & Co. KG hält 100 % der Anteile an der B GmbH und 60% der Anteile an der C AG. Die C AG ist zu 50 % an der D OHG beteiligt. Alle Gesellschaften haben ihren Sitz oder ihre Geschäftsleitung im Inland.

Im Sonderbetriebsvermögen des A befindet sich ein Darlehen gegenüber der A GmbH & Co. KG in Höhe von 1 000 EUR. Die D OHG hat gegenüber der B GmbH eine Forderung in Höhe von 20 000 EUR bzw. die B GmbH gegenüber der D OHG eine Verbindlichkeit in Höhe von 20 000 EUR.

	Verwaltungsvermögen § 13b Absatz 4 Nummer 1 bis 4 ErbStG EUR	**junges Verwaltungsvermögen** EUR	**Finanzmittel § 13b Absatz 4 Nummer 5 ErbStG** EUR	**Davon gegenüber verbundenen Unternehmen** EUR	**junge Finanzmittel** EUR	**Schulden** EUR	**Davon gegenüber verbundenen Unternehmen** EUR
A GmbH & Co. KG	10 000		20 000		8 000	30 000	
B GmbH	23 000	2 000	17 500		1 000	43 000	20 000
C AG	12 000	2 000	6 000			12 000	
D OHG	1 000		100 000	20 000	10 000	1 500	
SBV A			1 000				

Ablauf des Feststellungsverfahrens:

D OHG

Verwaltungsvermögen 1 000 EUR × 50% — 500 EUR

Finanzmittel zunächst — 100 000 EUR

Die Forderung gegenüber der B GmbH stellt eine Forderung gegenüber verbundenen Unternehmen dar. Die A GmbH & Co KG ist zu 30% (60% × 50%) mittelbar an der D OHG und zu 100% unmittelbar an der B GmbH beteiligt. Es besteht Beteiligungsidentität im Umfang von 30%.

Der Prozentsatz der Beteiligungsidentität entspricht dem Prozentsatz der mittelbaren Beteiligung. Deshalb ist die Forderung gegenüber der B GmbH in voller Höhe nicht anzusetzen.		./. 20 000 EUR	
gekürzte Finanzmittel		80 000 EUR	
× 50 %			40 000 EUR
junge Finanzmittel 10 000 EUR × 50 %			5 000 EUR
Schulden 1 500 EUR × 50 %			750 EUR

C AG

Verwaltungsvermögen			
eigenes	12 000 EUR		
D OHG	+ 500 EUR		
	12 500 EUR	× 60 % =	7 500 EUR
junges Verwaltungsvermögen			
eigenes	2 000 EUR		
D OHG	+ 0 EUR		
	2 000 EUR	× 60 % =	1 200 EUR
Finanzmittel			
eigene	6 000 EUR		
D OHG	+ 40 000 EUR		
	46 000 EUR	× 60 % =	27 600 EUR
junge Finanzmittel			
eigene	0 EUR		
D OHG	+ 5 000 EUR		
	5 000 EUR	× 60 % =	3 000 EUR
Schulden			
eigene	12 000 EUR		
D OHG	+ 750 EUR		
	12 750 EUR	× 60 % =	7 650 EUR

B GmbH

Verwaltungsvermögen 23 000 EUR × 100 %		23 000 EUR
Junges Verwaltungsvermögen 2 000 EUR × 100 %		2 000 EUR
Finanzmittel 17 500 EUR × 100 %		17 500 EUR
Junge Finanzmittel 1 000 EUR × 100 %		1 000 EUR
Schulden zunächst	43 000 EUR	

Die Schuld gegenüber der D OHG stellt eine Verbindlichkeit gegenüber verbundenen Unternehmen dar. Sie ist, soweit Beteiligungsidentität besteht (30 % durchgerechneter Anteil), zu kürzen. Der

Prozentsatz der Beteiligungsidentität entspricht dem Prozentsatz der mittelbaren Beteiligung.		
20 000 EUR × 30 % =	6 000 EUR	
	37 000 EUR	
× 100 %		37 000 EUR

A GmbH & Co. KG

Verwaltungsvermögen			
eigenes		10 000 EUR	
B GmbH	+	23 000 EUR	
C AG	+	7 500 EUR	
		40 500 EUR	
100 %			40 500 EUR
Junges Verwaltungsvermögen			
eigenes		0 EUR	
B GmbH	+	2 000 EUR	
C AG	+	1 200 EUR	
		3 200 EUR	
100 %			3 200 EUR
Finanzmittel			
eigene		20 000 EUR	
B GmbH	+	17 500 EUR	
C AG	+	27 600 EUR	
		65 100 EUR	
100 % = Finanzmittel aus dem Gesamthandsvermögen			65 100 EUR
Die miterworbene Forderung des A im SBV ist zusätzlich in Höhe von 1 000 EUR außerhalb der Verbundvermögensaufstellung anzusetzen.			
junge Finanzmittel			
eigene		8 000 EUR	
B GmbH	+	1 000 EUR	
C AG	+	3 000 EUR	
		12 000 EUR	
100 %			12 000 EUR
Schulden			
eigene		30 000 EUR	
B GmbH	+	37 000 EUR	
C AG	+	7 650 EUR	
		74 650 EUR	
100 % = Schulden aus dem Gesamthandsvermögen			74 650 EUR

Die Verbindlichkeit gegenüber A in Höhe von 1 000 EUR ist nicht Teil der Verbundvermögensaufstellung und daher nicht vom Ansatz auszuschließen (§ 13b Absatz 9 Satz 3 ErbStG).

Beispiel 2:

Sachverhalt wie in Beispiel 1. Zudem hält die A GmbH & Co. KG noch 10% der Anteile an der Z GmbH. Die Anteile haben einen Wert von 16 500 EUR. Die Z GmbH hat Finanzmittel in Höhe von 25 000 EUR.

Da die A GmbH & Co. KG nicht zu mehr als 25% an der Z GmbH beteiligt ist, gehören die Anteile an der Z GmbH im vollen Umfang zum Verwaltungsvermögen der A GmbH & Co. KG (§ 13b Absatz 4 Nummer 2 ErbStG).

A GmbH & Co. KG

Verwaltungsvermögen			
eigenes		10 000 EUR	
Anteil an der Z GmbH	+	16 500 EUR	
B GmbH	+	23 000 EUR	
C AG	+	7 500 EUR	
		57 000 EUR	
100%			57 000 EUR

Hinsichtlich des jungen Verwaltungsvermögens, der Finanzmittel, der jungen Finanzmittel und der Schulden ergeben sich bei der A GmbH & Co. KG keine Änderungen.

R E 13b.30 Feststellungsverfahren

(1) [1]Festzustellen sind gemäß § 13b Absatz 10 ErbStG die Summe der gemeinen Werte
- der Finanzmittel,
- der jungen Finanzmittel,
- des Verwaltungsvermögens,
- des jungen Verwaltungsvermögens und
- der Schulden.

[2]Eine Feststellung erfolgt, wenn und soweit diese Werte für die Erbschaftsteuer oder eine andere Feststellung im Sinne des § 13b Absatz 10 ErbStG von Bedeutung sind. [3]Die Entscheidung, ob die Werte von Bedeutung sind, trifft das für die Erbschaftsteuer oder das für die andere Feststellung zuständige Finanzamt. [4]Die Feststellungen erfolgen auch dann, wenn es sich um ein börsennotiertes Unternehmen (§ 11 Absatz 1 BewG) handelt und deshalb keine Feststellung des Wertes des Anteils nach § 151 Absatz 1 Satz 1 Nummer 3 BewG erfolgt.

(2) Bei einer Beteiligung an einer Personengesellschaft erfolgen die Feststellungen bezogen auf den übertragenen Teil der Beteiligung, bei einem Anteil an einer Kapitalgesellschaft auf den übertragenen Anteil.

(3) [1]Festzustellen sind die Summen der gemeinen Werte der Finanzmittel, des Verwaltungsvermögens und des jungen Verwaltungsvermögens; maßgebend sind die Werte nach Anwendung des § 13b Absatz 3 ErbStG (Altersversorgungsverpflichtungen). [2]Bei der Feststellung der Summe der gemeinen Werte der Schulden ist der Wert nach Anwendung von § 13b Absatz 3 und Absatz 8 Satz 2 ErbStG anzusetzen. [3]Eine Verrechnung von Altersversorgungsverpflichtungen mit jungen Finanzmitteln erfolgt nicht (→ R E 13b.11 Absatz 2 Satz 3). [4]Der Wert der Finanzmittel und des Verwaltungsvermögens beinhaltet jeweils die jungen Finanzmittel beziehungsweise das junge Verwaltungsvermögen. [5]Der Wert der festzustellenden jungen Finanzmittel ist auf

den Wert der festzustellenden Finanzmittel zu begrenzen. [6]Bei mehrstufigen Beteiligungsverhältnissen findet die Begrenzung ausschließlich auf der obersten Feststellungsebene statt. [7]Feststellungen aus nachgeordneten Feststellungsebenen sind einzubeziehen. [8]Auf der obersten Feststellungsebene erfolgen die Feststellungen auf Basis der Verbundvermögensaufstellung.

(4) Wegen der nicht in das Feststellungsverfahren einzubeziehenden Berechnungen → R E 13b.29 Absatz 7.

(5) [1]Zusätzlich zu den in Absatz 1 genannten Feststellungen teilt das Betriebsfinanzamt dem Erbschaftsteuerfinanzamt folgende Angaben nachrichtlich mit:

1.[1)] Das Vorliegen der Voraussetzungen für die Inanspruchnahme eines Sockelbetrags im Sinne des § 13b Absatz 4 Nummer 5 Satz 4 ErbStG. [2]Bei mehrstufigen Beteiligungsverhältnissen ist auf jeder Beteiligungsstufe zu prüfen, ob das Vermögen des jeweiligen Unternehmens nach seinem Hauptzweck einer land- und forstwirtschaftlichen, gewerblichen oder freiberuflichen Tätigkeit dient (§ 13 Absatz 1, § 15 Absatz 1 Satz 1 Nummer 1, § 18 Absatz 1 Nummer 1 und 2 EStG). [3]Dabei sind die nachrichtlichen Mitteilungen der nachgeordneten Feststellungsebenen einzubeziehen. [4]Liegt ein Hauptzweck in diesem Sinne vor, ist dies nachrichtlich dem Betriebsfinanzamt auf der darüber liegenden Feststellungsebene mitzuteilen. [5]Auf der Ebene des übertragenen Unternehmens, der übertragenen Beteiligung an einer Personengesellschaft oder der übertragenen Anteile an einer Kapitalgesellschaft erfolgt eine Zusammenfassung inklusive der eigenen Tätigkeit. [6]Zum Hauptzweck → R E 13b.23 Absatz 6.

2.[1)] Das Vorliegen der Voraussetzungen und den Prozentsatz des Vorwegabschlags nach § 13a Absatz 9 ErbStG.

3.[1)] Bei Einzelunternehmen bzw. Beteiligungen an Personengesellschaften den Umfang und den Wert des ausländischen Vermögens, welches im festgestellten Wert des Betriebsvermögens enthalten ist, jedoch einer Betriebstätte in einem Drittstaat dient (→ R E 13b.5 Absatz 4).

4. Bei Einzelunternehmen bzw. Beteiligungen an Personengesellschaften für Grundstücke, die sowohl dem Betriebsvermögen als auch dem Grundvermögen zuzuordnen sind, den Wert des dem Grundvermögen zuzuordnenden Anteils.

[2]Erfolgt die Feststellung auf der obersten Feststellungsebene hinsichtlich einer Personengesellschaft, teilt das Betriebsfinanzamt mit, welche Teilbeträge der festgestellten Werte auf den übertragenen Anteil am Gesamthandsvermögen und das übertragene Sonderbetriebsvermögen entfallen.

(6) [1]Wenn ein Nutzungsrecht an einer Beteiligung an einer Personengesellschaft erworben wird, liegt begünstigungsfähiges Betriebsvermögen im Sinne des § 13b Absatz 1 Nummer 2 ErbStG vor, wenn es so ausgestaltet ist, dass der Nießbraucher ertragsteuerrechtlich als Mitunternehmer der Personengesellschaft anzusehen ist (→ R B 97.3). [2]Satz 1 gilt entsprechend, wenn ein Nießbraucher auf seinen Nießbrauch verzichtet und dadurch eine Mitunternehmerstellung des Nießbrauchers auf den Gesellschafter übergeht. [3]In diesen

1) Überholt durch Änderung des § 10 Abs. 6 ErbStG durch das JStG 2020.

Fällen sind das Verwaltungsvermögen, das junge Verwaltungsvermögen, die Finanzmittel, die jungen Finanzmittel und die Schulden, die auf das Nießbrauchsrecht entfallen, wie folgt zu ermitteln. [4]Ist der zivilrechtliche Eigentümer des Gesellschaftsanteils Mitunternehmer der Gesellschaft, erfolgt die Ermittlung auch hinsichtlich des Nießbrauchsrechts anhand des damit belasteten Anteils, da der Nießbraucher berechtigt ist, die Nutzungen aus diesem Anteil zu ziehen. [5]Die Werte sind für den belasteten Anteil zu ermitteln und nach dem Verhältnis des Kapitalwerts des Nießbrauchsrechts zum Wert des Anteils dem Nießbrauchsrecht zuzuordnen. [6]Besteht das Nießbrauchsrecht nur an einem Teil des Anteils, ist der entsprechende Teil des Anteils zugrunde zu legen. [7]Gehört zum Mitunternehmeranteil des zivilrechtlichen Eigentümers des Gesellschaftsanteils Sonderbetriebsvermögen und erstreckt sich das Nießbrauchsrecht nicht auch hierauf, bleiben das Verwaltungsvermögen, das junge Verwaltungsvermögen, die Finanzmittel, die jungen Finanzmittel und die Schulden aus dem Sonderbetriebsvermögen und dieses Sonderbetriebsvermögen selbst unberücksichtigt. [8]Handelt es sich beim zivilrechtlichen Eigentümer des Gesellschaftsanteils nicht um einen Mitunternehmer der Personengesellschaft, sind das Verwaltungsvermögen, das junge Verwaltungsvermögen, die Finanzmittel und die jungen Finanzmittel und die Schulden, die auf das Nießbrauchsrecht entfallen, wie folgt zu ermitteln. [9]Das Verwaltungsvermögen, das junge Verwaltungsvermögen, die Finanzmittel, die jungen Finanzmittel und die Schulden des Gesamthandvermögens sind dem Nießbrauch nach dem Verhältnis des Kapitalwerts des Nießbrauchs zum Wert des Gesamthandsvermögens zuzuordnen.

H E 13b.30

Feststellungen gemäß § 13b Absatz 10 ErbStG.

Beispiel:

Unternehmer A verstirbt. Erbin wird seine Tochter T. Das Einzelunternehmen hat einen gemeinen Wert von 1 500 000 EUR.

Verwaltungsvermögen (VV) im Sinne des § 13b Absatz 4 Nummer 1 bis 4 ErbStG ist in Höhe von 150 000 EUR vorhanden, davon sind 30 000 EUR junges VV (§ 13b Absatz 7 Satz 2 ErbStG).

Die Finanzmittel (FM) im Sinne des § 13b Absatz 4 Nummer 5 Satz 1 ErbStG betragen 70 000 EUR, davon sind 20 000 EUR junge Finanzmittel (jFM) im Sinne des § 13b Absatz 4 Nummer 5 Satz 2 ErbStG.

Der gemeine Wert (§ 9 BewG) der Altersversorgungsverpflichtungen (AVV) nach § 13b Absatz 2 Satz 2 bzw. Absatz 3 ErbStG beträgt 75 000 EUR.

Die Altersversorgungsverpflichtungen werden durch Wirtschaftsgüter in Höhe von 70 000 EUR abgesichert. Davon entfallen

- 50 000 EUR auf Verwaltungsvermögen im Sinne des § 13b Absatz 4 Nummer 1 bis 4 ErbStG;
  - davon 20 000 EUR auf junges Verwaltungsvermögen im Sinne des § 13b Absatz 7 ErbStG und
- 20 000 EUR auf Finanzmittel im Sinne des § 13b Absatz 4 Nummer 5 Satz 1 ErbStG (die jFM können als reine Stromgröße aus Einlagen abzüglich Entnahmen, → R E 13b.23 Absatz 3, nicht zur Absicherung der AVV dienen).

Neben den Altersversorgungsverpflichtungen sind weitere betriebliche Schulden in Höhe von 395 000 EUR vorhanden.

Berechnung:

	Bestand	Wirtschaftsgüter des VV (Spalte 1), die der Absicherung von AVV dienen	Abzug der Schulden aus AVV von den Werten des VV	Entwicklung der festzustellenden Schulden	maßgebende Werte für die Feststellung
Spalte 1	Spalte 2 EUR	Spalte 3 EUR	Spalte 4 EUR	Spalte 5 EUR	Spalte 6 EUR
Schulden gesamt (75 000 EUR + 395 000 EUR)	470 000			470 000	
davon AVV	75 000		75 000		
junges VV	30 000	20 000	./. 20 000	./. 20 000	10 000
Differenz 1			55 000	450 000	
VV (ohne junges VV)	120 000	30 000	./. 30 000	./. 30 000	90 000
Differenz 2			25 000	420 000	
Summe Verwaltungsvermögen					100 000
FM	70 000	20 000	./. 20 000	./. 20 000	50 000
Differenz 3			5 000	400 000	400 000

Feststellungen nach § 151 Absatz 1 Satz 1 Nummer 2 BewG und § 13b Absatz 10 ErbStG:

Wert des Betriebsvermögens	1 500 000 EUR
Verwaltungsvermögen	100 000 EUR
junges Verwaltungsvermögen	10 000 EUR
Finanzmittel	50 000 EUR
junge Finanzmittel	20 000 EUR
Schulden	400 000 EUR

Zu § 13c ErbStG

R E 13c.1 Abschmelzmodell – Allgemeines

(1) [1]Wenn der Wert des erworbenen begünstigten Vermögens im Sinne des § 13b Absatz 2 ErbStG den Schwellenwert von 26 Millionen EUR überschreitet, ist § 13a Absatz 1 Satz 1 ErbStG mit der Maßgabe anzuwenden, dass sich auf Antrag des Erwerbers der nach § 13a Absatz 1 Satz 1 ErbStG anzuwendende Prozentsatz des Verschonungsabschlags von 85 Prozent oder der nach § 13a Absatz 10 Satz 1 Nummer 1 ErbStG anzuwendende Prozentsatz des Verschonungsabschlags von 100 Prozent um jeweils einen Prozentpunkt für jede vollen 750 000 EUR verringert, die der Wert des begünstigten

Vermögens den Schwellenwert von 26 Millionen EUR übersteigt (Abschmelzmodell; § 13c Absatz 1 Satz 1 ErbStG). [2]Der Vorwegabschlag bis zu 30 Prozent nach § 13a Absatz 9 ErbStG ist vor Prüfung des Schwellenwerts von 26 Millionen EUR und vor Anwendung des Abschmelzmodells zu berücksichtigen (§ 13c Absatz 2 Satz 1 ErbStG; → R E 13a.20). [3]Soll das Abschmelzmodell für die Optionsverschonung angewendet werden, muss der Erwerber zusätzlich einen entsprechenden Antrag nach § 13a Absatz 10 ErbStG stellen.

(2) [1]Der Erwerber muss den Antrag bei dem für die Erbschaft- oder Schenkungsteuer zuständigen Finanzamt schriftlich stellen oder zur Niederschrift erklären. [2]Er kann den Antrag bis zum Eintritt der materiellen Bestandskraft der Festsetzung der Erbschaft- oder Schenkungsteuer stellen. [3]Der Antrag schließt einen Antrag für denselben Erwerb aus, die Verschonungsbedarfsprüfung nach § 28a ErbStG durchzuführen. [4]Der Antrag kann nach Zugang der Willenserklärung beim zuständigen Finanzamt nicht mehr widerrufen werden (§ 13c Absatz 2 Satz 6 ErbStG). [5]Dies gilt auch für den Fall, dass der Erwerber gegen die Behaltensregelungen oder die Lohnsummenregelung des § 13c Absatz 2 Satz 1 in Verbindung mit § 13a Absatz 3 oder 6 ErbStG verstößt.

(3) [1]Der Erwerber kann den Antrag auf Durchführung des Abschmelzmodells nach § 13c Absatz 1 ErbStG insgesamt nur einheitlich für alle Arten des erworbenen begünstigungsfähigen Vermögens (land- und forstwirtschaftliches Vermögen, Betriebsvermögen und Anteile an Kapitalgesellschaften) stellen. [2]Maßgeblich ist das insgesamt erworbene begünstigte Vermögen. [3]Das begünstigte Vermögen mehrerer wirtschaftlicher Einheiten ist zusammenzurechnen. [4]Bei Schenkungen mit z. B. mehreren Betriebsübertragungen in mehreren Schenkungsverträgen ist bei Vorliegen eines einheitlichen Schenkungswillens von nur einer Schenkung auszugehen.

(4) [1]Das Abschmelzmodell ist in den Fällen der Regelverschonung (§ 13a Absatz 1 ErbStG) bis zu einem Wert des begünstigten Vermögens von 89 750 000 EUR und in den Fällen der Optionsverschonung (§ 13a Absatz 10 ErbStG) bis zu einem Wert des begünstigten Vermögens von 89 999 999 EUR anzuwenden. [2]Bei Überschreiten dieser Beträge verringert sich der Verschonungsabschlag auf null Prozent. [3]Die Möglichkeit, einen Antrag auf Verschonungsbedarfsprüfung nach § 28a ErbStG zu stellen, bleibt unberührt. [4]Wegen der Berücksichtigung mehrerer Erwerbe begünstigten Vermögens → R E 13c.4.

H E 13c.1

Berechnung des Verschonungsabschlags.

Beispiel 1:

Vater V schenkt seinem Sohn S begünstigtes Vermögen im Wert von 50 000 000 EUR. Ein Antrag auf Optionsverschonung wurde nicht gestellt.

begünstigtes Vermögen	50 000 000 EUR		50 000 000 EUR
Verschonungsabschlag bei der Regelverschonung in %		85 %	
Schwellenwert	./. 26 000 000 EUR		
übersteigender Wert	24 000 000 EUR		

Minderung des Verschonungsabschlags 24 000 000 EUR : 750 000 EUR =		./. 32 %	
zu gewährender Verschonungsabschlag in %		53 %	
Verschonungsabschlag in EUR 53 % von 50 000 000 EUR			./. 26 500 000 EUR
verbleiben			23 500 000 EUR
Abzugsbetrag			./. 0 EUR
steuerpflichtiges Vermögen			23 500 000 EUR

Beispiel 2:

Sachverhalt wie in Beispiel 1. Ein Antrag auf Optionsverschonung wurde gestellt.

begünstigtes Vermögen	50 000 000 EUR		50 000 000 EUR
Verschonungsabschlag bei der Optionsverschonung in %		100 %	
Schwellenwert	./. 26 000 000 EUR		
übersteigender Wert	24 000 000 EUR		
Minderung des Verschonungsabschlags 24 000 000 EUR : 750 000 EUR =		./. 32 %	
zu gewährender Verschonungsabschlag in %		68 %	
Verschonungsabschlag in EUR 68 % von 50 000 000 EUR			./. 34 000 000 EUR
verbleiben			16 000 000 EUR
Abzugsbetrag			./. 0 EUR
steuerpflichtiges Vermögen			16 000 000 EUR

R E 13c.2 Verstoß gegen die Verschonungsvoraussetzungen

[1]Verstößt der Erwerber im Rahmen des Abschmelzmodells innerhalb der maßgebenden, für die Regelverschonung oder die Optionsverschonung geltenden Lohnsummen- oder Behaltensfrist (→ R E 13a.9, 13a.12 und 13a.21) gegen eine der Verschonungsvoraussetzungen, entfällt die gewährte Verschonung ganz oder teilweise (§ 13c Absatz 2 Satz 1 ErbStG). [2]Der Umfang der Nachversteuerung richtet sich nach den Regelungen der Regel- oder Optionsverschonung (→ R E 13a.9 und 13a.19). [3]Ein Verstoß gegen die Behaltensregelungen nach § 13c Absatz 2 Satz 1 in Verbindung mit § 13a Absatz 6 ErbStG hat dagegen keine Auswirkungen auf die Ermittlung des begünstigten Vermögens (§ 13b Absatz 2 ErbStG) und beeinflusst daher die Prüfung des Schwellenwertes und die Ermittlung des anzuwendenden Prozentsatzes des Verschonungsabschlags nicht, da sich nicht der Wert des begünstigten Vermögens, sondern nur die Höhe der Steuerbefreiung für das begünstigte Vermögen ändert.

R E 13c.3 Ergänzende Vorschriften beim Abschmelzmodell

Folgende ergänzende Vorschriften sind zu beachten:

1. Zu den Folgen einer Weitergabeverpflichtung oder einer Nachlassteilung: § 13c Absatz 2 Satz 1 in Verbindung mit § 13a Absatz 5 ErbStG (→ R E 13a.11);
2. zu den Anzeigepflichten des Erwerbers in den Fällen eines Verstoßes gegen die Lohnsummen- oder Behaltensregelungen und Hinausschieben des Endes der Festsetzungsfrist bei Verstoß gegen diese Regelungen: § 13c Absatz 2 Satz 1 in Verbindung mit § 13a Absatz 7 ErbStG;

3. zu den erhöhten Mitwirkungs- und Nachweispflichten des Erwerbers bei Auslandssachverhalten: § 13c Absatz 2 Satz 1 in Verbindung mit § 13a Absatz 8 ErbStG.

R E 13c.4 Berücksichtigung mehrerer Erwerbe begünstigten Vermögens

(1) [1] Wenn bei einem Erwerb, für den die Steuer nach dem 30. Juni 2016 entstanden ist, der Schwellenwert für begünstigtes Vermögen von 26 Millionen EUR infolge des Zusammenrechnens mit früheren Erwerben innerhalb des Zehnjahreszeitraums überschritten wird (§ 13a Absatz 1 Satz 2 ErbStG; → R E 13a.2), entfällt die zunächst in Anspruch genommene Steuerbefreiung nach § 13a Absatz 1 oder Absatz 10 ErbStG für die früheren Erwerbe mit Wirkung für die Vergangenheit (§ 13c Absatz 2 Satz 4 und 5 ErbStG), wenn auch für die früheren Erwerbe die Steuer nach dem 30. Juni 2016 entstanden ist (§ 37 Absatz 12 Satz 3 ErbStG). [2] Entsprechendes gilt für eine zunächst gewährte Steuerbefreiung nach § 13c Absatz 1 ErbStG. [3] Der Steuerbescheid ist nach § 175 Absatz 1 Satz 1 Nummer 2 AO zu ändern. [4] Erwerbe, für die die Steuer vor dem 1. Juli 2016 entstanden ist, werden bei der Prüfung des Schwellenwerts berücksichtigt (→ R E 13a.2 Absatz 2). [5] Ein Wegfall der gewährten Steuerbefreiung für den früheren Erwerb nach Satz 4 tritt nicht ein, wenn durch einen nachfolgenden Erwerb nach dem 30. Juni 2016 der Schwellenwert überschritten wird.

(2) [1] Stellt der Erwerber einen Antrag nach § 13c Absatz 1 Satz 1 ErbStG und entfällt wegen des Überschreitens des Schwellenwerts die Steuerbefreiung für einen früheren Erwerb, wird die weggefallene Steuerbefreiung ersetzt durch eine neue Steuerbefreiung auf der Grundlage des abgeschmolzenen Prozentsatzes des Verschonungsabschlags, der sich bezogen auf den zusammengerechneten Wert des begünstigten Vermögens ergibt. [2] Die Minderung des Verschonungsabschlags ist sowohl auf den letzten Erwerb als auch auf die früheren Erwerbe anzuwenden. [3] Das gilt unabhängig davon, ob für den früheren Erwerb erstmals die Steuerbefreiung nach § 13c Absatz 1 ErbStG gewährt wird oder für den früheren Erwerb nunmehr ein geringerer Verschonungsabschlag nach § 13c Absatz 1 ErbStG zu gewähren ist, und unabhängig davon, ob jeweils die Regelverschonung oder die Optionsverschonung in Anspruch genommen wurde. [4] In diesen Fällen wird zuerst die zu dem früheren Erwerb ergangene Steuerfestsetzung geändert. [5] Sodann wird die erstmalige Steuerfestsetzung für den aktuellen Erwerb unter Berücksichtigung des § 14 ErbStG durchgeführt. [6] Soweit bei dem früheren Erwerb innerhalb der jeweiligen Fristen gegen die Lohnsummen- oder Behaltensregelungen verstoßen und eine Nachsteuer erhoben wurde, ist auch insoweit eine Neuberechnung der Erbschaft- oder Schenkungsteuer auf der Grundlage des abgeschmolzenen Verschonungsabschlags durchzuführen.

H E 13c.4

Berücksichtigung früherer Erwerbe.

Beispiel 1:

Vater V schenkt seinem Sohn S am 1.8.01 begünstigtes Vermögen im Wert von 10 000 000 EUR (Erwerb 1). Ein Antrag auf Optionsverschonung wurde nicht gestellt.

begünstigtes Vermögen	10 000 000 EUR
Verschonungsabschlag 85 % von 10 000 000 EUR	./. 8 500 000 EUR
verbleiben	1 500 000 EUR
Abzugsbetrag	./. 0 EUR
steuerpflichtiges Vermögen	1 500 000 EUR

Am 1.4.02 schenkt er ihm weiteres begünstigtes Vermögen im Wert von 20 000 000 EUR (Erwerb 2). Ein Antrag auf Optionsverschonung wurde nicht gestellt.

Änderung des Erwerbs 1:

Begünstigtes Vermögen Erwerb 1	10 000 000 EUR
begünstigtes Vermögen Erwerb 2	+ 20 000 000 EUR
Summe	30 000 000 EUR
Schwellenwert	./. 26 000 000 EUR
übersteigender Wert	4 000 000 EUR

Verschonungsabschlag bei der Regelverschonung in %	85 %	
Minderung des Verschonungsabschlags 4 000 000 EUR : 750 000 EUR = 5,3333 abgerundet	./. 5 %	
zu gewährender Verschonungsabschlag in %	80 %	
begünstigtes Vermögen		10 000 000 EUR
Verschonungsabschlag 80 % von 10 000 000 EUR		./. 8 000 000 EUR
verbleiben		2 000 000 EUR
Abzugsbetrag		./. 0 EUR
steuerpflichtiges Vermögen		2 000 000 EUR

Besteuerung des Erwerbs 2:

begünstigtes Vermögen	20 000 000 EUR
Verschonungsabschlag 80 % von 20 000 000 EUR	./. 16 000 000 EUR
verbleiben	4 000 000 EUR
Abzugsbetrag	./. 0 EUR
steuerpflichtiges Vermögen	4 000 000 EUR

Beispiel 2:

Vater V schenkt seinem Sohn S am 1.8.01 begünstigtes Vermögen im Wert von 1 500 000 EUR (Erwerb 1). Ein Antrag auf Optionsverschonung wurde nicht gestellt.

begünstigtes Vermögen			1 500 000 EUR
Verschonungsabschlag 85 % von 1 500 000 EUR			./. 1 275 000 EUR
verbleiben			225 000 EUR
Abzugsbetrag			./. 112 500 EUR
Abzugsbetrag		150 000 EUR	
Verbleibender Wert (15 %)	225 000 EUR		
Abzugsbetrag	./. 150 000 EUR		
Unterschiedsbetrag	75 000 EUR		
davon 50 %		37 500 EUR	
Verbleibender Abzugsbetrag		112 500 EUR	
steuerpflichtiges Vermögen			112 500 EUR

Am 1.4.02 schenkt er ihm weiteres begünstigtes Vermögen im Wert von 28 500 000 EUR (Erwerb 2). Ein Antrag auf Optionsverschonung wurde gestellt.

Änderung des Erwerbs 1:

Begünstigtes Vermögen Erwerb 1	1 500 000 EUR
begünstigtes Vermögen Erwerb 2	+ 28 500 000 EUR
Summe	30 000 000 EUR
Schwellenwert	./. 26 000 000 EUR
übersteigender Wert	4 000 000 EUR

Verschonungsabschlag bei der Regelverschonung in %		85 %	
Minderung des Verschonungsabschlags 4 000 000 EUR : 750 000 EUR = 5,3333 abgerundet		./. 5 %	
zu gewährender Verschonungsabschlag in %		80 %	
begünstigtes Vermögen			1 500 000 EUR
Verschonungsabschlag 80 % von 1 500 000 EUR			./. 1 200 000 EUR
verbleiben			300 000 EUR
Abzugsbetrag			./. 75 000 EUR
Abzugsbetrag		150 000 EUR	
Verbleibender Wert (20 %)	300 000 EUR		
Abzugsbetrag	./. 150 000 EUR		
Unterschiedsbetrag	150 000 EUR		
davon 50 %		75 000 EUR	
Verbleibender Abzugsbetrag		75 000 EUR	
steuerpflichtiges Vermögen			225 000 EUR

Verschonung des Erwerbs 2:

Verschonungsabschlag bei der Optionsverschonung in %	100 %	
Minderung des Verschonungsabschlags (wie beim Erwerb 1)	./. 5 %	
zu gewährender Verschonungsabschlag in %	95 %	
begünstigtes Vermögen		28 500 000 EUR
Verschonungsabschlag 95 % von 28 500 000 EUR		./. 27 075 000 EUR
verbleiben		1 425 000 EUR
Abzugsbetrag		./. 0 EUR
steuerpflichtiges Vermögen		1 425 000 EUR

R E 13c.5 Begünstigte Erwerbe bei Familienstiftungen

[1]Das Abschmelzmodell nach § 13c ErbStG wird auf Antrag auch bei der Bemessung der Ersatzerbschaftsteuer einer Familienstiftung oder eines Familienvereins (§ 1 Absatz 1 Nummer 4 ErbStG) gewährt, soweit zum Vermögen der Stiftung oder des Vereins begünstigtes Vermögen (§ 13b Absatz 2 ErbStG) gehört. [2]Wegen der Definition der Familienstiftung → R E 1.2. [3]Beim Übergang von Vermögen auf Grund eines Stiftungsgeschäfts unter Lebenden (§ 7 Absatz 1 Nummer 8 ErbStG) kommt die Vergünstigung ebenfalls in Betracht.

Zu § 13d ErbStG

R E 13d Steuerbefreiung für Wohngrundstücke

(1) Der gemeine Wert von vermieteten bebauten Grundstücken oder Grundstücksteilen (begünstigtes Vermögen) ist um einen Befreiungsabschlag von 10 Prozent zu kürzen (§ 13d Absatz 1 ErbStG), wenn sie

1. zu Wohnzwecken vermietet werden,
2. im Inland, einem Mitgliedstaat der Europäischen Union oder in einem Staat des Europäischen Wirtschaftsraums belegen sind und

3. nicht zum begünstigten Betriebsvermögen oder begünstigten Vermögen eines Betriebs der Land- und Forstwirtschaft im Sinne des § 13a ErbStG gehören.

(2) [1]Maßgebend sind die Verhältnisse zum Besteuerungszeitpunkt. [2]Eine Behaltensverpflichtung oder eine Verpflichtung zur weiteren Vermietung zu Wohnzwecken besteht nicht.

(3) Wird ein Familienheim im Sinne des § 13 Absatz 1 Nummer 4b und 4c ErbStG vom Erwerber nach Beendigung der Selbstnutzung innerhalb des zehnjährigen Behaltenszeitraums zu Wohnzwecken vermietet mit der Folge, dass die zunächst gewährte Steuerbefreiung rückwirkend entfällt, kann für dieses Grundstück oder diesen Grundstücksteil nicht nachträglich der Befreiungsabschlag nach § 13d ErbStG in Anspruch genommen werden.

(4) [1]Wenn zu Wohnzwecken vermietete Wohnungen im Sinne des Absatzes 1 zum Betriebsvermögen (Einzelunternehmen, Beteiligungen an Personengesellschaften) gehören, die Anwendung des § 13a ErbStG jedoch vollständig ausgeschlossen ist, weil die Verwaltungsvermögensquote im Sinne des § 13b Absatz 2 Satz 2 ErbStG mindestens 90 Prozent beträgt, kann bei Vorliegen der übrigen Voraussetzungen der Befreiungsabschlag nach § 13d ErbStG in Anspruch genommen werden. [2]Ein Befreiungsabschlag nach § 13d ErbStG kann nicht gewährt werden, wenn das Grundstück zum Verwaltungsvermögen gehört, es sei denn, dass es sich um junges Verwaltungsvermögen handelt, da junges Verwaltungsvermögen nach § 13b Absatz 8 Satz 3 ErbStG stets ungekürzt der Besteuerung unterliegt. [3]Gehören zum Betriebsvermögen zu Wohnzwecken vermietete Wohnungen im Sinne des Absatzes 1, kann jedoch bei Vorliegen von begünstigtem Vermögen im Sinne des § 13b Absatz 2 ErbStG im Fall einer Steuerbefreiung für den nach Anwendung des Verschonungsabschlags (§ 13a Absatz 1 ErbStG) und des Abzugsbetrags (§ 13a Absatz 2 ErbStG) verbleibenden steuerpflichtigen Teil des begünstigten Vermögens kein Befreiungsabschlag nach § 13d ErbStG gewährt werden. [4]Gleiches gilt für Erwerbe, die den Schwellenwert von 26 Millionen Euro übersteigen, für die ein Antrag nach § 13c ErbStG gestellt wird. [5]§ 13d ErbStG und § 28a ErbStG schließen sich gegenseitig nicht aus. [6]Betriebswohnungen im Sinne des § 160 Absatz 1 Nummer 2 und Absatz 8 BewG sowie andere vermietete Grundstücke, die nach § 158 Absatz 4 Nummer 1 BewG nicht zum land- und forstwirtschaftlichen Vermögen, sondern zum Grundvermögen gehören, können nach § 13d ErbStG begünstigt sein. [7]Fällt für begünstigtes Betriebsvermögen im Sinne der §§ 13a, 13b Absatz 2 ErbStG die Verschonung nach § 13a Absatz 6 ErbStG bzw. § 13c Absatz 2 Satz 1 in Verbindung mit § 13a Absatz 6 ErbStG nur zum Teil rückwirkend weg, kann der Befreiungsabschlag nach § 13d ErbStG für ein zum Betriebsvermögen gehörendes, zu Wohnzwecken vermietetes Grundstück, nicht in Anspruch genommen werden. [8]Erfolgt eine schädliche Verfügung im Sinne des § 13a Absatz 6 ErbStG bzw. § 13c Absatz 2 Satz 1 in Verbindung mit § 13a Absatz 6 ErbStG jedoch bereits im ersten Jahr nach dem Zeitpunkt der Steuerentstehung, so dass eine Steuerbefreiung nach § 13a ErbStG mit Wirkung für die Vergangenheit vollständig entfällt, kommt für das zu Wohnzwecken vermietete Grundstück ein Befreiungsabschlag nach § 13d ErbStG in Betracht.

(5) Gehören zum Vermögen einer Kapitalgesellschaft, deren Anteile erworben werden, zu Wohnzwecken vermietete Grundstücke oder Grundstücksteile, ist die Anwendung des § 13d ErbStG stets ausgeschlossen, weil Gegenstand des Erwerbs der Anteil an der Kapitalgesellschaft ist und nicht die von der Kapitalgesellschaft zu Wohnzwecken vermieteten Grundstücke oder Grundstücksteile.

(6) [1]Zu den bebauten Grundstücken oder Grundstücksteilen, die zu Wohnzwecken vermietet werden, gehören z.B. Ein- und Zweifamilienhäuser, Mietwohngrundstücke, Wohnungseigentum oder entsprechende Grundstücksteile anderer Grundstücksarten (vgl. § 181 BewG); dies schließt auch Garagen, Nebenräume und Nebengebäude ein, die sich auf dem Grundstück befinden und mit den vermieteten Wohnungen gemeinsam genutzt werden. [2]Vermietet ist ein Grundstück, wenn für die Nutzungsüberlassung ein Entgelt, unabhängig von dessen Höhe, geschuldet wird. [3]Die unentgeltliche Überlassung ist nicht begünstigt. [4]Ist ein zur Vermietung zu Wohnzwecken bestimmtes Grundstück oder ein dazu bestimmter Teil eines Grundstücks im Besteuerungszeitpunkt nicht vermietet, z.B. wegen Leerstands bei Mieterwechsel oder wegen Modernisierung, kann für das Grundstück oder den Grundstücksteil der Befreiungsabschlag in Anspruch genommen werden. [5]Befinden sich in einem Gebäude neben zu Wohnzwecken vermieteten Grundstücksteilen andere Teile, die z.B. zu eigenen Wohnzwecken oder zu gewerblichen, freiberuflichen oder zu öffentlichen Zwecken genutzt werden, sind diese nicht begünstigt. [6]Der Befreiungsabschlag ist nach den tatsächlichen Nutzungsverhältnissen zum Besteuerungszeitpunkt nur auf den Teil des Grundbesitzwerts zu gewähren, der auf den zu Wohnzwecken vermieteten Teil des Gebäudes entfällt. [7]Die Aufteilung erfolgt nach dem Verhältnis der zu Wohnzwecken vermieteten Wohnfläche des Gebäudes zur gesamten Wohn-/Nutzfläche; Garagen, Nebenräume und Nebengebäude sind hierbei nicht einzubeziehen. [8]Das Lagefinanzamt hat die gesamte Wohn-/Nutzfläche des Grundstücks und die zu Wohnzwecken vermietete Fläche zu ermitteln und bei der Feststellung des Grundbesitzwerts nachrichtlich mitzuteilen.

(7) [1]Die Nutzung der vermieteten Wohnung auch zu anderen als Wohnzwecken ist unschädlich, wenn sie von untergeordneter Bedeutung ist, z.B. durch Nutzung eines Arbeitszimmers. [2]Eine gewerbliche oder freiberufliche Mitbenutzung einer Wohnung ist unschädlich, wenn die Wohnnutzung überwiegt.

(8) [1]Der Erwerber kann die Befreiung nicht in Anspruch nehmen, soweit er verpflichtet ist, das begünstigte Vermögen auf Grund einer letztwilligen Verfügung des Erblassers oder einer rechtsgeschäftlichen Verfügung des Erblassers oder Schenkers auf einen Dritten zu übertragen (Weitergabeverpflichtung). [2]Letztwillige Verfügung ist das Testament, rechtsgeschäftliche Verfügung ist z.B. der Erbvertrag des Erblassers oder der Schenkungsvertrag. [3]Anwendungsfälle sind insbesondere

1. Sachvermächtnisse, die auf begünstigtes Vermögen gerichtet sind,
2. Vorausvermächtnisse, die auf begünstigtes Vermögen gerichtet sind,
3. ein Schenkungsversprechen auf den Todesfall oder

4. Auflagen des Erblassers oder Schenkers, die auf die Weitergabe begünstigten Vermögens gerichtet sind.

[4] Sind Miterben auf Grund einer Teilungsanordnung des Erblassers verpflichtet, das begünstigte Vermögen auf einen Miterben zu übertragen, können die übertragenden Miterben die Befreiung nicht in Anspruch nehmen; das gilt unabhängig davon, wann die Auseinandersetzungsvereinbarung geschlossen wird. [5] Gibt der nachfolgende Erwerber für den Erwerb des begünstigten Vermögens nicht begünstigtes Vermögen hin, das er vom Erblasser erworben hat, wird er so gestellt, als habe er von Anfang an begünstigtes Vermögen erworben. [6] Dies gilt auch dann, wenn die einzelnen Vermögensgegenstände nach derselben Vorschrift, z.B. nach § 13d ErbStG, begünstigt sind, da der überlassende Miterbe die Begünstigung nicht mehr in Anspruch nehmen kann (§ 13d Absatz 2 ErbStG). [7] Als hingegebenes Vermögen gilt nicht die Übernahme von Nachlassverbindlichkeiten, die mit dem begünstigten Vermögen in wirtschaftlichem Zusammenhang stehen. [8] Der gemeine Wert des begünstigten Vermögens darf jedoch nicht überschritten werden. [9] Durch diese Regelung wird lediglich die Bemessungsgrundlage für die Steuerbefreiung verändert; sie führt nicht zu einer Veränderung der Zurechnung der Erwerbsgegenstände. [10] Der Grundsatz, dass die Erbauseinandersetzung unbeachtlich ist (→ R E 3.1), gilt unverändert fort. [11] Satz 4 bis 10 gelten entsprechend auch für die freie Erbauseinandersetzung unter den Erben, wenn diese zeitnah zum Erbfall erfolgt. [12] Erfolgt die Übertragung und Hingabe des Vermögens in diesem Fall nach Ergehen des jeweiligen Erbschaftsteuerbescheids, ist dies als Ereignis mit steuerlicher Rückwirkung auf den Zeitpunkt der Steuerentstehung anzusehen, so dass die Steuerfestsetzungen nach § 175 Absatz 1 Nummer 2 AO zu ändern sind.

(9) [1] Muss der Erwerber im Zusammenhang mit dem Erwerb begünstigten Vermögens einem Dritten ein Nutzungsrecht, z.B. den Nießbrauch, an dem Grundstück oder einem Teil des Grundstücks einräumen, kann der Erwerber des Vermögens den Befreiungsabschlag in Anspruch nehmen, soweit eine Vermietung zu Wohnzwecken vorliegt. [2] Entsprechendes gilt auch, wenn sich der Schenker ein solches Nutzungsrecht vorbehalten hat. [3] Der Befreiungsabschlag ist auch in einem solchen Fall nach den tatsächlichen Nutzungsverhältnissen im Besteuerungszeitpunkt nur auf den Teil des Grundbesitzwerts zu gewähren, der auf den zu Wohnzwecken vermieteten Teil des Gebäudes entfällt. [4] Absatz 6 Satz 7 und 8 gilt entsprechend. [5] Der Erwerb des Nutzungsrechts ist nicht begünstigt, weil kein begünstigtes Vermögen in seiner Substanz übertragen wird.

(10)[1)] Soweit das begünstigte Vermögen steuerfrei erworben wird, sind die damit in wirtschaftlichem Zusammenhang stehenden Schulden und Lasten nicht abzugsfähig (§ 10 Absatz 6 Satz 5 ErbStG; → R E 10.10 Absatz 5).

H E 13d

Aufteilung des Grundbesitzwerts.

Beispiel:

Im Nachlass des H befindet sich ein bebautes Grundstück. In dem Gebäude sind drei Wohnungen zu Wohnzwecken vermietet. Außerdem befindet sich in dem Gebäude eine

---

1) Teilweise überholt durch Änderung des § 10 Abs. 6 ErbStG durch das JStG 2020.

Arztpraxis. Der festgestellte Grundbesitzwert beträgt 1 200 000 EUR. Die Summe der Wohnflächen der drei Wohnungen beträgt 300 m². Die Arztpraxis hat eine Nutzfläche von 100 m².

Auf die vermieteten Wohnungen entfällt ein Anteil von
300 m² : 400 m² = 0,75
begünstigter Teil des Grundbesitzwerts
1 200 000 EUR × 0,75 = 900 000 EUR
Der Befreiungsabschlag beträgt 10 % von 900 000 EUR 90 000 EUR

Erwerb eines Erbbaugrundstücks. Beim Erwerb eines mit einem Erbbaurecht belasteten Grundstücks (Erbbaugrundstück) kommt der Befreiungsabschlag nach § 13d ErbStG nicht in Betracht (→ BFH vom 11.12.2014 II R 25/14, BStBl. 2015 II S. 343).

Europäischer Wirtschaftsraum. Dem Europäischen Wirtschaftsraum gehören Island, Liechtenstein und Norwegen sowie die Mitgliedstaaten der Europäischen Union an.

Freie Erbauseinandersetzung. In den Fällen der freien Auseinandersetzung von Erbengemeinschaften ist eine steuerliche Rückwirkung auf den Zeitpunkt des Erbfalls als zeitnah in der Regel anzuerkennen, wenn die Auseinandersetzungsvereinbarung innerhalb von sechs Monaten erfolgt (→ vgl. BMF-Schreiben vom 14.3.2006, BStBl. I S. 253, Tz. 8). Erfolgt die Erbauseinandersetzung erst nach mehr als sechs Monaten, kann der Begünstigungstransfer in begründeten Ausnahmefällen (z. B. aufgrund von Erbstreitigkeiten, Erstellung von Gutachten o. Ä.) gewährt werden. Der Steuerpflichtige hat die Gründe darzulegen, die eine Erbauseinandersetzung innerhalb des Sechsmonatszeitraums verhindert haben.
→ BFH vom 23.6.2015 II R 39/13, BStBl. 2016 II S. 225.

Nicht bezugsfertiges Gebäude. Beim Erwerb eines Grundstücks mit einem nicht bezugsfertigen Gebäude kommt der Befreiungsabschlag nach § 13d ErbStG nicht in Betracht (→ BFH vom 11.12.2014 II R 30/14, BStBl. 2015 II S. 344).

Nutzungsrecht.

Beispiel:

Im Nachlass des H befindet sich ein ausschließlich zu Wohnzwecken vermietetes Grundstück. Erbe E muss vermächtnisweise der Tante T ein unentgeltliches Nutzungsrecht an einer darin belegenen Wohnung einräumen.

Der Erwerb des Grundstücks durch E ist teilweise begünstigt. Die Einräumung eines unentgeltlichen Nutzungsrechts ist nicht der Vermietung zu Wohnzwecken gleichzustellen.

Schuldenkürzung.

Beispiel 1:

Tochter T erbt von ihrem Vater V ein ausschließlich zu Wohnzwecken vermietetes Grundstück mit einem Grundbesitzwert von 2 000 000 EUR. Im Zusammenhang mit der Anschaffung steht eine Darlehensschuld, die noch mit 500 000 EUR valutiert.

Zu Wohnzwecken vermietetes Grundstück (begünstigt)		2 000 000 EUR
Befreiungsabschlag 10 % von 2 000 000 EUR =		./. 200 000 EUR
Nachlassverbindlichkeit	500 000 EUR	
Nicht abzugsfähig 10 % von 500 000 EUR =	./. 50 000 EUR	
Abzugsfähig	450 000 EUR	./. 450 000 EUR
Bereicherung		1 350 000 EUR

Beispiel 2:

Erblasser E wird von seiner Tochter T und seinem Sohn S je zur Hälfte beerbt. Zum Nachlass gehört ein Grundstück mit einem zu Wohnzwecken vermieteten Grundstück und einem Grundbesitzwert von 1 000 000 EUR. Das Grundstück ist mit einer Grundschuld von 100 000 EUR belastet. Zum Nachlass gehört außerdem ein Bankguthaben von 1 000 000 EUR.

Im Rahmen der Erbauseinandersetzung übernimmt die Tochter auch die andere Hälfte des Grundstücks gegen eine Ausgleichszahlung aus dem Nachlass von 500 000 EUR. Die Grundschuld tragen beide entsprechend ihren Erbteilen.

Berechnung des Reinnachlasses		
Steuerwert des Grundstücks		1 000 000 EUR
Bankguthaben		+ 1 000 000 EUR
Vermögensanfall		2 000 000 EUR
Nachlassverbindlichkeiten		./. 100 000 EUR
Erbfallkostenpauschale		./. 10 300 EUR
Wert des Reinnachlasses		1 889 700 EUR
Davon Erbanteil je $^1/_2$		944 850 EUR
Berechnung des Erwerbs für T		
Steuerbefreiung nach § 13d ErbStG		
Steuerwert des Grundstücks	500 000 EUR	
Davon steuerbegünstigt 10 %		50 000 EUR
Werterhöhung Ausgleichszahlung in Höhe von 500 000 EUR,		
Davon steuerbegünstigt 10 %		+ 50 000 EUR
Steuerbefreiung § 13d ErbStG		100 000 EUR
Berechnung der nicht abzugsfähigen Schulden für T		
Grundschuld ($^1/_2$ entsprechend Erbteil)	50 000 EUR	
Davon abzugsfähig nach dem Verhältnis		

$$\frac{\text{Wert des Grundstücks nach Anwendung des § 13d ErbStG}}{\text{Wert des Grundstücks}}$$

400 000 EUR : 500 000 EUR = 80,00 %		
50 000 EUR × 80,00 %	./. 40 000 EUR	
Nicht abzugsfähig	10 000 EUR	
Erbanteil T		944 850 EUR
Steuerbefreiung § 13d ErbStG		./. 100 000 EUR
Nicht abzugsfähiger Teil der Schuld		+ 10 000 EUR
= Bereicherung der T		854 850 EUR
Erbanteil S		944 850 EUR
Steuerbefreiung § 13d ErbStG		./. 0 EUR
Nicht abzugsfähiger Teil der Schuld		+ 0 EUR
Bereicherung des S		944 850 EUR

Vermietungsabsicht. Beim Erwerb eines Grundstücks, das zum Besteuerungszeitpunkt weder zu Wohnzwecken vermietet noch zu einer solchen Vermietung bestimmt ist, kommt der Befreiungsabschlag nach § 13d ErbStG nicht in Betracht (→ BFH vom 11.12.2014 II R 24/14, BStBl. 2015 II S. 340).

Verschonungsabschlag. § 13d Absatz 3 Nummer 3 ErbStG lässt ausschließlich dann einen Befreiungsabschlag zu, wenn das Grundstück nicht zum nach § 13a ErbStG begünstigten Betriebsvermögen oder zum nach § 13a ErbStG begünstigten Vermögen eines Betriebs der Land- und Forstwirtschaft gehört. Danach schließt jede Gewährung einer Steuerbefreiung nach

§ 13a ErbStG die Anwendung des § 13d ErbStG aus. Somit lässt selbst ein auf 1% abgeschmolzener Verschonungsabschlag im Sinne des § 13c ErbStG i. V. m. § 13a ErbStG keinen Befreiungsabschlag nach § 13d ErbStG zu.

Weitergabeverpflichtung.

Beispiel 1:

Erblasser E hat seine Frau F zur Alleinerbin eingesetzt. Sein Neffe N soll das ausschließlich zu Wohnzwecken vermietete Grundstück mit einem gemeinen Wert von 2 000 000 EUR durch Vermächtnis erhalten. Neben dem Grundstück gehört zum Nachlass Kapitalvermögen von 1 500 000 EUR.

Besteuerung der Alleinerbin F

Nach § 13d Absatz 1 ErbStG würde ihr zunächst der Verschonungsabschlag von 10 % zustehen. Wegen der Weitergabeverpflichtung auf Grund des Vermächtnisses kann sie diesen jedoch nicht in Anspruch nehmen. Die sich aus ihrem Erwerb ergebende Bereicherung ist wie folgt zu ermitteln:

Zu Wohnzwecken vermietetes Grundstück (nicht begünstigt)	2 000 000 EUR
Übriges Vermögen	+ 1 500 000 EUR
Vermächtnislast	./. 2 000 000 EUR
Bereicherung	1 500 000 EUR

Besteuerung des Vermächtnisnehmers N

Nach § 13d Absatz 1 ErbStG steht ihm der Verschonungsabschlag von 10 % zu. Seine Bereicherung berechnet sich wie folgt:

Zu Wohnzwecken vermietetes Grundstück (begünstigt)	2 000 000 EUR
Befreiungsabschlag 10 % von 2 000 000 EUR	./. 200 000 EUR
Bereicherung	1 800 000 EUR

Beispiel 2:

Die Kinder K1 und K2 sind Erben zu je 1/2. Der Nachlass besteht aus einem ausschließlich zu Wohnzwecken vermieteten Grundstück mit einem Grundbesitzwert von 1 000 000 EUR sowie Kapitalvermögen im Wert von 1 500 000 EUR. Im Rahmen der Erbauseinandersetzung übernimmt Kind K1 auch die andere Hälfte des Grundstücks gegen eine Ausgleichszahlung aus dem Nachlass von 500 000 EUR.

Berechnung des Reinnachlasses		
Steuerwert des Grundstücks		1 000 000 EUR
Bankguthaben		+ 1 500 000 EUR
Vermögensanfall		2 500 000 EUR
Davon Erbanteil je 1/2		1 250 000 EUR
Berechnung des Erwerbs für K1		
Steuerbefreiung nach § 13d ErbStG		
Steuerwert des Grundstücks	1 000 000 EUR	
Davon 1/2-Anteil		500 000 EUR
Werterhöhung gegen Ausgleichszahlung in Höhe von		+ 500 000 EUR
Summe		1 000 000 EUR
Befreiungsabschlag 10 % von 1 000 000 EUR		100 000 EUR
Erbanteil K1		1 250 000 EUR
Verschonungsabschlag		./. 100 000 EUR
Bereicherung des K1		1 150 000 EUR
Berechnung des Erwerbs für K2		
Erbanteil K2		1 250 000 EUR
Befreiungsabschlag		./. 0 EUR
Bereicherung des K2		1 250 000 EUR

Wohnfläche. → Wohnflächenverordnung vom 25.11.2003 (BGBl. I S. 2346).

Zu § 14 ErbStG

R E 14.1 Berücksichtigung früherer Erwerbe; Grundsatz

(1) [1]Mehrere innerhalb von zehn Jahren von derselben Person anfallende Erwerbe sind bei der Besteuerung des jeweils letzten Erwerbs im Zehnjahreszeitraum mit diesem letzten Erwerb zusammenzurechnen. [2]Dabei verlieren die einzelnen Erwerbe aber nicht ihre Selbstständigkeit. [3]Es geht lediglich darum, die Steuer für den letzten Erwerb zutreffend zu ermitteln. [4]Der für die Berücksichtigung von Vorerwerben maßgebliche Zehnjahreszeitraum ist rückwärts zu berechnen. [5]Dabei ist der Tag des letzten Erwerbs mitzuzählen. [6]Fällt bei der Berechnung das Ende des Zehnjahreszeitraums auf einen Sonntag, einen gesetzlichen Feiertag oder einen Sonnabend, erfolgt keine Verschiebung, § 108 Absatz 3 AO findet keine Anwendung. [7]In die Zusammenrechnung sind, sofern die Voraussetzungen dafür erfüllt sind, auch Erwerbe aus der Zeit vor dem 1.1.2009 einzubeziehen.

H E 14.1 (1)

Ansatz der Vorerwerbe. → BFH vom 17.4.1991 II R 121/88, BStBl. II S. 522.

Berechnung des Zehnjahreszeitraums. → BFH vom 28.3.2012 II R 43/11, BStBl. I S. 599.

Selbständigkeit der Vorerwerbe und des Letzterwerbs. → BFH vom 7.10.1998 II R 64/96, BStBl. 1999 II S. 25.

Zusammenrechnung bei mehreren Erwerben eines Nacherben vom Vorerben. → BFH vom 3.11.2010 II R 65/09, BStBl. 2011 II S. 123.

Beispiel:

Erblasser E hat seine Kinder A und B je zu $^1/_2$ als Vorerben eingesetzt. Beim Tod beider Vorerben soll sein Enkel C, der Sohn von A, Nacherbe werden. E verstirbt in 2012.

Im Januar 2017 überträgt B dem Neffen C seinen Anteil am Nachlass des E (Steuerwert 290 000 EUR). C stellt einen Antrag nach § 7 Absatz 2 ErbStG. Im August 2018 verstirbt B und wird von C beerbt. Der Wert des Nachlasses beträgt 70 000 EUR.

Erwerb 2017

Übertragenes Vermögen	290 000 EUR
Persönlicher Freibetrag aufgrund eines Antrags nach § 7 Absatz 2 i. V. m. § 6 Absatz 2 Satz 3 bis 5 ErbStG nach Steuerklasse I, da Erwerb vom Großvater	./. 200 000 EUR
Steuerpflichtiger Erwerb	90 000 EUR
Steuer: 11 %	9 900 EUR

Erwerb 2018

Erwerb von Todes wegen	70 000 EUR
Vorerwerb 2017	+ 290 000 EUR
	360 000 EUR

Steuerberechnung	
Vorerwerb (§ 7 Absatz 2 ErbStG)	290 000 EUR
Persönlicher Freibetrag	./. 200 000 EUR
	90 000 EUR

Erwerb von Todes wegen		70 000 EUR
Erbfallkostenpauschale		./. 10 300 EUR
Persönlicher Freibetrag kein Abzug (§ 6 Absatz 2 Satz 5 ErbStG)		./. 0 EUR
		59 700 EUR
Summe steuerpflichtiger Erwerb: 90 000 EUR + 59 700 EUR =		149 700 EUR
Steuer		
Vorerwerb: 11 %		9 900 EUR
Erwerb von Todes wegen: 20 %		+ 11 940 EUR
		21 840 EUR
abzgl. Steuer auf den Vorerwerb		./. 9 900 EUR
Die fiktive Steuer entspricht der tatsächlichen Steuer		11 940 EUR
Mindeststeuer		
Erwerb von Todes wegen	70 000 EUR	
Erbfallkostenpauschale	./. 10 300 EUR	
Persönlicher Freibetrag	./. 20 000 EUR	
Steuerpflichtiger Erwerb	39 700 EUR	
Steuer: 15 %	5 955 EUR	
Festzusetzende Steuer 2018		11 940 EUR

Zusammenrechnung beim Verzicht auf Renten- oder Nutzungsrechte in den Fällen des § 25 ErbStG a. F. Hat der Schenker sich bei der Übertragung des Vermögens einen Nießbrauch oder ein Rentenrecht ausbedungen und verzichtet er hierauf zu einem späteren Zeitpunkt, ist der beim Verzicht zu veranlagende Erwerb mit dem nicht um die Belastung gekürzten ursprünglichen Erwerb (Bruttoerwerb) zusammenzurechnen (→ H E 14.1 (3) „Einbeziehung von Vorerwerben mit Anwendung des § 25 ErbStG a. F.“). Verzichtet nicht der Schenker, sondern ein Dritter, dem das Rechts eingeräumt worden war, kann die in dem Verzicht liegende Schenkung nur mit früheren Zuwendungen des Verzichtenden zusammengerechnet werden.

R E 14.1 (2, 3)

(2) [1]Für die früheren Erwerbe bleibt deren früherer steuerlicher Wert maßgebend. [2]Ein Erwerb von Grundbesitz vor dem 1.1.2009 ist mit dem maßgebenden Grundbesitzwert (§ 138 BewG) anzusetzen. [3]Vorerwerbe mit negativem Steuerwert sind von der Zusammenrechnung ausgenommen.

(3) [1]Die Steuer für den Gesamtbetrag ist auf der Grundlage der geltenden Tarifvorschriften im Zeitpunkt des Letzterwerbs zu berechnen. [2]Die Steuerklasse, die persönlichen Freibeträge und der Steuertarif richten sich deshalb nach dem geltenden Recht. [3]Von der Steuer für den Gesamtbetrag wird die Steuer abgezogen, welche für die früheren Erwerbe nach den persönlichen Verhältnissen und auf der Grundlage der Tarifvorschriften (§§ 14 bis 19 ErbStG) zur Zeit des letzten Erwerbs zu erheben gewesen wäre (fiktive Abzugssteuer). [4]Dies gilt auch dann, wenn für den Vorerwerb ein Steuererlass nach § 28a ErbStG erfolgte. [5]Die Steuer ist so zu berechnen, dass sich der dem Steuerpflichtigen zustehende persönliche Freibetrag tatsächlich auswirkt, soweit er nicht innerhalb von zehn Jahren vor diesem Erwerb verbraucht worden ist. [6]Statt der fiktiven Steuer ist die seinerzeit für die Vorerwerbe tatsäch-

lich zu entrichtende Steuer abzuziehen (tatsächliche Abzugssteuer), wenn sie höher ist. [7]Erfolgte beim Vorerwerb ein Erlass der Steuer nach § 28a ErbStG, ist als tatsächlich zu entrichtende Steuer die Steuer vor Anwendung von § 28a ErbStG zu berücksichtigen. [8]Ist die Steuer für den Vorerwerb unzutreffend festgesetzt worden (z. B. fehlerhafter Wertansatz, fehlerhafte Steuerklasse), bleibt die Festsetzung für den Vorerwerb unverändert. [9]Als tatsächlich zu entrichtende Abzugssteuer ist jedoch die Steuer zu berücksichtigen, die sich nach den tatsächlichen Verhältnissen zur Zeit der Steuerentstehung für den Vorerwerb unter Berücksichtigung der geltenden Rechtsprechung und Verwaltungsauffassung zur Zeit der Steuerentstehung für den Letzterwerb ergeben hätte. [10]Ist die auf die Vorerwerbe entfallende Steuer höher als die für den Gesamterwerb errechnete Steuer, kann es nicht zu einer Erstattung dieser Mehrsteuer kommen.

H E 14.1 (3)

Abzugssteuer. → BFH vom 2.3.2005 II R 43/03, BStBl. II S. 728.

Beispiel:

S hatte 2012 seiner damaligen Lebensgefährtin 150 000 EUR geschenkt. Nach der Heirat 2018 schenkt er ihr weitere 800 000 EUR.

Erwerb 2012		
Barvermögen	150 000 EUR	
Persönlicher Freibetrag Steuerklasse III	./. 20 000 EUR	
Steuerpflichtiger Erwerb	130 000 EUR	
Steuersatz 30 %		
Steuer 2012	39 000 EUR	
Erwerb 2018		
Barvermögen 2018		800 000 EUR
Barvermögen 2012		+ 150 000 EUR
Gesamterwerb		950 000 EUR
Persönlicher Freibetrag Steuerklasse I Nummer 1		./. 500 000 EUR
Steuerpflichtiger Erwerb		450 000 EUR
Steuersatz 15 %		
Steuer auf Gesamterwerb		67 500 EUR
Fiktive Abzugssteuer 2018 auf Vorerwerb 2012		
Barvermögen 2012	150 000 EUR	
Persönlicher Freibetrag 2018 (500 000 EUR), höchstens beim Erwerb 2012 verbrauchter Freibetrag der Steuerklasse III	./. 20 000 EUR	
Steuerpflichtiger Erwerb	130 000 EUR	
Steuersatz 2018 11 %		
Fiktive Steuer 2018	14 300 EUR	
Anzurechnen ist die höhere tatsächliche Steuer 2012		./. 39 000 EUR
Festzusetzende Steuer 2018		28 500 EUR
Mindeststeuer 2018 (§ 14 Absatz 1 Satz 4 ErbStG, → H E 14.3)		
Erwerb 2018	800 000 EUR	
Persönlicher Freibetrag	./. 500 000 EUR	
Steuerpflichtiger Erwerb	300 000 EUR	
Steuersatz 11 %		
Mindeststeuer	33 000 EUR	
Festzusetzende Steuer 2018		33 000 EUR

Einbeziehung von Vorerwerben mit Anwendung des § 25 ErbStG a. F. Ist bei der Besteuerung des aktuellen Erwerbs ein Vorerwerb mit Anwendung von § 25 ErbStG a. F. einzubeziehen, ergibt sich die tatsächliche Steuer nach § 14 Absatz 1 Satz 3 ErbStG aus der Summe der sofort fälligen Steuer und der zu stundenden Steuer.

Beispiel:

Vater V schenkte seiner Tochter T im Dezember 2008 unter Nießbrauchsvorbehalt Vermögen mit einem Steuerwert von 405 000 EUR. Der Kapitalwert der Belastung betrug bei der Zuwendung 155 000 EUR. Im Zeitpunkt der Zuwendung war V 65 Jahre alt; mit Abgabe der Schenkungsteuererklärung wurde auch die sofortige Ablösung der zu stundenden Steuer beantragt. Im Januar 2018 schenkt er ihr weiteres Vermögen mit einem Wert von 450 000 EUR.

Erwerb 2008		
Bruttowert des Erwerbs	405 000 EUR	
Persönlicher Freibetrag	./. 205 000 EUR	
Steuerpflichtiger Erwerb	200 000 EUR	
Steuersatz 11 %		
Steuer 2008		22 000 EUR
Bruttowert des Erwerbs	405 000 EUR	
Kapitalwert Nutzung	./. 155 000 EUR	
Nettoerwerb	250 000 EUR	
Persönlicher Freibetrag	./. 205 000 EUR	
Steuerpflichtiger Nettoerwerb	45 000 EUR	
Sofort fällige Steuer		
7 % von 45 000 EUR		./. 3 150 EUR
Zu stundender Betrag		18 850 EUR

Die gestundete Steuer ist abgelöst worden zum Barwert von (18 850 EUR × 0,427 =) 8 048 EUR.

Erwerb 2018		
Vermögenserwerb 2018		450 000 EUR
Bruttowert Erwerb 2008		+ 405 000 EUR
Gesamterwerb		855 000 EUR
Persönlicher Freibetrag		./. 400 000 EUR
Steuerpflichtiger Gesamterwerb		455 000 EUR
Steuersatz 15 %		
Steuer auf Gesamterwerb		68 250 EUR
Abzuziehende Steuer auf Vorerwerb		
Fiktive Steuer 2018 auf Vorerwerb 2008		
Bruttowert Erwerb 2008	405 000 EUR	
Persönlicher Freibetrag 2018 (400 000 EUR), höchstens beim Erwerb 2008 verbrauchter Freibetrag	./. 205 000 EUR	
Steuerpflichtiger Erwerb	200 000 EUR	
Steuersatz 2018 11 %		
Fiktive Steuer 2018	22 000 EUR	
Tatsächliche Steuer 2008		
Summe aus sofort fälliger Steuer und gestundeter Steuer (3 150 EUR + 18 850 EUR =)	22 000 EUR	
Abzuziehen sind		./. 22 000 EUR
Verbleiben		46 250 EUR
Mindeststeuer nach § 14 Absatz 1 Satz 4 ErbStG		
Erwerb 2018	450 000 EUR	
Persönlicher Freibetrag	./. 400 000 EUR	
Steuerpflichtiger Erwerb	50 000 EUR	

Steuersatz 2018 7 %		
Mindeststeuer	3 500 EUR	
Festzusetzende Steuer 2018		46 250 EUR

Keine Erstattung der Mehrsteuer. → BFH vom 17.10.2001 II R 17/00, BStBl. 2002 II S. 52.

Beispiel:

Vater V hatte seiner Tochter im Oktober 2008 400 000 EUR geschenkt. Im Mai 2018 schenkt er ihr weitere 50 000 EUR.

Erwerb 2008		
Barvermögen	400 000 EUR	
Persönlicher Freibetrag	./. 205 000 EUR	
Steuerpflichtiger Erwerb	195 000 EUR	
Steuersatz 11 %		
Steuer 2008	21 450 EUR	
Erwerb 2018		
Barvermögen 2018		50 000 EUR
Barvermögen 2008		+ 400 000 EUR
Gesamterwerb		450 000 EUR
Persönlicher Freibetrag		./. 400 000 EUR
Steuerpflichtiger Gesamterwerb		50 000 EUR
abgerundet		50 000 EUR
Steuersatz 7 %		
Steuer auf Gesamterwerb		3 500 EUR
Fiktive Abzugssteuer 2018 auf Vorerwerb 2008		
Barvermögen 2008	400 000 EUR	
Persönlicher Freibetrag 2018 (400 000 EUR), höchstens beim Erwerb 2008 verbrauchter Freibetrag	./. 205 000 EUR	
Steuerpflichtiger Erwerb	195 000 EUR	
abgerundet	195 000 EUR	
Steuersatz 2018 11 %		
Fiktive Abzugssteuer 2018	21 450 EUR	
Tatsächliche Steuer 2008 (gleicher Betrag)	21 450 EUR	
Abzuziehen sind		./. 21 450 EUR
Steuer 2018		0 EUR
Mindeststeuer nach § 14 Absatz 1 Satz 4 ErbStG		
Barvermögen 2018	50 000 EUR	
Persönlicher Freibetrag	./. 400 000 EUR	
Steuerpflichtiger Erwerb	0 EUR	
Mindeststeuer	0 EUR	
Festzusetzende Steuer 2018		0 EUR

Eine Erstattung der „Mehrsteuer" aus dem Jahr 2008 in Höhe von (21 450 EUR – 3 500 EUR =) 17 950 EUR ist ausgeschlossen.

Einbeziehung von Vorerwerben mit Anwendung des § 28a ErbStG.

Beispiel:

M schenkt ihrem Sohn im Jahr 2017 ihre Anteile von 100 % an der M-GmbH (Steuerwert 95 000 000 EUR, begünstigtes Vermögen 95 000 000 EUR). S hat eigenes, nicht begünstigtes Vermögen von 20 000 000 EUR. Er stellt einen Antrag nach § 28a ErbStG. M verstirbt im Jahr 2018. S erhält als Vermächtnis 5 000 000 EUR.

Erwerb 2017			
GmbH-Anteile			95 000 000 EUR
Persönlicher Freibetrag			./. 400 000 EUR
Steuerpflichtiger Erwerb			94 600 000 EUR
Steuersatz 30 %			
Steuer 2017			28 380 000 EUR
Verfügbares Vermögen			
Miterworbenes, nicht begünstigtes Vermögen	0 EUR		
Davon 50 %		0 EUR	
eigenes Vermögen	20 000 000 EUR		
Davon 50 %		+ 10 000 000 EUR	
Verfügbares Vermögen		10 000 000 EUR	./. 10 000 000 EUR
Zu erlassende Steuer			18 380 000 EUR
Erwerb 2018			
Barvermögen 2018			5 000 000 EUR
GmbH-Anteile 2017			+ 95 000 000 EUR
Gesamterwerb			100 000 000 EUR
Persönlicher Freibetrag			./. 400 000 EUR
Steuerpflichtiger Gesamterwerb			99 600 000 EUR
Steuersatz 30 %			
Steuer auf Gesamterwerb			29 880 000 EUR
Fiktive Abzugssteuer 2018 auf Vorerwerb 2017			
GmbH-Anteile 2017		95 000 000 EUR	
Persönlicher Freibetrag 2018 (400 000 EUR), höchstens beim Erwerb 2017 verbrauchter Freibetrag		./. 400 000 EUR	
Steuerpflichtiger Erwerb		94 600 000 EUR	
Steuersatz 2018 30 %			
Fiktive Abzugssteuer 2018		28 380 000 EUR	
Tatsächliche Steuer 2017 (Steuer vor Erlass)		28 380 000 EUR	
Abzuziehen sind			./. 28 380 000 EUR
Steuer 2018			1 500 000 EUR
Mindeststeuer nach § 14 Absatz 1 Satz 4 ErbStG			
Barvermögen 2018		5 000 000 EUR	
Persönlicher Freibetrag		./. 400 000 EUR	
Steuerpflichtiger Erwerb		4 600 000EUR	
Steuersatz 19 %			
Mindeststeuer		874 000 EUR	
Festzusetzende Steuer 2018			1 500 000 EUR

Für den Erwerb 2017 ist aufgrund des Vermächtnisses aus dem Jahr 2018 der Erlass zu widerrufen (§ 28a Absatz 4 Satz 1 Nummer 3 und Satz 2 ErbStG). S kann jedoch einen erneuten Antrag auf Erlass nach § 28a Absatz 1 ErbStG stellen (§ 28a Absatz 4 Satz 1 Nummer 3 Satz 2 ErbStG). In diesem Fall wird bei der Ermittlung des verfügbaren Vermögens das Barvermächtnis mitberücksichtigt (§ 28a Absatz 4 Satz 1 Nummer 3 Satz 3 ErbStG).

Unzutreffend festgesetzte Steuer für den Vorerwerb. → BFH vom 9.7.2009 II R 55/08, BStBl. II S. 969 und vom 8.5.2019 II R 18/16, BStBl. II S. 681.

R E 14.1 (4)

(4) [1]Reicht eine Schenkungskette über einen Zeitraum von mehr als zehn Jahren, ist die Steuer für den letzten Erwerb nach den Grundsätzen des Absat-

zes 3 zu berechnen. [2] Ein „wiederauflebender Freibetrag“ ist nicht zu berücksichtigen.

H E 14.1 (4)

Schenkungskette über einen Zeitraum von mehr als zehn Jahren. → BFH vom 2.3.2005 II R 43/03, BStBl. II S. 728 und vom 14.1.2009 II R 48/07, BStBl. II S. 538.

Beispiel:

Vater V schenkt seiner Tochter am 3.1.1998 einen Geldbetrag von 600 000 DM, das entspricht 306 775 EUR. Am 2.1.2008 erhält sie weitere 300 000 EUR und am 1.1.2018 schließlich 500 000 EUR.

	1. Zehnjahreszeitraum		
		2. Zehnjahreszeitraum	
Besteuerungszeitpunkt	3.1.1998	2.1.2008	1. 1. 2018
Zuwendung	600 000 DM	300 000 EUR	500 000 EUR
Vorschenkung innerhalb des Zehnjahreszeitraums		+ 306 775 EUR	+ 300 000 EUR
Gesamtbetrag	600 000 DM	606 775 EUR	800 000 EUR
Persönlicher Freibetrag	./. 400 000 DM	./. 205 000 EUR	./. 400 000 EUR
Steuerpflichtiger Erwerb (abgerundet)	200 000 DM	401 700 EUR	400 000 EUR
Steuersatz	11 %	15 %	15 %
Steuer	22 000 DM	60 255 EUR	60 000 EUR

anzurechnende Steuer 2008 aus Schenkung 1998		
Wert der Vorschenkung 1998	306 775 EUR	
Persönlicher Freibetrag 2008 (205 000 EUR) höchstens beim Erwerb 1998 verbrauchter Freibetrag (400 000 DM = 204 516 EUR)	./. 204 516 EUR	
Nettobetrag des Vorerwerbs (abgerundet)	102 200 EUR	
Steuersatz 2008 11 %		
Fiktive Abzugssteuer 2008	11 242 EUR	
Tatsächlich zu entrichtende Steuer 1998 (22 000 DM = 11 249 EUR)	11 249 EUR	
Abzuziehen ist die höhere tatsächliche Steuer	11 249 EUR	
Steuer 2008 (60 225 EUR – 11 249 EUR =)	49 006 EUR	
anzurechnende Steuer 2018 aus Schenkung 2008		
Wert der Vorschenkung 2008	300 000 EUR	
Persönlicher Freibetrag 2018 (400 000 EUR), höchstens 2008 verbrauchter Freibetrag 205 000 EUR – verbrauchter Freibetrag 1998 204 516 EUR = 484 EUR	./. 484 EUR	
Steuerpflichtiger Erwerb	299 516 EUR	
abgerundet	299 500 EUR	
Steuer 11%	32 945 EUR	
Abzuziehen ist die höhere tatsächliche Steuer 49 006 EUR		
Steuer 2018		60 000 EUR
Abzuziehen sind		./. 49 006 EUR
Steuer 2018		10 994 EUR

Mindeststeuer nach § 14 Absatz 1 Satz 4 ErbStG		
Barvermögen 2018	500 000 EUR	
Persönlicher Freibetrag	./. 400 000 EUR	
Steuerpflichtiger Erwerb	100 000 EUR	
Mindeststeuer 11%	11 000 EUR	
Festzusetzende Steuer 2018		11 000 EUR

R E 14.1 (5)

(5) Treffen in einem Steuerfall § 14 Absatz 3, § 21 und § 27 ErbStG zusammen, ist die sich für den steuerpflichtigen Erwerb ergebende Steuer zunächst nach § 27 ErbStG zu ermäßigen, auf die ermäßigte Steuer die ausländische Steuer nach Maßgabe des § 21 ErbStG anzurechnen und auf die danach festzusetzende Steuer die Begrenzung des § 14 Absatz 3 ErbStG anzuwenden (→ R E 10.1 Absatz 2).

R E 14.2 Berücksichtigung früherer Erwerbe; Zusammentreffen mit Begünstigungen nach §§ 13a, 13c, 19a und 28a ErbStG

(1) Die Zusammenrechnung mehrerer Erwerbe, bei denen für einzelne Erwerbe der Verschonungsabschlag und Abzugsbetrag nach §§ 13a oder 13c ErbStG, die Tarifbegrenzung nach § 19a ErbStG oder ein Erlass nach § 28a ErbStG zur Anwendung kommen, erfolgt unter Berücksichtigung der nachfolgenden Absätze.

(2) [1]Die §§ 13a, 13c, 19a ErbStG sind bei der Ermittlung der Steuer auf den Gesamterwerb nur auf das in die Zusammenrechnung einbezogene begünstigte Vermögen anzuwenden, das nach dem 31.12.2008 zugewendet wurde. [2]Ein bei einem Vorerwerb in Anspruch genommener Abzugsbetrag nach § 13a Absatz 2 ErbStG ist verbraucht (→ R E 13a.3). [3]Deshalb kann ein bei dem Vorerwerb nicht vollständig ausgeschöpfter Abzugsbetrag auch im Fall der Zusammenrechnung nicht bei einem späteren Erwerb begünstigten Vermögens abgezogen werden. [4]Zum Verbrauch des Abzugsbetrags bei voller Abschmelzung → R E 13a.3 Absatz 2 Satz 3. [5]Vorerwerbe, für die keine Befreiung nach §§ 13a oder 13c ErbStG zu gewähren war, können auch bei der Berechnung der Steuer für den Gesamtbetrag nicht als begünstigtes Vermögen behandelt werden. [6]Dies gilt auch für Vorerwerbe, bei denen ein Antrag nach § 28a ErbStG gestellt wurde.

H E 14.2 (2)

Entlastungen nach § 13a ErbStG bei der Zusammenrechnung.

Beispiel:

Vater V hat im Jahr 2011 seiner Tochter Betriebsvermögen mit einem Steuerwert von 200 000 EUR (begünstigtes Vermögen 200 000 EUR) geschenkt. Ein Antrag nach § 13a Absatz 8 ErbStG wurde nicht gestellt. Im Jahr 2018 schenkt er ihr weiteres Betriebsvermögen mit einem Steuerwert von 4 000 000 EUR (begünstigtes Vermögen 3 500 000 EUR). Ein Antrag nach § 13a Absatz 10 ErbStG wurde nicht gestellt.

Erwerb 2011

Betriebsvermögen			200 000 EUR	200 000 EUR
Verschonungsabschlag (85 %)			./. 170 000 EUR	./. 170 000 EUR
Verbleiben			30 000 EUR	30 000 EUR
Abzugsbetrag				./. 30 000 EUR
Abzugsbetrag		150 000 EUR		
Verbleibender Wert (15 %)	30 000 EUR			
Abzugsbetrag	./. 150 000 EUR			
Unterschiedsbetrag	0 EUR			
davon 50 %		./. 0 EUR		
Verbleibender Abzugsbetrag		150 000 EUR		
Maximal verbleibender Wert		30 000 EUR		

Steuerpflichtiges Betriebsvermögen	0 EUR
Persönlicher Freibetrag	./. 400 000 EUR
Steuerpflichtiger Erwerb	0 EUR
Steuer	0 EUR

Erwerb 2018

Betriebsvermögen			4 000 000 EUR
Betriebsvermögen (begünstigt)		3 500 000 EUR	
Verschonungsabschlag (85 %)		./. 2 975 000 EUR	./. 2 975 000 EUR
Verbleiben		525 000 EUR	
Abzugsbetrag			./. 0 EUR
Steuerpflichtiges Betriebsvermögen 2018			1 025 000 EUR

Abzugsbetrag		150 000 EUR
Verbleibender Wert (15 %)	525 000 EUR	
Abzugsbetrag	./. 150 000 EUR	
Unterschiedsbetrag	375 000 EUR	
Davon 50 %		./. 187 500 EUR
Verbleibender Abzugsbetrag		0 EUR

Steuerpflichtiges Betriebsvermögen 2011	+ 0 EUR
Gesamterwerb	1 025 000 EUR
Persönlicher Freibetrag	./. 400 000 EUR
Steuerpflichtiger Gesamterwerb	625 000 EUR
Steuer (Härteausgleich) auf Gesamterwerb 2018	102 500 EUR

Fiktive Abzugssteuer 2018 auf Vorerwerb 2011	
Steuerpflichtiges Betriebsvermögen 2011	0 EUR
Persönlicher Freibetrag 2018 (400 000 EUR), höchstens beim Erwerb 2011 verbrauchter Freibetrag	./. 0 EUR
Steuerpflichtiger Erwerb	0 EUR
Abgerundet	0 EUR
Fiktive Abzugssteuer auf Vorerwerb	0 EUR

Anzurechnen ist die fiktive Abzugssteuer 2018	./. 0 EUR
Steuer 2018	102 500 EUR

Mindeststeuer nach § 14 Absatz 1 Satz 4 ErbStG		
Steuerpflichtiges Betriebsvermögen 2018	1 025 000 EUR	
Persönlicher Freibetrag	./. 400 000 EUR	
Steuerpflichtiger Erwerb	625 000 EUR	
Steuer (Härteausgleich) 2018	102 500 EUR	
Mindeststeuer		102 500 EUR
Festzusetzende Steuer 2018		102 500 EUR

R E 14.2 (3)

(3) [1]Die Befreiung nach §§ 13a oder 13c ErbStG hat zur Folge, dass begünstigtes Vermögen nur in Höhe des die Befreiung übersteigenden Betrags in die Zusammenrechnung einbezogen werden kann. [2]Die Tarifbegrenzung nach § 19a ErbStG wirkt sich nur aus, soweit zum Letzterwerb tarifbegünstigtes Vermögen gehört. [3]Ein Erlass nach § 28a ErbStG ist nur möglich, soweit zum Letzterwerb begünstigtes Vermögen gehört und hierfür ein Antrag nach § 28a Absatz 1 ErbStG gestellt wurde.

H E 14.2 (3)

Tarifbegrenzung nach § 19a ErbStG bei der Zusammenrechnung.

Beispiel 1:

Unternehmerin U hatte 2010 einen Neffen schenkweise an ihrem Unternehmen beteiligt. Die Beteiligung hatte einen Steuerwert von 1 200 000 EUR (begünstigtes Vermögen 1 200 000 EUR). Ein Antrag nach § 13a Absatz 8 ErbStG wurde nicht gestellt. Im Jahr 2018 schenkt sie ihm Kapitalvermögen mit einem Steuerwert von 500 000 EUR.

Erwerb 2010		
Betriebsvermögen		1 200 000 EUR
Verschonungsabschlag (85 %)		./. 1 020 000 EUR
Verbleiben		180 000 EUR
Abzugsbetrag		./. 135 000 EUR
Steuerpflichtiges Betriebsvermögen 2010		45 000 EUR
Abzugsbetrag		150 000 EUR
Verbleibender Wert (15 %)	180 000 EUR	
Abzugsbetrag	./. 150 000 EUR	
Unterschiedsbetrag	30 000 EUR	
Davon 50 %		./. 15 000 EUR
Verbleibender Abzugsbetrag		135 000 EUR
Steuerpflichtiges Betriebsvermögen 2010		45 000 EUR
Persönlicher Freibetrag		./. 20 000 EUR
Steuerpflichtiger Erwerb		25 000 EUR
abgerundet		25 000 EUR
Steuer nach Stkl. II 15 %	3 750 EUR	3 750 EUR
Steuer nach Stkl. I 7 %	./. 1 750 EUR	
Differenzbetrag	2 000 EUR	
Entlastungsbetrag nach § 19a ErbStG		./. 2 000 EUR
Steuer 2010		1 750 EUR
Erwerb 2018		
Kapitalvermögen		500 000 EUR
Steuerpflichtiges Betriebsvermögen 2010		+ 45 000 EUR
Gesamterwerb		545 000 EUR
Persönlicher Freibetrag		./. 20 000 EUR
Steuerpflichtiger Gesamterwerb		525 000 EUR
abgerundet		525 000 EUR
Steuer 2018 auf Gesamterwerb 25 %		131 250 EUR
Fiktive Abzugssteuer 2018 auf Vorerwerb 2010		
Steuerpflichtiges Betriebsvermögen	45 000 EUR	
Persönlicher Freibetrag 2018 (20 000 EUR), höchstens beim Erwerb 2010 verbrauchter Freibetrag	./. 20 000 EUR	
Steuerpflichtiger Erwerb	25 000 EUR	

abgerundet	25 000 EUR	
Steuersatz 2018 Stkl. II 15 %		
Fiktive Abzugssteuer auf Vorerwerb (ohne Tarifbegrenzung nach § 19a ErbStG)	3 750 EUR	
Tatsächliche Steuer 2010 (ohne Tarifbegrenzung nach § 19a ErbStG)	3 750 EUR	
Abzuziehen ist die Steuer ohne Tarifbegrenzung nach § 19a ErbStG		./. 3 750 EUR
Steuer 2018		127 500 EUR
Mindeststeuer nach § 14 Absatz 1 Satz 4 ErbStG		
Kapitalvermögen 2018	500 000 EUR	
Persönlicher Freibetrag	./. 20 000 EUR	
Steuerpflichtiger Erwerb	480 000 EUR	
Steuersatz 25 %		
Mindeststeuer 2018	120 000 EUR	
Festzusetzende Steuer 2018		127 500 EUR

Beispiel 2:

Unternehmerin U hatte 2010 einem Neffen Kapitalvermögen geschenkt mit einem Steuerwert von 500 000 EUR. Im Jahr 2018 schenkt sie ihm eine Beteiligung an ihrem Unternehmen mit einem Steuerwert von 1 200 000 EUR (begünstigtes Vermögen 1 100 000 EUR). Ein Antrag nach § 13a Absatz 10 ErbStG wurde nicht gestellt.

Erwerb 2010

Kapitalvermögen	500 000 EUR
Persönlicher Freibetrag	./. 20 000 EUR
Steuerpflichtiger Erwerb	480 000 EUR
abgerundet	480 000 EUR
Steuer nach Stkl. II 25 %	120 000 EUR

Erwerb 2018

Betriebsvermögen			1 200 000 EUR
Betriebsvermögen (begünstigt)			1 100 000 EUR
Verschonungsabschlag (85 %)			./. 935 000 EUR
Verbleiben			165 000 EUR
Abzugsbetrag			./. 142 500 EUR
Steuerpflichtiges Betriebsvermögen 2018			22 500 EUR
Abzugsbetrag		150 000 EUR	
Verbleibender Wert (15 %)	165 000 EUR		
Abzugsbetrag	./. 150 000 EUR		
Unterschiedsbetrag	15 000 EUR		
Davon 50 %		./. 7 500 EUR	
Verbleibender Abzugsbetrag		142 500 EUR	
Kapitalvermögen 2010			+ 500 000 EUR
Gesamterwerb			622 500 EUR
Persönlicher Freibetrag			./. 20 000 EUR
Steuerpflichtiger Gesamterwerb			602 500 EUR
Steuer 2018 auf Gesamterwerb (Härteausgleich)			151 250 EUR
Fiktive Abzugssteuer 2018 auf Vorerwerb 2010			
Kapitalvermögen 2010		500 000 EUR	
Persönlicher Freibetrag 2018 (20 000 EUR), höchstens beim Erwerb 2010 verbrauchter Freibetrag		./. 20 000 EUR	
Steuerpflichtiger Erwerb		480 000 EUR	
abgerundet		480 000 EUR	

Steuersatz 2018 Stkl. II 25 %			
Fiktive Abzugssteuer auf Vorerwerb		120 000 EUR	
tatsächliche Steuer 2010		120 000 EUR	./. 120 000 EUR
			31 250 EUR
Steuer auf begünstigtes Vermögen $\frac{31\,250\text{ EUR} \times 22\,500\text{ EUR}}{122\,500\text{ EUR}}$		5 740 EUR	
Steuer 2018 nach Stkl. I Steuer auf stpfl. Gesamterwerb von 602 500 EUR (Härteausgleich)	91 250 EUR		
Abzuziehende fiktive Steuer auf Vorerwerb 15 % von 480 000 EUR	./. 72 000 EUR		
	19 250 EUR		
Steuer auf begünstigtes Vermögen $\frac{19\,250\text{ EUR} \times 22\,500\text{ EUR}}{122\,500\text{ EUR}}$		./. 3 535 EUR	
Entlastungsbetrag nach § 19a ErbStG		2 205 EUR	./. 2 205 EUR
Steuer 2011			29 045 EUR
Mindeststeuer nach § 14 Absatz 1 Satz 4 ErbStG			
Steuerpflichtiges Betriebsvermögen 2018	122 500 EUR		
Persönlicher Freibetrag	./. 20 000 EUR		
Steuerpflichtiger Erwerb	102 500 EUR		
Steuersatz 20 %		20 500 EUR	
Steuer auf begünstigtes Vermögen $\frac{20\,500\text{ EUR} \times 22\,500\text{ EUR}}{122\,500\text{ EUR}}$	3 766 EUR		
Steuer 2018 nach Stkl. I 11 % von 102 500 EUR = 11 275 EUR			
Steuer auf begünstigtes Vermögen $\frac{11\,275\text{ EUR} \times 22\,500\text{ EUR}}{122\,500\text{ EUR}}$	./. 2 070 EUR		
Entlastungsbetrag nach § 19a ErbStG	1 696 EUR	./. 1 696 EUR	
Mindeststeuer 2018		18 804 EUR	
Festzusetzende Steuer 2018			29 045 EUR

Beispiel 3:

Unternehmer U hat seinem Großneffen G (Steuerklasse III) im November 2008 einen KG-Anteil (Steuerwert 1 225 000 EUR, begünstigtes Vermögen 1 225 000 EUR) und Kapitalvermögen von 600 000 EUR geschenkt. Im Juni 2018 verstirbt U. G wird Alleinerbe. Zum Nachlass gehört ein KG-Anteil (Steuerwert 2 000 000 EUR, begünstigtes Vermögen 2 000 000 EUR) und weiteres Vermögen mit einem Steuerwert von 900 000 EUR. Ein Antrag nach § 13a Absatz 10 ErbStG wurde nicht gestellt.

Erwerb 2008

Betriebsvermögen (begünstigt)	1 225 000 EUR	
Freibetrag § 13a ErbStG	./. 225 000 EUR	
Verbleiben	1 000 000 EUR	
Bewertungsabschlag 35 %	./. 350 000 EUR	650 000 EUR
Kapitalvermögen		+ 600 000 EUR
Gesamter Vermögensanfall		1 250 000 EUR
Persönlicher Freibetrag Stkl. III		./. 5 200 EUR
Steuerpflichtiger Erwerb		1 244 800 EUR

Anteil des begünstigten Vermögens: 650 000 EUR : 1 250 000 EUR = 52,00 %			
Steuer nach Stkl. III 35 %			435 680 EUR
Auf begünstigtes Vermögen entfällt 435 680 EUR × 52,00 %		226 554 EUR	
Steuer nach Stkl. I 19 % = 236 512 EUR Auf begünstigtes Vermögen entfällt 236 512 EUR × 52,00 %		./. 122 986 EUR	
Unterschiedsbetrag		103 568 EUR	
Entlastungsbetrag 88 %		91 140 EUR	./. 91 140 EUR
Festzusetzende Steuer			344 540 EUR
Erwerb 2018			
Betriebsvermögen			2 000 000 EUR
Verschonungsabschlag (85 %)			./. 1 700 000 EUR
Verbleiben			300 000 EUR
Abzugsbetrag			./. 75 000 EUR
Steuerpflichtiges Betriebsvermögen 2018			225 000 EUR
Abzugsbetrag		150 000 EUR	
Verbleibender Wert (15 %)	300 000 EUR		
Abzugsbetrag	./. 150 000 EUR		
Unterschiedsbetrag	150 000 EUR		
Davon 50 %		./. 75 000 EUR	
Verbleibender Abzugsbetrag		75 000 EUR	
Steuerpflichtiges Betriebsvermögen 2018			225 000 EUR
Weiteres Vermögen			+ 900 000 EUR
Gesamter Vermögensanfall 2018			1 125 000 EUR
Anteil des begünstigten Vermögens: 225 000 EUR : 1 125 000 EUR = 20,00 %			
Vorerwerb 2008			+ 1 250 000 EUR
Gesamterwerb			2 375 000 EUR
Bestattungskosten usw. pauschal			./. 10 300 EUR
Persönlicher Freibetrag Stkl. III			./. 20 000 EUR
Steuerpflichtiger Gesamterwerb			2 344 700 EUR
Steuer nach Stkl. III 30 %			703 410 EUR
Fiktive Abzugssteuer 2018 auf Vorerwerb 2008			
Vermögensanfall 2008		1 250 000 EUR	
Persönlicher Freibetrag 2018 (20 000 EUR), höchstens beim Erwerb 2008 verbrauchter Freibetrag der Steuerklasse III		./. 5 200 EUR	
Steuerpflichtiger Erwerb		1 244 800 EUR	
abgerundet		1 244 800 EUR	
Steuersatz 2018 30 %			
Fiktive Abzugssteuer 2018		373 440 EUR	
Abzuziehen ist die höhere tatsächliche Steuer 2008 vor Tarifbegrenzung nach § 19a ErbStG a. F. (s. o.)			./. 435 680 EUR
Verbleibende Steuer 2018			267 730 EUR
Auf begünstigtes Vermögen entfällt 267 730 EUR × 20,00 %		53 546 EUR	
Steuer 2011 nach Stkl. I			
Steuer auf stpfl. Gesamterwerb 19 % von 2 344 700 EUR	445 493 EUR		
Anzurechnende fiktive Steuer auf Vorerwerb 2006 19 % von 1 244 800 EUR	./. 236 512 EUR		
Verbleibende Steuer 2018	208 981 EUR		

Auf begünstigtes Vermögen entfällt			
208 981 EUR × 20,00 %		./. 41 796 EUR	
Unterschiedsbetrag		11 750 EUR	./. 11 750 EUR
Steuer 2018			255 980 EUR
Mindeststeuer nach § 14 Absatz 1 Satz 4 ErbStG			
Steuerpflichtiges Betriebsvermögen	225 000 EUR		
Weiteres Vermögen	+ 900 000 EUR		
Gesamterwerb	1 125 000 EUR		
Bestattungskosten usw. pauschal	./. 10 300 EUR		
Persönlicher Freibetrag	./. 20 000 EUR		
Steuerpflichtiger Erwerb	1 094 700 EUR		
Anteil des begünstigten Vermögens: 225 000 EUR : 1 125 000 EUR = 20,00 %			
Steuersatz 30 %		328 410 EUR	
Auf begünstigtes Vermögen entfällt			
328 410 EUR × 20,00 %	65 682 EUR		
Steuer 2018 nach Stkl. I			
19 % von 1 094 700 EUR			
= 207 993 EUR			
Auf begünstigtes Vermögen entfällt			
207 993 EUR × 20,00 %	./. 41 598 EUR		
Entlastungsbetrag nach § 19a ErbStG	24 084 EUR	./. 24 084 EUR	
Mindeststeuer 2018		304 326 EUR	
Festzusetzende Steuer 2018			304 326 EUR

R E 14.3 Berücksichtigung früherer Erwerbe; Mindeststeuer und Festsetzungsfrist

(1) Nach § 14 Absatz 1 Satz 4 ErbStG darf durch den Abzug der fiktiven Steuer auf den Vorerwerb (§ 14 Absatz 1 Satz 2 ErbStG) oder den Abzug der tatsächlich zu entrichtenden Steuer (§ 14 Absatz 1 Satz 3 ErbStG) die Steuer, die sich für den letzten Erwerb allein ergeben würde, nicht unterschritten werden (Mindeststeuer).

(2) [1]Die Aufhebung oder Änderung des Schenkungsteuerbescheides für den Vorerwerb stellt für sich bei der Besteuerung des Letzterwerbs kein Ereignis mit steuerlicher Rückwirkung nach § 175 Absatz 1 Satz 1 Nummer 2 AO dar. [2]Hat sich jedoch der Wert des früheren Erwerbs durch den Eintritt eines Ereignisses mit steuerlicher Rückwirkung geändert, ist auch der Bescheid über den Letzterwerb nach § 175 Absatz 1 Satz 1 Nummer 2 AO zu ändern. [3]Die Festsetzungsfrist endet nach § 14 Absatz 2 ErbStG nicht vor Ablauf der Festsetzungsfrist für den früheren Erwerb.

H E 14.3

Änderung der Schenkungsteuerfestsetzung für den Vorerwerb für sich kein rückwirkendes Ereignis. → BFH vom 12.7.2017 II R 45/15, BStBl. II S. 1120.

Festsetzungsfrist. Grundsätzlich beginnt die Festsetzungsfrist bei einem rückwirkenden Ereignis gemäß § 175 Absatz 1 Satz 2 AO mit dem Eintritt des Ereignisses. Der Beginn wird jedoch in Fällen des Unterschreitens der Lohnsummengrenze und des Verstoßes gegen die Behaltensregelungen gemäß § 13a Absatz 6 Satz 3 ErbStG a. F. bzw. § 13a Absatz 7 Satz 3 ErbStG und § 19a Absatz 5 Satz 3 ErbStG auf den Zeitpunkt der Kenntnis der Finanzbehörde hinausgeschoben. Für diese Fälle wird analog in § 14 Absatz 2 ErbStG auch die Festsetzungsfrist für den Nacherwerb hinausgeschoben.

Beispiel:

Ein Unternehmer verschenkt in 2015 einen nach §§ 13a, 13b ErbStG a. F. begünstigten Betrieb. In 2018 überträgt er weiteres nicht begünstigtes Vermögen an denselben Erwerber. Der Erwerber veräußert 2019 (während der Behaltensfrist) den in 2015 erworbenen Betrieb und verstößt damit gegen die Behaltensregelung des § 13a Absatz 5 ErbStG.

Die Steuerfestsetzung für den Erwerb 2015 ist zu ändern. Auch die Steuerfestsetzung für den Erwerb 2018 ist zu ändern, soweit sich die Verminderung der Verschonung für den Erwerb 2015 auf den Wert des Vorerwerbs auswirkt. Die Festsetzungsfrist für eine Änderung der Steuerfestsetzung zum Erwerb 2018 endet nicht vor Ablauf der Festsetzungsfrist für eine Änderung der Steuerfestsetzung zum Vorerwerb 2015.

Mindeststeuer.

Beispiel:

S hatte 2015 seiner damaligen Lebensgefährtin Barvermögen von 120 000 EUR geschenkt. Nach der Heirat 2018 schenkt er ihr weiteres Barvermögen von 550 000 EUR.

Erwerb 2015		
Barvermögen 2015		120 000 EUR
Persönlicher Freibetrag (§ 16 Absatz 1 Nummer 5 ErbStG)		./. 20 000 EUR
Steuerpflichtiger Erwerb		100 000 EUR
Steuersatz 30 %		
Steuer 2015		30 000 EUR
Erwerb 2018		
Barvermögen 2018		550 000 EUR
Barvermögen 2015		+ 120 000 EUR
Gesamterwerb		670 000 EUR
Persönlicher Freibetrag (§ 16 Absatz 1 Nummer 1 ErbStG)		./. 500 000 EUR
Steuerpflichtiger Erwerb		170 000 EUR
Steuersatz 11 %		
Steuer auf Gesamterwerb		18 700 EUR
Fiktive Abzugssteuer 2018 auf Vorerwerb 2015		
Barvermögen 2015	120 000 EUR	
Persönlicher Freibetrag 2018 (500 000 EUR), höchstens beim Erwerb 2015 verbrauchter Freibetrag	./. 20 000 EUR	
Steuerpflichtiger Erwerb	100 000 EUR	
Steuersatz 11 %		
Fiktive Abzugssteuer 2018	11 000 EUR	
Abzuziehen ist die höhere tatsächliche Steuer 2015		./. 30 000 EUR
Steuer 2018		0 EUR
Mindeststeuer nach § 14 Absatz 1 Satz 4 ErbStG		
Barvermögen 2018	550 000 EUR	
Persönlicher Freibetrag	./. 500 000 EUR	
Steuerpflichtiger Erwerb	50 000 EUR	
Steuersatz 7 %		
Mindeststeuer 2018	3 500 EUR	
Festzusetzende Steuer 2018		3 500 EUR

Zu § 15 ErbStG

R E 15.1 Steuerklassen – *unbesetzt* –

H E 15.1

Steuerklasse bei Adoptivkindern und Stiefkindern von Kindern und Geschwistern. Als Abkömmlinge im Sinne des § 15 ErbStG (Steuerklasse I Nummer 3 und Steuerklasse II Nummer 3) sind auch Adoptivkinder und Stiefkinder anzusehen.

Steuerklasse bei ehemaligem Adoptionsverhältnis. → BFH vom 17.3.2010 II R 46/08, BStBl. II S. 554.

Steuerklasse bei Ehegatten von Stiefkindern und Stiefkinder von Geschwistern. Der Begriff „Kind" wird im Erbschaftsteuer- und Schenkungsteuergesetz als eigenständiger Begriff verwendet. Er setzt, wie die Einbeziehung der mit dem Stiefelternteil nur verschwägerten Stiefkinder in die Steuerklasse I Nummer 2 zeigt, das Bestehen verwandtschaftlicher Verhältnisse im zivilrechtlichen Sinne nicht zwingend voraus.
Die Stiefkinder von Geschwistern sind als „Abkömmlinge" im Sinne der Steuerklasse II Nummer 3 anzusehen.
Zu den Schwiegerkindern im Sinne des § 15 Absatz 1 Steuerklasse II Nummer 5 ErbStG sind deshalb auch die Ehegatten von Stiefkindern (Stiefschwiegerkinder) zu rechnen (→ BFH vom 6.9.1989 II R 87/87, BStBl. II S. 898).

Steuerklasse beim Erwerb einer Abfindung für den Verzicht auf einen künftigen Pflichtteilsanspruch. → BFH vom 10.5.2017 II R 25/15, BStBl. 2018 II S. 201.

Steuerklasse bei Verlobten. → BFH vom 23.3.1998 II R 41/96, BStBl. II S. 396.

Steuerklasse des Schlusserben aus einem gemeinschaftlichen Testament. → BFH vom 16.6.1999 II R 57/96, BStBl. II S. 789 und vom 27.8.2008 II R 23/06, BStBl. 2009 II S. 47.

R E 15.2 Maßgebliche Steuerklasse bei Familienstiftungen

(1) [1]Bei der Errichtung einer Familienstiftung richtet sich die Steuerklasse nach dem Verwandtschaftsverhältnis des nach der Stiftungsurkunde entferntest Berechtigten zu dem Erblasser oder Schenker (§ 15 Absatz 2 Satz 1 ErbStG). [2]Bei der Bestimmung der Steuerklasse ist daher auf den nach der Satzung möglichen entferntest Berechtigten abzustellen, auch wenn dieser im Zeitpunkt der Errichtung der Familienstiftung noch nicht unmittelbar bezugsberechtigt ist, sondern es erst in der Generationenfolge wird. [3]Bei der Errichtung einer Familienstiftung ist deshalb als „entferntest Berechtigter" derjenige anzusehen, der – ohne einen klagbaren Anspruch haben zu müssen – nach der Satzung Vermögensvorteile aus der Stiftung erlangen kann.

(2) Die nach Absatz 1 geltende Steuerklasse ist auch für den anzuwendenden Freibetrag nach § 16 ErbStG maßgebend.

(3) Überträgt der Stifter nach Errichtung einer Familienstiftung später weiteres Vermögen auf die Stiftung, wird die Zustiftung nach Steuerklasse III besteuert.

H E 15.2

Entferntest Berechtigter. → RFH vom 23.1.1930 (RStBl S. 115).

Freibetrag bei Errichtung einer Familienstiftung. Der Übergang von Vermögen auf eine zu errichtende Familienstiftung ist nach der Steuerklasse I Nummer 2 i. V. m. § 16 Absatz 1 Nummer 2 ErbStG zu versteuern, wenn (neben dem Stifter) nur die Kinder sowie Kinder vorverstorbener Kinder bezugsberechtigt sein sollen. Sollen Enkel des Stifters bereits zu Lebzeiten ihrer Eltern oder entferntere Abkömmlinge des Stifters – unabhängig davon, ob ihre Eltern jeweils noch leben oder nicht – bezugsberechtigt sein, ist dagegen die Besteuerung der Errichtung der Familienstiftung nach der Steuerklasse I Nummer 3 i. V. m. § 16 Absatz 1 Nummer 3 oder 4 ErbStG durchzuführen. Erfolgt die Errichtung der Familienstiftung nur allgemein zugunsten der Familie des Stifters und ihrer Angehörigen, ist für ihre Besteuerung die Steuerklasse III i. V. m. § 16 Absatz 1 Nummer 7 ErbStG maßgebend.

Steuerklasse bei Auflösung einer Familienstiftung. → BFH vom 30.11.2009 II R 6/07, BStBl. 2010 II S. 237.

Steuerklasse bei einer Zustiftung. → BFH vom 9.12.2009 II R 22/08, BStBl. 2010 II S. 363.

R E 15.3 Umfang des begünstigten Vermögens in den Fällen des § 15 Absatz 3 ErbStG

[1]Nach § 15 Absatz 3 ErbStG sind im Falle des § 2269 BGB und soweit der überlebende Ehegatte an die Verfügung gebunden ist, die mit dem verstorbenen Ehegatten näher verwandten Erben und Vermächtnisnehmer als seine Erben anzusehen, soweit sein Vermögen beim Tode des überlebenden Ehegatten noch vorhanden ist. [2]Das beim Tod des länger lebenden Ehegatten dem Werte nach noch vorhandene Vermögen des zuerst verstorbenen Ehegatten ist im Rahmen der Bindungswirkung der getroffenen Verfügungen erbschaftsteuerrechtlich vorrangig und ohne weitere Quotelung den mit dem Erstverstorbenen näher verwandten Schlusserben zuzuordnen. [3]Im Einzelnen gilt Folgendes:

1. [1]Wertsteigerungen und reine Vermögensumschichtungen des noch vorhandenen Vermögens zwischen dem Todestag des Erstversterbenden und dem des Letztversterbenden sind auf Grund des Surrogationsprinzips wie bei § 6 Absatz 2 ErbStG auch bei § 15 Absatz 3 ErbStG begünstigt. [2]Es ist deshalb auf den Wert dieses Vermögens am Todestag des Letztversterbenden abzustellen.
2. Erträge des Vermögens zwischen dem Todestag des Erstversterbenden und dem des Letztversterbenden sind erst in der Person des Letztversterbenden

entstanden und deshalb, soweit sie nicht verbraucht wurden, nicht im begünstigten Vermögen zu berücksichtigen.

3. Die Erbfallkostenpauschale nach § 10 Absatz 5 Nummer 3 ErbStG muss dem begünstigten Vermögen anteilig zugeordnet werden.

H E 15.3

Umfang des begünstigten Vermögens in den Fällen des § 15 Absatz 3 ErbStG. → BFH vom 27.8.2008 II R 23/06, BStBl. 2009 II S. 47.

R E 15.4 Steuerklasse bei Zuwendungen von Kapitalgesellschaften oder Genossenschaften

(1) [1]In den Fällen des § 7 Absatz 8 ErbStG richtet sich bei Zuwendungen von Kapitalgesellschaften bzw. Genossenschaften die Steuerklasse nach § 15 Absatz 4 ErbStG. [2]Danach ist das persönliche Verhältnis des Erwerbers (unmittelbar oder mittelbar an der Kapitalgesellschaft oder Genossenschaft beteiligte natürliche Person oder Stiftung) zu der die Zuwendung veranlassenden Person maßgebend. [3]Diese Regelung betrifft nur die Rechtsfolgen der Steuerermittlung. [4]Die Kapitalgesellschaft bzw. Genossenschaft bleibt Zuwendende.

(2) [1]Bei der Zusammenrechnung mit früheren Erwerben nach § 14 ErbStG ist ebenfalls auf die Verhältnisse zu dem veranlassenden Gesellschafter abzustellen. [2]Die Zuwendung der Kapitalgesellschaft ist ebenso bei späteren Schenkungen des veranlassenden Gesellschafters, der Kapitalgesellschaft oder Genossenschaft oder anderer Kapitalgesellschaften oder Genossenschaften, an der der veranlassende Gesellschafter beteiligt ist, nach § 14 ErbStG zu berücksichtigen.

(3) [1]Kommen mehrere Personen als Veranlassende in Betracht (z. B. Vater und Onkel des Begünstigten), kann eine quotale Mitveranlassung aller Beteiligten angenommen werden. [2]Es kann jedoch konkret dargelegt werden, welche Person die Zuwendung veranlasst hat.

(4) [1]Das für die Besteuerung der Zuwendung einer Kapitalgesellschaft oder Genossenschaft zuständige Erbschaftsteuerfinanzamt hat sich für Zwecke der Anwendung des § 15 Absatz 4 ErbStG mit dem Erbschaftsteuerfinanzamt in Verbindung zu setzen, das für die Besteuerung einer Direktzuwendung des veranlassenden Gesellschafters nach § 35 ErbStG zuständig wäre. [2]Das letztgenannte Finanzamt teilt dem für die Besteuerung zuständigen Finanzamt die Vorschenkungen und die für die Zusammenrechnung notwendigen Informationen mit und ist in ein etwaiges Rechtsbehelfsverfahren, soweit es um die Anwendung des § 15 Absatz 4 ErbStG geht, von dem zuständigen Finanzamt im Wege der Amtshilfe einzubinden. [3]Zum Zweck der künftigen zutreffenden Zusammenrechnung aller Vorerwerbe i. S. d. § 14 ErbStG sind die Erkenntnisse bei dem Finanzamt zusammenzuführen, das für eine Direktzuwendung des veranlassenden Gesellschafters zuständig wäre. [4]Das für die Besteuerung der Zuwendung der Kapitalgesellschaft oder Genossenschaft zuständige Finanzamt teilt diesem daher die insoweit benötigten Veranlagungsdaten mit. [5]Zudem haben alle beteiligten Finanzämter einander zeitnah über eventuell später eintretende Änderungen zu unterrichten, die Auswirkungen im Rahmen des § 14 ErbStG haben können.

Zu § 16 ErbStG

R E 16 Freibeträge – *unbesetzt* –

H E 16

Freibetrag bei beschränkter Steuerpflicht.

Beispiel:

E und F sind verheiratet und leben beide seit 20 Jahren in Spanien. Im Jahr 2017 hat E seiner Frau ein Familienheim in Spanien geschenkt. Das Grundstück hat einen Wert von 200 000 EUR.

Im Jahr 2018 stirbt E und hinterlässt F ein Grundstück in Spanien im Wert von 400 000 EUR sowie ein zu Wohnzwecken vermietetes Grundstück in Deutschland im Wert von 800 000 EUR.

Erwerb 2017

Der Erwerb unterliegt in Deutschland nicht der Steuerpflicht, da es sich nicht um einen Fall der unbeschränkten Steuerpflicht handelt und auch kein Inlandsvermögen im Sinne von § 121 BewG vorliegt.

Erwerb 2018

Der Erwerb des inländischen Grundstücks unterliegt in Deutschland der beschränkten Steuerpflicht gemäß § 2 Absatz 1 Nummer 3 ErbStG, da es sich um Inlandsvermögen im Sinne von § 121 BewG handelt.

Ermittlung des Kürzungsbetrags nach § 16 Absatz 2 ErbStG

$$\frac{\text{Nicht beschränkt steuerpflichtiges Vermögen (10 Jahreszeitraum)} \times \text{Freibetrag § 16 Absatz 1 ErbStG}}{\text{Gesamter Vermögensanfall (10 Jahreszeitraum)}}$$

600 000 EUR × 500 000 EUR : 1 400 000 EUR = 214 285 EUR (Kürzungsbetrag)

Grundstück (Inland)		800 000 EUR
Steuerbefreiung nach § 13d ErbStG		80 000 EUR
Vermögensanfall (beschränkte Steuerpflicht)		720 000 EUR
Erbfallkostenpauschale		./. 10 300 EUR
Persönlicher Freibetrag (§ 16 Absatz 1 ErbStG)	500 000 EUR	
Persönlicher Freibetrag (Kürzungsbetrag)	./. 214 285 EUR	
Persönlicher Freibetrag (abzugsfähiger Teil)	285 715 EUR	./. 285 715 EUR
Steuerpflichtiger Erwerb (abgerundet)		423 900 EUR
Steuersatz 15 %		
Steuer		63 585 EUR

Bei der Kürzung des Freibetrags nach § 16 Absatz 2 ErbStG bleibt unberücksichtigt, dass das im Jahr 2017 geschenkte Familienheim in Spanien nach § 13 Absatz 1 Nummer 4a ErbStG steuerfrei wäre, wenn es sich um einen Fall der unbeschränkten Steuerpflicht handeln würde. Auch die für das zu Wohnzwecken vermietete Grundstück vom Erwerb 2018 gewährte Steuerbefreiung nach § 13d ErbStG bleibt bei der Kürzung des Freibetrags unberücksichtigt.

Zu § 17 ErbStG

R E 17 Besonderer Versorgungsfreibetrag

(1) [1]Der besondere Versorgungsfreibetrag für den überlebenden Ehegatten und für Kinder ist um den Kapitalwert der nicht der Erbschaftsteuer unterlie-

genden Versorgungsbezüge zu kürzen. [2]Zu den nicht der Erbschaftsteuer unterliegenden Bezügen (→ R E 3.5) gehören insbesondere

1. Versorgungsbezüge der Hinterbliebenen von Beamten auf Grund der Beamtengesetze des Bundes und der Länder,
2. Versorgungsbezüge, die den Hinterbliebenen von Angestellten und Arbeitern aus der gesetzlichen Rentenversicherung zustehen; dies gilt auch in den Fällen freiwilliger Weiter- und Höherversicherung,
3. Versorgungsbezüge, die den Hinterbliebenen von Angehörigen der freien Berufe aus einer berufsständischen Pflichtversicherung zustehen; dies gilt auch in den Fällen freiwilliger Weiter- und Höherversicherung,
4. Versorgungsbezüge, die den Hinterbliebenen von Abgeordneten auf Grund der Diätengesetze des Bundes und der Länder zustehen,
5. Hinterbliebenenbezüge, die auf Tarifvertrag, Betriebsordnung, Betriebsvereinbarung, betrieblicher Übung oder dem Gleichbehandlungsgrundsatz beruhen und
6. Hinterbliebenenbezüge auf Grund eines zwischen dem Erblasser und seinem Arbeitgeber geschlossenen Einzelvertrags, soweit diese angemessen sind (→ R E 3.5 Absatz 3).

(2) Bei der Kürzung des Versorgungsfreibetrags sind alle von der Erbschaftsteuer nicht erfassten Versorgungsleistungen zu berücksichtigen, und zwar unabhängig davon, ob es sich bei den Versorgungsleistungen um lebenslängliche Leistungen, um Leistungen auf eine bestimmte Zeit oder um Leistungen in einem Einmalbetrag handelt.

(3) [1]Bei der Berechnung des Kapitalwerts der Versorgungsbezüge ist von der Höhe der jährlichen Bruttobezüge auszugehen, die dem Hinterbliebenen unmittelbar nach dem Tod des Erblassers gezahlt werden. [2]Handelt es sich dabei um eine Rente aus der gesetzlichen Rentenversicherung, ist grundsätzlich auf den Rentenbetrag abzustellen, der dem Berechtigten nach Ablauf des Sterbevierteljahrs zusteht. [3]Dieser kann den Rentenberechnungen der Rentenversicherungsträger entnommen werden. [4]Zusätzliche Leistungen (z. B. 13. Monatsgehalt) sind zu berücksichtigen. [5]Anzurechnen sind auch Einmalbeträge (z. B. Sterbegelder oder die Summe der Zahlungen für das Sterbevierteljahr), Kapitalabfindungen sowie Leistungen nach § 107 SGB VI (Abfindung bei Wiederverheiratung) und § 210 SGB VI (Beitragserstattung bei nicht erfüllter Wartezeit). [6]Der Umstand, dass die Versorgungsbezüge beim Hinterbliebenen dem Lohnsteuerabzug oder der Einkommensteuer unterliegen, bleibt bei der Ermittlung der jährlichen Bruttobezüge unberücksichtigt. [7]Spätere Änderungen in der Höhe dieser Bezüge sind nur zu berücksichtigen, wenn sie schon zur Zeit des Todes des Erblassers mit Sicherheit vorauszusehen waren. [8]Soweit auf die Versorgungsbezüge des Hinterbliebenen eigenes Einkommen anzurechnen ist, ruhen für einen ungewissen Zeitraum die Bezüge in Höhe des angerechneten Einkommens. [9]Als jährliche Bruttobezüge sind die entsprechend geminderten Bezüge anzusetzen, die dem Hinterbliebenen unmittelbar nach dem Tod des Erblassers bzw. nach Ablauf des Sterbevierteljahrs zustehen.

(4) [1]Nach § 17 Absatz 3 ErbStG wird einem Kind sowie dem überlebenden Ehegatten des Erblassers der besondere Versorgungsfreibetrag auch in den Fällen der beschränkten Steuerpflicht gewährt. [2]Der Erwerber ist verpflichtet, die für die Prüfung der Steuerbefreiung notwendigen Angaben zu machen und zu belegen. [3]Die Gewährung des Versorgungsfreibetrags setzt voraus, dass der Ansässigkeitsstaat des Erblassers bzw. Erwerbers Amtshilfe leistet. [4]Die Einholung von Informationen beim ausländischen Staat im Wege der Amtshilfe ist insbesondere in Fällen bedeutsam, in denen Anzeichen bestehen, dass der Erwerber unvollständige Angaben gemacht hat.

H E 17

Anwendung auf Schenkungen. → R E 1.1 Satz 3 Nummer 7.

Einmalbeträge als anrechenbare Versorgungsleistungen. → BFH vom 2.7.1997 II R 43/94, BStBl. II S. 623.

Zugewinnausgleich. Die Vorschrift des § 17 ErbStG wird durch die Einbeziehung der erbschaftsteuerpflichtigen privaten Versorgungsbezüge in die Berechnung der fiktiven Zugewinnausgleichsforderung nach § 5 Absatz 1 ErbStG (→ R E 5.1) nicht berührt. Der Versorgungsfreibetrag ist deshalb auch nicht um den Teil der Versorgungsbezüge zu kürzen, der als Zugewinnausgleich im Ergebnis erbschaftsteuerfrei bleibt. Die Vorschrift in § 17 Absatz 1 Satz 2 ErbStG ist insoweit nicht anzuwenden.

Zu § 19 ErbStG

R E 19 Steuersätze – *unbesetzt* –

H E 19

Doppelbesteuerungsabkommen mit Progressionsvorbehalt. Ein Progressionsvorbehalt im Sinne des § 19 Absatz 2 ErbStG muss im Doppelbesteuerungsabkommen selbst vorgesehen sein (→ BFH vom 9.11.1966 I 29/65, BStBl. 1967 III S. 88). Das ist gegenwärtig in Artikel 10 Absatz 1 des DBA-Schweiz (→ H E 2.1) teilweise der Fall. Bei DBA, die das Anrechnungsverfahren vorsehen, ist der Progressionsvorbehalt ohne Bedeutung.

Härteausgleich. Der Härteausgleich nach § 19 Absatz 3 ErbStG ist fester Bestandteil der Tarifvorschrift. Er ist in allen Fällen anzuwenden, in denen eine Steuerberechnung tatsächlich oder fiktiv erfolgt, d.h. auch in Fällen der § 6 Absatz 2, § 10 Absatz 2, § 14, § 15 Absatz 3 sowie §§ 19a und 23 ErbStG.

Tabelle der maßgebenden Grenzwerte für die Anwendung des Härteausgleichs.

Wertgrenze gemäß § 19 Absatz 1 ErbStG	Härteausgleich gemäß § 19 Absatz 3 ErbStG bei Überschreiten der letztvorhergehenden Wertgrenze bis einschließlich ... EUR in Steuerklasse		
EUR	I	II	III
75 000	–	–	–
300 000	82 600	87 400	–
600 000	334 200	359 900	–
6 000 000	677 400	749 900	–
13 000 000	6 888 800	6 749 900	10 799 900
26 000 000	15 260 800	14 857 100	–
über 26 000 000	29 899 900	28 437 400	–

Zu § 19a ErbStG

R E 19a.1 Tarifbegünstigte Erwerber und tarifbegünstigtes Vermögen

(1) [1]Die Tarifbegrenzung kommt nur beim Erwerb durch eine natürliche Person der Steuerklasse II oder III in Betracht (§ 19a Absatz 1 ErbStG). [2]Erwerbe durch juristische Personen und Vermögensmassen (vgl. auch § 97 Absatz 2 BewG) sind nicht begünstigt.

(2) [1]Der Entlastungsbetrag wird nur für den Teil des zu einem Erwerb gehörenden begünstigten Vermögens im Sinne des § 13b Absatz 2 ErbStG gewährt, für den kein Verschonungsabschlag nach §§ 13a oder 13c ErbStG gewährt wird (tarifbegünstigtes Vermögen). [2]Das ist bei der Regelverschonung nach § 13a Absatz 1 ErbStG der nach Abzug des Verschonungsabschlags von 85 Prozent verbleibende Betrag des begünstigen Vermögens im Sinne des § 13b Absatz 1 und 2 ErbStG (→ R E 13a.1 ff.). [3]Bei der Optionsverschonung nach § 13a Absatz 10 ErbStG kommt die Tarifbegrenzung nicht zum Tragen. [4]Beim Abschmelzmodell nach § 13c ErbStG wird der Entlastungsbetrag für den nach Abzug des geminderten Verschonungsabschlags verbleibenden Betrag des begünstigten Vermögens im Sinne des § 13b Absatz 1 und 2 ErbStG (→ R E 13a.1 ff.) gewährt. [5]Im Fall der Verschonungsbedarfsprüfung nach § 28a ErbStG wird der Entlastungsbetrag für das gesamte begünstigte Vermögen gewährt. [6]In den Fällen, in denen die 90-Prozent-Grenze des § 13b Absatz 2 Satz 2 ErbStG überschritten wird, kann der Entlastungsbetrag nicht gewährt werden. [7]Der Entlastungsbetrag kommt auch nicht für das nach Abzug des unschädlichen Verwaltungsvermögens verbleibende Nettoverwaltungsvermögen (§ 13b Abs. 2 Satz 1 ErbStG) zur Anwendung. [8]Umfasst das auf einen Erwerber übertragene tarifbegünstigte Vermögen mehrere selbstständig zu bewertende wirtschaftliche Einheiten einer Vermögensart (z. B. mehrere Gewerbebetriebe) oder mehrere Arten begünstigten Vermögens (Betriebsvermögen, land- und forstwirtschaftliches Vermögen, Anteile an Kapitalgesellschaften), ist vor der Anwendung des § 19a Absatz 3 ErbStG die Summe des tarifbegünstigten Vermögens zu bilden.

(3) [1] Wenn ein Erwerber tarifbegünstigtes Vermögen auf Grund einer letztwilligen Verfügung des Erblassers oder einer rechtsgeschäftlichen Verfügung des Erblassers oder Schenkers auf einen Dritten übertragen muss, kommt insoweit für ihn der Entlastungsbetrag nicht in Betracht; R E 13a.11 ist entsprechend anzuwenden. [2] Der zur Weitergabe des begünstigten Vermögens verpflichtete Erwerber ist so zu besteuern, als sei das herauszugebende Vermögen auf ihn als nicht tarifbegünstigtes Vermögen übergegangen. [3] Muss der Erwerber nicht das gesamte auf ihn übergegangene tarifbegünstigte Vermögen, sondern nur einen Teil davon weiter übertragen, ist der Entlastungsbetrag zu gewähren, soweit das ihm verbleibende tarifbegünstigte Vermögen einen insgesamt positiven Wert hat.

R E 19a.2 Berechnung des Entlastungsbetrags

(1)[1)] [1] Der auf das tarifbegünstigte Vermögen entfallende Teil der tariflichen Steuer ergibt sich aus dem Verhältnis des Werts des tarifbegünstigten Vermögens nach Anwendung des §§ 13a oder 13c ErbStG und nach Abzug der mit diesem Vermögen in wirtschaftlichem Zusammenhang stehenden abzugsfähigen Schulden und Lasten (§ 10 Absatz 5 und 6 ErbStG) zum Wert des gesamten Vermögensanfalls nach Abzug der mit diesem Vermögen in wirtschaftlichem Zusammenhang stehenden abzugsfähigen Schulden und Lasten. [2] Maßgebend ist der Vermögensanfall, soweit er der Besteuerung nach diesem Gesetz unterliegt (§ 10 Absatz 1 Satz 2 ErbStG). [3] Dazu ist der Steuerwert des gesamten übertragenen Vermögens um die Befreiungen nach §§ 13, 13a, 13c und 13d ErbStG und die Nachlassverbindlichkeiten oder die bei Schenkungen abzugsfähigen Schulden und Lasten zu kürzen, die im wirtschaftlichen Zusammenhang mit einzelnen Vermögensgegenständen stehen. [4] Nachlassverbindlichkeiten oder die bei Schenkungen abzugsfähigen Schulden und Lasten einschließlich der abzugsfähigen Erwerbsnebenkosten (→ R E 7.4), die nicht mit einzelnen Vermögensgegenständen des erworbenen Vermögens im wirtschaftlichen Zusammenhang stehen, sowie die persönlichen Freibeträge sind nicht abzuziehen.

(2) [1] In den Fällen des § 28a ErbStG gilt Absatz 1 entsprechend. [2] Ein Verschonungsabschlag nach §§ 13a und 13c ErbStG kommt dabei nicht zur Anwendung.

(3) [1] Der Entlastungsbetrag ergibt sich als Unterschiedsbetrag zwischen der auf das tarifbegünstigte Vermögen entfallenden tariflichen Steuer nach den Steuersätzen der tatsächlichen Steuerklasse des Erwerbers und nach den Steuersätzen der Steuerklasse I. [2] In beiden Fällen ist die Härteausgleichsregelung nach § 19 Absatz 3 ErbStG zu beachten. [3] Für die Höhe des persönlichen Freibetrags bleibt im Rahmen der Ermittlung des steuerpflichtigen Erwerbs die tatsächliche Steuerklasse des Erwerbers maßgebend.

H E 19a.2

Berechnung des Entlastungsbetrags.

Beispiel:

Unternehmer U hat seinen Großneffen G (Steuerklasse III) zum Alleinerben eingesetzt. Zum Nachlass gehört ein Gewerbebetrieb (Steuerwert 800 000 EUR) und ein Anteil von

---

1) Teilweise überholt durch Änderung des § 10 Abs. 6 ErbStG durch das JStG 2020.

30% an der A-GmbH (Steuerwert 400000 EUR). Das begünstigte Vermögen des Gewerbebetriebs beträgt 800 000 EUR und des GmbH-Anteils 350000 EUR. Ein Antrag nach § 13a Absatz 10 ErbStG wurde nicht gestellt. Zum Nachlass gehört Kapitalvermögen mit einem Wert von 750000 EUR. Der im Zusammenhang mit der Anschaffung der GmbH-Anteile aufgenommene Kredit valutiert noch in Höhe von 200000 EUR.

Für G ergibt sich folgende Steuerberechnung:

Betriebsvermögen			800000 EUR
GmbH-Anteil			400000 EUR
Kapitalvermögen			750000 EUR
			1 950 000 EUR
Steuerbefreiung			
Betriebsvermögen (begünstigt)	800000 EUR		
GmbH-Anteil (begünstigt)	350000 EUR		
begünstigtes Vermögen	1 150000 EUR	1 150000 EUR	
Verschonungsabschlag (85 %)		./. 977500 EUR	./. 977500 EUR
Verbleiben		172500 EUR	
Abzugsbetrag		./. 138750 EUR	./. 138750 EUR
		33750 EUR	
Abzugsbetrag		150000 EUR	
Verbleibender Wert (15 %)	172500 EUR		
Abzugsbetrag	./. 150000 EUR		
Unterschiedsbetrag	22500 EUR		
Davon 50 %		./. 11250 EUR	
Verbleibender Abzugsbetrag		138750 EUR	
Gesamter Vermögensanfall			833750 EUR
Schuld aus der GmbH-Beteiligung		200000 EUR	
Auf begünstigtes Vermögen entfallen			
200000 EUR × 350000 EUR / 400 000 EUR	175000 EUR		
Kürzung nach § 10 Absatz 6 ErbStG			
Abziehbare Schuld			
175000 EUR × 33750 EUR : 1150000 EUR =		./. 5136 EUR	
Auf nicht begünstigtes Vermögen entfallen			
200000 EUR × 50000 EUR / 400000 EUR		25000 EUR	
		30136 EUR	./. 30136 EUR
Vermögensanfall nach Abzug der Schulden (§ 19a Absatz 3 ErbStG)			803614 EUR
Erbfallkostenpauschale			./. 10300 EUR
Persönlicher Freibetrag			./. 20000 EUR
Steuerpflichtiger Erwerb			773314 EUR
Gerundet			773300 EUR
Anteil des tarifbegünstigten Vermögens:			
(33 750 EUR – 5136 EUR) : 803614 EUR = 3,57 %			
Steuer nach Stkl. III (30 %)			231990 EUR
Auf begünstigtes Vermögen entfällt			
231990 EUR × 3,57%.		8283 EUR	
Steuer nach Stkl. I (19 %) = 146 927 EUR			
Auf begünstigtes Vermögen entfällt			
146927 EUR × 3,57%		./. 5245 EUR	
Unterschiedsbetrag		3038 EUR	./. 3038 EUR
Festzusetzende Steuer			228952 EUR

R E 19a.3 Behaltensregelung

(1) [1]Der Entlastungsbetrag fällt mit Wirkung für die Vergangenheit weg, soweit der Erwerber innerhalb von fünf Jahren beziehungsweise in Fällen eines Antrags auf Optionsverschonung oder eines Antrags auf Verschonungsbedarfsprüfung innerhalb von sieben Jahren nach dem Zeitpunkt der Steuerentstehung (Behaltenszeit) gegen eine der Behaltensregelungen des § 13a Absatz 6 ErbStG verstößt (→ R E 13a.12ff.). [2]Die Einhaltung der Lohnsummenregelung des § 13a Absatz 3 ErbStG hat für die gewährte Tarifbegrenzung dagegen keine Bedeutung. [3]Liegt gleichzeitig ein Verstoß gegen die Behaltensregelungen und die Lohnsummenregelung vor, ist bei der Berechnung des Entlastungsbetrags nur der gekürzte Verschonungsabschlag aufgrund des Verstoßes gegen die Behaltensregelungen zu berücksichtigen. [4]Ein Verstoß gegen die Voraussetzungen des Vorwegabschlags nach § 13a Absatz 9 ErbStG führt nicht zum Wegfall des Entlastungsbetrags. [5]Bei der Ermittlung des Entlastungsbetrags ist der erhöhte Wert des begünstigten Vermögens zu Grunde zu legen. [6]Der Steuerbescheid ist bei einem Verstoß gegen die Behaltensregelungen nach § 175 Absatz 1 Satz 1 Nummer 2 AO zu ändern (Nachversteuerung). [7]Der Steuerpflichtige ist im Steuerbescheid darauf hinzuweisen, dass Verstöße gegen die Behaltensregelungen nach § 153 Absatz 2 AO anzeigepflichtig sind. [8]Die Finanzämter haben die Einhaltung der Behaltensregelungen in geeigneter Form zu überwachen.

(2) [1]In den Fällen des Absatzes 1 ist der Erwerber so zu besteuern, als sei der tarifbegünstigte Teil des Vermögens mit dem erbschaftsteuerrechtlichen Wert im Besteuerungszeitpunkt von Anfang an auf ihn als nicht tarifbegünstigtes Vermögen übergegangen. [2]Dies gilt auch, wenn bei einer Veräußerung einer wesentlichen Betriebsgrundlage (→ R E 13a.13 Absatz 2, R E 13a.14 Absatz 2) der hierfür erlangte Verkaufserlös entnommen wird. [3]R E 13a.15 gilt sinngemäß.

H E 19a.3

Verringerung des Entlastungsbetrags bei Verstoß gegen Behaltensregelungen.

Beispiel:

Unternehmer U hat seinen Großneffen G (Steuerklasse III) zum Alleinerben eingesetzt. Zum Nachlass gehört ein Gewerbebetrieb (Steuerwert 1 200 000 EUR) und ein Anteil von 30% an der A-GmbH (Steuerwert 400 000 EUR). Das begünstigte Vermögen des Gewerbebetriebs beträgt 1 200 000 EUR und des GmbH-Anteils 400 000 EUR. Ein Antrag nach § 13a Absatz 10 ErbStG wurde nicht gestellt. Zum Nachlass gehört Kapitalvermögen mit einem Wert von 750 000 EUR.

Für G ergibt sich folgende Steuerberechnung:

Betriebsvermögen (begünstigt)	1 200 000 EUR	
GmbH-Anteil (begünstigt)	+ 400 000 EUR	
begünstigtes Vermögen	1 600 000 EUR	1 600 000 EUR
Verschonungsabschlag (85 %)		./. 1 360 000 EUR
Verbleiben		240 000 EUR
Abzugsbetrag		./. 105 000 EUR
Steuerpflichtiges Unternehmensvermögen		135 000 EUR

Abzugsbetrag		150 000 EUR	
Verbleibender Wert (15 %)	240 000 EUR		
Abzugsbetrag	./. 150 000 EUR		
Unterschiedsbetrag	90 000 EUR		
davon 50 %		./. 45 000 EUR	
Verbleibender Abzugsbetrag		105 000 EUR	
Kapitalvermögen			+ 750 000 EUR
Gesamter Vermögensanfall			885 000 EUR
Erbfallkostenpauschale			./. 10 300 EUR
Persönlicher Freibetrag			./. 20 000 EUR
Steuerpflichtiger Erwerb			854 700 EUR
Anteil des tarifbegünstigten Vermögens: 135 000 EUR : 885 000 EUR = 15,26 %			
Steuer nach Stkl. III (30 %)			256 410 EUR
Auf begünstigtes Vermögen entfällt 256 410 EUR × 15,26 %		39 129 EUR	
Steuer nach Stkl. I (19 %) = 162 393 EUR			
Auf begünstigtes Vermögen entfällt 162 393 EUR × 15,26 %		./. 24 781 EUR	
Unterschiedsbetrag		14 348 EUR	./. 14 348 EUR
Festzusetzende Steuer			242 062 EUR

Im vierten Jahr verkauft G den GmbH-Anteil.

Nachversteuerung			
Betriebsvermögen begünstigt		1 200 000 EUR	
Verschonungsabschlag (85 %)		./. 1 020 000 EUR	
verbleiben		180 000 EUR	180 000 EUR
GmbH-Anteil (nicht begünstigt)		400 000 EUR	
Verschonungsabschlag (85 %)		340 000 EUR	
zeitanteilig zu gewähren zu $^{3}/_{5}$		./. 204 000 EUR	
verbleiben		196 000 EUR	+ 196 000 EUR
			376 000 EUR
Abzugsbetrag			./. 135 000 EUR
steuerpflichtiges Unternehmensvermögen			241 000 EUR
Abzugsbetrag		150 000 EUR	
Verbleibender Wert (15 %)	180 000 EUR		
Abzugsbetrag	./. 150 000 EUR		
Unterschiedsbetrag	30 000 EUR		
davon 50 %		./. 15 000 EUR	
Verbleibender Abzugsbetrag		135 000 EUR	
Kapitalvermögen			+ 750 000 EUR
Gesamter Vermögensanfall			991 000 EUR
Erbfallkostenpauschale			./. 10 300 EUR
Persönlicher Freibetrag			./. 20 000 EUR
Steuerpflichtiger Erwerb			960 700 EUR
Anteil des tarifbegünstigten Vermögens (der GmbH-Anteil ist insgesamt nicht mehr als tarifbegünstigtes Vermögen anzusehen) (180 000 EUR – 135 000 EUR) : 991 000 EUR = 4,55 %			
Steuer nach Stkl. III (30 %)			288 210 EUR
Auf begünstigtes Vermögen entfällt 288 210 EUR × 4,55 %		13 114 EUR	
Steuer nach Stkl. I (19 %) = 182 533 EUR			

Auf begünstigtes Vermögen entfällt		
182 533 EUR × 4,55 %	./. 8 305 EUR	
Unterschiedsbetrag	4 809 EUR	./. 4 809 EUR
Festzusetzende Steuer		283 401 EUR

Zu § 20 ErbStG

R E 20 Steuerschuldner – *unbesetzt* –

H E 20

Festsetzung der Erbschaftsteuer für den Vorerbfall nach dem Tod des Vorerben. → H E 6.

Steuerschuldner bei Verstoß gegen die Behaltensregelungen oder die Lohnsummenregelung für begünstigtes Vermögen. → R E 13a.1 Absatz 3.

Zu § 21 ErbStG

R E 21 Anrechnung ausländischer Erbschaftsteuer

(1) [1] Bei einer ausländischen Erbschaftsteuer, die als Nachlasssteuer erhoben wird, ist als die auf den Erwerber entfallende ausländische Steuer im Sinne des § 21 Absatz 1 ErbStG diejenige Steuer anzusehen, die anteilig auf die von ihm als Nachlassbegünstigten (Erbbegünstigten) erworbene Rechtsposition entfällt. [2] Dabei reicht es aus, dass diese Nachlasssteuer den Nachlass als solchen und damit alle Nachlassteile gleichmäßig belastet. [3] Eine unmittelbare wirtschaftliche Belastung des Erwerbers ist für eine Anrechnung nicht erforderlich. [4] Diese Grundsätze gelten auch, wenn ein Pflichtteil von dem um die ausländische Nachlasssteuer verminderten Nachlasswert berechnet worden ist oder ein Vermächtnis nach dem Testament des Erblassers nicht um die anteilige ausländische Nachlasssteuer gekürzt werden darf. [5] Die anteilige ausländische Nachlasssteuer ist dann allerdings nach § 10 Absatz 2 ErbStG dem Erwerb des Pflichtteilsberechtigten oder des Vermächtnisnehmers hinzuzurechnen.

(2) [1] In Fällen, in denen zunächst die deutsche Erbschaft- oder Schenkungsteuer und sodann erst die vergleichbare ausländische Steuer entsteht, ist § 21 ErbStG ebenfalls anzuwenden. [2] Voraussetzung ist, dass zwischen der Entstehung der deutschen Steuer und der ausländischen Steuer ein Zeitraum von nicht mehr als fünf Jahren liegt.

(3) Die auf die deutsche Steuer anzurechnende gezahlte ausländische Steuer ist – ebenso wie der Wert des steuerpflichtigen Erwerbs – nach dem auf den Zeitpunkt der Entstehung der deutschen Steuer ermittelten Devisenkurs (maßgeblich ist – sofern ermittelt – jeweils der Briefkurs) umzurechnen.

(4) Die nach Eintritt der Bestandskraft eines deutschen Schenkungsteuerbescheids erfolgte Zahlung einer nach § 21 Absatz 1 ErbStG anrechenbaren ausländischen Steuer stellt ein rückwirkendes Ereignis im Sinne des § 175 Absatz 1 Satz 1 Nummer 2 AO dar.

H E 21

Anrechnung ausländischer Erbschaftsteuer.

Beispiel 1:

Der Erblasser E wird von seinem Sohn S allein beerbt. E hinterlässt Kapitalvermögen im Wert von 500 000 EUR, ein von ihm selbst genutztes Familienheim (die Wohnfläche beträgt unter 200 m²) mit einem Grundbesitzwert von 300 000 EUR, in das S unverzüglich einzieht, und ein Geschäftsgrundstück in Spanien mit einem gemeinen Wert von 150 000 EUR. Auf dem Grundstück in Spanien lasten Grundschulden mit einer Valuta von 50 000 EUR. S wird in Spanien zu einer Erbschaftsteuer von 20 000 EUR herangezogen.

Inländisches Familienheim		300 000 EUR		
Befreiung nach § 13 Absatz 1 Nummer 4c ErbStG	./.	300 000 EUR		
		0 EUR		0 EUR
Grundstück in Spanien			+	150 000 EUR
Kapitalvermögen			+	500 000 EUR
Gesamter Vermögensanfall				650 000 EUR
Nachlassverbindlichkeit (Grundschuld in Spanien)			./.	50 000 EUR
Steuerpflichtiges Gesamtvermögen				600 000 EUR
Erbfallkostenpauschale			./.	10 300 EUR
Persönlicher Freibetrag			./.	400 000 EUR
Steuerpflichtiger Erwerb				189 700 EUR
Steuersatz 11 %				
Steuer				20 867 EUR
Ausländische Steuer		20 000 EUR		
Abzugsfähiger Anteil nach § 21 Absatz 1 Satz 2 ErbStG				

$$\frac{\text{Steuer vor Anrechnung ausländischer Steuer} \times \text{steuerpflichtiges Auslandsvermögen}}{\text{steuerpflichtiges Gesamtvermögen}}$$

Grundstück in Spanien		150 000 EUR		
direkt zuzuordnende Grundschulden	./.	50 000 EUR		
Steuerpflichtiges Auslandsvermögen		100 000 EUR		
20 867 EUR × 100 000 EUR : 600 000 EUR =		3 478 EUR	./.	3 478 EUR
Festzusetzende Erbschaftsteuer				17 389 EUR

Beispiel 2:

Der Erblasser E wird von seinem Sohn S allein beerbt. E hinterlässt Kapitalvermögen im Wert von 500 000 EUR und ein Geschäftsgrundstück in Spanien mit einem gemeinen Wert von 300 000 EUR. Die Tochter T macht einen Pflichtteil von 200 000 EUR geltend. S wird in Spanien zu einer Erbschaftsteuer von 60 000 EUR herangezogen.

Grundstück in Spanien		300 000 EUR
Kapitalvermögen	+	500 000 EUR
Steuerpflichtiges Gesamtvermögen		800 000 EUR
Pflichtteil	./.	200 000 EUR
Erbfallkostenpauschale	./.	10 300 EUR
Persönlicher Freibetrag	./.	400 000 EUR
Steuerpflichtiger Erwerb		189 700 EUR

Steuersatz 11 %		
Steuer		20 867 EUR
Ausländische Steuer	60 000 EUR	
Abzugsfähiger Anteil nach § 21 Absatz 1 Satz 2 ErbStG		

$$\frac{\text{Steuer vor Anrechnung ausländischer Steuer} \times \text{steuerpflichtiges Auslandsvermögen}}{\text{steuerpflichtiges Gesamtvermögen}}$$

Auf eine Zurechnung der anteiligen Pflichtteilslast auf das Auslandsvermögen und das weitere Vermögen kann verzichtet werden, da sich rechnerisch daraus keine Auswirkung auf den abzugsfähigen Teil der ausländischen Steuer ergibt.

20 867 EUR × 300 000 EUR : 800 000 EUR =	7826 EUR	./. 7826 EUR
Festzusetzende Erbschaftsteuer		13 041 EUR

Beispiel 3:

Der Erblasser E hat seinen Wohnsitz in Spanien und setzt seinem in Deutschland wohnenden Sohn S ein Vermächtnis aus. Dieses beinhaltet das Familienheim (die Wohnfläche beträgt unter 200 m²) in Spanien, in das S unverzüglich einzieht und ein weiteres selbst genutztes Einfamilienhaus im Inland. Das Grundstück in Spanien hat einen gemeinen Wert von 300 000 EUR und das Grundstück im Inland einen Grundbesitzwert von 600 000 EUR. S hat Kosten zur Erlangung des Erwerbs von 10 300 EUR. S wird in Spanien zu einer Erbschaftsteuer von 60 000 EUR herangezogen.

Inländisches Grundstück		600 000 EUR
Familienheim in Spanien	300 000 EUR	
Befreiung nach § 13 Absatz 1 Nummer 4c ErbStG	./. 300 000 EUR	
Steuerpflichtiges Auslandsvermögen	0 EUR	+ 0 EUR
Steuerpflichtiges Gesamtvermögen		600 000 EUR
Kosten zur Erlangung des Erwerbs		./. 10 300 EUR
Persönlicher Freibetrag		./. 400 000 EUR
Steuerpflichtiger Erwerb		189 700 EUR
Steuersatz 11 %		
Steuer		20 867 EUR
Ausländische Steuer	60 000 EUR	
Abzugsfähiger Anteil nach § 21 Absatz 1 Satz 2 ErbStG		

$$\frac{\text{Steuer vor Anrechnung ausländischer Steuer} \times \text{steuerpflichtiges Auslandsvermögen}}{\text{steuerpflichtiges Gesamtvermögen}}$$

20 867 EUR × 0 EUR : 600 000 EUR =	0 EUR	./. 0 EUR
Festzusetzende Erbschaftsteuer		20 867 EUR

Anrechnung ausländischer Erbschaftsteuer bei der Zusammenrechnung nach § 14 ErbStG. → BFH vom 7.9.2011 II R 58/09, BStBl. 2012 II S. 40.

Beispiel 1:

E hat seiner Lebensgefährtin L 500 000 EUR im Jahr 2010 geschenkt. Im Jahr 2018 stirbt E. Erben sind seine Kinder. In seinem Testament hat E der L ein Geschäftsgrundstück in Spanien vermacht; der gemeine Wert beträgt 150 000 EUR. L wird in Spanien zu einer

Erbschaftsteuer von 23 000 EUR herangezogen, die sie umgehend bezahlt. L beantragt die Anrechnung der ausländischen Steuer.

Erwerb 2010

Barvermögen	500 000 EUR	
Persönlicher Freibetrag 2010	./. 20 000 EUR	
Steuerpflichtiger Erwerb	480 000 EUR	
Steuersatz 30 %		
Steuer 2010	144 000 EUR	

Erwerb 2018

Grundstück Spanien		150 000 EUR
Barvermögen 2010		+ 500 000 EUR
Gesamterwerb		650 000 EUR
Persönlicher Freibetrag 2018		./. 20 000 EUR
Steuerpflichtiger Gesamterwerb		630 000 EUR
Steuersatz 30 %		
Steuer auf Gesamterwerb		189 000 EUR
Fiktive Abzugssteuer 2018 auf Vorerwerb 2010		
Barvermögen 2010	500 000 EUR	
Persönlicher Freibetrag 2018 (20 000 EUR), höchstens beim Erwerb 2010 verbrauchter Freibetrag	./. 20 000 EUR	
Steuerpflichtiger Erwerb	480 000 EUR	
Steuersatz 30 %		
Fiktive Abzugssteuer 2018	144 000 EUR	
Die fiktive Steuer entspricht der tatsächlichen Steuer		./. 144 000 EUR
Steuer für den Erwerb 2018		45 000 EUR
Abzugsfähige ausländische Steuer		./. 23 000 EUR
Da der Erwerb ausschließlich in Auslandsvermögen besteht, entfällt eine Aufteilung nach § 21 Absatz 1 Satz 2 ErbStG.		
Steuer für den Erwerb 2018		22 000 EUR
Mindeststeuer nach § 14 Absatz 1 Satz 4 ErbStG		
Erwerb 2018	150 000 EUR	
Persönlicher Freibetrag	./. 20 000 EUR	
Steuerpflichtiger Erwerb	130 000 EUR	
Steuersatz 30 %		
Steuer	39 000 EUR	
Abzugsfähige ausländische Steuer	./. 23 000 EUR	
Mindeststeuer	16 000 EUR	
Festzusetzende Steuer 2018		22 000 EUR

Beispiel 2:

Die in den Niederlanden lebende A hat ihrem Neffen B mit Wohnsitz in Deutschland im Jahr 2012 100 000 EUR geschenkt. B zahlte dafür in den Niederlanden eine Schenkungsteuer von 20 000 EUR. Im Jahr 2018 schenkt A dem B weitere 200 000 EUR. B zahlte in den Niederlanden eine Schenkungsteuer von 35 000 EUR.

Erwerb 2012

Barvermögen	100 000 EUR	
Persönlicher Freibetrag 2012	./. 20 000 EUR	
Steuerpflichtiger Erwerb	80 000 EUR	

Steuersatz 20 %		
Steuer (Härteausgleich) 2012		13 750 EUR
Ausländische Steuer	20 000 EUR	
Abzugsfähige ausländische Steuer		./. 13 750 EUR
Da der Erwerb ausschließlich in Auslandsvermögen besteht, entfällt eine Aufteilung nach § 21 Absatz 1 Satz 2 ErbStG.		
Steuer für den Erwerb 2012		0 EUR
Die in den Niederlanden gezahlte Mehrsteuer von 6 250 EUR wird nicht erstattet.		
Erwerb 2018		
Barvermögen		200 000 EUR
Barvermögen 2012		+ 100 000 EUR
Gesamterwerb		300 000 EUR
Persönlicher Freibetrag 2018		./. 20 000 EUR
Steuerpflichtiger Gesamterwerb		280 000 EUR
Steuersatz 20 %		
Steuer auf Gesamterwerb		56 000 EUR
Fiktive Abzugssteuer 2018 auf Vorerwerb 2012		
Barvermögen 2012	100 000 EUR	
Persönlicher Freibetrag 2018 (20 000 EUR), höchstens beim Erwerb 2012 verbrauchter Freibetrag	./. 20 000 EUR	
Steuerpflichtiger Erwerb	80 000 EUR	
Steuersatz 20 %		
Fiktive Abzugssteuer (Härteausgleich) 2018 (ohne Anrechung nach § 21 ErbStG)	13 750 EUR	
Tatsächliche Steuer 2005 (ohne Anrechung nach § 21 ErbStG)	13 750 EUR	
Die fiktive Steuer entspricht der tatsächlichen Steuer		./. 13 750 EUR
Steuer für den Erwerb 2018		42 250 EUR
Abzugsfähige ausländische Steuer		./. 35 000 EUR
Da der Erwerb ausschließlich in Auslandsvermögen besteht, entfällt eine Aufteilung nach § 21 Absatz 1 Satz 2 ErbStG. Es ist jedoch nur die für die Schenkung 2018 erhobene niederländische Steuer anzurechnen.		
Steuer für den Erwerb 2018		7 250 EUR
Mindeststeuer nach § 14 Absatz 1 Satz 4 ErbStG		
Erwerb 2018	200 000 EUR	
Persönlicher Freibetrag	./. 20 000 EUR	
Steuerpflichtiger Erwerb	180 000 EUR	
Steuersatz 20 %		
Steuer	36 000 EUR	
Abzugsfähige ausländische Steuer	./. 35 000 EUR	
Mindeststeuer	1 000 EUR	
Festzusetzende Steuer 2018		7 250 EUR

Anrechnung ausländischer Nachlasssteuer bei Pflichtteilen oder Vermächtnissen. Wird die ausländische Steuer als Nachlasssteuer erhoben, ist als die auf den Erwerber entfallende ausländische Steuer diejenige anzusehen, die anteilig auf die von ihm als Nachlassbegünstigten (Erbbegünstigten) erworbene Rechtsposition entfällt (→ BFH vom 6.3.1990 II R 32/86, BStBl. II S. 786).

Ausländische Erbschaftsteuer auf Kapitalvermögen eines inländischen Erblassers. Die Erbschaftsteuer, die ein ausländischer Staat auf den Erwerb von Kapitalvermögen erhebt, das ein inländischer Erblasser in dem Staat angelegt hatte, ist bei Fehlen eines DBA weder auf die deutsche Erbschaftsteuer anzurechnen noch als Nachlassverbindlichkeit zu berücksichtigen (→ BFH vom 19.6.2013 II R 10/12, BStBl. II S. 746).

Capital gains tax. Die kanadische „capital gains tax" ist nicht auf die deutsche Erbschaftsteuer anrechenbar, sondern nur als Nachlassverbindlichkeit abzugsfähig (→ BFH vom 26.4.1995 II R 13/92, BStBl. II S. 540). Dies gilt auch für entsprechende Steuern in anderen Staaten.

Italienische Erbschaftsteuer. Die Hypothekarsteuer (imposta ipotecaria) für eine Änderung der Eintragung einer Hypothek im Immobilienregister, die Katastersteuer (imposta catastale) für die Änderung des Katastereintrages sowie die Hypothekargebühr (tassa ipotecaria) und Stempelsteuer (imposta di bollo) sind keine der Erbschaft- und Schenkungsteuer entsprechende Steuern.

Liechtensteinische Widmungssteuer. Die liechtensteinische Widmungssteuer ist keine der Erbschaft- und Schenkungsteuer vergleichbare Steuer. Sie ist vielmehr eine Art Vermögensteuer, die der Übertragende zu entrichten hat.

Maßgebender Umrechnungskurs. Die anzurechnende ausländische Erbschaftsteuer ist nach dem amtlichen Briefkurs für den Tag der Entstehung der deutschen Erbschaftsteuer in Euro umzurechnen (→ BFH vom 19.3.1991 II R 134/88, BStBl. II S. 521).

Österreichische Kapitalertragsteuer. Die österreichische Kapitalertragsteuer mit Abgeltungscharakter für die Erbschaftsteuer ist im Hinblick auf ihre Erhebungsform eine Steuer auf das Einkommen und keine Erbschaftsteuer.

US-amerikanische Nachlasssteuer. → BFH vom 6.3.1990 II R 32/86, BStBl. II S. 786.

Zahlung ausländischer Schenkungsteuer als rückwirkendes Ereignis. → BFH vom 22.9.2010 II R 54/09, BStBl. 2011 II S. 247.

Zu § 22 ErbStG

R E 22 Kleinbetragsgrenze – *unbesetzt* –

H E 22

Anwendung der Kleinbetragsgrenze nach § 22 ErbStG in Erbfällen. Nach § 22 ErbStG ist von der Festsetzung der Erbschaftsteuer abzusehen, wenn die Steuer, die für den einzelnen Steuerfall festzusetzen ist, den Betrag von 50 EUR nicht übersteigt.

Als Steuerfall im Sinne des § 22 ErbStG ist nicht der „Erbfall“ und damit bei mehreren Beteiligten nicht die Gesamtzahl der Erwerbe anzusehen, sondern – wie bei Zuwendungen unter Lebenden – der einzelne Vermögensanfall.

Zu § 23 ErbStG

R E 23 Besteuerung von Renten, Nutzungen und Leistungen

– unbesetzt –

H E 23

Abzug persönlicher Freibeträge. Aus Vereinfachungsgründen ist der Abzug der Freibeträge nach §§ 16, 17 ErbStG vorrangig bei dem Vermögen vorzunehmen, das der Sofortversteuerung unterliegt; entsprechend ist bei der fiktiven steuerfreien Ausgleichsforderung nach § 5 Absatz 1 ErbStG zu verfahren.
Ist Vermögen, das der Sofortversteuerung unterliegt, nicht vorhanden, sind diese Freibeträge bei der Jahresversteuerung nach der sog. Aufzehrungsmethode in der Weise zu berücksichtigen, dass von der Erhebung der Jahressteuer solange abgesehen wird, bis die Freibeträge durch Verrechnung mit den Jahreswerten aufgezehrt sind (→ RFH vom 10.2.1938, RStBl S. 396). Übersteigt die Summe der Freibeträge den Wert des der Sofortversteuerung unterliegenden Vermögens, ist hinsichtlich des Differenzbetrags entsprechend zu verfahren.

Beispiel:

Nach dem Tod des Ehemannes in 2018 erhält seine Witwe (63 Jahre) eine steuerpflichtige Leibrente mit einem Jahreswert von 60 000 EUR und Barvermögen mit einem Wert von 456 000 EUR. Es bestand Gütertrennung. Hinsichtlich der Rente beantragt sie die Jahresversteuerung.

Kapitalwert der Rente (§ 14 BewG)				
60 000 EUR × 13,111				786 660 EUR
Barvermögen			+	456 000 EUR
Wert des Erwerbs				1 242 660 EUR
Freibetrag § 16 ErbStG			./.	500 000 EUR
Freibetrag § 17 ErbStG			./.	256 000 EUR
steuerpflichtiger Erwerb				486 660 EUR
abgerundet				486 600 EUR
Steuersatz 15%				
Sofortsteuer:				
Barvermögen		456 000 EUR		
Freibeträge §§ 16, 17 ErbStG	./.	756 000 EUR		
	–	300 000 EUR		
sofort fällige Steuer				0 EUR
Jahressteuer:				
15% von 60 000 EUR				9 000 EUR

Für die ersten fünf Jahre (5 × 60 000 EUR) ist die Jahressteuer mit Rücksicht auf den „Restfreibetrag“ von 300 000 EUR nicht zu erheben.
Auf Antrag ist die sog. Kürzungsmethode anzuwenden, bei der der Jahreswert in dem Maß zu kürzen ist, in dem der Kapitalwert durch den Freibetrag gemindert wird.

Ausfall von Rentenzahlungen. → BFH vom 22.10.2014 II R 4/14, BStBl. 2015 II S. 237.

Erwerb erbbaurechtsbelasteter Grundstücke – kein Besteuerungswahlrecht. → BFH vom 29.8.2003 II B 70/03, BStBl. II S. 944.

Jahressteuer und Anrechnung ausländischer Erbschaftsteuer nach § 21 ErbStG. Der maßgebliche Steuersatz ist in analoger Anwendung des § 19 Absatz 2 ErbStG nach dem Gesamterwerb einschließlich des Auslandsvermögens zu ermitteln. Hierbei ist es unerheblich, ob die Erhebung der Steuer ganz oder teilweise nach § 23 ErbStG erfolgt. Wenn der Gesamterwerb zu einer Sofortsteuer und zu einer Jahressteuer führt, hat die Anrechnung bei der Steuer zu erfolgen, die auf das Vermögen i. S. d. § 21 ErbStG entfällt. Soweit eine Jahresversteuerung erfolgt, ist die ausländische Steuer ggf. auf die einzelnen Beträge der Jahressteuer anzurechnen.

Beispiel 1:

Der in 2018 verstorbene Erblasser vermacht seinem Bruder (Alter 65 Jahre) eine steuerpflichtige Leibrente mit einem Jahreswert von 24 000 EUR und ein ausländisches Geschäftsgrundstück mit einem Wert von 270 000 EUR. Hinsichtlich der Rente beantragt der Vermächtnisnehmer die Jahresversteuerung. Im Ausland wurde für das Grundstück 50 000 EUR Erbschaftsteuer festgesetzt und gezahlt.

Kapitalwert der Rente (§ 14 BewG)		
24 000 EUR × 11,444		274 656 EUR
Grundstück im Ausland		+ 270 000 EUR
Wert des Erwerbs (steuerpflichtiges Gesamtvermögen)		544 656 EUR
Freibetrag § 16 ErbStG		./. 20 000 EUR
steuerpflichtiger Erwerb		524 656 EUR
abgerundet		524 600 EUR
Steuersatz 25 %		
Steuer auf Gesamterwerb		
25 % von 524 600 EUR		131 150 EUR
Sofortsteuer:		
Grundstück im Ausland	+ 270 000 EUR	
Freibetrag § 16 ErbStG	./. 20 000 EUR	
	250 000 EUR	
sofort fällige Steuer 25 % von 250 000 EUR		62 500 EUR
Ausländische Steuer	50 000 EUR	
Abzugsfähiger Anteil nach § 21 Absatz 1 Satz 2 ErbStG		

$$\frac{\text{Steuer vor Anrechnung ausländischer Steuer} \times \text{steuerpflichtiges Auslandsvermögen}}{\text{steuerpflichtiges Gesamtvermögen}}$$

131 150 EUR × 270 000 EUR : 544 656 EUR =	65 014 EUR	
		./. 50 000 EUR
		12 500 EUR
Jahressteuer 25 % von 24 000 EUR		6 000 EUR

Beispiel 2:

Der in 2018 verstorbene Erblasser vermacht seinem Bruder (Alter: 65 Jahre) ein Nießbrauchsrecht an einem ausländischen Grundstück mit einem Jahreswert von 24 000 EUR und Barvermögen mit einem Wert von 270 000 EUR. Hinsichtlich des Nießbrauchsrechts beantragt der Vermächtnisnehmer die Jahresversteuerung. Im Ausland wurde für das Nießbrauchsrecht 50 000 EUR Erbschaftsteuer festgesetzt und gezahlt.

Kapitalwert Nießbrauch (§ 14 BewG) 24 000 EUR × 11,444		274 656 EUR
Barvermögen		+ 270 000 EUR
Wert des Erwerbs (steuerpflichtiges Gesamtvermögen)		544 656 EUR
Freibetrag § 16 ErbStG		./. 20 000 EUR
steuerpflichtiger Erwerb		524 656 EUR
abgerundet		524 600 EUR
Steuersatz 25 %		
Steuer auf Gesamterwerb 25 % von 524 600 EUR		131 150 EUR
Sofortsteuer:		
Barvermögen	+ 270 000 EUR	
Freibetrag § 16 ErbStG	./. 20 000 EUR	
	250 000 EUR	
sofort fällige Steuer: 25 % von 250 000 EUR		62 500 EUR
Jahressteuer: 25 % von 24 000 EUR		6 000 EUR
Ausländische Steuer	50 000 EUR	
Abzugsfähiger Anteil nach § 21 Absatz 1 Satz 2 ErbStG		

$$\frac{\text{Steuer vor Anrechnung ausländischer Steuer} \times \text{steuerpflichtiges Auslandsvermögen}}{\text{steuerpflichtiges Gesamtvermögen}}$$

131 150 EUR × 274 656 EUR : 544 656 EUR = 66 135 EUR

Für die ersten acht Jahre ist wegen der Anrechnung der ausländischen Erbschaftsteuer (8 × 6 000 EUR= 48 000 EUR) eine Jahressteuer nicht zu erheben. Für das neunte Jahr ist die Jahressteuer mit Rücksicht auf die „restliche" anrechenbare ausländische Erbschaftsteuer von 2 000 EUR nur mit (6 000 EUR – 2 000 EUR =) 4 000 EUR zu erheben. Ab dem zehnten Jahr ist die volle Jahressteuer (6 000 EUR) zu erheben.

Jahressteuer und Übernahme der Schenkungsteuer durch Schenker. Sowohl dem Beschenkten als auch dem Schenker, der die Zahlung der Steuer auf den Erwerb einer Rente oder anderen wiederkehrenden Nutzung und Leistung übernommen hat, steht das Wahlrecht i. S. d. § 23 Absatz 1 ErbStG zu.

Die vom Schenker übernommene Steuer im Sinne des § 10 Absatz 2 ErbStG erfüllt jedoch nicht die Voraussetzungen des § 23 Absatz 1 ErbStG, auch soweit sie auf den Kapitalwert der Rente oder einer anderen wiederkehrenden Nutzung und Leistung entfällt. Denn die übernommene Steuer gilt als eigenständiger Erwerb, bei dem es sich nicht um einen Anspruch auf eine Rente oder andere wiederkehrende Nutzung und Leistung handelt. Insoweit kommt es folglich stets und in vollem Umfang zur Sofortversteuerung.

Beispiel:

Schwester S schenkt ihrem Bruder B (Alter 80 Jahre) im Jahr 2018 ein Grundstück (Grundbesitzwert 75 000 EUR) und eine lebenslange Rente mit einem Jahreswert von 36 000 EUR (Kapitalwert 229 824 EUR). S hat sich verpflichtet, die Schenkungsteuer zu übernehmen.

Erwerb 2018

Kapitalwert der Rente	229 824 EUR
Grundstück	+ 75 000 EUR
Wert der Zuwendung	304 824 EUR

Daraus errechnete Steuer				
Zuwendung		304 824 EUR		
Persönlicher Freibetrag	./.	20 000 EUR		
Verbleiben		284 824 EUR		
Steuerpflichtiger Erwerb abgerundet		284 800 EUR		
Steuer 20 %		56 960 EUR	+	56 960 EUR
Erwerb einschl. Steuer				361 784 EUR
Persönlicher Freibetrag			./.	20 000 EUR
Verbleiben				341 784 EUR
Steuerpflichtiger Erwerb abgerundet				341 700 EUR
Steuer (Härteausgleich)				80 850 EUR
Maßgeblicher Steuersatz				23,66 %
Sofortsteuer				
Grundstück				75 000 EUR
Übernommene Steuer			+	56 960 EUR
Summe				131 960 EUR
Persönlicher Freibetrag			./.	20 000 EUR
Steuerpflichtiger Erwerb				111 900 EUR
Steuer 23,66 %				26 475 EUR
Jahressteuer				
Jahreswert der Rente				36 000 EUR
Steuer 23,66 %				8 517 EUR

Jahressteuer und Zusammenrechnung mit Vorerwerben. Wird ein Rentenerwerb mit einem Vorerwerb nach § 14 ErbStG zusammengerechnet, wirkt sich der Vorerwerb auch auf die Höhe des Steuersatzes für die Berechnung der Jahressteuer nach § 23 Absatz 1 Satz 2 ErbStG aus. Der anzuwendende Steuersatz kann nicht unmittelbar für den Gesamterwerb aus der Tabelle in § 19 ErbStG entnommen werden, sondern ergibt sich aus dem Verhältnis der auf den Rentenerwerb entfallenden Steuer zum Kapitalwert des Rentenerwerbs. Nur diese Vorgehensweise wird den Besonderheiten der Zusammenrechnung nach § 14 ErbStG gerecht. Eine Steuerfestsetzung erfolgt nur auf den Rentenerwerb als Nacherwerb. Das gilt auch für den Fall, dass der Erwerber die Jahresversteuerung wählt. Dabei ist es nicht möglich, die Steuer auf den Rentenerwerb aufzuteilen in einen Teil, der tatsächlich als Jahressteuer zu erheben ist, und einen Teil, der rechnerisch als eine Art Nachschlag für den Vorerwerb zu erheben und sofort zu entrichten ist. Aus diesem Grund ist es auch nicht zulässig, dem Erwerber eine entsprechende zusätzliche Wahlmöglichkeit zur Entrichtung der Steuer auf den Nacherwerb einzuräumen.

Beispiel:

Ein Erblasser hatte seiner Lebensgefährtin 50 000 EUR im Jahr 2013 geschenkt. Die dafür festgesetzte Steuer betrug (Stkl. III, 30 % von 30 000 EUR =) 9 000 EUR. Mit seinem Tod im Jahr 2018 erhält sie (Alter 60 Jahre) vermächtnisweise eine Leibrente mit einem Jahreswert von 6 000 EUR.

Erwerb 2018

Kapitalwert der Rente (§ 14 BewG)		
6 000 EUR × 13,832		82 992 EUR
Barvermögen 2013	+	50 000 EUR
Gesamterwerb		132 992 EUR
Persönlicher Freibetrag	./.	20 000 EUR
steuerpflichtiger Erwerb		112 992 EUR

abgerundet		112 900 EUR
Steuersatz 30 %		
Steuer auf Gesamterwerb		33 870 EUR
Anzurechnende Steuer auf Vorerwerb		
Fiktive Abzugssteuer 2018 auf Vorerwerb 2013		
Wert des Erwerbs 2013	50 000 EUR	
Persönlicher Freibetrag 2018 (20 000 EUR), höchstens		
beim Erwerb 2013 verbrauchter Freibetrag	./. 20 000 EUR	
Steuerpflichtiger Erwerb	30 000 EUR	
Steuersatz 2018 30 %		
Fiktive Abzugssteuer 2018	9 000 EUR	
Die fiktive Steuer entspricht der tatsächlichen Steuer		./. 9 000 EUR
Verbleiben		24 870 EUR
Mindeststeuer nach § 14 Absatz 1 Satz 4 ErbStG		
Erwerb 2018	82 992 EUR	
Persönlicher Freibetrag	./. 20 000 EUR	
Steuerpflichtiger Erwerb	62 992 EUR	
abgerundet	62 900 EUR	
Steuersatz 30 %		
Mindeststeuer	18 870 EUR	
Steuer 2018		24 870 EUR

Die Steuer von 24 870 EUR entspricht – bezogen auf den Kapitalwert des Rentenerwerbs von 82 992 EUR – einem Steuersatz von 29,96 %. Als Jahressteuer sind festzusetzen:
6 000 EUR × 29,96 % = 1 797 EUR

Zu § 25 ErbStG

R E 25 Besteuerung bei Nutzungs- und Rentenlast

(1) [1] § 25 ErbStG wurde mit Wirkung vom 1. Januar 2009 aufgehoben. [2] Für Erwerbe, für die die Steuer vor dem 1. Januar 2009 entstanden ist, bleibt § 25 ErbStG und dessen Rechtswirkung weiterhin anwendbar, es sei denn, der Erwerber hat einen Antrag auf rückwirkende Anwendung des ab 1. Januar 2009 geltenden Erbschaftsteuer- und Bewertungsrechts nach Artikel 3 ErbStRG vom 24. Dezember 2008 (BGBl. I S. 3018) gestellt. [3] Insbesondere bleiben auch die Regelungen zur zinslosen Stundung, deren Ablösung und Fälligkeit für Erwerbsvorgänge, für die die Steuer vor dem 1. Januar 2009 entstanden ist, anwendbar (§ 37 Absatz 2 Satz 2 ErbStG).

(2) [1] Wird der Erwerb von Vermögen bei nach dem 31. Dezember 2008 ausgeführten Erwerben von Todes wegen mit einer Nutzungs-, Rentenlast oder mit der Verpflichtung zu sonstigen wiederkehrenden Leistungen belastet, ist der Kapitalwert der Belastung unabhängig davon, zu wessen Gunsten die Last zu erbringen ist, bei Berechnung des steuerpflichtigen Erwerbs abzuziehen. [2] Bei Schenkungen gilt dies nach R E 7.4 Absatz 1 entsprechend.

(3) Bei Grundstücksschenkungen unter Lebenden führt der Abzug der Nutzungslast, auch wenn der Schenker sich oder seinem Ehegatten das Nutzungsrecht vorbehält, hinsichtlich des Werts der Auflage nicht mehr zur An-

wendbarkeit der grunderwerbsteuerlichen Befreiung nach § 3 Nummer 2 GrEStG.

(4) [1]Der vorzeitige unentgeltliche Verzicht auf ein vorbehaltenes Nießbrauchs- oder anderes Nutzungsrecht erfüllt als Rechtsverzicht den Tatbestand des § 7 Absatz 1 Nummer 1 ErbStG, soweit dabei eine Bereicherung des Erwerbers eintritt, die bisher noch nicht der Steuer unterlag. [2]Eine steuerliche Doppelerfassung des Nutzungsrechts kann grundsätzlich im Gegensatz zu Übertragungen, bei denen § 25 ErbStG noch anzuwenden war, nicht mehr eintreten, so dass in diesen Fällen der Wert des Nießbrauchs- oder anderen Nutzungsrechts im Zeitpunkt des Verzichts ungeschmälert als eigenständige Schenkung anzusetzen ist.

(5) [1]Lebenslängliche Nutzungen und Leistungen sind gemäß § 14 Absatz 1 BewG zu bewerten. [2]In Fällen des § 25 ErbStG wurde bisher die gestundete Steuer nicht gemäß § 14 Absatz 2 BewG berichtigt, wenn die Last durch Tod in den Grenzen des § 14 Absatz 2 BewG vorzeitig weggefallen ist, weil dies keinen Einfluss auf die Höhe der gestundeten Steuer hatte (→ R 85 Absatz 6 Satz 8 und 9 ErbStR 2003). [3]Diese Voraussetzungen liegen für Erwerbe, für die die Steuer nach dem 31.12.2008 entsteht, nicht mehr vor, so dass § 14 Absatz 2 BewG in diesen Fällen zu beachten ist.

H E 25

Berechnung des Ablösungsbetrags. → Gleich lautende Ländererlasse vom 9.6.2008 (BStBl. I S. 646), vom 18.11.2016 (BStBl. I S. 1246) und vom 7.12.2017 (BStBl. I S. 1625).

Berechnung des Ablösungsbetrags in Fällen der Gesamtgläubigerschaft.

Beispiel:

Vater V schenkt einem Kind im Jahr 2007 ein Mietwohngrundstück unter Vorbehalt des Nießbrauchs für sich selbst bzw. Einräumung eines Nießbrauchs zugunsten seiner Ehefrau E als Gesamtgläubiger bis zum Tod des Längstlebenden. Der gesamte Jahreswert der Nutzung beträgt 36 000 EUR. Auf den Zeitpunkt der Steuerentstehung ergeben sich folgende Kapitalwerte der Belastung bzw. der Teilbeträge:

Berechtigter	Lebensalter	Vervielfältiger lt. Anlage 9 zum BewG a. F.	Jahreswert EUR	Kapitalwert EUR	Summe EUR	Anteil
V	62	9,889	18 000	178 002	178 002	39,39%
E	58	12,553	18 000	225 954		
		12,553 – 9,889 = 2,664	18 000	47 952	273 906	60,61%
Summe					451 908	100,00%

Bei einem angenommenen Steuersatz von 19 % errechnet sich ein Stundungsbetrag auf den abgerundeten Erwerb von 451 900 EUR × 19 % = 85 861 €, der anteilig mit 39,39 % bzw. 60,61 % auf die einzelnen Ansprüche der Gesamtgläubiger entfällt. V und E beantragen nachträglich die Ablösung der gestundeten Steuer im Jahr 2018.
Ablösungsbetrag für V (73 Jahre): 33 820 EUR × 0,523 = 17 687 EUR
Ablösungsbetrag für E (69 Jahre): 52 041 EUR × 0,389 = 20 243 EUR

Berichtigung der Steuerfestsetzung.

Beispiel:

Am 10. Januar 2018 verschenkt der 58-jährige A ein Grundstück an B und behält sich ein lebenslängliches Nießbrauchsrecht vor. Sollte A vor dem 10. Januar 2026 versterben, ist die Nießbrauchslast, deren Kapitalwert unter Berücksichtigung der für Erwerbe im Jahr 2018 maßgebenden Sterbetafel des Statistischen Bundesamts kapitalisiert wurde, nach § 14 Absatz 2 BewG mit dem nach der wirklichen Dauer des Nießbrauchsrechts ermittelten Kapitalwert zu ändern.

Fortbestehen der Stundung bei ausgetauschtem Zuwendungsgegenstand. Wird ein nießbrauchsbelasteter Zuwendungsgegenstand veräußert, führt die Entgeltlichkeit zur Fälligkeit der gestundeten Steuer, auch soweit ein Nießbrauch oder sonstiges Nutzungsrecht an einem Surrogat bestellt wird. Etwas anderes gilt dann, wenn sich der Schenker bereits bei der Schenkungsabrede die Fortsetzung des Nießbrauchs am Erlös ausbedungen hat (→ BFH vom 11.11.2009 II R 31/07, BStBl. 2010 II S. 504).

Verzicht auf Nießbrauchsrecht. → H E 10.1 „Bereicherung in den Fällen des Nießbrauchsverzichts, in denen der Nießbrauch bei früheren Erwerben teilweise einem Abzugsverbot unterlag".

Verzicht auf Nutzungs- oder Rentenrecht. → BFH vom 17.3.2004 II R 3/01, BStBl. II S. 429.

Verzicht auf Nutzungsrechte in den Fällen des § 25 ErbStG a. F. bei Steuerentstehungszeitpunkten für die Vermögenszuwendung unter Nießbrauchsvorbehalt vor dem 1.1.2009. Der vorzeitige unentgeltliche Verzicht auf ein vorbehaltenes Nießbrauchs- oder anderes Nutzungsrecht erfüllt als Rechtsverzicht den Tatbestand des § 7 Absatz 1 Nummer 1 ErbStG, soweit dabei eine Bereicherung des Erwerbers eintritt, die bisher noch nicht der Steuer unterlag. Eine steuerliche Doppelerfassung des Nutzungsrechts als Folge der Nichtberücksichtigung als Abzugsposten nach § 25 Absatz 1 Satz 1 ErbStG a. F. einerseits und seiner Erfassung beim späteren Verzicht des Berechtigten andererseits ist bei der Besteuerung des Verzichts durch den Abzug des bei der Besteuerung des nutzungsrechtsbelasteten Gegenstandes tatsächlich unberücksichtigt gebliebenen Steuerwerts des Nutzungsrechts vom Steuerwert des Nutzungsrechts im Zeitpunkt des Rechtsverzicht zu beseitigen (→ BFH vom 17.3.2004 II R 3/01, BStBl. II S. 429). Ist der erstgenannte Wert höher als der letztgenannte Wert, ist von einer Bereicherung aus dem Verzicht von 0 Euro auszugehen, weil der Erwerber hinsichtlich des übersteigenden Werts des Nutzungsrechts nicht doppelt belastet wird.

Beispiel:

Vater V schenkte seinem Sohn im Jahr 2006 ein Grundstück mit einem Grundbesitzwert von 500 000 EUR (Verkehrswert 700 000 EUR) unter Nießbrauchsvorbehalt. Der Nießbrauch blieb bei der Feststellung des Grundbesitzwerts unberücksichtigt. Der Jahreswert des Nießbrauchs beträgt 40 000 EUR. Zum Zeitpunkt der Ausführung der Zuwendung ist V 65 Jahre alt. Im Jahr 2018 verzichtet er unentgeltlich auf den Nießbrauch. Zum Zeitpunkt der Ausführung dieser Zuwendung ist V 77 Jahre alt. Der Grundbesitzwert beträgt 710 000 EUR und entspricht dem Verkehrswert. Der Jahreswert des Nießbrauchs beträgt unverändert 40 000 EUR.

Erwerb 2006		
Bruttowert des Erwerbs		500 000 EUR
Persönlicher Freibetrag		./. 205 000 EUR
Steuerpflichtiger Erwerb		295 000 EUR
Steuersatz 15 %		
Steuer 2006		44 250 EUR
Bruttowert des Erwerbs	500 000 EUR	
Jahreswert Nießbrauch 500 000 EUR : 18,6 (§ 16 BewG) = 26 882 EUR (tatsächlicher Wert höher)		
Kapitalwert Nießbrauch (§ 14 BewG) 26 882 EUR × 9,019	./. 242 449 EUR	
Nettowert des Erwerbs	257 551 EUR	
Persönlicher Freibetrag	./. 205 000 EUR	
Steuerpflichtiger Nettoerwerb	52 551 EUR	
Abgerundet	52 500 EUR	
Sofort fällige Steuer 2006 nach Härteausgleich (§ 19 Absatz 3 ErbStG)		./. 3 890 EUR
Zu stundende Steuer		40 360 EUR

Erwerb 2018	
Erwerb aus Nießbrauchsverzicht	
Jahreswert Nießbrauch 2018 710 000 EUR : 18,6 (§ 16 BewG) = 38 172 EUR (tatsächlicher Wert höher)	
Kapitalwert Nießbrauch 2018 (§ 14 BewG) 38 172 EUR × 7,478	285 450 EUR
Kapitalwert Nießbrauch 2006 (siehe oben)	./. 242 449 EUR
Bereicherung 2018	43 001 EUR

Wegfall eines Teils der Belastung bei Gesamtgläubigerschaft in Fällen der Steuerentstehung vor dem 1.1.2009

Beispiel:

Vater V schenkte einem Kind im Jahr 2000 ein Mietwohngrundstück unter Vorbehalt des Nießbrauchs für sich selbst bzw. Einräumung eines Nießbrauchs zugunsten seiner Ehefrau E als Gesamtgläubiger bis zum Tod des Längstlebenden. Der gesamte Jahreswert der Nutzung beträgt 36 000 EUR. Auf den Zeitpunkt der Steuerentstehung ergeben sich folgende Kapitalwerte der Belastung bzw. der Teilbeträge:

Berechtigter	Lebensalter	Vervielfältiger lt. Anlage 9 zum BewG a. F.	Jahreswert EUR	Kapitalwert EUR	Summe EUR	Anteil
V	62	9,889	18 000	178 002	178 002	39,39%
E	58	12,553	18 000	225 954		
		12,553 – 9,889 = 2,664	18 000	47 952	273 906	60,61%
Summe					451 908	100,00%

Bei einem angenommenen Steuersatz von 19 % errechnet sich ein Stundungsbetrag auf den abgerundeten Erwerb von 451 900 EUR × 19 % = 85 861 €, der anteilig mit 39,39 % bzw. 60,61 % auf die einzelnen Ansprüche der Gesamtgläubiger entfällt.
Als V 2018 stirbt, wird der gestundete Betrag in Höhe von (85 861 EUR × 39,39 % =) 33 820 EUR fällig. Der Restbetrag in Höhe von (85 861 EUR – 33 820 EUR =) 52 041 EUR bleibt weiter gestundet.

Zusammenrechnung nach § 14 ErbStG. → H E 14.1 (1).

Zu § 27 ErbStG

R E 27 Mehrfacher Erwerb desselben Vermögens

(1) [1]Ist die Erbschaftsteuer nach § 27 ErbStG zu ermäßigen, wird das begünstigte Vermögen bei der Berechnung des darauf entfallenden Steuerbetrags höchstens mit dem Wert angesetzt, mit dem es beim Vorerwerber tatsächlich schon einmal der Besteuerung unterlag. [2]Eine zwischen den beiden Erwerben eingetretene Wertsteigerung kann nicht in die Ermäßigung einbezogen werden, weil dasselbe Vermögen im Umfang dieser Wertsteigerung gerade nicht mehrfach besteuert wird. [3]Ist zwischen den beiden Erwerben eine Wertminderung eingetreten, darf nur der geminderte Wert im Zeitpunkt des Nacherwerbs in die Ermäßigung einbezogen werden.

(2)[1)] [1]Stehen Schulden und Lasten im wirtschaftlichen Zusammenhang mit mehrfach erworbenem Vermögen in Sinne des § 27 Absatz 1 ErbStG (begünstigtes Vermögen) und anderem Vermögen, ist die Steuer für den Gesamterwerb gemäß § 27 Absatz 2 ErbStG in dem Verhältnis aufzuteilen, in dem der Nettowert des begünstigten Vermögens nach Abzug der mit diesem Vermögen zusammenhängenden Schulden und Lasten zu dem Wert des steuerpflichtigen Gesamterwerbs nach Abzug aller Schulden und Lasten (→ R E 10.1) und vor Abzug des dem Erwerber zustehenden Freibetrags steht. [2]Dabei können die in unmittelbarem Zusammenhang stehenden Schulden und Lasten direkt zugeordnet werden. [3]Die nicht unmittelbar zuzuordnenden Schulden und Lasten bleiben nur bei der Ermittlung des Aufteilungsverhältnisses unberücksichtigt.

(3) In den Fällen des § 6 Absatz 3 ErbStG ist der Erwerb des Vorerben, der in der Steuerklasse I besteuert wurde, nicht als belasteter Erwerb im Sinne des § 27 ErbStG zu berücksichtigen.

H E 27

Begrenzung des Ermäßigungsbetrags bei mehreren Erwerbern. Nach § 27 Absatz 3 ErbStG darf die Steuerermäßigung bei mehrfachem Erwerb desselben Vermögens den Betrag nicht überschreiten, der sich bei Anwendung des maßgebenden Ermäßigungssatzes nach § 27 Absatz 1 ErbStG auf die Steuer ergibt, die der Vorerwerber für den Erwerb desselben Vermögens entrichtet hat. Bei mehreren Erwerbern darf die Summe der Ermäßigungsbeiträge der einzelnen Erwerber nach § 27 Absatz 1 ErbStG nicht höher sein als der sich nach § 27 Absatz 3 ErbStG ergebende Höchstbetrag. Ist dies der Fall, ist der Höchstbetrag der Ermäßigung auf die einzelnen Erwerber entsprechend ihrem jeweiligen Anteil am mehrfach erworbenen Vermögen zu verteilen.

Berechnung des Ermäßigungsbetrags.

Beispiel 1:

Großvater G (verstorben am 2.2.2015) vermachte seinem Enkel E ein Wertpapierdepot mit einem Steuerwert von 1 000 000 EUR. Das Depot war mit einer Restschuld aus der Anschaffung von 100 000 EUR belastet. Diese Schuld musste E mit übernehmen. Als E selbst am 1.8.2018 durch einen Unfall ums Leben kommt, erbt seine Ehefrau F das Wertpapierdepot, Wert zu diesem Zeitpunkt 1 000 000 EUR, und ein Geschäftsgrundstück (ohne

---

1) Teilweise überholt durch Änderung des § 10 Abs. 6 ErbStG durch das JStG 2020.

Vermietung zu Wohnzwecken) mit einem Grundbesitzwert von 1 200 000 EUR. Auf dem Wertpapierdepot ruht noch eine Restschuld von 100 000 EUR, auf dem Grundstück noch eine Restschuld von 500 000 EUR. Eine steuerfrei zu stellende Ausgleichsforderung nach § 5 ErbStG ist nicht gegeben.

Besteuerung des Vermächtnisnehmers E 2015

Wertpapiere		1 000 000 EUR
Nachlassverbindlichkeiten	./.	100 000 EUR
Bereicherung		900 000 EUR
Persönlicher Freibetrag	./.	200 000 EUR
Steuerpflichtiger Erwerb		700 000 EUR
Steuersatz 19 %		
Erbschaftsteuer		133 000 EUR

Besteuerung des Erwerbs der F 2018

Wertpapiere		1 000 000 EUR
Weiteres Vermögen	+	1 200 000 EUR
Gesamterwerb		2 200 000 EUR
Nachlassverbindlichkeiten	./.	600 000 EUR
Erbfallkostenpauschale	./.	10 300 EUR
Wert des Erwerbs		1 589 700 EUR
Persönlicher Freibetrag	./.	500 000 EUR
Versorgungsfreibetrag	./.	256 000 EUR
Steuerpflichtiger Erwerb		833 700 EUR
Steuersatz 19 %		
Erbschaftsteuer		158 403 EUR

Ermäßigungsbetrag nach § 27 Absatz 2 ErbStG
Auf den mehrfach besteuerten Teil des Vermögens (= begünstigtes Vermögen) entfallender Steuerbetrag:

Abzug der unmittelbar zuzuordnenden Schulden				
Begünstigtes Vermögen 2018 1 000 000 EUR – 100 000 EUR =		900 000 EUR		900 000 EUR
Maximal Nettowert beim Erwerb 2015	./.	900 000 EUR		
Dem nicht begünstigten Vermögen 2018 zuzurechnen		0 EUR		
Nicht begünstigtes Vermögen 2018 1 200 000 EUR – 500 000 EUR =		700 000 EUR		
Werterhöhung begünstigtes Vermögen (wie oben)	+	0 EUR		
		700 000 EUR	+	700 000 EUR
Summe				1 600 000 EUR

Anteil des begünstigten Nettovermögens 2018
900 000 EUR : 1 600 000 EUR = 56,25 %

Anteil der auf begünstigtes Vermögen entfallenden Erbschaftsteuer 2018
158 403 EUR × 56,25 % = 89 102 EUR
Maßgeblicher Ermäßigungssatz für 4 Jahre = 35 %
Ermäßigungsbetrag 89 102 EUR × 35 % = 31 186 EUR

Höchstbetrag nach § 27 Absatz 3 ErbStG
Erbschaftsteuer 2015 = 133 000 EUR
Höchstbetrag 133 000 EUR × 35 % = 46 550 EUR
Der Höchstbetrag wird hier nicht überschritten.

Wenn das Vermögen 2015 beim nachfolgenden Erwerb 2018 nicht vollständig übergeht (z. B. wegen Verbrauchs), muss auch die Steuer 2015 nach dem Nettowert des begünstigten Vermögens 2015 zum gesamten Nettowert 2015 aufgeteilt werden. Die Berechnung mit den unmittelbar bzw. nicht unmittelbar zuzurechnenden Schulden muss analog der obigen Darstellung erfolgen, allerdings nur auf der Basis der Werte 2015.

Erbschaftsteuer 2018		
Erbschaftsteuer vor Ermäßigung		158 403 EUR
Ermäßigungsbetrag § 27 ErbStG	./.	31 186 EUR
Festzusetzende Erbschaftsteuer		127 217 EUR

Beispiel 2:

Großvater G (verstorben am 2.2.2015) vermachte seinem Enkel E ein Wertpapierdepot mit einem Steuerwert von 1 000 000 EUR. Das Depot war mit einer Restschuld aus der Anschaffung von 100 000 EUR belastet. Diese Schuld musste E mit übernehmen. Als E selbst am 1.8.2018 durch einen Unfall ums Leben kommt, erbt seine Ehefrau F das Wertpapierdepot, Wert zu diesem Zeitpunkt 1 500 000 EUR, und ein Geschäftsgrundstück (ohne Vermietung zu Wohnzwecken) mit einem Grundbesitzwert von 1 200 000 EUR. Auf dem Wertpapierdepot ruht noch eine Restschuld von 50 000 EUR, auf dem Grundstück noch eine Restschuld von 500 000 EUR. Eine steuerfrei zu stellende Ausgleichsforderung nach § 5 ErbStG ist nicht gegeben.

Besteuerung des Vermächtnisnehmers E 2015

Wertpapiere		1 000 000 EUR
Nachlassverbindlichkeiten	./.	100 000 EUR
Bereicherung		900 000 EUR
Persönlicher Freibetrag	./.	200 000 EUR
Steuerpflichtiger Erwerb		700 000 EUR
Steuersatz 19 %		
Erbschaftsteuer		133 000 EUR

Besteuerung des Erwerbs der F 2018

Wertpapiere		1 500 000 EUR
Weiteres Vermögen	+	1 200 000 EUR
Gesamterwerb		2 700 000 EUR
Nachlassverbindlichkeiten	./.	550 000 EUR
Erbfallkostenpauschale	./.	10 300 EUR
Wert des Erwerbs		2 139 700 EUR
Persönlicher Freibetrag	./.	500 000 EUR
Versorgungsfreibetrag	./.	256 000 EUR
Steuerpflichtiger Erwerb		1 383 700 EUR
Steuersatz 19 %		
Erbschaftsteuer		262 903 EUR

Ermäßigungsbetrag nach § 27 ErbStG
Auf den mehrfach besteuerten Teil des Vermögens (= begünstigtes Vermögen) entfallender Steuerbetrag:
Abzug der unmittelbar zuzuordnenden Schulden

Begünstigtes Vermögen 2018				
1 500 000 EUR – 50 000 EUR =		1 450 000 EUR		
Maximal Nettowert beim Erwerb 2015	./.	900 000 EUR		900 000 EUR
Dem nicht begünstigten Vermögen 2018 zuzurechnen		550 000 EUR		
(Die Wertsteigerung nimmt nicht Teil an der Ermäßigung, → R E 27)				
Nicht begünstigtes Vermögen 2018				
1 200 000 EUR – 500 000 EUR =		700 000 EUR		
Werterhöhung begünstigtes Vermögen (wie oben)	+	550 000 EUR		
		1 250 000 EUR	+	1 250 000 EUR
Summe				2 150 000 EUR

Anteil des begünstigten Nettovermögens		
900 000 EUR : 2 150 000 EUR = 41,87 %		
Anteil der auf begünstigtes Vermögen entfallenden Erbschaftsteuer 2018		
262 903 EUR × 41,87 % = 110 078 EUR		
Maßgeblicher Ermäßigungssatz für 4 Jahre = 35 %		
Ermäßigungsbetrag 110 078 EUR × 35 % =		38 528 EUR
Höchstbetrag nach § 27 Absatz 3 ErbStG		
Erbschaftsteuer 2015 = 133 000 EUR		
Höchstbetrag 133 000 EUR × 35 % = 46 550 EUR		
Der Höchstbetrag wird hier nicht überschritten.		
Erbschaftsteuer 2018		
Erbschaftsteuer vor Ermäßigung		262 903 EUR
Ermäßigungsbetrag § 27 ErbStG	./.	38 528 EUR
Festzusetzende Erbschaftsteuer		224 375 EUR

Beispiel 3:

Großvater G (verstorben am 2.2.2015) vermachte seinem Enkel E ein Wertpapierdepot mit einem Steuerwert von 1 000 000 EUR. Das Depot war mit einer Restschuld aus der Anschaffung von 100 000 EUR belastet. Diese Schuld musste E mit übernehmen. Als E selbst am 1.8.2018 durch einen Unfall ums Leben kommt, erbt seine Ehefrau F das Wertpapierdepot, Wert zu diesem Zeitpunkt 800 000 EUR, und ein Geschäftsgrundstück (ohne Vermietung zu Wohnzwecken) mit einem Grundbesitzwert von 1 200 000 EUR. Auf dem Wertpapierdepot ruht noch eine Restschuld von 50 000 EUR, auf dem Grundstück noch eine Restschuld von 500 000 EUR. Eine steuerfrei zu stellende Ausgleichsforderung nach § 5 ErbStG ist nicht gegeben.

Besteuerung des Vermächtnisnehmers E 2015

Wertpapiere		1 000 000 EUR
Nachlassverbindlichkeiten	./.	100 000 EUR
Bereicherung		900 000 EUR
Persönlicher Freibetrag	./.	200 000 EUR
Steuerpflichtiger Erwerb		700 000 EUR
Steuersatz 19 %		
Erbschaftsteuer		133 000 EUR

Besteuerung des Erwerbs der F 2018

Wertpapiere		800 000 EUR
Weiteres Vermögen	+	1 200 000 EUR
Gesamterwerb		2 000 000 EUR
Nachlassverbindlichkeiten	./.	550 000 EUR
Erbfallkostenpauschale	./.	10 300 EUR
Wert des Erwerbs		1 439 700 EUR
Persönlicher Freibetrag	./.	500 000 EUR
Versorgungsfreibetrag	./.	256 000 EUR
Steuerpflichtiger Erwerb		683 700 EUR
Steuersatz 19 %		
Erbschaftsteuer		129 903 EUR

Ermäßigungsbetrag nach § 27 ErbStG
Auf den mehrfach besteuerten Teil des Vermögens (= begünstigtes Vermögen) entfallender Steuerbetrag nach § 27 Absatz 2 ErbStG:
Abzug der unmittelbar zuzuordnenden Schulden

Begünstigtes Vermögen 2018			
800 000 EUR – 50 000 EUR =		750 000 EUR	750 000 EUR
Maximal Nettowert beim Erwerb 2015	./.	900 000 EUR	
Dem nicht begünstigten Vermögen 2018 zuzurechnen		0 EUR	

Die Wertminderung führt zu einer Minderung der Ermäßigung (→ R E 27)		
Nicht begünstigtes Vermögen 2018 1 200 000 EUR – 500 000 EUR	700 000 EUR	
Werterhöhung begünstigtes Vermögen (wie oben)	+ 0 EUR	
	700 000 EUR	+ 700 000 EUR
Summe		1 450 000 EUR
Anteil des begünstigten Nettovermögens 750 000 EUR : 1 450 000 EUR = 51,73 % Anteil der auf begünstigtes Vermögen entfallenden Erbschaftsteuer 2018 129 903 EUR × 51,73% = 67 199 EUR Maßgeblicher Ermäßigungssatz für 4 Jahre = 35 %		
Ermäßigungsbetrag 67 199 EUR × 35 %		23 520 EUR
Höchstbetrag nach § 27 Absatz 3 ErbStG Erbschaftsteuer 2015 = 133 000 EUR 133 000 EUR × 35% = 46 550 EUR Der Höchstbetrag wird hier nicht überschritten.		
Erbschaftsteuer 2018		
Erbschaftsteuer vor Ermäßigung		129 903 EUR
Ermäßigungsbetrag § 27 ErbStG		./. 23 520 EUR
Festzusetzende Erbschaftsteuer		106 383 EUR

Keine Anwendung § 27 ErbStG bei einem ausschließlich nach ausländischem Recht besteuerten Vorerwerb. → BFH vom 27.9.2016 II R 37/13, BStBl. 2017 II S. 411.

Zusammentreffen von § 14 Absatz 2, § 21 und § 27 ErbStG in einem Steuerfall. → R E 14.1 Absatz 5.

Zu § 28 ErbStG

R E 28 Stundung

(1) [1]Beim Erwerb von begünstigtem Vermögen im Sinne des § 13b Absatz 2 ErbStG von Todes wegen ist die darauf entfallende festgesetzte Steuer auf Antrag des Erwerbers bis zu sieben Jahre zu stunden. [2]Wird die Steuerfestsetzung geändert und erhöht sich hierdurch die auf das begünstigte Vermögen entfallende Steuer, beginnt hinsichtlich des Änderungsbetrags ein neuer Siebenjahreszeitraum. [3]Die Stundung kommt insbesondere in Betracht

1. in den Fällen der Regelverschonung für die Steuer auf begünstigtes Vermögen nach Abzug des Verschonungsabschlags (§ 13a Absatz 1 ErbStG) und des Abzugsbetrags (§ 13a Absatz 2 ErbStG);
2. in den Fällen des § 13c ErbStG für die Steuer auf begünstigtes Vermögen nach Abzug des abgeschmolzenen Verschonungsabschlags;
3. in den Fällen des § 28a ErbStG für die nicht erlassene Steuer auf begünstigtes Vermögen;
4. in den Fällen, in denen weder eine Verschonung nach § 13c noch nach § 28a ErbStG beantragt wurde.

[4]Die auf das nicht begünstigte Vermögen entfallende Steuer kann nicht nach § 28 Absatz 1 ErbStG gestundet werden.

(2) [1]Die gestundete Steuer ist in gleichen Jahresbeträgen zu entrichten. [2]Die erste Jahresrate ist zinslos zu stunden. [3]Die weiteren Jahresraten sind zinspflichtig (§§ 234, 238 AO).

(3) [1]Die Stundung endet stets, wenn

1. das erworbene begünstigte Vermögen im Sinne des § 13b Absatz 2 ErbStG verschenkt oder veräußert wird;
2. der Erwerber den Betrieb, die Beteiligung an der Personengesellschaft oder den Anteil an der Kapitalgesellschaft aufgibt;
3. der Erwerber gegen die Lohnsummenregelung des § 13a Absatz 3 ErbStG oder die Behaltensregelungen nach § 13a Absatz 6 ErbStG verstößt. [2]Im Falle eines Antrags auf Optionsverschonung nach § 13a Absatz 10 i. V. m. § 13c ErbStG oder auf Verschonungsbedarfsprüfung nach § 28a ErbStG gelten die verlängerte Lohnsummenfrist, die höheren Mindestlohnsummen und die verlängerte Behaltensfrist des § 13a Absatz 10 ErbStG. [3]Die Stundung endet bei einem Verstoß gegen die Lohnsummenregelung bzw. die Behaltensregelungen nach § 13a Absatz 6 Satz 1 Nummer 1, 2, 4 und 5 ErbStG in vollem Umfang. [4]Soweit aufgrund einer Reinvestition (§ 13a Absatz 6 Satz 3 und 4 ErbStG) insgesamt von einer rückwirkenden Besteuerung abgesehen wird, endet die Stundung nicht. [5]Bei einem Verstoß gegen die Entnahmebegrenzung nach § 13a Absatz 6 Satz 1 Nummer 3 ErbStG endet die Stundung in vollem Umfang.

[2]Eine Stundung kann nicht erfolgen für die Steuer, die aufgrund eines Verstoßes gegen die Lohnsummenregelung oder die Behaltensregelung zu entrichten ist. [3]Es bleibt dem Erwerber unbenommen, in den Fällen des Satzes 1 einen Antrag auf Fortführung der Stundung zu stellen, soweit begünstigtes Vermögen verbleibt, für das die Stundungsvoraussetzungen erfüllt sind. [4]Wird das begünstigte Vermögen im Sinne des § 13b Absatz 2 ErbStG innerhalb des noch laufenden Stundungszeitraums von Todes wegen übertragen, endet die Stundung erst, wenn der nachfolgende Erwerber die Voraussetzung für die Stundung nicht mehr erfüllt.

(4) Die auf das begünstigte Vermögen nach § 13b Absatz 2 ErbStG entfallende Steuer ist wie folgt zu berechnen:

1. Die tarifliche Steuer nach § 19 ErbStG auf den gesamten steuerpflichtigen Erwerb ist um die anzurechnende Steuer auf einen Vorerwerb nach § 14 Absatz 1 ErbStG zu kürzen.
2. [1)] Die danach verbleibende Steuer ist nach dem Verhältnis des Werts des begünstigten Vermögens – gegebenenfalls nach den Verschonungen nach § 13a ErbStG (Vorwegabschlag, Verschonungsabschlag, Abzugsbetrag) oder § 13c ErbStG und nach Abzug der damit in wirtschaftlichem Zusammenhang stehenden abzugsfähigen Schulden und Lasten (§ 10 Absatz 5 und 6 ErbStG) – zum Wert des gesamten Vermögensanfalls nach Abzug der mit diesem Vermögen in wirtschaftlichem Zusammenhang stehenden abzugsfähigen Schulden und Lasten aufzuteilen.

[1)] Teilweise überholt durch Änderung des § 10 Abs. 6 ErbStG durch das JStG 2020.

3. Sind für das begünstigte Vermögen die Voraussetzungen der §§ 19a, 21 oder 27 ErbStG erfüllt, sind der Ermäßigungsbetrag nach § 19a ErbStG, die darauf entfallende Ermäßigung nach § 27 ErbStG bzw. die darauf entfallende, nach § 21 ErbStG anrechenbare Steuer abzuziehen.

H E 28 (4)

Berechnung der auf begünstigtes Vermögen entfallenden Steuer.

Beispiel:

Unternehmerin U hat ihre Tochter T zur Alleinerbin eingesetzt. Zum Nachlass gehören sämtliche Anteile an einer GmbH mit einem Steuerwert 1 400 000 EUR. Das begünstigte Vermögen hat einen gemeinen Wert von 1 300 000 EUR. Ein Antrag auf Optionsverschonung nach § 13a Absatz 10 ErbStG wurde nicht gestellt. Zum Nachlass gehört Kapitalvermögen im Wert von 750 000 EUR. Ein im Zusammenhang mit der Anschaffung der GmbH-Anteile aufgenommener Kredit valutiert noch in Höhe von 200 000 EUR.

Für T ergibt sich folgende Steuerberechnung:

GmbH-Anteile				
nicht begünstigtes Vermögen				100 000 EUR
begünstigtes Vermögen		1 300 000 EUR		
Verschonungsabschlag (85 %)		./. 1 105 000 EUR		
Verbleiben		195 000 EUR		
Abzugsbetrag		./. 127 500 EUR		
steuerpflichtiges begünstigtes Unternehmensvermögen		67 500 EUR	+	67 500 EUR
Abzugsbetrag		150 000 EUR		
Verbleibender Wert (15 %)	195 000 EUR			
Abzugsbetrag	./. 150 000 EUR			
Unterschiedsbetrag	45 000 EUR			
Davon 50 %		./. 22 500 EUR		
Verbleibender Abzugsbetrag		127 500 EUR		
Kapitalvermögen			+	750 000 EUR
Gesamter Vermögensanfall				917 500 EUR
Schuld aus der GmbH-Beteiligung		200 000 EUR		
Kürzung nach § 10 Absatz 6 ErbStG				
Abziehbare Schuld				
auf nicht begünstigtes Vermögen entfallender Teil der Schuld				
200 000 EUR × 100 000 EUR : 1 400 000 EUR = 14 285 EUR				
ungekürzt abziehbarer Teil der Schuld			./.	14 285 EUR
auf begünstigtes Vermögen entfallender Teil der Schuld				
200 000 EUR ./. 14 285 EUR = 185 715 EUR				
185 715 EUR × 67 500 EUR : 1 300 000 EUR =			./.	9 643 EUR
Vermögensanfall nach Abzug der Schulden				893 572 EUR
Erbfallkostenpauschale			./.	10 300 EUR
persönlicher Freibetrag			./.	400 000 EUR
steuerpflichtiger Erwerb				483 272 EUR
abgerundet				483 200 EUR

Anteil des begünstigten Vermögens:
(67 500 EUR ./. 9 643 EUR) : 893 572 EUR = 6,48 %

Steuer nach Stkl. I (15 %)	72 480 EUR
Auf begünstigtes Vermögen entfällt 72 480 EUR × 6,48 %	4 697 EUR

R E 28 (5–8)

(5) [1]Beim Erwerb von bebauten Grundstücken oder Grundstücksteilen, die

1. zu Wohnzwecken vermietet werden (§ 13d ErbStG),
2. im Inland, einem Mitgliedstaat der Europäischen Union oder in einem Staat des Europäischen Wirtschaftsraums belegen sind und
3. nicht zum begünstigten Betriebsvermögen oder begünstigten Vermögen eines Betriebs der Land- und Forstwirtschaft im Sinne des § 13b Absatz 2 ErbStG gehören,

hat der Erwerber auf Antrag einen Rechtsanspruch auf Stundung der darauf entfallenden festgesetzten Steuer bis zu zehn Jahren, soweit er sie nur durch Veräußerung dieses Vermögens aufbringen kann (§ 28 Absatz 3 Satz 1 ErbStG). [2]Dies gilt sowohl für Erwerbe von Todes wegen als auch für Schenkungen unter Lebenden.

(6) [1]Unter den in Absatz 5 Satz 1 Nummer 2 und 3 genannten Voraussetzungen besteht ein Rechtsanspruch auf Stundung auch dann, wenn zum Erwerb ein Ein- oder Zweifamilienhaus oder Wohneigentum gehört, das der Erwerber nach dem Erwerb zu eigenen Wohnzwecken nutzt, längstens für die Dauer der Selbstnutzung. [2]Diese Stundungsmöglichkeit erstreckt sich ausdrücklich nur auf ein Grundstück, das zu den genannten Grundstücksarten gehört. [3]Eine Wohnung in einem Mietwohn-, Geschäfts- oder gemischt genutzten Grundstück oder in einem sonstigen bebauten Grundstück ist nicht begünstigt. [4]Voraussetzung ist nicht, dass der Erblasser oder Schenker dieses Grundstück vor der Übertragung als Familienheim selbst genutzt hat. [5]Nach Aufgabe der Selbstnutzung durch den Erwerber und anschließender Vermietung zu Wohnzwecken ist die Stundung bis zum Ende des ursprünglichen Zehnjahreszeitraums weiter zu gewähren.

(7) [1]Ein Anspruch auf Stundung nach Absatz 5 und 6 besteht nicht, wenn der Erwerber die Steuer für den Erwerb aus erworbenem weiterem Vermögen oder aus eigenem Vermögen aufbringen kann. [2]Dazu muss der Erwerber auch die Möglichkeit der Kreditaufnahme ausschöpfen. [3]Die Feststellungslast dafür, dass kein eigenes Vermögen vorhanden und keine Kreditaufnahme möglich ist, obliegt dem Steuerpflichtigen. [4]Kann der Schenker zur Zahlung der Schenkungsteuer herangezogen werden, sei es, weil er die Steuer übernommen hat (§ 10 Absatz 2 ErbStG), sei es, weil er als Gesamtschuldner in Anspruch genommen werden kann, bleibt eine Stundung ebenfalls ausgeschlossen. [5]Dem Erwerber ist zuzumuten, aus den Vermietungseinnahmen oder aus seinen sonstigen Einnahmen die gestundete Steuer kontinuierlich zu tilgen. [6]Bei der Prüfung der Frage, ob durch die sofortige Entrichtung der Erbschaftsteuer die Veräußerung des Grundvermögens notwendig wird, bleiben Nachlassverbindlichkeiten, z. B. Grundschulden, Pflichtteile oder Vermächtnisse, außer

Betracht. [7]Wird die Veräußerung des Grundvermögens dadurch notwendig, dass neben der Erbschaftsteuer in erheblichem Umfang solche Nachlassverbindlichkeiten zu übernehmen sind, kann zwar § 28 ErbStG nicht angewendet werden, es kann jedoch eine Stundung nach § 222 AO in Betracht kommen. [8]In den Fällen des Absatzes 5 gelten Absatz 3 Satz 1 Nummer 1 und Satz 4 sowie Absatz 4 entsprechend. [9]In den Fällen des Absatzes 6 gelten Absatz 3 Satz 1 Nummer 1 und Absatz 4 entsprechend.

(8) Bei einem Erwerb von Todes wegen erfolgt die Stundung nach Absatz 5 bis 7 zinslos. In allen übrigen Fällen ist die Stundung zinspflichtig (§§ 234, 238 AO).

Zu § 28a ErbStG

R E 28a.1 Verschonungsbedarfsprüfung – Allgemeines

(1) [1]Wenn der Wert des erworbenen begünstigten Vermögens im Sinne des § 13b Absatz 2 ErbStG den Schwellenwert von 26 Millionen EUR überschreitet und der Erwerber keinen Antrag nach § 13c ErbStG gestellt hat, wird die Steuer ohne Verschonung für das begünstigte Vermögen festgesetzt. [2]Auf Antrag des Erwerbers wird eine Verschonungsbedarfsprüfung nach § 28a ErbStG durchgeführt. [3]Diese kann zu einem teilweisen oder vollständigen Erlass der auf das begünstigte Vermögen entfallenden Steuer führen. [4]Der Vorwegabschlag bis zu 30 Prozent nach § 13a Absatz 9 ErbStG ist vor Prüfung des Schwellenwerts von 26 Millionen EUR und vor Anwendung der Verschonungsbedarfsprüfung zu berücksichtigen (§ 13a Absatz 9 ErbStG; → R E 13a.20).

(2) [1]Der Erwerber muss den Antrag auf Erlass nach § 28a Absatz 1 Satz 1 ErbStG bei dem für die Erbschaft- oder Schenkungsteuer zuständigen Finanzamt schriftlich stellen oder zur Niederschrift erklären. [2]Er kann den Antrag unabhängig vom Eintritt der materiellen Bestandskraft der Erbschaft- oder Schenkungsteuerfestsetzung bis zum Eintritt der Zahlungsverjährung stellen; ein Widerruf des Antrags ist möglich. [3]Der Antrag ist ausgeschlossen, wenn der Erwerber bereits unwiderruflich beantragt hat, das Abschmelzmodell nach § 13c ErbStG anzuwenden (§§ 13c Absatz 2 Satz 6, 28a Absatz 8 ErbStG).

(3) Für die Anwendung des § 28a ErbStG ist die auf das insgesamt erworbene begünstigte Vermögen entfallende Steuer maßgeblich.

(4) Entfällt der Vorwegabschlag nach § 13a Absatz 9 Satz 5 ErbStG mit Wirkung für die Vergangenheit, ist für die festgesetzte, auf den geänderten Wert des begünstigten Vermögens entfallende Steuer auf Antrag die Verschonungsbedarfsprüfung durchzuführen.

(5) Die auf das begünstigte Vermögen nach § 13b Absatz 2 ErbStG entfallende Steuer ist wie folgt zu berechnen:

1. Die tarifliche Steuer nach § 19 ErbStG auf den gesamten steuerpflichtigen Erwerb ist um die anzurechnende Steuer auf einen Vorerwerb nach § 14 Absatz 1 ErbStG zu kürzen.
2.[1] Die danach verbleibende Steuer ist nach dem Verhältnis des Werts des begünstigten Vermögens – gegebenenfalls nach Abzug des Vorwegabschlags

---

[1] Teilweise überholt durch Änderung des § 10 Abs. 6 ErbStG durch das JStG 2020.

nach § 13a Absatz 9 ErbStG und nach Abzug der damit in wirtschaftlichem Zusammenhang stehenden abzugsfähigen Schulden und Lasten (§ 10 Absatz 5 und 6 ErbStG) – zum Wert des gesamten Vermögensanfalls nach Abzug der mit diesem Vermögen in wirtschaftlichem Zusammenhang stehenden abzugsfähigen Schulden und Lasten aufzuteilen.

3. Sind für das begünstigte Vermögen die Voraussetzungen der §§ 19a, 21 oder 27 ErbStG erfüllt, sind der Ermäßigungsbetrag nach § 19a ErbStG, die darauf entfallende Ermäßigung nach § 27 ErbStG bzw. die darauf entfallende, nach § 21 ErbStG anrechenbare Steuer abzuziehen.

H E 28a.1

Berechnung der auf begünstigtes Vermögen entfallenden Steuer.

Beispiel:

Unternehmerin U hat ihre Tochter T zur Alleinerbin eingesetzt. Zum Nachlass gehören sämtliche Anteile an einer GmbH mit einem Steuerwert 100 000 000 EUR. Das begünstigte Vermögen hat einen gemeinen Wert von 95 000 000 EUR. Die Gesellschaft erfüllt die Voraussetzungen für einen Vorwegabschlag nach § 13a Absatz 9 ErbStG in Höhe von 5 %. Zum Nachlass gehört Kapitalvermögen im Wert von 25 000 000 EUR. Ein im Zusammenhang mit der Anschaffung der GmbH-Anteile aufgenommener Kredit valutiert noch in Höhe von 3 000 000 EUR.

Die Tochter ist Eigentümerin eines Grundstücks mit einem gemeinen Wert von 2 000 000 EUR, welches sie zu eigenen Wohnzwecken nutzt.

Für T ergibt sich folgende Steuerberechnung:

GmbH-Anteile		
nicht begünstigtes Vermögen		5 000 000 EUR
begünstigtes Vermögen	95 000 000 EUR	
Vorwegabschlag 5 %	./. 4 750 000 EUR	
verbleiben	90 250 000 EUR	
steuerpflichtiges begünstigtes Unternehmensvermögen		+ 90 250 000 EUR
Kapitalvermögen		+ 25 000 000 EUR
gesamter Vermögensanfall		120 250 000 EUR

Schuldenkürzung nach § 10 Absatz 6 ErbStG:
Auf das nicht begünstigte Vermögen entfallende Schulden:

$$\frac{3\,000\,000 \text{ EUR} \times 5\,000\,000 \text{ EUR}}{100\,000\,000 \text{ EUR}} = 150\,000 \text{ EUR}$$

Auf das begünstigte Vermögen entfallende Schulden:
3 000 000 EUR ./. 150 000 EUR = 2 850 000 EUR

$$\frac{2\,850\,000 \text{ EUR} \times 90\,250\,000 \text{ EUR}}{95\,000\,000 \text{ EUR}} = 2\,707\,500 \text{ EUR}$$

Abziehbare Schulden (150 000 EUR + 2 707 500 EUR =)	./.	2 857 500 EUR
Vermögensanfall nach Schuldenabzug		117 392 500 EUR
Erbfallkostenpauschale	./.	10 300 EUR
persönlicher Freibetrag	./.	400 000 EUR
steuerpflichtiger Erwerb		116 982 200 EUR

Anteil des begünstigten Vermögens:		
begünstigtes Vermögen	90 250 000 EUR	
darauf entfallende abziehbare Schulden	./. 2 707 500 EUR	
Saldo	87 542 500 EUR	
87 542 500 EUR : 117 392 500 EUR = 74,58 %		
Steuer nach Stkl. I (30 %)		35 094 660 EUR
Auf begünstigtes Vermögen entfällt 35 094 660 EUR × 74,58 %		26 173 598 EUR

R E 28a.2 Verfügbares Vermögen

(1) [1]Ein Erlass kommt nur für den Teil der auf das begünstigte Vermögen im Sinne des § 13b Absatz 2 ErbStG entfallenden Steuer in Betracht, den der Erwerber nicht aus seinem verfügbaren Vermögen begleichen kann. [2]Das Erbschaft- und Schenkungsteuerrecht erkennt in § 13 ErbStG an, dass bestimmtes Vermögen für die Bestreitung des Lebensunterhalts zur Verfügung stehen sollte, z.B. Hausrat, Familienheim. [3]Dabei ist zu berücksichtigen, dass bei einer Veräußerung von bestimmten Wirtschaftsgütern unter Umständen andere Steuern anfallen oder bei einer eventuellen Beleihung von Wirtschaftsgütern und Vermögensgegenständen eine Beleihung zu 100 Prozent ihres Verkehrswerts in der Regel nicht zu realisieren ist. [4]Da der zu wahrende Kernbestand des Vermögens nicht zweifelsfrei abgegrenzt werden kann, ist das übrige Vermögen nach § 28a Absatz 2 ErbStG typisierend mit einem Anteil von 50 Prozent einzubeziehen. [5]Bei der Prüfung ist abzustellen auf die Summe der gemeinen Werte des Vermögens, das nicht zum begünstigten Vermögen des § 13b Absatz 2 ErbStG gehört bzw. gehören würde. [6]Das gilt unabhängig davon, ob es im Rahmen der Erbschaft oder Schenkung zugleich übergegangen ist oder dem Erwerber im Besteuerungszeitpunkt bereits gehörte. [7]Zum verfügbaren Vermögen gehören insbesondere

1. das nicht nach § 13b Absatz 1 ErbStG begünstigungsfähige Vermögen, z.B. Anteile an Kapitalgesellschaften, die die Mindestbeteiligung nach § 13b Absatz 1 Nummer 3 ErbStG nicht erreichen, ausländisches Betriebsvermögen in einem Drittstaat, Privatvermögen (Kapitalvermögen, Grundstücke, übriges Vermögen),
2. das nicht begünstigte Verwaltungsvermögen, das zu einer wirtschaftlichen Einheit des begünstigungsfähigen Vermögens nach § 13b Absatz 1 ErbStG gehört (steuerpflichtiger Wert des Verwaltungsvermögens, → R E 13b.9 Absatz 2),
3. Vermögen, das nicht der Besteuerung nach dem ErbStG unterliegt, z.B. Vermögen, das nicht der unbeschränkten Steuerpflicht nach § 2 Absatz 1 Nummer 1 ErbStG unterliegt oder nach einem DBA von der Besteuerung ausgenommen ist.

(2) [1]Im Rahmen der Verschonungsbedarfsprüfung sind allein die Verhältnisse im Besteuerungszeitpunkt maßgeblich. [2]Der Bestand und der Wert des verfügbaren Vermögens sind auf diesen Stichtag zu ermitteln. [3]Nicht maßgebend sind unter anderem der Zeitpunkt der Steuerfestsetzung, des Erlassan-

trags nach § 28a Absatz 1 ErbStG oder des Ergehens des Verwaltungsakts über einen Erlass nach § 28a Absatz 1 ErbStG. [4] Anzusetzen ist jeweils der Nettowert des einzubeziehenden Vermögens. [5] Bei der Berechnung des Nettowerts sind Schulden und Lasten einschließlich der Nachlassverbindlichkeiten nach § 10 Absatz 5 ErbStG sowie Gegenleistungen im Fall einer Schenkung abzuziehen. [6] Die auf den steuerpflichtigen Erwerb entfallende Steuer mindert den Wert des verfügbaren Vermögens nicht. [7] Bei der Ermittlung des Werts des verfügbaren Vermögens sind Steuerbefreiungen, z. B. für Hausrat, Kulturgüter oder ein Familienheim, unbeachtlich. [8] Wurden im Rahmen der Steuerberechnung aufgrund dieser Steuerbefreiungen Schulden nach § 10 Absatz 6 ErbStG nur eingeschränkt abgezogen, sind diese bei der Ermittlung des verfügbaren Vermögens ungekürzt abzuziehen. [9] Ebenfalls unbeachtlich ist, dass der Erwerber gegebenenfalls nicht frei über das Vermögen verfügen kann, weil es z. B. in einer wirtschaftlichen Einheit des begünstigungsfähigen Vermögens nach § 13b Absatz 1 ErbStG gebunden ist. [10] Die durch einen späteren Verkauf verfügbaren Vermögens anfallenden anderen Steuern, z. B. Einkommensteuer oder Grunderwerbsteuer, mindern das verfügbare Vermögen nicht. [11] Bei der Ermittlung des verfügbaren Vermögens sind keine persönlichen Freibeträge (§§ 16, 17 ErbStG) zu berücksichtigen.

(3) [1] Der Wert des zugleich übergegangenen Vermögens im Sinne des § 28a Absatz 2 Nummer 1 ErbStG ist jeweils mit den für die Steuerfestsetzung maßgeblichen – gegebenenfalls festgestellten – gemeinen Werten zu berücksichtigen. [2] Im Rahmen der Ermittlung des verfügbaren Vermögens sind zusätzlich zu ermitteln:

1. der Wert des zugleich übergegangenen Vermögens, das im Rahmen der Steuerfestsetzung auf Grund einer Steuerbefreiung nicht berücksichtigt wurde, oder nach einem DBA von der Besteuerung ausgenommen ist, und
2. der Wert des Vermögens, das dem Erwerber im Besteuerungszeitpunkt bereits gehört (§ 28a Absatz 2 Nummer 2 ErbStG).

[3] Die Werte dieser Vermögensgegenstände sind gegebenenfalls nach §§ 151 ff. BewG festzustellen. [4] Gehört zum vorhandenen Vermögen des Erwerbers eine wirtschaftliche Einheit des begünstigungsfähigen Vermögens nach § 13b Absatz 1 ErbStG, sind neben der Wertfeststellung auch die Feststellungen nach § 13b Absatz 10 ErbStG durchzuführen (→ R E 13b.30). [5] Feststellungen zur Lohnsummenregelung nach § 13a Absatz 4 ErbStG unterbleiben.

H E 28a.2

Verfügbares Vermögen.

Beispiel:

Fortsetzung des Beispiels in H E 28a.1.

miterworbenes Vermögen		
nicht begünstigtes Vermögen	5 000 000 EUR	
Kapitalvermögen	+ 25 000 000 EUR	
Schulden auf nicht begünstigtes Vermögen	./. 150 000 EUR	
Erbfallkostenpauschbetrag	./. 10 300 EUR	
	29 839 700 EUR	
davon 50%		14 919 850 EUR

eigenes Vermögen		
Grundstück	2 000 000 EUR	
davon 50 %		+ 1 000 000 EUR
		15 919 850 EUR
Steuer auf das begünstigte Vermögen		26 173 598 EUR
verfügbares Vermögen		./. 15 919 850 EUR
zu erlassende Steuer		10 253 748 EUR

R E 28a.3 Stundung

[1]Eine Stundung nach § 28a Absatz 3 ErbStG bis zu sechs Monaten kommt nur in Betracht für die Steuer, die auf das erworbene begünstigte Vermögen entfällt und die nicht nach § 28a Absatz 1 ErbStG erlassen wurde. [2]§ 28 Absatz 1 ErbStG und § 222 AO bleiben unberührt (→ R E 28). [3]Eine Stundung der Steuer, die auf das zugleich übergegangene nicht begünstigte Vermögen entfällt, ist nach § 28a Absatz 3 ErbStG nicht möglich.

R E 28a.4 Nachträglicher Wegfall der Erlassbedingungen

(1) [1]Verstößt der Erwerber innerhalb der für die Optionsverschonung maßgebenden Lohnsummen- oder Behaltensfrist von sieben Jahren gegen die Lohnsummen- oder Behaltensregelungen (→ R E 13a.9, 13a.19 und 13a.21), ist der unter dem Vorbehalt des Widerrufs stehende Verwaltungsakt über den Erlass mit Wirkung für die Vergangenheit ganz oder teilweise zu widerrufen (§ 28a Absatz 4 Satz 1 Nummer 1 und 2, Satz 2 und 3 ErbStG). [2]Die zunächst erloschene Steuer lebt ganz oder teilweise wieder auf. [3]Der Umfang des rückwirkenden Wegfalls des Erlasses richtet sich nach den Regelungen der Optionsverschonung (→ R E 13a.9 und 13a.19).

(2) [1]Erhält der Erwerber innerhalb von zehn Jahren nach dem Besteuerungszeitpunkt durch Schenkung oder von Todes wegen weiteres Vermögen, das verfügbares Vermögen im Sinne des § 28a Absatz 2 ErbStG darstellt, ist der unter dem Vorbehalt des Widerrufs stehende Verwaltungsakt über den Erlass mit Wirkung für die Vergangenheit zu widerrufen (§ 28a Absatz 4 Satz 1 Nummer 3, Satz 2 und 3 ErbStG). [2]Dies gilt unabhängig von der Person des Zuwendenden und davon, ob beziehungsweise in welchem Umfang der Erwerb dem ErbStG unterliegt. [3]Aus Vereinfachungsgründen sind übliche Gelegenheitsgeschenke im Sinne des § 13 Absatz 1 Nummer 14 ErbStG unbeachtlich. [4]Die zunächst erloschene Steuer lebt vollständig wieder auf. [5]Der Erwerber kann einen erneuten Antrag nach § 28a Absatz 1 ErbStG stellen. [6]Im Rahmen der erneuten Verschonungsbedarfsprüfung ist das zum Besteuerungszeitpunkt des Erwerbs, für den der Erlass gewährt wurde, ermittelte verfügbare Vermögen um 50 Prozent des gemeinen Werts des hinzuerworbenen Vermögens zu erhöhen. [7]Anzusetzen ist der Nettowert des hinzuerworbenen Vermögens. [8]Die auf den Hinzuerwerb entfallende Steuer mindert den Wert des verfügbaren Vermögens nicht. [9]Für das hinzuerworbene Vermögen sind die Verhältnisse im Zeitpunkt des Hinzuerwerbs maßgeblich. [10]Hinsichtlich dessen Ermittlung sind R E 28a.2 Absatz 2 und 3 entsprechend anzuwenden.

(3) [1]Der unter dem Vorbehalt des Widerrufs stehende Verwaltungsakt über den Erlass ist mit Wirkung für die Vergangenheit zu widerrufen, wenn nach dem Erlass des Verwaltungsakts

1. für das verfügbare Vermögen oder Teile davon Feststellungsbescheide nach § 151 Absatz 1 Satz 1 BewG oder § 13b Absatz 10 Satz 1 erstmals erlassen oder geändert werden und die festgestellten Werte von den beim Erlass zugrunde gelegten Werten abweichen. [2]Dies gilt auch für den Fall, in dem ein Feststellungsbescheid für das verfügbare Vermögen aufgehoben wird.
2. die dem Erlass zugrundeliegende Steuerfestsetzung geändert wird oder
3. begünstigtes Vermögen im Sinne des § 13b Absatz 2 ErbStG aufgrund einer Verpflichtung an Dritte weiterübertragen wird.

[2]Die zunächst erloschene Steuer lebt vollständig wieder auf. [3]Der Erwerber kann einen erneuten Antrag nach § 28a Absatz 1 ErbStG stellen.

R E 28a.5 Ergänzende Vorschriften bei der Verschonungsbedarfsprüfung

Folgende ergänzende Vorschriften sind zu beachten:

1. zu den Folgen einer Weitergabeverpflichtung oder einer Nachlassteilung: § 28a Absatz 1 Satz 2 bis 5 ErbStG. [2]Zu Einzelheiten → R E 13a.11;
2. zu den Anzeigepflichten des Erwerbers in den Fällen eines Verstoßes gegen die Lohnsummen- oder Behaltensregelungen oder eines Hinzuerwerbs verfügbaren Vermögens: § 28a Absatz 5 ErbStG. [2]Zu Einzelheiten → R E 13a.9 und 13a.12;
3. zu dem Hinausschieben des Endes der Zahlungsverjährungsfrist bei Verstoß gegen die in Nummer 2 genannten Regelungen: § 28a Absatz 6 ErbStG.

R E 28a.6 Begünstigte Erwerbe bei Familienstiftungen

[1]Die Verschonungsbedarfsprüfung des § 28a ErbStG wird auf Antrag auch bei der Bemessung der Ersatzerbschaftsteuer einer Familienstiftung oder eines Familienvereins (§ 1 Absatz 1 Nummer 4 ErbStG) gewährt, soweit zum Vermögen der Stiftung oder des Vereins begünstigtes Vermögen (§ 13b Absatz 2 ErbStG) gehört. [2]Wegen der Definition der Familienstiftung → R E 1.2. [3]Beim Übergang von Vermögen auf Grund eines Stiftungsgeschäfts unter Lebenden (§ 7 Absatz 1 Nummer 8 ErbStG) kommt die Verschonungsbedarfsprüfung ebenfalls in Betracht.

Zu § 29 ErbStG

R E 29 Erlöschen der Steuer in besonderen Fällen

[1]Nach § 29 Absatz 1 Nummer 1 ErbStG erlischt die Steuer mit Wirkung für die Vergangenheit, soweit ein Geschenk wegen eines Rückforderungsrechts herausgegeben werden muss. [2]Gemäß § 29 Absatz 2 ErbStG ist der Erwerber für den Zeitraum, für den ihm die Nutzungen des zugewendeten

Vermögens zugestanden haben, wie ein Nießbraucher zu behandeln. [3]Bei der vollständigen oder teilweisen Rückgängigmachung einer Schenkung steuerbegünstigten Vermögens ist die ursprünglich gewährte Steuerbegünstigung nicht anwendbar. [4]Der ursprüngliche Zuwendungsgegenstand wird durch einen neuen Zuwendungsgegenstand „fiktiver Nießbrauch" ausgetauscht, für den keine Steuerbegünstigung in Betracht kommt. [5]Gleiches gilt in den Fällen des § 29 Absatz 1 Nummer 2 und 4 ErbStG.

H E 29

Änderung der Steuerfestsetzung für frühere Schenkungen an den überlebenden Ehegatten beim güterrechtlichen Zugewinnausgleich. → R E 5.1 Absatz 6.

Zahlung des Beschenkten zur Abwendung des Herausgabeanspruchs des Pflichtteilsberechtigten. → BFH vom 8.10.2003 II R 46/01, BStBl. 2004 II S. 234.

Zu § 30 ErbStG

R E 30 Anzeigepflicht des Erwerbers

(1) [1]Jeder der Erbschaftsteuer unterliegende Erwerb von Todes wegen ist vom Erwerber innerhalb einer Frist von drei Monaten nach erlangter Kenntnis von dem Anfall des Erwerbs dem zuständigen Erbschaftsteuerfinanzamt anzuzeigen (§ 30 Absatz 1 ErbStG). [2]Einer Anzeige bedarf es grundsätzlich nicht, wenn der Erwerb auf einer Verfügung von Todes wegen beruht, die von einem deutschen Gericht, einem deutschen Notar oder einem deutschen Konsul eröffnet wurde, und sich aus dieser das Verhältnis des Erwerbers zum Erblasser unzweifelhaft ergibt (§ 30 Absatz 3 Satz 1 1. Halbsatz ErbStG). [3]Die Anzeigepflicht des Erwerbers besteht in diesen Fällen jedoch fort, wenn zu seinem Erwerb folgende Vermögensgegenstände gehören (§ 30 Absatz 3 Satz 1 2. Halbsatz ErbStG):

1. Grundbesitz,
2. Betriebsvermögen,
3. Anteile an einer Kapitalgesellschaft, für die keine Anzeigepflicht durch einen Vermögensverwahrer oder Vermögensverwalter nach § 33 ErbStG besteht, oder
4. Auslandsvermögen.

[4]Einer Anzeige bedarf es auch dann nicht, wenn eine Schenkung unter Lebenden oder Zweckzuwendung von einem deutschen Notar und einem deutschen Gericht beurkundet worden ist.

(2) Erwerbe von Todes wegen, die auf einer von einem ausländischen Gericht oder einem ausländischen Notar eröffneten Verfügung von Todes wegen beruhen und Schenkungen, die von einem ausländischen Notar beurkundet werden, sind stets durch den Erwerber, im Schenkungsfall auch durch den Schenker anzuzeigen, weil die ausländischen Gerichte und Notare nicht der Anzeigepflicht nach § 34 ErbStG unterliegen.

Zu § 31 ErbStG

R E 31 Steuererklärung – *unbesetzt* –

H E 31

Gemeinsame Steuererklärung bei Vorhandensein mehrerer Erben und weiterer Erwerber. Eine gemeinsame Steuererklärung im Sinne des § 31 Absatz 4 ErbStG kann sowohl von der Gesamtheit der Miterben als auch von einem Teil der Miterben abgegeben werden. Im letzten Fall gilt sie allerdings auch nur für die zu dieser Gruppe gehörenden Miterben. Unter diesen Umständen können auch mehrere Gruppen von Miterben jeweils für sich eine gemeinsame Steuererklärung abgeben. Andere am Erbfall beteiligte Personen (Pflichtteilsberechtigte, Vermächtnisnehmer usw.) können dabei mit berücksichtigt werden.

§ 31 Absatz 4 ErbStG enthält für die Abgabe der gemeinsamen Steuererklärung – im Gegensatz zu § 31 Absatz 1 ErbStG für die Abgabe der Einzelsteuererklärung – keine Fristbestimmung. Fordert das Finanzamt zur Abgabe einer Steuererklärung innerhalb einer bestimmten Frist auf, sind die Erben (und ggf. die weiteren Personen) nach § 31 Absatz 4 ErbStG lediglich berechtigt, anstelle der Einzelsteuererklärungen nach Absatz 1 eine gemeinsame Steuererklärung abzugeben. Geben die Miterben und ggf. die weiteren Personen, die außer den Erben an dem Erbfall beteiligt sind, eine gemeinsame Steuererklärung ab, so kann das Finanzamt von ihnen keine Einzelsteuererklärungen verlangen. Geben sie keine gemeinsame Steuererklärung ab, so bleibt ihre Verpflichtung, innerhalb der vom Finanzamt nach Maßgabe des § 31 Absatz 1 ErbStG gesetzten Frist Einzelsteuererklärungen abzugeben, bestehen. Im Ergebnis muss also die gemeinsame Steuererklärung innerhalb der für die Abgabe der Einzelsteuererklärung gesetzten Frist abgegeben werden; anderenfalls kann sie die Abgabe von Einzelsteuererklärungen nicht ersetzen.

Erklärungspflicht des Testamentsvollstreckers. → BFH vom 9.6.1999 II B 101/98, BStBl. II S. 529, vom 7.12.1999 II B 79/99, BStBl. 2000 II S. 233 und vom 11.6.2013 II R 10/11, BStBl. II S. 924.

Zu § 32 ErbStG

R E 32 Bekanntgabe des Steuerbescheids an Vertreter – *unbesetzt* –

H E 32

Bekanntgabe des Steuerbescheids bei Testamentsvollstreckung, Nachlassverwaltung und Nachlasspflegschaft. → AEAO in der jeweils anzuwendenden Fassung, zu § 122 AO.

Bekanntgabe einer Einspruchsentscheidung in Fällen der Testamentsvollstreckung. Inhaltsadressaten des Erbschaftsteuerbescheids bleiben die Erben (vgl. Nummer 2.13.4 des AEAO zu § 122). Der Testamentsvollstrecker ist daher auch nicht befugt, den Erbschaftsteuerbescheid anzufechten, es sei denn, er soll persönlich in Anspruch genommen werden (→ BFH vom 4.11.1981 II R 144/78, BStBl. 1982 II S. 262). Eine Einspruchsentscheidung zu einem Erbschaftsteuerbescheid in Fällen der Testamentsvollstreckung ist nicht dem Testamentsvollstrecker, sondern den Erben bekannt zu geben, es sei denn, der Testamentsvollstrecker hat den Einspruch als Bevollmächtigter der Erben eingelegt.

Zu §§ 33 und 34 ErbStG

R E 33 Anzeigepflichten – *unbesetzt* –

H E 33

Anzeigepflicht bei Bestattungsvorsorge-Treuhandkonten. Schließt ein Erblasser mit einem Bestattungsinstitut o.Ä. einen sog. Bestattungsvorsorgevertrag ab und zahlt er die voraussichtlichen Bestattungskosten auf ein Treuhandkonto bei einer Bank ein, verwaltet das Bestattungsinstitut das Konto treuhänderisch. Nach dem Tod des Auftraggebers nimmt es die Bestattung vor und entnimmt dem Konto das Guthaben. Ein evtl. verbleibendes Guthaben ist grundsätzlich an die Erben auszuzahlen.
Das auf dem Konto befindliche Guthaben gehört beim Tod des Treugebers zu dessen Vermögen (§ 39 Absatz 2 Nummer 1 Satz 2 AO). Das Treuhandverhältnis und der Name des Treugebers sind der verwahrenden Bank bekannt. Damit ist sie gem. § 33 Absatz 1 ErbStG anzeigepflichtig.
Daneben ist bei Treuhandverhältnissen auch der Treuhänder anzeigepflichtig, wenn er sich geschäftsmäßig mit der Verwaltung fremden Vermögens befasst. Dies kann auch beim einzelnen Bestattungsinstitut der Fall sein, so dass es eigenständig gem. § 33 Absatz 1 ErbStG anzeigepflichtig ist. Sofern im Einzelfall dazu Anlass besteht, sollen die Finanzämter die Bestattungsinstitute auf ihre Anzeigepflicht hinweisen.

Anzeigepflicht berufsständischer Versorgungswerke. Zu den Versicherungsunternehmen im Sinne des § 33 Absatz 3 ErbStG gehören auch die berufsständischen Versorgungswerke, z.B. der Ärztekammern.
Für gesetzliche Leistungen der Versorgungswerke besteht keine Anzeigepflicht. War der Erblasser Zwangsmitglied der Kammer, ist hinsichtlich der Leistungen an seine Hinterbliebenen keine Anzeigepflicht gegeben. Demgegenüber stellen vertragliche Leistungen der Kammern anzeigepflichtige Vorgänge dar. War der Erblasser freiwilliges Mitglied der Kammer, besteht deshalb für die Leistungen an seine Hinterbliebenen Anzeigepflicht.

Anzeigepflicht der Versicherungsunternehmen bei verbundenen Lebensversicherungen. Nach § 33 Absatz 3 ErbStG besteht eine Anzeigepflicht auch bei einer verbundenen Lebensversicherung von Eheleuten und anderen Vertragspartnern.
Bei dieser Versicherung sind zwar beide Ehegatten zugleich versichert, so dass jeder Ehegatte Versicherungsnehmer, Versicherter und Bezugsberechtigter ist. Hieraus kann aber für eine Lebensversicherung, deren Versicherungsfall beim Ableben des zuerst versterbenden Ehegatten eintritt, nicht

gefolgert werden, dass damit eine Anzeigepflicht nach § 33 Absatz 3 ErbStG entfällt, weil die Versicherungssumme an einen Versicherungsnehmer – nämlich an den überlebenden Ehegatten – ausgezahlt wird. Die Anzeigepflicht dient der Sicherung des Steueranspruchs für Versicherungsleistungen. Diese sind, wenn sie zu Lebzeiten des Versicherungsnehmers einem anderen ausgezahlt werden, nach § 7 Absatz 1 Nummer 1 ErbStG, bei Auszahlung aus Anlass des Todes des Versicherungsnehmers nach § 3 Absatz 1 Nummer 4 ErbStG steuerpflichtig.

Der Besteuerungstatbestand des § 3 Absatz 1 Nummer 4 ErbStG ist auch bei einer verbundenen Lebensversicherung von Ehegatten, deren Versicherungsfall mit dem Tode des zuerst verstorbenen Ehegatten eingetreten ist, erfüllt. Der überlebende Ehegatte erwirbt den Anspruch auf die Versicherungsleistung in seiner Eigenschaft als Bezugsberechtigter; ihm steht insoweit für den Besteuerungstatbestand des § 3 Absatz 1 Nummer 4 ErbStG und die Anzeigepflicht nach § 33 Absatz 3 ErbStG der verstorbene Ehegatte, dessen Tod den Versicherungsfall ausgelöst hat, als Versicherungsnehmer gegenüber. Die Auszahlung der Versicherungssumme an den überlebenden Ehegatten stellt daher ungeachtet der Tatsache, dass auch er – neben dem verstorbenen Ehegatten – Versicherungsnehmer war, einen anzeigepflichtigen Tatbestand dar.

Anzeigepflichten der Versicherungsunternehmen bei Vertragsfortführung. Eine Anzeigepflicht nach § 33 Absatz 3 ErbStG besteht auch, wenn beim Tode des Versicherungsnehmers, der nicht versicherte Person ist, der Versicherungsvertrag von einer anderen Person (z. B. einem Erben) fortgeführt wird. Durch die Übertragung des Versicherungsvertrages auf einen anderen Versicherungsnehmer wird diesem – unabhängig davon, ob sie mit dem Tod oder bereits zu Lebzeiten des übertragenden Versicherungsnehmers erfolgt – die Versicherungssumme zur Verfügung gestellt. Der neue Versicherungsnehmer kann z. B. den Versicherungsvertrag gem. § 165 VVG kündigen.

Anzeigepflicht eines inländischen Kreditinstituts mit Zweigniederlassung im Ausland. → BFH vom 16.11.2016 II R 29/13, BStBl. 2017 II S. 413.

Leistungen aus Rentenversicherungen. Die Billigkeitsregelung des § 3 Absatz 3 Satz 2 ErbStDV ist auch bei Leistungen aus Rentenversicherungen anzuwenden, wenn der Kapitalwert der voraussichtlichen Rentenleistungen oder die Kapitalleistung 5 000 Euro nicht übersteigt.

Übertragung oder Auszahlung von Treuhandvermögen im Rahmen eines CTAs. Bei der Übertragung oder Auszahlung von Treuhandvermögen im Rahmen eines CTAs ist eine Anzeige nach § 33 Absatz 3 ErbStG entbehrlich.

Übertragung oder Auszahlung von verpfändetem Vermögen bei Wertguthabenvereinbarungen (§ 7b SGB IV). Bei der Übertragung oder Auszahlung von verpfändetem Vermögen bei Wertguthabenvereinbarungen (§ 7b SGB IV) ist eine Anzeige nach § 33 Absatz 3 ErbStG entbehrlich.

Zu § 37 ErbStG

R E 37 Anwendung des Gesetzes – *unbesetzt* –

H E 37

Anwendung des Gesetzes.

- Bekanntmachung der Neufassung des ErbStG vom 27.2.1997 (BGBl. I S. 378, BStBl. I S. 298).
- **§ 13a Absatz 4 Nummer 2 und § 19a Absatz 2 Nummer 2 ErbStG** i. d. F. des Artikels 10 des Steuerentlastungsgesetzes 1999/2000/ 2002 vom 24.3.1999 (BGBl. I S. 402, BStBl. I S. 304):
  Anwendung auf Erwerbe, für die die Steuer nach dem 31.12.1998 entstanden ist.
- **§ 3 Absatz 1 Nummer 2 und Absatz 2 Nummer 1, § 7 Absatz 1 Nummer 8 und 9 und Absatz 7, § 9 Absatz 1 Nummer 1 Buchstabe c, § 15 Absatz 2 Satz 2 sowie § 20 Absatz 1 ErbStG** i. d. F. des Artikels 10 des Steuerentlastungsgesetzes 1999/2000/2002 vom 24.3.1999 (BGBl. I S. 402, BStBl. I S. 304):
  Anwendung auf Erwerbe, für die die Steuer nach dem 4.3.1999 entstanden ist.
- **§ 29 Absatz 1 Nummer 4 ErbStG** i. d. F. des Artikels 6 des Gesetzes zur weiteren steuerlichen Förderung von Stiftungen vom 14.7.2000 (BGBl. I S. 1034; BStBl. I S. 1192):
  Anwendung auf Erwerbe, für die die Steuer nach dem 31.12.1999 entstanden ist.
- **§ 13a Absatz 1 Satz 1 Nummer 2 ErbStG** i. d. F. des Artikels 16 des Steueränderungsgesetzes 2001 vom 20.12.2001 (BGBl. I S. 3794, BStBl. I 2002 S. 4):
  Anwendung auf Erwerbe, für die die Steuer nach dem 22.12.2001 entstanden ist; rückwirkend auch auf Erwerbe, für die die Steuer nach dem 31.12.1995 entstanden ist, wenn die Steuerfestsetzung am 23.12.2001 noch nicht bestandskräftig war.
- **§ 10 Absatz 1 Satz 5 und Absatz 5 Nummer 3 Satz 2, § 13 Absatz 1 Nummer 1, 6 und 9, § 13a Absatz 1 und Absatz 5 Nummer 3, § 16, § 17 Absatz 1 Satz 1 und Absatz 2 Satz 1, § 18, § 19 Absatz 1, § 19a Absatz 5 Nummer 3 Satz 1, § 20 Absatz 7 sowie § 22 ErbStG** i. d. F. des Artikels 19 des Steuer-Euroglättungsgesetzes vom 19.12.2000 (BGBl. I S. 1790; BStBl. I 2001 S. 3):
  Anwendung auf Erwerbe, für die die Steuer nach dem 31.12.2001 entstanden ist.
- **§ 9 Absatz 1 Nummer 1 Buchstabe c ErbStG** i. d. F. des Artikels 2 des Gesetzes zur Modernisierung des Stiftungsrechts vom 15.7.2002 (BGBl. I S. 2634, BStBl. I S. 706):
  Anwendung auf Erwerbe, für die die Steuer nach dem 31.8.2002 entstanden ist.
- **§ 30 Absatz 1, § 33 Absatz 1 Satz 1, Absatz 2 und 3 sowie § 34 Absatz 1 ErbStG** i. d. F. des Artikels 27 des Dritten Gesetzes zur Ände-

rung verfahrensrechtlicher Vorschriften vom 21.8.2002 (BGBl. I S. 3322, BStBl. I S. 820):
Anwendung auf Erwerbe, für die die Steuer nach dem 27.8.2002 entstanden ist.

- **§ 13a Absatz 1 Satz 1 und Absatz 2 sowie § 19a Absatz 4 Satz 3 ErbStG** i.d.F. des Artikels 13 des Haushaltsbegleitgesetzes 2004 vom 29.12.2003 (BGBl. I S. 3076, BStBl. I 2005 S. 120):
  Anwendung auf Erwerbe, für die die Steuer nach dem 31.12.2003 entstanden ist.
- **§ 29 Absatz 1 Nummer 4 ErbStG** i.d.F. des Artikels 8 des Gesetzes zur weiteren Stärkung des bürgerschaftlichen Engagements vom 10.10.2007 (BGBl. I S. 2332, BStBl. I S. 815):
  Anwendung auf Erwerbe, für die die Steuer nach dem 31.12.2006 entstanden ist.
- **§ 3 Absatz 1 Nummer 1, Absatz 2 Nummer 4 und 7, § 4 Absatz 1, § 5 Absatz 1 und 2, § 6 Absatz 4, § 7 Absatz 1 Nummer 4, 6 und 9 und Absatz 7, § 9 Absatz 1 Nummer 1 Buchstabe b, § 10 Absatz 1 und 5 Nummer 1, Absatz 6 und 10, § 12, § 13 Absatz 1 Nummer 1, 2, 4a, 4b, 4c, 7, 8, 9 und 18, § 13a, § 13b, § 13c, § 14, § 15 Absatz 2 und 3, § 16, § 17 Absatz 1, § 19 Absatz 1 und 3, § 19a, § 20 Absatz 2, § 24 Satz 2, § 25, § 26, § 27 Absatz 1 und 3, § 28 Absatz 3, § 29 Absatz 1 Nummer 3 und 4, § 30 Absatz 3, § 31 Absatz 3 sowie § 35 Absatz 3 ErbStG** i.d.F. des Artikels 1 des Erbschaftsteuerreformgesetzes vom 24.12.2008 (BGBl. I S. 3018, BStBl. I 2009 S. 140):
  Anwendung auf Erwerbe, für die die Steuer nach dem 31.12.2008 entstanden ist.
- **§ 13a Absatz 1, 5 und 8, § 19a Absatz 5 ErbStG** i.d.F. des Artikels 6 des Wachstumsbeschleunigungsgesetzes vom 22.12.2009 (BGBl. I S. 3950, BStBl. 2010 I S. 2):
  Anwendung auf Erwerbe, für die die Steuer nach dem 31.12.2008 entstanden ist.
- **§ 19 Absatz 1 und § 19a Absatz 3 ErbStG** i. d. F. des Artikels 6 des Wachstumsbeschleunigungsgesetzes vom 22.12.2009 (BGBl. I S. 3950, BStBl. 2010 I S. 2):
  Anwendung auf Erwerbe, für die die Steuer nach dem 31.12.2009 entstanden ist.
- **§ 13 Absatz 1 Nummer 1, § 13b Absatz 2, § 15 Absatz 1, § 16 Absatz 1 und § 17 Absatz 1 ErbStG** i.d.F. des Artikels 14 des Jahressteuergesetzes 2010 vom 8.12.2010 (BGBl. I S. 1768, BStBl. I S. 1394):
  Anwendung auf Erwerbe, für die die Steuer nach dem 13.12.2010 entstanden ist.
- **§ 15 Absatz 1, § 16 Absatz 1 und § 17 Absatz 1 ErbStG** i.d.F. des Artikels 14 des Jahressteuergesetzes 2010 vom 8.12.2010 (BGBl. I S. 1768, BStBl. I S. 1394):
  Anwendung nach Maßgabe des § 37 Absatz 5 ErbStG i.d.F. des Jahressteuergesetz 2010 vom 8.12.2010 (BGBl. I S. 1768) auf Erwerbe von Lebenspartnern i.S.d. Lebenspartnerschaftsgesetzes, für die die Steuer nach dem 31.7.2001 bzw. nach dem 31.12.2001 entstanden ist.

– **§ 13a Absatz 1a und § 13b Absatz 2a ErbStG** i. d. F. des Artikels 8 des Steuervereinfachungsgesetzes 2011 vom 1.11.2011 (BGBl. I S. 2131, BStBl. I S. 986):
Anwendung auf Erwerbe, für die die Steuer nach dem 30.6.2011 entstanden ist.

– **§ 2 Absatz 1 Nummer 1 und 3 und Absatz 3, § 7 Absatz 8, § 15 Absatz 4, § 16 Absatz 1 und 2, § 19 Absatz 2, § 21 Absatz 1 und § 35 Absatz 4 ErbStG** i. d. F. des Artikels 11 des Beitreibungsrichtlinie-Umsetzungsgesetzes vom 7.12.2011 (BGBl. I S. 2592, BStBl. I S. 1296):
Anwendung auf Erwerbe, für die die Steuer nach dem 13.12.2011 entstanden ist.

– **§ 2 Absatz 1 Nummer 1 und 3 und Absatz 3, § 16 Absatz 1 und 2, § 19 Absatz 2, § 21 Absatz 1 und § 35 Absatz 4 ErbStG** i. d. F. des Artikels 11 des Beitreibungsrichtlinie-Umsetzungsgesetzes vom 7.12.2011 (BGBl. I S. 2592, BStBl. I S. 1296):
Anwendung nach Maßgabe des § 37 Absatz 7 ErbStG i. d. F. des Beitreibungsrichtlinie-Umsetzungsgesetzes vom 7.12.2011 (BGBl. I S. 2592, BStBl. I S. 1296) auf Antrag auch auf Erwerbe, für die die Steuer vor dem 14.12.2011 entstanden ist.

– **§ 5 Absatz 3 ErbStG** i. d. F. des Artikels 5 des Gesetzes zu dem Abkommen vom 4. Februar 2010 zwischen der Bundesrepublik Deutschland und der Französischen Republik über den Güterstand der Wahl-Zugewinngemeinschaft vom 15.3.2012 (BGBl. II S. 178), in Kraft getreten am 1.5.2013:
Anwendung auf Erwerbe, für die die Steuer nach dem 30.4.2013 entstanden ist.

– **§ 13a Absatz 1 Satz 4, Absatz 4 Satz 5, § 13b Absatz 2 Satz 2 Nummer 4a, Satz 3 und Satz 7 ErbStG** i. d. F. des Artikels 30 des Amtshilferichtlinie-Umsetzungsgesetzes vom 26.6.2013 (BGBl. I S. 1809, BStBl. I S. 802):
Anwendung nach Maßgabe des § 37 Absatz 8 ErbStG i. d. F. des Amtshilferichtlinie-Umsetzungsgesetzes vom 26.6.2013 (BGBl. I S. 1809, BStBl. I S. 802) auf Erwerbe, für die die Steuer nach dem 6.6.2013 entstanden ist.

– **§ 34 Absatz 2 Nummer 2 ErbStG** i. d. F. des Artikels 17 des Gesetzes zum Internationalen Erbrecht und zur Änderung von Vorschriften zum Erbschein sowie zur Änderung sonstiger Vorschriften vom 29.6.2015 (BGBl. I S. 1042):
Anwendung nach Maßgabe des § 37 Absatz 9 ErbStG i. d. F. des Gesetzes zum Internationalen Erbrecht und zur Änderung von Vorschriften zum Erbschein sowie zur Änderung sonstiger Vorschriften vom 29.6.2015 (BGBl. I S. 1042) auf Erwerbe, für die die Steuer nach dem 16.8.2015 entstanden ist.

– **§ 13 Absatz 1 Nummer 16 Buchst. b und Buchst. c und § 30 Absatz 4 Nummer 1 ErbStG** i. d. F. des Artikels 10 des Steueränderungsgesetzes 2015 vom 2.11.2015 (BGBl. I S. 1834):
Anwendung nach Maßgabe des § 37 Absatz 10 ErbStG i. d. F. des Steueränderungsgesetzes 2015 vom 2.11.2015 (BGBl. I S. 1834) auf Erwerbe,

für die die Steuer nach dem 5.11.2015 entstanden ist bzw. auf alle offenen Fälle.

- **§ 13 Absatz 1 Nummer 2 Buchst. b Doppelbuchst. bb ErbStG** i.d.F. des Artikels 8 des Gesetzes zur Neuregelung des Kulturgutschutzrechts vom 31.7.2016 (BGBl. I S. 1914):
  Anwendung nach Maßgabe des § 37 Absatz 11 ErbStG i.d.F. des Gesetzes zur Neuregelung des Kulturgutschutzrechts vom 31.7.2016 (BGBl. I S. 1914) auf Erwerbe, für die die Steuer nach dem 5.8.2016 entstanden ist.
- **§ 10 Absatz 1 Satz 1 und Absatz 6 Sätze 4 und 5, § 13a, § 13b, § 13c, § 13d, § 19a Absatz 2, 3 und 5, § 28 Absatz 1 und 3, § 28a ErbStG** i.d.F. des Artikels 1 des Gesetzes zur Anpassung des ErbStG an die Rechtsprechung des BVerfG vom 4.11.2016 (BGBl. I S. 2464):
  Anwendung nach Maßgabe des § 37 Absatz 12 ErbStG i.d.F. des Gesetzes zur Anpassung des ErbStG an die Rechtsprechung des BVerfG vom 4.11.2016 (BGBl. I S. 2464) auf Erwerbe, für die die Steuer nach dem 30.6.2016 entstanden ist.
- **§ 2 Absatz 1 Nummer 3, § 3 Absatz 2 Nummer 4, § 9 Absatz 1 Nummer 1 Buchst. f, § 13 Absatz 1 Nummer 16 Buchst. c Satz 2, § 16 Absatz 1 und 2, § 17 Absatz 1 Satz 1, Absatz 2 Satz 1 und Absatz 3, § 19 Absatz 2, § 21 Absatz 1 Satz 1, § 35 Absatz 4 ErbStG** i.d.F. des Artikels 4 des Steuerumgehungsbekämpfungsgesetzes vom 23.6.2017 (BGBl. I S. 1682):
  Anwendung nach Maßgabe des § 37 Absatz 14 ErbStG i.d.F. des Steuerumgehungsbekämpfungsgesetzes vom 23.6.2017 (BGBl. I S. 1682) auf Erwerbe, für die die Steuer nach dem 24.6.2017 entstanden ist, bzw. § 17 nach Maßgabe des § 37 Absatz 13 ErbStG i.d.F. des Steuerumgehungsbekämpfungsgesetzes vom 23.6.2017 (BGBl. I S. 1682) auf alle offenen Fälle.
- **§ 13 Absatz 1 Nummer 18 Buchst. a ErbStG** i.d.F. des Artikels 6 des Gesetzes zum Ausschluss verfassungsfeindlicher Parteien von der Parteienfinanzierung vom 18.7.2017 (BGBl. I S. 2730):
  Anwendung nach Maßgabe des § 37 Absatz 15 ErbStG i.d.F. des Gesetzes zum Ausschluss verfassungsfeindlicher Parteien von der Parteienfinanzierung vom 18.7.2017 (BGBl. I S. 2730) auf Erwerbe, für die die Steuer nach dem 29.7.2017 entstanden ist.
- **§§ 19a, 28, 28a ErbStG** i.d.F. des Artikels 18 des Gesetzes zur Vermeidung von Umsatzsteuerausfällen beim Handel mit Waren im Internet und zur Änderung weiterer steuerlicher Vorschriften vom 11.12.2018 (BGBl. I S. 2338):
  Anwendung nach Maßgabe des § 37 Absatz 16 ErbStG i.d.F. des Gesetzes zur Vermeidung von Umsatzsteuerausfällen beim Handel mit Waren im Internet und zur Änderung weiterer steuerlicher Vorschriften vom 11.12.2018 (BGBl. I S. 2338) auf Erwerbe, für die die Steuer nach dem 14.12.2018 entstanden ist bzw. auf Erwerbe, für die ein Erlass erstmals nach dem 14.12.2018 ausgesprochen wurde.
- **ErbStG in Bezug auf einen Mitgliedstaat der Europäischen Union:**

Anwendung nach Maßgabe des § 37 Absatz 17 ErbStG i. d. F. des Brexit-Steuerbegleitgesetzes vom 25.3.2019 (BGBl. I S. 357) auf Erwerbe, für die die Steuer vor dem Zeitpunkt entstanden ist, ab dem das Vereinigte Königreich Großbritannien und Nordirland nicht mehr Mitgliedstaat der Europäischen Union ist und auch nicht wie ein solcher zu behandeln ist.

– *Redaktionelle Ergänzung:*

§ 3 Absatz 2 Nummer 5, § 5 Absatz 1 Satz 6, § 10 Absatz 1 Satz 3 sowie Absatz 6 und 8, § 13 Absatz 1 Nummer 9a, § 13a Absatz 9a, § 13b Absatz 10 Satz 1, § 14 Absatz 2, § 29 Absatz 1 Nummer 4 Satz 2, § 30 Absatz 5, § 31 Absatz 1, § 35 Absatz 1, 4 und 5 i. d. F. des Artikels 34 des Jahressteuergesetzes 2020 vom 21.12.2020 (BGBl. I S. 3096):

Anwendung nach Maßgabe des § 37 Absatz 18 i. d. F. des Jahressteuergesetzes 2020 vom 21.12.2020 (BGBl. I S. 3096) auf Erwerbe, für die die Steuer nach dem 28.12.2020 entsteht.

III. Bewertungsgesetz

A. Allgemeine Bewertungsvorschriften

Zu §§ 4 bis 8 BewG

R B 4 Bedingung und Befristung

(1) [1]Bei einer aufschiebenden Bedingung (§§ 158ff. BGB) tritt die Wirkung eines Rechtsgeschäfts erst mit dem Eintritt der Bedingung ein; solange die Bedingung noch nicht eingetreten ist, besteht hinsichtlich des beabsichtigten Rechtserfolgs ein Schwebezustand. [2]Bei einer auflösenden Bedingung tritt umgekehrt die Wirkung des Rechtsgeschäfts sofort ein, endigt jedoch mit dem Eintritt der Bedingung für die Zukunft. [3]Die einem Rechtsgeschäft beigefügte Zeitbestimmung ist nach § 163 BGB der Bedingung – der aufschiebenden wie der auflösenden – unter der Voraussetzung gleichgestellt, dass durch sie ebenfalls die Wirkung des Rechtsgeschäfts beeinflusst, also auch bei ihr der Beginn oder die Beendigung der Wirkung vom Eintritt eines Zeitpunkts abhängig gemacht wird. [4]Die Vorschriften der §§ 158ff. BGB über die Bedingungen finden auf die Zeitbestimmungen entsprechend Anwendung. [5]Ein vertraglich vereinbartes Rücktrittsrecht wirkt bewertungsrechtlich wie eine auflösende Bedingung, ein vertraglich vereinbartes Erwerbsrecht oder eine vertraglich eingeräumte Erwerbspflicht wie eine aufschiebende Bedingung.

(2) [1]Nach den §§ 4 bis 8 BewG, die sich an die bürgerlich-rechtliche Regelung anschließen, werden Wirtschaftsgüter, deren Erwerb vom Eintritt einer aufschiebenden Bedingung abhängt, steuerlich erst berücksichtigt, wenn die Bedingung eingetreten ist (§ 4 BewG). [2]Umgekehrt kann auch derjenige, der aufschiebend bedingt belastet ist, die Last nicht abziehen, mit der Maßgabe, dass bei Eintritt der Bedingung die Festsetzung der nicht laufend veranlagten Steuern, z.B. der Erbschaftsteuer oder Schenkungsteuer, auf Antrag zu berichtigen ist (§ 6 Absatz 2 BewG). [3]Diese Grundsätze sind auch anzuwenden, wenn die Entstehung oder der Wegfall einer Last von einem Ereignis abhängt, bei dem nur der Zeitpunkt ungewiss ist (§ 8 BewG). [4]Ob die Entstehung als aufschiebend oder auflösend bedingt anzusehen ist, hängt nicht davon ab, ob der Eintritt des maßgebenden Ereignisses wahrscheinlich oder unwahrscheinlich ist. [5]Auf das Maß der Aussichten für den Eintritt oder Nichteintritt einer Bedingung kommt es nicht an. [6]Insoweit wird durch § 6 BewG die wirtschaftliche Betrachtungsweise ausdrücklich ausgeschaltet.

H B 4

Keine wirtschaftliche Betrachtungsweise. Eine Last, deren Entstehung vom Eintritt einer aufschiebenden Bedingung abhängt, wird nicht dadurch zu einer auflösend bedingten Last, dass der Eintritt der Bedingung wahrscheinlich ist und der Verkehr mit der Schuld als ihrem Grunde nach gegenwärtig schon bestehend rechnet → BFH vom 30.4.1959 III 121/58 S, BStBl. III S. 315, und vom 14.7.1967 III R 74/66, BStBl. III S. 770.

Optionsrecht. → BFH vom 5.3.1971 III R 130/68, BStBl. II S. 481.

Rücktrittsrecht. → BFH vom 27.10.1967 III R 43/67, BStBl. 1968 II S. 116.

Zu § 9 BewG

R B 9.1 Gemeiner Wert

[1]Der gemeine Wert wird durch den Preis bestimmt, der im gewöhnlichen Geschäftsverkehr nach der Beschaffenheit des Wirtschaftsguts bei einer Veräußerung zu erzielen wäre. [2]Unter gewöhnlichem Geschäftsverkehr ist nach der Rechtsprechung der Handel zu verstehen, der sich nach den marktwirtschaftlichen Grundsätzen von Angebot und Nachfrage vollzieht und bei dem jeder Vertragspartner ohne Zwang und nicht aus Not oder besonderen Rücksichten, sondern freiwillig in Wahrung seiner eigenen Interessen zu handeln in der Lage ist.

H B 9.1

Gewöhnlicher Geschäftsverkehr. → BFH vom 14.10.1966 III 281/63, BStBl. 1967 III S. 82, vom 14.2.1969 III 88/65, BStBl. II S. 395, vom 6.5.1977 III R 17/75, BStBl. II S. 626, und vom 28.11.1980 III R 86/78, BStBl. II S. 353.

R B 9.2 Ungewöhnliche oder persönliche Verhältnisse

(1) [1]Zu den ungewöhnlichen Verhältnissen, die bei der Ermittlung des gemeinen Werts unberücksichtigt bleiben, zählen insbesondere Umstände, mit denen im Geschäftsverkehr bei der Schätzung des Werts eines Wirtschaftsguts üblicherweise nicht gerechnet werden muss. [2]Für die Ermittlung des gemeinen Werts können nur solche Verkaufspreise berücksichtigt werden, die unter üblichen Bedingungen im gewöhnlichen Geschäftsverkehr zustande gekommen sind. [3]Vertragliche Preisvorgaben für die Übertragung von Beteiligungen an Personengesellschaften oder Anteilen an Kapitalgesellschaften unterhalb des gemeinen Werts zählen zu den ungewöhnlichen Verhältnissen.

(2) [1]Zu den persönlichen Verhältnissen, die bei der Ermittlung des gemeinen Werts unberücksichtigt bleiben, zählen insbesondere Verfügungsbeschränkungen. [2]Verfügung in diesem Sinne ist die Übertragung des Eigentums an einem Vermögensgegenstand. [3]Zu den Verfügungsbeschränkungen zählen z.B. eine angeordnete Testamentsvollstreckung, die Anordnung einer Vor- oder Nacherbschaft oder einer Nachlassverwaltung. [4]Vertraglich vereinbarte Verfügungsbeschränkungen für Übertragungen von Beteiligungen an Personengesellschaften oder Anteilen an Kapitalgesellschaften durch Geschäfte unter Lebenden und im Todesfall gehören zu den persönlichen Verhältnissen, die bei der Wertermittlung nicht zu berücksichtigen sind. [5]Hierzu zählen insbesondere Regelungen, die eine Verfügung nur auf

- Mitgesellschafter,
- Angehörige,

– bestimmte Personengruppen, wie z.B. Familienstämme, oder
– eine inländische Familienstiftung oder eine entsprechende ausländische Familienstiftung

zulassen.

(3) Der Steuerpflichtige kann nachweisen, dass die ungewöhnlichen oder persönlichen Verhältnisse tatsächlich nicht zu einem unter dem gemeinen Wert liegenden Wert geführt haben.

H B 9.2

Verfügungsbeschränkungen. → BFH vom 12.7.2005 II R 8/04, BStBl. II S. 845.

Verfügungsbeschränkungen bei Anteilen an Kapitalgesellschaften. → R B 11.3.

Vorwegabschlag bei Familienunternehmen. → R E 13a.20.

R B 9.3 Sachleistungsansprüche

(1) [1]Sachleistungsansprüche sind bei gegenseitigen Verträgen mit dem gemeinen Wert des Gegenstandes zu bewerten, auf dessen Leistung sie gerichtet sind. [2]Bei Ansprüchen auf Übertragung von Grundbesitz kommt deshalb eine Bewertung mit dem Grundbesitzwert nach §§ 158ff. BewG nicht in Betracht. [3]Ein Sachleistungsanspruch ist wie die Verpflichtung zur Gegenleistung gesondert anzusetzen und zu bewerten, auch wenn im Besteuerungszeitpunkt noch keine Vertragspartei mit der Erfüllung des Vertrags begonnen hat. [4]Sachleistungsanspruch und Sachleistungsverpflichtung sind bereits ab dem Zeitpunkt des Vertragsabschlusses anzusetzen.

(2) [1]Sachvermächtnisse sind mit dem Steuerwert des Vermächtnisgegenstands anzusetzen. [2]Für andere auf einer einseitigen Sachleistungsverpflichtung beruhende Erwerbe, z.B. ein Erwerb auf Grund eines vom Erblasser geschlossenen Vertrags durch einen Dritten (→ § 3 Absatz 1 Nummer 4 ErbStG), gilt dies sinngemäß.

H B 9.3

Anspruch auf Übertragung von Grundbesitz aus gegenseitigen Verträgen. → BFH vom 10.4.1991 II R 118/86, BStBl. II S. 620, vom 26.6.1991 II R 117/87, BStBl. II S. 749, und vom 15.10.1997 II R 68/95, BStBl. II S. 820.

R B 9.4 Erfindungen und Urheberrechte

[1]Der gemeine Wert von Erfindungen oder Urheberrechten, die in Lizenz vergeben oder in sonstiger Weise gegen Entgelt einem Dritten zur Ausnutzung überlassen sind, wird in der Weise ermittelt, dass der Anspruch auf die in wiederkehrenden Zahlungen bestehende Gegenleistung kapitalisiert wird, soweit keine anderen geeigneten Bewertungsgrundlagen vorhanden sind. [2]Hierfür sind die vertraglichen Vereinbarungen mit dem Lizenznehmer maßgeblich. [3]Ist keine feste Lizenzgebühr vereinbart und die Vertragsdauer unbestimmt,

kann auf die letzte vor dem Besteuerungszeitpunkt gezahlte Lizenzgebühr und eine Laufzeit von acht Jahren abgestellt werden. [4]Der Kapitalisierung ist der marktübliche Zinssatz zugrunde zu legen. [5]Es ist nicht zu beanstanden, wenn auf den Zinssatz abgestellt wird, den die Deutsche Bundesbank anhand der Zinsstrukturdaten aus der langfristig erzielbaren Rendite öffentlicher Anleihen jeweils auf den ersten Börsentag des Jahres errechnet (Basiszins). [6]Der Basiszins ist um einen Zuschlag von 4,5 Prozent zu erhöhen. [7]Die Summe aus Basiszins und Zuschlag ergibt den Kapitalisierungszinssatz. [8]Dieser Zinssatz ist für alle Wertermittlungen auf Bewertungsstichtage in diesem Jahr anzuwenden.

H B 9.4

Ermittlung des Kapitalisierungszinssatzes. Für 2017 beträgt der Basiszins 0,59 Prozent; daraus ergibt sich ein Kapitalisierungszinssatz von 5,09 Prozent. Für Bewertungsstichtage ab 1. Januar 2018 kann auf den Basiszins abgestellt werden, den das Bundesministerium der Finanzen nach § 18 Absatz 4 InvStG 2018 jährlich im Bundessteuerblatt Teil I veröffentlicht.[1)]

R B 9.5 Übrige körperliche Vermögensgegenstände

[1]Übrige körperliche Gegenstände werden mit dem gemeinen Wert bewertet. [2]Der gemeine Wert von Kunstgegenständen und Sammlungen ist unter Berücksichtigung der schwierigen Verwertungsaussichten vorsichtig zu ermitteln.

H B 9.5

Auslandsvermögen. Befinden sich die übrigen körperlichen Gegenstände an einem Ort im Ausland, wird der gemeine Wert grundsätzlich durch den Preis bestimmt, der im gewöhnlichen Geschäftsverkehr an diesem Ort zu erzielen wäre.

Zu § 11 BewG

R B 11.1 Notierte Wertpapiere, Aktien und Anteile sowie Investmentzertifikate

(1) Für Wertpapiere und Schuldbuchforderungen, die am Bewertungsstichtag an einer deutschen Börse zum Handel im regulierten Markt oder in den Freiverkehr einbezogen sind, gelten die nach § 11 Absatz 1 BewG maßgebenden Kurse vom Bewertungsstichtag.

(2) Wertpapiere, für die ein Kurs nach § 11 Absatz 1 BewG nicht besteht, sind anzusetzen,

1. soweit sie Anteile an Kapitalgesellschaften verbriefen, mit dem gemeinen Wert nach § 11 Absatz 2 BewG, und
2. soweit sie Forderungsrechte verbriefen, mit dem sich nach § 12 Absatz 1 BewG ergebenden Wert. [2]Dabei sind vom Nennwert abweichende Kursnotierungen für vergleichbare oder ähnlich ausgestattete festverzinsliche

---

1) Kapitalisierungszinssatz für Erwerbe in 2018: 5,37 %, in 2019: 5,02 %, in 2020: 4,57 % (BayLfSt v. 11.3.2020).

Wertpapiere als besonderer Umstand im Sinne des § 12 Absatz 1 BewG anzusehen, der auch hier einen vom Nennwert abweichenden Wertansatz rechtfertigt. [3]Pfandbriefe mit persönlicher Sonderausstattung ohne Kurswert sind in Anlehnung an die Kurse vergleichbarer Pfandbriefe zu bewerten.

(3) [1]Bei ausländischen Wertpapieren ist, wenn ein Telefonkurs im inländischen Bankverkehr vorliegt, dieser maßgebend. [2]Lässt sich der gemeine Wert nicht auf dieser Grundlage ermitteln, ist er möglichst aus den Kursen des Emissionslandes abzuleiten.

(4) [1]Bei jungen Aktien und Vorzugsaktien, die nicht an der Börse eingeführt sind, ist der gemeine Wert aus dem Börsenkurs der Stammaktien abzuleiten. [2]Entsprechend ist der gemeine Wert nicht notierter Stammaktien aus dem Börsenkurs der jungen Aktien oder Vorzugsaktien abzuleiten. [3]Dabei ist die unterschiedliche Ausstattung durch Zu- oder Abschläge zu berücksichtigen.

(5) Anteilsscheine, die von Kapitalanlagegesellschaften und anderen Investmentgesellschaften ausgegeben worden sind, sind wie folgt anzusetzen:
- An der Börse gehandelte Anteile mit dem Kurswert nach § 11 Absatz 1 BewG. [2]Der Kurswertansatz ist gegenüber dem Ansatz mit dem Rücknahmepreis (§ 11 Absatz 4 BewG) vorrangig.
- Nicht an der Börse notierte Anteile mit dem Rücknahmepreis nach § 11 Absatz 4 BewG. [2]Der Rücknahmepreis ist der Preis, für den ein Anteil von der Investmentgesellschaft bindend zurückgenommen wird. [3]Er ergibt sich aus dem Inventarwert pro Anteil (Gesamtwert der im Vermögen eines Investmentfonds befindlichen Wertpapiere und Barmittel einschließlich eventueller Kassenbestände und sonstiger Vermögensgegenstände abzüglich Verkaufsspesen und Rücknahmekosten).

H B 11.1

Maßgebende Kurse. → BFH vom 21.2.1990 II R 78/86, BStBl. II S. 490.

Wertpapiere im Freiverkehr. → BFH vom 6.5.1977 III R 17/75, BStBl. II S. 626.

Unterschiedliche Ausstattung. → BFH vom 9.3.1994 II R 39/90, BStBl. II S. 394.

R B 11.2 Nicht notierte Anteile an Kapitalgesellschaften

(1) [1]Der gemeine Wert nicht notierter Anteile an einer Kapitalgesellschaft ist in erster Linie aus Verkäufen unter fremden Dritten abzuleiten. [2]Dabei sind jedoch nur Verkäufe zu berücksichtigen, die zum Bewertungsstichtag weniger als 1 Jahr zurückliegen. [3]Der gemeine Wert nicht notierter Anteile an einer Kapitalgesellschaft kann auch aus einem einzigen Verkauf abgeleitet werden, wenn Gegenstand des Verkaufs nicht nur ein Zwerganteil ist oder der zu bewertende Anteil ebenfalls ein Zwerganteil ist. [4]Die Ausgabe neuer Geschäftsanteile an einer GmbH im Rahmen einer Kapitalerhöhung zur Aufnahme eines neuen Gesellschafters kann als Verkauf im Sinne des § 11 Absatz 2 Satz 2

BewG zur Ableitung des gemeinen Werts der GmbH-Anteile herangezogen werden. [5]Telefonkurse im Bankverkehr, denen nicht lediglich geringfügige Verkäufe ohne echten Aussagewert zugrunde liegen, sind grundsätzlich für die Wertableitung geeignet. [6]Es können jedoch nur Kurse und Verkaufserlöse berücksichtigt werden, die im gewöhnlichen Geschäftsverkehr erzielt worden sind. [7]Bei Ableitung aus Verkäufen ist ein in dem Kaufpreis enthaltener Zuschlag für den Beteiligungscharakter herauszurechnen, wenn ein solcher Zuschlag für den zu bewertenden Anteil nicht anzusetzen ist. [8]Hinsichtlich der Auswirkungen von Verfügungsbeschränkungen → R B 11.3.

(2) [1]Kann der gemeine Wert nicht aus Verkäufen abgeleitet werden, ist er unter Berücksichtigung der Ertragsaussichten der Kapitalgesellschaft oder einer anderen anerkannten, auch im gewöhnlichen Geschäftsverkehr für nichtsteuerliche Zwecke üblichen Methode zu ermitteln. [2]Der Steuerpflichtige kann den gemeinen Wert durch Vorlage eines methodisch nicht zu beanstandenden Gutachtens erklären, das auf den für die Verwendung in einem solchen Verfahren üblichen Daten der betreffenden Kapitalgesellschaft aufbaut. [3]Anhaltspunkte dafür, dass ein Erwerber neben den ertragswert- oder zahlungsstromorientierten Verfahren bei der Bemessung des Kaufpreises eine andere übliche Methode zugrunde legen würde, können sich insbesondere auch aus branchenspezifischen Verlautbarungen ergeben, z. B. bei Kammerberufen aus Veröffentlichungen der Kammern. [4]Der Steuerpflichtige kann den gemeinen Wert auch im vereinfachten Ertragswertverfahren (→ R B 199.1 ff.) ermitteln. [5]Sofern zum Bewertungsstichtag feststeht, dass die Berechnungsgrößen des Verfahrens durch bekannte objektive Umstände, z. B. wegen des Todes des Unternehmers, sich nachhaltig verändern, muss dies bei der Ermittlung entsprechend berücksichtigt werden.

H B 11.2

Ausgabe neuer Geschäftsanteile. → BFH vom 5.2.1992 II R 185/87, BStBl. 1993 II S. 266.

Verkäufe nach dem Bewertungsstichtag. → BFH vom 2.11.1988 II R 52/85, BStBl. 1989 II S. 80.

Zwerganteile. → BFH vom 7.12.1979 III R 45/77, BStBl. 1980 II S. 234, und vom 5.3.1986 II R 232/82, BStBl. II S. 591.

R B 11.3 Verfügungsbeschränkungen

(1) [1]Als gemeiner Wert ist der Preis maßgebend, der im gewöhnlichen Geschäftsverkehr nach der Beschaffenheit des Wirtschaftsguts bei einer Veräußerung zu erzielen wäre (→ R B 9.1 und 9.2). [2]Der bei Veräußerung eines Anteils an einer Kapitalgesellschaft tatsächlich erzielte Preis ist im gewöhnlichen Geschäftsverkehr zustande gekommen, wenn er sich durch den Ausgleich widerstreitender Interessen von Verkäufer und Käufer gebildet hat. [3]Dürfen Anteile nach den vertraglichen Regelungen ausschließlich an bestimmte Personen (z. B. Mitglieder eines Familienstamms) veräußert werden, können hierin Verfügungsbeschränkungen bestehen, die nach §§ 9 Absatz 2 Satz 3, 9 Absatz 3 BewG nicht berücksichtigt werden.

(2) [1]Der Steuerpflichtige kann im Fall der Wertableitung aus Verkäufen nachweisen, dass die ungewöhnlichen oder persönlichen Verhältnisse tatsächlich nicht zu einem unter dem gemeinen Wert liegenden Wert geführt haben. [2]Dieser Nachweis muss entsprechend § 11 Absatz 2 Satz 2 und 3 BewG durch Vorlage eines Gutachtens unter Angabe des Substanzwerts geführt werden. [3]Bei der Ableitung des Werts aus Verkäufen unter fremden Dritten (§ 11 Absatz 2 Satz 2 1. Halbsatz BewG) ist der Substanzwert nicht als Untergrenze anzusetzen.

H B 11.3

Verfügungsbeschränkungen im Gesellschaftsvertrag. → BFH vom 12.7. 2005 II R 8/04, BStBl. II S. 845.

R B 11.4 Bewertung der Anteile an einer Kapitalgesellschaft in Sonderfällen

(1) [1]Besondere Umstände, die bei der Ermittlung des gemeinen Werts im vereinfachten Ertragswertverfahren und beim Ansatz mit dem Substanzwert nicht hinreichend zum Ausdruck gekommen sind, können nicht durch Zu- und Abschläge berücksichtigt werden. [2]Dazu zählen insbesondere
- die nachhaltig unverhältnismäßig geringen Erträge bei einem großen Vermögen des Unternehmens,
- die schwere Verkäuflichkeit der Anteile,
- eine Zusammenfassung aller oder mehrerer Anteile in einer Hand,
- die bei einem Verkauf der Anteile bzw. einer Liquidation der Gesellschaft anfallenden Ertragsteuern,
- eine Unterkapitalisierung,
- das Fehlen eigener Betriebsgrundstücke und -gebäude und
- die Vorteile, die eine Kapitalgesellschaft aus der Verbindung zu anderen Unternehmen der Anteilseigner zieht.

[3]Als besondere Umstände, die bei der Ermittlung des gemeinen Werts nach allen Bewertungsverfahren nicht zu berücksichtigen sind, sind auch ungewöhnliche oder persönliche Verhältnisse anzusehen (→ R B 9.2).

(2) [1]Liegt der besondere Umstand darin, dass die Anteile an der Gesellschaft keinen Einfluss auf die Geschäftsführung gewähren, kommt bei der Ermittlung des Werts im vereinfachten Ertragswertverfahren und beim Ansatz des Substanzwerts kein Abschlag in Betracht. [2]Entsprechendes gilt für den Paketzuschlag (→ R B 11.8 Absatz 2).

(3) [1]Wegen der Bewertung von Anteilen an Kapitalgesellschaften im vereinfachten Ertragswertverfahren bei Neugründungen (→ R B 199.1 Absatz 4 und 6 Satz 1 Nummer 2 und Satz 2). [2]Beim Ansatz des Substanzwerts bleibt der Umstand, dass es sich um eine Neugründung handelt, unberücksichtigt.

(4) [1]Das vereinfachte Ertragswertverfahren ist grundsätzlich auch bei der Ermittlung des gemeinen Werts von Anteilen an Gesellschaften anwendbar, zu deren Vermögen Anteile oder Beteiligungen an nachgeordneten Gesellschaften gehören. [2]Allerdings ist bei komplexen Strukturen von verbundenen Unternehmen dessen Anwendung grundsätzlich ausgeschlossen (→ R B 199.1

Absatz 4 und 6 Satz 1 Nummer 1). [3]Sofern das vereinfachte Ertragswertverfahren angewendet wird, sind Anteile und Beteiligungen an nachgeordneten Gesellschaften mit ihrem eigenständig ermittelten gemeinen Wert anzusetzen (§ 200 Absatz 2 und 3 BewG). [4]Entsprechendes gilt bei der Ermittlung des Substanzwerts, der jedoch nur anzusetzen ist, wenn die Prüfung ergibt, dass er höher ist als der im vereinfachten Ertragswertverfahren oder unter Berücksichtigung der Ertragsaussichten des Unternehmens oder einer anderen anerkannten, auch im gewöhnlichen Geschäftsverkehr für nichtsteuerliche Zwecke üblichen Methode ermittelte Wert (§ 11 Absatz 2 Satz 2 und 3 BewG).

(5) [1]Das vereinfachte Ertragswertverfahren ist grundsätzlich auch bei der Ermittlung des gemeinen Werts von Anteilen an Organgesellschaften oder Organträgergesellschaften anwendbar. [2]Allerdings ist bei komplexen Strukturen von verbundenen Unternehmen dessen Anwendung grundsätzlich ausgeschlossen (→ R B 199.1 Absatz 4 und 6 Satz 1 Nummer 1). [3]Sofern das vereinfachte Ertragswertverfahren bei der Organgesellschaft angewendet wird, sind dabei deren Betriebsergebnisse anzusetzen. [4]Bei der Ermittlung der Betriebsergebnisse sind der Aufwand aus Gewinnabführungen an den Organträger und der Ertrag aus Verlustübernahmen des Organträgers nicht zu berücksichtigen (§ 202 Absatz 1 Satz 2 Nummer 3 BewG). [5]Die Betriebsergebnisse sind um den darauf entfallenden pauschalen Ertragsteueraufwand zu kürzen (§ 202 Absatz 3 BewG). [6]Sofern das vereinfachte Ertragswertverfahren bei der Organträgergesellschaft angewendet wird, ist dabei die Beteiligung an der Organgesellschaft mit ihrem eigenständig ermittelten gemeinen Wert anzusetzen (§ 200 Absatz 2 und 3 BewG). [7]Die Betriebsergebnisse der Organträgergesellschaft sind um den Aufwand aus der Übernahme von Verlusten der Organgesellschaft zu erhöhen (§ 202 Absatz 1 Satz 2 Nummer 1 Buchstabe f BewG) und den Ertrag aus Gewinnabführungen der Organgesellschaft zu kürzen (§ 202 Absatz 1 Satz 2 Nummer 2 Buchstabe f BewG). [8]Die verbleibenden Betriebsergebnisse sind um den pauschalen Ertragsteueraufwand zu kürzen (§ 202 Absatz 3 BewG). [9]Ein zusätzlicher Abzug von Ertragsteueraufwand auf die Erträge der Organgesellschaft ist bei der Organträgergesellschaft ausgeschlossen. [10]Absatz 4 Sätze 3 und 4 gelten entsprechend.

(6) [1]Das vereinfachte Ertragswertverfahren ist auch bei der Ermittlung des gemeinen Werts von Anteilen an einer GmbH, die Komplementärin einer GmbH & Co. KG ist, anwendbar. [2]Bei Anteilen an einer Komplementär-GmbH liegt jedoch regelmäßig ein Fall von geringer Bedeutung vor, wenn sie zusammen mit der (anteiligen) Beteiligung an der GmbH & Co. KG übertragen werden und die Komplementär-GmbH neben der Kostenerstattung für die Geschäftsführung der KG nur ein Entgelt für die Übernahme des Haftungsrisikos erhält, aber keine Geschäfte im eigenen Namen betreibt. [3]Ist in der Feststellungserklärung der KG der Substanzwert der Anteile an der Komplementär-GmbH angegeben, kann dieser grundsätzlich übernommen werden.

(7) [1]Bei Anteilen an einer Gesellschaft in Liquidation ist als gemeiner Wert in der Regel der Substanzwert anzusetzen. [2]Es bestehen keine Bedenken, den Liquidationswert anzusetzen (→ R B 11.5 Absatz 9).

(8) [1]Sind Anteile an einer Gesellschaft mit ungleichen Rechten ausgestattet, ist deren Berücksichtigung weder im Rahmen des vereinfachten Ertragswert-

verfahrens noch beim Substanzwert möglich. [2]Bei der Aufteilung des Gesamtwerts der Gesellschaft auf die Anteile können diese jedoch berücksichtigt werden (→ R B 97.6).

(9) [1]Hält die Kapitalgesellschaft, deren Anteile zu bewerten sind, eigene Anteile, wirkt sich dies nicht auf die Bewertung der Gesellschaft aus. [2]Die eigenen Anteile sind erst im Rahmen der Aufteilung des Werts der Kapitalgesellschaft zu berücksichtigen. [3]Sie mindern den Wert des gesamten Nennkapitals um ihren Nennwert (→ R B 97.6 Absatz 1).

(10) [1]Der gemeine Wert nicht notierter Anteile an einer Kapitalgesellschaft kann aufgrund der Haftungsbeschränkung des Gesellschafters nicht negativ sein, auch wenn der Wert des Betriebsvermögens der Gesellschaft, der sich aus einem Gutachten, nach dem vereinfachten Ertragswertverfahren oder als Substanzwert ergibt, negativ ist. [2]Der Wert nicht notierter Anteile an Kapitalgesellschaften ist in diesem Fall mit 0 EUR festzustellen. [3]Soweit die Einlage des Gesellschafters noch nicht oder noch nicht vollständig erbracht wurde, hat dies keine Auswirkung auf den gemeinen Wert der Anteile. [4]In Erbfällen liegt bei unmittelbarer Beteiligung hinsichtlich der ausstehenden Einlage eine Nachlassverbindlichkeit i. S. d. § 10 Absatz 5 Nummer 1 ErbStG vor und bei Schenkungen eine Gegenleistung, unabhängig davon, ob diese bereits eingefordert wurde. [5]Bei mittelbaren Beteiligungen ist im mehrstufigen Feststellungsverfahren die ausstehende Einlage im Rahmen der Bewertung der übergeordneten Gesellschaft zu berücksichtigen.

H B 11.4

Anteile an einer gemeinnützigen Kapitalgesellschaft. → gleich lautende Ländererlasse vom 9.10.2013, BStBl. I S. 1362.

R B 11.5 Substanzwert

(1) [1]Der Substanzwert ist als Mindestwert nur anzusetzen, wenn der gemeine Wert nach dem vereinfachten Ertragswertverfahren (→ R B 199.1 ff.) oder mit einem Gutachtenwert (Ertragswertverfahren oder andere im gewöhnlichen Geschäftsverkehr für nichtsteuerliche Zwecke übliche Methode) ermittelt wird. [2]Wird der gemeine Wert aus tatsächlichen Verkäufen unter fremden Dritten im gewöhnlichen Geschäftsverkehr abgeleitet, ist der Ansatz des Substanzwerts als Mindestwert ausgeschlossen.

(2) Dem Grunde nach sind in die Ermittlung des Substanzwerts alle Wirtschaftsgüter einzubeziehen, die nach §§ 95 bis 97 BewG zum Betriebsvermögen gehören.

(3) [1]Bei Einzelunternehmen, Personengesellschaften und Kapitalgesellschaften im Sinne der §§ 95 bis 97 BewG richtet sich der Umfang des Betriebsvermögens somit nach der Zugehörigkeit der Wirtschaftsgüter zum ertragsteuerlichen Betriebsvermögen am Bewertungsstichtag (→ R B 95, 97.1 bis 97.3, 99, 103.1 bis 103.3). [2]Aktive und passive Wirtschaftsgüter gehören auch dann dem Grunde nach zum ertragsteuerlichen Betriebsvermögen, wenn für sie ein steuerliches Aktivierungs- oder Passivierungsverbot besteht. [3]Eine handels-

rechtlich gebotene Rückstellung (z. B. Drohverlustrückstellung), die steuerlich nicht passiviert werden darf (§ 5 Absatz 4a Satz 1 EStG), ist bei der Ermittlung des Substanzwerts gleichwohl anzusetzen. [4]Zum Betriebsvermögen gehören auch selbst geschaffene oder entgeltlich erworbene immaterielle Wirtschaftsgüter (z. B. Patente, Lizenzen, Warenzeichen, Markenrechte, Konzessionen, Bierlieferrechte). [5]Geschäftswert-, firmenwert- oder praxiswertbildende Faktoren, denen ein eigenständiger Wert zugewiesen werden kann (z. B. Kundenstamm, Know-how), sind mit einzubeziehen, unabhängig davon, ob sie selbst geschaffen oder entgeltlich erworben wurden. [6]Zum Betriebsvermögen gehörende Genossenschaftsanteile sind grundsätzlich im Rahmen der Ermittlung des Substanzwerts als Kapitalforderungen nach § 12 BewG mit dem Nennwert zu bewerten. [7]Eine zukünftige Ertragsteuerbelastung (latente Ertragsteuern) ist nicht wertmindernd zu berücksichtigen.

(4) Rücklagen und Ausgleichsposten mit Rücklagencharakter sind im Allgemeinen nicht abzugsfähig, weil sie Eigenkapitalcharakter haben (→ R B 103.1 Absatz 2).

(5) [1]Die zum Betriebsvermögen gehörenden Wirtschaftsgüter und sonstigen aktiven Ansätze sowie die zum Betriebsvermögen gehörenden Schulden und sonstigen Abzüge sind bei der Ermittlung des Substanzwerts mit dem gemeinen Wert anzusetzen (§ 11 Absatz 2 Satz 3 BewG). [2]Ist für Grundbesitz, Betriebsvermögen und Anteile an Kapitalgesellschaften ein Wert nach § 151 Absatz 1 Satz 1 Nummer 1 bis 3 BewG festzustellen, sind die auf den Bewertungsstichtag festgestellten Werte anzusetzen. [3]Die Basiswertregelung in § 151 Absatz 3 BewG ist hierbei zu beachten.

(6) [1]Der gemeine Wert von Erfindungen oder Urheberrechten, die in Lizenz vergeben oder in sonstiger Weise gegen Entgelt einem Dritten zur Ausnutzung überlassen sind, wird in der Weise ermittelt, dass der Anspruch auf die in wiederkehrenden Zahlungen bestehende Gegenleistung kapitalisiert wird, soweit keine anderen geeigneten Bewertungsgrundlagen vorhanden sind. [2]Hierfür sind die vertraglichen Vereinbarungen mit dem Lizenznehmer maßgeblich. [3]Ist keine feste Lizenzgebühr vereinbart und die Vertragsdauer unbestimmt, kann auf die letzte vor dem Besteuerungszeitpunkt gezahlte Lizenzgebühr und eine Laufzeit von acht Jahren abgestellt werden. [4]Der Kapitalisierung ist der marktübliche Zinssatz zugrunde zu legen. [5]Es ist nicht zu beanstanden, wenn auf den Zinssatz abgestellt wird, den die Deutsche Bundesbank anhand der Zinsstrukturdaten aus der langfristig erzielbaren Rendite öffentlicher Anleihen jeweils auf den ersten Börsentag des Jahres errechnet (Basiszins). [6]Der Basiszins ist um einen Zuschlag von 4,5 Prozent zu erhöhen. [7]Die Summe aus Basiszins und Zuschlag ergibt den Kapitalisierungszinssatz. [8]Dieser Zinssatz ist für alle Wertermittlungen auf Bewertungsstichtage in diesem Jahr anzuwenden.

(7) [1]Wirtschaftsgüter des beweglichen abnutzbaren Anlagevermögens sind mit dem gemeinen Wert anzusetzen. [2]Als gemeiner Wert kann aus Vereinfachungsgründen ein angemessener Restwert in Höhe von mindestens 30 Prozent der Anschaffungs- oder Herstellungskosten berücksichtigt werden, wenn dies nicht zu unzutreffenden Ergebnissen führt.

(8) [1]Wirtschaftsgüter des Umlaufvermögens sind mit ihren Wiederbeschaffungs- oder Wiederherstellungskosten zum Bewertungsstichtag anzusetzen. [2]Ihr Wert kann auch nach der retrograden Methode ermittelt werden. [3]Auf Grund der Verbrauchsfolgefiktion des Lifo-Verfahrens gebildete stille Reserven sind bei der Ermittlung des Substanzwertes anzusetzen.

(9) Bei Einzelunternehmen, Personengesellschaften oder Kapitalgesellschaften, die sich in Liquidation befinden, bestehen keine Bedenken, den Liquidationswert (einschließlich der Liquidationskosten, die beispielsweise für einen Sozialplan anfallen) anzusetzen.

H B 11.5

Berücksichtigung einer zukünftigen Steuerbelastung. → BFH vom 27.9.2017 II R 15/15, BStBl. 2018 II S. 281.

Ermittlung des Kapitalisierungszinssatzes. Für 2017 beträgt der Basiszins 0,59 Prozent; daraus ergibt sich ein Kapitalisierungszinssatz von 5,09 Prozent. Für Bewertungsstichtage ab 1. Januar 2018 kann auf den Basiszins abgestellt werden, den das Bundesministerium der Finanzen nach § 18 Absatz 4 InvStG 2018 jährlich im Bundessteuerblatt Teil I veröffentlicht.[1)]

R B 11.6 Ermittlung des Substanzwerts

(1) Bei der Ermittlung des Substanzwerts ist das Vermögen der Kapitalgesellschaft mit dem gemeinen Wert zum Bewertungsstichtag zugrunde zu legen.

(2) [1]Stimmt der Bewertungsstichtag nicht mit dem Schluss des Wirtschaftsjahrs überein, auf den die Kapitalgesellschaft einen regelmäßigen jährlichen Abschluss macht, und erstellt die Kapitalgesellschaft keinen Zwischenabschluss, der den Grundsätzen der Bilanzkontinuität entspricht, kann aus Vereinfachungsgründen der Wert des Vermögens der Kapitalgesellschaft zum Bewertungsstichtag aus der auf den Schluss des letzten vor dem Bewertungsstichtag endenden Wirtschaftsjahrs erstellten Vermögensaufstellung abgeleitet werden (Absatz 3), sofern dies im Einzelfall nicht zu unangemessenen Ergebnissen führt und deshalb eine besondere Ermittlung des Substanzwerts auf den Bewertungsstichtag vorzunehmen ist. [2]Dabei ist zunächst der Saldo der gemeinen Werte für die Wirtschaftsgüter, sonstigen aktiven Ansätze, Schulden und sonstigen Abzüge zum Abschlusszeitpunkt zu bilden, die bei der Ermittlung des Substanzwerts der Kapitalgesellschaft anzusetzen sind (Ausgangswert).

(3) [1]Aus dem Ausgangswert (Absatz 2) ist der Wert des Vermögens der Kapitalgesellschaft auf den Bewertungsstichtag unter vereinfachter Berücksichtigung der im Vermögen der Kapitalgesellschaft bis zum Bewertungsstichtag eingetretenen Veränderungen abzuleiten. [2]Als Korrekturen kommen insbesondere in Betracht:

1. Hinzurechnung des Gewinns bzw. Abrechnung des Verlustes, der auf den Zeitraum vom letzten Bilanzstichtag vor dem Bewertungsstichtag bis zum Bewertungsstichtag entfällt. [2]Auszugehen ist dabei vom Gewinn laut Steu-

---

1) Siehe Fußn. zu R B 11.1 ErbStR.

erbilanz. [3]Der Gewinn oder Verlust ist zu korrigieren, soweit darin Abschreibungen (Normal-AfA, erhöhte AfA, Sonderabschreibungen, Teilwertabschreibungen) oder Aufwendungen auf betrieblichen Grundbesitz (Grund und Boden, Betriebsgebäude, Außenanlagen, sonstige wesentliche Bestandteile und Zubehör) enthalten sind, die das Ergebnis gemindert haben, mit dem Wertansatz der Betriebsgrundstücke aber abgegolten sind. [4]Dazu gehören auch Erhaltungsaufwendungen für betrieblichen Grundbesitz, die den Grundbesitzwert zwar wegen der für den Grundbesitz geltenden Bewertungsmethoden nicht erhöhen, aber mit dem Ansatz des Grundbesitzwerts abgegolten sind. [5]Gewinn oder Verlust und Abschreibungen oder andere Aufwendungen bis zum Bewertungsstichtag sind, soweit dies nicht im Einzelfall zu unangemessenen Ergebnissen führt, zeitanteilig aus den entsprechenden Jahresbeträgen zu berechnen;

2. Berücksichtigung von Vermögensänderungen infolge Veräußerung oder Erwerb von Anlagevermögen, insbesondere von Betriebsgrundstücken, Wertpapieren, Anteilen und Genussscheinen von Kapitalgesellschaften und Beteiligungen an Personengesellschaften, soweit sie sich nicht bereits nach Nummer 1 ausgewirkt haben;
3. Vermögensabfluss durch Gewinnausschüttungen;
4. Vermögenszuführungen oder -abflüsse infolge von Kapitalerhöhungen oder Kapitalherabsetzungen;
5. Vermögenszuführungen durch verdeckte Einlagen.

(4) Die Kapitalgesellschaft hat nach amtlichem Vordruck eine Vermögensaufstellung auf den Bewertungsstichtag als Anlage zur Feststellungserklärung abzugeben, aus der sich die für die Ermittlung des Substanzwerts erforderlichen Angaben ergeben (§ 153 Absatz 3 BewG).

H B 11.6

Aufwendungen auf betrieblichen Grundbesitz.

Beispiel 1:

In der Gewinnermittlung des zu bewertenden Betriebs sind Aufwendungen enthalten, die auf eine Erneuerung des Asphaltbelags des betrieblichen Kundenparkplatzes entfallen.
Die Aufwendungen sind dem Gewinn hinzuzurechnen, weil sie bereits mit dem Wertansatz des Parkplatzes abgegolten sind. Dies gilt auch dann, wenn sich, wie im vorliegenden Fall, die Aufwendungen im Rahmen der geltenden Bewertungsverfahren der Höhe nach nicht auf den Grundbesitzwert auswirken.

Beispiel 2:

Ein Unternehmen wendet Kosten für die erstmalige Herstellung eines Parkplatzes auf, die ertragsteuerrechtlich als Herstellungskosten zu qualifizieren sind und sich über die Absetzungen für Abnutzung in der Gewinnermittlung auswirken.
Obwohl die Herstellungskosten für den Parkplatz regelmäßig nicht den Grundbesitzwert erhöhen, ist der Wert des Parkplatzes mit dem Ansatz des Grundbesitzwertes abgegolten. Der Grundbesitzwert umfasst dem Grund nach auch die wesentlichen Bestandteile (Außenanlagen), obwohl bei der Grundbesitzbewertung der Höhe nach (regelmäßig) kein gesonderter Wertansatz für Außenanlagen vorgesehen ist.
Für die Ableitung des Werts des Vermögens der Kapitalgesellschaft vom Ausgangswert ist der Gewinn um diese Aufwendungen (Absetzungen für Abnutzung) zu korrigieren.

Beispiel 3:

Für ein Gebäude sind Erhaltungsaufwendungen angefallen, z.B. für den Anstrich von Fenstern oder Kosten für die Erneuerung von Türen oder einer Heizungsanlage.
Im Rahmen der geltenden Bewertungsverfahren führen solche Aufwendungen regelmäßig nicht zu einer Erhöhung des Grundbesitzwerts, es sei denn, es läge eine überwiegende oder umfassende Modernisierung vor, so dass ein fiktives Baujahr zu ermitteln wäre. Dennoch sind die Erhaltungsaufwendungen mit dem Ansatz des Grundbesitzwerts abgegolten.
Für die Ableitung des Werts des Vermögens der Kapitalgesellschaft vom Ausgangswert ist der Gewinn um diese Aufwendungen zu korrigieren.

R B 11.7 Gemeiner Wert nicht notierter Anteile an Kapitalgesellschaften

Der gemeine Wert eines nicht notierten Anteils an einer Kapitalgesellschaft bestimmt sich grundsätzlich nach dem Verhältnis des Anteils am Nennkapital (Grund- oder Stammkapital) der Gesellschaft zum gemeinen Wert des Betriebsvermögens der Kapitalgesellschaft zum Bewertungsstichtag (→ R B 97.6).

R B 11.8 Paketzuschlag

(1) Ein Paketzuschlag ist vorzunehmen, wenn der gemeine Wert der zu bewertenden Anteile höher ist als der Wert, der den Beteiligungscharakter der zu bewertenden Anteile nicht berücksichtigt.

(2) [1]Der Paketzuschlag kommt sowohl beim Ansatz von Kurswerten als auch bei der Ermittlung des gemeinen Werts durch Ableitung aus Verkäufen in Betracht. [2]Wird der gemeine Wert in einem Ertragswertverfahren oder nach einer anderen anerkannten, auch im gewöhnlichen Geschäftsverkehr für nichtsteuerliche Zwecke üblichen Methode ermittelt, ist – unter den Voraussetzungen des § 11 Absatz 3 BewG – der Paketzuschlag erforderlich, wenn die in § 11 Absatz 3 BewG genannten Umstände bei der Wertermittlung nicht berücksichtigt werden. [3]Im vereinfachten Ertragswertverfahren (→ R B 199.1) ist in der Regel kein Paketzuschlag vorzunehmen. [4]Ein Abschlag wegen fehlenden Einflusses auf die Geschäftsführung kommt in diesen Fällen nicht in Betracht. [5]Ein Paketzuschlag ist in den Fällen der Bewertung mit dem Substanzwert nicht vorzunehmen.

(3) Ein Paketzuschlag ist vorzunehmen, wenn ein Gesellschafter mehr als 25 Prozent der Anteile an einer Kapitalgesellschaft auf einen oder mehrere Erwerber überträgt (Absatz 4 bis 8).

(4) [1]Gehen Anteile an einer Kapitalgesellschaft von mehr als 25 Prozent von einem Erblasser auf mehrere Erben über, ist ein Paketzuschlag auch dann vorzunehmen, wenn die anschließende (quotale) Aufteilung unter den Erben dazu führt, dass jeder der Erben nur eine Beteiligung von weniger als 25 Prozent erhält. [2]Das Ergebnis einer frei unter den Miterben vereinbarten Auseinandersetzung oder die Auseinandersetzung nach Maßgabe einer Teilungsanordnung des Erblassers sind für die Bewertung der Beteiligung unbeachtlich.

(5) [1]Wenn neben den Erben ein Vermächtnisnehmer einen schuldrechtlichen Anspruch auf Anteile erlangt, bei dessen Erfüllung die den Erben verbleibende Beteiligung weniger als 25 Prozent beträgt, kann der Verlust dieses Einflusses – bezogen auf den Bewertungsstichtag – eine wirtschaftliche Ände-

rung sein, die einen Paketzuschlag für die von den Erben erworbene Beteiligung nicht mehr rechtfertigt. [2]Der Anspruch des Vermächtnisnehmers ist danach zu bewerten, ob die ihm vermachten Anteile mehr als 25 Prozent betragen. [3]Ein Vorausvermächtnis zugunsten eines Miterben ist dagegen nicht als wirtschaftliche Änderung anzusehen, die die Erbengemeinschaft in der Ausübung ihrer Mitgliedschaftsrechte – bezogen auf den Bewertungsstichtag – beschränkt, und berührt damit den Paketzuschlag für die von den Erben erworbene Beteiligung nicht.

(6) [1]Bei Schenkungen unter Lebenden sind die auf den Erwerber übergehenden Anteile Besteuerungsgrundlage. [2]Die Bewertung der zugewendeten Anteile richtet sich, vorbehaltlich Absatz 8, danach, ob diese mehr als 25 Prozent betragen.

(7) [1]Führt die Vereinigung von zugewendeten Anteilen mit bereits vorhandenen eigenen Anteilen des Erwerbers dazu, dass er mehr als 25 Prozent hält, ist dies, vorbehaltlich Absatz 8, für die Bewertung der zugewendeten Anteile grundsätzlich unbeachtlich. [2]Entsprechendes gilt auch, wenn einem Erwerber gleichzeitig von mehreren Personen Anteile zugewendet werden.

(8) Werden nacheinander von derselben Person mehrere Anteile zugewendet, die unter den Voraussetzungen des § 14 ErbStG zusammengerechnet dem Erwerber eine Beteiligung von mehr als 25 Prozent verschaffen, ist bei den zugewendeten Anteilen, die dem Erwerber erstmals eine Beteiligung von mehr als 25 Prozent verschaffen, und allen weiteren zugewendeten Anteilen ein Paketzuschlag vorzunehmen.

(9) [1]Als Paketzuschlag kann, je nach Umfang der zu bewertenden Beteiligung, im Allgemeinen ein Zuschlag bis zu 25 Prozent in Betracht kommen. [2]Höhere Zuschläge sind im Einzelfall möglich.

Zu § 12 BewG

R B 12.1 Kapitalforderungen und Schulden

(1) Besondere Umstände, die eine vom Nennwert abweichende Bewertung rechtfertigen, liegen vor,

1. wenn die Kapitalforderungen oder Schulden unverzinslich sind und ihre Laufzeit im Besteuerungszeitpunkt mehr als ein Jahr beträgt;
2. wenn die Kapitalforderungen oder Schulden niedrig verzinst oder hoch verzinst sind und die Kündbarkeit für längere Zeit ausgeschlossen ist;
3. wenn zweifelhaft ist, ob eine Kapitalforderung in vollem Umfang durchsetzbar ist.

(2) [1]Eine niedrig verzinsliche Kapitalforderung oder Schuld, die unter dem Nennwert anzusetzen ist, kann angenommen werden, wenn die Verzinsung unter 3 Prozent liegt und die Kündbarkeit am Veranlagungsstichtag für längere Zeit, d. h. für mindestens vier Jahre, eingeschränkt oder ausgeschlossen ist. [2]Stehen einer unverzinslichen oder niedrig verzinslichen Kapitalforderung an Stelle der Zinsen oder neben den Zinsen andere wirtschaftliche Vorteile gegenüber, kommt, eine Bewertung unter dem Nennwert nicht in Betracht; dies

gilt entsprechend, wenn einer unverzinslichen oder niedrig verzinslichen Kapitalschuld an Stelle der Zinsen oder neben den Zinsen andere wirtschaftliche Nachteile gegenüberstehen. [3]Eine hoch verzinsliche Kapitalforderung oder Schuld, die über dem Nennwert anzusetzen ist, kann im Allgemeinen angenommen werden, wenn die Verzinsung über 9 Prozent liegt und die Rückzahlung am Besteuerungsstichtag noch für mindestens vier Jahre ausgeschlossen ist; Satz 2 gilt entsprechend.

(3) [1]Ist zweifelhaft, ob oder inwieweit eine Kapitalforderung durchsetzbar ist, kann sie dem Grad der Zweifelhaftigkeit entsprechend mit einem niedrigeren Schätzwert anzusetzen sein. [2]Das gilt insbesondere beim Ansatz verjährter Kapitalforderungen. [3]Schwierigkeiten in der Beurteilung der Rechtslage sind kein besonderer Umstand, der einen Abschlag rechtfertigt.

(4) Nicht zum Betriebsvermögen gehörende Steuererstattungsansprüche und Steuervergütungsansprüche sowie entsprechende Schulden (z. B. Einkommensteuerschulden) sind als Kapitalforderungen oder Schulden zu bewerten.

(5) Kapitalforderungen und Schulden, die auf ausländische Währungen lauten, sind mit dem am Besteuerungszeitpunkt maßgebenden Umrechnungskurs zu bewerten.

H B 12.1

Bewertung von Kapitalforderungen und -schulden. Wegen der Berechrechnung des Gegenwartswerts von nach § 12 Absatz 1 und 3 BewG zu bewertenden Kapitalforderungen und Schulden mit fehlender, niedriger oder hoher Verzinsung → gleich lautende Ländererlasse vom 10.10.2010, BStBl. I S. 810.

Maßgebender Umrechnungskurs. Die auf ausländische Währungen lautenden Kapitalforderungen und Schulden sind nach dem Briefkurs für den Tag der Entstehung der deutschen Erbschaftsteuer in Euro umzurechnen (→ BFH vom 19.3.1991 II R 134/88, BStBl. II S. 521).

Verjährte Kapitalforderungen. → BFH vom 2.3.1971 II 64/65, BStBl. II S. 533.

Vermögenslosigkeit des Schuldners. → BFH vom 26.2.2003 II R 19/01, BStBl. II S. 561.

R B 12.2 Bundesschatzbriefe, Finanzierungsschätze und Sparbriefe

(1) [1]Bundesschatzbriefe A sind mit ihrem Nennwert anzusetzen. [2]Bundesschatzbriefe B sind mit ihrem Rückzahlungswert anzusetzen.

(2) [1]Finanzierungsschätze des Bundes werden in der Weise verzinst, dass der Erwerber beim Kauf einen geringeren Betrag einzahlt als er später bei der Einlösung am festliegenden Fälligkeitstag zurückerhält. [2]Die Zinsen für die Zeit vom Tag der Zahlung des Kaufpreises bis zum Fälligkeitstag (ausschließlich) werden im Voraus vom Nennwert abgezogen. [3]Finanzierungsschätze werden monatlich in neu aufgelegten Ausgaben mit einer Laufzeit von etwa einem Jahr oder etwa zwei Jahren verkauft. [4]Die Laufzeit beginnt mit dem Tag der Zahlung des Kaufpreises. [5]Die Laufzeit endet am 20. des Fälligkeits-

monats, falls der 20. kein Geschäftstag ist, am nächstfolgenden Geschäftstag. [6]Bei Fälligkeit wird der Einlösungsbetrag gutgeschrieben oder bargeldlos überwiesen. [7]Vor Fälligkeit nimmt der Emittent Finanzierungsschätze nicht zurück. [8]Bei Finanzierungsschätzen wie bei anderen Diskontpapieren ist der Wert bis zum Fälligkeitszeitpunkt aus dem Ausgabebetrag zuzüglich der aufgelaufenen fiktiven Zinsen zu berechnen. [9]Dabei kann auf eine taggenaue Wertermittlung zum Besteuerungszeitpunkt nicht verzichtet werden. [10]Um dabei auch die auf einen unterjährigen Zeitraum entfallenden fiktiven Zinsen zu erfassen, ist der Stichtagswert wie folgt zu ermitteln:

$$\text{Stichtagswert} = \text{Ausgabewert} \times q^n \times \left(\frac{R \times T}{360 \times 100} + 1\right)$$

[11]Dabei ist

$$q^n: \text{Aufzinsungsfaktor für volle n Jahre} = \left(1 + \frac{R}{100}\right)^n$$

R: Emissionsrendite
T: Jahresbruchteile in Tagen.

[12]Diese Art der Wertermittlung ist in allen Besteuerungsfällen anzuwenden. [13]Da der Anspruch auf Verzinsung bis zum Besteuerungszeitpunkt bereits im Stichtagswert der Finanzierungsschätze und anderer Diskontpapiere berücksichtigt ist, ist ein besonderer Ansatz von Stückzinsen nicht mehr erforderlich.

(3) [1]Abgezinste Sparbriefe sind mit dem Rückzahlungswert anzusetzen. [2]Ist der Rückzahlungswert nicht bekannt, ist er entsprechend der Regelung in Absatz 2 zu ermitteln.

H B 12.2

Bewertung von Diskontpapieren.

Beispiel:

A hatte am 2.1.00 Diskontpapiere zum Ausgabewert von 14 381 EUR gekauft. Er ist am 20.10.01 verstorben.

Ausgabewert	14 381 EUR
Emissionsrendite	4%
Laufzeit	1 Jahr 9 Monate 18 Tage (n = 1; T = 288)

$$14\,381 \times \left(1 + \frac{4}{100}\right)^1 \times \left(\frac{4 \times 288}{100 \times 360} + 1\right)$$

= 14 381 × 1,0400 × 1,032
= 15 434 EUR.

R B 12.3 Zero-Bonds

(1) [1]Börsennotierte Zero-Bonds sind mit dem niedrigsten im Besteuerungszeitpunkt für sie im amtlichen Handel notierten Kurs anzusetzen (§ 11

Absatz 1 Satz 1 BewG). [2]Liegt am Besteuerungszeitpunkt keine Kursnotierung vor, ist der letzte innerhalb von 30 Tagen vor dem Besteuerungszeitpunkt im amtlichen Handel notierte Kurs maßgebend.

(2) [1]Nichtnotierte Zero-Bonds sind in Anlehnung an die Kursnotierungen von in Ausstattung und Laufzeit vergleichbaren Anleihen zu bewerten. [2]Können für nicht notierte Zero-Bonds keine Vergleichskurse festgestellt werden, berechnet sich ihr Wert aus dem Ausgabebetrag zuzüglich der bis zum Besteuerungszeitpunkt aufgelaufenen Zinsen (Rückzahlungswert). [3]Der Rückzahlungswert ist entsprechend der Berechnung in R B 12.2 für Finanzierungsschätze zu ermitteln.

(3) Beträgt die Emissionsrendite mehr als 9 Prozent und ist die Einlösung des Zero-Bonds im Besteuerungszeitpunkt für mindestens 4 Jahre ausgeschlossen, ist bei der Berechnung des Rückzahlungswerts ein Renditekurs zugrunde zu legen, der sich nach dem im Besteuerungszeitpunkt bestehenden Kapitalmarktzinssatz für vergleichbare Anleihen bestimmt.

R B 12.4 Einlage des typischen stillen Gesellschafters

[1]Die Einlage eines typischen stillen Gesellschafters ist eine Kapitalforderung und grundsätzlich mit dem Nennwert anzusetzen. [2]Ist die Kündbarkeit der Einlage am Besteuerungszeitpunkt für längere Zeit ausgeschlossen und liegt der Durchschnittsertrag über 9 Prozent, ist der Nennwert der Vermögenseinlage um den fünffachen Unterschiedsbetrag zwischen dem Durchschnittsertrag und der Verzinsung um 9 Prozent zu erhöhen. [3]Bei einem Durchschnittsertrag unter 3 Prozent der Vermögenseinlage ist, soweit die Kündbarkeit der Einlage am Bewertungsstichtag für längere Zeit ausgeschlossen ist, der Nennwert um den fünffachen Unterschiedsbetrag zwischen 3 Prozent und dem Durchschnittsertrag zu mindern. [4]Der Durchschnittsertrag ist möglichst aus den Gewinnanteilen der letzten drei vor dem Besteuerungszeitpunkt endenden Wirtschaftsjahre herzuleiten. [5]Ein Abschlag wegen Unwägbarkeiten kommt dabei nicht in Betracht. [6]Die Kündbarkeit ist für längere Zeit ausgeschlossen, wenn das Gesellschaftsverhältnis im Besteuerungszeitpunkt noch mehr als 5 Jahre währen wird.

H B 12.4

Einlage des typischen stillen Gesellschafters.

Beispiel:

Nennwert der Einlage	40 000 EUR
Durchschnittsertrag	7 000 EUR

„Verzinsung der Einlage“ $\frac{7000 \text{ EUR}}{40000 \text{ EUR}} = 17{,}5\%$

Wert der stillen Beteiligung:
100 % + 5 × (17,5 % – 9 %) = 142,5 %
Bezogen auf den Nennwert der Einlage von 40 000 EUR = 57 000 EUR.

Zu §§ 13 bis 16 BewG

R B 13 Renten-, Nießbrauchs- und Nutzungsrechte

[1]Der Kapitalwert von Renten oder anderen wiederkehrenden Nutzungen und Leistungen richtet sich nach der am Besteuerungsstichtag noch laufenden Bezugsberechtigung. [2]Bei der Ermittlung des Kapitalwerts können später eintretende Umstände nur dann berücksichtigt werden, wenn sie am Besteuerungszeitpunkt bereits voraussehbar waren. [3]Bei Nutzungen oder Leistungen, deren Jahreswert ungewiss ist oder schwankt, ist nach § 15 Absatz 3 BewG als Jahreswert der Betrag anzusetzen, der im Durchschnitt der Jahre voraussichtlich erzielt wird. [4]Bei der Schätzung des Durchschnittswerts können ausnahmsweise Ereignisse berücksichtigt werden, die in nicht allzu langer Zeit nach dem Besteuerungszeitpunkt eingetreten sind. [5]Die Bewertung von wiederkehrenden Nutzungen und Leistungen ist beim Verpflichteten entsprechend vorzunehmen.

H B 13

Bewertung von wiederkehrenden Nutzungen und Leistungen. Wegen der Berechnung des Kapitalwerts von wiederkehrenden Nutzungen und Leistungen → gleich lautende Ländererlasse vom 10.10.2010, BStBl. I S. 810.

Laufende Bezugsberechtigung. → BFH vom 31.10.1969 III R 45/66, BStBl. 1970 II S. 196.

Lebenslängliche Rente als Gegenleistung bei einer Grundstücksveräußerung. Eine lebenslängliche Rente, die bei einer Grundstücksveräußerung als Gegenleistung ausbedungen wird, stellt kein Nutzungsrecht am Grundstück dar. Die Rente ist ohne Anwendung des § 16 BewG zu bewerten (→ BFH vom 2.12.1971 II 82/65, BStBl. 1972 II S. 473).

Nießbrauch an einer Beteiligung an einer Personengesellschaft. → R B 97.3.

Umstände nach dem Besteuerungszeitpunkt. → BFH vom 9.9.1960 III 277/57 U, BStBl. 1961 III S. 18.

Wertsicherungsklausel. → BFH vom 14.11.1967 II 166/63, BStBl. 1968 II S. 43.

B. Betriebsvermögen

Zu §§ 95 und 96 BewG

R B 95 Begriff und Umfang des Betriebsvermögens

(1) [1]Das Betriebsvermögen umfasst alle Teile eines Gewerbebetriebs im Sinne des § 15 Absatz 1 und 2 EStG, das sind grundsätzlich alle Wirtschaftsgüter und sonstigen aktiven Ansätze sowie Schulden und sonstigen Abzüge, die bei der steuerlichen Gewinnermittlung zum Betriebsvermögen gehören, soweit das Erbschaftsteuer- und Schenkungsteuergesetz in Verbindung mit dem Be-

wertungsgesetz nicht ausdrücklich etwas anderes vorschreibt oder zulässt. [2]Dem Gewerbebetrieb steht die Ausübung eines freien Berufs im Sinne des § 18 Absatz 1 Nummer 1 EStG gleich (§ 96 BewG).

(2) [1]Bei bilanzierenden Gewerbetreibenden und freiberuflich Tätigen (§ 4 Absatz 1 oder § 5 EStG) führt die Anknüpfung an die Grundsätze der steuerlichen Gewinnermittlung regelmäßig zu einer Identität zwischen der Steuerbilanz auf den Bewertungsstichtag oder den Schluss des letzten vor dem Bewertungsstichtag endenden Wirtschaftsjahrs und dem bewertungsrechtlichen Betriebsvermögen. [2]Der Grundsatz der Identität wird insbesondere durchbrochen bei

1. Gewinnansprüchen gegen eine beherrschte Gesellschaft als sonstigem Abzug bei der beherrschten Gesellschaft (§ 103 Absatz 2 BewG),
2. Rücklagen (§ 103 Absatz 3 BewG),
3. Bilanzposten im Sinne des § 137 BewG,
4. selbst geschaffenen immateriellen Wirtschaftsgütern des Anlagevermögens sowie geschäftswert-, firmenwert- oder praxiswertbildenden Faktoren, denen ein eigenständiger Wert zugewiesen werden kann, z. B. Kundenstamm, Know-how (→ R B 11.5 Absatz 3 Satz 4 und 5),
5. Rückstellungen (→ R B 11.5 Absatz 3 Satz 3).

(3) [1]Bei nicht bilanzierenden Gewerbetreibenden und freiberuflich Tätigen gehören alle Wirtschaftsgüter, die ausschließlich und unmittelbar für eigenbetriebliche Zwecke genutzt werden, zum Betriebsvermögen (notwendiges Betriebsvermögen). [2]Bewegliche Wirtschaftsgüter, die zu mehr als 50 Prozent eigenbetrieblich genutzt werden, sind in vollem Umfang notwendiges Betriebsvermögen. [3]Grundstücke, die teilweise betrieblich und teilweise privat genutzt werden, sind nach ertragsteuerrechtlichen Grundsätzen aufzuteilen. [4]Gewillkürtes Betriebsvermögen ist zu berücksichtigen, wenn die Bildung ertragsteuerrechtlich zulässig und das Wirtschaftsgut tatsächlich dem gewillkürten Betriebsvermögen zugeordnet worden ist. [5]Forderungen und Verbindlichkeiten, die mit dem Betrieb in wirtschaftlichem Zusammenhang stehen, gehören zum Betriebsvermögen, ebenso Bargeld und Bankguthaben, die aus gewerblichen oder freiberuflichen Tätigkeiten herrühren. [6]Bei freiberuflich Tätigen sind Honoraransprüche, die bis zum Bewertungsstichtag entstanden sind, als Forderung zu erfassen. [7]Sie sind in dem Zeitpunkt entstanden, in dem die zu erbringenden Leistungen vollendet waren. [8]Honoraransprüche für Teilleistungen sind insoweit entstanden, als auf ihre Vergütung nach einer Gebührenordnung oder auf Grund von Sondervereinbarungen zwischen den Beteiligten ein Anspruch besteht.

H B 95

Aufteilung von gemischten Kontokorrentkonten. Für die Aufteilung von gemischten Kontokorrentkonten gelten die Grundsätze des BMF-Schreibens vom 10.11.1993 (BStBl. I S. 930) i. d. F. durch das BMF-Schreiben vom 7.5.2008 (BStBl. I S. 588).

Forderungen an eine Kassenärztliche Vereinigung. → BFH vom 14.5.1965 III 197/60 U, BStBl. III S. 438.

Gewillkürtes Betriebsvermögen. → R 4.2 Absatz 1 EStR; H 4.2 (1) „Gewillkürtes Betriebsvermögen“ EStH.

Steuererstattungsansprüche. → BFH vom 15.3.2000 II R 15/98, BStBl. II S. 588.

Zu § 97 BewG

R B 97.1 Betriebsvermögen von Personengesellschaften

(1) [1]In den Gewerbebetrieb einer Personengesellschaft (§ 97 Absatz 1 Satz 1 Nummer 5 BewG) sind entsprechend der ertragsteuerlichen Regelung einzubeziehen:

1. die Wirtschaftsgüter und sonstigen aktiven Ansätze sowie die Schulden und sonstigen Abzüge, soweit sie zum Gesamthandsvermögen gehören,
2. die Wirtschaftsgüter aus den Sonderbilanzen (Sonderbetriebsvermögen I und II); § 103 BewG ist zu beachten.

[2]Die Zurechnung zum Sonderbetriebsvermögen der Personengesellschaft geht der Zurechnung zum Betriebsvermögen des Gesellschafters vor (§ 97 Absatz 1 Satz 1 Nummer 5 Satz 2 BewG). [3]Das einem Gesellschafter oder mehreren Gesellschaftern gehörende Grundstück, das den betrieblichen Zwecken der Personengesellschaft dient, ist nicht Grundvermögen des Gesellschafters bzw. der Gesellschafter, sondern gehört als Betriebsgrundstück zum Sonderbetriebsvermögen der Personengesellschaft (§ 97 Absatz 1 Nummer 5 Satz 2 BewG). [4]Ein einem Gesellschafter oder mehreren Gesellschaftern gehörendes Grundstück ist bei teilweiser Nutzung zu betrieblichen Zwecken der Personengesellschaft entsprechend der ertragsteuerlichen Grundsätze aufzuteilen. [5]Ein zum Gesamthandsvermögen gehörendes Grundstück kann dann nicht Betriebsvermögen sein, wenn es ausschließlich oder fast ausschließlich der privaten Lebensführung eines, mehrerer oder aller Gesellschafter dient. [6]Die vorstehenden Grundsätze gelten auch für die mehrstöckige Personengesellschaft (§ 95 Absatz 1 Satz 1 BewG in Verbindung mit § 15 Absatz 1 Satz 1 Nummer 2 Satz 2 EStG).

(2) [1]Forderungen und Schulden der Gesellschafter gegenüber der Personengesellschaft sind einzubeziehen, soweit sie bei der steuerlichen Gewinnermittlung zum Betriebsvermögen der Gesellschaft gehören. [2]Steht einer Forderung der Personengesellschaft an einen Gesellschafter, die in der Gesamthandsbilanz auszuweisen ist, kein entsprechender Schuldposten in einer Sonderbilanz dieses Gesellschafters gegenüber, kann bei der Ermittlung des Werts des Betriebsvermögens die entsprechende Schuld nicht berücksichtigt werden. [3]Forderungen und Schulden zwischen Personengesellschaft und Gesellschafter sind, soweit sie bei der steuerlichen Gewinnermittlung nicht zum Betriebsvermögen der Gesellschaft gehören, als gesamthänderisch gehaltene Forderungen im Privatvermögen aller Gesellschafter bzw. private Schulden des jeweiligen Gesellschafters zu behandeln.

(3) [1]Die Übernahme einer Bürgschaft durch einen Gesellschafter für Verbindlichkeiten der Personengesellschaft aus betrieblichen Gründen führt für sich allein weder zum Ansatz einer Forderung noch einer Schuld. [2]Im Fall

einer Inanspruchnahme des Gesellschafters aus der Bürgschaft gelten die ertragsteuerlichen Grundsätze.

H B 97.1

Ansatz von Forderungen und Schulden. Eine Darlehensforderung der Personengesellschaft gegen einen Gesellschafter gehört steuerrechtlich zum Betriebsvermögen der Personengesellschaft, wenn das Darlehen zu fremdüblichen Konditionen (Zins, Laufzeit, Sicherheit) gewährt wird. Das gilt auch für ein Darlehen zu nicht fremdüblichen Konditionen, wenn ein betriebliches Interesse am Verwendungszweck des gewährten Darlehens besteht. Ein Darlehen zu nicht fremdüblichen Konditionen, an dessen Verwendungszweck kein betriebliches Interesse besteht, stellt ertragsteuerlich eine Entnahme der Darlehensvaluta aus dem Betriebsvermögen der Gesellschaft in ihr gesamthänderisch gebundenes Privatvermögen dar, die allen Gesellschaftern anteilig unter Minderung ihrer Kapitalkonten zuzurechnen ist (→ BFH vom 9.5.1996, BStBl. II S. 642). Die entsprechende Darlehensschuld des Gesellschafters ist je nach Verwendung des Darlehens (negatives) Sonderbetriebsvermögen oder eine private Schuld.

Geht der Anteil eines Gesellschafters an der Personengesellschaft von Todes wegen über oder überträgt dieser den Anteil durch Schenkung, ist ein anteilig ihm zuzurechnender Anspruch auf Rückzahlung eines nicht im Betriebsvermögen der Personengesellschaft erfassten Darlehens als Kapitalforderung im übrigen Vermögen anzusetzen. Das gilt nicht nur für den Gesellschafter, der das Darlehen erhalten hat. Die Erben des Gesellschafters, der das Darlehen erhalten hat, können außerdem die Darlehensschuld als Nachlassverbindlichkeit abziehen. Im Fall der Schenkung sind insoweit die Grundsätze der gemischten Schenkung anzuwenden, wenn der Erwerber die Darlehensschuld übernimmt.

Beispiel:

Gemeiner Wert des Betriebsvermögens der Personengesellschaft zum Bewertungsstichtag	7 100 000 EUR
Kapitalkonten lt. Gesamthandsbilanz der Personengesellschaft	5 000 000 EUR

Davon entfallen auf A 1 500 000 EUR, auf B 2 500 000 EUR und auf C 1 000 000 EUR.
Gewinn- und Verlustverteilung A, B und C je $^1/_3$
Gesellschafter A hat von der Personengesellschaft ein nicht betrieblich veranlasstes Darlehen zu nicht fremdüblichen Konditionen in Höhe von 300 000 EUR erhalten, das in dieser Höhe noch valutiert. Die Kapitalkonten der Gesellschafter sind insoweit zu gleichen Teilen gemindert worden.

Gesellschafter		A	B/C
Gemeiner Wert des Betriebsvermögens	7 100 000 EUR		
abzgl. Kapitalkonten lt. Gesamthandsbilanz	5 000 000 EUR	1 500 000 EUR	3 500 000 EUR
Unterschiedsbetrag	2 100 000 EUR	+ 700 000 EUR	+ 1 400 000 EUR
Anteil am Wert des Betriebsvermögens		2 200 000 EUR	4 900 000 EUR

Im Erbfall ist im Nachlass des A neben dem Anteil am Wert des Betriebsvermögens die anteilige Darlehensforderung in Höhe von (300 000 EUR × $^1/_3$ =) 100 000 EUR und eine Nachlassverbindlichkeit in Höhe von 300 000 EUR zu berücksichtigen.

Im Schenkungsfall ist neben dem Anteil am Wert des Betriebsvermögens die anteilige Darlehensforderung in Höhe von (300 000 EUR × 1/3 =) 100 000 EUR erworben. Muss der Erwerber die Darlehensverbindlichkeit in Höhe von 300 000 EUR übernehmen, ist sie im Rahmen einer gemischten Schenkung als Gegenleistung zu berücksichtigen.

Grundstück, das ausschließlich oder fast ausschließlich privater Lebensführung dient. → H 4.2 (11) EStH.

Hinterbliebenenbezüge bei Gesellschaftern einer Personengesellschaft. → H E 3.5 „Hinterbliebenenbezüge bei Gesellschaftern einer Personengesellschaft".

R B 97.2 Sonderbetriebsvermögen

[1] Für die Wirtschaftsgüter und Schulden des Sonderbetriebsvermögens eines Gesellschafters ist der gemeine Wert im Rahmen einer Einzelbewertung zu ermitteln (§ 97 Absatz 1a Nummer 2 BewG). [2] Ist für Grundbesitz, Betriebsvermögen und Anteile an Kapitalgesellschaften ein Wert nach § 151 Absatz 1 Satz 1 Nummer 1 bis 3 BewG festzustellen, sind die auf den Bewertungsstichtag festgestellten Werte anzusetzen. [3] Die Basiswertregelung in § 151 Absatz 3 BewG ist hierbei zu beachten. [4] Das gilt unabhängig davon, wie der Wert des Gesamthandsvermögens ermittelt wird (marktübliches Verfahren, vereinfachtes Ertragswertverfahren oder Substanzwert). [5] Der Wert des Sonderbetriebsvermögens ist nur für den Gesellschafter zu ermitteln, dessen Anteil übertragen wird. [6] Wegen der Einzelbewertung des Sonderbetriebsvermögens erfolgt weder beim Erwerb von Gesellschaftsanteilen mit Sonderbetriebsvermögen noch beim Erwerb von Gesellschaftsanteilen ohne Sonderbetriebsvermögen eine Korrektur des Betriebsergebnisses um die mit diesem im Zusammenhang stehenden Erträge und Aufwendungen der Gesellschaft. [7] § 202 Absatz 1 Satz 2 Nummer 3 BewG bleibt hiervon unberührt.

R B 97.3 Nießbrauch an einer Beteiligung an einer Personengesellschaft

(1) [1] Wird im Rahmen eines Erwerbs von Todes wegen oder einer Schenkung unter Lebenden ein Nießbrauchsrecht an einem Anteil an einer Personengesellschaft i. S. d. § 15 Absatz 1 Satz 1 Nummer 2 und Absatz 3 oder § 18 Absatz 4 Satz 2 EStG eingeräumt oder die Ausübung eines solchen Nießbrauchsrechts einem anderen überlassen, richtet sich die Beurteilung nach der Ausgestaltung des Nießbrauchsrechts. [2] Der Zuwendungsgegenstand bestimmt sich grundsätzlich nach dem Zivilrecht. [3] Ob das zugewendete Vermögen zum Betriebsvermögen gehört, richtet sich jedoch nach den Grundsätzen des Ertragsteuerrechts, denn nach § 97 Absatz 1 Satz 1 Nummer 5 BewG bilden alle einer inländischen Personengesellschaft i. S. d. § 15 Absatz 1 Satz 1 Nummer 2 und Absatz 3 oder § 18 Absatz 4 Satz 2 EStG gehörenden Wirtschaftsgüter einen Gewerbebetrieb.

(2) [1] Ist das Nießbrauchsrecht so ausgestaltet, dass der Nießbraucher ertragsteuerrechtlich als Mitunternehmer der Personengesellschaft anzusehen ist, gehört das Nießbrauchsrecht als immaterielles Wirtschaftsgut ertragsteuerrechtlich und damit auch bewertungsrechtlich zum Sonderbetriebsvermögen,

da es unmittelbare und untrennbare Voraussetzung für die Erzielung der gewerblichen Einkünfte ist. [2]Dies gilt unabhängig davon, ob der Nießbraucher zivilrechtlich Gesellschafter der Personengesellschaft ist. [3]Handelt es sich bei dem Nießbrauchsrecht ertragsteuerrechtlich um Sonderbetriebsvermögen bei der Personengesellschaft, sind die Wirtschaftsgüter des Sonderbetriebsvermögens bei der Bewertung des Betriebsvermögens mit ihrem gemeinen Wert anzusetzen (§ 97 Absatz 1a Nummer 2 BewG). [4]Für das Nießbrauchsrecht ist der Kapitalwert nach §§ 13 bis 16 BewG zu ermitteln.

(3) [1]Wenn das Nießbrauchsrecht nicht zum Sonderbetriebsvermögen bei der Personengesellschaft gehört, weil der Nießbrauchsberechtigte ertragsteuerrechtlich nicht als Mitunternehmer anzusehen ist, liegt übriges Vermögen vor. [2]Die Bewertung erfolgt nach §§ 13 bis 16 BewG.

(4) Absatz 1 bis 3 gelten auch, wenn ein Nießbraucher auf seinen Nießbrauch verzichtet und dadurch eine Mitunternehmerstellung des Nießbrauchers auf den Gesellschafter übergeht.

H B 97.3

Ermittlung des begünstigten Vermögens. → R E 13b.9, R E 13b.30 Absatz 6.

R B 97.4 Aufteilung des Werts des Betriebsvermögens von Personengesellschaften

(1) [1]Das einer Personengesellschaft gehörende Betriebsvermögen ist Gesamthandsvermögen. [2]Wirtschaftsgüter, die mehreren zur gesamten Hand zustehen, werden den Gesellschaftern anteilig zugerechnet (§ 39 Absatz 2 Nummer 2 AO, § 3 BewG). [3]Für Zwecke der Erbschaft- oder Schenkungsteuer muss nur der Gesellschaftsanteil bewertet werden, der Gegenstand des Erwerbs ist.

(2) [1]Der Wert des Gesamthandsvermögens (§ 109 Absatz 2 in Verbindung mit § 11 Absatz 2 BewG) ist wie folgt aufzuteilen:

1. [1]Die Kapitalkonten aus der ertragsteuerlichen Gesamthandsbilanz sind dem jeweiligen Gesellschafter vorweg zuzurechnen. [2]Zum Kapitalkonto rechnen unter anderem neben dem Festkapital auch der Anteil an einer gesamthänderischen Rücklage und die variablen Kapitalkonten, soweit es sich dabei ertragsteuerrechtlich um Eigenkapital der Gesellschaft handelt.
2. [1]Der verbleibende Wert ist nach dem Gewinnverteilungsschlüssel auf die Gesellschafter aufzuteilen. [2]Vorabgewinne sind nicht zu berücksichtigen.

[2]Wenn der Wert des Anteils eines Gesellschafters am Gesamthandsvermögen aus Verkäufen abgeleitet oder unter Berücksichtigung der Ertragsaussichten der Gesellschaft oder einer anderen anerkannten, auch im gewöhnlichen Geschäftsverkehr für nichtsteuerliche Zwecke üblichen Methode ermittelt wird (Gutachtenwert), ist Satz 1 nicht anzuwenden und eine Aufteilung nach § 97 Absatz 1a BewG ist nicht vorzunehmen.

(3) Die Wirtschaftsgüter und Schulden des Sonderbetriebsvermögens sind bei dem jeweiligen Gesellschafter mit dem gemeinen Wert anzusetzen.

(4) Der Wert des Anteils eines Gesellschafters ergibt sich vorbehaltlich der folgenden Absätze als Summe aus dem Anteil am Gesamthandsvermögen (Absatz 2) und dem Wert des Sonderbetriebsvermögens (Absatz 3).

(5) Wenn der Wert des Anteils eines Gesellschafters am Gesamthandsvermögen aus Verkäufen abgeleitet wird (Absatz 2 Satz 2), ergibt sich der Wert des Anteils eines Gesellschafters als Summe aus dem ermittelten Anteil am Gesamthandsvermögen und dem gemeinen Wert des Sonderbetriebsvermögens (Absatz 3).

(6) [1] Wenn der Wert des Anteils eines Gesellschafters am Gesamthandsvermögen unter Berücksichtigung der Ertragsaussichten der Gesellschaft oder einer anderen anerkannten, auch im gewöhnlichen Geschäftsverkehr für nichtsteuerliche Zwecke üblichen Methode ermittelt wird (Absatz 2 Satz 2), ergibt sich der Wert des Anteils eines Gesellschafters als Summe aus dem ermittelten Anteil am Gesamthandsvermögen (Gutachtenwert) und dem gemeinen Wert des Sonderbetriebsvermögens (Absatz 3). [2] Bei der Basiswertregelung nach § 151 Absatz 3 BewG ist auch der Ansatz des Sonderbetriebsvermögens mit dem gemeinen Wert (Absatz 3) möglich.

H B 97.4

Aufteilung des Werts des Betriebsvermögens.

Beispiel 1:

Wert des Gesamthandsvermögens der A, B & C KG zum Bewertungsstichtag	12 000 000 EUR
Kapitalkonten lt. Gesamthandsbilanz der Personengesellschaft	9 000 000 EUR

Davon entfallen auf A 5 000 000 EUR, auf B 1 000 000 EUR und auf C 3 000 000 EUR.
Gewinn- und Verlustverteilung A, B und C je 1/3
Der Gesellschafter A verpachtet an die Personengesellschaft ein Grundstück mit einem gemeinen Wert von 1 500 000 EUR.
Zu bewerten ist der Anteil des Gesellschafters A, der von Todes wegen in vollem Umfang auf seinen Sohn S als Alleinerben übergegangen ist.

Gesellschafter		**A**	**B/C**
Wert des Gesamthandsvermögens	12 000 000 EUR		
abzügl. Kapitalkonten lt. Gesamthandsbilanz	9 000 000 EUR	5 000 000 EUR	4 000 000 EUR
Unterschiedsbetrag	3 000 000 EUR	+ 1 000 000 EUR	+ 2 000 000 EUR
Anteil am Wert des Gesamthandsvermögens		6 000 000 EUR	6 000 000 EUR
Wert des Sonderbetriebsvermögens		+ 1 500 000 EUR	
Anteil am Wert des Betriebsvermögens		7 500 000 EUR	

Beispiel 2:

Wert des Gesamthandsvermögens der D & E KG zum Bewertungsstichtag	10 000 000 EUR
Kapitalkonten lt. Gesamthandsbilanz der KG	5 900 000 EUR

Davon entfallen auf D 3 100 000 EUR (Kapitalkonto I 100 000 EUR, Kapitalkonto II 3 000 000 EUR) und auf E 2 800 000 EUR.

Gewinn- und Verlustverteilung D und E je 1/2
Der Gesellschafter D verpachtet an die Personengesellschaft ein Grundstück mit einem gemeinen Wert von 1 000 000 EUR.
Zu bewerten ist der Anteil des Gesellschafters D, den dieser seiner Tochter T geschenkt hat, wobei er das Kapitalkonto II zurückbehielt. Das Sonderbetriebsvermögen hat er in vollem Umfang mit übertragen.

Gesellschafter		D	E
Wert des Gesamthandsvermögens	10 000 000 EUR		
abzügl. Kapitalkonten (ohne Kapitalkonto II des D) lt. Gesamthandsbilanz	2 900 000 EUR	100 000 EUR	2 800 000 EUR
Unterschiedsbetrag	7 100 000 EUR	+ 3 550 000 EUR	+ 3 550 000 EUR
Anteil am Wert des Gesamthandsvermögens		3 650 000 EUR	6 350 000 EUR
Wert des Sonderbetriebsvermögens		+ 1 000 000 EUR	
Anteil am Wert des Betriebsvermögens		4 650 000 EUR	
Erworbene Beteiligung der T			
Kapitalkonto I (100%)	100 000 EUR		
Unterschiedsbetrag (100%)	+ 3 550 000 EUR		
Sonderbetriebsvermögen	+ 1 000 000 EUR		
Gemeiner Wert der Beteiligung	4 650 000 EUR		

Beispiel 3:

Wert des Gesamthandsvermögens der F & G OHG zum Bewertungsstichtag	12 000 000 EUR
Kapitalkonten lt. Gesamthandsbilanz der OHG	4 000 000 EUR

Davon entfallen auf F 3 000 000 EUR (Kapitalkonto I 1 000 000 EUR, Kapitalkonto II 2 000 000 EUR) und auf G 1 000 000 EUR.

Gewinn- und Verlustverteilung F und G je 1/2

Der Gesellschafter F verpachtet an die Personengesellschaft ein Grundstück mit einem gemeinen Wert von 500 000 EUR.

Zu bewerten ist der Anteil des Gesellschafters F, den dieser seinem Sohn S zur Hälfte geschenkt hat, wobei er das Kapitalkonto II zurückbehielt. Das Sonderbetriebsvermögen hat er in vollem Umfang mit übertragen.

Gesellschafter		F	G
Wert des Gesamthandsvermögens	12 000 000 EUR		
abzügl. Kapitalkonten lt. Gesamthandsbilanz	4 000 000 EUR	3 000 000 EUR	1 000 000 EUR
Unterschiedsbetrag	8 000 000 EUR	+ 4 000 000 EUR	+ 4 000 000 EUR
Anteil am Wert des Gesamthandsvermögens		7 000 000 EUR	5 000 000 EUR
Wert des Sonderbetriebsvermögens		+ 500 000 EUR	
Anteil am Wert des Betriebsvermögens		7 500 000 EUR	

Erworbene Beteiligung des S		
Kapitalkonto I (50% von 1 000 000 EUR)		500 000 EUR
Unterschiedsbetrag (50% von 4 000 000 EUR)	+	2 000 000 EUR
Sonderbetriebsvermögen (100% von 500 000 EUR)	+	500 000 EUR
Gemeiner Wert der Beteiligung		3 000 000 EUR

R B 97.5 Besonderheiten bei Kommanditgesellschaften

(1) [1]Bei einer Kommanditgesellschaft haften die Kommanditisten im Außenverhältnis für Schulden der Gesellschaft grundsätzlich nur bis zur Höhe ihrer im Handelsregister eingetragenen Haftsumme (§ 161 Absatz 1 i.V.m. § 171 Absatz 1 1. Halbsatz und § 172 Absatz 2 HGB). [2]Die Haftung ist ausgeschlossen, soweit der Kommanditist seine Einlage geleistet und nicht wieder zurückerhalten hat (§ 171 Absatz 1 2. Halbsatz i.V.m. § 172 Absatz 4 HGB).

(2) [1]Dem Kommanditisten kann grundsätzlich kein negativer Wert des Gesamthandsvermögens der Gesellschaft zugerechnet werden, wenn er seine Kommanditeinlage vollständig erbracht hat und soweit er nicht nachschusspflichtig ist. [2]Der Wert des Anteils des Kommanditisten am Gesamthandsvermögen ist in diesem Fall mit 0 EUR anzusetzen. [3]Abweichend von diesem Grundsatz gilt Folgendes:

1. Hat der Kommanditist seine Kommanditeinlage noch nicht oder noch nicht vollständig erbracht (ausstehende Pflichteinlage), ist ihm im Rahmen der Bewertung der Beteiligung der nach § 97 Absatz 1a Nummer 1 BewG ermittelte Wert bis zur Höhe seiner ausstehenden Einlage als negativer Wert am Gesamthandsvermögen der Gesellschaft zuzurechnen.
2. In Fällen einer vertraglich vereinbarten Nachschusspflicht eines Kommanditisten kann diesem im Rahmen der Bewertung der Beteiligung der nach § 97 Absatz 1a Nummer 1 BewG ermittelte Wert als negativer Wert am Gesamthandsvermögen bis zur Höhe seiner noch ausstehenden Nachschussverpflichtung zugerechnet werden. [2]Voraussetzung ist hierbei, dass der nachzuschießende Betrag zum Bewertungsstichtag bereits eingefordert war.

[4]Diese Sachverhalte werden bereits im Rahmen der Bewertung der Beteiligung berücksichtigt. [5]Demzufolge ist bei unmittelbarer Beteiligung in Erbfällen keine Nachlassverbindlichkeit i.S.d. § 10 Absatz 5 Nummer 1 ErbStG abzugsfähig und bei Schenkungen handelt es sich nicht um eine Gegenleistung. [6]Entsprechend ist eine ausstehende Pflichteinlage und eine ausstehende vertraglich vereinbarte Nachschusspflicht von übergeordneten Unternehmen ausschließlich über den Wert der Beteiligung zu erfassen. [7]Die Berücksichtigung als Nachlassverbindlichkeit, Gegenleistung oder zusätzlich bei der Be-

wertung des übergeordneten Unternehmens scheidet auch dann aus, wenn die vertraglich vereinbarte Nachschusspflicht noch nicht eingefordert wurde. [8] Wie eine ausstehende Pflichteinlage sind die nachfolgenden Fälle zu behandeln:

- Der Kommanditist hat Entnahmen getätigt, die unter Berücksichtigung der von ihm erbrachten Einlagen und der ihm zuzurechnenden Gewinne und Verluste zu einem Wiederaufleben der Haftung geführt haben (§ 172 Absatz 4 Satz 2 HGB).
- Die im Handelsregister eingetragene Höhe der Hafteinlage des Kommanditisten übersteigt die Höhe seiner Pflichteinlage und insoweit ist tatsächlich eine Außenhaftung eingetreten (sog. „übersteigende Außenhaftung").

(3) [1] Die Wirtschaftsgüter und Schulden des Sonderbetriebsvermögens stehen ausschließlich im Eigentum des Kommanditisten. [2] Der Gesamtwert des übertragenen Sonderbetriebsvermögens ist dem Kommanditisten vollständig zuzurechnen, unabhängig davon, ob der Gesamtwert positiv oder negativ ist. [3] Auch wenn der Anteil am Gesamthandsvermögen negativ ist und eine Beschränkung auf 0 EUR erfolgt (Absatz 2), ist das Sonderbetriebsvermögen mit seinem vollständigen Wert anzusetzen.

(4) Dem Komplementär wird der nach § 97 Absatz 1a Nummer 1 BewG ermittelte Anteil am Wert des Gesamthandsvermögens der Gesellschaft zugerechnet, unabhängig davon, ob er positiv oder negativ ist.

(5) [1] Für die Zurechnung eines negativen Werts am Gesamthandsvermögen der Gesellschaft ist bei übrigen Personengesellschaften zu prüfen, ob ein Gesellschafter einem Komplementär oder einem Kommanditisten vergleichbar ist. [2] Hierauf sind Absatz 2 bis 4 entsprechend anzuwenden.

R B 97.6 Anteile an Kapitalgesellschaften

(1) [1] Der gemeine Wert eines nicht notierten Anteils an einer Kapitalgesellschaft bestimmt sich grundsätzlich nach dem Verhältnis des Anteils am Nennkapital (Grund- oder Stammkapital) der Gesellschaft zum gemeinen Wert des Betriebsvermögens der Kapitalgesellschaft zum Bewertungsstichtag; soweit die Gesellschaft eigene Anteile hält, mindern sie das Nennkapital um deren Nennwert. [2] Damit wird dem Umstand Rechnung getragen, dass sich die Beteiligung der Gesellschafter am Vermögen und Gewinn der Gesellschaft regelmäßig nach dem Verhältnis der Anteile am Nennkapital richtet (§ 11 und § 60 AktG sowie § 29 Absatz 2 und § 72 GmbHG). [3] Dies gilt auch, wenn das Nennkapital noch nicht vollständig eingezahlt ist. [4] Dabei ist es unerheblich, ob noch mit der Einzahlung des Restkapitals zu rechnen ist oder nicht. [5] Richtet sich jedoch die Beteiligung am Vermögen und am Gewinn der Gesellschaft auf Grund einer ausdrücklichen Vereinbarung der Gesellschafter nach der jeweiligen Höhe des eingezahlten Nennkapitals, bezieht sich der gemeine Wert nur auf das tatsächlich eingezahlte Nennkapital.

(2) [1] Gesellschaftsrechtliche Vereinbarungen sind zu berücksichtigen, wenn eine Aufteilung nach dem Verhältnis des Anteils am Nennkapital zu einem unzutreffenden Ergebnis führt. [2] In Betracht kommen insbesondere:

– eine vom Verhältnis des Anteils am Nennkapital abweichende Gewinnverteilung;
– eine vom Verhältnis des Anteils am Nennkapital abweichende Beteiligung am Liquidationserlös.

[3]Ungewöhnliche oder persönliche Verhältnisse (→ R B 9.2) bleiben bei der Aufteilung des Werts der Kapitalgesellschaft unberücksichtigt.

H B 97.6

Aufteilung des Werts des Betriebsvermögens der Kapitalgesellschaft.

Beispiel 1 (abweichender Gewinnverteilungsschlüssel):

Gesellschafter der X-GmbH sind A zu 40% und B zu 60 %. Die Anteile am Nennkapital gelten auch für die Verteilung eines späteren Liquidationserlöses. Vertraglich wurde abweichend vom Anteil am Nennkapital eine Gewinnverteilung für A zu 75% und B zu 25% vereinbart.
Der Ertragswert des Betriebsvermögens der GmbH wurde i. H. v. 4 000 000 EUR und der Substanzwert i. H. v. 2 500 000 EUR ermittelt. Somit ist der Wert des Betriebsvermögens der GmbH mit 4 000 000 EUR anzusetzen.

a) A verstirbt im Jahr 01. Erbe ist K.
Grundsatz: Bei einer Aufteilung nach dem Anteil am Nennkapital ergibt sich ein Wert des Anteils des A von (40% von 4 000 000 EUR =) 1 600 000 EUR.
Bei Vorliegen eines abweichenden Gewinnverteilungsschlüssels ist dieser für die Aufteilung des Werts des Betriebsvermögens nicht allein maßgebend. Zunächst ist der Substanzwert nach dem Anteil am Nennkapital aufzuteilen. Übersteigt der im vereinfachten Ertragswertverfahren ermittelte gemeine Wert den Substanzwert, ist die Differenz nach dem Gewinnverteilungsschlüssel aufzuteilen.
Der ermittelte Substanzwert ist nach dem Anteil am Nennkapital aufzuteilen:

40% von 2 500 000 EUR	1 000 000 EUR
Der den Substanzwert übersteigende Betrag des ermittelten Ertragswerts i. H. v. (4 000 000 EUR – 2 500 000 EUR =) 1 500 000 EUR wird nach dem Gewinnverteilungsschlüssel aufgeteilt:	
75 % von 1 500 000 EUR	+ 1 125 000 EUR
Wert des Anteils des A	2 125 000 EUR

Unter Berücksichtigung der vertraglichen Vereinbarungen ist nach § 97 Abs. 1b BewG der gemeine Wert des Anteils des A mit 2 125 000 EUR festzustellen.

Hinweis: Die beschriebene Aufteilung entfällt, wenn der Substanzwert zum Ansatz kommt. Die Aufteilung erfolgt dann nach dem Anteil am Nennkapital.

b) B verstirbt im Jahr 02. Erbe ist K.
Grundsatz: Bei einer Aufteilung nach dem Anteil am Nennkapital ergibt sich ein Wert des Anteils des B von (60% von 4 000 000 EUR =) 2 400 000 EUR.
Bei Vorliegen eines abweichenden Gewinnverteilungsschlüssels ist dieser für die Aufteilung des Werts des Betriebsvermögens nicht allein maßgebend. Zunächst ist der Substanzwert nach dem Anteil am Nennkapital aufzuteilen. Übersteigt der im vereinfachten Ertragswertverfahren ermittelte gemeine Wert den Substanzwert, ist die Differenz nach dem Gewinnverteilungsschlüssel aufzuteilen.
Der ermittelte Substanzwert ist nach dem Anteil am Nennkapital aufzuteilen:

60% von 2 500 000 EUR	1 500 000 EUR
Der den Substanzwert übersteigende Betrag des ermittelten Ertragswerts i. H. v. (4 000 000 EUR – 2 500 000 EUR =) 1 500 000 EUR wird nach dem Gewinnverteilungsschlüssel aufgeteilt:	
25% von 1 500 000 EUR	+ 375 000 EUR
Wert des Anteils des B	1 875 000 EUR

Unter Berücksichtigung der vertraglichen Vereinbarungen ist nach § 97 Absatz 1b BewG der gemeine Wert des Anteils des B mit 1 875 000 EUR festzustellen.

Hinweis: Die beschriebene Aufteilung entfällt, wenn der Substanzwert zum Ansatz kommt. Die Aufteilung erfolgt dann nach dem Anteil am Nennkapital.

Beispiel 2 (abweichende Beteiligung am Liquidationserlös):

Gesellschafter der X-GmbH sind A zu 30 % und B zu 70 %. Diese Verteilung gilt auch für auszuschüttende Gewinne.
Vertraglich wurde abweichend zum Anteil am Nennkapital eine Beteiligung am Liquidationserlös für A zu 75 % und B zu 25 % vereinbart.
Der Ertragswert des Betriebsvermögens der GmbH wurde i. H. v. 4 000 000 EUR und der Substanzwert i. H. v. 2 500 000 EUR ermittelt. Somit ist der Wert des Betriebsvermögens der GmbH i. H. v. 4 000 000 EUR anzusetzen.

a) A verstirbt im Jahr 01. Erbe ist K.
Grundsatz: Bei einer Aufteilung nach dem Anteil am Nennkapital ergibt sich ein Wert des Anteils des A von (30 % von 4 000 000 EUR =) 1 200 000 EUR.
Bei Vorliegen einer abweichenden Beteiligung am Liquidationserlös ist diese für die Aufteilung des Werts des Betriebsvermögens nicht allein maßgebend. Zunächst ist der Substanzwert nach der Beteiligung am Liquidationserlös aufzuteilen. Übersteigt der im vereinfachten Ertragswertverfahren ermittelte gemeine Wert den Substanzwert, ist die Differenz nach dem Anteil am Nennkapital aufzuteilen.
Der ermittelte Substanzwert ist nach der Beteiligung am Liquidationserlös aufzuteilen:

75 % von 2 500 000 EUR	1 875 000 EUR
Der den Substanzwert übersteigende Betrag des ermittelten Ertragswerts i. H. v. (4 000 000 EUR – 2 500 000 EUR =) 1 500 000 EUR wird nach dem Anteil am Nennkapital aufgeteilt:	
30 % von 1 500 000 EUR	+ 450 000 EUR
Wert des Anteils des A	2 325 000 EUR

Unter Berücksichtigung der vertraglichen Vereinbarungen ist nach § 97 Abs. 1b BewG der gemeine Wert des Anteils des A mit 2 325 000 EUR festzustellen.

Hinweis: Die beschriebene Aufteilung entfällt, wenn der Substanzwert zum Ansatz kommt. Die Aufteilung erfolgt dann nach der Beteiligung am Liquidationserlös.

b) B verstirbt im Jahr 02. Erbe ist K.
Grundsatz: Bei einer Aufteilung des Werts des Betriebsvermögens nach dem Anteil am Nennkapital ergibt sich ein Wert des Anteils des B von (70 % von 4 000 000 EUR =) 2 800 000 EUR.
Bei Vorliegen einer abweichenden Beteiligung am Liquidationserlös ist diese für die Aufteilung des Werts des Betriebsvermögens nicht allein maßgebend. Zunächst ist der Substanzwert nach der Beteiligung am Liquidationserlös aufzuteilen. Übersteigt der gemeine Wert den Substanzwert, ist die Differenz nach dem Anteil am Nennkapital aufzuteilen.
Der ermittelte Substanzwert ist nach der Beteiligung am Liquidationserlös aufzuteilen:

25 % von 2 500 000 EUR	625 000 EUR
Der den Substanzwert übersteigende Betrag des ermittelten Ertragswerts i. H. v. (4 000 000 EUR – 2 500 000 EUR =) 1 500 000 EUR wird nach dem Anteil am Nennkapital aufgeteilt:	
70 % von 1 500 000 EUR	+ 1 050 000 EUR
Wert des Anteils des B	1 675 000 EUR

Unter Berücksichtigung der vertraglichen Vereinbarungen ist nach § 97 Abs. 1b BewG der gemeine Wert des Anteils des B mit 1 675 000 EUR festzustellen.

Hinweis: Die beschriebene Aufteilung entfällt, wenn der Substanzwert zum Ansatz kommt. Die Aufteilung erfolgt dann nach der Beteiligung am Liquidationserlös.

Ermittlung des gemeinen Werts von Geschäftsanteilen an einer GmbH im Einziehungsfall bei ausstehender Angleichung der Summe der Geschäftsanteile an das Stammkapital. Werden Geschäftsanteile an einer GmbH eingezogen (§ 34 GmbHG), erlöschen diese. Dies führt dazu, dass die Summe der Nennbeträge der Geschäftsanteile der GmbH nicht mehr dem Betrag des Stammkapitals der GmbH entspricht. Diese Divergenz kann durch eine Kapitalherabsetzung, einen Aufstockungsbeschluss oder durch Neubildung eines Geschäftsanteils beseitigt werden.
Der gemeine Wert eines Geschäftsanteils an einer GmbH bestimmt sich grundsätzlich nach dem Verhältnis des Anteils am Nennkapital (Stammkapital) der GmbH zum gemeinen Wert des Betriebsvermögens der GmbH zum Bewertungsstichtag. Steht zum Bewertungsstichtag bei einer GmbH, bei der Geschäftsanteile eingezogen wurden, die Angleichung der Summe der Geschäftsanteile an das Stammkapital noch aus, ist das Nennkapital der GmbH um den Nennbetrag der eingezogenen Anteile zu mindern.

Zu § 99 BewG

R B 99 Betriebsgrundstücke

(1) Die Zugehörigkeit eines Grundstücks zum Betriebsvermögen richtet sich nach den ertragsteuerrechtlichen Regelungen.

(2) [1] Ist bei der Ermittlung des gemeinen Werts des Betriebsvermögens der Grundbesitzwert berücksichtigt, erfolgt kein gesonderter Ansatz. [2] Wenn das Grundstück oder der Grundstücksteil gesondert anzusetzen ist (Substanzwertverfahren, Ansatz als Sonderbetriebsvermögen oder junges Betriebsvermögen), ist der gemeine Wert zu berücksichtigen, soweit er auf den betrieblichen Teil entfällt. [3] Dies ist nach ertragsteuerrechtlichen Grundsätzen zu entscheiden.

H B 99

Grundbesitzwert bei Betriebsgrundstücken. Gehört nur ein Teil des Grundstücks zum Betriebsvermögen und ist der Grundbesitzwert nach § 151 Absatz 1 Satz 1 Nummer 1 BewG festzustellen, ist er für das gesamte Grundstück festzustellen. Dieser ist nach ertragsteuerrechtlichen Grundsätzen vom Betriebsfinanzamt (§ 152 Nummer 2 BewG) aufzuteilen. Ein hiernach dem Grundvermögen zuzuordnender Anteil ist vom Betriebsfinanzamt dem zuständigen Erbschaft- und Schenkungsteuerfinanzamt nachrichtlich mitzuteilen.
→ R B 151.9.

Zu § 103 BewG

R B 103.1 Schulden und sonstige Abzüge bei bilanzierenden Gewerbetreibenden und freiberuflich Tätigen

(1) Bei bilanzierenden Gewerbetreibenden und freiberuflich Tätigen (§ 4 Absatz 1 oder § 5 EStG) sind die Schulden und sonstigen passiven Ansätze,

vorbehaltlich Absatz 2, dem Grunde nach zu berücksichtigen (§ 103 Absatz 1 und § 109 BewG).

(2) [1]Die Identität wird bei den Rücklagen durchbrochen (→ R B 95 Absatz 2). [2]In der Steuerbilanz gewinnmindernd gebildete Rücklagen sind nicht abzugsfähig (§ 103 Absatz 3 BewG). [3]Das gilt unabhängig vom Rechtsgrund für ihre Bildung. [4]Darunter fallen z.B. Rücklagen nach § 6b EStG, R 6.5 EStR, R 6.6 EStR. [5]Entsprechendes gilt für Ausgleichsposten nach § 14 KStG, § 4g EStG sowie die Luftposten nach § 20 UmwStG. [6]Ausgleichsposten, die Rücklagencharakter haben, sind ebenfalls nicht abzugsfähig.

H B 103.1

Ansatz von Schulden. Schulden können nur angesetzt werden, wenn der Aktivposten, mit dem sie zusammenhängen, als Wirtschaftsgut zu erfassen ist (→ BFH vom 15.3.2000 II R 15/98, BStBl. II S. 588).

R B 103.2 Schulden und sonstige Abzüge bei nicht bilanzierenden Gewerbetreibenden und freiberuflich Tätigen

(1) [1]Bei nicht bilanzierenden Gewerbetreibenden und freiberuflich Tätigen sind Schulden und sonstige Abzüge nur zu berücksichtigen, wenn sie in wirtschaftlichem Zusammenhang mit der Gesamtheit oder mit einzelnen Teilen des Betriebsvermögens stehen. [2]Ein wirtschaftlicher Zusammenhang ist gegeben, wenn die Entstehung der Schuld ursächlich und unmittelbar auf Vorgängen beruht, die das Betriebsvermögen betreffen. [3]Abzugsfähig sind neben den auflösend bedingten auch die aufschiebend bedingten Verbindlichkeiten. [4]Eine Schuld ist nur abzuziehen, wenn sie zum Bewertungsstichtag bereits entstanden und noch nicht erloschen ist. [5]Die Fälligkeit der Schuld ist nicht Voraussetzung für ihre Abzugsfähigkeit. [6]Die Schuld muss eine wirtschaftliche Belastung darstellen, das heißt, es darf nicht nur eine rechtliche Verpflichtung zu ihrer Erfüllung bestehen, sondern es muss auch ernstlich damit gerechnet werden, dass der Gläubiger Erfüllung verlangt. [7]Schulden, die zwar formell rechtsgültig bestehen, sind nicht abzugsfähig, wenn sie zum Bewertungsstichtag keine ernstzunehmende Belastung darstellen; dies ist besonders bei Darlehensschulden und anderen Verbindlichkeiten innerhalb des Kreises der Angehörigen zu prüfen.

(2) [1]Eine Darlehensschuld, die zur Errichtung eines Gewerbebetriebs aufgenommen wurde und zu deren Sicherung auf einem Privatgrundstück eine Hypothek bestellt ist, wird wegen des wirtschaftlichen Zusammenhangs mit dem Betriebsvermögen als Schuld abgezogen. [2]Durch die Verpfändung eines Wirtschaftsguts allein wird noch kein wirtschaftlicher Zusammenhang zwischen der Schuld und dem verpfändeten Wirtschaftsgut begründet. [3]Das gilt auch für die Belastung eines Grundstücks mit einem Grundpfandrecht. [4]An dem erforderlichen wirtschaftlichen Zusammenhang fehlt es ebenso bei außerbetrieblich begründeten Verpflichtungen.

(3) Ungewisse Verbindlichkeiten können abgezogen werden, soweit sie zum Bewertungsstichtag eine wirtschaftliche Belastung darstellen.

(4) [1]Die Verpflichtung auf Grund einer typischen stillen Beteiligung an einem Gewerbebetrieb ist grundsätzlich mit dem Nennwert der Vermögensein-

lage des stillen Gesellschafters anzusetzen (→ R B 12.4). [2]Die Verpflichtung zur Zahlung des jährlichen Gewinnanteils, dessen Höhe von dem Ergebnis des Wirtschaftsjahrs des Gewerbebetriebs abhängt, kann regelmäßig abgezogen werden, wenn ernsthaft mit der Inanspruchnahme des Unternehmens zu rechnen ist. [3]Der Abzug ist auch dann zulässig, wenn die Höhe der Schuld am Stichtag noch nicht endgültig feststeht, z.B. weil der maßgebende Gewinn oder Umsatz des Geschäftsjahres erst noch ermittelt werden muss.

(5) [1]Sachleistungsansprüche und Sachleistungsverpflichtungen sind bereits ab dem Zeitpunkt des Vertragsabschlusses anzusetzen. [2]Ihr Wert entspricht dem Wert des Gegenstandes, auf den die Leistung gerichtet ist. [3]Bei Geschäften, die auf die Übertragung von Grundbesitz gerichtet sind, kommt eine Bewertung der Ansprüche und Verpflichtungen mit dem Grundbesitzwert (§§ 176ff. BewG) nicht in Betracht. [4]Solange noch von keiner Vertragspartei mit der Erfüllung des Vertrags begonnen worden ist, brauchen aus Vereinfachungsgründen die gegenseitigen Rechte und Pflichten nicht berücksichtigt zu werden.

(6) [1]Steuerschulden, die in wirtschaftlichem Zusammenhang mit dem Betrieb stehen, können abgezogen werden. [2]Dies können vor allem Umsatzsteuer-, Gewerbesteuer- und Grundsteuerschulden sein. [3]Dagegen sind die außerbetrieblichen Steuerschulden (z.B. Einkommensteuerschulden) bei der Ermittlung des Betriebsvermögens nicht abzugsfähig.

H B 103.2

Darlehen unter Angehörigen. → BMF-Schreiben vom 23.12.2010 (BStBl. I 2011 S. 37), geändert durch BMF-Schreiben vom 29.4.2014 (BStBl. I S. 809).

Sachleistungsansprüche auf Grundbesitz. → BFH vom 10.4.1991 II R 118/86, BStBl. II S. 620, vom 26.6.1991 II R 117/87, BStBl. II S. 749, und vom 15.10.1997 II R 68/95, BStBl. II S. 820.
→ H E 12.2.

Wirtschaftlicher Zusammenhang mit Betriebsvermögen. → BFH vom 18.12.1990 VIII R 1/88, BStBl. 1991 II S. 911.

Zuordnung einer Verbindlichkeit zum Betriebsvermögen. → R 4.2 Absatz 15 EStR.

R B 103.3 Schulden im Zusammenhang mit Grundstücken

Schulden, die mit einem Betriebsgrundstück (→ R B 99) in wirtschaftlichem Zusammenhang stehen, sind abzuziehen, soweit sie bei der steuerlichen Gewinnermittlung zum Betriebsvermögen gehören.

Zu § 109 BewG

R B 109.1 Bewertungsgrundsätze bei Betriebsvermögen

[1]Das Betriebsvermögen von Gewerbebetrieben und von freiberuflich Tätigen ist mit dem gemeinen Wert anzusetzen. [2]Dasselbe gilt für den Wert eines

Anteils am Betriebsvermögen einer Körperschaft, Personenvereinigung oder Vermögensmasse. [3]Für die Ermittlung des gemeinen Werts gilt § 11 Absatz 2 BewG entsprechend (→ R B 11.2 bis 11.6).

R B 109.2 Bewertung von Beteiligungen an Personengesellschaften in Sonderfällen

(1) [1]Besondere Umstände, die bei der Ermittlung des gemeinen Werts im vereinfachten Ertragswertverfahren und bei der Bewertung mit dem Substanzwert nicht hinreichend zum Ausdruck gekommen sind, können nicht durch Zu- und Abschläge berücksichtigt werden. [2]R B 11.4 Absatz 1 Satz 1 und 2 gilt entsprechend. [3]Als besondere Umstände, die bei der Ermittlung des gemeinen Werts nach allen Bewertungsverfahren nicht zu berücksichtigen sind, sind ungewöhnliche oder persönliche Verhältnisse, z. B. Verfügungsbeschränkungen, anzusehen (→ R B 9.2).

(2) [1]Wegen der Bewertung von Gewerbebetrieben oder Beteiligungen an Gesellschaften im vereinfachten Ertragswertverfahren bei Neugründungen → R B 199.1 Absatz 4 und 6 Satz 1 Nummer 2 und Satz 2. [2]Beim Ansatz des Substanzwerts bleibt der Umstand, dass es sich um eine Neugründung handelt, unberücksichtigt.

(3) [1]Das vereinfachte Ertragswertverfahren ist grundsätzlich auch bei der Ermittlung des gemeinen Werts von Gewerbebetrieben oder Beteiligungen an Gesellschaften anwendbar, zu deren Vermögen Anteile oder Beteiligungen an nachgeordneten Gesellschaften gehören. [2]R B 11.4 Absatz 4 gilt entsprechend.

(4) [1]Das vereinfachte Ertragswertverfahren ist auch bei der Ermittlung des gemeinen Werts von Organträgern anwendbar. [2]R B 11.4 Absatz 5 gilt entsprechend.

(5) [1]Bei einem Gewerbebetrieb oder einer Beteiligung an einer Gesellschaft in Liquidation ist als gemeiner Wert in der Regel der Substanzwert anzusetzen. [2]R B 11.4 Absatz 7 gilt entsprechend.

R B 109.3 Ermittlung des Substanzwerts

(1) Bei der Ermittlung des Substanzwerts ist das Betriebsvermögen mit dem Wert zum Bewertungsstichtag zugrunde zu legen.

(2) [1]Stimmt der Bewertungsstichtag nicht mit dem Schluss des Wirtschaftsjahrs überein, auf den der Betrieb einen regelmäßigen jährlichen Abschluss macht, und erstellt der Betrieb keinen Zwischenabschluss, der den Grundsätzen der Bilanzkontinuität entspricht, kann aus Vereinfachungsgründen der Wert des Betriebsvermögens zum Bewertungsstichtag aus der auf den Schluss des letzten vor dem Bewertungsstichtag endenden Wirtschaftsjahrs erstellten Vermögensaufstellung abgeleitet werden (Absatz 3), sofern dies im Einzelfall nicht zu unangemessenen Ergebnissen führt und deshalb eine besondere Ermittlung des Substanzwerts auf den Bewertungsstichtag vorzunehmen ist. [2]Dabei ist zunächst der Saldo der gemeinen Werte derjenigen Wirtschaftsgüter, sonstigen aktiven Ansätze, Schulden und sonstigen Abzüge zum Ab-

schlusszeitpunkt zu bilden, die bei der Ermittlung des Substanzwerts des Betriebs anzusetzen sind (Ausgangswert).

(3) [1]Aus dem Ausgangswert (Absatz 2) ist der Wert des Betriebsvermögens auf den Bewertungsstichtag unter vereinfachter Berücksichtigung der Veränderungen bis zum Bewertungsstichtag abzuleiten. [2]Als Korrekturen kommen insbesondere in Betracht:

1. [1]Hinzurechnung des Gewinns und der Einlagen sowie Abrechnung des Verlustes und der Entnahmen, die auf den Zeitraum vom letzten Bilanzstichtag vor dem Bewertungsstichtag bis zum Bewertungsstichtag entfallen. [2]Auszugehen ist dabei vom Gewinn laut Steuerbilanz. [3]Der Gewinn oder Verlust ist zu korrigieren, soweit darin Abschreibungen (Normal-AfA, erhöhte AfA, Sonderabschreibungen, Teilwertabschreibungen) oder Aufwendungen auf betrieblichen Grundbesitz (Grund und Boden, Betriebsgebäude, Außenanlagen, sonstige wesentliche Bestandteile und Zubehör) enthalten sind, die das Ergebnis gemindert haben, mit dem Wertansatz der Betriebsgrundstücke aber abgegolten sind; für Teilwertzuschreibungen gilt dies entsprechend. [4]R B 11.6 Absatz 3 Nummer 1 Satz 4 gilt entsprechend. [5]Gewinn oder Verlust und Abschreibungen oder andere Aufwendungen bis zum Bewertungsstichtag sind, soweit dies nicht im Einzelfall zu unangemessenen Ergebnissen führt, zeitanteilig aus den entsprechenden Jahresbeträgen zu berechnen;
2. Berücksichtigung von Vermögensänderungen infolge Veräußerung oder Erwerb von Anlagevermögen, insbesondere von Betriebsgrundstücken, Wertpapieren, Anteilen und Genussscheinen von Kapitalgesellschaften und Beteiligungen an Personengesellschaften, soweit sie sich nicht bereits nach Nummer 1 ausgewirkt haben.

(4) [1]Der Erwerber von Betriebsvermögen hat nach amtlichem Vordruck eine Vermögensaufstellung auf den Bewertungsstichtag als Anlage zur Feststellungserklärung abzugeben, aus der sich die für die Wertermittlung erforderlichen Angaben ergeben. [2]Dies gilt unabhängig von der für ertragsteuerrechtliche Zwecke gewählten Gewinnermittlungsart.

C. Gesonderte Feststellungen

Zu § 151 BewG

R B 151.1 Durchführung eines Feststellungsverfahrens

(1) [1]Abweichend von dem Grundsatz, dass die Besteuerungsgrundlagen einen unselbstständigen Teil des Steuerbescheids bilden (§ 157 Absatz 2 AO), sehen die §§ 151 ff. BewG in bestimmten Fällen eine Feststellung der Besteuerungsgrundlagen vor. [2]Die gesonderte Feststellung ist zugleich einheitlich vorzunehmen, wenn § 154 Absatz 1 Satz 2 BewG dies besonders vorschreibt.

(2) [1]Nach § 151 Absatz 1 BewG sind im Bedarfsfall gesondert festzustellen

1. Grundbesitzwerte im Sinne des § 157 BewG,
2. der Wert des Betriebsvermögens bei Gewerbebetrieben (§ 95 BewG),
3. der Wert des Betriebsvermögens bei freiberuflich Tätigen (§ 96 BewG),

4. der Wert des Anteils am Betriebsvermögen von Personengesellschaften (§ 97 Absatz 1a BewG),
5. der Wert von Anteilen an Kapitalgesellschaften im Sinne des § 11 Absatz 2 BewG sowie
6. der Anteil am Wert von anderen (nicht in § 151 Absatz 1 Satz 1 Nummer 1 bis 3 BewG genannten) Vermögensgegenständen und von Schulden, die mehreren Personen zustehen.

[2]Voraussetzung hierfür ist, dass die Werte für die Erbschaftsteuer oder eine andere Feststellung im Sinne dieser Vorschrift von Bedeutung sind. [3]Die Entscheidung über eine Bedeutung für die Besteuerung trifft das für die Festsetzung der Erbschaftsteuer zuständige Finanzamt. [4]Die Entscheidung über eine Bedeutung für eine andere Feststellung im Sinne dieser Vorschrift trifft das die Feststellung anfordernde Finanzamt (im mehrstufigen Feststellungsverfahren).

(3) [1]Ausländisches Vermögen, das nicht Teil einer inländischen wirtschaftlichen Einheit des Betriebsvermögens ist oder zum Vermögen einer Kapitalgesellschaft oder vermögensverwaltenden Gemeinschaft/Gesellschaft mit Sitz oder Geschäftsleitung im Inland gehört, unterliegt nicht der gesonderten Feststellung (§ 151 Absatz 4 BewG). [2]Der gemeine Wert ausländischen Vermögens, das zu einem inländischen Betriebsvermögen oder zum Vermögen einer Kapitalgesellschaft oder vermögensverwaltenden Gemeinschaft/Gesellschaft mit Sitz oder Geschäftsleitung im Inland gehört, ist im Rahmen der gesonderten Feststellung des gemeinen Werts dieser wirtschaftlichen Einheit nach § 151 Absatz 1 Satz 1 Nummer 2 bis 4 BewG zu berücksichtigen (→ R B 152). [3]Ausländischer Grundbesitz wird nach § 31 BewG bewertet (§ 12 Absatz 7 ErbStG).

(4) [1]Im Einvernehmen der Verfahrensbeteiligten kann darauf verzichtet werden, ein Feststellungsverfahren durchzuführen, wenn es sich um einen Fall von geringer Bedeutung handelt. [2]Ein Fall von geringer Bedeutung liegt insbesondere vor, wenn der Verwaltungsaufwand der Beteiligten außer Verhältnis zur steuerlichen Auswirkung steht und der festzustellende Wert unbestritten ist. [3]Zur Prüfung, ob ein Fall nur von geringer Bedeutung ist, hat das Finanzamt, das eine Feststellung anfordert, dabei auch stets die jeweilige Beteiligungsstufe anzugeben, damit das Feststellungsfinanzamt Rückschlüsse auf die steuerliche Auswirkung ziehen kann.

R B 151.2 Gesonderte Feststellung von Grundbesitzwerten nach § 151 BewG

(1) [1]Das Lagefinanzamt (§ 152 Nummer 1 BewG) hat nach § 151 Absatz 1 Satz 1 Nummer 1 BewG Grundbesitzwerte gesondert festzustellen. [2]Die Zugehörigkeit von Wirtschaftsgütern zum Betriebsvermögen oder Grundvermögen richtet sich nach ertragsteuerlichen Grundsätzen (§§ 95 bis 97 BewG).

(2) Hinsichtlich der Zurechnung der wirtschaftlichen Einheit gilt Folgendes:

1. War der Erblasser Alleineigentümer einer wirtschaftlichen Einheit des Grundbesitzes und geht das Eigentum daran im Weg des Erwerbs durch

Erbanfall nur auf einen Erben als Gesamtrechtsnachfolger über, ist der gesamte Wert der wirtschaftlichen Einheit dem Erwerber allein zuzurechnen.

2. [1]War der Erblasser Alleineigentümer einer wirtschaftlichen Einheit des Grundbesitzes und geht das Eigentum daran im Weg des Erwerbs durch Erbanfall auf mehrere Erben als Gesamtrechtsnachfolger über, ist der Wert der wirtschaftlichen Einheit der Erbengemeinschaft in Vertretung der Miterben zuzurechnen (§ 151 Absatz 2 Nummer 2 Satz 1 Halbsatz 2 BewG). [2]Die Feststellung ist erforderlich, wenn sich bei mindestens einem Miterben eine „materielle" Steuerpflicht ergibt. [3]Die Ermittlung der Erbquote obliegt dem Erbschaftsteuerfinanzamt.

3. [1]War der Erblasser Miteigentümer einer wirtschaftlichen Einheit des Grundbesitzes und geht der Miteigentumsanteil daran im Weg des Erwerbs durch Erbanfall auf einen Erben oder auf mehrere Erben als Gesamtrechtsnachfolger über, ist der Wert des vererbten Miteigentumsanteils nach Nummer 1 oder 2 dem Erben oder der Erbengemeinschaft (in Vertretung der Miterben) zuzurechnen. [2]Die übrigen Miteigentümer sind nicht am Verfahren zu beteiligen.

4. [1]Wird eine wirtschaftliche Einheit des Grundbesitzes oder ein Miteigentumsanteil daran durch Vermächtnis zugewandt, ist der Wert der wirtschaftlichen Einheit oder des Miteigentumsanteils dem Erben oder der Erbengemeinschaft (in Vertretung der Miterben) zuzurechnen und festzustellen. [2]Da der Vermächtnisnehmer einen eigenen Erwerbstatbestand nach § 3 Absatz 1 Nummer 1 ErbStG erfüllt, ist der Wert der wirtschaftlichen Einheit zusätzlich dem Vermächtnisnehmer zuzurechnen. [3]Eine eigenständige gesonderte Feststellung erfolgt zusätzlich gegenüber dem Vermächtnisnehmer. [4]Das gilt auch im Fall eines Vorausvermächtnisses.

5. [1]Geht eine wirtschaftliche Einheit des Grundbesitzes oder ein Miteigentumsanteil daran im Wege der Schenkung unter Lebenden über, ist dem Erwerber der Wert des von ihm erworbenen (Mit-)Eigentumsanteils am Grundbesitz zuzurechnen. [2]Wird die wirtschaftliche Einheit oder ein Miteigentumsanteil daran an mehrere Erwerber verschenkt, liegen mehrere Schenkungen vor. [3]Für jeden Schenkungsfall ist dem Erwerber der Anteil an der wirtschaftlichen Einheit zuzurechnen, der dem erworbenen Miteigentumsanteil entspricht. [4]Entsprechendes gilt, wenn mehrere Schenker jeweils einen Miteigentumsanteil an einer wirtschaftlichen Einheit einem Erwerber zuwenden.

(3) Bei der gesonderten Feststellung von Grundbesitzwerten für das land- und forstwirtschaftliche Vermögen gilt Folgendes:

1. [1]Der nach den Vorschriften des § 168 BewG zu ermittelnde Grundbesitzwert für das land- und forstwirtschaftliche Vermögen ist nach § 151 Absatz 1 Satz 1 Nummer 1 BewG gesondert festzustellen. [2]Dabei sind die Werte für den Wirtschaftsteil, für die Betriebswohnungen und für den Wohnteil jeweils als Besteuerungsmerkmale im Feststellungsbescheid auszuweisen. [3]Das gilt auch bei der Aufteilung nach § 168 Absatz 3 BewG.

2. [1]Im Rahmen der gesonderten Feststellung werden keine Aussagen zum Liquidationswert im Sinne des § 166 BewG getroffen. [2]Im Fall der Nach-

bewertung nach § 162 Absatz 3 und 4 BewG ist der erteilte Feststellungsbescheid nach § 175 Absatz 1 Satz 1 Nummer 2 AO zu ändern. [3]Der jeweilige Liquidationswert im Sinne des § 166 BewG wird dabei zum Gegenstand des Feststellungsverfahrens. [4]Die hierfür erforderlichen Daten werden im Rahmen der Feststellungserklärung zum Bewertungsstichtag erhoben.

3. Im Fall der Nachbewertung (§ 162 Absatz 3 und 4 BewG) fordert das Erbschaftsteuerfinanzamt vom Lagefinanzamt die Feststellung des Werts für den Wirtschaftsteil unter Berücksichtigung des Liquidationswerts an, wenn dies für die Besteuerung von Bedeutung ist.

(4) [1]Ist bei einer Grundstücksschenkung absehbar, dass der Steuerwert der freigebigen Zuwendung unter dem persönlichen Freibetrag des Erwerbers liegt und führt auch eine Zusammenrechnung mit früheren Zuwendungen von derselben Person (§ 14 ErbStG) nicht zu einer Steuerfestsetzung, kann auf eine Feststellung des Grundbesitzwerts zunächst verzichtet werden. [2]Diese ist auf den Zeitpunkt der Ausführung der Grundstücksschenkung nachzuholen, wenn im Verlauf der folgenden zehn Jahre die Grundstücksschenkung in die Zusammenrechnung mit einem weiteren Erwerb von derselben Person (§ 14 ErbStG) einzubeziehen ist und hierdurch der persönliche Freibetrag des Erwerbers überschritten wird. [3]Soweit die Besteuerungsgrundlagen, z. B. die tatsächlich erzielte oder die übliche Miete, für die nachträgliche Feststellung des Grundbesitzwerts zum Bewertungsstichtag nicht mehr ermittelt werden können, sind sie zu schätzen. [4]Nach § 181 Absatz 5 Satz 1 AO kann eine gesonderte Feststellung des Grundbesitzwerts auch nach Ablauf der für sie geltenden Feststellungsfrist insoweit erfolgen, als der Grundbesitzwert für eine Steuerfestsetzung von Bedeutung ist, für die die Festsetzungsfrist im Zeitpunkt der gesonderten Feststellung noch nicht abgelaufen ist; hierbei bleibt § 171 Absatz 10 AO außer Betracht. [5]In diesen Fällen ist im Feststellungsbescheid ein gesonderter Hinweis auf § 181 Absatz 5 Satz 1 AO aufzunehmen.

(5) [1]Ist ein Grundstückserwerb von Todes wegen nach den Regelungen des § 13 Absatz 1 Nummer 4b oder 4c ErbStG (Familienheim) vollständig steuerfrei, kann zunächst darauf verzichtet werden, die Feststellung des Grundbesitzwerts anzufordern. [2]Auf die Anforderung der Feststellung eines Grundbesitzwertes, der nach § 13 Absatz 1 Nummer 4c ErbStG wegen Überschreitens der Wohnungsgrößengrenze nur teilweise steuerfrei ist, kann zunächst dann verzichtet werden, wenn der steuerpflichtige Anteil zusammen mit etwaigen anderen Zuwendungen vom Erblasser – auch unter Berücksichtigung etwaiger Vorerwerbe (Absatz 4) – den persönlichen Freibetrag des Erben nicht überschreitet. [3]Die jeweiligen Feststellungen sind bei einem nachträglichen Wegfall der Steuerbefreiungen nachzuholen, wenn die (vollständige) Steuerpflicht des Grundstücks – ggf. unter Berücksichtigung von Vorerwerben – zu einem Überschreiten der persönlichen Freibeträge führt. [4]Absatz 4 Satz 3 bis 5 gilt entsprechend.

(6) [1]Das Betriebsfinanzamt verzichtet zunächst auf die Anforderung eines Grundbesitzwertes gemäß § 151 Absatz 1 Satz 1 Nummer 1 BewG, wenn

1. der Substanzwert (§ 11 Absatz 2 BewG) offensichtlich nicht zum Ansatz kommt,

2. es sich bei dem Grundstück um betriebsnotwendiges Vermögen handelt (kein Vermögen im Sinne des § 200 Absatz 2 BewG),
3. es sich nicht um Verwaltungsvermögen handelt (§ 13b Absatz 4 Nummer 1 ErbStG) und
4. kein junges Betriebsvermögen im Sinne des § 200 Absatz 4 BewG vorliegt.

[2]Soweit Steuerbegünstigungen nach § 13a ErbStG mit Wirkung für die Vergangenheit nach § 13a Absatz 6 ErbStG wegfallen, sind die jeweiligen Feststellungen nachzuholen, wenn sie für die Besteuerung von Bedeutung sind.

(7) [1]In den Fällen der mittelbaren Grundstücksschenkung sind gesonderte Feststellungen des Grundbesitzwerts durchzuführen. [2]Entsprechendes gilt, wenn der Jahreswert der Nutzungen eines Grundstücks nach § 16 BewG zu begrenzen ist. [3]Dabei ist der Grundbesitzwert auch dann für das gesamte Grundstück festzustellen, wenn sich das Nutzungsrecht nur auf einen Teil des Grundstücks bezieht.

(8) [1]Beim Erwerb von Betriebsvermögen (§§ 95, 96 BewG) ist für Betriebsgrundstücke der Grundbesitzwert gesondert festzustellen, wenn er für die Feststellung des Werts des Betriebsvermögens erforderlich ist. [2]Das ist stets der Fall, wenn

1. der Substanzwert (§ 11 Absatz 2 BewG) zu ermitteln ist,
2. es sich bei dem Grundstück um nicht betriebsnotwendiges Vermögen handelt (§ 200 Absatz 2 BewG),
3. es sich um Verwaltungsvermögen handelt (§ 13b Absatz 4 Nummer 1 ErbStG) oder
4. junges Betriebsvermögen im Sinne des § 200 Absatz 4 BewG vorliegt.

(9) [1]Beim Erwerb eines Anteils am Betriebsvermögen im Sinne des § 97 Absatz 1a BewG ist für Grundbesitz, der zum Gesamthandsvermögen der Gesellschaft gehört, der Grundbesitzwert gesondert festzustellen, wenn er für die Feststellung des Werts des Anteils erforderlich ist. [2]Für Grundbesitz, der zum Sonderbetriebsvermögen gehört und Gegenstand des Erwerbs ist, gilt dies entsprechend. [3]Im Feststellungsbescheid ist auch anzugeben, wem der Grundbesitz zuzurechnen ist. [4]Dabei ist Folgendes zu beachten:

1. Gehört der Grundbesitz in vollem Umfang der Gesellschaft, ist der Wert der wirtschaftlichen Einheit der Gesellschaft in voller Höhe zuzurechnen und festzustellen.
2. [1]Gehört der Grundbesitz nur zum Teil der Gesellschaft, ist neben dem gesamten Grundbesitzwert auch der auf die Gesellschaft entfallende Wertanteil festzustellen und der Gesellschaft zuzurechnen. [2]Die übrigen Miteigentümer sind nicht am Verfahren zu beteiligen.
3. Bei Grundstücken des Sonderbetriebsvermögens gilt dies entsprechend.

[5]Der Anteil am Betriebsvermögen im Sinne des § 97 Absatz 1a BewG, der übergeht, ist bei der Grundbesitzwertfeststellung nicht anzugeben. [6]Der nach diesen Grundsätzen gesondert festgestellte Grundbesitzwert bzw. anteilige Grundbesitzwert geht in die Ermittlung der erworbenen Beteiligung an der Personengesellschaft ein.

(10) [1]Beim Erwerb eines Anteils an einer Kapitalgesellschaft ist für Grundbesitz, der zum Vermögen der Gesellschaft gehört, der Grundbesitzwert gesondert festzustellen, wenn er für die Feststellung des Werts des Anteils erforderlich ist. [2]Absätze 6, 8 und 9 gelten entsprechend.

(11) Die Basiswertregelung in R B 151.8 ist anzuwenden.

H B 151.2

Aufteilung des Grundbesitzwerts bei nicht ausschließlich betrieblicher Nutzung. Wird ein Grundstück nicht nur zu betrieblichen Zwecken genutzt, kann das Erbschaftsteuerfinanzamt ebenso wie das Betriebsfinanzamt einen Grundbesitzwert anfordern. Das Lagefinanzamt übersendet eine Mitteilung über den insgesamt festgestellten Grundbesitzwert sowohl an das anfordernde Betriebsfinanzamt als auch an das Erbschaftsteuerfinanzamt. Das Betriebsfinanzamt teilt dem Erbschaftsteuerfinanzamt mit, in welchem Umfang das Grundstück zum Grundvermögen gehört. Zu diesem Zweck haben die Betriebsfinanzämter bei jeder Anforderung zur Feststellung eines Grundbesitzwerts das zuständige Erbschaftsteuerfinanzamt zu benennen (→ R B 151.3).

Nachrichtliche Angaben. In der Mitteilung des Lagefinanzamts an das für die Berücksichtigung in einem Folgebescheid zuständige Finanzamt sind nachrichtlich auch folgende Angaben aufzunehmen:

<table>
<tr><td>Gesamte Wohn- und Nutzfläche der Gebäude/des Gebäudes</td><td>Die Angabe wird als Ausgangsgröße zur Berechnung des Flächenverhältnisses benötigt.</td></tr>
<tr><td>Wohnfläche einer bisher vom Rechtsvorgänger selbst genutzten Wohnung</td><td>Die Angabe wird zur Anwendung des § 13 Absatz 1 Nummer 4a bis 4c ErbStG (Familienheim) benötigt (→ R E 13.3 Absatz 2).</td></tr>
<tr><td>Gesamte Wohnfläche der zu Wohnzwecken vermieteten Gebäude oder Gebäudeteile</td><td>Die Angabe wird zur Anwendung des § 13d ErbStG benötigt (→ R E 13d Absatz 6).</td></tr>
<tr><td>Gesamte zum ertragsteuerlichen Betriebsvermögen des Rechtsvorgängers gehörende Wohn- und Nutzfläche der Gebäude/des Gebäudes</td><td rowspan="2">Die Angaben werden
– zur Bestimmung des dem Betriebsvermögen zuzurechnenden Anteils des Grundbesitzwerts und
– zur Bestimmung des Verwaltungsvermögen i. S. d. § 13b Absatz 4 ErbStG
benötigt.</td></tr>
<tr><td>Gesamte der vom Rechtsvorgänger zu eigenen betrieblichen Zwecken genutzten Wohn- und Nutzfläche der Gebäude/des Gebäudes</td></tr>
<tr><td>Art und Höhe einer im Rahmen des nachgewiesenen gemeinen Werts des Grundstücks (§ 198 BewG) abgezogenen Belastung (Wohnrecht, Nießbrauchsrecht)</td><td>Die Angabe wird zur Vermeidung der Doppelberücksichtigung der Belastung benötigt (§ 10 Absatz 6 Satz 6 ErbStG).</td></tr>
</table>

Verbindlichkeiten i. S. d. § 158 Absatz 5 BewG, die im Rahmen der Ermittlung des Werts des Betriebs der Land- und Forstwirtschaft (unter Zuordnung zum Wirtschaftsteil, zum Wohnteil oder zum Teil der Betriebswohnungen) berücksichtigt wurden	Die Angabe wird zur Vermeidung der Doppelberücksichtigung der Belastung benötigt (§ 10 Absatz 5 Nummer 1, Absatz 6 Satz 6 ErbStG).
Nutzungsrechte, die im Rahmen der Öffnungsklausel nach § 165 Absatz 3, § 167 Absatz 4 BewG berücksichtigt wurden	Die Angabe wird zur Vermeidung der Doppelberücksichtigung der Belastung benötigt (§ 10 Absatz 6 Satz 6 ErbStG).

Nachträgliche Feststellung zum Zweck der Zusammenrechnung. → BFH vom 25.11.2008 II R 11/07, BStBl. 2009 II S. 287.

Treuhandverhältnis. Im Fall eines Treuhandverhältnisses, bei dem der Herausgabeanspruch des Treugebers auf ein Grundstück gerichtet ist, ist eine gesonderte Feststellung des Grundbesitzwerts durchzuführen.

R B 151.3 Benennung des Erbschaftsteuerfinanzamts und des Erblassers/Schenkers

[1]Das für die Feststellung zuständige Finanzamt hat in jeder Aufforderung zur Feststellung nach § 151 Absatz 1 Satz 1 Nummer 1 bis 4 BewG stets das Erbschaftsteuerfinanzamt und den Erblasser/Schenker zu benennen. [2]Das gilt auch in den Fällen, in denen das Betriebsfinanzamt von einem anderen Betriebsfinanzamt zur Feststellung eines gemeinen Werts des Betriebs aufgefordert worden ist (mehrstufiges Feststellungsverfahren). [3]Unter anderem wird auf diese Weise gewährleistet, dass das Lagefinanzamt (Bewertungsstelle) neben der Mitteilung für das Betriebsfinanzamt auch dem Erbschaftsteuerfinanzamt den Grundbesitzwert unmittelbar zuleiten kann.

R B 151.4 Gesonderte Feststellung des Werts des Betriebsvermögens oder des Anteils am Betriebsvermögen

(1) Hinsichtlich der Zurechnung der wirtschaftlichen Einheit gilt R B 151.2 Absatz 2 Nummer 1 bis 5 sinngemäß.

(2) [1]In den Fällen einer mittelbaren Schenkung von Betriebsvermögen oder eines Anteils am Betriebsvermögen ist eine gesonderte Feststellung des Werts durchzuführen. [2]Entsprechendes gilt, wenn der Jahreswert der Nutzungen eines Betriebsvermögens oder eines Anteils am Betriebsvermögen nach § 16 BewG zu begrenzen ist.

(3) Die Basiswertregelung in R B 151.8 ist anzuwenden.

H B 151.4

Atypische stille Beteiligung oder Unterbeteiligung. Im Fall einer atypischen stillen Beteiligung oder Unterbeteiligung, bei der der stille Gesellschafter als Mitunternehmer anzusehen ist, ist eine gesonderte Feststellung des Werts des Betriebsvermögens oder des Anteils am Betriebsvermögen durchzuführen.

Treuhandverhältnis. Im Fall eines Treuhandverhältnisses, bei dem der Herausgabeanspruch des Treugebers auf Betriebsvermögen gerichtet ist, ist eine gesonderte Feststellung des Werts des Betriebsvermögens oder des Anteils am Betriebsvermögen durchzuführen.

R B 151.5 Gesonderte Feststellung des Werts nicht notierter Anteile an Kapitalgesellschaften

(1) Hinsichtlich der Zurechnung gilt R B 151.2 Absatz 2 Nummer 1 bis 5 sinngemäß.

(2) [1]In den Fällen einer mittelbaren Schenkung von nicht notierten Anteilen an Kapitalgesellschaften ist eine gesonderte Feststellung des Werts durchzuführen. [2]Entsprechendes gilt, wenn der Jahreswert der Nutzungen von nicht notierten Anteilen an Kapitalgesellschaften nach § 16 BewG zu begrenzen ist.

(3) Die Basiswertregelung in R B 151.8 ist anzuwenden.

H B 151.5

Treuhandverhältnis. Im Fall eines Treuhandverhältnisses, bei dem der Herausgabeanspruch des Treugebers auf nicht notierte Anteile an Kapitalgesellschaften gerichtet ist, ist eine gesonderte Feststellung des Werts nicht notierter Anteile an Kapitalgesellschaften durchzuführen.

R B 151.6 Gesonderte Feststellung des Werts von Genossenschaften

[1]Bei zum Betriebsvermögen gehörenden Genossenschaftsanteilen gilt grundsätzlich das Folgende: [2]Diese sind im Rahmen der Ermittlung des Substanzwerts als Kapitalforderungen nach § 12 BewG mit dem Nennwert zu bewerten. [3]Im vereinfachten Ertragswertverfahren sind die Erträge im Jahresertrag nach § 200 Absatz 1 BewG zu erfassen. [4]Genossenschaftsanteile stellen keine Beteiligungen i. S. d. § 200 Absatz 3 BewG dar. [5]Sie zählen als Forderungen zu den Finanzmitteln i. S. d. § 13b Absatz 4 Nummer 5 ErbStG. [6]Das für die Genossenschaft zuständige Finanzamt hat keine Feststellungen durchzuführen.

R B 151.7 Gesonderte Feststellung bei vermögensverwaltenden Gemeinschaften/Gesellschaften

(1) [1]Beim Erwerb eines Anteils an einer vermögensverwaltenden Gemeinschaft/Gesellschaft sind die Vermögensgegenstände und Schulden der Gesellschaft entsprechend § 10 Absatz 1 Satz 4 ErbStG dem Erwerber zuzurechnen. [2]Im Feststellungsbescheid für andere Vermögensgegenstände und Schulden ist der Wert des Anteils des Erblassers oder Schenkers an den Besitzposten und den Schuldposten (unsaldiert) festzustellen. [3]Hinsichtlich der Zurechnung gilt R B 151.2 Absatz 2 Nummer 1 bis 5 sinngemäß.

(2) [1]Grundbesitzwerte und Werte von nicht notierten Anteilen an Kapitalgesellschaften sind nicht in die Feststellung nach § 151 Absatz 1 Satz 1 Nummer 4 BewG für die vermögensverwaltende Gesellschaft/Gemeinschaft einzubeziehen. [2]Sofern inländischer Grundbesitz oder nicht notierte Anteile an Kapitalgesellschaften mit Sitz oder Geschäftsleitung im Inland zum Vermögen der Gesellschaft/Gemeinschaft gehören, sind die erforderlichen Feststellungen durch das zuständige Lagefinanzamt gemäß § 151 Absatz 1 Satz 1 Nummer 1 BewG bzw. das zuständige Betriebsfinanzamt gemäß § 151 Absatz 1 Satz 1 Nummer 3 BewG durchzuführen.

(3) Die Basiswertregelung in R B 151.8 ist anzuwenden.

H B 151.7

Treuhandverhältnis. Im Fall eines Treuhandverhältnisses, bei dem der Herausgabeanspruch des Treugebers auf einen Anteil an einer vermögensverwaltenden Gesellschaft gerichtet ist, ist eine gesonderte Feststellung des Anteils am Wert der Vermögensgegenstände und Schulden der Gesellschaft durchzuführen.

Vermögensverwaltende Gemeinschaft/Gesellschaften. Gehören zum Vermögen einer vermögensverwaltenden Gemeinschaft/Gesellschaft inländischer Grundbesitz, inländisches Betriebsvermögen oder Anteile an Kapitalgesellschaften mit Sitz oder Geschäftsleitung im Inland, teilt das Verwaltungsfinanzamt dies unter Bezeichnung der wirtschaftlichen Einheit und der Lage bzw. des Sitzes dem Erbschaftsteuerfinanzamt mit. Dieses fordert die erforderlichen gesonderten Feststellungen bei dem jeweiligen Lagefinanzamt (§ 152 Nummer 1 BewG) bzw. Betriebsfinanzamt (§ 152 Nummer 2 oder 3 BewG) an. Das Verwaltungsfinanzamt (§ 152 Nummer 4 BewG) fordert die erforderliche Erklärung zur Feststellung des übrigen Vermögens einschließlich des Auslandsvermögens und der Schulden (§ 152 Nummer 4 BewG) von der Gemeinschaft/Gesellschaft an.

Beispiel:

Der Erblasser A war zu 50% an der A GbR beteiligt. Das Vermögen der GbR umfasst ein vermietetes Grundstück in C, zwei vermietete Grundstücke in D, ein Bankkonto und ein vermietetes Grundstück in Italien. Zur Anschaffung des Grundstücks in Italien hat die GbR bei einer Bank in Deutschland einen Kredit aufgenommen, der am Todestag noch nicht vollständig getilgt war.

Bei der GbR handelt es sich um eine vermögensverwaltende Gesellschaft i. S. d. § 10 Absatz 1 Satz 4 ErbStG, so dass die Wirtschaftsgüter der GbR anteilig den Gesellschaftern zuzurechnen sind.

Das für das Grundstück in C zuständige Lagefinanzamt stellt dessen Wert auf Anforderung des Erbschaftsteuerfinanzamts gesondert fest (§ 151 Absatz 1 Satz 1 Nummer 1 i. V. m. § 152 Nummer 1 BewG). Das für die Grundstücke in D zuständige Lagefinanzamt stellt deren Wert auf Anforderung des Erbschaftsteuerfinanzamts gesondert fest (§ 151 Absatz 1 Satz 1 Nummer 1 i. V. m. § 152 Nummer 1 BewG). Das für die GbR zuständige Verwaltungsfinanzamt stellt den Wert des Anteils des A am Bankkonto und den Schulden der GbR auf Anforderung des Erbschaftsteuerfinanzamts gesondert fest (§ 151 Absatz 1 Satz 1 Nummer 4 i. V. m. § 152 Nummer 4 BewG). Der Wert des Grundstücks in Italien wird nicht gesondert festgestellt, weil es sich um Auslandsvermögen handelt (→ R B 151.1 Absatz 2). Das für die GbR zuständige Verwaltungsfinanzamt hat den Wert des Grundstücks in Italien zu ermitteln (→ R B 152) und in die Feststellung nach § 151 Absatz 1 Satz 1 Nummer 4 BewG zu übernehmen.

R B 151.8 Basiswert

(1) [1]In den Fällen des § 151 Absatz 1 Satz 1 Nummer 1 BewG hat das jeweilige Lagefinanzamt bei mehrmaligem Erwerb einer wirtschaftlichen Einheit innerhalb eines Jahres der Wertermittlung einen bereits festgestellten Grundbesitzwert (sog. Basiswert, § 151 Absatz 3 BewG) zu Grunde zu legen, wenn innerhalb dieses Jahres keine wesentlichen Änderungen eingetreten sind. [2]Der Basiswert ist der für den ersten Erwerbsfall auf den jeweiligen Bewertungsstichtag ermittelte Grundbesitzwert. [3]Die Basiswertregelung kann nur in den Fällen angewandt werden, in denen für beide Bewertungsstichtage ein Grundbesitzwert nach der gleichen Bewertungsmethode zu ermitteln ist. [4]Dieser Basiswert gilt ab diesem Zeitpunkt für einen Zeitraum von einem Jahr. [5]Nach Ablauf der Jahresfrist ist für den jeweils nächsten Erwerbsfall eine Bewertung nach den Verhältnissen vom Bewertungsstichtag durchzuführen und damit zugleich ein neuer Basiswert zu ermitteln. [6]Der Erklärungspflichtige kann eine von dem Basiswert abweichende Feststellung des Grundbesitzwerts nach den Verhältnissen zum Bewertungsstichtag durch Abgabe einer Feststellungserklärung mit den dafür erforderlichen stichtagsbezogenen Grundstücksdaten beantragen. [7]Sofern der festgestellte Grundbesitzwert innerhalb einer Jahresfrist als Basiswert einer weiteren Feststellung zu Grunde gelegt wird, verlängert sich hierdurch nicht die Jahresfrist des § 151 Absatz 3 BewG.

(2) [1]Entsprechendes gilt für festgestellte Werte nach § 151 Absatz 1 Satz 1 Nummer 2, 3 und 4 BewG. [2]Bei Personengesellschaften gilt der Basiswert nur hinsichtlich des Wertes des Gesamthandsvermögens. [3]Der Wert des Sonderbetriebsvermögens ist grundsätzlich gesondert zu ermitteln und anzusetzen. [4]Der Erklärungspflichtige kann eine von dem Basiswert abweichende Feststellung nach den Verhältnissen am Bewertungsstichtag durch Abgabe einer Feststellungserklärung beantragen. [5]Dies ist für jede der einzelnen Feststellungen nach § 151 BewG, § 13a Absatz 4 oder § 13b Absatz 10 ErbStG unabhängig voneinander möglich.

R B 151.9 Nachrichtliche Angaben zu den Feststellungen nach § 151 Absatz 1 Satz 1 Nummer 2 und 3 BewG – *unbesetzt* –

H B 151.9

Nachrichtliche Angaben. Zusätzlich zu den in § 151 Absatz 1 BewG genannten Feststellungen teilt das Betriebsfinanzamt dem Erbschaftsteuerfinanzamt folgende Angaben nachrichtlich mit:

1. Bei Feststellungen für Einzelunternehmen
   a) Umfang der betrieblichen Nutzung bei gemischt genutzten Grundstücken
   Wird ein Grundstück nicht nur zu betrieblichen Zwecken genutzt, ist der nicht betriebliche Teil bei der Erbschaft- bzw. Schenkungsteuer als zusätzliches Vermögen anzusetzen. Das Feststellungsfinanzamt teilt dem Erbschaftsteuerfinanzamt mit, in welchem Umfang das Grundstück zum Grundvermögen gehört.

b)[1] Umfang und Wert von ausländischem Vermögen
Im Feststellungsbescheid sind der Umfang und der Wert des ausländischen Vermögens auszuweisen, das im festgestellten Wert des Betriebsvermögens des Einzelunternehmens enthalten ist, aber einer Betriebstätte in einem Drittland dient.

c)[1] Hauptzweck des Unternehmens i. S. d. § 13b Absatz 4 Nummer 5 ErbStG
Im Feststellungsbescheid ist nachrichtlich mitzuteilen, ob das Unternehmen nach seinem Hauptzweck einer land- und forstwirtschaftlichen, gewerblichen oder freiberuflichen Tätigkeit dient (§ 13 Absatz 1, § 15 Absatz 1 Satz 1 Nummer 1, § 18 Absatz 1 Nummer 1 und 2 EStG).

2. Bei Feststellungen für Personengesellschaften

a) Umfang der betrieblichen Nutzung bei gemischt genutzten Grundstücken
Wird ein Grundstück nicht nur zu betrieblichen Zwecken genutzt, ist der nicht betriebliche Teil bei der Erbschaft- bzw. Schenkungsteuer als zusätzliches Vermögen anzusetzen. Das Feststellungsfinanzamt teilt dem Erbschaftsteuerfinanzamt mit, in welchem Umfang das Grundstück zum Grundvermögen gehört.

b)[1] Umfang und Wert von ausländischem Vermögen
Im Feststellungsbescheid sind der Umfang und der Wert des ausländischen Vermögens auszuweisen, das im festgestellten Wert des Betriebsvermögens der Personengesellschaft enthalten ist, aber einer Betriebstätte in einem Drittland dient.

c)[1] Hauptzweck des Unternehmens i. S. d. § 13b Absatz 4 Nummer 5 ErbStG
Im Feststellungsbescheid ist nachrichtlich mitzuteilen, ob das Unternehmen nach seinem Hauptzweck einer land- und forstwirtschaftlichen, gewerblichen oder freiberuflichen Tätigkeit dient (§ 13 Absatz 1, § 15 Absatz 1 Satz 1 Nummer 1, § 18 Absatz 1 Nummer 1 und 2 EStG).

d)[2] Vorwegabschlag i. S. d. § 13a Absatz 9 ErbStG
Im Feststellungsbescheid ist nachrichtlich mitzuteilen, ob und in welcher Höhe ein Vorwegabschlag zu gewähren ist. Soweit erforderlich sind auch die Werte des Gesamthandsvermögens mitzuteilen. Satz 1 und 2 gelten bei mehrstufigen Feststellungsverfahren nur auf der ersten Stufe.

3. Bei Feststellungen für Anteile an Kapitalgesellschaften

a)[1] Hauptzweck des Unternehmens i. S. d. § 13b Absatz 4 Nummer 5 ErbStG
Im Feststellungsbescheid ist nachrichtlich mitzuteilen, ob das Unternehmen nach seinem Hauptzweck einer land- und forstwirtschaftlichen, gewerblichen oder freiberuflichen Tätigkeit dient (§ 13 Absatz 1, § 15 Absatz 1 Satz 1 Nummer 1, § 18 Absatz 1 Nummer 1 und 2 EStG).

---

[1] Überholt durch Änderung des § 13b Abs. 10 ErbStG durch das JStG 2020.
[2] Überholt durch Einfügung des § 13a Abs. 9a ErbStG durch das JStG 2020.

b)[1] Vorwegabschlag i. S. d. § 13a Absatz 9 ErbStG
Im Feststellungsbescheid ist nachrichtlich mitzuteilen, ob und in welcher Höhe ein Vorwegabschlag zu gewähren ist. Dies gilt bei mehrstufigen Feststellungsverfahren nur auf der ersten Stufe.

Das Feststellungsfinanzamt hat die nachrichtlichen Angaben auch dann mitzuteilen, wenn hierfür zusätzliche Ermittlungen durch das Feststellungsfinanzamt erforderlich sind.

R B 151.10 Mitteilungen der Betriebsfinanzämter – *unbesetzt* –

H B 151.10

Angaben im Zusammenhang mit der Überwachung der Voraussetzungen der Steuerbegünstigungen nach §§ 13a, 13c, 19a und 28a ErbStG.

1. Das Betriebsfinanzamt teilt auf Anforderung dem Erbschaftsteuerfinanzamt nach Ablauf der Behaltensfrist den Umfang der Entnahmen mit (§ 13a Absatz 6 Satz 1 Nummer 3 ErbStG).
2. Das Betriebsfinanzamt teilt dem Erbschaftsteuerfinanzamt mit, ob innerhalb der Behaltensfrist (§ 13a Absatz 6 Satz 1 ErbStG bzw. § 13a Absatz 10 Satz 1 Nummer 6 ErbStG)
   a) wesentliche Betriebsgrundlagen veräußert, ins Privatvermögen überführt oder anderen betriebsfremden Zwecken zugeführt wurden oder der Betrieb aufgegeben oder veräußert wurde (schädliche Verfügung nach § 13a Absatz 6 Satz 1 Nummer 1 und 4 ErbStG).
   In diesem Zusammenhang ist auch mitzuteilen, ob
   - eine dieser wesentlichen Betriebsgrundlagen zum jungen Verwaltungsvermögen (§ 13b Absatz 7 Satz 2 ErbStG) oder zum jungen Betriebsvermögen (§ 200 Absatz 4 BewG) gehörte,
   - in diesen Fällen eine Reinvestition vorgenommen wurde (§ 13a Absatz 6 Satz 3 ErbStG).

   b) andere Verfügungen getätigt wurden, die nach § 13a Absatz 6 ErbStG zu einem Wegfall der Verschonungen führen.
3. Das Betriebsfinanzamt teilt dem Erbschaftsteuerfinanzamt mit, **ob innerhalb der zwanzigjährigen Frist** des § 13a Absatz 9 Satz 5 ErbStG die Voraussetzungen für den Vorwegabschlag nicht mehr vorliegen.

Die Mitteilungen nach Nummer 2 oder 3 sind zu fertigen, sobald das zuständige Betriebsfinanzamt von einer schädlichen Verfügung bzw. dem Verstoß Kenntnis erlangt. Dies gilt auch, wenn die Behaltensfrist oder die Frist von 20 Jahren noch nicht abgelaufen ist.

Zu § 152 BewG

R B 152 Örtliche Zuständigkeit

(1) [1]Für die Wertermittlung ausländischen Vermögens, das nicht Teil eines inländischen Betriebsvermögens ist oder zum Vermögen einer Kapitalgesell-

[1] Überholt durch Einfügung des § 13a Abs. 9a ErbStG durch das JStG 2020.

schaft oder einer vermögensverwaltenden Gemeinschaft/Gesellschaft mit Sitz oder Geschäftsleitung im Inland gehört und das somit nicht der gesonderten Feststellung unterliegt (§ 151 Absatz 4 BewG), bleibt das jeweilige Erbschaftsteuerfinanzamt zuständig. [2]Gehört ausländisches Vermögen zu einem inländischen Betriebsvermögen oder zum Vermögen einer Kapitalgesellschaft mit Sitz oder Geschäftsleitung im Inland, ist das Betriebsfinanzamt unabhängig von der Art des Vermögens (Grundbesitz oder Beteiligungen) für die Wertermittlung zuständig (§ 152 Nummer 2 und 3 BewG). [3]Gehört ausländisches Vermögen zum Vermögen einer vermögensverwaltenden Gemeinschaft/Gesellschaft, gilt Satz 2 entsprechend für das Verwaltungsfinanzamt (§ 152 Nummer 4 BewG).

(2) Absatz 1 ist auch bei Feststellungen nach § 13a Absatz 4 ErbStG und nach § 13b Absatz 10 ErbStG anzuwenden.

H B 152

Zeitpunkt der Festlegung der örtlichen Zuständigkeit für gesonderte Feststellungen im Sinne des § 151 Absatz 1 Satz 1 Nummer 2 bis 4 BewG. Örtlich zuständig für die gesonderten Feststellungen im Sinne des § 151 Absatz 1 Satz 1 Nummer 2 bis 4 BewG ist das Betriebs- oder Verwaltungsfinanzamt, in dessen Bezirk im Zeitpunkt der Durchführung der gesonderten Feststellungen die jeweiligen Voraussetzungen erfüllt sind. Nach dem Bewertungsstichtag erfolgte örtliche Änderungen des Sitzes der Geschäftsleitung des Gewerbebetriebs oder der Kapitalgesellschaft, der vorwiegenden Ausübung der freiberuflichen Tätigkeit bzw. der Verwaltung des Vermögens in den Bezirk eines anderen Finanzamts führen zu einem Wechsel der örtlichen Zuständigkeit für die gesonderten Feststellungen, wenn sie bis zu diesem Zeitpunkt noch nicht durchgeführt wurden.

Zu § 153 BewG

R B 153 Erklärungspflicht

(1) Grundsätzlich kann das zuständige Finanzamt von jedem, für dessen Besteuerung eine gesonderte Feststellung von Bedeutung ist, die Abgabe einer Feststellungserklärung verlangen.

(2) Bei der Bewertung nicht notierter Anteile an Kapitalgesellschaften ist die Erklärung von der Kapitalgesellschaft anzufordern.

(3) [1]In den Fällen, in denen der Gegenstand der Feststellung einer Personengesellschaft i. S. d. § 97 Absatz 1 Satz 1 Nummer 5 BewG zuzurechnen ist, ist die Feststellungserklärung vorrangig von der Gesellschaft anzufordern. [2]In den Fällen, in denen der Gegenstand der Feststellung (insbesondere Grundbesitz) einer Kapitalgesellschaft zuzurechnen ist, ist die Feststellungserklärung nur von der Kapitalgesellschaft anzufordern.

(4) Absatz 3 gilt entsprechend bei vermögensverwaltenden Grundstücksgesellschaften bzw. -gemeinschaften und anderen vermögensverwaltenden Gesellschaften bzw. -gemeinschaften i. S. d. § 151 Absatz 1 Satz 1 Nummer 4 BewG.

(5) [1]Durch die Aufforderung zur Abgabe der Erklärung wird die Kapitalgesellschaft oder die Personengesellschaft bzw. -gemeinschaft Beteiligte des Feststellungsverfahrens im Sinne des § 154 Absatz 1 Satz 1 Nummer 2 BewG. [2]In einem solchen Fall kann der Basiswert (§ 151 Absatz 3 Satz 1 BewG) der Kapitalgesellschaft oder der Personengesellschaft bzw. -gemeinschaft mitgeteilt werden.

(6) [1]In Erbbaurechtsfällen kann das Finanzamt die Abgabe einer Feststellungserklärung vom Erbbauberechtigten und vom Erbbauverpflichteten verlangen. [2]Im Falle der Bewertung eines Erbbaurechts ist vorrangig der Erbbauberechtigte zur Abgabe der Feststellungserklärung aufzufordern. [3]Kann dieser die für die Bewertung erforderlichen Angaben nicht erbringen, ist der Erbbauverpflichtete zur Abgabe der Feststellungserklärung aufzufordern. [4]Der Erbbauberechtigte ist nach § 154 Absatz 1 Nummer 1 BewG Beteiligter am Feststellungsverfahren, da ihm das Erbbaurecht zuzurechnen ist. [5]Wurde der Erbbauverpflichtete zur Erklärungsabgabe aufgefordert, ist er nach § 154 Absatz 1 Nummer 2 BewG Beteiligter am Feststellungsverfahren. [6]Für die Bewertung eines Erbbaugrundstücks gelten die Sätze 2 bis 5 entsprechend.

(7) In den Fällen der Begrenzung des Jahreswerts von Nutzungen nach § 16 BewG können sowohl der Erwerber als auch der Eigentümer zur Abgabe einer Feststellungserklärung aufgefordert werden (§ 180 AO).

(8) Absatz 1 bis 5 sind auch bei Feststellungen nach § 13a Absatz 4 ErbStG und nach § 13b Absatz 10 ErbStG anzuwenden.

Zu § 154 BewG

R B 154 Beteiligte am Feststellungsverfahren und Bekanntgabe des Feststellungsbescheids

(1) Beteiligte am Feststellungsverfahren sind

1. diejenigen, denen der Gegenstand der Feststellung zuzurechnen ist (§ 154 Absatz 1 Satz 1 Nummer 1 BewG). [2]Beteiligter in diesem Sinne ist auch derjenige, bei dem der Gegenstand einer Feststellung im Rahmen eines weiteren Feststellungsverfahrens von Bedeutung ist, weil dessen Wert in diese Wertfeststellung einfließt (bei einem mehrstufigen Feststellungsverfahren).
2. diejenigen, die das Finanzamt zur Abgabe der Feststellungserklärung aufgefordert hat (§ 154 Absatz 1 Satz 1 Nummer 2 BewG).
3. diejenigen, die eine Steuer als Schuldner oder Gesamtschuldner schulden und für deren Festsetzung die Feststellung von Bedeutung ist (§ 154 Absatz 1 Satz 1 Nummer 3 BewG). [2]Bei der Schenkungsteuer sind somit der Schenker und der Beschenkte beteiligt.

[2]Zu den Beteiligten in Erbbaurechtsfällen → R B 153 Absatz 6 Satz 4 bis 6.

(2) Richtet sich ein Feststellungsbescheid gegen mehrere Beteiligte im Sinne des § 154 Absatz 1 Satz 1 BewG, erfolgt eine gesonderte und einheitliche

Feststellung (§ 154 Absatz 1 Satz 2 BewG). [2]Bei einer Erbengemeinschaft erfolgt eine gesonderte und einheitliche Feststellung. [3]Inhaltsadressaten der Feststellung sind die Miterben. [4]Im Bescheid über die gesonderte und einheitliche Feststellung des Werts sind alle Miterben namentlich aufzuführen (→ R B 151.2 Absatz 2 Nummer 2 und 3). [5]Bei einer Schenkung erfolgt eine gesonderte und einheitliche Feststellung. [6]Inhaltsadressat sind sowohl der Schenker als auch der Beschenkte. [7]Im Bescheid über die gesonderte und einheitliche Feststellung des Werts sind der Schenker und der Beschenkte aufzuführen.

(3) [1]Der Feststellungsbescheid ist grundsätzlich allen Beteiligten bekannt zu geben (§ 153 Absatz 5 in Verbindung mit § 154 BewG, § 181 Absatz 1 AO, § 122 Absatz 1 Satz 1 AO). [2]Bei Schenkungsfällen wird der Feststellungsbescheid dem Beschenkten bekanntgegeben. [3]Wenn dieser die Schenkungsteuer nicht entrichtet und der Schenker als Gesamtschuldner dafür in Anspruch genommen wird, wird ein inhaltsgleicher Feststellungsbescheid an den Schenker nachträglich bekanntgegeben. [4]Im Falle einer Schenkung, bei der der Schenker die Schenkungsteuer übernommen hat, ist der Feststellungsbescheid an den Schenker und den Beschenkten bekanntzugeben. [5]Bei der Feststellung des Werts von nicht notierten Anteilen an Kapitalgesellschaften ist der Feststellungsbescheid auch der Kapitalgesellschaft bekanntzugeben (§ 154 Absatz 2 BewG). [6]Wenn der Feststellungsgegenstand einer Erbengemeinschaft in Vertretung der Miterben zuzurechnen ist, gelten für die Bekanntgabe des Feststellungsbescheides die Grundsätze des § 183 AO. [7]Der Bescheid ist dem von der Erbengemeinschaft benannten Vertreter bekanntzugeben (§ 183 Absatz 1 Satz 1 AO). [8]Hat die Erbengemeinschaft keinen Vertreter benannt, ist entsprechend § 183 Absatz 1 Satz 3 bis 4 AO zu verfahren.

(4) Absatz 1 bis 3 sind auch bei Feststellungen nach § 13a Absatz 4 ErbStG und nach § 13b Absatz 10 ErbStG anzuwenden.

H B 154

Feststellungsbeteiligte und Bekanntgabe der Feststellungsbescheide.

1. Auf der ersten Stufe (Erbschaftsteuerfinanzamt – ErbStFA fordert Feststellung bei Feststellungsfinanzamt – FestFA 1 an)
Zuwendungs-/Feststellungsgegenstand kann sein:
1. Grundbesitz (§ 151 Abs. 1 Satz 1 Nr. 1 BewG),
2. Einzelunternehmen (§ 151 Abs. 1 Satz 1 Nr. 2 BewG),
3. Beteiligung an einer Personengesellschaft (§ 151 Abs. 1 Satz 1 Nr. 2 BewG),
4. Anteil an einer Kapitalgesellschaft (§ 151 Abs. 1 Satz 1 Nr. 3 BewG) oder
5. Anteil an einer vermögensverwaltenden Gesellschaft/Gemeinschaft (§ 151 Abs. 1 Satz 1 Nr. 4 BewG).

– Der **Steuerschuldner ist Beteiligter** (§ 154 Abs. 1 Satz 1 Nr. 3 BewG):

a) Erbfall

Alleinerbe	Beteiligter nach § 154 Abs. 1 Satz 1 Nr. 1 und 3 BewG
Erbengemeinschaft	Erbengemeinschaft Beteiligte nach § 154 Abs. 1 Satz 1 Nr. 1 i. V. m. § 151 Abs. 2 Nr. 2 BewG; Miterben sind Beteiligte nach § 154 Abs. 1 Satz 1 Nr. 3 BewG

b) Schenkung

Beschenkter	Beteiligter nach § 154 Abs. 1 Satz 1 Nr. 1 und 3 BewG
Schenker	Beteiligter nach § 154 Abs. 1 Satz 1 Nr. 3 BewG

– **Personengesellschaft:** Beteiligte nach § 154 Abs. 1 Satz 1 Nr. 2 BewG, wenn sie zur Abgabe der Feststellungserklärung aufgefordert wurde.
– **Kapitalgesellschaft:** Beteiligte nach § 154 Abs. 1 Satz 1 Nr. 2 BewG, da diese zur Abgabe der Feststellungserklärung aufzufordern ist.
– **Vermögensverwaltende Gesellschaft/Gemeinschaft:** Beteiligte nach § 154 Abs. 1 Satz 1 Nr. 2 BewG, wenn sie zur Abgabe der Feststellungserklärung aufgefordert wurde.

2. Auf der zweiten Stufe (FestFA 1 fordert Feststellung bei FestFA 2 an) Zuwendungs-/Feststellungsgegenstand kann sein:
1. Grundbesitz/Betriebsgrundstück (§ 151 Abs. 1 Satz 1 Nr. 1 BewG)
2. Beteiligung an einer Personengesellschaft (§ 151 Abs. 1 Satz 1 Nr. 2 BewG),
3. Anteil an einer Kapitalgesellschaft (§ 151 Abs. 1 Satz 1 Nr. 3 BewG) oder
4. Anteil an einer vermögensverwaltenden Gesellschaft/Gemeinschaft (§ 151 Abs. 1 Satz 1 Nr. 4 BewG).

– Der **Steuerschuldner ist Beteiligter** (§ 154 Abs. 1 Satz 1 Nr. 3 BewG):

a) Erbfall

Alleinerbe	Beteiligter nach § 154 Abs. 1 Satz 1 Nr. 3 BewG
Erbengemeinschaft	Erbengemeinschaft Beteiligte nach § 154 Abs. 1 Satz 1 Nr. 1 i. V. m. § 151 Abs. 2 Nr. 2 BewG; Miterben sind Beteiligte nach § 154 Abs. 1 Satz 1 Nr. 3 BewG

b) Schenkung

Beschenkter	Beteiligter nach § 154 Abs. 1 Satz 1 Nr. 3 BewG

Schenker	Beteiligter nach § 154 Abs. 1 Satz 1 Nr. 3 BewG

Grundbesitz/Betriebsgrundstück (§ 151 Abs. 1 Satz 1 Nr. 1 BewG)
- **Personengesellschaft:** Beteiligte nach § 154 Abs. 1 Satz 1 Nr. 1 und 2 BewG.
- **Kapitalgesellschaft:** Beteiligte nach § 154 Abs. 1 Satz 1 Nr. 1 und 2 BewG.

Beteiligung an einer Personengesellschaft (§ 151 Abs. 1 Satz 1 Nr. 2 BewG)
- **Personengesellschaft erste Stufe:** Beteiligte nach § 154 Abs. 1 Satz 1 Nr. 1 BewG.

Hinweis: Auch wenn es sich hierbei um eine Kapitalgesellschaft handeln würde, wäre diese Beteiligte nach § 154 Abs. 1 Satz 1 Nr. 1 BewG.
- **Personengesellschaft zweite Stufe:** Beteiligte nach § 154 Abs. 1 Satz 1 Nr. 2 BewG, wenn diese zur Abgabe der Feststellungserklärung aufgefordert wurde.

Anteil an einer Kapitalgesellschaft (§ 151 Abs. 1 Satz 1 Nr. 3 BewG)
- **Personengesellschaft erste Stufe:** Beteiligte nach § 154 Abs. 1 Satz 1 Nr. 1 BewG.

Hinweis: Auch wenn es sich hierbei um eine Kapitalgesellschaft handeln würde, wäre diese Beteiligter nach § 154 Abs. 1 Satz 1 Nr. 1 BewG.
- **Kapitalgesellschaft zweite Stufe:** Beteiligte nach § 154 Abs. 1 Satz 1 Nr. 2 BewG, da diese zur Abgabe der Feststellungserklärung aufzufordern ist.

Anteil an einer vermögensverwaltenden Gesellschaft/Gemeinschaft (§ 151 Abs. 1 Satz 1 Nr. 4 BewG)
- **Personengesellschaft erste Stufe:** Beteiligte nach § 154 Abs. 1 Satz 1 Nr. 1 BewG. Hinweis: Auch wenn es sich hierbei um eine Kapitalgesellschaft handeln würde, wäre diese Beteiligter nach § 154 Abs. 1 Satz 1 Nr. 1 BewG.
- **Vermögensverwaltende Gesellschaft/Gemeinschaft:** wie Personengesellschaft zweite Stufe Beteiligte nach § 154 Abs. 1 Satz 1 Nr. 2 BewG, wenn diese zur Abgabe der Feststellungserklärung aufgefordert wurde.

3. Dritte und weitere Stufen (FestFA 3)
   Zuwendungs-/Feststellungsgegenstand kann sein:
   1. Grundbesitz/Betriebsgrundstück (§ 151 Abs. 1 Satz 1 Nr. 1 BewG),
   2. Beteiligung an einer Personengesellschaft (§ 151 Abs. 1 Satz 1 Nr. 2 BewG),
   3. Anteil an einer Kapitalgesellschaft (§ 151 Abs. 1 Satz 1 Nr. 3 BewG) oder
   4. Anteil an einer vermögensverwaltenden Gesellschaft/Gemeinschaft (§ 151 Abs. 1 Satz 1 Nr. 4 BewG).
   - Der **Steuerschuldner ist Beteiligter** (§ 154 Abs. 1 Satz 1 Nr. 3 BewG)

a) Erbfall

Alleinerbe	Beteiligter nach § 154 Abs. 1 Satz 1 Nr. 3 BewG
Erbengemeinschaft	Erbengemeinschaft Beteiligte nach § 154 Abs. 1 Satz 1 Nr. 1 i. V. m. § 151 Abs. 2 Nr. 2 BewG; Miterben sind Beteiligte nach § 154 Abs. 1 Satz 1 Nr. 3 BewG

b) Schenkung

Beschenkter	Beteiligter nach § 154 Abs. 1 Satz 1 Nr. 3 BewG
Schenker	Beteiligter nach § 154 Abs. 1 Satz 1 Nr. 3 BewG

- Stufe 1 Personengesellschaft oder Kapitalgesellschaft ist keine Beteiligte i. S. d. § 154 BewG.
- Stufe 2 unabhängig von der Gesellschaftsform Beteiligte i. S. d. § 154 Abs. 1 Satz 1 Nr. 1 BewG.
- Stufe 3
  - **Grundbesitz/Betriebsgrundstück**
  - **Personengesellschaft (Stufe 2):** Beteiligte nach § 154 Abs. 1 Satz 1 Nr. 1 und 2 BewG.
  - **Kapitalgesellschaft (Stufe 2):** Beteiligte nach § 154 Abs. 1 Satz 1 Nr. 1 und 2 BewG.
  - **Beteiligung an einer Personengesellschaft**
    Personengesellschaft (Stufe 3) Beteiligte nach § 154 Abs. 1 Satz 1 Nr. 2 BewG, wenn sie zur Abgabe der Feststellungserklärung aufgefordert wurde.
  - **Anteil an einer Kapitalgesellschaft**
    Kapitalgesellschaft (Stufe 3) Beteiligte nach § 154 Abs. 1 Satz 1 Nr. 2 BewG, da diese zur Abgabe der Feststellungserklärung aufzufordern ist.
  - **Beteiligung an einer vermögensverwaltenden Gesellschaft/ Gemeinschaft**
    Gesellschaft/Gemeinschaft (Stufe 3) Beteiligte nach § 154 Abs. 1 Satz 1 Nr. 2 BewG, wenn sie zur Abgabe der Feststellungserklärung aufgefordert wurde.

Gesonderte oder gesonderte und einheitliche Feststellung. Eine gesonderte Feststellung ist nur in den folgenden Fällen durchzuführen:

a) Alleinerbe mit Erwerb eines Betriebs der Land- und Forstwirtschaft
b) Alleinerbe mit Erwerb eines Grundstücks oder Erwerb eines Miteigentumsanteils an einem Grundstück
c) Alleinerbe mit Erwerb eines Einzelunternehmens

Zum Erwerb durch einen Vermächtnisnehmer → R B 151.2 Absatz 2 Nummer 4. In allen anderen Fällen erfolgt eine gesonderte und einheitliche Feststellung.

Zu § 155 BewG

R B 155 Rechtsbehelfsbefugnis

[1] Zur Einlegung eines Rechtsbehelfs sind die Beteiligten im Sinne des § 154 BewG befugt. [2] Soweit der Gegenstand der Feststellung einer Erbengemeinschaft in Vertretung der Miterben zuzurechnen ist (§ 151 Absatz 2 Nummer 2 BewG), sind § 352 AO und § 48 FGO entsprechend anzuwenden.

Zu § 156 BewG

R B 156 Außenprüfung

Zur Ermittlung der Besteuerungsgrundlagen kann eine Außenprüfung nach §§ 193 ff. AO bei jedem Beteiligten (§ 154 Absatz 1 BewG) angeordnet werden.

D. Land- und forstwirtschaftliches Vermögen

Zu § 158 BewG

R B 158.1 Begriff des land- und forstwirtschaftlichen Vermögens

(1) [1] Die wirtschaftliche Einheit des land- und forstwirtschaftlichen Vermögens umfasst nach § 158 Absatz 1 BewG alle Wirtschaftsgüter, die objektiv einem Betrieb der Land- und Forstwirtschaft dauernd zu dienen bestimmt sind. [2] Die Definition der wirtschaftlichen Einheit richtet sich tätigkeitsbezogen nach den Grundsätzen der R 15.5 EStR und im Übrigen nach § 2 BewG. [3] Eine Betriebsverpachtung im Ganzen ist deshalb als Fortsetzung der bisherigen Tätigkeit auf andere Art und Weise anzusehen. [4] Voraussetzung ist, dass die Wirtschaftsgüter dem Betrieb auf Dauer zu dienen bestimmt sind. [5] Dies ist der Fall, wenn der bisherige Eigentümer am Bewertungsstichtag die wesentlichen Wirtschaftsgüter des Betriebs an Andere zur land- und forstwirtschaftlichen Nutzung überlassen hatte und die Voraussetzungen für eine Stückländerei nicht vorliegen.

H B 158.1 (1)

Betriebsverpachtung im Ganzen.

Beispiel:

V hat seinen Betrieb mit 100 Hektar landwirtschaftlicher und 50 Hektar forstwirtschaftlich genutzter Fläche nebst Besatzkapital seit zwei Jahren im Ganzen verpachtet. V möchte seinen Betrieb im Wege der vorweggenommenen Erbfolge auf sein Kind K übertragen, das sich noch für drei Jahre in Berufsausbildung befindet. K tritt in den bestehenden Pachtvertrag ein, der noch für drei Jahre abgeschlossen ist.

Zum land- und forstwirtschaftlichen Vermögen gehören alle Wirtschaftsgüter, die objektiv einem Betrieb der Land- und Forstwirtschaft dauernd zu dienen bestimmt sind. Da alle wesentlichen Wirtschaftsgüter im Rahmen der Betriebsverpachtung im Ganzen weiterhin land- und forstwirtschaftlichen Zwecken dienen, ist die Verpachtung als Fortsetzung der bisherigen Tätigkeit auf andere Art und Weise anzusehen. Auch die Voraussetzung, dass die Wirtschaftsgüter dem Betrieb dauernd zu dienen bestimmt sind, ist erfüllt, da die Überlassung aus betriebswirtschaftlichen oder betriebstechnischen Gründen am Bewertungsstichtag für weniger als 15 Jahre erfolgt.

R B 158.1 (2)

(2) [1]Der Betrieb der Land- und Forstwirtschaft (§ 158 Absatz 2 BewG) setzt weder eine Mindestgröße noch einen vollen land- und forstwirtschaftlichen Besatz mit Wirtschaftsgebäuden, Betriebsmitteln usw. voraus. [2]Auch ein einzelnes land- und forstwirtschaftlich genutztes Grundstück, das gemäß § 159 BewG nicht zum Grundvermögen zu rechnen ist, kann ein Betrieb der Land- und Forstwirtschaft sein. [3]Mehrere Flächen werden ohne Rücksicht auf ihre räumliche Lage unter der Voraussetzung zu einer wirtschaftlichen Einheit vereinigt, dass sie zusammen bewirtschaftet werden und zwischen ihnen ein wirtschaftlicher Zusammenhang besteht. [4]Das ist zu verneinen, wenn die Bewirtschaftung abgelegener Flächen von der Hofstelle oder einem sonstigen Sitz der Betriebsleitung aus nach der Verkehrsauffassung nicht möglich ist oder der Betriebsinhaber keine unmittelbare Einwirkungsmöglichkeit und eigene Aufsicht über die sachdienliche Nutzung dieser Flächen hat. [5]Besonderheiten der jeweiligen Nutzung sind zu berücksichtigen.

H B 158.1 (2)

Abgrenzung Bewertungsrecht und Ertragsteuerrecht.

Beispiel:

Vater V schenkt ein land- und forstwirtschaftlich genutztes Grundstück seinem Kind K. Das Grundstück stellt ertragsteuerrechtlich Privatvermögen dar.

Das Grundstück ist ein Betrieb der Land- und Forstwirtschaft i. S. d. R B 158.1 Absatz 2. Zwar beurteilen das Bewertungsrecht und das Ertragsteuerrecht die Land- und Forstwirtschaft tätigkeitsbezogen nach gleichen Kriterien. Eine wirtschaftliche Einheit Betrieb der Land- und Forstwirtschaft setzt jedoch nicht die Zugehörigkeit des Grundbesitzes und des Besatzkapitals zum ertragsteuerrechtlichen Betriebsvermögen voraus.

R B 158.1 (3–6)

(3) [1]Wird ein Betrieb der Land- und Forstwirtschaft von einer (Personen-) Gesellschaft oder Gemeinschaft betrieben (§ 158 Absatz 2 Satz 2 BewG), ist der Wert des land- und forstwirtschaftlichen Vermögens einheitlich zu ermitteln (§ 3 BewG). [2]Dabei sind außer den Wirtschaftsgütern, die der Gesellschaft oder Gemeinschaft gehören, auch die im Eigentum eines oder mehrerer Gesellschafter oder Gemeinschafter stehenden und dem Betrieb auf Dauer zu dienen bestimmten Wirtschaftsgüter, z. B. Nutzflächen, Gebäude oder Betriebsmittel, in den Betrieb einzubeziehen. [3]Dagegen scheidet die Zurechnung von Wirtschaftsgütern aus, die zwar dem Betrieb dauernd zu dienen bestimmt sind, jedoch im Eigentum eines Nichtgesellschafters bzw. -gemeinschafters stehen. [4]Die Sätze 2 und 3 gelten auch bei Ehegatten.

(4) [1]Zu den Wirtschaftsgütern, die einem Betrieb der Land- und Forstwirtschaft dauernd zu dienen bestimmt sind, können auch Grunddienstbarkeiten und betrieblich veranlasste wiederkehrende Nutzungen und Leistungen gehören. [2]Die Aufzählung der einzelnen Wirtschaftsgüter in § 158 Absatz 3 Satz 1 BewG ist nicht abschließend. [3]Entscheidend ist ihre Zweckbestimmung am

Bewertungsstichtag (§ 12 Absatz 3 ErbStG in Verbindung mit §§ 151, 157 BewG).

(5) [1] Grund und Boden sowie Gebäude, die einem Betrieb der Land- und Forstwirtschaft dauernd zu dienen bestimmt sind, gehören auch dann zum land- und forstwirtschaftlichen Vermögen, wenn der Betrieb ganz oder in Teilen auf bestimmte oder unbestimmte Zeit nicht bewirtschaftet wird. [2] Das ist der Fall, wenn sie keine Zweckbestimmung erhalten haben, die zu einer zwingenden Zuordnung zum Grund- oder Betriebsvermögen führen. [3] Als Beispiele hierfür kommen in Betracht:

1. Grund und Boden, der auf bestimmte oder unbestimmte Zeit nicht land- und forstwirtschaftlich genutzt wird, z. B. stillgelegte Flächen;
2. der Wohnteil, der wegen Änderung der Anzahl der zum Haushalt des Betriebsinhabers gehörenden Familienangehörigen oder der Altenteiler nicht oder nicht voll genutzt wird;
3. Wirtschaftsgebäude, die vorübergehend oder dauernd teilweise oder ganz leer stehen, z. B. gehört der leer stehende Rindviehstall eines Betriebs, dessen Inhaber wegen Wirtschaftsumstellung das Rindvieh abgeschafft hat, zum land- und forstwirtschaftlichen Vermögen.

(6) Zu den Betriebsmitteln eines Betriebs der Land- und Forstwirtschaft gehören außer den Pflanzenbeständen und Vorräten, den Maschinen und Geräten auch die Tierbestände nach Maßgabe der §§ 169 und 175 BewG.

R B 158.2 Abgrenzung des land- und forstwirtschaftlichen Vermögens vom Betriebsvermögen

(1) [1] Das land- und forstwirtschaftliche Vermögen ist vom Betriebsvermögen vorrangig nach R 15.5 EStR abzugrenzen. [2] Wirtschaftsgüter, die außer im eigenen Betrieb der Land- und Forstwirtschaft auch in einem demselben Inhaber gehörenden Gewerbebetrieb verwendet werden, gehören grundsätzlich nur zum land- und forstwirtschaftlichen Vermögen, wenn sie nicht nach § 95 BewG dem Betriebsvermögen zuzuordnen sind.

(2) [1] Land- und forstwirtschaftlich genutzte Flächen, die im Eigentum einer der in § 97 Absatz 1 BewG bezeichneten Körperschaften, Personenvereinigungen und Vermögensmassen stehen, sind wegen der Rechtsform des Eigentümers Betriebsvermögen. [2] Die Flächen sind als Betriebsgrundstücke nach § 99 Absatz 1 Nummer 2 BewG wie land- und forstwirtschaftliches Vermögen zu bewerten.

(3) [1] Wird für die Erbschaftsteuer der Wert des Betriebsvermögens bzw. ein Anteil daran oder der Wert nicht notierter Anteile an Kapitalgesellschaften benötigt, ist für die Betriebsgrundstücke im Sinne des § 99 Absatz 1 Nummer 2 BewG im Rahmen der Mindestbewertung nach § 11 Absatz 2 Satz 3 BewG ein Grundbesitzwert festzustellen. [2] Das Betriebsgrundstück gehört in diesem Fall zum Betriebsvermögen. [3] Dies gilt auch für die in § 158 Absatz 4 BewG genannten Wirtschaftsgüter, die nicht dem land- und forstwirtschaftlichen Vermögen, sondern dem Betriebsvermögen zuzuordnen sind. [4] Gleiches gilt für die mit diesen Wirtschaftsgütern jeweils im unmittelbaren wirtschaftlichen Zusammenhang stehenden Verbindlichkeiten (§ 158 Absatz 5 BewG).

(4) [1]Gehören Tierbestände oder Zweige des Tierbestands weder nach § 169 BewG noch nach § 175 BewG zum land- und forstwirtschaftlichen Vermögen, gehören auch die mit ihnen in wirtschaftlicher Verbindung stehenden Gebäude oder Gebäudeteile nicht zum land- und forstwirtschaftlichen Vermögen. [2]Zu den Gebäuden und Gebäudeteilen sind auch die Grundflächen und die Beiflächen, wie Zuwege, Auslauf für Tiere usw., zu rechnen. [3]Mit den Tierbeständen gehören auch die übrigen mit ihnen wirtschaftlich zusammenhängenden Wirtschaftsgüter, wie Futtermittel und andere Betriebsmittel sowie die damit im unmittelbaren wirtschaftlichen Zusammenhang stehenden Verbindlichkeiten, nicht zum land- und forstwirtschaftlichen Vermögen.

(5) Wird ein Gewerbebetrieb in einem Gebäude unterhalten, das auch dem Betrieb der Land- und Forstwirtschaft dient, ist der entsprechende Gebäudeteil nur dem land- und forstwirtschaftlichen Vermögen zuzurechnen, wenn er nicht nach § 95 Absatz 1 BewG dem Betriebsvermögen zuzuordnen ist.

H B 158.2

Abgrenzung des Gewerbebetriebs von der Land- und Forstwirtschaft. → R 15.5 EStR; → Gleich lautende Erlasse der obersten Finanzbehörden der Länder vom 15.12.2011 (BStBl. I S. 1213, 1217).

R B 158.3 Abgrenzung des land- und forstwirtschaftlichen Vermögens vom Grundvermögen

(1) [1]Zu den Wirtschaftsgütern, die zwischen dem land- und forstwirtschaftlichen Vermögen und dem Grundvermögen abzugrenzen sind, gehören insbesondere der Grund und Boden sowie die Wohn- und Wirtschaftsgebäude (§ 158 Absatz 4 Nummer 1 BewG). [2]Ob eine Fläche oder ein Gebäude zum Grundvermögen oder zum land- und forstwirtschaftlichen Vermögen gehört, ist bei der Feststellung des Grundbesitzwerts für den Betrieb der Land- und Forstwirtschaft zu entscheiden.

(2) Bei der Beherbergung von Fremden richtet sich die Abgrenzung des land- und forstwirtschaftlichen Vermögens vom Grundvermögen nach den Grundsätzen der R 15.7 EStR.

R B 158.4 Abgrenzung des land- und forstwirtschaftlichen Vermögens vom übrigen Vermögen

(1) [1]Geschäftsguthaben, Wertpapiere und Beteiligungen (§ 158 Absatz 4 Nummer 3 BewG) gehören nicht zum land- und forstwirtschaftlichen Vermögen, sondern sind übriges Vermögen. [2]Zu den Beteiligungen gehören insbesondere die Anteile an anderen Personengesellschaften bzw. -gemeinschaften oder Anteile an Kapitalgesellschaften, für die jeweils ein eigenständiger Wert zu ermitteln ist. [3]Für Beteiligungen an Maschinengemeinschaften, die ausschließlich für ihre Gesellschafter bzw. Gemeinschafter tätig sind, ist ein eigenständiger Wert zu ermitteln und dem übrigen Vermögen zuzurechnen (§ 151 Absatz 1 Satz 1 Nummer 4 BewG). [4]Soweit eine Maschinengemein-

schaft die Voraussetzungen eines Gewerbebetriebs erfüllt, sind die Wirtschaftsgüter als Betriebsvermögen zu erfassen (§ 151 Absatz 1 Satz 1 Nummer 2 BewG).

(2) Bewegliche Wirtschaftsgüter, die einem Betrieb der Land- und Forstwirtschaft zu dienen bestimmt sind, tatsächlich aber am Bewertungsstichtag (→ R B 161) einem derartigen Betrieb des Eigentümers nicht dienen, gehören nicht zum land- und forstwirtschaftlichen Vermögen, sondern zum übrigen Vermögen.

(3) [1]Der Überbestand an umlaufenden Betriebsmitteln eines Betriebs der Land- und Forstwirtschaft zählt nicht zum land- und forstwirtschaftlichen Vermögen (§ 158 Absatz 4 Nummer 4 BewG), sondern zum übrigen Vermögen. [2]Der Überbestand wird in der Weise ermittelt, dass vom gesamten Wert aller umlaufenden Betriebsmittel der gesamte Wert des Normalbestandes an umlaufenden Betriebsmitteln abgezogen wird; dabei ist nach Nutzungen vorzugehen.

(4) Nach § 158 Absatz 4 Nummer 7 BewG gehören die Pensionsverpflichtungen nicht zum land- und forstwirtschaftlichen Vermögen, sondern sind bei der Ermittlung des steuerpflichtigen Erwerbs im Erbfall als Nachlassverbindlichkeiten im Sinne des § 10 Absatz 5 ErbStG und im Schenkungsfall bei der Ermittlung des Steuerwerts der freigebigen Zuwendung (§ 7 Absatz 1 ErbStG) zu berücksichtigen.

(5) Stehen die in § 158 Absatz 4 Nummer 3 bis 7 BewG genannten Wirtschaftsgüter und Pensionsverpflichtungen sowie die mit Grundvermögen im Sinne des § 158 Absatz 4 Nummer 1 und 2 und § 159 BewG in unmittelbarem wirtschaftlichen Zusammenhang stehenden Verbindlichkeiten mehreren Personen zu, ist der Anteil am Wert nach § 151 Absatz 1 Satz 1 Nummer 4 BewG gesondert festzustellen.

Zu § 159 BewG

R B 159 Abgrenzung land- und forstwirtschaftlich genutzter Flächen

(1) [1]Nach § 159 BewG gehören am Bewertungsstichtag noch land- und forstwirtschaftlich genutzte Flächen unter bestimmten Voraussetzungen zum Grundvermögen. [2]§ 159 Absatz 1 und 2 BewG betrifft Flächen, bei denen zukünftig mit einer Verwendung für andere als land- und forstwirtschaftliche Zwecke zu rechnen ist. [3]§ 159 Absatz 3 BewG regelt, unter welchen Voraussetzungen die in einem rechtsverbindlichen Bebauungsplan als Bauland ausgewiesenen Flächen stets als Grundvermögen zu bewerten sind. [4]Wird eine land- und forstwirtschaftlich genutzte Fläche am Bewertungsstichtag im Bebauungsplan als Bauland ausgewiesen, kann eine Zurechnung zum Grundvermögen nicht nur nach § 159 Absatz 3 BewG, sondern auch nach § 159 Absatz 1 oder 2 BewG in Betracht kommen.

(2) Land- und forstwirtschaftlich genutzte Flächen werden nach § 159 Absatz 3 BewG in jedem Fall zum Grundvermögen gerechnet, wenn alle folgenden Voraussetzungen erfüllt sind:

1. Die Flächen müssen in einem rechtsverbindlichen Bebauungsplan (§§ 8ff. BauGB) als Bauland ausgewiesen sein.
2. [1]Die sofortige Bebauung muss rechtlich und tatsächlich möglich sein. [2]Die Möglichkeit einer sofortigen Bebauung kann insbesondere von der Größe und dem Zuschnitt der Fläche abhängen. [3]So kann eine Fläche für jede (nicht etwa nur für eine geplante) Bebauung zu klein oder zu ungünstig geschnitten sein. [4]Auch die Bodenverhältnisse (z.B. Sumpf) können eine sofortige Bebauung ausschließen. [5]In rechtlicher Hinsicht ist vor allem entscheidend, ob die sofortige Bebauung nach öffentlich-rechtlichen Vorschriften zulässig ist. [6]Als Hinderungsgründe öffentlich-rechtlicher Art kommen insbesondere Veränderungssperren (§ 14 BauGB), die Unzulässigkeit von Bauvorhaben (§ 30 BauGB) und nicht sofort erfüllbare Vorschriften über die Bebauung in Betracht. [7]Das gilt beispielsweise, wenn die Grundstücksfläche für die vorgeschriebene offene Bebauung zu klein ist.
3. [1]Die Bebauung muss innerhalb des Plangebiets in einem benachbarten Bereich begonnen haben oder schon durchgeführt sein. [2]Ob in benachbarten Bereichen die Bebauung schon begonnen hat oder durchgeführt ist, ist allein auf das jeweilige Plangebiet abzustellen. [3]Die Bebauung von Flächen außerhalb des Plangebiets kommt selbst dann, wenn diese Flächen unmittelbar an das Plangebiet anschließen, nicht als Bebauung in einem benachbarten Bereich in Betracht. [4]Andererseits ist hierfür nicht zu fordern, dass die Bebauung in der nächsten Nachbarschaft der zu bewertenden Fläche begonnen hat. [5]Was als benachbarter Bereich anzusehen ist, richtet sich nach den örtlichen Verhältnissen. [6]Bei Baulücken in geschlossener Ortslage ist die geforderte Voraussetzung stets erfüllt.
4. [1]Die Flächen dürfen nicht zur Hofstelle gehören oder in räumlichem Zusammenhang mit der Hofstelle stehen und einen Hektar nicht übersteigen. [2]Unter den im räumlichen Zusammenhang mit der Hofstelle stehenden Flächen, die ebenso wie die Hofflächen nicht nach § 159 Absatz 3 BewG zum Grundvermögen gerechnet werden dürfen, sind der Hausgarten und die sog. Hofweide zu verstehen. [3]Nicht darunter fallen die zur gärtnerischen Nutzung gehörenden Flächen sowie Wiesen und nicht mehr als Hofweide anzusehenden Weideflächen. [4]Der räumliche Zusammenhang mit der Hofstelle kann auch dann anerkannt werden, wenn die Garten- oder Weideflächen durch kleinere Straßen, durch Wege oder durch kleinere Ackerflächen von der Hofstelle getrennt sind.

(3) [1]Nach § 159 Absatz 1 oder 2 BewG sind alle Fälle abzugrenzen, bei denen eines der folgenden Merkmale zutrifft:

1. Fehlen eines Bebauungsplanes;
2. Einstufung im Bebauungsplan nicht als Bauland, aber z.B. als Grünfläche oder als Verkehrsfläche;
3. fehlende Möglichkeit der sofortigen Bebauung;
4. noch keine im benachbarten Bereich begonnene oder durchgeführte Bebauung;
5. Hoffläche.

[2]In diesen Fällen ist daher die innerhalb bestimmter Zeit zu erwartende Verwendung für andere als für land- und forstwirtschaftliche Zwecke zu prüfen. [3]Eine Abgrenzung nach § 159 Absatz 1 oder 2 BewG kann darüber hinaus in Betracht kommen, wenn dies zweckmäßiger ist als eine Abgrenzung nach § 159 Absatz 3 BewG. [4]Das trifft beispielsweise zu, wenn das in einem Bebauungsplan als Bauland ausgewiesene Gelände mit Sicherheit schon in Kürze in unbebautem Zustand für gewerbliche Zwecke genutzt werden wird, auf der anderen Seite aber die Möglichkeit einer sofortigen Bebauung zweifelhaft oder mindestens schwer festzustellen ist.

(4) [1]Die Zurechnung der am Bewertungsstichtag land- und forstwirtschaftlich genutzten Flächen zum Grundvermögen nach § 159 Absatz 1 BewG setzt lediglich voraus, dass eine künftige Verwendung der Flächen für andere als land- und forstwirtschaftliche Zwecke anzunehmen ist und dass die Änderung der Nutzungsweise in absehbarer Zeit erwartet wird. [2]Für die Zurechnung zum Grundvermögen nach § 159 Absatz 2 BewG gelten dagegen strengere Voraussetzungen. [3]Hiernach muss eine große Wahrscheinlichkeit bestehen, dass die Flächen spätestens nach zwei Jahren anderen als land- und forstwirtschaftlichen Zwecken dienen werden. [4]§ 159 Absatz 2 BewG stellt als eine Spezialvorschrift gegenüber § 159 Absatz 1 BewG eine Anzahl zusätzlicher Tatbestandsmerkmale auf, die die am Bewertungsstichtag noch land- und forstwirtschaftlich genutzten Flächen aufweisen müssen:

1. [1]Der Betrieb der Land- und Forstwirtschaft, zu dem die Flächen gehören, muss die Existenzgrundlage des Betriebsinhabers bilden. [2]Der Betrieb bildet die Existenzgrundlage, wenn der Lebensbedarf des Betriebsinhabers dadurch überwiegend gedeckt werden kann. [3]Dies kann auch bei Nebenerwerbsstellen der Fall sein. [4]Keine Existenzgrundlage sind Flächen, die nur zur Deckung des Eigenbedarfs bewirtschaftet werden oder wenn ein Betrieb aus Liebhaberei, um der Jagd willen oder als Versuchsbetrieb für den eigenen Gewerbebetrieb unterhalten wird.
2. Es muss sich um Flächen im Eigentum des Betriebsinhabers handeln, die von ihm nicht nur vorübergehend mitbewirtschaftet werden.
3. [1]Es muss eine ordnungsgemäße nachhaltige Bewirtschaftung von einer Stelle aus vorliegen. [2]Davon ist auszugehen, wenn die Bewirtschaftung von einer Hofstelle oder einem Betriebszentrum erfolgen kann. [3]Eine in größerer Entfernung liegende Fläche, die für Rechnung des Betriebsinhabers durch eine dritte Person bewirtschaftet wird, fällt nicht unter § 159 Absatz 2 BewG.

[5]Diese Merkmale liegen bei den land- und forstwirtschaftlich genutzten Flächen meistens vor. [6]Deswegen sollte vor Anwendung von § 159 Absatz 1 BewG zunächst § 159 Absatz 2 BewG geprüft werden.

(5) [1]Die bei § 159 Absatz 2 BewG – ebenso wie bei § 159 Absatz 1 BewG – vorausgesetzte Erwartung einer künftigen Verwendung der Fläche für andere als land- und forstwirtschaftliche Zwecke kann sich auf viele Umstände gründen:

1. die Möglichkeit einer künftigen Verwendung als Bauland oder einen Erwerb zu Baulandpreisen, wenn die Fläche nicht als Ersatzland (z. B. bei Enteignungen) oder zur Abrundung eines Betriebs der Land- und Forstwirtschaft dienen soll;

2. den Erwerb durch einen Nichtlandwirt, z. B. durch eine Grundstücksgesellschaft, ein Wohnungsunternehmen oder auch ein Industrieunternehmen, das die Fläche vorläufig noch in der land- und forstwirtschaftlichen Nutzung des Veräußerers belässt;
3. Landverkäufe, die eine beginnende Parzellierung erkennen lassen; die Fläche wird für eine Brückenauffahrt benötigt; ein in Richtung auf die Fläche fortschreitender Straßenbau u. a.

[2]Der Wille des Eigentümers, die Fläche weiterhin land- und forstwirtschaftlich zu nutzen, ist nicht von Bedeutung, wenn nach der Lage, den Verwertungsmöglichkeiten oder den sonstigen Umständen anzunehmen ist, dass sie anderen als land- und forstwirtschaftlichen Zwecken dienen wird. [3]Bei § 159 Absatz 2 BewG genügt aber anders als bei § 159 Absatz 1 BewG nicht die Erwartung einer Nutzungsänderung in absehbarer Zeit. [4]Vielmehr wird hier eine große Wahrscheinlichkeit für eine solche Nutzungsänderung in spätestens zwei Jahren verlangt. [5]Diese strengeren Voraussetzungen sind beispielsweise erfüllt, wenn die Fläche schon vor dem Bewertungsstichtag für die Erweiterung eines Fabrikgrundstücks veräußert und dem Veräußerer nur noch eine Nutzung bis zur Einbringung der ersten Ernte nach dem Bewertungsstichtag zugestanden worden ist. [6]Die besonderen Voraussetzungen des § 159 Absatz 2 BewG sind aber z. B. nicht erfüllt, wenn es bei einem sich nähernden Straßenbau ungewiss ist, ob die Fläche schon innerhalb von zwei Jahren oder erst später in Anspruch genommen wird.

(6) Unter dem Begriff „absehbare Zeit" in § 159 Absatz 1 BewG ist in Übereinstimmung mit der bisherigen Rechtsprechung ein Zeitraum von sechs Jahren zu verstehen, der jeweils vom Bewertungsstichtag an beginnt.

H B 159

Abgrenzung des land- und forstwirtschaftlichen Vermögens vom Grundvermögen. → BFH vom 13.8.2003 II R 48/01, BStBl. II S. 908.

Abgrenzung zwischen Hof- und Gebäudeflächen und anderen Flächen. → BFH vom 9.10.1985 II R 247/81, BStBl. 1986 II S. 13.

Andere als landwirtschaftliche Nutzung. → BFH vom 4.8.1972 III R 47/72, BStBl. II S. 849.

Aufstellen eines Flächennutzungsplans. → BFH vom 27.1.1978 III R 101/75, BStBl. II S. 292.

Entfernung zwischen Hofstelle und landwirtschaftlich genutzten Flächen. → BFH vom 2.5.1980 III R 15/78, BStBl. II S. 490.

Existenzgrundlage. → BFH vom 28.6.1974 III R 43/73, BStBl. II S. 702.

Wille des Eigentümers. → BFH vom 28.7.1961 III 219/60 U, BStBl. III S. 420.

Zu § 160 BewG

R B 160.1 Wirtschaftsteil

(1) Der Wirtschaftsteil umfasst die in § 160 Absatz 2 BewG aufgeführten Nutzungen, Nebenbetriebe einschließlich der dazugehörigen Wirtschaftsge-

bäude, Betriebsmittel und immateriellen Wirtschaftsgüter sowie die Wirtschaftsgüter Abbauland, Geringstland und Unland.

(2) [1]Die **Gesamtfläche** des Wirtschaftsteils gliedert sich in

1. die landwirtschaftlich genutzten Flächen,
2. die forstwirtschaftlich genutzten Flächen,
3. die weinbaulich genutzten Flächen,
4. die gärtnerisch genutzten Flächen,
5. die sonstigen Flächen (z.B. Geringstland, Unland, Abbauland, fischereiwirtschaftlich genutzte Wasserflächen),
6. die Hof- und Wirtschaftsgebäudeflächen, soweit sie nicht zu den Betriebswohnungen oder zum Wohnteil gehören.

[2]Zu den jeweiligen Flächen gehören auch Wege, Hecken, Gräben, Grenzraine und dergleichen.

(3) [1]Die Hof- und Wirtschaftsgebäudeflächen umfassen die Gebäude- und Gebäudenebenflächen, soweit sie nicht den Wohngebäuden zuzuordnen sind. [2]Nicht zu den Wohngebäuden gehörende Gartenflächen (→ R B 160.22 Absatz 6) sind der landwirtschaftlichen Nutzung zuzurechnen. [3]Wirtschaftswege, Hecken, Gräben, Grenzraine und dergleichen sind in die Hof- und Wirtschaftsgebäudefläche einzubeziehen; dies gilt auch für unproduktive Wasserflächen, Bewässerungsteiche, Dämme, Uferstreifen und dergleichen, die nicht als Unland klassifiziert sind. [4]Diese Flächen sind regelmäßig aus den Katasterunterlagen zu übernehmen. [5]Sind in einem forstwirtschaftlichen Betriebswerk oder Betriebsgutachten derartige Flächenanteile der forstwirtschaftlichen Nutzung zugerechnet, ist dem bei der Bewertung zu folgen. [6]Wegen der Behandlung der Wege und Holzlagerplätze bei der forstwirtschaftlichen Nutzung vgl. R B 160.3 Absatz 2.

(4) [1]Als Wirtschaftsgebäude kommen insbesondere Gebäude zur Unterbringung von Vieh, Vorräten, Maschinen und anderen Betriebsmitteln sowie Verkaufs-, Arbeits- und Sozialräume in Betracht. [2]Hierzu gehören auch Büros, in denen ausschließlich die mit der Betriebsorganisation und Betriebsführung zusammenhängenden Arbeiten vorgenommen werden.

(5) Werden Tierbestände, die nach § 169 BewG zu einem Betrieb der Land- und Forstwirtschaft gehören, vom Inhaber dieses Betriebs vorübergehend in einen anderen Betrieb als **Pensionsvieh** gegeben, sind diese Tierbestände auf Grund der Eigentümerstellung und der objektiven Zweckbestimmung nicht dem Pensionsbetrieb, sondern dem Betrieb des Inhabers zuzurechnen.

(6) [1]Stückländereien bilden eine wirtschaftliche Einheit für sich (§ 160 Absatz 7 BewG). [2]Mehrere Stückländereien in der Hand eines Eigentümers können zu einer wirtschaftlichen Einheit zusammengefasst werden. [3]Bei Stückländereien handelt es sich regelmäßig um einzelne land- und forstwirtschaftlich genutzte Flächen, die einem anderen Betrieb der Land- und Forstwirtschaft auf Grund einer Nutzungsüberlassung dauernd zu dienen bestimmt sind. [4]Unter den Begriff der Stückländereien fallen auch die Flächen, die aus einem vollständigen Betrieb heraus, zu dem auch Gebäude und Betriebsmittel

gehören, überlassen werden, da die Wirtschaftsgebäude oder die Betriebsmittel oder beide Arten von Wirtschaftsgütern, die der Bewirtschaftung dieser Fläche dienen, nicht dem Eigentümer des Grund und Bodens gehören. [5]Voraussetzung für eine Bewertung als Stückländerei ist, dass die Nutzungsüberlassung am Bewertungsstichtag noch mindestens 15 Jahre beträgt. [6]Dies gilt unabhängig von der Art der Nutzungsüberlassung und den damit verbundenen Möglichkeiten einer Vertragsverlängerung. [7]Ist das zeitliche Kriterium nicht erfüllt, erfolgt die Bewertung der einzelnen land- und forstwirtschaftlichen Flächen nach allgemeinen Grundsätzen des land- und forstwirtschaftlichen Vermögens.

(7) Wirtschaftsteil, Betriebswohnung und Wohnteil können jeweils für sich einen Betrieb der Land- und Forstwirtschaft bilden.

H B 160.1

Pensionsvieh. → BFH vom 20.1.1956 III 244/55, BStBl. III S. 202.

R B 160.2 Landwirtschaftliche Nutzung

(1) [1]Zur landwirtschaftlichen Nutzung gehören alle Wirtschaftsgüter, die der Pflanzen- und Tierproduktion dienen. [2]Hierzu gehören die Nutzungsarten (Betriebsformen) Ackerbau, Futterbau und Veredlung nach Maßgabe des § 169 BewG. [3]Als landwirtschaftliche Nutzung sind auch die Betriebsformen Pflanzenbau-Verbund, Vieh-Verbund sowie Pflanzen- und Viehverbund einzustufen (→ Anlage 1 und R B 163 Absatz 3).

(2) [1]Nicht zur landwirtschaftlichen Nutzung gehören grundsätzlich der spezialisierte Anbau von Hopfen, Tabak und Spargel und anderen Sonderkulturen. [2]Soweit eine landwirtschaftliche Nutzung vorliegt, ist jedoch der Anbau von Hopfen, Spargel und Tabak nach § 160 Absatz 2 Satz 2 BewG als landwirtschaftliche Nutzung zu erfassen. [3]Die Saatzucht, Besamungsstationen und Weihnachtsbaumkulturen gehören ebenfalls nicht zur landwirtschaftlichen Nutzung, sondern zu den sonstigen land- und forstwirtschaftlichen Nutzungen.

(3) [1]Die Flächen der landwirtschaftlichen Nutzung bestimmen sich nach den Anbauverhältnissen am Bewertungsstichtag. [2]Zur Ermittlung der Anbauverhältnisse sind die veröffentlichten Standarddeckungsbeiträge der selbst bewirtschafteten Flächen und die Anzahl der vorhandenen Tiere maßgeblich. [3]Bei der Abgrenzung der landwirtschaftlichen von der gewerblichen Tierhaltung ist § 169 BewG in Verbindung mit Anlage 19 und 20 zum BewG und § 175 Absatz 2 BewG zu beachten.

(4) [1]Gemeinschaftliche Tierhaltungen sind nach § 51a BewG in Verbindung mit § 13 Absatz 1 Nummer 1 Satz 5 EStG der Land- und Forstwirtschaft zuzuordnen und damit land- und forstwirtschaftliches Vermögen im Sinne der §§ 158 ff. BewG. [2]Die Tierzucht ist der landwirtschaftlichen Nutzung im Sinne des § 160 Absatz 2 Satz 1 Nummer 1 Buchstabe a BewG und der Nutzungsart Veredlung im Sinne der Anlage 14 zum BewG zuzuordnen.

H B 160.2

Standarddeckungsbeiträge. → BMF-Schreiben vom 18.3.2009 (BStBl. I S. 479) und Anlage 2.

R B 160.3 Forstwirtschaftliche Nutzung

(1) [1]Zur forstwirtschaftlichen Nutzung gehören alle Wirtschaftsgüter, die der Erzeugung und Gewinnung von Rohholz dienen. [2]Wirtschaftsgüter der forstwirtschaftlichen Nutzung sind insbesondere die der Holzerzeugung dienenden Flächen, die Waldbestockung sowie die Wirtschaftsgebäude und die Betriebsmittel. [3]Zu dem normalen Bestand an umlaufenden Betriebsmitteln der forstwirtschaftlichen Nutzung gehört auch eingeschlagenes Holz, soweit es den jährlichen Nutzungssatz im Sinne des § 68 Absatz 1 EStDV nicht übersteigt. [4]Ein Überbestand an umlaufenden Betriebsmitteln zählt zum übrigen Vermögen. [5]Durch Windbruch und Windwurf angefallenes Holz gilt so lange nicht als eingeschlagen, wie es mit der Wurzel verbunden ist.

(2) [1]Die Fläche der forstwirtschaftlichen Nutzung umfasst alle Flächen, die dauernd der Erzeugung von Rohholz gewidmet sind (Holzboden- und Nichtholzbodenfläche). [2]Zur Holzbodenfläche rechnen neben bestockten Flächen, die sich in Baumartengruppen gliedern, auch Waldwege, Waldeinteilungs- und Sicherungsstreifen, wenn ihre Breite einschließlich der Gräben 5m nicht übersteigt, und Flächen, die nur vorübergehend nicht bestockt sind (Blößen). [3]Die übrige Fläche der forstwirtschaftlichen Nutzung umfasst eventuell vorhandene Hof- und Wirtschaftsgebäudeflächen sowie die Nichtholzbodenfläche. [4]Zur Nichtholzbodenfläche rechnen die dem Transport und der Lagerung des Holzes dienenden Flächen (Waldwege, ständige Holzlagerplätze usw.), wenn sie nicht zur Holzbodenfläche gerechnet werden. [5]Dazu gehören auch die Flächen der Saat- und Pflanzkämpe und der Samenplantagen, wenn sie zu mehr als zwei Drittel der Erzeugung von Pflanzen für den eigenen Betrieb dienen (→ R B 160.8 Absatz 2). [6]Das gilt auch für Wildäcker und Wildwiesen, soweit sie nicht zur landwirtschaftlichen Nutzung oder zum Geringstland gehören. [7]In der Flur oder im bebauten Gebiet gelegene bodengeschätzte Flächen, die mit einzelnen Baumgruppen, Baumreihen oder mit Hecken bestockt sind oder Baumschulen bzw. Weihnachtsbaumkulturen dienen, gehören nicht zur forstwirtschaftlichen Nutzung.

R B 160.4 Weinbauliche Nutzung

(1) [1]Zur weinbaulichen Nutzung gehören alle Wirtschaftsgüter, die der Erzeugung von Trauben sowie der Gewinnung von Maische, Most und Wein aus diesen dienen. [2]Wirtschaftsgüter der weinbaulichen Nutzung sind insbesondere die Flächen zur Erzeugung von Trauben, die Wirtschaftsgebäude und Betriebsmittel, die der Traubenerzeugung, der Gewinnung von Maische und Most sowie dem Ausbau und der Lagerung des Weines dienen. [3]Bei Betrieben, die erzeugte Trauben zu Fass- und Flaschenwein ausbauen, gehören die gesamten Vorräte an Fass- und Flaschenwein aus den Ernten der letzten fünf Kalenderjahre vor dem Bewertungsstichtag zum normalen Bestand an umlaufenden Betriebsmitteln (§ 173 Absatz 1 BewG).

(2) [1]Die Fläche der weinbaulichen Nutzung des Betriebs umfasst die im Ertrag stehenden Rebanlagen, die vorübergehend nicht bestockten Flächen sowie die noch nicht ertragsfähigen Jungfelder. [2]Der Anbau von Reben zur Gewinnung von Unterlagsholz, so genannte Rebmuttergärten, und die Anzucht von Pflanzreben, so genannte Rebschulen, gehören zur weinbaulichen Nutzung, wenn sie zu mehr als zwei Drittel dem Eigenbedarf des Betriebs dienen. [3]Ist dies nicht der Fall, sind Rebmuttergärten und Rebschulen dem Nutzungsteil Baumschulen der gärtnerischen Nutzung zuzuordnen (→ R B 160.8 Absatz 3). [4]In die Weinbaulage eingesprengte Flächen anderer Nutzungen sind der weinbaulichen Nutzung zuzurechnen, wenn sie nur vorübergehend nicht weinbaulich genutzt werden. [5]Ehemalige Weinbauflächen, die brach liegen und bei denen zukünftig nicht mehr mit einer land- und forstwirtschaftlichen Nutzung zu rechnen ist, sind nach den jeweiligen Verhältnissen Geringstland oder Unland.

R B 160.5 Gärtnerische Nutzung

(1) [1]Zur gärtnerischen Nutzung gehören alle Wirtschaftsgüter, die dem Anbau von Gemüse, Blumen- und Zierpflanzen, Obst sowie Baumschulerzeugnissen dienen. [2]Die gärtnerische Nutzung gliedert sich in die Nutzungsteile:

1. Gemüsebau (→ R B 160.6),
2. Blumen- und Zierpflanzenbau (→ R B 160.6),
3. Obstbau (→ R B 160.7),
4. Baumschulen (→ R B 160.8).

(2) [1]Die Zurechnung der Flächen zu den Nutzungsteilen bestimmt sich nach den Bewirtschaftungsverhältnissen (§§ 161, 174 BewG). [2]Ist eine Zurechnung am Bewertungsstichtag nicht möglich, erfolgt die Einordnung der Flächen nach der vorgesehenen Nutzung (§ 174 Absatz 3 BewG).

R B 160.6 Nutzungsteile Gemüsebau sowie Blumen- und Zierpflanzenbau

(1) [1]Die Fläche der Nutzungsteile Gemüsebau sowie Blumen- und Zierpflanzenbau ist für die Bewertung in folgende Nutzungsarten aufzugliedern:

1. durch Gemüsebau genutzte Flächen:
   a) Freilandflächen,
   b) Flächen unter Glas und Kunststoffen;
2. durch Blumen- und Zierpflanzenbau genutzte Flächen:
   a) Freilandflächen,
   b) Flächen unter Glas und Kunststoffen.

[2]Zur Fläche des Nutzungsteils gehören auch die Flächenanteile, die Pflanzenbeständen nicht unmittelbar als Standraum dienen, wie Zwischenflächen, Vorgewende und für die Bearbeitung notwendige Wege.

(2) [1]Zu Flächen unter Glas und Kunststoffen gehören insbesondere mit Gewächshäusern (z. B. Breitschiff-, Venlo- und Folienhäuser), Folientunneln

und anderen Kulturräumen (z. B. Treibräume) überbaute Flächen. [2]Die Größe der Flächen unter Glas und Kunststoffen bemisst sich nach der Größe der überdachten Fläche einschließlich der Umfassungswände, d. h. von Außenkante zu Außenkante des aufsteigenden Mauerwerks bzw. der Stehwände gemessen.

(3) [1]Zum Gemüsebau gehört auch der Anbau von Tee, Gewürz- und Heilkräutern. [2]Flächen, die der Gemüsesamenvermehrung dienen, sind entsprechend den Anweisungen für die Bewertung des Gemüsebaus zu bewerten. [3]Flächen, die der Vermehrung von Blumensamen, Blumenzwiebeln und dergleichen dienen, sind nach den Anweisungen für die Bewertung des Blumen- und Zierpflanzenbaus zu bewerten.

(4) Flächen zur Gewinnung von Schmuckreisig und Bindegrün, die überwiegend zum Verkauf bestimmt sind, und Flächen zur Produktion von Rollrasen oder Vegetationsmatten sind dem Blumen- und Zierpflanzenbau zuzurechnen.

R B 160.7 Nutzungsteil Obstbau

Zum Nutzungsteil Obstbau gehören die obstbaulich genutzten Flächen, insbesondere des Baumobstes, des Strauchbeerenobstes und der Erdbeeren, einschließlich derjenigen Flächenanteile, die den Pflanzenbeständen nicht unmittelbar als Standraum dienen, wie Zwischenflächen und Vorgewende.

R B 160.8 Nutzungsteil Baumschulen

(1) [1]Zum Nutzungsteil Baumschulen gehören die Flächen, die dem Anbau von Baumschulerzeugnissen dienen. [2]Dazu rechnen insbesondere die Anzucht von Nadel- und Laubgehölzen, Rhododendren, Azaleen sowie Obstgehölzen einschließlich Beerenobststräuchern. [3]Die Anzucht von Rosen und Stauden rechnet nur dann zum Nutzungsteil Baumschulen, wenn ihre Nutzung als Dauerkultur nicht überwiegt. [4]Andernfalls sind sie dem Nutzungsteil Blumen- und Zierpflanzenbau zuzuordnen.

(2) [1]Forstliche Saat- und Pflanzkämpe gehören zum Nutzungsteil Baumschulen, wenn sie nicht zu mehr als zwei Drittel der Erzeugung von Pflanzen für den Eigenbedarf der in demselben Betrieb der Land- und Forstwirtschaft vorhandenen forstwirtschaftlichen Nutzung dienen. [2]Andernfalls rechnen forstliche Saat- und Pflanzkämpe zur forstwirtschaftlichen Nutzung (→ R B 160.3 Absatz 2). [3]Eine Erfassung als Nebenbetrieb scheidet aus.

(3) [1]Rebschulen und Rebmuttergärten gehören zum Nutzungsteil Baumschulen, soweit sie nicht zu mehr als zwei Drittel der weinbaulichen Nutzung des eigenen Betriebs dienen. [2]Andernfalls rechnen sie zur weinbaulichen Nutzung (→ R B 160.4 Absatz 2).

(4) Zur Fläche des Nutzungsteils gehören auch die Flächenanteile, die Pflanzenbeständen nicht unmittelbar als Standraum dienen, wie Zwischenflächen, Vorgewende und für die Bearbeitung notwendige Wege sowie die Einschlags-, Schau- und Ausstellungsflächen.

(5) Die Abgrenzung zu Weihnachtsbaumkulturen richtet sich nach R B 160.16.

R B 160.9 Übrige land- und forstwirtschaftliche Nutzungen

(1) [1]Der Begriff der übrigen land- und forstwirtschaftlichen Nutzungen ist ein Sammelbegriff für alle land- und forstwirtschaftlichen Nutzungen, die nicht zu den in R B 160.2 bis 8 genannten Nutzungen oder Nutzungsteilen gehören. [2]Es werden insbesondere die Sondernutzungen und die sonstigen land- und forstwirtschaftlichen Nutzungen unterschieden.

(2) Zu den Sondernutzungen gehören der Anbau von Hopfen, Tabak, Spargel und anderen Sonderkulturen, wenn keine landwirtschaftliche Nutzung im Sinne des § 160 Absatz 2 Satz 1 Nummer 1 Buchstabe a BewG vorliegt.

(3) Zu den sonstigen land- und forstwirtschaftlichen Nutzungen gehören

1. die Binnenfischerei (→ R B 160.10),
2. die Teichwirtschaft (→ R B 160.10),
3. die Fischzucht für Binnenfischerei und Teichwirtschaft (→ R B 160.10),
4. die Imkerei (→ R B 160.11),
5. die Wanderschäferei (→ R B 160.12),
6. die Saatzucht (→ R B 160.13),
7. der Pilzanbau (→ R B 160.14),
8. die Produktion von Nützlingen (→ R B 160.15),
9. die Weihnachtsbaumkulturen (→ R B 160.16) und
10. die Besamungsstationen (→ R B 160.17).

R B 160.10 Binnenfischerei, Teichwirtschaft und Fischzucht für Binnenfischerei und Teichwirtschaft

(1) [1]Binnenfischerei ist die Ausübung der Fischerei in Binnengewässern auf Grund von Fischereiberechtigungen. [2]Zur Binnenfischerei gehören

1. die Fischerei in stehenden Gewässern,
2. die Fischerei in fließenden Gewässern einschließlich der Kanäle.

(2) Für die Bewertung ist es unerheblich, ob die Fischereiberechtigung

1. dem Inhaber des Fischereibetriebs als Ausfluss seines Grundeigentums zusteht oder
2. als selbstständiges besonderes Recht ausgeübt wird oder
3. auf einer sonstigen Nutzungsüberlassung, z. B. Verleihung, beruht.

(3) Zum Nutzungsteil Teichwirtschaft und Fischzucht für Binnenfischerei und Teichwirtschaft gehören alle Wirtschaftsgüter, die der Erzeugung von Speisefischen (einschließlich deren Eier und Brut) unabhängig von der Haltungsform dienen, insbesondere die Erzeugung von Forellen, Karpfen und so genannten Beifischen, wie z. B. Schleien, Hechten, Zandern, Amurkarpfen.

R B 160.11 Imkerei

(1) [1]Die Imkerei umfasst alle Formen der Bienenhaltung, die auf einen wirtschaftlichen Erfolg ausgerichtet sind. [2]Dabei ist nicht zwischen der Bienenhaltung zur Gewinnung von Honig und Wachs und anderen Formen der Bienenhaltung, wie z. B. Königinnenzucht oder Bienenhaltung für pharmazeutische Zwecke zu unterscheiden.

(2) Zu den Wirtschaftsgütern, die einer Imkerei dauernd zu dienen bestimmt sind, gehören neben den Bienenvölkern die Bienenstände, die Bienenkästen und -körbe, die Imkereigeräte und die Vorräte sowie der Grund und Boden des Standorts der Bienenkästen und -körbe.

R B 160.12 Wanderschäferei

(1) [1]Wanderschäferei ist eine extensive Form der Schafhaltung, die durch die Haltungsform der Großherde und ständigen Standortwechsel gekennzeichnet ist. [2]Im Gegensatz zu intensiven Formen der Schafhaltung (wie z. B. Koppelschafhaltung, Gutsschäferei) werden von Wanderschäfereien überwiegend fremde Flächen durch vorübergehende Beweidung genutzt. [3]Wenn die Schafhaltung jedoch überwiegend auf Flächen stattfindet, die durch Nutzungsüberlassungsverträge dauernd (ganzjährig) zur Beweidung zur Verfügung stehen, handelt es sich nicht mehr um Wanderschäfereien, sondern um eine Schafhaltung, die im Rahmen der landwirtschaftlichen Nutzung zu bewerten ist.

(2) [1]Da Wanderschäfereien landwirtschaftliche Flächen nicht regelmäßig nutzen, ist eine Beziehung zwischen Tierbestand, gemessen in Vieheinheiten, und Flächengrundlage zur Deckung des Futterbedarfs nicht herstellbar. [2]Bei Wanderschäfereien ist deshalb § 169 BewG nicht anwendbar.

R B 160.13 Saatzucht

(1) [1]Saatzucht ist die Erzeugung von Zuchtsaatgut. [2]Zum Saatgut zählen Samen, Pflanzgut oder Pflanzenteile, die für die Erzeugung von Kulturpflanzen bestimmt sind. [3]Dabei ist nicht zu unterscheiden zwischen Nutzpflanzensaatgut und dem Saatgut anderer Kulturpflanzen. [4]Zur Saatzucht gehören alle Wirtschaftsgüter, die ihr zu dienen bestimmt sind, insbesondere:

1. Grund und Boden für die Zuchtgärten und Pflanzkämpe einschließlich der Hof- und Gebäudeflächen, Wirtschaftswege und Trennstreifen;
2. Wirtschaftsgebäude (z. B. Zuchtlaboratorien, Gewächshäuser, Lager- und Verwaltungsgebäude);
3. stehende Betriebsmittel (z. B. Pflanzenbestände, Maschinen);
4. umlaufende Betriebsmittel (z. B. die zum Verkauf bestimmten Erzeugnisse und Vorräte).

(2) Nicht zu den Wirtschaftsgütern einer Saatzucht, sondern zur landwirtschaftlichen oder gärtnerischen Nutzung zählen die der Saatgutvermehrung dienenden Flächen und Betriebsmittel; das gilt auch dann, wenn die Vermehrung im Rahmen der landwirtschaftlichen oder gärtnerischen Nutzung eines

Betriebs der Land- und Forstwirtschaft durchgeführt wird, zu dem die Saatzucht gehört.

R B 160.14 Pilzanbau

[1]Gegenstand der Bewertung ist der Anbau von Speisepilzen. [2]Zum Pilzanbau gehören alle **Wirtschaftsgüter,** die der Erzeugung von Speisepilzen dienen, insbesondere die Wirtschaftsgebäude mit den Beetflächen, Pasteurisierungs-, Anwachs- und Anspinnräumen sowie Konservierungsanlagen und Lagerplätze.

R B 160.15 Nützlinge

[1]Zur Produktion von Nützlingen gehören alle Wirtschaftsgüter, die ihr zu dienen bestimmt sind. [2]Unter die Produktion von Nützlingen fallen insbesondere Spinnentiere (z. B. Raubmilben) und Insekten (z. B. Schlupfwespen).

R B 160.16 Weihnachtsbaumkulturen

(1) Zur Nutzung der Weihnachtsbaumkulturen gehören alle **Wirtschaftsgüter,** die dem Anbau von Weihnachtsbäumen dienen.

(2) [1]Die Fläche der Nutzung Weihnachtsbaumkulturen umfasst die dem Anbau von Weihnachtsbäumen dienenden Flächen einschließlich der zur Weihnachtsbaumkultur gehörenden Lagerplätze und Fahrschneisen. [2]Dienen Flächen der Jungpflanzenanzucht zu mehr als zwei Drittel der Erzeugung von Pflanzen für eigene Weihnachtsbaumkulturen, gehören diese Flächen zur Weihnachtsbaumkultur, andernfalls zum gärtnerischen Nutzungsteil Baumschulen (→ entsprechend R B 160.8 Absatz 2). [3]Zum Nutzungsteil Weihnachtsbaumkulturen gehören auch langfristig forstwirtschaftlich genutzte Flächen, aus denen mehr als zwei Drittel des Bestandes als Weihnachtsbäume geschlagen werden, da in diesen Fällen die Vorkultur Weihnachtsbaumkultur den maßgeblichen Ertragswert prägt. [4]Bei der Abgrenzung der Weihnachtsbaumkulturen von dem gärtnerischen Nutzungsteil Baumschulen sind die Kulturmaßnahmen als wesentliche Unterscheidungsmerkmale heranzuziehen. [5]Die Bäume von Weihnachtsbaumkulturen unterscheiden sich insbesondere dadurch von Baumschulkulturen, dass sie nach der Anpflanzung nicht umgeschult werden. [6]Der untergeordnete Verkauf von Ballenware führt nicht zu einer Bewertung der Fläche als Baumschule.

R B 160.17 Besamungsstationen

(1) [1]Eine Besamungsstation dient der Vatertierhaltung zur Gewinnung von Sperma für die künstliche Besamung. [2]Zur Besamungsstation gehört auch der Embryotransfer bei landwirtschaftlichen Nutztieren, soweit damit eine landwirtschaftliche Tierhaltung verbunden ist.

(2) Eine Besamungsstation bildet nur dann einen Betrieb der Land- und Forstwirtschaft, wenn der nach dem Futterbedarf in Vieheinheiten umgerech-

nete Bestand an Tieren die Grenzen des § 169 Absatz 1 BewG nicht nachhaltig übersteigt.

(3) Zu einer Besamungsstation gehören alle Wirtschaftsgüter, die ihr zu dienen bestimmt sind, insbesondere:

1. Flächen für die Tierhaltung einschließlich der Hof- und Gebäudeflächen sowie Wirtschaftswege;
2. Wirtschaftsgebäude (z. B. Ställe, Laboratorien, Lager- und Verwaltungsgebäude);
3. Tierbestände;
4. sonstige Betriebsmittel (z. B. Maschinen und Geräte für Besamung und Embryotransfer, Fahrzeuge, Vorräte).

R B 160.18 Nebenbetriebe

[1]Die Definition des Nebenbetriebs im Sinne des § 160 Absatz 3 BewG entspricht inhaltlich der des Einkommensteuerrechts. [2]Das Vorliegen eines Nebenbetriebs bestimmt sich nach den Tatbestandsmerkmalen der R 15.5 Absatz 3 EStR.

R B 160.19 Abbauland

[1]Zum Abbauland gehören Sandgruben, Kiesgruben, Steinbrüche und dergleichen, wenn sie durch Abbau der Bodensubstanz überwiegend für den Betrieb der Land- und Forstwirtschaft nutzbar gemacht werden. [2]Stillgelegte Kiesgruben und Steinbrüche eines Betriebs der Land- und Forstwirtschaft, die weder kulturfähig sind noch bei geordneter Wirtschaftsweise Ertrag abwerfen können, gehören zum Unland und nicht zum Abbauland.

R B 160.20 Geringstland

[1]Betriebsflächen geringster Ertragsfähigkeit (Geringstland) sind unkultivierte, jedoch kulturfähige Flächen, deren Ertragsfähigkeit so gering ist, dass sie in ihrem derzeitigen Zustand nicht regelmäßig land- und forstwirtschaftlich genutzt werden können; dazu gehören insbesondere unkultivierte Moor- und Heideflächen sowie die ehemals bodengeschätzten Flächen und die ehemaligen Weinbauflächen, deren Nutzungsart sich durch Verlust des Kulturzustands verändert hat. [2]Der Verlust des Kulturzustands ist dann als gegeben anzusehen, wenn der kalkulierte Aufwand zur Wiederherstellung des Kulturzustands in einem Missverhältnis zu der Ertragsfähigkeit steht, die nach der Rekultivierung zu erwarten ist. [3]Das ist regelmäßig dann der Fall, wenn der Aufwand den einer Neukultivierung übersteigen würde. [4]Bei bodengeschätzten Flächen kann der nachhaltige Verlust des Kulturzustands insbesondere erst nach folgenden Ereignissen eintreten:

1. Ansiedlung von Gehölzen infolge Nichtnutzung bei Hutungen und Hackrainen,
2. Versteinung und Vernässung infolge Nichtnutzung, z. B. bei Hochalmen,

3. Ansiedlung von Gehölzen und Verschlechterung der Wasserverhältnisse infolge Nichtnutzung, z. B. bei Streuwiesen,
4. nachhaltige Verschlechterung des Pflanzenbestandes und der Wasserverhältnisse infolge zunehmender Überflutungsdauer und steigender Wasserverschmutzung bei Überschwemmungsgrünland oder Staunässe in Bodensenkungsgebieten,
5. Vergiftung und Vernichtung des Pflanzenbestandes infolge schädlicher Industrieemissionen.

[5]Bei Weinbauflächen, insbesondere in Steilhanglagen, kann der Verlust des Kulturzustands durch Ansiedlung von Gehölzen, Bodenabtrag sowie Einsturz von Mauern und Treppen infolge Nichtnutzung eintreten.

H B 160.20

Bodenschätzung. → Gesetz zur Schätzung des landwirtschaftlichen Kulturbodens vom 20.12.2007 (BGBl. I S. 3150 ff.).

R B 160.21 Betriebswohnungen

(1) [1]Gebäude oder Gebäudeteile des Betriebs, die dessen Arbeitnehmern und deren Familienangehörigen zu Wohnzwecken zur Verfügung gestellt werden, sind Betriebswohnungen. [2]Dabei ist es nicht erforderlich, dass der Wohnungsinhaber oder seine Familienangehörigen ganz in dem Betrieb tätig sind. [3]Es genügt, dass der jeweilige Arbeitnehmer vertraglich dazu verpflichtet ist, wenigstens 100 Arbeitstage oder 800 Arbeitsstunden im Jahr mitzuarbeiten. [4]Das Merkmal der Betriebswohnung bleibt bei fortdauernder Nutzung der Wohnung durch den Arbeitnehmer nach Eintritt in den Ruhestand erhalten.

(2) [1]Zum Grund und Boden der Betriebswohnungen im Sinne des § 160 Absatz 8 BewG zählen neben der bebauten Fläche auch die vom Betrieb im Rahmen der Wohnungsüberlassung zur Verfügung gestellten übrigen Flächen, wie z. B. Stellplätze und Gärten. [2]Bei der Abgrenzung der Gartenflächen gilt R B 160.22 Absatz 6 entsprechend.

R B 160.22 Wohnteil

(1) [1]Gebäude oder Gebäudeteile, die dem Inhaber eines Betriebs der Land- und Forstwirtschaft und den zu seinem Haushalt gehörenden Familienangehörigen zu Wohnzwecken dienen, sind dem Wohnteil zuzurechnen, wenn der Betriebsinhaber oder mindestens einer der zu seinem Haushalt gehörenden Familienangehörigen durch eine mehr als nur gelegentliche Tätigkeit in dem Betrieb an ihn gebunden ist. [2]Gebäude oder Gebäudeteile, die Altenteilern zu Wohnzwecken dienen, gehören zum Wohnteil, wenn die Nutzung der Wohnung in einem Altenteilsvertrag geregelt ist. [3]Werden dem Hauspersonal nur einzelne zu Wohnzwecken dienende Räume überlassen, rechnen diese zum Wohnteil des Betriebs der Land- und Forstwirtschaft. [4]Bei der Überlassung von Wohnungen an Arbeitnehmer des Betriebs ist R B 160.21 Absatz 1 anzuwenden.

(2) [1]Die Wohnung des Inhabers eines größeren Betriebs der Land- und Forstwirtschaft ist dem Betrieb dauernd zu dienen bestimmt, wenn er oder

mindestens einer der zu seinem Haushalt gehörenden Familienangehörigen den Betrieb selbstständig leitet und die Lage der Wohnung die hierfür erforderliche Anwesenheit im Betrieb ermöglicht. [2]Wird er darin von anderen Personen, z.B. einem Angestellten unterstützt, ändert dies an der Zurechnung zum Wohnteil nichts. [3]Die Wohnung des Inhabers eines größeren Betriebs, der den Betrieb durch eine andere Person selbstständig verwalten lässt, gehört dagegen nicht zum Wohnteil, sondern zum Grundvermögen. [4]Herrenhäuser und Schlösser gehören insoweit zum Wohnteil, als sie bei Vorliegen der oben bezeichneten Voraussetzungen dem Inhaber des Betriebs, seinen Familienangehörigen oder den Altenteilern zu Wohnzwecken dienen.

(3) [1]Die Wohnung des Inhabers eines Kleinbetriebs ist dem Betrieb dauernd zu dienen bestimmt, wenn er oder einer der zu seinem Haushalt gehörenden Familienangehörigen durch eine mehr als nur gelegentliche Tätigkeit an den Betrieb gebunden ist. [2]Eine mehr als nur gelegentliche Tätigkeit kann schon bei einem jährlichen Arbeitsaufwand von insgesamt vier bis sechs Wochen gegeben sein. [3]Bei der Beurteilung, ob eine mehr als nur gelegentliche Tätigkeit ausgeübt wird, sind die Art der Nutzung und die Größe der Nutzflächen zu berücksichtigen.

H B 160.22 (3)

Mehr als nur gelegentliche Tätigkeit. → BFH vom 28.3.1990 II R 125/87, BStBl. II S. 727.

R B 160.22 (4)

(4) Die Wohngebäude von Inhabern so genannter landwirtschaftlicher Nebenerwerbsstellen, die im Allgemeinen eine Landzulage von nicht mehr als 3000 m^2 haben, sind – auch bei ausreichendem Viehbesatz – in der Regel als Grundvermögen zu bewerten, weil es Hauptzweck des Wohngebäudes ist, dem Wohnbedürfnis des Eigentümers der Nebenerwerbsstelle und seiner Familie zu dienen.

H B 160.22 (4)

Nebenerwerbsstellen. → BFH vom 26.1.1973 III R 122/71, BStBl. II S. 282.

R B 160.22 (5)

(5) [1]Die Wohnung des Betriebsinhabers muss sich nicht in unmittelbarer Nachbarschaft oder auf dem Hauptgrundstück eines mehrere Grundstücke umfassenden land- und forstwirtschaftlichen Betriebs befinden. [2]Entscheidend ist, dass die Lage der Wohnung dem Betriebsinhaber ermöglicht, soweit erforderlich im Betrieb anwesend zu sein und in den Betriebsablauf einzugreifen.

H B 160.22 (5)

Lage der Wohnung. → BFH vom 9.5.1990 II R 19/88, BStBl. II S. 729.

R B 160.22 (6)

(6) [1]Zum Grund und Boden des Wohnteils im Sinne des § 160 Absatz 9 BewG zählen neben der bebauten Fläche auch die übrigen Flächen, wie z. B. Stellplätze und Gärten. [2]Die Zuordnung des Grund und Bodens sowie der Gartenflächen richtet sich nach der Verkehrsauffassung. [3]Es bestehen keine Bedenken, die ertragsteuerrechtlich getroffene Entscheidung zu Grunde zu legen. [4]Bei Betrieben, die vor dem 31. Dezember 1998 bereits bestanden, kann folglich nur der Teil des Grund und Bodens dem Wohnteil zugerechnet werden, der nach § 13 Absatz 4 und 5 EStG steuerfrei entnommen werden konnte. [5]Zu den Einzelheiten der Abgrenzung → R B 167.1.

H B 160.22 (6)

Zur Wohnung gehörender Grund und Boden. → BMF-Schreiben vom 4.6.1997 (BStBl. I S. 630), vom 13.1.1998 (BStBl. I S. 129) und vom 2.4.2004 (BStBl. I S. 442).

R B 160.22 (7, 8)

(7)[1]Bei verpachteten Betrieben scheidet der Eigentümer aus der Bewirtschaftung des Betriebes aus. [2]Behält der Verpächter das Wohnhaus für sich zurück, so ist die Verbindung des Wohnhauses zur verpachteten Betriebsfläche gelöst. [3]Die Verpächterwohnung gehört damit grundsätzlich nicht mehr zum Wohnteil, sondern zum Grundvermögen. [4]Dies gilt nicht, sofern sich die Wohnungen von Pächter und Verpächter in einem Gebäude befinden.

(8) Für Altenteilerwohnungen gelten die Regelungen für Betriebsinhaberwohnungen entsprechend.

Zu § 161 BewG

R B 161 Bewertungsstichtag

[1]Der Bewertungsstichtag bestimmt sich für Zwecke der Erbschaftsteuer nach den §§ 9, 11, 12 Absatz 3 ErbStG in Verbindung mit §§ 151 Absatz 1 Satz 1 Nummer 1, 157 Absatz 1 BewG. [2]Zur Vereinfachung der Bewertung ist für die umlaufenden Betriebsmittel der Stand am Ende des dem Bewertungsstichtag vorangegangenen Wirtschaftsjahres maßgebend. [3]Dabei ist das nach § 4a EStG in Verbindung mit § 8c EStDV jeweils einschlägige Wirtschaftsjahr zu Grunde zu legen.

Zu § 162 BewG

R B 162 Bewertung des Wirtschaftsteils

(1) [1]Die Bewertung des Wirtschaftsteils erfolgt auf der Basis des sog. Fortführungswerts (§ 162 Absatz 1 BewG). [2]Dies ist der Wert, der den einzelnen Nutzungen, Nebenbetrieben und übrigen Wirtschaftsgütern in einem Betrieb der Land- und Forstwirtschaft unter objektiven ökonomischen Bedingungen

im Rahmen einer Betriebsfortführung beizumessen ist. [3]Im Falle der eisernen Verpachtung im Sinne der §§ 582a ff. BGB ist mit dem Ansatz des Fortführungswertes für das Besatzkapital der Substanzerhaltungsanspruch des eisernen Verpächters abgegolten.

(2) Die Bewertung von Stückländereien und anderen für weniger als 15 Jahre verpachteten Flächen (unechte Stückländereien) erfolgt aus Vereinfachungsgründen und mangels Selbstbewirtschaftung unmittelbar mit dem Mindestwert nach § 164 BewG.

(3) [1]Im Falle der Veräußerung eines ganzen Betriebs oder eines Anteils im Sinne des § 158 Absatz 2 Satz 2 BewG innerhalb einer Frist von 15 Jahren erfolgt der Ansatz des Liquidationswerts (Nachbewertungsvorbehalt). [2]Zur Berechnung des Liquidationswerts → R B 166 Absatz 1 und Absatz 2. [3]Der Ansatz des Liquidationswerts entfällt, wenn der gesamte Veräußerungserlös ausschließlich zum Erwerb eines anderen Betriebs der Land- und Forstwirtschaft oder eines Anteils im Sinne des § 158 Absatz 2 Satz 2 BewG innerhalb von sechs Monaten verwendet wird – Reinvestition. [4]Die Frist von sechs Monaten beginnt mit Ablauf des Tages, an dem Nutzen, Lasten und Gefahren übergehen. [5]Für die Berechnung der Fristen gelten die Vorschriften der §§ 187, 188 und 193 BGB.

(4) [1]Die dem Grunde nach für einen Betrieb der Land- und Forstwirtschaft wesentlichen Wirtschaftsgüter Grund und Boden, Wirtschaftsgebäude, stehende Betriebsmittel und immaterielle Wirtschaftsgüter unterliegen – unabhängig von der ertragsteuerrechtlichen Behandlung – nach § 162 Absatz 4 BewG ebenfalls dem Nachbewertungsvorbehalt nach Absatz 3. [2]Werden wesentliche Wirtschaftsgüter innerhalb der Frist von 15 Jahren veräußert oder sind sie einem Betrieb der Land- und Forstwirtschaft nicht mehr dauernd zu dienen bestimmt (R B 158.1 Absatz 1), erfolgt ebenfalls der Ansatz des Liquidationswerts. [3]Wesentliche Wirtschaftsgüter sind bei stehenden Betriebsmitteln nur dann anzunehmen, wenn der gemeine Wert des einzelnen Wirtschaftsguts oder einer Sachgesamtheit von Wirtschaftsgütern (z.B. Tierbestände, Büroausstattung, Werkzeug) am Bewertungsstichtag mindestens 50 000 Euro beträgt. [4]Soweit stehende Betriebsmittel mit dem Grund und Boden verbunden sind, findet Satz 3 keine Anwendung. [5]Zur Berechnung des Liquidationswerts → R B 166 Absatz 1 und 3.

(5) [1]Der Ansatz des Liquidationswerts kommt nicht in Betracht, wenn der Veräußerungserlös innerhalb von sechs Monaten im betrieblichen Interesse verwendet wird (Reinvestitionsklausel). [2]Eine Verwendung im betrieblichen Interesse liegt vor, wenn anstelle des veräußerten (wesentlichen) Wirtschaftsguts eine Reinvestition in die Wirtschaftsgüter Grund und Boden, Wirtschaftsgebäude, stehende Betriebsmittel (Absatz 4 Satz 3 und 4) oder immaterielle Wirtschaftsgüter erfolgt. [3]Gleiches gilt für den Fall, dass ein wesentliches Wirtschaftsgut einem Betrieb der Land- und Forstwirtschaft nicht mehr dauernd zu dienen bestimmt ist. [4]An die Stelle des Veräußerungserlöses tritt der gemeine Wert des einzelnen Wirtschaftsguts. [5]Eine Verwendung im betrieblichen Interesse ist auch dann anzunehmen, wenn der Veräußerungserlös zur Tilgung betrieblicher Verbindlichkeiten im Sinne des § 158 Absatz 5 BewG eingesetzt wird.

(6) Bei der Bewertung des Wirtschaftsteils für Zwecke der Grunderwerbsteuer in den Fällen eines Nachbewertungsvorbehalts gemäß § 162 Absatz 3 oder 4 BewG ist R B 166 Absatz 6 zu beachten.

H B 162

Bewertung in Fällen der Nutzungsüberlassung. → Gleich lautende Erlasse der obersten Finanzbehörden der Länder vom 4.12.2014 (BStBl. I S. 1577).

Zu § 163 BewG

R B 163 Ermittlung der Wirtschaftswerte

(1) [1]Für die land- und forstwirtschaftlichen Nutzungen, Nebenbetriebe und Wirtschaftsgüter ist jeweils gesondert ein Reingewinn zu ermitteln, der die nachhaltige Ertragsfähigkeit bei ordnungsmäßiger Selbstbewirtschaftung gemeinhin zum Ausdruck bringt. [2]Zur Berücksichtigung der nachhaltigen Ertragsfähigkeit ist der durchschnittliche Reingewinn der letzten fünf Wirtschaftsjahre heranzuziehen. [3]Dabei ist nicht auf Muster- oder Spitzenbetriebe abzustellen, sondern auf Betriebsergebnisse objektiv vergleichbarer Betriebe. [4]Eine ordnungsmäßige Selbstbewirtschaftung liegt vor, wenn bei der Bewirtschaftung nur der betriebsnotwendige Arbeitskräfte- und Inventarbesatz vorhanden ist. [5]Mit dem jeweiligen Reingewinn sind alle Wirtschaftsgüter im Sinne des § 158 Absatz 3 und 5 BewG abgegolten.

H B 163 (1)

Abrundung/Aufrundung. Ergeben sich bei der Ermittlung eines Wirtschaftswerts Euro-Beträge mit Nachkommastellen, sind diese kaufmännisch auf volle Euro-Beträge auf- bzw. abzurunden.

Flächenangaben. Die zur Berechnung eines Wirtschaftswerts erforderlichen Flächenangaben sind in Hektar, Ar und Quadratmeter anzugeben.

R B 163 (2, 3)

(2) [1]Der Reingewinn berücksichtigt die betriebswirtschaftliche Ausrichtung einer Nutzung und ist mit 18,6 zu kapitalisieren. [2]Liegen abweichende Ertragsverhältnisse vor, ist entsprechend den gesetzlichen Vorgaben in den Anlagen 14 bis 17 zum BewG der Reingewinn innerhalb einer Nutzung jeweils gesondert zu ermitteln und mit dem gesetzlichen Kapitalisierungsfaktor von 18,6 zu vervielfältigen. [3]Die kapitalisierten Reingewinne einer Nutzung bzw. bei abweichenden Ertragsverhältnissen die jeweils kapitalisierten Reingewinne sind mit den jeweiligen Eigentumsflächen bzw. Flächenanteilen zu multiplizieren.

(3) [1]Zur Bestimmung des Reingewinns der landwirtschaftlichen Nutzung sind die Standarddeckungsbeiträge (→ Anlage 2) der selbst bewirtschafteten Flächen und der Tiereinheiten zu ermitteln und

1. die Betriebsform zu bestimmen. [2]Hierzu ist das Verhältnis der einzelnen Standarddeckungsbeiträge zur Summe der Standarddeckungsbeiträge des

gesamten Betriebs maßgebend. [3]Aus dem Verhältnis der ermittelten Standarddeckungsbeiträge und deren Zuordnung zu den Nutzungsarten Futterbau, Ackerbau und Veredlung (→ Anlage 1) ergibt sich die maßgebliche Nutzungsart der landwirtschaftlichen Nutzung:

Anteil des Standarddeckungsbeitrags des Produktionszweigs am Gesamtstandarddeckungsbeitrag des Betriebs	**Nutzungsart (Betriebsform)**
Ackerbau > $^2/_3$	Ackerbau
Futterbau > $^2/_3$ und Rinder für die Milcherzeugung > $^2/_3$	Milchviehhaltung
Futterbau > $^2/_3$ und Rinder für die Milcherzeugung ≤ $^2/_3$	Sonstiger Futterbau
Veredlung > $^2/_3$	Veredlung
Ackerbau > $^1/_3$ und Futterbau ≤ $^1/_3$ und Veredlung ≤ $^1/_3$	Pflanzenbau-Verbund
Futterbau > $^1/_3$ **und/oder** Veredlung > $^1/_3$ und Ackerbau ≤ $^1/_3$	Vieh-Verbund
alle übrigen Betriebe	Pflanzenbau- und Viehverbund

2. die Betriebsgröße nach der Europäischen Größeneinheit (EGE) zu bestimmen. [2]Hierzu ist die Summe der Standarddeckungsbeiträge des Betriebs durch 1 200 Euro zu dividieren. [3]Anschließend erfolgt die Zuordnung zu einer der folgenden Betriebsgrößenklassen:
   a) Kleinbetriebe 0 bis unter 40 EGE
   b) Mittelbetriebe 40 bis 100 EGE
   c) Großbetriebe über 100 EGE.

[2]Anhand der nach Nummer 1 und 2 ermittelten Bewertungsmerkmale ist der Reingewinn/ha nach Anlage 14 zum BewG herzuleiten. [3]Der so ermittelte Reingewinn/ha ist mit 18,6 zu kapitalisieren und auf alle Eigentumsflächen der landwirtschaftlichen Nutzung anzuwenden.

H B 163 (3)

Wirtschaftswert der landwirtschaftlichen Nutzung.

Beispiel:

Ermittlung des Wirtschaftswerts für einen Landwirtschaftsbetrieb in Oberbayern mit folgenden Betriebsverhältnissen:
Ackerbau 50 ha Eigentum und 55,0020 ha Zupachtflächen, betriebliche Verbindlichkeiten 57 000 EUR.

1. Ermittlung des Gesamtstandarddeckungsbeitrags für die landwirtschaftliche Nutzung

Standarddeckungsbeitrag/ha für		Anbauflächen ha	a	m²		Betrag in EUR
Weichweizen	598 EUR	30	00	00		17 940,00
Kartoffeln	2 327 EUR	40	00	00	+	93 080,00
Raps	584 EUR	30	00	00	+	17 520,00
Gerste	516 EUR	2	50	10	+	1 290,52
Roggen	402 EUR	2	50	10	+	1 005,40
Summe						130 835,92
Gesamtstandarddeckungsbeitrag des Betriebs (gerundet)						130 836

2. Ermittlung der Nutzungsart bzw. Betriebsform für die landwirtschaftliche Nutzung

Da die Standarddeckungsbeiträge der pflanzlichen Nutzung entsprechend R B 163 Absatz 3 Satz 1 Nummer 1 Satz 3 i. V. m. Anlage 1 alle dem Ackerbau zuzuordnen sind, ist das Klassifizierungsmerkmal > 2/3 erfüllt. Es liegt ein reiner Ackerbaubetrieb vor.

3. Ermittlung der Betriebsgröße für die landwirtschaftliche Nutzung

Gesamtstandarddeckungsbeitrag 130 836 EUR : 1 200 = 109,03 EGE
Die Betriebsgröße liegt über 100 EGE = Großbetrieb.

4. Bewertungsparameter Anlage 14 zum BewG

Reingewinn/ha – Oberbayern, Großbetrieb, Ackerbau 109 EUR

5. Bewertung des Betriebs

Reingewinnverfahren

Nutzungsart	Wert EUR/ha	Kapitalisierungsfaktor	jeweilige Eigentumsfläche ha	a	m²	Wirtschaftswert in EUR
Ackerbau über 100 EGE	109	18,6	50	00	00	101 370,00
Wirtschaftswert der landwirtschaftlichen Nutzung						101 370,00

Die betrieblichen Verbindlichkeiten sind mit dem Ansatz des Reingewinns von 109 EUR/ha berücksichtigt.

Wirtschaftswert der landwirtschaftlichen Nutzung bei Betrieben mit Vieh. Ist Weidevieh vorhanden, sind die Standarddeckungsbeiträge der Futterflächen mit dem Ansatz der Standarddeckungsbeiträge des Weideviehs abgegolten, da von einem ausgeglichenen Futtersaldo ausgegangen wird. Das bedeutet, dass in diesem Fall die Standarddeckungsbeiträge der Futterflächen nicht in den Standarddeckungsbeitrag des jeweiligen Produktionszweigs (Ackerbau bzw. Futterbau) einbezogen werden. Futterflächen sind Futterhackfrüchte (ohne Saatgut), Ackerwiesen und -weiden, Grünmais (Silagemais), sonstige Futterpflanzen, Grünland und Weiden ohne ertragsarme Weiden, ungepflegtes Weideland.

R B 163 (4)

(4) [1] Der jeweilige Reingewinn der forstwirtschaftlichen Nutzung bestimmt sich nach den Flächen der jeweiligen Baumartengruppe oder der übrigen Fläche der forstwirtschaftlichen Nutzung laut Anlage 15 zum BewG und ist mit 18,6 zu kapitalisieren. [2] Nichtwirtschaftswald mit einer Gesamtgröße bis zu

10 ha ist unabhängig von seiner Baumarten- und Altersklassenzusammensetzung mit dem Reingewinn für Kiefer – III. Ertragsklasse zu bewerten. [3]Die für die Errechnung des Wirtschaftswerts erforderlichen Grunddaten sind ggf. einem forstwirtschaftlichen Betriebsgutachten oder Betriebswerk zu entnehmen.

H B 163 (4)

Wirtschaftswert der forstwirtschaftlichen Nutzung.

Beispiel:

Ermittlung des Wirtschaftswerts für einen Forstbetrieb mit folgendem Altersklassenwald:

Fichte – EKL I	3,51 ha
Kiefer – EKL I	3,12 ha
Eiche – EKL I	4,17 ha
Verbindlichkeiten Holzaufarbeitungskosten	3 500 EUR

Reingewinnverfahren

Nutzungsart	Wert EUR/ha	Kapitalisierungsfaktor	jeweilige Eigentumsfläche ha	a	m²	Wirtschaftswert in EUR
Fichte – I. Ertragsklasse	105	18,6	3	51	00	6 855,03
Kiefer – I. Ertragsklasse	26	18,6	3	12	00	+ 1 508,83
Eiche – I. Ertragsklasse	90	18,6	4	17	00	+ 6 980,58
Summe						15 344,44
Wirtschaftswert der forstwirtschaftlichen Nutzung (gerundet)						15 344

Die betrieblichen Verbindlichkeiten sind mit dem Ansatz des jeweiligen Reingewinns berücksichtigt.

R B 163 (5)

(5) [1]Der jeweilige Reingewinn der weinbaulichen Nutzung bestimmt sich nach den Flächen der jeweiligen Nutzungsart (Verwertungsform) Flaschenweinerzeuger, Fassweinerzeuger oder Traubenerzeuger laut Anlage 16 zum BewG und ist mit 18,6 zu kapitalisieren. [2]Bei der Beurteilung der Ertragsfähigkeit der weinbaulichen Nutzung sind die Nutzungsarten (Verwertungsform) der geernteten Trauben zu berücksichtigen. [3]Es werden folgende Verwertungsformen unterschieden:

1. Die Traubenerzeugung umfasst die Erzeugung von Trauben, Maische oder Most und deren Veräußerung an Genossenschaften oder andere Betriebe (Nichtausbau).
2. Der Fassweinausbau umfasst die Erzeugung und die Verarbeitung der Trauben im eigenen Betrieb und den Ausbau sowie den Verkauf von Fasswein.
3. Der Flaschenweinausbau umfasst die Erzeugung und die Verarbeitung der Trauben im eigenen Betrieb und den Ausbau sowie die Bereitung und den Verkauf von Flaschenwein.

[4]Kommen die Verwertungsformen in einem Betrieb nebeneinander vor, ist der Wirtschaftswert unter Berücksichtigung der auf die jeweilige Verwertungsform nachhaltig entfallende Erntemenge am Bewertungsstichtag zu ermitteln.

H B 163 (5)

Wirtschaftswert der weinbaulichen Nutzung.

Beispiel:

Ermittlung des Wirtschaftswerts für einen Weinbaubetrieb mit folgenden Betriebsverhältnissen: 9 ha Eigentum und 7 ha Zupachtflächen

Die nachhaltige Erntemenge der letzten fünf Jahre beträgt 168 000 Liter, davon wurden

an die Winzergenossenschaft als Trauben geliefert	21 000 l
als Fasswein verkauft	42 000 l
als Flaschenwein verkauft	105 000 l

Verwertungsform	Nachhaltige Erntemenge in Liter Wein	Ermittelte Anteile der Verwertungsformen	Entsprechende Flächenanteile in ha	a	m²
Traubenerzeugung	21 000	12,50%	1	12	50
Fassweinerzeugung	42 000	25,00%	2	25	00
Flaschenweinerzeugung	105 000	62,50%	5	62	50
Summe	168 000	100,00%	9	00	00

Reingewinnverfahren

Nutzungsart	Wert EUR/ha	Kapitalisierungsfaktor	jeweilige Eigentumsfläche ha	a	m²	Wirtschaftswert in EUR
Flaschenwein	– 193	18,6	5	62	50	– 20 192,63
Fasswein	– 759	18,6	2	25	00	– 31 764,15
Traubenerzeugung	– 1 252	18,6	1	12	50	– 26 198,10
Summe						– 78 154,88
Wirtschaftswert der weinbaulichen Nutzung (gerundet)						– 78 155

R B 163 (6)

(6) [1]Der jeweilige Reingewinn der gärtnerischen Nutzung bestimmt sich nach den Flächen des jeweiligen Nutzungsteils bzw. dessen Nutzungsart laut Anlage 17 zum BewG und ist mit 18,6 zu kapitalisieren. [2]Die für die Errechnung des Wirtschaftswerts erforderlichen Grunddaten sind ggf. dem Anbauverzeichnis im Sinne des § 142 AO zu entnehmen.

H B 163 (6)

Wirtschaftswert der gärtnerischen Nutzung.

Beispiel:

Ermittlung des Wirtschaftswerts für einen Gartenbaubetrieb mit folgenden Betriebsverhältnissen:

Nutzungsteil	ha	a	m²
Gemüsebau – Freiland	1	00	00
Gemüsebau – Flächen unter Glas und Kunststoffen	1	00	00
Blumen- und Zierpflanzenbau – Freiland	2	00	00
Blumen- und Zierpflanzenbau – Flächen unter Glas und Kunststoffen	0	50	00
Obstbau	1	00	00
Baumschulen	3	00	00

Verbindlichkeiten 301 000 EUR

Reingewinnverfahren

Nutzungsart	Wert EUR/ha	Kapitalisierungsfaktor	jeweilige Eigentumsfläche ha	a	m²	Wirtschaftswert in EUR
Gemüsebau – Freiland	– 1 365	18,6	1	00	00	– 25 389,00
Gemüsebau – Flächen unter Glas und Kunststoffen	6 098	18,6	1	00 00	00 00	113 422,80
Blumen- und Zierpflanzenbau – Freiland	– 108	18,6	2	00	00	– 4 017,60
Blumen- und Zierpflanzenbau – Flächen unter Glas und Kunststoffen	– 6 640	18,6	0	50	00	– 61 752,00
Obstbau	– 379	18,6	1	00	00	– 7 049,40
Baumschulen	894	18,6	3	00	00	49 885,20
Summe						65 100,00
Wirtschaftswert der gärtnerischen Nutzung (gerundet)						65 100

Die betrieblichen Verbindlichkeiten sind mit dem Ansatz des jeweiligen Reingewinns berücksichtigt.

R B 163 (7)

(7) [1]Der jeweilige Reingewinn für die Sondernutzungen Hopfen, Tabak, Spargel bestimmt sich nach den Flächen der jeweiligen Nutzung laut Anlage 18 zum BewG und ist mit 18,6 zu kapitalisieren. [2]Die für die Errechnung des Wirtschaftswerts erforderlichen Grunddaten sind ggf. dem Anbauverzeichnis im Sinne des § 142 AO zu entnehmen.

H B 163 (7)

Wirtschaftswert der Sondernutzungen.

Beispiel:

Ermittlung des Wirtschaftswerts für die Sondernutzung Spargelbaubetrieb von 10,1050 ha.

Reingewinnverfahren

Nutzungsart	Wert EUR/ha	Kapitalisierungsfaktor	jeweilige Eigentumsfläche ha	a	m²	Wirtschaftswert in EUR
Spargel	– 1 365	18,6	10	10	50	– 256 555,85
Wirtschaftswert der Sondernutzung Spargel (gerundet)						– 256 556

R B 163 (8)

(8) [1]Der jeweilige Reingewinn für die sonstigen land- und forstwirtschaftlichen Nutzungen ist grundsätzlich nach den Grundzügen eines Einzelertragswertverfahrens zu ermitteln. [2]In diesen Fällen ist das betriebsindividuelle Ergebnis nach den Grundsätzen des Absatzes 1 zu ermitteln. [3]Das betriebsindividuelle Ergebnis ist möglichst aus den Ergebnissen der letzten fünf vor dem Bewertungsstichtag abgelaufenen Wirtschaftsjahre herzuleiten und als nachhaltig erzielbarer Reingewinn mit 18,6 zu kapitalisieren; das Ergebnis stellt den jeweiligen Wirtschaftswert dar. [4]Zur Gleichmäßigkeit der Bewer-

tung kann abweichend hiervon ein pauschaler Reingewinn ermittelt und bekannt gemacht werden, der mit 18,6 zu kapitalisieren ist und den Wirtschaftswert darstellt. [5]Soweit ein pauschaler Reingewinn ermittelt wurde, sind individuelle Einzelertragswertermittlungen nur bei Vorliegen besonderer Verhältnisse vorzunehmen.

H B 163 (8)

Nachhaltig erzielbarer Reingewinn im Einzelertragswertverfahren. Der Reingewinn ist möglichst aus den Ergebnissen der letzten fünf vor dem Bewertungsstichtag abgelaufenen Wirtschaftsjahre wie folgt herzuleiten:

	Erlöse
abzüglich	Aufwendungen
=	Gewinn/Verlust
abzüglich	Zeitraumfremde Erträge, Zulagen und außerordentliche Erträge
zuzüglich	Zeitraumfremde Aufwendungen und außerordentliche Aufwendungen
=	Ordentliches Ergebnis
abzüglich	Lohnansatz für nicht entlohnte Arbeitskräfte und den Betriebsinhaber
=	Reingewinn

R B 163 (9–13)

(9) [1]Dem jeweiligen Reingewinn für die Nebenbetriebe (→ R B 160.18) ist bei der Ermittlung eines Einzelertragswerts nur der Ertrag zu Grunde zu legen, der nicht bereits bei der Bewertung des Hauptbetriebs berücksichtigt worden ist. [2]Das ist z.B. bei der Forellenräucherei der Mehrertrag, der sich durch die Bearbeitung der im Hauptbetrieb erzeugten Forellen ergibt. [3]Im Übrigen gelten die Grundsätze des Absatzes 8.

(10) [1]Der Reingewinn für das Abbauland kann zur Vereinfachung der Bewertung regelmäßig pauschal mit 2,70 Euro je Ar angesetzt werden. [2]Im Übrigen gelten die Grundsätze des Absatzes 8.

(11) [1]Die Hof- und Wirtschaftsgebäudeflächen sind in die einzelne Nutzung einzubeziehen, soweit sie ihr dienen und nicht den Betriebswohnungen oder dem Wohnteil zuzurechnen sind. [2]Wirtschaftsgüter, die verschiedenen Nutzungen zu dienen bestimmt sind, sind den Nutzungen zuzuordnen, denen sie am Bewertungsstichtag überwiegend dienen.

(12) [1]Die Eigentumsfläche des Betriebs bestimmt sich nach den Verhältnissen am Bewertungsstichtag und umfasst die bei der Ermittlung des jeweiligen Reingewinns einer Nutzung zu Grunde gelegten Flächen bzw. Flächenanteile zuzüglich der Hof- und Wirtschaftsgebäudeflächen. [2]Soweit Flächen am Bewertungsstichtag noch nicht im Eigentum des Steuerpflichtigen stehen, aber Nutzen, Lasten und Gefahren bereits auf den Steuerpflichtigen übergegangen sind, sind diese bei der jeweiligen Nutzung mit ihrer Nutzungsart zu berücksichtigen.

(13) Die bei der Ermittlung der Wirtschaftswerte zu Grunde gelegten Betriebs- und Eigentumsverhältnisse schließen eine Aufteilung einzelner Faktoren aus, die den Ertragswert beeinflussen.

Zu § 164 BewG

R B 164 Ermittlung des Mindestwerts

(1) [1]Der Mindestwert umfasst den Wert des Grund und Bodens sowie den Wert der sonstigen Wirtschaftsgüter (Besatzkapital). [2]Der Wert des Grund und Bodens wird durch Kapitalisierung eines Pachtpreises unter Berücksichtigung der Eigentumsfläche des Betriebs ermittelt. [3]Das Besatzkapital wird durch Kapitalisierung des Werts der Wirtschaftsgüter unter Berücksichtigung der selbst bewirtschafteten Flächen ermittelt.

H B 164 (1)

Mindestwert.

1. Mindestwert der landwirtschaftlichen Nutzung

Beispiel:

Landwirtschaftsbetrieb in Oberbayern mit folgenden Betriebsverhältnissen:
Ackerbau 50 ha Eigentum und 55,0020 ha Zupachtflächen, betriebliche Verbindlichkeiten 57 000 EUR.

a) Ermittlung des Gesamtstandarddeckungsbeitrags für die landwirtschaftliche Nutzung

Standarddeckungsbeitrag/ha für		Anbauflächen ha	a	m²	Betrag in EUR
Weichweizen	598 EUR	30	00	00	17 940,00
Kartoffeln	2 327 EUR	40	00	00	+ 93 080,00
Raps	584 EUR	30	00	00	+ 17 520,00
Gerste	516 EUR	2	50	10	+ 1 290,52
Roggen	402 EUR	2	50	10	+ 1 005,40
Summe					130 835,92
Gesamtstandarddeckungsbeitrag des Betriebs (gerundet)					130 836

b) Ermittlung der Nutzungsart bzw. Betriebsform für die landwirtschaftliche Nutzung

Da die Standarddeckungsbeiträge der pflanzlichen Nutzung alle dem Ackerbau zuzuordnen sind, ist das Klassifizierungsmerkmal > ²/₃ erfüllt. Es liegt ein reiner Ackerbaubetrieb vor.

c) Ermittlung der Betriebsgröße für die landwirtschaftliche Nutzung

Gesamtstandarddeckungsbeitrag 130 836 EUR : 1 200 = 109,03 EGE
Die Betriebsgröße liegt über 100 EGE = Großbetrieb.

d) Bewertungsparameter Anlage 14 zum BewG

Pachtpreis/ha – Oberbayern, Großbetrieb, Ackerbau	312 EUR
Besatzkapital/ha – Oberbayern, Großbetrieb, Ackerbau	68 EUR

e) Bewertung des Betriebs
Mindestwertverfahren

Nutzungsart	Wert EUR/ha	jeweilige Fläche ha	a	m²	Kapitalisierungsfaktor		Mindestwert in EUR
Grund und Boden Ackerbau > 100 EGE	312	50	00	00	18,6		290 160,00
Besatzkapital Ackerbau > 100 EGE	68	105	00	20	18,6	+	132 806,53
Verbindlichkeiten						./.	57 000,00
Summe							365 966,53
Mindestwert der landwirtschaftlichen Nutzung (gerundet)							365 967

2. Mindestwert der forstwirtschaftlichen Nutzung

Beispiel:

Ermittlung des Wirtschaftswerts für einen Forstbetrieb mit folgendem Altersklassenwald:

Fichte bis 60 Jahre – EKL I	3,51 ha
Kiefer bis 60 Jahre – EKL I	3,12 ha
Eiche bis 60 Jahre – EKL I	4,17 ha
Verbindlichkeiten Holzaufarbeitungskosten	3 500 EUR

Mindestwertverfahren

Nutzungsart	Wert EUR/ha	jeweilige Fläche ha	a	m²	Kapitalisierungsfaktor		Mindestwert in EUR
Grund und Boden	5,40	10	80	00	18,6		1 084,75
Besatzkapital Fichte – I. EKL 41 bis 60 Jahre	112,50	3	51	00	18,6	+	7 344,68
Besatzkapital Kiefer – I. EKL 41 bis 60 Jahre	15,20	3	12	00	18,6	+	882,09
Besatzkapital Eiche – I. EKL 41 bis 60 Jahre	45,90	4	17	00	18,6	+	3 560,10
Verbindlichkeiten						./.	3 500,00
							9 371,62
Mindestwert der forstwirtschaftlichen Nutzung (gerundet)							9 372

3. Mindestwert der weinbaulichen Nutzung

Beispiel:

Ermittlung des Wirtschaftswerts für einen Weinbaubetrieb mit folgenden Betriebsverhältnissen: 9 ha Eigentum und 7 ha Zupachtflächen
Die nachhaltige Erntemenge der letzten fünf Jahre beträgt 168 000 Liter, davon wurden

an die Winzergenossenschaft als Trauben geliefert	21 000 l
als Fasswein verkauft	42 000 l
als Flaschenwein verkauft	105 000 l

Verwertungsform	Nachhaltige Erntemenge in Liter Wein	Ermittelte Anteile der Verwertungsformen	Entsprechende Flächenanteile der Eigentumsfläche in			Entsprechende Flächenanteile selbst bewirtschaftete Fläche		
			ha	a	m²	ha	a	m²
Traubenerzeugung	21 000	12,50 %	1	12	50	2	00	00
Fassweinerzeugung	42 000	25,00 %	2	25	00	4	00	00
Flaschenweinerzeugung	105 000	62,50 %	5	62	50	10	00	00
Summe	168 000	100,00 %	9	00	00	16	00	00

Mindestwertverfahren

Nutzungsart	Wert EUR/ha	jeweilige Fläche ha	a	m²	Kapitalisierungsfaktor		Mindestwert in EUR
Grund und Boden Flaschenwein	970	5	62	50	18,6		101 486,25
Besatzkapital Flaschenwein	1 522	10	00	00	18,6		283 092,00
Grund und Boden Fasswein	589	2	25	00	18,6		24 649,65
Besatzkapital Fasswein	588	4	00	00	18,6		43 747,20
Grund und Boden Traubenerzeugung	859	1	12	50	18,6		17 974,58
Besatzkapital Traubenerzeugung	509	2	00	00	18,6		18 934,80
Verbindlichkeiten						./.	0,00
							489 884,48
Mindestwert der weinbaulichen Nutzung (gerundet)							489 884

4. Mindestwert der gärtnerischen Nutzung

Beispiel:

Ermittlung des Mindestwerts für einen Gartenbaubetrieb mit folgenden Betriebsverhältnissen:

Nutzungsteil	**ha**	**a**	**m²**
Gemüsebau – Freiland	1	00	00
Gemüsebau – Flächen unter Glas und Kunststoffen	1	00	00
Blumen- und Zierpflanzenbau – Freiland	2	00	00
Blumen- und Zierpflanzenbau – Flächen unter Glas und Kunststoffen	0	50	00
Obstbau	1	00	00
Baumschulen	3	00	00

Mindestwertverfahren

Nutzungsart	Wert EUR/ha	jeweilige Fläche ha	a	m²	Kapitalisierungsfaktor		Mindestwert in EUR
Grund und Boden Gemüse Freiland	657	1	00	00	18,6		12 220,20
Besatzkapital Gemüse Freiland	484	1	00	00	18,6	+	9 002,40
Grund und Boden Gemüse unter Glas und Kunststoffen	2 414	1	00	00	18,6	+	44 900,40

Nutzungsart	Wert EUR/ha	jeweilige Fläche ha	a	m²	Kapitalisierungsfaktor		Mindestwert in EUR
Besatzkapital Gemüse unter Glas und Kunststoffen	2 750	1	00	00	18,6	+	51 150,00
Grund und Boden Blumen Freiland	1 044	2	00	00	18,6	+	38 836,80
Besatzkapital Blumen Freiland	1 393	2	00	00	18,6	+	51 819,60
Grund und Boden Blumen unter Glas und Kunststoffen	5 516	0	50	00	18,6	+	51 298,80
Besatzkapital Blumen unter Glas und Kunststoffen	6 895	0	50	00	18,6	+	64 123,50
Grund und Boden Obstbau	325	1	00	00	18,6	+	6 045,00
Besatzkapital Obstbau	426	1	00	00	18,6	+	7 923,60
Grund und Boden Baumschule	223	3	00	00	18,6	+	12 443,40
Besatzkapital Baumschule	2 359	3	00	00	18,6	+	131 632,20
Verbindlichkeiten						./.	301 000,00
							180 395,90
Mindestwert der gärtnerischen Nutzung (gerundet)							180 396

R B 164 (2, 3)

(2) [1]Der Pachtpreis bestimmt sich nach der jeweiligen Nutzung, ggf. dem Nutzungsteil und der Nutzungsart des Grund und Bodens und ergibt sich aus den Anlagen 14 bis 18 zum BewG. [2]Bei der landwirtschaftlichen Nutzung ist zur Bestimmung des maßgebenden Pachtpreises entsprechend den gesetzlichen Vorgaben zusätzlich die Betriebsgröße zu berücksichtigen. [3]Der jeweilige Pachtpreis ist mit den jeweiligen Eigentumsflächen bzw. Flächenanteilen des Betriebs am Bewertungsstichtag zu multiplizieren. [4]Der hieraus errechnete Wert ist mit 18,6 zu kapitalisieren.

(3) [1]Für die sonstigen land- und forstwirtschaftlichen Nutzungen gelten die Grundsätze des Absatzes 1 Satz 1 entsprechend. [2]Soweit Flächen einer sonstigen land- und forstwirtschaftlichen Nutzung zu dienen bestimmt sind, ist ein Pachtpreis von 171 Euro/ha anzusetzen.

H B 164 (3)

Ermittlung des Besatzkapitals (selbst bewirtschaftete Fläche).

Beispiel Zupacht:

Landwirt (L) betreibt einen landwirtschaftlichen Betrieb mit 30 Hektar Eigentumsfläche und 200 Hektar Pachtfläche. Am 1.3.2018 verstirbt L. Alleinerbe ist Sohn S.

Der Erwerb des Betriebs am 1.3.2018 erfolgt von Todes wegen (§ 3 Absatz 1 Nummer 1 ErbStG). Der festzustellende Grundbesitzwert berechnet sich im Falle des Mindestwerts durch Kapitalisierung des regionalen Pachtpreises mit 18,6 für die 30 Hektar Grund und Boden (Eigentumsfläche) und durch Kapitalisierung des Besatzkapitals mit dem Faktor 18,6 für 230 Hektar (selbst bewirtschaftete Fläche).

Beispiel Pachtbetrieb:

Landwirt (L) betreibt mit eigenem Besatzkapital einen landwirtschaftlichen Betrieb ausschließlich auf Pachtflächen von 230 Hektar. Am 1.3.2018 verstirbt L. Alleinerbe ist Sohn S, der den Betrieb mit eigenen Flächen fortführt.
Der Erwerb des Betriebs am 1.3.2018 erfolgt von Todes wegen (§ 3 Absatz 1 Nummer 1 ErbStG). Der festzustellende Grundbesitzwert berechnet sich im Falle des Mindestwerts durch Kapitalisierung des Besatzkapitals mit dem Faktor 18,6 für 230 Hektar selbst bewirtschafteter Fläche.

Beispiel Schenkung von Besatzkapital:

Landwirt (L) betreibt einen landwirtschaftlichen Betrieb (30 Hektar) und überträgt am 1.7.2018 das gesamte Besatzkapital im Wege der gleitenden Hofnachfolge an seinen Sohn (S). Den Grund und Boden behält er zurück und verpachtet diese Flächen an S. Am 1.3.2019 verstirbt L. S erbt den Grund und Boden.
Der Erwerb des Besatzkapitals am 1.7.2018 ist eine freigebige Zuwendung (§ 7 Absatz 1 Nummer 1 ErbStG). Der festzustellende Grundbesitzwert berechnet sich im Falle des Mindestwerts durch Kapitalisierung des auf die 30 Hektar entfallenden Besatzkapitals mit dem Faktor 18,6 (→ R B 164 Absatz 6 Satz 4).
Der Erwerb des Grund und Bodens am 1.3.2019 erfolgt von Todes wegen (§ 3 Absatz 1 Nummer 1 ErbStG). Der festzustellende Grundbesitzwert berechnet sich durch Kapitalisierung des regionalen Pachtpreises mit dem Faktor 18,6. Da L die Flächen nicht mehr selbst bewirtschaftet hat, ist kein Besatzkapital zu berücksichtigen.

Beispiel Übertragung von Besatzkapital von Todes wegen:

Landwirt (L) betreibt einen landwirtschaftlichen Betrieb (30 Hektar) und überträgt am 1.7.2018 den gesamten Grund und Boden an seinen Sohn (S), der diesen an seinen Vater verpachtet. L behält das gesamte Besatzkapital zurück. Am 1.3.2019 verstirbt L. S erbt das gesamte Besatzkapital.
Der Erwerb des Grund und Bodens am 1.7.2018 ist eine freigebige Zuwendung (§ 7 Absatz 1 Nummer 1 ErbStG). Der festzustellende Grundbesitzwert berechnet sich im Falle des Mindestwerts durch Kapitalisierung des regionalen Pachtpreises mit dem Faktor 18,6. Da das Besatzkapital nicht übertragen wurde, erfolgt hierfür kein Wertansatz nach § 164 Absatz 4 BewG.
Der Erwerb des Besatzkapitals am 1.3.2019 erfolgt von Todes wegen (§ 3 Absatz 1 Nummer 1 ErbStG). Der festzustellende Grundbesitzwert berechnet sich im Falle des Mindestwerts durch Kapitalisierung des auf die 30 Hektar entfallenden Besatzkapitals mit dem Faktor 18,6, da die nach § 164 Absatz 4 Satz 3 BewG erforderliche Selbstbewirtschaftung der Flächen durch L vorlag.

Beispiel Bestimmung des Besatzkapitals:

Landwirt (L) betreibt einen gemischten Betrieb (12 Hektar Landwirtschaft und 8 Hektar Obstbau). Er spezialisiert sich auf den Obstbau und überträgt den landwirtschaftlich genutzten Grund und Boden von 12 Hektar am 1.7.2018 an seinen Sohn (S), der diesen im Rahmen seines eigenen Betriebs der Land- und Forstwirtschaft bewirtschaftet. L behält das gesamte Besatzkapital zurück, das er zur Bewirtschaftung der verbliebenen Flächen verwendet, und pachtet noch 15 Hektar Obstbauflächen zu. Am 1.3.2019 verstirbt L. S erbt die Fläche von 8 Hektar und das gesamte Besatzkapital.
Der Erwerb des Grund und Bodens von 12 Hektar am 1.7.2018 ist eine freigebige Zuwendung (§ 7 Absatz 1 Nummer 1 ErbStG). Der festzustellende Grundbesitzwert berechnet sich im Falle des Mindestwerts durch Kapitalisierung des regionalen Pachtpreises mit dem Faktor 18,6. Da das Besatzkapital nicht übertragen wurde, erfolgt hierfür kein Wertansatz nach § 164 Absatz 4 BewG.
Der Erwerb des Grund und Bodens von 8 Hektar sowie des gesamten Besatzkapitals am 1.3.2019 erfolgt von Todes wegen (§ 3 Absatz 1 Nummer 1 ErbStG). Der festzustellende Grundbesitzwert berechnet sich für den Grund und Boden durch Kapitalisierung des regionalen Pachtpreises für 8 Hektar. Der Wert des gesamten Besatzkapitals berechnet sich durch Kapitalisierung des auf die 23 Hektar entfallenden Werts mit dem Faktor 18,6, da die nach § 164 Absatz 4 Satz 3 BewG erforderliche Selbstbewirtschaftung der Flächen durch L am Bewertungsstichtag in diesem Umfang vorlag.

R B 164 (4–9)

(4) Für das Abbauland ist ein pauschaler Pachtpreis von 136 Euro/ha anzusetzen.

(5) Für das Geringstland ist ein pauschaler Pachtpreis von 5,40 Euro/ha anzusetzen.

(6) [1]Der Wert des Besatzkapitals bestimmt sich nach der jeweiligen Nutzung, ggf. dem Nutzungsteil und der Nutzungsart in Abhängigkeit des Grund und Bodens und ergibt sich aus den Anlagen 14 bis 18 zum BewG. [2]Bei der landwirtschaftlichen Nutzung ist zur Bestimmung des maßgebenden Werts entsprechend den gesetzlichen Vorgaben zusätzlich die Betriebsgröße zu berücksichtigen. [3]Der jeweilige Wert des Besatzkapitals ist mit den jeweiligen selbst bewirtschafteten Flächen des Betriebs am Bewertungsstichtag zu multiplizieren. [4]Die Frage, ob Flächen selbst bewirtschaftet werden, ist aus der Sicht des Erblassers oder Schenkers zu beurteilen. [5]Der hieraus errechnete Wert ist mit 18,6 zu kapitalisieren.

(7) Das Besatzkapital für die sonstigen land- und forstwirtschaftlichen Nutzungen ist mit dem gemeinen Wert der einzelnen Wirtschaftsgüter zu bewerten.

(8) [1]Die Summe aus den kapitalisierten Werten für den Grund und Boden sowie das Besatzkapital ist um die damit im unmittelbaren wirtschaftlichen Zusammenhang stehenden Verbindlichkeiten zu mindern. [2]Der sich hieraus ergebende Mindestwert darf nicht weniger als 0 Euro betragen. [3]Einer Überschuldung kann wegen der Begrenzung des Mindestwerts auf 0 Euro daher nur im Rahmen der Öffnungsklausel nach § 165 Absatz 3 BewG Rechnung getragen werden.

(9) [1]Stückländereien (§ 160 Absatz 7 BewG) sind nach § 162 Absatz 2 BewG ausschließlich im Mindestwertverfahren zu bewerten. [2]Zur Ermittlung des zutreffenden Pachtpreises sind die den Ertragswert bildenden Faktoren einer Nutzungsart, insbesondere die nach § 163 Absatz 3 Satz 3 BewG erforderlichen Daten, zu erklären. [3]Soweit es dem Steuerpflichtigen nicht möglich ist, die Daten zu beschaffen, sind zur Ermittlung des Werts für den Grund und Boden folgende Pachtpreise auf der Grundlage der Klassifizierung im Automatisierten Liegenschaftskataster heranzuziehen:

Flächengebundene Nutzungen	**Reingewinn in Euro pro Hektar**	**Pachtpreis in Euro pro ha**	**Wert für das Besatzkapital in Euro pro ha**
Landwirtschaftliche Nutzung – Grünland > 2/3 der Flächen	Sonstiger Futterbau Anlage 14	Sonstiger Futterbau Anlage 14	Sonstiger Futterbau Anlage 14
Landwirtschaftliche Nutzung – Ackerland > 2/3 der Flächen	Ackerbau Anlage 14	Ackerbau Anlage 14	Ackerbau Anlage 14

Flächengebundene Nutzungen	Reingewinn in Euro pro Hektar	Pachtpreis in Euro pro ha	Wert für das Besatzkapital in Euro pro ha
Landwirtschaftliche Nutzung	Pflanzenbau-Verbund	Pflanzenbau-Verbund	Pflanzenbau-Verbund
– alle übrigen Fälle	Anlage 14	Anlage 14	Anlage 14
Forstwirtschaftliche Nutzung	Anlage 15	5,40	Anlage 15a
Weinbauliche Nutzung	– 759,00	589,00	588,00
Gärtnerische Nutzung – Gartenland	– 1365,00	657,00	484,00
Gärtnerische Nutzung – Anbauflächen unter Glas	6098,00	2414,00	2750,00
Gärtnerische Nutzung – Baumschule	894,00	223,00	2359,00
Gärtnerische Nutzung – Obstplantage	– 379,00	325,00	426,00
Sondernutzung – Spargel	– 1365,00	657,00	612,00
Sondernutzung – Hopfen	– 414,00	492,00	348,00
Sondernutzung – Tabak	– 820,00	492,00	129,00

[4]Zur Einstufung der Pachtpreise für die landwirtschaftliche Nutzung ist der durchschnittliche Standarddeckungsbeitrag einer Region heranzuziehen und mit der Eigentumsfläche der landwirtschaftlichen Nutzung zu multiplizieren. [5]Der sich hiernach ergebende Wert ist zur Ermittlung der Betriebsgröße durch 1200 Euro zu dividieren. [6]Für die Einstufung der Betriebsgröße gilt § 163 Absatz 3 Satz 4 BewG. [7]Die vorstehenden Grundsätze sind auch für den Fall anzuwenden, dass bei einer Betriebsverpachtung im Ganzen oder bei einer Verpachtung von Flächen für weniger als 15 Jahre (unechte Stückländereien) die den Ertragswert bildenden Faktoren sowohl für den Grund und Boden als auch für das Besatzkapital nicht ermittelt werden können.

H B 164 (9)

Stückländerei.

Beispiel:

Ein Landwirt in Rheinland-Pfalz gibt seinen Betrieb auf und verpachtet seine Eigentumsflächen für 20 Jahre wie folgt:

Pächter 1	5,0 ha	Klassifizierung Gartenland
Pächter 2	2,5 ha	Klassifizierung Grünland
Pächter 3	20,0 ha	Klassifizierung Ackerland
Pächter 4	3,0 ha	Klassifizierung Weinbau
Pächter 5	2,5 ha	Klassifizierung Obstplantage

Es liegt ein Betrieb der Land- und Forstwirtschaft – Stückländerei vor, da die Voraussetzungen des § 160 Absatz 7 BewG erfüllt sind. Soweit die den Ertragswert bildenden Faktoren nicht ermittelt werden können, ist der Betrieb in einem vereinfachten Verfahren wie folgt zu bewerten:

1. Ermittlung des Gesamtstandarddeckungsbeitrags für die landwirtschaftliche Nutzung

Durchschnittlicher Standarddeckungsbeitrag der landwirtschaftlichen Nutzung:
Rheinland-Pfalz 606 EUR
Flächen der landwirtschaftlichen Nutzung:
22,5000 ha × 606 EUR = 13 635 EUR

2. Ermittlung der Nutzungsart bzw. Betriebsform für die landwirtschaftliche Nutzung

Die Flächen der landwirtschaftlichen Nutzung (22,5000 ha) sind zu mehr als $^2/_3$ Ackerland.

3. Ermittlung der Betriebsgröße für die landwirtschaftliche Nutzung

Gesamtstandarddeckungsbeitrag
13 635 EUR : 1 200 = 11,36 EGE
Die Betriebsgröße liegt unter 40 EGE = Kleinbetrieb.

4. Bewertungsparameter Anlage 14 zum BewG

Pachtpreis/ha:
Rheinland-Pfalz, Kleinbetrieb, Ackerbau 208 EUR

5. Bewertung des Betriebs

Mindestwertverfahren

Nutzungsart	Wert EUR/ha	jeweilige Fläche ha	a	m²	Kapitalisierungsfaktor	Mindestwert in EUR
Grund und Boden						
Ackerland 0 bis 40 EGE	208	22	50	00	18,6	87 048,00
Grund und Boden Weinbau	589	3	00	00	18,6	+ 32 866,20
Grund und Boden Gartenland	657	5	00	00	18,6	+ 61 101,00
Grund und Boden Obstplantage	325	2	50	00	18,6	+ 15 112,50
Verbindlichkeiten						./. 0,00
Summe						196 127,70
Mindestwert						196 128

R B 164 (10)

(10) [1]Sind für Zwecke der Erbschaftsteuer Anteile an gemeinschaftlichen Tierhaltungen im Sinne des § 51a BewG zu ermitteln, ist zunächst der Gesamtwert für die Tierhaltungsgemeinschaft im Wege des Mindestwertverfah-

rens zu ermitteln und daraus der Wert des entsprechenden Anteils zu berechnen. [2]Falls die Grenzen des § 51a Absatz 1 Satz 1 Nummer 2 BewG nicht überschritten werden, gehört der Tierbestand einer gemeinschaftlichen Tierhaltung auch dann zum land- und forstwirtschaftlichen Vermögen, wenn die Gesellschafter oder Mitglieder mehr Vieheinheiten auf die Gemeinschaft übertragen, als nach § 169 Absatz 1 und § 51a Absatz 1 Satz 1 Nummer 1 Buchstabe d BewG zulässig sind. [3]Bei den betreffenden Gesellschaftern oder Mitgliedern ist § 169 Absatz 2 bis 5 BewG anzuwenden.

Zu § 165 BewG

R B 165 Bewertung des Wirtschaftsteils mit dem Fortführungswert

(1) Die Summe der einzelnen Wirtschaftswerte gemäß R B 163 bildet den Wert des Wirtschaftsteils als Fortführungswert.

(2) Ist der nach R B 164 ermittelte Mindestwert höher als der nach Absatz 1 ermittelte Wert des Wirtschaftsteils, so ist der Mindestwert als Fortführungswert anzusetzen.

(3) [1]Für den Wirtschaftsteil des Betriebs der Land- und Forstwirtschaft kann abweichend von der Wertermittlung nach den §§ 163, 164 BewG der niedrigere gemeine Wert (Verkehrswert) am Bewertungsstichtag angesetzt werden, wenn der Steuerpflichtige diesen nachweist (§ 165 Absatz 3 BewG). [2]Der Nachweis eines niedrigeren gemeinen Werts kann nicht durch ein Einzelertragswertverfahren für den Wirtschaftsteil erbracht werden, da die Grundsätze zur Ermittlung eines Liquidationswerts zu beachten sind.

(4) [1]Den Steuerpflichtigen trifft die Nachweislast für einen niedrigeren gemeinen Wert und nicht eine bloße Darlegungslast. [2]Als Nachweis ist regelmäßig ein Gutachten eines Sachverständigen für Bewertungsfragen in der Landwirtschaft erforderlich. [3]Das Gutachten ist nicht bindend, sondern unterliegt der Beweiswürdigung durch das Finanzamt. [4]Enthält das Gutachten Mängel (z. B. methodische Mängel oder unzutreffende Wertansätze), ist es zurückzuweisen; ein Gegengutachten durch das Finanzamt ist nicht erforderlich. [5]Von dem ermittelten Verkehrswert sind die im unmittelbaren wirtschaftlichen Zusammenhang stehenden Verbindlichkeiten abzuziehen, so dass gegebenenfalls ein negativer Wert des Wirtschaftsteils in den Grundbesitzwert einfließt.

H B 165

Wert des Wirtschaftsteils.

Beispiel:

Land- und Forstwirtschaftlicher Betrieb mit folgenden Betriebsverhältnissen:

Wirtschaftswert der landwirtschaftlichen Nutzung	101 370 EUR
Wirtschaftswert der forstwirtschaftlichen Nutzung	15 344 EUR
Wert des Wirtschaftsteils = Summe der Wirtschaftswerte	116 714 EUR
Mindestwert	
der landwirtschaftlichen Nutzung	365 967 EUR
der forstwirtschaftlichen Nutzung	+ 9 372 EUR
Wert des Wirtschaftsteils	375 339 EUR

Der Wert des Wirtschaftsteils beträgt 375 339 EUR, da der Wert des Wirtschaftsteils nicht geringer sein darf als der ermittelte Mindestwert.

Zu § 166 BewG

R B 166 Liquidationswert

(1) [1]Der Wert des Grund und Bodens bestimmt sich nach den zuletzt vor dem Bewertungsstichtag ermittelten Bodenrichtwerten (ohne Aufwuchs) für die jeweilige Nutzung. [2]Der gemeine Wert der übrigen Wirtschaftsgüter bestimmt sich nach dem jeweiligen Einzelveräußerungspreis des Wirtschaftsguts am Bewertungsstichtag. [3]Für die Ermittlung des Liquidationswerts der Wirtschaftsgebäude gelten grundsätzlich die auf Grund § 199 Absatz 1 des Baugesetzbuches (BauGB) erlassenen Vorschriften.

(2) [1]Bei der Veräußerung eines ganzen Betriebs (→ R B 162 Absatz 3) ist der Wert des Grund und Bodens sowie des Besatzkapitals zu ermitteln und zur Berücksichtigung der Liquidationskosten ohne weiteren Nachweis um 10 Prozent zu mindern. [2]Die Summe der hiernach ermittelten Werte ist um die damit im unmittelbaren wirtschaftlichen Zusammenhang stehenden Verbindlichkeiten zu mindern. [3]Der Wert des Wirtschaftsteils wird in diesem Fall vollständig durch den Liquidationswert ersetzt.

H B 166 (2)

Ermittlung des Liquidationswerts für einen Betrieb.

Beispiel:

Ein im Wege der Schenkung am 1.7.2013 übertragener Betrieb der Land- und Forstwirtschaft (100 ha) wird im Jahr 2019 für 3 000 000 EUR im Ganzen veräußert. Im Jahr 2015 wurde der bisherige Betrieb komplett umstrukturiert und die Verbindlichkeiten für den Bau des Wirtschaftsgebäudes von 154 720 EUR abgelöst.

Der Betrieb der Land- und Forstwirtschaft ist rückwirkend nach den tatsächlichen Verhältnissen und den Wertverhältnissen am Bewertungsstichtag 1.7.2013 zu bewerten. Die nach dem Bewertungsstichtag eingetretene Umstrukturierung innerhalb des land- und forstwirtschaftlichen Vermögens und die Tilgung der Schuld im Jahr 2015 sind unerheblich.

1. Liquidationswerte des Grund und Bodens und der übrigen Wirtschaftsgüter am Bewertungsstichtag 1.7.2013

Bodenwert nach § 166 Absatz 2 Nummer 1 BewG	
Eigentumsfläche 100 ha	
Bodenrichtwert 12 000 EUR/ha × 100 ha	1 200 000 EUR
Abschlag für Liquidationskosten 10 %	./. 120 000 EUR
Verbindlichkeiten	./. 0 EUR
Liquidationswert Grund und Boden	1 080 000 EUR
Wert der übrigen Wirtschaftsgüter nach § 166 Absatz 2 Nummer 2 BewG	
Wert der Wirtschaftsgebäude	200 000 EUR
Wert der Maschinen	+ 112 000 EUR
Wert der Betriebsvorrichtung	+ 28 000 EUR
Wert des Umlaufvermögens	+ 20 800 EUR
Summe der Werte für das Besatzkapital	360 800 EUR
Abschlag für Liquidationskosten 10 %	./. 36 080 EUR
Verbindlichkeiten	./. 154 720 EUR
Liquidationswert Besatzkapital	170 000 EUR

2. Ermittlung des Werts des Wirtschaftsteils

Der Wert des Wirtschaftsteils setzt sich aus den beiden Liquidationswerten zusammen und beträgt demnach 1 250 000 EUR.

Verkehrswertnachweis bei Liquidationswert. → BFH vom 30.1.2019 II R 9/16, BStBl. II S. 599.

R B 166 (3)

(3) [1]Bei der Veräußerung einzelner Wirtschaftsgüter oder wenn Wirtschaftsgüter einem Betrieb der Land- und Forstwirtschaft nicht mehr dauernd zu dienen bestimmt sind (→ R B 162 Absatz 4), ist der gemeine Wert des jeweiligen Wirtschaftsguts zu ermitteln und zur Berücksichtigung der Liquidationskosten ohne weiteren Nachweis um 10 Prozent zu mindern. [2]Der hiernach jeweils ermittelte Wert ist um die damit im unmittelbaren wirtschaftlichen Zusammenhang stehenden Verbindlichkeiten zu mindern. [3]Der Wert des Wirtschaftsteils ist in diesem Fall nach Absatz 4 und den Verhältnissen beim Mindestwert zu korrigieren.

H B 166 (3)

Ermittlung des Liquidationswerts für einzelne Wirtschaftsgüter.

Beispiel:

Ein im Wege der Schenkung am 1.7.2018 übertragener Betrieb der Land- und Forstwirtschaft in Schleswig-Holstein wird zum 1.7.2021 verkleinert, da die Ehefrau nicht mehr im Betrieb mitarbeiten kann. Hierzu werden 10 Hektar Ackerland und der gesamte Milchviehbestand verkauft. 30 Hektar Grünland werden für 10 Jahre verpachtet.

Der Bodenrichtwert für Ackerland beträgt am Bewertungsstichtag 1.7.2018 1,20 EUR/m². Die Veräußerung des Milchviehbestandes am 1.7.2021 hat einen Erlös von 50 000 EUR erbracht. Der Buchwert des Milchviehbestandes beträgt 8 000 EUR, der Buchwert aller übrigen Wirtschaftsgüter (ohne Grund und Boden) beträgt 127 500 EUR. Die Veräußerungskosten belaufen sich auf 2 500 EUR. Verbindlichkeiten sind mit den veräußerten Wirtschaftsgütern nicht verbunden.

Der Betrieb war bisher im Mindestwertverfahren wie folgt bewertet:

Grund und Boden 100 ha × 338 × 18,6 =		628 680 EUR
Besatzkapital 100 ha × 78 × 18,6 =	+	145 080 EUR
Verbindlichkeiten	./.	53 760 EUR
Wert des Wirtschaftsteils		720 000 EUR

Die Veräußerung wesentlicher Wirtschaftsgüter ohne Reinvestition zum 1.7.2021 löst den Nachbewertungsvorbehalt nach § 162 Absatz 4 i. V. m. § 166 BewG aus. Der Milchviehbestand gehört zu den stehenden Betriebsmitteln und weist am Bewertungsstichtag einen Wert von mindestens 50 000 EUR auf (→ R B 162 Absatz 5 Satz 2). Der Betrieb ist rückwirkend zum Bewertungsstichtag so zu bewerten, als seien die einzelnen Wirtschaftsgüter zu diesem Zeitpunkt veräußert worden:

1. Ermittlung des Liquidationswerts

Bodenwert nach § 166 Absatz 2 Nummer 1 BewG		
Liquidationswert 10 Hektar × (1,20 EUR/m² × 10 000 m²)		120 000 EUR
Abschlag für Liquidationskosten 10 %	./.	12 000 EUR
Verbindlichkeiten	./.	0 EUR
Liquidationswert Grund und Boden		108 000 EUR

Wert der übrigen Wirtschaftsgüter nach § 166 Absatz 2 Nummer 2 BewG		
Wert der Betriebsmittel		50 000 EUR
Abschlag für Liquidationskosten 10 %	./.	5 000 EUR
Verbindlichkeiten	./.	0 EUR
Liquidationswert Besatzkapital		45 000 EUR
Summe der Liquidationswerte (108 000 EUR + 45 000 EUR =)		153 000 EUR

2. Berechnung der Korrekturbeträge

Ausscheidender Grund und Boden 10 ha zu 100 ha Eigentumsfläche	10,00 %
Ausscheidender Milchviehbestand Buchwert 8 000 EUR zur Summe der Buchwerte aller Wirtschaftsgüter 127 500 EUR	6,27 %

3. Berechnung des Werts des Wirtschaftsteils

Wert des Wirtschaftsteils bisher:		720 000 EUR
Grund und Boden 100 ha × 338 EUR × 18,6 × 10,00 %	./.	62 868 EUR
Besatzkapital 100 ha × 78 EUR × 18,6 × 6,27 %	./.	9 097 EUR
Liquidationswert	+	153 000 EUR
Neuer Wert des Wirtschaftsteils		801 035 EUR

Der neue Wert des Wirtschaftsteils beträgt 801 035 EUR.

R B 166 (4–6)

(4) [1]Der bisherige Wert des Wirtschaftsteils ist um den anteiligen Wert des ausscheidenden Wirtschaftsguts zu mindern. [2]Hierzu ist

1. beim Grund und Boden die ausscheidende Fläche und der bei der Wertermittlung zu Grunde gelegte Pachtpreis sowie der Kapitalisierungsfaktor von 18,6 heranzuziehen;
2. bei den übrigen Wirtschaftsgütern die selbst bewirtschaftete Fläche, der bei der Wertermittlung zu Grunde gelegte Wert für das Besatzkapital, der Kapitalisierungsfaktor von 18,6 und der prozentuale Anteil des Wirtschaftsguts am Besatzkapital heranzuziehen. [2]Zur Ermittlung des prozentualen Anteils des Wirtschaftsguts am Besatzkapital sind die Buchwerte der einzelnen Wirtschaftsgüter ohne Grund und Boden am Bewertungsstichtag zu ermitteln. [3]Aus dem Verhältnis der Buchwerte ergibt sich der prozentuale Anteil für die Minderung des Besatzkapitals.

(5) Der nach Absatz 4 korrigierte Wert des Wirtschaftsteils ist um den Liquidationswert des jeweils ausscheidenden Wirtschaftsguts zu erhöhen.

(6) Soweit für Zwecke der Grunderwerbsteuer eine Bewertung des Wirtschaftsteils mit dem Liquidationswert erfolgt, bleiben Wirtschaftsgüter, die nicht mit dem Grund und Boden verbunden sind (z. B. Maschinen, Tierbestände), außer Ansatz.

Zu § 167 BewG

R B 167.1 Bewertung der Betriebswohnungen und des Wohnteils

(1) [1]Die beim Grundvermögen für die Bewertung von Wohngrundstücken geltenden §§ 182 bis 196 BewG sowie die R B 176 bis R B 196 sind bei der Ermittlung des Werts der Betriebswohnungen und des Wohnteils anzuwenden. [2]Wegen der Zugehörigkeit von Gebäuden und Gebäudeteilen eines Be-

triebs der Land- und Forstwirtschaft zu den Betriebswohnungen und zum Wohnteil → R B 160.21 und R B 160.22.

H B 167.1 (1)

Häusliches Arbeitszimmer. Ein im Wohnbereich belegenes Arbeitszimmer stellt bewertungsrechtlich lediglich einen Raum dar, dem innerhalb der Nutzung zu Wohnzwecken eine dieser Nutzung nicht widersprechende Funktion zugewiesen ist (→ BFH vom 9.11.1988 II R 61/87, BStBl. 1989 II S. 135).

R B 167.1 (2)

(2) [1] Für Betriebswohnungen und den Wohnteil ist der zugehörige Grund und Boden (→ R B 160.21 Absatz 2 und R B 160.22 Absatz 6) jeweils gesondert zu ermitteln. [2] Für die Betriebswohnungen und den Wohnteil richtet sich die Abgrenzung vom Wirtschaftsteil nach der Verkehrsauffassung. [3] Es bestehen keine Bedenken, die ertragsteuerrechtlich getroffene Entscheidung zu Grunde zu legen. [4] Der Grund und Boden wird auf das Fünffache der bebauten Fläche der jeweils zu bewertenden Wohngebäude begrenzt.

H B 167.1 (2)

Abgrenzung des Grund und Bodens vom Wirtschaftsteil.

Beispiel:

Ein vom Betriebsleiter genutztes freistehendes Einfamilienhaus mittleren Ausstattungsstandards (Standardstufe 3) befindet sich auf einer 10 000 m² großen Hofstelle. Das Haus (Baujahr 2002) verfügt über einen Keller und ein ausgebautes Dachgeschoss. Die Brutto-Grundfläche beträgt 100 m² je Geschoss. Der zuletzt vor dem Bewertungsstichtag ermittelte Bodenrichtwert beträgt für das maßgebliche Grundstück 175 EUR/m². Zum 31.12.1998 wurden das Haus und der Hausgarten mit insgesamt 1 140 m² steuerfrei aus dem ertragsteuerlichen Betriebsvermögen entnommen.
Für die Arbeitnehmer des Betriebs wurde ebenfalls im Jahre 2002 ein freistehendes Zweifamilienhaus mittleren Ausstattungsstandards (Standardstufe 3) errichtet. Das voll unterkellerte Haus verfügt über zwei übereinander liegende Wohnungen und ein nicht ausgebautes Dachgeschoss, das jedoch nutzbar ist. Die Brutto-Grundfläche beträgt für jedes Geschoss 100 m². Zum Zweifamilienhaus gehören eine Umgriffsfläche von 150 m² und zwei Parkplätze zu je 15 m².
Vom Gutachterausschuss stehen weder geeignete Vergleichswerte bzw. Vergleichsfaktoren noch örtliche Sachwertfaktoren zur Verfügung.

Der Besteuerungsfall tritt am 3.1.2018 ein.

I. Wohnteil

Das Einfamilienhaus des Betriebsleiters gehört zum Wohnteil des Betriebs der Land- und Forstwirtschaft. Zur Abgrenzung des Wohnteils vom Wirtschaftsteil ist die Verkehrsanschauung heranzuziehen. Der Flächenansatz ist auf das Fünffache der bebauten Fläche zu begrenzen (§ 167 Absatz 2 BewG).

1. Berechnung der maßgeblichen Fläche des Wohnteils

Prüfung der Höchstgrenze		
1. Bebaute Fläche des Grundstücks lt. Kataster		100 m²
2. Hausgarten	+	1 040 m²
Summe		1 140 m²
Maximal das Fünffache der bebauten Fläche		500 m²

2. Berechnung des Sachwerts des Wohnteils

a) Bodenwert inkl. Außenanlagen (§§ 179, 189 Absatz 2 BewG)			
Bodenrichtwert	175 EUR/m²		
maßgebliche Grundstücksfläche	× 500 m²		
Bodenwert			87 500 EUR
b) Gebäudesachwert (§ 190 Absatz 1 und 2 BewG)			
Gebäuderegelherstellungswert lt. Anlage 24			
Gebäudeart 1.01 – Standardstufe 3	835 EUR/m²		
Baupreisindex 116,8/100	975 EUR/m²		
Brutto-Grundfläche: (KG, EG, DG je 100 m²)	× 300 m²		292 500 EUR
Davon			
Alterswertminderung (§ 190 Abs. 4 i. V. m. Anlage 22 BewG)			
Verhältnis des Gebäudealters am Bewertungsstichtag zur Gesamtnutzungsdauer			
= Jahre 16 : 70 Jahre	22,86 %	./.	66 866 EUR
Gebäudesachwert			225 634 EUR
c) Vorläufiger Sachwert (§ 189 Absatz 3 BewG)			
Bodenwert			87 500 EUR
Gebäudesachwert		+	225 634 EUR
Vorläufiger Sachwert			313 134 EUR
d) Sachwert			
Vorläufiger Sachwert			313 134 EUR
Wertzahl lt. Anlage 25 zum BewG			× 0,8
Sachwert			250 507 EUR

II. Betriebswohnungen

Das Zweifamilienhaus für die Arbeitnehmer des Betriebs gehört zu den Betriebswohnungen des Betriebs der Land- und Forstwirtschaft. Zur Abgrenzung der Betriebswohnungen vom Wirtschaftsteil ist ebenfalls die Verkehrsanschauung heranzuziehen (§ 167 Absatz 2 BewG).

1. Berechnung der maßgeblichen Fläche für die Betriebswohnungen

Prüfung der Höchstgrenze	
1. Bebaute Fläche des Grundstücks lt. Kataster	100 m²
2. Umgriffsfläche	+ 150 m²
3. Nebenfläche (Parkplätze)	+ 30 m²
Summe	280 m²
Maximal das Fünffache der bebauten Fläche	500 m²

2. Berechnung des Sachwerts der Betriebswohnungen

a) Bodenwert inkl. Außenanlagen (§§ 179, 189 Absatz 2 BewG)		
Bodenrichtwert	175 EUR/m²	
maßgebliche Grundstücksfläche	× 280 m²	
Bodenwter		49 000 EUR
b) Gebäudesachwert (§ 190 Absatz 1 und 2 BewG)		
Gebäuderegelherstellungswert lt. Anlage 24		
– Gebäudeart 1121 – Standardstufe 3	767 EUR/m²	
Baupreisindex 116,8/100	89 EUR/m²	
Brutto-Grundfläche: (KG, EG, OG, DG je 100 m²)	× 400 m²	358 000 EUR

Davon			
Alterswertminderung lt. Anlage 22			
Verhältnis der tatsächlichen Nutzungsdauer zur Gesamtnutzungsdauer lt. Anlage 22			
= Jahre 16 : 70 Jahre	22,86 %	./.	81 839 EUR
Gebäudesachwert			276 161 EUR
c) Vorläufiger Sachwert (§ 189 Absatz 3 BewG)			
Bodenwert			49 000 EUR
Gebäudesachwert		+	276 161 EUR
Vorläufiger Sachwert			325 161 EUR
d) Sachwert			
Vorläufiger Sachwert			325 470 EUR
Wertzahl lt. Anlage 25 zum BewG			× 0,8
Sachwert			260 128 EUR

III. Verbleibende Hofstelle

Die beim Wohnteil und den Betriebswohnungen nicht erfasste restliche Hoffläche wird beim Wirtschaftsteil erfasst.

R B 167.1 (3)

(3) [1] Bei der Bewertung der Betriebswohnungen und des Wohnteils ist jedes Gebäude bzw. jeder Gebäudeteil gesondert zu betrachten. [2] Dabei ist die Abgrenzung nach Absatz 2 Satz 2 zu beachten. [3] Handelt es sich um ein freistehendes Bauwerk, erfolgt die Wertermittlung für das Wohnhaus bzw. die Wohnung des Altenteilers nach den Grundsätzen für Ein- und Zweifamilienhäuser. [4] Befindet sich die jeweils zu bewertende Wohnung innerhalb eines räumlichen Verbunds mit anderen Gebäuden oder Gebäudeteilen, sind die Grundsätze für die Bewertung von Wohnungseigentum (§ 182 Absatz 2 Nummer 1 in Verbindung mit Absatz 4 Nummer 1 BewG) maßgebend.

H B 167.1 (3)

Bewertung von Gebäuden innerhalb eines Betriebs der Land- und Forstwirtschaft.

Beispiel:

Eine landwirtschaftliche Hofstelle besteht aus einer geschlossenen Hofanlage und weiteren Gebäuden, die wie folgt genutzt werden:

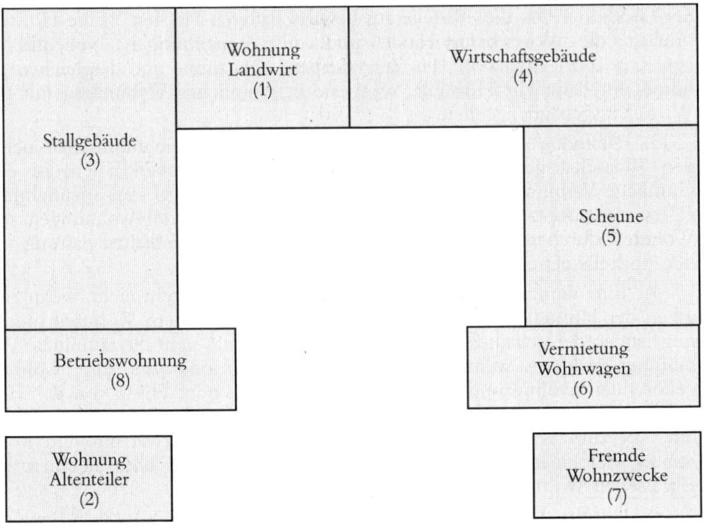

Zum Betrieb der Land- und Forstwirtschaft gehören:

a) Wirtschaftsteil
Die Gebäude/-teile (3), (4), (5)

b) Betriebswohnungen Der Gebäudeteil (8)

c) Wohnteil
Die Gebäude/-teile (1), (2).

Die Bewertung der Gebäude bzw. Gebäudeteile erfolgt wie beim Grundvermögen. Beim Gebäudeteil (1) und (8) handelt es sich um eine Wohnung innerhalb eines räumlichen Verbunds mit anderen Gebäuden oder Gebäudeteilen. Hierfür sind die Grundsätze für die Bewertung von Wohnungseigentum (§ 182 Absatz 2 Nummer 1 i. V. m. Absatz 4 Nummer 1 BewG) maßgebend. Für Gebäude (2) als freistehendes Bauwerk erfolgt die Wertermittlung als Einfamilienhaus.

Dagegen gehören das Gebäude (7) und der Gebäudeteil (6) jeweils als eigenständige wirtschaftliche Einheit grundsätzlich zum Grundvermögen.

R B 167.2 Ermäßigungen für Besonderheiten

(1) [1]Bei bebauten Grundstücksflächen, die Arbeitnehmern des Betriebs oder dem Betriebsleiter und seinen Familienangehörigen sowie Altenteilern für Wohnzwecke zur Verfügung stehen, ist für den Einzelfall zu prüfen, ob eine räumliche Verbindung mit der Hofstelle besteht. [2]Nur wenn im Einzelfall die räumliche Verbindung vorliegt, ist der jeweilige nach den Vorschriften des Grundvermögens ermittelte Wert nach § 167 Absatz 3 BewG um 15 Prozent zu ermäßigen.

(2) [1]Hofstelle ist diejenige Stelle, von der aus land- und forstwirtschaftliche Flächen ordnungsgemäß nachhaltig bewirtschaftet werden. [2]Umfang und Ausstattung der Hofstelle richten sich grundsätzlich nach den Erfordernissen und

der Größe der von dieser Stelle aus bewirtschafteten Flächen. [3]Eine Hofstelle umfasst die Wirtschaftsgebäude und die dazugehörigen Nebenflächen (→ R B 160.1 Absatz 3). [4]Hecken, Gräben, Grenzraine und dergleichen gehören nur dann zur Hofstelle, wenn sie in räumlicher Verbindung mit den Wirtschaftsgebäuden stehen.

(3) [1]Befinden sich Betriebswohnungen und Wohnteil unmittelbar neben den Wirtschaftsgebäuden oder den dazugehörigen Nebenflächen, ist eine räumliche Verbindung im Sinne des § 167 Absatz 3 BewG stets anzunehmen. [2]Diese Voraussetzung ist z.B. auch erfüllt, wenn Betriebswohnungen und Wohnteil durch eine öffentliche Straße mit geringer Verkehrsbelastung von der Hofstelle getrennt sind.

(4) [1]Eine räumliche Verbindung mit der Hofstelle besteht nicht, wenn zwischen der Hofstelle und den Betriebswohnungen oder dem Wohnteil Industriegelände oder bebaute Grundstücke liegen. [2]Ebenso geht die räumliche Verbindung verloren, wenn die Betriebswohnungen oder die zum Wohnteil gehörenden Wohngrundstücke durch Autobahnen oder Flüsse von der Hofstelle getrennt sind. [3]Das Gleiche gilt auch, wenn die Betriebswohnungen oder die zum Wohnteil gehörenden Wohngrundstücke zwar nur durch eine Straße oder einen Weg von der Hofstelle getrennt sind, aber in einem geschlossenen Wohnbaugebiet liegen.

(5) [1]Die Ermäßigung von 15 Prozent im Sinne des § 167 Absatz 3 BewG ist stets von dem ermittelten Vergleichs-, Ertrags- oder Sachwert vorzunehmen.

H B 167.2

Ermäßigungen für Besonderheiten (Ermäßigung von 15 Prozent).

Beispiel:

Fortsetzung des Beispiels zu H B 167.1 (2). Der Wohnteil liegt auf der Hofstelle und grenzt unmittelbar an die Wirtschaftsgebäude. Für die Betriebswohnungen soll keine enge räumliche Verbindung zur Hofstelle bestehen.

I. Wohnteil

e) Anzusetzender Sachwert			
Sachwert			250 507 EUR
Abschlag wegen enger räumlicher Verbindung	15 %	./.	37 577 EUR
Anzusetzender Sachwert			212 930 EUR

II. Betriebswohnungen

e) Anzusetzender Sachwert		
Sachwert		260 128 EUR
Kein Abschlag wegen enger räumlicher Verbindung	./.	0 EUR
Anzusetzender Sachwert		260 128 EUR

R B 167.3 Öffnungsklausel für die Betriebswohnungen und den Wohnteil

(1) [1]Für die Betriebswohnungen oder den Wohnteil des Betriebs der Land- und Forstwirtschaft kann abweichend von der Wertermittlung nach den §§ 179 und 182 bis 196 BewG der niedrigere gemeine Wert (Verkehrswert) am Bewertungsstichtag angesetzt werden, wenn der Steuerpflichtige diesen

nachweist (§ 167 Absatz 4 BewG). [2]Beim Ansatz des niedrigeren gemeinen Werts scheidet die Ermäßigung nach § 167 Absatz 3 BewG aus.

(2) [1]Als Nachweis ist regelmäßig ein Gutachten des örtlich zuständigen Gutachterausschusses oder eines Sachverständigen für die Bewertung von Grundstücken erforderlich. [2]Das Gutachten ist für die Feststellung des Grundbesitzwerts nicht bindend, sondern unterliegt der Beweiswürdigung durch das Finanzamt. [3]Enthält das Gutachten Mängel (z.B. methodische Mängel oder unzutreffende Wertansätze), ist es zurückzuweisen; ein Gegengutachten durch das Finanzamt ist nicht erforderlich. [4]Für den Nachweis des niedrigeren gemeinen Werts gelten grundsätzlich die auf Grund des § 199 Absatz 1 BauGB erlassenen Vorschriften. [5]Nach Maßgabe dieser Vorschriften besteht insoweit die Möglichkeit, sämtliche wertbeeinflussenden Umstände zur Ermittlung des gemeinen Werts (Verkehrswerts) von Grundstücken zu berücksichtigen. [6]Hierzu gehören auch die den Wert beeinflussenden Rechte und Belastungen privatrechtlicher und öffentlich-rechtlicher Art, wie z.B. Grunddienstbarkeiten und persönliche Nutzungsrechte. [7]Ein Einzelnachweis zu Bewertungsgrundlagen nach §§ 179 und 182 bis 196 BewG, z.B. hinsichtlich der Bewirtschaftungskosten, kommt nicht in Betracht. [8]Auszüge aus der Kaufpreissammlung können ein Gutachten nicht ersetzen.

(3) [1]Ein im gewöhnlichen Geschäftsverkehr innerhalb eines Jahres vor oder nach dem Bewertungsstichtag zustande gekommener Kaufpreis über den entsprechenden Teil der wirtschaftlichen Einheit kann als Nachweis dienen. [2]Ist ein Kaufpreis außerhalb dieses Zeitraums im gewöhnlichen Geschäftsverkehr zustande gekommen und sind die maßgeblichen Verhältnisse hierfür gegenüber den Verhältnissen zum Bewertungsstichtag unverändert geblieben, so kann auch dieser als Nachweis des niedrigeren gemeinen Werts dienen. [3]Es bestehen keine Bedenken, diesen Wert regelmäßig ohne Wertkorrekturen zu übernehmen.

H B 167.3

Nachweis des niedrigeren gemeinen Werts durch Sachverständigengutachten. → BFH vom 10.11.2004 II R 69/01, BStBl. 2005 II S. 259 und vom 3.12.2008 II R 19/08, BStBl. 2009 II S. 403.
→ Gleich lautende Erlasse der obersten Finanzbehörden der Länder vom 19.2.2014 (BStBl. I S. 808).

Nachweis des niedrigeren gemeinen Werts durch zeitnahen Kaufpreis. → BFH vom 2.7.2004 II R 55/01, BStBl. II S. 703.

Nießbrauchs- und andere Nutzungsrechte, die sich auf den Grundbesitzwert ausgewirkt haben. Ist nach § 167 Absatz 4 BewG ein nachgewiesener gemeiner Wert, der auf Grund von Grundstücksbelastungen durch Nutzungsrechte, wie z.B. Nießbrauch oder Wohnrecht, gemindert wurde, als Grundbesitzwert festgestellt worden, hat das Lagefinanzamt das für die Festsetzung der Erbschaftsteuer zuständige Finanzamt (ErbSt-FA) hierauf hinzuweisen (vgl. § 10 Absatz 6 Satz 6 ErbStG).

Vorschriften auf der Grundlage des § 199 Absatz 1 BauGB. → Verordnung über Grundsätze für die Ermittlung der Verkehrswerte von Grundstücken (Immobilienwertermittlungsverordnung – ImmoWertV) vom 19.5.2010 (BGBl. I S. 639).

→ Richtlinie zur Ermittlung von Bodenrichtwerten (Bodenrichtwertrichtlinie – BRW-RL) vom 11.1.2011 (BAnz AT 11.2.2011 Nr. 24 S. 597).

→ Richtlinie zur Ermittlung des Sachwerts (Sachwertrichtlinie – SW-RL) vom 5.9.2012 (BAnz AT 18.10.2012 B1).

→ Richtlinie zur Ermittlung des Vergleichswerts und des Bodenwerts (Vergleichswertrichtlinie – VW-RL) vom 20.3.2014 (BAnz AT 11.4.2014 B3).

→ Richtlinie zur Ermittlung des Ertragswerts (Ertragswertrichtlinie – EW-RL) vom 12.11.2015 (BAnz AT 4.12.2015 B4).

Beispiel:

Fortsetzung des Beispiels zu H B 167.1 (2) und H B 167.2. Der Steuerpflichtige weist durch ein entsprechendes Wertgutachten eines Sachverständigen nach, dass der gemeine Wert für den Wohnteil 150 000 EUR beträgt.

Der Nachweis des niedrigeren gemeinen Werts wurde zulässigerweise nur für den Wohnteil geführt (§ 167 Absatz 4 BewG). Da der Nachweis durch ein Sachverständigengutachten nach den Grundsätzen der Verkehrswertermittlung erfolgt, sind die Gründe für die besondere Ermäßigung i. S. d. § 167 Absatz 3 BewG entfallen. Der Wohnteil ist auf Grund des Gutachtens mit 150 000 EUR anzusetzen.

Zu § 168 BewG

R B 168 Grundbesitzwert des Betriebs der Land- und Forstwirtschaft

(1) [1]Der Grundbesitzwert eines Betriebs der Land- und Forstwirtschaft setzt sich grundsätzlich aus dem Wert des Wirtschaftsteils, dem Wert der Betriebswohnungen und dem Wert des Wohnteils zusammen. [2]Die Werte werden jeweils getrennt ermittelt und dann zu einer Summe zusammengefasst. [3]Der Wert der Betriebswohnungen und der Wert des Wohnteils sind unter Berücksichtigung der damit im unmittelbaren wirtschaftlichen Zusammenhang stehenden Verbindlichkeiten zu ermitteln. [4]Abweichend von Satz 1 besteht der Grundbesitzwert für Stückländereien nur aus dem Wert des Wirtschaftsteils. [5]Die gesonderte Feststellung des Grundbesitzwerts erfolgt unter Berücksichtigung der R B 151.2 Absatz 3.

(2) Auch wenn ein Betrieb der Land- und Forstwirtschaft anteilig übertragen wird, ist eine Wertermittlung für die gesamte wirtschaftliche Einheit erforderlich (§ 12 Absatz 3 ErbStG in Verbindung mit § 151 Absatz 1 Satz 1 Nummer 1, § 157 BewG).

(3) [1]Soweit der Anteil an einer Personengesellschaft oder -gemeinschaft der Besteuerung unterliegt, ist der Grundbesitzwert für den ganzen Betrieb einheitlich zu ermitteln. [2]Dabei sind alle Wirtschaftsgüter zu berücksichtigen, die dem Betrieb auf Dauer zu dienen bestimmt sind, auch wenn sie nur einem oder mehreren Beteiligten gemeinsam gehören. [3]Die Vorschrift des § 158 Absatz 4 BewG ist bei der Einbeziehung der Wirtschaftsgüter zu beachten. [4]Der hiernach ermittelte Grundbesitzwert ist grundsätzlich nach den Eigentumsverhältnissen aufzuteilen.

(4) [1]Der Wert des Wirtschaftsteils ist nach den bei der Ermittlung des Mindestwerts zu Grunde gelegten Verhältnissen aufzuteilen. [2]Dabei richtet sich die

Zuordnung des Grund und Bodens, der Wirtschaftsgebäude und der Verbindlichkeiten nach den Eigentumsverhältnissen der Gesellschaft und der Gesellschafter. [3]Die Zuordnung der übrigen Wirtschaftsgüter erfolgt nach den Eigentumsverhältnissen der Gesellschaft und entsprechend dem vom Eigentümer zur Verfügung gestellten Umfang. [4]Hierfür sind die gesellschaftsvertraglichen Vereinbarungen maßgeblich, wobei es unerheblich ist, ob die Wirtschaftsgüter auf Grund gesellschaftsrechtlicher oder schuldrechtlicher Vereinbarungen überlassen werden.

(5) Aus Vereinfachungsgründen ist es abweichend von Absatz 4 nicht zu beanstanden, wenn der Wert des Besatzkapitals nach dem Verhältnis der Buchwerte der einzelnen Wirtschaftsgüter aufgeteilt wird, die dem Betrieb am Bewertungsstichtag zu dienen bestimmt sind.

(6) Sind für eine Aufteilung der Wirtschaftsgüter keine geeigneten Unterlagen vorhanden (z. B. in Fällen der Gewinnermittlung nach § 13a EStG), folgt die Verteilung des Grundbesitzwerts nach Köpfen.

(7) [1]Der für die Betriebswohnungen und den Wohnteil jeweils gesondert ermittelte Wert ist nach den Eigentumsverhältnissen zu berücksichtigen. [2]Befinden sich die Betriebswohnungen oder der Wohnteil im Eigentum der Gesellschaft, so ist der Wert den Gesellschaftern entsprechend ihrer Beteiligungshöhe anteilig zuzurechnen.

(8) Absatz 7 gilt auch für Verbindlichkeiten.

(9) Der Umfang des festzustellenden Grundbesitzwertes für den Anteil am land- und forstwirtschaftlichen Vermögen bestimmt sich nach R B 151.2 Absatz 2.

H B 168

Personengesellschaften/Gemeinschaften (Aufteilung des festzustellenden Grundbesitzwerts).

Beispiel Übergang eines Anteils im Erbfall:

V und X gründen eine Gesellschaft, die land- und forstwirtschaftlich tätig wird. V stellt 10 ha Fläche und die Wirtschaftsgebäude, X die Maschinen. Die V+X GbR erwirbt noch 10 ha Fläche dazu und pachtet zusätzlich 10 ha Fläche an. Beide sind zu je 1/2 am Gesamthandsvermögen beteiligt. Es tritt der Besteuerungsfall ein.

Die Flächen des V haben einen Buchwert von 280 000 EUR, das Wirtschaftsgebäude einen Buchwert von 20 000 EUR. Die Wirtschaftsgüter des X haben einen Buchwert von 180 000 EUR. Die Flächen der Gesellschaft haben einen Buchwert von 300 000 EUR. Die Verbindlichkeiten für den Kauf der Fläche betragen am Bewertungsstichtag noch 24 000 EUR und für die Anschaffung der Maschinen durch X noch 10 000 EUR.

Die wirtschaftliche Einheit Betrieb der Land- und Forstwirtschaft ist im Ganzen zu bewerten. Der für den Besteuerungsfall notwendige Anteil an der Gesellschaft ist nach § 168 Absatz 3 BewG durch Aufteilung zu ermitteln.

1. Ermittlung des Grundbesitzwerts

Bodenwert	20 ha × 250 EUR × 18,6		93 000 EUR
Besatzkapital	30 ha × 150 EUR × 18,6	+	83 700 EUR
Verbindlichkeiten		./.	34 000 EUR
Wert des Wirtschaftsteils			142 700 EUR

2. Aufteilung des Grundbesitzwerts

	Gesamt		V		X
Grundstücke nach Eigentumsverhältnissen:	93 000 EUR				
davon 10/20 auf V und X zu je 1/2	46 500 EUR		23 250 EUR		23 250 EUR
davon 10/20 auf V	46 500 EUR		46 500 EUR		
Besatzkapital nach den zur Verfügung gestellten Wirtschaftsgütern von 200 000 EUR:	83 700 EUR				
davon V Wirtschaftsgebäude 20 000 = 10%	8 370 EUR		8 370 EUR		
davon X Maschinen 180 000 = 90%	75 330 EUR				75 330 EUR
Verbindlichkeiten nach Eigentumsverhältnissen:	34 000 EUR				
davon 24 000 EUR auf V und X zu je 1/2	24 000 EUR	./.	12 000 EUR	./.	12 000 EUR
davon 10 000 EUR auf X	10 000 EUR			./.	10 000 EUR
Summe			66 120 EUR		76 580 EUR

Soweit der Besteuerungsfall für V eintritt ist ein Anteil von 66 120 EUR, bei Eintritt für X ist ein Anteil von 76 580 EUR als Grundbesitzwert festzustellen.

Beispiel Übergang eines Anteils und von Sonderbetriebsvermögen im Wege der Schenkung:

A und B bewirtschaften einen Betrieb der Land- und Forstwirtschaft in der Rechtsform einer GbR, an der sie jeweils zu 50% beteiligt sind. Zum Sonderbetriebsvermögen des A gehört ein Mähdrescher und zum Sonderbetriebsvermögen des B ein Traktor.

B überträgt zum 1.7.2018 im Wege der Schenkung die Hälfte seines Anteils auf S. Den zu seinem Sonderbetriebsvermögen gehörenden Traktor überträgt er in vollem Umfang.

1. Ermittlung des Grundbesitzwerts

Wirtschaftsteil	1 000 000 EUR
davon Grund und Boden	750 000 EUR
davon Besatzkapital	250 000 EUR
Betriebswohnungen	600 000 EUR
Wohnteil	400 000 EUR

2. Ermittlung des zur Verfügung gestellten Besatzkapitals

Sonderbetriebsvermögen A – Mähdrescher	Buchwert		300 000 EUR
Sonderbetriebsvermögen B – Traktor	Buchwert	+	200 000 EUR
Gesamthandsvermögen – Maschinen und Gebäude GbR	Buchwert	+	650 000 EUR
Buchwerte insgesamt			1 150 000 EUR

	in EUR	A 50% in EUR	B 50% in EUR	davon übertragener Anteil		Erwerber S in EUR
Wirtschaftsteil						
Grund und Boden	750 000	375 000	375 000	50%		187 500
Besatzkapital	250 000					
Aufteilungsverhältnis 650 000 EUR : 1 150 000 EUR	141 304	70 652	70 652	50%	+	35 326

Sonderbetriebsvermögen A 300 000 EUR : 1 150 000 EUR	65 217	65 217				
Sonderbetriebsvermögen B 200 000 EUR : 1 150 000 EUR	43 478		43 478	100%	+	43 478
Betriebswohnungen	600 000	300 000	300 000	50%	+	150 000
Wohnteil	400 000	200 000	200 000	50%	+	100 000
Wert des übertragenen Anteils am Grundbesitzwert						516 304

Nach R B 151.2 Absatz 2 Nummer 5 ist der Grundbesitzwert des übertragenen Anteils des B mit einem Betrag von 516 304 EUR festzustellen.

E. Grundvermögen

Zu § 176 BewG

R B 176.1 Begriff des Grundvermögens

(1) [1] § 176 BewG bestimmt den Begriff des Grundvermögens. [2] Dazu gehören der Grund und Boden, die Gebäude, die sonstigen Bestandteile und das Zubehör (→ Abschnitt 1 BewRGr). [3] Zum Grundvermögen gehören ebenso das Erbbaurecht (→ R B 192.1) sowie das Wohnungs- und Teileigentum, Wohnungserbbaurecht und Teilerbbaurecht nach dem Wohnungseigentumsgesetz (→ R B 181.2).

(2) [1] Das Grundvermögen ist vom land- und forstwirtschaftlichen Vermögen abzugrenzen. [2] Zum land- und forstwirtschaftlichen Vermögen gehört, was einem Betrieb der Land- und Forstwirtschaft dauernd zu dienen bestimmt ist. [3] Nur wenn die in §§ 158 und 159 BewG genannten Voraussetzungen für die Zurechnung zum land- und forstwirtschaftlichen Vermögen nicht vorliegen, können die Wirtschaftsgüter, insbesondere Grund und Boden sowie Gebäude, zum Grundvermögen gehören.

(3) [1] Die Abgrenzung zwischen Grundvermögen und dem zum Betriebsvermögen gehörenden Grundbesitz (Betriebsgrundstücke) ergibt sich aus § 176 Absatz 1 in Verbindung mit §§ 95 und 99 BewG. [2] Nach § 95 Absatz 1 BewG umfasst das Betriebsvermögen alle Teile eines Gewerbebetriebs im Sinne des § 15 Absatz 1 und 2 EStG, die bei der steuerlichen Gewinnermittlung zum Betriebsvermögen gehören. [3] Grundbesitz der in § 97 Absatz 1 BewG bezeichneten inländischen Körperschaften, Personenvereinigungen und Vermögensmassen gehört grundsätzlich kraft Rechtsform zum Betriebsvermögen. [4] Ein zum Gesamthandsvermögen einer Personengesellschaft im Sinne von § 97 Absatz 1 Satz 1 Nummer 5 BewG gehörendes Grundstück kann nach § 99 BewG nicht Betriebsvermögen sein, wenn es ausschließlich oder fast ausschließlich der privaten Lebensführung eines, mehrerer oder aller Gesellschafter dient.

(4) Nicht in das Grundvermögen einzubeziehen sind nach § 176 Absatz 2 BewG Bodenschätze sowie Maschinen und sonstige Vorrichtungen aller Art einer Betriebsanlage (Betriebsvorrichtungen), auch wenn sie wesentliche Bestandteile eines Gebäudes oder, ohne Bestandteil eines Gebäudes zu sein, Bestandteile des Grundstücks sind.

H B 176.1

Abgrenzung des Grundvermögens von den Betriebsvorrichtungen. → Gleich lautende Ländererlasse vom 5.6.2013 (BStBl. I S. 734).

Aufteilung des Grundbesitzwerts bei nicht ausschließlich betrieblicher Nutzung. Gehört nur ein Teil des Grundstücks zum Betriebsvermögen, ist der Grundbesitzwert für das gesamte Grundstück nach § 151 Absatz 1 Satz 1 Nummer 1 BewG festzustellen. Dieser ist nach ertragsteuerrechtlichen Grundsätzen vom Betriebsfinanzamt (§ 152 Nummer 2 BewG) aufzuteilen (→ R B 151.2 Absatz 1).

R B 176.2 Grundstück

(1) [1]Die wirtschaftliche Einheit des Grundvermögens ist das Grundstück. [2]Der Begriff „Grundstück" ist dabei nicht gleichbedeutend mit dem Begriff des Grundstücks im Sinne des Bürgerlichen Rechts. [3]Maßgebend ist nach § 2 BewG allein, was als wirtschaftliche Einheit nach den Anschauungen des Verkehrs anzusehen ist. [4]Nach § 2 Absatz 2 BewG kann zu einer wirtschaftlichen Einheit nur Grundbesitz zusammengefasst werden, der demselben Eigentümer gehört. [5]Flächen, die im Eigentum eines Eigentümers stehen, und Flächen, die ihm und anderen Personen gemeinsam – gesamthänderisch oder nach Bruchteilen – gehören, können daher keine wirtschaftliche Einheit bilden.

(2) [1]Grenzt eine unbebaute Fläche an eine Grundstücksfläche, die z. B. mit einem Einfamilienhaus bebaut ist, können beide Flächen auch bei so genannter offener Bauweise selbstständige wirtschaftliche Einheiten bilden. [2]Wird von einem größeren Grundstück eine Teilfläche verpachtet und errichtet der Pächter auf dieser Fläche ein Gebäude, ist die Teilfläche als besondere wirtschaftliche Einheit zu bewerten.

(3) Der Anteil des Eigentümers an gemeinschaftlichen Hofflächen oder Garagen ist nach § 157 Absatz 3 Satz 2 BewG in das Grundstück einzubeziehen, wenn der Anteil zusammen mit diesem genutzt wird.

H B 176.2

Verpachtete Teilfläche. → BFH vom 6.10.1978 III R 23/75, BStBl. 1979 II S. 37.

Wirtschaftliche Einheit bei offener Bauweise. → BFH vom 16.2.1979 III R 67/76, BStBl. II S. 279.

Zu § 177 BewG

R B 177 Bewertungsmaßstab

[1]Bei der Bewertung des Grundvermögens ist der gemeine Wert nach § 9 BewG zu Grunde zu legen. [2]Dieser entspricht inhaltlich dem Verkehrswert (Marktwert) nach § 194 BauGB.

H B 177

Abrundung/Aufrundung. Ergeben sich bei der Ermittlung des Grundbesitzwerts Euro-Beträge mit Nachkommastellen, sind diese grundsätzlich jeweils in der für den Steuerpflichtigen günstigsten Weise auf volle Euro-Beträge auf- bzw. abzurunden. Hinsichtlich der Ermittlung und des Ansatzes des Bodenwerts → R B 179.3.

Gemeiner Wert = Verkehrswert. → BFH vom 2.2.1990 III R 173/86, BStBl. II S. 497.

Zu § 178 BewG

R B 178 Begriff des unbebauten Grundstücks

(1) Unbebaute Grundstücke sind Grundstücke, auf denen sich keine benutzbaren Gebäude befinden.

H B 178 (1)

Gebäudebegriff. → Gleich lautende Ländererlasse vom 5.6.2013 (BStBl. I S. 734).

R B 178 (2, 3)

(2) [1]Die Benutzbarkeit beginnt im Zeitpunkt der Bezugsfertigkeit des Gebäudes. [2]Es muss den zukünftigen Bewohnern oder sonstigen Benutzern nach objektiven Merkmalen zugemutet werden können, die Wohnungen oder Räume des gesamten Gebäudes zu benutzen. [3]Am Bewertungsstichtag müssen alle wesentlichen Bauarbeiten abgeschlossen sein. [4]Geringfügige Restarbeiten, die üblicherweise vor dem tatsächlichen Bezug durchgeführt werden (z.B. Malerarbeiten, Verlegen des Bodenbelags), schließen die Bezugsfertigkeit nicht aus. [5]Auf die Abnahme durch die Bauaufsichtsbehörde kommt es nicht an. [6]Ist das Gebäude am Bewertungsstichtag bezogen, begründet dies die widerlegbare Vermutung der Bezugsfertigkeit.

(3) [1]Bei der Entscheidung, ob ein Gebäude bezugsfertig ist, ist auf das ganze Gebäude und nicht auf einzelne Wohnungen oder Räume abzustellen. [2]Sind z.B. Wohnungen im Erdgeschoss vor dem Bewertungsstichtag, die übrigen Wohnungen jedoch erst danach bezugsfertig geworden, ist das Gebäude als nicht bezugsfertig anzusehen. [3]Die Bewertung eines Grundstücks im Zustand der Bebauung erfolgt nach § 196 BewG. [4]Dies ist z.B. der Fall, wenn bei einem Bürogebäude mehrere Geschosse bereits bezugsfertig sind und bei anderen noch der vollständige Innenausbau fehlt. [5]Wird ein Gebäude dagegen nur zum Teil fertig gestellt und der Innenausbau nach den Wünschen der künftigen Nutzer zurückgestellt, ist das Gebäude insgesamt als bezugsfertig anzusehen. [6]Bei abschnittsweise errichtetem Gebäude ist die Entscheidung, ob ein bezugsfertiges Gebäude anzunehmen ist, nach der Verkehrsanschauung zu treffen. [7]Eine Errichtung in Bauabschnitten ist gegeben, wenn ein Gebäude nicht in einem Zuge in planmäßig vorgesehenem Umfang bzw. im Rahmen der behördlichen Genehmigung bezugsfertig erstellt wird (z.B. wird anstelle des geplanten Mietwohngrundstücks zunächst nur eine Wohnung im Erdgeschoss fertig gestellt). [8]Die Verzögerung/Unterbrechung darf jedoch nicht auf bautechnischen Gründen beruhen (z.B. Überwindung einer Frostperiode) und muss von gewisser Dauer – mindestens zwei Jahre – sein.

H B 178 (3)

Errichtung in Bauabschnitten (Unterbrechung). → BFH vom 29.4.1987 II R 262/83, BStBl. II S. 594.

Bezugsfertigkeit eines zur Vermietung vorgesehenen Bürogebäudes. Ein neu errichtetes Bürogebäude, das nach seiner Funktion zur Vermietung einzelner, entsprechend den individuellen Bedürfnissen der Mieter gestalteter Räume dienen soll, ist bezugsfertig, wenn die für das Gebäude wesentlichen Bestandteile (z. B. Außenwände, Fenster, tragende Innenwände, Estrichböden, Dach, Treppenhaus) fertiggestellt sind und zumindest ein Teil nutzbar ist.

R B 178 (4)

(4) [1]Ein Gebäude ist nicht mehr benutzbar, wenn infolge des Verfalls des Gebäudes oder der Zerstörung keine auf Dauer benutzbaren Räume vorhanden sind (§ 178 Absatz 2 Satz 2 BewG). [2]Ein Gebäude ist dem Verfall preisgegeben, wenn der Verfall so weit fortgeschritten ist, dass das Gebäude nach objektiven Verhältnissen auf Dauer nicht mehr benutzt werden kann. [3]Die Verfallsmerkmale müssen an der Bausubstanz erkennbar sein und das gesamte Gebäude betreffen. [4]Von einem Verfall ist auszugehen, wenn erhebliche Schäden an konstruktiven Teilen des Gebäudes eingetreten sind und ein Zustand gegeben ist, der aus bauordnungsrechtlicher Sicht die sofortige Räumung nach sich ziehen würde. [5]Das ist stets der Fall, wenn eine Anordnung der Bauaufsichtsbehörde zur sofortigen Räumung des Grundstücks vorliegt; dabei ist gesondert zu prüfen, ob der Zustand von Dauer ist. [6]Hingegen wirken sich behebbare Baumängel und Bauschäden sowie aufgestauter Reparaturbedarf infolge von unterlassenen Instandsetzungs- und Reparaturarbeiten regelmäßig nur vorübergehend auf Art und Umfang der Gebäudenutzung aus und betreffen nicht unmittelbar die Konstruktion des Gebäudes. [7]Sie führen deshalb nicht dazu, ein Gebäude als dem Verfall preisgegeben anzusehen. [8]Befinden sich auf dem Grundstück Gebäude, die auf Grund von Umbauarbeiten vorübergehend nicht benutzbar sind, gilt das Grundstück als bebautes Grundstück. [9]Sofern bereits vorhandene Gebäude am Bewertungsstichtag wegen baulicher Mängel oder fehlender Ausstattungsmerkmale (z. B. Heizung, Wohnungstüren) vorübergehend nicht benutzbar sind, liegt kein unbebautes Grundstück vor. [10]Nicht zu erfassen sind jedoch Gebäude, die infolge Entkernung keine bestimmungsgemäß benutzbaren Räume mehr enthalten, auch wenn dies nur vorübergehend der Fall ist. [11]Ein Gebäude ist zerstört, wenn keine auf Dauer benutzbaren Räume vorhanden sind.

H B 178 (4)

Anordnung der Bauaufsichtsbehörde. → BFH vom 20.6.1975 III R 87/74, BStBl. II S. 803.

Entkernung. → BFH vom 24.10.1990 II R 9/88, BStBl. 1991 II S. 60.

Zu § 179 BewG

R B 179.1 Bewertung von unbebauten Grundstücken

(1) [1]Der Wert unbebauter Grundstücke umfasst den Wert des Grund und Bodens, mit dem die Außenanlagen abgegolten sind. [2]Bei der Bestimmung

des Werts eines unbebauten Grundstücks ist vom Bodenrichtwert auszugehen (§ 179 Satz 1 BewG). [3]Bei den Bodenrichtwerten handelt es sich um durchschnittliche Lagewerte, die von den Gutachterausschüssen nach § 196 BauGB auf Grund der Kaufpreissammlung flächendeckend unter Berücksichtigung des unterschiedlichen Entwicklungszustandes ermittelt und den Finanzämtern mitgeteilt werden.

(2) Als Entwicklungszustände kommen in Betracht (→ § 5 Immobilienwertermittlungsverordnung – ImmoWertV):

1. Flächen der Land- oder Forstwirtschaft,
2. Bauerwartungsland,
3. Rohbauland und
4. baureifes Land.

(3) [1]Bauerwartungsland sind Flächen, die nach ihren weiteren Grundstücksmerkmalen (→ § 6 ImmoWertV), insbesondere dem Stand der Bauleitplanung und der sonstigen städtebaulichen Entwicklung des Gebiets, eine bauliche Nutzung auf Grund konkreter Tatsachen mit hinreichender Sicherheit erwarten lassen. [2]Ist damit zu rechnen, dass die Flächen in absehbarer Zeit (→ Abschnitt 2 Absatz 7 BewRGr) anderen als land- und forstwirtschaftlichen Zwecken dienen werden und daher gemäß § 159 BewG als Grundvermögen anzusehen sind, werden diese Flächen regelmäßig als Bauerwartungsland angesetzt. [3]Rohbauland sind Flächen, die nach den §§ 30, 33 und 34 BauGB für eine bauliche Nutzung bestimmt sind, deren Erschließung aber noch nicht gesichert ist oder die nach Lage, Form oder Größe für eine bauliche Nutzung unzureichend gestaltet sind. [4]Im Regelfall handelt es sich hierbei um größere, unerschlossene Grundstücksflächen, die die Eigenschaft als land- und forstwirtschaftliches Vermögen verloren haben, selbst wenn sie noch land- und forstwirtschaftlich genutzt werden (§ 159 BewG). [5]Bruttorohbauland schließt im Gegensatz zum Nettorohbauland die für öffentliche Zwecke benötigten Flächen des Planungsgebiets ein. [6]Baureifes Land sind Flächen, die nach öffentlich-rechtlichen Vorschriften und den tatsächlichen Gegebenheiten baulich nutzbar sind (→ § 5 Absatz 4 ImmoWertV).

H B 179.1

ImmoWertV. → Verordnung über die Grundsätze für die Ermittlung der Verkehrswerte von Grundstücken (Immobilienwertermittlungsverordnung – ImmoWertV) vom 19.5.2010 (BGBl. I S. 639).

R B 179.2 Ansatz der Bodenrichtwerte

(1) [1]Bei der Wertermittlung ist der Bodenrichtwert anzusetzen, dessen turnusmäßige Ermittlung dem Bewertungsstichtag vorausging. [2]Es kommt somit nicht darauf an, wann der Gutachterausschuss den Bodenrichtwert tatsächlich ermittelt und dem Finanzamt mitgeteilt hat. [3]Vom Gutachterausschuss veröffentlichte Bodenpreisindexreihen, die aus Kauffällen des Grundstücksmarktes abgeleitet wurden, sind als Bestandteil der Bodenrichtwerte zu berücksichtigen. [4]Nach § 196 BauGB sind Bodenrichtwerte vom Gutachterausschuss flä-

chendeckend zu ermitteln. [5]Dabei bildet der Gutachterausschuss Richtwertzonen, die jeweils Gebiete umfassen, die nach Art und Maß der Nutzung weitgehend übereinstimmen. [6]Die wertbeeinflussenden Grundstücksmerkmale des Bodenrichtwertgrundstücks sind vom Gutachterausschuss darzustellen. [7]Wertbeeinflussende Grundstücksmerkmale sind insbesondere die Art und das Maß der baulichen Nutzung, das sich in der Geschossflächenzahl und in der Anzahl der möglichen Geschosse ausdrücken kann, die Grundstückstiefe und die Grundstücksgröße sowie die Unterteilung in erschließungsbeitragspflichtiges oder erschließungsbeitragsfreies Bauland. [8]Für Grundstücke, die mit den wertbeeinflussenden Grundstücksmerkmalen des Bodenrichtwertgrundstücks in der jeweiligen Bodenrichtwertzone übereinstimmen, ist der Bodenrichtwert anzusetzen. [9]Der Wert von Grundstücken, die von den wertbeeinflussenden Grundstücksmerkmalen des Bodenrichtwertgrundstücks abweichen, ist grundsätzlich nach den Vorgaben des Gutachterausschusses (→ Absätze 2 bis 6) aus dem Bodenrichtwert der jeweiligen Richtwertzone abzuleiten.

(2) [1]Definiert der Gutachterausschuss den Bodenrichtwert in Abhängigkeit von einer Geschossflächenzahl, ist bei Grundstücken, deren planungsrechtlich zulässige Geschossflächenzahl von der des Bodenrichtwertgrundstücks abweicht, der Bodenwert nach folgender Formel abzuleiten:

$$\frac{\text{Umrechnungskoeffizient für die Geschossflächenzahl des zu bewertenden Grundstücks}}{\text{Umrechnungskoeffizient für die Geschossflächenzahl des Bodenrichtwertgrundstücks}} \times \text{Bodenrichtwert} = \text{Bodenwert/m}^2$$

[2]Die Umrechnungskoeffizienten sind den Bewertungsstellen der Finanzämter vom zuständigen Gutachterausschuss zusammen mit den Bodenrichtwerten mitzuteilen.

(3) Sofern die Gutachterausschüsse Umrechnungskoeffizienten in Abhängigkeit von der Grundstücksgröße vorgegeben haben, sind diese anzusetzen.

(4) [1]Sind die Bodenrichtwerte in Abhängigkeit von der Grundstückstiefe ermittelt worden, ist die Grundstücksfläche aufzuteilen. [2]Dabei ist die Grundstücksfläche nach ihrer Tiefe in Zonen zu gliedern, deren Abgrenzung sich nach den Vorgaben des Gutachterausschusses richtet.

(5) [1]Für Frei- und Verkehrsflächen, die als solche ausgewiesen sind, ist vom Bodenrichtwert ein angemessener Abschlag zu machen, soweit er nicht bereits in die Ermittlung des Bodenrichtwerts eingeflossen ist. [2]Die Höhe des Abschlags ist unter Berücksichtigung der Verhältnisse des Einzelfalls zu bemessen.

(6) [1]Zu den wesentlichen wertbeeinflussenden Grundstücksmerkmalen des Bodenrichtwertgrundstücks gehört bei baureifem Land stets der erschließungsbeitragsrechtliche Zustand (→ § 10 Absatz 2 Satz 2 Nummer 2 ImmoWertV). [2]Bodenrichtwerte für baureifes Land werden in der Regel von den Gutachterausschüssen für erschließungsbeitragsfreie und kostenerstattungsbeitragsfreie Grundstücke ermittelt. [3]Hat der Gutachterausschuss einen Bodenrichtwert für erschließungsbeitragspflichtiges Bauland festgelegt, ist dieser Richtwert maßgebend, solange die Erschließungsbeitragspflicht besteht. [4]Die Beitragspflicht kann auch dann noch bestehen, wenn die Erschließungsmaßnahmen bereits abgeschlossen wurden. [5]Auf den tatsächlichen Erschließungs-

zustand kommt es somit nicht an. [6]Bei unterschiedlichen erschließungsbeitragsrechtlichen Zuständen zwischen Bodenrichtwertgrundstück und zu bewertendem Grundstück kommt eine Anpassung (Zu- oder Abschlag) nach Maßgabe vom Gutachterausschuss dokumentierter Erschließungsbeiträge in Betracht.

(7) [1]Wertkorrekturen des Bodenrichtwerts nach den Absätzen 2 bis 6 können nebeneinander in Betracht kommen. [2]Sind die vom Gutachterausschuss mitgeteilten Umrechnungskoeffizienten für die Geschossflächenzahl, Grundstücksgröße oder Grundstückstiefe (→ Absatz 2 bis 4) aus erschließungsbeitragsfreien Grundstücken abgeleitet worden, sind die erschließungsbeitragspflichtigen Grundstücke vor Anwendung der Umrechnungskoeffizienten zunächst auf einen erschließungsbeitragsfreien Zustand umzurechnen. [3]Die Höhe der Erschließungsbeiträge, insbesondere für Kanalanlagen und Straßenausbau, sind nach den Vorgaben des Gutachterausschusses zu berücksichtigen. [4]Der Bodenwert ist zunächst aus den Absätzen 2 bis 4 abzuleiten. [5]Von dem abgeleiteten Bodenwert sind die Anpassungen nach den Absätzen 5 und 6 vorzunehmen. [6]Zwischenwerte sind auf volle Cent abzurunden.

(8) Weitere wertbeeinflussende Grundstücksmerkmale, wie z. B. Ecklage, Zuschnitt, Oberflächenbeschaffenheit und Beschaffenheit des Baugrundes, Lärm-, Staub- oder Geruchsbelästigungen, Altlasten sowie Außenanlagen bleiben außer Ansatz.

H B 179.2

Abweichende planungsrechtlich zulässige Geschossflächenzahl. Definiert der Gutachterausschuss den Bodenrichtwert in Abhängigkeit von einer planungsrechtlich zulässigen Geschossflächenzahl (GFZ) und werden hierfür keine örtlichen Umrechnungskoeffizienten vorgegeben, gelten die Folgenden:

Geschossflächenzahl	Umrechnungskoeffizient	Geschossflächenzahl	Umrechnungskoeffizient
0,4	0,66	1,5	1,23
0,5	0,72	1,6	1,28
0,6	0,78	1,7	1,32
0,7	0,84	1,8	1,36
0,8	0,90	1,9	1,41
0,9	0,95	2,0	1,45
1,0	1,00	2,1	1,49
1,1	1,05	2,2	1,53
1,2	1,10	2,3	1,57
1,3	1,14	2,4	1,61
1,4	1,19		

Die in der Tabelle angegebenen Umrechnungskoeffizienten beziehen sich auf Wohnbauland im erschließungsbeitragsfreien Zustand.
Weichen die Geschossflächenzahlen des Bodenrichtwertgrundstücks oder des zu bewertenden Grundstücks von den in der Tabelle angegebenen Wer-

ten ab, sind die Umrechnungskoeffizienten nach folgender Formel zu berechnen (GFZ = Geschossflächenzahl):

$$\text{Umrechnungskoeffizient} = 0{,}6 \times \sqrt{\text{GFZ}} + 0{,}2 \times \text{GFZ} + 0{,}2$$

Beispiel 1:

Der zuletzt ermittelte Bodenrichtwert eines Grundstücks beträgt 150 EUR/m² bei einer Geschossflächenzahl von 0,8. Das zu bewertende Grundstück hat eine zulässige Geschossflächenzahl von 0,6. Der Bodenwert/m² beträgt:

$$\frac{0{,}78 \text{ (Umrechnungskoeffizient bei einer Geschossflächenzahl von 0,6)}}{0{,}90 \text{ (Umrechnungskoeffizient bei einer Geschossflächenzahl von 0,8)}} \times 150{,}00 \text{ EUR/m}^2 = 130{,}00 \text{ EUR/m}^2$$

Beispiel 2:

Der zuletzt ermittelte Bodenrichtwert eines Grundstücks beträgt 150,00 EUR/m² bei einer Geschossflächenzahl von 0,8. Das zu bewertende Grundstück hat eine zulässige Geschossflächenzahl von 1,2. Der Bodenwert/m² beträgt nach der oben angeführten Formel:

$$\frac{1{,}10 \text{ (Umrechnungskoeffizient bei einer Geschossflächenzahl von 1,2)}}{0{,}90 \text{ (Umrechnungskoeffizient bei einer Geschossflächenzahl von 0,8)}} \times 150{,}00 \text{ EUR/m}^2 = 183{,}33 \text{ EUR/m}^2$$

Beispiel 3:

Der zuletzt ermittelte Bodenrichtwert eines Grundstücks beträgt 215 EUR/m² (erschließungsbeitragspflichtig/noch zu leistende Erschließungsbeiträge: 40 EUR/m²; GFZ = 1,2). Das zu bewertende Grundstück ist 800 m² groß und erschließungsbeitragsfrei (GFZ 1,6).

Bodenrichtwert (erschließungsbeitragspflichtig)	215,00 EUR/m²
Erschließungsbeiträge	+ 40,00 EUR/m²
Bodenrichtwert (erschließungsbeitragsfrei)	255,00 EUR/m²

Anpassung wegen abweichender Geschossflächenzahl

Umrechnungsfaktor:

$$\frac{1{,}28 \text{ (Umrechnungskoeffizient bei einer Geschossflächenzahl von 1,6)}}{1{,}10 \text{ (Umrechnungskoeffizient bei einer Geschossflächenzahl von 1,2)}} \times 255{,}00 \text{ EUR/m}^2 = 296{,}72 \text{ EUR/m}^2$$

Wert des Grund und Bodens

800 m² × 296,72 EUR/m²	237 376,00 EUR

Abweichende Grundstücksgröße. Definiert der Gutachterausschuss den Bodenrichtwert in Abhängigkeit von der Grundstücksgröße, erfolgt innerhalb des typisierten Regelbewertungsverfahrens eine Umrechnung nach Maßgabe des Gutachterausschusses.

Stellt der Gutachterausschuss keine Umrechnungskoeffizienten zur Berücksichtigung abweichender Grundstücksgrößen beim Bodenwert von Ein- und Zweifamilienhausgrundstücken zur Verfügung, sind ersatzweise folgende Umrechnungskoeffizienten aus der Anlage 2 der Vergleichswertrichtlinie (VW-RL) vom 20.3.2014 (BAnz AT 11.4.2014 B3) heranzuziehen:

	Grundstücksfläche in m²							
	500	600	700	800	900	1 000	1 100	1 200
Umrechnungskoeffizienten	1,03	1,02	1,00	0,99	0,98	0,97	0,96	0,96

Die Umrechnungskoeffizienten können nur innerhalb einer Bodenrichtwertspanne von 30 bis 300 EUR/m² verwendet werden. Für Grundstücksflächen zwischen den angegebenen Intervallen können die Umrechnungskoeffizienten durch lineare Interpolation ermittelt werden. Über den tabellarisch aufgeführten Gültigkeitsbereich hinaus ist eine Extrapolation der Umrechnungskoeffizienten nicht sachgerecht.
Hierzu folgendes Anwendungsbeispiel:

Gegeben	Bodenrichtwert: 150 EUR/m² bei einer Grundstücksgröße von 900 m² Grundstücksgröße des Bewertungsobjekts: 600 m²
Gesucht	an die Grundstücksgröße des Bewertungsobjekts angepasster Bodenwert
Lösung	UK für Grundstücksgröße 900 m² = 0,98 UK für Grundstücksgröße 600 m² = 1,02 150 EUR/m² × 1,02/0,98 = rd. 156 EUR/m²

Abweichende wertrelevante Geschossflächenzahl. Definiert der Gutachterausschuss den Bodenrichtwert in Abhängigkeit von einer wertrelevanten Geschossflächenzahl (WGFZ), erfolgt innerhalb des typisierten Regelbewertungsverfahrens eine Umrechnung nach Maßgabe des Gutachterausschusses.
Stellt der Gutachterausschuss keine Umrechnungskoeffizienten zur Berücksichtigung abweichender wertrelevanter Geschossflächenzahlen beim Bodenwert von Mehrfamilienhausgrundstücken (Mietwohngrundstücken) zur Verfügung, sind ersatzweise folgende Umrechnungskoeffizienten aus der Anlage 1 der Vergleichswertrichtlinie (VW-RL) vom 20.3.2014 (BAnz AT 11.4.2014 B3) heranzuziehen:

Bodenrichtwert (EUR/m²)	**wertrelevante Geschlossflächenzahl (WGFZ)**													
	0,4	**0,6**	**0,8**	**1,0**	**1,2**	**1,4**	**1,6**	**1,8**	**2,0**	**2,2**	**2,4**	**2,6**	**2,8**	**3,0**
200	0,88	0,93	0,97	1,00	1,03	1,05	1,07	1,08	1,10	1,11				
250	0,79	0,88	0,94	1,00	1,05	1,09	1,13	1,17	1,20	1,23	1,26			
300	0,71	0,83	0,92	1,00	1,07	1,13	1,19	1,24	1,29	1,34	1,38	1,43		
350		0,80	0,91	1,00	1,08	1,16	1,23	1,30	1,36	1,42	1,47	1,52	1,58	
400		0,77	0,89	1,00	1,10	1,18	1,27	1,35	1,42	1,49	1,56	1,62	1,68	
450			0,88	1,00	1,11	1,21	1,31	1,40	1,48	1,57	1,64	1,72	1,79	1,86
500			0,87	1,00	1,12	1,24	1,34	1,45	1,55	1,64	1,73	1,82	1,90	1,98

Für Bodenrichtwerte zwischen den Bodenrichtwertintervallen können die Umrechnungskoeffizienten durch lineare Interpolation ermittelt werden.

Über den tabellarisch aufgeführten Gültigkeitsbereich hinaus ist eine Extrapolation der Umrechnungskoeffizienten nicht sachgerecht.

Hierzu folgendes Anwendungsbeispiel:

Gegeben	Bodenrichtwert: 380 EUR/m² bei einer WGFZ von 1,2 WGFZ des Bewertungsobjekts: 1,6
Gesucht	an die WGFZ des Bewertungsobjekts angepasster Bodenwert
Lösung	UK für WGFZ 1,2 = 1,09 UK für WGFZ 1,6 = 1,25 380 EUR/m² × 1,25/1,09 = rd. 436 EUR/m²

Anzusetzender Bodenrichtwert. Zum 3.1.2018 wird ein unbebautes Grundstück verschenkt. Der Gutachterausschuss hat zuletzt zum 31.12.2015 einen Bodenrichtwert von 200 EUR/m² ermittelt. In seiner Sitzung im April 2018 ermittelt der Gutachterausschuss zum 31.12.2017 einen Bodenrichtwert von 230 EUR/m². Der Gutachterausschuss teilt den Bodenrichtwert dem Finanzamt erst im Mai 2018 mit. Bei der Bewertung des unbebauten Grundstücks muss das Finanzamt von einem Bodenrichtwert von 230 EUR/m² ausgehen. Dies ist der turnusmäßig zuletzt vor dem Bewertungsstichtag vom Gutachterausschuss zu ermittelnde Wert.

Bodenrichtwertrichtlinie – BRW-RL. → Richtlinie zur Ermittlung von Bodenrichtwerten (Bodenrichtwertrichtlinie – BRW-RL) vom 11.1.2011 (BAnz. Nummer 24 S. 597).

Erschließungsbeitragsrechtlicher Zustand des Grundstücks. → BFH vom 18.8.2005 II R 62/03, BStBl. 2006 II S. 5.

Grundstücksmerkmale. → § 4 Absatz 2 ImmoWertV.

Lagetypische Bodenrichtwerte. Lagetypische Bodenrichtwerte können zugrunde gelegt werden, wenn der Gutachterausschuss keine zonalen Bodenrichtwerte gebildet hat.

Umrechnungskoeffizienten für Geschossflächenzahl. → BFH vom 12.7.2006 II R 1/04, BStBl. II S. 742.

Umrechnungskoeffizienten für Grundstücksgröße. → BFH vom 11.5.2005 II R 21/02, BStBl. II S. 686.

Vergleichswertrichtlinie – VW-RL. → Richtlinie zur Ermittlung des Vergleichswerts und des Bodenwerts (Vergleichswertrichtlinie – VW-RL) vom 20.3.2014 (BAnz AT 11.4.2014 B3).

Wertrelevante Geschossflächenzahl. → Definition: Nummer 6 Absatz 6 Bodenrichtwertrichtlinie (BRW-RL) vom 11.1.2011 (BAnz. Nummer 24 S. 597).

Innerhalb des typisierten Regelbewertungsverfahrens erfolgt die Ermittlung der wertrelevanten Geschossflächenzahl (WGFZ) für das zu bewertende Grundstück nach den Modellparametern des örtlich zuständigen Gutachterausschusses.

R B 179.3 Ansatz des Bodenwerts

(1) [1]Der aus dem Bodenrichtwert nach R B 179.2 ermittelte Bodenwert pro m² ist auf volle Cent abzurunden und ergibt multipliziert mit der Grundstücksfläche den Wert des Grund und Bodens (Bodenwert). [2]Der Bodenwert ist auf volle Euro abzurunden.

(2) [1]Hat der Gutachterausschuss keinen Bodenrichtwert nach § 196 BauGB ermittelt, ist der Bodenwert pro m² aus den Bodenrichtwerten vergleichbarer Flächen abzuleiten. [2]R B 179.2 ist hierbei entsprechend zu berücksichtigen; bei Bedarf ist der Gutachterausschuss um Auskunft zu ersuchen (→ § 193 Absatz 1 Satz 1 Nummer 2 bzw. Satz 2 BauGB). [3]Durch Multiplikation von Grundstücksfläche und abgeleitetem Bodenwert pro m² sowie Abrundung des Produkts auf volle Euro ergibt sich der Bodenwert.

H B 179.3 (2)

Keine Bodenrichtwerte. Hat der Gutachterausschuss – gleich aus welchen Gründen – keinen Bodenrichtwert ermittelt, ist der Bodenwert aus den Bodenrichtwerten vergleichbarer Flächen abzuleiten (→ § 179 Satz 4 BewG). Für Bauerwartungsland und Rohbauland gelten in diesen Fällen aus Vereinfachungsgründen regelmäßig folgende Wertansätze:

1. Bauerwartungsland 25%,
2. Bruttorohbauland 50% und
3. Nettorohbauland 75%

des Bodenrichtwerts für vergleichbares erschließungsbeitragsfreies Bauland, sofern hierzu keine Angaben der Gutachterausschüsse vorliegen.

Zu § 180 BewG

R B 180 Begriff des bebauten Grundstücks

(1) [1]Bebaute Grundstücke sind Grundstücke, auf denen sich benutzbare Gebäude befinden. [2]Wegen der Tatbestandsmerkmale Benutzbarkeit und Bezugsfertigkeit → R B 178.

(2) Wird ein Gebäude in Bauabschnitten errichtet, ist der fertig gestellte Teil als benutzbares Gebäude anzusehen (→ R B 178 Absatz 3).

(3) [1]Zur wirtschaftlichen Einheit eines bebauten Grundstücks gehören der Grund und Boden, die Gebäude, die sonstigen Bestandteile und das Zubehör (→ R B 176.1 Absatz 1). [2]Nicht einzubeziehen sind Maschinen und Betriebsvorrichtungen (→ R B 176.1 Absatz 4).

(4)[1]Zum Grund und Boden gehören die bebaute Fläche und die mit dem Gebäude im Zusammenhang stehende unbebaute Fläche, insbesondere der Hofraum sowie Haus- und Vorgarten. [2]Bei einer hieran anschließenden größeren unbebauten Fläche ist für die Beurteilung, was als wirtschaftliche Einheit gilt, die Verkehrsanschauung maßgebend (→ R B 176.2 Absatz 1).

(5) [1]Wesentliche Bestandteile des Grundstücks sind auch die Gebäude und die mit Gebäuden verbundenen Anbauten (z.B. Wintergärten). [2]Im Grund-

besitzwert zu erfassen sind die Nebengebäude, wenn sie auf dem mit dem Hauptgebäude bebauten Grundstück stehen (z. B. Garagen).

H B 180

Abgrenzung des Grundvermögens von den Betriebsvorrichtungen. → Gleich lautende Ländererlasse vom 5.6.2013 (BStBl. I S. 734).

Gebäudebegriff. → Gleich lautende Ländererlasse vom 5.6.2013 (BStBl. I S. 734).

Zu § 181 BewG

R B 181.1 Grundstücksarten

(1) [1]Bei bebauten Grundstücken wird nach § 181 BewG zwischen folgenden Grundstücksarten unterschieden.

Grundstücksart	Voraussetzungen
1. Ein- und Zweifamilienhäuser	• Wohngrundstücke mit bis zu zwei Wohnungen; • Mitbenutzung für betriebliche oder öffentliche Zwecke zu weniger als 50 Prozent – berechnet nach der Wohn- oder Nutzfläche – ist unschädlich, soweit dadurch nicht die Eigenart als Ein- oder Zweifamilienhaus wesentlich beeinträchtigt wird; • kein Wohnungseigentum nach Nummer 3.
2. Mietwohngrundstücke	• Grundstücke, die zu mehr als 80 Prozent – berechnet nach der Wohn- oder Nutzfläche – Wohnzwecken dienen und nicht Ein- und Zweifamilienhäuser im Sinne der Nummer 1 oder Wohnungseigentum nach Nummer 3 sind.
3. Wohnungs- und Teileigentum	• Wohnungseigentum ist das Sondereigentum an einer Wohnung in Verbindung mit dem Miteigentumsanteil an dem gemeinschaftlichen Eigentum, zu dem es gehört (§ 1 Absatz 2 WEG). • Teileigentum ist das Sondereigentum an nicht zu Wohnzwecken dienenden Räumen eines Gebäudes in Verbindung mit dem Miteigentum an dem gemeinschaftlichen Eigentum, zu dem es gehört (§ 1 Absatz 3 WEG).
4. Geschäftsgrundstücke	• Grundstücke, die zu mehr als 80 Prozent – berechnet nach der Wohn- oder Nutzfläche – eigenen oder fremden betrieblichen oder öffentlichen Zwecken dienen und nicht Teileigentum nach Nummer 3 sind.

Grundstücksart	Voraussetzungen
5. gemischt genutzte Grundstücke	• Grundstücke, die teils Wohnzwecken, teils eigenen oder fremden betrieblichen oder öffentlichen Zwecken dienen und keine Grundstücke im Sinne der Nummer 1 bis 4 sind.
6. sonstige bebaute Grundstücke	• Grundstücke, die nicht unter die Nummer 1 bis 5 fallen.

²Die Grundstücksart ist für die Zuordnung des Bewertungsverfahrens von entscheidender Bedeutung (§ 182 BewG, → R B 182). ³Die Abgrenzung der Grundstücksarten ist nach dem Verhältnis der Wohn- und Nutzfläche vorzunehmen. ⁴Dabei sind Nutzflächen, die in einem Nutzungszusammenhang mit Wohnflächen stehen (z.B. Garagen, Kellerräume), nicht einzubeziehen. ⁵Maßgeblich ist die Wohnfläche nach der Wohnflächenverordnung (WoFlV). ⁶Ist die Wohnfläche bis zum 31. Dezember 2003 nach der II. Berechnungsverordnung (II. BV) berechnet worden, bleibt es bei dieser Berechnung (→ § 5 WoFlV), soweit nach dem 31. Dezember 2003 keine baulichen Änderungen an dem Wohnraum vorgenommen worden sind, die eine Neuberechnung erforderlich machen. ⁷Abzustellen ist auf die tatsächliche Nutzung am Bewertungsstichtag.

(2) ¹Bei der Festlegung der Grundstücksart ist stets die gesamte wirtschaftliche Einheit zu betrachten. ²Dies gilt auch, wenn sich auf einem Grundstück mehrere Gebäude oder Gebäudeteile unterschiedlicher Bauart oder Nutzung befinden.

(3) ¹§ 181 Absatz 9 BewG definiert die Wohnung im bewertungsrechtlichen Sinne. ²Eine Wohnung ist hiernach die Zusammenfassung einer Mehrheit von Räumen, die in ihrer Gesamtheit so beschaffen sein müssen, dass die Führung eines selbstständigen Haushalts möglich ist. ³Die Zusammenfassung einer Mehrheit von Räumen muss eine von anderen Wohnungen oder Räumen, insbesondere Wohnräumen, baulich getrennte, in sich abgeschlossene Wohneinheit bilden, einen selbstständigen Zugang haben und mindestens eine Wohnfläche von 23 Quadratmeter aufweisen. ⁴Außerdem ist erforderlich, dass die für die Führung eines selbstständigen Haushalts notwendigen Nebenräume (Küche, Bad oder Dusche, Toilette) vorhanden sind.

H B 181.1

Abgrenzung der Grundstücksart nach dem Verhältnis von Wohn- und Nutzfläche.

Beispiel:

Auf einem Grundstück befindet sich ein mehrgeschossiges Gebäude, in dem sich insgesamt 400 m² Wohnfläche und 200 m² Nutzfläche befinden. Die Nutzfläche entfällt zu jeweils 50% auf die Kellerräume der Wohnungsmieter des Gebäudes sowie auf betrieblich genutzte Flächen. Das Grundstück ist der Grundstücksart gemischt genutztes Grundstück zuzuordnen, da nur 80% von insgesamt 500 m² Wohn- und Nutzfläche der Wohnungsnutzung dienen. Die im Nutzungszusammenhang mit den Wohnflächen stehenden Kellerräume der Mieter (Nutzfläche 100 m²) sind hierbei nicht zu berücksichtigen.

Wohn-/Nutzfläche nach WoFlV. → Verordnung zur Berechnung der Wohnfläche vom 25.11.2003 (BGBl. I S. 2346).

R B 181.2 Wohnungs- und Teileigentum

(1) [1]Jedes Wohnungseigentum und jedes Teileigentum gilt als ein Grundstück im Sinne des Bewertungsgesetzes (§ 176 Absatz 1 Nummer 3 BewG). [2]Wohnungseigentum und Teileigentum werden nach § 2 WEG entweder durch vertragliche Einräumung von Sondereigentum (§ 3 WEG) oder durch Teilung (§ 8 WEG) begründet. [3]Nach § 3 WEG kann Sondereigentum auch an Räumen in einem erst zu errichtenden Gebäude eingeräumt werden. [4]Ebenso ist die Teilung durch den Eigentümer auch bei einem erst noch zu errichtenden Gebäude möglich (§ 8 Absatz 1 WEG). [5]Die rechtliche Zusammenführung von Sondereigentum und Miteigentumsanteil bildet von Beginn an Wohnungseigentum oder Teileigentum im Sinne des § 1 Absatz 2 und 3 WEG.

(2) [1]Das Wohnungs-/Teileigentum entsteht zivilrechtlich mit der Anlegung des Wohnungs- oder Teileigentumsgrundbuchs. [2]Schenkungsteuerrechtlich gilt das Wohnungs-/Teileigentum bereits dann als entstanden, wenn die Teilungserklärung beurkundet ist und die Anlegung des Grundbuchs beantragt werden kann (→ R E 9.1 Absatz 1). [3]Dies gilt sowohl für am Bewertungsstichtag noch nicht bezugsfertige Gebäude als auch für bereits bestehende Gebäude.

(3) [1]Die wirtschaftliche Einheit des Wohnungs-/Teileigentums setzt sich aus dem Sondereigentum und dem Miteigentumsanteil an dem gemeinschaftlichen Eigentum zusammen, zu dem es gehört. [2]Sind bei einem Wohnungseigentum mehrere Wohnungen mit nur einem Miteigentumsanteil verbunden, sind sie grundsätzlich zu einer wirtschaftlichen Einheit zusammenzufassen. [3]Eine Ausnahme besteht jedoch dann, wenn die tatsächlichen Gegebenheiten der Verkehrsanschauung entgegenstehen. [4]Liegen die Wohnungen in demselben Haus unmittelbar übereinander oder nebeneinander und sind sie so miteinander verbunden, dass sie sich als ein Raumkörper darstellen, bilden sie eine wirtschaftliche Einheit. [5]Besteht keine derartige Verbindung, weil sich die Wohnungen getrennt von anderen im Sondereigentum stehenden Wohnungen im Gebäude befinden, sind nach der Verkehrsanschauung mehrere wirtschaftliche Einheiten anzunehmen.

(4) [1]Handelt es sich dagegen um mehrere Wohnungen, die jeweils mit einem Miteigentumsanteil am Grundstück verbunden sind, und liegen mithin zivilrechtlich mehrere selbstständige Wohnungseigentumsrechte vor, ist trotz des tatsächlichen Aneinandergrenzens und der Eintragung auf ein gemeinsames Wohnungsgrundbuchblatt eine Zusammenfassung zu einer einheitlichen wirtschaftlichen Einheit nicht möglich. [2]Werden mehrere Wohnungen durch größere bauliche Maßnahmen zu einer einzigen Wohnung umgestaltet und sind sie danach nicht mehr ohne größere bauliche Veränderungen getrennt veräußerbar, bilden sie nur eine wirtschaftliche Einheit. [3]Dies gilt entsprechend für die bauliche Zusammenfassung von Wohnung und Gewerberaum.

(5) [1]Zubehörräume, insbesondere Kellerräume und sonstige Abstellräume, die der Grundstückseigentümer gemeinsam mit seinem Miteigentumsanteil

nutzt, sind ohne Rücksicht auf die zivilrechtliche Gestaltung in die wirtschaftliche Einheit einzubeziehen. [2]Gehören zu der Wohnung auch Garagen, sind sie in die wirtschaftliche Einheit des Wohnungseigentums einzubeziehen (§ 157 Absatz 3 Satz 2 in Verbindung mit § 70 Absatz 1 und 2 BewG). [3]Es kommt nicht darauf an, ob sich die Garagen auf dem Grundstück der Eigentumswohnungsanlage oder auf einem Grundstück in der näheren Umgebung befinden. [4]An Abstellplätzen außerhalb von Sammelgaragen kann kein Sondereigentum begründet werden. [5]Derartige Abstellplätze sind Gemeinschaftseigentum, die jedoch mittels einer Nutzungsvereinbarung einem bestimmten Wohnungseigentums- oder Teileigentumsrecht zugeordnet werden können.

H B 181.2

Wohnungen als wirtschaftliche Einheit. → BFH vom 1.4.1987 II R 79/86, BStBl. II S. 840 und vom 1.8.1990 II R 46/88, BStBl. II S. 1016.

Zu § 182 BewG

R B 182 Zuordnung zu den Bewertungsverfahren

(1) [1]Der Wert eines Grundstücks ist entweder nach dem Vergleichswertverfahren, dem Ertragswertverfahren oder dem Sachwertverfahren zu bemessen. [2]Welches Verfahren für die zu bewertende wirtschaftliche Einheit anzuwenden ist, richtet sich nach der Grundstücksart der wirtschaftlichen Einheit (§ 181 BewG, → R B 181.1).

(2) [1]Das Vergleichswertverfahren (§ 183 BewG) ist für das Wohnungseigentum, das Teileigentum und für die Ein- und Zweifamilienhäuser anzuwenden, sofern der Gutachterausschuss entsprechende Vergleichspreise oder Vergleichsfaktoren ermittelt hat. [2]Nachrangig kann auf die in der Finanzverwaltung vorliegenden Unterlagen zu Vergleichspreisen zurückgegriffen werden

(3) [1]Das Ertragswertverfahren (§§ 184 bis 188 BewG) ist für Geschäftsgrundstücke und gemischt genutzte Grundstücke anzuwenden, für die sich auf dem örtlichen Grundstücksmarkt eine übliche Miete ermitteln lässt. [2]Die übliche Miete kann auch durch ein Mietgutachten nachgewiesen werden (→ R B 186.5 Absatz 5). [3]Das Verfahren ist nicht anzuwenden, wenn zwar eine tatsächliche Miete vereinbart ist, jedoch keine übliche Miete ermittelt werden kann, da in einem solchen Fall ein Vergleich nicht möglich ist. [4]Mietwohngrundstücke sind nach § 182 Absatz 3 Nummer 1 BewG stets im Ertragswertverfahren zu bewerten. [5]Ist in diesen Fällen weder eine tatsächliche Miete vorhanden noch eine ortsübliche Miete ermittelbar, ist die Miete marktbezogen, beispielsweise durch Abgleich mit den Mietverhältnissen in vergleichbaren überregionalen Lagen, zu schätzen.

(4) [1]Das Sachwertverfahren (§§ 189 bis 191 BewG) ist für die Bewertung der sonstigen bebauten Grundstücke heranzuziehen. [2]Darüber hinaus ist das Sachwertverfahren das Auffangverfahren für

– das Wohnungseigentum, das Teileigentum und für Ein- und Zweifamilienhäuser, wenn das Vergleichswertverfahren mangels Vergleichspreisen oder Vergleichsfaktoren nicht anwendbar ist;

– Geschäftsgrundstücke und gemischt genutzte Grundstücke, für die sich auf dem örtlichen Grundstücksmarkt keine übliche Miete ermitteln lässt.

H B 182 (4)

Betriebsaufspaltung/Konzernverbund.

Beispiel:

Im Rahmen einer Betriebsaufspaltung überlässt das Besitzunternehmen einem Betriebsunternehmen ein Geschäftsgrundstück. Eine ortsübliche Miete ist nicht ermittelbar. Das Grundstück ist daher nicht im Ertragswertverfahren, sondern im Sachwertverfahren zu bewerten.

R B 182 (5)

(5) Befinden sich auf einem Grundstück mehrere selbstständige Gebäude oder Gebäudeteile und lässt sich für mindestens eines dieser Gebäude oder Gebäudeteile keine übliche Miete ermitteln, erfolgt die Wertermittlung für die gesamte wirtschaftliche Einheit einheitlich nach dem Sachwertverfahren.

Zu § 183 BewG

R B 183 Vergleichswertverfahren

(1) [1]Bei der Anwendung des Vergleichswertverfahrens wird der Grundbesitzwert des zu bewertenden bebauten Grundstücks entweder aus Vergleichspreisen (Absatz 2) für vergleichbare Grundstücke oder aus Vergleichsfaktoren (Absatz 3) abgeleitet. [2]Vergleichspreis- und Vergleichsfaktorverfahren stehen gesetzessystematisch gleichrangig nebeneinander; es besteht ein Auswahlermessen. [3]Der Vergleichswert bebauter Grundstücke umfasst den Boden- und Gebäudewert.

(2) [1]Im Vergleichspreisverfahren wird der Vergleichswert aus einer ausreichenden Zahl von geeigneten Vergleichspreisen ermittelt. [2]Für die Ableitung der Vergleichspreise sind die Kaufpreise solcher Grundstücke heranzuziehen, die mit dem zu bewertenden Grundstück hinreichend übereinstimmende Grundstücksmerkmale aufweisen (Vergleichsgrundstücke, § 183 Absatz 1 BewG). [3]Eine hinreichende Übereinstimmung der Grundstücksmerkmale der Vergleichsgrundstücke liegt vor, wenn sie insbesondere hinsichtlich ihrer Lage, Art und Maß der baulichen Nutzung, Größe, Erschließungszustand, Gebäudeart und Alter des Gebäudes mit dem zu bewertenden Grundstück weitgehend übereinstimmen bzw. die Abweichungen in sachgerechter Weise (→ Absatz 4) berücksichtigt werden können. [4]Vorrangig ist auf die von den Gutachterausschüssen für Grundstückswerte mitgeteilten Vergleichspreise zurückzugreifen. [5]Liegen mehrere Vergleichspreise vor, soll der Durchschnittswert angesetzt werden. [6]Sofern der Gutachterausschuss nur Durchschnittskaufpreise (Kaufpreismittel) aus einer Vielzahl von Kauffällen einer Grundstücksart ohne Berücksichtigung unterschiedlicher wertbeeinflussender Grundstücksmerkmale abgeleitet hat, sind diese als Vergleichspreise nicht geeignet. [7]Soweit von den

Gutachterausschüssen keine Vergleichspreise vorliegen, kann das zuständige Finanzamt geeignete Vergleichspreise aus anderen Kaufpreissammlungen als nach § 195 BauGB berücksichtigen.

H B 183 (2)

Anzahl der Vergleichspreise. Voraussetzung für die Anwendung des Vergleichswertverfahrens ist eine ausreichende Anzahl geeigneter Vergleichspreise; ausnahmsweise kann auch ein Vergleichspreis genügen.

Auszüge aus der Kaufpreissammlung. Bloße Auszüge aus der Kaufpreissammlung und deren schematische Mittelwertbildung stellen keine geeigneten Vergleichspreise dar.

Kaufpreis für das zu bewertende Grundstück als Vergleichspreis. Als ein Vergleichspreis kann auch der für die zu bewertende wirtschaftliche Einheit tatsächlich innerhalb eines Jahres vor dem Bewertungsstichtag unter fremden Dritten erzielte Kaufpreis gelten, sofern zwischenzeitlich keine Änderungen der Wertverhältnisse eingetreten sind und dem Verkauf keine ungewöhnlichen oder persönlichen Verhältnisse zu Grunde gelegen haben.

R B 183 (3)

(3) [1] Anstelle von Vergleichspreisen können zur Ermittlung des Vergleichswerts auch Vergleichsfaktoren herangezogen werden, die vom Gutachterausschuss für Grundstückswerte für geeignete Bezugseinheiten, z. B. die Wohnfläche (Gebäudefaktor) oder den erzielbaren jährlichen Ertrag (Ertragsfaktor), ermittelt und mitgeteilt werden (§ 183 Absatz 2 BewG). [2] Der Vergleichswert ergibt sich dann durch Vervielfachung der Bezugseinheit mit dem Vergleichsfaktor. [3] Vergleichsfaktoren sind geeignet, wenn die Grundstücksmerkmale der ihnen zugrunde liegenden Grundstücke hinreichend mit denen des zu bewertenden Grundstücks übereinstimmen bzw. die Abweichungen in sachgerechter Weise (Absatz 4) berücksichtigt werden können. [4] Beziehen sich die Vergleichsfaktoren nur auf den Gebäudewert, ist der Bodenwert zusätzlich nach Maßgabe des § 179 BewG zu ermitteln.

H B 183 (3)

Vergleichsfaktoren.

Anwendungsvoraussetzungen bei Wohnungseigentum:
Bei Vergleichsfaktoren für Wohnungseigentum sollten regelmäßig mindestens folgende Klassifizierungsmerkmale vorliegen: Baujahrsklasse, Wohnungsgröße der Vergleichswohnung oder eine Wohnungsgrößenspanne und die Wohnlage.

Beispiel (Einfamilienhäuser):

Hat der Gutachterausschuss nur einen Vergleichsfaktor für ein Reihenhaus ermittelt, kann dieser nur dann als Vergleichsfaktor für ein freistehendes Einfamilienhaus benutzt werden, wenn vom Gutachterausschuss zusätzlich entsprechende Korrekturfaktoren vorliegen.

Vergleichsfaktoren in Spannen:
Hat der örtliche Gutachterausschuss Vergleichsfaktoren in Spannen veröffentlicht und dabei Differenzierungsmerkmale ausgewiesen, ist der entsprechend differenzierte Wert aus der Spanne zugrunde zu legen. Andernfalls ist regelmäßig nicht der Mittelwert, sondern der unterste Wert der Spanne anzusetzen.
Kein Vergleichsfaktor in Spannen liegt vor, wenn der Gutachterausschuss den Vergleichsfaktor als festen Wert vorgibt und zusätzlich nach oben und nach unten eine Standardabweichung benennt. In diesem Fall ist als Vergleichsfaktor der vorgegebene Wert anzusetzen.

R B 183 (4)

(4) [1] Weichen die Grundstücksmerkmale der Vergleichsgrundstücke bzw. der den Vergleichsfaktoren zugrunde liegenden Grundstücke von den Grundstücksmerkmalen des zu bewertenden Grundstücks ab, so sind diese Abweichungen durch Zu- oder Abschläge nach Vorgabe des Gutachterausschusses für Grundstückswerte zu berücksichtigen. [2] Besonderheiten, insbesondere die den Wert beeinflussenden Rechte und Belastungen privatrechtlicher und öffentlich-rechtlicher Art, werden in dem typisierenden Vergleichswertverfahren nach § 183 Absatz 1 und 2 BewG nicht berücksichtigt (§ 183 Absatz 3 BewG).

H B 183 (4)

Vergleichsfaktoren (Abweichungen). Stehen vom örtlichen Gutachterausschuss zur Berücksichtigung der Abweichungen zwischen den Grundstücksmerkmalen der Vergleichsgrundstücke bzw. der den Vergleichsfaktoren zugrunde liegenden Grundstücke und den Grundstücksmerkmalen des zu bewertenden Grundstücks keine Anpassungsfaktoren (z. B. Indexreihen oder Umrechnungskoeffizienten) zur Verfügung, kann eine hinreichende Übereinstimmung noch unterstellt werden, wenn die Grundstücksmerkmale des zu bewertenden Grundstücks, wie z. B. die Wohn-/Nutzfläche des Gebäudes, die Grundstücksgröße oder das Alter des Gebäudes, um höchstens jeweils 20% vom Vergleichsgrundstück abweichen.

Beispiel:

Der Grundstücksmarktbericht des örtlichen Gutachterausschusses für Grundstückswerte enthält im Zusammenhang mit der Darstellung von Vergleichsfaktoren für Wohnungseigentum u. a. folgende Angaben:

1. Definition der Musterwohnung:

– Größe (Wohnfläche):	80 m^2
– Geschosslage:	1. OG
– Ausstattung:	durchschnittlich (mittel)
– Unterhaltungszustand:	baujahrtypisch
– Vermietung:	unvermietet
– Garage/Stellplatz:	nicht enthalten

2. Vergleichsfaktoren je Quadratmeter Wohnfläche

Die Werte sind umgerechnet auf die definierte Musterwohnung.		Baujahrsklasse	
		1920 bis 1944	1945 bis 1960
Stadtbezirk	Wohnlage	EUR/m² Wohnfläche	
A	gut	1 700	1 800
	mittel	1 500	1 650
	einfach	1 350	1 500
B	gut	1 900	1 850
	mittel	1 700	1 650
	einfach	1 500	1 550
Garagen und Stellplätze sind bei diesen Werten nicht berücksichtigt.			

3. Anwendung der Vergleichsfaktoren

Liegt z.B. eine im Jahr 1950 errichtete Eigentumswohnung (Wohnungseigentum) mit einer Wohnfläche von 70 m² im Stadtbezirk A in guter Wohnlage, weicht sie hinsichtlich der Wohnfläche im Vergleich zur Musterwohnung mit einer Differenz von 10 m² geringfügig ab (Abweichung nicht mehr als 20% von 80 m²). Deshalb kann der Vergleichswert (Grundbesitzwert) unmittelbar durch Anwendung des Vergleichsfaktors ermittelt werden:

70 m² Wohnfläche x 1 800 EUR/m² = 126 000 EUR

Würde die Wohnfläche der zu bewertenden Eigentumswohnung (Wohnungseigentum) nur 60 m² betragen (Abweichung im Vergleich zur Musterwohnung über 20% von 80 m²) wäre eine Anwendung des Vergleichsfaktors nur möglich, wenn der Gutachterausschuss zusätzlich entsprechende Umrechnungskoeffizienten hinsichtlich unterschiedlicher Wohnflächen ermittelt und mitgeteilt hat.

Zu § 184 BewG

R B 184 Allgemeine Grundsätze des Ertragswertverfahrens

[1] Im Ertragswertverfahren nach den §§ 184 bis 188 BewG wird der Grundbesitzwert (Ertragswert) aus der Summe von Bodenwert (Bodenertragswert) und Gebäudewert (Gebäudeertragswert) gebildet. [2] Der Bodenwert ist wie bei einem unbebauten Grundstück nach Maßgabe des § 179 BewG zu ermitteln. [3] Der Gebäudewert ist getrennt vom Bodenwert auf der Grundlage des Ertrags zu bestimmen. [4] Sonstige bauliche Anlagen, insbesondere Außenanlagen, sind regelmäßig mit dem Ertragswert abgegolten. [5] Als Ertragswert (Grundbesitzwert) ist mindestens der Bodenwert anzusetzen.

H B 184

Überblick über das Verfahren (Schema).

	Rohertrag (Jahresmiete bzw. übliche Miete) (§ 185 Absatz 1, § 186 BewG)
	./.
	Bewirtschaftungskosten (§ 185 Absatz 1, § 187 BewG)
	=
	Reinertrag des Grundstücks (§ 185 Absatz 1 BewG)
	./.
	Bodenwertverzinsung / Bodenwert × Liegenschaftszinssatz (§ 179, § 185 Absatz 2, § 188 BewG)
	=
Bodenrichtwert (ggf. angepasster Bodenwert)	**Gebäudereinertrag (≥ 0 Euro)** (§ 185 Absatz 2 BewG)
×	×
Grundstücksfläche	Vervielfältiger (§ 185 Absatz 3 BewG)
=	=
Bodenwert (§ 179, § 184 Absatz 2 BewG)	**Gebäudeertragswert** (§ 185 Absatz 1 bis 3 BewG)
▼	▼

Ertragswert = Grundbesitzwert
(§ 184 Absatz 3 BewG)

Zu § 185 BewG

R B 185.1 Bodenwertverzinsung

(1) [1]Der Reinertrag für ein bebautes Grundstück stellt sowohl die Verzinsung für den Grund und Boden als auch für die auf dem Grundstück vorhandenen Gebäude dar. [2]Da der Grund und Boden als unvergänglich gilt, die Gebäude jedoch nur eine begrenzte Nutzungsdauer haben, ist der Reinertrag in Verzinsungsanteile des Bodens und der Gebäude aufzuspalten. [3]Der Reinertragsanteil (Verzinsungsbetrag) des Grund und Bodens ergibt als Barwert einer ewigen Rente den Bodenertragswert, der im Ertragswertverfahren durch den Ansatz des Bodenwerts nach Maßgabe des § 179 BewG bereits erfasst wird. [4]Der Reinertragsanteil der Gebäude ist zur Ermittlung des Gebäudewerts (Gebäudeertragswerts) als Zeitrente über die Restnutzungsdauer der Gebäude zu kapitalisieren (→ R B 185.2).

(2) [1]Zur Ermittlung des Gebäudereinertrags ist vom Reinertrag des Grundstücks die Bodenwertverzinsung abzuziehen. [2]Hierzu ist der Bodenwert (→ R B 179.3) mit dem angemessenen und nutzungstypischen Liegenschaftszinssatz (→ R B 188.1) zu multiplizieren.

(3) [1]Ist das Grundstück wesentlich größer, als es einer den Gebäuden angemessenen Nutzung entspricht, und ist eine zusätzliche Nutzung oder Verwertung einer Teilfläche (selbstständig verwertbare Teilfläche) zulässig und möglich, ohne dass mehrere wirtschaftliche Einheiten vorliegen, ist diese Teilfläche bei der Berechnung des Bodenwertverzinsungsbetrages nicht zu berücksichtigen (§ 185 Absatz 2 Satz 3 BewG). [2]Mithin ist bei der Ermittlung des Betrags der Bodenwertverzinsung nur die der jeweiligen Bebauung zurechenbare Grundstücksfläche anzusetzen. [3]Diese zurechenbare Grundstücksfläche entspricht regelmäßig der bebauten Fläche einschließlich der sog. Umgriffsfläche. [4]Dabei ist nicht entscheidend, ob die selbstständig nutzbaren Teilflächen baulich nutzbar sind. [5]Vielmehr wird unter einer selbstständig nutzbaren Teilfläche jede sinnvolle Nutzung verstanden (Lagerfläche, Abstellfläche, Gartenfläche, Schrebergarten usw.). [6]Die selbstständig nutzbare Teilfläche muss hinreichend groß und so gestaltet sein, dass eine entsprechende Nutzung oder Verwertung möglich ist.

H B 185.1 (3)

Selbstständig verwertbare Teilfläche.

Beispiel:

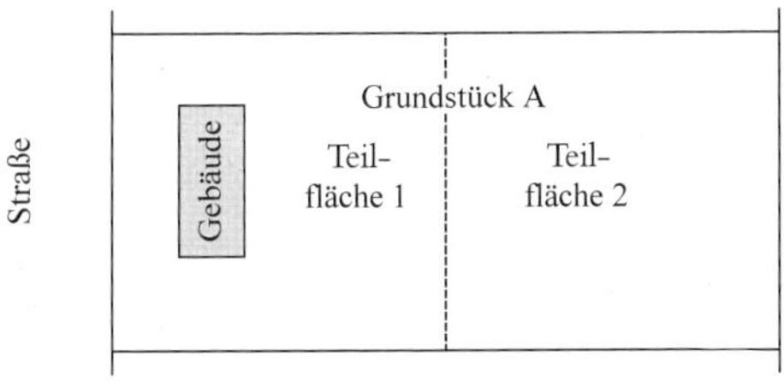

Für das Ertragswertobjekt auf dem Grundstück A ist lediglich die Teilfläche 1 für den zu erzielenden Ertrag notwendig. Die Teilfläche 2 ist selbstständig nutzbar. Eine sofortige Parzellierung der beiden Teilflächen ist nicht möglich, so dass das Grundstück A eine wirtschaftliche Einheit bildet. Bei der Berechnung des Betrags der Bodenwertverzinsung ist ausschließlich die Teilfläche 1 zu berücksichtigen. Bei der Bodenwertermittlung sind dagegen beide Teilflächen anzusetzen.

R B 185.1 (4)

(4) [1]Verbleibt nach Abzug der Bodenwertverzinsung kein oder ein negativer Betrag, ist nach § 184 Absatz 3 Satz 2 BewG der Bodenwert anzusetzen (Mindestwert).

R B 185.2 Vervielfältiger

[1]Der Vervielfältiger, mit dem der Gebäudereinertrag kapitalisiert wird, bestimmt sich nach dem Liegenschaftszinssatz (§ 188 BewG, → R B 188.1) und der Restnutzungsdauer (→ R B 185.3). [2]Mathematisch handelt es sich um einen Zeitrentenbarwertfaktor einer jährlich nachschüssig zahlbaren Rente, wobei als Rente die jährlich anfallenden Reinerträge der Gebäude mit Hilfe

des Vervielfältigers kapitalisiert werden. [3]Die Vervielfältiger sind in der Anlage 21 zum BewG dargestellt. [4]Für Fälle, in denen von den Gutachterausschüssen Liegenschaftszinssätze ermittelt werden, die nicht direkt in der Anlage 21 zum BewG ausgewiesen sind, enthält diese eine Formel zur Berechnung des Vervielfältigers.

R B 185.3 Restnutzungsdauer

(1) [1]Die Restnutzungsdauer wird grundsätzlich aus dem Unterschied zwischen der typisierten wirtschaftlichen Gesamtnutzungsdauer und dem Alter des Gebäudes am Bewertungsstichtag ermittelt. [2]Es bestehen aus Vereinfachungsgründen keine Bedenken, das Alter des Gebäudes durch Abzug des Jahres der Bezugsfertigkeit des Gebäudes (Baujahr) vom Jahr des Bewertungsstichtags zu bestimmen.

(2) [1]Die typisierte wirtschaftliche Gesamtnutzungsdauer eines Gebäudes ist der Anlage 22 zum BewG zu entnehmen. [2]Sie richtet sich nach der Grundstücksart im Sinne des § 181 BewG und den in der Anlage 22 zum BewG ausgewiesenen Gebäudearten. [3]Die Gesamtnutzungsdauer für nicht aufgeführte Gebäudearten ist aus der Gesamtnutzungsdauer vergleichbarer Gebäudearten abzuleiten. [4]Wird ein Gebäude mit nichtselbstständigen Gebäudeteilen unterschiedlich genutzt, ist die Wahl der maßgeblichen wirtschaftlichen Gesamtnutzungsdauer entsprechend der Grundstücksart des § 181 BewG wie folgt vorzunehmen:

1. [1]Handelt es sich bei der zu bewertenden wirtschaftlichen Einheit um ein Mietwohngrundstück, ist die typisierte wirtschaftliche Gesamtnutzungsdauer für Mietwohngrundstücke in Höhe von 70 Jahren anzunehmen. [2]Dies gilt unabhängig davon, ob im Gebäude enthaltene Räume (z.B. Verkaufsräume oder Büros) für Zwecke genutzt werden, für die eine abweichende wirtschaftliche Gesamtnutzungsdauer anzunehmen wäre.
2. [1]Handelt es sich bei der zu bewertenden wirtschaftlichen Einheit um ein Geschäftsgrundstück, das aus einem Gebäude mit nicht selbstständigen Gebäudeteilen verschiedener Bauart oder Nutzung (z.B. geschossweise unterschiedliche Bauart, Tiefgarage unter Bankgebäude) besteht, ist zur Ermittlung einer einheitlichen Restnutzungsdauer die typisierte wirtschaftliche Gesamtnutzungsdauer für Geschäftsgrundstücke laut Anlage 22 zum BewG anzunehmen, die dem durch die Hauptnutzung des Gebäudes bestimmten Gesamtgepräge des Gebäudes entspricht. [2]Dies gilt unabhängig davon, ob im Gebäude enthaltene Räume (z.B. Wohnungen) für Zwecke genutzt werden, für die eine abweichende wirtschaftliche Gesamtnutzungsdauer anzunehmen wäre. [3]Ist keine der Nutzungen des Gebäudes prägend, ist für dieses Gebäude bei der Ermittlung der Restnutzungsdauer von der durchschnittlichen Gesamtnutzungsdauer der jeweiligen Gebäudearten der Anlage 22 zum BewG auszugehen.
3. Handelt es sich bei der zu bewertenden wirtschaftlichen Einheit um ein gemischt genutztes Grundstück, ist die typisierte wirtschaftliche Gesamtnutzungsdauer für gemischt genutzte Grundstücke in Höhe von 70 Jahren anzunehmen.

[5] Zur Bestimmung der Gesamtnutzungsdauer bei einer wirtschaftlichen Einheit mit mehreren selbstständigen Gebäuden bzw. Gebäudeteilen → R B 185.4 Abs. 2.

(3) Sind nach Bezugsfertigkeit des Gebäudes Veränderungen eingetreten, kann von einer Verlängerung (→ Absatz 4) oder Verkürzung (→ Absatz 5) der Restnutzungsdauer auszugehen sein.

(4) [1] Eine Verlängerung der Restnutzungsdauer ist nur anzunehmen, wenn in den letzten zehn Jahren durchgreifende Modernisierungen vorgenommen wurden, die nach dem Punktesystem der nachfolgenden Tabelle 1 eine überwiegende oder umfassende Modernisierung ergeben. [2] Hinsichtlich der durchgeführten Modernisierungsarbeiten ist auf die überwiegende Erneuerung bzw. Verbesserung der jeweiligen einzelnen Bauteile (Modernisierungselemente) abzustellen, die Punkte der Tabelle 1 sind für das jeweilige Bauteil folglich nur insgesamt oder gar nicht anzusetzen. [3] Die verlängerte Restnutzungsdauer ergibt sich aus den nachfolgenden Tabellen 2 bis 6. [4] Eine Interpolation ist nicht vorzunehmen. [5] Die nachfolgenden Tabellen sind für Wohngebäude und analog für Nichtwohngebäude anzuwenden.

Tabelle 1

Modernisierungselemente	**Punkte**
Dacherneuerung inkl. Verbesserung der Wärmedämmung	4
Modernisierung der Fenster und Außentüren	2
Modernisierung der Leitungssysteme (Strom, Gas, Wasser, Abwasser)	2
Modernisierung der Heizungsanlage	2
Wärmedämmung der Außenwände	4
Modernisierung von Bädern	2
Modernisierung des Innenausbaus, z. B. Decken, Fußböden, Treppen	2
Wesentliche Verbesserung der Grundrissgestaltung	2

14 bis 16 Punkte: überwiegend modernisiert
≥ 18 Punkte: umfassend modernisiert

Tabelle 2

Übliche Gesamtnutzungsdauer von 70 Jahren		
	Modernisierungsgrad	
	14 bis 16 Punkte	**≥ 18 Punkte**
Gebäudealter (Jahre)	**neue Restnutzungsdauer (Jahre)**	
≥ 10	60	62
≥ 15	57	60

Übliche Gesamtnutzungsdauer von 70 Jahren		
	Modernisierungsgrad	
	14 bis 16 Punkte	≥ 18 Punkte
Gebäudealter (Jahre)	neue Restnutzungsdauer (Jahre)	
≥ 20	54	58
≥ 25	51	57
≥ 30	49	55
≥ 35	47	54
≥ 40	45	53
≥ 45	43	52
≥ 50	42	51
≥ 55	41	50
≥ 60	40	50
≥ 65	39	49
≥ 70	38	49

Tabelle 3

Übliche Gesamtnutzungsdauer von 60 Jahren		
	Modernisierungsgrad	
	14 bis 16 Punkte	≥ 18 Punkte
Gebäudealter (Jahre)	neue Restnutzungsdauer (Jahre)	
≥ 10	50	52
≥ 15	47	51
≥ 20	45	49
≥ 25	42	48
≥ 30	40	46
≥ 35	38	45
≥ 40	37	44
≥ 45	35	43
≥ 50	34	43
≥ 55	33	42
≥ 60	33	42

Tabelle 4

Übliche Gesamtnutzungsdauer von 50 Jahren		
	Modernisierungsgrad	
	14 bis 16 Punkte	≥ 18 Punkte
Gebäudealter (Jahre)	neue Restnutzungsdauer (Jahre)	
≥ 10	41	43
≥ 15	38	41
≥ 20	36	40
≥ 25	33	39
≥ 30	32	38
≥ 35	30	37
≥ 40	29	36
≥ 45	28	35
≥ 50	27	35

Tabelle 5

Übliche Gesamtnutzungsdauer von 40 Jahren		
	Modernisierungsgrad	
	14 bis 16 Punkte	≥ 18 Punkte
Gebäudealter (Jahre)	neue Restnutzungsdauer (Jahre)	
≥ 5	35	36
≥ 10	32	34
≥ 15	29	32
≥ 20	27	31
≥ 25	25	30
≥ 30	23	29
≥ 35	22	28
≥ 40	22	28

Tabelle 6

Übliche Gesamtnutzungsdauer von 30 Jahren		
	Modernisierungsgrad	
	14 bis 16 Punkte	≥ 18 Punkte
Gebäudealter (Jahre)	neue Restnutzungsdauer (Jahre)	
≥ 5	25	26
≥ 10	22	25

Übliche Gesamtnutzungsdauer von 30 Jahren		
	Modernisierungsgrad	
	14 bis 16 Punkte	≥ 18 Punkte
Gebäudealter (Jahre)	neue Restnutzungsdauer (Jahre)	
≥ 15	20	23
≥ 20	18	22
≥ 25	17	21
≥ 30	16	21

(5) [1]Eine Verkürzung der Restnutzungsdauer kommt nur bei bestehender Abbruchverpflichtung für das Gebäude in Betracht. [2]Baumängel und Bauschäden oder wirtschaftliche Gegebenheiten können im typisierenden Bewertungsverfahren zu keiner Verkürzung der Restnutzungsdauer führen.

(6) [1]Die Restnutzungsdauer eines noch nutzbaren Gebäudes beträgt nach § 185 Absatz 3 Satz 5 BewG regelmäßig noch mindestens 30 Prozent der wirtschaftlichen Gesamtnutzungsdauer. [2]Die Regelung unterstellt einen durchschnittlichen Erhaltungszustand und macht insbesondere bei älteren Gebäuden in vielen Fällen die Prüfung entbehrlich, ob die restliche Lebensdauer infolge baulicher Maßnahmen verlängert wurde. [3]Bei bestehender Abbruchverpflichtung für das Gebäude kann die Mindest-Restnutzungsdauer jedoch unterschritten werden.

R B 185.4 Grundstück mit mehreren Gebäuden bzw. Gebäudeteilen

(1) Besteht eine wirtschaftliche Einheit aus mehreren Gebäuden oder Gebäudeteilen mit einer gewissen baulichen Selbstständigkeit, die eine verschiedene Bauart aufweisen, unterschiedlich genutzt werden oder die in verschiedenen Jahren bezugsfertig geworden sind, können sich unterschiedliche Restnutzungsdauern ergeben.

(2) Die typisierte wirtschaftliche Gesamtnutzungsdauer bestimmt sich bei einer wirtschaftlichen Einheit aus mehreren selbstständigen Gebäuden bzw. Gebäudeteilen unter Berücksichtigung der Grundstücksarten nach § 181 BewG wie folgt:

1. [1]Bei Mietwohngrundstücken gilt für alle Gebäude bzw. Gebäudeteile – unabhängig von ihrer Nutzung – eine Gesamtnutzungsdauer von 70 Jahren. [2]Dies gilt auch für Garagen und Nebengebäude. [3]Liegen keine anderweitigen Erkenntnisse vor, bestehen keine Bedenken, bei Garagen und Nebengebäuden die Bezugsfertigkeit im Zeitpunkt der Bezugsfertigkeit des Hauptgebäudes zu unterstellen.
2. Bei Geschäftsgrundstücken und gemischt genutzten Grundstücken mit mehreren selbstständigen Gebäuden bzw. Gebäudeteilen können sich – je nach Nutzung – unterschiedliche Gesamtnutzungsdauern ergeben.

(3) Ergeben sich bei einer wirtschaftlichen Einheit aus mehreren selbstständigen Gebäuden bzw. Gebäudeteilen unterschiedliche Restnutzungsdauern, ist

eine gewogene Restnutzungsdauer unter Berücksichtigung der jeweiligen Roherträge zu ermitteln.

(4) Können die Roherträge nur mit einem unverhältnismäßig hohen Aufwand den einzelnen selbstständigen Gebäuden bzw. Gebäudeteilen zugeordnet werden (z.B. bei Vermietung sämtlicher Gebäude zu einem Gesamtentgelt), bestehen keine Bedenken, von einer nach Wohn- bzw. Nutzflächen gewichteten Restnutzungsdauer auszugehen.

(5) [1]Anbauten teilen im Allgemeinen auf Grund ihrer Bauart oder Nutzung das Schicksal des Hauptgebäudes. [2]Ist dagegen anzunehmen, dass ein Erweiterungsbau nach Größe, Bauart oder Nutzung eine andere Restnutzungsdauer als das Hauptgebäude haben wird, gelten die Absätze 1 bis 4 entsprechend. [3]Für Aufstockungen ist im Allgemeinen das Baujahr der unteren Geschosse zu Grunde zu legen. [4]Es ist jedoch zu prüfen, ob durch die baulichen Maßnahmen die Restnutzungsdauer des Gebäudes verlängert worden ist.

(6) [1]Bei einer wirtschaftlichen Einheit mit mehreren nichtselbstständigen Gebäuden bzw. Gebäudeteilen ist von einer einheitlichen Restnutzungsdauer auszugehen. [2]Zur Bestimmung der wirtschaftlichen Gesamtnutzungsdauer gelten R B 185.3 Absatz 2 Sätze 1 bis 4 entsprechend.

(7) Auf R B 182 Absatz 5 wird verwiesen.

H B 185.4

Formel zur Ermittlung der gewogenen Restnutzungsdauer.

$$RND_{gewogen} = \frac{RoG_1 \times RND_1 + RoG_n \times RND_n}{RoG_1 + RoG_n}$$

RND = Restnutzungsdauer
RoG = Rohertrag des Gebäudes/Gebäudeteils

Formel zur Ermittlung der gewichteten Restnutzungsdauer.

$$RND_{gewichtet} = \frac{WF/NF_1 \times RND_1 + WF/NF_n \times RND_n}{WF/NF_1 + WF/NF_n}$$

RND = Restnutzungsdauer
WF/NF = Wohn- bzw. Nutzfläche des Gebäudes/Gebäudeteils

Gebäudemix.

Beispiel 1 (gewogene Restnutzungsdauer):

Der Grundbesitzwert (Ertragswert) für ein Geschäftsgrundstück (Bodenwert: 300 000 EUR), bebaut mit einem Verwaltungsgebäude (jährlicher Rohertrag: 100 000 EUR, Baujahr 1999) und einem Industriegebäude (jährlicher Rohertrag: 40 000 EUR, Baujahr 1999), ermittelt sich am Bewertungsstichtag (1.2.2018) wie folgt:

1. Ermittlung der gewogenen Restnutzungsdauer:

Verwaltungsgebäude:	wirtsch. Gesamtnutzungsdauer (Anlage 22 zum BewG)	60 Jahre
	abzüglich Alter am Bewertungsstichtag	./. 19 Jahre
	Restnutzungsdauer	41 Jahre

Industriegebäude:	wirtsch. Gesamtnutzungsdauer (Anlage 22 zum BewG)	40 Jahre
	abzüglich Alter am Bewertungsstichtag	./. 19 Jahre
	Restnutzungsdauer	21 Jahre

(Mindest-Restnutzungsdauer nach § 185 Abs. 3 Satz 5 BewG jeweils überschritten)

$$RND_{gewogen} = \frac{RoG_1\ (100\,000\ EUR) \times RND_1\ (41\ Jahre) + RoG_2\ (40\,000\ EUR) \times RND_2\ (21\ Jahre)}{RoG_1\ (100\,000\ EUR) + RoG_2\ (40\,000\ EUR)}$$

$RND_{gewogen} = 35{,}29 =$ rd. 35 Jahre

2. Grundbesitzwert:

Rohertrag (100 000 EUR + 40 000 EUR =)		140 000 EUR
abzüglich Bewirtschaftungskosten 22 % (Anlage 23 zum BewG: Geschäftsgrundstück, 35 Jahre RND)	./.	30 800 EUR
Reinertrag des Grundstücks		109 200 EUR
abzüglich Bodenwertverzinsung (§ 188 Abs. 2 Satz 2 Nr. 4 BewG: Liegenschaftszinssatz 6,5 % × 300 000 EUR Bodenwert)	./.	19 500 EUR
Gebäudereinertrag		89 700 EUR
Vervielfältiger 13,69 (Anlage 21 zum BewG: $RND_{gewogen}$ 35 Jahre, Liegenschaftszinssatz 6,5 %)		× 13,69
Gebäudeertragswert		1 227 993 EUR
Bodenwert (300 000 EUR)	+	300 000 EUR
Ertragswert/Grundbesitzwert		1 527 993 EUR

Beispiel 2 (gewichtete Restnutzungsdauer):

Das Geschäftsgrundstück nach Beispiel 1 wurde zu einem jährlichen Gesamtentgelt in Höhe von 140 000 EUR vermietet. Das Verwaltungsgebäude hat eine Nutzfläche von 1 000 m² und das Industriegebäude eine Nutzfläche von 800 m².

1. Ermittlung der gewichteten Restnutzungsdauer:

Verwaltungsgebäude:	wirtsch. Gesamtnutzungsdauer (Anlage 22 BewG)	60 Jahre
	abzüglich Alter am Bewertungsstichtag	./. 19 Jahre
	Restnutzungsdauer	41 Jahre
Industriegebäude:	wirtsch. Gesamtnutzungsdauer (Anlage 22 BewG)	40 Jahre
	abzüglich Alter am Bewertungsstichtag	./. 19 Jahre
	Restnutzungsdauer	21 Jahre

(Mindest-Restnutzungsdauer nach § 185 Abs. 3 Satz 5 BewG jeweils überschritten)

$$RND_{gewichtet} = \frac{NF_1\ (1\,000\ m^2) \times RND_1\ (41\ Jahre) + NF_2\ (800\ m^2) \times RND_2\ (21\ Jahre)}{NF_1\ (1\,000\ m^2) + NF_2\ (800\ m^2)}$$

$RND_{gewichtet} = 32{,}11 =$ rd. 32 Jahre

2. Grundbesitzwert:

Rohertrag (140 000 EUR)		140 000 EUR
abzüglich Bewirtschaftungskosten 22 % (Anlage 23 zum BewG: Geschäftsgrundstück, 38 Jahre RND)	./.	30 800 EUR
Reinertrag des Grundstücks		109 200 EUR

abzüglich Bodenwertverzinsung (§ 188 Abs. 2 Satz 2 Nr. 4 BewG: Liegenschaftszinssatz 6,5 % × 300 000 EUR Bodenwert)	./.	19 500 EUR
Gebäudereinertrag		89 700 EUR
Vervielfältiger 13,33 (Anlage 21 zum BewG: $RND_{gewichtet}$ 32 Jahre, Liegenschaftszinssatz 6,5 %)		× 13,33
Gebäudeertragswert		1 195 701 EUR
Bodenwert (300 000 EUR)	+	300 000 EUR
Ertragswert/Grundbesitzwert		1 495 701 EUR

Zu § 186 BewG

R B 186.1 Rohertrag

(1) [1]Rohertrag ist das Entgelt, das der Mieter oder Pächter für die Benutzung des bebauten Grundstücks nach den am Bewertungsstichtag geltenden vertraglichen Vereinbarungen, umgerechnet auf zwölf Monate, zu zahlen hat. [2]Das gilt auch für öffentlich geförderte Wohnungen. [3]Neben der vertraglich vereinbarten Miete rechnen zum Entgelt auch

- Mieteinnahmen für Stellplätze,
- Mieteinnahmen für Nebengebäude, z. B. für Garagen,
- Vergütungen für außergewöhnliche Nebenleistungen des Vermieters, die nicht die Raumnutzung betreffen, aber neben der Raumnutzung auf Grund des Mietvertrags gewährt werden (z. B. Reklamenutzung sowie für das Aufstellen von Automaten),
- Vergütungen für Nebenleistungen, die zwar die Raumnutzung betreffen, jedoch nur einzelnen Mietern zugutekommen (z. B. zusätzliche Mieteinnahmen für die Verkabelung des Gebäudes zwecks Datenfernübertragung, für den Einbau einer Klimaanlage oder für die Nutzung eines Schwimmbads),
- Untermietzuschläge,
- Baukostenzuschüsse und Mietvorauszahlungen, soweit sie auf die Miete anzurechnen sind,
- Zahlungen des Mieters an Dritte für den Eigentümer, soweit es sich nicht um Betriebskosten im Sinne des § 27 der II. BV oder der Betriebskostenverordnung (BetrKV) handelt (z. B. Erschließungskosten),
- Leistungen des Mieters, die nicht in Geld bestehen, soweit sie nicht gleichzeitig als Betriebskosten zu berücksichtigen wären (z. B. die Übernahme der Grundstücksverwaltung),
- um Neben- und Betriebskosten bereinigte Leasing-Raten, soweit sie auf die Überlassung des Grundstücks entfallen.

[4]Nicht in das Entgelt einzubeziehen sind insbesondere

- Umlagen, die zur Deckung der Betriebskosten gezahlt werden (→ R B 186.2 und R B 187.1),
- Einnahmen für die Überlassung von Maschinen und Betriebsvorrichtungen,
- Einnahmen für die Überlassung von Einrichtungsgegenständen (z. B. bei möblierten Wohnungen, Ferienwohnungen, Studentenwohnheimen),
- Dienstleistungen, die nicht die Grundstücksnutzung betreffen (Reinigungsdienste),

– Zuzahlungen Dritter außerhalb des Mietverhältnisses (z. B. bei Bauherrengemeinschaften Zahlungen des Mietgarantiegebers),
– Aufwendungszuschüsse im öffentlich geförderten Wohnungsbau,
– die Umsatzsteuer.

[5] Bei dem Entgelt handelt es sich um eine Sollmiete. [6] Auf die tatsächlich gezahlte Miete kommt es nicht an. [7] Bei Mietausfall ist somit trotz des geringeren Ertrags eine Bewertung auf der Grundlage der vereinbarten Miete vorzunehmen. [8] Bei mehrstöckigen Mietverhältnissen berechnet sich die Jahresmiete nach den Beträgen, die der oder die Mieter (Hauptmieter) an den Vermieter (Eigentümer) vereinbarungsgemäß zu zahlen haben. [9] Hierzu zählen auch Untermietzuschläge.

(2) [1] In den Fällen der Betriebsaufspaltung ist vorbehaltlich des § 186 Absatz 2 Satz 1 Nummer 2 BewG von der zwischen dem Besitzunternehmen und dem Betriebsunternehmen vertraglich vereinbarten Miete auszugehen. [2] Ist das Grundstück oder ein Teil davon am Bewertungsstichtag nicht vermietet (z. B. Leerstand bei Mieterwechsel oder wegen Modernisierung), ist die übliche Miete anzusetzen.

H B 186.1

Betriebsaufspaltung.

Beispiel:

U vermietet als Eigentümer ein Geschäftsgrundstück an die U-GmbH zur Ausübung ihrer gewerblichen Tätigkeit (tatsächliche Miete 20 EUR/m² Nutzfläche). U ist Alleingesellschafter der U-GmbH. Auf Grund der personellen und sachlichen Verflechtung liegt eine Betriebsaufspaltung vor. Am 15.1.2018 stirbt U, Erbe ist S. Die übliche Miete beträgt 14 EUR/m².

Da die zwischen Besitz- und Betriebsunternehmen vereinbarte Miete um mehr als 20 % von der üblichen Miete abweicht (Abweichung rd. 43 %), ist die übliche Miete nach § 186 Absatz 2 Satz 1 Nummer 2 BewG zum Bewertungsstichtag anzusetzen.

Gestaffelte Mietänderung.

Beispiel:

V vermietete als Eigentümer ab dem 1.6.2016 langfristig ein Laborgebäude mit einer Nutzfläche von 120 m². Die vereinbarte monatliche Nettokaltmiete betrug 800 EUR. Zum jeweils 1.6. eines Jahres sieht der Mietvertrag eine Steigerung der vereinbarten Nettokaltmiete in Höhe von 0,20 EUR je m² Wohnfläche vor. Am 31.1.2018 verstarb V.

Das vereinbarte Entgelt zum Bewertungsstichtag am 31.1.2018 ermittelt sich wie folgt:

vereinbarte monatliche Miete (800 EUR × 12)	9 600 EUR
Mietsteigerung zum 1.6.2017 (0,20 EUR × 120 m² × 12)	+ 288 EUR
Entgelt nach § 186 Absatz 1 BewG	9 888 EUR

Mehrstöckige Mietverhältnisse.

Beispiel:

A (Eigentümer) hat an B (Hauptmieter/Untervermieter) langfristig ein Gewerbegrundstück vermietet. B ging mit Zustimmung des A ein Untermietverhältnis mit C (Untermieter) ein. Die Miete aus dem Untermietvertrag ist höher als die zwischen Eigentümer und Hauptmieter vereinbarte. Sie betrug im Bewertungsstichtag monatlich 7 200 EUR (zuzüglich der USt). Die Miete aus dem Hauptmietvertrag belief sich auf 3 400 EUR monatlich. Ausweislich eines Nachtrags zum Hauptmietvertrag steht dem Eigentümer die Hälfte aus dem Untervermietungsgewinn zu. Der Rohertrag im Sinne des § 186 BewG ist wie folgt zu berechnen:

Mietzins des Untermieters	7 200 EUR
Mietzins des Hauptmieters	./. 3 400 EUR
Überschuss aus Weitervermietung	3 800 EUR
davon 50 %	1 900 EUR
Miete aus dem Hauptmietvertrag	3 400 EUR
50 % aus dem Überschuss der Weitervermietung	+ 1 900 EUR
Mietertrag des Eigentümers im Monat	5 300 EUR
Entgelt (5 300 EUR × 12 =)	63 600 EUR

Mietvorauszahlungen.

Beispiel:

V vermietet als Eigentümer langfristig ein Geschäftsgrundstück. Zwecks Finanzierung notwendiger Modernisierungsmaßnahmen vereinbaren die Vertragsparteien neben der Zahlung der monatlichen Miete in Höhe von 2000 EUR für den Zeitraum von 5 Jahren (60 Monaten) ab dem 1.2.2018 zusätzlich eine Vorauszahlung auf die erhöhte Miete. Diese beträgt nach Ablauf des Vorauszahlungszeitraums (1.2.2022) 2500 EUR. Am 1.3.2018 verschenkt V dieses Grundstück.

Das vereinbarte Entgelt zum Bewertungsstichtag am 1.3.2018 ermittelt sich wie folgt:

vereinbarte monatliche Miete (2.000 EUR × 12 =)	24 000 EUR
vereinbarte Mietvorauszahlung (30.000 EUR : 60 × 12 =)	+ 6 000 EUR
Entgelt nach § 186 Absatz 1 BewG	30 000 EUR

R B 186.2 Betriebskosten

(1) [1]Nicht zum Entgelt gehören die als Umlage gezahlten Betriebskosten im Sinne des § 27 II. BV oder der BetrKV, die neben der Miete mit dem Mieter abgerechnet werden können (umlagefähige Betriebskosten). [2]Sind die Betriebskosten ganz oder teilweise in der vereinbarten Miete enthalten, sind sie herauszurechnen. [3]Werden Betriebskosten pauschal erhoben und nicht mit dem Mieter abgerechnet, sind sie im Entgelt zu erfassen; die tatsächlich angefallenen Betriebskosten sind davon abzuziehen. [4]Instandsetzungs- und Verwaltungskosten sowie das Mietausfallwagnis (nicht umlagefähige Bewirtschaftungskosten) werden erst im Rahmen des § 187 BewG berücksichtigt.

(2) [1]Werden Instandsetzungs- und Instandhaltungskosten jedoch vom Mieter getragen (Triple-Net-Vereinbarungen), sind diese Kosten – ggf. mit einem pauschalen Zuschlag – in die Jahresmiete einzurechnen. [2]Dies gilt nicht für die üblichen Schönheitsreparaturen bei Wohnraum.

H B 186.2

Betriebskosten. Aufstellung der Betriebskosten → Anlage 3 zu § 27 Absatz 1 II. BV und § 2 BetrKV.

R B 186.3 Vermietung zu gewerblichen, freiberuflichen oder öffentlichen Zwecken

Die Grundsätze der R B 186.1 und R B 186.2 gelten entsprechend für gewerblich, freiberuflich oder öffentlich genutzte Grundstücke oder Grundstücksteile.

R B 186.4 Ansatz der üblichen Miete

(1) [1]Die übliche Miete ist nach § 186 Absatz 2 BewG in den Fällen anzusetzen, in denen Grundstücke oder Grundstücksteile
- eigengenutzt,
- ungenutzt,
- zu vorübergehendem Gebrauch überlassen,
- unentgeltlich überlassen sind oder
- zu einer um mehr als 20 Prozent von der üblichen Miete abweichenden tatsächlichen Miete überlassen werden.

(2) [1]Der Ansatz der üblichen Miete bei der Nutzung durch den Eigentümer gilt nicht nur für Wohnräume, sondern auch für gewerblich oder freiberuflich genutzte Räume. [2]Deshalb ist z. B. das vom Grundstückseigentümer selbst genutzte Bürohaus und der selbst genutzte Laden unter Ansatz der üblichen Miete zu bewerten. [3]Die übliche Miete ist auch dann anzusetzen, wenn ein Grundstück oder ein Grundstücksteil an andere unentgeltlich zur Nutzung überlassen wird, unabhängig davon, ob es sich bei den anderen um Angehörige des Grundstückseigentümers oder um fremde Dritte handelt. [4]Auf die Art der Nutzung des Grundstücks oder des Grundstücksteils kommt es nicht an. [5]Ungenutzt ist ein Grundstück, wenn kein Mietvertragsverhältnis vorliegt und es leer steht. [6]Vorübergehender Gebrauch liegt vor, wenn die Vermietungen typischerweise unter zwölf Monaten erfolgen, wie z. B. bei Vermietungen von Ferienwohnungen. [7]Die Gründe, die zu der Abweichung der tatsächlichen Miete von der üblichen Miete um mehr als 20 Prozent nach unten oder oben geführt haben, sind unbeachtlich.

(3) [1]Die übliche Miete ist in Anlehnung an die Miete zu schätzen, die für Räume gleicher oder ähnlicher Art, Lage und Ausstattung regelmäßig gezahlt wird (§ 186 Absatz 2 Satz 2 BewG). [2]Der Begriff „Ausstattung“ beinhaltet nicht den baulichen Zustand des Gebäudes bezogen auf Baumängel bzw. Bauschäden. [3]Bei der für die übliche Miete maßgebenden Ausstattung handelt es sich um die baualterstypischen, mietwertbestimmenden Merkmale eines Grundstücks wie z. B. Elektro-, Sanitär- und Heizungsinstallationen. [4]Betriebskosten sind hierbei nicht einzubeziehen (§ 186 Absatz 2 Satz 3 BewG). [5]Bei der Schätzung der üblichen Miete für frei finanzierte Wohnungen bleiben Mieten außer Betracht, die auf ungewöhnlichen oder persönlichen Verhältnissen beruhen oder für Wohnungen gelten, die mit öffentlichen Mitteln gefördert worden sind. [6]Die übliche Miete für Wohnungen im öffentlich geförderten Wohnungsbau ist aus der Miete vergleichbarer preisgebundener Wohnungen abzuleiten.

R B 186.5 Ermittlung der üblichen Miete

(1) [1]Die übliche Miete kann aus Vergleichsmieten oder Mietspiegeln abgeleitet, mit Hilfe einer Mietdatenbank (§ 558e BGB) geschätzt oder durch ein Mietgutachten ermittelt werden. [2]Bei Garagen ist als übliche Miete regelmäßig ein Festwert pro Stellplatz anzusetzen.

(2) [1]Die Ableitung der üblichen Miete aus Vergleichsmieten kommt unter Berücksichtigung des § 186 Absatz 2 Satz 1 Nummer 2 BewG insbesondere in Betracht, wenn

1. sich unter § 186 Absatz 2 Satz 1 fallende und vermietete Räumlichkeiten in einem Objekt befinden. [2]Die übliche Miete kann bei vergleichbarer Ausstattung aus der vereinbarten Jahresmiete abgeleitet werden. [3]Dies ist z.B. in einem Mietwohngrundstück möglich, in dem eine Wohnung selbstgenutzt und zumindest eine vermietete Wohnung in ihrer Ausstattung vergleichbar ist und die Miete für die vermietete Wohnung im gewöhnlichen Geschäftsverkehr zustande gekommen ist;
2. der Steuerpflichtige Eigentümer mehrerer Objekte ist, die in unmittelbarer Nachbarschaft zu dem eigengenutzten Objekt belegen sind. [2]Auch hier kann die übliche Miete aus den Vergleichsmieten der vermieteten Objekte abgeleitet werden. [3]Dazu muss der Steuerpflichtige die Vergleichsobjekte dem Finanzamt benennen;
3. dem Finanzamt Vergleichsmieten vorliegen, z.B. aus ertragsteuerlichen Unterlagen.

[2]§ 30 AO ist zu beachten.

(3) [1]Liegt ein nach § 558d BGB erstellter Mietspiegel vor, kann bei der Ableitung der üblichen Miete auf diesen zurückgegriffen werden, wenn dieser Mietspiegel für den Bewertungsstichtag gilt. [2]Bei anderen Mietspiegeln (z.B. einfache Mietspiegel nach § 558c BGB) ist darauf zu achten, dass sie einen repräsentativen Querschnitt der ortsüblichen Entgelte vergleichbarer Wohnungen oder Räumlichkeiten enthalten. [3]Sofern der Mietspiegel Mietentgelte einschließlich der Betriebskosten ausweist, müssen die Betriebskosten mit den dort angegebenen Beträgen herausgerechnet werden.

(4) Nach § 558e BGB handelt es sich bei einer Mietdatenbank um eine zur Ermittlung der ortsüblichen Vergleichsmiete fortlaufend geführte Sammlung von Mieten, die von der Gemeinde oder von Interessenvertretern der Vermieter und Mieter gemeinsam geführt oder anerkannt wird und aus der Auskünfte gegeben werden, die für einzelne Wohnungen einen Schluss auf die ortsübliche Vergleichsmiete zulassen.

(5) [1]Der Steuerpflichtige kann die übliche Miete durch ein Mietgutachten nachweisen. [2]Das Mietgutachten ist von einem Sachverständigen oder dem zuständigen Gutachterausschuss zu erstellen.

(6) [1]Befinden sich in einem Mietwohngrundstück Ferienwohnungen, ist die übliche Miete insoweit nach der saisonabhängigen Miete unter Berücksichtigung der üblichen Auslastung zu ermitteln. [2]Zeiten der Selbstnutzung sind in die durchschnittliche Auslastung des Objekts einzubeziehen. [3]Leerstandszeiten sind im zeitlichen Verhältnis der tatsächlichen Selbstnutzung zur tatsächlichen Vermietung aufzuteilen. [4]Entgelte für die Überlassung von Einrichtungsgegenständen oder sonstige Dienst- und Sachleistungen (z.B. Gestellung von Frühstück und Bettwäsche/Handtüchern, Endreinigung und Umlage von Nebenkosten sowie Gepäcktransfer) sind bei der Ermittlung der üblichen Miete nicht zu berücksichtigen (→ R B 186.1 Absatz 1 Satz 4).

(7) Ist ein Grundstück oder ein Teil davon am Bewertungsstichtag wegen Modernisierungsarbeiten nicht vermietet, ist die übliche Miete ausgehend vom Zustand des Grundstücks oder Grundstücksteils vor der Modernisierung zu ermitteln.

H B 186.5

Bekanntgabe der Vergleichsgrundstücke. → BFH vom 18.11.1998 II R 79/96, BStBl. 1999 II S. 10.

Ermittlung der üblichen Miete in einem Mietwohngrundstück.

Beispiel:

In einem Mietwohngrundstück befinden sich vier vergleichbare Wohnungen. Drei Wohnungen sind vermietet, zu 5, 7 und 10 EUR/m^2 Wohnfläche. Eine Wohnung ist selbstgenutzt. Die übliche Miete für vergleichbare Wohnungen beträgt nach dem Mietspiegel 11 EUR/m^2.

Wohnung	Vereinbarte Nettokaltmiete	Abweichung zur üblichen Miete von 11 EUR	Anzusetzende Miete
WE 1	5 EUR	54%	11 EUR
WE 2	7 EUR	36%	11 EUR
WE 3	10 EUR	9%	10 EUR
WE 4	– (eigengenutzt)		11 EUR

Mietermittlung in den Fällen der vorübergehenden Gebrauchsüberlassung.

Beispiel:

V besitzt eine Ferienwohnung, die zum vorübergehenden Gebrauch dauernd wechselnden Mietern überlassen wird.

Zeitraum	Miete pro Woche	Anzahl der Wochen der jeweiligen Saison	Durchschnittliche Auslastung des Objektes (einschließlich Zeiten der Selbstnutzung und des anteiligen Leerstandes)	Übliche Miete (Spalte 2 × Spalte 3 × Spalte 4)
1	2	3	4	5
Vor-/Nachsaison	230 EUR	12	40%	1 104 EUR
Hauptsaison	300 EUR	12	80%	+ 2 880 EUR
Nebensaison	200 EUR	28	20%	+ 1 120 EUR
Summe		52		5 104 EUR

Als übliche Miete im Bewertungsstichtag für den Zeitraum von 12 Monaten ist ein Betrag von 5 104 EUR anzusetzen.

Mietspiegel. In Mietspiegeln wird häufig der um Ausreißer bereinigte Durchschnitt aller erhobenen Mietwerte in Form des Mittelwertes veröffentlicht. Zusätzlich werden Mietspannen angegeben, um den Besonderheiten des Einzelfalls besser Rechnung tragen zu können. Grundsätzlich ist der im Mietspiegel ausgewiesene gewichtete Mittelwert anzusetzen. Bei ausreichenden Anhaltspunkten für einen konkreten niedrigeren oder höheren Wert ist dieser Wert anzusetzen. Für die Überprüfung der Ortsüblichkeit von tatsächlich erzielten Mieten ist auf den jeweils unteren Wert oder den jeweils oberen Wert der Spanne abzustellen. D. h. eine Miete, die mehr als 20% niedriger ist als der untere Wert der Spanne bzw. die mehr als 20% höher ist als der obere Wert der Spanne, ist nicht mehr ortsüblich.

Zuordnung der Leerstandszeiten bei Ferienwohnungen. → BFH vom 6.11.2001 IX R 97/00, BStBl. 2002 II S. 726.

Zu § 187 BewG

R B 187 Bewirtschaftungskosten

(1) [1]Die im Rahmen des Ertragswertverfahrens anzusetzenden Bewirtschaftungskosten sind die bei gewöhnlicher Bewirtschaftung nachhaltig entstehenden Verwaltungskosten, Betriebskosten, Instandhaltungskosten und das Mietausfallwagnis; durch Umlagen oder sonstige Kostenübernahmen gedeckte Kosten bleiben unberücksichtigt. [2]Zinsen für Hypothekendarlehen und Grundschulden oder sonstige Zahlungen für auf dem Grundstück lastende privatrechtliche Verpflichtungen bleiben ebenfalls außer Ansatz.

(2) [1]Die Bewirtschaftungskosten sind pauschal mit Erfahrungssätzen anzusetzen; die tatsächlich entstandenen Kosten sind nicht zu berücksichtigen. [2]Sofern vom Gutachterausschuss geeignete Erfahrungssätze vorliegen, sind diese zu Grunde zu legen. [3]Stehen diese nicht zur Verfügung, ist von den pauschalierten Bewirtschaftungskosten nach Anlage 23 zum BewG auszugehen. [4]Maßgebend für die Anwendung der Anlage 23 zum BewG sind die Grundstücksart und die Restnutzungsdauer des Gebäudes. [5]Die Mindest-Restnutzungsdauer nach § 185 Absatz 3 Satz 5 BewG ist hierbei zu berücksichtigen.

H B 187 (2)

Bewirtschaftungskosten nach der II. BV. Die Bewirtschaftungskosten nach der II. BV können als geeignete Erfahrungssätze angesehen werden, wenn deren Anwendung bei der Ableitung der Liegenschaftszinssätze durch den Gutachterausschuss im Grundstücksmarktbericht mit dem örtlichen Marktgeschehen begründet wird. Ein alleiniger Hinweis auf die Ansätze der II. BV im Modell zur Ableitung des Liegenschaftszinssatzes genügt nicht. Die Spannenangaben der II. BV müssen darüber hinaus nachvollziehbar konkretisiert sein (z.B. Ansatz der Höchstwerte nach der II. BV, Verzicht auf die Zu- und Abschläge zu den Instandhaltungskosten, Festwerte bzw. andere nachvollziehbare feste Modellannahmen).

Zu § 188 BewG

R B 188 Liegenschaftszinssatz

(1) [1]Die Liegenschaftszinssätze sind die Zinssätze, mit denen Verkehrswerte von Grundstücken je nach Grundstücksart im Durchschnitt marktüblich verzinst werden (→ § 14 Absatz 3 Satz 1 ImmoWertV). [2]Mit den Liegenschaftszinssätzen werden die allgemein vom Grundstücksmarkt erwarteten künftigen Entwicklungen, insbesondere der Ertrags- und Wertverhältnisse sowie der üblichen steuerlichen Rahmenbedingungen, berücksichtigt.

(2) [1]Der angemessene und nutzungstypische Liegenschaftszinssatz ist nach der Grundstücksart (§ 181 BewG, → R B 181.1) und der Lage auf dem Grundstücksmarkt zu bestimmen. [2]Dabei ist vorrangig auf den für diese Grundstücksart vom Gutachterausschuss für Grundstückswerte ermittelten und veröffentlichten Liegenschaftszinssatz zurückzugreifen. [3]Werden durch den Gutachterausschuss keine geeigneten Liegenschaftszinssätze ermittelt, so sind die typisierten Liegenschaftszinssätze des § 188 Absatz 2 Satz 2 BewG anzuwenden.

H B 188 (2)

Liegenschaftszinssatz in Spannen. Sind von den Gutachterausschüssen Liegenschaftszinssätze ausschließlich in Wertspannen veröffentlicht worden, bestehen keine Bedenken, folgende Vereinfachungsregeln anzuwenden:

1. Liegt der gesetzliche Liegenschaftszinssatz nach § 188 Absatz 2 Satz 2 Nummer 1 bis 4 BewG innerhalb der vom Gutachterausschuss angegebenen Spanne, ist der gesetzliche Liegenschaftszinssatz der Grundbesitzbewertung zu Grunde zu legen.
2. Liegt der gesetzliche Zinssatz außerhalb der Spanne, ist der Liegenschaftszinssatz innerhalb der Spanne zu wählen, der dem gesetzlichen Liegenschaftszinssatz am nächsten liegt. Dies ist der obere oder untere Grenzwert der Spanne.

Kein Liegenschaftszinssatz in Spannen liegt beispielsweise vor, wenn der Gutachterausschuss den Liegenschaftszinssatz als festen Wert vorgibt und zusätzlich nach oben und nach unten eine Standardabweichung benennt. In diesem Fall ist als Liegenschaftszinssatz der vorgegebene Wert anzusetzen. Entsprechendes gilt, wenn der Liegenschaftszinssatz aus grafischen Darstellungen oder Tabellen im Grundstücksmarktbericht spezifiziert werden kann.

Liegenschaftszinssatz (maßgebende Grundstücksart). Bei der Bestimmung des zutreffenden Liegenschaftszinssatzes ist zunächst von der Grundstücksart auszugehen, die nach dem Bewertungsgesetz maßgebend ist. Sofern der Gutachterausschuss bei der Veröffentlichung der Liegenschaftszinssätze eine von den Grundstücksarten des Bewertungsgesetzes abweichende Unterteilung der Grundstückstypen vornimmt, ist zu prüfen, ob diese Abweichung beim Ansatz des maßgebenden Liegenschaftszinssatzes berücksichtigt werden kann. Können die vom Gutachterausschuss ermittelten Liegenschaftszinssätze den bewertungsrechtlich maßgebenden Grundstücksarten nicht zugeordnet werden, sind die Liegenschaftszinssätze des § 188 Absatz 2 Satz 2 BewG maßgebend.

Beispiel:

Ein bebautes Grundstück in Geschäftslage verfügt im Erdgeschoss über einen Laden (80 m², 32 000 EUR Rohertrag) und in den darüber liegenden fünf Etagen über Wohnungen (insgesamt 500 m², 36 000 EUR Rohertrag). Bewertungsrechtlich ist das Grundstück ein Mietwohngrundstück, weil nach § 181 Absatz 3 BewG das Flächenverhältnis maßgebend ist. Der Gutachterausschuss hat für derartige Grundstücke jedoch lediglich den Liegenschaftszinssatz für ein „gemischt genutztes Grundstück" ausgewiesen, weil er bei der Ermittlung der Liegenschaftszinssätze das Verhältnis der Roherträge zugrunde gelegt hat. Bei der Bewertung des Mietwohngrundstücks hat das Finanzamt den Liegenschaftszinssatz anzusetzen, der vom Gutachterausschuss für gemischt genutzte Grundstücke ausgewiesen wurde.

R B 188 (3)

(3) [1] Liegenschaftszinssätze sind als geeignet anzusehen, wenn die Ableitung der Liegenschaftszinssätze weitgehend in demselben Modell erfolgt ist wie die Bewertung. [2] Es sind jeweils die Liegenschaftszinssätze anzusetzen, die vom Gutachterausschuss zuletzt vor dem Bewertungsstichtag veröffentlicht wurden.

Zu § 189 BewG

R B 189 Allgemeine Grundsätze des Sachwertverfahrens

[1]Bei Anwendung des Sachwertverfahrens (§§ 189 bis 191 BewG) ist der Gebäudesachwert getrennt vom Bodenwert auf der Grundlage von gewöhnlichen Herstellungskosten zu bemessen. [2]Der Bodenwert ist wie bei einem unbebauten Grundstück nach Maßgabe des § 179 BewG zu ermitteln. [3]Die Summe aus Gebäudesachwert und Bodenwert ergibt den vorläufigen Sachwert, der zur Anpassung an den gemeinen Wert mit einer Wertzahl nach § 191 BewG zu multiplizieren ist. [4]Der Wert der sonstigen baulichen Anlagen, insbesondere der Außenanlagen, und der Wert der sonstigen Anlagen, wie z.B. gärtnerische Anpflanzungen, sind regelmäßig mit dem Gebäude- und dem Bodenwert abgegolten. [5]Nur in Ausnahmefällen mit besonders werthaltigen Außenanlagen, wie z.B. ein größerer Swimmingpool, und sonstigen Anlagen werden hierfür gesonderte Wertansätze nach gewöhnlichen Herstellungskosten berücksichtigt (→ R B 190.5).

H B 189

Ablauf des Verfahrens (im Regelfall: ohne Außenanlagen und sonstige Anlagen).

Regelherstellungskosten
(§ 190 Absatz 1, Anlage 24 II., III. BewG)
×
Baupreisindex
(§ 190 Abs. 1 und 2 BewG)
×
Brutto-Grundfläche
(§ 190 Absatz 1, Anlage 24 I. BewG)
=
Gebäuderegelherstellungswert
(§ 190 Absatz 1 BewG)
./.
Alterswertminderung
(§ 190 Absatz 4 BewG)
=
Gebäudesachwert
(§ 190 Absatz 1 und 4 BewG)

Bodenrichtwert
(ggf. angepasster Bodenwert)
×
Grundstücksfläche
=
Bodenwert
(§ 179, § 189 Absatz 2 BewG)

▼ ▼

Vorläufiger Sachwert
(§ 189 Absatz 3 BewG)
×
Wertzahl
(§ 189 Absatz 3, § 191 BewG)
=
Sachwert = Grundbesitzwert
(§ 189 Absatz 3 BewG)

Bewertung im Sachwertverfahren.

Beispiel:

Ein mit einem freistehenden Einfamilienhaus (Baujahr 2004, Keller- und Erdgeschoss, Dachgeschoss ausgebaut, Gebäudestandard – alle Bauteile Standardstufe 3) bebautes Grundstück ist zum 1.2.2018 (Bewertungsstichtag) zu bewerten. Die Brutto-Grundfläche des Gebäudes beträgt 220 m². An das Haus grenzt eine nicht überdachte Terrasse (Baujahr 2006, Bruchsteinplatten mit Unterbeton) mit einer Fläche von 30 m² an. Auf dem Grundstück befinden sich außerdem eine freistehende Garage in Massivbauweise mit einer Brutto-Grundfläche von 23 m² (Baujahr 2006) und ein Außen-Schwimmbecken (Baujahr 2006, normale Ausführung) mit einer Fläche von 52 m². Das Grundstück hat eine Fläche von 700 m² und der Bodenrichtwert beträgt 200 EUR/m². Vom Gutachterausschuss stehen keine Vergleichspreise, Vergleichsfaktoren und örtlichen Sachwertfaktoren für das Grundstück zur Verfügung.

Bodenwert

Grundstücksfläche × Bodenrichtwert (700 m² × 200 EUR/m²)	140 000 EUR

Gebäudesachwert

1. freistehendes Einfamilienhaus (EFH)

Regelherstellungskosten		975 EUR/m²	
Regelherstellungskosten (aus Anlage 24 zum BewG)		835 EUR/m²	
Gebäudeart	1.01		
Standardstufe (alle Bauteile)	3		
Baupreisindex (§ 190 Abs. 1 und 2 BewG)		× 116,8/100	
Gebäudeart	1.01		
Bewertungsstichtag	2018		
Brutto-Grundfläche		× 220 m²	
Gebäuderegelherstellungswert			214 500 EUR
Alterswertminderung	20,00% (14 J. : 70 J.)		./. 42 900 EUR
Gebäudeart	1.01		
Bezugsfertigkeit des Gebäudes	2004		
Alter des Gebäudes	14 Jahre		
Wirtschaftliche Gesamtnutzungsdauer (aus Anlage 22 zum BewG)	70 Jahre		
Gebäudesachwert (Einfamilienhaus)			171 600 EUR

Mindestwertansatz nach § 190 Abs. 4 Satz 5 BewG ist überschritten (30% des Gebäuderegelherstellungswerts in Höhe von 214 500 EUR = 64 350 EUR)

2. Garage

Regelherstellungskosten		569 EUR/m²	
Regelherstellungskosten (aus Anlage 24 zum BewG)		485 EUR/m²	
Gebäudeart (Einzelgarage)	14.1		
Standardstufe (Garage in Massivbauweise)	4		
Baupreisindex (§ 190 Abs. 1 und 2 BewG)		× 117,4/100	
Gebäudeart	14.1		
Bewertungsstichtag	2018		
Brutto-Grundfläche		× 23 m²	
Regelherstellungswert			13 087 EUR
Alterswertminderung	20,00% (12 J. : 60 J.)		./. 2 618 EUR

	Garage	
Bezugsfertigkeit der Garage	2006	
Alter der Garage	12 Jahre	
Wirtschaftliche Gesamtnutzungsdauer (aus Anlage 22 zum BewG)	60 Jahre	
Gebäudesachwert (Garage)		10 469 EUR

Mindestwertansatz nach § 190 Abs. 4 Satz 5 BewG ist überschritten
(30% des Regelherstellungswerts in Höhe von 13 087 EUR = 3 926 EUR)

3. Gebäudesachwert am Bewertungsstichtag

Gebäudesachwert (Einfamilienhaus) + Gebäudesachwert (Garage)	182 069 EUR

Besonders werthaltige Außenanlagen

1. Terrasse

Regelherstellungskosten		70 EUR/m²	
Regelherstellungskosten (aus R B 190.5)		60 EUR/m²	
Wege- und Platzbefestigungen (Bruchsteinplatten mit Unterbeton)			
Baupreisindex (R B 190.4 und 190.5)		× 116,8/100	
Außenanlagen wie Wohngebäude/Gebäudeart	1.01–5.1		
Bewertungsstichtag	2018		
Fläche		× 30 m²	
Regelherstellungswert			2 100 EUR
Alterswertminderung	30,00% (12 J. : 40 J.)		./. 630 EUR
	Terrasse		
Fertigstellung	2006		
Alter	12 Jahre		
Wirtschaftliche Gesamtnutzungsdauer (aus R B 190.5)	40 Jahre		
Sachwert (Terrasse)			1 470 EUR

2. Schwimmbecken

Regelherstellungskosten		613 EUR/m²	
Regelherstellungskosten (aus R B 190.5)		525 EUR/m²	
Schwimmbecken (normale Ausführung)			
Baupreisindex (R B 190.4 und 190.5)		× 116,8/100	
Außenanlagen wie Wohngebäude/Gebäudeart	1.01–5.1		
Bewertungsstichtag	2018		
Fläche		× 52 m²	
Regelherstellungswert			31 876 EUR
Alterswertminderung	40,00% (12 J. : 30 J.)		./. 12 751 EUR
	Schwimmbecken		
Fertigstellung	2006		
Alter	12 Jahre		
Wirtschaftliche Gesamtnutzungsdauer (aus R B 190.5)	30 Jahre		
Sachwert (Schwimmbecken)			19 125 EUR

Sachwert der besonders werthaltigen Außenanlagen Sachwert (Terrasse) + Sachwert (Schwimmbecken)	20 595 EUR

Der Sachwert übersteigt 10% des Gebäudesachwerts.
(10% des Gebäudesachwerts in Höhe von 182 069 EUR = 18 206 EUR)

Vorläufiger Sachwert			342 664 EUR
Bodenwert		140 000 EUR	
Gebäudesachwert		+ 182 069 EUR	
Sachwert Außenanlagen		+ 20 595 EUR	
Summe		342 664 EUR	
Grundbesitzwert (Sachwert)			
Vorläufiger Sachwert		342 664 EUR	
Wertzahl (aus Anlage 25 zum BewG)		× 0,80	
Einfamilienhaus			
Vorläufiger Sachwert	342 664 EUR		
Bodenrichtwert	200 EUR/m²		
Grundbesitzwert			**274 131 EUR**

Zu § 190 BewG

R B 190.1 Regelherstellungskosten

(1) [1]Die Regelherstellungskosten (RHK) im Sinne des § 190 Absatz 1 BewG sind nicht die tatsächlichen, sondern die gewöhnlichen Herstellungskosten je Quadratmeter Brutto-Grundfläche einschließlich Umsatzsteuer. [2]Sie werden unterteilt nach Grundstücksarten, Gebäudearten und Gebäudestandards, wie sie in der Anlage 24, Teil II. und III., zum BewG dargestellt sind. [3]Sie wurden aus den Normalherstellungskosten 2010 (NHK 2010) abgeleitet.

H B 190.1 (1)

Umsatzsteuer. Die Berechtigung zum Vorsteuerabzug zählt zu den ungewöhnlichen und persönlichen Verhältnissen i. S. d. § 9 Absatz 2 Satz 3 BewG (→ BFH vom 30.6.2010 II R 60/08, BStBl. II S. 897).

R B 190.1 (2)

(2) [1]Die NHK 2010 und infolgedessen die RHK stellen Bundesmittelwerte dar, d. h., es handelt sich um Durchschnittswerte für das gesamte Bundesgebiet. [2]Eine Regionalisierung der Regelherstellungskosten mittels sog. Regionalisierungs- und Ortsgrößenfaktoren erfolgt nicht. [3]Die Berücksichtigung der örtlichen Marktverhältnisse erfolgt ausschließlich über die Anwendung der Wertzahl nach § 191 BewG.

R B 190.2 Gebäudeart

(1) [1]Bei der Ermittlung der nach Anlage 24, Teil II., zum BewG anzunehmenden Gebäudeart ist auf das gesamte Gebäude oder einen baulich selbstständig abgrenzbaren Teil eines Gebäudes (Gebäudeteil) abzustellen. [2]Entscheidend für die Einstufung ist allein das durch die Hauptnutzung des Gebäudes/Gebäudeteils entstandene Gesamtgepräge. [3]Zur Hauptnutzung gehörende übliche Nebenräume (z. B. Lager- und Verwaltungsräume bei Warenhäusern) sind entsprechend dem Gesamtgepräge der Hauptnutzung zuzurechnen.

H B 190.2 (1)

Tiefgaragenstellplatz bei Wohnungs- und Teileigentum. Bei Wohnungs- und Teileigentum mit Tiefgaragenstellplatz wird grundsätzlich von einer wirtschaftlichen Einheit ausgegangen. Der Tiefgaragenstellplatz ist hierbei als gesonderter Gebäudeteil unter Anwendung der Regelherstellungskosten der Gebäudeart 14.3. (Tiefgaragen) zu bewerten.

Teileigentum. Bei der Bewertung von Teileigentum ist zur Bestimmung der Gebäudeart grundsätzlich auf die Nutzung des Teileigentums abzustellen. Zur Bewertung eines Teileigentums als Rechtsanwalts-, Notar- oder Arztpraxis in einem mehrgeschossigen Wohnhaus, welches baulich wie ein vergleichbares Wohnungseigentum gestaltet ist, ist es sachgerecht, die Regelherstellungskosten der Gebäudearten 4.1. bis 4.3. heranzuziehen. Befindet sich ein solches Teileigentum z.B. in einem Büro- und Geschäftsgebäude, können die Regelherstellungskosten der Gebäudearten 5.2. bis 6.1. verwandt werden.

Wohnungseigentum. Für Wohnungseigentum in Gebäuden, die wie Ein- und Zweifamilienhäuser gestaltet sind, ist die Gebäudeart für Ein- und Zweifamilienhäuser anzusetzen.

R B 190.2 (2)

(2) [1]Regelherstellungskosten für in der Anlage 24 zum BewG nicht aufgeführte Gebäudearten sind aus den Regelherstellungskosten vergleichbarer Gebäudearten abzuleiten. [2]Zu diesem Zweck ist auf die Gebäudeart abzustellen, die mit der Hauptnutzung des Gebäudes die größten Übereinstimmungen aufweist.

H B 190.2 (2)

Nicht aufgeführte Gebäudearten. Nach Tz. 20 der Anlage 24, Teil II., zum BewG gilt die Auffangklausel, wonach für nicht aufgeführte Gebäudearten (GA) die Regelherstellungskosten sowie die wirtschaftliche Gesamtnutzungsdauer (GND) aus vergleichbaren Gebäudearten abzuleiten sind. Hierzu folgende Ableitungsbeispiele:

Nicht aufgeführte Gebäudeart	Vergleichbar mit Gebäudeart	GND	GA
Apotheke, Boutique, Laden	Kauf-/Warenhäuser	50 Jahre	13.2
Baumarkt, Discountermarkt, Gartenzentrum	Verbrauchermärkte	30 Jahre	13.1
Gewerblich genutzte freistehende Überdachung	Lagergebäude ohne Mischnutzung, Kaltlager	40 Jahre	16.1
Jugendheim, Tagesstätte, Bürgerhaus	Gemeindezentren, Vereinsheime	40 Jahre	7.1
Möbelhaus, eingeschossig	Verbrauchermärkte	30 Jahre	13.1
Möbelhaus, mehrgeschossig	Kauf-/Warenhäuser	50 Jahre	13.2
Pferdestall u. Ä.	Reithallen	30 Jahre	18.1
Restaurant	Beherbergungsstätten/Hotels/ Verpflegungseinrichtungen	40 Jahre	11.1

Nicht aufgeführte Gebäudeart	Vergleichbar mit Gebäudeart	GND	GA
Tankstelle/Waschstraße	Betriebs-/Werkstätten, eingeschossig	40 Jahre	15.1
Therme	Freizeitbäder/Kur- und Heilbäder	40 Jahre	12.4
Wochenendhaus	Ein- und Zweifamilienhäuser	70 Jahre	1.01–3.33

R B 190.2 (3)

(3) [1]Ist ein Gebäude zu mehr als 50 Prozent der bebauten Fläche unterkellert, ist von einem Gebäude mit Keller auszugehen. [2]Entsprechend ist von einem Gebäude mit ausgebautem Dachgeschoss auszugehen, wenn dies zu mehr als 50 Prozent ausgebaut ist.

R B 190.3 Gebäudestandard

[1]Zur Feststellung des Gebäudestandards eines Gebäudes oder eines Gebäudeteils ist die Beschreibung der Gebäudestandards in Anlage 24, Teil III., zum BewG zu verwenden. [2]Die Beschreibung der Gebäudestandards ist beispielhaft und dient der Orientierung. [3]Sie kann nicht alle in der Praxis auftretenden Standardmerkmale aufführen. [4]Merkmale, die die Tabelle nicht beschreibt, sind sachgerecht zu berücksichtigen. [5]Es müssen nicht alle aufgeführten Merkmale zutreffen. [6]Der Gebäudestandard wird regelmäßig anhand von fünf Standardstufen bestimmt, die sich nach den Standardmerkmalen der Bauteile unterscheiden. [7]Liegen bei einem Bauteil verschiedene Standardmerkmale vor, ist für die Bestimmung der jeweiligen Standardstufe auf die überwiegenden Standardmerkmale abzustellen. [8]Für ein Bauteil ist somit eine Standardstufe zu bestimmen. [9]Bei den Wohngebäuden (Gebäudearten 1.01. bis 5.1. der Anlage 24 zum BewG) sind die Bauteile zusätzlich nach Wägungsanteilen zu gewichten. [10]Ist ein Bauteil nicht vorhanden, bleiben die Regelherstellungskosten dieses Bauteils unberücksichtigt. [11]In diesen Fällen wird bei den Wohngebäuden (Gebäudearten 1.01. bis 5.1. der Anlage 24 zum BewG) nur die Summe aus den gewichteten Regelherstellungskosten der vorhandenen Bauteile gebildet, bei den Nichtwohngebäuden (Gebäudearten 5.2. bis 13.3., 14.2. bis 14.4. und 15.1. bis 18.2. der Anlage 24 zum BewG) wird die Summe der Regelherstellungskosten der vorhandenen Bauteile durch die Anzahl der für die Gebäudeart nach Anlage 24, Teil III., zum BewG, typischerweise vorhandenen Bauteile dividiert (→ H B 190.4). [12]Für Einzel- und Mehrfachgaragen (Gebäudeart 14.1. der Anlage 24 zum BewG) werden die Standardstufen unmittelbar im Teil II. der Anlage 24 zum BewG beschrieben.

H B 190.3

Bestimmung der Regelherstellungskosten (RHK) für ein freistehendes Einfamilienhaus (Gebäudeart 1.01) bei unterschiedlichen Standardstufen.

Beispiel:

Bauteil	**Standardstufe**					Wägungsanteil %
	1	**2**	**3**	**4**	**5**	
Außenwände				×		23
Dach					×	15
Fenster und Außentüren			×			11
Innenwände und -türen			×			11
Deckenkonstruktion und Treppen			×			11
Fußböden			×			5
Sanitäreinrichtungen		×				9
Heizung			×			9
Sonstige technische Ausstattung			×			6
RHK in EUR/m² für die Gebäudeart 1.01 nach Anlage 24, Teil II., zum BewG	655	725	835	1005	1260	

		EUR/m² BGF
Außenwände	1005 EUR/m² × 23 %	231
Dach	1260 EUR/m² × 15 %	189
Fenster und Außentüren	835 EUR/m² × 11 %	92
Innenwände und -türen	835 EUR/m² × 11 %	92
Deckenkonstruktion und Treppen	835 EUR/m² × 11 %	92
Fußböden	835 EUR/m² × 5 %	42
Sanitäreinrichtungen	725 EUR/m² × 9%	65
Heizung	835 EUR/m² × 9%	75
Sonstige technische Ausstattung	835 EUR/m² × 6%	50
RHK in EUR/m² BGF (gewichtet)		928

In den Fällen von Standardstufen mit Wägungsanteilen ist kaufmännisch auf volle Euro zu runden. H B 177 ErbStH *2011* [2019] findet insoweit keine Anwendung.

Bestimmung der Regelherstellungskosten (RHK) für ein neu errichtetes Bürogebäude (Gebäudeart 6.1), bei dem ein Teil des Gebäudes bereits nutzbar ist, für den überwiegenden Teil des Gebäudes jedoch der Innenausbau, insbesondere die sonstige technische Ausstattung, zur Berücksichtigung der Bedürfnisse potentieller Mieter zurückgestellt wurde.

Beispiel:

Bauteile (Anlage 24, Teil III., zum BewG)	**Standardstufe**				
	1	2	3	4	5
Außenwände				×	
Dach					×
Fenster und Außentüren			×		
Innenwände und -türen			×		
Deckenkonstruktion und Treppen			×		
Fußböden			×		
Sanitäreinrichtungen		×			
Heizung			×		
Sonstige technische Ausstattung					
RHK in EUR/m² für die Gebäudeart 6.1 nach Anlage 24, Teil II., zum BewG	735	815	1040	1685	1900

	1	2	3	4
	Anzahl der Bauteile	Standardstufe	Regelherstellungskosten	Spalte 1 × Spalte 3
	1	2	815 EUR/m²	815 EUR/m²
	5	3	1040 EUR/m²	5200 EUR/m²
	1	4	1685 EUR/m²	1685 EUR/m²
	1	5	1900 EUR/m²	1900 EUR/m²
Summe	8			9600 EUR/m²
RHK (Division durch die 9 Bauteile der Gebäudeart 6.1)				1066 EUR/m²

R B 190.4 Baupreisindex

(1) [1]Die in der Anlage 24 zum BewG enthaltenen Regelherstellungskosten mit Kostenstand 2010 sind auf den Bewertungsstichtag zu beziehen. [2]Für diese Anpassung ist nach § 190 Absatz 2 BewG auf die Preisindizes für die Bauwirtschaft, die das Statistische Bundesamt für den Neubau in konventioneller Bauart von Wohn- und Nichtwohngebäuden jeweils als Jahresdurchschnitt ermittelt hat, abzustellen. [3]Diese Preisindizes sind für alle Bewertungsstichtage des folgenden Kalenderjahres anzuwenden. [4]Das Bundesministerium der Finanzen veröffentlicht die maßgebenden Baupreisindizes im Bundessteuerblatt.

(2) [1]Zu den Wohngebäuden gehören die Gebäudearten 1.01. bis 5.1. der Anlage 24, Teil II., zum BewG (freistehende Ein- und Zweifamilienhäuser, Doppel- und Reihenhäuser, Mehrfamilienhäuser, gemischt genutzte Grundstücke bzw. Wohnhäuser mit Mischnutzung). [2]Die übrigen Gebäudearten werden den Nichtwohngebäuden zugeordnet.

H B 190.4

Indizierung der Regelherstellungskosten (RHK) am Bewertungsstichtag.

Beispiel:

Einfamilienhaus (Gebäudeart 1.01)	
Bewertungsstichtag	15. Januar 2018
RHK aus der Anlage 24, Teil II., zum BewG/Gebäudeart 1.01/ alle 9 Bauteile Standardstufe 3/Basisjahr der RHK = 2010	835 EUR/m² BGF
Baupreisindex des Statistischen Bundesamtes für das Jahr 2010 für Wohngebäude; Basisjahr = 2010	100,0
Maßgeblicher Baupreisindex des Statistischen Bundesamtes am Bewertungsstichtag für Wohngebäude (Jahresdurchschnitt 2017)	**116,8**

$$\text{RHK} = \frac{116{,}8}{100{,}0} \times 835\ \text{EUR/m}^2 = 975{,}28\ \text{EUR/m}^2\ \text{BGF} \approx 975\ \text{EUR/m}^2$$

R B 190.5 Besonders werthaltige Außenanlagen

[1] Übliche Außenanlagen und sonstige Anlagen sind regelmäßig mit dem Gebäudewert und dem Bodenwert abgegolten. [2] Nur in Einzelfällen mit besonders werthaltigen Außenanlagen und sonstigen Anlagen ist ein gesonderter Wertansatz zu prüfen. [3] Außenanlagen sind besonders werthaltig, wenn sie das übliche Maß der für die Gebäudeart typischen Außenanlagen offensichtlich überschreiten. [4] Danach ist von einem gesonderten Wertansatz für Außenanlagen regelmäßig abzusehen, wenn ihre Sachwerte (RHK für Außenanlagen nach Alterswertminderung) bei einer überschlägigen Berechnung 10 Prozent des Gebäudesachwerts nicht übersteigen. [5] Sind besonders werthaltige Außenanlagen zu erfassen, gelten die in der nachfolgenden Tabelle ausgewiesenen durchschnittlichen Herstellungskosten. [6] Aus Vereinfachungsgründen bestehen keine Bedenken, die in der nachstehenden Tabelle dargestellten Werte analog den Wohngebäuden auf den Bewertungsstichtag zu indizieren (→ R B 190.4).

Tabelle: Regelherstellungskosten für Außenanlagen (beispielhafte Darstellung/Basisjahr 2010 = 100)

Regelherstellungskosten der Außenanlagen einschließlich Baunebenkosten und Umsatzsteuer			
Typisierte Gesamtnutzungsdauer = 40 Jahre			
Einfriedungen	**Euro je lfd. m**		
	bis 1 m hoch	**bis 2 m hoch**	**über 2 m hoch**
Einfriedungsmauer aus Ziegelstein, 11,5 cm dick	70	110	135
Einfriedungsmauer aus Ziegelstein, 24 cm dick	105	150	180
Einfriedungsmauer aus Ziegelstein, 36,5 cm dick	135	215	295
Einfriedungsmauer aus Beton, Kunststein und dgl.	75	135	170
Einfriedungsmauer aus Naturstein mit Abdeckplatten	200	260	325

Regelherstellungskosten der Außenanlagen einschließlich Baunebenkosten und Umsatzsteuer	
Typisierte Gesamtnutzungsdauer = 40 Jahre	
Wege- und Platzbefestigungen	**Euro je m²**
Wassergebundene leichte Decke auf leichter Packlage	15
Betonplattenbelag	45
Sonstiger Plattenbelag	50
Asphalt-, Teer-, Beton-, oder ähnliche Decke auf Pack- oder Kieslage	40
Kopfstein- oder Kleinpflaster	60
Bruchsteinplatten mit Unterbeton	60
Freitreppen	**Euro je lfd. m Stufen**
	80
Rampen	**Euro je m² Grundfläche**
freistehend ohne Verbindung mit einem Gebäude	105
Stützmauern	**Euro je m² vordere Ansichtsfläche**
Beton	105
Bruchstein	135
Werkstein	260
Typisierte Gesamtnutzungsdauer = 30 Jahre	
Schwimmbecken je nach Ausführung	**Euro je m²**
einfache Ausführung	200
normale Ausführung	525
gehobene Ausführung	850

H B 190.5

Bewertung von besonders werthaltigen Außenanlagen. → H 189 Bewertung im Sachwertverfahren (Beispiel).

R B 190.6 Brutto-Grundfläche

(1) Die Brutto-Grundfläche ist die Summe der Grundflächen aller Grundrissebenen eines Bauwerks mit Nutzungen nach DIN 277-2:2005-02 und deren konstruktive Umschließungen (→ Anlage 24, Teil I., zum BewG).

(2) [1]Bei der Ermittlung der Brutto-Grundfläche wird zwischen folgenden Bereichen unterschieden:
– Bereich a: überdeckt und allseitig in voller Höhe umschlossen
– Bereich b: überdeckt, jedoch nicht allseitig in voller Höhe umschlossen
– Bereich c: nicht überdeckt
[2]Die Regelherstellungskosten (RHK) berücksichtigen jedoch nur die Brutto-Grundfläche der Bereiche a und b. [3]Der Bereich c wird nicht erfasst.

(3) [1]Die Brutto-Grundflächen zur Berechnung der RHK sind getrennt nach Grundrissebenen zu ermitteln. [2]Grundflächen von waagerechten Flächen

sind aus ihren tatsächlichen Maßen, Grundflächen von schräg liegenden Flächen, z. B. Tribünen, Zuschauerräumen, Treppen und Rampen, aus ihrer vertikalen Projektion zu ermitteln.

(4) Die Grundflächen sind in Quadratmeter anzugeben.

(5) [1] Für die Ermittlung der Brutto-Grundfläche sind die äußeren Maße der Bauteile einschließlich Bekleidung, z. B. Putz, Außenschalen mehrschaliger Wandkonstruktionen, in Höhe der Boden- bzw. Deckenbelagsoberkanten anzusetzen. [2] Brutto-Grundflächen des Bereiches b sind an Stellen, an denen sie nicht umschlossen sind, bis zur vertikalen Projektion ihrer Überdeckung zu ermitteln. [3] Brutto-Grundflächen von Bauteilen (Konstruktions-Grundflächen), die zwischen den Bereichen a und b liegen, sind dem Bereich a zuzuordnen. [4] Nicht zur Brutto-Grundfläche gehören Flächen, die ausschließlich der Wartung, Inspektion und Instandsetzung von Baukonstruktionen und technischen Anlagen dienen, z. B. nicht nutzbare Dachflächen, fest installierte Dachleitern und -stege, Wartungsstege in abgehängten Decken. [5] Nicht berücksichtigt bei der Ermittlung der Brutto-Grundfläche werden:
- Kriechkeller,
- Kellerschächte,
- Außentreppen,
- nicht nutzbare Dachflächen – auch Zwischendecken –,
- Balkone (auch wenn sie überdeckt sind) und
- Spitzböden (zusätzliche Ebene im Dachgeschoss, unabhängig vom Ausbauzustand).

[6] Auf die Brutto-Grundfläche anzurechnen sind nutzbare Dachgeschossflächen.

Dachgeschoss

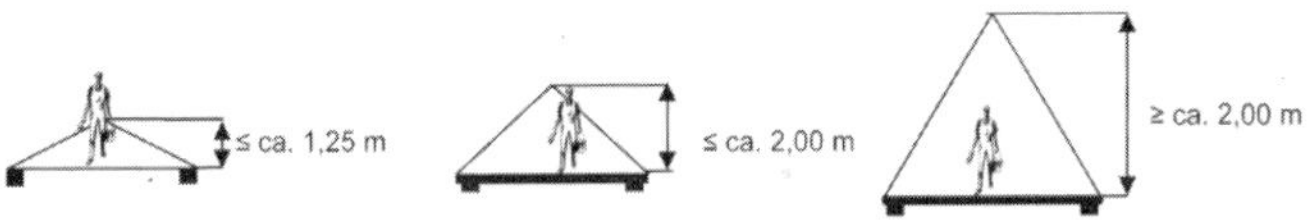

nicht nutzbar	eingeschränkt nutzbar	nutzbar
Anrechnung der Grundfläche der Dachgeschossebene bei der Ermittlung der BGF		
keine Anrechnung	volle Anrechnung	volle Anrechnung

Abbildung zur Zuordnung der Grundflächen zu den Bereichen a, b und c

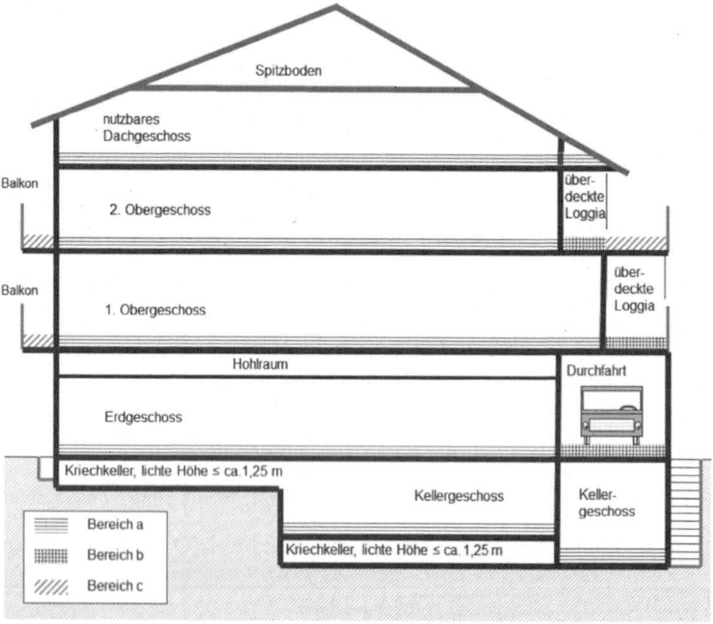

H B 190.6

Tiefgaragenstellplatz bei Wohnungs- und Teileigentum. Bei Wohnungs- und Teileigentum mit Tiefgaragenstellplatz wird grundsätzlich von einer wirtschaftlichen Einheit ausgegangen. Der Tiefgaragenstellplatz ist hierbei als gesonderter Gebäudeteil zu bewerten. Es bestehen keine Bedenken, die Brutto-Grundfläche (BGF) des Tiefgaragenstellplatzes aus Vereinfachungsgründen wie folgt zu ermitteln:

BGF = tatsächliche Stellplatzfläche (Länge × Breite) × 1,55.

R B 190.7 Alterswertminderung

(1) [1]Vom Gebäuderegelherstellungswert ist eine Alterswertminderung abzuziehen. [2]Diese wird regelmäßig nach dem Verhältnis des Alters des Gebäudes am Bewertungsstichtag zur typisierten wirtschaftlichen Gesamtnutzungsdauer nach Anlage 22 zum BewG bestimmt. [3]Es bestehen aus Vereinfachungsgründen keine Bedenken, das Alter des Gebäudes durch Abzug des Jahres der Bezugsfertigkeit des Gebäudes vom Jahr des Bewertungsstichtags zu bestimmen. [4]Hinsichtlich der Ermittlung der wirtschaftlichen Gesamtnutzungsdauer gelten die Grundsätze des Ertragswertverfahrens entsprechend (→ R B 185.3 Absatz 2 bzw. R B 185.4 Absatz 2).

(2) Sind nach Bezugsfertigkeit des Gebäudes Veränderungen eingetreten, kann ein fiktiv späteres Baujahr (→ Absatz 3) anzunehmen oder die tatsächliche Gesamtnutzungsdauer des Gebäudes (→ Absatz 4) zu berücksichtigen sein.

(3) [1]Ein fiktiv späteres Baujahr ist anzunehmen, wenn in den letzten zehn Jahren durchgreifende Modernisierungen vorgenommen wurden, die nach dem Punktesystem der nachfolgenden Tabelle 1 eine überwiegende oder umfassende Modernisierung ergeben. [2]Hinsichtlich der durchgeführten Modernisierungsarbeiten ist auf die überwiegende Erneuerung bzw. Verbesserung der jeweiligen einzelnen Bauteile (Modernisierungselemente) abzustellen, die Punkte der Tabelle 1 sind für das jeweilige Bauteil folglich nur insgesamt oder gar nicht anzusetzen. [3]Die Anzahl der Jahre der Verlängerung für die Ermittlung des fiktiven späteren Baujahrs ist den nachfolgenden Tabellen 2 bis 6 zu entnehmen. [4]Eine Interpolation ist nicht vorzunehmen. [5]Übersteigt das Gebäudealter am Bewertungsstichtag die übliche Gesamtnutzungsdauer, ermittelt sich das fiktiv spätere Baujahr aus folgender Formel [Beispiel → H B 190.7 (3)]:

fiktives Baujahr =	Jahr des Bewertungsstichtags + Verschiebung Baujahr ./. übliche Gesamtnutzungsdauer

[6]Die nachfolgenden Tabellen sind für Wohngebäude und analog für Nichtwohngebäude anzuwenden.

Tabelle 1

Modernisierungselemente	**Punkte**
Dacherneuerung inklusive Verbesserung der Wärmedämmung	4
Modernisierung der Fenster und Außentüren	2
Modernisierung der Leitungssysteme (Strom, Gas, Wasser, Abwasser)	2
Modernisierung der Heizungsanlage	2
Wärmedämmung der Außenwände	4
Modernisierung von Bädern	2
Modernisierung des Innenausbaus, z. B. Decken, Fußböden, Treppen	2
Wesentliche Verbesserung der Grundrissgestaltung	2

14 bis 16 Punkte: überwiegend modernisiert
≥ 18 Punkte: umfassend modernisiert

Tabelle 2

Übliche Gesamtnutzungsdauer von 70 Jahren		
	Modernisierungsgrad	
	14 bis 16 Punkte	**≥ 18 Punkte**
Gebäudealter (Jahre)	**Verschiebung Baujahr (Jahre)**	
≥ 10	0	2
≥ 15	2	5
≥ 20	4	8
≥ 25	6	12
≥ 30	9	15
≥ 35	12	19
≥ 40	15	23
≥ 45	18	27
≥ 50	22	31
≥ 55	26	35
≥ 60	30	40
≥ 65	34	44
= 70	38	49
> 70	38 (→ Satz 5; Jahr des Bewertungsstichtags + 38 ./. 70)	49 (→ Satz 5; Jahr des Bewertungsstichtags + 49 ./. 70)

Tabelle 3

Übliche Gesamtnutzungsdauer von 60 Jahren		
	Modernisierungsgrad	
	14 bis 16 Punkte	**≥ 18 Punkte**
Gebäudealter (Jahre)	**Verschiebung Baujahr (Jahre)**	
≥ 10	0	2
≥ 15	2	6
≥ 20	5	9
≥ 25	7	13
≥ 30	10	16
≥ 35	13	20
≥ 40	17	24
≥ 45	20	28

Übliche Gesamtnutzungsdauer von 60 Jahren		
	Modernisierungsgrad	
	14 bis 16 Punkte	**≥ 18 Punkte**
Gebäudealter (Jahre)	**Verschiebung Baujahr (Jahre)**	
≥ 50	24	33
≥ 55	28	37
= 60	33	42
> 60	33 (→ Satz 5; Jahr des Bewertungs-stichtags + 33 ./. 60)	42 (→ Satz 5; Jahr des Bewertungs-stichtags + 42 ./. 60)

Tabelle 4

Übliche Gesamtnutzungsdauer von 50 Jahren		
	Modernisierungsgrad	
	14 bis 16 Punkte	**≥ 18 Punkte**
Gebäudealter (Jahre)	**Verschiebung Baujahr (Jahre)**	
≥ 10	1	3
≥ 15	3	6
≥ 20	6	10
≥ 25	8	14
≥ 30	12	18
≥ 35	15	22
≥ 40	19	26
≥ 45	23	30
= 50	27	35
> 50	27 (→ Satz 5; Jahr des Bewertungs-stichtags + 27 ./. 50)	35 (→ Satz 5; Jahr des Bewertungs-stichtags + 35 ./. 50)

Tabelle 5

Übliche Gesamtnutzungsdauer von 40 Jahren		
	Modernisierungsgrad	
	14 bis 16 Punkte	**≥ 18 Punkte**
Gebäudealter (Jahre)	**Verschiebung Baujahr (Jahre)**	
≥ 5	0	1
≥ 10	2	4

Übliche Gesamtnutzungsdauer von 40 Jahren		
	Modernisierungsgrad	
	14 bis 16 Punkte	≥ 18 Punkte
Gebäudealter (Jahre)	Verschiebung Baujahr (Jahre)	
≥ 15	4	7
≥ 20	7	11
≥ 25	10	15
≥ 30	13	19
≥ 35	17	23
= 40	22	28
> 40	22 (→ Satz 5; Jahr des Bewertungsstichtags + 22 ./. 40)	28 (→ Satz 5; Jahr des Bewertungsstichtags + 28 ./. 40)

Tabelle 6

Übliche Gesamtnutzungsdauer von 30 Jahren		
	Modernisierungsgrad	
	14 bis 16 Punkte	≥ 18 Punkte
Gebäudealter (Jahre)	Verschiebung Baujahr (Jahre)	
≥ 5	0	1
≥ 10	2	5
≥ 15	5	8
≥ 20	8	12
≥ 25	12	16
= 30	16	21
> 30	16 (→ Satz 5; Jahr des Bewertungsstichtags + 16 ./. 30)	21 (→ Satz 5; Jahr des Bewertungsstichtags + 21 ./. 30)

H B **190.7** (3)

Ermittlung des fiktiv späteren Baujahrs, wenn das Gebäudealter am Bewertungsstichtag die übliche Gesamtnutzungsdauer übersteigt (→ R B 190.7 Abs. 3 Satz 5).

Beispiel:

Einfamilienhaus (Gebäudeart 1.01), Baujahr 1900, umfassend modernisiert (18 Punkte)	
Bewertungsstichtag	15. Januar 2018
Verschiebung Baujahr nach Tabelle 1 i. V. m. Tabelle 2 (Gebäudealter > 70 Jahre; Modernisierungsgrad: 18 Punkte)	49 Jahre
Übliche Gesamtnutzungsdauer nach Anlage 22 zum BewG	70 Jahre

2018 (Jahr des Bewertungsstichtags) + 49 Jahre (Verschiebung Baujahr) ./. 70 Jahre (übliche Gesamtnutzungsdauer) = 1997 (fiktiv späteres Baujahr)

R B 190.7 (4, 5)

(4) Bei bestehender Abbruchverpflichtung für das Gebäude ist bei der Ermittlung der Alterswertminderung von der tatsächlichen Gesamtnutzungsdauer des Gebäudes auszugehen (→ § 190 Absatz 4 Satz 4 BewG).

(5) [1]Der nach Abzug der Alterswertminderung verbleibende Gebäudewert ist regelmäßig mit mindestens 30 Prozent des Gebäuderegelherstellungswerts anzusetzen. [2]Diese Restwertregelung berücksichtigt, dass auch ein älteres Gebäude, das laufend instand gehalten wird, einen Wert hat. [3]Sie berücksichtigt einen durchschnittlichen Erhaltungszustand und macht in vielen Fällen die Prüfung entbehrlich, ob die restliche Lebensdauer des Gebäudes infolge baulicher Maßnahmen verlängert wurde. [4]Bei bestehender Abbruchverpflichtung für das Gebäude kann dieser Mindestansatz jedoch unterschritten werden (→ R B 190.7 Absatz 4).

R B 190.8 Grundstück mit mehreren Gebäuden bzw. Gebäudeteilen

(1) [1]Besteht eine wirtschaftliche Einheit aus mehreren Gebäuden oder Gebäudeteilen von einer gewissen Selbstständigkeit, die eine verschiedene Bauart aufweisen, unterschiedlich genutzt werden oder die in verschiedenen Jahren bezugsfertig geworden sind, ist jedes Gebäude und jeder Gebäudeteil für sich zu bewerten. [2]Ist z. B. ein Grundstück mit einem Einfamilienhaus und einer Garage bebaut, ergibt die Summe aus dem Gebäudesachwert des Einfamilienhauses und dem Gebäudesachwert der Garage den Gebäudewert. [3]Regelherstellungskosten, Brutto-Grundfläche und Alterswertminderung sind jeweils gesondert zu ermitteln. [4]Für selbstständige Gebäude bzw. Gebäudeteile, für das bzw. für die in den Anlagen zum BewG keine Gebäudeart ausgewiesen ist, sind die Gesamtnutzungsdauer aus der Gesamtnutzungsdauer vergleichbarer Gebäudearten und die Regelherstellungskosten aus den Regelherstellungskosten vergleichbarer Gebäudearten abzuleiten. [5]Zur Bestimmung der Gesamtnutzungsdauer gilt R B 185.4 Absatz 2 Nummer 2 entsprechend.

H B 190.8 (1)

Geschäftsgrundstück (mehrere selbständige Gebäude/unterschiedliche Gebäudearten).

Beispiel:

Befindet sich auf einem Geschäftsgrundstück neben industriellen Gebäuden ein Mehrfamilienhaus, welches als Wohnunterkunft für die Arbeitnehmer des Betriebs genutzt wird, ist es sachgerecht, für dieses Gebäude die Gesamtnutzungsdauer für Mietwohngrundstücke (70 Jahre nach Anlage 22 zum BewG) und die Regelherstellungskosten für die Gebäudearten 4.1. bis 4.3. (Mehrfamilienhäuser) heranzuziehen.

R B 190.8 (2, 3)

(2) [1]Anbauten teilen im Allgemeinen auf Grund ihrer Bauart oder Nutzung das Schicksal des Hauptgebäudes. [2]Ist dagegen anzunehmen, dass ein Erweiterungsbau nach Größe, Bauart oder Nutzung eine andere Alterswertminderung als das Hauptgebäude haben wird, gilt Absatz 1 entsprechend. [3]Für Aufstockungen ist im Allgemeinen das Baujahr der unteren Geschosse zu Grunde zu legen. [4]Es ist jedoch zu prüfen, ob durch die baulichen Maßnahmen für das Gebäude ein fiktiv späteres Baujahr anzunehmen ist.

(3) [1]Bei einer wirtschaftlichen Einheit mit mehreren nichtselbstständigen Gebäuden bzw. Gebäudeteilen ist von einer einheitlichen Alterswertminderung auszugehen. [2]Zur Bestimmung der wirtschaftlichen Gesamtnutzungsdauer gelten in diesen Fällen R B 185.3 Absatz 2 Sätze 1 bis 4 entsprechend.

Zu § 191 BewG

R B 191 Wertzahlen

(1) [1]Als Wertzahlen sind vorrangig die vom Gutachterausschuss ermittelten Sachwertfaktoren (Marktanpassungsfaktoren) zur Angleichung an den gemeinen Wert anzuwenden. [2]Stehen keine geeigneten Sachwertfaktoren zur Verfügung, sind die in der Anlage 25 zum BewG dargestellten Wertzahlen zu verwenden.

(2) Sachwertfaktoren sind als geeignet anzusehen, wenn die Ableitung der Sachwertfaktoren weitgehend in demselben Modell erfolgt ist wie die Bewertung.

H B 191 (2)

Sachwertfaktoren.

Angabe in Wertspannen:
Sind von den Gutachterausschüssen Sachwertfaktoren ausschließlich in Wertspannen veröffentlicht worden, ist der Faktor anzusetzen, der der typisierten Wertzahl nach Anlage 25 zum BewG weitgehend entspricht.

R B 191 (3)

(3) [1]Bei Anwendung der Wertzahlen nach Anlage 25 zum BewG ist auf den Bodenrichtwert ohne Wertkorrekturen (→ R B 179.2 Absatz 2 bis 6) abzustellen. [2]In den Fällen des § 179 Satz 4 BewG ist auf den Bodenrichtwert der herangezogenen vergleichbaren Flächen abzustellen.

H B 191 (3)

Wertzahl (Anwendung der Anlage 25 zum BewG). Bei Anwendung der Wertzahlen nach Anlage 25 zum BewG ist auf den Bodenrichtwert ohne Wertkorrekturen (→ R B 179.2 Abs. 2 bis 6) abzustellen. So ist auch bei einer Differenzierung zwischen einem Vorder- und Hinterlandpreis ausschließlich der Bodenrichtwert für das Vorderland anzusetzen.

Zu § 192 BewG

R B 192.1 Begriff des Erbbaurechts

(1) [1]Das Erbbaurecht ist das veräußerliche und vererbliche Recht an einem Grundstück, auf oder unter der Oberfläche des Grundstücks ein Bauwerk zu haben. [2]Bei Grundstücken, die mit einem Erbbaurecht belastet sind, bilden das Erbbaurecht und das belastete Grundstück je eine selbstständige wirtschaftliche Einheit (§ 176 Absatz 1 Nummer 2, § 192 BewG). [3]Das belastete Grundstück ist das Grundstück, an dem das Erbbaurecht bestellt ist. [4]Übernimmt der Eigentümer des belasteten Grundstücks das Erbbaurecht oder erwirbt der Erbbauberechtigte das belastete Grundstück („Eigentümererbbaurecht"), bleiben Erbbaurecht und belastetes Grundstück als selbstständige wirtschaftliche Einheiten bestehen.

(2) [1]Das Erbbaurecht entsteht zivilrechtlich mit der Eintragung in das Grundbuch (§ 11 ErbbauRG in Verbindung mit § 873 BGB). [2]Schenkungsteuerrechtlich gilt das Erbbaurecht bereits dann als entstanden, wenn die dingliche Einigung über die Bestellung eines Erbbaurechts erfolgt ist und die Vertragsparteien in der Lage sind, die Eintragung im Grundbuch zu bewirken (→ R E 9.1 Absatz 1).

(3) [1]Das Erbbaurecht erstreckt sich im Allgemeinen auf das ganze Grundstück. [2]Erstreckt es sich jedoch nur auf einen Teil des Grundstücks im Sinne des Zivilrechts, ist dieser Teil als selbstständige wirtschaftliche Einheit im Sinne der §§ 192 ff. BewG zu bewerten. [3]Für den restlichen Teil des Grundstücks ist die Bewertung nach den allgemeinen Grundsätzen durchzuführen.

(4) [1]Errichtet der Erbbauberechtigte ein einheitliches Gebäude auf einem erbbaurechtsbelasteten und einem ihm gehörenden angrenzenden Grundstück, sind der Gebäudeteil auf dem erbbaurechtsbelasteten Grundstück als Erbbaurecht und das eigene Grundstück mit dem dort errichteten Gebäudeteil als bebautes Grundstück getrennt zu bewerten. [2]Entsprechend ist zu verfahren, wenn das angrenzende Grundstück auf Grund eines Pachtvertrags vom Erbbauberechtigten bebaut worden ist und für diesen Gebäudeteil eine Bewertung als Gebäude auf fremdem Grund und Boden nach § 195 BewG durchzuführen ist.

H B 192.1

Gesetz über das Erbbaurecht (Erbbaurechtsgesetz – ErbbauRG). → Gesetz über das Erbbaurecht (Erbbaurechtsgesetz – ErbbauRG) vom 15.1.1919 (BGBl. III, Gliederungsnummer 403-6) in der jeweils geltenden Fassung.

R B 192.2 Bewertung in Erbbaurechtsfällen

[1]Die Werte für die wirtschaftliche Einheit des Erbbaurechts (§ 193 BewG) und für die wirtschaftliche Einheit des belasteten Grundstücks/Erbbaugrund-

stücks (§ 194 BewG) sind gesondert zu ermitteln. [2]Mit der Bewertung des Erbbaurechts (§ 193 BewG) ist die Verpflichtung zur Zahlung des Erbbauzinses und mit der Bewertung des Erbbaugrundstücks (§ 194 BewG) ist das Recht auf den Erbbauzins abgegolten. [3]Die Grundbesitzwerte für das Erbbaurecht und das Erbbaugrundstück dürfen jeweils nicht weniger als 0 Euro betragen.

Zu § 193 BewG

R B 193 Bewertung des Erbbaurechts

(1) [1]Der Wert des Erbbaurechts ist vorrangig im Vergleichswertverfahren (→ R B 183) zu ermitteln, wenn für das zu bewertende Erbbaurecht Vergleichspreise oder aus Kaufpreisen abgeleitete Vergleichsfaktoren für entsprechende Vergleichsgrundstücke vorliegen. [2]Vergleichspreise oder aus Kaufpreisen abgeleitete Vergleichsfaktoren liegen vor, wenn sie aus bebauten Erbbaurechten abgeleitet wurden, die mit der zu bewertenden wirtschaftlichen Einheit hinreichend übereinstimmen. [3]Dies ist der Fall, wenn die Grundstücksart übereinstimmt und die Bebauung, der Erbbauzinssatz, der Bodenrichtwert sowie die Restlaufzeit des Erbbaurechts nicht erheblich abweichen.

(2) [1]Kann das Vergleichswertverfahren nicht angewandt werden, setzt sich der Wert des Erbbaurechts aus dem Bodenwertanteil nach § 193 Absatz 3 BewG und dem Gebäudewertanteil nach § 193 Absatz 5 BewG zusammen (finanzmathematische Methode). [2]Ist das mit dem Erbbaurecht belastete Grundstück unbebaut, besteht der Grundbesitzwert des Erbbaurechts allein im Bodenwertanteil nach Absatz 3.

(3) Der Bodenwertanteil ergibt sich aus dem kapitalisierten Unterschiedsbetrag zwischen dem angemessenen Verzinsungsbetrag des Bodenwerts des unbelasteten Grundstücks und dem vertraglich vereinbarten jährlichen Erbbauzins am Bewertungsstichtag.

(4) [1]Der angemessene Verzinsungsbetrag ergibt sich aus der Multiplikation des Bodenwerts für das Grundstück nach § 179 BewG und des Liegenschaftszinssatzes. [2]Stehen Liegenschaftszinssätze der Gutachterausschüsse nicht zur Verfügung, sind die Zinssätze nach § 193 Absatz 4 Satz 2 BewG anzuwenden.

(5) [1]Maßgebender Erbbauzins ist nach § 193 Absatz 3 Satz 1 Nummer 2 BewG der am Bewertungsstichtag zu zahlende Erbbauzins, umgerechnet auf einen Jahresbetrag. [2]Dabei ist stets auf die vertraglichen Vereinbarungen abzustellen; auf den gezahlten Erbbauzins kommt es nicht an. [3]Sind Erbbauzinsen während der Laufzeit des Erbbaurechts in unterschiedlicher Höhe vereinbart (z.B. bei Sonderzahlungen oder gestaffeltem Erbbauzins), kann aus Vereinfachungsgründen ein durchschnittlicher Jahresbetrag aus den insgesamt nach dem Bewertungsstichtag zu leistenden Erbbauzinsen in Abhängigkeit von der Restlaufzeit gebildet werden. [4]Die künftigen Anpassungen auf Grund von Wertsicherungsklauseln (z.B. Anknüpfung der Erbbauzinsen an den Lebenshaltungskostenindex) sind nicht zu berücksichtigen. [5]Ist kein Erbbauzins zu zahlen, stellt der angemessene Verzinsungsbetrag des Bodenwerts gleichzeitig den Unterschiedsbetrag dar.

H B 193 (5)

Erbbauzins in einer Summe bei Bestellung des Erbbaurechts (Einmalzahlung).

Beispiel:

Am 1.1.1998 wurde an einem Mietwohngrundstück ein Erbbaurecht mit einer Laufzeit von 50 Jahren bestellt, dessen Grundbesitzwert auf den 2.1.2018 zu ermitteln ist. Der Erbbauberechtigte hat 1998 den gesamten Erbbauzins (jährlich 6% vom Bodenwert 200 000 EUR) für 50 Jahre im Voraus bezahlt. Der Bodenwert beträgt am Bewertungsstichtag 300 000 EUR. Es wird ein Jahresreinertrag von 100 000 EUR erzielt. Die Restnutzungsdauer des Gebäudes entspricht der Restlaufzeit des Erbbaurechts (30 Jahre). Bei Ablauf des Erbbaurechts ist eine Entschädigungszahlung für das Gebäude in Höhe des Gebäudewerts vorgesehen. Der Gutachterausschuss verfügt über keine Vergleichspreise oder Vergleichsfaktoren. Der Liegenschaftszinssatz beträgt laut Gutachterausschuss 6,0%.

Ermittlung Bodenwertanteil

Verzinsungsbetrag des Bodenwerts (6,0% von 300 000 EUR =)			18 000 EUR
Liegenschaftszins (§ 193 Absatz 4 Satz 1 BewG)	6,0%		
vertraglich vereinbarter jährlicher Erbbauzins kein Ansatz, da Einmalzahlung vor Bewertungsstichtag		./.	0 EUR
Unterschiedsbetrag			18 000 EUR
Vervielfältiger (aus Anlage 21 BewG)			× 13,76
Liegenschaftszins (§ 193 Absatz 4 Satz 1 BewG)	6,0%		
Bewertungsstichtag	2.1.2018		
Restlaufzeit des Erbbaurechts	30 Jahre		
Bodenwertanteil (nach § 193 Absatz 3 i. V. m. Absatz 4 BewG)			247 680 EUR

Gebäudeertragswert am Bewertungsstichtag nach § 193 Absatz 5 i. V. m. § 185 BewG

Grundstücksreinertrag			100 000 EUR
Verzinsungsbetrag des Bodenwerts (6,0% von 300 000 EUR =)		./.	18 000 EUR
Liegenschaftszins (§ 188 Absatz 2 Satz 1 BewG)	6,0%		
Gebäudereinertrag			82 000 EUR
Vervielfältiger (aus Anlage 21 BewG)			× 13,76
Restnutzungsdauer	30 Jahre		
Liegenschaftszins (§ 188 Absatz 2 Satz 1 BewG)	6,0%		
Gebäudeertragswert am Bewertungsstichtag			1 128 320 EUR

Grundbesitzwert des Erbbaurechts nach § 193 BewG

Bodenwertanteil nach § 193 Absatz 3 BewG		247 680 EUR
Gebäudewertanteil nach § 193 Absatz 5 BewG	+	1 128 320 EUR
Grundbesitzwert		1 376 000 EUR

Gestaffelter Erbbauzins.

Beispiel:

Zwecks Bebauung mit einem Einfamilienhaus wurde an einem bisher unbebauten Grundstück ein Erbbaurecht bestellt. Das Grundstück hat eine Fläche von 600 m^2 und der Bodenrichtwert beträgt 200 EUR/m^2. Die vertragliche Erbbauzinsvereinbarung sieht vor, dass der am Bewertungsstichtag zu zahlende Erbbauzins in Höhe von 2 400 EUR/Jahr in der verbleibenden Restlaufzeit des Erbbaurechts von 80 Jahren nach Ablauf von jeweils zehn Jahren um 120 EUR/Jahr steigt.

Ermittlung Bodenwertanteil

Verzinsungsbetrag des Bodenwerts 3,0 % von 120 000 EUR (600 m² × 200 EUR/m²)			3 600 EUR
Liegenschaftszins (§ 193 Absatz 4 Satz 2 Nummer 1 BewG)		3,0 %	
vertraglich vereinbarter jährlicher Erbbauzins			./. 2 820 EUR
am Bewertungsstichtag noch zu leistende Erbbauzinsen:			
80 Jahre × 2 400 EUR =		192 000 EUR	
70 Jahre × 120 EUR =	+	8 400 EUR	
60 Jahre × 120 EUR =	+	7 200 EUR	
50 Jahre × 120 EUR =	+	6 000 EUR	
40 Jahre × 120 EUR =	+	4 800 EUR	
30 Jahre × 120 EUR =	+	3 600 EUR	
20 Jahre × 120 EUR =	+	2 400 EUR	
10 Jahre × 120 EUR =	+	1 200 EUR	
Summe		225 600 EUR	
Restlaufzeit am Bewertungsstichtag		80 Jahre	
Durchschnitt (225 600 EUR : 80 Jahre)		2 820 EUR/Jahr	
Unterschiedsbetrag			780 EUR
Vervielfältiger (aus Anlage 21 BewG)			× 30,20
Liegenschaftszins (§ 193 Absatz 4 Satz 2 Nummer 1 BewG)		3,0 %	
Restlaufzeit des Erbbaurechts		80 Jahre	
Bodenwertanteil (nach § 193 Absatz 3 i. V. m. Absatz 4 BewG) = Grundbesitzwert			23 556 EUR

R B 193 (6, 7)

(6) [1]Der Unterschiedsbetrag ist über die Restlaufzeit des Erbbaurechts mit dem sich aus Anlage 21 zum BewG ergebenden Vervielfältiger zu kapitalisieren. [2]Der Vervielfältiger ergibt sich aus dem maßgebenden Liegenschaftszinssatz und der auf volle Jahre abgerundeten Restlaufzeit des Erbbaurechts. [3]Beträgt die Restlaufzeit des Erbbaurechts weniger als ein Jahr, ist der Vervielfältiger und der Bodenwert mit Null anzusetzen. [4]Gibt der Gutachterausschuss andere Liegenschaftszinssätze als die in der Anlage 21 zum BewG aufgeführten vor, ist der Vervielfältiger nach der dort angegebenen Formel zu berechnen. [5]Ist das mit einem Erbbaurecht belastete Grundstück unbebaut und liegen keine Angaben zur Nachfolgenutzung vor, bestehen keine Bedenken, wie folgt zu verfahren:

1. Mangels tatsächlichen Vorhandenseins eines Gebäudes kann zunächst auf die geplante Nutzung seitens des Erbbauverpflichteten bzw. -berechtigten abgestellt werden (vgl. Erbbaurechtsvertrag).
2. Bestehen noch keine konkreten Nutzungspläne, kann von der vorgesehenen Bebauung und Nutzung laut Bauleitplan (Bebauungsplan/Flächennutzungsplan) auf die Grundstücksart geschlossen werden.

(7) [1]Der Gebäudewertanteil des Erbbaurechts ist der Gebäudeertragswert nach § 185 BewG bei im Ertragswertverfahren (→ R B 184 bis 188) bzw. der

Gebäudesachwert nach § 190 BewG bei im Sachwertverfahren (→ R B 189 bis 190.8) zu bewertenden Grundstücken. [2]Verbleibt bei der Ermittlung des Gebäudeertragswerts nach Abzug der Bodenwertverzinsung vom Grundstücksreinertrag kein oder ein negativer Betrag, ist im Sinne des § 184 Absatz 3 Satz 2 BewG der Gebäudeertragswert mit 0 Euro anzusetzen. [3]Ist bei Ablauf des Erbbaurechts der verbleibende Gebäudewert nicht oder nur teilweise zu entschädigen, ist der Gebäudewertanteil des Erbbaurechts um den Gebäudewertanteil des Erbbaugrundstücks gemäß § 194 Absatz 4 BewG zu mindern (→ R B 194 Absatz 5 und 6). [4]Befindet sich das im Erbbaurecht entstehende Gebäude im Zustand der Bebauung, stellen die am Bewertungsstichtag entstandenen Herstellungskosten nach § 196 BewG für die sich im Bau befindlichen Gebäude bzw. Gebäudeteile, ggf. abzüglich des bei Ablauf des Erbbaurechts nicht entschädigten und auf den Bewertungsstichtag abgezinsten Anteils der Herstellungskosten, den Gebäudewertanteil des Erbbaurechts dar (→ R B 196.1 und R B 196.2).

H B 193 (7)

Bewertung der wirtschaftlichen Einheit des Erbbaurechts.

Beispiel 1 (Ertragswertverfahren):

Ein Mietwohngrundstück mit einem Rohertrag nach § 186 BewG i. H. v. 45 000 EUR ist in Ausübung eines Erbbaurechts im Jahre 2008 errichtet worden. Das belastete Grundstück hat eine Fläche von 500 m² und der Bodenrichtwert beträgt 300 EUR/m². Der vertraglich vereinbarte jährliche Erbbauzins beträgt zum Bewertungsstichtag am 15.3.2018 3 000 EUR und ist bis zum Ablauf des Erbbaurechts am 1.1.2041 zu zahlen. Eine Entschädigungszahlung für das Gebäude ist nicht vorgesehen. Der Gutachterausschuss verfügt über keine Vergleichspreise oder Vergleichsfaktoren. Liegenschaftszinssätze und Erfahrungssätze für Bewirtschaftungskosten hat der Gutachterausschuss ebenfalls nicht ermittelt.

Ermittlung Bodenwertanteil

Verzinsungsbetrag des Bodenwerts			
5,0 % von 150 000 EUR (500 m² × 300 EUR/m²)			7 500 EUR
Liegenschaftszins (§ 193 Absatz 4 Satz 2 Nummer 2 BewG)	5,0 %		
vertraglich vereinbarter jährlicher Erbbauzins		./.	3 000 EUR
Unterschiedsbetrag			4 500 EUR
Vervielfältiger (aus Anlage 21 BewG)			× 13,16
Liegenschaftszins (§ 193 Absatz 4 Satz 2 Nummer 2 BewG)	5,0 %		
Bewertungsstichtag	15.3.2018		
Ablauf des Erbbaurechts	1.1.2041		
Restlaufzeit des Erbbaurechts	22 Jahre		
Bodenwertanteil (nach § 193 Absatz 3 i. V. m. Absatz 4 BewG)			59 220 EUR

Gebäudeertragswert am Bewertungsstichtag nach § 193 Absatz 5 i. V. m. § 185 BewG

Jahresmiete (Rohertrag nach § 186 BewG)			45 000 EUR
Bewirtschaftungskosten (aus Anlage 23 BewG) 21 % von 45 000 EUR		./.	9 450 EUR
Grundstücksart	Mietwohngrundstück		
Bezugsfertigkeit des Gebäudes	2008		
Alter des Gebäudes	10 Jahre		

Wirtschaftliche Gesamtnutzungsdauer (aus Anlage 22 BewG)	70 Jahre		
Restnutzungsdauer	60 Jahre		
Grundstücksreinertrag			35 550 EUR
Verzinsungsbetrag des Bodenwerts 5,0 % von 150 000 EUR		./.	7 500 EUR
Liegenschaftszins (§ 188 Absatz 2 Satz 2 Nummer 1 BewG)	5,0 %		
Grundstücksreinertrag			28 050 EUR
Vervielfältiger (aus Anlage 21 BewG)			× 18,93
Restnutzungsdauer	60 Jahre		
Liegenschaftszins (§ 188 Absatz 2 Satz 2 Nummer 1 BewG)	5,0 %		
Gebäudeertragswert am Bewertungsstichtag			530 986 EUR

Gebäudeertragswert bei Ablauf des Erbbaurechts nach § 194 Absatz 4 BewG

Jahresmiete (Rohertrag nach § 186 BewG)			45 000 EUR
Bewirtschaftungskosten (aus Anlage 23 BewG) 23 % von 45 000 EUR		./.	12 150 EUR
Bezugsfertigkeit des Gebäudes	2008		
Ablauf des Erbbaurechts	1.1.2041		
Alter des Gebäudes bei Ablauf Erbbaurecht	33 Jahre		
Wirtschaftliche Gesamtnutzungsdauer (aus Anlage 22 BewG)	70 Jahre		
Restnutzungsdauer bei Ablauf Erbbaurecht	37 Jahre		
Grundstücksreinertrag			32 850 EUR
Verzinsungsbetrag des Bodenwerts 5,0 % von 150 000 EUR		./.	7 500 EUR
Liegenschaftszins (§ 188 Absatz 2 Satz 2 Nummer 1 BewG)	5,0 %		
Gebäudereinertrag			25 350 EUR
Vervielfältiger (aus Anlage 21 BewG)			× 16,71
Restnutzungsdauer bei Ablauf Erbbaurecht	37 Jahre		
Liegenschaftszins (§ 188 Absatz 2 Satz 2 Nummer 1 BewG)	5,0 %		
Gebäudeertragswert bei Ablauf des Erbbaurechts			423 598 EUR

Gebäudewertanteil nach § 193 Absatz 5 i. V. m. § 194 Absatz 4 BewG

Gebäudeertragswert am Bewertungsstichtag			530 986 EUR
abgezinster Gebäudeertragswert bei Ablauf des Erbbaurechts		./.	144 786 EUR
entschädigungsloser Anteil des Gebäudeertragswerts bei Ablauf des Erbbaurechts (keine Entschädigung)	423 598 EUR		
Abzinsungsfaktor (aus Anlage 26 BewG)	× 0,3418		

Bewertungsstichtag	15.3.2018	
Ablauf des Erbbaurechts	1.1.2041	
Restlaufzeit des Erbbaurechts	22 Jahre	
Liegenschaftszins (§ 193 Absatz 4 Satz 2 Nummer 2 BewG)	5,0%	
Gebäudewertanteil		386 200 EUR

Grundbesitzwert des Erbbaurechts nach § 193 BewG

Bodenwertanteil nach § 193 Absatz 3 BewG	59 220 EUR
Gebäudewertanteil nach § 193 Absatz 5 i. V. m. § 194 Absatz 4 BewG	+ 386 200 EUR
Grundbesitzwert	445 420 EUR

Beispiel 2 (Sachwertverfahren):

Ein freistehendes Einfamilienhaus (mit Keller, Erdgeschoss und ausgebautem Dachgeschoss – alle Bauteile Standardstufe 3) ist in Ausübung eines Erbbaurechts im Jahre 1959 errichtet worden. Die Brutto-Grundfläche beträgt 230 m². Eine Garage ist nicht vorhanden. Das belastete Grundstück hat eine Fläche von 500 m² und der Bodenrichtwert beträgt 250 EUR/m². Der vertraglich vereinbarte jährliche Erbbauzins beträgt zum Bewertungsstichtag am 6.4.2018 2 800 EUR und ist bis zum Ablauf des Erbbaurechts am 1.4.2058 zu zahlen. Eine Entschädigungszahlung für das Gebäude ist in Höhe von 75 % des Gebäudewerts vorgesehen. Der Gutachterausschuss verfügt über keine Vergleichspreise oder Vergleichsfaktoren. Liegenschaftszinssätze hat der Gutachterausschuss ebenfalls nicht ermittelt.

Ermittlung Bodenwertanteil

Verzinsungsbetrag des Bodenwerts 3,0% von 125 000 EUR (500 m² × 250 EUR/m²)		3 750 EUR
Liegenschaftszins (§ 193 Absatz 4 Satz 2 Nummer 1 BewG)	3,0%	
vertraglich vereinbarter jährlicher Erbbauzins		./. 2 800 EUR
Unterschiedsbetrag		950 EUR
Vervielfältiger (aus Anlage 21 zum BewG)		× 22,81
Liegenschaftszins (§ 193 Absatz 4 Satz 2 Nummer 1 BewG)	3,0%	
Ablauf des Erbbaurechts	1.4.2058	
Restlaufzeit des Erbbaurechts	39 Jahre	
Bodenwertanteil (nach § 193 Absatz 3 i. V. m. Absatz 4 BewG)		21 669 EUR

Gebäudesachwert am Bewertungsstichtag nach § 193 Absatz 5 i. V. m. § 190 BewG

Regelherstellungskosten		975 EUR/m²	
Regelherstellungskosten (aus Anlage 24 zum BewG)		835 EUR/m²	
Gebäudeart	1.01		
Standardstufe (alle Bauteile)	3		
Baupreisindex (§ 190 Abs. 1 und 2 BewG)		× 116,8/100	
Gebäudeart	1.01		
Bewertungsstichtag	2018		
Brutto-Grundfläche		× 230 m²	
Gebäuderegelherstellungswert			224 250 EUR

Alterswertminderung		84,29 % (59 J. : 70 J.)	./. 189 021 EUR
Gebäudeart	1.01		
Bezugsfertigkeit des Gebäudes	1959		
Alter des Gebäudes	59 Jahre		
Wirtschaftliche Gesamtnutzungsdauer (aus Anlage 22 zum BewG)	70 Jahre		
Gebäudesachwert			35 229 EUR
Mindestwertansatz nach § 190 Absatz 4 Satz 5 BewG 30% des Gebäuderegelherstellungswerts in Höhe von 224 250 EUR		67 275 EUR	
Gebäudesachwert am Bewertungsstichtag			67 275 EUR

Gebäudesachwert bei Ablauf des Erbbaurechts nach § 193 Absatz 5 i. V. m. § 194 Absatz 4 BewG

Regelherstellungskosten		976 EUR/m²	
Regelherstellungskosten (aus Anlage 24 zum BewG)		835 EUR/m²	
Gebäudeart	1.01		
Standardstufe (alle Bauteile)	3		
Baupreisindex (§ 190 Abs. 1 und 2 BewG)		× 116,8/100	
Gebäudeart	1.01		
Bewertungsstichtag	2018		
Brutto-Grundfläche		× 230 m²	
Gebäuderegelherstellungswert			224 480 EUR
Alterswertminderung		100%	./. 224 480 EUR
Gebäudeart	1.01		
Bezugsfertigkeit des Gebäudes	1959		
Ablauf des Erbbaurechts	1.4.2058		
Alter des Gebäudes	99 Jahre		
Wirtschaftliche Gesamtnutzungsdauer (aus Anlage 22 zum BewG)	70 Jahre		
Gebäudesachwert			0 EUR
Mindestwertansatz nach § 190 Absatz 4 Satz 5 BewG 30 % des Gebäuderegelherstellungswerts in Höhe von 224 480 EUR			67 344 EUR
Gebäudesachwert bei Ablauf des Erbbaurechts			67 344 EUR

Gebäudewertanteil nach § 193 Absatz 5 i. V. m. § 194 Absatz 4 BewG

Gebäudesachwert am Bewertungsstichtag		67 275 EUR
abgezinster Gebäudesachwert bei Ablauf des Erbbaurechts		./. 5 317 EUR
entschädigungsloser Anteil des Gebäudesachwerts bei Ablauf des Erbbaurechts (25 % von 67 344 EUR)	16 836 EUR	
Abzinsungsfaktor (aus Anlage 26 zum BewG)	× 0,3158	

Bewertungsstichtag	6.4.2018	
Ablauf des Erbbaurechts	1.4.2058	
Restlaufzeit des Erbbaurechts	39 Jahre	
Liegenschaftszins (§ 193 Absatz 4 Satz 2 Nummer 1 BewG)	3,0 %	
Gebäudewertanteil		61 958 EUR

Grundbesitzwert des Erbbaurechts nach § 193 BewG

Bodenwertanteil nach § 193 Absatz 3 BewG		21 669 EUR
Gebäudewertanteil nach § 193 Absatz 5 i. V. m. § 194 Absatz 4 BewG	+	61 958 EUR
Wert des Erbbaurechts		83 627 EUR
Grundbesitzwert		83 627 EUR

R B 193 (8)

(8) [1]Eine Berücksichtigung weiterer wertbeeinflussender Umstände – beispielsweise vom Üblichen abweichende Auswirkungen vertraglicher Vereinbarungen, insbesondere die Berücksichtigung von fehlenden Wertsicherungsklauseln oder der Ausschluss einer Anpassung des Erbbaurechtsvertrags – sowie die Anwendung von Marktanpassungsfaktoren kommt nicht in Betracht.

Zu § 194 BewG

R B 194 Bewertung des Erbbaugrundstücks (belastetes Grundstück)

(1) [1]Der Wert des Erbbaugrundstücks ist vorrangig im Vergleichswertverfahren (→ R B 183) zu ermitteln, wenn für das Erbbaugrundstück Vergleichspreise oder aus Kaufpreisen abgeleitete Vergleichsfaktoren für entsprechende Vergleichsgrundstücke vorliegen. [2]Vergleichspreise oder aus Kaufpreisen abgeleitete Vergleichsfaktoren für ein Erbbaugrundstück liegen vor, wenn sie für Grundstücke ermittelt wurden, die nach der Grundstücksart übereinstimmen und hinsichtlich der Bebauung, der Erbbauzinssätze, der Bodenrichtwerte sowie der Restlaufzeit des Erbbaurechts nicht erheblich abweichen. [3]Der Wert für das Erbbaugrundstück kann auch durch Anwendung eines Vergleichsfaktors auf den Wert des unbelasteten Grundstücks ermittelt werden.

(2) [1]Kann das Vergleichswertverfahren nicht angewandt werden, setzt sich der Wert des Erbbaugrundstücks aus dem Bodenwertanteil nach § 194 Absatz 3 BewG und ggf. dem Gebäudewertanteil nach § 194 Absatz 4 BewG zusammen (finanzmathematische Methode). [2]Ist das mit dem Erbbaurecht belastete Grundstück unbebaut, besteht der Grundbesitzwert des Erbbaugrundstücks allein im Bodenwertanteil nach § 194 Absatz 3 BewG (vgl. aber R B 193 Absatz 7 Satz 4).

(3) [1]Der Bodenwertanteil ergibt sich aus dem abgezinsten Bodenwert und dem kapitalisierten vertraglich vereinbarten jährlichen Erbbauzins. [2]Die Abzinsung des Bodenwerts (§ 194 Absatz 3 Satz 2, § 193 Absatz 4 BewG in Verbindung mit der Anlage 26 zum BewG) und die Kapitalisierung des Erbbauzinses (§ 194 Absatz 3 Satz 3 BewG in Verbindung mit der Anlage 21 zum BewG) erfolgen nach der Restlaufzeit des Erbbaurechts. [3]Der Abzinsungsfak-

tor nach Anlage 26 zum BewG ist abhängig vom maßgebenden Liegenschaftszinssatz und der auf volle Jahre abgerundeten Restlaufzeit des Erbbaurechts [4]Dabei ist auf die von den Gutachterausschüssen ermittelten Liegenschaftszinssätze abzustellen. [5]Wurden solche nicht ermittelt, sind die in § 193 Absatz 4 Satz 2 BewG genannten Zinssätze anzuwenden. [6]Beträgt die Restlaufzeit des Erbbaurechts weniger als ein Jahr, ist der Abzinsungsfaktor 1 anzuwenden. [7]R B 193 Absatz 6 Satz 5 gilt entsprechend.

(4) [1]Dem abgezinsten Bodenwert ist der kapitalisierte Erbbauzins hinzuzurechnen. [2]Maßgebender Erbbauzins ist nach § 194 Absatz 3 Satz 3 BewG der am Bewertungsstichtag zu zahlende Erbbauzins, umgerechnet auf einen Jahresbetrag. [3]Dabei ist stets auf die vertraglichen Vereinbarungen abzustellen; auf den gezahlten Erbbauzins kommt es nicht an. [4]Sind Erbbauzinsen während der Laufzeit des Erbbaurechts in unterschiedlicher Höhe vereinbart (z. B. bei Sonderzahlungen oder gestaffeltem Erbbauzins), kann aus Vereinfachungsgründen ein durchschnittlicher Jahresbetrag aus den insgesamt nach dem Bewertungsstichtag zu leistenden Erbbauzinsen in Abhängigkeit von der Restlaufzeit gebildet werden. [5]Die künftigen Anpassungen auf Grund von Wertsicherungsklauseln (z. B. Anknüpfung der Erbbauzinsen an den Lebenshaltungskostenindex) sind nicht zu berücksichtigen. [6]Ist kein Erbbauzins zu zahlen, stellt der abgezinste Bodenwert den Bodenwertanteil dar. [7]Zur Kapitalisierung des Erbbauzinses ist der Vervielfältiger für die auf volle Jahre abgerundete Restlaufzeit und des Liegenschaftszinssatzes der Anlage 21 zum BewG zu entnehmen. [8]Beträgt die Restlaufzeit des Erbbaurechts weniger als ein Jahr, ist der Vervielfältiger mit einem Wert von Null zu berücksichtigen. [9]Gibt der Gutachterausschuss andere Liegenschaftszinssätze als die in der Anlage 21 zum BewG aufgeführten vor, ist der Vervielfältiger nach der dort angegebenen Formel zu berechnen. [10]R B 193 Absatz 6 Satz 5 gilt entsprechend.

(5) [1]Ein Gebäudewertanteil des Erbbaugrundstücks ergibt sich nur dann, wenn bei Beendigung des Erbbaurechts durch Zeitablauf der verbleibende Gebäudewert nicht oder nur teilweise zu entschädigen ist. [2]Dieser entspricht dem nach Anlage 26 zum BewG abgezinsten ggf. anteiligen Gebäudeertrags- bzw. Gebäudesachwert, der dem Eigentümer des Erbbaugrundstücks bei Beendigung des Erbbaurechts durch Zeitablauf entschädigungslos zufällt. [3]Es ist dementsprechend eine Berechnung des Gebäudeertrags- bzw. Gebäudesachwerts auf den Zeitpunkt des Ablaufs des Erbbaurechts durchzuführen. [4]Bei dieser Berechnung ist hinsichtlich des Rohertrags gemäß § 186 BewG vom gleichen Betrag wie am Bewertungsstichtag auszugehen. [5]Beim Ansatz der pauschalierten Bewirtschaftungskosten gemäß § 187 BewG (Anlage 23 zum BewG) und dem Vervielfältiger nach Anlage 21 zum BewG im Ertragswertverfahren sowie bei der Ermittlung der Alterswertminderung im Rahmen der Gebäudesachwertermittlung gemäß § 190 Absatz 4 BewG ist auf den Zeitpunkt des Ablaufs des Erbbaurechts abzustellen. [6]Bei der Ermittlung des Gebäudeertrags- bzw. Gebäudesachwerts gemäß § 194 Absatz 4 BewG ist der Mindestansatz gemäß § 185 Absatz 3 Satz 5 BewG bzw. § 190 Absatz 4 Satz 5 BewG zu beachten. [7]Verbleibt bei der Ermittlung des Gebäudeertragswerts nach Abzug der Bodenwertverzinsung vom Grundstücksreinertrag kein oder ein negativer Betrag, ist im Sinne des § 184 Absatz 3 Satz 2 BewG der Gebäu-

deertragswert mit 0 Euro anzusetzen. [8]Befindet sich das Erbbaurecht im Zustand der Bebauung, stellt der ggf. bei Ablauf des Erbbaurechts nicht entschädigte und auf den Bewertungsstichtag abgezinste Anteil der am Bewertungsstichtag für die sich im Bau befindlichen Gebäude bzw. Gebäudeteile entstandenen Herstellungskosten den Gebäudewertanteil des Erbbaugrundstücks dar (→ R B 193 Absatz 7 Satz 4, R B 196.1 und R B 196.2).

(6) [1]Der gemäß § 194 Absatz 4 BewG anzuwendende Abzinsungsfaktor ergibt sich aus Anlage 26 zum BewG; er ist abhängig vom angewandten Liegenschaftszinssatz gemäß § 193 Absatz 4 BewG und der auf volle Jahre abgerundeten Restlaufzeit des Erbbaurechts. [2]Beträgt die Restlaufzeit des Erbbaurechts weniger als ein Jahr, ist der Abzinsungsfaktor 1 anzuwenden. [3]Gibt der Gutachterausschuss andere Zinssätze als die in der Anlage 26 zum BewG aufgeführten vor, ist der Abzinsungsfaktor nach der dort angegebenen Formel zu berechnen.

(7) Eine Berücksichtigung weiterer wertbeeinflussender Umstände – beispielsweise vom Üblichen abweichende Auswirkungen vertraglicher Vereinbarungen, insbesondere die Berücksichtigung von fehlenden Wertsicherungsklauseln oder der Ausschluss einer Anpassung des Erbbaurechtsvertrags – sowie die Anwendung von Marktanpassungsfaktoren kommt nicht in Betracht.

H B 194

Bewertung der wirtschaftlichen Einheit des Erbbaugrundstücks.

Beispiel (Sachverhalt wie in H B 193.7 Beispiel 1):

Ermittlung Bodenwertanteil

Bodenwert	(500 m^2 × 300 EUR/m^2)	150 000 EUR	
Abzinsungsfaktor (aus Anlage 26 zum BewG)		× 0,3418	51 270 EUR
Bewertungsstichtag	15.3.2018		
Ablauf des Erbbaurechts	1.1.2041		
Restlaufzeit des Erbbaurechts	22 Jahre		
Liegenschaftszins (§ 193 Absatz 4 Satz 2 Nummer 2 BewG)	5,0 %		
vertraglich vereinbarter jährlicher Erbbauzins		3 000 EUR	
Vervielfältiger (aus Anlage 21 zum BewG)		× 13,16	+ 39 480 EUR
Liegenschaftszins (§ 193 Absatz 4 Satz 2 Nummer 2 BewG)	5,0 %		
Restlaufzeit des Erbbaurechts	22 Jahre		
Bodenwertanteil (nach § 194 Absatz 3 BewG)			90 750 EUR

Gebäudeertragswert bei Ablauf des Erbbaurechts nach § 194 Absatz 4 BewG

Jahresmiete (Rohertrag nach § 186 BewG)		45 000 EUR	
Bewirtschaftungskosten (aus Anlage 23 zum BewG) 27 % von 45 000 EUR			./. 12 150 EUR
Bezugsfertigkeit des Gebäudes	2008		
Ablauf des Erbbaurechts	1.1.2041		

Alter des Gebäudes bei Ablauf Erbbaurecht	33 Jahre		
Wirtschaftliche Gesamtnutzungsdauer (aus Anlage 22 zum BewG)	70 Jahre		
Restnutzungsdauer bei Ablauf Erbbaurecht	37 Jahre		
Grundstücksreinertrag			32 850 EUR
Verzinsungsbetrag des Bodenwerts 5,0 % von 150 000 EUR			./. 7 500 EUR
Liegenschaftszins (§ 188 Absatz 2 Satz 2 Nummer 1 BewG)	5,0 %		
Gebäudereinertrag (≥ 0)			25 350 EUR
Vervielfältiger (aus Anlage 21 zum BewG)		× 16,71	
Restnutzungsdauer bei Ablauf Erbbaurecht	37 Jahre		
Liegenschaftszins (§ 188 Absatz 2 Satz 2 Nummer 1 BewG)	5,0 %		
Gebäudeertragswert bei Ablauf des Erbbaurechts			423 598 EUR
Gebäudeertragswert bei Ablauf des Erbbaurechts gemäß § 194 Absatz 4 BewG abgezinst auf den Bewertungsstichtag			144 785 EUR
entschädigungsloser Anteil des Gebäudeertragswerts bei Ablauf des Erbbaurechts (keine Entschädigung)		423 598 EUR	
Abzinsungsfaktor (aus Anlage 26 zum BewG)		× 0,3418	
Bewertungsstichtag	15.3.2018		
Ablauf des Erbbaurechts	1.1.2041		
Restlaufzeit des Erbbaurechts	22 Jahre		
Liegenschaftszins (§ 193 Absatz 4 Satz 2 Nummer 2 BewG)	5,0 %		
Grundbesitzwert des Erbbaugrundstücks gemäß § 194 BewG			
Bodenwertanteil nach § 194 Absatz 3 BewG			90 750 EUR
Gebäudewertanteil nach § 194 Absatz 4 BewG			+ 144 785 EUR
Grundbesitzwert			235 535 EUR

Zu § 195 BewG

R B 195.1 Gebäude auf fremdem Grund und Boden

(1) Zu bewerten sind als selbstständige wirtschaftliche Einheiten sowohl ein Gebäude auf fremdem Grund und Boden als auch das (mit dem Gebäude auf fremdem Grund und Boden) belastete Grundstück.

(2) [1]Ein Gebäude auf fremdem Grund und Boden liegt vor, wenn ein anderer als der Eigentümer des Grund und Bodens darauf ein Gebäude errichtet hat und ihm das Gebäude zuzurechnen ist (§ 70 Absatz 3, § 151 Absatz 1 Satz 1 Nummer 1, § 157 Absatz 3 Satz 2, § 180 Absatz 2 BewG). [2]Das ist insbesondere der Fall, wenn es Scheinbestandteil des Grund und Bodens ist (§ 95 BGB). [3]Sofern dem Nutzungsberechtigten für den Fall der Nutzungsbeendigung gegenüber dem Eigentümer des Grund und Bodens ein Anspruch auf Ersatz des Verkehrswerts des Gebäudes zusteht, ist bewertungsrechtlich von

einem Gebäude auf fremdem Grund und Boden auszugehen. [3]Ein solcher Anspruch kann sich aus einer vertraglichen Vereinbarung oder aus dem Gesetz ergeben. [4]Als Gebäude auf fremdem Grund und Boden erfasst werden das Gebäude, die sonstigen Bestandteile, wie die vom Nutzungsberechtigten errichteten Außenanlagen und das Zubehör. [5]Werden auf einem Grundstück nur Betriebsvorrichtungen (§ 176 Absatz 2 Satz 1 Nummer 2 BewG) oder Außenanlagen errichtet, liegt kein Gebäude auf fremdem Grund und Boden vor.

(3) [1]Die wirtschaftliche Einheit belastetes Grundstück umfasst die vertraglich überlassene Fläche des Grund und Bodens. [2]Enthält der Vertrag hierzu keine Angaben, ist auf die tatsächlichen Verhältnisse des Einzelfalls abzustellen. [3]Dabei ist neben der Grundfläche des Gebäudes regelmäßig auch die Fläche im Umgriff des Gebäudes zu erfassen. [4]Ist eine eindeutige Abgrenzung nicht möglich, bestehen keine Bedenken, vom Fünffachen der bebauten Fläche auszugehen. [5]Ist ein einheitliches Gebäude auf mehreren unmittelbar nebeneinander liegenden Grundstücken errichtet worden, die unterschiedlichen Grundstückseigentümern gehören, gilt R B 192.1 Absatz 4 entsprechend.

H B 195.1

Abgrenzung des Grundvermögens von den Betriebsvorrichtungen. → Gleich lautende Ländererlasse vom 5.6.2013 (BStBl. I S. 734).

Fläche im Umgriff des Gebäudes. → BFH vom 2.8.1989 II R 219/85, BStBl. II S. 826.

Herausgabeanspruch des bürgerlich-rechtlichen Eigentümers. → BFH vom 21.12.1978 III R 20/77, BStBl. 1979 II S. 466.

R B 195.2 Wertermittlung bei Gebäuden auf fremdem Grund und Boden und belasteten Grundstücken

(1) [1]Die Bewertung von Gebäuden auf fremdem Grund und Boden richtet sich nach § 195 Absatz 2 BewG. [2]Der Grundbesitzwert ergibt sich bei der Bewertung im Ertragswertverfahren aus dem Gebäudeertragswert (→ R B 184 bis 188). [3]Ist der Nutzer verpflichtet, das Gebäude bei Ablauf des Nutzungsrechts zu beseitigen, ist der Vervielfältiger nach Anlage 21 zum BewG anzuwenden, der sich für die am Bewertungsstichtag verbleibende Nutzungsdauer ergibt. [4]Die Regelung zur Mindestrestnutzungsdauer nach § 185 Absatz 3 Satz 5 BewG ist in diesen Fällen nicht anzuwenden (→ R B 184 bis 188; insbesondere R B 185.3 Absatz 6). [5]Bei der Bewertung des Gebäudes auf fremdem Grund und Boden im Sachwertverfahren ergibt sich der Grundbesitzwert aus dem Gebäudesachwert (→ R B 189 bis 191). [6]Ist der Nutzer verpflichtet, das Gebäude bei Ablauf des Nutzungsrechts zu beseitigen, bemisst sich die Alterswertminderung (§ 190 Absatz 4 Sätze 1 bis 3 BewG) nach dem Alter des Gebäudes am Bewertungsstichtag und der tatsächlichen Gesamtnutzungsdauer (§ 190 Absatz 4 Satz 4 BewG), maximal der wirtschaftlichen Gesamtnutzungsdauer. [7]Die Regelung zum Mindestrestwert nach § 190 Absatz 4 Satz 5 BewG ist in diesen Fällen nicht anzuwenden (→ R B 189 bis 191, insbesondere R B 190.7 Absatz 5). [8]Ein Bodenwertanteil ist bei Gebäuden auf fremdem Grund und Boden nicht zu berücksichtigen.

(2) [1]Die Bewertung von mit fremden Gebäuden belasteten Grundstücken richtet sich nach § 195 Absatz 3 BewG. [2]Die Abzinsung des Bodenwerts (§ 195 Absatz 3 Satz 2, § 193 Absatz 4 in Verbindung mit der Anlage 26 zum BewG) und die Kapitalisierung des Nutzungsentgelts (§ 195 Absatz 3 Satz 3 BewG in Verbindung mit der Anlage 21 zum BewG) erfolgt in Anhängigkeit von der Restlaufzeit des Nutzungsrechts. [3]Die Restlaufzeit ist auf volle Jahre abzurunden. [4]Ein Gebäudewertanteil ist nicht zu berücksichtigen.

H B 195.2

Gebäude auf fremdem Grund und Boden.

Beispiel 1:

Ein Gebäude auf fremdem Grund und Boden (industrielles Produktionsgebäude in Massivbauweise; zu eigenen betrieblichen Zwecken genutzt; Baujahr 1997; alle Bauteile Standardstufe 3; keine übliche Miete ermittelbar) ist für Zwecke der Erbschaftsteuer auf den 15.4.2018 zu bewerten. Die Restlaufzeit des Nutzungsrechts beträgt am Bewertungsstichtag noch 4 Jahre (bis 2022). Das Gebäude ist bei Beendigung des Nutzungsrechts zu beseitigen. Die Brutto-Grundfläche des Gebäudes beträgt 3 100 m².

Das industrielle Produktionsgebäude stellt ein Geschäftsgrundstück dar (Nutzung ausschließlich zu eigenen gewerblichen Zwecken). Für das Geschäftsgrundstück lässt sich auf Grund der Spezialnutzung keine übliche Miete ermitteln, so dass die Bewertung des Gebäudes auf fremdem Grund und Boden nach dem Sachwertverfahren erfolgt. Bedingt durch den bei Beendigung des Pachtverhältnisses notwendigen Abriss des Gebäudes ergibt sich eine verkürzte Nutzungsdauer für das in Massivbauweise errichtete industrielle Produktionsgebäude (Gebäudeart 15.4 der Anlage 24 II BewG). Die tatsächliche Nutzungsdauer des Gebäudes beträgt insgesamt 25 Jahre (1997 bis 2022), am Besteuerungsstichtag ist es 21 Jahre alt. Die längere wirtschaftliche Gesamtnutzungsdauer von 40 Jahren nach Anlage 22 BewG ist auf Grund der Abrissverpflichtung ebenso unbeachtlich wie der Mindestrestwert in Höhe von 30 % der Regelherstellungskosten.

Gebäudesachwert			
Regelherstellungskosten		1 115 EUR/m²	
Regelherstellungskosten (aus Anlage 24 zum BewG)		950 EUR/m²	
Gebäudeart	15.4		
Standardstufe (alle Bauteile)	3		
Baupreisindex (§ 190 Abs. 1 und 2 BewG)		× 117,4/100	
Gebäudeart	15.4		
Bewertungsstichtag	2018		
Brutto-Grundfläche		× 3 100 m²	
Gebäuderegelherstellungswert			3 456 500 EUR
Alterswertminderung mit Abbruchverpflichtung			
Gebäuderegelherstellungswert			3 456 500 EUR
Alterswertminderung mit Abbruchverpflichtung	84,00 % (21 J. : 25 J.)		./. 2 765 200 EUR
Gebäudeart	15.4		
Bezugsfertigkeit des Gebäudes	1997		
Alter des Gebäudes	21 Jahre		
tatsächliche Gesamtnutzungsdauer	25 Jahre		
Gebäudesachwert			691 300 EUR

Eine Anpassung an den gemeinen Wert durch Wertzahl erfolgt nicht.

Beispiel 2:

Ein Gebäude auf fremdem Grund und Boden (Verbrauchermarkt; zu eigenen betrieblichen Zwecken genutzt; Baujahr 2010; alle Bauteile Standardstufe 4; keine übliche Miete ermittelbar) ist für Zwecke der Erbschaftsteuer auf den 15.3.2018 zu bewerten. Die Restlaufzeit des Nutzungsrechts beträgt am Bewertungsstichtag noch 26 Jahre (bis 2044). Das Gebäude ist bei Beendigung des Nutzungsrechts zu beseitigen. Die Brutto-Grundfläche des Gebäudes beträgt 775 m^2.

Der Verbrauchermarkt stellt ein Geschäftsgrundstück dar (Nutzung ausschließlich zu eigenen gewerblichen Zwecken). Für das Geschäftsgrundstück lässt sich auf Grund einer Spezialnutzung keine übliche Miete ermitteln, so dass die Bewertung des Gebäudes auf fremdem Grund und Boden nach dem Sachwertverfahren erfolgt. Die wirtschaftliche Gesamtnutzungsdauer beträgt nach Anlage 22 BewG 30 Jahre. Die tatsächliche Nutzungsdauer des Gebäudes beträgt insgesamt 34 Jahre (2010 bis 2044); am Besteuerungsstichtag ist es 8 Jahre alt. Auf Grund der Abrissverpflichtung ist der Mindestrestwert in Höhe von 30% der Regelherstellungskosten unbeachtlich.

Gebäudesachwert			
Regelherstellungskosten		1 021 EUR/m^2	
Regelherstellungskosten (aus Anlage 24 zum BewG)		870 EUR/m^2	
Gebäudeart	13.1		
Standardstufe (alle Bauteile)	4		
Baupreisindex (§ 190 Abs. 1 und 2 BewG)		× 117,4/100	
Gebäudeart	13.1		
Bewertungsstichtag	2018		
Brutto-Grundfläche		× 775 m^2	
Gebäuderegelherstellungswert			791 275 EUR

Alterswertminderung mit Abbruchverpflichtung		
Gebäuderegelherstellungswert		791 275 EUR
Alterswertminderung mit Abbruchverpflichtung	23,53 % (8 J. : 34 J.)	./. 186 187 EUR
Gebäudeart	13.1	
Bezugsfertigkeit des Gebäudes	2010	
Alter des Gebäudes	8 Jahre	
tatsächliche Gesamtnutzungsdauer	34 Jahre	
Gebäudesachwert		605 088 EUR

Alterswertminderung ohne Abbruchverpflichtung		
Gebäuderegelherstellungswert		791 275 EUR
Alterswertminderung ohne Abbruchverpflichtung	26,67 % (8 J. : 30 J.)	./. 211 034 EUR
Gebäudeart	13.1	
Bezugsfertigkeit des Gebäudes	2010	
Alter des Gebäudes	8 Jahre	
wirtschaftliche Gesamtnutzungsdauer	30 Jahre	
Gebäudesachwert		580 241 EUR

Anzusetzen ist der niedrigere der beiden Gebäudesachwerte (580 241 EUR).

Eine Anpassung an den gemeinen Wert durch Wertzahl erfolgt nicht.

Belastetes Grundstück.

Beispiel:

Ein mit einem fremden Gebäude bebautes Grundstück ist auf Grund einer Schenkung zum 20.3.2018 zu bewerten. Das Grundstück ist 1450 m^2 groß; der Bodenrichtwert (BRW) beträgt 130 EUR/m^2. Die Restlaufzeit des Nutzungsrechts beträgt am Bewertungsstichtag noch 22 Jahre. Der vereinbarte Pachtzins beträgt jährlich 12 000 EUR. Der Gutachterausschuss gibt einen Liegenschaftszinssatz von 5,5 % vor.

Grundbesitzwert	
abgezinster Bodenwert (1 450 m² × BRW 130 EUR/m² × 0,3079) (§ 195 Absatz 3 Satz 2 i. V. m. § 193 Absatz 4 BewG und Anlage 26 zum BewG)	58 039 EUR
kapitalisierter Pachtzins (12 000 EUR × 12,58) (§ 195 Absatz 3 Satz 3 BewG i. V. m. Anlage 21 zum BewG)	+ 150 960 EUR
Grundbesitzwert	208 999 EUR

Zu § 196 BewG

R B 196.1 Grundstücke im Zustand der Bebauung

(1) [1]Ein Grundstück im Zustand der Bebauung liegt vor, wenn mit den Abgrabungsarbeiten oder mit der Einbringung von Baustoffen zur planmäßigen Errichtung eines Gebäudes oder Gebäudeteils begonnen worden ist (§ 196 Absatz 1 BewG). [2]Der vorherige Abbruch eines Gebäudes oder Gebäudeteils ist noch nicht als Beginn der Baumaßnahme zur Errichtung des neu geschaffenen Gebäudes oder Gebäudeteils anzusehen. [3]Der Zustand der Bebauung endet mit der Bezugsfertigkeit des ganzen Gebäudes, sofern es nicht in Bauabschnitten errichtet wird (→ R B 178 Absatz 3). [4]Gebäude im Zustand der Bebauung liegen auch dann vor, wenn durch An-, Aus- oder Umbauten an einem bereits vorhandenen Gebäude neuer Wohn- oder Gewerberaum geschaffen wird. [5]Modernisierungsmaßnahmen erfüllen diese Voraussetzung regelmäßig nicht.

(2) [1]Zu der wirtschaftlichen Einheit gehören der Grund und Boden, die Gebäude bzw. Gebäudeteile, auch wenn sie am Bewertungsstichtag noch nicht bezugsfertig sind, die sonstigen Bestandteile und das Zubehör. [2]Nicht einzubeziehen sind Betriebsvorrichtungen, auch wenn sie wesentliche Bestandteile sind. [3]Damit ist dem Umstand, ob die Betriebsvorrichtungen am Bewertungsstichtag fertig gestellt sind oder sich noch im Bau befinden, keine Bedeutung beizumessen.

(3) [1]Als Beginn der Abgrabungsarbeiten auf dem Grundstück ist der Zeitpunkt anzusehen, in dem mit den Erdarbeiten, insbesondere mit dem Ausschachten der Baugrube oder mit dem Planieren als Vorarbeiten für eine Bodenplatte, begonnen wird. [2]Bis zum Beginn der Erdarbeiten sind die für die Planung des Gebäudes aufgewandten Kosten als immaterielles Wirtschaftsgut zu erfassen. [3]Ab Beginn der Erdarbeiten sind die Planungskosten durch den Wert für das Grundstück im Zustand der Bebauung abgegolten. [4]Sind für die Durchführung der Baumaßnahme keine Abgrabungsarbeiten erforderlich oder ist mit der Einbringung von Baustoffen zur planmäßigen Errichtung eines Gebäudes oder Gebäudeteils vor Durchführung der Erdarbeiten begonnen worden, ist für den Beginn der Baumaßnahme auf den Zeitpunkt der erstmaligen Verarbeitung von Baustoffen abzustellen.

(4) [1]Ein Grundstück im Zustand der Bebauung liegt bis zur Bezugsfertigkeit des Gebäudes oder Gebäudeteils vor. [2]Bezugsfertig ist ein Gebäude, wenn es den künftigen Bewohnern oder sonstigen Benutzern zugemutet werden kann, es zu benutzen; auf die Abnahme durch die Bauaufsichtsbehörde kommt es nicht an (§ 178 Absatz 1 BewG). [3]Am Bewertungsstichtag müssen alle we-

sentlichen Bauarbeiten abgeschlossen sein. [4]Dies ist nicht der Fall, wenn noch Klempnerarbeiten ausstehen, an der zur Wohnung führenden Treppe das Geländer fehlt, Türen und Fenster noch einzubauen sind, Anschlüsse für Strom- und Wasserversorgung verlegt werden müssen, die Heizung zu installieren ist, sanitäre Einrichtungen noch einzubauen sind oder der Untergrund für den Fußbodenbelag noch aufgebracht werden muss. [5]Geringfügige Restarbeiten, die üblicherweise vor dem tatsächlichen Bezug durchgeführt werden (z. B. Malerarbeiten, Anbringen einer Antenne oder Satellitenanlage sowie Verlegen des Fußbodenbelags), schließen die Bezugsfertigkeit nicht aus. [6]Ist das Gebäude am Bewertungsstichtag bezogen, begründet dies die widerlegbare Vermutung der Bezugsfertigkeit. [7]Wird ein Gebäude in Bauabschnitten errichtet, ist die Entscheidung, ob sich ein Gebäude im Zustand der Bebauung befindet, unter Berücksichtigung der bis zum Bewertungsstichtag eingetretenen Verhältnisse nach der Verkehrsanschauung zu treffen. [8]Es kommt also darauf an, wie der Schenker oder Erblasser das Bauvorhaben durchführen wollte. [9]Nach dem Bewertungsstichtag durchgeführte Baumaßnahmen bleiben bei der Entscheidung, ob eine abschnittsweise Errichtung eines Gebäudes vorliegt, außer Betracht. [10]Kommt es durch den Eigentümerwechsel, z. B. im Erbfall, zu einer unvorhergesehenen Unterbrechung der Baumaßnahme, liegt keine Errichtung eines Gebäudes in Bauabschnitten vor. [11]Wird ein Gebäude in Bauabschnitten errichtet, liegt hinsichtlich des bezugsfertigen Teils ein bebautes Grundstück vor. [12]Ein Grundstück im Zustand der Bebauung kann in diesen Fällen nur angenommen werden, wenn mit dem nächsten Bauabschnitt bereits begonnen worden ist und hierfür Baumaterialien eingebracht worden sind (z. B. Ausbau eines zunächst als Abstellraum genutzten Gebäudeteils im Dach- oder Kellergeschoss, Aufstockung und Anbau).

R B 196.2 Wertermittlung bei Grundstücken im Zustand der Bebauung

(1) [1]Der Grundbesitzwert für ein Grundstück mit einem Gebäude im Zustand der Bebauung umfasst neben dem Wert des unbebauten Grundstücks bzw. dem Wert der bezugsfertigen Gebäude oder Gebäudeteile auch die noch nicht bezugsfertigen Gebäude oder Gebäudeteile. [2]Dabei ist dem bisherigen Wert des unbebauten bzw. des bebauten Grundstücks der Wert der bis zum Bewertungsstichtag entstandenen Herstellungskosten des im Bau befindlichen Gebäudes oder Gebäudeteils hinzuzurechnen.

(2) [1]Grundstücke, die sich am Bewertungsstichtag im Zustand der Bebauung befinden, können sowohl unbebaute als auch bereits bebaute Grundstücke sein. [2]Die Entscheidung, ob vor Beginn der am Bewertungsstichtag noch nicht abgeschlossenen Baumaßnahme ein unbebautes oder ein bebautes Grundstück vorgelegen hat, ist nach § 178 Absatz 1 BewG zu treffen (→ R B 178 Absatz 3). [3]Befinden sich auf einem Grundstück außer dem im Bau befindlichen Gebäude zu Beginn der Baumaßnahme keine bezugsfertigen Gebäude, liegt ein unbebautes Grundstück vor. [4]Hierfür ist der Wert nach § 179 BewG zu ermitteln. [5]Sind auf einem Grundstück vor Beginn der noch nicht abgeschlossenen Baumaßnahme bereits bezugsfertige Gebäude oder Gebäude-

teile nach § 180 BewG vorhanden, erfolgt dessen Bewertung nach §§ 182 bis 195 BewG.

(3) [1]Dem nach Absatz 2 ermittelten Wert sind die bis zum Bewertungsstichtag entstandenen Herstellungskosten des im Bau befindlichen Gebäudes oder Gebäudeteils hinzuzurechnen. [2]Maßgeblich sind die entstandenen Herstellungskosten; auf den tatsächlichen Zahlungsabfluss kommt es nicht an. [3]Abbruchkosten für auf dem Grundstück vor Beginn der Baumaßnahme vorhandene Gebäude oder Gebäudeteile rechnen unabhängig von ihrer ertragsteuerlichen Beurteilung nicht zu den Herstellungskosten im Sinne des Satzes 1 (→ R B 196.1 Absatz 1 Satz 2). [4]Können die bis zum Bewertungsstichtag entstandenen Herstellungskosten nicht eindeutig ermittelt werden, müssen sie anhand des Baufortschritts geschätzt werden, als Anhaltspunkt für diese Schätzung kann z. B. § 3 Absatz 2 Nummer 2 Makler- und Bauträgerverordnung (MaBV) dienen.

H B 196.2 (3)

Errichtung eines Gebäudes auf einem bisher unbebauten Grundstück.

Beispiel:

Ein zuvor unbebautes Grundstück (Größe 611 m², Bodenrichtwert 100 EUR/m²) wird mit einem Einfamilienhaus bebaut und zum 1.2.2018 verschenkt. Bis zu diesem Zeitpunkt sind Herstellungskosten von 65 000 EUR entstanden, von denen 50 000 EUR bezahlt worden sind.

Wert für das zuvor unbebaute Grundstück (§ 196 Absatz 2 i. V. m. § 179 BewG) 611 m² × 100 EUR/m²	61 100 EUR
Entstandene Herstellungskosten (§ 196 Absatz 2 BewG; die tatsächliche Zahlung ist unbeachtlich)	+ 65 000 EUR
Grundbesitzwert	126 100 EUR

Errichtung eines Gebäudes auf einem bisher bebauten Grundstück.

Beispiel 1:

Ein Zweifamilienhaus (ZFH), das auf einem 900 m² großen Grundstück errichtet worden ist (Bodenrichtwert 200 EUR/m²), wird um zwei Stockwerke aufgestockt. Nach Abschluss der Baumaßnahme wird das Mehrfamilienhaus 4 Wohnungen beinhalten. Der Eigentümer verstirbt noch während der Bauphase am 1.3.2018. Bis zu diesem Zeitpunkt sind Herstellungskosten für die Aufstockung von 50 000 EUR entstanden (ohne Abbruchkosten für die Beseitigung des alten Dachaufbaus). Der Vergleichswert (inkl. Bodenwert) beträgt lt. Grundstücksmarktbericht des örtlichen Gutachterausschusses für ein vergleichbares Zweifamilienhaus 370 000 EUR.

Wert des bebauten Grundstücks vor Beginn der Baumaßnahme (§ 196 Absatz 2 i. V. m. § 183 Absatz 1 BewG) Vergleichswert ZFH lt. Grundstücksmarktbericht (maßgeblich ist die Grundstücksart und das Bewertungsverfahren vor Durchführung der Baumaßnahme)	370 000 EUR
Entstandene Herstellungskosten (§ 196 Absatz 2 BewG)	+ 50 000 EUR
Grundbesitzwert	420 000 EUR

Beispiel 2:

Ein mit einem Mehrfamilienhaus (Mietwohngrundstück) bebautes Grundstück, das 1 100 m² groß ist und für das ein Bodenrichtwert von 150 EUR/m² anzusetzen ist, wird um einen Anbau erweitert. Der Eigentümer verschenkt das Grundstück (während der Bauphase) zum 2.4.2018. Herstellungskosten sind bis zu diesem Zeitpunkt in Höhe von 45 000 EUR entstanden. Das Jahresentgelt (Miete) vor Errichtung des Anbaus beträgt 23 600 EUR und entspricht der üblichen Miete. Das Gebäude ist im Bewertungsstichtag 20 Jahre alt. Der Gutachterausschuss hat keine Erfahrungssätze für Bewirtschaftungskosten und keinen Liegenschaftszinssatz zur Verfügung gestellt.

Die Gesamtnutzungsdauer des Mietwohngrundstücks beträgt nach Anlage 22 BewG 70 Jahre. Da der Gutachterausschuss keine Erfahrungssätze für Bewirtschaftungskosten und keinen Liegenschaftszinssatz zur Verfügung stellt, gelten die Werte nach Anlage 23 BewG (Bewirtschaftungskosten = 23 %) und § 188 Absatz 2 Satz 2 Nummer 1 BewG (Liegenschaftszinssatz = 5 %). Der Vervielfältiger beträgt nach Anlage 21 BewG bei einer Restnutzungsdauer von 50 Jahren 18,26.

Wert des bebauten Grundstücks vor Beginn der Baumaßnahme (§ 196 Absatz 2 i. V. m. §§ 184 ff. BewG)		
Bodenwert		
1 100 m² × 150 EUR/m²		165 000 EUR
Gebäudewert		
Grundstücksrohertrag (Jahresentgelt)	23 600 EUR	
Bewirtschaftungskosten (23 % × 23 600 EUR)	./. 5 428 EUR	
Grundstücksreinertrag	18 172 EUR	
Bodenwertverzinsung (5 % × 165 000 EUR)	./. 8 250 EUR	
Gebäudereinertrag	9 922 EUR	
Vervielfältiger	× 18,26	+ 181 175 EUR
Wert des bebauten Grundstücks vor Beginn der Baumaßnahme		346 175 EUR
Entstandene Herstellungskosten (§ 196 Absatz 2 BewG)		+ 45 000 EUR
Grundbesitzwert		391 175 EUR

R B 196.2 (4)

(4) [1]Befindet sich ein zuvor unbebautes Erbbaugrundstück (→ R B 193 Absatz 2) im Zustand der Bebauung, ermittelt sich der Grundbesitzwert aus dem Bodenwertanteil des Erbbaurechts und den bis zum Bewertungsstichtag entstandenen Herstellungskosten, ggf. abzüglich des bei Ablauf des Erbbaurechts nicht entschädigten und auf den Bewertungsstichtag abgezinsten Anteils der Herstellungskosten (→ R B 193 Absatz 7 Satz 4). [2]Sind auf einem Erbbaurecht oder bei einem Gebäude auf fremdem Grund und Boden vor Beginn der am Bewertungsstichtag noch nicht abgeschlossenen Baumaßnahme bereits bezugsfertige Gebäude oder Gebäudeteile nach § 180 BewG vorhanden, erfolgt deren Bewertung entsprechend Absatz 2 Satz 5.

H B 196.2 (4)

Errichtung eines Gebäudes auf einem bislang unbebauten Erbbaugrundstück.

Beispiel:

Auf einem bislang unbebauten Erbbaurecht wird ein Einfamilienhaus errichtet. Das Erbbaugrundstück hat eine Fläche von 600 m² und der Bodenrichtwert beträgt 200 EUR/m². Der vertraglich vereinbarte jährliche Erbbauzins beträgt zum Bewertungsstichtag am 15.3.2018 3 000 EUR und ist bis zum Ablauf des Erbbaurechts am 1.1.2108 zu zahlen. Der Gutachterausschuss verfügt über keine Vergleichspreise oder Vergleichsfaktoren. Für den Bau des Einfamilienhauses sind bis zum Bewertungsstichtag Herstellungskosten in Höhe von 100 000 EUR entstanden. Eine Entschädigungszahlung für das Gebäude bei Ablauf des Erbbaurechts ist in Höhe von 50 % vorgesehen.

Ermittlung Bodenwertanteil			
Verzinsungsbetrag des Bodenwerts 3,0 % von 120 000 EUR (600 m^2 × 200 EUR/m^2)			3 600 EUR
Liegenschaftszins (§ 193 Absatz 4 Satz 2 Nummer 1 BewG)	3,0 %		
vertraglich vereinbarter jährlicher Erbbauzins			./. 3 000 EUR
Unterschiedsbetrag			600 EUR
Vervielfältiger (aus Anlage 21 zum BewG)			× 30,93
Liegenschaftszins (§ 193 Absatz 4 Satz 2 Nummer 1 BewG)	3,0 %		
Bewertungsstichtag	15.3.2018		
Ablauf des Erbbaurechts	1.1.2108		
Restlaufzeit des Erbbaurechts	89 Jahre		
Bodenwertanteil (nach § 193 Absatz 3 i. V. m. Absatz 4 BewG)			18 558 EUR
Ermittlung Gebäudewertanteil			
Entstandene Herstellungskosten (§ 196 Absatz 2 BewG)			100 000 EUR
Anteil Erbbaugrundstück (→ R B 193 Absatz 7 Satz 4)			./. 3 600 EUR
bei Ablauf des Erbbaurechts nicht zu entschädigender Anteil an den Herstellungskosten (50 % von 100 000 EUR)		50 000 EUR	
Abzinsungsfaktor nach Anlage 26 zum BewG		× 0,0720	
Bewertungsstichtag	15.3.2018		
Ablauf des Erbbaurechts	1.1.2108		
Restlaufzeit des Erbbaurechts	89 Jahre		
Liegenschaftszins (§ 193 Absatz 4 Satz 2 Nummer 1 BewG)	3,0 %		
Gebäudewertanteil			96 400 EUR
Grundbesitzwert			
Bodenwertanteil			18 558 EUR
Gebäudewertanteil			+ 96 400 EUR
Grundbesitzwert			114 958 EUR

Zu § 197 BewG

R B 197 Gebäude und Gebäudeteile für den Zivilschutz

(1) [1]Gebäude, Gebäudeteile und Anlagen, die dem Zivilschutz dienen, bleiben bei der Ermittlung des Grundbesitzwerts außer Ansatz (§ 197 BewG). [2]Eine nur gelegentliche oder geringfügige Mitbenutzung der Gebäude, Gebäudeteile und Anlagen für andere als dem Zivilschutz dienende Zwecke ist für die Gewährung der sachlichen Befreiung unschädlich. [3]Diese liegt z.B. vor, wenn in einem für die begünstigten Zwecke geschaffenen Raum von Zeit zu Zeit Veranstaltungen abgehalten werden, zu deren Durchführung der Raum nicht besonders hergerichtet werden muss. [4]Werden in dem Gebäudeteil lediglich Gartengeräte, Fahrräder oder dergleichen abgestellt, handelt es sich ebenfalls um eine geringfügige Mitbenutzung. [5]Dagegen ist die Steuerbe-

freiung zu versagen, wenn die Gebäude, Gebäudeteile und Anlagen ständig anderen Zwecken dienen, z. B. als Lager-, Lehr-, oder Ausbildungsräume.

(2) Der Wert des Grund und Bodens ist regelmäßig mit dem gesamten Wert des unbebauten Grundstücks nach § 179 BewG anzusetzen.

Zu § 198 BewG

R B 198 Nachweis des niedrigeren gemeinen Werts

(1) [1]Abweichend von der Wertermittlung nach den § 179 und §§ 182 bis 196 BewG ist der niedrigere gemeine Wert (Verkehrswert/Marktwert) am Bewertungsstichtag festzustellen, wenn der Steuerpflichtige diesen nachweist (§ 198 BewG). [2]Den Steuerpflichtigen trifft die Nachweislast für einen niedrigeren gemeinen Wert und nicht eine bloße Darlegungslast. [3]Die Vorlage von Auszügen aus der Kaufpreissammlung erfüllt diese Voraussetzungen nicht.

(2) [1]Der Nachweis des niedrigeren gemeinen Werts kann für die nach § 179, §§ 182 bis 196 BewG bewerteten wirtschaftlichen Einheiten geführt werden, wobei der Nachweis die jeweils gesamte wirtschaftliche Einheit umfassen muss. [2]Bei Grundstücken im Zustand der Bebauung ist der Verkehrswertnachweis für die gesamte wirtschaftliche Einheit unter Berücksichtigung der baulichen Gegebenheiten zulässig.

(3) [1]Als Nachweis ist regelmäßig ein Gutachten des zuständigen Gutachterausschusses oder eines Sachverständigen für die Bewertung von Grundstücken erforderlich. [2]Das Gutachten ist für die Feststellung des Grundbesitzwerts nicht bindend, sondern unterliegt der Beweiswürdigung durch das Finanzamt. [3]Enthält das Gutachten Mängel (z. B. methodische Mängel oder unzutreffende Wertansätze), ist es zurückzuweisen; ein Gegengutachten durch das Finanzamt ist nicht erforderlich. [4]Zur Ordnungsmäßigkeit eines Sachverständigengutachtens gehören methodische Qualität und eine zutreffende Erhebung und Dokumentation der Begutachtungsgrundlagen. [5]Für den Nachweis des niedrigeren gemeinen Werts gelten grundsätzlich die auf Grund des § 199 Absatz 1 BauGB erlassenen Vorschriften. [6]Nach Maßgabe dieser Vorschriften sind sämtliche wertbeeinflussenden Umstände zur Ermittlung des gemeinen Werts (Verkehrswerts) von Grundstücken zu berücksichtigen. [7]Hierzu gehören auch die den Wert beeinflussenden Rechte und Belastungen privatrechtlicher und öffentlich-rechtlicher Art, wie z. B. Grunddienstbarkeiten und persönliche Nutzungsrechte. [8]Mit Ausnahme des Nachweises der üblichen Miete (→ R B 186.5 Absatz 5) kommt ein Einzelnachweis zu Bewertungsgrundlagen nach § 179 und §§ 182 bis 196 BewG, z. B. hinsichtlich der Bewirtschaftungskosten, nicht in Betracht. [9]Auszüge aus der Kaufpreissammlung können ein Gutachten nicht ersetzen.

(4) [1]Ein im gewöhnlichen Geschäftsverkehr innerhalb eines Jahres vor oder nach dem Bewertungsstichtag zustande gekommener Kaufpreis über das zu bewertende Grundstück kann als Nachweis dienen. [2]Ist ein Kaufpreis außerhalb dieses Zeitraums im gewöhnlichen Geschäftsverkehr zustande gekommen und sind die maßgeblichen Verhältnisse hierfür gegenüber den Verhältnissen zum Bewertungsstichtag unverändert geblieben, so kann auch dieser als Nachweis des

niedrigeren gemeinen Werts dienen. [3]Es bestehen keine Bedenken, diesen Wert regelmäßig ohne Wertkorrekturen als Grundbesitzwert festzustellen.

H B **198**

Vorschriften auf der Grundlage des § 199 Absatz 1 BauGB.
→ Verordnung über die Grundsätze für die Ermittlung der Verkehrswerte von Grundstücken (Immobilienwertermittlungsverordnung – ImmoWertV) vom 19.5.2010 (BGBl. I S. 639).
→ Richtlinie zur Ermittlung von Bodenrichtwerten (Bodenrichtwertrichtlinie – BRW-RL) vom 11.1.2011 (BAnz AT 11.2.2011 Nr. 24 S. 597).
→ Richtlinie zur Ermittlung des Sachwerts (Sachwertrichtlinie – SW-RL) vom 5.9.2012 (BAnz AT 18.10.2012 B1).
→ Richtlinie zur Ermittlung des Vergleichswerts und des Bodenwerts (Vergleichswertrichtlinie – VW-RL) vom 20.3.2014 (BAnz AT 11.4.2014 B3).
→ Richtlinie zur Ermittlung des Ertragswerts (Ertragswertrichtlinie – EW-RL) vom 12.11.2015 (BAnz AT 4.12.2015 B4).

Fristsetzung zur Vorlage eines Sachverständigengutachtens. → § 364b AO (Fristsetzung).

Nachweis des niedrigeren gemeinen Werts durch Sachverständigengutachten. → BFH vom 10.11.2004 II R 69/01, BStBl. 2005 II S. 259, vom 3.12.2008 II R 19/08, BStBl. 2009 II S. 403 und vom 11.9.2013 II R 61/11, BStBl. 2014 II S. 363.
→ Gleich lautende Ländererlasse vom 19.2.2014 (BStBl. I S. 808).

Nachweis des niedrigeren gemeinen Werts durch zeitnahen Kaufpreis. → BFH vom 2.7.2004 II R 55/01, BStBl. II S. 703.
Liegen im Rahmen des Nachweises des niedrigeren gemeinen Werts gleichzeitig ein zeitnah zum Bewertungsstichtag im gewöhnlichen Geschäftsverkehr zustande gekommener Kaufpreis und ein Sachverständigengutachten vor, bestehen keine Bedenken, der Grundbesitzwertfeststellung den Kaufpreis zugrunde zu legen. Der im gewöhnlichen Geschäftsverkehr vereinbarte bzw. erzielte Kaufpreis liefert den sichersten Anhaltspunkt für den gemeinen Wert.

Nießbrauchs- und andere Nutzungsrechte, die sich auf den Grundbesitzwert ausgewirkt haben. Ist nach § 198 BewG ein nachgewiesener gemeiner Wert, der auf Grund von Grundstücksbelastungen durch Nutzungsrechte, wie z. B. Nießbrauch oder Wohnrecht, gemindert wurde, als Grundbesitzwert festgestellt worden, hat das Lagefinanzamt das für die Festsetzung der Erbschaft- und Schenkungsteuer zuständige Finanzamt hierauf hinzuweisen (vgl. § 10 Absatz 6 Satz 6 ErbStG).

F. Vereinfachtes Ertragswertverfahren

Zu § 199 BewG

R B **199.1** Anwendung des vereinfachten Ertragswertverfahrens

(1) [1]Die Bewertung von Anteilen an Kapitalgesellschaften, von Betriebsvermögen und von Anteilen am Betriebsvermögen unter Berücksichtigung der Ertragsaussichten (§ 11 Absatz 2 Satz 2, § 109 Absatz 1 und 2 BewG) kann

nach dem vereinfachten Ertragswertverfahren erfolgen. [2]Sind branchentypisch ertragswertorientierte Verfahren ausgeschlossen (weil z.B. Multiplikatorenverfahren oder Substanzwertverfahren zur Anwendung kommen), ist das vereinfachte Ertragswertverfahren nicht anzuwenden. [3]Sind branchentypisch auch ertragswertorientierte Verfahren anzuwenden, ist eine Bewertung nach dem vereinfachten Ertragswertverfahren möglich; die Prüfung eines offensichtlich unzutreffenden Ergebnisses bleibt vorbehalten.

(2) Bei der Bewertung ausländischer Unternehmen sind die Regelungen des vereinfachten Ertragswertverfahrens entsprechend, insbesondere hinsichtlich der Ermittlung des nachhaltig erzielbaren Jahresertrags, anzuwenden, wenn dies nicht zu offensichtlich unzutreffenden Ergebnissen führt.

(3) [1]Die im vereinfachten Ertragswertverfahren vorgesehenen Typisierungen können dazu führen, dass der in diesem Verfahren ermittelte Wert höher oder niedriger ist als der gemeine Wert. [2]Das Finanzamt hat den im vereinfachten Ertragswertverfahren ermittelten Wert zugrunde zu legen, wenn das Ergebnis nicht offensichtlich unzutreffend ist.

(4) [1]Nach § 199 Absatz 1 und 2 BewG hat der Steuerpflichtige ein Wahlrecht, das vereinfachte Ertragswertverfahren anzuwenden. [2]Gesetzliche Tatbestandsvoraussetzung hierfür ist, dass dies nicht zu offensichtlich unzutreffenden Ergebnissen führt. [3]Hat das Finanzamt an der Anwendbarkeit des vereinfachten Ertragswertverfahrens Zweifel, sind diese vom Finanzamt substantiiert darzulegen und dem Steuerpflichtigen ist Gelegenheit zu geben, die Bedenken des Finanzamts auszuräumen. [4]Das vereinfachte Ertragswertverfahren kann vor allem dann zu unzutreffenden Ergebnissen führen, wenn die Voraussetzungen nach Absatz 6 vorliegen. [5]In einem solchen Fall hat der Steuerpflichtige substantiiert darzulegen, warum das vereinfachte Ertragswertverfahren nicht zu einem offensichtlich unzutreffenden Ergebnis führt. [6]Kommt der Steuerpflichtige dieser Mitwirkungspflicht nicht nach, kann davon ausgegangen werden, dass die gesetzlichen Voraussetzungen für die Ausübung des Wahlrechts nicht vorliegen. [7]Die Bewertung ist nach allgemeinen Grundsätzen vorzunehmen.

(5) Erkenntnisse über eine offensichtlich unzutreffende Wertermittlung zum gemeinen Wert können beispielsweise in den nachstehenden Fällen hergeleitet werden:

1. Vorliegen zeitnaher Verkäufe, wenn diese nach dem Bewertungsstichtag liegen;
2. Vorliegen von Verkäufen, die mehr als ein Jahr vor dem Bewertungsstichtag liegen;
3. Erbauseinandersetzungen, bei denen die Verteilung der Erbmasse Rückschlüsse auf den gemeinen Wert zulässt.

(6) [1]Vom Vorliegen begründeter Zweifel an der Anwendbarkeit des vereinfachten Ertragswertverfahrens ist insbesondere auszugehen:

1. bei komplexen Strukturen von verbundenen Unternehmen;
2. bei neu gegründeten Unternehmen, bei denen der künftige Jahresertrag noch nicht aus den Vergangenheitserträgen abgeleitet werden kann, insbesondere bei Gründungen innerhalb eines Jahres vor dem Bewertungsstichtag, weil das vereinfachte Ertragswertverfahren hier regelmäßig, z.B.

wegen hoher Gründungs- und Ingangsetzungsaufwendungen, zu offensichtlich unzutreffenden Ergebnissen führt;

3. beim Branchenwechsel eines Unternehmens, bei dem deshalb der künftige Jahresertrag noch nicht aus den Vergangenheitserträgen abgeleitet werden kann;
4. in sonstigen Fällen, in denen auf Grund der besonderen Umstände der künftige Jahresertrag nicht aus den Vergangenheitserträgen abgeleitet werden kann. [2]Hierzu gehören Wachstumsunternehmen, branchenbezogene oder allgemeine Krisensituationen oder absehbare Änderungen des künftigen wirtschaftlichen Umfeldes;
5. bei grenzüberschreitenden Sachverhalten, z. B. nach § 1 AStG, § 4 Absatz 1 Satz 3 EStG oder § 12 Absatz 1 KStG, sofern der jeweils andere Staat nicht die Ergebnisse des vereinfachten Ertragswertverfahrens seiner Besteuerung zugrunde legt.

[2]Es bestehen grundsätzlich keine Bedenken, in den Fällen des Satzes 1 Nummer 2 und 3 den Substanzwert als Mindestwert (§ 11 Absatz 2 Satz 3 BewG) anzusetzen, sofern dies nicht zu offensichtlich unzutreffenden Ergebnissen führt.

R B 199.2 Ausländische Kapitalgesellschaften und ausländisches Betriebsvermögen

[1]Auch bei der Bewertung von Anteilen an ausländischen Kapitalgesellschaften oder ausländischem Betriebsvermögen kann das vereinfachte Ertragswertverfahren angewendet werden. [2]Die Ermittlung der Bewertungsgrundlagen hat in der jeweiligen Landeswährung zu erfolgen, der in dieser Währung ermittelte Ertragswert ist mit dem für den Bewertungsstichtag festgestellten Devisenkurs in Euro umzurechnen. [3]Der Gewinnermittlung können die im jeweiligen Land geltenden Gewinnermittlungsvorschriften zugrunde gelegt werden, wenn sie eine dem § 202 Absatz 1 Satz 2 BewG entsprechende Korrektur zulassen. [4]Der nach § 203 BewG maßgebende Kapitalisierungsfaktor ist anzuwenden, wenn dies nicht zu offensichtlich unzutreffenden Ergebnissen führt.

Zu § 200 BewG

R B 200 Wertermittlung im vereinfachten Ertragswertverfahren

(1) Der Wert nach dem vereinfachten Ertragswertverfahren setzt sich zusammen aus:

	Ertragswert des betriebsnotwendigen Vermögens (§ 200 Absatz 1 BewG) (Jahresertrag §§ 201 bis 202 BewG × Kapitalisierungsfaktor § 203 BewG)
+	Nettowert des nicht betriebsnotwendigen Vermögens (§ 200 Absatz 2 BewG)
+	Wert der Beteiligungen an anderen Gesellschaften (§ 200 Absatz 3 BewG)
+	Nettowert des jungen Betriebsvermögens (§ 200 Absatz 4 BewG)
=	Wert nach dem vereinfachten Ertragswertverfahren

(2) [1]Die Wirtschaftsgüter des nicht betriebsnotwendigen Vermögens und die mit diesen in wirtschaftlichem Zusammenhang stehenden Schulden sind

neben dem Ertragswert mit ihrem gemeinen Wert anzusetzen (§ 200 Absatz 2 BewG). [2]Zum nicht betriebsnotwendigen Vermögen gehören diejenigen Wirtschaftsgüter, die sich ohne Beeinträchtigung der eigentlichen Unternehmenstätigkeit aus dem Unternehmen herauslösen lassen, ohne dass die operative Geschäftstätigkeit eingeschränkt wird. [3]Dies können – je nach Unternehmenszweck – z. B. Grundstücke, Gebäude, Kunstgegenstände, Beteiligungen, Wertpapiere oder auch Geldbestände sein. [4]Auf Grund der Betriebsbezogenheit besteht keine zwingende Deckungsgleichheit mit dem ertragsteuerlich gewillkürten Betriebsvermögen bzw. mit Verwaltungsvermögen im Sinne des § 13b Absatz 4 ErbStG. [5]Für die Ermittlung des gemeinen Werts gilt R B 11.5 Absatz 5 bis 8 entsprechend.

(3) [1]Sowohl Anteile an einer Kapitalgesellschaft als auch Beteiligungen an einer Personengesellschaft sind nach § 200 Absatz 3 BewG gesondert neben dem Ertragswert mit einem eigenständig zu ermittelnden gemeinen Wert anzusetzen. [2]Auf eine Mindestbeteiligungsquote kommt es nicht an. [3]Ist für Beteiligungen an einer Personengesellschaft und für Anteile an Kapitalgesellschaften ein Wert nach § 151 Absatz 1 Satz 1 Nummer 2 oder 3 BewG festzustellen, sind die auf den Bewertungsstichtag festgestellten Werte anzusetzen. [4]Die Basiswertregelung in § 151 Absatz 3 BewG ist hierbei zu beachten. [5]Die Wertermittlung bei den einzelnen Feststellungen kann sowohl im vereinfachten Ertragswertverfahren als auch in einem allgemein anerkannten Ertragswertverfahren als auch nach einer anderen anerkannten Methode erfolgen. [6]Die Anwendung des vereinfachten Ertragswertverfahrens für die Bewertung einer Obergesellschaft bedeutet nicht, dass auch die Beteiligungen im vereinfachten Ertragswertverfahren bewertet werden müssen. [7]Ob die Bewertung der Obergesellschaft im vereinfachten Ertragswertverfahren unter Berücksichtigung der Beteiligungen an Untergesellschaften zu einem offensichtlich unzutreffenden Ergebnis führt (§ 199 Absatz 1 BewG), ist im Einzelfall zu entscheiden. [8]Die mit den Anteilen an einer Kapitalgesellschaft in wirtschaftlichem Zusammenhang stehenden Schulden werden nicht gesondert berücksichtigt, da die mit diesen im Zusammenhang stehenden Aufwendungen beim nachhaltigen Jahresertrag mindernd erfasst sind. [9]Es erfolgt keine Hinzurechnung der Aufwendungen nach § 202 Absatz 1 Satz 2 Nummer 1 Buchstabe f BewG. [10]Bei einer Beteiligung an einer Personengesellschaft sind die mit dieser in wirtschaftlichem Zusammenhang stehenden Schulden bereits über das Sonderbetriebsvermögen im Wert der Beteiligung enthalten (§ 97 Absatz 1a BewG), so dass insoweit keine Korrektur erfolgen muss. [11]Finanzierungsaufwendungen im Zusammenhang mit diesen Schulden sind zusammen mit anderen Aufwendungen und Erträgen im Zusammenhang mit dieser Beteiligung nach § 202 Absatz 1 Satz 2 BewG zu korrigieren (→ R B 202). [12]Bei Genossenschaftsanteilen handelt es sich grundsätzlich nicht um eine Beteiligung i. S. d. § 200 Absatz 3 BewG. [13]Die bei der steuerlichen Gewinnermittlung erfassten Erträge daraus sind grundsätzlich im Jahresertrag nach § 200 Absatz 1 BewG enthalten.

(4) [1]Im Einvernehmen mit den Verfahrensbeteiligten kann darauf verzichtet werden, eine gesonderte Ermittlung des gemeinen Werts von zum Vermögen gehörenden Anteilen an einer Kapitalgesellschaft und Beteiligungen an einer Personengesellschaft vorzunehmen, wenn es sich um einen Fall von geringer

Bedeutung handelt. [2]Ein Fall von geringer Bedeutung liegt insbesondere vor, wenn der Verwaltungsaufwand der Beteiligten außer Verhältnis zur steuerlichen Auswirkung steht und der festzustellende Wert unbestritten ist. [3]In diesen Fällen kann aus Vereinfachungsgründen die durchschnittliche Bruttoausschüttung der Untergesellschaft der letzten drei Jahre als durchschnittlicher Jahresertrag multipliziert mit dem Kapitalisierungsfaktor nach § 203 BewG angesetzt werden; mindestens ist der Steuerbilanzwert der Beteiligung anzusetzen.

(5) [1]Innerhalb von zwei Jahren vor dem Bewertungsstichtag eingelegte Wirtschaftsgüter (sog. junges Betriebsvermögen), die nicht bereits nach § 200 Absatz 2 und 3 BewG neben dem Ertragswert mit ihrem gemeinen Wert anzusetzen sind, und mit diesen in wirtschaftlichen Zusammenhang stehende Schulden werden neben dem Ertragswert mit ihrem eigenständig zu ermittelnden gemeinen Wert angesetzt, wenn sie am Bewertungsstichtag ihrem Wert nach noch vorhanden sind und nicht wieder entnommen oder ausgeschüttet wurden (§ 200 Absatz 4 BewG). [2]Ist für Grundbesitz ein Wert nach § 151 Absatz 1 Satz 1 Nummer 1 BewG festzustellen, ist der auf den Bewertungsstichtag festgestellte Wert anzusetzen. [3]Die Basiswertregelung in § 151 Absatz 3 BewG ist hierbei zu beachten. [4]Unmittelbar mit diesen Wirtschaftsgütern im Zusammenhang stehende Aufwendungen und Erträge sind bei der Ermittlung der jeweiligen Betriebsergebnisse nach § 202 BewG zu korrigieren (→ R B 202). [5]Bei einem bloßen Aktiv- oder Aktiv-Passiv-Tausch handelt es sich nicht um einen Fall im Sinne des § 200 Absatz 4 BewG, weil dem Vorgang keine Einlage zugrunde liegt. [6]Befindet sich ein eingelegtes Wirtschaftsgut im Sinne des § 200 Absatz 4 BewG am Bewertungsstichtag nicht mehr im Betriebsvermögen, sondern ein Wirtschaftsgut, das an dessen Stelle getreten ist (Surrogat), muss das Surrogat mit dem Wert am Bewertungsstichtag angesetzt werden (ggf. mit einem niedrigeren oder höheren Wert als dem Wert des Wirtschaftsguts im Zeitpunkt der Einlage). [7]Wurde das eingelegte Wirtschaftsgut nach der Einlage bis zum Besteuerungszeitpunkt wieder entnommen oder hat es sich verbraucht, ist das Wirtschaftsgut nicht anzusetzen.

H B 200

Junges Betriebsvermögen.

Beispiel 1:

Bis zum Jahr 01 bestand eine Betriebsaufspaltung. Im Jahr 02 wird das Betriebsgrundstück der Besitzgesellschaft in die Betriebsgesellschaft eingelegt. Im Jahr 03 werden die Anteile an der ehemaligen Betriebsgesellschaft übertragen und die Anteile sind zu bewerten. Das Betriebsgrundstück ist als junges Betriebsvermögen zu behandeln.

Beispiel 2:

Im Jahr vor der Zuwendung des Betriebs wird ein Grundstück eingelegt, das als Parkplatz für den betrieblichen Fuhrpark genutzt wird. Das Betriebsgrundstück ist als junges Betriebsvermögen zu behandeln.

Zu § 201 BewG

R B 201 Ermittlung des Jahresertrags

(1) [1]Die Grundlage für die Bewertung bildet der zukünftig nachhaltig zu erzielende Jahresertrag. [2]Für die Ermittlung dieses Jahresertrags bietet der in

der Vergangenheit tatsächlich erzielte Durchschnittsertrag eine Beurteilungsgrundlage.

(2) [1]Der Durchschnittsertrag ist regelmäßig aus den Betriebsergebnissen der letzten drei vor dem Bewertungsstichtag abgelaufenen Wirtschaftsjahre herzuleiten. [2]Wenn sich im Dreijahreszeitraum der Charakter des Unternehmens nach dem Gesamtbild der Verhältnisse nachhaltig geändert hat oder das Unternehmen neu entstanden ist, ist ein verkürzter Ermittlungszeitraum zugrunde zu legen (§ 201 Absatz 3 BewG). [3]Die Summe der Betriebsergebnisse ist in den Fällen eines verkürzten Ermittlungszeitraumes abweichend von § 201 Absatz 2 BewG durch zwei zu dividieren, weil der verkürzte Ermittlungszeitraum stets zwei volle Wirtschaftsjahre umfasst (→ Absatz 4 Satz 1). [4]R B 199.1 Absatz 6 Satz 1 Nummer 2 (kein vereinfachtes Ertragswertverfahren bei Neugründungen innerhalb eines Jahres vor dem Bewertungsstichtag) ist zu beachten. [5]Ist das Unternehmen durch Umwandlung, durch Einbringung von Betrieben oder Teilbetrieben oder durch Umstrukturierungen entstanden, ist bei der Ermittlung des Durchschnittsertrags von den früheren Betriebsergebnissen des Gewerbebetriebs oder der Gesellschaft auszugehen. [6]Soweit sich die Änderung der Rechtsform auf den Jahresertrag auswirkt, sind die früheren Betriebsergebnisse entsprechend zu korrigieren.

(3) [1]Soweit bei der Ermittlung des Durchschnittsertrags anstelle des drittletzten abgelaufenen Wirtschaftsjahrs ein noch nicht abgelaufenes Wirtschaftsjahr wegen der Bedeutung für die Herleitung des künftig zu erzielenden Jahresertrags einzubeziehen ist, erfolgt die Berücksichtigung dieses Wirtschaftsjahrs mit dem vollen Betriebsergebnis und nicht nur zeitanteilig. [2]Somit wird auch in diesen Fällen die Summe der Betriebsergebnisse durch drei dividiert (§ 201 Absatz 2 BewG).

(4) [1]Umfasst der dreijährige Ermittlungszeitraum bei einer Neugründung zu Beginn ein Rumpfwirtschaftsjahr, ist regelmäßig nicht das Betriebsergebnis des Rumpfwirtschaftsjahrs, sondern das volle Betriebsergebnis des letzten, noch nicht abgelaufenen Wirtschaftsjahrs einzubeziehen. [2]Ein Verstoß gegen das Stichtagsprinzip liegt insoweit nicht vor, weil das (noch nicht abgelaufene) Wirtschaftsjahr einerseits bereits vor dem Bewertungsstichtag begonnen hat und andererseits für die Prognose des zukünftig nachhaltig erzielbaren Jahresertrags von Bedeutung ist. [3]Liegt außer zu Beginn des dreijährigen Ermittlungszeitraums ein Rumpfwirtschaftsjahr im Ermittlungszeitraum vor, so ist das Betriebsergebnis des Rumpfwirtschaftsjahres in die Ermittlung des Durchschnittsertrags zu übernehmen. [4]Der Durchschnittsertrag ist aus dem verkürzten Zeitraum zu ermitteln und in einen entsprechenden Jahresbetrag umzurechnen.

(5) Sofern zum Bewertungsstichtag feststeht, dass der künftige Jahresertrag durch bekannte objektive Umstände, z. B. wegen des Todes des Unternehmers, sich nachhaltig verändert, muss dies bei der Ermittlung des Durchschnittsertrags entsprechend berücksichtigt werden.

H B 201

Jahresertrag bei Rumpfwirtschaftsjahr.

Beispiel:

Bewertungsstichtag	16.9.03
Gründungsdatum	1.5.00
Wirtschaftsjahr = Kalenderjahr	

Der Ermittlungszeitraum umfasst die Wirtschaftsjahre 01, 02 und 03. Eine Berücksichtigung des Rumpfwirtschaftsjahrs (1.5.00 bis 31.12.00) erfolgt nicht.

Zu § 202 BewG

R B 202 Betriebsergebnis

(1) [1]Die einzelnen Betriebsergebnisse sind gesondert zu berechnen; Ausgangswert ist sowohl bei Personenunternehmen als auch bei Kapitalgesellschaften der Gewinn im Sinne des § 4 Absatz 1 Satz 1 EStG und nicht das zu versteuernde Einkommen. [2]Dabei bleiben bei einem Anteil am Betriebsvermögen (§ 97 Absatz 1a BewG) Ergebnisse aus den Sonderbilanzen und Ergänzungsbilanzen unberücksichtigt. [3]Maßgebend ist die zutreffende, nicht die tatsächliche ertragsteuerrechtliche Behandlung.

(2) [1]Da der Ermittlung des Betriebsergebnisses der Gewinn im Sinne des § 4 Absatz 1 Satz 1 EStG zu Grunde liegt, entfallen weitere Korrekturen bei nicht abziehbaren Betriebsausgaben. [2]Der Ausgangswert hat sich bereits um die betriebsgewöhnlichen Aufwendungen dieser Art zutreffend gemindert. [3]Entsprechendes gilt auch für andere außerhalb der Bilanz vorzunehmende Korrekturen. [4]Bei der Bildung eines Investitionsabzugsbetrags bzw. durch die entsprechende Auflösung wird der Gewinn im Sinne des § 4 Absatz 1 Satz 1 EStG nicht beeinflusst, so dass insofern keine Korrektur vorzunehmen ist.

(3) [1]Der Ausgangswert des einzelnen Betriebsergebnisses ist zu korrigieren hinsichtlich solcher Vermögensminderungen oder Vermögensmehrungen, die einmalig sind oder jedenfalls den künftig nachhaltig erzielbaren Jahresertrag nicht beeinflussen. [2]Als Korrekturen kommen in Betracht:

1. Hinzuzurechnen sind

   a) [1]Investitionsabzugsbeträge, soweit sie den Gewinn gemindert haben, Sonderabschreibungen oder erhöhte Absetzungen, Bewertungsabschläge, Zuführungen zu steuerfreien Rücklagen sowie Teilwertabschreibungen. [2]Es sind nur die normalen Absetzungen für Abnutzung, zu denen auch die Absetzung für Abnutzung nach § 7 Absatz 5 EStG gehört, zu berücksichtigen. [3]Die normalen Absetzungen für Abnutzung mit Ausnahme derjenigen nach § 7 Absatz 5 EStG sind nach den Anschaffungs- oder Herstellungskosten bei gleichmäßiger Verteilung über die gesamte betriebsgewöhnliche Nutzungsdauer zu bemessen. [4]Die normalen Absetzungen für Abnutzung sind auch dann anzusetzen, wenn für die Absetzungen in der Steuerbilanz vom Restwert auszugehen ist, der nach Inanspruchnahme der Sonderabschreibungen oder erhöhten Absetzungen verblieben ist;

b) Absetzungen auf den Geschäfts- oder Firmenwert oder auf firmenwertähnliche Wirtschaftsgüter;

c) einmalige Veräußerungsverluste sowie außerordentliche Aufwendungen;

d) im Gewinn nicht enthaltene Investitionszulagen, soweit in Zukunft mit weiteren zulagebegünstigten Investitionen in gleichem Umfang gerechnet werden kann;

e) der Ertragsteueraufwand (Körperschaftsteuer, Zuschlagsteuern und Gewerbesteuer);

f) [1] Aufwendungen im Zusammenhang mit nicht betriebsnotwendigem Vermögen (§ 200 Absatz 2 BewG) sowie im Zusammenhang mit innerhalb von zwei Jahren vor dem Bewertungsstichtag eingelegten Wirtschaftsgütern (§ 200 Absatz 4 BewG), weil die entsprechenden Wirtschaftsgüter bereits mit dem gemeinen Wert angesetzt werden; es sind regelmäßig nur Hinzurechnungen erforderlich, die unmittelbar auf die entsprechenden Wirtschaftsgüter entfallen. [2] Hierzu gehören nicht Finanzierungsaufwendungen im Zusammenhang mit Anteilen an Kapitalgesellschaften im Sinne des § 200 Absatz 3 BewG, die den Wert des die Beteiligung haltenden Unternehmens zutreffend mindern; eine Korrektur des Betriebsergebnisses scheidet insoweit aus. [3] Bei Beteiligungen an Personengesellschaften im Sinne des § 200 Absatz 3 BewG werden wegen der Qualifizierung der Schulden als Sonderbetriebsvermögen bei der Personengesellschaft damit im Zusammenhang stehende Aufwendungen im Ergebnis der Personengesellschaft berücksichtigt und sind deshalb bei der Korrektur des Betriebsergebnisses nicht hinzuzurechnen. [4] Sie werden durch die Hinzurechnung des übernommenen Verlustes aus der Beteiligung nach § 202 Absatz 1 Satz 2 Nummer 1 Buchstabe f 2. Halbsatz BewG oder die Kürzung der Erträge aus der Beteiligung nach § 202 Absatz 1 Satz 2 Nummer 2 Buchstabe f BewG berücksichtigt.

2. Abzuziehen sind

a) gewinnerhöhende Auflösungsbeträge steuerfreier Rücklagen sowie Gewinne aus der Anwendung des § 6 Absatz 1 Nummer 1 Satz 4 und Nummer 2 Satz 3 EStG;

b) einmalige Veräußerungsgewinne sowie außerordentliche Erträge;

c) im Gewinn enthaltene Investitionszulagen, soweit in Zukunft nicht mit weiteren zulagebegünstigten Investitionen in gleichem Umfang gerechnet werden kann;

d) [1] ein angemessener Unternehmerlohn, soweit in der bisherigen Ergebnisrechnung kein solcher berücksichtigt worden ist. [2] Die Höhe des Unternehmerlohns wird nach der Vergütung bestimmt, die eine nicht beteiligte Geschäftsführung erhalten würde. [3] Neben dem Unternehmerlohn kann auch fiktiver Lohnaufwand für bislang unentgeltlich tätige Familienangehörige des Eigentümers berücksichtigt werden. [4] Bei der Ermittlung eines angemessenen Unternehmerlohns sind die Grundsätze zu beachten, die bei der ertragsteuerlichen Behandlung der verdeckten Gewinnausschüttung angewandt werden. [5] Häufig wird der angemessene

Unternehmerlohn aus an leitende Angestellte des Unternehmens gezahlten Bruttogehältern abgeleitet werden können. [6]Soweit branchenspezifische Datensammlungen zu Geschäftsführergehältern in einem Fremdvergleich vorliegen, können diese in geeigneter Weise berücksichtigt werden. [7]Erhalten geschäftsführende Gesellschafter von Personengesellschaften wirtschaftlich begründete Tätigkeitsvergütungen als Vorabanteile aus dem Gewinn, sind sie als Unternehmerlohn abzuziehen, soweit sie nach Art und Umfang angemessen sind.

e) Erträge aus der Erstattung von Ertragsteuern (Körperschaftsteuer, Zuschlagsteuern und Gewerbesteuer);

f) [1]Erträge, die im Zusammenhang stehen mit Vermögen im Sinne des § 200 Absatz 2 bis 4 BewG. [2]Es sind regelmäßig nur unmittelbar auf die Wirtschaftsgüter entfallende Erträge zu korrigieren.

3. [1]Hinzuzurechnen oder abzuziehen sind auch sonstige wirtschaftlich nicht begründete Vermögensminderungen oder -erhöhungen mit Einfluss auf den zukünftig nachhaltig zu erzielenden Jahresertrag und mit gesellschaftsrechtlichem Bezug (bei Kapitalgesellschaften insbesondere verdeckte Gewinnausschüttungen und verdeckte Einlagen), soweit sie nicht nach den Nummern 1 und 2 berücksichtigt wurden. [2]Hierzu zählen auch solche Vermögensminderungen oder -erhöhungen, die mit Angehörigen des Unternehmers oder Gesellschafters oder sonstigen diesem nahe stehenden Personen im Zusammenhang stehen. [3]Die in § 202 Absatz 1 Satz 2 Nummer 3 BewG genannten Vermögensminderungen oder -erhöhungen müssen nicht notwendig in einem bilanzierungsfähigen Wirtschaftsgut bestehen.

(4) [1]Ausgangswert ist bei nicht bilanzierenden Gewerbetreibenden und freiberuflich Tätigen der Überschuss der Betriebseinnahmen über die Betriebsausgaben. [2]Auch hierbei sind die in § 202 Absatz 1 BewG genannten Hinzurechnungen und Kürzungen vorzunehmen, z.B. Abschreibungen auf einen entgeltlich erworbenen Praxiswert, einmalige Veräußerungsverluste bzw. Veräußerungsgewinne, der Betriebsausgabenabzug bzw. Betriebseinnahmen nach § 6c EStG oder nach R 6.6 EStR, Absetzungen für außergewöhnliche technische oder wirtschaftliche Abnutzungen gemäß § 7 Absatz 1 Satz 7 EStG oder Sonderabschreibungen.

(5) [1]Zur Abgeltung des Ertragsteueraufwands ist ein positives Betriebsergebnis nach § 202 Absatz 1 oder 2 BewG um 30 Prozent zu mindern. [2]Auf Grund der typisierenden Vorgehensweise ist es in der Regel nicht zu beanstanden, wenn die aus dem Bereich der gewerblichen Unternehmen vorliegende Steuerbelastung in Höhe von 30 Prozent auch bei einem im vereinfachten Ertragswertverfahren ermittelten Wert für ein der Ausübung eines freien Berufs dienendes Vermögen abgezogen werden.

H B 202

Wirtschaftlich nicht begründete Vermögensminderung.

Beispiel 1:

Eine Gesellschaft zahlt an den Gesellschafter-Geschäftsführer einen überhöhten Unternehmerlohn.

Die wirtschaftlich nicht begründete Vermögensminderung der Gesellschaft ist in Höhe der Differenz zum angemessenen Unternehmerlohn zur Ermittlung des Betriebsergebnisses hinzuzurechnen (§ 202 Absatz 1 Satz 2 Nummer 3 BewG).

Beispiel 2:

Eine natürliche Person überlässt der Gesellschaft, an der sie oder eine ihr nahestehende Person beteiligt ist, ein Grundstück zu einer zu niedrigen Miete.
Die wirtschaftlich nicht begründete Vermögenserhöhung der Gesellschaft ist in Höhe der Differenz zur üblichen Miete zur Ermittlung des Betriebsergebnisses abzuziehen (§ 202 Absatz 1 Satz 2 Nummer 3 BewG).

Zu § 203 BewG

R B 203 Kapitalisierungsfaktor

[1]Der nur für das vereinfachte Ertragswertverfahren geltende Kapitalisierungsfaktor beträgt 13,75 (§ 203 Absatz 1 BewG). [2]Der Kapitalisierungsfaktor ist nur im vereinfachten Ertragswertverfahren anzuwenden. [3]Er gilt nicht, wenn der gemeine Wert unter Berücksichtigung der Ertragsaussichten in einer anderen anerkannten, auch im gewöhnlichen Geschäftsverkehr für nichtsteuerliche Zwecke üblichen Methode ermittelt wird.

Anlage 1. Anbauflächen bzw. Tierarten und Produktionszweige

(Anlage 1 zu R B 160.2 und 163 ErbStR)

Anbauflächen bzw. Tierarten	**Produktionszweig**
Weichweizen und Spelz, Hartweizen, Roggen, Gerste, Hafer, Körnermais, sonstiges Getreide zur Körnergewinnung, Eiweißpflanzen zur Körnergewinnung Kartoffeln (einschl. Früh- und Pflanzkartoffeln), Zuckerrüben (ohne Saatgut), Sämereien und Pflanzgut auf dem Ackerland, sonstige Ackerkulturen auf dem Ackerland Schwarzbrache (einschl. Grünbrache), für die keine Beihilfe gewährt wird, nicht wirtschaftlich genutzte Schwarzbrache (einschl. Grünbrache) mit Beihilfe Tabak, Hopfen, Raps und Rübsen, Sonnenblumen, Soja, Leinsamen (Öllein), andere Ölfrüchte, Flachs, Hanf, andere Textilpflanzen, andere Handelsgewächse, die noch nicht aufgeführt sind, Spargel Nur, wenn kein Weidevieh vorhanden ist:[1] Futterhackfrüchte (ohne Saatgut), Ackerwiesen und -weiden, Grünmais (Silagemais), sonstige Futterpflanzen	**Ackerbau**
Grünland: – nur, wenn kein Weidevieh vorhanden ist[1] – Grünland und Weiden ohne ertragsarme Weiden, ungepflegtes Weideland **Weidevieh:** Einhufer, Mastbullen bis 19,2 Monate, Aufzuchtfärsen bis 28,8 Monate, Rinder unter 1 Jahr, männliche Rinder 1–2 Jahre, weibliche Rinder 1–2 Jahre, männliche Rinder 2 Jahre und älter, Färsen 2 Jahre und älter, Milchkühe, sonstige Kühe, Mutterschafe, sonstige Schafe, Ziegen davon **Rinder für die Milcherzeugung:**[2] Rinder unter 1 Jahr, weibliche Rinder 1–2 Jahren, Färsen 2 Jahre und älter, Milchkühe	**Futterbau** (Grünland und Weidevieh)
Zuchtsauen (50 kg und mehr), sonstige Schweine Masthähnchen und -hühnchen, Legehennen, sonstiges Geflügel Mutterkaninchen	**Veredlung**

1) **Hinweis zu den Futterflächen:**
Ist **Weidevieh** vorhanden, sind die Standarddeckungsbeiträge der Futterflächen mit dem Ansatz der Standarddeckungsbeiträge des Weideviehs abgegolten, da von einem ausgeglichenen Futtersaldo ausgegangen wird. Das bedeutet, dass in diesem Fall die Standarddeckungsbeiträge der Futterflächen nicht in den Standarddeckungsbeitrag des jeweiligen Produktionszweigs (Ackerbau bzw. Futterbau) einbezogen werden. **Futterflächen** sind Futterhackfrüchte (ohne Saatgut), Ackerwiesen und -weiden, Grünmais (Silagemais), sonstige Futterpflanzen, Grünland und Weiden ohne ertragsarme Weiden, ungepflegtes Weideland.

2) **Hinweis zu den Rindern für die Milcherzeugung:**
Der Standarddeckungsbeitrag der Rinder für die Milcherzeugung ist ein Teilbetrag des Standarddeckungsbeitrags des Weideviehs; er ist zusätzlich zu ermitteln, da er für die Einordnung eines spezialisierten Futterbaubetriebs in die Betriebsform ‚Milchviehhaltung' bzw. ‚Sonstiger Futterbau' benötigt wird.

Anlage 2. Standarddeckungsbeiträge nach der EU-Typologie

(Anlage 2 zu R B 163 ErbStR)

Anlage 2
(zu R B 163)

Standarddeckungsbeiträge nach der EU-Typologie		Schleswig-Holstein	Niedersachsen			
			Braunschweig	Hannover	Lüneburg	Weser-Ems
Code	Merkmal (folgende Angaben in €/Tier und Jahr [bei Geflügel pro 100 Tiere])					
J/01	Einhufer	186	186	186	186	186
Jm	Mastbullen – 19.2 Monate	538	551	549	549	541
Ja	Aufzuchtfärsen – 28.8 Monate	439	436	436	436	419
J/02	Rinder unter 1 Jahr	250	253	253	253	247
J/03	Männliche Rinder 1–2 Jahre	479	496	494	494	491
J/04	Weibliche Rinder 1–2 Jahre	135	131	131	131	123
J/05	Männliche Rinder 2 Jahre und älter	336	344	343	343	338
J/06	Färsen 2 Jahre und älter	135	131	131	131	123
J/07	Milchkühe	1.317	1.364	1.362	1.290	1.328
J/08	Sonstige Kühe	266	266	266	266	266
J/09a	Mutterschafe	44	44	44	44	44
J/09b	Sonstige Schafe	22	22	22	22	22
J/10	Ziegen (jeden Alters)	39	39	39	39	39
J/11	Ferkel unter 20 kg LG	55	77	76	75	87
J/12	Zuchtsauen, 50 kg und mehr	400	307	307	307	310
J/13	Sonstige Schweine	55	77	76	75	87
J/14	Masthähnchen und -hühnchen	133	133	133	133	133
J/15	Legehennen	831	903	903	903	921
J/16	Sonstiges Geflügel	703	703	703	703	703
J/17	Mutterkaninchen	133	133	133	133	133
	Merkmal (folgende Angaben in €/ha)					
D/01	Weichweizen und Spelz	862	735	752	664	642
D/02	Hartweizen	665	656	600	624	613
D/03	Roggen	567	526	517	494	448
D/04	Gerste	717	629	598	563	544
D/05	Hafer	619	585	550	524	487
D/06	Körnermais	686	631	624	628	669
D/08	Sonstiges Getreide zur Körnergewinnung	681	600	584	556	573
D/09	Eiweißpflanzen zur Körnergewinnung	474	399	405	372	394
D/10	Kartoffeln (einschl. Früh- und Pflanzkartoffeln)	3.291	2.965	2.808	2.634	3.137
D/11	Zuckerrüben (ohne Saatgut)	1.945	1.985	2.089	1.897	1.880
D/12	Futterhackfrüchte (ohne Saatgut)	479	302	323	284	280

Standarddeckungsbeiträge nach der EU-Typologie		Schleswig-Holstein	Niedersachsen			
			Braunschweig	Hannover	Lüneburg	Weser-Ems
Code	Merkmal (folgende Angaben in €/ha)					
D/18a	Ackerwiesen und -weiden	285	368	361	383	395
D/18bi	Grünmais (Silagemais)	573	821	756	759	724
D/18biii	Sonstige Futterpflanzen	327	427	423	424	381
D/19	Sämereien und Pflanzgut auf dem Ackerland	878	878	878	878	878
D/20	Sonstige Ackerkulturen auf dem Ackerland	500	500	500	500	500
D/21	Schwarzbrache (einschl. Grünbrache), für die keine Beihilfe gewährt wird	50	50	50	50	50
D/22	Schwarzbrache (einschl. Grünbrache), die einer Beihilferegelung unterliegt und nicht wirtschaftlich genutzt wird	240	190	190	190	190
D/23	Tabak	6.448	6.448	6.448	6.448	6.448
D/24	Hopfen	4.003	4.003	4.003	4.003	4.003
D/26	Raps und Rübsen	779	666	653	587	565
D/27	Sonnenblumen	428	346	346	346	368
D/28	Soja	503	384	382	384	416
D/29	Leinsamen (Öllein)	555	555	555	555	555
D/30	Andere Ölfrüchte	782	671	658	613	611
D/31	Flachs	628	628	628	628	628
D/32	Hanf	632	632	632	632	632
D/33	Andere Textilpflanzen	628	628	628	628	628
D/35	Andere Handelsgewächse, die noch nicht aufgeführt wurden	779	666	653	587	565
F/01	Grünland und Weiden ohne ertragsarme Weiden	374	422	436	448	475
F/02	Ungepflegtes Weideland	99	99	99	99	99
	Durchschnittlicher Standarddeckungsbeitrag nach R B 164 Abs. 9 ErbStR	691	653	644	618	632
	Merkmal für die Regelung nach § 160 Abs. 2 Satz 2 BewG (folgende Angaben in €/ha)					
D/14a	Spargel	11.111	11.111	11.111	11.111	11.111
D/23	Tabak	6.448	6.448	6.448	6.448	6.448
D/24	Hopfen	4.003	4.003	4.003	4.003	4.003

Standarddeckungsbeiträge nach der EU-Typologie		Nordrhein-Westfalen				
		Düsseldorf	Köln	Münster	Detmold	Arnsberg
Code	Merkmal (folgende Angaben in €/Tier und Jahr [bei Geflügel pro 100 Tiere])					
J/01	Einhufer	186	186	186	186	186
Jm	Mastbullen – 19.2 Monate	640	639	640	639	640
Ja	Aufzuchtfärsen – 28.8 Monate	410	410	422	422	421
J/02	Rinder unter 1 Jahr	272	271	275	274	274
J/03	Männliche Rinder 1–2 Jahre	614	612	609	608	609
J/04	Weibliche Rinder 1–2 Jahre	99	99	105	106	105
J/05	Männliche Rinder 2 Jahre und älter	400	399	400	399	400
J/06	Färsen 2 Jahre und älter	99	99	105	106	105
J/07	Milchkühe	1.428	1.315	1.374	1.384	1.313
J/08	Sonstige Kühe	266	266	266	266	266
J/09a	Mutterschafe	44	44	44	44	44
J/09b	Sonstige Schafe	22	22	22	22	22
J/10	Ziegen (jeden Alters)	39	39	39	39	39
J/11	Ferkel unter 20 kg LG	71	71	74	74	74
J/12	Zuchtsauen, 50 kg und mehr	339	339	305	305	305
J/13	Sonstige Schweine	71	71	74	74	74
J/14	Masthähnchen und -hühnchen	133	133	133	133	133
J/15	Legehennen	903	903	903	903	876
J/16	Sonstiges Geflügel	703	703	703	703	703
J/17	Mutterkaninchen	133	133	133	133	133
	Merkmal (folgende Angaben in €/ha)					
D/01	Weichweizen und Spelz	725	769	701	713	737
D/02	Hartweizen	666	666	666	666	666
D/03	Roggen	544	594	516	546	580
D/04	Gerste	596	645	575	603	614
D/05	Hafer	550	550	538	559	560
D/06	Körnermais	755	695	761	709	779
D/08	Sonstiges Getreide zur Körnergewinnung	583	608	545	574	576
D/09	Eiweißpflanzen zur Körnergewinnung	363	448	429	418	422
D/10	Kartoffeln (einschl. Früh- und Pflanzkartoffeln)	3.712	4.024	2.602	2.902	3.232
D/11	Zuckerrüben (ohne Saatgut)	2.087	2.132	1.840	2.090	2.239
D/12	Futterhackfrüchte (ohne Saatgut)	438	396	402	435	414
D/18a	Ackerwiesen und -weiden	341	312	312	297	303
D/18bi	Grünmais (Silagemais)	874	837	816	770	789
D/18biii	Sonstige Futterpflanzen	330	372	346	365	357
D/19	Sämereien und Pflanzgut auf dem Ackerland	878	878	878	878	878
D/20	Sonstige Ackerkulturen auf dem Ackerland	500	500	500	500	500
D/21	Schwarzbrache (einschl. Grünbrache), für die keine Beihilfe gewährt wird	50	50	50	50	50

Standarddeckungsbeiträge nach der EU-Typologie		Nordrhein-Westfalen				
		Düsseldorf	Köln	Münster	Det-mold	Arns-berg
Code	Merkmal (folgende Angaben in €/ha)					
D/22	Schwarzbrache (einschl. Grünbrache), die einer Beihilferegelung unterliegt und nicht wirtschaftlich genutzt wird	190	190	190	190	190
D/23	Tabak	6.448	6.448	6.448	6.448	6.448
D/24	Hopfen	4.003	4.003	4.003	4.003	4.003
D/26	Raps und Rübsen	638	662	650	665	651
D/27	Sonnenblumen	510	534	526	528	526
D/28	Soja	368	480	439	422	425
D/29	Leinsamen (Öllein)	555	555	555	555	555
D/30	Andere Ölfrüchte	647	672	660	668	654
D/31	Flachs	628	628	628	628	628
D/32	Hanf	632	632	632	632	632
D/33	Andere Textilpflanzen	628	628	628	628	628
D/35	Andere Handelsgewächse, die noch nicht aufgeführt wurden	638	662	650	665	651
F/01	Grünland und Weiden ohne ertragsarme Weiden	426	350	365	376	364
F/02	Ungepflegtes Weideland	99	99	99	99	99
	Durchschnittlicher Standarddeckungsbeitrag nach R B 164 Abs. 9 ErbStR	688	709	638	660	679
	Merkmal für die Regelung nach § 160 Abs. 2 Satz 2 BewG (folgende Angaben in €/ha)					
D/14a	Spargel	11.111	11.111	11.111	11.111	11.111
D/23	Tabak	6.448	6.448	6.448	6.448	6.448
D/24	Hopfen	4.003	4.003	4.003	4.003	4.003

Standarddeckungsbeiträge nach der EU-Typologie		Hessen			Rhein-land-Pfalz	Saar-land
		Darmstadt	Gießen	Kassel		
Code	Merkmal (folgende Angaben in €/Tier und Jahr [bei Geflügel pro 100 Tiere])					
J/01	Einhufer	186	186	186	186	186
Jm	Mastbullen – 19.2 Monate	560	563	562	567	563
Ja	Aufzuchtfärsen – 28.8 Monate	374	379	378	376	373
J/02	Rinder unter 1 Jahr	241	243	243	244	242
J/03	Männliche Rinder 1–2 Jahre	531	532	532	539	535
J/04	Weibliche Rinder 1–2 Jahre	95	97	96	94	94
J/05	Männliche Rinder 2 Jahre und älter	350	352	351	355	352
J/06	Färsen 2 Jahre und älter	95	97	96	94	94
J/07	Milchkühe	1.228	1.305	1.345	1.326	1.332
J/08	Sonstige Kühe	266	266	266	266	266
J/09a	Mutterschafe	44	44	44	44	44
J/09b	Sonstige Schafe	22	22	22	22	22
J/10	Ziegen (jeden Alters)	39	39	39	39	39
J/11	Ferkel unter 20 kg LG	66	66	66	52	67
J/12	Zuchtsauen, 50 kg und mehr	380	380	380	369	369
J/13	Sonstige Schweine	66	66	66	52	67
J/14	Masthähnchen und -hühnchen	133	133	133	133	133
J/15	Legehennen	866	802	802	704	768
J/16	Sonstiges Geflügel	703	703	703	703	703
J/17	Mutterkaninchen	133	133	133	133	133
	Merkmal (folgende Angaben in €/ha)					
D/01	Weichweizen und Spelz	635	594	626	538	500
D/02	Hartweizen	584	543	568	606	579
D/03	Roggen	419	483	462	404	409
D/04	Gerste	514	504	507	522	466
D/05	Hafer	457	493	490	423	386
D/06	Körnermais	624	606	634	513	411
D/08	Sonstiges Getreide zur Körnergewinnung	468	487	507	441	419
D/09	Eiweißpflanzen zur Körnergewinnung	323	355	351	292	263
D/10	Kartoffeln (einschl. Früh- und Pflanzkartoffeln)	3.304	2.310	2.487	3.074	1.989
D/11	Zuckerrüben (ohne Saatgut)	1.976	2.034	1.941	2.040	2.020
D/12	Futterhackfrüchte (ohne Saatgut)	494	419	441	450	371
D/18a	Ackerwiesen und -weiden	209	224	215	211	204
D/18bi	Grünmais (Silagemais)	813	895	883	789	676
D/18biii	Sonstige Futterpflanzen	208	219	219	283	301
D/19	Sämereien und Pflanzgut auf dem Ackerland	878	878	878	878	878
D/20	Sonstige Ackerkulturen auf dem Ackerland	500	500	500	500	500
D/21	Schwarzbrache (einschl. Grünbrache), für die keine Beihilfe gewährt wird	50	50	50	50	50

Standarddeckungsbeiträge nach der EU-Typologie		Hessen			Rheinland-Pfalz	Saarland
		Darmstadt	Gießen	Kassel		
Code	Merkmal (folgende Angaben in €/ha)					
D/22	Schwarzbrache (einschl. Grünbrache), die einer Beihilferegelung unterliegt und nicht wirtschaftlich genutzt wird	190	190	190	163	148
D/23	Tabak	6.448	6.448	6.448	6.448	6.448
D/24	Hopfen	4.003	4.003	4.003	4.003	4.003
D/26	Raps und Rübsen	635	594	594	587	518
D/27	Sonnenblumen	375	374	374	500	385
D/28	Soja	289	314	300	293	261
D/29	Leinsamen (Öllein)	555	555	555	555	555
D/30	Andere Ölfrüchte	643	600	599	603	537
D/31	Flachs	628	628	628	628	628
D/32	Hanf	632	632	632	632	632
D/33	Andere Textilpflanzen	628	628	628	628	628
D/35	Andere Handelsgewächse, die noch nicht aufgeführt wurden	635	594	594	587	518
F/01	Grünland und Weiden ohne ertragsarme Weiden	304	316	315	295	304
F/02	Ungepflegtes Weideland	99	99	99	99	99
	Durchschnittlicher Standarddeckungsbeitrag nach R B 164 Abs. 9 ErbStR	623	590	595	606	539
	Merkmal für die Regelung nach § 160 Abs. 2 Satz 2 BewG (folgende Angaben in €/ha)					
D/14a	Spargel	11.111	11.111	11.111	11.111	11.111
D/23	Tabak	6.448	6.448	6.448	6.448	6.448
D/24	Hopfen	4.003	4.003	4.003	4.003	4.003

Standarddeckungsbeiträge nach der EU-Typologie		Baden-Württemberg			
		Stuttgart	Karlsruhe	Freiburg	Tübingen
Code	Merkmal (folgende Angaben in €/Tier und Jahr [bei Geflügel pro 100 Tiere])				
J/01	Einhufer	186	186	186	186
Jm	Mastbullen – 19.2 Monate	623	622	624	625
Ja	Aufzuchtfärsen – 28.8 Monate	468	468	470	474
J/02	Rinder unter 1 Jahr	281	280	281	282
J/03	Männliche Rinder 1–2 Jahre	571	570	571	571
J/04	Weibliche Rinder 1–2 Jahre	134	134	135	137
J/05	Männliche Rinder 2 Jahre und älter	390	389	390	391
J/06	Färsen 2 Jahre und älter	134	134	135	137
J/07	Milchkühe	1.236	1.182	1.126	1.274
J/08	Sonstige Kühe	266	266	266	266
J/09a	Mutterschafe	44	44	44	44
J/09b	Sonstige Schafe	22	22	22	22
J/10	Ziegen (jeden Alters)	39	39	39	39
J/11	Ferkel unter 20 kg LG	67	67	67	67
J/12	Zuchtsauen, 50 kg und mehr	328	328	328	328
J/13	Sonstige Schweine	67	67	67	67
J/14	Masthähnchen und -hühnchen	133	133	133	133
J/15	Legehennen	690	690	690	691
J/16	Sonstiges Geflügel	703	703	703	703
J/17	Mutterkaninchen	133	133	133	133
	Merkmal (folgende Angaben in €/ha)				
D/01	Weichweizen und Spelz	587	547	538	578
D/02	Hartweizen	622	558	551	640
D/03	Roggen	466	407	416	437
D/04	Gerste	531	515	492	501
D/05	Hafer	495	486	487	521
D/06	Körnermais	669	644	662	674
D/08	Sonstiges Getreide zur Körnergewinnung	513	466	466	505
D/09	Eiweißpflanzen zur Körnergewinnung	327	330	320	327
D/10	Kartoffeln (einschl. Früh- und Pflanzkartoffeln)	2.300	2.057	2.358	2.123
D/11	Zuckerrüben (ohne Saatgut)	2.207	2.026	2.029	2.186
D/12	Futterhackfrüchte (ohne Saatgut)	635	626	685	722
D/18a	Ackerwiesen und -weiden	211	199	207	246
D/18bi	Grünmais (Silagemais)	747	730	751	781
D/18biii	Sonstige Futterpflanzen	298	308	306	340
D/19	Sämereien und Pflanzgut auf dem Ackerland	878	878	878	878
D/20	Sonstige Ackerkulturen auf dem Ackerland	500	500	500	500
D/21	Schwarzbrache (einschl. Grünbrache), für die keine Beihilfe gewährt wird	50	50	50	50
D/22	Schwarzbrache (einschl. Grünbrache), die einer Beihilferegelung unterliegt und nicht wirtschaftlich genutzt wird	190	190	190	190
D/23	Tabak	6.448	6.448	6.448	6.448
D/24	Hopfen	4.003	4.003	4.003	4.003
D/26	Raps und Rübsen	563	572	552	545
D/27	Sonnenblumen	464	525	494	475
D/28	Soja	304	317	291	316

Standarddeckungsbeiträge nach der EU-Typologie		Baden-Württemberg			
		Stuttgart	Karlsruhe	Freiburg	Tübingen
Code	Merkmal (folgende Angaben in €/ha)				
D/29	Leinsamen (Öllein)	555	555	555	555
D/30	Andere Ölfrüchte	572	582	571	560
D/31	Flachs	628	628	628	628
D/32	Hanf	632	632	632	632
D/33	Andere Textilpflanzen	628	628	628	628
D/35	Andere Handelsgewächse, die noch nicht aufgeführt wurden	563	572	552	545
F/01	Grünland und Weiden ohne ertragsarme Weiden	284	283	297	338
F/02	Ungepflegtes Weideland	99	99	99	99
	Durchschnittlicher Standarddeckungsbeitrag nach R B 164 Abs. 9 ErbStR	604	583	593	604
	Merkmal für die Regelung nach § 160 Abs. 2 Satz 2 BewG (folgende Angaben in €/ha)				
D/14a	Spargel	11.111	11.111	11.111	11.111
D/23	Tabak	6.448	6.448	6.448	6.448
D/24	Hopfen	4.003	4.003	4.003	4.003

Standarddeckungsbeiträge nach der EU-Typologie		Bayern						
		Oberbayern	Niederbayern	Oberpfalz	Oberfranken	Mittelfranken	Unterfranken	Schwaben
Code	Merkmal (folgende Angaben in €/Tier und Jahr [bei Geflügel pro 100 Tiere])							
J/01	Einhufer	186	186	186	186	186	186	186
Jm	Mastbullen – 19.2 Monate	636	637	635	633	634	633	637
Ja	Aufzuchtfärsen – 28.8 Monate	479	480	479	478	477	478	480
J/02	Rinder unter 1 Jahr	287	287	286	286	286	286	287
J/03	Männliche Rinder 1–2 Jahre	582	583	581	579	580	579	583
J/04	Weibliche Rinder 1–2 Jahre	137	138	138	138	137	138	138
J/05	Männliche Rinder 2 Jahre und älter	397	398	397	396	396	396	398
J/06	Färsen 2 Jahre und älter	137	138	138	138	137	138	138
J/07	Milchkühe	1.270	1.217	1.230	1.281	1.307	1.318	1.329
J/08	Sonstige Kühe	266	266	266	266	266	266	266
J/09a	Mutterschafe	44	44	44	44	44	44	44
J/09b	Sonstige Schafe	22	22	22	22	22	22	22
J/10	Ziegen (jeden Alters)	39	39	39	39	39	39	39
J/11	Ferkel unter 20 kg LG	67	67	67	67	67	67	67
J/12	Zuchtsauen, 50 kg und mehr	371	371	371	371	371	371	371
J/13	Sonstige Schweine	67	67	67	67	67	67	67
J/14	Masthähnchen und -hühnchen	133	133	133	133	133	133	133
J/15	Legehennen	754	754	754	754	754	754	754
J/16	Sonstiges Geflügel	703	703	703	703	703	703	703
J/17	Mutterkaninchen	133	133	133	133	133	133	133
	Merkmal (folgende Angaben in €/ha)							
D/01	Weichweizen und Spelz	598	620	586	526	553	588	621
D/02	Hartweizen	619	645	605	512	587	623	658
D/03	Roggen	402	424	399	380	376	436	414
D/04	Gerste	516	499	495	494	472	533	520
D/05	Hafer	491	484	449	425	420	454	503
D/06	Körnermais	703	725	653	617	618	649	714
D/08	Sonstiges Getreide zur Körnergewinnung	464	451	443	433	438	480	483
D/09	Eiweißpflanzen zur Körnergewinnung	326	321	314	307	311	312	330
D/10	Kartoffeln (einschl. Früh- und Pflanzkartoffeln)	2.327	2.618	2.352	2.036	1.907	2.074	2.697
D/11	Zuckerrüben (ohne Saatgut)	2.416	2.489	2.414	1.827	2.142	2.109	2.415
D/12	Futterhackfrüchte (ohne Saatgut)	660	668	613	561	518	548	664
D/18a	Ackerwiesen und -weiden	296	285	290	285	270	280	300
D/18bi	Grünmais (Silagemais)	886	904	842	784	810	790	917
D/18biii	Sonstige Futterpflanzen	422	420	404	395	384	382	420
D/19	Sämereien und Pflanzgut auf dem Ackerland	878	878	878	878	878	878	878

Standarddeckungsbeiträge nach der EU-Typologie		Bayern						
		Oberbayern	Niederbayern	Oberpfalz	Oberfranken	Mittelfranken	Unterfranken	Schwaben
Code	Merkmal (folgende Angaben in €/ha)							
D/20	Sonstige Ackerkulturen auf dem Ackerland	500	500	500	500	500	500	500
D/21	Schwarzbrache (einschl. Grünbrache), für die keine Beihilfe gewährt wird	50	50	50	50	50	50	50
D/22	Schwarzbrache (einschl. Grünbrache), die einer Beihilferegelung unterliegt und nicht wirtschaftlich genutzt wird	190	190	190	190	190	190	190
D/23	Tabak	6.448	6.448	6.448	6.448	6.448	6.448	6.448
D/24	Hopfen	4.003	4.003	4.003	4.003	4.003	4.003	4.003
D/26	Raps und Rübsen	584	630	573	526	517	572	608
D/27	Sonnenblumen	488	485	475	429	438	484	490
D/28	Soja	320	313	320	307	316	312	324
D/29	Leinsamen (Öllein)	555	555	555	555	555	555	555
D/30	Andere Ölfrüchte	587	633	575	532	518	575	612
D/31	Flachs	628	628	628	628	628	628	628
D/32	Hanf	632	632	632	632	632	632	632
D/33	Andere Textilpflanzen	628	628	628	628	628	628	628
D/35	Andere Handelsgewächse, die noch nicht aufgeführt wurden	584	630	573	526	517	572	608
F/01	Grünland und Weiden ohne ertragsarme Weiden	421	393	381	378	384	375	432
F/02	Ungepflegtes Weideland	99	99	99	99	99	99	99
	Durchschnittlicher Standarddeckungsbeitrag nach R B 164 Abs. 9 ErbStR	630	648	618	567	574	597	651
	Merkmal für die Regelung nach § 160 Abs. 2 Satz 2 BewG (folgende Angaben in €/ha)							
D/14a	Spargel	11.111	11.111	11.111	11.111	11.111	11.111	11.111
D/23	Tabak	6.448	6.448	6.448	6.448	6.448	6.448	6.448
D/24	Hopfen	4.003	4.003	4.003	4.003	4.003	4.003	4.003

Standarddeckungsbeiträge nach der EU-Typologie		Branden-burg	Meck-lenburg Vor-pom-mern	Sachsen		
				Chem-nitz	Dres-den	Leipzig
Code	Merkmal (folgende Angaben in €/Tier und Jahr [bei Geflügel pro 100 Tiere])					
J/01	Einhufer	186	186	186	186	186
Jm	Mastbullen – 19.2 Monate	494	508	562	555	555
Ja	Aufzuchtfärsen – 28.8 Monate	279	298	296	290	291
J/02	Rinder unter 1 Jahr	201	209	224	220	221
J/03	Männliche Rinder 1–2 Jahre	488	498	564	558	558
J/04	Weibliche Rinder 1–2 Jahre	56	63	52	50	50
J/05	Männliche Rinder 2 Jahre und älter	309	318	351	347	347
J/06	Färsen 2 Jahre und älter	56	63	52	50	50
J/07	Milchkühe	1.469	1.437	1.478	1.505	1.601
J/08	Sonstige Kühe	266	266	266	266	266
J/09a	Mutterschafe	44	44	44	44	44
J/09b	Sonstige Schafe	22	22	22	22	22
J/10	Ziegen (jeden Alters)	39	39	39	39	39
J/11	Ferkel unter 20 kg LG	49	57	63	63	63
J/12	Zuchtsauen, 50 kg und mehr	420	405	408	408	408
J/13	Sonstige Schweine	49	57	63	63	63
J/14	Masthähnchen und -hühnchen	133	133	133	133	133
J/15	Legehennen	920	837	987	987	987
J/16	Sonstiges Geflügel	703	703	703	703	703
J/17	Mutterkaninchen	133	133	133	133	133
	Merkmal (folgende Angaben in €/ha)					
D/01	Weichweizen und Spelz	492	640	621	600	606
D/02	Hartweizen	456	613	593	593	593
D/03	Roggen	316	408	499	378	444
D/04	Gerste	430	556	549	517	552
D/05	Hafer	372	472	536	488	496
D/06	Körnermais	471	499	593	581	566
D/08	Sonstiges Getreide zur Körnergewinnung	357	496	481	398	446
D/09	Eiweißpflanzen zur Körnergewinnung	260	313	372	358	342
D/10	Kartoffeln (einschl. Früh- und Pflanzkartoffeln)	1.731	1.994	2.947	2.541	2.705
D/11	Zuckerrüben (ohne Saatgut)	1.592	1.707	1.935	1.958	1.924
D/12	Futterhackfrüchte (ohne Saatgut)	317	149	277	258	294
D/18a	Ackerwiesen und -weiden	94	224	358	288	294
D/18bi	Grünmais (Silagemais)	418	535	689	581	591
D/18biii	Sonstige Futterpflanzen	242	315	442	401	339
D/19	Sämereien und Pflanzgut auf dem Ackerland	878	878	878	878	878
D/20	Sonstige Ackerkulturen auf dem Ackerland	500	500	500	500	500

Standarddeckungsbeiträge nach der EU-Typologie		Brandenburg	Mecklenburg Vorpommern	Sachsen		
				Chemnitz	Dresden	Leipzig
Code	Merkmal (folgende Angaben in €/ha)					
D/21	Schwarzbrache (einschl. Grünbrache), für die keine Beihilfe gewährt wird	50	50	50	50	50
D/22	Schwarzbrache (einschl. Grünbrache), die einer Beihilferegelung unterliegt und nicht wirtschaftlich genutzt wird	189	189	190	190	190
D/23	Tabak	6.448	6.448	6.448	6.448	6.448
D/24	Hopfen	4.003	4.003	4.003	4.003	4.003
D/26	Raps und Rübsen	551	642	639	609	635
D/27	Sonnenblumen	338	274	492	373	381
D/28	Soja	230	329	380	400	366
D/29	Leinsamen (Öllein)	555	555	555	555	555
D/30	Andere Ölfrüchte	564	657	641	612	636
D/31	Flachs	628	628	628	628	628
D/32	Hanf	632	632	632	632	632
D/33	Andere Textilpflanzen	628	628	628	628	628
D/35	Andere Handelsgewächse, die noch nicht aufgeführt wurden	551	642	639	609	635
F/01	Grünland und Weiden ohne ertragsarme Weiden	230	291	326	288	301
F/02	Ungepflegtes Weideland	99	99	99	99	99
	Durchschnittlicher Standarddeckungsbeitrag nach R B 164 Abs. 9 ErbStR	489	549	626	586	597
	Merkmal für die Regelung nach § 160 Abs. 2 Satz 2 BewG (folgende Angaben in €/ha)					
D/14a	Spargel	11.111	11.111	11.111	11.111	11.111
D/23	Tabak	6.448	6.448	6.448	6.448	6.448
D/24	Hopfen	4.003	4.003	4.003	4.003	4.003

Standarddeckungsbeiträge nach der EU-Typologie		Sachsen-Anhalt			Thüringen	Stadtstaaten
		Dessau	Halle	Magdeburg		
Code	Merkmal (folgende Angaben in €/Tier und Jahr [bei Geflügel pro 100 Tiere])					
J/01	Einhufer	186	186	186	186	186
Jm	Mastbullen – 19.2 Monate	499	512	505	562	524
Ja	Aufzuchtfärsen – 28.8 Monate	283	293	286	280	378
J/02	Rinder unter 1 Jahr	203	209	206	220	232
J/03	Männliche Rinder 1–2 Jahre	493	505	499	571	486
J/04	Weibliche Rinder 1–2 Jahre	57	60	57	43	104
J/05	Männliche Rinder 2 Jahre und älter	312	320	315	351	328
J/06	Färsen 2 Jahre und älter	57	60	57	43	104
J/07	Milchkühe	1.502	1.449	1.405	1.485	1.324
J/08	Sonstige Kühe	266	266	266	266	266
J/09a	Mutterschafe	44	44	44	44	44
J/09b	Sonstige Schafe	22	22	22	22	22
J/10	Ziegen (jeden Alters)	39	39	39	39	39
J/11	Ferkel unter 20 kg LG	61	61	61	64	59
J/12	Zuchtsauen, 50 kg und mehr	425	425	425	443	368
J/13	Sonstige Schweine	61	61	61	64	59
J/14	Masthähnchen und -hühnchen	133	133	133	133	133
J/15	Legehennen	876	876	876	945	885
J/16	Sonstiges Geflügel	703	703	703	703	703
J/17	Mutterkaninchen	133	133	133	133	133
	Merkmal (folgende Angaben in €/ha)					
D/01	Weichweizen und Spelz	630	688	665	625	655
D/02	Hartweizen	597	593	577	661	578
D/03	Roggen	389	452	383	514	449
D/04	Gerste	560	617	561	580	553
D/05	Hafer	486	511	475	556	496
D/06	Körnermais	561	573	514	605	587
D/08	Sonstiges Getreide zur Körnergewinnung	444	501	431	497	511
D/09	Eiweißpflanzen zur Körnergewinnung	350	371	364	359	295
D/10	Kartoffeln (einschl. Früh- und Pflanzkartoffeln)	2.336	2.766	2.564	2.925	2.900
D/11	Zuckerrüben (ohne Saatgut)	1.488	1.780	1.682	1.831	1.845
D/12	Futterhackfrüchte (ohne Saatgut)	173	174	153	257	362
D/18a	Ackerwiesen und -weiden	120	193	162	302	254
D/18bi	Grünmais (Silagemais)	420	603	482	703	578
D/18biii	Sonstige Futterpflanzen	211	274	234	378	319
D/19	Sämereien und Pflanzgut auf dem Ackerland	878	878	878	878	878
D/20	Sonstige Ackerkulturen auf dem Ackerland	500	500	500	500	500

Standarddeckungsbeiträge nach der EU-Typologie		Sachsen-Anhalt			Thüringen	Stadtstaaten
		Dessau	Halle	Magdeburg		
Code	Merkmal (folgende Angaben in €/ha)					
D/21	Schwarzbrache (einschl. Grünbrache), für die keine Beihilfe gewährt wird	50	50	50	50	50
D/22	Schwarzbrache (einschl. Grünbrache), die einer Beihilferegelung unterliegt und nicht wirtschaftlich genutzt wird	190	190	190	214	204
D/23	Tabak	6.448	6.448	6.448	6.448	6.448
D/24	Hopfen	4.003	4.003	4.003	4.003	4.003
D/26	Raps und Rübsen	613	676	643	629	610
D/27	Sonnenblumen	394	442	405	450	378
D/28	Soja	355	345	372	337	378
D/29	Leinsamen (Öllein)	555	555	555	555	555
D/30	Andere Ölfrüchte	614	678	647	639	652
D/31	Flachs	628	628	628	628	628
D/32	Hanf	632	632	632	632	632
D/33	Andere Textilpflanzen	628	628	628	628	628
D/35	Andere Handelsgewächse, die noch nicht aufgeführt wurden	613	676	643	629	610
F/01	Grünland und Weiden ohne ertragsarme Weiden	244	255	252	285	352
F/02	Ungepflegtes Weideland	99	99	99	99	99
	Durchschnittlicher Standarddeckungsbeitrag nach R B 164 Abs. 9 ErbStR	543	598	564	619	605
	Merkmal für die Regelung nach § 160 Abs. 2 Satz 2 BewG (folgende Angaben in €/ha)					
D/14a	Spargel	11.111	11.111	11.111	11.111	11.111
D/23	Tabak	6.448	6.448	6.448	6.448	6.448
D/24	Hopfen	4.003	4.003	4.003	4.003	4.003

Anlage 3. Schreiben betr. Wertsteigerungen infolge des Kaufkraftschwunds bei der Berechnung der Zugewinnausgleichsforderung nach § 5 Absatz 1 ErbStG

Vom 29. Januar 2021 (BStBl. I S. 247)

(BMF IV C 7 – S 3804/20/10001:002)

Hiermit übersende ich eine aktualisierte Zusammenstellung der Verbraucherpreisindizes für Deutschland, Stand 19. Januar 2021. Auf H E 5.1 (2) „Wertsteigerung infolge des Kaufkraftschwundes" ErbStH 2019 und das BMF-Schreiben vom 19. Februar 2020 (BStBl. I S. 214) nehme ich Bezug.

Verbraucherpreisindex für Deutschland

2015 = 100

Jahre 1958 bis 1990

1958 23,3	**1959** 23,4	**1960** 23,7	**1961** 24,4	**1962** 24,6	**1963** 25,4	**1964** 26,0	**1965** 26,8	**1966** 27,7	**1967** 28,3
1968 28,6	**1969** 29,2	**1970** 30,2	**1971** 31,8	**1972** 33,6	**1973** 35,9	**1974** 38,4	**1975** 40,7	**1976** 42,4	**1977** 44,0
1978 45,2	**1979** 47,1	**1980** 49,6	**1981** 52,7	**1982** 55,5	**1983** 57,2	**1984** 58,7	**1985** 59,9	**1986** 59,9	**1987** 59,9
1988 60,8	**1989** 62,4	**1990** 64,1							

Jahre ab 1991

1991 65,5	**1992** 68,8	**1993** 71,9	**1994** 73,8	**1995** 75,1	**1996** 76,1	**1997** 77,6	**1998** 78,3	**1999** 78,8	**2000** 79,9
2001 81,5	**2002** 82,6	**2003** 83,5	**2004** 84,9	**2005** 86,2	**2006** 87,6	**2007** 89,6	**2008** 91,9	**2009** 92,2	**2010** 93,2
2011 95,2	**2012** 97,1	**2013** 98,5	**2014** 99,5	**2015** 100,0	**2016** 100,5	**2017** 102,0	**2018** 103,8	**2019** 105,3	**2020** 105,8

2020[1)]

Januar	Februar	März	April	Mai	Juni
105,2	105,6	105,7	106,1	106,0	106,6
Juli	**August**	**September**	**Oktober**	**November**	**Dezember**
106,1	106,0	105,8	105,9	105,0	105,5

[1)] Januar 2021: 106,3. Redaktionell ergänzt; Quelle: Statistisches Bundesamt.

4.1. Gleichlautender Erlass betr. Bewertung von Kapitalforderungen und Kapitalschulden sowie von Ansprüchen/Lasten bei wiederkehrenden Nutzungen und Leistungen nach dem 31. Dezember 2009 für Zwecke der Erbschaft- und Schenkungsteuer

Vom 10. Oktober 2010 (BStBl. I S. 810)

(Oberste Finanzbehörden der Länder)

I. Geltungsbereich

Dieser Erlass regelt die Wertermittlung
- von nach § 12 Absatz 1 bis 3 BewG zu bewertenden Kapitalforderungen und Kapitalschulden

  sowie
- von nach §§ 13 ff. BewG zu bewertenden wiederkehrenden Nutzungen und Leistungen

für Besteuerungszeitpunkte nach dem 31. Dezember 2009 für Zwecke der Erbschaft- und Schenkungsteuer.

II. Kapitalforderungen und Kapitalschulden

1. Bewertungsgrundsätze

1.1. Ansatz mit dem Nennwert

Grundsätzlich sind Kapitalforderungen, die nicht in § 11 BewG genannt sind, und Kapitalschulden mit dem Nennwert anzusetzen. Kapitalforderungen und Kapitalschulden, die auf eine ausländische Währung lauten, sind nach dem Umrechnungskurs im Besteuerungszeitpunkt umzurechnen.

1.2. Vom Nennwert abweichender Ansatz

Abweichend vom Nennwert ist ein höherer oder niedrigerer Wert (Gegenwartswert) anzusetzen, wenn besondere Umstände vorliegen, die einen höheren oder niedrigeren Wert begründen. Besondere Umstände, die eine Bewertung abweichend vom Nennwert rechtfertigen, liegen vor, wenn

1. die Kapitalforderungen oder Kapitalschulden unverzinslich sind und ihre Laufzeit im Besteuerungszeitpunkt mehr als ein Jahr beträgt;
2. die Kapitalforderungen oder Kapitalschulden
   - niedrig verzinst (unter 3 Prozent) oder
   - hoch verzinst (über 9 Prozent) sind,

   sowie die Kündbarkeit für längere Zeit (d. h. für mindestens vier Jahre) ausgeschlossen ist;
3. zweifelhaft ist, ob eine Kapitalforderung in vollem Umfang durchsetzbar ist.

Stehen einer unverzinslichen oder niedrig verzinslichen Kapitalforderung (z. B. Guthaben aus Bausparverträgen) bzw. einer hoch verzinslichen Kapitalschuld wirtschaftliche Vorteile gegenüber oder stehen einer unverzinslichen oder niedrig verzinslichen Kapitalschuld bzw. einer hoch verzinslichen Kapitalforderung andere wirtschaftliche Nachteile gegenüber, kommt eine Bewertung abweichend vom Nennwert nicht in Betracht. Der Umstand, dass bei der Auszahlung von Tantiemeforderungen Lohnsteuer bzw. Kirchensteuer oder dass bei der Auszahlung von Dividendenforderungen Kapitalertragsteuer einzubehalten ist, ist kein besonderer Umstand, der eine Bewertung der Kapitalforderung unter dem Nennwert rechtfertigt (BFH-Urteile vom 15. 12. 1967, BStBl. 1968 II S. 338 und 340, sowie vom 16. 3. 1984, BStBl. II S. 539). Das Gleiche gilt für die Einbehaltung des Solidaritätszuschlages. Kapitalschulden aus niedrig verzinslichen öffentlichen Wohnungsbaudarlehen sind regelmäßig mit dem Nennwert anzusetzen.

Uneinbringliche Kapitalforderungen bleiben außer Ansatz. Ist zweifelhaft, ob oder inwieweit eine Kapitalforderung durchsetzbar ist, kann sie dem Grad der Zweifelhaftigkeit entsprechend mit einem niedrigeren Schätzwert anzusetzen sein.

1.2.1. Unverzinsliche Kapitalforderungen oder Kapitalschulden

Unverzinsliche Kapitalforderungen oder Kapitalschulden von bestimmter Dauer, deren Laufzeit im Besteuerungszeitpunkt mehr als ein Jahr beträgt, sind unter Berücksichtigung von Zwischenzinsen und Zinseszinsen mit einem Zinssatz von 5,5 Prozent abzuzinsen.

Wird eine unverzinsliche Kapitalforderung oder Kapitalschuld in einem Betrag fällig, erfolgt die Bewertung mittels Tabelle 1.

Wird eine unverzinsliche Kapitalforderung oder Kapitalschuld in Raten getilgt, ist vom Mittelwert einer jährlich vorschüssigen und jährlich nachschüssigen Zahlungsweise auszugehen (§ 12 Absatz 1 Satz 2 BewG); d. h. die Jahresleistungen sind stets in der Jahresmitte anzusetzen und unterjährig ist eine lineare Abzinsung zu berücksichtigen (im Folgenden kurz „mittelschüssige Zahlungsweise" genannt). Hierdurch können bei der Bewertung die genauen Zahlungszeitpunkte innerhalb einer Ratenzahlungsperiode unberücksichtigt bleiben; auf die Zahlungshäufigkeit kommt es nicht an. Die Summe der Zahlungen innerhalb eines Jahres ist der Jahreswert. Die Bewertung erfolgt mittels Tabelle 2.

Der Gegenwartswert einer unverzinslichen Kapitalforderung oder Kapitalschuld, die bis zum Tod einer bestimmten Person befristet ist, wird nach der mittleren Lebenserwartung errechnet (BFH-Urteil vom 8. 6. 1956, BStBl. III S. 208). Die jeweilige mittlere Lebenserwartung ergibt sich aus der maßgebenden Sterbetafel des Statistischen Bundesamtes. Die jeweilige Sterbetafel ist für Bewertungen ab dem 1. Januar des auf die Veröffentlichung der Sterbetafel durch das Statistische Bundesamt folgenden Kalenderjahres anzuwenden.

1.2.2. Niedrig oder hoch verzinsliche Kapitalforderungen oder Kapitalschulden

Bei einer niedrig verzinslichen Kapitalforderung oder Kapitalschuld von bestimmter Dauer, die im Besteuerungszeitpunkt noch mindestens vier Jahre läuft, ist der Nennwert um den Kapitalwert des jährlichen Zinsverlustes zu kürzen (BFH-Urteil vom 17. 10. 1980, BStBl. 1981 II S. 247). Für die Berechnung des jährlichen Zinsverlustes ist die Zinsdifferenz zwischen dem Grenzzinssatz von 3 Prozent und dem tatsächlichen Zinssatz maßgebend.

Bei einer hoch verzinslichen Kapitalforderung oder Kapitalschuld von bestimmter Dauer, die im Besteuerungszeitpunkt noch mindestens vier Jahre läuft (BFH-Urteile vom 3. 3. 1972, BStBl. II S. 516, vom 22. 2. 1974, BStBl. II S. 330, und vom 10. 2. 1982, BStBl. II S. 351) ist der Nennwert um den Kapitalwert des jährlichen Zinsgewinnes zu erhöhen. Für die Berechnung des jährlichen Zinsgewinnes ist die Zinsdifferenz zwischen dem tatsächlichen Zinssatz und dem Grenzzinssatz von 9 Prozent maßgebend.

Bei der Berechnung des Kapitalwerts der jährlichen Zinsdifferenz ist ebenfalls von mittelschüssiger Zahlungsweise auszugehen (§ 12 Absatz 1 Satz 2 BewG).

Es sind unterschiedliche Vervielfältiger auf die jährliche Zinsdifferenz anzuwenden, je nach dem, ob die Kapitalforderung oder Kapitalschuld
- in einem Betrag,
- in Raten oder
- in Annuitäten

getilgt wird.

Bei niedrig oder hoch verzinslichen Kapitalforderungen oder Kapitalschulden, die in einem Betrag fällig werden, sind für die Berechnung des Kapitalwerts der Zinsdifferenzen die Vervielfältiger der Tabelle 2 auf die jährliche Zinsdifferenz anzuwenden.

Bei niedrig oder hoch verzinslichen Kapitalforderungen oder Kapitalschulden, die in gleichen Raten getilgt werden, sind für die Berechnung des Kapitalwerts der Zinsdifferenzen die Vervielfältiger der Tabelle 3 auf die Zinsdifferenz anzuwenden, die sich für ein Jahr nach dem Kapitalstand des Besteuerungszeitpunkts ergibt.

Bei niedrig oder hoch verzinslichen Kapitalforderungen oder Kapitalschulden mit Annuitätentilgung ist zur Berechnung des Kapitalwerts der Zinsdifferenz der Jahreswert der Annuität mit den Vervielfältigern
- der Tabelle 4 bei niedriger Verzinsung und
- der Tabelle 5 bei hoher Verzinsung

zu multiplizieren.

2. Lauf- und Aufschubzeiten

2.1. Laufzeiten

2.1.1. Laufzeiten von Kapitalforderungen oder Kapitalschulden, die in einem Betrag getilgt werden

Die Laufzeit ist tagegenau zu errechnen. Dies gilt sowohl für unverzinsliche wie auch für niedrig oder hoch verzinsliche Kapitalforderungen oder Kapitalschulden. Dabei wird das Kalenderjahr mit 360 Tagen, jeder volle Monat mit 30 Tagen, der Monat, in dem der Fälligkeitstag liegt, mit der Anzahl der tatsächlichen Tage bis zur Fälligkeit, höchstens jedoch mit 30 Tagen gerechnet.

Beispiel:

Besteuerungszeitpunkt	4. 6. 2010
Kapitalforderung oder Kapitalschuld, die in einem Betrag fällig wird	20 000 EUR
Fälligkeit	5. 9. 2012
Laufzeit der Kapitalforderung/Kapitalschuld:	2 Jahre, 3 Monate, 2 Tage

2.1.2. Laufzeiten von Kapitalforderungen oder Kapitalschulden, die in Raten oder Annuitäten getilgt werden

Bei der Bewertung von Kapitalforderungen oder Kapitalschulden, die nicht in einem Betrag getilgt werden, ist von einer mittelschüssigen Zahlungsweise auszugehen; auf die Zahlungszeitpunkte innerhalb einer Zahlungsperiode kommt es nicht an (Tz. 1.2.1 und 1.2.2). Daher sind die Laufzeiten über die Anteile der Jahresleistungen zu ermitteln.

Beispiel 1:

Besteuerungszeitpunkt	14. 6. 2010
Kapitalforderung	15 000 EUR
monatliche Tilgungsrate	500 EUR
Tilgungsdauer in Monaten: (15 000 EUR / 500 EUR =)	30
Fälligkeit der 1. Rate	18. 6. 2010
Fälligkeit der letzten Rate	18. 11. 2012
Im Jahr 2010 werden 7, im Jahr 2011 werden 12 und im Jahr 2012 werden 11 Monatsraten gezahlt.	
Tilgungsdauer	2 Jahre, 6 Monate

Beispiel 2:

Besteuerungszeitpunkt	18. 10. 2010
Kapitalschuld	27 000 EUR
vereinbarter Zinssatz	2,5 %
monatliche Annuitätenrate	500 EUR
Jahreswert der Annuität (12 × 500 EUR =)	6000 EUR

Die Laufzeit kann mittels des folgenden Tilgungsplans ermittelt werden:
Es ist von mittelschüssiger Zahlung des Jahresbetrags auszugehen.

Kapitalschuld am 18. 10. 2010	27 000,00 EUR
Zinsen bis zum 18. 4. 2011 (1/2 × 2,5 % × 27 000 EUR =)	337,50 EUR
Summe	27 337,50 EUR
Annuität	6000,00 EUR
Schuldenstand am 18. 4. 2011	21 337,50 EUR
Zinsen für 1 Jahr (2,5 % × 21 337,50 EUR =)	533,44 EUR
Summe	21 870,94 EUR
Annuität	6000,00 EUR
Schuldenstand am 18. 4. 2012	15 870,94 EUR
Zinsen für 1 Jahr (2,5 % × 15 870,94 EUR =)	396,77 EUR
Summe	16 267,71 EUR
Annuität	6000,00 EUR
Schuldenstand am 18. 4. 2013	10 267,71 EUR
Zinsen für 1 Jahr (2,5 % × 10 267,71 EUR =)	256,69 EUR
Summe	10 524,40 EUR
Annuität	6000,00 EUR
Schuldenstand am 18. 4. 2014	4524,40 EUR
Zinsen für 1 Jahr (2,5 % × 4524,40 EUR =)	113,11 EUR
Summe	4637,51 EUR
Annuitäten-Teil am 18. 4. 2015	4637,51 EUR

Mithin wird im Jahr 2015 nicht eine volle Annuität gezahlt, sondern nur ein Anteil in Höhe von (4637,51/6000 =)	0,8
Insgesamt gezahlte Annuitäten	4,8
Somit beträgt die Tilgungsdauer	4,8 Jahre.

2.1.3. Vom Leben abhängige Laufzeiten

Ist die Laufzeit einer Kapitalforderung oder Kapitalschuld nicht datumsmäßig bestimmt, sondern durch das Leben einer oder mehrerer Personen bedingt, ist zur Berechnung der Laufzeit von der mittleren Lebenserwartung der betreffenden Person nach der für die Bewertung maßgebende Sterbetafel des Statistischen Bundesamtes (vgl. Tz. 1.2.1) auszugehen. Anschließend ist der Gegenwartswert der Kapitalforderung oder Kapitalschuld nach den vorstehenden Grundsätzen zu ermitteln.

2.2. Aufschubzeiten

Eine ab dem Besteuerungszeitpunkt tilgungsfreie Zeit, die mehr als eine Ratenzahlungsdauer umfasst, bildet eine Aufschubzeit. Sie ist wie folgt zu behandeln:

2.2.1. Aufschubzeiten einer unverzinslichen Kapitalforderung oder Kapitalschuld

Der auf den Beginn der ersten Zahlungsperiode ermittelte Barwert der Kapitalforderung oder Kapitalschuld ist auf den Besteuerungszeitpunkt abzuzinsen (Tabelle 1).

2.2.2. Aufschubzeiten einer niedrig oder hoch verzinslichen Kapitalforderung oder Kapitalschuld

Bei einer niedrig oder hoch verzinslichen Kapitalforderung oder Kapitalschuld ist eine Aufschubzeit sowohl für die Tilgungsdauer als auch für die tilgungsfreie Zeit zu berücksichtigen:

- Zunächst ist der auf den Beginn der ersten Tilgungsperiode ermittelte Kapitalwert der Zinsdifferenz auf den Besteuerungszeitpunkt abzuzinsen (Tabelle 1).
- Anschließend ist der Kapitalwert der Zinsdifferenz für die tilgungsfreie Zeit zu berechnen, als läge eine niedrig oder hoch verzinsliche Kapitalforderung oder Kapitalschuld vor, die zu Beginn der ersten Tilgungszahlungsperiode in einem Betrag getilgt würde (Tabelle 2). (Dabei wird davon ausgegangen, dass während der tilgungsfreien Zeit die jeweils anfallenden Zinsen beglichen werden.)

Die Summe beider Werte ergibt den gesamten Kapitalwert der Zinsdifferenz, um den der Nennwert der Kapitalforderung oder Kapitalschuld zu korrigieren ist.

2.3. Nicht ganzjährige Lauf- und Aufschubzeiten

Bei Lauf- und Aufschubzeiten, die nicht ganze Jahre umfassen, ist stets zwischen den Vervielfältigern der nächstliegenden ganzzahligen Zeiten linear zu interpolieren.

3. Anwendung der Tabellen im Einzelnen

3.1. Unverzinsliche Kapitalforderungen oder Kapitalschulden mit bestimmter Laufzeit

3.1.1. Unverzinsliche Kapitalforderungen oder Kapitalschulden, die in einem Betrag fällig werden

Beispiel 1:

Besteuerungszeitpunkt	18. 10. 2010
Nennwert	80 000 EUR
Fälligkeit	2. 3. 2013
Laufzeit (18. 10. 2002 bis 2. 3. 2005)[1]	2 Jahre, 4 Monate, 15 Tage

Berechnung:

Abzinsungsfaktor für 3 Jahre (Tabelle 1)	0,852
Abzinsungsfaktor für 2 Jahre	0,898
Differenz	−0,046
davon (4/12 + 15/360)	−0,017
interpoliert (0,898 − 0,017 =)	0,881
Gegenwartswert am 18. 10. 2010 (0,881 × 80 000 EUR =)	70 480 EUR

Beispiel 2:

(in einem Betrag fällige Kapitalforderung oder Kapitalschuld, die zunächst normal verzinslich ist, und später unverzinslich wird)

Besteuerungszeitpunkt	14. 6. 2010
Nennwert	1 000 000 EUR
Fälligkeit	13. 6. 2025

14. 6. 2010 bis 13. 6. 2015:
normal verzinslich (Laufzeit 5 Jahre)
14. 6. 2015 bis 13. 6. 2025:
unverzinslich (Laufzeit 10 Jahre)

Berechnung:

Zunächst ist der Betrag, um den der Nennwert für die Zeit der Unverzinslichkeit der Kapitalforderung oder Kapitalschuld zu mindern ist, mittels einer Abzinsung auf den 14. 6. 2015 zu berechnen (Abzinsungsbetrag). Anschließend ist er auf den 14. 6. 2010 abzuzinsen. Der Nennwert ist um den so ermittelten Barwert des Abzinsungsbetrags zu vermindern.

1. Berechnung des Abzinsungsbetrags

Abzinsungsfaktor für 10 Jahre (Tabelle 1)	0,585
Barwert der Kapitalforderung oder Kapitalschuld am 14. 6. 2015 (0,585 × 1 000 000 EUR =)	585 000 EUR
Abzinsungsbetrag (bezogen auf den 14. 6. 2015) (1 000 000 EUR − 585 000 EUR =)	415 000 EUR

2. Berechnung des Barwerts des Abzinsungsbetrags

Abzinsungsfaktor für 5 Jahre (Tabelle 1)	0,765
Barwert des Abzinsungsbetrags (bezogen auf den 14. 6. 2010) (0,765 × 415 000 EUR =)	317 475 EUR

3. Gegenwartswert am 14. 6. 2010

(1 000 000 EUR − 317 475 EUR =)	682 525 EUR

[1] Richtig wohl: (18.10.2010 bis 2.3.2013).

3.1.2. Unverzinsliche Kapitalforderungen oder Kapitalschulden, die in gleichbleibenden Raten getilgt werden

Beispiel 1:

Besteuerungszeitpunkt	14. 9. 2010
Halbjährliche Rate	6000 EUR
Fälligkeit der 1. Rate nach dem Besteuerungszeitpunkt	20. 9. 2010
Fälligkeit der letzten Rate	20. 3. 2020
Laufzeit (14. 9. 2010 bis 13. 9. 2020)	10 Jahre

Berechnung:

Vervielfältiger für 10 Jahre (Tabelle 2)	7,745
Jahreswert (2 × 6000 EUR =)	12 000 EUR
Gegenwartswert am 14. 9. 2010 (7,745 × 12 000 EUR =)	92 940 EUR

Beispiel 2:

Besteuerungszeitpunkt	14. 6. 2010
Vierteljährliche Rate	3000 EUR
Fälligkeit der 1. Rate nach dem Besteuerungszeitpunkt	20. 6. 2010
Fälligkeit der letzten Rate	20. 12. 2019
Laufzeit (14. 6. 2010 bis 13. 3. 2020)	9 Jahre, 9 Monate

die gegenüber Beispiel 1 geänderte Zahlungshäufigkeit führt zu einer anderen Laufzeit

Berechnung:

Vervielfältiger für 10 Jahre (Tabelle 2)	7,745
Vervielfältiger für 9 Jahre	7,143
Differenz	0,602
davon 9/12	0,452
interpoliert (7,143 + 0,452 =)	7,595
Jahreswert (4 × 3000 EUR =)	12 000 EUR
Gegenwartswert am 14. 6. 2010 (7,595 × 12 000 EUR =)	91 140 EUR

Beispiel 3: (Aufschubzeit)

Besteuerungszeitpunkt	14. 6. 2010
Vierteljährliche Rate	3000 EUR
Fälligkeit der 1. Rate nach dem Besteuerungszeitpunkt	20. 9. 2011
Fälligkeit der letzten Rate	20. 12. 2019
Laufzeit (14. 9. 2011 bis 13. 3. 2020)	8 Jahre, 6 Monate
Aufschubzeit (14. 6. 2010 bis 13. 9. 2011)	1 Jahr, 3 Monate

Berechnung:

Vervielfältiger für 9 Jahre (Tabelle 2)	7,143
Vervielfältiger für 8 Jahre	6,509
Differenz	0,634
davon 6/12	0,317
interpoliert (6,509 + 0,317 =)	6,826
Jahreswert (4 × 3000 EUR =)	12 000 EUR
Barwert am 14. 9. 2011 (6,826 × 12 000 EUR =)	81 912 EUR
Abzinsungsfaktor für 2 Jahre (Tabelle 1)	0,898
Abzinsungsfaktor für 1 Jahr	0,948
Differenz	–0,050
davon 3/12	–0,013
interpoliert (0,948 – 0,013 =)	0,935
Gegenwartswert am 14. 6. 2010 (0,935 × 81 912 EUR =)	76 588 EUR

3.2. Niedrig oder hoch verzinsliche Kapitalforderungen oder Kapitalschulden

3.2.1. Niedrig oder hoch verzinsliche Kapitalforderungen oder Kapitalschulden, die in einem Betrag fällig werden

Beispiel 1: (niedrige Verzinsung)

Besteuerungszeitpunkt	18. 10. 2010
Nennwert	125 000 EUR
Zinssatz	1,25 %
Fälligkeit	2. 6. 2046
Laufzeit (18. 10. 2010 bis 2. 6. 2046)	35 Jahre, 7 Monate, 15 Tage

Berechnung:

Jährliche Zinsdifferenz (3 % – 1,25 % = 1,75 %; 1,75 % von 125 000 EUR =)	2187,50 EUR
Vervielfältiger für 36 Jahre (Tabelle 2)	15,963
Vervielfältiger für 35 Jahre	15,814
Differenz	0,149
davon (7/12 + 15/360 =)	0,093
interpoliert (15,814 + 0,093 =)	15,907
Kapitalwert (15,907 × 2187,50 EUR =)	34 797 EUR
Gegenwartswert am 18. 10. 2010 (125 000 EUR – 34 797 EUR =)	90 203 EUR

Beispiel 2: (hohe Verzinsung)

Besteuerungszeitpunkt	14. 6. 2010
Nennwert	1375 496 EUR
Zinssatz	13 %
Fälligkeit	11. 8. 2014
Laufzeit (14. 6. 2010 bis 11. 8. 2014)	4 Jahre, 1 Monat, 28 Tage

Berechnung:

Jährliche Zinsdifferenz (13 % – 9 % = 4 %; 4 % von 1375 496 EUR =)	55 019,84 EUR
Vervielfältiger für 5 Jahre (Tabelle 2)	4,388
Vervielfältiger für 4 Jahre	3,602
Differenz	0,786
davon (1/12 + 28/360 =)	0,127
interpoliert (3,602 + 0,127 =)	3,729
Kapitalwert (3,729 × 55 019,84 EUR =)	205 168,98 EUR
Gegenwartswert am 14. 6. 2010 (1375 496 EUR + 205 168,98 EUR =)	1 580 665 EUR

Beispiel 3: (feststehende künftige Zinssatzänderung)

Besteuerungszeitpunkt	5. 9. 2010
Nennwert	500 000 EUR
Fälligkeit	4. 9. 2035
Zinssatz (I), 5. 9. 2010 bis 4. 1. 2018	12 %
Laufzeit	7 Jahre, 4 Monate
Zinssatz (II), 5. 1. 2018 bis 4. 9. 2035	11 %
Laufzeit	17 Jahre, 8 Monate

Berechnung:

1. Berechnung des Kapitalwerts der Zinsdifferenz bezüglich Zinssatz (I):

Jährliche Zinsdifferenz (12% – 9% = 3%; 3% von 500 000 EUR =)	15 000 EUR
Vervielfältiger für 8 Jahre (Tabelle 2)	6,509
Vervielfältiger für 7 Jahre	5,839
Differenz	0,670
davon 4/12	0,223
interpoliert (5,839 + 0,223 =)	6,062
Kapitalwert der Zinsdifferenz (6,062 × 15 000 EUR =)	90 930 EUR

2. Berechnung des Kapitalwerts der Zinsdifferenz bezüglich Zinssatz (II):

Berechnung des Kapitalwerts der Zinsdifferenz, bezogen auf den 5. 1. 2018:

Jährliche Zinsdifferenz (11% – 9% = 2%; 2% von 500 000 EUR =)	10 000 EUR
Vervielfältiger für 18 Jahre (Tabelle 2)	11,555
Vervielfältiger für 17 Jahre	11,163
Differenz	0,392
davon 8/12	0,261
interpoliert (11,163 + 0,261 =)	11,424
Kapitalwert der Zinsdifferenz, bezogen auf den 5. 1. 2018 (11,424 × 10 000 EUR =)	114 240 EUR

Der so ermittelte Kapitalwert der Zinsdifferenz ist wie eine unverzinsliche Kapitalforderung auf den 5. 9. 2010 abzuzinsen:

Abzinsungsfaktor für 8 Jahre (Tabelle 1)	0,652
Abzinsungsfaktor für 7 Jahre	0,687
Differenz	–0,035
davon 4/12	–0,012
interpoliert (0,687 – 0,012 =)	0,675
Kapitalwert der Zinsdifferenz (0,675 × 114 240 EUR =)	77 112 EUR

3. Gegenwartswert am 5. 9. 2010:

(500 000 EUR + 90 930 EUR + 77 112 EUR =)	668 042 EUR

3.2.2. Niedrig oder hoch verzinsliche Kapitalforderungen oder Kapitalschulden, die in gleichen Raten getilgt werden

Beispiel 1: (niedrige Verzinsung)

Besteuerungszeitpunkt	24. 7. 2010
Nennwert	325 000 EUR
Tilgung in 65 Monatsraten zu jeweils	5000 EUR
Zinssatz	0,5%
Fälligkeit der 1. Rate nach dem Besteuerungszeitpunkt	1. 8. 2010
Fälligkeit der letzten Rate	1. 12. 2015
Laufzeit (24. 7. 2010 bis 23. 12. 2015)	5 Jahre, 5 Monate

Berechnung:

Jährliche Zinsdifferenz (3% – 0,5% = 2,5%; 2,5% von 325 000 EUR =)	8125 EUR
Vervielfältiger für 6 Jahre (Tabelle 3)	2,641
Vervielfältiger für 5 Jahre	2,240
Differenz	0,401
davon 5/12	0,167
interpoliert (2,240 + 0,167 =)	2,407

Kapitalwert der Zinsdifferenz (2,407 × 8125 EUR =)	19 557 EUR
Gegenwartswert am 24. 7. 2010 (325 000 EUR – 19 557 EUR =)	305 443 EUR

Beispiel 2: (hohe Verzinsung)

Besteuerungszeitpunkt	8. 11. 2010
Nennwert	64 500 EUR
Tilgung in 172 Monatsraten zu jeweils	375 EUR
Zinssatz	13,5 %
Fälligkeit der 1. Rate nach dem Besteuerungszeitpunkt	1. 12. 2010
Fälligkeit der letzten Rate	1. 3. 2025
Laufzeit (8. 11. 2010 bis 7. 3. 2025)	14 Jahre, 4 Monate

Berechnung:

Zinsdifferenz (13,5 %– 9 % = 4,5 %; 4,5 % von 64 500 EUR =)	2902,50 EUR
Vervielfältiger für 15 Jahre (Tabelle 3)	5,694
Vervielfältiger für 14 Jahre	5,398
Differenz	0,296
davon 4/12	0,099
interpoliert (5,398 + 0,099 =)	5,497
Kapitalwert (5,497 × 2902,50 EUR =)	15 955 EUR
Gegenwartswert am 8. 11. 2010 (64 500 EUR + 15 955 EUR =)	80 455 EUR

Beispiel 3: (Aufschubzeit)

Besteuerungszeitpunkt	19. 7. 2010
Nennwert	189 750 EUR
Tilgung in 115 vierteljährlichen Raten zu jeweils	1650 EUR
Zinssatz	0,53 %
Fälligkeit der 1. Rate	12. 2. 2012
Fälligkeit der letzten Rate	12. 8. 2040
Laufzeit der Ratenzahlung (19. 1. 2012 bis 18. 10. 2040)	28 Jahre, 9 Monate
Aufschubzeit (19. 7. 2010 bis 18. 1. 2012)	1 Jahr, 6 Monate

Berechnung:

Der Kapitalwert der Zinsdifferenz setzt sich zusammen aus 2 Komponenten:
Dem Kapitalwert der Zinsdifferenz für die Ratenzahlungszeit und dem Kapitalwert der Zinsdifferenz für die Aufschubzeit.

1. Berechnung des Kapitalwerts der Zinsdifferenz für die Ratenlaufzeit

Zunächst ist der Kapitalwert der Zinsdifferenz für die Ratenlaufzeit – bezogen auf den Beginn der ersten Ratenzahlungsperiode – zu ermitteln (hier der 19. 1. 2012). Anschließend ist der so ermittelte Kapitalwert der Zinsdifferenz zum 19. 1. 2012 für die Aufschubzeit wie eine unverzinsliche Kapitalforderung auf den 19. 7. 2010 abzuzinsen:

Zinsdifferenz (3 % – 0,53 % = 2,47 %; 2,47 % von 189 750 EUR =)	4686,83 EUR
Vervielfältiger für 29 Jahre (Tabelle 3)	8,961
Vervielfältiger für 28 Jahre	8,773
Differenz	0,188
davon 9/12	0,141
interpoliert (8,773 + 0,141 =)	8,914
Kapitalwert der Zinsdifferenz für die Laufzeit der Ratenzahlung, bezogen auf den 19. 1. 2012 (8,914 × 4686,83 EUR =)	41 778,40 EUR

Der so ermittelte Kapitalwert der Zinsdifferenz für die Ratenlaufzeit ist wie eine unverzinsliche Kapitalforderung auf den 19. 7. 2010 abzuzinsen:

Abzinsungsfaktor für 2 Jahre (Tabelle 1)	0,898
Abzinsungsfaktor für 1 Jahr	0,948
Differenz	–0,05
davon 6/12	–0,025
interpoliert (0,948 – 0,025 =)	0,923
Kapitalwert der Zinsdifferenz für die Ratenlaufzeit, bezogen auf den 19. 7. 2010 (0,923 × 41 778,40 EUR =)	38 561,46 EUR

2. Berechnung des Kapitalwerts der Zinsdifferenz für die Aufschubzeit

Die Bewertung erfolgt entsprechend einer niedrig verzinslichen Kapitalforderung, die am 18. 1. 2012 in einem Betrag fällig wird.

Zinsdifferenz (3 % – 0,53 % = 2,47 %; 2,47 % von 189 750 EUR =)	4686,83 EUR
Vervielfältiger für 2 Jahre (Tabelle 2)	1,897
Vervielfältiger für 1 Jahr	0,974
Differenz	0,923
davon 6/12	0,462
interpoliert (0,974 + 0,462 =)	1,436
Kapitalwert der Zinsdifferenz (1,436 × 4686,83 EUR =)	6730,29 EUR

3. Kapitalwert der Zinsdifferenz zum 19. 7. 2010 insgesamt

(38 561,46 EUR + 6730,29 EUR =)	45 292 EUR

4. Gegenwartswert am 19. 7. 2010

(189 750 EUR – 45 292 EUR =)	144 458 EUR

Beispiel 4: (feststehende künftige Zinssatzänderung)

Besteuerungszeitpunkt	5. 6. 2010
Nennwert	300 000 EUR
Tilgung in 600 monatlichen Raten zu jeweils	500 EUR
Zinssatz (I), 5. 6. 2010 bis 4. 6. 2040	0,5 %
Laufzeit 30 Jahre, Tilgung 180 000 EUR	
Zinssatz (II), 5. 6. 2040 bis 4. 6. 2060	1,0 %
Laufzeit 20 Jahre, Tilgung 120 000 EUR	

Berechnung:

Der Kapitalwert der Zinsdifferenz setzt sich zusammen aus folgenden Komponenten:
Dem Kapitalwert der Zinsdifferenz bezogen auf den Zeitraum 5. 6. 2010 bis 4. 6. 2040 (Zinssatz (I)) und den Zeitraum 5. 6. 2040 bis 4. 6. 2060 (Zinssatz (II)). Dabei ist der Kapitalwert bezogen auf den 1. Zeitraum (Zinssatz (I)) wiederum in 2 Schritten zu ermitteln:
Für den Teil der Kapitalforderung oder Kapitalschuld, der in diesem Zeitraum getilgt wird (180 000 EUR), und den Teil, der noch nicht getilgt wird (120 000 EUR).

1. Berechnung des Kapitalwerts der Zinsdifferenz bezogen auf den Zeitraum 5. 6. 2010 bis 4. 6. 2040:

1.1. Berechnung des Kapitalwerts der Zinsdifferenz für den Teil der Kapitalforderung oder Kapitalschuld, der in diesem Zeitraum getilgt wird:

Zinsdifferenz (3 % – 0,5 % = 2,5 %; 2,5 % von 180 000 EUR =)	4500 EUR
Vervielfältiger für 30 Jahre (Tabelle 3)	9,144
Kapitalwert der Zinsdifferenz (9,144 × 4500 EUR =)	41 148 EUR

1.2. Berechnung des Kapitalwerts der Zinsdifferenz für den Teil der Kapitalforderung oder Kapitalschuld, der in diesem Zeitraum noch nicht getilgt wird:

Jährliche Zinsdifferenz (3 % – 0,5 % = 2,5 %; 2,5 % von 120 000 EUR =)	3000 EUR
Vervielfältiger für 30 Jahre (Tabelle 2)	14,933
Kapitalwert der Zinsdifferenz (14,933 × 3000 EUR =)	44 799 EUR

2. Berechnung des Kapitalwerts der Zinsdifferenz bezogen auf den Zeitraum 5. 6. 2040 bis 4. 6. 2060:

Berechnung des Kapitalwerts der Zinsdifferenz, bezogen auf den 5. 6. 2040:

Zinsdifferenz (3 % – 1 % = 2 %; 2 % von 120 000 EUR =)	2400 EUR
Vervielfältiger für 20 Jahre (Tabelle 3)	7,032
Kapitalwert der Zinsdifferenz bezogen auf den 5. 6. 2040 (7,032 × 2400 EUR =)	16 876,80 EUR
Der so ermittelte Kapitalwert der Zinsdifferenz ist wie eine unverzinsliche Kapitalforderung auf den 5. 6. 2010 abzuzinsen:	
Abzinsungsfaktor für 30 Jahre (Tabelle 1)	0,201
Kapitalwert der Zinsdifferenz bezogen auf den 5. 6. 2010 (0,201 × 16 876,80 EUR =)	3392,24 EUR

3. Kapitalwert der Zinsdifferenz zum 5. 6. 2010 insgesamt:

(41 148 EUR + 44 799 EUR + 3392,24 EUR =)	89 339,24 EUR

4. Gegenwartswert am 5. 6. 2010:

(300 000 EUR – 89 339,24 EUR =)	210 661 EUR

Beispiel 5: (feststehende künftige Ratenerhöhung)

Besteuerungszeitpunkt	18. 6. 2010
Nennwert	360 000 EUR
Zinssatz	12 %
Tilgung in 120 monatlichen Raten zu jeweils	900 EUR
und 240 monatlichen Raten zu jeweils	1050 EUR

Laufzeit (I) (18. 6. 2010 bis 17. 6. 2020) 10 Jahre; Tilgung 108 000 EUR
Laufzeit (II) (18. 6. 2020 bis 17. 6. 2040) 20 Jahre; Tilgung 252 000 EUR

Berechnung:

Analog zu der Berechnung in dem vorherigen Beispiel 4 setzt sich der Kapitalwert der Zinsdifferenz aus 3 Komponenten zusammen.

1. Berechnung des Kapitalwerts der Zinsdifferenz bezogen auf den Zeitraum 18. 6. 2010 bis 17. 6. 2020:

1.1. Berechnung des Kapitalwerts der Zinsdifferenz für den Teil der Kapitalforderung oder Kapitalschuld, der in diesem Zeitraum getilgt wird:

Zinsdifferenz (12 % – 9 % = 3 %; 3 % von 108 000 EUR =)	3240 EUR
Vervielfältiger für 10 Jahre (Tabelle 3)	4,113
Kapitalwert der Zinsdifferenz (4,113 × 3240 EUR =)	13 326,12 EUR

1.2. Berechnung des Kapitalwerts der Zinsdifferenz für den Teil der Kapitalforderung oder Kapitalschuld, der in diesem Zeitraum noch nicht getilgt wird:

Jährliche Zinsdifferenz (12 % – 9 % = 3 %; 3 % von 252 000 EUR =)	7560 EUR
Vervielfältiger für 10 Jahre (Tabelle 2)	7,745
Kapitalwert der Zinsdifferenz (7,745 × 7560 EUR =)	58 552,20 EUR

2. Berechnung des Kapitalwerts der Zinsdifferenz bezogen auf den Zeitraum 18. 6. 2020 bis 17. 6. 2040:

Berechnung des Kapitalwerts der Zinsdifferenz bezogen auf den 18. 6. 2020:

Zinsdifferenz (12 % – 9 % = 3 %; 3 % von 252 000 EUR =)	7560 EUR
Vervielfältiger für 20 Jahre (Tabelle 3)	7,032
Kapitalwert der Zinsdifferenz, bezogen auf den 18. 6. 2020 (7,032 × 7560 EUR =)	53 161,92 EUR
Der so ermittelte Kapitalwert der Zinsdifferenz ist wie eine unverzinsliche Kapitalforderung auf den 18. 6. 2010 abzuzinsen:	
Abzinsungsfaktor für 10 Jahre (Tabelle 1)	0,585
Kapitalwert der Zinsdifferenz, bezogen auf den 18. 6. 2010 (0,585 × 53 161,92 EUR =)	31 099,72 EUR

3. Kapitalwert der Zinsdifferenz zum 18. 6. 2010 insgesamt:

(13 326,12 EUR + 58 552,20 EUR + 31 099,72 EUR =)	102 978,04 EUR

4. Gegenwartswert am 18. 6. 2010:

(360 000 EUR + 102 978,04 EUR =)	462 978 EUR

3.2.3. Niedrig oder hoch verzinsliche Kapitalforderungen oder Kapitalschulden, die in Annuitäten getilgt werden

Der Kapitalwert der Zinsdifferenz einer niedrig oder hoch verzinslichen Kapitalforderung oder Kapitalschuld, um den der Nennwert zu korrigieren ist, errechnet sich durch Multiplikation des Jahreswerts der Annuität mit den Vervielfältigern

- der Tabelle 4 bei niedriger Verzinsung und
- der Tabelle 5 bei hoher Verzinsung.

Die Tilgungsdauer am Besteuerungszeitpunkt kann aufgrund der angenommenen mittelschüssigen Zahlungsweise nach der folgenden Formel ermittelt werden:

$$n = \frac{\log\left(1 - \frac{K \times \left(1 - v^{2}\right)}{2 \times R \times v}\right)}{\log v}$$

Dabei ist

K = Nennwert der Kapitalforderung oder Kapitalschuld am Besteuerungszeitpunkt

R = Jahreswert der Annuität

i = vereinbarter Jahreszinssatz

$$n = \frac{1}{1 + i}$$

log = Logarithmusfunktion

n = Tilgungsdauer.

Die Tilgungsdauer am Besteuerungszeitpunkt kann auch durch Erstellung eines Tilgungsplans bei unterstellter mittelschüssiger Zahlungsweise wie folgt ermittelt werden:

Nennwert am Besteuerungszeitpunkt 14. 6. 2010
zuzüglich Zinsen für ein halbes Jahr (linearer Zins)

Summe
abzüglich Jahreswert der Annuität

Differenz (angenommener Kapitalstand zum 14. 12. 2010)
zuzüglich Zinsen für ein Jahr (linearer Zins)

Summe
abzüglich Jahreswert der Annuität

Differenz (angenommener Kapitalstand zum 14. 12. 2011)
und so fort, bis die Kapitalforderung oder Kapitalschuld den Wert 0,– EUR erreicht.

Je nach Berechnung der Tilgungsdauer nach Formel oder nach Tilgungsplan können sich Rundungsdifferenzen ergeben.

Beispiel 1: (hohe Verzinsung)

Besteuerungszeitpunkt	14. 6. 2010
Nennwert der Restforderung/-schuld K =	200 000 EUR
vierteljährliche Annuitätenrate	7000 EUR
Fälligkeit der 1. Rate nach dem Besteuerungszeitpunkt	1. 7. 2010
vertraglicher Zinssatz p. a. i =	12,0 %

Berechnung:

Berechnung der Tilgungsdauer	
Jahreswert der Annuität R = 4 × 7000 EUR =	28 000 EUR
v = 1 / (1+i) = 1 / 1,120 =	0,893

Damit ergibt sich die Tilgungsdauer n nach obiger Formel:

$$n = \frac{\log\left(1 - \frac{200\,000 \times \left(1 - 0{,}893^2\right)}{2 \times 28\,000 \times 0{,}893}\right)}{\log 0{,}893} = 14{,}7$$

Tilgungsdauer in Jahren	14,7
Berechnung des Gegenwartswerts	
Vervielfältiger für 15 Jahre (Tabelle 5)	1,564
Vervielfältiger für 14 Jahre	1,425
Differenz	0,139
davon das 0,7-fache	0,097
interpoliert (1,425 + 0,097 =)	1,522
Jahreswert der Annuität (4 × 7000 EUR =)	28 000 EUR
Kapitalwert der Zinsdifferenz (1,522 × 28 000 EUR =)	42 616 EUR
Gegenwartswert am 14. 6. 2010 (200 000 EUR + 42 616 EUR =)	242 616 EUR

Beispiel 2: (niedrige Verzinsung)

Besteuerungszeitpunkt	18. 10. 2010
Nennwert der Restforderung/-schuld K =	50 000 EUR
Annuität (jährliche Rate) R =	1650 EUR
Fälligkeit der 1. Rate nach dem Besteuerungszeitpunkt	15. 12. 2010
vertraglicher Zinssatz p. a. i =	1,5 %

Berechnung:

Berechnung der Tilgungsdauer v = 1 / (1+i) = 1 / 1,015 =	0,985

Damit ergibt sich die Tilgungsdauer n nach obiger Formel:

$$n = \frac{\log\left(1 - \frac{50\,000 \times \left(1 - 0{,}985^2\right)}{2 \times 1650 \times 0{,}985}\right)}{\log 0{,}985} = 40{,}5$$

Tilgungsdauer in Jahren	40,5
Berechnung des Gegenwartswerts	
Vervielfältiger für 41 Jahre (Tabelle 4)	5,829
Vervielfältiger für 40 Jahre	5,644
Differenz	0,185
davon das 0,5-fache	0,093
interpoliert (5,644 + 0,093 =)	5,737
Jahreswert der Annuität	1650 EUR
Kapitalwert der Zinsdifferenz (5,737 × 1650 EUR =)	9466,05 EUR
Gegenwartswert am 18. 10. 2010 (50 000 EUR – 9466,05 EUR =)	40 534 EUR

Beispiel 3: (Aufschubzeit)

Besteuerungszeitpunkt	18. 10. 2010
Nennwert der Restforderung/-schuld K =	50 000 EUR
Annuität (jährliche Rate) R =	1650 EUR
Fälligkeit der 1. Rate nach dem Besteuerungszeitpunkt	15. 12. 2011
vertraglicher Zinssatz p. a. i =	1,5 %

(Wie Beispiel 2, jedoch mit Aufschubzeit 18. 10. 2010 bis 17. 10. 2011 1 Jahr)

Berechnung:

1. Berechnung der Tilgungsdauer

Da Beispiel 3 bis auf die Aufschubzeit identisch mit dem Beispiel 2 ist, ergibt sich die gleiche Tilgungsdauer n = 40,5 Jahre für die Annuität.

2. Berechnung des Kapitalwerts der Zinsdifferenz für die Tilgungszeit bezogen auf den Tilgungsbeginn 18. 10. 2011

Kapitalwert der Zinsdifferenz für die Tilgungszeit bezogen auf den 18. 10. 2011 (berechnet wie im Beispiel 2)	9466,05 EUR
Abzinsung des Kapitalwerts der Zinsdifferenz für die Tilgungszeit auf den 18. 10. 2010	
Abzinsungsfaktor für 1 Jahr (Tabelle 1)	0,948
Kapitalwert der Zinsdifferenz für die Tilgungsdauer bezogen auf den 18. 10. 2010 (0,948 × 9466,05 EUR =)	8973,82 EUR

3. Berechnung des Kapitalwerts der Zinsdifferenz während der Aufschubzeit

Nennwert am Besteuerungszeitpunkt 18. 10. 2010	50 000 EUR
unterstellte Fälligkeit am	17. 10. 2011
Laufzeit 1 Jahr	
Zinsdifferenz (3 % – 1,5 % = 1,5 %; 1,5 % von 50 000 EUR =)	750 EUR
Vervielfältiger für 1 Jahr (Tabelle 2)	0,974
Kapitalwert der Zinsdifferenz für die Aufschubzeit (0,974 × 750 EUR =)	730,50 EUR

4. Kapitalwert der Zinsdifferenz zum 18. 10. 2010

insgesamt (8973,82 EUR + 730,50 EUR =)	9704,32 EUR

5. Gegenwartswert am 18. 10. 2010

(50 000 EUR – 9704,32 EUR =)	40 296 EUR

Beispiel 4: (nicht-tabellierter Zinssatz)

Wurde ein Zinssatz vereinbart, der zwischen den in Tabelle 4 bzw. 5 aufgelisteten Zinssätzen liegt, ist zwischen den jeweiligen Vervielfältigern der nächstliegenden Zinssätze linear zu interpolieren.

Besteuerungszeitpunkt	9. 6. 2010
Nennwert der Restforderung/-schuld K =	200 000 EUR
vierteljährliche Annuitätenrate	7000 EUR
Fälligkeit der 1. Rate nach dem Besteuerungszeitpunkt	1. 7. 2010
vertraglicher Zinssatz p. a. i =	12,8 %

Berechnung:

Berechnung der Tilgungsdauer	
Jahreswert der Annuität (4 × 7000 EUR =)	28 000 EUR
v = 1 / (1+i) = 1 / 1,128 =	0,887

Damit ergibt sich die Tilgungsdauer n nach obiger Formel:

$$n = \frac{\log\left(1 - \frac{200\,000 \times \left(1 - 0{,}887^2\right)}{2 \times 28\,000 \times 0{,}887}\right)}{\log 0{,}887} = 16{,}3$$

Tilgungsdauer in Jahren	16,3
Berechnung des Gegenwartswerts	
Vervielfältiger für 17 Jahre, Zins 13,0 % (Tabelle 5)	2,339
Vervielfältiger für 17 Jahre, Zins 12,5 %	2,094
Differenz	0,245
davon 0,3/0,5	0,147
interpoliert (2,094 + 0,147 =)	2,241
Vervielfältiger für 16 Jahre, Zins 13,0 % (Tabelle 5)	2,171
Vervielfältiger für 16 Jahre, Zins 12,5 %	1,942
Differenz	0,229
davon 0,3/0,5	0,137
interpoliert (1,942 + 0,137 =)	2,079
Berechnung des Vervielfältigers für Tilgungsdauer	16,3
auf Basis eines Zinssatzes von 12,8 %	
Vervielfältiger für 17 Jahre, Zins 12,8 %	2,241
Vervielfältiger für 16 Jahre, Zins 12,8 %	2,079
Differenz	0,162
davon das 0,3-fache	0,049
interpoliert (2,079 + 0,049 =)	2,128
Jahreswert der Annuität (4 × 7000 EUR =)	28 000 EUR
Kapitalwert der Zinsdifferenz (2,128 × 28 000 EUR =)	59 584 EUR
Gegenwartswert am 9. 6. 2010	
(200 000 EUR + 59 584 EUR =)	259 584 EUR

III. Wiederkehrende Nutzungen und Leistungen

Ein Recht auf wiederkehrende Nutzungen liegt beispielsweise bei Nießbrauchsrechten vor. Der Nießbrauch ist das Recht, die Nutzungen eines bestimmten Gegenstandes zu ziehen (§§ 1030 ff. BGB).

Ein Recht auf wiederkehrende Leistungen liegt beispielsweise bei Rentenbezugsrechten vor. Renten sind laufende Bezüge in Geld oder Geldeswert, auf die der Empfänger eine gewisse Zeitdauer einen Anspruch hat, so dass die periodisch wiederkehrenden Bezüge auf einem einheitlichen Stammrecht (Rentenrecht) beruhen und dessen Früchte darstellen. Ein bewertungsfähiges Rentenrecht ist auch vorhanden, wenn der Empfänger zwar keinen klagbaren bürgerlich-rechtlichen Anspruch auf die Leistungen hat, aber mit Sicherheit mit dem fortlaufenden Bezug der Leistungen rechnen kann.

Das Recht auf den Erbbauzins ist nach § 148 Absatz 6 BewG weder Bestandteil des Grundstücks noch als gesondertes Recht anzusetzen. Dementsprechend ist die Verpflichtung zur Zahlung des Erbbauzinses weder bei der Bewertung des Erbbaurechts noch als gesonderte Verpflichtung abzuziehen. Entsprechendes gilt in Erbbaurechtsfällen nach §§ 192 bis 194 BewG.

1. Bewertungsgrundsätze

Wiederkehrende Nutzungen und Leistungen sind grundsätzlich mit dem Kapitalwert (Jahreswert × Vervielfältiger) anzusetzen.

Ist der gemeine Wert eines Rechts auf Renten oder andere wiederkehrende Nutzungen und Leistungen nachweislich geringer oder höher als der Kapitalwert, ist der gemeine Wert zugrunde zu legen (§ 13 Absatz 3 und § 14 Absatz 4 BewG); die Abweichung vom Kapitalwert gilt nur dann als nachgewiesen, wenn sie bei dem im Einzelfall festgestellten Sachverhalt aufgrund von Erfahrungssätzen oder nach den Denkgesetzen zwingend ist (BFH-Urteil vom 24. 4. 1970, BStBl. II S. 715). Der Ansatz eines geringeren oder höheren Werts kann nicht darauf gestützt werden, dass mit einem anderen Zinssatz als 5,5 Prozent, mit einer anderen als der mittelschüssigen Zahlungsweise oder – bei lebenslänglichen Nutzungen und Leistungen – mit einer kürzeren oder längeren Lebensdauer zu rechnen ist.

Der Kapitalwert von Renten und anderen wiederkehrenden Nutzungen und Leistungen richtet sich nach der am Besteuerungszeitpunkt noch laufenden Bezugsberechtigung (BFH-Urteil vom 31. 10. 1969, BStBl. 1970 II S. 196). Später eintretende Umstände können nur dann berücksichtigt werden, wenn sie im Besteuerungszeitpunkt bereits voraussehbar waren (BFH-Urteil vom 9. 9. 1960, BStBl. 1961 III S. 18).

Die Bewertung von wiederkehrenden Nutzungen und Leistungen ist beim Verpflichteten entsprechend vorzunehmen.

1.1. Jahreswert von Nutzungen und Leistungen

1.1.1. Nutzungen einer Geldsumme

Der einjährige Betrag der Nutzung einer Geldsumme ist, wenn kein anderer Wert feststeht, zu 5,5 Prozent anzunehmen (§ 15 Absatz 1 BewG).

1.1.2. Jahreswert von Sachbezügen

Nutzungen und Leistungen, die nicht in Geld bestehen, z. B. Wohnung, Kost, Waren und sonstige Sachbezüge, sind nach § 15 Absatz 2 BewG mit den üblichen Mittelpreisen des Verbrauchsorts anzusetzen. Dabei kann z. B. von den Sätzen ausgegangen werden, die am Besteuerungszeitpunkt beim Steuerabzug vom Arbeitslohn und bei der Sozialversicherung für Deputate in der Land- und Forstwirtschaft gelten. Bei nichtbuchführenden Land- und Forstwirten können Pauschsätze für Altenteilsleistungen, die von den Finanzbehörden aufgestellt worden sind, übernommen werden. Vertraglich vereinbarte Barbezüge oder sonstige Sachleistungen sind nur zu berücksichtigen, wenn sie in den Pauschsätzen nicht mit abgegolten sind und wenn nachgewiesen wird, dass sie tatsächlich geleistet werden.

1.1.3. Schwankende Nutzungen und Leistungen

Bei Nutzungen und Leistungen, deren Jahreswert ungewiss ist oder schwankt, ist nach § 15 Absatz 3 BewG als Jahreswert der Betrag anzusetzen, der im Durchschnitt der Jahre voraussichtlich erzielt wird. Bei der Schätzung des Durchschnittswerts können ausnahmsweise Ereignisse berücksichtigt werden, die in nicht allzu langer Zeit nach dem Besteuerungszeitpunkt eingetreten sind.

1.1.4. Begrenzung des Jahreswerts von Nutzungen

Bei der Ermittlung des Kapitalwerts darf der Jahreswert der Nutzungen nach § 16 BewG höchstens mit dem Wert angesetzt werden, der sich ergibt, wenn der für das genutzte Wirtschaftsgut nach den Vorschriften des Bewertungsgesetzes anzusetzende Wert durch 18,6 geteilt wird. Bei Grundstücken und den wie Grundvermögen bewerteten Betriebsgrundstücken (§ 99 Absatz 1 Nummer 1 BewG) ist Ausgangswert der nach § 157 Absatz 3 i. V. m. §§ 176 bis 198 BewG festgestellte Grundbesitzwert, und zwar vor Abzug von Schulden und Lasten (vgl. das zur Einheitsbewertung ergangene BFH-Urteil vom 23. 7. 1980, BStBl. II S. 748).

Beim Nießbrauch an einer Vermögensmasse ist der Ertrag des gesamten Vermögens maßgebend. Von den Einnahmen der ertragbringenden Wirtschaftsgüter sind die Aufwendungen für ertraglose Wirtschaftsgüter abzuziehen (BFH-Urteil vom 21. 11. 1969, BStBl. 1970 II S. 368). Ist die Nutzung auf einen Teil der Gesamtnutzung beschränkt, ist der Höchstbetrag des Jahreswerts nur zu einem entsprechenden Teil anzusetzen. Ist dagegen das Nutzungsrecht auf einen abgrenzbaren Teil des Wirtschaftsguts beschränkt, ist bei der Ermittlung des Höchstbetrags darauf abzustellen, welcher Anteil des Werts des ganzen Wirtschaftsguts auf den Teil entfällt, auf den sich das Nutzungsrecht bezieht. Für obligatorische Nutzungsrechte gilt das nur dann, wenn der Anspruch auf die Nutzung des Wirtschaftsguts beschränkt ist, wenn es sich also um eine sachbezogene Nutzung des Wirtschaftsguts selbst handelt und darüber hinausgehende Ansprüche gegen den Nutzungsverpflichteten ausgeschlossen sind (BFH-Urteil vom 24. 4. 1970, BStBl. II S. 591).

1.2. Maßgebende Vervielfältiger

1.2.1. Wiederkehrende Nutzungen und Leistungen von bestimmter Dauer

Der Kapitalwert von wiederkehrenden Nutzungen und Leistungen, die auf bestimmte Zeit beschränkt sind (insbesondere Zeitrenten), wird nach Tabelle 6 als Mittelwert zwischen dem Kapitalwert für jährlich vorschüssige und jährlich nachschüssige Zahlungsweise errechnet. Der Vervielfältiger in Tabelle 6 ist deshalb unabhängig davon anzusetzen, ob die Zahlungen vorschüssig oder nachschüssig, jährlich oder unterjährig entrichtet werden.

Tabelle 6 stimmt bis auf die Beschränkung auf das 18,6-fache mit der Tabelle 2 überein. Bis auf diese Beschränkung entspricht die Bewertung von wiederkehrenden, zeitlich begrenzten Nutzungen und Leistungen sinngemäß der Bewertung von in Raten fälligen unverzinslichen Kapitalforderungen und Kapitalschulden.

1.2.2. Immerwährende Nutzungen und Leistungen

Der Vervielfältiger für immerwährende Nutzungen und Leistungen beträgt 18,6 (§ 13 Absatz 2 erster Halbsatz BewG). Als immerwährend gelten Nutzungen und Leistungen, wenn ihr Ende von Ereignissen abhängt, von denen ungewiss ist, ob und wann sie in absehbarer Zeit eintreten (BFH-Urteil vom 11. 12. 1970, BStBl. 1971 II S. 386).

1.2.3. Nutzungen und Leistungen von unbestimmter Dauer

Bei Nutzungen und Leistungen von unbestimmter Dauer beträgt der Vervielfältiger 9,3 (§ 13 Absatz 2 zweiter Halbsatz BewG).

1.2.4. Lebenslängliche Nutzungen und Leistungen

Die Vervielfältiger zur Berechnung der Kapitalwerte lebenslänglicher Nutzungen und Leistungen (insbesondere Leibrenten) sind nach der Sterbetafel des Statistischen Bundesamts zu ermitteln und ab dem 1. Januar des auf die Veröffentlichung der Sterbetafel durch das Statistische Bundesamt folgenden Kalenderjahres anzuwenden. Der Kapitalwert ist unter Berücksichtigung von Zwischenzinsen und Zinseszinsen mit einem Zinssatz von 5,5 Prozent als Mittelwert zwischen dem Kapitalwert für jährlich vorschüssige und jährlich nachschüssige Zahlungsweise zu berechnen. Das Bundesministerium der Finanzen stellt die Vervielfältiger für den Kapitalwert einer lebenslänglichen Nutzung oder Leistung im Jahresbetrag von einem Euro nach Lebensalter und Geschlecht der Berechtigten in einer Tabelle zusammen und veröffentlicht diese zusammen mit dem Datum der Veröffentlichung der Sterbetafel im Bundessteuerblatt. Für das Jahr 2010 ist die Vervielfältigertabelle des BMF-Schreibens vom 1. Oktober 2009 (BStBl. I S. 1168)[1] maßgebend.

Dies gilt auch für eine Rente, die einer verwitweten Person auf Lebenszeit, längstens aber bis zur Wiederverheiratung zusteht. Ebenso ist bei Renten zu verfahren, die von unbestimmter Dauer, gleichzeitig aber auch von der Lebenszeit einer Person abhängig sind.

---

[1] Für **2019** siehe BMF v. 22.11.2018, BStBl. I 2018, 1306, für **2020** siehe BMF v. 2.12.2019, BStBl. I 2019, 1288, für **2021** siehe BMF v. 28.10.2020, BStBl. I 2020, 1048.

1.2.5. Abgekürzte und verlängerte Leibrenten

Bei abgekürzten Leibrenten (auch Höchstzeitrenten genannt), bei denen neben der zeitlichen Begrenzung eine zusätzliche Begrenzung durch das Leben einer oder mehrerer Personen besteht, ist der nach § 13 Absatz 1 BewG ermittelte Kapitalwert durch den Kapitalwert nach § 14 BewG begrenzt.

Bei verlängerten Leibrenten, d. h. bei einer auf die Lebenszeit des Berechtigten abgeschlossenen Rente mit garantierter Mindestlaufzeit, bei der die Rentenleistungen nicht durch den Tod des Berechtigten vorzeitig enden, ist der höhere Vervielfältiger anzuwenden, der sich bei einem Vergleich der Vervielfältiger für eine reine Zeitrente (Tabelle 6) bzw. für eine reine lebenslängliche Rente (Vervielfältigertabelle lt. Veröffentlichung des Bundesministeriums der Finanzen) ergibt.

1.2.6. Leibrenten, die von der Lebenszeit mehrerer Personen abhängen

Stehen einem Ehepaar zu Lebzeiten beider Ehegatten Ansprüche auf Renten oder andere wiederkehrende Nutzungen und Leistungen zu und vermindern sich diese nach dem Tod des Erstversterbenden, sind die Ansprüche mit den Vervielfältigern nach der vom Bundesministerium der Finanzen für das Jahr, in das der Bewertungsstichtag fällt, veröffentlichten Vervielfältigertabelle zu bewerten. Solange beide Ehegatten leben, ist davon auszugehen, dass jedem Ehegatten die Hälfte der gemeinsamen Rente zusteht, es sei denn, aus der Entstehung des Rentenanspruchs ergibt sich ein anderer Aufteilungsmaßstab. Auf diese Jahreswerte ist der niedrigere der beiden Vervielfältiger für die Ehegatten anzuwenden. Die dem überlebenden Ehegatten allein zustehende geminderte Rente ist mit der Differenz der Vervielfältiger anzusetzen.

Bezieht eine Person eine Rente auf Lebenszeit und ist festgelegt, dass der Ehegatte nur im Fall des Längerlebens eine Rente erhält, ist diese weitere Rente aufschiebend bedingt und nach § 4 BewG nicht zu berücksichtigen (BFH-Urteil vom 31. 1. 1964, BStBl. III S. 179).

2. Anwendung der Tabellen

2.1. Wiederkehrende Nutzungen und Leistungen von bestimmter Dauer

Beispiel 1:

Besteuerungszeitpunkt	16. 6. 2010
Halbjährliche Zeitrente	6000 EUR
Fälligkeit der 1. Zahlung nach dem Besteuerungszeitpunkt	20. 8. 2010
Fälligkeit der letzten Zahlung	20. 2. 2020
Laufzeit (16. 6. 2010 bis 15. 6. 2020)	10 Jahre

Berechnung:

Vervielfältiger für 10 Jahre (Tabelle 6)	7,745
Jahreswert (2 × 6000 EUR =)	12 000 EUR
Kapitalwert am 16. 6. 2010 (7,745 × 12 000 EUR =)	92 940 EUR

Beispiel 2:

Besteuerungszeitpunkt	16. 7. 2010
vierteljährliche Zeitrente	3000 EUR
Fälligkeit der 1. Zahlung nach dem Besteuerungszeitpunkt	20. 9. 2010
Fälligkeit der letzten Zahlung	20. 3. 2020
Laufzeit (16. 7. 2010 bis 15. 4. 2020)	9 Jahre, 9 Monate

die gegenüber Beispiel 1 geänderte Zahlungshäufigkeit führt zu einer anderen Laufzeit

Berechnung:

Vervielfältiger für 10 Jahre (Tabelle 6)	7,745
Vervielfältiger für 9 Jahre	7,143
Differenz	0,602
davon 9/12	0,452
interpoliert (7,143 + 0,452 =)	7,595
Jahreswert (4 × 3000 EUR =)	12 000 EUR
Kapitalwert am 16. 7. 2010 (7,595 × 12 000 EUR =)	91 140 EUR

Beispiel 3:

Wie Beispiel 2, aber 1. Zahlung	20. 6. 2011
Rentenzahlungsdauer (16. 4. 2011 bis 15. 4. 2020)	9 Jahre
Aufschubzeit (16. 7. 2010 bis 15. 4. 2011)	9 Monate

Berechnung:

Vervielfältiger für 9 Jahre (Tabelle 6)	7,143
Jahreswert (4 × 3000 EUR =)	12 000 EUR
Kapitalwert zum 16. 4. 2011 (7,143 × 12 000 EUR =)	85 716 EUR
Berücksichtigung der Aufschubzeit:	
Abzinsungsfaktor für 1 Jahr (Tabelle 1)	0,948
Abzinsungsfaktor für 0 Jahre	1,000
Differenz	−0,052
davon 9/12	−0,039
interpoliert (1,000 − 0,039 =)	0,961
Kapitalwert am 16. 7. 2010 (0,961 × 85 716 EUR =)	82 373 EUR

Beispiel 4: (feststehende künftige Rentenerhöhung)

Besteuerungszeitpunkt	13. 10. 2010
halbjährliche Zeitrente	
Zeitrente (I)	10 000 EUR
Fälligkeit der 1. Zahlung (I) nach Besteuerungszeitpunkt	20. 2. 2011
Fälligkeit der letzten Zahlung (I)	20. 2. 2018
Laufzeit (13. 10. 2010 bis 12. 4. 2018)	7 Jahre, 6 Monate
Zeitrente (II)	22 500 EUR
Fälligkeit der 1. Zahlung (II) nach Besteuerungszeitpunkt	20. 8. 2018
Fälligkeit der letzten Zahlung (II)	20. 8. 2030
Laufzeit (13. 4. 2018 bis 12. 10. 2030)	12 Jahre, 6 Monate

Berechnung:

1. Berechnung des Kapitalwerts der Zeitrente (I)

Vervielfältiger für 8 Jahre (Tabelle 6)	6,509
Vervielfältiger für 7 Jahre	5,839
Differenz	0,670
davon 6/12	0,335

interpoliert (5,839 + 0,335 =)	6,174
Jahreswert (2 × 10 000 EUR =)	20 000 EUR
Kapitalwert der Zeitrente (I) (6,174 × 20 000 EUR =)	123 480 EUR

2. Berechnung des Kapitalwerts der Zeitrente (II)

Berechnung des Kapitalwerts der Zeitrente (II) bezogen auf den 13. 4. 2018:	
Vervielfältiger für 13 Jahre (Tabelle 6)	9,368
Vervielfältiger für 12 Jahre	8,856
Differenz	0,512
davon 6/12	0,256
interpoliert (8,856 + 0,256 =)	9,112
Jahreswert (2 × 22 500 EUR =)	45 000 EUR
Kapitalwert der Zeitrente (II) bezogen auf den 13. 4. 2018 (9,112 × 45 000 EUR =)	410 040 EUR
Der so ermittelte Kapitalwert der Zeitrente ist wie eine unverzinsliche Kapitalforderung auf den 13. 10. 2010 abzuzinsen:	
Abzinsungsfaktor für 8 Jahre (Tabelle 1)	0,652
Abzinsungsfaktor für 7 Jahre	0,687
Differenz	−0,035
davon 6/12	−0,018
interpoliert (0,687 − 0,018 =)	0,669
Kapitalwert der Zeitrente (II) bezogen auf den 13. 10. 2010 (0,669 × 410 040 EUR =)	274 316,76 EUR

3. Kapitalwert am 13. 10. 2010

(123 480 EUR + 274 316,76 EUR =)	397 797 EUR

2.2. Lebenslängliche Nutzungen und Leistungen

Beispiel:

Besteuerungszeitpunkt	18. 10. 2010
Lebenslänglich laufende Rente in Höhe von monatlich	500 EUR
Geschlecht des Empfängers	männlich
Geburtsdatum des Empfängers	14. 12. 1948
Erster Zahlungszeitpunkt ab Besteuerungszeitpunkt	5. 11. 2010

Berechnung:

Erreichtes Alter am 18. 10. 2010	61 Jahre
Vervielfältiger	12,330
Jahreswert der Rente (12 × 500 EUR =)	6000 EUR
Gegenwartswert am 18. 10. 2010 (12,330 × 6000 EUR =)	73 980 EUR

2.3. Leibrenten, die von der Lebenszeit mehrerer Personen abhängen

Beispiel 1:

Ein Ehepaar erhält eine Rente zu Lebzeiten beider Ehegatten in Höhe von jährlich	20 000 EUR
Nach dem Tod des Erstversterbenden vermindert sich der Jahreswert der Rente auf	15 000 EUR
Alter des Ehemannes im Besteuerungszeitpunkt: (Vervielfältiger 13,090)	58 Jahre
Alter der Ehefrau im Besteuerungszeitpunkt: (Vervielfältiger 15,609)	50 Jahre

Nach Tz 1.2.6 ergibt sich der Kapitalwert wie folgt:

1. Rentenanspruch des Ehemannes

(13,090 × 10 000 EUR =)	130 900 EUR

2. Rentenanspruch der Ehefrau

(13,090 × 10 000 EUR =)	130 900 EUR
((15,609 – 13,090) × 15 000 EUR =)	37 785 EUR
insgesamt	168 685 EUR
Kapitalwert im Besteuerungszeitpunkt (130 900 EUR + 168 685 EUR =)	299 585 EUR

Beispiel 2:

Ein Ehemann erhält eine lebenslängliche Rente in Höhe von jährlich	20 000 EUR
Eine Witwenrente ist vereinbart in Höhe von jährlich	15 000 EUR
Alter des Ehemannes im Besteuerungszeitpunkt (wie in Beispiel 1)	58 Jahre
(Vervielfältiger 13,090)	
Nach Tz 1.2.6 ergibt sich der Kapitalwert im Besteuerungszeitpunkt wie folgt: (13,090 × 20 000 EUR =)	261 800 EUR

Die Rente der Ehefrau ist aufschiebend bedingt und bleibt daher außer Betracht.

Tabelle 1
(zu § 12 Absatz 3 BewG)

Vervielfältiger für die Abzinsung einer unverzinslichen Forderung oder Schuld, die nach bestimmter Zeit in einem Betrag fällig ist, im Nennwert von 1,– EUR

Anzahl der Jahre	Vervielfältiger	Anzahl der Jahre	Vervielfältiger
1	0,948	41	0,111
2	0,898	42	0,106
3	0,852	43	0,100
4	0,807	44	0,095
5	0,765	45	0,090
6	0,725	46	0,085
7	0,687	47	0,081
8	0,652	48	0,077
9	0,618	49	0,073
10	0,585	50	0,069
11	0,555	51	0,065
12	0,526	52	0,062
13	0,499	53	0,059
14	0,473	54	0,056
15	0,448	55	0,053
16	0,425	56	0,050
17	0,402	57	0,047
18	0,381	58	0,045
19	0,362	59	0,042
20	0,343	60	0,040
21	0,325	61	0,038
22	0,308	62	0,036
23	0,292	63	0,034
24	0,277	64	0,032
25	0,262	65	0,031
26	0,249	66	0,029
27	0,236	67	0,028
28	0,223	68	0,026
29	0,212	69	0,025
30	0,201	70	0,024
31	0,190	71	0,022
32	0,180	72	0,021
33	0,171	73	0,020
34	0,162	74	0,019
35	0,154	75	0,018
36	0,146	76	0,017
37	0,138	77	0,016
38	0,131	78	0,015
39	0,124	79	0,015
40	0,117	80	0,014

Anzahl der Jahre	Vervielfältiger	Anzahl der Jahre	Vervielfältiger
81	0,013	91	0,008
82	0,012	92	0,007
83	0,012	93	0,007
84	0,011	94	0,007
85	0,011	95	0,006
86	0,010	96	0,006
87	0,009	97	0,006
88	0,009	98	0,005
89	0,009	99	0,005
90	0,008	100	0,005

Tabelle 2
(zu § 12 Absatz 1 BewG)

Vervielfältiger für eine unverzinsliche Kapitalforderung/-schuld, die in gleichen Jahresraten getilgt wird. Der Jahresbetrag der Raten wurde mit 1,– EUR angesetzt

Laufzeit in Jahren	Kapitalwert	Laufzeit in Jahren	Kapitalwert
1	0,974	41	16,602
2	1,897	42	16,710
3	2,772	43	16,813
4	3,602	44	16,910
5	4,388	45	17,003
6	5,133	46	17,090
7	5,839	47	17,173
8	6,509	48	17,252
9	7,143	49	17,326
10	7,745	50	17,397
11	8,315	51	17,464
12	8,856	52	17,528
13	9,368	53	17,588
14	9,853	54	17,645
15	10,314	55	17,699
16	10,750	56	17,750
17	11,163	57	17,799
18	11,555	58	17,845
19	11,927	59	17,888
20	12,279	60	17,930
21	12,613	61	17,969
22	12,929	62	18,006
23	13,229	63	18,041
24	13,513	64	18,075
25	13,783	65	18,106
26	14,038	66	18,136
27	14,280	67	18,165
28	14,510	68	18,192
29	14,727	69	18,217
30	14,933	70	18,242
31	15,129	71	18,264
32	15,314	72	18,286
33	15,490	73	18,307
34	15,656	74	18,326
35	15,814	75	18,345
36	15,963	76	18,362
37	16,105	77	18,379
38	16,239	78	18,395
39	16,367	79	18,410
40	16,487	80	18,424

Laufzeit in Jahren	Kapitalwert	Laufzeit in Jahren	Kapitalwert
81	18,437	116	18,644
82	18,450	117	18,646
83	18,462	118	18,648
84	18,474	119	18,650
85	18,485	120	18,652
86	18,495	121	18,653
87	18,505	122	18,655
88	18,514	123	18,656
89	18,523	124	18,657
90	18,531	125	18,659
91	18,539	126	18,660
92	18,546	127	18,661
93	18,553	128	18,662
94	18,560	129	18,663
95	18,566	130	18,664
96	18,572	131	18,665
97	18,578	132	18,666
98	18,583	133	18,667
99	18,589	134	18,668
100	18,593	135	18,668
101	18,598	136	18,669
102	18,602	137	18,670
103	18,607	138	18,670
104	18,611	139	18,671
105	18,614	140	18,671
106	18,618	141	18,672
107	18,621	142	18,672
108	18,624	143	18,673
109	18,627	144	18,673
110	18,630	145	18,674
111	18,633	146	18,674
112	18,635	147	18,675
113	18,638	148	18,675
114	18,640	149	18,675
115	18,642	150	18,676

Tabelle 3
(zu § 12 Absatz 1 BewG)

Tabelle zur Berechnung der Barwerte der Zinsdifferenzen für hoch- und niedrigverzinsliche Kapitalforderungen und Schulden mit Ratentilgung

Anzahl der Jahre	Barwert	Anzahl der Jahre	Barwert
1	0,487	41	10,833
2	0,949	42	10,961
3	1,394	43	11,086
4	1,824	44	11,207
5	2,240	45	11,325
6	2,641	46	11,440
7	3,028	47	11,551
8	3,402	48	11,660
9	3,764	49	11,766
10	4,113	50	11,869
11	4,451	51	11,969
12	4,777	52	12,066
13	5,093	53	12,161
14	5,398	54	12,254
15	5,694	55	12,344
16	5,979	56	12,432
17	6,255	57	12,517
18	6,523	58	12,601
19	6,782	59	12,682
20	7,032	60	12,762
21	7,275	61	12,839
22	7,510	62	12,914
23	7,737	63	12,988
24	7,957	64	13,060
25	8,171	65	13,130
26	8,378	66	13,199
27	8,578	67	13,265
28	8,773	68	13,331
29	8,961	69	13,395
30	9,144	70	13,457
31	9,322	71	13,518
32	9,494	72	13,577
33	9,661	73	13,635
34	9,823	74	13,692
35	9,980	75	13,748
36	10,133	76	13,802
37	10,281	77	13,855
38	10,425	78	13,907
39	10,565	79	13,958
40	10,701	80	14,008

Anzahl der Jahre	Barwert	Anzahl der Jahre	Barwert
81	14,056	91	14,491
82	14,104	92	14,530
83	14,151	93	14,568
84	14,196	94	14,605
85	14,241	95	14,641
86	14,285	96	14,677
87	14,328	97	14,713
88	14,370	98	14,747
89	14,411	99	14,781
90	14,451	100	14,814

Tabelle 4
(§ 12 Absatz 1 BewG)

Tabelle der Kapitalwerte der Zinsdifferenzen für niedrigverzinsliche Kapitalforderungen und -schulden mit Annuitätentilgung und einer Annuität im Jahresbetrag von 1,– EUR; Grenzzinsfuß: 3 %

Anzahl der Jahre	vertraglicher Zinsfuß in Prozent					Anzahl der Jahre
	0,5 %	1,0 %	1,5 %	2,0 %	2,5 %	
1	0,012	0,010	0,007	0,005	0,002	1
2	0,047	0,038	0,028	0,019	0,009	2
3	0,104	0,083	0,062	0,041	0,020	3
4	0,182	0,144	0,107	0,071	0,035	4
5	0,280	0,222	0,164	0,109	0,054	5
6	0,397	0,314	0,232	0,153	0,076	6
7	0,532	0,420	0,310	0,240	0,101	7
8	0,685	0,539	0,398	0,261	0,129	8
9	0,854	0,671	0,495	0,324	0,159	9
10	1,039	0,815	0,600	0,392	0,192	10
11	1,239	0,970	0,712	0,465	0,228	11
12	1,454	1,136	0,833	0,543	0,265	12
13	1,681	1,312	0,960	0,624	0,305	13
14	1,922	1,497	1,093	0,710	0,346	14
15	2,175	1,691	1,232	0,799	0,389	15
16	2,440	1,893	1,377	0,891	0,433	16
17	2,716	2,103	1,527	0,986	0,478	17
18	3,002	2,320	1,682	1,084	0,525	18
19	3,298	2,544	1,841	1,185	0,572	19
20	3,603	2,774	2,003	1,287	0,621	20
21	3,918	3,010	2,170	1,391	0,670	21
22	4,240	3,251	2,339	1,497	0,720	22
23	4,570	3,497	2,512	1,605	0,770	23
24	4,907	3,748	2,687	1,714	0,821	24
25	5,252	4,003	2,864	1,824	0,872	25
26	5,602	4,262	3,044	1,934	0,923	26
27	5,959	4,524	3,225	2,046	0,974	27
28	6,321	4,790	3,408	2,158	1,026	28
29	6,689	5,058	3,592	2,270	1,078	29
30	7,061	5,329	3,777	2,383	1,129	30
31	7,438	5,602	3,963	2,495	1,181	31
32	7,819	5,877	4,149	2,608	1,232	32
33	8,204	6,154	4,336	2,721	1,283	33
34	8,592	6,432	4,523	2,833	1,334	34
35	8,984	6,712	4,711	2,945	1,384	35
36	9,378	6,992	4,898	3,057	1,434	36
37	9,775	7,273	5,085	3,168	1,483	37
38	10,175	7,555	5,272	3,278	1,533	38
39	10,576	7,837	5,458	3,388	1,581	39
40	10,980	8,119	5,644	3,497	1,629	40

Anzahl der Jahre	vertraglicher Zinsfuß in Prozent					Anzahl der Jahre
	0,5 %	1,0 %	1,5 %	2,0 %	2,5 %	
41	11,385	8,401	5,829	3,605	1,677	41
42	11,791	8,683	6,013	3,712	1,724	42
43	12,199	8,964	6,196	3,818	1,770	43
44	12,607	9,245	6,377	3,923	1,816	44
45	13,017	9,526	6,558	4,027	1,861	45
46	13,427	9,805	6,738	4,130	1,905	46
47	13,837	10,084	6,916	4,232	1,949	47
48	14,248	10,362	7,093	4,332	1,992	48
49	14,659	10,638	7,268	4,431	2,034	49
50	15,070	10,914	7,442	4,529	2,076	50
51	15,481	11,188	7,614	4,626	2,117	51
52	15,891	11,460	7,784	4,721	2,157	52
53	16,301	11,731	7,953	4,815	2,196	53
54	16,710	12,001	8,120	4,908	2,235	54
55	17,119	12,268	8,285	4,999	2,273	55
56	17,527	12,534	8,449	5,088	2,310	56
57	17,934	12,798	8,610	5,177	2,346	57
58	18,340	13,061	8,770	5,264	2,382	58
59	18,744	13,321	8,928	5,349	2,417	59
60	19,148	13,579	9,084	5,433	2,451	60
61	19,550	13,835	9,238	5,516	2,485	61
62	19,951	14,090	9,390	5,597	2,517	62
63	20,351	14,342	9,539	5,677	2,549	63
64	20,749	14,591	9,687	5,755	2,581	64
65	21,145	14,839	9,833	5,832	2,611	65
66	21,540	15,084	9,977	5,908	2,641	66
67	21,933	15,328	10,119	5,982	2,671	67
68	22,325	15,568	10,259	6,054	2,699	68
69	22,714	15,807	10,397	6,126	2,727	69
70	23,102	16,043	10,532	6,195	2,754	70
71	23,488	16,277	10,666	6,264	2,780	71
72	23,872	16,509	10,798	6,331	2,806	72
73	24,254	16,738	10,928	6,397	2,831	73
74	24,633	16,964	11,055	6,461	2,856	74
75	25,011	17,189	11,181	6,524	2,880	75
76	25,387	17,411	11,305	6,586	2,903	76
77	25,761	17,630	11,427	6,646	2,926	77
78	26,132	17,848	11,546	6,706	2,948	78
79	26,502	18,062	11,664	6,763	2,969	79
80	26,869	18,275	11,780	6,820	2,990	80
81	27,334	18,458	11,894	6,875	3,011	81
82	27,597	18,693	12,006	6,930	3,031	82
83	27,958	18,898	12,117	6,983	3,050	83
84	28,316	19,101	12,225	7,034	3,069	84
85	28,673	19,301	12,331	7,085	3,087	85
86	29,027	19,500	12,436	7,135	3,104	86
87	29,378	19,695	12,539	7,183	3,122	87

Anzahl der Jahre	vertraglicher Zinsfuß in Prozent					Anzahl der Jahre
	0,5 %	1,0 %	1,5 %	2,0 %	2,5 %	
88	29,728	19,889	12,640	7,230	3,138	88
89	30,075	20,080	12,740	7,276	3,154	89
90	30,420	20,269	12,837	7,321	3,170	90
91	30,763	20,456	12,933	7,366	3,185	91
92	31,103	20,640	13,027	7,409	3,200	92
93	31,441	20,822	13,120	7,450	3,215	93
94	31,777	21,002	13,210	7,491	3,229	94
95	32,111	21,180	13,300	7,531	3,242	95
96	32,442	21,356	13,387	7,570	3,255	96
97	32,772	21,529	13,473	7,609	3,268	97
98	33,099	21,700	13,558	7,646	3,280	98
99	33,423	21,869	13,640	7,682	3,292	99
100	33,746	22,036	13,722	7,717	3,304	100

Tabelle 5
(zu § 12 Absatz 1 BewG)

Tabelle der Kapitalwerte der Zinsdifferenzen für hochverzinsliche Kapitalforderungen und -schulden mit Annuitätentilgung und einer Annuität im Jahresbetrag von 1,– EUR; Grenzzinsfuß: 9 %

Anzahl der Jahre	vertraglicher Zinsfuß in Prozent									Anzahl der Jahre
	9,5 %	10 %	10,5 %	11 %	11,5 %	12 %	12,5 %	13 %	13,5 %	
1	0,002	0,005	0,007	0,009	0,012	0,014	0,016	0,018	0,021	1
2	0,009	0,017	0,026	0,034	0,043	0,051	0,059	0,067	0,075	2
3	0,019	0,037	0,055	0,073	0,091	0,108	0,125	0,142	0,159	3
4	0,032	0,063	0,094	0,124	0,154	0,183	0,212	0,240	0,268	4
5	0,048	0,094	0,140	0,185	0,229	0,273	0,315	0,357	0,398	5
6	0,066	0,130	0,194	0,255	0,316	0,375	0,433	0,490	0,545	6
7	0,086	0,171	0,253	0,333	0,411	0,488	0,562	0,635	0,707	7
8	0,109	0,214	0,317	0,417	0,514	0,609	0,701	0,791	0,879	8
9	0,132	0,261	0,385	0,506	0,623	0,737	0,847	0,955	1,059	9
10	0,157	0,309	0,456	0,598	0,736	0,870	0,999	1,124	1,246	10
11	0,183	0,359	0,530	0,694	0,853	1,006	1,154	1,298	1,436	11
12	0,209	0,411	0,605	0,792	0,972	1,145	1,312	1,473	1,628	12
13	0,236	0,463	0,681	0,891	1,092	1,285	1,471	1,649	1,821	13
14	0,264	0,516	0,758	0,990	1,212	1,425	1,629	1,825	2,013	14
15	0,291	0,569	0,835	1,089	1,332	1,564	1,786	1,999	2,203	15
16	0,319	0,622	0,912	1,187	1,451	1,702	1,942	2,171	2,390	16
17	0,346	0,675	0,987	1,285	1,568	1,837	2,094	2,339	2,573	17
18	0,373	0,727	1,062	1,380	1,683	1,970	2,243	2,504	2,751	18
19	0,400	0,777	1,135	1,474	1,795	2,100	2,389	2,663	2,925	19
20	0,426	0,827	1,207	1,565	1,905	2,226	2,530	2,818	3,092	20
21	0,451	0,876	1,277	1,654	2,011	2,348	2,666	2,968	3,254	21
22	0,476	0,924	1,344	1,740	2,114	2,466	2,798	3,112	3,409	22
23	0,500	0,970	1,410	1,824	2,213	2,579	2,925	3,250	3,558	23
24	0,524	1,014	1,473	1,904	2,308	2,689	3,046	3,383	3,700	24
25	0,547	1,057	1,534	1,981	2,400	2,793	3,162	3,510	3,836	25
26	0,568	1,098	1,593	2,055	2,488	2,893	3,273	3,630	3,966	26
27	0,589	1,138	1,649	2,126	2,572	2,989	3,379	3,745	4,089	27
28	0,610	1,176	1,703	2,194	2,652	3,079	3,480	3,854	4,206	28
29	0,626	1,213	1,754	2,258	2,728	3,166	3,575	3,958	4,316	29
30	0,648	1,247	1,803	2,320	2,800	3,248	3,665	4,055	4,420	30
31	0,665	1,280	1,850	2,378	2,869	3,325	3,751	4,148	4,519	31
32	0,682	1,312	1,894	2,433	2,934	3,399	3,831	4,235	4,612	32
33	0,698	1,342	1,936	2,486	2,995	3,468	3,907	4,317	4,699	33
34	0,713	1,370	1,976	2,535	3,053	3,533	3,979	4,394	4,781	34
35	0,728	1,397	2,013	2,582	3,107	3,594	4,046	4,467	4,858	35
36	0,742	1,422	2,048	2,626	3,159	3,652	4,109	4,535	4,930	36
37	0,755	1,446	2,082	2,667	3,207	3,706	4,169	4,598	4,998	37
38	0,767	1,469	2,113	2,706	3,252	3,757	4,224	4,658	5,061	38

Anzahl der Jahre	vertraglicher Zinsfuß in Prozent 9,5 %	10 %	10,5 %	11 %	11,5 %	12 %	12,5 %	13 %	13,5 %	Anzahl der Jahre
39	0,778	1,490	2,142	2,742	3,294	3,804	4,276	4,713	5,120	39
40	0,789	1,510	2,170	2,776	3,334	3,849	4,324	4,765	5,175	40
41	0,799	1,529	2,196	2,808	3,371	3,890	4,370	4,814	5,226	41
42	0,809	1,546	2,220	2,838	3,406	3,929	4,412	4,859	5,274	42
43	0,818	1,562	2,243	2,866	3,438	3,965	4,451	4,901	5,318	43
44	0,826	1,578	2,264	2,892	3,468	3,998	4,488	4,940	5,360	44
45	0,834	1,592	2,284	2,916	3,496	4,030	4,522	4,977	5,398	45
46	0,841	1,605	2,302	2,939	3,522	4,059	4,553	5,010	5,434	46
47	0,848	1,618	2,319	2,959	3,546	4,086	4,582	5,042	5,467	47
48	0,854	1,629	2,335	2,979	3,569	4,110	4,610	5,071	5,497	48
49	0,860	1,640	2,350	2,997	3,589	4,134	4,635	5,097	5,526	49
50	0,866	1,650	2,363	3,014	3,609	4,155	4,658	5,122	5,552	50
51	0,871	1,659	2,376	3,029	3,627	4,175	4,679	5,145	5,576	51
52	0,876	1,668	2,388	3,043	3,643	4,193	4,699	5,166	5,599	52
53	0,880	1,676	2,398	3,057	3,658	4,210	4,718	5,186	5,619	53
54	0,884	1,683	2,408	3,069	3,672	4,226	4,734	5,204	5,638	54
55	0,888	1,690	2,418	3,080	3,685	4,240	4,750	5,221	5,656	55
56	0,891	1,696	2,426	3,090	3,697	4,253	4,764	5,236	5,672	56
57	0,895	1,702	2,434	3,100	3,708	4,265	4,778	5,250	5,687	57
58	0,897	1,707	2,441	3,109	3,718	4,276	4,790	5,263	5,701	58
59	0,900	1,712	2,448	3,117	3,727	4,287	4,801	5,275	5,714	59
60	0,903	1,717	2,454	3,124	3,736	4,296	4,811	5,286	5,725	60
61	0,905	1,721	2,459	3,131	3,743	4,305	4,820	5,296	5,736	61
62	0,907	1,724	2,464	3,137	3,750	4,313	4,829	5,305	5,746	62
63	0,909	1,728	2,469	3,142	3,757	4,320	4,837	5,314	5,755	63
64	0,911	1,731	2,473	3,148	3,763	4,326	4,844	5,322	5,763	64
65	0,912	1,734	2,477	3,152	3,768	4,332	4,851	5,329	5,771	65
66	0,914	1,736	2,480	3,156	3,773	4,338	4,857	5,335	5,778	66
67	0,915	1,739	2,484	3,160	3,778	4,343	4,862	5,341	5,784	67
68	0,916	1,741	2,486	3,164	3,782	4,347	4,867	5,347	5,790	68
69	0,917	1,743	2,489	3,167	3,785	4,352	4,872	5,352	5,795	69
70	0,918	1,744	2,491	3,170	3,789	4,355	4,876	5,356	5,800	70
71	0,919	1,746	2,493	3,172	3,792	4,359	4,880	5,360	5,805	71
72	0,920	1,747	2,495	3,175	3,794	4,362	4,883	5,364	5,809	72
73	0,921	1,749	2,497	3,177	3,797	4,365	4,886	5,367	5,812	73
74	0,921	1,750	2,499	3,179	3,799	4,367	4,889	5,371	5,816	74
75	0,922	1,751	2,500	3,181	3,801	4,369	4,892	5,373	5,819	75
76	0,922	1,752	2,501	3,182	3,803	4,371	4,894	5,376	5,822	76
77	0,923	1,752	2,502	3,183	3,805	4,373	4,896	5,378	5,824	77
78	0,923	1,753	2,503	3,185	3,806	4,375	4,898	5,380	5,827	78
79	0,923	1,754	2,504	3,186	3,807	4,376	4,900	5,382	5,829	79
80	0,924	1,754	2,505	3,187	3,808	4,378	4,901	5,384	5,831	80
81	0,924	1,755	2,506	3,187	3,809	4,379	4,903	5,386	5,832	81
82	0,924	1,755	2,506	3,188	3,810	4,380	4,904	5,387	5,834	82

Anzahl der Jahre	vertraglicher Zinsfuß in Prozent									Anzahl der Jahre
	9,5 %	10 %	10,5 %	11 %	11,5 %	12 %	12,5 %	13 %	13,5 %	
83	0,924	1,755	2,507	3,189	3,811	4,381	4,905	5,388	5,836	83
84	0,924	1,756	2,507	3,189	3,812	4,382	4,906	5,389	5,837	84
85	0,925	1,756	2,507	3,190	3,812	4,383	4,907	5,390	5,838	85
86	0,925	1,756	2,508	3,190	3,813	4,383	4,908	5,391	5,839	86
87	0,925	1,756	2,508	3,191	3,813	4,384	4,908	5,392	5,840	87
88	0,925	1,756	2,508	3,191	3,814	4,384	4,909	5,393	5,841	88
89	0,925	1,757	2,508	3,191	3,814	4,385	4,909	5,394	5,842	89
90	0,925	1,757	2,508	3,191	3,814	4,385	4,910	5,394	5,842	90
91	0,925	1,757	2,508	3,191	3,814	4,385	4,910	5,395	5,843	91
92	0,925	1,757	2,508	3,191	3,815	4,386	4,911	5,395	5,844	92
93	0,925	1,757	2,508	3,192	3,815	4,386	4,911	5,396	5,844	93
94	0,925	1,757	2,508	3,192	3,815	4,386	4,911	5,396	5,845	94
95	0,925	1,757	2,508	3,192	3,815	4,386	4,911	5,396	5,845	95
96	0,925	1,757	2,508	3,192	3,815	4,386	4,912	5,396	5,845	96
97	0,925	1,757	2,508	3,192	3,815	4,386	4,912	5,397	5,846	97
98	0,925	1,757	2,508	3,192	3,815	4,386	4,912	5,397	5,846	98
99	0,925	1,757	2,508	3,192	3,815	4,386	4,912	5,397	5,846	99
100	0,925	1,757	2,508	3,192	3,815	4,386	4,912	5,397	5,846	100

Tabelle 6
(zu § 13 Absatz 1 BewG)
(entspricht Anlage 9 a zum BewG)

Kapitalwert einer wiederkehrenden, zeitlich beschränkten Nutzung oder Leistung im Jahresbetrag von 1,– EUR

Laufzeit in Jahren	Vervielfältiger	Laufzeit in Jahren	Vervielfältiger
1	0,974	41	16,602
2	1,897	42	16,710
3	2,772	43	16,813
4	3,602	44	16,910
5	4,388	45	17,003
6	5,133	46	17,090
7	5,839	47	17,173
8	6,509	48	17,252
9	7,143	49	17,326
10	7,745	50	17,397
11	8,315	51	17,464
12	8,856	52	17,528
13	9,368	53	17,588
14	9,853	54	17,645
15	10,314	55	17,699
16	10,750	56	17,750
17	11,163	57	17,799
18	11,555	58	17,845
19	11,927	59	17,888
20	12,279	60	17,930
21	12,613	61	17,969
22	12,929	62	18,006
23	13,229	63	18,041
24	13,513	64	18,075
25	13,783	65	18,106
26	14,038	66	18,136
27	14,280	67	18,165
28	14,510	68	18,192
29	14,727	69	18,217
30	14,933	70	18,242
31	15,129	71	18,264
32	15,314	72	18,286
33	15,490	73	18,307
34	15,656	74	18,326
35	15,814	75	18,345
36	15,963	76	18,362
37	16,105	77	18,379
38	16,239	78	18,395
39	16,367	79	18,410
40	16,487	80	18,424

Laufzeit in Jahren	Vervielfältiger	Laufzeit in Jahren	Vervielfältiger
81	18,437	91	18,539
82	18,450	92	18,546
83	18,462	93	18,553
84	18,474	94	18,560
85	18,485	95	18,566
86	18,495	96	18,572
87	18,505	97	18,578
88	18,514	98	18,583
89	18,523	99	18,589
90	18,531	100	18,593
		101	18,598
		mehr als 101	18,600

4.2. Schreiben betr. Bewertung einer lebenslänglichen Nutzung oder Leistung; Vervielfältiger für Bewertungsstichtage ab 1. Januar 2021

Vom 28. Oktober 2020 (BStBl. I S. 1048)

(BMF IV C 7 – S 3104/19/10001:005)

1 Anlage

In der Anlage gebe ich gemäß § 14 Abs. 1 Satz 4 BewG die Vervielfältiger zur Berechnung des Kapitalwerts lebenslänglicher Nutzungen oder Leistungen bekannt, die nach der am 29. September 2020 veröffentlichten Sterbetafel 2017/2019 des Statistischen Bundesamtes ermittelt wurden und für Bewertungsstichtage ab dem 1. Januar 2021 anzuwenden sind.

Anlage

zu § 14 Abs. 1 BewG

Kapitalwert einer lebenslänglichen Nutzung oder Leistung im Jahresbetrag von einem Euro für Bewertungsstichtage ab 1. Januar 2021

Der Kapitalwert ist nach der am 29. September 2020 veröffentlichten Allgemeinen Sterbetafel 2017/2019 des Statistischen Bundesamtes unter Berücksichtigung von Zwischenzinsen und Zinseszinsen mit 5,5 Prozent errechnet worden. Der Kapitalwert der Tabelle ist der Mittelwert zwischen dem Kapitalwert für jährlich vorschüssige und jährlich nachschüssige Zahlungsweise.

Vollendetes Lebensalter	Männer		Frauen	
	Durschschnittliche Lebenserwartung	Kapitalwert	Durschschnittliche Lebenserwartung	Kapitalwert
0	78,63	18,404	83,36	18,466
1	77,90	18,393	82,60	18,458
2	76,92	18,378	81,62	18,445
3	75,93	18,361	80,63	18,433
4	74,94	18,344	79,64	18,419
5	73,95	18,325	78,65	18,405
6	72,96	18,306	77,65	18,389
7	71,96	18,285	76,66	18,374
8	70,97	18,264	75,67	18,357
9	69,97	18,241	74,67	18,339
10	68,98	18,217	73,67	18,320
11	67,99	18,191	72,68	18,300
12	66,99	18,165	71,68	18,279
13	66,00	18,136	70,69	18,257
14	65,00	18,106	69,70	18,234

Vollendetes Lebensalter	Männer		Frauen	
	Durschschnittliche Lebenserwartung	Kapitalwert	Durschschnittliche Lebenserwartung	Kapitalwert
15	64,01	18,075	68,70	18,210
16	63,02	18,042	67,71	18,184
17	62,03	18,007	66,72	18,157
18	61,05	17,971	65,73	18,128
19	60,07	17,933	64,74	18,098
20	59,10	17,893	63,75	18,067
21	58,12	17,850	62,76	18,033
22	57,15	17,806	61,77	17,998
23	56,17	17,759	60,78	17,960
24	55,19	17,709	59,79	17,921
25	54,22	17,657	58,80	17,880
26	53,24	17,602	57,82	17,837
27	52,26	17,544	56,83	17,791
28	51,29	17,483	55,84	17,742
29	50,31	17,418	54,85	17,691
30	49,34	17,351	53,86	17,637
31	48,36	17,279	52,88	17,581
32	47,39	17,204	51,90	17,521
33	46,42	17,126	50,91	17,458
34	45,46	17,044	49,93	17,392
35	44,49	16,956	48,95	17,323
36	43,52	16,864	47,97	17,250
37	42,56	16,768	47,00	17,173
38	41,60	16,668	46,02	17,092
39	40,64	16,561	45,05	17,007
40	39,69	16,451	44,07	16,917
41	38,73	16,333	43,10	16,823
42	37,79	16,212	42,13	16,724
43	36,84	16,083	41,16	16,620
44	35,90	15,949	40,20	16,511
45	34,96	15,808	39,24	16,396
46	34,02	15,659	38,28	16,276
47	33,09	15,505	37,33	16,150
48	32,17	15,345	36,38	16,018
49	31,25	15,176	35,43	15,879
50	30,34	15,001	34,49	15,734
51	29,44	14,819	33,55	15,582
52	28,54	14,629	32,62	15,424
53	27,66	14,433	31,70	15,260
54	26,78	14,228	30,78	15,087
55	25,92	14,018	29,86	14,905
56	25,06	13,799	28,95	14,717
57	24,22	13,574	28,05	14,521
58	23,39	13,342	27,16	14,318
59	22,57	13,102	26,27	14,105
60	21,77	12,858	25,39	13,884
61	20,98	12,606	24,52	13,655
62	20,20	12,347	23,66	13,418
63	19,43	12,081	22,80	13,170
64	18,68	11,810	21,95	12,914

Vollendetes Lebensalter	Männer		Frauen	
	Durschschnitt-liche Lebens-erwartung	Kapitalwert	Durschschnitt-liche Lebens-erwartung	Kapitalwert
65	17,94	11,532	21,11	12,648
66	17,21	11,247	20,28	12,374
67	16,49	10,955	19,45	12,088
68	15,78	10,656	18,63	11,792
69	15,09	10,354	17,82	11,486
70	14,40	10,040	17,02	11,171
71	13,72	9,720	16,24	10,851
72	13,05	9,393	15,45	10,513
73	12,39	9,059	14,68	10,169
74	11,73	8,712	13,92	9,815
75	11,10	8,370	13,17	9,452
76	10,47	8,017	12,42	9,074
77	9,85	7,657	11,69	8,691
78	9,24	7,291	10,96	8,293
79	8,65	6,925	10,25	7,890
80	8,08	6,561	9,56	7,484
81	7,52	6,192	8,89	7,075
82	6,99	5,832	8,26	6,677
83	6,49	5,484	7,65	6,279
84	6,00	5,133	7,07	5,887
85	5,55	4,803	6,52	5,505
86	5,13	4,487	6,01	5,140
87	4,73	4,180	5,53	4,788
88	4,36	3,889	5,08	4,449
89	4,03	3,626	4,67	4,133
90	3,72	3,374	4,28	3,826
91	3,44	3,143	3,93	3,545
92	3,17	2,916	3,62	3,292
93	2,93	2,712	3,34	3,059
94	2,72	2,532	3,09	2,849
95	2,52	2,358	2,86	2,652
96	2,34	2,200	2,66	2,480
97	2,19	2,067	2,49	2,332
98	2,07	1,960	2,33	2,191
99	1,94	1,843	2,18	2,058
100 und darüber	1,83	1,744	2,04	1,933

4.3. Gleich lautender Erlass zur Abgrenzung des Grundvermögens von den Betriebsvorrichtungen

Vom 5. Juni 2013 (BStBl. I S. 734)

(Oberste Finanzbehörden der Länder)

2 Anlagen

1. Allgemeines

1.1. Rechtsgrundlage

Für die Abgrenzung des Grundvermögens von den Betriebsvorrichtungen sind § 68 BewG und im Beitrittsgebiet § 129 Abs. 2 Nr. 1 BewG i. V. m. § 50 Abs. 1 Satz 2 BewG-DDR maßgebend. Dies gilt auch für die Abgrenzung der Betriebsgrundstücke von den Betriebsvorrichtungen (§ 99 Abs. 1 Nr. 1 BewG).

Nach § 68 Abs. 1 Nr. 1 BewG und im Beitrittsgebiet nach § 50 Abs. 1 Satz 1 BewG-DDR gehören zum Grundvermögen der Grund und Boden, die Gebäude, die sonstigen Bestandteile und das Zubehör. Maschinen und sonstige Vorrichtungen aller Art, die zu einer Betriebsanlage gehören (Betriebsvorrichtungen), werden nach § 68 Abs. 2 Satz 1 Nr. 2 BewG oder nach § 50 Abs. 1 Satz 2 BewG-DDR nicht in das Grundvermögen einbezogen. Das gilt selbst dann, wenn sie nach dem bürgerlichen Recht wesentliche Bestandteile des Grund und Bodens oder der Gebäude sind.

1.2. Allgemeine Abgrenzungsgrundsätze

Bei der Abgrenzung des Grundvermögens von den Betriebsvorrichtungen ist zunächst zu prüfen, ob das Bauwerk ein Gebäude ist. Liegen alle Merkmale des Gebäudebegriffs vor, kann das Bauwerk keine Betriebsvorrichtung sein (BFH vom 15. Juni 2005, BStBl. II S. 688 und vom 24. Mai 2007, BStBl. 2008 II S. 12 m. w. N.).

Ist das Bauwerk kein Gebäude, liegt nicht zwingend eine Betriebsvorrichtung vor. Vielmehr muss geprüft werden, ob es sich um einen Gebäudebestandteil bzw. eine Außenanlage oder um eine Betriebsvorrichtung handelt. Wird ein Gewerbe mit dem Bauwerk oder Teilen davon unmittelbar betrieben, liegt grundsätzlich eine Betriebsvorrichtung vor. Dies gilt jedoch nicht bei doppelfunktionalen Konstruktionslementen, vgl. Tz. 3.1.

1.3. Betriebsvorrichtungen

Nach § 68 Abs. 2 Satz 1 Nr. 2 BewG oder nach § 50 Abs. 1 Satz 2 BewG-DDR können nur einzelne Bestandteile und Zubehör Betriebsvorrichtung sein. Zu den Betriebsvorrichtungen gehören nicht nur Maschinen und maschinenähnliche Vorrichtungen. Unter diesen Begriff fallen vielmehr alle Vorrichtungen, mit denen ein Gewerbe unmittelbar betrieben wird (BFH vom 11. Dezember 1991, BStBl. 1992 II S. 278). Das können auch selbstständige

Bauwerke oder Teile von Bauwerken sein, die nach den Regeln der Baukunst geschaffen sind, z. B. Schornsteine, Öfen, Kanäle.

Für die Annahme einer Betriebsvorrichtung genügt es nicht, dass eine Anlage für die Gewerbeausübung lediglich nützlich, notwendig oder vorgeschrieben ist (z. B. im Rahmen einer Brandschutzauflage – BFH vom 7. Oktober 1983, BStBl. 1984 II S. 262, und vom *13. November 2001, BStBl. 2002 II S. 310*[1])).

2. Abgrenzung der Gebäude

2.1. Abgrenzungsgrundsatz

Die Gebäude sind allein mit Hilfe des Gebäudebegriffs von den Betriebsvorrichtungen abzugrenzen. Für die bewertungsrechtliche Einordnung eines Bauwerks als Gebäude ist entscheidend, ob es alle Merkmale eines Gebäudes aufweist (BFH vom 15. Juni 2005, BStBl. II S. 688, und vom 24. Mai 2007, BStBl. 2008 II S. 12 m. w. N.).

2.2. Gebäudebegriff

Nach den in der höchstrichterlichen Rechtsprechung aufgestellten Grundsätzen ist ein Bauwerk als Gebäude anzusehen, wenn es Menschen oder Sachen durch räumliche Umschließung Schutz gegen Witterungseinflüsse gewährt, den Aufenthalt von Menschen gestattet, fest mit dem Grund und Boden verbunden, von einiger Beständigkeit und ausreichend standfest ist (BFH vom 28. Mai 2003, BStBl. II S. 693). Die Abgrenzung von Gebäude und Betriebsvorrichtung kann nicht unter Heranziehung einer in Bezug auf das gesamte Bauwerk bestehenden Verkehrsauffassung erfolgen. Bestehen jedoch Zweifel, ob ein bestimmtes Merkmal des Gebäudebegriffs vorliegt, ist die Entscheidung über das Vorliegen dieses Merkmals in Bezug auf das Bauwerk nach der Verkehrsauffassung zu treffen (zum Begriff der Verkehrsauffassung vgl. BFH vom 13. Juni 1969, BStBl. II S. 517 und S. 612, sowie BFH vom 18. März 1987, BStBl. II S. 551).

Der Begriff des Gebäudes setzt nicht voraus, dass das Bauwerk über die Erdoberfläche hinausragt. Auch unter der Erd- oder Wasseroberfläche befindliche Bauwerke, z. B. Tiefgaragen, unterirdische Betriebsräume, Lagerkeller und Gärkeller, können Gebäude im Sinne des Bewertungsgesetzes sein. Das Gleiche gilt für Bauwerke, die ganz oder zum Teil in Berghänge eingebaut sind. Ohne Einfluss auf den Gebäudebegriff ist auch, ob das Bauwerk auf eigenem oder fremdem Grund und Boden steht.

2.3. Schutz gegen Witterungseinflüsse durch räumliche Umschließung

Der Begriff der räumlichen Umschließung, die Schutz gegen Witterungseinflüsse gewähren soll, setzt nicht voraus, dass das Bauwerk an allen Seiten Außenwände hat. Selbst wenn Außenwände an allen Seiten fehlen, kann ein Gebäude vorliegen, wenn das Bauwerk nach der Verkehrsauffassung einen Raum umschließt und dadurch gegen Witterungseinflüsse schützt (BFH vom 19. Januar 1962, BStBl. III S. 121; vgl. Zeichnung 1 und BFH vom 28. September 2000, BStBl. 2001 II S. 137).

---

[1]) Richtig: BFH vom 13. **Dezember** 2001, BStBl. 2002 II S. 310.

Markthallen, Industriehallen, Bahnsteighallen und ähnliche Hallen sind dann Gebäude, wenn auch die übrigen Merkmale eines Gebäudes vorliegen. Bei freistehenden schmalen Überdachungen und ähnlichen Schutzdächern kann ein Schutz durch räumliche Umschließung nicht angenommen werden, wenn ihre Breite nicht mindestens die doppelte mittlere lichte Höhe aufweist; sie sind deshalb keine Gebäude (vgl. Zeichnung 2). Bei freistehenden Überdachungen in leichter Bauausführung – hierzu gehören nicht Bahnsteig-, Haltestellen- und Tankstellenüberdachungen – ist ein Schutz durch räumliche Umschließung nicht gewährleistet, wenn die überdachte Fläche, unabhängig von der Höhe, nicht mehr als 30 qm beträgt. Sind Überdachungen danach nicht als Gebäude anzusehen, ist zu prüfen, ob eine Außenanlage oder eine Betriebsvorrichtung vorliegt.

2.4. Aufenthalt von Menschen

Das Bauwerk muss durch normale Eingänge, z. B. Türen, betreten werden können. Behelfsmäßige Eintrittsmöglichkeiten wie Luken, Leitern und schmale Stege genügen nicht. Darüber hinaus muss das Bauwerk so beschaffen sein, dass man sich in ihm nicht nur vorübergehend aufhalten kann. Transformatorenhäuschen, kleine Rohrnetzstationen, Pumpenhäuschen oder ähnliche kleine Bauwerke, die Betriebsvorrichtungen enthalten und nicht mehr als 30 qm Grundfläche haben, gestatten allenfalls einen nur vorübergehenden Aufenthalt von Menschen. Sie sind deshalb regelmäßig als Betriebsvorrichtungen anzusehen (BFH vom 24. Januar 1952, BStBl. III S. 84, und vom 24. Mai 2007, BStBl. 2008 II S. 12 m. w. N.).

Es ist nicht erforderlich, dass das Bauwerk zum Aufenthalt von Menschen bestimmt ist. Es muss jedoch so beschaffen sein, dass dem Menschen ein mehr als nur vorübergehender Aufenthalt möglich ist (BFH vom 18. März 1987, BStBl. II S. 551, vom 15. Juni 2005, BStBl. II S. 688, und vom 24. Mai 2007, BStBl. 2008 II S. 12). Dies gilt beispielsweise für selbsttragende Stahl-Glas-Konstruktionen zur Präsentation von Personenkraftwagen (Tower) sowie für Imbisse und Kioske. Ein Bauwerk verliert seine Gebäudeeigenschaft auch nicht schon dadurch, dass bauliche Unzulänglichkeiten (z. B. schlechte Entlüftung oder schlechte Lichtverhältnisse) den Aufenthalt von Menschen erschweren. Ebenso wird die Gebäudeeigenschaft nicht dadurch berührt, dass Einwirkungen, die durch den Betrieb hervorgerufen werden, auf die Dauer zu gesundheitlichen Schäden führen können, z. B. in Fällen, in denen bei der Arbeit Masken oder Schutzkleidung getragen werden müssen. Die Gebäudeeigenschaft geht ferner nicht verloren, wenn der Aufenthalt der Menschen während eines Betriebsvorgangs vorübergehend nicht möglich ist, z. B. bei Versuchen oder gewissen Arbeitsvorgängen in Laboratorien. Ist der Aufenthalt in dem Bauwerk allein auf Vorrichtungen möglich, die nur zur Bedienung oder Wartung der Maschinen usw. bestimmt sind (z. B. Arbeitsbühnen), so wird dadurch die Gebäudeeigenschaft ebenfalls nicht beeinträchtigt. Die Vorrichtungen selbst sind Betriebsvorrichtungen (vgl. Tz. 3.4).

Bauwerke, in denen eine besonders hohe oder niedrige Temperatur herrscht und die deshalb während des laufenden Betriebsvorgangs einen Aufenthalt von Menschen nicht (vgl. Zeichnung 3) oder nur kurzfristig mit Schutzkleidung (z. B. für Inspektionsgänge) zulassen, sind keine Gebäude

(BFH vom 30. Januar 1991, BStBl. II S. 618). Herrschen in dem Bauwerk sowohl hohe oder niedrige Temperaturen als auch ein extremer Lärmpegel, kann das Zusammenwirken dieser Faktoren einen mehr als vorübergehenden Aufenthalt von Menschen ausschließen, so dass das Bauwerk nicht als Gebäude anzusehen ist.

Der hohe Lärmpegel im Bauwerk als solcher kann nicht entscheidendes Hindernis für die Gebäudeeigenschaft sein. Das Überschreiten der arbeitsschutzrechtlichen Lärmgrenzwerte steht der Möglichkeit des nicht nur vorübergehenden Aufenthalts von Menschen nicht entgegen, wenn die Verwendung von entsprechendem Gehörschutz geeignet ist, die Schalleinwirkungen auf das menschliche Ohr unter die arbeitsschutzrechtlich zulässige Höchstgrenze (Schallpegel) zu drücken. Die arbeitsschutzrechtlichen Vorschriften zur Dauer des Aufenthalts sind nicht der Maßstab für die Gebäudeeigenschaft. Denn unter einem nicht nur vorübergehenden Aufenthalt von Menschen ist kein Aufenthalt über einen ganzen Arbeitstag hin zu verstehen (BFH vom 15. Juni 2005, BStBl. II S. 688, und vom 24. Mai 2007, BStBl. 2008 II S. 12).

Bei der Gesamtwürdigung, ob ein Teil oder Teile eines Bauwerks, die zum Aufenthalt von Menschen geeignet sind, von untergeordneter Bedeutung sind, ist nicht nur auf die Größenverhältnisse der Bauteile abzustellen, es kommt auch auf die Intensität der Nutzung an. Kleine Bauwerke sind nicht generell von der Bewertung als Gebäude ausgenommen, sondern nur unter der Voraussetzung, dass in ihnen Geräte für automatisch ablaufende, technische Betriebsvorgänge angebracht sind und sie nur gelegentlich zu Kontroll-, Wartungs- oder Reparaturarbeiten betreten werden. Dies trifft beispielsweise auf Türme von Windkraftanlagen zu (BFH vom 24. Mai 2007, BStBl. 2008 II S. 12). Ist der Aufenthalt von Menschen in dem Bauwerk allerdings integraler Teil des Betriebsablaufs, spricht dies für die Qualifizierung als Gebäude (z. B. Kraftfahrzeug-Tower, Geldautomat-Pavillon).

2.5. Feste Verbindung mit dem Grund und Boden

Ein Bauwerk ist fest mit dem Grund und Boden verbunden, wenn es auf einzelne oder durchgehende Fundamente gegründet ist. Ein Fundament setzt eine feste Verankerung durch eine gewisse Verbindung mit dem Grund und Boden voraus, die nicht durch bloßen Abtransport beseitigt werden kann (BFH vom 23. September 1988, BStBl. 1989 II S. 113 und vom 25. April 1996, BStBl. II S. 613). Auf Tiefe, Art und Material der Fundamente kommt es nicht an (BFH vom 10. Juni 1988, BStBl. II S. 847). Durch Versorgungsleitungen allein kann eine feste Verbindung mit dem Grund und Boden nicht geschaffen werden, da sie ohne Schwierigkeiten gelöst werden können. Bei Zelthallen kann die feste Verbindung mit dem Grund und Boden nur dann angenommen werden, wenn die Lasten der Hallenkonstruktion über einzelne oder durchgehende Fundamente in den Boden geleitet werden (z. B. durch Erdnägel oder Telleranker). Durch diese Maßnahmen ist das Bauwerk nicht mehr jederzeit versetzbar und transportabel. Eine feste Verbindung mit dem Grund und Boden ist auch dann anzunehmen, wenn das Bauwerk mit dem Fundament nicht verankert ist, sondern nur infolge der eigenen Schwere auf dem Fundament ruht (BFH vom 18. Juni 1986, BStBl. II S. 787). Bei Fertiggaragen aus Beton und vergleichbaren Bauwerken liegt auch dann eine feste Verbindung mit dem Grund und Boden vor, wenn sie durch das Eigengewicht auf dem Grundstück festgehalten werden und dadurch auch ohne Verankerung im Boden eine ihrem Verwendungszweck entsprechende Standfestigkeit haben (BFH vom 4. Oktober 1978, BStBl. 1979 II S. 190).

Eine feste Verbindung mit dem Grund und Boden ist auch dann anzunehmen, wenn bei Bauwerken im Feststellungszeitpunkt entweder eine auf Dauer angelegte Nutzung (mindestens sechs Jahre) gegeben ist oder aufgrund der Zweckbestimmung eine dauernde Nutzung zu erwarten ist (BFH vom 23. September 1988, BStBl. 1989 II S. 113).

Diese Grundsätze sind auch bei Mobilheimen zu beachten. Bauwerken, die nach ihrer baulichen Gestaltung zur Verwendung auf stets wechselnden Einsatzstellen vorgesehen und ohne größere bauliche Maßnahmen jederzeit versetzbar und transportabel sind, fehlt es dagegen an der für den Gebäudebegriff immanenten Ortsfestigkeit (BFH vom 18. Juni 1986, BStBl. II S. 787).

Wenn ein selbstständiges Gebäude auf einem anderen selbstständigen Bauwerk steht, das nicht ein Gebäude zu sein braucht, genügt es, dass das Gebäude mit dem anderen Bauwerk und das andere Bauwerk mit dem Grund und Boden fest verbunden ist (BFH vom 13. Juni 1969, BStBl. II S. 612; vgl. Zeichnung 4).

2.6. Beständigkeit des Bauwerks

Die Entscheidung der Frage, ob ein Bauwerk von einiger Beständigkeit ist, richtet sich allein nach der Beschaffenheit (Material) des Bauwerks. Ohne Bedeutung ist daher, ob das Bauwerk nur zu einem vorübergehenden Zweck errichtet wurde, z. B. für Zwecke einer Ausstellung (BFH vom 24. Mai 1963, BStBl. III S. 376).

2.7. Standfestigkeit

Ein Gebäude muss so gebaut sein, dass es nicht einstürzt, wenn die als Betriebsvorrichtungen anzusehenden Teile des Bauwerks entfernt werden (BFH vom 13. Juni 1969, BStBl. II S. 612; vgl. Zeichnung 5).

Einer besonderen Prüfung der Standfestigkeit bedarf es bei Bauwerken, bei denen die Umschließungen ihre Standfestigkeit durch Bauteile wie Fundamente, Stützen, Mauervorlagen und Verstrebungen erhalten, die auch einer Betriebsvorrichtung dienen. Bauteile, die einem doppelten Zweck dienen, rechnen zum Gebäude i. S. d. § 68 Abs. 2 Satz 2 BewG. Die Umschließung ist in diesen Fällen standfest und bei Vorliegen der übrigen Begriffsmerkmale als Gebäude zu behandeln (vgl. Zeichnungen 6 bis 9).

Standfest ist eine Umschließung auch sonst, wenn sie sich auf Teile der Betriebsvorrichtung stützt und wenn die Teile bei einer Beseitigung der Betriebsvorrichtung stehen bleiben können und bei einer anderen Nutzung der Umschließung nicht im Wege stehen. Das Gleiche gilt, wenn ein Auswechseln der Betriebsvorrichtung unter vorübergehender Abstützung der Umschließung leicht möglich ist. In Betracht kommen zum Beispiel Fälle, bei denen Mittelstützen, die auf Betriebsvorrichtungen stehen, bei einem etwaigen Abbruch der Betriebsvorrichtungen ohne große Schwierigkeiten unterfangen werden können.

Ansonsten haben Umschließungen und Überdachungen, die ausschließlich auf Betriebsvorrichtungen gegründet sind, keine ausreichende Standfestigkeit. Sie sind deshalb keine Gebäude (vgl. Zeichnung 10).

Das Gleiche gilt für Umschließungen, die nur als äußere Verkleidungen ausgeführt und an der Betriebsvorrichtung unmittelbar befestigt oder aufgehängt sind. Derartige Umschließungen, die sich oft bei modernen Kesselanlagen finden, sind nach Beseitigung der Betriebsvorrichtung nicht mehr standfest (vgl. Zeichnung 11).

Die Standfestigkeit ist auch bei Bauwerken besonders zu prüfen, deren Außenwände aus Teilen von Betriebsvorrichtungen gebildet werden (vgl. Zeichnungen 12 bis 14). Die Standfestigkeit darf sich nicht aus Stützen und sonstigen Bauteilen wie Mauervorlagen und Verstrebungen ergeben, die ausschließlich zu einer Betriebsanlage gehören. Sofern diese Bauteile dagegen nicht ausschließlich zur Betriebsanlage gehören und sie somit einen doppelten Zweck erfüllen, sind sie stets in das Grundvermögen einzubeziehen (§ 68 Abs. 2 Satz 2 BewG). Das gilt auch, wenn die Außenwand oder Decke eines Bauwerks einem doppelten Zweck dient (vgl. Zeichnung 15).

Bestehen die Außenwände eines Bauwerks dagegen zum Teil aus Umwandungen einer Betriebsvorrichtung, die einen selbstständigen, vertikal abgrenzbaren Teil des gesamten Bauwerks darstellen, ist das Bauwerk durch eine gedachte Trennlinie in einen Gebäudeteil und einen Betriebsvorrichtungsteil aufzuteilen (BFH vom 5. Februar 1965, BStBl. III S. 220; vgl. Zeichnung 11). Eine horizontale Aufteilung des Bauwerks in Gebäude und Betriebsvorrichtung kommt nur in Betracht, wenn die Trennung in einer Ebene über die gesamte Bauwerksgrundfläche möglich ist.

In den Fällen der Tz. 2.5, in denen ein selbstständiges Gebäude auf einem selbstständigen Bauwerk steht, genügt es, wenn die Standfestigkeit durch das untere Bauwerk vermittelt wird (vgl. Zeichnung 4).

Bauwerke mit pneumatischen Konstruktionen (Traglufthallen) sind nicht ausreichend standfest und deshalb keine Gebäude.

3. Abgrenzung der Gebäudebestandteile

3.1. Abgrenzungsgrundsatz

Die Entscheidung der Frage, ob die einzelnen Bestandteile im Sinne des bürgerlichen Rechts nach Bewertungsrecht Teile von Gebäuden oder Betriebsvorrichtungen sind, hängt davon ab, ob sie der Benutzung des Gebäudes ohne Rücksicht auf den gegenwärtig ausgeübten Betrieb dienen oder ob sie in einer besonderen Beziehung zu diesem Betrieb stehen. Als Betriebsvorrichtungen können dabei nur Vorrichtungen angesehen werden, mit denen das Gewerbe unmittelbar betrieben wird (BFH vom 23. März 1990, BStBl. II S. 751, vom 10. Oktober 1990, BStBl. 1991 II S. 59, und vom 11. Dezember 1991, BStBl. 1992 II S. 278).

Gebäudebestandteile sind wie Gebäude ausgehend vom Gebäudebegriff von den Betriebsvorrichtungen abzugrenzen. Von einem Gebäudebestandteil ist danach auszugehen, wenn die Vorrichtung im Rahmen der allgemeinen Nutzung des Gebäudes erforderlich ist. Bei doppelfunktionalen Konstruktionselementen geht die Gebäudefunktion der betrieblichen Funktion vor (BFH vom 28. Mai 2003, BStBl. II S. 693).

3.2. Aufteilung innerhalb von Gebäuden

Bauten im Innern von größeren Werkhallen (Meisterbüros, Materiallager, Schalträume und dergleichen) sind bei der Abgrenzung der Gebäudebestandteile von den Betriebsvorrichtungen grundsätzlich zum Gebäude zu rechnen, weil der insgesamt vorhandene Gebäuderaum durch diese Einbauten lediglich unterteilt wird. Die Frage, ob die Umschließung Schutz gegen Witterungseinflüsse gewährt, tritt angesichts der Funktion, nur das Gebäude zu unterteilen, bei diesen Einbauten nicht auf. Bei solchen Einbauten, z. B. Spritzboxen in Karosseriewerken und bei Transformatorenräumen, ist aber zu prüfen, ob in ihnen während des sich ständig wiederholenden Betriebsvorgangs ein nicht nur vorübergehender Aufenthalt von Menschen möglich ist. Ist ein solcher Aufenthalt ausgeschlossen oder auch mit Schutzkleidung nur kurzfristig möglich (z. B. für Inspektionsgänge), sind die Einbauten Betriebsvorrichtungen.

Die Umschließungen der nicht zum Aufenthalt geeigneten Räume innerhalb von Gebäuden (insbesondere Zellen oder Kammern) rechnen grundsätzlich zu den Betriebsvorrichtungen. Dazu gehören außer der Isolierung auch die baulichen Bestandteile der Trennwände (Isolierwände). Handelt es sich aber um Trennwände, die dazu bestimmt sind, das Gesamtgebäude mit zu stützen (tragende Wände), so gehören sie zum Gebäude. Die zu den Zellen oder Kammern gehörende Isolierung (Wand-, Decken- und Bodenisolierung) ist jedoch in jedem Fall als Teil der Betriebsvorrichtung anzusehen (vgl. Zeichnung 16). Bei Räumen, die insbesondere der Herstellung von Computerchips, Kugellagern und elektronischen Geräten dienen und in denen daher Staubfreiheit sowie eine gleichbleibende Temperatur und Luftfeuchtigkeit gewährleistet sein müssen (sog. Reinräume), sind die Klima- und Luftreinigungsanlagen sowie die Zugangsschleusen als Betriebsvorrichtungen anzusehen. Aufgebrachte Wand- und Deckenverkleidungen sowie ein zusätzlich zu dem vorhandenen Fußboden aufgebrachter Fußboden sind bei diesen Räumen ebenfalls Betriebsvorrichtungen, wenn ein Höchstmaß an Staubfreiheit, eine ganz bestimmte oder sich in engen Grenzen bewegende Raumtemperatur oder eine bestimmte Luftfeuchtigkeit für den Produktionsvorgang unbedingt gewährleistet sein müssen.

Isolierungen sowie Wand-, Decken- und Dachverkleidungen in Sandwich-Bauweise sind jedoch, da sie nicht ausschließlich zu einer Betriebsanlage gehören, stets als Gebäudebestandteile anzusehen.

Verschiebbare Innenwände sind Bestandteile des Gebäudes.

3.3. Verstärkungen der Decken, Fundamente und Mauern

Decken sind stets den Gebäuden zuzurechnen, auch wenn sie stärker sind, als dies im Allgemeinen der Fall ist. Ebenso gehören zum Gebäude die Verstärkungen von Fundamenten und Wänden, wenn die Fundamente und Wände nicht ausschließlich für Betriebsvorrichtungen bestimmt sind.

In Betracht kommen z. B. Mauervorlagen, besondere Stützen und Unterzüge in den Wänden. Dagegen sind Einzelfundamente für Maschinen Betriebsvorrichtungen (vgl. Zeichnung 7).

3.4. Bedienungsvorrichtungen

Arbeitsbühnen, Bedienungsbühnen, Beschickungsbühnen und Galerien aller Art, die ausschließlich zur Bedienung und Wartung von Maschinen, Apparaten usw. bestimmt und geeignet sind, sind Betriebsvorrichtungen. Ihre Abgrenzung gegenüber den Geschossdecken ist nach den Umständen des Einzelfalls vorzunehmen (BFH vom 12. Februar 1982, BStBl. II S. 448).

3.5. Aufzüge und ähnliche Anlagen

Personenaufzüge dienen überwiegend der Benutzung des Gebäudes. Sie sind in mehrgeschossigen Gebäuden zur raschen und sicheren Abwicklung des Personenverkehrs allgemein üblich. Auch Rolltreppen und Rollsteige, die zur Bewältigung des Publikumsverkehrs dienen, sind aus diesem Grund dem Gebäude zuzurechnen (BFH vom 5. März 1971, BStBl. II S. 455).

Lastenaufzüge in gewerblich genutzten Gebäuden, die unmittelbar dem Betriebsvorgang dienen, sind Betriebsvorrichtungen. Der ausschließlich einem solchen Lastenfahrstuhl dienende Schacht (z. B. ein an ein bestehendes Gebäude angebauter Fahrstuhlschacht) ist Teil der Betriebsvorrichtung (BFH vom 7. Oktober 1977, BStBl. 1978 II S. 186). Fahrstuhlschächte, die innerhalb eines Gebäudes liegen, haben regelmäßig auch konstruktive Funktionen (Aufnahme der Eigen- und Nutzlasten angrenzender Geschossdecken); sie gehören daher zum Gebäude. Autoaufzüge in Parkhäusern sind Betriebsvorrichtungen. Auch die Anlagen für den Transport von Rohstoffen oder Gegenständen der Fertigung, z. B. Förderbänder, sind den Betriebsvorrichtungen zuzurechnen.

3.6. Elektrische Anlagen, Heizungsanlagen, Be- und Entwässerungsanlagen, Bäder, Fotovoltaikanlagen

Beleuchtungsanlagen gehören grundsätzlich zum Gebäude (BFH vom 8. Oktober 1987, BStBl. 1988 II S. 440). Spezialbeleuchtungsanlagen, die nicht zur Gebäudebeleuchtung erforderlich sind, z. B. für die Schaufenster, sind jedoch Betriebsvorrichtungen. Das Gleiche gilt für Kraftstromanlagen, die ganz oder überwiegend einem Betriebsvorgang dienen.

Sammelheizungsanlagen, Be- und Entlüftungsanlagen, Klimaanlagen, Warmwasseranlagen und Müllschluckanlagen sind regelmäßig Teile des Gebäudes (BFH vom 7. März 1974, BStBl. II S. 429, vom 20. März 1975, BStBl. II S. 689, vom 29. Oktober 1976, BStBl. 1977 II S. 143, und vom 7. September 2000, BStBl. 2001 II S. 253). Sie rechnen aber dann zu den Betriebsvorrichtungen, wenn sie ganz oder überwiegend einem Betriebsvorgang dienen, z. B. Klimaanlagen in Chemiefaserfabriken, Tabakfabriken und Reinräumen.

Auch Be- und Entwässerungsanlagen gehören im Allgemeinen zum Gebäude. Nur wenn sie überwiegend dem Betriebsvorgang dienen, wie z. B. bei Autowaschhallen, Brauereien, Färbereien, Molkereien und Zellstofffabriken, sind sie Betriebsvorrichtungen.

Bäder, die der Körperpflege dienen, rechnen zum Gebäude (BFH vom 12. August 1982, BStBl. II S. 782). Dagegen sind Bäder, die Heilzwecken dienen (z. B. in Kur- und Krankenhäusern) oder mit denen das Gewerbe betrieben wird (z. B. in Badeanstalten), Betriebsvorrichtungen. Schwimmbecken in Hotels sind unselbstständige Gebäudeteile und nicht Betriebsvorrichtungen (BFH vom 11. Dezember 1991, BStBl. 1992 II S. 278).

Ausgehend vom maßgeblichen Gebäudebegriff handelt es sich bei dachintegrierten Fotovoltaikanlagen nicht um Betriebsvorrichtungen, sondern um Gebäudebestandteile. Die den Kern dieser Anlagen bildenden Solardachziegel ersetzen die ansonsten erforderliche Dacheindeckung. Sie erfüllen die typischen Aufgaben jedes normalen Hausdaches. Allein durch die Dacheindeckung gewährt das Gebäude auf der Dachseite vollständigen Schutz gegen äußere Einflüsse, vornehmlich Witterungseinflüsse, selbst wenn die Solardachsteine darüber hinaus auch der Gewinnung von Strom zu dienen vermögen. Bei derartigen doppelfunktionalen Konstruktionselementen geht die Gebäudefunktion der betrieblichen Funktion vor. Solche Bauteile gehören nicht im Sinne des § 68 Abs. 2 Satz 1 Nr. 2 BewG ausschließlich zu einer Betriebsanlage (§ 68 Abs. 2 Satz 2 BewG). Eine auf das vorhandene Dach aufgesetzte Fotovoltaikanlage ist für die allgemeine Nutzung des Gebäudes nicht erforderlich und stellt somit keinen Gebäudebestandteil, sondern eine Betriebsvorrichtung dar.

3.7. Sonstige Anlagen in gewerblich genutzten Gebäuden

Nicht zum Gebäude rechnen Kühleinrichtungen, Absaugevorrichtungen, Bewetterungsanlagen, Entstaubungsanlagen und dergleichen.

Stahltüren, Stahlkammern und Stahlfächer von Tresoranlagen sind ebenso wie die dazugehörigen Alarmanlagen Betriebsvorrichtungen.

Sprinkleranlagen sind regelmäßig Gebäudebestandteile, da sie der Gebäudenutzung dienen. Ihre Einordnung als Betriebsvorrichtung kommt nur dann in Betracht, wenn mit ihnen – ähnlich wie bei Maschinen – das Gewerbe unmittelbar betrieben wird (BFH vom 15. Februar 1980, BStBl. II S. 409, und vom 13. Dezember 2001, BStBl. 2002 II S. 310). Dies ist beispielsweise der Fall, wenn vom Produktionsvorgang eine unmittelbare Brandgefahr ausgeht (Funkenflug) oder hoch explosive und leicht entzündbare Produkte (Feuerwerkskörper) produziert oder gelagert werden. Sprinklerköpfe, die an Maschinen oder sonstigen Produktionseinrichtungen angebracht sind, können auch dann Betriebsvorrichtung sein, wenn die Sprinkleranlage als solche Gebäudebestandteil ist.

Schallschutzvorrichtungen an Decken und Wänden sind regelmäßig Bestandteile des Gebäudes (BFH vom 11. Dezember 1987, BStBl. 1988 II *S. 400*[1]). Nur in den Fällen, in denen von dem in dem Gebäude ausgeübten Gewerbebetrieb ein so starker Lärm ausgeht, dass ohne entsprechende Schutzvorkehrungen der Betriebsablauf selbst in Frage gestellt wäre, sind Schallschutzvorrichtungen ausnahmsweise Betriebsvorrichtungen (BFH vom 23. März 1990, BStBl. II S. 751)

4. Abgrenzung der Außenanlagen

4.1. Abgrenzungsgrundsatz

Ob Bauwerke als Außenanlagen oder als Betriebsvorrichtungen anzusehen sind, hängt davon ab, ob sie der Benutzung des Grundstücks dienen oder ob

[1] Richtig: BFH vom 11. Dezember 1987, BStBl. 1988 II S. **300**.

sie in einer besonderen Beziehung zu einem auf dem Grundstück ausgeübten Gewerbebetrieb stehen. Außenanlagen gehören stets zum Grundstück.

Als Betriebsvorrichtungen können nur solche Bauwerke oder Teile davon angesehen werden, mit denen das Gewerbe unmittelbar betrieben wird (BFH vom 10. Oktober 1990, BStBl. 1991 II S. 59).

4.2. Einfriedungen, Bodenbefestigungen, Be- und Entwässerungsanlagen sowie Rampen

Einfriedungen stehen grundsätzlich in keiner besonderen Beziehung zu einem auf dem Grundstück ausgeübten Gewerbebetrieb. Sie gehören deshalb als Außenanlagen zum Grundstück. Das Gleiche gilt für Bodenbefestigungen (Straßen, Wege, Plätze). Sie sind im Allgemeinen zur besseren Befahrbarkeit des Bodens geschaffen; eine besondere Beziehung zu einem auf dem Grundstück ausgeübten Betrieb fehlt regelmäßig.

Schutzgitter innerhalb des Umspannwerks eines Elektrizitätsunternehmens sowie Platzbefestigungen, die der Wartung der Anlage und nicht zugleich dem sonstigen Verkehr innerhalb des Werks dienen (Schalterstraßen, Trafostraßen, Umkehrplatz), sind dagegen Betriebsvorrichtungen (BFH vom 2. Juni 1971, BStBl. II S. 673). Teststrecken der Automobilwerke sind ebenfalls Betriebsvorrichtungen (BFH vom 19. Februar 1974, BStBl. 1975 II S. 20).

Bodenbefestigungen der Tankstellenbetriebe sind wie die Einfriedungen, die in diesen Fällen üblich sind, wegen ihrer besonderen betrieblichen Ausgestaltung und Zweckbestimmung als Betriebsvorrichtungen anzusehen (BFH vom 23. Februar 1962, BStBl. III S. 179). Dagegen sind die Bodenbefestigungen vor Garagen, Reparaturwerkstätten und Waschhallen sowie die Bodenbefestigungen der Dauerpark- und Abstellplätze den Außenanlagen zuzurechnen. Das Gleiche gilt für Bodenbefestigungen vor Restaurations- und Beherbergungsgebäuden, soweit eine räumliche Abgrenzung gegenüber dem Tankstellenbetrieb leicht und einwandfrei möglich ist.

Freistehende Rampen rechnen regelmäßig zu den Außenanlagen, da mit ihnen das Gewerbe nicht unmittelbar betrieben wird.

4.3. Beleuchtungsanlagen auf Straßen, Wegen und Plätzen

Die Beleuchtungsanlagen auf Straßen, Wegen und Plätzen des Grundstücks gehören zu den Außenanlagen. Sie sind jedoch den Betriebsvorrichtungen zuzurechnen, wenn sie überwiegend einem Betriebsvorgang (z. B. Ausleuchtung eines Lagerplatzes für Zwecke der Materiallagerung oder Ausleuchtung von Container-Terminals) dienen.

4.4. Gleisanlagen und Brücken

Gleise, Kräne und sonstige mechanische Verladeeinrichtungen sind Betriebsvorrichtungen. Das Gleiche gilt für den Oberbau (Schienen, Schwellen und Bettung) und den Unterbau (Aufschüttungen und Befestigungen der Dämme, Einschnitte und dergleichen) von Schienenbahnen.

Brücken, die nur dem üblichen Verkehr auf dem Grundstück dienen, stehen in keiner besonderen Beziehung zu einem auf dem Grundstück ausgeübten Gewerbebetrieb. Aus dem Umstand allein, dass eine Brücke zwei Betriebsteile miteinander verbindet, kann keine besondere Beziehung der Brücke zu einem Gewerbebetrieb hergeleitet werden. Solche Brücken sind deshalb regelmäßig als Außenanlagen des Grundstücks zu erfassen. Eine Zurechnung zu den Betriebsvorrichtungen kommt nur in Ausnahmefällen in Betracht, so z. B., wenn die Brücke als Schienenweg (Bahnunterbau) für werkseigene Bahnen benutzt wird.

4.5. Uferbefestigungen

Bei den Uferbefestigungen der Hafengrundstücke ist zu unterscheiden zwischen Kaimauern und den anderen Uferbefestigungen. Kaimauern sind Ufermauern, die hauptsächlich dem Hafenbetrieb dienen (Beladung und Entladung von Schiffen). Sie sind Betriebsvorrichtungen. Die anderen Uferbefestigungen (Böschungen, Ufereinfassungen), die ausschließlich zur Stützung der Erdreichs und zur Erhaltung des Hafenbeckens bestimmt sind, gehören dagegen als Außenanlagen zum Grundstück, auch wenn sie in der Form von Ufermauern aus Stein oder Stahlbeton errichtet sind (BFH vom 14. Februar 1969, BStBl. II S. 394). Hat sich an solchen Ufermauern aber nachträglich ein Hafenbetrieb entwickelt, sind sie wie Kaimauern als Betriebsvorrichtung zu behandeln.

5. Abgrenzungshinweise

Für die Abgrenzung des Grundvermögens von den Betriebsvorrichtungen vgl. Anlage 1, bei Sportstätten vgl. Anlage 2.

6. Anwendung

Der Erlass ergeht im Einvernehmen mit den obersten Finanzbehörden des Bundes und der anderen Länder. Er tritt an die Stelle der gleich lautenden Erlasse vom 15. März 2006 (BStBl. I S. 314) und ist in allen noch offenen Fällen anzuwenden.

Anlage 1

Grundstücksbestandteil	Gebäude, Gebäudebestandteil, Außenanlage	Betriebsvorrichtung
Abfertigungsvorfelder der Flughäfen (Gleichlt. Erlass v. 28. November 1995, BStBl. 1996 I S. 14)		x
Abhitzeeinrichtungen (Kühltürme, s. Kühlhäuser)		x
Absaugevorrichtungen		x
Abstellplätze (BFH v. 10. Oktober 1990, BStBl. 1991 II S. 59)	x	
Abwasserfilterbassins, die mit dem Betriebsablauf im engen Zusammenhang stehen		x
Alarmanlagen in		
– Bau- und Gartenmärkten	x	
– Tresoranlagen		x
– Spielhallen zur Innensicherung des Raumes (BFH v. 28. Oktober 1999, BStBl. 2000 II S. 150)	x	

Grundstücksbestandteil	**Gebäude, Gebäudebestandteil, Außenanlage**	**Betriebsvorrichtung**
Anbindungspfähle in Jacht- und Bootshäfen		x
Arbeitsbühnen, soweit im Einzelfall nicht als Geschossdecken anzusehen		x
Auflager, z. B. Mauerverstärkungen, verstärkte Fundamente, die ausschließlich für Maschinen und sonstige Apparate bestimmt sind		x
Aufzüge		
– Aktenaufzüge (auch in Büro-/Verwaltungsgebäuden) (BFH v. 7. Oktober 1977, BStBl. 1978 II S. 186)		x
– Aufzugsanlage in Bäckerei		x
– Autoaufzüge in Parkhäusern		x
– Lastenaufzüge		x
– Personenaufzüge, Paternoster	x	
Auto-Waschboxen	x	
Backöfen		x
Bäder, einschließlich der Zu- und Abwasserableitungen		
– in Sanatorien, Badehäusern, Spaßbädern		x
– in Fabriken (Sanitärräume)	x	
– in Hotels	x	
– in anderen Gebäuden	x	
Bahn-		
– **laderampen**		x
– **ober- und unterbau**		x
– **steige**		x
– **steighalle**	x	
– **steigüberdachungen**, die keinen hinreichenden Schutz gegen Witterungseinflüsse bieten		x
– **unterführungen**		x
Be- und Entlüftungsanlagen		
– im Allgemeinen	x	
– in einer Tiefgarage bzw. in Parkhäusern (BFH v. 7. Oktober 1983, BStBl. 1984 II S. 262)	x	
– ganz oder überwiegend betrieblichen Zwecken dienend (BFH v. 9. August 2001, BStBl. 2002 II S. 100)		x
Befeuchtungsanlagen		
– für Reithallenböden		x
– in gewerblichen Betrieben, soweit sie unmittelbar und ausschließlich dem Gewerbebetrieb dienen		x

Grundstücksbestandteil	**Gebäude, Gebäudebestandteil, Außenanlage**	**Betriebsvorrichtung**
(z. B. bei der Tabaklagerung) (BFH v. 28. November 1975, BStBl. 1976 II S. 200)		
Befeuerungsanlagen eines Flugplatzes		x
Beförderungsanlagen für		
– **Güter** (z. B. Förderbänder, Elevatoren, Hängebahnen und Krananlagen)		x
– **Personen,** z. B. Rollbänder, Rolltreppen	x	
Behälter (auch Erz-, Kies-, Kohlen- und Zementbunker) (innerhalb von Gebäuden)		x
Beleuchtungsanlagen		
– in Gebäuden	x	
– auf Straßen, Wegen und Plätzen	x	
– wenn sie für die Ausübung eines Gewerbebetriebs erforderlich sind		x
Be- und Entwässerungsanlagen		
– im Allgemeinen	x	
– die überwiegend dem Betriebsvorgang dienen (z. B. in Färbereien, Brauereien, Autowaschanlagen Molkereien und Zellstofffabriken)		x
Blockheizkraftwerk, das der Wärmegewinnung und Wasserversorgung eines Gebäuden dient	x	
Bodenbefestigungen		
– im Allgemeinen	x	
– mit besonderer betrieblicher Ausgestaltung und Zweckbestimmung bei Tankstellen		x
Brandmeldeanlagen in Lagergebäuden (BFH v. 13. Dezember 2001, BStBl. 2002 II S. 310)	x	
Brücken	x	
Bunker für Kohle, Kies, Zement und Erze		x
Container		
– bei fester Verbindung mit dem Grund und Boden oder bei individueller Zweckbestimmtheit zur dauernden Nutzung z. B. Büro-, Wohn-, Hotelcontainer (BFH v. 25. April 1996, BStBl. II S. 613)	x	
– ohne feste Verbindung mit dem Grund und Boden z. B. Baustellencontainer (BFH v. 18. Juni 1986, BStBl. II S. 787)		x
Einfriedungen		
– im Allgemeinen	x	
– bei Tankstellen		x

Grundstücksbestandteil	Gebäude, Gebäudebestandteil, Außenanlage	Betriebsvorrichtung
Entstaubungsanlagen		x
Fahrbahnen	x	
Fahrradschuppen und Fahrradständer	x	
Fahrstuhlschacht typischer Lastenaufzüge		
– ohne statische Gebäudefunktion		x
– im Innern des Gebäudes mit statischer Gebäudefunktion	x	
Fernwärme-Hausanschlussstationen (BFH v. 30. März 2000, BStBl. II S. 449)		x
Förderbänder und Förderschnecken		x
Fördertürme (BFH v. 13. Juni 1969, BStBl. II S. 517)		x
Fotovoltaikanlage		
– dachintegriert	x	
– auf das Dach aufgesetzt		x
Fundamentverstärkungen	x	
Fußboden,		
– im Allgemeinen	x	
– Spezialfußboden z. B. Spezialauflage in Tennishallen oder in „Reinräumen" der Computerindustrie		x
Garagen		
– Fertiggaragen mit vorgefertigter Bodenplatte	x	
– Tiefgarage	x	
Geldautomat-Pavillon	x	
Gewächshäuser		
– im Allgemeinen	x	
– fahrbar (Rollhäuser)		x
– Folien	x	
Gleisanlagen		x
Heizungsanlagen	x	
– s. Blockheizkraftwerk		
Hochregallager		
– manuell gesteuertes Bedienungssystem (BFH v. 28. Mai 2003, BStBl. II S. 693)	x	
– vollautomatische Steuerung (BFH v. 18. März 1987, BStBl. II S. 551)		x

Grundstücksbestandteil	**Gebäude, Gebäudebestandteil, Außenanlage**	**Betriebsvorrichtung**
Hühnerställe mit Legebatterien (BFH v. 6. August 1976, BStBl. II S. 772)	x	
Innenbauten (Meisterbüros, Schalträume, Materiallager usw., die gesondert von dem Hauptgebäude errichtet worden sind)	x	
Innenwände, die lose aufgestellt sind und Ausstellungszwecken dienen		x
Isolierwände (von Trocken- und Kühlräumen)		x
Isolierelemente in Sandwich-Bauweise	x	
Kassettendecke eines Büroraums mit Beleuchtungsanlage (BFH v. 8. Oktober 1987, BStBl. 1988 II S. 440)	x	
Kegelbahnen (Raum rechnet zum Gebäude)		x
Kfz-Tower; Kraftfahrzeug-Tower – selbsttragende Stahl-Glas-Konstruktion	x	
Kinobestuhlung (BFH v. 5. Oktober 1966, BStBl. III S. 686)		x
Kläranlagen		x
Klimaanlagen; – im Allgemeinen, z. B. in Warenhäusern (BFH v. 5. März 1971, BStBl. II S. 455)	x	
– ganz oder überwiegend betrieblichen Zwecken dienend z. B. in Küchen von Gaststätten, in Räumen mit klimaempfindlichen Geräten (z. B. Computern oder Präzisionsgeräten)		x
Klimageräte, fest mit dem Gebäude verbunden (BFH v. 16. Juni 1977, BStBl. II S. 590)	x	
Kompressoren		x
Krananlagen		x
Kranbahnstützen, die auch der Umschließung dienen	x	
Kühleinrichtungen		x
Kühlzellen (BFH v. 30. Januar 1991, BStBl. II S. 618)		x
Ladeneinrichtungen		x
Lärmschutzwände		x
Lichtreklamen	x	
Luftschleieranlagen in Warenhäusern	x	
Lufttrockenschuppen einer Ziegelei	x	

Grundstücksbestandteil	Gebäude, Gebäudebestandteil, Außenanlage	Betriebsvorrichtung
Mauervorlagen	x	
Mobilhallen und -heime, bei fester Verbindung mit dem Grund und Boden oder bei auf Dauer angelegter Nutzung	x	
Molen der Hafengrundstücke	x	
Müllschluckanlagen	x	
Musterhäuser (BFH v. 23. September 2008, BStBl. 2009 II S. 986)	x	
Notstromaggregate	x	
Open-Air-Hallen	x	
Öfen		
– im Allgemeinen	x	
– ganz oder überwiegend betrieblichen Zwecken dienend		x
Rampen		
– am Gebäude	x	
– freistehend	x	
Regale/Regalwände		
– für Ausstellungszwecke in Apotheken		x
Regenwasserauffanganlagen (BFH v. 25. August 1989, BStBl. 1990 II S. 82)	x	
Reinräume in der Computerindustrie (spezielle Wand- und Deckenverkleidung, Spezialfußboden)		x
Rohrkanäle (nicht begehbar oder von Elektrizitätswerken)		x
Rohrleitungen		
– im Allgemeinen	x	
– ganz oder überwiegend betrieblichen Zwecken dienend (BFH v. 11. Januar 1991, BStBl. 1992 II S. 5)		x
Rollbahnen eines Flugplatzes		x
Rolltreppen, Rollbänder zur Personenbeförderung	x	
Sammelheizungsanlagen	x	
Satellitenempfangsanlage (BFH v. 25. Mai 2000, BStBl. 2001 II S. 365)		x

Grundstücksbestandteil	Gebäude, Gebäudebestandteil, Außenanlage	Betriebsvorrichtung
Schalldämmung, Schalldämpfung		
– anstelle eines Decken- und Wandputzes oder zusätzlich angebracht	x	
– betrieblich bedingt		x
Schallschutztüren (zusätzliche), z. B. in Praxen oder Kanzleien (BFH v. 29. Oktober 1974, BStBl. 1975 II S. 68)		x
Schallschutzvorrichtungen in besonderer Beziehung zur Raumnutzung eines Badeparks	x	
Schaltanlagenbauwerk eines Kraftwerks	x	
Schaufenster (BFH v. 17. Mai 1968, BStBl. II S. 581; BFH v. 24. August 1984, BStBl. 1985 II S. 40)	x	
Schaukästen, Vitrinen		x
Scherengitter (BFH v. 17. Mai 1968, BStBl. II S. 563)	x	
Schornstein		
– im Allgemeinen	x	
– mit dem ein Gewerbe unmittelbar betrieben wird		x
Schwimmbäder in Hotels (BFH v. 11. Dezember 1991, BStBl. 1992 II S. 278)	x	
Seilpollervorrichtungen von Seilbahnen		x
Silobauten		
– im Allgemeinen	x	
– Außenwände bestehen nur aus der Behälterumwandung		x
Slipanlagen in Häfen		x
Spanngewichtsschächte(-türme) von Seilbahnen		x
Spezialbeleuchtungsanlagen für Schaufenster		x
Sprinkleranlagen		
– im Allgemeinen	x	
– in explosionsgefährdeten Betrieben, soweit sie dem Betriebsvorgang unmittelbar dienen		x
Spritzboxen in Karosseriewerken oder Autofabriken		x
Stahlfächer, Stahlkammern und Stahltüren als Bestandteile von Tresoranlagen		x
Ställe	x	
Start- und Landebahnen eines Flugplatzes		x
Steinmahlanlagen-Umhausung (BFH v. 15. Juni 2005, BStBl. II S. 688)	x	
Steinschlagschutzvorrichtungen von Seilbahnen		x

Grundstücksbestandteil	Gebäude, Gebäudebestandteil, Außenanlage	Betriebsvorrichtung
Strahlenschutzvorrichtungen, z. B. bei Röntgenstrahlen und Radioaktivität		x
Sumpfanlage zur Kalkherstellung		x
Tanks		
– der Mineralölraffinerien		x
– in Bauwerken (z. B. Sammelheizungsanlagen, Warmwasseranlagen usw.)	x	
Teststrecken der Automobilwerke		x
Tiefkühllager	x	
Toilette		
– Toilettenhäuschen auf öffentlichem Grund	x	
– Toilette- und Reinigungstechnik (BFH v. 24. Mai 2007, BStBl. 2008 II S. 12)		x
Transportanlagen, siehe Beförderungsanlagen		
Trennwände		
– tragende Wände	x	
– Isolierwände von nicht zum Aufenthalt geeigneten Räumen		x
– Schranktrennwände in Großraumbüros	x	
– verschieb- und versetzbare	x	
Tresoranlagen		
– Stahltüren, Stahlkammern, Stahlfächer und dazugehörige Alarmanlagen		x
– Rundgang, der innere nutzbare Raum sowie Mauer- und Deckenverstärkungen	x	
Trockenkammern		x
Uferbefestigungen		
– Kaimauern zur Be- und Entladung		x
– Befestigung des Erdreiches	x	
Umzäunungen	x	
Unterführungen	x	
Verladeeinrichtungen		x
Walzenstraßen		x
Warmwasseranlagen	x	
Wärmedämmung betriebsbedingt		x

Grundstücksbestandteil	**Gebäude, Gebäudebestandteil, Außenanlage**	**Betriebsvorrichtung**
Wärmerückgewinnungsanlagen		
– im Allgemeinen (BFH v. 5. September 2002, BStBl. II S. 877)	x	
– unmittelbar betrieblichen Zwecken dienend		x
Wendeplätze eines Flugplatzes		x
Windkraftanlagen (Türme) (BFH v. 25. Januar 2012, BStBl. II S. 403)		x
Zementbunker		x
Zementwerke Bauwerke (Umschließung) für Brecher- und Trockneranlagen sowie Kohlen-, Roh- und Zementmühlen (BFH v. 15. Juni 2005, BStBl. II S. 688)	x	

Anlage 2

Einrichtungen und Anlagen		**Grundvermögen**	**Betriebsvorrichtung**
1.	**Sportplätze und Sportstadien**		
1.1	besonders hergerichtete Spielfelder (Spielfeldbefestigung, Drainage, Rasen, Rasenheizung)		x
1.2	Laufbahnen		x
1.3	Sprunggruben		x
1.4	Zuschauerwälle (Erdaufschüttungen und deren Befestigung)		x
1.5	Zuschauertribünen	x[1]	x
1.6	Beleuchtungsanlagen		
1.6.1	spezielle (z. B. Flutlicht)		x
1.6.2	allgemeine	x	
1.7	Einfriedungen	x	
1.8	Abgrenzungszäune und Sperrgitter zwischen Spielfeld und Zuschaueranlagen		x

[1] **[Amtl. Anm.:]** Die Überdachungen der Zuschauerflächen sind dann als Gebäude zu behandeln, wenn sie nach der Verkehrsauffassung einen Raum umschließen und dadurch gegen Witterungseinflüsse Schutz gewähren (vgl. Tz. 2.3 des Abgrenzungserlasses).

Einrichtungen und Anlagen		Grundvermögen	Betriebsvorrichtung
1.9	allgemeine Wege- und Platzbefestigungen	x	
1.10	Anzeigetafeln		x
1.11	Kartenhäuschen (soweit nicht transportabel)	x	
1.12	Kioske	x	
1.13	Umkleidekabinen	x	
1.14	Duschen im Gebäude und Toiletten	x	
1.15	Saunen	x	
1.16	Schwimmbecken, Massagebecken (im Freien oder im Gebäude)		x
1.17	Unterrichts- und Ausbildungsräume	x	
1.18	Übernachtungsräume für Trainingsmannschaften	x	
1.19	Küchen- und Ausschankeinrichtungen		x

2. Schwimmbäder (Frei- und Hallenbäder)

2.1	Schwimmbecken		x
2.2	Sprunganlagen		x
2.3	Duschen im Freien		x
2.4	Liegewiesen		
2.4.1	Grund und Boden	x	
2.4.2	Rasen		x
2.5	Kinderspielanlagen		x
2.6	Umkleidekabinen		x
2.7	Kassenhäuschen (soweit nicht transportabel)	x	
2.8	Kioske	x	
2.9	allgemeine Wege- und Platzbefestigungen	x	
2.10	Zuschauertribünen im Freien und im Gebäude	x[1]	x
2.11	Duschen im Gebäude		x
2.12	Duschräume, Toiletten	x	
2.13	technische Räume	x	
2.14	technische Ein- und Vorrichtungen		x
2.15	sonstige Räume	x	
2.16	Einrichtung der Saunen, Solarien, Wannenbäder		x
2.17	Beleuchtungsanlagen		

[1] **[Amtl. Anm.:]** Die Überdachungen der Zuschauerflächen sind dann als Gebäude zu behandeln, wenn sie nach der Verkehrsauffassung einen Raum umschließen und dadurch gegen Witterungseinflüsse Schutz gewähren (vgl. Tz. 2.3 des Abgrenzungserlasses).

Einrichtungen und Anlagen		**Grundvermögen**	**Betriebsvorrichtung**
2.17.1	spezielle		x
2.17.2	allgemeine	x	
2.18	Emporen und Galerien	x	
2.19	Bestuhlung zu 2.18		x

3. Tennisplätze und Tennishallen

3.1.	besonders hergerichtete Spielfelder (Spielfeldbefestigungen mit Unterbau bei Freiplätzen, spezielle Oberböden bei Hallenplätzen)		x
3.2	Drainage		x
3.3	Bewässerungsanlagen (u. a. automatische) der Spielfelder		x
3.4	Netz mit Haltevorrichtungen		x
3.5	Schiedsrichterstühle		x
3.6	freistehende Übungswände		x
3.7	Zuschauertribünen	x[1]	x
3.8	Einfriedungen		
3.8.1	der Spielplätze im Freien		x
3.8.2	sonstige	x	
3.9	Zuschauerabsperrungen, Brüstungen		x
3.10	Traglufthallen		x
3.11	Open-Air-Hallen	x[2]	
3.12	Beleuchtungsanlagen		
3.12.1	spezielle (z. B. Flutlicht)		x
3.12.2	allgemeine	x	
3.13	Ballfangnetze, Ballfanggardinen		x
3.14	zusätzliche Platzbeheizung (durch Münzeinwurf) in Hallen		x
3.15	Duschen	x	
3.16	Umkleideräume	x	
3.17	Toiletten	x	
3.18	sonstige Räume	x	

[1] **[Amtl. Anm.:]** Die Überdachungen der Zuschauerflächen sind dann als Gebäude zu behandeln, wenn sie nach der Verkehrsauffassung einen Raum umschließen und dadurch gegen Witterungseinflüsse Schutz gewähren (vgl. Tz. 2.3 des Abgrenzungserlasses).

[2] **[Amtl. Anm.:]** Open-Air-Hallen sind Tennishallen, bei denen sich Dach- und Wandteile, mechanisch betätigt, großflächig öffnen lassen.

Einrichtungen und Anlagen		Grundvermögen	Betriebsvorrichtung
4.	**Schießstände**		
4.1	Anzeigevorrichtungen		x
4.2	Zielscheibenanlagen		x
4.3	Schutzvorrichtungen		x
4.4	Einfriedungen		
4.4.1	als Sicherheitsmaßnahme		x
4.4.2	allgemeine	x	
5.	**Kegelbahnen**		
5.1	Bahnen		x
5.2	Kugelfangeinrichtungen		x
5.3	Kugelrücklaufeinrichtungen		x
5.4	automatische Kegelaufstelleinrichtungen		x
5.5	automatische Anzeigeeinrichtungen		x
5.6	Beleuchtungsanlagen		
5.6.1	spezielle		x
5.6.2	allgemeine	x	
5.7	Schallisolierungen		x
6.	**Squashhallen**		
6.1	Trennwände (zur Aufteilung in Boxen)		x
6.2	besondere Herrichtung der Spielwände		x
6.3	Ballfangnetze		x
6.4	Schwingböden		x
6.5	Zuschauertribünen	x	
6.6	Bestuhlung zu 6.5		x
6.7	Beleuchtungsanlagen		
6.7.1	spezielle		x
6.7.2	allgemeine	x	
6.8	Umkleideräume	x	
6.9	Duschräume, Toiletten	x	
6.10	sonstige Räume	x	

Einrichtungen und Anlagen		**Grundvermögen**	**Betriebsvorrichtung**

7. Reithallen

7.1	Stallungen (einschl. Boxenaufteilungen, Futterraufen)	x	
7.2	Futterböden (einschl. Zugänge)	x	
7.3	Nebenräume	x	
7.4	spezieller Reithallenboden (z. B. sog. Matratze)		x[1]
7.5	Befeuchtungseinrichtungen für den Reithallenboden		x[1]
7.6	Bande (Holzschutzwände) an den Außenwänden (entlang des Hufschlags)		x
7.7	Beleuchtungsanlagen		
7.7.1	spezielle		x
7.7.2	allgemeine	x	
7.8	Tribüne und Richterstände, soweit nicht Gebäudebestandteil (Galerien, Emporen)		x
7.9	Pferdesolarium (techn. Einrichtungen)		x
7.10	Pferdewaschanlage		x
7.11	Schmiede (techn. Einrichtungen)		x
7.12	Futtersilos		x
7.13	automatische Pferdebewegungsanlage		x
7.14	sonst. Zubehör wie Hindernisse, Spiegel, Geräte zur Aufarbeitung des Bodens, Markierungen und dgl.		x

8. Turn-(Sport) und Festhallen (Mehrzweckhallen)

8.1	Schwingboden		
8.1.1	in Mehrzweckhallen	x	
8.1.2	in reinen Turn- und Sporthallen		x
8.2	Turngeräte		x
8.3	Zuschauertribünen (soweit nicht als Galerien oder Emporen Gebäudebestandteile)		x
8.4	Bestuhlung zu 8.3 und zu Galerien und Emporen		x
8.5	Beleuchtungsanlagen		

[1] **[Amtl. Anm.:]** Bei bindigen oder harten Böden ist es erforderlich, den gewachsenen Hallenboden gegen eine sog. Matratze (bis zu einer Tiefe von 20 cm) auszutauschen. Ein bindiger Boden (z. B. Lehm) würde mit der Zeit hart wie Beton und damit unbrauchbar werden. Bei Sandboden wird das Erdreich gelockert und mit Zusätzen versehen (je nach Konsistenz des vorhandenen Sandes mit Torf, Hobelspänen, Sägemehl oder Lederschnitzeln). Die vorgenannten präparierten Böden müssen befeuchtet werden, um eine Staubbildung zu vermeiden.

Einrichtungen und Anlagen		Grundvermögen	Betriebsvorrichtung
8.5.1	spezielle		x
8.5.2	allgemeine	x	
8.6	Duschen	x	
8.7	Umkleidekabinen und -räume	x	
8.8	Toiletten	x	
8.9	Saunen	x	
8.10	Kücheneinrichtungen		x
8.11	Ausschankeinrichtungen		x
8.12	Bühneneinrichtungen		x
8.13	bewegliche Trennwände	x	
8.14	Kühlsystem (bei Nutzung für Eissportzwecke)		x

9. Pferderennbahnen

9.1	Startmaschinen		x
9.2	Totalisatoreneinrichtungen		x
9.3	Hindernisaufbauten		x

10. Radrennbahnen

10.1	besonders hergerichtete Fahrbahnen		x

11. Eissportstadien, -hallen, -zentren

11.1	Eislaufflächen, Eisschnelllaufbahnen, Eisschießbahnen		
11.1.1	Oberboden, bestehend aus Kühlsohlenaufbau, Isolierung, Dichtungsbahnen, Schmelzwasserrinnen		x
11.1.2	Unterboden, bestehend aus Beton oder Stahl	x	
11.2	Schneegruben		x
11.3	Kälteerzeuger mit Kondensator, Kompressor, Kältemittelvorrat, Pumpenanlage, Bewässerungsvorrichtung		x
11.4	Umgangszonen		
11.4.1	Schlittschuhschonender Bodenbelag		x
11.4.2	Unterboden	x	
11.5	Anschnallbereich		
11.5.1	Oberbodenbelag		x
11.5.2	Unterboden	x	

Einrichtungen und Anlagen		**Grundvermögen**	**Betriebsvorrichtung**
11.6	Beleuchtungsanlagen		
11.6.1	spezielle		x
11.6.2	allgemeine	x	
11.7	Lautsprecheranlagen		x
11.8	Spielanzeige, Uhren, Anzeigetafeln		x
11.9	Abgrenzungen (z. B. Bande), Sicherheitseinrichtungen, Sperrgitter zwischen Spielfeld und Zuschauerbreich		x
11.10	Klimaanlagen im Hallenbereich	x	
11.11	Duschräume, Toiletten, Umkleideräume	x	
11.12	Regieraum, Werkstatt, Massageräume, Sanitätsraum	x	
11.13	Duschen	x	
11.14	Massagebecken		x
11.15	Heizungs- und Warmwasserversorgungsanlagen	x	
11.16	Trafostationen und Notstromversorgungsanlagen		
11.16.1	Umschließung	x	x[1]
11.16.2	Trafo- und Schalteinrichtung		x
11.16.3	Notstromaggregat		x
11.17	Zuschauertribünen im Freien und im Gebäude	x[2]	x
11.18	Emporen und Galerien	x	
11.19	Bestuhlung zu 11.17, 11.18		x
11.20	Küchen- und Ausschankeinrichtungen		x
11.21	Kassenhäuschen (soweit nicht transportabel)	x	
11.22	Kioske	x	
11.23	allgemeine Wege- und Platzbefestigungen, Einfriedungen, Ver- und Entsorgungsleitungen	x	

12. Golfplätze

12.1	Grund und Boden	x	
12.2	besonders hergerichtete „Abschläge", Spielbahnen, „roughs" und „greens" (Spielbefestigung, Drainage, Rasen)		x
12.3	Spielbahnhindernisse		x

[1] **[Amtl. Anm.:]** Transformatorenhäuser oder ähnliche kleine Bauwerke, die Betriebsvorrichtungen enthalten und nicht mehr als 30 qm Grundfläche haben, gestatten allenfalls einen nur vorübergehenden Aufenthalt von Menschen. Sie sind deshalb ohne weitere Prüfung als Betriebsvorrichtungen anzusehen (vgl. Tz. 2.4 des Abgrenzungserlasses).

[2] **[Amtl. Anm.:]** Die Überdachungen der Zuschauerflächen sind dann als Gebäude zu behandeln, wenn sie nach der Verkehrsauffassung einen Raum umschließen und dadurch gegen Witterungseinflüsse Schutz gewähren (vgl. Tz. 2.3 des Abgrenzungserlasses).

Einrichtungen und Anlagen		**Grundvermögen**	**Betriebsvorrichtung**
12.4	Übungsflächen (ohne Grund und Boden) wie pitching-greens (pitching = herausschlagen eines Golfballs aus einem Hindernis) und putting-greens (putting = Einspielen des Golfballs in das hole, das Loch) driving-ranges (Übungsfelder für Weitschläge)		x
12.5	Einfriedungen	x	x[1]
12.6	Abgrenzungseinrichtungen zwischen Spielbahnen und Zuschauern		x
12.7	Allgemeine Wege- und Platzbefestigungen	x	
12.8	Anzeige- und Markierungseinrichtungen oder -gegenstände		x
12.9	Unterstehhäuschen		x
12.10	Kartenhäuschen (soweit nicht transportabel)	x	
12.11	Kioske	x	
12.12	Clubräume, Wirtschaftsräume, Büros, Aufenthaltsräume	x	
12.13	Umkleideräume	x	
12.14	Duschräume, Toiletten	x	
12.15	Küchen- und Ausschankeinrichtungen		x
12.16	Verkaufsräume	x	
12.17	Caddy-Räume	x	
12.18	Lager- und Werkstatträume	x	
12.19	Abschlagstände auf driving-ranges	x[2]	x
12.20	Bewässerungsanlagen einschl. Brunnen und Pumpen	x	x[3]
12.21	Brunnen- und Pumpenhäuser	x	x[4]
12.22	Drainagen	x	x[3]

[1] **[Amtl. Anm.:]** Einfriedungen oder Teile davon, die unmittelbar als Schutzvorrichtung dienen, sind als Betriebsvorrichtungen anzusehen.

[2] **[Amtl. Anm.:]** Die Abschlagstände sind dann als Gebäude zu behandeln, wenn sie nach der Verkehrsauffassung einen Raum umschließen und dadurch gegen Witterungseinflüsse Schutz gewähren (vgl. Tz. 2.3 des Abgrenzungserlasses).

[3] **[Amtl. Anm.:]** Bewässerungsanlagen, Drainagen oder Teile von diesen sind Betriebsvorrichtungen, wenn sie ausschließlich der Unterhaltung der für das Golfspiel notwendigen Rasenflächen dienen.

[4] **[Amtl. Anm.:]** Brunnen- und Pumpenhäuser, die Betriebsvorrichtungen enthalten, nicht mehr als 30 qm Grundfläche haben und deshalb nur einen vorübergehenden Aufenthalt von Menschen gestatten, sind ohne weitere Prüfung als Betriebsvorrichtungen anzusehen (vgl. Tz. 2.4 des Abgrenzungserlasses).

Zeichnungen

1. Allseitig offene Halle

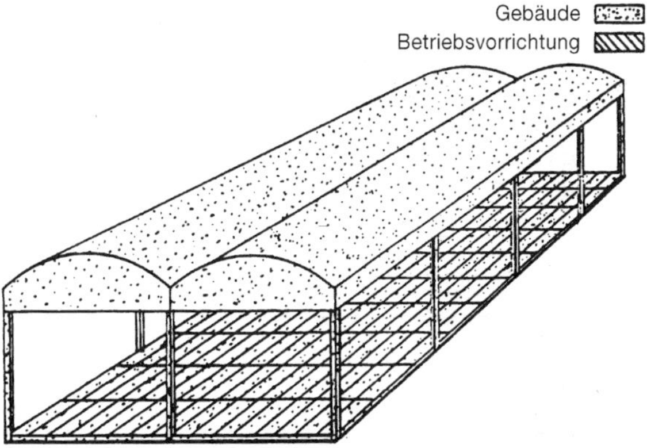

Gebäude:
Das Bauwerk umschließt einen Raum und schützt dadurch gegen Witterungseinflüsse (Tz. 2.3).

2. Tanksäulenüberdachung

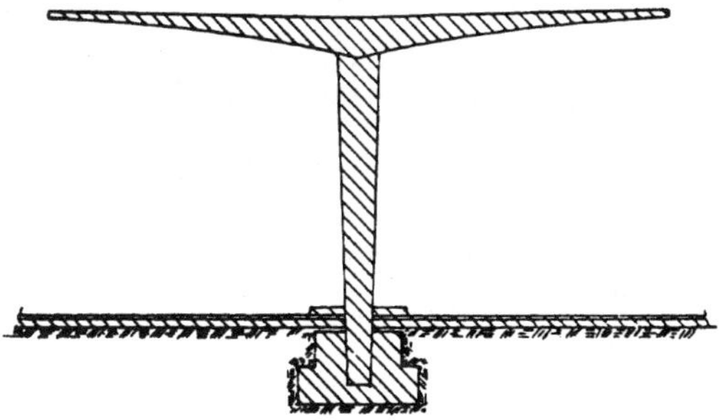

Betriebsvorrichtung:
Es fehlt ein Schutz gegen Witterungseinflüsse durch räumliche Umschließung (Tz. 2.3).
Mit der Tanksäulenüberdachung wird das Gewerbe unmittelbar betrieben.

3. **Kammertrockenanlage**

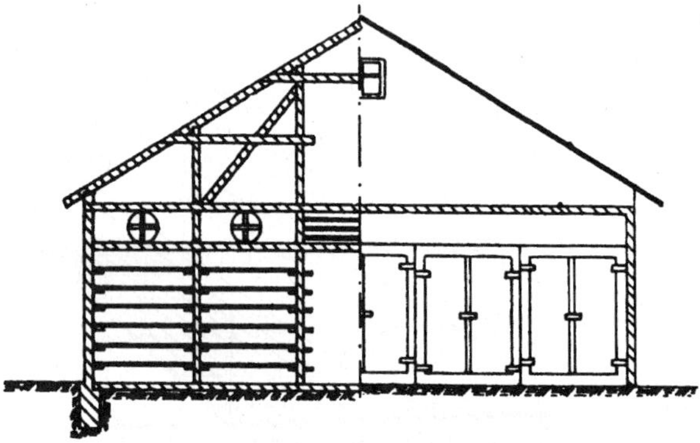

Betriebsvorrichtung:
Das Bauwerk enthält nur Räume (Kammern), in denen die Temperatur während des Trockenvorgangs einen Aufenthalt von Menschen unmöglich macht (Tz. 2.4).

4. **Bahnanlage mit Warteraum**

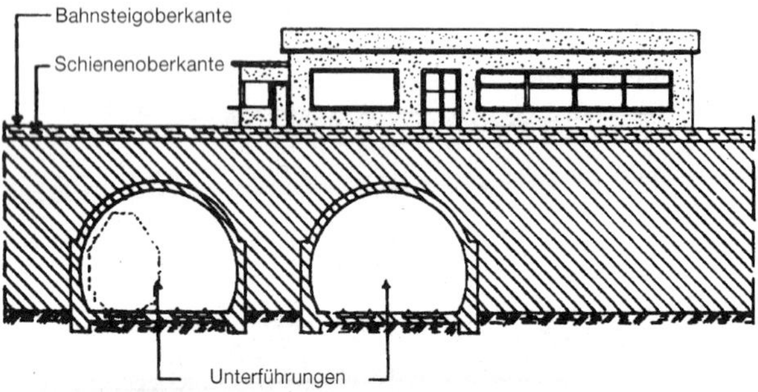

Gebäude und Betriebsvorrichtung:
Es handelt sich um zwei selbstständige Bauwerke. Der Warteraum ist ein Gebäude. Er ist mit der Betriebsvorrichtung und diese mit dem Grund und Boden fest verbunden (Tz. 2.5).
Die Betriebsvorrichtung vermittelt dem Warteraum die Standfestigkeit (Tz. 2.7).

5. Kesselhaus

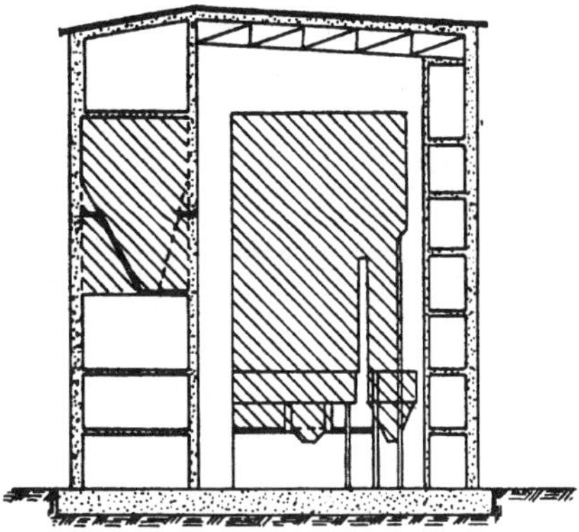

Gebäude:
Die Betriebsvorrichtung trägt nicht zur Standfestigkeit der Umschließung bei (Tz. 2.7).

6. Braunkohlenbunker

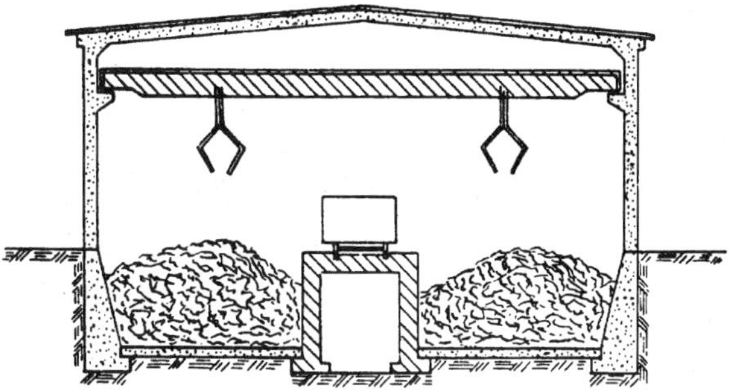

Gebäude:
Die Grundmauern tragen zur Standfestigkeit der Umschließung bei. Sie sind Bauteile, die nicht ausschließlich zu einer Betriebsanlage gehören (Tz. 2.7).

7. Pressenhalle

Gebäude:
Die Stützen der Kranbahn tragen zur Standfestigkeit der Umschließung bei. Sie sind Bauteile, die nicht ausschließlich zu einer Betriebsanlage gehören (Tz. 2.7).

8. Wandverstärkungen und Mauervorlagen

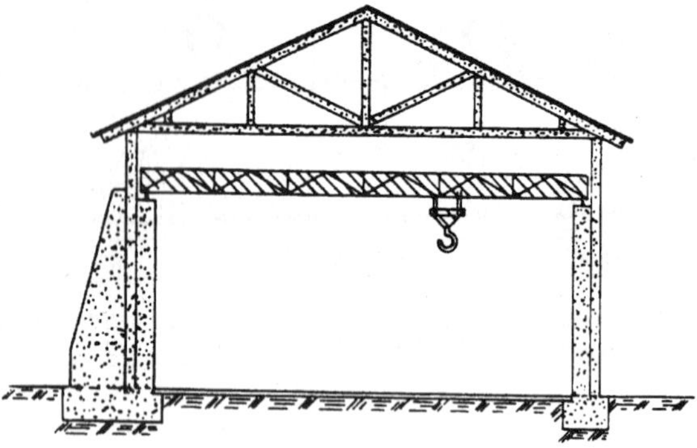

Gebäude:
Die Wandverstärkungen und die Mauervorlagen tragen zur Standfestigkeit der Umschließung bei. Sie sind Bauteile, die nicht ausschließlich zu einer Betriebsanlage gehören (Tz. 2.7).

9. Ringofen

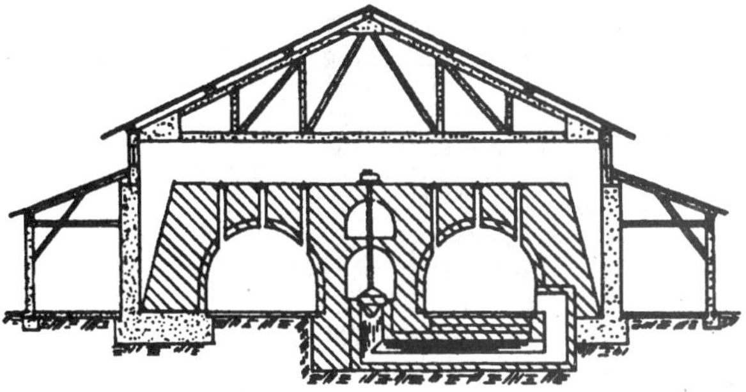

Gebäude:
Die Fundamente tragen zur Standfestigkeit der Umschließung bei. Sie sind Bauteile, die nicht ausschließlich zu einer Betriebsanlage gehören (Tz. 2.7).

10. Zickzackofen

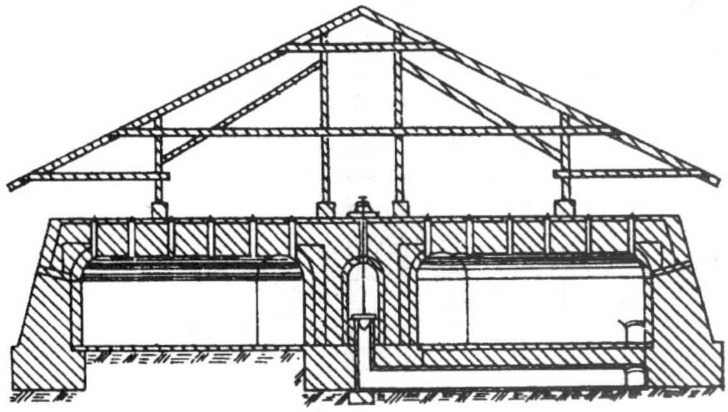

Betriebsvorrichtung:
Die Überdachung ist weder auf Bauteilen, die einer Doppelfunktion dienen, noch auf solchen Teilen der Betriebsvorrichtung gegründet, die bei Entfernen der Betriebsvorrichtung stehenbleiben oder durch vorübergehende Abstützung ohne große Schwierigkeiten ersetzt werden können. Sie ist daher nicht standfest (Tz. 2.7).

11. Kesselhaus

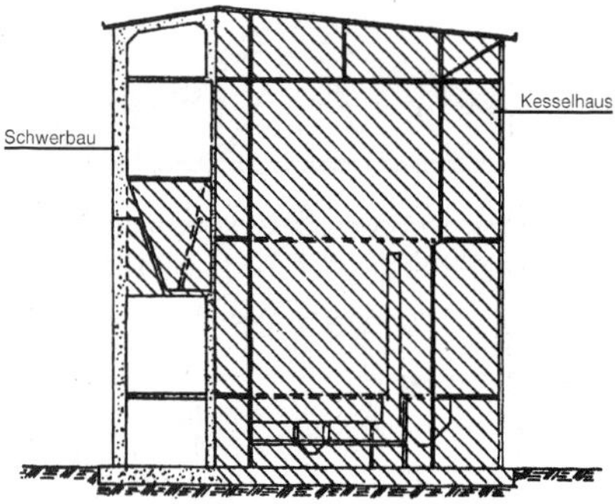

Gebäude und Betriebsvorrichtung:
Die Verkleidung der Kesselanlage ist nicht standfest.
Der vertikal abgrenzbare Schwerbau ist jedoch für sich standfest (Tz. 2.7).

12. Förderturm

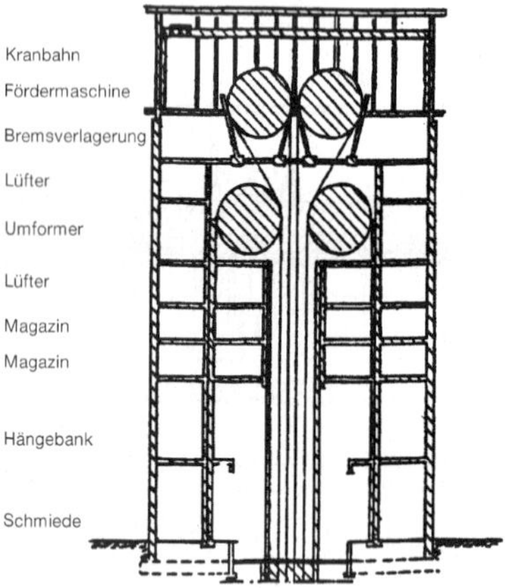

Betriebsvorrichtung:
Die Außenwände gehören zum größten Teil ausschließlich als Tragscheiben zur Förderanlage (Tz. 2.7).

13. Getreidesilo

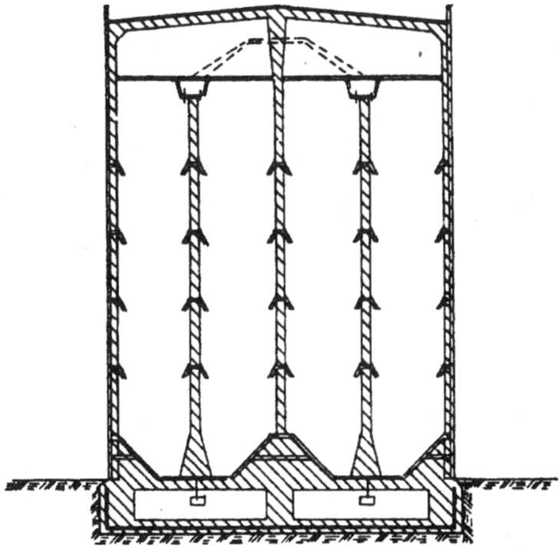

Betriebsvorrichtung:
Die Außenwände bestehen nur aus Behälterumwandungen (Tz. 2.7).

14. Sumpfanlage

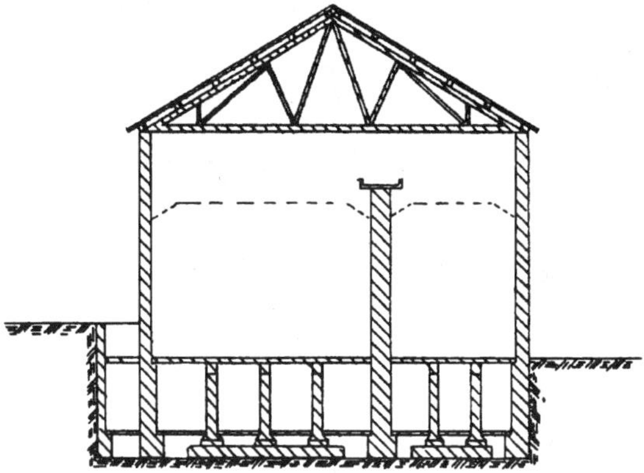

Betriebsvorrichtung:
Die Außenwände bestehen nur aus Behälterumwandungen (Tz. 2.7).

15. Kohlenbunker

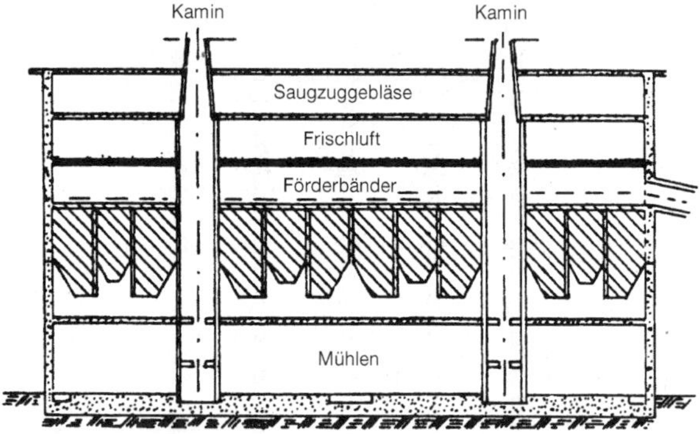

Gebäude:
Die Außenwände bestehen nur zu einem geringeren Teil aus Umwandungen der Betriebsvorrichtung (Tz. 2.7).

16. Kühlhaus

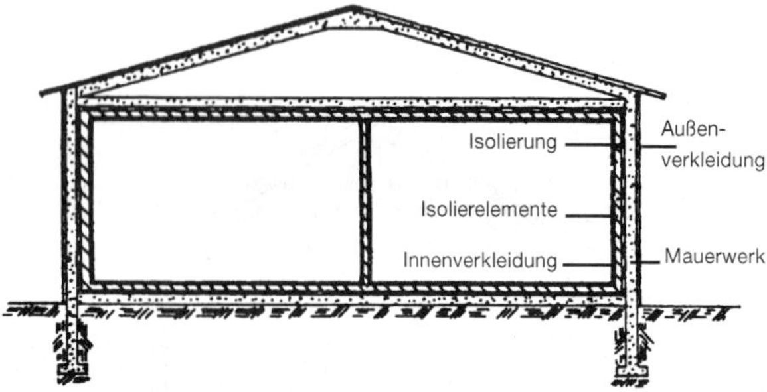

Gebäude und Betriebsvorrichtung:
Die Kammerwände sind gleichzeitig Außenwände. Die Isolierungen der Kammern und die Trennwand sind Teile der Betriebsvorrichtung (Tz. 3.2).

5. Richtlinien für die Bewertung des Grundvermögens (BewRGr)[1]

Allgemeine Verwaltungsvorschrift über die Richtlinien zur Bewertung des Grundvermögens

Vom 19. September 1966 (BAnz. Nr. 183, Beilage; BStBl. I S. 890)

Nach Artikel 108 Abs. 6 des Grundgesetzes wird mit Zustimmung des Bundesrates zur Durchführung der Hauptfeststellung der Einheitswerte des Grundvermögens auf den 1. Januar 1964 die folgende allgemeine Verwaltungsvorschrift erlassen:

Inhaltsübersicht

---

[1] Für das Beitrittsgebiet siehe die als Anlage 18 beigefügte Zusammenstellung der Rechtsgrundlagen und Verwaltungsanweisungen.

Einführung

[1]Die Richtlinien für die Bewertung des Grundvermögens behandeln Zweifelsfragen und Auslegungsfragen von allgemeiner Bedeutung, um eine einheitliche Anwendung des Bewertungsrechts durch die Behörden der Finanzverwaltung sicherzustellen. [2]Die Richtlinien geben außerdem aus Gründen der Verwaltungsvereinfachung Anweisungen an die Finanzämter, wie in bestimmten Fällen verfahren werden soll. [3]Sie gelten für die auf den 1. Januar 1964 durchzuführende Hauptfeststellung der Einheitswerte des Grundvermögens und der Betriebsgrundstücke.[1)]

---

1) Zur Verfassungswidrigkeit der Vorschriften zur Einheitsbewertung für die Bemessung der Grundsteuer für Stichtage ab 1.1. 2002 siehe BVerfG v. 10.4.2018 1 BvL 11/14, 1 BvL 12/14, 1 BvL 1/15, 1 BvR 639/11, 1 BvR 889/12, DStR 2018, 791. – Zur vorläufigen Einheitswertfeststellung und vorläufigen Festsetzung des Grundsteuermessbetrags nach Ergehen des BVerfG-Urteils v. 10.4.2018 siehe gleich lautende Ländererlasse v. 17.1.2019, BStBl. I 2019,

(Fortsetzung Fußnote nächste Seite)

A. Allgemeines

1. Begriff des Grundvermögens (§ 68 BewG)

(1) [1] § 68 BewG bestimmt den Begriff des Grundvermögens. [2] Nach Absatz 1 Nr. 1 gehören dazu der Grund und Boden, die Gebäude, die sonstigen Bestandteile und das Zubehör. [3] Zum Grundvermögen gehören ebenso das Erbbaurecht (vgl. Abschnitt 48) sowie das Wohnungseigentum und verwandte Rechte nach dem Wohnungseigentumsgesetz (vgl. Abschnitt 49). [4] Die Begriffe „Bestandteile" und „Zubehör" sind dem bürgerlichen Recht entnommen und daher nach bürgerlichem Recht auszulegen.

(2) [1] Ein Bauwerk ist als Gebäude anzusehen, wenn es Menschen oder Sachen durch räumliche Umschließung Schutz gegen äußere Einflüsse gewährt, den Aufenthalt von Menschen gestattet, fest mit dem Grund und Boden verbunden, von einiger Beständigkeit und ausreichend standfest ist (BFH-Urteil vom 24. 5. 1963, BStBl. III S. 376). [2] Zu den wesentlichen Bestandteilen des Gebäudes gehören die zu seiner Herstellung eingefügten Sachen (§ 94 Abs. 2 BGB). [3] Das „Einfügen zur Herstellung" bedeutet, daß eine Sache zwischen Teile eines Gebäudes gebracht und durch Einpassen an eine für sie bestimmte Stelle mit den sie umschließenden Stücken vereinigt und damit ihrer Zweckbestimmung zugeführt wird (BFH-Urteil vom 4. 5. 1962, BStBl. III S. 333). [4] Das sind z. B. Türen, Treppen, Fenster, eingebaute Möbel und Öfen, Badeeinrichtungen, Zentralheizungs-, Warmwasser- und Brennstoffversorgungsanlagen und Aufzüge, auch wenn sie nachträglich eingebaut worden sind. [5] In das Gebäude eingefügte Sachen, die Betriebsvorrichtungen sind, sind nach bürgerlichem Recht ebenfalls wesentliche Bestandteile des Gebäudes. [6] Bei der Einheitsbewertung des Grundvermögens sind sie aber auszuscheiden (vgl. Absatz 6). [7] Sachen, die nur zu einem vorübergehenden Zweck in das Gebäude eingefügt sind, gehören nach § 95 BGB nicht zu den Bestandteilen des Gebäudes (BFH-Urteil vom 22. 10. 1965, BStBl. 1966 III S. 5).

(3) [1] Außer den Gebäuden gehören zum Grundvermögen auch andere Bestandteile wie z. B. die Außenanlagen. [2] Dazu gehören insbesondere Platz- und Wegebefestigungen, Terrassen, Gartenanlagen, Umzäunungen sowie Leitungen und sonstige Anlagen außerhalb der Gebäude, welche der Versorgung und der Kanalisation dienen. [3] Auch subjektiv dingliche Rechte – d. s. Rechte, die mit dem Eigentum an einem Grundstück verbunden sind und seinem jeweiligen Eigentümer zustehen – gehören als rechtliche Bestandteile (§ 96 BGB) zum Grundvermögen. [4] Das sind in der Regel die Überbaurechte

---

(Fortsetzung Fußnote)

28. Zur Zurückweisung der wegen Zweifel an der Verfassungsmäßigkeit der Einheitsbewertung des Grundvermögens eingelegten Einsprüche siehe AllgVfg. der Obersten Finanzbehörden der Länder v. 18.1.2019, BStBl. I 2019, 26. – Zur Bewertung des Grundbesitzes für die Grundsteuer **ab 1. 1. 2022** siehe §§ 218 bis 263 BewG (Nr. **1**). – Zur Korrektur eines Einheitswertbescheids nach Ablauf der Feststellungsfrist vgl. BFH v. 11. 11. 2009 II R 14/08, BStBl. II 2010, 723. – Zur Bekanntgabe von Einheitswertbescheiden (und Bedarfswertbescheiden) in Fällen von Bruchteils- und Gesamthandsgemeinschaften siehe LfSt Rheinland-Pfalz v. 25. 1. 2017 S 3106/S 3192 A – St 32 4.

(§ 912 BGB) und die Grunddienstbarkeiten (§ 1018 BGB), z.B. Wegerechte, Fensterrechte.

(4) [1]Zubehör sind nach § 97 BGB bewegliche Sachen, die, ohne Bestandteile der Hauptsache zu sein, dem wirtschaftlichen Zweck der Hauptsache zu dienen bestimmt sind und zu ihr in einem Verhältnis wirtschaftlicher Unterordnung stehen. [2]Zubehör sind danach z.B. die dem Grundstückseigentümer gehörenden Treppenläufer, Beleuchtungskörper, Mülltonnen. [3]Auch vom Grundstückseigentümer mitvermietete oder den Mietern zur Verfügung gestellte Waschmaschinen, Kühlschränke, Herde, Öfen u.ä. sind Zubehör. [4]Zu beachten ist jedoch, daß eine Sache nicht Zubehör ist, wenn sie im Verkehr nicht als Zubehör angesehen wird.

(5)[1)] [1] Nicht in das Grundvermögen einzubeziehen sind nach § 68 Abs. 2 Nr. 1 BewG die Mineralgewinnungsrechte, auch wenn sie als subjektiv dingliche Rechte Bestandteile des Grundstücks sind (vgl. hierzu § 100 BewG und Abschnitt 23 VStR 1963). [2]Damit scheiden für eine Bewertung als Grundvermögen auch die Vorkommen an Mineralien aus, die Gegenstand des Mineralgewinnungsrechts sind. [3]Das gleiche gilt für das Vorkommen von Mineralien, die der Eigentümer des Grundstücks auf Grund seines Eigentums abbauen kann. [4]Dieser Teil des Eigentumsrechts ist kraft ausdrücklicher Bestimmung des § 100 Abs. 2 BewG wie ein Mineralgewinnungsrecht selbständig zu bewerten.

(6)[2)] [1]Nicht in das Grundvermögen einzubeziehen sind nach § 68 Abs. 2 Nr. 2 BewG Maschinen und sonstige Vorrichtungen aller Art, die zu einer Betriebsanlage gehören (Betriebsvorrichtungen), auch wenn sie wesentliche Bestandteile eines Gebäudes oder, ohne Bestandteil eines Gebäudes zu sein, Bestandteile des Grundstücks sind. [2]Solche Vorrichtungen sind aber nur dann Betriebsvorrichtungen, wenn mit ihnen unmittelbar ein Gewerbe betrieben wird (BFH-Urteil vom 14. 8. 1958, BStBl. III S. 400). [3]Zu beachten ist jedoch § 68 Abs. 2 letzter Satz BewG. [4]Danach rechnen Verstärkungen von Decken, die durch eine Betriebsvorrichtung bedingt sind, sowie Stützen und andere Bauteile, z.B. Mauervorlagen und Verstrebungen, die sowohl einer Betriebsvorrichtung wie dem Gebäude dienen, immer zum Gebäude. [5]Es ist ohne Bedeutung, in welchem Umfang ein solcher Bauteil der Betriebsvorrichtung oder dem Gebäude dient.

2. Abgrenzung des Grundvermögens vom land- und forstwirtschaftlichen Vermögen (§ 69 BewG)

(1) [1]§ 68 Abs. 1 BewG enthält zusammen mit § 33 Abs. 1 BewG die allgemeine Regel für die Abgrenzung zwischen Grundvermögen und land- und forstwirtschaftlichem Vermögen; § 69 betrifft trotz seiner allgemein gehaltenen Überschrift nur Sonderfälle. [2]Nach § 33 Abs. 1 BewG gehört zum land- und forstwirtschaftlichen Vermögen, was einem Betrieb der Land- und Forstwirtschaft dauernd zu dienen bestimmt ist. [3]Nach § 68 Abs. 1 BewG setzt die Annahme von Grundvermögen voraus, daß es sich nicht um land- und forstwirtschaftliches Vermögen handelt. [4]Ob eine Fläche oder ein Gebäude zum

---

[1)] Gem. § 68 Abs. 2 Nr. 1 BewG i.d.F. des G v. 9. 11. 1992 (BGBl. I 1992, 1853) sind die **Bodenschätze** vom Grundvermögen ausgenommen; Abschn. 1 Abs. 5 BewRGr ist überholt.

[2)] Zur Abgrenzung des Grundvermögens von den Betriebsvorrichtungen vgl. gleich lautende Ländererlasse v. 5. 6. 2013, BStBl. I 2013, 734 (Nr. **4.3**).

Grundvermögen oder zum land- und forstwirtschaftlichen Vermögen gehört, ist demnach bei der Feststellung des Einheitswerts des Betriebs der Land- und Forstwirtschaft zu entscheiden.

(2) [1]Nach § 69 BewG gehören im Feststellungszeitpunkt noch land- und forstwirtschaftlich genutzte Flächen – abweichend von der grundsätzlichen Regelung in § 33 Abs. 1 und § 68 Abs. 1 BewG – unter bestimmten Voraussetzungen zum Grundvermögen. [2]In § 69 Abs. 1 und 2 BewG handelt es sich um Fälle, für die in Zukunft mit einer Verwendung der Flächen für andere als land- und forstwirtschaftliche Zwecke zu rechnen ist. [3]In § 69 Abs. 3 BewG handelt es sich darum, daß eine in einem rechtsverbindlichen Bebauungsplan als Bauland ausgewiesene Fläche unter näher bestimmten Voraussetzungen in jedem Fall als Grundvermögen zu bewerten ist. [4]Liegt eine im Feststellungszeitpunkt land- und forstwirtschaftlich genutzte Fläche im Gebiet eines Bebauungsplans (Plangebiet) und ist sie in diesem als Bauland ausgewiesen, so kann eine Zurechnung zum Grundvermögen nicht nur nach § 69 Abs. 3 BewG, sondern u. U. auch nach § 69 Abs. 1 oder 2 BewG in Betracht kommen. [5]Es empfiehlt sich in der Regel, zunächst zu prüfen, ob die Voraussetzungen des § 69 Abs. 3 BewG vorliegen.

(3)[1)] [1]Land- und forstwirtschaftlich genutzte Flächen werden nach § 69 Abs. 3 BewG in jedem Fall zum Grundvermögen gerechnet, wenn die folgenden Voraussetzungen sämtlich erfüllt sind:

1. Die Flächen müssen in einem rechtsverbindlichen Bebauungsplan *(§§ 8ff. BBauG)*[2)] als Bauland ausgewiesen sein;
2. die sofortige Bebauung muß rechtlich und tatsächlich möglich sein;
3. die Bebauung muß innerhalb des Plangebiets in einem benachbarten Bereich begonnen haben oder schon durchgeführt sein;
4. die Flächen dürfen nicht Hofstelle oder mit ihr in räumlichem Zusammenhang stehende *Hof-, Garten- und Weideflächen* sein;
5. *weinbaulich oder gärtnerisch genutzte Flächen dürfen nicht zu einem ihrem Eigentümer als Existenzgrundlage dienenden Betrieb gehören, bei dem der Weinbau oder der Gartenbau den Hauptzweck darstellt.*

[2]Hierzu ist noch folgendes zu bemerken:

Zu Nr. 2: [1]Ob eine sofortige Bebauung möglich ist, kann insbesondere von der Größe und dem Zuschnitt der Fläche abhängen. [2]So kann eine Fläche für jede (nicht etwa nur für eine geplante) Bebauung zu klein oder zu ungünstig geschnitten sein. [3]Auch die Bodenverhältnisse (z. B. Sumpf) können eine sofortige Bebauung ausschließen. [4]In rechtlicher Hinsicht ist vor allem entscheidend, ob die sofortige Bebauung nach öffentlich-rechtlichen Vorschriften zulässig ist. [5]Als Hinderungsgründe öffentlich-rechtlicher Art kommen insbesondere Veränderungssperren *(§ 14 BBauG)*,[2)] die Unzulässigkeit von Bauvorhaben (vor allem nach *§ 30 BBauG)*[2)] und nicht sofort erfüllbare Vorschriften

---

[1)] *Kursiv* gesetzte Texte in Abschnitt 2 Abs. 3, 4 und 5 BewRGr kennzeichnen die nicht an den aktuellen Wortlaut des § 69 Abs. 2 angepassten Anweisungen über die Zuordnung von weinbaulich und gärtnerisch genutzten sowie gepachteten Flächen. Die Finanzverwaltung wendet die Vorschrift des § 69 Abs. 3 Satz 2 auch auf § 69 Abs. 1 und 2 an.

[2)] Jetzt §§ 8 ff., § 14 sowie § 30 BauGB.

über die Bebauung in Betracht – letzteres z. B. in Fällen, in denen die Grundstücksfläche für die vorgeschriebene offene Bebauung zu klein ist.

Zu Nr. 3: [1]Ob in benachbarten Bereichen die Bebauung schon begonnen hat oder durchgeführt ist, ist allein auf das jeweilige Plangebiet abzustellen. [2]Die Bebauung von Flächen außerhalb des Plangebiets kommt selbst dann, wenn diese Flächen unmittelbar an das Plangebiet anschließen, nicht als Bebauung in einem benachbarten Bereich in Betracht. [3]Andererseits ist hierfür nicht zu fordern, daß die Bebauung in der nächsten Nachbarschaft der zu bewertenden Fläche begonnen hat. [4]Was als benachbarter Bereich anzusehen ist, richtet sich nach den örtlichen Verhältnissen. [5]Bei Baulücken in geschlossener Ortslage ist die geforderte Voraussetzung stets erfüllt.

Zu Nr. 4:[1)] [1]*Unter den im räumlichen Zusammenhang mit der Hofstelle stehenden Garten- und Weideflächen, die ebenso wie die Hofflächen nicht nach § 69 Abs. 3 BewG zum Grundvermögen gerechnet werden dürfen, sind der Hausgarten und die sog. Hofweide zu verstehen.* [2]*Nicht darunter fallen die zur gärtnerischen Nutzung gehörenden Flächen (abgesehen von Hausgärten über 10 Ar, welche nach § 40 Abs. 3 Satz 2 BewG zur gärtnerischen Nutzung gehören können) sowie Wiesen und nicht mehr als Hofweide anzusprechende Weideflächen.* [3]Der räumliche Zusammenhang mit der Hofstelle kann auch dann anerkannt werden, *wenn die Garten- oder Weideflächen* durch kleinere Straßen, durch Wege *oder durch kleinere Ackerflächen* von der Hofstelle getrennt sind.

Zu Nr. 5:[1)] [1]*Ob der Weinbau oder der Gartenbau den Hauptzweck eines Betriebs der Land- und Forstwirtschaft bildet, ist danach zu beurteilen, welche Nutzung (§ 34 Abs. 2 BewG) bei der Erzielung der Erträge im Vordergrund steht.* [2]*Im allgemeinen wird das die Nutzung sein, die auch wertmäßig überwiegt.* [3]*Eine weinbauliche oder gärtnerische Nutzung schließt aber eine Zurechnung zum Grundvermögen nach § 69 Abs. 3 BewG nur dann aus, wenn die Flächen im Eigentum des Betriebsinhabers stehen und der Betrieb die Existenzgrundlage des Betriebsinhabers bildet; zur Frage der Existenzgrundlage vgl. Absatz 5 zu Nr. 1.*

(4) [1]Nach § 69 Abs. 1 oder 2 BewG sind alle Fälle abzugrenzen, bei denen eines der folgenden Merkmale zutrifft:

1. Fehlen eines Bebauungsplanes;
2. Einstufung im Bebauungsplan nicht als Bauland, aber z. B. als Grünfläche oder als Verkehrsfläche;
3. fehlende Möglichkeit der sofortigen Bebauung;
4. noch keine im benachbarten Bereich begonnene oder durchgeführte Bebauung;
5. Hoffläche oder in räumlichem Zusammenhang dazu stehende *Garten- oder Weidefläche;*
6. *weinbauliche oder gärtnerische Nutzung, wenn sie Hauptzweck eines dem Eigentümer als Existenzgrundlage dienenden Betriebs ist.*

[2]In diesen Fällen ist daher die innerhalb bestimmter Zeit zu erwartende Verwendung für andere als für land- und forstwirtschaftliche Zwecke zu prüfen.

[1)] Vgl. FN zu Abschn. 2 Abs. 3 BewRGr.

[3]Eine Abgrenzung nach § 69 Abs. 1 oder 2 BewG kann darüber hinaus in Betracht kommen, wenn dies zweckmäßiger ist als eine Abgrenzung nach § 69 Abs. 3 BewG. [4]Das trifft beispielsweise zu, wenn das in einem Bebauungsplan als Bauland ausgewiesene Gelände mit Sicherheit schon in Kürze in unbebautem Zustand für gewerbliche Zwecke genutzt werden wird, auf der anderen Seite aber die Möglichkeit einer sofortigen Bebauung zweifelhaft oder mindestens schwer festzustellen ist.

(5) [1]Die Zurechnung der im Feststellungszeitpunkt land- und forstwirtschaftlich genutzten Flächen zum Grundvermögen nach § 69 Abs. 1 BewG setzt lediglich voraus, daß eine künftige Verwendung der Flächen für andere als land- und forstwirtschaftliche Zwecke anzunehmen ist und daß die Änderung der Nutzungsweise in absehbarer Zeit erwartet wird. [2]Für die Zurechnung zum Grundvermögen nach § 69 Abs. 2 BewG gelten dagegen strengere Voraussetzungen. [3]Hiernach muß eine große Wahrscheinlichkeit bestehen, daß die Flächen spätestens nach zwei Jahren anderen als land- und forstwirtschaftlichen Zwecken dienen werden. [4]§ 69 Abs. 2 BewG stellt als eine Spezialvorschrift gegenüber § 69 Abs. 1 BewG eine Anzahl zusätzlicher Tatbestandsmerkmale auf, die die im Feststellungszeitpunkt noch land- und forstwirtschaftlich genutzten Flächen aufweisen müssen:

1. Der Betrieb der Land- und Forstwirtschaft, zu dem die Flächen gehören, muß die Existenzgrundlage des Betriebsinhabers bilden;
2.[1] es muß sich *entweder* um Flächen im Eigentum des Betriebsinhabers *oder – nach § 69 Abs. 2 Satz 2 BewG – um Flächen handeln,* die vom Betriebsinhaber nicht nur vorübergehend mitbewirtschaftet werden;
3.[2] es muß eine ordnungsgemäße nachhaltige Bewirtschaftung von einer Stelle aus vorliegen.

[5]Diese Merkmale liegen bei den land- und forstwirtschaftlich genutzten Flächen meistens vor. [6]Deshalb ist zweckmäßig vor der Anwendung von § 69 Abs. 1 BewG zu prüfen, ob § 69 Abs. 2 BewG anzuwenden ist. [7]Zu den Merkmalen ist noch folgendes zu bemerken:

Zu Nr. 1: [1]Eine Existenzgrundlage im Sinne dieser Vorschrift liegt dann vor, wenn der Betrieb den Lebensbedarf des Betriebsinhabers überwiegend decken kann. [2]Dies kann auch bei Nebenerwerbsstellen der Fall sein, grundsätzlich dagegen nicht bei solchen Flächen, die nur zur Deckung des Eigenbedarfs bewirtschaftet werden. [3]Ebensowenig dient ein Betrieb der Existenzgrundlage, der aus Liebhaberei, um der Jagd willen oder als Versuchsbetrieb für den eigenen Gewerbebetrieb unterhalten wird. [4]Im Falle der Dauerpacht (vgl. zu Nr. 2) ist entscheidend, ob die Flächen die Existenzgrundlage des Pächters bilden. [5]Dabei sind dessen eigene Flächen und die Pachtflächen als eine Einheit anzusehen (§ 69 Abs. 2 Satz 2 BewG).

Zu Nr. 2:[1] [1]*Eine nicht nur vorübergehende Bewirtschaftung von Pachtflächen setzt nicht einen für längere Dauer geschlossenen Pachtvertrag oder ähnlichen Vertrag voraus.*

---

[1] Vgl. FN zu Abschn. 2 Abs. 3 BewRGr.

[2] Die bloße Verpachtung eines Grundstücks ist keine „ordnungsgemäße und nachhaltige“ Bewirtschaftung, vgl. BFH v. 18. 3. 2003 II R 48/01, BStBl. II 2003, 908.

2 Eine alljährliche Verlängerung des Pachtverhältnisses reicht aus. 3 Liegt danach eine dauernde Pacht vor, so ist eine nicht nur vorübergehende Bewirtschaftung auch dann noch anzuerkennen, wenn im Feststellungszeitpunkt wegen des bevorstehenden Baues einer Brückenauffahrt, einer Autobahn oder aus ähnlichen Gründen ein Ende der Pacht und Bewirtschaftung abzusehen ist. 4 Dagegen handelt es sich um eine nur vorübergehende Bewirtschaftung, wenn ein baldiges Ende des Pachtverhältnisses schon bei seiner Begründung abzusehen ist. 5 Im übrigen ist es für die Anwendung von § 69 Abs. 2 BewG ohne Bedeutung, ob der Betrieb des Pächters insgesamt oder nur teilweise aus Pachtland besteht.

Zu Nr. 3: 1 Mit der Bewirtschaftung von einer Stelle aus ist die Bewirtschaftung von einer Hofstelle aus oder – wenn bei einer Nutzungsart wie bei der forstwirtschaftlichen Nutzung die Bezeichnung „Hofstelle" nicht üblich ist – von einem entsprechenden Betriebszentrum aus gemeint. 2 Eine in größerer Entfernung liegende Fläche, die für Rechnung des Betriebsinhabers durch eine dritte Person bewirtschaftet wird, genießt daher nicht den Schutz des § 69 Abs. 2 BewG.

(6) 1 Die bei § 69 Abs. 2 BewG – ebenso wie bei § 69 Abs. 1 BewG – vorausgesetzte Erwartung einer künftigen Verwendung der Fläche für andere als land- und forstwirtschaftliche Zwecke kann sich auf viele Umstände gründen: Die Möglichkeit einer künftigen Verwendung als Bauland oder einen Erwerb zu Baulandpreisen, wenn die Fläche nicht als Ersatzland (z. B. bei Enteignungen) oder zur Abrundung eines Betriebs der Land- und Forstwirtschaft dienen soll; den Erwerb durch einen Nichtlandwirt, z. B. durch eine Grundstücksgesellschaft, ein Wohnungsunternehmen oder auch ein Industrieunternehmen, die die Fläche vorläufig noch in der land- und forstwirtschaftlichen Nutzung des Veräußerers belassen (RFH-Urteil vom 25. 7. 1940, RStBl. 1941 S. 277); Landverkäufe, die eine beginnende Parzellierung erkennen lassen; die Fläche wird für eine Brückenauffahrt benötigt; ein in Richtung auf die Fläche fortschreitender Straßenbau u. a. 2 Der Wille des Eigentümers, die Fläche weiterhin land- und forstwirtschaftlich zu nutzen, ist nicht von Bedeutung, wenn nach der Lage, den Verwertungsmöglichkeiten oder den sonstigen Umständen anzunehmen ist, daß sie anderen als land- und forstwirtschaftlichen Zwecken dienen wird (BFH-Urteil vom 28. 7. 1961, BStBl. III S. 420). 3 Bei § 69 Abs. 2 BewG genügt aber anders als bei § 69 Abs. 1 BewG nicht die Erwartung einer Nutzungsänderung in absehbarer Zeit. 4 Vielmehr wird hier eine große Wahrscheinlichkeit für eine solche Nutzungsänderung in spätestens zwei Jahren verlangt. 5 Diese strengeren Voraussetzungen sind beispielsweise erfüllt, wenn die Fläche schon vor dem Feststellungszeitpunkt für die Erweiterung eines Fabrikgrundstücks veräußert und dem Veräußerer nur noch eine Nutzung bis zur Einbringung der ersten Ernte nach dem Feststellungszeitpunkt zugestanden worden ist. 6 Die besonderen Voraussetzungen des § 69 Abs. 2 BewG sind aber z. B. nicht erfüllt, wenn es bei einem sich nähernden Straßenbau ungewiß ist, ob die Fläche schon innerhalb von zwei Jahren oder erst später in Anspruch genommen wird.

(7) Unter dem Begriff „absehbare Zeit" in § 69 Abs. 1 BewG ist in Übereinstimmung mit der bisherigen Rechtsprechung ein Zeitraum von 6 Jahren (normale Dauer des Hauptfeststellungszeitraums) zu verstehen, der jeweils vom Feststellungszeitpunkt an gerechnet wird.

(8)[1] Für die Abgrenzung der Flächen, die als Kleingartenland oder als Dauerkleingartenland genutzt werden, gilt folgendes:

1. [1]Kleingartenland sind Flächen, die der Kleingarten- und Kleinpachtlandordnung vom 31. Juli 1919 (RGBl. S. 1371) und den Vorschriften des Gesetzes zur Ergänzung der Kleingarten- und Kleinpachtlandordnung vom 26. Juni 1935 (RGBl. I S. 809) in der Fassung des Änderungsgesetzes vom 2. August 1940 (RGBl. I S. 1074) unterliegen. [2]Sind diese Flächen in einem Bebauungsplan als Bauland festgesetzt, so sind sie nach § 69 Abs. 3 BewG dann Grundvermögen, wenn ihre sofortige Bebauung möglich ist und die Bebauung innerhalb des Plangebiets in benachbarten Bereichen begonnen hat. [3]Treffen diese Voraussetzungen nicht zu, so sind die Flächen wegen des weitgehenden Pachtschutzes in der Regel als land- und forstwirtschaftliches Vermögen zu bewerten (RFH-Urteile vom 7. 12. 1939, RStBl. 1940 S. 9, und vom 4. 4. 1940, RStBl. S. 509, BFH-Urteil vom 10. 2. 1956, BStBl. III S. 78).
2. [1]Dauerkleingartenland sind Flächen, die einer Bebauung entzogen und für eine dauernde kleingärtnerische Nutzung bestimmt sind. [2]Sie sind also in jedem Fall als land- und forstwirtschaftliches Vermögen zu bewerten (RFH-Urteil vom 7. 12. 1939, RStBl. 1940 S. 9).

3. Abgrenzung des Grundvermögens vom Betriebsvermögen (§ 99 BewG)[2]

(1) [1]Die Abgrenzung zwischen Grundvermögen und dem zum Betriebsvermögen gehörenden Grundbesitz (Betriebsgrundstücke) ergibt sich aus § 68 Abs. 1 in Verbindung mit § 99 BewG. [2]Ob ein Grundstück Betriebsgrundstück ist und zu welchem gewerblichen Betrieb es gehört, ist bei der Feststellung des Einheitswerts des Grundstücks nach *§ 216 Abs. 1 Nr. 1 AO*[3] zu entscheiden (BFH-Urteil vom 24. 10. 1958, BStBl. 1959 III S. 2). [3]Ist im Einheitswertbescheid für das Grundstück eine Feststellung als Betriebsgrundstück unterlassen worden, so kann dies für die Zurechnung zum gewerblichen Betrieb unschädlich sein, wenn die wirtschaftliche Zugehörigkeit offensichtlich und auch unter den Beteiligten unstreitig ist (RFH-Urteil vom 19. 6. 1935, RStBl. S. 1121). [4]In derartigen Fällen sollte die Art des Grundstücks durch Ergänzungsbescheid nach *§ 216 Abs. 2 AO*[4] richtiggestellt werden.

(2)[5] [1]Die Regelung in § 99 Abs. 2 Sätze 1 und 2 BewG gilt nur in den Fällen, in denen ein Grundstück, das losgelöst von dem gewerblichen Betrieb Grundvermögen wäre, im Eigentum einer einzelnen Person steht. [2]Gehört ein solches Grundstück mehreren Personen, von denen eine Person nicht gleichzeitig Mitinhaber des Gewerbebetriebs ist, so wird das ganze Grundstück dem Grundvermögen zugerechnet (§ 99 Abs. 2 Satz 3 BewG). [3]Gehört das Grundstück dagegen mehreren Personen, die alle an dem Gewerbebetrieb beteiligt sind, so ist das Grundstück stets ein Betriebsgrund-

[1] Vgl. jetzt §§ 1 und 3 Bundeskleingartengesetz (BKleingG) vom 28. 2. 1983, BGBl. I 1983, 210.
[2] Vgl. auch den Abgrenzungserlass v. 5. 6. 2013, BStBl. I 2013, 734 (Nr. **4.3**).
[3] Jetzt § 19 Abs. 3 Nr. 1 Buchst. b BewG.
[4] Jetzt § 179 Abs. 3 AO.
[5] § 99 Abs. 2 BewG aufgeh. durch ErbStRG mWv 1. 1. 2009.

stück. [4]Ohne Rücksicht auf die Regelung in § 99 Abs. 2 Sätze 1 bis 3 BewG ist ein Grundstück, das den in § 97 Abs. 1 BewG bezeichneten Körperschaften usw. gehört, stets ein Betriebsgrundstück (§ 99 Abs. 2 Satz 4 BewG); hierbei ist es gleichgültig, ob das Grundstück dem Betrieb der Körperschaft usw. dient oder nicht. [5]Dies gilt auch in den Fällen, in denen die Körperschaft usw. nur Miteigentümerin des Grundstücks ist, für deren Grundstücksanteil. [6]Dient das Grundstück dem Gewerbebetrieb einer aus der Gesamtheit der Grundstückseigentümer bestehenden Gesellschaft, so ist es in jedem Falle ein Betriebsgrundstück. [7]Das gleiche gilt, wenn das Grundstück nur einer oder einigen an der Gesellschaft beteiligten Personen gehört, ohne daß nicht an der Gesellschaft beteiligte Personen Miteigentümer des Grundstücks sind.

Beispiele:

A. A, B und C sind zu je 1/3 Miteigentümer eines Grundstücks. B betreibt als Einzelunternehmer auf diesem Grundstück einen Gewerbebetrieb. A und C sind nicht an dem Gewerbebetrieb beteiligt; sie haben ihren Grundstücksanteil an B verpachtet. Das Grundstück gehört zum Grundvermögen, und zwar zu je 1/3 Anteil des Einheitswerts dem A, B und C.

B. A, B und OHG C (bestehend aus den Gesellschaftern X und Y) sind zu je 1/3 Miteigentümer eines Grundstücks. Die Anteile von A und B gehören zum Grundvermögen. Der Anteil der OHG C ist stets Betriebsvermögen, gleichgültig, ob das Grundstück dem Betrieb der OHG dient oder nicht.

C. A, B und C betreiben eine Offene Handelsgesellschaft auf einem Grundstück, das A und B zu je 1/2 gehört. Das Grundstück ist Betriebsvermögen der Offenen Handelsgesellschaft, weil es der Gesellschaft dient und im ausschließlichen Eigentum von Gesellschaftern steht.

D. A, B und C sind zu je 1/3 Miteigentümer eines Grundstücks. A und B betreiben auf diesem Grundstück eine Offene Handelsgesellschaft. Das Grundstück gehört nicht zum Betriebsvermögen der Offenen Handelsgesellschaft, sondern zum Grundvermögen des A, B und C zu je 1/3 des Einheitswerts; denn das Grundstück steht, obwohl es dem Betrieb der Gesellschaft dient, im Miteigentum von C, der an der Gesellschaft nicht beteiligt ist.

(3) Betriebsgrundstücke, die ohne ihre Zugehörigkeit zu einem Gewerbebetrieb zum Grundvermögen gehören würden, sind in derselben Weise wie Grundvermögen zu bewerten (§ 99 Abs. 3 BewG).

4. Grundstück (§ 70 BewG)

(1) [1]Die wirtschaftliche Einheit des Grundvermögens ist das Grundstück. [2]Der Begriff „Grundstück" ist dabei nicht gleichbedeutend mit dem Begriff des Grundstücks im Sinne des bürgerlichen Rechts. [3]Maßgebend ist nach § 2 BewG allein, was als wirtschaftliche Einheit nach den Anschauungen des Verkehrs anzusehen ist. [4]Dabei ist zu beachten, daß sich die Verkehrsanschauung mit der wirtschaftlichen Entwicklung weiterentwickelt. [5]Zu einer Wohnung gehört oft eine räumlich von ihr getrennt liegende Garage. [6]Das die Wohnung enthaltende Gebäude und die Garage sind als ein Grundstück zu bewerten, wenn die räumliche Trennung nicht zu groß ist, so daß die Verkehrsanschauung beide als eine wirtschaftliche Einheit ansieht.

(2) [1]Nach § 2 Abs. 2 BewG darf, abgesehen von § 26 BewG, zu einer wirtschaftlichen Einheit nur Grundbesitz zusammengefaßt werden, der demselben Eigentümer gehört. [2]Flächen, die im Eigentum eines Eigentümers stehen, und Flächen, die ihm und anderen Personen gemeinsam – gesamthänderisch oder nach Bruchteilen – gehören, können daher grundsätzlich nicht eine wirtschaftliche Einheit bilden. [3]Der Grundsatz des § 2 Abs. 2 BewG wird jedoch

durch § 70 Abs. 2 BewG durchbrochen. [4]Bei Umlegungen, aber auch in anderen Fällen, wird für gemeinschaftliche Hofräume, Einstellplätze, Garagen, Zuwege und sonstiges gemeinschaftliches Eigentum, das den Zwecken der im Alleineigentum der einzelnen beteiligten Personen stehenden Hauptgrundstücke untergeordnet ist, manchmal die Rechtsform des Miteigentums gewählt. [5]In derartigen Fällen sind die gemeinschaftlichen, wirtschaftlich zugleich mehreren Hauptgrundstücken untergeordneten Flächen, Gebäude usw. abweichend von § 2 Abs. 2 BewG nicht als besondere wirtschaftliche Einheiten anzusehen; der Miteigentumsanteil oder ein sich aus der Beteiligung an der Gesamthand ergebender Anteil ist nach § 70 Abs. 2 BewG in die wirtschaftliche Einheit des Hauptgrundstücks einzubeziehen. [6]§ 70 Abs. 2 BewG ist entsprechend anzuwenden, wenn die Hauptgrundstücke, die verschiedene wirtschaftliche Einheiten bilden, und die diesen untergeordneten Flächen, Gebäude usw. demselben Eigentümer gehören (z.B. ein Waschhaus für eine aus mehreren Einheiten bestehende Wohnhausgruppe einer Wohnungsgesellschaft).

(3) [1]Ein Gebäude, das auf fremdem Grund und Boden errichtet ist, gilt als Grundstück im Sinne des Bewertungsgesetzes, also als selbständige wirtschaftliche Einheit des Grundvermögens. [2]Dabei ist es unerheblich, ob es wesentlicher Bestandteil des Grund und Bodens geworden (§ 94 BGB) oder nur zu einem vorübergehenden Zweck mit ihm verbunden ist (§ 95 BGB). [3]Auf fremdem Grund und Boden ist ein Gebäude errichtet, wenn es einem anderen als dem Eigentümer des Grund und Bodens gehört. [4]Für die steuerliche Zurechnung ist in der Regel nach *§ 11 Ziff. 4 StAnpG*[1)] entscheidend, wer Eigenbesitzer des Gebäudes ist (BFH-Urteil vom 30. 4. 1954, BStBl. III S. 194). [5]Eigenbesitzer ist, wer den Besitz so ausübt, als stehe ihm die alleinige Herrschaftsgewalt zu. [6]Dies ist z.B. der Fall, wenn der Pächter eines unbebauten Grundstücks berechtigt ist, Einbauten und Umbauten an dem von ihm errichteten Gebäude ohne Genehmigung des Verpächters durchzuführen oder das Gebäude vor oder bei Ablauf der Pachtzeit abzureißen (RFH-Urteil vom 30. 11. 1933, RStBl. 1934 S. 166). [7]Allerdings kann aus dem Umstand, daß nach dem Pachtvertrag das Gebäude bei Ablauf der Pachtzeit nicht entfernt werden darf, nicht ohne weiteres geschlossen werden, daß wirtschaftliches Eigentum des Pächters nicht vorliegt. [8]Maßgebend sind die Vertragsgestaltung und der Wille der Parteien. [9]Dabei können von Bedeutung sein die Vertragsdauer, die Vereinbarungen über den Pachtzins (Mietzins) und die Frage, wer die technische und wirtschaftliche Abnutzung des Gebäudes sowie das Risiko des zufälligen Untergangs zu tragen hat. [10]Beschränkt sich der Pachtzins (Mietzins) auf den Grund und Boden oder unterschreitet er im Hinblick auf das entschädigungslose Überlassen des Gebäudes den normalen Bodenzinssatz, so kann Eigenbesitz des Pächters (Mieters) anzunehmen sein. [11]Die schuldrechtliche Forderung des Verpächters auf das entschädigungslose Überlassen des Gebäudes muß ggf. beim Betriebsvermögen oder sonstigen Vermögen erfaßt werden (RFH-Urteil vom 30. 3. 1944, RStBl. S. 507). [12]Erstreckt sich der Pachtzins (Mietzins) dagegen auch auf das Gebäude, so wird wirtschaftliches Eigentum des Pächters (Mieters) nicht vorliegen. [13]Der Pachtzins (Mietzins) erstreckt sich auch dann auf das Gebäude, wenn die vom

[1)] Jetzt § 39 Abs. 2 Nr. 1 AO.

Pächter (Mieter) aufgewendeten Baukosten als Baukostenzuschuß anzusehen sind. 14 In besonderen Fällen kann ein Gebäude auch einem anderen als dem zugerechnet werden, der es errichtet hat. 15 Das wird dann der Fall sein, wenn zwischen dem Erbauer des Gebäudes und einem Dritten ein Rechtsverhältnis besteht, das unter *§ 11 Ziff. 3 StAnpG*[1] fällt (BFH-Urteil vom 19. 9. 1958, BStBl. III S. 440). 16 Wegen der Bewertung vgl. Abschnitt 50.

5. Gebäude und Gebäudeteile für den *Bevölkerungsschutz*[2] (§ 71 BewG)

(1) 1 Die §§ 8 und 12 des Schutzbaugesetzes vom 9. September 1965 (BGBl. I S. 1232, BStBl. I S. 543)[3] gelten erst vom 16. September 1965 an. 2 Für die Hauptfeststellung auf den 1. Januar 1964 ist deshalb nur § 71 BewG anzuwenden.

(2) 1 Die Gebäude, Gebäudeteile und Anlagen, die bei der Bewertung außer Betracht bleiben, müssen wegen der begünstigten Zwecke geschaffen sein. 2 Sie müssen den Anforderungen nach § 3 des Schutzbaugesetzes genügen. 3 Die Gebäude oder Gebäudeteile dürfen ferner im Frieden nicht für andere Zwecke benutzt werden. 4 Eine nur gelegentliche oder geringfügige Benutzung ist indessen unbeachtlich. 5 Eine nur gelegentliche Nutzung liegt z. B. vor, wenn in einem für die begünstigten Zwecke geschaffenen Raum von Zeit zu Zeit Veranstaltungen abgehalten werden, zu deren Durchführung der Raum nicht besonders hergerichtet zu werden braucht. 6 Werden in einem Keller lediglich Gartengeräte abgestellt, so handelt es sich um eine geringfügige Nutzung.

(3) 1 Bei einem nach dem Ertragswertverfahren zu bewertenden Grundstück muß die auf begünstigte Gebäude oder Gebäudeteile und ggf. auch auf Einrichtungsgegenstände entfallende Miete aus der Jahresrohmiete ausgeschieden werden. 2 Im Sachwertverfahren bleibt der auf begünstigte Räume entfallende umbaute Raum außer Ansatz.

B. Unbebaute Grundstücke

6. Begriff des unbebauten Grundstücks (§ 72 Abs. 1 BewG)

(1) 1 Unbebaute Grundstücke sind Grundstücke, auf denen sich keine benutzbaren (bezugsfertigen) Gebäude befinden. 2 Flächen, die zu einem im Erbbaurecht bezugsfertig errichteten Gebäude oder zu einem bezugsfertigen Gebäude auf fremdem Grund und Boden gehören, gelten mit Rücksicht auf die vorhandenen Gebäude nicht als unbebaute Grundstücke (§ 92 Abs. 1, § 94 Abs. 1 BewG).

(2) 1 Die Entscheidung, ob ein Gebäude bezugsfertig ist, ist auf das ganze Gebäude und nicht auf einzelne Wohnungen oder Räume abzustellen. 2 Sind

---

[1] Jetzt § 39 Abs. 2 Nr. 1 Satz 2 AO.

[2] Nunmehr „Zivilschutz", vgl. § 71 BewG i. d. F. des G v. 20. 12. 2001, BGBl. I 2001, 3794.

[3] Aufgehoben durch Zivilschutzneuordnungsgesetz v. 25. 3. 1997 (BGBl. I 1997, 726) mit Ausnahme der §§ 7 und 12 Abs. 3. – Zur ErbSt vgl. § 197 BewG.

z.B. die Wohnungen im Erdgeschoß bereits vor einem Feststellungszeitpunkt, die übrigen Wohnungen jedoch erst danach bezugsfertig geworden, so ist das Gebäude erst zu dem darauffolgenden Feststellungszeitpunkt bezugsfertig. [3]Bis dahin ist das Grundstück noch als unbebautes Grundstück zu bewerten. [4]Wird dagegen ein Gebäude in Bauabschnitten errichtet, so gilt jeder in einem beendeten Bauabschnitt errichtete Teil des Gebäudes als ein bezugsfertiges Gebäude (§ 74 BewG). [5]Ein Gebäude wird z.B. dann in Bauabschnitten errichtet, wenn wegen der Schwierigkeiten der Kreditbeschaffung von einem mehrstöckigen Gebäude zunächst nur das Erdgeschoß fertiggestellt wird. [6]Werden dagegen die Bauarbeiten unterbrochen, weil eine Fortführung vorübergehend technisch nicht möglich ist (z.B. wegen einer Frostperiode), so schließt die Unterbrechung nicht einen Bauabschnitt ab.

(3) [1]Die Bezugsfertigkeit ist davon abhängig, ob den zukünftigen Bewohnern oder Benutzern zugemutet werden kann, die Wohnungen oder Räume zu benutzen. [2]Es kommt also nicht darauf an, wann die Wohnungen oder Räume tatsächlich bezogen werden. [3]Auch der Zeitpunkt der Abnahme durch die Bauaufsichtsbehörde ist nicht entscheidend. [4]Bei der Entscheidung, wann im einzelnen Falle eine Benutzung zumutbar ist, sind die sich ändernden Zeitumstände zu berücksichtigen (Urteil des OVG Lüneburg vom 21. 1. 1956, Bundesbaubl. 1957 S. 13). [5]Nach den heutigen Wohngewohnheiten ist die Zumutbarkeit nach strengen Maßstäben zu messen. [6]Mitunter werden Wohnungen oder Räume bereits bezogen, obwohl noch wesentliche Bauarbeiten (z.B. die Herstellung von Fußböden in einzelnen Zimmern) verrichtet werden müssen. [7]In diesen Fällen ist das Gebäude trotz seiner Benutzung in der Regel noch nicht bezugsfertig. [8]Andererseits kommt es vor, daß die zukünftigen Bewohner das Beziehen hinausschieben, obwohl nur noch geringfügige Restarbeiten auszuführen sind. [9]Das Gebäude ist dann, auch wenn die zukünftigen Bewohner es noch nicht benutzen, als bezugsfertig anzusehen.

7. Wertermittlung bei unbebauten Grundstücken (§ 9 BewG)

(1) [1]Für unbebaute Grundstücke ist das Verfahren, in dem der als Einheitswert festzustellende gemeine Wert (§ 9 Abs. 1 BewG) zu ermitteln ist, im Gesetz nicht besonders geregelt. [2]In § 9 Abs. 2 und 3 BewG sind lediglich allgemeine Bewertungsgrundsätze aufgestellt, die bei seiner Ermittlung zu beachten sind.

(2) [1]Der Wert unbebauter Grundstücke umfaßt den Wert des Grund und Bodens (Bodenwert) und den Wert der Außenanlagen. [2]Bei der Ermittlung der Bodenwerte ist im allgemeinen von durchschnittlichen Werten auszugehen, die sich für ein Gebiet, eine Straße oder einen Straßenabschnitt ohne Beachtung der Grundstücksgrenzen und ohne Rücksicht auf die besonderen Eigenschaften der einzelnen Grundstücke je Quadratmeter ergeben. [3]Aus den durchschnittlichen Werten sind die Bodenwerte der Grundstücke abzuleiten, indem im Einzelfall die Größe des Grundstücks sowie seine Besonderheiten und seine Abweichungen gegenüber den durchschnittlichen Verhältnissen berücksichtigt werden. [4]Als Besonderheiten und Abweichungen kommen vor allem der Anteil des Vorderlandes und des Hinterlandes (vgl. Abschnitt 8

Abs. 2), die besondere Lage, z.B. die Ecklage (vgl. Abschnitt 9), sowie die Größe, der Zuschnitt, die Oberflächenbeschaffenheit und der Baugrund (vgl. Abschnitt 10) in Betracht.

(3) 1 Durch die Erschließung *(§§ 123ff. BBauG)*[1] wird der Wert des Grundstücks erhöht. 2 Die Erschließung ist jedoch regelmäßig kein werterhöhendes Merkmal des einzelnen Grundstücks, sondern werterhöhendes Merkmal sämtlicher Grundstücke an einer Straße oder in einer Gegend. 3 Sie wird daher bereits im durchschnittlichen Wert berücksichtigt. 4 Die Werterhöhung tritt ein, wenn die Erschließungsanlagen ganz oder in einem Bauabschnitt endgültig hergestellt sind. 5 Es ist für den Wert des Grundstücks ohne Bedeutung, ob die Gemeinde Erschließungsbeiträge bereits angefordert hat oder ob sie Vorauszahlungen *(§ 133 Abs. 3 BBauG)*[1] verlangt hat; ebenso ist es ohne Bedeutung, ob der Eigentümer des Grundstücks vor Abschluß der Erschließung Vorauszahlungen geleistet hat. 6 Hierdurch können u.U. Forderungen oder Schulden begründet sein.

(4) Für die Ermittlung des Werts der Außenanlagen gilt Abschnitt 45 sinngemäß.

8. Getrennte Wertermittlung für Vorderland und Hinterland

(1) 1 Bei der Ermittlung des Bodenwerts ist eine Grundstücksfläche nur dann in Vorderland und Hinterland aufzuteilen, wenn dies auch zuvor bei der Ermittlung des durchschnittlichen Werts geschehen ist. 2 Bezieht sich der durchschnittliche Wert dagegen auf die Gesamtfläche, z.B. in der Regel bei Rohbauland, Industrieland, Verkehrsflächen und bei Grünflächen, unterbleibt die Aufteilung.

(2) 1 Ist die Grundstücksfläche in Vorderland und Hinterland aufzuteilen, so ist sie nach ihrer Tiefe in Zonen zu gliedern, deren Abgrenzung sich nach den örtlichen Verhältnissen richtet. 2 Gelten keine örtlichen Besonderheiten, so kann dabei im allgemeinen von folgendem ausgegangen werden:

3 Die Fläche bis 40 m Tiefe ist Vorderland (Zone I),
die Fläche über 40 m bis 80 m Tiefe ist Hinterland (Zone II),
die Fläche über 80 m Tiefe, soweit sie baulich ausnutzbar ist, ist Hinterland (Zone III a),
die Fläche über 80 m Tiefe, soweit sie baulich nicht ausnutzbar ist, ist Hinterland (Zone III b).

4 Die Wertansätze für das Hinterland betragen dann in der Regel in

Zone II etwa die Hälfte des Werts des Vorderlandes,
Zone III a etwa ein Viertel des Werts des Vorderlandes,
Zone III b weniger als ein Viertel des Werts des Vorderlandes.

(3) Ist die Grundstücksfläche so geschnitten, daß eine Aufteilung der Gesamtfläche in Vorderland und Hinterland nach den vorstehenden Grundsätzen nicht ohne weiteres möglich ist, so sind die auf Vorderland und Hinterland entfallenden Flächenanteile zu schätzen.

---

[1] Jetzt §§ 123ff. bzw. § 133 Abs. 3 BauGB.

9. Wertermittlung bei Eckgrundstücken

(1) Bei Eckgrundstücken ist in der Regel von dem höheren der Werte auszugehen, die für die begrenzenden Straßen gelten.

(2) [1]Eckgrundstücke können wertvoller, aber auch geringwertiger als Reihengrundstücke sein. [2]Ein höherer Wert ist in erster Linie durch die größere bauliche Ausnutzbarkeit der Eckgrundstücke begründet. [3]Bei Eckgrundstücken an Geschäftsstraßen wirkt außerdem eine höhere Ertragsfähigkeit werterhöhend (z. B. durch Eckläden).

(3) [1]Eckgrundstücke an Geschäftsstraßen haben infolge der bevorzugten Geschäftslage und der entsprechend höheren Ertragsfähigkeit einen wesentlich höheren Wert als andere Grundstücke der Geschäftsstraßen. [2]Dieser höhere Wert ist dadurch bedingt, daß gegenüber den Mehrerträgen, die infolge der bevorzugten Geschäftslage zu erwarten sind, die Bewirtschaftungskosten nicht in demselben Ausmaß steigen.

(4) [1]Eckgrundstücke am Schnittpunkt von Wohnstraßen haben gegenüber Reihengrundstücken nur dann einen höheren Wert, wenn auf ihnen ein Gebäude mit gewerblich genutzten Räumen (vor allem mit Eckläden oder einer Gastwirtschaft) errichtet werden kann. [2]Sind sie dagegen nur durch eine größere bauliche Ausnutzbarkeit bevorzugt, so ist ein höherer Wert im allgemeinen nicht anzunehmen, weil dieser Vorteil durch die erhöhten Bewirtschaftungskosten aufgehoben wird.

(5) [1]Bei Eckgrundstücken an Straßen, die für eine offene Bauweise oder für die Errichtung von Einfamilienhäusern und Zweifamilienhäusern vorgesehen sind, bedingt die Ecklage keinen Vorteil für das Grundstück. [2]Der Wert solcher Eckgrundstücke kann im Einzelfall sogar geringer sein als der Wert der Reihengrundstücke.

(6) [1]Ein höherer Wert auf Grund der Ecklage ist nur durch einen Zuschlag zu dem Wert des „engeren Eckgrundstücks" zu berücksichtigen. [2]Der Zuschlag ist nach einem Vomhundertsatz des durchschnittlichen Werts für die wertvollere Straße zu bemessen. [3]Die ortsübliche Vorderlandtiefe bestimmt an beiden Straßenfronten, von der Ecke aus gerechnet, die Abmessungen des „engeren Eckgrundstücks". [4]Dabei dürfen als Straßenfront höchstens je 30 m angesetzt werden. [5]Alle über diese Abmessungen hinausgehenden Grundstücksteile sind wie Grundstücke mit nur einer Straßenfront zu bewerten. [6]Als Anhalt für die Zuschläge können folgende Rahmensätze dienen:

am Schnittpunkt von Wohnstraßen	5 bis 10 v. H.,
am Schnittpunkt einer Geschäftsstraße mit einer Wohnstraße	15 bis 25 v. H.,
am Schnittpunkt zweier Geschäftsstraßen	25 bis 45 v. H.

[7]Die unteren Rahmensätze sind anzuwenden, wenn der durchschnittliche Wert für die weniger wertvolle Straße erheblich geringer als der Wert für die wertvollere Straße ist oder wenn es sich um eine weniger bevorzugte Geschäftslage handelt. [8]Die oberen Rahmensätze sind anzuwenden, wenn die durchschnittlichen Werte für die Straßen annähernd gleich sind und wenn es sich um eine besonders gute Geschäftslage handelt.

Beispiel:

Ein Eckgrundstück liegt an zwei Geschäftsstraßen mit einer besonders guten Geschäftslage. Die durchschnittlichen Werte für die Straßen sind 100 DM und 90 DM. Die ortsübliche Vorderlandtiefe beträgt 25 m. Zum Wert des „engeren Eckgrundstücks“ (25 m × 25 m = 625 m²) ist ein Zuschlag, der an der oberen Grenze der Rahmensätze liegt, von 45 v. H. = 45 DM zu machen. Der Wert des „engeren Eckgrundstücks“ beträgt dann 145 DM/m².

(7) [1]Spitzwinklige Eckgrundstücke haben einen geringeren Wert als rechtwinklige Eckgrundstücke, wenn sie von einer Wohnstraße oder von zwei Wohnstraßen begrenzt werden. [2]Werden sie dagegen von zwei Geschäftsstraßen begrenzt, so hebt der Vorteil, daß die Gebäude größere Schaufensterfronten haben können, in der Regel die Nachteile einer ungünstigen Grundrißgestaltung und einer geringeren Nutzfläche auf.

(8) [1]Gehen die Abmessungen des gesamten Grundstücks an beiden Straßenfronten über das „engere Eckgrundstück“ hinaus, ist die restliche Fläche von den beiden Straßenfronten aus in zwei Teilflächen aufzuteilen. [2]Für jede der beiden Teilflächen ist zunächst die Größe des Vorderlandes zu berechnen. [3]Das verbleibende Hinterland ist anteilig den beiden Teilflächen zuzurechnen. [4]Die Zurechnung eines Anteils zum „engeren Eckgrundstück“ unterbleibt, weil dieses nur aus Vorderland besteht.

Beispiel:

Ein Eckgrundstück liegt am Schnittpunkt zweier Geschäftsstraßen, deren Geschäftslage unterschiedlich ist. Es hat Abmessungen von 60 m und 40 m. Die durchschnittlichen Werte für die beiden Straßen betragen 120 DM und 60 DM. Die Vorderlandtiefe beträgt 30 m. Zum Wert für das „engere Eckgrundstück“ (30 m × 30 m = 900 m²) ist ein Zuschlag von 25 v. H. = 30 DM zu machen. Der Wert für das „engere Eckgrundstück“ beträgt danach 150 DM/ m².
Für die Ermittlung des Bodenwerts ist das Grundstück in drei Teilgrundstücke zu zerlegen, für die die Werte getrennt zu berechnen sind. Die Summe dieser drei Werte ergibt dann den Bodenwert des Grundstücks.

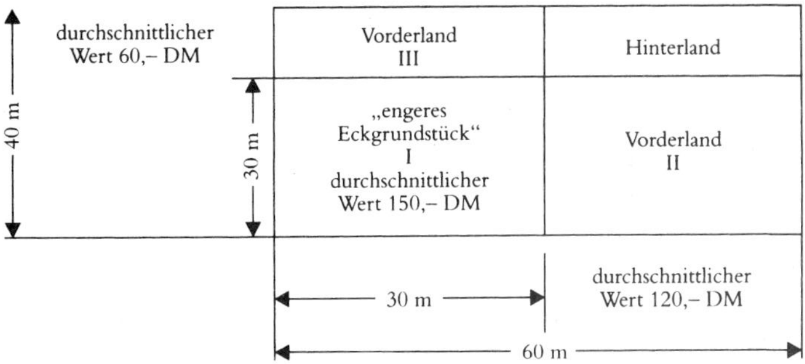

Teilgrundstück I

Das „engere Eckgrundstück“ besteht nur aus Vorderland. Seine Größe beträgt 30 m × 30 m = 900 m².

Teilgrundstück II

Das Grundstück hat an der wertvolleren Straße eine Straßenfront von 60 m. Davon entfallen auf das „engere Eckgrundstück“ 30 m, so daß noch eine Straßenfront von 30 m für das Teilgrundstück II verbleibt. Die Größe des Vorderlandes dieses Teilgrundstücks beträgt dann 30 m × 30 m = 900 m².

Teilgrundstück III

Das Grundstück hat an der weniger wertvollen Straße eine Straßenfront von 40 m. Davon entfallen auf das „engere Eckgrundstück" 30 m, so daß noch eine Straßenfront von 10 m für das Teilgrundstück III verbleibt. Die Größe des Vorderlandes dieses Teilgrundstücks beträgt dann 10 m × 30 m = 300 m^2.

Das verbleibende Hinterland von 300 m^2 (2400 m^2 Gesamtgröße – 900 m^2 Teilgrundstück I – 900 m^2 Teilgrundstück II – 300 m^2 Teilgrundstück III = 300 m^2) ist auf die Teilgrundstücke II und III entsprechend dem Verhältnis der Vorderlandgröße dieser Teilgrundstücke zu verteilen. Von dem Vorderland beider Teilgrundstücke (900 m^2 + 300 m^2 = 1200 m^2) entfallen auf Teilgrundstück II

$$\frac{900 \times 100}{1200} = 75 \text{ v.H.}$$

auf Teilgrundstück III

$$\frac{300 \times 100}{1200} = 25 \text{ v.H.}$$

Es sind also 75 v.H. von 300 m^2 Hinterland = 225 m^2 dem Teilgrundstück II und 25 v.H. von 300 m^2 Hinterland = 75 m^2 dem Teilgrundstück III zuzurechnen.
Die Einzelwerte sind wie folgt zu berechnen:

Teilgrundstück I

900 (m^2 Vorderland) × 150 DM .... 135 000 DM

Teilgrundstück II

900 (m^2 Vorderland) + $\frac{225}{2}$ (m^2 Hinterland) × 120 DM .... 121 500 DM

Teilgrundstück III

300 (m^2 Vorderland) + $\frac{75}{2}$ (m^2 Hinterland) × 60 DM .... 20 250 DM

Gesamtwert des Eckgrundstücks .... 276 750 DM

10. Sonstige Besonderheiten bei der Wertermittlung

(1) [1]Die Größe und der Zuschnitt eines Grundstücks sind für seine Ausnutzbarkeit wesentlich. [2]Der Umstand, daß ein Grundstück zu klein oder zu groß ist, mindert seinen Wert gegenüber dem Wert der in der betreffenden Gegend liegenden Grundstücke mit üblicher Größe. [3]Schmale und tiefgeschnittene Grundstücke haben meist einen geringeren Wert. [4]Ein gut geschnittenes Grundstück wird den unregelmäßig geschnittenen Grundstücken vorgezogen werden. [5]Die Verwendbarkeit eines tiefgeschnittenen Grundstücks, insbesondere seines Hinterlandes, für gewerbliche Zwecke erhöht seinen Wert. [6]Andererseits wird Hinterland, das weder baulich noch gewerblich, sondern nur als Gartenland nutzbar ist, u. U. nur mit dem Wert von gärtnerisch genutztem Land anzusetzen sein.

(2) [1]Die Oberflächenbeschaffenheit und der Baugrund (vgl. Abschnitt 35 Abs. 3) wirken sich nur dann auf den Bodenwert aus, wenn die besondere Beschaffenheit des Grund und Bodens, die z. B. eine außergewöhnliche Gründung erfordert, nur einzelne Grundstücke betrifft. [2]Werden im Vergleich zum Bodenwert erhebliche Kosten erforderlich, um das Grundstück baureif zu machen, so mindert dieser Umstand den Bodenwert. [3]Das kann auch für Trümmergrundstücke in Betracht kommen. [4]Die Höhe des Abschlags bestimmt sich nach den Umständen des Einzelfalls.

(3) [1]Die Lage eines Grundstücks kann sich auf den Bodenwert auswirken. [2]Wegen weiterer Einzelheiten vgl. Abschnitt 35 Abs. 3.

(4) [1]Ist der Eigentümer in der Nutzung seines Grundstücks wesentlich beschränkt, insbesondere zugunsten des Eigentümers eines anderen Grundstücks, z.B. durch eine Grunddienstbarkeit (§ 1018 BGB), so wird hierdurch der Bodenwert gegenüber dem Wert der Nachbargrundstücke gemindert. [2]Die Höhe des Abschlags bestimmt sich nach den Umständen des Einzelfalles. [3]Der Wert des berechtigten Grundstücks ist im allgemeinen entsprechend zu erhöhen.

(5) [1]Ist Kleingartenland als Grundvermögen zu bewerten (vgl. Abschnitt 2 Abs. 8), so sind im Hinblick auf die erheblichen Beschränkungen, denen das Kleingartenland unterliegt, von den sich aus den durchschnittlichen Werten ergebenden Werten die Beträge abzuziehen, die im allgemeinen als Räumungsentschädigung zu zahlen sind. [2]Ferner ist ein Betrag in Höhe von 20 v.H. zur Abgeltung der übrigen Beschränkungen zu berücksichtigen. [3]Der sich nach Abzug dieser Beträge ergebende Wert ist der Bodenwert.

11. Grundstücke mit Gebäuden von untergeordneter Bedeutung (§ 72 Abs. 2 und § 9 BewG)

(1) [1]Grundstücke mit Gebäuden von untergeordneter Bedeutung gelten nach § 72 Abs. 2 BewG auch dann, wenn die Gebäude benutzbar sind, als unbebaute Grundstücke. [2]Ein solcher Fall liegt z.B. dann vor, wenn auf einem größeren Grundstück ein geringwertiges Wochenendhaus errichtet ist oder auf einem wertvollen Grundstück, das für ein Geschäftshaus geeignet ist, Kioske oder Baracken stehen oder auf einem Zeltplatz die Gebäude von geringem Umfang und Wert sind.

(2) Handelt es sich jedoch um Gebäude mit einigem Wert auf einem größeren Grundstück, so kann das Gebäude zwar nach seiner Zweckbestimmung angesichts der Größe des Grundstücks von untergeordneter Bedeutung sein, der Wert der Gebäude steht aber einer Bewertung als unbebautes Grundstück entgegen.

12. Grundstücke mit zerstörten oder dem Verfall preisgegebenen Gebäuden (§ 72 Abs. 3 und § 9 BewG)

(1) [1]Sind auf dem Grundstück keine auf die Dauer benutzbaren Räume vorhanden, weil die Gebäude zerstört oder dem Verfall preisgegeben worden sind, so ist das Grundstück nach § 72 Abs. 3 BewG als unbebautes Grundstück zu bewerten. [2]Das gilt insbesondere auch für die Grundstücke, die auf Grund des Fortschreibungsgesetzes vom 10. März 1949 (Gesetzblatt der Verwaltung des Vereinigten Wirtschaftsgebietes S. 25) bisher als bebaute Grundstücke der vor der Zerstörung der Gebäude in Betracht kommenden Grundstücksart gegolten haben. [3]Sind jedoch noch Keller vorhanden, die zu gewerblichen oder zu Wohnzwecken ausgebaut und deshalb auf die Dauer benutzbar sind, so muß das Grundstück weiter als ein bebautes Grundstück behandelt werden.

(2) Für die noch vorhandenen Gebäudereste mindert sich der Bodenwert um die Kosten, die im Hauptfeststellungszeitpunkt zu ihrer Beseitigung hätten aufgewendet werden müssen.

13. Baureife Grundstücke (§ 73 BewG)

[1]§ 73 BewG erlangt erst dann Bedeutung, wenn für die baureifen Grundstücke in einem künftigen Steuergesetz eine andere Besteuerung (z.B. eine

andere Steuermeßzahl oder ein anderer Hebesatz bei der Grundsteuer) als für die nicht unter diese Grundstücksart fallenden unbebauten Grundstücke bestimmt werden sollte. 2 Nach *§ 216 AO*[1] sind erst von diesem Zeitpunkt an in den Einheitswertbescheiden Feststellungen zu treffen, daß es sich bei einem unbebauten Grundstück um ein baureifes Grundstück handelt. 3 Soweit Einheitswertbescheide dann bereits ergangen sind, müssen Ergänzungsbescheide erlassen werden *(§ 216 Abs. 2 AO)*.[2] 4 Für einen derartigen künftigen Fall ist die Grundstücksart der baureifen Grundstücke schon jetzt innerhalb der unbebauten Grundstücke im Gesetz abgegrenzt.

C. Bebaute Grundstücke, Allgemeines

14. Begriff der bebauten Grundstücke (§ 74 BewG)

1 Der Begriff des Gebäudes ist in Abschnitt 1 Abs. 2 erläutert. 2 Wegen der Frage der Benutzbarkeit und Bezugsfertigkeit von Gebäuden vgl. Abschnitt 6.

15. Arten der bebauten Grundstücke (§ 75 BewG)

(1) 1 Die Arten der bebauten Grundstücke sind in § 75 Abs. 1 Nr. 1 bis 6 BewG erschöpfend aufgezählt. 2 Bebaute Grundstücke, die sich nicht in eine der Grundstücksarten nach den Nummern 1 bis 5 einordnen lassen, gehören zu der Grundstücksart „sonstige bebaute Grundstücke".

(2) 1 Die Einordnung eines Grundstücks in eine der drei Grundstücksarten „Mietwohngrundstücke", „Geschäftsgrundstücke" und „gemischtgenutzte Grundstücke" richtet sich nach der tatsächlichen Nutzung im Feststellungszeitpunkt. 2 Bei verschiedenartiger Nutzung ist die gesamte Jahresrohmiete in die Miete für Wohnungen einerseits und in die Miete für die gewerblichen oder öffentlichen Zwecken dienenden Grundstücksteile andererseits aufzuteilen. 3 Für grundsteuerbegünstigte Teile des Grundstücks ist dabei die nach § 79 Abs. 3 BewG um 12 v.H., für Arbeiterwohnstätten die nach § 79 Abs. 4 BewG um 14 v.H. erhöhte Jahresrohmiete anzusetzen. 4 Zu den Wohnungen sind auch solche Gebäude und Gebäudeteile zu rechnen, die als Zubehörräume der Wohnungen anzusehen sind (z.B. Garagen, Schuppen, Stallgebäude). 5 Gewerblichen Zwecken dienen Grundstücke oder Grundstücksteile, wenn sie zu eigenen oder fremden gewerblichen Zwecken oder für einen wirtschaftlichen Geschäftsbetrieb verwendet werden (z.B. Werkstätten, Verkaufsläden, Büroräume). 6 Das gilt auch für einzelne Räume innerhalb einer Wohnung, wenn sie ausschließlich gewerblich benutzt werden. 7 Die Verwendung für gewerbliche Zwecke setzt eine selbständige nachhaltige Betätigung voraus, die mit Gewinnabsicht unternommen wird und sich als Beteiligung am allgemeinen wirtschaftlichen Verkehr darstellt (vgl. *§ 1 der GewStDV 1961;*[3] RFH-Urteil vom 24. 4. 1928, RStBl. S. 195). 8 Dem Betrieb eines Gewerbes steht

---

[1] Jetzt § 19 Abs. 3 BewG.
[2] Jetzt § 179 Abs. 3 AO.
[3] Vgl. jetzt § 15 Abs. 2 EStG.

die Ausübung eines freien Berufes gleich (§ 96 BewG). 9 Wohnräume, die gewerblich oder beruflich nur mitbenutzt werden, sind nicht als gewerblichen Zwecken dienende Räume zu behandeln. 10 Öffentlichen Zwecken dienen vor allem Grundstücke, auf denen sich Dienstgebäude der öffentlichen Verwaltung befinden. 11 Ist ein solches Grundstück von der Grundsteuer *(§§ 4 bis 6 GrStG)*[1] und von den anderen einheitswertabhängigen Steuern ganz oder teilweise befreit, so ist ein Einheitswert insoweit nicht festzustellen. 12 In diesem Fall bleibt der steuerbefreite Teil bei der Entscheidung, welcher Grundstücksart das Grundstück zuzurechnen ist, außer Betracht. 13 Ist dagegen das ganze Grundstück steuerpflichtig, so ist bei seiner Einordnung in eine Grundstücksart und bei seiner Bewertung auch der öffentlichen Zwecken dienende Teil zu erfassen. 14 Das Grundstück kann dann entsprechend dem Verhältnis der Jahresrohmieten ein Geschäftsgrundstück, ein gemischtgenutztes Grundstück oder ein Mietwohngrundstück sein. 15 Dienstwohnungen und andere Wohnungen in einem sonst wegen Steuerfreiheit nicht zu bewertenden Dienstgebäude sind ohne Rücksicht auf ihre Anzahl wie ein Mietwohngrundstück zu behandeln. 16 Ist die Befreiung bei den einzelnen einheitswertabhängigen Steuern unterschiedlich, so sind für die einzelnen Steuern Einheitswerte festzustellen *(§ 214 Nr. 3 Buchstabe b AO),*[2] bei denen die Grundstücksart unterschiedlich sein kann.

(3)[3] 1 Für die Einordnung eines Wohngrundstücks in die Grundstücksart „Einfamilienhäuser" ist allein maßgebend, ob es nur eine Wohnung enthält; Wohnungen des Hauspersonals bleiben außer Betracht. 2 Ohne Bedeutung ist, ob das Gebäude im Feststellungszeitpunkt vom Eigentümer selbst bewohnt wird oder an Dritte vermietet ist. 3 Eine Wohnung ist eine Zusammenfassung von Wohnraum und Nebengelaß. 4 Der Inhaber der Wohnung muß in der Lage sein, in den ihm zur Verfügung stehenden Räumen einen eigenen Haushalt zu führen. 5 Das ist in der Regel dann der Fall, wenn eine eigene Küche oder zumindest eine Kochgelegenheit und eine Toilette vorhanden sind (vgl. hierzu das zur Grundsteuer ergangene Urteil des BFH vom 16. 12. 1955, BStBl. 1956 III S. 47). 6 Bei der Prüfung der Frage, ob eine Wohnung vorliegt, sind die Verkehrsauffassung und die besonderen örtlichen Verhältnisse zu berücksichtigen (BFH-Urteil vom 1. 8. 1952, BStBl. III S. 251). 7 *Zum Begriff einer Wohnung gehört jedoch nicht allgemein, daß sie gegen andere Wohnungen und Wohnräume abgeschlossen ist und einen selbständigen Zugang hat* (BFH-Urteil vom 16. 12. 1955 a. a. O.).[4] 8 Einzelräume, die leer oder möbliert vermietet werden, erfüllen demnach die Voraussetzungen, die an den Begriff einer Wohnung gestellt werden, regelmäßig nicht (vgl. hierzu BFH-Urteil vom 1. 8. 1952 a. a. O.). 9 Unter den hier genannten Voraussetzungen sind auch Wochenendhäuser, die während des ganzen Jahres bewohnbar sind, als Einfamilienhäuser zu behandeln. 10 Ob die teilweise Nutzung eines Wohngrundstücks zu gewerblichen oder öffentlichen Zwecken ihm die Eigenart als Einfamilien-

---

[1] Jetzt §§ 3–8 GrStG.

[2] Jetzt § 19 Abs. 2 Satz 2 BewG.

[3] Zum Wohnungsbegriff vgl. Ländererlaß v. 15. 5. 1985, BStBl. I 1985, 201.

[4] Vgl. aber BFH v. 8. 2. 1985 III R 62/84, BStBl. II 1985, 319, und Ländererlaß v. 15. 5. 1985, BStBl. I 1985, 201.

haus nimmt, hängt von der Verkehrsauffassung ab; dabei ist das Ausmaß der gewerblichen (öffentlichen) Nutzung von Bedeutung, doch kann es nicht allein entscheidend sein (BFH-Urteil vom 3. 2. 1956, BStBl. III S. 78). [11]Ein Wohngrundstück mit nur einer Wohnung, dessen Gebäude zu weniger als der Hälfte seiner Wohn- und Nutzfläche zu gewerblichen (öffentlichen) Zwecken benutzt wird, kann demnach in der Regel als Einfamilienhaus behandelt werden.

(4) [1]Zu der Grundstücksart „Zweifamilienhäuser“ gehören außer den eigentlichen Zweifamilienhäusern mit zwei gleichwertigen Wohnungen auch die Wohngrundstücke, die eine Hauptwohnung und eine Einliegerwohnung enthalten. [2]Dabei ist es gleichgültig, ob eine Wohnung vermietet ist, ob beide Wohnungen vermietet oder ob beide Wohnungen eigengenutzt sind.

(5) [1]Für die Behandlung von nur einem Eigentümer gehörenden Doppelhäusern und Reihenhäusern als Einfamilienhäuser, Zweifamilienhäuser oder Mietwohngrundstücke ist maßgebend, ob die einzelnen Wohngrundstücke als selbständige wirtschaftliche Einheiten im Sinne des § 2 BewG anzusehen sind. [2]Falls die Doppelhäuser und Reihenhäuser durch Brandmauern oder Trennwände voneinander getrennt sind und einen gesonderten Eingang usw. haben und damit nach ihrer baulichen Gestaltung und Einrichtung unabhängig voneinander veräußert werden können, ist jedes Grundstück als selbständige wirtschaftliche Einheit zu behandeln (RFH-Urteil vom 29. 10. 1942, RStBl. 1943 S. 7; BFH-Urteil vom 7. 2. 1964, BStBl. III S. 180).

(6) [1]Zu den sonstigen bebauten Grundstücken gehören bebaute Grundstücke, die weder Wohnzwecken noch gewerblichen oder öffentlichen Zwecken dienen. [2]Hierunter fallen z.B. Clubhäuser, Vereinshäuser, Bootshäuser, studentische Verbindungshäuser, Turnhallen, Schützenhallen und Jagdhütten. [3]Kindererholungsheime sind nicht als Mietwohngrundstücke, sondern als sonstige bebaute Grundstücke zu behandeln; der wesentliche Zweck dieser Heime ist nicht die Befriedigung des Wohnbedürfnisses, sondern in erster Linie das Bestreben, die aufgenommenen Kinder gesundheitlich zu fördern (RFH-Urteil vom 25. 6. 1931, RStBl. S. 867). [4]Voraussetzung ist hier jedoch, daß sich der Betrieb der Kindererholungsheime im einzelnen Fall nicht als Gewerbebetrieb darstellt (vgl. die Ausführungen zu Absatz 2). [5]In diesem Falle ist ein solches Grundstück als Geschäftsgrundstück zu behandeln. [6]Auch selbständige Garagengrundstücke sind sonstige bebaute Grundstücke, falls sie nicht gewerblich genutzt werden. [7]Wochenendhäuser, die nicht Einfamilienhäuser sind (vgl. Absatz 3), sind ebenfalls den sonstigen bebauten Grundstücken zuzurechnen.

(7) [1]In § 75 BewG ist nichts Besonderes über die Bestimmung der Grundstücksart in den Fällen vorgeschrieben, in denen ein Grundstück Wohnzwecken, gewerblichen oder öffentlichen Zwecken und „sonstigen Zwecken“ dient. [2]In Betracht kommen hier drei Gruppen von Fällen. [3]Das Grundstück dient

1. teils Wohnzwecken, teils „sonstigen Zwecken“,

2. teils gewerblichen oder öffentlichen Zwecken, teils „sonstigen Zwecken“,

3. teils Wohnzwecken, teils gewerblichen oder öffentlichen Zwecken, teils „sonstigen Zwecken".

4 Da sich die Einordnung eines Grundstücks in eine der im Gesetz bezeichneten Grundstücksarten vor allem nach seiner überwiegenden Nutzung für bestimmte Zwecke richtet, ist in diesen Fällen die in § 75 Abs. 2 und 3 BewG für die Mietwohngrundstücke und die Geschäftsgrundstücke getroffene Regelung entsprechend anzuwenden. 5 Bebaute Grundstücke, die zu mehr als 80 v.H. der Jahresmiete oder, wenn sie nicht ganz vermietet sind, zu mehr als 80 v.H. der Wohn- und Nutzfläche „sonstigen Zwecken" dienen, sind als sonstige bebaute Grundstücke zu behandeln. 6 Andernfalls sind sie entsprechend ihrer tatsächlichen Nutzung als Mietwohngrundstücke, als Geschäftsgrundstücke oder als gemischtgenutzte Grundstücke zu bewerten. 7 Dabei ist die Nutzung für „sonstige Zwecke" der Nutzung für gewerbliche oder öffentliche Zwecke gleichzuachten, da sie der Nutzung für gewerbliche oder öffentliche Zwecke am nächsten kommt. 8 Grundstücksteile, die wegen ihrer Steuerfreiheit nicht zu bewerten sind, bleiben sowohl bei der Entscheidung, ob ein sonstiges bebautes Grundstück oder ein bebautes Grundstück einer der in § 75 Abs. 1 Nr. 1 bis 5 BewG bezeichneten Arten vorliegt, als auch bei der Entscheidung, welche dieser Grundstücksarten ggf. zutrifft, außer Betracht.

Beispiel A:

In einem Vereinshaus, das ein Tennisverein auf dem ihm gehörenden Grundstück errichtet hat, befinden sich die Vereinsräume, die Wohnung des Platzwartes und ein kleines Ladengeschäft. Bei der Entscheidung der Frage, in welche Grundstücksart das Grundstück einzuordnen ist, bleiben die von der Grundsteuer befreiten Grundstücksteile *(§ 4 Ziff. 4 GrStG, § 8 Abs. 1, 2 und 4 GrStDV)*[1] außer Betracht. Das Gebäude wird – gemessen nach seiner restlichen Wohn- und Nutzfläche – zu 85 v.H. für „sonstige Zwecke", zu 10 v.H. für Wohnzwecke und zu 5 v.H. für gewerbliche Zwecke genutzt. Das Grundstück ist daher ein sonstiges bebautes Grundstück.

Beispiel B:

Ein bebautes Grundstück enthält ein Ladengeschäft, Wohnungen und Räume, die an eine studentische Verbindung vermietet sind. Die an sie vermieteten Räume nehmen eins der vier Vollgeschosse ein. Nach dem Verhältnis der Jahresrohmieten wird das Grundstück zu 30 v.H. für gewerbliche Zwecke, zu 45 v.H. für Wohnzwecke und zu 25 v.H. für die „sonstigen Zwecke" der Verbindung genutzt. Da es zu 55 v.H. gewerblichen und ihnen gleichgeachteten „sonstigen Zwecken" und zu 45 v.H. Wohnzwecken dient, ist es als ein gemischtgenutztes Grundstück zu bewerten.

16. Bewertung der bebauten Grundstücke (§ 76 BewG)

(1) 1 § 76 BewG sieht für die Wertermittlung bei den bebauten Grundstücken zwei Verfahren vor, deren Anwendung sich hauptsächlich nach der Art des in Betracht kommenden Grundstücks richtet. 2 Wegen des Ertrags-

[1] Vgl. jetzt § 3 Abs. 1 Nr. 1 und 3 GrStG.

wertverfahrens vgl. die Abschnitte 18 bis 33, wegen des Sachwertverfahrens vgl. die Abschnitte 34 bis 46.

(2)[1] [1]Einfamilienhäuser und Zweifamilienhäuser werden nach § 76 Abs. 1 BewG grundsätzlich im Ertragswertverfahren bewertet. [2]Eine Ausnahme bilden solche Grundstücke, die besonders gestaltet oder ausgestattet sind. [3]Diese werden nach § 76 Abs. 3 Nr. 1 BewG im Sachwertverfahren bewertet.

(3) Eine besondere Gestaltung liegt vor allem dann vor, wenn das Gebäude wegen der Größe der Wohnfläche, der Form oder der Anordnung der Wohnräume oder in anderer Weise so stark von der üblichen Gestaltung abweicht, daß im Falle der Vermietung eine dem Wert des Grundstücks angemessene Miete nicht erzielt werden könnte.

(4) [1]Ob eine besondere Ausstattung vorliegt, ist nach dem Gesamtcharakter des Grundstücks zu entscheiden. [2]Die folgenden Merkmale können für diese Entscheidung als Anhaltspunkte herangezogen werden. [3]Ein einzelnes Merkmal genügt jedoch nicht, vielmehr müssen mehrere solcher Merkmale bei im übrigen guter Ausstattung gleichzeitig vorliegen.

Merkmale:

1. Dach mit Kupfer oder Blei gedeckt.
2. Fassade aus Naturstein oder anderen wertvollen Baustoffen.
3. Treppen aus besonders wertvollem Material, z.B. Marmor oder Naturstein; Geländer kunstgeschmiedet, geschnitzt oder aus wertvollem Metall.
4. Türen aus Eiche (massiv) oder Edelholz (massiv oder furniert).
5. Verglasung aus Spiegelglas, Isolier- oder Bleiverglasung.
6. Räume mit wertvoller Vertäfelung der Wände oder Decken, eingebauten Wandschränken mit Türen aus Edelholz oder massiver Eiche, sonstige kostbare Wand- und Deckenbehandlung, wie z.B. kostbare Stoff- oder Lederbespannung, wertvolle Wand- und Deckenmalereien.
7. Wertvoller Fußbodenbelag, z.B. Parkett aus verschiedenen Holzarten oder aus Edelholz, Marmorböden, Solnhofer Platten, Veloursböden.
8. Klimaanlage.
9. Je Wohnung mehr als 2 Bäder oder zusätzlich zu einem Bad mehrere Duschen.
10. Offener Kamin aus wertvollem Baustoff.
11. Schwimmbecken.
12. Aufwendige Nebengebäude oder Außenanlagen, z.B. Reithalle, Tennisplatz, Wasserspiele.

(5) [1]Mietwohngrundstücke, gemischtgenutzte Grundstücke und Geschäftsgrundstücke werden ebenfalls grundsätzlich im Ertragswertverfahren bewertet. [2]Jedoch sind bei den Geschäftsgrundstücken bestimmte Gruppen (Absätze 6

---

[1] Die Wertverhältnisse 1. 1. 1964 sind maßgebend; vgl. BFH v. 11. 1. 2006 II R 12/04, BStBl. II 2006, 615.

und 7) und bei allen drei Grundstücksarten bestimmte Einzelfälle (Absatz 8) ausgenommen und ins Sachwertverfahren verwiesen.

(6) [1]Nach dem Sachwertverfahren werden solche Gruppen von Geschäftsgrundstücken bewertet, für die weder eine Jahresrohmiete ermittelt noch die übliche Miete nach § 79 Abs. 2 BewG geschätzt werden kann (§ 76 Abs. 3 Nr. 2 BewG). [2]Es handelt sich hierbei um meist eigengenutzte Geschäftsgrundstücke mit Gebäuden, die mit Rücksicht auf ihre Verwendung innerhalb bestimmter gewerblicher Betriebe besonders gestaltet und auch bei den gewerblichen Betrieben derselben Art von Fall zu Fall sehr unterschiedlich sind. [3]Danach werden insbesondere folgende Gruppen von Geschäftsgrundstücken im Sachwertverfahren bewertet: Fabrikgrundstücke, Theatergrundstücke, Lichtspielhäuser, Sanatorien, Kliniken, Privatschulen, Grundstücke mit größeren Verwaltungsgebäuden, Grundstücke für Bank- und Kreditinstitute, Grundstücke für Versicherungsunternehmen sowie Werkstätten, Bahngrundstücke, Hafengrundstücke, Garagengrundstücke, Tankstellengrundstücke, Molkereigrundstücke, Kühlhäuser, Trockenhäuser, Markthallen, Verkaufsstände, Ausstellungs- und Messehallen, Trinkhallen, Hallenbäder, Badehäuser und Transformatorenhäuser. [4]Von den Verwaltungsgebäuden, Versicherungsgebäuden u. ä. sind die nach dem Ertragswertverfahren zu bewertenden Bürohäuser zu unterscheiden. [5]Bürohäuser sind nach ihrer baulichen Gestaltung dazu bestimmt oder geeignet, zu Bürozwecken vermietet zu werden.

(7) [1]Im Sachwertverfahren werden auch Hotelgrundstücke, Zeltplätze (Campinggrundstücke), Warenhausgrundstücke und Lagerhausgrundstücke bewertet. [2]Hotelgrundstücke sind Grundstücke, die der Beherbergung dienen. [3]Zu ihnen gehören auch Fremdenheime. [4]Das Sachwertverfahren ist dagegen nicht bei Grundstücken anzuwenden, bei denen die Beherbergung nur eine untergeordnete Rolle spielt. [5]Zeltplätze sind als Geschäftsgrundstücke im Sachwertverfahren zu bewerten, wenn sie als bebaute Grundstücke anzusehen sind und für gewerbliche Zwecke genutzt werden. [6]Die Behandlung der Zeltplätze als bebaute Grundstücke setzt voraus, daß sich auf ihnen Gebäude mit einigem Wert befinden (vgl. Abschnitt 11 Abs. 1), z. B. ein oder mehrere Gebäude mit Gaststätten, Aufenthaltsräumen, Läden, Waschräumen o. ä. [7]Als Warenhausgrundstücke werden Geschäftsgrundstücke bewertet, die im ganzen oder weit überwiegend dem Betrieb eines Einzelhandelsunternehmens dienen und die üblichen Ladengrundstücke an Umfang übertreffen. [8]Auf die Art des Betriebs kommt es hierbei nicht an. [9]Als Warenhäuser sind auch die – hinsichtlich der Art der angebotenen Waren beschränkten – Kaufhäuser und Spezialkaufhäuser größeren Umfangs anzusehen. [10]Lagerhausgrundstücke dienen überwiegend dem Handel und dem Speditionsgewerbe. [11]Wie Lagerhäuser sind auch Auslieferungslager von Fabrikationsbetrieben sowie Umschlagsschuppen und Lagergebäude zu behandeln, die von Handelsbetrieben (Holzhandel, Schrotthandel, Baustoffhandel u. a.) benutzt werden.

(8) [1]Für die Anwendung des Sachwertverfahrens im Einzelfall kommen nach § 76 Abs. 3 Nr. 2 BewG z. B. zusammen mit dem Betriebsinventar vermietete Geschäftsgrundstücke in Betracht, bei denen die einheitlich bemessene Gesamtmiete eine Aufteilung in das auf die Benutzung des Grundstücks entfallende Entgelt und in das auf die Überlassung des Inventars entfallende

Entgelt auch im Wege der Schätzung nicht zuläßt (vgl. hierzu RFH-Urteil vom 14. 2. 1935, RStBl. S. 723). [2]Das gleiche gilt in den Fällen eigengenutzter Mietwohngrundstücke, Geschäftsgrundstücke und gemischtgenutzter Grundstücke, bei denen für die Schätzung der üblichen Miete Vergleichsgrundstücke nicht zur Verfügung stehen.

(9) [1]Grundstücke mit Behelfsbauten, die nach § 76 Abs. 3 Nr. 3 BewG im Sachwertverfahren bewertet werden, sowie Grundstücke, für die das Sachwertverfahren vorgeschrieben ist, weil die Vervielfältigertabellen in den Anlagen 3 bis 8 zum Bewertungsgesetz keinen für diese Fälle im Ertragswertverfahren anzuwendenden Vervielfältiger enthalten, können zu jeder der in § 76 Abs. 1 BewG aufgezählten fünf Grundstücksarten gehören. [2]Bei den Behelfsbauten handelt es sich vor allem um solche Gebäude, die nur für einen vorübergehenden Zweck errichtet worden sind oder deren Lebensdauer infolge ihrer Bauart, ihrer Bauausführung oder infolge der Verwendung bestimmter Baustoffe verhältnismäßig gering ist. [3]Zu ihnen gehören z.B. Behelfsheime und behelfsmäßige Ladengebäude. [4]Zu den Grundstücken, die in Ermangelung eines im Ertragswertverfahren anzuwendenden Vervielfältigers im Sachwertverfahren bewertet werden, gehören u.a. Grundstücke mit Gebäuden in Holzfachwerk, die ohne massive Fundamente errichtet sind, oder Grundstücke mit Gebäuden aus Wellblech, soweit die Gebäude nicht unter den Begriff der Behelfsbauten fallen.

17. Mindestwert (§ 77 BewG)

(1) [1]Die Mindestbewertung setzt voraus, daß Grund und Boden und Gebäude zusammen eine wirtschaftliche Einheit bilden. [2]Sie ist daher bei der Bewertung von Gebäuden auf fremdem Grund und Boden (§ 94 BewG) nicht anzuwenden, weil hier Grund und Boden und Gebäude getrennt bewertet werden.

(2) [1]Die Regelung über die Mindestbewertung stellt nur darauf ab, ob der gemeine Wert des Grund und Bodens ohne Außenanlagen – *ggf. aber unter Berücksichtigung von Abbruchkosten (vgl. Absatz 4)* – höher ist als der Wert, der sich nach den Vorschriften über die Bewertung bebauter Grundstücke ergibt. [2]Ist dies der Fall, so ist der höhere Bodenwert – Mindestwert – als Einheitswert festzustellen. [3]Weitere Voraussetzungen bestehen für die Mindestbewertung nicht. [4]Der Einheitswert umfaßt aber – wie auch sonst bei der Bewertung der bebauten Grundstücke – den Grund und Boden, die aufstehenden Gebäude und die Außenanlagen (vgl. hierzu BFH-Urteil vom 15. 3. 1963, BStBl. III S. 252).

(3) [1]Die Mindestbewertung kommt hauptsächlich in Fällen der an sich nach dem Ertragswertverfahren vorgeschriebenen Bewertung in Betracht, bei der der Einheitswert unabhängig vom Wert des Grund und Bodens ermittelt wird. [2]Auch beim Sachwertverfahren kann die Mindestbewertung in Betracht kommen. [3]Dies trifft z.B. in den Fällen zu, in denen der Bodenwert hoch ist, dagegen die Wertzahl (§ 90 BewG) sowie der Wert der Gebäude und Außenanlagen (§§ 85 und 89 BewG) gering sind. [4]Unter diesen Umständen kann sich im Sachwertverfahren nach § 83 BewG für das Grundstück ein Grundstückswert ergeben, der unter dem Wert des Grund und Bodens liegt.

(4)[1] [1]*Die Berücksichtigung von Abbruchkosten nach § 77 Satz 2 BewG setzt voraus, daß auf dem Grundstück einzelne Gebäude oder Gebäudeteile (z.B. ein Gebäudeflügel oder die oberen Stockwerke eines Gebäudes) nicht mehr benutzbar sind und daher aus bautechnischen Gründen abgebrochen werden müssen.* [2]*Dagegen sind die Kosten unberücksichtigt zu lassen, die durch einen gleichzeitigen Abbruch noch benutzbarer Gebäude oder Gebäudeteile entstehen.* [3]*Kosten, die dadurch entstehen, daß Gebäude oder Gebäudeteile abgebrochen werden, um das Grundstück entsprechend seinem Bodenwert wirtschaftlich sinnvoller auszunutzen, können ebenfalls bei der Ermittlung des Grundstückswerts nicht abgezogen werden.*

D. Ertragswertverfahren

I. Allgemeines

18. Überblick über das Verfahren

(1) [1]Die Ermittlung des Grundstückswerts auf der Grundlage des Ertragswertverfahrens ist in den §§ 78 bis 82 BewG geregelt. [2]Der Grundstückswert ergibt sich nach diesem Verfahren durch Anwendung eines Vervielfältigers (vgl. Abschnitte 26 bis 29) auf die Jahresrohmiete (vgl. Abschnitte 21 bis 25) und umfaßt den Bodenwert, den Gebäudewert und den Wert der Außenanlagen.

(2) [1]Die durch Vervielfachung der Jahresrohmiete ermittelten Grundstückswerte werden nach § 81 BewG in solchen Gemeinden allgemein ermäßigt oder erhöht, in denen infolge besonders hoher oder niedrigerer Hebesätze die Grundsteuerbelastung erheblich von der in den Vervielfältigern berücksichtigten durchschnittlichen Belastung abweicht (vgl. Abschnitt 30). [2]Ferner sind Grundstückswerte nach § 82 BewG in Einzelfällen zu ermäßigen oder zu erhöhen, wenn besondere Umstände tatsächlicher Art vorliegen, die den Wert beeinflussen (vgl. Abschnitte 31 bis 33).

(3) [1]In seiner äußeren Anwendungsform gleicht das Ertragswertverfahren dem bei der Hauptfeststellung 1935 angewendeten Jahresrohmietverfahren. [2]Bei beiden Verfahren wird der Grundstückswert durch Anwendung eines Vervielfältigers auf die Jahresrohmiete ermittelt. [3]Im Gegensatz zu dem früheren Jahresrohmietverfahren handelt es sich aber bei dem Ertragswertverfahren um ein Verfahren, bei dem der Einheitswert auf der Grundlage des Reinertrags ermittelt wird. [4]Zwar wird der Reinertrag bei der Wertermittlung des einzelnen zu bewertenden Grundstücks nicht besonders festgestellt; er ist jedoch die Grundlage bei der Bildung der auf die Rohmiete anzuwendenden Vervielfältiger gewesen. [5]Den Vervielfältigern liegen Reinerträge zugrunde, die unter Berücksichtigung pauschalierter Bewirtschaftungskosten (vgl. Abschnitt 19) und pauschalierter Bodenertragsanteile (vgl. Abschnitt 20), aufgegliedert nach Grundstücksarten, Baujahrgruppen und Gemeindegrößenklas-

[1] Gegenstandslos wegen der derzeitigen Fassung von § 77 BewG.

sen, ermittelt worden sind. [6]Die Vervielfältiger ergeben sich aus den Tabellen der Anlagen 3 bis 8 des Gesetzes.[1)]

(4) Zur Vereinfachung der praktischen Bewertungsarbeit sind diesen Richtlinien als Anlagen 1 bis 8 Vervielfältigertabellen beigefügt, die nicht wie im Gesetz nach Grundstücksarten, sondern nach Gemeindegrößen gegliedert sind.[2)]

19. Bewirtschaftungskosten

(1) [1]Die Pauschalierung der Bewirtschaftungskosten schließt ihre Berücksichtigung in abweichender Höhe nach Lage des einzelnen Falles aus. [2]Bewirtschaftungskosten sind die zur ordnungsmäßigen Bewirtschaftung von Grundstücken laufend erforderlichen Kosten. [3]Das sind, abgesehen von der Abschreibung, die bereits außerhalb der Pauschalierung der Bewirtschaftungskosten bei der Berechnung der Vervielfältiger berücksichtigt ist:

1. die Verwaltungskosten,
2. die Instandhaltungskosten,
3. das Mietausfallwagnis,
4. die Betriebskosten.

(2) [1]Verwaltungskosten sind die Kosten der zur Verwaltung von Grundstücken erforderlichen Arbeitskräfte und Einrichtungen, die Kosten der Aufsicht sowie der Wert der vom Eigentümer (Vermieter) geleisteten Verwaltungsarbeit. [2]Zu den Verwaltungskosten gehören auch die Kosten für die gesetzlichen oder freiwilligen Prüfungen des Jahresabschlusses und der Geschäftsführung.

(3) Instandhaltungskosten sind die Kosten, die während der Nutzungsdauer zur Erhaltung des bestimmungsmäßigen Gebrauchs der baulichen Anlagen aufgewendet werden müssen, um die durch Abnutzung, Alterung und Witterungseinflüsse entstehenden baulichen oder sonstigen Mängel ordnungsgemäß zu beseitigen.

(4) [1]Mietausfallwagnis ist das Wagnis einer Ertragsminderung, die durch uneinbringliche Mietrückstände oder Leerstehen von Raum, der zur Vermietung bestimmt ist, entsteht. [2]Es dient auch zur Deckung der Kosten einer Rechtsverfolgung auf Zahlung, Aufhebung eines Mietverhältnisses oder Räumung.

(5) [1]Betriebskosten sind die Kosten, die dem Eigentümer durch das Eigentum am Grundstück oder durch den bestimmungsmäßigen Gebrauch des Gebäudes laufend entstehen. [2]Hierzu gehören insbesondere die Kosten für Wasserversorgung, Müllabfuhr, Straßenreinigung, Entwässerung, Hauswart, Beleuchtung, Schornsteinreinigung, Sach- und Haftpflichtversicherung, Hausreinigung, Gartenpflege sowie die laufenden öffentlichen Lasten des Grundstücks mit Ausnahme der Hypothekengewinnabgabe. [3]Die Kosten für den Betrieb der zentralen Heizungs-, Warmwasserversorgungs- und Brennstoffversorgungsanlage sowie des Fahrstuhls sind zwar Bewirtschaftungskosten, sie sind aber nicht bei der Pauschalierung berücksichtigt worden, weil sie nach § 79 Abs. 1 BewG nicht zur Jahresrohmiete gehören (vgl. Abschnitt 21).

---

1) Nr. **1** Anl. 3–8.
2) Abgedruckt als Anlagen 1–8.

20. Bodenwertanteil

(1) [1]Der durch Anwendung des Vervielfältigers auf die Jahresrohmiete ermittelte Grundstückswert umfaßt auch den Bodenwert. [2]Der Bodenwert ist dabei im Grundstückswert entsprechend dem bei der Bildung der Vervielfältiger zugrunde gelegten Anteil des Bodenertrags am Grundstücksertrag enthalten. [3]Dieser Anteil ist nach Grundstücksarten, Baujahrgruppen und Gemeindegrößenklassen unterschiedlich pauschaliert worden.

(2) [1]In den besonderen Fällen, in denen der Grundstückswert in einen Gebäudewertanteil (einschl. des Werts der Außenanlagen) und einen Bodenwertanteil aufgeteilt werden muß, muß deshalb der Bodenwertanteil aus dem im Vervielfältiger berücksichtigten Bodenertragsanteil errechnet werden. [2]Das gilt

1. beim Abschlag wegen der Notwendigkeit baldigen Abbruchs des Gebäudes (vgl. Abschnitt 31 Abs. 4),
2. in bestimmten Fällen einer wesentlichen Verkürzung der Lebensdauer (vgl. Abschnitt 31 Abs. 5),
3. bei Grundstücken im Zustand der Bebauung (vgl. Abschnitt 47),
4. beim Erbbaurecht (vgl. Abschnitt 48),
5. beim Wohnungseigentum und Teileigentum (vgl. Abschnitt 49) und
6. bei Gebäuden auf fremdem Grund und Boden (vgl. Abschnitt 50).

[3]Die Pauschalierung des Bodenertragsanteils schließt die gesonderte Ermittlung des Bodenwerts im einzelnen Fall aus, soweit nicht nach § 82 BewG ein Zuschlag wegen der Größe der Fläche in Betracht kommt (vgl. Abschnitt 32).

(3) Die Bodenertragsanteile sind der nachstehenden Tabelle zu entnehmen:

Gemeindegrößenklasse	Mietwohngrundstücke			Gemischtgenutzte Grundstücke bis 50 v. H. gewerbl. Mietanteil			Gemischtgenutzte Grundstücke über 50 v. H. gewerbl. Mietanteil		
Einwohner	Im Vervielfältiger zu berücksichtigender Bodenertragsanteil in den Baujahrgruppen in v. H. der Jahresrohmiete								
	A[1] v. H.	B[2] v. H.	C[3] v. H.	A v. H.	B v. H.	C v. H.	A v. H.	B v. H.	C v. H.
1	2	3	4	5	6	7	8	9	10
bis 2000	5	5	5	5	5	5	5	5	5
über 2000 bis 5000	5	5	5	5	5	5	5	5	5
über 5000 bis 10000	5	5	5	5	5	5	10	10	5
über 10000 bis 50000	10	10	5	10	10	10	15	15	10
über 50000 bis 100000	10	10	5	10	10	10	15	15	10
über 100000 bis 200000	10	10	5	10	10	10	15	15	15
über 200000 bis 500000	10	10	5	10	10	10	15	15	15
über 500000 Einwohner	10	10	10	15	15	15	15	15	15

[1] A = Altbauten, bezugsfertig bis zum 31. März 1924.
[2] B = Neubauten, bezugsfertig in der Zeit vom 1. April 1924 bis zum 20. Juni 1948.
[3] C = Nachkriegsbauten, bezugsfertig nach dem 20. Juni 1948.

Gemeindegrößenklasse Einwohner	Geschäftsgrundstücke			Einfamilienhäuser			Zweifamilienhäuser		
	Im Vervielfältiger zu berücksichtigender Bodenertragsanteil in den Baujahrgruppen in v. H. der Jahresrohmiete								
	A v. H.	B v. H.	C v. H.	A v. H.	B v. H.	C v. H.	A v. H.	B v. H.	C v. H.
1	11	12	13	14	15	16	17	18	19
bis 2 000	10	10	10	10	10	5	10	10	5
über 2 000 bis 5 000	10	10	10	10	10	5	10	10	5
über 5 000 bis 10 000	10	10	10	10	10	5	10	10	5
über 10 000 bis 50 000	15	15	15	10	10	10	10	10	10
über 50 000 bis 100 000	20	20	15	15	15	10	15	15	10
über 100 000 bis 200 000	20	20	15	15	15	10	15	15	10
über 200 000 bis 500 000	20	20	20	15	15	10	15	15	10
über 500 000 Einwohner	20	20	20	15	15	15	15	15	15

(4) [1]Die sich aus der vorstehenden Übersicht ergebenden Bodenertragsanteile sind mit folgenden, der jeweiligen Grundstücksart und Gemeindegrößenklasse entsprechenden Kapitalisierungsfaktoren zu multiplizieren. [2]Das Ergebnis ist der im Grundstückswert enthaltene Bodenwertanteil.

Grundstücksart	Kapitalisierungsfaktoren für Altbauten und Neubauten in Gemeinden bis 5000 Einwohner	Kapitalisierungsfaktoren für Grundstücke aller Baujahrgruppen in Gemeinden über 5000 Einwohner und Nachkriegsbauten in Gemeinden bis 5000 Einwohner
Mitwohngrundstücke	20	18,1818
Gemischtgen. Grundst. mit einem gewerbl. Mietanteil bis 50 v. H.	18,1818	16,6666
Gemischtgen. Grundst. mit einem gewerbl. Mietanteil über 50 v. H.	16,6666	15,3846
Geschäftsgrundstücke	15,3846	14,2857
Einfamilienhäuser	25	22,2222
Zweifamilienhäuser	22,2222	20

[3]Diese Kapitalisierungsfaktoren ergeben sich aus den Sollzinssätzen für die ewige Rente, die bei der Berechnung des Teils des Vervielfältigers, der auf den Bodenwert entfällt, zugrunde gelegt worden sind.

(5) **Beispiel** für die Berechnung des Bodenwertanteils nach den Absätzen 3 und 4:

Grundstücksart	Geschäftsgrundstück
Gemeindegröße	50 000 bis 100 000 Einwohner
Baujahr	1930 (Neubau)
Bauart	Holzfachwerk mit Ziegelsteinausmauerung
Jahresrohmiete	20 000 DM
Grundstückswert 20 000 DM × 7,6 (vgl. Anlage 5) =	152 000 DM.

Als Bodenertragsanteil sind im Vervielfältiger 20 v. H. der Jahresrohmiete berücksichtigt (vgl. Absatz 3).
20 v. H. von 20 000 DM (Jahresrohmiete) = 4000 DM.
Der Kapitalisierungsfaktor (vgl. Absatz 4) beträgt = 14,2857 (abgerundet 14,3).

Als Bodenwertanteil ergibt sich somit ein Betrag von 14,3 × 4000 = 57 200 DM

Als Gebäudewertanteil verbleibt dann 152 000 DM (Grundstückswert)
./. 57 200 DM (Bodenwertanteil)
= 94 800 DM.

(6) [1]Zur Vereinfachung des Rechenvorgangs sind die Bodenertragsanteile (Absatz 3) und die Kapitalisierungsfaktoren (Absatz 4) in der folgenden Tabelle zu einheitlichen Multiplikatoren zusammengefaßt worden. [2]Der Bodenwertanteil ergibt sich durch die Anwendung dieser Multiplikatoren auf die Jahresrohmiete.

Multiplikatoren der Jahresrohmiete zur Errechnung der Bodenwertanteile bei

Gemeindegrößenklasse Einwohner	Mietwohngrundstücken			Gemischtgenutzten Grundstücken bis 50 v. H. gewerbl. Mietanteil			Gemischtgenutzten Grundstücken über 50 v. H. gewerbl. Mietanteil		
	A[1)]	B[2)]	C[3)]	A	B	C	A	B	C
1	2	3	4	5	6	7	8	9	10
bis 2 000	1	1	0,91	0,91	0,91	0,83	0,83	0,83	0,77
über 2 000 bis 5 000	1	1	0,91	0,91	0,91	0,83	0,83	0,83	0,77
über 5 000 bis 10 000	0,91	0,91	0,91	0,83	0,83	0,83	1,54	1,54	0,77
über 10 000 bis 50 000	1,82	1,82	0,91	1,67	1,67	1,67	2,31	2,31	1,54
über 50 000 bis 100 000	1,82	1,82	0,91	1,67	1,67	1,67	2,31	2,31	1,54
über 100 000 bis 200 000	1,82	1,82	0,91	1,67	1,67	1,67	2,31	2,31	2,31
über 200 000 bis 500 000	1,82	1,82	0,91	1,67	1,67	1,67	2,31	2,31	2,31
über 500 000 Einwohnern	1,82	1,82	1,82	2,49	2,49	2,49	2,31	2,31	2,31

Gemeindegrößenklasse Einwohner	Geschäftsgrundstücken			Einfamilienhäusern			Zweifamilienhäusern		
	A	B	C	A	B	C	A	B	C
1	11	12	13	14	15	16	17	18	19
bis 2 000	1,54	1,54	1,43	2,5	2,5	1,11	2,22	2,22	1
über 2 000 bis 5 000	1,54	1,54	1,43	2,5	2,5	1,11	2,22	2,22	1
über 5 000 bis 10 000	1,43	1,43	1,43	2,22	2,22	1,11	2	2	1
über 10 000 bis 50 000	2,14	2,14	2,14	2,22	2,22	2,22	2	2	2
über 50 000 bis 100 000	2,86	2,86	2,14	3,33	3,33	2,22	3	3	2
über 100 000 bis 200 000	2,86	2,86	2,14	3,33	3,33	2,22	3	3	2
über 200 000 bis 500 000	2,86	2,86	2,86	3,33	3,33	2,22	3	3	2
über 500 000 Einwohnern	2,86	2,86	2,86	3,33	3,33	3,33	3	3	3

1) A = Altbauten, bezugsfertig bis zum 31. März 1924.
2) B = Neubauten, bezugsfertig in der Zeit vom 1. April 1924 bis zum 20. Juni 1948.
3) C = Nachkriegsbauten, bezugsfertig nach dem 20. Juni 1948.

Beispiel wie in Absatz 5 mit Berechnung des Bodenwertanteils nach dem sich aus der vorstehenden Tabelle (Spalte 12) ergebenden Multiplikator:

Jahresrohmiete .... 20 000 DM
Multiplikator 2,86
Bodenwertanteil 2,86 × 20 000 DM = ... 57 200 DM

(7) Die Multiplikatoren für den Bodenwertanteil sind auch in den nach Gemeindegrößen geordneten Vervielfältigertabellen, die als Anlagen 1 bis 8 beigefügt sind, aufgeführt.

II. Jahresrohmiete (§ 79 BewG)

21. Allgemeines (§ 79 Abs. 1 BewG)

(1) [1]Jahresrohmiete ist das gesamte Entgelt, das die Mieter (Pächter) für die Benutzung des Grundstücks oder Grundstücksteils zu entrichten haben. [2]Nach § 68 Abs. 1 Nr. 1 BewG gehören zum Grundstück – der wirtschaftlichen Einheit des Grundvermögens (§ 70 Abs. 1 BewG) – der Grund und Boden, die Bestandteile (insbesondere Gebäude) und das Zubehör. [3]Zur Jahresrohmiete gehören daher auch die Entgelte für die Benutzung von Nebengebäuden (z.B. Garagen, Ställe, Schuppen) und für Grundstücksflächen (z.B. Stellplätze und Hausgarten). [4]Ebenso ist das Entgelt für die Benutzung der Möbel und der sonstigen Einrichtungsgegenstände, die Bestandteile oder Zubehör des Gebäudes sind, Teil der Jahresrohmiete (vgl. Abschnitt 1).

(2) [1]Betriebsvorrichtungen gehören nicht zum Grundvermögen (§ 68 Abs. 2 Nr. 2 BewG, vgl. Abschnitt 1). [2]Beträge, die für die Benutzung solcher Vorrichtungen entrichtet werden, sind deshalb bei der Ermittlung der Jahresrohmiete auszuscheiden. [3]Das gilt z.B. für den Fall, daß eine Gastwirtschaft mit Inventar verpachtet ist und in der Pacht ein Betrag für die Benutzung des Inventars enthalten ist.

(3) [1]Jahresrohmiete ist die Sollmiete; Mietausfälle sind nicht zu berücksichtigen. [2]Auf die Miete anzurechnende Baukostenzuschüsse und Mietvorauszahlungen gehören zur Jahresrohmiete. [3]Die Kosten für die Umbauten und Einbauten, die der Mieter vorgenommen hat, sind bei der Ermittlung der Jahresrohmiete wie Mietvorauszahlungen zu berücksichtigen, wenn die Umbauten und Einbauten nach der Beendigung des Mietverhältnisses nicht wieder beseitigt werden dürfen, den Mietwert aber erhöhen. [4]Das gilt nicht, wenn der Vermieter dem Mieter bei Beendigung des Mietverhältnisses für die Umbauten und Einbauten einen angemessenen Ausgleich zu zahlen hat. [5]In Zweifelsfällen sind die Mietverträge einzusehen.

(4) [1]Umlagen und alle sonstigen Leistungen des Mieters, mit Ausnahme der in § 79 Abs. 1 Satz 4 BewG aufgeführten Zuschläge und Kosten (vgl. Absatz 5), sind in die Miete einzubeziehen. [2]Haben die Mieter außer der „eigentlichen" Miete bestimmte Bewirtschaftungskosten, insbesondere Betriebskosten, zu tragen, so gehören diese zur Jahresrohmiete. [3]Bei Abgaben oder Gebühren, die zu den vom Mieter zu tragenden Betriebskosten gehören, ist es gleichgültig, ob diese an den Hauseigentümer oder unmittelbar an die Gemeinde, die Wasser- oder die Elektrizitätswerke zu zahlen sind. [4]In Betracht kommen insbesondere Grundsteuern, Wassergeld, Schornsteinfegergebühren, Kosten für Müllabfuhr, Fäkalienabfuhr, die Kosten für Treppen- und Flurbeleuchtung sowie für die Beleuchtung der Räume, die für die gemeinsame Benutzung bestimmt sind, Versicherungskosten, Straßenreinigungskosten, Deich- und Sielgebühren.

(5) Untermietzuschläge und Kosten für den Betrieb der zentralen Heizungs-, Warmwasserversorgungs- und Brennstoffversorgungsanlage sowie des

Fahrstuhls, ferner alle Vergütungen für außergewöhnliche Nebenleistungen des Vermieters, die nicht die Raumnutzung betreffen (z.B. Bereitstellung von Wasserkraft, Dampfkraft, Preßluft, Kraftstrom), sowie Nebenleistungen des Vermieters (z.B. Spiegelglasversicherung), die nur einzelnen Mietern zugute kommen, gehören nicht zur Jahresrohmiete.

(6) 3 Als Jahresrohmiete ist die Miete maßgebend, die der Mieter vertragsgemäß nach dem Stand vom Hauptfeststellungszeitpunkt, umgerechnet auf ein Jahr, zu zahlen hat (§ 79 Abs. 1 Satz 1 BewG). 2 Das ist das Zwölffache der für Januar 1964 geltenden Monatsmiete. 3 In den besonderen Fällen, in denen die Jahresrohmiete auf Grund der Mietpreisfreigabe nach § 15 des Zweiten Bundesmietengesetzes in der Fassung des Artikels 1 Nr. 1 des Gesetzes zur Änderung von Fristen des Gesetzes über den Abbau der Wohnungszwangswirtschaft und über ein soziales Miet- und Wohnrecht vom 29. Juli 1963 (Bundesgesetzbl. I S. 524) in der Zeit vom 1. November 1963 bis zum 1. Januar 1964 erhöht worden ist, gilt die Miete vor der Mieterhöhung als Jahresrohmiete vom Hauptfeststellungszeitpunkt (vgl. Artikel 2 Abs. 1 Satz 2 des Gesetzes zur Änderung des Bewertungsgesetzes vom 13. August 1965, Bundesgesetzbl. I S. 851, BStBl. I S. 375).

22. Schönheitsreparaturen

(1) 1 Zu den sonstigen Leistungen des Mieters, die in die Miete einzubeziehen sind, gehört auch die Übernahme der Schönheitsreparaturen durch den Mieter. 2 Ohne die Übernahme wäre der Vermieter nach § 536 BGB verpflichtet, dem Mieter die Mietsache in einem zu dem vertragsmäßigen Gebrauch geeigneten Zustand zu erhalten. 3 Hierzu gehört auch die Ausführung der Schönheitsreparaturen.

(2) 1 Bei der Berechnung der Vervielfältiger sind die Kosten für die Schönheitsreparaturen im Hinblick auf die gesetzliche Verpflichtung des Vermieters in die Bewirtschaftungskosten des Grundstücks eingerechnet worden. 2 Werden die Kosten für die Schönheitsreparaturen vom Mieter getragen, so ist die Jahresrohmiete um folgende Hundertsätze zu erhöhen, und zwar bei

Einfamilienhäusern, Zweifamilienhäusern und Mietwohngrundstücken	um je 5 v.H.,
bei gemischtgenutzten Grundstücken	um 4 v.H.,
und bei Geschäftsgrundstücken	um 3 v.H.

der Jahresrohmiete.[1)]

(3)[2)] 1 *Ist die Jahresrohmiete nach § 79 Abs. 3 BewG (vgl. Abschnitt. 25) um 12 v.H. oder nach § 79 Abs. 4 BewG um 14 v.H. zu erhöhen, so bemißt sich der Zuschlag für Schönheitsreparaturen nach Absatz 2 nach der Grundstücksart, die sich nach*

---

1) Gem. BFH v. 28. 6. 1974 III R 62/73, BStBl. II 1974, 670, richten sich die Zuschläge zur Jahresrohmiete für Kosten der Schönheitsreparaturen nicht nach der Grundstücksart, sondern nach der jeweiligen **Nutzung** der einzelnen Räume. Sie sind auf die jeweiligen Teile der Jahresrohmiete getrennt anzuwenden und zwar mit **3 v.H.** für gewerblich oder öffentlich genutzte und mit **5 v.H.** für zu Wohnzwecken genutzte Räume. Die Beispielsrechnung in Abs. 3 ist insofern überholt. – Siehe auch OFD Frankfurt/M. v. 1.9.2017 – S 3202 A – 003 – St 116.

2) Abs. 3 gegenstandslos; § 79 Abs. 3 BewG aufgeh. durch G v. 20. 12. 2001, BGBl. I 2001, 3794.

der Erhöhung der Miete ergibt. ²Wird das Grundstück teils zu Wohnzwecken, teils zu gewerblichen Zwecken genutzt, so kann sich in Grenzfällen durch den Zuschlag nach Absatz 2 die Grundstücksart ändern. ³In diesen Fällen bestimmt sich die Höhe des Zuschlags nach der Grundstücksart, der das Grundstück nach § 75 BewG ohne Berücksichtigung dieses Zuschlags zuzuordnen wäre, die Art des Grundstücks jedoch nach dem Verhältnis der Jahresrohmieten, das sich nach Berücksichtigung des Zuschlags ergibt.

Beispiel:

Das Grundstück wird teils zu Wohnzwecken, teils zu gewerblichen Zwecken genutzt. Die Wohnungen sind grundsteuerbegünstigt. Kosten für die Schönheitsreparaturen werden für die gewerblichen Räume von den Mietern übernommen, für die Wohnungen vom Vermieter getragen.

Jahresrohmiete des Wohnzwecken dienenden Teils	*36 200 DM*
+ 12 v. H. Zuschlag wegen Grundsteuervergünstigung	*4 344 DM*
	40 544 DM
Jahresrohmiete des gewerblichen Zwecken dienenden Teils	*10 000 DM*
Jahresrohmiete	*50 544 DM*

Die Jahresrohmiete des Wohnzwecken dienenden Teils beträgt 80,2 v. H. der gesamten Jahresrohmiete. Das Grundstück wäre danach ein Mietwohngrundstück. Da die Mieter der gewerblichen Räume die Schönheitsreparaturen übernommen haben, muß die Jahresrohmiete dieser Räume um 5 v. H. erhöht werden.

Jahresrohmiete des Wohnzwecken dienenden Teils		*40 544 DM*
Jahresrohmiete des gewerblichen Zwecken dienenden Teils	*10 000 DM*	
+ 5 v. H. Schönheitsreparaturen	*500 DM*	*10 500 DM*
Gesamte Jahresrohmiete		*51 044 DM*

Die Jahresrohmiete des Wohnzwecken dienenden Teils beträgt nunmehr 79,4 v. H. der gesamten Jahresrohmiete. Das Grundstück ist durch die Verschiebung der Anteile der Jahresrohmiete zu einem gemischtgenutzten Grundstück geworden. Diese Grundstücksart ist bei der Bewertung festzustellen. Es verbleibt jedoch bei dem Zuschlag für Schönheitsreparaturen von 5 v. H.

23. Ansatz der üblichen Miete (§ 79 Abs. 2 Satz 1 BewG)

(1) ¹Ist die übliche Miete nach § 79 Abs. 2 Nr. 2 BewG anzusetzen, so braucht nicht geprüft zu werden, ob die abweichende tatsächliche Miete mit Rücksicht auf persönliche oder wirtschaftliche Verhältnisse oder mit Rücksicht auf ein Arbeitsverhältnis zugebilligt worden ist. ²Die Gründe, die zu der Abweichung der tatsächlichen Miete von der üblichen Miete um mehr als 20 v. H. geführt haben, sind unbeachtlich. ³Die übliche Miete für Wohnraum, der mietpreisrechtlichen Vorschriften unterliegt, darf die nach diesen Vorschriften zulässige Miete nicht überschreiten.

(2) Soweit bei der Ermittlung der üblichen Miete die Wohnfläche von Bedeutung ist, ist sie nach den Grundsätzen der §§ 42 bis 44 der Zweiten Berechnungsverordnung vom 1. August 1963 (Bundesgesetzbl. I S. 594) zu berechnen.

24. Schätzung der üblichen Miete bei Einfamilienhäusern und Zweifamilienhäusern (§ 79 Abs. 2 Satz 2 BewG)[1)]

(1) Bei den nach dem Ertragswertverfahren zu bewertenden Einfamilienhäusern und Zweifamilienhäusern sind bei der Schätzung der üblichen Miete grundsätzlich Vergleichsmieten heranzuziehen.

(2) ¹Bei der Mehrzahl der Einfamilienhäuser handelt es sich um kleine und einfach ausgestattete Wohngebäude oder serienmäßig hergestellte Siedlungshäuser sowie um Wohngebäude mittlerer Ausstattung. ²Soweit bei diesen

[1)] Zu Mietspiegeln siehe auch BFH v. 16.5.2018 II R 37/14, BStBl. II 2018, 692, und v. 19.9.2018 II R 20/15, BFH/NV 2019, 193.

Häusern keine Vergleichsmieten vorhanden sind, ist die Miete entsprechend der Lage des Grundstücks, der baulichen Ausstattung, der Größe und dem Alter des Gebäudes zu schätzen. [3]Auch bei Reihenhäusern werden Vergleichsmieten vorhanden sein. [4]Bei vielen Einfamilienhäusern, die nach individuellen Gesichtspunkten und nach persönlichem Geschmack gebaut worden sind, wird kein Vergleich mit vermieteten Einfamilienhäusern möglich sein. [5]In diesen Fällen ist die Jahresrohmiete unter Berücksichtigung der Lage des Grundstücks sowie der Art, der Ausstattungsmerkmale, der Größe und des Alters des Gebäudes zu schätzen. [6]Bei der Schätzung ist außerdem von Bedeutung, ob und ggf. welche mietpreisrechtlichen Vorschriften im Falle der Vermietung gelten würden.

(3) [1]Ist in einem Zweifamilienhaus die eigengenutzte Wohnung mit der vermieteten Wohnung vergleichbar, so ist die übliche Miete für die eigengenutzte Wohnung aus der Miete für die andere Wohnung abzuleiten. [2]Dabei ist zu beachten, daß die Miete für die Wohnung im Obergeschoß oft geringfügig höher ist als die Miete für die Wohnung im Erdgeschoß. [3]Andererseits ist von Bedeutung, daß die Benutzung des Hausgartens die Höhe der tatsächlichen Miete beeinflußt und sich daher auch in der Schätzung der üblichen Miete auswirkt. [4]Sind die Wohnungen nicht vergleichbar, so ist wie bei Einfamilienhäusern zu verfahren.

(4) Bei der Schätzung der üblichen Miete sind die Vorschriften des § 79 Abs. 3 und 4 BewG zu beachten.

25. Miete bei Grundsteuervergünstigung (§ 79 Abs. 3 BewG)[1)]

[1]Aus der in den Fällen der Grundsteuervergünstigung zu berichtigenden Jahresrohmiete ist der auf den Grund und Boden entfallende Anteil nicht auszuscheiden, obwohl der Grund und Boden nach dem Ersten Wohnungsbaugesetz, dem Zweiten Wohnungsbaugesetz und nach den im Saarland geltenden Vorschriften nicht begünstigt ist. [2]Dieser Umstand ist bei der Festsetzung des Pauschsatzes von 12 v. H. bereits berücksichtigt worden. [3]Bei voll steuerbegünstigten Grundstücken ist deshalb die gesamte Jahresrohmiete um 12 v. H. zu erhöhen. [4]Bei teilweise begünstigten Grundstücken ist die Jahresrohmiete, die auf den begünstigten Teil entfällt, zu erhöhen.

Beispiel:

Jahresrohmiete		*10 000 DM*
davon entfallen auf begünstigte Wohnungen		*4 000 DM*
nichtbegünstigte Wohnungen und sonstige Grundstücksteile		*6 000 DM*
Bei der Bewertung sind anzusetzen	*4 000 DM*	
zuzüglich 12 v. H.	*+ 480 DM*	
	+ 6 000 DM	
Anzusetzende Jahresrohmiete	*= 10 480 DM.*	

III. Vervielfältiger (§ 80 BewG)

26. Regelmäßige Vervielfältiger (§ 80 Abs. 1 und 2 BewG)

(1) [1]Für die Gemeindegrößenklasse, nach der sich der im einzelnen Fall anzuwendende Vervielfältiger u. a. bestimmt, ist die Einwohnerzahl der politi-

---

1) § 79 Abs. 3 BewG aufgeh. durch G v. 20. 12. 2001, BGBl. I 2001, 3794.

schen Gemeinde (gemeindefreien Gebiete) im Hauptfeststellungszeitpunkt maßgebend. 2 Diese Einwohnerzahl gilt auch für Fortschreibungen und Nachfeststellungen, und zwar auch dann, wenn der Gebietsumfang der Gemeinde sich inzwischen geändert hat. 3 Bei Fortschreibungen und Nachfeststellungen des Einheitswertes von Grundstücken in Ortsteilen, die im Hauptfeststellungszeitpunkt noch selbständige Gemeinden waren (Eingemeindungen), sind die Vervielfältiger deshalb nach der Gemeindegröße zu bestimmen, die der Ortsteil als selbständige Gemeinde im Hauptfeststellungszeitpunkt gehabt hat. 4 Genau so ist zu verfahren, wenn Gemeindeteile umgemeindet werden. 5 Auch hier bleibt die Einwohnerzahl sowohl der vergrößerten als auch der verkleinerten Gemeinde im Hauptfeststellungszeitpunkt maßgebend.

(2) Die Eingliederung von Gemeinden oder Gemeindeteilen in eine andere Gemeindegrößenklasse, als es ihrer Einwohnerzahl entspricht (§ 80 Abs. 2 BewG), gilt hinsichtlich der Anwendung abweichender Vervielfältiger ebenfalls für den ganzen Hauptfeststellungszeitraum.

27. Vervielfältiger bei wesentlicher Verlängerung oder Verkürzung der Lebensdauer des Gebäudes (§ 80 Abs. 3 BewG)

(1) § 80 Abs. 3 BewG behandelt die Fälle einer wesentlichen Verlängerung oder Verkürzung der Lebensdauer eines Gebäudes.

(2) 1 Eine Verlängerung der Lebensdauer setzt voraus, daß das Gebäude durchgreifend erneuert oder verbessert worden ist. 2 Bauliche Maßnahmen an nicht tragenden Bauteilen (z. B. Neugestaltung der Fassade) verlängern dagegen die Lebensdauer nicht. 3 Ist die verlängerte Lebensdauer eines Gebäudes bei der Bewertung zu berücksichtigen, so darf der Vervielfältiger nicht mehr nach dem tatsächlichen Baujahr bestimmt werden. 4 Es ist vielmehr von einem der Verlängerung der Lebensdauer entsprechenden späteren Baujahr (fiktiven Baujahr) auszugehen.

Beispiel A:

Das Gebäude eines Mietwohngrundstücks in einer Gemeinde mit über 500 000 Einwohnern ist im Jahre 1910 errichtet worden. Es handelt sich um einen Holzfachwerkbau mit Ziegelsteinausmauerung. Der Vervielfältiger wäre demnach 5,1 (Teil B der Anlage 3 des Gesetzes, Teil B der Anlage 8 der Richtlinien). Infolge durchgreifender Erneuerungsarbeiten ist die restliche Lebensdauer um 20 Jahre verlängert worden. Der nunmehr anzuwendende Vervielfältiger ist weiterhin dem Teil B derselben Vervielfältigertabelle zu entnehmen, bei seiner Bestimmung ist lediglich von einem um 20 Jahre jüngeren Baujahr (fiktiven Baujahr) des Gebäudes (1910 + 20 Jahre) = 1930 auszugehen. Die Jahresrohmiete des Grundstücks ist also mit 7,0 zu vervielfachen.

(3) 1 Eine entsprechende Regelung ist für solche Fälle vorgesehen, in denen die Lebensdauer des Gebäudes infolge nicht behebbarer Baumängel oder Bauschäden (z. B. Gründungsmängel, Kriegsschäden, Bergschäden) verkürzt worden ist. 2 Nicht behebbar ist ein Baumangel oder Bauschaden, der auch durch Ausbesserung nicht auf die Dauer beseitigt werden kann. 3 Auch hier bleibt die nach der Bauart und Bauausführung des Gebäudes in Betracht kommende Vervielfältigertabelle weiterhin maßgebend; der Verkürzung der Lebensdauer ist insoweit Rechnung zu tragen, als von einem der Verkürzung entsprechenden früheren Jahr als Baujahr (fiktiven Baujahr) auszugehen ist.

Beispiel B:

Das Gebäude eines Mietwohngrundstücks in einer Gemeinde mit über 500 000 Einwohnern ist im Jahre 1925 errichtet worden. Es handelt sich um einen Massivbau. Der Vervielfältiger wäre demnach 7,5 (Teil A der Anlage 3 des Gesetzes, Teil A der Anlage 8 der Richtlinien). Infolge nicht behebbarer Bergschäden ist die restliche Lebensdauer um 20 Jahre verkürzt. Als zugrunde zu legendes fiktives Baujahr ergibt sich (1925 ./. 20) = 1905. Die Jahresrohmiete des Grundstücks ist also mit 5,8 zu vervielfachen.

(4) Die Verkürzung der Lebensdauer infolge nicht behebbarer Baumängel und Bauschäden kann zu einem fiktiven Baujahr führen, das sich nicht in einer Verringerung der Vervielfältiger auswirkt (vgl. hierzu Abschnitt 31 Abs. 5).

28. Vervielfältiger bei Gebäuden oder Gebäudeteilen verschiedener Bauart oder verschiedenen Alters (§ 80 Abs. 4 BewG)

(1) 1 Befinden sich auf einem Grundstück Gebäude oder Gebäudeteile von einer gewissen Selbständigkeit, die eine verschiedene Bauart oder Bauausführung aufweisen oder die in verschiedenen Jahren bezugsfertig geworden sind, so sind für jedes Gebäude oder jeden Gebäudeteil die nach der Bauart und Bauausführung und nach dem Baujahr maßgebenden Vervielfältiger anzuwenden. 2 Die Summe der sich so ergebenden Beträge ist der Grundstückswert. 3 Von einer verschiedenen Bewertung der Gebäudeteile kann jedoch abgesehen werden, wenn ein Teil im Verhältnis zum ganzen Gebäude geringfügig ist.

Beispiel A:

Für ein Mietwohngrundstück in einer Gemeinde mit 60 000 Einwohnern beträgt die Jahresrohmiete 6000 DM. Von dieser Jahresrohmiete entfallen 4000 DM auf das Vorderhaus, das im Jahre 1910 als Holzfachwerkbau mit Ziegelsteinausmauerung errichtet worden ist, und 2000 DM auf das im Jahre 1920 als Massivbau bezugsfertig gewordene Hinterhaus. Die Ermittlung des Grundstückswerts ist wie folgt durchzuführen:

Vorderhaus	4000 × 5,5	= 22 000 DM
Hinterhaus	2000 × 6,5	= 13 000 DM
Grundstückswert		= 35 000 DM.

(2) 1 Anbauten teilen im allgemeinen auf Grund ihrer Bauart oder Nutzung das Schicksal des Hauptgebäudes, als Vervielfältiger ist der für das Hauptgebäude maßgebende Vervielfältiger anzuwenden. 2 Ist dagegen anzunehmen, daß ein Erweiterungsbau nach Größe, Bauart oder Nutzung eine andere Lebensdauer als das Hauptgebäude haben wird, so ist der auf ihn entfallende Anteil der Jahresrohmiete mit dem seiner Bauart und Bauausführung und seinem Baujahr entsprechenden Vervielfältiger zu multiplizieren. 3 Für Aufstockungen ist im allgemeinen das Baujahr der unteren Geschosse zugrunde zu legen. 4 Es ist jedoch zu prüfen, ob durch die baulichen Maßnahmen die restliche Lebensdauer des Gebäudes verlängert worden ist.

(3) 1 Die Anwendung eines Vervielfältigers nach einem durchschnittlichen Baujahr nach § 80 Abs. 4 Satz 2 BewG kommt in Betracht, wenn sich die Mieten von Gebäudeteilen verschiedener Bauart und Bauausführung nicht oder nur schwer abgrenzen lassen und deshalb anteilige Werte der Gebäudeteile nur schwer ermittelt werden können. 2 Dann wird vor allem der Umfang und ggf. auch die unterschiedliche Beschaffenheit der in verschiedenen Jahren bezugsfertig gewordenen Gebäudeteile zu berücksichtigen sein.

Beispiel B:

Von einem im Jahre 1910 als Massivbau errichteten Geschäftsgebäude mit Ladengeschäften, Lagerräumen und einer Gastwirtschaft in einer Gemeinde von 60 000 Einwohnern ist der rechte Gebäudeflügel durch Brand zerstört und im Jahre 1956 wiederaufgebaut worden. Die nach dem Wiederaufbau zu zahlenden Mieten lassen sich nicht aufteilen. Beträgt der nicht zerstörte Teil etwa 2/3 und der wiederaufgebaute Teil etwa 1/3 des ganzen Gebäudes, so kommt als durchschnittliches Baujahr in Betracht:

Nicht zerstörter Teil, errichtet 1910, somit bisherige Lebensdauer bis zum Hauptfeststellungszeitpunkt	54 Jahre
wiederaufgebauter Teil, errichtet 1956, somit bisherige Lebensdauer bis zum Hauptfeststellungszeitpunkt	8 Jahre
(Das Jahr, in dem das Gebäude bezugsfertig geworden ist, rechnet als volles Jahr.)	
54 × 2/3 =	36
8 × 1/3 =	3
bisherige durchschnittliche Lebensdauer des gesamten Gebäudes =	39 Jahre

durchschnittliches Baujahr: 1964 (Hauptfeststellungszeitpunkt) ./. 39 Jahre = 1925
Vervielfältiger = 8,0.

29. Vervielfältiger bei Wiederaufbau von kriegsbeschädigten Gebäuden

(1) Ist ein völlig zerstörtes Gebäude unter Verwendung erhalten gebliebener Fundamente oder Keller wieder aufgebaut worden, so ist für die Bestimmung des Vervielfältigers grundsätzlich das Jahr des Wiederaufbaus maßgebend.

(2) 1 Sind beim Wiederaufbau eines zerstörten Gebäudes in erheblichem Umfang stehengebliebene Bauteile verwertet worden, so ist im allgemeinen für die Bestimmung des Vervielfältigers ebenfalls das Jahr des Wiederaufbaus maßgebend. 2 Es ist jedoch zu prüfen, ob wegen der Verwendung stehengebliebener Bauteile und einer etwa dadurch bedingten Beeinträchtigung der Lebensdauer ein fiktives Baujahr in Betracht kommt. 3 In diesen Fällen ist Abschnitt 27 Abs. 3 und 4 sinngemäß anzuwenden.

(3) Sind bei einem teilweise zerstörten Gebäude, bei dem der nicht zerstörte Teil benutzbar geblieben ist, vertikal abgrenzbare Gebäudeteile (z. B. ein Gebäudeflügel) oder horizontal abgrenzbare Gebäudeteile (z. B. ein oder mehrere Geschosse) wiederaufgebaut worden, so ist Abschnitt 28 Abs. 2 sinngemäß anzuwenden.

(4) Lassen sich nach dem Wiederaufbau eines teilweise zerstörten Gebäudes die Mieten für den erhalten gebliebenen Teil und den wiederaufgebauten Teil des Gebäudes nur schwer abgrenzen, so ist der Vervielfältiger entsprechend den Ausführungen in Abschnitt 28 Abs. 3 zu ermitteln.

IV. Außergewöhnliche Grundsteuerbelastung

30. Ermittlung der Belastungszahl; Berücksichtigung der außergewöhnlichen Grundsteuerbelastung (§ 81 BewG)

(1) 1 Die Grundsteuerbelastung in einer Gemeinde wird durch eine Belastungszahl ausgedrückt, die nach § 2 der Verordnung zur Durchführung des § 81 BewG vom 2. September 1966 (Bundesgesetzbl. I S. 550) ermittelt wird. 2 Das gilt auch für die Grundsteuerbelastung in gemeindefreien Gebieten.

Beispiel:

Die Gemeinde gehört zum Bezirk III des ehemaligen Landesfinanzamts Kassel und nach § 29 in Verbindung mit § 30 Abs. 1 und 2 GrStDV zur Gemeindegruppe a.

Der Vervielfältiger nach § 2 Abs. 2 der o. a. Verordnung beträgt demnach		81.
Der Hebesatz der Gemeinde am 1. Januar 1964 beträgt		250 v. H.
Die Belastungszahl ist dann 81 × 250	=	20 250.

Nach § 3 der o. a. Verordnung ist weder ein Abschlag noch ein Zuschlag zu machen, weil die Belastungszahl mehr als 11 000 und weniger als 23 000 beträgt.

(2) [1]Für eine Gemeinde ist in jedem Fall nur eine Belastungszahl zu ermitteln. [2]Das gilt nach § 2 Abs. 3 oder o. a. Verordnung auch in den Fällen,

1. in denen nach dem 1. Januar 1935[1)] Umgemeindungen rechtswirksam geworden sind und die betroffenen Gemeinden oder Gemeindeteile weiterhin zu der Gemeindegruppe gehören, der sie ohne die Umgemeindung zuzurechnen sind (§ 30 Abs. 3 GrStDV),
2. in denen für die Hauptfeststellung auf den 1. Januar 1935[1)] für einzelne Teile von Gemeinden in den Verordnungen der Präsidenten der Landesfinanzämter vom 17. Dezember 1934[2)] (Reichsministerialblatt S. 785 ff., RStBl. S. 1641 ff.) andere Vervielfältiger festgesetzt worden sind,
3. in denen innerhalb einer Gemeinde verschiedene Hebesätze gelten (§ 4 EinfGRealStG).

[3]Der Bestand der wirtschaftlichen Einheiten hat sich aber in den betroffenen Gemeinden oder Gemeindeteilen bis zum 1. Januar 1964 regelmäßig in erheblichem Umfang verändert. [4]Durch diese Veränderungen hat sich auch das Verhältnis des Aufkommens an Grundsteuer der einzelnen Gemeindeteile zueinander wesentlich verschoben. [5]Das muß bei Ermittlung der Belastungszahl der Gemeinde berücksichtigt werden. [6]§ 2 Abs. 3 Satz 2 der o. a. Verordnung bestimmt deshalb, daß bei der Ermittlung der durchschnittlichen Belastungszahl die Einwohnerzahlen der betroffenen Gemeindeteile am Hauptfeststellungszeitpunkt als Maßstab für das veränderte Verhältnis des Grundsteueraufkommens zu berücksichtigen sind. [7]Die Einwohnerzahlen sind von den Gemeinden zu erfragen. [8]Sie sind auf volle Tausend nach unten abzurunden.

Beispiel:

In die Gemeinde A ist eine Gemeinde (nunmehr Gemeindeteil B) nach dem 1. Januar 1935 eingemeindet worden. Für einen besonderen Teil der ursprünglichen Gemeinde A (Gemeindeteil C) ist zum 1. Januar 1935 ein anderer Vervielfältiger festgesetzt worden.

Die Gemeinde A – ohne die Gemeindeteile B und C – gehört zum Bezirk II des ehemaligen Landesfinanzamts Nordmark und nach § 29 in Verbindung mit § 30 Abs. 1 GrStDV zur Gemeindegruppe b.

Der Vervielfältiger beträgt 63,5.

Der Gemeindeteil B gehört zum Bezirk V des ehemaligen Landesfinanzamts Nordmark und nach § 29 in Verbindung mit § 30 Abs. 3 GrStDV zur Gemeindegruppe a.

Der Vervielfältiger beträgt 85,5.

---

1) Im Saarland: 1. Januar 1936.

2) Im Saarland: VO v. 29. Februar 1936 (RMBl. 1936, 54, RStBl. 1936, 193).

Der Gemeindeteil C gehört zum Bezirk III des ehemaligen Landesfinanzamts Nordmark und nach § 29 in Verbindung mit § 30 Abs. 1 GrStDV zur Gemeindegruppe b.

Der Vervielfältiger beträgt 68.

Die Hebesätze am 1. Januar 1964 betragen

in der Gemeinde A	250 v. H.
im Gemeindeteil B	180 v. H.
im Gemeindeteil C	250 v. H.

Die Einwohnerzahlen am 1. Januar 1964 betragen

in der Gemeinde A	56 000 (abgerundet)
im Gemeindeteil B	15 000 (abgerundet)
im Gemeindeteil C	6 000 (abgerundet)

Die durchschnittliche Belastungszahl errechnet sich wie folgt (die Einwohnerzahlen sind dabei nur mit den Tausendern anzusetzen):

A	63,5 × 250 × 56	=	889 000
B	85,5 × 180 × 15	=	230 850
C	68 × 250 × 6	=	102 000
	77		1 221 850
1 221 850 : 77 (Einwohnerzahl insges.)		=	15 868.

Nach § 3 der o. a. Verordnung ist für die ganze Gemeinde weder ein Abschlag noch ein Zuschlag zu machen, weil die Belastungszahl mehr als 11 000 und weniger als 23 000 beträgt.

(3) Hat eine Gemeinde oder ein Gemeindeteil am 1. Januar 1935[1] zum Gebiet eines anderen Landesfinanzamts gehört, so ist der Vervielfältiger dem Teil der Tabelle in § 2 Abs. 2 der o. a. Verordnung zu entnehmen, der für das Gebiet des anderen Landesfinanzamts gilt.

(4) [1]Grundstücke, die grundsteuerbegünstigt sind, erhalten keinen Abschlag oder Zuschlag, weil die Erhöhung der Jahresrohmiete um 12 v. H. nach § 79 Abs. 3 BewG (vgl. Abschnitt 25) sich so auswirkt, als wenn für das Grundstück eine durchschnittliche Grundsteuerbelastung vorläge. [2]Ist ein Grundstück nur teilweise begünstigt, so ist der Abschlag oder Zuschlag nur auf den Teil des Grundstückswerts anzuwenden, der nicht grundsteuerbegünstigt ist. [3]Das erfolgt zweckmäßig durch entsprechende Ermäßigung oder Erhöhung der Jahresrohmiete für den nichtbegünstigten Teil.

Beispiel:

Die Grundstückswerte in einer Gemeinde sind um 10 v. H. zu erhöhen, weil die Grundsteuerbelastung in der Gemeinde besonders niedrig ist.

Jahresrohmiete		10 000 DM
davon entfallen auf begünstigte Wohnungen		4 000 DM
nichtbegünstigte Wohnungen		6 000 DM
Bei der Bewertung sind anzusetzen für begünstigte Wohnungen	4 000 DM	
+ 12 v. H. (vgl. Abschnitt 25)	480 DM	
nichtbegünstigte Wohnungen	6 000 DM	
+ 10 v. H. wegen außergewöhnlicher Grundsteuerbelastung	600 DM	11 080 DM

[4]Auf die so ermittelte Miete ist der Vervielfältiger und ggf. in den Fällen der Aufteilung des Einheitswerts (vgl. Abschnitt 20 Abs. 2) der Multiplikator für den Bodenwertanteil anzuwenden. [5]Entsprechend ist bei Grundstücken zu

[1] Im Saarland: 1. Januar 1936.

verfahren, bei denen die Jahresrohmiete nach § 79 Abs. 4 BewG um 14 v.H. zu erhöhen ist.

V. Ermäßigung und Erhöhung des Grundstückswerts (§ 82 BewG)

31. Ermäßigung des Grundstückswerts (§ 82 Abs. 1 BewG)

(1) 1Der sich nach den §§ 78 bis 81 BewG ergebende Grundstückswert kann nur dann ermäßigt werden, wenn sich die wertmindernden Umstände weder in der Höhe der Jahresrohmiete noch in der Höhe des Vervielfältigers ausgewirkt haben. 2Das bedeutet, daß alle Umstände, die in den Vervielfältigern pauschal berücksichtigt worden sind (z.B. einzelne bzw. die gesamten Bewirtschaftungskosten), nicht mehr durch einen Abschlag nach den individuellen Gegebenheiten des einzelnen Falls berücksichtigt werden können. 3Danach kommen als wertmindernde Umstände nur solche in Betracht, die ihrer Art nach in Einzelfällen bedeutsam sind. 4§ 82 Abs. 1 BewG zählt die in Betracht kommenden Ermäßigungsgründe zwar nicht erschöpfend auf, jedoch betreffen die in der Vorschrift angeführten Beispiele die wichtigsten und am häufigsten vorkommenden wertmindernden Umstände.

(2) 1In § 82 Abs. 1 Nr. 1 BewG sind zunächst die von außen her einwirkenden Belästigungen durch Lärm, Rauch und Gerüche genannt. 2Derartige Einwirkungen führen jedoch nur dann zu einem Abschlag, wenn es sich um ungewöhnlich starke Beeinträchtigungen handelt. 3Für eine solche Beeinträchtigung kommen z.B. die Lage eines Wohngrundstücks in unmittelbarer Nähe der Müllkippe einer Gemeinde oder seine Lage in der Einflugschneise in unmittelbarer Nähe eines Flugplatzes in Betracht. 4Der heute übliche Verkehrslärm kann dagegen nicht als eine Beeinträchtigung von außergewöhnlicher Stärke aufgefaßt werden. 5Liegt eine Beeinträchtigung von außergewöhnlicher Stärke vor, muß geprüft werden, ob sich die wertmindernden Umstände nicht bereits in der Jahresmiete ausgewirkt haben. 6Das gilt insbesondere bei Wohngrundstücken in Gebieten, in denen starke Beeinträchtigungen allgemein vorkommen.

(3) 1Als weitere Ermäßigungsgründe sind in § 82 Abs. 1 Nr. 2 BewG die behebbaren Baumängel und Bauschäden genannt. 2Baumängel beruhen in der Regel auf einer mangelhaften Bauausführung. 3Behebbare Baumängel können z.B. auf eine ungenügende Isolierung, die jedoch nachträglich verbessert werden kann, oder auf die Verwendung von schlechten, aber auswechselbaren Baustoffen zurückzuführen sein. 4Bauschäden treten dagegen erst nach der Fertigstellung des Gebäudes durch äußere Einwirkungen auf, z.B. als Wasser-, Erschütterungs-, Schwamm- oder Bergschäden. 5Unter Umständen kann auch ein aufgestauter erheblicher Reparaturbedarf zu einem behebbaren Bauschaden führen. 6Auch bei behebbaren Baumängeln oder Bauschäden ist wie bei den in Absatz 2 genannten äußeren Einwirkungen zu prüfen, ob die Schäden nicht bereits in der Jahresrohmiete berücksichtigt sind. 7Bauschäden können ebenso wie die in Absatz 2 genannten Einwirkungen in bestimmten

Gegenden besonders häufig auftreten. [8]Das ist vor allem in Industrie- und Gewerbegebieten der Fall. [9]Dann kann sich der Umstand, daß bestimmte Schäden am Gebäude immer wieder auftreten (z. B. Wasser-, Erschütterungs- oder Bergschäden) und für den Benutzer des Grundstücks eine Belästigung darstellen, schon im allgemeinen Mietniveau der Gegend und damit auch in der Miethöhe für das einzelne Grundstück ausgewirkt haben. [10]Wenn ein Schaden immer wieder auftritt, sind auch Fälle denkbar, in denen § 80 Abs. 3 BewG und § 82 Abs. 1 BewG nebeneinander angewendet werden müssen. [11]So kann bei Bergschäden die ständige Wiederholung zu einem nicht behebbaren Schaden führen, der nach § 80 Abs. 3 BewG (vgl. Abschnitt 27 Abs. 3) entsprechend der Verkürzung der Lebensdauer des Gebäudes zu berücksichtigen ist; ein einzelner am Feststellungszeitpunkt noch zu beseitigender Schaden, der in nächster Zeit hohe Reparaturkosten erfordert, kann aber daneben durch eine Ermäßigung nach § 82 Abs. 1 BewG zu berücksichtigen sein.

(4) [1]Wegen der Notwendigkeit baldigen Abbruchs des Gebäudes (§ 82 Abs. 1 Nr. 3 BewG) ist regelmäßig ein Abschlag zu machen, wenn das Gebäude innerhalb eines Zeitraums von zehn Jahren nach dem Feststellungszeitpunkt abgebrochen werden muß. [2]Die Höhe dieses Abschlags richtet sich nach der noch verbleibenden Nutzungsdauer und nach der Bauart und Bauausführung des Gebäudes, jedoch nicht nach der Grundstücksart. [3]Der Abschlag ergibt sich aus den Spalten 1 bis 3 der Anlage 9. [4]Die dort aufgeführten Abschläge beziehen sich nur auf den Gebäudewert. [5]Vor Anwendung des Abschlags ist also der Bodenwertanteil aus dem Grundstückswert auszuscheiden.

Beispiel:

Das Gebäude eines Mietwohngrundstücks in einer Gemeinde mit mehr als 500 000 Einwohnern ist im Jahre 1895 errichtet worden.
Es handelt sich um einen Massivbau. Die Jahresrohmiete beträgt 10 000 DM. Das Gebäude muß in 6 Jahren abgerissen werden.

10 000 × 5,4 (Vervielfältiger – Anlage 8)	= 54 000 DM
10 000 × 1,82 (Bodenwertanteil – Anlage 8)	= 18 200 DM
Gebäudewert	= 35 800 DM
Abschlag (Anlage 9) 60 v. H.	= 21 480 DM
Restgebäudewert	= 14 320 DM
Bodenwertanteil	= 18 200 DM
ermäßigter Grundstückswert	= 32 520 DM
Einheitswert	= 32 500 DM

(5) [1]Andere als die in § 82 Abs. 1 Nr. 1 bis 3 BewG aufgeführten Umstände führen verhältnismäßig selten zu einer Ermäßigung. [2]Eine ungünstige Gestaltung der Grundstücksfläche oder eine wirtschaftlich überholte Anordnung und Gestaltung der Gebäude wird sich häufig in der Jahresrohmiete ausdrücken. [3]Ist das Maß der baulichen Nutzung herabgesetzt worden (Herabzonung), so berührt das den Bodenwert, der als Bodenwertanteil an der Miete bei der Berechnung der Vervielfältiger pauschaliert worden ist. [4]Ein Abschlag wird deshalb nicht gewährt. [5]Eher kommt als wertmindernder Umstand eine auf dem Grundstück ruhende Grunddienstbarkeit (z. B. Wegerecht, Fensterrecht) in Betracht, wenn die Grundstücksbenutzung erheblich eingeschränkt ist und dies in der Miete – insbesondere in einer bei Eigennutzung

geschätzten Miete – nicht zum Ausdruck kommt. [6]Ein Grund für eine Ermäßigung neben den in § 82 Abs. 1 Nr. 1 bis 3 BewG genannten Umständen kann z.B. auch gegeben sein, wenn sich die Lebensdauer eines Gebäudes infolge nicht behebbarer Baumängel und Bauschäden so verkürzt, daß sich nach § 80 Abs. 3 BewG ein fiktives Baujahr ergibt, das sich nicht in einer Verringerung des Vervielfältigers auswirkt (vgl. Abschnitt 27 Abs. 4). [7]Ist am Feststellungszeitpunkt anzunehmen, daß das Gebäude innerhalb eines Zeitraums von 10 Jahren abgebrochen werden muß, ist stets ein Abschlag zu gewähren. [8]Der Abschlag ist wie in den Fällen der Notwendigkeit baldigen Abbruchs (vgl. Absatz 4) zu berechnen. [9]In den übrigen Fällen ist nach den Umständen des Einzelfalls zu entscheiden, ob, ggf. in welcher Höhe, ein Abschlag zu gewähren ist.

32. Erhöhung des Grundstückswerts (§ 82 Abs. 2 BewG)

(1) [1]Erhöhungen des nach den §§ 78 bis 81 BewG ermittelten Grundstückswerts kommen nur aus zwei Gründen in Betracht:

1. wegen der Größe der nicht bebauten Fläche (Absätze 2 bis 4),
2. wegen einer nachhaltigen Ausnutzung des Grundstücks für Reklamezwecke gegen Entgelt (Absatz 5).

[2]Voraussetzung für eine Erhöhung des Grundstückswerts ist, daß die werterhöhenden Umstände nicht bereits in der Höhe der Jahresrohmiete berücksichtigt worden sind.

(2) Für einen Zuschlag wegen der Größe der nicht bebauten Fläche müssen außerdem die folgenden Voraussetzungen erfüllt sein:

1. [1]Auf dem Grundstück darf sich kein Hochhaus befinden. [2]Als Hochhaus gilt jedes Gebäude, in dem der Fußboden mindestens eines zum dauernden Aufenthalt von Menschen dienenden Raumes mehr als 22 m über Gelände liegt,
2. die gesamte Fläche muß bei Einfamilienhäusern und Zweifamilienhäusern mehr als 1500 m² betragen; bei den übrigen Grundstücksarten muß sie mehr als das Fünffache der bebauten Fläche betragen.

(3) [1]Bei der Berechnung des Zuschlags wegen der Größe der nicht bebauten Fläche ist wie folgt zu verfahren: [2]Zunächst ist der Bodenwert des Grundstücks nach den Abschnitten 7 bis 10 zu ermitteln. [3]Von diesem ist der tatsächliche Wert von 1500 m² bzw. von dem Fünffachen der bebauten Fläche abzuziehen. [4]Dabei ist der Bodenwertanteil am Grundstückswert (vgl. Abschnitt 20) ohne Bedeutung. [5]Die Aufteilung in Vorderland und Hinterland (vgl. Abschnitt 8) ist zu berücksichtigen. [6]Unbeachtlich ist, auf welchem Teil des Grundstücks sich das Gebäude befindet.

Beispiel:

Ein Einfamilienhaus hat eine Grundstücksfläche von 2000 m², so daß bei der Wertermittlung eine Fläche von 500 m² besonders zu berücksichtigen ist. Zunächst ist der gesamte Bodenwert zu ermitteln, wobei der Grund und Boden in Vorderland und Hinterland aufgeteilt werden muß. Entfallen von der gesamten Fläche von 2000 m² auf das Vorderland (Zone I) 800 m² mit einem Wert von 40 DM/m², auf das Hinterland (Zone II) 800 m² mit einem Wert von 20 DM/m² und auf das Hinterland (Zone III a) 400 m² mit einem Wert von 10 DM/m², so beträgt der gesamte Bodenwert

Vorderland Zone I	800 (m²) × 40 (DM)	=	32 000 DM
Hinterland Zone II	800 (m²) × 20 (DM)	=	16 000 DM
Hinterland Zone III a	400 (m²) × 10 (DM)	=	4 000 DM
	Bodenwert		52 000 DM.

Der Wert von 1500 m² Fläche beträgt dann:

Vorderland Zone I	800 (m²) × 40 (DM)	=	32 000 DM
Hinterland Zone II	700 (m²) × 20 (DM)	=	14 000 DM
	1500 (m²)	=	46 000 DM.

Der Unterschied zwischen dem gesamten Bodenwert und dem Wert von 1500 m² Fläche ist der Betrag, um den der Grundstückswert zu erhöhen ist:

Gesamter Bodenwert	=	52 000 DM
Wert von 1500 m² Fläche	=	46 000 DM
Zuschlag	=	6 000 DM.

(4) [1]Bei Grundstücken mit übergroßer Fläche ist zunächst zu prüfen, ob die wirtschaftliche Einheit richtig abgegrenzt ist. [2]Die übergroße Fläche eines Grundstücks kann z. B. dadurch entstanden sein, daß der Eigentümer eines Einfamilienhauses eine benachbarte Grundstücksfläche, die nach der Verkehrsanschauung als besondere Bauparzelle (z. B. Baulücke) anzusehen ist, als Hausgarten benutzt. [3]Diese besondere Bauparzelle ist dann als selbständige wirtschaftliche Einheit zu bewerten.

(5) [1]Die Nutzung eines Grundstücks für Reklamezwecke ist dann als werterhöhender Umstand anzusehen, wenn sie nachhaltig gegen Entgelt erfolgt. [2]Eine Eigenreklame des Grundstückseigentümers darf deshalb nicht berücksichtigt werden. [3]Ein Zuschlag kommt auch z. B. nicht in Betracht, wenn der Mieter von Geschäftsräumen die Außenwände des gemieteten Gebäudeteils zu Reklamezwecken benutzt, weil in diesen Fällen ein besonderes Entgelt für die Reklamenutzung nicht gezahlt wird. [4]Auch wenn ein Mieter seinen Gewerbebetrieb im Hinterhaus ausübt, wird ein Entgelt für die Anbringung eines Firmenschildes oder Werbeschildes am Vorderhaus im allgemeinen neben der Raummiete nicht gezahlt werden. [5]Werden dagegen andere mit den gemieteten Räumen nicht im Zusammenhang stehende Flächen von einem Mieter genutzt, z. B. Giebelwände, Dachflächen oder Pfeiler von Arkaden, so ist zu prüfen, ob für die Benutzung ein besonderes Entgelt neben der Geschäftsraummiete vereinbart ist. [6]Ein Zuschlag kommt immer in Betracht, wenn der Grundstückseigentümer Flächen des Gebäudes an Personen vermietet, die nicht Mieter des Grundstücks sind. [7]Für die Höhe des Zuschlags kann im allgemeinen das *Neunfache*[1)] des jährlichen Reinertrags zugrunde gelegt werden.

33. Höchstmaß der Ermäßigung und Erhöhung des Grundstückswerts (§ 82 Abs. 3 BewG)

(1) Das Ausmaß der Ermäßigung oder Erhöhung richtet sich danach, welche Bedeutung dem besonderen Umstand bei einem Verkauf des Grundstücks

[1)] Nach FM Bayern v. 5. 6. 1975 – 34 – S 3204 – 11/20 – 31 947 – das **Vierfache** des jährlichen Reinertrags.

nach Lage des Grundstücksmarkts beigemessen werden würde (RFH-Urteil vom 30. 3. 1939, RStBl. S. 724).

(2) [1] Die Abschläge für

1. ungewöhnlich starke Beeinträchtigungen durch Lärm, Rauch oder Gerüche (vgl. Abschnitt 31 Abs. 2),
2. behebbare Baumängel und Bauschäden (vgl. Abschnitt 31 Abs. 3)

und die Zuschläge für

1. die Größe der nicht bebauten Fläche (vgl. Abschnitt 32 Abs. 2 und 3),
2. die Ausnutzung des Grundstücks für Reklamezwecke (vgl. Abschnitt 32 Abs. 5)

dürfen insgesamt 30 v. H. des Grundstückswerts nicht übersteigen. [2] Andere Abschläge wie insbesondere wegen der Notwendigkeit baldigen Abbruchs (vgl. Abschnitt 31 Abs. 4) oder der Verkürzung der Lebensdauer des Gebäudes, wenn das in Betracht kommende fiktive Baujahr sich nicht in einer Verringerung des Vervielfältigers auswirkt (vgl. Abschnitt 31 Abs. 5), können ohne Höchstgrenze gewährt werden. [3] Die Zuschläge sind dagegen ausnahmslos auf 30 v. H. des Grundstückswerts begrenzt.

(3) [1] Bei einem Zusammentreffen von wertmindernden und werterhöhenden Umständen ist der Höchstsatz von 30 v. H. nur auf das Ergebnis des Ausgleichs anzuwenden. [2] Das gilt jedoch nur, soweit die in Absatz 2 jeweils unter den Nummern 1 und 2 genannten Gründe in Betracht kommen. [3] Die Abschläge wegen der in der Höhe nicht begrenzten Ermäßigungen sind in jedem Falle neben dem getrennt berechneten Abschlag oder Zuschlag, der auch das Ergebnis eines Ausgleichs sein kann, für diese Gründe zu gewähren.

Beispiel:

Abschlag wegen Beeinträchtigung durch Lärm	10 v. H.
Abschlag wegen Bauschäden	30 v. H.
Summe der Abschläge	40 v. H.
Zuschlag wegen der Größe der nicht bebauten Fläche	5 v. H.
	35 v. H.
Als Abschlag dürfen nur gewährt werden	30 v. H.

(4) [1] Die Abschläge betreffen im Fall der Beeinträchtigungen durch Lärm, Rauch oder Gerüche (§ 82 Abs. 1 Nr. 1 BewG) sowohl den Wert des Grund und Bodens (Bodenwert) als auch den Wert des Gebäudes. [2] Die Abschläge für behebbare Baumängel und Bauschäden (§ 82 Abs. 1 Nr. 2 BewG) und für die Notwendigkeit baldigen Abbruchs (§ 82 Abs. 1 Nr. 3 BewG) betreffen dagegen nur den Gebäudewert. [3] Der Zuschlag für die Ausnutzung eines Grundstücks für Reklamezwecke (§ 82 Abs. 2 Nr. 2 BewG) betrifft ebenfalls nur den Gebäudewert, der Zuschlag für die Größe der nicht bebauten Fläche (§ 82 Abs. 2 Nr. 1 BewG) dagegen nur den Bodenwert.

(5) [1] Auch die Reihenfolge der Anwendung der Abschläge und Zuschläge auf den Grundstückswert ist von Bedeutung. [2] Es sind zunächst die auf das Höchstmaß von 30 v. H. dieses Werts begrenzten Abschläge und Zuschläge zu ermitteln und danach erst die weiteren nicht begrenzten Abschläge, insbeson-

dere wegen der Notwendigkeit baldigen Abbruchs, nach dem Gebäudewert zu berechnen. [3]Ist ausnahmsweise ein nicht begrenzter Abschlag zu gewähren, der sich sowohl auf den Gebäudewert als auch auf den Bodenwert bezieht – z.B. für eine Grunddienstbarkeit –, so sind die Anteile des Gebäudes und des Grund und Bodens am Grundstückswert zunächst – ggf. unter Berücksichtigung von Zuschlägen und anderen Abschlägen – zu berechnen und beide Anteile entsprechend zu kürzen.

(6) [1]Die Anwendung der Abschläge und Zuschläge beim Bodenwert und beim Gebäudewert und die Reihenfolge ihrer Anwendung sind beim Erbbaurecht von besonderer Bedeutung. [2]Muß beim Erbbaurecht der Gesamtwert in einem Bodenwertanteil und einen Gebäudewertanteil aufgeteilt werden (vgl. Abschnitt 48), so dürfen die Abschläge und Zuschläge nur bei dem Anteil berücksichtigt werden, den sie betreffen.

Beispiel A:

An einem Grundstück in einer Gemeinde mit über 500000 Einwohnern ist ein Erbbaurecht bestellt worden. Das Gebäude auf dem Grundstück ist ein als Massivbau errichtetes Einfamilienhaus (Baujahr 1930). Die Jahresrohmiete beträgt 10000 DM. Für eine vorhandene übergroße Fläche muß der Gesamtwert nach § 82 Abs. 2 Nr. 1 BewG (vgl. Abschnitt 32 Abs. 3) um 6000 DM erhöht werden.

Der Gesamtwert errechnet sich wie folgt:

10000 × 10,2 (Anlage 8)	102000 DM
Zuschlag wegen übergroßer Fläche (= rd. 5,9 v.H. des sich nach §§ 78 bis 81 BewG ergebenden Gesamtwerts)	+ 6000 DM
Gesamtwert	108000 DM

Der Gesamtwert ist wie folgt aufzuteilen:

Bodenwertanteil	
10000 × 3,33 (Anlage 8)	33300 DM
Zuschlag wegen übergroßer Fläche (Der Zuschlag betrifft nur den Bodenwert. Er ist also bei der Aufteilung voll dem Bodenwertanteil zuzurechnen)	+ 6000 DM
Bodenwertanteil	39300 DM
Gesamtwert	108000 DM
./. Bodenwertanteil	39300 DM
Gebäudewertanteil	68700 DM

Beispiel B:

Das Beispiel A wird dahin abgewandelt, daß der Gesamtwert noch um 10 v.H. wegen ungewöhnlich starker Beeinträchtigung durch Lärm infolge der Lage des Grundstücks in der Einflugschneise in unmittelbarer Nähe eines Flugplatzes (vgl. Abschnitt 31 Abs. 2) ermäßigt werden muß. Die Ermäßigung betrifft sowohl den Bodenwert als auch den Gebäudewert.

Der Gesamtwert errechnet sich wie folgt:

10000 × 10,2		102000 DM
Abschlag wegen der Beeinträchtigung (10 v.H. des Gesamtwerts)	10200 DM	
Zuschlag wegen übergroßer Fläche (rd. 5,9 v.H. des Gesamtwerts)	6000 DM	– 4200 DM
Gesamtwert		97800 DM

Der Gesamtwert ist wie folgt aufzuteilen:

Bodenwertanteil	
10000 × 3,33	33300 DM

Abschlag wegen der Beeinträchtigung (Der Abschlag betrifft sowohl den Bodenwert als auch den Gebäudewert. Er ist also bei der Ermittlung des Bodenwertanteils in Höhe von 10 v. H. auf diesen Anteil zu beziehen) 10 v. H. von 33 300 DM	3 330 DM	
Zuschlag wegen übergroßer Fläche (vgl. Beispiel A)	6 000 DM	+ 2 670 DM
Bodenwertanteil		35 970 DM
Gesamtwert		97 800 DM
./. Bodenwertanteil		35 970 DM
Gebäudewertanteil		61 830 DM

3 Treffen Abschläge und Zuschläge zusammen und muß das Ergebnis des Ausgleichs auf 30 v. H. begrenzt werden (vgl. Absatz 3), so ist bei der Berechnung des Bodenwertanteils jeder Abschlag und Zuschlag, der den Bodenwert betrifft, in demselben Verhältnis zu mindern, in dem die tatsächliche Höhe des Ausgleichs der Abschläge und Zuschläge auf 30 v. H. (Höchstmaß) zu begrenzen ist. 4 Bei der Berechnung des Gebäudewertanteils wirkt sich das auf die den Gebäudewertanteil betreffenden Abschläge und Zuschläge in gleicher Weise aus.

Beispiel C:

Das Beispiel B wird dahin abgewandelt, daß der Gesamtwert wegen der Nutzung des Grundstücks für Reklamezwecke (vgl. Abschnitt 32 Abs. 5) um 40 v. H. erhöht werden muß. Dieser Zuschlag betrifft jedoch nur den Gebäudewert.

Der Gesamtwert errechnet sich wie folgt:

10 000 × 10,2		102 000 DM
Abschlag wegen der Beeinträchtigung	10 v. H.	
Zuschlag wegen übergroßer Fläche	5,9 v. H.	
Zuschlag wegen Reklamenutzung	40 v. H.	
Gesamtzuschlag	35,9 v. H.	
Begrenzt auf 30 v. H. des Gesamtwerts		+ 30 600 DM
Gesamtwert		132 600 DM

Der Gesamtwert ist wie folgt aufzuteilen:

Bodenwertanteil 10 000 × 3,33		33 300 DM
Abschlag wegen der Beeinträchtigung 10 v. H. vermindert auf 8,35 v. H. ($\frac{30}{35,9}$ von 10 v. H.) von 33 300 DM	2 780 DM	
Zuschlag wegen übergroßer Fläche 6 000 DM (rd. 5,9 v. H.) vermindert auf $\frac{30}{35,9}$ von 6 000 DM	5 014 DM	+ 2 234 DM
Bodenwertanteil		35 534 DM
Gesamtwert		132 600 DM
./. Bodenwertanteil		35 534 DM
Gebäudewertanteil		97 066 DM

5 Ein Abschlag wegen der Notwendigkeit baldigen Abbruchs des Gebäudes und ein anderer nicht durch § 82 Abs. 3 BewG auf 30 v. H. begrenzter Abschlag sind von den nach den Beispielen A bis C ermittelten Anteilen am Gesamtwert zu machen, und zwar bei dem Anteil, den sie jeweils betreffen.

(7) [1] In anderen Fällen als dem Erbbaurecht, in denen Abschläge nach § 82 Abs. 1 Nr. 1 und 2 BewG und Zuschläge nach § 82 Abs. 2 Nr. 1 und 2 BewG zu machen sind und außerdem ein weiterer Abschlag z. B. wegen der Notwendigkeit baldigen Abbruchs des Gebäudes in Betracht kommt, ist der Gebäudewert wie in den Beispielen A bis C in Absatz 6 zu berechnen. [3] Da in diesen Fällen der Bodenwertanteil nicht gesondert ermittelt zu werden braucht, kann der Gebäudewert auch wie folgt berechnet werden:

Beispiel D:

Das Beispiel B wird dahin abgewandelt, daß das Grundstück nicht mit einem Erbbaurecht belastet ist.

Grundstückswert (= Gesamtwert wie im Beispiel B)	97 800 DM
Gebäudewertanteil	
10,2 (Vervielfältiger)	
3,33 (Multiplikator für den Bodenwertanteil)	
6,87 × 10 000 DM	68 700 DM
Abschlag wegen der Beeinträchtigung	
(Der Abschlag betrifft sowohl den Bodenwert als auch den Gebäudewert. Er ist also bei der Ermittlung des Gebäudewertanteils in Höhe von 10 v. H. auf diesen Anteil zu beziehen)	
10 v. H. von 68 700 DM	– 6 870 DM
Gebäudewertanteil	61 830 DM
Nach diesem Gebäudewertanteil ist z. B. ein Abschlag wegen der Notwendigkeit baldigen Abbruchs des Gebäudes von 70 v. H. zu berechnen.	
70 v. H. von 61 830 DM	43 281 DM
Um diesen Betrag ist der Grundstückswert zu ermäßigen	
Der Einheitswert errechnet sich wie folgt:	
Grundstückswert	97 800 DM
Abschlag wegen der Notwendigkeit baldigen Abbruchs	– 43 281 DM
	54 519 DM
Einheitswert	54 500 DM

Beispiel E:

Das Beispiel C wird dahin abgewandelt, daß das Grundstück nicht mit einem Erbbaurecht belastet ist.

Grundstückswert (= Gesamtwert wie im Beispiel C)		132 600 DM
Gebäudewertanteil		
10,2 (Vervielfältiger)		
3,33 (Multiplikator für den Bodenwertanteil)		
6,87 × 10 000 DM		68 700 DM
Abschlag wegen der Beeinträchtigung		
10 v. H. vermindert auf 8,35 v. H. ($\frac{30}{35,9}$ von 10 v. H.) von 68 700 DM	5 736 DM	
Zuschlag wegen Reklamenutzung		
40 v. H. vermindert auf 33,42 v. H. ($\frac{30}{35,9}$ von 40 v. H.) von 102 000 DM		
(Der Zuschlag betrifft nur den Gebäudewert, ist jedoch auf den Grundstückswert vor Anwendung der Abschläge und Zuschläge bezogen)	34 088 DM	+ 28 352 DM
Gebäudewertanteil		97 052 DM

Der Unterschied zum Gebäudewertanteil im Beispiel C ergibt sich durch Abrundungen.
Nach diesem Gebäudewertanteil ist z.B. ein Abschlag wegen der Notwendigkeit baldigen Abbruchs des Gebäudes von 70 v.H. zu berechnen.

70 v.H. von 97 052 DM	67 936 DM

Um diesen Betrag ist der Grundstückswert zu ermäßigen.

Der Einheitswert errechnet sich wie folgt:

Grundstückswert	132 600 DM
Abschlag wegen der Notwendigkeit baldigen Abbruchs	– 67 936 DM
	64 664 DM
Einheitswert	64 600 DM

E. Sachwertverfahren

I. Grundstückswert (§ 83 BewG)

34. Ermittlung des Grundstückswerts

(1) [1]Die Ermittlung des Grundstückswerts im Sachwertverfahren ist in den §§ 83 bis 90 BewG geregelt. [2]Danach wird zunächst der Ausgangswert ermittelt. [3]Dieser Ausgangswert setzt sich aus dem Bodenwert (vgl. Abschnitt 35), dem Gebäudewert (vgl. Abschnitte 36 bis 44) und dem Wert der Außenanlagen (vgl. Abschnitt 45) zusammen. [4]Der Ausgangswert ist durch eine Wertzahl an den gemeinen Wert anzugleichen (vgl. Abschnitt 46).

(2) Einen Überblick über das Sachwertverfahren enthält die Anlage 10.

(3) Die Vorschriften über den Mindestwert (§ 77 BewG) sind auch bei einer Bewertung im Sachwertverfahren zu beachten (vgl. Abschnitt 17).

II. Bodenwert (§ 84 BewG)

35. Ermittlung des Bodenwerts

(1) [1]Als Bodenwert ist der gemeine Wert anzusetzen, den der Grund und Boden als unbebautes Grundstück haben würde (§ 84 BewG). [2]Der Umstand, daß das Grundstück bebaut ist, bleibt bei der Wertbemessung des Grund und Bodens außer Betracht. [3]Er drückt sich in der Angleichung des Ausgangswerts an den gemeinen Wert aus (vgl. Abschnitt 46).

(2) Der Bodenwert ist nach den Abschnitten 7 bis 10 zu ermitteln.

(3) [1]Bei den Fabrikgrundstücken und den anderen gewerblich genutzten Grundstücken kann sich eine besonders günstige Lage zum öffentlichen Verkehrsnetz werterhöhend auswirken, z.B. bei der Anschlußmöglichkeit an das Eisenbahnnetz, Lage an schiffbaren Gewässern und in Hafengebieten. [2]Schlechter Baugrund wirkt sich auf den gemeinen Wert des Grund und Bodens wertmindernd aus. [3]Mit diesem wertmindernden Umstand können werterhöhende Umstände zusammentreffen; trotz schlechten Baugrunds besteht z.B. ein Interesse an der Lage des Grundstücks an einem Gewässer

(Fluß, See). 4Dabei kann auch die Möglichkeit, Wasser günstig zu erwerben und abzuleiten, ein werterhöhender Umstand sein. 5Kann der gemeine Wert nicht von Werten für gleichartige Grundstücke an einem Gewässer abgeleitet werden, sondern stehen nur Werte für Grundstücke mit gutem Baugrund, die nicht am Wasser liegen, als Vergleichswerte zur Verfügung, so ist ggf. der Umstand, daß der Baugrund nur bedingt tragfähig ist, durch einen Abschlag und die Lage am Wasser durch einen Zuschlag zu berücksichtigen. 6Bei besonders günstigen Industrieanlagen (z.B. in Hafengebieten) kann der Zuschlag wegen der Lage höher sein als der Abschlag wegen des schlechten Baugrunds. 7Aufgefüllter Boden ist nicht als tragfähiger Baugrund anzusehen; reicht er unter die normale Gründungstiefe (vgl. DIN 277, Ausgabe November 1950 x, Abschnitt 1.344 – Anlage 12), so wirkt er sich wertmindernd aus.

(4) 1Bei Grundstücken mit Arkaden, die auf Grund einer baubehördlichen Auflage erstellt worden sind und für die sich dieser Umstand nicht schon im Richtwert ausgedrückt hat, ist folgendes zu beachten:

1. 1Ist das Eigentum an der Gehfläche der Arkaden in privater Hand geblieben, so ist zu prüfen, ob und in welcher Höhe der Wert des Grund und Bodens wegen der Ausnutzungsbeschränkung des Grundstücks gemindert ist. 2Im allgemeinen kann die Grundfläche der Arkaden vom Eigentümer nicht genutzt werden. 3Diese Minderausnutzung beeinträchtigt den Wert des Grund und Bodens und ist deshalb bei der Ermittlung des Bodenwerts für das Arkadengrundstück durch einen Abschlag zu berücksichtigen. 4Die Höhe des Abschlags ergibt sich aus dem Verhältnis des von den Arkaden umschlossenen Rauminhalts zum gesamten Rauminhalt des Gebäudes einschließlich der Arkaden. 5Der Wertminderung durch den Bau der Arkaden können aber Werterhöhungen gegenüberstehen. 6Oft wird der Arkadenraum durch das Aufstellen von Schaukästen, Vorführeinrichtungen, Vitrinen und dgl. genutzt. 7Soweit in solchen Fällen eine weitgehende Raumausnutzung besteht, kann der errechnete Abschlag wegfallen.
2. 1Gehört die Gehfläche der Arkaden der Gemeinde, so ist der Wert des Grund und Bodens wegen der erhöhten baulichen Ausnutzung des restlichen Grund und Bodens durch Über- und Unterbebauung der der Gemeinde gehörenden Grundstücksfläche zu erhöhen. 2Die Höhe des Mehrwerts ist zu berechnen nach dem Verhältnis des durch die Arkaden gewonnenen Rauminhalts zum Rauminhalt, der sich bei normaler Nutzung (ohne Arkaden) ergeben hätte.

2Hat der Grundstückseigentümer die Arkaden freiwillig errichtet, so kann eine Wertminderung in der Regel nicht anerkannt werden.

(5) 1Bei Grundstücken mit Passagen (überbaute oder mit einem Glasdach versehene Flächen, die dem öffentlichen Verkehr dienen) kann regelmäßig das Hinterland ebenso genützt werden wie das Vorderland. 2Durch die bessere Ausnutzung der als Hinterland zu bewertenden Flächen wird ein Minderwert des Grund und Bodens der dem Verkehr dienenden Passage ausgeglichen. 3Deshalb kommt ein Abschlag wegen geringer baulicher Ausnutzung durch den Passagebau in der Regel nicht in Betracht.

III. Gebäudewert (§ 85 BewG)

36. Ermittlung des Gebäudewerts

(1) 1 Zur Ermittlung des Gebäudewerts wird zunächst der Gebäudenormalherstellungswert berechnet. 2 Dabei werden Herstellungskosten nach den Baupreisverhältnissen des Jahres 1958 zugrunde gelegt. 3 Diese Herstellungskosten, zu denen auch die in der Anlage 11 bezeichneten Baunebenkosten gehören, ergeben sich durch die Vervielfachung der Anzahl der Kubikmeter des umbauten Raumes (vgl. Abschnitt 37) mit einem durchschnittlichen Preis für einen Kubikmeter umbauten Raumes (vgl. Abschnitt 38). 4 Der sich danach ergebende Wert wird ggf. wegen der bei der Berechnung des umbauten Raumes nicht erfaßten Bauteile erhöht (vgl. Abschnitt 39 Abs. 1). 5 Ebenso müssen besondere Umstände, die im Raummeterpreis nicht zum Ausdruck kommen, durch Abschläge oder Zuschläge berücksichtigt werden (vgl. Abschnitt 39 Abs. 2). 6 Bei Überdachungen werden die Herstellungskosten nach Durchschnittspreisen je Quadratmeter überdachter Fläche ermittelt. 7 Die so ermittelten durchschnittlichen Herstellungskosten des Jahres 1958 werden nach den Baupreisverhältnissen im Hauptfeststellungszeitpunkt umgerechnet und ergeben den Gebäudenormalherstellungswert (vgl. Abschnitt 40).

(2) Zur Ermittlung des Gebäudesachwerts werden vom Gebäudenormalherstellungswert die Wertminderungen wegen Alters (vgl. Abschnitt 41) und wegen etwaiger Baumängel und Bauschäden (vgl. Abschnitt 42) abgezogen.

(3) 1 Der Gebäudesachwert stimmt im Regelfall mit dem Gebäudewert überein. 2 Ausnahmsweise kann der Gebäudesachwert wegen besonderer Umstände ermäßigt oder erhöht werden; vgl. im einzelnen Abschnitt 44.

37. Berechnung des umbauten Raumes

(1) 1 Der umbaute Raum ist nach DIN 277 (November 1950 ×) zu berechnen (vgl. auch Anlage 12). 2 Danach werden Vollgeschosse, Keller und ausgebaute Dachgeschosse mit dem vollen Rauminhalt angesetzt. 3 Nicht ausgebaute Dachräume werden mit einem Drittel ihres Rauminhalts berücksichtigt. 4 Das gilt auch dann, wenn die Decke über dem obersten Vollgeschoß nicht begehbar ist (z.B. unterhalb des Daches aufgehängte Staubdecken). 5 Im einzelnen vergleiche die Zeichnungen der Anlage 12.

(2) Bei der Anwendung der Abschnitte 1.1 bis 1.36 der DIN 277 muß insbesondere folgendes beachtet werden:

1. 1 Einzelne Stützen vor dem Außenmauerwerk eines Gebäudes sind als Wandpfeiler zu behandeln. 2 Ihr Rauminhalt ist nicht dem umbauten Raum des Gebäudes zuzurechnen (Abschnitt 1.343 der DIN 277). 3 Liegen dagegen bei einer Fassade die Fenster und Brüstungen oder das Außenmauerwerk gegenüber der Vorderfläche der Stützen vertieft und sind diese Stützen für die Bauart und Konstruktion des Gebäudes charakteristisch, wie z.B. bei modernen Gebäuden in Skelettbauart, so rechnet die Gebäudegrundfläche bis zu den Vorderflächen der Stützen. 4 Dieser Vorderflächen gelten als Außenflächen der Umfassungen (Abschnitt 1.11 der DIN 277). 5 Die Rücksprünge des Außenmauerwerks gegenüber der Vorderfläche der Stützen sind als Nischen zu behandeln, die bei der Ermittlung des umbauten Raumes nicht abgezogen werden (Abschnitt 1.331 der DIN 277).

2. [1]Für selbständige kleinere Gebäude im Innern von größeren Gebäuden (z.B. Materiallager, Meisterbüros, Kioske) sind die Gebäudenormalherstellungskosten getrennt zu ermitteln. [2]Der Rauminhalt des kleineren Gebäudes ist vom Rauminhalt des größeren Gebäudes nicht abzuziehen.
3. [1]Ist für einzelne Geschosse oder Räume eines Gebäudes ein von den übrigen Geschossen oder Räumen abweichender Raummeterpreis anzusetzen, so ist der umbaute Raum dieser Geschosse oder Räume getrennt zu berechnen (Abschnitt 1.36 der DIN 277). [2]Das wird beispielsweise bei Gebäuden erforderlich sein, die Räume verschiedener Zweckbestimmung (z.B. neben Fabrikationsräumen auch Büroräume) enthalten. [3]Eine getrennte Raumberechnung kommt ferner in Betracht, wenn bei Gebäuden mit Gebäudeteilen verschiedenen Alters die Wertminderung wegen Alters für jeden Gebäudeteil getrennt berechnet wird; vgl. Abschnitt 41 Abs. 4.

38. Raummeterpreise

(1) [1]Die Raummeterpreise sind nach Erfahrungswerten anzusetzen. [2]Maßgebend sind Raummeterpreise, die erfahrungsgemäß im Durchschnitt für Gebäude bestimmter Nutzung, Bauart und Bauweise aufzuwenden sind. [3]Solche Erfahrungswerte sind für bestimmte Geschäftsgrundstücke und für bestimmte Fälle von sonstigen bebauten Grundstücken in den Anlagen 14 und 15 in Verbindung mit der Anlage 13 enthalten. [4]Die Gebäudeklasseneinteilung für Fabrikgrundstücke (Anlage 14) ist auch anzuwenden auf Zechen, Werkstätten des Handwerks, Lagerhausgrundstücke, Molkereigrundstücke, Schlachthäuser und Mühlengrundstücke. [5]Den angegebenen Raummeterpreisen liegt die DIN 277 (November 1950 ×) zugrunde. [6]In den Preisen, die bereits auf die Baupreisverhältnisse im Hauptfeststellungszeitpunkt (1. Januar 1964) umgerechnet worden sind, sind auch die Baunebenkosten enthalten. [7]Die Raummeterpreise können ermäßigt oder erhöht werden, wenn bestimmte Umstände vorliegen. [8]Diese Umstände sind in den Gebäudeklasseneinteilungen (Anlagen 14 und 15) aufgeführt.

(2) [1]In Teil B der Gebäudeklasseneinteilung für Fabrikgrundstücke (Anlage 14) werden die Gebäudeklassen u.a. nach Geschoßhöhen unterschieden. [2]Als Geschoßhöhe gilt der Abstand von Fußbodenoberfläche bis Deckenunterkante zuzüglich Deckenstärke. [3]Läßt sich im Einzelfall die Deckenstärke nicht ermitteln, so ist sie mit 25 cm anzunehmen. [4]Im einzelnen vergleiche die Zeichnungen in der Anlage 12. [5]Für Gebäude mit verschiedenen Geschoßhöhen kann ein durchschnittlicher Raummeterpreis für das ganze Gebäude angesetzt werden, wenn nicht die Geschosse für sich berechnet werden.

Beispiel:

Ein Fabrikgebäude der Gebäudeklasse 2.56 hat ein Geschoß von 5 m Höhe (Raummeterpreis 56,00 DM) und zwei Geschosse von je 3,50 m Höhe (Raummeterpreis 63,50 DM). Der durchschnittliche Raummeterpreis für das Gebäude beträgt

$$\frac{56{,}00 \times 1 + 63{,}50 \times 2}{3} = 61{,}00 \text{ DM.}$$

(3) [1]Bei Gebäuden, deren Geschoßhöhe die in der Gebäudeklasseneinteilung vorgesehenen Grenzen von vier Metern oder sechs Metern bis zu 80 cm überschreiten, ist ein der Geschoßhöhe entsprechender Zwischenwert zu berechnen

und anzusetzen. 2 Dabei sind zu den Raummeterpreisen, die nach der Geschoßhöhe in Betracht kommen, folgende Zuschläge oder Abschläge zu machen:

Bei einer Überschreitung der Höhe von 4,00 m und 6,00 m

bis zu 20 cm	um mehr als 20 cm bis zu 40 cm	um mehr als 40 cm bis zu 60 cm	um mehr als 60 cm bis zu 80 cm
9/10	8/10	7/10	6/10

des Preisunterschieds zwischen dem höheren und dem niedrigeren Raummeterpreis.[1)]

Beispiel:

Ein Fabrikgebäude der Gebäudeklasse 2.56 hat eine Geschoßhöhe von 4,20 m. Der Raummeterpreis beträgt bis zu 4 m = 63,50 DM und bis zu 6 m = 56,00 DM. Der Zwischenwert für die Geschoßhöhe von 4,20 m beträgt dann

$$56{,}00 + \frac{7{,}50 \times 9}{10} = 62{,}75 \text{ DM.}$$

(4) 1 Für Einfamilienhäuser und Zweifamilienhäuser ist der Raummeterpreis nach der Anlage 16 zu ermitteln. 2 Die angegebenen Preise sind bereits auf die Baupreisverhältnisse im Hauptfeststellungszeitpunkt (1. Januar 1964) umgerechnet. 3 Dieser Bauteil-Preistabelle ist auch bei den zur wirtschaftlichen Einheit eines Einfamilienhauses oder Zweifamilienhauses gehörenden Wohngebäuden für das Hauspersonal anzuwenden. 4 Ist für Bauteile ein Preisrahmen angegeben, so richtet sich der anzusetzende Preis nach der Güte der Ausstattung und nach der Anzahl der vorhandenen Bauteile. 5 Der anzusetzende Raummeterpreis ist auf volle Deutsche Mark nach unten abzurunden.

39. Ermäßigung oder Erhöhung des nach dem Raummeterpreis errechneten Werts

(1)[2)] 1 Nach Abschnitt 1.4 der DIN 277 (vgl. auch Anlage 12) werden bestimmte Bauteile nicht bei der Berechnung des umbauten Raumes erfaßt. 2 Sie müssen vielmehr bei der Ermittlung des Gebäudenormalherstellungswerts besonders berücksichtigt werden. 3 Bei der Anwendung dieses Abschnitts der DIN 277 ist nicht kleinlich zu verfahren. 4 So sind Dachaufbauten mit vorderen Ansichtsflächen bis zu je 5 m², Dachreiter, Vordächer bis zu je 1 m Ausladung oder bis zu je 10 m² Fläche, Balkonplatten, Brüstungen von Balkonen, vorgelagerte Treppenstufen (ausgenommen größere Freitreppen), Füchse und Hausschornsteine außer Betracht zu lassen. 5 Dagegen sind die in enger baulicher Verbindung mit dem Gebäude stehenden Rampen und Terrassen sowie die außergewöhnlichen Gründungen und die wasserdruckhaltenden Dichtungen von Kellergeschossen bei der Ermittlung des Gebäudenormalherstellungswerts zu berücksichtigen. 6 Das gleiche gilt für Überdachungen auf Flachdächern (z. B. Überdachungen von Dachgärten). 7 Befinden sich Gebäude auf Grundstücken, bei denen Oberflächenveränderungen (z. B. durch Bergbau) zu befürchten sind, dürfen die Zuschläge für außergewöhnliche Gründungen,

1) Satz 2 idF des koord. Erlasses FM Schl-H v. 23. 8. 1967 – S 3208 – 17 VI 33.

2) Zu besonders zu berechnenden Bauteilen siehe Erlaß FSen. Berlin v. 2. 8. 1967, StZBl. Bln. 1967, 809 (Anl. **17 a**).

soweit durch sie etwaige Schäden infolge der zu erwartenden Oberflächenveränderungen verhindert werden sollen, die Abschläge vom Bodenwert wegen des schlechten Baugrunds nicht übersteigen. [8]Auch für Unterfahrten und Arkaden sind die Herstellungskosten besonders zu berechnen. [9]Dabei können folgende Erfahrungswerte nach den Baupreisverhältnissen im Hauptfeststellungszeitpunkt (1. Januar 1964) als Anhalt zugrunde gelegt werden:

für 1 m^2	Stahlbetondecke oder Stahlbetonschale	33 DM;
für 1 m^3	Mauerwerk	100 DM;
für 1 m^3	Stahlbeton	120 DM.

(2) [1]Der sich durch die Vervielfachung der Anzahl der Kubikmeter umbauten Raumes mit dem Raummeterpreis ergebende Wert ist ferner zu ermäßigen oder zu erhöhen, wenn besondere Umstände vorliegen, die in der Höhe des Raummeterpreises nicht zum Ausdruck kommen. [2]So sind beispielsweise für fehlende Außenwände Abschläge zu machen. [3]Ein Abschlag kommt aber nicht in Betracht, wenn mehrere Gebäude aneinandergebaut sind und dadurch gegenüber freistehenden Gebäuden eine Außenwand eingespart worden ist. [4]Die Ersparnis an Kosten für die Außenwand wird regelmäßig durch größere Aufwendungen für die konstruktive Durchbildung der aneinandergereihten Gebäude ausgeglichen. [5]Die Ersparnis beim Mauerwerk kann auch durch Aufwendungen für andere durch das Aneinanderfügen der Baukörper notwendig gewordene bauliche Maßnahmen ausgeglichen sein. [6]Zuschläge sind beispielsweise bei Gebäuden mit geringen bebauten Flächen zu machen. [7]Näheres über diese Abschläge und Zuschläge ergibt sich aus den Gebäudeklasseneinteilungen (Anlagen 14 und 15).

40. Umrechnung der durchschnittlichen Herstellungskosten des Jahres 1958 nach den Baupreisverhältnissen im Hauptfeststellungszeitpunkt

(1) [1]Die Umrechnung der durchschnittlichen Herstellungskosten des Jahres 1958 (vgl. Abschnitt 36 Abs. 1) nach den Baupreisverhältnissen im Hauptfeststellungszeitpunkt erfolgt mit Hilfe des amtlichen Baupreisindex des Statistischen Bundesamtes mit der Bezugsgrundlage 1958 = 100. [2]Maßgebend ist der Baupreisindex des Kalenderjahres, das dem Hauptfeststellungszeitpunkt vorangeht.

(2) [1]Für die Hauptfeststellung auf den Beginn des Kalenderjahres 1964 wird bei Einfamilienhäusern und bei Zweifamilienhäusern ein Baupreisindex von 140 (1958 = 100), bei allen übrigen Gebäuden ein Baupreisindex von 135 (1958 = 100) zugrunde gelegt. [2]Die in den Anlagen 14 bis 16 angegebenen Preise sind bereits unter Berücksichtigung dieser Baupreisindices auf die Baupreisverhältnisse im Hauptfeststellungszeitpunkt (1. Januar 1964) umgerechnet.

41. Wertminderung wegen Alters (§ 86 BewG)

a) Wertminderung im Regelfall

(1) [1]Die Wertminderung wegen Alters bestimmt sich nach dem Alter des Gebäudes im Hauptfeststellungszeitpunkt und der gewöhnlichen Lebensdauer

von Gebäuden gleicher Art und Nutzung (§ 86 Abs. 1 BewG). 2Für die Berechnung des Alters des Gebäudes ist vom 1. Januar des Jahres auszugehen, in dem das Gebäude bezugsfertig geworden ist. 3Zum Begriff der Bezugsfertigkeit vgl. Abschnitt 6. Bei wiederaufgebauten Gebäuden ist das Jahr des Wiederaufbaus auch dann maßgebend, wenn sie unter Verwendung stehengebliebener Gebäudeteile oder Bauteile wiedererrichtet worden sind. 4Die gewöhnliche Lebensdauer eines Gebäudes hängt von dessen Bauart und Nutzung ab. 5Sie läßt sich im voraus nicht mit Sicherheit bestimmen. 6Deshalb müssen allgemeine Erfahrungssätze zugrunde gelegt werden.

(2) 1Die Wertminderung wegen Alters wird stets in einem Hundertsatz des Gebäudenormalherstellungswerts ausgedrückt. 2Dabei darf nur von einer gleichbleibenden jährlichen Wertminderung ausgegangen werden; andere Verfahren sind nicht zulässig (§ 86 Abs. 1 letzter Satz BewG). 3Als Lebensdauer und jährliche Wertminderung sind zugrunde zu legen:

Bauart	Lebensdauer und jährliche Wertminderung für			
	Fabrikgebäude, Werkstattgebäude, Lagergebäude, Kühlhäuser, Trockenhäuser, Molkereigebäude, Tankstellengebäude, Transformatorenhäuser, Hallenbäder, Badehäuser		die übrigen Gebäude	
	in Jahren	in v. H.	in Jahren	in v. H.
1. Massivgebäude und Gebäude in Stahl- oder Stahlbetonskelettkonstruktion	80	1,25	100	1,00
2. Holzfachwerkgebäude mit Ziegelsteinausmauerung	60	1,67	70	1,43
3. Holzgebäude und Holzfachwerkgebäude mit Lehmausfachung oder mit Verschalung, Massivgebäude aus großformatigen Betonplatten (Fertigteile)	50	2,00	60	1,67
4. Massivschuppen, Stahlfachwerkgebäude mit Plattenverkleidung, Gebäude in leichter Bauart, bei denen die Außenmauern – ohne Putz gemessen – weniger als 20 cm stark sind (ausgenommen Skelettbauten und Rahmenbauten), Fertigteilbauten aus Holz	40	2,50	40	2,50
5. Holzgebäude in Tafelbauart mit massiven Fundamenten	30	3,33	30	3,33
6. Wellblechschuppen, Holzschuppen, Holzgebäude in Tafelbauart ohne massive Fundamente	20	5	20	5

(3) [1]Für Fabrikgebäude der in Absatz 2 unter Nummer 1 genannten Art, die im Zusammenhang mit dem Industriezweig, für den sie verwendet werden, der zerstörenden Einwirkung von Dampf oder Chemikalien ausgesetzt sind und trotz laufender baulicher Unterhaltung besonders starkem Verschleiß unterliegen, ist eine Lebensdauer von 60 Jahren zugrunde zu legen. [2]In Betracht kommen bestimmte Gebäude von chemischen Betrieben und Säurebetrieben, wie z. B. der Leder- oder Kunstdüngerindustrie, ferner der Beizereien, Färbereien, Verzinkereien, Verzinnereien, Appreturanstalten, Papierfabriken, wenn bestimmte wesentliche Bauteile (Dach, Fußboden, Putz usw.) kurzfristig zerstört werden. [3]Sind die Zerstörungen nachweislich so stark, daß bei normaler baulicher Unterhaltung eine Lebensdauer von 60 Jahren nicht erreicht wird, so kann in diesen Einzelfällen eine kürzere Lebensdauer zugrunde gelegt werden.

b) Berechnung der Wertminderung bei Gebäuden mit Gebäudeteilen verschiedenen Alters

(4) [1]Anbauten teilen regelmäßig auf Grund ihrer Bauart oder Nutzung das Schicksal des Hauptgebäudes. [2]Der Berechnung der Wertminderung wegen Alters ist deshalb für das gesamte Gebäude das Alter des Hauptgebäudes zugrunde zu legen. [3]Ist dagegen anzunehmen, daß ein Erweiterungsbau nach Größe, Bauart oder Nutzung eine andere Lebensdauer als das Hauptgebäude haben wird, so ist die Wertminderung wegen Alters jeweils getrennt zu berechnen. [4]Das gleiche gilt, wenn für die einzelnen Gebäudeteile unterschiedliche Raummeterpreise anzusetzen sind; vgl. hierzu Abschnitt 37 Abs. 2 Nr. 3.

(5) [1]Für Aufstockungen ist die Wertminderung wegen Alters im allgemeinen nach dem Alter der unteren Geschosse zu bemessen. [2]Es ist jedoch zu prüfen, ob durch die baulichen Maßnahmen die restliche Lebensdauer des Gebäudes verlängert worden ist; vgl. hierzu Absatz 7.

c) Berechnung der Wertminderung bei Verkürzung der gewöhnlichen Lebensdauer

(6) [1]Die gewöhnliche Lebensdauer eines Gebäudes (Absätze 2 und 3) kann durch Baumängel oder Bauschäden verkürzt sein. [2]Dies trifft dann zu, wenn es sich um erhebliche nicht behebbare oder nur mit unverhältnismäßig hohen Kosten zu beseitigende Baumängel (z. B. Gründungsmängel) oder Bauschäden (z. B. Bergschäden, Erschütterungsschäden und dgl.) handelt. [3]In diesen Fällen ist zur Errechnung der Wertminderung wegen Alters die voraussichtliche tatsächliche Lebensdauer von Gebäuden mit derartigen Baumängeln oder Bauschäden zugrunde zu legen. [4]Das ergibt sich aus dem Zusammenhang der Vorschriften in § 86 Abs. 1 BewG und der Vorschriften in § 87 BewG. [5]Die voraussichtliche tatsächliche Lebensdauer wird errechnet, indem die voraussichtliche Restlebensdauer im Hauptfeststellungszeitpunkt zu dem tatsächlichen Gebäudealter in diesem Zeitpunkt hinzugerechnet wird.

Beispiel:

Ein Gebäude mit einer gewöhnlichen Lebensdauer von 100 Jahren und einem Alter im Hauptfeststellungszeitpunkt von 40 Jahren hat einen nicht behebbaren Bergschaden, der die Lebensdauer des Gebäudes wesentlich verkürzt. Die voraussichtliche Restlebensdauer im Hauptfeststellungszeitpunkt beträgt nur noch 20 Jahre. Voraussichtliche Lebensdauer im Hauptfeststellungszeitpunkt (Alter + voraussichtliche Restlebensdauer) 40 + 20 = 60 Jahre. Die jährliche Wertminderung beträgt demnach 100 : 60 = 1,67 v. H. Die Gesamtwertminderung beträgt mithin 40 × 1,67 = rund 67 v. H.

6 Bauliche Mängel und Schäden, die hiernach nicht bei der Berechnung der Wertminderung wegen Alters berücksichtigt werden können (behebbare Mängel und Schäden), berechtigen nur zur Gewährung eines Abschlags nach § 87 BewG (vgl. Abschnitt 42).

(7) 1 Ob und inwieweit bei wiederaufgebauten Gebäuden wegen der Verwendung stehengebliebener Gebäude- oder Bauteile eine Verkürzung der gewöhnlichen Lebensdauer anzunehmen ist, ist nach den gegebenen Umständen des Einzelfalles zu entscheiden. 2 Dabei sind Umfang, Alter und Zustand der beim Wiederaufbau verwendeten Gebäude- oder Bauteile zu berücksichtigen.

d) Berechnung der Wertminderung bei Verlängerung der restlichen Lebensdauer

(8) 1 Nach § 86 Abs. 4 BewG ist der nach dem tatsächlichen Alter errechnete Hundertsatz der Wertminderung wegen Alters zu mindern, wenn die restliche Lebensdauer eines Gebäudes durch bauliche Maßnahmen verlängert wird. 2 Eine Verlängerung der Restlebensdauer wird nur dann anzunehmen sein, wenn das Gebäude durchgreifend erneuert oder verbessert worden ist. 3 Bauliche Maßnahmen an nicht tragenden Bauteilen (z. B. Neugestaltung der Fassade) bewirken keine Verlängerung der Restlebensdauer des Gebäudes. 4 Bei einer Verlängerung der restlichen Lebensdauer ist nicht das tatsächliche Alter des Gebäudes, sondern ein dem Ausmaß der baulichen Erneuerung angemessenes geringeres Alter zugrunde zu legen.

Beispiel:

Bei einem Gebäude mit einer gewöhnlichen Lebensdauer von 80 Jahren beträgt der jährliche Wertminderungssatz (100 : 80 =) 1,25 v. H. Ist das Gebäude im Hauptfeststellungszeitpunkt 30 Jahre alt, so sind im Regelfall nach § 86 Abs. 1 BewG (30 × 1,25 =) 37,5 v. H. vom Gebäudenormalherstellungswert abzusetzen. Bei durchgreifender baulicher Erneuerung ist der mit 37,5 v. H. errechnete Wertminderungssatz entsprechend der Verjüngung des Gebäudes zu vermindern. Tritt eine Verlängerung der Restlebensdauer um 20 Jahre ein, so sind nur 10 × 1,25 = 12,5 v. H. als Wertminderung wegen Alters abzusetzen.

e) Restwert

(9) 1 Nach § 86 Abs. 3 Satz 1 BewG darf als Wertminderung wegen Alters vom Gebäudenormalherstellungswert insgesamt kein höherer Betrag abgesetzt werden, als sich bei einem Alter von siebzig vom Hundert der Lebensdauer und dem Hundertsatz der jährlichen Wertminderung (Absatz 2) ergibt.

Beispiel:

Ein Gebäude hat auf Grund seiner Bauart eine gewöhnliche Lebensdauer von 80 Jahren. Der jährliche Wertminderungssatz beträgt danach (100 : 80 =) 1,25 v. H. Ist das Gebäude im Hauptfeststellungszeitpunkt 60 Jahre alt, so sind nach § 86 Abs. 1 BewG (60 × 1,25 =) 75 v. H. vom Gebäudenormalherstellungswert abzusetzen. Nach Absatz 3 Satz 1 des § 86 BewG darf jedoch höchstens der Betrag abgesetzt werden, der sich bei einem Alter von 70 v. H. der Lebensdauer ergibt. Das sind (70 v. H. von 80 Jahren =) 56 Jahre; abzusetzen sind 56 × 1,25 = 70 v. H.

[2]Auch bei jeder anderen Lebensdauer nach Absatz 2 als bei den im Beispiel angewendeten 80 Jahren ergibt sich höchstens eine Minderung des Gebäudenormalherstellungswerts um 70 v. H. [3]Der nach Abzug der Wertminderung wegen Alters verbleibende Wert (Restwert) darf somit grundsätzlich 30 v. H. des Gebäudenormalherstellungswerts nicht unterschreiten. [4]Eine Ausnahme ist nur zu machen, wenn eine außergewöhnliche Wertminderung vorliegt (§ 86 Abs. 3 Satz 2 BewG). [5]Das kann z. B. in außergewöhnlichen Fällen des Absatzes 6 der Fall sein. [6]In derartigen Fällen darf der Restwert von 30 v. H. aber nur unterschritten werden, wenn im Feststellungszeitpunkt feststeht, daß das Gebäude innerhalb eines Zeitraums von 10 Jahren abgebrochen werden muß.

42. Wertminderung wegen baulicher Mängel und Schäden (§ 87 BewG)

(1) [1]Für bauliche Mängel und Schäden ist ein Abschlag nur zulässig, wenn die Mängel und Schäden weder im Gebäudenormalherstellungswert noch bei der Wertminderung wegen Alters berücksichtigt worden sind (§ 87 BewG). [2]Baumängel und Bauschäden, die die gewöhnliche Lebensdauer eines Gebäudes verkürzen, werden schon bei der Berechnung der Wertminderung wegen Alters berücksichtigt (vgl. Abschnitt 41 Abs. 6). [3]Ein Abschlag nach § 87 BewG kann daneben für diese Schäden nicht gewährt werden. [4]Der Abschlag ist daher nur für solche baulichen Mängel und Schäden zu gewähren, die behebbar und deshalb bei der Ermittlung der Lebensdauer nicht berücksichtigt sind. [5]In Betracht kommen in erster Linie, sofern der Schaden nach Lage des Falles behoben werden kann, fehlerhafte Bauausführung, Fehlen von Bauteilen sowie die Folgen äußerer Schadenseinwirkungen (z. B. Kriegs-, Rauch- oder Wassereinwirkungen).

(2) [1]Die Höhe des Abschlags richtet sich bei fehlenden Bauteilen nach dem Wertanteil des fehlenden Bauteils am Gesamtwert des Gebäudes. [2]Wegen eines zur Zeit nur vorhandenen Notdaches ist z. B. ein Abschlag zu machen, der dem Wertanteil entspricht, den der fehlende Bauteil am Gesamtwert des Gebäudes haben würde. [3]Im übrigen ist die Höhe des Abschlags nach dem Ausmaß des Schadens an dem jeweiligen Bauteil zu bemessen.

43. Zusammentreffen von Wertminderungen infolge Verkürzung der Lebensdauer und von Wertminderungen infolge schlechten baulichen Zustandes

[1]Trifft eine besondere Wertminderung wegen Alters infolge Verkürzung der Lebensdauer (vgl. Abschnitt 41 Abs. 6 und 7) mit einer Wertminderung wegen schlechten baulichen Zustandes (vgl. Abschnitt 42) zusammen, so ist zunächst die Wertminderung wegen Alters vorzunehmen. [2]Von dem dann verbleibenden Wert ist der nach Abschnitt 42 zulässige Abschlag wegen noch nicht berücksichtigter Schäden nach § 87 BewG zu machen.

Beispiel:

Ein Gebäude mit einer gewöhnlichen Lebensdauer von 100 Jahren und einem Alter von 40 Jahren im Hauptfeststellungszeitpunkt muß infolge eines nicht behebbaren Bergschadens mit Sicherheit in 10 Jahren abgebrochen werden. Außerdem liegt ein behebbarer Bauschaden von 20 v. H. vor.

Die Wertminderung wegen Alters beträgt:

Tatsächliche Lebensdauer (Alter + tatsächliche Restlebensdauer) 40 + 10 = 50 Jahre.

Jährlicher Wertminderungssatz $\frac{100}{50}$ = 2 v. H.

Wertminderung wegen Alters insgesamt (40 × 2 =) 80 v. H.
Um diesen Hundertsatz ist der Gebäudenormalherstellungswert zu kürzen. Der verbleibende Wert ist um weitere 20 v. H. wegen des behebbaren Bauschadens zu mindern.

44. Ermäßigung und Erhöhung des Gebäudesachwerts (§ 88 BewG)

a) Allgemeines

(1) [1]Der Gebäudesachwert kann bei der Ermittlung des Gebäudewerts in Einzelfällen nach § 88 BewG ermäßigt oder erhöht werden, wenn Umstände tatsächlicher Art vorliegen, die weder bei der Ermittlung des Gebäudenormalherstellungswerts noch durch die Wertminderungen wegen Alters oder wegen baulicher Mängel und Schäden bei der Ermittlung des Gebäudesachwerts berücksichtigt worden sind. [2]Umstände, die nicht nur Einzelfälle betreffen, sondern den Wert ganzer Gruppen von Grundstücken beeinflussen (z. B. Industriezweige im Zonengrenzgebiet), betreffen regelmäßig nicht allein das Gebäude. [3]Sie werden daher bei der Angleichung des Ausgangswerts des Grundstücks an den gemeinen Wert berücksichtigt; vgl. Abschnitt 46.

(2) [1]Die Gründe für eine Ermäßigung oder Erhöhung können verschiedener Art sein. [2]Die im Gesetz genannten Gründe stellen nur Beispiele dar. [3]Nur Umstände objektiver Art, die den gemeinen Wert des Grundstücks nachhaltig beeinflussen, können eine Ermäßigung oder Erhöhung rechtfertigen. [4]Rein persönliche oder ungewöhnliche Verhältnisse sind unbeachtlich, da diese den gemeinen Wert nicht beeinflussen (§ 9 BewG). [5]Das Ausmaß der Ermäßigung oder Erhöhung hängt von den Umständen des Einzelfalles ab.

b) Ermäßigung wegen der Lage des Grundstücks

(3) [1]Der Gebäudesachwert kann wegen der Lage des Grundstücks ermäßigt werden, wenn besondere Verhältnisse im Einzelfall nicht nur den Bodenwert, sondern auch den Wert des Gebäudes beeinflussen. [2]Das kann z. B. bei einem Einfamilienhaus der Fall sein, das in unmittelbarer Nähe einer Fabrik mit starker Rußentwicklung liegt. [3]Räumliche Abgelegenheit und sonstige Besonderheiten der Lage führen aber auch in Einzelfällen nicht zu einer Wertminderung des Gebäudes, wenn die Zweckbestimmung des Grundstücks eine derartige Abgelegenheit erforderlich macht oder wenn die Abgelegenheit sich nicht nachhaltig auf die Nutzung auswirkt (RFH-Urteil vom 14. 6. 1939, RStBl. S. 863). [4]Das gilt insbesondere für Fabrikgrundstücke.

c) Ermäßigung wegen wirtschaftlicher Überalterung

(4) [1]Ein Gebäude kann auch wirtschaftlich veralten. [2]Ist die wirtschaftliche Wertminderung größer als der Betrag, um den sich der Wert des Gebäudes wegen seines Alters vermindert, so kann eine Ermäßigung wegen wirtschaftlicher Überalterung vorgenommen werden. [3]Voraussetzung ist jedoch, daß das

Gebäude nicht nur für den derzeitigen Eigentümer, sondern auch für einen Erwerber des Grundstücks seine volle wirtschaftliche Verwertbarkeit verloren hat. [4]Entscheidend für die Gewährung eines Abschlags ist deshalb, ob aus wirtschaftlich zwingenden objektiven Gründen anzunehmen ist, daß der Zeitraum der tatsächlichen Verwendung des Gebäudes gegenüber der gewöhnlichen Lebensdauer verkürzt ist und daß deshalb das Gebäude vorzeitig abgebrochen werden muß (RFH-Urteil vom 16. 11. 1939, RStBl. 1940 S. 492).

Beispiel:

Bei einem Braunkohlenbergwerk beträgt die künftige Abbaumöglichkeit im Hauptfeststellungszeitpunkt nur noch 15 Jahre. Die dem Bergbau dienenden Gebäude sind bei Erschöpfung der Abbausubstanz für andere Zwecke nicht verwertbar. Ein Abschlag wegen wirtschaftlicher Überalterung ist gerechtfertigt.

(5) [1]Die Höhe des Abschlags bemißt sich nach der Verkürzung der Lebensdauer, die wegen der Überalterung für das Gebäude anzunehmen ist. [2]Sie ist gleich dem Unterschied, der sich für die Wertminderung bei Zugrundelegung der gewöhnlichen oder der nach Abschnitt 41 Abs. 6 und 7 verkürzten Lebensdauer gegenüber der Wertminderung bei Zugrundelegung der kürzeren Lebensdauer ergibt.

Beispiel:

Ein Gebäude hat infolge wirtschaftlicher Überalterung statt einer gewöhnlichen Lebensdauer von 80 Jahren nur eine Lebensdauer von 60 Jahren. Es ist im Hauptfeststellungszeitpunkt 50 Jahre alt. Die Wertminderung wegen Alters beträgt

bei gewöhnlicher Lebensdauer	50 × 1,25	=	62,5 v. H.
bei verkürzter Lebensdauer	50 × 1,67	=	83,5 v. H.
	Unterschied	=	21 Punkte.

Der Gebäudesachwert ist wegen wirtschaftlicher Überalterung um 21 v. H. des Gebäudenormalherstellungswertes zu ermäßigen.

(6) [1]Ein Abschlag wegen wirtschaftlicher Überalterung kann nur insoweit gewährt werden, als er über die Wertminderung hinausgeht, die wegen des Alters ggf. unter Berücksichtigung einer verkürzten gewöhnlichen Lebensdauer (vgl. Abschnitt 41 Abs. 6 und 7) bereits berücksichtigt worden ist. [2]Kein Abschlag ist zu gewähren, wenn Gebäude aus Zweckmäßigkeitsgründen früher abgebrochen werden sollen, als es dem baulichen Zustand entspricht oder für die Erhaltung der Wirtschaftlichkeit erforderlich ist. [3]Auch geplante bauliche Veränderungen (Ein- und Umbauten) rechtfertigen nicht die Annahme einer wirtschaftlichen Überalterung.

d) Ermäßigung wegen der Notwendigkeit vorzeitigen Abbruchs

(7) [1]Eine Ermäßigung des Gebäudesachwerts kann auch in Betracht kommen, wenn einwandfrei feststeht, daß ein Gebäude aus anderen Gründen, z. B. aus städtebaulichen Gründen, in den nächsten 10 Jahren abgebrochen werden muß. [2]Als Anhaltspunkt für die Höhe der Ermäßigung kann der Betrag zugrunde gelegt werden, der sich aus dem Unterschied zwischen der nach der gewöhnlichen oder der nach Abschnitt 41 Abs. 6 und 7 verkürzten Lebensdauer errechneten Wertminderung wegen Alters und der Wertminderung bei Zugrundelegung der infolge des vorzeitigen Abbruchs verkürzten Lebensdauer ergibt.

Beispiel:

Ein Gebäude mit einer gewöhnlichen Lebensdauer von 100 Jahren muß in 5 Jahren abgebrochen werden. Es ist im Hauptfeststellungszeitpunkt 40 Jahre alt. Der Gebäudenormalherstellungswert beträgt 90 000 DM, der Gebäudesachwert

$$\left(90000 - \frac{90000 \times 40}{100} = \right) 54000 \text{ DM.}$$

Die Ermäßigung wegen vorzeitigen Abbruchs errechnet sich wie folgt:
Berücksichtigte Alterswertminderung = 40 v. H.
Die verkürzte Lebensdauer beträgt:
40 Jahre (Alter) + 5 Jahre (restliche
Lebensdauer) = 45 Jahre.

Danach ergibt sich ein Absetzungssatz von $\frac{40 \times 100}{45}$ = 89 v. H.

Die Ermäßigung beträgt somit $\left(\frac{90000 \times 49}{100} = \right)$ 44100 DM

[3]Eine Ermäßigung wegen vorzeitigen Abbruchs kommt nicht in Betracht, wenn ein Gebäude aus subjektiven Gründen vorzeitig abgebrochen werden soll. [4]Zur Frage der Ermittlung des Gebäudesachwerts wegen vorzeitigen Abbruchs von Gebäuden auf fremdem Grund und Boden vgl. Abschnitt 50.

e) Ermäßigung wegen unorganischen Aufbaus

(8) [1]Ein Abschlag wegen unorganischen Aufbaus kommt im allgemeinen nur bei Fabrikgrundstücken in Betracht. [2]Ein Fabrikbetrieb ist unorganisch aufgebaut, wenn durch die ungünstige Anordnung aller oder einzelner Betriebsgebäude die Werkstoffe bei ihrer Verarbeitung unnötige Wege zurücklegen müssen und dadurch den Betrieb gegenüber einem organisch aufgebauten Betrieb nennenswerte Mehrkosten entstehen. [3]Um festzustellen, ob ein unorganischer Aufbau vorliegt, ist der auf dem Grundstück geführte Betrieb mit einem Normalbetrieb und nicht mit einem Muster- oder Idealbetrieb zu vergleichen (RFH-Urteile vom 3. 11. 1939, RStBl. 1940 S. 319, und vom 15. 5. 1941 RStBl. S. 589). [4]Ein unorganischer Aufbau kann durch den nach und nach erfolgten Aufbau der Fabrikgebäude entstehen. [5]Er kann ferner darauf beruhen, daß infolge Produktionssteigerung einzelner Abteilungen die vorhandene Nutzfläche nicht mehr ausreicht und der notwendige Erweiterungsbau an anderer Stelle errichtet werden muß. [6]Ein Abschlag ist nicht vorzunehmen, wenn die Mehrkosten offensichtlich auf Organisationsfehler, auf die Verwendung veralteter Maschinen oder auf Mängel an Betriebsvorrichtungen oder ihre für den Betriebsvorgang unzweckmäßige Anordnung zurückzuführen sind. [7]Dagegen kann eine unzweckmäßige Anordnung der Betriebsvorrichtungen einen Abschlag wegen unorganischen Aufbaus begründen, wenn sie durch die Abmessung und die Lage der Gebäude bedingt ist.

(9) [1]Ein unorganischer Aufbau liegt nicht vor, wenn ein für den Betrieb notwendiges Gebäude fehlt (RFH-Urteil vom 27. 7. 1938, RStBl. S. 921). [2]Ältere Fabrikgebäude entsprechen nicht immer dem letzten Stand der Entwicklung und des Fortschritts. [3]Trotzdem ist nicht schon aus diesem Grunde ein Abschlag wegen unorganischen Aufbaus gerechtfertigt (RFH-Urteil vom 3. 11. 1939, RStBl. 1940 S. 319). [4]Bei einem einstufigen Betrieb, dessen Betriebsgebäude sich auf zwei voneinander entfernt liegenden Grundstücken

befinden, kann wegen der verstreuten Lage der Fabrikgebäude ein Abschlag wegen unorganischen Aufbaus in Betracht kommen, wenn der einheitliche Organismus der Fabrik gestört ist (RFH-Urteil vom 11. 7. 1940, RStBl. S. 918). 5 Anders sind die Verhältnisse bei mehrstufigen Betrieben eines Werkes zu beurteilen. 6 Liegen bei einem Werk mit mehreren Erzeugungsstufen die Grundstücke und damit die Fabrikgebäude der einzelnen Stufenbetriebe unorganisch zueinander, so wird dieser Umstand nur dann einen Abschlag wegen unorganischen Aufbaus rechtfertigen, wenn die Grundstücke der Stufenbetriebe zusammen eine wirtschaftliche Einheit des Grundbesitzes bilden (RFH-Urteil vom 5. 3. 1942, RStBl. S. 810).

(10) 1 Der Eigentümer hat an Hand eines Lageplanes nachzuweisen, welche Wege der Werkstoff bei seiner Verarbeitung zurücklegen muß. 2 Ergibt sich, daß die Linienführung in dem ganzen Betrieb oder in einem Teil unzweckmäßig ist und daß unnötige Wege zurückzulegen sind, die bei einem normalen Fabrikbetrieb vermieden werden, so ist ein Abschlag gerechtfertigt. 3 Die Höhe des Abschlags ist zu schätzen. 4 Einen Anhalt für die Bemessung kann der Hundertsatz bieten, um den die tatsächlichen Produktionskosten von den Produktionskosten abweichen, die in einem Normalbetrieb entstehen würden. 5 Dieser Vergleich setzt voraus, daß der Eigentümer an Hand von Kalkulationsunterlagen die durch die Lage der (des) Gebäude(s) entstehenden Produktionsverteuerung nachweist.

f) Ermäßigung wegen übermäßiger Raumhöhe

(11) 1 Eine Ermäßigung wegen übermäßiger Raumhöhe kann in Betracht kommen, wenn Gebäude Räume mit übergroßen Höhen aufweisen, die bei neuen Bauten nicht mehr üblich sind. 2 Bei Fabrikgebäuden ist jedoch Voraussetzung, daß das Gebäude mit den übergroßen Raumhöhen auch für andere Industriezweige nicht verwendbar ist.

Beispiel:

Eine Fabrik benötigte zur Herstellung ihrer Waren große Maschinen. Die Gebäude mußten daher eine beträchtliche Höhe haben. Durch Fortentwicklung der Technik haben sich die Dimensionen der Maschinen wesentlich geändert. Das Unternehmen war gezwungen, die alten Maschinen durch neuzeitliche mit geringen Höhenabmessungen zu ersetzen. Die große Höhe der Gebäude ist nicht mehr erforderlich.

3 Der Abschlag wird ausschließlich für das Übermaß an Raumhöhe zugestanden. 4 Bei den in der Anlage 14 Teil B aufgeführten Gebäuden ist eine Geschoßhöhe (vgl. Abschnitt 38 Abs. 2) bis 4 m jedoch ohne Rücksicht auf die in den betreffenden Räumen untergebrachte Betriebsart stets als normal anzusehen. 5 Bei einem Gebäude mit offenem Dachstuhl ist für die Frage, ob eine übergroße Raumhöhe vorhanden ist, der Raum zwischen den Dachbindern nicht mit einzubeziehen.

(12) 1 Die Höhe des Abschlags bemißt sich nach dem Unterschied zwischen dem Sachwert des Gebäudes in seiner tatsächlichen Höhe und dem Sachwert des Gebäudes in der Höhe, die für die neue Verwendung zugrunde zu legen ist; mindestens ist bei der Ermittlung des Gebäudesachwerts der in der Anlage 14 Teil B aufgeführten Gebäude eine für den neuen Verwendungszweck

benötigte Höhe von 4 m anzunehmen (vgl. Abs. 11). [2]Bei der Berechnung des Abschlags ist zu beachten, daß sich bei der angenommenen geringeren Höhe die Gebäudeklasse oder innerhalb der Gebäudeklasse der Raummeterpreis ändern kann.

g) Erhöhungen

(13) [1]Nach § 88 Abs. 3 BewG ist der Gebäudesachwert zu erhöhen, wenn das Grundstück nachhaltig gegen Entgelt für Reklamezwecke genutzt wird. [2]Wegen der Voraussetzungen und Einzelheiten vgl. die in Abschnitt 32 Abs. 5 beim Ertragswertverfahren gemachten Ausführungen. [3]Sie gelten entsprechend auch beim Sachwertverfahren. [4]Neben diesem Zuschlag können auch weitere Zuschläge aus anderen Gründen in Betracht kommen.

h) Abschläge und Zuschläge am Gebäudesachwert sämtlicher oder einzelner Gebäude

(14) [1]Der Abschlag wegen unorganischen Aufbaus ist regelmäßig vom Gebäudesachwert sämtlicher Gebäude einer wirtschaftlichen Einheit vorzunehmen, ebenso der Abschlag wegen ungünstiger Lage des Grundstücks, es sei denn, daß die einzelnen Gebäude räumlich sehr weit voneinander entfernt liegen und nur ein Teil von ihnen durch die ungünstige Lage betroffen ist. [2]Die Abschläge wegen wirtschaftlicher Überalterung, wegen der Notwendigkeit vorzeitigen Abbruchs und wegen übermäßiger Raumhöhe sowie der Zuschlag wegen nachhaltiger entgeltlicher Reklamenutzung sind jeweils am Gebäudesachwert des einzelnen Gebäudes oder des einzelnen Gebäudeteils zu machen, das diese wertmindernden oder werterhöhenden Umstände betreffen. [3]Ob die Abschläge oder Zuschläge aus sonstigen Gründen am Gebäudesachwert sämtlicher oder nur einzelner Gebäude oder einzelner Gebäudeteile einer wirtschaftlichen Einheit zu machen sind, hängt davon ab, ob die wertmindernden oder werterhöhenden Umstände sämtliche Gebäude einer wirtschaftlichen Einheit im gleichen Umfang oder nur einzelne Gebäude oder Gebäudeteile betreffen.

IV. Wert der Außenanlagen (§ 89 BewG)

45.[1)] Ermittlung des Werts der Außenanlagen

(1) [1]Zu den Außenanlagen gehören insbesondere die Einfriedungen, Tore, Stützmauern, Brücken, Unterführungen, Wegebefestigungen, Platzbefestigungen, Schwimmbecken, Tennisplätze, Gartenanlagen sowie die außerhalb des Gebäudes gelegenen Versorgungsanlagen und Abwasseranlagen innerhalb der Grundstücksgrenzen. [2]Diese Anlagen rechnen grundsätzlich zum Grundvermögen; wegen der Abgrenzung gegenüber den Betriebsvorrichtungen vgl. Abschnitt 1 Abs. 6.

---

1) Zur Ermittlung des Werts der Außenanlagen bei der Bewertung unbebauter Grundstücke vgl. Vfg. OFD Düsseldorf v. 6. 12. 1994 – S 3194 – 10 – St 214 (DB 1995, 71): Es bestehen keine Bedenken, zur Anpassung an den gemeinen Wert den für die Außenanlagen ermittelten Wert pauschal um 20 v. H. zu kürzen.

(2)[1] [1]Der Wert der Außenanlagen wird neben dem Gebäudewert gesondert erfaßt (§ 83 BewG). [2]Bei Geschäftsgrundstücken wird im allgemeinen bei der Bewertung der Außenanlagen von ins einzelne gehenden Ermittlungen abgesehen werden können. [3]In vielen Fällen wird es genügen, als Wert der Außenanlagen 2 bis 8 v. H. des gesamten Gebäudewerts anzusetzen. [4]Andernfalls muß auf Erfahrungswerte zurückgegriffen werden. [5]Solche Erfahrungswerte können für oft vorkommende Außenanlagen aus der Anlage 17 entnommen werden. [6]Die angegebenen Preise sind bereits unter Berücksichtigung eines Baupreisindex von 135 (1958 = 100) auf die Baupreisverhältnisse im Hauptfeststellungszeitpunkt (1. Januar 1964) umgerechnet worden. [7]Von dem Normalherstellungswert ist die Wertminderung wegen Alters abzuziehen. [8]Sie bestimmt sich nach dem Alter der einzelnen Außenanlagen im Hauptfeststellungszeitpunkt und ihrer Lebensdauer. [9]Die Ausführungen in Abschnitt 41 gelten entsprechend. [10]Als gewöhnliche Lebensdauer und jährliche Wertminderung sind zugrunde zu legen:

	Lebensdauer in Jahren	Jährliche Wertminderung in v. H.
1. Einfriedungen		
Holz- und Drahtzäune	10 bis 20	10 bis 5
Plattenwände und Einfriedigungsmauern	20 bis 50	5 bis 2
2. Wege- und Platzbefestigungen		
Leichte Decken und Plattenwege	10 bis 20	10 bis 5
Sonstige Bodenbefestigungen	20 bis 50	5 bis 2
3. Rampen und Stützmauern	20 bis 50	5 bis 2
4. Schwimmbecken	10 bis 20	10 bis 5
5. Entwässerungs- und Versorgungsleitungen	20 bis 50	5 bis 2

(3) [1]Auch bei jeder einzelnen Außenanlage ist in der Regel ein Restwert von 30 v. H. des Normalherstellungswerts anzusetzen; vgl. hierzu Abschnitt 41 Abs. 9. [2]Neben der Wertminderung wegen Alters kommen noch Abschläge wegen etwaiger baulicher Mängel und Schäden in Betracht. [3]Darüber hinaus können in Einzelfällen weitere Abschläge vorzunehmen sein; die Ausführungen in den Abschnitten 42 bis 44 mit Ausnahme des Abschnitts 44 Abs. 11 und 12 gelten entsprechend.

[1] Ergänzend hierzu siehe Erlaß des FinSen. Berlin v. 2. 8. 1967 (StZBlBln. 1967 S. 809):
„... **Lebensdauer in Jahren und jährliche Wertminderung in v. H. für Außenanlagen**

	Lebensdauer in Jahren	Jährliche Wertminderung in v. H.
Für aufwendige Gartengestaltung	10	10
Für Tennisplätze mittlerer Ausführung	10	10
Für Brückenbauten auf bebauten Grundstücken für mittlere Spannweiten	50–100	2–1.“

V. Angleichung an den gemeinen Wert (§ 90 BewG)

46. Anzuwendende Wertzahl

1 Nach § 90 Abs. 1 BewG ist der Ausgangswert (vgl. Abschnitt 34) an den gemeinen Wert anzugleichen. 2 Diese Angleichung erfolgt durch Wertzahlen. 3 Die Wertzahlen werden in einer Rechtsverordnung festgelegt.[1]

F. Sonderfälle der Bewertung bebauter Grundstücke

47. Grundstücke im Zustand der Bebauung (§ 91 BewG)

(1) 1 Grundstücke, die sich an einem Feststellungszeitpunkt im Zustand der Bebauung befinden, können entweder bebaute oder unbebaute Grundstücke sein. 2 Sie werden für die Grundsteuer (§ 91 Abs. 1 BewG) *und für die Vermögensbesteuerung (§ 91 Abs. 2 BewG)*[2] unterschiedlich behandelt. 3 Die Vorschriften des § 91 BewG sind auch für Gebäude auf fremdem Grund und Boden (§ 70 Abs. 3, § 94 BewG) anzuwenden.

(2) 1 Für die Zwecke der Grundsteuer bleiben die nicht bezugsfertigen Gebäude oder Gebäudeteile außer Ansatz. 2 Das gleiche gilt für die nicht fertiggestellten Außenanlagen. 3 Wegen der Errichtung eines Gebäudes in Bauabschnitten vgl. § 74 Satz 2 BewG, Abschnitt 6 Abs. 2. 4 Hier bleiben die noch nicht bezugsfertig erstellten Teile des Gebäudes außer Betracht. 5 Die vorstehende Regelung gilt sowohl für die Bestimmung der Grundstücksart als auch für die Ermittlung des Grundstückswerts. 6 Bei der Bewertung nach § 91 Abs. 1 BewG wird der zuletzt festgestellte Einheitswert im allgemeinen maßgebend bleiben. 7 In manchen Fällen ist der Beginn der Bebauung jedoch Anlaß, den Einheitswert zu überprüfen und ihn ggf. auf einen vor dem Beginn der Bebauung liegenden Feststellungszeitpunkt fortzuschreiben. 8 Ein solcher Fall liegt vor allem vor, wenn ein bisher als Rohbauland zu behandelndes unbebautes Grundstück zu einem baureifen Grundstück geworden ist, mag auch eine Fortschreibung der Grundstücksart bis auf weiteres nicht durchzuführen sein (§ 73 BewG, Abschnitt 13). 9 Ein Anlaß zur Überprüfung des Einheitswerts liegt auch dann vor, wenn sich der Wert eines unbebauten Grundstücks infolge einer auf besonderen Umständen beruhenden Änderung der Verkehrslage erhöht hat.

(3)[2] *1 Für die Zwecke der Vermögensbesteuerung ist neben dem Einheitswert nach § 91 Abs. 1 BewG ein besonderer Einheitswert im Wege der Nachfeststellung festzustellen (§ 23 Abs. 1 Nr. 3 BewG). 2 Eine Feststellung des besonderen Einheitswerts schon auf den Hauptfeststellungszeitpunkt kommt erst bei Hauptfeststellungen nach der Hauptfeststellung 1964 in Betracht. 3 Nachfeststellungen des besonderen Einheitswerts nach § 91 Abs. 2 BewG sind erstmals auf den Zeitpunkt vorzunehmen, von dem an die Einheitswerte der Hauptfeststellung 1964 erstmals bei der Vermögensbesteuerung*

---

[1] VO v. 2. 9. 1966, BGBl. I 1966, 553 (**Steuergesetze** Nr. **213**).
[2] § 91 Abs. 2 BewG aufgeh. durch G v. 20. 12. 1996, BGBl. I 1996, 2049.

zugrunde gelegt werden (Artikel 2 Abs. 2 des Gesetzes zur Änderung des Bewertungsgesetzes vom 13. August 1965 – Bundesgesetzbl. I S. 851). [4]Auf Bewertungsstichtage, die vor diesem Zeitpunkt liegen, ist der besondere Einheitswert nach Artikel 2 Abs. 4 des oben bezeichneten Gesetzes noch nach den bisher geltenden Bewertungsvorschriften (§ 33a Abs. 3 BewDV) festzustellen. [5]Ist z.B. mit der Bebauung eines Grundstücks im Jahre 1963 begonnen worden, so wird auf den 1. Januar 1964 der Einheitswert nach § 91 Abs. 1 BewG im Wege der Hauptfeststellung festgestellt; gleichzeitig wird auf diesen Zeitpunkt ein besonderer Einheitswert noch nach § 33a Abs. 3 BewDV festgestellt.

48. Erbbaurecht (§ 92 BewG)

(1) [1]Das Erbbaurecht gilt als ein selbständiges Grundstück im Sinne des Bewertungsgesetzes (§ 68 Abs. 1 Nr. 2, § 70 Abs. 1 BewG). [2]Bei Grundstücken, die mit einem Erbbaurecht belastet sind, bilden das Erbbaurecht und das belastete Grundstück zwei selbständige wirtschaftliche Einheiten, für die je ein Einheitswert festzustellen ist. [3]Erstreckt sich das Erbbaurecht nur auf den Teil eines Grundstücks im Sinne des bürgerlichen Rechts, so scheidet dieser Teil als selbständige wirtschaftliche Einheit aus dem Grundstück aus.

(2) [1]Der Gesamtwert, der für das Grundstück einschließlich der Gebäude und Außenanlagen ohne Rücksicht auf die Belastung mit dem Erbbaurecht zu ermitteln ist, ist eine reine Rechnungsgröße. [2]Für seine Verteilung auf die wirtschaftlichen Einheiten des Erbbaurechts und des belasteten Grundstücks ist die Dauer des Erbbaurechts im Feststellungszeitpunkt maßgebend (§ 92 Abs. 2 und 3 BewG). [3]Im allgemeinen entfällt auf die wirtschaftliche Einheit des Erbbaurechts der Gebäudewert einschließlich des Werts der Außenanlagen und ein bestimmter Anteil am Bodenwert; der restliche Bodenwert entfällt auf die wirtschaftliche Einheit des belasteten Grundstücks (§ 92 Abs. 3 BewG). [4]Ist der Gesamtwert jedoch in vollem Umfang dem Erbbauberechtigten zuzurechnen (§ 92 Abs. 2 BewG), so kann die Feststellung eines Einheitswerts für das belastete Grundstück unterbleiben.

(3) [1]Die Verteilung des Gesamtwerts nach § 92 Abs. 3 BewG macht die Berechnung von Anteilen am Bodenwert und mitunter auch die Berechnung von Anteilen am Gebäudewert, die auf die wirtschaftlichen Einheiten des Erbbaurechts und des belasteten Grundstücks entfallen, und damit die vorherige Aufspaltung des Gesamtwerts in einen Bodenwertanteil und einen Gebäudewertanteil erforderlich. [2]Der Bodenwertanteil ergibt sich im Falle der Ermittlung des Gesamtwerts im Ertragswertverfahren aus den Anlagen 1 bis 8. [3]Der sich nach den §§ 79 bis 81 BewG ergebende Gesamtwert (Grundstückswert) ist ggf. wegen der nach § 82 BewG vorgenommenen Ermäßigungen und Erhöhungen zu korrigieren, soweit sie den Wert des Grund und Bodens betreffen (vgl. Abschnitt 33 Abs. 6). [4]Im Falle der Ermittlung des Gesamtwerts im Sachwertverfahren ergibt sich der Bodenwertanteil durch die Anwendung der Wertzahl (§ 90 BewG) auf den Bodenwert (§ 84 BewG). [5]In den Fällen der Mindestbewertung nach § 77 BewG ist der im Gesamtwert enthaltene Bodenwertanteil, wenn der nur den Grund und Boden berücksichtigende Gesamtwert (Mindestwert) an die Stelle eines im Ertragswertverfahren ermittelten Grundstückswerts tritt, nach der folgenden Formel zu berechnen:

Bodenwertanteil im Mindestwert =

$$\text{Mindestwert} \times \frac{\text{Bodenwertanteil im Grunstückswert}}{\text{Grundstückswert}}$$

Beispiel A:

Auf einem mit einem Erbbaurecht belasteten Grundstück in einer Gemeinde von 300 000 Einwohnern hat der Erbbauberechtigte im Jahre 1963 ein Mietwohngebäude errichtet. Es betragen

die Jahresrohmiete	10 000 DM,
der Vervielfältiger	9 (vgl. Anlage 7),
der Grundstückswert	10 000 DM × 9 = 90 000 DM,

der Multiplikator für den Bodenwertanteil 0,91 (vgl. Anlage 7),
der Wert des Grund und Bodens (Mindestwert) 100 000 DM.

Demnach beträgt der im Gesamtwert (Mindestwert) enthaltene Bodenwertanteil

$$100\,000 \text{ DM} \times \frac{10000 \times 0{,}91}{90000 \text{ DM}} = 10111 \text{ DM}.$$

Für das Sachwertverfahren ist in den Fällen der Mindestbewertung der im Gesamtwert enthaltene Bodenwertanteil nach der folgenden Formel zu berechnen:

Bodenwertanteil im Mindestwert =

$$\text{Mindestwert} \times \frac{\text{Bodenwert (Mindestwert)}}{\text{Ausgangswert (§ 83 BewG)}}$$

Beispiel B:

Bei einem mit einem Erbbaurecht belasteten Grundstück, auf dem der Erbbauberechtigte ein Gebäude errichtet hat, betragen der

Bodenwert	80 000 DM
Gebäudewert	55 000 DM
Wert der Außenanlagen	5 000 DM
Ausgangswert	140 000 DM
Angleichung an den gemeinen Wert (angenommene Wertzahl 55)	77 000 DM

Der Gesamtwert ist also mit dem Wert des Grund und Bodens (Mindestwert) anzusetzen.
Demnach beträgt der im Gesamtwert (Mindestwert) enthaltene Bodenwertanteil

$$80\,000 \text{ DM} \times \frac{80000 \text{ DM}}{80000 \text{ DM} + 55000 \text{ DM} + 5000 \text{ DM}} = \underline{45\,714 \text{ DM}}$$

[6] Der im Gesamtwert (Mindestwert) enthaltene Gebäudewertanteil einschließlich des Werts der Außenanlagen ergibt sich stets aus dem Unterschied des Bodenwertanteils zum Gesamtwert.

(4) [1] Abweichend von der Regelung in § 92 Abs. 3 Nr. 1 und 2 BewG entfällt auch ein Anteil des Gebäudewerts auf die wirtschaftliche Einheit des belasteten Grundstücks, wenn besondere Vereinbarungen zwischen dem Eigentümer des belasteten Grundstücks und dem Eigentümer des Gebäudes es rechtfertigen. [2] Hauptfall einer solchen Vereinbarung ist der Übergang des Eigentums am Gebäude auf den Eigentümer des belasteten Grundstücks bei Erlöschen des Erbbaurechts durch Zeitablauf, ohne daß eine dem Wert des Gebäudes entsprechende Entschädigung gezahlt wird. [3] Im Falle des entschädigungslosen Eigentumsübergangs ist der Gesamtwert in der gleichen Weise wie

sonst der Bodenwert zu verteilen; Bodenwert und Gebäudewert brauchen hier also nicht besonders berechnet zu werden.

Beispiel:

Beträgt die Dauer des Erbbaurechts im Feststellungszeitpunkt noch 23 Jahre, so entfallen vom Bodenwert 70 v. H. auf die wirtschaftliche Einheit des Erbbaurechts und 30 v. H. auf die wirtschaftliche Einheit des belasteten Grundstücks. Dementsprechend ist auch der Gebäudewert einschließlich des Werts der Außenanlagen und damit der Gesamtwert mit 70 v. H. dem Erbbauberechtigten und mit 30 v. H. dem Eigentümer des belasteten Grundstücks zuzurechnen, wenn ein entschädigungsloser Übergang des Eigentums am Gebäude auf den Eigentümer des belasteten Grundstücks vereinbart worden ist.

4 Beträgt dagegen die Entschädigung für das Gebäude nur einen Bruchteil des Gebäudewerts, so bezieht sich die Verteilung nur auf den nicht zu entschädigenden Teil des Gebäudewerts. 5 Es müssen also als Teil des Gesamtwerts ein Bodenwert und ein Gebäudewert und aus diesem ein nicht zu entschädigender Teil des Gebäudewerts berechnet werden.

Beispiel A:

Der Erbbauverpflichtete hat mit dem Erbbauberechtigten vereinbart, daß das Eigentum an dem Gebäude mit dem Erlöschen des Erbbaurechts durch Zeitablauf auf den Eigentümer des belasteten Grundstücks übergeht, wobei nur die Hälfte des Gebäudewerts entschädigt wird. Im Jahre 1926 ist ein Mietwohngebäude errichtet worden. Am Hauptfeststellungszeitpunkt (1. Januar 1964) beträgt die Dauer des Erbbaurechts noch 27 Jahre. Das Mietwohngrundstück wird im Ertragswertverfahren bewertet. Die Jahresrohmiete beträgt 15 000 DM, der Vervielfältiger (Massivbau, Gemeindegröße 630 000 Einwohner) beträgt 7,5 (vgl. Anlage 8).

Gesamtwert 15 000 DM × 7,5 =	112 500 DM
Bodenwertanteil (vgl. Anlage 8): 15 000 DM × 1,82 =	27 300 DM
Gebäudewertanteil:	85 200 DM
nicht zu entschädigender Teil des Gebäudewerts	42 600 DM

Nach der Tabelle in § 92 Abs. 3 Nr. 1 BewG beträgt der Anteil am oben berechneten Bodenwert für die wirtschaftliche Einheit des Erbbaurechts 80 v. H., für die wirtschaftliche Einheit des belasteten Grundstücks 20 v. H. In demselben Verhältnis ist der nicht zu entschädigende Teil des Gebäudewerts aufzuteilen.

Von dem Gesamtwert von ..... 112 500 DM
entfallen bei der Hauptfeststellung der Einheitswerte auf den 1. Januar 1964 nach § 92 Abs. 3 BewG auf die

1. wirtschaftliche Einheit des Erbbaurechts:	
80 v. H. des Bodenwerts von 27 300 DM =	21 840 DM
80 v. H. des halben, später nicht zu entschädigenden Gebäudewerts von 42 600 DM =	34 080 DM
100 v. H. des halben, später zu entschädigenden Gebäudewerts von 42 600 DM =	42 600 DM
Einheitswert (abgerundet)	98 500 DM
2. wirtschaftliche Einheit des belasteten Grundstücks	
20 v. H. des Bodenwerts von 27 300 DM =	5 460 DM
20 v. H. des halben, später nicht zu entschädigenden Gebäudewerts von 42 600 DM =	8 520 DM
Einheitswert (abgerundet)	13 900 DM

Beispiel B:

Das Beispiel A wird dahin abgewandelt, daß im Jahre 1936 ein Warenhaus errichtet worden ist. Ein Viertel des Gebäudewerts soll entschädigt werden. Am Hauptfeststellungszeitpunkt (1. Januar 1964) beträgt die Dauer des Erbbaurechts noch 32 Jahre.

Der Gesamtwert am 1. Januar 1964 errechnet sich wie folgt:

Bodenwert	250 000 DM
Gebäudewert	650 000 DM
Ausgangswert	900 000 DM
Angleichung an den gemeinen Wert (Wertzahl 80):	
Gesamtwert	720 000 DM
Anteil des Gebäudewerts am Gesamtwert	
650 000 DM × $\frac{80}{100}$ =	520 000 DM
Zu entschädigender Teil des Gebäudewerts	130 000 DM
nicht zu entschädigender Teil des Gebäudewerts	390 000 DM

Nach der Tabelle in § 92 Abs. 3 Nr. 1 BewG beträgt der Anteil am Bodenwert für die wirtschaftliche Einheit des Erbbauberechtigten 85 v. H., für die wirtschaftliche Einheit des belasteten Grundstücks 15 v. H. In demselben Verhältnis ist der nicht zu entschädigende Teil des Gebäudewerts aufzuteilen.

Von dem Gesamtwert von 720 000 DM entfallen bei der Hauptfeststellung der Einheitswerte auf den 1. Januar 1964 nach § 92 Abs. 3 BewG auf die

1. wirtschaftliche Einheit des Erbbaurechts	
85 v. H. des Bodenwerts von 250 000 DM × $\frac{80}{100}$ =	170 000 DM
85 v. H. des später nicht zu entschädigenden Gebäudewerts von 390 000 DM	331 500 DM
100 v. H. des später zu entschädigenden Gebäudewerts von 130 000 DM	130 000 DM
Einheitswert	631 500 DM
2. wirtschaftliche Einheit des belasteten Grundstücks	
15 v. H. des Bodenwerts von 250 000 DM × $\frac{80}{100}$ =	30 000 DM
15 v. H. des später nicht zu entschädigenden Gebäudewerts von 390 000 DM	58 500 DM
Einheitswert	88 500 DM

(5) 1 Die Verpflichtung des Erbbauberechtigten, das Gebäude – ggf. auch die Außenanlagen – bei Beendigung des Erbbaurechts abzubrechen, ist durch einen Abschlag zu berücksichtigen (§ 92 Abs. 4 BewG). 2 Im Falle der Bewertung im Ertragswertverfahren bemißt sich die Höhe dieses Abschlags im allgemeinen nach den Spalten 4 bis 7 der Anlage 9.[1)] 3 Muß das Gebäude innerhalb eines Zeitraums von zehn Jahren nach dem Feststellungszeitpunkt abgebrochen werden, ist ein Abschlag jedoch nur nach § 82 Abs. 1 Nr. 3 BewG zu gewähren (vgl. Abschnitt 31 Abs. 4). 4 Die Höhe des Abschlags ergibt sich daher in diesen Fällen nur aus den Spalten 1 bis 3 der Anlage 9. 5 Der als Abschlag abzusetzende Betrag ist vom Gebäudewert abzuziehen. 6 Der Gesamtwert mindert sich dann entsprechend. 7 Wegen der Höhe des Abschlags im Falle der Bewertung im Sachwertverfahren vgl. Abschnitt 44 Abs. 7 und Abschnitt 45 Abs. 3 letzter Satz.

(6) 1 Die Bewertung des Wohnungserbbaurechts und des Teilerbbaurechts (§ 30 des Wohnungseigentumsgesetzes vom 15. März 1951 – Bundesgesetzbl. I

---

1) Siehe auch die als Anlage 9 a abgedruckte erweiterte Tabelle.

S. 175) entspricht der Bewertung des Erbbaurechts. [2]Für jedes Wohnungserbbaurecht (Teilerbbaurecht) ist ein Gesamtwert zu ermitteln. [3]Die Verteilung der Gesamtwerte auf die wirtschaftlichen Einheiten des Wohnungserbbaurechts (Teilerbbaurechts) und des belasteten Grundstücks erfolgt nach der Regelung in § 92 Abs. 3 BewG. [4]Die in den einzelnen Gesamtwerten enthaltenen Anteile am Bodenwert sind nicht zu einem Einheitswert zusammenzufassen.

(7)[1)] [1]*Änderungen der Verteilung des Gesamtwerts sind – wie eine Änderung des Einheitswerts auch sonst – im Wege der Fortschreibung der Einheitswerte für das Erbbaurecht und für das belastete Grundstück zu berücksichtigen.* [2]*§ 92 Abs. 7 BewG, der Wertfortschreibungen ohne Beachtung einer Fortschreibungsgrenze zuläßt, gilt in allen Fällen, in denen sich der Verteilungsschlüssel für den Gesamtwert infolge Zeitablaufs ändert.* [3]*Treffen Änderungen des Gesamtwerts mit einer Änderung der Verteilung des Gesamtwerts zusammen, so sind sie – und zwar gesondert für jede wirtschaftliche Einheit – durch eine Wertfortschreibung nach § 22 BewG zu berücksichtigen, wenn sie allein oder bei gleichzeitiger Änderung der Verteilung des Gesamtwerts die Fortschreibungsgrenzen überschreiten.* [4]*Werden in diesen Fällen die Fortschreibungsgrenzen nicht überschritten, so ist eine Wertfortschreibung nur durchzuführen, soweit sie auf einer Änderung der Verteilung des Gesamtwerts nach § 92 Abs. 7 BewG beruht.*

Beispiel A:

Im Jahre 1960 ist auf einem mit einem Erbbaurecht belasteten unbebauten Grundstück ein Lagerhaus errichtet worden. Am Hauptfeststellungszeitpunkt (1. Januar 1964) betrug die Laufzeit des Erbbaurechts noch 45 Jahre. Das bebaute Grundstück wird im Sachwertverfahren bewertet (§ 76 Abs. 2 BewG). Am 1. Januar 1964 errechnet sich der Gesamtwert wie folgt:

Bodenwert	*25 000 DM*
Gebäudewert	*95 000 DM*
Ausgangswert	*120 000 DM*
Angleichung an den gemeinen Wert (Wertzahl 80):	
Gesamtwert	*96 000 DM*

Von diesem Gesamtwert entfallen bei der Feststellung der Einheitswerte auf den 1. Januar 1964 nach § 92 Abs. 3 BewG auf die

1. wirtschaftliche Einheit des Erbbaurechts:

Bodenwert	
95 v. H. von 25 000 DM × $\frac{80}{100}$ =	*19 000 DM*
Gebäudewert	
95 000 DM $\frac{80}{100}$ =	*76 000 DM*
Einheitswert	*95 000 DM*

2. wirtschaftliche Einheit des belasteten Grundstücks:

5 v. H. des Bodenwerts von 25 000 DM × $\frac{80}{100}$ =	*1 000 DM*
Einheitswert	*1 000 DM*

---

1) Abschn. 48 Abs. 7 ist gegenstandslos, vgl. Abschn. 9 Abs. 1 Fortschreibungs-Richtlinien (**Steuerrichtlinien** Nr. **200**/3).

Im Jahre 1968 hat sich der Gebäudewert durch einen Anbau um 10 000 DM auf 105 000 DM erhöht; der Bodenwert ist unverändert geblieben.
Der Gesamtwert am 1. Januar 1969 errechnet sich wie folgt:

Bodenwert	*25 000 DM*
Gebäudewert	*105 000 DM*
Ausgangswert	*130 000 DM*
Angleichung an den gemeinen Wert (Wertzahl 80):	
Gesamtwert	*104 000 DM*

Bei einer Verteilung dieses Gesamtwerts, bei der der Verteilungsschlüssel nach § 92 Abs. 3 BewG für den 1. Januar 1964 und den 1. Januar 1969 noch derselbe ist, würden bei der Feststellung der Einheitswerte auf den 1. Januar 1969 an sich entfallen auf die

1. wirtschaftliche Einheit des Erbbaurechts:

Bodenwert	
95 v. H. von 25 000 DM $\times \frac{80}{100}$ =	*19 000 DM*
Gebäudewert	
105 000 DM $\times \frac{80}{100}$ =	*84 000 DM*
Wert am 1. Januar 1969	*103 000 DM*

2. wirtschaftliche Einheit des belasteten Grundstücks:

5 v. H. des Bodenwerts von 25 000 DM $\times \frac{80}{100}$ =	*1 000 DM*
Wert am 1. Januar 1969	*1 000 DM*

Für die wirtschaftliche Einheit des Erbbaurechts unterbleibt jedoch eine Fortschreibung des auf den 1. Januar 1964 festgestellten Einheitswerts von 95 000 DM. Der Verteilungsschlüssel hat sich nicht geändert. Der sich infolge der Änderung des Gebäudewerts für den 1. Januar 1969 ergebende höhere Wert von 103 000 DM weicht von dem zuletzt festgestellten Einheitswert nur um 8000 DM und damit nicht um mehr als 10 v. H. ab. Bei dem belasteten Grundstück hat sich ohnehin nichts geändert.

Beispiel B:

Das Beispiel A wird dahin abgewandelt, daß sich der Gebäudewert erstmals durch einen Anbau im Jahre 1969 um 13 000 DM auf 108 000 DM erhöht hat.
Der Gesamtwert ist am 1. Januar 1970 infolge der Änderung des Verteilungsschlüssels (§ 92 Abs. 3 BewG) anderweitig zu verteilen. Mit Rücksicht auf eine Laufzeit des Erbbaurechts von nur noch 39 Jahren betragen die Anteile am Bodenwert für das Erbbaurecht und für das belastete Grundstück jetzt 90 v. H. und 10 v. H. statt 95 v. H. und 5 v. H.
Der Gesamtwert am 1. Januar 1970 errechnet sich wie folgt:

Bodenwert	*25 000 DM*
Gebäudewert	*108 000 DM*
Ausgangswert	*133 000 DM*
Angleichung an den gemeinen Wert (Wertzahl 80):	
Gesamtwert	*106 400 DM*

Von diesem sich für den 1. Januar 1970 ergebenden Gesamtwert würden an sich entfallen auf die

1. wirtschaftliche Einheit des Erbbaurechts:

Bodenwert	
90 v. H. von 25 000 DM $\times \frac{80}{100}$ =	*18 000 DM*
Gebäudewert	
108 000 DM $\times \frac{80}{100}$ =	*86 400 DM*
Wert am 1. Januar 1970	*104 400 DM*

2. wirtschaftliche Einheit des belasteten Grundstücks:
10 v. H. des Bodenwerts von

25 000 DM × $\frac{80}{100}$ =	*2 000 DM*
Wert am 1. Januar 1970	*2 000 DM*

Bei einem bebauten Grundstück, dessen Gebäude nicht im Erbbaurecht errichtet ist, würde wegen des Anbaus eine Wertfortschreibung nach § 22 BewG auf den 1. Januar 1970 von 96 000 DM auf 106 400 DM durchgeführt werden. Dagegen werden bei der wirtschaftlichen Einheit des Erbbaurechts durch den Anbau und durch die gleichzeitige Änderung der Verteilung des Gesamtwerts zum 1. Januar 1970 die Fortschreibungsgrenzen nach § 22 Abs. 1 Nr. 1 Satz 1 BewG nicht überschritten. In diesem Fall ist daher eine Wertfortschreibung nur wegen der Änderung der Verteilung des Gesamtwerts nach § 92 Abs. 7 BewG durchzuführen. Die Erhöhung des Gebäudewerts infolge des Anbaus wird nicht berücksichtigt. Für das belastete Grundstück wird ohnehin nur eine Wertfortschreibung infolge der Änderung der Verteilung des Gesamtwerts nach § 92 Abs. 7 BewG durchgeführt.
Von dem Gesamtwert von 106 400 DM entfallen daher bei der Feststellung der Einheitswerte auf den 1. Januar 1970 nach § 92 Abs. 3 BewG auf die

1. wirtschaftliche Einheit des Erbbaurechts:
Bodenwert

90 v. H. von 25 000 DM × $\frac{80}{100}$ =	*18 000 DM*
Gebäudewert (wie am 1. Januar 1964)	*76 000 DM*
Einheitswert	*94 000 DM*

2. wirtschaftliche Einheit des belasteten Grundstücks:

Einheitswert	*2 000 DM*

49.[1] Wohnungseigentum und Teileigentum (§ 93 BewG)

(1) [1]Jedes Wohnungseigentum und jedes Teileigentum gilt als ein Grundstück im Sinne des Bewertungsgesetzes (§ 68 Abs. 1 Nr. 3, § 70 Abs. 1 BewG). [2]Wohnungseigentum ist das Sondereigentum an einer Wohnung in Verbindung mit dem Miteigentumsanteil an dem gemeinschaftlichen Eigentum, zu dem es gehört (§ 1 Abs. 2 des Wohnungseigentumsgesetzes – WEG) vom 15. März 1951 – Bundesgesetzbl. I S. 175). [3]Teileigentum ist das Sondereigentum an nicht Wohnzwecken dienenden Räumen eines Gebäudes in Verbindung mit dem Miteigentumsanteil an dem gemeinschaftlichen Eigentum, zu dem es gehört (§ 1 Abs. 3 WEG). [4]Gemeinschaftliches Eigentum sind der Grund und Boden sowie die Teile, Anlagen und Einrichtungen des Gebäudes, die nicht im Sondereigentum oder Eigentum eines Dritten stehen (§ 1 Abs. 4 WEG). [5]Zum gemeinschaftlichen Eigentum können eine Hausmeisterwohnung, vermietete Wohnungen, Läden usw. gehören. [6]Die wirtschaftliche Einheit besteht danach aus dem Wohnungseigentum einschließlich des Miteigentumsanteils oder dem Teileigentum einschließlich des Miteigentumsanteils.

(2) [1]Die Grundstücksart, in die das Wohnungseigentum oder das Teileigentum einzuordnen ist, richtet sich nach der Nutzung des auf das Wohnungseigentum oder auf das Teileigentum entfallenden Gebäudeteils (§ 93 Abs. 1 Satz 2 BewG). [2]Gehört zu der wirtschaftlichen Einheit des Wohnungseigentums nur eine Wohnung, so ist es ein Einfamilienhaus (§ 75 Abs. 5 BewG). [3]Die Mitbenutzung der Eigentumswohnung zu gewerblichen oder öffentli-

[1] Vgl. gleich lautenden Ländererlass v. 26. 11. 1992, BStBl. I 1993, 104.

chen Zwecken steht der Einordnung in die Grundstücksart „Einfamilienhäuser“ (§ 75 Abs. 5 Satz 4 BewG) nicht notwendig entgegen (vgl. Abschnitt 15 Abs. 3). 4 Gehört zum Wohnungseigentum ein Anteil an einer im gemeinschaftlichen Eigentum stehenden Hausmeisterwohnung, so bleibt der Charakter des Wohnungseigentums als Einfamilienhaus ebenfalls gewahrt. 5 Gehört zu dem Wohnungseigentum ein Anteil an einer oder mehreren im gemeinschaftlichen Eigentum stehenden sonstigen Wohnungen, so ist es in die Grundstücksart „Mietwohngrundstücke“ einzuordnen (§ 75 Abs. 2 BewG). 6 Gehört zum Wohnungseigentum ein Anteil an im gemeinschaftlichen Eigentum stehenden Räumen, die gewerblichen (öffentlichen) Zwecken dienen, und wird dadurch die Eigenart des Wohnungseigentums als Einfamilienhaus wesentlich beeinträchtigt, so ist es entsprechend dem gewerblichen Anteil der Miete ein gemischtgenutztes Grundstück (§ 75 Abs. 4 BewG) oder – in Ausnahmefällen – ein Geschäftsgrundstück (§ 75 Abs. 3 BewG). 7 Das Teileigentum ist im allgemeinen in die Grundstücksart „Geschäftsgrundstücke“ einzuordnen. 8 Gehört zum Teileigentum ein Anteil an im gemeinschaftlichen Eigentum stehenden Wohnungen oder Wohnräumen, so ist es entsprechend dem auf sie entfallenden Anteil der Miete ein Geschäftsgrundstück oder ein gemischtgenutztes Grundstück.

(3) 1 Nach welchen Vorschriften das Wohnungseigentum und das Teileigentum zu bewerten sind, richtet sich grundsätzlich nach der allgemeinen Vorschrift des § 76 BewG. 2 Das Wohnungseigentum, das zu 20 v. H. oder mehr Wohnzwecken dient, ist jedoch im Wege des Ertragswertverfahrens stets nach den Vorschriften für gemischtgenutzte Grundstücke oder für Mietwohngrundstücke zu bewerten (§ 93 Abs. 2 BewG). 3 Dies gilt stets dann, wenn das Wohnungseigentum in die Grundstücksart „Einfamilienhäuser“ einzuordnen ist. 4 Für die Bewertung eines solchen Wohnungseigentums ist demnach der für Mietwohngrundstücke geltende Vervielfältiger anzuwenden, wenn es zu mehr als 80 v. H. Wohnzwecken dient. 5 Andernfalls ist der für gemischtgenutzte Grundstücke geltende Vervielfältiger anzuwenden. 6 Wenn das Wohnungseigentum in Ausnahmefällen zu mehr als 80 v. H. gewerblichen oder öffentlichen Zwecken dient, richtet sich die Bewertung nach den für Geschäftsgrundstücke maßgebenden Vorschriften (§ 76 Abs. 1 Nr. 2 BewG). 7 Das Teileigentum ist nach den Vorschriften zu bewerten, die für die im einzelnen Fall in Betracht kommende Grundstücksart gelten.

(4) 1 Die Miete, die bei der Bewertung des Wohnungseigentums und des Teileigentums zugrunde gelegt wird, umfaßt in ähnlicher Weise wie die Miete, die für eine vermietete Wohnung oder für gewerblich genutzte Räume angesetzt wird, auch das Entgelt für die gemeinsam genutzten Grundstücksteile (z. B. bebaute Flächen, Hofflächen, Flure, Treppen und Dachböden) und das Nutzungsentgelt für die sonstigen im gemeinschaftlichen Eigentum der Wohnungseigentümer befindlichen Teile des Grundstücks. 2 Die zutreffende Erfassung des Mietwerts eines Miteigentumsanteils in dem Mietwert der Eigentumswohnung setzt voraus, daß das Verhältnis, in dem die Miteigentumsanteile zueinander stehen, mit dem Verhältnis übereinstimmt oder etwa dem Verhältnis entspricht, in welchem die Eigentumswohnungen nach ihrem Mietwert zueinander stehen. 3 Deshalb kann bei der Berechnung der Miete,

die bei der Bewertung eines Wohnungseigentums zugrunde gelegt wird, anders verfahren werden, wenn die im Grundbuch eingetragenen Miteigentumsanteile der Wohnungseigentümer am gemeinschaftlichen Eigentum (vgl. die §§ 7 und 10 WEG) nicht dem Verhältnis des Mietwerts der Eigentumswohnungen zueinander entsprechen (§ 93 Abs. 3 Satz 1 BewG). [4]Dieses abweichende Verfahren ist jedoch nur in den Fällen anzuwenden, in denen die Miteigentumsanteile von dem Verhältnis der Mietwerte der einzelnen Eigentumswohnungen zueinander erheblich abweichen. [5]Diese Fälle werden jedoch nur sehr selten sein.

(5) [1]Gehören zum Wohnungseigentum oder Teileigentum einzelne im gemeinschaftlichen Eigentum stehende vermietete Wohnungen oder sonstige Räume (z.B. Laden, Garage, Hausmeisterwohnung, Dachgeschoßwohnung), so ist die sich hierdurch ergebende Werterhöhung nach den allgemeinen Grundsätzen zu erfassen und entsprechend den im Grundbuch eingetragenen Miteigentumsanteilen auf die einzelnen wirtschaftlichen Einheiten zu verteilen (§ 93 Abs. 3 Satz 2 BewG). [2]Der Miete für das Sondereigentum ist jeweils die anteilige Miete für das gemeinschaftliche Eigentum, das aus dem Laden usw. besteht, hinzuzurechnen. [3]Auf die gesamte Miete ist der Vervielfältiger für die Grundstücksart anzuwenden, die sich nach § 75 BewG aus dem Verhältnis der auf Wohnzwecke entfallenden Mietanteile zu den auf gewerbliche Zwecke entfallenden Mietanteilen ergibt.

Beispiel:

Ein bebautes Grundstück besteht aus 4 Eigentumswohnungen sowie aus einer Dachgeschoßwohnung und einem Ladenraum, die beide im gemeinschaftlichen Eigentum der Wohnungseigentümer stehen und vermietet sind. Für jeden Wohnungseigentümer ist im Grundbuch ein Miteigentumsanteil von einem Viertel eingetragen. Die folgenden Jahresrohmieten sind ermittelt worden:

Eigentumswohnung A	3600 DM
Eigentumswohnung B	3600 DM
Eigentumswohnung C	3300 DM
Eigentumswohnung D	3300 DM
Dachgeschoßwohnung	1800 DM
Ladenraum	4000 DM

Die Einheitswerte sind wie folgt festzustellen

1. Wohnungseigentum A und B:

Jahresrohmiete	
Eigentumswohnung	3600 DM
1/4 von 1800 DM =	450 DM
1/4 von 4000 DM =	1000 DM
	5050 DM

Von der Jahresrohmiete von 5050 DM entfallen jeweils ein Anteil von 4050 DM auf Wohnungen und jeweils ein Anteil von 1000 DM auf den gewerblichen Zwecken dienenden Ladenraum. Der Anteil der Wohnungen beträgt jeweils

$$\frac{4050 \times 100}{5050} = 80{,}1 \text{ v.H.}$$

Das Wohnungseigentum A und das Wohnungseigentum B sind also Mietwohngrundstücke und entsprechend zu bewerten. Der Vervielfältiger (Nachkriegsbau, Massivbau, Gemeindegröße von 8000 Einwohnern) beträgt 9,5 (vgl. Anlage 3). Der Einheitswert (abgerundet) beträgt 5050 DM × 9,5 = 47 900 DM

2. Wohnungseigentum C und D
Jahresrohmiete

Eigentumswohnung	3300 DM
1/4 von 1800 DM = ...	450 DM
1/4 von 4000 DM = ...	1000 DM
	4750 DM

Von der Jahresrohmiete von 4750 DM entfallen jeweils ein Anteil vom 3750 DM auf Wohnungen und jeweils ein Anteil von 1000 DM auf den gewerblichen Zwecken dienenden Ladenraum. Der Anteil der Wohnungen beträgt jeweils

$$\frac{3750 \times 100}{4750} = 79 \text{ v.H.}$$

Das Wohnungseigentum C und das Wohnungseigentum D sind also gemischtgenutzte Grundstücke und entsprechend zu bewerten.
Vervielfältiger (vgl. Anlage 3) 9,2
Einheitswert 4750 DM × 9,2 = ... 43 700 DM.

(6) Die einzelne wirtschaftliche Einheit des Wohnungseigentums oder des Teileigentums ist ein Betriebsgrundstück im Sinne von § 99 BewG, wenn die wirtschaftliche Einheit dem gewerblichen Betrieb des Wohnungseigentümers oder Teileigentümers zu mehr als der Hälfte ihres Werts dient.

(7) [1]Das Dauerwohnrecht (§ 31 WEG) gilt grundsätzlich nicht als Grundstück im Sinne des Bewertungsgesetzes. [2]Wie ein Wohnungseigentum ist es nur dann zu behandeln, wenn der Dauerwohnberechtigte auf Grund der zwischen ihm und dem Grundstückseigentümer getroffenen Vereinbarungen wirtschaftlich einem Wohnungseigentümer gleichsteht *(vgl. § 11 Ziff. 4 StAnpG)*.[1)] [3]Das setzt voraus, daß die Rechte und Pflichten des Dauerwohnberechtigten bei wirtschaftlicher Betrachtung den Rechten und Pflichten eines Wohnungseigentümers entsprechen und daß der Dauerwohnberechtigte auf Grund des Dauerwohnrechtsvertrags bei einem Heimfall des Dauerwohnrechts eine angemessene Entschädigung erhält.

50. Gebäude auf fremdem Grund und Boden (§ 94 BewG)

(1) [1]Das Gebäude auf fremden Grund und Boden und der Grund und Boden bilden zwei wirtschaftliche Einheiten des Grundvermögens. [2]Für beide wirtschaftliche Einheiten ist daher je ein Einheitswert festzustellen. [3]Sie sind selbständig und unabhängig voneinander zu bewerten. [4]Ungeachtet der für die Bewertung maßgeblichen Grundsätze gilt der Grund und Boden als bebautes Grundstück derjenigen Grundstücksart, in die die wirtschaftliche Einheit des Gebäudes nach § 75 BewG einzuordnen ist. [5]In den Fällen, in denen der Eigentümer des Gebäudes eine größere, dem Eigentümer des Grund und Bodens gehörende Fläche nur teilweise nutzt, ist daher nur die von ihm genutzte Fläche als (bebauter) „Grund und Boden" im Sinne von § 94 Abs. 1 BewG und damit als besondere wirtschaftliche Einheit des Grundvermögens (§ 2 BewG) anzusehen. [6]Sie ist demnach aus der die gesamte Bodenfläche umfassenden wirtschaftlichen Einheit – ggf. im Wege der Nachfeststellung (§ 23 Abs. 1 Nr. 1 BewG) – herauszulösen. [7]Bei einer solchen, durch eine Änderung der tatsächlichen Verhältnisse bedingten Nachfeststellung ist es ohne Bedeutung, ob für die verbleibende wirtschaftliche Einheit (Stammeinheit)

---

1) Jetzt § 39 Abs. 2 Nr. 1 AO.

der Einheitswert fortgeschrieben werden kann. [8]In diesen Fällen sind drei wirtschaftliche Einheiten vorhanden: das Gebäude als bebautes Grundstück, der wirtschaftlich zu dem Gebäude gehörende Grund und Boden ebenfalls als bebautes Grundstück und die nach der Abtrennung des vom Eigentümer des Gebäudes genutzten Grund und Bodens verbleibende Stammeinheit, die im allgemeinen ein unbebautes Grundstück sein wird.

(2) [1]Der Grund und Boden ist mit dem Wert anzusetzen, der sich ergeben würde, wenn das Grundstück unbebaut wäre. [2]Die Bewertung erfolgt nach den Abschnitten 7 bis 10. [3]Der Umstand, daß auf dem Grundstück ein Gebäude steht, ist im allgemeinen nicht zu berücksichtigen. [4]Eine Ermäßigung des Bodenwerts kommt ausnahmsweise dann in Betracht, wenn die Nutzungsbehinderung, die sich aus dem Vorhandensein des Gebäudes ergibt, den Bodenwert beeinträchtigt. [5]Dies setzt voraus, daß im Feststellungszeitpunkt ein zwischen dem Eigentümer des Grund und Bodens und dem Eigentümer des Gebäudes abgeschlossener, für und gegen einen etwaigen Erwerber des Grund und Bodens geltender Pachtvertrag (vgl. § 581 Abs. 2, § 571 Abs. 1 BGB) noch für längere Zeit besteht, ohne daß ein dem Bodenwert entsprechender Pachtzins gezahlt wird. [6]Die Minderung des Bodenwerts richtet sich dann ebenfalls nach der Dauer und dem Ausmaß der Nutzungsbehinderung.

(3)[1)] [1]Für die Bewertung des Gebäudes gelten die allgemeinen Vorschriften des § 76 BewG. [2]Wegen der Ermittlung des auszuscheidenden Bodenwertanteils im Falle der Bewertung im Ertragswertverfahren vgl. die Anlagen 1 bis 8. [3]Die Verpflichtung, das Gebäude nach Ablauf der Miet- oder Pachtzeit abzubrechen, mindert den Gebäudewert (§ 94 Abs. 3 Satz 3 Halbsatz 1 BewG). [4]Die Höhe des Abschlags ist im Falle der Bewertung im Ertragswertverfahren im allgemeinen den Spalten 4 bis 7 der Anlage 9[2)] zu entnehmen. [5]Wenn das Gebäude innerhalb eines Zeitraums von zehn Jahren nach dem Feststellungszeitpunkt abgebrochen werden muß, so ist die Höhe des Abschlags jedoch nur den Spalten 1 bis 3 der Anlage 9[2)] zu entnehmen. [6]Wegen der Bemessung des Abschlags im Falle der Bewertung im Sachwertverfahren vgl. Abschnitt 44 Abs. 7. [7]In vielen Fällen läßt sich am Feststellungszeitpunkt noch nicht übersehen, ob der Eigentümer des Grund und Bodens von seinem Recht, den Abbruch des Gebäudes zu verlangen, Gebrauch machen wird oder ob der Pachtvertrag verlängert werden wird. [8]In diesen Fällen kann ein Abschlag nach § 94 Abs. 3 BewG nur gewährt werden, wenn der Gebäudewert infolge der bestehenden Unsicherheit wesentlich gemindert wird. [9]Die Höhe des Abschlags bemißt sich hier nach den Umständen des einzelnen Falles. [10]Ist jedoch am Feststellungszeitpunkt vorauszusehen, daß das Gebäude trotz der Verpflichtung nicht abgebrochen werden wird, so kommt ein Abschlag – auch wegen der bestehenden Unsicherheit – nicht in Betracht (§ 94 Abs. 3 Satz 3 Halbsatz 2 BewG). [11]Ein solcher Fall liegt z. B. vor, wenn der Pachtvertrag bereits einmal verlängert wurde und anzunehmen ist, daß er auch in Zukunft verlängert werden wird, ohne daß Gründe tatsächlicher Art für eine bevorstehende Beendigung des Pachtvertrages sprechen.

[1)] Vgl. gleich lautenden Ländererlass v. 8. 10. 1982, BStBl. I 1982, 771.
[2)] Siehe auch die als Anlage 9 a abgedruckte erweiterte Tabelle.

(4) [1]In § 94 BewG ist – anders als in der Regelung des Erbbaurechts in den Fällen des § 92 Abs. 2 BewG – nichts Besonderes über die Bewertung des Gebäudes in den Fällen bestimmt, in denen das Eigentum an dem Gebäude nach Ablauf der Miet- oder Pachtzeit entschädigungslos auf den Eigentümer des Grund und Bodens übergeht. [2]Die Forderung des Eigentümers des Grund und Bodens auf die entschädigungslose Überlassung des Gebäudes und die ihr entsprechende Verpflichtung des Eigentümers des Gebäudes wirken sich daher in den Fällen des § 94 BewG weder in der Bewertung des Grund und Bodens noch in der Bewertung des Gebäudes aus. [3]Die Forderung des Eigentümers des Grund und Bodens und die Verpflichtung des Eigentümers des Gebäudes sind vielmehr allein bei der Ermittlung des Gesamtvermögens – beim Betriebsvermögen oder beim sonstigen Vermögen – anzusetzen.

(5) [1]Der Abbruch eines Gebäudes auf fremdem Grund und Boden ist bei den beiden wirtschaftlichen Einheiten „Grund und Boden" und „Gebäude", ggf. auch bei der verbleibenden wirtschaftlichen Einheit (Stammeinheit), zu berücksichtigen. [2]Das Gebäude fällt als selbständige wirtschaftliche Einheit weg; sein Einheitswert ist aufzuheben (§ 24 Abs. 1 Nr. 1 BewG). [3]Durch den Abbruch des Gebäudes ist der bisher als bebautes Grundstück geltende Grund und Boden ein unbebautes Grundstück geworden; diese Änderung ist durch eine Artfortschreibung (§ 22 Abs. 2 BewG) zu berücksichtigen. [4]Eine etwaige Wertminderung, die sich aus der Nutzungsbehinderung infolge der Bebauung des Grund und Bodens ergab, entfällt. [5]Falls der Grund und Boden aus der verbleibenden wirtschaftlichen Einheit (Stammeinheit) infolge der Errichtung des Gebäudes herausgelöst wurde, wird er in der Regel in die Stammeinheit als unselbständiger Teil – ggf. im Wege der Wertfortschreibung – wiedereinbezogen werden. [6]Der Grund und Boden fällt dann regelmäßig als selbständige wirtschaftliche Einheit mit der Folge weg, daß sein Einheitswert ebenfalls nach § 24 Abs. 1 Nr. 1 BewG aufzuheben ist.

(6) [1]Der Übergang des Eigentums an einem Gebäude auf fremden Grund und Boden auf den Eigentümer des Grund und Bodens führt dazu, daß die bisher bestehenden zwei wirtschaftlichen Einheiten „Grund und Boden" und „Gebäude" nunmehr in der Regel eine wirtschaftliche Einheit „bebautes Grundstück" bilden. [2]Die bisherige wirtschaftliche Einheit „Gebäude" fällt dann als selbständige wirtschaftliche Einheit weg; ihr Einheitswert ist aufzuheben (§ 24 Abs. 1 Nr. 1 BewG). [3]Für die jetzt aus dem Grund und Boden und dem Gebäude bestehende wirtschaftliche Einheit „bebautes Grundstück" ist der Einheitswert fortzuschreiben, wenn infolge des Übergangs des Eigentums an dem Gebäude auf den Eigentümer des Grund und Bodens die Wertgrenzen des § 22 BewG überschritten werden. [4]Hätte vorher noch eine dritte wirtschaftliche Einheit (Stammeinheit) bestanden, so richtet sich die Abgrenzung der wirtschaftlichen Einheiten nach den Umständen des Einzelfalles. [5]In vielen Fällen wird die nunmehr aus dem Grund und Boden und dem Gebäude bestehende wirtschaftliche Einheit „bebautes Grundstück" mit der Stammeinheit zu einer einzigen wirtschaftlichen Einheit zu vereinigen sein. [6]In der Regel wird dann der Einheitswert für die Stammeinheit fortgeschrieben werden. [7]In anderen Fällen wird das „bebaute Grundstück" neben der Stammeinheit als selbständige wirtschaftliche Einheit bestehen bleiben.

Anlage 1: Gemeindegröße: bis 2000 Einwohner

Baujahrgruppe	Vervielfältiger für					
	Ein-familien-häuser	Zwei-familien-häuser	Mietwohn-grund-stücke	gemischtgen. Grundstücke bis zu 50 v. H. gewerbl. Anteil	gemischtgen. Grundstücke über 50 v. H. gewerbl. Anteil	Geschäfts-grund-stücke
A. bei Massivbauten mit Mauerwerk aus Ziegelsteinen, Natursteinen, Kalksandsteinen, Schwemmsteinen oder ähnlichen Steinen sowie bei Stahl- und Stahlbetonskelettbauten außer bei solchen Bauten, die unter B fallen.						
Altbauten						
vor 1895	9,5	8,6	7,2	7,6	7,6	7,8
1895 bis 1899	9,8	8,8	7,4	7,8	7,8	8,0
1900 bis 1904	10,3	9,3	7,8	8,2	8,2	8,3
1905 bis 1915	11,0	9,8	8,3	8,7	8,6	8,7
1916 bis 31. 3. 1924	11,6	10,3	8,7	9,1	9,0	9,0
Neubauten						
1. 4. 1924 bis 31. 12. 1934	13,1	11,6	9,8	10,2	9,7	9,4
1. 1. 1935 bis 20. 6. 1948	13,5	11,9	10,2	10,5	10,0	9,6
Nachkriegsbauten						
nach dem 20. 6. 1948	13,0	11,4	9,8	9,9	9,6	9,4
B. bei Holzfachwerkbauten mit Ziegelsteinausmauerung, Gebäuden aus großformatigen Bimsbetonplatten oder ähnlichen Platten sowie bei anderen eingeschossigen massiven Gebäuden in leichter Bauausführung.						
Altbauten						
vor 1908	8,7	7,9	6,6	7,0	7,0	7,3
1908 bis 1915	9,1	8,3	6,9	7,3	7,3	7,6
1916 bis 31. 3. 1924	10,2	9,1	7,7	8,1	8,1	8,2
Neubauten						
1. 4. 1924 bis 31. 12. 1934	11,9	10,6	9,0	9,3	9,0	8,8
1. 1. 1935 bis 20. 6. 1948	12,7	11,2	9,6	9,9	9,5	9,2
Nachkriegsbauten						
nach dem 20. 6. 1948	12,5	11,0	9,5	9,6	9,3	9,1
C. bei Holzfachwerkbauten mit Lehmausfachung und besonders haltbaren Holzbauten mit massiven Fundamenten.						
Altbauten						
vor dem 1. 4. 1924	7,7	7,0	5,7	6,1	6,2	6,6
Neubauten						
1. 4. 1924 bis 31. 12. 1934	9,6	8,7	7,3	7,7	7,4	7,5
1. 1. 1935 bis 20. 6. 1948	11,1	10,0	8,5	8,8	8,5	8,4
Nachkriegsbauten						
nach dem 20. 6. 1948	11,5	10,2	8,9	9,0	8,8	8,7
A, B und C	Multiplikator für Bodenwertanteil in Sonderfällen					
Altbauten und Neubauten	2,5	2,22	1,0	0,91	0,83	1,54
Nachkriegsbauten	1,11	1,0	0,91	0,83	0,77	1,43

Anlage 2: Gemeindegröße: über 2000 bis 5000 Einwohner

Baujahrgruppe	Vervielfältiger für					
	Ein-familienhäuser	Zwei-familienhäuser	Mietwohn-grundstücke	gemischtgen. Grundstücke bis zu 50 v. H. gewerbl. Anteil	gemischtgen. Grundstücke über 50 v. H. gewerbl. Anteil	Geschäfts-grundstücke
A. bei Massivbauten mit Mauerwerk aus Ziegelsteinen, Natursteinen, Kalksandsteinen, Schwemmsteinen oder ähnlichen Steinen sowie bei Stahl- und Stahlbetonskelettbauten außer bei solchen Bauten, die unter B fallen.						
Altbauten						
vor 1895	9,0	8,1	6,9	7,3	7,2	7,5
1895 bis 1899	9,3	8,4	7,1	7,6	7,4	7,7
1900 bis 1904	9,8	8,8	7,5	7,9	7,8	7,9
1905 bis 1915	10,4	9,3	7,9	8,4	8,2	8,3
1916 bis 31. 3. 1924	11,0	9,7	8,4	8,8	8,6	8,6
Neubauten						
1. 4. 1924 bis 31. 12. 1934	12,4	11,0	9,5	9,6	9,1	9,0
1. 1. 1935 bis 20. 6. 1948	12,9	11,3	9,8	9,8	9,4	9,2
Nachkriegsbauten						
nach dem 20. 6. 1948	12,4	11,0	9,7	9,6	9,3	9,2
B. bei Holzfachwerkbauten mit Ziegelsteinausmauerung, Gebäuden aus großformatigen Bimsbetonplatten oder ähnlichen Platten sowie bei anderen eingeschossigen massiven Gebäuden in leichter Bauausführung.						
Altbauten						
vor 1908	8,3	7,5	6,3	6,7	6,7	7,0
1908 bis 1915	8,7	7,8	6,6	7,0	7,0	7,2
1916 bis 31. 3. 1924	9,6	8,6	7,4	7,8	7,7	7,8
Neubauten						
1. 4. 1924 bis 31. 12. 1934	11,3	10,1	8,7	8,8	8,4	8,4
1. 1. 1935 bis 20. 6. 1948	12,1	10,7	9,3	9,3	8,9	8,8
Nachkriegsbauten						
nach dem 20. 6. 1948	11,9	10,6	9,4	9,3	9,0	9,0
C. bei Holzfachwerkbauten mit Lehmausfachung und besonders haltbaren Holzbauten mit massiven Fundamenten.						
Altbauten						
vor dem 1. 4. 1924	7,3	6,7	5,5	5,9	5,9	6,3
Neubauten						
1. 4. 1924 bis 31. 12. 1934	9,1	8,3	7,0	7,2	7,0	7,2
1. 1. 1935 bis 20. 6. 1948	10,6	9,5	8,2	8,3	8,0	8,0
Nachkriegsbauten						
nach dem 20. 6. 1948	10,9	9,8	8,7	8,7	8,5	8,6
A, B und C	Multiplikator für Bodenwertanteil in Sonderfällen					
Altbauten und Neubauten	2,5	2,22	1,0	0,91	0,83	1,54
Nachkriegsbauten	1,11	1,0	0,91	0,83	0,77	1,43

Anlage 3: Gemeindegröße: über 5000 bis 10 000 Einwohner

Baujahrgruppe	Vervielfältiger für					
	Ein-familien-häuser	Zwei-familien-häuser	Mietwohn-grund-stücke	gemischtgen. Grundstücke bis zu 50 v. H. gewerbl. Anteil	gemischtgen. Grundstücke über 50 v. H. gewerbl. Anteil	Geschäfts-grund-stücke
A. bei Massivbauten mit Mauerwerk aus Ziegelsteinen, Natursteinen, Kalksandsteinen, Schwemmsteinen oder ähnlichen Steinen sowie bei Stahl- und Stahlbetonskelettbauten außer bei solchen Bauten, die unter B fallen.						
Altbauten						
vor 1895	7,7	6,9	5,8	6,4	6,4	6,7
1895 bis 1899	7,9	7,1	6,0	6,6	6,6	6,9
1900 bis 1904	8,3	7,4	6,2	6,9	6,8	7,1
1905 bis 1915	8,7	7,8	6,6	7,2	7,1	7,4
1916 bis 31. 3. 1924	9,1	8,2	6,9	7,6	7,4	7,7
Neubauten						
1. 4. 1924 bis 31. 12. 1934	10,6	9,5	8,3	8,4	8,0	8,0
1. 1. 1935 bis 20. 6. 1948	10,9	9,7	8,6	8,6	8,2	8,1
Nachkriegsbauten						
nach dem 20. 6. 1948	12,0	10,6	9,5	9,2	8,9	9,0
B. bei Holzfachwerkbauten mit Ziegelsteinausmauerung, Gebäuden aus großformatigen Bimsbetonplatten oder ähnlichen Platten sowie bei anderen eingeschossigen massiven Gebäuden in leichter Bauausführung.						
Altbauten						
vor 1908	7,1	6,4	5,3	5,9	6,0	6,3
1908 bis 1915	7,4	6,7	5,6	6,2	6,2	6,5
1916 bis 31. 3. 1924	8,1	7,3	6,1	6,8	6,7	7,0
Neubauten						
1. 4. 1924 bis 31. 12. 1934	9,7	8,7	7,7	7,7	7,5	7,5
1. 1. 1935 bis 20. 6. 1948	10,3	9,2	8,2	8,2	7,8	7,8
Nachkriegsbauten						
nach dem 20. 6. 1948	11,5	10,2	9,2	9,0	8,6	8,7
C. bei Holzfachwerkbauten mit Lehmausfachung und besonders haltbaren Holzbauten mit massiven Fundamenten.						
Altbauten						
vor dem 1. 4. 1924	6,3	5,8	4,7	5,2	5,5	5,7
Neubauten						
1. 4. 1924 bis 31. 12. 1934	8,0	7,3	6,4	6,4	6,4	6,5
1. 1. 1935 bis 20. 6. 1948	9,2	8,3	7,3	7,3	7,2	7,2
Nachkriegsbauten						
nach dem 20. 6. 1948	10,6	9,5	8,6	8,4	8,1	8,3
A, B und C	Multiplikator für Bodenwertanteil in Sonderfällen					
Altbauten und Neubauten	2,22	2,0	0,91	0,83	1,54	1,43
Nachkriegsbauten	1,11	1,0	0,91	0,83	0,77	1,43

Anlage 4: Gemeindegröße: über 10000 bis 50000 Einwohner

Baujahrgruppe	Vervielfältiger für Einfamilienhäuser	Zweifamilienhäuser	Mietwohngrundstücke	gemischtgen. Grundstücke bis zu 50 v. H. gewerbl. Anteil	gemischtgen. Grundstücke über 50 v. H. gewerbl. Anteil	Geschäftsgrundstücke
A. bei Massivbauten mit Mauerwerk aus Ziegelsteinen, Natursteinen, Kalksandsteinen, Schwemmsteinen oder ähnlichen Steinen sowie bei Stahl- und Stahlbetonskelettbauten außer bei solchen Bauten, die unter B fallen.						
Altbauten						
vor 1895	7,4	6,7	5,8	6,4	6,6	6,9
1895 bis 1899	7,6	6,9	5,9	6,5	6,8	7,0
1900 bis 1904	7,9	7,1	6,2	6,8	7,0	7,2
1905 bis 1915	8,4	7,5	6,5	7,1	7,2	7,5
1916 bis 31. 3. 1924	8,8	7,8	6,7	7,4	7,5	7,8
Neubauten						
1. 4. 1924 bis 31. 12. 1934	10,2	9,1	8,2	8,1	8,1	8,0
1. 1. 1935 bis 20. 6. 1948	10,5	9,3	8,4	8,3	8,3	8,2
Nachkriegsbauten						
nach dem 20. 6. 1948	11,8	10,5	9,2	9,1	8,9	9,0
B. bei Holzfachwerkbauten mit Ziegelsteinausmauerung, Gebäuden aus großformatigen Bimsbetonplatten oder ähnlichen Platten sowie bei anderen eingeschossigen massiven Gebäuden in leichter Bauausführung.						
Altbauten						
vor 1908	6,8	6,2	5,4	6,0	6,3	6,5
1908 bis 1915	7,1	6,4	5,6	6,2	6,5	6,7
1916 bis 31. 3. 1924	7,8	7,0	6,1	6,7	6,9	7,2
Neubauten						
1. 4. 1924 bis 31. 12. 1934	9,4	8,4	7,6	7,6	7,6	7,6
1. 1. 1935 bis 20. 6. 1948	9,9	8,9	8,0	8,0	7,9	7,9
Nachkriegsbauten						
nach dem 20. 6. 1948	11,4	10,1	8,9	8,9	8,7	8,8
C. bei Holzfachwerkbauten mit Lehmausfachung und besonders haltbaren Holzbauten mit massiven Fundamenten.						
Altbauten						
vor dem 1. 4. 1924	6,1	5,6	4,9	5,4	5,8	6,0
Neubauten						
1. 4. 1924 bis 31. 12. 1934	7,7	7,0	6,4	6,5	6,7	6,7
1. 1. 1935 bis 20. 6. 1948	8,9	8,0	7,2	7,3	7,3	7,3
Nachkriegsbauten						
nach dem 20. 6. 1948	10,6	9,5	8,3	8,4	8,2	8,4
A, B und C	Multiplikator für Bodenwertanteil in Sonderfällen					
Altbauten und Neubauten	2,22	2,0	1,82	1,67	2,31	2,14
Nachkriegsbauten	2,22	2,0	0,91	1,67	1,54	2,14

Anlage 5: Gemeindegröße: über 50 000 bis 100 000 Einwohner

Baujahrgruppe	Vervielfältiger für Einfamilienhäuser	Zweifamilienhäuser	Mietwohngrundstücke	gemischtgen. Grundstücke bis zu 50 v. H. gewerbl. Anteil	gemischtgen. Grundstücke über 50 v. H. gewerbl. Anteil	Geschäftsgrundstücke
A. bei Massivbauten mit Mauerwerk aus Ziegelsteinen, Natursteinen, Kalksandsteinen, Schwemmsteinen oder ähnlichen Steinen sowie bei Stahl- und Stahlbetonskelettbauten außer bei solchen Bauten, die unter B fallen.						
Altbauten						
vor 1895	7,8	7,0	5,7	6,1	6,4	6,8
1895 bis 1899	8,0	7,1	5,8	6,3	6,5	7,0
1900 bis 1904	8,2	7,4	6,0	6,5	6,7	7,1
1905 bis 1915	8,6	7,7	6,3	6,8	7,0	7,4
1916 bis 31. 3. 1924	8,9	8,0	6,5	7,1	7,2	7,6
Neubauten						
1. 4. 1924 bis 31. 12. 1934	10,2	9,0	8,0	8,0	7,9	8,0
1. 1. 1935 bis 20. 6. 1948	10,4	9,2	8,2	8,2	8,1	8,1
Nachkriegsbauten						
nach dem 20. 6. 1948	11,8	10,5	9,0	9,0	8,7	8,9
B. bei Holzfachwerkbauten mit Ziegelsteinausmauerung, Gebäuden aus großformatigen Bimsbetonplatten oder ähnlichen Platten sowie bei anderen eingeschossigen massiven Gebäuden in leichter Bauausführung.						
Altbauten						
vor 1908	7,3	6,6	5,3	5,7	6,1	6,5
1908 bis 1915	7,6	6,8	5,5	5,9	6,2	6,7
1916 bis 31. 3. 1924	8,1	7,3	6,0	6,4	6,7	7,1
Neubauten						
1. 4. 1924 bis 31. 12. 1934	9,4	8,5	7,5	7,5	7,5	7,6
1. 1. 1935 bis 20. 6. 1948	9,9	8,8	7,8	7,8	7,8	7,8
Nachkriegsbauten						
nach dem 20. 6. 1948	11,4	10,1	8,7	8,7	8,5	8,7
C. bei Holzfachwerkbauten mit Lehmausfachung und besonders haltbaren Holzbauten mit massiven Fundamenten.						
Altbauten						
vor dem 1. 4. 1924	6,7	6,1	4,8	6,2	5,6	6,1
Neubauten						
1. 4. 1924 bis 31. 12. 1934	8,0	7,3	6,3	6,4	6,5	6,8
1. 1. 1935 bis 20. 6. 1948	9,0	8,1	7,1	7,1	7,2	7,3
Nachkriegsbauten						
nach dem 20. 6. 1948	10,6	9,5	8,1	8,2	8,1	8,3
A, B und C	Multiplikator für Bodenwertanteil in Sonderfällen					
Altbauten und Neubauten	3,33	3,0	1,82	1,67	2,31	2,86
Nachkriegsbauten	2,22	2,0	0,91	1,67	1,54	2,14

Anlage 6: Gemeindegröße: über 100 000 bis 200 000 Einwohner

Baujahrgruppe	Vervielfältiger für					
	Ein-familien-häuser	Zwei-familien-häuser	Mietwohn-grund-stücke	gemischtgen. Grundstücke bis zu 50 v. H. gewerbl. Anteil	gemischtgen. Grundstücke über 50 v. H. gewerbl. Anteil	Geschäfts-grund-stücke
A. bei Massivbauten mit Mauerwerk aus Ziegelsteinen, Natursteinen, Kalksandsteinen, Schwemmsteinen oder ähnlichen Steinen sowie bei Stahl- und Stahlbetonskelettbauten außer bei solchen Bauten, die unter B fallen.						
Altbauten						
vor 1895	7,8	6,8	5,5	6,0	6,4	6,8
1895 bis 1899	8,0	7,0	5,7	6,2	6,5	7,0
1900 bis 1904	8,2	7,2	5,9	6,4	6,7	7,1
1905 bis 1915	8,6	7,5	6,2	6,7	7,0	7,4
1916 bis 31. 3. 1924	8,9	7,8	6,4	6,9	7,2	7,6
Neubauten						
1. 4. 1924 bis 31. 12. 1934	10,2	9,0	7,8	7,8	7,9	8,0
1. 1. 1935 bis 20. 6. 1948	10,4	9,2	8,0	8,0	8,1	8,1
Nachkriegsbauten						
nach dem 20. 6. 1948	11,8	10,5	9,0	9,0	8,8	8,9
B. bei Holzfachwerkbauten mit Ziegelsteinausmauerung, Gebäuden aus großformatigen Bimsbetonplatten oder ähnlichen Platten sowie bei anderen eingeschossigen massiven Gebäuden in leichter Bauausführung.						
Altbauten						
vor 1908	7,3	6,5	5,2	5,6	6,1	6,5
1908 bis 1915	7,6	6,7	5,4	5,8	6,2	6,7
1916 bis 31. 3. 1924	8,1	7,1	5,8	6,3	6,7	7,1
Neubauten						
1. 4. 1924 bis 31. 12. 1934	9,4	8,5	7,3	7,3	7,5	7,6
1. 1. 1935 bis 20. 6. 1948	9,9	8,8	7,7	7,7	7,8	7,8
Nachkriegsbauten						
nach dem 20. 6. 1948	11,4	10,1	8,7	8,7	8,6	8,7
C. bei Holzfachwerkbauten mit Lehmausfachung und besonders haltbaren Holzbauten mit massiven Fundamenten.						
Altbauten						
vor dem 1. 4. 1924	6,7	6,0	4,7	5,1	5,6	6,1
Neubauten						
1. 4. 1924 bis 31. 12. 1934	8,0	7,3	6,2	6,3	6,5	6,8
1. 1. 1935 bis 20. 6. 1948	9,0	8,1	7,0	7,0	7,2	7,3
Nachkriegsbauten						
nach dem 20. 6. 1948	10,6	9,5	8,1	8,2	8,2	8,3
A, B und C	Multiplikator für Bodenwertanteil in Sonderfällen					
Altbauten und Neubauten	3,33	3,0	1,82	1,67	2,31	2,86
Nachkriegsbauten	2,22	2,0	0,91	1,67	2,31	2,14

Anlage 7: Gemeindegröße: über 200 000 bis 500 000 Einwohner

Baujahrgruppe	Vervielfältiger für Einfamilienhäuser	Zweifamilienhäuser	Mietwohngrundstücke	gemischtgen. Grundstücke bis zu 50 v. H. gewerbl. Anteil	gemischtgen. Grundstücke über 50 v. H. gewerbl. Anteil	Geschäftsgrundstücke
A. bei Massivbauten mit Mauerwerk aus Ziegelsteinen, Natursteinen, Kalksandsteinen, Schwemmsteinen oder ähnlichen Steinen sowie bei Stahl- und Stahlbetonskelettbauten außer bei solchen Bauten, die unter B fallen.						
Altbauten						
vor 1895	7,8	6,8	5,4	5,9	6,4	6,8
1895 bis 1899	8,0	7,0	5,5	6,0	6,5	7,0
1900 bis 1904	8,2	7,2	5,7	6,3	6,7	7,1
1905 bis 1915	8,6	7,5	6,0	6,5	7,0	7,4
1916 bis 31. 3. 1924	8,9	7,8	6,2	6,8	7,2	7,6
Neubauten						
1. 4. 1924 bis 31. 12. 1934	10,2	9,0	7,7	7,7	7,9	8,0
1. 1. 1935 bis 20. 6. 1948	10,4	9,2	7,9	7,9	8,1	8,1
Nachkriegsbauten						
nach dem 20. 6. 1948	11,8	10,5	9,0	9,0	8,8	8,9
B. bei Holzfachwerkbauten mit Ziegelsteinausmauerung, Gebäuden aus großformatigen Bimsbetonplatten oder ähnlichen Platten sowie bei anderen eingeschossigen massiven Gebäuden in leichter Bauausführung.						
Altbauten						
vor 1908	7,3	6,5	5,1	5,5	6,1	6,5
1908 bis 1915	7,6	6,7	5,3	5,7	6,2	6,7
1916 bis 31. 3. 1924	8,1	7,1	5,7	6,2	6,7	7,1
Neubauten						
1. 4. 1924 bis 31. 12. 1934	9,4	8,5	7,2	7,2	7,5	7,6
1. 1. 1935 bis 20. 6. 1948	9,9	8,8	7,5	7,5	7,8	7,8
Nachkriegsbauten						
nach dem 20. 6. 1948	11,4	10,1	8,7	8,7	8,6	8,7
C. bei Holzfachwerkbauten mit Lehmausfachung und besonders haltbaren Holzbauten mit massiven Fundamenten.						
Altbauten						
vor dem 1. 4. 1924	6,7	6,0	4,6	5,0	5,6	6,1
Neubauten						
1. 4. 1924 bis 31. 12. 1934	8,0	7,3	6,1	6,1	6,5	6,8
1. 1. 1935 bis 20. 6. 1948	9,0	8,1	6,8	6,9	7,2	7,3
Nachkriegsbauten						
nach dem 20. 6. 1948	10,6	9,5	8,1	8,2	8,2	8,4
A, B und C	Multiplikator für Bodenwertanteil in Sonderfällen					
Altbauten und Neubauten	3,33	3,0	1,82	1,67	2,31	2,86
Nachkriegsbauten	2,22	2,0	0,91	1,67	2,31	2,86

Anlage 8: Gemeindegröße: über 500 000 Einwohner

Baujahrgruppe	Vervielfältiger für Einfamilienhäuser	Zweifamilienhäuser	Mietwohngrundstücke	gemischtgen. Grundstücke bis zu 50 v. H. gewerbl. Anteil	gemischtgen. Grundstücke über 50 v. H. gewerbl. Anteil	Geschäftsgrundstücke
A. bei Massivbauten mit Mauerwerk aus Ziegelsteinen, Natursteinen, Kalksandsteinen, Schwemmsteinen oder ähnlichen Steinen sowie bei Stahl- und Stahlbetonskelettbauten außer bei solchen Bauten, die unter B fallen.						
Altbauten						
vor 1895	7,8	6,8	5,3	6,1	6,4	6,8
1895 bis 1899	8,0	7,0	5,4	6,3	6,5	7,0
1900 bis 1904	8,2	7,2	5,6	6,4	6,7	7,1
1905 bis 1915	8,6	7,5	5,8	6,7	7,0	7,4
1916 bis 31. 3. 1924	8,9	7,8	6,1	6,9	7,2	7,6
Neubauten						
1. 4. 1924 bis 31. 12. 1934	10,2	9,0	7,5	7,8	7,9	8,0
1. 1. 1935 bis 20. 6. 1948	10,4	9,2	7,7	7,9	8,1	8,1
Nachkriegsbauten						
nach dem 20. 6. 1948	11,9	10,5	9,1	9,0	8,8	8,9
B. bei Holzfachwerkbauten mit Ziegelsteinausmauerung, Gebäuden aus großformatigen Bimsbetonplatten oder ähnlichen Platten sowie bei anderen eingeschossigen massiven Gebäuden in leichter Bauausführung.						
Altbauten						
vor 1908	7,3	6,5	5,0	5,8	6,1	6,5
1908 bis 1915	7,6	6,7	5,1	6,0	6,2	6,7
1916 bis 31. 3. 1924	8,1	7,1	5,5	6,4	6,7	7,1
Neubauten						
1. 4. 1924 bis 31. 12. 1934	9,4	8,5	7,0	7,3	7,5	7,6
1. 1. 1935 bis 20. 6. 1948	9,9	8,8	7,4	7,6	7,8	7,8
Nachkriegsbauten						
nach dem 20. 6. 1948	11,5	10,2	8,8	8,8	8,6	8,7
C. bei Holzfachwerkbauten mit Lehmausfachung und besonders haltbaren Holzbauten mit massiven Fundamenten.						
Altbauten						
vor dem 1. 4. 1924	6,7	6,0	4,5	5,4	5,6	6,1
Neubauten						
1. 4. 1924 bis 31. 12. 1934	8,0	7,3	6,0	6,4	6,5	6,8
1. 1. 1935 bis 20. 6. 1948	9,0	8,1	6,7	7,1	7,2	7,3
Nachkriegsbauten						
nach dem 20. 6. 1948	10,8	9,7	8,3	8,4	8,2	8,4
A, B und C	Multiplikator für Bodenwertanteil in Sonderfällen					
Altbauten und Neubauten	3,33	3,0	1,82	2,49	2,31	2,86
Nachkriegsbauten	3,33	3,0	1,82	2,49	2,31	2,86

Anlage 9: Abschläge im Falle der Notwendigkeit baldigen Abbruchs des Gebäudes (§ 82 Abs. 1 Nr. 3 BewG) und im Falle der Verpflichtung zum Abbruch des Gebäudes (§ 92 Abs. 4, § 94 Abs. 3 Satz 3 BewG) in v. H. des Gebäudewerts

Baujahrgruppe	§ 82 Abs. 1 Nr. 3 BewG		§ 92 Abs. 4, § 94 Abs. 3 Satz 3 BewG			
	restliche Lebensdauer					
	bis 5 Jahre	6 bis 10 Jahre	11 bis 15 Jahre	16 bis 20 Jahre	21 bis 25 Jahre	26 bis 30 Jahre
1	2	3	4	5	6	7
A. bei Massivbauten mit Mauerwerk aus Ziegelsteinen, Natursteinen, Kalksandsteinen, Schwemmsteinen oder ähnlichen Steinen sowie bei Stahl- und Stahlbetonskelettbauten außer bei solchen Bauten, die unter B fallen.						
Altbauten						
vor 1895	85	60	40	25	15	5
1895 bis 1899	85	60	40	30	20	10
1900 bis 1904	85	65	45	30	20	15
1905 bis 1915	90	65	50	35	25	20
1916 bis 31. 3. 1924	90	65	50	40	30	20
Neubauten						
1. 4. 1924 bis 31. 12. 1934	90	70	50	40	30	25
1. 1. 1935 bis 20. 6. 1948	90	70	55	40	35	25
Nachkriegsbauten						
nach dem 20. 6. 1948	90	70	55	45	35	30
B. bei Holzfachwerkbauten mit Ziegelsteinausmauerung, Gebäuden aus großformatigen Bimsbetonplatten oder ähnlichen Platten sowie bei anderen eingeschossigen massiven Gebäuden in leichter Bauausführung.						
Altbauten						
vor 1908	85	55	35	15	5	–
1908 bis 1915	85	55	35	20	10	–
1916 bis 31. 3. 1924	85	60	45	30	20	10
Neubauten						
1. 4. 1924 bis 31. 12. 1934	90	65	50	35	25	20
1. 1. 1935 bis 20. 6. 1948	90	65	50	40	30	20
Nachkriegsbauten						
nach dem 20. 6. 1948	90	70	55	40	35	25
C. bei Holzfachwerkbauten mit Lehmausfachung und besonders haltbaren Holzbauten mit massiven Fundamenten.						
Altbauten						
vor dem 1. 4. 1924	80	45	20	–	–	–
Neubauten						
1. 4. 1924 bis 31. 12. 1934	85	55	35	20	–	–
1. 1. 1935 bis 20. 6. 1948	85	60	45	30	20	10
Nachkriegsbauten						
nach dem 20. 6. 1948	90	65	50	35	30	20

Anlage 9a
(Zu § 92 Abs. 4, § 94 Abs. 3 BewG)

Anlage 9a: Entschließung betr. Berücksichtigung der Abbruchverpflichtung beim Erbbaurecht; Erweiterung der Tabelle in Anlage 9

Vom 10. Januar 1968

(FM Bayern S 3215 – 2/20 – 69889)
(Bew.-Kartei OFD München-Nürnberg § 92 Abs. 4 BewG Karte 1)

Nach § 92 Abs. 4 BewG ist die Verpflichtung des Erbbauberechtigten, das Gebäude bei Beendigung des Erbbaurechts abzubrechen, durch einen Abschlag zu berücksichtigen. Für Gebäude auf fremdem Grund und Boden gilt eine entsprechende Regelung nach § 94 Abs. 3 BewG. In den Fällen einer Bewertung im Ertragswertverfahren ist die Höhe des Abschlags der Anlage 9 der BewRGr zu entnehmen (Abschnitt 48 Abs. 5, Abschnitt 50 Abs. 3 BewRGr). Diese Tabelle endet bei einer restlichen Lebensdauer des Gebäudes von 30 Jahren.

Hierzu ist die Frage gestellt worden, ob bei einer restlichen Lebensdauer des Gebäudes von mehr als 30 Jahren ein Abschlag zu unterbleiben habe. Diese Frage wird verneint. Dem Erbbauberechtigten wird nach § 92 Abs. 3 Satz 5 BewG in Verbindung mit der Tabelle in Satz 2 ein Anteil am Gebäudewert zugerechnet, wenn das Erbbaurecht noch mehr als 30, aber weniger als 50 Jahre dauert und das Gebäude bei seinem Ablauf entschädigungslos an den Eigentümer des belasteten Grundstücks fällt. Bei dieser Rechtslage kann dem Erbbauberechtigten in dem wirtschaftlich für ihn ähnlich liegenden Fall, in dem er das Gebäude bei dem nach 30, aber früher als in 50 Jahren bevorstehenden Ablauf des Erbbaurechts abbrechen muß, ebenfalls nicht der volle Gebäudewert, sondern nur ein um einen Abschlag verminderter Gebäudewert zugerechnet werden. Bei einem Gebäude auf fremdem Grund und Boden ist entsprechend zu entscheiden. Der Abschlag bei einer Bewertung im Ertragswertverfahren ist folgender Tabelle zu entnehmen, die an die Hundertsätze in der Anlage 9 BewRGr anschließt.

Baujahrgruppe	§ 92 Abs. 4, § 94 Abs. 3 Satz 3 BewG			
	restliche Lebensdauer			
	31 bis 35 Jahre	36 bis 40 Jahre	41 bis 45 Jahre	46 bis 49 Jahre
1	2	3	4	5
A. bei Massivbauten mit Mauerwerk aus Ziegelsteinen, Natursteinen, Kalksandsteinen, Schwemmsteinen oder ähnlichen Steinen sowie bei Stahl- und Stahlskelettbauten außer bei solchen Bauten, die unter B fallen.				
Altbauten.				
vor 1895	–	–	–	–
1895 bis 1899	5	–	–	–
1900 bis 1904	10	5	–	–
1905 bis 1915	15	10	5	–
1916 bis 31. 3. 1924	15	10	5	–
Neubauten				
1. 4. 1924 bis 31. 12. 1934	20	15	10	5
1. 1. 1935 bis 20. 6. 1948	20	15	10	5
Nachkriegsbauten				
nach dem 20. 6. 1948	25	20	15	10
B. bei Holzfachwerkbauten mit Ziegelsteinausmauerung, Gebäuden aus großformatigen Bimsbetonplatten oder ähnlichen Platten sowie bei anderen eingeschossigen massiven Gebäuden in leichter Bauausführung.				
Altbauten				
1916 bis 31. 3. 1924	5	–	–	–
Neubauten				
1. 4. 1924 bis 31. 12. 1934	15	10	5	–
1. 1. 1935 bis 20. 6. 1948	15	10	5	–
Nachkriegsbauten				
nach dem 20. 6. 1948	15	10	5	–
C. bei Holzfachwerkbauten mit Lehmausfachung und besonders haltbaren Holzbauten mit massiven Fundamenten.				
Neubauten				
1. 1. 1935 bis 20. 6. 1948	5	–	–	–
Nachkriegsbauten				
nach dem 20. 6. 1948	15	10	5	–

Bei der Bewertung im Sachwertverfahren ist nach Abschnitt 48 Abs. 5 letzter Satz bzw. Abschnitt 50 Abs. 3 Satz 6 BewRGr zu verfahren.
Ein Abschlag ist jedoch dann nicht veranlaßt, wenn die restliche Lebensdauer mehr als 49 Jahre beträgt.

Anlage 10
(Zu Abschnitt 34 Abs. 2)

**Darstellung
der Ermittlung des Grundstückswerts im Sachwert-
verfahren**

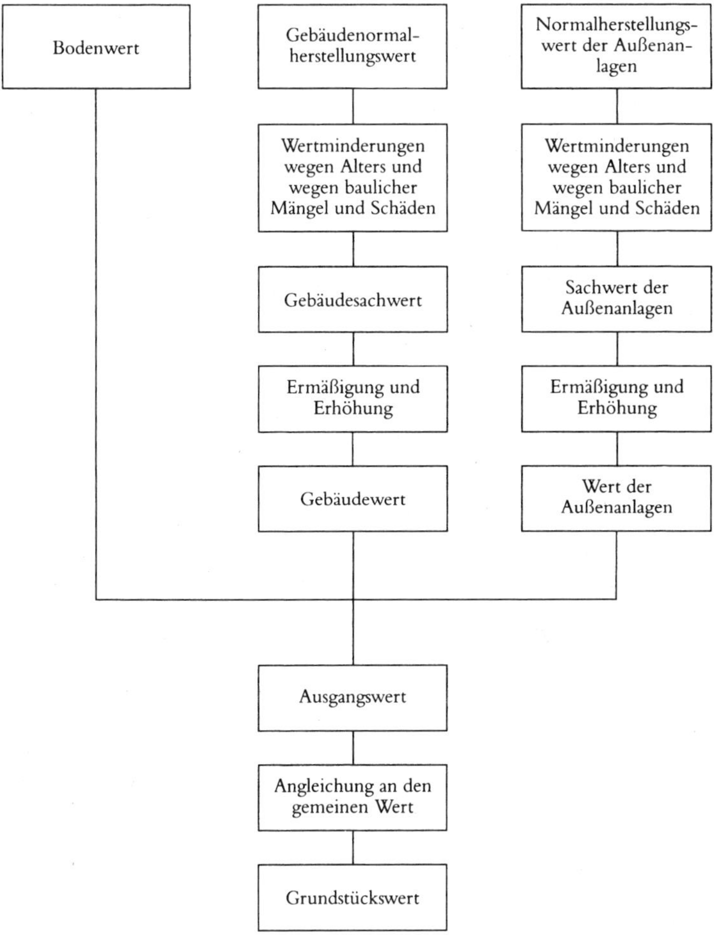

Anlage 11
(Zu Abschnitt 36 Abs. 1)

Baunebenkosten

Baunebenkosten sind:

1. die Kosten der Architekten- und Ingenieurleistungen (vgl. DIN 276 Abschnitt 2.31),
2. die Kosten der Verwaltungsleistungen (vgl. DIN 276 Abschnitt 2.32),
3. die Kosten der Behördenleistungen (vgl. DIN 276 Abschnitt 2.33),
4. die sonstigen Nebenkosten (vgl. DIN 276 Abschnitt 2.35).

Anlage 12
(Zu Abschnitt 37 u. 38)

1. Berechnung des umbauten Raumes nach DIN 277 (November 1950 x)

(Zu Abschnitt 37)

Zeichenerklärung:

 Voll anzurechnender umbauter Raum

 Mit einem Drittel anzurechnender umbauter Raum

 Nicht hinzuzurechnender umbauter Raum

 Getrennt (mit anderen Raummeterpreisen) zu berechnender umbauter Raum

 Nicht erfaßter umbauter Raum (besonders zu veranschlagen)

2. Geschoßhöhen für die Ermittlung der durchschnittlichen Raummeterpreise nach Anlage 14 Teil B

Der Buchstabe h gibt die Bemessung der Geschoßhöhe an.
(Zu Abschnitt 38 Abs. 2)

1. Ermittlung des umbauten Raumes für geplante und für ausgeführte Hochbauten

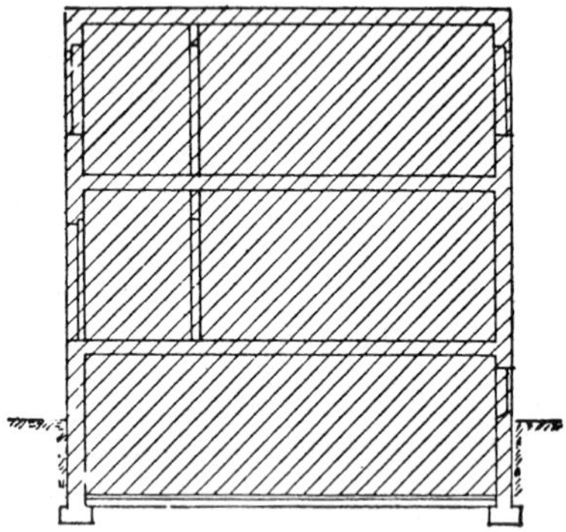

Der umbaute Raum ist in m³ anzugeben

1.1

Voll anzurechnen ist der umbaute Raum eines Gebäudes, der umschlossen wird:

1.11

seitlich von den Außenflächen der Umfassungen,

1.12

unten

1.121

bei unterkellerten Gebäuden von den Oberflächen der untersten Geschoßfußböden,

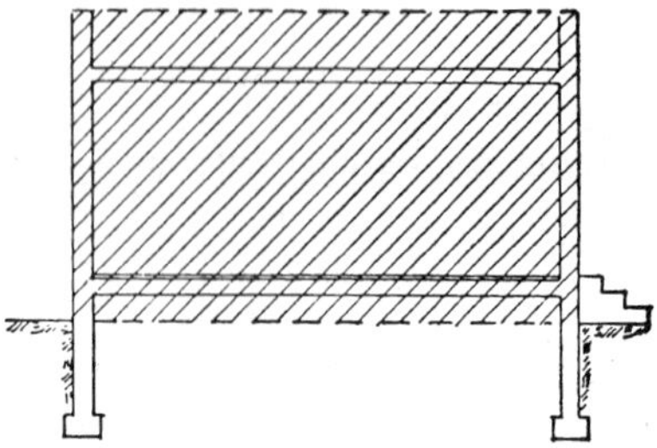

1.122

bei nicht unterkellerten Gebäuden von der Oberfläche des Geländes.

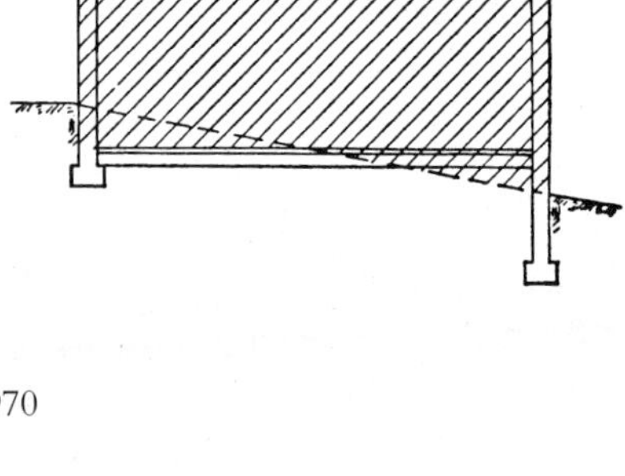

Liegt der Fußboden des untersten Geschosses tiefer als das Gelände, gilt Abschnitt 1.121

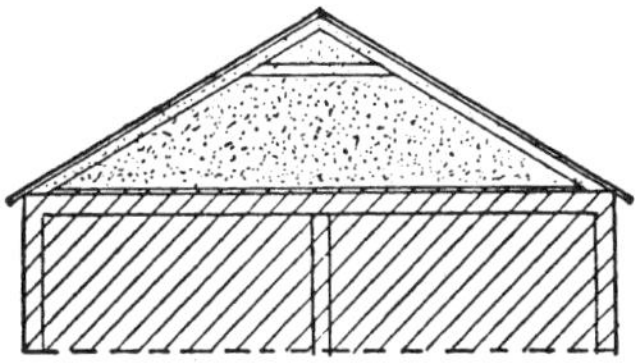

1.13

oben

1.131

bei nichtausgebautem Dachgeschoß von den Oberflächen der Fußböden über den obersten Vollgeschossen,

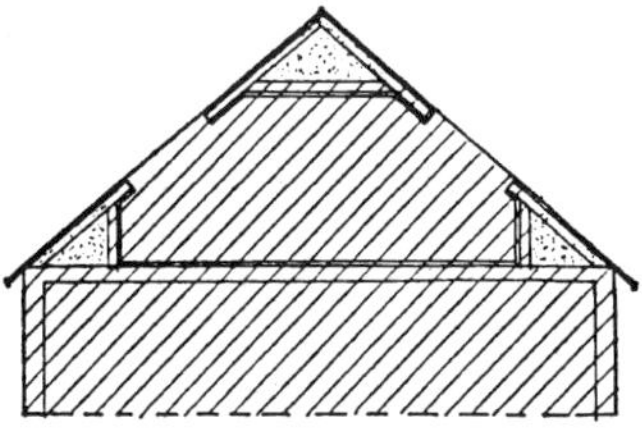

1.132

bei ausgebautem Dachgeschoß, bei Treppenhausköpfen und Fahrstuhlschächten von den Außenflächen der umschließenden Wände und Decken. (Bei Ausbau mit Leichtbauplatten sind die begrenzenden Außenflächen durch die Außen- oder Oberkante der Teile zu legen, welche diese Platten unmittelbar tragen),

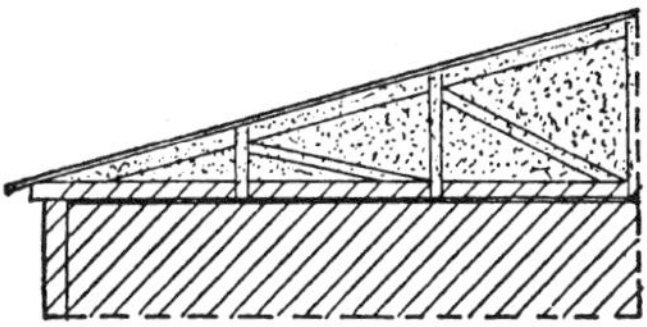

1.132
bzw. 1.131

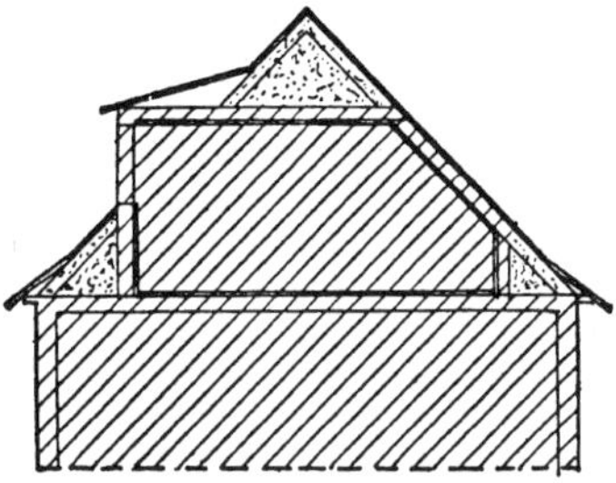

1.132

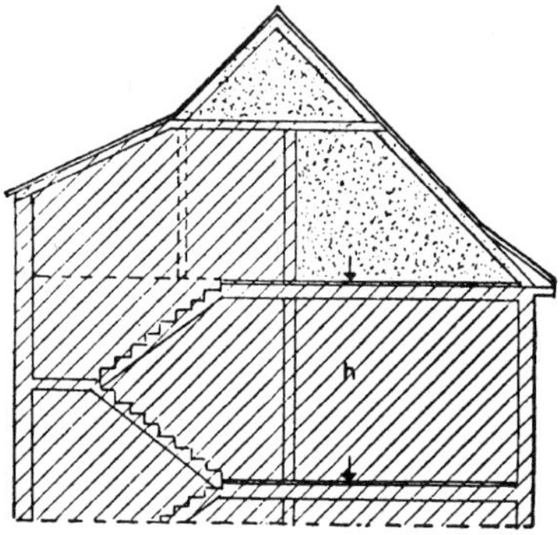

1.132

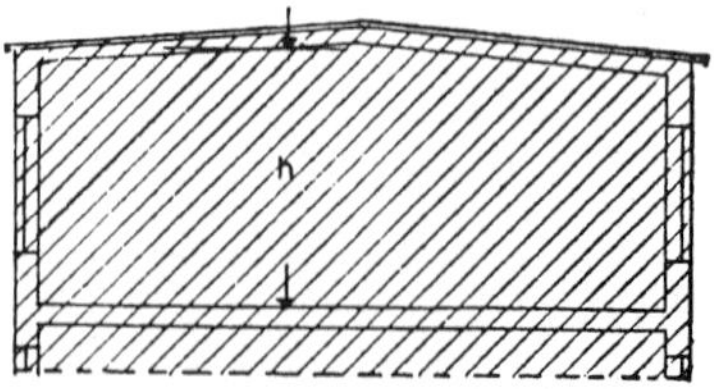

1.133

bei Dachdecken, die gleichzeitig die Decke des obersten Vollgeschosses bilden, von den Oberflächen der Tragdecke oder Balkenlage,

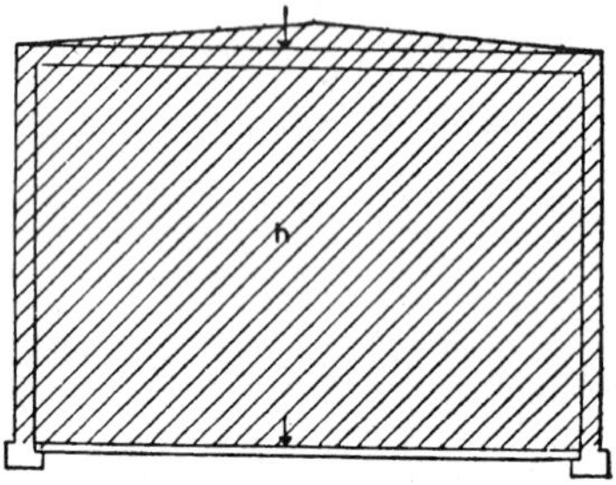

1.134

bei Gebäuden oder Bauteilen ohne Geschoßdecken von den Außenflächen des Daches, vgl. Abschnitt 1.35

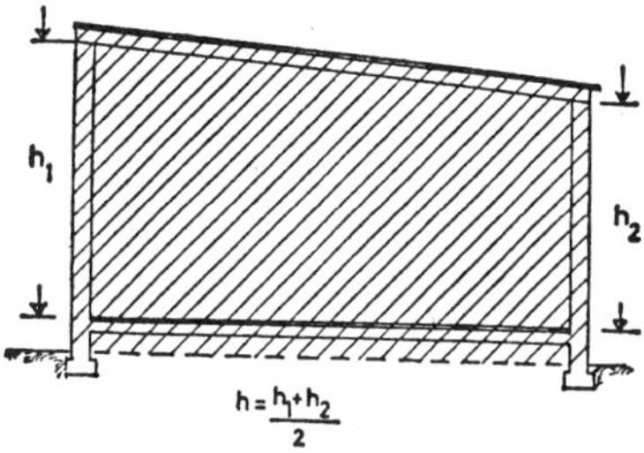

1.134

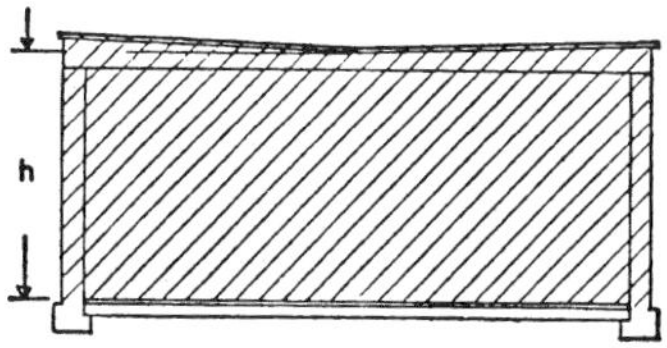

1.134

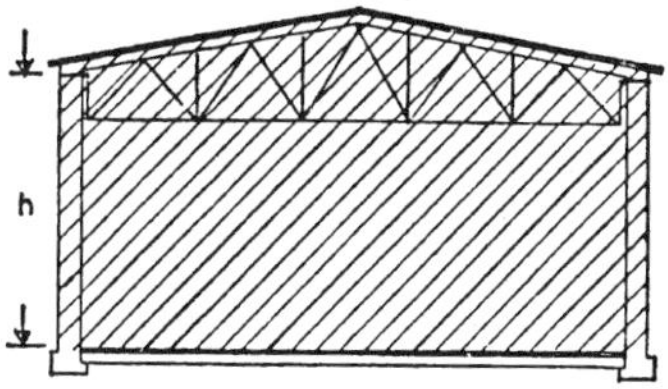

1.134

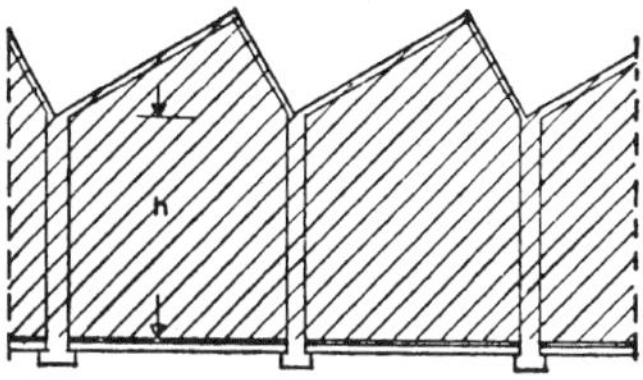

1.134

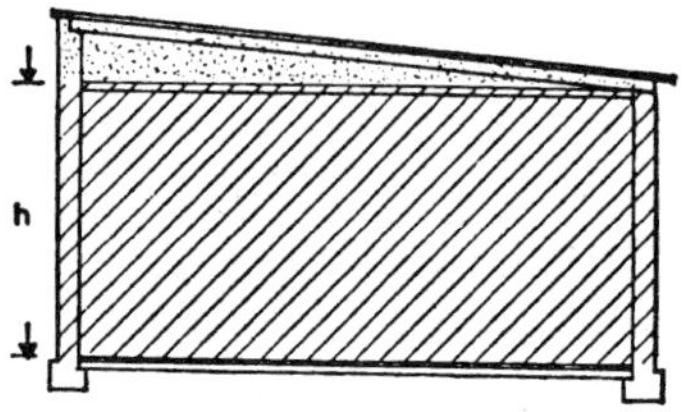

1.2

Mit einem Drittel anzurechnen ist der umbaute Raum des nicht ausgebauten Dachraumes, der umschlossen wird von den Flächen nach Abschnitt 1.131 oder 1.132 und den Außenflächen des Daches.

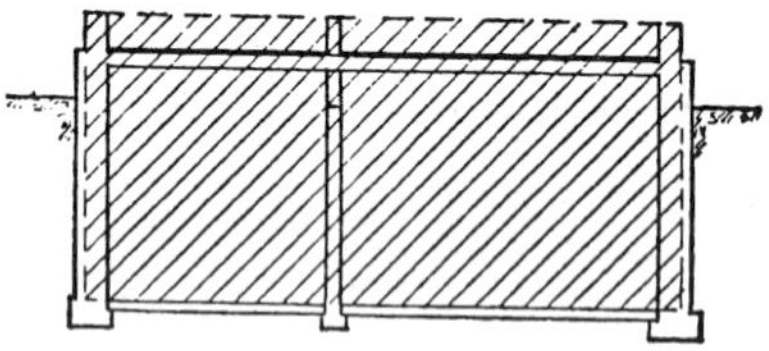

1.3

Bei den Ermittlungen nach Abschnitt 1.1 und 1.2 ist:

1.31

die Gebäudegrundfläche nach den Rohbaumaßen des Erdgeschosses zu berechnen,

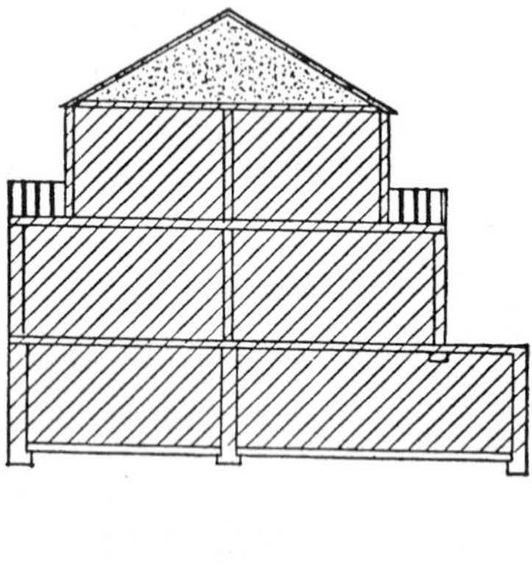

1.32

bei wesentlich verschiedenen Geschoßgrundflächen der umbaute Raum geschoßweise zu berechnen,

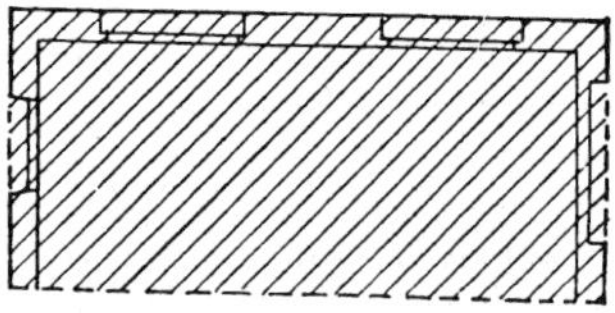

1.33

nicht abzuziehen der umbaute Raum, der gebildet wird von:

1.331

äußeren Leibungen von Fenstern und Türen und äußeren Nischen in den Umfassungen.

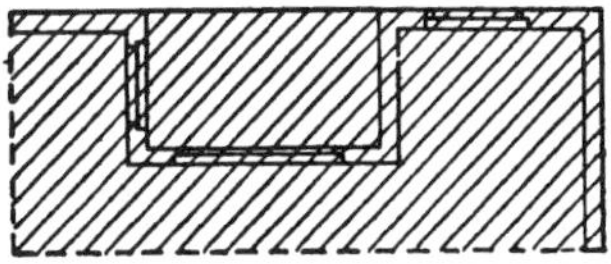

1.332

Hauslauben (Loggien), d. h. an höchstens 2 Seitenflächen offenen, im übrigen umbauten Räumen,

1.34

nicht hinzuzurechnen der umbaute Raum, den folgende Bauteile bilden:

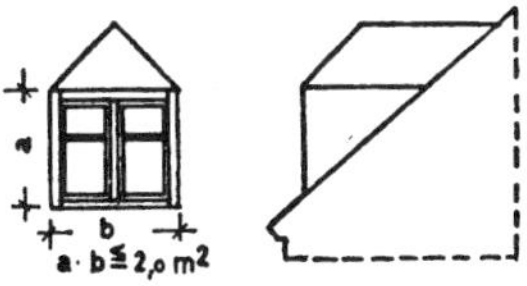

1.341

stehende Dachfenster und Dachaufbauten mit einer vorderen Ansichtsfläche bis zu je 2 m² (Dachaufbauten mit größerer Ansichtsfläche s. Abschnitt 1.42),

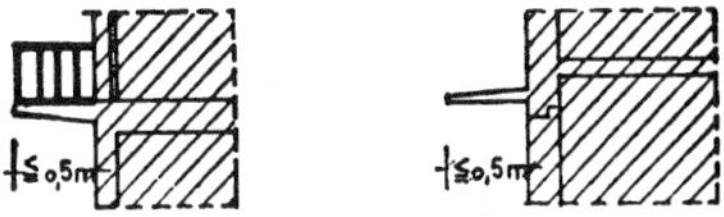

1.342

Balkonplatten und Vordächer bis zu 0,5 m Ausladung (weiter ausladende Balkonplatten und Vordächer s. Abschnitt 1.44),

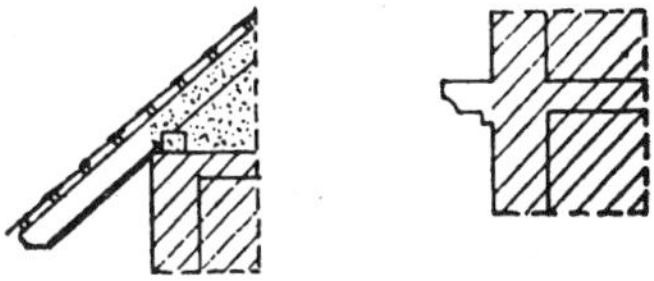

1.343

Dachüberstände, Gesimse, ein bis drei nicht unterkellerte, vorgelagerte Stufen, Wandpfeiler, Halbsäulen und Pilaster,

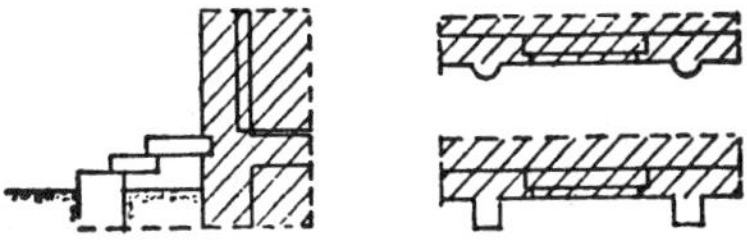

1.343

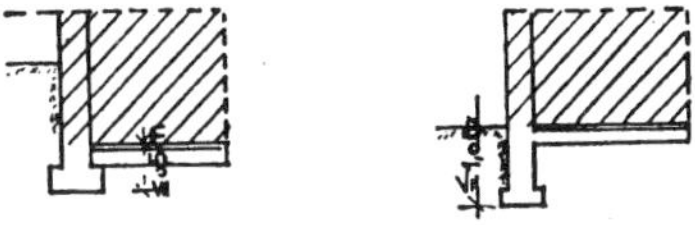

1.344

Gründungen gewöhnlicher Art, deren Unterfläche bei unterkellerten Bauten nicht tiefer als 0,5 m unter der Oberfläche des Kellergeschoßfußbodens, bei nicht unterkellerten Bauten nicht tiefer als 1 m unter der Oberfläche des umgebenden Gebäudes liegt. (Gründungen außergewöhnlicher Art und Tiefe siehe Abschnitt 1.48),

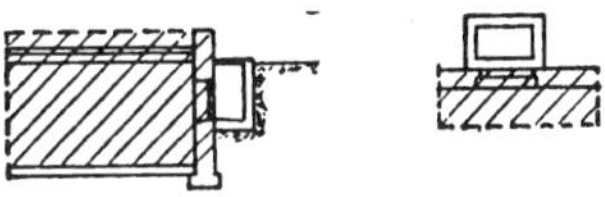

1.345

Kellerlichtschächte und Lichtgräben,

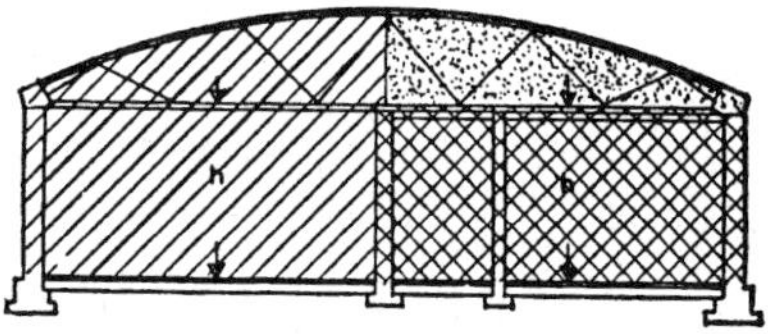

1.35

für Teile eines Baues, deren Innenraum ohne Zwischendecken bis zur Dachfläche durchgeht, der umbaute Raum getrennt zu berechnen, vgl. Abschnitt 1.134,

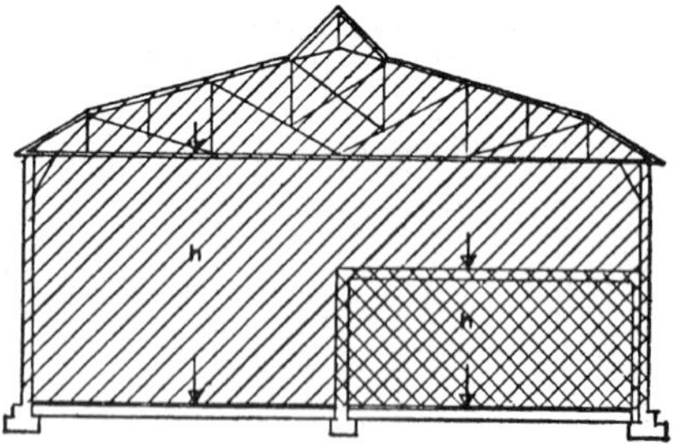

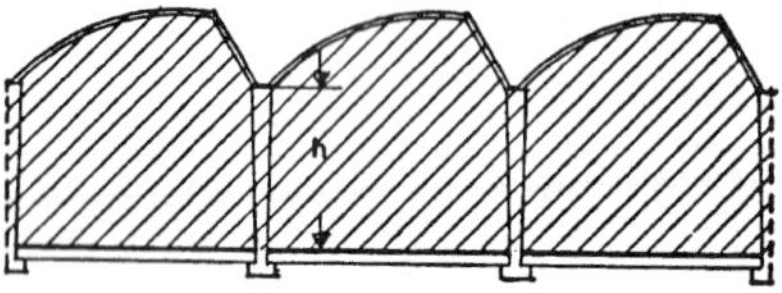

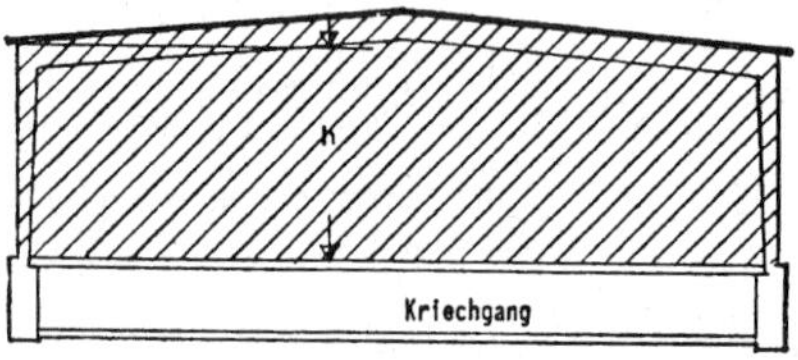

1.36

für zusammenhängende Teile eines Baues, die sich nach dem Zweck und deshalb in der Art des Ausbaues wesentlich von den übrigen Teilen unterscheiden, der umbaute Raum getrennt zu berechnen.

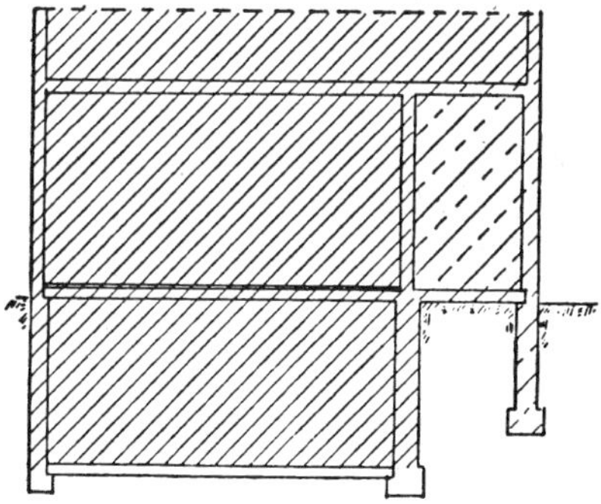

1.4

Von der Berechnung des umbauten Raumes nicht erfaßt werden folgende (besonders zu veranschlagende) Bauausführungen und Bauteile:

1.41

geschlossene Anbauten in leichter Bauart und mit geringwertigem Ausbau und offene Anbauten, wie Hallen, Überdachungen (mit oder ohne Stützen) von Lichthöfen, Unterfahrten auf Stützen, Veranden,

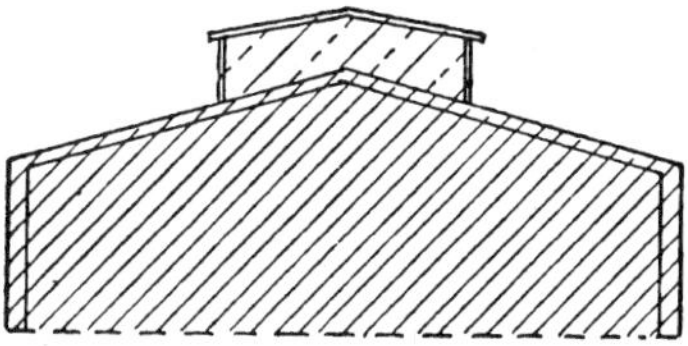

1.42

Dachaufbauten mit vorderen Ansichtsflächen von mehr als 2 m² und Dachreiter,

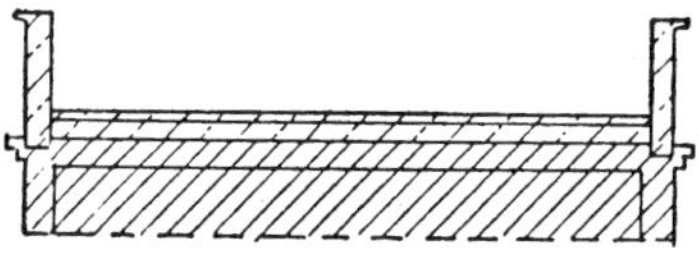

1.43

Brüstungen von Balkonen und begehbare Dachflächen,

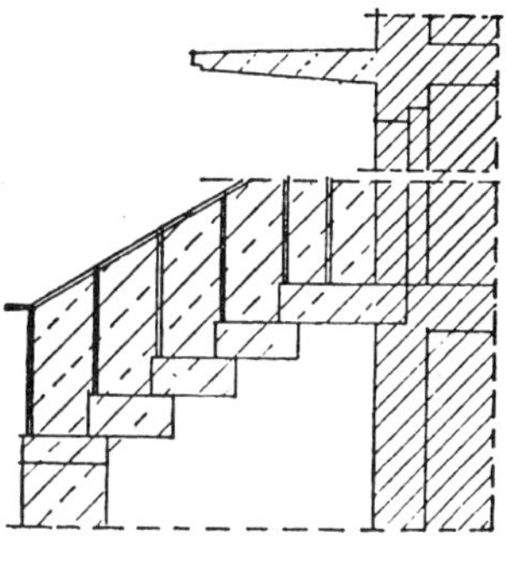

1.44

Balkonplatten und Vordächer mit mehr als 0,5 m Ausladung,

1.45

Freitreppen mit mehr als 3 Stufen und Terrassen (und ihre Brüstungen).

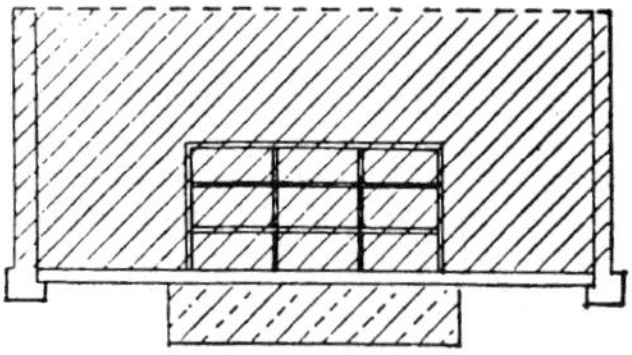

1.46

Füchse, Gründungen für Kessel und Maschinen,

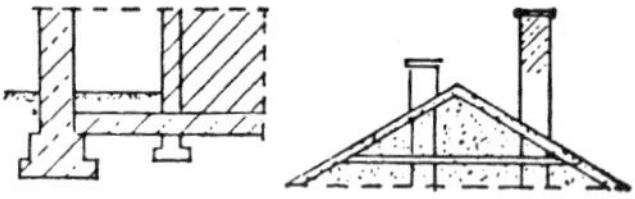

1.47

freistehende Schornsteine und der Teil von Hausschornsteinen, der mehr als 1 m über den Dachfirst hinausragt,

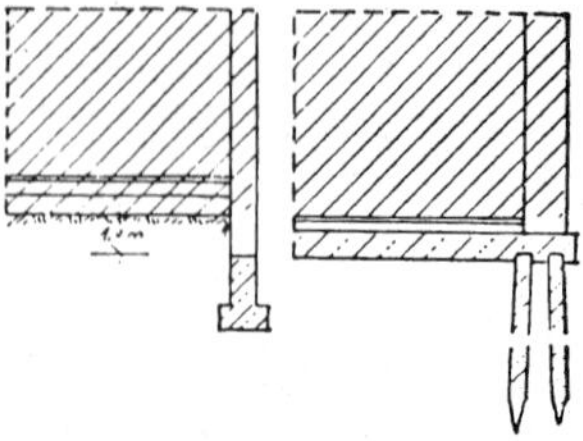

1.48

als Gründungen außergewöhnlicher Art, wie Pfahlgründungen und Gründungen außergewöhnlicher Tiefe, deren Unterfläche tiefer liegt als im Abschnitt 1.344 angegeben,

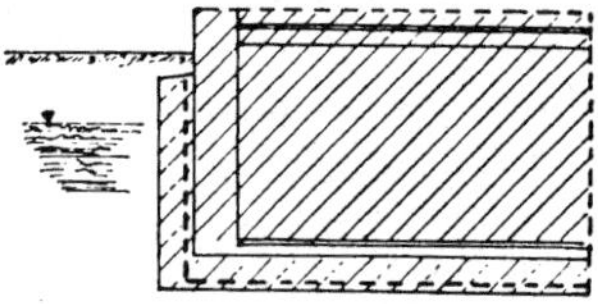

1.49

wasserdruckhaltende Dichtungen.

Anlage 13

(Zu Abschnitt 38: *siehe folgende Seiten*)

Anlage 13
(Zu Abschnitt 38)

Merkmale für die Beurteilung der

Bau- und Gebäudeteil	Einfache Ausstattung	Mittlere Ausstattung
1	2	3
1. Fassadenausführung	Schwemmsteine, Plattenwände, Hintermauersteine oder Kalksandsteine gefugt; einfacher glatter Putz. Holzfachwerk mit einfacher Ausfachung.	Einfacher Putz mit Fenster- und Türeinfassung; gefugte Vormauersteine. Holzfachwerk mit Klinkerausfachung.
2. Dachausführung	Flaches Pappdach; einfaches Ziegeldach (Giebel- oder Pultdach); Asbestzementeindekkung.	Kleines Walmdach; Giebeldach mit größeren Dachausbauten; leichtes Massivflachdach mit Pappeindeckung.
3. Deckenbehandlung	Einfacher Deckenputz; unverputzte Holzfaserplatten oder ähnliche Platten.	Decken, gerieben und gefilzt.
4. Wandbehandlung	Kalk- oder Leimfarbenanstriche.	Ölfarbenanstriche; einfache Tapeten; Steinemaille; Wandplatten in geringem Ausmaß.
5. Fußböden	Dielen, Steinholz-, Asphalt-, Spachtel- oder ähnliche Böden.	Linoleum und PVC-Böden einfacher Art und Ausführung; Kleinparkett in einem Raum; Buchenparkett.
6. Treppen	Einfache Treppen, Betontreppe mit PVC-Belag einfacher Art; einfache Geländer.	Massivtreppen mit Kunststeinbelag, Linoleumbelag oder gutem PVC-Belag; Hartholztreppen; einfache Geländer.
7. Fenster	Einfache Fenster aus Holz oder Stahl mit einfacher Verglasung und einfachen Beschlägen. Fensterbänke aus Asbestzement, Holz oder Beton.	Einfache Fenster aus Holz oder Stahl mit besseren Beschlägen; Rolläden oder Fensterläden; einfache Fensterbänke (Holz oder Kunststein).

baulichen Ausstattung bei Gebäuden

Gute Ausstattung	Sehr gute Ausstattung	Aufwendige Ausstattung
4	5	6
Edelputz mit Fenster- und Türeinfassungen in Kunststein; Sockel mit Klinkerverblendung oder Waschputz. Holzfachwerk aus Lärche oder Eiche mit Klinkerausfachung.	Edelputz mit Fenster- und Türeinfassungen aus Naturstein; Keramikplatten; Kunststeinverkleidung; Glasverkleidung; Klinkerfassade aus holländischen oder bunten Klinkern.	Natursteinfassade; Spaltklinker oder Mosaik; Kupfer, Eloxal oder ähnl.
Größeres Walmdach mit Dachausbauten; Oberlichte besonderer Ausführung; schweres Massivflachdach mit Pappeindeckung.	Sattel- oder Walmdach mit besonderen Ausbauten; Schieferdachdeckung. Dächer mit bes. Wärmeisolierung.	Flachdach mit Kupfer- oder Bleideckung und mit Wärmeisolierung.
Deckenputz teilweise mit Stuck; schalldämmende Platten.	Bessere Stuckdecken; Deckenvertäfelung in 1 oder 2 Räumen; Decken m. indirekt. Beleuchtung.	Beste Stuckarbeiten; Vertäfelungen in mehreren Räumen.
Gute Tapeten; Wandplatten aus Naturstein in geringem Ausmaß; Keramikplatten in reicherem Ausmaß; Holzvertäfelungen in einfachen Ausführungen.	Abwaschbare Tapeten; Vertäfelungen und Heizkörperverkleidungen aus Edelhölzern oder Rohrbespannungen. Stoffbespannungen; Natursteinplatten in größerem Ausmaß.	Beste Tapeten (Seidentapeten, Ledertapeten); Vertäfelungen u. Heizkörperverkleidungen aus ausländischen Edelhölzern (Mahagoni und ähnl.); Wandbemalungen.
Linoleum besserer Qualität; teilweise Natursteinplatten; beste PVC-Böden; Kleinparkett I. Wahl in mehr. Räumen; Bespannungen (Bouclé, Haargarn und ähnl.).	Parkett in guter Ausführung, versiegelt; Veloursbespannungen in mehreren Räumen.	Parkett aus besten Hölzern, versiegelt; beste Bespannungen (Nylon, Perlon); Naturstein in mehreren Räumen.
Massivtreppen mit Plattenbelag aus Qualitätskunststein oder aus Naturstein einfacher Qualität; bessere Geländer.	Massivtreppen mit Natursteinauflage und besserem Geländer (z. B. schmiedeeisernes oder geschnitztes Geländer).	Marmortreppen und wertvolle Treppen mit künstlerisch gestaltetem Geländer.
Doppelfenster mit einfacher Verglasung und besseren Beschlägen; Blumenfenster mit besserer Verglasung; Fensterbänke aus Kunststein bzw. Klinker oder einfachem Naturstein; Rolläden.	Verbundfenster mit Spiegelglas, Isolierglas; besondere Beschläge; Schiebefenster und dgl.; Blumenfenster mit Bleiverglasung; Fensterbänke aus deutschem Marmor bzw. ähnlichem Naturstein; Rolläden bzw. Markisen.	Besonders große teure Fenster mit bester Verglasung; versenkbare Fenster; eingebaute Markisen und dgl.; beste Blumenfenster mit Marmorfensterbänken oder ähnliche Fenster.

Noch: Merkmale für die Beurteilung der

Bau- und Gebäudeteil	Einfache Ausstattung	Mittlere Ausstattung
1	2	3
8. Türen	Einfache glatte Türen oder Füllungstüren mit einfachen Beschlägen.	Bessere glatte Türen oder Füllungstüren mit besseren Beschlägen.
9. Elektroinstallation	Einfache Ausstattung, wenige Brennstellen, einfache Beleuchtungskörper.	Mehrere Brennstellen und Steckdosen; mittlere Beleuchtungskörper.
10. Sanitäre Installation	Einfache und wenige sanitäre Einrichtungsgegenstände in Wasch- und Toilettenräumen.	Sanitäre Einrichtungsgegenstände in einfacher Ausführung, aber größerer Anzahl.
11. Boden- und Wandfliesen	Geringfügig (Wand nur teilw.); Boden- und Wandplatten in einfacher Ausführung (Keramikplatten II.–III. Wahl).	Keramische Boden- und Wandplatten I.–II. Wahl in einigen Räumen.
12. Heizung	Öfen.	Warmluftheizung.
13. Anteil der besonderen Räume (z. B. Empfangsräume, Direktionsräume, Sitzungszimmer, Gesellschaftszimmer und ähnliches)	Keine.	Geringe Anzahl.

baulichen Ausstattung bei Gebäuden

Gute Ausstattung	Sehr gute Ausstattung	Aufwendige Ausstattung
4	5	6
Türen mit Glasfüllungen und guten Beschlägen; Schleiflacktüren; Türen mit Edelholz in geringem Ausmaß; Eingangstüren Eiche oder ähnl.	Türen aus Edelhölzern; Schleiflacktüren mit besten Beschlägen und Ornamentglas; Schiebetüren; Doppeltüren; Metalleingangstüren.	Edelholztüren; Türen in künstlerischer Form; Metalleingangstür in Bronze oder ähnl. Ausführung.
Mehrere Brennstellen, Lichtbänder und dgl.; gute Beleuchtungskörper.	Indirekte Beleuchtungskörper, Wandbeleuchtung und gute Beleuchtungskörper.	Aufwendige Ausstattung, beste Beleuchtungskörper.
Wie vor, jedoch in besserer Ausführung und außer in Toiletten- und Waschräumen auch in anderen Räumen.	Beste Ausführung in Waschräumen, Bädern und Toiletten; in anderen Räumen größere Objekte.	Besonders reiche Ausstattung in bester Qualität.
Keramische Boden- und Wandplatten I. Wahl in mehreren Räumen; teilweise Naturstein-Bodenplatten	In mehreren Räumen Mosaikbodenfliesen; Majolikawandplatten; inländische Natursteinplatten.	In mehreren Räumen japanisches Mosaik oder ausländische Natursteine (z. B. Marmor).
Warmwasserheizung mit festen Brennstoffen und einfacher Regelung.	Warmwasserheizung mit flüssigen Brennstoffen oder Gas bzw. Fernheizung; Thermostatregelung.	Klimaanlage.
Mehrere kleine Räume.	Kleine und größere Räume in größerer Anzahl.	Besonders große Anzahl.

Anlage 14
(Zu Abschnitt 38)

Gebäudeklasseneinteilung und Raummeterpreise 1958, umgerechnet auf den Hauptfeststellungszeitpunkt 1. Januar 1964, für Fabrikgrundstücke

Teil A. Verwaltungsgebäude, Sozialgebäude, Laboratorien, Pförtnergebäude und Wohngebäude

Vorbemerkung

Teil A gilt nur für die in der Überschrift genannten Gebäude, wenn sie zur wirtschaftlichen Einheit eines Fabrikgrundstücks gehören. Laboratorien können auch den Gebäuden des Teils B der Gebäudeklasseneinteilung zugerechnet werden. Im allgemeinen werden Forschungslaboratorien unter Teil A und Betriebslaboratorien unter Teil B fallen.

In den Raummeterpreisen und Quadratmeterpreisen sind alle Bestandteile und das Zubehör des Gebäudes erfaßt, soweit dafür keine besonderen Zuschläge zu machen sind.

Die Merkmale für die Beurteilung der baulichen Ausstattung, von der die Anwendung der aufgeführten Raummeterpreise abhängt, ergeben sich aus der Anlage 13. Diese Tabelle ist auf die bei allen Gebäuden möglichen Merkmale eingerichtet. Soweit bei einzelnen Gebäudearten üblicherweise einzelne Merkmale nicht vorhanden sind, müssen diese bei der Eingruppierung außer Betracht gelassen werden. Maßgebend ist die im Durchschnitt zutreffende Güte der Ausstattung. Innerhalb des Rahmensatzes, der für diese Ausstattung gilt, richtet sich der Raummeterpreis nach der besseren oder geringeren Güte der Ausstattung im einzelnen Fall.

Die Art der Konstruktion und die Güte der inneren und äußeren Ausstattung (z. B. Außenputz, Verblendung und dgl.) ist im Rahmenpreis berücksichtigt. Bei Fehlen von Teilen, die in der Gebäudeklasse gewöhnlich vorhanden sind – insbesondere von Teilen der Innenausstattung –, und bei Geschoßhöhen über 4 m ist innerhalb des Rahmenpreises ein niedrigerer Raummeterpreis anzusetzen. Besondere Einrichtungen (Aufzüge) sind durch die dafür vorgesehenen Zuschläge zu berücksichtigen.

Die für das Gebäude anzusetzenden Raummeterpreise gelten auch für die Keller. Sind für das Gebäude unterschiedliche Raummeterpreise anzusetzen (DIN 277 Abschn. 1.36), so ist der niedrigste Preis maßgebend.

Gebäudeklassen und Raummeterpreise

Gebäudeklassen		Raummeterpreise
		DM
1.1	**Eingeschossige Gebäude**	
1.11	**Holzgebäude und Holzfachwerkgebäude**	
1.111	einfache Ausstattung	25.– bis 40.–
1.112	mittlere Ausstattung	40.– bis 55.–
1.113	gute Ausstattung	55.– bis 70.–
1.114	sehr gute Ausstattung	70.– bis 100.–
1.115	aufwendige Ausstattung	100.– bis 130.–
1.12	**Massivgebäude[1] Stahl- oder Stahlbetonskelettgebäude[2]**	
1.121	einfache Ausstattung	45.– bis 70.–
1.122	mittlere Ausstattung	70.– bis 105.–
1.123	gute Ausstattung	105.– bis 145.–
1.124	sehr gute Ausstattung	145.– bis 190.–
1.125	aufwendige Ausstattung	190.– bis 215.–
1.2	**Mehrgeschossige Gebäude**	
1.21	**Holzgebäude und Holzfachwerkgebäude**	
1.211	einfache Ausstattung	30.– bis 50.–
1.212	mittlere Ausstattung	50.– bis 65.–
1.213	gute Ausstattung	65.– bis 85.–
1.214	sehr gute Ausstattung	85.– bis 105.–
1.215	aufwendige Ausstattung	105.– bis 145.–
1.22	**Massivgebäude,[1] Stahl- oder Stahlbetonskelettgebäude[2]**	
1.221	einfache Ausstattung	55.– bis 80.–
1.222	mittlere Ausstattung	80.– bis 120.–
1.223	gute Ausstattung	120.– bis 160.–
1.224	sehr gute Ausstattung	160.– bis 200.–
1.225	aufwendige Ausstattung	200.– bis 240.–

[1] Als Gebäude in Massivkonstruktion gelten Gebäude, deren Außenmauern aus Ziegel-, Kalksand-, Schlacken-, Schwemm-, Schaumbeton-, Gärbeton-, Natursteinen oder ähnlichen Steinen bestehen und bei denen dieses Mauerwerk das Dach und ggf. die Geschoßdecken trägt.

[2] Als Gebäude in Stahl- oder Stahlbetonskelettkonstruktion gelten Gebäude, bei denen die tragende Konstruktion aus Stahl oder Stahlbeton hergestellt wurde.

Erhöhung des Raummeterpreises

1. Hochhäuser

Liegt der Fußboden mindestens eines Geschosses mehr als 22 m über dem Gelände, so ist für jeden weiteren vollen Meter zu den Raummeterpreisen aller Geschosse (einschließlich Kellergeschoß) ein Zuschlag von 0,5 v. H. zu machen. Maßgebend ist der Unterschied zwischen 22 m und Oberkante Decke des obersten Vollgeschosses. Der Zuschlag ist nur auf den als Hochhaus errichteten Teil des Gebäudes anzuwenden.

Erhöhungen und Ermäßigungen des errechneten Wertes

2. Gründungen außergewöhnlicher Art (DIN 277, Abschn. 1.48)

Der Zuschlag beträgt in der Regel 5 bis 10 v. H.

3. Wasserdruckhaltende Dichtungen (DIN 277, Abschn. 1.49)

Für wasserdruckhaltende Dichtungen (Isolierwannen) ist ein Zuschlag von 50 DM bis 80 DM je m^2 isolierter bebauter Fläche zu machen.

4. Aufzugsanlagen[1]

Der Zuschlag beträgt

a) für Personenaufzüge (einfache Ausführung im Mauerschacht)

für eine Nutzlast von	300 kg (4)	450 kg (6)	750 kg (10 Pers.)
	DM	DM	DM
bei 2 Haltestellen	17 200	19 900	25 200
für jede weitere Haltestelle	1 600	1 600	1 700

Bei Aufzügen in Glasschächten sind die vorstehenden Preise um 10 bis 15 v. H. zu erhöhen.

b) für Lastenaufzüge

für eine Nutzlast von	500 kg	1000 kg	1500 kg	2000 kg	3000 kg
	DM	DM	DM	DM	DM
bei 2 Haltestellen	9 700	12 200	14 300	18 900	22 800
für jede weitere Haltestelle	1 000	1 200	1 200	1 300	1 400

c) für Paternoster

bei 7 Geschossen .... 80 000 DM
für jedes weitere Geschoß .... 6 700 DM

d) für Rolltreppen

je Geschoßtreppenlauf der einzelnen Rolltreppe .... 54 000 DM

[1] Siehe Ergänzung im Erlaß FSen. Berlin v. 2. 8. 1967, StZBl. Bln. 1967, 809 (Anl. **17 a**).

5. Gebäude mit übergroßen oder geringen bebauten Flächen

Bei übergroßen bebauten Flächen von Einzelgebäuden beträgt der Abschlag bei bebauten Flächen von

2 001 bis 5 000 m²	4 v. H.
5 001 bis 10 000 m²	6 v. H.
10 001 bis 20 000 m²	8 v. H.
20 001 bis 30 000 m²	10 v. H.
mehr als 30 000 m²	12 v. H.

Bei Gebäuden mit bebauten Flächen von weniger als 50 m² ist für je volle 5 m² Fläche, die 50 m² unterschreitet, ein Zuschlag von 5 v. H. zu machen.

Der Abschlag oder der Zuschlag ist von dem ggf. nach den Nummern 2 und 3 erhöhten Wert zu berechnen.

Teil B.[1] Fabrikgebäude, Werkstattgebäude, Lagergebäude und andere nicht unter Teil A fallende Gebäude, die zur wirtschaftlichen Einheit eines Fabrikgrundstücks gehören

Vorbemerkung

In den Raummeterpreisen sind alle Bestandteile und das Zubehör des Gebäudes erfaßt, soweit dafür keine besonderen Zuschläge zu machen sind.

Die Preise sind auf reine Zweckbauten in bekannter Konstruktion abgestellt, deren Ausstattung sich im allgemeinen Rahmen hält. Eine bessere Außenausstattung[1] ist durch einen Zuschlag nur insoweit zu berücksichtigen, als sie den gemeinen Wert beeinflußt (z. B. bei Spaltklinkerverkleidung, Verglasung besonderer Art, Glasbausteinwänden und dgl.). Eine bessere Innenausstattung wird in der Regel durch die unter den Nummern 2 und 7 aufgeführten Zuschläge angemessen berücksichtigt. Für neu aufkommende Konstruktionen sind die Raummeterpreise ggf. zu ermäßigen oder zu erhöhen.

Das Vorhandensein von Brandmauern genügt allein nicht für eine Zurechnung zu Gebäuden mit Raumaufteilung.

Die für ein mehrgeschossiges Gebäude maßgebenden Raummeterpreise gelten auch für die Keller. Sind für das Gebäude Raummeterpreise verschiedener Gebäudeklassen anzusetzen (DIN 277 Abschn. 1.36), so sind die Raummeterpreise der Gebäudeklasse mit den niedrigsten Raummeterpreisen maßgebend.

---

[1] Siehe Ergänzungen im Erlaß FSen. Berlin v. 2. 8. 1967, StZBl. Bln. 1967, 809 (Anl. **17 a**).

Gebäudeklassen, Raummeterpreise und Quadratmeterpreise

Gebäudeklassen		Raummeterpreise bei Geschoßhöhen bis zu		
		4 m[1]	6 m[1]	8 m
		DM	DM	DM
2.1	**Unterkellerungen**			
2.11	Gebäudekeller eingeschossiger Gebäude	45.–	51.–	60.50
2.12[2]	Keller ohne aufstehende Gebäude (Hofkeller)	81.–	89.–	101.–
2.2	**Schuppen**			
2.21	Einfache Holzschuppen, Wellblechschuppen	12.–	11.–	9.50
2.22	Einseitig offene Massivschuppen	13.50	12.–	11.–
2.23	Holzfachwerkschuppen, Massivschuppen	20.50	17.50	16.50
2.3	**Eingeschossige Gebäude (außer Shedbauten)**			
2.31	Stahlfachwerkgebäude mit Plattenverkleidungen	19.–	16.50	15.–
2.32	Holzgebäude und Holzfachwerkgebäude ohne Raumaufteilung	23.50	20.50	18.50
2.33	Holzgebäude und Holzfachwerkgebäude mit Raumaufteilung	26.–	22.50	20.50
2.34	Massiv-,[3] Stahl- oder Stahlbetonskelettgebäude[4] ohne Raumaufteilung und ohne Decke	34.50	30.50	27.50
2.35	Massiv-,[3] Stahl- oder Stahlbetonskelettgebäude[4] mit Raumaufteilung und ohne Decke	37.–	32.50	29.50
2.36	Massiv-,[3] Stahl- oder Stahlbetonskelettgebäude[4] ohne Raumaufteilung und mit Decke	43.–	37.50	35.–
2.37	Massiv-,[3] Stahl- oder Stahlbetonskelettgebäude[4] mit Raumaufteilung und mit Decke	45.50	40.50	36.00
2.4	**Shedbauten**			
2.41	Shedbauten mit Holzbindern	33.–	29.–	26.–
2.42	Shedbauten in Massivbauart mit Stahlbindern	36.–	31.50	29.–

[1] Zu Zwischenwerten vgl. Abschn. 38 Abs. 3 BewRGr.
[2] Siehe Ergänzung im Erlaß FSen. Berlin v. 2. 8. 1967, StZBl. Bln. 1967, 809 (Anl. **17 a**).
[3] Vgl. Fußn. 1 zu lfd. Nr. 1.12.
[4] Vgl. Fußn. 2 zu lfd. Nr. 1.12.

	Gebäudeklassen	Raummeterpreise bei Geschoßhöhen bis zu		
		4 m[1]	6 m[1]	8 m
		DM	DM	DM
2.43	Shedbauten in Stahl- oder Stahlbetonkonstruktion	38.50	34.–	30.–
2.44	Shedbauten wie 2.43, jedoch in besonderen Konstruktionen (Spannbeton mit Zwischendecken und dgl.)	44.50	39.–	35.–
2.5	**Mehrgeschossige Gebäude**			
2.51	Holzgebäude und Holzfachwerkgebäude ohne Raumaufteilung	45.–	39.50	36.–
2.52	Holzgebäude und Holzfachwerkgebäude mit Raumaufteilung	48.–	43.–	38.–
2.53	Holzfachwerkgebäude mit massivem Erdgeschoß ohne Raumaufteilung	51.–	47.–	41.–
2.54	Holzfachwerkgebäude mit massivem Erdgeschoß mit Raumaufteilung	54.–	47.–	41.–
2.55	Massivgebäude[2] ohne Raumaufteilung	59.–	52.–	47.–
2.56	Massivgebäude[2] mit Raumaufteilung	63.50	56.–	51.–
2.57	Stahl- oder Stahlbetonskelettgebäude[3] ohne Raumaufteilung	68.–	59.–	54.50
2.58	Stahl- oder Stahlbetonskelettgebäude[3] mit Raumaufteilung	70.50	62.–	56.50
2.6	**Gebäude mit Geschoßhöhen über 8 m[4]**	bei Geschoßhöhen bis zu		
		10 m	12 m	üb. 12 m
		DM	DM	DM
2.61	Holzgebäude und Holzfachwerkgebäude mit Stützen	13.50	12.50	10.–
		bei Geschoßhöhen bis zu		
		10 m	12 m	14 m
		DM	DM	DM
2.62	Massivgebäude, Gebäude in Stahl- oder Stahlbetonkonstruktion	24.50	23.50	22.–
		bei Geschoßhöhen bis zu		
		16 m	18 m	20 m
		DM	DM	DM
		21.50	20.50	20.–
		bei Geschoßhöhen bis zu		
		24 m	30 m	üb. 30 m
		DM	DM	DM
		19.50	18.50	18.–

[1] Zu Zwischenwerten vgl. Abschn. 38 Abs. 3 BewRGr.
[2] Vgl. Fußn. 1 zu lfd. Nr. 1.12.
[3] Vgl. Fußn. 2 zu lfd. Nr. 1.12.
[4] Die Preise gelten auch für einzelne Geschosse, deren Höhe 8 m übersteigt.

Gebäudeklassen	Raummeterpreise bei Geschoßhöhen bis zu		
	4 m	6 m	8 m
	Preis je Quadratmeter überdachter Fläche[1] bei einer Höhe[2] bis zu		
2.7 Überdachungen mit eigenen Stützen	4 m	6 m	üb. 6 m
	DM	DM	DM
2.71 in Holzkonstruktionen	81.–	87.50	91.50
2.72 in Stahl- oder Stahlbetonkonstruktion	94.50	101.–	105.–
	Preis je Quadratmeter überdachter Fläche[1]		
2.8 Überdachungen ohne eigene Stützen			
2.81 in Holzkonstruktion bis 3 m auskragend	54.– DM		
2.82 in Holzkonstruktion über 3 m auskragend	67.50 DM		
2.83 in Stahl- oder Stahlbetonkonstruktion bis 3 m auskragend	67.50 DM		
2.84 in Stahl- oder Stahlbetonkonstruktion über 3 m auskragend	89.– DM		

Ermäßigungen und Erhöhungen des Raummeterpreises

1. Fußboden

Für fehlenden Fußboden (einschließlich Unterlage) beträgt der Abschlag

bis 4 m Geschoßhöhe	3.30 DM
bis 6 m Geschoßhöhe	2.10 DM
bis 8 m Geschoßhöhe	1.60 DM
über 8 m Geschoßhöhe	1.30 DM

2. Heizungsanlagen

a) Ist eine Sammelheizungsanlage, die an der Kesselanlage des Betriebs oder an einer Fernheizung angeschlossen ist, dem Grundstück zuzurechnen, so ist je nach Art und Umfang der Leitungen und Heizkörper ein Zuschlag von 3 v.H. bis 6 v.H. zu machen.
Ist eine eigene Kesselanlage für die Raumbeheizung vorhanden, so erhöht sich der Zuschlag bei jedem von dieser Anlage versorgten Gebäude um 5 Punkte.

b) Erfolgt die Raumbeheizung durch Wand- oder Deckenlufterhitzer, so ist je nach Anzahl, Größe und Ausführung ein Zuschlag bis zu 5 v.H. zu machen.

3. Hochhäuser

Liegt der Fußboden mindestens eines Geschosses mehr als 22 m über dem Gelände, so ist für jeden weiteren vollen Meter zu den Raummeter-

---

[1] Als Quadratmeter der überdachten Fläche sind die Quadratmeter der Grundstücksfläche anzusetzen, die sich bei senkrechter Projizierung der Dachfläche auf eine waagerechte Ebene ergeben. Vorgehängte Rinnen bleiben unberücksichtigt.

[2] Die Höhe rechnet von Fußbodenoberkante bis zum Auflager der Überdachung auf den Stützen.

preisen aller Geschosse (einschl. Kellergeschoß) ein Zuschlag von 0,5 v.H. zu machen. Maßgebend ist der Unterschied zwischen 22 m und Oberkante Decke des obersten Vollgeschosses. Der Zuschlag ist nur auf den als Hochhaus errichteten Teil des Gebäudes anzuwenden.

4. Verstärkungen von Stützen und Fundamenten

Der Zuschlag beträgt je nach Tragfähigkeit und Ausführung 2.70 bis 6.70 DM/m^3.

Ermäßigungen und Erhöhungen des errechneten Wertes

5. Außenwände

	DM/m^2
Für fehlende Außenwände beträgt der Abschlag je Quadratmeter Wandfläche	
bei Gebäudeklassen 2.21 bis 2.23	13.50
bei Gebäudeklassen 2.31 bis 2.34, 2.51 bis 2.54 und 2.61	20.–
bei Gebäudeklassen 2.35 bis 2.44, 2.55 bis 2.58 und 2.62	24.–

6. Gebäude mit Decken von großer Tragfähigkeit

Der Zuschlag beträgt je m^2 Deckenfläche:

für Nutzlasten in kg/m^2	je nach Konstruktion und Spannweite DM/m^2
mehr als 1000 bis 2000	5 bis 13
mehr als 2000 bis 3000	13 bis 27
mehr als 3000 bis 4000	27 bis 37
mehr als 4000 bis 5000	37 bis 47
mehr als 5000 bis 7500	47 bis 60
mehr als 7500 bis 10000	60 bis 75

7. Besondere Innenausstattung

Der Zuschlag beträgt:	DM/m^2
a)[1] Bessere Fußböden:	
Kunstharzböden, Linoleum, Asphaltplatten	10 bis 27
Steinzeugfliesen, Industrieestrich	13 bis 20
Holzpflaster	13 bis 27
Parkett	16 bis 32
b)[1] Wandverkleidungen:	
Wandplattenbelag	24 bis 40
einfache Holzverkleidung	20 bis 33
Holzvertäfelung	ab 40
schalldämmende Platten	13 bis 20
c)[1] Deckenverkleidung:	
schalldämmende Platten	20 bis 33
Staubdecken (Glas)	33 bis 54

[1] Siehe Ergänzungen im Erlaß FSen. Berlin v. 2. 8. 1967, StZBl. Bln. 1967, 809 (Anl. **17 a**).

d)[1] Sanitäre Einrichtungen und Warmwasserversorgung:

	DM je Stück
Wannenbäder	500 bis 800
Brausebäder	200 bis 400
Heißwasserspeicher je nach Größe	500 bis 1200

8. Gründungen außergewöhnlicher Art (DIN 277 Abschn. 1.48)

Der Zuschlag beträgt in der Regel 5 bis 10 v. H.

9. Wasserdruckhaltende Dichtungen (DIN 277 Abschn. 1.49)

Für wasserdruckhaltende Dichtungen (Isolierwannen) ist ein Zuschlag von 50 DM bis 80 DM je m² isolierter bebauter Fläche zu machen.

10. Rampen (in baulicher Verbindung mit dem Gebäude)

Der Zuschlag beträgt für

auskragende Rampen je m² Grundfläche	25 bis 40 DM
untermauerte Rampen je m² Grundfläche	33 bis 47 DM

Rampenüberdachungen werden mit den Preisen der Gebäudeklassen 2.7 und 2.8 angesetzt.

11.[1] Aufzugsanlagen

Der Zuschlag beträgt für
Personenaufzüge (einfache Ausführung im Mauerschacht)

für eine Nutzlast von	300 kg (4)	450 kg (6)	750 kg (10 Pers.)
	DM	DM	DM
bei 2 Haltestellen	17200	19900	25200
für jede weitere Haltestelle	1600	1600	1700

Bei Aufzügen in Glasschächten sind die vorstehenden Preise um 10 bis 15 v. H. zu erhöhen.

12. Gebäude mit übergroßen oder geringen bebauten Flächen

Bei übergroßen bebauten Flächen von Einzelgebäuden beträgt der Abschlag bei bebauten Flächen von

2001 bis 5000 m²	4 v. H.
5001 bis 10000 m²	6 v. H.
10001 bis 20000 m²	8 v. H.
20001 bis 30000 m²	10 v. H.
mehr als 30000 m²	12 v. H.

Bei Gebäuden mit bebauten Flächen von weniger als 50 m² ist je volle 5 m² Fläche, die 50 m² unterschreitet, ein Zuschlag von 5 v. H. zu machen.

Der Abschlag oder Zuschlag ist von einem Ausgangsbetrag vorzunehmen, bei dem die Abschläge und Zuschläge bis einschließlich Nummer 10 berücksichtigt sind.

[1] Siehe Ergänzungen im Erlaß FSen. Berlin v. 2. 8. 1967, StZBl. Bln. 1967, 809 (Anl. **17 a**).

Anlage 15
(Zu Abschnitt 38)

Gebäudeklasseneinteilung und Raummeterpreise 1958, umgerechnet auf den Hauptfeststellungszeitpunkt 1. Januar 1964, für bestimmte andere Geschäftsgrundstücke und für sonstige bebaute Grundstücke in bestimmten Fällen[1)]

Vorbemerkung

In den Raummeterpreisen und Quadratmeterpreisen sind alle Bestandteile und das Zubehör des Gebäudes erfaßt, soweit dafür keine besonderen Zuschläge zu machen sind. Für besondere bauliche Anlagen (z. B. Schwimmbecken im Gebäude) sind die Zuschläge nach den durchschnittlichen Herstellungskosten zu bemessen.

Die Merkmale für die Beurteilung der baulichen Ausstattung, von der die Anwendung der aufgeführten Raummeterpreise abhängt, ergeben sich aus der Anlage 13. Diese Tabelle ist auf die bei allen Gebäuden möglichen Merkmale eingerichtet. Soweit bei einzelnen Gebäudearten üblicherweise einzelne Merkmale nicht vorhanden sind, müssen diese bei der Eingruppierung außer Betracht gelassen werden. Maßgebend ist die im Durchschnitt zutreffende Güte der Ausstattung. Innerhalb des Rahmensatzes, der für diese Ausstattung gilt, richtet sich der Raummeterpreis nach der besseren oder geringeren Güte der Ausstattung im einzelnen Fall.

Die für das Gebäude anzusetzenden Raummeterpreise gelten auch für die Keller. Sind für das Gebäude unterschiedliche Raummeterpreise anzusetzen (DIN 277 Abschn. 1.36), so ist der niedrigste Preis maßgebend.

3. Hotelgrundstücke

Gebäudeklasse		Raummeterpreise
3.1	**Eingeschossige Gebäude**	DM
3.11	**Holzgebäude und Holzfachwerkgebäude**	
3.111	einfache Ausstattung	45.– bis 60.–
3.112	mittlere Ausstattung	60.– bis 80.–
3.113	gute Ausstattung	80.– bis 100.–
3.114	sehr gute Ausstattung	100.– bis 120.–
3.115	aufwendige Ausstattung	120.– bis 160.–
3.12	**Massivgebäude, Stahl- oder Stahlbetonskelettgebäude**	
3.121	einfache Ausstattung	65.– bis 85.–
3.122	mittlere Ausstattung	85.– bis 105.–
3.123	gute Ausstattung	105.– bis 145.–
3.124	sehr gute Ausstattung	145.– bis 190.–
3.125	aufwendige Ausstattung	190.– bis 215.–

[1)] Siehe Ergänzungen im Erlaß FSen. Berlin v. 2. 8. 1967, StZBl. Bln. 1967, 809 (Anl. **17 a**).

Gebäudeklasse		Raummeterpreise
3.2	**Mehrgeschossige Gebäude**	DM
3.21	**Holzgebäude und Holzfachwerkgebäude**	
3.211	einfache Ausstattung	55.– bis 70.–
3.212	mittlere Ausstattung	70.– bis 95.–
3.213	gute Ausstattung	95.– bis 130.–
3.214	sehr gute Ausstattung	130.– bis 175.–
3.215	aufwendige Ausstattung	175.– bis 200.–
3.22	**Massivgebäude, Stahl- oder Stahlbetonskelettgebäude**	
3.221	einfache Ausstattung	70.– bis 95.–
3.222	mittlere Ausstattung	95.– bis 115.–
3.223	gute Ausstattung	115.– bis 145.–
3.224	sehr gute Ausstattung	145.– bis 190.–
3.225	aufwendige Ausstattung	190.– bis 240.–
3.3.	**Nebengebäude (Garagen, Waschhäuser usw.)**	
3.31	einfache Ausstattung	25.– bis 40.–
3.32	mittlere Ausstattung	40.– bis 60.–
3.33	gute Ausstattung	60.– bis 80.–

4. Warenhäuser

Gebäudeklasse		Raummeterpreise
		DM
4.1	einfache Ausstattung	55.– bis 80.–
4.2	mittlere Ausstattung	80.– bis 105.–
4.3	gute Ausstattung	105.– bis 145.–
4.4	sehr gute Ausstattung	145.– bis 180.–
4.5	aufwendige Ausstattung	180.– bis 240.–

5. Lichtspielhäuser

Gebäudeklasse		Raummeterpreise
		DM
5.1	einfache Ausstattung	25.– bis 45.–
5.2	mittlere Ausstattung	45.– bis 65.–
5.3	gute Ausstattung	65.– bis 85.–
5.4	sehr gute Ausstattung	85.– bis 105.–
5.5	aufwendige Ausstattung	105.– bis 130.–

6. Sanatorien und Kliniken[1)]

	Gebäudeklasse	Raummeterpreise
		DM
6.1	einfache Ausstattung	65.– bis 85.–
6.2	mittlere Ausstattung	85.– bis 105.–
6.3	gute Ausstattung	105.– bis 130.–
6.4	sehr gute Ausstattung	130.– bis 175.–
6.5	aufwendige Ausstattung	175.– bis 215.–

7. Bank-, Versicherungs- und Verwaltungsgebäude

	Gebäudeklasse	Raummeterpreise
		DM
7.1	einfache Ausstattung	55.– bis 80.–
7.2	mittlere Ausstattung	80.– bis 120.–
7.3	gute Ausstattung	120.– bis 160.–
7.4	sehr gute Ausstattung	160.– bis 200.–
7.5	aufwendige Ausstattung	200.– bis 240.–

8. Tankstellengrundstücke und Garagengrundstücke

	Gebäudeklasse (Gebäudeart)	Raummeterpreise
		DM
8.1	**Tankwärterräume (einschl. Waschräume, Toiletten, Personalwohnräume)**	
8.11	einfache Ausstattung	45.– bis 65.–
8.12	mittlere Ausstattung	65.– bis 95.–
8.13	gute Ausstattung	95.– bis 120.–
8.14	sehr gute Ausstattung	120.– bis 130.–
8.15	aufwendige Ausstattung	130.– bis 175.–
8.2	**Wagenwasch- und Wagenpflegeräume, Werkstatträume, Lagerräume**	
8.21	einfache Ausstattung	30.– bis 45.–
8.22	mittlere Ausstattung	45.– bis 60.–
8.23	gute Ausstattung	60.– bis 80.–
8.3	**Garagen**	
8.31	einfache Ausstattung	25.– bis 40.–
8.32	mittlere Ausstattung	40.– bis 55.–
8.33	gute Ausstattung	55.– bis 65.–

1) Waschhäuser und Garagen sind mit den Preisen der Gebäudeklasse 3.3 zu bewerten. Für Schwesternheime gelten die Preise der Altersheime (vgl. unter 9).

Gebäudeklasse (Gebäudeart)		Raummeterpreise
		DM
8.4	**Übernachtungsräume und Restaurationsräume**	
8.41	einfache Ausstattung	60.– bis 80.–
8.42	mittlere Ausstattung	80.– bis 100.–
8.43	gute Ausstattung	100.– bis 120.–
8.44	sehr gute Ausstattung	120.– bis 160.–
8.45	aufwendige Ausstattung	160.– bis 200.–
8.5	**Parkhäuser (Hochgaragen)**	
8.51	einfache Ausstattung	40.– bis 60.–
8.52	mittlere Ausstattung	60,– bis 80.–
8.53	gute Ausstattung	80.– bis 105.–
8.6	**Parkhäuser (Tiefgaragen)**	
8.61	einfache Ausstattung	45.– bis 65.–
8.62	mittlere Ausstattung	65.– bis 95.–
8.63	gute Ausstattung	95.– bis 120.–
8.7	**Sammelgaragen**	
8.71	einfache Ausstattung	30.– bis 40.–
8.72	mittlere Ausstattung	40.– bis 60.–
8.73	gute Ausstattung	60.– bis 80.–

Gebäudeklasse (Gebäudeart)		Preise je m² überdachter Fläche
8.8	**Überdachungen**	DM
8.81	**Überdachungen mit eigenen Stützen**	
8.811	in Holzkonstruktion	81.–
8.812	in Stahl- oder Stahlbetonkonstruktion	94.50
8.82	**Überdachungen ohne eigene Stützen**	
8.821	in Holzkonstruktion bis 3 m auskragend	54.–
8.822	in Holzkonstruktion über 3 m auskragend	67.50
8.823	in Stahl- oder Stahlbetonkonstruktion bis 3 m auskragend	67.50
8.824	in Stahl- oder Stahlbetonkonstruktion über 3 m auskragend	89.–

9.[1] Andere Geschäftsgrundstücke und sonstige bebaute Grundstücke

Gebäudeklasse (Gebäudeart)		Raummeterpreise
		DM
9.11	**Altersheime, Pflegeheime**	
9.111	einfache Ausstattung	65.– bis 80.–
9.112	mittlere Ausstattung	80.– bis 95.–

[1] Siehe Ergänzungen im Erlaß FSen. Berlin v. 2. 8. 1967, StZBl. Bln. 1967, 809 (Anl. **17 a**).

Gebäudeklasse (Gebäudeart)		Raummeterpreise
		DM
9.113	gute Ausstattung	95.– bis 105.–
9.114	sehr gute Ausstattung	105.– bis 120.–
9.115	aufwendige Ausstattung	120.– bis 160.–
9.12	**Kinderheime, Ferienheime, Kindergärten**	
9.121	einfache Ausstattung	60.– bis 70.–
9.122	mittlere Ausstattung	70.– bis 85.–
9.123	gute Ausstattung	85.– bis 100.–
9.124	sehr gute Ausstattung	100.– bis 120.–
9.13	**Privatschulen**	
9.131	einfache Ausstattung	80.– bis 95.–
9.132	mittlere Ausstattung	95.– bis 105.–
9.133	gute Ausstattung	105.– bis 120.–
9.134	sehr gute Ausstattung	120.– bis 145.–
9.135	aufwendige Ausstattung	145.– bis 175.–
9.14	**Hallenbäder**	
9.141	einfache Ausstattung	95.– bis 105.–
9.142	mittlere Ausstattung	105.– bis 120.–
9.143	gute Ausstattung	120.– bis 130.–
9.144	sehr gute Ausstattung	130.– bis 175.–
9.145	aufwendige Ausstattung	175.– bis 200.–
9.15	**Badehäuser**	
9.151	einfache Ausstattung	55.– bis 70.–
9.152	mittlere Ausstattung	70.– bis 95.–
9.153	gute Ausstattung	95.– bis 120.–
9.154	sehr gute Ausstattung	120.– bis 145.–
9.155	aufwendige Ausstattung	145.– bis 190.–
9.21	**Markthallen, Messehallen und dgl.**	
9.211	einfache Ausstattung	40.– bis 55.–
9.212	mittlere Ausstattung	55.– bis 65.–
9.213	gute Ausstattung	65.– bis 80.–
9.214	sehr gute Ausstattung	80.– bis 105.–
9.215	aufwendige Ausstattung	105.– bis 130.–
9.22	**Trinkhallen**	
9.221	einfache Ausstattung	65.– bis 85.–
9.222	mittlere Ausstattung	85.– bis 105.–
9.223	gute Ausstattung	105.– bis 120.–
9.224	sehr gute Ausstattung	120.– bis 145.–
9.225	aufwendige Ausstattung	145.– bis 175.–
9.23	**Verkaufsstände bis 30 m^2**	
9.231	einfache Ausstattung	105.– bis 130.–
9.232	mittlere Ausstattung	130.– bis 175.–
9.233	gute Ausstattung	175.– bis 200.–

Gebäudeklasse (Gebäudeart)		Raummeterpreise
		DM
9.234	sehr gute Ausstattung	200.– bis 240.–
9.235	aufwendige Ausstattung	240.– bis 300.–
9.24	**Verkaufsstände über 30 m²**	
9.241	einfache Ausstattung	80.– bis 105.–
9.242	mittlere Ausstattung	105.– bis 130.–
9.243	gute Ausstattung	130.– bis 160.–
9.244	sehr gute Ausstattung	160.– bis 190.–
9.245	aufwendige Ausstattung	190.– bis 215.–
9.25	**Kühlhäuser**[1]	
9.251	einfache Ausstattung	30.– bis 45.–
9.252	mittlere Ausstattung	45.– bis 65.–
9.253	gute Ausstattung	65.– bis 95.–
9.26	**Trockenhäuser**	
9.261	einfache Ausstattung	25.– bis 40.–
9.262	mittlere Ausstattung	40.– bis 55.–
9.263	gute Ausstattung	55.– bis 80.–
9.27	**Transformatorenhäuser**	
9.271	einfache Ausstattung	40.– bis 55.–
9.272	mittlere Ausstattung	55.– bis 65.–
9.273	gute Ausstattung	65.– bis 80.–
9.274	sehr gute Ausstattung	80.– bis 120.–

Erhöhung des Raummeterpreises

1. Hochhäuser

Liegt der Fußboden mindestens eines Geschosses mehr als 22 m über dem Gelände, so ist für jeden weiteren vollen Meter zu den Raummeterpreisen aller Geschosse (einschließlich Kellergeschoß) ein Zuschlag von 0,5 v.H. zu machen. Maßgebend ist der Unterschied zwischen 22 m und Oberkante Decke des obersten Vollgeschosses. Der Zuschlag ist nur auf den als Hochhaus errichteten Teil des Gebäudes anzuwenden.

[1] In den Preisen sind die Kosten für die Kälteisolierungen nicht enthalten.

Erhöhungen und Ermäßigungen des errechneten Wertes

2. Aufzugsanlagen[1]

Der Zuschlag beträgt:

a) für Personenaufzüge (einfache Ausführung im Mauerschacht)

für eine Nutzlast von	300 kg (4)	450 kg (6)	750 kg (10 Pers.)
	DM	DM	DM
bei 2 Haltestellen	17200	19900	25200
für jede weitere Haltestelle	1600	1600	1700

Bei Aufzügen in Glasschächten sind die vorstehenden Preise um 10 bis 15 v.H. zu erhöhen.

b) für Lastenaufzüge (soweit nicht Betriebsvorrichtungen)

für eine Nutzlast von	500 kg	1000 kg	1500 kg	2000 kg	3000 kg
	DM	DM	DM	DM	DM
bei 2 Haltestellen	9700	12200	14300	18400	22800
für jede weitere Haltestelle	1000	1200	1200	1300	1400

c) für Paternoster

bei 7 Geschossen 80000 DM

für jedes weitere Geschoß 6700 DM

d) für Rolltreppen

je Geschoßtreppenlauf der einzelnen Rolltreppe 54000 DM

3. Gründungen außergewöhnlicher Art (DIN 277 Abschn. 1.48)

Der Zuschlag beträgt in der Regel 5 bis 10 v.H.

4. Wasserdruckhaltende Dichtungen (DIN 277 Abschn. 1.49)

Für wasserdruckhaltende Dichtungen (Isolierungen) ist ein Zuschlag von 50 DM bis 80 DM je m^2 isolierter bebauter Fläche zu machen.

5. Gebäude mit übergroßen oder geringen bebauten Flächen

Bei übergroßen bebauten Flächen von Einzelgebäuden beträgt der Abschlag bei bebauten Flächen von

2001 bis 5000 m^2	4 v.H.
5001 bis 10000 m^2	6 v.H.
10001 bis 20000 m^2	8 v.H.
20001 bis 30000 m^2	10 v.H.
mehr als 30000 m^2	12 v.H.

Bei Gebäuden mit bebauten Flächen von weniger als 50 m^2 ist für je volle 5 m^2 Fläche, die 50 m^2 unterschreitet, ein Zuschlag von 5 v.H. zu machen.

Der Abschlag oder Zuschlag ist von dem ggf. nach den Nummern 3 und 4 erhöhten Wert zu berechnen.

---

[1] Siehe Ergänzung im Erlaß FSen. Berlin v. 2. 8. 1967, StZBl. Bln. 1967, 809 (Anl. **17a**).

Anlage 16
(Zu Abschnitt 38 Abs. 4)

Bauteil-Preistabelle
für die im Sachwertverfahren zu bewertenden Einfamilienhäuser und Zweifamilienhäuser[1)]

(zugleich Berechnungsbogen zur Ermittlung des Raummeterpreises auf den Hauptfeststellungszeitpunkt 1. Januar 1964)

Bauteil bzw. Handwerkszweig	Ausführungsarten					anzusetzen
1	2	3	4	5	6	7
1. Dach mit Dachentwässerung und Isolierungen	Holzdach mit Wellplatten; Flachdach (Brettbinder) mit Pappe 8.40 – 12.60 DM	Deckung aus Ziegel, Biberschwänzen und dgl.; Massivflachdach mit Pappe 12.60 – 16.80 DM	Deckung aus Schiefer; Massivflachdach mit Korkisolierung; Zinkdeckung 16.80 – 1.00 DM	Massivflachdach mit mehreren Isolierungen; Kupferdeckung 21.00 – 25.20 DM	Steildach mit Kupferdeckung, Holzschindeln und ähnl. 25.20 – 29.40 DM	. . . . DM
2. Fassadenausführung	Glatt-, Spritz- u. Kratzputz mit Klinkersockel 4.20 – 6.30 DM	Edelputz mit Klinkersockel; Fensterumrahmung aus Kunststein 6.30 – 8.40 DM	Verblendung mit Hartbrandstein bzw. einfachen Klinkern; Fensterumrahmung aus Naturstein 8.40 – 11.20 DM	Verblendung aus besonderen Klinkern bzw. Kunststeinplatten 11.20 – 14.00 DM	Natursteinverblendung 14.00 – 15.80 DM	. . . . DM
3. Außenmauerwerk	Schwemmsteine, Blocksteine, Kalksandsteine 16.80 – 19.60 DM	wie vor, jedoch teilweise Ziegelmauerwerk 19.60 – 22.40 DM	Ziegelmauerwerk bis 24 cm 22.40 – 25.20 DM	Ziegelmauerwerk über 24 cm und Natursteine 25.20 – 30.80 DM		. . . . DM
4. Innenmauerwerk einschl. Putz	Schwemmsteine, Blocksteine, Kalksandsteine; einfacher Putz 12.60 – 15.40 DM	Kalksandsteine, Ziegelsteine; besserer Putz 15.40 – 18.20 DM	Ziegelsteine; Putz mit Gipsüberzug 18.20 – 21.00 DM	Ziegelsteine in der Hauptsache 24 cm; Gipsputz 21.00 – 22.40 DM		. . . . DM

[1)] Siehe Ergänzung im Erlaß FSen. Berlin v. 2. 8. 1967, StZBl. Bln. 1967, 809 (Anl. **17 a**).

Bauteil bzw. Handwerkszweig	Ausführungsarten					anzusetzen
1	2	3	4	5	6	7
5. Decken einschl. Deckenputz	Hohlkörperdecke, Holzbalkendecke; einfacher Putz 12.60 – 18.20 DM	Beton oder Stahlbetondecke; einfacher Putz u. wenig Stuck 14.00 – 19.60 DM	wie vor, jedoch Stuckanwendung in mehreren Räumen 16.80 – 22.40 DM	wie vor, jedoch besondere Schallschluckdecke in 1–2 Räumen 22.40 – 28.00 DM		. . . . DM
6. Treppen	Weichholztreppe; Massivtreppe mit Kunststoffbelag 0.70 – 2.10 DM	Hartholztreppe; Kunststeintreppe 2.10 – 2.80 DM	Treppe aus ausländischen Hölzern; Kunststeintreppe mit Naturstein 2.80 – 4.90 DM	Natursteintreppe 4.90 – 8.40 DM		. . . . DM
7. Fußbodenbelag ohne Fliesen	Dielen, Linoleum, Kunststoffbeläge, Kleinparkett 2.10 – 5.60 DM	Kleinparkett bzw. Parkett; bessere Kunststoffbeläge 5.60 – 8.40 DM	Parkett bzw. Gummi; beste Kunststoffbeläge 8.40 – 11.20 DM	besseres Parkett (Rauchparkett); teilweise Natursteinplatten 11.20 – 14.00 DM	Marmorböden, Nylon- oder Perlonbespannungen 14.00 – 16.80 DM	. . . . DM
8. Fenster einschl. Verglasung und Beschlag	Einfache und Doppelfenster bzw. Verbundfenster mit einfachen Beschlägen u. einf. Verglasung bis 2,00 m² 2.80 – 5.60 DM	wie vor, jedoch größere Fensterflächen einschl. Stahlfenster mit besseren Beschlägen bis 4,00 m² 4.20 – 7.00 DM	Fenster in besserer Ausführung mit Isolierglas 7.00 – 9.80 DM	Fenster in großer Ausführung über 4,00 m² 9.80 – 14.00 DM	Fenster wie vor, jedoch teilweise versenkbar 14.00 – 22.40 DM	. . . . DM
9. Türen	Sperrholz oder einfache Füllungstüren 2.10 – 3.50 DM	Sperrholztüren, teilweise Schiebetüren 3.50 – 5.60 DM	Eichenholztüren, Sperrholztüren in Edelholz mit guten Beschlägen 5.60 – 7.70 DM	Edelholztüren, größere Anzahl mit guten Beschlägen 7.70 – 9.80 DM	Edelholztüren und Harmonikatüren bester Ausführung 9.80 – 12.60 DM	. . . . DM

Bauteil bzw. Handwerkszweig	Ausführungsarten					anzusetzen
1	2	3	4	5	6	7
10. Sanitäre Installation ohne Fliesen	Bad, Waschbecken in normaler Ausführung 2.80 – 5.60 DM	Bad mit Wanne und Dusche, 1–2 WC, Handwaschbecken, bes. Warmwasserbereiter 5.60 – 8.40 DM	wie vor, jedoch bessere Objekte, teilweise farbig und groß 8.40 – 11.20 DM	2 Bäder, 1–2 Duschen, 2–3 WC in guter Ausführung 11.20 – 14.00 DM	wie vor, jedoch 2–4 Bäder, mehrere WC, Waschbecken in mehreren Räumen 14.00 – 16.80 DM	. . . . DM
11. Elektr. Installation	Anlage in normaler Ausführung 1.40 – 2.80 DM	Ausführung reichhaltiger, z.B. mehrere Steckdosen, Schalter in allen Räumen, Kraftanschluß 2.80 – 4.20 DM	darüber hinausgehende aufwendige elektr. Ausstattung, z.B. Sprechanlage, Heißwasserspeicher 4.20 – 5.60 DM	wie vor, jedoch mit Haustelefon, Sicherungsanlage usw. 5.60 – 8.40 DM		. . . . DM
12. Heizung	Warmluftheizung moderner Ausführung, Sammelheizung mit festen Brennstoffen 8.40 – 9.80 DM	Sammelheizung mit Ölfeuerung 9.80 – 12.60 DM	wie vor, jedoch mit Warmwasserversorgung und Isolierung 12.60 – 16.80 DM	wie vor, in 1 Raum Fußboden- oder Deckenstrahlungsheizung 16.80 – 21.00 DM	in mehreren Räumen Heizung wie vor 21.00 – 25.20 DM	. . . . DM
13. Anstriche und Tapeten	Öl- oder Kunstharzanstriche; einfache bis mittlere Tapeten 2.10 – 2.80 DM	wie vor, jedoch bessere Tapeten 3.50 – 5.60 DM	Türen in Schleiflack; beste Tapeten, z.B. Lincrusta usw. 5.60 – 8.40 DM	Ausführung wie vor, jedoch Anstrich von Vertäfelungen und Einbaumöbeln in geringem Umfang 8.40 – 11.20 DM	Ausführung wie vor, jedoch Kunstleder- oder Seidentapeten in 1–2 Räumen; Anstrich von mehreren Einbaumöbeln 11.20 – 16.80 DM	. . . . DM

Bauteil bzw. Handwerkszweig	Ausführungsarten					anzusetzen
1	2	3	4	5	6	7
14. Schmiede- und Schlosserarbeiten	Gitter und Stahltüren in geringem Umfang. Einfaches Treppengeländer 0.40 – 1.40 DM	Mehrere Vergitterungen, Stahltüren größerer Ausmaße 1.10 – 2.10 DM	schmiedeeiserne Gitter und Verzierungen, sonst wie vor 2.10 – 4.20 DM	Gitter und Treppengeländer in guter Ausführung, teilweise Messing 4.20 – 7.00 DM	Gitter und Treppengeländer in künstlerischer Gestaltung 7.00 – 11.20 DM	. . . . DM
15. Wand- und Bodenfliesen in Küche, Bad, WC	Küche, Bad (Einbauwanne), Toilette, Installationswände gefliest; Bodenplatten 1.40 – 3.50 DM	Wand- und Bodenplatten auf größeren Flächen, tlw. Natursteinplatten 3.50 – 5.60 DM	wie vor, jedoch bessere Qualität, z.B. farbig oder Mosaikboden 5.60 – 7.70 DM	Wand- und Bodenplatten in Mosaik (tlw. italienisch); Wände ganz gefliest 7.00 – 9.80 DM	wie vor, jedoch in 1 Raum Marmorplatten oder japanische Mosaikplatten 9.80 – 16.80 DM	. . . . DM
16. Wandbekleidung, Deckenvertäfelung, Heizkörperverkleidung	Heizkörperverkleidung in 1–2 Räumen; geringe Wand- bzw. Deckenvertäfelungen einfacher Art einschl. Schallschluckdecken 0.70 – 2.80 DM	wie vor, jedoch größere Flächen in einfacher Ausführung 2.80 – 5.60 DM	Ausführung in besserer Qualität und große Flächen 4.90 – 7.00 DM	Vertäfelungen ganzer Räume, teilweise mit ausländischen Hölzern 7.00 – 11.20 DM		. . . . DM
17. Einbaumöbel	Einbauküche, geringe Anzahl von Einbauschränken 1.40 – 2.80 DM	größere Anzahl von Einbaumöbeln 2.80 – 5.60 DM	Einbaumöbel in Edelholz 5.60 – 8.40 DM	mehrere Zimmer mit Einbaumöbeln in Edelholz 8.40 – 12.60 DM	Einbaumöbel in fast allen Räumen 12.60 – 16.80 DM	. . . . DM

Bauteil bzw. Handwerkszweig	Ausführungsarten					anzusetzen
1	2	3	4	5	6	7
18. Fensterläden, Rolläden, Jalousien	Fensterläden und Rolläden in geringer Anzahl 1.40 – 2.80 DM	desgl. in größerer Anzahl 2.80 – 4.20 DM	Rolläden mit elektr. Winde und Sonnenjalousien 4.20 – 8.40 DM			. . . . DM
19. Sonstige Ausstattung, Blumenfenster, Fensterbänke, Balkone	kleine Blumenfenster, Balkone, Vordächer, Fensterbänke, Solnhofener Platten 1.40 – 2.80 DM	größere Blumenfenster, Balkone usw., Fensterbänke, Naturstein je nach Ausführung 2.80 – 8.40 DM				. . . . DM
20. Kellerausbau	gering, ohne bes. Aufwand 5 v. H.	mehrere Räume ausgebaut als Wohnräume oder gut ausgestattete Bar u. dgl. 10 v. H.	Ausbau bis 10/10 bis 20 v. H.			. . . . DM
					Summe:	. . . . DM
					Raummeterpreis (abger.)	. . . . DM

Erhöhungen des nach dem Raummeterpreis errechneten Werts

Die Zuschläge betragen je nach Ausführung

a) für jeden Kamin 420 bis 1600 DM

b) für Schwimmbecken im Gebäude je m^2 420 bis 1400 DM

Nebengebäude

Garagen 50 bis 80 DM je m^3

Stallgebäude 20 bis 40 DM je m^3

Treibhäuser 80 bis 120 DM je m^2 überd. Fläche

Anlage 17[1]
(Zu Abschnitt 45)

Durchschnittspreise 1958, umgerechnet auf den Hauptfeststellungszeitpunkt 1. Januar 1964, für einzelne Außenanlagen[1]

Einfriedungen		Höhe bis 1 m	Höhe bis 2 m	Höhe bis 3 m
		DM	DM	DM
Waldlattenzaun	je lfdm.	9,–	–	–
Maschendrahtzaun mit Beton- oder Stahlpfosten	je lfdm.	6,50 bis 12,–	10,– bis 16,–	13,– bis 19,–
Wellendrahtgitter mit Beton- oder Stahlpfosten	je lfdm.	16,– bis 20,–	19,– bis 22,–	21,– bis 27,–
Zaun aus gehobelten Brettern	je lfdm.	10,– bis 13,–	12,– bis 16,–	14,50 bis 19,–
Plattenwände, geputzt	je lfdm.	16,50	24,–	32,–
Einfriedungsmauer aus Ziegelstein, 11,5 cm stark	je lfdm.	28,–	44,50	56,50
Einfriedungsmauer aus Ziegelstein, 24 cm stark	je lfdm.	40,–	60,–	70,–
Einfriedungsmauer aus Ziegelstein, 36,5 cm stark	je lfdm.	56,50	85,–	115,–
Holzzaun auf massivem Sockel	je lfdm.	29,50	37,50	43,–
Stahlgitter auf massivem Sockel	je lfdm.	37,50	48,50	55,–
Einfriedungsmauer aus Beton, Kunststein und dgl.	je lfdm.	30,–	55,–	65,–
Einfriedungsmauer aus Naturstein mit Abdeckplatten	je lfdm.	80,–	105,–	130,–

Tore, Türen		DM
aus Holz	je m²	30 bis 80
aus Stahl	je m²	55 bis 120

[1] Siehe Ergänzungen im Erlaß FSen. Berlin v. 2. 8. 1967, StZBl. Bln. 1967, 809 (Anl. **17 a**).

Wege- und Platzbefestigungen

		DM
Wassergebundene, leichte Decke auf leichter Packlage	je m^2	6 bis 10
Zementplattenbelag	je m^2	13 bis 24
sonstiger Plattenbelag	je m^2	16 bis 27
Asphalt-, Teereinstreu-, Beton- oder ähnliche Decke auf Pack- oder Kieslage	je m^2	13 bis 19
Kopfstein- oder Kleinsteinpflaster	je m^2	21 bis 27
Wege mit Bruchsteinplattenbelag mit Unterbeton	je m^2	20 bis 24
Freitreppen	je lfdm. Stufe	20 bis 40

Be- und Entwässerungsanlagen
(nur Anhaltspunkte)

Wasseranschluß ohne Gräben	je lfdm.	9 bis 17
Wasseranschluß mit Gräben	je lfdm.	30 bis 65
Entwässerungsleitungen	je lfdm.	40 bis 80

Rampen

(freistehend, ohne bauliche Verbindung mit einem Gebäude, sofern sie zum Grundstück rechnen)	je m^2 Grundfläche	40,–

Stützmauern

je m^2 vordere Ansichtsfläche
(die Kosten der Fundamente sind eingerechnet)

aus Beton	40,–
aus Bruchstein in Mörtel oder als Trockenmauerwerk	55,–
aus Werkstein in Schichtenmauerwerk	105,–

Schwimmbecken

je m^2 und je nach Ausführung	80 bis 350

Anlage 17 a

Erlaß betr. Ergänzung und Untergliederung der in den Anlagen 14 bis 17 BewRGr angegebenen Preise

Vom 2. August 1967 (StZBl. Bln. 1967 S. 809)

(FSen. Berlin III D 12 – S 3014 – 1/67)

Zur Erzielung einer gleichmäßigen Bewertung der Sachwertgrundstücke werden die in den Anlagen 14 bis 17 BewRGr angegebenen Preise wie folgt ergänzt und untergliedert:

Zu Anlage 14 – Teil A – BewRGr

Zu Nr. 4 Aufzugsanlagen

Der Zuschlag beträgt

a) für Personenaufzüge (einfache Ausführung im Mauerschacht)

für eine Nutzlast von	1025 kg	1650 kg	2250 kg
(Personen)	(15)	(22)	(30)
bei 2 Haltestellen	40000 DM	50000 DM	75000 DM
für jede weitere Haltestelle	2500 DM	2500 DM	3000 DM

c) für Paternoster bei 7 Geschossen 80000 DM. Bei Gebäuden mit weniger als 7 Geschossen ist dieser Zuschlag für jedes fehlende Geschoß um 6700 DM zu ermäßigen.

Zu Anlage 14 – Teil B – BewRGr

Zu Gebäudeklasse 2.12

Die Raummeterpreise gelten auch für Untertunnelungen.

Zu Nr. 7 a bessere Fußböden

	DM/m²
Kunstharz- und Spachtelböden mit hoher Festigkeit; Asphaltplatten, Linoleum	10–12
Linoleum besonderer Stärke	13–15
Dielung (besonderer Qualität wie Redpine, Pitchpine)	20–24
PVC-Fußböden auf schwimmendem Estrich	18–23
Gummibelag	22–27
Klinkerflachschicht	15
Industrieestrich	13
Terrazzo	16–18
Steinzeugfliesen	18–20
Kunststeinplatten	25
Solnhofener Platten, Mosaikboden	25–30
Stahlplattenbelag, 5 mm stark (soweit nicht Betriebsvorrichtung)	60

	DM/m²
Holzpflaster je nach Stärke und Qualität	13–27
Parkettböden	16–32
davon: Kleinparkett	16–22
normales Parkett je nach Holzart	20–32

Zu Nr. 7 b Wandverkleidungen

Wandplattenbelag	24–40
davon: Elfenbeinfliesen, Industriefliesen	24–28
farbige Fliesen, säurefeste Fliesen	30–36
Mosaikverkleidungen	36–40
Einfache Holzverkleidung je nach Holzqualität	20–33
Holzvertäfelung je nach Holzqualität	ab 40
davon: Eiche, Ahorn, Rüster	bis 70
ausländische Hölzer (z.B. Teak, Palisander)	ab 70
Schalldämmende Platten	13–20
davon: Langloch-, Langschlitz-, Kreuzschlitzplatten	15–18
geschlitzte Spanplatten (furniert)	20

Zu Nr. 7 c Deckenverkleidungen

Schalldämmende Platten	20–33
davon: Loch-, Langschlitz-, Kreuzschlitzplatten	22
geschlitzte Spanplatten (furniert)	30
Staubdecken je nach Konstruktion u. Glasart	33–54

Zu Nr. 7 d Heißwasserspeicher

Der in den Richtlinien angegebene Zuschlag für Heißwasserspeicher von 500 bis 1200 DM je nach Größe gilt nicht für kleinere Heißwasserspeicher (10 Liter) und Kochendwasser-Automaten (5 Liter-Durchlauferhitzer). Sind in einem Gebäude 10 und mehr kleine Heißwasserspeicher vorhanden, so ist für jeden Kleinspeicher ein Zuschlag von 100 DM vorzunehmen.

Zu Nr. 11 Aufzugsanlagen

Der Zuschlag beträgt
für Personenaufzüge (einfache Ausführung im Mauerschacht)

für eine Nutzlast von	1025 kg	1650 kg	2250 kg
(Personen)	(15)	(22)	(30)
bei 2 Haltestellen	40000 DM	50000 DM	75000 DM
für jede weitere Haltestelle	2500 DM	2500 DM	3000 DM

Zuschlag wegen besserer Außenausstattung
(Vorbemerkung Abs. 2)

	DM/m²
Kunststeinplattenverkleidung	30–35
Spaltklinker	30–38
Spaltklinkerriemchen	40–45

	DM/m²
Klinkerverblendung	40–50
Mosaikverkleidung	50–55
Natursteinverkleidung (auch Marmor)	70–95
Glasbausteinwände	75–110
Isolierverglasung	80–100

Besonders zu berechnende Bauteile

(Abschn. 39 Abs. 1 BewRGr)	DM/m³
Größere Dachlaternenaufbauten	15–30
Dachaufbauten mit Ansichtsflächen über 5 m²	20–40
	DM/m²
Lichtkuppeln je nach Ausführung und Größe	200–350

Zu Anlage 15 BewRGr

Andere Geschäftsgrundstücke und sonstige bebaute Grundstücke

Gebäudeklasse (Gebäudeart)	Raummeterpreise DM
Vergnügungsstätten, Gaststätten[1]	
Eingeschossige Gebäude	
Holzgebäude und Holzfachwerkgebäude	
einfache Ausstattung	45–60
mittlere Ausstattung	60–80
gute Ausstattung	80–110
sehr gute Ausstattung	110–140
aufwendige Ausstattung	140–170
Massivgebäude, Stahl- oder Stahlbetonskelettgebäude	
einfache Ausstattung	55–75
mittlere Ausstattung	75–100
gute Ausstattung	100–135
sehr gute Ausstattung	135–175
aufwendige Ausstattung	175–210
Mehrgeschossige Gebäude	
Holzgebäude und Holzfachwerkgebäude	
einfache Ausstattung	50–70
mittlere Ausstattung	70–90
gute Ausstattung	90–130
sehr gute Ausstattung	130–170
aufwendige Ausstattung	170–200

[1] Nebengebäude (z. B. Garagen) sind mit den Preisen der Gebäudeklasse 3.3 zu bewerten.

Gebäudeklasse (Gebäudeart)	Raummeterpreise DM
Massivgebäude, Stahl- oder Stahlbetonskelettgebäude	
einfache Ausstattung	60–80
mittlere Ausstattung	80–110
gute Ausstattung	110–140
sehr gute Ausstattung	140–180
aufwendige Ausstattung	180–220
Saalbauten als Hauptgebäude[1]	
Holzgebäude und Holzfachwerkgebäude	
einfache Ausstattung	30–40
mittlere Ausstattung	40–60
gute Ausstattung	60–75
sehr gute Ausstattung	75–90
aufwendige Ausstattung	90–110
Massivgebäude, Stahl- oder Stahlbetonskelettgebäude	
einfache Ausstattung	35–45
mittlere Ausstattung	45–70
gute Ausstattung	70–85
sehr gute Ausstattung	85–100
aufwendige Ausstattung	100–130
Theatergebäude[1]	
einfache Ausstattung	85–105
mittlere Ausstattung	105–130
gute Ausstattung	130–155
sehr gute Ausstattung	155–180
aufwendige Ausstattung	180–220
Klub- und Vereinshäuser	
einfache Ausstattung	65–80
mittlere Ausstattung	80–95
gute Ausstattung	95–105
sehr gute Ausstattung	105–120
aufwendige Ausstattung	120–160
Bootshäuser	
Holzgebäude und Holzfachwerkgebäude	
einfache Ausstattung	25–40
mittlere Ausstattung	40–55
gute Ausstattung	55–80
Massivgebäude, Stahl- oder Stahlbetonskelettgebäude	
einfache Ausstattung	30–45
mittlere Ausstattung	45–65
gute Ausstattung	65–95

[1] Nebengebäude (z. B. Garagen) sind mit den Preisen der Gebäudeklasse 3.3 zu bewerten.

Gebäudeklasse (Gebäudeart)	Raummeterpreise DM
Wochenendhäuser	
einfache Ausstattung	30–50
mittlere Ausstattung	50–70
gute Ausstattung	70–100
sehr gute Ausstattung	100–140
aufwendige Ausstattung	140–180

Zu Nr. 2 Aufzugsanlagen

Der Zuschlag beträgt

a) für Personenaufzüge (einfache Ausführung im Mauerschacht)

für eine Nutzlast von	1025 kg	1650 kg	2250 kg
(Personen)	(15)	(22)	(30)
bei 2 Haltestellen	40000 DM	50000 DM	75000 DM
für jede weitere Haltestelle	2500 DM	2500 DM	3000 DM

c) für Paternoster bei 7 Geschossen 80000 DM. Bei Gebäuden mit weniger als 7 Geschossen ist dieser Zuschlag für jedes fehlende Geschoß um 6700 DM zu ermäßigen.

Zu Anlage 16 BewRGr

Bei Holzgebäuden und Holzfachwerkgebäuden ist für Außen- und Innenmauerwerk stets der unterste Rahmensatz der Spalte 2 anzusetzen.

Zu Anlage 17 BewRGr

	DM/m²
1. Aufwendige Gartengestaltung	5–20
2. Tennisplätze mittlerer Ausführung ggf. pro Spielfeld (800 m²)	12–14 rd. 10000 DM
3. Brückenbauten auf bebauten Grundstücken für mittlere Spannweiten	1000–3000 Fahrbahnfläche

Zu Abschnitt 45 Abs. 2 BewRGr

Lebensdauer in Jahren und jährliche Wertminderung in v. H. für Außenanlagen

	Lebensdauer in Jahren	Jährliche Wertminderung in v. H.
Für aufwendige Gartengestaltung	10	10
Für Tennisplätze mittlerer Ausführung	10	10
Für Brückenbauten auf bebauten Grundstücken für mittlere Spannweiten	50–100	2–1

Anlage 18

Einheitswertfeststellung des Grundvermögens im Beitrittsgebiet

Redaktionelle Zusammenstellung der Rechtsgrundlagen und Verwaltungsanweisungen

Stand: 1. 3. 2021

I. Gesetze und Verordnungen

1. Bewertungsgesetz (BewG) i.d.F. der Bek. vom 1. 2. 1991, BGBl. I 1991, 230 (§§ 129–133)
2. Bewertungsgesetz der Deutschen Demokratischen Republik (BewG-DDR) i.d.F. vom 18. 9. 1970, GBl. Sonderdruck Nr. 678 (§§ 10, 11, 50, 51, 52, 53)
3. Durchführungsverordnung zum Reichsbewertungsgesetz (RBewDV) vom 2. 2. 1935, RGBl. I 1935, 81 (§§ 3a, 32, 33, 33a, 34, 35, 36, 37, 39, 40, 42, 43, 44, 45, 46)
4. Acht Verordnungen der ehemaligen Landesfinanzämter (Berlin, Brandenburg, Magdeburg, Nordmark, Schlesien, Stettin, Thüringen und Dresden/Leipzig) über die Bewertung bebauter Grundstücke vom 17. 12. 1934, RMBl. 1934, 785 ff.

II. Gleichlautende Ländererlasse

Datum	Regelungsinhalt, Fundstelle
20. 11. 1990 geändert 21. 4. 1992	Verfahrensrechtliche Anweisungen zur Bewertung des Grundvermögens und der Betriebsgrundstücke sowie zur Festsetzung der Grundsteuer; Bewertungsverfahren für bebaute und unbebaute Grundstücke (BStBl. I 1990, 827 und BStBl. I 1992, 371)
6. 11. 1991 geändert 22. 7. 1994 u. 17. 12. 2008	Bewertung von Einfamilienhäusern (BStBl. I 1991, 968, BStBl. I 1994, 499 und BStBl. I 2009, 342)
8. 9. 1992	Bewertung von Grundstücken mit Bank-, Versicherungs-, Verwaltungs- und Bürogebäuden sowie Hotelgebäuden und vergleichbaren Gebäuden (BStBl. I 1992, 572)
9. 11. 1992	Bewertung von Tankstellengrundstücken (BStBl. I 1992, 712)

Datum	Regelungsinhalt, Fundstelle
23. 11. 1992	Abgrenzung der wirtschaftlichen Einheit bei Einfamilienhäusern mit räumlich getrennt liegenden Garagengrundstücken (BStBl. I 1992, 724)
24. 11. 1992	Bewertung von Garagengrundstücken (BStBl. I 1992, 725)
19. 1. 1993	Bewertung von Mietwohngrundstücken und gemischtgenutzten Grundstücken (BStBl. I 1993, 173)
21. 5. 1993 geändert 20. 5. 1996	Bewertung von Fabrikgrundstücken, Lagerhausgrundstücken, Grundstücken mit Werkstätten und vergleichbaren Gebäuden (Gewerbegrundstücke) (BStBl. I 1993, 467 und BStBl. I 1996, 1118)
25. 6. 1993 geändert 16. 2. 2011	Bewertung von Warenhausgrundstücken, Einkaufszentren sowie Grundstücken mit Großmärkten, SB-Märkten und Verbrauchermärkten und mit Messehallen (BStBl. I 1993, 528 und BStBl. I 2011, 283)
22. 12. 1993	Abgrenzung des Grundvermögens von land- und forstwirtschaftlichen Vermögen (BStBl. I 1994, 96)
21. 7. 1994	Bewertung von übrigen Geschäftsgrundstücken und sonstigen bebauten Grundstücken (BStBl. I 1994, 480)
25. 7. 1994	Abgrenzung, Entstehung und Grundstückshauptgruppe der wirtschaftlichen Einheit „Wohnungs- und Teileigentum" (BStBl. I 1994, 502)
7. 3. 1995	Bewertung von Grundstücken mit aufstehenden Gebäuden, die dem Verfall preisgegeben sind (BStBl. I 1995, 247)
11. 2. 1998	Berücksichtigung von Bodenverunreinigungen bei der Einheitsbewertung des Grundvermögens und der Betriebsgrundstücke (abgedruckt im Veranlagungshandbuch „Erbschaftsteuer und Bewertung")

6. Grundsteuer-Richtlinien 1978 (GrStR 1978)

Vom 9. Dezember 1978 (BStBl. I S. 553)

Inhaltsübersicht

[1] Die Grundsteuer-Richtlinien 1978 behandeln Zweifelsfragen und Auslegungsfragen von allgemeiner Bedeutung, um eine einheitliche Anwendung des Grundsteuerrechts durch die Verwaltungsbehörden sicherzustellen. [2] Sie geben außerdem Anweisungen, wie aus Gründen der Verwaltungsvereinfachung in bestimmten Fällen verfahren werden soll. [3] Sie gelten erstmals für die Grundsteuer des Kalenderjahrs 1978. [4] Verwaltungsanweisungen, die mit den Grundsteuer-Richtlinien 1978 in Widerspruch stehen, sind nicht mehr anzuwenden.

Zu §§ 1, 2 GrStG

1.[1)·2)·3)·4)] Steuerberechtigung

[1] Die Berechtigung zur Erhebung der Grundsteuer steht den Gemeinden zu (§ 1 GrStG). [2] In den Ländern Berlin und Hamburg, in denen keine Gemeinden bestehen, steht die Berechtigung dem Land zu. [3] In der Festsetzung des

---

[1)] Zur Verfassungsmäßigkeit des GrStG vgl. VGH Ba-Wü v. 27. 6. 2005, DStRE 2005, 1224; Vb. nicht zur Entscheidung angenommen durch BVerfG v. 21. 6. 2006 1 BvR 1644/05, BFH/NV 2006 Beil. 10/2006, 505; ebenso Vb. 1 BvR 2531/06 gegen BFH v. 12. 10. 2005 II B 36/05, BFH/NV 2006, 369; ebenso Vb. 1 BvR 311/06 gegen BVerwG v. 8. 11. 2005 10 B 45.05, ZKF 2006, 213.

[2)] Die Frage der Vereinbarkeit der Erhebung von Grundsteuern mit Art 14 GG ist hinreichend geklärt; vgl. BFH v. 9. 10. 2006 II B 4/06, BFH/NV 2007, 103, sowie BVerfG v. 13. 4. 2010 1 BvR 3515/08, NVwZ 2010, 954.

[3)] Zur Verfassungswidrigkeit der Vorschriften zur Einheitsbewertung für die Bemessung der Grundsteuer für Stichtage ab 1.1.2002 siehe BVerfG v. 10.4.2018 1 BvL 11/14, 1 BvL 12/14, 1 BvL 1/15, 1 BvR 639/11, 1 BvR 889/12, DStR 2018, 791. – Zur vorläufigen Einheitswertfeststellung und vorläufigen Festsetzung des Grundsteuermessbetrags nach Ergehen des BVerfG-Urteils v. 10.4.2018 siehe gleich lautende Ländererlasse v. 17.1.2019, BStBl. I 2019,

(Fortsetzung Fußnoten nächste Seite)

Hebesatzes durch die Gemeinde liegt die Entscheidung, daß Grundsteuer erhoben wird.

2. Verwaltung der Grundsteuer

[1]Die Verwaltung der Grundsteuer obliegt zum Teil den Finanzbehörden der Länder, zum Teil den Gemeinden. [2]In den Ländern Berlin und Hamburg wird die Grundsteuer nur von den Finanzbehörden verwaltet. [3]Für die Feststellung der Einheitswerte sowie für die Festsetzung und Zerlegung der Steuermeßbeträge sind die Finanzämter zuständig (§ 19 BewG, §§ 184, 185 ff. AO 1977). [4]Die Festsetzung und Erhebung der Grundsteuer einschließlich der Stundung, der Niederschlagung und des Erlasses obliegt dagegen der hebeberechtigten Gemeinde. [5]Hierfür gelten in erster Linie die §§ 25 bis 34 GrStG sowie die in § 1 Abs. 2 AO 1977 für anwendbar erklärten Vorschriften der Abgabenordnung. [6]Für die Aussetzung der Vollziehung der Grundsteuermeßbescheide sind die Finanzämter oder gegebenenfalls die Finanzgerichte zuständig, während die Aussetzung der Grundsteuerbescheide den Gemeinden obliegt. [7]Wird die Vollziehung eines Grundsteuermeßbescheids durch das Finanzamt ausgesetzt, so ist die Gemeinde verpflichtet, von Amts wegen auch die Vollziehung des hierauf beruhenden Grundsteuerbescheids auszusetzen, selbst wenn dieser unanfechtbar geworden ist (§ 361 Abs. 1 Satz 2 und Abs. 3 in Verbindung mit § 1 Abs. 2 Nr. 6 AO 1977).

3. Örtliche Zuständigkeit für die Festsetzung und Zerlegung des Steuermeßbetrags

[1]Für die Festsetzung und die Zerlegung des Steuermeßbetrags ist das Lagefinanzamt zuständig (§ 22 Abs. 1 in Verbindung mit § 18 Abs. 1 Nr. 1 AO 1977). [2]Das ist das Finanzamt, in dessen Bezirk der Betrieb der Land- und Forstwirtschaft, das Grundstück oder das Betriebsgrundstück liegt. [3]Erstreckt sich der Betrieb, das Grundstück oder das Betriebsgrundstück auf die Bezirke mehrerer Finanzämter, so ist das Finanzamt zuständig, in dessen Bezirk der wertvollste Teil liegt.

3a. Örtliche Zuständigkeit der Finanzämter für die Festsetzung und Erhebung der Grundsteuer

[1]Soweit die Festsetzung, Erhebung und Beitreibung der Grundsteuer den Finanzämtern obliegt, ist dafür das Finanzamt zuständig, zu dessen Bezirk die hebeberechtigte Gemeinde gehört (§ 22 Abs. 2 AO 1977). [2]Gehört eine hebeberechtigte Gemeinde zu den Bezirken mehrerer Finanzämter, so ist das Finanzamt zuständig, in dessen Bezirk der wertvollste Teil des Betriebs der Land- und Forstwirtschaft, des Grundstücks oder des Betriebsgrundstücks liegt

---

(Fortsetzung Fußnoten)
28. Zur Zurückweisung der wegen Zweifeln an der Verfassungsmäßigkeit der Einheitsbewertung des Grundvermögens eingelegten Einsprüche siehe AllgVfg. der Obersten Finanzbehörden der Länder v. 18.1.2019, BStBl. I 2019, 26, und v. 3.6.2019, BStBl. I 2019, 470. – Zur Grundsteuerreform ab 1.1.2025 siehe GrStG i. d. F. des GrStRefG v. 26.11.2019 (BGBl. I 2019, 1794) und des G v. 30.11.2019 (BGBl. I 2019, 1875).

[4)] Kein Erlass von Säumniszuschlägen zur Grundsteuer wegen möglicher Verfassungswidrigkeiten der Einheitsbewertung; vgl. hierzu BFH v. 2.3.2017 II B 33/16, BStBl. II 2017, 646.

(§ 22 Abs. 2 in Verbindung mit dessen Absatz 1 und § 18 Abs. 1 Nr. 1 AO 1977). [3]Dies gilt sinngemäß, soweit das Aufkommen der Realsteuern einem Land zusteht (§ 22 Abs. 3 AO 1977).

4. Bekanntgabe des Steuermeßbescheids an den Steuerpflichtigen und Mitteilung des Steuermeßbetrags an die hebeberechtigte Gemeinde

(1) [1]Der Einheitswert und der Steuermeßbetrag werden dem Steuerpflichtigen in der Regel in einem zusammengefaßten Bescheid bekanntgegeben. [2]Das Finanzamt kann auch getrennte Bescheide erteilen. [3]Das gilt insbesondere für die Steuermeßbeträge, die auf den 1. Januar 1974 (Hauptveranlagung 1974) festgesetzt werden.

(2) [1]Das Finanzamt teilt der hebeberechtigten Gemeinde den festgesetzten Steuermeßbetrag mit (§ 184 Abs. 3 AO 1977). [2]Diese wendet den für das Kalenderjahr gültigen Hebesatz auf den Steuermeßbetrag an und gibt den Jahresbetrag der Grundsteuer in einem Grundsteuerbescheid dem Steuerpflichtigen bekannt (§§ 25, 27 GrStG).

(3) [1]Ist der Steuermeßbetrag zu zerlegen, so sind neben dem Steuerpflichtigen auch die hebeberechtigten Gemeinden Beteiligte am Zerlegungsverfahren (§ 186 AO 1977). [2]Dies ist bei der Bekanntgabe des Zerlegungsbescheids zu berücksichtigen.

5. Meldewesen

(1) Erhält die Gemeinde Kenntnis von der Eröffnung oder der Einstellung eines Betriebs der Land- und Forstwirtschaft, hat sie dies dem zuständigen Finanzamt mitzuteilen.

(2) [1]Die für die Aufsicht über die Bebauung eines unbebauten Grundstücks und die Vornahme von baulichen Veränderungen zuständige Stelle unterrichtet das Finanzamt sowohl über die Erteilung einer Baugenehmigung als auch über die Gebrauchsabnahme unter Angabe des Zeitpunkts der Bezugsfertigkeit und von Merkmalen der Ausstattung des Gebäudes. [2]Auch den Abbruch von Gebäuden hat sie den Finanzämtern mitzuteilen. [3]Die Meldungen sind möglichst rechtzeitig den Finanzämtern zu übersenden, weil dann die Grundsteuermeßbeträge alsbald nach Fertigstellung der Gebäude den Gemeinden mitgeteilt werden können. [4]Ferner haben die Gemeinden die Finanzämter über rechtskräftige Bebauungspläne und über Flächennutzungspläne zu unterrichten (§ 111 AO 1977).

(3) Es liegt im Interesse der Gemeinden, daß sie auch sonstige Tatsachen, die für die Feststellung der Einheitswerte und die Festsetzung der Steuermeßbeträge von Bedeutung sind, z. B. Änderung der Nutzungsart, dem Finanzamt mitteilen.

(4) Soweit bauliche Maßnahmen des Bundes und der Länder im bauaufsichtlichen Zustimmungsverfahren durch die staatlichen Baubehörden durchgeführt werden und deshalb nicht der Baugenehmigung, Überwachung und Abnahme der örtlich zuständigen Bauaufsichtsbehörde bedürfen, haben die staatlichen Baubehörden die Finanzämter über die Errichtung von Neu-

bauten und über die Vornahme baulicher Veränderungen an bebauten Grundstücken zu unterrichten.

Zu § 3 GrStG

6. Allgemeine Voraussetzungen für die Steuerbefreiungen nach § 3 GrStG

(1)[1] Die Befreiung nach § 3 GrStG hängt von zwei Voraussetzungen ab:

1. Der Grundbesitz muß einem bestimmten Rechtsträger ausschließlich zuzurechnen sein (subjektive Voraussetzung);
2. der Grundbesitz muß von dem Rechtsträger, dem er zuzurechnen ist, für einen bestimmten steuerbegünstigten Zweck unmittelbar benutzt werden (objektive Voraussetzung).[2]

(2) [1]Die Befreiungen gelten auch, wenn der Rechtsträger, dem der Grundbesitz zugerechnet worden ist, seinen Grundbesitz einer anderen nach § 3 Abs. 1 GrStG begünstigten juristischen Person usw. überläßt, wenn diese den Grundbesitz für einen der dort angeführten begünstigten Zwecke benutzt. [2]Daher ist es unerheblich, ob der Grundbesitz der anderen begünstigten juristischen Person usw. unentgeltlich oder entgeltlich, z.B. gegen Miete oder Pacht, zur Benutzung überlassen wird. [3]Steuerfrei bleibt z.B. der mit einem Behördengebäude bebaute Grundbesitz, den der Bund zur Benutzung durch eine Landesbehörde vermietet, oder ein Grundstück mit einer Sportanlage, das eine Gemeinde einem gemeinnützigen Sportverein verpachtet.

(3) [1]Diese Voraussetzungen können nicht nur vom bürgerlich-rechtlichen, sondern auch vom wirtschaftlichen Eigentümer erfüllt werden. [2]Als Eigentümer gilt derjenige, dem der Steuergegenstand bei der Einheitsbewertung zugerechnet worden ist (§ 39 AO 1977).

7. Juristische Personen des öffentlichen Rechts

(1) [1]Juristische Personen des öffentlichen Rechts sind alle Gebietskörperschaften, z.B. Bund, Länder, Gemeinden, und alle Personalkörperschaften, z.B. Religionsgesellschaften, denen auf Grund öffentlichen Rechts eine eigene Rechtspersönlichkeit zukommt.[3] [2]Auch Stiftungen, Anstalten und Zweckvermögen sind juristische Personen des öffentlichen Rechts, wenn sie auf Grund öffentlichen Rechts mit eigener Rechtspersönlichkeit ausgestattet sind.

(2) [1]Ob eine juristische Person des öffentlichen Rechts vorliegt, richtet sich nach Bundes- oder Landesrecht. [2]Grundsätzlich muß sich die öffentlich-rechtliche Eigenschaft aus einem Hoheitsakt (Gesetz, Verordnung oder Verwaltungsakt) ergeben. [3]Ist ein Hoheitsakt nicht festzustellen, so kann die Eigen-

---

[1] Zu Öffentlich Privaten Partnerschaften vgl. aber § 3 Abs. 1 Satz 3 GrStG i. d. F. des G v. 1. 9. 2005, BGBl. I 2005, 2676 sowie FM Ba-Wü v. 17. 7. 2006, DB 2006, 1588. – Siehe auch BFH v. 27.9.2017 II R 13/15, BStBl. II 2018, 768, und v. 6.12.2017 II R 26/15, BFH/NV 2018, 453.

[2] Zum Begriff der „Herrichtung" vgl. BFH v. 13. 11. 1985 II R 237/82, BStBl. II 1986, 191.

[3] Vgl. BFH v. 30. 6. 2010 II R 12/09, BStBl. II 2011, 48 – Vb. unzulässig, vgl. BVerfG v. 24. 5. 2015 2 BvR 287/11.

schaft als Körperschaft des öffentlichen Rechts auch aus der geschichtlichen Entwicklung, durch Verwaltungsübung oder nach allgemeinen Rechtsgrundsätzen begründet sein (BFH-Urteil vom 5. 9. 1958, BStBl. III S. 478). 4 Die Finanzbehörden haben das Recht und die Pflicht, die Eigenschaft einer juristischen Person als Körperschaft des öffentlichen Rechts nachzuprüfen. 5 Ist diese Eigenschaft zweifelhaft und nicht ohne weiteres nachweisbar, so ist eine Auskunft der Bundes- oder Landesbehörde einzuholen, der die Aufsicht über die juristische Person im Einzelfall zusteht (BFH-Urteil vom 1. 3. 1951, BStBl. III S. 120).

(3) 1 Ausländische Körperschaften des öffentlichen Rechts erfüllen die Voraussetzungen des § 3 Abs. 1 GrStG regelmäßig nicht. 2 Wegen der Anwendung der Grundsteuerbefreiungsvorschriften auf Grundstücke, die den ausländischen Streitkräften und den internationalen militärischen Hauptquartieren zur Benutzung überlassen worden sind, wird auf Abschnitt 9 Abs. 2 hingewiesen.

(4) Die diplomatischen und konsularischen Vertretungen ausländischer Staaten sind nach besonderen zwischenstaatlichen Verträgen von der Grundsteuer befreit (vgl. Abschnitt 29).

(5) Bestimmten amtlichen zwischenstaatlichen Organisationen sowie Einrichtungen auswärtiger Staaten und ausländischen Wohlfahrtsorganisationen wird eine Befreiung von der Grundsteuer auf Grund besonderer gesetzlicher Regelungen oder zwischenstaatlicher Vereinbarungen gewährt.

8. Öffentlicher Dienst oder Gebrauch

(1) 1 Unter „Öffentlicher Dienst oder Gebrauch" ist sowohl die hoheitliche Tätigkeit als auch der bestimmungsgemäße Gebrauch durch die Allgemeinheit zu verstehen (§ 3 Abs. 2 GrStG). 2 Mit dem Sammelbegriff „Öffentlicher Dienst oder Gebrauch" soll die oft sehr schwierige Unterscheidung vermieden werden, ob im Einzelfall das eine oder andere vorliegt; denn beide Begriffe gehen ineinander über (BFH-Urteil vom 20. 5. 1960, BStBl. III S. 368). 3 Im Verwaltungsrecht werden die im Verwaltungsgebrauch oder Gemeingebrauch stehenden Grundstücke als „öffentliche Sachen" bezeichnet.

(2) 1 Die Herstellung oder Gewinnung von Gegenständen, die für einen öffentlichen Dienst oder Gebrauch verwendet werden sollen, ist in keinem Fall als öffentlicher Dienst oder Gebrauch anzusehen. 2 Dagegen kann in der Benutzung eines Grundstücks zur Lagerung solcher Gegenstände bereits ein öffentlicher Dienst oder Gebrauch liegen.

9. Hoheitliche Tätigkeit

(1) 1 Hoheitliche Tätigkeit bedeutet die Erfüllung von Hoheitsaufgaben. 2 Es muß sich dabei um Aufgaben handeln, die der juristischen Person des öffentlichen Rechts eigentümlich und ihr vorbehalten sind. 3 Der Begriff der „hoheitlichen Tätigkeit" kann im Steuerrecht nur einheitlich gebraucht werden. 4 Ein Hoheitsbetrieb liegt insbesondere dann vor, wenn er Leistungen erbringt, zu deren Annahme der Leistungsempfänger auf Grund gesetzlicher oder behördlicher Anordnung verpflichtet ist (Annahmezwang). 5 Keine Hoheitsbetriebe sind dagegen u. a. Kreditinstitute, Versorgungsbetriebe und Verkehrsbetriebe der öffentlichen Hand sowie andere Betriebe gewerblicher Art von

juristischen Personen des öffentlichen Rechts. [6]Eine bei der Körperschaftsteuer (§ 4 Abs. 5 KStG 1977) und bei der Gewerbesteuer (§ 2 Abs. 2 GewStDV) getroffene Entscheidung, ob ein Hoheitsbetrieb vorliegt, ist für die Grundsteuer zu übernehmen.

(2) Grundbesitz, der

1. für die Zwecke von Gebietskörperschaften, Personalkörperschaften oder Anstalten des öffentlichen Rechts,
2. für die Zwecke der Bundeswehr, der ausländischen Streitkräfte und internationalen militärischen Hauptquartiere (BFH-Urteil vom 14. 1. 1972, BStBl. II S. 314), des polizeilichen und sonstigen Schutzdienstes,
3. für die Zwecke eines Hoheitsbetriebs

benutzt wird, dient der Erfüllung von Hoheitsaufgaben.

(3) [1]Behördenkantinen gelten als für die Zwecke eines Hoheitsbetriebs benutzt, wenn sie so eng mit der Erfüllung der hoheitlichen Tätigkeit der Behörde zusammenhängen, daß sie als ein unentbehrliches Hilfsmittel zur Erfüllung der öffentlichen Aufgaben anzusehen sind. [2]Das gilt auch für verpachtete Kantinen und vermietete Kantinenräume (BFH-Urteil vom 29. 3. 1968, BStBl. II S. 499).

(4) [1]Öffentlicher Dienst oder Gebrauch ist nicht anzunehmen bei Betrieben gewerblicher Art von juristischen Personen des öffentlichen Rechts (§ 4 KStG 1977). [2]Die hierzu bei der Körperschaftsteuer getroffene Entscheidung ist in der Regel auch für die Grundsteuer zu übernehmen. [3]Bei der Körperschaftsteuer wird ein Betrieb gewerblicher Art erst dann angenommen, wenn die wirtschaftliche Tätigkeit der juristischen Person des öffentlichen Rechts von einigem Gewicht ist. [4]Dies ist der Fall, wenn der Jahresumsatz im Sinne von § 1 Abs. 1 Nr. 1 UStG nachhaltig *60 000 DM*[1)] übersteigt *(Abschnitt 5 Abs. 5 KStR 1977).*[1)] [5]Fehlt es nur an dieser Voraussetzung oder kommt es wegen des Freibetrags des § 24 KStG 1977 nicht zu einer Körperschaftsteuerveranlagung (vgl. auch *Abschnitt 104 KStR 1977*),[2)] so ist für die Grundsteuer gleichwohl anzunehmen, daß der Grundbesitz nicht für einen öffentlichen Dienst oder Gebrauch benutzt wird.

10. Bestimmungsgemäßer Gebrauch durch die Allgemeinheit

(1) [1]Ein Gebrauch durch die Allgemeinheit liegt vor, wenn der Personenkreis, dem die Benutzung vorbehalten ist, als Öffentlichkeit angesehen werden kann. [2]Er darf weder fest umgrenzt noch dauernd klein sein. [3]Die Benutzung des Grundstücks durch die Öffentlichkeit muß grundsätzlich durch Satzung, Widmung usw. festgelegt sein. [4]Es genügt, daß die Benutzung von der Körperschaft des öffentlichen Rechts geduldet wird und tatsächlich erfolgt.

(2) [1]Für einen öffentlichen Gebrauch werden sowohl Grundstücke benutzt, die der Öffentlichkeit ohne besondere Zulassung zur bestimmungsgemäßen Nutzung zur Verfügung stehen, z.B. Straßen, Anlagen usw., als auch Grundstücke mit Anstalten, Einrichtungen usw., die der Öffentlichkeit nur nach

[1)] 35 000 €; vgl. jetzt R 4.1 Abs. 5 KStR (dtv-Band **Nr. 5786 KSt/GewSt**).
[2)] Vgl. jetzt R 31.1 KStR.

besonderer Zulassung zur Verfügung stehen, z.B. Schulen, Sportplätze, Krankenhäuser usw. [2]Die besondere Zulassung kann in einer zeitlichen Nutzungsbeschränkung, z.B. der Regelung der Benutzungszeiten oder Besuchszeiten in einem Museum, in der Erhebung eines Entgelts, z.B. eines Eintrittsgelds, oder in anderen Beschränkungen bestehen. [3]Voraussetzung ist jedoch stets, daß die Beschränkungen nur aus Gründen des öffentlichen Interesses erfolgen. [4]Zwar schließt die Absicht, Gewinne zu erzielen, die Annahme eines öffentlichen Dienstes oder Gebrauchs aus, umgekehrt reicht aber die fehlende Gewinnerzielungsabsicht allein nicht aus, um einen öffentlichen Dienst oder Gebrauch anzunehmen (BFH-Urteil vom 20. 5. 1960, BStBl. III S. 368). [5]Wird für die Benutzung ein Entgelt erhoben, das nach den Umständen des Einzelfalls als besonders hoch erscheint, so kann es an einem bestimmungsgemäßen Gebrauch durch die Allgemeinheit fehlen.

11. Grundbesitz der *Deutschen Bundesbahn*

(1) [1]Grundbesitz, der von der *Deutschen Bundesbahn* und ihren Behörden für Verwaltungszwecke benutzt wird, ist in vollem Umfang steuerfrei (§ 3 Abs. 1 Nr. 2 GrStG). [2]Dasselbe gilt für die dem öffentlichen Verkehr dienenden Straßen und Plätze (Ladestraßen, BFH-Urteil vom 11. 11. 1970, BStBl. 1971 II S. 32) sowie für die Schienenwege und für die Grundflächen der unmittelbar hierzu gehörenden Einrichtungen (§ 4 Nr. 3 Buchstabe a GrStG).

(2)[1)] *[1]Bei Grundbesitz, der von der Deutschen Bundesbahn für Betriebszwecke benutzt wird, ermäßigt sich der Steuermeßbetrag auf die Hälfte (§ 13 Abs. 2 GrStG). [2]Betriebszwecken dient der Grundbesitz insoweit, als er für den Personen- und Güterverkehr benutzt wird. [3]Dazu gehört z.B. Grundbesitz, der der Aufbewahrung, Instandhaltung und Instandsetzung der Betriebseinrichtungen und Fahrzeuge dient.*

(3) [1]Voll steuerpflichtig ist Grundbesitz, der weder für Verwaltungszwecke noch für Betriebszwecke benutzt wird. [2]Das sind insbesondere

1. Wohnungen (§ 5 Abs. 2 GrStG),
2. Hotels, Restaurationsräume, Verkaufsstellen, Läden und ähnliche Einrichtungen,
3. der für die Neuanlagen und Erweiterungen bestimmte Grundbesitz,
4. Grundbesitz, der vermietet oder verpachtet ist, auch wenn ihn der Mieter oder Pächter für Zwecke benutzt, die bei der *Bundesbahn* begünstigt wären. [2]Abschnitt 9 Abs. 3 bleibt unberührt.

12. Für gemeinnützige oder mildtätige Zwecke benutzter Grundbesitz

(1) [1]Die Befreiung des Grundbesitzes nach § 3 Abs. 1 Nr. 3 GrStG setzt voraus, daß dieser entweder einer inländischen juristischen Person des öffentlichen Rechts oder einer inländischen Körperschaft, Personenvereinigung oder Vermögensmasse gehört, die nach der Satzung oder der sonstigen Verfassung und nach ihrer tatsächlichen Geschäftsführung ausschließlich und unmittelbar

1) Ab Kj. 1999 „DB AG Holding und deren Töchter(-Unternehmen)"; Grundsteuerermäßigung des § 13 Abs. 2 aufgeh. durch G v. 27. 12. 1993 (BGBl. I 1993, 2378) mWv Kj. 1994.

gemeinnützigen oder mildtätigen Zwecken dient. [2]Für die Begriffe „gemeinnützige Zwecke" und „mildtätige Zwecke" im Sinne des Grundsteuergesetzes gelten die §§ 52, 53, 55 bis 68 AO 1977 (§ 51 AO 1977).

(2) [1]Bei inländischen Körperschaften usw., die berechtigt sind, Spendenbescheinigungen nach § 10b EStG in Verbindung mit *§ 48 Abs. 2 und 3 EStDV*[1)] auszustellen, können die subjektiven Voraussetzungen ohne weitere Nachprüfung unterstellt werden. [2]In Zweifelsfällen hat das Lagefinanzamt bei dem für die Körperschaft zuständigen Finanzamt anzufragen, ob und ggf. in welchem Veranlagungszeitraum die Körperschaft usw. bei der Körperschaftsteuer als gemeinnützig oder mildtätig anerkannt worden ist. [3]Diese Entscheidung ist für die Grundsteuer zu übernehmen.

(3) [1]Der Grundbesitz muß für gemeinnützige oder mildtätige Zwecke benutzt werden (objektive Voraussetzung). [2]Ob der geltend gemachte Benutzungszweck gemeinnützig oder mildtätig im Sinne der §§ 52, 53, 55 bis 68 AO 1977 ist, muß für die Grundsteuer jeweils selbständig geprüft werden. [3]Handelt es sich um einen Zweck, der in der *Anlage 7 zu den EStR*[2)] als besonders förderungswürdig anerkannt ist, so ist die Voraussetzung erfüllt. [4]In anderen Fällen kommt es darauf an, ob der Zweck auch bei der Körperschaftsteuer als gemeinnützig anerkannt worden ist. [5]Die dort getroffene Entscheidung ist deshalb zu übernehmen.

(4) [1]Grundsteuerfrei ist auch der Grundbesitz, auf dem ein Zweckbetrieb im Sinne der §§ 65 bis 68 AO 1977 unterhalten wird. [2]Ob ein solcher Zweckbetrieb vorliegt, wird bereits bei der Körperschaftsteuer entschieden. [3]Die dort getroffene Entscheidung ist für die Grundsteuer zu übernehmen. [4]Wenn auf dem Grundbesitz nur eine oder mehrere zeitlich befristete Veranstaltungen stattfinden, z.B. die Tanzveranstaltung eines Sportvereins in seiner Sporthalle, kommt es für die Entscheidung, ob ein Zweckbetrieb vorliegt, darauf an, welche Nutzung überwiegt (§ 8 Abs. 2 GrStG).

(5) [1]Grundsteuerfrei bleibt der Grundbesitz, auf dem die gemeinnützigen oder mildtätigen Zwecke unmittelbar verfolgt werden. [2]Dazu rechnet auch der Grundbesitz, auf dem die Körperschaft ihre Verwaltungstätigkeit ausübt. [3]Verwaltungsräume, die der Verwaltung von steuerpflichtigem Grundbesitz dienen, sind dagegen steuerpflichtig (BFH-Urteile vom 10. 12. 1954, BStBl. 1955 III S. 63 und vom 6. 10. 1961, BStBl. III S. 571). [4]Hat die Körperschaft auch einen oder mehrere wirtschaftliche Geschäftsbetriebe, die nicht Zweckbetriebe im Sinne der §§ 65 bis 68 AO 1977 sind, so ist der Grundbesitz oder Teil des Grundbesitzes steuerpflichtig, der für deren Verwaltung benutzt wird. [5]Wegen der Abgrenzung ist § 8 GrStG zu beachten.

(6) Bei einer als gemeinnützig anerkannten Körperschaft usw. ist der Grundbesitz steuerpflichtig,

1. der zu Wohnzwecken benutzt wird, soweit er nicht unter § 5 Abs. 1 GrStG fällt,

---

[1)] Vgl. jetzt § 50 EStDV. – Muster für Zuwendungsbestätigungen s. BMF v. 7. 11. 2013, BStBl. I 2013, 1333, u. v. 26. 3. 2014, BStBl. I 2014, 791 (**Steuerrichtlinien** Nr. **1** Anl. 4).

[2)] Vgl. jetzt § 52 Abs. 2 AO.

2. auf dem ein wirtschaftlicher Geschäftsbetrieb ausgeübt wird, der nicht Zweckbetrieb im Sinne der §§ 65 bis 68 AO 1977 ist,
3. der land- und forstwirtschaftlich genutzt wird, soweit nicht § 6 GrStG anzuwenden ist,
4. der als unbebautes Grundstück bewertet ist, soweit nicht die Voraussetzungen des § 7 GrStG erfüllt sind,
5. der einem Dritten zur Benutzung überlassen ist. [2]Das gilt nicht, wenn auch der Dritte zu den nach § 3 Abs. 1 GrStG begünstigten Rechtsträgern gehört und er den Grundbesitz für einen begünstigten Zweck benutzt.

13.[1)] Für sportliche Zwecke benutzter Grundbesitz

(1) Der sportlichen Zwecken dienende Grundbesitz, der nach § 3 Abs. 1 Nr. 1 oder 3 GrStG begünstigten Rechtsträgern zuzurechnen ist, bleibt grundsteuerfrei, wenn er für die begünstigten Zwecke zur Verfügung gestellt wird (vgl. auch Abschnitt 12 Abs. 5 Satz 1).

(2) [1]Als für sportliche Zwecke benutzt gelten außer den sportlichen Anlagen auch Unterrichts- und Ausbildungsräume, Umkleide-, Bade- und ähnliche Räume, ferner Unterkunfts- und Schutzhütten von Bergsteiger-, Ski- und Wandervereinen. [2]Nicht dazu gehören jedoch Räume, die überwiegend der Erholung und der Geselligkeit dienen (§ 8 Abs. 2 GrStG).

14. Religionsgesellschaften des öffentlichen Rechts

(1) [1]Ob eine Religionsgesellschaft, ein Orden, eine religiöse Genossenschaft oder ein religiöser Verband eine Körperschaft des öffentlichen Rechts ist, richtet sich nach Landesrecht. [2]Im Zweifelsfall ist der Nachweis durch die Vorlage entsprechender Verleihungsurkunden zu führen. [3]Läßt sich dieser Nachweis nicht führen oder steht fest, daß eine Körperschaft des öffentlichen Rechts nicht vorliegt, kann es sich immer noch um eine gemeinnützige Körperschaft im Sinne des § 3 Abs. 1 Nr. 3 Buchstabe b GrStG handeln. [4]Zur Feststellung der Gemeinnützigkeit vgl. Abschnitt 12. [5]Die Anerkennung einer Religionsgesellschaft als Körperschaft des öffentlichen Rechts durch ein Land hat keine Wirkungen für die übrigen Länder. [6]Hat die Religionsgesellschaft in einem anderen Land Grundbesitz, der für ihre begünstigten Zwecke benutzt wird, kann unterstellt werden, daß die Voraussetzungen für die Anerkennung als gemeinnützig erfüllt sind.

(2) [1]Der Grundbesitz einer Religionsgesellschaft des öffentlichen Rechts, der dem Gottesdienst dient, ist nach § 4 Nr. 1 GrStG steuerfrei. [2]Grundbesitz einer als gemeinnützig anerkannten religiösen Vereinigung, der dem Gottesdienst dient, ist nach § 3 Abs. 1 Nr. 3 Buchstabe b GrStG steuerfrei (vgl. Abschnitt 17 Abs. 1).

(3) Bei einer Religionsgesellschaft des öffentlichen Rechts ist vorbehaltlich des § 3 Abs. 1 Nr. 5 GrStG steuerpflichtig der Grundbesitz,

1. der für Wohnzwecke benutzt wird,
   soweit nicht § 5 Abs. 1 GrStG anzuwenden ist,

---

1) Vgl. gleich lautenden Ländererlass v. 15. 3. 1984, BStBl. I 1984, 323.

2. auf dem ein steuerpflichtiger Betrieb gewerblicher Art unterhalten wird,
3. der land- und forstwirtschaftlich genutzt wird,
4. der als unbebautes Grundstück bewertet ist,

   soweit nicht § 7 GrStG anzuwenden ist,
5. der einem Dritten zur Benutzung überlassen ist. [2]Das gilt nicht, wenn auch der Dritte zu den nach § 3 Abs. 1 GrStG begünstigten Rechtsträgern gehört und er den Grundbesitz für einen begünstigten Zweck benutzt.

(4) [1]Religiöse Unterweisung ist Unterricht zur Förderung des Wissens in religiösen Fragen, insbesondere die Erteilung des Religionsunterrichts, die Abhaltung von Bibelstunden und die Ausbildung des geistlichen Nachwuchses. [2]Auch die kirchlichen Bildungsheime oder Akademien und die Exerzitienheime sind als für die Zwecke der religiösen Unterweisung benutzt anzusehen. [3]Das Zusammenleben allein nach einer bestimmten Ordensregel gilt nicht als religiöse Unterweisung.

(5) [1]Den Verwaltungszwecken dient insbesondere der Grundbesitz, der für die amtliche Tätigkeit der Kirchenbehörden, die Verwaltungstätigkeit eines Ordens usw. benutzt wird. [2]Abschnitt 12 Abs. 5 gilt entsprechend.

15. Dienstgrundstücke und Dienstwohnungen der Geistlichen und Kirchendiener[1)]

(1) [1]Für den Begriff „Dienstgrundstück" ist neben der Zugehörigkeit zu einem Stellenfonds, ggf. in Form einer kirchlichen Stiftung, erforderlich, dass der Stelleninhaber, dem es verliehen ist, wie ein Nießbraucher über Nutzungsart und Erträgnisse des Grundstücks, z.B. Miete, Pacht usw., verfügen kann (BFH-Urteile vom 23. 7. 1954, BStBl. III S. 283, vom 30. 7. 1965, BStBl. III S. 566, und vom 9. 7. 1971, BStBl. II S. 781). [2]Es genügt also nicht, daß das Grundstück zu dem der Besoldung des Stelleninhabers gewidmeten Vermögen gehört und seine Erträge für die Besoldung verwendet werden (BFH-Urteil vom 10. 7. 1959, BStBl. III S. 368). [3]Ebenso reicht es nicht aus, dass lediglich dem Stellenfonds der Nießbrauch an dem Grundbesitz zusteht. [4]Als Dienstgrundstück gilt ausnahmsweise auch solcher Grundbesitz, an dem ein Nießbrauch des Stelleninhabers nicht mehr besteht, bei dem aber durch Landesrecht ausdrücklich das Grundsteuerprivileg aufrechterhalten wurde (fiktives Dienstgrundstück, BFH-Urteile vom 9. 7. 1971, BStBl. II S. 781 und 785).

(2) [1]Eine „Dienstwohnung" setzt voraus, dass ihre Benutzung dem Stelleninhaber auf Grund eines öffentlich-rechtlichen Dienstverhältnisses als Teil des Diensteinkommens zugewiesen worden und die Benutzung der Wohnung zur ordnungsmäßigen Wahrnehmung der dienstlichen Obliegenheiten erforderlich ist (BFH-Urteil vom 12. 1. 1973, BStBl. II S. 377).[2)] [2]Diese Voraussetzung liegt nicht vor, wenn die Räume nicht mehr einem bestimmten Stelleninhaber zugewiesen, sondern an Dritte vermietet werden (BFH-Urteil vom 10. 7. 1959, BStBl. III S. 368). [3]Dasselbe gilt für kircheneigene Wohnungen, die anderen

---

[1)] Vgl. ab Kj. 1993 § 3 Abs. 1 Satz 1 Nr. 5 GrStG idF des G v. 13. 9. 1993 (BGBl. I 1993, 1569) sowie OFD München v. 7. 12. 1993 G 1105 a – 2/2 St 437.

[2)] Vgl. auch BFH v. 18. 10. 1989 II R 209/83, BStBl. II 1990, 190.

Beamten und Angestellten überlassen sind. [4]Kircheneigene Wohnungen, die Geistlichen und Kirchendienern auf Grund eines Mietvertrages überlassen werden, sind auch dann nicht befreit, wenn der Mietzins auf ihre Gehaltsbezüge angerechnet wird. [5]Steuerpflichtig sind auch die Wohnungen, die andere juristische Personen des öffentlichen Rechts Geistlichen, z.B. Krankenhaus- oder Gefängnisgeistlichen, überlassen haben. [6]Das gilt auch dann, wenn die überlassene Wohnung im wirtschaftlichen Ergebnis einer Dienstwohnung gleicht.

(3) [1]Geistliche sind Personen, die zur Besorgung des Gottesdienstes und zum Unterricht in der Religion bestellt sind. [2]Sie müssen ein in den Organismus einer Kirche eingegliedertes geistliches Amt versehen, dessen Obliegenheiten zu den religiösen Zwecken und Aufgaben der Kirche gehört.

(4) [1]Kirchendiener sind Personen, die, ohne als Geistliche tätig zu sein, an der sakralen Gestaltung des Gottesdienstes unmittelbar mitwirken, z.B. Küster, Organisten. [2]Keine Kirchendiener sind Rendanten, beamtete Lehrkräfte eines kirchlichen Gymnasiums, sonstige weltliche Kirchenbeamte und die von einer öffentlich-rechtlichen Religionsgesellschaft angestellten Pförtner, Kraftfahrer, Hausmeister, Gärtner usw.

Zu § 4 GrStG

16. Allgemeine Voraussetzungen für die Steuerbefreiungen nach § 4 GrStG

Die Steuerbefreiungen nach § 4 GrStG haben insbesondere für Eigentümer Bedeutung, die nicht schon nach § 3 GrStG begünstigt sind; denn abgesehen von den Fällen des § 4 Nr. 5 und 6 GrStG kommt es hier auf die Eigentumsverhältnisse nicht an.

17. Dem Gottesdienst gewidmeter Grundbesitz

(1) [1]Der Grundbesitz muss dem Gottesdienst einer öffentlich-rechtlichen Religionsgesellschaft gewidmet sein. [2]Grundbesitz, der dem Gottesdienst einer anderen religiösen Vereinigung dient, kann nach § 3 Abs. 1 Nr. 3 Buchstabe b GrStG steuerfrei bleiben. [3]Ein Grundstück ist dem Gottesdienst gewidmet, wenn es für diesen Zweck hergerichtet (§ 7 Satz 2 GrStG) und dauernd bereitgehalten wird. [4]Ob der Gottesdienst ständig oder nur gelegentlich ausgeübt wird, ist ohne Bedeutung. [5]Die Begriffe „widmen" und „benutzten" sind insoweit identisch. [6]§ 7 GrStG gilt deshalb entsprechend. [7]Wird das Grundstück gelegentlich auch zu anderen Zwecken benutzt, muss die Benutzung für den steuerbegünstigten Zweck überwiegen (§ 8 GrStG).

(2) [1]Die Befreiung nach § 4 Nr. 1 GrStG ist nicht davon abhängig, daß der Grundbesitz einer bestimmten Person zuzurechnen ist. [2]Sie gilt deshalb zunächst für die Religionsgesellschaft des öffentlichen Rechts selbst. [3]Sie wird aber auch gewährt, wenn der Grundbesitz einer Privatperson zuzurechnen ist. [4]Voraussetzung ist jedoch, daß er einer Religionsgesellschaft des öffentlichen Rechts zur Benutzung für den Gottesdienst entgeltlich oder unentgeltlich überlassen wird.

18. Dem öffentlichen Verkehr dienender Grundbesitz

(1) [1]Dem öffentlichen Verkehr dient ein Grundstück, wenn es der Öffentlichkeit zur Benutzung offensteht und tatsächlich auch von ihr benutzt wird. [2]Straßen, Wege, Plätze usw. sind demnach von der Grundsteuer befreit, wenn sie ohne Beschränkung auf einen bestimmten, mit dem Verfügungsberechtigten in enger Beziehung stehenden Personenkreis allgemein zugänglich sind. [3]*Eine öffentlich-rechtliche Widmung ist weder erforderlich noch für sich allein ausreichend (BFH-Urteil vom 11. 11. 1970, BStBl. 1971 II S. 32).*[1)] [4]Wegen der Steuerfreiheit von Grundstücken, auf denen eine Straße gebaut werden soll, vgl. § 7 Satz 2 GrStG. [5]*Nicht dem öffentlichen Verkehr dienen Parkplätze, Parkhäuser, Tiefgaragen usw., die nur gegen Entgelt benutzt werden können.*[1)]

(2) [1]Zu den öffentlichen Straßen und Wegen gehören auch die Seitengräben, Böschungen, Schutzstreifen und Mittelstreifen sowie Rast- und Parkplätze, wenn sie von jedem benutzt werden können. [2]Zu den Schutzstreifen zählen nicht Waldungen längs der Bundesfernstraßen, die nach § 10 des Bundesfernstraßengesetzes in der Fassung der Bekanntmachung vom 1. Oktober 1974 (BGBl. I S. 2413) zu Schutzwaldungen erklärt worden sind.

(3) [1]Öffentliche Kinderspielplätze und öffentliche Grünanlagen dienen nicht dem öffentlichen Verkehr (BFH-Urteil vom 6. 10. 1961, BStBl. 1962 III S. 51). [2]Sie sind jedoch von der Grundsteuer befreit, wenn sie von einer Körperschaft des öffentlichen Rechts oder von einer Körperschaft unterhalten werden, die als gemeinnützig anerkannt ist, und die Voraussetzungen des § 3 Abs. 1 Nr. 1 oder des § 3 Abs. 1 Nr. 3 GrStG erfüllt sind. [3]Wenn sie von anderen Personen unterhalten werden, kann ein Grundsteuererlaß nach § 32 Abs. 1 Nr. 2 GrStG in Betracht kommen.

(4) [1]Wasserstraßen sind Flüsse, Seen und Kanäle, die dem öffentlichen Verkehr dienen. [2]Fließende Gewässer, die nicht dem öffentlichen Verkehr dienen, sind nach § 4 Nr. 3 Buchstabe c GrStG befreit.[2)]

(5)[3)] [1]Häfen im Sinne des § 4 Nr. 3 Buchstabe a GrStG sind sowohl Seehäfen als auch Binnenhäfen. [2]Ein Hafen oder ein Teil eines Hafens, der nur einem beschränkten Benutzerkreis zur Verfügung steht, z.B. ein Werkshafen, dient nicht dem öffentlichen Verkehr und ist daher nicht von der Grundsteuer befreit. [3]Zu den Häfen rechnen nicht nur die mit Wasser bedeckten Flächen, sondern auch die Böschungen und Grundflächen der Kaimauern und anderer zum Betrieb des Hafens unmittelbar erforderlicher Einrichtungen.

(6) [1]Schienenwege, die dem öffentlichen Verkehr dienen, sind befreit, ohne daß es darauf ankommt, wer den Verkehr auf ihnen betreibt. [2]Hierher gehören insbesondere die Schienenwege städtischer Straßenbahnen, der *Deutschen*

[1)] Vgl. aber BFH v. 7. 12. 1988 II R 115/88, BStBl. II 1989, 302, und v. 25. 4. 2001 II R 19/98, BStBl. II 2002, 54, sowie Ländererlass v. 15. 1. 2002, BStBl. I 2002, 152.

[2)] Vgl. BFH v. 23. 7. 1982 III R 107/79, BStBl. II 1983, 57, zur Steuerbefreiung hinsichtlich angelegter fließender Gewässer und BFH v. 23. 6. 1993 II R 36/90, BStBl. II 1993, 768, zur Nichtbefreiung von zur Trinkwassergewinnung unterhaltenen Stauseen und Talsperren.

[3)] Vgl. auch BFH v. 6. 3. 1991 II R 97/89, BStBl. II 1994, 123. – Vgl. nunmehr aber BFH v. 25. 4. 2001 II R 19/98, BStBl. II 2002, 54.

Bundesbahn[1] usw. [3]Zu den Schienenwegen gehören die Grundflächen des eigentlichen Bahnkörpers und die Grundflächen der dazugehörenden Seitengräben, Böschungen und Schutzstreifen, Schneedämme und der zwischen den Gleisen gelegenen Geländestreifen sowie die mit den Schienen einschließlich der Rangier-, Neben-, Aufstell-, Abstell-, und Ladegleise bedeckten Grundflächen der Betriebshöfe und der Bahnhöfe, auch wenn sie durch Bahnsteighallen überdeckt sind. [4]Die Grundstücksflächen, über die Hochbahnen, Schwebebahnen und Seilbahnen hinwegführen, sind wie Schienenwege zu behandeln, soweit ihre Benutzbarkeit dadurch wesentlich beeinträchtigt wird.

(7) [1]Bauwerke und Einrichtungen, die unmittelbar dem öffentlichen Verkehr dienen, bleiben steuerfrei. [2]Bauwerke und Einrichtungen, die darüber hinaus zum Betrieb eines Verkehrsunternehmens erforderlich sind, z.B. Verwaltungsgebäude, Betriebsgebäude, Bahnsteighallen, Wagenhallen, Abfertigungsgebäude, unterliegen dagegen der Grundsteuer. [3]Wegen der besonderen Befreiung für den Grundbesitz der *Deutschen Bundesbahn*[1] vgl. § 3 Abs. 1 Nr. 2 und *§ 13 Abs. 2* GrStG.[1]

19.[2] Verkehrsflughäfen und Verkehrslandeplätze

[1]Die Steuerbefreiung (§ 4 Nr. 3 Buchstabe b GrStG) gilt nur für Verkehrsflughäfen und Verkehrslandeplätze. [2]Sie kommt nicht in Betracht für Flugplätze, die nicht dem öffentlichen Verkehr dienen. [3]Hierfür kann sich allerdings eine Befreiung aus § 3 Abs. 1 Nr. 1 oder 3 GrStG ergeben.

20.[3] Fließende Gewässer

(1) [1]Fließende Gewässer und die ihren Abflußweg regelnden Sammelbecken bleiben ohne Rücksicht auf die Eigentumsverhältnisse steuerfrei. [2]Zu den fließenden Gewässern gehören auch die Altwasser der Flüsse.

(2) [1]Die den Abfluß fließender Gewässer regelnden Sammelbecken sind künstliche Anlagen zur Ansammlung oder Stauung des Wassers zur Verhinderung von Überschwemmungen oder zur Speicherung des Wassers, z.B. Stauanlagen, Talsperren. [2]Die Steuerbefreiung erstreckt sich nicht auf Sammelbecken, die unmittelbar nur den Zwecken bestimmter Personen, z.B. eines Fischereiberechtigten, oder bestimmter Betriebe, z.B. zur Energiegewinnung, dienen.

21. Öffentlich-rechtliche Wasser- und Bodenverbände

(1) [1]Befreit sind die Grundflächen mit den Einrichtungen, die zur Ordnung und Verbesserung der Wasser- und Bodenverhältnisse unterhalten werden. [2]Es

---

[1] Ab Kj. 1999 „DB AG Holding und deren Töchter(-Unternehmen)"; § 13 Abs. 2 GrStG aufgeh. durch G v. 27. 12. 1993 (BGBl. I 1993, 2378) mWv Kj. 1994.

[2] Vgl. gleichlautenden Ländererlass v. 28. 11. 1995, BStBl. I 1996, 14, sowie FM Ba-Wü v. 11. 12. 2000, DB 2000, 2560, zur Dt. Flugsicherung GmbH.

[3] Vgl. FN zu Abschnitt 18 Abs. 4 GrStR.

genügt nicht, daß die Einrichtungen der Ordnung und Verbesserung nur der Wasserverhältnisse oder nur der Bodenverhältnisse dienen. [3]So sind z.B. die Einrichtungen eines Wasserverbandes, die lediglich dazu dienen, Trink- und Brauchwasser dem Boden zu entnehmen, für den Genuß zuzubereiten, zu speichern und zu verteilen, nicht nach § 4 Nr. 4 GrStG befreit (BFH-Urteil vom 5. 12. 1967, BStBl. 1968 II S. 387). [4]Die Steuerbefreiung tritt nur ein, wenn die Einrichtungen von einem öffentlich-rechtlichen Wasser- und Bodenverband unterhalten werden. [5]Die Befreiung erstreckt sich nicht auf Einrichtungen, die unmittelbar nur den Zwecken bestimmter Personen oder Betriebe dienen. [6]Wird z.B. das aus einem Staubecken abfließende Wasser als Energiequelle benutzt, so dient das Staubecken insoweit keinem steuerbegünstigten Zweck und unterliegt damit der Grundsteuer.

(2) [1]Unter „Einrichtungen" sind nicht nur die durch menschliche Tätigkeit geschaffenen Werke zu verstehen, z.B. Dämme, Deiche, Uferböschungen, Ent- und Bewässerungsanlagen, Kläranlagen, Talsperren, sondern auch die durch das Zusammenwirken der Kräfte der Natur und des Menschen entstandenen Sachen, wie das Deichvorland (BFH-Urteil vom 21. 7. 1967, BStBl. 1968 II S. 16). [2]Auch beim Deichvorland ist es ohne Bedeutung, wem es zuzurechnen ist. [3]Die Steuerbefreiung für Deichvorland wird grundsätzlich nicht durch seine Nutzung für landwirtschaftliche Zwecke ausgeschlossen (§ 6 Nr. 3 GrStG). [4]Die Steuerbefreiung kann aus verschiedenen Gründen wegfallen. [5]So kann Deichvorland z.B. durch die Errichtung eines regulären Deiches zum nicht mehr steuerbefreiten Hinterland werden (BFH-Urteil vom 21. 7. 1967 a.a.O.). [6]Es muß in jedem Einzelfall geprüft werden, ob das Deichvorland dem steuerbegünstigten Zweck des § 4 Nr. 4 GrStG tatsächlich dient. [7]Das wird z.B. dann nicht der Fall sein, wenn der Deich von vornherein weit zurück im Hinterland errichtet wurde und das Deichvorland weder im Interesse der Verbesserung der Wasser- und Bodenverhältnisse angelegt noch dafür unterhalten wird. [8]Das gilt im besonderen Maße für die Flächen, die mit einem Netz von befestigten Straßen durchzogen sind und intensiv landwirtschaftlich oder gärtnerisch, z.B. durch Obstbau, genutzt werden. [9]Deichvorlandflächen, die gewerblich genutzt werden, sind ebenfalls nicht steuerbefreit.

22. Für Zwecke der Wissenschaft, des Unterrichts, der Erziehung benutzter Grundbesitz

(1) [1]Grundbesitz, der für Zwecke der Wissenschaft, des Unterrichts oder der Erziehung benutzt wird, ist bei einer juristischen Person des öffentlichen Rechts nach § 3 Abs. 1 Nr. 1 GrStG, bei einer gemeinnützigen Körperschaft, Personenvereinigung oder Vermögensmasse nach § 3 Abs. 1 Nr. 3 GrStG und bei einer öffentlich-rechtlichen Religionsgesellschaft nach § 3 Abs. 1 Nr. 4 GrStG befreit. [2]Die Befreiungsvorschrift in § 4 Nr. 5 GrStG hat deshalb nur noch Bedeutung für andere Eigentümer, insbesondere also für Privatschulen.

(2) [1]Zur Wissenschaft gehört auch die Forschung. [2]Wird jedoch die Forschung von einem Industrieunternehmen betrieben, so kann nicht ohne wei-

teres davon ausgegangen werden, daß sie im Rahmen der öffentlichen Aufgaben liegt, auch wenn es sich dabei um Grundlagenforschung handelt und das Unternehmen eng mit wissenschaftlichen Instituten oder Universitäten zusammenarbeitet.

(3) [1]Dem Unterricht dienen nicht nur die allgemeinbildenden Schulen, sondern auch berufsbildende Schulen, z.B. Berufs-, Berufsfach- und Fachschulen. [2]Die Ausbildung in hausfraulichen Arbeiten, z.B. Kochen, Nähen, Kinderpflege usw., ist als Ausbildung für einen Beruf anzusehen (BFH-Urteil vom 23. 12. 1955, BStBl. 1956 III S. 28). [3]Dem Unterricht dienen auch Werkschulen und Lehrwerkstätten, die auf einen Beruf oder eine vor einer Körperschaft des öffentlichen Rechts abzulegende Prüfung ordnungsgemäß vorbereiten sowie Bildungseinrichtungen, die der beruflichen Fortbildung dienen.

(4) [1]Zur Erziehung im Sinne des § 4 Nr. 5 GrStG gehört auch die Erziehung in Waisenhäusern, in privaten Kindergärten und Kinderhorten. [2]Bei Säuglingsheimen und Kindererholungsheimen oder bei Heimen, in denen Kinder nur vorübergehend aufgenommen werden, steht der Erziehungszweck nicht im Vordergrund. [3]Sie sind deshalb nicht befreit. [4]Sie sind jedoch dann steuerfrei, wenn sie die Voraussetzungen des § 3 Abs. 1 GrStG erfüllen.

(5) [1]Die Landesregierung oder die von ihr beauftragte Stelle muß anerkannt haben, daß der Benutzungszweck im Rahmen der öffentlichen Aufgaben liegt. [2]Diese Voraussetzung kann bei den in Absatz 3 genannten Werkschulen und Lehrwerkstätten auch dann gegeben sein, wenn sie von einem gewerblichen Unternehmen unterhalten werden. [3]Das Anerkennungsverfahren wird landesrechtlich geregelt. [4]Bei den privaten Unterrichts- und Erziehungseinrichtungen, deren Grundbesitz schon bisher nach § 4 Nr. 7 GrStG a. F. steuerfrei war, kann unterstellt werden, daß diese Anerkennung vorliegt. [5]Die Befreiung des Grundbesitzes kann aus der Anerkennung allein nicht hergeleitet werden. [6]Es müssen auch die übrigen Voraussetzungen erfüllt sein.

(6) Der Grundbesitz muß ausschließlich dem Träger der Einrichtung oder einer juristischen Person des öffentlichen Rechts zuzurechnen sein.

23. Für Zwecke eines Krankenhauses benutzter Grundbesitz

(1) [1]Grundbesitz, der für die Zwecke eines Krankenhauses benutzt wird, ist bei einer juristischen Person des öffentlichen Rechts nach § 3 Abs. 1 Nr. 1 GrStG und bei einer gemeinnützigen Körperschaft nach § 3 Abs. 1 Nr. 3 GrStG steuerfrei. [2]Die Befreiungsvorschrift des § 4 Nr. 6 GrStG hat deshalb nur Bedeutung für sonstige, d.h. für private Krankenhäuser. [3]Ob die Voraussetzungen erfüllt sind, kann für das gesamte Steuerrecht nur einheitlich entschieden werden. [4]Eine bereits bei der Umsatzsteuer (§ 4 Nr. 16 Buchstabe b UStG), bei der Einkommensteuer (§ 7f EStG)[1] oder bei der Gewerbesteuer (§ 3 Nr. 20 Buchstabe b GewStG) getroffene Entscheidung ist für die Grundsteuer zu übernehmen.

---

[1] Vgl. R 82 EStR 1999 (R 7f EStR 2012), dtv-Band **Nr. 5785 ESt/LSt**.

(2)[1] [1]Zu den subjektiven Voraussetzungen für die Befreiung nach § 4 Nr. 6 GrStG gehört, daß der Grundbesitz ausschließlich dem Inhaber des Krankenhauses oder einer juristischen Person des öffentlichen Rechts zuzurechnen ist. [2]Die Befreiung steht dem Grundstückseigentümer nur dann zu, wenn das Krankenhaus von ihm selbst betrieben wird, nicht aber, wenn es sein Ehegatte betreibt (BFH-Urteil vom 9. 10. 1970, BStBl. 1971 II S. 63). [3]Ist der Grundbesitz mehreren Personen zuzurechnen oder betreiben mehrere Personen in der Rechtsform einer Personengesellschaft ein Krankenhaus, muß zwischen den Benutzern und denjenigen, denen der Grundbesitz zuzurechnen ist, volle Personengleichheit bestehen. [4]Diese Voraussetzung ist dann nicht erfüllt, wenn der Grundbesitz, auf dem eine juristische Person des privaten Rechts ein Krankenhaus betreibt, den Gesellschaftern zuzurechnen ist.

(3) Die Grundsteuerbefreiung erstreckt sich auch auf die Verwaltungsräume und auf den Krankenhausgarten, soweit dieser der Erholung der Genesenden dient.

Zu § 5 GrStG

24. Grundbesitz, der Wohnzwecken dient

(1) [1]Grundbesitz, der gleichzeitig für Wohnzwecke und für steuerbegünstigte Zwecke benutzt wird, ist vorbehaltlich der Ausnahmen in § 5 Abs. 1 GrStG nicht befreit. [2]Beim Grundbesitz, der Wohnzwecken dient, ist zu unterscheiden zwischen Wohnräumen und Wohnungen. [3]Während Wohnungen, von dem Ausnahmefall des § 3 Abs. 1 Nr. 5 GrStG abgesehen, stets steuerpflichtig sind,[2] können Wohnräume, die gleichzeitig auch für steuerbegünstigte Zwecke benutzt werden, in den Fällen des § 5 Abs. 1 GrStG steuerfrei bleiben. [4]Bevor die weiteren Voraussetzungen für eine Steuerbefreiung geprüft werden, ist deshalb festzustellen, ob es sich um eine Wohnung oder um einen Wohnraum handelt.

(2)[3] [1]Als Wohnung sind einzelne oder mehrere Räume anzusehen, die zur Führung eines Haushalts geeignet und zu diesem Zweck jeweils mit Küche oder Kochgelegenheit, Wasserversorgung und Toilette ausgestattet sind. [2]In der Regel muß ein erkennbarer Abschluß der Wohnung vorhanden sein. [3]Ob im Einzelfall eine Wohnung anzunehmen ist, richtet sich nach der baulichen Gestaltung und der Zweckbestimmung. [4]Dabei sind auch die örtlichen Gegebenheiten zu berücksichtigen. [5]Es kann sich auch um eine Einraumwohnung,

---

[1] Vgl. BFH v. 4. 2. 1987 II R 216/84, BStBl. II 1987, 451, v. 9. 12. 1987 II R 223/83, BStBl. II 1988, 298, v. 16. 1. 1991 II R 149/88, BStBl. II 1991, 535, v. 28. 2. 1996 II R 26/94, BFH/NV 1996, 790, v. 13. 9. 1999 II B 121/98, BFH/NV 2000, 351, v. 26. 2. 2003 II R 64/00, BStBl. II 2003, 485, und v. 25. 4. 2007 II R 14/06, BFH/NV 2007, 1924.

[2] Vgl. hierzu BFH v. 21. 4. 1999 II R 5/97, BStBl. II 1999, 496, v. 15. 3. 2001 II R 38/99, BFH/NV 2001, 1449, und v. 11. 4. 2006 II R 77/04, DStRE 2006, 1345.

[3] Zur Abgrenzung des Wohnungsbegriffs vgl. BFH v. 30. 4. 1982 III R 33/80, BStBl. II 1982, 671, v. 11. 2. 1987 II R 210/83, BStBl. II 1987, 306, v. 17. 5. 1990 II R 187/87, BStBl. II 1990, 705, v. 30. 5. 1990 II R 139/86, BFH/NV 1991, 268, v. 21. 7. 1993 II R 74/92 u. II R 75/92, BFH/NV 1994 S. 343, 410, v. 22. 9. 1993 II R 63/91, BStBl. II 1994, 415 und v. 4. 12. 2014 II R 20/14, BStBl. II 2015, 610. – Vgl. auch gleich lautenden Ländererlass v. 15. 5. 1985, BStBl. I 1985, 201.

z.B. ein Appartement, handeln. [6]Ein einzelner Wohnraum ist dann keine Wohnung, wenn er zur Führung eines selbständigen Haushalts nicht geeignet ist (vgl. hierzu auch BFH-Urteil vom 9. 12. 1970, BStBl. 1971 II S. 230).

25. Gemeinschaftsunterkünfte der Bundeswehr usw.

(1) [1]Gemeinschaftsunterkünfte sind die zur Unterbringung der Angehörigen der Bundeswehr bestimmten Einzel- und Gemeinschaftswohnräume unter der Voraussetzung, daß ihre Unterbringung erforderlich ist, um einen geordneten Dienstbetrieb aufrechtzuerhalten. [2]Entsprechendes gilt für die Gemeinschaftsunterkünfte der ausländischen Streitkräfte und internationalen militärischen Hauptquartiere und der anderen Schutzdienste.

(2) [1]Steuerfrei bleiben die zu den Gemeinschaftsunterkünften gehörenden Aufenthaltsräume, Speiseräume, Küchen und Wirtschaftsräume. [2]Das gleiche gilt für Kantinen auch dann, wenn sie verpachtet sind. [3]Ein unmittelbarer räumlicher Zusammenhang mit den Gemeinschaftsunterkünften ist nicht erforderlich. [4]Voraussetzung ist aber, daß auch diese Räume notwendig sind, um den militärischen Dienstbetrieb aufrechtzuerhalten. [5]Demnach kann ein Offizierskasino befreit sein, wenn es aus Gründen der Dienstzeitregelung unterhalten wird und die Offiziere zur Einnahme der Mahlzeiten in diesen Räumen verpflichtet sind.

(3) [1]Die Steuerbefreiung erstreckt sich nicht auf Grundstücke oder Grundstücksteile, die weder unmittelbar der militärischen Tätigkeit dienen noch erforderlich sind, um einen geordneten Dienstbetrieb aufrechtzuerhalten. [2]Das gilt z.B. für Räume, in denen sich Ladengeschäfte, Friseursalons, Bankinstitute oder ähnliche Einrichtungen zur Truppenbetreuung befinden (BFH-Urteil vom 14. 1. 1972, BStBl. II S. 318).

26. Wohnräume in Schülerheimen usw.

(1) [1]Wohnräume in Schülerheimen, Ausbildungs- und Erziehungsheimen sowie in Prediger- und Priesterseminaren sind befreit, wenn die darin erfolgende Unterbringung von Schülern, Jugendlichen oder sonstigen Personen für die Zwecke des Unterrichts, der Ausbildung oder der Erziehung erforderlich ist. [2]Die Aufzählung der danach in Betracht kommenden Wohnräume ist zwar abschließend, Wohnräume in anderen ähnlichen Heimen können jedoch nach § 5 Abs. 1 Nr. 3 GrStG befreit sein.

(2) [1]Ein Schülerheim ist ein Wohnheim, in dem Jugendliche untergebracht sind, die eine Schule oder ähnliche Ausbildungseinrichtungen besuchen. [2]Es ist nicht notwendig, daß zwischen dem Heim und der Schule oder der Ausbildungseinrichtung ein räumlicher Zusammenhang besteht. [3]Beide müssen aber organisatorisch so miteinander verbunden sein, daß die Ziele der Schule unmittelbar gefördert werden. [4]Es kommt nicht darauf an, ob die Schüler in dem Heim nur vorübergehend, z.B. nur jeweils eine Woche in dem einer Schule gehörenden Schullandheim, oder für dauernd, z.B. in einem Internat für das ganze Schuljahr, untergebracht sind.

(3) [1]Mit der Unterbringung in einem Erziehungsheim werden in erster Linie sozialpädagogische Aufgaben verfolgt, die von Schule und Elternhaus heute vielfach nicht mehr erfüllt werden können. [2]Erziehungsheime können zwar ebenso wie Schülerheime auch mit einer Schule oder ähnlichen Ausbildungseinrichtungen organisatorisch verbunden sein. [3]Dies ist jedoch nicht Voraussetzung für die Steuerbefreiung der Wohnräume in den Erziehungsheimen.

(4) [1]Ausbildungsheime dienen der Unterbringung von Personen, die eine berufliche Bildungseinrichtung besuchen. [2]Sie sind ebenso wie Schülerheime zu behandeln.

(5) [1]Gehört das Heim einem der nach § 3 Abs. 1 Nr. 1, 3 oder 4 GrStG begünstigten Rechtsträger, so kann in der Regel unterstellt werden, dass die Unterbringung in dem Heim für die Zwecke des Unterrichts, der Erziehung oder Ausbildung erforderlich ist. [2]Gehört das Heim zu einer Privatschule usw., so bedarf es außerdem der Anerkennung durch die zuständige staatliche Stelle, dass seine Unterhaltung im Rahmen der öffentlichen Aufgaben liegt. [3]Bei Heimen, die schon bisher befreit waren, kann unterstellt werden, dass diese Anerkennung bereits vorliegt.

27. Wohnraum, der unmittelbar begünstigten Zwecken dient

(1) [1]Kann der steuerbegünstigte Zweck unmittelbar nur durch die Unterbringung von Personen in Wohnräumen erfüllt werden, so gilt die Befreiung auch für die Wohnräume. [2]Voraussetzung ist ferner, dass der Rechtsträger, dem der Grundbesitz zuzurechnen ist, eine juristische Person des öffentlichen Rechts (§ 3 Abs. 1 Nr. 3 Buchstabe a GrStG) oder eine als gemeinnützig anerkannte Körperschaft usw. (§ 3 Abs. 1 Nr. 3 Buchstabe b GrStG) ist (BFH-Urteil vom 7. 6. 1973, BStBl. 1973 II S. 712) und die Wohnräume für einen öffentlichen Dienst oder Gebrauch oder für gemeinnützige oder mildtätige Zwecke benutzt werden.

(2) [1]Für einen öffentlichen Dienst oder Gebrauch werden unmittelbar benutzt z.B. die der Unterbringung von Straf- und Untersuchungsgefangenen dienenden Räume in einer Justizvollzugsanstalt und die der Unterbringung von Patienten dienenden Räume in einem Krankenhaus. [2]Für gemeinnützige oder mildtätige Zwecke werden unmittelbar benutzt z.B. Wohnräume zur Unterbringung alter Personen in einem Altenheim oder Altenpflegeheim sowie Wohnräume zur Unterbringung erholungsbedürftiger Personen in einem Erholungsheim, wenn diese Heime zu mindestens zwei Dritteln (§ 66 Abs. 3 AO 1977) den in § 53 AO 1977 genannten Personen dienen (vgl. § 68 Nr. 1 Buchstabe a AO 1977).

(3) [1]Nicht steuerbefreit sind Wohnräume zur Unterbringung von Personen, die zur Verfolgung eines bestimmten begünstigten Zwecks zusammenkommen, z.B. als Teilnehmer an einem Lehrgang für Erwachsene in einer Ausbildungsstätte und dergl.; denn in diesen Fällen ist die Unterbringung in den Wohnräumen nicht notwendige Voraussetzung für die Erreichung des begünstigten Zwecks. [2]Dass wegen der örtlichen Gegebenheiten oder aus anderen Gründen eine anderweitige Unterbringung nicht möglich ist, steht dem nicht

entgegen. [3]Vgl. hierzu die BFH-Urteile vom 14. 11. 1958 (BStBl. 1959 III S. 81) und vom 7. 10. 1966 (BStBl. 1967 III S. 30).

28. Bereitschaftsräume

(1) [1]Bereitschaftsräume sind Räume, die für das Bereitschaftspersonal benötigt und von diesem benutzt werden. [2]Bereitschaftspersonal ist das Personal, dessen ständige Anwesenheit erforderlich ist, um den begünstigten Zweck zu erfüllen. [3]Ständige Anwesenheit bedeutet, dass das Personal bei Tag und Nacht zur Verfügung stehen muss. [4]Das ist z.B. der Fall bei Krankenschwestern und Ärzten in einem Krankenhaus und bei Erziehern in Schülerheimen. [5]Eine nur gelegentliche Beanspruchung des Personals genügt nicht.

(2) [1]Bei dem Bereitschaftspersonal braucht es sich nicht immer um dieselben Personen zu handeln. [2]Unerheblich ist auch, ob sich das Personal in den Räumen ständig oder nur vorübergehend, z.B. nur zur Nachtzeit, aufhält. [3]Die Zahl der im Einzelfall als steuerbefreit anzuerkennenden Bereitschaftsräume richtet sich nach dem Umfang des für den Bereitschaftsdienst notwendigen Personals.

(3) [1]Die Bereitschaftsräume müssen sich entweder auf dem Grundstück, auf welchem der begünstigte Zweck verfolgt wird, oder in der unmittelbaren Nähe des Grundstücks befinden. [2]Bei der heutigen Motorisierung ist es zwar nicht ausgeschlossen, dass Bereitschaftspersonal, das in größerer räumlicher Entfernung vom Grundstück untergebracht ist, ebenfalls kurzfristig zur Verfügung steht. [3]Das reicht aber nicht aus, um die in Absatz 1 genannten Voraussetzungen zu erfüllen.

(4) Wohnräume können nur dann als Bereitschaftsräume angesehen werden, wenn der Wohnzweck nicht überwiegt.

29. Grundsteuerrechtliche Behandlung von Grundstücken fremder Staaten

(1) [1]Die Grundsteuerbefreiung für Grundbesitz ausländischer Staaten, der diplomatischen Zwecken dient, ist im Wiener Übereinkommen über diplomatische Beziehungen – WÜD – vom 18. April 1961 (Bundesgesetzbl. 1964 II S. 959), die Grundsteuerbefreiung von Grundbesitz, der konsularischen Zwecken dient, ist im Wiener Übereinkommen über konsularische Beziehungen – WÜK – vom 24. April 1963 (Bundesgesetzbl. 1969 II S. 1587) geregelt. [2]*Beide Übereinkommen sind auch im Verhältnis zu den Staaten anzuwenden, die ihnen nicht beigetreten sind, sofern Gegenseitigkeit gewährt wird.*[1)]

(2) [1]Nach Artikel 23 Abs. 1 WÜD sind der Entsendestaat und der Missionschef hinsichtlich der in ihrem Eigentum stehenden „Räumlichkeiten der Mission" von der Grundsteuer befreit. [2]Zu den „Räumlichkeiten der Mission" gehören die „für Zwecke der Mission verwendeten Gebäude oder Gebäude-

---

1) Gegenseitigkeit grds. nicht mehr erforderlich, außer für Wohnzwecke des Personals; vgl. im Einzelnen Ländererlass v. 1. 12. 2000, BStBl. I 2000, 1516.

teile mit dem hierzu gehörenden Gelände, einschließlich der Residenz des Missionschefs" (Artikel 1 Buchstabe i WÜD), nicht aber Gebäude oder Gebäudeteile, die außerhalb der Mission oder der Residenz des Missionschefs den Wohnzwecken der Beamten oder Angestellten der Mission dienen. 3 Es gehören weiter auch unbebaute Grundstücke dazu, die für eine diplomatische Nutzung in unbebautem Zustand, z. B. als Parkfläche oder für eine Bebauung mit einem Gebäude, vorgesehen sind. 4 § 7 GrStG ist insoweit nicht anwendbar. 5 Privater Grundbesitz ausländischer Diplomaten ist dagegen grundsteuerpflichtig, es sei denn, dass der ausländische Diplomat den Grundbesitz im Auftrag des Entsendestaats für Zwecke der Mission im Besitz hat (Artikel 34 Buchstabe b WÜD).

(3) 1 Die Grundsteuerbefreiung des Grundbesitzes, der konsularischen Zwecken dient, ist insbesondere in Artikel 32 Abs. 1 und in Artikel 60 WÜK geregelt. 2 Die Anweisungen in Absatz 2 gelten entsprechend.

(4) 1 Völkerrechtliche Sonderregelungen, die über die Vorschriften des WÜD und des WÜK hinausgehende Befreiungen von Grundstücken fremder Staaten enthalten, bleiben unberührt. 2 Vgl. die Zusammenstellung im *BMF-Schreiben vom 24. 1. 1975 (BStBl. I S. 253), ergänzt durch BMF-Schreiben vom 23. Mai 1978 (BStBl. I S. 226).*[1]

(5) 1 Wird ein Grundstück von einem ausländischen Staat für diplomatische oder konsularische Zwecke im Laufe eines Jahres erworben, so schuldet der Veräußerer die Grundsteuer noch bis zum Schluß des Kalenderjahres. 2 Eine Haftung des Entsendestaates als Erwerber des Grundbesitzes (§ 11 Abs. 2 Satz 1 GrStG) kommt jedoch nicht in Betracht; hierbei ist es gleichgültig, ob die Steuer auf den Zeitraum vor oder nach der Übereignung des Grundstücks entfällt.

Zu § 6 GrStG

30. Land- und forstwirtschaftlich genutzter Grundbesitz

(1) 1 Land- und forstwirtschaftlich genutzter Grundbesitz ist steuerpflichtig, auch wenn er gleichzeitig für begünstigte Zwecke benutzt wird oder die land- und forstwirtschaftliche Nutzung der unmittelbaren Verwirklichung begünstigter Zwecke dient. 2 Die Gärtnerei eines Sozialversicherungsträgers ist deshalb auch dann steuerpflichtig, wenn sie ausschließlich Blumen und Pflanzen für die Heilstätten des Versicherungsträgers erzeugt (BFH-Urteil vom 7. 2. 1958, BStBl. III S. 185).

(2) 1 Ausnahmen von dem Grundsatz, daß land- und forstwirtschaftlich genutzter Grundbesitz stets steuerpflichtig ist, enthält § 6 GrStG. 2 Danach bleibt land- und forstwirtschaftlich genutzter Grundbesitz eines nach §§ 3 oder 4 GrStG begünstigten Eigentümers steuerfrei, wenn er Lehr- oder Versuchszwecken dient. 3 Die Nutzung für diesen Zweck muß nachhaltig und darf nicht nur vorübergehend sein. 4 Weiter sind befreit Grundflächen innerhalb eines militärischen Übungsplatzes oder Militärflugplatzes. 5 Das gilt auch dann, wenn sie verpachtet sind (BFH-Urteil vom 15. 3. 1957, BStBl. III S. 183).

---

[1] Vgl. jetzt BMF v. 18. 3. 2013, BStBl. I 2013, 404.

Zu § 7 GrStG

31. Unmittelbare Benutzung für einen begünstigten Zweck

(1) [1]Eine unmittelbare Benutzung für einen bestimmten begünstigten Zweck liegt, vor, wenn dieser auf dem Grundstück verfolgt wird. [2]Es genügt aber auch, daß auf dem Grundstück nur eine Hilfstätigkeit zur Verwirklichung des begünstigten Zwecks ausgeübt wird, sofern diese hierfür unentbehrlich ist. [3]Steuerfrei bleiben deshalb auch Verwaltungsräume in einem zur Erfüllung des begünstigten Zwecks erforderlichen Ausmaß (BFH-Urteil vom 10. 12. 1954, BStBl. 1955 III S. 63).

(2) [1]Die unmittelbare Benutzung für einen steuerbegünstigten Zweck beginnt in dem Zeitpunkt, in dem das Grundstück für diesen Zweck hergerichtet wird.[1)] [2]Ist hierzu die Errichtung eines Gebäudes oder sonstigen Bauwerks, z.B. Betriebsvorrichtung, erforderlich, so kommt es in der Regel auf den Zeitpunkt an, in welchem das Grundstück den ausführenden Bauunternehmen zur Durchführung der Bauarbeiten überlassen wird (BFH-Urteil vom 17. 1. 1969, BStBl. II S. 346). [3]Wird die Benutzung eines bereits in vollem Umfang steuerbefreiten Grundstücks vorübergehend unterbrochen, z.B. durch Abbruch, Umbau oder Neubau des Gebäudes, damit es für einen anderen steuerbegünstigten Zweck hergerichtet wird, bleibt die Steuerbefreiung unberührt. [4]Verändert sich aus dem gleichen Grund der Umfang des bisher steuerbefreiten Teils, ist vom Zeitpunkt der Herrichtung an auf das Ausmaß der Nutzung für den neuen steuerbegünstigten Zweck abzustellen.

Zu § 8 GrStG

32. Teilweise Benutzung für einen steuerbegünstigten Zweck

(1) Die räumliche Aufteilung eines Steuergegenstandes nach seiner Benutzung für steuerbegünstigte Zwecke und für nichtsteuerbegünstigte Zwecke (§ 8 Abs. 1 GrStG) wird bereits bei der Einheitsbewertung des Grundbesitzes vorgenommen.

(2) [1]Wenn eine räumliche Aufteilung nicht möglich ist (§ 8 Abs. 2 GrStG), kommt es darauf an, ob der Steuergegenstand überwiegend steuerbegünstigten oder nichtsteuerbegünstigten Zwecken dient. [2]Ob dabei die Benutzung für steuerbegünstigte und nichtsteuerbegünstigte Zwecke gleichzeitig nebeneinander oder zeitlich hintereinander erfolgt, ist ohne Bedeutung. [3]Eine Stadthalle, die sowohl für öffentliche Veranstaltungen, z.B. für Bürgerversammlungen, als auch für private Veranstaltungen, z.B. für Konzerte, benutzt wird, bleibt deshalb steuerfrei, wenn der Gebrauch durch die Allgemeinheit überwiegt.

(3) [1]Die Regelung in § 8 Abs. 2 GrStG ist nicht anzuwenden, wenn Räume sowohl Wohnzwecken als auch steuerbegünstigten Zwecken dienen. [2]Hier gilt allein § 5 GrStG.

[1)] Zum Begriff der „Herrichtung" vgl. BFH v. 13. 11. 1985 II R 237/82, BStBl. II 1986, 191.

Zu § 9 GrStG

33. Stichtag für die Festsetzung der Grundsteuer

[1] Entscheidend für die Anwendung der Befreiungsvorschriften sind die Verhältnisse zu Beginn des jeweiligen Kalenderjahres. [2] Für die Beurteilung der Frage, ob die steuerbegünstigte Benutzung zeitlich überwiegt, sind die Verhältnisse in dem Kalenderjahr maßgebend, das dem Kalenderjahr vorangeht, auf dessen Beginn der Steuermeßbetrag festgesetzt wird. [3] Beschränkt sich die tatsächliche Benutzung des Grundstücks für steuerbegünstigte Zwecke nur auf bestimmte wiederkehrende Zeitabschnitte eines Kalenderjahres, während in der übrigen Zeit das Grundstück nicht benutzt wird, so ist zu unterstellen, daß die Benutzung für steuerbegünstigte Zwecke in der Zwischenzeit fortbesteht.

Zu §§ 22 bis 24 GrStG

34. Zerlegung des Steuermeßbetrags

(1) [1] Anstelle der Zerlegung nach Flächengrößen erfolgt eine Zerlegung nach dem bisher zuletzt für das Kalenderjahr 1973 angewendeten Zerlegungsmaßstab nur dann, wenn die Zerlegung nach Flächengrößen zu einem offenbar unbilligen Ergebnis führt. [2] Um dies festzustellen, ist der bisherige Zerlegungsmaßstab, ausgedrückt in einem Hundertsatz, auf den neuen von 1974 an geltenden Steuermeßbetrag anzuwenden und das Ergebnis dieser Zerlegung mit dem Ergebnis einer Zerlegung nach Flächengrößen zu vergleichen. [3] Ergibt der Vergleich eine Abweichung von weniger als *50 DM,*[1] ist in der Regel ein offenbar unbilliges Ergebnis nicht anzunehmen. [4] Die betroffene Gemeinde hat den Antrag spätestens bis zum Eintritt der Rechtskraft des Zerlegungsbescheids für das Kalenderjahr 1974 zu stellen. [5] Der Antrag ist jedoch ausgeschlossen, wenn dem Zerlegungsbescheid für das Kalenderjahr 1974 ein von allen Beteiligten vereinbarter Maßstab (§ 22 Abs. 1 letzter Satz GrStG) zugrunde liegt.

(2) [1] Die Zerlegung nach dem bisherigen Zerlegungsmaßstab gilt nur so lange, als keine wesentliche Änderung der tatsächlichen Verhältnisse eintritt. [2] Wird infolge einer solchen Änderung der Steuermeßbetrag nach § 17 GrStG neuveranlagt oder sind die Voraussetzungen des § 23 Abs. 2 GrStG erfüllt, ist eine neue Zerlegung durchzuführen. [3] Diese erfolgt grundsätzlich nach Flächengrößen oder, wenn sie zu einem offensichtlich unbilligen Ergebnis führt, auf Antrag der betroffenen Gemeinde nach Wertanteilen.

(3) [1] Die verfahrensrechtlichen Vorschriften über die Zerlegung des Grundsteuermeßbetrags sind in den §§ 185 bis 189 AO 1977 enthalten. [2] Die Zerlegung soll im unmittelbaren Anschluß an die Festsetzung des Steuermeßbetrags vorgenommen werden.

---

[1] 25 €.

Zu § 32 GrStG

35. Erlaß für Grundbesitz, dessen Erhaltung im öffentlichen Interesse liegt

(1) [1]Die Grundsteuer ist für Grundbesitz zu erlassen, wenn seine Erhaltung wegen seiner Bedeutung für Kunst, Geschichte, Wissenschaft oder Naturschutz im öffentlichen Interesse liegt und wenn der Rohertrag in der Regel unter den jährlichen Kosten liegt.[1)] [2]Ist zweifelhaft, ob die erste dieser beiden Voraussetzungen erfüllt ist, ist eine Bestätigung der zuständigen Landesbehörde vorzulegen. [3]Liegen danach die Voraussetzungen für einen Erlaß bei einem bebauten Grundstück vor, so umfaßt der Erlaß auch die Grundsteuer, die auf den Grund und Boden entfällt.

(2) [1]Zum Rohertrag gehören sämtliche Einnahmen und sonstigen Vorteile, die der Grundbesitz bietet. [2]Zu den Einnahmen rechnen z. B. die Miet- und Pachteinnahmen und die Einnahmen aus Besichtigungen und Führungen. [3]Zu den sonstigen Vorteilen gehört auch der Nutzungswert, den die eigene Benutzung für den Eigentümer hat. [4]Er ist mit den bei ordnungsmäßiger Bewirtschaftung zu erzielenden ortsüblichen Miet- und Pachteinnahmen anzusetzen. [5]Wegen des Rohertrags bei Betrieben der Land- und Forstwirtschaft vgl. Abschnitt. 39 Abs. 1. [6]Zu den Kosten gehören alle im Zusammenhang mit dem Grundbesitz stehenden Verwaltungs- und Betriebsausgaben. [7]Nicht dazu gehören die Tilgungsleistungen und die Verzinsung des Eigenkapitals. [8]Bei Gebäuden können auch Abschreibungen und Rückstellungen für größere Reparaturen berücksichtigt werden. [9]Zu den Kosten gehören auch die Aufwendungen, die sich aus Besichtigungen und Führungen ergeben. [10]Der Grundbesitz darf nachhaltig keinen Reinertrag abwerfen. [11]Das schließt nicht aus, daß ausnahmsweise in einem Jahr ein geringer Überschuß erwirtschaftet wird. [12]Da erst rückblickend festgestellt werden kann, ob der Rohertrag in der Regel unter den jährlichen Kosten liegt, soll im Zweifelsfall die Gemeinde die Grundsteuer des laufenden Kalenderjahres und der beiden folgenden Kalenderjahre bis zum Ablauf des dritten Kalenderjahres mit dem Ziel des Erlasses stunden. [13]Der Steuerpflichtige hat nach Ablauf der Stundungsfrist die Erlaßvoraussetzungen nachzuweisen. [14]Wird der Nachweis nicht erbracht oder ist in mindestens zwei Jahren ein Überschuß erzielt worden, so ist die Grundsteuer rückwirkend für diese drei Jahre zu erheben. [15]Werden die Erlaßvoraussetzungen nachgewiesen, ist die Grundsteuer für diese drei Jahre zu erlassen.

(3) [1]Liegen die Voraussetzungen für den Erlaß der Grundsteuer vor, so kommt es nicht darauf an, ob der Grundbesitz der Öffentlichkeit zugänglich ist. [2]Garten- und Parkanlagen müssen jedoch in einem billigerweise zu fordernden Umfang der Öffentlichkeit zugänglich sein. [3]Es genügt, daß sie mindestens den interessierten Kreisen ohne weiteres zugänglich sind und dies auch allgemein erkennbar ist. [4]Vgl. hierzu auch die Behandlung von Grünanlagen in Abschnitt 36.

[1)] Vgl. BVerwG v. 8. 7. 1998 8 C 23.97, BStBl. II 1998, 590, BFH v. 8. 9. 2005 II B 129/04, BFH/NV 2006, 128, sowie BVerwG v. 5. 5. 2015 9 C 6.14, JZ 2015, 490.

(4) [1]Liegt nur die Erhaltung eines Teils des Grundbesitzes im öffentlichen Interesse, sind für diesen Teil der Rohertrag und die jährlichen Kosten besonders zu ermitteln. [2]Wenn für diesen Teil des Grundbesitzes der Rohertrag in der Regel unter den jährlichen Kosten liegt, ist von der Grundsteuer des gesamten Steuergegenstandes der hierauf entfallende Betrag zu erlassen.

36. Erlaß für öffentliche Grünanlagen, Sport- und Spielplätze

(1) [1]Für öffentliche Grünanlagen, Sport- und Spielplätze ist die Grundsteuer zu erlassen, wenn die jährlichen Kosten in der Regel den Rohertrag übersteigen. [2]Für die Beurteilung der Frage, ob die jährlichen Kosten den Rohertrag übersteigen, gilt Abschnitt 35 Abs. 2 entsprechend.

(2) [1]Erst durch die Widmung erlangt Grundbesitz den Status öffentlicher Grünanlagen, Spiel- und Sportplätze. [2]Die Öffnung von Grundbesitz zu den begünstigten Zwecken reicht dagegen nicht aus.

(3) [1]Sportplätze sind Anlagen, die zu sportlichen Zwecken von der Öffentlichkeit benutzt werden dürfen. [2]Abschnitt 10 über den Gebrauch durch die Allgemeinheit gilt hier entsprechend. [3]Für die Benutzung kann auch ein Eintrittsgeld verlangt werden. [4]Bei einer Beschränkung der Benutzung auf bestimmte Personengruppen, z.B. auf Mitglieder bestimmter Vereine, fehlt es an einer Benutzung durch die Allgemeinheit.

(4) Spielplätze sind Anlagen, die von Kindern und Jugendlichen ungehindert für ihre Spiele benutzt werden dürfen.

37. Erlaß für Grundbesitz, in dessen Gebäuden Gegenstände von wissenschaftlicher usw. Bedeutung untergebracht sind

(1) [1]Ein Erlaß kann für Grundbesitz in Betracht kommen, auf dem Gegenstände von wissenschaftlicher, künstlerischer oder geschichtlicher Bedeutung untergebracht sind. [2]Bei diesen Gegenständen handelt es sich z.B. um Sammlungen, Bibliotheken oder um die Inneneinrichtung eines Gebäudes. [3]Die wissenschaftliche, künstlerische oder geschichtliche Bedeutung der untergebrachten Gegenstände muß durch die Landesregierung oder durch die von ihr beauftragte Stelle anerkannt sein. [4]Die Anerkennung ist für die Gemeinde verbindlich. [5]Soweit bisher ein Erlaß nach § 26a Ziff. 3 GrStG a.F. gewährt wurde, kann die Gemeinde unterstellen, daß eine Anerkennung bereits vorliegt.

(2) [1]Aus der Anerkennung muß sich ergeben, daß die Gegenstände dem Zwecke der Forschung oder Volksbildung nutzbar gemacht sind. [2]Sie müssen in einem den Verhältnissen entsprechenden Umfang der Öffentlichkeit, mindestens aber den interessierten Kreisen, ohne weiteres zugänglich sein. [3]Dies muß auch allgemein erkennbar sein.

(3) [1]Durch die Aufbewahrung der Gegenstände muß der Rohertrag des Grundbesitzes nachhaltig gemindert werden. [2]Zum Begriff des Rohertrags vgl. Abschnitt 35 Abs. 2. [3]Dabei ist jeweils auf den ganzen Steuergegenstand abzustellen, auch wenn die Gegenstände nur in einem Teil untergebracht sind. [4]Ob der Rohertrag nachhaltig gemindert und in welchem Umfang dies der

Fall ist, muß von der Gemeinde festgestellt werden. [5]Wegen der Durchführung des Erlasses vgl. Abschnitt 35 Abs. 2.

(4) [1]Ist der Rohertrag für ein Grundstück nur schwer festzustellen, z. B. für eigengenutzte Grundstücke, so kann wie folgt verfahren werden: [2]Zunächst ist festzustellen, ob für die Räume, in denen die steuerbegünstigten Gegenstände untergebracht sind, noch ein Rohertrag verbleibt. [3]Ist dies nicht der Fall, so ist unter Mitwirkung des Finanzamts der Hundertsatz zu ermitteln, mit dem dieser Grundstücksteil im Einheitswert für das gesamte Grundstück enthalten ist. [4]Ein diesem Hundertsatz entsprechender Betrag ist dann von der Grundsteuer zu erlassen. [5]Bei der Ermittlung des Hundertsatzes ist von dem bei der Einheitsbewertung angewendeten Verfahren auszugehen.

Zu § 33 GrStG[1)]

38.[2)] Allgemeine Voraussetzungen für einen Erlaß wegen wesentlicher Ertragsminderung

(1) [1]Der Erlaß der Grundsteuer kommt bei Betrieben der Land- und Forstwirtschaft und bei bebauten Grundstücken, nicht aber bei unbebauten Grundstücken in Betracht. [2]Der Erlaß setzt voraus, daß

1. die Minderung des normalen Rohertrags (vgl. Abschnitt 39 ff.) mehr als *20 v. H.*[3)] beträgt und
2. der Steuerschuldner die Minderung des Rohertrags nicht zu vertreten hat (vgl. Absätze 2 bis 4 a).

[3]Bei Betrieben der Land- und Forstwirtschaft und bei eigengewerblich genutzten bebauten Grundstücken muß außerdem die Einziehung der Grundsteuer nach den wirtschaftlichen Verhältnissen des Betriebs unbillig sein (vgl. Absatz 5).

(2) [1]Der Steuerschuldner hat die Minderung des normalen Rohertrags eines Betriebs der Land- und Forstwirtschaft oder eines bebauten Grundstücks nicht zu vertreten, wenn die Umstände, die zu einer Minderung des Rohertrags führen, zwingend von außen in die Ertragslage des Betriebs der Land- und Forstwirtschaft oder des bebauten Grundstücks eingegriffen haben und der Steuerschuldner auf ihren Eintritt oder Nichteintritt keinen Einfluß hat. [2]Der Steuerschuldner hat demnach Umstände nicht zu vertreten, die unabhängig von seinem Willen eintreten (vgl. hierzu das zur Vermögensteuer ergangene BFH-Urteil vom 7. 5. 1971, BStBl. II S. 696); dagegen hat er für Umstände einzustehen, die er selbst auf Grund freier Willensentschließung herbeigeführt hat (BFH-Urteil vom 7. 5. 1971 a. a. O.).

[1)] § 33 GrStG neugef. durch JStG 2009, BGBl. I 2009, 2794, mWv Kj. 2008; vgl. BFH v. 18. 4. 2012 II R 36/10, BStBl. II 2012, 867; Vb. unzulässig (BVerfG v. 1. 9. 1014 1 BvR 1375/12).

[2)] Vgl. BVerwG v. 3. 5. 1991 8 C 13.89, BStBl. II 1992, 580, und v. 4. 4. 2001 11 C 12/00, BStBl. II 2002, 889. – Zu nicht lediglich vorübergehenden strukturell bedingten Ertragsminderungen vgl. BFH v. 26. 2. 2007 II R 5/05, BStBl. II 2007, 469, BVerwG v. 24. 4. 2007 GmS-OGB 1.07, ZKF 2007, 211, und BFH v. 24. 10. 2007 II R 5/05, BStBl. II 2008, 331 **(Rspr.-Änderung)**, sowie BVerwG v. 25. 6. 2008 9 C 8.07, NVwZ-RR 2008, 814.

[3)] Ab Kj. 2008: 50%

(3) [1]Bei Betrieben der Land- und Forstwirtschaft hat der Steuerschuldner eine Minderung des normalen Rohertrags insbesondere dann nicht zu vertreten, wenn sie auf Naturereignisse zurückzuführen ist. [2]Hierzu gehören Hagel, Auswinterung, Dürre, Hochwasser, Viehseuchen, Eis, Schneeund Windbruch, Windwurf, Erdbeben, Bergrutsch, Waldbrand und andere nicht abwendbare Ereignisse ähnlicher Art. [3]Die Nichtbewirtschaftung von Flächen hat der Steuerschuldner zu vertreten. [4]Sie ist daher kein Erlaßgrund.

(4)[1)] [1]Bei Wohnungen und anderen Räumen, die leerstehen, hat der Vermieter die dadurch bedingte Minderung des normalen Rohertrags in der Regel nicht zu vertreten, wenn er sich in ortsüblicher Weise um deren Vermietung bemüht hat. [2]Dabei darf er keine höhere als die marktgerechte Miete verlangt haben. [3]Bei vermieteten Wohnungen und Räumen hat er einen Mietausfall nicht zu vertreten, wenn er eine marktgerechte Miete vereinbart hatte, diese jedoch aus Gründen nicht erhalten konnte, auf die er keinen Einfluß hat, z. B. bei Zahlungsunfähigkeit des Mieters. [4]Bei Wohnungen, die von vornherein z. B. als Ferienwohnungen nur zeitweise vermietet werden können, hat er dagegen die dadurch bedingte Minderung des normalen Rohertrags selbst zu vertreten.

(4 a) [1]Bei eigengewerblich genutzten bebauten Grundstücken hat der Unternehmer eine Minderung der Ausnutzung (§ 33 Abs. 2 GrStG) nicht zu vertreten, wenn für ihn keine Möglichkeit bestand, auf deren Ursachen in zumutbarer Weise Einfluß zu nehmen. [2]Zu diesen Ursachen können auch strukturelle und konjunkturelle Entwicklungen gehören, die ihn zwingen, den bisher auf dem Grundstück unterhaltenen Betrieb stillzulegen oder einzuschränken. [3]Dagegen fällt zum Beispiel eine Minderung der Ausnutzung bei Neugründungen oder Kapazitätsausweitungen in der Regel in den Bereich des Unternehmerrisikos. [4]Sie ist daher auch vom Unternehmer zu vertreten.

(5) [1]Für einen Erlaß kommt es auf die wirtschaftlichen und persönlichen Verhältnisse des Steuerschuldners nicht an. [2]Bei Betrieben der Land- und Forstwirtschaft und bei eigengewerblich genutzten bebauten Grundstücken ist jedoch weitere Voraussetzung für den Erlaß, daß die Einziehung der Steuer nach den wirtschaftlichen Verhältnissen des Betriebs unbillig wäre. [3]Dabei ist allein auf die wirtschaftlichen Verhältnisse während des Kalenderjahres abzustellen, für das der Erlaß beantragt wird (§ 34 Abs. 1 Satz 2 GrStG). [4]Wenn zum Betrieb mehrere Betriebsstätten gehören, kommt es auf die wirtschaftlichen Verhältnisse des Gesamtunternehmens an. [5]Dasselbe gilt bei Organgesellschaften. [6]Zu den wirtschaftlichen Verhältnissen gehört insbesondere das Betriebsergebnis. [7]Bei seiner Beurteilung ist von dem für die Einkommensteuer oder Körperschaftsteuer maßgebenden Gewinn oder Verlust auszugehen. [8]Ist danach das Betriebsergebnis negativ und ist auch die Entrichtung der Grundsteuer aus dem Vermögen oder durch Kreditaufnahme nicht zumutbar, so wäre die Erhebung der Grundsteuer unbillig.[2)]

(6) [1]Ein Erlaßgrund liegt nicht vor, wenn die Ertragsminderung auf Umständen beruht, die für den Erlaßzeitraum durch eine Fortschreibung des

---

1) Vgl. BGH v. 27. 9. 2012 II R 8/12, BStBl. II 2014, 117. – Vgl. BVerwG v. 3. 12. 2014 9 B 73.14, NVwZ-RR 2015, 232.

2) Vgl. aber BVerwG v. 26. 5. 1989 8 C 20.87, BStBl. II 1989, 1042: Abschn. 38 Abs. 5 Satz 8 GrStR ist mit § 33 Abs. 1 *Satz 2* [jetzt Satz 3] GrStG unvereinbar.

Einheitswerts berücksichtigt werden können. [2]Das gilt auch, wenn der Steuerschuldner es versäumt hat, den Fortschreibungsantrag rechtzeitig zu stellen (§ 33 Abs. 5 GrStG).

Beispiel:

Im Juni 1978 wird das Nebengebäude eines Mietwohngrundstücks durch Brand zerstört. Die eingetretene Wertminderung des Grundstücks kann erst durch Fortschreibung des Einheitswerts auf den 1. Januar 1979 berücksichtigt werden. Für den Erlaßzeitraum 1978 kann demnach ein Erlaß der Grundsteuer in Betracht kommen, nicht jedoch für den Erlaßzeitraum 1979.

[3]Die Fortschreibung des Einheitswerts für ein stillgelegtes Fabrikgrundstück wegen Anwendung einer niedrigeren Wertzahl nach § 3 Nr. 1 oder 2 der Verordnung zur Durchführung des § 90 des Bewertungsgesetzes führt für sich allein noch nicht zum Ausschluß des Erlasses.

39. Erlaß wegen wesentlicher Ertragsminderung bei Betrieben der Land- und Forstwirtschaft

(1) [1]Normaler Rohertrag im Sinne des § 33 Abs. 1 Nr. 1 GrStG ist bei Betrieben der Land- und Forstwirtschaft der Rohertrag, der aus dem Wirtschaftsteil nach den Verhältnissen zu Beginn des Erlaßzeitraums bei ordnungsmäßiger Bewirtschaftung gemeinhin und nachhaltig erzielbar wäre. [2]Soweit Buchführungsergebnisse vorliegen, ist von diesen auszugehen. [3]Bei nichtbuchführenden Betrieben ist der normale Rohertrag durch von der Gemeinde zu bildende örtliche Kommissionen zu schätzen; dabei können Erfahrungssätze der Finanzämter verwendet werden.

(2) [1]Die Ertragsminderung ergibt sich – außer bei der forstwirtschaftlichen Nutzung (vgl. Absatz 4) – aus dem Unterschiedsbetrag zwischen dem normalen Rohertrag (§ 33 Abs. 1 Nr. 1 GrStG) und dem im Erlaßzeitraum (Kalenderjahr) tatsächlich erzielten Rohertrag. [2]Für die Ermittlung des tatsächlich erzielten Rohertrags sind die Grundsätze für die Feststellung des normalen Rohertrags entsprechend anzuwenden. [3]Ein Schadensausgleich, z.B. durch Versicherungsleistungen, ist dabei zu berücksichtigen.

(3) Bei Betrieben mit mehreren Nutzungen, z.B. Landwirtschaft, Weinbau und Gartenbau, ist dem normalen Rohertrag aller Nutzungen des Betriebs der tatsächlich erzielte Rohertrag aller Nutzungen gegenüberzustellen, auch wenn die Ertragsminderung nur bei einer Nutzung eingetreten ist.

(4) [1]Die Minderung des normalen Rohertrags ist für die forstwirtschaftliche Nutzung kein geeigneter Maßstab zur Ermittlung der Ertragsminderung. [2]Maßgebend ist vielmehr die Minderung des Reinertrags, die ihren Ausdruck in der Minderung des Ertragswerts im Sinne des § 36 Abs. 2 BewG findet (§ 33 Abs. 3 GrStG). [3]In welchem Ausmaß eingetretene Schäden den Ertragswert (Vergleichswert) der forstwirtschaftlichen Nutzung bei einer Wertfortschreibung mindern würden, sollen die Finanzbehörden unter Hinzuziehung der Forstsachverständigen der Oberfinanzdirektionen auf Antrag der Gemeinden ermitteln. [4]Die prozentuale Minderung des Vergleichswerts der forstwirtschaftlichen Nutzung ist als ihre Ertragsminderung anzusetzen.

(5) Bei Betrieben der Land- und Forstwirtschaft ist für alle Nutzungen (§ 34 Abs. 2 Nr. 1 BewG) – außer der forstwirtschaftlichen Nutzung – Erlaßmaßstab der Hundertsatz der Minderung des normalen Rohertrags.

Beispiel 1 (Ertragsminderung bei der landwirtschaftlichen Nutzung):

Zum Wirtschaftsteil des Betriebs gehören eine landwirtschaftliche und eine weinbauliche Nutzung. Die landwirtschaftliche Nutzung ist im Kalenderjahr 1978 von Schäden in Folge von Naturereignissen betroffen. Der normale Rohertrag des Wirtschaftsteils des Betriebs am 1. 1. 1978 wird festgestellt

für die landwirtschaftliche Nutzung	90 000 DM
für die weinbauliche Nutzung	30 000 DM
normaler Rohertrag insgesamt	120 000 DM

Die Rohertragsminderung bei der landwirtschaftlichen Nutzung soll 36 000 DM betragen. Die nach § 33 Abs. 1 GrStG zu ermittelnde Ertragsminderung beträgt dann für den Wirtschaftsteil des Betriebs

$$\frac{36000 \times 100}{120000} = \underline{\underline{30 \text{ v. H.}}}$$

Die Grundsteuer soll 900 DM betragen. Es sind somit nach § 33 Abs. 1 GrStG zu erlassen

$$\left(\frac{30 \times 4}{5} =\right) 24 \text{ v. H. vom } 900 \text{ DM} = 216 \text{ DM.}$$

(6) [1]Bei Betrieben der Land- und Forstwirtschaft ist für die forstwirtschaftliche Nutzung Erlaßmaßstab der Hundertsatz, um den der Ertragswert der forstwirtschaftlichen Nutzung bei einer Wertfortschreibung zu mindern wäre. [2]Sind neben der forstwirtschaftlichen Nutzung im gleichen Betrieb noch andere Nutzungen vorhanden, sind jedoch nur in der Forstwirtschaft Schäden eingetreten, so ist der in Satz 1 bezeichnete Hundertsatz entsprechend dem prozentualen Anteil der forstwirtschaftlichen Nutzung am Wirtschaftswert des Betriebs zu bemessen.

Beispiel 2 (Ertragsminderung bei der forstwirtschaftlichen Nutzung):

Zum Wirtschaftsteil des Betriebs gehören eine landwirtschaftliche und eine forstwirtschaftliche Nutzung.

Die forstwirtschaftliche Nutzung wurde im Kalenderjahr 1978 von einem Sturmschaden betroffen. Deshalb wurden der Einheitswert auf den 1. Januar 1979 fortgeschrieben und der Ertragswert der forstwirtschaftlichen Nutzung von 60 000 DM auf 40 000 DM herabgesetzt. Als Ertragsminderung im Sinne des § 33 Abs. 3 GrStG gilt der Betrag von 20 000 DM. Die nach § 33 Abs. 4 Sätze 2 und 3 GrStG in Verbindung mit § 33 Abs. 3 GrStG zu ermittelnde Ertragsminderung beträgt für die forstwirtschaftliche Nutzung

$$\frac{20000 \times 100}{60000} = \underline{\underline{33{,}33 \text{ v. H.}}}$$

Zum Wirtschaftsteil des Betriebs gehört neben der forstwirtschaftlichen Nutzung mit einem Vergleichswert von 60 000 DM auch eine landwirtschaftliche Nutzung mit einem Vergleichswert von 20 000 DM. Der Wirtschaftswert beträgt mithin 80 000 DM. Der Anteil der forstwirtschaftlichen Nutzung am Wirtschaftswert beträgt

$$\frac{60000 \times 100}{80000} = \underline{\underline{75 \text{ v. H.}}}$$

Als Ertragsminderung sind zu berücksichtigen:

$$\frac{75 \times 33{,}33}{100} = \underline{\underline{25 \text{ v. H.}}}$$

Die Grundsteuer soll 1 200 DM betragen. Somit sind nach § 33 Abs. 1 GrStG zu erlassen

$$\left(\frac{25 \times 4}{5} =\right) 20 \text{ v. H. von } 1\,200 \text{ DM} = 240 \text{ DM.}$$

(7) Bei Betrieben der Land- und Forstwirtschaft mit mehreren Nutzungen, bei denen im selben Jahr bei der landwirtschaftlichen oder einer anderen Nutzung (§ 34 Abs. 2 Nr. 1 Buchstaben c bis e BewG) und bei der forstwirtschaftlichen Nutzung Schäden eingetreten sind, ist auf der Grundlage der Beispiele 1 und 2 ein einheitlicher Hundertsatz der Ertragsminderung nach dem Anteil der einzelnen Teile am Wirtschaftswert des Betriebs zu ermitteln.

Beispiel 3 (Ertragsminderung bei landwirtschaftlicher und forstwirtschaftlicher Nutzung):

Einheitswert des Betriebs der Land- und Forstwirtschaft:

Wohnungswert		10 000 DM
Wirtschaftswert		
landwirtschaftliche Nutzung	60 000 DM	
forstwirtschaftliche Nutzung	20 000 DM	80 000 DM
Einheitswert		90 000 DM

Die Grundsteuer soll 1 080 DM betragen.

Im Kalenderjahr 1978 wurden die landwirtschaftliche Nutzung von einem Dürreschaden, die forstwirtschaftliche Nutzung von einem Sturmschaden betroffen.

Der normale Rohertrag der landwirtschaftlichen Nutzung soll 120 000 DM, die Rohertragsminderung 24 000 DM betragen. Die nach § 33 Abs. 4 GrStG in Verbindung mit § 33 Abs. 1 GrStG zu ermittelnde Ertragsminderung beträgt somit

$$\frac{24000 \times 100}{120000} = 20 \text{ v. H.}$$

Der Anteil der landwirtschaftlichen Nutzung am Wirtschaftswert beträgt

$$\frac{60000 \times 100}{80000} = 75 \text{ v. H.}$$

Als Ertragsminderung der landwirtschaftlichen Nutzung sind zu berücksichtigen

$$\frac{75 \times 100}{100} = 15 \text{ v. H.}$$

Wegen des Sturmschadens bei der forstwirtschaftlichen Nutzung werden der Einheitswert auf den 1. Januar 1979 fortgeschrieben und der Ertragswert der forstwirtschaftlichen Nutzung von 20 000 DM auf 12 000 DM herabgesetzt. Als Ertragsminderung im Sinne des § 33 Abs. 3 GrStG gilt der Betrag von 8 000 DM. Die nach § 33 Abs. 4 Sätze 2 und 3 GrStG in Verbindung mit § 33 Abs. 3 GrStG zu ermittelnde Ertragsminderung beträgt für die forstwirtschaftliche Nutzung

$$\frac{800 \times 100}{20000} = 40 \text{ v. H.}$$

Der Anteil der forstwirtschaftlichen Nutzung am Wirtschaftswert beträgt

$$\frac{20000 \times 100}{80000} = 25 \text{ v. H.}$$

Als Ertragsminderung der forstwirtschaftlichen Nutzung sind zu berücksichtigen

$$\frac{25 \times 40}{100} = 10 \text{ v. H.}$$

Insgesamt sind zu berücksichtigen als Ertragsminderung

bei der landwirtschaftlichen Nutzung	15 v. H.,
bei der forstwirtschaftlichen Nutzung	10 v. H.
zusammen	25 v. H.

Zu erlassen sind nach § 33 Abs. 1 GrStG somit

$\left(\frac{25 \times 4}{5} =\right)$ 20 v. H. von 1 080 DM = 216 DM.

40. Erlaß wegen wesentlicher Ertragsminderung bei bebauten Grundstücken

(1) [1]Bei bebauten Grundstücken ergibt sich die Minderung des normalen Rohertrags (§ 33 Abs. 1 Nr. 2 und 3 GrStG) aus dem Unterschiedsbetrag zwischen dem normalen Rohertrag zu Beginn des Erlaßzeitraums und dem im Erlaßzeitraum tatsächlich erzielten Rohertrag. [2]Sie ist in einem Hundertsatz des normalen Rohertrags festzustellen.

Beispiel:

Normaler Rohertrag am 1. Januar 1978	= 20 000 DM
Tatsächlich erzielter Rohertrag im Kalenderjahr 1978	= 15 000 DM
Unterschied	= 5 000 DM

$$\text{Minderung des normalen Rohertrags } \frac{5000 \times 100}{20000} = 25 \text{ v. H.}$$

Auch bei nur zeitweiser Minderung des normalen Rohertrags während eines Jahres kann ein Erlaß in Betracht kommen.

(2)[1)] *[1]Bei den nach § 76 Abs. 1 BewG im Ertragswertverfahren zu bewertenden Grundstücken ist normaler Rohertrag die Jahresrohmiete, die bei einer Hauptfeststellung der Einheitswerte des Grundbesitzes auf den Beginn des Erlaßzeitraums maßgebend wäre (§ 33 Abs. 1 Nr. 2 GrStG). [2]Jahresrohmiete ist nach § 79 Abs. 1 BewG das Gesamtentgelt, das die Mieter oder Pächter für die Benutzung des Grundstücks nach den vertraglichen Vereinbarungen für ein Jahr zu entrichten haben (Sollmiete). [3]Das Gesamtentgelt umfaßt auch die sonstigen Leistungen der Mieter oder Pächter für die Benutzung des Grundstücks. [4]Dazu gehören neben der vertraglichen Übernahme der Schönheitsreparaturen durch den Mieter oder Pächter auch die Baukostenzuschüsse und Mietvorauszahlungen, die auf die Miete angerechnet werden. [5]Wie Mietvorauszahlungen sind die Kosten für Umbauten und Einbauten zu behandeln, die von den Mietern oder Pächtern vorgenommen worden sind und nach Beendigung des Mietverhältnisses nicht beseitigt werden dürfen, den Mietwert aber erhöhen. [6]Teil der Jahresrohmiete sind auch die Umlagen, z. B. Kosten des Wasserverbrauchs, Kosten für Treppen- und Flurbeleuchtung, Grundsteuer- und Gebührenbelastungen und Kosten der Entwässerung. [7]Nicht zur Jahresrohmiete gehören dagegen z. B. die Kosten des Betriebs der zentralen Heizungs-, Warmwasserversorgungs- und Brennstoffversorgungsanlage sowie des Fahrstuhls (vgl. § 79 Abs. 1 Satz 4 BewG). [8]Einzelheiten über die Ermittlung der Jahresrohmiete ergeben sich aus den Abschnitten 21 und 22 der Richtlinien für die Bewertung des Grundvermögens (BewR Gr) vom 19. September 1966 (Beilage zum Bundesanzeiger Nr. 183 vom 29. September 1966).*[2)] *[9]In den Fällen des § 79 Abs. 2 Nr. 1 und 2 BewG gilt die übliche Miete als Jahresrohmiete; vgl. im einzelnen die Abschnitte 23 und 24 BewR Gr.*[2)]

[1)] Überholt, zur Rohertragsermittlung vgl. jetzt § 33 Abs. 1 Satz 4 Nr. 2 GrStG.
[2)] Nr. **5**.

(3)[1] [1]*Bei den nach § 76 Abs. 2 und 3 BewG im Sachwertverfahren zu bewertenden Grundstücken ist normaler Rohertrag die nach den Verhältnissen zu Beginn des Erlaßzeitraums geschätzte übliche Jahresrohmiete (§ 33 Abs. 1 Nr. 3 GrStG).* [2]*Sie ist auch dann maßgebend, wenn das Grundstück vermietet ist.* [3]*Die in diesen Fällen zu Beginn des Erlaßzeitraums tatsächlich erzielte Miete wird im allgemeinen der üblichen Jahresrohmiete entsprechen.*

(4)[1] [1]*Bei der Ermittlung des im Erlaßzeitraum tatsächlich erzielten Rohertrags ist Absatz 2 Sätze 3 bis 8 entsprechend anzuwenden.* [2]*In den Fällen des Absatzes 2 Satz 9 und des Absatzes 3 ist die Minderung des normalen Rohertrags nach der üblichen Miete zu berechnen, die im Erlaßzeitraum insgesamt erzielbar gewesen wäre.* [3]*Bei eigengenutzten Einfamilienhäusern wird danach eine Ertragsminderung nur in Ausnahmefällen vorliegen.* [4]*Das kann z.B. der Fall sein, wenn aus besonderen Gründen die Mietwerte in einer bestimmten Gegend nach Beginn des Erlaßzeitraums zurückgehen.* [5]*Ebenso kann eine Ertragsminderung vorliegen, wenn die Nutzung des Einfamilienhauses, z.B. durch die Zerstörung eines Teils des Gebäudes, gemindert ist.*

(5) [1]Bei eigengewerblich genutzten bebauten Grundstücken ist für den Erlaß der Grundsteuer die Minderung der Ausnutzung des Grundstücks maßgebend (§ 33 Abs. 2 GrStG). [2]Das gilt auch dann, wenn das Grundstück nach § 76 Abs. 1 BewG im Ertragswertverfahren zu bewerten ist. [3]Die Minderung der Ausnutzung entspricht dem Unterschied zwischen der normalen Ausnutzung und der tatsächlichen Ausnutzung des Gebäudes. [4]Steht das Gebäude leer, so beträgt die Minderung der Ausnutzung 100 v.H. [5]Wenn das Gebäude nur teilweise leersteht, ist für die Bestimmung des Vomhundertsatzes der Minderung in der Regel das Verhältnis der ungenutzten Fläche zur gesamten nutzbaren Fläche maßgebend. [6]Dasselbe gilt, wenn zu der wirtschaftlichen Einheit, für die der Einheitswert insgesamt festgestellt worden ist, mehrere Gebäude gehören und eines oder mehrere davon ganz oder teilweise leerstehen. [7]Eine Minderung der Ausnutzung kann auch gegeben sein, ohne daß ein Gebäude ganz oder teilweise leersteht. [8]Das kann zum Beispiel bei Kurzarbeit der Fall sein. [9]Das Ausmaß der Minderung der Ausnutzung ist hier nach wirtschaftlichen Gesichtspunkten zu beurteilen. [10]Im Einzelfall ist nach den besonderen Verhältnissen des Betriebs zu entscheiden, welche Merkmale dafür geeignet sind. [11]Bei Fabrikations-, Handwerks- und Handelsbetrieben können dies die Arbeitsstunden, der Produktionsmitteleinsatz, der Produktionsausstoß, die Produktionsstunden, der Umsatz oder andere ähnliche Merkmale sein.[2] [12]Bei Hotels und anderen Betrieben des Beherbergungsgewerbes kann auf die Bettenbelegung oder ggf. den Umsatz abgestellt werden. [13]Im Einzelfall kann auch eine Kombination mehrerer Merkmale in Betracht kommen. [14]In der Regel kann das danach festzustellende Ausmaß der normalen Ausnutzung, vorausgesetzt, daß inzwischen keine Betriebsumstellung erfolgt ist, aus dem Durchschnitt der drei Kalenderjahre abgeleitet werden, die dem Erlaßzeitraum vorangehen.

(6) [1]Wird nur ein Teil des Grundstücks eigengewerblich genutzt, ist für das ganze Grundstück ein einheitlicher Hundertsatz der Ertragsminderung zu er-

---

[1] Überholt, zur Rohertragsermittlung vgl. jetzt § 33 Abs. 1 Satz 4 Nr. 2 GrStG.
[2] Vgl. BVerwG v. 26. 5. 1989 8 C 20.87, BStBl. II 1989, 1042.

mitteln. [2]Dabei ist von dem Anteil der einzelnen Teile am Einheitswert des Grundstücks auszugehen (§ 33 Abs. 4 GrStG).

Beispiel:

Bei einem gemischtgenutzten Grundstück mit vermieteten Wohnungen und eigengewerblich genutzten Geschäftsräumen geht die bevorzugte Geschäftslage im Jahre 1978 verloren. Der Umsatz sinkt dadurch auf 60 v. H. Normaler Rohertrag der Wohnung am 1. Januar 1978 = 20 000 DM. Wegen Zahlungsunfähigkeit eines Mieters beträgt der tatsächlich erzielte Rohertrag im Kalenderjahr 1978 nur 16 000 DM. Der Hundertsatz der Ertragsminderung errechnet sich wie folgt:

Ertragsminderung der Wohnungen:

$$\frac{40000 \times 100}{20000} \qquad = 20 \text{ v. H.}$$

Der Anteil der Wohnungen soll 40 v. H. des Einheitswerts betragen. Es sind somit zu berücksichtigen

$$\frac{20 \times 40}{100} \qquad = 8 \text{ v. H.}$$

Ertragsminderung der eigengewerblich genutzten Räume:

Minderung der Ausnutzung = 40 v. H.

Der Anteil der eigengewerblich genutzten Räume soll 60 v. H. des Einheitswerts betragen. Es sind somit zu berücksichtigen

$$\frac{40 \times 60}{100} \qquad = 24 \text{ v. H.}$$

Die Ertragsminderung für das gesamte Grundstück beträgt danach

8 + 24 v. H. = 32 v. H.

(7)[1] Der Hundertsatz, um den die Grundsteuer zu erlassen ist, ergibt sich aus vier Fünfteln des Hundertsatzes der Ertragsminderung (§ 33 Abs. 1 Satz 1 GrStG).

Beispiel:

Die Grundsteuer eines Mietwohngrundstücks für das Kalenderjahr 1978 soll 3 000 DM betragen. Ein Teil des Gebäudes ist im Mai 1978 durch Brand zerstört worden. Der normale Rohertrag soll am 1. Januar 1978 = 20 000 DM, der tatsächlich erzielte Rohertrag 15 000 DM betragen. Die Ertragsminderung

beträgt somit $\left(\frac{5000 \times 100}{20\,000} = \right)$ *25 v. H. des normalen Rohertrags.*

Zu erlassen sind nach § 33 Abs. 1 GrStG $\left(\frac{25 \times 4}{5} = \right)$ *20 v. H. von 3 000 DM = 600 DM.*

(8) [1]In § 33 Abs. 1 GrStG wird pauschal unterstellt, daß bei bebauten Grundstücken ein Fünftel der Grundsteuer auf den Grund und Boden entfällt, für den ebenso wie für unbebaute Grundstücke ein Erlaß der Grundsteuer ausgeschlossen ist. [2]Bei einem Gebäude auf fremdem Grund und Boden (§ 94 BewG) umfaßt jedoch der Einheitswert und damit auch der Steuermeßbetrag nur das Gebäude ohne den Grund und Boden. [3]Die Beschränkung des Erlas-

[1] Überholt, jetzt 25% bei mehr als 50% Ertragsminderung und 50% bei 100% Ertragsminderung.

ses auf vier Fünftel des Vomhundertsatzes der Ertragsminderung gilt deshalb in diesem Fall nicht.

Zu § 34 GrStG

41. Erlaßverfahren

(1) [1]Der Antrag auf Erlaß ist bis zu dem auf den Erlaßzeitraum folgenden 31. März zu stellen (§ 34 Abs. 2 GrStG). [2]Geht der Grundsteuerbescheid für den Erlaßzeitraum dem Grundstückseigentümer nicht rechtzeitig zu oder wird die Jahressteuer durch Änderungsbescheid heraufgesetzt, so endet die Antragsfrist erst mit der Rechtsbehelfsfrist für den Grundsteuerbescheid oder den Änderungsbescheid.

(2) [1]Die Frist für den Antrag auf Erlaß der Grundsteuer ist eine gesetzliche Frist. [2]Sie kann deshalb nicht verlängert werden. [3]Bei Versäumung der Frist ist jedoch auf Antrag Wiedereinsetzung in den vorigen Stand zu gewähren, wenn der Steuerschuldner ohne sein Verschulden verhindert war, die Frist einzuhalten (§ 110 AO 1977).

(3) Der Steuerschuldner ist in den Fällen des § 32 GrStG der Gemeinde gegenüber zur Anzeige verpflichtet, wenn die Voraussetzungen für den Grundsteuererlaß wegfallen oder sich das Ausmaß des Grundsteuererlasses ändert (§ 34 Abs. 3 GrStG).

42. Erlaß der Grundsteuer nach § 78 des Städtebauförderungsgesetzes[1)]

(1) [1]Nach § 78 des Städtebauförderungsgesetzes in der Fassung der Bekanntmachung vom 18. August 1976 (BGBl. I S. 2318) ist auf Antrag ein Erlaß der Grundsteuer zu gewähren, wenn

1. *bei bebauten Grundstücken der bisherige Mietertrag durch Sanierungs- oder Entwicklungsmaßnahmen um mehr als 20 v. H. gemindert wird (§ 78 Abs. 1 a. a. O.),*
2. *bei eigengewerblich genutzten bebauten Grundstücken (Grundstücksteilen) die Ausnutzung durch Sanierungs- oder Entwicklungsmaßnahmen um mehr als 20 v. H. gemindert wird (§ 78 Abs. 2 a. a. O.).*

[2]Die Grundsteuer ist entsprechend dem Anteil der Ertragsminderung bzw. der Minderung der Ausnutzung bis zu 80 v. H. zu erlassen, ohne daß in den Fällen der Nummer 2 die wirtschaftlichen Verhältnisse des Betriebs zu untersuchen sind.

(2) [1]Bei vermieteten oder verpachteten bebauten Grundstücken ist das Ausmaß der Ertragsminderung durch Vergleich der im Kalenderjahr vor dem Beginn der Sanierungs- oder Entwicklungsmaßnahmen erzielten Mieterträge mit den Mieterträgen zu berechnen, die in dem Kalenderjahr erzielt werden, in dem Sanierungs- oder Entwicklungsmaßnahmen durchgeführt werden. [2]Das gilt auch, wenn Sanierungs- oder Entwicklungs-

---

1) Das Städtebauförderungsgesetz ist aufgehoben durch das Gesetz über das Baugesetzbuch v. 8. 12. 1986 (BGBl. I 1986, 2191). Die Neufassung des BauGB v. 8. 12. 1986 (BGBl. I 1986, 2253) bzw. v. 23. 9. 2004 (BGBl. I 2004, 2414) enthält keine dem § 78 StBauFG vergleichbare Bestimmung mehr.

maßnahmen im Laufe eines Kalenderjahres beginnen oder abgeschlossen werden. [3] *Bei eigengewerblich genutzten bebauten Grundstücken ist das Ausmaß der geringeren Ausnutzung durch Vergleich der tatsächlichen Ausnutzung im Kalenderjahr vor dem Beginn der Sanierungs- oder Entwicklungsmaßnahmen mit der tatsächlichen Ausnutzung in dem Kalenderjahr zu berechnen, in dem Sanierungs- oder Entwicklungsmaßnahmen durchgeführt werden.* [4] *Dabei können Arbeitsstunden oder Umsatz einen Anhalt geben.*

(3) [1] *Wird die infolge von Sanierungs- oder Entwicklungsmaßnahmen eingetretene Minderung des Mietertrags bzw. der Ausnutzung durch eine Fortschreibung des Einheitswerts berücksichtigt, kommt ein Grundsteuererlaß nach § 78 des Städtebauförderungsgesetzes nicht in Betracht.* [2] *Bei einer Fortschreibung des Einheitswerts ist ein Grundsteuererlaß jedoch noch insoweit zu gewähren, als infolge der Wertfortschreibung eine Entlastung von der Grundsteuer nicht eintritt.* [3] *Demnach ist der Unterschied zwischen dem Grundsteuerbetrag, der ohne Durchführung der Fortschreibung nach Erlaß auf Grund des § 78 des Städtebauförderungsgesetzes zu zahlen wäre, und dem nach Durchführung der Fortschreibung zu zahlenden Grundsteuerbetrag zu erlassen.*

(4) [1] *§ 78 des Städtebauförderungsgesetzes ist im Verhältnis zu § 33 GrStG, der den Erlaß der Grundsteuer wegen wesentlicher Ertragsminderung regelt, als eine Sonderregelung anzusehen.* [2] *Für das Verfahren des Grundsteuererlasses ist § 34 Abs. 1 und 2 GrStG anzuwenden.*

43. Rechtsanspruch auf den Erlaß der Grundsteuer

[1] Liegen die in den §§ 32, 33 GrStG und *§ 78 des Städtebauförderungsgesetzes* näher bestimmten Voraussetzungen vor, besteht auf den Grundsteuererlaß ein Rechtsanspruch. [2] In anderen Fällen können Billigkeitsmaßnahmen nach § 163 in Verbindung mit § 184 Abs. 2 und 3 sowie nach § 227 AO 1977 in Betracht kommen.

Zu § 36 GrStG

44. Grundsteuervergünstigung für abgefundene Kriegsbeschädigte und andere Körperbeschädigte

(1) [1] Die Grundsteuervergünstigung nach § 36 GrStG wird Kriegsbeschädigten und anderen Körperbeschädigten gewährt, die zum Erwerb oder zur wirtschaftlichen Stärkung ihres Grundbesitzes eine Kapitalabfindung auf Grund des Bundesversorgungsgesetzes (BVG) in der Fassung der Bekanntmachung vom 22. Juni 1976 (BGBl. I S. 1633) erhalten haben. [2] Das gilt auch, wenn an Stelle einer Kapitalabfindung eine Grundrentenabfindung auf Grund des Rentenkapitalisierungsgesetzes (KOV) vom 27. April 1970 (Bundesgesetzbl. I S. 413) gewährt worden ist. [3] Kapitalabfindungen nach anderen Gesetzen kommen dagegen für diese Grundsteuervergünstigung nicht in Betracht.

(2) [1] Die Grundsteuervergünstigung gilt nur für das Grundstück, das mit Hilfe der Kapitalabfindung erworben oder zu dessen wirtschaftlicher Stärkung die Kapitalabfindung gebraucht worden ist. [2] Der wirtschaftlichen Stärkung eines Grundstücks dient z.B. die Verwendung der Kapitalabfindung zur Instandsetzung und Erweiterung von Gebäuden, insbesondere auch zur Tilgung

einer mit einem Erwerb in unmittelbarem Zusammenhang stehenden Hypothek. 3 Die Voraussetzungen des § 36 GrStG können auch erfüllt sein, wem die Kapitalabfindung zum Abschluß oder zur Auffüllung eines Bausparvertrages und erst dieser zum Erwerb des Grundstücks oder zur Hypothekentilgung verwendet wird. 4 Die Kapitalabfindung kann auch für ein Ersatzgrundstück in Betracht kommen, wenn das Landesversorgungsamt einer Übertragung der Kapitalabfindung auf das Ersatzgrundstück zugestimmt hat.

(3) 1 Ist der Beschädigte bei dem in Frage kommenden Grundstück nur Miteigentümer nach Bruchteilen (§ 1008 BGB) oder Teilhaber an einer Gesamthandsgemeinschaft, z.B. Miterbe bei einer Erbengemeinschaft, so wird die Grundsteuervergünstigung nur für seinen Anteil gewährt. 2 Handelt es sich um gemeinsames Eigentum des Beschädigten und seines Ehegatten, so kann die Grundsteuervergünstigung auch beim Anteil des Ehegatten berücksichtigt werden.

(4) 1 Nach § 78a BVG können auch Witwen mit Anspruch auf Rente oder auf Witwenbeihilfe sowie Ehegatten von Verschollenen eine Kapitalabfindung erhalten. 2 Auch in diesen Fällen ist die Grundsteuervergünstigung zu gewähren.

(5) 1 Stirbt ein verheirateter Beschädigter, bei dem zur Zeit seines Todes die Voraussetzungen des § 36 Abs. 1 oder 2 GrStG vorgelegen haben, wird die Grundsteuervergünstigung seiner Witwe weitergewährt (§ 36 Abs. 3 GrStG). 2 In diesem Fall ist die Grundsteuervergünstigung nicht auf den zehnjährigen Abfindungszeitraum beschränkt, sondern wird so lange gewährt, als die Witwe auf dem Grundstück wohnt und nicht wieder heiratet.

(6) 1 Die Grundsteuervergünstigung nach § 36 GrStG und die Grundsteuervergünstigung nach den *§§ 92 und* 92a des II. WoBauG[1)] sind zwei selbständige Vergünstigungen, die sich gegenseitig nicht schmälern dürfen. 2 Im einzelnen vgl. hierzu *Abschnitt 16 Abs. 4, 17 Abs. 3, 19 Abs. 6, 20 Abs. 7, 21 Abs. 3 ggf. in Verbindung mit Abschnitt 18 VA – II. WoBauG.*

---

1) § 92 des II. WoBauG ist durch G v. 11. 7. 1985 und durch die nachfolgende Neubekanntmachung des II. WoBauG (BGBl. I 1985, 1284, ber. 1661) weggefallen, die Vergünstigung nach § 92a ist ausgelaufen. Das II. WoBauG ist insgesamt aufgeh. durch G v. 13. 9. 2001 (BGBl. I 2001, 2376) grds. mWv 1. 1. 2002; vgl. Art. 1 (= WohnraumförderungsG) § 48 des vorgenannten Gesetzes.

Sachregister

Fette Ziffern bezeichnen die Nummern innerhalb der Ausgabe, magere Ziffern den Paragraphen bzw. den Richtlinien-/Erlassabschnitt. Ziffern mit R bezeichnen die Einzelrichtlinien der ErbStR (R E zum ErbStG, R B zum BewG), Ziffern mit H die jeweiligen Hinweise aus den ErbStH. Die in Klammern gesetzten Zahlen verweisen auf die Absätze, die Abkürzung „Anl." verweist auf die Anlagen. „EW" = Einheitswert, „GBW" = Grundbesitzwert, „GSW" = Grundsteuerwert.

Ehe, Familie und Partnerschaft

FamR · Familienrecht
Ehe, Scheidung, Unterhalt, Versorgungsausgleich, Internationales Recht.
Textausgabe **TOPTITEL**
20. Aufl. 2021. 932 S. **NEU**
€ 15,90. dtv 5577
Neu im April 2021

Die 20. Auflage der Textausgabe ist umfassend aktualisiert und bietet ein ausführliches Sachverzeichnis für den schnellen, gezielten Zugriff sowie eine aktualisierte Einführung von Universitätsprofessorin Dr. Dagmar Coester-Waltjen.

Grziwotz
Rechtsfragen zur Ehe
Voreheliches Zusammenleben, Ehevermögensrecht, Unterhalt, Vereinbarungen
Rechtsberater **TOPTITEL**
5. Aufl. 2019. 201 S.
€ 14,90. dtv 51214
Auch als **ebook** erhältlich.

Dieser aktuelle Ratgeber informiert **allgemeinverständlich und praxisnah** über alle Rechtsfragen rund um die Eheschließung, Eintragung der Lebenspartnerschaft, Vollmachten in der Ehe, Familienunterhalt, Namensrecht und Güterrecht.

Zahlreiche Beispiele und praktische Tipps machen die Ausführungen anschaulich.

Grziwotz/Kappler/Kappler
Trennung und Scheidung richtig gestalten
Getrenntleben, Scheidung, Lebenspartnerschaftsaufhebung, Vermögensauseinandersetzung und Unterhalt.
Rechtsberater
9. Aufl. 2018. 301 S.
€ 14,90. dtv 51229
Auch als **ebook** erhältlich.

Schwab/Görtz-Leible
Meine Rechte bei Trennung und Scheidung
Unterhalt · Ehewohnung · Sorge · Zugewinn- und Versorgungsausgleich.
Rechtsberater
9. Aufl. 2017. 326 S.
€ 15,90. dtv 51208
Auch als **ebook** erhältlich.

Strecker
Versöhnliche Scheidung
Trennung, Scheidung und deren Folgen einvernehmlich regeln.
Rechtsberater
5. Aufl. 2014. 349 S.
€ 16,90. dtv 50759
Auch als **ebook** erhältlich.

Schlickum
Scheidungsberater für Männer
Meine Rechte und Ansprüche bei Trennung und Scheidung.
Rechtsberater
4. Aufl. 2018. 194 S.
€ 14,90. dtv 51220
Auch als **ebook** erhältlich.

Dahmen-Lösche
Scheidungsberater für Frauen
Ihre Rechte und Ansprüche bei Trennung und Scheidung.
Rechtsberater
3. Aufl. 2016. 166 S.
€ 11,90. dtv 50753
Auch als **ebook** erhältlich.

Dieses Buch berät umfassend mit vielen Beispielen, Mustern und Checklisten.

Wernitznig
Meine Rechte und Pflichten als Vater
Vaterschaft, Sorgerecht, Umgang, Namensrecht, Unterhaltsfragen, erbrechtliche und steuerrechtliche Fragen.
Rechtsberater
2. Aufl. 2014. 148 S.
€ 11,90. dtv 50756
Auch als **ebook** erhältlich.